KU-485-217

# COLLINS POCKET DICTIONARY OF THE ENGLISH LANGUAGE

Collins
London and Glasgow

First Published 1981
Reprinted 1981 (twice); 1982; 1983; 1984
© Wm. Collins Sons & Co. Ltd. 1981
ISBN 0 00 433050 1

NOTE

Entered words that we have reason to believe constitute trademarks have been designated as such. However, neither the presence nor absence of such designation should be regarded as affecting the legal status of any trademark.

Computer typeset by C. R. Barber & Partners,
Wrotham, England.

Printed and bound in Great Britain
by William Collins Sons & Co. Ltd.
P.O. Box, Glasgow G4 ONB.

# COLLINS POCKET DICTIONARY OF THE ENGLISH LANGUAGE

## CONTENTS


| | |
|---|---|
| Foreword | vii |
| Guide to the Use of the Dictionary | viii |
| Abbreviations Used | xi |
| **DICTIONARY OF THE ENGLISH LANGUAGE** | 1 |
| Punctuation Marks & Symbols | 993 |
| Guide to Punctuation & Use of Capitals | 994 |
| Plurals of Nouns | 995 |
| Guide to Letter-writing & Forms of Address | 996 |
| Group Names & Collective Nouns | 998 |
| Table of Alphabets | 999 |
| Geological Time Chart | 1000 |
| Metric Units | 1002 |
| Metric Conversion Tables | 1004 |
| Temperature Conversion Table | 1005 |
| Mathematical Symbols | 1006 |
| Chemical Elements | 1007 |
| Countries, their related nouns, adjectives, capitals, and currencies | 1008 |
| World Standard Times | 1011 |
| Distances by Air | 1012 |

**EDITORIAL STAFF**

**Managing Editor**
William T. McLeod

**Editors**
Marian Makins, Margaret Martin,
Pamela Breckenridge, Diana Adams,
Michael Munro

**Assistants**
Danielle McGrath, Kay Cullen,
Nancy Marshall

**Canadian Adviser**
Thomas M. Paikeday, M.A., L.Ph.,
Lexicographical Consultant

**South African Adviser**
M. V. Aldridge
Professor of Phonetics and
General Linguistics,
University of the Witwatersrand

**Australian Advisers**
G. A. Wilkes
Challis Professor of English Literature
University of Sydney

W. A. Krebs
Australian National University

# FOREWORD

COLLINS POCKET ENGLISH DICTIONARY is an up-to-date survey of the contemporary language. Like its larger brother, *Collins English Dictionary,* COLLINS POCKET DICTIONARY caters for today's needs by placing the current core meaning of words at the head of the definition, where it belongs for most purposes, and treating specialized and obsolete meanings only after current senses have been established.

Like the larger volume, too, the present book puts emphasis on ease of use and ready availability of information by placing all vocabulary items including compounds, prefixes and suffixes, abbreviations, and foreign terms in a single alphabetical listing; and by ensuring that all words that require defining are entered as independent headwords. Only idioms and items that consist of the headword plus standard ending are placed within another entry.

In addition, simplicity and clarity have been sought by framing definitions in direct, straightforward language and by marking off different meanings clearly with bold numbers. The result is a body of dictionary information instantly accessible to all who consult it, irrespective of their degree of verbal sophistication, a dictionary truly suitable for Everyman.

Another feature that will commend itself to most users is the emphasis on spelling aids. Not only the 'standard' irregular forms are shown: our rule has been to show *any* form of the headword that might pose a spelling difficulty: for example, the plurals of *all* nouns ending in *-o* or *-y* are given, not just those considered irregular.

The present convenient, compact volume has been achieved by concentrating on a judicious selection of general and special vocabulary that excludes rarer and highly technical words and meanings (for which the reader is referred to *Collins English Dictionary*); and by omitting proper names.

Etymologies, though brief, preserve the essential elements; and no economies have been made in respect of pronunciations, like spelling difficulties, a very frequent reason for referring to one's dictionary. The pronunciation scheme uses a minimum of special symbols, again in the interests of clarity and simplicity.

The result is a compact all-purpose dictionary that we hope will serve the needs of large numbers of people all over the world who speak and write English and may need occasional help with it.

W.T.M.

# GUIDE TO THE USE OF THE DICTIONARY

## 1. HEADWORDS

### 1.1 *Single alphabetical listing*

All main entries in the dictionary, whether single words, compounds, combining forms (see 1.3, below), abbreviations, or foreign words, are entered in alphabetical order in the main text.

### 1.2 *Alternative spellings*

Alternative spellings that are alphabetically close and both common are placed together at the head of the article. Where one form is less common it is placed *after* the relevant definition.

Alternative spellings that are alphabetically distant are given separate main entries, with the less common form cross-referred to the more common form.

Common North American spellings are given in this way.

Although only *-ize* and *-ization* spellings are shown, the reader should understand that spellings in *-ise* and *-isation* are equally acceptable.

### 1.3 *Combining forms*

Prefixes, suffixes, and other combining forms are generously represented among the headwords since they enable the reader significantly to expand the vocabulary shown in the dictionary.

Combining forms that are added to the beginning of words are distinguished thus: *dis-*; *in-*; *self-*. Those that are added to the end of words are shown thus: *-able*; *-or*; *-ship*.

### 1.4 *Homographs*

Headwords that have the same spelling but are different words are entered separately and distinguished by small superior numbers, thus:

**mine**[1]
**mine**[2]

### 1.5 *Cross-references*

Cross-references from one main entry to another are shown by placing the headword to which the reader is referred in small capitals, thus:

**microchip** same as CHIP (*n.* 6)
**plywood** [PLY[1] + WOOD]

## 2. PRONUNCIATION

### 2.1 *General note*

The pronunciations shown are those commonly used by educated speakers of English. The few special symbols used will be readily understood from the sample words shown in the key (2.2, below) and are devised to allow a wide range of speakers of English to interpret them in the light of their own pronunciation.

### 2.2 *Pronunciation Key*

Only special symbols are shown in the key. Letters not shown have their normal values.

#### *English Sounds*

ā as in acre, rate, gait
ä as in calm, far, father
ē as in fee, meat, funny
ī as in pipe, why, buy
ō as in tone, groan, though
ô as in call, corn, awl
oo as in book, full, soot
ōō as in food, soup, through, brew
yoo as in sinuous, globular
yōō as in few, tune, due
oi as in boil, boy, loiter
ou as in shout, aloud, allowed
ur as in demur, fern, bird
ə as in alone (ə lōn′), potter (pot′ər), timorous (tim′ər əs), nation (nā′shən)
ər as in perhaps, partner, undergo
ēə as in fear, mere, beer
āə as in fair, vary, bear, bare
ooə as in moor, cure, furious
īə as in fire, lyre
ouə as in our, flour
ch as in church, chair, lurch
sh as in shin, cushion, bashed
zh as in leisure, fusion, azure
th as in think, both, nothing
*th* as in this, bother, loathing
ŋ as in sing, anger, anxious
′ as in apple (ap′′l), happen (hap′′n)
kh as in Scottish loch (see also below)

#### *Foreign Sounds*

å as in Fr. *bal*, halfway between (a) and (ä)
ë as in Fr. *coeur*: the sound (e) pronounced with lips rounded as if for (o)
ö as in Fr. *feu* or Ger. *Goethe*: the sound (ā) pronounced with lips rounded as if for (ō)
ȯ as in a range of sounds as heard in Fr. *coq*, Ger. *doch*, Ital. *poco*, Sp. *torero*
ü as in Fr. *duc* or Ger. *grün:* the sound (ē) pronounced with lips rounded as if for (ōō)
kh as in Ger. *doch:* a prolonged (h) sound with the lips and tongue positioned as if for (k)
H as in Ger. *ich:* as the previous sound but formed in the front of the mouth with the tongue raised towards the front of the palate
*n* as in Fr. *bon, vin, blanc*, etc.: indicates that the preceding vowel sound is nasalized
*r* as in the uvular or tongue-point trill of the 'r' in Fr. *rare*, Ger. *recht*, Ital. *trarre*, Sp. *reserva*, etc.
ʼ as in Fr. *lettre* (let′r′)

### 2.3 *Notes*

(i) Though words like castle, path, fast are shown as pronounced with an (ä) sound, many speakers use an (a). Such variations are acceptable and are to be assumed by the reader.

(ii)The letter 'r' in some positions is not sounded in the speech of Southern England and elsewhere. However, many speakers in other areas do sound the 'r' in such positions with varying degrees of distinctness. Again, such variations are to be assumed, and though the dictionary shows an 'r' in such pronunciations as **fern** (fʉrn), **fear** (fēər), **arm** (ärm), the reader will sound or not sound the 'r' according to his speech habits.

(iii)The symbol (ə), the schwa, represents the neutral vowel heard in a wide range of unstressed syllables. In some such words, however, among some speakers an (i) sound is heard, as in **listless** (list'ləs *or* list'lis). Again, such variations should be assumed.

(iv)Though the widely received pronunciation of words like *which, why* is with a simple (w) sound and is so shown in the dictionary, many speakers, in Scotland and elsewhere, preserve an aspirated sound: (hw). Once again this variation is to be assumed.

(v) A primary or main stress is shown by an accent (′) after the stressed syllable. A secondary or weaker stress is shown by a lighter tick (′) after the syllable carrying secondary stress.

(vi) When a pronunciation is not shown, it is the same as that of the preceding headword or can easily be deduced from it, or, in the case of compounds, from the pronunciations given for the separate parts. Partial pronunciations are given when this can be done without loss of clarity.

## 3. PART-OF-SPEECH LABELS

Part-of-speech function is shown for headwords and derived forms within articles, but not for prefixes, suffixes, abbreviations, and multiple word entries. When a word functions as more than one part-of-speech, each change of function is shown by a bold dash and a new part-of-speech label.

When two or more part-of-speech labels are attached to an entry without an intervening definition (**joggle** ... ***vt., vi*** ...) each applies equally to what follows.

## 4. INFLECTED FORMS

Inflected forms regarded as irregular or offering difficulty in spelling are shown in small bold type after the part-of-speech label. The following notes amplify this general statement.

### 4.1 *Plurals of nouns*

The following are regarded as regular: plurals formed simply by adding -s to the singular or by adding -es when the singular ends in s, x, z, ch, or sh.

Plurals formed in *any* other way are shown.

### 4.2 *Verbal forms*

The following are regarded as regular:

(i) present tenses formed simply by adding -s to the infinitive or by adding -es after s, x, z, ch, and sh.

(ii) past tenses and past participles formed simply by adding -ed to the infinitive with no other change.

(iii) present participles formed simply by adding -ing to the infinitive with no other change.

Verbal parts formed in *any* other way are shown, including verbs which drop a final e in forming the present participle.

Where *two* inflected verbal parts are given, the first is the past tense *and* the past participle, and the second is the present participle.

Where *three* inflected verbal parts are given, the first is the past tense, the second is the past participle, and the third is the present participle.

**make ... *vt.* made, mak'ing ...**
**swim ... *vi.* swam, swum, swim'ming ...**

### 4.3 *Comparatives and Superlatives*

The following are regarded as regular: comparatives and superlatives formed simply by adding -er or -est to the base.

Comparatives and superlatives that involve any further change in the base word are shown.

4.4 Irregular forms that are alphabetically distant from the base form are entered in their alphabetical place as headwords and cross-referred to the base form.

## 5. ETYMOLOGIES

A brief account of the origin of most words is placed within square brackets before the definitions. Occasionally the reader is referred to the etymologies given at the component parts of a word (see example at 1.5, above). The presence of [< ?] indicates that the etymology is uncertain.

## 6. DEFINITIONS

### 6.1 *Numbering of Senses*

Where the definition embraces two or more distinct meanings, the different senses are marked off with consecutive bold numbers. The senses of each part of speech and idiomatic phrase are numbered separately. Sometimes a numbered sense is subdivided into *a), b),* etc., especially to denote specific applications of a general meaning.

In general, the meaning given first in the dictionary is not the oldest (and often obsolete) meaning, but the core meaning common in current usage.

### 6.2 *Capitalization*

Where a headword has a capital initial, that word is always so written or printed in generally accepted usage. Where a word is usually (but not always) capitalized or usually (but not always) used with a small initial, these facts are indicated. The reader is also told when a word is capitalized for a specific meaning (or meanings) or, conversely, not capitalized for a specific meaning or meanings.

### 6.3 *Plural usages*

Where a word is only used in the plural (or often or usually) this is clearly indicated. Where a word is used in the plural (or often or usually) for a specific meaning or meanings, this, again, is indicated.

If a noun that is plural in form is used as a singular in all or some meanings, this information is provided.

### 6.4 *Prepositional usage*

When a verb is followed by a certain preposition or prepositions in some or all of its meanings, this information is provided. Such prepositional usage is not to be confused with idioms that consist of verb + preposition/adverb with a special meaning ("phrasal verbs," eg. *get on, get over, get up*). Such phrasal verbs are entered as idiomatic phrases.

### 6.5 *Additional information*

Background information or comment has been added to the definition proper when this seemed helpful. Such additional material is usually introduced by a colon.

### 6.6 *Examples*

Examples of how a word is used have been provided where this helps to clarify the definition. Such examples are placed within italic square brackets.

## 7. USAGE LABELS

Certain words and certain meanings are restricted in usage in any of a number of ways. A word or meaning may be technical or slang or vulgar or poetic, and so on. Words or meanings that occur in technical or specialized contexts have a *field label* attached to them to indicate the area in which they are likely to be encountered (*Music, Physics, Aeronautics,* and so on).

In addition, as a help to appropriate usage the following restrictive labels are employed with meanings as indicated.

[Colloq.] Colloquial: characteristic of relaxed conversation or informal writing, but not substandard or illiterate.

[Slang] Slang: characteristic of speech in highly informal contexts, not generally regarded as accepted or standard.

[Derog.] Derogatory: describing a use that could be offensive, whether intended to be so or not.

[Vulg.] Vulgar: a word or meaning usually considered taboo in most contexts.

[Archaic] Archaic: a word or sense no longer in common use but still found in certain restricted contexts (eg. church ritual) and earlier literature.

[Obs.] Obsolete: no longer in use but found in earlier literature.

[Poet.] Poetic: characteristic of poetry (especially poetry of the 18th and 19th centuries) or of poetic prose.

[Dial.] Dialect: a word or meaning regularly used only in some geographical areas.

In addition, where a word or meaning is typical of the USA, Canada, Australia, New Zealand, S Africa, etc., this fact is noted.

## 8. IDIOMATIC PHRASES

Idiomatic phrases are listed in alphabetical order after the completed definition of the headword. Idioms are entered under the key word, that is, the word that contains the main idea, and this will often not be the first word in the phrase. For example:

**eat one's heart out**; **set one's heart on** will be found under **heart**; **give someone his head**; **keep** (or **lose**) **one's head** under **head**.

Where part of a phrase is placed within brackets, that part is either optional or shows an acceptable variation.

## 9. DERIVED ENTRIES

Derived entries are formed by adding a standard ending to the headword and are run-in in alphabetical order at the end of the entry block. However, any derived word that has developed a distinct meaning of its own that cannot be deduced from the base word has been entered as a separate headword and fully defined. Only when no definition is required are they run in. (See 1.3, above).

The number of such possible derived words in English is indefinitely great. They are listed here when they are a standard part of the current language; but less common forms and many adverbs ending in -ly are omitted. The reader should understand that almost any English adjective can be turned into an adverb by adding -ly.

# ABBREVIATIONS AND SYMBOLS USED IN THE DICTIONARY

**abbrev.** abbreviated; abbreviation
**abl.** ablative
**Abor.** Aboriginal (in etym.)
**acc.** accusative
**adj.** adjective
**adv.** adverb
**Aeron.** Aeronautics
**Afr.** African
**Afrik.** Afrikaans
**alt.** alternative
**Am.** American
**AmInd.** American Indian
**AmSp.** American Spanish
**Anat.** Anatomy
**Anglo-Ind.** Anglo-Indian
**Anglo-Norm.** Anglo-Norman
**Ar.** Arabic
**Aram.** Aramaic
**Archaeol.** Archaeology
**Archit.** Architecture
**Arith.** Arithmetic
**art.** article
**assoc.** associated
**Astrol.** Astrology
**Astron.** Astronomy
**Aust.** Australian

**Beng.** Bengali
**Biochem.** Biochemistry
**Biol.** Biology
**Bot.** Botany
**Braz.** Brazilian
**Brit.** British

**C** Celsius; Central
**c.** century (in etym.); circa
**Canad.** Canada; Canadian
**Celt.** Celtic
**cent.** century; centuries
**cf.** compare
**Ch.** Church
**Chem.** Chemistry
**Chin.** Chinese
**cm** centimetre(s)
**Colloq.** colloquial
**comp.** compound
**compar.** comparative
**conj.** conjunction
**contr.** contracted; contraction

**Dan.** Danish
**dat.** dative
**deriv.** derivative
**Derog.** derogatory
**Dial., dial.** dialect
**dim.** diminutive
**Du.** Dutch

**E** East; eastern
**E.** East; English (in etym. & pronun.)
**Early ModDu.** Early Modern Dutch
**Early ModG.** Early Modern German
**Eccles.** Ecclesiastical
**Ecol.** Ecology
**Econ.** Economics
**Educ.** Education
**e.g.** for example
**Elec.** Electricity
**Eng.** English
**equiv.** equivalent
**esp.** especially
**etym.** etymology
**Ex.** example
**exc.** except

**fem.** feminine
**ff.** following (entry, sense, etc.)
**fig.** figurative(ly)
**Finn.** Finnish
**Fl.** Flemish
**Fr.** French
**Frank.** Frankish
**freq.** frequentative
**fut.** future

**g** gram(s)
**G.** German (in etym. & pronun.)
**Gael.** Gaelic
**gen.** genitive
**Geog.** Geography
**Geol.** Geology
**Geom.** Geometry
**Ger.** German
**ger.** gerund
**Gmc.** Germanic
**Goth.** Gothic
**Gr.** Greek
**Gram.** Grammar

**Haw.** Hawaiian
**Heb.** Hebrew
**Hist.** Historical; History
**Hort.** Horticulture
**Hung.** Hungarian
**hyp.** hypothetical

**Ice.** Icelandic
**i.e.** that is
**imper.** imperative
**imperf.** imperfect
**incl.** including
**Ind.** Indian
**indic.** indictative
**inf.** infinitive
**intens.** intensive
**interj.** interjection
**Ir.** Irish
**irreg.** irregular
**It.** Italian

**Jap.** Japanese
**Jav.** Javanese

**kg** kilogram(s)
**km** kilometre(s)

**l** litre(s)
**L** Late
**L.** Latin
**LGr.** Late Greek

# Abbreviations and Symbols (*cont.*)

**Linguis.** Linguistics
**lit.** literally
**LL.** Late Latin
**LME.** Late Middle English

**m** metre(s)
**M** Middle; Medieval
**Math.** Mathematics
**MDu.** Middle Dutch
**ME.** Middle English
**Mech.** Mechanics
**Med.** Medicine; Medieval
**M.** Meteorology
**Mex.** Mexican
**MexInd.** Mexican Indian
**MFr.** Middle French
**MGr.** Middle Greek
**MHG.** Middle High German
**Mil.** Military
**ML.** Medieval Latin
**MLowG.** Middle Low German
**Mod., Mod** Modern
**ModE.** Modern English
**ModGr.** Modern Greek
**ModL.** Modern Latin
**Myth.** Mythology

**N** North; northern
**N.** North
**n.** noun
**Naut., naut.** nautical usage
**NE** northeastern
**neut.** neuter
**n.fem.** noun feminine
**n.masc.** noun masculine
**nom.** nominative
**Norm.** Norman
**Norw.** Norwegian
**n.pl.** plural form of noun
**n.sing.** singular form of noun
**N.T.** New Testament
**NW** northwestern
**N.Z.** New Zealand

**O** Old
**Obs., obs.** obsolete
**occas.** occasionally
**OE.** Old English
**OFr.** Old French
**OHG.** Old High German
**OIr.** Old Irish
**ON.** Old Norse
**ONormFr.** Old Norman French
**orig.** originally
**OS.** Old Saxon
**O.T.** Old Testament

**p.** page
**part.** participle
**pass.** passive
**Per.** Persian
**perf.** perfect
**pers.** person
**Philos.** Philosophy
**Phonet.** Phonetics
**Photog.** Photography
**phr.** phrase
**Phys. Ed.** Physical Education
**Physiol.** Physiology
**PidE.** Pidgin English
**pl.** plural
**Poet.** Poetic
**Pol.** Polish
**pop.** popular
**Port.** Portuguese
**poss.** possessive
**pp.** pages; past participle
**Pr.** Provençal
**prec.** preceding
**prep.** preposition
**pres.** present
**prin. pts.** principle parts
**prob.** probably
**pron.** pronoun
**pronun.** pronunciation
**prp.** present participle
**Psychol.** Psychology
**pt.** past tense

**R.C.Ch.** Roman Catholic Church
**redupl.** reduplication
**refl.** reflexive
**Rom.** Roman
**Russ.** Russian

**S** South; southern
**S.** South
**S Afr.** South African
**Sans.** Sanskrit
**Scand.** Scandinavian
**Scot.** Scottish
**SE** southeastern
**Sem.** Semitic
**sing.** singular
**Slav.** Slavic
**Sp.** Spanish
**sp.** spelled; spelling
**specif.** specifically
**subj.** subjective
**superl.** superlative
**SW** southwestern
**Swed.** Swedish

**Theol.** Theology
**trans.** translation
**Turk.** Turkish
**TV, T.V.** television

**ult.** ultimately
**U.S.** United States

**v.** verb
**var.** variant; variety
**v.aux.** auxiliary verb
**Vet.** Veterinary Medicine
**vi.** intransitive verb
**VL.** Vulgar Latin
**voc.** vocative
**vt.** transitive verb
**Vulg.** vulgar; Vulgate

**W** West; western
**W.** Welsh; West
**WAfr.** West African
**WInd.** West Indian

**Yid.** Yiddish

**Zool.** Zoology

‡ foreign word or phrase
+ plus
< derived from
? uncertain; possibly; perhaps
& and

# A

**A, a** (ā) ***n., pl.*** **A's, a's** **1.** the first letter of the English alphabet **2.** *a symbol for* the first in a sequence or group **—from A to Z** from start to finish

**A** (ā) ***n. Music*** the sixth tone in the ascending scale of C major ***—adj.*** shaped like *A*

**A** *Physics the symbol for* ampere

**a** (ə; *stressed* ā) ***adj., indefinite article*** [< AN] **1.** one; one sort of **2.** each; any one **3.** [< OE. *an*] per *[once a day]* *A* is used before words beginning with a consonant sound or a sounded *h [a* child, *a* home, *a* uniform*]*

**a** are(s) (metric measure of land)

**a-** *a prefix meaning:* **1.** [OE. *a-*] up, out *[awake]* **2.** [OE. *of-, af-*] off, of *[akin]* **3.** [Gr. *a-, an-*] not *[atypical]*

**Å** angstrom unit

**A.** **1.** absolute **2.** ampere **3.** angstrom

**A., a.** *Music* alto

**a.** **1.** acre(s) **2.** adjective **3.** answer

**AA, A.A.** **1.** Alcoholics Anonymous **2.** antiaircraft **3.** Automobile Association

**AAA, A.A.A.** Amateur Athletics Association

**A1** (ā′wun′) **1.** [Colloq.] first-class; excellent **2.** a designation of first-class ships as in Lloyd's Register

**aardvark** (ärd′värk′) ***n.*** [obs. Afrik., earth pig] a nocturnal burrowing mammal of Africa feeding off termites; also called *ant bear*

**Aaron's beard** (ãər′ənz) the popular name of various plants, esp. St. John's Wort

**ab-** [L.] *a prefix meaning* away, from, off, down *[abdicate]*

**A.B.** able-bodied seaman

**aba** (a′bə) ***n.*** [Ar.] a sleeveless robe worn by Arabs

**aback** (ə bak′) ***adv.*** **1.** pressed backwards against the mast, as sails in a wind from ahead **2.** [Archaic] backwards **—taken aback** startled and confused

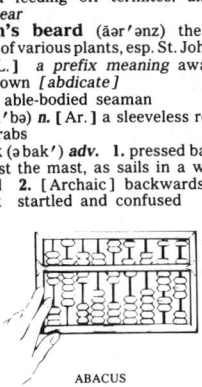

ABACUS

**abacus** (ab′ə kəs) ***n., pl.*** **-cuses, -ci′** (-sī′) [< Gr. *abax*] **1.** a frame with beads sliding on wires, for doing arithmetic **2.** *Archit.* a slab forming the uppermost part of the capital of a column

**abaft** (ə bäft′) ***adv.*** [< OE. *be,* by + *æftan,* behind] at or towards the stern of a ship; aft ***—prep.*** *Naut.* behind

**abalone** (ab′ə lō′nē) ***n.*** [AmSp.] a sea mollusc with a spiral shell lined with mother-of-pearl

**abandon** (ə ban′dən) ***vt.*** [< OFr. *mettre à bandon,* put under (someone else's) ban] **1.** to forsake; desert **2.** to give up (something) completely **3.** to yield (oneself) completely, as to a feeling ***—n.*** unrestrained freedom of action or emotion **—aban′donment *n.***

**abandoned** ***adj.*** **1.** forsaken; deserted **2.** unrestrained **3.** shamefully wicked; immoral

**abase** (ə bās′) ***vt.*** **abased′, abas′ing** [< L. *ad-,* to + LL. *bassus,* low] to humble or humiliate **—abase′ment *n.***

**abash** (ə bash′) ***vt.*** [< L. *ex* + *ba,* interj.] to make ashamed and ill at ease **—abashed′ *adj.***

**abate** (ə bāt′) ***vt.*** **abat′ed, abat′ing** [< OFr. *abattre,* beat down] **1.** to make less **2.** *Law* to put a stop to; end ***—vi.*** to become less; subside **—abate′ment *n.***

**abattoir** (ab′ə twär′) ***n.*** [see ABATE] a slaughterhouse

**abbacy** (ab′ə sē) ***n., pl.*** **-cies** an abbot's or abbess's position, jurisdiction, or term of office

**abbé** (a′bā) ***n.*** [Fr.: see ABBOT] a French title of respect for a priest

**abbess** (ab′es) ***n.*** [see ABBOT] a woman who is head of an abbey of nuns

**abbey** (ab′ē) ***n.*** **1.** a monastery or convent **2.** a church belonging to an abbey

**abbot** (ab′ət) ***n.*** [< Aram. *abbā,* father] a man who heads an abbey of monks

**abbr., abbrev.** **1.** abbreviated **2.** abbreviation

**abbreviate** (ə brē′vē āt′) ***vt.*** **-at′ed, -at′ing** [< L. *ad-,* to + *brevis,* short] **1.** to shorten (a word) by leaving out letters **2.** to make shorter **—abbre′via′tion *n.***

**A B C** (ā′bē′sē′) ***n., pl.*** **A B C's** **1.** the alphabet **2.** the basic elements (*of* a subject) **3.** an alphabetically arranged reference or guide book

**ABC** Australian Broadcasting Commission

**abdicate** (ab′ də kāt′) ***vt., vi.*** **-cat′ed, -cat′ing** [< L. *ab-,* off + *dicare,* proclaim] **1.** to give up formally (a high office, etc.) **2.** to surrender (a right, etc.) **—ab′dica′tion *n.***

**abdomen** (ab′ də mən) ***n.*** [L.] **1.** the lower part of the body containing the intestines, etc.; belly **2.** in arthropods, the hind part of the body **—abdominal** (ab dom′ ə n′l) ***adj.***

**abduct** (ab dukt′) *vt.* [< L. *ab-*, away + *ducere*, to lead] to kidnap (a person) —**abduc′tion** *n.* —**abduc′tor** *n.*

**abeam** (ə bēm′) *adv.* at right angles to a ship's side

**Aberdeen Angus** (ab′ər dēn′aŋ gəs) any of a breed of black, hornless cattle, originally from Scotland

**Aberdeen terrier** a long-bodied, wire-haired terrier

**aberration** (ab′ər ā′shən) *n.* [< L. *ab-*, from + *errare*, wander] **1.** a departure from what is right, true, normal, etc. **2.** mental derangement **3.** *Astron.* the apparent displacement of a heavenly body **4.** *Optics* the failure of light rays from one point to converge to a single focus

**abet** (ə bet′) *vt.* **abet′ted, abet′ting** [< OFr. *a-*, to + *beter*, to bait] to incite or help, esp. in wrongdoing —**abet′ment** *n.* —**abet′tor, abet′ter** *n.*

**abeyance** (ə bā′əns) *n.* [< OFr. *a-*, at + *bayer*, gape] temporary suspension, as of an activity or function

**abhor** (əb hôr′) *vt.* **-horred′, -hor′ring** [< L. *ab-*, from + *horrere*, to shudder] to shrink from in disgust or hatred —**abhor′rence** (əb hor′əns) *n.*

**abhorrent** (əb hor′ənt) *adj.* **1.** causing disgust, hatred, etc.; detestable **2.** opposed (*to*) [*abhorrent* to his principles] —**abhor′rently** *adv.*

**abide** (ə bīd′) *vi.* **abode′** or **abid′ed, abid′ing** [< OE. *a-* (intens.) + *bidan*, remain] **1.** to remain **2.** [Archaic] to reside —*vt.* **1.** to tolerate **2.** to submit to **3.** to await —**abide by 1.** to live up to (a promise, etc.) **2.** to submit to and carry out —**abid′ance** *n.*

**abiding** *adj.* enduring; lasting —**abid′ingly** *adv.*

**ability** (ə bil′ə tē) *n., pl.* **-ties 1.** skill or talent; competence **2.** a being able; power to do

**-ability** (ə bil′ə tē) *pl.* **-ties** [L.] *a suffix used to form nouns from adjectives ending in* -ABLE [*durability*]

**abject** (ab′jekt) *adj.* [< L. *ab-*, from + *jacere*, throw] **1.** of the lowest degree; miserable **2.** lacking self-respect; servile —**ab′jectness, abjec′tion** *n.*

**abjure** (əb jŏŏər′) *vt.* **-jured′, -jur′ing** [< L. *ab-*, from + *jurare*, swear] to give up (rights, allegiance, etc.) on oath; renounce —**abjuration** (ab′jŏŏə rā′shən) *n.*

**ablate** (ab lāt′) *vt.* **-lat′ed, -lat′ing** [see ff.] **1.** to remove, as by surgery **2.** *Astrophysics* to melt, vaporize, etc. (surface material) **3.** *Geol.* to wear away, as by the action of water —**abla′tion** *n.*

**ablative** (ab′lə tiv) *n.* [< L. *ab-*, away + *ferre*, carry] the grammatical case in Latin expressing removal, direction from, cause, etc. —*adj.* of or in the ablative

**ablaut** (ab′lout) *n.* [G. < *ab-*, off + *Laut*, sound] the change of vowels in related words to show changes in tense, meaning, etc. (Ex.: drink, drank, drunk)

**ablaze** (ə blāz′) *adj.* **1.** flaming **2.** greatly excited

**able** (ā′b'l) *adj.* **a′bler, a′blest** [< L. *habere*, have] **1.** having enough power, skill, etc. (*to* do something) **2.** skilled; talented —**a′bly** *adv.*

**-able** (ə b'l) [< L. *-abilis*] *a suffix meaning:* **1.** able to [*durable*] **2.** capable of being [*drinkable*] **3.** worthy of being [*lovable*] **4.** having qualities of [*comfortable*] **5.** tending or inclined to [*peaceable*]

**able-bodied** (ā′b'l bod′ēd) *adj.* healthy and strong

**able-bodied seaman** *same as* ABLE RATING

**able rating** *see* MILITARY RANKS, table

**ablution** (əb lōō′shən) *n.* [< L. *ab-*, off + *luere*, lave] **1.** a washing of the body, esp. as a religious ceremony **2.** [*pl.*] [Colloq.] washing facilities

**-ably** (ə blē) *a suffix used to form adverbs from adjectives ending in* -ABLE [*peaceably*]

**ABM** anti-ballistic missile

**abnegate** (ab′nə gāt′) *vt.* **-gat′ed, -gat′ing** [< L. *ab-*, from + *negare*, deny] to give up (rights, claims, etc.); renounce —**ab′nega′tion** *n.* —**ab′nega′tor** *n.*

**abnormal** (ab nôr′m'l) *adj.* not normal, average, or typical; irregular —**ab′normal′ity** (-mal′ə tē) *n.*

**Abo** (a′bō) *n., pl.* **-bos** [< ABORIGINE] [Aust. Slang] an Australian aborigine —*adj.* aboriginal

**aboard** (ə bôrd′) *adv.* **1.** on, in, or into a ship, aircraft, etc. **2.** alongside —*prep.* on board

**abode**[1] (ə bōd′) *n.* [see ABIDE] a home; residence

**abode**[2] *alt. pt. and pp. of* ABIDE

**abolish** (ə bol′ish) *vt.* [< L. *abolere*, destroy] to do away with; put an end to —**abol′ishment** *n.*

**abolition** (ab′ə lish′ən) *n.* **1.** an abolishing or being abolished **2.** [*occas.* **A-**] the abolishing of slavery —**ab′oli′tionary** *adj.* —**ab′oli′tionist** *n.*

**A-bomb** (ā′bom′) *n.* *same as* ATOMIC BOMB

**abominable** (ə bom′ə nə b'l) *adj.* **1.** disgusting; vile **2.** very bad —**abom′inably** *adv.*

**Abominable Snowman** a large, hairy, manlike animal reputed to live in the Himalayas

**abominate** (ə bom′ə nāt′) *vt.* **-nat′ed, -nat′ing** [< L. *abominari*, regard as an ill omen] **1.** to feel hatred and disgust for; loathe **2.** to dislike very much —**abom′ina′tion** *n.* —**abom′ina′tor** *n.*

**aboriginal** (ab′ə rij′ə n'l) *adj.* **1.** existing from earliest days; first; indigenous **2.** of aborigines, esp. [**A-**] those of Australia —*n.* *same as* ABORIGINE

**aborigine** (ab′ə rij′ə nē′) *n., pl.* **-nes′** [L. < *ab-*, from + *origine*, beginning] any of the earliest known inhabitants of a region, esp. [**A-**] those of Australia

**abort** (ə bôrt′) *vi.* [< L. *aboriri*, to miscarry] **1.** to have a miscarriage **2.** to fail to be completed —*vt.* **1.** to cause to have an abortion **2.** to cut short (an operation of an aircraft, missile, etc.)

**abortion** (ə bôr′shən) *n.* **1.** deliberate

termination of pregnancy **2.** expulsion of a foetus from the womb before it is viable **3.** anything immature and incomplete **4.** anything grotesquely misshapen

**abortive** *adj.* **1.** coming to nothing; unsuccessful **2.** *Biol.* rudimentary **3.** *Med.* causing abortion

**abound** (ə bound′) *vi.* [< L. *ab-*, away + *undare*, rise in waves] **1.** to be plentiful **2.** to teem (*with*)

**about** (ə bout′) *adv.* [< OE. *onbutan*, around] **1.** all round **2.** here and there **3.** near **4.** in the opposite direction **5.** in succession or rotation [play fair—turn and turn *about*] **6.** approximately —*adj.* **1.** active [up and *about* again] **2.** in the vicinity —*prep.* **1.** on all sides of **2.** here and there in **3.** near to **4.** with; on (one's person) [have your wits *about* you] **5.** attending to [go *about* your business] **6.** intending; on the point of **7.** concerning —**how** (or **what**) **about** [Colloq.] what is your opinion concerning? —**how about that!** [Colloq.] isn't that interesting!

**about-turn** (ə bout′ tŭrn′; *for v.*, ə bout′-tŭrn′) *n.* **1.** a sharp turn to the opposite direction **2.** a sharp change, as in opinion —*vi.* **-turned′, -turn′ing** to turn or face in the opposite direction Also **about′face′**

**above** (ə buv′) *adv.* [OE. *abufan*] **1.** in a higher place; up **2.** in heaven **3.** at a previous place (in a piece of writing) **4.** higher in status, etc. —*prep.* **1.** higher than **2.** beyond; past **3.** upstream from **4.** better or more than **5.** too honourable or good for [not *above* cheating] —*adj.* mentioned earlier —*n.* something that is above —**above all** most of all; mainly

**aboveboard** (ə buv′ bôrd′) *adv., adj.* without dishonesty

**abracadabra** (ab′ rə kə dab′ rə) *n.* [LL.] **1.** a word supposed to have magic powers, used in incantations, etc. **2.** foolish or meaningless talk

**abrade** (ə brād′) *vt.* **-rad′ed, -rad′ing** [< L. *ab-*, away + *radere*, scrape] to rub off; wear away by scraping

**abrasion** (ə brā′ zhən) *n.* **1.** a scraping or rubbing off, as of skin **2.** an abraded spot or area

**abrasive** *adj.* causing abrasion —*n.* a substance used for grinding, polishing, etc.

**abreast** (ə brest′) *adv., adj.* **1.** side by side **2.** informed (*of*) or conversant (*with*) recent developments

**abridge** (ə brij′) *vt.* **abridged′, abridg′ing** [< LL. *abbreviare*: see ABBREVIATE] **1.** to shorten by using fewer words **2.** to reduce in scope, extent, etc. —**abridg′er** *n.* —**abridg′ment, abridge′ment** *n.*

**abroad** (ə brôd′) *adv.* **1.** to or in foreign countries **2.** circulating [a report is *abroad* that he is ill] **3.** far and wide **4.** outdoors —**from abroad** from a foreign land

**abrogate** (ab′ rə gāt′) *vt.* **-gat′ed, -gat′ing** [< L. *ab-*, away + *rogare*, propose] to cancel or repeal; annul —**ab′roga′tion** *n.* —**ab′rogative** *adj.* —**ab′roga′tor** *n.*

**abrupt** (ə brupt′) *adj.* [< L. *ab-*, off + *rumpere*, break] **1.** sudden; unexpected **2.** brusque **3.** very steep **4.** jumping from topic to topic; disconnected —**abrupt′ly** *adv.* —**abrupt′ness** *n.*

**abscess** (ab′ ses) *n.* [< L. < *ab(s)-*, from + *cedere*, go] a swollen, inflamed area in body tissues, in which pus gathers —*vi.* to form an abscess —**ab′scessed** *adj.*

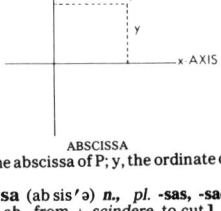

ABSCISSA
(x, the abscissa of P; y, the ordinate of P)

**abscissa** (ab sis′ ə) *n., pl.* **-sas, -sae** (-ē) [< L. *ab-*, from + *scindere*, to cut] *Math.* in a system of coordinates, the distance of a point from the vertical axis as measured along a line parallel to the horizontal axis: cf. ORDINATE

**abscond** (əb skond′) *vi.* [< L. *ab(s)-*, from + *condere*, hide] to run away and hide, esp. in order to escape the law —**abscond′er** *n.*

**abseil** (ab′ sāl) *vi.* [< G. *ab-*, down + *Seil*, rope] *Mountaineering* to descend by means of a double rope secured from above —*n.* a descent so made

**absence** (ab′ səns) *n.* **1.** the state of being absent **2.** the time of being away **3.** a lack [in the *absence* of proof]

**absent** (ab′ sənt; *for v.* ab sent′) *adj.* [< L. *ab-*, away + *esse*, be] **1.** not present; away **2.** not existing; lacking **3.** not attentive —*vt.* to keep (oneself) away

**absentee** (ab′ sən tē′) *n.* a person who is absent, as from work —*adj.* designating or of a person who lives away from his property, office, etc. [an *absentee* landlord]

**absenteeism** *n.* absence from work, school, etc., esp. when deliberate or habitual

**absent-minded** *adj.* **1.** not attentive; preoccupied **2.** habitually forgetful

**absinthe, absinth** (ab′ sinth) *n.* [< Gr. *apsinthion*] **1.** wormwood **2.** a green liqueur with the flavour of wormwood and anise

**absolute** (ab′ sə lo̅o̅t′) *adj.* [see ABSOLVE] **1.** perfect; complete **2.** not mixed; pure **3.** unrestricted [an *absolute* ruler] **4.** positive; definite **5.** actual; real [an *absolute* truth] **6.** *Gram.* *a*) forming part of a sentence, but syntactically independent [in the sentence "The weather being good, they went," *the weather being good* is an *absolute* construction] *b*) with no expressed object: said of a verb usually transitive —*n.* something that is absolute —**the Absolute** *Philos.* that which is thought of as existing in and by itself, without relation to anything else —**ab′solute′ness** *n.*

**absolutely** (ab′ sə lo̅o̅t′ lē; *for interj.*, ab′-

sə lo̅o̅t′lē) ***adv.*** in an absolute manner —***interj.*** yes indeed; definitely

**absolute majority** **1.** a majority of over half **2.** a majority that beats the combined opposition

**absolute pitch** the ability to identify or sing any note, or to sing a given tone, without having a known pitch sounded beforehand

**absolute temperature** temperature measured from absolute zero

**absolute zero** a point of temperature theoretically equal to -273.15°C: the hypothetical point at which a substance would have no molecular motion and no heat

**absolution** (ab′sə lo̅o̅′shən) [see ABSOLVE] **1.** a formal freeing (*from* guilt); forgiveness **2.** remission (*of* sin or its penalty)

**absolutism** (ab′sə lo̅o̅′tiz′m) ***n.*** government in which the ruler has unlimited powers —**ab′solut′ist** ***n., adj.***

**absolve** (əb zolv′) ***vt.*** **-solved′, -solv′ing** [< L. *ab-*, from + *solvere,* to loose] **1.** to pronounce free from guilt **2.** to give religious absolution to **3.** to free (someone *from* an obligation) —**absolv′ent** ***adj., n.***

**absorb** (əb sôrb′) ***vt.*** [< L. *ab-*, from + *sorbere,* drink in] **1.** to suck up **2.** to engross **3.** to take in and incorporate **4.** to take in (a shock, jolt, etc.) with little or no recoil or reaction **5.** to take in and not reflect (light, sound, etc.) —**absorbed′** ***adj.*** —**absorb′ent** ***adj., n.*** —**absorb′ing** ***adj.***

**absorption** (əb sôrp′shən) ***n.*** **1.** an absorbing **2.** great interest **3.** *Biol.* the passing of nutrient material into the blood or lymph —**absorp′tive** ***adj.***

**abstain** (əb stān′) ***vi.*** [< L. *ab(s)-*, from + *tenere,* hold] **1.** to do without voluntarily; refrain (*from*), esp. alcohol **2.** to choose not to vote —**abstain′er** ***n.***

**abstemious** (əb stē′mē əs) ***adj.*** [< L. *ab(s)-*, from + *temetum,* strong drink] moderate, esp. in eating and drinking —**abste′miously** ***adv.*** —**abste′miousness** ***n.***

**abstention** (əb sten′shən) ***n.*** an abstaining; specif., a refraining from voting on some issue

**abstinence** (ab′stə nəns) ***n.*** an abstaining from some or all food, drink, or other pleasures —**ab′stinent** ***adj.***

**abstract** (ab′strakt; *also, and for n. 1 & v. 3 always,* ab strakt′) ***adj.*** [< L. *ab(s)-*, from + *trahere,* draw] **1.** thought of apart from material objects **2.** expressing a quality so thought of ["beauty" is an *abstract* word] **3.** theoretical **4.** not easy to understand **5.** *Art* seeking to make an effect through form and colour alone —***n.*** **1.** a summary **2.** an abstract thing, condition, etc. —***vt.*** **1.** to take away **2.** to think of (a quality) apart from any object that has it **3.** to summarize —**in the abstract** in theory as distinct from practice —**abstract′ly** ***adv.***

**abstracted** ***adj.*** withdrawn in mind; preoccupied

**abstraction** ***n.*** **1.** mental withdrawal **2.** an abstracting **3.** an abstract idea **4.** an unrealistic notion **5.** an abstract picture, sculpture, etc. —**abstrac′tionism** ***n.*** —**abstrac′tionist** ***n.***

**abstruse** (ab stro̅o̅s′) ***adj.*** [< L. *ab(s)-*, away + *trudere,* thrust] hard to understand; deep —**abstruse′ly** ***adv.***

**absurd** (əb surd′) ***adj.*** [< L. *ab-*, intens. + *surdus,* deaf] so clearly inconsistent or unreasonable as to be laughable or ridiculous —**absurd′ity, absurd′ness** ***n.***

**abundance** (ə bun′dəns) ***n.*** [see ABOUND] **1.** a great supply; more than sufficient quantity **2.** wealth —**abun′dant** ***adj.*** —**abun′dantly** ***adv.***

**abuse** (ə byo̅o̅z′; *for n.,* ə byo̅o̅s′) ***vt.*** **abused′, abus′ing** [< L. *ab-*, away + *uti,* to use] **1.** to use wrongly **2.** to mistreat **3.** to insult; revile —***n.*** **1.** wrong use **2.** mistreatment **3.** a corrupt practice **4.** insulting language —**abus′er** ***n.*** —**abu′sive** ***adj.***

**abut** (ə but′) ***vi.*** **abut′ted, abut′ting** [< OFr. *a-*, to + *bout,* end] **1.** to touch or lean against end-on **2.** to adjoin —***vt.*** to border upon

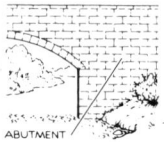


**abutment** ***n.*** the supporting structure of a bridge, arch, etc.

**abysmal** (ə biz′m'l) ***adj.*** **1.** of or like an abyss; bottomless **2.** [Colloq.] immeasurably bad —**abys′mally** ***adv.***

**abyss** (ə bis′) ***n.*** [< Gr. *a-*, without + *byssos,* bottom] **1.** a bottomless gulf; chasm **2.** anything too deep for measurement [an *abyss* of shame] **3.** *Theol.* the primeval chaos before the Creation —**abyssal** (ə bis′'l) ***adj.***

**-ac** (ak, ək) [< Fr. < Gr.] *a suffix meaning:* **1.** relating to [*cardiac*] **2.** affected by or having [*maniac*]

**Ac** *Chem.* actinium

**AC, A.C., a.c.** alternating current

**A.C.** aircraft(s)man

**A/C, a/c** *Bookkeeping* account

**acacia** (ə kā′shə) ***n.*** [< Gr. *akakia,* thorny tree] a tree or shrub with clusters of yellow or white flowers: some yield gum arabic or dyes

**academic** (ak′ə dem′ik) ***adj.*** [see ACADEMY] **1.** of colleges, universities, etc. **2.** merely theoretical [an *academic* question] **3.** having to do with liberal rather than technical education Also **ac′adem′ical** —***n.*** a person at university, esp. a teacher —**ac′adem′ically** ***adv.***

**academic freedom** freedom of a teacher or student to express views without arbitrary interference

**academy** (ə kad′ə mē) ***n., pl.*** **-mies** [< Gr. *akadēmeia,* place where Plato taught]

1. a school offering training in a special field 2. an association of scholars, writers, artists, etc., for advancing literature, art, or science 3. a secondary school, esp. in Scotland

**acanthus** (ə kan′thəs) *n., pl.* **-thuses, -thi** (-thī) [< Gr. *akē,* a point] 1. a plant with lobed, often spiny leaves 2. *Archit.* a conventional representation of its leaf

**A.C.A.S., ACAS** Advisory, Conciliation, and Arbitration Service

**acc.** 1. accompanied 2. account 3. accusative

**A.C.C.A.** Association of Certified and Corporate Accountants

**accede** (ak sēd′) *vi.* **-ced′ed, -ced′ing** [< L. *ad-,* to + *cedere,* to yield] 1. to assent; agree (*to*) 2. to enter upon the duties (of an office) **—acced′ence** *n.* **—acced′er** *n.*

**accelerando** (ak sel′ə ran′dō) *adv., adj.* [It.] *Music* with gradually quickening tempo

**accelerate** (ək sel′ə rāt′) *vt.* **-at′ed, -at′ing** [< L. *ad-,* to + *celerare,* hasten] 1. to increase the speed of 2. to cause to happen sooner **—*vi.*** to go faster **—accel′era′tion** *n.* **—accel′erative** *adj.*

**accelerator** *n.* 1. a device, as the foot throttle of a motor vehicle, for speeding up something 2. *Chem.* a substance that speeds up a reaction 3. *Nuclear Physics* a device that accelerates charged particles to high energies

**accent** (ak′sent; *for v. also* ak sent′) *n.* [< L. *ad-,* to + *canere,* to sing] 1. the emphasis given to a syllable or word in speaking it 2. a mark used to show this emphasis or to distinguish various sounds for the same letter 3. a distinguishing regional or national way of pronouncing 4. [*pl.*] speech 5. special emphasis [to put the *accent* on safety] 6. *Music* emphasis or stress on a note or chord 7. *Prosody* rhythmic stress or beat **—*vt.*** 1. to stress 2. to mark with an accent

**accentor** (ak sen′tər) *n.* [< L. *ad,* to + *cantor,* singer] any of a genus of small songbirds, as the hedge sparrow

**accentuate** (ak sen′tyoo wāt′) *vt.* **-at′ed, -at′ing** 1. to pronounce or mark with an accent or stress 2. to emphasize **—accen′tua′tion** *n.*

**accept** (ək sept′) *vt.* [< L. *ad-,* to + *capere,* take] 1. to receive willingly 2. to say "yes" to [to *accept* an invitation] 3. to agree to 4. to believe in 5. to approve 6. to understand as having a certain meaning 7. to agree to pay **—*vi.*** to accept something offered **—accept′er** *n.*

**acceptable** *adj.* worth accepting; satisfactory or, sometimes, merely adequate **—accept′abil′ity** *n.* **—accept′ably** *adv.*

**acceptance** *n.* 1. an accepting or being accepted 2. approval 3. assent 4. a promise to pay

**accepted** *adj.* generally regarded as true, proper, etc.; conventional; approved

**acceptor** *n.* 1. one who accepts, esp. a bill of exchange 2. *Electronics* an impurity added to a semiconductor that increases its conductivity

**access** (ak′ses) *n.* [see ACCEDE] 1. approach 2. a means of approaching 3. the right to enter, use, etc. 4. an outburst [an *access* of anger] 5. the onset (*of* a disease)

**accessary** (ək ses′ər ē) *adj., n., pl.* **-ries** *same as* ACCESSORY

**accessible** (ək ses′ə b'l) *adj.* 1. that can be approached or entered 2. easy to approach or enter 3. obtainable 4. open to the influence of (with *to*) [not *accessible* to pity] **—acces′sibil′ity** *n.* **—acces′sibly** *adv.*

**accession** (ak sesh′ən) *n.* 1. the act of attaining (a throne, power, etc.) 2. assent 3. *a*) increase by addition *b*) an item added, as to a library **—acces′sional** *adj.*

**accessory** (ək ses′ər ē) *adj.* [see ACCEDE] 1. extra; additional 2. *Law* helping in an unlawful act **—*n., pl.*** **-ries** 1. something extra, as an article to complete one's costume or a piece of optional equipment 2. *Law* an accomplice **—accessory before** (or **after**) **the fact** one who aids another before (or after) the commission of a crime **—accessorial** (ak′sə sôr′ē əl) *adj.*

**access time** in computers, the time between a request for information from storage and its delivery

**accident** (ak′sə dənt) *n.* [< L. *ad-,* to + *cadere,* to fall] 1. a happening that is not foreseen or intended 2. an unintended happening that results in injury, loss, etc. 3. chance [to meet by *accident*] 4. an attribute that is not essential

**accidental** (ak′sə den′t'l) *adj.* 1. happening by chance 2. belonging but not essential **—*n.*** 1. a nonessential quality 2. *Music* a sign, as a sharp or flat, placed before a note to show a change of pitch **—ac′ciden′tally** *adv.*

**acclaim** (ə klām′) *vt.* [< L. *ad-,* to + *clamare,* to cry out] 1. to greet with strong approval 2. to announce with much applause or praise [they *acclaimed* him victor] **—*n.*** loud applause or strong approval

**acclamation** (ak′lə mā′shən) *n.* 1. loud applause or strong approval 2. an approving vote by voice without an actual count 3. [Canad.] an unopposed election **—acclamatory** (ə klam′ə tər ē) *adj.*

**acclimatize** (ə klī′mə tīz′) *vt., vi.* **-tized′, -tiz′ing** [see AD- & CLIMATE] to accustom or become accustomed to a different climate or environment **—accli′matiza′tion** *n.*

**accolade** (ak′ə lād′) *n.* [ult. < L. *ad,* to + *collum,* neck] 1. anything done or given as a sign of great respect, appreciation, etc. 2. a touch with a sword used in conferring knighthood

**accommodate** (ə kom′ə dāt′) *vt.* **-dat′ed, -dat′ing** [< L. *ad-,* to + *com-,* with + *modus,* a measure] 1. to help by supplying (*with* something) 2. to do a favour for 3. to adjust; adapt 4. to reconcile 5. to have room for **—*vi.*** to become adjusted, as the lens of the eye in focusing **—accom′modative** *adj.* **—accom′moda′tor** *n.*

**accommodating** *adj.* ready to help; obliging

**accommodation** (ə kom′ə dā′ shən) *n.* **1.** adjustment **2.** lodgings or space, as in a hotel, on a ship, etc. **3.** reconciliation of differences **4.** willingness to do favours **5.** a help or convenience

**accommodation address** an address to which letters, etc. may be sent, although the addressee does not live or work there

**accompaniment** (ə kum′pə nē mənt) *n.* **1.** anything that accompanies something else **2.** *Music* a part played as a subsidiary to a song, or to another part

**accompanist** (ə kum′pə nist) *n.* a person who plays an accompaniment

**accompany** (ə kum′pə nē) *vt.* **-nied, -nying** [see AD- & COMPANION[1]] **1.** to go or be together with **2.** to supplement **3.** to play an accompaniment for or to

**accomplice** (ə kum′plis) *n.* [see COMPLEX] a person who knowingly helps another in an unlawful act

**accomplish** (ə kum′plish) *vt.* [< L. *ad-*, intens. + *complere*, complete] to do; succeed in doing; complete

**accomplished** *adj.* **1.** done; completed **2.** skilled; proficient **3.** trained in the social arts or skills

**accomplishment** *n.* **1.** completion **2.** something done successfully; achievement **3.** a social art or skill

**accord** (ə kôrd′) *vt.* [< L. *ad-*, to + *cor*, heart] to grant or concede —*vi.* to agree or harmonize (*with*) —*n.* mutual agreement; harmony —**of one's own accord** willingly, without being asked —**with one accord** all agreeing —**accord′ance** *n.*

**according** *adj.* in harmony —**according as** to the degree that —**according to** **1.** in agreement with **2.** in the order of **3.** as stated by

**accordingly** *adv.* **1.** in a way that is fitting and proper **2.** therefore

ACCORDION

**accordion** (ə kôr′dē ən) *n.* [< G., prob. < It. *accordare*, be in tune] a musical instrument with a bellows which is pressed to force air through reeds opened by fingering keys or studs —*adj.* having folds like an accordion's bellows [*accordion* pleats] —**accor′dionist** *n.*

**accost** (ə kost′) *vt.* [< L. *ad-*, to + *costa*, rib, side] to approach and speak to, esp. in a bold or forward manner

**account** (ə kount′) *n.* [< L. *computare*: see COMPUTE] **1.** a report **2.** an explanation **3.** worth; importance **4.** a record of financial transactions **5.** *same as* BANK ACCOUNT —*vt.* to consider to be —*vi.* **1.** to furnish a reckoning of money received and paid out **2.** to make amends (*for*) **3.** to give reasons (*for*) **4.** to be the cause of (with *for*) **5.** to put out of action by killing, defeating, etc. (with *for*) —**by all accounts** according to all opinions —**call to account** **1.** to demand an explanation of **2.** to reprimand —**give a good account of oneself** to acquit oneself well —**on account** as partial payment —**on account of** because of —**on no account** under no circumstances —**take account of** **1.** to allow for **2.** to take notice of —**take into account** to take into consideration —**turn to (good) account** to get use or profit from

**accountable** *adj.* **1.** obliged to account for one's acts; responsible **2.** that can be accounted for; explainable —**account′abil′ity** *n.* —**account′ably** *adv.*

**accountant** *n.* a person whose work is to inspect or keep financial accounts —**account′ancy** *n.*

**accounting** *n.* the principles or practice of setting up and auditing financial accounts

**accoutrements** (ə kōōt′trə mənts) *n.pl.* [< L. *con-*, together + *suere*, to sew] **1.** clothes; dress **2.** equipment; furnishings

**accredit** (ə kred′it) *vt.* [see CREDIT] **1.** to attribute **2.** to certify as meeting certain standards **3.** to give credentials to (an ambassador, representative, etc.) **4.** to take as true —**accred′ita′tion** *n.*

**accretion** (ə krē′shən) *n.* [< L. *ad-*, to + *crescere*, grow] **1.** growth in size, esp. by addition **2.** a growing together of parts **3.** accumulated matter **4.** a whole resulting from such growth —**accre′tive** *adj.*

**accrue** (ə krōō′) *vi.* **-crued′, -cru′ing** [see ACCRETION] **1.** to come as a natural growth **2.** to be added periodically as an increase —**accru′al** *n.*

**acct.** account

**acculturation** (ə kul′chə rā′shən) *n.* a conditioning or becoming adapted to a different culture

**accumulate** (ə kyōōm′yə lāt′) *vt., vi.* **-lat′ed, -lat′ing** [< L. *ad-*, to + *cumulare*, to heap] to pile up or collect, esp. over a period of time —**accu′mulative** *adj.*

**accumulation** (ə kyōōm′yə lā′shən) *n.* **1.** an accumulating; collection **2.** accumulated or collected material

**accumulator** (ə kyōōm′yə lāt′ər) *n.* **1.** a storage battery **2.** a device, as in a computer, that stores a quantity and that will add to it, storing the sum **3.** a bet on several successive races, both the stake and the winnings being carried forward from one race to the next

**accuracy** (ak′yoo rə sē) *n.* the quality or state of being accurate; precision

**accurate** (ak′yoo rət) *adj.* [< L. *ad-*, to + *cura*, care] **1.** careful and exact **2.** free from errors —**ac′curately** *adv.*

**accursed** (ə kur′sid) *adj.* **1.** under a curse **2.** deserving to be cursed Also **accurst′**

**accusation** (ak′yoo zā′shən) *n.* **1.** an accusing or being accused **2.** the wrong that one is accused of

**accusative** (ə kyōō′zə tiv) *adj.* [see ACCUSE] *Gram.* designating or in the case of an object of a verb or prepositions —*n.* **1.** the accusative case **2.** a word in this case —**accu′sati′val** (-tī′v'l) *adj.*

**accusatory** (ə kyōō′zə tər ē) *adj.* making or containing an accusation; accusing

**accuse** (ə kyōōz′) *vt.* **-cused′, -cus′ing** [< L. *ad-,* to + *causa,* lawsuit] **1.** to blame **2.** to bring charges against (*of* breaking the law, etc.) —**the accused** *Law* the person charged with committing a crime —**accus′er** *n.* —**accus′ingly** *adv.*

**accustom** (ə kus′təm) *vt.* to make used (*to* something) as by custom or regular use; habituate

**accustomed** *adj.* **1.** customary; usual; characteristic **2.** used (*to*); in the habit of

**ace** (ās) *n.* [< L. *as,* unit] **1.** a playing card, domino, etc. with one spot **2.** a serve, as in tennis, that one's opponent is unable to return **3.** *Golf* a hole in one **4.** a combat pilot who has destroyed many enemy aircraft **5.** [Colloq.] an expert —*adj.* [Colloq.] first-rate; expert —**ace up one's sleeve** a hidden and powerful advantage —**within an ace of** on the verge of; very close to

**-aceous** (ā′shəs) [L.] *a suffix meaning* of the nature of, like, belonging to, producing, etc.

**acerbate** (as′ər bāt′) *vt.* **-bat′ed, -bat′ing** **1.** to make sour or bitter **2.** to irritate; vex

**acerbity** (ə sur′bə tē) *n., pl.* **-ties** [< L. *acerbus,* bitter] **1.** sharpness or harshness of temper, words, etc. **2.** a sour, astringent quality —**acer′bic** *adj.*

**acetaldehyde** (as′ə tal′də hīd′) *n.* [ACET(O)- + ALDEHYDE] a colourless, soluble, volatile liquid used as a solvent

**acetate** (as′ə tāt′) *n.* a salt or ester of acetic acid

**acetic** (ə sēt′ik) *adj.* [< L. *acetum:* see ACETO-] of, like, containing, or producing acetic acid or vinegar

**acetic acid** a sour, colourless liquid having a sharp odour: it is found in vinegar

**aceto-** [< L. *acetum,* vinegar] *a combining form meaning* of or from acetic acid

**acetone** (as′ə tōn′) *n.* a colourless, flammable, volatile liquid used as a solvent for certain oils, etc.

**acetylene** (ə set′ə lēn′) *n.* a colourless gas used for lighting and, with oxygen, in blowlamps, etc.

**acetylsalicylic acid** (ə sēt′əl sal′ə sil′ik) aspirin

**ache** (āk) *vi.* **ached, ach′ing** [OE. *acan*] **1.** to have or give dull, steady pain **2.** to yearn —*n.* a dull, continuous pain

**achieve** (ə chēv′) *vt.* **achieved′, achiev′ing** [< OFr. *a-,* to + *chief:* see CHIEF] **1.** to succeed in doing; accomplish **2.** to get by exertion; attain; gain —**achiev′er** *n.*

**achievement** *n.* **1.** an achieving **2.** a thing achieved, esp. by skill, work, etc.; feat

**Achilles' heel** (ə kil′ēz) [< *Achilles,* Gr. hero killed by an arrow in his vulnerable heel] (one's) vulnerable spot

**Achilles' tendon** the tendon connecting the back of the heel to the muscles of the calf of the leg

**achromatic** (ak′rə mat′ik) *adj.* [< Gr. *a-,* without + *chrōma,* colour] **1.** colourless **2.** refracting white light without breaking it up into its component colours

**acid** (as′id) *adj.* [L. *acidus,* sour] **1.** sharp to the taste; sour **2.** sharp or sarcastic in speech, etc. **3.** of an acid **4.** having too much acid —*n.* **1.** a sour substance **2.** [Slang] *same as* LSD **3.** *Chem.* any compound that reacts with a base to form a salt —**ac′idly** *adv.*

**acidic** (ə sid′ik) *adj.* **1.** forming acid **2.** acid

**acidify** (ə sid′ə fī′) *vt., vi.* **-fied′, -fy′ing** **1.** to make or become sour or acid **2.** to change into an acid

**acidity** (ə sid′ə tē) *n., pl.* **-ties** **1.** acid quality or condition; sourness **2.** the degree of this

**acid test** [orig., a *test* of gold by *acid*] a crucial, final test of value or quality

**acidulous** (ə sid′yoo ləs) *adj.* **1.** somewhat acid or sour **2.** somewhat sarcastic Also **acid′ulent**

**-acious** (ā′shəs) [< L.] *a suffix meaning* inclined to, full of *[tenacious]*

**-acity** (as′ə tē) *a n.-forming suffix corresponding to* -ACIOUS *[tenacity]*

**ack-ack** (ak′ak′) *n.* [echoic] [Colloq.] an antiaircraft gun or its fire

**acknowledge** (ək nol′ij) *vt.* **-edged, -edging** [ult. < OE. *oncnawan,* to understand] **1.** to admit to be true **2.** to recognize the authority or claims of **3.** to recognize and answer (a greeting or introduction) **4.** to express thanks for **5.** to state that one has received (a letter, gift, etc.)

**acknowledgment, acknowledgement** *n.* **1.** an admission **2.** something done or given in acknowledging, as thanks **3.** recognition of the authority or claims of

**acme** (ak′mē) *n.* [Gr. *akmē,* a point, top] the highest point; peak

**acne** (ak′nē) *n.* [? < Gr. *akmē:* see prec.] a skin disease characterized by inflammation of the sebaceous glands, causing pimples on the face, etc.

**acolyte** (ak′ə līt′) *n.* [< Gr. *akolouthos,* follower] **1.** *R.C.Ch.* a member of the highest of the four minor orders, who serves at Mass **2.** an attendant **3.** a novice

**aconite** (ak′ə nīt′) *n.* [< L. < Gr. *akoniton*] **1.** a poisonous plant with blue, purple, or yellow hoodlike flowers **2.** a drug made from the dried roots

**acorn** (ā′kôrn′) *n.* [< OE. *æcern,* nut] the fruit of the oak tree

**acoustic** (ə kōōs′tik) *adj.* [< Gr. *akouein,* hear] **1.** having to do with hearing or with acoustics **2.** detonated by sound vibrations *[an acoustic mine]* **3.** designating a musical instrument whose tones are not electronically altered Also **acous′tical** —**acous′tically** *adv.*

**acoustics** *n.pl.* **1.** the qualities of a room, etc. that relate to how clearly sounds can be heard in it **2.** [*with sing. v.*] the branch of physics dealing with sound

**acquaint** (ə kwānt′) ***vt.*** [< L. *ad,* to + *cognoscere,* to know] **1.** to make familiar (*with*) **2.** to make aware

**acquaintance** ***n.*** **1.** a person whom one knows only slightly **2.** knowledge gained from personal experience **—make the acquaintance of** to come into social contact with **—acquaint′anceship′** ***n.***

**acquiesce** (ak′wē es′) ***vi.*** **-esced′, -esc′ing** [< L. *ad-,* to + *quiescere,* to keep quiet] to consent quietly without protest, but without enthusiasm **—ac′quies′cence** ***n.*** **—ac′quies′cent** ***adj.***

**acquire** (ə kwīər′) ***vt.*** **-quired′, -quir′ing** [< L. *ad-,* to + *quaerere,* seek] **1.** to gain by one's own efforts **2.** to get as one's own **—acquisition** (ak′wə zish′ən) ***n.***

**acquired taste** **1.** a liking for something at first considered unpleasant **2.** the thing so liked

**acquisitive** (ə kwiz′ə tiv) ***adj.*** eager to acquire wealth, ideas, etc. **—acquis′itively** ***adv.*** **—acquis′itiveness** ***n.***

**acquit** (ə kwit′) ***vt.*** **-quit′ted, -quit′ting** [< L. *ad,* to + *quietare,* to quiet] **1.** to declare not guilty of a charge **2.** to release from a duty, etc. **3.** to conduct (oneself); behave **—acquit′tal** ***n.*** **—acquit′ter** ***n.***

**acre** (ā′kər) ***n.*** [OE. *æcer,* field] **1.** a measure of land, 43 560 square feet or 4046 $m^2$ **2.** [*pl.*] specific holdings in land; lands

**acreage** (ā′kər ij) ***n.*** acres collectively

**acrid** (ak′rid) ***adj.*** [< L. *acris,* sharp] **1.** bitter, or irritating to the taste or smell **2.** bitter or sarcastic in speech, etc. **—acrid′ity** (a krid′ə tē) ***n.*** **—ac′ridly** ***adv.***

**acrimony** (ak′rə mə nē) ***n.*** [< L. *acer,* sharp] bitterness or harshness of manner or speech; asperity **—ac′rimo′nious** (-mō′nē əs) ***adj.***

**acro-** [< Gr. *akros,* at the end or top] *a combining form meaning* highest, at the extremities

**acrobat** (ak′rə bat′) ***n.*** [< Gr. *akros* (see prec.) + *bainein,* to go] an expert performer of tricks in tumbling or on the trapeze, tightrope, etc. **—ac′robat′ic** ***adj.*** **—ac′robat′ically** ***adv.***

**acrobatics** (ak′rə bat′iks) ***n.pl.*** [*also with sing. v.*] **1.** the skill or tricks of an acrobat **2.** any activity requiring agility and skill [mental *acrobatics*]

**acromegaly** (ak′rō meg′ə lē) ***n.*** [see ACRO- & MEGALO-] abnormal enlargement of the head, hands, and feet, resulting from overproduction of growth hormone by the pituitary gland **—ac′romegal′ic** (-mə gal′ik) ***adj.***

**acronym** (ak′rə nim) ***n.*** [< ACRO- + Gr. *onyma,* name] a word formed from the first (or first few) letters of a series of words, as *radar,* from *r*adio *d*etecting *a*nd *r*anging

**acrophobia** (ak′rə fō′bē ə) ***n.*** [ACRO- + PHOBIA] an abnormal fear of being in high places

**acropolis** (ə krop′ə lis) ***n.*** [< Gr. *akros* (see ACRO-) + *polis,* city] the fortified upper part of an ancient Greek city, esp. [**A-**] that of Athens, on which the Parthenon was built

**across** (ə kros′) ***adv.*** **1.** crossed **2.** from one side to the other **—*prep.*** **1.** from one side to the other of **2.** on the other side of **3.** into contact with by chance [he came *across* a friend]

**acrostic** (ə kros′tik) ***n.*** [< Gr. *akros* (see ACRO-) + *stichos,* line of verse] a verse or arrangement of words in which certain letters in each line, as the first or last, spell out a word, motto, etc. **—acros′tically** ***adv.***

**acrylic fibre** (ə kril′ik) [< ACR(ID)] a synthetic fibre derived from hydrogen cyanide and acetylene

**acrylic resin** any of a group of transparent thermoplastic resins, as Perspex

**act** (akt) ***n.*** [< L. *actum,* pp. of *agere,* to do] **1.** a thing done **2.** an action **3.** a decision (of a legislative body, etc.) **4.** one of the main divisions of a drama or opera **5.** any of the separate performances on a variety programme **6.** insincere behaviour **—*vt.*** **1.** to play the part of **2.** to perform in (a play) **—*vi.*** **1.** to perform on the stage **2.** to behave as though playing a role **3.** to behave; comport oneself **4.** to function **5.** to serve as spokesman (*for*) **6.** to have an effect (*on*) **7.** to appear to be **—act on** (or **upon**) to behave in accordance with **—act up** [Colloq.] **1.** to misbehave **2.** to become inflamed, painful, etc.

**A.C.T.** Australian Capital Territory

**acting** ***adj.*** **1.** temporarily taking over the duties of a position **2.** functioning **—*n.*** the art of an actor

**actinic rays** (ak tin′ik) violet or ultraviolet rays that produce chemical changes, as in photography

**actinide series** (ak′tə nīd′) a group of radioactive chemical elements from element 89 (actinium) to element 103 (lawrencium)

**actinium** (ak tin′ē əm) ***n.*** [< Gr. *aktis,* ray] a radioactive chemical element found in pitchblende: symbol, Ac

**action** (ak′shən) ***n.*** [see ACT] **1.** the doing of something **2.** a thing done **3.** [*pl.*] behaviour **4.** bold and energetic activity **5.** an effect [the *action* of a drug] **6.** the way of moving, as of a machine **7.** the moving parts, as of a gun **8.** the happenings in a story or play **9.** a lawsuit **10.** military combat **11.** [Colloq.] activity or excitement **—out of action** not functioning

**actionable** ***adj.*** *Law* that gives cause for a lawsuit

**action painting** an art form using the spattering of paint to create random compositions

**action stations** points manned instantly by troops when enemy attack is imminent

**activate** (ak′tə vāt′) ***vt.*** **-vat′ed, -vat′ing** **1.** to make active **2.** to make radioactive

3. to treat (sewage) with air so as to purify it —**ac′tiva′tion** *n.* —**ac′tiva′tor** *n.*

**activated carbon** a highly porous carbon that can adsorb gases, vapours, and colloidal particles

**activated sludge** aerated sewage added to untreated sewage to hasten bacterial decomposition

**active** (ak′tiv) *adj.* [see ACT] 1. acting, working, etc. 2. capable of acting, functioning, etc. 3. causing motion or change 4. lively, quick, etc. 5. necessitating action *[active* sports*]* 6. liable to erupt *[*an *active* volcano*]* 7. *Gram.* denoting the voice of a verb whose subject is shown as performing the action —*n.* *Gram.* the active voice —**ac′tively** *adv.*

**active list** the list of those who can be called on for military duty (**active service**) in the armed forces

**activism** (ak′tə viz′m) *n.* the policy of taking direct action, esp. for political or social ends —**ac′tivist** *adj., n.*

**activity** (ak tiv′ə tē) *n., pl.* **-ties** 1. the state of being active 2. liveliness 3. any specific action or pursuit *[*recreational *activities]*

**act of God** *Law* an unforeseeable occurrence, esp. a disaster, caused by the forces of nature

**actor** (ak′tər) *n.* a person who acts in plays, films, etc. —**ac′tress** *n.fem.*

**A.C.T.U.** Australian Council of Trade Unions

**actual** (ak′choo wəl) *adj.* [see ACT] 1. existing in reality 2. existing at present or at the time

**actuality** (ak′choo wal′ə tē) *n.* 1. reality 2. *pl.* **-ties** an actual thing or condition; fact

**actually** (ak′choo wəl ē) *adv.* really

**actuarius** (ak′choo wāər′ē əs) *n.* *S Afr. Hist.* the actuary of the synod of a Dutch Reformed church

**actuary** (ak′choo wər ē) *n., pl.* **-aries** [< L. *actuarius,* clerk] a person who calculates risks, premiums, etc. for insurance —**actuarial** (ak′choo wāər′ē əl) *adj.*

**actuate** (ak′choo wāt′) *vt.* **-at′ed, -at′ing** 1. to put into action 2. to cause to take action —**ac′tua′tion** *n.*

**acuity** (ə ky$\overline{oo}$′ə tē) *n.* [< L. *acus,* needle] keenness, as of thought or vision; acuteness

**acumen** (ə ky$\overline{oo}$′mən) *n.* [< L. *acuere,* sharpen] keenness and quickness of mind

**acupuncture** (ak′yoo puŋk′chər) *n.* [< L. *acus,* needle + PUNCTURE] *Med.* the practice of piercing parts of the body with needles to treat disease or relieve pain

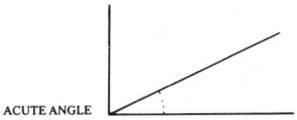


**acute** (ə ky$\overline{oo}$t′) *adj.* [see ACUMEN] 1. keen of mind; shrewd 2. sensitive *[acute* hearing*]* 3. very serious 4. having a sharp point 5. severe and sharp, as pain 6. severe but short, as some diseases; not chronic 7. of less than 90° *[*an *acute* angle*]* —**acute′ly** *adv.* —**acute′ness** *n.*

**acute accent** a mark ( ′ ) used to show: *a*) the quality or length of a vowel, as in French *idée b*) primary stress

**-acy** (ə sē) [< Gr.] *a suffix meaning* quality, condition, position, etc. *[celibacy, curacy]*

**ad** (ad) *n.* [Colloq.] an advertisement

**ad-** [L.] *a prefix meaning* motion towards, addition to, nearness to: assimilated to **ac-, af-, ag-, al-, an-, ap-, ar-, as-, at-,** and **a-** before certain consonants

**A.D.** [L. *Anno Domini,* in the year of the Lord] of the Christian era: used with dates

**adage** (ad′ij) *n.* [Fr. < L. *ad-,* to + *aio,* I say] an old saying that has been popularly accepted as a truth

**adagio** (ə dä′jē ō) *adv.* [It.] *Music* slowly —*n., pl.* **-gios** a slow movement in music

**Adam**[1] (ad′əm) *Bible* the first man: Gen. 1–5 —**not know (a person) from Adam** not to know (a person) at all

**Adam**[2] *adj.* [< the 18th c. Brit. architects] of a style of architecture and furniture based on classical designs

**adamant** (ad′ə mənt) *n.* [< Gr. *a-,* not + *daman,* subdue] a substance of unbreakable hardness —*adj.* 1. too hard to be broken 2. unyielding —**ad′aman′tine** (-man′tīn) *adj.* —**ad′amantly** *adv.*

**Adam's apple** the projection formed in the front of the throat by the thyroid cartilage, seen chiefly in men

**adapt** (ə dapt′) *vt.* [< L. *ad-,* to + *aptare,* to fit] 1. to make suitable by changing 2. to adjust (oneself) to new circumstances —*vi.* to adjust oneself —**adapt′abil′ity** *n.* —**adapt′able** *adj.*

**adaptation** (ad′əp tā′shən) *n.* 1. an adapting 2. a thing resulting from adapting 3. *Biol.* a change in structure, function, etc. that produces better adjustment to the environment Also **adaption** (ə dap′shən)

**adapter, adaptor** *n.* 1. a device for adapting apparatus to new uses 2. a device for connecting several electrical appliances to a single mains socket

**A.D.C., ADC** aide-de-camp

**add** (ad) *vt.* [< L. *ad-,* to + *dare,* give] 1. to combine (numbers) into a total 2. to join (*to*) so as to increase 3. to state further —*vi.* 1. to calculate a total 2. to cause an increase (*to*) —**add up** 1. to find the total of 2. to seem reasonable —**add up to** [Colloq.] to mean; signify

**addend** (ad′end) *n.* [< ff.] a number or quantity to be added to another

**addendum** (ə den′dəm) *n., pl.* **-da** [L.: see ADD] a thing added; esp., an appendix or supplement

**adder** (ad′ər) *n.* [< OE. *nædre*] a small poisonous snake; common viper

**addict** (ə dikt′; *for n.* ad′ikt) *vt.* [< L. *ad-,* to + *dicere,* say] to give (oneself) up (*to* some strong habit): usually in the passive —*n.* **1.** one addicted, esp. to a drug **2.** [Colloq.] a person devoted to something **—addic'tion** *n.* **—addic'tive** *adj.*

**addition** (ə dish'ən) *n.* **1.** an adding of numbers to get a total **2.** a joining of a thing to another thing **3.** a part added **—in addition (to)** besides; as well (as) **—addi'tional** *adj.*

**additive** (ad'ə tiv) *adj.* **1.** relating to addition **2.** to be added —*n.* a substance added, as a preservative

**addle** (ad'l) *adj.* [< OE. *adela,* mud] **1.** rotten: said of an egg **2.** muddled; confused —*vt., vi.* **-dled, -dling** to make or become rotten or confused

**address** (ə dres') *n.* [< L. *dirigere,* to direct] **1.** the place to which letters, etc. can be sent to one; place where one lives or works **2.** the writing on letters or parcels showing their destination **3.** a speech, esp. a formal one **4.** the location in a computer's storage compartment of an item of information **5.** social skill and tact **6.** [*pl.*] attentions paid in courting a woman —*vt.* **1.** to write the destination on (a letter or parcel) **2.** to speak or write to **3.** to direct words (*to*) **4.** to apply (oneself)

**addressee** (ad'res ē') *n.* the person to whom a letter, etc., is addressed

**adduce** (ə dyōōs') *vt.* **-duced', -duc'ing** [< L. *ad-,* to + *ducere,* to lead] to give as a reason or proof; cite **—adduc'er** *n.* **—adduc'ible** *adj.*

**-ade** (ād) [ult. < L.] *a suffix meaning:* **1.** the act of *[blockade]* **2.** the product of *[pomade]* **3.** participant(s) *[brigade]*

**adeno-** [< Gr. *adēn,* gland] *a combining form meaning* of a gland or glands

**adenoidal** (ad'ən oid'l) *adj.* **1.** having difficult breathing due to enlarged adenoids **2.** *a)* glandular *b)* of lymphoid tissue: also **ad'enoid'** **3.** having adenoids

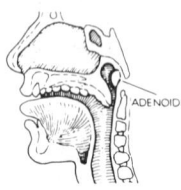


**adenoids** (ad'ən oidz') *n.pl.* [< ADEN(O)-] lymphoid growths in the throat behind the nose

**adept** (ə dept'; *for n.* ad'ept) *adj.* [< L. *ad-,* to + *apisci,* to attain] highly skilled; expert —*n.* an expert **—adept'ness** *n.*

**adequate** (ad'ə kwət) *adj.* [< L. *ad-,* to + *aequare,* to make equal] **1.** sufficient; suitable **2.** barely satisfactory **—ad'equacy, ad'equateness** *n.*

**‡à deux** (à dö') [Fr.] **1.** of or for two **2.** intimate

**adhere** (ad hēər') *vi.* **-hered', -her'ing** [< L. *ad-,* to + *haerere,* to stick] **1.** to stick fast **2.** to stay firm in supporting or approving **—adher'ence** *n.* **—adher'er** *n.*

**adherent** *n.* a supporter (*of* a person, cause, etc.) **—*adj.*** **1.** sticking fast; attached **2.** *Bot.* grown together

**adhesion** (əd hē'zhən) *n.* **1.** a sticking or being stuck together **2.** devoted attachment **3.** *Med. a)* the joining together, by fibrous tissue, of bodily parts normally separate *b)* such fibrous tissue

**adhesive** (əd hē'siv) *adj.* **1.** sticking **2.** gummed; sticky —*n.* an adhesive substance, as glue **—adhe'sively** *adv.*

**ad hoc** (ad'hok') [L., to this] for a special case only

**adieu** (ə dyōō') *interj., n., pl.* **adieus', adieux'** [Fr.] goodbye

**ad infinitum** (ad in'fə nīt'əm) [L., to infinity] endlessly; forever; without limit

**adipose** (ad'ə pōs') *adj.* [< L. *adeps,* fat] of, or containing animal fat —*n.* animal fat **—ad'ipos'ity** (-pos'ə tē) *n.*

**adj.** **1.** adjective **2.** adjourned **3.** adjutant

**adjacent** (ə jā's'nt) *adj.* [< L. *ad-,* to + *jacere,* to lie] near or close (*to*) **—adja'cency** *n.* **—adja'cently** *adv.*

**adjective** (aj'ik tiv) *n.* [< L. *ad-,* to + *jacere,* to throw] a word used to qualify a noun *[good, every,* and *Aegean* are *adjectives]* **—ad'jecti'val** (-tī'v'l) *adj.*

**adjoin** (ə join') *vt., vi.* [< L. *ad-,* to + *jungere,* to join] to be next to **—adjoin'ing** *adj.*

**adjourn** (ə jurn') *vt.* [< L. *ad,* to + *diurnus,* daily] to put off until a future day —*vi.* **1.** to close a session for a time **2.** [Colloq.] to go (*to* another place) **—adjourn'ment** *n.*

**adjudge** (ə juj') *vt.* **-judged', -judg'ing** [< L. *ad-,* to + *judicare,* to judge] **1.** to decide by law **2.** to order by law **3.** to award (costs, etc.) by law **4.** [Rare] to deem

**adjudicate** (ə jōō'də kāt') *vt.* **-cat'ed, -cat'ing** [see prec.] *Law* to hear and decide (a case) —*vi.* to serve as a judge (*in* or *on*) **—adju'dica'tion** *n.* **—adju'dica'tor** *n.*

**adjunct** (aj'uŋkt) *n.* [see ADJOIN] **1.** a thing added, but secondary **2.** a subordinate associate **3.** *Gram.* a modifier —*adj.* connected in a subordinate way **—adjunc'tive** *adj.* **—adjunc'tively** *adv.* **—ad'junctly** *adv.*

**adjure** (ə jōōər') *vt.* **-jured', -jur'ing** [< L. *ad-,* to + *jurare,* to swear] **1.** to charge solemnly, often under oath **2.** to entreat **—adjura'tion** *n.*

**adjust** (ə just') *vt.* [< OFr. < L. *justus,* lawful] **1.** to regulate *[to adjust* a watch*]* **2.** to change so as to make suitable, etc. **3.** to settle rightly **4.** to decide how much is to be paid on (an insurance claim) —*vi.* to adapt oneself **—adjust'able** *adj.* **—adjust'er** *n.*

**adjustment** *n.* **1.** an adjusting **2.** a means by which parts are adjusted **3.** the settlement of a claim

**adjutant** (aj'ə tənt) *n.* [< L. *ad-,* to + *juvare,* to help] **1.** an assistant **2.** *Mil.* a staff officer who is an administrative assistant to the commanding officer **3.** a large stork of India and Africa

**adjutant general** *pl.* **adjutants general** **1.** an army officer who is the chief administrative assistant of a commanding general **2.** the head of a department of a general staff

**ad-lib** (ad′lib′) ***vt., vi.*** **-libbed′, -lib′bing** [< ff.] [Colloq.] to improvise; extemporize —***adj.*** spoken or done extemporaneously —***adv.*** **1.** [Colloq.] extemporizing freely **2.** without restriction Also **ad lib**

**ad libitum** (ad′lib′i təm) [ML.] as one pleases

**Adm.** **1.** Admiral **2.** Admiralty

**adman** (ad′man′) ***n.*** a man whose work or business is advertising: also **ad man**

**admin** (ad′min) ***n.*** [Colloq.] administration

**administer** (əd min′ə stər) ***vt.*** [< L. *ad-*, to + *ministrare*, to serve] **1.** to manage or direct **2.** to dispense, give, or apply (medicine, justice, etc.) **3.** to direct the taking of (an oath, etc.) **4.** *Law* to act as executor of Also **admin′istrate** —***vi.*** **1.** to act as administrator **2.** to furnish help ***adj.*** —**admin′istrant** ***n., adj.***

**administration** (əd min′ə strā′shən) ***n.*** **1.** management, specif. of the affairs of a government **2.** *a*) the executive officials of a government *b*) the government **3.** the administering (*of* medicine, an oath, etc.) —**admin′istrative** ***adj.***

**administrator** (əd min′ə strāt′ər) ***n.*** **1.** one who administers **2.** *Law* one appointed by a court to settle an estate

**admirable** (ad′mər ə b′l) ***adj.*** deserving admiration —**ad′mirabil′ity** ***n.*** —**ad′mirably** ***adv.***

**admiral** (ad′mər əl) ***n.*** **1.** [< Ar. *amīr a′ ālī*, high leader] *see* MILITARY RANKS, table **2.** [orig. *admirable*] any of certain colourful butterflies

**admiral of the fleet** *see* MILITARY RANKS, table

**admiralty** ***n., pl.*** **-ties** **1.** the rank, position, or authority of an admiral **2.** [*often* **A-**] the governmental department for naval affairs, as formerly in Britain

**admire** (əd mīər′) ***vt.*** **-mired′, -mir′ing** [< L. *ad-*, at + *mirari*, to wonder] **1.** to regard with wonder and approval **2.** to have high regard for —**admiration** (ad′mə rā′shən) ***n.*** —**admir′er** ***n.*** —**admir′ingly** ***adv.***

**admissible** (əd mis′ə b′l) ***adj.*** **1.** that can be accepted [*admissible* evidence] **2.** that ought to be admitted

**admission** (əd mish′ən) ***n.*** **1.** an admitting or being admitted **2.** the right to enter **3.** an entrance fee **4.** a conceding **5.** a thing conceded or confessed —**admis′sive** ***adj.***

**admit** (əd mit′) ***vt.*** **-mit′ted, -mit′ting** [< L. *ad-*, to + *mittere*, to send] **1.** to concede **2.** to acknowledge **3.** to permit or entitle to enter or use **4.** to permit to practise [*admitted* to the bar] **5.** to leave room for **6.** to have room for; hold —***vi.*** to allow or warrant (with *of*)

**admittance** ***n.*** **1.** an admitting or being admitted **2.** permission or right to enter

**admittedly** (əd mit′id lē) ***adv.*** by admission or agreement; confessedly [*admittedly* afraid]

**admixture** (ad miks′chər) ***n.*** [< L. *ad-*, to + *miscere*, to mix] **1.** a mixture **2.** a thing added in mixing

**admonish** (əd mon′ish) ***vt.*** [< L. *ad-*, to + *monere*, to warn] **1.** to reprove mildly **2.** to caution; warn **3.** to urge or exhort —**admon′ishment** ***n.***

**admonition** (ad′mə nish′ən) ***n.*** **1.** an admonishing, or warning to correct some fault **2.** a mild rebuke; reprimand

**ad nauseam** (ad′nô′zē əm) [L., to nausea] to the point of disgust or tedium

**ado** (ə dōō′) ***n.*** [ME. < dial. *at do*, to do] fuss; trouble

**adobe** (ə dō′bē) ***n.*** [Sp.] **1.** unburnt, sun-dried brick **2.** the clay of which it is made **3.** a building of adobe

**adolescence** (ad′ə les′′ns) ***n.*** the time of life between puberty and maturity

**adolescent** ***adj.*** [< L. *adolescere*, to mature] **1.** developing from childhood to maturity **2.** of or characteristic of adolescence —***n.*** a boy or girl from puberty to adulthood; person in his teens

**Adonis** (ə dō′nis) ***n.*** [< a young man loved by Aphrodite] any very handsome young man

**adopt** (ə dopt′) ***vt.*** [< L. *ad-*, to + *optare*, to choose] **1.** to take into one's family by legal process and raise as one's own child **2.** to take and use (an idea, etc.) as one's own **3.** to choose or accept —**adopt′able** ***adj.*** —**adopt′er** ***n.*** —**adop′tion** ***n.***

**adoptive** ***adj.*** **1.** of adoption **2.** having become so by adopting [*adoptive* parents]

**adorable** (ə dôr′ə b′l) ***adj.*** **1.** [Colloq.] delightful; charming **2.** worthy of adoration —**ador′ably** ***adv.***

**adore** (ə dôr′) ***vt.*** **adored′, ador′ing** [< L. *ad-*, to + *orare*, to speak] **1.** to love or honour greatly; idolize **2.** to worship as divine **3.** [Colloq.] to like very much —**ad′ora′tion** (ad′ə rā′shən) ***n.*** —**ador′er** ***n.***

**adorn** (ə dôrn′) ***vt.*** [< L. *ad-*, to + *ornare*, to deck out] **1.** to add beauty or distinction to **2.** to put decorations on; ornament —**adorn′ment** ***n.***

**ADP** Automatic Data Processing

**adrenal** (ə drē′n′l) ***adj.*** [AD- + RENAL] **1.** near the kidneys **2.** of or from the adrenal glands —***n.*** *same as* ADRENAL GLAND

**adrenal gland** either of a pair of endocrine organs lying immediately above the kidney

**adrenalin** (ə dren′′l in) **1.** a hormone secreted by the adrenal gland, that stimulates the heart, etc. **2.** this substance extracted from animal adrenals or prepared synthetically Also **adren′aline**

**adrift** (ə drift′) ***adv., adj.*** **1.** drifting **2.** without any particular purpose **3.** [Colloq.] wrong; amiss

**adroit** (ə droit′) ***adj.*** [Fr. < L. *ad*, to

+ *dirigere,* to direct] skilful in a physical or mental way; clever —**adroit'ly** *adv.* —**adroit'ness** *n.*

**adsorb** (ad sôrb') *vt.* [< AD- + L. *sorbere,* to drink in] to collect (a gas, etc) in condensed form on a surface —**adsor'bent** *adj., n.* —**adsorp'tion** (-sôrp'-) *n.*

**A.D.T.** [U.S. & Canad.] Atlantic Daylight Time

**adulate** (ad'yoo lāt') *vt.* **-lat'ed, -lat'ing** [< L. *adulari,* fawn upon] to praise or flatter too greatly —**ad'ula'tion** *n.* —**ad'ula'tor** *n.* —**ad'ulatory** *adj.*

**adult** (ad'ult) *adj.* [see ADOLESCENT] **1.** grown up; fully developed **2.** of or for adult persons —*n.* a mature person, animal, or plant —**adult'hood** *n.*

**adulterant** (ə dul'tər ənt) *n.* a substance used to adulterate something —*adj.* adulterating

**adulterate** (ə dul'tə rāt') *vt.* **-at'ed, -at'ing** [< L. *adulter,* adulterer < *ad-,* to + *alter,* other] to make inferior, impure, etc. by adding a harmful, inferior, or unnecessary substance —**adul'tera'tion** *n.*

**adulterer** (ə dul'tər ər) *n.* a person (esp. a man) who commits adultery —**adul'teress** *n.fem.*

**adultery** *n., pl.* **-teries** [see ADULTERATE] voluntary sexual intercourse between a married person and another not the spouse —**adul'terous** *adj.*

**adumbrate** (ad'əm brāt') *vt.* **-brat'ed, -brat'ing** [< L. *ad-,* to + *umbra,* shade] **1.** to outline vaguely **2.** to foreshadow vaguely **3.** to overshadow —**ad'umbra'tion** *n.* —**adum'brative** *adj.*

**adv.** **1.** adverb **2.** adverbial **3.** advertisement

**ad valorem** (ad'və lôr'əm) [L.] in proportion to the value: said of duties levied on imports according to their invoiced value: abbrev. **ad val.**

**advance** (əd väns') *vt.* **-vanced', -vanc'ing** [< L. *ab-,* from + *ante,* before] **1.** to bring forward **2.** to raise in rank, etc. **3.** to help; further **4.** to propose **5.** to raise the rate of **6.** to pay (money) before due **7.** to lend —*vi.* **1.** to go forward **2.** to improve; develop **3.** to rise in rank, etc. —*n.* **1.** a moving forward **2.** an improvement **3.** a rise in value or cost **4.** [*pl.*] approaches to gain favour, become acquainted, etc. **5.** a payment made before due **6.** a loan —*adj.* **1.** in front **2.** beforehand [*advance* information] —**in advance** **1.** in front **2.** ahead of time —**advance'ment** *n.*

**advanced** *adj.* **1.** beyond in complexity, etc. [*advanced* studies] **2.** old **3.** progressive in opinion [*advanced* views] **4.** in front

**Advanced Level** **1.** the higher standard of the General Certificate of Education **2.** a pass in a particular subject at this standard

**advantage** (əd vän'tij) *n.* [< L. *ab ante,* from before] **1.** a more favourable position **2.** a favourable circumstance **3.** gain or benefit **4.** *Tennis* the first point scored after deuce —*vt.* **-taged, -taging** to give an advantage to —**take advantage of** **1.** to use for one's own benefit **2.** to impose upon the weakness, good nature, etc. of **3.** to seduce

**advantageous** (ad'vən tā'jəs) *adj.* favourable

**Advent** (ad'vent) *n.* [< L. *ad-,* to + *venire,* to come] **1.** the period including the four Sundays just before Christmas **2.** *Theol.* *a*) Christ's birth *b*) *same as* SECOND COMING **3.** [a-] a coming or arrival

**Adventist** (ad'vən tist) *n.* a member of a Christian sect based on the belief that Christ's second coming will soon occur —**Ad'ventism** *n.*

**adventitious** (ad'ven tish'əs) *adj.* [see ADVENT] **1.** added from outside; accidental **2.** *Biol.* occurring in unusual places —**ad'venti'tiously** *adv.*

**adventure** (əd ven'chər) *n.* [see ADVENT] **1.** an exciting and dangerous undertaking **2.** an unusual, stirring experience **3.** a business venture **4.** the encountering of, or a liking for, danger —*vt.* **-tured, -turing** to risk or venture —*vi.* **1.** to engage in adventure **2.** to take a risk —**adven'turous** *adj.*

**adventure playground** a playground where children make imaginative use of everyday materials

**adventurer** *n.* **1.** a person who has or likes to have adventures **2.** *same as* SOLDIER OF FORTUNE **3.** a financial speculator **4.** a person who seeks to become rich, powerful, etc. by dubious schemes —**adven'turess** *n.fem.*

**adventurism** *n.* actions regarded as reckless and risky

**adverb** (ad'vurb) *n.* [< L. *ad-,* to + *verbum,* a word] a word used to modify a verb, adjective, or another adverb, by expressing time, place, manner, degree, cause, etc. —**adver'bial** *adj., n.* —**adver'bially** *adv.*

**adversary** (ad'vər sər ē) *n., pl.* **-saries** an opponent; enemy

**adverse** (ad'vərs) *adj.* [< L. *adversus,* turned opposite to: see ADVERT[1]] **1.** unfavourable **2.** opposite in position —**ad'versely** *adv.*

**adversity** (əd vur'sə tē) *n.* wretchedness; trouble

**advert**[1] (əd vurt') *vi.* [< L. < *ad-,* to + *vertere,* to turn] to call attention (*to*); refer or allude

**advert**[2] (ad'vurt) *n.* [Colloq.] an advertisement

**advertise** (ad'vər tīz') *vt.* **-tised', -tis'ing** [see ADVERT[1]] **1.** to tell about or praise (a product, etc.), as through newspapers or television so as to promote sales **2.** to make known —*vi.* **1.** to call the public's attention to things for sale, etc. **2.** to ask (*for*) publicly by printed notice, etc. [*advertise* for a maid] —**ad'vertis'er** *n.*

**advertisement** (əd vur'tiz mənt) *n.* **1.** a public announcement, usually paid for, as of things for sale, needs, etc. **2.** the act of advertising

**advice** (əd vīs') *n.* [< L. *ad-,* at + *videre,* to look] **1.** opinion given as to what to do **2.** notification of transaction **3.** [*usually pl.*] information **—take advice 1.** to act in accordance with advice received **2.** to seek advice from a specialist

**advisable** (əd vī′zə b'l) ***adj.*** to be recommended **—advis′abil′ity** ***n.*** **—advis′ably** ***adv.***

**advise** (əd vīz′) ***vt.*** **-vised′, -vis′ing 1.** to give advice to **2.** to recommend **3.** to notify **—*vi.*** **1.** to give advice **2.** [Chiefly U.S.] to consult (*with*) **—advis′er, advi′sor** ***n.***

**advised** ***adj.*** showing or resulting from thought or advice: now chiefly in *well-advised, ill-advised*

**advisedly** (əd vī′zid lē) ***adv.*** deliberately

**advisory** ***adj.*** **1.** advising or empowered to advise **2.** relating to, or containing, advice

**advocaat** (ad′vō kä′) ***n.*** [Du.] a liqueur with a raw egg base

**advocacy** (ad′və kə sē) ***n.*** an advocating; a speaking or writing in support (*of* something)

**advocate** (ad′və kət; *for v.* -kāt′) ***vt.*** **-cat′ed, -cat′ing** [< L. *ad-,* to + *vocare,* to call] to support; be in favour of **—*n.*** **1.** a person who pleads another's cause, esp. in a law court **2.** a person who supports something

**advowson** (ad vou′z'n) ***n.*** [< L. *advocatio,* a summoning] the right to name the holder of a benefice

**advt.** *pl.* **advts.** advertisement

**adze** (adz) ***n.*** [OE. *adesa*] an axelike tool with a curved blade at right angles to the handle

**AEA, A.E.A.** Atomic Energy Authority

**A.E.C., AEC** [U.S.] Atomic Energy Commission

**aegis** (ē′jis) ***n.*** [< Gr. *aigis,* goatskin] **1.** *Gr. Myth.* a shield borne by Zeus and, later, Athena **2.** a protection **3.** sponsorship

**aegrotat** (ī′grō tat, ē-) ***n.*** [L., he is ill] a certificate allowing a candidate to pass an examination although he has missed all or part of it through illness

**-aemia** (ē′mē ə) [< Gr. *haima,* blood] *a suffix meaning* a (specified) condition of the blood *[leukaemia]*

**aeolian** (ē ō′lē ən) ***adj.*** [< *Aeolus,* in Gr. myth. the god of the winds] of the wind

**aeolian harp** a boxlike stringed instrument that makes musical sounds when air blows on it

**aeon** (ē′ən) ***n.*** [< Gr. *aiōn,* an age] an extremely long, indefinite time

**aerate** (âər′āt′) ***vt.*** **-at′ed, -at′ing** [see AERO-] **1.** to charge (liquid) with gas, as in making soda water **2.** to expose to air, or cause air to circulate through **—aer-a′tion** ***n.*** **—aer′ator** ***n.***

**aeri-** *same as* AERO-

**aerial** (âər′ē əl) ***adj.*** [< L. *aer,* air] **1.** of, in, or like air **2.** unreal; imaginary **3.** high up **4.** of, for, or by aircraft or flying **—*n.*** *Radio & T.V.* an arrangement of wires, metal rods, etc. used in sending and receiving electromagnetic waves **—aer′ially** ***adv.***

**aerialist** ***n.*** an acrobat who performs on a trapeze

**aerie** (âər′ē) ***n.*** *same as* EYRIE

**aero** (âər′ō) ***adj.*** of or for aeronautics or aircraft

**aero-** [< Gr. *aēr,* air] *a combining form meaning:* **1.** air **2.** aircraft or flying **3.** gas

**aerobatics** (âər′ə bat′iks) ***n.pl.*** [AERO- + (ACRO)BATICS] precisely controlled manoeuvres performed by aircraft in other than straight and level flight **—aer′obat′ic** ***adj.***

**aerodrome** (âər′ə drōm′) ***n.*** [AERO- + Gr. *dromos,* a running] a landing area for aircraft, with its buildings, etc.

**aerodynamics** (âər′ō dī nam′iks) ***n.pl.*** [*with sing. v.*] the branch of mechanics dealing with the forces exerted by air or other gases in motion **—aer′odynam′ic** ***adj.***

**aero-engine** (âər′ō en′jin) ***n.*** an engine for powering an aircraft, esp. a jet engine

**aerofoil** (âər′ō foil′) ***n.*** a part with a curved surface, as a wing, etc., designed to give an aircraft lift

**aerolite** (âər′ə līt′) ***n.*** [AERO- + -LITE] a stony meteorite **—aer′olit′ic** (-lit′ik) ***adj.***

**aeronautics** (âər′ə nôt′iks) ***n.pl.*** [*with sing. v.*] [AERO- + Gr. *nautēs,* sailor] the science of aerial navigation **—aer′onau′tical, aer′onau′tic** ***adj.***

**aeroplane** (âər′ə plān′) ***n.*** [< Fr. *aéro-,* AERO- + *planer,* soar] a power-driven aircraft, heavier than air, that is kept aloft by the aerodynamic forces of air upon its wings

**aerosol** (âər′ō sol′) ***n.*** [AERO- + SOL[2]] **1.** a suspension of colloidal particles in a gas **2.** a spray can dispensing deodorant, paint, etc. under pressure

**aerospace** (âər′ō spās′) ***n.*** the earth's atmosphere and the space outside it **—*adj.*** of spacecraft or missiles designed for flight in aerospace

**aerostatics** (âər′ō stat′iks) ***n.pl.*** [*with sing. v.*] the branch of mechanics dealing with the equilibrium of air or other gases, and with the equilibrium of solid bodies floating in air or other gases **—aer′ostat′ic** ***adj.***

**aery** (âər′ē) ***n.*** *same as* EYRIE

**aesthesia** (ēs thē′zē ə) ***n.*** [< Gr. *aisthēsis,* perception] the ability to feel sensations

**aesthete** (ēs′thēt′) ***n.*** [Gr. *aisthētēs,* one who perceives] **1.** a person highly sensitive to art and beauty **2.** a person who artificially cultivates artistic sensitivity or makes a cult of art and beauty **—aestheticism** (ēs thet′ə siz′m) ***n.***

**aesthetic** (ēs thet′ik) ***adj.*** **1.** of aesthetics **2.** sensitive to art and beauty; artistic **—aesthet′ically** ***adv.***

**aesthetics** ***n.pl.*** [*with sing. v.*] the study or theory of beauty; specif., the branch of philosophy dealing with art and its forms, effects, etc.

**aestival** (ēs′tə v'l) ***adj.*** [< L. *aestas,* summer] of or for summer

**aestivate** (ēs′tə vāt′) ***vi.*** **-vat′ed, -vat′-**

**ing** [see prec.] to spend the summer in a dormant condition

**aether** (ē′thər) *n. earlier var. of* ETHER —**aethereal** (i thēər′ē əl) *adj.*

**aetiology** (ēt′ē ol′ə jē) *n.* [< Gr. *aitia,* cause + *logos,* discourse] **1.** the study of causation **2.** *Med.* the study of the causes of diseases

**a.f., A.F.** audio-frequency

**afar** (ə fär′) *adv.* [Poet. or Archaic] at or to a distance

**A.F.C., AFC** **1.** Air Force Cross **2.** Association Football Club **3.** automatic frequency control

**affable** (af′ə b'l) *adj.* [< L. *ad-,* to + *fari,* to speak] **1.** easy to approach and talk to; friendly **2.** gentle and kindly —**af′fabil′ity** *n.* —**af′fably** *adv.*

**affair** (ə fâər′) *n.* [< OFr. < L. *ad-,* to + *facere,* to do] **1.** a thing to be done **2.** [*pl.*] matters of business or concern **3.** any matter, or event **4.** a sexual relationship outside marriage

**affect**[1] (ə fekt′) *vt.* [< L. *ad-,* to + *facere,* to do] **1.** to have an effect on; influence **2.** to move or stir the emotions of

**affect**[2] *vt.* [see prec.] **1.** to pretend to have, feel, like, etc.; feign *[to affect* indifference*]* **2.** to like to have, use, wear, etc. *[she affects* plaid coats*]*

**affectation** (af′ek tā′shən) *n.* **1.** artificial behaviour meant to impress others **2.** show or pretence

**affected**[1] (ə fek′tid) *adj.* **1.** emotionally moved **2.** influenced; acted upon **3.** attacked by disease

**affected**[2] *adj.* **1.** assumed for effect; artificial **2.** behaving in an artificial way to impress people

**affecting** *adj.* emotionally touching

**affection** *n.* **1.** fond or tender feeling; warm liking **2.** a disease **3.** an affecting or being affected

**affectionate** *adj.* full of affection; tender and loving —**affec′tionately** *adv.*

**afferent** (af′ər ənt) *adj.* [< L. *ad-,* to + *ferre,* to bear] *Physiol.* bringing inward; specif., designating nerves that transmit impulses towards a nerve centre

**affiance** (ə fī′əns) *vt.* **-anced, -ancing** [< ML. *ad-,* to + *fidare,* to trust] to pledge, esp. in marriage

**affidavit** (af′ə dā′vit) *n.* [ML., he has made oath] a written statement made on oath

**affiliate** (ə fil′ē āt′; *for n.* -it) *vt.* **-at′ed, -at′ing** [< L. *ad-,* to + *filius,* son] **1.** to take in as a member **2.** to connect (oneself *with*) —*vi.* to associate oneself; join —*n.* an affiliated person or organization —**affil′ia′tion** *n.*

**affiliation order** a court order that a man judged to be the father of an illegitimate child should contribute to its maintenance

**affinity** (ə fin′ə tē) *n., pl.* **-ties** [< L. *ad-,* to + *finis,* end] **1.** mutual attraction **2.** close relationship **3.** relationship by marriage **4.** a similarity of structure implying common origin **5.** the force that causes atoms to combine —**affin′itive** *adj.*

**affirm** (ə fərm′) *vt.* [< L. *ad-,* to + *firmare,* to make firm] **1.** to assert to be true **2.** to confirm; ratify —*vi. Law* to declare solemnly, but not under oath —**affirm′able** *adj.* —**af′firma′tion** (af′ər mā′shən) *n.*

**affirmative** (ə fər′mə tiv) *adj.* **1.** answering "yes" **2.** positive, as in asserting —*n.* **1.** a word indicating assent **2.** an affirmative statement —**affirm′atively** *adv.*

**affix** (ə fiks′; *for n.* af′iks) *vt.* [< L. *ad-,* to + *figere,* to fix] **1.** to fasten; attach **2.** to add at the end —*n.* **1.** a thing affixed **2.** a prefix or suffix —**affix′ture** *n.*

**afflatus** (ə flāt′əs) *n.* [< L. *ad-,* to + *flare,* to blow] inspiration, as of an artist

**afflict** (ə flikt′) *vt.* [< L. *ad-,* to + *fligere,* to strike] to cause suffering to; distress very much

**affliction** *n.* **1.** an afflicted condition; pain; suffering **2.** anything causing pain or distress

**affluence** (af′loo wəns) *n.* [< L. *ad-,* to + *fluere,* to flow] **1.** wealth **2.** abundance

**affluent** *adj.* **1.** wealthy **2.** abundant —*n.* a stream flowing into a river; tributary —**af′fluently** *adv.*

**affluent society** a community in which the majority of people are able to enjoy a high standard of living

**afford** (ə fôrd′) *vt.* [OE. *geforthian,* to advance] **1.** to have enough or the means for: usually with *can* or *be able* **2.** to be able (*to* do something) with little risk **3.** to give; yield *[it affords* much pleasure*]*

**afforest** (ə for′əst) *vt.* [ML. *afforestare*] to turn (land) into forest; plant many trees on

**affray** (ə frā′) *n.* [< OFr. < L. *ex,* out of + Gmc. base *frith-,* peace] a noisy brawl or quarrel

**affront** (ə frunt′) *vt.* [< L. *ad-,* to + *frons,* forehead] **1.** to insult openly **2.** to confront —*n.* an open insult

**Afghan** (af′gan) *n.* **1.** a native of Afghanistan **2.** a dog with silky hair and a long, narrow head: also **Afghan hound** —*adj.* of Afghanistan, its people, etc.

**aficionado** (ə fish′yə nä′dō) *n., pl.* **-dos** (-dōz) [Sp.] a devoted follower of some sport, art, etc.; fan

**afield** (ə fēld′) *adv.* **1.** away (from home) **2.** astray

**aflame** (ə flām′) *adv., adj.* **1.** in flames **2.** glowing **3.** greatly excited

**afloat** (ə flōt′) *adv.* **1.** floating freely **2.** on board ship; at sea **3.** flooded **4.** drifting about **5.** in circulation *[rumours are afloat]* **6.** free of trouble, debt, etc.

**A.F.M.** Air Force Medal

**afoot** (ə foot′) *adv.* **1.** in motion or operation; in progress; astir **2.** on foot; walking

**afore** (ə fôr′) *adv., prep., conj.* [Archaic or Dial. except in compounds and nautical use] before

**aforementioned** *adj.* mentioned before

**aforesaid** *adj.* spoken of before

**aforethought** *adj.* premeditated

**a fortiori** (ä fôr′tē ôr′ī′) [L., for a stronger (reason)] all the more: said of a conclusion following with even greater logical necessity another already accepted

**Afr.** 1. Africa 2. African

**afraid** (ə frād′) ***adj.*** [< ME. *affraien,* to frighten] feeling fear; frightened (with *of, that,* or an infinitive): often used colloquially to indicate regret [I'm *afraid* I can't go]

**afresh** (ə fresh′) ***adv.*** again; anew

**African** (af′ri kən) ***adj.*** of Africa, its peoples, etc. —***n.*** a native or inhabitant of Africa

**Africana** (ä fri kä′nə) ***n.pl.*** objects of cultural or historical interest of S African origin

**Africander** (af′ri kan′dər) ***n.*** a breed of large hump-backed beef cattle originating in S Africa

**African lily** a S African plant with rounded clusters of funnel-shaped flowers

**African time** [S Afr. Slang] unpunctuality

**African violet** a tropical African plant with violet, pink, or white flowers and hairy, dark-green leaves

**Afrikaans** (af′ri käns′) ***n.*** [Afrik.] one of the two official languages of South Africa, closely related to Dutch and Flemish

**Afrikaner** (af′ri kän′ər) ***n.*** [Du.] a white native of South Africa with Afrikaans as mother tongue

**Afro** (af′rō) ***adj.*** [< ff.] designating or of a full, bouffant hair style, orig. modelled on a Negro style

**Afro-** *a combining form meaning* Africa(n)

**Afro-American** (af′rō ə mer′ə kən) ***adj.*** of Negro Americans, their culture, etc. —***n.*** a Negro American

**afrormosia** (af′rôr mō′sē ə) ***n.*** a hard teaklike wood used in furniture

**aft** (äft) ***adv.*** [< OE. *afta,* behind] at, near, or towards the stern of a ship or rear of an aircraft

**after** (äf′tər) ***adv.*** [OE. *æfter*] behind in place or time; later or next —***prep.*** 1. behind in place or time 2. in search of 3. as a result of 4. in spite of 5. next to in rank 6. in the manner of 7. in honour of 8. concerning —***conj.*** following the time when —***adj.*** 1. next; later 2. nearer the rear (esp. of a ship or aircraft)

**afterbirth** ***n.*** the placenta and foetal membranes expelled from the womb after childbirth

**afterburner** ***n.*** 1. a device for obtaining additional thrust in a jet engine by using the hot exhaust gases to burn extra fuel 2. a device, as on an incinerator, for burning undesirable exhaust gases

**aftercare** ***n.*** the supervision given to a patient recovering from an illness or operation

**afterdamp** ***n.*** an asphyxiating gas left in a mine after an explosion of firedamp

**aftereffect** ***n.*** a later or secondary result

**afterglow** ***n.*** 1. the glow remaining after sunset 2. a pleasant feeling after an enjoyable experience

**afterlife** ***n.*** 1. life after death 2. one's later years

**aftermath** (äf′tər math′) ***n.*** [AFTER + OE. *mæth,* cutting of grass] 1. a result, esp. an unpleasant one 2. a second crop of grass after the earlier mowing

**aftermost** ***adj.*** 1. last 2. nearest to the stern

**afternoon** (äf′tər nōōn′) ***n.*** the time of day from noon to evening —***adj.*** of, in, or for the afternoon

**afterpains** ***n.pl.*** pains from contraction of the uterus following childbirth

**afters** ***n.pl.*** [Colloq.] the sweet course of a meal

**aftershave** ***n.*** a lotion, often perfumed, applied to the face by men after shaving

**aftertaste** ***n.*** a taste lingering, as after eating

**afterthought** ***n.*** 1. an idea, etc. added later 2. a thought coming too late to be useful

**afterwards** ***adv.*** later

**Ag** [L. *argentum*] *Chem.* silver

**ag** (akh) ***interj.*** [S Afr.] a general exclamation of irritation, disgust, etc.

**again** (ə gen′) ***adv.*** [< OE. *on-,* towards + *gegn,* direct] 1. once more 2. back into a former condition 3. besides 4. on the other hand —**as much again** twice as much

**against** (ə genst′) ***prep.*** [see AGAIN] 1. in opposition to 2. towards so as to strike 3. opposite to the direction of 4. in contrast with [green *against* the gold] 5. in contact with [leaning *against* the wall] 6. in preparation for 7. as a charge on [a bill entered *against* his account] 8. to the detriment of —**over against** 1. opposite to 2. as compared with

**agape**[1] (ə gāp′) ***adv., adj.*** 1. with the mouth wide open, as in wonder 2. wide open

**agape**[2] (ag′ə pē) ***n.*** [< Gr. *agapē,* love] *Christian Theol.* 1. God's love for man 2. spontaneous, altruistic love 3. a religious meal taken by early Christians

**agar-agar** (ä′gər ä′gər) ***n.*** [Malay] a gelatinous extract of seaweed, used for bacterial cultures, etc.

**agaric** (ag′ər ik) ***n.*** [< Gr. *agarikon*] any gill fungus, as the common edible mushroom, etc.

**agate** (ag′ət) ***n.*** [< Gr. *achatēs*] a hard, semiprecious stone with striped or clouded colouring

**agave** (ə gā′vē) ***n.*** [< Gr. *Agauē,* proper name, lit., illustrious] any of several American desert plants, having tall flower stalks and fleshy leaves

**age** (āj) ***n.*** [< L. *aetas*] 1. the time that a person or thing has existed 2. the lifetime 3. a stage of life 4. the condition of being old 5. a generation 6. a period in history or in prehistoric or geologic time 7. [*often pl.*] [Colloq.] a long time —***vi., vt.*** **aged, ag′ing** or **age′ing** to grow or cause to become old or mature —**(come) of age** (to reach) the age of full legal rights —**under age** not having reached the required or legal age

**-age** (ij, əj) [< LL.] *a suffix meaning:* 1. act, condition, or result [*usage*] 2. amount or number [*acreage*] 3. cost *[postage]* **4.** place *[steerage]* **5.** collection *[peerage]* **6.** home *[hermitage]*

**aged** (ā′jid *for 1 & 2;* āj*d for 3 & 4*) ***adj.*** **1.** grown old **2.** of old age **3.** brought to a desired state of aging **4.** of the age of **—the aged** (ā′jid) old people

**ageless** ***adj.*** **1.** not growing older **2.** eternal

**agelong** ***adj.*** lasting a very long time

**agency** (ā′jən sē) ***n., pl.*** **-cies** [see AGENT] **1.** an organization offering a particular kind of service **2.** the business or place of business of any person, firm, etc. authorized to act for another **3.** action; power **4.** means

**agenda** (ə jen′də) ***n., pl.*** **-das** [< L. *agere,* do] a list of things to be dealt with

**agent** (ā′jənt) ***n.*** [< L. *agere,* do] **1.** a person, firm, etc. authorized to act for another **2.** [Colloq.] a travelling representative, as for an insurance company **3.** a person or thing that performs an action or produces an effect **—agential** (ā jen′shəl) ***adj.***

**‡agent provocateur** (ȧ zhän′ prō vō kȧ-tēr′) ***pl.*** **agents provocateurs** [Fr.] a secret agent hired to join a group and incite its members to commit unlawful acts to weaken or discredit it

**age-old** (āj′ōld′) ***adj.*** ages old; ancient

**agglomerate** (ə glom′ə rāt′; *for adj. & n.* -ər ət) ***vt., vi.*** **-at′ed, -at′ing** [< L. *ad-,* to + *glomerare,* to form into a ball] to gather into a mass or ball **—*adj.*** so gathered **—*n.*** a jumbled mass, esp. of fragments of volcanic rock fused by heat **—agglom′era′tion** ***n.***

**agglutinate** (ə glōōt′ən āt; *for v.* -āt′) ***adj.*** [< L. *ad-,* to + *gluten,* glue] stuck together, as with glue **—*vt., vi.*** **-nat′ed, -nat′ing** to stick or clump together **—agglu′tina′tion** ***n.*** **—agglu′tinative** ***adj.***

**aggrandize** (ə gran′ dīz′) ***vt.*** **-dized′, -diz′ing** [< Fr. < L. *grandis,* great] **1.** to make greater, more powerful, etc. **2.** to make seem greater **—aggran′dizement** (-diz mənt) ***n.***

**aggravate** (ag′rə vāt′) ***vt.*** **-vat′ed, -vat′ing** [< L. *ad-,* to + *gravis,* heavy] **1.** to make worse **2.** [Colloq.] to annoy **—ag′grava′tion** ***n.***

**aggregate** (ag′rə gət; *for v.* -gāt′) ***adj.*** [< L. *ad-,* to + *grex,* a herd] total **—*n.*** a group of distinct things gathered into a whole **—*vt.*** **-gat′ed, -gat′ing** **1.** to gather into a whole **2.** to amount to; total **—in the aggregate** taken all together; on the whole **—ag′grega′tion** ***n.*** **—ag′gregative** ***adj.***

**aggression** (ə gresh′ən) ***n.*** [< L. *ad,* to + *gradi,* to step] **1.** an unprovoked attack or warlike act **2.** the habit of being aggressive

**aggressive** (ə gres′iv) ***adj.*** **1.** ready to fight; quarrelsome **2.** ready to engage in direct action **3.** bold and active **—aggres′sively** ***adv.*** **—aggres′sor** ***n.***

**aggrieve** (ə grēv′) ***vt.*** **-grieved′, -griev′ing** [see AGGRAVATE] **1.** to cause grief or injury to; offend **2.** to injure in one's legal rights

**aggro** (ag′rō) ***n.*** [< *aggravation* or *aggression*] [Slang] aggressive behaviour; trouble-making

**aghast** (ə gȧst′) ***adj.*** [< OE. *gæstan,* terrify < *gast,* ghost] feeling great dismay; horrified

**agile** (aj′īl) ***adj.*** [< L. *agere,* do] quick of movement; nimble; lively **—ag′ilely** ***adv.*** **—agility** (ə jil′ə tē) ***n.***

**agin** (ə gin′) ***prep.*** [< obs. *again,* against] [Dial. or Colloq.] against

**agitate** (aj′ə tāt′) ***vt.*** **-tat′ed, -tat′ing** [< L. *agere,* do] **1.** to stir up or shake up **2.** to excite the feelings of **3.** to keep discussing so as to stir up support for **—*vi.*** to stir up support *[to agitate for reform]* **—ag′itat′edly** ***adv.*** **—ag′ita′tion** ***n.*** **—ag′ita′tor** ***n.***

**agitprop** (aj′it prop′) ***adj.*** [< Russ *agit(atsiya) prop(aganda),* agitation propaganda] of or for agitating and propagandizing

**agley** (ə glē′, -glā′) ***adv.*** [Scot.] awry

**aglitter** (ə glit′ər) ***adv., adj.*** glittering

**aglow** (ə glō′) ***adv., adj.*** in a glow

**A.G.M.** annual general meeting

**agnail** (ag′nāl′) ***n.*** [< OE. *ange,* pain + *nægl,* nail (metal)] **1.** a sore round a fingernail **2.** a hangnail

**agnostic** (ag nos′tik) ***n.*** [< Gr. *a-,* not + *gignōskein,* know] a person who believes that one cannot know whether there is a God, or anything beyond material phenomena **—*adj.*** of or characteristic of an agnostic **—agnos′tically** ***adv.*** **—agnos′ticism** ***n.***

**Agnus Dei** (ag′nəs dē′ī; äg′nōōs dā′ē) [L., Lamb of God] **1.** a representation of Christ as a lamb **2.** *R.C.Ch.* a prayer in the Mass, beginning *Agnus Dei*

**ago** (ə gō′) ***adj.*** [< OE. *a-,* away + *gan,* go] gone by; past *[years ago]* **—adv.** in the past *[long ago]*

**agog** (ə gog′) ***adv., adj.*** [OFr. < *a-,* to + *gogue,* joyfulness] with eager interest or excitement

**agonize** (ag′ə nīz′) ***vi.*** **-nized′, -niz′ing** **1.** to make convulsive efforts; struggle **2.** to be in agony **—*vt.*** to torture **—ag′oniz′ingly** ***adv.***

**agony** (ag′ə nē) ***n., pl.*** **-nies** [< Gr. *agōn,* a contest] **1.** great mental or physical pain **2.** death pangs **3.** a convulsive struggle **4.** a sudden outburst *(of* emotion*)*

**agony column** **1.** a newspaper feature offering sympathetic advice to readers on their personal problems **2.** a section of a newspaper containing advertisements for lost relatives, personal messages, etc.

**agoraphobia** (ag′ər ə fō′ bē ə) ***n.*** [< Gr *agora,* market place + -PHOBIA] an abnormal fear of open spaces or public places

**agrarian** (ə grâr′ē ən) ***adj.*** [< L. *ager,* field, land] **1.** relating to land or to the ownership of land **2.** of agriculture **—*n.*** one who favours a more even division of land

**agree** (ə grē′) ***vi.*** **-greed′, -gree′ing** [< L. *ad,* to + *gratus,* pleasing] **1.** to be of the same opinion **2.** to consent or accede *(to)* **3.** to arrive at an understanding **4.** to be suitable, healthful, etc. (followed by *with*) **5.** to be in harmony **6.** *Gram.* to correspond in number, person, case, or gender —*vt.* to acknowledge —**agree to differ** to accept divergence of opinion

**agreeable** *adj.* **1.** pleasing **2.** willing **3.** conformable —**agree′abil′ity** *n.* —**agree′ably** *adv.*

**agreement** *n.* **1.** an agreeing **2.** an understanding between people, countries, etc. **3.** a contract

**agriculture** (ag′ri kul′chər) *n.* [< L. *ager,* field + *cultura,* cultivation] the work of raising crops and livestock —**ag′ricul′tural** *adj.* —**ag′ricul′turist** *n.*

**agrimony** (ag′rə mə nē) *n., pl.* **-nies** [< *Gr. argemōnē*] a plant having little yellow flowers on spiky stalks

**agronomy** (ə gron′ə mē) *n.* [< Gr. *agros,* field + *nemein,* manage] the science and economics of crop production —**agron′omist** *n.*

**aground** (ə ground′) *adv., adj.* on or onto the shore, a reef, etc. *[the ship ran aground]*

**agt.** agent

**agterskot** (akh′tər skot′) *n.* [ < Afrik. *agter,* afterwards & *skot,* payment] in South Africa, final payment to a farmers' cooperative, etc. for a crop or wool clip

**ague** (ā′gyōō) *n.* [< ML. (*febris*) *acuta,* violent (fever)] **1.** a fever, usually that of malaria, marked by regularly recurring chills **2.** a fit of shivering

**ah** (ä) *interj.* an exclamation of pain, delight, etc.

**A.H.** [L. *Anno Hegirae*] in the year of the Hegira

**aha** (ä hä′, ə hä′) *interj.* an exclamation of satisfaction, pleasure, triumph, etc.

**ahead** (ə hed′) *adv., adj.* **1.** in or at the front **2.** forwards; onwards **3.** in advance **4.** winning or leading **5.** having something as a profit or advantage —**get ahead** to advance socially, financially, etc.

**ahem** (ə hem′; *conventionalized pronun.*) *interj.* a cough or similar sound made to get attention, fill a pause, etc.

**ahoy** (ə hoi′) *interj. Naut.* a call used in hailing *[ship ahoy!]*

**A.I.** artificial insemination

**aid** (ād) *vt., vi.* [< L. *ad-,* to + *juvare,* to help] to give help (to); assist —*n.* **1.** assistance **2.** a helper **3.** a helpful device —**in aid of** [Colloq.] for the purpose of

**A.I.D.** artificial insemination by donor

**aide** (ād) *n.* [Fr.] **1.** an assistant **2.** *same as* AIDE-DE-CAMP

**aide-de-camp** (ād′ə kän′) *n., pl.* **aides-de-camp** [Fr., lit., camp assistant] an officer in the army, navy, etc. serving as assistant and confidential secretary to a superior

**aigrette, aigret** (ā′gret) *n.* [see EGRET] the white plumes of the egret, once worn for ornament

**ail** (āl) *vt.* [< OE. *egle,* harmful] to be the cause of pain to; trouble —*vi.* to be in poor health; be ill

**aileron** (ā′lə ron′) *n.* [Fr. < L. *ala,* wing] a movable hinged section of an aeroplane wing for controlling rolling movements

**ailing** (āl′iŋ) *adj.* in poor health; sickly

**ailment** *n.* an illness, esp. a mild one

**aim** (ām) *vi., vt.* [< L. *ad-,* to + *aestimare,* to estimate] **1.** to point (a weapon) or direct (a blow, remark, etc.) **2.** to direct (one's efforts) **3.** to try or intend (*to* do or be) —*n.* **1.** the act of aiming **2.** the direction of a blow, etc. **3.** purpose —**take aim** to point a weapon

**aimless** *adj.* having no aim or purpose —**aim′lessly** *adv.*

**ain't** (ānt) [< *amn't,* contr. of *am not*] a dialectal or substandard contraction for *am not, is not, are not, has not,* and *have not*

**air** (āər) *n.* [< Gr. *aēr*] **1.** the invisible mixture of gases (chiefly nitrogen and oxygen) that surrounds the earth; atmosphere **2.** space above the earth; sky **3.** a movement of air **4.** an outward appearance **5.** a person's manner or bearing **6.** [*pl.*] affected, superior manners **7.** public expression *[give air to your opinions]* **8.** transportation by aircraft **9.** a song or melody —*adj.* of aircraft, air forces, etc. —*vt.* **1.** to let air into or through **2.** put where air can dry, etc. **3.** to publicize —*vi.* to become aired, etc. —**in the air** **1.** prevalent **2.** not decided —**on** (or **off**) **the air** *Radio & TV* that is (or is not) broadcasting or being broadcast —**take the air** to go outdoors

**air bag** a bag of nylon, plastic, etc. that inflates automatically within a motor vehicle on impact

**air base** a base of operations for military aircraft

**air bladder** a sac with air or gas in it, found in most fishes and in some other animals and some plants

**airborne** *adj.* **1.** carried by the air **2.** aloft; flying

**air brake** **1.** a brake operated by compressed air **2.** any flap on an aircraft for reducing speed in flight

**air brick** a brick with holes in it, for ventilation

**airbus** *n.* a short-range or medium-range passenger aircraft

**air chief marshal** *see* MILITARY RANKS, table

**air commodore** *see* MILITARY RANKS, table

**air conditioning** a method of regulating humidity and temperature in buildings, etc. —**air′condi′tion** *vt.*

**air-cooled** *adj.* cooled by having air passed over, into, or through it —**air′-cool′** *vt.*

**aircraft** *n., pl.* **-craft′** any machine designed for flying, whether heavier or lighter than air

**aircraft carrier** a warship that carries aircraft, with a large, flat deck for taking off and landing

**aircraftman** *n.* a junior rank in the RAF —**air′craftwom′an** *n.fem.*

**air curtain** (or **door**) a downward

draught of air at an open entrance for maintaining even temperatures within

**air cushion** 1. an inflatable cushion 2. the pocket of air that supports a hovercraft 3. a form of pneumatic suspension consisting of an enclosed volume of air

AIREDALE (58 cm high at shoulder)

**Airedale** (âər′dāl′) *n.* [< *Airedale* in W. Yorkshire] a large terrier having a hard, wiry coat

**airfield** *n.* a field where aircraft can take off and land

**air force** the aviation branch of the armed forces

**air gun** a gun operated by compressed air

**air hole** 1. a hole that permits passage of air 2. an unfrozen place in ice covering a body of water

**air hostess** a stewardess on an airliner or aeroplane

**airily** *adv.* in an airy or gay, light manner; jauntily; breezily

**airiness** *n.* 1. a being airy, or full of fresh air 2. lightness; jauntiness

**airing** *n.* 1. exposure to the air, as for drying 2. exposure to public knowledge 3. a walk or ride outdoors

**airing cupboard** a cupboard in which laundry, etc. is exposed to warm air

**airless** *adj.* 1. without air or without fresh air 2. without wind or breeze

**air letter** a single sheet of lightweight paper which forms an envelope, and is sent by airmail

**airlift** *n.* a system of transporting troops, supplies, etc. by aircraft —*vt.* to transport by airlift

**airline** *n.* a system or company for moving cargo and passengers by aircraft —*adj.* of an airline

**airliner** *n.* a large aircraft for carrying passengers

**air lock** 1. an airtight compartment, with adjustable air pressure, between places that do not have the same air pressure 2. a blockage caused by trapped air

**airmail** *n.* 1. the system of transporting mail by aircraft 2. letters, etc. so transported

**airman** *n.* an aviator

**air marshal** *see* MILITARY RANKS, table

**air pocket** an atmospheric condition that causes an aircraft to make sudden, short drops

**airport** *n.* a place where aircraft can land and take off, usually with facilities for passengers, etc.

**air pressure** the pressure of atmospheric or compressed air

**air pump** a machine for removing or compressing air

**air raid** an attack by aircraft, esp. bombers

**air rifle** a rifle operated by the force of compressed air

**air sac** any of the air-filled cavities in a bird's body, having connections to the lungs

**air-sea rescue** 1. an air rescue at sea 2. an organization which rescues people from ship or aircraft disasters

**airship** *n.* any self-propelled aircraft that is lighter than air and can be steered

**airsick** *adj.* unwell or nauseated from travelling in an aircraft —**air′sick′ness** *n.*

**airspace** *n.* the space above a particular land area

**airspeed** *n.* the speed of an aircraft relative to the air rather than to the ground

**airstrip** *n.* a hard-surfaced area used as a temporary aircraft runway

**air terminal** a building in a city where transport is available to and from an airport outside the city

**airtight** *adj.* too tight for air or gas to enter or escape

**air-to-air** *adj.* operating between aircraft in flight

**air vice-marshal** *see* MILITARY RANKS, table

**airwaves** *n.pl.* the medium through which radio signals are transmitted

**airy** *adj.* **-ier, -iest** 1. in or of air 2. open to the air; breezy 3. unsubstantial 4. light as air 5. gay 6. flippant 7. [Colloq.] putting on airs

**aisle** (īl) *n.* [< L. *ala,* wing] 1. a part of a church set off by a row of columns or piers 2. a passageway, as between rows of seats —**aisled** (īld) *adj.*

**aitch** (āch) *n.* the letter H, h —**drop one's aitches** to miss off the initial aspiration from words

**aitchbone** (āch′bōn′) *n.* [< ME. *a nache bone* < OFr. *nache,* buttock] 1. the rump bone 2. a cut of beef around the rump bone

**ajar**[1] (əjär′) *adv., adj.* [< OE. *cier,* a turn] slightly open, as a door

**ajar**[2] *adv., adj.* [A-, on + JAR[1]] not in harmony

**akimbo** (əkim′bō) *adv., adj.* [ME. < ON. *keng,* bent + *bogi,* a bow] with hands on hips and elbows bent outwards

**akin** (əkin′) *adj.* 1. of one kin; related 2. similar

**-al** (əl, ′l) [< L.] *a suffix meaning* 1. of, like, or suitable for *[comical, hysterical]* 2. the act or process of *[avowal]* 3. [AL(DEHYDE)] *Chem. a)* an aldehyde *[chloral] b)* a barbiturate *[phenobarbital]*

**Al** *Chem.* aluminium

**à la, a la** (ä′lä) [Fr.] 1. to, in, or at the 2. in the manner or style of 3. according to

**alabaster** (al′əbäs′tər) *n.* [< Gr. *alabastros*] 1. a translucent, whitish variety of gypsum 2. a streaked or mottled variety of calcite

**à la carte** (ä′lä kärt′) [Fr.] with a separate price for each item on the menu

**alack** (ə lak′) *interj.* [A(H) + LACK] [Archaic] an exclamation of regret, surprise, dismay, etc.

**alacrity** (ə lak′rə tē) *n.* [< L. *alacer,* lively] eager willingness shown by quick, lively action —**alac′ritous** *adj.*

**Aladdin's cave** (ə lad′inz) [< *Aladdin* in *The Arabian Nights*] an apparently inexhaustible store of riches

**à la mode** (ä′lä mōd′) [Fr.] in fashion; stylish

**alarm** (ə lärm′) *vt.* [< It. *all'arme,* to arms] **1.** to frighten **2.** to warn of danger —*n.* **1.** fear caused by danger **2.** a signal, sound, etc. to warn of danger **3.** a mechanism designed to warn of danger **4.** the bell, etc. of an alarm clock **5.** [Archaic] a sudden call to arms

**alarm clock** a clock that can be set to ring or buzz at any particular time, as to awaken a person from sleep

**alarming** *adj.* frightening —**alarm′ingly** *adv.*

**alarmist** *n.* one who habitually spreads alarming rumours, etc. —*adj.* of or like an alarmist

**alarum** (ə lar′əm) *n.* [Archaic] alarm —**alarums and excursions** noisy disturbance; confusion

**alas** (ə las′) *interj.* [< OFr. < L. *lassus,* weary] an exclamation of sorrow, pity, regret, etc.

**alate** (ā′lāt) *adj.* [< L. *ala,* wing] having wings

**alb** (alb) *n.* [ult. < L. *albus,* white] a long, white linen robe worn by a priest at Mass

**albacore** (al′bə kôr′) *n.* [< Ar. *al,* the + *bakūrah,* albacore] a fish of the tuna family

**albatross** (al′bə tros′) *n.* [< Sp. < Ar. *al qādūs,* water container] any of several large, web-footed sea birds related to the petrel

**albeit** (ôl bē′it) *conj.* [ME. *al be it,* al(though) it be] although; even though

**albert** (al′bərt) *n.* [< Prince *Albert,* husband of Queen Victoria] a kind of watch chain usually attached to a waistcoat

**Albertan** (al bur′tən) *n.* a native or inhabitant of Alberta —*a.* of or having to do with Alberta

**albino** (al bē′nō) *n., pl.* **-nos** [< L. *albus,* white] **1.** one who lacks normal colouring: albinos have a white skin, whitish hair, and pink eyes **2.** any animal or plant lacking in colour —**albinism** (al′bə niz′m) *n.*

**Albion** (al′bē ən) [Chiefly Poet.] Britain or England

**album** (al′bəm) *n.* [< L. *albus,* white] **1.** a book with blank pages for mounting pictures, stamps, etc. **2.** *a*) a booklike holder for gramophone records *b*) a single long-playing record, not part of a set

**albumen** (al′byōō mən) *n.* [L. < *albus,* white] **1.** the white of an egg **2.** *same as* ALBUMIN

**albumin** (al′byōō mən) *n.* [see prec.] any of a class of water-soluble proteins found in milk, egg, muscle, blood, and in many plants

**albuminous** (al byōō′mə nəs) *adj.* of, like, or containing albumin or albumen

**alchemy** (al′kə mē) *n.* [< Ar. *al-kīmiyā*] a form of chemistry studied in the Middle Ages: its chief aim was to change the baser metals into gold —**alchemic** (al kem′ik), **alchem′ical** *adj.* —**al′chemist** *n.*

**alcohol** (al′kə hol′) *n.* [< Ar. *al kuhl,* powder of antimony] **1.** a colourless volatile liquid: it can be burned as fuel, is used in industry and medicine, and is the intoxicating element in whisky, wine, beer, etc. **2.** any intoxicating liquor with this liquid in it **3.** any of a series of similarly constructed organic compounds

**alcoholic** (al′kə hol′ik) *adj.* **1.** of, containing, or caused by alcohol **2.** suffering from alcoholism —*n.* one who has chronic alcoholism

**alcoholism** *n.* the habitual drinking of alcoholic liquor to excess, or a diseased condition caused by this

**alcove** (al′kōv) *n.* [< Ar. *al,* the + *qubba,* arch] **1.** a recessed section of a room **2.** a secluded bower in a garden

**aldehyde** (al′də hīd′) *n.* [< AL(COHOL) + L. *de,* without + HYD(ROGEN)] a colourless, volatile fluid obtained from alcohol by oxidation

**alder** (ôl′dər) *n.* [< OE. *alor*] any of a group of trees and shrubs growing in moist regions

**alderman** (ôl′dər mən) *n.* [< OE. *eald,* old + *man*] in England and Wales, formerly, a senior member of a county or borough council, elected by the other councillors —**al′derman′ic** (-man′ik) *adj.*

**Alderney** (ôl′dər nē) *n., pl.* **-neys** any of a breed of small dairy cattle originally from Alderney, one of the Channel Islands

**ale** (āl) *n.* [< OE. *ealu*] **1.** an alcoholic drink made by fermenting a cereal, originally differing from beer by being unflavoured by hops **2.** [Colloq.] beer

**aleatory** (ā′lē ə tər ē) *adj.* [< L. *alea,* chance] depending on chance or luck

**alehouse** (āl′hous′) *n.* **1.** [Obs.] a place where ale is sold and served; tavern **2.** [Colloq.] a public house

**alembic** (ə lem′bik) *n.* [< Ar. *al,* the + *anbīq,* still < Gr. *ambix,* cup] **1.** an apparatus of glass or metal, formerly used for distilling **2.** anything that refines or purifies

**aleph** (ā′lif) *n.* the first letter of the Hebrew alphabet

**alert** (ə lurt′) *adj.* [< It. *all' erta,* on the watch] **1.** watchful; vigilantly ready **2.** active; nimble —*n.* a warning signal, as of an expected air raid —*vt.* to warn to be ready or watchful —**on the alert** watchful; vigilant

**A level** *same as* ADVANCED LEVEL

**alexandrine** (al′ig zan′drīn) *n.* [*occas.* A-] *Prosody* an iambic line having six feet —*adj.* of an alexandrine

**alexandrite** (al′ig zan′drīt) *n.* [< Russian tsar *Alexander II*] a chrysoberyl that appears dark green in daylight and deep red in artificial light

**alexia** (ə lek′sē ə) *n.* [ < Gr. *a-,* without + *lexis,* speech ] a loss of the ability to read

**alfalfa** (al fal′fə) *n.* [ < Ar. *al-fasfasah,* the best fodder ] a deep-rooted plant used for fodder and as a cover crop

**al fine** (al fē′nē) [It.] *Music* to the end

**alfresco** (al fres′kō) *adv.* [It.] outdoors —*adj.* outdoor

**alg.** algebra

**algae** (al′jē) *n.pl., sing.* **al′ga** (-gə) [ < L. ] a group of plants, one-celled or multicellular, containing chlorophyll and other pigments, found in water and including seaweeds —**al′gal** (-gəl) *adj.*

**algebra** (al′jə brə) *n.* [ < Ar. *al,* the + *jabr,* reunion of broken parts ] a mathematical system used to generalize certain arithmetical operations by using letters to stand for numbers —**al′gebra′ic** (-brā′ik), **al′gebra′ical** *adj.* —**al′gebra′ically** *adv.* —**al′gebra′ist** *n.*

**-algia** (al′jə, -jē ə) [ < Gr. ] *a suffix meaning* pain *[neuralgia]*

**algid** (al′jid) *adj.* [ < L. *algidus* ] cold; chilly —**algid′ity** *n.*

**ALGOL** (al′gol) *n.* [*Alg(orithmic) O(riented) L(anguage)*] a computer programing language designed for mathematical and scientific purposes

**algorism** (al′gər iz′m) *n.* [ < 9th-c. Ar. mathematician ] the Arabic, or decimal, system of counting

**algorithm** (-*ith*′m) *n.* [ < prec. ] *Math.* any special method of solving a certain kind of problem

**alias** (ā′lē əs) *n., pl.* **a′liases** [ < L. *alius,* other ] an assumed name —*adv.* otherwise named

**alibi** (al′ə bī′) *n., pl.* **-bis′** [ < L. *alius ibi,* elsewhere ] **1.** *Law* the plea that an accused person was elsewhere than at the scene of the crime **2.** [Colloq.] an excuse —*vi.* **-bied′, -bi′ing** [Colloq.] to offer an excuse

**alien** (āl′yən) *adj.* [ < L. *alius,* other ] **1.** foreign **2.** repugnant (*to*) **3.** of aliens —*n.* **1.** a foreigner **2.** a foreign-born resident who is not a naturalized citizen **3.** a being from another world

**alienable** *adj.* capable of being transferred to a new owner —**al′ienabil′ity** *n.*

**alienate** *vt.* **-at′ed, -at′ing** **1.** to cause a transference of (affection) **2.** to make unfriendly; estrange **3.** to transfer the ownership of (property) to another —**al′iena′tion** *n.* —**al′iena′tor** *n.*

**alienist** (āl′yən ist) *n.* [U.S.] a psychiatrist

**alight**[1] (ə līt′) *vi.* **alight′ed** or **alit′, alight′ing** [ < ME. *a-,* off + *lihtan,* dismount ] **1.** to get down or off; dismount **2.** to come down after flight

**alight**[2] *adj.* lighted up; glowing

**align** (ə līn′) *vt.* [ < Fr. *a,* to + *ligne,* line ] **1.** to bring into a straight line **2.** to bring (parts, as the wheels of a car) into proper coordination **3.** to bring into agreement, etc. —*vi.* to line up —**align′ment** *n.*

**alike** (ə līk′) *adj.* [ < OE. *gelic* ] like one another; similar —*adv.* **1.** similarly **2.** equally

**aliment** (al′ə mənt) *n.* [ < L. *alere,* nourish ] **1.** food **2.** means of support —**al′imen′tal** (-men′t′l) *adj.*

**alimentary** (al′ə men′tər ē) *adj.* **1.** connected with food or nutrition **2.** nourishing

**alimentary canal** (or **tract**) the passage in the body through which food passes to be digested: it extends from the mouth to the anus

**alimony** (al′ə mə nē) *n.* [ < L. *alere,* nourish ] an allowance paid, esp. to a woman, by the spouse or former spouse after a legal separation or divorce

**aline** (ə līn′) *vt., vi.* **alined′, alin′ing** *same as* ALIGN

**A-line** (ā′līn′) *adj.* slightly flared from the waist or shoulders: said of garments

**aliphatic** (al′ə fat′ik) *adj.* [ < Gr. *aleiphar,* fat ] *Chem.* of or obtained from fat; specif. of compounds with carbon atoms in open chains

**aliquant** (al′ə kwənt) *adj.* [ < L. *alius,* other + *quantus,* how much ] *Math.* that does not divide a number evenly *[8 is an aliquant* part of 25*]*

**aliquot** (al′ə kwət) *adj.* [ < L. *alius,* other + *quot,* how many ] *Math.* that divides a number evenly

**alive** (ə līv′) *adj.* [ < OE. *on,* in + *life,* life ] **1.** having life; living **2.** in existence, etc. **3.** lively; alert —**alive to** fully aware of —**alive with** teeming with; full of

**alkali** (al′kə lī′) *n., pl.* **-lis′, -lies′** [ < Ar. *al,* the + *qili,* ashes (of saltwort) ] any base, as soda, etc., or any soluble mineral salt capable of neutralizing acids

**alkaline** (al′kə līn′) *adj.* of, like, or containing an alkali; basic —**al′kalin′ity** (-lin′ə tē) *n.*

**alkaloid** *n.* any of a number of basic organic substances, as caffeine, etc., found in certain plants

**Alkoran** (al′kor än′) *n.* the Koran

**all** (ôl) *adj.* [OE. *eall*] **1.** the whole quantity, extent, or number of **2.** every one of **3.** the greatest possible *[in all* sincerity*]* **4.** any *[*beyond *all* question*]* **5.** alone; only —*pron.* **1.** *[with pl. v.]* everyone *[all* are present*]* **2.** everything **3.** every part —*n.* **1.** everything one has *[*give your *all]* **2.** a totality; whole —*adv.* **1.** wholly *[all* worn out*]* **2.** apiece *[*a score of thirty *all]* —**after all** nevertheless —**all but** **1.** all except **2.** almost —**all for** [Colloq.] wholeheartedly in support of —**all in** [Colloq.] very tired —**all in all** as a whole —**all out** to one's maximum effort or capacity —**all the (better, worse,** etc.) so much the (better, worse, etc.) —**all there** [Colloq.] in possession of all one's mental faculties —**all the same** **1.** nevertheless **2.** of no importance —**at all** **1.** in the least **2.** in any way **3.** under any conditions —**for all** in spite of —**in all** altogether

**all-** *a combining form denoting* entirety;

comprehensiveness [*all*-electric, *all*-powerful]

**alla breve** (äl′ə brā′ve) [It.] *Music* the time signature ¢, representing 2/2 time

**Allah** (al′ə) *the Moslem name for* GOD

**allay** (ə lā′) *vt.* **-layed′, -lay′ing** [< OE. *a-*, down + *lecgan*, lay] **1.** to lessen or relieve (pain, etc.) **2.** to put (fears, etc.) to rest; calm

**all-clear** (ôl′klēər′) *n.* a signal that an air raid is over

**allegation** (al′ə gā′shən) *n.* **1.** an alleging **2.** an assertion, esp. one made without proof

**allege** (ə lej′) *vt.* **-leged′, -leg′ing** [ult. < L. *ex-*, out of + *litigare*, to dispute] **1.** to declare or assert **2.** to assert without proof **3.** to give as a plea, excuse, etc. **—allege′able** *adj.*

**alleged** *adj.* **1.** so-called **2.** so declared, but without proof **—alleg′edly** (-id lē) *adv.*

**allegiance** (ə lē′jəns) *n.* [< OFr. < L. *ligare*, to bind] **1.** the obligation of support and loyalty to one's ruler, government, or country **2.** loyalty or devotion, as to a cause, etc.

**allegorize** (al′ə gə rīz′) *vt.* **-rized′, -riz′ing** to treat as an allegory **—*vi.*** to use allegories **—al′legoriza′tion** *n.*

**allegory** (al′ə gər ē) *n., pl.* **-ries** [< Gr. *allos*, other + *agoreuein*, speak] a story, picture, etc. in which things and events have a symbolic meaning: allegories are used for explaining ideas, moral principles, etc. **—al′legor′ical** (-gor′-) *adj.*

**allegretto** (al′ə gret′ō) *adj., adv.* [It.] *Music* moderately fast

**allegro** (ə lāg′rō) *adj., adv.* [It.] *Music* fast

**alleluia** (al′ə lo͞o′yə) *interj., n.* *same as* HALLELUJAH

**allergen** (al′ər jən) *n.* [ALLERGY + -GEN] a substance inducing an allergic reaction **—al′lergen′ic** (-jen′ik) *adj.*

**allergic** (ə lur′jik) *adj.* **1.** of or caused by allergy **2.** having an allergy

**allergy** (al′ər jē) *n., pl.* **-gies** [< Gr. *allos*, other + *ergon*, work] **1.** abnormal sensitivity to a specific substance (such as a food, pollen, etc.) or condition (as heat or cold) which is harmless to most people **2.** [Colloq.] a strong dislike

**alleviate** (ə lē′vē āt′) *vt.* **-at′ed, -at′ing** [< L. *ad-*, to + *levis*, light] **1.** to relieve (pain, etc.) **2.** to reduce or decrease [to *alleviate* poverty] **—alle′via′tion** *n.* **—alle′viative** *adj.* **—alle′via′tor** *n.*

**alley**[1] (al′ē) *n., pl.* **-leys** [< OFr. *aler*, go] **1.** a narrow street or walk; specif., one behind a row of buildings **2.** *Bowling* the long, narrow lane along which balls are rolled **3.** a lane in a garden or park **—up** (or **down**) **one's alley** [Slang] suited to one's tastes or abilities

**alley**[2] *n., pl.* **-leys** [< ALABASTER] a fine marble used as the shooter in playing marbles: also **al′ly**

**alleyway** *n.* **1.** an alley between buildings **2.** any narrow passageway

**all found** including meals, heating, etc. without extra charge

**Allhallows** (ôl′hal′ōz) *n.* [< OE. *eall*, all + *halig*, holy] [Archaic] *same as* ALL SAINTS' DAY

**alliaceous** (al′ē ā′shəs) *adj.* [< L. *allium*, garlic] **1.** of a group of strong-smelling bulb plants including onion, garlic, etc. **2.** tasting or smelling of onions or garlic

**alliance** (ə lī′əns) *n.* [see ALLY] **1.** an allying or being allied **2.** *a*) a close association for a common goal, as of nations, parties, etc. *b*) the countries, groups, etc. in such association **3.** similarity in characteristics

**allied** (al′īd) *adj.* **1.** united by kinship, treaty, etc. **2.** closely related [*allied* sciences]

**Allies** (al′īz′) *n.pl.* **1.** in World War I, the nations allied by treaty against Germany and the other Central Powers **2.** in World War II, the nations associated against the Axis; esp., Great Britain, the Soviet Union, and the U.S.

ALLIGATOR (2.4-3.6 m long)

**alligator** (al′ə gāt′ər) *n.* [< Sp. *el lagarto* < L. *lacerta*, lizard] a large reptile like the crocodile found in tropical rivers and marshes of the U.S. and in China

**alligator pear** *same as* AVOCADO

**all-in** (ôl′in′) *adj.* **1.** with all expenses included **2.** *Wrestling* denoting a style in which various types of holds or attacks are allowed

**alliterate** (ə lit′ə rāt′) *vi., vt.* **-at′ed, -at′ing** to show or cause to show alliteration

**alliteration** (ə lit′ə rā′shən) *n.* [< L. *ad-*, to + *littera*, letter] repetition of a beginning sound in two or more words of a phrase, etc. **—allit′erative** *adj.*

**allocate** (al′ə kāt′) *vt.* **-cat′ed, -cat′ing** [< L. *ad-*, to + *locus*, a place] **1.** to set apart for a specific purpose **2.** to distribute in shares; allot **3.** to fix the place of **—al′locable** *adj.* **—al′loca′tion** *n.*

**allopathy** (ə lop′ə thē) *n.* [< Gr. *allos*, other & -PATHY] treatment of disease by remedies that produce effects different from those produced by the disease **—allopathic** (al′ə path′ik) *adj.*

**allot** (ə lot′) *vt.* **-lot′ted, -lot′ting** [< OFr. *a-*, to + *lot*, lot] **1.** to distribute in shares; apportion **2.** to give or assign as one's share **—allot′table** *adj.* **—allot′ter** *n.*

**allotment** *n.* **1.** a portion **2.** a plot of public land for cultivation rented by an individual

**allotrope** (al′ə trōp′) *n.* an allotropic form

**allotropy** (ə lot′rə pē) *n.* [< Gr. *allos*, other + *tropos*, manner] the property that certain chemical elements have of existing in two or more different forms:

also **allot'ropism** —**al'lotrop'ic** (al'ə-trop'ik) ***adj.***

**all-out** (ôl'out') ***adj.*** complete or wholehearted

**allow** (ə lou') ***vt.*** [< OFr. < L. *ad-*, to + *locus*, a place + *laudare*, to praise] **1.** to let happen, etc.; permit **2.** to let have *[allowed* no holiday*]* **3.** to acknowledge as true **4.** to provide (an amount, etc.) for a purpose —**allow for** to keep in mind —**allow'able** ***adj.***

**allowance** ***n.*** **1.** something allowed, as money, food, etc. given regularly for a specific purpose **2.** a reduction in price, as for a trade-in, etc. —***vt.*** **-anced, -ancing** **1.** to put on an allowance **2.** to apportion economically —**make allowance** (or **allowances) for** **1.** to excuse because of mitigating factors **2.** to leave room, time, etc. for

**allowedly** (ə lou'id lē) ***adv.*** admittedly

**alloy** (al'oi; *also, and for v. usually,* ə loi') ***n.*** [see ALLY] **1.** a substance that is a mixture of two or more metals **2.** *a)* formerly, a less valuable metal mixed with a more valuable one *b)* something that lowers the value of another thing —***vt.*** **1.** to mix (metals) to form an alloy **2.** to debase by mixing with something inferior

**all-purpose** (ôl'pur'pəs) ***adj.*** useful in many ways

**all right** **1.** satisfactory **2.** unhurt; safe **3.** correct **4.** yes; very well **5.** [Colloq.] certainly

**all-round** (ôl'round') ***adj.*** **1.** versatile *[an all-round* player*]* **2.** comprehensive —**all-round'er** ***n.***

**All Saints' Day** an annual church festival (November 1) in honour of all the saints

**All Souls' Day** in some Christian churches, a day (usually November 2) of prayer for the dead

**all-spice** (ôl'spīs') ***n.*** **1.** the berry of a West Indian tree **2.** the spice made from this berry

**all-time** (ôl'tīm') ***adj.*** unsurpassed up to the present time

**allude** (ə lood') ***vi.*** **-lud'ed, -lud'ing** [< L. *ad-*, to + *ludere*, to play] to refer in an indirect way (*to*)

**allure** (ə lyoor') ***vt., vi.*** **-lured', -lur'ing** [< OFr. *a-*, to + *lurer*, to lure] to tempt with something desirable; attract —***n.*** fascination —**allure'ment** ***n.*** —**allur'er** ***n.***

**alluring** ***adj.*** tempting strongly; highly attractive; charming —**allur'ingly** ***adv.***

**allusion** (ə loo'zhən) ***n.*** **1.** an alluding **2.** an indirect reference; casual mention —**allu'sive** ***adj.***

**alluvial** (ə loo'vē əl) ***adj.*** of or found in alluvium

**alluvium** (ə loo'vē əm) ***n.*** **-viums, -via** [< L. *ad-*, to + *luere*, to wash] sand, clay, etc. gradually deposited by moving water, as along a river bed

**ally** (ə lī'; *also, and for n. usually,* al'ī) ***vt.*** **-lied', -ly'ing** [< L. *ad-*, to + *ligare*, to bind] **1.** to unite for a specific purpose **2.** to relate by similarity of structure, etc. —***vi.*** to become allied —***n., pl.*** **-lies** **1.** a country or person joined with another for a common purpose **2.** [**A-**] [*pl.*] *see* ALLIES **3.** an associate; helper

**alma mater** (al'mə mät'ər, mät'ər) [L., fostering mother] the university or school that one attended

**almanac** (ôl'mə nak') ***n.*** [< LGr. *almenichiaka*, calendar] **1.** a calendar with astronomical data, weather forecasts, etc. **2.** a book published annually, containing information, usually statistical, on many subjects

**almighty** (ôl mīt'ē) ***adj.*** **1.** all-powerful **2.** [Slang] great —***adv.*** [Slang] extremely —**the Almighty** God

**almond** (ä'mənd) ***n.*** [< Gr. *amygdalē*] **1.** the edible, nutlike kernel of a small, dry, peachlike fruit **2.** the tree bearing this fruit —**al'mondlike'** ***adj.***

**almoner** (ä'mən ər) ***n.*** **1.** one who distributes alms **2.** formerly, a hospital social worker responsible for the welfare and aftercare of patients

**almost** (ôl'mōst) ***adv.*** very nearly; all but

**alms** (ämz) ***n., pl.*** **alms** [< Gr. *eleos*, pity] money, food, etc. given to poor people —**alms'giv'er** ***n.***

**almshouse** ***n.*** a building, endowed by charity for housing the poor

**aloe** (al'ō) ***n., pl.*** **-oes** [< Gr.] **1.** a South African plant with fleshy, spiny leaves **2.** [*pl., with sing. v.*] a laxative drug made from the juice of certain aloe leaves

**aloft** (ə loft') ***adv.*** [see LOFT] **1.** high up; up above **2.** in the air; flying **3.** high above a ship's deck

**alone** (ə lōn') ***adj., adv.*** [< ALL + ONE] **1.** apart from anything or anyone else **2.** without any other person **3.** only —**let alone** **1.** to refrain from bothering **2.** not to mention *[we hadn't a penny, let alone* a pound*]*

**along** (ə lon') ***prep.*** [< OE. *and-*, over against + *-lang*, long] **1.** on or beside the length of **2.** in conformity with —***adv.*** **1.** in a line **2.** progressively onwards **3.** as a companion **4.** with one *[she took her book along]* —**all along** from the very beginning —**be along** [Colloq.] to come or arrive *[I'll be along* soon*]*

**alongshore** (ə lon' shôr') ***adv.*** near or beside the shore

**alongside** (ə lon' sīd') ***adv.*** at or by the side; side by side —***prep.*** at the side of; side by side with

**aloof** (ə loof') ***adv.*** [*a-*, on + Du. *loef*, to windward] at a distance but in view —***adj.*** **1.** at a distance **2.** distant in sympathy, etc. *[an aloof* manner*]* —**aloof'ly** ***adv.***

**alopecia** (al'ə pēsh'ə) ***n.*** [< Gr. *alōpekia*, fox mange] baldness

**aloud** (ə loud') ***adv.*** **1.** with the normal voice *[read the letter aloud]* **2.** loudly

**alp** (alp) ***n.*** [< L. *Alpes*] a high mountain; esp. [*pl.*] [**A-**] those in Switzerland and adjoining countries

**alpaca** (al pak'ə) ***n., pl.*** **-pac'as, -pac'a** [Sp. < SAmInd. *allpaca*] **1.** a S American mammal related to the llama, with long, fleecy wool **2.** this wool **3.** a cloth woven from this wool **4.** a glossy cloth of cotton and wool

**alpenstock** (al′pən stok′) ***n.*** [G., Alpine staff] an iron-pointed staff used by mountain climbers

**alpha** (al′fə) ***n.*** **1.** the first letter of the Greek alphabet (A, α) **2.** the beginning of anything

**alpha and omega** **1.** the first and last letters of the Greek alphabet **2.** the beginning and the end

**alphabet** (al′fə bet′) ***n.*** [< Gr. *alpha* + *beta*] **1.** the letters of a language, arranged in a traditional order **2.** a system of signs to indicate letters

**alphabetical** (al′fə bet′i k'l) ***adj.*** of or using an alphabet —**al′phabet′ically** ***adv.***

**alphabetize** (al′fə bə tīz′) ***vt.*** **-ized′, -iz′-ing** to arrange in alphabetical order —**al′-phabetiza′tion** ***n.***

**alphanumeric** (al′fə nyōō mer′ik) ***adj.*** having or using both alphabetical and numerical symbols

**alpha particle** a positively charged particle given off by certain radioactive substances: it consists of two protons and two neutrons

**alpha ray** **1.** *same as* ALPHA PARTICLE **2.** a stream of alpha particles, less penetrating than a beta ray

**Alpine** (al′pīn) ***adj.*** **1.** of the Alps **2.** [**a-**] of or like high mountains

**already** (ôl red′ē) ***adv.*** **1.** by or before the given or implied time **2.** even now or even then

**alright** (ôl rīt′) ***adv.*** *var. of* ALL RIGHT: a disputed sp., but in common use

**Alsatian** (al sā′shən) ***n.*** a large, powerful, somewhat wolflike dog, used in police work, etc.

**also** (ôl′sō) ***adv.*** [< OE. *eal,* all + *swa,* so] in addition; too: sometimes used in place of *and*

**also-ran** ***n.*** [Colloq.] any loser in a race, competition, election, etc.

**alt.** **1.** alternate **2.** altitude **3.** alto

**Alta.** Alberta

**altar** (ôl′tər) ***n.*** [ult. < L. *altus,* high] **1.** a raised platform where sacrifices are made to a god, etc. **2.** a table, stand, etc. used for sacred purposes in a place of worship —**lead to the altar** to marry

**altarpiece** ***n.*** an ornamental carving, painting, etc. above and behind an altar

**alter** (ôl′tər) ***vt.*** [< L. *alter,* other] **1.** to make different **2.** to resew parts of (a garment) for a better fit —***vi.*** to become different; change —**al′terable** ***adj.***

**alteration** (ôl′tə rā′shən) ***n.*** **1.** an altering or being altered **2.** the result of this; change

**altercate** (ôl′tər kāt′) ***vi.*** **-cat′ed, -cat′-ing** [< L. *altercari,* to dispute] to argue angrily —**al′terca′tion** ***n.***

**alter ego** (al′tər eg′ō) [L., lit., other I] **1.** another aspect of oneself **2.** a very close friend

**alternate** (ôl′tər nət, *for v.* ôl′tər nāt′) ***adj.*** [< L. *alternus,* one after the other < *alter,* other] **1.** succeeding each other **2.** every other **3.** alternative —***n.*** a substitute —***vt.*** **-nat′ed, -nat′ing** to do, use, or make happen by turns —***vi.*** **1.** to act, happen, etc. by turns **2.** to take turns —**alter′nately** ***adv.*** —**al′terna′tion** ***n.***

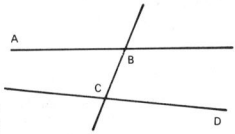

ALTERNATE ANGLES (B,C)

**alternate angles** two angles at opposite ends and on opposite sides of a line crossing two others

**alternating current** an electric current that reverses its direction periodically

**alternative** (ôl tər′nə tiv) ***adj.*** providing a choice between two (or loosely, more than two) things —***n.*** **1.** a choice between two or more things **2.** any of the things to be chosen —**alter′natively** ***adv.***

**alternator** (ôl′tər nāt′ər) ***n.*** an electric generator or dynamo producing alternating current

**althaea** (al thē′ə) ***n.*** [< Gr.] *same as* ROSE OF SHARON

**althorn** (alt′hôrn′) ***n.*** a brass instrument, the alto saxhorn: also **alto horn**

**although** (ôl thō′) ***conj.*** [ME. < *all* + *though*] in spite of the fact that; though

**altimeter** (al′tə mēt′ər) ***n.*** [< L. *altus,* high + -METER] an instrument for measuring altitude

**altitude** (al′tə tyōōd′) ***n.*** [< L. *altus,* high] **1.** height; esp., above the earth's surface or sea level **2.** a high place **3.** a high level, eminence, etc. **4.** *Astron.* the angular height of a planet, etc. above the horizon —**al′titu′dinal** ***adj.***

**alto** (al′tō) ***n., pl.*** **-tos** [It. < L. *altus,* high] **1.** the range of the lowest female voice or, esp. formerly, the highest male voice **2.** a voice or singer with such range **3.** an instrument with a similar range —***adj.*** of, in, for, or having this range

**alto clef** *see* C CLEF

**altogether** (ôl′tə geth′ər) ***adv.*** **1.** wholly; completely **2.** in all **3.** on the whole —**in the altogether** [Colloq.] nude

**altruism** (al′trōō iz′m) ***n.*** [< L. *alter,* another] unselfish concern for the welfare of others —**al′truist** ***n.*** —**al′truis′tic** ***adj.***

**alum** (al′əm) ***n.*** [< L. *alumen*] a double sulphate, esp. of potassium and aluminium, used in medicine and in making dyes, etc.

**alumina** (ə lōō′mi nə) ***n.*** an oxide of aluminium found as forms of corundum, including emery, sapphires, etc.

**aluminium** (al′yoo min′yəm) ***n.*** [< L. *alumen,* alum] a silvery, lightweight, metallic chemical element that resists corrosion, and is found only in combination: symbol, Al

**aluminize** (ə lōō′mə nīz′) ***vt.*** **-nized′, -niz′-ing** to cover, or treat, with aluminium

**aluminum** (ə lōō′mə nəm) ***n.*** *U.S. var. of* ALUMINIUM

**alumnus** (ə lum′nəs) ***n., pl.*** **-ni** (-nī) [L.,

foster son] [U.S.] one who is a graduate of a school, college, etc.

**alway** (ôl′wā) ***adv.*** [Archaic] always

**always** (ôl wāz) ***adv.*** [see ALL & WAY] **1.** in every instance **2.** all the time **3.** if need be

**alyssum** (ə′lis əm) ***n.*** [< Gr. *alyssos,* curing madness] a plant with white or yellow flowers

**am** (am; *unstressed* əm) [OE. *eom*: see BE] *1st pers. sing., pres. indic., of* BE

**Am** *Chem.* americium

**AM** amplitude modulation

**Am.** **1.** America **2.** American

**A.M., a.m., AM** [L. *ante meridiem*] before noon

**Amadhlozi** (am′a hloz′ē) ***n.pl.*** [< Zulu pl. *amadlozi*] [S Afr.] ancestral spirits: also **Amadlozi**

**amadoda** (am′a dod′ə) ***n.pl.*** [< Bantu] [S Afr.] men, esp. black

**amah** (ä′mə) ***n.*** [Anglo-Ind. < Port] in the Orient, a woman servant, esp. one who serves as a baby's nurse

**amain** (ə mān′) ***adv.*** [A-, on + MAIN[1]] [Archaic or Poet.] **1.** forcefully **2.** at great speed

**amalgam** (ə mal′gəm) ***n.*** [< Gr. *malagma,* emollient < *malassein,* soften] **1.** any alloy of mercury with another metal [silver *amalgam* is used as a dental filling] **2.** any mixture or blend

**amalgamate** (-gə māt′) ***vt., vi.*** **-mat′ed, -mat′ing** to combine; unite **—amal′gama′tion** ***n.***

**amanuensis** (ə man′yoo wen′sis) ***n., pl.*** **-ses** [L. < *a-,* from + *manus,* hand + *-ensis,* relating to] an assistant who takes dictation; secretary

**amaranth** (am′ə ranth′) ***n.*** [< Gr. *a-,* not + *marainein,* die away] **1.** any of a genus of plants, usually with colourful leaves **2.** [Poet.] an imaginary flower that never dies **3.** a dark purplish red **—am′aran′thine** (-ran′thīn) ***adj.***

**amaryllis** (am′ə ril′əs) ***n.*** [< Gr.; name for a shepherdess] a bulb plant bearing several white, pink, or red lilylike flowers on a single stem

**amass** (ə mas′) ***vt.*** [< L. *massa,* mass] **1.** to accumulate (esp. wealth) **2.** to pile up **—amass′er** ***n.***

**amateur** (am′ə tər) ***n.*** [Fr. < L. *amare,* to love] **1.** one who engages in some art, sport, etc. for pleasure rather than as a profession **2.** one who does something without skill **—*adj.*** of or done by or as by an amateur or amateurs **—am′ateur-ish** ***adj.*** **—am′ateurism** ***n.***

**amatory** (am′ə tər ē) ***adj.*** [< L. *amare,* to love] of or showing love, esp. sexual love

**amaze** (ə māz′) ***vt.*** **amazed′, amaz′ing** [see MAZE] to fill with great surprise or wonder; astonish **—amaz′edly** (-id lē) ***adv.*** **—amaze′ment** ***n.*** **—amaz′ingly** ***adv.***

**amazon** (am′ə zən) ***n.*** [< Gr. < ?, but derived by folk etym. < *a-,* without + *mazos,* breast] a large, strong, or aggressive woman; after a race of female warriors in Greek mythology **—amazon′ian** (am′ə zō′nē ən) ***adj.***

**ambassador** (am bas′ə dər) ***n.*** [< Pr. < hyp. *ambaissa,* mission] **1.** the highest-ranking diplomatic representative appointed by a government to represent it in another country **2.** an official messenger **—ambas′sado′rial** (-dôr′ē əl) ***adj.*** **—ambas′sadress** ***n. fem.***

**amber** (am′bər) ***n.*** [< Ar. *'anbar,* ambergris] **1.** a brownish-yellow translucent fossil resin used in jewellery, etc. **2.** the colour of amber **3.** the light between the green and red of traffic lights **—*adj.*** made of or like amber

**ambergris** (-grēs′) ***n.*** [< OFr. *ambre gris,* grey amber] a greyish, waxy substance from the intestines of sperm whales, used in some perfumes

**ambi-** [L. < *ambo,* both] *a combining form meaning* both

**ambiance** (am′bē əns) ***n.*** [Fr.: see AMBIENT] an environment or milieu: also **am′bience**

**ambidextrous** (am′bə dek′strəs) ***adj.*** [< L. AMBI- + *dexter,* right hand] **1.** able to use both hands with equal ease **2.** deceitful **—am′bidexter′ity** (-dek ster′ə tē) ***n.***

**ambient** (am′bē ənt) ***adj.*** [< L. *ambi-,* around + *ire,* go] surrounding; on all sides

**ambiguity** (am′bə gyōō′ə tē) ***n.*** the quality or state of being ambiguous

**ambiguous** (am big′yoo wəs) ***adj.*** [< L. *ambi-,* around + *agere,* act] **1.** having two or more possible meanings **2.** not clear; indefinite; vague **—ambig′uously** ***adv.***

**ambit** (am′bit) ***n.*** [see AMBIENT] **1.** scope; extent **2.** boundary; circumference

**ambition** (am bish′ən) ***n.*** [< L. *ambitio,* a going around (to solicit votes)] **1.** a strong desire for success, power, etc. **2.** the thing so desired

**ambitious** ***adj.*** **1.** full of or showing ambition **2.** needing great effort, skill, etc. **—ambi′tiously** ***adv.***

**ambivalence** (am biv′ə ləns) ***n.*** [AMBI- + VALENCE] simultaneous conflicting feelings towards a person or thing, as love and hate **—ambiv′alent** ***adj.***

**amble** (am′b′l) ***vi.*** **-bled, -bling** [< L. *ambulare,* to walk] **1.** to walk in a leisurely manner **2.** to move at a smooth, easy gait: said of a horse, etc. **—*n.*** **1.** a leisurely walking pace **2.** a horse's ambling gait **—am′bler** ***n.***

**ambrosia** (am brōz′ē ə) ***n.*** [< Gr. *a-,* not + *brotos,* mortal] **1.** *Gr. & Rom. Myth.* the food of the gods and immortals **2.** anything that tastes or smells delicious **—ambro′sial, ambro′sian** ***adj.***

**ambry** (am′brē) ***n., pl.*** **-bries** [< L. *armarium,* chest for arms] a recessed cupboard in the wall of a church

**ambulance** (am′byoo ləns) ***n.*** [< L. *ambulare,* to walk] **1.** a specially equipped vehicle for carrying the sick or wounded **2.** orig., a mobile field hospital

**ambulate** (am′byoo lāt′) ***vi.*** **-lat′ed, -lat′ing** [< L. *ambulare,* to walk] to move about; walk —**am′bulant** *adj.* —**am′bula′tion** *n.*

**ambulatory** (-lə tər ē) *adj.* **1.** of or for walking **2.** able to walk **3.** movable —*n., pl.* **-ries** any sheltered place for walking, as in a cloister

**ambuscade** (am′bəs kād′) *n., vt., vi.* **-cad′ed, -cad′ing** [see ff.] *same as* AMBUSH —**am′buscad′er** *n.*

**ambush** (am′boosh) *n.* [< ML. *in-,* in + *boscus,* woods] **1.** the act of waiting in a concealed place to launch a surprise attack **2.** the surprise attack **3.** the place of hiding —*vt., vi.* **1.** to lie in wait (for) **2.** to attack from ambush —**am′bushment** *n.*

**ameer** (ə mēr′) *n. same as* AMIR

**ameliorate** (ə mēl′yə rāt′) *vt., vi.* **-rat′ed, -rat′ing** [< L. *melior,* better] to make or become better; improve —**amel′iora′tion** *n.* —**amel′iorative** *adj.*

**amen** (ā′men′, ä′-) *interj.* [< Heb. *āmēn,* truly] may it be so!: used after a prayer or to express approval

**amenable** (ə mē′nə b'l) *adj.* [< OFr. < LL. *minare,* to drive (animals) < L. *minare,* to threaten] **1.** responsible or answerable **2.** responsive; submissive —**ame′nabil′ity** *n.* —**ame′nably** *adv.*

**amend** (ə mend′) *vt.* [< L. *emendare,* to correct] **1.** to make better; improve **2.** to correct **3.** to change or revise (a law, etc.) —*vi.* to improve one's conduct —**amend′able** *adj.* —**amend′atory** *adj.* —**amend′er** *n.*

**amendment** *n.* **1.** a change for the better; improvement **2.** a correction of errors, etc. **3.** a revision or addition proposed or made in a law, etc.

**amends** *n.pl.* something given or done to make up for injury, loss, etc. that one has caused

**amenity** (ə mē′nə tē) *n., pl.* **-ties** [< L. *amoenus,* pleasant] **1.** a useful or desirable facility or service **2.** pleasant quality; attractiveness

**amenorrhoea** (ā men′ə rē′ə) *n.* [< Gr. *a-,* not + *mēn,* month + *rheein,* to flow] abnormal absence or suppression of menstruation

**amerce** (ə mur′s′) *vt.* **amerced′, amerc′ing** [< OFr. *a merci,* at the mercy of] to punish by imposing a fine —**amerce′ment** *n.*

**American** (ə mer′ə kən) *adj.* **1.** of or in America **2.** of, in, or characteristic of the U.S., its people, etc. —*n.* **1.** a native or inhabitant of America **2.** a citizen of the U.S. —**Amer′icanize′** *vt., vi.*

**American Indian** *same as* INDIAN (*n.* 2)

**Americanism** *n.* **1.** a word, phrase or usage originating in or peculiar to American English **2.** a custom, characteristic, or belief of or originating in the U.S. **3.** devotion or loyalty to the U.S., or to its traditions, etc.

**americium** (am′ə rish′ē əm) [< *America*] a chemical element, one of the transuranic elements produced from plutonium: symbol, Am

**Amerind** (am′ə rind′) *n.* an American Indian or Eskimo —**Am′erin′dian** *adj., n.* —**Am′erin′dic** *adj.*

**amethyst** (am′ə thist) *n.* [< Gr. *a-,* not + *methystos,* drunken] **1.** a purple or violet variety of quartz, used in jewellery **2.** popularly, a purple corundum, used in jewellery **3.** purple or violet —**am′ethys′tine** (-this′ tīn) *adj.*

**Amharic** (am har′ik) *n.* the Semitic language used officially in Ethiopia

**amiable** (ā′mē ə b'l) *adj.* [< L. *amicus,* friend] having a pleasant, friendly disposition; good-natured —**a′miabil′ity** *n.* —**a′miably** *adv.*

**amicable** (am′i kə b'l) *adj.* [see AMIABLE] friendly in feeling; showing good will [an *amicable* discussion] —**am′icabil′ity** *n.* —**am′icably** *adv.*

**amice** (am′is) *n.* [< L. *amictus,* cloak] an oblong cloth of white linen worn about the neck and shoulders by a priest at Mass

**amicus curiae** (ə mi′kəs kyoo′ər′i ē′) [L., friend of the court] *Law* a person who offers, or is called in, to advise a court on some legal matter

**amid** (ə mid′) *prep.* [ME. < *on,* at + *middan,* middle] in the middle of; among

**amide** (am′īd, -id) *n.* [< AMMONIA] any of a group of organic compounds containing the CO·NH2 radical in place of one hydrogen atom of an ammonia molecule —**amidic** (ə mid′ik) *adj.*

**amidships** (ə mid′ships) *adv., adj.* in or towards the middle of a ship

**amidst** (ə midst′) *prep. same as* AMID

**amine** (ā′mēn, am′ēn) *n.* [< AMMONIA] *Chem.* a derivative of ammonia in which hydrogen atoms have been replaced by radicals containing hydrogen and carbon atoms

**amino acids** (ə mē′nō) a group of organic compounds that contain the amino radical and are units of structure of proteins

**amir** (ə mēr′) *n.* [Ar.] in some Moslem countries, a ruler, prince, or commander: see also EMIR

**amiss** (ə mis′) *adv.* [see A- & MISS[1]] astray, wrongly, etc. —*adj.* wrong, faulty, improper, etc.

**amity** (am′ə tē) *n., pl.* **-ties** [< L. *amicus,* friend] peaceful relations, as between nations; friendship

**ammeter** (am′ēt′ər) *n.* [AM(PERE) + -METER] an instrument for measuring an electric current in amperes

**ammo** (am′ō) *n.* [Slang] ammunition

**ammonia** (ə mōn′ē ə) *n.* [ult. < a substance found near Libyan shrine of Jupiter *Ammon,* Roman-Egyptian god] **1.** a colourless, pungent gas, used in fertilizers, cleaning fluids, etc. **2.** a water solution of this gas: in full, **ammonia water** —**ammoniacal** (am′ə nī′ə k'l) *adj.*

**ammonite** (am′ə nīt′) *n.* [< L. (*cornu*) *Ammonis,* (horn) of Ammon] a coiled fossil shell

**ammonium** (ə mō′nē əm) *n.* the radical $NH_4$, present in salts produced by the reaction of ammonia with an acid

**ammunition** (am′yoo nish′ən) *n.* [< MUNITIONS] **1.** anything hurled weapon or exploded as a weapon, as bullets, shells, grenades, etc. **2.** any means of attack or defence

**amnesia** (am nē′zē ə) *n.* [< Gr. *a-*, not + *mnasthai*, remember] partial or total loss of memory —**amne′siac′** (-zē ak′), **amne′sic** *adj., n.*

**amnesty** (am′nəs tē) *n., pl.* **-ties** [< Gr. *amnēstia*, a forgetting] a general pardon, esp. for political offences

**amnion** (am′nē ən) *n., pl.* **-nions, -nia** [< Gr. *amnos*, lamb] the innermost membrane of the sac enclosing the embryo of a mammal, reptile, or bird —**am′niot′ic** (-ot′ik) *adj.*

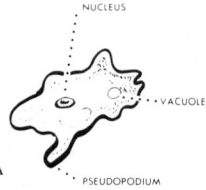


**amoeba** (ə mē′bə) *n., pl.* **-bas, -bae** (-bē) [< Gr. *ameibein*, to change] a microscopic, one-celled animal found usually in stagnant water —**amoe′bic** *adj.*

**amok** (ə mok′) *adj., adv.* [Malay *amoq*] in a frenzy to kill; in a violent rage, esp. in **run amok**

**among** (ə muŋ′) *prep.* [< OE. *on*, in + *gemang*, a crowd] **1.** surrounded by *[among* friends*]* **2.** in the group or class of **3.** by or with many of **4.** with a share for each of **5.** with one another *[*talking *among* ourselves*]* **6.** by the joint action of

**amongst** (ə muŋst′) *prep. same as* AMONG

**amoral** (ā mor′əl) *adj.* **1.** neither moral nor immoral **2.** without moral principles —**amorality** (ā′mə ral′ə tē) *n.*

**amorous** (am′ər əs) *adj.* [< L. *amare*, to love] **1.** fond of making love **2.** full of love **3.** of sexual love or lovemaking —**am′orously** *adv.* —**am′orousness** *n.*

**amorphous** (ə môr′fəs) *adj.* [< Gr. *a-*, without + *morphē*, form] **1.** shapeless **2.** indefinite, vague, etc. **3.** *Biol.* without specialized structure **4.** *Chem., Mineralogy* not crystalline —**amor′phism** *n.*

**amortize** (ə môr′tīz) *vt.* **-tized, -tizing** [< L. *ad*, to + *mors*, death] to put money aside at intervals, as in a sinking fund, for gradual payment of (a debt, etc.) —**am′ortiz′able** *adj.* —**am′ortiza′tion** *n.*

**amount** (ə mount′) *n.* [< L. *ad*, to + *mons*, mountain] **1.** the sum of two or more quantities; total **2.** a principal sum plus its interest **3.** a quantity —*vi.* **1.** to add up; total **2.** to be equal in meaning, value, or effect

**amour** (ə moor′) *n.* [Fr. < L. *amor*, love] a love affair, esp. one that is illicit or secret

‡**amour-propre** (ä moor prô′pr′) *n.* [Fr.] self-respect

**amp.** **1.** amperage **2.** ampere(s)

**ampelopsis** (am′pə lop′sis) *n.* [< Gr. *ampelos*, vine + *opsis*, appearance] a climbing shrub like the vine

**amperage** (am′pər ij) *n.* the strength of an electric current, measured in amperes

**ampere** (am′pâr) *n.* [< A. M. *Ampère*] the SI unit of electric current

**ampersand** (am′pər sand′) *n.* [< *and per se and*, lit., (the sign) & by itself (is) *and*] a sign (&) meaning *and*

**amphetamine** (am fet′ə mēn′) *n.* a compound used as a drug to overcome depression, fatigue, etc.

**amphi-** [< Gr.] *a prefix meaning:* **1.** on both sides or ends **2.** of both kinds **3.** around; about

**amphibian** (am fib′ē ən) *n.* [see ff.] **1.** any of a class of vertebrates, including frogs, toads, salamanders, etc., that usually begin life in the water as tadpoles with gills, and later develop lungs **2.** any amphibious animal or plant **3.** an aircraft that can take off from and come down on either land or water **4.** a vehicle that can travel on either land or water

**amphibious** *adj.* [< Gr. *amphi-*, AMPHI- + *bios*, life] **1.** that can live or operate both on land and in water **2.** of or for a military operation involving the landing of troops from seaborne transports —**amphib′iously** *adv.*

**amphitheatre** (am′fə thē′ə tər) *n.* [see AMPHI- & THEATRE] **1.** a round or oval building with an open space (arena) surrounded by rising rows of seats **2.** a level place surrounded by rising ground

**amphora** (am′fər ə) *n., pl.* **-rae** (-ē) [< Gr. *amphi-*, AMPHI- + *pherein*, to bear] a Greek or Roman jar with a narrow neck and base and two handles

**ample** (am′p'l) *adj.* **-pler, -plest** [< L. *amplus*] **1.** more than enough; abundant **2.** enough; adequate **3.** large in size, extent, etc. —**am′pleness** *n.*

**amplifier** (am′plə fī′ər) *n. Electronics* a device used to increase electrical signal strength

**amplify** (am′plə fī′) *vt.* **-fied′, -fy′ing** [< L. *amplus*, ample + *facere*, make] **1.** to make stronger **2.** to develop more fully **3.** *Electronics* to strengthen (an electrical signal) by means of an amplifier —*vi.* to speak or write at length —**am′plifica′tion** *n.*

**amplitude** (am′plə tyōōd′) *n.* [< L. *amplus*, ample] **1.** extent; largeness **2.** abundance; fullness **3.** scope or breadth, as of mind **4.** the extreme range of a fluctuating quantity, from the average or mean to the extreme

**amplitude modulation** the changing of the amplitude of the transmitting radio wave in accordance with the signal being broadcast: distinguished from FREQUENCY MODULATION

**amply** (am′plē) *adv.* to an ample degree

**ampoule** (am′pōōl) *n.* [see ff.] a small, sealed glass container for one dose of a medicine

**ampulla** (am pool′ə) *n., pl.* **-pul′lae** (-ē)

[< L. *ampulla*, bottle] **1.** a nearly round Greek and Roman bottle with two handles **2.** a container used in churches

**amputate** (am′pyoo̅tāt′) *vt.* **-tat′ed, -tat′ing** [< L. *am-*, for AMBI- + *putare*, prune] to cut off (an arm, leg, etc.), esp. by surgery **—am′puta′tion** *n.*

**amuck** (ə muk′) *adj., adv. same as* AMOK

**amulet** (am′yoo̅lit) *n.* [< L.] something worn on the body as a charm against evil

**amuse** (ə myoo̅z′) *vt.* **amused′, amus′ing** [< Fr. à, at + OFr. *muser*, stare fixedly] **1.** to occupy or entertain **2.** to make laugh, smile, etc. **—amus′able** *adj.*

**amusement** *n.* **1.** the condition of being amused **2.** something that amuses or entertains

**amusement park** an outdoor place with devices for entertainment, as side shows, roundabouts, etc.

**amylase** (am′ə lās′) *n.* an enzyme that helps change starch into sugar, found in saliva, pancreatic juice, etc.

**amylum** (am′ə ləm) *n.* [< Gr.] *Chem.* starch

**an**[1] (ən; *stressed* an) ***adj., indefinite article*** [< OE. *an*, one] **1.** one; one sort of **2.** each; any one **3.** to each; for each

**an**[2]**, an′** (an) ***conj.*** [< *and*] [Archaic] if

**an-** *same as* A- (not, without): used before vowels

**-an** (ən, 'n) [< L.] *a suffix meaning:* **1.** (one) belonging to or having some relation to *[diocesan]* **2.** (one) born in or living in *[American]* **3.** (one) believing in or following *[Mohammedan]*

**an.** **1.** [L. *anno*] in the year **2.** anonymous

**Anabaptist** (an′ə bap′tist) *n.* [< Gr. *ana-*, again + *baptizein*, baptize] a member of a 16th-cent. Swiss sect of the Reformation, that practised baptism of adults **—*adj.*** of this sect **—An′abap′tism** *n.*

**anabolism** (ə nab′ə liz′m) *n.* [< Gr. *anabolē*, a rising up] the process in a plant or animal by which food is changed into living tissue **—anabolic** (an′ə bol′ik) *adj.*

**anachronism** (ə nak′rə niz′m) *n.* [< Gr. *ana-*, against + *chronos*, time] **1.** the representation of something as existing or occurring at other than its proper time **2.** anything out of its proper time in history **—anach′ronis′tic, anach′ronous** *adj.* **—anach′ronis′tically** *adv.*

**anaconda** (an′ə kon′də) *n.* [< ?] a long, heavy S American snake similar to the boa

**anadromous** (ə nad′rə məs) *adj.* [< Gr. *ana-*, upward + *dramein*, run] going up rivers to spawn: said of salmon, shad, etc.

**anaemia** (ə nē′mē ə) *n.* [< Gr. *a-*, *an*, without + *haima*, blood] a condition in which there is a reduction of the number of red blood corpuscles in the bloodstream

**anaemic** *adj.* **1.** suffering from anaemia **2.** pale; lacking vitality **—anae′mically** *adv.*

**anaerobe** (an āər′ōb) *n.* [< Gr. *an-*, AN- + *aero-*, AERO- + *bios*, life] a microorganism that can live where there is no free oxygen **—anaerobic** (an′āər ō′bik) *adj.*

**anaesthesia** (an′əs thē′zē ə) *n.* [< Gr. *an*, without + *aisthesis*, feeling] **1.** partial or total loss of the sense of pain, touch, etc., produced by disease **2.** a loss of sensation induced by an anaesthetic

**anaesthetic** (an′əs thet′ik) *n.* a drug, gas, etc. used to produce anaesthesia, as before surgery **—*adj.*** producing anaesthesia **—an′aesthet′ically** *adv.*

**anaesthetist** (ə nēs′thə tist) *n.* a person who administers anaesthetics

**anaesthetize** *vt.* **-tized′, -tiz′ing** to cause anaesthesia in, as by giving an anaesthetic **—anaes′thetiza′tion** *n.*

**anaglypta** (an′ə glip′tə) *n.* [< L., work in bas relief] a textured wallpaper designed to be painted over

**anagram** (an′ə gram′) *n.* [< Gr. *ana-*, back + *gramma*, letter] a word or phrase made from another by rearranging its letters (Ex.: *now — won*) **—an′agrammat′ic** (-grə mat′ik), **an′agrammat′ical** *adj.*

**anal** (ā′n'l) ***adj.*** of or near the anus

**analects** (an′ə lekts′) ***n.pl.*** [< Gr. *ana-*, up + *legein*, gather] collected literary excerpts: also **an′alec′ta**

**analgesia** (an′'l jē′zē ə) *n.* [< Gr. *an-*, without + *algēsia*, pain] a state of not feeling pain although fully conscious **—an′alge′sic** *adj., n.*

**analogize** (ə nal′ə jīz′) *vi.* **-gized′, -giz′ing** to use, or reason by, analogy **—*vt.*** to explain or liken by analogy **—anal′ogist** *n.*

**analogous** *adj.* [see ANALOGY] similar or comparable in certain respects **—anal′ogously** *adv.*

**analogue** (an′ə log′) *n.* a thing or part that is analogous

**analogue, analog** (an′ə log′) *adj.* of or by means of an analogue computer

**analogue computer** an electronic computer that uses voltages to represent the numerical data of physical quantities Also **analog**

**analogy** (ə nal′ə jē) *n., pl.* **-gies** [< Gr. *ana-*, according to + *logos*, ratio] **1.** similarity in some respects **2.** a comparing of something point by point with something similar **3.** *Linguis.* the formation of new words based on the pattern of older ones *[energize* is formed from *energy* by *analogy* with *apologize* from *apology]* **—an′alog′ical** *adj.*

**analyse** (an′ə līz′) *vt.* **-lysed′, -lys′ing** **1.** to separate into parts so as to find out their nature, function, etc. **2.** to examine in detail so as to determine the nature of

**analysis** (ə nal′ə sis) *n., pl.* **-ses′** [< Gr. *ana-*, up, throughout + *lysis*, loosing] **1.** *a*) a breaking up of any whole into parts so as to find out their nature, function, etc. *b*) a statement of these findings **2.** *same as* PSYCHOANALYSIS **3.** *Chem.* the separation of compounds and mixtures into their constituents to determine their nature or proportion

**analyst** (an′ə list) *n.* **1.** a person who analyses **2.** *same as* PSYCHOANALYST

**analytic** (an′ə lit′ik) ***adj.*** of, or skilled in analysis: also **an′alyt′ical**

**analytics** ***n.pl.*** [*with sing. v.*] the part of logic having to do with analysing

**analyze** (an′ə līz′) ***vt.*** **-lyzed′, -lyz′ing** *U.S. sp. of* ANALYSE

**anapaest** (an′ə pest′) ***n.*** [< Gr. *ana-*, back + *paiein*, strike] a metrical foot consisting of two unaccented syllables followed by an accented one **—an′apaes′tic** ***adj.***

**anaphora** (ə naf′ər ə) ***n.*** [< Gr. *ana-*, back + *pherein*, to bear] the repetition of a word or phrase at the beginning of successive clauses or sentences as a rhetorical device

**anarchism** (an′ər kiz′m) ***n.*** **1.** the theory that all forms of government interfere with individual liberty **2.** resistance, sometimes by terrorism, to government

**anarchist** (an′ər kist) ***n.*** one who believes in or advocates anarchism **—an′archis′tic** ***adj.***

**anarchy** (an′ər kē) ***n.*** [< Gr. *an-*, without + *archos*, leader] **1.** political disorder and violence **2.** the complete absence of government **3.** disorder in any sphere of activity

**anastigmatic** (an as′tig mat′ik) ***adj.*** free from, or corrected for, astigmatism

**anat.** **1.** anatomical **2.** anatomist **3.** anatomy

**anathema** (ə nath′ə mə) ***n., pl.*** **-mas** [< Gr., thing devoted to evil < *anatithenai*, dedicate] **1.** a thing or person greatly detested **2.** a formal curse, as in excommunicating a person from a church **3.** a thing or person accursed

**anathematize** ***vt., vi.*** **-tized′, -tiz′ing** to curse

**anatomize** (ə nat′ə mīz′) ***vt., vi.*** **-mized′, -miz′ing** **1.** to dissect (an animal or plant) in order to examine the structure **2.** to analyse in great detail **—anat′omiza′tion** ***n.*** **—anat′omist** ***n.***

**anatomy** (ə nat′ə mē) ***n., pl.*** **-mies** [< Gr. *ana-*, up + *temnein*, to cut] **1.** the science of the structure of animals or plants **2.** the structure of an organism **3.** the dissecting of an animal or plant in order to study its structure **4.** a detailed analysis **—an′atom′ical** (an′ə tom′i k'l) ***adj.*** **—an′atom′ically** ***adv.***

**-ance** (əns, 'ns) [< L.] *a suffix meaning:* **1.** the act of *[utterance]* **2.** the state of being *[vigilance]* **3.** a thing that *[conveyance]* **4.** a thing that is *[dissonance]*

**ancestor** (an′ses′tər) ***n.*** [< L. *ante-*, before + *cedere*, go] **1.** any person from whom one is descended **2.** an early type of animal from which later kinds have evolved **3.** a predecessor **—an′ces′tress** ***n.fem.***

**ancestral** (an ses′trəl) ***adj.*** of or inherited from ancestors **—ances′trally** ***adv.***

**ancestry** (an′səs trē) ***n., pl.*** **-tries** **1.** family descent or lineage **2.** ancestors collectively

**anchor** (aŋ′kər) ***n.*** [< Gr. *ankyra*, hook] **1.** a heavy object, usually a shaped iron weight, lowered to the bottom of water to keep a ship from drifting **2.** anything regarded as giving stability or security **—*vt.*** to hold secure by or as by an anchor **—*vi.*** **1.** to lower the anchor overboard **2.** to become fixed **—drop** (or **cast**) **anchor** **1.** to lower the anchor overboard **2.** to settle (*in* a place) **—weigh anchor** **1.** to raise the anchor **2.** to leave

**anchorage** ***n.*** **1.** money charged for the right to anchor **2.** a place to anchor **3.** something that can be relied on

**anchorite** (aŋ′kə rīt′) ***n.*** [< Gr. *ana-* back + *chōrein*, retire] a person who lives alone for religious meditation; hermit also **an′choret** (-rit) **—an′choress** ***n.fem.***

**anchor man** **1.** the final contestant, as on a relay team **2.** *Radio & TV* that member of a team of broadcasters who coordinates various items

**anchovy** (an′chə vē) ***n., pl.*** **-vies** [< Port. *anchova*] a very small, herringlike fish

**anchusa** (aŋ kyōō′sə) ***n.*** [< Gr. *anchousa*] any of several plants related to borage

**‡ancien régime** (äⁿ syan rā zhēm′) [Fr., old order] the former social and political system, esp. that in France before the Revolution of 1789

**ancient** (ān′shənt) ***adj.*** [ult. < L. *ante-* before] **1.** of times long past; esp., before the end of the Western Roman Empire in 476 A.D. **2.** very old **3.** antiquated **—*n.*** **1.** one who lived in ancient times **2.** an aged person **—the ancients** the people who lived in ancient times; esp. the writers and artists of Graeco-Roman times

**anciently** ***adv.*** in ancient times

**ancillary** (an sil′ər ē) ***adj.*** [< L. *ancilla*, maidservant] **1.** subordinate (*to*) **2.** auxiliary

**-ancy** (ən sē, 'n sē) *same as* -ANCE

**and** (ənd, ən, 'n; *stressed* and) ***conj.*** [OE.] **1.** also; in addition; as well as **2.** plus **3.** as a result *[he told her and she wept]* **4.** [Colloq.] to *[try and get it]*

**andante** (an dan′tē) ***adj., adv.*** [It.] *Music* moderate in tempo

**andantino** (an′dan tē′nō) ***adj., adv.*** [It.] *Music* slightly faster than andante

ANDIRONS

**andiron** (an′dī′ərn) ***n.*** [< OFr. *andier* (altered after iron)] either of a pair of metal supports with front uprights, used to hold the wood in a fireplace

**and/or** either *and* or *or*, according to what is meant *[personal and/or real property]*

**andro-** [< Gr. *anēr, andros*, man] *a com-*

*bining form meaning:* **1.** man, masculine **2.** anther, stamen

**androgen** (an′drə jən) *n.* [ANDRO- + -GEN] a male sex hormone that can give rise to masculine characteristics —**an′drogen′ic** (-jen′ik) *adj.*

**androgynous** (an droj′ə nəs) *adj.* [< Gr. *anēr, andros,* man + *gynē,* woman] **1.** hermaphroditic **2.** *Bot.* bearing both staminate and pistillate flowers in the same cluster —**androg′yny** *n.*

**android** (an′droid) *n.* in science fiction, an automaton that looks human

**Andromeda** (an drom′ə də) **1.** *Gr. Myth.* a princess whom Perseus rescued from a sea monster **2.** *Astron.* a N constellation just south of Cassiopeia

**anecdote** (an′ik dōt′) *n.* [< Gr. *anekdotos,* unpublished] a short, entertaining account of some happening —**an′ecdot′al** *adj.* —**an′ecdot′ist** *n.*

**anechoic** (an′e kō′ik) *adj.* [AN- + ECHOIC] free from echoes [an *anechoic* recording chamber]

**anemia** (ə nē′mē ə) *n.* *U.S. var. sp. of* ANAEMIA

**anemometer** (an′ə mom′ə tər) *n.* [< Gr. *anemos,* the wind + -METER] a gauge for determining the force or speed of the wind —**an′emom′etry** *n.*

**anemone** (ə nem′ə nē′) *n.* [< Gr. *anemos,* wind] **1.** a plant with cup-shaped flowers, usually white, purple, or red **2.** *same as* SEA ANEMONE

**anent** (ə nent′) *prep.* [< OE. *on efen,* on even (with)] [Archaic or Scot.] concerning; as regards

**aneroid** (an′ər oid) *adj.* [< Gr. *a-,* without + *nēros,* liquid] not using liquid —*n.* *same as* ANEROID BAROMETER

**aneroid barometer** a barometer in which changes in atmospheric pressure cause the elastic top of a box to bend in or out, thus moving a pointer

**anesthesia** (an′es thē′zē ə) *n.* U.S. *var. sp. of* ANAESTHESIA

**aneurysm, aneurism** (an′yoor iz′m) *n.* [< Gr. *ana-,* up + *eurys,* broad] a sac formed when the wall of an artery becomes enlarged

**anew** (ə nyōō′) *adv.* **1.** again **2.** in a new manner

**angel** (ān′j′l) *n.* [< Gr. *angelos,* messenger] **1.** *Theol.* *a*) a messenger of God *b*) a supernatural being **2.** a guiding spirit **3.** a conventionalized image of a human figure with wings and a halo **4.** a person regarded as beautiful, good, etc. **5.** a former English gold coin **6.** [Colloq.] a supporter who provides money, as for producing a play

**angel cake** a light, spongy, white cake made with egg whites and no fat: also **angel food cake**

**angelfish** *n.* a brightly coloured tropical fish with spiny fins

**angelic** (an jel′ik) *adj.* of or like an angel or the angels: also **angel′ical** —**angel′ically** *adv.*

**angelica** (an jel′i kə) *n.* [ML., angelic (herb)] **1.** any of a number of related plants used in flavouring, etc. **2.** its candied stems, used in cookery

**Angelus** (an′jə ləs) *n.* [L.: see ANGEL] [*also* **a-**] *R.C.Ch.* **1.** a prayer said at morning, noon, and evening in commemoration of the Incarnation **2.** a bell rung to announce the time for this

**anger** (aŋ′gər) *n.* [ON. *angr,* distress] a feeling of displeasure and hostility resulting from injury, opposition, etc. —*vt.* to make angry; enrage

**Angevin, Angevine** (an′jə vin) *adj.* [Fr.] of Anjou or the Plantagenets

**angina** (an jī′nə) *n.* [< Gr. *anchein,* to squeeze] **1.** any inflammatory disease of the throat **2.** *same as* ANGINA PECTORIS —**angi′nal, angi′nous** *adj.*

**angina pectoris** (pek′tər is) [L., angina of the breast] recurrent pain in the chest and left arm, caused by a sudden decrease of blood to the heart

**angiosperm** (an′jē ə spuŋrm′) *n.* [< Gr. *angeion,* capsule + *sperma,* seed] any flowering plant having the seeds enclosed in an ovary

**Angl.** **1.** Anglican **2.** Anglicized

**angle**[1] (aŋ′g′l) *n.* [< L. *angulus,* corner] **1.** *a*) the shape or space formed by two straight lines or plane surfaces that meet *b*) the degrees of difference in direction between them **2.** a sharp corner **3.** point of view —*vt., vi.* **-gled, -gling** **1.** to move or bend at an angle **2.** [Colloq.] to give a specific point of view to (a story, etc.)

**angle**[2] *vi.* **-gled, -gling** [OE. *angul,* fishhook] **1.** to fish with a hook and line **2.** to use tricks to get something

ANGLE IRON

**angle iron** an angled piece of iron or steel used for joining or reinforcing two beams, girders, etc.

**angle of incidence** the angle that a light ray or electromagnetic wave striking a surface makes with a line perpendicular to the surface

**angler** *n.* **1.** a fisherman **2.** a saltwater fish that feeds on other fish

**Angles** (aŋ′g′lz) *n.pl.* a Germanic people that settled in NE and E England in the 5th cent. A.D. —**An′glian** *adj., n.*

**Anglican** (aŋ′gli kən) *adj.* [< ML. *Anglicus,* of the Angles] of the Church of England —*n.* a member of an Anglican church —**An′glicanism** *n.*

**Anglicism** (aŋ′glə siz′m) *n.* a word, idiom or trait peculiar to the English

**Anglicize** (aŋ′glə sīz′) *vt., vi.* **-cized′, -ciz′ing** [*also* **a-**] to change to English idiom, pronunciation, customs, etc.

**angling** (aŋ′gliŋ) *n.* the act or skill of fishing with hook and line

**Anglo** (aŋ′glō) ***n.,*** *pl.* **-glos** [Canad.] an English-speaking Canadian, esp. one of Anglo-Celtic origin; Anglo-Canadian

**Anglo-** (aŋ′glō) *a combining form meaning* English

**Anglo-French** (aŋ′glō french′) ***adj.*** English and French —***n.*** the French spoken in England from the Norman Conquest

**Anglo-Indian** (aŋ′glō in′dē ən) ***adj.*** **1.** of England and India **2.** of Anglo-Indians —***n.*** **1.** a person of British and Indian ancestry **2.** a British citizen who lives or has lived in India, esp. when it was part of the British empire

**Anglo-Norman** (aŋ′glō nôr′mən) ***adj.*** English and Norman —***n.*** **1.** a Norman settler in England after the Norman Conquest **2.** the Anglo-French dialect spoken by such settlers

**Anglophilia** (aŋ′glə fil′ē ə) ***n.*** [*often* **a-**] extreme admiration for England, its people, customs, etc. —**An′glophile**′ (-fīl′) ***n.***

**Anglophobia** (aŋ′glə fō′bē ə) ***n.*** [*often* **a-**] hatred or fear of England, its people, customs, etc. —**An′glophobe**′(-fōb′) ***n.*** —**An′glopho′bic** ***adj.***

**Anglo-Saxon** (aŋ′glō sak′s'n) ***n.*** **1.** a member of the Germanic peoples (Angles, Saxons, and Jutes) living in England at the time of the Norman Conquest **2.** *same as* OLD ENGLISH —***adj.*** **1.** of the Anglo-Saxons or their language **2.** of their descendants; English

**Angora** (aŋ gôr′ə) ***n.*** [former name of *Ankara*] **1.** a kind of cat with long, silky fur **2.** *a*) a kind of goat with long, silky hair *b*) a cloth made from this hair **3.** *a*) a long-eared rabbit with long, silky hair *b*) a soft yarn made from this hair

**angostura (bark)** (an′gəs tyoor′ə) [< *Angostura*, now Ciudad Bolívar, in Venezuela] a bitter bark used as a tonic and as a flavouring in bitters

**angry** (aŋ′grē) ***adj.*** **-grier, -griest** **1.** feeling or showing anger **2.** stormy **3.** inflamed —**an′grily** ***adv.***

**angstrom** (aŋ′strəm) ***n.*** [< 19th-c. Swed. physicist] one hundred-millionth of a centimetre

**anguish** (aŋ′gwish) ***n.*** [< L. *angustia*, tightness] great suffering, as from grief or pain; agony —***vi., vt.*** to feel or make feel anguish —**an′guished** ***adj.***

**angular** (aŋ′gyoo lər) ***adj.*** **1.** lean; bony **2.** awkward **3.** having or forming an angle or angles **4.** measured by an angle —**an′gularly** ***adv.***

**angularity** (aŋ′gyoo lar′ə tē) ***n.,*** *pl.* **-ties** **1.** the quality of being angular **2.** [*pl.*] angular forms; angles

**anhydrous** (an hī′drəs) ***adj.*** [< *Gr. an-*, without + *hydōr*, water] **1.** without water **2.** *Chem.* having no water of crystallization

**anil** (an′il) ***n.*** [< Ar. *al*, the + *nīl*, indigo] a West Indian shrub from which indigo is made

**aniline** (an′il ēn′) ***n.*** [see prec.] a colourless, oily liquid, a derivative of benzene, used in making dyes, etc.

**aniline dye** **1.** any dye made from aniline **2.** commonly, any synthetic dye made from coal tar

**anima** (an′ə mə) ***n.*** [L.] life principle; soul

**animadversion** (an′ə mad vur′shən) ***n.*** **1.** a critical, esp. unfavourable, comment (*on* or *upon* something) **2.** the act of criticizing adversely

**animadvert** (-vurt′) ***vi.*** [< L. *animus*, mind + *advertere*, turn] to comment (*on* or *upon*), esp. with disapproval; criticize adversely

**animal** (an′ə m'l) ***n.*** [< L. *anima*, breath, soul] **1.** any living organism except a plant or bacterium: most animals can move about **2.** any such organism other than a human being **3.** a brutish or inhuman person —***adj.*** **1.** of, like, or from an animal **2.** gross, bestial, etc. —**an′imally** ***adv.***

**animalcule** (an′ə mal′kyool) ***n.*** [< prec.] a very small or microscopic animal —**an′imal′cular** ***adj.***

**animal husbandry** the raising of cattle, sheep, etc.

**animalism** (an′ə m'liz′m) ***n.*** **1.** the activity, appetites, nature, etc. of animals **2.** the doctrine that man is a mere animal with no soul —**an′imalist** ***n.*** —**an′imalis′tic** ***adj.***

**animality** (an′ə mal′ə tē) ***n.*** **1.** the animal kingdom; animal life **2.** the animal instincts in man

**animalize** (an′ə mə līz′) ***vt.*** **-ized′, -iz′ing** to make (a person) resemble a beast; brutalize

**animal magnetism** the power to attract others

**animal spirits** healthy, lively vigour

**animate** (an′ə māt′; *for adj.* -mit) ***vt.*** **-mat′ed, -mat′ing** [see ANIMAL] **1.** to bring to life **2.** to make gay or spirited **3.** to inspire **4.** to give motion to —***adj.*** **1.** living; having life, esp. animal life **2.** lively; spirited

**animated cartoon** a film made by photographing a series of drawings, each slightly changed from the one before, so that the figures in them seem to move

**animation** (an′ə mā′shən) ***n.*** **1.** life **2.** vivacity; liveliness **3.** *same as* ANIMATED CARTOON

**animato** (an′i mä′tô) ***adj., adv.*** [It.] *Music* with animation

**animism** (an′ə miz′m) ***n.*** [see ANIMAL] **1.** the belief that all natural objects and phenomena have souls **2.** a belief in the existence of spirits, demons, etc. —**an′imist** ***n.*** —**an′imis′tic** ***adj.***

**animosity** (an′ə mos′ə tē) ***n.,*** *pl.* **-ties** [see ff.] ill will; hostility

**animus** (an′ə məs) ***n.*** [L., passion] **1.** an animating force **2.** a feeling of ill will; animosity

**anion** (an′ī′ən) ***n.*** [< Gr. *ana-*, up + *ienai*, go] a negatively charged ion —**anionic** (an′ī on′ik) ***adj.***

**anise** (an′is) ***n.*** [< Gr. *anēson*] a plant with fragrant seeds used for flavouring

**aniseed** (an′ə sēd′) ***n.*** the seed of anise

**ankh** (aŋk) ***n.*** [Egypt., life, soul] a cross

with a loop at the top, an ancient Egyptian symbol of life

**ankle** (aŋ′kl) *n.* [OE. *ancleow*] **1.** the joint that connects the foot and the leg **2.** the part of the leg between the foot and calf

**anklet** (aŋ′klit) *n.* anything worn around the ankle as an ornament or fetter

**ankylosis** (aŋ′kə lō′sis) *n.* [< Gr. *ankylos,* bent] *Med.* an abnormal growing together and stiffening of a joint

**anna** (an′ə) *n.* [Hindi *ānā*] a former coin of India, Pakistan, and Burma

**annals** (an′lz) *n.pl.* [< L. *annus,* year] **1.** a written account of events year by year in chronological order **2.** historical records; history **3.** any journal containing reports of a society, etc. —**an′nalist** *n.*

**annates** (an′āts) *n.pl.* [< L. *annus,* year] *Eccles.* the first year's revenue of a see, etc., paid to the Pope

**anneal** (ə nēl′) *vt.* [OE. *anælan,* burn] **1.** to heat (glass, metals, etc.) and then cool slowly to prevent brittleness **2.** to temper (the mind, will, etc.) —**anneal′er** *n.*

**annelid** (an′ə lid) *n.* [ < L. *anulus,* ring] a worm with a body made of joined segments, as the earthworm

**annex** (ə neks′; *for n.,* an′eks) *vt.* [ < L. *ad-,* to + *nectere,* tie] **1.** to attach, esp. to something larger **2.** to add as a condition, consequence, etc. **3.** to incorporate into a state, etc. the territory of (another state, etc.) **4.** to take, esp. without asking —*n. Chiefly U.S. sp. of* ANNEXE —**an′nexa′tion** *n.*

**annexe** (an′eks) *n.* **1.** a wing added to a building **2.** a nearby building used as an addition to the main building **3.** something added, as to a document

**annihilate** (ə nī′ə lāt′) *vt.* **-lat′ed, -lat′ing** [< L. *ad-,* to + *nihil,* nothing] **1.** to destroy completely **2.** to kill —**anni′hila′tion** *n.* *adj.* —**anni′hila′tor** *n.*

**anniversary** (an′ə vur′sər ē) *n., pl.* **-ries** [< L. *annus,* year + *vertere,* turn] **1.** the date on which some event occurred in an earlier year **2.** the celebration of such a date —*adj.* of, being, or connected with an anniversary

‡**anno Domini** (an′ō dom′ə nī) [L., in the year of the Lord] in the (given) year since the beginning of the Christian Era —*n.* [Colloq.] old age

**annotate** (an′ə tāt′) *vt., vi.* **-tat′ed, -tat′ing** [L. *ad-,* to + *notare,* to mark] to provide critical or explanatory notes for (a literary work, etc.) —**an′nota′tion** *n.*

**announce** (ə nouns′) *vt.* **-nounced′, -nounc′ing** [< L. *ad-,* to + *nuntiare,* to report ] **1.** to give notice of publicly; proclaim **2.** to say **3.** to make known the arrival, etc. of **4.** *Radio & TV* to be an announcer for —*vi.* to serve as an announcer —**announce′ment** *n.*

**announcer** *n.* a person who announces; specif., one who introduces radio or television programmes

**annoy** (ə noi′) *vt.* [< *L. in odio,* in hate] **1.** to irritate, bother, or make somewhat angry **2.** to harm by repeated attacks —*vi.* to be annoying —**annoy′ance** *n.* —**annoy′ing** *adj.*

**annual** (an′yoo wəl) *adj.* [< L. *annus,* year] **1.** of or measured by a year **2.** happening once a year **3.** for a year's time, work, etc. **4.** living for only one year or season —*n.* **1.** a yearly publication **2.** a plant that lives only one year or season —**an′nually** *adv.*

**annuity** (ə nyōō′ə tē) *n., pl.* **-ties** [< L. *annus,* year] **1.** a payment of a fixed sum of money at regular intervals, esp. yearly **2.** an investment yielding such payments

**annul** (ə nul′) *vt.* **-nulled′, -nul′ling** [< L. *ad-,* to + *nullum,* nothing ] **1.** to do away with **2.** to invalidate; cancel —**annul′lable** *adj.*

**annular** (an′yoo lər) *adj.* [< L. *anulus,* ring] of, like, or forming a ring —**an′nular′ity** (-lar′ə tē) *n.*

**annular eclipse** an eclipse in which a ring of sunlight can be seen around the disc of the moon

**annulate** (an′yoo lāt′) *adj.* [see ANNULAR] marked with, or made up of, rings : also **an′nulat′ed**

**annulment** (ə nul′mənt) *n.* **1.** an annulling or being annulled **2.** an invalidation, esp. of a marriage

**annunciate** (ə nun′sē āt′) *vt.* **-at′ed, -at′ing** [< L. *annuntiare*] to announce

**annunciation** (ə nun′sē ā′shən) *n.* **1.** an announcing **2.** [**A-**] *a*) the angel Gabriel's announcement to Mary that she was to give birth to Jesus *b*) the church festival (March 25) commemorating this

**annunciator** (ə nun′sē āt′ər) *n.* an electric indicator, as in hotels, to show the source of calls

**anode** (an′ōd) *n.* [< Gr. *ana-,* up + *hodos,* way] **1.** a positively charged electrode, as in an electron tube, etc. **2.** the negative electrode in a battery supplying current

**anodize** (an′ə dīz′) *vt.* **-dized′, -diz′ing** to put a protective film on (a metal) by an electrolytic process

**anodyne** (an′ə dīn′) *adj.* [< Gr. *an-,* without + *odynē,* pain] relieving or lessening pain —*n.* anything that relieves pain or soothes —**an′odyn′ic** (-din′ik) *adj.*

**anoint** (ə noint′) *vt.* [< L. *in-,* on + *ungere,* smear] **1.** to rub oil or ointment on **2.** to put oil on in a ceremony of consecration —**anoint′ment** *n.*

**Anointing of the Sick** *R.C.Ch.* the sacrament in which a priest anoints a person dying or critically ill

**anomalous** (ə nom′ə ləs) *adj.* [< Gr. *an-,* not + *homos,* same] **1.** deviating from the general rule **2.** being or seeming inconsistent —**anom′alously** *adv.*

**anomaly** *n., pl.* **-lies** **1.** departure from the usual; abnormality **2.** anything anomalous

**anomie, anomy** (an′ə mē) *n.* [< Gr. *a-,* without + *nomos,* law] lack of purpose or ethical values in a person or in a society —**anomic** (ə nom′ik) *adj.*

**anon** (ə non′) *adv.* [OE. *on an,* in one]

[Archaic. or Lit.] soon; shortly —**ever and anon** now and then

**anon.** anonymous

**anonym** (an′ə nim) *n.* [see ANONYMOUS] **1.** a person whose name is not known **2.** a pseudonym

**anonymity** (an′ə nim′ə tē) *n.* the condition or fact of being anonymous

**anonymous** (ə non′ə məs) *adj.* [< Gr. *an-*, without + *onyma*, name] **1.** with no name known **2.** given, written, etc. by one whose name is withheld or unknown **3.** lacking in distinctive features —**anon′ymously** *adv.*

**anorak** (an′ə rak′) *n.* [< Eskimo] a waterproof jacket, usually with a hood

**anorexia** (an′ə rek′sē ə) *n.* [< Gr. *an-*, without + *orexis*, desire] chronic lack of appetite for food

**another** (ə nuth′ər) *adj.* [ME. *an other*] **1.** one more **2.** a different **3.** one of the same kind as —*pron.* **1.** one additional **2.** a different one **3.** one of the same kind

**ans.** answer

**anserine** (an′sər īn′) *adj.* [< L. *anser*, goose] **1.** of or like a goose **2.** stupid; foolish

**answer** (än′sər) *n.* [< OE. *and-*, against + *swerian*, swear] **1.** a reply to a question, letter, etc. **2.** any retaliation **3.** a solution to a problem —*vi.* **1.** to reply in words, by an action, etc. **2.** to respond (*to*) **3.** to be sufficient **4.** to be responsible (*to* a person *for* an action, etc.) **5.** to correspond (*to*) —*vt.* **1.** to reply to in some way **2.** to respond to the signal of (a telephone, etc.) **3.** to comply with; serve **4.** to refute (an accusation, etc.) **5.** to suit —**answer back** [Colloq.] to reply rudely or impertinently

**answerable** *adj.* **1.** responsible; accountable **2.** that can be answered

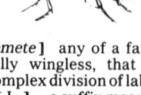

WORKER ANT

**ant** (ant) *n.* [OE. *æmete*] any of a family of insects, generally wingless, that live in colonies with a complex division of labour

**-ant** (ənt, 'nt) [Fr. < L.] *a suffix meaning:* **1.** that has, shows, or does *[defiant]* **2.** a person or thing that *[occupant]*

**antacid** (ant′as′id) *adj.* counteracting acidity

**antagonism** (an tag′ə niz′m) *n.* **1.** opposition or hostility **2.** an opposing force, principle, etc.

**antagonist** *n.* an adversary; opponent

**antagonistic** (an tag′ə nis′tik) *adj.* showing antagonism; acting in opposition —**antag′onis′tically** *adv.*

**antagonize** (an tag′ə nīz′) *vt.* **-nized′, -niz′ing** [< Gr. *anti-*, against + *agōn*, contest] **1.** to incur the dislike of; make an enemy of **2.** to oppose or counteract

**antalkali** (ant al′kə lī′) *n.* a substance that counteracts alkalinity

**antarctic** (ant ärk′tik) *adj.* [< Gr. *anti*, opposite + *arktikos*, arctic] of the South Pole or the region around it

**Antarctic Circle** [*also* **a- c-**] an imaginary circle parallel to the equator 66°33′ south of it

**ant bear** **1.** a large anteater of tropical S America **2.** the aardvark

**ante** (an′tē) *n.* [L., before] **1.** *Poker* the stake that one must put into the pot before receiving cards **2.** [Colloq.] the amount one must pay as one's share —*vt., vi.* **-ted** or **-teed, -teing** [Colloq.] to pay (one's share)

**ante-** [< L. *ante*, before] *a prefix meaning:* **1.** before, prior (to) *[antecedent]* **2.** in front (of) *[anteroom]*

**anteater** (ant′ēt′ər) *n.* a mammal that feeds mainly on ants: anteaters have a long, sticky tongue

**antecede** (an′tə sēd′) *vt., vi.* **-ced′ed, -ced′ing** [< L. *ante*, before + *cedere* go] to go before; precede —**an′teced′ence** *n.*

**antecedent** *n.* **1.** any thing prior to another **2.** [*pl.*] one's ancestry, past life, etc. **3.** *Gram.* the word, phrase, or clause to which a pronoun refers —*adj.* previous —**an′teced′ently** *adv.*

**antechamber** (an′ti chām′bər) *n.* a smaller room leading into a larger or main room

**antedate** (an′ti dāt′) *vt.* **-dat′ed, -dat′ing** **1.** to come before **2.** to put a date on that is earlier than the actual date

**antediluvian** (an′ti də lo̅o̅′vē ən) *adj.* [< ANTE- + L. *diluvium*, a flood] **1.** of the time before the Biblical Flood **2.** very old or old-fashioned

**antelope** (an′tə lōp′) *n.* [< MGr. *antholops*, deer] **1.** a swift, cud-chewing, deerlike animal related to oxen and goats **2.** leather made from an antelope's hide

**ante meridiem** (an′tē mə rid′ē əm) [L.] before noon: abbrev. **A.M., a.m., AM**

**antenatal** (an′tē nā′t'l) *adj.* before birth

**antenna** (an ten′ə) *n.* [< L. *antemna*, sail yard] **1.** *pl.* **-nae** (-ē), **-nas** either of a pair of movable sense organs on the head of an insect, crab, etc.; feeler **2.** *pl.* **-nas** *Radio & TV same as* AERIAL

**antenuptial contract** in South Africa, a marriage contract effected prior to the wedding

**antepenult** (an′ti pi nult′) *n.* [see ANTE- & PENULT] the third last syllable in a word, as *-lu-* in *antediluvian*

**antepenultimate** (-pi nul′tə mət) *adj.* third from the end —*n.* anything third from the end

**anterior** (an tēər′ē er) *adj.* [L., compar. of *ante*, before] **1.** at or towards the front **2.** coming before in time, etc.

**anteroom** (an′ti ro̅o̅m′) *n.* a room leading to a larger one; waiting room

**anthem** (an′thəm) *n.* [< Gr. *anti-*, over against + *phōnē*, voice] **1.** a religious choral song usually based on words from the Bible **2.** a song of praise or devotion

**anther** (an′thər) *n.* [< Gr. *anthos*, flower] the part of a stamen that contains the pollen

**anthill** (ant′hil′) *n.* the soil carried by

ants from their underground nest and heaped around its entrance

**anthology** (an thol′ə jē) ***n., pl.*** **-gies** [< Gr. *anthos,* flower + *legein,* gather] a collection of poems, etc. **—anthological** (an thə loj′ i k′l) ***adj.*** **—anthol′ogist** ***n.***

**anthracene** (an′ thrə sēn′) ***n.*** [< Gr. *anthrax,* coal ] a product of coal-tar distillation used in making dyes

**anthracite** (an′ thrə sīt′) ***n.*** [< Gr. *anthrax,* coal] hard coal, which gives much heat but little flame and smoke

**anthrax** (an′ thraks) ***n.*** [< Gr., (burning) coal, hence carbuncle] an infectious disease of animals that can be transmitted to man

**anthropo-** [< Gr.] *a combining form meaning* human

**anthropocentric** (an′ thrə pə sen′ trik) ***adj.*** [prec. + -CENTRIC] viewing everything in terms of human values

**anthropoid** (an′ thrə poid′) ***adj.*** [SEE ANTHROPO-] manlike; esp., designating or of any of the most highly developed apes **—*n.*** any anthropoid ape

**anthropology** (an′ thrə pol′ ə jē) ***n.*** [ANTHROPO- + -LOGY] the study of the variety, distribution, characteristics, cultures, etc. of mankind **—an′ thropolog′ ical** (-pə loj′ i k′l) ***adj.*** **—an′ thropol′ ogist** ***n.***

**anthropomorphism** (an′ thrə pə môr′ - fiz′m) ***n.*** [see ff.] the attributing of human shape to a god, animal, or inanimate thing **—an′ thropomor′ phic** ***adj.*** **—an′ thropomor′ phist** ***n.***

**anthropomorphous** (-pə môr′ fəs) ***adj.*** [< Gr. *anthrōpos,* man + *morphē,* form] having a human shape

**anti** (an′ ti, -tē) ***n., pl.*** **-tis** [< ff.] [Colloq.] a person opposed to some policy, proposal, etc.

**anti-** [< Gr. *anti,* against] *a prefix meaning:* **1.** against; hostile to **2.** that operates against **3.** that prevents, cures, or neutralizes **4.** opposite **5.** rivalling

**antiaircraft** (an′ tē âər′ kräft) ***adj.*** used for defence against hostile aircraft *[antiaircraft* gun *]*

**antiballistic missile** (an′ ti bə lis′ tik) a ballistic missile intended to destroy another ballistic missile in flight

**antibiosis** (an′ ti bī ō′ sis) ***n.*** [< ANTI- + Gr. *bios,* life] *Biol.* an association between organisms which is harmful to one of them

**antibiotic** (an′ ti bī ot′ ik) ***n.*** a substance capable of destroying, or stopping the growth of, bacteria and other microorganisms **—*adj.*** of antibiotics

**antibody** (an′ ti bod′ ē) ***n., pl.*** **-bod′ ies** a protein produced in the body in response to contact with an antigen, serving to neutralize the antigen

**antic** (an′ tik) ***n.*** [< L. *antiquus:* see ANTIQUE] a playful or silly act, trick, etc. **—*adj.*** [Archaic] fantastic; queer **—*vi.*** **-ticked, -ticking** to perform antics

**antichrist** (an′ ti krīst′) ***n.*** an opponent of Christ —[**A-**] *Bible* the great antagonist of Christ: I John 2:18

**anticipate** (an tis′ ə pāt′) ***vt.*** **-pat′ ed, -pat′ - ing** [< L. *ante-,* before + *capere,* take] **1.** to look forward to **2.** to forestall **3.** to foresee and take care of in advance **4.** to use or enjoy in advance **5.** to be ahead of in doing something **—an′ tic′ ipatory** ***adj.***

**anticipation** (an tis′ ə pā′ shən) ***n.*** **1.** an anticipating **2.** something expected **3.** foreknowledge

**anticlerical** (an′ ti kler′ ə k′l) ***adj.*** opposed to the influence of the clergy or church, esp. in public affairs

**anticlimax** (an′ ti kli′ maks) ***n.*** **1.** a sudden drop from the dignified or important to the commonplace or trivial **2.** a final event which is in disappointing contrast to those coming before **—an′ ticlimac′ tic** ***adj.***

**anticline** (an′ ti klīn′) ***n.*** [< ANTI- + Gr. *klinein,* incline] *Geol.* a fold of stratified rock in which the strata slope downwards in opposite directions from the central axis

**anticlockwise** (an′ ti klok′ wīz) ***adj., adv.*** in a direction opposite to that in which the hands of a clock move

**anticoagulant** (an′ ti kō ag′ yoo lənt) ***n.*** a drug or substance that delays or prevents the clotting of blood

**anticyclone** (an′ ti sī′ klōn) ***n.*** an area of high barometric pressure, with the winds blowing outwards

**antidepressant** (an′ ti di pres′ ənt) ***adj.*** designating or of any drug used to treat emotional depression

**antidote** (an′ tə dōt′) ***n.*** [ < Gr. *anti-,* against + *didonai,* give] **1.** a remedy to counteract a poison **2.** anything that works against an evil or unwanted condition

**antifreeze** (an′ ti frēz′) ***n.*** a substance of low freezing point added esp. to the water in car radiators to prevent freezing

**antigen** (an′ tə jən) ***n.*** [ANTI- + -GEN] an enzyme, toxin, etc. to which the body reacts by producing antibodies

**antihero** (an′ ti hēər′ ō) ***n.*** the main character of a novel, play, etc. who lacks the virtues of a traditional hero

**antihistamine** (an′ ti his′ tə mēn′) ***n.*** any drug used to minimize the action of histamine in allergic conditions such as hay fever

**antiknock** (an′ ti nok′) ***n.*** a substance added to the fuel of internal-combustion engines to reduce noise caused by too rapid combustion

**antilogarithm** (an′ ti log′ ə riu*h*′ m) ***n.*** the number corresponding to a given logarithm: also **antilog**

**antimacassar** (an′ ti mə kas′ ər) ***n.*** [ANTI- + *macassar* (*oil*), a former hair oil] a small cover to protect the back or arms of a chair, etc. from soiling

**antimagnetic** (an′ ti mag net′ ik) ***adj.*** made of metals that resist magnetism *[*an *antimagnetic* watch *]*

**antimatter** (an′ ti mat′ ər) ***n.*** a form of matter in which the electrical charge of each constituent particle is the reverse of that in the usual matter of our universe

**antimony** (an′ tə mə nē) ***n.*** [ < ML.] a silvery-white, metallic chemical element, found only in combination: symbol, Sb —**an′timo′nic** *adj.* —**an′timo′nous** *adj.*

**antinomian** (an′ti nō′mē ən) *n.* [< ANTINOMY ] [*also* **A-**] *Christian Theol.* a believer in the doctrine that faith alone is necessary for salvation

**antinomy** (an′tin′ə mē) *n., pl.* **-mies** [< Gr. *anti,* against + *nomos,* law] a contradiction or inconsistency between two apparently reasonable principles or laws

**antinovel** (an′ti nov′l) *n.* a work of prose fiction in which the author's intention is to violate such traditional aspects of the novel as plot, etc.

**antiparticle** (an′ti pär′tə k′l) *n.* any of the constituent particles of antimatter

**antipasto** (an′ti pas′tō) *n.* [It. *anti-,* before + *pasto,* food] a dish of salted fish, meat, olives, etc. served as an appetizer

**antipathy** (an tip′ə thē) *n., pl.* **-thies** [< Gr. *anti-,* against + *pathein,* feel] **1.** a strong dislike **2.** the object of such dislike —**an′tipathet′ic** (-thet′ik) *adj.*

**antipersonnel** (an′ti pur′sə nel′) *adj.* directed against, or intended to destroy, people rather than material objects

**antiperspirant** (an′ti pur′spər ənt) *n.* a substance applied to the skin to reduce perspiration

**antiphon** (an′tə fon′) *n.* [see ANTHEM] a hymn, psalm, etc. chanted or sung in responsive, alternating parts —**antiph′onal** (-tif′ə n′l), **an′tiphon′ic** *adj.*

**antipodes** (an tip′ə dēz′) *n.pl.* [ < Gr. *anti-,* opposite + *pous,* foot] **1.** any two places directly opposite each other on the earth **2.** [*with pl. or sing. v.*] in British usage, New Zealand and Australia **3.** two opposite things —**antip′odal** *adj.* —**antip′ode′an** (-dē′ən) *adj., n.*

**antipope** (an′ti pōp′) *n.* a pope set up against the one chosen by church laws, as in a schism

**antipyretic** (an′ti pī ret′ik) *adj.* [ANTI- + PYRETIC] reducing fever —*n.* anything that reduces fever

**antiq.** **1.** antiquarian **2.** antiquity; antiquities

**antiquarian** (an′tə kwāər′ē ən) *adj.* **1.** of antiques or antiquities **2.** of antiquaries **3.** of, or dealing in, rare old books —*n.* an antiquary

**antiquary** (an′tə kwər ē) *n., pl.* **-quaries** one who collects or studies antiquities and ancient art

**antiquate** (an′tə kwāt′) *vt.* **-quat′ed, -quat′ing** [see ANTIQUE] to make old or obsolete; cause to become old-fashioned —**an′tiquat′ed** *adj.* —**an′tiqua′tion** *n.*

**antique** (an tēk′) *n.* [< L. *antiquus,* ancient] **1.** a piece of furniture, silverware, etc. of a former period **2.** an ancient relic —*adj.* **1.** of, or in the style of, a former period **2.** dealing in antiques **3.** of ancient times **4.** [Colloq.] old-fashioned —*vt.* **-tiqued′, -tiqu′ing** to make look antique —**antique′ly** *adv.* —**antique′ness** *n.*

**antiquity** (an tik′wə tē) *n., pl.* **-ties** **1.** the early period of history, esp. before the Middle Ages **2.** great age **3.** [*pl.*] relics, customs, etc. of the distant past

**antirrhinum** (an′ti rī′nəm) *n.* [ < Gr *anti-,* like + *rhis, rhinos,* nose] a plant with two-lipped flowers, esp. the snapdragon

**antiscorbutic** (an′ti skôr byōō′tik) *adj.* that cures or prevents scurvy

**anti-Semitic** (an′ti sə mit′ik) *adj.* showing prejudice, discriminating against, or persecuting Jews —**an′ti-Sem′ite** (-sem′it) *n.* —**an′ti-Sem′itism** (-sem′ə ti z′m) *n.*

**antisepsis** (an′ti sep′sis) *n.* [ANTI + SEPSIS] **1.** the technique of preventing infection, etc. **2.** the use of antiseptics

**antiseptic** (an′ti sep′tik) *adj.* **1.** preventing infection, decay, etc. by inhibiting the action of microorganisms **2.** using antiseptics **3.** free from infection —*n.* any antiseptic substance —**an′tisep′tically** *adv.*

**antiserum** (an′ti sēər′əm) *n.* a serum with antibodies in it

**antisocial** (an′ti sō′shəl) *adj.* **1.** unsociable **2.** harmful to the welfare of the people generally

**antistatic** (an′ti stat′ik) *adj.* reducing static electric charges, as on textiles, polishes, etc.

**antitank** (an′ti taŋk′) *adj.* for use against tanks in war

**antithesis** (an tith′ə sis) *n., pl.* **-ses′** [< Gr. *anti-,* against + *tithenai,* place] **1.** a contrast of thoughts **2.** a contrast or opposition **3.** the exact opposite —**an′tithet′ic** (an′ti thet′ik), **an′tithet′ical** *adj.*

**antitoxin** (an′ti tok′sin) *n.* **1.** an antibody formed by the body to act against a specific toxin **2.** a serum containing an antitoxin injected into a person to prevent a disease —**an′titox′ic** *adj.*

**antitrades** (an′ti trādz′) *n.pl.* winds that blow above and opposite to the trade winds

**antitrust** (an′ti trust′) *adj.* [Chiefly U.S.] opposed to, or regulating trusts, or business monopolies

**antitype** (an′ti tīp′) *n.* [< Gr. *anti,* corresponding to + *typos,* form] **1.** that which is represented by a type **2.** an opposite type

**antivivisection** (an′ti viv′ə sek′shən) *n.* opposition to medical research on living animals —**an′tiviv′isec′tionist** *n., adj.*

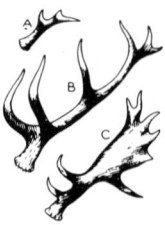


ANTLERS
(A, roe deer; B, red deer; C, fallow deer)

**antler** (ant′lər) *n.* [< OFr. *antoillier*] the

branched, deciduous horn of any animal of the deer family —**ant'lered** *adj.*

**antonym** (an'tə nim') *n.* [< Gr. *anti-*, opposite + *onyma*, name] a word that is opposite in meaning to another

**antrum** (an'trəm) *n., pl.* **-tra, -trums** [< Gr. *antron*, cave] *Anat.* a cavity; esp., either of a pair of sinuses in the upper jaw

**anuresis** (an'yoo rē'sis) *n.* [< AN- + Gr. *ourēsis*, urination] the condition of being unable to pass one's urine

**anus** (ā'nəs) *n., pl.* **a'nuses** [L., ring] the opening at the lower end of the alimentary canal

**anvil** (an'vəl) *n.* [< OE. *anfilt*] an iron block on which metal objects are hammered into shape

**anxiety** (aŋ zī'ə tē) *n., pl.* **-ties** **1.** a state of being worried about what may happen **2.** an eager desire

**anxious** (aŋk'shəs) *adj.* [< L. *angere*, choke] **1.** uneasy in mind; worried **2.** causing anxiety **3.** eagerly wishing —**anx'iously** *adv.* —**anx'iousness** *n.*

**any** (en'ē) *adj.* [< OE. *ænig*] **1.** one, no matter which, of more than two **2.** some, no matter what amount or kind **3.** without limit **4.** every —*pron. sing. & pl.* any one or ones; any amount or number —*adv.* to any degree or extent

**anybody** *pron.* **1.** any person; anyone **2.** a person of fame, importance, etc.

**anyhow** *adv.* **1.** no matter in what way **2.** in any case **3.** carelessly

**any more** now; nowadays

**anyone** *pron.* any person; anybody

**any one** any single (person or thing)

**anything** *pron.* any object, fact, etc. —*n.* a thing, no matter of what kind —*adv.* in any way —**anything but** not at all

**anyway** *adv.* **1.** at least; anyhow **2.** haphazardly; carelessly **3.** in any manner or way

**anywhere** *adv.* in, at, or to any place —**get anywhere** [Colloq.] to have any success

**anywise** *adv.* in any manner; at all

**Anzac** (an'zak') *n.* [acronym] a soldier in the Australian and New Zealand Army Corps

**A.O.B., a.o.b.** any other business

**aorist** (ā ə'rist) *n.* [Gr. *aoristos*, indefinite] a past tense of Greek verbs, denoting an action without indicating whether completed

**aorta** (ā ôr'tə) *n., pl.* **-tas, -tae** (-tē) [< Gr. *aeirein*, raise] the main artery of the body carrying blood from the left ventricle of the heart to arteries in all parts

**apace** (ə pās') *adv.* at a fast pace; swiftly

**Apache** (ə pach'ē) *n.* [prob. < Zuñi *ápachu*, enemy] *pl.* **Apach'es, Apach'e** a member of a tribe of Indians of the SW U.S.

**apart** (ə pärt') *adv.* [< L. *ad*, to + *pars*, part] **1.** to one side; aside **2.** away in place or time **3.** separately in use, etc. [viewed *apart*] **4.** in or to pieces **5.** notwithstanding [all joking *apart*] —*adj.* separated —**apart from 1.** besides **2.** with the exception of —**take apart** to reduce (a whole) to its parts —**tell apart** to distinguish one from another

**apartheid** (ə pärthīt') *n.* [Afrik., apartness] the official S African government policy of racial segregation: this term was superseded in the 1970's by e.g. separate development

**apartment** (ə pärt'mənt) *n.* [< Fr. < It. *parte*, part] **1.** a room in a building **2.** [U.S.] *same as* FLAT[2] **3.** [*pl.*] a set of rented rooms; lodgings

**apathy** (ap'ə thē) *n., pl.* **-thies** [< Gr. *a-*, without + *pathos*, emotion] **1.** indifference **2.** lack of emotion —**ap'athet'ic** (-thet'ik) *adj.*

**apatite** (ap'ə tīt') *n.* [< Gr. *apatē*, deceit: so named from being mistaken for other minerals] a mineral consisting essentially of calcium phosphate

**ape** (āp) *n.* [OE. *apa*] **1.** a chimpanzee, gorilla, orangutan, or gibbon **2.** any monkey **3.** a mimic —*vt.* **aped, ap'ing** to imitate —**ape'like'** *adj.*

**A.P.E.C.** [Canad.] Atlantic Provinces Economic Council

**ape-man** *n.* an extinct primate with characteristics between those of man and the higher apes

**aperient** (ə pēər'ē ənt) *adj., n.* [< L. *aperire*: see APERTURE] *same as* LAXATIVE

**aperiodic** (ā'pēər ē od'ik) *adj.* **1.** occurring irregularly **2.** *Physics* without periodic vibrations

**aperitif** (ə per'i tēf) *n.* [see ff.] an alcoholic drink, esp. a wine, taken before meals

**aperture** (ap'ər tyooər) *n.* [< L. *aperire*, open] **1.** an opening **2.** the diameter of the opening in a camera, etc., through which light passes into the lens

**apex** (ā'peks) *n., pl.* **a'pexes, ap'ices** (ā'pə sēz') [L., a point] **1.** the highest point **2.** the pointed end **3.** a climax

**aphasia** (ə fā'zhə) *n.* [< Gr. *a-*, not + *phanai*, to speak] a total or partial loss of the power to use or understand words —**apha'sic** (-zik) *adj., n.*

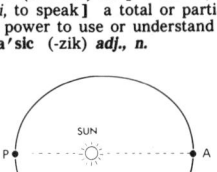


APHELION
(planet at aphelion A and at perihelion P)

**aphelion** (ə fē'lē ən) *n., pl.* **-lions, -lia** [< Gr. *apo*, from + *hēlios*, sun] the point farthest from the sun in the orbit around it of a planet, comet, or man-made satellite: cf. PERIHELION

**aphid** (ā'fid) *n.* [ModL. *aphis*] a small insect that sucks the juice from plants —**aphidian** (ə fid'ē ən) *adj., n.*

**aphis** (ā′fis) *n., pl.* **aphides** (af′ə dēz′) an aphid

**aphorism** (af′ə riz′m) *n.* [< Gr. *apo-*, from + *horizein*, to limit] **1.** a concise statement of a principle **2.** a maxim or adage —**aph′orist** *n.* —**aph′oris′tic** *adj.* —**aph′oris′tically** *adv.*

**aphrodisiac** (af′rə diz′ē ak′) *adj.* [< *Aphroditē*, Gr. goddess of love] arousing or increasing sexual desire —*n.* an aphrodisiac substance

**apiary** (ā′pyər ē) *n., pl.* **-aries** [< L. *apis*, bee] a place where bees are kept —**a′piarist** *n.*

**apical** (ap′i k′l) *adj.* of, at, or constituting the apex

**apices** (ā′pə sēz′) *n. alt. pl. of* APEX

**apiculture** (ā′pə kul′chər) *n.* [< L. *apis*, bee] the raising and care of bees; beekeeping —**a′picul′turist** *n.*

**apiece** (ə pēs′) *adv.* for each one

**apish** (āp′ish) *adj.* **1.** like an ape **2.** foolishly imitative **3.** silly, affected —**ap′ishness** *n.*

**aplomb** (ə plom′) *n.* [Fr., perpendicularity < *à*, to + *plomb*, PLUMB[1]] self-possession; poise

**apo-** [< Gr.] *a prefix meaning* from, or away from

**Apoc.** **1.** Apocalypse **2.** Apocrypha

**apocalypse** (ə pok′ə lips′) *n.* [< Gr. *apokalyptein*, disclose] a religious writing depicting symbolically the end of evil; specif., [**A-**] the last book of the New Testament; book of Revelation —**apoc′alyp′tic, apoc′alyp′tical** *adj.*

**apocrypha** (ə pok′rə fə) *n.pl.* [< Gr. *apo-*, away + *kryptein*, hide] **1.** any writings of doubtful authenticity **2.** [**A-**] fourteen books of the Septuagint that are rejected in Judaism and regarded by Protestants as not canonical: eleven are fully accepted in the Roman Catholic canon

**apocryphal** *adj.* **1.** of doubtful authenticity **2.** not genuine; counterfeit **3.** [**A-**] of or like the Apocrypha

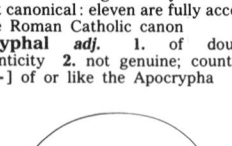


APOGEE
(moon at apogee A and at perigee P)

**apogee** (ap′ə jē′) *n.* [< Gr. *apo-*, from + *gē*, earth] **1.** the point farthest from the earth, the moon, or another planet, in the orbit of a satellite or spacecraft around it: opp. to PERIGEE **2.** the highest or farthest point —**ap′oge′an, ap′oge′al** *adj.*

**apolitical** (ā′pə lit′ə k′l) *adj.* not concerned with political matters

**apologetic** (ə pol′ə jet′ik) *adj.* showing realization of and regret for a fault, wrong, etc.: also **apol′oget′ical** —**apol′oget′ically** *adv.*

**apologetics** *n.pl.* [*with sing. v.*] the branch of theology dealing with the defence of Christianity

**apologia** (ap′ə lō′ jē ə) *n.* an apology, esp. a formal defence of an idea, religion, etc.

**apologist** (ə pol′ə jist) *n.* a person who writes or speaks in defence of a doctrine, faith, action, etc.

**apologize** (ə pol′ə jīz′) *vi.* **-gized′, -giz′ing** to make an apology; esp., to express regret for a fault

**apologue** (ap′ə log′) *n.* [< Gr.] a short allegorical story with a moral; fable

**apology** (ə pol′ə jē) *n., pl.* **-gies** [< Gr *apo-*, from + *logos*, word] **1.** an expression of regret for a fault, wrong, etc. **2.** an inferior substitute **3.** a formal defence of some idea, doctrine, etc.

**apophthegm** (ap′ə them′) *n.* [< Gr. *apo-*, from + *phthengesthai*, utter] a short pithy saying —**ap′ophthegmat′ic** (-thegmat′ik), **ap′ophthegmat′ical** *adj.*

**apoplectic** (ap′ə plek′tik) *adj.* **1.** of, like, causing, or having apoplexy **2.** [Colloq.] seemingly about to have apoplexy Also **ap′oplec′tical**

**apoplexy** (ap′ə plek′sē) *n.* [< Gr. *apo-*, down + *plēssein*, to strike] sudden paralysis with some loss of consciousness and feeling, caused when a blood vessel in the brain breaks or becomes clogged; stroke

**apostasy** (ə pos′tə sē) *n., pl.* **-sies** [< Gr. *apo-*, away + *stasis*, a standing] an abandoning of something that one once believed in, as a faith, cause, etc.

**apostate** (ə pos′tāt′) *n.* a person guilty of apostasy; renegade —*adj.* guilty of apostasy

**a posteriori** (ā′pos ter′ē ôr′ī) [L.] from effect to cause, or from particular instances to a generalization Opposed to A PRIORI

**apostle** (ə pos′′l) *n.* [< Gr. *apo-*, from + *stellein*, send] **1.** a person sent out on a special mission; specif., [*usually* **A-**] any of the twelve disciples sent out by Jesus to teach the gospel **2.** an early advocate or leader, as of a reform movement —**apos′tleship′** *n.*

**Apostles' Creed** an early statement of belief in the basic Christian doctrines

**apostolate** (ə pos′tə lət) *n.* the office, duties, or period of activity of an apostle

**apostolic** (ap′əs tol′ik) *adj.* **1.** of the Apostles, their teachings, work, or times **2.** [*often* **A-**] of the Pope; papal Also **ap′ostol′ical**

**Apostolic See** *R.C.Ch.* the Pope's see at Rome

**apostrophe[1]** (ə pos′trə fē) *n.* [< Gr. *apo-*, from + *strephein*, turn] words addressed to a person or thing, whether absent or present —**apostrophic** (ap′ə strof′ik) *adj.*

**apostrophe[2]** *n.* [Fr.: see prec.] the mark (′) used: **1.** to show the omission of a letter or letters from a word (Ex.: *it's* for *it is*) **2.** to indicate the possessive case (Ex.: *Mary's* dress) **3.** in forming some plurals (Ex.: five *6's*, dot the *i's*)

**apostrophize** *vt., vi.* **-phized′, -phiz′ing** to speak or write an apostrophe (to)

**apothecaries' measure** a system of units used in measuring liquids in pharmacy

**apothecaries' weight** formerly, a system of weights used in pharmacy

**apothecary** (ə pŏth′ə kər ē) *n., pl.* **-caries** [< Gr. *apothēkē,* storehouse] a chemist licensed to prescribe, prepare, and sell drugs

**apothegm** (ap′ə them′) *n. same as* APOPHTHEGM

**apothem** (ap′ə them′) *n.* [< APO- + Gr. *thema:* see THEME] *Math.* the perpendicular from the centre of a regular polygon to any one of its sides

**apotheosis** (ə pŏth′ē ō′sis) *n., pl.* **-ses′** (-sēz′) [< Gr. *apo-,* from + *theos,* god] **1.** the act of raising a person to the status of a god **2.** the glorification of a person or thing **3.** an ideal or exact type

**apotheosize** (ə pŏth′ē ə sīz′) *vt.* **-sized′, -siz′ing** **1.** to deify **2.** to glorify; idealize

**appal** (ə pôl′) *vt.* **-palled′, -pal′ling** [< L. *pallidus,* pale] to fill with horror or dismay; shock

**appalling** *adj.* **1.** causing horror, shock, or dismay **2.** [Colloq.] very bad **—appal′lingly** *adv.*

**appanage** (ap′ə nij) *n.* [< L. *ad,* to + *panis,* bread] **1.** money, land, etc. set aside by a monarch for the support of his younger children **2.** a benefit that is a perquisite or adjunct Also **a′panage**

**apparatus** (ap′ə rāt′əs) *n., pl.* **-ra′tus, -ra′tuses** [< L. *ad-,* to + *parare,* prepare] **1.** the instruments, equipment, etc. for a specific use **2.** any complex device or system

**apparel** (ə par′əl) *n.* [< L. *apparare:* see prec.] clothing; attire **—*vt.* -elled, -elling** **1.** to clothe; dress **2.** to adorn; bedeck

**apparent** (ə par′ənt) *adj.* [see APPEAR] **1.** readily seen **2.** readily understood **3.** seeming See also HEIR APPARENT **—appar′ently** *adv.* **—appar′entness** *n.*

**apparition** (ap′ə rish′ən) *n.* [see APPEAR] **1.** anything that appears unexpectedly or remarkably **2.** a ghost; phantom **—ap′pari′tional** *adj.*

**appeal** (ə pēl′) *n.* [< L. < *ad-,* to + *pellere:* see COMPEL] **1.** an urgent request for help, etc. **2.** interest; attraction **3.** a call upon some authority for a decision, etc. **4.** *Law* the review by a higher court of the decision of a lower tribunal **5.** *Cricket* a request to the umpire to declare a batsman out **—*vi.*** **1.** to make an urgent request (for help, etc.) **2.** to be attractive, interesting, etc. **3.** to apply (to a higher court) for the alteration of a decision made by a lower one **4.** to resort (to) for decision, etc. **5.** *Cricket* to ask the umpire to declare a batsman out **—*vt.*** to make a request to a higher court for the rehearing of (a case) **—appeal′ing** *adj.*

**appear** (ə pēr′) *vi.* [< L. *ad-,* to + *parere,* come forth] **1.** to come into sight or being **2.** to become understood [it *appears* he left] **3.** to seem; look **4.** to present oneself formally or publicly **5.** to act as counsel in a court of law **6.** to be published

**appearance** *n.* **1.** an appearing **2.** the outward aspect of anything **3.** an outward show **4.** [*pl.*] the way things seem to be **—keep up appearances** to try to give the impression of being proper, well-off, etc. **—put in an appearance** to be present for a short time

**appease** (ə pēz′) *vt.* **-peased′, -peas′ing** [ult. < L. *pax,* peace] **1.** to make peaceful or quiet, esp. by giving in to the demands of **2.** to satisfy or relieve **—appeas′er** *n.*

**appeasement** *n.* the policy of giving in to demands of a hostile power in an attempt to keep peace

**appellant** (ə pel′ənt) *adj. Law* relating to appeals **—*n.*** a person who appeals, esp. to a higher court

**appellate** *adj. Law* relating to, or having jurisdiction to review, appeals [an *appellate* court]

**appellation** (ap′ə lā′shən) *n.* [< L. *appellare,* appeal] **1.** the act of calling by a name **2.** a name or title

**appellative** (ə pel′ə tiv) *adj.* of appellation; naming **—*n.*** a name or title **—appel′latively** *adv.*

**append** (ə pend′) *vt.* [< L. *ad-,* to + *pendere,* to suspend] to attach or affix; add as an appendix **—append′age** *n.*

**appendicectomy** (ə pen′di sek′tə mē) *n., pl.* **-mies** the surgical removal of the vermiform appendix: also **appendectomy** (ap′ən dek′tə mē)

**appendicitis** (ə pen′də sīt′əs) *n.* inflammation of the vermiform appendix

**appendix** (ə pen′diks) *n., pl.* **-dixes, -dices′** (-də sēz′) [see APPEND] **1.** additional material at the end of a book **2.** *Anat.* an outgrowth of an organ; esp., a small sac **(vermiform appendix)** extending from the large intestine

**apperception** (ap′ər sep′shən) *n.* [< L. *ad,* to + *percipere,* perceive] the state of the mind in being conscious of its own consciousness **—ap′percep′tive** *adj.*

**appertain** (ap′ər tān′) *vi.* [see PERTAIN] to belong properly as a function, part, etc.; pertain

**appetency** (ap′ə tən sē) *n., pl.* **-cies** [see ff.] a strong desire or longing Also **ap′petence**

**appetite** (ap′ə tīt′) *n.* [< L. *ad,* + *petere,* to seek] a desire or craving, esp. for food **—ap′petitive** (-tə tiv) *adj.*

**appetizer** *n.* a small portion of food or a drink to stimulate the appetite at the beginning of a meal

**appetizing** *adj.* **1.** stimulating the appetite **2.** savoury; tasty **—ap′petiz′ingly** *adv.*

**applaud** (ə plôd′) *vt., vi.* [< L. *ad,* to + *plaudere,* clap hands] **1.** to show approval (of) by clapping the hands, etc. **2.** to praise; approve **—applaud′er** *n.*

**applause** (ə plôz′) *n.* approval or praise, esp. as shown by clapping hands, cheering, etc.

**apple** (ap′l) *n.* [OE. *æppel*] a round,

firm, fleshy fruit growing on any of a genus of trees in temperate regions

**apple of one's eye** 1. the pupil of one's eye 2. any person or thing that one cherishes

**apple-pie bed** a bed in which the sheets are so folded that one cannot stretch one's legs

**apple-pie order** [Colloq.] neat order

**appliance** (ə plī′əns) *n.* a device or machine for a specific task

**applicable** (ap′li kə b'l) *adj.* that can be applied; appropriate —**ap′plicabil′ity** *n.* —**ap′plicably** *adv.*

**applicant** (ap′li kənt) *n.* a person who applies, as for employment, help, etc.

**application** (ap′lə kā′shən) *n.* 1. the act or a way of applying or being applied 2. anything applied, esp. a remedy 3. a request, or the form completed in making a request 4. continued effort 5. relevance

**applicator** (ap′lə kāt′ər) *n.* any device for applying medicine or paint, polish, etc.

**applied** (ə plīd′) *adj.* used in actual practice or to work out practical problems [*applied* science]

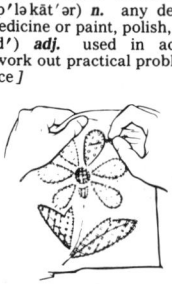

APPLIQUÉ

**appliqué** (a plē′kā) *n.* [Fr. < L.: see ff.] a decoration made of one material attached by sewing, etc. to another —*vt.* **-quéd, -quéing** to decorate with appliqué

**apply** (ə plī′) *vt.* **-plied′, -ply′ing** [< L. *ad-,* to + *plicare,* to fold] 1. to put on [*apply* salve] 2. to use practically [*apply* one's knowledge] 3. to concentrate (one's faculties) —*vi.* 1. to make a formal request 2. to be suitable or relevant [this rule *applies* to everyone] —**appli′er** *n.*

**appoint** (ə point′) *vt.* [ult. < L. *ad,* to + *punctum,* a point] 1. to name for an office, etc. [to *appoint* a chairman] 2. to set (a date, place, etc.); decree 3. to furnish [well-*appointed*] —**appointee′** *n.*

**appointment** *n.* 1. an appointing or being appointed; specif., a naming for an office, etc. 2. a person so named 3. an office held in this way 4. an arrangement to meet a person; engagement 5. [*pl.*] furnishings

**apportion** (ə pôr′shən) *vt.* to divide and distribute in shares according to a plan —**appor′tionment** *n.*

**appose** (ə pōz′) *vt.* **-posed′, -pos′ing** [< L. *ad-,* near + *ponere,* put] to put side by side, next, or near

**apposite** (ap′ə zit) *adj.* [see prec.] appropriate; apt

**apposition** (ap′ə zish′ən) *n.* 1. an apposing or the position resulting from this 2. *Gram.* the placing of a word or expression beside another so that the second explains and has the same grammatical construction as the first (Ex.: Mary, my cousin, is here) —**ap′posi′tional** *adj.*

**appraisal** (ə prā′z'l) *n.* 1. an appraising 2. an appraised value Also **appraise′ment**

**appraise** (ə prāz′) *vt.* **-praised′, -prais′ing** [< L. *ad,* to + *pretium,* price] 1. to set a price for, esp. officially 2. to estimate the quantity or quality of —**apprais′able** *adj.*

**appreciable** (ə prē′shə b'l) *adj.* enough to be perceived; noticeable —**appre′ciably** *adv.*

**appreciate** (ə prē′shē āt′) *vt.* **-at′ed, -at′ing** [see APPRAISE] 1. to recognize gratefully 2. to be fully or sensitively aware of 3. to think well of; enjoy 4. to estimate the quality or worth of 5. to raise the price of —*vi.* to rise in value —**appre′cia′tor** *n.*

**appreciation** (ə prē′shē ā′shən) *n.* 1. grateful recognition, as of a favour 2. sensitive awareness or enjoyment, as of art 3. a rise in value or price

**appreciative** (ə prē′shə tiv) *adj.* feeling or showing appreciation —**appre′ciativeness** *n.*

**apprehend** (ap′rə hend′) *vt.* [< L. *ad-,* to + *prehendere,* to seize] 1. to take into custody; arrest 2. to perceive or understand 3. to dread

**apprehension** *n.* 1. anxiety; dread 2. capture or arrest 3. perception or understanding

**apprehensive** *adj.* uneasy or fearful about the future

**apprentice** (ə pren′tis) *n.* [see APPREHEND] 1. a person under legal agreement to work for a master craftsman in return for instruction 2. any beginner —*vt.* **-ticed, -ticing** to place or accept as an apprentice —**appren′ticeship′** *n.*

**apprise**[1], **apprize**[1] (ə prīz′) *vt.* **-prised′** or **-prized′, -pris′ing** or **-priz′ing** [see APPREHEND] to inform or notify

**apprize**[2], **apprise**[2] (ə prīz′) *vt.* **-prized′** or **-prised′, -priz′ing** or **-pris′ing** *same as* APPRAISE

**appro** (ap′rō) *n.* [Colloq.] approval: chiefly in the phrase **on appro**

**approach** (ə prōch′) *vi.* [< L. *ad,* to + *prope,* near] to draw nearer —*vt.* 1. to come near or nearer to 2. to be similar to; approximate 3. to bring near (*to* something) 4. to make a proposal or a request to 5. to begin dealing with —*n.* 1. a coming closer 2. an approximation 3. an advance or overture (*to* someone) 4. a way of getting to a person, place, or thing; access 5. the act of bringing an aircraft into position for landing 6. *Golf* a stroke from the fairway onto the green —**approach′able** *adj.*

**approbation** (ap′rə bā′shən) *n.* [< L. *approbare,* APPROVE] official approval, permission, or praise

**appropriate** (ə prō′ prē ā′ ət; *for v.* āt′) ***adj.*** [< L. *ad,* to + *proprius,* one's own] suitable —***vt.*** **-at′ed, -at′ing** **1.** to take for one's own use **2.** to take improperly, as without permission **3.** to set aside for a specific use —**appro′priately** ***adv.*** —**appro′priative** ***adj.***

**appropriation** (ə prō′ prē ā′ shən) ***n.*** **1.** an appropriating or being appropriated **2.** a thing appropriated; esp., money set aside for a specific use

**approval** (ə prōō′ v′l) ***n.*** **1.** an approving **2.** favourable opinion **3.** consent —**on approval** for the customer to examine and decide whether to buy or return

**approve** (ə prōōv′) ***vt.*** **-proved′, -prov′ing** [< L. *ad-,* to + *probare,* to test] **1.** to give one's consent to **2.** to judge to be satisfactory —***vi.*** to have a favourable opinion (*of*)

**approx.** **1.** approximate **2.** approximately

**approximate** (ə prok′ sə mət; *for v.* -māt′) ***adj.*** [< L. *ad,* to + *proximus,* nearest] **1.** not exact, but almost so **2.** resembling **3.** near in position —***vt.*** **-mat′ed, -mat′ing** to come near to; be almost the same as —***vi.*** to be almost the same —**approx′imately** ***adv.*** —**approx′ima′tion** ***n.***

**appurtenance** (ə pur′ tin əns) ***n.*** [< L. *appertinere,* APPERTAIN] **1.** something added to a more important thing **2.** [*pl.*] accessories —**appur′tenant** ***adj., n.***

**Apr.** April

**après** (a′ prā′) ***prep.*** [Fr.] after

**apricot** (āp′ rə kot′) ***n.*** [ult. < L. *praecoquus,* early matured] **1.** a small, yellowish-orange fruit related to the peach **2.** yellowish orange

**April** (ā′ prəl) ***n.*** [< L.] the fourth month of the year, having 30 days: abbrev. **Apr.**

**April fool** a victim of jokes on April Fools' Day

**April Fools' Day** April 1, All Fools' Day

**a priori** (ā′ prī ôr′ ī) [L.] **1.** from cause to effect or from a generalization to particular instances **2.** based on theory instead of on experiment Opposed to A POSTERIORI

**apron** (ā′ prən) ***n.*** [< ME. *a napron* < OFr. *naperon* < L. *mappa,* napkin] **1.** a garment worn over the front part of the body to protect one's clothes **2.** anything like an apron, as the part of a stage in front of the curtain

**apron string** a string for tying an apron on —**tied to one's mother's** (or **wife's,** etc.) **apron strings** dominated by one's mother (or wife, etc.)

**apropos** (ap′ rə pō′) ***adv.*** [Fr. *à propos*] **1.** at the right time; opportunely **2.** by the way —***adj.*** relevant; apt —**apropos of** with regard to

**apse** (aps) ***n.*** [< Gr. *haptein,* to fasten] a semicircular or polygonal projection of a building, esp. one at the east end of a church, with a domed roof

**apsis** (ap′ sis) ***n., pl.*** **-sides′** (-sə dēz′) [L., arch] that point in the orbit of the moon, a planet, etc. nearest to (**lower apsis**), or that farthest from (**higher apsis**), the centre of attraction

**apt** (apt) ***adj.*** [< L. *aptus,* pp. of *apere,* to fasten] **1.** appropriate; fitting **2.** tending or inclined; likely **3.** quick to learn —**apt′ly** ***adv.*** —**apt′ness** ***n.***

**apteryx** (ap′ tər iks) ***n.*** [< Gr. *a-,* without + *pteryx,* wing] *same as* KIWI

**aptitude** (ap′ tə tyōōd′) ***n.*** [see APT] **1.** a natural tendency, inclination, or ability **2.** quickness to learn **3.** the quality of being appropriate; fitness

**aqua** (ak′ wə) ***n., pl.*** **aq′uas, aq′uae** (-wē) [L.] water —***adj.*** [< AQUAMARINE] bluish-green

**aqua fortis** (fôr′ təs) [L., strong water] *same as* NITRIC ACID

**aqualung** (ak′ wə lung′) ***n.*** [AQUA + LUNG] a kind of self-contained underwater breathing apparatus

**aquamarine** (ak′ wə mə rēn′) ***n.*** [L. *aqua marina,* sea water] a bluish-green beryl —***adj.*** bluish-green

**aquanaut** (ak′ wə nôt′) ***n.*** [AQUA + (ASTRO)NAUT] a person using a watertight underwater chamber as a base for oceanographic experiments

**aquaplane** (ak′ wə plān′) ***n.*** [AQUA + PLANE[4]] a board on which one rides as it is pulled over water by a motorboat —***vi.*** **-planed′, -plan′ing** **1.** to ride on such a board **2.** to skim uncontrollably over a road surface on a thin film of water: said of a motor vehicle

**aqua regia** (rē′ jē ə) [L., kingly water: it dissolves gold] a mixture of nitric and hydrochloric acids

**aquarium** (ə kwā′ ər′ ē əm) ***n., pl.*** **-iums, -ia** [< L. *aquarius,* of water] **1.** a tank, etc., for keeping live water animals and plants **2.** a building where such collections are exhibited

**Aquarius** (ə kwā′ ər′ ē əs) [L., the water carrier] **1.** a large S constellation **2.** the eleventh sign of the zodiac

**aquatic** (ə kwat′ ik) ***adj.*** [< L. *aqua,* water] **1.** growing or living in water **2.** done in or upon the water *[aquatic* sports*]* —***n.*** **1.** an aquatic plant or animal **2.** [*pl.*] aquatic sports —**aquat′ically** ***adv.***

**aquatint** (ak′ wə tint′) ***n.*** [< It. *acqua tinta,* dyed water] **1.** a process using acid to produce an etching that looks like a water colour **2.** such an etching

**aqua vitae** (vīt′ ē) [L., water of life] **1.** *Alchemy* alcohol **2.** brandy or other strong drink

**aqueduct** (ak′ wə dukt′) ***n.*** [< L. *aqua,* water + *ducere,* to lead] **1.** a large pipe or conduit for bringing water from a distant source **2.** a bridgelike structure for carrying a water conduit or canal across a valley

**aqueous** (ā′ kwē əs) ***adj.*** **1.** of, like, or containing water **2.** formed by the action of water

**aqueous humour** a watery fluid in the space between the cornea and the lens of the eye

**aquiline** (ak′ wə līn′) ***adj.*** [< L. *aquila,* eagle] **1.** curved like an eagle's beak **2.** of or like an eagle

**-ar** (ər) [< L.] **1.** *a suffix meaning*

of, relating to, like *[polar]* **2.** *a suffix denoting* agency *[vicar]*

**Ar** *Chem.* argon

**Ar.** **1.** Arabic **2.** Aramaic

**ar.** **1.** arrival **2.** arrives

**Arab** (ar′əb) ***n.*** **1.** a native of Arabia **2.** any of a Semitic people originating in Arabia **3.** a swift, graceful horse native to Arabia ***—adj.*** *same as* ARABIAN

ARABESQUE

**arabesque** (ar′ə besk′) ***n.*** [ < It. < Ar. *'arab*] **1.** an elaborate design of intertwined flowers, foliage, etc. **2.** *Ballet* a position in which one leg is extended backwards and the arms are extended

**Arabian** (ə rā′bē ən) ***adj.*** of Arabia or the Arabs ***—n.*** *same as* ARAB

**Arabic** (ar′ə bik) ***adj.*** **1.** of Arabia **2.** of the Arabs ***—n.*** the Semitic language of the Arabs

**Arabic numerals** the figures 1, 2, 3, 4, 5, 6, 7, 8, 9, and the 0 (zero)

**arable** (ar′ə b'l) ***adj.*** [ < L. *arare,* to plough] suitable for ploughing and producing crops ***—n.*** arable land ***—ar′abil′ity n.***

**Araby** (ar′ə bē) [Archaic or Poet.] Arabia

**arachnid** (ə rak′nid) ***n.*** [ < Gr. *arachnē,* spider] any of a group of arthropods, including spiders, scorpions, and mites, with eight legs ***—arach′nidan adj., n.***

**arak** (ar′ək) ***n.*** *same as* ARRACK

**Aram.** Aramaic

**Aramaic** (ar′ə mā′ik) ***n.*** a group of Semitic languages of Biblical times

**arbiter** (är′bə tər) ***n.*** [L.] **1.** a person selected to judge a dispute; umpire; arbitrator **2.** a person having control (of something) *[an arbiter* of fashion*]* ***—ar′bitral adj.***

**arbitrary** (är′bə trər ē) ***adj.*** [ see ARBITER ] **1.** left to one's own choice **2.** based on one's whim **3.** absolute; despotic ***—ar′bitrarily adv. —ar′bitrariness n.***

**arbitrate** (är′bə trāt′) ***vt., vi.*** **-trat′ed, -trat′ing** [ see ARBITER ] **1.** to decide (a dispute) as an arbitrator **2.** to submit (a dispute) to arbitration

**arbitration** (är′bə trā′ shən) ***n.*** settlement of a dispute by someone chosen to hear both sides and come to a decision ***—ar′bitra′tional adj.***

**arbitrator** (är′bə trāt′ ər) ***n.*** one chosen to arbitrate

**arbor**[1] (är′bər) ***n., pl.*** **ar′bores** (-bə rēz′) [L.] *Bot.* a tree

**arbor**[2] ***n.*** [ < L. *arbor,* tree ] *Mech.* **1.** a shaft; beam; axle **2.** a bar that holds cutting tools

**arboraceous** (är′bə rā′ shəs) ***adj.*** **1.** of or like a tree **2.** wooded

**arboreal** (är bôr′ē əl) ***adj.*** **1.** of or like a tree **2.** living in trees

**arborescent** (är′bə res′ ənt) ***adj.*** treelike

**arboretum** (är′bə rēt′ əm) ***n., pl.*** **-tums, -ta** [L.] a place where many kinds of trees and shrubs are grown for exhibition or study

**arboriculture** (är′bər ə kul′ chər) ***n.*** [ < L. *arbor,* tree + *cultura,* culture ] the scientific cultivation of trees and shrubs ***—ar′boricul′turist n.***

**arborvitae** (är′bər vīt′ ē) ***n.*** [L., tree of life ] an evergreen tree related to the cypress

**arbour** (är′bər) ***n.*** [ < L. *herba,* herb ] a place shaded by trees or climbing plants ***—ar′boured adj.***

**arbutus** (är byōōt′ əs) ***n.*** [L., wild strawberry tree ] a tree or shrub with dark-green leaves and berries like strawberries

**arc** (ärk) ***n.*** [ < L. *arcus,* arch ] **1.** a bowlike curved line or object **2.** the band of incandescent light formed when an electric discharge is conducted from one electrode to another **3.** any part of a curve, esp. of a circle ***—vi.*** **arced** or **arcked, arc′ing** or **arck′ing** **1.** to move in a curved course **2.** to form an arc

**arcade** (är kād′) ***n.*** [ < L. *arcus,* arch ] **1.** a covered passageway, esp. one lined with shops **2.** a line of arches and their supporting columns

**Arcadian** (är kā′ dē ən) ***adj.*** [ < *Arcadia,* in ancient Greece ] ideally rustic ***—n.*** a person who leads a simple rural life

**arcane** (är kān′) ***adj.*** [ < L. *arcere,* to shut up ] **1.** hidden or secret **2.** understood by only a few; esoteric

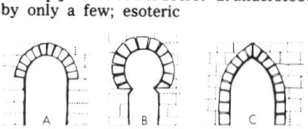


ARCHES

(A, semicircular; B, horse-shoe; C, pointed)

**arch**[1] (ärch) ***n.*** [ < L. *arcus,* arch ] **1.** a curved structure that supports the weight of material over an open space, as in a doorway, etc. **2.** the form of an arch **3.** anything shaped like an arch ***—vt., vi.*** **1.** to form (into) an arch **2** to span with or as an arch

**arch**[2] (ärch) ***adj.*** [ < ff. ] **1.** main; chief **2.** gaily mischievous; pert ***—arch′ly adv. —arch′ness n.***

**arch-** [ < Gr. *archos,* ruler ] *a prefix meaning* main, chief *[archbishop, archduke]*

**-arch** (ärk; *occas.* ərk) [ < Gr. *archos,* ruler ] *a suffix meaning* ruler *[matriarch]*

**arch.** **1.** archaic **2.** architecture

**Archaean** (är kē′ ən) ***adj.*** [ < Gr. *archē,* beginning ] *Geol.* of the oldest period of geological time: also [Chiefly U.S.] **Arche′an**

**archaeology** (är′kē ol′ ə jē) ***n.*** [ < Gr.

*archē,* beginning + -LOGY] the scientific study of the life of ancient peoples, as by excavation of ancient cities **—ar'chaeolog'ical** (-ə loj'i k'l) ***adj.*** **—ar'chaeol'ogist** ***n.***

**archaeopteryx** (ar'kē op'tər iks) ***n.*** [< Gr. *archaias,* ancient + *pteryx,* wing] an extinct, reptilelike bird

**archaic** (är kā'ik) ***adj.*** [< Gr. *archaios,* ancient] **1.** ancient **2.** old-fashioned **3.** seldom used except in poetry, church ritual, etc. **—archa'ically** ***adv.***

**archaism** (är'kā iz'm) ***n.*** **1.** the use of archaic words, technique, etc. **2.** an archaic word, usage, etc. **—ar'chaist** ***n.*** **—ar'chais'tic** ***adj.***

**archangel** (ärk'ān'j'l) ***n.*** a chief angel

**archbishop** (ärch'bish'əp) ***n.*** a chief bishop

**archbishopric** ***n.*** the office, rank, term, or church district of an archbishop

**archdeacon** (-dē'k'n) ***n.*** a church official ranking just below a bishop **—arch'dea'conry** ***n.***

**archdiocese** (ärch'dī'ə sis) ***n.*** the diocese of an archbishop **—arch'dioc'esan** (-dī os'ə sən) ***adj.***

**archduchess** (ärch'duch'is) ***n.*** the wife of an archduke

**archduchy** (ärch'duch'ē) ***n., pl.*** **-ies** the territory of an archduke or of an archduchess

**archduke** (ärch'dyōōk') ***n.*** a chief duke, esp. a prince of the former Austrian royal family

**archenemy** (ärch'en'ə mē) ***n., pl.*** **-mies** a chief enemy **—the archenemy** Satan

**archer** (är'chər) ***n.*** [< L. *arcus,* bow] one who shoots with bow and arrow **—[A-]** the constellation Sagittarius

**archery** ***n.*** the practice, art, or sport of shooting with bow and arrow

**archetype** (är'kə tīp') ***n.*** [< Gr. *archos,* first + *typos,* model] **1.** the original pattern or model; prototype **2.** a perfect example **—ar'chetyp'al, ar'chetyp'ical** (-tip'i k'l) ***adj.***

**archfiend** (ärch'fēnd') ***n.*** a chief fiend **—the archfiend** Satan

**archidiaconal** (är'kə dī ak'ə n'l) ***adj.*** of an archdeacon or archdeaconry **—ar'chidiac'onate** ***n.***

**archiepiscopal** (är'kē ə pis'kə p'l) ***adj.*** of an archbishop or archbishopric **—ar'chiepis'copate** ***n.***

**archipelago** (är'kə pel'ə gō') ***n., pl.*** **-goes', -gos'** [< Gr. *archi-,* chief + *pelagos,* sea] **1.** a sea with many islands **2.** such a group of islands

**architect** (är'kə tekt') ***n.*** [< Gr. *archi-,* chief + *tektōn,* carpenter] **1.** a person whose profession is designing plans for buildings, bridges, etc. and administering construction **2.** any builder or creator

**architectonic** (är'kə tek ton'ik) ***adj.*** **1.** of architecture **2.** having structure or design like that of architecture **3.** *Philos.* having to do with the systematizing of knowledge

**architecture** (är'kə tek'chər) ***n.*** **1.** the science or profession of designing and constructing buildings, etc. **2.** a style of construction **3.** design and construction **—ar'chitec'tural** ***adj.*** **—ar'chitec'turally** ***adv.***

**architrave** (är'kə trāv') ***n.*** [< L. *archi-,* first + *trabs,* a beam] *Archit.* **1.** the lowest part of an entablature, a beam resting directly on the tops of the columns **2.** the moulding around a doorway, window, etc.

**archives** (är'kīvz) ***n.pl.*** [< Gr. *archē,* the beginning] **1.** a place where public records, documents, etc. are kept **2.** the documents kept there **—archival** (är kī'v'l) ***adj.***

**archivist** (är'ki vist) ***n.*** one having charge of archives

**archpriest** (ärch'prēst') ***n.*** a chief priest

**archway** (ärch'wā') ***n.*** a passage under an arch

**-archy** (är kē, ər kē) [< Gr. *archien,* to rule] *a suffix meaning* a ruling, or that which is ruled *[monarchy]*

**arc lamp** a lamp in which the light is produced by an arc between electrodes: also **arc light**

**arctic** (ärk'tik) ***adj.*** [< Gr. *arktikos,* of the Bear (Gr. *arktos*), northern] **1.** of or near the North Pole **2.** very cold **—the Arctic** the region around the North Pole

**Arctic Circle** [*also* **a- c-**] an imaginary circle parallel to the equator, 66°33' north of it

**Arcturus** (ärk tyoōər'əs) [< Gr. *arktos,* bear + *ouros,* a guard] the brightest star in the constellation Boötes

**-ard** (ərd) [< MHG. *hart,* bold] *a suffix denoting* one who carries an action too far *[drunkard]*

**ardent** (är'dənt) ***adj.*** [< L. *ardere,* burn] **1.** passionate **2.** intensely enthusiastic; zealous **3.** glowing; radiant **4.** burning; aflame **—ar'dency** ***n.*** **—ar'dently** ***adv.***

**ardour** (är'dər) ***n.*** [< L. *ardere,* burn] **1.** emotional warmth; passion **2.** zeal **3.** intense heat

**arduous** (är'dyoō wəs) ***adj.*** [L. *arduus,* steep] **1.** difficult to do; laborious **2.** using much energy; strenuous

**are**[1] (är; *unstressed* ər) [OE. *aron*] *pl. & 2nd pers. sing., pres. indic., of* BE

**are**[2] (är) ***n.*** [< L. *area:* see ff.] a unit of area equal to 100 square metres

**area** (ãər'ē ə) ***n.*** [L., vacant place] **1.** a part of the earth's surface; region **2.** the size of a surface, in square units **3.** a sunken space outside the basement of a building **4.** a particular part of a house, district, etc. *[dining area]* **5.** scope or extent **—ar'eal** ***adj.***

**arena** (ə rē'nə) ***n.*** [L., sand] **1.** the central part of an ancient Roman amphitheatre, for gladiatorial contests **2.** any place like this **3.** any sphere of struggle

**arenaceous** (ar'ə nā'shəs) ***adj.*** [L. *arenaceus*] sandy

**aren't** (ärnt) are not

**areola** (ə rē'ə lə) ***n., pl.*** **-lae'** (-lē'), **-las** [L., dim. of AREA] a small, surrounding area, as the dark ring around a nipple

Also **areole** (ar′ē ōl′) —**are′olar** *adj.* —**are′olate** *adj.*

**arête** (ə rāt′) *n.* [Fr., fish skeleton] a sharp, narrow ridge or crest of a mountain

**argent** (är′jənt) *n.* [< L. *argentum*] [Archaic or Poet.] silver —*adj.* [Poet.] of silver: also **argen′tal** (-jen′t'l)

**argon** (är′gon) *n.* [Gr., inert] a chemical element, that is an inert, odourless gas forming nearly one percent of the atmosphere: symbol, Ar

**argosy** (är′gə sē) *n., pl.* **-sies** [< It. *(nave) Ragusea,* (vessel of) Ragusa, ancient Dalmatian port] [Poet.] **1.** a large ship **2.** a fleet of such ships

**argot** (är′gō) *n.* [Fr. < ?] the specialized vocabulary of a particular group, as the secret jargon of criminals

**argue** (är′gyōō) *vi.* **-gued, -guing** [< L. *arguere,* prove] **1.** to have a disagreement; quarrel **2.** to give reasons (*for* or *against*) —*vt.* **1.** to debate **2.** to contend **3.** to give evidence of; indicate **4.** to persuade by giving reasons —**ar′guable** *adj.* —**ar′guably** *adv.* —**ar′guer** *n.*

**argument** (är′gyoo mənt) *n.* **1.** a disagreement; dispute **2.** a reason or reasons offered for or against something **3.** a summary

**argumentation** (är′gyoo men tā′shən) *n.* **1.** the process of arguing **2.** debate; discussion

**argumentative** (-men′tə tiv) *adj.* **1.** apt to argue **2.** controversial —**ar′gumen′tativeness** *n.*

**Argus** (är′gəs) *n.* [< giant in Gr. myth. with a hundred eyes] an alert watchman

**argy-bargy** (är′jē bär′jē) *n.* [< Scot. < ? ARGUE] [Colloq.] a wrangling argument

**aria** (är′ē ə) *n.* [It. < L. *aer,* air] an air or melody in an opera or oratorio, esp. for solo voice

**Arian**[1] (âer′ē ən) *n., adj.* *same as* ARYAN

**Arian**[2] *adj.* of Arius or Arianism —*n.* a believer in Arianism

**-arian** (âer′ē ən) [< L.] *a suffix denoting:* age, sect, social belief or occupation *[antiquarian]*

**Arianism** *n.* the doctrines of Arius, who taught that Jesus was not of the same substance as God

**arid** (ar′id) *adj.* [< L. *arere,* to be dry] **1.** dry and barren **2.** not interesting; dull —**aridity** (ə rid′ə tē), **ar′idness** *n.*

**Aries** (âer′ēz) [L., the Ram] **1.** a N constellation **2.** the first sign of the zodiac

**aright** (ə rīt′) *adv.* in a right way; correctly

**arise** (ə rīz′) *vi.* **arose′, aris′en** (-riz′′n), **aris′ing** [OE. < *a-,* out + *risan,* rise] **1.** to originate **2.** to result (*from* something) **3.** to get up **4.** to ascend

**aristocracy** (ar′ə stok′rə sē) *n., pl.* **-cies** [< Gr. *aristos,* best + *kratein,* to rule] **1.** government by a privileged minority, usually of inherited wealth **2.** a country with such government **3.** a privileged ruling class; nobility **4.** those considered the best in some way

**aristocrat** (ar′is tə krat′) *n.* **1.** a member of the aristocracy **2.** a person with the manners, beliefs, etc. of the upper class —**a′ristocrat′ic** *adj.* —**a′ristocrat′ically** *adv.*

**Aristotelian** (ar′is tə tēl′yən) *adj.* of Aristotle or his philosophy —*n.* **1.** a follower of Aristotle **2.** a person who is empirical in his thinking —**Ar′istote′lianism** *n.*

**arithmetic** (ə rith′mə tik; *for adj.* ar′ith met′ik) *n.* [< Gr. *arithmos,* number] the science of computing by positive, real numbers —*adj.* of or using arithmetic also **ar′ithmet′ical** —**ar′ithmet′ically** *adv.*

**arithmetician** (ar′ith mə tish′ən) *n.* a person skilled in arithmetic

**arithmetic mean** the average obtained by dividing a sum by the number of its addends

**arithmetic progression** a sequence of terms derived by adding to or subtracting from the preceding one a constant quantity (Ex.: 5, 9, 13)

**ark** (ärk) *n.* [< L. *arcere,* enclose] **1.** *Bible* the boat in which Noah, his family and two of every kind of creature survived the Flood **2.** *same as* ARK OF THE COVENANT

**ark of the covenant** *Bible* the chest containing the stone tablets inscribed with the Ten Commandments

**arm**[1] (ärm) *n.* [OE. *earm*] **1.** an upper limb of the human body **2.** anything like this in structure, function or position **3.** anything commonly in contact with the human arm; esp., *a*) a sleeve *b*) a support for the arm, as on a chair **4.** power to seize, control, etc. *[the arm of the law]* —**arm in arm** with arms interlocked —**at arm's length** at a distance —**with open arms** in a warm and friendly way —**arm′less** *adj.* —**arm′like′** *adj.*

**arm**[2] *n.* [< L. *arma,* weapons] **1.** any weapon: *usually used in pl.* **2.** [*pl.*] warfare; fighting **3.** [*pl.*] heraldic insignia **4.** any branch of the military forces —*vt.* **1.** to provide with weapons, etc. **2.** to prepare for or against attack —*vi.* to equip oneself with weapons, etc., esp. for war —**take up arms** **1.** to go to war **2.** to enter a dispute —**to arms!** get ready to fight! —**up in arms** **1.** prepared to fight **2.** indignant (with *about*) —**armed** *adj.*

**armada** (är mä′də) *n.* [Sp. < L. *arma,* weapons] **1.** a fleet of warships **2.** [**A-**] such a fleet sent against England by Spain in 1588

**armadillo** (är′mə dil′ō) *n., pl.* **-los** [Sp. < L. *armare,* to arm] a burrowing mammal of the S U.S. and South America, having a covering of bony plates

**Armageddon** (är′mə ged′′n) *Bible* the scene of the last, deciding battle between good and evil: Rev. 16:16

**armament** (är′mə mənt) *n.* [< L. *armare,* to arm] **1.** [*often pl.*] all the military forces and equipment of a nation **2.** all the military equipment of a warship, fortification, etc. **3.** an arming or being armed for war

**armature** (är′mə tyooər) *n.* [see prec.] **1.** any protective covering **2.** a soft iron bar placed across the poles of a magnet **3.** the iron core wound with wire, usually a revolving part, in a generator or motor **4.** *Sculpture* a framework for supporting the clay, etc. in modelling

**armchair** (ärm′chāer′) ***n.*** a chair with supports at the sides for one's arms or elbows

**armed forces** all the military, naval, and air forces of a country or group of countries

**armhole** ***n.*** an opening for the arm in a garment

**armistice** (är′mə stis) ***n.*** [< L. *arma,* arms + *sistere,* cause to stand] a temporary stopping of warfare by mutual agreement; truce

**Armistice Day** November 11, the anniversary of the armistice of World War I in 1918

**armlet** (ärm′lit) ***n.*** **1.** a band worn for ornament around the upper arm **2.** a small inlet of the sea

**armoire** (är mwär′) ***n.*** [< L. *armarium,* chest for arms] a large cupboard or clothespress

**armorial** (är môr′ē əl) ***adj.*** of coats of arms; heraldic

**armour** (är′mər) ***n.*** [< L. *armare,* to arm] **1.** covering worn to protect the body against weapons **2.** any defensive or protective covering **3.** a quality, etc. serving as a defence difficult to penetrate —***vt., vi.*** to put armour on

**armoured** ***adj.*** **1.** covered with armour **2.** equipped with tanks and other armoured vehicles

**armourer** ***n.*** **1.** a maker of firearms **2.** *Mil.* a man in charge of small arms

**armour plate** a protective covering of steel plates, as on a tank —**ar′mour plat′ed** ***adj.***

**armoury** ***n. pl.*** **-mouries** [see ARM[2]] a storehouse for weapons; arsenal

**armpit** (ärm′pit′) ***n.*** the hollow under the arm where it joins the shoulder

**armrest** ***n.*** a support for one's arm

**army** (är′mē) ***n., pl.*** **-mies** [< L.: see ARMADA] **1.** a large, organized body of soldiers for waging war **2.** [*often* **A-**] a large organization of persons for a specific cause [the Salvation *Army*] **3.** any large number of persons, animals, etc.

**arnica** (är′ni kə) ***n.*** [ModL.] **1.** a plant bearing bright yellow flowers **2.** a preparation made from this, formerly used for treating sprains, bruises, etc.

**aroma** (ə rō′mə) ***n.*** [< Gr. *arōma,* spice] **1.** a pleasant odour; fragrance **2.** a characteristic quality

**aromatic** (ar′ə mat′ik) ***adj.*** **1.** of or having an aroma **2.** *Chem.* containing one or more benzene rings in the molecule —***n.*** an aromatic plant, substance, or chemical —**ar′omat′ically** ***adv.***

**arose** (ə rōz′) *pt. of* ARISE

**around** (ə round′) ***adv.*** [ME. < *a-,* on + *round*] **1.** round; esp. *a*) in every direction *b*) in various places [to shop *around*] **2.** [Colloq.] nearby —***prep.*** **1.** round; esp., *a*) so as to encircle or envelop *b*) on the border of **2.** [Chiefly U.S.] about [*around* 1890] —***adj.*** **1.** on the move [up and *around*] **2.** [Colloq.] existing —**have been around** [Colloq.] to have had wide experience

**arouse** (ə rouz′) ***vt.*** **aroused′, arous′ing** **1.** to awaken **2.** to stir, as to action **3.** to excite —**arous′al** ***n.***

**arpeggio** (är pej′ē ō) ***n., pl.*** **-gios** [It. < *arpa,* a harp] the playing of the notes of a chord in quick succession

**arquebus** (är′kwə bəs) ***n.*** [< Du. *haak,* hook + *bus,* gun] an early type of portable gun

**arr.** **1.** arranged **2.** arrival

**arrack** (ar′ək) ***n.*** [< Ar. *'araq,* liquor] in the Orient, strong alcoholic drink

**arraign** (ə rān′) ***vt.*** [< L. *ad,* to + *ratio,* reason] **1.** to bring before a law court to answer charges **2.** to call to account —**arraign′er** ***n.*** —**arraign′ment** ***n.***

**arrange** (ə rānj′) ***vt.*** **-ranged′, -rang′ing** [< OFr. *a-,* to + *renc,* rank] **1.** to put in the correct or suitable order **2.** to classify **3.** to prepare or plan **4.** to settle or adjust (matters) **5.** *Music* to adapt (a composition) to particular instruments or voices —***vi.*** **1.** to come to an agreement (*with* a person) **2.** to make plans —**arrange′able** ***adj.*** —**arrang′er** ***n.***

**arrangement** ***n.*** **1.** an arranging **2.** something made by arranging parts in a particular way **3.** [*usually pl.*] a plan or preparation **4.** a settlement **5.** *Music* an adaptation of a composition for other instruments, voices, etc.

**arrant** (ar′ənt) ***adj.*** [< ERRANT] that is plainly such; out-and-out [an *arrant* fool] —**ar′rantly** ***adv.***

**arras** (ar′əs) ***n.*** [< *Arras,* in France] **1.** an elaborate kind of tapestry **2.** a wall hanging, esp. of tapestry

**array** (ə rā′) ***vt.*** [ult. < L. *ad-,* to + Gmc. base *raid-,* order] **1.** to put in the proper order; marshal (troops, etc.) **2.** to dress in finery —***n.*** **1.** an orderly grouping, esp. of troops **2.** an impressive display **3.** fine clothes

**arrears** (ə rēərz′) ***n.pl.*** [< L. *ad,* to + *retro,* behind] **1.** overdue debts **2.** unfinished work, etc. —**in arrears** (or **arrear**) behind in paying a debt, in one's work, etc.

**arrest** (ə rest′) ***vt.*** [< L. *ad-,* to + *restare,* to stop] **1.** to seize by authority of the law **2.** to stop or check **3.** to catch and keep (one's attention, etc.) —***n.*** an arresting or being arrested —**under arrest** in legal custody —**arrest′er, arres′tor** ***n.***

**arresting** ***adj.*** attracting attention; interesting; striking —**arrest′ingly** ***adv.***

‡**arrière-pensée** (ä ryer′pän sā′) ***n.*** [Fr.] a mental reservation; ulterior motive

**arrival** (ə rī′v′l) ***n.*** **1.** the act of arriving **2.** a person or thing that arrives or has arrived

**arrive** (ə rīv′) ***vi.*** **-rived′, -riv′ing** [< L. *ad-,* to + *ripa,* shore] **1.** to reach one's destination **2.** to come [the time has *arrived*] **3.** to attain fame, etc. —**arrive at** to reach by thinking, etc.

‡**arrivederci** (ä rē′ve der′ chē) ***interj.*** [It.] goodbye

**‡arriviste** (ȧ rē vēst′) *n.* [Fr.] *same as* PARVENU

**arrogance** (ar′ə gəns) *n.* overbearing pride or self-importance: also **ar′rogancy**

**arrogant** *adj.* [see ff.] full of or due to arrogance; overbearing; haughty —**ar′rogantly** *adv.*

**arrogate** (ar′ə gāt′) *vt.* **-gat′ed, -gat′ing** [< L. *ad-*, for + *rogare,* ask] **1.** to claim or seize without right **2.** to ascribe or attribute without reason —**ar′roga′tion** *n.*

**arrow** (ar′ō) *n.* [OE. *earh, arwe*] **1.** a slender shaft, usually pointed at one end and feathered at the other, for shooting from a bow **2.** a sign used to indicate direction

**arrowhead** *n.* **1.** the pointed tip of an arrow **2.** a marsh plant with arrow-shaped leaves

**arrowroot** *n.* [from its use as an antidote for poisoned arrows] **1.** a tropical American plant with starchy roots **2.** the edible starch made from its roots

**arse** (ärs) *n.* [< OE. *ærs*] [Vulg.] the buttocks

**arsenal** (är′s'n əl) *n.* [< Ar. *dār (ēṣ) ṣinā'a,* workshop] a place for making or storing weapons and other munitions

**arsenic** (är′snik; *for adj.* är sen′ik) *n.* [ult. < Per. *zar,* gold] **1.** a silvery-white, brittle, very poisonous chemical element, compounds of which are used in making insecticides, medicines, etc.: symbol, As **2.** loosely, arsenic trioxide, a poisonous, tasteless, white powder —*adj.* of or containing arsenic

**arsenical** (är sen′ə k'l) *adj.* of or containing arsenic

**arson** (är′s'n) *n.* [< L. *ardere,* to burn] the crime of purposely setting fire to property —**ar′sonist** *n.*

**art**[1] (ärt) *n.* [< L. *ars, artis,* art] **1.** human creativity **2.** skill **3.** any specific skill or its application **4.** any craft or profession, or its principles **5.** a making of things that have form and beauty **6.** any branch of creative work, esp. painting, sculpture, etc. **7.** products of creative work **8.** a branch of learning; specif., [*pl.*] the liberal arts as distinguished from the sciences **9.** cunning **10.** trick; wile: *usually used in pl.*

**art**[2] *archaic 2nd pers. sing., pres. indic., of* BE: *used with* thou

**-art** (ərt) *same as* -ARD

**art.** **1.** article **2.** artificial

**artefact** (är′tə fakt′) *n.* *var. sp. of* ARTIFACT

**arterial** (är tēər′ē əl) *adj.* **1.** of or like an artery **2.** of or being a main road with many branches —**arte′rially** *adv.*

**arteriosclerosis** (är tēər′ē ō sklə rō′sis) *n.* [see ff. & SCLEROSIS] a thickening, and loss of elasticity, of the walls of the arteries, as in old age —**arte′riosclerot′ic** (-rot′ik) *adj.*

**artery** (är′tər ē) *n.,* *pl.* **-teries** [prob. < Gr. *aeirein,* raise] **1.** any of the tubes carrying blood from the heart **2.** a main road or channel

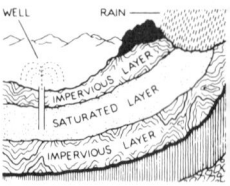


ARTESIAN WELL

**artesian well** (är tē′zhən) [< *Artois,* former Fr. province] a well in which ground water is forced up by hydrostatic pressure

**art form** an accepted mode of artistic composition, as the novel

**artful** (ärt′fəl) *adj.* **1.** sly or cunning **2.** skilful or clever —**art′fully** *adv.* —**art′fulness** *n.*

**arthritis** (är thrīt′əs) *n.* [Gr. < *arthron,* joint] inflammation of a joint or joints —**arthrit′ic** (-thrit′ik) *adj.* —**arthrit′ically** *adv.*

**arthropod** (är′thrə pod′) *n.* [< Gr. *arthron,* joint + -POD] any of a large group of invertebrate animals with jointed legs and a segmented body, as insects, crustaceans, arachnids, etc.

**artic** (är tik′) *n.* [Colloq.] an articulated lorry

**artichoke** (är′tə chōk′) *n.* [< Ar. *al-ḥaršūf*] **1.** a thistlelike plant **2.** its flower head, cooked as a vegetable **3.** *short for* JERUSALEM ARTICHOKE

**article** (är′ti k'l) *n.* [< L. *articulus,* dim. of *artus,* joint] **1.** a separate item [an *article* of luggage] **2.** a commodity **3.** a complete piece of writing, as in a newspaper **4.** *Gram.* the words *a, an,* or *the,* used as adjectives **5.** a section of a written document —*vt.* **-cled, -cling** to bind by the articles of an agreement

**articular** (är tik′yoo lər) *adj.* [see prec.] of a joint or joints [an *articular* inflammation]

**articulate** (är tik′yoo lət; *for v.* -lāt′) *adj.* [see ARTICLE] **1.** expressing oneself clearly **2.** able to speak **3.** made up of distinct syllables or words **4.** jointed: usually **artic′ulat′ed** —*vt.* **-lat′ed, -lat′ing** **1.** to pronounce carefully **2.** to express clearly **3.** to put together by joints —*vi.* **1.** to speak distinctly **2.** to be jointed

**articulated lorry** a large lorry made in two sections connected by a pivoted bar

**articulation** (är tik′yoo lā′shən) *n.* **1.** enunciation **2.** a spoken sound **3.** a jointing or being jointed **4.** a joint between bones or similar parts

**artifact** (är′ti fakt′) *n.* [see ff.] any object made by human work; esp., a primitive tool, etc.

**artifice** (är′ti fis) *n.* [< L. *ars,* art + *facere,* make] **1.** skill or ingenuity **2.** trickery **3.** a sly trick

**artificer** (är tif′ə sər) *n.* **1.** a skilled craftsman **2.** an inventor **3.** a military mechanic

**artificial** (är′ti fish′əl) *adj.* [see ARTIFICE] **1.** made by human work or art; not natural **2.** simulated *[artificial* teeth*]* **3.** affected *[*an *artificial* smile*]* **—ar′tifi′cial′ity** (-fish′ē al′ə tē) *n.* **—ar′tifi′cially** *adv.*

**artificial insemination** the impregnation of a female by the introduction of semen without sexual intercourse

**artificial respiration** the artificial maintenance of breathing, as by forcing breath into the mouth

**artillery** (är til′ər ē) *n.* [< OFr. *artillier,* to arm] **1.** heavy mounted guns **2.** the science of guns **—the artillery** the military branch specializing in the use of artillery **—artil′lerist, artil′leryman** *n.*

**artisan** (är′ti zan′) *n.* [ult. < L. *ars,* art] a skilled workman; craftsman

**artist** (är′tist) *n.* [< L. *ars,* art] **1.** a person skilled in any of the fine arts **2.** a person who does anything very well **3.** *same as* ARTISTE

**artiste** (är tēst′) *n.* [Fr.] a professional in any of the performing arts

**artistic** (är tis′tik) *adj.* **1.** done skilfully and tastefully **2.** of art or artists **—artis′tically** *adv.*

**artistry** (är′tis trē) *n.* artistic work or skill

**artless** (ärt′lis) *adj.* **1.** without guile or deceit; ingenuous **2.** simple; natural **3.** lacking skill or art **4.** uncultured; ignorant **—art′lessly** *adv.* **—art′lessness** *n.*

‡**art nouveau** (är nōō vō′) [Fr.] an art movement of the late 19th and early 20th cent., emphasizing stylized curvilinear designs

**arty** (ärt′ē) *adj.* **art′ier, art′iest** [Colloq.] showing artistic pretensions **—art′iness** *n.*

**arty-crafty** *adj.* [Colloq.] of arts and crafts: usually a disparaging term

**arum** (äer′əm) *n.* [< Gr. *aron*] a plant bearing small flowers on a fleshy spike enclosed by a hoodlike leaf

**-ary** (ər ē) [< L.] *a suffix meaning:* **1.** related to; connected with *[auxiliary]* **2.** a place for *[granary]*

**Aryan** (äer′ē ən) *n.* [< Sans. *ārya,* noble] **1.** formerly, the hypothetical language from which all Indo-European languages are supposed to be descended **2.** a person supposed to be a descendant of the prehistoric peoples who spoke this language **3.** loosely, esp. in Nazi usage, a non-Jewish Caucasoid

**as**[1] (az; *unstressed* əz) *adv.* [< ALSO] **1.** to the same amount or degree *[*he's just *as* happy at home*]* **2.** for instance *[*a card game, *as* bridge*]* **3.** when related in a specified way *[*romanticism *as* contrasted with classicism*]* **—*conj.*** **1.** to the same amount or degree that *[*straight *as* an arrow*]* **2.** in the same manner that *[*do *as* he does*]* **3.** at the same time that *[*she wept *as* she spoke*]* **4.** because **5.** that the consequence is *[*so obvious *as* to need no reply*]* **6.** though *[*full *as* he was, he kept eating*]* **—*pron.*** **1.** a fact that *[*he is tired, *as* anyone can see*]* **2.** that *[*the same colour *as* yours (is)*]* **—*prep.*** **1.** in the role or function of *[*he poses *as* a friend*]* **—as for** concerning **—as if** (or **though**) **1.** as it (or one) would if **2.** that *[*it seems *as if* she's never home*]* **—as it were** as if it were so **—as of** on or from (a specified time) *[as of* Friday, he'll be retired*]*

**as**[2] (as) *n., pl.* **as′ses** (-əz) [L.] an ancient Roman coin

**As** *Chem.* arsenic

**AS., A.S., A.-S.** Anglo-Saxon

**A.S.A.** Amateur Swimming Association

**asafoetida** (as′ə fet′i də) *n.* [< Per. *āzā,* gum + L. *foetida,* fetid] a bad-smelling gum resin formerly used in medicine to repel disease

**asbestos** (az bes′təs) *n.* [< Gr. *a-,* not + *sbennynai,* extinguish] a fire-resistant, fibrous mineral used in insulation, roofing, etc.

**ascend** (ə send′) *vi.* [< L. *ad-,* to + *scandere,* climb] to move upwards; rise **—*vt.*** **1.** to climb **2.** to succeed to (a throne) **—ascend′able, ascend′ible** *adj.*

**ascendancy, ascendency** *n.* a position of control or power: also **ascend′ance, ascend′ence**

**ascendant, ascendent** *adj.* **1.** ascending **2.** in control; dominant **—*n.*** **1.** a dominating position; ascendancy **2.** *Astrol.* the sign of the zodiac just above the eastern horizon **—in the ascendant** at or approaching the height of power, fame, etc.

**ascension** (ə sen′shən) *n.* an ascending **—the Ascension** *Bible* the bodily ascent of Jesus into heaven

**Ascension Day** the fortieth day after Easter, celebrating the Ascension

**ascent** (ə sent′) *n.* **1.** an ascending or rising **2.** an upward slope

**ascertain** (as′ər tān′) *vt.* [< OFr. *a-,* to + *certain,* CERTAIN] to find out with certainty **—as′certain′able** *adj.* **—as′certain′ment** *n.*

**ascetic** (ə set′ik) *adj.* [< Gr. *askein,* to train the body] self-denying; austere: also **ascet′ical** **—*n.*** one who leads a life of contemplation and self-denial, esp. for religious purposes **—ascet′ically** *adv.* **—ascet′icism** *n.*

**ascorbic acid** (ə skôr′bik) [A- + SCORB(UTIC)] a water-soluble vitamin occurring in citrus fruits, tomatoes, etc.: it prevents and cures scurvy; vitamin C

**ascribe** (ə skrīb′) *vt.* **-cribed′, -crib′ing** [< L. *ad-,* to + *scribere,* write] **1.** to put down (*to* a supposed cause); attribute **2.** to regard as belonging (*to*) or coming from someone *[*poems *ascribed* to Homer*]* **—ascrib′able** *adj.* **—ascription** (ə skrip′shən) *n.*

**asepsis** (ā sep′sis) *n.* **1.** the condition of being aseptic **2.** aseptic treatment or technique

**aseptic** *adj.* **1.** not septic **2.** free from microorganisms that cause disease **—asep′tically** *adv.*

**asexual** (ā sek′shōō wəl) *adj.* **1.** having no sex **2.** of reproduction without the union of male and female germ cells **—asex′ually** *adv.*

**ash**[1] (ash) *n.* [OE. *æsce*] **1.** the white or greyish powder left after something has been thoroughly burned **2.** fine, volcanic lava See also ASHES

**ash²** *n.* [OE. *æsc*] a timber and shade tree having tough, elastic, straight-grained wood

**ashamed** (ə shāmd′) *adj.* **1.** feeling shame **2.** feeling reluctant because fearing shame —**ashamedly** (ə shā′ mid lē) *adv.*

**ashcan** (ash′ kan′) *n.* [U.S.] a dustbin

**ashen** *adj.* **1.** like ashes, esp. in colour; pale; pallid **2.** of ashes

**ashes** *n.pl.* **1.** the unburned particles and greyish powder left after a thing has been burned **2.** human remains, esp. after cremation **3.** [**A-**] [< mock *In memoriam* notice of England's defeat (1882)] *Cricket* the mythical trophy for which England and Australia compete in test matches

**ashlar, ashler** (ash′ lər) *n.* [< L. *assis,* board] **1.** a square, hewn stone used in building **2.** a thin, dressed, square stone used for facing masonry walls

**ashore** (ə shôr′) *adv., adj.* **1.** to or on the shore **2.** to or on land

**ash pan** a removable receptacle for ashes under a grate

**ashram** (ash′ rəm) *n.* [< Sans *ā,* towards + *śrama,* penance] a secluded place for religious meditation

**ashtray** (ash′ trā′) *n.* a container for smokers' tobacco ashes: also **ash tray**

**Ash Wednesday** the first day of Lent: from the putting of ashes on the forehead in penitence

**ashy** *adj.* **-ier, -iest** **1.** of, like, or covered with ashes **2.** of ash colour; pale

**Asian** (ā′ shən) *adj.* of Asia —*n.* an inhabitant of Asia Also **Asiatic** (ā′ shē at′ ik)

**Asian influenza** influenza caused by a virus first isolated in Singapore: also **Asian flu**

**aside** (ə sīd′) *adv.* **1.** on or to one side **2.** away **3.** apart —*n.* an actor's words spoken as to the audience and supposedly not heard by the other actors

**asinine** (as′ ə nin′) *adj.* [< L. *asinus,* ass] **1.** like an ass **2.** stupid, obstinate, etc. —**as′ inin′ ity** (-nin′ ə tē) *n.*

**ask** (äsk) *vt.* [OE. *ascian*] **1.** to use words in seeking the answer to (a question) **2.** to put a question to (a person) **3.** to request or demand **4.** to be in need of **5.** to invite —*vi.* **1.** to make a request (*for*) **2.** to inquire (*about, after,* or *for*) —**ask′ er** *n.* —**ask′ ing** *n.*

**askance** (ə skans′) *adv.* [< ?] **1.** with a sideways glance **2.** with suspicion, disapproval, etc.

**askew** (ə skyōō′) *adv., adj.* to or on one side; awry

**asking price** the price asked by a seller

**aslant** (ə slänt′) *adv.* on a slant; slantingly —*prep.* on a slant across —*adj.* slanting

**asleep** (ə slēp′) *adj.* **1.** sleeping **2.** inactive; dull **3.** numb [my arm is *asleep*] **4.** dead —*adv.* into a sleeping or inactive condition

**A.S.L.E.F.** (az′ lef) Associated Society of Locomotive Engineers and Firemen

**asocial** (ā sō′ shəl) *adj.* **1.** not social; characterized by withdrawal from others **2.** selfish

**asp** (asp) *n.* [< Gr. *aspis*] a small poisonous snake of Africa and Europe

**asparagus** (ə spar′ ə gəs) *n.* [L. < Gr *asparagos,* a sprout] a plant with small scalelike leaves and tender, edible shoots

**aspect** (as′ pekt) *n.* [< L. *ad-,* to, at + *specere,* to look] **1.** the way one appears or looks **2.** the appearance of an idea, problem, etc. from a specific viewpoint **3.** a side facing in a given direction [the eastern *aspect* of the house] **4.** *Astrol.* the position of stars in relation to each other or to the observer

**aspen** (as′ pən) *n.* [OE. *æspe*] a poplar tree with leaves that flutter in the least breeze —*adj.* trembling

**asperity** (as per′ ə tē) *n., pl.* **-ties** [< L. *asper,* rough] **1.** sharpness of temper **2.** roughness or harshness, as of surface, sound, etc.

**asperse** (ə spərs′) *vt.* **-persed′, -pers′ ing** [< L. *ad-,* to + *spargere,* to sprinkle] to slander —**aspers′ er** *n.*

**aspersion** *n.* **1.** a defaming **2.** a damaging or disparaging remark; slander

**asphalt** (as′ falt) *n.* [< Gr.] **1.** a brown or black tarlike variety of bitumen **2.** a mixture of this with sand or gravel, for paving, roofing, etc. —*vt.* to pave, roof, etc. with asphalt —**asphal′ tic** *adj.*

**asphodel** (as′ fə del′) *n.* [< Gr. *asphodelos*] **1.** a kind of lily with white or yellow flowers **2.** *Gr. Myth.* the immortal flower growing in the Elysian fields

**asphyxia** (as fik′ sē ə) *n.* [< Gr. *a-,* not + *sphyzein,* throb] loss of consciousness as a result of too little oxygen and too much carbon dioxide in the blood; suffocation —**asphyx′ iant** *adj., n.*

**asphyxiate** *vt.* **-at′ ed, -at′ ing** **1.** to cause asphyxia in **2.** to suffocate —**asphyx′ ia′ - tion** *n.*

**aspic** (as′ pik) *n.* [< OFr. *aspe*] a jelly of meat juice moulded with meat, seafood, etc., and eaten as a relish

**aspidistra** (as′ pə dis′ trə) *n.* [< Gr. *aspis,* a shield] a plant with stiff, glossy evergreen leaves

**aspirant** (as′ pər ənt, ə spīr′ ənt) *adj.* aspiring —*n.* a person who aspires, as after honours, etc.

**aspirate** (as′ pə rāt′; *for n. & adj.* -pər ət) *vt.* **-rat′ ed, -rat′ ing** [see ASPIRE] **1.** to begin (a word or syllable) with the sound of English *h* **2.** to follow (a consonant) with a puff of suddenly released breath **3.** to remove (fluid or gas), as from a body cavity, by suction —*n.* **1.** the speech sound represented by English *h* **2.** an expiratory breath puff —*adj.* preceded or followed by an aspirate: also **as′ pirat′ ed**

**aspiration** (as′ pə rā′ shən) *n.* **1.** strong desire or ambition **2.** aspirating **3.** an aspirate

**aspirator** (as′ pə rāt′ ər) *n.* a suction apparatus for removing air, fluids, etc. as from a body cavity

**aspiratory** (ə spīr′ ə tər ē) *adj.* of breathing or suction

**aspire** (ə spīər′) *vi* **-pired′, -pir′ing** [< L. *ad-*, to + *spirare,* to breathe] to be ambitious (*to* get or do something lofty); seek (*after*) **—aspir′er** *n.*

**Aspirin** (as′pər in) *Trademark* [Canad.] aspirin

**aspirin** (as′pər in) *n.* [G.] a white, crystalline powder, acetylsalicylic acid, used for reducing fever, relieving headaches, etc.

**ass** (as) *n.* [< L. *asinus*] **1.** an animal related to the horse but having longer ears **2.** a silly person

**assafoetida** (as′ə fet′i də) *n. same as* ASAFOETIDA

**assail** (ə sāl′) *vt.* [< L. *ad,* to + *salire,* to leap] **1.** to attack violently **2.** to attack with arguments, etc. **—assail′able** *adj.* **—assail′ant** *n.*

**assassin** (ə sas′in) *n.* [Fr. < Ar. *hashshāshīn,* hashish users] a murderer who strikes suddenly; esp., the killer of a politically important person

**assassinate** *vt.* **-nat′ed, -nat′ing** **1.** to murder (esp. a politically important person) **2.** to ruin (a reputation, etc.), as by slander **—assas′sina′tion** *n.*

**assault** (ə sôlt′) *n.* [< L. *ad,* to + *saltare,* to leap] **1.** a violent attack, physical or verbal; sometimes, specif., rape **2.** *Law* a threat or attempt to physically harm another **—*vt., vi.*** to make an assault (upon) **—assault′ive** *adj.*

**assault and battery** *Law* the carrying out of threatened physical harm or violence

**assay** (ə sā′) *n.* [OFr. *essai,* test < L. *ex-,* out + *agere,* to act] **1.** the analysis of an ore, etc. to find out the nature and proportion of the ingredients **2.** the report of such analysis **—*vt.*** **1.** to make an assay of; analyse **2.** to try; attempt **—assay′er** *n.*

**assegai, assagai** (as′ə gī′) *n.* [Port *azagaia* < Ar.] in South Africa, a sharp, light spear made esp. from the wood of the **assegai tree**

**assemblage** (ə sem′blij) *n.* **1.** an assembling **2.** a group of persons or things gathered together; assembly

**assemble** (ə sem′b'l) *vt., vi.* **-bled, -bling** [< L. *ad-,* to + *simul,* together] **1.** to gather into a group; collect **2.** to fit together the parts of **—assem′bler** *n.*

**assembly** (ə sem′blē) *n., pl.* **-blies** **1.** an assembling **2.** a group of persons gathered together **3.** a legislative body **4.** *a*) a fitting together of parts to form a complete unit *b*) such parts

**assembly line** an arrangement by which each worker does a single operation in assembling work as it is passed along, often on a moving belt or track

**assent** (ə sent′) *vi.* [< L. *ad-,* to + *sentire,* to feel] to express acceptance; agree (*to*); concur **—*n.*** consent **—assent′er** *n.*

**assert** (ə surt′) *vt.* [< L. *ad-,* to + *serere,* to join] **1.** to state positively; declare **2.** to insist on or defend (one's rights, etc.) **—assert oneself** to insist on one's rights, or on being recognized **—assert′er, asser′tor** *n.*

**assertion** *n.* **1.** a positive statement; declaration **2.** an asserting

**assertive** *adj.* positive or confident in a dogmatic way **—asser′tively** *adv.* **—asser′tiveness** *n.*

**assess** (ə ses′) *vt.* [< L. *ad-,* to + *sedere,* to sit] **1.** to set an estimated value on (property, etc.) for taxation **2.** to set the amount of (damages, a fine, etc.) **3.** to impose a fine, tax, etc. on **4.** to impose (an amount) as a fine, tax, etc. **5.** to estimate the value of **—assess′ment** *n.*

**assessor** *n.* **1.** one who assesses, esp., *a*) property, etc., for taxation *b*) damage to property for insurance purposes *c*) school work submitted for certain examinations **2.** a person called in to advise a court on a matter requiring specialist knowledge **—assessorial** (as′ə sôr′ē əl) *adj.*

**asset** (as′et) *n.* [< L. *ad,* to + *satis,* enough] **1.** anything owned that has exchange value **2.** a valuable or desirable thing **3.** [*pl.*] *a*) all the resources of a person or business, as accounts and notes receivable, cash, property, etc. *b*) *Law* property, as of a bankrupt

**asseverate** (ə sev′ə rāt′) *vt.* **-at′ed, -at′ing** [< L. *ad-,* to + *severus,* earnest] to state seriously or positively; assert **—assev′era′tion** *n.*

**assiduity** (as′ə dyōō′ə tē) *n., pl.* **-ties** **1.** the quality of being assiduous; diligence **2.** [*pl.*] constant personal attention

**assiduous** (ə sid′yōō wəs) *adj.* [see ASSESS] working with constant and careful attention; persevering **—assid′uously** *adv.* **—assid′uousness** *n.*

**assign** (ə sīn′) *vt.* [< L. *ad-,* to + *signare,* to sign] **1.** to set apart for a specific purpose; designate **2.** to place at some task or duty **3.** to give out as a task **4.** to ascribe (a motive, etc.) **5.** *Law* to transfer (a claim, etc.) to another **—*vi.*** *Law* to transfer property, etc. to another **—*n.*** [*usually pl.*] an assignee **—assign′able** *adj.* **—assign′er,** *Law* **assign′or** *n.*

**assignation** (as′ig nā′shən) *n.* **1.** an appointment to meet, esp. one made secretly by lovers; rendezvous **2.** an assigning **3.** anything assigned

**assignee** (ə sī′nē′) *n.* *Law* a person to whom a claim, property, etc. is transferred

**assignment** (ə sīn′mənt) *n.* **1.** anything assigned, as a task, etc. **2.** *Law a*) a transfer of a claim, etc. *b*) a deed, etc. authorizing this

**assimilate** (ə sim′ə lāt′) *vt.* **-lat′ed, -lat′ing** [< L. *ad-,* to + *similis,* like] **1.** to absorb (food) into the body **2.** to incorporate into one's thinking **3.** to absorb (groups of different cultures) into the main culture **4.** to make like or alike (with *to*) **—*vi.*** to become assimilated **—assim′ilable** *adj.* **—assim′ila′tor** *n.*

**assimilation** (ə sim′ə lā′shən) *n.* **1.** an assimilating; specif., *a*) the absorption of a minority group into the main culture *b*) *Phonet.* the process by which a sound becomes like a neighbouring sound [the *p* in *cupboard* has been lost by assimilation to *b]* *c) Physiol.* the change of digested or absorbed food into living tissue

**assist** (ə sist′) *vt.* [< L. *ad-*, to + *sistere*, to make stand] to help; aid —*vi.* to give help; aid —**assist at** to be present at; attend

**assistance** *n.* help; aid

**assistant** *adj.* helping —*n.* **1.** a person who assists or serves; helper **2.** *same as* SHOP ASSISTANT

**assize** (ə sīz′) *n.* [see ASSESS] **1.** [*pl.*] formerly, *a*) court sessions held periodically in each county of England and Wales *b*) the time or place of these **2.** [Archaic] *a*) a law regulating standards of weight, price, etc. for goods to be sold *b*) these standards

**assn.** association

**assoc.** **1.** associate **2.** associated **3.** association

**associate** (ə sō′ shē āt′; *for n. & adj., usually* -it) *vt.* **-at′ed, -at′ing** [< L. *ad-*, to + *sociare*, to join] **1.** to connect in the mind **2.** to bring into relationship as companion, etc. **3.** to join; combine —*vi.* **1.** to join (*with*) as a companion, etc. **2.** to unite —*n.* **1.** a friend, partner, etc. **2.** a member of less than full status, as of a society **3.** anything joined with another thing or things —*adj.* **1.** joined with others, as in some work **2.** of less than full status

**association** (ə sō′ sē ā′ shən) *n.* **1.** an organization of persons having the same interests, purposes, etc.; society **2.** the act of associating **3.** companionship; partnership **4.** a connection in the mind between ideas, feelings, etc. —**asso′cia′tional** *adj.*

**association football** a game in which players try to propel a ball into their opponents' goal, only the goalkeepers being allowed to touch the ball with their hands

**associative** (ə sō′ shə tiv) *adj.* **1.** of, characterized by, or causing association **2.** *Math.* of an operation in which the result is the same however the elements are grouped

**assonance** (as′ ə nəns) *n.* [< L. *ad-*, to + *sonare*, to sound] **1.** likeness of sound **2.** a partial rhyme in which the stressed vowel sounds are alike as in *late* and *make* —**as′sonant** *adj., n.*

**assort** (ə sôrt′) *vt.* [< OFr. *a-*, to + *sorte*, sort] to separate into classes; classify —*vi.* to match or harmonize (*with*) —**assort′ative** *adj.* —**assort′er** *n.*

**assorted** *adj.* **1.** miscellaneous **2.** sorted into groups **3.** matched [a poorly *assorted* group]

**assortment** *n.* **1.** an assorted group; variety **2.** an assorting; classification

**ASSR, A.S.S.R.** Autonomous Soviet Socialist Republic

**asst.** assistant

**assuage** (ə swāj′) *vt.* **-suaged′, -suag′ing** [< L. *ad*, to + *suavis*, sweet] **1.** to lessen (pain, etc.) **2.** to calm (passion, etc.) **3.** to satisfy (thirst, etc.) —**assuag′er** *n.*

**assume** (ə syōōm′) *vt.* **-sumed′, -sum′ing** [< L. *ad-*, to + *sumere*, to take] **1.** to take for granted; suppose **2.** to take upon oneself; undertake **3.** to pretend to have; feign **4.** to take on (the role, etc. *of*) **5.** to seize; usurp

**assuming** *adj.* presumptuous

**assumption** (ə sump′ shən) *n.* **1.** the act of assuming **2.** a supposition **3.** presumption **4.** [**A-**] *R.C.Ch. a*) the taking up of the body and soul of the Virgin Mary into heaven *b*) a festival on August 15 celebrating this

**assurance** (ə shoor′ əns) *n.* **1.** the act of assuring **2.** sureness; confidence **3.** something that inspires confidence, as a promise, etc.; guarantee **4.** self-confidence **5.** impudent forwardness **6.** insurance esp. providing for events that are certain to occur, as death

**assure** (ə shoor′) *vt.* **-sured′, -sur′ing** [< L. *ad*, to + *securus*, secure] **1.** to make (a person) sure of something; convince **2.** to give confidence to **3.** to declare to or promise confidently **4.** to guarantee **5.** to insure against loss, esp. of life —**assur′er** *n.*

**assured** *adj.* **1.** certain **2.** confident **3.** insured —**assuredly** (ə shoor′ id lē) *adv.*

**Assyrian** (ə sir′ ē ən) *adj.* of Assyria —*n.* **1.** a native of Assyria **2.** the language of the Assyrians

**A.S.T.** [U.S. & Canad.] Atlantic Standard Time

**astatine** (as′ tə tēn′) *n.* [< Gr. *astatos*, unstable] a radioactive chemical element formed from bismuth bombarded by alpha particles: symbol, At

**aster** (as′ tər) *n.* [< Gr. *astēr*, star] a plant with purplish, pink, or white daisylike flowers

**asterisk** (as′ tər isk) *n.* [< Gr. *astēr*, star] a starlike sign (*) used in printing to indicate footnote references, omissions, etc. —*vt.* to mark with this sign

**astern** (ə sturn′) *adv.* **1.** behind a ship or aircraft **2.** at or towards the back of a ship or aircraft **3.** backwards

**asteroid** (as′ tə roid′) *adj.* [< Gr. *astēr*, star] like a star or starfish —*n.* **1.** any of the small planetary bodies between Mars and Jupiter **2.** a starfish

**asthma** (as′ mə) *n.* [Gr.] a chronic disorder characterized by wheezing, coughing, difficulty in breathing, and a suffocating feeling —**asthmat′ic** *adj.* —**asthmat′ically** *adv.*

**astigmatic** (as′ tig mat′ ik) *adj.* **1.** of or having astigmatism **2.** correcting astigmatism —**as′tigmat′ically** *adv.*

**astigmatism** (ə stig′ mə tiz′ m) *n.* [< Gr. *a-*, without + *stigma*, a mark] an irregularity in a lens, esp. of the eye, so that light rays do not meet in a single focal point and images are distorted

**astir** (ə stur′) *adv., adj.* **1.** in motion **2.** out of bed

**astonish** (ə ston′ ish) *vt.* [< L. *ex-*, emphatic + *tonare*, to thunder] to fill with wonder or surprise; amaze —**aston′ishing** *adj.* —**aston′ishment** *n.*

**astound** (ə stound′) *vt.* [see ASTONISH]

to astonish greatly —**astound'ing** *adj.* —**astound'ingly** *adv.*

**astraddle** (ə strad'l) *adv.* in a straddling position

**astrakhan** (as'trə kan') *n.* **1.** a loosely curled fur from the pelt of very young lambs orig. bred near Astrakhan **2.** a fabric made to look like this Also sp. **as'trachan'**

**astral** (as'trəl) *adj.* [< Gr. *astēr,* star] of, from, or like the stars

**astray** (ə strā') *adv.* off the right path; in error

**astride** (ə strīd') *adv.* **1.** with a leg on either side **2.** with legs far apart —*prep.* **1.** with a leg on either side of (a horse, etc.) **2.** extending across

**astringent** (ə strin'jənt) *adj.* [< L. *ad-,* to + *stringere,* to draw] **1.** that contracts body tissues and checks capillary bleeding, etc. **2.** harsh; austere —*n.* an astringent substance —**astrin'gency** *n.* —**astrin'gently** *adv.*

**astro-** [< Gr. *astron,* star] *a combining form meaning* of a star or stars *[astrophysics]*

**astrol.** **1.** astrologer **2.** astrology

**astrolabe** (as'trə lāb') *n.* [< Gr. *astron,* star + *lambanein,* take] an instrument once used to find the altitude of stars, etc.

**astrology** (ə strol'ə jē) *n.* [< Gr. *astron,* star + -LOGY] a study based on the belief that the positions of the moon, sun, and planets affect human affairs —**astrol'oger** *n.* —**astrological** (as'trə loj'i k'l) *adj.*

**astron.** **1.** astronomer **2.** astronomy

**astronaut** (as'trə nôt') *n.* [see ff.] a person trained to make rocket flights in outer space

**astronautics** (as'trə nôt'iks) *n.pl.* [*with sing. v.*] [< ASTRO- + Gr. *nautēs,* sailor] the science that deals with spacecraft and with travel in outer space —**as'tronau'tical** *adj.*

**astronomical** (as'trə nom'i k'l) **adj.** **1.** extremely large, as the numbers used in astronomy **2.** of astronomy Also **as'tronom'ic** —**as'tronom'ically** *adv.*

**astronomy** (ə stron'ə mē) *n.* [< Gr. *astron,* star + *nemein,* arrange] the science of the stars, planets, and all other heavenly bodies —**astron'omer** *n.*

**astrophysics** (as'trō fiz'iks) *n.pl.* [*with sing. v.*] the science of the physical properties of the stars, planets, etc. —**as'trophys'ical** *adj.* —**as'trophys'icist** *n.*

**astute** (ə styōōt') *adj.* [< L. *astus,* cunning] shrewd; keen

**asunder** (ə sun'dər) *adv.* [see SUNDER] **1.** into parts or pieces **2.** apart or separate

**asylum** (ə sī'ləm) *n.* [< Gr. *a-,* without + *sylē,* right of seizure] **1.** formerly, a sanctuary, where criminals, etc. were safe from arrest **2.** any refuge **3.** the protection given by one country to refugees from another: also **political asylum** **4.** [Obs.] a place for the care of the mentally ill, or of the aged, poor, etc.

**asymmetry** (a sim'ə trē) *n.* lack of symmetry —**asymmetrical** (a'sə met'ri k'l), **a'symmet'ric** *adj.*

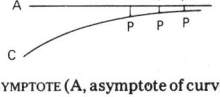


ASYMPTOTE (A, asymptote of curve C)

**asymptote** (as'im tōt') *n.* [< Gr. *a-,* not + *syn-,* together + *piptein,* fall] a straight line always approaching but never meeting a curve —**as'ymptot'ic** (-tot'ik)

**at** (at; *unstressed* ət) *prep.* [OE. *æt*] **1.** on; in; near; by **2.** to or towards **3.** from *[get the facts at their source]* **4.** attending *[at the party]* **5.** busy with *[at work]* **6.** in the state or manner of *[at a trot, at war]* **7.** because of *[terrified at the sight]* **8.** according to *[at his discretion]* **9.** with reference to *[good at tennis]* **10.** in the amount, degree, price, etc. of *[at five pounds each]* **11.** from an interval of *[visible at fifty metres]* **12.** on or close to the time or age of *[at five o'clock]*

**At** *Chem.* astatine

**at.** **1.** atmosphere **2.** atomic

**atavism** (at'ə viz'm) *n.* [< L. *at-,* beyond + *avus,* grandfather] the appearance in an individual of a characteristic found in an early ancestor but not in recent ones; reversion to a former type —**at'avis'tic** *adj.*

**ataxia** (ə tak'sē ə) *n.* [< Gr. *a-,* not + *tassein,* arrange] inability to coordinate voluntary muscular movements

**A.T.C.** **1.** Air Traffic Control **2.** Air Training Corps

**ate** (et, āt) *pt. of* EAT

**-ate[1]** (āt *for 1;* ət, āt *for 2*) [< L.] *a suffix meaning:* **1.** to become, cause to become, produce, form, or provide with *[maturate, vaccinate]* **2.** of or characteristic of, having or filled with *[passionate]*

**-ate[2]** (āt, ət) [< L.] *a suffix denoting* a function, agent, or official *[directorate, potentate]*

**atelier** (at'əl yā') *n.* [Fr.] a studio or workshop

**atheism** (ā'thē iz'm) *n.* [< Gr. *a-,* without + *theos,* god] the belief that there is no God —**a'theist** *n.* —**a'theis'tic, a'theis'tical** *adj.*

**athenaeum** (ath'ə nē'əm) *n.* [after the temple of Athena at Athens] **1.** an institution for the promotion of learning, as a literary or scientific society **2.** a building containing a reading room or library, esp. one used by such an institution

**atherosclerosis** (ath'ər ō sklə rō'sis) *n.* [< Gr. *athēroma,* tumour + SCLEROSIS] a thickening of the walls of arteries, with the formation of fatty nodules —**ath'erosclerot'ic** (-rot'ik) *adj.*

**athirst** (ə thurst') *adj.* **1.** eager (*for*) **2.** thirsty

**athlete** (ath'lēt') *n.* [< Gr. *athlon,* a prize] a person trained in exercises, games, or contests requiring physical strength, skill, speed, etc.

**athlete's foot** a common fungous

infection of the skin of the feet; ringworm of the feet

**athletic** (ath let′ik) ***adj.*** **1.** physically strong, skilful, etc. **2.** of athletes or athletics —**athlet′ically** ***adv.***

**athletics** ***n.pl.*** [*sometimes with sing. v.*] the practice of, or contests in, track and field events

**at-home** (ət hōm′) ***n.*** an informal reception at one's home, usually in the afternoon

**athwart** (ə thwôrt′) ***prep.*** **1.** from one side to the other of; across **2.** in opposition to **3.** *Naut.* across the course of —***adv.*** **1.** crosswise **2.** so as to block or thwart

**-atic** (at′ik) [< Gr.] *a suffix meaning* of, of the kind of *[lymphatic, chromatic]*

**atingle** (ə tiŋ′g'l) ***adj.*** tingling; excited

**-ation** (ā′shən) [< Fr. or L.] *a suffix meaning:* **1.** the act of *[alteration]* **2.** the condition of being *[gratification]* **3.** the result of *[compilation]*

**-ative** (ə tiv, āt′iv) [< Fr. or L.] *a suffix meaning* of or relating to, serving to, tending to

**Atlantic** (ət lan′tik) ***adj.*** [< L.] of, in, on, or near the ocean touching Europe and Africa to the east and the American continents to the west

**Atlantic Provinces** in Canada, the provinces of New Brunswick, Newfoundland and Labrador, Nova Scotia, and Prince Edward Island

**Atlantis** (ət lan′tis) legendary island or continent west of Gibraltar, supposed to have sunk in the Atlantic

**atlas** (at′ləs) ***n.*** [< Gr. *Atlas,* Titan forced to hold the heavens on his shoulders] **1.** a book of maps **2.** a book of tables, charts, etc. on a specific subject

**atm.** **1.** atmosphere **2.** atmospheric

**atmosphere** (at′məs fēər′) ***n.*** [< Gr. *atmos,* vapour + *sphaira,* sphere] **1.** all the air surrounding the earth **2.** the gaseous mass surrounding any star, etc. **3.** the air in any given place **4.** general feeling; mood **5.** *Physics* a unit of pressure equal to 101 325 pascals —**at′mospher′ic** (-fer′-ik) ***adj.***

**atmospherics** (at′məs fer′iks) ***n.pl.*** *same as* STATIC

**at. no.** atomic number

**atoll** (a′tol) ***n.*** [< Maldive Is. term] a ring-shaped coral island nearly or completely surrounding a lagoon

**atom** (at′əm) ***n.*** [< Gr. *a-,* not + *temnein,* cut] **1.** a tiny particle; jot **2.** *Chem. & Physics* any of the smallest particles of an element that combine with similar particles of other elements to produce compounds: atoms consist of electrons revolving about a positively charged nucleus —**the atom** *same as* ATOMIC ENERGY

**atom bomb** *same as* ATOMIC BOMB —**at′-om-bomb′** ***vt.***

**atomic** (ə tom′ik) ***adj.*** **1.** of an atom or atoms **2.** of or using atomic energy or atomic bombs —**atom′ically** ***adv.***

**atomic bomb** an extremely destructive bomb, the power of which comes from the energy that is suddenly released when a chain reaction of nuclear fission is set off

**atomic energy** the energy released from an atom in nuclear fission or nuclear fusion or by radioactive decay

**atomic mass unit** a unit of mass, one twelfth of the mass of an atom of the most common isotope of carbon

**atomic number** *Chem.* a number representing the relative position of an element in the periodic table; number representing the number of protons in an atomic nucleus

**atomic theory** the theory that all material objects and substances are composed of atoms

**atomic weight** *Chem.* a number representing the weight of one atom of an element as compared with the weight of one atom of another element taken as the standard (now usually carbon at 12)

**atomize** (at′ə mīz′) ***vt.*** **-ized′, -iz′ing** **1.** to separate into atoms **2.** to reduce (a liquid) to a fine spray

**atomizer** ***n.*** a device used to shoot out a fine spray, as of medicine or perfume

**atom smasher** *same as* ACCELERATOR

**atonality** (ā′tō nal′ə tē) ***n.*** *Music* lack of tonality through intentional disregard of key —**aton′al** ***adj.***

**atone** (ə tōn′) ***vi.*** **atoned′, aton′ing** to make amends *(for* wrongdoing, etc.) —**aton′er** ***n.***

**atonement** ***n.*** [ME. *at-onement,* in harmony] **1.** an atoning **2.** satisfaction given for wrongdoing, etc.; expiation **3.** [A-] *Theol.* the reconciliation of God to man by means of Jesus' sufferings and death

**atop** (ə top′) ***adv.*** on the top —***prep.*** on the top of

**-atory** (ə tər ē) [< L.] *a suffix meaning* of, characterized by, produced by *[accusatory]*

**atrium** (ā′trē əm) ***n., pl.*** **a′tria, a′triums** [L.] **1.** the main room of an ancient Roman house **2.** *Anat.* either of the upper chambers of the heart —**a′trial** ***adj.***

**atrocious** (ə trō′shəs) ***adj.*** [< L. *atrox,* fierce] **1.** very cruel, evil, etc. **2.** appalling or dismaying **3.** [Colloq.] very bad —**atro′ciously** ***adv.*** —**atro′ciousness** ***n.***

**atrocity** (ə tros′ə tē) ***n., pl.*** **-ties** **1.** atrocious behaviour **2.** an atrocious act **3.** [Colloq.] a very offensive thing

**atrophy** (at′rə fē) ***n.*** [< Gr. *a-,* not + *trephein,* nourish] a wasting away, or failure to grow, of an organ, etc. —***vi.*** **-phied, -phying** to waste away or fail to develop —***vt.*** to cause atrophy in

**atropine** (at′rə pin) ***n.*** [< Gr. *Atropos,* the Fate who cuts the thread of life] a poisonous, crystalline alkaloid obtained from belladonna: also **at′ropin**

**att.** **1.** attention **2.** attorney

**attach** (ə tach′) ***vt.*** [< OFr. *estachier,* fasten] **1.** to fasten by tying, etc. **2.** to join *[he attached* himself to us*]* **3.** to connect by ties of affection **4.** to affix (a signature, etc.) **5.** to ascribe **6.** *Law* to take (property or a person) into custody by writ —***vi.*** to be attributable; belong

**attaché** (ə tash′ ā) *n.* [Fr., see ATTACH] a person with special duties on the staff of an ambassador

**attaché case** a flat, rectangular case for carrying documents, papers, etc.

**attachment** (ə tach′ mənt) *n.* **1.** anything that attaches; fastening **2.** devotion **3.** anything attached **4.** an accessory for an electrical appliance, etc. **5.** the act of attaching something **6.** *Law* a taking of a person, property, etc. into custody, or a writ for this

**attack** (ə tak′) *vt.* [< OFr. *atachier*] **1.** to use force against in order to harm **2.** to speak or write against **3.** to begin working on energetically **4.** to begin acting upon harmfully —*vi.* to make an assault —*n.* **1.** an attacking; onslaught **2.** an onset of a disease **3.** a beginning of a task —**attack′er** *n.*

**attain** (ə tān′) *vt.* [< L. *ad-*, to + *tangere*, to touch] **1.** to gain through effort; achieve **2.** to arrive at —*vi.* to succeed in reaching or coming (*to* a goal)

**attainder** (ə tān′ dər) *n.* [OFr. *ataindre*, attain] the loss of a person's civil rights and property because he has been sentenced to death or outlawed

**attainment** (ə tān′ mənt) *n.* **1.** an attaining or being attained **2.** anything attained, as a skill

**attaint** (ə tānt′) *vt.* to punish by attainder

**attar** (at′ ər) *n.* [< Ar. '*itr*, perfume] a perfume made from the petals of flowers, esp. of damask roses

**attempt** (ə tempt′) *vt.* [< L. *ad-*, to + *temptare*, to try] to try to do, get, etc. —*n.* **1.** a try; endeavour **2.** an attack, as on a person's life —**attempt′able** *adj.*

**attend** (ə tend′) *vt.* [< L. *ad-*, to + *tendere*, to stretch] **1.** to be present at **2.** to accompany as a result [success *attended* his efforts] **3.** to go with **4.** [Now Rare] to take care of —*vi.* **1.** to pay attention **2.** to wait (*on* or *upon*) **3.** to give care or attention (*to*)

**attendance** *n.* **1.** an attending **2.** the number of persons attending **3.** regularity in attending

**attendant** *adj.* **1.** attending or serving **2.** accompanying [*attendant* difficulties] —*n.* one who attends or serves

**attention** *n.* **1.** *a*) concentration *b*) readiness for concentration **2.** notice **3.** care or consideration **4.** an act of courtesy: *usually used in pl.* **5.** *Mil.* the erect, motionless posture of soldiers in readiness for a command

**attentive** *adj.* **1.** paying attention **2.** courteous, devoted, etc. —**atten′tively** *adv.* —**atten′tiveness** *n.*

**attenuate** (ə ten′ yoo wāt′) *vt.* -**at′ed**, -**at′ing** [< L. *ad-*, to + *tenuis*, thin] **1.** to make slender or thin **2.** to dilute or weaken —*vi.* to become thin, weak, etc. —**atten′uable** *adj.* —**atten′ua′tion** *n.*

**attest** (ə test′) *vt.* [< L. *ad-*, to + *testis*, a witness] **1.** to declare to be true **2.** to certify, as by oath **3.** to serve as proof of —*vi.* to testify (*to*) —**attestation** (at′ es tā′ shən) *n.* —**attest′er, attes′tor** *n.*

**attested** *adj.* certified to be free of a disease, esp. tuberculosis; said of cattle, etc.

**Attic** (at′ ik) *adj.* **1.** of Attica **2.** Athenian **3.** elegant; restrained [an *Attic* style] —*n.* the Greek dialect of Attica, the literary language of ancient Greece

**attic** (at′ ik) *n.* [< prec.] **1.** the room below the roof of a house **2.** a storey above the cornice of a façade

**attire** (ə tīər′) *vt.* -**tired′**, -**tir′ing** [< OFr. *a*, to + *tire*, order] to dress, esp. in fine garments —*n.* clothes; finery

**attitude** (at′ ə tyōōd′) *n.* [< L. *aptus*, APT] **1.** one's disposition, outlook, etc. **2.** the posture of the body **3.** the position of an aircraft or spacecraft in relation to a given line or plane —**at′titu′dinal** *adj.*

**attitudinize** (at′ ə tyōōd′ ən īz′) *vi.* -**nized′**, -**niz′ing** to pose for effect

**attorney** (ə tur′ nē) *n., pl.* -**neys** [< OFr. < *a-*, to + *torner*: see TURN] **1.** any person having the legal power to act for another **2.** [U.S.] a lawyer

**attorney general** *pl.* **attorneys general, attorney generals** the chief law officer of a government

**attract** (ə trakt′) *vt.* [< L. *ad-*, to + *trahere*, to draw] **1.** to draw to itself or oneself **2.** to get the admiration, etc. of —*vi.* to be attractive

**attraction** *n.* **1.** an attracting or the power of attracting; esp., charm or fascination **2.** anything that attracts **3.** *Physics* the mutual action by which bodies tend to draw together

**attractive** *adj.* that attracts or has the power to attract

**attribute** (ə trib′ yoot; *for n.* a′ trə byōōt′) *vt.* -**uted**, -**uting** [< L. *ad-*, to + *tribuere*, to assign] to think of as belonging to; assign or ascribe (*to*) —*n.* **1.** a characteristic or quality of a person or thing **2.** an object used as a symbol for a person, office, etc. —**at′tribu′tion** *n.*

**attributive** (ə trib′ yoo tiv) *adj.* **1.** attributing **2.** *Gram.* coming just before the noun it modifies: said of an adjective —*n.* an attributive adjective, as *black* in *black cat* —**attrib′utively** *adv.*

**attrition** (ə trish′ ən) *n.* [< L. *ad-*, to + *terere*, to rub] **1.** a wearing away by friction **2.** any gradual wearing, or weakening [war of *attrition*]

**attune** (ə tyōōn′) *vt.* -**tuned′**, -**tun′ing** **1.** to bring into harmony or agreement **2.** to tune

**A.T.V.** Associated Television

**at. wt.** atomic weight

**atypical** (ā tip′ i k′ l) *adj.* not typical —**atyp′ically** *adv.*

**Au** [L. *aurum*] *Chem.* gold

**aubergine** (ō′ bər zhēn′) *n.* [Fr. < Ar. < Per.] **1.** the fruit of the eggplant, used as a vegetable **2.** the colour of this vegetable, a dark purple

**aubrietia** (ô brē′ shə) *n.* [< Claude *Aubriet*, 18th-c. Fr. painter] a rock plant with flowers in a range of pink and purple shades

**auburn** (ô′ bərn) *adj., n.* [< L. *albus*,

white; meaning infl. by ME. *brun,* brown] reddish brown, esp. of hair

**auction** (ôk′shən) *n.* [< L. *augere,* increase] a public sale at which each item is sold to the highest bidder —*vt.* to sell at auction

**auctioneer** (ôk′shə nēər′) *n.* one whose work is selling things at auction —*vt.* to auction

**aud.** 1. audit 2. auditor

**audacious** (ô dā′shəs) *adj.* [< L. *audere,* dare] 1. bold or daring; fearless 2. rudely bold; brazen; insolent —**audac′ity** (-das′-) *n.*

**audible** (ô′də b'l) *adj.* [< L. *audire,* hear] loud enough to be heard —**au′dibil′ity** *n.* —**au′dibly** *adv.*

**audience** (ô′dē əns) *n.* [< L. *audire,* hear] 1. a group assembled to see and hear a play, concert, etc. 2. those reached by a certain radio or TV programme, book, etc. 3. a formal interview

**audio** (ô′dē ō) *adj.* [< L. *audire,* hear] 1. of frequencies corresponding to sound waves that are normally audible 2. of or relating to sound reproduction

**audio-frequency** (ô′dē ō frē′kwən sē) *adj.* of the band of audible sound frequencies or corresponding electric current frequencies, from about 20 to 20 000 hertz

**audiometer** (ô′dē om′ə tər) *n.* an instrument for measuring hearing

**audiotypist** (ô′dē ō tī′pist) *n.* a typist trained to type from a dictating machine

**audiovisual** (ô′dē ō vizh′oo wəl) *adj.* involving both hearing and sight: used esp. of teaching aids

**audit** (ô′dit) *n.* [< L. *audire,* hear] a formal examination of accounts —*vt., vi.* to examine (accounts, etc.)

**audition** (ô dish′ən) *n.* 1. a hearing to test the ability of an actor, etc. 2. the act or sense of hearing —*vt., vi.* to give an audition (to)

**auditor** (ô′də tər) *n.* 1. a person who is authorized to audit accounts 2. a hearer or listener

**Auditor General** in Canada, an officer appointed by the Governor General to audit the accounts of the Federal Government and report to Parliament

**auditorium** (ô′də tôr′ē əm) *n.* the area of a concert hall, theatre, etc. in which the audience sits

**auditory** (ô′də tər ē) *adj.* of hearing

**A.U.E.W.** Amalgamated Union of Engineering Workers

**au fait** (ō fā′) [Fr.] 1. acquainted with the facts; well-informed 2. proficient; expert

‡**auf Wiedersehen** (ouf vē′dər zā′ən) [G.] goodbye

**Aug.** August

**Augean** (ô jē′ən) *adj.* 1. *Gr. Myth.* of Augeas or his filthy stable, which Hercules cleaned in a day 2. filthy

**auger** (ô′gər) *n.* [< OE. *nafu,* nave (of wheel) + *gar,* spear] a tool for boring holes in wood

**aught** (ôt) *n.* [< OE. *a,* one + *wiht,* creature] 1. anything 2. [< *a naught*] a zero

**augment** (ôg ment′) *vt., vi.* [< L. *augere,* increase] to increase —**aug′menta′tion** *n.* —**augment′er** *n.*

**augmentative** *adj.* augmenting —*n.* an intensifying word or affix

**au gratin** (ō grat′an) [Fr., with scrapings] with a lightly browned crust of bread crumbs and grated cheese

**augur** (ô′gər) *n.* [L.] 1. in ancient Rome, one who interpreted omens as favourable or unfavourable 2. a fortuneteller; soothsayer —*vt., vi.* 1. to foretell 2. to be an omen (of) —**augur ill** (or **well**) to be a bad (or good) omen —**au′gural** (ô′-gyər əl) *adj.*

**August** (ô′gəst) *n.* [L. < *Augustus* (Caesar)] the eighth month of the year, having 31 days: abbrev. **Aug.**

**august** (ô gust′) *adj.* [L. *augustus*] 1. inspiring awe; imposing 2. worthy of respect; venerable

**Augustan** (ô gus′tən) *adj.* 1. of or like Augustus Caesar or the literary achievements of his times 2. of any similar literary period; classical; elegant

GREAT AUK
(to 75 cm high)

**auk** (ôk) *n.* [< ON. *alka*] a diving bird of the northern seas, with webbed feet and short wings used as paddles

‡**au lait** (ō lā′) [Fr.] with milk

**auld** (ôld) *adj.* [Dial. & Scot.] old

**auld lang syne** (ôld′laŋ′sīn′) [Scot., old long since] old times; the good old days

**aumbry** (ôrm′brē) *n.* *same as* AMBRY

‡**au naturel** (ō na tü rel′) [Fr.] 1. naked 2. prepared simply

**aunt** (änt) *n.* [< L. *amita,* paternal aunt] 1. a sister of one's mother or father 2. the wife of one's uncle

**auntie, aunty** (än′tē) *n.* aunt

**Aunt Sally** (sal′ē) 1. a figure used as a target in a fairground game 2. any target for insults or criticism

**au pair** (ō pāər′) [Fr., as an equal] designating the system whereby a girl receives board and lodging with a family, usually in a foreign country, in return for household help —*n.* such a girl

**aura** (ôr′ə) *n., pl.* **-ras, -rae** (-ē) [< Gr., breeze] 1. a particular atmosphere or quality that seems to surround a person or thing 2. an invisible emanation

**aural** (ôr′əl) *adj.* [< L. *auris,* ear] of or received through the ear or the sense of hearing —**au′rally** *adv.*

**aureate** (ôr′ē it) *adj.* [< L. *aurum,* gold]

1. golden; gilded 2. splendid or brilliant, often affectedly so

**aureole** (ôr'ē ōl') *n.* [< L. *aureola* (*corona*), golden (crown)] 1. a halo 2. the sun's corona

**au revoir** (ō'rə vwär') [Fr.] till we meet again; goodbye

**auric** (ôr'ik) *adj.* [< L. *aurum*, gold] 1. of gold 2. *Chem.* of compounds in which gold has a valence of three

**auricle** (ôr'ə k'l) *n.* [< L. *auris*, ear] 1. the external part of the ear 2. an atrium of the heart

**auricula** (ô rik'yoo lə) *n., pl.* **-las, -lae'** (-lē') [see prec.] a species of primula with leaves shaped like a bear's ear

**auricular** (ô rik'yoo lər) *adj.* 1. of the ear or sense of hearing 2. spoken directly into the ear 3. ear-shaped 4. *Anat.* of an auricle —**auric'ularly** *adv.*

**auriferous** (ô rif'ər əs) *adj.* [< L. *aurum*, gold + *ferre*, bear] bearing or yielding gold

**aurochs** (ô'roks) *n., pl.* **au'rochs** [< G.] 1. the extinct wild ox of Europe 2. the nearly extinct European bison

**aurora** (ô rôr'ə) *n., pl.* **-ras, rae** (-ē) [L., dawn] the dawn —**auro'ral, auro'rean** *adj.*

**aurora australis** (ô strā'lis) [L.: see prec. & AUSTRAL] luminous bands of light like the aurora borealis, but in the Southern Hemisphere

**aurora borealis** (bôr'ē āl'is) [L. < AURORA & Gr. *Boreas*, north wind] luminous bands appearing in the night sky of the Northern Hemisphere; northern lights

**auscultation** (ôs'kəl tā'shən) *n.* [< L. *auscultare*, listen] a listening to sounds in the chest, abdomen, etc., as in diagnosis

**auspice** (ôs'pis) *n., pl.* **-pices'** (-pə sēz) [< L. *auspicium*] 1. [*pl.*] guiding sponsorship; patronage 2. an omen, esp. a favourable one

**auspicious** (ôs pish'əs) *adj.* 1. favourable 2. successful

**Aussie** (oz'ē) *adj., n.* [Slang] Australian

**austere** (o stēər') *adj.* [< Gr. *austēros*, dry] 1. stern; forbidding 2. showing strict self-discipline; ascetic 3. very plain —**austere'ly** *adv.* —**austere'ness** *n.*

**austerity** (o ster'ə tē) *n., pl.* **-ties** 1. an austere quality 2. tightened economy, as from shortages of goods

**austral** (ôs'trəl) *adj.* [< L. *auster*, the south] 1. southern; southerly 2. [**A-**] Australian

**Australasian** (os trə lā'zhən) *adj.* of the islands of the SW Pacific; esp. Australia and New Zealand

**Australian** (o strāl'ē ən) *adj.* of Australia —*n.* an inhabitant of Australia

**Austro-**[1] *a combining form meaning* Austria

**Austro-**[2] [< L. *auster*, south] *a combining form meaning* South, Southern

**autarchy** (ô'tär kē) *n., pl.* **-chies** [< Gr. *autos*, self + *archos*, ruler] 1. absolute rule; autocracy 2. a country under such rule —**autar'chic, autar'chical** *adj.*

**autarky** (ô'tär kē) *n.* [< Gr. *autos*, self + *arkein*, suffice] economic self-sufficiency as a national policy

**auth.** 1. author 2. authority 3. authorized

**authentic** (ô then'tik) *adj.* [< Gr. *authentikos*] 1. that can be believed; reliable 2. genuine; real —**authen'tically** *adv.* —**authenticity** (ô'thən tis'ə tē) *n.*

**authenticate** *vt.* **-cat'ed, -cat'ing** to establish as authentic, or true, valid, genuine, etc. —**authen'tica'tion** *n.* —**authen'tica'tor** *n.*

**author** (ô'thər) *n.* [< L. *augere*, to increase] 1. the writer (*of* a book, article, etc.) 2. one who makes or originates something; creator

**authoritarian** (ô thor'ə tā ər'ē ən) *adj.* believing in or characterized by unquestioning obedience to authority —*n.* a person who believes in or enforces such obedience —**author'itar'ianism** *n.*

**authoritative** (ô thor'ə tət iv) *adj.* 1. having authority; official 2. reliable because coming from an authority 3. dictatorial —**author'itatively** *adv.*

**authority** (ô thor'ə tē) *n., pl.* **-ties** [see AUTHOR] 1. *a*) the power or right to give commands, take action, etc. *b*) the position of one having such power *c*) such power as delegated; authorization 2. influence resulting from knowledge, prestige, etc. 3. a writing, etc. cited in support of an opinion 4. *a*) [*pl.*] persons, esp. in government, having the power to enforce laws, etc. *b*) a body with powers to enforce bylaws, levy rates, etc. in a given area 5. evidence or testimony [*we have it on his authority*] 6. an expert 7. self-assurance based on expertness

**authorize** (ô'thə rīz') *vt.* **-ized', -iz'ing** 1. to give official approval to 2. to empower; commission 3. to justify —**au'thorization** *n.* —**au'thoriz'er** *n.*

**Authorized Version** the revised English translation of the Bible published in 1611, authorized by James I

**authorship** (ô'thər ship') *n.* 1. the profession of a writer 2. the origin (of a book, idea, etc.)

**autism** (ô'tiz'm) *n.* [see AUTO-] *Psychol.* a state of mind characterized by self-absorption, fantasy, and a disregard of external reality —**autis'tic** *adj.*

**auto** (ôt'ō) *n., pl.* **-tos** [U.S.] a motor car

**auto-** [Gr. *autos*, self] *a combining form meaning:* 1. self [*autobiography*] 2. by oneself or itself [*automobile*]

**autobahn** (ôt'ə bän') *n.* [G.] in Germany, a motorway

**autobiography** (ôt'ō bī og'rə fē) *n., pl.* **-phies** the story of one's own life written by oneself —**au'tobiog'rapher** *n.* —**au'tobi'ograph'ical** (-bī'ə graf'i k'l), **au'tobi'ograph'ic** *adj.*

**autoclave** (ôt'ə klāv') *n.* [Fr. < *auto-*, AUTO- + L. *clavis*, a key] a container for sterilizing, cooking, etc. by superheated steam under pressure

**autocracy** (ô tok'rə sē) *n., pl.* **-cies** [see ff.] a government in which one person has supreme power; dictatorship

**autocrat** (ôt'ə krat') *n.* [< Gr. *autos*,

self + *kratos,* power] **1.** a ruler with absolute power; despot **2.** any domineering, self-willed person —**au'tocrat'ic** *adj.* —**au'tocrat'ically** *adv.*

**auto-da-fé** (ôt'ō də fā') *n., pl.* **au'tos-da-fé'** [Port., act of the faith] **1.** the public ceremony in which the Inquisition judged those tried as heretics **2.** the execution of the sentence; esp., the public burning of a heretic

**autogiro, autogyro** (ôt'ə jī'rō) *n., pl.* **-ros** [< AUTO- + Gr. *gyros,* circle] an early kind of aircraft having both a propeller and a large horizontal rotor

**autograph** (ôt'ə gräf') *n.* [< Gr. *autos,* self + *graphein,* write] **1.** a person's own signature or handwriting **2.** a thing written in one's own handwriting —*vt.* to write one's signature on or in —**au'tograph'ic** *adj.* (-graf'ik)

**automat** (ôt'ə mat') *n.* [see AUTOMATIC] [Chiefly U.S.] a restaurant in which patrons get food from small compartments opened by putting coins into slots

**automate** (ôt'ə māt') *vt.* **-mat'ed, -mat'ing** [< automation] **1.** to convert to automation **2.** to use the techniques of automation in

**automatic** (ôt'ə mat'ik) *adj.* [Gr. *automatos,* self-moving] **1.** done without conscious thought or volition **2.** involuntary or reflex **3.** operating by itself **4.** occurring as a necessary consequence [such action incurs *automatic* dismissal] **5.** *Firearms* using the force of the explosion of a shell to eject, reload, and fire again, so that shots continue in rapid succession —*n.* **1.** an automatic pistol, etc. **2.** a motor vehicle having automatic transmission —**au'tomat'ically** *adv.*

**automatic pilot** an instrument that keeps an aircraft, etc. to a predetermined course and altitude

**automatic transmission** a transmission system in a motor vehicle in which the gears can be set to change automatically

**automation** (ôt'ə mā'shən) *n.* **1.** in manufacturing, a system in which many or all of the processes are automatically performed or controlled by machinery, electronic devices, etc. **2.** any system using equipment to replace people

**automatism** (ô tom'ə tiz'm) *n.* **1.** the quality or condition of being automatic **2.** automatic action

**automaton** (ô tom'ə tən) *n., pl.* **-tons', -ta** [see AUTOMATIC] **1.** anything that can move or act of itself **2.** an apparatus that works or moves by responding to preset controls or computerized instructions **3.** a person acting in a mechanical way

**automobile** (ôt'ə mə bēl') *n.* [Fr.: see AUTO- & MOBILE] [Chiefly U.S.] a motor car

**automotive** (ôt'ə mōt'iv) *adj.* [AUTO- + -MOTIVE] **1.** self-moving **2.** having to do with motor vehicles

**autonomous** (ô ton'ə məs) *adj.* [< Gr. *autos,* self + *nomos,* law] **1.** having self-government **2.** functioning independently

**autonomy** *n.* self-government

**autopilot** (ôt'ō pī'lət) *n.* *same as* AUTOMATIC PILOT

**autopsy** (ô'top'sē) *n., pl.* **-sies** [< Gr. *autos,* self + *opsis,* sight] an examination of a dead body to discover the cause of death, damage done by a disease, etc.

**autoroute** (ôt'ō rōōt') *n.* [Fr.] in France a motorway

**autostrada** (ôt'ə strä'də) *n.* [It.] in Italy, a motorway

**autosuggestion** (ôt'ō sə jes'chən) *n.* suggestion to oneself arising within oneself

**autumn** (ôt'əm) *n.* [< L. *autumnus*] the season between summer and winter **2.** any period of incipient decline —**autumnal** (ô tum'nəl) *adj.*

**aux.** auxiliary

**auxiliary** (ôg zil'yər ē) *adj.* [< L. *auxilium,* aid] **1.** giving help; assisting **2.** acting in a subsidiary capacity **3.** additional; reserve —*n., pl.* **-ries** **1.** an auxiliary person or thing **2.** [*pl.*] foreign troops aiding a country at war

**auxiliary verb** a verb that helps to form tenses, moods, or voices of other verbs, as *have* or *be*

**AV** **1.** audiovisual **2.** Authorized Version (of the Bible)

**Av., av.** avenue

**av.** average

**avail** (ə vāl') *vi., vt.* [< L. *ad,* to + *valere,* to be strong] to be of use, help, or advantage (to) —*n.* effective use or help [of no *avail*] —**avail oneself of** to take advantage of (an opportunity, etc.)

**available** (ə vā'lə b'l) *adj.* **1.** that can be used **2.** that can be got or reached —**avail'able'ity** *n.* —**avail'ably** *adv.*

**avalanche** (av'ə länsh') *n.* [Fr. < L. *labi,* to slip] **1.** a large mass of loosened snow, earth, etc. suddenly and swiftly sliding down a mountain **2.** anything that comes suddenly in overwhelming numbers

**avant-garde** (a voŋ'gärd') *n.* [Fr.] the leaders in new movements, esp. in the arts —*adj.* of such movements, ideas, etc. —**avant'-gard'ism** *n.*

**avarice** (av'ər is) *n.* [< L. *avere,* to desire] greed for riches —**avaricious** (av'ə rish'əs) *adj.*

**avast** (ə väst') *interj.* [< Du. *houd vast,* hold fast] *Naut.* stop! cease! halt!

**avatar** (av'ə tär') *n.* [Sans. *avatāra,* descent] *Hinduism* a god's coming down in bodily form to earth

**avaunt** (ə vônt') *interj.* [< L. *ab,* from + *ante,* before] [Archaic] begone! go away!

**avdp.** avoirdupois

**ave** (ä'vā, -vē) *interj.* [L., be well] **1.** hail! **2.** farewell! —*n.* [A-] the prayer AVE MARIA

**Ave., ave.** avenue

**Ave Maria** (ä'vā mə rē'ə, -vē) [L. (Luke 1:28)] **1.** "Hail, Mary," the first words of a prayer to the Virgin Mary used in the Roman Catholic Church **2.** this prayer

**avenge** (ə venj') *vt., vi.* **avenged', avenging** [< L. *ad,* to + *vindicare,* claim] **1.** to get revenge for (an injury, etc.) **2.**

to take vengeance on behalf of **—aveng'er** *n.*

**avenue** (av'ə nyōō') *n.* [see ADVENT] **1.** a road, path, or drive, often bordered with trees **2.** a way of approach **3.** a street, esp. a wide, principal one

**aver** (ə vur') *vt.* **averred', aver'ring** [< L. *ad,* to + *verus,* true] **1.** to declare to be true; affirm **2.** *Law* to state formally; assert **—aver'ment** *n.*

**average** (av'ər ij) *n.* [< Fr. < It. < Ar. *'awar,* damaged goods; sense development from *n.* 3] **1.** the usual or normal kind, amount, etc. **2.** the result obtained by dividing the sum of two or more quantities by the number of quantities **3.** *Marine Law a)* loss incurred by damage to a ship *b)* division of such a loss among the interested parties **—*adj.*** **1.** usual; ordinary **2.** being a numerical average **—*vi.*** **-aged, -aging** to be or amount to on the average **—*vt.*** **1.** to calculate the average of **2.** to do, take, etc. on the average **—average out** to arrive at an average eventually **—on the (or an) average** as an average quantity, rate, etc. **—av'erageness** *n.*

**averse** (ə vurs') *adj.* [see AVERT] not willing; reluctant; opposed (*to*) **—averse'ly** *adv.* **—averse'ness** *n.*

**aversion** *n.* **1.** a strong dislike; antipathy **2.** the object arousing such dislike

**avert** (ə vurt') *vt.* [< L. *a-,* from + *vertere,* turn] **1.** to turn away *[avert* one's eyes*]* **2.** to keep from happening; prevent *[to avert* a catastrophe*]*

**Avesta** (ə ves'tə) *n.* [< Per.] the sacred writings of Zoroastrianism **—Aves'tan** *adj., n.*

**aviary** (āv'yər ē) *n., pl.* **-aries** [< L. *avis,* bird] a large cage or building for keeping many birds

**aviation** (ā'vē ā'shən) *n.* [< L. *avis,* bird] the science of flying aircraft

**aviator** (ā'vē āt'ər) *n.* an aeroplane pilot; flier

**avid** (av'id) *adj.* [< L. *avere,* to desire] **1.** greedy *[avid* for power*]* **2.** eager *[an avid* reader*]* **—avidity** (ə vid'ə tē) *n.* **—av'idly** *adv.*

**avocado** (av'ə kä'dō) *n., pl.* **-dos** [< MexSp.] a pear-shaped tropical fruit with yellow, buttery flesh

**avocation** (av'ə kā'shən) *n.* [< L. *ab-,* away + *vocare,* call] something one does in addition to one's regular work; hobby **—av'oca'tional** *adj.*

**avocet** (av'ə set') *n.* [< Fr. < It.] a long-legged wading bird with a slender bill that curves upwards

**avoid** (ə void') *vt.* [< OFr. *esvuidier,* to empty] **1.** to keep away from; shun **2.** to keep from happening **3.** to make void; annul (a plea, etc. in law) **—avoid'able** *adj.* **—avoid'ably** *adv.* **—avoid'ance** *n.*

**avoirdupois** (av'ər də poiz') *n.* [< OFr. *aveir de peis,* goods having weight] *same as* AVOIRDUPOIS WEIGHT

**avoirdupois weight** a system of weights based on a pound of 16 ounces

**avouch** (ə vouch') *vt.* [see ADVOCATE] **1.** to vouch for; guarantee **2.** to declare the truth of; affirm **3.** to acknowledge openly; avow **—avouch'ment** *n.*

**avow** (ə vou') *vt.* [see ADVOCATE] to declare openly; acknowledge **—avow'al** *n.* **—avowed'** *adj.* **—avowedly** (ə vou'id lē) *adv.* **—avow'er** *n.*

**avuncular** (ə vuŋ'kyōō lər) *adj.* [< L. *avunculus,* maternal uncle] of or like an uncle

**await** (ə wāt') *vt.* [< ONormFr. *a-,* to + *waitier,* wait] **1.** to wait for **2.** to be in store for **—*vi.*** to wait

**awake** (ə wāk') *vt., vi.* **awoke', awok'en,** or **awaked', awak'ing** [< OE. *awacan*] **1.** to rouse from sleep; wake **2.** to rouse from inactivity **—*adj.*** **1.** not asleep **2.** active or alert

**awaken** *vt., vi.* to wake up; rouse **—awak'ener** *n.*

**awakening** *n., adj.* **1.** (a) waking up **2.** (an) arousing, as of impulses, interest, etc.

**award** (ə wôrd') *vt.* [< ONormFr.] **1.** to give as the result of judging, as in a contest **2.** to give by the decision of a law court or arbitrator **—*n.*** **1.** something awarded; prize **2.** a decision, as by a judge or arbitrator

**aware** (ə wâər') *adj.* [< OE. *wær,* cautious] knowing or realizing; conscious; informed **—aware'ness** *n.*

**awash** (ə wosh') *adv., adj.* **1.** just above the surface of the water and washed over by it **2.** flooded with water

**away** (ə wā') *adv.* [< OE. *on,* on + *weg,* way] **1.** from any given place; off *[to run away]* **2.** in another place or direction *[look away]* **3.** far *[away* behind*]* **4.** off; aside **5.** from one's possession *[give it away]* **6.** out of existence *[to fade away]* **7.** at once *[fire away]* **8.** without stopping *[to work away* all night*] —adj.* **1.** absent; gone **2.** at a distance *[a* mile *away]* **3.** *Sport* played on an opponent's ground *[an away* match*] —n.* *Sport* a game played on an opponent's ground **—*interj.*** **1.** begone! **2.** let's go! **—away with** **1.** take away **2.** go or come away **—do away with** **1.** to get rid of **2.** to kill

**awe** (ô) *n.* [< ON. *agi*] a mixed feeling of reverence, fear, and wonder, caused by something sublime, etc. **—*vt.*** **awed, aw'ing** to inspire awe in; fill with awe **—stand** (or **be**) **in awe of** to respect and fear

**aweigh** (ə wā') *adj.* *Naut.* clearing the bottom; being weighed: said of an anchor

**awesome** (ô'səm) *adj.* inspiring or showing awe

**awe-struck** (ô'struk') *adj.* filled with awe or wonder

**awful** (ô'fəl) *adj.* [see AWE] **1.** [Colloq.] *a)* very bad, unpleasant, etc. *b)* great *[an awful* bore*]* **2.** causing fear; terrifying **3.** inspiring awe **—aw'fulness** *n.*

**awfully** *adv.* **1.** [Colloq.] badly **2.** [Colloq.] extremely **3.** in a way to inspire awe

**awhile** (ə wīl') *adv.* for a while; for a short time

**awkward** (ôk'wərd) *adj.* [< ON. *ǫfugr,*

turned backwards + OE. *-weard,* -WARD] **1.** clumsy; bungling **2.** unwieldy **3.** inconvenient; uncomfortable **4.** embarrassed or embarrassing **5.** not easy to deal with; requiring tact [an *awkward* situation] —**awk'wardly** *adv.*

**awl** (ôl) *n.* [< OE. *æl, awel*] a small, pointed tool for making holes in wood, leather, etc.

AWN

**awn** (ôn) *n.* [ON. *ǫgn,* chaff] the bristly fibres on a head of barley, oats, etc. —**awned** *adj.*

**awning** (ô'niŋ) *n.* [< ?] a structure of canvas, metal, etc. extended before a window, etc. as a protection from sun or rain

**awoke** (əwōk') *alt. pt. & occas. pp. of* AWAKE

**awoken** (əwōk''n) *occas. pp. of* AWAKE

**AWOL, awol** (ā'wol') *adj.* [*a(bsent) w(ith)o(ut) l(eave)*] *Mil.* absent without leave, but without intention of deserting

**awry** (ərī') *adv., adj.* [< *a-* (OE. *on*) on, + WRY] **1.** with a twist to a side; askew **2.** wrong; amiss [our plans went *awry*]

**axe** (aks) *n., pl.* **ax'es** [OE. *eax, æx*] a tool with a long handle and a bladed head, for chopping wood, etc. —*vt.* **axed, ax'ing** **1.** to trim, split, etc. with an axe **2.** *a*) to dismiss (employees) *b*) to reduce; restrict (expenditure, etc.) —**get the axe** [Colloq.] to be discharged from one's job —**have an axe to grind** [Colloq.] to have an object of one's own to promote

**axes**[1] (ak'siz) *n. pl. of* AXE

**axes**[2] (ak'sēz) *n. pl. of* AXIS[1]

**axial** (ak'sē əl) *adj.* **1.** of, like, or forming an axis **2.** round or along an axis —**ax'ially** *adv.*

**axil** (ak'sil) *n.* [< L. *axilla,* armpit] the upper angle between a leaf, etc. and the stem from which it grows

**axiom** (ak'sē əm) *n.* [< Gr. *axios,* worthy] **1.** a statement widely accepted as true **2.** an established principle of a science, art, etc. **3.** a statement that needs no proof because its truth is obvious

**axiomatic** (ak'sē əmat'ik) *adj.* **1.** like an axiom; self-evident **2.** full of axioms —**ax'iomat'ically** *adv.*

**axis** (ak'sis) *n., pl.* **ax'es** [L.] **1.** a real or imaginary straight line on which an object rotates or is regarded as rotating **2.** a central line or lengthwise structure around which the parts of a thing, system, etc. are evenly arranged **3.** a straight line for reference, as in a graph —**the Axis** Germany and Italy, and later Japan as allies in World War II

**axle** (ak's'l) *n.* [< ff.] **1.** a rod on which a wheel turns, or one connected to a wheel so that they turn together **2.** a bar connecting opposite wheels, as of a vehicle

**axletree** (ak's'l trē') *n.* [< ON. *ǫxull,* axle + *tre,* beam] a bar connecting two opposite wheels of a wagon, etc.

**Axminster** (aks'min stər) *n.* [< *Axminster,* in Devon] a type of carpet with a cut pile

**axolotl** (ak'sə lot''l) *n.* [< Nahuatl, water toy] a salamander of Mexico and the W U.S.

**ayah** (ī'yə) *n.* [< Hindi < Port. *aia,* governess] a native nursemaid or lady's maid in India, esp. formerly

**ayatollah** (ī'ə tol'ə) *n.* [< Per. < Ar.] one of a class of Islamic religious leaders

**aye**[1] (ā) *adv.* [ON. *ei*] [Poet.] always; ever: also sp. **ay**

**aye**[2] (ī) *adv.* [< ? prec.] yes; yea —*n.* an affirmative vote or voter Also sp. **ay**

**Ayrshire** (âər'shər) *n.* [the former Scot. county] any of a breed of brown and white dairy cattle

**azalea** (əzāl'ē ə) *n.* [< Gr. *azaleos,* dry] a shrub allied to the rhododendron, having variously coloured flowers and leaves that are usually shed in the autumn

**azimuth** (az'ə məth) *n.* [< Ar. *al,* the + *samt,* path] *Astron., Surveying,* etc. distance in angular degrees in a clockwise direction from the north point or, in the Southern Hemisphere, south point —**az'imuth'al** (-muth'əl) *adj.*

**Aztec** (az'tek) *n.* [< *Aztatlán,* their legendary place of origin] **1.** *pl.* **-tecs, -tec** a member of a people who lived in Mexico before the conquest by Cortés in 1519 **2.** their language, usually called Nahuatl —*adj.* of the Aztecs

**azure** (azh'ər) *adj.* [OFr. < Ar. < Per. *lāzhuward,* lapis lazuli] of the colour of a clear sky; sky-blue —*n.* **1.** sky-blue or any similar blue **2.** [Poet.] the blue sky

# B

**B, b** (bē) *n., pl.* **B's, b's** **1.** the second letter of the English alphabet **2.** a *symbol for* the second in a sequence or group

**B** (bē) *n.* **1.** *Cinema* designating a supporting film **2.** *Music* the seventh tone in the ascending scale of C major

**B** **1.** *Chess* bishop **2.** *Chem.* boron

**B.** 1. Baron **2.** Bible **3.** British

**B., b.** **1.** bachelor **2.** bacillus **3.** *Music* bass **4.** bay **5.** book **6.** born **7.** brother

**b.** *Cricket* **1.** bowled **2.** bye

**Ba** *Chem.* barium

**B.A.** [L. *Baccalaureus Artium*] Bachelor of Arts

**baa** (bä) *n.* [echoic] the cry of a sheep or goat; bleat

**B.A.A.** British Airports Authority

**Baal** (bā′əl) *n., pl.* **Ba′alim** (-im) **1.** an ancient Semitic fertility god **2.** a false god; idol —**Ba′alism** *n.*

**baas** (bäs) *n.* in South Africa, a word for boss, used esp. by nonwhites and coloureds when addressing a European overseer, etc.

**baaskap** (bäs′kap′) *n.* [< BAAS + Afrik. *skap,* ship] in South Africa, control of nonwhites by whites

**baba** (bä′bä) *n.* [Fr.] a sponge cake saturated in spirits and served as a dessert [a rum *baba*]

**babalas** (bab′ə las′) *n.* [< Zulu *ibhabhalasi*] [S Afr.] a hangover

**Babbitt metal** (bab′it) [< I. *Babbitt*] a soft alloy of tin, copper, and antimony, used to reduce friction in bearings, etc.

**babble** (bab′′l) *vi.* **-bled, -bling** [echoic] **1.** to make incoherent sounds, as a baby does **2.** to talk foolishly or too much **3.** to make a low, bubbling sound —*vt.* to say indistinctly or incoherently —*n.* **1.** confused, incoherent vocal sounds **2.** foolish or meaningless talk **3.** a low, bubbling sound —**bab′bler** *n.*

**babe** (bāb) *n.* **1.** a baby **2.** a naive or helpless person **3.** [Chiefly U.S. Slang] a young woman

**babel** (bā′b′l) *n.* [< the city in the Bible: Gen. 11:1-9] [also **B-**] **1.** a confusion of voices, languages, or sounds **2.** a place of such confusion

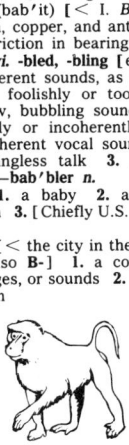

BABOON
(90-150 cm long, including tail)

**baboon** (bə bo̅o̅n′) *n.* [< OFr. *babuin,* ape, fool] any of various large and fierce, short-tailed monkeys of Africa and Arabia, having a doglike snout and cheek pouches —**baboon′ery** *n.*

**baby** (bā′bē) *n., pl.* **-bies** [ME. *babi*] **1.** a very young child; infant **2.** one who behaves like an infant **3.** a very young animal **4.** the youngest or smallest in a group **5.** [Colloq.] favourite scheme; responsibility —*adj.* **1.** of or for an infant **2.** extremely young **3.** small of its kind —*vt.* **-bied, -bying** to treat like a baby —**be left holding the baby** to be left to take the responsibility —**ba′byish** *adj.* —**ba′bylike′** *adj.*

**baby bonus** in Canada, a regular government payment to parents of children up to a certain age

**baby grand** a small grand piano

**Babylonian** (bab′ə lō′nē ən) *n.* an inhabitant of ancient Babylon or Babylonia —*adj.* of ancient Babylonia

**baby-sit** (bā′bē sit′) *vi., vt.* **-sat′, -sit′-ting** to act as a baby sitter (to)

**baby sitter** one who takes care of a child while the parents are out

**B.A.C.** British Aircraft Corporation

**baccalaureate** (bak′ə lôr′ē ət) *n.* [< ML. *baccalaris,* young nobleman seeking to become a knight] the degree of Bachelor of Arts (or Science, etc.)

**baccarat, baccara** (bak′ə rä′) *n.* [Fr. < ?] a gambling game played with cards

**bacchanal** (bak′ə nəl) *n.* **1.** a worshipper of Bacchus **2.** a drunken carouser **3.** a drunken orgy —*adj.* of Bacchus or his worship

**Bacchanalia** (bak′ə nā′lē ə) *n.pl.* **1.** an ancient Roman festival honouring Bacchus **2.** [**b-**] a drunken party; orgy —**bac′chana′lian** *adj., n.*

**bacchant** (bak′ənt) *n., pl.* **-chants, -chan′tes** (-kan′tēz) **1.** a priest or worshipper of Bacchus **2.** a drunken carouser —**bac-chante** (-kan′tē) *n.fem.* —**bacchan′tic** *adj.*

**Bacchic** (bak′ik) *adj.* [< *Bacchus,* ancient Gr. & Rom. god of wine and revelry] *same as* BACCHANAL

**baccy** (bak′ē) *n. Colloq. clipped form of* TOBACCO

**bachelor** (bach′əl ər) *n.* [see BACCALAUREATE] **1.** a man who has not married **2.** a person who is a BACHELOR OF ARTS (or SCIENCE, etc.) —*adj.* of or for a bachelor —**bach′elorhood′** *n.*

**bachelor flat** a small flat suitable for a person living alone

**bachelor girl** an unmarried young woman who leads an independent life

**Bachelor of Arts** (or **Science,** etc.)

1. a degree given by a college or university 2. one who has this degree

**bachelor's button** a plant like the buttercup, having flowers shaped like buttons

**bacillary** (bə sil′ər ē) ***adj.*** [see ff.] 1. rod-shaped: also **bacilliform** (bə sil′ə fôrm′) 2. consisting of rodlike structures 3. of, like, or caused by bacilli

**bacillus** (bə sil′əs) ***n., pl.*** **-cil′li** [< L. *baculus,* stick] 1. any of the rod-shaped bacteria 2. [*usually pl.*] loosely, any of the bacteria, esp. those causing disease

**back** (bak) ***n.*** [OE. *bæc*] 1. the rear part of the body from the nape of the neck to the end of the spine 2. the backbone 3. the part that supports or fits the back 4. the rear part of anything 5. the part that is less often used, seen, etc. 6. *Sports* a defensive player or position in many different games —***adj.*** 1. at the rear 2. of or for a time in the past [*back* pay] 3. backward; reversed —***adv.*** 1. at, to, or towards the rear 2. to or towards a former condition, time, etc. 3. in concealment 4. in return [to pay one *back*] —***vt.*** 1. to cause to move backwards (often with *up*) 2. to stand behind 3. to support or help 4. to bet on 5. to provide with a back or backing —***vi.*** 1. to go backwards 2. to shift anticlockwise: said of the wind —**at the back of one's mind** dimly recalled but not receiving one's conscious attention —**back and forth** to and fro —**back down** to withdraw from a position, etc. —**back out (of)** 1. to withdraw from an enterprise 2. to break a promise or engagement —**back up** to support —**be (flat) on one's back** to be ill, bedridden, etc. —**behind one's back** without one's knowledge or consent —**get** (or **put**) **one's back up** to make or be obstinate —**go back on** [Colloq.] 1. to betray 2. to fail to keep (a promise, etc.) —**put one's back into it** apply oneself energetically to a task

**backbencher** (bak′ben′chər) ***n.*** a member of parliament who is not a leader in his party

**backbite** ***vt., vi.*** **-bit′, -bit′ten, -bit′ing** to slander (an absent person) —**back′bit′er** ***n.***

**back-blocks** ***n.pl.*** the far interior of Australia and New Zealand

**backboard** ***n.*** 1. a board that forms or supports the back of something 2. *Basketball* a flat surface just behind the basket

**back boiler** a tank behind a fireplace for heating water

**backbone** ***n.*** 1. the spine 2. main support 3. willpower, courage, etc.

**backbreaking** ***adj.*** very tiring

**back chat** [Colloq.] saucy or insolent retorts

**back-comb** ***vt.*** to fluff (the hair) by brushing or combing the hair ends towards the scalp

**back country** [Aust.] remote and sparsely inhabited areas

**backdate** (bak′dāt′) ***vt.*** **-dat′ed, -dat′ing** to date or put into effect from before the actual date [*a backdated* pay rise]

**backdoor** ***adj.*** secret; underhand

**backdrop** ***n.*** a curtain hung at the back of a stage, often a painted scene: also **backcloth**

**backer** ***n.*** 1. a patron; supporter 2. one who bets on a contestant

**backfire** (bak′fīər′) ***n.*** a premature explosion in a cylinder of an internal-combustion engine —***vi.*** **-fired′, -fir′ing** 1. to explode as a backfire 2. to go awry; boomerang

**back-formation** ***n.*** a word formed from, but looking as if it were the base of, another word (Ex.: *burgle* from *burglar*)

**backgammon** ***n.*** [BACK + ME. *gammen,* game] a game for two people, with pieces moved as dice are thrown

**background** ***n.*** 1. the part of a scene towards the back 2. an unimportant position 3. *a*) one's social environment *b*) the whole of one's study, training, and experience 4. events or conditions leading up to something

**background music** sound effects or music accompanying action, as in films

**backhand** ***n.*** 1. handwriting that slants backwards, up to the left 2. a stroke, as in tennis, with the back of the hand turned forward —***adj.*** performed with a backhand —***adv.*** with a backhand

**backhanded** ***adj.*** 1. *same as* BACKHAND 2. indirect or sarcastic; equivocal —***adv.*** with a backhand

**backhander** ***n.*** 1. a blow with the back of the hand 2. [Slang] a bribe

**backing** ***n.*** 1. something forming a back for support or strength 2. support given to a person or cause 3. those giving such support 4. musical accompaniment, esp. for a pop singer

**backlash** ***n.*** 1. a quick, sharp recoil 2. a sudden, strong reaction, as to a political or social movement or development

**backlog** ***n.*** 1. a reserve 2. an accumulation of unfilled orders, etc. —***vi., vt.*** **-logged′, -log′ging** to accumulate as a backlog

**backmarker** ***n.*** 1. a competitor in a race who concedes an initial advantage to his opponents 2. a competitor who is behind the others at any stage

**back number** 1. an old issue of a periodical 2. [Colloq.] an old-fashioned person or thing

**backpack** ***n.*** *same as* RUCKSACK —***vi.*** to go hiking with a backpack —**back′pack-ing** ***n.***

**backpedal** (bak′ped′′l) ***vi.*** **-ped′alled, -ped′alling** 1. to press backwards on bicycle pedals in braking 2. to move backwards 3. to retreat from an opinion

**backroom** ***adj.*** doing important research without any publicity and often in secret

**back seat** a secondary or inconspicuous position

**back-seat driver** a passenger in a motor car who offers unwanted advice about driving

**backside** (bak′sīd′) *n.* **1.** the back part **2.** the rump

**backslide** (bak′slīd′) *vi.* **-slid′, -slid′ing** to slide backwards in morals or religious enthusiasm —**back′slid′er** *n.*

**backspace** *vi.* **-spaced′, -spac′ing** to move a typewriter carriage back a space at a time

**backspin** *n.* backward spin given to a propelled ball, etc. that causes it, upon hitting a surface, to change its normal direction

**backstage** *adv., adj.* in the wings or dressing rooms of a theatre

**backstairs** *adj.* involving intrigue or scandal

**backstroke** *n.* a stroke made by a swimmer lying face upwards —*vi.* **-stroked′, -strok′ing** to perform a backstroke

**back-to-back** (bak′tə bak′) *adj.* **1.** of houses built with backs adjoining **2.** [Colloq.] one after another

**backtrack** *vi.* **1.** to return by the same path **2.** to withdraw from a position, etc.

**backup, back-up** *adj.* **1.** alternate or auxiliary **2.** supporting —*n.* **1.** an accumulation because of a stoppage **2.** a support or help

**backward** *adv.* **1.** towards the back **2.** with the back foremost **3.** in reverse **4.** into the past **5.** from a better to a worse state Also **back′wards** —*adj.* **1.** turned towards the rear or in the opposite way **2.** hesitant or shy **3.** retarded —**bend** (or **lean**) **over backwards** **1.** to try earnestly (to please, pacify, etc.) **2.** to offset a tendency, bias, etc. by an effort in the opposite direction —**back′wardness** *n.*

**backwash** *n.* water or air moved backwards, as by a ship, propeller, etc.

**backwater** *n.* **1.** stagnant water in a stream **2.** a place where there is no progress —*adj.* stagnant; backward

**backwoods** *n.pl.* [*occas. with sing. v.*] heavily wooded, remote areas —*adj.* in, from, or like the backwoods: also **back′wood′** —**back′woods′man** *n.*

**backyard** (bak′yärd′) *n.* **1.** a yard or area of enclosed ground behind a house **2.** somewhere within easy reach

**bacon** (bāk′n) *n.* [< OS.] cured meat from the back or sides of a pig —**bring home the bacon** [Colloq.] **1.** to earn a living **2.** to succeed; win

**Baconian** (bā kō′nē ən) *adj.* of Francis Bacon, 16th cent. Eng. philosopher, or his system of philosophy —*n.* an adherent of this philosophy

**bacteria** (bak tēər′ē ə) *n.pl., sing.* **-rium** [< Gr. *baktron,* staff] one-celled microorganisms which have no chlorophyll and multiply by simple division: some cause diseases, but others are necessary for fermentation, etc. —**bacte′rial** *adj.* —**bacte′rially** *adv.*

**bacteriology** (bak tēər′ē ol′ə jē) *n.* the study of bacteria, as in medicine, or for agriculture, etc. —**bacte′riol′ogist** *n.*

**Bactrian camel** (bak′trē ən) [< *Bactria,* ancient country in W Asia] a camel with two humps, native to C Asia

**bad**[1] (bad) *adj.* **worse, worst** [ME.] **1.** not good; not as it should be **2.** defective in quality **3.** unfit **4.** unfavourable **5.** rotten; spoiled **6.** incorrect; faulty **7.** *a*) wicked; immoral *b*) mischievous **8.** harmful **9.** severe **10.** ill —*n.* anything bad —**not bad** [Colloq.] good; fairly good: also **not half bad, not so bad** —**bad′ness** *n.*

**bad**[2] *archaic pt. of* BID

**bad blood** a feeling of (mutual) enmity

**bad debt** a debt which is unpaid and not collectable

**bade** (bad; *occas.* bād) *alt. pt. of* BID

**bad egg** [Slang] a mean or dishonest person: also **bad actor, bad apple, bad hat, bad lot,** etc.

**badge** (baj) *n.* [ME. *bage*] **1.** an emblem worn to show rank, etc. **2.** any distinguishing mark

**badger** (baj′ər) *n.* [< ?] a carnivorous, burrowing mammal with thick, short legs, and long claws on the forefeet —*vt.* to nag at

**badinage** (bad′ə näzh′) *n.* [Fr. < ML. *badare,* to gape] playful, teasing talk; banter —*vt.* **-naged′, -nag′ing** to tease with playful talk

**badly** (bad′lē) *adv.* **1.** in a bad manner **2.** [Colloq.] very much; greatly

**badminton** (bad′min tən) *n.* [< *Badminton,* estate of the Duke of Beaufort] a game in which a shuttlecock is batted back and forth with rackets across a net

**baffle** (baf′l) *vt.* **-fled, -fling** [16th-c. Scot.] **1.** to confuse; puzzle; confound **2.** to hinder; impede —*n.* a wall or screen to deflect the flow of liquids, gases, etc., or to check sound waves —**baf′flement** *n.* —**baf′fler** *n.* —**baf′fling** *adj.*

**bag** (bag) *n.* [ON. *baggi*] **1.** a nonrigid container made of fabric, paper, etc., with an opening at the top that can be closed **2.** a piece of hand luggage **3.** a woman's handbag **4.** *a*) a container for game *b*) the amount of game caught or killed **5.** an udder or sac **6.** [*pl.*] [Colloq.] plenty **7.** [Slang] an unattractive woman —*vt.* **bagged, bag′ging** **1.** to make bulge **2.** to capture **3.** to kill in hunting **4.** [Slang] to get —*vi.* **1.** to swell **2.** to hang loosely —**bag and baggage** [Colloq.] with all one's possessions —**in the bag** [Slang] having its success assured —**bags (I)!** [Slang] I claim it! it's mine!: used esp. by children

**bagatelle** (bag′ə tel′) *n.* [< It. *bagatella* < ML. *baga,* bag] **1.** something of little value **2.** a game somewhat like billiards **3.** a short musical composition

**baggage** (bag′ij) *n.* [< ML. *baga,* bag] **1.** the bags, etc. of a traveller **2.** the supplies and gear of an army **3.** *a*) [ult. < Ar. *bagīja,* adulteress] formerly, a prostitute *b*) a saucy girl

**baggy** *adj.* **bag′gier, bag′giest** **1.** puffed in a baglike way **2.** hanging loosely —**bag′gily** *adv.* —**bag′giness** *n.*

**bagnio** (bän′yō) *n., pl.* **-ios** [< Gr. *balaneion,* bath] a house of prostitution; brothel

BAGPIPE

**bagpipe** (bag′pīp′) *n.* [*often pl.*] a shrill-toned musical instrument with a double-reed, fingered pipe and drone pipes, all sounded by air forced from a leather bag —**bag′pip′er** *n.*

**bah** (bä) *interj.* an exclamation expressing scorn or disgust

**Bahaism** (bə hä′iz′m) *n.* [Ar. *ba-hā,* splendour] a modern religion, developed orig. in Iran, that advocates universal brotherhood, etc. —**Baha′ist** *n., adj.*

**baie dankie** (bī′ə daŋ′kē) *interj.* [S Afr.] thank you very much

**bail**[1] (bāl) *n.* [< L. *bajulus,* porter] **1.** money deposited with the court to obtain the release of an arrested person until his trial **2.** the release thus brought about **3.** the person giving bail —*vt.* **1.** to have (an arrested person) set free by giving bail **2.** to help out of financial or other difficulty (often with *out*)

**bail**[2] *n.* [see prec.] a bucket for removing water from a boat —*vi., vt.* **1.** to remove water from (a boat) **2.** to ladle out (water, etc.) Also **bale** —**bail out** **1.** to make a parachute jump from an aircraft **2.** [Colloq.] to help out or rescue —**bail′er** *n.*

**bail**[3] *n.* [< ON. *beygla*] a hooped-shaped handle for a bucket, etc.

**bail**[4] *n.* [ult. < L. *bajulus,* porter] **1.** *Cricket* either of two pieces of wood laid across the three stumps to form a wicket **2.** [*pl.*] formerly, an outer fortification made of stakes

**bailey** (bā′lē) *n.* [ME. *baili,* BAIL[4]] the outer wall or court of a medieval castle

**Bailey bridge** (bā′lē) [< Sir D. C. *Bailey*] *Mil. Engineering* a portable bridge consisting of a series of prefabricated steel sections

**bailie** (bā′lē) *n.* [Scot.: see ff.] in Scotland, a municipal councillor who serves as a magistrate

**bailiff** (bā′lif) *n.* [OFr.: see BAIL[1]] **1.** a sheriff's officer who serves writs, etc. **2.** an overseer or steward of an estate **3.** [Chiefly U.S.] a court officer who guards jurors, etc.

**bailiwick** (bā′lə wik) *n.* [ME. < *bailif,* bailiff + OE. *wic,* village] **1.** a bailiff's district **2.** [Chiefly U.S.] one's particular area of activity, authority, etc.

**bain-marie** (ba*n* mȧ rē′) *n., pl.* **bains-marie′** (ba*n*-) [Fr. < ML., bath of Maria] an open pan of hot water in which other containers are placed to warm

**bairn** (bāərn) *n.* [< OE. *beran,* to bear] [Scot.] a child

**bait** (bāt) *vt.* [< ON. *bīta,* bite] **1.** to put food, etc. on (a hook or trap) so as to lure animals or fish **2.** to torment or harass with unprovoked attacks **3.** to set attacking dogs against for sport —*n.* **1.** food, etc. put on a hook or trap as a lure **2.** any lure; enticement —**bait′er** *n.*

**baize** (bāz) *n.* [< L. *badius,* chestnut-brown] a feltlike, thick woollen cloth used as a covering

**bake** (bāk) *vt.* **baked, bak′ing** [OE. *bacan*] **1.** to cook (food) by dry heat, esp. in an oven **2.** to dry and harden (esp. glazed stoneware) by heat —*vi.* **1.** to bake bread, etc. **2.** to become baked

**baked beans** cooked haricot beans in tomato sauce

**Bakelite** (bā′kə līt′) [< L. H. *Baekeland*] *Trademark* a synthetic resin and plastic

**baker** (bāk′ər) *n.* one whose work or business is baking bread, etc.

**baker's dozen** thirteen

**bakery** *n., pl.* **-eries** a place where bread, cakes, etc. are baked or sold

**baking powder** a leavening agent containing sodium bicarbonate and an acid substance, such as cream of tartar

**baksheesh, bakshish** (bak′shēsh) *n.* [< Per. *bakhshidan,* give] in Turkey, India, etc., a tip or gratuity

**bal.** balance

**Balaklava helmet** (bal′ə klä′və) [< *Balaklava,* in the Crimea] a woollen covering for the whole head, leaving only the face exposed

**balalaika** (bal′ə lī′kə) *n.* [Russ.] a Russian stringed instrument somewhat like a guitar

**balance** (bal′əns) *n.* [OFr. < L. *bis,* twice + *lanx,* scale] **1.** an instrument for weighing, esp. one with two matched pans hanging from either end of a poised lever **2.** a state of equilibrium in weight, value, etc. **3.** bodily or mental stability **4.** the pleasing harmony of various elements in a work of art **5.** a weight, force, etc. that counteracts another or causes equilibrium **6.** *a*) equality of debits and credits in an account *b*) the difference between credits and debits **7.** the amount still owed after a partial settlement **8.** a remainder **9.** *same as* BALANCE WHEEL —*vt.* **-anced, -ancing** **1.** to weigh in or as in a balance **2.** to compare as to relative value, etc. **3.** to counterpoise or counteract; offset **4.** to put or keep in a state of equilibrium **5.** to make or be equal to in weight, force, etc. **6.** *a*) to find any difference between the debit and credit sides of (an account) or to equalize them *b*) to settle (an account) —*vi.* **1.** to be in equilibrium **2.** to be equal in value, weight, etc. **3.** to have the credit and debit sides equal —**in the balance** in a critical, undecided state —**on balance** considering everything —**bal′anceable** *adj.* —**bal′ancer** *n.*

**balance of (international) payments**

a balance for a given period showing an excess or deficit in total payments of all kinds between one country and another

**balance of power** an even distribution of military and economic power among nations

**balance of trade** the difference in value between the imports and exports of a country

**balance sheet** a summarized statement showing the financial status of a business

**balance wheel** a wheel that swings back and forth to regulate the movement of a timepiece, etc.

**balata** (bal′ə tə) *n.* [Sp. < Tupi] the dried milky sap of a tropical American tree, used commercially

**balcony** (bal′kə nē) *n., pl.* **-nies** [< It., akin to OHG. *balcho,* beam] **1.** a platform projecting from a building and enclosed by a balustrade **2.** an upper floor of seats in a theatre, etc., often jutting out over the main floor

**bald** (bôld) *adj.* [ME. *balled* < ?] **1.** lacking hair on the scalp **2.** not covered by natural growth **3.** plain; blunt **4.** worn, of a tyre **5.** having white fur or feathers on the head, as some animals and birds **—bald′ly** *adv.*

**balderdash** (bôl′dər dash′) *n.* [< ?] nonsensical talk or writing

**balding** *adj.* becoming bald

**baldric** (bôl′drik) *n.* [< OFr.] a belt worn over one shoulder and across the chest to support a sword, etc.

**bale** (bāl) *n.* [< OHG. *balla,* ball] a large bundle, as of cotton, hay, or straw, compressed and bound **—*vt.* baled, bal′ing** to make into bales **—bal′er** *n.*

**baleen** (bə lēn′) *n.* [< L. *balaena,* whale] *same as* WHALEBONE

**baleful** (bāl′fəl) *adj.* harmful or evil; sinister **—bale′fully** *adv.* **—bale′fulness** *n.*

**balk** (bôk) *vi.* [OE. *balca,* bank] **1.** to stop and refuse to move or act **2.** to hesitate (*at*) **—*vt.*** **1.** to miss or let slip by **2.** to obstruct or thwart **—*n.*** **1.** a roughly hewn piece of timber **2.** a check, hindrance, etc. **3.** a ridge of unploughed land between furrows

**Balkan** (bôl′kən) *adj.* of the countries of the Balkan Peninsula in SE Europe, their people, etc.

**ball**[1] (bôl) *n.* [ME. *bal*] **1.** any round object; sphere; globe **2.** a round or egg-shaped object used in various games **3.** a throw of a ball **4.** a solid missile for a cannon or firearm **5.** a rounded part of the body **6.** [*pl.*] [Vulg. Slang] the testicles **—*vi., vt.*** to form into a ball **—*interj.*** [*pl.*] a vulgar expression of contempt **—be on the ball** [Slang] to be alert **—get** (or **keep**) **the ball rolling** [Colloq.] to start (or maintain) some action **—have the ball at one's feet** [Colloq.] to have everything in one's favour **—play ball** [Colloq.] to cooperate

**ball**[2] *n.* [< LL. *ballare,* to dance] **1.** a formal social dance **2.** [Slang] an enjoyable time or experience

**ballad** (bal′əd) *n.* [< OFr. *ballade,* dancing song, ult. < LL.: see prec.] **1.** a sentimental song with the same melody for each stanza **2.** a song or poem that tells a story in short stanzas and simple words **3.** a slow, sentimental popular song **—bal′ladeer′** *n.* **—bal′ladry** *n.*

**ballade** (ba läd′) *n.* [Fr.: see prec.] **1.** a verse form with three stanzas of eight or ten lines each and an envoy of four or five lines **2.** a romantic musical composition

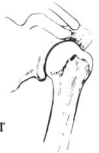

BALL-AND-SOCKET JOINT

**ball-and-socket joint** a joint allowing limited movement in any direction

**ballast** (bal′əst) *n.* [< ODan. *bar,* bare + *last,* load] **1.** anything heavy carried in a ship, vehicle, etc. to give stability **2.** anything giving stability to character, human relations, etc. **3.** crushed rock used to make a firm bed for railway sleepers **—*vt.*** to furnish with ballast

**ball bearing** **1.** a bearing in which the moving parts revolve on freely rolling metal balls **2.** any of these balls

**ball boy** *Sport* a person who retrieves balls, esp. in tennis

**ball cock** a device in a cistern which controls the flow of water by means of a floating ball and valve

**ballerina** (bal′ə rē′nə) *n.* [It. < LL.: see BALL[2]] a woman ballet dancer

**ballet** (bal′ā) *n.* [see BALL[2]] **1.** an intricate group dance using pantomime and conventionalized movements to tell a story **2.** a company of such dancers

**balletomane** (ba′let ō mān′) *n.* [BALLET + Fr. *manie,* mania] a ballet enthusiast **—bal′letoma′nia** *n.*

**ballgame** (bôl′gām) *n.* **1.** [Colloq.] scene of action **2.** [Colloq.] set of circumstances [a different *ballgame*]

**ballista** (bə lis′tə) *n., pl.* **-tae** (-tē) [L. < Gr. *ballein,* to throw] a device used in ancient warfare to hurl heavy stones, etc.

**ballistic missile** a long-range missile guided automatically in flight, but free-falling at its target

**ballistics** (bə lis′tiks) *n.pl.* [*with sing. v.*] **1.** the science dealing with the motion and impact of projectiles **2.** the study of the effects of firing on a firearm or bullet, etc. **—ballis′tic** *adj.*

**ballocks** (bol′əks) *n.pl.* [< OE. *beallucas,* testicles] [Vulg. Slang] the testicles **—*interj.*** [Vulg. Slang] nonsense!

**balloon** (bə lōōn′) *n.* [< It. *palla,* ball] **1.** a large, airtight bag that rises when filled with a gas lighter than air **2.** such a bag with a car for passengers or instruments **3.** an inflatable rubber bag, used as a toy —*vt.* to cause to swell like a balloon —*vi.* **1.** to ride in a balloon **2.** to swell —*adj.* like a balloon —**balloon'ist** *n.*

**ballot** (bal'ət) *n.* [< It. *palla,* ball] **1.** the democratic process of choosing or deciding according to the number of votes cast **2.** the total number of votes cast **3.** the actual vote or paper on which it is marked —*vi.* to decide by means of the ballot —**bal'loter** *n.*

**ballot box** a sealed container into which completed ballot papers are inserted

**ballot paper** a form on which a vote is marked

**ball point pen** a pen having instead of a point a small ball bearing

**ballroom** (bôl'rōōm') *n.* a large hall for dancing

**ballroom dancing** dancing in which two people dance as partners to a waltz, fox trot, etc.

**balls-up** (bôlz'up) *n.* [Vulg. Slang] a muddle or confusion

**bally** (bal'ē) *adj., adv. a euphemism for* BLOODY

**ballyhoo** (bal'ē hōō') *n.* [< ?] **1.** loud talk **2.** sensational advertising —*vt., vi.* **-hooed', -hoo'ing** [Colloq.] to promote by sensational methods

**balm** (bäm) *n.* [< Gr. *balsamon*] **1.** an aromatic resin obtained from certain trees and used as medicine; balsam **2.** any fragrant ointment or oil **3.** anything healing or soothing

**balmy** *adj.* **-ier, -iest** **1.** soothing, pleasant, etc. **2.** [var. of BARMY] [Slang] crazy or foolish —**balm'ily** *adv.* —**balm'iness** *n.*

**baloney** (bə lō'nē) *n.* [< ? *bologna,* sausage] [Slang] nonsense —*interj.* [Slang] nonsense!

**B.A.L.P.A.** (bal'pə) British Airline Pilots' Association

**balsa** (bol'sə) *n.* [Sp.] **1.** a tropical American tree that yields an extremely light and buoyant wood used for rafts, etc. **2.** a raft

**balsam** (bôl'səm) *n.* [see BALM] **1.** an aromatic resin obtained from certain trees **2.** any of various aromatic oils or fluids **3.** anything healing or soothing **4.** any of various trees that yield balsam —**balsamic** (bôl sam'ik) *adj.*

**Baltic** (bôl'tik) *adj.* **1.** of the Baltic Sea **2.** of the Baltic States —*n.* the Baltic Sea

**baluster** (bal'əs tər) *n.* [< Gr. *balaustion,* flower of the wild pomegranate: from resemblance in shape] any of the small posts supporting a stair rail

**balustrade** (bal'ə strād') *n.* a railing held up by balusters

**bamboo** (bam bōō') *n.* [Malay *bambu*] a treelike, tropical grass with springy, jointed, often hollow stems, used for furniture, canes, etc.

**bamboozle** (bam bōō'z'l) *vt.* **-zled, -zling** [< ?] **1.** to deceive; cheat **2.** to confuse —**bamboo'zlement** *n.*

**ban** (ban) *vt.* **banned, ban'ning** [OE. *bannan,* summon] to prohibit or forbid, as by official order —*n.* **1.** a condemnation by church authorities **2.** an officia prohibition **3.** strong public disapprova

**banal** (bə nāl') *adj.* [Fr.] dull because of overuse; trite —**banality** (bə nal'ə tē *n.* —**banal'ly** *adv.*

BANANA

**banana** (bə nän'ə) *n.* [Sp. & Port. < native name in W Africa] **1.** a treelike, tropical plant with large clusters of edible fruit **2.** the narrow and somewhat curved fruit having a sweet, creamy flesh and a yellow skin

**banana oil** a liquid acetate with a bananalike odour, used in flavourings, etc.

**banana republic** any small country whose economy is controlled by foreign capital

**band**[1] (band) *n.* [ON.] **1.** something that binds, ties together, etc., as a strip or ring of wood or metal **2.** a stripe **3.** a narrow strip of cloth used to line, decorate, etc. *[hatband]* **4.** [*usually pl.*] two strips hanging in front from the neck, as part of certain academic or clerical dress **5.** a division of a long-playing gramophone record **6.** a specific range of frequencies, as in radio broadcasting **7.** a belt to drive wheels or pulleys in machinery —*vt.* **1.** to put a band on or round **2.** to put schoolchildren into groups according to ability

**band**[2] *n.* [Fr. *bande,* troupe < Goth. *bandwa,* sign] **1.** a group of people united for a common purpose **2.** a group of musicians playing together —*vi., vt.* to unite for a common purpose (usually with *together*)

**bandage** (ban'dij) *n.* [Fr. < *bande,* a strip] a strip of cloth or other dressing used to bind or cover an injury —*vt.* **-aged, -aging** to put a bandage on

**bandanna, bandana** (ban dan'ə) *n.* [Hindi *bāndhnū,* method of dyeing] a large, coloured handkerchief, usually with a printed pattern

**B & B, b. and b.** bed and breakfast

**bandbox** (band'boks') *n.* a light box of wood or pasteboard to hold hats, collars, etc.

**bandeau** (ban'dō) *n., pl.* **-deaux** (-dōz) [Fr.] a narrow ribbon worn around the head

**banderole, banderol** (ban'də rōl') *n.* [Fr. < It.] **1.** a narrow flag or pennant, as one attached to a lance **2.** a ribbonlike scroll carrying an inscription

**bandicoot** (ban′di kōōt′) *n.* [< Telugu, pig rat] **1.** a large rat found in India and Ceylon **2.** a ratlike animal of Australia that carries its young in a pouch

**bandit** (ban′dit) *n., pl.* **-dits, banditti** (ban dit′ē) [It. *bandito*] **1.** a robber, esp. one who robs travellers **2.** anyone who cheats, steals, etc. —**ban′ditry** *n.*

**bandmaster** (band′mäs′tər) *n.* the leader or conductor of a band, esp. a military or brass band

**bandoleer, bandolier** (ban′dəlēər′) *n.* [< Fr. < Sp. *banda*, scarf] a broad shoulder belt with pockets for carrying ammunition, etc.

**band saw** a power saw consisting of an endless, toothed steel belt running over pulleys

**bandsman** *n.* a member of a band of musicians

**bandstand** *n.* a platform for a band or orchestra, esp. outdoors

**bandwagon** *n.* a wagon for the band to ride in, as in a parade —**on the bandwagon** [Colloq.] on the popular or apparently winning side, as in an election

**bandy¹** (ban′dē) *vt.* **-died, -dying** [< ?] **1.** to exchange (words), as in arguing **2.** to pass (gossip, etc.) about carelessly **3.** to toss or hit (a ball, etc.) back and forth

**bandy²** *adj.* [< ?] bent or curved outwards

**bandylegged** *adj.* bowlegged

**bane** (bān) *n.* [OE. *bana*, slayer] **1.** the cause of distress, death, or ruin **2.** [Poet.] ruin **3.** deadly poison: now obs. except in *ratsbane*, etc. —**bane′ful** *adj.*

**bang¹** (baŋ) *vt.* [ON. *banga*, pound] to hit or shut noisily —*vi.* **1.** to make a sharp, loud noise **2.** to strike sharply (*against, into*, etc.) —*n.* **1.** a hard blow or loud knock **2.** a sudden, loud noise —*adv.* **1.** hard and noisily **2.** suddenly or exactly —**bang on** [Slang] absolutely right

**bang²** *vt.* [< ?] [Chiefly U.S.] to cut (hair) short and straight across

**banger** *n.* [< BANG¹] [Colloq.] **1.** a sausage **2.** a noisy old car **3.** a firework that explodes loudly

**bangle** (baŋ′g'l) *n.* [Hindi *bangrī*] a decorative bracelet, armlet, or anklet

**banian** (ban′yən) *n.* *same as* BANYAN

**banish** (ban′ish) *vt.* [< OFr. *banir*] **1.** to send into exile **2.** to dismiss —**ban′ishment** *n.*

**banister** (ban′əs tər) *n.* [< BALUSTER] **1.** [*often pl.*] a railing and the balusters supporting it **2.** this railing

**banjo** (ban′jō) *n., pl.* **-jos, -joes** [< U.S. pronun. of *bandore* < Gr. *pandoura*, musical instrument] a stringed musical instrument having a long neck and a circular body —**ban′joist** *n.*

**bank¹** (baŋk) *n.* [< OHG. *bank*, bench] **1.** *a*) an establishment for receiving, lending, or, sometimes, issuing money *b*) its building **2.** the fund held, as by the dealer, in some gambling games **3.** *Med.* any place for gathering and distributing blood or body parts —*vi.* to put money in or do business with a bank —*vt.* to deposit (money) in a bank —**bank on** [Colloq.] to depend on —**bank′able** *adj.*

**bank²** *n.* [< ON.] **1.** a long mound or heap **2.** a steep slope, as of a hill **3.** a stretch of rising land at the edge of a stream, etc. **4.** a shallow place, as in a sea **5.** the sloping of an aircraft laterally on a turn —*vt.* **1.** to cover (a fire) with ashes and fuel so that it will burn longer (sometimes with *up*) **2.** to pile up so as to form a bank **3.** to slope (a curve in a road, etc.) **4.** to slope (an aircraft) laterally on a turn —*vi.* **1.** to form a bank or banks **2.** to bank an aircraft

**bank³** *n.* [< OHG. *bank*, bench] **1.** a row or tier of objects eg. oars **2.** a row of keys in a keyboard —*vt.* to arrange in a bank

**bank account** money deposited in a bank and subject to withdrawal by the depositor

**bankbook** *n.* the book in which the account of a depositor in a bank is recorded

**bank card** *same as* CHEQUE CARD

**banker** *n.* **1.** one who owns or manages a bank **2.** the keeper of the bank in some gambling games

**bank holiday** a day on which banks are closed by law and which is usually a general holiday

**banking** *n.* the business of a bank

**bank manager** the head of a local branch of a bank

**bank note** a promissory note issued by a bank, payable on demand: it is a form of paper money

**Bank of Canada** a central bank owned by the Canadian government, which issues bank notes, controls the amount of credit given by commercial banks, etc.

**Bank of England** the government bank responsible for keeping the country's gold reserves

**bank rate** the official rate at which the Bank of England will discount approved bills of exchange

**bankrupt** (baŋk′rupt′) *n.* [< It. *banca*, bench + *rotta*, broken] a person legally declared unable to pay his debts: his property is divided among his creditors —*adj.* **1.** that is a bankrupt **2.** lacking in some quality [morally *bankrupt*] —*vt.* to make bankrupt —**bank′rupt′cy** *n.*

**banner** (ban′ər) *n.* [< OFr. *baniere*] **1.** a piece of cloth bearing a design, motto, etc. **2.** a flag

**banner headline** a headline extending across a newspaper page

**bannister** (ban′əs tər) *n.* *same as* BANISTER

**bannock** (ban′ək) *n.* [< OE. *bannue*, cake] [Scot.] a flat cake of oatmeal or barley meal

**banns** (banz) *n.pl.* [see BAN¹] the proclamation of an intended marriage

**banquet** (baŋ′kwit) *n.* [Fr. < It. *banca*, table] **1.** a feast **2.** a formal dinner —*vt.* to honour with a banquet —*vi.* to dine at a banquet —**ban′queter** *n.*

**banshee** (ban shē′) *n.* [< Ir. *bean*, woman + *sith*, fairy] *Ir. & Scot. Folklore* a female spirit believed to wail outside a house to warn of an impending death in the family

**bantam** (ban′təm) *n.* [< *Bantam,* in Java] **1.** [*often* **B-**] any of various dwarf varieties of breeds of domestic fowl **2.** a small but aggressive person

**bantamweight** *n.* *see* BOXING AND WRESTLING WEIGHTS, table

**banter** (ban′tər) *vt.* [< ?] to tease in a playful way —*vi.* to exchange banter (*with* someone) —*n.* good-natured teasing —**ban′terer** *n.*

**Bantu** (ban′tōō′) *n.,* *pl.* **-tus, -tu** [Bantu *ba-ntu,* mankind] **1.** a group of African languages including the majority of principal languages spoken from the equator to the Cape of Good Hope **2.** [Derog.] a black speaker of a Bantu language

**Bantustan** (ban′tooō stän′) *n.* [BANTU + Per. *stān,* place] [Derog.] in South Africa, black homeland, partially self-governing

**bantubeer** (ban′tōō bēər) *n.* in South Africa, a malted drink of partially fermented and germinated Kaffir corn

**banyan** (ban′yən) *n.* [from a tree of this kind under which the *banians* (Hindu merchants) had built a pagoda] an East Indian fig tree whose branches take root

**baobab** (bā′ō bab′) *n.* [< EAfr. name] a tall tree of Africa and India, characterized by a thick trunk and angular branches

**bap** (bap) *n.* [< ?] [Chiefly Scot.] a soft bread roll

**baptism** (bap′tiz′m) *n.* [< Gr. *baptizein,* immerse] **1.** the rite of admitting a person into a Christian church by dipping him in water or sprinkling water on him **2.** any experience that initiates, tests, etc. —**baptis′mal** *adj.*

**baptism of fire** [see Matt. 3:11] any experience that tests one's courage, strength, etc. for the first time

**Baptist** (bap′tist) *n.* **1.** John the Baptist **2.** a member of a Protestant denomination holding that baptism should be only by immersion

**baptize** (bap tīz′) *vt.* **-tized′, -tiz′ing** **1.** to administer baptism to **2.** to purify; initiate **3.** to christen

**bar**[1] (bär) *n.* [< ML. *barra,* barrier] **1.** any piece of wood, metal, etc. longer than it is wide or thick, often used as a barrier, lever, etc. **2.** an oblong piece [*bar* of soap] **3.** anything that obstructs, hinders, or prevents **4.** a strip, band, or broad line **5.** the part of a law court where prisoners are brought to trial **6.** a law court **7.** lawyers collectively **8.** *a*) a counter at which alcoholic drinks are served *b*) a place with such a counter **9.** a part of a shop that offers a particular service [heel *bar*] **10.** *Heraldry* a horizontal stripe on a shield or bearing **11.** *Music* *a*) any of the vertical lines across a staff *b*) the notes or rests, or both, contained between two such lines —*vt.* **barred, bar′ring** **1.** to fasten as with a bar **2.** to obstruct; close **3.** to oppose; prevent **4.** to exclude **5.** to mark with stripes —*prep.* excluding; excepting [the best, *bar* none] —**be called to the bar** to be admitted as a barrister —**behind bars** in prison

**bar**[2] *n.* [< Gr. *baros,* weight] a unit of pressure

**barb** (bärb) *n.* [< L. *barba,* beard] **1.** a sharp point projecting away from the main point of a fishhook, arrow, etc. **2.** a cutting remark **3.** a beardlike growth near the mouth of certain animals —*vt.* to provide with a barb or barbs —**barbed** *adj.*

**barbarian** (bär bāər′ē ən) *n.* [see BARBAROUS] **1.** a member of a people with a civilization regarded as primitive etc. **2.** a coarse or unmannerly person **3.** a savage, cruel person —*adj.* uncivilized, cruel, rude, etc. —**barbar′ianism** *n.*

**barbaric** (bär bar′ik) *adj.* **1.** uncivilized; primitive **2.** wild, crude, etc. —**barbar′ically** *adv.*

**barbarism** (bär′bər iz′m) *n.* **1.** the state of being primitive or uncivilized **2.** a barbarous act, custom, etc. **3.** *a*) the use of words and expressions not standard in a language *b*) a word or expression of this sort (Ex.: "youse" for "you")

**barbarity** (bär bar′ə tē) *n.,* *pl.* **-ties** **1.** cruel or brutal behaviour **2.** a cruel or brutal act **3.** a crude or coarse taste, manner, etc.

**barbarous** (bär′bər əs) *adj.* [< Gr. *barbaros,* foreign] **1.** uncivilized **2.** crude, coarse, etc. **3.** cruel; brutal **4.** characterized by substandard usages in speaking or writing —**bar′barously** *adv.* —**bar′barousness** *n.*

**Barbary ape** (bär′bə rē) [< area in N. Afr.] a tailless, apelike monkey of North Africa and Gibraltar

**barbecue** (bär′bə kyōō′) *n.* [< Sp. < Haitian *barbacoa,* framework] **1.** a pig, ox, etc. roasted whole over an open fire **2.** any meat grilled over an open fire **3.** a party or picnic at which such meat is served **4.** a portable outdoor grill —*vt.* **-cued′, -cu′ing** to prepare (meat) outdoors by roasting on a spit or over a grill, often with a highly seasoned sauce

**barbed wire** twisted wire with sharp points all along it, used for barriers: also **barb wire**

**barbel** (bär′b'l) *n.* [ult. < L. *barba,* beard] **1.** a threadlike growth from the jaws of certain fishes **2.** a large European freshwater fish with such growths

**barbell** (bär′bel′) *n.* [BAR[1] + (DUMB)BELL] a metal bar to which discs of varying weights are attached at each end, used for weight-lifting exercises: also **bar bell, bar-bell**

**barber** (bär′bər) *n.* [< L. *barba,* beard] a person whose work is cutting hair, shaving and trimming beards, etc. —*vt.* to cut the hair of, shave, etc.

**barberry** (bär′bər ē) *n.,* *pl.* **-ries** [< Ar.

*barbāris*] a spiny shrub with sour, red berries

**barber's pole** a pole with spiral stripes of red and white, a symbol of the barber's trade

**barbican** (bär'bi kən) *n.* [< OFr., prob. < Per.] a fortification at the gate or bridge leading into a town or castle

**barbiturate** (bär bit'yoo rət) *n.* any salt or ester of barbituric acid, used as a sedative or to induce sleep

**barbituric acid** (bär'bə tyoor'ik) [< G. *Barbitursäure*] a crystalline acid, derivatives of which induce sleep

**barcarole, barcarolle** (bär'kə rōl') *n.* [Fr. < It. *barca*, boat] **1.** a song sung by Venetian gondoliers **2.** a piece of music imitating this

**bard** (bärd) *n.* [Gael. & Ir.] **1.** an ancient Celtic poet **2.** any poet —**bard'ic** *adj.*

**bare** (bâər) *adj.* [OE. *bær*] **1.** *a*) without the customary covering [*bare* floors] *b*) without clothing; naked **2.** without equipment or furnishings; empty **3.** simple; plain **4.** mere —*vt.* **bared, bar'ing** to make bare; uncover —**lay bare** to uncover —**bare'ness** *n.*

**bareback** *adv., adj.* on a horse with no saddle

**barefaced** *adj.* **1.** shameless; brazen **2.** unconcealed; open **3.** with the face uncovered —**bare'fac'edly** (-fās'id lē) *adv.* —**bare'fac'edness** *n.*

**barefoot** *adj., adv.* without shoes and stockings —**bare'foot'ed** *adj.*

**bareheaded** *adj., adv.* wearing no hat or other head covering

**barelegged** *adj., adv.* with the legs bare

**barely** *adv.* **1.** only just; scarcely **2.** scantily [*barely* furnished]

**bargain** (bär'gin) *n.* [< OFr. *bargaignier*, to haggle] **1.** something sold at a price favourable to the buyer **2.** a mutual agreement between parties on what should be given or done **3.** such an agreement in terms of its worth to one of the parties [a bad *bargain*] —*vi.* **1.** to haggle **2.** to make a bargain —*vt.* to barter —**bargain for 1.** to try to get cheaply **2.** to expect —**bargain on** to count on —**into the bargain** in addition —**bar'gainer** *n.*

**barge** (bärj) *n.* [< ML. *barga*] **1.** a large, flat-bottomed boat for carrying freight on rivers, etc. **2.** a large pleasure boat, used for pageants, etc. —*vi.* **1.** to move slowly and clumsily **2.** to come or go (*in* or *into*) in a rude, abrupt way **3.** to collide (*into*)

**bargee** (bär jē') *n.* [< *barge*] a man who operates, or works aboard, a barge

**barge pole** a long pole used to propel a barge —**not touch with a barge pole** to refuse to have anything to do with (something or someone)

**bar graph** a graph with parallel bars representing in proportional lengths the figures given in the data

**baritone** (bar'ə tōn') *n.* [< Gr. *barys*, deep + *tonos*, tone] **1.** the range of a male voice between bass and tenor **2.** a singer or instrument with such a range **3.** a part for such a voice or instrument

**barium** (bâər'ē əm) *n.* [< Gr. *barys*, heavy] a silver-white, metallic chemical element: symbol, Ba

**barium meal** a thick mixture containing barium sulphate used for examination of the stomach and intestines

**bark**[1] (bärk) *n.* [ON. *bǫrkr*] the outside covering of trees and woody plants —*vt.* **1.** to take the bark off (a tree) **2.** [Colloq.] to scrape some skin off

**bark**[2] *vi.* [OE. *beorcan*] **1.** to make the sharp, abrupt cry of a dog **2.** to make a sound like this **3.** to speak sharply; snap **4.** [Colloq.] to cough —*vt.* to say with a bark or a shout —*n.* a sound made in barking —**bark up the wrong tree** to misdirect one's attack, energies, etc.

**barley** (bär'lē) *n.* [< OE. *bere*, barley] **1.** a cereal grass **2.** its grain, used in making malts, in soups, etc.

**barleycorn** *n.* barley or a grain of barley

**barley sugar** a clear, hard sweet made by melting sugar, formerly with a barley extract added

**barley water** a drink made by boiling barley in water

**barm** (bärm) *n.* [OE. *beorma*] the foamy yeast that appears on the surface of fermenting malt liquors

**barmaid** (bär'mād') *n.* a waitress who serves alcoholic drinks in a bar

**barman** (bär'mən) *n.* a bartender

**bar mitzvah, bar mizvah** (bär mits'və) [Heb., son of the commandment] [*also* **B- M-**] **1.** a Jewish boy who has arrived at the age of thirteen years **2.** the ceremony celebrating this

**barmy** (bär'mē) *adj.* **-ier, -iest 1.** [Slang] silly; idiotic **2.** full of barm; foamy

**barn** (bärn) *n.* [< OE. *bere*, barley + *ærn*, building] a farm building for sheltering harvested crops, livestock, etc.

**barnacle** (bär'nə k'l) *n.* [< Fr. *bernicle*] **1.** a saltwater shellfish that attaches itself to rocks, ship bottoms, etc. **2.** a person or thing hard to get rid of —**bar'nacled** *adj.*

**barnacle goose** a species of wild goose

**barn dance 1.** a lively country dance **2.** [U.S.] a party, orig. held in a barn, at which people dance square dances

**barney** (bär'nē) *n.* [< ? Dial.] [Colloq.] **1.** a fight **2.** a noisy quarrel

**barn owl** a species of brown and grey owl with a spotted white breast, commonly found in barns

**barnstorm** *vi., vt.* to tour in small towns and rural districts, performing plays —**barn'storm'er** *n.* —**barn'storm'ing** *adj., n.*

**barnyard** *n.* the yard or ground near a barn —*adj.* of, like or fit for a barnyard

**barograph** (bar'ō gräf') *n.* a barometer that records variations in atmospheric pressure automatically

**barometer** (bə rom′ə tər) *n.* [< Gr. *baros,* weight + -METER] **1.** an instrument for measuring atmospheric pressure, used in forecasting the weather or finding height above sea level **2.** anything that indicates change **—barometric** (bar′ō met′rik), **bar′omet′rical** *adj.*

**baron** (bar′ən) *n.* [OFr., man] **1.** a member of the lowest rank of the British hereditary peerage **2.** a European nobleman of like rank **3.** a powerful businessman or industrialist **—bar′oness** *n.fem.* **—baronial** (bə rō′nē əl) *adj.*

**baronet** *n.* a man holding the lowest hereditary British title **—bar′onetcy** *n.*

**baron of beef** a joint of meat consisting of both sides of the back; a double sirloin

**barony** *n., pl.* **-onies** **1.** a baron's domain **2.** the rank or title of a baron

**baroque** (bə rōk′) *adj.* [Fr. < Port. *barroco,* imperfect pearl] **1.** *a*) of a style of art and architecture with much ornamentation and curved lines *b*) of a style of music with highly embellished melodies **2.** of the period in which these styles flourished (c. 1550–1750) **—*n.*** baroque style, baroque art, etc.

**baroscope** (bar′ə skōp′) *n.* [< Gr. *baros,* weight + -SCOPE] an instrument indicating changes in atmospheric pressure **—bar′oscop′ic** (-skop′ik) *adj.*

**barouche** (bə rōōsh′) *n.* [< G. < L. *bi-,* two + *rota,* wheel] a four-wheeled carriage with a collapsible hood and two double seats

**barque, bark** (bärk) *n.* [< Fr. < L. *barca*] **1.** a sailing vessel with two forward masts, and its rear mast rigged fore-and-aft **2.** [Poet.] any boat

**barrack**[1] (bar′ək) *n.* [< Fr. < Sp. *barro,* clay] [*pl., often with sing. v.*] **1.** a building or group of buildings for housing soldiers, etc. **2.** a large, plain building

**barrack**[2] *vi., vt.* [< Abor. *borak,* banter] to shout to encourage or discourage a player, as in cricket **—bar′racking** *n., adj.*

**barracuda** (bar′ə kyōō′də) *n., pl.* **-da, -das** [Sp.] a fierce, pikelike fish of tropical seas

**barrage** (ba′räzh) *n.* [Fr. < *barrer,* to stop] **1.** a curtain of artillery fire laid down to keep enemy forces from moving, etc. **2.** a prolonged attack of words **3.** a man-made barrier in a river **—*vi., vt.*** **-raged, -raging** to lay down a barrage (against)

**barrage balloon** an anchored balloon with cables attached for entangling low-flying attacking aircraft

**barratry** (bar′ə trē) *n.* [< OFr. *barater,* to cheat] fraud or negligence on the part of a ship's officers or crew that results in a loss to the owners

‡**barre** (bär) *n.* [Fr.] the practice bar in a ballet studio

**barrel** (bar′əl) *n.* [< ML. *barillus*] **1.** a large, wooden, cylindrical container with slightly bulging sides and flat ends **2.** any somewhat similar cylinder, drum, etc. as the tube of a gun **3.** a unit of capacity, as in the oil industry, normally equal to 35 Imperial gallons **—*vt.*** **-relled, -rellin** to put in a barrel **—have (someone) ove a barrel** [Slang] to have (someone completely at one's mercy

**barrel organ** a mechanical musica instrument having a revolving cylinde studded with pins which open pipe valve producing a tune

**barrel roll** a complete revolution mad by an aircraft around its longitudinal axi while in flight

**barrel vault** *Archit.* a vault shaped lik half a cylinder

**barren** (bar′ən) *adj.* [< OFr. *baraigne* **1.** that cannot produce offspring **2.** no producing crops or fruit **3.** unproductive unprofitable **4.** dull; boring **—bar′renl** *adv.* **—bar′renness** *n.*

**Barren Grounds** a sparsely-inhabite region of tundras in N Canada: also **Barre Lands**

**barricade** (bar′ə kād′) *n.* [< Fr. *barique* cask] a barrier, esp. one thrown up hastil for defence **—*vt.*** **-cad′ed, -cad′ing** **1** to shut in or keep out with a barricad **2.** to obstruct

**barrier** (bar′ē ər) *n.* [< OFr. *barre,* BAR[1] **1.** an obstruction, as a fence or wall **2** anything that holds apart or separate [racial *barriers*]

**barrier cream** a cream used to protec the skin from dirt, harmful substances, etc

**barrier reef** a long ridge of coral paralle to the coastline, separated from it by a lagoon

**barrister** (bar′is tər) *n.* [< BAR[1]] member of the legal profession qualifie to plead cases in the higher courts

**barrow**[1] (bar′ō) *n.* [< OE. *beran,* to bear] **1.** *same as* WHEELBARROW **2.** a two wheeled handcart, used by street vendors

**barrow**[2] *n.* [OE. *beorg,* hill] a heap o earth or rocks marking an ancient grave

**bar sinister** *same as* BEND SINISTER

**Bart.** Baronet

**barter** (bär′tər) *vi.* [< OFr. *barater,* cheat to trade by exchanging goods or service without using money **—*vt.*** to exchang (goods, etc.) **—*n.*** **1.** the practice o bartering **2.** anything bartered **—bar′ terer** *n.*

**baryon** (bar′ē on′) *n.* [< Gr. *barys,* heavy + (ELECTR)ON] a heavy atomic particle as the proton

**baryta** (bə rīt′ə) *n.* [< ff.] **1.** barium oxide **2.** barium hydroxide **—baryt′ic** (-rit′ik) *adj.*

**barytes** (bə rīt′ēz) *n.* [< Gr. *barys* weighty] a white, crystalline minera composed mainly of barium sulphate

**basal** (bā′s'l) *adj.* **1.** of, at, or forming the base **2.** basic; fundamental **—bas′ ally** *adv.*

**basalt** (bas′ôlt) *n.* [< L. *basaltes,* dark marble] a dark, tough, volcanic rock

**bascule bridge** (bas′kyōōl) [Fr.] a drawbridge counterweighted so that it can be raised and lowered easily

**base**[1] (bās) *n., pl.* **bas′es** [< L. *basis,*

basis] **1.** the thing or part on which something rests; foundation **2.** the main part, as of a system, on which the rest depends **3.** the principal or essential ingredient **4.** a basis **5.** a place of safety in certain games, as rounders **6.** the point of attachment of a part of the body **7.** a centre of operations; headquarters **8.** *Chem.* any compound that reacts with an acid to form a salt **9.** *Geom.* the line or plane upon which a figure is thought of as resting **10.** *Math.* the number which is the foundation of a system of logarithms or numeration —*adj.* forming a base —*vt.* **based, bas'ing** **1.** to make a base for **2.** to put or rest (*on*) as a base **3.** to place (*in* or *at* a base)

**base²** *adj.* [< VL. *bassus,* low] **1.** with little or no honour, courage, etc.; contemptible **2.** menial or degrading **3.** inferior in quality **4.** of comparatively low worth [iron is a *base* metal] —**base'ly** *adv.* —**base'ness** *n.*

**baseball** *n.* a game played, chiefly in the U.S., with a ball and a bat by teams of nine players on a field with four bases

**baseborn** *adj.* **1.** of humble birth or origin **2.** of illegitimate birth **3.** mean or ignoble

**baseless** *adj.* having no basis in fact; unfounded

**base line** **1.** a line serving as a base **2.** *Tennis* the line at the back at either end of a court

**basement** (bās'mənt) *n.* the lowest storey of a building, wholly or partly below ground surface

**basenji** (bə sen'jē) *n.* [Bantu] an African breed of small dog with a reddish-brown coat

**bases¹** (bās'əz) *n. pl. of* BASE¹

**bases²** (bā'sēz) *n. pl. of* BASIS

**bash** (bash) *vt.* [echoic] [Colloq.] to strike with a violent blow; smash (*in* or *into*) —*n.* [Colloq.] a violent blow —**have a bash at** [Slang] to make an attempt at

**bashful** *adj.* [< ABASH] timid, shy, and easily embarrassed —**bash'fully** *adv.* —**bash'fulness** *n.*

**BASIC** (bā'sik) *n.* [*B(eginner's) A(ll-purpose) S(ymbolic) I(nstruction) C(ode)*] a computer language that uses common English terms

**basic** (bā'sik) *adj.* **1.** of or forming a base; fundamental **2.** of a minimum rate [*basic* pay] **3.** *Chem.* of or containing a base —*n.* a basic principle, factor, etc.: *usually used in pl.* —**bas'ically** *adv.*

**Basic English** a copyrighted simplified form of English devised by C. K. Ogden

**basic industry** an industry that is fundamental to a country's economy

**basic slag** a by-product in the manufacture of steel, now widely used as a fertilizer

**basil** (baz''l) *n.* [< Gr. *basilikon,* royal] a fragrant herb used for flavouring

**basilica** (bə sil'i kə) *n.* [< Gr. *basilikē (stoa),* royal (portico)] **1.** in ancient Rome, a rectangular building with colonnaded aisles, used as a courtroom, etc. **2.** a Christian church in this style —**basil'ican** *adj.*

**basilisk** (baz'ə lisk') *n.* [< Gr. *basileus,* king] **1.** a mythical, lizardlike monster with fatal breath and glance **2.** a tropical American lizard with a crest

**basin** (bās''n) *n.* [< VL. *bacca,* water vessel] **1.** a wide, shallow container, as for liquid **2.** a washbowl or sink **3.** any shallow, esp. water-filled, hollow, as a pond **4.** a harbour **5.** all the land drained by a river and its branches **6.** a depression in the earth's surface

**basis** (bā'sis) *n., pl.* **ba'ses** [< Gr., base] **1.** the base or foundation of anything **2.** a principal constituent **3.** a basic principle or theory

**bask** (bāsk) *vi.* [ME. *basken,* wallow] **1.** to warm oneself pleasantly, as in sunlight **2.** to enjoy any pleasant feeling

**basket** (bās'kit) *n.* [ME.] **1.** a container made of interwoven cane, strips of wood, etc. **2.** anything like a basket **3.** the structure hung from a balloon to carry persons, etc. **4.** *Basketball* *a*) the goal, a round, open net hanging from a ring *b*) a score made by tossing the ball through this

**basketball** *n.* **1.** a game played by two teams of five players each, in a zoned floor area: points are scored by tossing a ball through a basket at the opponent's end of the court **2.** the large, round, inflated ball used in this game

**basket chair** a chair that is made of basketwork

**basket weave** a weave of fabrics resembling the weave used in basketwork

**basketwork** *n.* work that is interlaced or woven like a basket

**basking shark** a large shark that feeds on plankton

**Basque** (bask) *n.* **1.** any member of a people living in the W Pyrenees **2.** their unique language —*adj.* of the Basques, their language, etc.

**basque** (bask) *n.* [Fr. < ?] a woman's tightfitting bodice or tunic

**bas-relief** (bas'rə lēf') *n.* [Fr. < It.: see BASSO & RELIEF] sculpture in which figures are carved in a flat surface so that they project only a little

**bass¹** (bās) *n.* [ME. *bas,* low] **1.** the range of the lowest male voice **2.** a singer or instrument with such a range; specif., *same as* DOUBLE BASS —*adj.* of, in, for, or having this range

**bass²** (bas) *n.* [OE. *bærs*] a spiny-finned food and game fish of fresh or salt water

**bass³** (bas) *n. same as* BAST

**bass clef** (bās) *Music* a sign on a staff, indicating the position of F below middle C on the fourth line

**basset** (bas'it) *n.* [< OFr. *bas,* low] a kind of hunting hound with a long body, short legs, and long ears

**basset horn** a rich-toned wind instrument, similar to a clarinet in tone and fingering

**bassinet** (bas'ə net') *n.* [< Fr. *berceau,*

cradle] an infant's basketlike bed, often hooded and on casters

**basso** (bas′ō) *n., pl.* **bas′sos** [It. < VL. *bassus,* low] a bass voice or singer

BASSOON

**bassoon** (bə sōōn′) *n.* [< Fr.] a double-reed woodwind instrument —**bassoon′ist** *n.*

**bass viol** (bās) *same as* VIOLA DA GAMBA

**bast** (bast) *n.* [OE. *bæst*] fibre obtained from phloem, for making ropes, etc.

**bastard** (bas′tərd) *n.* [< OFr.] **1.** a person born of parents not married to each other **2.** anything spurious, inferior, etc. **3.** [Vulg.] one regarded with contempt, pity, etc. or, sometimes, with playful affection **4.** [S.Afr.] a person with mixed white and coloured parents: also **bastaard** —*adj.* **1.** of illegitimate birth or uncertain origin **2.** not genuine or authentic —**bas′tardly** *adj.* —**bas′tardy** *n.*

**bastardize** (bas′tər dīz′) *vt.* **-ized′, -iz′ing** **1.** to make, declare, or show to be a bastard **2.** to make corrupt or inferior —**bas′tardiza′tion** *n.*

**baste**[1] (bāst) *vt.* **bast′ed, bast′ing** [< OHG. *bastjan,* sew with bast] to sew temporarily with long, loose stitches

**baste**[2] *vt.* **bast′ed, bast′ing** [< ?] to moisten (meat) with melted butter, etc. during roasting

**baste**[3] *vt.* **bast′ed, bast′ing** [ON. *beysta*] **1.** to beat soundly **2.** to attack with words; abuse

**bastille, bastile** (bas tēl′) *n.* [Fr.: see BASTION] a prison —**the Bastille** a prison in Paris destroyed (July 14, 1789) in the French Revolution

**bastinado** (bas′tə nā′dō) *n., pl.* **-does** [< Sp. *bastón,* stick] a beating with a stick, usually on the soles of the feet —*vt.* **-doed, -doing** to inflict a bastinado on

**basting** (bās′tiŋ) *n.* **1.** the act of sewing with loose, temporary stitches **2.** such stitches

**bastion** (bas′tē ən) *n.* [Fr. < It. *bastire,* build] **1.** a projection from a fortification **2.** any strong defence or bulwark —**bas′tioned** *adj.*

**bat**[1] (bat) *n.* [< OE. *batt*] **1.** any stout club or stick, esp. one used to strike the ball in cricket and baseball **2.** a disc with a short handle used to strike the ball in table tennis, etc. **3.** a turn at batting **4.** a batsman at cricket **5.** [Colloq.] a blow or hit —*vt.* **bat′ted, bat′ting** to strike with or as with a bat —*vi.* to take a turn at batting —**bat around** [Slang] to travel or roam about —**off one's own bat** without any assistance

**bat**[2] *n.* [< Scand.] a mouselike mammal with a furry body and membranous wings usually seen flying at night —**blind as a bat** quite blind —**have bats in the** (or **one's**) **belfry** [Slang] to be insane; have crazy ideas

**bat**[3] *vt.* **bat′ted, bat′ting** [< OFr. *battre,* beat] [Colloq.] to blink; flutter —**not bat an eye** (or **eyelid**) [Colloq.] **1.** not show surprise **2.** not sleep

**batch** (bach) *n.* [OE. *bacan,* bake] **1.** the quantity of anything needed for or made in one operation or lot **2.** a group of things or persons **3.** the amount (of bread, etc.) produced at one baking

**bate** (bāt) *vt., vi.* **bat′ed, bat′ing** [< ABATE] to abate or lessen —**with bated breath** with the breath held in because of fear, excitement, etc.

**bath** (bäth) *n., pl.* **baths** (bäth*z*) [OE. *bæth*] **1.** a large moulded container in which one washes oneself **2.** [*usually pl.*] a building for bathing or swimming **3.** a washing, esp. of the body, in water **4.** water or other liquid for bathing, or for regulating temperature, etc. **5.** a container for such liquid —*vt.* to wash —*vi.* to take a bath

**Bath chair** (bäth) a wheelchair of a kind used at Bath

**bath cube** a soluble cube that scents or softens water

**bathe** (bā*th*) *vt.* **bathed, bath′ing** [OE. *bathian*] **1.** to put into a liquid; immerse **2.** to wet or moisten **3.** to cover as if with a liquid —*vi.* **1.** to go into or be in water so as to swim, cool oneself, etc. **2.** to soak oneself in something —*n.* a swim or dip

**bathing cap** a tightfitting cap of rubber, etc., worn to keep the hair dry, as while swimming

**bathing suit** a garment worn for swimming

**bathmat** (bäth′mat′) *n.* a mat used next to a bathtub

**bathometer** (bə thom′ə tər) *n.* [< Gr. *bathos,* depth + -METER] an instrument for measuring water depths

**bathos** (bā′thos) *n.* [Gr., depth] **1.** an abrupt change from the lofty to the trivial; anticlimax **2.** false pathos —**bathetic** (bə thet′ik) *adj.* —**bathet′ically** *adv.*

**bathrobe** (bäth′rōb′) *n.* a long, loose coat for wear before or after a bath, swimming, etc.

**bathroom** *n.* a room with a bathtub and usually a toilet, washbasin, etc.

**bath salts** a substance which is added to bath water to scent or soften it

**bathyscaph** (bath′ə skaf′) *n.* [< Gr. *bathys,* deep + *skaphē,* boat] a deep-sea diving compartment

**bathysphere** (bath′ə sfēər′) *n.* [< Gr. *bathys,* deep + SPHERE] a round, watertight observation chamber lowered by cables into sea depths

**batik** (bat′ik) *n.* [Malay] **1.** a method of dyeing designs on cloth by coating with removable wax the parts not to be dyed **2.** cloth so decorated —***adj.*** of or like batik

**batiste** (ba tēst′) ***n.*** [Fr. < supposed original maker, *Baptiste*] a fine, thin cloth of cotton, linen, etc.

**batman** (bat′mən) ***n.*** [< Fr. *bat,* packsaddle] an officer's personal servant

**baton** (bat′ən) ***n.*** [Fr. < VL. hyp. *basto,* stick] **1.** a slender stick used by a conductor in directing an orchestra, choir, etc. **2.** the short rod passed in a relay race **3.** a staff serving as a symbol of office

**batrachian** (bə trā′kē ən) ***adj.*** [< Gr. *batrachos,* frog] of or like amphibians without tails, as frogs and toads —***n.*** an amphibian without a tail

**batsman** (bats′mən) ***n.*** the batter in cricket

**battalion** (bə tal′yən) ***n.*** [< Fr. < VL. *battalia,* BATTLE] **1.** a large group of soldiers arrayed for battle **2.** any large group joined together in some activity

**batten**[1] (bat′n) ***n.*** [var. of BATON] **1.** a sawed strip of wood, etc. **2.** a strip of wood put over a seam between boards as a fastening **3.** a strip used to fasten canvas over a ship's hatchways —***vt.*** to fasten with battens

**batten**[2] ***vi.*** [ON. *batna,* improve] to grow fat; thrive

**batter**[1] (bat′ər) ***vt.*** [< L. *battuere,* beat] **1.** to beat or strike with blow after blow **2.** to injure by pounding, hard wear, or use —***vi.*** to pound noisily

**batter**[2] ***n.*** [< OFr.: see BATTER[1]] a flowing mixture of flour, milk, eggs, etc. esp. for making pancakes

**battered baby** a young child with serious physical injuries caused by a parent or other adult

**battering ram** **1.** an ancient military machine having a heavy beam for battering down walls, etc. **2.** anything used like this

**battery** (bat′ər ē) ***n., pl.*** **-teries** [see BATTER[1]] **1.** a connected group of cells storing an electrical charge and capable of furnishing a current, as in a car, radio, etc. **2.** a group of similar things used together **3.** *Law* any illegal beating of another person: see ASSAULT AND BATTERY **4.** *Mil.* an emplacement or fortification equipped with heavy guns —***adj.*** of poultry or cattle intensively reared in cages

**battle** (bat′l) ***n.*** [< L. *battuere,* to beat] **1.** a large-scale fight between armed forces **2.** armed fighting; combat **3.** any conflict —***vt., vi.*** **-tled, -tling** to oppose, fight, or struggle —**give** (or **do**) **battle** to fight —**bat′tler** ***n.***

**battle-axe** ***n.*** **1.** a heavy axe formerly used as a weapon **2.** [Colloq.] a woman who is harsh, etc.

**battle cruiser** a large warship with longer range and greater speed than a battleship, but less heavily armoured

**battle cry** a cry or slogan used to encourage those in a battle, struggle, contest, etc.

**battledore** (bat′l dôr′) ***n.*** [< ? Pr. *batedor,* beater] a bat or racket used to hit a shuttlecock back and forth in a game (called **battledore and shuttlecock**) like badminton

**battle dress** the standard everyday uniform of a soldier

**battlefield** ***n.*** **1.** the place where a battle is fought or was fought **2.** any area of conflict

BATTLEMENTS

**battlement** (bat′l mənt) ***n.*** [< OFr. *batailler,* fortify] a low wall, as on top of a tower, with open spaces for shooting —**bat′tlement′ed** (-men′tid) ***adj.***

**battle royal** *pl.* **battles royal** a fight involving many contestants; free-for-all

**battleship** ***n.*** a large warship with the biggest guns and very heavy armour

**batty** (bat′ē) ***adj.*** **bat′tier, bat′tiest** [< BAT[2]] [Slang] **1.** insane; crazy **2.** odd; eccentric

**bauble** (bô′b′l) ***n.*** [< OFr. *baubel,* plaything] a showy trinket; trifle

**baulk** (bôk) ***n., vt., vi.*** *same as* BALK

**bauxite** (bôk′sīt) ***n.*** [Fr. < (*Les*) *Baux,* town in France] the claylike ore from which aluminium is obtained

**bawd** (bôd) ***n.*** [< ? OFr. *baud,* licentious] [Now Literary] a person, esp. a woman, who keeps a brothel

**bawdy** (bô′dē) ***adj.*** **-ier, -iest** characterized by references to sex —**bawd′ily** ***adv.*** —**bawd′iness** ***n.***

**bawdyhouse** ***n.*** a house of prostitution

**bawl** (bôl) ***vi., vt.*** [< ML. *baulare,* to bark] **1.** to shout or call out noisily; bellow **2.** to weep loudly —**bawl out** [Slang] to scold angrily

**bay**[1] (bā) ***n.*** [< ML. *baia*] a part of a sea or lake, indenting the shoreline; wide inlet

**bay**[2] ***n.*** [< OFr. *baer,* gape] **1.** *a*) an opening or alcove marked off by columns, etc. *b*) a recess in a wall, as for a window *c*) *same as* BAY WINDOW **2.** a compartment or space: cf. BOMB BAY

**bay**[3] ***vi., vt.*** [< OFr.] to bark (at) in long, deep tones —***n.*** **1.** the sound of baying **2.** the situation of a hunted animal forced to turn and fight —**at bay** **1.** with escape cut off **2.** held off —**bring to bay** to force into a situation that makes escape impossible

**bay**[4] ***n.*** [< L. *baca,* berry] **1.** *same as* LAUREL **2.** [*pl.*] *a*) a wreath of bay leaves given to poets and conquerors *b*) honour; fame

**bay**[5] *adj.* [< L. *badius*] reddish-brown: said esp. of horses —*n.* **1.** a horse of this colour **2.** reddish brown

**bayberry** (bā′bər ē) *n., pl.* **-ries** a tropical American tree yielding an aromatic oil used in bay rum

**bay leaf** the dried leaf of the laurel, used as a herb

**bayonet** (bā′ə nit) *n.* [< Fr. *Bayonne,* in France] a detachable blade put on a rifle muzzle for hand-to-hand fighting —*vt., vi.* **-neted, -neting** to stab or kill with a bayonet

**bay rum** an aromatic liquid formerly obtained from leaves of a bayberry tree: it is used in medicines, etc.

**bay window** a window or set of windows jutting out from the wall of a building

**bazaar** (bə zär′) *n.* [Per. *bāzār*] **1.** in Oriental countries, a market or street of shops **2.** a sale of various articles, usually to raise money for a club, church, etc.

**bazooka** (bə zo̅o̅k′ə) *n.* [term orig. coined for a comic musical horn] a weapon of metal tubing, for aiming and launching electrically fired, armour-piercing rockets

**BB** **1.** Boys' Brigade **2.** double black (of pencil lead)

**BBC** British Broadcasting Corporation

**B.C.** **1.** before Christ **2.** British Columbia

**BCG** [*Bacillus Calmette-Guérin*] anti-tuberculosis vaccine

**B.D.** Bachelor of Divinity

**BDA** British Dental Association

**bdellium** (del′ē əm) *n.* [< Gr. *bdellion,* of Oriental origin] a myrrhlike gum resin

**B.D.S.** Bachelor of Dental Surgery

**be** (bē, bi) *vi.* **was** or **were, been, be′-ing** [OE. *beon*] **1.** to exist; live [Caesar *is* no more] **2.** to happen or occur [the party *is* tonight] **3.** to remain or continue [will he *be* here long?] **4.** to have a place, position, or outlook [the door *is* on your left] Note: *be* is used to link its subject to a predicate complement (Ex.: he *is* brave, that hat *is* ten pounds, let x *be* y) or as an auxiliary: (1) with a past participle to form the passive voice [he will *be* paid] (2) with a past participle to form an archaic perfect tense [Christ *is* risen] (3) with a present participle to express continuation [the motor *is* running] (4) with a present participle or infinitive to express futurity, possibility, obligation, intention, etc. [he *is* going next week, she *is* to wash the dishes] *Be* is conjugated in the present indicative: (I) *am,* (he, she, it) *is,* (we, you, they) *are;* in the past indicative: (I, he, she, it) *was,* (we, you, they) *were* —**be off** go away

**be-** [OE. < *be,* about] *a prefix* meaning: **1.** around [*beset*] **2.** completely; thoroughly [*bedeck*] **3.** away [*bereave*] **4.** about [*bethink*] **5.** make [*besot*] **6.** furnish with; affect by [*becloud*]

**Be** *Chem.* beryllium

**B.E.** Bachelor of Engineering

**beach** (bēch) *n.* [< ?] a sandy shore, esp. one used by swimmers, sunbathers etc. —*vt., vi.* to ground (a boat) on a beach

**beachcomber** *n.* a man who loafs on beaches or wharves, living on what he can beg or find

**beachhead** *n.* a position established by invading troops on an enemy shore

**beacon** (bēk′′n) *n.* [OE. *beacen*] **1.** a signal fire, esp. one on a hill, pole, etc **2.** any light for warning or guiding **3.** a lighthouse **4.** a radio transmitter that sends out signals for guiding aircraft **5.** anything that warns **6.** *same as* BELISHA BEACON —*vt.* to provide or mark with beacons

**bead** (bēd) *n.* [< OE. *biddan,* pray] **1.** a small, usually round piece of glass, wood metal, etc., pierced for stringing **2.** [*pl.*] *a*) a string of beads *b*) a rosary **3.** any small, round object, as the front sight of a rifle **4.** a drop or bubble **5.** foam as on beer **6.** a narrow, half-round moulding —*vt.* to decorate or string with beads —*vi.* to form a bead or beads —**draw a bead on** to take careful aim at —**bead′ed** *adj.*

**beadle** (bē′d′l) *n.* [< OFr.] **1.** in Scotland a church official attending on the minister **2.** formerly, a minor parish officer in the Church of England

**beadsman** (bēdz′mən) *n.* a person who prays for another's soul, esp. one hired to do so

**beady** *adj.* **-ier, -iest** **1.** small, round, and glittering like a bead **2.** decorated with beads

**beagle** (bē′g′l) *n.* [< ? Fr. *bégueule,* wide-throat] a small hound with a smooth coat, short legs, and drooping ears

**beak** (bēk) *n.* [< L. *beccus*] **1.** a bird's bill **2.** the beaklike mouthpart of various insects, etc. **3.** the spout of a jug **4.** the ram projecting from the prow of an ancient warship **5.** [Colloq.] the nose **6.** [Slang] a magistrate or schoolteacher —**beaked** (bēkt) *adj.* —**beak′like′** *adj.*

**beaker** (bē′kər) *n.* [< ON. *bikarr,* cup] **1.** *a*) a goblet *b*) a cup having a wide mouth [a plastic *beaker*] **2.** a jarlike container of glass or metal used by scientists

**Beaker folk** a Bronze Age people named after the bell-shaped beakers found in graves

**beam** (bēm) *n.* [OE.] **1.** a long, thick piece of wood, or of metal or stone used in building **2.** the part of a plough to which the handles, etc. are attached **3.** the crossbar of a balance, or the balance itself **4.** any of the heavy, horizontal crosspieces of a ship **5.** a ship's breadth at its widest point **6.** a slender shaft of light or other radiation, as of X-rays **7.** a radiant look, smile, etc. **8.** a stream of radio or radar signals for guiding aircraft or ships —*vt.* **1.** to give out (shafts of light) **2.** to direct or aim (a radio signal, etc.) —*vi.* **1.** to shine brightly **2.** to smile warmly —**off the beam** **1.** not following a guiding beam, as an aeroplane **2.** [Colloq.] wrong; incorrect —**on the beam** **1.** following a guiding beam, as an aircraft **2.** [Colloq.] working or functioning well —**beam'ing** *adj.*

**beam-ends** (bēm'endz') *n.pl.* the ends of a ship's beams —**on her beam-ends** tipping so far to the side as to be in danger of overturning —**on one's beam-ends** at the end of one's resources, money, etc.

**bean** (bēn) *n.* [OE. *bean*] **1.** a plant of the legume family, with edible, smooth, kidney-shaped seeds **2.** any such seed **3.** a pod with such seeds, eaten as a vegetable when still unripe **4.** any of various beanlike seeds *[coffee beans]* —**full of beans** [Colloq.] lively; ebullient —**not a bean** [Colloq.] no money at all —**spill the beans** [Colloq.] to divulge secret information

**beanbag** *n.* a small cloth bag filled with beans, and thrown in some games

**bean-feast** *n.* **1.** an annual dinner or outing for workers **2.** any celebration

**beano** (bēn'ō) *n.* [Slang] any celebration or party

**bear**[1] (bāər) *vt.* **bore, borne** or **born, bear'ing** [OE. *beran*] **1.** to carry; transport **2.** to have or show *[it bore* his signature*]* **3.** to give birth to **4.** to produce or yield **5.** to support or sustain **6.** to put up with; tolerate *[to bear* pain*]* **7.** to require *[his actions bear* watching*]* **8.** to carry or conduct (oneself) **9.** to carry over or hold *[to bear* a grudge*]* **10.** to bring and tell (a message, etc.) **11.** to move as if carrying *[the* crowd *bore* us along*]* **12.** to give or supply *[to bear* witness*]* —*vi.* **1.** to be productive **2.** to lie, point, or move in a given direction **3.** to have bearing (*on*) *[his story bears* on the crime*]* **4.** to tolerate **5.** to weigh *[grief bears* heavily on her*]* —**bear arms** to serve as a soldier —**bear down 1.** to press down **2.** to make a strong effort —**bear down on 1.** to make a strong effort towards accomplishing **2.** to approach —**bear out** to confirm —**bear up** to endure —**bring to bear on** (or **upon**) to cause to have an effect on

**bear**[2] *n.* [OE. *bera*] **1.** a large, heavy mammal with shaggy fur and a very short tail **2.** [**B-**] either of two N constellations, the **Great Bear** and the **Little Bear** **3.** one who is clumsy, rude, etc. **4.** one who sells shares, in the expectation of buying them later at a lower price —*adj.* falling in price *[a bear* market*]* —**like a bear with a sore head** [Colloq.] bad-tempered

**bearable** *adj.* that can be endured —**bear'ably** *adv.*

**beard** (bēərd) *n.* [OE.] **1.** the hair growing on the lower part of a man's face **2.** any beardlike part, as the awn of certain grains —*vt.* to face or oppose courageously; defy —**beard'ed** *adj.*

**bearer** (bāər'ər) *n.* **1.** a person or thing that bears, carries, or supports **2.** a person presenting a cheque, etc. for payment

**bear garden** any rough, noisy, rowdy place

**bear hug** a tight embrace

**bearing** *n.* **1.** way of carrying and conducting oneself; carriage **2.** a support or supporting part **3.** the act of producing young, fruit, etc. **4.** endurance **5.** *a*) direction or position with reference to some known point, etc. *b*) [*pl.*] awareness of one's position or situation *[to lose one's bearings]* **6.** relevant meaning; application **7.** *Heraldry* any figure in a coat of arms **8.** *Mech.* any part of a machine on which another part revolves, etc. —*adj.* that bears, or supports weight

**bearskin** *n.* **1.** the pelt of a bear **2.** a rug, etc. made of this **3.** a tall fur hat worn as part of a uniform

**beast** (bēst) *n.* [< L. *bestia*] **1.** any large, four-footed animal **2.** a person who is brutal, vile, etc. **3.** qualities like those of an animal

**beastly** *adj.* **-lier, -liest 1.** [Colloq.] disagreeable; unpleasant **2.** of or like a beast; bestial, brutal, etc. —*adv.* [Colloq.] very —**beast'liness** *n.*

**beat** (bēt) *vt.* **beat, beat'en, beat'ing** [OE. *beatan*] **1.** to strike repeatedly **2.** to punish by so striking **3.** to dash repeatedly against **4.** to form (a path, etc.) by repeated treading **5.** to shape by hammering **6.** to mix by stirring; whip **7.** to move (esp. wings) up and down **8.** to drive game out of cover **9.** *a*) to defeat in a contest or struggle *b*) to outdo or surpass **10.** to mark (time) by tapping, etc. **11.** [Colloq.] to baffle or puzzle —*vi.* **1.** to strike repeatedly **2.** to throb, pulsate, etc. **3.** to hunt through woods, etc. for game —*n.* **1.** a beating, as of the heart **2.** any of a series of blows or strokes **3.** a pulsating movement or sound **4.** a habitual route *[a policeman's beat]* **5.** *a*) the unit of musical rhythm *[four beats* to a bar*]* *b*) the accent in the rhythm of verse or music —*adj.* **1.** [Slang] tired out; exhausted **2.** of a group of young persons, esp. of the 1950's, rebelling against conventional attitudes *[the beat* generation*]* —**beat down 1.** to shine with dazzling light and intense heat **2.** to put down; suppress **3.** [Colloq.] to force to a lower price —**beat it!** [Slang] go away! —**beat off** to drive back —**beat up** [Slang] to give a beating to; thrash

**beaten** *adj.* **1.** struck with repeated blows **2.** shaped by hammering **3.** flattened by treading **4.** defeated —**off the beaten track** (or **path**) unusual, unfamiliar, etc.

**beater** *n.* **1.** an implement or utensil for beating **2.** one who drives game from cover in a hunt

**beatific** (bē'ə tif'ik) *adj.* **1.** making blissful or blessed **2.** full of bliss or joy *[a beatific* smile*]*

**beatify** (bē at'ə fī') *vt.* **-fied', -fy'ing** [< Fr. < L. *beatus,* happy + *facere,* make] **1.** to make blissfully happy **2.** *R.C.Ch.* to declare one who has died to be among the blessed in heaven —**beat'ifica'tion** *n.*

**beatitude** (bē at'ə tyōōd') *n.* [< L. *beatus,* happy] perfect blessedness or happiness —**the Beatitudes** the blessings on the meek, the peacemakers, etc. in the Sermon on the Mount: Matt. 5: 3-12

**beatnik** (bēt′nik) *n.* [BEAT + Russ. (via. Yid.) *-nik*] a member of the beat generation

**beau** (bō) *n., pl.* **beaus, beaux** (bōz) [Fr. < L. *bellus,* pretty] **1.** a dandy **2.** [Chiefly U.S.] suitor

**Beaufort scale** (bō′fərt) [< Sir F. *Beaufort*] *Meteorol.* a scale of wind velocities ranging from 0 (calm) to 17 (hurricane)

**Beaujolais** (bō′zhə lā′) *n.* a rich red wine from the region of Beaujolais near Burgundy, France

**beauteous** (byōōt′ē əs) *adj. same as* BEAUTIFUL —**beau′teously** *adv.*

**beautician** (byōō tish′ən) *n.* a person who does facials, manicuring, etc. in a beauty salon

**beautiful** (byōōt′ə fəl) *adj.* having beauty; very pleasing to the eye, ear, mind, etc. —**beau′tifully** *adv.*

**beautify** (byōōt′ə fī′) *vt., vi.* **-fied′, -fy′ing** to make or become beautiful —**beau′tifica′tion** *n.* —**beau′tifi′er** *n.*

**beauty** (byōōt′ē) *n., pl.* **-ties** [< L. *bellus,* pretty] **1.** the quality of being very pleasing, as by colour, form, tone, behaviour, etc. **2.** a thing having this quality **3.** good looks **4.** a very good-looking woman **5.** any attractive feature [that's the *beauty* of it]

**beauty queen** a woman who has won a beauty contest

**beauty salon** (or **shop** or **parlour**) a place where women go for hair styling, manicuring, etc.

**beauty sleep** [Colloq.] **1.** sleep before midnight, popularly thought to be most restful **2.** any extra sleep

**beauty spot** **1.** a tiny black patch formerly applied by women to the face **2.** a natural mark or mole on the skin **3.** any place noted for its beauty

BEAVER
(81-120 cm long, including tail)

**beaver**[1] (bē′vər) *n.* [OE. *beofor*] **1.** a large, amphibious rodent with soft, brown fur, webbed hind feet, and a flat, broad tail **2.** its fur **3.** a hat made of this fur —**beaver away** to work hard and steadily

**beaver**[2] *n.* [< OFr. *bave,* saliva] the chinpiece of a helmet

**be-bop** (bē′bop′) *n. orig. name for* BOP

**becalm** (bi käm′) *vt.* **1.** to make calm **2.** to make (a sailing ship) motionless from lack of wind

**became** (bi kām′) *pt. of* BECOME

**because** (bi kôz′) *conj.* [< ME. *bi,* by + *cause*] for the reason that; since —**because of** on account of

**béchamel** (bāsh′ə mel′) *n.* [Fr. < Louis de *Béchamel*] a rich white sauce

**beck**[1] (bek) *n.* [< BECKON] a beckoning gesture of the hand, etc. —**at the beck and call of** at the service of

**beck**[2] *n.* [< ON. *bekkr,* brook] a little stream, esp. one with a rocky bottom

**beckon** (bek′′n) *vi., vt.* [< OE. *beacen,* beacon] **1.** to summon by a gesture **2.** to attract; lure

**become** (bi kum′) *vi.* **-came′, -come′, -com′ing** [OE. *becuman*] to come or grow to be —*vt.* to be right for or suitable to [that hat *becomes* you] —**become of** to happen to

**becoming** *adj.* **1.** that is suitable or appropriate **2.** suitable to the wearer

**becquerel** (bek′ə rel′) [< A. H. *Becquerel*] the SI unit of activity of a radioactive source

**bed** (bed) *n.* [OE.] **1.** a piece of furniture for sleeping or resting on **2.** any place or thing used for sleeping or reclining **3.** a plot of soil where plants are raised **4.** the bottom of a river, lake, etc. **5.** rock, etc. in which something is embedded **6.** a geological layer —*vt.* **bed′ded, bed′ding** **1.** to provide with a sleeping place **2.** to put to bed **3.** to have sexual intercourse with **4.** to embed **5.** to plant in a bed of earth: also **bed out** **6.** to arrange in layers —*vi.* **1.** to go to bed; rest **2.** to form in layers —**bed and board** sleeping accommodation and meals —**bed down** to prepare and use a sleeping place —**get out of the wrong side of the bed** to be cross or grouchy

**B.Ed.** Bachelor of Education

**bed and breakfast** overnight accommodation and breakfast, as offered by a hotel or boarding house, etc.

**bedaub** (bi dôb′) *vt.* to make daubs on; smear over

**bedbug** (bed′bug′) *n.* a small, wingless, reddish-brown, bloodsucking insect that infests beds, etc.

**bedclothes** *n.pl.* sheets, blankets, quilts, etc. used on a bed

**bedding** *n.* **1.** mattresses and bedclothes **2.** straw, etc., used to bed animals **3.** *Geol.* stratification

**bedding plant** an immature plant bedded out in the garden

**bedeck** (bi dek′) *vt.* to decorate; adorn

**bedevil** (bi dev′′l) *vt.* **-illed, -illing** **1.** to plague; torment **2.** to confuse; muddle —**bedev′ilment** *n.*

**bedew** (bi dyōō′) *vt.* to make wet as with dew

**bedizen** (bi dī′z′n) *vt.* [BE- + Low G. *diesse,* of flax] to dress in a cheap, showy way —**bedi′zenment** *n.*

**bed jacket** a woman's short, loose upper garment sometimes worn in bed over a nightgown

**bedlam** (bed′ləm) *n.* [< (St. Mary of) *Bethlehem,* old insane asylum in London] any place or condition of noise and confusion —**bed′lamite′** (-īt′) *n.*

**bed linen** bed sheets, pillowcases, etc.

**Bedlington terrier** (bed′liŋ t′n) [< town in Northumberland] a woolly-coated terrier resembling a small lamb

**bed of roses** [Colloq.] a situation of ease and luxury

**Bedouin, Beduin** (bed′ōō win) ***n., pl.*** **-ins, -in** [< Fr. < Ar., desert dwellers] [*also* **b-**] **1.** an Arab of the nomadic desert tribes of Arabia, Syria, or N Africa **2.** any wanderer

**bedpan** ***n.*** a shallow pan for use as a toilet by a person confined to bed

**bedraggle** (bi drag′′l) ***vt.*** **-gled, -gling** to make wet, limp, and dirty, as by dragging through mud

**bedridden** (bed′rid′′n) ***adj.*** having to stay in bed, usually for a long period, because of illness, infirmity, etc.

**bedrock** ***n.*** **1.** solid rock beneath the soil and superficial rock **2.** a secure foundation **3.** the very bottom **4.** basic principles

**bedroom** ***n.*** a room to sleep in

**Beds.** Bedfordshire

**bedside** ***n.*** the space beside a bed —***adj.*** **1.** beside a bed **2.** as regards patients [a *bedside* manner]

**bed-sitting room** furnished accommodation consisting of a combined bedroom and sitting room: also **bed′sit′ter, bed′-sit′** ***n.***

**bedsore** ***n.*** a sore on the body of a bedridden person, caused by chafing or pressure

**bedspread** ***n.*** a cover spread over the blankets on a bed, mainly for ornament

**bedstead** (bed′sted′) ***n.*** a framework for supporting the springs and mattress of a bed

**bedstraw** ***n.*** [from its former use as straw for beds] a small plant with white or coloured flowers

**bed-wetting** ***n.*** urinating in bed

**bee**[1] (bē) ***n.*** [OE. *beo*] **1.** a four-winged, hairy insect that gathers pollen and nectar **2.** a busy person —**have a bee in one's bonnet** to be obsessed by an idea

**bee**[2] ***n.*** [< OE. *ben,* service] [U.S.] a meeting of people to work together or to compete [a sewing *bee*]

**beeb** (bēb) ***n.*** [Colloq.] British Broadcasting Corporation

**beebread** (bē′bred′) ***n.*** a yellowish-brown mixture of pollen and honey, made and eaten by some bees

**beech** (bēch) ***adj.*** [OE. *bece*] designating a family of trees including the beeches, oaks, and chestnuts —***n.*** a tree of the beech family, with smooth bark, hard wood, dark-green leaves, and edible nuts —**beech′en** ***adj.***

**beechmast** (-mäst′) ***n.*** beechnuts, esp. as they lie on the ground: also **beech mast**

**beechnut** ***n.*** the small, three-cornered, edible nut of the beech tree

**beef** (bēf) ***n., pl.*** **beeves;** also, and for 4 always, **beefs** [< L. *bos, bovis,* ox] **1.** meat from a full-grown ox, cow, or bull **2.** such an animal, esp. one bred for meat **3.** [Colloq.] muscle or strength **4.** [Slang] a complaint —***vi.*** [Slang] to complain —**beef up** [Colloq.] to strengthen by addition, etc.

**beefeater** (bēf′ēt′ər) ***n.*** **1.** *same as* YEOMAN OF THE GUARD **2.** a guard at the Tower of London

**beef tea** a drink made from beef extract or by boiling lean strips of beef

**beefy** ***adj.*** **-ier, -iest** fleshy and solid; brawny —**beef′iness** ***n.***

**beehive** (bē′hīv′) ***n.*** **1.** a shelter for a colony of bees **2.** a place of great activity

**beekeeper** ***n.*** a person who keeps bees for producing honey —**bee′keep′ing** ***n.***

**beeline** ***n.*** a straight, direct route —**make a beeline for** [Colloq.] to go straight towards

**Beelzebub** (bē el′zə bub′) [< Heb. *Ba'al zebūb,* god of flies] *Bible* the chief devil; Satan

**bee moth** a moth whose larvae, hatched in beehives, eat the wax of the honeycomb

**been** (bēn) *pp. of* BE

**beer** (bēər) ***n.*** [OE. *beor*] **1.** an alcoholic, fermented beverage made from malted barley and hops **2.** a drink of this **3.** a soft drink made from roots, etc.

**beer and skittles** a time of pleasure and amusement

**beergarden** ***n.*** an open-air enclosure where beer and other drinks are served

**beer parlour** [Canad.] a licensed place in which beer is sold to the public

**beery** ***adj.*** **-ier, -iest** **1.** of or like beer **2.** showing the effects of drinking beer —**beer′iness** ***n.***

**beestings** (bēs′tiŋz) ***n.pl.*** [*often with sing. v.*] [OE. *bysting*] the first milk of a cow after having a calf

**beeswax** (bēz′waks′) ***n.*** wax secreted and used by bees to build their honeycomb

**beeswing** (bēz′wiŋ′) ***n.*** a gauzy film that forms in some old wines, esp. port

**beet** (bēt) ***n.*** [< L. *beta*] a plant with edible leaves and a thick, fleshy, white or red root

**beetle**[1] (bēt′′l) ***n.*** [< OE. *bitan,* to bite] an insect with hard front wings that cover the membranous hind wings when these are folded —**beetle off** [Colloq.] to scurry away like a beetle

**beetle**[2] ***n.*** [OE. *betel*] **1.** a heavy, wooden mallet **2.** a household mallet or pestle for mashing or beating

**beetle**[3] ***vi.*** **-tled, -tling** [prob. < ff.] to project or jut; overhang —***adj.*** jutting; overhanging: also **bee′tling**

**beetle-browed** ***adj.*** [ME.] **1.** having bushy or overhanging eyebrows **2.** frowning; scowling

**beetroot** (bēt′root) ***n.*** a variety of beet: its dark red root is eaten as a vegetable

**beet sugar** sugar extracted from sugar beets

**befall** (bi fôl′) ***vi., vt.*** **-fell′, -fall′en, -fall′-ing** [< OE. *be-* + *feallan,* fall] to happen (to)

**befit** (bi fit′) ***vt.*** **-fit′ted, -fit′ting** to be suitable or proper for —**befit′tingly** ***adv.***

**before** (bi fôr′) ***adv.*** [< OE. *be-,* by + *foran,* before] **1.** ahead; in front **2.** in the past; previously **3.** earlier; sooner —***prep.*** **1.** ahead of in time, space, rank, or importance **2.** just in front of **3.** in the sight, presence, etc. of **4.** being considered by [the bill *before* the assembly] **5.** earlier than **6.** in preference to —*conj.* **1.** earlier than the time that **2.** rather than

**before Christ** in the year before the beginning of the Christian Era: it is fixed by counting backwards from 1 A.D.

**beforehand** *adv., adj.* **1.** ahead of time; in advance **2.** in anticipation

**befoul** (bi foul′) *vt.* to dirty or sully; foul

**befriend** (bi frend′) *vt.* to act as a friend to; help

**befuddle** (bi fud′l) *vt.* **-dled, -dling** to confuse or stupefy as with alcoholic drink —**befud′dlement** *n.*

**beg** (beg) *vt.* **begged, beg′ging** [< OFr. *begard,* beggar] **1.** to ask for as charity **2.** to ask for as a kindness or favour —*vi.* **1.** to be a beggar **2.** to entreat —**beg off** to ask to be released from —**go (a-)begging** to be unwanted

**began** (bi gan′) *pt. of* BEGIN

**beget** (bi get′) *vt.* **-got′, -got′ten** or **-got′, -get′ting** [< OE. *begitan,* acquire] **1.** to be the father of **2.** to produce [tyranny *begets* rebellion] —**beget′ter** *n.*

**beggar** (beg′ər) *n.* **1.** a person who begs **2.** a very poor person **3.** [Colloq.] a person; fellow —*vt.* **1.** to make poor **2.** to make seem useless [beauty *beggars* description] —**beg′gardom** *n.* —**beg′garly** *adj.*

**begin** (bi gin′) *vi.* **began′, begun′, begin′ning** [< OE. *beginnan*] **1.** to start doing something **2.** to come into being **3.** to commence **4.** to be or do in the slightest degree [they don't *begin* to compare] —*vt.* **1.** to cause to start **2.** to originate **3.** to be the first part of —**begin′ner** *n.*

**beginner's luck** the exceptional luck that is believed to accompany beginners

**beginning** *n.* **1.** a commencing **2.** the time or place of starting **3.** the first part **4.** [*usually pl.*] an early stage —**beginning of the end** the last stage

**begone** (bi gon′) *interj., vi.* (to) be gone; go away; get out

**begonia** (bi gōn′yə) *n.* [< M. *Bégon*] a plant with showy flowers and ornamental leaves

**begot** (bi got′) *pt. & alt. pp. of* BEGET

**begotten** *alt. pp. of* BEGET

**begrudge** (bi gruj′) *vt.* **-grudged′, -grudg′ing** **1.** to feel resentment at the possession of (something) by another **2.** to give with ill will —**begrudg′ingly** *adv.*

**beguile** (bi gīl′) *vt.* **-guiled′, -guil′ing** **1.** to charm or delight **2.** to pass (time) pleasantly **3.** to mislead by guile **4.** to deprive (*of* or *out of*) by deceit —**beguile′ment** *n.* —**beguil′er** *n.* —**beguil′ingly** *adv.*

**beguine** (bi gēn′) *n.* [< Fr. *béguin,* infatuation] a native dance of Martinique or its music

**begum** (bā′gəm) *n.* [< Hindi *begam,* lady] in India, a Moslem princess or lady of high rank

**begun** (bi gun′) *pp. of* BEGIN

**behalf** (bi hăf′) *n.* [< OE. *be,* by + *healf,* side] support or interest [speak on his *behalf*] —**on behalf of** in the interest of; for

**behave** (bi hāv′) *vt., vi.* **-haved′, -hav′ing** [see BE- & HAVE] **1.** to conduct (oneself or itself) or act in a specified way **2.** to conduct (oneself) properly; do what is right

**behaviour** (bi hāv′yər) *n.* the way a person behaves or acts; conduct —**behav′ioural** *adj.*

**behavioural science** any of the sciences, as sociology, psychology, or anthropology, that study human behaviour

**behaviourism** *n.* the doctrine that observed behaviour provides the only valid data of psychology —**behav′iourist** *n., adj.*

**behead** (bi hed′) *vt.* to cut off the head of

**beheld** (bi held′) *pt. & pp. of* BEHOLD

**behemoth** (bi hē′moth) *n.* [Heb. *behēmāh,* beast] **1.** *Bible* a huge animal, assumed to be the hippopotamus: Job 40:15-24 **2.** any huge animal or thing

**behest** (bi hest′) *n.* [OE. *behæs,* vow] an order, command, or earnest request

**behind** (bi hīnd′) *adv.* [OE. *behindan*] **1.** in or to the rear **2.** in a former time, place, etc. **3.** into a retarded state **4.** into arrears **5.** slow; late —*prep.* **1.** remaining after **2.** at the back of **3.** lower in rank, etc. **4.** later than **5.** on the farther side of **6.** supporting or advocating **7.** hidden by —*adj.* that follows [the person *behind*] —*n.* [Colloq.] the buttocks

**behindhand** *adv., adj.* late or slow in payment, time, or progress

**behold** (bi hōld′) *vt.* **-held′, -held′, -hold′ing** [OE. *bihealdan,* to hold] to look at; regard —*interj.* look! see! —**behold′er** *n.*

**beholden** *adj.* obliged to feel grateful; indebted

**behove** (bi hōv′) *vt.* **-hoved′, -hov′ing** [OE. *behofian,* need] to be necessary or fitting for; incumbent upon [it *behoves* you to do this]

**beige** (bāzh) *n.* [Fr.] **1.** a pale brown sandy colour **2.** a soft, unbleached wool fabric —*adj.* greyish-tan

**being** (bē′iŋ) *n.* [see BE] **1.** existence; life **2.** basic or essential nature **3.** one that lives or exists [a human *being*] —**being as** (or **that**) [Dial. or Colloq.] since; because —**for the time being** for now

**bejewel** (bi jōō′əl) *vt.* **-elled, -elling** to decorate with or as with jewels

**bel** (bel) *n.* [< A.G. *Bell*] *Physics* a unit for comparing two power levels, equal to 10 decibels

**belabour** (bi lā′bər) *vt.* **1.** to beat severely **2.** to attack verbally **3.** *popularly, same as* LABOUR, *vt.*

**belated** (bi lāt′id) *adj.* late or too late; tardy —**belat′edly** *adv.* —**belat′edness** *n.*

**belay** (bi lā′) *vt., vi.* **-layed′, -lay′ing** [< OE. *be-* + *lecgan,* lay] **1.** to make (a rope) secure by winding round a pin (**belaying pin**), cleat, etc. **2.** [Naut. Colloq.] to hold; stop **3.** to secure (a person or thing) by a rope

**belch** (belch) *vi., vt.* [OE. *bealcian*] **1.** to expel (gas) through the mouth from the stomach **2.** to throw forth (its contents) violently [the volcano *belched* flame] —*n.* **1.** a belching **2.** a thing belched

**beldam, beldame** (bel′dəm) *n.* [see BELLE + DAME] [Obs.] an old woman; esp., a hideous old woman

**beleaguer** (bi lē′gər) *vt.* [< Du. *leger,* a camp] **1.** to besiege by encircling **2.** to beset; harass

**belfry** (bel′frē) *n., pl.* **-fries** [< OHG. *bergen,* to protect + *frid,* peace] **1.** a bell tower **2.** the part of a steeple that holds the bell or bells —**bel′fried** *adj.*

**Belial** (bēl′yəl) *n.* [< Heb. *beliya'al,* worthlessness] *Bible* wickedness, personified as Satan

**belie** (bi lī′) *vt.* **-lied′, -ly′ing** **1.** to give a false idea of; misrepresent **2.** to leave unfulfilled **3.** to show to be untrue —**beli′er** *n.*

**belief** (bə lēf′) *n.* [< OE. *geleafa*] **1.** the state of believing **2.** faith, esp. religious faith **3.** trust or confidence **4.** a creed, tenet, etc. **5.** an opinion; expectation

**believe** (bə lēv′) *vt.* **-lieved′, -liev′ing** [< OE. *geliefan*] **1.** to take as true, real, etc. **2.** to have confidence in a statement or promise of **3.** to suppose or think —*vi.* **1.** to have confidence (*in*) **2.** to have religious faith **3.** to suppose or think —**believ′abil′ity** *n.* —**believ′able** *adj.* —**believ′ably** *adv.* —**believ′er** *n.*

**Belisha beacon** (bə lē′shə) [< *Hore-Belisha*] a flashing orange light mounted on a post and marking a pedestrian crossing

**belittle** (bi lit′′l) *vt.* **-tled, -tling** to make seem little, less important, etc. —**belit′tlement** *n.* —**belit′tler** *n.*

**bell**[1] (bel) *n.* [OE. *belle*] **1.** a hollow object, usually cuplike and of metal, which rings when struck **2.** the sound made by a bell **3.** anything shaped like a bell **4.** *Naut.* a bell rung every half hour to mark the periods of the watch —*vt.* to attach a bell to —**bell, book, and candle** instruments used formerly in excommunications in the R.C. Church —**bell the cat** to hazard one's safety for the sake of others —**sound as a bell** in perfect condition

**bell**[2] *n., vi., vt.* [< OE. *bellan*] bellow; roar; bay

**belladonna** (bel′ə don′ə) *n.* [< It., beautiful lady] **1.** a poisonous plant with bell-shaped flowers; deadly nightshade: it yields atropine **2.** atropine

**bell-bottom** *adj.* designating trousers flaring at the ankles: also **bell′-bot′tomed**

**belle** (bel) *n.* [Fr., fem. of BEAU] a pretty woman or girl; often, one who is the prettiest

**belles-lettres** (bel let′rə) *n.pl.* [Fr.] fiction, poetry, drama, etc. as distinguished from technical writings

**bellicose** (bel′ə kōs′) *adj.* [< L. *bellicus,* of war] quarrelsome; warlike —**bel′licose′ly** *adv.* —**bellicosity** (bel′ə kos′ə tē) *n.*

**belligerence** (bə lij′ər əns) *n.* belligerent or aggressively hostile attitude or quality

**belligerent** *adj.* [< L. *bellum,* war + *gerere,* carry on] **1.** showing readiness to fight or quarrel **2.** warlike **3.** of war; of fighting **4.** at war —*n.* a belligerent person or nation —**bellig′erently** *adv.*

**bell jar** a bell-shaped cover made of glass, used to keep gases, moisture, etc. in or out: also **bell glass**

**bell metal** an alloy of copper and tin used in bells

**bellow** (bel′ō) *vi.* [OE. *bylgan*] **1.** to roar as a bull **2.** to cry out loudly, as in anger —*vt.* to utter loudly or powerfully —*n.* a bellowing sound

**bellows** (bel′ōz) *n.sing. & pl.* [see BELLY] **1.** a device that produces a stream of air when its sides are pumped together: used for blowing fires, in pipe organs, etc. **2.** the folding part of some cameras

**bellpull** *n.* a handle or cord pulled to operate a bell

**bellpush** *n.* a button that operates an electric bell

**bellringer** *n.* **1.** a person who rings church bells **2.** a performer on musical handbells

**bellwether** (bel′weth′ər) *n.* a male sheep, usually wearing a bell, that leads the flock

**belly** (bel′ē) *n., pl.* **-lies** [< OE. *belg,* leather bag] **1.** the part of the human body between the chest and thighs; abdomen **2.** the underside of an animal's body **3.** the stomach **4.** the deep interior [the *belly* of a ship] **5.** any part, etc. that curves outwards —*vt., vi.* **-lied, -lying** to swell out; bulge

**bellyache** *n.* pain in the abdomen —*vi.* **-ached′, -ach′ing** [Slang] to complain —**bel′lyach′er** *n.*

**bellybutton** *n.* [Colloq.] the navel: also **belly button**

**belly dance** a dance characterized by a twisting of the abdomen, sinuous hip movements, etc. —**bel′ly-dance′** *vi.* **-danced′, -danc′ing** —**belly dancer**

**belly-flop** *vi.* **-flopped′, -flop′ping** [Colloq.] to dive awkwardly, with the belly striking flat against the water —*n.* such a dive

**bellyful** *n.* **1.** enough or more than enough to eat **2.** [Colloq.] all that one can bear

**belly-landing** *n.* the landing of an aircraft with the undercarriage up, esp. in an emergency

**belly laugh** [Colloq.] a hearty laugh

**belong** (bi lôŋ′) *vi.* [< ME.] **1.** to be owned (with *to*) **2.** to be a member (with *to*) **3.** to be related (*to*) **4.** to have a proper place [it *belongs* here]

**belonging** *n.* **1.** [*pl.*] possessions; property **2.** close relationship; affinity [a sense of *belonging*]

**beloved** (bi luvd′) *adj.* dearly loved —*n.* a dearly loved person

**below** (bi lō′) *adv., adj.* [see BE- & LOW[1]] **1.** in or to a lower place; beneath **2.** in a later place (of a book, etc.) **3.** in hell **4.** on earth **5.** in or to a lesser rank, function, etc. —*prep.* **1.** lower than, as in position, rank, worth, etc. **2.** unworthy of

**belt** (belt) *n.* [< L. *balteus,* belt] **1.** a band of leather, etc., worn about the waist **2.** any encircling thing like this **3.** an endless band for transferring motion from one wheel to another **4.** an area with some distinctive feature **5.** [Slang] a hard blow —*vt.* 1. to encircle or fasten as with a belt 2. to hit hard, as with a belt —*vi.* [Colloq.] to move at high speed —**below the belt** unfair(ly) —**belt up** 1. [Colloq.] to become silent 2. to fasten a safety belt —**tighten one's belt** to live more thriftily —**under one's belt** [Colloq.] as part of one's experience

**beluga** (bə lōō′gə) *n., pl.* **-ga, -gas** [< Russ. *byeli,* white] 1. a large, white sturgeon of the Black and Caspian seas 2. a white whale

**belvedere** (bel′və dēər′) *n.* [It., beautiful view] a summerhouse, or an open, roofed gallery in an upper storey, built to give a view of the scenery

**B.E.M.** British Empire Medal

**bemoan** (bi mōn′) *vt., vi.* to moan about or lament (a loss, grief, etc.) [to *bemoan* one's fate]

**bemuse** (bi myōōz′) *vt.* **-mused′, -mus′ing** [BE- + MUSE] to muddle, confuse, or stupefy —**bemuse′ment** *n.*

**ben**[1] (ben) *n.* [< Gael. *beann,* peak] [Scot. & Ir.] a mountain peak [*Ben* Nevis]

**ben**[2] *adv., prep* [OE. *be-* + *innan,* in] [Scot.] within; inside —*n.* [Scot.] the inner room of a cottage

**bench** (bench) *n.* [OE. *benc*] 1. a long, hard seat for several persons 2. a worktable, esp. for a mechanic, etc. 3. the place where judges sit in a court 4. [*sometimes* **B-**] *a*) the office of a judge *b*) judges collectively *c*) a law court —**on the bench** serving as a judge or magistrate

**bencher** *n. Law* a senior member of the Inns of Court

**bench mark** 1. a surveyor's mark made on a landmark for use as a reference point 2. a standard in judging quality, value, etc. Also **bench′mark′** *n.*

**bend**[1] (bend) *vt.* **bent, bend′ing** [OE. *bendan,* to bind] 1. to force (an object) into a curved or crooked form 2. to turn from a straight line 3. to make (someone) submit 4. to turn or direct (one's attention, etc. *to*) 5. to incline or tend (*to* or *towards*) —*vi.* 1. to turn from a straight line 2. to yield by curving, as from pressure 3. to curve the body; stoop (*over* or *down*) 4. to give in; yield —*n.* 1. a bending or being bent 2. a curving part, as of a river —**round the bend** [Colloq.] crazy, mad, insane, etc.

**bend**[2] *n.* [ME. < prec.] any of various knots used in tying ropes —**the bends** [Colloq.] decompression sickness

**bender** *n.* [Slang] a drinking bout; spree

**bend sinister** *Heraldry* a diagonal band on a coat of arms: a sign of bastardy in the family line

**beneath** (bi nēth′) *adv.* [< OE. *be-* + *neothan,* down] in a lower place; below; underneath —*prep.* 1. lower than; below 2. underneath 3. unworthy of [it is *beneath* him to cheat]

**Benedictine** (ben′ə dik′tin; *for n. 2* -tēn) *adj.* 1. of Saint Benedict 2. of the monastic order based on his teachings —*n.* 1. a Benedictine monk or nun 2. [**b-**] a liqueur, orig. made by Benedictine monks

**benediction** (ben′ə dik′shən) *n.* [< L. *bene,* well + *dicere,* speak] a blessing; esp. one ending a religious service —**ben′e dic′tory** *adj.*

**benefaction** (ben′ə fak′shən) *n.* [< L. *bene,* well + *facere,* do] 1. the act of doing good or helping those in need 2. money or help freely given

**benefactor** (ben′ə fak′tər) *n.* a person who has given help, esp. financial help —**ben′efac′tress** *n.fem.*

**benefice** (ben′ə fis) *n.* [< L. *beneficium,* kindness] 1. an endowed church office providing a living for a vicar, etc. 2. its income —*vt.* **-ficed, -ficing** to provide with a benefice

**beneficence** (bə nef′ə səns) *n.* [see BENEFACTION] 1. the fact or quality of being kind or doing good 2. a charitable act or generous gift —**benef′icent** *adj.*

**beneficial** (ben′ə fish′əl) *adj.* producing benefits; advantageous; favourable —**ben′efi′cially** *adv.*

**beneficiary** (ben′ə fish′ər ē) *n., pl.* **-aries** 1. a person named to receive the income or inheritance from a will, insurance policy, etc. 2. a holder of a benefice —*adj.* holding a benefice

**benefit** (ben′ə fit) *n.* [see BENEFACTION] 1. anything helping to improve conditions; advantage 2. [*often pl.*] payments made by an insurance company, public agency, etc., as during sickness or retirement 3. a public performance, dance, etc. whose proceeds go to help a certain person, cause, etc. —*vt.* **-fited, -fiting** to aid —*vi.* to receive advantage; profit —**give someone the benefit of the doubt** to assume a person is innocent

**benefit of clergy** the exemption which the medieval clergy had from trial except in a church court

**benefit society** *same as* FRIENDLY SOCIETY

**benevolence** (bə nev′ə ləns) *n.* [< L. *bene,* well + *velle,* to wish] 1. an inclination to do good; kindliness 2. a kindly charitable act —**benev′olent** *adj.*

**Bengali** (beŋ gôl′ē) *n.* 1. a native of Bengal 2. the Indo-European, Indic language of Bengal

**Bengal light** (beŋ gôl′) a firework or flare with a steady blue light, used, esp. formerly, as a signal, etc.

**benighted** (bi nīt′id) *adj.* 1. surrounded by darkness 2. intellectually or morally backward

**benign** (bi nīn′) *adj.* [< L. *bene,* well + *genus,* birth] 1. good-natured; kindly 2. favourable; beneficial 3. *Med.* doing little or no harm —**benign′ly** *adv.*

**benignant** (bi nig′nənt) *adj.* [< prec.] 1. kindly or gracious, sometimes in a patronizing way 2. favourable; beneficial —**benig′nancy** *n.*

**benignity** *n., pl.* **-ties** 1. kindliness 2. a kind act

**benison** (ben′ə z′n) *n.* [see BENEDICTION] a blessing; benediction

**bent**[1] (bent) *pt. and pp. of* BEND[1] —*adj.* 1. curved or crooked 2. strongly determined **3.** [Slang] dishonest; corrupt —*n.* **1.** a tendency **2.** a mental leaning; propensity *[a bent* for art*]* —**to** (or **at**) **the top of one's bent** to (or at) the limit of one's ability

**bent**[2] *n.* [OE. *beonot*] any of various wiry, low-growing grasses: also called **bent′grass′**

**Benthamism** (ben′thəm iz′m) *n.* the philosophy of Jeremy Bentham (1748-1832), Brit. economist, which holds that the greatest happiness of the greatest number should be the goal of society

BENTWOOD CHAIR

**bentwood** (bent′wood′) ***adj.*** designating furniture made of wood permanently bent into various forms by heat, moisture, and pressure

**benumb** (bi num′) ***vt.*** **1.** to make numb **2.** to deaden the mind, will, or feelings of

**benzene** (ben′zēn) ***n.*** [< BENZOIN] a flammable, poisonous liquid, obtained from coal tar and used as a solvent

**benzine** (ben′zēn) ***n.*** [< BENZOIN] a colourless, flammable liquid obtained in the distillation of petroleum and used as a motor fuel

**benzoin** (ben′zō in) ***n.*** [< Ar. *lubān jāwi,* incense of Java] the resin from certain tropical Asiatic trees, used in medicine, perfumery, etc. —**benzoic** (ben zō′ik) ***adj.***

**benzol** (ben′zol) ***n.*** *same as* BENZENE

**bequeath** (bi kwēth′) ***vt.*** [< OE. *be-* + *cwethan,* say] **1.** to leave (property) to another by last will and testament **2.** to hand down —**bequeath′able** ***adj.*** —**bequeath′al** ***n.***

**bequest** (bi kwest′) ***n.*** [see prec.] **1.** a bequeathing **2.** anything bequeathed

**berate** (bi rāt′) ***vt.*** **-rat′ed, -rat′ing** [BE- + RATE[2]] to scold or rebuke severely

**Berber** (bur′bər) ***n.*** **1.** any of a Moslem people living in N Africa **2.** their language

**berceuse** (bär sōz′) ***n., pl.*** **-ceuses** (*Fr.* -sōz′) [Fr.] **1.** a lullaby **2.** a piece of instrumental music that has a rocking or lulling effect

**bereave** (bi rēv′) ***vt.*** **-reaved′** or **-reft′** (-reft′), **-reav′ing** [< OE. *be-* + *reafian,* rob] **1.** to deprive: now usually in the pp. (**bereft**) *[bereft* of hope*]* **2.** to leave in a sad or lonely state, as by death —**the bereaved** the survivors of a recently deceased person —**bereave′ment** ***n.***

**beret** (ber′ā) ***n.*** [see BIRETTA] a flat, round cap of felt, wool, etc.

**berg** (burg) ***n.*** *same as* ICEBERG

**bergamot** (bur′gə mot′) ***n.*** [< Fr. < ? Turk. *beg-armûdî,* prince's pear] **1.** a pear-shaped citrus fruit grown in S Europe for its oil, used in perfumery **2.** an aromatic herb

**Bergie** (bur′gē) ***n.*** [< Afrik. *berg,* mountain] [S Afr. Colloq.] a vagabond, esp. one living on the slopes of Table Mountain in the Western Cape of South Africa

**bergwind** (berkh′vənt) ***n.*** in South Africa, a hot, dry wind blowing from the high interior region to the coastal regions

**beriberi** (ber′ē ber′ē) ***n.*** [Singh. *beri,* weakness] a deficiency disease caused by lack of thiamine (vitamin $B_1$) in the diet

**berk** (burk) ***n.*** [< *Berkshire Hunt*] [Slang] a stupid person; fool

**berkelium** (bur′klē əm) ***n.*** [< University of California at *Berkeley*] a radioactive chemical element: symbol, Bk

**Berks.** Berkshire

**Bermuda shorts** (bər myōō′ də) [< island in W Atlantic] short trousers extending to just above the knee

**berry** (ber′ē) ***n., pl.*** **ber′ries** [OE. *berie*] **1.** any small, juicy, fleshy fruit, as a raspberry, etc. **2.** the dry seed of various plants, as a coffee bean **3.** *Bot.* a fleshy fruit with a soft wall and thin skin, as the tomato, etc. —**ber′rylike′** ***adj.***

**berserk** (bər surk′) ***adj., adv.*** [< ON. *ber,* a bear + *serkr,* coat] in or into a state of violent rage or frenzy —***n.*** *Norse Legend* a frenzied warrior: also **berserk′er**

**berth** (burth) ***n.*** [< base of BEAR[1]] **1.** a built-in bed or bunk on a ship, train, etc. **2.** *Naut. a)* space to keep clear of another ship, etc. *b)* space for anchoring *c)* a place of anchorage **3.** a position, job, etc. —***vt.*** to put into or furnish with a berth —***vi.*** to occupy a berth —**give a wide berth to** to stay well away from

**beryl** (ber′əl) ***n.*** [< Gr. *bēryllos*] beryllium aluminium silicate, a very hard, crystalline mineral: emerald and aquamarine are two gem varieties of beryl

**beryllium** (bə ril′ē əm) ***n.*** [< prec.] a hard, rare, metallic chemical element: symbol, Be

**beseech** (bi sēch′) ***vt.*** **-sought′** or **-seeched′, -seech′ing** [see BE- & SEEK] **1.** to ask (someone) earnestly; implore **2.** to ask for earnestly —**beseech′ingly** ***adv.***

**beset** (bi set′) ***vt.*** **-set′, -set′ting** [see BE- & SET] **1.** to attack from all sides; harass **2.** to surround **3.** to set thickly with —**beset′ment** ***n.***

**besetting** ***adj.*** constantly harassing or attacking

**beside** (bi sīd′) ***prep.*** [OE. *bi sidan*] **1.** at the side of; near **2.** in comparison with **3.** in addition to; besides **4.** other than; aside from **5.** not pertinent to *[beside* the point*]* —**beside oneself** wild with fear, rage, etc.

**besides** ***adv.*** **1.** in addition **2.** except for that mentioned **3.** moreover —***prep.*** **1.** in addition to **2.** other than

**besiege** (bi sēj′) ***vt.*** **-sieged′, -sieg′ing**

[ME. < *be-* + *segen,* to lay siege to] **1.** to hem in with armed forces **2.** to close in on **3.** to overwhelm *[besieged* with queries*]* —**besieg'er** *n.*

**besmirch** (bi smurch') *vt.* [BE- + SMIRCH] **1.** to make dirty; soil **2.** to bring dishonour to; sully

**besom** (bē'zəm) *n.* [< OE. *besma,* broom] a broom, esp. one made of twigs tied to a handle

**besot** (bi sot') *vt.* **-sot'ted, -sot'ting 1.** to stupefy, as with alcoholic drink **2.** to make silly —**besot'ted** *adj.*

**besought** (bi sôt') *alt. pt. and pp. of* BESEECH

**bespangle** (bi spaŋ'g'l) *vt.* **-gled, -gling** to cover with or as with spangles

**bespatter** (bi spat'ər) *vt.* to spatter, as with mud or slander; soil or sully by spattering

**bespeak** (bi spēk') *vt.* **-spoke'** (-spōk'), **-spo'ken** or **-spoke', -speak'ing 1.** to speak for or engage in advance **2.** to be indicative of; show **3.** to foreshadow

**bespectacled** (bi spek'tə k'ld) *adj.* wearing eyeglasses

**bespoke** (bi spōk') *pl. and alt. pp. of* BESPEAK —*adj.* custom-made; making or made to order

**Bessemer process** (bes'ə mər) [< Sir H. *Bessemer*] a method of making steel by blasting air through molten pig iron in a large container (**Bessemer converter**) to burn away impurities

**best** (best) *adj. superl. of* GOOD [OE. *betst*] **1.** of the most excellent sort **2.** most suitable, etc. **3.** largest *[the best* part of an hour*]* —*adv. superl. of* WELL[2] **1.** in the most excellent or suitable manner **2.** in the highest degree —*n.* **1.** the person or people, thing, action, etc. of the greatest excellence, worth, etc. **2.** the utmost **3.** one's finest clothes —*vt.* to defeat or outdo —**all for the best** turning out to be fortunate after all —**as best one can** as well as one can —**at best** under the most favourable conditions —**at one's best** in one's best mood, form, health, etc. —**had best** ought to —**make the best of** to do as well as one can with

**bestial** (bes'tē əl) *adj.* [< LL. *bestialis*] like a beast; savage, vile, etc. —**bestiality** (bes'tē al'ə tē) *n.* —**bes'tially** *adv.*

**bestiary** (bes'tē ər ē) *n., pl.* **-aries** [< L. *bestia,* beast] a type of medieval natural history book with moralistic or religious fables about animals

**bestir** (bi stur') *vt.* **-stirred', -stir'ring** to stir to action; exert or busy (oneself)

**best man** the principal attendant of the bridegroom at a wedding

**bestow** (bi stō') *vt.* [see BE- & STOW] **1.** to give as a gift (often with *on* or *upon*) **2.** to apply; devote —**bestow'al** *n.*

**bestrew** (bi strōō') *vt.* **-strewed', -strewed'** or **-strewn', -strew'ing 1.** to cover over (a surface); strew **2.** to scatter or lie scattered over or about

**bestride** (bi strīd') *vt.* **-strode'** (-strōd'), **-strid'den** (-strid''n), **-strid'ing 1.** to sit on, mount, or stand over with a leg on each side **2.** [Archaic] to stride over

**best seller** a book, gramophone record, etc. currently outselling most others

**bet** (bet) *n.* [prob. < ABET] **1.** an agreement between two persons that the one proved wrong about the outcome of something will do or pay what is stipulated; wager **2.** the thing or sum thus staked —*vt.* **bet** or **bet'ted, bet'ting 1.** to declare in or as in a bet **2.** to stake (money, etc.) in a bet **3.** to wager with (someone) —*vi.* to make a bet —**you bet (you)!** [Colloq.] certainly!

**beta** (bēt'ə) *n.* **1.** the second letter of the Greek alphabet (B, *β*) **2.** the second of a group or series

**betake** (bi tāk') *vt.* **-took', -tak'en, -tak'ing** to go (used reflexively) *[he betook* himself to his castle*]*

**beta particle** an electron or positron ejected from the nucleus of an atom during radioactive disintegration

**betatron** (bēt'ə tron') *n.* [BETA & ELECTRON] an electron accelerator that uses a rapidly changing magnetic field to accelerate the particles to high velocities

**betel** (bēt''l) *n.* [Port. < Malay] a tropical Asian climbing plant whose leaf is chewed by some Asians

**betel nut** the fruit of the betel palm, chewed together with lime and leaves of the betel (plant) by some Asians

**betel palm** a palm grown in SE Asia

**bête noire** (bāt'nwär') *pl.* **bêtes noires** (bāt'nwär') [Fr.] a person or thing feared, disliked, and avoided

**bethel** (beth'əl) *n.* [< Heb. *bēth 'ēl,* house of God] a place of worship esp. for seamen

**bethink** (bi thiŋk') *vt.* **-thought', -think'ing** to bring (oneself) to think of, consider, or recollect; remind (oneself)

**betide** (bi tīd') *vi., vt.* **-tid'ed, -tid'ing** [< BE- + OE. *tid,* time] to happen (to); befall

**betimes** (bi tīmz') *adv.* [ME. < *bi-,* by & TIME] early or early enough

**betoken** (bi tō'k'n) *vt.* [< ME. *be-* & TOKEN] **1.** to be a token or sign of; show **2.** to show beforehand

**betony** (bet'ə nē) *n.* [< L. *betonica*] a plant formerly used for dyeing and in medicine

**betray** (bi trā') *vt.* [ult. < *tradere,* to hand over] **1.** to help the enemy of (one's country, etc.) **2.** to fail to uphold *[to betray* a trust*]* **3.** to lead astray; specif., to seduce and then desert **4.** to reveal unknowingly **5.** to reveal or show signs of —**betray'al** *n.* —**betray'er** *n.*

**betroth** (bi trōth') *vt.* [< ME. < *be-* + OE. *treowth,* truth] to promise in marriage —**betroth'al** *n.*

**betrothed** *adj.* engaged to be married —*n.* the person to whom one is betrothed

**betted** (bet'id) *alt. pt. and pp. of* BET

**better** (bet'ər) *adj. compar. of* GOOD [< OE. *betera*] **1.** superior **2.** more suitable, etc. **3.** larger *[the better* part of an hour*]* **4.** improved in health —*adv. compar. of* WELL[2] **1.** in a more excellent or more suitable manner **2.** in a higher degree —*n.* **1.** a person superior in authority, position, etc. **2.** the thing, condition, etc. that is more excellent, etc. —*vt.* **1.** to surpass **2.** to improve —**better off** in more favourable circumstances, esp. financially —**get** (or **have**) **the better of 1.** to outdo **2.** to outwit —**had better** would be wise; ought to

**better half** [Colloq.] one's wife or one's husband

**betterment** *n.* a being made better; improvement

**betting shop** a licensed off-course bookmaker's premises

**bettor, better** *n.* a person who bets

**between** (bi twēn′) *prep.* [< OE. *be,* by + *tweon(um),* by twos] **1.** in the space, time, etc. that separates (two things) **2.** that connects [a bond *between* friends] **3.** by the joint action of **4.** in or into the combined possession of [they had fifty pounds *between* them] **5.** from one or the other of [choose *between* love and duty] —*adv.* in an intermediate space, position, or function —**between ourselves** in confidence; as a secret: also **between you and me** —**in between** in an intermediate position

**betweentimes** *adv.* in the intervals: also **between′whiles′**

**betwixt** (bi twikst′) *prep., adv.* [OE. *betwix*] between: now archaic except in **betwixt and between,** neither altogether one nor altogether the other

**bevel** (bev′l) *n.* [< ?] **1.** a tool that is a rule with a movable arm, for measuring or marking angles, etc.: also **bevel square 2.** a sloping edge between parallel surfaces —*adj.* sloped; bevelled —*vt.* **-elled, -elling** to cut to an angle other than a right angle —*vi.* to slope at an angle

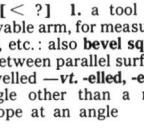

BEVEL GEAR

**bevel gear** a gearwheel meshed with another so that their shafts are at an angle

**beverage** (bev′ər ij) *n.* [< L. *bibere,* imbibe] any liquid for drinking, esp. other than plain water

**beverage room** [Canad.] *same as* BEER PARLOUR

**bevy** (bev′ē) *n., pl.* **bev′ies** [< ?] **1.** a group, esp. of girls or women **2.** a flock: now chiefly of quail

**bewail** (bi wāl′) *vt.* to wail over or complain about; lament; mourn

**beware** (bi wâər′) *vi., vt.* [prob. < OE. *be-* + *warian,* be wary] to be wary (of); be on one's guard (against)

**bewilder** (bi wil′dər) *vt.* [BE- + archaic *wilder,* lose one's way] to confuse hopelessly, as by something complicated; befuddle; puzzle —**bewil′dered** *adj.* —**bewil′dering** *adj.* —**bewil′derment** *n.*

**bewitch** (bi wich′) *vt.* [< OE. *wicca,* witch] **1.** to fascinate **2.** to cast a spell over —**bewitch′ing** *adj.*

**bey** (bā) *n.* [Turk.] **1.** in the Ottoman Empire, the governor of a Turkish province **2.** a Turkish title of respect and former title of rank

**beyond** (bi yond′) *prep.* [< OE. *be-* + *geond,* yonder] **1.** farther on than **2.** later than **3.** outside the reach of [*beyond* help] **4.** more or better than —*adv.* **1.** farther away **2.** in addition —**the (great) beyond** whatever follows death

**bezel** (bez′l) *n.* [< OFr.] **1.** a sloping, cutting edge as of a chisel **2.** a slanting face of a cut jewel **3.** the groove and flange holding a watch crystal in place

**bezique** (bi zēk′) *n.* [Fr. *bésigue*] a card game for two players

**B/F, b.f.** brought forward

**b.f.** bloody fool

**BFPO** British Forces Post Office

**B′ham** Birmingham

**bhang** (baŋ) *n.* [Hindi < Sans. *bhangā*] **1.** the hemp plant **2.** its dried leaves and flowers which have intoxicating properties

**bhindi** (bin′dē) *n.* [Hindi] *Indian name for* okra

**b.h.p.** brake horsepower

**bi-** (bī) [L.] *a prefix meaning:* **1.** having two **2.** doubly **3.** happening every two **4.** happening twice during every **5.** using two or both **6.** joining or involving two **7.** *Chem.* having twice as many atoms or chemical equivalents as the other constituent of the compound [sodium *bicarbonate*]

**Bi** *Chem.* bismuth

**biannual** (bī an′yoo wəl) *adj.* coming twice a year; semiannual: see also BIENNIAL —**bian′nually** *adv.*

**bias** (bī′əs) *n., pl.* **bi′ases** [Fr. *biais,* slant] **1.** a mental leaning; prejudice; bent **2.** a slanting or diagonal line, cut or sewn across the weave of cloth **3.** *Bowls* the weight in the side of the ball that causes it to roll in a curve —*adj.* slanting; diagonal —*adv.* diagonally —*vt.* **-ased** or **-assed, -asing** or **-assing** to cause to have a bias; prejudice —**on the bias** diagonally

**bias binding** a strip of material cut on the bias and used for binding hems or for decoration

**biaxial** (bī ak′sē əl) *adj.* having two axes, as some crystals —**biax′ially** *adv.*

**bib**[1] (bib) *n.* [< L. *bibere,* drink] **1.** an apronlike cloth tied under a child's chin at meals **2.** the front upper part of an apron or overalls

**bib**[2] (bib) *n.* [< ?] a food fish related to the cod, found in the North Sea and the Arctic

**bibcock** (bib′kok′) *n.* a tap whose nozzle is bent downwards

‡**bibelot** (bib′lō) *n.* [< OFr. *belbel,* bauble] a small object whose value lies in its beauty or rarity

**Bibl., bibl.** **1.** Biblical **2.** bibliographical

**Bible** (bī′b′l) *n.* [< Gr. *biblos,* papyrus] **1.** the sacred book of Christianity; Old Testament and New Testament **2.** [**b-**] any book regarded as authoritative —**Biblical** (bib′li k′l) *adj.*

**Bible-thumper** *n.* a clergyman or other person who is a vigorous exponent of his beliefs

**biblio-** [< Gr. *biblion*] *a combining form meaning:* **1.** book; of books *[bibliophile]* **2.** of the Bible

**bibliography** (bib′lē og′rə fē) *n., pl.* **-phies** [see BIBLE & -GRAPHY] **1.** a list of writings on a given subject, by a given author, etc. **2.** a list of the books, articles, etc. referred to by an author **3.** the study of the editions, dates, authorship, etc. of books and other writings —**bib′liog′rapher** *n.* —**bib′liograph′ic** (-ə graf′ik), **bib′liograph′ical** *adj.* —**bib′liograph′ically** *adv.*

**bibliomania** (bib′lē ə mā′nē ə) *n.* [BIBLIO- + -MANIA] a craze for collecting books, esp. rare ones —**bib′liomane′** *n.* —**bib′liomā′niac** *n., adj.*

**bibliophile** (bib′lē ə fīl′) *n.* [BIBLIO- + -PHILE] **1.** one who loves or admires books **2.** a book collector Also **bib′liophil′**(-fil′), **bibliophilist** (bib′lē of′ə list) —**bib′liophil′ic** (-ə fil′ik) *adj.*

**bibulous** (bib′yoo ləs) *adj.* [< L. *bibere,* drink] **1.** highly absorbent **2.** addicted to or fond of alcoholic drink

**bicameral** (bī kam′ər əl) *adj.* [< BI- + L. *camera,* chamber] having two legislative chambers

**bicarb** (bī′kärb′) *n.* [Colloq.] *short for* SODIUM BICARBONATE

**bicarbonate** (bī kär′bə nit) *n.* an acid salt of carbonic acid containing the radical $HCO_3$

**bicarbonate of soda** *same as* SODIUM BICARBONATE

**bicentenary** (bī′sen tēn′ər ē) *adj., n., pl.* **-naries** *same as* BICENTENNIAL

**bicentennial** (bī′sen ten′ē əl) *adj.* **1.** happening once in a period of 200 years **2.** lasting for 200 years —*n.* a 200th anniversary or its celebration

**biceps** (bī′seps) *n., pl.* **-ceps** [L. < *bis,* two + *caput,* head] a muscle having two points of origin; esp., the large muscle in the front of the upper arm

**bicker** (bik′ər) *vi.* [ME. *bikeren*] to have a petty quarrel; squabble —*n.* a petty quarrel —**bick′erer** *n.*

**bicolour** (bī′kul′ər) *adj.* of two colours: also **bi′col′oured**

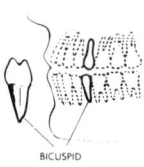

BICUSPID

**bicuspid** (bī kus′pid) *adj.* [< BI- + L. *cuspis,* pointed end] having two points: —*n.* any of eight adult teeth with two-pointed crowns

**bicycle** (bī′si k′l) *n.* [Fr.: see BI- & CYCLE] a vehicle consisting of a metal frame mounted on two wheels, one behind the other, and equipped with handlebars, a saddlelike seat and foot pedals —*vi., vt.* **-cled, -cling** to ride on a bicycle —**bi′cyclist, bi′cycler** *n.*

**bid** (bid) *vt.* **bade** or **bid, bid′den** or **bid, bid′ding** [< OE. *biddan,* urge & OE. *beodan,* command] **1.** to offer (a certain amount) as the price that one will pay or accept **2.** to express in greeting or taking leave *[to bid* farewell*]* **3.** to command, ask, or tell **4.** to declare openly **5.** *Card Games* to state (the number of tricks one expects to take) and declare (trumps) —*vi.* to make a bid —*n.* **1.** a bidding of an amount **2.** the amount bid **3.** a chance to bid **4.** an attempt or try **5.** *Card Games* the act of bidding —**bid fair** to seem likely —**bid′der** *n.*

**biddable** *adj.* **1.** obedient; docile **2.** worth bidding on *[a biddable* bridge hand*]*

**bidding** *n.* **1.** a command or request **2.** an invitation or summons **3.** the bids in a card game or auction

**biddy** (bid′ē) *n., pl.* **-dies** **1.** a hen **2.** [Slang] a woman, esp. an elderly, gossipy one

**bide** (bīd) *vi.* **bode** or **bid′ed, bid′ed, bid′ing** [OE. *bidan*] [Archaic or Dial.] **1.** to continue **2.** to dwell **3.** to wait —*vt.* [Archaic or Dial.] to endure —**bide one's time** *pt.* **bid′ed** to wait patiently for an opportunity

**bidet** (bē′dā) *n.* [Fr.] a low, bowl-shaped bathroom fixture with running water, used for washing the genitals

**biennial** (bī en′ē əl) *adj.* [< L. *bis,* twice + *annus,* year] **1.** happening every two years **2.** lasting for two years —*n. Bot.* a plant that lasts two years, usually producing flowers and seed the second year

**bier** (bēər) *n.* [OE. *bær,* bed] a portable framework on which a coffin or corpse is placed

**biff** (bif) *n.* [prob. echoic] [Colloq.] a blow; strike; hit —*vt.* [Colloq.] to strike; hit

**bifid** (bī′fid) *adj.* [< L. *bis,* twice + *findere,* cleave] divided into two equal parts by a cleft —**bifid′ity** *n.*

**bifocal** (bī fō′k′l) *adj.* adjusted to two different focal lengths —*n.* a lens with one part ground to adjust the eyes for close focus, and the rest ground for distant focus

**bifocals** *n.pl.* a pair of glasses with bifocal lenses

**bifurcate** (bī′fər kāt′; *for adj. also* -kit) *adj.* [< L. *bi-* + *furca,* fork] having two branches —*vt., vi.* **-cat′ed, -cat′ing** to divide into two branches —**bi′furca′tion** *n.*

**big** (big) *adj.* **big′ger, big′gest** [ME. < ?] **1.** of great size, extent, force, etc. **2.** *a)* full-grown *b)* elder *[his big* sister*]* **3.** loud **4.** important or outstanding **5.** boastful; ambitious *[big* talk*]* **6.** noble *[a big* heart*]* —*adv.* [Colloq.] **1.**

boastfully *[to talk big]* **2.** impressively **3.** showing imagination *[think big!]* **—too big for one's boots** pompous; conceited **—big'ness** ***n.***

**bigamy** (big'əmē) ***n., pl.*** **-mies** [< L. *bis,* twice + Gr. *gamos,* marriage] the act of marrying a second time while a previous marriage is still legally in effect **—big'amist** ***n.*** **—big'amous** ***adj.*** **—big'amously** ***adv.***

**Big Brother** [< G. Orwell's *1984*] a person or organization with total control over others, esp. of a dictatorial nature

**big end** the crankpin end of a connecting rod at its point of attachment in an internal-combustion engine

**big game** large wild animals hunted for sport, as lions, etc.

**bighearted** (big'här'tid) ***adj.*** generous or magnanimous **—big'heart'edly** ***adv.***

**bight** (bīt) ***n.*** [ME. *byht*] **1.** a loop or slack part in a rope **2.** *a*) a curve in a river, coastline, etc. *b*) a bay formed by such a curve

**big money** [Colloq.] very high pay or large profit

**bignonia** (big nō'nē ə) ***n.*** [< Abbé *Bignon*] a tropical American plant

**bigot** (big'ət) ***n.*** [< OFr.] a narrow-minded person who is intolerant of other creeds, opinions, races, etc. **—big'oted** ***adj.*** **—big'otedly** ***adv.*** **—big'otry** ***n.***

**big shot** [Chiefly U.S. Slang] an important, influential person: also **big noise, big wheel,** etc.

**big stick** [< use of term by T. Roosevelt] [also **B-S-**] a policy of acting or negotiating from a position backed by a show of strength

**big time** [Colloq.] the highest level in any profession, etc. **—big'-time'** ***adj.***

**big top** [Colloq.] the main tent of a circus

**bigwig** (big'wig') ***n.*** [Colloq.] a person of great importance or influence

**bijou** (bē'zhōō) ***n., pl.*** **-joux** (-zhōōz) [Fr.] **1.** a jewel **2.** an exquisite trinket

**bike** (bīk) ***n., vt., vi.*** **biked, bik'ing** [< BICYCLE] [Colloq.] **1.** bicycle **2.** motorcycle

**bikini** (bi kē'nē) ***n.*** [< *Bikini,* atoll in the Marshall Islands] a brief two-piece bathing suit for women

**bilateral** (bī lat'ər əl) ***adj.*** [BI- + LATERAL] **1.** of, on, or having two sides, factions, etc. **2.** affecting both sides equally **3.** symmetrical on both sides of an axis **—bilat'eralism** ***n.***

**bilberry** (bil'bər ē) ***n., pl.*** **-ries** [ult. < ON. *bollr,* BALL[1] + *ber,* berry] **1.** a European plant having edible blue or blackish berries **2.** the berry: also called **blaeberry, whortleberry**

**bile** (bīl) ***n.*** [< L. *bilis*] **1.** the bitter, greenish fluid secreted by the liver and found in the gall bladder: it helps in digestion **2.** [< ancient belief in bile as the humour causing anger] bitterness of spirit; anger

**bilge** (bilj) ***n.*** [var. of BULGE] **1.** the rounded, lower part of a ship's hold **2.** stagnant, dirty water that gathers there: also **bilge water** **3.** [Slang] worthless talk or writing **—*vt.*** **bilged, bilg'ing** to break open in the bilge: said of a ship **—*vi.*** to spring a leak in the bilge

**biliary** (bil'yər ē) ***adj.*** **1.** of or involving the bile **2.** bile-carrying **3.** bilious

**bilingual** (bī liŋ'gwəl) ***adj.*** [< L. *bis,* two + *lingua,* tongue] **1.** of or in two languages **2.** capable of using two languages, esp. with equal facility **—*n.*** a bilingual person **—bilin'gually** ***adv.***

**bilingualism** ***n.*** **1.** the ability to use two languages **2.** [Canad.] the government's official policy of using both French and English in its communications with the public

**bilious** (bil'yəs) ***adj.*** **1.** of the bile **2.** having or resulting from some ailment of the bile or the liver **3.** bad-tempered **—bil'iously** ***adv.*** **—bil'iousness** ***n.***

**bilk** (bilk) ***vt.*** [? < BALK] **1.** to cheat or swindle **2.** to elude **—*n.*** a bilking or being bilked **—bilk'er** ***n.***

**bill[1]** (bil) ***n.*** [< L. *bulla,* knob] **1.** a statement of charges for goods or services **2.** a list, as a menu, theatre programme, etc. **3.** a poster or handbill, esp. one announcing a circus, etc. **4.** a draft of a law proposed to a lawmaking body **5.** a bill of exchange **6.** any promissory note **7.** [U.S.] a bank note **8.** *Law* a declaration of certain facts in legal proceedings **—*vt.*** **1.** to make out a bill of (items) **2.** to present a statement of charges to **3.** *a*) to advertise by bills *b*) to book (a performer) **—fill the bill** [Colloq.] to meet the requirements

**bill[2]** ***n.*** [OE. *bile*] **1.** a bird's beak **2.** a narrow promontory **—*vi.*** **1.** to touch bills together **2.** to caress lovingly: now only in **bill and coo,** to kiss, talk softly, etc. in a loving way

**bill[3]** ***n.*** [OE. *bill*] an ancient weapon having a hook-shaped blade with a spike at the back

**billabong** (bil'ə boŋ') ***n.*** [Abor. < *billa,* water] in Australia, a backwater channel that forms a lagoon or pool

**billboard** (bil'bôrd') ***n.*** [U.S.] a hoarding

**billet[1]** (bil'it) ***n.*** [see BILL[1]] **1.** *a*) a written order to provide lodging for military personnel, as in private buildings *b*) the quarters thus occupied **2.** a position or job **—*vt.*** to assign to lodging by billet

**billet[2]** ***n.*** [< OFr. *bille,* tree trunk] **1.** a short, thick piece of firewood **2.** an unfinished metal bar

**billet-doux** (bil'ē dōō') ***n., pl.*** **billets-doux** (bil'ē dōōz') [Fr.] a love letter

**billhead** (bil'hed') ***n.*** a letterhead used for statements of charges

**billhook** (bil'hook') ***n.*** a tool with a curved or hooked blade at one end, for pruning and cutting

**billiards** (bil'yərdz) ***n.*** [Fr. *billard;* orig., a cue] a game played with hard balls on an oblong table covered with cloth and having raised, cushioned edges: a cue is used to hit the balls **—bil'liard** ***adj.***

**billion** (bil'yən) ***n.*** [Fr. < *bi-,* BI- + *million*] **1.** in Great Britain and Germany, a million millions (1,000 000 000 000) **2.** in the U.S. and France, a thousand millions

(1,000 000 000) **3.** an indefinite but very large number —**bil'lionth** *adj., n.*

**billionaire** (bil'yə nâər') *n.* one whose wealth comes to at least a billion pounds, dollars, etc.

**bill of attainder** formerly, a legislative enactment pronouncing a person guilty, without a trial, of an alleged crime (esp. treason)

**bill of exchange** a written order to pay a certain sum of money to the person named; draft

**bill of fare** a list of the foods served; menu

**bill of health** a certificate stating whether there is infectious disease aboard a ship or in a port —**clean bill of health** **1.** a bill of health certifying the absence of infectious disease **2.** [Colloq.] a good record

**bill of lading** a contract issued by the master of a ship listing the goods received and promising their delivery

**billow** (bil'ō) *n.* [ON. *bylgja*] **1.** a large wave **2.** any large, swelling mass or surge, as of smoke, sound, etc. —*vi., vt.* to surge, swell, or cause to swell like or in a billow —**bil'lowy** *adj.*

**billsticker** (bil'stik'ər) *n.* a person hired to paste advertisements on walls, etc.: also **bill'post'er**

**billy** (bil'ē) *n., pl.* **-lies** [< Abor. *billa,* water] [Aust.] a can or kettle used in outdoor cooking: also **billycan**

**billy goat** a male goat

**biltong** (bil'toŋ) *n.* [Afrik. < *bil,* rump + *tong,* tongue] strips of meat dried and cured in the sun

**B.I.M.** British Institute of Management

**bimetallic** (bī'mə tal'ik) *adj.* **1.** containing or using two metals **2.** of or based on bimetallism

**bimetallism** (bī met'əl iz'm) *n.* the use of two metals, usually gold and silver, as the monetary standard, with fixed values in relation to each other —**bimet'allist** *n.*

**bin** (bin) *n.* [OE., manger] **1.** a box or enclosed space for storing foods, etc. **2.** a container for rubbish —*vt.* **binned, bin'ning** to store in a bin

**binary** (bī'nər ē) *adj.* [< L. *bini,* two by two < *bis,* double] **1.** made up of two parts or things; double **2.** designating a number system that has 2 as its base —*n., pl.* **-ries** something made up of two parts or things

**binary star** two stars revolving around a common centre of gravity; double star

**bind** (bīnd) *vt.* **bound, bind'ing** [< OE. *bindan*] **1.** to tie together, as with a rope **2.** to hold or restrain **3.** to encircle with a belt, etc. **4.** to bandage (often with *up*) **5.** to make stick together **6.** to constipate **7.** to strengthen by a band, as of tape **8.** to fasten together sheets of (a book) and enclose within a cover **9.** to obligate, as by duty **10.** to compel, as by legal restraint —*vi.* **1.** to be constricting or restricting **2.** to be obligatory —*n.* [Colloq.] an annoyance; a bore —**bind over** to put under legal bond

**binder** *n.* **1.** a person who binds; specif., a bookbinder **2.** a thing that binds; specif *a*) a substance, as tar, that binds things together *b*) a detachable cover for holding sheets of paper together **3.** a device attached to a reaper, for tying grain in bundles

**bindery** *n., pl.* **-eries** a place where books are bound

**binding** *n.* a thing that binds, as *a*) the fastenings on a ski for the boot *b*) a band or bandage *c*) tape used in sewing for strengthening seams, etc. *d*) the cover and backing of a book —*adj.* that binds; esp., that holds one to an agreement, etc.

**bindweed** *n.* convolvulus

**bine** (bīn) *n.* [dial. form of BIND] any climbing, twining stem, as of the hop

**binge** (binj) *n.* [< dial. *binge,* soak] [Colloq.] a drunken or unrestrained spree

**bingo** (biŋ'gō) *n.* [< ?] a gambling game using cards marked with numbers: counters are placed on those numbers corresponding to numbered discs drawn by lot

**binnacle** (bin'ə k'l) *n.* [ult. < L. *habitaculum,* dwelling] the case enclosing a ship's compass

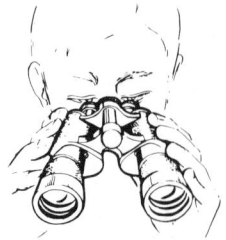

BINOCULARS

**binocular** (bī nok'yə lər; *also, esp. for n.,* bi-) *adj.* [< L. *bini,* double + *oculus,* eye] using, or for the use of, both eyes —*n.* [*usually pl.*] a binocular instrument, as field glasses —**binoc'ular'ity** (-lar'ə tē) *n.*

**binomial** (bī nō'mē əl) *n.* [< *bi-* + Gr. *nomos,* part] *Math.* an expression consisting of two terms connected by a plus or minus sign —*adj.* **1.** composed of two terms **2.** of binomials

**binomial theorem** a general formula expressing any power of a binomial as a sum (Ex.: $(a + b)^2 = a^2 + 2ab + b^2$)

**bio-** [Gr. < *bios,* life] *a combining form meaning* life, of living things, biological *[biography]*

**bioastronautics** (bī'ō as'trə nô'tiks) *n.pl.* [*with sing. v.*] the science dealing with the effects of space travel upon living organisms

**biochemistry** (bī'ō kem'is trē) *n.* the branch of chemistry that deals with plants and animals and their life processes —**bi'ochem'ical** *adj.* —**bi'ochem'ist** *n.*

**biocoenosis** (bī'ō si nō'sis) *n.* [< BIO- + Gr. *koinōsis,* mingling] a community of biologically integrated and interdependent plants and animals

**biodegradable** (bī′ō di grā′də b′l) *adj.* [BIO- + DEGRAD(E) + -ABLE] that can be readily decomposed by biological, esp. bacterial, action, as some detergents

**bioengineering** (bī′ō en′jə nēər′iŋ) *n.* a science dealing with the application of engineering science to problems of biology and medicine

**biogenesis** (bī′ō jen′ə sis) *n.* [BIO- + GENESIS] the principle that living organisms derive only from other similar organisms —**bi′ogenet′ic** (-jə net′ik) *adj.*

**biography** (bī og′rə fē) *n.* [see BIO- & -GRAPHY] **1.** *pl.* **-phies** an account of a person's life written by another **2.** such writings, collectively —**biog′rapher** *n.* —**biographical** (bī′ə graf′i k'l), *adj.*

**biol.** **1.** biological **2.** biologist **3.** biology

**biological** (bī′ə loj′i k'l) *adj.* **1.** of biology; of plants and animals **2.** used in or produced by practical biology Also **bi′olog′ic** —**bi′olog′ically** *adv.*

**biological control** the control of destructive organisms, esp. insects, by various, usually nonchemical means

**biological warfare** the use of disease-spreading microorganisms, toxins, etc. as a weapon of war

**biology** (bī ol′ə jē) *n.* [BIO- + -LOGY] the science that deals with the origin, history, life processes, structure, etc. of plants and animals —**biol′ogist** *n.*

**biomedicine** (bī′ō med′ə s'n) *n.* a branch of medicine combined with research in biology that studies the effects of environmental stress —**bi′omed′ical** *adj.*

**bionic** (bī on′ik) *adj.* designating a living organism, parts of which are artifical

**biophysics** (bī′ō fiz′iks) *n.pl.* [*with sing. v.*] the study of biological phenomena in relation to physics —**bi′ophys′ical** *adj.* —**bi′ophys′icist** *n.*

**biopsy** (bī′op′sē) *n.,* *pl.* **-sies** [< BIO- & Gr. *opsis,* sight] the removal of bits of living tissue, fluids, etc. from the body for diagnostic examination

**biorhythm** (bī′ō rith′′m) *n.* any of three separate biological cycles which are held to affect a person's physical, emotional, and intellectual energy levels

**bioscope** (bī′ə skōp′) *n.* [S Afr.] cinema

**bioscopy** (bī os′kə pē) *n.* [< BIO- & Gr. *skopein,* to see] a medical examination to find out if life is present

**biosphere** (bī′ə sfēər′) *n.* [BIO- + SPHERE] that portion of the earth and its atmosphere which contains living organisms

**biosynthesis** (bī′ō sin′thə sis) *n.* the formation of chemical compounds by living organisms

**biotin** (bī′ə tin) *n.* [< Gr. *bios,* life] a factor of the vitamin B group, found in liver, egg yolk, and yeast

**bipartisan** (bī′pär tə zan′) *adj.* of or representing two parties —**bi′partisan′ship** *n.*

**bipartite** (bī pär′tīt) *adj.* [< L. *bi-,* two + *partire,* divide] **1.** having two parts **2.** with two involved —**bipar′titely** *adv.*

**biped** (bī′ped) *n.* [< L. *bi-* + *pes, pedis,* foot] any two-footed animal —*adj.* two-footed: also **biped′al**

**biplane** (bī′plān′) *n.* an aircraft with two sets of wings, one above the other

**bipolar** (bī pō′lər) *adj.* having two poles —**bipolarity** (bī′pō lar′ə tē) *n.*

**birch** (bərch) *n.* [OE. *beorc*] **1.** a tree having smooth bark and hard, closegrained wood **2.** this wood **3.** a birch rod used for whipping —*vt.* to beat with a birch —*adj.* of birch

**bird** (bərd) *n.* [OE. *bridd,* young bird] **1.** any of a class of warmblooded, two-legged, egg-laying vertebrates with feathers and wings **2.** [Slang] a person, esp. a mildly eccentric one **3.** [Slang] a young woman —**bird in the hand** something sure because already in one's possession: opposed to **bird in the bush,** something unsure, etc. —**birds of a feather** people with the same characteristics —**for the birds** [Slang] ridiculous, worthless, etc. —**get the bird** to be rudely dismissed —**bird′er** *n.*

**birdbath** *n.* a basinlike garden ornament for birds to bathe in

**birdcall** *n.* **1.** the sound or song of a bird **2.** an imitation of this **3.** a device for imitating bird sounds

**birdie** *n.* **1.** a small bird: child's word **2.** *Golf* a score of one stroke under par for a hole

**birdlime** *n.* a sticky substance spread on twigs to catch birds

**bird of paradise** a brightly coloured bird found in and near New Guinea

**bird of passage** **1.** any migratory bird **2.** anyone who travels or roams about constantly

**bird of prey** any bird, as the hawk, owl, etc., that kills and eats mammals and other birds

**birdseed** *n.* seed for feeding caged birds

**bird's-eye** *adj.* **1.** *a*) seen from above *b*) general **2.** having markings like birds' eyes

**bird watching** the hobby of observing wild birds in their habitat —**bird watcher**

BIRETTA

**biretta** (bə ret′ə) *n.* [< L. *birrus,* hood] a square cap with three projections, worn by Roman Catholic clergy

**Biro** (bī′rō) *Trademark* a kind of ballpoint pen

**birth** (burth) *n.* [< OE. *beran,* to bear] **1.** the act of bringing forth offspring **2.** the act of being born **3.** origin or descent **4.** the beginning of anything **5.** natural inclination or talent [an actor by *birth*]

**—give birth to** **1.** to bring forth (offspring) **2.** to be the cause of

**birth certificate** an official document stating the date and place of a person's birth

**birth control** control of how many children a woman will have, as by contraception

**birthday** *n.* **1.** the anniversary of a person's birth **2.** the day of a person's birth or a thing's beginning

**birthmark** *n.* a skin blemish present at birth

**birthplace** *n.* the place of one's birth

**birthrate** *n.* the number of births per year per thousand of population in a given group

**birthright** *n.* the rights that a person has by birth

**birthstone** *n.* a precious or semiprecious gem symbolizing the month of one's birth

**biscuit** (bis′kit) *n., pl.* **-cuits, -cuit** [< L. *bis,* twice + *coquere,* cook] **1.** a small, crisp, flat cake, often sweetened **2.** light brown **3.** pottery before glazing

**bisect** (bī sekt′) *vt.* [< L. *bi-* + *secare,* cut] **1.** to cut in two **2.** *Geom.* to divide into two equal parts —*vi.* to divide; fork **—bisec′tion** *n.* **—bisec′tor** *n.*

**bisexual** (bī sek′syoo wəl) *adj.* **1.** sexually attracted to both sexes **2.** hermaphroditic —*n.* one that is bisexual **—bisex′ual′ity** (-wal′ə tē), **bisex′ualism** *n.*

**bishop** (bish′əp) *n.* [< Gr. *episkopos,* overseer] **1.** a high-ranking Christian clergyman supervising a diocese **2.** a chessman that can move only diagonally

**bishopric** (bish′ə prik) *n.* the diocese, office, authority, or rank of a bishop

**bismuth** (biz′məth) *n.* [< G. *Wismut*] a hard, brittle, metallic chemical element: symbol, Bi

**bison** (bī′s'n) *n., pl.* **bi′sons** [< L. < Gmc.] a four-legged bovine mammal with a shaggy mane, short, curved horns, and a humped back, as the European wisent or the American buffalo

**bisque**[1] (bisk) *n.* biscuit ceramic ware left unglazed

**bisque**[2] *n.* [Fr.] a handicap of one point per set in tennis, one turn per game in croquet, or one or more strokes per game at match play in golf

**bistre** (bis′tər) *n.* [Fr. *bistre*] a yellowish-brown to dark-brown pigment made from the soot of burned wood

**bistro** (bēs′trō) *n., pl.* **-tros** [Fr.] a small restaurant or bar

**bit**[1] (bit) *n.* [< OE. *bite,* a bite] **1.** the metal mouthpiece on a bridle, used for controlling the horse **2.** anything that curbs or controls **3.** a drilling or boring tool for use in a brace, etc. —*vt.* **bit′ted, bit′ting** to put a bit into the mouth of (a horse) **—take the bit between one's teeth** to be beyond control

**bit**[2] *n.* [< OE. *bita,* a piece] **1.** *a*) a small piece or quantity *b*) a limited degree [*a bit* bored] *c*) a short time **2.** [U.S. Colloq.] 12½ cents **3.** a small part, as in a play —*adj.* very small [*a bit* role]

**—bit by bit** little by little **—do one's bit** to do one's share

**bit**[3] *n.* [*b*(*inary*) (*dig*)*it*] *Computers* a unit of information representing the physical state of a system having one of two values such as *on* or *off*

**bitch** (bich) *n.* [< OE. *bicce*] **1.** the female of the dog, wolf, etc. **2.** [Derog.] a bad-tempered, malicious, woman **3.** [Slang] anything unpleasant —*vi.* [Slang] to complain **—bitch′iness** *n.* **—bitch′y** *adj.*

**bite** (bīt) *vt.* **bit** (bit), **bitten** (bit′'n) or **bit, bit′ing** [< OE. *bitan*] **1.** to seize or cut with or as with the teeth **2.** to cut into, as with a sharp weapon **3.** to sting, as an insect **4.** to hurt in a sharp, stinging way **5.** to eat into; corrode **6.** to seize or possess —*vi.* **1.** to press or snap the teeth (*into, at,* etc.) **2.** to cause a biting sensation **3.** to press hard; grip **4.** to seize a bait **5.** to be caught, as by a trick —*n.* **1.** the act of biting **2.** biting quality; sting **3.** a wound or sting from biting **4.** *a*) a mouthful *b*) a light meal or snack **5.** a tight hold or grip **6.** [Colloq.] an amount removed **—bit′er** *n.*

**biting** *adj.* **1.** cutting **2.** sarcastic **—bit′ingly** *adv.*

**bitter** (bit′ər) *adj.* [< OE. *bitan,* to bite] **1.** having a sharp, often unpleasant taste; acrid **2.** causing or showing sorrow, pain, etc. **3.** sharp; harsh; piercing **4.** characterized by hatred, etc. —*n.* **1.** something bitter [take the *bitter* with the sweet] **2.** bitter, strongly hopped beer **—to the bitter end** until the end, however difficult **—bit′terly** *adv.* **—bit′terness** *n.*

**bittern** (bit′ərn) *n.* [prob. < L. *butio*] a wading bird of the heron family

**bitters** (bit′ərz) *n.pl.* a drink containing bitter herbs, etc. and usually alcohol, used in some cocktails

**bittersweet** (bit′ər swēt′) *n.* *same as* WOODY NIGHTSHADE —*adj.* **1.** both bitter and sweet **2.** pleasant with sad overtones

**bitty** (bit′ē) *adj.* lacking unity; disjointed

**bitumen** (bī′ty̆oo mən) *n.* [L.] **1.** any of several substances obtained as asphaltic residue in the distillation of coal tar, petroleum, etc., or occurring as natural asphalt **2.** [Aust. Colloq.] a tarred road **—bitu′minous** *adj.*

**bituminous coal** coal that yields pitch or tar when it burns; soft coal

**bivalent** (bī vā′lənt) *adj.* **1.** having two valences **2.** having a valence of two **—biva′lence, biva′lency** *n.*

**bivalve** (bī′valv′) *n.* any mollusc having a shell of two parts, or valves, hinged together, as a mussel, clam, etc. —*adj.* having such a shell: also **bi′valved′**

**bivouac** (biv′oo wak′) *n.* [< OHG. *bi-,* by + *wacht,* guard] a temporary encampment (esp. of soldiers) in the open —*vi.* **-acked′, -ack′ing** to encamp in the open

**biz** (biz) *n.* [Slang] business [show *biz*]

**bizarre** (bi zär′) *adj.* [Fr. < Sp. *bizarro,*

bold] odd; grotesque; eccentric —**bizarre'ly** *adv.* —**bizarre'ness** *n.*

**Bk** *Chem.* berkelium

**bk.** *pl.* **bks.** **1.** bank **2.** book

**B.L.** Bachelor of Law

**blab** (blab) *vt., vi.* **blabbed, blab'bing** [ME. *blabben*] **1.** to give away (a secret) in idle chatter **2.** to chatter; prattle —*n.* **1.** gossip **2.** a person who blabs

**blabber** *vt., vi.* [ME. *blabberen,* of echoic origin] [Dial. or Colloq.] to blab or babble —*n.* one who blabs: also [Colloq.] **blab'bermouth'**

**black** (blak) *adj.* [OE. *blæc*] **1.** opposite to white; of the colour of coal: see COLOUR **2.** having dark-coloured skin and hair; esp., Negro **3.** in complete darkness **4.** without cream, milk, etc.: said of coffee **5.** soiled; dirty **6.** wearing black clothing **7.** evil; wicked **8.** sad; dismal **9.** sullen or angry **10.** humorous in a morbid or cynical way [*black* comedy] —*n.* **1.** black colour, pigment, etc. **2.** black clothes, esp. worn for mourning **3.** a Negro —*vt.* **1.** to blacken **2.** to polish with blacking **3.** to boycott cargo, work, etc. as a form of industrial action —**black out** **1.** to cause a blackout in **2.** to lose consciousness —**in the black** operating at a profit —**black'ish** *adj.* —**black'ly** *adv.* —**black'ness** *n.*

**blackamoor** (blak'əmōər') *n.* [Archaic] a dark-skinned person; specif., an African Negro

**black-and-blue** (blak'ən blōō') *adj.* discoloured from congestion of blood under the skin, due to a bruise

**Black and Tans** the unofficial name for the semimilitary force sent to Ireland in 1920 to combat Sinn Fein activities

**black and white** writing or print

**black art** *same as* BLACK MAGIC

**blackball** *n.* a secret vote against a person or thing —*vt.* **1.** to vote against **2.** to ostracize

**black bear** **1.** the common N American bear **2.** any of several dark-coloured bears of Asia

**black belt** a black-coloured belt awarded to an expert in judo or karate

**blackberry** *n., pl.* **-ries** the black, edible fruit of various brambles

**blackbird** *n.* a songbird of the thrush family, the male of which is almost entirely black

**blackboard** *n.* a smooth, usually dark surface, originally of slate, on which to write or draw with chalk

**black book** a book with the names of those to be punished, blacklisted, etc.

**black box** *a popular term for* FLIGHT RECORDER

**blackcap** *n.* a small songbird, the male of which has a black head

**blackcock** *n.* the male of the black grouse

**Black Country** the heavily industrialized region of the Midlands of England

**blackcurrant** (blak'kur'ənt) *n.* **1.** the small black fruit of a garden shrub **2.** the shrub itself

**blackdamp** *n.* a suffocating gas, a mixture of carbon dioxide and nitrogen, found in mines

**Black Death** a deadly disease, probably bubonic plague, which devastated Europe and Asia in the 14th cent.

**blacken** *vi.* to become black or dark —*vt.* **1.** to make black **2.** to slander; defame —**black'ener** *n.*

**black eye** a discolouration of the skin surrounding an eye, resulting from a sharp blow or contusion

**black flag** the flag of piracy, usually with a white skull and crossbones on a black background

**Black Friar** a Dominican Friar

**blackguard** (blag'ärd) *n.* a scoundrel —*adj.* vulgar, abusive, etc. —*vt.* to revile —**black'guardly** *adj., adv.*

**blackhead** (blak'hed') *n.* **1.** a black-tipped pimple in a skin pore **2.** a bird with a black head

**black hole** a collapsed star so condensed that neither light nor matter can escape its gravitational field

**blacking** *n.* a black polish, as for shoes

**black lead** graphite, as used in lead pencils, etc.

**blackleg** *n.* a worker who refuses to join a strike —*vi.* to work during a strike —*vt.* to take the place of a striking worker

**blacklist** *n.* a list of persons being discriminated against —*vt.* to put on a blacklist

**black magic** magic with an evil purpose; sorcery

**blackmail** *n.* [lit., black rent < ON. *mal,* discussion] payment extorted to prevent disclosure of information that could bring disgrace —*vt.* **1.** to try to get blackmail from **2.** to coerce (*into* doing something) —**black'mail'er** *n.*

**Black Maria** (məri'ə) a police van used to transport prisoners

**black mark** an unfavourable item in one's record

**black market** a place or system for selling goods illegally, esp. in violation of rationing —**black marketeer**

**Black Mass** [*also* **b- m-**] **1.** a Requiem Mass **2.** a parody of the Mass by worshippers of Satan

**Black Monk** a Benedictine Monk

**Black Muslim** [Chiefly U.S.] a member of a militant Islamic sect of American Negroes

**blackout** *n.* **1.** a concealing of all lights that might be visible to enemy air raiders at night **2.** a temporary electrical power failure or cut **3.** a temporary loss of consciousness, vision, memory, etc. **4.** the extinguishing of all stage lights to end a scene, etc. **5.** suppression, as of news by censorship

**black pepper** a hot seasoning made by grinding the whole dried, black berries of the pepper plant

**black power** [*also* **B- P-**] political and economic power sought by Negroes in the struggle for civil rights

**black pudding** a sausage made of blood, suet, etc.

**Black Rod** the chief usher to the Order of the Garter and the House of Lords
**black sheep** a person regarded as not so respectable as the rest of his family or group
**Black Shirt** a member of any fascist organization having a black-shirted uniform
**blacksmith** *n.* a smith who works in iron, making and fitting horseshoes, etc.
**black spot** a dangerous place, esp. a part of a road where there are many accidents
**black tea** tea withered and fermented before being dried by heating
**blackthorn** *n.* **1.** a thorny shrub with plumlike fruit; sloe **2.** a walking stick made of its stem
**black tie** **1.** a black bow tie, properly worn with a dinner jacket **2.** a dinner jacket and the proper accessories
**black velvet** a drink made of stout and champagne
**Black Watch** a Highland regiment, so called from the dark colour of the tartan
**black widow** an American spider the female of which sometimes eats its mate
**bladder** (blad′ər) *n.* [OE. *blæddre*] **1.** a sac in the bodies of many animals, that inflates to receive and contain liquids or gases; esp., the **urinary bladder** in the pelvic cavity, which holds urine **2.** a bag, etc. resembling this **3.** an air sac, as in some water plants
**bladderwort** (blad′ər wurt′) *n.* a plant growing in water and having leaves with bladders that trap prey
**bladderwrack** (blad′ər rak) *n.* a seaweed having branched brown fronds and air sacs
**blade** (blād) *n.* [OE. *blæd*] **1.** the cutting part of a knife, tool, etc. **2.** *a*) the leaf of a plant, esp. of grass *b*) the flat part of a leaf **3.** a broad, flat surface, as of an oar **4.** a flat bone **5.** formerly, a dashing young man —**blad′ed** *adj.*
**blain** (blān) *n.* [< OE. *blegen*] a pustule or blister
**blamable, blameable** (blām′ə b'l) *adj.* that deserves blame; culpable —**blam′a-bly** *adv.*
**blame** (blām) *vt.* **blamed, blam′ing** [see BLASPHEME] **1.** to accuse of being at fault; condemn (*for*) **2.** to put the responsibility of (an error, fault, etc. *on*) —*n.* **1.** condemnation **2.** responsibility for a fault or wrong —**be to blame** to be blamable —**blame′less** *adj.* —**blame′-lessly** *adv.* —**blame′lessness** *n.*
**blameworthy** *adj.* deserving to be blamed —**blame′wor′thiness** *n.*
**blanch** (blänch) *vt.* [see BLANK] **1.** to make white; bleach **2.** to make pale **3.** to scald (vegetables, almonds, etc.) **4.** to bleach (leeks, celery, etc.) by covering to keep away light —*vi.* to turn pale
**blancmange** (blə monzh′) *n.* [Fr., white food] a sweet, moulded dessert made with starch, milk, etc.
**bland** (bland) *adj.* [< L. *blandus,* mild] **1.** *a*) mild and soothing *b*) tasteless, insipid, dull, etc. **2.** agreeable; suave —**bland′-ly** *adv.* —**bland′ness** *n.*
**blandish** (blan′dish) *vt., vi* [< L. *blandiri,* flatter] to flatter or coax; cajole —**blan′-dishment** *n.*
**blank** (blaŋk) *adj.* [OFr. *blanc,* white] **1.** *a*) not written on [*a blank* paper] *b*) having empty spaces to be filled in **2.** empty of thought or expression **3.** utter; complete [*a blank* denial] **4.** lacking certain elements, as a wall without an opening —*n.* **1.** an empty space, esp. one in a printed form **2.** such a printed form **3.** an empty place or time **4.** a piece of metal, etc. to be finished by stamping, etc. **5.** a powder-filled cartridge without a bullet: in full, **blank cartridge** **6.** a mark, often a dash, written in place of a word —**draw a blank** [Colloq.] **1.** to be unsuccessful in an attempt **2.** to be unable to remember —**blank′ly** *adv.* —**blank′ness** *n.*
**blank cheque** a cheque carrying a signature only and allowing the bearer to fill in any amount
**blanket** (blaŋ′kit) *n.* [< OFr. *blanc,* white] **1.** a large, soft piece of cloth used for warmth, esp. as a bed cover **2.** anything like a blanket —*adj.* covering a group of conditions or items —*vt.* **1.** to cover **2.** to suppress; obscure
**blanket stitch** a wide buttonhole stitch used to reinforce the edges of blankets and other thick material
**blank verse** unrhymed verse; esp., unrhymed verse having five iambic feet per line
**blare** (blāər) *vt., vi.* **blared, blar′ing** [ME. *bleren,* bellow] **1.** to sound out with loud, trumpetlike tones **2.** to exclaim loudly —*n.* a loud, brassy sound
**blarney** (blär′nē) *n.* [< stone in Blarney Castle, Ireland, supposed to give the gift of flattery] smooth talk; flattery —*vt., vi.* **-neyed, -neying** to use blarney (on)
**blasé** (blä′zā) *adj.* [Fr.] indifferent to something because of familiarity or surfeit
**blaspheme** (blas fēm′) *vt.* **-phemed′, -phem′ing** [< Gr. *blasphēmein,* speak evil of] **1.** to speak irreverently or profanely of or to (God or sacred things) **2.** to curse or revile —**blasphem′er** *n.*
**blasphemy** (blas′fə mē) *n., pl.* **-mies** **1.** words or action showing disrespect for God or anything held sacred **2.** any irreverent remark or action —**blas′phe-mous** *adj.*
**blast** (bläst) *n.* [< OE. *blæst*] **1.** *a*) an explosion *b*) a charge of explosive causing this **2.** the sound of a sudden rush of air or gas, as through a trumpet **3.** a strong rush of air **4.** a sudden outburst, as of criticism —*vi.* **1.** to set off explosives, etc. **2.** to make a loud, harsh sound —*vt.* **1.** to blow up; explode **2.** to blight; wither **3.** [Colloq.] to criticize sharply —*interj.* an expression of annoyance, impatience, etc. —**blast off** to take off with explosive force, as a rocket —**(at) full blast** at full speed or capacity
**blasted** *adj.* **1.** blighted **2.** damned
**blast furnace** a smelting furnace into

which a blast of air is forced from below for intense heat

**blastoff, blast-off** *n.* the launching of a rocket, space vehicle, etc.

**blatant** (blāt′ənt) *adj.* [prob. < L. *blaterare,* babble] **1.** glaringly conspicuous or obtrusive **2.** disagreeably loud —**bla′tancy** *n.* —**bla′tantly** *adv.*

**blather** (bla*th′*ər) *n., vi., vt.* *same as* BLETHER

**blaze**[1] (blāz) *n.* [< OE. *blæse*] **1.** a brilliant burst of flame; fire **2.** any very bright light **3.** a spectacular outburst [a *blaze* of oratory] **4.** a vivid display **5.** [*pl.*] hell: a euphemism, esp. in **go to blazes!** —*vi.* **blazed, blaz′ing** **1.** to burn rapidly or shine brightly **2.** to be stirred, as with anger —**blaze away** **1.** to fire a gun repeatedly **2.** [Colloq.] to work energetically

**blaze**[2] *n.* [< ON. *blesi*] **1.** a white spot on an animal's face **2.** a mark made on a tree by cutting off a piece of bark —*vt.* **blazed, blaz′ing** to mark (a tree or trail) with blazes —**blaze a trail in** to pioneer in

**blaze**[3] *vt.* **blazed, blaz′ing** [< OE. or ON.] to make known publicly

**blazer** (blā′zər) *n.* [< BLAZE[1]] a lightweight jacket, sometimes in the colours of a sports club or school

**blazon** (blā′z′n) *n.* [OFr. *blason,* shield] a coat of arms —*vt.* **1.** to make widely known; proclaim **2.** to describe or portray (coats of arms) **3.** to adorn colourfully —**bla′zonment** *n.* —**bla′zonry** *n.*

**bleach** (blēch) *vt., vi.* [< OE. *blac,* pale] to make or become white or colourless —*n.* a substance used for bleaching —**bleach′er** *n.*

**bleaching powder** chloride of lime or any other powder used in bleaching

**bleak** (blēk) *adj.* [< ON. *bleikr,* pale] **1.** exposed to wind and cold; unsheltered **2.** cold and cutting; harsh **3.** not cheerful or hopeful; gloomy —**bleak′ly** *adv.* —**bleak′ness** *n.*

**blear** (blēər) *adj.* [< ME. *bleren,* have watery eyes] **1.** made dim by tears, etc. **2.** blurred —*vt.* **1.** to dim with tears, etc. **2.** to blur —**blear′y** *adj.*

**bleary-eyed** *adj.* having bleary eyes

**bleat** (blēt) *vi.* [< OE. *blætan*] to make the cry of a sheep, goat, or calf, or a sound like this —*vt.* to say in a bleating voice —*n.* a bleating cry —**bleat′er** *n.*

**bleed** (blēd) *vi.* **bled** (bled), **bleed′ing** [< OE. *blod,* blood] **1.** to lose blood **2.** to suffer wounds or die in a cause **3.** to feel sympathy; suffer [my heart *bleeds*] **4.** to ooze sap, juice, etc. **5.** to run together, as dyes in wet cloth —*vt.* **1.** to draw blood from **2.** to ooze (sap, juice, etc.) **3.** to empty of liquid, air, or gas **4.** to take sap or juice from **5.** [Colloq.] to extort money from —**bleed like a pig** to bleed profusely

**bleeding** *adj., adv.* [Vulg.] *a euphemism for* BLOODY

**blemish** (blem′ish) *vt.* [< OFr. *blesmir,* injure] to mar, as by some flaw or fault —*n.* **1.** a mark that mars the appearance **2.** any defect

**blench** (blench) *vi.* [< OE. *blencan,* deceive] to shrink back, as in fear; flinch

**blend** (blend) *vt.* [< OE. *blendan*] **1.** to mix or mingle (varieties) **2.** to mix so the parts are no longer distinct —*vi.* **1.** to mix or merge **2.** to shade gradually into each other, as colours **3.** to harmonize —*n.* a mixture of varieties [a *blend* of coffee] —**blend′er** *n.*

**blende** (blend) *n.* [G. < *blenden,* deceive] sphalerite or any of certain other sulphides

**blenny** (blen′ē) *n., pl.* **blen′nies, blen′ny** [< Gr. *blenna,* slime] small sea fish covered with a slimy substance

**blesbok** (bles′buk′) *n.* [< Afrik.] an antelope of South Africa, characterized by lyre-shaped horns and a white blaze

**bless** (bles) *vt.* **blessed** or **blest, bless′ing** [< OE. *bletsian,* consecrate with blood] **1.** to make holy **2.** to ask divine favour for **3.** to endow (*with*) [*blessed* with health] **4.** to make happy or prosperous **5.** to glorify **6.** to make the sign of the cross over —**bless me** (or **you,** etc.)! an exclamation of surprise, dismay, etc.

**blessed** (bles′id) *adj.* **1.** holy; sacred **2.** fortunate **3.** beatified **4.** bringing joy **5.** cursed: an ironical oath —**bless′edly** *adv.* —**bless′edness** *n.*

**blessing** *n.* **1.** a benediction **2.** a grace said before or after eating **3.** the gift of divine favour **4.** good wishes or approval **5.** a benefit

**blest** (blest) *alt. pt. & pp. of* BLESS —*adj.* blessed

**blether** (ble*th′*ər) *n.* [ON. *blathr*] **1.** foolish talk **2.** a person who chatters foolishly —**bleth′erer** *n.*

**blew** (blo͞o) *pt. of* BLOW[1]

**blight** (blīt) *n.* [? < ON. *blikja,* turn pale] **1.** any insect or disease that destroys or stunts plants **2.** anything that destroys, frustrates, etc. **4.** an area of decay and neglect, esp. in a city —*vt.* **1.** to wither **2.** to destroy **3.** to frustrate

**blighter** *n.* a contemptible or annoying person

**blighty** (blīt′ē) *n.* [< Hindi, foreign land] [Mil. Slang] **1.** [*often* **B-**] Britain; home **2.** a wound involving a return to Britain: also **a blighty one**

**blimey** (blī′mē) *interj.* [< (*God*) *blind me*] [Colloq.] an exclamation of surprise, wonder, etc.

**blimp** (blimp) *n.* [echoic] **1.** a soundproof cover for a cine camera **2.** [Colloq.] a small, nonrigid or semirigid airship **3.** [< Col. *Blimp,* creation of Brit. cartoonist David Low] a person, esp. a military officer, who is complacent and highly conservative

**blind** (blīnd) *adj.* [OE.] **1.** without the power of sight **2.** of or for sightless persons **3.** not able or willing to understand **4.** without adequate directions or knowledge [a *blind* search] **5.** reckless **6.** hard to see; hidden **7.** closed at one end **8.** not controlled by intelligence [*blind* destiny] **9.** [Slang] drunk **10.** *Aeron.*

by the use of instruments only *[blind flying]* —*vt.* **1.** to make sightless **2.** to dazzle **3.** to deprive of insight **4.** to obscure **5.** to hide —*n.* **1.** anything that obscures or prevents sight **2.** a screen for a window **3.** a person or thing used to mislead —*adv.* **1.** blindly **2.** recklessly **3.** sight unseen *[to buy a thing blind]* —**the blind** blind people —**blind'ly** *adv.* —**blind'ness** *n.*

**blind alley** **1.** a lane shut off at one end **2.** any undertaking, idea, etc. that leads to nothing

**blind date** [Colloq.] a social engagement arranged for a man and a woman previously unacquainted

**blindfold** *vt.* [< ME. *blindfeld,* struck blind] to cover the eyes of, as with a cloth —*n.* something used to cover the eyes —*adj.* **1.** with the eyes covered **2.** reckless

**blind gut** *same as* CAECUM

**blindman's buff** (blīnd'manz buf') a game in which a blindfolded player has to catch and identify another

**blind spot** **1.** the small area, insensitive to light, in the retina of the eye where the optic nerve enters **2.** an area where vision is obscured **3.** a prejudice, or area of ignorance, that one has but is often unaware of

**blindworm** *n.* *same as* SLOWWORM

**blink** (bliŋk) *vi.* [see BLENCH] **1.** to wink quickly **2.** to flash on and off **3.** to look with eyes half shut —*vt.* to cause (eyes, light, etc.) to blink —*n.* **1.** a blinking **2.** a glimmer —**blink at** to ignore or condone (a mistake) —**on the blink** [Colloq.] not working properly

**blinker** *n.* either of two flaps on a horse's bridle that shut out the side view

**blinking** *adj., adv.* *a euphemism for* BLOODY

**blip** (blip) *n.* [echoic] **1.** a luminous image, as on a radar screen **2.** a quick, sharp sound

**bliss** (blis) *n.* [< OE. *blithe,* blithe] **1.** great joy or happiness **2.** spiritual joy —**bliss'ful** *adj. adv.* —**bliss'fulness** *n.*

**blister** (blis'tər) *n.* [< ? ON. *blastr*] **1.** a raised patch of skin filled with watery matter and caused by burning or rubbing **2.** anything resembling a blister —*vt.* **1.** to raise blisters on **2.** to lash with words —*vi.* to form blisters —**blis'tery** *adj.*

**blithe** (bliθ) *adj.* [OE.] gay; cheerful; carefree —**blithe'ly** *adv.* —**blithe'ness** *n.*

**blithering** (bliθ'ər iŋ) *adj.* [< BLETHER] talking without sense; jabbering

**blithesome** (blīθ'səm) *adj.* blithe; gay

**B.Litt., B.Lit.** [L. *Baccalaureus Lit(t)erarum*] Bachelor of Letters (or Literature)

**blitz** (blits) *n.* [< ff.] **1.** a sudden, overwhelming attack **2.** [**B-**] the German air raids on Britain during 1940 (preceded by *the*) —*vt.* to subject to a blitz; overwhelm

**blitzkrieg** (-krēg') *n.* [G. < *Blitz,* lightning + *Krieg,* war] **1.** sudden, swift, large-scale offensive warfare intended to win a quick victory **2.** any sudden, overwhelming attack

**blizzard** (bliz'ərd) *n.* [U.S. dial. *bliz,* violent blow] a violent storm with driving snow and cold winds

**bloat**[1] (blōt) *vt., vi* [< ON. *blautr,* soaked] **1.** to swell, as with water or air **2.** to puff up, as with pride

**bloat**[2] *vt.* [< ME. *blote* < ON. *blautr:* see prec.] to cure by soaking in salt water and smoking

**bloated** *adj.* **1.** cured by salting and smoking: said of fish **2.** swollen, as with pride, wealth, etc.

**bloater** *n.* a herring that has been bloated

**blob** (blob) *n.* [echoic] a small drop or mass

**bloc** (blok) *n.* [Fr. < LowG. *block,* log] a group of legislators or nations, acting together in some common cause

**block** (blok) *n.* [see prec.] **1.** any large, solid piece of wood, stone, or metal **2.** a blocklike stand for chopping, beheading, mounting a horse from, etc. **3.** a large building divided into offices, flats, etc. **4.** an obstruction or hindrance **5.** a pulley in a frame **6.** a large, hollow building brick **7.** a child's toy brick **8.** any number of things regarded as a unit **9.** a group of buildings bounded by intersecting streets **10.** [Colloq.] a person's head **11.** *Printing* a piece of engraved wood, etc. with a design —*vt.* **1.** to impede; hinder **2.** to sketch with little detail (often with *out*) **3.** *Cricket* to play (a ball) defensively —**block up** to shut in; enclose —**block'age** *n.* —**block'er** *n.*

**blockade** (blo kād') *n.* **1.** a shutting off of a port or region by hostile troops or ships to prevent passage **2.** any strategic barrier —*vt.* **-ad'ed, -ad'ing** to subject to a blockade —**blockad'er** *n.*

**blockade runner** a ship or person that tries to go through or past a blockade

**block and tackle** pulley blocks and ropes or cables, used for hoisting large, heavy objects

**blockbuster** (blok'bus'tər) *n.* [Colloq.] **1.** a large, highly destructive aerial bomb **2.** a successful, heavily promoted film, novel, etc.

**blockhead** *n.* a stupid person

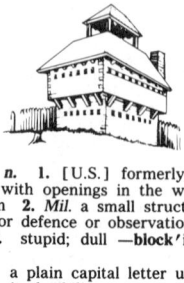

BLOCKHOUSE

**blockhouse** *n.* **1.** [U.S.] formerly, a wooden fort with openings in the walls to shoot from **2.** *Mil.* a small structure of concrete for defence or observation

**blockish** *adj.* stupid; dull —**block'ishness** *n.*

**block letter** a plain capital letter used in writing for its legibility

**block release** the release of employees

from work, usually for several weeks, to enable them to attend a training course

**block system** a system of dividing a railway line into sections, ensuring by signals that only one train can be in the section at a time

**block vote** a vote in which a delegate's influence is in accordance with the number of people he represents

**blocky** *adj.* **1.** like a block **2.** stocky

**bloke** (blōk) *n.* [< ?] [Colloq.] a fellow; chap

**blond** (blond) *adj.* [Fr. < ?] **1.** having yellow or yellowish-brown hair, often with fair skin **2.** yellow or yellowish-brown: said of hair —*n.* a blond person —**blond'ness** *n.* —**blonde** *adj., n.fem.*

**blood** (blud) *n.* [< OE. *blod*] **1.** the fluid, usually red, circulating in the arteries and veins of vertebrates **2.** murder **3.** the essence of life **4.** sap or juice, esp. if red **5.** passion or disposition **6.** parental heritage; ancestry **7.** kinship; family relationship **8.** people, esp. youthful people [new *blood* in the firm] **9.** a dandy —*vt.* **1.** to let (a hunting dog) taste or see the blood of its prey **2.** to initiate (a person) in any new experience —**bad blood** anger; hatred —**in cold blood** **1.** with cruelty **2.** dispassionately; deliberately —**in one's blood** to be a natural or inherited characteristic —**make one's blood boil** to make one angry —**make one's blood run cold** to terrify one

**blood bath** a massacre; slaughter

**blood brother** **1.** a brother by birth **2.** a person bound to one by mingling his blood with one's own

**blood count** the number of red corpuscles and white corpuscles in a given volume of blood

**bloodcurdling** *adj.* very frightening

**blood group** any of several groups into which human blood is classified

**blood heat** the normal temperature of human blood, approximately 36.8°C (98.4°F)

**bloodhound** *n.* a large, keen-scented dog used in tracking fugitives, etc.

**bloodless** *adj.* **1.** without blood **2.** without bloodshed **3.** anaemic or pale **4.** having little energy —**blood'lessly** *adv.* —**blood'lessness** *n.*

**bloodletting** *n.* the opening of a vein to remove blood; bleeding

**blood money** **1.** money paid to a hired killer **2.** money paid as compensation for a murder

**blood orange** a variety of orange with a red pulp

**blood poisoning** any disease in which the blood contains microorganisms or other poisonous matter

**blood pressure** the pressure exerted by the blood against the inner walls of the blood vessels

**blood relation** a person related by birth

**bloodshed** *n.* the shedding of blood; killing

**bloodshot** *adj.* red because the small blood vessels are swollen or broken: said of an eye

**blood sport** any pastime, as fox-hunting, in which killing is involved

**bloodstained** *adj.* **1.** soiled or discoloured with blood **2.** guilty of murder

**bloodstone** *n.* a dark-green variety of quartz spotted with red jasper, used as a gem

**bloodstream** *n.* the blood flowing through the circulatory system of a body

**bloodsucker** *n.* **1.** an animal that sucks blood, esp. a leech **2.** a person who extorts from others

**bloodthirsty** *adj.* murderous; cruel

**blood vessel** a tube through which the blood circulates in the body; artery, vein, or capillary

**bloody** *adj.* **-ier, -iest** **1.** of, like, or covered with blood **2.** involving bloodshed **3.** bloodthirsty **4.** [Vulg. Slang] cursed; damned —*adv.* [Vulg. Slang] very —*vt.* **blood'ied, blood'ying** to stain with blood —**blood'ily** *adv.*

**bloody-minded** *adj.* [Colloq.] intentionally awkward or uncooperative —**blood'y-mind'edness** *n.*

**bloom**[1] (blōōm) *n.* [< ON. *blomi,* flowers] **1.** a flower **2.** the state or time of flowering **3.** the time of most vigour, etc. **4.** a youthful, healthy glow **5.** the powdery coating on some fruits or leaves —*vi.* **1.** to bear flowers; blossom **2.** to be in one's prime; flourish **3.** to glow as with health —**bloom'ing** *adj.*

**bloom**[2] *n.* [OE. *bloma,* lump of metal] an oblong mass of metal in an intermediate stage of manufacture

**bloomer** *n.* **1.** a plant with reference to its blooming [an early *bloomer*] **2.** [Slang] a stupid mistake

**bloomers** *n.pl.* [< Amelia J. *Bloomer*] **1.** baggy trousers gathered at the knee, formerly worn by women **2.** an undergarment somewhat like this

**blossom** (blos'əm) *n.* [< OE. *blostma*] **1.** a flower, esp. of a fruit-bearing plant **2.** a state or time of flowering —*vi.* **1.** to open into blossoms **2.** to begin to thrive

**blot** (blot) *n.* [< ?] **1.** a spot or stain, esp. of ink **2.** anything that spoils or mars **3.** a disgrace —*vt.* **blot'ted, blot'ting** **1.** to spot; stain **2.** to erase or get rid of **3.** to dry, as with blotting paper —*vi.* **1.** to make blots **2.** to become blotted **3.** to be absorbent —**blot one's copybook** to spoil one's reputation by a mistake

**blotch** (bloch) *n.* [? < BLOT] **1.** a discoloured patch or blemish on the skin **2.** any large stain —*vt.* to mark with blotches —**blotch'y** *adj.* **-ier, -iest**

**blotter** (blot'ər) *n.* a pad of blotting paper

**blotting paper** a thick, soft, absorbent paper used to dry a surface freshly written on in ink

**blotto** (blot'ō) *adj.* [< ?] [Slang] very drunk

**blouse** (blouz) *n.* [Fr., peasant's smock] **1.** a shirtlike garment worn by women **2.** the jacket of a military uniform —*vi., vt.* **bloused, blous'ing** to gather in and drape at the waistline

**blouson** (blo͞o′zon) *adj.* [Fr. < *blouse*] styled with a full, bloused top —*n.* a blouson dress, top, etc.

**blow**[1] (blō) *vi.* **blew, blown, blow′ing** [< OE. *blawan*] **1.** to move with some force: said of the wind **2.** to send forth air, as with the mouth **3.** to pant **4.** to sound by blowing **5.** to spout water and air, as whales do **6.** to be carried by the wind **7.** to burst suddenly, as a tyre, or melt, as a fuse (often with *out*) **8.** to lay eggs: said of flies —*vt.* **1.** to force air from, onto, into, or through **2.** to drive by blowing **3.** to sound by blowing **4.** to form by blown air or gas **5.** to burst by an explosion **6.** to melt (a fuse) **7.** [Colloq.] to spend (money) freely **8.** [Slang] to bungle and fail in —*n.* **1.** a blowing **2.** a blast of air —*interj.* [Colloq.] damn! —**blow hot and cold** to be favourable towards and then opposed to; vacillate —**blow one's top** (or **lid**) [Slang] to lose one's temper —**blow one's own trumpet** to boast of one's achievements —**blow over 1.** to move away, as rain clouds **2.** to be forgotten —**blow up 1.** to fill with air or gas **2.** to explode **3.** to become intense, as a storm **4.** to enlarge (a photograph) **5.** to exaggerate (an incident, etc.) **6.** [Colloq.] to lose one's temper —**blow′er** *n.*

**blow**[2] *n.* [ME. *blowe*] **1.** a hard stroke, as with the fist **2.** a sudden misfortune; shock —**come to blows** to begin fighting

**blow-by-blow** *adj.* told in great detail

**blow-dry** (blō′drī′) *vt.* **-dried′, -dry′ing** to dry and style (hair) with an electric device (**blow′-dry′er**) that sends out heated air —*n.* the act of blow-drying the hair

**blowfly** *n. pl.* **-flies′** [BLOW[1] + FLY[2]] any of various flies that deposit eggs in meat, open wounds, etc.

**blowhole** *n.* **1.** a nostril in the head of whales, etc. **2.** a hole through which gas or air can escape **3.** a hole in the ice to which seals, etc. come for air

**blowlamp** *n.* a small burner that shoots out a hot flame intensified by a blast of air

**blown** *pp. of* BLOW[1] —*adj.* **1.** swollen or bloated **2.** out of breath **3.** made by blowing

**blowout** *n.* **1.** the bursting of a tyre **2.** the melting of an electric fuse **3.** the uncontrolled escape of oil or gas from a well **4.** [Slang] a large meal

**blowpipe** *n.* **1.** a tube for forcing air or gas into a flame to increase its heat **2.** a metal tube used in blowing glass **3.** a tubelike weapon through which darts are blown

**blowy** *adj.* **-ier, -iest** windy

**blowzy** (blou′zē) *adj.* **-ier, -iest** [< obs. *blouze*, wench] **1.** fat and coarse-looking **2.** slovenly

**blubber**[1] (blub′ər) *n.* [ME. *blober*, bubble] the fat of the whale and other sea mammals

**blubber**[2] *vi.* [see prec.] to weep loudly —*vt.* to say while blubbering —*n.* loud weeping —*adj.* thick or swollen —**blub′berer** *n.*

**bludgeon** (bluj′n) *n.* [< ?] a short club with a thick, heavy, or loaded end —*vt., vi.* **1.** to strike with a bludgeon **2.** to bully or coerce

**blue** (blo͞o) *adj.* [< OFr. *bleu*] **1.** having the colour of the clear sky **2.** having a blue tinge through cold or anger: said of the skin **3.** sad and depressing **4.** [Colloq.] indecent —*n.* **1.** the colour of the clear sky **2.** any blue pigment or dye **3.** anything coloured blue **4.** a supporter of the British Conservative party **5.** *a*) a sportsman who has represented his university, esp. at Oxford or Cambridge *b*) the badge awarded to him **6.** [*pl.*] [Colloq.] a depressed, unhappy feeling **7.** [*pl., also with sing. v.*] Negro folk music, or the jazz evolved from it, with slow tempo and melancholy words —*vt., vi.* **blued, blu′ing** or **blue′ing** to make or become blue —**once in a blue moon** very seldom —**out of the blue** as if from the sky; unexpected —**blue′ness** *n.*

**blue baby** a baby born with cyanosis

**bluebell** *n.* a plant with blue, bell-shaped flowers

**blue blood** descent from nobility: also **blue′blood′** *n.* —**blue′blood′ed** *adj.*

**blue book** [*also* **B- B-**] an official government publication, often having a blue cover

**bluebottle** *n.* **1.** a large blowfly with a steel-blue abdomen **2.** [Old Slang] a policeman

**blue cheese** a cheese in which a blue mould has been intentionally produced, as Roquefort, Danish Blue, etc.

**blue-collar** *adj.* designating or of industrial workers, esp. the semiskilled and unskilled

**blue-eyed boy** [Colloq.] a favourite; pet

**blue-pencil** (blo͞o′pen′s'l) *vt.* **-cilled, -cilling** to edit, cross out, etc. with or as with a blue pencil

**blue peter** [*also* **B- P-**] a blue signal flag with a white square in the centre, displayed on a vessel about to leave port

**blueprint** *n.* **1.** a photographic reproduction in white on a blue background, as of architectural plans **2.** any detailed plan —*vt.* to make a blueprint of

**blue-ribbon** (blo͞o′rib′ən) *adj.* outstanding of its kind

**bluestocking** *n.* [< blue stockings worn at literary meetings in 18th-c. London] a learned, bookish, or pedantic woman

**blue tit** a common European tit having a blue crown, wings and tail and yellow underparts

**blue whale** a whalebone whale with a dark blue-grey body: probably the largest animal that has ever lived

**bluff**[1] (bluf) *vt., vi.* [prob. < Du. *bluffen*, baffle] **1.** to mislead or frighten by a false, bold front **2.** to get (one's way) by bluffing —*n.* a person who bluffs —**call someone's bluff** to challenge someone to give proof of his claims —**bluff′er** *n.*

**bluff**[2] *adj.* [< Du. *blaf*, flat] **1.** having

a broad, flat front that slopes steeply **2.** having a rough, frank, but affable manner —*n.* **1.** a high, steep bank **2.** [Canad.] a clump of trees on a prairie; copse —**bluff'ly** *adv.*

**bluish** (blōō'ish) *adj.* somewhat blue: also sp. **blue'ish**

**blunder** (blun'dər) *vi.* [< ON. *blunda,* shut the eyes] **1.** to move clumsily; stumble **2.** to make a foolish mistake —*vt.* to do poorly; bungle —*n.* a foolish mistake —**blun'derer** *n.* —**blun'deringly** *adv.*

**blunderbuss** (blun'dər bus') *n.* [Du. *donderbus,* thunder box] an obsolete short gun with a broad muzzle

**blunt** (blunt) *adj.* [< ?] **1.** having a dull edge or point **2.** plain-spoken and abrupt **3.** slow to perceive; dull —*vt.* **1.** to make dull or insensitive **2.** to make less effective —**blunt'ly** *adv.* —**blunt'ness** *n.*

**blur** (blər) *vt., vi.* **blurred, blur'ring** [< BLEAR] **1.** to smear or smudge **2.** to make or become less distinct —*n.* **1.** the state of being blurred **2.** an obscuring stain **3.** anything indistinct to the sight or mind —**blur'ry** *adj.*

**blurb** (blərb) *n.* [arbitrary coinage] [Colloq.] an exaggerated advertisement, as on a book jacket

**blurt** (blərt) *vt.* [echoic] to say suddenly, without stopping to think (with *out*)

**blush** (blush) *vi.* [< OE. *blyscan,* shine] **1.** to become red in the face from embarrassment, etc. **2.** to be ashamed (*at* or *for*) **3.** to become rosy —*n.* **1.** a reddening of the face, as from shame **2.** a rosy colour —*adj.* rosy [*blush*-pink]

**blusher** *n.* a cosmetic colouring for the cheeks, etc.

**bluster** (blus'tər) *vt.* [< LowG. *blüstern*] **1.** to say noisily and aggressively **2.** to force by blustering —*vi.* **1.** to speak or behave in a noisy, bullying way **2.** to blow stormily: said of wind —*n.* **1.** noisy, bullying talk **2.** noisy commotion —**blus'teringly** *adv.* —**blus'tery, blus'terous** *adj.*

**B.M.** **1.** Bachelor of Medicine **2.** British Museum

**B.M.A.** British Medical Association

**B.Mus.** Bachelor of Music

**BO, B.O.** **1.** [Colloq.] body odour **2.** box office

**boa** (bō'ə) *n.* [L.] **1.** any of a number of tropical snakes that crush their prey in their coils, as the anaconda **2.** a woman's long, fluffy scarf, as of feathers

**boa constrictor** a species of boa which reaches a length of 3 to 4.5 metres

**boar** (bôr) *n.* [OE. *bar*] **1.** an uncastrated male pig **2.** a wild pig

**board** (bôrd) *n.* [< OE. *bord,* plank] **1.** a long, flat piece of sawn wood **2.** a flat piece of wood or other material for some special use [a notice *board*] **3.** *a*) a construction material made in thin, flat sheets [*fibreboard*] *b*) pasteboard or stiff paper, used in book covers **4.** *a*) a table for meals *b*) food, esp. meals provided regularly for pay **5.** a council table **6.** *a*) the directors of a company *b*) a group of examiners or interviewers **7.** the side or border [*seaboard*] **8.** (pl.) a wooden wall about 1m high forming the enclosure in which ice hockey or box lacrosse is played —*vt.* **1.** to get on (an aircraft, etc.) **2.** to come onto the deck of (a ship) **3.** to provide with meals, or room and meals, regularly for pay **4.** to cover (*up*) with boards **5.** in ice hockey and box lacrosse, to bodycheck an opponent against the boards —*vi.* to receive meals, or room and meals, regularly for pay —**across the board** including all classes or groups —**board out** to arrange for someone to receive food and lodging away from home —**go by the board** to be discarded, ignored, or abandoned —**on board** on or in a ship, aircraft, bus, etc. —**the boards** the stage (of a theatre)

**boarder** *n.* **1.** one who boards at a boarding house, boarding school, etc. **2.** one who boards a ship, etc.

**boarding** *n. Ice Hockey* etc. an act of bodychecking an opponent against the boards

**boardinghouse** *n.* a house where room and meals can be had for pay: also **boarding house**

**boarding school** a school providing lodging and meals for the pupils

**Board of Trade** a British government department supervising commerce and industry

**boardroom** *n.* a room in which a board of administrators, directors, etc. regularly holds meetings

**boast** (bōst) *vi.* [< Anglo-Fr.] to talk about deeds, abilities, etc. with too much pride and satisfaction —*vt.* **1.** to brag about **2.** to glory in (something) —*n.* **1.** the act of one who boasts **2.** anything boasted of —**boast'er** *n.* —**boast'ingly** *adv.*

**boastful** *adj.* inclined to brag; boasting

**boat** (bōt) *n.* [OE. *bat*] **1.** a small, open watercraft propelled by oars, sails, or engine **2.** a ship; landsman's term **3.** a boat-shaped dish —*vi.* to row, sail, or cruise in a boat —**in the same boat** in the same unfavourable situation —**miss the boat** [Colloq.] to fail to make the most of an opportunity —**rock the boat** [Colloq.] to disturb the status quo

**boater** *n.* a stiff, flat straw hat with a brim

**boathook** *n.* a long pole with a metal hook on one end for manoeuvring boats

**boathouse** *n.* a building for storing a boat

**boatman** *n.* a man who operates, works on, rents, or sells boats

**boatswain** (bō's'n) *n.* a ship's warrant officer or petty officer in charge of the deck crew, the rigging, anchors, etc.

**boat train** a train scheduled to take passengers to or from a particular ship

**bob**[1] (bob) *vt.* **bobbed, bob'ing** [ME. *bobbe,* hanging cluster & *bobben,* knock against] **1.** to move, esp. up and down, with short, jerky motions **2.** to cut (hair) short —*vi.* to move with short, jerky motions —*n.* **1.** a quick, jerky motion **2.** a woman's short haircut **3.** a weight at the end of a plumb line, etc. **4.** a docked tail, as of a horse —**bob up** to appear unexpectedly

**bob²** *n., pl.* **bob** [< ? ] [Old Slang] a shilling

**bobbejaan** (bob′ə yän′) *n.* [S Afr.] a baboon

**bobbejaan spanner** *n.* [S Afr.] a monkey wrench

**bobbin** (bob′in) *n.* [Fr. *bobine*] a reel or spool for thread used in spinning, weaving, machine sewing, etc.

**bobble** (bob′l) *n.* [< BOB¹] a small tufted ball for decoration, as on a woollen hat

**bobby** (bob′ē) *n., pl.* **-bies** [< Sir Robert (*Bobby*) Peel] [Colloq.] a policeman

**bobcat** (bob′kat′) *n.* a wild cat of temperate N America: also **bay lynx**

**bobotie** (boo boo′tē) *n.* [S Afr.] a dish made of curried mincemeat with a beaten egg crust

**bobsleigh** *n.* a long sledge with two sets of runners one behind the other

**bobtail** *n.* **1.** a tail cut short; docked tail **2.** a horse or dog with a bobtail

**Boche** (bosh) *n.* [Fr. < *tête de caboche,* hard head] [*also* **b-**] [Derog.] a German, esp. a German soldier

**bod** (bod) *n.* [< BODY] [Colloq.] *same as* a person

**bode¹** (bōd) *vt.* **bod′ed, bod′ing** [< OE. *boda,* messenger] to be an omen of; presage —**bode ill** (or **well**) to be a bad (or good) omen —**bode′ful** *adj.*

**bode²** *alt. pt. of* BIDE

**bodega** (bə dē′gə) *n.* [Sp.] a wine shop, esp. in Spanish-speaking countries

**bodge** (boj) *vt.* [Colloq.] *same as* BOTCH

**bodice** (bod′is) *n.* [< *bodies*] **1.** the upper part of a dress **2.** a kind of vest for women worn as an undergarment or over a blouse or dress

**bodily** (bod′ə lē) *adj.* of, in, by, or to the body —*adv.* **1.** in person; in the flesh **2.** as a single body

**bodkin** (bod′kin) *n.* [ME. *boidekyn* < ?] **1.** a pointed instrument for making holes in cloth **2.** a long hairpin **3.** a thick, blunt needle

**body** (bod′ē) *n., pl.* **bod′ies** [< OE. *bodig,* cask] **1.** the whole physical substance of a person, animal, or plant **2.** the trunk of a man or animal **3.** a corpse **4.** the flesh, as opposed to the spirit **5.** [Colloq.] a person **6.** a group regarded as a unit [an advisory *body*] **7.** the main part of anything **8.** a mass of matter [a *body* of water] **9.** density or consistency **10.** richness of tone or flavour —*vt.* **bod′ied, bod′ying** to give substance to —**in a body** as a single unit, esp. to show shared opinion or purpose —**keep body and soul together** to stay alive

**bodycheck** *vt. Ice Hockey* to obstruct another player

**bodyguard** *n.* a person or persons, usually armed, assigned to guard someone

**body politic** the people who collectively constitute a political unit under a government

**body stocking** a tightfitting garment, usually of one piece, that covers the torso and, sometimes, the legs

**Boer** (boo ər) *n.* [Du. *boer,* peasant: see BOOR] a descendant of the Dutch or Huguenot colonists of South Africa

**boerbul** (boo ər′bəl) *n.* [S Afr.] a crossbreed mastiff used esp. as a watchdog

**boeremusiek** (boo′rə mū′sik) *n.* [S Afr.] light music associated with the culture of the Afrikaners

**boerewors** (boo′rə vôrs) a traditional mincemeat sausage of South Africa

**boerperd** (boo ər′pu ərt) *n.* a S African breed of rugged horse, often palomino

**boet** (boot) *n.* [< Afrik., brother] [S Afr. Colloq.] a friend: also **boetie**

**boffin** (bof′in) *n.* [< ?] [Colloq.] a scientist, esp. one engaged in military or government research

**bog** (bog) *n.* [< Gael. & Ir. *bog,* soft] **1.** wet, spongy ground; a small marsh **2.** [Slang] a lavatory —*vt., vi.* **bogged, bog′ging** to sink or become stuck in or as in a bog (often with *down*) —**bog′giness** *n.* —**bog′gy** *adj.* **-ier, -iest**

**bogan** (bō′gən) *n.* [Canad.] a sluggish side stream

**bogey** (bō′gē) *n., pl.* **-geys** **1.** *same as* BOGY **2.** [after Colonel *Bogey,* imaginary first-rate golfer] *Golf* par or, now usually one stroke more than par on a hole

**boggle** (bog′′l) *vi.* **-gled, -gling** [< Scot. *bogle,* spectre] **1.** to be startled or frightened (*at*) **2.** to hesitate (*at*)

**bogie** (bō′gē) *n., pl.* **-gies** [< Dial.] **1.** an undercarriage on a railway carriage **2.** a small, low, swivelling truck

**bog oak** oak or other wood preserved in peat bogs

**bogtrotter** *n.* [Derog.] an Irishman

**bogus** (bō′gəs) *adj.* [< ?] not genuine

**bogy** (bō′gē) *n., pl.* **-gies** [see BOGGLE] **1.** an evil spirit; goblin **2.** anything causing great fear

**bogyman, bogeyman** *n.* an imaginary frightful being

**Bohemian** (bō hē′mē ən) *n.* **1.** a native of Bohemia **2.** *same as* CZECH **3.** [*often* **b-**] one who lives in an unconventional way —*adj.* **1.** of Bohemia; Czech **2.** [*often* **b-**] characteristic of a Bohemian (*n.* 3) —**Bohe′mianism** *n.*

**boil¹** (boil) *vi.* [< L. *bulla,* bubble] **1.** to bubble up and vaporize by being heated **2.** to seethe like boiling liquids **3.** to be agitated, as with rage **4.** to cook in boiling liquid —*vt.* **1.** to heat to the boiling point **2.** to cook in boiling water —*n.* the act or state of boiling —**boil away** to evaporate by boiling —**boil down** to lessen in quantity, as by boiling —**boil down to** to amount to —**boil over** **1.** to come to a boil and spill over **2.** to lose one's temper

**boil²** *n.* [< OE. *byl*] an inflamed, painful, pus-filled swelling on the skin, caused by infection

**boiler** *n.* **1.** a container in which things are boiled **2.** a tank in which water is turned to steam for heating or power **3.**

a device burning oil, gas, etc., which provides hot water, esp. for central heating

**boiler suit** a one-piece suit worn for dirty work

**boiling point** 1. the temperature at which a liquid boils 2. a state of high excitement

**boisterous** (boiz'tər əs) *adj.* [ME. *boistreous,* crude] 1. *a*) noisy and unruly *b*) loud and exuberant 2. rough and stormy —**bois'terously** *adv.*

**bokmakierie** (bok'mə kēər'ē) *n.* a large yellow shrike of South Africa

**bold** (bōld) *adj.* [< OE. *beald*] 1. daring; fearless 2. impudent 3. prominent and clear —**make bold** to dare (*to*) —**bold'ly** *adv.* —**bold'ness** *n.*

**bole** (bōl) *n.* [ON. *bolr*] a tree trunk

**bolero** (bə lâər'ō; *for 3 also* bol'ər ō) *n., pl.* **-ros** [Sp.] 1. a Spanish dance 2. music for this 3. a short, sleeveless or sleeved jacket that is open in front

**boll** (bōl) *n.* [< OE. *bolla,* bowl] the roundish seed pod of a plant, esp. of cotton or flax

**bollard** (bol'ərd) *n.* [< BOLE] 1. a post on a ship or wharf for securing ropes 2. a post used: *a*) to mark a traffic island *b*) to close a road to vehicles

**bollocks** (bol'əks) *n.pl. same as* BALLOCKS

**Bolshevik** (bol'shə vik') *n.* [Russ. < *bolshe,* majority] [*also* **b-**] 1. a member of a majority faction in Russia, which formed the Communist Party after seizing power in 1917 2. a Communist, esp. of the Soviet Union 3. loosely, any radical: hostile usage —*adj.* [*also* **b-**] of the Bolsheviks or Bolshevism —**Bol'shevist** *n., adj.*

**Bolshie, Bolshy** (bol'shē) *adj.* [< prec.] [*also* **b-**] [Colloq.] 1. difficult to manage; rebellious 2. bad-tempered 3. left wing: hostile usage —*n.* a Bolshevik

**bolster** (bōl'stər) *n.* [OE.] 1. a long, narrow pillow 2. any bolsterlike object or support —*vt.* to prop up as with a bolster; support (often with *up*) —**bol'sterer** *n.*

**bolt**[1] (bōlt) *n.* [OE.] 1. a sliding bar for locking a door, etc. 2. a metal rod with a head, threaded and used with a nut to hold parts together 3. a sudden dash 4. a flash of lightning 5. an arrow shot from a crossbow 6. a roll (*of* cloth, etc.) —*vt.* 1. to swallow (food) hurriedly 2. to fasten as with a bolt —*vi.* 1. to dash away suddenly 2. *Hort.* to produce seed prematurely —*adv.* straight; erectly [*bolt* upright] —**bolt from the blue** a sudden, unforeseen occurrence, often unfortunate —**shoot one's bolt** to exhaust one's capabilities —**bolt'er** *n.*

**bolt**[2] *vt.* [< OFr. *buleter*] 1. to sift (grain, etc.) so as to grade 2. to examine closely —**bolt'er** *n.*

**bomb** (bom) *n.* [< Gr. *bombos,* hollow sound] 1. a container filled with an explosive, incendiary, etc. for dropping or hurling, or for detonating by a timing mechanism 2. [*often* **B-**] the atom bomb or similar nuclear device —*vt.* to attack or destroy with bombs —**like a bomb** [Colloq.] with great success

**bombard** (bom bärd') *vt.* [< Fr. *bombarde,* mortar] 1. to attack with artillery or bombs 2. to keep attacking with questions, etc. 3. to direct a stream of particles, as neutrons, against —**bombard'ment** *n.*

**bombardier** (bom'bə dēər') *n.* 1. a noncommissioned rank in the Royal Artillery 2. [U.S.] the person who releases the bombs in a bomber 3. [**B-**] *Trademark* [Canad.] a snow tractor, usually with caterpillar tracks at the rear and skis at the front

**bombast** (bom'bast) *n.* [< ML. *bambax,* cotton] pompous, high-sounding talk or writing —**bombas'tic** *adj.* —**bombas'tically** *adv.*

**Bombay duck** (bom'bā') [< *Bombay,* in India] any of various dried fishes eaten as a relish with curry dishes

**bombazine** (bom'bə zēn') *n.* [< ML. *bambax,* cotton] a twilled cloth of silk or rayon with worsted

**bomb bay** a compartment in the fuselage of a bomber that can be opened to drop bombs

**bomber** *n.* 1. an aircraft designed for dropping bombs 2. a person who uses bombs as for illegal purposes

**bombshell** *n.* a devastating surprise

**bona fide** (bō'nə fī'dē) [L.] in good faith

**bonanza** (bō nan'zə) *n.* [Sp., prosperity] 1. any source of wealth or profits 2. a rich vein of ore

**bonbon** (bon'bon') *n.* [Fr. *bon,* good] a name for various sweets

**bond** (bond) *n.* [see BAND[1]] 1. anything that binds, fastens, or unites 2. [*pl.*] fetters 3. a binding agreement 4. the status of goods kept in a warehouse until taxes are paid 5. *Chem.* the means by which atoms or groups of atoms are combined in molecules 6. *Finance* an interest-bearing certificate issued by a government or business, promising to pay the holder a specified sum 7. *Law* a written obligation to pay specified sums, do specified things, etc. —*vt.* 1. to fasten or unite as with a bond 2. to place (goods) under bond —*vi.* to hold together by or as by a bond —**bottled in bond** bottled and stored in bonded warehouses for the length of time stated on the label, as some whisky —**bond'able** *adj.* —**bond'er** *n.*

**bondage** *n.* [< ON. *bua,* inhabit] 1. slavery 2. subjection to some force or influence

**bonded** *adj.* 1. subject to or secured by a bond or bonds 2. placed in a government-certified, or bonded, warehouse pending payment of taxes

**bondman** *n.* 1. a feudal serf 2. a man or boy bondservant Also **bondsman** —**bond'maid'** *n.fem.*

**bond paper** a strong, superior stock of paper, esp. of rag pulp, used for documents, letterheads, etc.

**bondservant** *n.* a slave

**bone** (bōn) *n.* [OE. *ban*] **1.** any of the pieces of hard tissue forming the skeleton of most vertebrate animals **2.** this hard tissue **3.** [*pl.*] the skeleton **4.** a bonelike substance or part **5.** a thing made of bone —*vt.* **boned, bon'ing 1.** to remove the bones from **2.** to put whalebone into **3.** [Slang] to steal —**feel in one's bones** to be certain without any real reason —**have a bone to pick** to have something to quarrel about —**make no bones about** [Colloq.] to admit freely —**to the bone** to the bare essentials —**bone'like'** *adj.*

**bone china** translucent china made with white clay to which bone ash or calcium phosphate has been added

**bone-dry** (bōn'drī') *adj.* dry as bone; very dry

**bone meal** crushed or finely ground bones, used as feed for stock or as fertilizer

**boneshaker** *n.* **1.** an early kind of bicycle with solid tyres **2.** [Slang] any old or rickety vehicle

**bonfire** (bon'fīər') *n.* [ME. *banefyre,* bone fire] a large fire built outdoors

**Bonfire Night** the fifth of November, the anniversary of the attempt made by Guy Fawkes to blow up Parliament

**bongo** (boŋ'gō) *n., pl.* **-gos, -goes** [AmSp. < ?] either of a pair of small joined drums, of different pitch, struck with the fingers: in full, **bongo drum**

**bonhomie, bonhommie** (bon'ə mē') *n.* [Fr. < *bon,* good + *homme,* man] good nature; amiability

‡**bon jour** (*bon zhōōr'*) [Fr.] good day; hello

**bonkers** (boŋk'ərz) *adj.* [< ?] [Slang] mad; crazy

**bon mot** (bon'mō') *pl.* **bons mots** (bon'-mōz') [Fr., good word] an apt, clever, or witty remark

**bonnet** (bon'it) *n.* [OFr. *bonet*] **1.** a flat, brimless cap, worn by men in Scotland **2.** a hat with a chin ribbon, worn by babies or girls **3.** a metal covering, as over the engine of a motor vehicle

**bonny, bonnie** (bon'ē) *adj.* **bon'nier, bon'niest** [< Fr. *bon,* good] [Chiefly Scot.] **1.** handsome or pretty, with a healthy, cheerful glow **2.** fine; pleasant —**bon'nily** *adv.*

**bonsai** (bon sī') *n.* [Jap.] *n.* **1.** the art of dwarfing trees, etc. **2.** *pl.* **bonsai'** such a tree or shrub

‡**bon soir** (*bon swär'*) [Fr.] good evening

**bonus** (bō'nəs) *n., pl.* **bo'nuses** [L., good] **1.** anything given in addition to the customary amount as an incentive, reward, etc. **2.** an extra dividend allotted to shareholders out of profits **3.** a dividend paid to insurance policyholders

**bon voyage** (bon'voi äzh') [Fr.] pleasant journey: a farewell to a traveller

**bony** (bō'nē) *adj.* **-ier, -iest 1.** of, like, or having bones **2.** thin; emaciated —**bon'iness** *n.*

**bonze** (bonz) *n.* [< Jap. *bonsō*] a Buddhist monk

**boo** (bōō) *interj., n., pl.* **boos** [echoic] a sound made to show disapproval, scorn, etc., or to startle —*vi., vt.* **booed, boo'ing** to make this sound (at)

**boob** (bōōb) *n.* [Slang] **1.** a foolish person **2.** an embarrassing mistake **3.** [Vulg.] a female breast —*vi.* [Slang] to blunder

**booby** (bōō'bē) *n., pl.* **-bies** [prob. < Sp. *bobo*] **1.** a foolish person **2.** a tropical diving sea bird related to the gannet

**booby prize** a prize, usually ridiculous, given in fun to whoever has done worst in a game, race, etc.

**booby trap** **1.** any device for tricking a person unawares **2.** a mine set to be exploded by some action of the unsuspecting victim —**boo'by-trap'** *vt.* **-trapped', -trap'ping**

**boodle** (bōō'd'l) *n.* [< Du. *boedel,* property] **1.** something given as a bribe **2.** the loot taken in a robbery

**boogie-woogie** (bōōg'ē wōōg'ē) *n.* [? echoic] a style of jazz piano playing in which repeated bass figures accompany the melodic variations

**book** (book) *n.* [OE. *boc*] **1.** *a*) a number of sheets of paper with writing or printing on them, fastened together between protective covers *b*) a relatively long literary work **2.** a main division of a literary work **3.** *a*) a number of blank sheets bound together [an account *book*] *b*) a record or account **4.** a libretto **5.** a booklike package, as of matches **6.** a record of bets —*vt.* **1.** to record in a book; list **2.** to engage (rooms, etc.) ahead of time **3.** to record charges against on a police record —*adj.* in, from, or according to books or accounts —**book in 1.** to make a reservation **2.** to register at a hotel —**bring to book 1.** to force to explain **2.** to reprimand —**by the book** according to the rules —**in someone's good** (or **bad**) **books** in (or out of) someone's favour, or good graces —**keep books** to keep a record of business transactions —**know like a book** to know well —**the Book** the Bible —**throw the book at** [Slang] **1.** to place all possible charges against **2.** to give the maximum punishment to —**book'er** *n.*

**bookbinding** *n.* the art, trade, or business of binding books —**book'bind'er** *n.*

**bookcase** *n.* a set of shelves or a cabinet for holding books

**book club** an organization that sells books, usually at reduced prices, to members who undertake to buy a minimum number of them annually

**bookend** *n.* an ornamental weight or bracket at the end of a row of books to keep them upright

**bookie** *n.* [Colloq.] *same as* BOOKMAKER

**booking** *n.* **1.** a reservation of a room, seat, etc. **2.** an engagement, as for a lecture, performance, etc.

**bookish** *adj.* **1.** inclined to read and study; scholarly **2.** having mere book learning; pedantic —**book'ishness** *n.*

**bookkeeping** *n.* the work of keeping a record of business transactions —**book'-keep'er** *n.*

**bookmaker** *n.* a person in the business

of taking bets, as on horse races —**book'-mak'ing** *n.*

**ookmark** *n.* anything slipped between the pages of a book to mark a place

**ookplate** *n.* a label pasted in a book to identify its owner

**ook review** an article or talk in which a book is discussed and critically analysed

**ookseller** *n.* the owner of a bookshop

**ookshop** *n.* a shop where books are sold

**ookstall** *n.* a stand where books are sold

**ook value** the value as shown in account books; specif., the value of the capital stock of a business

**ookworm** *n.* **1.** an insect that harms books by feeding on the binding, etc. **2.** an avid reader

**oom**[1] (bōōm) *vi., vt.* [echoic] to make, or utter with, a deep, hollow, resonant sound —*n.* a booming sound

**oom**[2] *n.* [Du., beam] **1.** a spar extending from a mast to hold the bottom of a sail outstretched **2.** a long beam extending as from an upright to lift and guide something [a microphone *boom*] **3.** a barrier of chains or timbers across a harbour, etc.

**oom**[3] *vi.* [< ? BOOM[1]] to grow swiftly; flourish [business *boomed*] —*n.* a period of business prosperity, etc. —*adj.* of or resulting from a boom in business [a *boom* town]

**oomslang** (bōōm'slaŋ) *n.* a green, venomous tree snake of South Africa

**oomerang** (bōōm'ə raŋ') *n.* [Abor.] **1.** a flat, curved stick that can be thrown so that it will return to the thrower: used by Australian aborigines **2.** something that recoils on its originator and results in his disadvantage —*vi.* to act as a boomerang

**oon** (bōōn) *n.* [ON. *bon,* petition] **1.** a welcome benefit; blessing **2.** [Archaic] a request or favour

**oor** (bōōər) *n.* [Du. *boer,* peasant] a rude, awkward, or ill-mannered person —**boor'-ish** *adj.* —**boor'ishly** *adv.* —**boor'ishness** *n.*

**oost** (bōōst) *n.* [< ?] **1.** an act that helps or promotes **2.** a push upwards or forwards **3.** an increase —*vt.* **1.** to urge others to support **2.** to raise as by a push from below **3.** to increase

**ooster** *n.* **1.** any device providing added power, thrust, etc. **2.** any of the early stages of a multistage rocket

**ooster shot** (or **injection**) a later injection of a vaccine for maintaining immunity

**oot**[1] (bōōt) *n.* [OFr. *bote*] **1.** a protective covering of leather, etc. for the foot and part of the leg **2.** the luggage compartment of a motor car **3.** [Colloq.] a kick —*vt.* **1.** to kick **2.** [Slang] to dismiss (often with *out*) —**lick the boots of** to be servile towards —**put the boot in** **1.** to kick a person when he is already down **2.** to torment a person who is already overcome —**the boot** [Slang] dismissal

**oot**[2] *n., vt., vi.* [< OE. *bot,* advantage] [Archaic] profit —**to boot** besides; in addition

**bootee** (bōōt'ē) *n.* a baby's knitted or cloth shoe

**Boötes** (bō ō'tēz) [< Gr., ploughman] a N constellation including the star Arcturus

**booth** (bōōth) *n. pl.* **booths** (bōōthz) [< ON. *buth,* temporary dwelling] **1.** a stall for the sale of goods, as at a market **2.** a small enclosure for telephoning, voting, etc.

**bootleg** *vt., vi.* **-legged', -leg'ging** [< concealing objects in the leg of a boot] to make or sell (esp. alcoholic liquor) illegally —*adj.* bootlegged; illegal —**boot'-leg'ger** *n.*

**bootless** *adj.* useless —**boot'lessly** *adv.*

**booty** (bōōt'ē) *n., pl.* **-ties** [< MLowG. *bute*] **1.** spoils of war **2.** loot **3.** any valuable gain

**booze** (bōōz) *vi.* **boozed, booz'ing** [< Du. *buizen*] [Colloq.] to drink too much alcoholic liquor —*n.* [Colloq.] alcoholic liquor —**booz'y** *adj.*

**boozer** *n.* [Colloq.] **1.** a person who is fond of drinking alcohol **2.** a public house or bar

**bop** (bop) *n.* [< ?] a style of jazz with complex rhythms and harmonies, etc.

**bor.** borough

**boracic** (bə ras'ik) *adj.* *same as* BORIC

**borage** (bor'ij) *n.* [< ML. *burra,* coarse hair] an annual plant with blue flowers and hairy leaves

**borax** (bôr'aks) *n.* [< Per. *būrah*] a white, crystalline salt used in glass, soaps, etc.

**Bordeaux** (bôr dō') *n.* red or white wine from the region around Bordeaux

**Bordeaux mixture** a mixture of lime, water and copper sulphate, used to kill insects and fungi

**border** (bôr'dər) *n.* [< OHG. *bord,* margin] **1.** an edge or a part near an edge; margin **2.** a dividing line between countries, etc. **3.** a narrow strip along an edge —*vt.* **1.** to provide with a border **2.** to bound —*adj.* of or near a border —**border on** (or **upon**) **1.** to be next to **2.** to be like —**the Borders** the district on or near the boundary between Scotland and England

**borderland** *n.* **1.** land forming or near a border **2.** a vague, uncertain condition

**borderline** *n.* a boundary —*adj.* on the boundary of what is acceptable, normal, etc.

**bore**[1] (bôr) *vt.* **bored, bor'ing** [< OE. *bor,* auger] **1.** to make a hole in or through with a drill, etc. **2.** to make (a hole, tunnel, etc.) as by drilling —*vi.* to bore a hole or passage —*n.* **1.** a hole made by boring **2.** *a*) the hollow part of a gun barrel, etc. *b*) its inside diameter

**bore**[2] *n.* [< ON. *bara,* billow] a high, abrupt tidal wave in a narrow channel

**bore**[3] *vt.* **bored, bor'ing** [< ?] to weary by being dull or monotonous —*n.* a tiresome, dull person or thing

**bore**[4] *pt. of* BEAR[1]

**boredom** *n.* the condition of being bored or uninterested; ennui

**boric** (bôr'ik) *adj.* of or containing b

**boric acid** a white, crystalline, weakly acid compound, used as a mild antiseptic

**born** (bôrn) *alt. pp. of* BEAR[1] —***adj.*** **1.** brought into life **2.** by birth **3.** natural

**borne** (bôrn) *alt. pp. of* BEAR[1]

**boron** (bôr′on) ***n.*** [< BORAX] a non-metallic chemical element occurring in borax, etc.: symbol, B

**borough** (bur′ə) ***n.*** [< OE. *burg,* town] **1.** a town with a municipal corporation granted by royal charter **2.** a town that sends representatives to Parliament

**borrow** (bor′ō) ***vt., vi.*** [< OE. *borgian,* borrow] **1.** to take or receive (something) with the understanding that one will return it **2.** to adopt (something) as one's own —**borrow trouble** to worry prematurely —**bor′rower** ***n.***

**borsch** (bôrsh) ***n.*** [Russ.] a Russian beetroot soup: also **bortsch**

**Borstal** (bôr′st'l) ***n.*** [< *Borstal,* town in England] [*also* **b-**] a treatment centre for young offenders

BORZOI
(70–80 cm high at shoulder)

**borzoi** (bôr′zoi) ***n.*** [Russ., swift] a breed of large dog with a narrow head and silky coat

**bosh** (bosh) ***n., interj.*** [Turk. worthless] [Colloq.] nonsense

**bo's'n** (bōs′'n) ***n.*** *contracted form of* BOATSWAIN

**bosom** (booz′əm) ***n.*** [OE. *bosm*] **1.** the human breast **2.** the breast regarded as the source of feelings **3.** the enclosing space formed by the breast and arms in embracing **4.** the midst **5.** the part of a garment that covers the breast —***adj.*** close; intimate

**boss[1]** (bos) ***n.*** [Du. *baas,* master] an employer or supervisor —***vt.*** **1.** to act as boss of **2.** [Colloq.] to order (a person) about

**boss[2]** ***n.*** [< OFr. *boce,* swelling] a raised part on a flat surface; esp., a decorative knob, stud, etc.

**bossa nova** (bos′ə nō′və) [Port., new bump] **1.** jazz samba music originating in Brazil **2.** a dance for couples performed to this music

**bossy** ***adj.*** **-ier, -iest** [Colloq.] domineering or dictatorial —**boss′ily** ***adv.*** —**boss′iness** ***n.***

**bosun** (bōs′'n) ***n.*** *same as* BOATSWAIN

**bot.** **1.** botanical **2.** botanist **3.** botany **4.** bottle

**botany** (bot′ə nē) ***n.*** [< Gr. *botanē,* plant] the science that deals with plants, their life, structure, growth, etc. —**botanical** (bə tan′i k'l) ***adj.*** —**bot′anist** ***n.***

**botch** (boch) ***vt.*** [ME. *bocchen,* repair] to patch clumsily **2.** to bungle —***n.*** a bungled piece of work —**botch′er** ***n.*** —**botch′y** ***adj.***

**botfly** (bot′flī′) ***n., pl.*** **-flies′** [< ? Gaelic *boiteag,* maggot + FLY[2]] a fly whose larvae are parasitic in horses, sheep, etc.

**both** (bōth) ***adj., pron.*** [< OE. *ba tha,* both these] the two [*both* (birds) sang] —***conj., adv.*** together; equally; as well: with *and* [*both* tired *and* sick]

**bother** (both′ər) ***vt., vi.*** [prob. Anglo-Ir. for POTHER] **1.** to worry, annoy, etc. **2.** to concern (oneself) —***n.*** **1.** worry, trouble **2.** a person who gives trouble —***interj.*** an expression of annoyance, etc.

**botheration** (both′ə rā′shən) ***n., interj.*** [Colloq.] *same as* BOTHER

**bothersome** ***adj.*** troublesome

**bothy, bothie** (both′ē) ***n.*** [< BOOTH] [Scot.] **1.** a small roughly-built shelter or outhouse **2.** a poorly-finished dwelling for farm workers

**bo tree** (bō) [Sinhalese *bo*] a fig tree sacred to Buddhists and Hindus

**bottle** (bot′'l) ***n.*** [< LL. *buttis,* cask] **1.** a container, esp. for liquids, usually of glass, with a narrow neck **2.** the amount that a bottle holds —***vt.*** **-tled, -tling** to put into bottles **2.** to store under pressure in a cylinder, etc. [*bottled* gas] —**bottle up** **1.** to suppress (emotions) **2.** to shut in (enemy troops, etc.) —**hit the bottle** [Slang] to drink much alcoholic liquor —**bot′tleful′** ***n.*** —**bot′tler** ***n.***

**bottle green** a dark green colour

**bottleneck** ***n.*** **1.** a place, as a narrow road, where traffic is slowed down or halted **2.** any point at which progress is slowed down

**bottlenose** ***n.*** a kind of dolphin, grey or greenish, with a bottle-shaped snout

**bottle party** a party to which guests bring drink with them

**bottle store** [S Afr.] an off-licence

**bottom** (bot′əm) ***n.*** [< OE. *botm,* ground] **1.** the lowest part or position **2.** the farthest part **3.** the part on which something rests **4.** the side underneath **5.** the seat of a chair **6.** the ground beneath a body of water **7.** *a*) a ship' keel *b*) a ship **8.** basic meaning **9.** [Colloq.] the buttocks —***adj.*** of, at, or on the bottom; lowest, last, etc. —***vt.*** **1.** to provide with a bottom **2.** to understand; fathom **3.** to base (*on* or *upon*) —***vi.*** **1.** to reach the bottom **2.** to be based —**at bottom** fundamentally —**be at the bottom of** to be the real reason for —**bottoms up!** [Colloq.] drink deep!: a toast

**bottom drawer** a woman's collection of linen, clothing, etc., made in preparation for marriage

**botulism** (bot′yoo liz′m) ***n.*** [< L. *botulus,* sausage] poisoning resulting from the toxin produced by a certain bacillus sometimes found in foods improperly preserved

**bouclé** (bōō′klā) ***n.*** [Fr.] **1.** a curly yarn that gives the fabric made from it a tuftee or knotted texture **2.** fabric made from this yarn

**boudoir** (bo̅o̅d′wär) *n.* [Fr., pouting room] a woman's private room

**bouffant** (bo̅o̅′fän) *adj.* [< Fr. *bouffer,* puff out] puffed out, as some skirts or hairstyles

**bougainvillaea, bougainvillea** (bo̅o̅′gən vil′ē ə) *n.* [< L. A. de *Bougainville*] a woody tropical plant having flowers with large, showy, purple or red bracts

**bough** (bou) *n.* [OE. *bog,* shoulder] a branch of a tree, esp. a main branch

**bought** (bôt) *pt. & pp. of* BUY

**bouillon** (bo̅o̅l′yon) *n.* [Fr.] a clear broth

**boulder** (bōl′dər) *n.* [< ME. *bulderstan* < Scand.] a large rock worn smooth by weather and water

**boulder clay** unstratified material left by a glacier, consisting of fine clay, boulders and pebbles

**boule**[1] (bo̅o̅′lē) *n.* [Gr.] **1.** the ancient Greek senate **2.** the modern Greek parliament

**boule**[2] (bo̅o̅l) *n.* [Fr., ball] [*usually pl.*] a French game similar to bowls

**boulevard** (bo̅o̅l′ə värd′, bo̅o̅l′vär′) *n.* [< MDu. *bolwerc,* bulwark] a broad street, often lined with trees

**boult** (bōlt) *vt. same as* BOLT[2]

**bounce** (bouns) *vt.* **bounced, bounc′ing** [akin to Du. *bonzen,* thump] to cause to hit against a surface so as to spring back —*vi.* **1.** to spring back after striking a surface; rebound **2.** to leap **3.** to boast **4.** [Slang] to be returned to the payee by a bank: said of a worthless cheque —*n.* **1.** *a*) a bouncing *b*) a leap **2.** capacity for bouncing **3.** impudence; bluster **4.** [Colloq.] energy; zest —**bounce back** [Colloq.] to recover strength, spirits, etc. quickly —**bounc′y** *adj.*

**bouncer** *n.* [Slang] a man hired to remove disorderly people from a nightclub, etc.

**bouncing** *adj.* big, healthy, strong, etc.

**bound**[1] (bound) *vi.* [Fr. *bondir,* to leap] **1.** to move with a leap or series of leaps **2.** to bounce or rebound, as a ball —*n.* **1.** a jump; leap **2.** a bounce

**bound**[2] *pt. & pp. of* BIND —*adj.* **1.** tied **2.** closely connected **3.** certain [*bound* to win] **4.** obliged [*legally bound* to pay] **5.** provided with a binding, as a book —**bound up in** (or **with**) **1.** devoted to **2.** involved in

**bound**[3] *adj.* [< ON. *bua,* prepare] going; headed [*bound* for home]

**bound**[4] *n.* [< ML. *bodina,* boundary] **1.** a boundary **2.** [*pl.*] a place enclosed by a boundary —*vt.* **1.** to limit; confine **2.** to be a limit or boundary to —*vi.* to have a boundary (*on*) —**beat the bounds** to walk ceremoniously around the boundaries of a parish —**out of bounds** **1.** beyond the boundaries **2.** forbidden —**bound′less** *adj.*

**boundary** (boun′dər ē) *n., pl.* **-ries** **1.** anything marking a limit **2.** *Cricket a*) the marked limit of the playing area *b*) a stroke that reaches this limit, scoring four or six runs

**bounden** (boun′dən) *adj.* [old pp. of BIND] **1.** under obligation **2.** obligatory [*bounden* duty]

**bounder** *n.* [< BOUND[1]] [Colloq.] a cad

**bountiful** (boun′tə f'l) *adj.* **1.** giving freely and graciously **2.** abundant Also **boun′teous** —**boun′tifully** *adv.*

**bounty** *n., pl.* **-ties** [< L. *bonus,* good] **1.** generosity **2.** a generous gift **3.** a reward or premium, as one given by a government for the performance of certain services

**bouquet** (bo̅o̅ kā′) *n.* [Fr.] **1.** a bunch of cut flowers **2.** a fragrant smell, esp. of a wine or brandy

‡**bouquet garni** (bo̅o̅′kā gär nē′) a bunch of herbs tied together and used for flavouring soups, stews, etc.

**bourbon** (bur′bən, boər′-) *n.* [< *Bourbon* County, Kentucky, U.S.] [U.S.] [*sometimes* **B-**] a whisky made from maize and aged for not less than two years

**bourgeois** (boər′zhwä) *n., pl.* **-geois** [Fr.] **1.** a member of the bourgeoisie **2.** a person whose beliefs, attitudes, etc. are middle-class —*adj.* of the bourgeoisie; conventional, materialistic, etc.

**bourgeoisie** (boər′zhwä′zē′) *n.* [*with sing. or pl. v.*] the social class between the very wealthy and the working class; middle class

**bourn**[1], **bourne**[1] (boərn) *n.* [OE. *burna,* stream] a brook

**bourn**[2], **bourne**[2] (boərn) *n.* [see BOUND[4]] [Archaic] **1.** a boundary **2.** a goal **3.** a domain

**bourrée** (boo′rā) *n.* [Fr.] **1.** a lively, 17th-cent. French dance in duple time **2.** music for this

**bourse** (boərs) *n.* [Fr., purse] a stock exchange; specif., [**B-**] the stock exchange of Paris

**bout** (bout) *n.* [< ME. *bught*] **1.** a period of some activity, illness, etc. **2.** a struggle; contest

**boutique** (bo̅o̅ tēk′) *n.* [Fr.] a small shop, or a part of a department store, selling fashionable items

**bouzouki** (bo̅o̅ zo̅o̅′kē) *n.* [< ModGr.] a stringed musical instrument of Greece, somewhat like a mandolin

**bovine** (bō′vīn) *adj.* [< L. *bos, bovis,* ox] **1.** of an ox or cow **2.** slow, dull, stupid, stolid, etc.

**bow**[1] (bou) *vi.* [< OE. *bugan,* bend] **1.** to bend the head or body in respect, agreement, etc. **2.** to yield, as to authority —*vt.* **1.** to bend (the head) in respect, shame, agreement, etc. **2.** to weigh (*down*); overwhelm —*n.* a bending of the head or body, as in respect, greeting, etc. —**bow and scrape** to be too polite and ingratiating —**take a bow** to acknowledge applause

**bow**[2] (bō) *n.* [see prec.] **1.** anything curved or bent **2.** a flexible, curved strip of wood with a taut cord connecting the ends, designed for shooting arrows **3.** a slender stick strung along its length with horsehairs, drawn across the strings of a violin, etc. to play it **4.** a decorative knot, usually with two loops, untied by pulling the ends —*vt., vi.* **1.** to bend in the shape of a bow **2.** to play (a violin, etc.) with a bow

**bow³** (bou) *n.* [< LowG. or Scand.] **1.** the front part of a ship **2.** the oarsman nearest the bow

**bowdlerize** (boud′lə rīz′) *vt.* **-ized′, -iz′ing** [< Thomas *Bowdler,* who in 1818 published an expurgated Shakespeare] to expurgate —**bowd′leriza′tion** *n.*

**bowel** (bou′əl) *n.* [< L. *botulus,* sausage] **1.** an intestine **2.** [*pl.*] the inner part [the *bowels* of the earth] **3.** [*pl.*] [Archaic] tender emotions —**move one's bowels** to defecate

**bower** (bou′ər) *n.* [< OE. *bur,* dwelling] **1.** a place enclosed by leafy boughs; arbour **2.** [Archaic] a boudoir —*vt.* to enclose in a bower —**bow′ery** *adj.*

**bowerbird** *n.* any of certain brightly-coloured birds of Australia and New Guinea

**bowhead** (bō′hed′) *n.* a whale with an arched upper jaw

**bowie knife** (bō′ē) [< Col. J. *Bowie*] a long sheath knife with a single edge

**bowl¹** (bōl) *n.* [< OE. *bolla*] **1.** a deep, rounded dish **2.** a thing shaped like a bowl, as the hollowed-out part of a smoking pipe **3.** the contents of a bowl

**bowl²** *n.* [< L. *bulla,* bubble] a heavy ball used in the game of bowls —*vi., vt.* **1.** to roll (a ball) or participate in bowling or bowls **2.** to move swiftly and smoothly **3.** *Cricket a*) to throw (a ball) to the batsman *b*) to dismiss a batsman by delivering a ball that knocks down the wicket (often with *out*) —**bowl over 1.** [Colloq.] to astonish **2.** to knock over —**bowl′er** *n.*

**bowleg** (bō′leg′) *n.* a leg that is bowed or curved outwards —**bow′leg′ged** (-leg′-id, -legd′) *adj.*

**bowler** (bōl′ər) *n.* [< name of hat manufacturer] a felt hat with a rounded crown and narrow curved brim

**bowline** (bō′lin) *n.* [ME. *boueline*] **1.** a rope used to keep the sail taut when sailing into the wind **2.** a knot used to tie off a loop: also **bowline knot**

**bowling** (bōl′iŋ) *n.* **1.** a game in which a heavy ball is bowled along a lane (**bowling alley**) to knock over wooden pins set upright at the far end **2.** *same as* BOWLS

**bowls** (bōlz) *n.* a game played on a lawn (**bowling green**) with wooden balls which are rolled in an attempt to make them stop near a target ball (the *jack*)

BOWSPRIT

**bowsprit** (bō′sprit) *n.* [prob. < Du.] a large, tapered spar extending forwards from the bow of a sailing vessel

**bow tie** (bō) a small necktie tied in a bow

## BOXING AND WRESTLING WEIGHTS

| WEIGHTS | PROFESSIONAL BOXING | OLYMPIC BOXING | FREESTYLE WRESTLING |
|---|---|---|---|
| LIGHT FLYWEIGHT | | under 48 kg | under 48 kg |
| FLYWEIGHT | under 50.8 kg | under 51 kg | under 52 kg |
| BANTAMWEIGHT | under 53.3 kg | under 54 kg | under 57 kg |
| FEATHERWEIGHT | under 57.2 kg | under 57 kg | under 62 kg |
| JUNIOR LIGHTWEIGHT | under 59.0 kg | | |
| LIGHTWEIGHT | under 61.2 kg | under 60 kg | under 68 kg |
| JUNIOR WELTERWEIGHT | under 63.5 kg | | |
| LIGHT WELTERWEIGHT | | under 63.5 kg | |
| WELTERWEIGHT | under 66.7 kg | under 67 kg | under 74 kg |
| JUNIOR MIDDLEWEIGHT | under 70.0 kg | | |
| LIGHT MIDDLEWEIGHT | | under 71 kg | |
| MIDDLEWEIGHT | under 72.3 kg | under 75 kg | under 82 kg |
| LIGHT HEAVYWEIGHT | under 79.4 kg | under 81 kg | under 90 kg |
| MID HEAVYWEIGHT | | | under 100 kg |
| HEAVYWEIGHT | over 79.4 kg | over 81 kg | over 100 kg |

**bow window** (bō) a curved, bay window

**box**[1] (boks) *n.* [< Gr. *pyxos,* boxwood] **1.** a container, usually lidded, made of cardboard, wood, or other stiff material **2.** the contents of a box **3.** the driver's seat on a coach **4.** any boxlike thing, as *a*) a small, enclosed group of seats in a theatre *b*) a large, enclosed stall for a horse **5.** *same as* HORSE-BOX **6.** a small country house used by sportsmen **7.** [*often* **B-**] [Colloq.] television —*vt.* to provide with or put into a box —*adj.* **1.** shaped like a box **2.** packed in a box —**box in** (or **up**) to shut in —**box'-like** *adj.*

**box**[2] *n.* [< ?] a blow struck with the hand, esp. on the ear —*vt.* **1.** to strike such a blow **2.** to fight in a boxing match with —*vi.* to fight with the fists

**box**[3] *n.* [< Gr. *pyxos*] an evergreen shrub or small tree with small, leathery leaves

**boxer** *n.* **1.** a man who boxes; pugilist; prizefighter **2.** a medium-sized dog with a sturdy body and a smooth, fawn or brindle coat

**box girder** a hollow girder that is square or rectangular in shape

**boxing** *n.* [< BOX[2]] the sport of fighting with the fists, esp. in padded leather mittens (**boxing gloves**)

**Boxing Day** [from the custom of giving Christmas boxes to milkmen, postmen, etc. on this day] the first day after Christmas (26th December), observed as a holiday

**box junction** a junction marked by yellow cross-hatching on the road: drivers may enter only if their exit is clear

**box lacrosse** in Canada, lacrosse played indoors: also called **boxla**

**box number** a number given to newspaper advertisements to which replies may be sent

**box office** **1.** a place where admission tickets are sold, as in a theatre **2.** [Colloq.] the power of a show or performer to attract an audience

**box pleat** a double pleat with the under edges folded towards each other

**boxroom** *n.* a small room or cubbyhole used for storing articles that are not immediately required

**box spring** a coiled spring contained in a boxlike frame, used as a base for mattresses, chairs, etc.

**boy** (boi) *n.* [ME. *boie*] **1.** a male child **2.** an immature man **3.** a man servant, porter, etc. **4.** [Colloq.] a son **5.** [S Afr. Derog.] a black male servant —**boy'ish** *adj.* —**boy'ishness** *n.*

**boycott** (boi'kot) *vt.* [< Captain *Boycott,* Irish land agent so treated in 1880] **1.** to join together in refusing to deal with, so as to punish, coerce, etc. **2.** to refuse to buy, sell, or use (something) —*n.* the act of boycotting

**boyfriend** *n.* **1.** a sweetheart, or escort of a girl or woman **2.** a boy who is one's friend

**boy scout** a member of the **Scouts,** a worldwide boys' organization that stresses outdoor life and service

**boysenberry** (boi'z'n bər ē) *n., pl.* **-ries** [< R. *Boysen*] a large, purple berry, a cross of the raspberry, loganberry, and blackberry

**Bp.** bishop

**B.P.** **1.** British Petroleum **2.** British Pharmacopoeia

**Bq** *Physics the symbol for* becquerel

**Br** *Chem.* bromine

**Br.** **1.** Breton **2.** Britain **3.** British

**B.R., BR** British Rail

**bra** (brä) *n.* [< BRA(SSIÈRE)] an undergarment worn by women to support and shape the breasts

**braai** (brī) *n. short for* BRAAIVLEIS

**braaivleis** (brī'flās) *n.* [S Afr.] a barbecue

**brace** (brās) *vt.* **braced, brac'ing** [< L. *brachium,* arm] **1.** to tie or bind **2.** to tighten **3.** to strengthen or make firm by supporting the weight of **4.** to make ready for an impact, etc. **5.** to stimulate —*n.* **1.** a pair **2.** a device that clasps or connects; fastener **3.** [*pl.*] straps passed over the shoulders to hold up trousers **4.** a device for maintaining tension, as a guy wire **5.** either of the signs { }, used to connect words, lines, etc. **6.** a device used as a support; prop **7.** a device for correcting the position of irregular teeth —**brace up** [Colloq.] to call forth one's courage, etc.

BRACE AND BIT

**brace and bit** a tool for boring, consisting of a removable drill (*bit*) in a rotating handle (*brace*)

**bracelet** (brās'lit) *n.* [< L. *brachium,* arm] **1.** an ornamental band or chain worn about the wrist or arm **2.** [Colloq.] a handcuff

**brachiopod** (brā'kē ə pod') *n.* [< Gr. *brachiōn,* arm + -POD] a marine animal with two armlike parts with tentacles

**brachium** (brā'kē əm) *n., pl.* **-chia** [L.] the part of the arm from the shoulder to the elbow —**bra'chial** *adj.*

**bracing** (brās'iŋ) *adj.* invigorating

**bracken** (brak''n) *n.* [< ON.] **1.** a large, coarse fern **2.** a growth of such ferns

**bracket** (brak'it) *n.* [< L. *bracae,* breeches] **1.** any angle-shaped support **2.** a wall shelf held up by brackets **3.** a wall fixture, as for a small lamp **4.**

an architectural support projecting from a wall **5.** either of the signs [ ], or ( ) used to enclose words, figures, etc. **6.** the part of a classified grouping that falls within specified limits —*vt.* **1.** to support with brackets **2.** to enclose in brackets **3.** to classify together

**brackish** (brak′ish) *adj.* [< MDu. *brak,* salty] somewhat salty, as water in some marshes near the sea —**brack′ishness** *n.*

**bract** (brakt) *n.* [L. *bractea,* thin metal plate] a leaf, usually small and scalelike, growing at the base of a flower —**bracteal** (brak′tē əl) *adj.* —**brac′teate** *adj.*

**brad** (brad) *n.* [ON. *broddr,* spike] a thin wire nail with a small or off-centre head

**bradawl** (brad′ôl) *n.* a hand-boring tool with a chisel edge

**brae** (brā) *n.* [ON. *bra,* brow] [Scot.] a sloping bank; hillside

**brag** (brag) *vt., vi.* **bragged, brag′ging** [prob. < OFr. *braguer*] to boast —*n.* **1.** boastful talk or manner **2.** [Colloq.] anything boasted of **3.** an old card game, like poker —**brag′ger** *n.*

**braggadocio** (brag′ə dō′chē ō) *n., pl.* **-os** [coined by Spenser] **1.** a braggart **2.** noisy boasting

**braggart** (brag′ərt) *n.* an offensively boastful person —*adj.* boastful

**Brahma** (brä′mə) [< Sans., worship] *Hinduism* the supreme essence or spirit of the universe

**Brahman** (brä′mən) *n., pl.* **-mans** a member of the priestly Hindu caste, the highest: also **Brah′min** —**Brahmanic** (brä man′ik), **Brahman′ical** *adj.*

**braid** (brād) *vt.* [< OE. *bregdan,* move quickly] **1.** to plait (hair, etc.) **2.** to trim with braid —*n.* **1.** a length of braided hair **2.** a woven band of tape, ribbon, etc. used to bind or decorate clothing —**braid′ing** *n.*

**Braille** (brāl) *n.* [< L. *Braille*] [*also* **b-**] **1.** a system of printing and writing for the blind, using raised dots felt by the fingers **2.** the characters used in this system —*vt.* **Brailled, Brail′ling** [*also* **b-**] to print or write in such characters

**brain** (brān) *n.* [OE. *brægen*] **1.** the mass of nerve tissue in the cranium of vertebrate animals **2.** *a*) [*often pl.*] intelligence *b*) [Colloq.] a person of great intelligence *c*) [Colloq.] the main organizer *d*) [Colloq.] an electronic device able to perform some of the functions of a human brain —*vt.* **1.** to dash out the brains of **2.** [Slang] to hit hard on the head —**beat** (or **rack, cudgel,** etc.) **one's brains** to try hard to remember, etc. —**have on the brain** to be obsessed by

**brainchild** *n.* [Colloq.] an idea, plan, etc. regarded as produced by one's mental labour

**brain drain** [Colloq.] depletion of the intellectual or professional resources of a country, etc., esp. through emigration

**brainless** *adj.* foolish or stupid

**brainpower** *n.* mental ability

**brainstorm** *n.* **1.** a sudden attack of insanity **2.** [Colloq.] a mental aberration

**brains trust** a group of people who answer questions of current or topical interest in public

**brain teaser** a difficult problem or puzzle, esp. one intended to be solved for entertainment

**brainwash** *vt.* [Colloq.] to indoctrinate so intensively and thoroughly as to effect a radical transformation of beliefs —**brain′wash′ing** *n.*

**brainwave** *n.* **1.** rhythmic electric impulses given off by nerve centres in the brain **2.** [Colloq.] a sudden inspiration or idea

**brainy** *adj.* **-ier, -iest** [Colloq.] intelligent

**braise** (brāz) *vt.* **braised, brais′ing** [< Fr. *braise,* live coals] to cook (meat) by browning in fat and then simmering in a covered pan with a little liquid

**brak** (brak) *n.* [S Afr.] a crossbred dog; mongrel

**brake**[1] (brāk) *n.* [< BRACKEN] a large, coarse fern

**brake**[2] *n.* [< MLowG. or ODu.] **1.** any device for slowing or stopping the motion of a vehicle or machine **2.** a device for beating flax or hemp so that the fibre can be separated **3.** a heavy harrow —*vt.* **braked, brak′ing** **1.** to slow down or stop as with a brake **2.** to break up (flax, etc.) —*vi.* **1.** to operate a brake **2.** to be slowed down or stopped by a brake

**brake**[3] *n.* [< MLowG., stumps] a clump of brushwood, briers, etc.

**brake**[4] *archaic pt. of* BREAK

**brake band** a band with a lining **(brake lining)** of asbestos, fine wire, etc., that creates friction when tightened about the drum of a brake

**brake horsepower** the rate at which an engine works measured according to the force needed to brake it

**brake shoe** a block curved to fit the shape of a wheel and forced against it to act as a brake

**brake van** the railway carriage from which the guard applies the brakes

**bramble** (bram′b'l) *n.* [< OE. *brom,* broom] **1.** any prickly shrub, esp. the blackberry **2.** a blackberry

**brambling** *n.* [see prec.] a brightly-coloured finch of Europe and Asia, similar to the chaffinch

**bran** (bran) *n.* [OFr. *bren*] the husk of grains of wheat, rye, oats, etc. separated from the flour, as by sifting

**branch** (bränch) *n.* [< LL. *branca,* paw] **1.** any woody extension from the trunk or from a main limb of a tree **2.** anything like a branch, as, *a*) a division of a body of learning *b*) a separately located unit of an organization [a *branch* of a library] —*vi.* **1.** to put forth branches **2.** to come out (*from*) as a branch —*vt.* to separate into branches —**branch off** **1.** to separate into branches **2.** to diverge —**branch out** **1.** to put forth branches **2.** to extend the scope of interests, activities, etc. —**branched** *adj.*

**brand** (brand) *n.* [OE.] **1.** *a*) an identifying mark or label on products *b*) the make of a commodity [a *brand* of cigars] c) a special kind [a *brand* of nonsense] **2.** a) a mark burned on the skin with a hot iron, used on cattle to show ownership b) the iron thus used **3.** a mark of disgrace; stigma **4.** a stick that is burning or partially burned **5.** [Archaic] a sword —*vt.* **1.** to mark with or as with a brand [a scene *branded* in his memory] **2.** to mark as disgraceful —**brand'er** *n.*

**brandish** (bran'dish) *vt.* [< Gmc. *brand,* sword] to wave or shake menacingly or exultantly; flourish —*n.* a brandishing of something

**brand-new** (brand'nyōō') *adj.* [orig., fresh from the fire] **1.** entirely new **2.** recently acquired

**brandy** (bran'dē) *n., pl.* **-dies** [< Du. *brandewijn,* distilled wine] an alcoholic spirit distilled from wine or fruit juice

**brandy snap** a crisp, ginger-flavoured biscuit, rolled and usually filled with cream

**bran tub** a lucky dip in which parcels are concealed in bran

**brash** (brash) *adj.* [< ?] **1.** reckless **2.** bold, impudent, etc. —**brash'ly** *adv.* —**brash'ness** *n.*

**brass** (brās) *n., pl.* **brass'es** [OE. *bræs*] **1.** a yellowish metal that is an alloy of copper and zinc **2.** things made of brass **3.** the brass instruments of an orchestra **4.** a brass memorial tablet, in a church **5.** [Colloq.] impudence **6.** [Colloq.] money —*adj.* made of brass

**brass band** a band of brass and percussion instruments

**brass hat** [Slang] **1.** a military officer of high rank **2.** any high official

**brassica** (bras'ikə) *n.* [L., cabbage] a plant of the cabbage and turnip family

**brassie** (brās'ē) *n.* [orig. made with a *brass* sole] a golf club with a wooden head, used for long fairway shots

**brassière** (braz'ē ər) *n.* [< Fr. *bras,* arm] *same as* BRA

**brass tacks** [Colloq.] basic facts; practical details

**brassy** *adj.* **-ier, -iest** **1.** impudent **2.** cheap and showy **3.** blaring **4.** like brass **5.** of or decorated with brass —**brass'ily** *adv.* —**brass'iness** *n.*

**brat** (brat) *n.* [OE. *bratt,* cloak] a child, esp. an impudent, unruly child —**brat'tishness** *n.* —**brat'tish** *adj.*

**bravado** (brə vä'dō) *n.* [< Sp. *bravo,* brave] pretended courage or defiant confidence

**brave** (brāv) *adj.* [< It. < L. *barbarus,* barbarous] **1.** not afraid; valiant **2.** fine; splendid [*brave* new world] —*n.* a N American Indian warrior —*vt.* **braved, brav'ing** **1.** to face with courage **2.** to defy —**brave'ly** *adv.* —**brave'ness, brav'ery** *n.*

**bravo**[1] (brä'vō') *interj.* [It.] well done! very good! excellent! —*n., pl.* **-vos'** a shout of "bravo!"

**bravo**[2] (brä'vō) *n., pl.* **-voes, -vos;** [It.] a hired killer; assassin

**bravura** (brə vyōōər'ə, -vōōər'-) *n.* [It., spirit] **1.** a display of daring; dash **2.** *Music* a) a brilliant passage that displays the performer's skill b) brilliant technique —*adj.* characterized by bravura

**brawl** (brôl) *vi.* [< ? Du. *brallen,* boast] **1.** to quarrel noisily **2.** to flow noisily: said of water —*n.* a noisy quarrel —**brawl'er** *n.*

**brawn** (brôn) *n.* [< OFr. *braon,* flesh] **1.** strong, well-developed muscles **2.** muscular strength **3.** a loaf of jellied, seasoned meat made from the head and feet of a pig or calf —**brawn'iness** *n.* —**brawn'y** *adj.*

**bray** (brā) *vi.* [< VL. *bragire,* cry out] to make the loud, harsh cry of a donkey, or a sound like this —*vt.* to utter thus —*n.* such a sound

**braze**[1] (brāz) *vt.* **brazed, braz'ing** [Fr. *braser,* solder, var. of *braiser,* braise] to solder with a metal having a high melting point

**braze**[2] *vt.* **brazed, braz'ing** [< OE. *bræs,* brass] **1.** to coat with brass **2.** to make hard like brass

**brazen** *adj.* [see prec.] **1.** impudent **2.** of or like brass **3.** harsh and piercing —**brazen it out** to act boldly as if one need not be ashamed —**bra'zenly** *adv.* —**bra'zenness** *n.*

**brazier**[1] (brā'zhyər) *n.* [see BRAISE] a metal pan, bowl, etc. to hold burning coals or charcoal

**brazier**[2] *n.* [see BRASS] a person who works in brass

**Brazil nut** (brə zil') a hard-shelled, three-sided, oily edible seed of a tall S. American tree

**brazilwood** *n.* [< *Brazil,* S. America] a reddish wood obtained from several tropical American trees

**B.R.C.S.** British Red Cross Society

**breach** (brēch) *n.* [< OE. *brecan,* to break] **1.** a failure to observe a law, a contract, public peace, etc. **2.** an opening made through a wall, defence, etc. **3.** a break in friendly relations —*vt.* to make a breach in —**step into the breach** to take on a responsibility, give help, etc., in an emergency

**breach of promise** a breaking of a promise to marry

**bread** (bred) *n.* [OE. *bread,* crumb] **1.** a food baked from a leavened, kneaded dough made with flour, water, yeast, etc. **2.** one's livelihood —*vt.* to cover with bread crumbs before cooking —**bread and butter** one's livelihood —**cast one's bread upon the waters** to do good deeds without expecting something in return —**know which side one's bread is buttered on** to know what is to one's (economic) interest —**take the bread out of someone's mouth** to deprive someone of his means of livelihood

**bread-and-butter** *adj.* **1.** of the work, etc. relied on for earnings **2.** basic, everyday, etc. **3.** expressing thanks, as a letter to one's host

**breadboard** *n.* **1.** a board on which bread is sliced **2.** a board, usually portable, on which experimental electronic circuits or diagrams can be laid out

**breadfruit** *n.* a large, tropical fruit with a starchy pulp, that is like bread when baked

**bread line** [U.S.] a line of poor people waiting to be given food —**on the bread line** at subsistence level

**breadth** (bredth) *n.* [< OE. *brad,* broad] **1.** the distance from side to side of a thing; width **2.** openness and lack of restriction *[breadth* of knowledge*]*

**breadwinner** *n.* a person who supports dependants by his earnings

**break** (brāk) *vt.* **broke, bro'ken, break'ing** [OE. *brecan*] **1.** to cause to come apart by force; smash **2.** to cut open the surface of (soil, the skin, etc.) **3.** to cause the failure of by force *[to break* a strike*]* **4.** to make inoperative by cracking, disrupting, etc. **5.** to tame **6.** *a)* to cause to get rid (*of* a habit) *b)* to get rid of (a habit) **7.** to demote **8.** to reduce to poverty, bankruptcy, etc. **9.** to surpass (a record) **10.** to violate (a law, etc.) **11.** to escape from by force *[to break* prison*]* **12.** to disrupt the order of *[to break* ranks*]* **13.** to interrupt (a journey, electric circuit, etc.) **14.** to reduce the force of by interrupting (a fall, etc.) **15.** to bring to a sudden end **16.** to penetrate (silence, etc.) **17.** to disclose **18.** to decipher (a code, etc.) **19.** to fracture (a bone) —*vi.* **1.** to split into pieces; burst **2.** to disperse *[break* and run*]* **3.** to force one's way (*through*) **4.** to stop associating (*with*) **5.** to become inoperative **6.** to turn, change, etc. suddenly **7.** to move away suddenly **8.** to begin suddenly to perform, etc. *[break* into song*]* **9.** to come into being or knowledge *[the* story *broke]* **10.** *a)* to fall apart slowly *b)* to dash apart, as a wave on the shore **11.** to change in tone *[his* voice *broke]* **12.** to cease temporarily; discontinue —*n.* **1.** a breaking **2.** a sudden move; dash **3.** a broken place **4.** a beginning *[break* of day*]* **5.** an interruption of something regular **6.** a gap; interval **7.** a breach in friendly relations **8.** a short rest between periods of work **9.** [Slang] a piece of luck **10.** *Cricket* a change in direction of a ball on bouncing —**break away 1.** to escape **2.** to become detached **3.** to secede —**break down 1.** to go out of working order **2.** to give way to tears **3.** to have a physical or nervous collapse **4.** to analyse **5.** to crush (opposition, etc.) —**break even** to make neither a profit nor a loss —**break in 1.** to enter forcibly **2.** to interrupt **3.** to train (a beginner) **4.** to work the stiffness out of (new equipment) —**break out 1.** to begin suddenly **2.** to escape **3.** to become covered with a rash —**break the back of** to get through the greater or worst part of —**break up 1.** to disperse **2.** to take apart **3.** to put a stop to **4.** to begin holidays, as at the end of a school term **5.** [Colloq.] to end a relationship —**break'able** *adj.*

**breakage** *n.* **1.** a breaking **2.** things broken **3.** damage due to breaking, or the sum allowed for this

**breakaway** *adj.* of that which has seceded

**breakdown** *n.* a breaking down; specif., *a)* a failure to function properly *b)* a failure of health *c)* decomposition *d)* a separating into parts; analysis

**breaker** *n.* a wave that breaks into foam

**breakfast** (brek'fəst) *n.* the first meal of the day —*vi.* to eat breakfast —**break'faster** *n.*

**breaking and entering** unauthorized entry into a building with intent to commit a crime

**breaking point** the point at which material, or one's endurance, etc., collapses under strain

**breakneck** *adj.* dangerously fast

**breakout** *n.* a sudden escape, as from prison

**breakthrough** *n.* **1.** a strikingly important advance or discovery **2.** the act or place of breaking through against resistance

**breakup** *n.* **1.** a breaking up; specif., *a)* dispersion *b)* disintegration *c)* a collapse *d)* ending **2.** *a)* in the Canadian north the breaking up of the ice on a body of water that marks the beginning of spring *b)* this season

**breakwater** *n.* a barrier to break the impact of waves, as before a harbour

**bream** (brēm) *n.* [< OFr. *bresme*] **1.** a European freshwater fish related to the minnows **2.** any of various saltwater fishes

**breast** (brest) *n.* [OE. *breost*] **1.** either of two milk-secreting glands at the upper front part of a woman's body **2.** a corresponding gland in other animals **3.** the upper, front part of the body **4.** the part of a garment over the breast **5.** the breast regarded as the centre of emotions or as a source of nourishment —*vt.* **1.** to face, esp. firmly **2.** to reach the top of (a hill) —**make a clean breast of** to confess

**breastbone** *n.* *same as* STERNUM

**breast-feed** *vt.* **-fed'** (-fed'), **-feed'ing** to feed (a baby) milk from the breast; suckle

**breastplate** *n.* a piece of armour for the breast

**breast stroke** a swimming stroke in which both arms are simultaneously brought out sideways from the chest

**breastwork** *n.* a low wall put up quickly as a defence, esp. to protect gunners

**breath** (breth) *n.* [OE. *bræth,* odour] **1.** air taken into the lungs and then let out **2.** respiration **3.** the power to breathe easily **4.** life or spirit **5.** air carrying fragrance or odour **6.** a whiff of air **7.** moisture produced by a condensing of the breath, as in cold air **8.** a slight pause **9.** a faint hint —**below** (or **under**) **one's breath** in a whisper —**catch one's breath 1.** to gasp **2.** to pause or rest —**out of breath** breathless, as from exertion —**save one's breath** not to waste one's time by trying to convince —**take one's breath away** to overwhelm with awe, horror, etc.

**Breathalyzer, Breathalyser** (breth′ə līz′er) [*breath (an)alyser*] *Trademark* a device that tests exhaled breath to measure the amount of alcohol in the body

**breathe** (brēth) *vi., vt.* **breathed, breath′ing** [see BREATH] **1.** to take (air) into the lungs and let it out again **2.** to live **3.** to take in or give out (air, an odour) **4.** to instil [*to breathe confidence*] **5.** to blow softly **6.** to speak or sing softly **7.** to give or take time to breathe; rest —**breathe again** (or **freely**) to have a feeling of relief —**breathe one's last** to die —**breathable** *adj.*

**breather** *n.* [Colloq.] a pause as for rest

**breathing** *adj.* that breathes; living; alive —*n.* **1.** respiration **2.** a single breath or the time taken by this **3.** the sound of *h* in *hit, hope,* etc.; aspirate

**breathless** (breth′lis) *adj.* **1.** out of breath; gasping **2.** unable to breathe easily because of excitement, fear, etc. **3.** still and heavy, as the air **4.** dead —**breath′lessly** *adv.* —**breath′lessness** *n.*

**breathtaking** (breth′tāk′iŋ) *adj.* very exciting; thrilling —**breath′tak′ingly** *adv.*

**breath test** a chemical test of a driver's breath to determine the amount of alcohol in his blood

**bred** (bred) *pt. & pp. of* BREED

**breech** (brēch) *n.* [< OE. *broc*] **1.** [Obs.] the buttocks **2.** the part of a gun behind the barrel

**breech birth** the birth of a baby with the feet or buttocks appearing first: also **breech delivery**

BREECHES

**breeches** (brich′iz) *n.pl.* trousers reaching to the knees —**too big for one's breeches** too forward, presumptuous, etc. for one's position or status

**breeches buoy** (brēch′iz) a device for rescuing people at sea, consisting of a pair of short canvas breeches suspended from a life buoy that is run along a rope

**breed** (brēd) *vt.* **bred, breed′ing** [< OE. *bredan,* keep warm] **1.** to bring forth (offspring) **2.** to produce [*ignorance breeds prejudice*] **3.** to raise [*to breed dogs*] **4.** to train **5.** to produce (fissionable material) in a breeder reactor —*vi.* **1.** to originate **2.** to reproduce —*n.* **1.** a stock of animals or plants descended from common ancestors **2.** a kind; type —**breed′er** *n.*

**breeder reactor** a nuclear reactor that produces more fissionable material than it consumes

**breeding** *n.* **1.** the producing of young **2.** good upbringing or training **3.** the producing of plants and animals, esp. so as to develop new or better types

**breeze**[1] (brēz) *n.* [< Fr. *brise*] **1.** a gentle wind **2.** [Colloq.] commotion **3.** [Colloq.] a thing easy to do —*vi.* **breezed, breez′ing** [Colloq.] to move quickly, jauntily, etc. (often with *along, in*)

**breeze**[2] *n.* [Fr. *braise,* live coals] a substance left when coke, coal, or charcoal is burned

**breeze block** a building block, usually hollow, made of concrete and fine cinders

**breezy** *adj.* **-ier, -iest** **1.** slightly windy **2.** lively and carefree [*breezy manner*] —**breez′ily** *adv.*

**Bren (gun)** (bren) [< *Brno,* Czechoslovakia + *En*field, England] a light, fast, gas-operated machine gun used by the British army in World War II

**brent** (brent) *n.* [?] any of a number of related small, dark wild geese of Europe and N America

**brethren** (breth′rən) *n.pl.* brothers

**Breton** (bret′n) *adj.* [see BRITON] of Brittany, its people, or their language —*n.* **1.** a native or inhabitant of Brittany **2.** the Celtic language of the Bretons

**breve** (brēv) *n.* [< L. *brevis,* brief] **1.** a mark ( ˘ ) put over a short vowel or short or unstressed syllable **2.** *Music* a note ( 𝅜 ) equal to two semibreves

**breviary** (brēv′yər ē) *n., pl.* **-aries** [< L. *brevis,* brief] *R.C.Ch.* a book of the daily prayers, hymns, etc.

**brevity** (brev′ə tē) *n.* [< L. *brevis,* brief] **1.** briefness of time **2.** conciseness; terseness

**brew** (brōō) *vt.* [< OE. *breowan*] **1.** to make (beer, etc.) from malt and hops by steeping, boiling, and fermenting **2.** to make (tea, etc.) by steeping or boiling **3.** to plan (mischief, trouble, etc.); plot —*vi.* **1.** to brew beer, etc. **2.** to infuse **3.** to begin to form: said of a storm, trouble, etc. —*n.* **1.** a brewed beverage **2.** an amount brewed —**brew up** to make tea —**brew′er** *n.*

**brewery** (brōō′ər ē) *n., pl.* **-eries** an establishment where beer, ale, etc. are brewed

**briar**[1] (brī′ər) *n.* *same as* BRIER[1] —**bri′ary** *adj.*

**briar**[2] *n.* **1.** *same as* BRIER[2] **2.** a tobacco pipe made of brierroot

**bribe** (brīb) *n.* [< OFr. *briber,* beg] anything given or promised to induce a person to do something illegal or wrong —*vt.* **bribed, brib′ing** **1.** to give a bribe to **2.** to get or influence by bribing —*vi.* to give bribes —**brib′able** *adj.* —**brib′er** *n.* —**brib′ery** *n.*

**bric-a-brac** (brik′ə brak′) *n.* [< Fr.] small, rare, or artistic objects or knickknacks

**brick** (brik) *n.* [< OFr. *brique,* fragment] **1.** clay moulded into oblong blocks and baked, used in building, etc. **2.** any of these blocks **3.** bricks collectively **4.** anything shaped like a brick **5.** [Colloq.]

a loyal and dependable person —*adj.* of or like brick —*vt.* to build or pave with brick —**drop a brick** [Colloq.] to make a tactless or indiscreet remark —**like a ton** (or **load**) **of bricks** [Colloq.] with great force

**brickbat** *n.* **1.** a piece of brick used as a missile **2.** an unfavourable or critical remark

**bricklaying** *n.* the act or work of building with bricks —**brick'lay'er** *n.*

**brick red** yellowish or brownish red —**brick'-red'** *adj.*

**bridal** (brīd''l) *n.* [< OE. *bryd,* bride + *ealo,* ale] a wedding —*adj.* **1.** of a bride **2.** of a wedding

**bride** (brīd) *n.* [OE. *bryd*] a woman who has just been married or is about to be married

**bridegroom** *n.* [< OE. *bryd,* bride + *guma,* man] a man who has just been married or is about to be married

**bridesmaid** *n.* any of the young women who attend the bride at a wedding

**bridge**[1] (brij) *n.* [< OE. *brycge*] **1.** a structure built over a river, railway, etc. to provide a way across **2.** a thing that provides connection or contact **3.** the upper, bony part of the nose **4.** the thin, arched piece over which the strings are stretched on a violin, etc. **5.** a raised platform on a ship for the commanding officer **6.** *Dentistry* a mounting for false teeth, attached to real teeth —*vt.* **bridged, bridg'ing** to build a bridge over or between —**burn one's bridges** (**behind one**) to commit oneself to a course from which there is no retreat —**bridge'able** *adj.*

**bridge**[2] *n.* [< ? Russ.] any of various card games that developed from whist

**bridgehead** *n.* a fortified position established by an attacking force on the enemy's side of a river, etc.

**bridging loan** a short-term loan made to a person awaiting funds from another source

BRIDLE

**bridle** (brīd''l) *n.* [< OE. *bregdan,* pull] **1.** a head harness for guiding a horse **2.** anything that restrains —*vt.* **-dled, -dling** **1.** to put a bridle on **2.** to curb as with a bridle —*vi.* to pull one's head back quickly with the chin drawn in, showing anger, scorn, etc.

**bridle path** a path for horseback riding

**Brie** (**cheese**) (brē) [< *Brie,* in N France] a ripened soft, white cheese

**brief** (brēf) *adj.* [< L. *brevis*] **1.** of short duration or extent **2.** concise **3.** curt —*n.* **1.** a summary **2.** a concise statement of the main points of a law case, a prepared by a solicitor for a counsel **3.** [*pl.*] closefitting, legless underpants or panties **4.** *R.C.Ch.* a papal letter less formal than a bull —*vt.* **1.** to supply with all the pertinent information **2.** a to furnish with a legal brief *b*) to hire as counsel —**hold a brief for** **1.** to be retained as counsel for **2.** to argue for or be in favour of —**brief'ing** *n.* —**brief'ly** *adv.* —**brief'ness** *n.*

**briefcase** *n.* a flat, flexible case, usually of leather, for carrying papers, etc.

**brier**[1] (brī'ər) *n.* [< OE. *brer*] **1.** any thorny bush, as a bramble, wild rose, etc. **2.** a growth of such bushes

**brier**[2] *n.* [Fr. *bruyère*] **1.** a heath native to S Europe **2.** its root, or a tobacco pipe made from the root: usually sp. **bri'ar**

**Brig.** **1.** Brigade **2.** Brigadier

**brig**[1] (brig) *n.* [< BRIGANTINE] a two-masted ship with square sails

**brig**[2] *n.* *Scot. & N Eng. var. of* BRIDGE

**brigade** (bri gād') *n.* [Fr. < It. *brigata,* strife] **1.** a large unit of soldiers **2.** a group of people organized as a unit in some work [a fire *brigade*] —*vt.* **-gad'ed, -gad'ing** to organize into a brigade

**brigadier** (brig'ə dēər') *n.* *see* MILITARY RANKS, table

**brigand** (brig'ənd) *n.* [see BRIGADE] a bandit, usually one of a roving band —**brig'andage** *n.*

**brigantine** (brig'ən tēn') *n.* [< It. *brigantino,* pirate vessel] a two-masted ship with the foremast square-rigged and a fore-and-aft mainsail

**bright** (brīt) *adj.* [OE. *bryht*] **1.** shining with light that is radiated or reflected; full of light **2.** clear or brilliant in colour or sound **3.** lively; cheerful **4.** mentally quick **5.** *a*) full of happiness or hope *b*) favourable **6.** splendid; illustrious —*adv.* in a bright manner —**bright'ly** *adv.* —**bright'ness** *n.*

**brighten** *vt., vi.* to make or become brighter (often with *up*)

**Bright's disease** [< R. *Bright*] *see* NEPHRITIS

**brilliance** (bril'yəns) *n.* great brightness; radiance, splendour, intelligence, etc.: also **bril'liancy**

**brilliant** *adj.* [< It. *brillare,* sparkle] **1.** shining brightly; sparkling **2.** vivid; intense **3.** splendid or distinguished **4.** highly intelligent or skilful —*n.* a gem, esp. a diamond, cut with many facets to increase its sparkle

**brilliantine** (bril'yən tēn') *n.* [Fr.] an oily dressing for grooming the hair

**brim** (brim) *n.* [MHG. *brem,* edge] **1.** the topmost edge of a cup, bowl, etc. **2.** a projecting rim or edge, as of a hat —*vt., vi.* **brimmed, brim'ming** to fill or be full to the brim —**brim over** overflow —**brim'less** *adj.*

**brimstone** (brim′stōn′) *n.* [< OE. *brynstan,* burning stone] *same as* SULPHUR

**brindled** (brin′d'ld) *adj.* [prob. < ME. *brennen,* burn] grey or tawny, streaked or spotted with a darker colour

**brine** (brīn) *n.* [OE.] **1.** water full of salt **2.** *a*) sea water *b*) the sea —*vt.* **brined, brin′ing** to soak in brine

**bring** (briŋ) *vt.* **brought, bring′ing** [OE. *bringan*] **1.** to carry or lead "here" or to a place where the speaker will be **2.** to cause to be, happen, appear, etc. **3.** to lead, along a course of action or belief **4.** to sell for **5.** *Law a*) to present in court [*bring* charges] *b*) to advance (evidence) —**bring about** **1.** to make happen; effect **2.** to turn (a ship) around —**bring forth** **1.** to produce (offspring, etc.) **2.** to make known —**bring forward** **1.** to introduce; show **2.** *Bookkeeping* to transfer (a figure) to the top of the next page or column —**bring home to** to prove; make realise —**bring in** **1.** to import **2.** to produce (income) **3.** to introduce **4.** to give (a verdict) —**bring off** to accomplish —**bring on** to cause to happen or appear —**bring over** to convince or persuade —**bring round** **1.** to persuade **2.** to bring back to consciousness —**bring up** **1.** to raise; rear **2.** to introduce into discussion **3.** to cough up **4.** to vomit **5.** to stop abruptly **6.** to cause someone to face a charge in court —**bring′er** *n.*

**bring-and-buy sale** a bazaar to which people bring items for sale and buy those brought by others

**brinjal** (brin′jəl) *n.* in India or Africa, the aubergine

**brink** (briŋk) *n.* [< Dan., shore] the edge, esp. at the top of a steep place; verge

**brinkmanship** *n.* the policy of pursuing a hazardous course of action to the brink of catastrophe before withdrawing: also **brinks′manship′**

**briny** (brīn′ē) *adj.* **-ier, -iest** of or like brine; very salty —**the briny** [Slang] the ocean —**brin′iness** *n.*

**briquette, briquet** (bri ket′) *n.* [< Fr. *brique,* brick] a brick made of compressed coal dust, etc., used for fuel

**brisk** (brisk) *adj.* [< ? Fr. *brusque,* brusque] **1.** quick in manner; energetic **2.** cool, dry, and bracing [*brisk* air] **3.** active; busy [*brisk* trading] —*vt., vi.* to make brisk; enliven (often with *up*) —**brisk′ly** *adv.* —**brisk′ness** *n.*

**brisket** (bris′kit) *n.* [ME. *brusket*] **1.** the breast of an animal **2.** meat cut from this part

**brisling** (bris′liŋ) *n.* [Norw.] *same as* SPRAT

**bristle** (bris′′l) *n.* [< OE. *byrst*] **1.** any short, stiff, prickly hair of an animal or plant **2.** such a hair, or an artificial hair like it, in a brush —*vi.* **-tled, -tling** **1.** to become stiff and erect, like bristles **2.** to have the bristles become erect, as in fear **3.** to become tense with fear, anger, etc. **4.** to be thickly covered (*with*) [*bristling* with difficulties] —*vt.* **1.** to make stand up like bristles **2.** to make bristly

**bristly** *adj.* **-tlier, -tliest** **1.** having bristles; rough with bristles **2.** bristlelike; prickly —**bris′tliness** *n.*

**Brit** (brit) *n.* [Colloq.] a British person

**Brit.** **1.** Britain **2.** Britannia **3.** British

**Britannia** (bri tan′yə) **1.** Great Britain **2.** the personification of Britain as a helmeted female warrior

**britannia metal** [*also* **B-**] an alloy of tin, copper, and antimony, used in tableware, like pewter

**Britannic** *adj.* of Britain; British

**britches** (brich′iz) *n.pl.* [Colloq.] trousers

**British** (brit′ish) *adj.* [< Celt.] **1.** of Great Britain or the British Commonwealth **2.** of the English language as spoken and written in Britain —**the British** the people of Great Britain

**British thermal unit** the heat required to raise the temperature of one pound of water one degree Fahrenheit

**Briton** *n.* [< L. *Brit(t)o;* of Celt. orgin] **1.** a member of an early Celtic people living in S Britain at the time of the Roman invasion **2.** a native or inhabitant of Great Britain

**brittle** (brit′′l) *adj.* [< OE. *breotan,* to break] **1.** easily broken; fragile **2.** having a sharp, hard quality —**brit′tlely, brit′tly** *adv.* —**brit′tleness** *n.*

**bro.** *pl.* **bros.** brother

**broach**[1] (brōch) *vt.* [< ML. *brocca,* spike] **1.** to start a discussion of; bring up **2.** to make a hole in so as to let out liquid **3.** to open in order to begin to use —*n.* **1.** a tapered bit for shaping holes **2.** a spit for roasting meat —**broach′er** *n.*

**broach**[2] *vi., vt* [< ?] *Naut.* to turn so that the beam faces the waves and wind

**B road** a second-class road

**broad** (brôd) *adj.* [< OE. *brad*] **1.** of large extent from side to side; wide **2.** spacious **3.** clear; full [*broad* daylight] **4.** obvious [*a broad* hint] **5.** strongly marked [*a broad* accent] **6.** coarse or ribald **7.** tolerant; liberal [*a broad* view] **8.** wide in range [*a broad* survey] **9.** main or general —*n.* **1.** the broad part of anything **2.** [U.S. Vulg. Slang] a woman —**the Broads** in East Anglia, a group of shallow navigable lakes, connected by a network of rivers —**broad′ly** *adv.* —**broad′ness** *n.*

**broad arrow** a mark in the form of a broad arrow formerly used on British government property

**broad bean** a plant of the legume family, bearing large, broad pods with flat, edible seeds

**broadcast** *vt.* **-cast′, -cast′ing** **1.** to transmit by radio or TV **2.** to spread (information, etc.) **3.** to scatter (seed) —*vi.* to broadcast radio or TV programmes —*adj.* of or by radio or TV broadcasting —*n.* a radio or TV programme —*adv.* far and wide —**broad′cast′er** *n.*

**broadcloth** *n.* a fine, smooth, woollen, cotton, or silk cloth

**broaden** *vt., vi.* to widen; expand

**broad gauge** a railway track with a greater distance between the lines than the standard gauge of 56.5 inches (c. 1.44 metres)

**broad-leaved** *adj.* denoting trees other than conifers; having broad rather than needle-shaped leaves

**broad-minded** *adj.* tolerant; liberal —**broad'-mind'edly** *adv.* —**broad'-mind'edness** *n.*

**broadsheet** *n.* a large sheet of paper printed only on one side, as with a political message

**broadside** *n.* **1.** the side of a ship **2.** *a*) all the guns that can be fired from one side of a ship *b*) their simultaneous firing **3.** an abusive attack in words **4.** *same as* BROADSHEET —*adv.* with the side facing

**broadsword** *n.* a sword with a broad blade, for slashing rather than thrusting

**brocade** (brō käd') *n.* [< It. *broccare,* embroider] a rich cloth with a raised design woven into it —*vt.* **-cad'ed, -cad'ing** to weave a raised design into

**broccoli** (brok'ə lē) *n.* [It. *broccolo,* a sprout] a plant related to the cauliflower but bearing tender shoots with greenish buds, cooked as a vegetable

**brochette** (brō shet') *n.* [see BROACH[1]] a small spit, as for grilling kebabs

**brochure** (brō'shər) *n.* [Fr. < *brocher,* to stitch] a pamphlet

**broderie anglaise** (brō drē än glez') [Fr., English embroidery] fine eyelet embroidery, usually white

**broeder** (brood'ər) *n.* [S Afr.] a brother

**Broederbond** (brood'ər bont) *n.* in S Africa, a secret society of Afrikaner Nationalists

**brogue[1]** (brōg) *n.* [prob. < Ir. *barrōg,* a hold] dialectal pronunciation, esp. that of the Irish

**brogue[2]** *n.* [Gael. & Ir. *brōg,* shoe] **1.** a sturdy walking shoe, usually with decorative perforations **2.** a coarse shoe of untanned leather, formerly worn in Ireland

**broil[1]** (broil) *vt.* [OFr. *bruillir*] [Chiefly U.S.] to grill —*vi.* **1.** to be grilled **2.** to become heated or angry

**broil[2]** *n.* [< OFr. *brouillier,* to dirty] a noisy or violent quarrel; brawl

**broiler** *n.* a young chicken suitable for roasting

**broke** (brōk) *pt. & archaic pp. of* BREAK —*adj.* [Colloq.] having no money; bankrupt —**go broke** [Colloq.] to become bankrupt

**broken** *pp. of* BREAK —*adj.* **1.** splintered, fractured, etc. **2.** not in working condition **3.** violated [a *broken* promise] **4.** disrupted as by divorce [a *broken* home] **5.** weakened or beaten **6.** bankrupt **7.** not even; interrupted **8.** imperfectly spoken [*broken* English] **9.** subdued and trained —**bro'kenly** *adv.*

**broken chord** *same as* ARPEGGIO

**broken-down** *adj.* **1.** sick or worn out, as by old age or disease **2.** out of order; useless

**brokenhearted** *adj.* crushed by sorrow

**broker** *n.* [< OFr. *brochier,* broach] **1.** a person hired to act as an agent in making contracts or sales **2.** *same as* STOCKBROKER **3.** a dealer in second-hand goods

**brokerage** *n.* **1.** the business of a broker **2.** a broker's fee

**brolly** (brol'ē) *n.* [altered < (UM)BRELLA] **1.** [Colloq.] an umbrella **2.** [Slang] a parachute

**bromide** (brō'mīd) *n.* [< BROMINE] **1.** a compound of bromine with another element or with a radical **2.** potassium bromide used as a sedative **3.** a trite saying

**bromide paper** a type of photographic paper coated with an emulsion of silver bromide

**bromine** (brō'mēn) *n.* [< Gr. *brōmos,* stench] a chemical element, usually a reddish-brown, corrosive liquid volatilizing to form an irritating vapour: symbol, Br

**bronchi** (broŋ'kī) *n. pl. of* BRONCHUS

**bronchial** (broŋ'kē əl) *adj.* of the bronchi

**bronchitis** (broŋ kīt'əs) *n.* [< Gr *bronchos,* windpipe + -ITIS] an inflammation of the mucous lining of the bronchial tubes —**bronchit'ic** (-kit'ik) *adj.*

**bronchus** (broŋ'kəs) *n., pl.* **-chi** (-kī) [< Gr. *bronchos,* windpipe] either of the two main branches of the trachea, or windpipe

**bronco** (broŋ'kō) *n., pl.* **-cos** [< Sp., rough] a wild or partially tamed horse of the western U.S.: also sp. **bron'cho,** *pl.* **-chos**

BRONTOSAURUS

**brontosaurus** (bron'tə sôr'əs) *n., pl.* **-sau'ruses, -sau'ri** (-ī) [< Gr. *brontē,* thunder + -SAURUS] a huge, plant-eating dinosaur

**bronze** (bronz) *n.* [< It. *bronzo*] **1.** an alloy of copper and tin **2.** an article made of bronze **3.** a reddish-brown colour like bronze —*adj.* of or like bronze —*vt.* **bronzed, bronz'ing** to give a bronze colour to

**Bronze Age** a phase of human culture (c. 3500–1000 B.C.) characterized by bronze tools and weapons

**bronze medal** a medal awarded to an entrant who is placed third in a competition

**brooch** (brōch) *n.* [see BROACH[1]] a large ornamental pin

**brood** (brōōd) *n.* [< OE. *brod*] **1.** a group of birds hatched at one time **2.** [Colloq.] the children in a family **3.** a group of a particular kind —*vi.* **1.** to sit on and hatch eggs **2.** to keep thinking about something; worry (*on, over,* or *about*) —*vt.* to brood (eggs) —*adj.* kept for breeding [a *brood* mare] —**brood'ingly** *adv.*

**brooder** *n.* a heated shelter for raising young fowl

**broody** *adj.* **-ier, -iest** **1.** ready to brood, as poultry **2.** inclined to dwell moodily on one's own thoughts

**brook**[1] (brook) *n.* [OE. *broc*] a small stream

**brook**[2] *vt.* [OE. *brucan,* to use] to endure

**broom** (brōōm) *n.* [OE. *brom,* brushwood] **1.** *a*) a bundle of stiff fibres (orig. twigs of broom) fastened to a handle and used for sweeping *b*) any long-handled sweeping brush **2.** a shrub of the legume family, with yellow flowers —*vt.* to sweep as with a broom

**broomstick** *n.* the handle of a broom

**bros.** brothers

**brose** (brōz) *n.* [< ME. *broues,* broth] [Scot.] a thin porridge eaten with butter, cream, or milk

**broth** (broth) *n.* [OE.] a clear, thin, meat soup

**brothel** (broth'əl) *n.* [< OE. *breothan,* go to ruin] a house of prostitution

**brother** (bruth'ər) *n., pl.* **broth'ers;** chiefly religious, **breth'ren** [OE. *brothor*] **1.** a male as he is related to the other children of his parents **2.** a close friend like a brother **3.** a fellow man **4.** a fellow member of the same race, creed, etc. **5.** a member of a men's religious order

**brotherhood** *n.* **1.** the state of being a brother **2.** an association of men united in a common work, etc.

**brother-in-law** *n., pl.* **broth'ers-in-law'** **1.** the brother of one's husband or wife **2.** the husband of one's sister **3.** the husband of the sister of one's wife or husband

**brotherly** *adj.* **1.** of or like a brother **2.** friendly, kind, loyal, etc. —**broth'erliness** *n.*

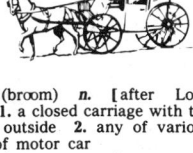

BROUGHAM

**brougham** (brōōm) *n.* [after Lord *Brougham*] **1.** a closed carriage with the driver's seat outside **2.** any of various early styles of motor car

**brought** (brôt) *pt. & pp. of* BRING

**brouhaha** (brōō'hä hä) *n.* [Fr.] a noisy stir or wrangle; uproar

**brow** (brou) *n.* [< OE. *bru*] **1.** the eyebrow **2.** the forehead **3.** the facial expression [an angry *brow*] **4.** a projecting edge, as of a cliff **5.** the rounded top of a hill

**browbeat** *vt.* **-beat', -beat'en, -beat'ing** to intimidate with harsh, stern looks and talk

**brown** (broun) *adj.* [< OE. *brun*] **1.** having the colour of chocolate or coffee, a mixture of red, black, and yellow **2.** tanned or dark-skinned —*n.* a brown colour, pigment, or dye —*vt., vi.* to make or become brown, as by exposure to sunlight or heat —**browned off** [Colloq.] disheartened or resentful —**brown'ish** *adj.* —**brown'ness** *n.*

**brown coal** *same as* LIGNITE

**brownie** *n.* **1.** a small, helpful, brown elf in folk tales **2.** [**B-**] a Girl Guide of the youngest group

**browning** *n.* a preparation for colouring and thickening gravy

**brown paper** coarse wrapping paper made from unbleached material

**brown rice** rice that has not been polished

**brown shirt** **1.** [*often* **B- S-**] a storm trooper in Nazi Germany **2.** any Nazi

**brown study** deep absorption in thought; reverie

**brown sugar** sugar crystals with a coating of dark syrup

**browse** (brouz) *vt.* **browsed, brows'ing** [< OS. *brustian,* to sprout] **1.** to glance through a book, etc. casually **2.** to nibble at leaves, etc. —*vt.* to nibble at —*n.* **1.** casual examination **2.** leaves, young shoots, etc. on which animals feed —**brows'er** *n.*

**B.R.S.** British Road Services

**brucellosis** (brōō'sə lō'sis) *n.* [< Sir David *Bruce*] a disease, esp. in man and cattle, caused by bacteria

**Bruin** (brōō'ən) [Du., brown] [*also* **b-**] *a name for* the bear in fable and folklore

**bruise** (brōōz) *vt.* **bruised, bruis'ing** [< OE. *brysan,* crush] **1.** to injure (body tissue) without breaking the skin but causing discolouration **2.** to injure the surface of (fruit, etc.) **3.** to hurt (the spirit, etc.) —*vi.* to be or become bruised —*n.* a bruised area of tissue, etc.

**bruiser** *n.* a strong, pugnacious man; specif., a professional boxer

**bruit** (brōōt) *vt.* [< OFr. *bruire,* rumble] [Archaic or U.S.] to spread (*about*) a rumour of

**brumby** (brum'bē) *n.* [< ?] [Aust.] a wild horse, esp. one that is descended from runaway stock

**brunch** (brunch) *n.* [Colloq.] a meal combining breakfast and lunch

**brunette** (brōō net') [< OFr. *brun*] a girl or woman with dark brown hair —*adj.* of a dark brown colour

**brunt** (brunt) *n.* [< ?] **1.** the shock (of an attack) or impact (of a blow) **2.** the heaviest or hardest part

**brush**[1] (brush) *n.* [< OFr. *broce,* bush] **1.** a device for cleaning, painting, etc., having bristles, hairs, or wires fastened into a back **2.** the act of brushing **3.** a light, grazing stroke **4.** a bushy tail, esp. of a fox **5.** a brief encounter, esp. an unfriendly one **6.** *Elec.* a piece of copper, etc. used as a conductor between an external circuit and a revolving part —*vt.* **1.** to clean, polish, etc. with a brush **2.** to apply, remove, etc. with a brush **3.** to touch in passing —*vi.* to graze past something —**brush aside** (or **away**) to dismiss from consideration —**brush off** [Slang] to dismiss abruptly —**brush up** **1.** to clean up **2.** to refresh one's memory or skill (often with *on*)

**brush²** *vi.* [ME. *bruschen*] to move with a rush; hurry —*n.* a short, quick fight or quarrel

**brushed** *adj.* processed by brushing so as to raise the nap, as some fabrics or leather

**brushoff** *n.* [Slang] an abrupt dismissal: esp. in the phrase **give** (or **get**) **the brushoff**

**brush-up** *n.* the act or instance of tidying one's appearance, esp. in the phrase **wash and brush-up**

**brushwood** *n.* **1.** chopped-off tree branches **2.** a thick growth of small trees and shrubs

**brushwork** *n.* a characteristic way of putting on paint with a brush [Renoir's *brushwork*]

**brusque** (brəosk) *adj.* [Fr. < It. *brusco*, sour] abrupt in manner or speech; curt —**brusque'ly** *adv.* —**brusque'ness** *n.*

**Brussels carpet** (brus'lz) a kind of carpet with a thick-looped pile

**Brussels lace** a lace made by sewing completed patterns on a machine-made net

**Brussels sprouts** a plant of the cabbage family that bears miniature cabbagelike heads on an erect stem

**brutal** (brōōt'l) *adj.* **1.** savage, violent, etc. **2.** very harsh **3.** plain and direct, but disturbing [*brutal* facts]

**brutality** (brōō tal'ə tē) *n.* **1.** the quality of being brutal **2.** *pl.* **-ties** a brutal act

**brutalize** (brōōt'əl īz') *vt.* **-ized'**, **-iz'ing** **1.** to make brutal **2.** to treat brutally —**bru'taliza'tion** *n.*

**brute** (brōōt) *adj.* [< L. *brutus*, irrational] **1.** lacking the ability to reason [a *brute* beast] **2.** lacking consciousness [the *brute* force of nature] **3.** of or like an animal; brutal, cruel, sensual, stupid, etc. —*n.* **1.** an animal **2.** a person who is brutal or stupid, sensual, etc.

**brutish** *adj.* of or like a brute; savage, stupid, sensual, etc. —**brut'ishly** *adv.* —**brut'ishness** *n.*

**bryony** (brī'ə nē) *n.*, *pl.* **-nies** [< Gr. *bryein*, swell] a climbing plant with greenish flowers

**bryophyte** (brī'ə fīt') *n.* [< Gr. *bryon*, moss + *phyton*, plant] any moss or liverwort —**bry'ophyt'ic** (-fit'ik) *adj.*

**Brythonic** (bri thon'ik) *adj.*, *n.* [ult. < same word as BRITON] *see* CELTIC

**B.Sc.** [L. *Baccalaureus Scientiae*] Bachelor of Science

**B.S.I.** British Standards Institution

**B.S.T.** British Summer Time

**Bt.** Baronet

**B.t.u.** British thermal unit(s)

**bubble** (bub'l) *n.* [echoic] **1.** a very thin film of liquid forming a ball around air or gas [soap *bubbles*] **2.** a tiny ball of air or gas in a liquid or solid **3.** any scheme that seems plausible but proves worthless —*vi.* **-bled**, **-bling** **1.** to rise in bubbles; boil; foam **2.** to make a bubbling sound —**bubble over** **1.** to overflow **2.** to be unrestrained in one's enthusiasm, etc.

**bubble and squeak** a dish of cabbage and potatoes, and sometimes meat, fried together

**bubble bath** **1.** a bath perfumed and softened by a solution, crystals, or powder that forms surface bubbles **2.** such a solution, powder, etc.

**bubble car** a car with a transparent, bubble-shaped top

**bubble gum** chewing gum that can be blown into bubbles

**bubbly** *adj.* full of bubbles —*n.* [Colloq.] champagne

**bubo** (byōō'bō) *n.*, *pl.* **-boes** [< Gr. *boubōn* groin] an inflamed swelling of a lymph gland, esp. in the groin —**bubon'ic** (-bon'ik) *adj.*

**bubonic plague** a contagious disease characterized by buboes, fever, and delirium: fleas from rats are the carriers

**buccaneer** (buk'ə nēər') *n.* [< Fr *boucanier*] a pirate, or sea robber —**buc'caneer'ing** *n.*, *adj.*

**buck¹** (buk) *n.* [< OE. *bucca*, male goat] **1.** a male deer, goat, etc. **2.** the act of bucking **3.** [Obs.] a young man —*vi.* to rear upwards quickly in an attempt to throw off a rider: said of a horse, etc. —*vt.* to throw by bucking —*adj.* male —**buck up** [Colloq.] **1.** to cheer up **2.** to hurry up —**buck'er** *n.*

**buck²** *n.* [< ?] **1.** *Poker* a counter placed before a player as a reminder to deal next, etc. **2.** [U.S. & Aust. Slang] a dollar —**pass the buck** [Colloq.] to seek to make someone else take the blame or responsibility

**buckboard** *n.* [< ?] [U.S.] an open carriage with floorboards whose ends rest directly on the axles

**bucket** (buk'it) *n.* [< OE. *buc*, pitcher] **1.** a container with a handle, for carrying water, etc.; pail **2.** the amount held by a bucket: also **buck'etful'**, *pl.* **-fuls'** **3.** a thing like a bucket, as a scoop on a mechanical shovel **4.** [*pl.*] [Colloq.] large amounts —*vt.*, *vi.* **1.** to move rapidly or bumpily **2.** to rain heavily (with *down*) —**kick the bucket** [Slang] to die

**bucket seat** a single contoured seat whose back can often be tipped forwards, as in some sports cars

**bucket shop** an unregistered firm of stockbrokers

**buckle¹** (buk'l) *n.* [< L. *buccula*, cheek strap] **1.** a clasp for fastening a strap, etc. **2.** a clasplike ornament, as for shoes —*vt.*, *vi.* **-led**, **-ling** to fasten with a buckle —**buckle down** to apply oneself energetically

**buckle²** *vt.*, *vi.* **-led**, **-ling** [prob. < Du. *bukken*, bend] to bend, warp, or crumple —*n.* a bend, bulge, kink, etc. —**buckle under** to give in; yield; submit

**buckler** (buk'lər) *n.* [OFr. *bocler*] a small, round shield worn on the arm

**buckram** (buk'rəm) *n.* [prob. < *Bokhara*, in Asia Minor] a coarse cloth stiffened with glue or other size, for use in bookbinding, etc. —*adj.* of or like buckram

**Bucks.** Buckinghamshire

**buckshee** (buk shē′) *n.* [< BAKSHEESH] something free; gratuity —*adj.* free of charge

**buckshot** *n.* a large lead shot for shooting deer and other large game

**buckskin** *n.* 1. a soft yellowish-grey leather made from the skins of deer or sheep 2. [*pl.*] clothes made of buckskin —*adj.* made of buckskin

**buckthorn** *n.* a shrub with purple berries formerly used as a purgative

**bucktooth** *n.*, *pl.* **-teeth′** a projecting front tooth —**buck′toothed′** *adj.*

**buckwheat** *n.* [< OE. *boc*, beech + WHEAT] 1. a plant grown for its black grains 2. the grain of this plant, from which a dark flour is made

**bucolic** (byōō kol′ik) *adj.* [< Gr. *boukolos*, herdsman] 1. of shepherds; pastoral 2. of country life; rustic —*n.* a pastoral poem —**bucol′ically** *adv.*

**bud** (bud) *n.* [ME. *budde*, seedpod] 1. *a*) a small swelling on a plant, from which a shoot, or flower develops *b*) a partly opened flower 2. any immature person or thing 3. an outgrowth or swelling in simple organisms, that develops into a new individual —*vi.* **bud′ded, bud′ding** 1. to put forth buds 2. to begin to develop —*vt.* 1. to cause to bud 2. to graft by inserting a bud of (a plant) into the bark of another sort of plant —**nip in the bud** to check at the earliest stage

**Buddhism** (bood′iz′m) *n.* a religion of central and eastern Asia, founded in India by Buddha —**Bud′dhist** *n., adj.* —**Bud′dhis′tic** *adj.*

**buddleia** (bud′lē ə) *n.* [< Adam *Buddle*] any of a genus of shrubs and trees with purple or orange blossoms

**budge** (buj) *vt., vi.* **budged, budg′ing** [Fr. *bouger*, move] 1. to move even a little 2. to yield or cause to yield

**budgerigar** (buj′ə ri gär′) *n.* [Abor.] an Australian parakeet

**budget** (buj′it) *n.* [< L. *bulga*, leather bag] 1. a plan adjusting expenses to the expected income during a certain period 2. the amount of money needed for a specific use 3. an estimate of revenue and expenditure for a country or organization —*vt.* 1. to put on or in a budget 2. to plan in detail; schedule —*vi.* to make provision (*for*) —**budg′etary** *adj.* —**budg′eter** *n.*

**budgie** (buj′ē) *n.* [Colloq.] *same as* BUDGERIGAR

**buff** (buf) *n.* [< It. *bufalo*, BUFFALO] 1. a brownish-yellow leather 2. a dull brownish yellow 3. [Colloq.] a devotee; fan —*adj.* of the colour buff —*vt.* to shine; polish —**in the buff** naked

**buffalo** (buf′ə lō′) *n.*, *pl.* **-loes′, -los′** [< Gr. *bous*, ox] 1. any of various wild oxen, sometimes domesticated, as the water buffalo of India 2. popularly, the American bison

**buffer**[1] (buf′ər) *n.* [OFr. *buffe*, blow] 1. a device to lessen the shock of collision, esp. of railway vehicles 2. any person or thing that serves to lessen shock, as between antagonistic forces 3. a substance that tends to stabilize the hydrogen ion concentration in a solution by neutralizing an added acid or alkali

**buffer**[2] *n.* [< ?] [Colloq.] a bumbling man, esp. one who is elderly or pompous: also **old buffer**

**buffer state** a small country located between two antagonistic powers and regarded as lessening the possibility of conflict between them

**buffet**[1] (buf′it) *n.* [< OFr. *buffe*, blow] 1. a blow with the hand 2. any blow or shock —*vt.* 1. to slap 2. to struggle against —*vi.* to struggle

**buffet**[2] (bōō′fā; *for 3 usually* buf′it) *n.* [< OFr. *buffet*, bench] 1. a counter where refreshments are served 2. a meal at which guests serve themselves as from a buffet 3. a piece of furniture with drawers and cupboards for dishes, linen, etc.

**buffet car** (bōō′fā) a railway coach where light meals or snacks are served

**buffoon** (bə foōn′) *n.* [< It. *buffare*, to jest] a person who is always clowning —**buffoon′ery** *n.*

**bug** (bug) *n.* [prob. < W. *bwg*, hobgoblin] 1. any of various insects with sucking mouthparts and forewings thickened towards the base 2. [Colloq.] any insect, specif. one regarded as a pest 3. [Colloq.] a germ or virus 4. [Slang] a tiny hidden microphone 5. [Slang] a defect, as in a machine 6. [Slang] an enthusiast; devotee —*vt.* **bugged, bug′ging** [Slang] 1. to hide a microphone in (a room, etc.) for secretly recording conversation 2. to annoy, anger, etc.

**bugbear** *n.* [BUG + BEAR[2]] 1. an imaginary terror 2. anything causing needless or excessive fear

**bugger** (bug′ər) *n.* [< ML. *Bulgarus*, a Bulgarian] 1. a sodomite 2. [Vulg. Slang] a contemptible person or thing —*vt.* 1. to commit sodomy with 2. [Vulg. Slang] *a*) to ruin; complicate (often with *up*) *b*) to make weary —*interj.* [Vulg. Slang] a strong exclamation of annoyance —**bugger about** [Vulg. Slang] 1. to fool about 2. to create difficulties —**bug′gery** *n.*

**buggy** (bug′ē) *n.*, *pl.* **bug′gies** [< ?] a light, one-horse carriage with one seat

**bugle** (byōō′g′l) *n.* [< L. *buculus*, young ox] a brass instrument like a trumpet but smaller: used chiefly for military calls —*vi., vt.* **-gled, -gling** to call or signal by blowing a bugle —**bu′gler** *n.*

**buhl** (bōōl) *n.* [< C. A. *Boulle*] 1. decoration of furniture with tortoise shell, brass, silver, etc. inlaid in wood 2. furniture so decorated

**build** (bild) *vt.* **built, build′ing** [< OE. *bold*, house] 1. to make by putting together materials, parts, etc.; construct 2. to establish [to *build* a theory on facts] 3. to create, develop, etc. —*vi.* 1. *a*) to put up buildings *b*) to have a house, etc.

built **2.** to grow or intensify —*n.* form or figure [a stocky *build*]

**builder** *n.* a person in the business of constructing buildings

**building** *n.* **1.** anything that is built **2.** the process or business of constructing houses, etc.

**building society** a cooperative banking enterprise financed by deposits on which interest is paid and from which mortgage loans are advanced on homes

**buildup, build-up** *n.* [Colloq.] **1.** favourable publicity or praise **2.** growth or expansion [a military *buildup*] **3.** a gradual approach to a climax

**built-in** *adj.* **1.** made as part of the building [a *built-in* wardrobe] **2.** intrinsic; inherent

**built-up** *adj.* **1.** made higher, stronger, etc. by the addition of parts **2.** having many buildings on it

**bulb** (bulb) *n.* [< Gr. *bolbos*] **1.** an underground bud that sends down roots and has a very short stem covered with leafy scales, as in a lily, onion, etc. **2.** a corm, tuber, or tuberous root resembling a bulb, as in a crocus **3.** a plant that grows from a bulb **4.** anything shaped like a bulb [an electric light *bulb*] —**bul-bar** (bul′bər) *adj.*

**bulbous** *adj.* **1.** of, having, or growing from bulbs **2.** shaped like a bulb

**bulge** (bulj) *n.* [< L. *bulga,* bag] **1.** an outward swelling **2.** a projecting part **3.** [Colloq.] a sudden increase —*vi., vt.* **bulged, bulg′ing** to swell outwards

**bulk** (bulk) *n.* [ON. *bulki,* heap] **1.** size or volume, esp. if great **2.** the main part [the *bulk* of one's fortune] **3.** bulky matter that passes through the intestines unabsorbed —*vi.* **1.** to form into a mass **2.** to have size or importance —*vt.* to give more bulk to —*adj.* **1.** total; aggregate **2.** not in individual packets —**in bulk 1.** not in individual packets **2.** in large amounts

**bulk buying** the purchase of large quantities of a commodity, often on preferential terms

**bulkhead** (bulk′hed′) *n.* [< ON. *balkr,* partition + HEAD] any of the upright partitions separating parts of a ship, aircraft, etc. as for protection against fire or leakage

**bulky** *adj.* **-ier, -iest 1.** large; massive **2.** awkwardly large; big and clumsy —**bulk′ily** *adv.* —**bulk′iness** *n.*

**bull**[1] (bool) *n.* [< OE. *bula,* bull] **1.** the adult male of any bovine animal, as the ox, or of certain other large animals, as the elephant, whale, etc. **2.** a person who buys stocks, etc. expecting, or seeking to bring about, a rise in their prices **3.** *a*) the central mark of a target *b*) a direct hit **4.** [Slang] insincere talk; nonsense —**[B-]** *same as* TAURUS —*adj.* **1.** male **2.** like a bull in size, strength, etc. **3.** rising in price [a *bull* market] —**like a bull in a china shop** in a clumsy or tactless manner —**take the bull by the horns** to deal boldly with a danger or difficulty —**bull′ish** *adj.* —**bull′ishly** *adv.*

**bull**[2] *n.* [< LL. *bulla,* seal] an official document or decree from the Pope

**bull**[3] *n.* [<?] a mistake in a statement that is illogical in a ludicrous way

**bull-** [< BULL[1]] *a combining form meaning:* **1.** of or like a bull **2.** large or male [*bullfrog*]

**bulldog** *n.* a short-haired, square-jawed, heavily built dog noted for its strong grip

**bulldoze** *vt.* **-dozed′, -doz′ing** [< ?] **1.** [Colloq.] to intimidate **2.** to move, make level, etc. with a bulldozer

**bulldozer** *n.* **1.** a person who bulldozes **2.** a tractor with a large, shovellike blade on the front, for moving earth, etc.

**bullet** (bool′it) *n.* [< L. *bulla,* knob] a small, shaped piece of metal to be shot from a firearm

**bulletin** (bool′ə tin) *n.* [< L. *bulla,* knob] **1.** a brief statement of the latest news **2.** a regular publication, as for members of a society

**bullfight** *n.* a public show in which a bull is first provoked in various ways and then usually killed with a sword by a matador —**bull′fight′er** *n.* —**bull′fight′ing** *n.*

**bullfinch** *n.* a songbird with a black head and, in the male, a bright red throat and breast

**bullfrog** *n.* a large N American frog with a deep, loud croak

**bullheaded** *adj.* blindly stubborn

**bullion** (bool′yən) *n.* [< OFr. *billon,* small coin] gold and silver regarded as raw material, as before coinage

**bullock** (bool′ək) *n.* [< OE. *bula,* bull] a castrated bull

**bullring** *n.* an arena for bullfighting

**bull-roarer** *n.* a flat piece of wood at the end of a string, which makes a roaring noise when whirled

**bull's-eye** *n.* **1.** a thick, circular glass in a ship's deck, etc., for admitting light **2.** *same as* BULL[1] (3) **3.** *a*) a convex lens for concentrating light *b*) a lantern with such a lens **4.** the glass boss at the centre of a plate of glass **5.** a hard, round sweet

**bull terrier** a strong, lean, white dog, developed by crossing the bulldog and the terrier

**bully**[1] (bool′ē) *n., pl.* **-lies** [orig., sweetheart < Du.] a person who hurts, frightens, or browbeats those who are smaller or weaker —*vt., vi.* **-lied, -lying** to behave like a bully (towards) —*adj.* [Colloq.] fine; very good

**bully**[2] *n.* [< Fr. *bouillir,* boil] corned beef: also **bully beef**

**bully**[3] *n.* *Hockey* the method of starting play in which two players strike their sticks together and against the ground three times before trying to hit the ball —*vi.* to start play by a bully Also **bully off**

**bulrush** (bool′rush′) *n.* [< OE. *bol,* tree

trunk + *risc,* rush] **1.** a tall marsh plant with reedlike leaves **2.** *Bible* papyrus

**bulwark** (bool′wərk) *n.* [< MDu. *bolwerc*] **1.** an earthwork or defensive wall; rampart **2.** a defence or protection **3.** [*usually pl.*] a ship's side above the deck —*vt.* **1.** to provide bulwarks for **2.** to be a bulwark to

**bum**[1] (bum) *n.* [prob. < G. *Bummler,* loafer] [U.S. Colloq.] **1.** a tramp or derelict **2.** any irresponsible person —*vi., vt.* **bummed, bum′ming** [U.S. Colloq.] to live as a bum; cadge —*adj.* **bum′mer, bum′mest** [U.S. Slang] poor in quality

**bum**[2] *n.* [ME. *bom* < ?] [Colloq] the buttocks

**bumbailiff** (bum′bā′lif) *n.* [< ?] a sheriff's officer employed to collect debts and arrest debtors

**bumblebee** (bum′b′l bē′) *n.* [< ME. *bomblen,* buzz] a large, hairy, yellow-and-black social bee

**bumbling** (bum′bliŋ) *adj.* [see prec.] self-important in a blundering way

**bumf, bumph** (bumf) *n.* [< *bumfodder,* lit., toilet paper] [Derog. Colloq.] official documents, etc.

**bump** (bump) *vt., vi.* [echoic] **1.** to hit against; collide with **2.** to move with jolts —*n.* **1.** a light blow **2.** a swelling, esp. one caused by a blow **3.** a collision **4.** one of the protuberances on the skull, said to give an indication of mental qualities —**bump into** [Colloq.] to meet unexpectedly —**bump off** [Slang] to murder —**bump up** to increase (prices, etc.) —**bumpy′y** *adj.*

**bumper**[1] *n.* a device for absorbing some of the shock of a collision; specif., a bar across the front or back of a car

**bumper**[2] *n.* [< obs. *bombard,* leather jug] **1.** a cup or glass filled to the brim **2.** [Colloq.] anything unusually large of its kind —*adj.* unusually abundant

**bumpkin** (bump′kən) *n.* [< MDu. *bommekijn,* small cask] an awkward or simple person from the country

**bumptious** (bump′shəs) *adj.* [prob. < BUMP] disagreeably conceited, arrogant, or forward —**bump′tiously** *adv.* —**bump′tiousness** *n.*

**bun** (bun) *n.* [< OFr. *buigne,* swelling] **1.** a small roll or cake usually sweetened **2.** hair worn in a roll or knot

**bunch** (bunch) *n.* [< ?] **1.** a cluster of things growing, grouped, or thought of together **2.** [Colloq.] a group of people —*vt., vi.* to gather together in a mass or in loose folds (often with *up*) —**bunch′y** *adj.*

**buncombe, bunkum** (buŋ′kəm) *n.* [< *Buncombe* county, N Carolina, U.S.] [Colloq.] talk that is empty, insincere, or merely for effect; humbug

**bundle** (bun′d′l) *n.* [< MDu. *bondel*] **1.** a number of things tied together **2.** a package **3.** a bunch or group **4.** *Biol.* an anatomic unit consisting of separate nerve fibres, muscles, etc. banded together —*vt.* **-dled, -dling** **1.** to make into a bundle **2.** to send hastily (*away, off, out,* or *into*) —*vi.* to go hastily; bustle —**bundle up** to put on plenty of warm clothing

**bundu** (boon′doo) *n.* [S Afr. Slang] wild, uninhabited country

**bung** (buŋ) *n.* [< MDu. *bonge*] **1.** a stopper for the hole in a barrel **2.** a bunghole —*vt.* **1.** to close with a stopper **2.** to stop up **3.** [Slang] to fling; throw

**bungalow** (buŋ′gə lō′) *n.* [< Hindi *bānglā,* thatched house] a small house usually of one storey

**bunghole** (buŋ′hōl′) *n.* a hole in a barrel or keg through which liquid can be drawn out

**bungle** (buŋ′g′l) *vt.* **-gled, -gling** [< ?] to spoil by clumsy work; botch —*vi.* to do things badly or clumsily —*n.* **1.** a bungling, or clumsy, act **2.** a bungled piece of work —**bun′gler** *n.* —**bun′glingly** *adv.*

**bunion** (bun′yən) *n.* [prob. < OFr. *buigne,* swelling] an inflammation and swelling on the foot, esp. on the big toe

**bunk**[1] (buŋk) *n.* [prob. < Scand.] **1.** a shelf-like bed built into or against a wall, as in a ship **2.** [Colloq.] any sleeping place —*vi.* **1.** to sleep in a bunk **2.** [Colloq.] to use a makeshift sleeping place

**bunk**[2] *n.* [Slang] *same as* BUNCOMBE

**bunk**[3] *n.* [< ?] a hurried departure, esp. under suspicious circumstances: only in **do a bunk**

**bunk bed** a pair of twin beds linked one above the other

**bunker** *n.* [Scot. < ?] **1.** a large bin or tank, as for fuel **2.** a weapon emplacement of steel and concrete in an underground fortification system **3.** a sand trap serving as an obstacle on a golf course —*vt.* *Golf* to hit (a ball) into a bunker

**bunny** (bun′ē) *n., pl.* **bun′nies** [dim. of dial. *bun,* rabbit] a rabbit: pet name used by children

**Bunsen burner** (bun′s′n) [< R. W. *Bunsen*] a small, tubular gas burner that produces a hot, blue flame

**bunting**[1] (bun′tiŋ) *n.* [< ?] **1.** a thin cloth used in making flags **2.** flags, or strips of cloth used as decorations

**bunting**[2] *n.* [< ?] any of various small birds having a stout bill

**buoy** (boi) *n.* [< L. *boia,* fetter] **1.** a floating object anchored in water to warn of rocks, etc., or to mark a channel **2.** *short for* LIFE BUOY —*vt.* **1.** to mark with a buoy **2.** to keep afloat **3.** to lift in spirits; encourage

**buoyancy** (boi′ən sē) *n.* [< Sp. *boyar,* to float] **1.** the ability to float in liquid or air **2.** the power to keep something afloat **3.** cheerfulness **4.** the ability to recover quickly after a setback —**buoy′ant** *adj.*

**BUPA** British United Provident Association

**bur** (bur) *n.* [< Scand.] **1.** the rough,

prickly seedcase or fruit of certain plants **2.** a plant with burs **3.** anything that clings like a bur **4.** *same as* BURR

**burble** (bur′b'l) *vi.* **-bled, -bling** [echoic] **1.** to make a gurgling sound **2.** to babble **3.** [Colloq.] to be verbose

**burbot** (bur′bət) *n.* [ult. < L. *barba,* a beard] a freshwater fish of the cod family, with barbels on the chin

**burden**[1] (burd′′n) *n.* [< OE. *beran,* to bear] **1.** anything that is carried; load **2.** a heavy load, as of responsibility **3.** the carrying of loads *[a beast of burden]* **4.** the carrying capacity of a ship, or the weight of its cargo —*vt.* to put a burden on; oppress —**bur′densome** *adj.*

**burden**[2] *n.* [< OFr. *bourdon,* humming] **1.** a chorus or refrain of a song **2.** a repeated, central idea; theme

**burdock** (bur′dok′) *n.* [BUR + DOCK[3]] a plant with purple-flowered heads covered with hooked prickles

**bureau** (byoor′ō) *n., pl.* **-reaus, -reaux** (-ōz) [Fr., desk] **1.** a desk with drawers for papers **2.** [U.S.] a chest of drawers **3.** an agency providing specified services *[a travel bureau]* **4.** [U.S.] a government department

**bureaucracy** (byoorə′ro′krə sē) *n., pl.* **-cies** [< Fr. *bureau* + -CRACY] **1.** the administration of government through departments managed by officials following an inflexible routine **2.** the officials collectively **3.** governmental officialism **4.** concentration of authority in a complex structure of administrative bureaus

**bureaucrat** (byoor′ə krat′) *n.* an official in a bureaucracy, esp. one who follows a routine strictly —**bu′reaucrat′ic** *adj.* —**bu′reaucrat′ically** *adv.*

**burette** (byoo′ret′) *n.* [Fr.] a graduated glass tube with a stopcock at the bottom, for measuring small quantities of liquid or gas

**burgeon** (bur′jən) *vi.* [< OFr. *burjon,* a bud] **1.** to put forth buds, shoots, etc. **2.** to grow rapidly; flourish

**burgess** (bur′jis) *n.* [< LL. *burgus,* castle] **1.** an inhabitant of a borough **2.** formerly, a member of parliament representing a borough, corporate town or university

**burgh** (bur′ə) *n.* [Scot. var. of BOROUGH] in Scotland, a chartered town —**burghal** (bur′g'l) *adj.*

**burgher** (bur′gər) *n.* **1.** a citizen of a corporate town, esp. on the continent **2.** *S Afr. Hist.* a citizen of the Cape not employed by the Dutch East India Company

**burglar** (bur′glər) *n.* [< OFr. *burgeor,* burglar] a person who commits burglary

**burglarious** (bər glā′ər′ē əs) *adj.* of, given to, or being burglary —**burglar′iously** *adv.*

**burglary** (bur′glər ē) *n., pl.* **-ries** the act of breaking into a building to commit theft or other felony

**burgle** (bur′g'l) *vt., vi.* **-gled, -gling** [< BURGLAR] to commit burglary (in)

**burgomaster** (bur′gə mäs′tər) *n.* [< MDu. *burg,* town + *meester,* master] the mayor of a town in the Netherlands, Flanders, Austria, or Germany

**burial** (ber′ē əl) *n.* the burying of a dead body; interment —*adj.* of or connected with burial

BURIN

**burin** (byoor′in) *n.* [Fr.] a pointed cutting tool used by engravers or marble workers

**burk, burke** (burk) *n.* *same as* BERK

**burlesque** (bur lesk′) *n.* [< It. *burla,* jest] **1.** any broadly comic or satirical imitation parody **2.** [U.S.] a variety show characterized by striptease acts, etc. —*adj.* comically imitating; parodying —*vt., vi.* **-lesqued′, -lesqu′ing** to imitate comically or derisively; parody

**burly** (bur′lē) *adj.* **-lier, -liest** [ME. *borlich,* excellent] big and strong; muscular —**bur′liness** *n.*

**burn**[1] (burn) *vt.* **burned** or **burnt, burn′ing** [OE. *biernan*] **1.** to set on fire **2.** to destroy by fire **3.** to injure or damage by fire, heat, friction, or acid **4.** to consume as fuel **5.** to sunburn **6.** to cauterize **7.** to harden (bricks, etc.) by fire **8.** to cause by fire, heat, etc. *[to burn a hole]* **9.** to cause a sensation of heat in —*vi.* **1.** to be on fire; blaze **2.** to undergo combustion **3.** to give out light or heat **4.** to be destroyed, injured or damaged by fire or heat **5.** to feel hot **6.** to be inflamed, as with anger —*n.* **1.** an injury caused by fire, heat, wind, etc. **2.** the process or result of burning —**burn down** to burn to the ground —**burn one's boats** (or **bridges**) to embark on a course of action from which there can be no retreat —**burn oneself out** to exhaust oneself by too much work or dissipation —**burn one's fingers** [Colloq.] to suffer from having meddled —**burn the midnight oil** to stay up late reading or working —**burn up** to burn completely

**burn**[2] *n.* [see BOURN[1]] [Scot. & North Eng.] a brook

**burner** *n.* the part of a stove, furnace, etc. from which the flame comes

**burning** *adj.* **1.** that burns **2.** intense; critical

**burning glass** a convex lens for focusing the sun's rays so as to set fire to something

**burnish** (bur′nish) *vt., vi.* [< OFr. *brun,* brown] to make or become shiny by rubbing; polish —*n.* a gloss or polish —**bur′nisher** *n.*

**burnoose, burnous** (bur noōs′) *n.* [< Ar. *burnus*] a long cloak with a hood, worn by Arabs and Moors

**burnt** (burnt) *alt. pt. and pp. of* BURN[1]

**burnt sienna** *see* SIENNA

**burnt umber** *see* UMBER

**burp** (bŭrp) *n., vi.* [echoic] [Colloq.] belch —*vt.* to cause (a baby) to belch by patting its back

**burr** (bŭr) *n.* [prob. echoic] **1.** the trilling of *r,* with uvula or tongue [a Scottish *burr*] **2.** a whirring sound —*vi.* **1.** to speak with a burr **2.** to make a whir

**burrow** (bur′ō) *n.* [see BOROUGH] **1.** a hole dug in the ground by an animal **2.** any similar hole for shelter, etc. —*vi.* **1.** to make a burrow **2.** to live or hide in or as in a burrow **3.** to search, as if by digging —*vt.* **1.** to make burrows in **2.** to make by burrowing —**bur′rower** *n.*

**bursar** (bŭr′sər) *n.* [ML. *bursa,* bag] **1.** a treasurer, as of a college **2.** the holder of a scholarship at school or university

**bursary** *n.* **1.** a treasury, esp. of a college **2.** a scholarship or grant, esp. one awarded in a Scottish school or university —**bursar-ial** (bər sâər′ē əl) *adj.*

**burst** (bŭrst) *vi.* **burst, burst′ing** [< OE. *berstan*] **1.** to come apart suddenly and violently; break open **2.** to give sudden expression to some feeling; break (*into* tears, etc.) **3.** to go, come, start, etc. suddenly and with force **4.** *a*) to be as full as possible *b*) to be filled (*with* anger, etc.) —*vt.* to cause to burst —*n.* **1.** a bursting; explosion **2.** the result of a bursting; break **3.** a sudden, violent display of feeling **4.** a sudden action; spurt **5.** a single series of shots —**burst′-er** *n.*

**bury** (ber′ē) *vt.* **bur′ied, bur′ying** [OE. *byrgan*] **1.** to put (a dead body) into the earth, a tomb, etc. **2.** *a*) to hide in the ground *b*) to cover up **3.** to put away [to *bury* a feud] **4.** to involve oneself deeply in —**bury the hatchet** to stop fighting and become reconciled

**bus** (bus) *n., pl.* **bus′es** [< (OMNI)BUS] **1.** a large motor coach for carrying many passengers, usually along a regular route **2.** [Colloq.] a motor car or aeroplane —*vt.* **bussed, bus′sing** to transport by bus, esp. to achieve racial integration in schools —*vi.* to go by bus —**miss the bus** to miss an opportunity

**busby** (buz′bē) *n., pl.* **-bies** [< ?] a tall fur hat worn by hussars, guardsmen in the British army, etc.

**bush**[1] (boosh) *n.* [ME.] **1.** a woody plant having many stems branching out near ground level; shrub **2.** anything resembling a bush; esp., a thickly furred tail **3.** shrubby woodland or uncleared country —*vi.* to grow thickly or spread out —**beat about the bush** to talk around a subject without getting to the point

**bush**[2] *n.* [MDu. *busse,* box] a removable metal sleeve for reducing the effect of friction on a bearing or for decreasing the diameter of a hole —*vt.* to fit with a bush

**bush baby** any of various nocturnal lemurlike mammals of African forests, with a long, bushy tail and large eyes

**bushel** (boosh′l) *n.* [< OFr. *boisse,* grain measure] a unit of dry measure for grain, fruit, liquids, etc., equal to 4 pecks or 8 gallons (c. 36.4 litres)

**bush jacket** in South Africa, a shirtlike jacket with patch pockets designed esp. to be worn in bush country

**bush line** an airline operating in the bush country of Canada's northern regions

**bush lot** [Canad.] a tract of woodland

**bushman** *n.* **1.** a person who lives in the Australian bush **2.** a backwoodsman **3.** [**B-**] a member of a nomadic people of SW Africa

**bush pilot** [Canad.] a pilot who operates in the bush country

**bushranger** *n.* [< BUSH[1] + RANGER] in Australia, an outlaw who makes the bush his hide-out

**bush tea** in South Africa, a beverage like tea made from the dried leaves of various leguminous shrubs

**bush telegraph** [Colloq.] the informal but rapid means by which news is spread throughout a community

**bushveld** (boosh′felt′) *n.* [S Afr.] bushy countryside

**bushy** *adj.* **-ier, -iest** **1.** overgrown with bushes **2.** thick and spreading out like a bush

**busily** (biz′ə lē) *adv.* in a busy manner

**business** (biz′nis) *n.* [OE. *bisignes:* see BUSY] **1.** one's work, occupation, or profession **2.** rightful concern **3.** a matter, activity, etc. **4.** the buying and selling of goods; trade **5.** a commercial or industrial establishment; shop, factory, etc. **6.** action in a drama to take up a pause in dialogue, etc. —*adj.* of or for business —**business is business** sentiment cannot be allowed to interfere with profit making —**mean business** [Colloq.] to be in earnest —**mind one's own business** to refrain from interfering in the affairs of others

**businesslike** *adj.* efficient, methodical, etc.

**businessman** *n.* a man in business, esp. as an owner or executive

**busker** (bus′kər) *n.* [< Slang *busk,* to be a strolling entertainer] a street singer or strolling entertainer

BUSKINS

**buskin** (bus′kin) *n.* [< ? MDu. *brosekin,* small leather boot] **1.** a boot reaching to the calf or knee, worn long ago **2.** *a*) the high, thick-soled, laced boot worn by actors in ancient Greek and Roman tragedy *b*) tragic drama; tragedy

**busman's holiday** a holiday in which

one's recreation is very similar to one's daily work

**buss** (bus) ***n., vt., vi.*** [< ?] [Archaic or Dial.] kiss

**bust**[1] (bust) ***n.*** [< It. *busto*] **1.** a piece of sculpture representing a person's head, shoulders, and upper chest **2.** a woman's bosom

**bust**[2] ***vt., vi.*** [< BURST] [Slang] **1.** to break **2.** to make or become bankrupt or demoted —***n.*** [Slang] **1.** a financial collapse **2.** a spree —***adj.*** bankrupt —**bust up** [Colloq.] **1.** to put an end to a friendship **2.** to disrupt, esp. violently —**go bust** to become bankrupt

**bustard** (bus′tərd) ***n.*** [ult. < L. *avis tarda,* slow bird] a large, long-legged game bird

**bustle**[1] (bus′l) ***vi., vt.*** **-tled, -tling** [< ME. *busken,* prepare] to hurry busily or with much fuss and bother —***n.*** busy and noisy activity —**bus′tlingly** ***adv.***

**bustle**[2] ***n.*** [< ? G. *Buschel,* bunch] *Hist.* padding worn at the back by women to puff out the skirt

**bust-up** (bust′up) ***n.*** [Colloq.] a quarrel or brawl

**busy** (biz′ē) ***adj.*** **-ier, -iest** [< OE. *bisig*] **1.** occupied; at work; not idle **2.** full of activity **3.** in use at the moment, as a telephone line **4.** meddlesome **5.** displeasingly crowded with detail, colours, etc. —***vt.*** **bus′ied, bus′ying** to make or keep busy —**bus′yness** ***n.***

**busybody** ***n., pl.*** **-bod′ies** one who pries into other people's affairs; meddler

**but**[1] (but; *unstressed* bət) ***prep.*** [OE. *butan,* without] **1.** except [nobody came *but* me]: sometimes regarded as a conjunction [nobody came *but* I (came)] **2.** other than [we cannot choose *but* (to) stay] —***conj.*** **1.** yet [he is bad, *but* he has some virtues] **2.** on the contrary [I am old, *but* you are young] **3.** unless [it never rains *but* it pours] **4.** that [I don't question *but* you're right] **5.** that . . . not [I never think of London *but* I think of fog] —***adv.*** **1.** only [if I had *but* known] **2.** merely [he is *but* a child] **3.** just [I heard it *but* now] —***pron.*** who . . . not; which . . . not [not a man *but* felt it] —***n.*** an objection [ifs and *buts*] —***vt.*** to raise an objection —**but for** if it were not for

**but**[2] (but) ***adj.*** [akin to prec.] [Scot.] outside —***n.*** [Scot.] the outer room —**but and ben** [Scot.] a two-room cottage consisting of an outer and an inner room

**butane** (byōō′tān) ***n.*** [< BUTYL] either of two hydrocarbons in the methane series used as a fuel, etc.

**butch** (booch) ***adj.*** [< *Butch,* nickname] [Slang] masculine in appearance, manner, etc.; mannish

**butcher** (booch′ər) ***n.*** [< OFr. *bouc,* he-goat] **1.** one whose work is killing animals or dressing their carcasses for meat **2.** one who sells meat **3.** anyone who kills as if slaughtering animals —***vt.*** **1.** to kill or dress (animals) for meat **2.** to kill brutally **3.** to mangle

**butcherbird** ***n.*** a shrike which, after killing prey, impales it on thorns

**butchery** ***n., pl.*** **-eries** **1.** the work of a butcher **2.** brutal bloodshed **3.** a slaughterhouse

**butler** (but′lər) ***n.*** [< OFr. *bouteille,* bottle] a manservant, usually the head servant of a household, in charge of wines, pantry, etc.

**butt**[1] (but) ***n.*** [< ?] **1.** the thick end of anything **2.** a stub as of a cigarette **3.** an object of ridicule or criticism **4.** a mound of earth behind a target **5.** [*pl.*] a target range —***vt., vi.*** to join end to end

**butt**[2] ***vt.*** [< OFr. *buter* thrust against] to ram with the head —***vi.*** to make a butting motion —***n.*** a thrust with the head or horns —**butt in** (or **into**) [Slang] to interfere in (another's business, a conversation, etc.)

**butt**[3] ***n.*** [< LL. *bottis,* cask] a large barrel or cask

**butter** (but′ər) ***n.*** [< L. *butyrum* < Gr. *bous,* cow + *tyros,* cheese] **1.** the solid, yellowish, edible fat obtained by churning cream **2.** a substance like butter [peanut *butter*] **3.** any of certain vegetable oils that are solid at ordinary temperatures [cocoa *butter*] —***vt.*** **1.** to spread with butter **2.** [Colloq.] to flatter (with *up*) —**look as if butter would not melt in one's mouth** to look innocent or demure —**but′tery** ***adj.***

**butter bean** a large, dried haricot bean

**buttercup** ***n.*** a yellow-flowered plant common in meadows and wet places

**butterfingers** ***n.*** one who often fumbles and drops things —**but′terfin′gered** ***adj.***

**butterfly** ***n., pl.*** **-flies′** [< OE. *buttorfleoge*] **1.** any of a large group of insects active by day, having a slender body and four broad, usually brightly coloured wings **2.** [*pl.*] [Colloq.] a nervous sensation, esp. in the stomach

**butterfly nut** *same as* WING NUT

**butterfly stroke** *Swimming* a stroke in which the arms are plunged forward together in large circular movements

**buttermilk** ***n.*** the sour liquid left after churning butter from milk

**butter muslin** a thin, loosely-woven cotton fabric formerly used for wrapping butter, backing maps, etc.

**butterscotch** ***n.*** a hard, sticky sweet made with brown sugar, butter, etc.

**buttery** (but′ər ē) ***n., pl.*** **-teries** [< LL. *bottis,* cask] **1.** a storeroom for food and wine **2.** in some universities, a bar run for students

**buttock** (but′ək) ***n.*** [< OE. *buttuc,* end] **1.** either of the two fleshy, rounded parts at the back of the hips **2.** [*pl.*] the rump

**button** (but′n) ***n.*** [OFr. *boton*] **1.** any small disc or knob used as a fastening, ornament, etc. on a garment **2.** anything small and shaped like a button; specif., *a*) a small knob for operating a doorbell, etc. *b*) a small mushroom —***vt., vi.*** to fasten with buttons —**not worth a button** of little or no value —**but′toner** ***n.***

**buttonhole** *n.* **1.** a slit or loop through which a button can be fastened **2.** a flower or spray worn pinned to the lapel or in the buttonhole —*vt.* **-holed′, -hol′-ing 1.** to make (a person) listen to one, as if by grasping his coat by a buttonhole **2.** to make buttonholes in

**buttress** (but′ris) *n.* [< OFr. *buter*: see BUTT[2]] **1.** a projecting structure built against a wall to support or reinforce it **2.** a support; prop —*vt.* **1.** to support or reinforce with a buttress **2.** to prop up; bolster

**butyl** (byōōt′il) *n.* [< L. *butyrum*: see BUTTER] any of the four isomeric organic radicals $C_4H_9$

**buxom** (buk′səm) *adj.* [ME., humble] healthy, plump, jolly, etc.; having a shapely, full-bosomed figure: said of a woman —**bux′omly** *adv.* —**bux′omness** *n.*

**buy** (bī) *vt.* **bought, buy′ing** [< OE. *bycgan*] **1.** to get by paying money; purchase **2.** to get by exchange or sacrifice **3.** to be the means of purchasing [all that money can *buy*] **4.** to bribe **5.** [Slang] to accept as valid, agreeable, etc. —*vi.* to be a buyer —*n.* **1.** a buying **2.** anything bought —**buy into** (or **in**) to pay money so as to get membership in, etc. —**buy off** to appease by bribery —**buy out** to buy all the stock, rights, etc. of —**buy up** to buy all that is available of —**buy′a-ble** *adj.*

**buyer** *n.* **1.** one who buys; consumer **2.** one whose work is to buy merchandise for a retail store

**buzz** (buz) *vi.* [echoic] **1.** to hum like a bee **2.** to talk excitedly **3.** to move with a buzzing sound **4.** to be filled with noisy activity or talk —*vt.* **1.** to make (wings, etc.) buzz **2.** to fly an aircraft low over **3.** to signal with a buzzer —*n.* **1.** a sound like a bee's hum **2.** a confused sound, as of many voices **3.** a signal on a buzzer **4.** [Colloq.] a telephone call —**buzz about** (or **around**) to scurry about —**buzz off** [Colloq.] to hurry away

**buzzard** (buz′ərd) *n.* [< L. *buteo*, kind of hawk] any of various hawks that are slow and heavy in flight

**buzzer** *n.* an electrical device that makes a buzzing sound as a signal

**B.V.M.** [L. *Beata Virgo Maria*] Blessed Virgin Mary

**bwana** (bwä′nə) *n.* [Swahili] [*often* **B-**] master; sir: native term of address used in parts of Africa

**by** (bī) *prep.* [< OE. *be, bi*] **1.** near; at [stand *by* the wall] **2.** *a*) in or during [to travel *by* night] *b*) for a fixed time [to work *by* the hour] *c*) not later than [be back *by* noon] **3.** *a*) via *b*) past [to march *by* the reviewing stand] *c*) towards [north *by* west] **4.** on behalf of [he did well *by* me] **5.** through the means of [made *by* hand] **6.** *a*) according to [*by* the book] *b*) in [to grow dark *by* degrees] *c*) following in series [march two *by* two] **7.** with the sanction of [*by* your leave] **8.** *a*) in or to the amount of [apples *by* the kilo] *b*) and in another dimension [two *by* four] *c*) using (the given number) as multiplier or divisor —*adv.* **1.** close at hand; near [stand *by*] **2.** away; aside [put money *by*] **3.** past [cars sped *by*] —*adj., n.* *same as* BYE —**by and by** after a while —**by and large** considering everything

**by-** *a prefix meaning:* **1.** close by; near [*bystander*] **2.** secondary [*byproduct*]

**by-and-by** (bī′'n bī′) *n.* a future time

**bye** (bī) *n.* [see BY] **1.** in sports in which competitors are paired, the status of the extra man, who advances to the next round without playing **2.** *Cricket* a run scored off a ball not struck by the batsman —*adj.* incidental —**by the by(e)** incidentally

**byelaw** (bī′lô′) *n.* *same as* BYLAW

**by-election** (bī′i lek′shən) *n.* a special election held between general elections to fill a vacant parliamentary seat

**bygone** (bī′gon′) *adj.* gone by; past —*n.* **1.** anything that is past **2.** an object from the past, esp. a small antique —**let bygones be bygones** to let past offences be forgotten

**bylaw** *n.* [< ME. *bi*, town + *laue*, law] any of a set of rules made by a local authority

**byline** *n.* a line at the head of a newspaper or magazine article, telling who wrote it

**bypass** *n.* **1.** a main road built to avoid a city or other congested area **2.** a path, pipe, channel, etc. between two points that avoids or is auxiliary to the main way —*vt.* **1.** to go around instead of through **2.** to furnish with a bypass **3.** to ignore, fail to consult, etc.

**byplay** *n.* action, gestures, etc. going on aside from the main action, as in a play

**byproduct, by-product** *n.* anything produced, as from residues, in the course of making another thing; secondary product or result

**byre** (bīər) *n.* [OE., hut] a cowshed

**byroad** *n.* a side road; byway

**Byronic** (bī ron′ik) *adj.* of, like, or characteristic of Byron or his writings; romantic, cynical, ironic, etc.

**bystander** *n.* a person who stands near but does not participate; onlooker

**byway** *n.* **1.** a road that is not used very much **2.** a secondary activity, line of study, etc.

**byword** *n.* **1.** a proverb **2.** a person or thing proverbial for some specific characteristic [this name was a *byword* for cruelty] **3.** a favourite phrase

**Byzantine** (bi zan′tin) *adj.* **1.** of Byzantium or the Byzantine Empire **2.** of or pertaining to the Orthodox Eastern Church **3.** *Archit.* designating a style developed in Byzantium, characterized by domes, round arches, mosaics, etc. —*n.* a native or inhabitant of Byzantium

# C

**C, c** (sē) *n., pl.* **C's, c's** **1.** the third letter of the English alphabet **2.** *a symbol for* the third in a sequence or group

**C** (sē) *n.* **1.** a Roman numeral for 100 **2.** *Music* the first tone in the scale of C major

**C** **1.** *Chem.* carbon **2.** *Physics* capacitance **3.** *Physics the symbol for* coulomb

**C, C.** **1.** Celsius **2.** Centigrade **3.** Conservative

**C, c** copyright

**C.** **1.** Catholic **2.** Church

**C., c.** **1.** cathode **2.** century **3.** *pl.* **CC.** chapter **4.** contralto

**c.** **1.** carat **2.** cent **3.** circa **4.** *Cricket* caught

**Ca** *Chem.* calcium

**ca.** **1.** cathode **2.** circa

**C.A.** **1.** Central America **2.** Chartered Accountant

**C/A** current account

**CAA, C.A.A.** Civil Aviation Authority

**cab** (kab) *n.* [< CABRIOLET] **1.** a taxicab **2.** the place in a lorry, crane, etc. where the operator sits **3.** *Hist.* a carriage for public hire

**cabal** (kə bal′) *n.* [Fr., intrigue] **1.** a small group of persons joined in a secret intrigue; junta **2.** the intrigues of such a group; plot

**cabala** (kə bäl′ə) *n.* [< Heb. *qabbālāh,* received lore] **1.** an occult rabbinical philosophy, based on a mystical interpretation of the Scriptures **2.** any secret doctrine Also sp. **cab′bala** —**cab′alist** *n.*

**cabaret** (kab′ə rā′) *n.* [Fr., tavern] **1.** a restaurant or café with dancing, singing, etc. as entertainment **2.** such entertainment

**cabbage** (kab′ij) *n.* [< ? L. *caput,* head] a common vegetable with thick leaves formed into a round, compact head on a short stalk

**cabbage white** a common white butterfly whose green larvae feed on cabbage and related plants

**cabdriver** *n.* a person who drives a cab: also [Colloq.] **cab′by, cab′bie**

**caber** (kā′bər) *n.* [Gael. *cabar*] a long, heavy pole tossed as a test of muscular strength in the Highland Games

**cabin** (kab′in) *n.* [< LL. *capanna,* hut] **1.** a small house, built simply or crudely **2.** a private room on a ship **3.** a roofed section of a boat **4.** an enclosed section for passengers in an aircraft

**cabin boy** a boy whose work is to serve and run errands for officers and passengers aboard a ship

**cabin cruiser** a motorboat with a cabin

**cabinet** (kab′ə nit) *n.* [Fr., < *cabine,* cabin] **1.** a case or piece of furniture with drawers or shelves for holding things **2.** a boxlike enclosure for a radio, television, etc. **3.** formerly, a private council room **4.** [*often* **C-**] the body of senior ministers in government

**cabinetmaker** *n.* a workman who makes fine furniture, etc. —**cab′inetmak′ing** *n.*

**cable** (kā′b'l) *n.* [< L. *capere,* take hold] **1.** a thick, heavy rope, now often of wire **2.** a ship's anchor chain **3.** *same as* CABLE LENGTH **4.** a bundle of insulated wires through which an electric current can be passed **5.** *same as* CABLEGRAM —*vt.* **-bled, -bling** **1.** to transmit by undersea cable **2.** to send a cablegram to —*vi.* to send a cablegram

**cable car** a car drawn by a moving cable

**cablegram** *n.* a message sent by undersea cable

**cable length** a unit of nautical measure in Britain, one tenth of a nautical mile (185.2m): also **cable's length**

**caboodle** (kə bōō′d'l) *n.* [< ?] [Colloq.] lot; group [the whole *caboodle*]

**caboose** (kə bōōs′) *n.* [< MDu.] **1.** ship's galley **2.** [U.S.] the guard's van on a goods train, usually at the rear **3.** [Can.] a mobile cabin used by lumbermen

**cabriolet** (kab′rē ə lā′) *n.* [Fr., < *cabriole,* a leap] a light, two-wheeled carriage usually with a hood that folds, drawn by one horse

**cacao** (kə kä′ō) *n., pl.* **-ca′os** [Sp. < Mex.Ind.] a tropical American tree, bearing large, elliptical seedpods (**cacao beans**) from which cocoa and chocolate are made

**cachalot** (kash′ə lot′) *n.* [Fr. < Sp. < ? Port.] *same as* SPERM WHALE

**cache** (kash) *n.* [Fr. < *cacher,* conceal] **1.** a place in which stores of food, supplies, etc. are hidden **2.** anything so hidden —*vt.,* **cached, cach′ing** to hide in a cache

**cachet** (kash′ā) *n.* [Fr.] **1.** a seal on an official letter **2.** *a*) a mark indicating superior quality *b*) prestige **3.** a commemorative design stamped on letters, etc.

**cachinnate** (kak′ə nāt′) *vi.* **-nat′ed, -nat′ing** [< L. *cachinnare*] to laugh loudly —**cach′inna′tion** *n.*

**cachou** (ka′shōō) *n.* [< Malay *kachu*] **1.** *same as* CATECHU **2.** a lozenge for sweetening the breath

**cacique** (kə sēk′) *n.* [Sp. < native word in Latin America, an Indian chief]

**cack-handed** (kak′han′did) *adj.* [< ?] **1.** [Dial.] left-handed **2.** [Colloq.] clumsy, awkward

**cackle** (kak′l) *vi.* **-led, -ling** [echoic] **1.** to make the shrill, broken, vocal sounds of a hen **2.** to laugh or chatter with similar sounds —*vt.* to utter in a cackling manner —*n.* **1.** a cackling **2.** cackling laughter or chatter —**cut the cackle** [Slang] come to the point

**caco-** [< Gr. *kakos,* bad] *a combining form meaning* bad, poor, harsh *[cacography]*

**cacoethes** (kak′ō ē′thēz) *n.* [< Gr. *kakos,* bad + *ēthos,* habit] an itch (to do something); mania

**cacography** (kə kog′rə fē) *n.* [CACO- + -GRAPHY] **1.** bad handwriting **2.** incorrect spelling

**cacophony** (kə kof′ə nē) *n., pl.* **-nies** [< Gr. *kakos,* bad + *phōnē,* voice] harsh, jarring sound; dissonance —**cacoph′onous** *adj.* —**cacoph′onously** *adv.*

**cactus** (kak′təs) *n., pl.* **-tuses, -ti** (-tī) [< Gr. *kaktos,* kind of thistle] any of various desert plants with fleshy stems and reduced or spinelike leaves

**cad** (kad) *n.* [< CADET] a man or boy whose behaviour is considered to be ungentlemanly

**cadaver** (kə dāv′ər) *n.* [L.] a dead body, esp. of a person; corpse, as for dissection

**cadaverous** (kə dav′ər əs) *adj.* of or like a cadaver; esp., pale, ghastly, or gaunt and haggard

**caddie** (kad′ē) *n.* [see CADET] a person who attends a golfer, carrying his clubs, etc. —*vi.* **-died, -dying** to act as a caddie

**caddish** (kad′ish) *adj.* like or characteristic of a cad

**caddis worm** (kad′is) the wormlike aquatic larva of the **caddis fly** that lives in a case made of twigs, grains of sand, etc. cemented together with its secreted silk

**caddy**[1] (kad′ē) *n., pl.* **-dies** [< Malay *kati,* weight of c. 500g] a small container used for storing tea

**caddy**[2] *n., vi.* *same as* CADDIE

**cadence** (kād′′ns) *n.* [< L. *cadere,* fall] **1.** fall of the voice in speaking **2.** inflection in tone **3.** a rhythmic flow of sound **4.** measured movement, as in marching **5.** *Music* the harmonic ending, final trill, etc. of a phrase

**cadenza** (kə den′zə) *n.* [It.: see prec.] **1.** an elaborate passage played by the solo instrument in a concerto **2.** any brilliant flourish in an aria or solo passage

**cadet** (kə det′) *n.* [Fr. < L. *caput,* head] **1.** a student at an armed forces or police academy **2.** a younger son —**cadet′ship′** *n.*

**cadge** (kaj) *vt., vi.* **cadged, cadg′ing** [< ?] to beg or get by begging; sponge —**cadg′er** *n.*

**cadi** (kä′dē) *n.* [Ar. *qādi*] a Moslem magistrate

**cadmium** (kad′mē əm) *n.* [< L. *cadmia,* zinc ore] a blue-white, metallic chemical element occurring in zinc ores: it is used in electroplating, etc.: symbol, Cd —**cad′mic** *adj.*

**cadre** (kä′də) *n.* [< L. *quadrum,* a square] **1.** a framework **2.** a nucleus of trained men around which a military or political unit can be built

CADUCEUS

**caduceus** (kə dyōō′sē əs) *n., pl.* **-cei′** (-sē ī′) [L.] the winged staff with two serpents twined about it, carried by Mercury: used as an emblem of the medical profession —**cadu′cean** *adj.*

**caecum** (sē′kəm) *n., pl.* **-ca** (-kə) [< L. (*intestinum*) *caecum,* blind (intestine)] the pouch that is the beginning of the large intestine

**Caenozoic** (sē′nō zō′ik) *adj.* *same as* CAINOZOIC

**Caerphilly** (kāər fil′ē) *n.* [< town in SE Wales] a creamy-white, mild cheese

**Caesar** (sē′zər) *n.* [< Gaius Julius *Caesar*] **1.** the title of the Roman emperors from Augustus to Hadrian **2.** any emperor or dictator

**Caesarean, Caesarian** (si zāər′ē ən) *adj.* of Julius Caesar or the Caesars —*n.* *same as* CAESAREAN SECTION

**Caesarean section** [< Julius *Caesar,* supposedly born in this way] [*also* **c-s-**] a surgical operation for delivering a baby by cutting through the mother's abdominal and uterine walls

**caesium** (sē′zē əm) *n.* [< L. *caesius,* bluish-grey] a soft, silver-white, ductile, metallic element, used in photoelectric cells: symbol, Cs

**caesura** (si zyōōər′ə) *n., pl.* **-ras, -rae** (-ē) [< L. *caedere,* to cut] a pause in a line of verse: in English verse, usually about the middle of the line —**caesu′ral** *adj.*

**café, cafe** (ka′fē) *n.* [Fr. *café,* coffee] a small or inexpensive restaurant, serving light meals and refreshments

**cafeteria** (kaf′ə tēər′ē ə) *n.* [AmSp., coffee shop] a restaurant in which food is displayed on counters and patrons serve themselves

**caff** (kaf) *n.* [Colloq.] *clipped form of* CAFÉ

**caffeine** (kaf′ēn) *n.* [< G., ult. < It. *caffé,* coffee] an alkaloid present in coffee, tea, and coca cola: it is a stimulant to the heart and central nervous system

**caftan** (kaf′tən) *n.* [Turk. *qaftān*] **1.** a long-sleeved robe worn in eastern Mediterranean countries **2.** a similar garment worn in western countries

**cage** (kāj) *n.* [< L. *cavea,* hollow place] **1.** a box or structure of wires, bars, etc. for confining birds or animals **2.** an openwork structure, as some lift compartments **3.** *Basketball* the basket —*vt.* **caged, cag′ing** to put or confine, as in a cage

**cagey, cagy** *adj.* **-gier, -giest** [< ?] [Colloq.] wary; careful not to get caught or fooled —**ca′gily** *adv.*

**cagoule** (kə gōōl′) *n.* [Fr., monk's hood] a form of very light anorak that packs away into a small space

**cahoots** (kə hōōts′) *n.pl.* [< ?] [Colloq.] partnership; league: implying scheming in the phrase **in cahoots**

**caiman** (kā′mən) *n., pl.* **-mans** *same as* CAYMAN

**Cain** (kān) *n.* [see Gen. 4] any murderer —**raise Cain** [Colloq.] to cause a great commotion or much trouble

**Cainozoic** (kī′nō zō′ik) *adj.* [< Gr. *kainos,* recent + *zōē,* life] designating or of the geologic era following the Mesozoic and including the present

**cairn** (kārn) *n.* [< Gael. *carn*] a conical heap of stones built as a monument or landmark —**cairned** *adj.*

**cairngorm** (kārn′ gôrm) *n.* [< *Cairngorms,* mountain range in NE Scotland] a yellow or brown variety of quartz, used as a gem

**cairn terrier** [said to be so named from its burrowing in cairns] a small, shaggy Scottish terrier

**caisson** (kə sōōn′, kā′son) *n.* [Fr. < L. *capsa,* box] **1.** a chest or wagon for transporting ammunition **2.** a watertight enclosure inside which men can do construction work under water **3.** a watertight box for raising sunken ships

**cajole** (kə jōl′) *vt., vi.* **-joled′, -jol′ing** [< Fr.] to coax with flattery and insincere talk; wheedle —**cajol′ery** *n.*

**cake** (kāk) *n.* [< ON. *kaka*] **1.** a mixture of flour, eggs, milk, sugar, etc. baked and often covered with icing **2.** a shaped portion of a food mixture [an *oatcake*] **3.** a shaped, solid mass, as of soap **4.** a hard crust or deposit —*vt., vi.* **caked, cak′ing** to form into a hard crust —**have one's cake and eat it** to benefit from opposing courses of action —**piece of cake** (something) very easy to accomplish —**take the cake** [Colloq.] to win the prize: ironic usage —**cak′y** *adj.*

**cakewalk** *n.* **1.** formerly, a competition among Negroes, judged on the elegance of a promenade to music **2.** anything very easily accomplished

**Cal.** large calorie(s)

**cal.** **1.** calendar **2.** calibre **3.** small calorie(s)

**calabash** (kal′ə bash′) *n.* [< Fr. < Sp. < ?] **1.** a tropical American tree or its gourdlike fruit **2.** *a*) a tropical plant, or its bottle-shaped gourd *b*) a large smoking pipe made from this gourd **3.** the dried, hollow shell of a calabash, used as a bowl, cup, etc.

**calamary** (kal′ə mər ē) *n., pl.* **-maries** [< L. *calamus,* reed, pen] a squid: so called from its pen-shaped skeleton

**calamine** (kal′ə mīn′) *n.* [< L. *cadmia:* see CADMIUM] a pink powder consisting of zinc oxide mixed with ferric oxide used in skin lotions and ointments

**calamitous** (kə lam′ə təs) *adj.* bringing or causing calamity —**calam′itously** *adv.* —**calam′itousness** *n.*

**calamity** *n., pl.* **-ties** [< L. *calamitas*] **1.** deep trouble or misery **2.** any extreme misfortune

**calandria** (kə lan′drē ə) *n.* [< Sp. *calandria,* lark] a sealed vessel used as a heat-exchanger in the core of certain nuclear reactors

**calcareous** (kal kār′ē əs) *adj.* [< L. *calx,* lime] of, like, or containing calcium carbonate, calcium, or lime

**calceolaria** (kal′sē ə lār′ē ə) *n.* [< L. *calceus,* shoe] a plant with a slipper-shaped flower

**calces** (kal′sēz) *n.* *alt. pl. of* CALX

**calciferol** (kal sif′ə rol′) *n.* [CALCIF(EROUS) + *ergosterol*] vitamin $D_2$: it is a crystalline alcohol

**calciferous** *adj.* [< L. *calx,* lime + -FEROUS] producing or containing calcite

**calcify** (kal′sə fī′) *vt., vi.* **-fied′, -fy′ing** [< L. *calx,* lime] to change into a hard stony substance by the deposit of lime or calcium salts —**cal′cifica′tion** *n.*

**calcine** (kal′sīn) *vt., vi.* **-cined, -cining** [< ML. *calcinare*] **1.** to change to calx or powder by heat **2.** to burn to ashes or powder —**calcination** (kal′sə nā′shən) *n.*

**calcite** (kal′sīt) *n.* crystalline calcium carbonate

**calcium** (kal′sē əm) *n.* [< L. *calx,* lime] a soft, silver-white, metallic chemical element found in limestone, marble, chalk etc.: symbol, Ca

**calcium carbonate** a white powder or crystalline compound, found in limestone marble, etc.

**calcium hydroxide** slaked lime, a white, crystalline compound, used in making alkalis, bleaching powder, etc.

**calcspar** (kalk′spär′) *n.* *same as* CALCITE

**calculable** (kal′kyoo lə b′l) *adj.* that can be calculated

**calculate** (kal′kyoo lāt′) *vt.* **-lat′ed, -lat′ing** [< L. *calculare,* reckon] **1.** to determine by using mathematics; compute **2.** to determine by reasoning **3.** to plan **4.** [U.S. Colloq.] to suppose —*vi.* **1.** to make a computation **2.** to rely or count (*on*)

**calculated** *adj.* **1.** undertaken after the probable results have been estimated **2.** deliberately planned **3.** apt or likely —**cal′culat′edly** *adv.*

**calculating** *adj.* shrewd or scheming

**calculation** (kal′kyoo lā′shən) *n.* **1.** a calculating **2.** something deduced by calculating estimate; plan **3.** careful planning or forethought, esp. with selfish motives

**calculator** (kal′kyoo lāt′ər) *n.* a device, now usually electronic, for doing rapid mathematical calculations

**calculus** (kal′kyoo ləs) *n., pl.* **-li′** (-lī′), **-luses** [see CALCULATE] **1.** a method of mathematical analysis using the combined methods of DIFFERENTIAL CALCULUS and INTEGRAL CALCULUS **2.** any abnormal stony deposit formed in the body

**caldron** (kôl'drən) *n.* *same as* CAULDRON

**calèche** (ka lesh') *n.* [Fr.] [Canad.] a horse-drawn carriage used for taking tourists around in cities such as Montreal and Quebec

**Caledonian** (kal'ə dō'nē ən) *adj.* Scottish; of or designating the Scottish Highlands —*n.* a Scot

**calendar** (kal'ən dər) *n.* [< L. *kalendae,* CALENDS] **1.** a system of determining the beginning, length, and divisions of a year **2.** a chart that shows such an arrangement, usually for a single year **3.** a list or schedule, as of pending court cases —*vt.* to enter in a calendar; schedule

**calender** (kal'ən dər) *n.* [< L. *cylindrus,* cylinder] a machine with rollers between which paper, cloth, etc. is run, to give it a smooth or glossy finish —*vt.* to process (paper, etc.) in a calender —**cal'enderer** *n.*

**calends** (kal'indz) *n.pl.* [*often with sing. v.*] [< L. *kalendae*] the first day of each month in the ancient Roman calendar: also **kalends**

**calendula** (kə len'dyoo lə) *n.* [ModL.] a plant of the composite family, with yellow or orange flowers

**calf**[1] (käf) *n., pl.* **calves** [< OE. *cealf* & ON. *kalfr*] **1.** a young cow or bull **2.** the young of some other large animals, as the elephant, whale, etc. **3.** leather from the hide of a calf; calfskin —**kill the fatted calf** to make a feast of welcome: Luke 15:23

**calf**[2] *n., pl.* **calves** [ON. *kalfi*] the fleshy back part of the leg below the knee

**calf love** the love of an adolescent for a member of the opposite sex

**calf's-foot jelly** an edible gelatin made by boiling calves' feet

**calfskin** *n.* **1.** the skin of a calf **2.** a soft, flexible leather made from this

**calibrate** (kal'ə brāt') *vt.* **-brat'ed, -brat'ing** [see ff.] **1.** to determine the calibre of **2.** to fix or correct the scale of (a measuring instrument) —**cal'ibra'tion** *n.* —**cal'ibra'tor** *n.*

**calibre** (kal'ə bər) *n.* [< Fr. & Sp. < Ar. *qālib,* mould] **1.** the size of a bullet or shell as measured by its diameter **2.** the diameter of the bore of a gun **3.** the diameter of a cylindrical body **4.** quality or ability

**calices** (käl'ə sēz) *n. pl. of* CALIX

**calico** (kal'ə kō') *n., pl.* **-coes', -cos'** [< Calicut (now Kozhikode) in India] **1.** a plain, white or unbleached cotton fabric **2.** [U.S.] a coarse, printed cotton fabric —*adj.* **1.** of calico **2.** [U.S.] spotted like calico

**californium** (kal'ə fôr'nē əm) *n.* [< University of *California*] a radioactive chemical element: symbol, Cf

**caliper** (kal'ə pər) *n.* *same as* CALLIPER

**caliph** (kal'if) *n.* [< Ar. *khalīfa*] supreme ruler: the title taken by Mohammed's successors as heads of Islam: also **calif, khalif**

**caliphate** (kal'ə fāt) *n.* the rank or reign of a caliph

**calisthenics** (kal'əs then'iks) *n.pl.* *same as* CALLISTHENICS —**cal'isthen'ic, cal'isthen'ical** *adj.*

**calix** (kā'liks) *n., pl.* **calices** (kāl'ə sēz') [L.] a cup

**calk**[1] (kôk) *vt.* *same as* CAULK —**calk'er** *n.*

**calk**[2] *n.* [< L. *calx,* heel] the part of a horseshoe that projects downwards to prevent slipping —*vt.* to fasten calks on

**call** (kôl) *vt.* [< OE. *ceallian* & (or <) ON. *kalla*] **1.** to say in a loud tone; shout **2.** to summon **3.** to convoke [to *call* a meeting] **4.** to give or apply a name to **5.** to declare to be as specified [I *call* it silly] **6.** to awaken **7.** to communicate with by telephone **8.** to give orders for [to *call* a strike] **9.** to utter directions for (a square dance) **10.** *Bridge* to name (a suit) —*vi.* **1.** to speak in a loud tone; shout **2.** to utter its characteristic cry, as a bird **3.** to visit for a short while **4.** to telephone —*n.* **1.** a loud utterance; shout **2.** the distinctive cry of an animal or bird **3.** a summons **4.** an economic demand, as for a product **5.** an inner urging towards a certain action or profession **6.** power to attract [the *call* of the wild] **7.** need; occasion [no *call* for tears] **8.** a brief visit **9.** *Bridge* a bid or right to bid —**call back** **1.** to ask to come back **2.** to telephone again or in return —**call for** **1.** to demand **2.** to come and get **3.** to need [this *calls for* action] —**call in** **1.** to summon for help or consultation **2.** to take out of circulation, as coin **3.** to demand payment of (a loan, etc.) **4.** [Colloq.] to pay a short visit: also **call in on** —**call in question** to raise doubts about —**call off** **1.** to order away **2.** to cancel (a scheduled event) —**call on** **1.** to visit briefly **2.** to ask (a person) to speak —**call out** **1.** to shout **2.** to summon into action **3.** to challenge, as to a duel —**call round** to visit informally —**call up** **1.** to make one remember **2.** to summon, esp. for military duty **3.** to telephone —**call (up)on** **1.** to summon **2.** to invite (a person) to speak, perform a service, etc. —**on call** **1.** available when summoned **2.** payable on demand —**within call** in hearing distance

**call-box** *n.* a soundproof kiosk containing a public telephone

**caller** *n.* **1.** a person or thing that calls, esp. for a square dance **2.** a person who makes a short visit

**call girl** a prostitute with whom appointments are made by telephone

**calligraphy** (kə lig'rə fē) *n.* [< Gr. *kallos,* beauty + *graphein,* write] **1.** beautiful handwriting **2.** handwriting —**callig'rapher, callig'raphist** *n.*

**calling** (kôl'iŋ) *n.* **1.** one's profession or trade **2.** an inner urging towards some profession; vocation

**calliper** (kal'ə pər) *n.* [< CALIBRE] **1.** [*usually pl.*] an instrument consisting of a pair of hinged legs, used to measure the diameter of something **2.** a splint of metal used to support the leg

**calliper rule** a graduated rule with one sliding jaw and one that is stationary

**callisthenics** (kal′əs then′iks) ***n.pl.*** [< Gr. *kallos,* beauty + *sthenos,* strength] exercises to develop a strong, trim body —**cal′listhen′ic, cal′listhen′ical** ***adj.***

**callosity** (ka los′ə tē) ***n. pl.*** **-ties** a hardened, thickened place on skin or bark; callus

**callous** (kal′əs) ***adj.*** [< L. *callum,* hard skin] **1.** unfeeling; insensitive **2.** *a*) having calluses *b*) hardened (of skin) —***vt., vi.*** to make or become callous —**cal′lousness** ***n.***

**callow** (kal′ō) ***adj.*** [< OE. *calu,* bald] **1.** young and inexperienced; immature **2.** [Rare] still lacking the feathers needed for flying —**cal′lowness** ***n.***

**callus** (kal′əs) ***n., pl.*** **-luses** [L., var. of *callum,* hard skin] **1.** a hardened, thickened place on the skin **2.** the hard substance that forms initially at the break in a fractured bone so as to reunite the parts

**calm** (käm) ***n.*** [< Gr. *kauma,* heat] **1.** lack of wind or motion; stillness **2.** lack of excitement; serenity —***adj.*** **1.** still; quiet **2.** not excited; tranquil —***vt., vi.*** to make or become calm (often with *down*) —**calm′ative** ***adj.*** —**calm′ly** ***adv.*** —**calm′ness** ***n.***

**calomel** (kal′ə mel′) ***n.*** [< Gr. *kalos,* beautiful + *melas,* black] a white, tasteless powder, formerly used as a cathartic, etc.

**calor gas** (kal′ər) *Trademark* butane gas liquefied under pressure in containers for cooking, heating, etc.

**caloric** (kə lor′ik) ***adj.*** [< L. *calor,* heat] **1.** of heat **2.** of calories —**calor′ically** ***adv.***

**calorie** (kal′ə rē) ***n.*** [< L. *calor,* heat] **1.** the amount of heat needed to raise the temperature of one gram of water by one degree Celsius: also **small calorie** **2.** [C-] the amount of heat needed to raise the temperature of one kilogram of water by one degree Celsius: also **large calorie** **3.** a unit equal to the large calorie, used for measuring energy produced by food Also sp. **cal′ory**

**calorific** (kal′ə rif′ik) ***adj.*** producing or relating to heat

**calorimeter** (kal′ə rim′ə tər) ***n.*** [< L. *calor,* heat + -METER] an apparatus for measuring amounts of heat

**calque** (kalk) ***n.*** [< L. *calcare,* tread] *Linguis.* a borrowing by which a specialized meaning of a word or phrase in one language is transferred to another language by a literal translation (Ex: *masterpiece* from German *Meisterstück*)

**calumet** (kal′yoo met′) ***n.*** [Fr., < L. *calamus,* reed] a long-stemmed ceremonial pipe, smoked by N. American Indians as a token of peace

**calumniate** (kə lum′nē āt′) ***vt., vi.*** **-at′ed, -at′ing** [*see* CALUMNY] to spread false and harmful statements about; slander —**calum′nia′tion** ***n.*** —**calum′nia′tor** ***n.***

**calumnious** ***adj.*** full of calumnies; slanderous

**calumny** (kal′əm nē) ***n., pl.*** **-nies** [< L. *calumnia,* slander] a false and malicious statement; slander

**Calvary** (kal′vər ē) [< L. *calvaria,* skull] the place near Jerusalem where the crucifixion of Jesus took place

**calve** (käv) ***vi., vt.*** **calved, calv′ing** [< OE. *cealfian*] to give birth to (a calf)

**calves** (kävz) ***n.*** *pl. of* CALF

**Calvinism** (kal′vin iz′m) ***n.*** the theological system of Calvin and his followers, which emphasizes the doctrines of predestination and salvation solely by God's grace —**Cal′vinist** ***n., adj.*** —**Cal′vinis′tic, Cal′vinis′tical** ***adj.***

**calx** (kalks) ***n., pl.*** **calx′es, calces** (kal′sēz) [L., lime] the ashy powder left after a metal or mineral has been calcined

**calypso** (kə lip′sō) ***n.*** [< ?] **1.** a W Indian style of singing, with improvised, often satirical words, and syncopated rhythm **2.** a song or dance in calypso style

**calyx** (kā′liks) ***n., pl.*** **ca′lyxes, calyces** (kā′lə sēz′) [L., pod] the outer whorl of protective leaves, or sepals, of a flower, usually green

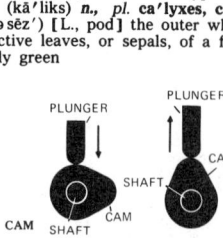


**cam** (kam) ***n.*** [Du. *cam,* orig., comb] a wheel, projection on a wheel, etc. which gives an eccentric or reciprocating motion to another wheel, a shaft, etc., or receives such motion from it

**camaraderie** (kam′ə räd′ər ē) ***n.*** [Fr.] loyalty and friendly feeling; comradeship

**camber** (kam′bər) ***n.*** [< L. *camur,* arched] a slight convex curve of a surface, as of a road, a beam, aerofoil, etc. —***vt., vi.*** to arch slightly

**Cambrian** (kam′brē ən) ***adj.*** designating or of the first geological period in the Paleozoic Era

**cambric** (kām′brik) ***n.*** [< *Cambrai,* N France] **1.** a fine, thin linen **2.** a cotton cloth like this

**Cambs.** Cambridgeshire

**came** (kām) *pt. of* COME

**camel** (kam′′l) ***n.*** [< Heb. *gāmāl*] either of two species of large, domesticated mammals with a humped back and long neck: capable of storing water in its body, the camel is the common beast of burden in Asian and African deserts: see BACTRIAN CAMEL and DROMEDARY

**cameleer** (kam′ə lēər′) ***n.*** a camel driver

**camellia** (kə mēl′yə) ***n.*** [< G. J. *Kamel*] any of a genus of Asian evergreen shrubs with glossy leaves and waxy, roselike flowers

**camelopard** (kam′ə lə pärd′) ə pärd′) ***n.*** [< Gr. *kamēlos,* camel + *pardalis,* leopard: from its neck and spots] *early name for the* GIRAFFE

**camel's hair** **1.** the hair of the camel

2. cloth made of this hair, sometimes mixed with wool, etc. —**cam'el's-hair', cam'el-hair'** *adj.*

**camel's-hair brush** an artist's small brush, made of hair from a squirrel's tail

**Camembert (cheese)** (kam'əm bâər') [from *Camembert*, in Normandy] a soft, creamy, rich French cheese

**cameo** (kam'ē ō') *n., pl.* **-os'** [< ML. *camaeus*] 1. a carving in relief on certain gems or shells so that the raised design is in a different colour from its background 2. a gem, shell, etc. so carved 3. *a*) a small but creative part in a film or play *b*) a fine piece of descriptive writing

**camera** (kam'ər ə) *n.* [L., vault] 1. a device for taking photographs, consisting of a closed box containing a sensitized plate or film on which an image is formed when light enters through a lens 2. *TV* that part of the transmitter containing a plate on which the image to be televised is projected for transformation into electrical signals —**in camera** in privacy or secrecy

**camiknickers** (kam'ē nik'ərz) *n.pl.* [CAMI(SOLE) + KNICKERS] a one-piece undergarment for women, consisting of knickers attached to a camisole top

**camisole** (kam'ə sōl') *n.* [see CHEMISE] *Hist.* a woman's underbodice, orig. a corset cover

**camomile** (kam'ō mīl') *n.* [< Gr. *chamai*, on the ground + *mēlon*, apple] any of several plants with strong-smelling foliage; esp., a plant whose dried, daisylike flower heads have been used in a medicinal tea

**camouflage** (kam'ə fläzh') *n.* [Fr. < *camoufler*, to disguise] 1. the disguising of ships, guns, etc. to conceal them from the enemy, as by the use of paint, leaves, etc. in patterns merging with the background 2. a disguise of this kind 3. any device or action used to conceal or mislead —*vt., vi.* **-flaged', -flag'ing** to disguise or conceal by camouflage —**cam'ouflag'er** *n.*

**camp**[1] (kamp) *n.* [< L. *campus*, field] 1. a place where tents, huts, etc. are put up, as for soldiers 2. any temporary lodging composed of tents, huts, etc. [a holiday *camp*, mining *camp*] 3. a group of people who support a common cause 4. [S Afr.] a field or pasture —*vi.* 1. to set up a camp 2. to live in a camp (often with *out*) —**break camp** to pack up camping equipment and go away —**camp'er** *n.*

**camp**[2] *adj.* [< ?] 1. affectedly theatrical 2. effeminate; homosexual —*n.* camp behaviour —*vi.* 1. to act in a bizarre manner 2. to parade one's homosexuality

**campaign** (kam pān') *n.* [< Fr. < L. *campus*, field] 1. a series of organized, planned actions for a particular purpose 2. a series of military operations with a particular objective in a war —*vi.* to participate in, or go on, a campaign —**campaign'er** *n.*

**campanile** (kam'pə nē'lē) *n., pl.* **-les, -li** (-lē) [It. < L. *campana*, bell] a bell tower, esp. one that stands apart from another building

**campanology** (kam'pə nol'ə jē) *n.* [< L. *campana*, bell + -LOGY] 1. the study of bells 2. the art of bellringing —**cam'panol'ogist** *n.*

**campanula** (kam pan'yoo lə) *n.* [< L. *campana*, bell] a plant with bell-shaped flowers

**camp bed** a portable, folding bed used in camping, etc.

**camp chair** a lightweight folding chair

**camp follower** 1. a civilian who goes along with an army 2. a non-member associated with a certain group

**camphor** (kam'fər) *n.* [< Sans *karpuraḥ*, camphor tree] a crystalline substance, with a strong odour, derived from the wood of an Asian laurel (**camphor tree**): used as a moth repellent, in medicine, etc. —**camphor'ic** (-fôr'ik) *adj.*

**camphorate** (kam'fə rāt') *vt.* **-at'ed, -at'ing** to put camphor in or on [*camphorated* oil]

**campion** (kam'pē ən) *n.* [ < ?] any of various flowering plants of the pink family, with white or pink flowers

**campsite** (kamp'sīt') *n.* 1. an area set aside for camping, often equipped with water, toilets, picnic stoves, etc. 2. any site for a temporary camp

**campstool** *n.* a light folding stool

**campus** (kam'pəs) *n., pl.* **-puses** [L., field] the grounds, sometimes including the buildings, of a college or university —*adj.* 1. on or of the campus 2. of a college or university [*campus* politics]

**camshaft** (kam'shäft') *n.* a shaft to which a cam is fastened

**can**[1] (kan; *as an auxiliary, usually* kən, k'n) *vi. pt.* **could** [< OE. *cunnan*, know] 1. to know how to 2. to be able to 3. to be likely to [*can* it be true?] 4. to have the right to 5. [Colloq.] to be permitted to —**can but** can only

**can**[2] *n.* [< OE. *canne*, cup] 1. a container of various kinds, usually made of metal with a separate cover 2. *same as* TIN 3. [Chiefly U.S. Slang] *a*) a prison *b*) a toilet —*vt.* **canned, can'ning** 1. to put in airtight cans for preservation 2. [Slang] to make a recording of —**carry the can** to take the responsibility (*for*) —**can'ner** *n.*

**Can.** 1. Canada 2. Canadian 3. Canon

**Canaan** (kā'nən) Promised Land of the Israelites, between the Jordan & the Mediterranean —**Ca'naanite'** *n.*

**Canad.** Canadian

**Canada balsam** (kan'ə də) a thick, yellow, resinous fluid from the balsam fir

**Canada Council** an agency set up by the Canadian government in 1957 to promote the arts and social sciences

**Canada Day** July 1st, the anniversary of the day in 1867 when Canada became the first British colony to receive dominion status: in Canada, a public holiday

**Canada goose** a large wild goose of Canada and the northern U.S., grey, with black head and neck

**Canada jay** a grey, crestless jay, notorious in northern parts of N America for its stealing: also called **camp robber, whiskey jack**

**Canadian** (kə nā′dē ən) *adj.* of Canada or its people —*n.* a native or inhabitant of Canada

**Canadiana** (kə nā′dē ä′nə; *in Canad.,* -an′ə) *n.pl.* objects, such as books, furniture, and antiques, relating to Canadian history and culture

**Canadianism** (kə nād′ē ə niz′m) *n.* **1.** the Canadian national character **2.** loyalty to Canada, its culture, etc. **3.** a Canadian idiom, pronunciation, custom, etc.

**Canadianize** *vt., vi.* to make or become Canadian by changing customs, ownership, character, content, etc. [the American textbook was *Canadianized* before being adopted for use in Canadian schools]

**Canadian Shield** a wide area of Precambrian rock, covering most of E and C Canada, and rich in minerals

**Canadien** (kan′ə dyō′, -dē en′) *n.* a French Canadian —**Canadienne′** (-dyen′, -dē en′) *fem.*

**canaille** (kə nī′) *n.* [Fr. < L. *canis,* dog] the mob; rabble

**canal** (kə nal′) *n.* [< L. *canalis,* channel] **1.** an artificial waterway for transportation or irrigation **2.** *Anat.* a tubular passage or duct —*vt.* **-nalled′, -nal′ling** to build a canal through or across

**canalize** (kan′ə līz′) *vt.* **-ized′, -iz′ing** **1.** to make a canal through **2.** to provide an outlet for, esp. by directing into a specific channel —**ca′naliza′tion** *n.*

**canapé** (kan′ə pā′) *n.* [Fr.] a small piece of toast, etc. spread with fish, cheese, etc., and served as an appetizer

**canard** (kə närd′) *n.* [Fr., a duck, hoax] a false, malicious report, as fabricated by a newspaper

**canary** (kə nâər′ē) *n., pl.* **-nar′ies** [< *Canary Islands*] **1.** a small, yellow songbird of the finch family **2.** a light yellow: also **canary yellow** **3.** a sweet wine like madeira

**canasta** (kə nas′tə) *n.* [Sp., basket] a card game for two to six players played with two packs

**canc.** **1.** cancel **2.** cancelled **3.** cancellation

**cancan** (kan′ kan′) *n.* [Fr.] a lively dance with much high kicking performed by female entertainers

**cancel** (kan′s′l) *vt.* **-celled, -celling** [< L. *cancellare,* draw lines across < *cancer,* lattice] **1.** to call off (a meeting, etc.) **2.** to cross out with lines or mark over, as in deleting written matter or marking a cheque, etc. as used **3.** to annul **4.** to abolish; withdraw **5.** to neutralize; offset (often with *out*) **6.** *Math.* to remove (a common factor from both terms of a fraction, equivalents on opposite sides of an equation, etc.) —*vi.* to offset each other (with *out*) —**can′celler** *n.*

**cancellation** (kan′sə lā′shən) *n.* **1.** the act of cancelling **2.** something cancelled **3.** the mark showing that something is cancelled

**cancer** (kan′sər) [< L., crab] **1.** [**C-**] a N constellation **2.** [**C-**] the fourth sign of the zodiac —*n.* **1.** a malignant tumour in the body **2.** anything harmful that spreads and destroys —**can′cerous, can′croid** *adj.*

**candela** (kan dē′lə) *n.* [L., candle] the SI unit of luminous intensity

**candelabrum** (kan′ də lä′brəm) *n., pl.* **-bra, -brums** [L.: see CHANDELIER] a large branched candlestick: also **can′dela′bra,** *pl.* **-bras**

**candid** (kan′did) *adj.* [L. *candidus,* white, sincere] **1.** very honest or frank in speech or writing **2.** free from bias; fair; impartial —**can′didly** *adv.* —**can′didness** *n.*

**candidacy** (kan′ di də sē) *n., pl.* **-cies** the fact or state of being a candidate: also **can′didature**

**candidate** (kan′ di dət) *n.* [L. *candidatus,* white-robed] **1.** a person who seeks, or has been proposed for, an office, an award, etc. **2.** a person entered for an examination **3.** a person or thing apparently destined for a certain end [a *candidate* for fame]

**candid camera** a camera, usually small, with a fast lens, used to take informal, unposed pictures

**candied** (kan′did) *adj.* **1.** cooked in sugar or syrup to preserve, glaze, or encrust **2.** crystallized into sugar

**candle** (kan′d′l) *n.* [< L. *candela*] **1.** a cylinder of tallow or wax with a wick through its centre, which gives light when burned **2.** anything like this in form or use —**burn the candle at both ends** to work or play too much so that one's energy is dissipated —**not hold a candle to** to be not nearly so good as —**not worth the candle** not worth doing —**can′dler** *n.*

**candlelight** *n.* subdued light given as by candles

**Candlemas** (kan′d′l məs) *n.* [< OE.: see CANDLE & MASS] **1.** a church feast, Feb. 2, commemorating the purification of the Virgin Mary: candles for sacred uses are blessed then: also **Candlemas Day** **2.** a Scottish Quarter Day

**candlepower** *n.* the luminous intensity of a light source, now expressed in candelas

**candlestick** *n.* a holder for a candle or candles

**candlewick** *n.* a thick, soft cotton yarn —*adj.* designating or of a muslin fabric, bedspread, etc. patterned with tufts of soft cotton yarn

**candour** (kan′dər) *n.* [< L. *candor,* whiteness] **1.** the quality of being fair and unprejudiced **2.** honesty in expressing oneself

**candy** (kan′dē) *n., pl.* **-dies** [< Per. *qand,* cane sugar] **1.** crystallized sugar made by evaporating boiled cane sugar, syrup, etc. **2.** [Chiefly U.S.] a sweet —*vt.* **-died, -dying** to cook in or with sugar or syrup, esp. to preserve —*vi.* to become candied

**candy-floss** *n.* a light, fluffy confection consisting of fibres of melted sugar spun around a stick

**cane** (kān) *n.* [< Gr. *kanna*] **1.** the slender, jointed stem of certain plants, as bamboo **2.** any plant with such a stem, as sugar cane **3.** the woody stem of a fruiting plant **4.** a stick used for flogging **5.** a walking stick **6.** split rattan, used in weaving chair seats, etc. —***vt.*** **caned, can'ing** **1.** to flog with a cane **2.** to make or furnish (chairs, etc.) with cane —**can'er** ***n.***

**cane sugar** sugar (*sucrose*) from sugar cane

**canine** (kā'nīn) ***adj.*** [< L. *canis,* dog] **1.** of or like a dog **2.** of the family of animals that includes dogs, wolves, jackals, and foxes —***n.*** **1.** a dog or other canine animal **2.** a sharp-pointed tooth on either side of the upper jaw and lower jaw: in full, **canine tooth**

**canister** (kan'is tər) ***n.*** [< L. *canistrum,* wicker basket] a small box for coffee, tea, etc.

**canker** (kaŋ'kər) ***n.*** [< L. *cancer:* see CANCER] **1.** an ulcerlike sore that spreads **2.** anything that corrupts —***vt.*** **1.** to infect with canker **2.** to debase —***vi.*** to become cankered —**can'kerous** ***adj.***

**cankerworm** ***n.*** any of several moth larvae harmful to fruit trees

**cannabis** (kan'ə bis) ***n.*** [L., hemp] **1.** hemp **2.** the female flowering tops of the hemp

**canned** (kand) ***adj.*** **1.** preserved in cans **2.** [Slang] recorded for reproduction, as on radio [*canned* commercials] **3.** [Slang] intoxicated

**cannel (coal)** (kan''l) [< ? *candle coal*] a variety of bituminous coal that burns with a bright flame

**cannelloni** (kan'ə lō'nē) ***n.*** [It.] tubular casings of pasta filled with minced meat, served in a tomato sauce

**cannery** (kan'ər ē) ***n., pl.*** **-neries** a factory where foods are canned

**cannibal** (kan'ə b'l) ***n.*** [Sp. *canibal,* prob. < Carib] a person or animal that eats its own kind —***adj.*** of or like a cannibal —**can'nibalism** ***n.*** —**can'nibalis'tic** ***adj.***

**cannibalize** ***vt., vi.*** **-ized', -iz'ing** to strip (old or worn equipment) of parts for use in other units —**can'nibaliza'tion** ***n.***

**canning** (kan'iŋ) ***n.*** the act, process, or work of putting food in cans for preservation

**cannon** (kan'ən) ***n.*** [< L. *canna,* cane] **1.** a large, mounted piece of artillery **2.** an automatic gun mounted on an aircraft **3.** *Billiards* a shot in which the cue ball strikes both object balls —***vt.*** to cannonade —***vi.*** **1.** to cannonade **2.** to collide (with *into*)

**cannonade** (kan'ə nād') ***n.*** a continuous firing of artillery —***vi., vt.*** **-ad'ed, -ad'ing** to fire artillery (at)

**cannonball** (kan'ən bôl') ***n.*** a heavy ball, esp. of iron, formerly used as a projectile in cannon: also **cannon ball**

**cannon bone** the bone between hock or knee and fetlock in a four-legged, hoofed animal

**cannon fodder** soldiers, sailors, etc. thought of as being expended (i.e., killed or maimed) or expendable in war

**cannot** (kan'ot) can not

**canny** (kan'ē) ***adj.*** **can'nier, can'niest** [< CAN[1]] **1.** careful and shrewd **2.** wise and well-informed **3.** thrifty —**can'nily** ***adv.*** —**can'niness** ***n.***

**canoe** (kə nōō') ***n.*** [< Sp. < Carib] a narrow, light boat moved by paddles —***vi.*** **-noed', -noe'ing** to go in a canoe —***vt.*** to transport by canoe —**canoe'ist** ***n.***

**canon[1]** (kan'ən) ***n.*** [< L., a rule] **1.** a law or body of laws of a church **2.** an established rule or criterion [the *canons* of good taste] **3.** *a*) a list of sacred books officially accepted as genuine *b*) a list of the genuine works of an author **4.** *a*) [*often* **C-**] *Eccles.* the fundamental part of the Mass, between the Preface and the Communion *b*) a list of recognized saints **5.** *Music* a polyphonic composition in which a melody is repeated at intervals

**canon[2]** ***n.*** [< LL. *canonicus,* one living by the canon: see prec.] a clergyman serving in a cathedral

**canonical** (kə non'i k'l) ***adj.*** **1.** of, according to, or ordered by church canon **2.** authoritative; accepted **3.** belonging to a scriptural canon **4.** of a canon (clergyman)

**canonical hour** any of the seven periods of the day assigned to prayer and worship

**canonicals** ***n.pl.*** the clothes prescribed by canon for a clergyman when conducting services

**canonist** (kan'ən ist) ***n.*** an expert in canon law

**canonize** ***vt.*** **-ized', -iz'ing** **1.** to declare (a dead person) a saint in formal church procedure **2.** to glorify **3.** to put into a scriptural canon **4.** to give church sanction to —**can'oniza'tion** ***n.***

**canon law** the laws governing the ecclesiastical affairs of a Christian church

**canoodle** (kə nōō'd'l) ***vi.*** **-dled, -dling** [< ?] to caress or cuddle (*with*)

**canopy** (kan'ə pē) ***n., pl.*** **-pies** [< Gr. *kōnōpeion,* bed with mosquito nets < *kōnōps,* gnat] **1.** a covering fastened above a bed, throne, etc. or held over a person **2.** anything that covers like a canopy, as the sky **3.** the transparent hood over an aeroplane cockpit **4.** the part of a parachute that opens up **5.** a rooflike projection over a door, pulpit, etc. —***vt.*** **-pied, -pying** to place or form a canopy over; cover; shelter

**canst** (kanst; *unstressed* kənst) *archaic 2nd pers. sing., pres. indic., of* CAN[1]: *used with* thou

**cant[1]** (kant) ***n.*** [< L. *cantus,* song] **1.** insincere, trite talk, esp. when pious or moral **2.** the special words used by those in a certain sect, occupation, etc.; jargon **3.** the secret slang of beggars, thieves, etc.; argot —***vi.*** to use cant —***adj.*** of, or having the nature of, cant

**cant[2]** ***n.*** [< L. *cant(h)us,* tyre of a wheel] **1.** a slanting surface **2.** a sudden movement that causes tilting or overturning **3.** the tilt thus caused **4.** a corner or outside angle —***vt., vi.*** to tilt or slant

**can't** (kānt) cannot

**Cantab.** Cantabrigian

**cantabile** (kan tä′bi lē′) *adj., adv.* [< It.] *Music* in an easy, flowing manner

**Cantabrigian** (kan′tə brij′ē ən) *adj.* [< ML. *Cantabrigia*] of Cambridge or Cambridge University

**cantaloupe, cantaloup** (kan′tə lōōp′) *n.* [< It. < *Cantalupo,* near Rome] a melon with a hard, ribbed rind and sweet, juicy, orange flesh

**cantankerous** (kan taŋ′kər əs) *adj.* [prob. < ME. *contakour,* troublemaker] bad-tempered: quarrelsome —**cantan′kerously** *adv.* —**cantan′kerousness** *n.*

**cantata** (kən tät′ə) *n.* [< It. *cantare,* sing] a musical composition with vocal solos, choruses, etc., telling a story that is sung but not acted

**canteen** (kan tēn′) *n.* [< It. *cantina,* wine cellar] **1.** a place where refreshments can be obtained, as by employees **2.** a shop providing luxuries, spirits, etc. to the personnel of a military camp **3.** a box containing cutlery **4.** a small flask for carrying drinking water

**canter** (kan′tər) *n.* [< *Canterbury gallop,* riding pace of the medieval Canterbury pilgrims] a smooth, easy pace like a moderate gallop —*vi., vt.* to ride or move at a canter

**Canterbury bells** (kan′tər bər ē) a cultivated bellflower with white, pink, or blue, cuplike flowers

**cantharides** (kan thar′ə dēz′) *n.pl.* [< Gr. *kantharis,* blistering beetle] a preparation of powdered, dried Spanish flies, formerly used in medicine

**canticle** (kan′ti k'l) *n.* [< L. *canticum,* song] **1.** a song or chant **2.** a non-metrical liturgical hymn

CANTILEVER

**cantilever** (kan′tə lē′vər) *n.* [ ? < CANT[2] + LEVER] **1.** a bracket or block projecting from a wall to support a balcony, etc. **2.** a projecting structure supported only at one end, which is anchored to a pier or wall —*vt.* to support by means of cantilevers —**can′tile′vered** *adj.*

**cantilever bridge** a bridge whose span is formed by two cantilevers projecting towards each other

**canto** (kan′tō) *n., pl.* **-tos** [It. < L. *cantus,* song] any of the chapterlike divisions of certain long poems

**canton** (kan′ton) *n.* [< LL. *cantus,* corner] any of the political divisions of a country or territory; specif., any of the states in the Swiss Republic —*vt.* to divide into cantons —**can′tonal** *adj.*

**Cantonese** (kan′tə nēz′) *adj.* of Canton, China, or its people —*n.* the Chinese dialect spoken in and around Canton

**cantonment** (kan tōōn′mənt) *n.* [see CANTON] **1.** the assigning of quarters to troops **2.** a permanent military camp in British India

**cantor** (kan′tôr) *n.* [L., singer] **1.** a church choir leader **2.** a singer of liturgical solos in a synagogue, who leads the congregation in prayer —**canto′rial** *adj.*

**Canuck** (kə nuk′) *n., adj.* [< ?] [U.S. & Canad. Colloq.] Canadian

**canvas** (kan′vəs) *n.* [< L. *cannabis,* hemp] **1.** a coarse cloth of hemp, cotton, etc. used for tents, sails, etc. **2.** a sail or set of sails **3.** *a*) a specially prepared piece of canvas for an oil painting *b*) such a painting **4.** a tent or tents —**under canvas 1.** in tents **2.** with sails unfurled

**canvass** (kan′vəs) *vi.* [< *canvas:* ? because used for sifting] to try to get votes, orders, etc. —*vt.* **1.** to go through (places) or among (people) asking for (votes, orders, etc.) **2.** to examine or discuss in detail —*n.* the act of canvassing, esp. to estimate the outcome of an election, sales campaign, etc. —**can′vasser** *n.*

**canyon** (kan′yən) *n.* [Sp. *cañón,* canyon, tube] a long, narrow valley between high cliffs

**caoutchouc** (kou chōōk′) *n.* [Fr. < SAmInd] crude, natural rubber

**cap** (kap) *n.* [< LL. *cappa,* cloak] **1.** any closefitting head covering, brimless or peaked **2.** *a*) a head covering worn as a mark of occupation, rank, etc. [*a* nurse's *cap*] *b*) a mortarboard **3.** a cover or top **4.** *same as* PERCUSSION CAP **5.** *Sport* a hat awarded to a player selected for his country or national team —*vt.* **capped, cap′ping 1.** to put a cap on **2.** to present with a cap, as in sport **3.** to cover the top or end of **4.** to match, surpass, or top **5.** to bring to a high point; climax —**cap in hand** in a humble manner —**cap it all** to give the finishing touch —**if the cap fits** [Colloq.] take it how you please: an expression used to a person who takes a general remark personally

**cap.** **1.** capacity **2.** *pl.* **caps.** capital **3.** capitalize

**capability** (kā′pə bil′ə tē) *n., pl.* **-ties 1.** practical ability **2.** [*pl.*] abilities, features, etc. not yet developed

**capable** (kā′pə b'l) *adj.* [< L. *capere,* take] having ability; able; skilled; competent —**capable of 1.** admitting of; open to **2.** having the ability or qualities necessary for **3.** able or ready to [*capable of* telling a lie] —**ca′pableness** *n.* —**ca′pably** *adv.*

**capacious** (kə pā′shəs) *adj.* [< L. *capere,* take] roomy; spacious —**capa′ciously** *adv.* —**capa′ciousness** *n.*

**capacitance** (kə pas′ə təns) *n.* *Elec.* the quantity of electric charge that can be stored in a capacitor, expressed in farads —**capac′itive** *adj.*

**capacitor** *n.* *Elec.* a device for storing an electric charge; condenser

**capacity** (kə pas′ə tē) *n., pl.* **-ties** [see CAPACIOUS] **1.** the ability to contain, absorb, or receive **2.** content or volume

3. mental ability 4. maximum output [operating at *capacity*] 5. position, function, etc. [acting in the *capacity* of adviser] 6. *Law* legal authority

**cap-a-pie, cap-à-pie** (kap′ə pē′) ***adv.*** [< L. *caput*, head + *pes*, foot] from head to foot

**caparison** (kə par′ə s'n) ***n.*** [< Fr. < ff.] an ornamented covering for a horse; trappings —***vt.*** to adorn, as with trappings or rich clothing

**cape**[1] (kāp) ***n.*** [< LL. *cappa*, cloak] a sleeveless garment fastened at the neck and hanging over the back and shoulders

**cape**[2] ***n.*** [< L. *caput*, head] 1. a piece of land projecting into a body of water 2. [C-] the SW region of the Cape Province of South Africa —**the Cape** the Cape of Good Hope

**Cape Coloured** [S Afr.] a coloured person

**Cape doctor** [S Afr. Colloq.] a strong SE wind in the area of Cape Town, esp. in summer, believed to blow ills out to sea

**Cape Dutch** 1. in South Africa, a distinctive style in furniture or buildings 2. *obs. name for* AFRIKAANS

**Cape gooseberry** [S Afr.] the strawberry tomato, eaten raw or as jam

**caper**[1] (kā′pər) ***vi.*** [< CAPRIOLE] to skip about in a playful manner —***n.*** 1. a gay, playful jump or leap 2. a wild, foolish action or prank —**cut a caper** (or **capers**) 1. to caper 2. to play tricks

**caper**[2] ***n.*** [< Gr. *kapparis*] a prickly, trailing Mediterranean bush whose green flower buds are pickled and used to flavour sauces, etc.

**capercaillie** (kap′ər kāl′yē) ***n.*** [< Gael. *capull*, horse + *coille*, forest] the largest species of European grouse: also **capercail′zie** (-yē, -zē)

**Cape salmon** [S Afr.] *same as* GEELBEK

**Cape sparrow** ***n.*** a very common S African bird: also called **mossie**

**Capie** (kā′pē) ***n.*** [S Afr. Slang] a Cape Coloured

**capillarity** (kap′ə lar′ə tē) ***n.*** 1. capillary state 2. the property of exerting or having capillary attraction 3. *same as* CAPILLARY ATTRACTION

**capillary** (kə pil′ə rē) ***adj.*** [< L. *capillus*, hair] 1. of or like a hair; very slender 2. having a very small bore 3. in or of capillaries —***n., pl.*** **-laries** 1. a tube with a very small bore: also **capillary tube** 2. any of the tiny blood vessels connecting the arteries with the veins

**capillary attraction** a phenomenon occurring in liquids which are in contact with solids, as in a capillary tube, causing the liquid surface to rise or be depressed: also **capillary action**

**capital**[1] (kap′ə t'l) ***n.*** [< L. *caput*, head] 1. a city that is the official seat of government of a state, nation, etc. 2. money or property owned or used in business 3. an accumulation of such wealth 4. wealth used to produce more wealth 5. [*often* C-] capitalists collectively 6. *same as* CAPITAL LETTER —***adj.*** 1. involving or punishable by death 2. principal; chief 3. being the seat of government 4. of capital or wealth 5. excellent —**make capital of** to make the most of; exploit

CAPITAL

**capital**[2] ***n.*** [< L. *caput*, head] the top part of a column or pilaster

**capital gain** profit from the sale of capital investments, as stock, property, etc.

**capitalism** ***n.*** 1. the economic system in which the means of production and distribution are privately owned and operated for profit 2. the principles, power, etc. of capitalists

**capitalist** ***n.*** 1. an owner of wealth used in business 2. an upholder of capitalism —***adj.*** capitalistic

**capitalistic** (kap′ə tə lis′tik) ***adj.*** 1. of capitalists or capitalism 2. upholding or practising capitalism

**capitalization** (kap′ə tə lī zā′shən) ***n.*** 1. the act of converting something into capital 2. the total capital funds of a company, represented by stock, undivided profit, etc. 3. the using of capital letters in writing and printing

**capitalize** (kap′ə tə līz′) ***vt.*** **-ized′, -iz′ing** 1. to use as or convert into capital 2. to supply capital to or for (an enterprise) 3. to write in capital letters 4. to begin (a word) with a capital letter —**capitalize on (something)** to use (something) to one's own advantage

**capital letter** a large letter of a kind used to begin a sentence or proper name, as A, B, C

**capital levy** a tax on individual or corporate capital levied in addition to income tax

**capitally** ***adv.*** in an excellent manner; very well

**capital punishment** penalty of death for a crime

**capital stock** 1. the capital of a company, divided into shares 2. the value of the issued shares

**capital transfer tax** a tax levied in many instances when capital is passed as a gift from one person to another

**capitation** (kap′ə tā′shən) ***n.*** [< L. *caput*, head] a tax or fee of so much per head

**capitulate** (kə pi′tyōō lāt′) ***vi.*** **-lat′ed, -lat′ing** [< LL. *capitulare*, draw up in heads or chapters] to give up (*to* an enemy) on prearranged conditions; surrender

**capitulation** (kə pi′tyōō lā′shən) *n.* **1.** a conditional surrender **2.** a document containing terms of surrender, etc.; treaty

**capo** (ka′pō) *n., pl.* **-pos** [< It. *capotasto* < *capo,* chief + *tasto,* key] a device fastened over the fingerboard of an instrument to facilitate a change of key

**capon** (kā′pən) *n.* [< L. *capo*] a castrated cock fattened for eating —**ca′ponize′** *vt.*

**caprice** (kə prēs′) *n.* [Fr. < It.] **1.** a sudden, impulsive change in thought or action; whim **2.** a capricious quality or nature

**capricious** (kə prish′əs) *adj.* subject to caprices; erratic

**Capricorn** (kap′rə kôrn′) [< L. *caper,* goat + *cornu,* horn] **1.** a S constellation **2.** the tenth sign of the zodiac

**caprine** (ka′prēn) *adj.* [< L. *caper,* goat] of, like, or designating a goat

**capriole** (kap′rē ōl′) *n.* [< L. *caper,* goat] **1.** a caper; leap **2.** an upward leap made by a horse without going forward —*vi.* **-oled′, -ol′ing** to make a capriole

**caps.** capitals (capital letters)

**capsicum** (kap′sə kəm) *n.* [< L. *capsa,* box] any of various red peppers whose pungent, fleshy pods yield chili peppers, cayenne peppers, etc.

**capsize** (kap sīz′) *vt., vi.* **-sized′, -siz′ing** [? < Sp. *cabezar,* sink by the head] to overturn or upset: said esp. of a boat

**capstan** (kap′stən) *n.* [Fr. & Pr. *cabestan*] **1.** an apparatus, mainly on ships, consisting of an upright cylinder around which cables or hawsers are wound for hoisting anchors, etc. **2.** a rotating spindle on a tape-recorder that drives the tape past the head

**capstone** (kap′stōn′) *n.* *same as* COPESTONE

**capsule** (kap′syōōl) *n.* [< L. *capsa,* chest] **1.** a small gelatin container enclosing a dose of medicine **2.** a detachable compartment to hold men, instruments, etc. in a space vehicle: in full, **space capsule** **3.** *Anat.* a sac or membrane enclosing a part **4.** *Bot.* a case, pod, or fruit containing seeds, spores, or carpels —*adj.* in a concise form —*vt.* **-suled, -suling** to condense —**cap′sular** *adj.*

**capsulize** *vt.* **-ized′, -iz′ing** **1.** to enclose in a capsule **2.** to condense

**Capt.** Captain

**captain** (kap′tən) *n.* [< L. *caput,* head] **1.** a chief or leader **2.** *see* MILITARY RANKS, table **3.** *a*) the commander or master of a ship *b*) the pilot of a commercial aircraft *c*) the leader of a team, as in sports —*vt.* to be captain or leader of —**cap′taincy** *n.*

**caption** (kap′shən) *n.* [< L. *capere,* take] a heading, as of a newspaper article, or a legend accompanying an illustration, a film, etc. —*vt.* to supply a caption for

**captious** *adj.* [see prec.] **1.** made for the sake of argument or faultfinding; sophistical **2.** quick to find fault —**cap′tiously** *adv.* —**cap′tiousness** *n.*

**captivate** (kap′tə vāt′) *vt.* **-vat′ed, -vat′ing** [< L. *captivus,* captive] to capture the attention or affection of; charm —**cap′tivat′ingly** *adv.* —**cap′tiva′tor** *n.*

**captive** (kap′tiv) *n.* [< L. *capere,* take] a person or animal caught and held, as a prisoner, or captivated, as by love —*adj.* **1.** *a*) held prisoner *b*) forced to listen or act in a certain way [a *captive* audience] **2.** restrained or limited [a *captive* balloon] **3.** captivated

**captivity** (kap tiv′ə tē) *n., pl.* **-ties** imprisonment

**captor** (kap′tər) *n.* [L.] one who captures or holds captive

**capture** (kap′chər) *n.* [< L. *capere,* take] **1.** a taking or being taken by force, surprise, or skill **2.** that which is thus taken —*vt.* **-tured, -turing** **1.** to take by force, surprise, or skill **2.** to represent (something immaterial) in permanent form [to *capture* her charm on canvas]

**Capuchin** (kap′yoo shin) *n.* [< Fr. < It. *cappuccio,* cowl] **1.** a monk of a branch of the Franciscan order **2.** [c-] a S American monkey with a hoodlike crown of hair

**car** (kär) *n.* [< L. *carrus,* chariot] **1.** *same as* MOTOR CAR **2.** orig., any vehicle on wheels **3.** a name given to certain types of railway carriage [dining *car*] **4.** [U.S.] *a*) any vehicle that moves on rails *b*) the cage of a lift **5.** the part of a balloon or airship for carrying people

**carabineer, carabinier** (kar′ə bə nēər′) *n.* [Fr. *carabinier*] a soldier armed with a carbine

**caracal** (kar′ə kal′) *n.* [< Turk. *kara,* black + *kulak,* ear] a reddish-brown lynx of SW Asia and E Africa, with black-tipped ears

**caracole** (kar′ə kōl′) *n.* [< Sp. *caracol,* shell of snail] a half turn to the right or left made by a horse with a rider —*vi.* **-coled′, -col′ing** to make a caracole

**carafe** (kə raf′) *n.* [prob. < Ar. *gharafa,* draw water] a bottle of glass or metal for water, coffee, etc.

**caramel** (kar′ə mel) *n.* [Fr.] **1.** burnt sugar used to colour or flavour food **2.** a toffee made from sugar, milk, etc.

**caramelize** (kar′ə mə līz′) *vt., vi.* **-ized′, -iz′ing** to turn into caramel

**carapace** (kar′ə pās′) *n.* [Fr. < Sp. *carapacho*] an upper case or shell, as of the turtle

**carat** (kar′ət) *n.* [< Gr. *keration*] **1.** a unit of weight for precious stones, equal to 200 milligrams **2.** one 24th part (of pure gold) [14-*carat* gold is 14 parts pure gold and 10 parts alloy]

**caravan** (kar′ə van′) *n.* [< Per. *kārwān*] **1.** a closed vehicle designed to be pulled by a horse or motor vehicle and equipped as a place to live or work in **2.** a company of merchants, pilgrims, etc. travelling together for safety, as through a desert —*vi.* **-vanned′, -van′ning** to go on holiday in or with a caravan

**caravanserai** (kar′ə van′sə rē) *n.* [< Per. *kārwān,* caravan + *sarāī,* palace] in the Orient, a kind of inn with a central court, where caravans stop for the night

**caravan site** an area, usually with piped water, electricity, etc. designed to accommodate caravans

**caravel** (kar′ə vel′) *n.* [< Gr. *karabos*] a fast, small sailing ship used in the 16th cent.

**caraway** (kar′ə wā′) *n.* [< Ar. *karawiyā′*] a herb with spicy, strong-smelling seeds used to flavour bread, cakes, etc.

**carbide** (kär′bīd) *n.* [*see* CARBO-] a compound of an element, usually a metal, with carbon; esp., calcium carbide

**carbine** (kär′bīn) *n.* [< Fr.] a rifle with a short barrel

**carbineer** (kär′bə nēər′) *n.* *same as* CARABINEER

**carbo-** *a combining form meaning* carbon

**carbohydrate** (kär′bō hī′drāt) *n.* [CARBO- + HYDRATE] any of a group of organic compounds, including the sugars and starches, composed of carbon, hydrogen, and oxygen

**carbolated** (kär′bō lāt′id) *adj.* containing or treated with carbolic acid

**carbolic acid** (kär bol′ik) *same as* PHENOL

**carbon** (kär′bən) *n.* [< L. *carbo,* charcoal] **1.** a nonmetallic chemical element found in all organic compounds: diamond and graphite are pure carbon: symbol, C: radioactive isotope (**carbon 14**) is used in dating archaeological specimens **2.** a sheet of carbon paper **3.** a copy, as of a letter, made with carbon paper: in full, **carbon copy** **4.** *Elec.* a stick of carbon used in an arc lamp —*adj.* of carbon

**carbonaceous** (kär′bə nā′shəs) *adj.* **1.** of, consisting of, or containing carbon **2.** resembling coal or carbon

**carbonate** (kär′bə nit; *also, and for v. always,* -nāt′) *n.* a salt of carbonic acid —*vt.* **-at′ed, -at′ing** to charge with carbon dioxide —**car′bona′tion** *n.*

**carbon black** finely divided carbon produced by the incomplete burning of oil or gas, used esp. in rubber and ink

**carbon dating** the determination of the approximate age of (fossils, etc.) by measuring the carbon 14 content —**car′bon-date′** *vt.*

**carbon dioxide** a colourless, odourless gas: it passes out of the lungs in respiration

**carbonic** (kär bon′ik) *adj.* of, containing, or obtained from carbon or carbon dioxide

**carbonic acid** a weak, colourless acid formed by the solution of carbon dioxide in water

**carboniferous** (kär′bə nif′ər əs) *adj.* [< CARBON + -FEROUS] **1.** producing or containing carbon or coal **2.** [**C-**] designating or of a great coal-making period of the Paleozoic Era: the warm, damp climate produced great forests, which later formed rich coal seams —**the Carboniferous** **1.** the Carboniferous Period **2.** the rock and coal strata formed then

**carbonize** (kär′bə nīz′) *vt.* **-ized′, -iz′ing** **1.** to change into carbon, as by partial burning **2.** to treat or combine with carbon —**car′boniza′tion** *n.*

**carbon monoxide** a colourless, odourless, highly poisonous gas, CO, produced by the incomplete combustion of carbon

**carbon paper** thin paper coated on one side with a carbon preparation, and used to make copies of letters, etc.

**carbon tetrachloride** (tet′rə klôr′īd) a nonflammable, colourless liquid used in fire extinguishers, etc.

**Carborundum** (kär′bə run′dəm) [< CARB(ON) + (C)ORUNDUM] *Trademark* a very hard, abrasive substance, esp. silicon carbide, used in grindstones, abrasives, etc.

**carboy** (kär′boi) *n.* [< Per. *qarābah*] a large glass bottle enclosed in basketwork or in a wooden crate

**carbuncle** (kär′buŋ k′l) *n.* [< L. dim. of *carbo,* coal] **1.** a smooth, convex-cut garnet **2.** a painful, pus-bearing inflammation of the tissue beneath the skin, more severe than a boil —**carbun′cular** *adj.*

**carburate** (kär′byoo rāt′) *vt.* [< *carburet,* carbide] **1.** to combine with carbon **2.** to mix (gas or air) with volatile carbon compounds —**car′bura′tion** *n.*

**carburettor, carburetter** (kär′bə ret′ər, -byoo-) *n.* a device in which air is mixed with vaporized petrol to make an explosive mixture in an internal-combustion engine: U.S. sp. **carburetor**

**carcase, carcass** (kär′kəs) *n.* [< Fr. < ?] **1.** the dead body of an animal **2.** [Derog.] the human body, living or dead **3.** the worthless remains of something **4.** a framework or shell

**carcinogen** (kär sin′ə jən) *n.* [< ff. + -GEN] any substance that produces cancer —**car′cinogen′ic** *adj.*

**carcinoma** (kär′sə nō′mə) *n., pl.* **-mas, -mata** [< Gr. *karkinos,* crab] a cancerous growth —**car′cinom′atous** *adj.*

**car coat** a short overcoat, esp. for use on car journeys

**card**[1] (kärd) *n.* [< Gr. *chartēs,* leaf of paper] **1.** a flat, stiff piece of thick paper or thin pasteboard; specif., *a*) one of a pack of playing cards *b*) a postcard *c*) a card bearing a message or greeting *d*) a card identifying a person as an agent, member, etc. *e*) any of a series of cards on which information is recorded [an index *card*] *f*) [*pl.*] [Colloq.] formerly, an employee's insurance card, tax form, etc., kept by his employer **2.** a series of events making up a programme, as in horse-racing **3.** [Colloq.] an eccentric or entertaining person —**card up one's sleeve** a plan or resource kept secret —**get one's cards** [Colloq.] to be dismissed from one's job

—**in** (or **on**) **the cards** likely —**play one's cards** (**well**) to act carefully or cleverly —**put** (or **lay**) **one's cards on the table** to reveal one's intentions

**card**[2] *n.* [< L. *carere,* to card] a metal comb or a machine for raising nap or combing fibres of wool, cotton, etc. —*vt.* to use a card on (fibres) in preparation for spinning —**card'er** *n.* —**card'ing** *n., adj.*

**cardamom** (kär'dəməm) *n.* [< Gr. *kardamon,* cress + *amōmon,* spice plant] an Asiatic plant with aromatic seeds, used in medicine and as a spice Also **car'damon**

**cardboard** (kärd'bôrd') *n.* stiff, thick paper, or pasteboard, used for cards, boxes, etc.

**cardiac** (kär'dē ak') *adj.* [< Gr. *kardia,* heart] of, near, or affecting the heart

**cardigan** (kär'di gən) *n.* [< 7th Earl of *Cardigan*] a sweater or jacket, usually knitted, that opens down the front

**cardinal** (kärd'in əl) *adj.* [< L. *cardo,* hinge] **1.** principal; chief **2.** deep red —*n.* **1.** one of the Roman Catholic officials appointed by the Pope to his council **2.** a deep red, crested American songbird

**cardinalate** *n.* the rank of a cardinal

**cardinal number** *Math.* any number used in counting or showing how many (e.g., two, forty, 627, etc.): distinguished from ORDINAL NUMBER

**cardinal points** the four principal points of the compass; north, south, east, and west

**cardinal virtues** the basic virtues of Greek philosophy: justice, prudence, fortitude, and temperance

**card index** cards containing data or records, arranged systematically: also **card catalogue, card file**

**cardio-** [< Gr. *kardia,* heart] *a combining form meaning* of the heart

**cardiogram** (kär'dē ō gram') *n.* *same as* ELECTROCARDIOGRAM

**cardiology** (kär'dē ol'ə jē) *n.* the branch of medicine dealing with the heart —**car'di-ol'ogist** *n.*

**cards** (kärdz) *n.pl.* **1.** a game played with a pack of cards, as bridge, rummy, etc. **2.** card playing

**cardsharp** (kärd'shärp') *n.* [Colloq.] a professional cheater at cards: also **card'-sharp'er**

**card table** a table at which card games are played, esp. a small, square table with folding legs

**card vote** *same as* BLOCK VOTE

**care** (kāər) *n.* [< OE. *caru,* sorrow] **1.** *a*) worry or concern *b*) a cause of this **2.** close attention **3.** a liking or regard (*for*) **4.** charge; protection **5.** something to watch over or attend to —*vi.* **cared, car'-ing** **1.** to feel concern or interest **2.** to feel love or a liking (*for*) **3.** to provide (*for*) **4.** to wish (*for*) —**care of** at the address of —**have a care** to be careful: also **take care** —**take care of** **1.** to be responsible for **2.** to provide for

**careen** (kə rēn') *vt.* [< L. *carina,* keel] **1.** to cause (a ship) to lean on one side, as for repairs **2.** to tip; tilt —*vi.* to lean sideways

**career** (kə rēər') *n.* [Fr. *carrière,* racecourse < It. *carro,* car] **1.** one's progress through life or in a particular vocation **2.** a profession or occupation **3.** a swift course —*adj.* pursuing a normally temporary activity as a lifework [*a career* soldier] —*vi.* to rush wildly

**careerist** *n.* a person interested chiefly in success in his own career, to the neglect of other things —**career'ism** *n.*

**carefree** (kāər'frē') *adj.* free from troubles or worry

**careful** *adj.* **1.** acting or working in a thoughtful, painstaking way **2.** cautious **3.** accurately or thoroughly done —**care'-fully** *adv.* —**care'fulness** *n.*

**careless** *adj.* **1.** done without enough attention, precision, etc. **2.** not thinking before one acts or speaks; inconsiderate **3.** carefree —**care'lessness** *n.*

**caress** (kə res') *vt.* [ult. < L. *carus,* dear] to touch lovingly or gently; kiss —*n.* an affectionate touch or gesture —**caress'er** *n.* —**caress'ingly** *adv.*

**caret** (kar'it) *n.* [L., there is lacking] a mark ( ⅄ ) used in writing or in correcting proofs, to show where something is to be added

**caretaker** (kāər'tāk'ər) *n.* a person employed to take care of a building, etc. —*adj.* holding office temporarily [*a caretaker* government]

**careworn** *adj.* showing the effects of troubles and worry; haggard

**cargo** (kär'gō) *n., pl.* **-goes** [< Sp. *cargar,* to load] the goods carried by a ship, aircraft, lorry, etc.; freight

**Carib** (kar'ib) *n.* [< Sp.] **1.** a member of an Indian people of the S West Indies and the N coast of S America **2.** the family of languages of the Caribs —**Car'-iban** *adj., n.*

**Caribbean** (kar'ə bē'ən) *adj.* **1.** of the Caribs **2.** of the Caribbean Sea, its islands, etc.

CARIBOU (1-1.4 m high at shoulder)

**caribou** (kar'ə boo') *n.* [CanadFr. < Algonquian name] the N American reindeer

**caricature** (kar'i kə tyoor') *n.* [Fr. < It. *caricare,* exaggerate] **1.** a picture or imitation of a person, literary style, etc. that exaggerates certain features or mannerisms for satirical effect **2.** a ridiculously poor imitation —*vt.* **-tured', -tur'ing** to depict as in a caricature —**car'i-catur'ist** *n.*

**caries** (kāər′ē ēz) *n.* [L., decay] decay of bones, or, esp., of teeth

**carillon** (kar′əl yən) *n.* [Fr., chime of (four) bells, ult. < L. *quattuor,* four] 1. a set of stationary bells, each producing one tone of the chromatic scale 2. a melody played on such bells

**carinate** (kar′ə nāt′) *adj.* [< L. *carina,* keel] with a keeled breastbone: said of a bird

**cariole** (kar′ē ōl′) *n.* [< It. *carro,* car] 1. a small carriage drawn by one horse 2. a light, covered cart

**carl, carle** (kärl) *n.* [OE. < ON. *karl*] *Hist.* a peasant, bondman, or villein

**Carlovingian** (kar′lō vin′jē ən) *adj., n.* *same as* CAROLINGIAN

**Carmelite** (kär′mə līt′) *n.* a friar or nun of the order of Our Lady of Mount Carmel —*adj.* of this order

**carminative** (kär′mə nə tiv) *adj.* [< L. *carminare,* to card, cleanse] causing gas to be expelled from the stomach and intestines —*n.* a medicine to relieve flatulence

**carmine** (kär′mīn) *n.* [< Ar. *qirmiz,* crimson] 1. a red pigment obtained from cochineal 2. its colour —*adj.* red or purplish-red; crimson

**carnage** (kär′nij) *n.* [< L. *caro, carnis,* flesh] bloody and extensive slaughter, esp. in battle; massacre

**carnal** *adj.* [see prec.] 1. in or of the flesh; material or worldly 2. sensual; sexual —**carnality** (kär nal′ə tē) *n.*

**carnation** (kär nā′shən) *n.* [< L. *caro:* see CARNAGE] 1. rosy pink 2. a plant of the pink family, with white, pink, or red flowers that smell like cloves

**carnelian** (kär nēl′yən) *n.* *same as* CORNELIAN

**carnival** (kär′nə vəl) *n.* [< Fr. or It.] 1. the period of feasting and revelry just before Lent 2. a festivity; merrymaking 3. [Chiefly U.S.] a funfair

**carnivore** (kär′nə vôr′) *n.* 1. any of an order of fanged, flesh-eating mammals, including the dog, lion, seal, etc. 2. any animal or plant that feeds on animals

**carnivorous** (kär niv′ə rəs) *adj.* [< L. *caro,* flesh + *vorare,* eat] flesh-eating —**carniv′orously** *adv.* —**carniv′orousness** *n.*

**carob** (kar′əb) *n.* [< Fr. < Ar.] a leguminous tree of the E Mediterranean, bearing long flat, brown pods used as fodder and sometimes human food

**carol** (kar′əl) *n.* [< OFr.] a song of joy or praise; esp., a Christmas song —*vi., vt.* **-olled, -olling** to sing in joy; warble —**car′oler** *n.*

**Carolean** (kar′ə lē′ən) *adj.* [L. *Carolus,* Charles] 1. of Charles I or Charles II of England, their reign or period 2. of any other king called Charles Also **Caroline**

**Carolingian** (kar′ə lin′jē ən) *adj.* [see prec.] of the second Frankish dynasty, founded (751 A.D.) by Pepin the Short, son of Charles Martel

**carotid** (kə rot′id) *adj.* [< Gr. *karōtides*] of or near either of the arteries, one on each side of the neck, which convey the blood to the head —*n.* a carotid artery

**carousal** (kə rou′zəl) *n.* *same as* CAROUSE

**carouse** (kə rouz′) *vi.* **-roused′, -rous′ing** [< G. *gar aus*(*trinken*), (to drink) quite out] to drink heavily, esp. along with others having a noisy, merry time —*n.* a noisy, merry drinking party —**carous′er** *n.*

**carousel** (kar′ə sel′) *n.* [Fr. < It.] *same as* MERRY-GO-ROUND

**carp**[1] (kärp) *n.* [OFr. *carpe* < Gmc.] any of a group of edible freshwater fishes living in ponds

**carp**[2] *vi.* [< ON. *karpa,* brag] to find fault in a petty or nagging way —**carp′er** *n.*

**carpal** (kär′pəl) *adj.* [ModL. *carpalis*] of the carpus —*n.* a bone of the carpus: also **carpa′le** (-pā′lē)

**car park** a building or piece of land designed for the parking of cars

**carpel** (kär′pəl) *n.* [< Gr. *karpos,* fruit] 1. a simple pistil, regarded as a modified leaflike structure 2. any of the segments of a compound pistil —**car′pellary** *adj.*

**carpenter** (kär′pən tər) *n.* [< L. *carpentum,* cart] a workman who builds and repairs wooden articles, buildings, etc. —*vi.* to do a carpenter's work —*vt.* to make or repair as by carpentry

**carpentry** *n.* the work or trade of a carpenter

**carpet** (kär′pit) *n.* [< ML. *carpita,* woollen cloth < L. *carpere,* to card] 1. a heavy fabric for covering a floor, stairs, etc. 2. anything like a carpet [a *carpet* of snow] —*vt.* to cover as with a carpet —**on the carpet** 1. being, or about to be, reprimanded 2. under consideration —**sweep under the carpet** to conceal from sight or knowledge, esp. something unpleasant

**carpetbag** *n.* an old-fashioned type of travelling bag, made of carpeting

**carpetbagger** *n.* [U.S.] 1. an adventurer who went South to take advantage of unsettled conditions after the American Civil War 2. any candidate for office without local connections

**carpeting** *n.* carpets or carpet fabric

**carpet slippers** slippers made with woollen uppers resembling carpeting

**carpet-snake** an Australian snake with a patterned skin

**carping** (kär′piŋ) *adj.* tending to carp, or find fault

**car pool** 1. a group of vehicles owned by an organization and used by its members 2. an arrangement by a group to rotate the use of their cars

**carport** *n.* a shelter for a motor car, consisting of a roof supported on posts

**carpus** (kär′pəs) *n., pl.* **-pi** (-pī) [< Gr. *karpos,* wrist] the wrist, or the wrist bones

**carrack** (kar′ək) *n.* [< OFr. < Ar.] an armed merchantman of the 15th and 16th cent.

**carrageen, carragheen** (kar′ə gēn′) *n.*

[< *Carragheen,* Eire] a purplish, edible seaweed: also called **Irish moss**

**carriage** (kar'ij) *n.* [< Anglo-Fr. *carier,* carry] **1.** a carrying; transportation **2.** the cost of carrying **3.** the manner of carrying the head and body; posture **4.** a passenger coach on a railway train **5.** a four-wheeled passenger vehicle, usually horse-drawn **6.** a wheeled support [a gun *carriage*] **7.** a moving part (as on a typewriter) for supporting and shifting something

**carriage clock** a portable clock, usually with a case, capable of being carried in any position

**carriage forward** with the cost of transport to be paid by the consignee

**carriage paid** with the cost of transport paid by the sender

**carriageway** *n.* the part of the road for use by vehicles, as distinct from the pavement

**carrier** (kar'ē ər) *n.* **1.** a person or thing that carries something **2.** a person or company licensed to carry passengers or goods **3.** a receptable or part for carrying something, as on a bicycle **4.** *same as* AIRCRAFT CARRIER **5.** a person or animal that carries and transmits disease germs **6.** *Electronics* the steady transmitted wave whose amplitude, frequency, or phase is modulated by the signal

**carrier bag** a large paper or plastic bag, with handles, used for shopping

**carrier pigeon** a homing pigeon trained to carry a written message fastened to its leg

**carrion** (kar'ē ən) *n.* [< L. *caro,* flesh] **1.** the decaying flesh of a dead body **2.** anything very repulsive

**carrion crow** a black European crew with a thick, black bill, which feeds on carrion and small creatures

**carrot** (kar'ət) *n.* [< Gr. *karōton*] **1.** a plant with a fleshy, orange-red root, eaten as a vegetable **2.** the root

**carroty** *adj.* orange-red, like carrots

**carry** (kar'ē) *vt.* **-ried, -rying** [< L. *carrus,* car] **1.** to hold or support while moving **2.** to take from one place to another **3.** to lead or impel **4.** to transmit [air *carries* sound] **5.** to extend [to *carry* the fight to the enemy] **6.** to transfer (a figure, etc.) from one column to the next **7.** to bear the weight of **8.** to be pregnant with **9.** to have as a quality, consequence, etc. [to *carry* a guarantee] **10.** to keep with one [to *carry* a watch] **11.** to conduct (oneself) in a specified way **12.** to include as part of its contents: said of a newspaper, etc. **13.** to capture (a fortress, etc.) **14.** to win over (a group) **15.** to win (an election, argument, etc.) —*vi.* to have or cover a range [his voice *carries* well] —*n., pl.* **-ries** **1.** the range or distance covered by a gun, golf ball, etc. **2.** a carrying —**be** (or **get**) **carried away** to be moved to unreasoning enthusiasm —**carry forward** to take over to the next page, accounting period, etc. —**carry off** **1.** to kill [disease *carries off* many] **2.** to win (a prize, etc.) **3.** to handle (a situation), esp. with success —**carry on** **1.** to engage in **2.** to continue as before **3.** [Colloq.] to behave in a wild or childish way **4.** [Colloq.] to engage in an illicit love affair —**carry out** **1.** to put (plans, etc.) into practice **2.** to accomplish —**carry over** **1.** to transfer **2.** to postpone —**carry through** **1.** to accomplish **2.** to sustain

**carry-cot** *n.* a child's portable cot

**carryout** *adj.* *same as* TAKEAWAY

**carsick** (kär'sik') *adj.* affected with nausea from riding in a motor car, bus, etc. —**car'sick'ness** *n.*

**cart** (kärt) *n.* [< ON. *kartr*] a small, strong, two-wheeled vehicle drawn by a horse or pushed by hand —*vt., vi.* to carry as in a cart —**cart off** to carry away —**in the cart** [Slang] in trouble —**put the cart before the horse** to do things backwards —**cart'er** *n.*

**carte blanche** (kärt'blänsh') [Fr., white (i.e., blank) card] full authority; freedom to do as one thinks best

**cartel** (kär tel') *n.* [< G. < Fr. < It. *carta,* CARD[1]] an agreement among apparently competing firms to fix prices etc

**Cartesian** (kär tē'zhən) *adj.* [< *Cartesius,* L. form of *Descartes*] of Descartes or his philosophical or mathematical ideas —*n.* a follower of Descartes

**Cartesian coordinates** a set of numbers that locate a point by its distances from axes intersecting at right angles

**carthorse** *n.* a strong, heavy horse

**Carthusian** (kär thyōō'zhən) *n.* [< L. name for Chartreuse] a monk or nun of a very strict order founded in 1084 —*adj.* of the Carthusians

**cartilage** (kärt'il ij) *n.* [< L. *cartilago,* a tough, elastic tissue forming part of the skeleton; gristle —**car'tilag'inous** (-ə nəs) *adj.*

**cartogram** (kär'tə gram') *n.* [< Fr. *carte,* chart + -GRAM] a map giving statistical data by means of lines, dots, shaded areas, etc.

**cartography** (kär tog'rə fē) *n.* [see CARD + -GRAPHY] the art or work of making maps or charts —**cartog'rapher** *n.* —**cartographic** (kär'tə graf'ik) *adj.*

**carton** (kärt'ən) *n.* [Fr. < It. *carta,* card] a cardboard box or container

**cartoon** (kär tōōn') *n.* [see prec.] **1.** a drawing that caricatures some situation or person **2.** *a*) a humorous drawing often with a caption *b*) *same as* COMIC STRIP **3.** *same as* ANIMATED CARTOON **4.** a full-size sketch of a design or picture to be copied in a fresco, tapestry, etc —*vt.* to draw a cartoon of —**cartoon'ist** *n.*

**cartouche** (kär tōōsh') *n.* [Fr. < It. *carta,* card] **1.** a scroll-like ornament or tablet **2.** on Egyptian monuments, an oval or oblong figure containing the name of a ruler or deity

**cartridge** (kär'trij) *n.* [< Fr. < It. *carta,* card] **1.** a cylindrical case of cardboard, metal, etc. containing the charge and primer, and usually the projectile, for a firearm **2.** a small container holding a supply of material for insertion into a larger device, as a protected roll of camera film, or a continuous magnetic tape wound on spools

**cartridge belt** a belt with pockets or loops for cartridges

**cartridge clip** a metal container for cartridges, inserted in certain types of firearms

**cartridge paper** a heavy, unbleached drawing paper

**cartwheel** (kärt′wēl′) *n.* **1.** the large, spoked wheel of a cart **2.** anything resembling this, as a large coin or hat **3.** a kind of handspring performed sideways

**cartwright** (kärt′rīt′) *n.* one who makes carts

**carve** (kärv) *vt.* **carved, carv′ing** [< OE. *ceorfan*] **1.** to shape by or as by cutting **2.** to decorate the surface of with cut designs **3.** to divide by cutting; slice —*vi.* **1.** to carve statues or designs **2.** to carve meat —**carve out** **1.** to take a piece from **2.** to appropriate (land, position, etc.) —**carve up** to share out —**carv′er** *n.*

**carvel** (kär′vəl) *n.* *same as* CARAVEL

**carve-up** (kärv′up) *n.* [Slang] **1.** a division of illicit gains **2.** a secret agreement to share out jobs, privileges, etc.

**carving** *n.* **1.** the work or art of a person who carves **2.** a carved figure or design

**carving knife** a large knife for carving meat

**carwash** (kär′wosh′) *n.* a facility for washing and polishing motor cars

CARYATID

**caryatid** (kar′ē at′id) *n., pl.* **-ids, -ides′** (-ə dēz′) [< L. < Gr.] a supporting column that has the form of a draped female figure

**Casanova** (kas′ə nō′və) *n.* [< Giovanni *Casanova*] a libertine

**casbah** (kaz′bä) *n.* [Fr. < Ar.] the old, crowded quarter of a N African city, esp. [**C-**] of Algiers

**cascade** (kas kād′) *n.* [< L. *cadere,* fall] a small, steep waterfall, esp. one of a series —*vt., vi.* **-cad′ed, -cad′ing** to fall or drop in a cascade

**cascara** (kas kär′ə) *n.* [Sp. *cáscara,* bark] **1.** a small buckthorn of the U.S. **2.** a laxative made from its bark

**case**[1] (kās) *n.* [< L. *casus,* accident, pp. of *cadere,* fall] **1.** an example or instance **2.** a person being helped by a doctor or social worker **3.** any matter undergoing study **4.** a statement of the facts, as in a law court **5.** convincing arguments [he has no *case*] **6.** a lawsuit **7.** [Colloq.] a peculiar person **8.** *Gram.* a) an inflected form taken by a noun, pronoun, or adjective to show syntactic relationship b) such relationship —*vt.* **cased, cas′ing** [Slang] to look over carefully, esp. for an intended robbery —**in any case** no matter what —**in case** **1.** in the event that **2.** as a precaution against some eventuality

**case**[2] *n.* [< L. *capsa,* box] **1.** a container, as a box, sheath, etc. **2.** a protective cover [a *watchcase*] **3.** a full box or its contents **4.** the hard cover of a book **5.** *Printing* a shallow tray in which type is kept —*vt.* **cased, cas′ing** **1.** to put in a container **2.** to enclose **3.** to bind (a book) in hard covers

**caseharden** *vt.* **1.** *Metallurgy* to form a hard, thin surface on (an iron alloy) **2.** to make callous

**case history** (or **study**) collected information about an individual or group, for use in sociological, medical, or psychiatric studies

**casein** (kā′sē in) *n.* [< L. *caseus,* cheese] a protein that is one of the chief constituents of milk and cheese

**case law** law based on previous judicial decisions

**caseload** *n.* the number of cases being handled by a court, probation officer, etc.

**casement** (kās′mənt) *n.* [< OFr. *encassement,* frame] a hinged window frame that opens outwards: a **casement window** often has two such frames, opening like French doors —**case′mented** *adj.*

**casework** *n.* social work in which the worker gives guidance on the basis of a study of individual and family background —**case′work′er** *n.*

**cash** (kash) *n.* [< Fr. *caisse,* money box] **1.** money that a person actually has; esp., ready money **2.** notes and coins **3.** money or a cheque paid at the time of purchase —*vt.* to obtain cash for —*adj.* of, for, or requiring cash [a *cash* sale] —**cash in** to turn into cash —**cash in on** to get profit or profitable use from

**cash-and-carry** *adj.* with cash payments and no deliveries

**cash crop** a crop grown for sale, rather than for subsistence

**cash discount** a discount allowed a purchaser paying within a specified period

**cashew** (kə shōō′) *n.* [< Fr. < Port. < Tupi] **1.** a tropical tree bearing edible, kidney-shaped nuts **2.** the nut: also **cashew nut**

**cash flow** the total amount of money that moves in and out of a business over a given period

**cashier**[1] (ka shēər′) *n.* [< Fr. *caissier*] a person in charge of cash transactions for a bank, shop, etc.

**cashier**[2] *vt.* [< LL. *cassare,* destroy] to dismiss, esp. with dishonour, from a position of command, trust, etc.

**cashmere** (kash′mēər) *n.* [< *Kashmir* in Asia] **1.** a fine wool from goats of

Kashmir **2.** a soft, twilled cloth of this or similar wool

**cash on delivery** payment in cash when a purchase or shipment is delivered

**cash register** a business machine, usually with a money drawer, that registers visibly the amount of each sale

**casing** (käs′iŋ) *n.* a protective covering

**casino** (kə sē′nō) *n.*, *pl.* **-nos** [It., < L. *casa*, hut] a room or building for dancing, or, esp., gambling

**cask** (käsk) *n.* [< Fr. < Sp. *casco*, helmet] **1.** a barrel, esp. one for liquids **2.** the contents of a full cask

**casket** (käs′kit) *n.* [prob. < OFr. *casse*, box] **1.** a small box or chest, as for valuables **2.** [Chiefly U.S.] a coffin

**casque** (kask) *n.* [Fr.] a helmet **—casqued** *adj.*

**Cassandra** (kə san′drə) *n.* [< *Cassandra*, daughter of Priam] a person whose warnings of misfortune are disregarded

**cassava** (kə sä′və) *n.* [< Fr. < WInd.] **1.** a tropical plant with edible starchy roots **2.** a starch taken from the root, used to make bread and tapioca

**casserole** (kas′ə rōl′) *n.* [Fr., < Gr. *kyathos*, bowl] **1.** a baking dish of earthenware or heat resistant glass, often with a cover **2.** the food cooked in such a dish **—*vt.*** to cook in a casserole

**cassette** (ka set′) *n.* [Fr., dim. < *casse*, case] **1.** a case with magnetic tape, for use in a tape recorder **2.** a case with roll film in it, for loading a camera quickly

**cassia** (ka′sē ə) *n.* [< Heb. *qeṣī'āh*] **1.** the bark of a tree native to Asia: used as an alternative source of cinnamon **2.** any of a genus of herbs, shrubs, etc. of the legume family: the pods of some have a laxative pulp; from others senna is extracted

**cassimere** (kas′ə mēər′) *n.* [var. of CASHMERE] a woollen cloth, twilled or plain, used for men's suits

**cassino** (kə sē′nō) *n.* [see CASINO] a simple card game

**Cassiopeia** (kas′ē ō pē′ə) [< *Cassiopeia*, mother of Andromeda] a N constellation near Andromeda

**cassock** (kas′ək) *n.* [< Fr. < It.] a long, closefitting vestment, usually black, worn by clergymen, choristers, etc.

**cassowary** (kas′ə wər ē) *n.*, *pl.* **-waries** [Malay *kasuārī*] any of a genus of large, flightless birds of Australia and New Guinea

**cast** (käst) ***vt.*** **cast, cast′ing** [< ON. *kasta*, throw] **1.** to throw with force; hurl **2.** to deposit (a ballot or vote) **3.** *a*) to direct [to *cast* one's eyes] *b*) to give forth [to *cast* light] **4.** to drop (a net, anchor, etc.) at the end of a rope **5.** to throw out (a fly, etc.) at the end of a fishing line **6.** to draw (lots) or shake (dice) out of a container **7.** to shed [the snake *casts* its skin] **8.** to throw **9.** to calculate (a horoscope) **10.** to formulate **11.** *a*) to form (molten metal, etc.) by pouring into a mould *b*) to make by such a method **12.** *a*) to choose actors for (a play or film) *b*) to select (an actor) for (a role) **—*vi.*** **1.** to throw dice **2.** to throw out a fly, etc. on a fishing line **—*n.*** **1.** a casting; throw; specif., *a*) a throw of dice *b*) a throw of a fishing line **2.** something formed in a mould as a statue; also, the mould **3.** a plaster form to immobilize a broken arm, leg, etc. **4.** the set of actors in a play or film **5.** *a*) an appearance, as of features *b*) kind; quality *c*) a tinge; shade [a reddish *cast*] **6.** a slight squint **7.** *a*) a pellet ejected from the crop of a bird of prey *b*) *same as* WORMCAST **—cast about** **1.** to search (*for*) **2.** to devise (means for doing something) **—cast down** **1.** to turn downwards **2.** to sadden; discourage **—cast off** **1.** to discard; disown **2.** to set free **3.** to free a ship from a dock, quay, etc. **4.** *Knitting* to make the last row of stitches **—cast on** *Knitting* to make the first row of stitches **—cast out** to expel **—cast up** **1.** to throw up **2.** to turn upwards **3.** to total

**castanets** (kas′tə nets′) ***n.pl.*** [< Sp. < L. *castanea*, chestnut] a pair of small, hollowed pieces of hard wood, ivory, etc. held in the hand and clicked together in time to music, esp. in Spanish dances

**castaway** (käs′tə wā′) *n.* **1.** an outcast **2.** a shipwrecked person **—*adj.*** **1.** discarded **2.** cast adrift, as by shipwreck

**caste** (käst) *n.* [< L. *castus*, pure] **1.** any of the distinct, hereditary Hindu social classes, each by tradition excluded from social dealings with the others **2.** any exclusive social group **3.** rigid class distinction based on birth, wealth, etc. **—lose caste** to lose social status

**castellated** (kas′tə lāt′id) ***adj.*** [< L. *castellum*, castle] **1.** built with turrets and battlements, like a castle **2.** crenellated **—cas′tella′tion** *n.*

**caster** (käs′tər) *n.* **1.** a small bottle or container with a perforated top for serving sugar, salt, etc. at the table **2.** a wheel or freely rolling ball set in a frame and attached to each leg of a piece of furniture so that it can be moved easily

**castigate** (kas′tə gāt′) ***vt.*** **-gat′ed, -gat′ing** [< L. *castigare*, purify < *castus*, pure] to punish or rebuke severely **—cas′tiga′tion** *n.* **—cas′tiga′tor** *n.*

**casting** (käs′tiŋ) *n.* anything, esp. of metal, that has been cast in a mould

**casting vote** the deciding vote cast by a chairman in the event of a deadlock in a committee, board meeting, etc.

**cast-iron** ***adj.*** **1.** made of cast iron **2.** very hard, strong, etc. **3.** impregnable [a *cast-iron* alibi]

**cast iron** a hard, unmalleable alloy of iron made by casting: it has a high proportion of carbon

**castle** (käs′l) *n.* [< L. *castellum*, dim. of *castrum*, fort] **1.** a large building fortified with thick walls, turrets, and often a moat **2.** *Chess same as* ROOK[2] **—*vi.*** **-tled, -tling** *Chess* to move (a king) two squares to either side and place the castle on the square passed over by the king

**castle in the air** an imaginary scheme

unlikely to be realized; daydream: also **castle in Spain**

**castoff** (käst′of) *adj.* thrown away; discarded —*n.* a person or thing cast off

**castor**[1] (käs′tər) *n.* [< Gr. *kastōr,* beaver] **1.** an oily substance obtained from the beaver, used in perfumery: also **castoreum** (kas′tôr′ē əm) **2.** a hat of beaver fur

**castor**[2] *n. same as* CASTER

**castor-oil plant** a tropical plant with large, beanlike seeds **(castor beans)** from which oil is extracted

**castrate** (kas trāt′) *vt.* **-trat′ed, -trat′ing** [< L. *castrare*] **1.** to remove the testicles of; geld **2.** to deprive of real vigour; emasculate —**castra′tion** *n.*

**cast steel** steel formed by casting, not by rolling or forging —**cast′-steel′** *adj.*

**casual** (kazh′yoo wəl) *adj.* [< L. *casus,* chance] **1.** happening by chance; not planned **2.** occasional [*a casual* worker] **3.** slight [*a casual* acquaintance] **4.** careless or nonchalant **5.** informal or for informal use —*n.* **1.** a casual worker **2.** [*pl.*] shoes, clothes, etc. for informal occasions —**cas′ually** *adv.* —**cas′ualness** *n.*

**casualty** (kazh′yoo wəl tē) *n., pl.* **-ties** [see prec.] **1.** a member of the armed forces killed, wounded, captured, etc. **2.** anyone hurt or killed in an accident **3.** the hospital department treating people injured in accidents **4.** anything destroyed, or made useless by some unforeseen happening

**casuarina** (kaz′yoo wə rē′nə) *n.* [< Malay *kasuārī,* cassowary: from the similarity of the branches to the bird's feathers] any of several Australian trees with jointed, green branchlets

**casuistry** (kaz′yoo̅ wis trē) *n., pl.* **-ries** [< L. *casus,* chance] subtle but misleading or false reasoning, esp. about moral issues; sophistry —**cas′uist** *n.*

**cat** (kat) *n.* [OE.] **1.** any of a family of flesh-eating, predacious mammals, including the lion, tiger, etc.; specif., a small, lithe, soft-furred animal of this family, often kept as a pet **2.** [Derog. Colloq.] a woman who makes spiteful remarks **3.** *same as* CAT-O'-NINE-TAILS **4.** [C-] *same as* CATERPILLAR (tractor) **5.** [Slang] *a*) a jazz enthusiast *b*) any person —**let the cat out of the bag** to let a secret be found out —**like a cat on hot bricks** excessively nervous —**set the cat among the pigeons** to stir up trouble —**the cat's pyjamas** (or **whiskers**) [Colloq.] the very best —**cat′like** *adj.*

**cat.** catalogue

**catabolism** (kə tab′ə liz′m) *n.* [< Gr. *kata-,* down + *bolē,* a throw] the process in a plant or animal by which living tissue is changed into waste products of a simpler composition —**catabolic** (kat′ə bol′ik) *adj.*

**catabolize** *vi., vt.* **-lized′, -liz′ing** to change by catabolism

**cataclysm** (kat′ə kliz′m) *n.* [< Gr. *kata-,* down + *klyzein,* wash] **1.** a sudden, violent change, as an earthquake, war, etc. **2.** a great flood —**cat′aclys′mic** (-kliz′mik) *adj.*

**catacomb** (kat′ə koo̅m′) *n.* [< L. < *cata,* by + *tumba,* tomb] a gallery in an underground burial place

**catafalque** (kat′ə falk′) *n.* [< L. *cata,* by + *fala,* scaffold] a wooden framework, usually draped, on which the body in a coffin awaiting burial lies in state

**Catalan** (kat′ə lən) *adj.* of Catalonia —*n.* **1.** a native of Catalonia **2.** the Romance language of Catalonia, akin to Provençal

**catalepsy** (kat′ə lep′sē) *n.* [< Gr. *kata,* down + *lambanein,* seize] a condition in which consciousness and feeling are suddenly and temporarily lost, and the muscles become rigid —**cat′alep′tic** *adj., n.*

**catalogue** (kat′ə log′) *n.* [< Gr. < *kata,* down + *legein,* collect] a complete list; esp., *a*) an alphabetical card index, as of the books in a library *b*) a list of things exhibited, articles for sale, etc., usually with comments and illustrations —*vt., vi.* **1.** to enter in a catalogue **2.** to make a catalogue of —**cat′alogu′er** *n.*

**catalpa** (kə tal′pə) *n.* [< AmInd. *kutuhlpa*] a tree with trumpet-shaped flowers, and slender pods

**catalyse** (kat′ə līz′) *vt.* **-lysed′, -lys′ing** to change or bring about as a catalyst —**cat′alys′er** *n.*

**catalysis** (kə tal′ə sis) *n., pl.* **-ses′** (-sēz′) [Gr. *katalysis,* dissolution] the speeding up of a chemical reaction by the addition of some substance which itself undergoes no change thereby

**catalyst** (kat′ə list) *n.* **1.** any substance serving as the agent in catalysis **2.** a person or thing that is a stimulus —**cat′alyt′ic** *adj., n.* —**cat′alyt′ically** *adv.*

**catamaran** (kat′ə mə ran′) *n.* [< Tamil] **1.** a boat with two parallel hulls **2.** a narrow log raft or float propelled by sails or paddles

**cataplexy** (kat′ə pleks′ē) *n.* [< Gr. *kata-,* down + *plessein,* strike] a state of immovability, esp. of animals feigning death

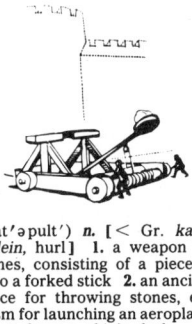

CATAPULT

**catapult** (kat′ə pult′) *n.* [< Gr. *kata-,* down + *pallein,* hurl] **1.** a weapon for shooting stones, consisting of a piece of elastic fixed to a forked stick **2.** an ancient military device for throwing stones, etc. **3.** a mechanism for launching an aeroplane, rocket, etc., as from a ship's deck —*vt.* to shoot from or as from a catapult; hurl —*vi.* to be catapulted; leap

**cataract** (kat′ə rakt′) *n.* [< Gr. *katarrhaktēs,* waterfall] **1.** a large waterfall **2.** any rush of water **3.** *a*) an eye disease in which the lens becomes opaque, causing partial or total blindness *b*) the opaque area

**catarrh** (kə tär′) ***n.*** [< Gr. < *kata-*, down + *rhein,* flow] inflammation of a mucous membrane, esp. of the nose or throat —**catarrh′al, catarrh′ous** ***adj.***

**catastrophe** (kə tas′trə fē) ***n.*** [< Gr. *kata-*, down + *strephein,* turn] **1.** any great and sudden disaster **2.** the culminating event of a drama by which the plot is resolved **3.** a disastrous end **4.** a fiasco —**catastrophic** (kat′ə strof′ik) ***adj.*** —**cat′astroph′ically** ***adv.***

**catatonia** (kat′ə tō′nē ə) ***n.*** [< Gr. *kata-*, down + *tonos,* tension] a syndrome of schizophrenia, marked by stupor alternating with phases of excitement —**cat′aton′ic** ***adj.***

**cat brier** a thorny climbing plant with black berries

**cat burglar** a burglar who climbs up to upper windows, roofs, etc. to enter

**catcall** ***n.*** a shrill shout or whistle expressing derision or disapproval —***vt., vi.*** to make catcalls (at)

**catch** (kach) ***vt.*** **caught, catch′ing** [< L. *capere,* take] **1.** to seize and hold; capture **2.** to take by or as by a trap **3.** to deceive **4.** to surprise in the act [to be *caught* stealing] **5.** to hit [the blow *caught* him in the eye] **6.** to get to in time [to *catch* a train] **7.** to lay hold of [to *catch* a ball] **8.** to get by chance or quickly [to *catch* a glimpse] **9.** to become infected with **10.** to understand **11.** to captivate; attract **12.** to cause to be entangled [to *catch* one's heel in a rug] **13.** [Colloq.] to hear **14.** *Cricket* to dismiss (a batsman) by catching the ball before it touches the ground —***vi.*** **1.** to become held, fastened, or entangled **2.** to start burning **3.** to take and keep hold, as a lock —***n.*** **1.** the act of catching **2.** a thing that catches or holds **3.** the person or thing caught **4.** the amount caught **5.** a person worth catching, esp. as a husband or wife **6.** a snatch or bit [*catches* of old tunes] **7.** an emotional break in the voice **8.** [Colloq.] a hidden qualification or difficulty **9.** *Cricket* the dismissal of a batsman by a fielder catching the ball before it touches the ground **10.** *Music* a round for three or more voices —***adj.*** **1.** designed to trick [a *catch* question] **2.** attracting attention —**catch as catch can** with any hold, approach, etc.: orig. said of a style of wrestling —**catch it** [Colloq.] to receive a punishment —**catch me!** [Colloq.] you won't find me (doing that) —**catch on** **1.** to understand **2.** to become fashionable, popular, etc. —**catch out** **1.** to discover (someone) in the act of committing a crime, making an error, etc. **2.** *Cricket* to dismiss (a batsman) by making a catch —**catch up** **1.** to take up **2.** to become even, as by hurrying —**catch up on** to engage in more (work, sleep, etc.) so as to compensate for earlier neglect —**catch′er** ***n.***

**catching** ***adj.*** **1.** infectious **2.** catchy

**catchment** ***n.*** **1.** the catching or collecting of water, esp. rainfall **2.** the water thus caught **3.** all those served by a school, hospital, etc. in a particular catchment area

**catchment area** **1.** the area draining into a river, reservoir, etc. **2.** the area served by a school, hospital, etc.

**catchpenny** ***adj.*** cheap and flashy; worthless

**catch phrase** a phrase that catches or is meant to catch popular attention by repetition

**catchword** ***n.*** **1.** a word or phrase repeated so often that it becomes a slogan **2.** a word placed to catch attention

**catchy** ***adj.*** **-ier, -iest** **1.** catching attention **2.** easily remembered [a *catchy* tune] **3.** meant to trick

**catechism** (kat′ə kiz′m) ***n.*** [< Gr. *kata-*, thoroughly + *ēchein,* sound] **1.** a handbook of questions and answers for teaching the principles of a religion **2.** a close questioning —**cat′echis′mal** ***adj.*** —**cat′echis′tic, cat′echis′tical** ***adj.***

**catechist** ***n.*** a person who catechizes

**catechize** ***vt.*** **-chized′, -chiz′ing** [see CATECHISM] **1.** to teach (esp. religion) by the use of questions and answers **2.** to question searchingly Also sp. **cat′echise′**

**catechu** (kat′ə chōō′) ***n.*** [Malay *kachu*] a substance obtained from several Asiatic trees: used in dyeing, etc.

**categorical** (kat′ə gôr′i k'l) ***adj.*** unconditional; absolute; positive Also **cat′egor′ic** —**cat′egor′ically** ***adv.***

**categorize** (kat′ə gə rīz′) ***vt.*** **-rized′, -riz′ing** to place in a category —**cat′egoriza′tion** ***n.***

**category** (kat′ə gôr ē) ***n., pl.*** **-ries** [< Gr. *katēgorein,* accuse] a class or division in a scheme of classification

**catena** (kə tē′nə) ***n., pl.*** **-nae** (-nē) [L., chain] a linked or connected series, as of excerpted writings, esp. comments on scripture by the Fathers of the Churches

**cater** (kā′tər) ***vi.*** [ult. < L. *capere,* take] **1.** to provide food; act as a caterer **2.** to take pains to gratify another's needs or desires (with *to* or *for*)

**caterer** ***n.*** one who caters; esp., one whose business is providing food and service for parties, etc.

**caterpillar** (kat′ər pil′ər) ***n.*** [< L. *catta pilosa,* hairy cat] the wormlike larva of a butterfly or moth —[**C-**] *Trademark* a tractor with an endless roller belt over cogged wheels, to move over rough ground

**caterwaul** (kat′ər wôl′) ***vi.*** [prob. echoic] to make a shrill, howling sound like a cat —***n.*** such a sound

**catfish** (kat′fish′) ***n.*** a scaleless fish with long barbels about the mouth

**catgut** ***n.*** [CAT + GUT: reason for *cat* uncertain] a tough string or thread made from the dried intestines of sheep, etc. and used for musical instruments, etc.

**Cath.** **1.** Catholic **2.** [*also* **c-**] cathedral

**catharsis** (kə thär′sis) ***n.*** [< Gr. *katharos,* pure] **1.** purgation, esp. of the bowels

**2.** the relieving of the emotions, esp. by art or psychiatry

**cathartic** *adj.* of or effecting catharsis; purging: also **cathar'tical** —*n.* a medicine to stimulate evacuation of the bowels

**Cathay** (ka thā') *poet. or archaic name of* China

**cathedra** (kə thē'drə) *n.* [< Gr. *kathedra,* seat] **1.** the bishop's throne in a cathedral **2.** the episcopal see

**cathedral** (kə thē'drəl) *n.* the main church of a bishop's see, containing the cathedra —*adj.* of, like, or containing a cathedral

**Catherine wheel** (kath'ə rin) [< martyrdom of St. *Catherine* of Alexandria] [*also* **c- w-**] a firework in the shape of a wheel, that spins and throws out coloured lights

**catheter** (kath'ə tər) *n.* [< Gr. *kata-,* down + *hienai,* send] a slender tube inserted into a body passage, esp. for draining urine from the bladder —**cath'eterize'** *vt.*

**cathode** (kath'ōd) *n.* [< Gr. *kata-,* down + *hodos,* way] **1.** in an electrolytic cell, the negative electrode, from which current flows: opposed to ANODE **2.** in a vacuum tube, the electron emitter **3.** the positive terminal of a battery —**cathodic** (ka thod'ik) *adj.*

**cathode rays** a stream of electrons projected from the surface of a cathode

**cathode-ray tube** a vacuum tube in which the electrons can be focused on a fluorescent screen, producing a visible pattern on the exterior face

**catholic** (kath'ə lik) *adj.* [< Gr. *kata-,* completely + *holos,* whole] **1.** all inclusive; universal **2.** broad in sympathies, tastes, etc.; liberal **3.** [*often* **C-**] of the universal Christian church **4.** [**C-**] Roman Catholic —*n.* **1.** [*often* **C-**] a member of the universal Christian church **2.** [**C-**] a Roman Catholic —**catholically** (kə thol'ik'lē) *adv.*

**Catholicism** (kə thol'ə siz'm) *n.* the doctrine, faith, practice, and organization of the Roman Catholic Church

**catholicity** (kath'ə lis'ə tē) *n.* **1.** broadness of taste, sympathy, etc.; liberality, as of ideas **2.** universality

**cation** (kat'ī'ən) *n.* [ < Gr. *kata,* down + *ienai,* go] a positive ion: in electrolysis, cations move towards the cathode —**cationic** (kat'ī on'ik) *adj.*

**catkin** (kat'kin) *n.* [< Du. dim. of *katte,* cat] a drooping, scaly spike of unisexual flowers without petals, as on willows, hazels, etc.

**catmint** (kat'mint') *n.* an aromatic plant with blue flowers, attractive to cats; also **cat'nip'**

**catnap** (kat'nap') *n.* a short, light sleep; doze —*vi.* **-napped', -nap'ping** to take a catnap

**cat-o'-nine-tails** (kat'ə nīn'tālz') *n.* a whip made of nine knotted cords attached to a handle

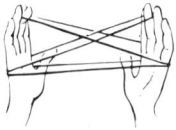

CAT'S CRADLE

**cat's cradle** a child's game in which a string looped over the fingers is transferred back and forth on the hands of the players to form designs

**cat's-eye** *n.* **1.** a glass marker stud set in a road so as to reflect light from headlights **2.** a gem that reflects light in a way suggestive of a cat's eye

**cat's-paw** *n.* **1.** a person used by another to do distasteful or unlawful work; dupe **2.** a light breeze rippling the surface of water

**cattle** (kat'l) *n.* [< ML. *captale,* property < L. *caput,* head] **1.** [Archaic] farm animals **2.** cows, bulls, or oxen

**cattle-cake** *n.* a concentrated, high-protein food for cattle, pressed into cakes

**cattle-grid** *n.* a device to prevent cattle, etc. from straying, consisting of a shallow pit crossed by parallel bars

**catty** *adj.* **cat'tier, cat'tiest** **1.** spiteful, malicious, etc. **2.** of or like a cat —**cat'tily** *adv.* —**cat'tiness** *n.*

**catwalk** *n.* a high, narrow walk, as along the edge of a bridge or over an engine room

**Caucasian** (kô kā'zē ən) *adj.* **1.** of the Caucasus **2.** *same as* CAUCASOID —*n.* **1.** a native of the Caucasus **2.** *same as* CAUCASOID

**Caucasoid** (kôk'ə soid') *adj.* designating or of one of the major groups of mankind that includes the native peoples of Europe, North Africa, India, etc.: loosely called the *white race* —*n.* a member of the Caucasoid group

**caucus** (kôk'əs) *n.* [< ?] **1.** a private meeting of a political party to decide on policy, esp. prior to an open meeting **2.** [Often Derog.] a local faction of a political party

**caudal** (kôd'l) *adj.* [< L. *cauda,* tail] **1.** of or like a tail **2.** at or near the tail —**cau'dally** *adv.* —**cau'date** *adj.*

**caudle** (kôd'l) *n.* [< L. *cal(i)dus,* warm] a warm drink for invalids; esp., a spiced gruel with wine added

**caught** (kôt) *pt. & pp. of* CATCH

**caul** (kôl) *n.* [OE. *cawl,* net] a membrane sometimes enveloping the head of a child at birth

**cauldron** (kôl'drən) *n.* [< L. *calidus,* warm] a large pot used for boiling, usually with a hooped handle

**cauliflower** (kol'ə flou'ər) *n.* [< It. < L. *caulis,* cabbage] a variety of cabbage with a compact white head of fleshy flower stalks, eaten as a vegetable

**cauliflower ear** an ear permanently deformed by injuries from repeated blows, as in boxing

**caulk** (kôk) *vt.* [< L. *calcare,* tread] **1.** to make (a boat, etc.) watertight by filling the seams or cracks with oakum, tar, etc. **2.** to stop up (cracks of window frames, etc.) with a filler **—caulk'er** ***n.***

**causal** (kôz'l) ***adj.*** **1.** of, like, or being a cause **2.** relating to cause and effect **—caus'ally** ***adv.***

**causality** (kô zal'ə tē) ***n., pl.*** **-ties** **1.** causal quality or agency **2.** the interrelation or principle of cause and effect

**causation** (kô zā'shən) ***n.*** **1.** the act of causing **2.** causality

**causative** (kôz'ə tiv) ***adj.*** **1.** producing an effect; causing **2.** expressing causation, as the verb *fell* (to cause to fall) **—*n.*** a causative word **—caus'atively** ***adv.***

**cause** (kôz) ***n.*** [< L. *causa*] **1.** anything producing an effect or result **2.** a reason, motive, or ground; esp., sufficient reason *[cause* for complaint*]* **3.** any movement that a person or group is interested in and supports **4.** an action or question to be resolved by a court of law **—*vt.*** **caused, caus'ing** to bring about; effect **—make common cause with** to join forces with **—caus'able** ***adj.*** **—cause'less** ***adj.***

**‡cause célèbre** (kôz'sə leb'rə) [Fr.] a celebrated trial

**causerie** (kō'zə rē) ***n.*** [Fr.] **1.** an informal talk; chat **2.** a short, conversational piece of writing

**causeway** (kôz'wā') ***n.*** [< L. *calx,* limestone + way] **1.** a raised path, as across a marsh **2.** a paved way or road

**caustic** (kôs'tik) ***adj.*** [< Gr. *kaiein,* to burn] **1.** that can burn or destroy tissue by chemical action **2.** cutting or sarcastic in utterance **—*n.*** any caustic substance **—caus'tically** ***adv.*** **—caustic'ity** (-tis'ə tē) ***n.***

**caustic soda** *same as* SODIUM HYDROXIDE

**cauterize** (kôt'ər īz') ***vt.*** **-ized', -iz'ing** [< Gr. *kaiein,* burn] to burn with a hot iron or with a caustic substance, so as to destroy dead tissue, etc. **—cau'teriza'tion** ***n.***

**caution** (kô'shən) ***n.*** [< L. *cautio* < same base as *cavere,* take heed] **1.** wariness **2.** a warning; admonition, esp. a warning given to a person suspected of an offence, that his words will be taken down and may be used in evidence **3.** [Colloq.] a person or thing provoking notice, surprise, etc. **—*vt.*** **1.** to warn; admonish **2.** to warn (a person arrested) that he need not speak, but that if he does so, his words may be taken down in writing

**cautious** ***adj.*** full of caution; wary **—cau'tionary** ***adj.*** **—cau'tiously** ***adv.*** **—cau'tiousness** ***n.***

**cavalcade** (kav''l kād') ***n.*** [Fr. < L. *caballus,* horse] **1.** a procession of horsemen, cars, etc. **2.** *a*) any procession *b*) a sequence of events, etc.

**cavalier** (kav'ə lēər') ***adj.*** [Fr. < L. *caballus,* horse] **1.** *a*) casual or indifferent towards matters of some importance *b*) haughty; supercilious *c*) free and easy **2.** [**C-**] of the Cavaliers **—*n.*** **1.** [**C-**] a partisan of Charles I in his struggles with Parliament (1641-49) **2.** a gallant gentleman **3.** a knight **—cav'alier'ly** ***adv., adj.*** **—cav'alier'ness** ***n.***

**cavalry** (kav'əl rē) ***n., pl.*** **-ries** [see CAVALIER] combat troops mounted originally on horses but now often on motorized armoured vehicles **—cav'alryman** ***n.***

**cave** (kāv) ***n.*** [< L. *cavus,* hollow] a hollow place inside the earth; cavern **—*vt., vi.*** **caved, cav'ing** to explore caves **—cave in** **1.** to collapse **2.** to make collapse **3.** [Colloq.] to give in; yield **—cav'er** ***n.***

**caveat** (kav'ē at') ***n.*** [L., let him beware] **1.** *Law* a notice filed with the proper officers directing them to stop an action **2.** a warning

**cave-in** (kāv'in') ***n.*** **1.** a caving in **2.** a place where the ground, a mine, etc. has caved in

**cave man** **1.** a prehistoric human being of the Stone Age who lived in caves: also **cave dweller** **2.** a man who is rough and crudely direct, esp. in his approach to women

**cavern** (kav'ərn) ***n.*** [< L. *cavus,* hollow] a large cave

**cavernous** ***adj.*** **1.** like a cavern; deep-set, hollow, etc. **2.** full of caverns **—cav'ernously** ***adv.***

**caviar, caviare** (kav'ē är') ***n.*** [Fr. < It. < Turk.] the salted eggs of sturgeon, salmon, etc. eaten as an appetizer

**cavil** (kav'əl) ***vi.*** **-illed, -illing** [< L. *cavilla,* a jest] to object when there is little reason; carp (*at* or *about*) **—*n.*** a trivial objection; quibble **—cav'iler** ***n.***

**cavity** (kav'ə tē) ***n., pl.*** **-ties** [< L. *cavus,* hollow] a hole or hollow place

**cavort** (kə vôrt') ***vi.*** [< ?] to caper; frolic

**cay** (kā) ***n.*** [Sp. *cayo*] a low island, coral reef, or sandbank off a mainland

**cayenne** (kā en') ***n.*** [< Tupi] a very hot red pepper made from the dried fruit of a pepper plant, esp. of the capsicum: also **cayenne pepper**

**cayman** (kā'mən) ***n., pl.*** **-mans** [Sp. < Carib] a reptile of Central and South America similar to the alligator

**Cb** *Chem.* columbium

**CBC** Canadian Broadcasting Corporation

**CBE** Commander of the British Empire

**CBI** Confederation of British Industry

**CC** **1.** County Council **2.** Cricket Club

**cc, c.c.** cubic centimetre(s)

**cc.** chapters

**C.C., c.c.** carbon copy

**C clef** *Music* a sign on a staff indicating that C is the note on the third line (*alto clef*) or on the fourth line (*tenor clef*)

**Cd** *Chem.* cadmium

**CD, C.D.** **1.** Civil Defence **2.** Corps Diplomatique

**cd** *Physics the symbol for* candela

**CDN** *international car registration for* Canada

**Cdn.** Canadian

**Cdr.** Commander

**C.D.T.** [U.S. & Canad.] Central Daylight Time

**Ce** *Chem.* cerium

**C.E.** **1.** Church of England **2.** Civil Engineer **3.** Common Era

**cease** (sēs) *vt., vi.* **ceased, ceas'ing** [< L. *cessare* < *cedere,* yield] to end; stop; discontinue —*n.* a ceasing: chiefly in **without cease**

**ceaseless** *adj.* unceasing; continual —**cease'lessly** *adv.*

**cedar** (sē'dər) *n.* [< Gr. *kedros*] **1.** any of certain coniferous trees of the pine family, having durable, fragrant wood, as the **cedar of Lebanon** **2.** the wood of any of these —*adj.* of cedar

**cede** (sēd) *vt.* **ced'ed, ced'ing** [< L. *cedere,* yield] **1.** to give up one's rights in; surrender **2.** to transfer the title or ownership of **3.** to admit or allow, as an argument

**cedilla** (si dil'ə) *n.* [< Fr. < Sp. < Gr. *zēta,* zeta] a hooklike mark placed under *c* in some French and Portuguese words (Ex.: *façade,ração*) to show the sound of *s* rather than *k*

**Ceefax** (sē'faks) *Trademark* the BBC teletext service

**ceilidh** (kā'lē) *n.* [Gael., visit] [Scot. & Ir.] a gathering, usually in a private house, to sing, tell stories, etc.

**ceiling** (sēl'iŋ) *n.* [< ? ] **1.** the inside top part of a room, opposite the floor **2.** an upper limit set on anything **3.** *Aeron.* the maximum height at which an aircraft can normally fly —**hit the ceiling** [Slang] to lose one's temper

**celandine** (sel'ən dīn') *n.* [< Gr. *chelidōn,* a swallow] **1.** a plant related to the poppy, with yellow flowers: also, **greater celandine** **2.** a plant of the buttercup family, with yellow flowers: also, **lesser celandine**

**celebrant** (sel'ə brənt) *n.* [see ff.] one who performs a religious rite, as the priest officiating at the Eucharist

**celebrate** (sel'ə brāt') *vt., vi.* **-brat'ed, -brat'ing** [< L. *celebrare,* to honour < *celeber,* populous] **1.** to observe (an anniversary, holiday, etc.) with ceremony or festivity **2.** to perform (a ritual, etc.) **3.** to honour publicly —**cel'ebra'tor** *n.* —**cel'ebra'tory** *adj.*

**celebrated** *adj.* famous; renowned

**celebration** (sel'ə brā'shən) *n.* **1.** that which is done to celebrate **2.** the act or an instance of celebrating

**celebrity** (sə leb'rə tē) *n.* **1.** wide recognition; fame **2.** *pl.* **-ties** a famous person

**celerity** (sə ler'ə tē) *n.* [< L. *celer,* swift] swiftness

**celeriac** (sə ler'ē ak') *n.* [altered < CELERY] an umbelliferous plant eaten as a vegetable

**celery** (sel'ər ē) *n.* [< Gr. *selinon,* parsley] a plant with long, crisp leafstalks eaten as a vegetable

**celestial** (sə les'tyəl) *adj.* [< L. *caelum,* heaven] **1.** of the sky **2.** *a*) of heaven; divine [*celestial* beings] *b*) highest; perfect [*celestial* bliss] —**celes'tially** *adv.*

**celestial equator** the great circle of the celestial sphere formed by projecting the plane of the earth's equator onto it

**celestial sphere** an imaginary sphere of infinite diameter containing the whole universe

**celibacy** (sel'ə bə sē) *n.* [see ff.] **1.** the state of being unmarried **2.** complete sexual abstinence

**celibate** (sel'ə bət) *adj.* [< L. *caelebs,* unmarried] of or in a state of celibacy —*n.* a celibate person

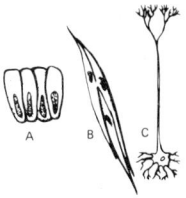


CELLS
(A, epithelial; B, smooth muscle; C, nerve)

**cell** (sel) *n.* [< L. *cella*] **1.** a small room or cubicle **2.** a very small cavity, as in a honeycomb **3.** any of the smallest organizational units of a movement **4.** *Biol.* a small unit of protoplasm, usually with a nucleus, cytoplasm, and an enclosing membrane **5.** *Elec.* a receptacle for generating electricity by chemical reactions or for decomposing compounds by electrolysis —**celled** *adj.*

**cellar** (sel'ər) *n.* [< L. *cella,* small room] **1.** a room or rooms below ground level and usually under a building, often used for storing fuel, wines, etc. **2.** a stock of wines kept in a cellar —*vt.* to store in a cellar

**cellarage** *n.* **1.** space in a cellar **2.** the fee for storage in a cellar

**cellaret** (sel'ə ret') *n.* [< CELLAR] a cabinet for wine

**cello** (chel'ō) *n., pl.* **-los** [< VIOLONCELLO] an instrument of the violin family, between the viola and double bass in size and pitch; violincello —**cel'list** *n.*

**cellophane** (sel'ə fān') *n.* [< CELLULOSE + Gr. *phainein,* appear] a thin, transparent material made from cellulose, used as moistureproof wrapping for foods, etc.

**cellular** (sel'yoo lər) *adj.* of, like, or containing a cell or cells —**cel'lular'ity** (-lar'ə tē) *n.*

**cellule** (sel'yōōl) *n.* a very small cell

**cellulite** (sel'yoo lit') *n.* [CELLUL(E) + permanent deposits of subcutaneous fat

**Celluloid** (sel'yoo loid') [< CELLULOSE] *Trademark* a flammable substance made from pyroxylin and camphor

**cellulose** (sel'yoo lōs') *n.* [Fr. < L. *cella,* cell] the chief substance composing the cell walls or fibres of all plant tissue —**cel'lulos'ic** *adj., n.*

**Celsius** (sel'sē əs) *adj.* [< A. *Celsius*] designating or of a thermometer on which 0° is the freezing point and 100° is the boiling point of water; centigrade: abbrev. **C**

**Celt** (kelt, selt) *n.* [< L. *Celta*] **1.** a person who speaks a Celtic language: the Bretons, Irish, Welsh, and Highland Scots are Celts **2.** an ancient Gaul or Briton

**Celtic** (kel'tik, sel'-) *adj.* of the Celts, their culture, etc. —*n.* an Indo-European subfamily of languages with a Goidelic branch (Irish Gaelic, Scottish Gaelic, Manx) and a Brythonic branch (Welsh, Breton, and Cornish)

**cement** (si ment') *n.* [< L. *caementum,* rough stone] **1.** a powdered substance made of burned lime and clay, mixed with water, etc. to make mortar or concrete: the mixture hardens when it dries **2.** any substance that fastens things together when it hardens, as glue **3.** a cementlike substance used in dentistry to fill cavities —*vt.* **1.** to unite as with cement **2.** to cover with cement —*vi.* to become cemented —**cementation** (sē'men tā'shən) *n.* —**cement'er** *n.* —**cement'like'** *adj.*

**cemetery** (sem'ə trē) *n., pl.* **-teries** [< Gr. *koimētērion* < *koiman,* put to sleep] a place for the burial of the dead, esp. one not attached to a church

**cenobite** (sē'nō bīt') *n.* *same as* COENOBITE

**cenotaph** (sen'ə tăf') *n.* [< Gr. *kenos,* empty + *taphos,* tomb] a monument honouring a dead person whose body is somewhere else

**Cenozoic** (sē'nə zō'ik) *adj.* *U.S. sp. of* CAINOZOIC

**censer** (sen'sər) *n.* [see INCENSE[1]] a container in which incense is burned

**censor** (sen'sər) *n.* [L. < *censere,* to assess] an official with the power to examine publications, films, etc. and to suppress anything considered obscene, objectionable, etc. —*vt.* to subject (a book, letter, etc.) to censorship —**censorial** (sen sôr'ē əl) *adj.*

**censorious** (sen sôr'ē əs) *adj.* [see prec.] harshly critical —**censo'riously** *adv.* —**censo'riousness** *n.*

**censorship** (sen'sər ship') *n.* **1.** the act or a system of censoring **2.** the work or position of a censor

**censure** (sen'shər) *n.* [see CENSOR] a condemning as wrong; strong disapproval —*vt.* **-sured, -suring** to condemn as wrong —**cen'surable** *adj.* —**cen'surably** *adv.* —**cen'surer** *n.*

**census** (sen'səs) *n.* [L.: see CENSOR] an official, usually periodic, count of population and recording of economic status, age, sex, etc.

**cent** (sent) *n.* [< L. *centum,* hundred] a 100th part of a dollar, rupee, etc., or a coin of this value

**cent.** **1.** centigrade **2.** centimetre **3.** central **4.** century

**centaur** (sen'tôr) *n.* [< Gr. *Kentauros*] *Gr. Myth.* any of a race of monsters with a man's head, trunk, and arms, and a horse's body and legs

**centenarian** (sen'tə nâər'ē ən) *adj.* **1.** of 100 years **2.** of a centenarian —*n.* a person at least 100 years old

**centenary** (sen tēn'ər ē) *adj.* [< L. *centum,* hundred] **1.** of a century **2.** of a centennial —*n., pl.* **-naries** **1.** a century **2.** *same as* CENTENNIAL

**centennial** (sen ten'ē əl) *adj.* [< L. *centum,* hundred + *annus,* year] **1.** of 100 years **2.** happening once in 100 years **3.** 100 years old **4.** of a 100th anniversary —*n.* a 100th anniversary or its celebration

**centesimal** (sen tes'ə məl) *adj.* [< L. *centum,* hundred] **1.** hundredth **2.** of or divided into hundredths

**centi-** (sen'tə) [L.] *a combining form meaning:* **1.** hundred or hundredfold **2.** a 100th part of

**centigrade** (sen'tə grād') *adj.* [< L. *centum,* hundred + *gradus,* degree] **1.** consisting of or divided into 100 degrees **2.** *same as* CELSIUS

**centigram, centigramme** *n.* [CENTI- & GRAM] a unit of weight, equal to 1/100 gram: abbrev. **cg**

**centilitre** *n.* [CENTI- & LITRE] a unit of capacity, equal to 1/100 litre: abbrev. **cl**

**centime** (son'tēm) *n.* [see CENTESIMAL] the 100th part of a franc, an Algerian dinar, etc.

**centimetre** (sen'tə mēt'ər) *n.* [CENTI- & METRE] a unit of measure, equal to 1/100 metre: abbrev. **cm**

**centimetre-gram-second** *adj.* of a system of measurement in which the centimetre, gram, and second are used as the units of length, mass, and time

**centipede** (sen'tə pēd') *n.* [< L. < *centum,* hundred + *pes,* foot] a many-segmented arthropod with a pair of legs to each segment

**CENTO** (sen'tō) Central Treaty Organization

**central** (sen'trəl) *adj.* [L. *centralis*] **1.** in, at, near, or forming the centre **2.** equally accessible from various points **3.** main; basic **4.** designating that part of the nervous system consisting of the brain and spinal cord (of a vertebrate) —**central'ity** (-tral'ə tē) *n.* —**cen'trally** *adv.*

**Central America** part of N America between Mexico and S America —**Central American**

**central bank** a national bank that controls credit, issues banknotes, and acts as the government's banker

**central heating** a form of heating for buildings in which a central heat source is linked to radiators or air ducts

**centralism** *n.* the principle or system of centralizing power or authority —**cen'tralist** *adj., n.*

**centralize** *vt.* **-ized', -iz'ing** **1.** to make central; gather together **2.** to organize under one control —*vi.* to become centralized —**cen'traliza'tion** *n.* —**cen'traliz'er** *n.*

**central reservation** the strip of land that separates the two sides of a motorway or dual carriageway

**centre** (sen'tər) *n.* [< Gr. *kentron,* sharp point] **1.** a point equally distant from all points on the circumference of a circle or surface of a sphere **2.** the point around which anything revolves; pivot **3.** a place at which an activity is carried on or to which people are attracted **4.** the approximate middle point of anything **5.** a group of nerve cells regulating a particular function **6.** in some sports, a player near the centre of the line **7.** [*often* **C-**] *Politics* a party between the left and right —***vt.*** **1.** to place in, at, or near the centre **2.** to draw or gather to one place **3.** to furnish with a centre —***vi.*** to be concentrated or focussed

**centreboard** ***n.*** a movable, keellike board lowered through a slot in the floor of a sailing boat to prevent drifting

**centrefold** ***n.*** the central facing pages of a magazine, devoted to graphic display

**centre-forward** ***n.*** the central position in the forward line of a football team, etc.

**centre-half** ***n.*** the central position in the half-back line of a football team, etc.

**centre of gravity** that point in a body or system around which its weight is evenly distributed or balanced

**centrepiece** ***n.*** **1.** an ornament for the centre of a table **2.** the most important item, as in a display

**centric** (sen′trik) ***adj.*** **1.** central **2.** having a centre **3.** of or originating from a nerve centre Also **cen′trical** —**cen′trically** ***adv.*** —**centric′ity** (-tris′ə tē) ***n.***

**-centric** *a combining form meaning:* **1.** having a centre (of a specified kind or number) **2.** having (a specified thing) as its centre

**centrifugal** (sen trif′yoo gəl) ***adj.*** [< CENTR(O)- + L. *fugere,* flee] **1.** moving or tending to move away from a centre **2.** using or acted on by centrifugal force —***n.*** a centrifuge —**centrif′ugally** ***adv.***

**centrifuge** (sen′trə fyōōj′) ***n.*** a machine using centrifugal force to separate particles of varying density

**centring** (sen′triŋ) ***n.*** a temporary frame to support an arch or vault during construction

**centripetal** (sen trip′ət′l) ***adj.*** [< CENTR(O)- + L. *petere,* seek] **1.** moving or tending to move towards a centre **2.** using or acted on by centripetal force —**centrip′etally** ***adv.***

**centrist** (sen′trist) ***n.*** a member of a political party of the centre

**centro-** [< L.] *a combining form meaning* centre

**centuple** (sen′tyoop′l) ***adj.*** [< L. *centum,* hundred + *plicare,* fold] hundredfold —***vt.*** **-pled, -pling** to multiply by a hundred

**centurion** (sen tyoor′ē ən) ***n.*** [see ff.] the commanding officer of a Roman century

**century** (sen′chər ē) ***n., pl.*** **-ries** [< L. *centum,* hundred] **1.** any period of 100 years, esp. reckoned from the beginning of the Christian Era **2.** *Sports* a score of 100, esp. 100 runs in cricket **3.** in ancient Rome, a military unit, originally made up of 100 men

**cephalic** (kə fal′ik) ***adj.*** [< Gr. *kephalē,* head] of or in the head —**cephal′ically** ***adv.***

**cephalopod** (sef′ə lō pod′) ***n.*** [prec. + -POD] any of a class of molluscs having a distinct head with a beak, and muscular tentacles about the mouth, as the octopus

**ceramic** (sə ram′ik) ***adj.*** [< Gr. *keramos,* clay] **1.** of pottery, tile, porcelain, etc. **2.** of ceramics —***n.*** **1.** [*pl., with sing. v.*] the art or work of making objects of baked clay **2.** such an object —**ceramist** (ser′ə mist), **ceram′icist** ***n.***

**cere** (sēər) ***n.*** [< Gr. *kēros,* wax] a waxy, fleshy area at the base of the beak of some birds, as the parrot

**cereal** (sēər′ē əl) ***adj.*** [< L. *Cerealis,* of Ceres] of grain —***n.*** **1.** any grain used for food, as wheat, oats, etc. **2.** food made from grain, esp. breakfast food

**cerebellum** (ser′ə bel′əm) ***n.*** [L., dim. of *cerebrum,* brain] the section of the brain behind and below the cerebrum: it is the coordinating centre for muscular movement

**cerebral** (ser′ə brəl) ***adj.*** of the brain

**cerebral palsy** a disorder of the central nervous system, characterized by spastic paralysis

**cerebrate** (ser′ə brāt′) ***vi.*** **-brat′ed, -brat′ing** [see CEREBELLUM] to use one's brain; think —**cer′ebra′tion** ***n.***

**cerebrospinal** (ser′ə brō spī′n′l) ***adj.*** of or affecting the brain and the spinal cord

**cerebrum** (ser′ə brəm) ***n.*** [L.: see CEREBELLUM] the upper, main part of the brain of vertebrate animals

**cerecloth** (sēər′kloth′) ***n.*** cloth treated with wax, formerly used to wrap a dead person for burial

**ceremonial** (ser′ə mō′nē əl) ***adj.*** of, for, or consisting of ceremony; formal —***n.*** **1.** an established system of rites connected with an occasion **2.** a rite or ceremony —**cer′emo′nialism** ***n.*** —**cer′emo′nialist** ***n.*** —**cer′emo′nially** ***adv.***

**ceremonious** ***adj.*** **1.** full of ceremony **2.** very polite or formal —**cer′emo′niously** ***adv.*** —**cer′emo′niousness** ***n.***

**ceremony** (ser′ə mə nē) ***n., pl.*** **-nies** [L. *caerimonia*] **1.** a set of formal acts established as proper to a special occasion, such as a wedding **2.** behaviour that follows rigid etiquette **3.** formality **4.** meaningless formality —**stand on ceremony** to behave with formality

**cerise** (sə rēz′) ***n., adj.*** [Fr., cherry] cherry red

**cerium** (sēər′ē əm) ***n.*** [< asteroid *Ceres*] a grey, metallic chemical element: symbol, Ce

**CERN** [*C(onseil) E(uropéen pour la) R(echerche) N(ucléaire)*] a co-operative European nuclear research organization centred in Geneva, Switzerland

**cert** (sʉrt) ***n.*** [Slang] certainty —**a dead cert** something certain to happen, succeed, etc.

**cert.** **1.** certificate **2.** certified

**certain** (sʉrt′′n) ***adj.*** [< L. *certus,* determined] **1.** fixed or determined **2.** inevitable **3.** not to be doubted **4.** reliable [*a certain* cure] **5.** unerring [*his certain* aim] **6.** convinced; positive **7.** not named, though definite [*a certain* person] **8.** some *[*to a *certain* extent*]* —**for certain** without doubt

**certainly** *adv.* beyond a doubt; surely

**certainty** *n.* **1.** the quality, state, or fact of being certain **2.** *pl.* **-ties** anything certain; definite fact

**certes** (sur′tēz) ***adv.*** [< L. *certus,* certain] [Archaic] certainly; verily

**certificate** (sur tif′ə kət; *for v.* -kāt′) ***n.*** [see CERTIFY] a written statement testifying to a fact, qualification, ownership, etc. —***vt.*** **-cat′ed, -cat′ing** to attest by a certificate; issue a certificate to —**certif′i-ca′tor** ***n.***

**Certificate of Secondary Education** an examination taken in secondary schools, and of a lower standard than the GENERAL CERTIFICATE OF EDUCATION

**certification** (sur′tə fi kā′shən) ***n.*** **1.** a certifying or being certified **2.** a certified statement

**certified** (sur′tə fīd′) ***adj.*** **1.** guaranteed **2.** attested to by a certificate **3.** formerly, officially declared insane

**certified cheque** a cheque certified by a bank as genuine, on which it guarantees payment

**certify** (sur′tə fī′) ***vt.*** **-fied′, -fy′ing** [< L. *certus,* certain + *facere,* make] **1.** to declare (a thing) true, certain, etc. by formal statement **2.** to guarantee **3.** formerly, to declare officially insane —***vi.*** to testify (*to*) —**cer′tifi′able** ***adj.*** —**cer′ti-fi′ably** ***adv.***

**certitude** (sur′tə tyōōd′) ***n.*** [< LL. *certitudo*] **1.** a feeling absolutely sure **2.** inevitability

**cerulean** (sə rōō′lē ən) ***adj.*** [< L. *caeruleus*] sky-blue; azure

**cervine** (sur′vīn) ***adj.*** [< L. *cervus,* deer] of or like a deer

**cervix** (sur′viks) ***n., pl.*** **-vices′** (-və sēz′) **-vixes** [L., neck] **1.** the neck **2.** a necklike part, esp. of the uterus —**cer′vical** ***adj.***

**cesium** (sē′zē əm) *U.S. spelling of* CAESIUM

**cess** (ses) ***n.*** [prob. < ASSESS] [Archaic] a tax

**cessation** (se sā′shən) ***n.*** [< L. *cessare,* cease] a ceasing, either final or temporary; stop

**cession** (sesh′ən) ***n.*** [< L. *cedere,* to yield] a ceding or giving up (of rights, territory, etc.) to another

**cesspit** (ses′pit′) ***n.*** *same as* CESSPOOL

**cesspool** (ses′pōōl′) ***n.*** [< ? ] a tank or deep hole in the ground to receive drainage or sewage from the sinks, toilets, etc. of a house

**cestus** (ses′təs) ***n.*** [< L. *caedere,* strike] a device of leather straps, sometimes weighted with metal, worn on the hand by boxers in ancient Rome

**cesura** (si zyōōr′ə) ***n.*** *same as* CAESURA

**cetacean** (si tā′shən) ***n.*** [< Gr. *kētos,* whale] any of an order of water mammals, including whales, porpoises, and dolphins —***adj.*** of the cetaceans

**cetane** (sē′tān′) ***n.*** [< L. *cetus,* whale] a saturated hydrocarbon of the methane family, found as a colourless oil in petroleum

**cetane number** a number representing the ignition properties of diesel engine fuel oils

**CF** **1.** Canadian Forces **2.** cost and freight

**Cf** *Chem.* californium

**cf.** [L. *confer*] compare

**c/f** carried forward

**CFB** Canadian Forces Base

**CFL** Canadian Football League

**cg** centigram(me)(s)

**cgs, c.g.s., C.G.S.** centimetre-gram-second

**Ch.** **1.** Chaldean **2.** China **3.** Chinese

**Ch., ch.** **1.** chapter **2.** church

**cha** (chä) ***n.*** [< Hindi *cā* < Chin. *ch'a*] [Slang] tea

**cha-cha** (chä′chä) ***n.*** [echoic] a ballroom dance of Latin American origin Also **cha′-cha′-cha′**

**chafe** (chāf) ***vt.*** **chafed, chaf′ing** [< L. *calere,* be warm + *facere,* make] **1.** to rub so as to make warm **2.** to wear away or make sore by rubbing **3.** to annoy; irritate —***vi.*** **1.** to rub (*on* or *against*) **2.** to be irritated or impatient —***n.*** an irritation caused by rubbing —**chafe at the bit** to be impatient

**chafer** (chāf′ər) ***n.*** [OE. *ceafor*] a large, heavy beetle

**chaff** (chäf) ***n.*** [OE. *ceaf*] **1.** threshed or winnowed husks of grain **2.** anything worthless **3.** good-natured teasing —***vt., vi.*** to tease in a good-natured way

**chaffer** (chaf′ər) ***vi.*** [< OE. *ceapfaru*] [Now Rare] to haggle over price; bargain —**chaf′ferer** ***n.***

**chaffinch** (cha′finch′) ***n.*** [OE. *ceaffinc*] a small European songbird, with black and white wings: the male has a reddish body and blue-grey head

**chafing dish** (chāf′iŋ) a pan with a heating apparatus beneath it, to cook food at the table or to keep food hot

**chagrin** (sha′grin) ***n.*** [Fr., grief] a feeling of embarrassment and distress caused by failure or disappointment —***vt.*** **-grined, -grining** to cause to feel chagrin

**chain** (chān) ***n.*** [< L. *catena*] **1.** a flexible series of joined links **2.** [*pl.*] *a*) fetters *b*) captivity **3.** a chainlike measuring instrument, or its length: a *surveyor's chain* is 66 feet (20.12m) **4.** a connected series of things or events **5.** a number of stores, restaurants, etc. owned by one company —***vt.*** **1.** to fasten with chains **2.** to hold down, restrain, confine, etc.

**chain gang** a gang of prisoners chained together, as when working

**chain mail** flexible armour made of metal links

**chain-react** *vi.* to be involved in a chain reaction

**chain reaction** **1.** a series of chemical or nuclear reactions in which the products of the reaction contribute directly to the propagation of the process **2.** any sequence of events, each of which results in the following

**chain-smoke** *vt., vi.* **-smoked′, -smok′-ing** to smoke (cigarettes) one straight after the other

**chain store** any of a number of shops having the same owner

**chair** (chāər) *n.* [OFr. *chaiere* < L. *cathedra*] **1.** a piece of furniture for one person to sit on, having a back and, usually, four legs **2.** a seat of authority or dignity **3.** an official position, as a full professorship **4.** a chairman **5.** *same as:* *a*) SEDAN CHAIR *b*) ELECTRIC CHAIR —*vt.* **1.** to place in a chair **2.** to preside over as chairman **3.** to carry aloft in, or as in a chair, as a mark of respect —**take the chair** to preside as chairman

**chairlift** *n.* a line of seats suspended from a power-driven endless cable, used esp. to carry skiers up a slope

**chairman** *n.* a person who presides at a meeting or heads a committee, board, etc: also, **chair'per'son** —**chair'man-ship'** *n.*

**chaise** (shāz) *n.* [Fr.] any of certain lightweight carriages, some with a collapsible top, having two or four wheels

**chaise longue** (shāz'loŋ') [Fr., long chair] a couchlike chair with a seat long enough to support the outstretched legs

**chalcedony** (kal sed'ən ē) *n., pl.* **-nies** [< Gr. *chalkēdōn,* a precious stone < ?] a kind of quartz with the lustre of wax, variously coloured

**chalet** (shal'ā) *n.* [Swiss-Fr.] **1.** a herdsman's hut in the Swiss Alps **2.** a type of Swiss house, with balconies and overhanging eaves **3.** a cabin in a holiday camp

**chalice** (chal'is) *n.* [< L. *calix,* cup] **1.** a goblet **2.** the cup for the wine of Holy Communion —**chal'iced** *adj.*

**chalk** (chôk) *n.* [< L. *calx,* limestone] **1.** a white limestone that is soft and easily pulverized **2.** a piece of chalk used for writing on a blackboard, etc. —*adj.* made or drawn with chalk —*vt.* **1.** to smear with chalk **2.** to mark with chalk —**as different as chalk from cheese** totally different —**by a long chalk** by a long way —**chalk up** **1.** to score or achieve **2.** to charge or credit —**chalk'iness** *n.* —**chalk'y** *adj.*

**challenge** (chal'ənj) *vt.* **-lenged, -lenging** [< L. *calumnia,* CALUMNY] **1.** to call to take part in a contest, duel, etc. **2.** to make an objection to; question **3.** to make demands on [to *challenge* the imagination] **4.** to call to a halt for identification **5.** to take formal exception to (a prospective juror) —*n.* **1.** a call to a contest, duel, etc. **2.** a calling into question [a *challenge* to an assertion] **3.** anything that calls for special effort **4.** a demand for identification [a sentry gave the *challenge*] **5.** *Law* a formal objection or exception to a person chosen as a prospective juror —**chal'lenger** *n.*

**chalybeate** (kə lib'ē ət) *adj.* [< Gr. *chalyps,* steel] containing salts of iron —*n.* a chalybeate liquid

**chamber** (chām'bər) *n.* [see CAMERA] **1.** an assembly hall **2.** a legislative or judicial body **3.** a council or board [a *chamber* of commerce] **4.** [*pl.*] *a*) a place where judicial business not requiring to be done in open court is transacted *b*) the rooms where a barrister conducts business **5.** [Archaic] a room, esp. a bedroom **6.** [*pl.*] a suite of rooms used by one person **7.** a cavity **8.** a compartment; specif., the part of a gun that holds the cartridge —**cham'bered** *adj.*

**chamberlain** (chām'bər lin) *n.* [< OFr. < OHG.] **1.** an officer in charge of the household of a ruler or lord **2.** formerly, a treasurer esp. of a municipality

**chambermaid** *n.* a woman whose work is taking care of bedrooms, as in hotels

**chamber music** music for performance by a small group, as a string quartet, orig. in a small hall

**chamber of commerce** an association established to further the business interests of its community

**chamber pot** a portable container kept in a bedroom and used as a toilet

CHAMELEON (to 60 cm long, including tail)

**chameleon** (kə mēl'yən) *n.* [< Gr. *chamai,* on the ground + *leōn,* lion] **1.** any of various lizards that can change the colour of their skin **2.** a changeable or fickle person —**chame'leon'ic** (-mē'lē on'ik) *adj.*

**chamfer** (cham'fər) *n.* [< L.: see CANT[2] & FRAGILE] a bevelled edge or corner —*vt.* **1.** to cut a chamfer on; bevel **2.** to make a groove or fluting in

**chamois** (sham'wä; for 2*b* & vt., sham'ē) *n., pl.* **-ois** [Fr.] **1.** a small antelope of Europe and the Caucasus **2.** *a*) a soft leather made from the skin of chamois, or of sheep, deer, etc. *b*) a piece of this leather, used as a polishing cloth: also **chammy** (sham'ē) —*adj.* made of chamois —*vt.* **cham'oised** (-ēd), **cham'oising** (-ē iŋ) to polish with a chamois skin

**champ[1]** (champ) *vt., vi.* [echoic] to chew hard and noisily —*n.* the act of champing —**champ at the bit** **1.** to bite upon its bit restlessly: said of a horse **2.** to be restless

**champ[2]** *n.* [Slang] *same as* CHAMPION

**champagne** (sham pān') *n.* **1.** any of various wines produced in Champagne, in NE France **2.** any similar wine **3.** pale, tawny yellow

**champers** (sham'pərz) *n.* [Slang] champagne

**champion** (cham'pē ən) *n.* [< LL. *campio,* combatant < L. *campus,* field] **1.** a winner of first place in a competition **2.** a person who fights for another or for a cause; defender —*adj.* **1.** winning first place **2.** [Dial. or Colloq.] excellent —*vt.* to fight for; defend —**cham'pionship'** *n.*

**Chan., Chanc.** 1. Chancellor 2. Chancery
**chan.** channel
**chance** (chăns) *n.* [< L. *cadere,* fall] 1. the happening of events without apparent cause; luck 2. an unpredictable or accidental happening 3. a risk 4. an opportunity 5. a possibility [a *chance* that he will live] —*adj.* accidental —*vi.* **chanced, chanc'ing** to happen —*vt.* to risk [let's *chance* it] —**by chance** accidentally —**chance on** (or **upon**) to find by chance —**chance one's arm** to risk possible failure —**on the off chance** relying on the (remote) possibility
**chancel** (chăn's'l) *n.* [< L. *cancelli,* lattice] that part of a church around the altar, reserved for the clergy and choir
**chancellery** (chăn'sələrē) *n., pl.* **-leries** 1. the staff, residence or rank of a chancellor 2. the political section of an embassy 3. a consulate Also sp. **chan'cellory**
**chancellor** *n.* [< LL. *cancellarius,* keeper of the barrier] 1. [usually **C-**] any of several high officials in the British government 2. the honorary head of a university 3. the prime minister in W Germany and Austria
**Chancellor of the Exchequer** the cabinet minister responsible for finance, taxation, etc.
**chancery** (chăn'sərē) *n., pl.* **-ceries** [< ML. *cancellaria*] 1. a division of the High Court of Justice in England and Wales 2. *same as* CHANCELLERY —**in chancery** 1. in process of litigation in the court of chancery 2. in a helpless situation
**chancre** (shaŋ'kər) *n.* [Fr.: see CANCER] a venereal sore or ulcer; primary lesion of syphilis —**chan'crous** *adj.*
**chancy** (chăn'sē) *adj.* **-ier, -iest** risky; uncertain
**chandelier** (shan'dəlēər') *n.* [< L. *candela,* candle] a lighting fixture hanging from a ceiling, with branches for candles, electric light bulbs, etc.
**chandler** (chăn'dlər) *n.* [< L. *candela,* candle] 1. a retailer of supplies, etc. of a certain kind [ship's *chandler*] 2. a maker or seller of candles —**chan'dlery** *n.*
**change** (chānj) *vt.* **changed, chang'ing** [< L. *cambire,* barter] 1. to put or take (a thing) in place of something else; substitute [to *change* one's clothes] 2. to exchange [let's *change* seats] 3. to alter 4. to give or receive the equivalent of (a coin or banknote) in currency of lower denominations or in foreign money 5. to put a fresh covering on —*vi.* 1. to alter; vary 2. to leave one train, bus, etc. and board another 3. to put on other clothes —*n.* 1. the act or process of substitution or variation 2. variety 3. another set of clothes 4. *a*) money returned as the difference between the purchase price and the larger sum given in payment *b*) a number of coins or banknotes whose total value equals a single larger coin or note *c*) small coins 5. a place where merchants meet to do business; exchange: also **'change** 6. [*usually pl.*] *Bell Ringing* any order in which the bells may be rung —**change down** to change to a lower gear —**change up** to change to a higher gear —**get no change out of** [Slang] to fail to gain information, help, etc. from —**change'ful** *adj.* —**change'fully** *adv.* —**change'fulness** *n.* —**chang'er** *n.*
**changeable** *adj.* 1. that can change or be changed; alterable 2. having a changing appearance or colour —**change'abil'ity, change'ableness** *n.* —**change'ably** *adv.*
**changeless** *adj.* unchanging; immutable
**changeling** *n.* a child secretly put in the place of another, esp., in folk tales by fairies
**change of life** *same as* MENOPAUSE
**changeover** *n.* 1. a complete change, as in goods produced, equipment, etc. 2. a change of situation, job, etc.
**channel** (chan''l) *n.* [see CANAL] 1. the bed of a river, etc. 2. the deeper part of a river, harbour, etc. 3. a body of water joining two larger bodies of water 4. a tubelike passage for liquids 5. any means of passage or transmission 6. [*pl.*] the proper or official course of action [to make a request through army *channels*] 7. a long groove 8. a frequency band within which a radio or television transmitting station must keep its signal —*vt.* **-nelled, -nelling** 1. to make a channel in 2. to send through or direct into a channel —**the Channel** the English Channel
**chant** (chānt) *n.* [< L. *canere,* sing] 1 *a*) a song, esp. one in which a series of words is sung to each tone *b*) words as of a psalm, to be sung in this way 2. a singsong way of speaking —*vi., vt.* 1. to chant; intone 2. to speak monotonously —**chant'er** *n.*
**chanticleer** (chan'təklēər') *n.* [< OFr., see CHANT & CLEAR] a cock: name used in fable and folklore
**chantry** (chăn'trē) *n., pl.* **-tries** [see CHANT] 1. an endowment to pay for the saying of Masses for the soul of a specified person 2. a chapel or altar endowed, esp. in the Middle Ages, for this purpose
**chanty** (shan'tē) *n., pl.* **-ties** *same as* SHANTY[2]
**chaos** (kā'os) *n.* [L. < Gr. *chaos,* space, chaos (sense 1)] 1. the disorder of formless matter and infinite space, supposed to have existed before the ordered universe 2. extreme confusion or disorder
**chaotic** (kā ot'ik) *adj.* in a state of chaos; in a completely disordered condition —**cha-ot'ically** *adv.*
**chap**[1] (chap) *n.* [< ?] *same as* CHOP[2]
**chap**[2] *n.* [< CHAPMAN] [Colloq.] a man or boy
**chap**[3] *vt., vi.* **chapped, chap'ping** [ME. *chappen*] to crack open or roughen as the skin from exposure to cold —*n.* a chapped place in the skin
**chap.** 1. chaplain 2. chapter
**chapatti, chapati** (chə pa'tē) *n., pl.* **-tis, -ties** [< Hindi] a flat, unleavened bread from India
**chapel** (chap''l) *n.* [< VL. *capella,* cloak:

orig. sanctuary in which cloak of St. Martin was preserved] **1.** a room used as a place of worship **2.** a part of a church, having its own altar **3.** a religious service in a chapel **4.** any place of worship for those who are not members of an established church **5.** the members of a trade union in a publishing house, etc.

**chaperon, chaperone** (shap′ə rōn′) *n.* [Fr. < OFr., hood] an older or married woman who accompanies young unmarried people in public to supervise their behaviour —*vt., vi.* **-oned′, -on′ing** to act as chaperon (to) —**chap′eron′age** *n.*

**chaplain** (chap′lin) *n.* [see CHAPEL] a clergyman attached to a chapel or serving with the armed forces or in a prison, hospital, etc. —**chap′laincy, chap′lainship′** *n.*

**chaplet** (chap′lit) *n.* [< OFr.] **1.** a garland for the head **2.** a string of prayer beads one third the length of a full rosary **3.** any string of beads —**chap′leted** *adj.*

**chapman** (chap′mən) *n.* [< OE. *ceap,* trade] [Archaic] a pedlar; hawker

**chappie, chappy** *n. same as* CHAP[2]

CHAPS

**chaps**[1] (chaps, shaps) *n.pl.* [< MexSp. *chaparejos*] leather trousers without a seat, worn over ordinary trousers by cowboys to protect their legs

**chaps**[2] (chaps) *n.pl. same as* CHOPS

**chapter** (chap′tər) *n.* [< L. *caput,* head] **1.** a main division, as of a book **2.** a thing like a chapter; part **3.** *a*) a formal meeting of canons of a church or of the members of a religious order *b*) the group of such canons, etc. —**chapter and verse** **1.** the exact reference or authority **2.** detailed information —**chapter of accidents** a chain of unfortunate events

**char**[1] (chär) *vt., vi.* **charred, char′ring** **1.** to burn to charcoal **2.** to scorch

**char**[2] *n.* a charwoman —*vi.* **charred, char′ring** to work as a charwoman

**char**[3] *n.* [< ?] any of a genus of trout with small scales and a red belly Also sp. **charr**

**char**[4] *n. same as* CHA

**charabanc, char-à-banc** (shar′ə baŋ′) *n.* [Fr., car with bench] a sightseeing bus

**character** (kar′ik tər) *n.* [< Gr. *charassein,* engrave] **1.** the particular personality of an individual or group **2.** a distinctive quality **3.** nature; kind or sort **4.** moral strength **5.** *a*) reputation *b*) good reputation **6.** status; position **7.** a personage [great *characters* in history] **8.** a person in a play, novel, etc. **9.** [Colloq.] an eccentric person **10.** any figure, letter, or symbol used in writing and printing **11.** *Biol.* any attribute, as colour, shape, etc., caused by the action of genes —**char′acterless** *adj.*

**characteristic** (kar′ik tə ris′tik) *adj.* typical; distinctive —*n.* **1.** a distinguishing feature or quality **2.** the integer part of a logarithm —**char′acteris′tically** *adv.*

**characterize** (kar′ik tə rīz′) *vt.* **-ized′, -iz′ing** **1.** to describe the particular qualities of **2.** to be the distinctive character of; distinguish —**char′acteriza′tion** *n.*

**charade** (shə räd′) *n.* [Fr.] **1.** [*often pl.*] a game in which a word to be guessed is acted syllable by syllable or as a whole **2.** a mockery; farce

**charcoal** (chär′kōl′) *n.* [prob. < ME. *charren,* to burn + *cole,* coal] **1.** a form of carbon produced by partially burning wood or other organic matter **2.** a very dark grey or brown —*vt.* to draw with charcoal

**chard** (chärd) *n.* [< L. *carduus,* thistle] a kind of beet whose leaves are used as food

**charge** (chärj) *vt.* **charged, charg′ing** [< L. *carrus,* wagon] **1.** to ask as a price **2.** to record as a debt against a person **3.** to make liable for (an error, etc.) **4.** to accuse; censure [he *charged* her with negligence] **5.** to give as a task, duty, etc. to; command **6.** to rush forward and attack **7.** to load or fill with the required material **8.** to add an electrical charge to (a battery, etc.) **9.** to saturate with [air *charged* with steam] —*vi.* **1.** to ask payment (*for*) **2.** to attack vigorously or move forward as if attacking —*n.* **1.** cost or price **2.** accusation; indictment **3.** instruction or command **4.** *a*) an attack or onrush *b*) the signal for this **5.** responsibility or care (*of*) **6.** a person or thing entrusted to someone's care **7.** the amount, as of fuel, gunpowder, etc., used to load something **8.** the amount of chemical energy stored in a battery and dischargeable as electrical energy —**in charge** having the responsibility or control

**chargeable** *adj.* that can be charged

**chargé d'affaires** (shär′zhā da fâər′) [Fr.] a diplomat temporarily substituting for an ambassador, or one in charge of a minor diplomatic mission

**charger** *n.* **1.** a horse ridden in battle **2.** an apparatus for charging storage batteries **3.** [Obs.] a large platter

**chariot** (char′ē ət) *n.* [see CHARGE] a horse-drawn, two-wheeled cart used in ancient times for war, racing, etc.

**charioteer** (char′ē ə tēər′) *n.* a chariot driver

**charisma** (kə riz′mə) *n.* [< Gr., grace] **1.** a special quality of leadership that inspires great popular allegiance Also **char-**

**ism** (kar'iz'm) **2.** *Christian Theol.* a divinely inspired gift or talent, as for prophesying **—charismatic** (kar'iz mat'-ik) ***adj.***

**charitable** (char'i tə b'l) ***adj.*** **1.** kind and generous to those in need **2.** of or for charity **3.** kind and forgiving in judging others **—char'itably** ***adv.***

**charity** (char'ə tē) ***n., pl.*** **-ties** [< L. *caritas,* affection] **1.** a charitable institution, organization, etc. **2.** a voluntary giving of money, etc. to those in need **3.** kindness in judging others **4.** benevolence **5.** an act of good will **6.** *Christian Theol.* the love of man for his fellow men

**charlatan** (shär'lə t'n) ***n.*** [Fr. < It.] one who pretends to have expert knowledge or skill that he does not have; fake; mountebank **—char'latanism, char'latanry** ***n.***

**Charles's Wain** (chärl'ziz) *same as* PLOUGH

**charleston** (chärl'stən) ***n.*** [< *Charleston,* in S. Carolina, U.S.] [also **C-**] a lively dance in 4/4 time, characterized by a twisting step

**charlie** (chär'lē) ***n.*** [< *Charles*] [Colloq.] a fool

**charlock** (chär'lok) ***n.*** [OE. *cerlic*] a weed with yellow flowers

**charlotte** (shär'lət) ***n.*** [Fr.] a dessert made of fruit, gelatin, custard, etc. in a mould lined with strips of cake

**charm** (chärm) ***n.*** [< L. *carmen,* song] **1.** a quality that attracts or delights **2.** a trinket on a bracelet, etc. **3.** a chanted word or verse, an action, or an object assumed to have magic power **—*vt.*** **1.** to fascinate; delight **2.** to act on as though by magic **—charm'er** ***n.***

**charming** ***adj.*** attractive; fascinating; delightful **—charm'ingly** ***adv.***

**charnel** (chär'n'l) ***n.*** [< L. *caro,* flesh] a building or place where corpses or bones are deposited: in full, **charnel house** **—*adj.*** of, like, or fit for a charnel

**Charon** (kâər'ən) *Gr. Myth.* the boatman who ferried dead souls across the river Styx to Hades

**chart** (chärt) ***n.*** [see CARD[1]] **1.** a map, esp. one for marine or air navigation **2.** an outline map on which information is plotted **3.** *a)* a group of facts set up in the form of a diagram, graph, etc. *b)* such a diagram **4.** [*chiefly pl.*] a list of the currently most popular gramophone records, etc. **—*vt.*** **1.** to make a chart of **2.** to plan (a course of action) **3.** to show by, on, or as by, a chart **—chart'-less** ***adj.***

**charter** (chär'tər) ***n.*** [see CARD[1]] **1.** a written grant of rights given by a monarch or legislature **2.** a document setting forth the aims and principles of a united group **3.** the hire or lease of a ship, bus, etc. **—*vt.*** **1.** to grant a charter to **2.** to hire for exclusive use **—char'terer** ***n.***

**chartered accountant** an accountant certified by the Institute of Chartere Accountants

**chartered bank** in Canada, a privatel owned bank incorporated by Parliamen to operate in the commercial bankin system and usually having a network c branches across the country

**Chartism** (chär'tiz'm) ***n.*** a movemen for social and political reform in Englan (1838-48), or its principles set forth i the People's Charter (1838) **—Chart'is** ***n., adj.***

**chartreuse** (shär trurz') ***n.*** [Fr., Car thusian] a pale-green or white liquei made by Carthusian monks

**charwoman** (chär'woom'ən) ***n.*** [se CHORE] a woman who does cleanin or scrubbing, as in office buildings

**chary** (châər'ē) ***adj.*** **-ier, -iest** [< OE *cearu,* care] **1.** not taking chances cautious **2.** not giving freely; sparin **—char'ily** ***adv.*** **—char'iness** ***n.***

**Charybdis** (kə rib'dis) whirlpool off th NE coast of Sicily: see SCYLLA

**chase[1]** (chās) ***vt.*** **chased, chas'ing** [see CATCH] **1.** to follow quickly so as t catch **2.** to run after; follow **3.** to driv away **4.** to hunt **5.** [Slang] to cou in an unsubtle manner **—*vi.*** **1.** to g in pursuit **2.** [Colloq.] to rush **—*n.*** a pursuit **2.** *a)* the hunting of game fo sport *b)* the quarry **3.** *same as* FORES (sense 2)

**chase[2]** ***n.*** [OFr. < L. *capsa,* box] a groove **2.** a rectangular metal fram in which pages or columns of type are locke

**chase[3]** ***vt.*** **chased, chas'ing** [< Fr *enchâsser,* enshrine] to ornament (metal by engraving, etc.

**chaser** ***n.*** **1.** [Colloq.] a horse fo steeplechasing **2.** [Colloq.] a drink take after another, as beer after spirits

**chasm** (kaz''m) ***n.*** [< Gr. *chainein,* gape **1.** a deep crack in the earth's surface abyss **2.** a divergence of feelings, interests etc.; rift **—chas'mal, chas'mic** ***adj.***

**chassis** (shas'ē) ***n., pl.*** **-sis** (-ēz) [Fr. see CHASE[2]] **1.** the frame of a moto vehicle or aircraft **2.** the landing gea of an aircraft **3.** *Radio & TV* the framewor to which the parts of a receiver, amplifie etc. are attached

**chaste** (chāst) ***adj.*** [< L. *castus,* pure **1.** not indulging in extramarital sexua activity **2.** celibate **3.** decent; modes **4.** restrained and simple in style **—chaste'ly** ***adv.*** **—chaste'ness** ***n.***

**chasten** (chās''n) ***vt.*** [< L. *castigare* punish] **1.** to punish so as to correct chastise **2.** to restrain; subdue **3.** t refine in style **—chas'tener** ***n.***

**chastise** (chas tīz') ***vt.*** **-tised', -tis'ing** [see prec.] to punish, esp. by beatin **—chastise'ment** ***n.*** **—chastis'er** ***n.***

**chastity** (chas'tə tē) ***n.*** **1.** virtuousnes **2.** sexual abstinence **3.** decency **4** simplicity of style

CHASUBLE

**chasuble** (chaz'yoo b'l) *n.* [< ML. *casubla,* hooded garment] a sleeveless outer vestment worn over the alb by priests at Mass

**chat** (chat) *vi.* **chat'ted, chat'ting** [< CHATTER] to talk in a light, informal way —*n.* **1.** an informal conversation **2.** any of various birds with a chattering call —**chat up** [Colloq.] to draw into conversation

**château** (sha'tō) *n., pl.* **-teaux'** (-tōz) [Fr. < L. *castellum,* castle] a French castle or large country house

**chatelaine** (shat'ə lān') *n.* [Fr., ult. < L. *castellum,* castle] **1.** the mistress of a castle **2.** *Hist.* a woman's ornamental chain, esp. for the waist, with keys, a watch, etc. fastened to it

**chattel** (chat'l) *n.* [see CATTLE] a movable item of personal property, as a piece of furniture

**chatter** (chat'ər) *vi.* [echoic] **1.** to make short, indistinct sounds in rapid succession, as birds, apes, etc. **2.** to talk fast, incessantly, and foolishly **3.** to click together rapidly, as the teeth do from cold —*n.* rapid, foolish talk —**chat'terer** *n.*

**chatterbox** *n.* an incessant talker

**chatty** *adj.* **chat'tier, chat'tiest** **1.** fond of chatting **2.** light and informal: said of talk —**chat'tily** *adv.* —**chat'tiness** *n.*

**chauffeur** (shō'fər) *n.* [Fr., stoker] a person hired to drive a private car for someone else —*vt.* to act as chauffeur to

**chauvinism** (shō'və niz'm) *n.* [< N. *Chauvin,* fanatical Fr. patriot] **1.** militant, boastful, and fanatical patriotism **2.** unreasoning devotion to one's race, sex, etc. —**chau'vinist** *n., adj.* —**chau'vinis'tic** *adj.* —**chau'vinis'tically** *adv.*

**cheap** (chēp) *adj.* [< OE. *ceap,* a bargain] **1.** low in price **2.** charging low prices **3.** spending little **4.** worth more than the price **5.** easily got **6.** of little value **7.** contemptible **8.** available at low interest rates: said of money —*adv.* at low cost —**on the cheap** cheaply —**cheap'ly** *adv.* —**cheap'ness** *n.*

**cheapen** *vt., vi.* to make or become cheap or cheaper

**cheap-jack** *n.* [CHEAP + JACK] a seller of cheap, inferior articles —*adj.* cheap, inferior, base, etc.

**cheapskate** *n.* [Colloq.] a miserly person

**cheat** (chēt) *vt.* [< ME. *eschete:* see ESCHEAT] **1.** to defraud **2.** to deceive by trickery **3.** to foil by tricks or luck [to *cheat* death] —*vi.* **1.** to practise deception **2.** [Slang] to be sexually unfaithful (often with *on*) —*n.* **1.** one who deceives; swindler **2.** a fraud; deception —**cheat'er** *n.* —**cheat'ingly** *adv.*

**check** (chek) *n.* [OFr. *eschec,* a check at chess] **1.** a sudden stop **2.** any restraint of action **3.** one that restrains or controls **4.** a supervision or test of accuracy, efficiency, etc. **5.** [U.S.] one's bill at a restaurant or bar **6.** *U.S. sp. of* CHEQUE **7.** a pattern of small squares like that of a chessboard **8.** a fabric with such a pattern **9.** *Chess* a state of play in which the opponent's king could be captured next move **10.** *Hunting* the loss of a quarry's scent by the hounds —*interj. Chess* a call indicating that the opponent's king is in check —*vt.* **1.** to make stop suddenly **2.** to restrain **3.** to repulse or rebuke **4.** to test, measure, verify, or control by investigation or comparison **5.** to mark with a pattern of squares **6.** *Chess* to place (an opponent's king) in check —*vi.* **1.** to agree with one another, item for item [the accounts *check*] **2.** to investigate so as to determine the condition, validity, etc. of something (often with *on*) **3.** *Chess* to place an opponent's king in check **4.** *Hunting* to lose the scent of the quarry: said of hounds —*adj.* **1.** used to check or verify **2.** having a crisscross pattern; checked —**check in** **1.** to register at a hotel, airport, etc. **2.** [Colloq.] to report, as by presenting oneself —**check off** to mark as verified, examined, etc. —**check out** **1.** to settle one's bill and leave a hotel, etc. **2.** to add up the prices of (purchases) and collect the total: said of a cashier **3.** to examine and verify **4.** to prove to be accurate, sound, etc. upon examination —**check up on** to examine or investigate —**in check** under control

**checked** *adj.* having a pattern of squares

**checkers** *n.pl.* [U.S.] *same as* DRAUGHTS

**checkmate** *n.* [ult. < Per. *shāh māt,* the king is dead] **1.** *Chess* *a*) the winning move that checks the opponent's king so that it cannot be put into safety *b*) the king's position after this move **2.** complete defeat, frustration, etc. —*interj. Chess* a call indicating checkmate —*vt.* **-mat'ed, -mat'ing** to subject to checkmate

**checkout** *n.* the place for checking out purchases, as in a supermarket

**checkup** *n.* a general medical examination

**Cheddar (cheese)** (ched'ər) [< *Cheddar,* Avon] [*often* **c-**] a variety of hard, smooth cheese

**cheek** (chēk) *n.* [OE. *ceoke,* jaw] **1.** either side of the face, below the eye **2.** either of the buttocks **3.** [Colloq.] sauciness; impudence —*vt.* to speak insolently to —**cheek by jowl** intimately —**(with) tongue in cheek** in a humorously ironic or insincere way

**cheekbone** *n.* the bone of the upper cheek, just below the eye

**cheeky** *adj.* **-ier, -iest** [Colloq.] saucy; insolent **—cheek'ily** *adv.* **—cheek'iness** *n.*

**cheep** (chēp) *n.* [echoic] the short, faint, shrill sound of a young bird; peep **—*vt., vi.*** to make such a sound **—cheep'er** *n.*

**cheer** (chēər) *n.* [< Gr. *kara,* head] **1.** a shout of welcome, encouragement, etc. **2.** state of mind or of feeling; spirit **—*vt.*** **1.** to fill with joy and hope; gladden; comfort (often with *up*) **2.** to urge on, greet, or applaud with cheers **—*vi.*** **1.** to be or become cheerful; feel encouraged (usually with *up*) **2.** to shout cheers

**cheerful** *adj.* **1.** joyful **2.** bright and attractive **3.** willing; ready [a *cheerful* helper] **—cheer'fully** *adv.* **—cheer'fulness** *n.*

**cheerio** (chēər ē ō') *interj., n., pl.* **-os'** [Colloq.] **1.** goodbye **2.** good health: a toast

**cheerless** *adj.* not cheerful; dismal **—cheer'lessly** *adv.* **—cheer'lessness** *n.*

**cheers** *interj.* [Colloq.] good health: a toast

**cheery** *adj.* **-ier, -iest** cheerful **—cheer'ily** *adv.* **—cheer'iness** *n.*

**cheese**[1] (chēz) *n.* [OE. *cyse*] **1.** a food made from curds of soured milk pressed together to form a solid, variously hardened, ripened, etc. **2.** a shaped mass of this

**cheese**[2] *n.* [prob. < Hindi *chīz,* thing] [Slang] an important person or thing: also **big cheese**

**cheeseburger** (chēz'bər'gər) *n.* [see HAMBURGER] a hamburger topped with melted cheese

**cheesecake** *n.* **1.** a kind of cake made of cottage cheese or cream cheese, eggs, sugar, etc. **2.** [Slang] photographs, etc., of women displayed for their sex appeal

**cheesecloth** *n.* [from use as cheese wrapping] a thin cotton cloth with a loose weave

**cheesed off** [Slang] bored; fed up

**cheeseparing** *n.* miserly handling of money **—*adj.*** stingy; miserly

**cheesy** *adj.* **-ier, -iest** **1.** like cheese in consistency, smell, etc. **2.** [Slang] inferior; poor **—chees'iness** *n.*

**cheetah** (chēt'ə) *n.* [Hindi *chītā*] a swift, leopardlike animal of Africa and S Asia

**chef** (shef) *n.* [Fr. < *chef de cuisine,* head of the kitchen] **1.** a head cook, as in a restaurant **2.** any cook

**chela** (kē'lə) *n., pl.* **-lae** (-lē) [< Gr. *chēlē,* claw] a pincerlike claw of a crab, lobster, scorpion, etc.

**Chelsea Pensioner** (chel'sē) an inmate of the Chelsea Royal Hospital for old soldiers

**chem.** **1.** chemical(s) **2.** chemist **3.** chemistry

**chemical** (kem'i k'l) *adj.* **1.** of chemistry **2.** involving the use of chemicals **—*n.*** any substance used in or obtained by a chemical process **—chem'ically** *adv.*

**chemical engineering** the science or profession of applying chemistry to industrial uses

**chemical warfare** warfare using poisonous gases, flame throwers, defoliants, etc.

**chemin de fer** (shə man'də fāər') [Fr., a railway] a kind of baccarat, a gambling game

**chemise** (shə mēz') *n.* [< VL. *camisia,* shirt] *Hist.* a woman's undergarment like a loose, short slip

**chemist** (kem'ist) *n.* [< (AL)CHEMIST] **1.** one who sells medicines, toiletries, etc. **2.** an expert or specialist in chemistry **3.** a pharmacist

**chemistry** *n., pl.* **-tries** [see prec.] the science dealing with the composition and properties of substances, and with the reactions by which substances are produced from or converted into other substances

**chemotherapy** (kem'ō ther'ə pē) *n.* the prevention or treatment of infection or disease by chemical drugs **—chem'other'apist** *n.*

**chemurgy** (kem'ər jē) *n.* [CHEM(ISTRY) + -URGY] the branch of chemistry dealing with the industrial use of organic products, esp. from farms

**chenille** (shi nēl') *n.* [Fr., caterpillar < L. *canicula,* little dog] **1.** a tufted, velvety yarn **2.** a fabric filled or woven with this

**cheque** (chek) *n.* [see CHECK] a written order to a bank to pay the stated amount from one's account

**cheque card** a card issued by a bank to an account-holder to guarantee payment of a cheque up to a stated limit

**chequer** (chek'ər) *n.* [*see* CHECK] **1.** a small square, as on a chessboard **2.** a pattern of such squares **—*vt.*** **1.** to mark off in squares, or in patches of colour **2.** to break the uniformity of, with changes in fortune, etc.

**chequered** *adj.* **1.** having a pattern of squares **2.** varied in colour and shading **3.** marked by diversified features or by varied events [a *chequered* career]

**cherish** (cher'ish) *vt.* [< L. *carus,* dear] **1.** to hold dear; feel or show love for **2.** to take good care of; foster [to *cherish* one's rights] **3.** to cling to the idea of

**cheroot** (shə rōōt') *n.* [< Tamil *churuṭṭu,* a roll] a cigar with both ends cut square

**cherry** (cher'ē) *n., pl.* **-ries** [< Gr. *kerasion*] **1.** a small, fleshy fruit, yellow to dark red, with a stone **2.** any tree which bears this fruit, or its wood **3.** the bright-red colour of certain cherries **—*adj.*** **1.** bright-red **2.** made with cherries

**cherub** (cher'əb) *n., pl.* **-ubs;** for 1-3 usually **-ubim** (-ə bim) [< Heb. *kerūbh*] **1.** *Bible* one of certain winged heavenly beings **2.** *Christian Theol.* any of the second order of angels, just below the seraphim **3.** a representation of a cherub, usually as a chubby, rosy-faced child with wings **4.** a child, with a sweet, innocent face **—cherubic** (chə rōō'bik) *adj.*

**chervil** (chur'vəl) *n.* [< OE. < L. < Gr.] an aromatic plant, with leaves used to flavour soups, etc.

**Cheshire cat** (chesh'ər) a proverbial grinning cat from Cheshire, esp. one described in Lewis Carroll's *Alice's Adventures in Wonderland*

**chess** (ches) *n.* [see CHECK] a game for two, each with 16 pieces moved variously on a chessboard in alternation, the object being to checkmate the opponent's king

**chessboard** *n.* a board with 64 squares of two alternating colours, for chess and draughts

**chessman** *n.* any of the pieces used in chess

**chest** (chest) *n.* [< Gr. *kistē,* box] **1.** *a)* the part of the body enclosed by the ribs *b)* the outside front of this **2.** a box with a lid and, often, a lock **3.** *same as* CHEST OF DRAWERS **4.** a cabinet for medicines, etc. —**get (something) off one's chest** [Colloq.] to unburden oneself of (some trouble, etc.) by talking about it

**chested** *adj.* having a (specified kind of) chest, or thorax *[hollow-chested]*

**chesterfield** (ches′tər fēld′) *n.* [< 19th-c. Earl of *Chesterfield*] **1.** a single-breasted overcoat for men, usually with a velvet collar **2.** a sofa with upright ends

**chestnut** (ches′nut′) *n.* [< Gr. *kastaneia*] **1.** the smooth-shelled, sweet, edible nut of certain trees **2.** one of these trees, or the wood **3.** *same as* HORSE CHESTNUT **4.** reddish brown **5.** a reddish-brown horse **6.** [Colloq.] an old, stale joke or story —*adj.* reddish-brown

**chest of drawers** a set of drawers within a frame

**chesty** *adj.* **-ier, -iest** [Colloq.] inclined to or having a disease of the chest

**cheval glass** (shə val′) [Fr. *cheval,* horse] a full-length mirror on swivels in a frame

**chevalier** (shev′ə lēər′) *n.* [see CAVALIER] **1.** a member of the lowest rank of the French Legion of Honour **2.** a cavalier; gallant

**Cheviot** (chev′ē ət) *n.* [< *Cheviot Hills*] **1.** any of a breed of sheep with short, dense wool **2.** [*usually* **c-**] *a)* a rough wool fabric *b)* a cotton cloth resembling this

CHEVRON

**chevron** (shev′rən) *n.* [< OFr., rafter] any V-shaped pattern or device, esp. a bar worn on the sleeve of a military uniform, to show rank or service

**chew** (chōō) *vt.* [< OE. *ceowan*] **1.** to bite and crush with the teeth **2.** to think over or discuss (often with *over*) —*n.* **1.** a chewing **2.** something chewed, as a portion of tobacco —**chew the rag** (or **fat**) [Slang] to converse idly —**chew′er** *n.*

**chewing gum** chicle or other gummy substance, flavoured and sweetened for chewing

**chewy** *adj.* **-ier, -iest** needing much chewing —**chew′iness** *n.*

**chg.** *pl.* **chgs.** charge

**chgd.** charged

**chi** (kī) *n.* the 22nd letter of the Greek alphabet (Χ, χ)

**Chianti** (kē an′tē) *n.* [It.] a red or white wine, orig. made in Tuscany

**chiaroscuro** (kē är′ə skyōōər′ō) *n., pl.* **-ros** [It. < L. *clarus,* clear + *obscurus,* dark] **1.** the treatment of light and shade in a painting, drawing, etc., so as to produce an illusion of depth **2.** a painting, etc. emphasizing this

**chic** (shēk) *n.* [Fr.] smart elegance of style and manner —*adj.* smartly stylish

**chicane** (shi kān′) *n.* [Fr. < *chicaner,* to quibble] **1.** *same as* CHICANERY **2.** *Motor Racing* an artificial barrier designed to reduce speeds before a bend, etc. —*vi.* **-caned′, -can′ing** to use chicanery —*vt.* to trick

**chicanery** *n., pl.* **-eries** **1.** the use of clever but deceptive talk or action to deceive **2.** an instance of this

**chick** (chik) *n.* **1.** a young chicken **2.** any young bird **3.** a child: term of endearment **4.** [Slang] a young woman

**chicken** (chik′ən) *n.* [< OE. *cycen,* little cock] **1.** a common farm bird; hen or cock, esp. a young one **2.** its flesh **3.** a young or inexperienced person **4.** [Slang] a cowardly person —*adj.* **1.** of chicken **2.** [Slang] cowardly —*vi.* [Slang] to lose courage and abandon a plan, action, etc. (usually with *out*)

**chicken feed** [Slang] a petty sum of money

**chicken pox** an acute, contagious virus disease, usually of young children, with fever and a series of skin eruptions

**chickpea** (chik′pē) *n.* [< L. *cicer,* pea] a plant of the legume family with pods containing edible seeds

**chickweed** *n.* a low-growing weed

**chicle** (chik′l) *n.* [AmSp.] a substance made from the juice of the sapodilla tree, used in making chewing gum

**chicory** (chik′ə rē) *n., pl.* **-ries** [< Gr. *kichorion*] **1.** a plant with blue flowers: the leaves are used for salad **2.** its root, roasted and ground for mixing with coffee or for use as a coffee substitute

**chide** (chīd) *vt., vi.* **chid′ed** or **chid** (chid), **chid′ed** or **chid** or **chidden** (chid′′n), **chid′ing** [OE. *cidan*] to scold —**chid′er** *n.* —**chid′ingly** *adv.*

**chief** (chēf) *n.* [< L. *caput,* head] the head or leader of a group, tribe, company, department, etc. —*adj.* **1.** highest in rank, office, etc. **2.** main; principal —**in chief** in the chief position

**chiefly** *adv.* **1.** above all **2.** mainly; mostly

**chief petty officer** *see* MILITARY RANKS, table

**chieftain** (chēf′tən) *n.* [< L. *caput,* head] a leader, esp. of a clan or tribe —**chief′taincy, chief′tainship′** *n.*

**chief technician** *see* MILITARY RANKS, table

**chiffchaff** (chif′ chaf′) *n.* [echoic] a small, olive-green and brown warbler, feeding mainly on insects and spiders

**chiffon** (shif′on) *n.* [Fr. < *chiffe,* rag] a sheer, lightweight fabric of silk, nylon, etc. —*adj.* **1.** made of chiffon **2.** *Cooking* made light as by adding beaten egg whites

**chiffonier, chiffonnier** (shif′ ə nēər′) *n.* [Fr., orig., ragpicker < prec.] a narrow, high cabinet or chest of drawers, often with a mirror

**chignon** (shēn′ yôn) *n.* [Fr. < L. *catena,* chain] a knot or coil of hair worn at the back of the neck by women

**chigoe** (chig′ ō) *n., pl.* **-oes** (-ōz) [< WInd. name] a flea of tropical S. America and Africa: the female burrows into the skin, causing painful sores: also **chig′ ger**

**Chihuahua** (chi wä′ wä) *n.* [< *Chihuahua,* state of Mexico] an ancient Mexican breed of very small dog with large, pointed ears

**chilblain** (chil′ blān′) *n.* [CHIL(L) + BLAIN] a painful sore on the foot or hand, caused by exposure to cold

**child** (chīld) *n., pl.* **chil′ dren** [< OE. *cild*] **1.** an infant **2.** an unborn offspring **3.** a boy or girl before puberty **4.** a son or daughter **5.** a descendant **6.** an immature or childish adult **7.** a product [a *child* of the Renaissance] —**with child** pregnant —**child′ less** *adj.* —**child′ lessness** *n.*

**child benefit** a regular government payment to the parents of children up to a certain age

**childbirth** *n.* the act of giving birth to a child

**childhood** *n.* the time or state of being a child

**childish** *adj.* **1.** of or like a child **2.** not fit for an adult; immature; silly —**child′ ishly** *adv.* —**child′ ishness** *n.*

**childlike** *adj.* like a child; innocent, trusting, etc.

**childminder** *n.* someone employed to look after the children of working parents

**children** (chil′ drən) *n. pl. of* CHILD

**child's play** anything simple to do

**chili** (chil′ ē) *n., pl.* **chil′ ies** [MexSp.] **1.** the dried pod of red pepper, a very hot seasoning **2.** the tropical American plant that bears this pod

**chiliad** (kil′ ē ad′) *n.* [< Gr. *chillioi,* thousand] **1.** a group of 1000 **2.** a thousand years

**chill** (chil) *n.* [OE. *ciele*] **1.** a feeling of coldness that makes one shiver **2.** a moderate coldness **3.** a discouraging influence **4.** a sudden fear **5.** unfriendliness **6.** a feverish cold —*adj.* *same as* CHILLY —*vi.* **1.** to become cool **2.** to shiver from cold, fear, etc. —*vt.* **1.** to make cool **2.** to cause a chill in **3.** to check (enthusiasm, etc.) **4.** to depress; dispirit **5.** to harden (metal) on the surface by rapid cooling —**chill′ er** *n.* —**chill′ ingly** *adv.* —**chill′ ness** *n.*

**chilly** *adj.* **-ier, -iest** **1.** moderately cold **2.** chilling **3.** unfriendly **4.** dispiriting —**chill′ iness** *n.*

**Chiltern Hundreds** (chil′ tərn) a nominal office under the British crown: appointment to it formally circumvents the rule against resignation from Parliament

**Chimaera** (kī mēər′ ə) *same as* CHIMERA

**chime**[1] (chīm) *n.* [< L. *cymbalum,* cymbal] **1.** [*usually pl.*] *a*) a tuned set of bells or metal tubes *b*) the sounds produced by these **2.** a single bell in a clock, etc. —*vi.* **chimed, chim′ ing** **1.** to sound as a chime **2.** to sound in harmony, as bells **3.** to harmonize; agree —*vt.* **1.** to ring (a chime) **2.** to indicate (time) by chiming —**chime in** **1.** to interrupt, as talk **2.** to agree —**chim′ er** *n.*

**chime**[2] *n.* [ME. *chimb*] the extended rim at each end of a cask or barrel

**Chimera** (kī mēər′ ə) [< Gr. *chimaira,* she-goat] *Gr. Myth.* a fire-breathing monster with a lion's head, goat's body, and serpent's tail —*n.* [**c-**] an impossible or foolish fancy

**chimerical** (kī mer′ i k′l) *adj.* **1.** unreal **2.** absurd **3.** visionary Also **chimer′ ic** —**chimer′ ically** *adv.*

**chimney** (chim′ nē) *n., pl.* **-neys** [< Gr. *kaminos,* oven] **1.** the passage through which smoke escapes from a fire; flue **2.** a structure containing a flue and extending above the roof **3.** a glass tube around the flame of a lamp, etc. **4.** a fissure or vent, as in a cliff or volcano

**chimney sweep** a person whose work is cleaning the soot from chimneys

**chimp** (chimp) *n.* [Colloq.] a chimpanzee

CHIMPANZEE
(90-150 cm high)

**chimpanzee** (chim′ pan zē′) *n.* [< Fr. < Bantu] an anthropoid ape of Africa, with black hair and large ears

**chin** (chin) *n.* [OE. *cin*] the part of the face below the lower lip; projecting part of the lower jaw —**keep one's chin up** to bear up bravely —**take it on the chin** [Slang] to suffer defeat, etc., bravely

**Chin.** **1.** China **2.** Chinese

**china** (chī′ nə) *n.* **1.** *a*) porcelain, orig. from China *b*) vitrified ceramic ware like porcelain **2.** dishes, etc. of this **3.** any earthenware crockery

**china clay** *same as* KAOLIN

**Chinaman** *n.* **1.** [Archaic] a native of China **2.** *Cricket* an off-break bowled by a left-handed bowler to a right-handed batsman

**Chinatown** *n.* the Chinese quarter of a city

**chincherinchee** (chin′chər in chē′) *n.* [< ?] a bulbous S African plant with spikes of white or yellow long-lasting flowers

**chinchilla** (chin chil′ə) *n.* [Sp. < L. *cimex,* bug] **1.** a small rodent of the Andes, bred extensively for its fur **2.** its expensive, soft, pale-grey fur

**chine**[1] (chīn) *n.* [< OFr. *eschine*] **1.** the backbone **2.** a cut of meat containing part of the backbone **3.** a ridge

**chine**[2] *n.* [< OE. *cine,* fissure] [S Eng. Dial.] a rocky ravine or deep fissure in a cliff

**Chinese** (chī nēz′; *for adj., often* chī′nēz′) *n.* **1.** *pl.* **-nese′** a native of China or a person of Chinese descent **2.** the language of the Chinese —*adj.* of China, its people, etc.

**Chinese lantern** a lantern of brightly coloured paper, made so that it can be folded up

**Chinese puzzle** any intricate puzzle

**Chink** (chiŋk) *n.* [< CHINESE] [Derog.] a Chinese

**chink**[1] (chiŋk) *n.* [OE. *cine*] a crack; fissure

**chink**[2] *n.* [echoic] a sharp, clinking sound, as of coins striking together —*vi., vt.* to make or cause to make a sharp, clinking sound

**chinless wonder** [Colloq.] a weak or cowardly person

**chinoiserie** (shēn′wä′zə rē) *n.* [Fr. < *Chinois,* Chinese] **1.** an ornate decorative style based on Chinese motifs **2.** articles, designs, etc. in this style

**chinook** (chi nōōk′, -nuk′) *n.* [< AmInd.] **1.** a warm, dry wind blowing down the E slopes of the Rocky Mountains **2.** a warm, moist wind blowing onto the coasts of Washington and Oregon

**Chinook salmon** a Pacific salmon valued as a food fish

**chintz** (chints) *n.* [< Hindi *chhīnt*] a cotton cloth printed in colours and usually glazed

**chintzy** *adj.* **-ier, -iest** **1.** like chintz **2.** of a style of furnishing typified by chintz curtains, coverings, etc.

**chinwag** (chin′wag′) *n., vi.* [Colloq.] talk; chat

**chip** (chip) *vt.* **chipped, chip′ping** [< OE. hyp. *cippian*] **1.** *a*) to break or cut a small piece from *b*) to break or cut off (a small piece) **2.** to shape by cutting —*vi.* to break off into small pieces —*n.* **1.** a small piece of wood, etc. cut or broken off **2.** a place where a small piece has been chipped off **3.** a slice or strip of potato fried in deep fat **4.** [U.S.] a potato crisp **5.** a small, round disc used as a token; counter **6.** *Electronics* a tiny wafer of semiconductor material processed to form a type of integrated circuit **7.** wood, palm leaf, or straw split and woven into baskets, etc. —**chip in** [Colloq.] **1.** to share in giving money or help **2.** to add one's comments —**chip off the old block** a person much like his father —**chip on one's shoulder** [Colloq.] an inclination to take offence —**have had one's chips** [Colloq.] to be defeated, dead, etc. —**when the chips are down** [Colloq.] when something is really at stake

**chip-board** *n.* a wood substitute made from compressed wood chips or shavings bonded in resin

**chipmunk** (chip′muŋk′) *n.* [AmInd.] a small, striped N American squirrel: it lives mainly on the ground

**chipolata** (chip′ō lä′tə) *n.* [Fr. < It.] a small sausage, esp. of pork sausagemeat

**Chippendale** (chip′ən dāl′) *adj.* [< T. *Chippendale*] designating or of an 18th-cent. style of furniture with graceful lines and, often, rococo ornamentation

**chirography** (kī rog′rə fē) *n.* [< Gr. *cheir,* hand + -GRAPHY] handwriting; penmanship —**chirog′rapher** *n.*

**chiromancy** (kīə′rə man′sē) *n.* [< Gr. *cheir,* hand & *manteia,* prophecy] *same as* PALMISTRY —**chi′roman′cer** *n.*

**chiropody** (kə rop′ə dē) *n.* [< Gr. *cheir,* hand + -POD] the profession dealing with the care of the feet and with the treatment of foot disorders —**chirop′odist** *n.*

**chiropractic** (kīə′rə prak′tik) *n.* [< Gr. *cheir,* hand + *praktikos,* practical] a method of treating disease by manipulation of the body joints, esp. of the spine —**chi′ropraс′tor** *n.*

**chirp** (churp) *vi., vt.* [echoic] to make, or utter in, short, shrill sounds, as some birds or insects —*n.* a short, shrill sound —**chirp′er** *n.*

**chirpy** *adj.* [Colloq.] cheerful; merry —**chirp′ily** *adv.* —**chirp′iness** *n.*

**chirrup** (chir′əp) *vi.* [var. of CHIRP] to chirp repeatedly —*n.* a chirruping sound

**chisel** (chiz′l) *n.* [< L. *caedere,* to cut] a sharp-edged tool for cutting or shaping wood, stone, or metal —*vi., vt.* **-elled, -elling** to cut or shape with a chisel —**chis′eller** *n.*

**chit**[1] (chit) *n.* [ME. *chitte,* kitten] **1.** a child **2.** an immature, slender or childish girl

**chit**[2] *n.* [< Hindi] **1.** a memorandum **2.** a voucher of a small sum owed **3.** [Colloq.] an invoice, etc.

**chitchat** (chit′chat′) *n.* informal talk; gossip

**chitin** (kīt′in) *n.* [< Gr. *chiton,* tunic] a tough, horny substance forming the outer covering of insects, etc.

**chivalrous** (shiv′l rəs) *adj.* **1.** having the attributes of an ideal knight; gallant, honourable, etc. **2.** of chivalry Also **chiv′alric** —**chiv′alrously** *adv.*

**chivalry** (shiv′l rē) *n.* [< OFr. *chevaler,* knight] **1.** the medieval system of knighthood **2.** the noble qualities a knight was supposed to have, such as courage, honour, etc. **3.** the demonstration of these qualities

**chives** (chīvz) *n.pl.* [< L. *cepa,* onion] a plant with small, hollow leaves having a mild onion odour

**chivy, chivvy** (chiv′ē) *vt., vi.* **chiv′ied** or **chiv′vied, chiv′ying** or **chiv′vying** to fret; worry; nag

**chloral** (klôr′əl) *n.* [CHLOR(O)- +

AL(COHOL)] **1.** a colourless liquid with a pungent odour, prepared by the action of chlorine on alcohol **2.** *same as* CHLORAL HYDRATE

**chloral hydrate** a colourless, crystalline compound used chiefly as a sedative

**chlorate** (klôr′āt) ***n.*** a salt of chloric acid

**chloric** (klôr′ik) ***adj.*** **1.** of or containing chlorine with a higher valency than in corresponding chlorous compounds **2.** designating or of a colourless acid whose salts are chlorates

**chloride** (klôr′īd) ***n.*** a compound in which chlorine is combined with another element or radical

**chlorinate** (klôr′ə nāt′) ***vt.*** **-nat′ed, -nat′ing** to treat or combine (a substance) with chlorine; esp., to pass chlorine into (water or sewage) for purification **—chlo′rina′tion** ***n.***

**chlorine** (klôr′ēn) ***n.*** [see CHLORO-] a greenish-yellow, poisonous, gaseous chemical element with a disagreeable odour, used in water purification, etc.: symbol, Cl

**chloro-** [< Gr. *chlōros,* pale green] *a combining form meaning:* **1.** green **2.** having chlorine in the molecule

**chloroform** (klor′ə fôrm′) ***n.*** [see CHLORO- & FORM(IC)] a sweetish, colourless, volatile liquid used as a general anaesthetic and as a solvent **—*vt.*** to anaesthetize with chloroform

**chlorophyll** (klor′ə fil′) ***n.*** [< Gr. *chlōros,* green + *phyllon,* leaf] the green pigment of plants **—chlo′rophyl′lose, chlo′rophyl′lous** ***adj.***

**chlorous** (klôr′əs) ***adj.*** of or containing chlorine with a lower valency than in corresponding chloric compounds

**chm., chmn.** chairman

**choc-ice** (chok′is) ***n.*** an ice cream covered with a thin layer of chocolate

**chock** (chok) ***n.*** [ONormFr. *choque*] a block or wedge placed under a wheel, barrel, etc. to prevent motion **—*vt.*** to provide or wedge fast as with chocks

**chockablock** (chok′ə blok′) ***adj.*** crowded **—*adv.*** tightly together

**chock-full** (chok′fo̅o̅l′) ***adj.*** filled to capacity

**chocolate** (chok′ə lət) ***n.*** [< Fr. < Sp. < MexInd. *chocolatl*] **1.** a paste, powder, etc. made from cacao seeds that have been roasted and ground **2.** a drink made of chocolate, hot milk or water, and sugar **3.** a sweet made of or coated with chocolate **4.** reddish brown **—*adj.*** **1.** made of or flavoured with chocolate **2.** reddish-brown

**chocolate-box** ***adj.*** [Colloq.] of a style of painting that is pretty in a sentimental way

**choice** (choi̅s) ***n.*** [< OFr.] **1.** a choosing; selection **2.** the power to choose; option **3.** a person or thing chosen **4.** the best part **5.** a variety from which to choose **6.** a supply well chosen **7.** an alternative **8.** care in choosing **—*adj.*** **1.** of special excellence **2.** carefully chosen **—choice′ly** ***adv.*** **—choice′ness** ***n.***

**choir** (kwīər) ***n.*** [see CHORUS] **1.** a group of singers trained to sing together, esp. in a church **2.** the part of a church they occupy

**choke** (chōk) ***vt.*** **choked, chok′ing** [< OE. *aceocian*] **1.** to prevent from breathing by blocking the windpipe; strangle; suffocate **2.** to obstruct by clogging **3.** to hinder the growth or action of **4.** to cut off some air from the carburettor of (a petrol engine) to make a richer petrol mixture **—*vi.*** **1.** to be suffocated **2.** to be blocked up **—*n.*** **1.** the act or sound of choking **2.** the valve that chokes a carburettor **—choke back** to hold back (feelings, sobs, etc.) **—choke down** to swallow with difficulty **—choke up** **1.** to block up; clog **2.** [Colloq.] to be unable to speak, because of fear, tension, etc.

**choker** ***n.*** a closely fitting necklace

**choky**[1] ***adj.*** **-ier, -iest** **1.** inclined to choke **2.** suffocating; stifling Also sp. **chok′ey**

**choky**[2] ***n.*** [< Hindi *caukī,* shed] [Slang] prison

**choler** (kol′ər) ***n.*** [see ff.] **1.** [Obs.] bile: from medieval idea about humours **2.** [Now Rare] anger or ill humour

**cholera** (kol′ər ə) ***n.*** [< Gr. *cholē,* bile] any of several intestinal diseases; esp., Asiatic *cholera,* an acute, infectious disease characterized by severe diarrhoea, cramps, and loss of water from the body

**choleric** (kol′ər ik) ***adj.*** [see CHOLER] showing a quick temper or irascible nature

**cholesterol** (kə les′tə rol′) ***n.*** [< Gr. *cholē,* bile + *stereos,* solid] a crystalline fatty alcohol found esp. in animal fats, blood, nerve tissue, and bile

**chomp** (chomp) ***vt., vi.*** *same as* CHAMP[1]

**choose** (choo̅z) ***vt.*** **chose, cho′sen, choos′ing** [OE. *ceosan*] **1.** to pick out; select **2.** to decide or prefer *[to choose* to remain*]* **—*vi.*** **1.** to make one's selection **2.** to have the desire or wish **—choos′er** ***n.***

**choosy, choosey** ***adj.*** **-ier, -iest** [Colloq.] hard to please; fussy

**chop**[1] (chop) ***vt.*** **chopped, chop′ping** [ME. *choppen*] **1.** to cut by blows with an axe or other sharp tool **2.** to cut into small bits **3.** to hit with a short, sharp stroke **—*vi.*** to make quick, cutting strokes with a sharp tool **—*n.*** **1.** a short, sharp blow **2.** a piece chopped off **3.** a slice of lamb, pork, veal, etc. cut from the rib, loin, or shoulder **—get the chop** [Slang] **1.** to be dismissed from one's job **2.** to be killed

**chop**[2] ***n.*** [var. of *chap,* jaw] **1.** a jaw **2.** a cheek See CHOPS

**chop**[3] ***vi.*** **chopped, chop′ping** [OE. *ceapian,* to bargain] to shift or veer suddenly, as the wind; change direction **—chop and change** to change (one's plans, ideas, etc.) constantly **—chop logic** to argue

**chop-chop** ***adv., interj.*** [PidE. < Chin.] quickly

**chophouse** ***n.*** a restaurant that specializes in chops and steaks

**chopper** ***n.*** **1.** a small hand-axe, esp. for chopping firewood **2.** [*pl.*] [Slang] a set of teeth, esp. false teeth **3.** [Colloq.] a helicopter

**choppy**[1] *adj.* **chop'pier, chop'piest** [< CHOP[3]] shifting constantly and abruptly, as the wind —**chop'piness** *n.*

**choppy**[2] *adj.* **chop'pier, chop'piest** [< CHOP[1]] **1.** rough with short, broken waves, as the sea **2.** making abrupt starts and stops; jerky —**chop'pily** *adv.* —**chop'piness** *n.*

**chops** *n.pl.* [var. of *chap,* jaw] **1.** the jaws **2.** the mouth and lower cheeks —**lick one's chops** to experience or show pleasure in anticipation of something

**chopsticks** (chop'stiks') *n.pl.* [PidE. for Chin. *k'wai-tsze,* the quick ones] two small sticks held in one hand and used in some Asian countries to lift food to the mouth

**chop suey** (chop'sōō'ē) [< Chin. *tsa-sui,* various pieces] a Chinese-American dish of meat, bean sprouts, celery, mushrooms, etc. cooked together in a sauce

**choral** (kôr'əl) *adj.* [Fr.] of, for, sung by, or recited by a choir or chorus —**cho'rally** *adv.*

**chorale, choral** (kə räl') *n.* [< G. *Choral* (*gesang*), choral (song)] **1.** a hymn tune **2.** a choral composition based on such a tune **3.** a group of singers; choir

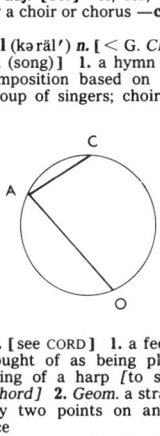


CHORDS
(AC, AO)

**chord**[1] (kôrd) *n.* [see CORD] **1.** a feeling or emotion thought of as being played on like the string of a harp [to strike a sympathetic *chord*] **2.** *Geom.* a straight line joining any two points on an arc or circumference

**chord**[2] *n.* [< ACCORD] *Music* a combination of three or more tones sounded together in harmony —**chord'al** *adj.*

**chore** (chôr) *n.* [< OE. *cierr*] **1.** a small routine task; odd job: *often used in pl.* **2.** a hard or unpleasant task

**chorea** (kō rē'ə) *n.* [< Gr. *choreia,* choral dance] a nervous disorder characterized by jerking movements caused by involuntary muscular contractions; Saint Vitus' dance

**choreography** (kor'ē og'rə fē) *n.* [Gr. *choreia,* dance + -GRAPHY] **1.** the art of devising dances, esp. ballets **2.** the arrangement of the movements of a dance **3.** dancing, esp. ballet dancing —**chor'eog'rapher** *n.* —**chor'eograph'ic** (-ə graf'ik) *adj.* —**chor'eograph'ically** *adv.*

**chorister** (kor'is tər) *n.* [see CHORUS] a member of a choir, esp. a boy singer

**chortle** (chôr't'l) *vi., vt.* **-tled, -tling** [coined by Lewis Carroll, prob. < *chuckle* + *snort*] to make, or utter with, a gleeful chuckling or snorting sound —*n.* such a sound —**chor'tler** *n.*

**chorus** (kôr'əs) *n.* [< Gr. *choros*] **1.** in ancient Greek drama, a group whose singing, dancing, and narration supplement the main action **2.** a group of dancers and singers performing together, as in an opera **3.** the part of a drama, song, etc. performed by a chorus **4.** a group trained to sing or speak something together simultaneously **5.** a simultaneous utterance by many [a *chorus* of protest] **6.** music written for group singing **7.** the refrain of a song following each verse —*vt., vi.* to sing, speak, or say in unison —**in chorus** in unison

**chose** (chōz) *pt. & obs. pp. of* CHOOSE

**chosen** *pp. of* CHOOSE —*adj.* selected

**chough** (chuf) *n.* [ME.] a European bird of the crow family, with red legs and beak and glossy black feathers

**choux pastry** (shōō) [< Fr. (*pâte*) *choux,* cabbage (dough)] a very light pastry made with eggs

**chow** (chou) *n.* [< Chin.] **1.** a medium-sized dog, originally from China, with a compact, muscular body and thick coat: official name **chow chow** **2.** [Slang] food

**chow mein** (chou mān') [Chin. *ch'ao,* fry + *mien,* flour] a Chinese-American dish consisting of a thick stew of meat, celery, bean sprouts, etc.

**Chr.** **1.** Christ **2.** Christian **3.** Chronicles

**chrism** (kriz'm) *n.* [< Gr. *chriein,* anoint] consecrated oil used in baptism and other sacraments

**Christ** (krīst) [< Gr. *christos,* the anointed] Jesus of Nazareth, regarded by Christians as the Messiah prophesied in the Old Testament

**christen** (kris'n) *vt.* [OE. *cristnian*] **1.** to take into a Christian church by baptism **2.** to give a name to, esp. at baptism **3.** [Colloq.] to use for the first time —**chris'tening** *n.*

**Christendom** *n.* **1.** Christians collectively **2.** those parts of the world where most of the inhabitants profess Christianity

**Christian** (kris'tyən) *n.* a believer in Jesus as the Christ, or in the religion based on the teachings of Jesus —*adj.* **1.** of Jesus Christ or his teachings **2.** of or professing the religion based on these teachings **3.** having the qualities taught by Jesus Christ, as love, kindness, etc. **4.** of Christians or Christianity —**Chris'tianly** *adj., adv.*

**Christian Era** the era beginning with the year formerly thought to be that of the birth of Jesus Christ

**Christianity** (kris'tē an'ə tē) *n.* **1.** Christians collectively **2.** the Christian religion **3.** a particular Christian religious system **4.** the state of being a Christian

**Christianize** (kris'tyən īz') *vt.* **-ized', -iz'ing** **1.** to convert to Christianity **2.** to cause to conform with Christian character or precepts —**Chris'tianiza'tion** *n.*

**Christian name** the baptismal name as distinguished from the surname or family name

**Christian Science** a religion and system of healing founded by Mary Baker Eddy c. 1866: official name, *Church of Christ, Scientist* —**Christian Scientist**

**christie, christy** (kris′tē) ***n., pl.*** **-ties** [< *Christiania,* now Oslo] *Skiing* a high-speed turn with skis kept parallel

**Christlike** (krīst′līk′) ***adj.*** like Jesus Christ, esp. in character or spirit —**Christ′-like′ness** ***n.***

**Christly** ***adj.*** of Jesus Christ; Christlike

**Christmas** (kris′məs) ***n.*** [see CHRIST & MASS] a holiday on Dec. 25 celebrating the birth of Jesus Christ: also **Christmas Day**

**Christmas box** a sum of money or other present given at Christmas to tradesmen, employees, etc.

**Christmas rose** *same as* HELLEBORE

**Christmas tree** an evergreen or artificial tree hung with ornaments and lights at Christmas time

**chromate** (krō′māt) ***n.*** a salt of chromic acid

**chromatic** (krō mat′ik) ***adj.*** [< Gr. *chrōma,* colour] **1.** of or having colour or colours **2.** *Music* using or progressing by semitones —**chromat′ically** ***adv.*** —**chromat′icism, chro′matic′ity** (-tis′ə tē) ***n.***

**chromatics** ***n.pl.*** [*with sing. v.*] the scientific study of colours

**chromatic scale** the musical scale made up of thirteen successive semitones to the octave

**chromatin** (krō′mə tin) ***n.*** [< Gr. *chrōma,* colour] a protoplasmic substance in living cells that takes a deep stain: it forms the chromosomes

**chromatography** (krō′mə tog′rə fē) ***n.*** [< Gr. *chrōma,* colour & -GRAPHY] the process of separating constituents of a mixture by running a solution of it through an adsorbent on which the substances are separated into bands

**chrome** (krōm) ***n.*** [< Gr. *chrōma,* colour] chromium or chromium alloy, esp. as plating —***vt.*** **chromed, chrom′ing** to plate with chromium

**chromic** (krō′mik) ***adj.*** designating or of compounds containing trivalent chromium

**chromite** (krō′mīt) ***n.*** a black mineral that is the chief ore of chromium

**chromium** (krō′mē əm) ***n.*** [< CHROME] a metallic chemical element resistant to corrosion: symbol, Cr

**chromium plate** a thin coating of chromium, esp. on steel, deposited by electrolysis —**chro′mium-plat′ed** ***adj.***

**chromosome** (krō′mə sōm′) ***n.*** [< Gr. *chrōma,* colour + *sōma,* body] any of the microscopic rod-shaped bodies of a cell nucleus that carry genes, which convey hereditary characteristics —**chro′moso′-mal** ***adj.***

**chromosphere** (krō′mə sfēər′) ***n.*** [< Gr. *chrōma,* colour + SPHERE] the reddish layer of gases around the sun

**chromous** (krō′məs) ***adj.*** designating or of compounds containing bivalent chromium

**Chron.** Chronicles

**chron.** **1.** chronological **2.** chronology

**chronic** (kron′ik) ***adj.*** [< Gr. *chronos,* time] **1.** lasting a long time or recurring often: said of a disease **2.** having had an ailment for a long time **3.** perpetual; constant **4.** [Colloq.] pitifully bad —**chron′ically** ***adv.*** —**chronicity** (krə nis′ə tē) ***n.***

**chronicle** (kron′i k'l) ***n.*** [< Gr. *chronika,* annals] **1.** a historical record of events in the order in which they happened **2.** a narrative; history —***vt.*** **-cled, -cling** to tell or write the history of —**chron′icler** ***n.***

**chronological** (kron′ə loj′i k'l) ***adj.*** **1.** arranged in the order of occurrence **2.** relating to a narrative or history Also **chron′olog′ic** —**chron′olog′ically** ***adv.***

**chronology** (krə nol′ə jē) ***n., pl.*** **-gies** [< Gr. *chronos,* time + -LOGY] **1.** the science of measuring time and of dating events **2.** an arrangement or list of events in the order of occurrence —**chronol′ogist** ***n.***

**chronometer** (krə nom′ə tər) ***n.*** [< Gr. *chronos,* time + -METER] an instrument for measuring time precisely —**chronometric** (kron′ō met′rik), **chron′omet′rical** ***adj.***

**chrysalis** (kris′ə lis′) ***n., pl.*** **chrysalides** (krisal′ə dēz′), **chrys′alises** [< Gr. *chrysos,* gold] **1.** the pupa of a butterfly, when it is in a cocoon **2.** the cocoon Also **chrys′alid**

**chrysanthemum** (kri san′thə məm) ***n.*** [< Gr. *chrysos,* gold + *anthemon,* flower] any of a genus of late-blooming plant, cultivated for its showy flowers, in a wide variety of colours

**chrysoberyl** (kris′ō ber′əl) ***n.*** [Gr. *chrysos,* gold + BERYL] a yellowish mineral used as a semiprecious stone

**chrysolite** (kris′ō līt′) ***n.*** [< Gr. *chrysos,* gold + *lithos,* stone] *same as* OLIVINE

**chrysoprase** (kri′ō prāz′) ***n.*** [< Gr. *chrysos,* gold + *prason,* leek] a light-green chalcedony used as a semiprecious stone

**chub** (chub) ***n.*** [ME. *chubbe*] a small, freshwater fish

**chubby** ***adj.*** **chub′bier, chub′biest** [< prec.] round and plump —**chub′biness** ***n.***

**chuck**[1] (chuk) ***vt.*** [< ? Fr. *choquer,* strike against] **1.** to tap playfully, esp. under the chin **2.** to toss **3.** [Slang] *a*) to get rid of *b*) to give up (often with *in*) —***n.*** a light tap under the chin —**chuck it!** stop!; give it up! —**chuck out** [Colloq.] to throw out

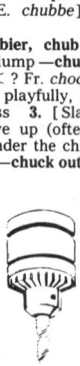

CHUCK
(of a drill)

**chuck**[2] ***n.*** [prob. < CHOCK] **1.** a cut of beef including the shoulder blade **2.** a clamplike device, as on a lathe, by which the tool is held

**chucker-out** (chuk′ər out′) *n.* *same as* BOUNCER

**chuckle** (chuk′′l) *vi.* **-led, -ling** [prob. < *chuck,* to cluck] **1.** to laugh softly in a low tone, as in mild amusement **2.** to cluck, as a hen —*n.* a soft, low-toned laugh —**chuck′ler** *n.*

**chucklehead** *n.* [Colloq.] a stupid person

**chuff** (chuf) *vi., n.* [echoic] *same as* CHUG

**chuffed** (chuft) *adj.* [< ?] [Slang] pleased; gratified

**chug** (chug) *n.* [echoic] a puffing sound, as of a locomotive —*vi.* **chugged, chug′ging** to make, or move with, such sounds

**chukka (boot)** (chuk′ər) [< CHUKKER] a man's ankle-high bootlike shoe, orig. worn for polo

**chukker, chukkar** (chuk′ər) *n.* [Hindi] any of the periods of play, 7 1/2 minutes each, of a polo match

**chum** (chum) *n.* [prob. < *chamber mate*] [Colloq.] a close friend —*vi.* **chummed, chum′ming** [Colloq.] to be close friends

**chummy** *adj.* **chum′mier, chum′miest** [Colloq.] intimate; friendly —**chum′mily** *adv.* —**chum′miness** *n.*

**chump** (chump) *n.* [< ?] **1.** a heavy block of wood **2.** [Colloq.] a stupid person —**off one's chump** [Colloq.] insane

**chunk** (chuŋk) *n.* [< ? CHUCK[2]] **1.** a short, thick piece, as of meat, wood, etc. **2.** a considerable portion

**chunky** *adj.* **-ier, -iest** **1.** short and thick **2.** stocky; thickset **3.** containing chunks —**chunk′iness** *n.*

**church** (church) *n.* [ult. < Gr. *kyriakē* (*oikia*), Lord's (house)] **1.** a building for public worship, esp. one for Christian worship **2.** public worship **3.** [*usually* C-] *a*) all Christians *b*) a particular denomination of Christians **4.** ecclesiastical, as opposed to secular, government **5.** the profession of the clergy —*adj.* of a church or of organized Christian worship —*vt.* to bring (a woman after childbirth) to church for a service of thanksgiving

**Church Commissioners** the administrative body responsible for the property of the Church of England

**churchgoer** *n.* a person who attends church, esp. regularly —**church′go′ing** *n., adj.*

**churchly** *adj.* of, or belonging to, a church

**Church of England** the Anglican Church: it is an established church with the Sovereign as its head

**churchwarden** *n.* **1.** one of two lay officers elected annually by a parish **2.** a long clay pipe

**churchyard** *n.* the land adjoining a church, often used as a place of burial

**churl** (churl) *n.* [OE. *ceorl,* freeman] a surly or ill-bred person —**churl′ish** *adj.* —**churl′ishly** *adv.*

**churn** (churn) *n.* [OE. *cyrne*] **1.** a container in which milk or cream is shaken to form butter **2.** a large vessel for containing milk —*vt.* **1.** to shake (milk or cream) in a churn **2.** to make (butter) in a churn **3.** to stir up vigorously —*vi.* **1.** to use a churn in making butter **2.** to move as if in a churn; seethe —**churn out** to produce in great numbers

**chute[1]** (shōōt) *n.* [Fr., a fall] **1.** an inclined or vertical trough down which things may slide **2.** a waterfall

**chute[2]** *n.* [Colloq.] a parachute

**chutney** (chut′nē) *n., pl.* **-neys** [Hindi *chatnī*] a relish made of fruits, spices, and herbs: also sp. **chut′nee**

**chyle** (kīl) *n.* [< Gr. *chylos* < *cheein,* pour] a milky fluid formed from chyme in the small intestine and passed into the blood —**chy′lous** *adj.*

**chyme** (kīm) *n.* [< Gr. *chymos,* juice < *cheein,* pour] the mass resulting from digestion of food —**chy′mous** *adj.*

**chypre** (shē′prə) *n.* [Fr., of Cyprus] a perfume made from sandalwood

**C.I.** Channel Islands

**CIA, C.I.A.** Central Intelligence Agency

‡**ciao** (chou) *interj.* [It.] [Colloq.] hello; goodbye

**cicada** (si kā′də) *n., pl.* **-das, -dae** (-dē) [L.] a large insect with transparent wings: the male makes a loud, shrill sound

**cicatrix** (sik′ə triks) *n., pl.* **cicatrices** (sik′ə trī′sēz) [L.] **1.** *Med.* the contracted tissue at the place where a wound has healed; scar **2.** *Bot.* the scar left where a branch, etc. was once attached Also **cic′atrice**

**cicely** (sis′ə lē) *n.* [< L. *seselis*] a perennial plant similar to chervil, used as a herb

**cicerone** (chich′ə rō′nē) *n., pl.* **-nes** [It. < L. *Cicero,* the orator] a well-informed guide for sightseers

**C.I.D.** Criminal Investigation Department

**-cide** (sīd) [< L. *caedere,* kill] *a suffix meaning:* **1.** killer [*pesticide*] **2.** killing [*genocide*]

**cider** (sī′dər) *n.* [< Gr. < Heb. *shēkār,* strong drink] an alcoholic beverage made from fermented apple juice

**CIF** cost, insurance and freight

**cigar** (si gär′) *n.* [Sp. *cigarro*] a compact roll of tobacco leaves for smoking

**cigarette** (sig′ə ret′) *n.* [Fr., dim. of *cigare,* cigar] a small roll of finely cut tobacco wrapped in thin paper for smoking

**cigarette card** a picture card formerly given away in cigarette packets and collected in sets

**CIGS** Chief of the Imperial General Staff

**cilia** (sil′ē ə) *n.pl., sing.* **-ium** [L.] **1.** the eyelashes **2.** *Biol.* small hairlike processes, on some leaves or some cells, as in protozoans —**cil′iate** (-ət) *adj.*

**C.-in-C.** Commander-in-Chief

**cinch** (sinch) *n.* [< Sp. < L. *cingulum,* girdle] **1.** [Colloq.] a sure or easy thing **2.** a saddle or pack girth —*vt.* to gird with a cinch

**cinchona** (siŋ kō′nə) *n.* [< the Countess del *Chinchón*] a tropical S American tree from the bark of which quinine is obtained

**cincture** (siŋk′chər) *n.* [L. *cinctura,* girdle] **1.** an encircling **2.** anything that encircles, as a belt —*vt.* **-tured, -turing** to encircle with a cincture

**cinder** (sin′dər) *n.* [OE. *sinder*] **1.** any

matter, as coal or wood, burned but not reduced to ashes **2.** a minute piece of such matter **3.** [*pl.*] ashes from coal or wood **—cin′dery** ***adj.***

**Cinderella** (sin′dərel′ə) ***n.*** [after a character in a fairy tale] any poor or obscure person, organization, etc.

**cine camera** a camera that takes moving pictures, used esp. by amateur photographers

**cinema** (sin′əmə) ***n.*** [< CINEMA(TOGRAPH)] a film theatre **—the cinema** the art or business of making films **—cin′emat′ic** (-mat′ik) ***adj.*** **—cin′emat′ically** ***adv.***

**cinematograph** (sin′əmat′əgräf′) ***n.*** [< Gr. *kinēma,* motion + *graphein,* write] a film projector, camera, theatre, etc.

**cinematography** (sin′əmətog′rəfē) ***n.*** the art of photography in making film **—cin′ematog′rapher** ***n.*** **—cin′emat′ograph′ic** (-mat′əgraf′ik), **cin′emat′ograph′ical** ***adj.***

**cineraria** (sin′ərāər′ēə) ***n.*** [< L. *cinis,* ashes: the leaves have an ash-coloured down] a hothouse plant with heart-shaped leaves and colourful flowers

**cinerarium** ***n., pl.*** **-rar′ia** [L. < *cinis,* ashes] a place to keep the ashes of cremated bodies **—cin′erary** ***adj.***

**cinnabar** (sin′əbär′) ***n.*** [< Gr. *kinnabari*] **1.** mercuric sulphide, a heavy, bright-red mineral, the principal ore of mercury **2.** artificial mercuric sulphide, used as a red pigment **3.** vermilion

**cinnamon** (sin′əmən) ***n.*** [< Heb. *qinnāmōn*] **1.** the yellowish-brown spice made from the inner bark of a laurel tree native to the East Indies **2.** this bark **3.** yellowish brown **—*adj.*** **1.** yellowish-brown **2.** flavoured with cinnamon

**cinque** (siŋk) ***n.*** [< L. *quinque,* five] a five at dice or on a playing card

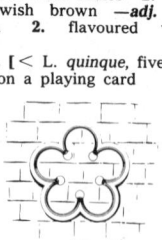

CINQUEFOIL

**cinquefoil** (siŋk′foil′) ***n.*** [< L. *quinque,* five + *folium,* leaf] **1.** a plant with compound leaves with five leaflets **2.** *Archit.* a circular design of five converging arcs

**Cinque Ports** a group of ports in SE England, originally five in number

**cipher** (sī′fər) ***n.*** [< Ar. *ṣifr,* nothing] **1.** *a*) secret writing based on a key *b*) a message in such writing *c*) the key to such a system **2.** a person or thing of no importance or value **3.** the symbol 0; nought; zero **4.** an Arabic numeral **5.** a monogram **—*vt., vi.*** **1.** to write in cipher **2.** [Now Rare] to do arithmetic

**cir., circ.** **1.** circa **2.** circulation **3.** circumference

**circa** (sər′kə) ***prep.*** [L.] about: used before an approximate date, figure, etc. [*circa* 1650]

**circadian** (sərkā′dēən) ***adj.*** [< L. *circa,* about + *dies,* day] of certain biological rhythms associated with the 24-hour daily cycles

**circle** (sur′k′l) ***n.*** [see CIRCUS] **1.** a plane figure bounded by a single curved line every point of which is equally distant from the point at the centre **2.** the line bounding such a figure **3.** anything shaped like a circle **4.** a section of seats in a theatre, as in a balcony **5.** a complete or recurring series; cycle **6.** group of people bound together by common interests **—*vt.*** **-cled, -cling** **1.** to encompass; surround **2.** to move round, as in a circle **—*vi.*** to revolve **—come full circle** to return to an original position after going through a cycle **—cir′cler** ***n.***

**circlet** (sur′klit) ***n.*** **1.** a small circle **2.** a circular band worn as an ornament, esp. on the head

**circs** (surks) ***n.pl.*** [Colloq.] circumstances

**circuit** (sur′kit) ***n.*** [< L. *circum,* around + *ire,* go] **1.** the length of the line forming the boundaries of an area **2.** the area bounded **3.** a going round something **4.** *a*) the regular journey through a district of a person in his work, as of a judge, minister of religion, etc. *b*) such a district **5.** a chain of theatres, etc. at which plays, films, etc. appear in turn **6.** a motor racing track **7.** *Elec.* a complete or partial path over which current may flow

**circuit breaker** a device that automatically interrupts the flow of an electric current

**circuitous** (sərkyōō′ətəs) ***adj.*** roundabout; devious **—circu′itously** ***adv.*** **—circu′itousness, circu′ity** ***n.***

**circuitry** (sur′kətrē) ***n.*** the scheme, system, or components of an electric circuit

**circular** (sur′kyələr) ***adj.*** [L. *circularis*] **1.** in the shape of a circle; round **2.** relating to a circle **3.** moving in a circle **4.** roundabout; circuitous **5.** intended for circulation among a number of people **—*n.*** a circular advertisement, letter, etc. **—cir′cular′ity** (-lar′ətē) ***n.*** **—cir′cularly** ***adv.***

**circularize** ***vt.*** **-ized′, -iz′ing** **1.** to send circulars to **2.** to canvass **3.** to make circular **—cir′culariza′tion** ***n.*** **—cir′culariz′er** ***n.***

**circular saw** a saw in the form of a disc with a toothed edge, rotated at high speed by a motor

**circulate** (sur′kyəlāt′) ***vi.*** **-lat′ed, -lat′ing** [< L. *circulari,* form a circle] **1.** to move in a circle or circuit, as the blood **2.** to go from person to person or from place to place **—*vt.*** to cause to circulate **—cir′cula′tor** ***n.*** **—cir′culatory, cir′culative** ***adj.***

**circulating library** a library from which books can be borrowed, sometimes for a subscription

**circulation** (sur′kyəlā′shən) ***n.*** **1.** a

circulating or moving round, as of blood through the arteries and veins **2.** the passing of something, as money, news, etc., from person to person **3.** *a*) the distribution of newspapers, magazines, etc. *b*) the average number of a newspaper sold in a given period **—in circulation** 1. in use **2.** participating in activities, etc.

**circum-** [< L. *circum*] *a prefix meaning* round, about, surrounding, on all sides

**circumambient** (sur′kəm am′bē ənt) ***adj.*** [CIRCUM- + AMBIENT] surrounding

**circumcise** (sur′kəm sīz′) ***vt.*** **-cised′, -cis′ing** [< L. *circum-*, around + *caedere*, to cut] to cut off all or part of the foreskin of **—cir′cumci′sion** (-sizh′ən) ***n.***

**circumference** (sər kum′fər əns) ***n.*** [< L. *circum-*, around + *ferre*, carry] **1.** the line bounding a circle or other rounded surface **2.** the distance measured by this line **—circum′feren′tial** (-fə ren′shəl) ***adj.***

**circumflex** (sur′kəm fleks′) ***n.*** [< L. *circum-*, around + *flectere*, bend] a mark ( ^ ^ ) used over certain vowels in some languages to indicate a specific sound **—*adj.*** **1.** of or marked by a circumflex **2.** bending around; curved **—cir′cumflex′ion** ***n.***

**circumlocution** (sur′kəm lə kyōō′shən) ***n.*** [see CIRCUM- & LOCUTION] a roundabout or lengthy way of expressing something **—cir′cumloc′utory** (-lok′yə tər ē) ***adj.***

**circumnavigate** (-nav′ə gāt′) ***vt.*** **-gat′ed, -gat′ing** [see CIRCUM- & NAVIGATE] to sail or fly around (the earth, an island, etc.) **—cir′cumnav′iga′tion** ***n.***

**circumscribe** (sur′kəm skrīb′) ***vt.*** **-scribed′, -scrib′ing** [< L. *circum-*, around + *scribere*, write] **1.** to encircle **2.** *a*) to limit *b*) to restrict **3.** *Geom. a*) to draw a figure around (another figure) so as to touch it at as many points as possible *b*) to be thus drawn around **—cir′cumscrip′tion** (-skrip′shən) ***n.***

**circumspect** (sur′kəm spekt′) ***adj.*** [< L. *circum-*, around + *specere*, look] careful to consider all related circumstances before acting **—cir′cumspec′tion** ***n.*** **—cir′cumspect′ly** ***adv.***

**circumstance** (sur′kəm stəns) ***n.*** [< L. *circum-*, around + *stare*, stand] **1.** a fact or event, esp. one accompanying another, either incidentally or as a determining factor **2.** [*pl.*] conditions affecting a person, esp. financial conditions **3.** ceremony; show *[pomp and circumstance]* **—*vt.*** **-stanced, -stancing** to place in certain circumstances **—under no circumstances** under no conditions; never **—under the circumstances** conditions being what they are or were **—cir′cumstanced** ***adj.***

**circumstantial** (sur′kəm stan′shəl) ***adj.*** **1.** having to do with, or depending on, circumstances **2.** incidental **3.** complete in detail **—cir′cumstan′tial′ity** (-shē al′ə tē) ***n.***

**circumstantial evidence** *Law* evidence offered to prove certain circumstances from which the existence of the fact at issue may be inferred

**circumstantiate** ***vt.*** **-at′ed, -at′ing** to give detailed proof or support of **—cir′cumstan′tia′tion** ***n.***

**circumvent** (sur′kəm vent′) ***vt.*** [< L. *circum-*, around + *venire*, come] **1.** to get the better of; outwit **2.** to surround, as with evils, enmity, etc. **—cir′cumven′tion** ***n.***

**circus** (sur′kəs) ***n.*** [L. < Gr. *kirkos*, circle] **1.** a travelling show of acrobats, trained animals, clowns, etc. **2.** [Colloq.] any group of persons who habitually travel together, esp. sportsmen **3.** an open space where streets converge **4.** in ancient Rome, an arena with tiers of seats around it, used for games, races, etc.

**cirrhosis** (sə rō′sis) ***n.*** [< Gr. *kirrhos*, tawny + -OSIS] a degenerative disease, esp. of the liver, marked by excess formation of connective tissue **—cirrhot′ic** (-rot′ik) ***adj.***

**cirrocumulus** (sir′ō kyōō′myə ləs) ***n.*** [< CIRRUS & L. *cumulus*, heap] a high formation of clouds in small, white puffs or streaks

**cirrostratus** (sir′ō strāt′əs) ***n.*** [< CIRRUS & STRATUS] a high formation of clouds in a thin, whitish veil

**cirrus** (sir′əs) ***n., pl.,*** for 1 **-ri** (-ī); for 2 **-rus** [L., a curl] **1.** *Biol. a*) a plant tendril *b*) a threadlike appendage, as a feeler **2.** a high formation of clouds in wispy filaments **—cir′rose, cir′rous** ***adj.***

**cisalpine** (sis al′pīn) ***adj.*** [L. *cis*, on this side + ALPINE] on this (the Roman, or southern) side of the Alps

**cisco** (sis′kō) ***n., pl.*** **-coes** or **-cos** [ult. < AmInd.] any of various whitefish of deep lakes in N America

**cissy** (sis′ē) ***n.*** *same as* SISSY

**cist** (sist) ***n.*** [< Gr. *kistē*, chest] a prehistoric tomb made of stone slabs or hollowed out of rock

**Cistercian** (sis tur′shən) ***adj.*** [< ML. *Cistercium* (now *Cîteaux*, France)] of a monastic order following the Benedictine rule strictly **—*n.*** a Cistercian monk or nun

**cistern** (sis′tərn) ***n.*** [< L. *cista*, chest] **1.** a tank for the storage of water, specif., *a*) in the roofspace of a house *b*) above a W.C. for flushing **2.** an underground reservoir for the storage of liquid, esp. rain water

**citadel** (sit′ə d'l) ***n.*** [< L. *civitas*, city] **1.** a fortress on a commanding height for defence of a city **2.** a stronghold **3.** a refuge

**citation** (sī tā′shən) ***n.*** [see ff.] **1.** a quoting **2.** a passage cited **3.** official honourable mention for meritorious service in the armed forces **4.** a summons to appear before a court of law **5.** a reference to a legal statute, etc. **—cita′tor** ***n.*** **—cita′tory** ***adj.***

**cite** (sīt) ***vt.*** **cit′ed, cit′ing** [< L. *citare*, summon] **1.** to quote (a passage, book, etc.) **2.** to refer to or mention by way of example, etc. **3.** to mention in a citation (sense 3) **4.** to summon to appear before a court of law

**cithara** (sith′ə rə) ***n.*** [L. < Gr. *kithara*]

an ancient musical instrument somewhat like a lyre

**citified** (sit′i fīd′) *adj.* having the manners, dress, etc. attributed to city people

**citizen** (sit′ə zən) *n.* [see CITY] **1.** formerly, an inhabitant of a city **2.** a member of a state or nation

**citizenry** *n.* all citizens as a group

**citizenship** *n.* **1.** the status of a citizen, or his duties and rights **2.** one's conduct as a citizen

**citrate** (si′trāt) *n.* [< CITRUS] a salt or ester of citric acid

**citric** (si′trik) *adj.* [< CITRUS] **1.** of or from lemons, oranges, etc. **2.** designating an acid obtained from such fruits, used in making dyes, citrates, etc.

**citron** (si′trən) *n.* [see CITRUS] **1.** a yellow, thick-skinned fruit resembling a lemon **2.** the semitropical tree bearing this fruit **3.** the candied peel of this fruit

**citronella** (si′trə nel′ə) *n.* [ModL. < CITRUS] **1.** a sharp-smelling oil used in perfume, insect repellents, etc. **2.** a grass of S Asia from which it is derived

**citrus** (si′trəs) *n.* [L., citron tree] **1.** any of the trees that bear oranges, lemons, limes, etc. **2.** any such fruit —*adj.* of these trees: also **cit′rous**

**cittern** (sit′ərn) *n.* [see CITHERA] an early stringed instrument of the guitar family: also **cith′er**

**city** (sit′ē) *n., pl.* **cit′ies** [< L. *civis,* citizen] **1.** a centre of population larger than a town **2.** in Britain, a large town that has been granted a charter from the Crown **3.** in the U.S., a self-governing town —*adj.* of or in a city —**the City** **1.** the City of London, esp. the financial and commercial institutions located there **2.** the financial world in general

**city editor** the editor of a newspaper, responsible for financial news

**city fathers** the important officials of a city

**city-state** *n.* a state made up of an independent city and the territory controlled by it, as in ancient Greece

**civ.** **1.** civil **2.** civilian

**civet** (siv′it) *n.* [< Fr. < Ar.] a yellowish substance with a musklike scent, secreted by the civet cat and used in making perfumes

**civet cat** a catlike, flesh-eating mammal of Africa and S Asia, with spotted, yellowish fur

**civic** (siv′ik) *adj.* [see CITY] **1.** of a city; municipal **2.** of citizens or citizenship —**civ′ically** *adv.*

**civic centre** a complex of buildings serving the administrative, social, and recreational needs of a town

**civics** *n.pl.* [*with sing. v.*] the study of civic affairs and the duties and rights of citizenship

**civil** (siv′′l) *adj.* [see CITY] **1.** of a citizen or citizens **2.** of a community of citizens **3.** civilized **4.** polite or courteous **5.** not military or religious [*civil* marriage] **6.** *Law* relating to private rights —**civ′illy** *adv.*

**civil defence** a system of warning devices, air-raid or fallout shelters, civilian volunteers, etc. for defence of a population against enemy attack

**civil disobedience** nonviolent opposition to a law by refusing to comply with it

**civil engineering** the branch of engineering dealing with the design and construction of roads, bridges, etc. —**civil engineer**

**civilian** (sə vil′yən) *n.* [see CITY] a person not an active member of the armed forces or of an official force having police power —*adj.* of or for civilians

**civility** (sə vil′ə tē) *n., pl.* **-ties** **1.** politeness, esp. of a merely formal kind **2.** a civil act or utterance

**civilization** (siv′ə lī′zā′shən) *n.* **1.** social organization of a high order **2.** the countries and peoples considered to have reached a high social development **3.** the total culture of a people, nation, etc. **4.** a civilizing or becoming civilized

**civilize** (siv′ə līz′) *vt.* **-lized′, -liz′ing** [see CITY] **1.** to bring out of a primitive or savage condition **2.** to improve in habits or manners; refine —**civ′ilized′** *adj.*

**civil law** **1.** the body of law concerning private rights **2.** the body of codified law developed from Roman law

**civil liberties** rights of speaking and acting as one likes without hindrance except in the interests of the public good

**civil list** in Britain, the annual amount fixed by Parliament for the household expenses of members of the royal family

**civil marriage** a marriage performed by a public official, not by a clergyman

**civil rights** **1.** the rights of a citizen as a private individual, esp. in relation to the state **2.** [Colloq.] the rights of minorities within a society

**civil service** all those employed in government work except those in the armed forces, legislature, and judicature —**civil servant**

**civil war** war between factions of the same nation

**civvies** (siv′ēz) *n.pl.* [Colloq.] civilian clothes

**Civvy Street** (siv′ē) [Colloq.] civilian life

**ck.** *pl.* **cks.** cask

**Cl** *Chem.* chlorine

**cl** centilitre(s)

**cl.** **1.** claim **2.** class **3.** clause

**clack** (klak) *vi.* [echoic] **1.** to make a sudden, sharp sound **2.** to chatter —*n.* **1.** a clacking sound **2.** chatter —**clack′er** *n.*

**clad** (klad) *alt. pt. & pp. of* CLOTHE —*adj.* **1.** clothed **2.** having a layer of another metal or stone, wood, etc. bonded to it —**clad′ding** *n.*

**claim** (klām) *vt.* [< L. *clamare,* cry out] **1.** to demand as rightfully belonging to one **2.** to call for; require **3.** to assert;

maintain —*n.* **1.** a demand for something rightfully due **2.** a right to something **3.** something claimed, as land **4.** an assertion —**claim'able** *adj.* —**claim'er** *n.*

**claimant** *n.* one who makes a claim

**clairvoyance** (klâər vȯi'əns) *n.* the supposed ability to perceive things that are not in sight

**clairvoyant** *adj.* [Fr. < *clair,* clear + *voir,* see] of or having clairvoyance —*n.* a clairvoyant person

**clam** (klam) *n.* [< OE. *clamm,* fetter] a hard-shelled, edible, bivalve mollusc —*vi.* to dig for clams —**clam up** [Colloq.] to refuse to talk

**clamber** (klam'bər) *vi., vt.* [ME. *clambren*] to climb clumsily or with effort, using both hands and feet —*n.* a hard or clumsy climb —**clam'berer** *n.*

**clammy** (klam'ē) *adj.* **clam'mier, clam'miest** [prob. < OE. *clam,* clay] unpleasantly moist, cold, and sticky —**clam'mily** *adv.* —**clam'miness** *n.*

**clamour** (klam'ər) *n.* [< L. *clamare,* cry out] **1.** a loud outcry; uproar **2.** a noisy demand or complaint **3.** a loud, sustained noise —*vi.* to cry out, demand, or complain noisily —*vt.* to express with clamour —**clam'orous** *adj.* —**clam'orously** *adv.* —**clam'orousness** *n.*

**clamp**[1] (klamp) *n.* [< MDu. *klampe*] a device for clasping or fastening things together —*vt.* **1.** to fasten or brace with a clamp **2.** to impose forcefully —**clamp down** (**on**) to become more strict (with)

**clamp**[2] *n.* [< MDu. *klamp,* heap] a pile, esp. of potatoes, stored under earth or straw —*vt.* to keep in a clamp

**clan** (klan) *n.* [Gael. *clann,* offspring] **1.** a social group, as in the Scottish Highlands, composed of several families descended from a common ancestor **2.** a group of people with interests in common

**clandestine** (klan des'tin) *adj.* [< L. *clam,* secretly] secret or hidden; surreptitious —**clandes'tinely** *adv.*

**clang** (klaŋ) *vi., vt.* [echoic] to make or cause to make a loud, sharp, ringing sound, as by striking metal —*n.* a clanging sound

**clanger** *n.* [< prec.] [Colloq.] a mistake, esp. a social blunder [he dropped a *clanger*]

**clangour** (klaŋ'ər) *n.* [< L. *clangere,* clang] a clanging sound, esp. a continued clanging —*vi.* to make a clangour —**clan'gorous** *adj.* —**clan'gorously** *adv.*

**clank** (klaŋk) *n.* [echoic] a sharp, metallic sound —*vi., vt.* to make, or cause to move with, a clank

**clannish** (klan'ish) *adj.* **1.** of a clan **2.** tending to associate closely and to avoid others —**clan'nishly** *adv.* —**clan'nishness** *n.*

**clap**[1] (klap) *vi.* **clapped, clap'ping** [OE. *clæppan,* beat] **1.** to make a sudden, explosive sound, as of two flat surfaces being struck together **2.** to strike the hands together, as in applauding —*vt.* **1.** to strike together briskly and loudly **2.** to strike with an open hand **3.** to put, move, etc. swiftly [*clapped* into jail] —*n.* **1.** the sound of clapping **2.** the act of striking the hands together **3.** a sharp slap, as in hearty greeting —**clap eyes on** [Colloq.] to catch sight of; see —**clap hold of** [Colloq.] to seize; grasp —**clapped out** [Colloq.] **1.** worn out **2.** exhausted

**clap**[2] *n.* [< OFr.] [Slang] gonorrhoea: with *the*

**clapper** *n.* a thing that makes a clapping noise, as the tongue of a bell —**like the clappers** [Colloq.] very fast

**claptrap** *n.* [CLAP[1] + TRAP[1]] showy, insincere, empty talk, etc. —*adj.* showy and cheap

**claque** (klak) *n.* [Fr. < *claquer,* to clap] **1.** a group of people paid to go to a play, opera, etc. and applaud **2.** a group of fawning followers —**claqu'eur** *n.*

**claret** (klar'ət) *n.* [< L. *clarus,* clear] **1.** a red wine, esp. Bordeaux **2.** purplish red —*adj.* purplish-red

**clarify** (klar'əfī') *vt., vi.* **-fied', -fy'ing** [< L. *clarus,* clear + *facere,* make] **1.** to make or become clear and free from impurities **2.** to make or become easier to understand —**clar'ifica'tion** *n.*

**clarinet** (klar'ənet') *n.* [Fr.: see ff.] a single-reed, woodwind instrument played by means of holes and keys —**clar'inet'tist** *n.*

**clarion** (klar'ē ən) *n.* [< L. *clarus,* clear] a trumpet of the Middle Ages producing clear, sharp, shrill tones —*adj.* clear, sharp, and ringing [a *clarion* call]

**clarity** (klar'ətē) *n.* [< L. *clarus,* clear] clearness

**clash** (klash) *vi.* [echoic] **1.** to collide with a loud, harsh, metallic noise **2.** to conflict; disagree —*vt.* to strike with a loud, harsh noise —*n.* **1.** the sound of clashing **2.** *a*) conflict *b*) lack of harmony

**clasp** (kläsp) *n.* [ME. *claspe*] **1.** a fastening, as a hook, to hold things together **2.** a grasping; embrace **3.** a grip of the hand **4.** a metal bar attached to the ribbon of a military decoration —*vt.* **1.** to fasten with a clasp **2.** to grasp firmly; embrace **3.** to grip with the hand **4.** to cling to

**clasp-knife** *n.* a large pocketknife with one or more folding blades, secured by a catch when open

**class** (kläs) *n.* [< L. *classis*] **1.** a number of people or things grouped together because of certain likenesses; kind; sort **2.** a group of people of the same social or economic status [the middle *class*] **3.** high social rank **4.** *a*) a group of pupils or students taught together *b*) a meeting of such a group **5.** grade or quality [travel first *class*] **6.** [Colloq.] excellence **7.** *Biol.* a group of animals or plants ranking below a phylum —*vt.* to put in a class; classify —*vi.* to be classed —**in a class by itself** (or **oneself**) unique

**class consciousness** an awareness of

belonging to a certain economic class —**class'-con'scious** *adj.*

**classic** (klas'ik) *adj.* [< L. *classis,* class] **1.** of the highest class; being a model of its kind **2.** of the art, literature, and culture of the ancient Greeks or Romans, or their writers, artists, etc. **3.** balanced, formal, restrained, regular, etc. **4.** famous as traditional or typical **5.** [Colloq.] simple in style —*n.* **1.** a writer, artist, etc., or a literary or artistic work, recognized as excellent, authoritative, etc. **2.** a famous traditional event **3.** [Colloq.] a suit, dress, etc. that is classic (sense 5) **4.** *Horse Racing* any of the five principal races in the flat racing calendar —**the classics** literature regarded as classic

**classical** *adj.* **1.** *same as* CLASSIC (senses 1, 2, 3) **2.** versed in Greek and Roman culture, literature, etc. **3.** of the form of language used in standard literary works [*classical* Arabic] **4.** of music that conforms to certain established standards of form, complexity, musical literacy, etc. **5.** standard and traditional —**clas'sical'ity** (-kal'ə tē) *n.* —**clas'sically** *adv.*

**classicism** (klas'ə siz'm) *n.* **1.** the aesthetic principles or qualities of ancient Greece and Rome **2.** adherence to such principles **3.** knowledge of the literature and art of ancient Greece and Rome Also **clas'sicalism** —**clas'sicist** *n.*

**classification** (klas'ə fi kā'shən) *n.* an arrangement according to some systematic division into classes or groups —**clas'sifica'tory** *adj.*

**classified advertising** newspaper advertising under such listings as *situations vacant, for sale,* etc.

**classify** (klas'ə fī') *vt.* **-fied', -fy'ing** **1.** to arrange in classes according to some system or principle **2.** to designate (government documents, etc.) as secret or confidential —**clas'sifi'able** *adj.* —**clas'sifi'er** *n.*

**classmate** (kläs'māt') *n.* a member of the same class in a school

**classroom** *n.* a room in a school in which classes are taught

**classy** *adj.* **-ier, -iest** [Colloq.] first-class, esp. in style or manner —**class'iness** *n.*

**clatter** (klat'ər) *vi., vt.* [ME *clateren*] to make, or cause to make a clatter —*n.* **1.** a rapid succession of loud, sharp noises **2.** noisy chatter —**clat'terer** *n.* —**clat'teringly** *adv.*

**clause** (klôz) *n.* [< L. *claudere,* close] **1.** a group of words containing a subject and predicate **2.** a particular article, stipulation, or provision in a document —**claus'al** *adj.*

**claustrophobia** (klôs'trə fō'bē ə) *n.* [< L. *claustrum* (see CLOISTER) + -PHOBIA] an abnormal fear of being in an enclosed or confined place —**claus'tropho'bic** *adj.*

**clavichord** (klav'ə kôrd') *n.* [< L. *clavis,* key + *chorda,* string] a stringed musical instrument with a keyboard, predecessor of the piano

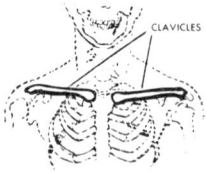


**clavicle** (klav'ə k'l) *n.* [< L. *clavis,* key] a bone connecting the breastbone with the shoulder blade; collarbone

**clavier** (klə vēər'; *for 1, also* klav'ē ər) *n.* [Fr. < L. *clavis,* key] **1.** the keyboard of an organ, piano, etc. **2.** any stringed instrument that has a keyboard

**claw** (klô) *n.* [OE. *clawu*] **1.** a sharp, hooked nail on the foot of a bird and of many reptiles and mammals **2.** a foot with such nails **3.** a pincer of a lobster, etc. **4.** anything regarded as a claw, specif., a hammer (**claw hammer**) with one end forked, used to pull out nails —*vt., vi.* to scratch, clutch, pull, dig, or tear with or as with claws —**clawed** *adj.*

**clay** (klā) *n.* [OE. *clæg*] **1.** a firm, plastic earth, used in the manufacture of bricks, pottery, etc. **2.** *a*) earth *b*) the human body —**clay'ey** *adj.* —**clay'ish** *adj.*

**claymore** (klā'môr') *n.* [Gael. *claidheamhmor,* great sword] a large, two-edged broadsword formerly used by Scottish Highlanders

**clay pigeon** a disc, as of baked clay, tossed into the air from a trap as a target in trapshooting

**CLC** Canadian Labour Congress

**clean** (klēn) *adj.* [OE. *clæne*] **1.** free from dirt or impurities; unsoiled **2.** recently laundered **3.** morally pure **4.** sportsmanlike **5.** neat and tidy **6.** trim **7.** skilful; deft **8.** without obstructions or flaws; clear **9.** complete; thorough **10.** producing little immediate fallout: said of nuclear weapons —*adv.* **1.** in a clean manner **2.** [Colloq.] completely —*vt., vi.* to make clean —**clean out** **1.** to empty so as to make clean **2.** [Slang] to remove or use up, esp. money —**clean sheet** (or **slate**) a new start, esp. when free of earlier mistakes, crimes, etc. —**clean up** **1.** to make clean or neat **2.** [Slang] to make much profit —**clean up on** [Slang] to make a large profit from —**come clean** [Slang] to confess; tell the truth —**make a clean breast of** [Colloq.] to confess —**clean'able** *adj.* —**clean'ness** *n.*

**clean-cut** *adj.* **1.** clearly and sharply outlined **2.** well-formed **3.** trim, neat, etc.

**cleaner** *n.* **1.** one who cleans offices, etc. **2.** one who dry-cleans **3.** a preparation for removing dirt, etc. **4.** a machine for cleaning, as a vacuum cleaner

**cleanly**[1] (klen'lē) *adj.* **-lier, -liest** **1.** keeping oneself or one's surroundings clean **2.** always kept clean —**clean'lily** *adv.* —**clean'liness** *n.*

**cleanly**[2] (klēn'lē) *adv.* in a clean manner

**cleanse** (klenz) *vt.* **cleansed, cleans'ing** [OE. *clænsian*] to make clean, pure, etc.; purge —**cleans'er** *n.*

**cleanup** (klēn'up') *n.* 1. a cleaning up 2. elimination of crime, vice, etc. 3. [Slang] profit; gain

**clear** (klēər) *adj.* [< L. *clarus*] 1. free from clouds or mist; bright 2. transparent; not turbid 3. having no blemishes 4. easily seen or heard; distinct 5. perceiving acutely; keen 6. easily understood 7. obvious 8. certain 9. free from guilt; innocent 10. free from charges or deductions; net 11. free from debt or encumbrance 12. free from obstruction —*adv.* 1. in a clear manner 2. [Colloq.] all the way; completely 3. out of the way —*vt.* 1. to make clear or bright 2. to free from impurities, blemishes, etc. 3. to make intelligible or lucid 4. to rid of obstructions 5. to get rid of 6. to free (a person or thing) *of* or *from* something 7. to free from guilt or blame 8. to pass over, under, by, etc. 9. to be passed or approved by 10. to make (a given amount) as profit 11. *Banking* to pass (a cheque, etc.) through a clearinghouse —*vi.* 1. to become clear, unclouded, etc. 2. to vanish 3. to get clearance, as a ship leaving port 4. *Banking* to exchange cheques, etc., through a clearinghouse —**clear away** 1. to take away so as to leave a cleared space 2. to go away —**clear off** 1. to remove things from (a surface) 2. [Colloq.] to depart —**clear out** 1. to clear by emptying 2. [Colloq.] to depart —**clear the air** (or **atmosphere**) to get rid of emotional tensions, etc. —**clear up** 1. to make or become clear 2. to make orderly 3. to explain —**in the clear** 1. in the open 2. [Colloq.] free from suspicion, etc. —**clear'ly** *adv.* —**clear'ness** *n.*

**clearance** *n.* 1. a making clear 2. the clear space between a moving object and that which it passes by 3. official authorization to see classified documents, etc. 4. *Naut.* a certificate authorizing a ship to enter or leave port

**clear-cut** *adj.* 1. clearly outlined 2. distinct

**clearheaded** *adj.* having a clear mind —**clear'head'edly** *adv.* —**clear'head'edness** *n.*

**clearing** *n.* an area of land cleared of trees

**clearing bank** any of the principal British banks, esp. those that are members of the central clearinghouse in London

**clearinghouse** *n.* 1. an office maintained by a group of banks as a centre for exchanging cheques, etc. 2. a central office for getting and giving information

**clearsighted** *adj.* 1. seeing clearly 2. understanding or thinking clearly —**clear'sight'edly** *adv.* —**clear'sight'edness** *n.*

**clearstory** (klēər'stər ē) *n., pl.* **-ries** *same as* CLERESTORY

**clearway** *n.* a stretch of road, not a motorway, where motorists may not stop

**cleat** (klēt) *n.* [< OE. hyp. *cleat,* lump] 1. a piece of wood or metal, often wedge-shaped, fastened to something to strengthen it 2. *Naut.* a small piece of wood or metal on which a rope can be fastened

**cleavage** (klē'vij) *n.* 1. the hollow between a woman's breasts 2. a cleaving, splitting, or dividing 3. the manner in which a thing splits 4. a cleft; fissure

**cleave**[1] (klēv) *vt.* **cleaved** or **cleft** or **clove, cleaved** or **cleft** or **clo'ven, cleav'ing** [OE. *cleofan*] 1. to divide by a blow; split 2. to pierce —*vi.* to split; separate —**cleav'able** *adj.*

**cleave**[2] *vi.* **cleaved, cleav'ing** [OE. *cleofian*] 1. to adhere; cling (*to*) 2. to be faithful (*to*)

**cleaver** *n.* a heavy cleaving tool with a broad blade, used by butchers

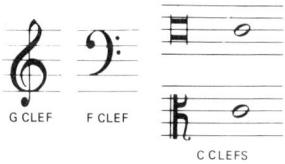


TYPES OF CLEF

**clef** (klef) *n.* [< L. *clavis,* key] a symbol used in music to indicate the pitch of the notes on the staff

**cleft**[1] (kleft) *n.* [< OE. *cleofan,* CLEAVE[1]] 1. an opening made by cleaving; crack; crevice 2. a hollow between two parts

**cleft**[2] *alt. pt. & pp. of* CLEAVE[1] —*adj.* split; divided

**cleft palate** a congenital fissure from front to back along the roof of the mouth

**cleg** (kleg) *n.* [< ON. *kleggi*] *same as* HORSEFLY

**clematis** (klem'ə tis) *n.* [< Gr. *klēma,* twig] a woody climbing plant with brightly coloured flowers

**clement** (klem'ənt) *adj.* [L. *clemens*] 1. lenient; merciful 2. mild, as weather —**clem'ency** *n.* —**clem'ently** *adv.*

**clench** (klench) *vt.* [< OE. *(be)clencan,* make cling] 1. to clinch, as a nail 2. to close (the teeth or fist) firmly 3. to grip tightly —*n.* a firm grip —**clench'er** *n.*

**clerestory** (klēər'stər ē) *n., pl.* **-ries** [< ME. *cler,* clear + *storie,* storey] the wall of a church rising above the roofs of the flanking aisles and containing windows for lighting the central part of the structure

**clergy** (klur'jē) *n., pl.* **-gies** [see CLERK] men ordained for religious service; ministers, priests, rabbis, etc., collectively

**clergyman** *n.* a member of the clergy

**cleric** (kler'ik) *n.* [see CLERK] a clergyman

**clerical** *adj.* 1. relating to a clergyman or the clergy 2. relating to office clerks or their work —**cler'ically** *adv.*

**clerical collar** a stiff, white collar

buttoned at the back, worn by certain clergymen

**clerk** (klärk) *n.* [< Gr. *klērikos,* priest] **1.** an office worker who keeps records, types letters, etc. **2.** an official in charge of records, etc. of a court **3.** a layman who has minor duties in a church —*vi.* to work as a clerk —**clerk'ly** *adj., adv.* —**clerk'ship'** *n.*

**clerk of (the) works** the agent or overseer responsible for supervising work on a building site, etc.

**clever** (klev'ər) *adj.* [< ?] **1.** skilful in doing something; adroit; dexterous **2.** intelligent, quick-witted, witty, etc. —**clev'erly** *adv.* —**clev'erness** *n.*

**clew** (klōō) *n.* [< OE. *cliwen*] **1.** a ball of thread or yarn **2.** same as CLUE **3.** *Naut.* a metal loop in the corner of a sail —**clew down** (or **up**) to lower (or raise) a sail by the clews

**cliché** (klē'shā) *n.* [Fr. < *clicher,* to stereotype] **1.** a trite expression or idea **2.** a stereotype printing plate

**click** (klik) *n.* [echoic] **1.** a slight, sharp sound like that of a door latch snapping into place **2.** a mechanical device, as a catch, that clicks into position —*vi.* **1.** to make a click **2.** [Colloq.] *a*) to be suddenly clear *b*) to get along together successfully, esp. with someone of the opposite sex —*vt.* to cause to click —**click'er** *n.*

**client** (klī'ənt) *n.* [< L. *cliens,* follower] **1.** a person or company for whom a lawyer, accountant, etc. is acting **2.** a customer —**cliental** (klī en't'l) *adj.*

**clientele** (klē'on tel') *n.* [< Fr. < L. *clientela*] all one's clients or customers, collectively: also **clientage** (klī'ən tij)

**cliff** (klif) *n.* [OE. *clif*] a high, steep face of rock, esp. one on a coast; precipice —**cliff'y** *adj.*

**cliffhanger,** *n.* any story, situation, etc. of high suspense —**cliff'hang'ing** *adj.*

**climacteric** (klī mak'tər ik) *n.* [< Gr. *klimax,* ladder] a period in a person's life when an important physiological change occurs, esp. the menopause —*adj.* crucial

**climate** (klī'mit) *n.* [< Gr. *klima,* region] **1.** the prevailing weather conditions of a place **2.** any prevailing conditions affecting life, activity, etc. **3.** a region with certain prevailing weather conditions —**climatic** (klī mat'ik) *adj.* —**climat'ically** *adv.*

**climax** (klī'maks) *n.* [< Gr. *klimax,* ladder] **1.** the final, culminating element or event in a series **2.** the decisive turning point of the action, as in drama **3.** formerly, an arrangement of ideas, images, etc. with the most forceful last **4.** an orgasm —*vi., vt.* to reach, or bring to, a climax —**climac'tic** *adj.*

**climb** (klīm) *vi., vt.* [OE. *climban*] **1.** to go up by using the feet and often the hands **2.** to rise gradually; mount **3.** to move (*down, over, along,* etc.) using the hands and feet **4.** to rise socially **5.** *Bot.* to grow upwards on by winding round or adhering with tendrils —*n.* **1** a climbing; ascent **2.** a place to be climbed —**climb down** to withdraw from a position etc. —**climb'er** *n.*

**clime** (klīm) *n.* [see CLIMATE] [Poet.] a region; climate

**clinch** (klinch) *vt.* [var. of CLENCH] **1** to settle (an argument, deal, etc.) definitely **2.** to fasten (a nail, bolt, etc.) by flattening the projecting end —*vi.* **1.** *Boxing* to grip the opponent's body with the arms **2.** [Slang] to embrace —*n.* **1.** clinching as with a nail **2.** *Boxing* an act of clinching **3.** [Slang] an embrace

**clincher** *n.* a decisive point, argument, etc.

**cling** (kliŋ) *vi.* **clung, cling'ing** [OE *clingan*] **1.** to hold fast by embracing adhere **2.** to be or stay near **3.** to be emotionally attached —**cling'er** *n* —**cling'ingly** *adv.* —**cling'y** *adj.*

**Clingfilm** *Trademark* a thin polythene material having the power to adhere closely used for wrapping food, etc.

**clinic** (klin'ik) *n.* [< Gr. *klinē,* a bed] **1.** a place where patients are treated by specialist physicians or surgeons **2.** a department of a hospital or medical school where outpatients are treated **3.** a private hospital or nursing home

**clinical** *adj.* **1.** of, like, or connected with a clinic **2.** having to do with the treatment and observation of patients **3** scientifically impersonal —**clin'ically** *adv.*

**clinical thermometer** a thermometer with which the body temperature is measured

**clink**[1] (kliŋk) *vi., vt.* [echoic] to make or cause to make a slight, sharp sound as of glasses striking together —*n.* such a sound

**clink**[2] *n.* [< 18th c. London prison] [Colloq.] a jail

**clinker** *n.* [Du. *klinker*] a hard mass of fused stony matter formed in a furnace as from impurities in the coal

**clinker-built** *adj.* [< *clink,* dial. var. of CLINCH] built with overlapping boards or plates, as a boat

**clip**[1] (klip) *vt.* **clipped, clip'ping** [< ON. *klippa*] **1.** to cut as with shears **2.** *a*) to cut short *b*) to shorten by omitting syllables, etc. **3.** to cut the hair of **4** [Colloq.] to hit with a quick, sharp blow **5.** [Slang] to cheat —*vi.* **1.** to clip something **2.** to move rapidly —*n.* **1** the act of clipping **2.** the amount of wool clipped from sheep at one time **3** a sequence clipped from a film **4.** a rapid pace **5.** [Colloq.] a quick, sharp blow

**clip**[2] *vi., vt.* **clipped, clip'ping** [OE. *clyppan,* embrace] to grip tightly; fasten —*n* **1.** any device that clips or fastens things together **2.** a brooch or other piece of jewellery fitted with a clip

**clipboard** *n.* a portable writing board with a hinged clip at the top to hold papers

**clip joint** [Slang] a nightclub, etc. that charges excessive prices

**clipped form** (or **word**) a shortened form of a word, as *phone* (for *telephone*) or *fan* (for *fanatic*)

CLIPPER SHIP

**clipper** *n.* 1. a person who cuts, trims, etc. 2. [*usually pl.*] a tool for cutting or trimming 3. a narrow-beamed sailing ship built for great speed

**lippie** *n.* [< CLIP[1]] [Slang] a bus conductress

**clipping** *n.* something cut out or trimmed off, as an item clipped from a newspaper, etc.

**clique** (klēk) *n.* [Fr.] a small, exclusive circle of people; snobbish or narrow coterie —**cliqu'ish, cliqu'ey, cliqu'y** *adj.*

**litoris** (klit'ər əs) *n.* [< Gr. *kleitys,* hill] a small, sensitive, erectile organ at the upper end of the vulva —**clit'oral, clitoric** (klī tôr'ik) *adj.*

**cloak** (klōk) *n.* [< ML. *clocca,* bell: from its shape] 1. a loose, usually sleeveless outer garment 2. something that covers or conceals —*vt.* 1. to cover as with a cloak 2. to conceal; hide

**cloak-and-dagger** *adj.* dealing with spies, spying, intrigue, etc.

**cloakroom** *n.* a room where hats, coats, umbrellas, etc. can be left temporarily

**clobber**[1] (klob'ər) *n.* [< ?] [Colloq.] personal belongings, esp. clothes

**clobber**[2] *vt.* [< ?] [Slang] 1. to beat or hit repeatedly; maul 2. to defeat decisively

**cloche** (klōsh) *n.* [< ML. *clocca,* bell] 1. a raised glass or plastic cover for delicate plants 2. a closefitting, bell-shaped hat for women

**clock**[1] (klok) *n.* [ME. *clokke* < ML. *clocca,* bell] 1. a device for measuring and indicating time, as by pointers moving over a dial 2. [Colloq.] any device for recording or measuring 3. [Slang] the face —*vt.* 1. to record the time of (a race, runner, etc.) with a stopwatch, etc. 2. [Slang] to punch or strike —**clock in** (or **on**) to report for work, esp. by punching a timeclock —**clock off** to go off duty —**clock up** 1. to reach a given speed, time, etc. in competition 2. to work a given number of hours, days, etc. —**round the clock** day and night

**clock**[2] *n.* [< ? prec., because orig. bell-shaped] a woven ornament on the side of a stocking

**clockwise** *adv., adj.* in the direction in which the hands of a clock rotate

**clockwork** *n.* 1. the mechanism of a clock 2. any similar mechanism, consisting of springs and gears —**like clockwork** very regularly and precisely

**clod** (klod) *n.* [OE.] 1. a lump, esp. of earth or clay 2. a dull, stupid fellow —**clod'dish** *adj.* —**clod'dishness** *n.*

**clodhopper** *n.* [CLOD + HOPPER] 1. a clumsy, stupid fellow; lout 2. a coarse, heavy shoe

**clog** (klog) *n.* [ME. *clogge,* lump of wood] 1. a wooden shoe 2. a shoe with a thick, usually wooden sole 3. anything that hinders or obstructs —*vt.* **clogged, clog'ging** 1. to hinder; impede 2. to fill with obstructions —*vi.* to become stopped up —**clog'giness** *n.*

**cloisonné** (klwä zon'ā) *adj.* [Fr., partitioned] denoting a kind of enamel work in which the decoration is set in hollows formed by thin strips of wire

**cloister** (kloīs'tər) *n.* [< L. *claudere,* close] 1. a place of religious seclusion; monastery or convent 2. a covered walk along the inside walls of a monastery, college, etc., with an opening along one side —*vt.* to seclude or confine as in a cloister —**clois'tered** *adj.* —**clois'tral** *adj.*

**clomp** (klomp) *vi.* to walk heavily or noisily; clump

**clone** (klōn) *n.* [< Gr. *klōn,* twig] *Biol.* all the descendants derived asexually from a single individual —*vi., vt.* to propagate as a clone Also **clon**

**close**[1] (klōs) *adj.* **clos'er, clos'est** [see ff.] 1. with little space between 2. compact; dense [a *close* weave] 3. nearby [a *close* neighbour] 4. very near in interests, affection, etc. [a *close* friend] 5. miserly 6. oppressively warm and stuffy 7. strict; thorough; careful [*close* attention] 8. nearly equal or alike [*close* in age] 9. nearly even [a *close* contest] 10. enclosed or enclosing; shut in 11. confined or confining 12. carefully guarded [*close* custody] 13. hidden; secluded 14. secretive; reserved 15. restricted, as in membership —*adv.* in a close manner —**close'ly** *adv.* —**close'ness** *n.*

**close**[2] (klōz) *vt.* **closed, clos'ing** [< L. *claudere,* to close] 1. to shut 2. to block up or stop (an opening, passage, etc.) 3. to bring together; unite 4. to bring to an end; finish 5. to complete (a sale, agreement, etc.) —*vi.* 1. to become shut 2. to come to an end 3. to end or suspend operations 4. to become joined together 5. to come close or together —*n.* a closing; end —**close down** to shut or stop entirely —**close in** to surround, cutting off escape —**close up** 1. to draw nearer together 2. to shut or stop up entirely 3. to heal, as a wound does

**close**[3] (klōs) *n.* [see prec.] 1. an enclosed place 2. enclosed grounds by a building [a cathedral *close*]

**closed** (klōzd) *adj.* 1. not open; shut 2. covered over or enclosed 3. not open to new ideas, discussion, etc. 4. restricted; exclusive

**closed circuit** a system of television transmission by cables to receivers on a circuit —**closed'-cir'cuit** *adj.*

**closed shop** a factory, business, etc. operating under an agreement with a trade union by which only members of the union may be employed

**close harmony** (klōs) *Music* harmony consisting of chords having all four tones within an octave

**closemouthed** *adj.* not talking much; taciturn: also **close'lipped'**

**close quarters** a confined space or position **—at close quarters** in close proximity; very near together

**close season** the period during which it is not permitted to kill certain game or fish

**close shave** **1.** a shave very close to the skin **2.** [Colloq.] a narrow escape: also **close call, close thing**

**closet** (kloz'it) ***n.*** [< L. *claudere,* to close] **1.** a small room or cupboard for clothes, supplies, etc. **2.** a small, private room for reading, etc. **3.** a water closet **—*vt.*** to shut up in a private room for confidential discussion

**close-up** (klōs'up') ***n.*** a photograph, or a film or TV shot, made at very close range

**closure** (klō'zhər) ***n.*** [< L. *claudere,* to close] **1.** a closing or being closed **2.** a finish; end; conclusion **3.** anything that closes **4.** the parliamentary procedure by which debate is closed **—*vt.* -sured, -suring** to apply the closure to (a bill, debate, etc.)

**clot** (klot) ***n.*** [OE. *clott*] **1.** a thickened mass or lump [a blood *clot*] **2.** [Colloq.] a stupid person **—*vt., vi.* clot'ted, clot'ting** to form into a clot; coagulate

**cloth** (kloth) ***n., pl.*** **cloths** (kloths) [OE. *clath*] **1.** a woven, knitted, or pressed fabric of fibrous material, as cotton, wool, silk, etc. **2.** a piece of such fabric for a special use [*dishcloth*] **—*adj.*** made of cloth **—the cloth** the clergy collectively

**clothe** (klōth) ***vt.*** **clothed** or **clad, cloth'ing** [OE. *clathian* < prec.] **1.** to put clothes on; dress **2.** to provide with clothes **3.** to cover over as if with a garment

**clothes** (klōthz) ***n.pl.*** [OE. *clathas*] **1.** articles, usually of cloth, to cover the body **2.** bedclothes

**clotheshorse** ***n.*** a frame on which to hang clothes, etc. for airing or drying

**clothespeg** ***n.*** a small clip, as of wood or plastic, for fastening clothes on a line

**clothier** (klō'thē ər) ***n.*** one who makes or sells clothes

**clothing** (klō'thiŋ) ***n.*** **1.** wearing apparel; clothes; garments **2.** a covering

**cloud** (kloud) ***n.*** [OE. *clud,* mass of rock] **1.** a visible mass of water vapour in the sky **2.** a mass of smoke, dust, steam, etc. **3.** a great number of moving things close together [a *cloud* of locusts] **4.** a murkiness, as in a liquid **5.** anything that darkens, obscures, etc. **—*vt.*** **1.** to cover with clouds **2.** to darken; obscure **—*vi.*** to become cloudy, gloomy, etc. **—in the clouds** **1.** fanciful; impractical **2.** in a reverie or daydream **—under a cloud** **1.** under suspicion of wrongdoing **2.** troubled; depressed **—cloud'less *adj.***

**cloudburst** ***n.*** a sudden, very heavy rain

**cloud chamber** *Physics* a chamber supersaturated with water vapour for tracking the path of charged particles

**cloudy** ***adj.*** **-ier, -iest** **1.** covered with clouds; overcast **2.** of or like clouds **3.** opaque or foggy **4.** obscure **5.** troubled; gloomy **—cloud'iness *n.***

**clough** (kluf) ***n.*** [< OE. *clōh*] a steep valley, esp. in N England

**clout** (klout) ***n.*** [OE. *clut*] **1.** a blow as with the hand; rap **2.** [Colloq.] power or influence; esp., political power **—*vt.*** [Colloq.] to strike, as with the hand

**clove**[1] (klōv) ***n.*** [< L. *clavus,* nail: from its shape] the dried flower bud of a tropical evergreen tree, used as a pungent, fragrant spice

**clove**[2] ***n.*** [OE. *clufu*] a segment of a bulb, as of garlic

**clove**[3] *alt. pt. of* CLEAVE[1]

**clove hitch** a kind of knot for fastening a rope around a spar, pole, or another rope

**cloven** (klō'v'n) *alt. pp. of* CLEAVE[1] **—*adj.*** divided; split

**cloven foot** (or **hoof**) a foot divided by a cleft, as in the ox, deer, and sheep; used as a symbol of the Devil

**clover** (klō'vər) ***n.*** [< OE. *clafre*] any of a genus of low-growing herbs with leaves of three leaflets and small flowers in dense heads **—in clover** living in ease and luxury

CLOVERLEAF

**cloverleaf** ***n., pl.*** **-leafs'** a motorway interchange in the form of a four-leaf clover, which, by means of an overpass, permits traffic to move in any of four directions

**clown** (kloun) ***n.*** [< ?] **1.** a performer who entertains, as in a circus, by antics, jokes, tricks, etc. **2.** a buffoon **3.** a clumsy, boorish person **4.** orig., a peasant; rustic **—*vi.*** to play practical jokes, act in a silly manner, etc. **—clown'ery *n.* —clown'ish *adj.***

**cloy** (kloi) ***vt., vi.*** [ult. < L. *clavus,* nail] to surfeit by too much of something, esp. something sweet, rich, etc. **—cloy'ingly *adv.***

**club** (klub) ***n.*** [< ON. *klumba,* mass] **1.** a heavy stick, used as a weapon **2.** any stick or bat used to strike a ball in a game [a golf *club*] **3.** a group of people associated for a common purpose **4.** the room, building, etc. used by such a group **5.** *a)* [*pl.*] a suit of playing cards marked with a black cloverleaf figure (♣) *b)* a card of this suit **—*vt.*** **clubbed, club'bing** **1.** to strike as with a club

2. to pool (resources, etc.) —*vi.* to unite or combine for a common purpose —**in the club** [Slang] pregnant

**lubfoot** *n.* a congenital deformity of the foot, often clublike —**club′foot′ed** *adj.*

**lubhouse** *n.* a building occupied by a club

**lub root** a plant disease in which the root becomes thickened and distorted

**luck** (kluk) *vi.* [echoic] to make a low, sharp, clicking sound, as of a hen calling her chickens —*vt.* to utter with such a sound —*n.* the sound of clucking

**lue** (klōō) *n.* [see CLEW] something that leads out of a maze or helps to solve a problem —*vt.* **clued, clu′ing** 1. to indicate by a clue 2. [Colloq.] to provide with information (often with *in*) —**not have a clue** 1. to be baffled 2. to be incompetent

**lueless** *adj.* [Colloq.] helpless; stupid

**lump** (klump) *n.* [< Du. or LowG.] 1. a lump; mass 2. a cluster, as of trees —*vi.* 1. to tramp heavily 2. to form clumps —*vt.* to group together in a cluster —**clump′ish** *adj.* —**clump′y** *adj.*

**lumsy** (klum′zē) *adj.* **-sier, -siest** [ME. *clumsid,* numb] 1. lacking grace or skill; awkward 2. awkwardly shaped or made —**clum′sily** *adv.* —**clum′siness** *n.*

**lung** (kluŋ) *pt. & pp. of* CLING

**lunk** (kluŋk) *n.* [echoic] 1. a dull, metallic sound 2. [Colloq.] a heavy blow —*vi.* to move with a clunk

**luster** (klus′tər) *n.* [OE. *clyster*] 1. a number of things of the same sort gathered or growing together 2. a number of persons or animals grouped together —*vi., vt.* to gather or grow in a cluster —**clus′tery** *adj.*

**lutch**[1] (kluch) *vt.* [OE. *clyccan,* clench] 1. to grasp or snatch with a hand or claw 2. to grasp or hold eagerly or tightly —*vi.* to snatch or seize (*at*) —*n.* 1. *a*) a device for engaging or disengaging an engine *b*) the pedal that operates this 2. a grasp; grip 3. a claw or hand in the act of seizing 4. [*usually pl.*] power; control

**lutch**[2] *n.* [< ME. *clekken,* hatch] 1. a nest of eggs 2. a brood of chicks 3. a cluster of things

**lutter** (klut′ər) *n.* [< CLOT] a number of things scattered in disorder; jumble —*vt.* to put into disorder; jumble (often with *up*) —**clut′tery** *adj.*

**lydesdale** (klīdz′dāl′) *n.* [< *Clydesdale,* Scotland] any of a breed of strong draught horse

**m** *Chem.* curium

**m** centimetre; centimetres

**mdg.** commanding

**mdr.** Commander

**.M.G.** Companion (of the Order) of St. Michael and St. George

**ml.** commercial

**ND, C.N.D.** Campaign for Nuclear Disarmament

**o-** *a prefix shortened from* COM- *meaning: a*) together with *[cooperation] b*) joint *[co*-owner*] c*) equally *[coextensive]*

**o** *Chem.* cobalt

**o.** *pl.* **Cos.** 1. company 2. county

**/O, co.** 1. care of 2. carried over

**C.O., CO** 1. Commanding Officer 2. conscientious objector

**coach** (kōch), *n.* [< *Kócs,* village in Hungary] 1. a single-decker bus, esp. one used for travel over long distances 2. a railway carriage 3. a large, covered, four-wheeled carriage with an open, raised seat in front for the driver 4. an instructor or trainer, as of athletes, singers, etc. 5. a private tutor —*vt., vi.* to tutor, instruct, or train (athletes, etc.)

**coachbuilder** *n.* a person or company that builds motor vehicle bodies

**coachman** *n.* the driver of a coach or carriage

**coadjutor** (kō aj′ə tər) *n.* [< L. *co-,* together + *adjuvare,* to help] an assistant; helper

**coagulate** (kō ag′yoo lāt′) *vt.* **-lat′ed, -lat′ing** [< L. *coagulare*] to cause (a liquid) to become a soft, semisolid mass; clot —*vi.* to become coagulated —**coag′ulant** *n.* —**coag′ula′tion** *n.* —**coag′ulative** *adj.*

**coal** (kōl) *n.* [OE. *col*] 1. a black, combustible, mineral solid formed from vegetable matter and used as a fuel 2. a piece or pieces of this substance 3. an ember 4. charcoal —*vt.* to provide with coal —*vi.* to take in a supply of coal —**carry** (or **send**) **coals to Newcastle** 1. to take things to a place where they are plentiful 2. to do an unnecessary thing —**haul** (or **rake, drag, call**) **over the coals** to criticize sharply —**heap coals of fire on (someone's) head** to cause (someone) to feel remorse by returning good for his evil

**coalesce** (kō′ə les′) *vi.* **-lesced′, -lesc′ing** [< L. *co-,* together + *alescere,* grow up] 1. to grow together 2. to unite or merge into a single body, group, or mass —**co′ales′cence** *n.* —**co′ales′cent** *adj.*

**coalface** (kōl′fās′) *n.* the exposed seam of coal in a mine

**coalfield** *n.* an area rich in coal deposits

**coal gas** a gas produced by the distillation of bituminous coal: used for lighting and heating

**coalition** (kō′ə lish′ən) *n.* [see COALESCE] 1. a combination; union 2. a temporary alliance of political parties, nations, etc. —**co′ali′tionist** *n.*

**coal scuttle** a metal container for storing and carrying coal for domestic use

**coal tar** a black, thick liquid obtained by the distillation of coal, used in dyes and medicines

**coal-tit** *n.* a small songbird with a black head and a white patch on the nape

**coaming** (kō′miŋ) *n.* [< ?] a raised border around a hatchway, etc. to keep out water

**coarse** (kôrs) *adj.* [< COURSE in sense of "ordinary or usual order"] 1. of inferior or poor quality 2. consisting of rather large particles 3. not fine in texture, form, etc. 4. for rough work 5. lacking in refinement; vulgar 6. obscene —**coarse′ly** *adv.* —**coarse′ness** *n.*

**coarse fish** any freshwater fish not of

the salmon family, and caught other than by fly-fishing

**coarsen** *vt., vi.* to make or become coarse

**coast** (kōst) *n.* [< L. *costa*, side] land beside the sea; seashore —*vi.* **1.** to sail near or along a coast **2.** to continue in motion by momentum alone **3.** to let one's past efforts carry one along —*vt.* to sail along or near the coast of —**the coast is clear** there is no apparent danger —**coast'al** *adj.*

**coaster** *n.* **1.** a ship that travels along a coast **2.** a small tray, mat, etc. placed under a glass to protect a table

**coast guard** **1.** a governmental force employed to defend a nation's coasts, prevent smuggling, etc. **2.** a member of a coast guard —**coast guards'man**

**coastline** *n.* the outline of a coast

**coat** (kōt) *n.* [< ML. *cot(t)a*, tunic] **1.** a sleeved outer garment opening down the front **2.** the natural covering of an animal or plant **3.** a layer, as of paint, over a surface —*vt.* to cover with a coat —**coat'ed** *adj.* —**coat'less** *adj.*

**coating** *n.* a coat or layer over a surface

**coat of arms** [< Fr. *cotte d'armes*, garment blazoned with one's heraldic arms] a group of emblems arranged on and around a shield and used as an insignia

**coat of mail** *pl.* **coats of mail** a suit of armour made of linked metal rings or overlapping plates

**coattail** *n.* the back part of a coat below the waist; esp., either half of this part when divided —**ride** (or **hang**, etc.) **on (someone's) coattails** to have one's success dependent on that of someone else

**coax** (kōks) *vt.* [< obs. *cokes*, fool] to persuade or urge by soothing words, flattery, etc. —**coax'er** *n.* —**coax'ing** *adj., n.* —**coax'ingly** *adv.*

**coaxial** (kō ak'sē əl) *adj.* **1.** having a common axis: also **coax'al** **2.** designating a high-frequency transmission cable with an outer conductor tube surrounding an insulated central conductor

**cob** (kob) *n.* [prob. < LowG.] **1.** a lump **2.** a hazelnut: also **cob'nut'** **3.** a round loaf of bread **4.** a male swan **5.** a short, thickset horse

**cobalt** (kō'bôlt) *n.* [< G. *Kobold*, goblin of the mines] a hard, steel-grey, metallic chemical element: symbol Co: a radioactive isotope (**cobalt 60**) is used in the treatment of cancer —**cobal'tic** *adj.* —**cobal'tous** *adj.*

**cobalt blue** **1.** a dark blue pigment made from cobalt and aluminium oxides **2.** dark blue

**cobalt bomb** a cobalt 60 device used in radiotherapy

**cobber** (kob'ər) *n.* [< ?] [Aust. & N.Z. Colloq.] a friend

**cobble** (kob'l) *vt.* **-bled, -bling** [< ?] **1.** to mend (shoes, etc.) **2.** to mend or put together clumsily

**cobbler**[1] *n.* [< ?] an iced drink of wine, whisky, or rum, an orange or lemon slice, sugar, etc.

**cobbler**[2] *n.* a person whose work is mending shoes

**cobblestone** *n.* [< ME. *cobel ston*] rounded stone of a kind formerly muc used for paving streets

**COBOL** (kō'bol) *n.* [*CO(mmon) B(usiness O(oriented) L(anguage)*] a computer pr graming language for general commerci use

**cobra** (kō'brə) *n.* [< Port.] a ver poisonous snake of Asia and Africa: loos skin around the neck expands into a hoo when the snake is excited

**cobweb** (kob'web') *n.* [< ME. *copp* spider + web] **1.** a web spun by a spide **2.** a thread of this **3.** anything flims gauzy, or ensnaring, like a web —**blo** (or **sweep**) **away the cobwebs** **1.** to clea away dirt, etc. **2.** to get rid of antiquate ideas, etc. —**cob'web'by** *adj.*

**coca** (kō'kə) *n.* [SAmInd. *cuca*] any c certain s American shrubs, esp. a specie whose dried leaves are the source of cocain

**cocaine, cocain** (kō kān') *n.* [see prec. a crystalline alkaloid obtained from drie coca leaves: it is a narcotic and loca anaesthetic

**coccus** (kok'əs) *n., pl.* **cocci** (kok'sī [< Gr. *kokkos*, berry] a bacterium c a spherical shape

**coccyx** (kok'siks) *n., pl.* **coccyge** (kok sī'jēz) [< Gr. *kokkyx*, cuckoo: fro its shape like a cuckoo's beak] a smal triangular bone at the lower end of th vertebral column —**coccyg'eal** (-sij'ē ə *adj.*

**cochineal** (koch'ə nēl') *n.* [< L. *coccinu* scarlet < *coccum*, berry] a red dye mad from the dried bodies of female **cochinea insects**

**cochlea** (kok'lē ə) *n., pl.* **-leae'** (-ē'), **-lea** [< Gr. *kochlias*, snail] the spiral-shape part of the internal ear, containing th auditory nerve endings —**coch'lear** *adj.*

**cock**[1] (kok) *n.* [OE. *coc*] **1.** the male of the chicken or of certain other bird **2.** a weathercock **3.** a leader or chie **4.** a valve for regulating the flow of liqui **5.** the hammer of a firearm **6.** a jaunty erect position **7.** [Colloq.] a friend; fellow used as a term of address **8.** [Vulg. Slang. the penis —*vt.* **1.** to set (a hat, etc. jauntily on one side **2.** to raise; erec [a dog *cocks* his ears] **3.** to turn (th eye or ear) towards something **4.** to se the hammer of (a gun) in firing positio —*vi.* to assume an upright or tilted positio —**at half cock** before full preparation have been made —**cock up** [Colloq.] t make a mess of

**cock**[2] *n.* [ME. *cokke*] a small, cone-shapec pile, as of hay —*vt.* to pile in cocks

**cockade** (ko kād') *n.* [Fr. < *coq*, a cock a rosette worn on the hat as a badge —**cock ad'ed** *adj.*

**cock-a-hoop** (kok'ə hōōp') *adj.* [< Fr cock with a crest] in very high spirits elated

**cock-a-leekie** (kok'ə lē'kē) *n.* [< COCK + *leeky*, leek] [Scot.] a soup made b boiling chicken with leeks

**cock-and-bull story** an absurd story

**cockatoo** (kok'ə tōō') *n., pl.* **-toos'** [Du

< Malay ] a crested parrot of Australia and the East Indies, with white plumage tinged with yellow or pink

**cockatrice** (kok′ə trīs′) *n.* [< OFr.] a legendary serpent supposedly killing by a look

**cockchafer** (kok′chāf′ər) *n.* [COCK[1] (? because of size) + CHAFER] a large European beetle

**cockcrow** *n.* the time when cocks begin to crow; dawn: also **cock′crow′ing**

**cocked hat** a three-cornered hat with a turned-up brim —**knock into a cocked hat** [Slang] to ruin

**cockerel** (kok′ər əl) *n.* [dim. of COCK[1]] a young cock, less than a year old

**cocker (spaniel)** (kok′ər) [from use in hunting woodcock] a small spaniel with silky hair, and drooping ears

**cockeyed** (kok′īd′) *adj.* **1.** cross-eyed **2.** [Colloq.] *a*) tilted; crooked; awry *b*) silly; foolish *c*) drunk

**cockfight** *n.* a fight between gamecocks, usually wearing metal spurs —**cock′fight′ing** *n.*

**cockle[1]** (kok′l) *n.* [< Gr. *konchē,* conch] **1.** an edible shellfish with two heart-shaped, radially ridged shells **2.** a cockleshell **3.** a wrinkle; pucker —*vi., vt.* **-led, -ling** to wrinkle; pucker —**cockles of one's heart** one's deepest feelings

**cockle[2]** *n.* [< OE. *coccel,* tares] any of various weeds that grow in grainfields

**cockleshell** *n.* **1.** the shell of a cockle **2.** loosely, a scallop shell, etc. **3.** a small boat

**cockney** (kok′nē) *n., pl.* **-neys** [ME. *cokeney,* cock's egg] [*often* **C-**] **1.** a native of London, esp. of the East End **2.** the urban dialect of London, esp. the East End —*adj.* [*often* **C-**] of or like cockneys or their dialect

**cockpit** (kok′pit′) *n.* **1.** the space in an aeroplane for the pilot **2.** in small vessels, a sunken space towards the stern used by the steersman, etc. **3.** any place that has been much fought over **4.** an enclosed space for cockfighting

**cockroach** *n.* [Sp. *cucaracha*] an insect with long feelers, and a flat, soft body

**cockscomb** (koks′kōm′) *n.* **1.** the red, fleshy growth on the head of a cock **2.** a plant related to the amaranth

**cockshy** (kok′shī′) *n.* [COCK[1] + SHY[2]] **1.** a target in throwing games **2.** a throw in such a game **3.** an object of criticism or ridicule; butt

**cocksure** *adj.* [COCK[1] + sure] **1.** absolutely sure **2.** self-confident and overbearing

**cocktail** *n.* [< ?] **1.** an alcoholic drink, usually iced, made of a spirit mixed with a wine, fruit juice, etc. **2.** an appetizer, as fruit juice, diced fruits, or seafood

**cocky** *adj.* **-ier, -iest** [< COCK[1]] [Colloq.] jauntily conceited; self-confident in an aggressive or swaggering way —**cock′ily** *adv.* —**cock′iness** *n.*

**coco** (kō′kō) *n., pl.* **-cos** [Sp. & Port.] **1.** a tropical palm **2.** its fruit; coconut

**cocoa** (kō′kō) *n.* [Sp. & Port. < MexInd.] **1.** powder made from cacao seeds that have been roasted and ground **2.** a drink made by adding sugar and hot water or milk to this powder **3.** a reddish-yellow brown

**coconut, cocoanut** (kō′kə nut′) *n.* the fruit of the coconut palm, a thick, brown, oval husk enclosing a layer of edible white meat: the hollow centre is filled with a sweet, milky fluid called **coconut milk**

**coconut matting** matting woven from the fibre of coconut husks

**cocoon** (kə kōōn′) *n.* [< Fr. < ML. *coco,* shell] **1.** the silky case which certain insect larvae spin about themselves before the pupa stage **2.** any protective cover like this —*vt.* to wrap in or protect by a cocoon

**cocopan** (kō′kō pan) *n.* [S Afr.] a small truck running on rails used esp. on the mines

**cocotte** (ko kot′) *n.* [Fr.] **1.** a prostitute **2.** any sexually promiscuous woman **3.** a small fireproof dish in which food is cooked and served individually

**cod[1]** (kod) *n., pl.* **cod, cods** [ME.] an important food fish found in northern seas: also **cod′fish**

**cod[2]** *n.* [< OE. *codd,* bag] **1.** [Dial.] a husk or pod, esp. a pea pod **2.** [Archaic] the scrotum

**C.O.D., c.o.d.** cash (or collect) on delivery

**coda** (kō′də) *n.* [It. < L. *cauda,* tail] *Music* a passage formally ending a composition or section

**coddle** (kod′l) *vt.* **-dled, -dling** [prob. < CAUDLE] **1.** to cook (esp. eggs) gently in water not quite boiling **2.** to treat tenderly; pamper

**code** (kōd) *n.* [< L. *codex,* wooden tablet] **1.** a system of secret writing in which letters, figures, etc. are given certain meanings **2.** a set of signals for sending messages, as by telegraph, flags, etc. **3.** a body of laws arranged systematically **4.** any set of principles —*vt.* **cod′ed, cod′ing** to put in the form or symbols of a code —**cod′er** *n.*

**codeine** (kō′dēn) *n.* [< Gr. *kōdeia,* poppy head] an alkaloid derived from opium, used for pain relief and in cough medicines: also **co′dein**

**codex** (kō′deks) *n., pl.* **codices** (kō′də sēz′) [see CODE] a manuscript volume, esp. of an ancient text

**codger** (koj′ər) *n.* [prob. < *cadger:* see CADGE] [Colloq.] an eccentric, esp. elderly, fellow

**codicil** (kod′i sil′) *n.* [< L. *codex:* see CODE] *Law* an addition to a will to change, revoke, or add provisions —**cod′icil′lary** *adj.*

**codify** (kō′də fī′) *vt.* **-fied′, -fy′ing** to arrange (laws, etc.) systematically —**cod′ifica′tion** *n.* —**cod′ifi′er** *n.*

**cod-liver oil** (kod′liv′ər) oil obtained from the liver of the cod and related fishes: it is rich in vitamins A and D

**codpiece** *n.* [COD[2] + piece] [Hist.] a bag or flap fastened over the front opening in men's breeches

**coeducation** (kō′ed yoo kā′shən) *n.* the educational system in which students of both sexes attend classes together —**co′educa′tional** *adj.*

**coefficient** (kō′ə fish′ənt) *n.* 1. *Math.* a number, symbol, etc. used as a multiplier 2. *Physics* a number or constant for a given substance, used as a multiplier in measuring the change in some property of the substance under given conditions

**coelenterate** (si len′tə rāt′) *n.* [ult. < Gr. *koilos,* hollow + *enteron,* intestine] any of a large group of marine animals, as the jellyfishes, corals, etc. having a large central cavity with a single opening

**coeliac disease** (sē′lē ak′) [< Gr. *koilia,* belly] an intestinal disorder caused by inadequate absorption of fats

**coenobite** (sē′nə bīt′) *n.* [< Gr. *koinos,* common + *bios,* life] a member of a religious order in a monastery or convent —**coe′nobit′ic** (-bit′ik), **coe′nobit′ical** *adj.*

**coequal** (kō ē′kwəl) *adj., n.* equal —**co′equal′ity** (-i kwol′ə tē) *n.* —**coe′qually** *adv.*

**coerce** (kō ŭrs′) *vt.* **-erced′, -erc′ing** [< L. *co-,* together + *arcere,* confine] 1. to restrain or constrain by force; curb 2. to force; compel 3. to enforce —**coer′cible** *adj.* —**coer′cion** *n.* —**coer′cive** *adj.*

**coeval** (kō ē′v'l) *adj., n.* [< L. *co-,* together + *aevum,* age] contemporary —**coe′vally** *adv.*

**coexist** (kō′ig zist′) *vi.* 1. to exist together, at the same time 2. to live together without conflict despite differences —**co′exist′ence** *n.* —**co′exist′ent** *adj.*

**coextend** (kō′ik stend′) *vt., vi.* to extend equally in space or time —**co′exten′sion** *n.* —**co′exten′sive** *adj.*

**C. of C.** Chamber of Commerce

**C. of E.** Church of England

**coffee** (kof′ē) *n.* [< Turk. < Ar.] 1. a dark-brown, aromatic drink made by brewing in water the roasted and ground beanlike seeds of a tall tropical shrub 2. these seeds: also **coffee beans** 3. the shrub 4. the colour of coffee with milk or cream in it; brown

**coffee bar** a snack bar, esp. one serving espresso coffee

**coffee break** a brief respite from work when coffee or other refreshment may be taken

**coffeehouse** *n.* a place where coffee and other refreshments are served

**coffee mill** a small machine for grinding roasted coffee beans: also **coffee grinder**

**coffee table** a low table usually in a living room

**coffer** (kof′ər) *n.* [see COFFIN] 1. a chest or strongbox for keeping valuables 2. [*pl.*] a treasury; funds 3. a decorative sunken panel in a dome, etc.

**cofferdam** *n.* [prec. + DAM[1]] a watertight temporary structure in a river, lake, etc. to keep an enclosed area dry so that dams, etc. may be constructed

**coffin** (kof′in) *n.* [< Gr. *kophinos,* basket] the case or box in which a dead person is buried —*vt.* to put into or as if into a coffin —**a nail in one's coffin** anything that brings one's death closer

**C. of S.** Church of Scotland

**cog**[1] (kog) *n.* [< Scand.] 1. one of the teeth on the rim of a wheel, for transmitting or receiving motion; gear tooth 2. a cogwheel —**cogged** *adj.*

**cog**[2] *n.* [< earlier *cock,* to secure] a projection on a beam that fits into a groove in another beam, making a joint

**cogent** (kō′jənt) *adj.* [< L. *co-,* together + *agere,* drive] forceful and to the point, as a reason or argument; compelling —**co′gency** *n.* —**co′gently** *adv.*

**cogitate** (koj′ə tāt′) *vi., vt.* **-tat′ed, -tat′ing** [< L. *cogitare,* ponder] to think seriously and deeply (about); ponder —**cog′ita′tion** *n.* —**cog′itative** *adj.*

**cognac** (kon′yak) *n.* [Fr.] 1. a French brandy distilled from wine near Cognac, France 2. loosely, any brandy

**cognate** (kog′nāt) *adj.* [< L. *co-,* together + (*g*) *nasci,* be born] 1. related by family 2. derived from a common original form —*n.* 1. a person related to another 2. a cognate word, language, or thing —**cog′nateness, cogna′tion** *n.*

**cognition** (kog nish′ən) *n.* [L. *cognito,* knowledge] 1. the process of knowing, including perception, memory, judgment, etc. 2. the result of such a process —**cogni′tional** *adj.* —**cog′nitive** *adj.*

**cognizance** (kog′nə zəns) *n.* [< L. *cognoscere,* know] 1. perception or knowledge 2. official observation 3. *Heraldry* a distinguishing mark 4. *Law* the power of dealing with a matter judicially —**take cognizance of** to notice or recognize —**cog′nizant** *adj.*

**cognomen** (kog nō′mən) *n., pl.* **-no′mens, -nom′ina** [L. < *co-,* with + *nomen,* name] 1. the third name of an ancient Roman 2. a surname 3. a nickname —**cognom′inal** *adj.*

**cognoscente** (kon′yō shen′tē) *n., pl.* **-ti** (-tē) [It. < L. *cognoscere,* know] a connoisseur

COGWHEELS

**cogwheel** (kog′wēl′) *n.* a wheel rimmed with teeth which mesh with those of another wheel to transmit or receive motion

**cohabit** (kō hab′it) *vi.* [< L. *co-,* together + *habitare,* dwell] to live together as husband and wife, esp. when not legally married —**cohab′ita′tion** *n.*

**coheir** (kō′âər′) *n.* a person who inherits jointly with another or others —**co′heir′ess** *n.fem.*

**cohere** (kō hēər′) *vi.* **-hered′, -her′ing** [< L. *co-,* together + *haerere,* stick] 1. to stick together, as parts of a mass 2. to be connected naturally or logically

**coherent** *adj.* 1. showing logical consistency or intelligibility 2. sticking together 3. *Physics* having the same frequency and constant phase difference *[coherent* light*]* **—coher'ence** *n.* **—coher'ently** *adv.*

**cohesion** (kō hē'zhən) *n.* **1.** the act of cohering; tendency to stick together **2.** *Physics* the force by which the molecules of a substance are held together **—cohe'sive** (-hēs'iv) *adj.* **—cohe'sively** *adv.* **—cohe'siveness** *n.*

**cohort** (kō'hôrt) *n.* [< L. *cohors,* enclosure] **1.** an ancient Roman military unit, one tenth of a legion **2.** a band of soldiers **3.** any group or band **4.** an associate, colleague, or supporter

**COHSE** (kō'zē) Confederation of Health Service Employees

**C.O.I.** Central Office of Information

**coif** (koif; *for n. 2 & vt. 2, usually* kwäf) *n.* [< LL. *cofea,* cap] **1.** a cap that fits the head closely **2.** a style of arranging the hair **—vt. coifed, coif'ing;** also, and for 2 usually, **coiffed, coif'fing** **1.** to cover as with a coif **2.** *a*) to style (the hair) *b*) to give a coiffure to

**coiffure** (kwä fyoor') *n.* [Fr.] **1.** a headdress **2.** a style of arranging the hair

**coign of vantage** (koin) [archaic var. of *coin* (QUOIN)] an advantageous position

**coil**[1] (koil) *vt.* [see COLLECT[2]] to wind (rope) into a circular or spiral form **—vi.** to wind round and round **—n.** **1.** anything wound into a series of rings or a spiral **2.** a single turn of a coiled figure **3.** a contraceptive device consisting of a loop of wire or plastic inserted in the womb **4.** *Elec.* a spiral of wire used as an inductor, etc.

**coil**[2] *n.* [< ?] [Archaic] commotion; turmoil **—mortal coil** the activities and troubles of life

**coin** (koin) *n.* [< L. *cuneus,* wedge] **1.** a piece of stamped metal issued by a government as money **2.** such pieces collectively **—vt.** **1.** *a*) to make (coins) by stamping metal *b*) to make (metal) into coins **2.** to invent (a new word) **—vi.** to make coins **—coin money** [Colloq.] to earn money rapidly **—false coin** anything spurious **—pay (someone) back in his own coin** to treat (a person) in the same way that he treated others

**coinage** *n.* **1.** the act of coining **2.** a system of metal currency **3.** an invented word

**coincide** (kō in sīd') *vi.* **-cid'ed, -cid'ing** [< L. *co-,* together + *incidere,* fall upon] **1.** to take up the same place in space **2.** to occur at the same time **3.** to correspond or agree exactly

**coincidence** (kō in'sə dəns) *n.* **1.** a coinciding **2.** an accidental and remarkable occurrence of events, ideas, etc. at the same time

**coincident** *adj.* **1.** occurring at the same time or place **2.** in agreement; identical **—coin'cident'al** *adj.* **—coin'cident'ally** *adv.*

**Cointreau** (kwän'trō') *n.* *Trademark* an orange-flavoured French liqueur

**coir** (koiər) *n.* [< Tamil *kayaru,* to be twisted] the fibre of coconuts, used to make rope, etc.

**coitus** (kō'it əs) *n.* [L. < *co-,* together + *ire,* go] sexual intercourse: also **coition** (kō ish'ən) **—co'ital** *adj.*

**coke**[1] (kōk) *n.* [< ME. *colke,* core] coal from which most of the gases have been removed by heating **—vt., vi. coked, cok'ing** to change into coke

**coke**[2] *n.* [Colloq.] cocaine

**Col.** **1.** Colonel **2.** Colossians

**col** (kol) *n.* [< L. *collum,* neck] a gap between peaks in a mountain range, used as a pass

**col.** **1.** colony **2.** colour(ed) **3.** column

**cola** (kō'lə) *n.* [< WAfr. name] **1.** an African tree whose nuts yield an extract with caffeine, used in soft drinks and medicine **2.** a sweet, carbonated soft drink flavoured with this extract

**colander** (kul'ən dər) *n.* [ult. < L. *colare,* to strain] a vessel with a perforated bottom to drain off liquids

**cold** (kōld) *adj.* [OE. *cald*] **1.** of a temperature much lower than that of the human body **2.** without the proper heat or warmth **3.** dead **4.** feeling chilled **5.** without warmth of feeling; not cordial *[a cold* personality*]* **6.** detached *[cold* logic*]* **7.** designating or having colours that suggest cold, as tones of blue, green, or grey **8.** faint *[a cold* scent*]* **9.** [Colloq.] with little or no preparation *[to* enter a game *cold]* **10.** [Slang] unconscious *[knocked cold]* **—n.** **1.** absence of heat; lack of warmth **2.** the sensation produced by a loss or absence of heat **3.** cold weather **4.** a condition characterized by nasal discharge, malaise, etc., and thought to be viral **—catch (a) cold** **1.** to become ill with a cold **2.** to encounter unexpected difficulties **—cold comfort** little or no comfort **—have (or get) cold feet** [Colloq.] to be (or become) timid or fearful **—in cold blood** without feeling pity or remorse **—out in the cold** ignored; neglected **—throw cold water on** to discourage **—cold'ish** *adj.* **—cold'ly** *adv.* **—cold'ness** *n.*

**coldblooded** *adj.* **1.** having a body temperature approximating to that of the surrounding air, land, or water, as fishes and reptiles **2.** without pity; cruel **—cold'blood'edly** *adv.* **—cold'blood'edness** *n.*

**cold chisel** a hardened and tempered steel chisel for cutting or chipping cold metal

**cold cream** a creamy, soothing preparation for softening and cleansing the skin

**cold feet** [Colloq.] lack or loss of confidence; timidity

**cold frame** an unheated, boxlike, glass-covered structure for protecting young plants

**cold front** *Meteorol.* the edge of a cold air mass advancing into a warmer air mass

**coldhearted** *adj.* lacking sympathy or kindness **—cold'heart'edly** *adv.* **—cold'heart'edness** *n.*

**cold shoulder** [Colloq.] deliberate

indifference; slight or snub: often with *the* —**cold'-shoul'der** *vt.*

**cold sore** *same as* HERPES SIMPLEX

**cold storage** **1.** storage of foods, furs, etc. in a refrigerator **2.** a state of temporary disuse; abeyance

**cold sweat** [Colloq.] a physical reaction to fear, anxiety, etc., characterized by chill and moist skin

**cold war** sharp conflict in diplomacy, economics, etc. between states, without actual warfare

**cole** (kōl) *n.* [< L. *caulis,* cabbage] any of various plants of the cabbage family, esp., rape

**coleopterous** (kol'e op'tər əs) *adj.* [< Gr. *koleos,* sheath + *pteron,* wing] belonging to an order of insects, including beetles, with horny front wings covering membranous hind wings

**coleslaw** (kōl'slô') *n.* [< Du. *kool,* cabbage + *sla,* salad] a salad made of shredded raw cabbage: also **cole slaw**

**coletit** *n.* *same as* COAL-TIT

**coleus** (kō'lē əs) *n.* [< Gr. *koleos,* sheath] a labiate plant grown for its showy, brightly coloured leaves

**coley** (kō'lē) *n.* [< ? *coal-fish,* saithe] any of several edible deep-water fish, esp. the saithe

**colic** (kol'ik) *n.* [< Gr. *kolon,* colon] acute abdominal pain caused by abnormal conditions in the bowels —*adj.* **1.** of colic **2.** of the colon —**col'icky** *adj.*

**coliseum** (kol'ə sē'əm) *n.* [< the *Colosseum,* in Rome] a large building or stadium for sports events, shows, etc.: also **colosse'um**

**colitis** (ko līt'is) *n.* [< Gr. *kolon,* colon + -ITIS] inflammation of the large intestine

**coll.** **1.** collect **2.** collection **3.** college **4.** colloquial

**collaborate** (kə lab'ə rāt') *vi.* **-rat'ed, -rat'ing** [< L. *com-,* with + *laborare,* work] **1.** to work together, esp. in some literary, artistic, or scientific undertaking **2.** to cooperate with an enemy invader —**col-lab'ora'tion** *n.* —**collab'ora'tionist** *n.* —**collab'orative** *adj.* —**collab'ora'tor** *n.*

**collage** (kə läzh') *n.* [< Gr. *kolla,* glue] **1.** an art form in which bits of objects are pasted together on a surface **2.** a composition so made —**collag'ist** *n.*

**collagen** (kol'ə jen') *n.* [< Gr. *kolla,* glue] a fibrous protein found in bone, cartilage, etc.

**collapse** (kə laps') *vi.* **-lapsed', -laps'ing** [< L. *com-,* together + *labi,* fall] **1.** to fall down or fall to pieces **2.** to break down suddenly **3.** to fold or come together compactly —*vt.* to cause to collapse —*n.* the act of collapsing; a falling in or together; failure or breakdown, as in business, health, etc. —**collaps'ibil'ity** *n.* —**collaps'ible** *adj.*

**collar** (kol'ər) *n.* [< L. *collum,* neck] **1.** the part of a garment that encircles the neck **2.** a cloth band attached to the neck of a garment **3.** a band of leather or metal for the neck of a dog, cat, etc. **4.** the part of the harness that fits over the neck of a horse **5.** a ring, as on rods or pipes, to connect parts, etc. —*vt.* **1.** to put a collar on **2.** to seize by or as by the collar **3.** [Colloq.] to arrest —**hot under the collar** **1.** angry **2.** excited **3.** ill at ease —**col'lared** *adj.*

**collarbone** *n.* a slender bone joining the breastbone to the shoulder blade; clavicle

**collate** (ko lāt') *vt.* **-lat'ed, -lat'ing** [< L. *collatus* < *com-,* together + *ferre,* bring] **1.** to compare (texts, data, etc.) critically **2.** to gather (the sections of a book) together in proper order for binding —**colla'tor** *n.*

**collateral** (ko lat'ər əl) *adj.* [< L. *com-,* together + *latus,* side] **1.** side by side; parallel **2.** accompanying the main thing in a subordinate way **3.** of the same ancestors but in a different line **4.** of security given as a pledge for the fulfilment of an obligation —*n.* **1.** a collateral relative **2.** stocks, bonds, etc. used for collateral security —**collat'erally** *adv.*

**collation** (ko lā'shən) *n.* **1.** the act, process, or result of collating **2.** a light meal

**colleague** (kol'ēg) *n.* [< L. *com-,* with + *legare,* appoint as deputy] a fellow worker; associate

**collect**[1] (kə lekt') *vt.* [see ff.] **1.** to gather together; assemble **2.** to gather (stamps, books, etc.) for a hobby **3.** to call for and receive (money) for (rent, a fund, bills, etc.) **4.** to call for and take away **5.** to regain control of (oneself) —*vi.* **1.** to gather; assemble [a crowd *collected*] **2.** to accumulate —**collect'able, collect'ible** *adj.*

**collect**[2] (kol'ekt) *n.* [ult. < L. *com-,* together + *legere,* gather] [*also* **C-**] a short prayer used in certain church services

**collected** (kə lek'tid) *adj.* **1.** gathered together **2.** in control of oneself; calm —**collect'edly** *adv.*

**collection** *n.* **1.** the act or process of collecting, specif., post for dispatch **2.** things collected [a stamp *collection*] **3.** an accumulation **4.** money collected, as during a church service

**collective** *adj.* **1.** formed by collecting **2.** of or as a group **3.** designating any enterprise in which people work together as a group **4.** *Gram.* designating a noun which is singular in form but denotes a collection of individuals (e.g., *army, crowd*) —*n.* **1.** a collective enterprise or the people involved **2.** *Gram.* a collective noun —**collec'tively** *adv.* —**col'lectiv'ity** *n.*

**collective bargaining** negotiation between organized workers and their employer or employers concerning wages, hours, and working conditions

**collectivism** *n.* ownership and control of the means of production and distribution by the people collectively —**collec'tivist** *n., adj.* —**collec'tivis'tic** *adj.*

**collector** *n.* a person or thing that collects; specif., *a*) a person whose work is collecting taxes, etc. *b*) a person who collects stamps, etc. as a hobby

**collector's item** any rare or beautiful object thought worthy of collection

**colleen** (kol′ēn) *n.* [< Ir. *caile,* girl] [Irish] a girl

**college** (kol′ij) *n.* [see COLLEAGUE] **1.** any institution of higher education not designated as a university **2.** an autonomous academic institution within a university **3.** a school offering specialized instruction [a secretarial *college*] **4.** an institution set up by a profession [the Royal *College* of Surgeons] **5.** an association of individuals having certain powers, duties, etc. [Herald's *College*]

**college pudding** a suet pudding containing dried fruit

**collegial** (kə lē′jē əl) *adj.* **1.** with authority shared equally among colleagues **2.** *same as* COLLEGIATE

**collegian** *n.* a member of a college

**collegiate** *adj.* **1.** of a college or college students **2.** made up of colleges, as some universities

**collide** (kə līd′) *vi.* **-lid′ed, -lid′ing** [< L. *com-,* together + *laedere,* strike] **1.** to strike violently against each other **2.** to come into conflict; clash

**collie** (kol′ē) *n.* [< ?] a silky-haired dog with a long, narrow head: first bred in Scotland to herd sheep

**collier** (kol′yər) *n.* [see COAL] **1.** a coal miner **2.** *a*) a ship for carrying coal *b*) a member of its crew

**colliery** *n., pl.* **-lieries** a coal mine and its buildings, etc.

**collimate** (kol′ə māt′) *vt.* **-mat′ed, -mat′ing** [< L. *com-,* with + *linea,* a line] **1.** to make (beams of radiation) parallel **2.** to adjust the line of sight of (a telescope, etc.) **—col′lima′tion** *n.* **—col′lima′tor** *n.*

**collision** (kə lizh′ən) *n.* **1.** a colliding **2.** a clash or conflict of opinions, interests, etc.

**collision course** a course bound to end in collision

**collocate** (kol′ō kāt′) *vt.* **-cat′ed, -cat′ing** [see LOCATE] to arrange or place together, esp. side by side

**colloid** (kol′oid) *n.* [< Gr. *kolla,* glue] a substance made up of insoluble, nondiffusible particles that remain suspended in a medium of different matter **—colloi′dal** *adj.*

**collop** (kol′əp) *n.* [< Scand.] a small slice of meat, esp. of bacon

**colloq.** **1.** colloquial(ly) **2.** colloquialism

**colloquial** (kə lō′kwē əl) *adj.* [see COLLOQUY] **1.** having to do with or like conversation **2.** designating words, phrases, and idioms characteristic of informal speech and writing **—collo′quially** *adv.*

**colloquialism** *n.* **1.** colloquial quality, style, or usage **2.** a colloquial word or expression

**colloquium** (kə lō′kwē əm) *n., pl.* **-quia, -quiums** [see ff.] an organized conference or seminar

**colloquy** (kol′ə kwē) *n., pl.* **-quies** [< L. *com-,* together + *loqui,* speak] a conversation, esp. a formal discussion **—col′loquist** *n.* **—col′loquize′** *vi.*

**collusion** (kə lōō′zhən) *n.* [< L. *com-,* with + *ludere,* to play] a secret agreement for fraudulent or illegal purpose; conspiracy **—collu′sive** (-siv) *adj.* **—collu′sively** *adv.*

**collywobbles** (kol′ē wob′lz) *n.pl.* [*often with sing v.*] [prob. < COLIC + WOBBLE] [Colloq.] **1.** pain in the abdomen **2.** extreme nervousness

**cologne** (kə lōn′) *n.* *same as* EAU DE COLOGNE

**colon**[1] (kō′lən) *n.* [< Gr. *kōlon,* limb] a mark of punctuation (:) used before an extended quotation, example, etc.

**colon**[2] *n., pl.* **-lons, -la** [< Gr. *kolon*] that part of the large intestine extending from the caecum to the rectum **—colonic** (kə lon′ik) *adj.*

**colonel** (kur′n′l) *n.* [< Fr. < L. *columna,* column] *see* MILITARY RANKS, table **—colo′nelcy** *n.*

**colonial** (kə lō′nē əl) *adj.* **1.** of or living in a colony or colonies **2.** [*often* **C-**] of or relating to the colonies of the British Empire **3.** of or characteristic of the thirteen British colonies that became the U.S. **—***n.* an inhabitant of a colony **—colo′nially** *adv.*

**colonialism** *n.* the system of maintaining foreign colonies, esp. for exploitation **—colo′nialist** *n., adj.*

**colonist** (kol′ə nist) *n.* **1.** any of the original settlers of a colony **2.** an inhabitant of a colony

**colonize** *vt., vi.* **-nized′, -niz′ing** **1.** to found or establish a colony or colonies (in) **2.** to settle in a colony **—col′oniza′tion** *n.* **—col′oniz′er** *n.*

COLONNADE

**colonnade** (kol′ə nād′) *n.* [Fr. < L. *columna,* column] *Archit.* a series of columns set at regular intervals, usually supporting a roof **—col′onnad′ed** *adj.*

**colony** (kol′ə nē) *n., pl.* **-nies** [< L. *colere,* cultivate] **1.** *a*) a group of people who settle in a distant land but under the jurisdiction of their native land *b*) the region thus settled **2.** [**C-**] [*pl.*] the colonies and, loosely, the dominions, of the British Empire **3.** a community of people of the same nationality or pursuits concentrated in a particular place **4.** *Biol.* a group of similar plants or animals living or growing together

**colophon** (kol′ə fən) *n.* [< Gr. *kolophōn,* top] **1.** a note in a book giving facts about its production, formerly printed at the end **2.** the distinctive emblem of the publisher

**Colorado beetle** (kol′ə räd′ō) [< U.S. State] a widely distributed black-and-yellow beetle that is a destructive pest of potatoes

**coloratura** (kol′ər ə tooər′ə) *n.* [It. < L. *colorare,* colour] **1.** brilliant runs, trills, etc., in music used to display a singer's skill **2.** a soprano who sings such music: in full, **coloratura soprano**

**colossal** (kə los′′l) *adj.* **1.** like a colossus in size; huge **2.** [Colloq.] extraordinary —**colos′sally** *adv.*

**colossus** (kə los′əs) *n., pl.* **-los′si** (-ī) **-los′suses** [< Gr. *kolossos*] **1.** a gigantic statue; esp., [**C-**] that of Apollo set at the entrance to the harbour of Rhodes c. 280 B.C. **2.** any huge or important person or thing

**colostomy** (kə los′tə mē) *n., pl.* **-mies** [COLO(N)[2] + Gr. *stoma,* mouth] the surgical operation of forming an artificial opening in the colon

**colostrum** (kə los′trəm) *n.* [L., beestings] the first milk produced for several days after the birth of the young

**colour** (kul′ər) *n.* [< L. *color*] **1.** the sensation resulting from stimulation of the retina of the eye by light waves of particular wavelengths **2.** the property of reflecting light of a particular wavelength: the distinct colours of the spectrum are red, orange, yellow, green, blue, indigo, and violet; the *primary colours* of the spectrum are red, green, and blue **3.** any colouring matter; dye; pigment; paint: the *primary colours* (red, yellow, and blue) and *secondary colours* formed from these (green, orange, purple, etc.) are sometimes distinguished from black, white, and grey (*achromatic colours*) **4.** colour of the face; esp. a healthy rosiness **5.** the colour of the skin of a nonwhite person **6.** [*pl.*] *a*) a flag of a country, regiment, etc. *b*) *Sport* a badge or cap denoting membership of a team, esp. at school or college **7.** [*pl.*] one's position, opinion, or true nature **8.** appearance of truth [the news lent *colour* to the rumour] **9.** authenticity —*vt.* **1.** to give colour to; paint; stain; dye **2.** to change the colour of **3.** to alter or influence, as by distortion —*vi.* **1.** to become coloured **2.** to change in colour **3.** to blush; flush —**change colour** **1.** to become pale **2.** to blush or flush —**colour up** to blush or flush —**lose colour** to become pale —**nail one's colours to the mast** to commit oneself to a particular course of action —**off colour** **1.** unwell **2.** in bad taste —**under colour of** under the pretext of —**under false colours** deceitfully; as an impostor —**with flying colours** triumphantly —**col′ourer** *n.*

**colourable** *adj.* **1.** capable of being coloured **2.** apparently plausible, but actually specious; deceptive

**colouration, coloration** (kul′ə rā′shən) *n.* **1.** the way a thing is coloured **2.** the technique of using colours

**colour bar** a barrier of social, political, and economic restrictions imposed on nonwhites

**colourblind** *adj.* unable to perceive colours or to distinguish between certain colours, as red and green —**col′ourblind′ness** *n.*

**coloured** *adj.* **1.** having colour **2.** of a (specified) colour **3.** [*sometimes* **C-**] non-Caucasoid; nonwhite; specif., Negro **4.** [**C-**] in South Africa, of racially mixed parentage **5.** altered, distorted, or exaggerated —*n.* **1.** [*usually* **C-**] a person who is not white **2.** [**C-**] in South Africa, a nonwhite person of racially mixed parentage

**colourful** *adj.* **1.** full of vivid colours **2.** full of interest or variety; distinctive in style, etc.

**colouring** *n.* **1.** the act or art of applying colours **2.** anything applied to impart colour; pigment, dye, etc. **3.** *same as* COLOURATION **4.** skin colour **5.** false appearance

**colourless** *adj.* **1.** without colour **2.** dull in colour; grey or pallid; drab **3.** lacking interest or life; dull —**col′ourlessly** *adv.* —**col′ourlessness** *n.*

**colour sergeant** *see* MILITARY RANKS, table

**colour supplement** a magazine printed in colour given away with a newspaper

**colt** (kōlt) *n.* [OE.] **1.** a young horse, donkey, zebra, etc.; specif., a male racehorse four years of age or under **2.** *Sport* a young or inexperienced player

**coltish** *adj.* of or like a colt; esp., frisky, frolicsome, etc. —**colt′ishly** *adv.*

**columbine** (kol′əm bīn′) *n.* [< L. *columba,* dove] a plant with showy, spurred flowers of various colours

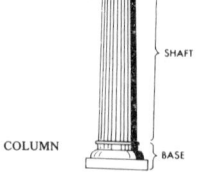


**column** (kol′əm) *n.* [< L. *columna*] **1.** a slender upright structure, generally a cylindrical shaft with a base and a capital; pillar **2.** anything like a column in shape or function **3.** a cylindrical body of fluid, as mercury or air **4.** a formation of troops, ships, etc. in a file **5.** any of the vertical sections of printed matter lying side by side on a page **6.** a vertical arrangement of numbers **7.** a series of feature articles in a newspaper or magazine, written by a special writer or devoted to a certain subject —**columnar** (kə lum′nər), **col′umned** *adj.*

**columnist** (kol′əm nist) *n.* a person who writes or conducts a column, as in a newspaper

**com-** [L., with] *a prefix meaning* with or together *[combine]*: also used as an intensive *[command]*

**Com.** 1. Commander 2. Commission(er) 3. Committee

**com.** 1. commerce 2. common 3. communication

**coma** (kō′mə) *n.* [< Gr. *koma*, deep sleep] a state of deep, prolonged unconsciousness, as caused by injury

**comatose** (kō′mə tōs′) *adj.* 1. of, like, or in a coma or stupor 2. as if in a coma; torpid

**comb** (kōm) *n.* [OE. *camb*] 1. a thin strip of plastic, metal, etc. with teeth, passed through the hair to arrange or clean it, or set in the hair to hold it in place 2. anything like a comb specif., *a*) a tool for cleaning and straightening wool, etc. *b*) a red, fleshy outgrowth on the top of a cock's head 3. a honeycomb —*vt.* 1. to clean or arrange with a comb 2. to remove with or as with a comb; separate (often with *out*) 3. to search thoroughly —*vi.* to roll over; break: said of waves

**combat** (kom′bat) *vi., vt.* **-bated, -bating** [< L. *com-*, with + *battuere*, beat] to fight; struggle (against) —*n.* battle; conflict; strife —**com′bative** *adj.*

**combatant** *adj.* 1. fighting 2. ready or prepared to fight —*n.* a person who engages in combat; fighter

**combat fatigue** a neurotic condition characterized by anxiety, irritability, depression, etc., often occurring after prolonged combat in warfare

**combe** (kōōm) *n. same as* COOMB

**comber** (kō′mər) *n.* 1. one that combs wool, flax, etc. 2. a large wave that breaks on a beach, reef, etc.

**combination** (kom bə nā′shən) *n.* 1. a combining or being combined 2. a thing formed by combining 3. an association of persons, firms, etc. for a common purpose 4. the series of numbers or letters used in opening a combination lock 5. [*pl.*] a one-piece undergarment for body and legs 6. a motorcycle with sidecar attached 7. *Math.* any of the various groupings into which a number of units may be arranged without regard to order —**com′bina′tional, com′binative** *adj.*

**combination lock** a lock with a mechanism operated by a set series of numbers

**combine** (kəm bīn′; *for n. & v. 3,* kom′bīn) *vt., vi.* **-bined′, -bin′ing** [< L. *com-*, together + *bini*, two by two] 1. to come or bring into union; unite; join 2. to unite to form a chemical compound 3. to harvest and thresh with a combine —*n.* 1. a machine for harvesting and threshing grain: also **combine harvester** 2. an association of corporations, etc. for commercial or political purposes —**combin′able** *adj.* —**combin′er** *n.*

**combings** (kō′miŋz) *n.pl.* loose hair, wool, etc. removed in combing

**combining form** a word form that occurs only in compounds or derivatives (Ex.: *-logy* in *cardiology*)

**combustible** (kəm bus′tə b′l) *adj.* that catches fire and burns easily —*n.* a flammable substance —**combus′tibil′ity** *n.* —**combus′tibly** *adv.*

**combustion** (kəm bus′chən) *n.* [< L. *com-*, intens. + *urere*, burn] 1. the act or process of burning 2. rapid chemical combination accompanied by heat and, usually, light —**combus′tive** *adj.*

**come** (kum) *vi.* **came, come, com′ing** [OE. *cuman*] 1. to move from "there" to "here" 2. to approach by moving towards 3. to arrive or appear *[help will come]* 4. to extend; reach 5. to take place *[success came to him]* 6. to take form in the mind *[her name came to him]* 7. to occur in a certain place or order *[after 9 comes 10]* 8. to arrive at a particular state *[come to grief]* 9. to be brought (to an awareness, understanding, etc.) 10. to have a certain descent or origin 11. to result 12. to happen *[how did he come to hear of it?]* 13. to get to be; become *[it came loose]* 14. to be available *[this dress comes in four sizes]* 15. to amount; add up (*to*) 16. [Slang] to have a sexual orgasm —*vt.* [Colloq.] to play the part of *[don't come the innocent with me]* —*interj.* look! see here! —**as good** (or **tough, strong,** etc.) **as they come** extremely good (or tough, strong, etc.) —**come about** to happen; occur —**come across** 1. to find by chance 2. [Colloq.] to be effective, etc. 3. [Slang] to give or do what is wanted —**come again?** [Colloq.] what did you say? —**come between** to estrange; divide —**come by** 1. to get; gain 2. to pay a visit —**come clean** to make a confession —**come down** to suffer loss in status, wealth, etc. —**come down on** (or **upon**) to scold; criticize harshly —**come down with** to catch (a disease) —**come in** 1. to enter 2. to come into fashion 3. to finish in a contest 4. [Colloq.] to prove to be *[the money came in very useful]* 5. *Cricket* to start one's innings as a batsman 6. *Radio* to answer a call or signal —**come in for** [Colloq.] to get; acquire —**come into** 1. to enter into 2. to inherit —**come off** 1. to become detached 2. to occur 3. [Colloq.] to prove successful, etc. —**come off it!** [Colloq.] I don't believe you! —**come on** 1. to make progress 2. to find 3. to appear, make an entrance, etc. —**come one's way** to come to one's notice, into one's possession, etc. —**come out** 1. to be disclosed 2. to go on strike 3. to make a debut 4. to end up; turn out 5. to be published —**come out for** to support; endorse —**come out with** 1. to disclose 2. to say; publish —**come over** 1. to pay a visit from some distance 2. to change sides or one's opinions 3. to make an impression *[he came over badly]* 4. [Colloq.] to feel *[he came over faint]* —**come round** 1. to revive; recover 2. to make a turn 3. to visit casually 4.

to concede or yield —**come through** 1. to complete or endure something successfully 2. [Slang] to do or give what is wanted —**come to** to recover consciousness —**come up** 1. to arise, as in discussion 2. to rise, as in status 3. to be put forward, as for a vote —**come upon** to find —**come up to** 1. to reach to 2. to equal —**come up with** to propose, produce, find, etc. —**how come?** [Colloq.] how is it that? why? —**to come** in the future —**com'er** *n.*

**comeback** *n.* [Colloq.] 1. a return to a previous state or position, as of success 2. a retaliatory action in response to something done or said

**Comecon** (kom'i kon') Council for Mutual Economic Assistance: a trade organization of Soviet-oriented Communist nations

**comedian** (kə mē'dē ən) *n.* 1. an entertainer who tells jokes, sings comic songs, etc. 2. an actor who plays comic parts —**come'dienne'** *n.fem.*

**comedy** (kom'ə dē) *n., pl.* **-dies** [< Gr. *kōmōs,* festival + *aeidein,* sing] 1. orig., a drama or narrative with a happy ending or nontragic theme 2. any of various types of play or film with a humorous treatment of characters and situation and a happy ending 3. a novel or any narrative having a comic theme, tone, etc. 4. the comic element in life —**comedic** (kə mē'-dik) *adj.*

**come-hither** (kum'hiᵗʰ'ər) *adj.* [Colloq.] flirtatious or inviting [a *come-hither* look]

**comely** (kum'lē) *adj.* **-lier, -liest** [< OE. *cyme,* delicate] pleasant to look at —**come'liness** *n.*

**come-on** *n.* [Slang] an inducement

**comestible** (kə mes'tə b'l) *adj.* [< L. *com-,* intens. + *edere,* eat] [Rare] edible —*n.* [*usually pl.*] food

**comet** (kom'ət) *n.* [< Gr. *komē,* hair] a heavenly body having a solid nucleus with a luminous mass (**coma**) around it, and, usually, a long, luminous tail —**com'etary** *adj.*

**comeuppance** (kum'up''ns) *n.* [Colloq.] deserved punishment; retribution

**comfit** (kum'fit) *n.* [see CONFECTION] a sugar-coated sweet, often with a nut, fruit, etc. in the center

**comfort** (kum'fərt) *vt.* [< L. *com-,* intens. + *fortis,* strong] to soothe in distress or sorrow; console —*n.* 1. relief from distress, grief, etc. 2. a person or thing that comforts 3. a state of, or thing that provides, ease and enjoyment —**com'forting** *adj.* —**com'fortless** *adj.*

**comfortable** *adj.* 1. providing comfort 2. at ease in body or mind; contented 3. [Colloq.] sufficient to satisfy [a *comfortable* salary] —**com'fortably** *adv.*

**comforter** *n.* 1. a person or thing that comforts 2. a woollen neckscarf 3. a baby's dummy —**the Comforter** *Bible* the Holy Spirit: John 14:26

**comfrey** (kum'frē) *n., pl.* **-freys** [< L. *confervere,* to heal] a plant related to borage, with small blue, purplish, or yellow flowers

**comfy** *adj.* **-fier, -fiest** [Colloq.] comfortable; snug

**comic** (kom'ik) *adj.* [< Gr. *kōmikos*] 1. of comedy 2. amusing; funny —*n.* 1. a comedian 2. the humorous element in art or life 3. a magazine or booklet containing comic strips, esp. for children —**com'ical** *adj.*

**comic strip** a series of cartoons, as in a newspaper, telling a humorous or adventurous story

**coming** (kum'iŋ) *adj.* 1. approaching; next 2. showing promise of being successful, etc. —*n.* arrival; advent —**have it (or something) coming to one** to deserve or merit (something)

**comity** (kom'ə tē) *n., pl.* **-ties** [< L. *comis* polite] courteous behaviour; politeness

**Comm., comm.** 1. Commonwealth 2. Communist

**comma** (kom'ə) *n.* [< Gr. *komma,* clause < *koptein,* cut off] a mark of punctuation (,) used to indicate a slight separation of sentence elements

**command** (kə mänd') *vt.* [< L. *com-,* intens. + *mandare,* entrust] 1. to give an order to; direct 2. to have authority over; control 3. to have ready for use 4. to deserve and get [to *command* respect] 5. to control or overlook from a higher position —*vi.* to exercise authority —*n.* 1. an order; direction; mandate 2. authority to command 3. power to control by position 4. mastery 5. a military or naval force under a specified authority [Strategic Air *Command*]

**commandant** (kom'ən dant') *n.* a commanding officer of a fort, prisoner of war camp, etc.

**commandeer** (kom'ən dēər') *vt.* [< Fr *commander,* to command] 1. to seize (property) for military or governmental use 2. [Colloq.] to take forcibly

**commander** (kə män'dər) *n.* 1. a person who commands; leader 2. a member of the higher class of some orders of chivalry [Knight *Commander* of Royal Victorian Order] 3. *see* MILITARY RANKS, table —**command'ership'** *n.*

**commander in chief** *pl.* **commanders in chief** the supreme commander of the armed forces of a nation

**commanding** *adj.* 1. being in command 2. having the presence, etc. of one in command; authoritative 3. from which the surrounding countryside may be seen

**commandment** *n.* an authoritative command or order; specif., any of the Ten Commandments

**commando** (kə män'dō) *n., pl.* **-dos, -does** [< Port.] 1. a small raiding force trained to operate inside enemy territory 2. a member of such a group 3. [S Afr.] a body of armed men esp. raised by Boers in the Boer War

**command paper** a government

document presented to Parliament by, or as by, royal command, as a white paper

**command performance** a performance of a play, film, etc. for, or as for, a ruler by command or request

**commedia dell' arte** (kôm mä′-dyä del lär′te) [It.] a type of Italian comedy of the 16th century, having a stereotyped plot and stock characters

**commemorate** (kə mem′ə rāt′) *vt.* **-rat′-ed, -rat′ing** [< L. *com-*, intens. + *memorare,* remind] **1.** to honour the memory of, as by a ceremony **2.** to serve as a memorial to **—commem′ora′tion** *n.* **—commem′orative, commem′oratory** *adj.* **—commem′oratively** *adv.*

**commence** (kə mens′) *vi., vt.* **-menced′, -menc′ing** [< L. *com-*, together + *initiare,* begin] to begin; start; originate **—commence′ment** *n.* **—commenc′er** *n.*

**commend** (kə mend′) *vt.* [see COMMAND] **1.** to put in the care of another; entrust **2.** to recommend **3.** to praise **—commend′-able** *adj.* **—commend′ably** *adv.* **—com′-menda′tion** *n.* **—commend′atory** *adj.*

**commensurable** (kə men′shər ə b′l) *adj.* [see ff.] measurable by the same standard or measure **—commen′surabil′ity** *n.* **—commen′surably** *adv.*

**commensurate** *adj.* [< L. *com-, with + mensura,* measure] **1.** equal in measure or size **2.** proportionate **3.** commensurate **—commen′surately** *adv.* **—commen′-sura′tion** *n.*

**comment** (kom′ent) *n.* [< L. *com-*, intens. + *meninisse,* remember] **1.** a note or notes in explanation or criticism of something written or said **2.** a remark or observation **—*vi.*** to make a comment or comments (*on* or *upon*) **—no comment** I have nothing to say on the matter

**commentary** (kom′ən tər ē) ***n., pl.*** **-tar-ies** **1.** a series of explanatory notes or annotations **2.** a series of remarks or observations; specif., a description, for radio or TV, of a sporting event, ceremony, etc. **—com′mentar′ial** (-tāər′ē əl) ***adj. m***

**commentate** *vi.* **-tat′ed, -tat′ing** to perform as a commentator

**commentator** *n.* **1.** a person who describes and comments upon sporting events, etc., as on radio or TV **2.** a person who reports and analyses, etc.

**commerce** (kom′ərs) ***n.*** [< L. *com-*, together + *merx,* merchandise] **1.** the buying and selling of goods, as between cities, states, or countries **2.** social intercourse

**commercial** (kə mur′shəl) ***adj.*** **1.** of or connected with commerce or trade **2.** made or done primarily for profit **3.** offering training in business skills, etc. **—*n.*** *Radio & TV* a paid advertisement **—commer′cially** ***adv.***

**commercial broadcasting** radio and TV financed by advertising and generally run to make a profit

**commercialism** *n.* the practices and spirit of commerce or business, esp. in seeking profits

**commercialize** *vt.* **-ized′, -iz′ing** **1.** to apply business methods to **2.** to make use of for profit, esp. at the expense of quality **—commer′cializa′tion** *n.*

**commercial traveller** a representative of a firm who visits customers to solicit business, take orders, etc.

**Commie** (kom′ē) ***adj., n.*** [*sometimes* **c-**] [Chiefly U.S. Colloq.] Communist: a derogatory usage

**commination** (kom′ə nā′shən) ***n.*** [< L. *comminari,* threaten] a threat or warning, esp. of divine punishment **—comminatory** (kom′i nə tər ē) ***adj.***

**commingle** (kə miŋ′g′l) ***vt., vi.*** **-gled, -gling** to mingle together; intermix; blend

**commis** (kom′ē) ***n. pl.*** **-mis** (-ēz) [Fr.] a junior or apprentice waiter or chef

**commiserate** (kə miz′ə rāt′) ***vt.*** **-at′ed, -at′ing** [< L. *com-*, intens. + *miserari,* pity] to feel or show pity for **—*vi.*** to condole or sympathize (*with*) **—commis′er-a′tion** *n.* **—commis′erative** ***adj.***

**commissariat** (kom′ə sāər′ē ət) ***n.*** **1.** the branch of an army which provides food and supplies for the troops **2.** formerly, a government department in the U.S.S.R.: since 1946, called *ministry* **—commissar** (kom′ə sär′) ***n.***

**commissary** (kom′ə sər ē) ***n., pl.*** **-saries** [< L. *committere,* commit] **1.** a deputy assigned to some duty **2.** formerly, an army officer in charge of providing food and supplies **—com′missar′ial** (-sāər′ē əl) ***adj.***

**commission** (kə mish′ən) ***n.*** [see COMMIT] **1.** an authorization to perform certain duties or to take on certain powers **2.** a document giving such authorization or instruction **3.** the state of being so authorized **4.** authority to act for another **5.** that which one is authorized to do for another **6.** a committing, as of a crime **7.** *a*) a group of people officially appointed to perform specified duties *b*) a government department set up for a specific purpose [the Price *Commission*] **8.** a percentage or fee paid to an agent for services **9.** *Mil.* an official document conferring a rank of officer **—*vt.*** **1.** to give a commission to **2.** to authorize **3.** *Naut.* to put (a vessel) into service **—in** (or **out of**) **commission** **1.** in (or not in) use **2.** in (or not in) working order

**commissionaire** (kə mish′ə nāər′) ***n.*** [Fr.] a uniformed doorman at a hotel, cinema, office block, etc., esp. one of a group of ex-servicemen (**Corps of Commissionaires**)

**commissioned officer** an officer in the armed forces holding rank by a commission

**commissioner** (kə mish′ə nər) ***n.*** **1.** a member of a commission (sense 7) **2.** an official in charge of a government agency, territory, etc.

**Commissioner for Oaths** a solicitor

empowered to administer an oath to one making a sworn statement, affidavit, etc.

**commit** (kə mit′) *vt.* **-mit′ted, -mit′ting** [< L. *com-,* together + *mittere,* send] **1.** to give in charge or trust; consign **2.** to put officially in custody or confinement [*committed* to prison] **3.** to do or perpetrate (an offence or crime) **4.** to bind as by a promise; pledge [*committed* to action] —**commit to memory** to learn by heart; memorize —**commit to paper** (or **writing**) to write down —**commit′table** *adj.*

**commitment** *n.* **1.** a committing or being committed **2.** official consignment of a person to prison **3.** a pledge or promise **4.** any obligation or engagement Also **commit′tal**

**committee** *n.* [see COMMIT] **1.** a group of people chosen, as in a legislature or club, to consider or act on some matter **2.** [C-] the House of Commons when sitting as a Committee —**in committee** under consideration by a committee, as a resolution or bill

**Committee of Supply** the House of Commons when sitting as a Committee of the whole house to discuss public expenditure estimates

**commode** (kə mōd′) *n.* [Fr. < L.: see COM- & MODE] **1.** a chest of drawers **2.** a chair enclosing a chamber pot

**commodious** (kə mō′dē əs) *adj.* [see prec.] spacious; roomy —**commo′diously** *adv.* —**commo′diousness** *n.*

**commodity** (kə mod′ə tē) *n., pl.* **-ties** [see COMMODE] **1.** any useful thing **2.** anything bought and sold

**commodore** (kom′ə dôr′) *n.* [< Fr.: see COMMAND] **1.** a courtesy title, as of the president of a yacht club **2.** the senior captain of a merchant shipping line **3.** *see* MILITARY RANKS, table

**common** (kom′ən) *adj.* [< L. *communis,* shared by all or many] **1.** belonging equally to, or shared by, all **2.** belonging to the community at large; public **3.** widely existing; general **4.** familiar; usual **5.** not of the upper classes; of the masses [the *common* people] **6.** having no rank [a *common* soldier] **7.** below ordinary; inferior **8.** vulgar; low; coarse **9.** *Gram.* designating a noun that refers to any of a group or class, as *book, apple, street* **10.** *Math.* belonging equally to two or more quantities [a *common* denominator] —*n.* **1.** [*sometimes pl.*] land owned or used by all the inhabitants of a place **2.** [Slang] common sense —**common or garden** of the usual kind; ordinary —**in common** equally with all concerned —**com′monly** *adv.* —**com′monness** *n.*

**commonality** (kom′ə nal′ə tē) *n.* **1.** the common people **2.** a sharing of common features, etc.

**commonalty** (kom′ən əl tē) *n., pl.* **-ties** **1.** the common people **2.** a general body or group

**commoner** *n.* **1.** one who is not of the nobility **2.** at some universities, a student who is not supported by a university or college scholarship

**common fraction** a fraction whose numerator and denominator are both whole numbers

**common law** the law of a country or state based on custom, usage, and the decisions of law courts

**common-law marriage** *Law* a marriage not solemnized by religious or civil ceremony but effected by agreement to live together as husband and wife

**common market** an association of countries formed to effect a closer economic union; specif., [C- M-] the European Economic Community

**commonplace** *n.* **1.** a trite remark; platitude **2.** anything common or ordinary —*adj.* obvious or ordinary —**com′monplace′ness** *n.*

**common room** a sitting-room in schools, colleges, etc. for the use of students or staff

**commons** *n.pl.* **1.** the common people **2.** [*often with sing. v.*] [C-] *same as* HOUSE OF COMMONS **3.** [*often with sing. v.*] food provided for meals for a whole group —**short commons** a reduced diet

**common sense** ordinary good sense or sound practical judgment —**com′mon-sense′, com′mon-sen′sical** *adj.*

**common time** *Music* a metre of four beats to the bar; 4/4 time: also **common measure**

**Commonwealth** *n.* **1.** an association of states, dependencies, and territories formerly ruled by Britain that recognize the reigning British sovereign as titular head **2.** the government of England under the Cromwells (1649-60) **3.** the official designation of the federated states of Australia

**commonwealth** *n.* **1.** the people of a state viewed politically **2.** a state in which the people are taken as sovereign; democracy

**commotion** (kə mō′shən) *n.* [< L. *com-,* together + *movere,* move] **1.** violent motion **2.** confusion

**communal** (kom′yoon′l) *adj.* **1.** designating common ownership of property **2.** of the community; public **3.** of a commune or communes —**commu′nally** *adv.*

**commune**[1] (kə myōōn′) *vi.* **-muned′, -mun′ing** [< OFr. *comuner,* to share] **1.** to talk together intimately **2.** to be in close rapport [to *commune* with nature]

**commune**[2] (kom′yōōn) *n.* [ult. < L. *communis,* common] **1.** a small group of people living communally and sharing in work, earnings, etc. **2.** the smallest administrative district of local government in France, Belgium, etc. —**the Commune** the revolutionary government of Paris in 1871

**communicable** (kə myōō′ni kə b'l) *adj.* **1.** that can be communicated, as an idea **2.** that can be transmitted, as a disease

—**commu′nicabil′ity** *n.* —**commu′nicably** *adv.*

**communicant** *n.* a person who receives Holy Communion

**communicate** *vt.* **-cat′ed, -cat′ing** [< L. *communis,* common] **1.** to impart; transmit **2.** to make known; give (information, etc.) —*vi.* **1.** to receive Holy Communion **2.** to give or exchange information, etc. **3.** to be connected, as by a door [*communicating* rooms] —**commu′nica′tor** *n.* —**commu′nicative** *adj.*

**communication** (kə myōō′nə kā′shən) *n.* **1.** a transmitting **2.** *a*) a giving or exchanging of information, etc. by talk, writing, etc. *b*) the information so given **3.** a means of communicating **4.** [*often pl., with sing. v.*] the science of transmitting information

**communication cord** a device in a train enabling a passenger to stop the train in an emergency

**communion** (kə myōōn′yən) *n.* [< L. *communis,* common] **1.** a sharing of one's thoughts and emotions; communing **2.** possession in common **3.** a Christian denomination **4.** [**C-**] a celebrating of Holy Communion

**communiqué** (kə myōō′nə kā′) *n.* [Fr.] an official communication or bulletin

**communism** (kom′yə niz′m) *n.* [see COMMON] **1.** a theory or system based on the ownership of all property by the community **2.** [*often* **C-**] *a*) socialism, formulated by Marx, Lenin, etc., characterized by equal distribution of goods *b*) the form of government in the U.S.S.R., China, etc.

**communist** *n.* **1.** an advocate or supporter of communism **2.** [**C-**] a member of a Communist Party —*adj.* **1.** of, like, advocating, or supporting communism **2.** [**C-**] designating or of a political party advocating Communism —**com′munis′tic** *adj.*

**community** (kə myōō′nə tē) *n., pl.* **-ties** [< L. *communis,* common] **1.** *a*) all the people living in a particular district, city, etc. *b*) the district, city, etc. where they live **2.** a group of people living together and having interests, work, religion, etc. in common **3.** society; the public **4.** ownership or participation in common **5.** friendly association

**community centre** a meeting place in a community for cultural, recreational, or social activities

**community college** a Canadian educational institution which trains post-secondary students for skilled trades, offering also courses in continuing education to the people of the community

**commutation** (kom′yōō tā′shən) *n.* [< L. *commutare,* commute] an exchange; substitution —**com′mutate′** *vt.*

**commutative** (kə myōōt′ə tiv) *adj.* **1.** of or involving interchange or substitution **2.** *Math.* designating an operation that is unchanged by altering the order of symbols [addition of numbers is *commutative*]

**commutator** (kom′yōō tāt′ər) *n.* a device for changing the direction of an electric current

**commute** (kə myōōt′) *vi.* [< L. *com-,* intens. + *mutare,* to change] **1.** to travel as a commuter **2.** to be a substitute —*vt.* **-mut′ed, -mut′ing** **1.** to exchange; substitute **2.** to change (an obligation, punishment, etc.) to one that is less severe —**commut′able** *adj.*

**commuter** *n.* one who travels regularly, esp. by train, bus, etc., between two points at some distance

**comp.** **1.** comparative **2.** composition **3.** compound

**compact** (kəm pakt′; *also for adj., and for n. always,* kom′pakt) *adj.* [< L. *com-,* together + *pangere,* fasten] **1.** closely and firmly packed; dense **2.** taking little space **3.** not wordy; terse —*vt.* **1.** to pack or join firmly together **2.** to condense —*n.* **1.** a small cosmetic case, usually containing face powder and a mirror **2.** an agreement; covenant —**compact′ly** *adv.* —**compact′ness** *n.* —**compact′or** *n.*

**companion**[1] (kəm pan′yən) *n.* [< L. *com-,* with + *panis,* bread] **1.** one who associates with or accompanies another or others **2.** a person employed to live or travel with another **3.** a thing that matches another in colour, etc. **4.** [**C-**] a member of the lowest rank in an order of knighthood **5.** a guidebook or handbook —**compan′ionship′** *n.*

**companion**[2] *n.* [< Du. < It. *compagna,* company] *Naut.* a skylight on the upper deck of a ship, to let light into the cabin below

**companionable** *adj.* having the qualities of a good companion; sociable —**compan′ionabil′ity, compan′ionableness** *n.* —**compan′ionably** *adv.*

**companionway** *n.* a stairway leading from the deck of a ship to the cabins or space below

**company** (kum′pə nē) *n., pl.* **-nies** [see COMPANION[1]] **1.** companionship; society **2.** a group of people gathered for some purpose [a business *company*] **3.** a guest or guests **4.** habitual associates **5.** *Mil.* a body of troops, normally composed of two or more platoons **6.** *Naut.* the whole crew of a ship: in full, **ship's company** —**keep (a person) company** to stay with (a person) and provide companionship —**part company** **1.** to stop associating (*with*) **2.** to separate and go in different directions

**company sergeant major** *see* WARRANT OFFICER

**comparable** (kom′pər ə b'l) *adj.* **1.** that can be compared **2.** worthy of comparison —**com′parabil′ity, com′parableness** *n.* —**com′parably** *adv.*

**comparative** (kəm par′ə tiv) *adj.* **1.** involving comparison as a method [*comparative* linguistics] **2.** relative [*comparative* joy] **3.** *Gram.* designating or of the second degree of comparison of adjectives and adverbs **—*n.*** *Gram.* the comparative degree **—compar′atively *adv.* —compar′ativeness *n.***

**compare** (kəm pâər′) ***vt.* -pared′, -par′ing** [< L. *com-*, with + *par*, equal] **1.** to liken (*to*) **2.** to examine for similarities or differences (often followed by *with*) **3.** *Gram.* to form the degrees of comparison of **—*vi.*** **1.** to be worthy of comparison (*with*) **2.** to be regarded as similar **—beyond** (or **past** or **without**) **compare** without equal **—compare notes** to exchange views, impressions, etc.

**comparison** (kəm par′ə s′n) ***n.*** **1.** a comparing or being compared **2.** likeness; similarity **3.** *Gram.* change in an adjective or adverb to show the positive, comparative, and superlative degrees **—bear** (or **stand**) **comparison** to be capable of being compared with **—in comparison with** compared with

**compartment** (kəm pärt′mənt) ***n.*** [< L. *com-*, intens. + *partiri*, divide] **1.** any of the divisions into which a space is partitioned off **2.** a separate section, part, division, or category **3.** a division of a railway carriage **—compart′men′tal** (-men′t′l) ***adj.* —compart′mented *adj.***

**compartmentalize** (kəm′pärt men′tə liz′) ***vt.* -ized′, -iz′ing** to put or separate into detached compartments, divisions, or categories

DRAWING COMPASS

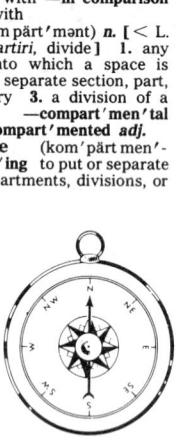


DIRECTIONAL COMPASS

**compass** (kum′pəs) ***n.*** [< L. *com-*, together + *passus*, a step] **1.** an instrument for showing direction, esp. one consisting of a magnetic needle swinging freely and pointing to the magnetic north **2.** [*often pl.*] an instrument consisting of two pivoted legs, used for drawing circles or for taking measurements **3.** full extent or range; reach; scope **4.** a boundary **—*vt.*** **1.** to go round **2.** to encircle **3.** to understand **4.** to accomplish or contrive **—com′passable *adj.***

**compassion** (kəm pash′ən) ***n.*** [ult. < L. *com-*, together + *pati*, suffer] sorrow for the sufferings or trouble of another, with the urge to help; deep sympathy

**compassionate *adj.*** **1.** feeling or showing compassion **2.** given out of compassion [*compassionate* leave] **—compas′sionately *adv.***

**compatible** (kəm pat′ə b′l) ***adj.*** [see COMPASSION] **1.** capable of living together harmoniously or getting along well together; in agreement **2.** consistent **3.** that can be used together: said of equipment [speakers *compatible* with the amplifier] **—compat′ibil′ity, compat′ibleness *n.* —compat′ibly *adv.***

**compatriot** (kəm pat′rē ət) ***n.*** [see COMPA- & PATRIOT] a fellow countryman **—compa′triotism *n.***

**compeer** (kom pēər′) ***n.*** [< L. *com-*, with + *par*, equal] **1.** an equal; peer **2.** a companion

**compel** (kəm pel′) ***vt.* -pelled′, -pel′ling** [< L. *com-*, together + *pellere*, drive] **1.** to force to do something **2.** to bring about by force **—compel′lable *adj.* —compel′ler *n.* —compel′ling *adj.***

**compendious** (kəm pen′dē əs) ***adj.*** [see ff.] containing all the essentials in a brief form; concise but comprehensive **—compen′diously *adv.***

**compendium** ***n., pl.* -diums, -dia** [< L. *com-*, together + *pendere*, weigh] a concise but comprehensive treatise

**compensate** (kom′pen sāt′) ***vt.* -sat′ed, -sat′ing** [< L. *com-*, with + *pendere*, weigh] **1.** to make up for; counterbalance **2.** to recompense **—*vi.*** to make or serve as compensation or amends (*for*) **—compensative** (kəm pen′sə tiv) ***adj.* —com′pensator *n.* —compensatory** (kəm pen′sə tər ē) ***adj.***

**compensation** (kom′pen sā′shən) ***n.*** **1.** a compensating or being compensated **2.** anything given as an equivalent, or to make amends for a loss, etc. **—com′pensa′tional *adj.***

**compère** (kom′pâər) ***n.*** [Fr., godfather] a master of ceremonies, esp. in a variety show **—*vt.*** to act as a compere **—commère** (kom′mâər′) ***n.fem.***

**compete** (kəm pēt′) ***vi.* -pet′ed, -pet′ing** [< L. *com-*, together + *petere*, seek] to enter into or be in rivalry; contend; vie (*in* a contest, etc.)

**competence** (kom′pə təns) ***n.*** [see prec.] **1.** ability; fitness **2.** sufficient means for one's needs **3.** legal capability, power, or jurisdiction Also **com′petency**

**competent *adj.*** [see COMPETE] **1.** well qualified; capable; fit **2.** sufficient; adequate **3.** *Law* legally qualified or fit **—com′petently *adv.***

**competition** (kom′pə tish′ən) ***n.*** **1.** a competing; rivalry **2.** a contest or match **3.** the person or persons against whom one competes

**competitive** (kəm pet′ə tiv) ***adj.*** of, involving, or based on competition: also **compet′itory —compet′itively *adv.* —compet′itiveness *n.***

**competitor** ***n.*** a person, team, company, etc. that competes

**compile** (kəm pīl′) ***vt.* -piled′, -pil′ing** [< L. *com-*, together + *pilare*, compress] **1.** to gather together (statistics, facts, etc.) in an orderly form **2.** to compose (a book, etc.) of materials gathered from various sources —**compilation** (kom′pə lā′shən) *n.* —**compil′er** *n.*

**complacency** (kəm plās′n sē) *n.* [< L. *com-*, intens. + *placere*, please] quiet satisfaction; contentment; often, self-satisfaction, or smugness: also **compla′cence** —**compla′cent** *adj.*

**complain** (kəm plān′) *vi.* [< L. *com-*, intens. + *plangere*, strike (the breast)] **1.** to express pain, displeasure, etc. **2.** to find fault **3.** to state a grievance, esp. in a court of law —**complain′er** *n.* —**complain′ingly** *adv.*

**complainant** *n.* *Law* one who states a grievance or makes a complaint in court; plaintiff

**complaint** (kəm plānt′) *n.* **1.** an utterance of pain, displeasure, etc. **2.** a cause for complaining **3.** an ailment **4.** *Law* a formal charge

**complaisant** (kəm plā′zənt) *adj.* [see COMPLACENCY] willing to please; affably agreeable; obliging —**complai′sance** *n.* —**complai′santly** *adv.*

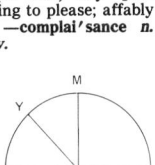


COMPLEMENT
(arc YM, complement of arc WY; angle YXM, complement of angle WXY)

**complement** (kom′plə mənt; *for v.* -ment′) *n.* [see COMPLETE] **1.** that which completes or brings to perfection **2.** the amount needed to fill or complete **3.** a complete set **4.** either of two parts that complete each other **5.** the officers and crew needed to man a ship **6.** *Gram.* a word or words that complete the meaning of the predicate (Ex.: *foreman* in *make him foreman*) **7.** *Math.* the number of degrees added to an angle or arc to make it equal 90 degrees —*vt.* to be a complement to

**complementary** (kom′plə men′tər ē) *adj.* **1.** acting as a complement; completing **2.** mutually making up what is lacking —**com′plementar′ity** (-tar′ə tē) *n.*

**complete** (kəm plēt′) *adj.* [< L. *com-*, intens. + *plere*, fill] **1.** lacking no parts; entire **2.** ended; finished **3.** thorough; absolute [a *complete* scoundrel] —*vt.* **-plet′ed, -plet′ing** **1.** to end; finish **2.** to make whole, full, or perfect —**complete′ly** *adv.* —**complete′ness** *n.*

**completion** (kəm plē′shən) *n.* **1.** a completing, or finishing **2.** the state of being completed

**complex** (kom′pleks) *adj.* [< L. *com-*, with + *plectere*, weave] **1.** consisting of two or more related parts **2.** complicated —*n.* **1.** a complex whole **2.** *Psychoanalysis* *a*) a group of largely unconscious impulses and attitudes towards something, strongly influencing behaviour *b*) popularly, an obsession —**complex′ly** *adv.* —**complex′ness** *n.*

**complex fraction** a fraction with a fraction in its numerator or denominator, or in both

**complexion** (kəm plek′shən) *n.* [see COMPLEX] **1.** the colour, texture, etc. of the skin, esp. of the face **2.** general appearance character; aspect

**complexity** (kəm plek′sə tē) *n.* **1.** a complex condition or quality **2.** *pl.* **-ties** anything complex or intricate; complication

**complex number** any number expressed as the formal sum of a real number and a multiple of the imaginary square root of -1

**compliance** (kəm plī′əns) *n.* **1.** a complying with a request, demand, etc. **2.** a tendency to give in to others —**in compliance with** complying with —**compli′ant** *adj.*

**complicate** (kom′plə kāt′) *vt., vi.* **-cat′ed, -cat′ing** [< L. *com-*, together + *plicare*, fold] to make or become intricate, difficult, or involved

**complicated** *adj.* intricately involved; hard to solve, analyse, etc. —**com′plicat′edly** *adv.*

**complication** (kom′plə kā′shən) *n.* **1.** a complicated condition or structure **2.** a complicating factor, **3.** *Med.* a second disease or abnormal condition occurring in the course of a primary disease

**complicity** (kəm plis′ə tē) *n., pl.* **-ties** [see COMPLEX] the fact or state of being an accomplice in wrongdoing

**compliment** (kom′plə mənt; *for v.* -ment′) *n.* [ult. < L. *complere*, to complete] **1.** a formal act of courtesy **2.** something said in praise **3.** [*pl.*] respects —*vt.* to pay a compliment to

**complimentary** (kom′plə men′tər ē) *adj.* **1.** paying or containing a compliment **2.** given free as a courtesy [a *complimentary* ticket] —**com′plimen′tarily** *adv.*

**comply** (kəm plī′) *vi.* **-plied′, -ply′ing** [see COMPLETE] to act in accordance (*with* a request, order, rule, etc.) —**compli′er** *n.*

**component** (kəm pō′nənt) *adj.* [see COMPOSITE] serving as one of the parts of a whole —*n.* **1.** an element or ingredient **2.** an individual part of a mechanism, as of a motor car

**comport** (kəm pôrt′) *vt.* [< L. *com-*, together + *portare*, bring] to behave (oneself) in a specified manner —*vi.* to agree or accord (*with*) —**comport′ment** *n.*

**compose** (kəm pōz′) *vt.* **-posed′, -pos′ing** [< OFr. *com-*, with + *poser*, place] **1.** to make up; constitute **2.** to put in proper form **3.** to create (a musical or literary work) **4.** to settle [to *compose* differences] **5.** to calm (oneself) **6.** *Printing* to set (type) —*vi.* **1.** to create musical or literary works **2.** to set type —**compos′er** *n.*

**composed** *adj.* calm; tranquil; self-possessed —**compos′edly** *adv.* —**compos′edness** *n.*

**composite** (kom′pə zit) *adj.* [< L. *com-*, together + *ponere*, put] **1.** formed of distinct parts; compound **2.** designating a large family of plants, as the daisy, etc., having flower heads composed of dense clusters of small flowers **3.** [**C-**] *Archit.* combining features of the Ionic and Corinthian orders —*n.* **1.** a thing of distinct parts **2.** a composite plant —**com′positely** *adv.* —**com′positeness** *n.*

**composite school** [Canad.] a secondary school offering both academic and nonacademic courses

**composition** (kom′pə zish′ən) *n.* **1.** a composing; specif., *a*) the art of writing *b*) the creation of musical works **2.** the makeup of a thing or person **3.** that which is composed, as *a*) a work of music, literature, or art *b*) an exercise in writing **4.** an aesthetically unified arrangement of parts **5.** a settlement made between a debtor and his creditors —**com′posi′tional** *adj.*

**compositor** (kəm poz′ə tər) *n.* a person who sets type

‡**compos mentis** (kom′pəs men′tis) [L.] of sound mind

**compost** (kom′post) *n.* [see COMPOSITE] a mixture of decomposing vegetation, manure, etc. for fertilizing soil

**composure** (kəm pō′zhər) *n.* [see COMPOSE] calmness; tranquillity; self-possession

**compote** (kom′pot) *n.* [Fr.: see COMPOST] a dish of fruits stewed in a syrup

**compound**[1] (kəm pound′; *for n. and, usually, for adj.,* kom′pound) *n.* [see COMPOSITE] **1.** a substance containing two or more elements chemically combined in fixed proportions **2.** a thing formed by the combination of parts **3.** a word composed from existing words and affixes —*vt.* **1.** to mix or combine **2.** to make by combining parts **3.** to settle by mutual agreement **4.** to settle (a debt) by compromise payment **5.** to intensify by adding new elements —*vi.* to agree or compromise —*adj.* made up of two or more separate parts or elements —**compound a felony** (or **crime**) to agree, for payment, not to inform about or prosecute for a crime —**compound′able** *adj.*

**compound**[2] (kom′pound) *n.* [Malay *kampong*] **1.** in the Orient, an enclosed space with a building or buildings in it, esp. if occupied by foreigners **2.** any similar enclosed area, as in a prison **3.** in South Africa, esp. on the mines, an enclosure containing the living quarters of black workers

**compound eye** an eye made up of numerous simple eyes functioning collectively, as in insects

**compound fracture** a bone fracture in which broken ends of bone have pierced the skin

**compound interest** interest paid on both the principal and the accumulated unpaid interest

**compound sentence** a sentence consisting of two or more independent, coordinate clauses

**compound time** *Music* a time in which each beat in the bar is divisible into three as 6/4, 9/8, etc.

**comprehend** (kom′prə hend′) *vt.* [< L. *com-*, with + *prehendere,* seize] **1.** to grasp mentally; understand **2.** to include, comprise —**com′prehen′sible** *adj.*

**comprehension** *n.* **1.** the act of or capacity for understanding **2.** the fact of including or comprising

**comprehensive** *adj.* **1.** including much; inclusive **2.** able to comprehend fully **3.** of or relating to an education system including comprehensive schools —*n.* *same as* COMPREHENSIVE SCHOOL —**com′prehen′sively** *adv.* —**com′prehen′siveness** *n.*

**comprehensive school** a secondary school serving the educational needs of all the children in an area

**compress** (kəm pres′; *for n.* kom′pres) *vt.* [< L. *com-*, together + *premere,* press] to press together and make more compact —*n.* a pad of folded cloth, often medicated or wet, applied to a part of the body —**compressed′** *adj.* —**compres′sibil′ity** *n.* —**compres′sible** *adj.* —**compres′sive** *adj.*

**compression** (kəm presh′ən) *n.* **1.** a compressing or being compressed **2.** the compressing of a working fluid in an engine, as of the mixture in an internal-combustion engine just before ignition

**compressor** *n.* **1.** a machine for compressing air, gas, etc. **2.** a muscle that compresses a part

**comprise** (kəm prīz′) *vt.* **-prised′, -pris′ing** [see COMPREHEND] **1.** to include; contain **2.** to consist of —**compris′able** *adj.* —**compris′al** *n.*

**compromise** (kom′prə mīz′) *n.* [< L. *com-*, together + *promittere,* to promise] **1.** a settlement in which each side makes concessions **2.** the result of such a settlement **3.** something midway between two other things —*vt.* **-mised′, -mis′ing** **1.** to settle by concessions on both sides **2.** to lay open to danger, suspicion, or disrepute **3.** to weaken (one's principles, etc.) —*vi.* to make a compromise —**com′promis′er** *n.*

**Comptometer** (komp′tom′ə tər) *Trademark* a high-speed mechanical calculating machine

**comptroller** (kən trō′lər) *n.* [< CONTROLLER] *same as* CONTROLLER (sense 1) —**comptrol′lership′** *n.*

**compulsion** (kəm pul′shən) *n.* [see COMPEL] **1.** a being compelled **2.** a driving force **3.** *Psychol.* an irresistible impulse to perform some act

**compulsive** *adj.* **1.** of, or resulting from compulsion **2.** acting as if under a compulsion [a *compulsive* liar] —**compul′sively** *adv.* —**compul′siveness** *n.*

**compulsory** *adj.* **1.** obligatory; required **2.** compelling; coercive —**compul′sorily** *adv.*

**compulsory purchase** the enforced purchase of land, etc., as by a local authority

**compunction** (kəm puŋk′shən) *n.* [< L. *com-*, intens. + *pungere,* to prick] a sharp feeling of uneasiness brought on by a sense of guilt; remorse **—compunc'tious** *adj.* **—compunc'tiously** *adv.*

**computation** (kom'pyōō tā'shən) *n.* **1.** a computing; calculation, esp. involving numbers **2.** a method of computing **3.** a computed amount **—com'puta'tional** *adj.*

**compute** (kəm pyōōt') *vt., vi.* **-put'ed, -put'ing** [< L. *com-*, with + *putare,* reckon] **1.** to determine (an amount, etc.) by reckoning; calculate **2.** to use a computer **—comput'abil'ity** *n.* **—comput'able** *adj.*

**computer** *n.* a person or thing that computes; specif., an electronic machine that performs rapid calculations or compiles, correlates, and selects data

**computerize** *vt.* **-ized', -iz'ing** to equip with, or operate by, an electronic computer **—comput'eriza'tion** *n.*

**comrade** (kom'rād) *n.* [< Sp. *camarada,* roommate < L. *camera*] **1.** a friend; close companion **2.** an associate **3.** a fellow-member of a political party, esp. a fellow communist or socialist **—com'radely** *adj.* **—com'radeship'** *n.*

**con**[1] (kon) *adv.* [< L. *contra*] against; in opposition [to argue pro and *con*]

**con**[2] *vt.* **conned, con'ning** [ME. *connen,* to be able: see CAN[1]] to peruse or learn carefully

**con**[3] *vt.,* **conned, con'ning** [< L. *conducere,* conduct] *Naut.* to direct the course of (a vessel)

**con**[4] *adj.* [Slang] confidence [a *con* man] **—*vt.* conned, con'ning** [Slang] **1.** to swindle (a victim) by first gaining his confidence **2.** to trick, esp. by glib talk

**con**[5] *n.* [Slang] a convict

**concatenate** (kon kat'ə nāt') *adj.* [< L. *com-*, together + *catena,* chain] linked together; connected **—*vt.* -nat'ed, -nat'ing** to link or join, as in a chain **—concat'ena'tion** *n.*

**concave** (kon kāv') *adj.* [< L. *com-*, intens. + *cavus,* hollow] hollow and curved like the inside half of a hollow ball **—concave'ly** *adv.* **—concave'ness** *n.*

**conceal** (kən sēl') *vt.* [< L. *com-*, together + *celare,* hide] **1.** to hide **2.** to keep secret **—conceal'ment** *n.*

**concede** (kən sēd') *vt.* **-ced'ed, -ced'ing** [< L. *com-*, with + *cedere,* cede] **1.** to admit as true or certain **2.** to grant as a right **—*vi.* 1.** to make a concession **2.** to acknowledge defeat in an election, etc.

**conceit** (kən sēt') *n.* [see CONCEIVE] **1.** an exaggerated opinion of oneself, one's merits, etc.; vanity **2.** a fanciful or witty expression or notion

**conceited** *adj.* having an exaggerated opinion of oneself; vain **—conceit'edly** *adv.* **—conceit'edness** *n.*

**conceivable** (kən sē'və b'l) *adj.* that can be conceived, understood, imagined, or believed **—conceiv'ably** *adv.*

**conceive** (kən sēv') *vt.* **-ceived', -ceiv'ing** [< L. *com-*, together + *capere,* take] **1.** to become pregnant with **2.** to form in the mind **3.** to imagine **4.** to understand **—*vi.* 1.** to become pregnant **2.** to form an idea (*of*)

**concentrate** (kon'sən trāt') *vt.* **-trat'ed, -trat'ing** [< L. *com-*, together + *centrum,* centre] **1.** to focus (one's thoughts, efforts, etc.) **2.** to increase the strength, purity, or intensity of **—*vi.*** to fix one's attention (*on* or *upon*) **—*n.*** a substance that has been concentrated **—con'centra'tive** *adj.* **—con'centra'tor** *n.*

**concentration** (kon'sən trā'shən) *n.* **1.** close or fixed attention **2.** a concentrating or being concentrated **3.** strength or density, as of a solution

**concentration camp** a prison camp for people considered undesirable by the state for political or ethnic reasons

**concentric** (kon sen'trik) *adj.* [< L. *com-*, together + *centrum,* centre] having a centre in common [*concentric* circles] **—concen'trically** *adj.*

**concept** (kon'sept) *n.* [see CONCEIVE] an idea, esp. a generalized idea of a class of objects

**conception** (kən sep'shən) *n.* **1.** a conceiving or being conceived in the womb **2.** the beginning of some process, etc. **3.** the formulation of ideas **4.** a concept **—concep'tional** *adj.* **—concep'tive** *adj.*

**conceptual** (kən sep'tyōō wəl) *adj.* of conception or concepts **—concep'tually** *adv.*

**conceptualize** *vt.* **-ized', -iz'ing** to form a concept or idea of; conceive **—concep'tualiza'tion** *n.*

**concern** (kən surn') *vt.* [< L. *com-*, with + *cernere,* sift] **1.** to have a relation to **2.** to involve; affect **3.** to make uneasy or anxious **—*n.* 1.** a matter of importance to one; affair **2.** interest in a person or thing **3.** relation; reference **4.** worry; anxiety **5.** a business firm **—as concerns** in regard to **—concern oneself 1.** to busy oneself **2.** to be worried

**concerned** *adj.* **1.** involved or interested (often with *in*) **2.** uneasy or anxious

**concerning** *prep.* relating to; about

**concert** (kən surt'; *for n. & adj.* kon'sərt) *n.* [< L. *com-*, with + *certare,* strive] **1.** a programme of vocal or instrumental music **2.** mutual agreement; concord **—*vt., vi.*** to plan together; devise **—*adj.*** of or for concerts **—in concert 1.** in unison **2.** performing live

**concerted** (kən sur'tid) *adj.* mutually arranged or agreed upon; done together **—concert'edly** *adv.*

**concertina** (kon'sər tē'nə) *n.* [< CONCERT] a small musical instrument similar to an accordion **—*vi.*** to fold like a concertina

**concerto** (kən chār'tō) *n., pl.* **-tos, -ti** (-tē) [It.] a composition for one or more solo instruments and an orchestra

**concert pitch** *Music* a pitch, slightly higher than the usual pitch, to which concert instruments are tuned

**concession** (kən sesh'ən) *n.* **1.** a conceding **2.** a thing conceded;

acknowledgment, as of an argument **3.** a privilege granted by a government, company, etc., as the right to use land **4.** [Canad.] a land subdivision in a township survey

**concessionaire** (kən sesh′ə nāər′) *n.* [Fr.] the holder of a concession granted by a government, company, etc.: also **conces′sionnaire′**

**concession road** [Canad.] any of a number of roughly parallel roads forming a grid pattern along township survey lines

**conch** (konch) *n. pl.* **conchs, conches** (kon′chəz) [< Gr. *konchē*] **1.** the spiral, one-piece shell of various sea molluscs **2.** such a mollusc

**conciliate** (kən sil′ē āt′) *vt.* **-at′ed, -at′ing** [see COUNCIL] **1.** to win over; make friendly **2.** to gain (regard, good will, etc.) by friendly acts or concessions —**concil′iable** *adj.* —**concil′ia′tion** *n.* —**concil′ia′tor** *n.*

**conciliatory** *adj.* tending to conciliate or reconcile: also **concil′iative**

**concise** (kən sīs′) *adj.* [< L. *com-*, intens. + *caedere*, to cut] brief and to the point; short and clear —**concise′ly** *adv.* —**concise′ness, conci′sion** (-sizh′ən) *n.*

**conclave** (kon′klāv) *n.* [< L. *com-*, with + *clavis*, key] **1.** *R.C.Ch.* the private meeting of the cardinals to elect a pope **2.** any private meeting

**conclude** (kən klōōd′) *vt.* **-clud′ed, -clud′ing** [< L. *com-*, together + *claudere*, shut] **1.** to bring to a close; finish **2.** to infer; deduce **3.** to decide (*to* do something) **4.** to come to an agreement about —*vi.* to come to a close; finish

**conclusion** (kən klōō′zhən) *n.* **1.** the last part; as, *a*) the last division of a discourse *b*) the last step in a reasoning process; judgment formed after thought *c*) the last of a chain of events **2.** a concluding (*of* a treaty, etc.) —**in conclusion** lastly; in closing

**conclusive** *adj.* that settles a question; final; decisive —**conclu′sively** *adv.* —**conclu′siveness** *n.*

**concoct** (kən kokt′) *vt.* [< L. *com-*, together + *coquere*, cook] **1.** to make by combining ingredients **2.** to devise; plan —**concoc′tion** *n.*

**concomitant** (kən kom′ə tənt) *adj.* [< L. *com-*, together + *comes*, companion] accompanying; attendant —*n.* an accompanying or attendant condition, etc. —**concom′itance** *n.* —**concom′itantly** *adv.*

**concord** (koŋ′kôrd) *n.* [< L. *com-*, together + *cor*, heart] **1.** agreement; harmony **2.** *a*) peaceful relations, as between nations *b*) a treaty establishing this —**concord′ant** *adj.*

**concordance** (kən kôr′dəns) *n.* **1.** agreement; harmony **2.** an alphabetical list of the words of a book with references to the passages in which they occur

**concordat** (kon kôr′dat) *n.* [see CONCORD] **1.** a compact; formal agreement **2.** an agreement between a pope and a government concerning church affairs

**concourse** (koŋ′kôrs) *n.* [see CONCUR] **1.** a coming together **2.** a crowd **3.** a large open space where crowds gather, as in a railway station or airport terminal

**concrete** (kon′krēt; *also, & for vt. 1 always,* kon krēt′) *n.* [< L. *com-*, together + *crescere*, grow] **1.** a building material made by mixing cement, sand aggregate, and water, which hardens as it dries **2.** a concrete thing, idea, etc. —*adj.* **1.** made of concrete **2.** specific, not general or abstract **3.** having a material, perceptible existence; real **4.** *Gram.* designating a thing that can be perceived by the senses; not abstract —*vt.* **-cret′ed, -cret′ing** **1.** to make of or cover with concrete **2.** to form into a mass; solidify —*vi.* to solidify —**concrete′ly** *adv.* —**concrete′ness** *n.*

**concretion** (kon krē′shən) *n.* **1.** a solidifying or being solidified **2.** a solidified mass

**concubine** (koŋ′kyoo bīn′) *n.* [< L. *com-*, with + *cubare*, lie down] a woman who cohabits with a man although not legally married to him —**concubinage** (kon kyōō′bə nij) *n.*

**concupiscence** (kən kyōōp′ə səns) *n.* [< L. *com-*, intens. + *cupere*, to desire] strong or abnormal desire or appetite, esp. sexual desire; lust —**concu′piscent** *adj.*

**concur** (kən kur′) *vi.* **-curred′, -cur′ring** [< L. *com-*, together + *currere*, run] **1** to agree (*with*) **2.** to act together **3.** to occur at the same time; coincide

**concurrence** (-kur′əns) *n.* **1.** agreement; accord **2.** a combining to bring about something **3.** a coming or happening together Also **concur′rency**

**concurrent** *adj.* **1.** occurring or existing at the same time **2.** meeting in the same point **3.** acting together **4.** in agreement —**concur′rently** *adv.*

**concuss** (kən kus′) *vt.* to give a concussion to

**concussion** (kən kush′ən) *n.* [< L. *com-* together + *quatere*, shake] **1.** impaired functioning, esp. of the brain, as a result of a violent blow **2.** a violent shaking; shock, as from impact —**concus′sive** *adj.*

**condemn** (kən dem′) *vt.* [< L. *com-* intens. + *damnare*, to harm] **1.** to disapprove of strongly; censure **2.** to declare guilty of wrongdoing; convict **3.** to inflict a penalty upon **4.** to declare unfit for use or service —**condem′nable** (-dem′nə b'l) *adj.* —**condemn′er** *n.*

**condemnation** (kon′dem nā′shən) *n.* **1.** a condemning or being condemned **2.** a cause for condemning —**condemnatory** (kən dem′nə tər ē) *adj.*

**condensation** (kon′dən sā′shən) *n.* **1.** a condensing or being condensed **2.** anything condensed

**condense** (kən dens′) *vt.* **-densed′, -dens′ing** [< L. *com-*, intens. + *densus*, dense] **1.** to make more dense or compact **2.** to express in fewer words **3.** to change to a denser form, as from a gas to a liquid —*vi.* to become condensed —**condens'able, condens'ible** *adj.*

**condensed milk** a thick milk made by evaporating part of the water from cow's milk and adding sugar

**condenser** *n.* a person or thing that condenses; specif., *a*) an apparatus for converting gases or vapours to a liquid state *b*) a lens for concentrating light rays on an area *c*) *Elec. same as* CAPACITOR

**condescend** (kon'dəsend') *vi.* [< L. *com-*, together + *descendere,* descend] **1.** to descend voluntarily to a level, regarded as lower; deign **2.** to deal with others in a patronizing manner —**con'descend'ing** *adj.* —**con'descen'sion** *n.*

**condign** (kəndīn') *adj.* [< L. *com-*, intens. + *dignus,* worthy] deserved; suitable: said esp. of punishment

**condiment** (kon'dəmənt) *n.* [< L. *condire,* to pickle] a seasoning for food, as pepper, mustard, sauces, etc.

**condition** (kəndish'ən) *n.* [< L. *com-*, together + *dicere,* speak] **1.** anything required before the performance or completion of something else; provision; prerequisite **2.** anything that modifies the nature of something else [good business *conditions*] **3.** state of being [the human *condition*] **4.** *a*) state of health *b*) [Colloq.] an illness [a lung *condition*] **5.** a proper or healthy state [athletes out of *condition*] **6.** social position; rank —*vt.* **1.** to impose a condition or conditions on **2.** to be a condition of; determine **3.** to affect, modify, or influence **4.** to bring into a proper or desired condition —**on condition that** provided that —**condi'tioner** *n.*

**conditional** *adj.* **1.** containing or dependent on a condition; qualified **2.** expressing a condition —*n. Gram.* the mood expressing a condition —**condi'tional'ity** *n.* —**condi'tionally** *adv.*

**conditioned reflex** (or **response**) a reflex in which the response (e.g., secretion of saliva in a dog) is occasioned by a secondary stimulus (e.g., the ringing of a bell) repeatedly associated with the primary stimulus (e.g., the sight of meat)

**condole** (kəndōl') *vi.* **-doled', -dol'ing** [< L. *com-*, with + *dolere,* grieve] to express sympathy; mourn in sympathy —**condo'latory** *adj.* —**condo'lence** *n.* —**condol'er** *n.*

**condom** (kon'dəm) *n.* [< ?] a thin sheath, esp. of rubber, for the penis, used as a contraceptive

**condominium** (kon'dəmin'ēəm) *n.* [< L. *com-*, together + *dominium,* dominion] **1.** joint rule by two or more states **2.** [U.S.] a block of flats or multiple-unit dwelling in which each tenant owns his own unit

**condone** (kəndōn') *vt.* **-doned', -don'ing** [< L. *com-*, intens. + *donare,* give] to forgive, pardon, or overlook (an offence) —**condon'able** *adj.* —**condon'er** *n.*

**condor** (kon'dôr) *n.* [Sp. < SAmInd. *cuntur*] a very large vulture of the S American Andes, with a bare head and a neck ruff of downy white feathers

**conduce** (kəndyōōs') *vi.* **-duced', -duc'ing** [< L. *com-*, together + *ducere,* lead] to tend or lead (*to* an effect); contribute —**condu'cive** *adj.*

**conduct** (kon'dukt'; *for v.* kəndukt') *n.* [see CONDUCE] **1.** management; handling **2.** the way one acts; behaviour —*vt.* **1.** to lead **2.** to manage, or control **3.** to act as conductor of (an orchestra, choir, etc.) **4.** to behave (oneself) **5.** to be able to transmit [copper *conducts* electricity] —*vi.* **1.** to lead **2.** to act as a conductor —**conduct'ibil'ity** *n.* —**conduct'ible** *adj.*

**conductance** (kənduk'təns) *n.* the ability of a component to conduct electricity

**conduction** (kənduk'shən) *n.* **1.** a conveying, as of liquid through a channel **2.** *Physics* transmission (*of* electricity, heat, etc.) by the passage of energy from particle to particle

**conductivity** (kon'duktiv'ətē) *n.* the property of conducting heat, electricity, etc.

**conductor** (kənduk'tər) *n.* **1.** a person who conducts; guide **2.** one who controls and directs the performance of music by an orchestra or choir **3.** one who has charge of the passengers on a bus **4.** a thing that conducts electricity, heat, etc. —**conduc'torship'** *n.* —**conduc'tress** *n.fem.*

**conduit** (kon'dit) *n.* [see CONDUCE] **1.** a pipe or channel for conveying fluids **2.** a tube or protected trough for electric wires

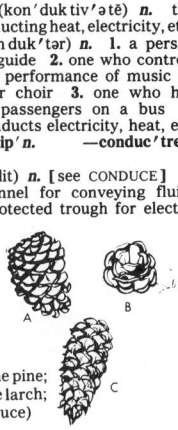


CONES
(A, maritime pine; B, Japanese larch; C, blue spruce)

**cone** (kōn) *n.* [< Gr. *kōnos*] **1.** *a*) a solid with a circle for its base and a curved surface tapering evenly to a point *b*) a surface described by a moving straight line passing through a fixed point and tracing a fixed curve, as a circle or ellipse, at another point **2.** any object shaped like a cone **3.** a reproductive structure of certain lower plants, with an elongated central axis bearing overlapping scales, bracts, etc. which produce pollen, spores, or ovules

**confab** (kon'fab') *n.* [Colloq.] a confabulation; chat —*vi.* **-fabbed', -fab'bing** [Colloq.] to confabulate

**confabulate** (kənfab'yōolāt') *vi.* **-lat'ed, -lat'ing** [< L. *com-*, together + *fabulari,* to talk] to talk together informally; chat —**confab'ula'tion** *n.*

**confection** (kənfek'shən) *n.* [< L. *com-*, with + *facere,* make] **1.** any sweetmeat or other sweet preparation, as ice cream **2.** a frivolous piece of work —**confec'tionary** *adj.*

**confectioner** *n.* one whose work or business is making or selling sweets, cakes, etc.

**confectionery** *n., pl.* **-eries** **1.** confections or sweets, collectively **2.** the business, work, or shop of a confectioner

**confederacy** (kən fed′ər ə sē) *n., pl.* **-cies** **1.** people, nations, etc. united for some common purpose **2.** a conspiracy

**confederate** (kən fed′ər ət; *for v.* -ə rāt′) *adj.* [< L. *com-*, together + *foedus*, a league] united in a confederacy or league —*n.* **1.** a person, group, or state united with another or others for a common purpose; ally **2.** an accomplice **3.** [**C-**] any supporter of the Confederate States of America during the American Civil War —*vt., vi.* **-at′ed, -at′ing** to unite in a confederacy; ally

**confederation** (kən fed′ə rā′ shən) *n.* **1.** a uniting or being united in a league or alliance **2.** nations or states joined in a league **3.** [**C-**] the federation of Canada, formed (1867) from three British colonies —**confed′eral** *adj.*

**confer** (kən fur′) *vt.* **-ferred′, -fer′ring** [< L. *com-*, together + *ferre*, bring] to give; bestow —*vi.* to have a conference —**confer′ment** *n.* —**confer′rable** *adj.*

**conference** (kon′fər əns) *n.* **1.** a conversing or consulting on a serious matter **2.** a formal meeting of a group for discussion —**in conference** occupied in discussion —**conferential** (kon′fə ren′ shəl) *adj.*

**confess** (kən fes′) *vt., vi.* [< L. *com-*, together + *fateri*, acknowledge] **1.** to admit or acknowledge (a fault, crime, belief, etc.) **2.** *Eccles.* *a*) to tell (one's sins) to God or a priest *b*) to hear the confession of (a person): said of a priest —**confess to** to admit or admit having —**confess′edly** (-id lē) *adj.*

**confession** *n.* **1.** a confessing; admission of guilt or sin **2.** something confessed **3.** a statement of religious beliefs: in full, **confession of faith**

**confessional** *n.* an enclosed place in a church, where a priest hears confessions —*adj.* of or for confession

**confessor** *n.* **1.** one who confesses, esp. one who avows his religious beliefs **2.** a priest authorized to hear confessions

**confetti** (kən fet′ē) *n.pl.* [*with sing. v.*] [It.] pieces of coloured paper scattered about at weddings

**confidant** (kon′fə dant′) *n.* a close, trusted friend in whom one confides —**con′fidante′** *n.fem.*

**confide** (kən fīd′) *vi.* **-fid′ed, -fid′ing** [< L. *com-*, intens. + *fidere*, to trust] to trust (*in* someone), esp. by sharing secrets —*vt.* **1.** to tell about as a secret **2.** to entrust (a duty, etc.) *to* someone —**confid′er** *n.*

**confidence** (kon′fə dəns) *n.* **1.** firm belief; trust; reliance **2.** certainty; assurance **3.** belief in one's own abilities **4.** the belief that another will keep a secret [told in strict *confidence*] **5.** something told as a secret

**confidence trick** a swindle effected by one **(confidence man)** who first gains the confidence of his victim

**confident** *adj.* full of confidence; specif., *a*) assured; certain [*confident* of victory] *b*) sure of oneself; self-confident —**con′fidently** *adv.*

**confidential** (kon′fə den′ shəl) *adj.* **1.** secret; private; in confidence **2.** entrusted with private matters —**con′fiden′tially** *adv.* —**confiden′tial′ity** (-shē al′ə tē) *n.*

**confiding** (kən fīd′ iŋ) *adj.* trustful or inclined to trust —**confid′ingly** *adv.*

**configuration** (kən fig′ yoo rā′ shən) *n.* [< L. *com-*, together + *figurare*, to form] **1.** arrangement of parts **2.** form, outline, or structure —**config′ura′tional** *adj.* —**config′urative** *adj.*

**confine** (kən fīn′; *for n.* kon′ fīn′) *n.* [< L. *com-*, with + *finis*, an end] [*usually pl.*] a bounded region; border; limit —*vt.* **-fined′, -fin′ing** **1.** to keep within limits; restrict **2.** to keep shut up, as in prison, indoors, etc. —**be confined** to be undergoing childbirth —**confin′able** *adj.* —**confine′ment** *n.*

**confirm** (kən furm′) *vt.* [< L. *com-*, intens. + *firmus*, firm] **1.** to strengthen; establish **2.** to ratify **3.** to prove the validity of; verify **4.** to cause to undergo religious confirmation —**confirm′able** *adj.*

**confirmation** (kon′fər mā′ shən) *n.* **1.** a ratification; verification **2.** something that confirms or proves **3.** a ceremony admitting a person to full church membership

**confirmed** *adj.* **1.** firmly established; habitual [a *confirmed* liar] **2.** corroborated —**confirm′edly** *adv.*

**confiscate** (kon′fə skāt′) *vt.* **-cat′ed, -cat′ing** [< L. *com-*, together + *fiscus*, treasury] **1.** to seize (private property) for the public treasury **2.** to seize as by authority; appropriate —**confis′cable** *adj.* —**con′fisca′tion** *n.* —**con′fisca′tor** *n.*

**conflagration** (kon′flə grā′ shən) *n.* [< L. *com-*, intens. + *flagrare*, burn] a big, destructive fire

**conflate** (kən flāt′) *vt.* [< L. *conflare*, blow together] to combine (texts, etc.) to form a whole

**conflict** (kən flikt′; *for n.* kon′ flikt) *vi.* [< L. *com-*, together + *fligere*, strike] to be antagonistic, incompatible, or contradictory; clash —*n.* **1.** a fight or struggle **2.** sharp disagreement, as of interests or ideas **3.** emotional disturbance —**conflic′tive** *adj.*

**confluence** (kon′ floo əns) *n.* [< L. *com-*, together + *fluere*, to flow] **1.** a flowing together, esp. of two or more streams **2.** the place where they join, or a stream formed in this way **3.** a coming together as of people; crowd; throng —**con′fluent** *adj.*

**conform** (kən fôrm′) *vi.* [< L. *com-*, together + *formare*, to form] **1.** to accept customs, traditions, etc. **2.** to be in agreement **3.** to be or become similar —*vt.* to bring into harmony or agreement —**conform′er** *n.* —**conform′ism** *n.* —**conform′ist** *n., adj.*

**conformable** *adj.* **1.** that conforms **2.**

quick to conform; obedient **—conform'ably** *adv.*

**conformation** (kon'fôr mā'shən) *n.* **1.** a symmetrical arrangement of the parts of a thing **2.** the structure of a thing as determined by the arrangement of its parts

**conformity** *n., pl.* **-ties** **1.** agreement; correspondence **2.** action in accordance with customs, rules, etc.

**confound** (kən found'; *for 3, usually* kon'-found') *vt.* [< L. *com-*, together + *fundere*, pour] **1.** to mix up indiscriminately; confuse **2.** to make feel confused; bewilder **3.** to damn: used as a mild oath

**confounded** *adj.* **1.** confused; bewildered **2.** damned: a mild oath **—confound'edly** *adv.*

**confrere** (kon'frāər) *n.* [OFr.] a fellow worker; colleague

**confront** (kən frunt') *vt.* [< L. *com-*, together + *frons*, forehead] **1.** to stand or meet face to face **2.** to face or oppose boldly or defiantly **3.** to bring face to face (*with*) **—confrontation** (kon'-frun tā'shən) *n.*

**Confucianism** (kən fyōō'shyən iz'm) *n.* the ethical teachings of Confucius (551?-479? B.C.), Chinese philosopher, emphasizing devotion to parents and the maintenance of justice and peace **—Confu'cianist** *n., adj.*

**confuse** (kən fyōōz') *vt.* **-fused', -fus'ing** [see CONFOUND] **1.** to mix up; put into disorder **2.** to bewilder; perplex **3.** to disconcert **4.** to fail to distinguish between **—confus'edly** (-id lē) *adv.* **—confus'edness** *n.* **—confus'ing** *adj.*

**confusion** *n.* a confusing or being confused; disorder, bewilderment, etc. **—covered with confusion** greatly embarrassed

**confute** (kən fyōōt') *vt.* **-fut'ed, -fut'ing** [< L. *confutare*] to prove (a person, statement, etc.) to be in error or false **—confutation** (kon'fyōō tā'shən) *n.*

**conga** (koŋ'gə) *n.* [AmSp.] a Latin American dance in which the dancers form a winding line **—*vi.*** to dance the conga

**congé** (kôn'zhā) *n.* [Fr. < L. *com-*, intens. + *meare*, go] **1.** a dismissal **2.** permission to leave

**congeal** (kən jēl') *vt., vi.* [< L. *com-*, together + *gelare*, freeze] **1.** to solidify or thicken by cooling or freezing **2.** to thicken; coagulate **—congeal'able** *adj.* **—congelation** (kon'jə lā'shən) *n.*

**congener** (kon'jə nər) *n.* [< L. *com-*, together + *genus*, kind] a person or thing of the same kind, class, etc.

**congenial** (kən jēn'ē əl) *adj.* [see COM- & GENIAL[1]] **1.** kindred; compatible **2.** having the same temperament; sympathetic **3.** suited to one's needs; agreeable **—conge'nial'ity** (-jēn'ē al'ə tē) *n.* **—congen'ially** *adv.*

**congenital** (kən jen'ə t'l) *adj.* [see COM- & GENITAL] existing as such at birth **—congen'itally** *adv.*

**conger (eel)** (koŋ'gər) [< Gr. *gongros*] a large, edible saltwater eel

**congest** (kən jest') *vt.* [< L. *com-*, together + *gerere*, carry] **1.** to crowd or become crowded **2.** to block (the nose) with mucus **3.** to overload or clog (an organ) with blood **—*vi.*** to become congested **—conges'tion** *n.* **—conges'tive** *adj.*

CONGLOMERATE ROCK

**conglomerate** (kən glom'ə rāt'; *for adj. & n.* -ər ət) *vt., vi.* **-at'ed, -at'ing** [< L. *com-*, together + *glomus*, a ball] to form into a rounded mass **—*adj.*** **1.** formed into a rounded mass **2.** made up of separate substances collected into a single mass **3.** *Geol.* made up of rock fragments or pebbles cemented together by clay, silica, etc. **—*n.*** **1.** a conglomerate mass **2.** a large corporation formed by merging many diverse companies **3.** *Geol.* a conglomerate rock **—conglom'era'tion** *n.*

**congratulate** (kən grat'yoo lāt') *vt.* **-lat'ed, -lat'ing** [< L. *com-*, together + *gratus*, agreeable] to express to (a person) one's pleasure at his good fortune, success, etc. **—congratulate oneself** to consider oneself fortunate **—congrat'ula'tor** *n.* **—congrat'ulatory** *adj.*

**congratulation** (kən grat'yoo lā'shən) *n.* **1.** a congratulating **2.** [*pl.*] expressions of pleasure and good wishes at another's fortune or success

**congregate** (koŋ'grə gāt') *vt., vi.* **-gat'ed, -gat'ing** [< L. *com-*, together + *grex*, a flock] to gather into a mass or crowd; assemble **—*adj.*** **1.** assembled **2.** collective **—con'gregative** *adj.* **—con'grega'tor** *n.*

**congregation** (koŋ'grə gā'shən) *n.* **1.** a gathering; assemblage **2.** an assembly of people for religious worship **3.** the members of a particular place of worship **—con'grega'tional** *adj.*

**Congregationalism** *n.* the faith and organization of a Protestant denomination in which each member church is self-governing **—Con'grega'tional** *adj.* **—Con'grega'tionalist** *n., adj.*

**congress** (koŋ'gres) *n.* [< L. *com-*, together + *gradi*, to walk] **1.** an association or society **2.** an assembly or conference **3.** any of various legislatures, esp. [**C-**] the legislature of the U.S. **4.** [**C-**] in India, a major political party: also **Congress Party** **—congressional** (kəŋ gresh'ən'l) *adj.*

**congruence** (koŋ'groo wəns) *n.* the state or quality of being in agreement; harmony Also **con'gruency**

**congruent** *adj.* [< L. *congruere*, to agree] **1.** in agreement; harmonious **2.** *Geom.* of the same shape and size **—con'gruently** *adv.*

**congruity** (koŋ groo'ə tē) *n., pl.* **-ties** the condition of being congruous or congruent; agreement; appropriateness

**congruous** (koŋ′groo wəs) ***adj.*** **1.** *same as* CONGRUENT **2.** fitting; suitable; appropriate —**con′gruously** ***adv.***

**conical** (kon′i k′l) ***adj.*** **1.** of a cone **2.** resembling or shaped like a cone —**con′ically** ***adv.***

**conic section** (kon′ik) a curve, as an ellipse, circle, parabola, or hyperbola, produced by the intersection of a plane with a right circular cone

**conifer** (kon′ə fər) ***n.*** [L. < *conus,* a cone + *ferre,* to bear] a cone-bearing tree or shrub, as the pine, fir, cedar, etc. —**coniferous** (kə nif′ər əs) ***adj.***

**conjectural** (kən jek′chər əl) ***adj.*** **1.** based on or involving conjecture **2.** inclined to make conjectures —**conjec′turally** ***adv.***

**conjecture** (kən jek′chər) ***n.*** [< L. *com-,* together + *jacere,* to throw] **1.** an inferring, theorizing, or predicting from incomplete evidence; guesswork **2.** a guess —***vt., vi.*** **-tured, -turing** to arrive at by conjecture; guess —**conjec′turable** ***adj.*** —**conjec′turer** ***n.***

**conjoin** (kən join′) ***vt., vi.*** [< L. *com-,* together + *jungere,* to join] to join together; unite —**conjoin′er** ***n.***

**conjoint** ***adj.*** **1.** joined together; united **2.** of two or more in association; joint —**conjoint′ly** ***adv.***

**conjugal** (kon′joo gəl) ***adj.*** [< L. *com-,* together + *jugum,* yoke] of marriage or the relation between husband and wife —**con′jugally** ***adv.***

**conjugate** (kon′joo gət; *also, and for v. always,* -gāt′) ***vt., vi.*** **-gat′ed, -gat′ing** [< L. *com-,* together + *jugum,* a yoke] *Gram.* to inflect (a verb) systematically, according to voice, mood, tense, number, and person —***adj.*** **1.** joined together, esp. in a pair; coupled **2.** *Gram.* derived from the same base and, usually, related in meaning —***n.*** a conjugate word —**con′jugative** ***adj.*** —**con′juga′tor** ***n.***

**conjugation** (kon′joo gā′shən) ***n.*** **1.** a conjugating or being conjugated **2.** *Gram.* *a*) an arrangement of the inflectional forms of a verb *b*) a class of verbs with similar inflectional forms

**conjunction** (kən juŋk′shən) ***n.*** [see CONJOIN] **1.** a joining together; union; combination **2.** *Astrol., Astron.* the apparent closeness of two or more heavenly bodies **3.** *Gram.* a word used to connect words, phrases, clauses, or sentences (Ex.: *and, but, if,* etc.) —**conjunc′tional** ***adj.*** —**conjunc′tionally** ***adv.***

**conjunctiva** (kon′juŋk tī′və) ***n., pl.*** **-vas, -vae** (-vē) [ModL.] the mucous membrane lining the inner surface of the eyelids and covering the front part of the eyeball —**con′juncti′val** ***adj.***

**conjunctive** (kən juŋk′tiv) ***adj.*** **1.** connective **2.** united; combined **3.** *Gram.* used as a conjunction —***n.*** a conjunctive word; esp., a conjunction —**conjunc′tively** ***adv.***

**conjunctivitis** (kən juŋk′tə vīt′is) ***n.*** inflammation of the conjunctiva

**conjuncture** (kən juŋk′chər) ***n.*** [see CONJOIN] **1.** a combination of events o circumstances **2.** a crisis

**conjuration** (kon′joo rā′shən) ***n.*** 1 [Obs.] a conjuring; invocation **2.** a magi spell; incantation

**conjure** (kun′jər; *for vt. 2* kən joor′) ***v*** **-jured, -juring** [< L. *com-,* together + *jurare,* swear] **1.** to perform tricks tha appear to defy natural laws **2.** to summo a demon, spirit, etc. by magic **3.** to practis magic —***vt.*** **1.** to entreat solemnly **2** to summon (a devil, etc.) by magic —**conjur up** **1.** to cause to appear as by magi **2.** to call to mind

**conjurer, conjuror** (kun′jər ər) ***n.*** **1.** on who performs tricks that appear to defy natural laws, esp. for people' entertainment **2.** a magician

**conk** (koŋk) ***n.*** [< ?] [Slang] a blo on the head —***vt.*** [Slang] to hit on th head —**conk out** [Slang] **1.** to fa suddenly in operation **2.** to become ver tired and, usually, fall asleep

**conker** (koŋk′ər) ***n.*** [< dial. *conker,* sna shell] **1.** the horse chestnut **2.** [*pl.* a children's game in which a horse chestnut threaded on a string, is knocked agains another to try to break it

**connect** (kə nekt′) ***vt.*** [< L. *com-,* togethe + *nectere,* fasten] **1.** to join (two thing together, or one thing *with* or *to* another) link; couple **2.** to show or think of a related; associate —***vi.*** **1.** to be joine or be related **2.** to meet so that passenger can change to another bus, aeroplane, etc —**connect′ible, connect′able** ***adj.*** —**con nec′tor, connect′er** ***n.***

**connection, connexion** (kə nek′shən) ***n*** **1.** a joining or being joined **2.** a thing that joins **3.** a relation; association **4** *a*) a relative, esp. by marriage *b*) a influential associate: *usually used in p* **5.** a train, bus etc. timed to allow transfe of passengers between services —**in connection with** **1.** together with **2.** wit reference to —**connec′tional** ***adj.***

**connective** ***adj.*** connecting —***n.*** a connecting word, as a conjunction o relative pronoun —**connec′tively** ***adv.***

**connective tissue** body tissue tha connects and supports other tissues an organs in the body

**conning tower** **1.** an armoured wheelhouse on the deck of a warship **2** on submarines, a low observation towe serving also as an entrance to the interio

**connivance** (kə nī′vəns) ***n.*** a conniving esp., passive cooperation, as by consen in wrongdoing

**connive** (kə nīv′) ***vi.*** **-nived′, -niv′ing** [< L. *conivere*] **1.** to pretend not to see or look (*at* something wrong), thus giving tacit consent **2.** to cooperate secretly (*with* someone), esp. in wrongdoing —**conniv′er** ***n.***

**connoisseur** (kon′ə sur′) ***n.*** [< Fr. < L. *cognoscere,* know] one who has exper knowledge and keen discrimination in some field, esp. in the fine arts

**connote** (ko nōt′) ***vt.*** **-not′ed, -not′ing** [< L. *com-,* together + *notare,* to mark to suggest or convey (associations, overtones, etc.) in addition to the explicit, or denoted, meaning —**connotation** (kon′ō tā′shən) ***n.***

**connubial** (kə nyōō′bē əl) ***adj.*** [< L. *com-*, together + *nubere*, marry] of marriage; conjugal —**connu′bially** ***adv.***

**conquer** (koŋ′kər) ***vt.*** [< L. *com-*, intens. + *quaerere*, seek] **1.** to get control of, as by winning a war **2.** to overcome; defeat —***vi.*** to be victorious; win —**con′querable** ***adj.*** —**con′queror** ***n.***

**conquest** (koŋ′kwest) ***n.*** **1.** the act of conquering **2.** something conquered **3.** *a*) a winning of someone's love *b*) one whose love has been won —**the (Norman) Conquest** the conquering of England by the Normans in 1066

**conquistador** (kon kwis′tə dôr′) ***n., pl.*** **-dors′, -dores′** [Sp., conqueror] any of the Spanish conquerors of Mexico or Peru

**Cons.** Conservative

**consanguineous** (kon′saŋ gwin′ē əs) ***adj.*** [see COM- & SANGUINE] having the same ancestor; closely related —**con′sanguin′ity** ***n.***

**conscience** (kon′shəns) ***n.*** [< L. *com-*, with + *scire*, know] a knowledge or sense of right and wrong, with a compulsion to do right —**in (all) conscience** in fairness —**on one's conscience** causing one to feel guilty —**con′scienceless** ***adj.***

**conscience money** money one pays to relieve one's conscience, as for some former dishonesty

**conscience-stricken** ***adj.*** feeling guilty or remorseful because of having done some wrong

**conscientious** (kon′shē en′shəs) ***adj.*** [see CONSCIENCE] **1.** governed by what one knows is right; scrupulous **2.** painstaking —**con′scien′tiously** ***adv.*** —**con′scien′tiousness** ***n.***

**conscientious objector** a person who for reasons of conscience refuses to take part in warfare

**conscious** (kon′shəs) ***adj.*** [see CONSCIENCE] **1.** having a feeling or knowledge (with *of* or *that*); aware **2.** able to feel and think; awake **3.** aware of oneself as a thinking being **4.** intentional *[conscious* humour*]* **5.** known to or felt by oneself **6.** interested in; concerned with *[*fashion-*conscious]* —**con′sciously** ***adv.***

**consciousness** ***n.*** **1.** the state of being conscious; awareness **2.** the totality of one's thoughts, feelings, and impressions; conscious mind

**conscript** (kən skript′; *for adj. & n.* kon′skript) ***vt.*** to enrol for compulsory service in the armed forces —***adj.*** conscripted —***n.*** a conscripted person

**conscription** (kən skrip′shən) ***n.*** [< L. *com-*, with + *scribere*, write] compulsory military service

**consecrate** (kon′sə krāt′) ***vt.*** **-crat′ed, -crat′ing** [< L. *com-*, together + *sacer*, sacred] **1.** to set apart as holy; make or declare sacred for religious use **2.** to devote entirely; dedicate **3.** to cause to be revered; hallow —**con′secra′tion** ***n.*** —**con′secra′tor** ***n.*** —**con′secratory** ***adj.***

**consecutive** (kən sek′yoo tiv) ***adj.*** [see CONSEQUENCE] **1.** following in order, without interruption; successive **2.** proceeding in logical order —**consec′utively** ***adv.***

**consensus** (kən sen′səs) ***n.*** [see ff.] **1.** an opinion held by all or most **2.** general agreement

**consent** (kən sent′) ***vi.*** [< L. *com-*, with + *sentire*, feel] **1.** to agree (*to* do something) **2.** to give permission (*to* something) —***n.*** **1.** permission, approval, or assent **2.** agreement —**consent′er** ***n.***

**consequence** (kon′sə kwəns) ***n.*** [< L. *com-*, with + *sequi*, follow] **1.** a result; effect **2.** a logical result or conclusion **3.** importance —**in consequence (of)** as a result (of) —**take the consequences** to accept the results of one's actions

**consequent** ***adj.*** **1.** following as a result; resulting **2.** proceeding in logical sequence —***n.*** anything that follows —**consequent on** (or **upon**) **1.** following as a result of **2.** inferred from

**consequential** (kon′sə kwen′shəl) ***adj.*** **1.** following as an effect **2.** important —**con′sequen′tial′ity** (-shē al′ə tē) ***n.*** —**con′sequen′tially** ***adv.***

**conservancy** (kən sur′vən sē) ***n.*** **1.** a commission with jurisdiction over a river or port **2.** conservation of natural resources

**conservation** (kon′sər vā′shən) ***n.*** **1.** a conserving **2.** the official care and protection of natural resources, as forests —**con′serva′tional** ***adj.*** —**con′serva′tionist** ***n.***

**conservation of energy** *Science* the principle that energy is never consumed but only changes form, and that the total energy in the universe remains fixed

**conservation of matter** (or **mass**) *Science* the principle that matter is neither created nor destroyed during any physical or chemical change

**conservative** (kən sur′və tiv) ***adj.*** **1.** tending to preserve established institutions and to resist any changes **2.** [**C-**] designating or of the major right-wing political party of Great Britain or of Canada **3.** moderate; cautious; safe —***n.*** **1.** a conservative person **2.** [**C-**] a member of a Conservative party **3.** [**C-**] in Canada, a member of the Progressive Conservative Party —**conser′vatism** ***n.*** —**conser′vatively** ***adv.*** —**conser′vativeness** ***n.***

**conservatoire** (kən sur′və twär′) ***n.*** [Fr.] a school or academy of music or art

**conservatory** (kən sur′və trē) ***n., pl.*** **-ries** [see ff.] **1.** a greenhouse **2.** *same as* CONSERVATOIRE

**conserve** (kən surv′) ***vt.*** **-served′, -serv′ing** [< L. *com-*, with + *servare*, to guard] **1.** to keep from being damaged, lost, or wasted **2.** to preserve (a foodstuff, esp. fruit) with sugar —***n.*** [*often pl.*] fruit, etc., preserved with sugar —**conserv′able** ***adj.*** —**conserv′er** ***n.***

**consider** (kən sid′ər) ***vt.*** [< L. *com-*, with + *sidus*, a star] **1.** to think about in order to understand or decide **2.** to keep in mind **3.** to be thoughtful of (others) **4.** to regard as; think to be —*vi.* to think carefully; reflect

**considerable** *adj.* **1.** worth considering; important **2.** much or large —**consid'erably** *adv.*

**considerate** *adj.* having or showing regard for others and their feelings; thoughtful

**consideration** (kən sid'ə rā'shən) *n.* **1.** the act of considering; deliberation **2.** thoughtful regard for others **3.** something considered in making a decision **4.** an opinion produced by considering **5.** a recompense; fee —**take into consideration** to keep in mind —**under consideration** being thought over

**considered** *adj.* arrived at after careful thought

**considering** *prep.* in view of; taking into account —*adv.* [Colloq.] all things considered

**consign** (kən sīn') *vt.* [L. *consignare,* to seal] **1.** to hand over; deliver **2.** to entrust **3.** to assign; relegate **4.** to send or deliver (goods) —**consign'able** *adj.* —**consignee** (kon'sī nē') *n.* —**consign'or, consign'er** *n.*

**consignment** *n.* **1.** a consigning **2.** something consigned, esp. goods sent to an agent for sale

**consist** (kən sist') *vi.* [< L. *com-,* together + *sistere,* to stand] **1.** to be formed or composed (*of*) **2.** to be contained or inherent (*in*) **3.** to exist in harmony (*with*)

**consistency** *n., pl.* **-cies** **1.** conformity with previous practice **2.** agreement; harmony **3.** *a*) firmness or thickness, as of a liquid *b*) degree of this Also **consis'tence**

**consistent** *adj.* **1.** in agreement or harmony; compatible **2.** holding to the same principles —**consis'tently** *adv.*

**consolation** (kon'sə lā'shən) *n.* **1.** a consoling or being consoled; solace **2.** a person or thing that consoles

**console**[1] (kən sōl') *vt.* **-soled', -sol'ing** [< L. *com-,* with + *solari,* to solace] to comfort in distress —**consol'able** *adj.* —**consol'ingly** *adv.*

CONSOLE
(of an organ)

**console**[2] (kon'sōl) *n.* [Fr.] **1.** a bracket for supporting a shelf, cornice, etc. **2.** the desklike frame containing the keys, stops, etc. of an organ **3.** a radio, television, or gramophone cabinet designed to stand on the floor **4.** a control panel for operating aircraft, computers, etc.

**consolidate** (kən sol'ə dāt') *vt., vi.* **-dat'ed, -dat'ing** [< L. *com-,* together + *solidus,* solid] **1.** to combine into one; unite **2.** to make or become strong, stable, etc. [the troops *consolidated* their position] —**consol'idat'ion** *n.* —**consol'idat'or** *n.*

**consols** (kon'solz) *n.pl.* [< *consolidated annuities*] British government securities

**consommé** (kən som'ā) *n.* [Fr.] a clear, strained meat soup

**consonance** (kon'sə nəns) *n.* [< L. *com-,* with + *sonus,* a sound] harmony, esp. of musical tones

**consonant** (kon'sə nənt) *n.* [see prec.] **1.** any speech sound produced by obstructing the breath stream as *p, t, l, f,* etc. **2.** a letter representing such a sound —*adj.* **1.** in harmony or agreement **2.** harmonious in tone —**con'sonan'tal** (-nant'-) *adj.*

**consort** (kon'sôrt; *for v.* kən sôrt') *n.* [< L. *com-,* with + *sors,* a share] **1.** a wife or husband, esp. of a reigning king or queen **2.** a ship that travels with another —*vi.* **1.** to associate **2.** to agree; be in accord

**consortium** (kən sôr'tē əm) *n., pl.* **-tia** [see prec.] **1.** an alliance, as of two or more business firms **2.** an international banking agreement or association

**conspectus** (kən spek'təs) *n.* [see ff.] **1.** a general view; survey **2.** a summary; synopsis; digest

**conspicuous** (kən spik'yoo wəs) *adj.* [< L. *com-,* intens. + *specere,* to see] **1.** easy to see; obvious **2.** outstanding; striking —**conspic'uously** *adv.* —**conspic'uousness** *n.*

**conspiracy** (kən spir'ə sē) *n., pl.* **-cies** **1.** a conspiring, esp. in an unlawful plot **2.** such a plot **3.** the group taking part in such a plot

**conspirator** *n.* a person who takes part in a conspiracy —**conspiratorial** (kən spir'ə tôr'ē əl) *adj.*

**conspire** (kən spīər') *vi.* **-spired', -spir'ing** [< L. *com-,* together + *spirare,* breathe] **1.** to plan and act together secretly, esp. in order to commit a crime **2.** to work together for any purpose or effect

**constable** (kun'stə b'l) *n.* [< LL. *comes stabuli,* lit., count of the stable] **1.** a policeman **2.** the keeper or governor of a royal castle **3.** *Hist.* the highest ranking official of a royal household, court, etc.

**constabulary** (kən stab'yoo lər ē) *n., pl.* **-ies** the police force of a town or district —*adj.* of constables or a constabulary: also **constab'ular**

**constant** (kon'stənt) *adj.* [< L. *com-,* together + *stare,* to stand] **1.** not changing; specif., *a*) resolute *b*) faithful *c*) regular; stable **2.** continual; persistent [*constant* interruptions] —*n.* **1.** anything that does not change or vary **2.** *Math., Physics* a quantity that always has the same value: opposed to VARIABLE —**con'stancy** *n.* —**con'stantly** *adv.*

**constellation** (kon'stə lā'shən) *n.* [< L. *com-,* with + *stella,* a star] **1.** a group of fixed stars, usually named after a figure that they supposedly suggest in outline

2. any brilliant cluster, gathering, or collection —**constellatory** (kən stel′ə tər ē) *adj.*

**consternation** (kon′stər nā′shən) *n.* [< L. *consternare,* to throw into confusion] great fear or shock that makes one feel helpless or bewildered

**constipate** (kon′stə pāt′) *vt.* **-pat′ed, -pat′ing** [< L. *com-,* together + *stipare,* cram] to cause constipation in

**constipation** (kon′stə pā′shən) *n.* a condition in which the faeces are hard and elimination from the bowels is infrequent and difficult

**constituency** (kən stit′yoo wən sē) *n., pl.* **-cies** 1. all the people, esp. voters, served by a particular elected official 2. the district of such voters, etc.

**constituent** (-yoo wənt) *adj.* [see ff.] 1. necessary in forming a whole; component 2. that can elect 3. authorized to make or revise a constitution [a *constituent* assembly] —*n.* 1. a component 2. a person who appoints another as his representative

**constitute** (kon′stə tyōōt′) *vt.* **-tut′ed, -tut′ing** [< L. *com-,* together + *statuere,* to set] 1. to make up; form 2. to appoint 3. to set up (an assembly, etc.) in a legal form 4. to establish (a law, government, etc.)

**constitution** (kon′stə tyōō′shən) *n.* 1. a constituting; establishment 2. structure; organization 3. the physical makeup of a person 4. the system of fundamental laws and principles of a government, state, society, etc.

**constitutional** *adj.* 1. of or in the constitution of a person or thing; basic; essential 2. for improving a person's constitution 3. of or in accordance with the constitution of a nation, society, etc. [*constitutional* right] —*n.* a walk or other exercise taken for one's health —**con′stitu′tional′ity** *n.* —**con′stitu′tionally** *adv.*

**constitutive** (kon′stə tyōōt′iv) *adj.* 1. having power to establish, appoint, or enact 2. basic 3. forming a part (*of*); constituent —**con′stitu′tively** *adv.*

**constrain** (kən strān′) *vt.* [< L. *com-,* together + *stringere,* draw tight] 1. to compel [*constrained* to agree] 2. to hold back by force; restrain 3. to confine —**constrained′** *adj.*

**constraint** (-strānt′) *n.* 1. compulsion or coercion 2. a forced, unnatural manner 3. confinement or restriction

**constrict** (kən strikt′) *vt.* [see CONSTRAIN] 1. to make smaller or narrower by squeezing, etc. 2. to hold in; limit —**constric′tive** *adj.*

**constriction** *n.* 1. a constricting 2. a feeling of tightness or pressure

**constrictor** *n.* 1. that which constricts, as a muscle that contracts an opening 2. a snake that kills by coiling around its prey and squeezing

**construct** (kən strukt′; *for n.* kon′strukt) *vt.* [< L. *com-,* together + *struere,* pile up] 1. to build, form, or devise by fitting parts together systematically 2. *Geom.* to draw to specified requirements —*n.* something put together systematically —**construc′tor, construct′er** *n.*

**construction** (kən struk′shən) *n.* 1. the act of constructing or the way in which something is constructed 2. a structure 3. an interpretation, as of a statement 4. the arrangement of words in a sentence —**construc′tional** *adj.* —**construc′tionally** *adv.*

**constructive** (kən struk′tiv) *adj.* 1. helping to construct; leading to improvements [*constructive* criticism] 2. inferred or implied by interpretation —**construc′tively** *adv.* —**construc′tiveness** *n.*

**construe** (kən strōō′) *vt.* **-strued′, -stru′ing** [see CONSTRUCT] 1. to interpret [her silence was *construed* as agreement] 2. to analyse (a sentence, etc.) so as to show its syntactical construction 3. to translate 4. *Gram.* to combine in syntax

**consul** (kon′s'l) *n.* [< L. *consulere,* to deliberate] 1. a government official appointed to live in a foreign city and serve his country's citizens and business interests there 2. a chief magistrate of ancient Rome —**con′sular** (kon′syoo lər) *adj.* —**con′sulship′** *n.*

**consulate** (kon′syoo lət) *n.* 1. the office or residence of a consul 2. the position, powers, and duties of a consul

**consult** (kən sult′) *vi.* [< L. *consulere,* to deliberate] to talk things over; confer —*vt.* 1. to ask advice or information from 2. to consider [*consult* your own wishes] —**consult′er** *n.*

**consultant** *n.* 1. an expert called on for professional or technical advice 2. a senior hospital physician or surgeon —**consul′tancy** *n.*

**consultation** (kon′s'l tā′shən) *n.* 1. the act of consulting 2. a meeting to discuss or plan something —**consultative** (kən sul′tə tiv), **consul′tatory** *adj.*

**consume** (kən syōōm′) *vt.* **-sumed′, -sum′ing** [< L. *com-,* together + *sumere,* to take] 1. to destroy, as by fire 2. to use up; waste (time, money, etc.) 3. to eat or drink; devour 4. to engross or obsess [*consumed* with envy] —**consum′able** *adj.*

**consumer** *n.* a person or thing that consumes; specif., one who buys goods or services for his own needs and not for resale

**consumerism** *n.* 1. the movement for consumer protection, esp. in connection with defective and unsafe products 2. the consumption of goods and services

**consumer research** research conducted to discover the needs and desires of consumers

**consummate** (kən sum′it; *for v.* kon′sə māt′) *adj.* [< L. *com-,* together + *summa,* a sum] 1. complete or perfect 2. highly expert —*vt.* **-mat′ed, -mat′ing** 1. to bring to completion; finish 2. to make (a marriage) actual by sexual intercourse —**consum′mately** *adv.* —**con′summa′tion** *n.* —**con′summa′tor** *n.*

**consumption** (kən sump′shən) *n.* 1. *a*)

a consuming or being consumed *b*) the amount consumed **2.** tuberculosis of the lungs

**consumptive** *adj.* **1.** destructive; wasteful **2.** of or having tuberculosis of the lungs —*n.* a person who has tuberculosis of the lungs

**cont.** **1.** contents **2.** continued

**contact** (kon′takt) *n.* [< L. *com-*, together + *tangere*, to touch] **1.** the act of touching or meeting **2.** the state of being in touch or association (*with*) **3.** an acquaintance; connection **4.** a person who has been exposed to a contagious disease and who may transmit it **5.** *Elec.* a connection between two conductors in a circuit —*vt.* **1.** to place in contact **2.** to get in touch with —*vi.* to come into contact

**contact lens** a tiny, thin correctional lens of glass or plastic placed on the fluid over the cornea of the eye

**contagion** (kən tā′jən) *n.* [see CONTACT] **1.** the spreading of disease by contact **2.** a contagious disease **3.** the spreading of an emotion, idea, etc.

**contagious** *adj.* **1.** spread by contact **2.** carrying the causative agent of a disease **3.** spreading from person to person —**conta′giously** *adv.* —**conta′giousness** *n.*

**contain** (kən tān′) *vt.* [< L. *com-*, together + *tenere*, to hold] **1.** to have in it; hold or include **2.** to have the capacity for holding **3.** to hold back or restrain within fixed limits **4.** to be divisible by, esp. without a remainder [10 *contains* 5 and 2] —**contain′able** *adj.*

**container** *n.* **1.** a box, tin, jar, etc. **2.** a reusable, standardized receptacle for carrying cargo

**containerize** *vt.* **-ized′, -iz′ing** to pack (general cargo) in large, standardized containers for more efficient shipment —**contain′eriza′tion** *n.*

**containment** *n.* the policy of attempting to prevent the influence of an opposing nation or political system from spreading

**contaminant** (kən tam′ə nənt) *n.* a substance that contaminates another substance, the air, water, etc.

**contaminate** (kən tam′ə nāt′) *vt.* **-nat′ed, -nat′ing** [< L. *com-*, together + *tangere*, to touch] to make impure, infected, corrupt, radioactive, etc. by contact; pollute; taint —**contam′ina′tion** *n.* —**contam′inative** *adj.* —**contam′ina′tor** *n.*

**contemn** (kən tem′) *vt.* [< L. *com-*, intens. + *temnere*, to scorn] to treat with contempt; scorn —**contemn′er** *n.*

**contemplate** (kon′tem plāt′) *vt.* **-plat′ed, -plat′ing** [< L. *contemplari*, to observe (orig., in augury, to mark out a space for observation)] **1.** to look at intently **2.** to think about intently; study carefully **3.** to expect or intend —*vi.* to meditate or muse —**con′templa′tion** *n.* —**con′templa′tor** *n.*

**contemplative** (kon′təm plāt′iv; *for adj. 2 + n. usually,* kən tem′plə tiv) *adj.* **1.** of or inclined to contemplation; meditative **2.** designating a religious order dedicated to prayer and meditation —*n.* a member of a contemplative religious order —**con′templa′tively** *adv.*

**contemporaneous** (kən tem′pə rā′nē əs) *adj.* [< L. *com-*, with + *tempus*, time] existing or happening at the same time —**contem′porane′ity** *n.*

**contemporary** (kən tem′pə rər ē) *adj.* [< L. *com-*, with + *tempus*, time] **1.** living or happening in the same period **2.** of about the same age **3.** modern —*n., pl.* **-ries** a person or thing of the same period or about the same age as another or others

**contempt** (kən tempt′) *n.* [see CONTEMN] **1.** the feeling of a person towards someone or something he considers worthless or beneath notice; scorn **2.** the condition of being despised **3.** *Law* a showing disrespect for the dignity of a court: in full, **contempt of court**

**contemptible** *adj.* deserving contempt or scorn; despicable —**contempt′ibly** *adv.*

**contemptuous** *adj.* full of contempt; scornful —**contemp′tuously** *adv.* —**contemp′tuousness** *n.*

**contend** (kən tend′) *vi.* [< L. *com-*, together + *tendere*, stretch] **1.** to fight **2.** to argue **3.** to compete; vie —*vt.* to hold to be a fact; assert —**contend′er** *n.*

**content**[1] (kən tent′) *adj.* [see CONTAIN] **1.** happy enough with what one has or is; satisfied **2.** assenting —*vt.* to satisfy —*n.* contentment

**content**[2] (kon′tent) *n.* [see CONTAIN] **1.** [*usually pl.*] *a*) all that is contained in something *b*) all that is dealt with in a writing or speech **2.** meaning or substance **3.** the amount contained

**contented** (kən ten′tid) *adj.* satisfied —**content′edly** *adv.* —**content′edness** *n.*

**contention** (kən ten′shən) *n.* [see CONTEND] **1.** strife, struggle, dispute, etc. **2.** a point that one argues for as true or valid

**contentious** *adj.* **1.** quarrelsome **2.** characterized by contention —**conten′tiousness** *n.*

**contentment** (kən tent′mənt) *n.* the state, quality, or fact of being contented

**conterminous** (kon tur′mə nəs) *adj.* [< L. *com-*, together + *terminus*, an end] having a common boundary —**conter′minously** *adv.*

**contest** (kən test′; *for n.* kon′test) *vt.* [< L. *com-*, together + *testis*, a witness] **1.** to try to disprove; dispute [to *contest* a will] **2.** to fight for —*vi.* to struggle (*with* or *against*) —*n.* **1.** a fight, struggle, or controversy **2.** a competitive race, game, etc. —**contest′able** *adj.* —**contest′er** *n.*

**contestant** (kən tes′tənt) *n.* [Fr.] **1.** one that competes in a contest **2.** one who contests a claim, decision, etc.

**context** (kon′tekst) *n.* [< L. *com-*, together + *texere*, to weave] the parts of a sentence, paragraph, etc. surrounding a word or passage and determining its exact meaning [to quote a remark out of *context*] —**contextual** (kon teks′tyoo wəl) *adj.*

**contiguous** (kən tig′yoo wəs) *adj.* [see

CONTACT] **1.** in contact; touching **2.** near or adjacent **—contiguity** (kon′tə gyōō′ə tē) ***n.*** **—contig′uously** ***adv.***

**continence** (kon′tin əns) ***n.*** [see ff.] **1.** self-restraint **2.** self-restraint in sexual activity; esp., total abstinence **3.** the ability to control urination and defecation

**continent** (kon′tin ənt) ***adj.*** [see CONTAIN] **1.** characterized by self-restraint, esp. by total abstinence, in sexual activity **2.** able to control urination and defecation ***—n.*** any of the main large land areas of the earth (Africa, Asia, Australia, Europe, N America, S America, and, sometimes, Antarctica) **—the Continent** all Europe except the British Isles **—con′tinen′tal** (-en′t′l) ***adj.*** **—con′tinently** ***adv.***

**continental drift** the hypothetical drifting of continents caused by currents in the earth's mantle

**continental quilt** *same as* DUVET

**continental shelf** the submerged, gradually sloping shelf of land that borders a continent

**contingency** (kən tin′jən sē) ***n.,*** *pl.* **-cies** **1.** a contingent condition; esp., dependence on chance **2.** a possible, unforeseen, or accidental occurrence Also **contin′gence**

**contingent** ***adj.*** [see CONTACT] **1.** dependent (*on* or *upon* an uncertainty); conditional **2.** accidental **3.** unpredictable because dependent on chance **4.** possible ***—n.*** **1.** a share or quota, as of troops **2.** a part of a large group **3.** a chance happening **—contin′gently** ***adv.***

**continual** (kən tin′yoo wəl) ***adj.*** **1.** repeated often **2.** going on uninterruptedly **—contin′ually** ***adv.***

**continuance** ***n.*** **1.** a continuing **2.** duration **3.** stay **4.** an unbroken succession

**continuation** (kən tin′yoo wā′shən) ***n.*** **1.** a keeping up or going on without stopping **2.** a beginning again; resumption **3.** a part added; supplement, sequel, etc.

**continue** (kən tin′yōō) ***vi.*** **-ued, -uing** [see CONTAIN] **1.** to last; endure **2.** to go on in a specified action or condition; persist **3.** to extend **4.** to stay **5.** to resume ***—vt.*** **1.** to go on with **2.** to extend **3.** to resume **4.** to cause to remain; retain **—contin′uable** ***adj.*** **—contin′uer** ***n.***

**continuity** (kon′tə nyōō′ə tē) ***n.,*** *pl.* **-ties** **1.** a continuous state or quality **2.** an unbroken, coherent whole **3.** the script for a film, television programme, etc.

**continuo** (kən tin′yoo wō′) ***n.*** [It.] *Music* a continuous bass accompaniment played as on a harpsichord or organ

**continuous** (kən tin′yoo wəs) ***adj.*** going on without interruption; unbroken **—contin′uously** ***adv.***

**continuum** (-yoo wəm) ***n.,*** *pl.* **-ua, -uums** [L.] a continuous whole, quantity, or series

**contort** (kən tôrt′) ***vt., vi.*** [< L. *com-*, together + *torquere,* to twist] to twist or wrench out of shape; distort **—contor′tion** ***n.*** **—contor′tive** ***adj.***

**contortionist** (kən tôr′shən ist) ***n.*** a person who can twist his body into unnatural positions

**contour** (kon′tooər) ***n.*** [< L. *com-*, intens. + *tornare,* to turn] the outline of a figure, land, etc. ***—vt.*** **1.** to represent in contour **2.** to shape to the contour of ***—adj.*** conforming to or following the shape or contour of something

**contour map** a map with lines **(contour lines)** connecting all points of the same elevation

**contra-** [< L.] *a prefix meaning:* **1.** against, opposite, opposed to **2.** lower in musical pitch

**contraband** (kon′trə band′) ***n.*** [< L. *contra-*, against + LL. *bandum,* ban] **1.** smuggled goods, forbidden by law to be imported and exported **2.** war materiel not to be supplied by a neutral to a belligerent: in full **contraband of war** ***—adj.*** forbidden by law to be imported or exported **—con′traband′ist** ***n.***

**contraception** (kon′trə sep′shən) ***n.*** [CONTRA- + (CON)CEPTION] intentional prevention of the fertilization of the human ovum **—con′tracep′tive** ***adj., n.***

**contract** (kon′trakt; *for v.* kən trakt′) ***n.*** [< L. *com-*, together + *trahere,* draw] **1.** an agreement, esp. a written one enforceable by law **2.** a formal agreement of marriage **3.** a document containing the terms of an agreement **4.** *Bridge* the number of tricks bid by the highest bidder ***—vt.*** **1.** to reduce in size; shrink **2.** to undertake by contract **3.** to get or incur **4.** to shorten (a word or phrase) by the omission of a letter or sound ***—vi.*** **1.** to become smaller **2.** to make a contract **—contract out** to agree not to participate in something, esp. the state pension scheme **—contract′ibil′ity** ***n.*** **—contract′ible** ***adj.***

**contractile** (kən trak′til) ***adj.*** having the power of contracting **—contractility** (kon′trak til′ə tē) ***n.***

**contraction** ***n.*** **1.** a contracting or being contracted **2.** the drawing up and thickening of a muscle in action **3.** the shortened form of a word or phrase (Ex.: *aren't* for *are not*) **—contrac′tional** ***adj.*** **—contrac′tive** ***adj.***

**contractor** (kən trak′tər) ***n.*** **1.** one who contracts to supply certain materials or do certain work for a stipulated sum **2.** one of the parties to a contract

**contractual** (kən trak′choo wəl) ***adj.*** of, or having the nature of, a contract **—contrac′tually** ***adv.***

**contradict** (kon′trə dikt′) ***vt.*** [< L. *contra-*, against + *dicere,* speak] **1.** *a*) to assert the opposite of (a statement) *b*) to deny the statement of (a person) **2.** to be contrary to **—con′tradic′tion** ***n.*** **—con′tradic′tor, con′tradict′er** ***n.***

**contradictory** ***adj.*** **1.** involving a contradiction; inconsistent **2.** inclined to contradict or deny **—con′tradic′torily** ***adv.*** **—con′tradic′toriness** ***n.***

**contradistinction** (kon′trə dis tiŋk′shən) ***n.*** distinction by contrast **—con′tradistinc′tive** ***adj.***

**contralto** (kən tral′tō) ***n.,*** *pl.* **-tos** [It.] **1.** the range of the lowest female voice **2.** a singer with this range

**contraption** (kən trap′shən) *n.* [< ?] [Colloq.] a contrivance or gadget

**contrapuntal** (kon′trə pun′t'l) *adj.* [< It. *contrappunto,* counterpoint] **1.** of or characterized by counterpoint **2.** according to the principles of counterpoint —**con′trapun′tally** *adv.* —**con′trapun′tist** *n.*

**contrariwise** (kon′trər ē wīz′; *for 3, often* kən trâər′) *adv.* **1.** on the contrary; from the opposite point of view **2.** in the opposite way, order, direction, etc. **3.** perversely

**contrary** (kon′trər ē; *for adj. 4, often* kən trâər′ē) *adj.* [< L. *contra,* against] **1.** in opposition **2.** opposite in nature, order, etc.; altogether different **3.** unfavourable [*contrary* winds] **4.** inclined to oppose stubbornly; perverse —*n., pl.* **-ries** the opposite —*adv.* in a contrary way —**on the contrary** as opposed to what has been said —**to the contrary** to the opposite effect —**con′trarily** *adv.* —**con′trariness** *n.*

**contrast** (kən träst′; *for n.* kon′träst) *vt.* [< L. *contra,* against + *stare,* to stand] to compare so as to point out the differences —*vi.* to show differences when compared —*n.* **1.** a contrasting **2.** a striking difference, between things being compared **3.** a person or thing showing differences when compared with another

**contravene** (kon′trə vēn′) *vt.* **-vened′, -ven′ing** [< L. *contra,* against + *venire,* come] **1.** to go against; violate **2.** to disagree with; contradict —**con′traven′er** *n.*

**contravention** (-ven′shən) *n.* violation; infringement —**in contravention of** violating: said esp. of laws, etc.

**contretemps** (kôn trə tän′) *n., pl.* **-temps′** (-tän′) [Fr.] an inopportune happening causing embarrassment

**contribute** (kən trib′yōōt) *vt., vi.* **-uted, -uting** [see COM- & TRIBUTE] **1.** to give jointly with others to a common fund **2.** to write (an article, poem, etc.) for a magazine, newspaper, etc. **3.** to furnish (ideas, etc.) —**contribute to** to have a share in bringing about —**contribution** (kon′trə byōō′shən) *n.* —**contrib′utor** *n.* —**contrib′utory** *adj.*

**contrite** (kon′trīt) *adj.* [< L. *com,* together + *terere,* rub] feeling sorrow or remorse for having done wrong —**con′tritely** *adv.* —**contri′tion** (-trish′ən) *n.*

**contrivance** (kən trī′vəns) *n.* **1.** something contrived, as an invention, mechanical device, plan, etc. **2.** the act, way, or power of contriving

**contrive** (kən trīv′) *vt.* **-trived′, -triv′ing** [< ML. *contropare,* compare] **1.** to devise; plan **2.** to construct skilfully; fabricate **3.** to bring about, as by a scheme —*vi.* to form plans; scheme —**contriv′er** *n.*

**control** (kən trōl′) *vt.* **-trolled′, -trol′ling** [< L. *contra,* against + *rotulus,* a roll] **1.** to exercise authority over; direct **2.** to restrain **3.** to regulate (financial affairs) —*n.* **1.** power to direct or regulate **2.** a being directed; restraint **3.** a means of controlling; check **4.** a standard of comparison for checking the findings o an experiment **5.** [*usually pl.*] a apparatus to regulate a mechanism —**con trol′lable** *adj.*

**controller** *n.* **1.** a person in charge o expenditures, as in business, governmen (usually sp. *comptroller*), etc. **2.** a perso or device that controls —**control′lership′** *n.*

**control tower** a tower at an airport from which air traffic is directed

**controversial** (kon′trə vur′shəl) *adj.* of subject to, or stirring up controversy debatable —**con′trover′sialist** *n.*

**controversy** (kon′trə vur′sē, kən trov′ə sē) *n., pl.* **-sies** [< L. *contra,* agains + *vertere,* to turn] **1.** a discussion i which opinions clash; debate **2.** a quarre —**controvert** (kon′trə vurt′) *vt.*

**contumacy** (kon′tyōō mə sē) *n., pl.* **-cies** [< L. *com-,* intens. + *tumere,* swell up stubborn refusal to submit to authorit —**contumacious** (kon′tyōō mā′shəs) *adj.*

**contumely** (kon′tyōō mə lē) *n., pl.* **-lies** [< L. *contumelia,* reproach] **1.** humil ating treatment **2.** a scornful insult —**con′ tume′lious** (-mē′lē əs) *adj.*

**contuse** (kən tyōōz′) *vt.* **-tused′, -tus′ing** [< L. *com-,* intens. + *tundere,* to beat to bruise without breaking the skin

**contusion** (-tyōō′zhən) *n.* a bruise

**conundrum** (kə nun′drəm) *n.* [16th-c. < ?] **1.** a riddle whose answer contain a pun **2.** any puzzling question

**conurbation** (kon′ur bā′shən) *n.* [< COM + L. *urbs,* city] a densely populated urba area, including suburbs and towns aroun a large city

**convalesce** (kon′və les′) *vi.* **-lesced′, -lesc′ing** [< L. *com-,* intens. + *valere* be strong] to recover gradually fron illness; regain strength and health

**convalescence** *n.* **1.** a gradual recovery of health after illness **2.** the period o such recovery —**con′vales′cent** *adj., n.*

**convection** (kən vek′shən) *n.* [< L. *com-* together + *vehere,* carry] **1.** a transmittin **2.** *a)* the movement of parts within a fluid because of differences in density temperature, etc. *b)* the transference o heat by such movement —**convec′tiona** *adj.* —**convec′tive** *adj.*

**convector** (kən vekt′ər) *n.* a heating device which transmits heat to the ai by convection

**convene** (kən vēn′) *vi., vt.* **-vened′, -ven′ ing** [< L. *com-,* together + *venire,* come to assemble for a meeting —**conven′er** *n.*

**convenience** (kən vēn′yəns) *n.* [see CONVENE] **1.** the quality of being convenient **2.** personal comfort **3** anything that adds to one's comfort o saves work **4.** a lavatory, esp. a public one —**at one's convenience** at a time place, etc. that suits one

**convenient** *adj.* **1.** favourable to one's comfort; easy to do, use, or get to; handy **2.** [Colloq.] easily accessible (*for*); nea (*for*) —**conven′iently** *adv.*

**convent** (kon′vənt) *n.* [see CONVENE] **1** a community of nuns or, sometimes, monks living under strict religious vows **2.** the building or buildings occupied by such a group **—conventual** (kən ven′tyoo wəl) ***adj.***

**onventicle** (kən ven′ti k'l) ***n.*** [< prec.] a religious assembly, esp. an illegal or secret one

**onvention** (kən ven′shən) ***n.*** **1.** an assembly, often periodical, or the delegates to it **2.** *a)* an agreement between persons, nations, etc. *b)* general agreement on the usages and practices of social life **3.** a customary practice, rule, method, etc.

**onventional** ***adj.*** **1.** *a)* conforming to accepted rules; not natural, original, or spontaneous *b)* ordinary **2.** sanctioned by, or growing out of custom or usage **3.** having to do with a convention **4.** nonnuclear *[conventional* weapons*]* **—conven′tionalism** ***n.*** **—conven′tionally** ***adv.***

**onventionality** (kən ven′shə nal′ə tē) ***n., pl.*** **-ties** **1.** a being conventional **2.** conventional behaviour or act **3.** a conventional form, usage, or rule

**onventionalize** (kən ven′shən əlīz′) ***vt.*** **-ized′, -iz′ing** to make conventional **—conven′tionaliza′tion** ***n.***

**onverge** (kən vurj′) ***vi., vt.*** **-verged′, -verg′ing** [< L. *com-,* together + *vergere,* to turn] to come or bring together at a point

**onvergence** ***n.*** **1.** the act, or fact of converging **2.** the point at which things converge **—conver′gent** ***adj.***

**onversable** (kən vur′sə b'l) ***adj.*** **1.** easy to talk to; affable **2.** liking to converse or talk

**onversant** (kən vur′s'nt) ***adj.*** [see CONVERSE[1]] familiar or acquainted (*with*); versed (*in*) **—conver′sance, conver′sancy** ***n.*** **—conver′santly** ***adv.***

**onversation** (kon′vər sā′shən) ***n.*** [see CONVERSE[1]] a talking together; specif., informal talk

**onversational** ***adj.*** **1.** of or for conversation **2.** given to conversation **—con′versa′tionalist** ***n.***

**onversation piece** an unusual article of furniture, bric-a-brac, etc. that attracts attention or invites comment

**onverse[1]** (kən vurs′; *for n.* kon′ vurs) ***vi.*** **-versed′, -vers′ing** [< L. *conversari,* to live with] to hold a conversation; talk **—*n.*** conversation **—convers′er** ***n.***

**onverse[2]** (kon′ vurs) ***adj.*** [see CONVERT] reversed in position, order, etc.; contrary **—*n.*** a thing related in a converse way; the opposite **—converse′ly** ***adv.***

**onversion** (kən vur′shən) ***n.*** a converting or being converted; specif., *a)* a change from lack of faith to religious belief or from one religion to another *b)* *Rugby* an additional score made after a try by kicking the ball over the crossbar **—conver′sional, conver′sionary** ***adj.***

**onvert** (kən vurt′; *for n.* kon′ vərt) ***vt.*** [< L. *com-,* together + *vertere,* to turn] **1.** to change; transform *[convert* grain into flour*]* **2.** to change from one belief, religion, etc. to another **3.** to exchange for something equal in value **4.** *Finance* to change (a security, currency, etc.) into an equivalent of another form **—*vi.*** **1.** to be converted **2.** *Rugby* to score extra points after a try **—*n.*** a person converted, as to a religion

**converter** (kən vur′tər) ***n.*** a person or thing that converts; specif., *a)* a furnace for converting pig iron into steel *b)* *Elec.* a device for converting alternating current into direct current Also sp. **conver′tor**

**convertible** (kən vur′tə b'l) ***adj.*** that can be converted **—*n.*** a motor car with a top that can be folded back **—convert′ibil′ity** ***n.*** **—convert′ibly** ***adv.***

**convex** (kon′veks; *for n.* kon veks′) ***adj.*** [< L. *com-,* together + *vehere,* bring] curving outwards like the surface of a sphere **—*n.*** a convex surface, object, etc. **—convex′ity** ***n.*** **—convex′ly** ***adv.***

**convey** (kən vā′) ***vt.*** [< L. *com-,* together + *via,* way] **1.** to take from one place to another; transport; carry **2.** to transmit **3.** to communicate **4.** to transfer, as a title to property, to another person **—convey′able** ***adj.***

**conveyance** ***n.*** **1.** a conveying **2.** a means of conveying, esp. a vehicle **3.** *a)* the transfer of real property from one person to another *b)* a document to effect this **—convey′ancer** ***n.*** **—convey′ancing** ***n.***

**conveyor, conveyer** ***n.*** one that conveys; esp., a mechanical contrivance, as a continuous chain or belt (**conveyor belt**)

**convict** (kən vikt′; *for n.* kon′ vikt) ***vt.*** [see CONVINCE] to prove or find (a person) guilty **—*n.*** **1.** one found guilty and sentenced by a court **2.** one serving a sentence in prison

**conviction** (kən vik′shən) ***n.*** **1.** a convicting or being convicted **2.** the state or appearance of being convinced **3.** a strong belief **—carry conviction** to be convincing **—convic′tive** ***adj.*** **—convic′tively** ***adv.***

**convince** (kən vins′) ***vt.*** **-vinced′, -vinc′ing** [< L. *com-,* intens. + *vincere,* conquer] to persuade by argument or evidence; make feel sure **—convinc′er** ***n.*** **—convinc′ible** ***adj.*** **—convinc′ingly** ***adv.***

**convivial** (kən viv′ē əl) ***adj.*** [< L. *com-,* together + *vivere,* to live] **1.** festive **2.** fond of eating, drinking, and good company; sociable **—conviv′ial′ity** ***n.***

**convocation** (kon′ və kā′shən) ***n.*** **1.** a convoking **2.** a group that has been convoked; esp. *a) Church of England* a provincial synod *b)* in some universities, a legislative assembly composed of graduates **—con′voca′tional** ***adj.***

**convoke** (kən vōk′) ***vt.*** **-voked′, -vok′ing** [< L. *com-,* together + *vocare,* to call] to call together; convene **—convok′er** ***n.***

**convolute** (kon′ və lōōt′) ***adj.*** [see CONVOLVE] rolled up in a spiral; coiled **—*vt., vi.*** **-lut′ed, -lut′ing** to wind around; coil **—con′volut′ed** ***adj.*** **—con′volute′ly** ***adv.***

**convolution** (kon′ və lōō′shən) ***n.*** **1.** a twisting, coiling, or winding together **2.** a convoluted condition **3.** any of the irregular folds or ridges on the surface of the brain

**convolve** (kən volv′) *vt., vi.* **-volved′, -volv′ing** [< L. *com-*, together + *volvere,* to roll] **1.** to roll, coil, or twist together

**convolvulus** (kən vol′vyoo ləs) *n., pl.* **-luses, -li′** (-lī′) [see prec.] a trailing or twining plant; bindweed

**convoy** (kon′voi) *vt.* [see CONVEY] to escort, esp. in order to protect —*n.* **1.** the act of convoying **2.** a protecting escort, as for ships or troops **3.** ships, vehicles, etc. travelling together for mutual protection

**convulse** (kən vuls′) *vt.* **-vulsed′, -vuls′ing** [< L. *com-*, together + *vellere,* to pluck] **1.** to shake violently; agitate **2.** to cause to shake with laughter, rage, etc. —**convul′sive** *adj.* —**convul′sively** *adv.*

**convulsion** *n.* **1.** a violent, involuntary contraction of the muscles: *often used in pl.* **2.** a fit of laughter **3.** any violent disturbance —**convul′sionary** *adj.*

**cony** (kō′nē) *n., pl.* **-nies** [< L. *cuniculus,* rabbit] **1.** a rabbit **2.** rabbit fur Also sp. **co′ney**

**coo** (kōō) *vi.* [echoic] **1.** to make the soft, murmuring sound of pigeons or doves **2.** to speak gently and lovingly, as in **bill and coo** —*vt.* to express lovingly, as with a coo —*n.* a cooing sound —**coo′ingly** *adv.*

**cooee** (kōō′ē) *interj.* a call to attract attention, esp. one used in the Australian bush —*vi.* **coo′eed** or **coo′eyed, coo′eeing** or **coo′eying** to utter the call of cooee

**cook** (kook) *n.* [< L. *coquere,* to cook] a person who prepares food —*vt.* **1.** to prepare (food) by boiling, baking, frying, etc. **2.** [Colloq.] to alter or falsify [to *cook* the books] —*vi.* **1.** to act as a cook **2.** to undergo cooking —**cook someone's goose** [Colloq.] **1.** to spoil someone's plans **2.** to bring about someone's downfall —**cook up** [Colloq.] to devise —**what's cooking?** [Slang] what's happening?

**cooker** *n.* **1.** an apparatus for cooking food, usually consisting of an oven and a hob **2.** a fruit more suitable for cooking than for eating raw

**cookery** *n.* the art, practice, or work of cooking

**cookery book** a book with recipes and other information about preparing food: also **cook′book** *n.*

**cookie, cooky** (kook′ē) *n., pl.* **-ies** [prob. < Du. *koek,* a cake] [U.S.] a small, sweet biscuit

**cool** (kōōl) *adj.* [OE. *col*] **1.** moderately cold **2.** tending to reduce discomfort in hot weather [*cool* clothes] **3.** *a*) calm; composed *b*) restrained [*cool* jazz] *c*) [Slang] dispassionate **4.** showing dislike or indifference **5.** calmly impudent or bold **6.** [Colloq.] without exaggeration [a *cool* thousand] **7.** [U.S. Slang] pleasing —*n.* **1.** a cool place, time, etc. **2.** [Chiefly U.S. Slang] dispassionate manner [keep one's *cool*] —*vt., vi.* to make or become cool —**cool off** to calm down —**cool one's heels** to wait or be kept waiting —**play it cool** [Slang] to stay aloof —**cool′ish** *adj.* —**cool′ly** *adv.* —**cool′ness** *n.*

**coolabar** (kōō′lə bär′) *n.* [Abor.] a Australian eucalyptus that grows alor rivers: also **coo′labah**

**coolant** (kōōl′ənt) *n.* a substance, usuall a fluid, used to remove heat, as fror an internal-combustion engine

**cool drink** [S Afr.] a soft drink

**cooler** *n.* **1.** a container for cooling thing or keeping them cool **2.** anything tha cools **3.** [Slang] a jail

**coolie** (kōō′lē) *n.* [Hindi *qūlī,* servant an unskilled native labourer, esp. formerl in China, India, etc.

**cooling tower** a tower used to recycl water used for cooling, as in a nuclea reactor

**coomb, coombe** (kōōm) *n.* [< OE. *cumb* **1.** a deep, narrow valley **2.** *same as* CWM

**coon** (kōōn) *n.* **1.** *short for* RACCOO **2.** *a*) [Derog. Slang] a Negro or Aborigin *b*) in South Africa, esp. a dancer, singe etc. in the Coon Carnival, a traditiona New Year festival presented by Cap Coloureds

**coop** (kōōp) *n.* [ult. < L. *cupa,* cask **1.** a small cage, pen, or building for poultr etc. **2.** any place of confinement **3.** wicker basket for catching fish —*vt.* t confine in or as in a coop

**co-op** (kō′op) *n.* [Colloq.] **1.** cooperative **2.** a shop run by a cooperativ society

**cooper** (kōōp′ər) *n.* [< L. *cupa,* a cask a person whose work is making or repairin barrels and casks —*vt., vi.* to make c repair (barrels and casks)

**cooperate, co-operate** (kō op′ə rāt′) *v* **-at′ed, -at′ing** [< L. *co-*, with + *opu* work] to act or work together with anothe or others —**coop′era′tion, co-op′era′tio** *n.* —**coop′era′tor, co-op′era′tor** *n.*

**cooperative, co-operative** (kō op′ər ə tiv) *adj.* **1.** cooperating c inclined to cooperate **2.** designating c of an organization, shop, etc. owne collectively by members who share in it benefits —*n.* a cooperative society, shop etc. —**coop′eratively, co-op′eratively ad** —**coop′erativeness, co-op′erativeness** *n*

**cooperative society** a commercia enterprise owned and managed b customers or workers, esp. a chain c shops in which profits are distributed t members of the society

**co-opt** (kō opt′) *vt.* [< L. *co-*, with *optare,* choose] to add to a group b a vote of those already members —**co′-op ta′tion, co-op′tion** *n.* —**co-op′tative** *ad*

**coordinate, co-ordinate** (kō ôr′ də nət; *also, and for v. always,* -də nāt *vt.* **-nat′ed, -nat′ing** [< L. *co-*, with *ordo,* order] **1.** to bring into proper orde or relation; adjust; harmonize **2.** to mak coordinate —*n.* **1.** a coordinate perso or thing **2.** [*pl.*] clothes that harmoniz or contrast in colour, texture, etc. **3.** *Math.* any of two or more magnitude used to define the position of a poin line, etc. —*adj.* **1.** of equal order c importance **2.** of coordination or coordinates **—coor′dina′tion, co-or′dina′tion** *n.* **—coor′dinative, co-or′dinative** *adj.* **—coor′dina′tor, co-or′dina′tor** *n.*

**coot** (kōōt) *n.* [< ? MDu. *koet*] **1.** a ducklike bird **2.** [Colloq.] a foolish or senile person

**cop** (kop) *vt.* **copped, cop′ping** [< ?] [Slang] **1.** to seize, win, steal, etc. **2.** to suffer, esp. a punishment [to *cop* a clout] **—*n.*** [Slang] **1.** a policeman **2.** an arrest, esp. in **a fair cop —cop it** to get into trouble and be punished **—cop out** [U.S. Slang] **1.** to confess to the police **2.** *a*) to renege *b*) to quit **—not much cop** of little worth or value

**copal** (kō′pəl) *n.* [Sp. < SAmInd. *copalli*] a hard resin from tropical trees

**copartner** (kō pärt′nər) *n.* a partner, or associate **—copart′nership′** *n.*

**cope**[1] (kōp) *vi.* **coped, cop′ing** [< OFr. *coup,* a blow] **1.** to fight or contend (*with*) successfully or on equal terms **2.** to deal with problems, troubles, etc.

**cope**[2] *n.* [< L. *cappa,* cap] **1.** a large, capelike vestment worn by priests **2.** anything that covers like a cope, as a canopy **—*vt.* coped, cop′ing** to cover with a cope

**Copernican system** (kō pur′ni kən) [< N. *Copernicus,* (1473-1543) Pol. astronomer] the theory that the planets revolve around the sun and that the earth rotates

**copestone** (kōp′stōn′) *n.* **1.** the top stone of a wall; stone in a coping **2.** a finishing touch Also **coping stone**

**copier** (kop′ē ər) *n.* **1.** one who copies; imitator, transcriber, etc. **2.** a duplicating machine

**copilot** (kō′pī′lət) *n.* the assistant pilot of an aircraft

**coping** (kō′piŋ) *n.* [< COPE[2]] the top layer of a masonry wall, usually sloped

COPING SAW

**coping saw** a saw in a U-shaped frame, esp. for cutting curved outlines

**copious** (kō′pē əs) *adj.* [< L. *copia,* abundance] plentiful; abundant **—co′piously** *adv.* **—co′piousness** *n.*

**copper**[1] (kop′ər) *n.* [< LL. *cuprum* < *Gr. Kyprios,* Cyprus, noted for its copper mines] **1.** a reddish-brown, ductile, metallic element: symbol, Cu **2.** a copper coin, as an old penny **3.** reddish brown **4.** a large metal vessel, used esp. for boiling washing **—*adj.*** **1.** of copper **2.** reddish-brown **—*vt.*** to coat with copper **—cop′pery** *adj.*

**copper**[2] *n.* [prob. < COP] [Slang] a policeman

**copper beech** a beech tree with coppery-coloured leaves

**copper-bottomed** *adj.* **1.** having the bottom sheathed with copper: said esp. of ships **2.** financially reliable

**copperhead** *n.* a poisonous N American pit viper with a copper-coloured head

**copperplate** *n.* **1.** a sheet of copper etched or engraved for printing **2.** a print made from this **3.** copperplate printing or engraving **4.** a fine style of handwriting based on that used for copperplate engravings

**coppersmith** *n.* a person whose work is making utensils, etc. out of copper

**coppice** (kop′is) *n.* [see COUP] *same as* COPSE

**copra** (kop′rə) *n.* [Port. < Hindi *khoprā*] dried coconut kernel, the source of coconut oil

**copse** (kops) *n.* [< COPPICE] a thicket of small trees, undergrowth, and shrubs; coppice

**Copt** (kopt) *n.* **1.** a native of Egypt descended from the ancient Egyptians **2.** an Egyptian Christian

**Coptic** (kop′tik) *adj.* of the Copts, their language, etc. **—*n.*** the Afro-Asiatic language of the Copts

**copula** (kop′yoo lə) *n., pl.* **-las** [< L. *co-,* together + *apere,* to join] something that connects or links together **—cop′ular** *adj.*

**copulate** (kop′yoo lāt′) *vi.* **-lat′ed, -lat′ing** [see prec.] to have sexual intercourse **—cop′ula′tion** *n.*

**copy** (kop′ē) *n., pl.* **cop′ies** [< L. *copia,* plenty] **1.** a thing made just like another **2.** any of a number of books, magazines, etc. having the same printed matter **3.** a manuscript to be printed **4.** subject matter for a writer **5.** the words of an advertisement **—*vt., vi.* cop′ied, cop′ying** **1.** to make a copy of **2.** to imitate

**copybook** *n.* a book with models of handwriting, for teaching penmanship **—*adj.*** ordinary; trite

**copycat** *n.* a person who habitually imitates or mimics: a child's term

**copyhold** *n. Law* tenure of property less than a freehold proved by a written transcript or record in the rolls of a manorial court **—cop′yhold′er** *n.*

**copyist** *n.* **1.** a person who makes written copies; transcriber **2.** a person who imitates

**copyright** *n.* the exclusive legal right to the publication, production, or sale of a literary, musical, or artistic work **—*vt.*** to protect (a book, etc.) by copyright **—*adj.*** protected by copyright

**copy typist** a typist who types from copy

**copywriter** *n.* a writer of copy for advertising or promotional material

**coquette** (ko ket′) *n.* [Fr. < *coq,* a cock] a girl or woman flirt **—*vi.* -quet′ted, -quet′ting** to flirt **—co′quetry** *n.* **—coquet′tish** *adj.*

**cor** (kôr) *interj.* [< GOD] [Slang] an

exclamation of surprise, admiration, irritation, etc.

**Cor.** 1. Corinthians 2. Coroner

**cor.** cornet

**coracle** (kor′ə k′l) *n.* [< W. *corwg*] a small boat of waterproof material stretched over a wooden frame

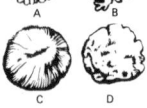


CORAL
(A, organ-pipe; B, reef; C, mushroom; D, Bermuda)

**coral** (kor′əl) *n.* [< Gr. *korallion*] 1. the stony skeleton of some marine polyps, often in masses forming reefs and atolls in tropical seas 2. any of such polyps 3. a piece of coral 4. yellowish red: also **coral red** or **coral pink** —*adj.* 1. made of coral 2. coral-red

**cor anglais** (kôr äŋ′glā) *pl.* **cors anglais** [Fr.] a double-reed instrument of the woodwind family, similar to the oboe

**corbel** (kôr′bəl) *n.* [< L. *corvus,* raven] a bracket of stone, wood, etc. projecting from a wall to support a cornice, etc. —*vt.* **-belled, -belling** to provide with corbels

**corbie** (kôr′bē) *n.* [see prec.] [Scot.] a crow or raven

**cord** (kôrd) *n.* [< Gr. *chordē*] 1. thick string 2. *a*) a rib on the surface of a fabric *b*) corduroy *c*) [*pl.*] corduroy trousers 3. any force acting as a tie or bond 4. *Anat.* any part like a cord [the spinal *cord*] 5. *Elec. U.S. var. of* FLEX[2] 6. a measure of wood cut for fuel (128 cubic feet, c. $3.6m^3$) —*vt.* 1. to fasten with a cord 2. to stack (wood) in cords

**cordate** (kôr′dāt) *adj.* [< L. *cor, cordis,* heart] heart-shaped —**cor′dately** *adv.*

**cordial** (kôr′dē əl) *adj.* [see prec.] warm and friendly; hearty —*n.* a drink with a fruit base —**cor′dially** *adv.* —**cor′dialness** *n.*

**cordiality** (kôr′dē al′ə tē) *n.* 1. a warm, friendly feeling 2. *pl.* **-ties** a cordial act or remark

**cordite** (kôr′dīt) *n.* [< CORD] a smokeless explosive

**cordless** (kôrd′lis) *adj.* operated by batteries rather than by current from an outlet

**cordon** (kôr′d′n) *n.* [see CORD] 1. a line or circle of police, ships, etc. stationed around an area to guard it 2. a cord, ribbon, or braid worn as a decoration —*vt.* to encircle or shut (*off*) with a cordon

‡**cordon bleu** (kôr dôn blœ′) [Fr.] any very high distinction, esp. in cookery —*adj.* of food prepared to a very high standard

**cordovan** (kôr′də vən) *n.* [< Sp. *Cordoba,* in Spain] a fined-grained leather, usually of split horsehide

**corduroy** (kôr′də roi′) *n.* [< CORD] 1. a heavy, ribbed cotton fabric 2. [*pl.*] trousers made of this —*adj.* 1. made of, or ribbed like, corduroy 2. made of logs laid crosswise [a *corduroy* road]

**cordwainer** (kôrd′wān′ər) *n.* [< CORDOVAN] [Archaic] a shoemaker or worker in cordovan leather

**core** (kôr) *n.* [prob. < L. *cor,* heart] 1. the central part of an apple, pear, etc. 2. the central part of anything 3. the most important part 4. the centre of a nuclear reactor that contains the fissionable fuel 5. *Computers* a ferrite ring used to store one bit of information 6. *Elec.* a mass of iron inside a wire coil: it increases the magnetic field —*vt.* **cored, cor′ing** to remove the core of —**cor′er** *n.*

**co-respondent** (kō′ri spon′dənt) *n.* [CO- + RESPONDENT] *Law* a person charged with having committed adultery with the wife or husband from whom a divorce is being sought —**co′respond′ency** *n.*

**corgi** (kôr′gē) *n.* [< W. *cor*(*r*), dwarf + *ci,* dog] a short-legged dog with a foxlike head, orig. from Wales

**coriander** (kor′ē an′dər) *n.* [< Gr. *koriandron*] 1. an umbelliferous herb 2. its strong-smelling, seedlike fruit, used in flavouring

CORINTHIAN CAPITAL

**Corinthian** (kə rin′thē ən) *adj.* 1. of Corinth, its people, or culture 2. dissolute and loving luxury 3. designating or of an order of Greek architecture, distinguished by a bell-shaped capital with a design of acanthus leaves —*n.* a native or inhabitant of Corinth

**cork** (kôrk) *n.* [< Sp. *corcho* < ?] 1. the light, thick, elastic outer bark of an oak tree 2. a piece of cork; esp., a stopper for a bottle, etc. 3. any stopper 4. the outer bark of woody plants —*adj.* made of cork —*vt.* 1. to stop with a cork 2. to restrain 3. to blacken with burnt cork

**corkage** *n.* a charge made for serving wine, etc., esp. if bought off the premises

**corked** (kôrkt) *adj.* 1. stopped up with a cork 2. tainted by the cork: said esp. of wine

**corker** (kôr′kər) *n.* [Slang] a remarkable person or thing

**corkscrew** (kôrk′skro͞o′) *n.* a spiral-shaped device for pulling corks out of bottles —*adj.* shaped like a corkscrew —*vi., vt.* to move in a spiral; twist

**corm** (kôrm) *n.* [< Gr. *kormos,* a lopped tree trunk] the fleshy, scaly, underground stem of certain plants, as the gladiolus

**cormorant** (kôr′mə rənt) *n.* [< L. *corvus* raven + *marinus,* marine] 1. a large voracious, diving bird with webbed toes 2. a greedy person

**corn**[1] (kôrn) *n.* [OE.] **1.** a small, hard seed, esp. of a cereal grass; kernel **2.** the seeds of all cereal grasses; grain **3.** the leading cereal crop, as wheat in England or oats in Scotland **4.** [U.S.] maize **5.** [Colloq.] ideas, music, etc. considered trite, sentimental, etc. —*vt.* to pickle (meat, etc.) in brine

**corn**[2] *n.* [< L. *cornu,* a horn] a hard, thick, painful growth of skin, esp. on a toe

**corncob** *n.* the woody core of an ear of maize

**corn-crake** *n.* a brown, short-billed rail

**cornea** (kôr′nē ə) *n.* [< L. *cornu,* a horn] the transparent outer coat of the eyeball —**cor′neal** *adj.*

**corned** (kôrnd) *adj.* preserved with salt or brine [*corned* beef]

**cornel** (kôr′n'l) *n.* [< L. *cornus*] a small tree with very hard wood, as the dogwood, cornelian cherry, etc.

**cornelian** (kôr nēl′yən) *n.* [< L. *cornu,* a horn] a red variety of chalcedony, used in jewellery

**corner** (kôr′nər) *n.* [< L. *cornu,* a horn] **1.** the point or place where lines or surfaces join and form an angle **2.** the space within the angle formed **3.** the angle formed at a street intersection **4.** something used to form, protect, or decorate a corner **5.** a remote or secluded spot **6.** region; quarter [every *corner* of the world] **7.** an awkward position from which escape is difficult **8.** a monopoly acquired on a stock or commodity **9.** *Sports* a free kick taken from the corner of the field in football and hockey: also **corner kick, corner hit** —*vt.* **1.** to force into an awkward position **2.** to get a monopoly on —*vi.* to turn corners: said of a vehicle —*adj.* at, on, or for a corner —**cut corners** to economize on time, effort, etc., esp. at the expense of quality —**cor′nered** *adj.*

**cornerstone** *n.* **1.** a stone laid in the corner of a building, esp. at a ceremony for beginning a building **2.** the basic part; foundation

**cornet** (kôr′nət) *n.* [< L. *cornu,* a horn] **1.** a brass musical instrument similar to the trumpet **2.** a cone-shaped wafer for holding ice cream **3.** formerly, a cavalry officer —**cornet′ist** *n.*

**corn exchange** a place where grain is sold

**cornflakes** *n.pl.* a breakfast cereal of crisp flakes made from hulled maize

**cornflour** *n.* a finely ground starchy flour made from maize, corn, etc.; used esp. for thickening sauces

**cornflower** *n.* a plant with white, pink, or blue flowers

**cornice** (kôr′nis) *n.* [< Gr. *korōnis,* a wreath] **1.** a horizontal moulding projecting along the top of a wall, etc. **2.** the top part of an entablature

**Cornish** (kôr′nish) *adj.* of Cornwall, its people, or culture —*n.* the Brythonic Celtic language spoken in Cornwall until c. 1800

**Cornish pasty** *same as* PASTY[2]

CORNUCOPIA

**cornucopia** (kôr′nyoo kō′pē ə) *n.* [L. *cornu copiae,* horn of plenty] **1.** a representation of a horn overflowing with fruits, flowers, and grain; horn of plenty **2.** an abundance

**corny** (kôr′nē) *adj.* **-ier, -iest** [Colloq.] unsophisticated, trite, sentimental, etc. —**corn′iness** *n.*

**corolla** (kə rol′ə) *n.* [< L. *corona,* crown] the petals, or inner floral leaves, of a flower —**corollate** (kor′ə lāt′), **cor′ollat′ed** *adj.*

**corollary** (kə rol′ər ē) *n., pl.* **-laries** [see prec.] **1.** a proposition that follows from another that has been proved **2.** an inference or deduction **3.** a normal result

**corona** (kə rō′nə) *n., pl.* **-nas, -nae** (-nē) [L., crown] **1.** *Astron.* *a*) a ring of coloured light round the sun or moon *b*) the outermost part of the sun's atmosphere, seen during a total eclipse **2.** *Bot.* the cuplike part on the inner side of the corolla of certain flowers **3.** *Anat.* the upper part of a tooth, skull, etc. **4.** *Elec.* a sometimes visible electric discharge around a conductor —**coro′nal** *adj.*

**coronary** (kor′ə nər ē) *adj.* [see CORONA] of the arteries supplying blood to the heart muscle —*n., pl.* **-naries** *same as* CORONARY THROMBOSIS

**coronary thrombosis** the formation of an obstructing clot in a coronary artery: also **coronary occlusion**

**coronation** (kor′ə nā′shən) *n.* [< L. *corona,* crown] the act of crowning a sovereign

**coroner** (kor′ə nər) *n.* [ME. < L. *corona,* crown] a public officer whose chief duty is to determine by inquest before a jury the causes of any deaths not obviously due to natural causes —**cor′onership′** *n.*

**coronet** (kor′ə net′) *n.* [< OFr. *corone,* crown] **1.** a small crown worn by nobility **2.** a band, as of jewels or flowers, worn around the head —**cor′onet′ed** *adj.*

**corporal**[1] (kôr′pər əl) *n.* [< L. *caput,* the head] *see* MILITARY RANKS, table

**corporal**[2] *adj.* [< L. *corpus,* body] of the body —**cor′poral′ity** (kôr′pə ral′ə tē) *n.* —**cor′porally** *adv.*

**corporal punishment** punishment inflicted directly on the body, as flogging

**corporate** (kôr′pər ət) *adj.* [< L. *corpus,* body] **1.** incorporated **2.** of a corporation **3.** shared by all in a group —**cor′porately** *adv.*

**corporation** (kôr′pə rā′shən) *n.* **1.** a

group of people with a charter granting them certain of the legal powers, rights, and liabilities of an individual **2.** a group of people, as the municipal authorities of a town or city, legally authorized to act as an individual **3.** [Colloq.] a pot belly **—cor′porative** *adj.* **—cor′pora′tor** *n.*

**corporeal** (kôr pôr′ē əl) *adj.* [< L. *corpus,* body] **1.** of or for the body **2.** material; physical **—corpo′real′ity** (-al′ə tē) *n.* **—corpo′really** *adv.*

**corps** (kôr) *n., pl.* **corps** (kôrz) [< L. *corpus,* body] **1.** a body of people associated in some work, organization, etc. **2.** *Mil. a*) a specialized branch of the armed forces *b*) a tactical subdivision of an army

**corps de ballet** (kôr′ də ba′lā) [Fr.] the members of a ballet company

**corps diplomatique** (dip′lō ma tēk′) the body of diplomatic officials accredited to foreign governments

**corpse** (kôrps) *n.* [var. of CORPS] **1.** a dead body, esp. of a person **2.** something lifeless and of no use

**corpulence** (kôr′pyoo ləns) *n.* [< L. *corpus,* body] fatness; obesity: also **cor′pulency** **—cor′pulent** *adj.*

**corpus** (kôr′pəs) *n., pl.* **-pora** (-pər ə) [L.] **1.** a body; esp., a dead one **2.** a complete collection, as of writings of a specified type **3.** the substance of anything

**corpuscle** (kôr′pus′′l) *n.* [< L. *corpus,* body] **1.** a very small particle **2.** any of the erythrocytes (**red corpuscles**) or leucocytes (**white corpuscles**) in the blood, lymph, etc. of vertebrates: also **corpuscule** (kôr′pus′kyōōl) **—corpus′cular** (-kyoo lər) *adj.*

**corr.** **1.** correspondence **2.** corresponding

**corral** (ko räl′) *n.* [Sp. < L. *currere,* to run] an enclosure for holding or capturing horses, cattle, etc.; pen **—*vt.* -ralled′, -ral′ling** **1.** to drive into or confine in a corral **2.** to surround or capture; round up

**corrasion** (kə rā′zhən) *n.* [< L. *corradere,* scrape together] *Geol.* the erosion of rock by the action of running water or glacial ice

**correct** (kə rekt′) *vt.* [< L. *com-,* together + *regere,* lead straight] **1.** to make right **2.** to mark the errors of **3.** to make conform to a standard **4.** to scold or punish **5.** to cure or counteract **—*adj.*** **1.** conforming to an established standard; proper **2.** true; accurate; right **—correc′tive** *adj., n.* **—correct′ly** *adv.* **—correct′ness** *n.* **—correc′tor** *n.*

**correction** *n.* **1.** a correcting or being corrected **2.** a change that corrects a mistake; rectification **3.** punishment to correct faults **—correc′tional** *adj.*

**correlate** (kor′ə lāt′) *n.* [see COM- + RELATE] either of two interrelated things **—*adj.*** closely and naturally related **—*vi., vt.* -lat′ed, -lat′ing** to be in or bring into mutual relation **—cor′rela′tion** *n.*

**correlative** (ko rel′ə tiv) *adj.* **1.** having a mutual relationship **2.** *Gram.* expressing mutual relation and used in pairs [*neither . . . nor* are *correlative* conjunctions] **—*n.*** **1.** a correlate **2.** a correlative word **—correl′atively** *adv.* **—correl′ativ′ity** *n.*

**correspond** (kor′ə spond′) *vi.* [< L. *com-,* together + *respondere,* answer] **1.** to be in agreement (*with* something); match **2.** to be similar or equal (*to*) **3.** to communicate by letters **—cor′respond′ingly** *adv.*

**correspondence** *n.* **1.** agreement; conformity **2.** similarity; analogy **3.** a communication by exchange of letters **b** the letters written or received

**correspondence school** a school that gives courses of instruction (**correspondence courses**) by post

**correspondent** *adj.* corresponding **—*n.*** **1.** a person who exchanges letters with another **2.** a person hired as by a newspaper to send news regularly from a distant place or write on a special subject

**corridor** (kor′ə dôr′) *n.* [< L. *currere,* to run] **1.** a long passageway or hall **2.** a strip of land providing passage through foreign-held land **3.** a passageway connecting all the compartments of a railway carriage

**corridors of power** the Civil Service, etc. considered as a source of influence in administrative decisions

**corrie** (kor′ē) *n.* [< ScotGael. *coire,* cauldron] [Scot.] a round hollow in a hillside; cirque

**corrigendum** (kor′ə jen′dəm) *n., pl.* **-da** [L.; see CORRECT] an error to be corrected in a printed work, or [*pl.*] a list of such errors inserted in the work

**corrigible** (kor′i jə b′l) *adj.* [see CORRECT] capable of being corrected or reformed **—cor′rigibly** *adv.*

**corroborate** (kə rob′ə rāt′) *vt.* **-rat′ed, -rat′ing** [< L. *com-,* intens. + *robur,* strength] to confirm; bolster; support **—corrob′ora′tion** *n.* **—corrob′ora′tor** *n.*

**corroborative** (-er ə tiv) *adj.* corroborating; confirmatory: also **corrob′oratory** **—corrob′oratively** *adv.*

**corroboree** (kə rob′ə rē) *n.* [Abor.] [Aust.] **1.** an Aboriginal festival **2.** any noisy celebration

**corrode** (kə rōd′) *vt., vi.* **-rod′ed, -rod′ing** [< L. *com-,* intens. + *rodere,* gnaw to eat into or wear away gradually, as by rusting **—corrod′ible** *adj.*

**corrosion** (kə rō′zhən) *n.* **1.** a corroding **2.** a substance formed by corroding **—corro′sive** *adj.*

**corrugate** (kor′oo gāt′) *vt., vi.* **-gat′ed, -gat′ing** [< L. *com-,* intens. + *rugare,* to wrinkle] to shape into parallel grooves and ridges; furrow [*corrugated* iron] **—cor′ruga′tion** *n.*

**corrupt** (kə rupt′) *adj.* [< L. *com-,* together + *rumpere,* to break] **1.** morally debased; evil; depraved **2.** taking bribes **3.** containing alterations or errors [*a corrupt text*] **—*vt., vi.*** to make or become corrupt **—corrupt′er, corrup′tor** *n.* **—corrup′tively** *adj.*

**corruptible** *adj.* that can be corrupted; esp. morally **—corrupt′ibil′ity** *n.* **—corrupt′ibly** *adv.*

**corruption** *n.* 1. a making or being corrupt 2. depravity 3. bribery 4. decay 5. something corrupted

**corsage** (kôr säzh′) *n.* [Fr.: see CORPS] a small bouquet for a woman to wear, as at the waist or shoulder

**corsair** (kôr′sāər) *n.* [< L. *cursus,* course] 1. a privateer 2. a pirate 3. a pirate ship

**corselet** (kôrs′lət) *n.* [see ff.] 1. a medieval piece of body armour: also sp. **cors′let** 2. a woman's lightweight corset: also sp. **cor′selette′**

**corset** (kôr′sit) *n.* [see CORPS] [*sometimes pl.*] a closefitting undergarment worn, chiefly by women, to give support to or shape the torso —**cor′setry** *n.*

**cortège** (kôr tāzh′) *n.* [Fr. < L.: see COURT] a ceremonial procession, as at a funeral

**cortex** (kôr′teks) *n., pl.* **-tices′** (-tə sēz′) [L., bark of a tree] 1. *a*) the outer part of an internal organ, as of the kidney *b*) the layer of grey matter over most of the brain 2. the bark or rind of a plant —**cor′tical** *adj.*

**corticate** (kôr′ti kit) *adj.* [< CORTEX] covered with bark: also **cor′ticat′ed, cor′ticose′**

**cortisone** (kôrt′ə zōn′) *n.* [< chem. name] an adrenal-gland hormone used in treating various inflammatory and allergic diseases

**corundum** (kə run′dəm) *n.* [Tamil *kurundam,* ruby] a hard mineral, aluminium oxide, used for grinding and polishing: the ruby, sapphire, etc. are precious varieties

**coruscate** (kor′əs kāt′) *vt.* **-cat′ed, -cat′ing** [< L. *coruscus,* vibrating] to glitter; sparkle —**coruscant** (kə rus′kənt) *adj.* —**cor′usca′tion** *n.*

**corvette** (kôr vet′) *n.* [ult. < L. *corbis,* basket] 1. formerly, a warship smaller than a frigate 2. a small, fast warship used for antisubmarine and convoy duty

**corymb** (kor′imb) *n.* [< Gr. *korymbos*] a broad, flat cluster of flowers in which the outer stems are long and those towards the centre progressively shorter —**corymbose** (kə rim′bōs), **corym′bous** *adj.*

**coryza** (kə rī′zə) *n.* [< Gr. *koryza,* catarrh] a cold in the head; acute nasal congestion

**cos**[1] cosine

**cos**[2] (kos) *n.* [< Aegean island] a kind of lettuce with long leaves: also **cos lettuce**

**'cos** (kos) *conj.* [Colloq.] because: also **cos**

**cosec** cosecant

**cosecant** (kō sē′kənt) *n. Trigonometry* the ratio between the hypotenuse and the side opposite a given acute angle in a right-angled triangle

**cosh** (kosh) *n.* [< Romany *koshter,* skewer] [Slang] a blunt weapon, often made from hard rubber; bludgeon —*vt.* [Slang] to strike with a cosh

**cosign** (kō′sīn′) *vt., vi.* 1. to sign (a promissory note) in addition to the maker, thus becoming responsible if the maker should default 2. to sign jointly —**co′sign′er** *n.*

**cosignatory** (kō sig′nə tər ē) *adj.* signing jointly —*n., pl.* **-ries** one of two or more joint signers

**cosine** (kō′sīn) *n. Trigonometry* the ratio between the side adjacent to a given acute angle in a right-angled triangle and the hypotenuse

**cosmetic** (koz met′ik) *adj.* [< Gr. *kosmos,* order] 1. designed to beautify the complexion, hair, etc. 2. for improving the appearance by correcting deformities —*n.* any cosmetic preparation for the skin, hair, etc. —**cosmet′ically** *adv.*

**cosmic** (koz′mik) *adj.* [< Gr. *kosmos,* order] 1. of the cosmos 2. vast —**cos′mically** *adv.*

**cosmo-** [see COSMOS] *a combining form meaning* world, universe *[cosmology]*

**cosmogony** (koz mog′ə nē) *n.* [< Gr. *kosmos,* universe + *gignesthai,* produce] 1. the origin of the universe 2. *pl.* **-nies** a theory or account of this —**cos′mogon′ic** (-mə gon′ik), —**cosmog′onist** *n.*

**cosmology** (koz mol′ə jē) *n.* [COSMO- + -LOGY] the study of the universe as a whole and of its form, nature, etc. as a physical system —**cosmol′ogist** *n.*

**cosmonaut** (koz′mə nôt′) *n.* [Russ. < COSMO- + Gr. *nautēs,* sailor] an astronaut, esp. a Russian astronaut

**cosmopolitan** (koz′mə pol′ə t′n) *adj.* [< COSMO- + Gr. *polis,* city] 1. representative of all or many parts of the world 2. at home in all countries or places —*n.* a cosmopolitan person —**cos′mopol′itanism** *n.*

**cosmos** (koz′mos) *n.* [Gr. *kosmos,* universe] 1. the universe considered as a harmonious and orderly system 2. any complete and orderly system

**Cossack** (kos′ak) *n.* a member of a people of S Russia, famous as horsemen —*adj.* of the Cossacks

**cosset** (kos′it) *vt.* [< ? OE. *cot-sæta,* cot dweller] to make a pet of; pamper —*n.* a pet lamb, or any small pet

**cost** (kost) *vt.* **cost** or, for 2, **cost′ed, cost′ing** [< L. *com-,* together + *stare,* to stand] 1. *a*) to be obtained for (a certain price) *b*) to require the expenditure, loss, etc. of 2. *Business* to estimate the cost of producing —*n.* 1. the amount of money, effort, etc. required to obtain or produce something 2. loss; sacrifice 3. [*pl.*] *Law* court expenses of a lawsuit —**at all costs** regardless of the cost or difficulty involved

**costal** (kos′t′l) *adj.* [< L. *costa,* rib] of or near a rib

**costermonger** (kos′tər muŋ′gər) *n.* [< *costard,* kind of apple + MONGER] a person who sells fruit or vegetables from a barrow: also **cos′ter**

**costive** (kos′tiv) *adj.* [see CONSTIPATE] constipated or constipating —**cos′tively** *adv.* —**cos′tiveness** *n.*

**costly** (kost′lē) *adj.* **-lier, -liest** 1. costing much; dear 2. magnificent; sumptuous —**cost′liness** *n.*

**cost of living** the average cost of the necessities of life, as food, shelter, and clothes

**costume** (kos′tyōōm) *n.* [< L. *consuetudo,* custom] **1.** *a)* the style of dress typical of a certain period, people, etc. *b)* a set of such clothes **2.** a set of outer clothes —*vt.* **-tumed, -tuming** to provide with a costume

**costumier** (kos tyōōm′ē ər) *n.* one who makes, sells, or rents costumes

**cosy** (kō′zē) *adj.* **-sier, -siest** [< ?] warm and comfortable; snug —*n., pl.* **-sies** a knitted or padded cover to keep a teapot or egg hot —**co′sily** *adv.* —**co′siness** *n.*

**cot**[1] (kot) *n.* [< Hindi *khāṭ*] **1.** a small bed with high sides for a baby **2.** a narrow, canvas bed

**cot**[2] *n.* [OE.] **1.** [Poet.] a cottage **2.** a cote

**cot**[3] cotangent

**cotangent** (kō tan′jənt) *n. Trigonometry* the ratio between the side adjacent to a given acute angle in a right-angled triangle and the side opposite

**C.O.T.C.** Canadian Officers Training Corps

**cot death** the unexplained, sudden death of a sleeping infant

**cote** (kōt) *n.* [ME., COT[2]] a shelter for sheep, doves, etc.

**coterie** (kōt′ər ē) *n.* [Fr.: see COTTER[1]] a close circle of friends with common interests; clique

**cottage** (kot′ij) *n.* [< OFr. *cote* or ME. *cot,* hut] **1.** a small house in a rural area **2.** [Aust.] a one-storey house —**cot′tager** *n.*

**cottage cheese** a soft, white cheese made by straining and seasoning the curds of sour milk

**cottage industry** an industry in which employees work in their own homes, often using their own equipment

**cotter**[1]**, cottar** (kot′ər) *n.* [see COT[2]] [Scot.] a farm-worker who occupies a cottage rent-free

**cotter**[2] *n.* [< ?] a bolt or wedge put through a slot to hold together parts of machinery

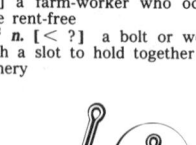

COTTER PIN

**cotter pin** a split pin used as a cotter, fastened in place by spreading apart its ends after it is inserted

**cotton** (kot′′n) *n.* [< Ar. *quṭun*] **1.** the soft, white seed hairs of various plants **2.** a plant producing this material **3.** thread or cloth made of cotton —*adj.* of cotton —**cotton on to** [Colloq.] **1.** to take a liking to **2.** to become aware of (a situation) —**cot′tony** *adj.*

**cotton gin** [see GIN[2]] a machine for separating cotton fibres from the seeds

**cotton wool** **1.** fluffy absorbent cotton, used for surgical dressings, etc. **2.** raw cotton

**cotyledon** (kot′ə lēd′n) *n.* [< Gr. *kotylē* cavity] the first leaf produced by the embryo of a flowering plant —**cot′yle′donous, cot′yle′donal** *adj.*

**couch** (kouch) *n.* [< OFr. < L. *com-* together + *locare,* to place] **1.** an article of furniture on which one may sit or lie down; sofa **2.** any resting place —*vt.* **1.** to put in words; express **2.** to lay as on a couch **3.** to bring down; esp. to lower (a spear, etc.) to an attacking position —*vi.* **1.** to recline **2.** to lie in hiding

**couch grass** (kouch) [var. of QUITCH] a weedy grass that spreads rapidly by its underground stems

**cougar** (kōō′gər) *n.* [< Tupi] *same as* PUMA

**cough** (kof) *vi., vt.* [ME. *coughen*] to expel (air) suddenly and noisily from the lungs —*n.* **1.** a coughing **2.** a condition as of the lungs, causing frequent coughing —**cough up** **1.** to bring up (phlegm, etc.) by coughing **2.** [Slang] to hand over (money, etc.) —**cough′er** *n.*

**cough mixture** a medicine for the relief of coughs

**could** (kood) *v.* **1.** *pt. of* CAN[1] **2.** an auxiliary generally equivalent to *can* expressing esp. a shade of doubt

**coulomb** (kōō′lom) *n.* [< *Coulomb,* Fr physicist] the SI unit of electric charge

**coulter** (kōl′tər) *n.* [< L. *culter* ploughshare] a blade on a plough, for making vertical cuts in the soil

**council** (koun′s′l) *n.* [< L. *com-,* with + *calere,* to call] **1.** a group of people called together for consultation, advice, etc. **2.** an administrative or legislative assembly

**council house** a dwelling built by a local council and often let at a subsidized rent

**councillor** (koun′sə lər) *n.* a member of a council, esp. of a city or town —**coun′cillorship′** *n.*

**counsel** (koun′s′l) *n.* [< L. *consilium* meeting] **1.** a mutual exchange of ideas, opinions, etc.; discussion **2.** advice **3.** *a)* a lawyer *b)* a barrister —*vt.* **-selled, -selling** **1.** to advise **2.** to urge the acceptance of (a plan, etc.) —**keep one's own counsel** to keep one's thoughts, plans, etc. to oneself

**counsellor** *n.* **1.** an adviser **2.** [U.S.] a lawyer —**coun′sellorship′** *n.*

**count**[1] (kount) *vt.* [< L. *computare,* compute] **1.** to name numbers in regular order to (a certain number) [to count to five] **2.** to add up, so as to get a total **3.** to check by numbering off **4.** to include **5.** to believe to be [to count oneself lucky] —*vi.* **1.** to name numbers or items in order **2.** to have importance, value, etc. **3.** to have a specified value (often with *for*) **4.** to rely or depend (*on* or *upon*) —*n.* **1.** a counting, or adding up **2.** a total reached by counting **3.** a reckoning **4.** *Law* any of the charges in an indictment —**count out** **1.** to disregard; omit **2.** to end a Parliamentary sitting when there is not a quorum of members present **3.** *Boxing* to declare (a boxer) defeated when he has remained down for a count of ten —**out for the count** unconscious, esp. because of exhaustion —**count'able** *adj.*

**count**[2] *n.* [< L. *comes,* companion] a nobleman equal in rank to an English earl

**countdown** *n.* the counting backwards of units of time, esp. before the firing of a rocket

**countenance** (koun'tə nəns) *n.* [< L. *continentia,* bearing] **1.** facial expression **2.** the face **3.** approval; support **4.** composure, esp. in **keep** (or **lose**) **one's countenance** —*vt.* **-nanced, -nancing** to approve —**put out of countenance** to disconcert

**counter**[1] (koun'tər) *n.* [see COUNT[1]] **1.** a long table, board, etc., as in a shop for the display of goods, serving of food, etc. **2.** a small piece of metal, wood, etc., used in some games **3.** an imitation coin **4.** a person or thing that counts —**under the counter** in a surreptitious manner; said of illegal sales

**counter**[2] *adv.* [< L. *contra,* against] in a contrary direction, manner, etc. —*adj.* acting in opposition —*n.* **1.** the opposite **2.** an opposing action **3.** a stiff leather piece around the heel of a shoe **4.** the part of a ship's stern between the waterline and the curved part **5.** *Boxing, Fencing, etc.* a blow given while parrying an opponent's blow —*vt., vi.* **1.** to oppose or check (a person or thing) **2.** to say or do (something) in reply **3.** *Boxing* to strike one's opponent while parrying (his blow)

**counter-** [< L. *contra-,* against] *a combining form meaning:* **1.** opposite *[counterculture]* **2.** in retaliation *[counterplot]* **3.** complementary *[counterpart]*

**counteract** (koun'tər akt') *vt.* to act against; neutralize the effect of with opposing action —**coun'terac'tion** *n.*

**counterattack** (koun'tər ə tak') *n.* an attack made in opposition to another attack —*vt., vi.* to attack so as to offset the enemy's attack

**counterbalance** (koun'tər bal'əns) *n.* a weight, force, or influence that balances or offsets another —*vt.* **-anced, -ancing** to be a counterbalance to; offset

**counterclockwise** (koun'tər klok'wīz) *adj., adv.* [U.S.] anticlockwise

**counterespionage** (koun'tər es'pē ə näzh') *n.* actions to prevent or thwart enemy espionage

**counterfeit** (koun'tər fit) *adj.* [< OFr. *contre-,* counter- + *faire,* make] **1.** made in imitation of something genuine so as to defraud; forged *[counterfeit money]* **2.** pretended; sham —*n.* an imitation made to deceive —*vt., vi.* **1.** to make an imitation of (money, etc.) in order to defraud **2.** to pretend **3.** to resemble closely —**coun'terfeit'er** *n.*

**counterfoil** *n.* [COUNTER- + FOIL[2]] the stub of a cheque, receipt, etc. kept by the issuer as a record

**counterintelligence** *n.* actions to counter enemy intelligence or espionage activity, prevent sabotage, etc.

**countermand** (koun'tər mänd') *vt.* [< L. *contra,* against + *mandare,* command] **1.** to cancel (a command) **2.** to call back by a contrary order —*n.* a command or order cancelling another

**countermarch** *n.* a march back or in the opposite direction —*vi., vt.* to march back

**countermeasure** *n.* action taken to oppose, neutralize, or retaliate against some other action

**counterpane** (koun'tər pān') *n.* [ult. < L. *culcita puncta,* pricked (i.e., embroidered) quilt] a bedspread

**counterpart** *n.* **1.** a person or thing that closely resembles or complements another **2.** a duplicate

**counterpoint** *n.* [< It.: see COUNTER- & POINT] **1.** a melody accompanying another melody **2.** the art of adding related but independent melodies to a basic melody, in accordance with the fixed rules of harmony

**counterpoise** *n.* [see COUNTER[2] & POISE] **1.** *same as* COUNTERBALANCE **2.** a state of balance —*vt.* **-poised', -pois'ing** *same as* COUNTERBALANCE

**counterproductive** *adj.* bringing about effects or results that are contrary to those intended

**countersign** (koun'tər sīn') *n.* **1.** a signature added to a previously signed document for confirmation **2.** *Mil.* a secret signal which must be given to a sentry by someone wishing to pass —*vt.* to confirm by signing —**coun'tersig'nature** *n.*

**countersink** (koun'tər siŋk') *vt.* **-sunk', -sink'ing** **1.** to enlarge the top part of (a hole in metal, wood, etc.) to make the head of a bolt, screw, etc. fit into it **2.** to sink (a bolt, screw, etc.) into such a hole

**countertenor** (koun'tər ten'ər) *n.* **1.** the range of the highest mature male voice, above tenor **2.** a voice, singer, or part with such a range

**countervail** (koun'tər vāl') *vt.* [< COUNTER[2] + L. *valere,* to be strong] **1.** to compensate **2.** to counteract —*vi.* to avail (*against*)

**counterweigh** (koun'tər wā') *vt.* *same as* COUNTERBALANCE —**coun'terweight'** *n.*

**countess** (koun'tis) *n.* **1.** the wife or widow of a count or earl **2.** a noblewoman whose rank is equal to that of a count or earl

**countless** (kount'lis) *adj.* too many to count

**countrified** (kun'tri fīd') *adj.* **1.** rural; rustic **2.** having the appearance, actions, etc. attributed to country people Also sp. **coun'tryfied'**

**country** (kun'trē) *n., pl.* **-tries** [< L. *contra,* opposite] **1.** an area; region **2.** the whole territory or people of a nation **3.** the land of a person's birth or citizenship **4.** land with farms and small towns; rural region **5.** the area associated with a poet, novelist, etc. *[Burns country]* —*adj.* rural;

rustic **—go to the country** to dissolve Parliament and hold an election

**country club** a social club in the country or on the outskirts of a city, with a clubhouse, golf course, etc.

**country-dance** *n.* an English folk dance, esp. one in which partners form two facing lines

**country house** a residence in the country, esp. of someone who also owns a residence in town

**countryman** *n.* **1.** a man who lives in the country; rustic **2.** a man of one's own country; compatriot **—coun′trywom′an** *n.fem.*

**countryside** *n.* a rural region or its inhabitants

**county** (koun′tē) *n., pl.* **-ties** [< ML. *comitatus,* jurisdiction of a count] **1.** a small administrative district; esp., *a*) a unit of local government in England and Wales *b*) the largest local administrative unit of most states in the U.S. **2.** the people in a county, esp. the upper-class families

**county council** the governing body composed of the elected representatives of the ratepayers of a county

**county town** a town or city that is the seat of government of a county

**coup** (kōō) *n., pl.* **coups** (kōōz) [Fr. < Gr. *kolaphos,* a blow] **1.** a sudden, successful move or action; brilliant stroke **2.** *same as* COUP D'ÉTAT

**‡coup de grâce** (kōō də gräs′) [Fr., lit., stroke of mercy] a finishing stroke

**‡coup d'état** (dā tȧ′) [Fr., lit., stroke of state] the sudden, forcible overthrow of a government

**coupé** (kōō′pā) *n.* [Fr., *couper,* to cut] a closed, two-door motor car, usually with a sloping back

**couple** (kup′l) *n.* [< L. *copula,* a link] **1.** a man and a woman who are engaged, married, or partners in a dance, etc. **2.** two things or persons of the same sort that are somehow associated **3.** anything joining two things together; link **4.** [Colloq.] a few **—*vt.* -pled, -pling** to join together **—*vi.*** **1.** to come together **2.** to copulate

**couplet** (kup′lit) *n.* two successive lines of poetry, esp. two of the same length that rhyme

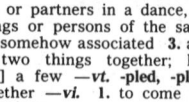

COUPLING

**coupling** (kup′liŋ) *n.* **1.** a joining together **2.** a mechanical device for joining parts or things together

**coupon** (kōō′pon) *n.* [Fr. < *couper,* to cut] **1.** a certificate giving a specified right, as reduced purchase price **2.** a part of a printed advertisement for use in ordering goods, etc. **3.** a detachable statement on a bond, specifying the interest due **4.** the entry form for various competitions

**courage** (kur′ij) *n.* [< L. *cor,* heart] a willingness to face and deal with danger, trouble, or pain; fearlessness; bravery; valour

**courageous** (kə rā′jəs) *adj.* having or showing courage; brave **—coura′geously** *adv.* **—coura′geousness** *n.*

**coureur de bois** (kōō rër də bwȧ′) [Fr., runner of the woods] *Canad. Hist.* a French-Canadian woodsman who traded with Indians for furs

**courgette** (kooər′zhet′) *n.* a variety of marrow that is green-skinned and shaped somewhat like a cucumber

**courier** (koor′ē ər) *n.* [ult. < L. *currere,* to run] **1.** a messenger sent with important or urgent messages **2.** a person who makes arrangements for, or accompanies, a group of travellers on a journey

**course** (kôrs) *n.* [< L. *currere,* to run] **1.** an onward movement; progress **2.** a way, path, or channel **3.** the direction taken **4.** a regular manner of procedure [the law must take its *course*] **5.** *a*) a series of like things in order *b*) a particular succession of events **6.** natural development [the *course* of true love] **7.** a part of a meal served at one time **8.** a horizontal layer, as of bricks, in a building **9.** *Educ.* a complete series of lectures, etc., as leading to a degree **—*vt.* coursed, cours′ing** **1.** to pursue **2.** to cause (esp. hounds) to chase **—*vi.*** **1.** to run or race **2.** to hunt with hounds **—in due course** in the usual or proper sequence (of events) **—of course** **1.** as is or was to be expected **2.** certainly **—on** (or **off**) **course** moving (or not moving) in the intended direction

**courser** (kôr′sər) *n.* [see prec.] [Poet.] a graceful, spirited, or swift horse

**coursing** *n.* hunting with dogs trained to follow game, esp. hares, by sight rather than by scent

**court** (kôrt) *n.* [< L. *cohors,* enclosure] **1.** an uncovered space surrounded by buildings or walls **2.** a short street **3.** an area for playing any of several ball games **4.** *a*) the palace of a sovereign *b*) the family, advisers, etc. of a sovereign *c*) a sovereign and his councillors as a governing body *d*) any formal gathering held by a sovereign **5.** attention paid to someone in order to get something **6.** courtship; wooing **7.** *a*) a judge or judges *b*) a place where trials are held, investigations made, etc. *c*) a judicial assembly **—*vt.*** **1.** to pay attention to (a person) in order to get something **2.** to try to get the love of; woo **3.** to seek [to *court* favour] **4.** to make oneself open to [to *court* insults] **—*vi.*** to woo **—*adj.*** of or fit for a court **—hold court** to officiate or preside over a group of one's admirers **—laugh out of court** to ridicule completely **—out of court** without a trial **—court′er** *n.*

**court card** any king, queen, or jack in a pack of cards

**courteous** (kur′tē əs) *adj.* [see COURT]

polite and gracious **—cour'teously** *adv.* **—cour'teousness** *n.*

**courtesan** (kôr'tə zan) *n.* [< Fr. < It. *cortigiana,* court lady] a prostitute; esp., formerly, a mistress of a king, nobleman, etc.: also **cour'tezan**

**courtesy** (kur'tə sē) *n., pl.* **-sies** **1.** courteous behaviour **2.** a polite or considerate act **—by courtesy of** by consent of (someone)

**courthouse** (kôrt'hous') *n.* **1.** a building in which law courts are held **2.** [U.S.] a building that houses the offices of a county government

**courtier** (kôr'tē ər) *n.* an attendant at a royal court

**courtly** *adj.* **-lier, -liest** suitable for a king's court; dignified, elegant, etc. **—court'liness** *n.*

**court-martial** (kôrt'mär'shəl) *n., pl.* **courts'-mar'tial;** for 2, now often **court'-mar'tials** a court held by personnel in the armed forces to try offences against military law **—*vt.* -tialled, -tialling** to try by a court-martial

**Court of St. James** [< *St. James Palace,* former royal residence] the British royal court

**court plaster** [< former use by court ladies for beauty spots] an adhesive plaster, formerly used to protect cuts, etc.

**courtship** *n.* the process or period of courting

**court shoe** a woman's low-cut shoe without straps or laces

**courtyard** *n.* a space enclosed by walls, adjoining or in a large building

**cousin** (kuz'n) *n.* [< L. *com-,* with + *soror,* sister] **1.** the son or daughter of one's uncle or aunt: also **cous'in-ger'man** (-jər'mən), **first** (or **full**) **cousin** **2.** loosely, any relative by blood or marriage **3.** a title of address used by one sovereign to another or to a nobleman **—cous'inly** *adj., adv.* **—cous'inship'** *n.*

**couture** (kōō tyoor') *n.* [Fr. < L. *com-,* together + *suere,* to sew] the work or business of designing new fashions in women's clothes

**couturier** (kōō tyoor'ē ā') *n.* [Fr.] a man engaged in couture **—couturière** (-tyoor'ē er') ***n.fem.***

**cove**[1] (kōv) *n.* [< OE. *cofa,* cave] **1.** a sheltered nook or recess, as in cliffs **2.** a small bay or inlet **3.** a concave moulding **—*vt., vi.* coved, cov'ing** to curve concavely

**cove**[2] *n.* [< ?] [Slang] a boy or man; fellow

**coven** (kuv'ən) *n.* [see CONVENE] a gathering or meeting, esp. of witches

**covenant** (kuv'ə nənt) *n.* [see CONVENE] **1.** a binding agreement made by two or more parties; compact **2.** *Law* a formal, sealed contract **3.** *Theol.* the promises made by God to man, as recorded in the Bible **—*vt., vi.*** to promise by or in a covenant **—cov'enanter, cov'enantor** *n.*

**Covenanter** *n.* a person who supported either of the Scottish Presbyterian Covenants in the 17th cent.

**Coventry** (kov'ən trē) *n.* [< *Coventry,* in W Midlands] ostracism [to send a person to *Coventry*]

**cover** (kuv'ər) *vt.* [< L. *co-,* intens. + *operire,* hide] **1.** to place something on or over **2.** to extend over **3.** to clothe **4.** to coat, sprinkle, etc. thickly **5.** to conceal **6.** to protect as by shielding **7.** to take into account **8.** *a*) to protect against financial loss *b*) to be sufficient for payment **9.** to travel over **10.** to deal with **11.** to point a firearm at **12.** *Journalism* to get news, pictures, etc. of **13.** *Sports* to guard or obstruct (an opponent, etc.) **14.** to mate with (a mare): said of a stallion **—*vi.*** **1.** to spread over a surface, as a liquid **2.** to provide an alibi or excuse (*for*) **3.** to assume responsibility for an absent colleague's work (with *for*) **—*n.*** **1.** anything that covers, as a lid, top, etc. **2.** *a*) a shelter or a hiding place *b*) a pretext, disguise, or false identity **3.** a tablecloth and a place setting for one person **4.** an envelope, wrapping, etc. for post **—cover up** to keep blunders, crimes, etc. from being known **—take cover** to seek protective shelter **—cov'erer** *n.*

**coverage** *n.* the amount, extent, etc. covered by something

**cover charge** a fixed charge added to the cost of food and drink, as at a nightclub or restaurant

**cover girl** [Colloq.] a girl model whose picture is often put on magazine covers, etc.

**covering letter** (or **note**) a letter (or note) sent with a parcel, another letter, etc. as an explanation

**coverlet** (kuv'ər lit) *n.* [< OFr. *covrir,* cover + *lit,* bed] **1.** a bedspread **2.** any covering

**cover note** a certificate from an insurance company that provides proof of the existence of an insurance policy

**cover point** *Cricket* a fielding position on the off side and about halfway to the boundary

**covert** (kuv'ərt) ***adj.*** [< OFr. *covrir,* cover] concealed, hidden, or disguised **—*n.*** **1.** a protected place; shelter **2.** a hiding place for game **—cov'ertly** *adv.* **—cov'ertness** *n.*

**cover-up** *n.* something used for hiding one's real activities, intentions, etc.

**covet** (kuv'it) ***vt., vi.*** [< L.: see CUPIDITY] to want ardently (esp., something that another has)

**covetous** *adj.* greedy; avaricious **—cov'etousness** *n.*

**covey** (kuv'ē) *n., pl.* **-eys** [< OFr. *cover,* to hatch] **1.** a small flock of birds, esp. partridges or quail **2.** a small group of people

**cow**[1] (kou) *n., pl.* **cows;** archaic **kine** (kīn) [OE. *cu*] **1.** the mature female of domestic cattle, valued for its milk, or of certain other animals, as the buffalo, elephant, etc.: the male is called a *bull* **2.** [Vulg. Colloq.] a woman **3.** [Aust. Slang] something objectionable, esp. in **a fair cow**

**cow**[2] *vt.* [< ON. *kūga,* to subdue] to

make timid and submissive by filling with fear or awe

**coward** (kou′ərd) *n.* [< L. *cauda,* tail] one who lacks courage —**cow′ardly** *adj.*

**cowardice** *n.* lack of courage; esp., shamefully excessive fear of danger, difficulty, etc.

**cowbell** *n.* a bell hung from a cow's neck

**cowboy** *n.* [U.S.] a ranch worker who rides on horseback in his job of herding cattle: also **cow′hand′**

**cowcatcher** *n.* [U.S.] a metal frame on the front of a locomotive to remove obstructions from the line

**cower** (kou′ər) *vi.* [prob. < ON.] to crouch or huddle up, as from fear; shrink; cringe —**cow′eringly** *adv.*

**cowhide** *n.* **1.** the hide of a cow **2.** leather made from it **3.** a whip made of this

**cowl** (koul) *n.* [< L. *cucullus,* hood] **1.** *a*) a monk's hood *b*) a monk's cloak with a hood **2.** something shaped like a cowl; esp., *a*) a cover for the top of a chimney *b*) the top front part of a motor car body *c*) a cowling —*vt.* to cover as with a cowl —**cowled** *adj.*

**cowlick** (kou′lik) *n.* [< it looking as if licked by a cow] a tuft of hair on the head that cannot easily be combed flat

**cowling** (kou′liŋ) *n.* [see COWL] a detachable metal covering for an aircraft engine, etc.

**co-worker** (kō′wur′kər) *n.* a fellow worker

**cow parsley** an umbelliferous plant, found in the hedgerows of Europe and Asia

**cowpox** *n.* a contagious disease of cows: smallpox vaccine is made from the virus

**cowrie, cowry** (kou′rē) *n., pl.* **-ries** [< Sans. *kaparda*] the shell of a mollusc, formerly used as currency in parts of Africa and S Asia

**cowshed** *n.* a shelter for cows

**cowslip** *n.* [< OE. *cu,* cow + *slyppe,* paste] a European primrose with yellow flowers

**cox** (koks) *n., pl.* **cox′es** [Colloq.] a coxswain —*vt., vi.* to be coxswain for (a boat or crew)

**coxcomb** (koks′kōm′) *n.* [for *cock's comb*] **1.** a jester's cap topped with a notched strip of red cloth **2.** a silly, vain, foppish fellow; dandy —**cox′comb′ry** *n.*

**coxswain** (kok′sən, -swān′) *n.* [< *cock,* small boat + SWAIN] the steersman of a boat or racing shell —*vi., vt.* to act as a coxswain

**coy** (koi) *adj.* [< L. *quietus,* quiet] **1.** bashful; shy **2.** affecting innocence or shyness **3.** reticent in making a commitment —**coy′ly** *adv.* —**coy′ness** *n.*

**coyote** (koi′ōt, koi ōt′ē) *n.* [MexInd.] a small wolf of western N American prairies

**coypu** (koi′pōō) *n.,* [< native name] **1.** a S American water-rat similar to the beaver **2.** its fur Also **nutria**

**cozen** (kuz′n) *vt., vi.* [< ME. *cosin,* fraud] to cheat, defraud, or deceive —**coz′enage** *n.*

**cp, c.p.** candlepower

**cp.** compare

**C.P.** **1.** Canadian Pacific Limited **2.** Cape Province **3.** Communist Party **4.** Country Party (in Australia)

**CPA** critical path analysis

**Cpl, Cpl.** Corporal

**CPO, C.P.O.** Chief Petty Officer

**cps, c.p.s.** cycles per second

**Cr** *Chem.* chromium

**crab**[1] (krab) *n.* [< OE. *crabba*] **1.** a crustacean with four pairs of legs, one pair of pincers and a flattish shell **2.** a machine for hoisting heavy weights —[**C-**] Cancer, the constellation and zodiac sign —*vi.* **crabbed, crab′bing** to fish for crabs —**catch a crab** *Rowing* to unbalance the boat by a faulty stroke —**crab′ber** *n.*

**crab**[2] *n.* [< ?] **1.** *same as* CRAB APPLE **2.** a sour-tempered person —*adj.* of a crab apple —*vi.* **crabbed, crab′bing** [Colloq.] to complain peevishly —**crab′ber** *n.*

**crab apple** **1.** a small, very sour apple used for jellies, jams, etc. **2.** a tree bearing crab apples: also **crab tree**

**crabbed** (krab′id) *adj.* [< CRAB[2]] **1.** peevish; cross **2.** hard to read; illegible —**crab′bedness** *n.*

**crabby** *adj.* **crab′bier, crab′biest** [see prec.] peevish; cross —**crab′bily** *adv.* —**crab′biness** *n.*

**crab louse** a louse, somewhat crablike in shape, infesting the pubic regions, armpits, etc.

**crack** (krak) *vi.* [< OE. *cracian,* resound] **1.** to make a sudden, sharp breaking noise **2.** to break or split, usually without complete separation of parts **3.** to become rasping or change pitch suddenly, as the voice **4.** [Colloq.] to break down [to *crack* under the strain] —*vt.* **1.** to cause to make a sharp, sudden noise **2.** to cause to break or split **3.** to subject (as petroleum) to cracking: see CRACKING[2] **4.** to hit with a sudden, sharp blow **5.** to manage to solve [to *crack* a code] **6.** [Colloq.] to break open **7.** [Slang] to make (a joke) —*n.* **1.** a sudden, sharp noise **2.** a break usually partial **3.** a chink; fissure **4.** an erratic shift of vocal tone **5.** a moment, instant [the *crack* of dawn] **6.** [Colloq.] a sudden, sharp blow **7.** [Colloq.] an attempt **8.** [Slang] a joke —*adj.* [Colloq.] first-rate [*crack* troops] —**crack a bottle** [Colloq.] to drink —**crack down (on)** to become strict or stricter (with) —**cracked up to be** [Colloq.] alleged or believed to be —**crack up** [Colloq.] **1.** to break down physically or mentally **2.** to break into a fit of laughter or tears

**crackbrained** *adj.* crazy

**cracked** *adj.* **1.** broken without complete separation of parts **2.** harsh [a *cracked* voice] **3.** [Colloq.] crazy

**cracker** (krak′ər) *n.* **1.** a firework **2.** a little paper roll: it contains sweets, mottoes, etc. and pops open when the ends are pulled **3.** a thin, crisp, unsweetened biscuit

**crackers** *adj.* [Slang] crazy

**cracking**[1] *adj.* [Colloq.] excellent; fine

—**get cracking** [Colloq.] to start doing something

**cracking**[2] *n.* the process of breaking down hydrocarbons by heat and pressure, as in producing petrol

**crackle** (krak′l) *vi.* **-led, -ling** [freq. of CRACK] to make slight, sharp popping sounds —**crack′ly** *adj.*

**crackling** *n.* **1.** the production of slight, sharp popping sounds **2.** the browned, crisp rind of roast pork

**crackpot** *n.* [Colloq.] a crazy or eccentric person —*adj.* [Colloq.] crazy or eccentric

**-cracy** (krə sē) [< Gr. *kratos,* rule] *a combining form meaning* a (specified) type of government; rule by *[autocracy]*

**cradle** (krā′d′l) *n.* [OE. *cradol*] **1.** a baby's small bed, usually on rockers **2.** infancy **3.** the place of a thing's beginning **4.** a framework for support or protection **5.** *Mining* a boxlike device on rockers for washing out gold —*vt.* **-dled, -dling** to place, rock, or hold in or as in a cradle

**craft** (kräft) *n.* [OE. *cræft,* strength] **1.** a special skill or art **2.** an occupation requiring this **3.** the members of a skilled trade **4.** guile **5.** *pl.* **craft** a boat, ship, or aircraft —*vt.* to make with skill

**craftsman** *n.* **1.** a skilled workman **2.** a skilful artist —**crafts′manship′** *n.*

**crafty** (kräf′tē) *adj.* **-ier, -iest** sly; cunning —**craft′ily** *adv.* —**craft′iness** *n.*

**crag** (krag) *n.* [< Celt.] a steep, rugged rock rising above others or projecting from a rock mass —**crag′gy** *adj.*

**crake** (krāk) *n.* [< ON. *kraka,* crow] any of several birds of the rail family with long legs and a short bill

**cram** (kram) *vt, vi.* **crammed, cram′ming** [OE. *crammian,* stuff] **1.** to pack full or too full **2.** to stuff; force **3.** to feed to excess **4.** to prepare for an examination in a hurried, intensive way

**crammer** *n.* a person or institution that prepares students for examinations, esp. by cramming them

**cramp**[1] (kramp) *n.* [< OFr. *crampe,* bent] **1.** a sudden, painful contraction of a muscle from chill, strain, etc. **2.** partial local paralysis, as from excessive use of muscles *[writer's cramp]* —*vt.* to cause a cramp in

**cramp**[2] *n.* [MDu. *krampe,* lit., bent in] **1.** a metal bar bent at each end for holding together timbers, etc.: also **cramp iron** **2.** a clamp —*vt.* **1.** to fasten as with a cramp **2.** to confine or hamper —**cramp one's style** [Slang] to hamper one's skill, confidence, etc. in doing something

**cramped** *adj.* **1.** confined; restricted **2.** irregular and crowded, as some handwriting

**crampon** (kram′pən) *n.* either of a pair of spiked iron plates fastened on shoes to prevent slipping

**cranberry** (kran′bər ē) *n., pl.* **-ries** [< Du. *kranebere,* crane berry] a firm, sour, edible, red berry of an evergreen shrub

**crane** (krān) *n.* [OE. *cran*] **1.** a large wading bird with very long legs and neck **2.** a machine for lifting or moving heavy weights by means of a movable projecting arm or a horizontal travelling beam —*vt., vi.* **craned, cran′ing** to stretch (the neck) in trying to see over something

**crane fly** a two-winged, slender fly with very long legs; daddy long-legs

**cranial** (krā′nē əl) *adj.* of or from the cranium

**craniology** (krā′nē ol′ə jē) *n.* the scientific study of skulls, esp. human skulls

**cranium** (krā′nē əm) *n., pl.* **-niums, -nia** [< Gr. *kranion*] **1.** the skull **2.** the bones forming the enclosure of the brain —**cra′nial** *adj.*

**crank** (kraŋk) *n.* [< OE. *cranc-,* as in *crancstæf,* yarn comb] **1.** a handle or arm at right angles to a shaft of a machine, to transmit or change motion **2.** [Colloq.] an eccentric person —*vt.* to start or operate by a crank —**crank up** **1.** to start an engine by using a starting handle **2.** [Colloq.] to begin moving faster

**crankcase** *n.* the metal casing of the crankshaft of an internal-combustion engine

**crankpin** *n.* a cylindrical bar or pin, as part of a crankshaft, to which a connecting rod is attached

**crankshaft** *n.* a shaft having one or more cranks for transmitting motion

**cranky** *adj.* **-ier, -iest** **1.** eccentric **2.** irritable **3.** out of order —**crank′ily** *adv.* —**crank′iness** *n.*

**cranny** (kran′ē) *n., pl.* **-nies** [< LL. *crena,* a notch] a small, narrow opening; crevice —**cran′nied** *adj.*

**crap** (krap) *n.* [< OFr., ordure] [Vulg. Slang] **1.** nonsense, insincerity, etc. **2.** trash; junk **3.** faeces —*vi.* to defecate —**crap′py** *adj.*

**crape** (krāp) *n.* [see CRÊPE] **1.** *same as* CRÊPE (sense 1) **2.** a piece of black crêpe as a sign of mourning

**crapulence** (krap′yoo ləns) *n.* sickness from excess in drinking or eating —**crap′ulent** *adj.*

**crapulous** *adj.* [< L. *crapula,* drunkenness] sick from intemperance, esp. in drinking

**crash**[1] (krash) *vi.* [prob. echoic] **1.** to fall, collide, or break with a loud, smashing noise **2.** to move with such a noise **3.** to fall and be damaged or destroyed: said of aircraft **4.** to collapse, as a business —*vt.* **1.** to smash **2.** to cause to crash **3.** to force or impel with a crashing noise (with *in, out,* etc.) **4.** [Colloq.] to get into (a party, etc.) without an invitation, etc. —*n.* **1.** a loud, smashing noise **2.** a crashing **3.** a sudden collapse —*adj.* [Colloq.] using all possible resources, effort, and speed *[a crash course]*

**crash**[2] *n.* [prob. < Russ. *krashenina,* coloured linen] a coarse cloth of plain, loose weave

**crash dive** a sudden submergence of a submarine to escape from attack —**crash′-dive′** *vi.* **-dived′, -div′ing**

**crash helmet** a thickly padded, protective helmet

**crashing** *adj.* [Colloq.] thorough *[a crashing bore]*

**crash-land** *vt., vi.* to bring (an aeroplane)

down in a forced landing, with some damage —**crash landing**

**crass** (kras) *adj.* [L. *crassus,* gross] grossly stupid, dull, or obtuse —**crass'ly** *adv.* —**crass'ness**

**-crat** (krat) [< Gr. *kratos,* rule] *a combining form meaning* participant in or supporter of (a specified kind of) government or ruling body *[democrat, aristocrat]*

**crate** (krāt) *n.* [L. *cratis,* wickerwork] **1.** a packing case made of wood slats **2.** [Slang] an old, decrepit car or aeroplane —*vt.* **crat'ed, crat'ing** to pack in a crate

**crater** (krāt'ər) *n.* [< Gr. *kratēr*] **1.** a bowl-shaped cavity, as at the mouth of a volcano or on the moon **2.** any pit like this, as one made by an exploding bomb

**cravat** (krə vat') *n.* [< Fr. *Cravate,* Croat] **1.** a neckerchief or scarf **2.** a necktie

**crave** (krāv) *vt.* **craved, crav'ing** [OE. *crafian*] **1.** to ask for earnestly; beg **2.** to long for; desire strongly —*vi.* to have a longing (*for*) —**crav'er** *n.*

**craven** (krā'vən) *adj.* [? < L. *crepare,* to burst] very cowardly —*n.* a complete coward —**cra'venly** *adv.*

**craving** *n.* an intense desire or longing

**craw** (krô) *n.* [ME. *craue*] the crop of a bird or insect —**to stick in the** (or **one's**) **craw** to be unacceptable

**crawfish** (krô'fish') *n.* *same as* CRAYFISH

**crawl** (krôl) *vi.* [< ON. *krafla*] **1.** to move slowly by drawing the body along the ground, as a worm **2.** to go on hands and knees **3.** to move slowly **4.** to act abjectly **5.** to swarm (*with* crawling things) **6.** to feel as if insects were crawling on the skin —*n.* **1.** a crawling **2.** an overarm swimming stroke —**crawl'er** *n.*

**crayfish** (krā'fish') *n.* [< OFr. *crevice*] a small, lobster-shaped freshwater crustacean

**crayon** (krā'ən) *n.* [< L. *creta,* chalk] **1.** a small stick of chalk, charcoal, or coloured wax, used for drawing, colouring, or writing **2.** a crayon drawing —*vt.* to draw or colour with crayons —**cray'onist** *n.*

**craze** (krāz) *vt.* **crazed, craz'ing** [ME. *crasen* < Scand.] to make insane —*n.* **1.** a mania **2.** a fad

**crazy** (krā'zē) *adj.* **-zier, -ziest** **1.** insane **2.** [Colloq.] foolish, fantastic, etc. **3.** [Colloq.] enthusiastic **4.** cracked or rickety —**cra'zily** *adv.* —**cra'ziness** *n.*

**crazy paving** a form of paving made from irregular shaped stones fitted together

**creak** (krēk) *vi., vt.* [see CROAK] to make, cause to make, or move with a harsh, grating, or squeaking sound, as rusted hinges —*n.* such a sound —**creak'y** *adj.*

**cream** (krēm) *n.* [prob. < L. *chrisma,* oil] **1.** the oily, yellowish part of milk **2.** any food having a creamy consistency **3.** a creamy cosmetic or emulsion **4.** the best part **5.** yellowish white —*vi.* to form cream or a creamy foam —*vt.* **1.** to take cream from **2.** to add cream to **3.** to make creamy by beating, etc —**cream of** creamed purée of —**cream off** to remove the best of (something —**cream'y** *adj.*

**cream cheese** a soft, white cheese made of cream or of milk enriched with cream

**creamery** *n., pl.* **-eries** a place where dairy products are processed or sold

**cream of tartar** a white, acid, crystalline substance used in baking powder

**crease** (krēs) *n.* [see CREST] **1.** a line made by folding and pressing **2.** a fold or wrinkle **3.** *Cricket* any of three lines marking positions for the bowler o batsman —*vt.* **1.** to make a crease in **2.** to graze with a bullet —*vi.* to become creased —**creas'er** *n.*

**create** (krē āt') *vt.* **-at'ed, -at'ing** [< L. *creare*] **1.** to bring into being; originate design, invent, etc. **2.** to bring about cause **3.** to invest with a new rank function, etc. —*vi.* [Slang] to make fuss or cause an uproar

**creation** *n.* **1.** a creating or being created **2.** the universe **3.** anything created; esp an original design, etc. —**the Creation** *Theol.* God's creating of the world

**creative** *adj.* **1.** creating or able to create **2.** imaginative and inventive —**cre'ativ'ity** *n.*

**creator** *n.* **1.** one who creates **2.** [**C-**] God

**creature** (krē'chər) *n.* [< L. *creatura*] **1.** anything created **2.** a living being animal or human **3.** one completely dominated by or dependent on another

**crèche** (krāsh) *n.* [Fr.] **1.** a day nursery for babies and very young children **2.** a display of a stable with figures representing a scene at the birth of Jesus

**credence** (krēd'əns) *n.* [< L. *credere* believe] **1.** belief, esp. in another' testimony **2.** *Eccles.* a small side table for the Eucharistic wine, etc.

**credential** (kri den'shəl) *n.* **1.** that which entitles to credit, confidence, etc. **2.** [*pl.* a letter or certificate showing one's right to a certain position or authority

**credibility gap** an apparent disparity between what is said and the actual facts

**credible** (kred'ə b'l) *adj.* [< L. *credere* believe] that can be believed; believable —**cred'ibil'ity, cred'ibleness** *n.* —**cred'ibly** *adv.*

**credit** (kred'it) *n.* [< L. *credere,* believe] **1.** belief; confidence **2.** *a*) good reputation *b*) one's influence based on this **3.** praise **4.** a source of approval or honour *[credit to the team]* **5.** [*pl.*] a list of acknowledgments in a film, TV programme etc. **6.** *a*) the amount in a bank account etc. *b*) a sum available for withdrawal by someone specified **7.** *a*) acknowledgment of a payment by entry of the amount in an account *b*) the right-hand side of an account, for such entries **8.** *a*) trust in one's ability to make payment *b*) time allowed for payment **9.** *Educ* *a*) certification of a successfully completed unit or course of study *b*) a distinction awarded to an examination candidate who performs well —*vt.* **1.** to believe; trust

**2.** to give credit to or commendation for **3.** to give credit in a bank account, etc. **—credit one with** to ascribe to one **—give one credit for 1.** to commend one for **2.** to believe or recognize that one has **—on credit** with agreement on future payment **—to one's credit** bringing approval or honour to one

**creditable** *adj.* **1.** praiseworthy **2.** ascribable (*to*) **—cred′itabil′ity** *n.* **—cred′itably** *adv.*

**credit card** a card issued by banks, etc., enabling the holder to obtain goods and services on credit

**Creditiste** (kred′itēst′) *a.* of the Social Credit Rally of Quebec **—*n.*** a member of this organization

**creditor** *n.* a person who extends credit or to whom money is owed

**credo** (krē′dō) *n., pl.* **-dos** [L., I believe] **1.** *same as* CREED **2.** [**C-**] the Apostles' Creed or the Nicene Creed

**credulity** (krə dyōō′lə tē) *n.* a tendency to believe too readily

**credulous** (kred′yoo ləs) *adj.* [< L. *credere,* believe] **1.** tending to believe too readily **2.** indicating credulity **—cred′ulously** *adv.* **—cred′ulousness** *n.*

**creed** (krēd) *n.* [< L. *credo,* I believe] **1.** a statement of religious belief, esp. as accepted by a church **2.** any statement of belief, opinions, etc. **—creed′al** *adj.*

**creek** (krēk) *n.* [< ON. *-kriki,* a winding] **1.** a narrow inlet or bay **2.** [U.S. & Aust.] a small stream **—up the creek** [Slang] **1.** in trouble **2.** crazy

**creel** (krēl) *n.* [< ?] a wicker basket for fishermen to carry fish caught

**creep** (krēp) *vi.* **crept, creep′ing** [OE. *creopan*] **1.** to move with the body close to the ground, as on hands and knees **2.** to come on or move slowly, gradually, stealthily, etc. **3.** to grow along the ground, etc., as some plants **—*n.*** **1.** a creeping **2.** [Slang] an annoying person **—make one's flesh** (or **skin**) **creep** to make one fearful, etc., as if insects were creeping on one's skin **—the creeps** [Colloq.] a feeling of fear, repugnance, etc.

**creeper** *n.* **1.** a person, animal, or thing that creeps **2.** a plant whose stem puts out tendrils for creeping along a surface **3.** [Slang] a thick, crêpe-soled shoe

**creepy** *adj.* **-ier, -iest 1.** having or causing fear or disgust, as if insects were creeping on one's skin **2.** creeping **—creep′ily** *adv.* **—creep′iness** *n.*

**creepy-crawly** *n.* [Colloq.] a small, crawling creature; insect

**cremate** (kri māt′) *vt.* **-mat′ed, -mat′ing** [< L. *cremare,* to burn] to burn (a dead body) to ashes **—crema′tion** *n.* **—cremato′ry** (krem′ə tər ē) ***n., adj.***

**crematorium** (krem′ə tôr′ē əm) ***n., pl.*** **-riums, -ria 1.** a furnace for cremating **2.** a building with such a furnace in it

**crème** (krām) *n.* [Fr.] **1.** cream **2.** a thick liqueur

**crème de menthe** (də mänt′) [Fr.] a sweet, mint-flavoured liqueur, green or colourless

**crenate** (krē′nāt) *adj.* [< VL. *crena,* notch] having a scalloped edge, as certain leaves: also **cre′nated**

**crenellate** (kren′′lāt′) *vt.* **-ellat′ed, -ellat′ing** to furnish with battlements **—cren′ella′tion** *n.*

**Creole, creole** (krē′ōl) *n.* [< Fr. < Sp. < L. *creare,* create] **1.** orig., a person of European parentage born in Latin America or the Gulf States of the U.S. **2.** *a*) a descendant of such persons *b*) a person of mixed Creole and Negro descent **3.** French as spoken by Creoles **—*adj.*** of Creoles or their languages

**creosote** (krē′ə sōt′) *n.* [< Gr. *kreas,* flesh + *sōzein,* save] a transparent, pungent, oily liquid distilled from wood tar or coal tar: used as an antiseptic and a wood preservative **—*vt.*** **-sot′ed, -sot′ing** to treat with creosote

**crêpe, crepe** (krāp) *n.* [Fr. *crêpe* < L. *crispus,* crisp] **1.** a thin, crinkled cloth, as of silk or wool **2.** *same as* CRAPE **3.** a very thin pancake **4.** soft rubber with a wrinkled surface, used for some shoe soles

**crepe paper** thin paper crinkled like crepe

**crepitate** (krep′ə tāt′) *vi.* **-tat′ed, -tat′ing** [< L. *crepare,* creak] to crackle **—crep′ita′tion** *n.*

**crept** (krept) *pt. & pp. of* CREEP

**crepuscular** (kri pus′kyoo lər) *adj.* [< L. *creper,* dark] of, like, or active at, twilight

**Cres.** Crescent

**crescendo** (krə shen′dō) ***adj., adv.*** [It.: see ff.] *Music* gradually getting louder **—*n., pl.* -dos 1.** a gradual increase in loudness **2.** a passage played crescendo

**crescent** (kres′′nt) *n.* [< L. *crescere,* grow] **1.** the shape of the moon in its first or last quarter **2.** anything of similar shape **3.** a street that curves in a crescent shape **4.** [*also* **C-**] < the Turkish crescent emblem] Turkish or Moslem power **—*adj.*** **1.** [Poet.] increasing; growing **2.** shaped like a crescent

**cress** (kres) *n.* [OE. *cressa*] a plant, as watercress, with pungent leaves used in salads

**crest** (krest) *n.* [< L. *crista*] **1.** a comb, tuft, etc. on the heads of some animals or birds **2.** a plume or emblem on a helmet **3.** a heraldic device as used on a coat of arms, note paper, etc. **4.** top; ridge **—*vt.*** **1.** to provide with a crest **2.** to reach the top of **—*vi.*** to form or reach a crest **—crest′ed** *adj.*

**crestfallen** *adj.* dejected or humbled

**cretaceous** (kri tā′shəs) *adj.* [< L. *creta,* chalk] **1.** of, like, or containing chalk **2.** [**C-**] designating or of the third geological period of the Mesozoic Era

**cretin** (kret′in) *n.* [< Fr. *chrétien,* Christian] **1.** a person suffering from cretinism **2.** [Colloq.] an idiot **—cre′tinous** *adj.*

**cretinism** *n.* a congenital thyroid deficiency with resulting deformity and idiocy

**cretonne** (kre′ton) *n.* [Fr. < *Creton,* in

Normandy] a heavy, printed cotton or linen cloth, for curtains, etc.

**crevasse** (kri vas') *n.* [< OFr. *crevace,* crevice] a deep crack or fissure, esp. in a glacier

**crevice** (krev'is) *n.* [< L. *crepare,* to creak] a narrow opening; fissure; cleft —**crev'iced** *adj.*

**crew**[1] (kroo) *n.* [< L. *crescere,* grow] a group of people working together or classed together, as the personnel of a ship or an aircraft —*vt., vi.* to serve (on) as a crew member —**crew'man** *n.*

**crew**[2] *alt. pt. of* CROW[2]

**crew cut** a man's style of close-cropped haircut

**crewel** (kroo'əl) *n.* [LME. *crule*] a fine worsted yarn used in fancywork and embroidery —**crew'elwork'** *n.*

**crib** (krib) *n.* [OE.] **1.** a rack, trough, or box for fodder; manger **2.** [U.S.] a baby's cot **3.** [Colloq.] *a*) a plagiarism *b*) a translation or other aid used, often dishonestly, in doing schoolwork **4.** [Colloq.] the game of cribbage —*vt.* **cribbed, crib'bing** **1.** [Colloq.] to plagiarize **2.** to confine —*vi.* [Colloq.] to do schoolwork dishonestly, as by using a crib —**crib'ber** *n.*

**cribbage** (krib'ij) *n.* a card game in which the object is to form combinations that count for points

**crick** (krik) *n.* [< ?] a painful cramp in the neck, back, etc. —*vt.* to cause a crick in

**cricket**[1] (krik'it) *n.* [< OFr. *criquer,* creak] a leaping, chirping insect related to the grasshopper

**cricket**[2] *n.* [< ?] **1.** an outdoor game played by two teams of eleven men each, in which a ball, bats, and wickets are used **2.** [Colloq.] fair play; sportsmanship —*vi.* to play cricket —**crick'eter** *n.*

**cried** (krīd) *pt. & pp. of* CRY

**crier** (krī'ər) *n.* **1.** a person who cries **2.** a person who shouts out news, proclamations, etc.

**crime** (krīm) *n.* [< L. *crimen,* offence] **1.** an act committed in violation of a law **2.** criminal acts, collectively **3.** [Colloq.] something deplorable; shame

**criminal** (krim'ən'l) *adj.* **1.** having the nature of crime **2.** relating to or guilty of crime **3.** [Colloq.] deplorable —*n.* a person guilty of a crime —**crim'inal'ity** (-ə nal'ə tē) *n.* —**crim'inally** *adv.*

**criminology** (krim'ə nol'ə jē) *n.* [see CRIME & -LOGY] the scientific study and investigation of crime —**crim'inol'ogist** *n.*

**crimp** (krimp) *vt.* [< OE. (*ge*)*crympan,* to curl] **1.** to press into narrow folds; pleat **2.** to make (hair, etc.) wavy **3.** to pinch together **4.** [Colloq.] to hamper —*n.* anything crimped —**crimp'er** *n.*

**crimpy** *adj.* **-ier, -iest** curly; wavy

**crimson** (krim'z'n) *n., adj.* [ult. < Ar. *qirmiz,* kermes] deep red —*vt., vi.* to make or become crimson

**cringe** (krinj) *vi.* **cringed, cring'ing** [OE. *cringan,* fall (in battle)] **1.** to draw back, crouch, as when afraid; cower **2.** to act servilely —*n.* a cringing —**cring'er** *n.*

**crinkle** (krin̩g'k'l) *vi., vt.* **-kled, -kling** [see CRINGE] **1.** to wrinkle; ripple **2.** to rustle —*n.* **1.** a wrinkle, twist, or ripple **2.** a rustling sound —**crin'kly** *adj.*

**crinoline** (krin'ə lēn) *n.* [< L. *crinis,* hair + *linum,* thread] **1.** a coarse, stiff, cloth used as lining to stiffen garments **2.** *Hist.* a hooped petticoat of this, to puff out a skirt

**cripple** (krip'l) *n.* [< OE. *creopan,* creep] a person or animal that is lame or disabled —*vt.* **-pled, -pling** to lame or disable —**crip'pler** *n.*

**crisis** (krī'sis) *n., pl.* **-ses** (-sēz) [< Gr. *krinein,* decide] **1.** a turning point in the course of anything **2.** a time of great danger or trouble **3.** the turning point in a disease, indicating either imminent recovery or death

**crisp** (krisp) *adj.* [< L. *crispus,* curly] **1.** easily crumbled; brittle **2.** fresh and firm, as celery **3.** fresh and tidy, as a uniform **4.** sharp and clear [a *crisp* analysis] **5.** lively **6.** invigorating [*crisp* air] **7.** closely curled —*n.* a very thin slice of potato fried and eaten cold, esp. as a snack —*vt., vi.* to make or become crisp —**crisp'ly** *adv.* —**crisp'ness** *n.*

**crispy** *adj.* **-ier, -iest** *same as* CRISP

**crisscross** (kris'kros') *n.* [earlier Christ's cross] a mark or pattern made of crossed lines —*adj.* marked with crossing lines —*vt., vi.* to mark with or move in crossing lines —*adv.* **1.** crosswise **2.** awry

**criterion** (krī tēər'ē ən) *n., pl.* **-ia, -ions** [< Gr. *kritēs,* judge] a standard, rule, or test by which something can be judged

**critic** (krit'ik) *n.* [< Gr. *krinein,* decide] **1.** one who writes judgments of books, plays, music, etc. professionally **2.** a person given to faultfinding

**critical** *adj.* **1.** tending to find fault **2.** characterized by careful analysis **3.** of critics or criticism **4.** of or forming a crisis; decisive **5.** designating the point at which a nuclear chain reaction becomes self-sustaining —**crit'ically** *adv.*

**critical path analysis** a technique for determining which mode of operation of a particular project involves the lowest cost, least time, etc.

**criticism** (krit'ə siz'm) *n.* **1.** the act, art, or principles of criticizing, esp. literary or artistic work **2.** a review, article, etc. expressing this **3.** faultfinding; disapproval

**criticize** *vi., vt.* **-cized', -ciz'ing** **1.** to analyse and judge as a critic **2.** to find fault (with) —**crit'iciz'er** *n.*

**critique** (kri tēk') *n.* [Fr.] **1.** a critical analysis or evaluation **2.** the art of criticizing

**croak** (krōk) *vi.* [echoic] **1.** to make a deep, hoarse sound, as that of a frog **2.** to talk dismally **3.** [Slang] to die —*vt.* **1.** to utter in deep, hoarse tones **2.** [Slang] to kill —*n.* a croaking sound —**croak'y** *adj.*

**Croatian** (krō ā'shən) *adj.* of Croatia, its people, language, etc. —*n.* **1.** a Croat

2. the South Slavic language of the Croats: see SERBO-CROATIAN

**crochet** (krō′shā) *n.* [Fr., small hook] needlework in which loops of thread are interwoven with a hooked needle —*vi., vt.* **-cheted** (-shād), **-cheting** to do crochet or make by crochet —**crochet′er** *n.*

**crock**[1] (krok) *n.* [OE. *crocca*] an earthenware pot or jar

**crock**[2] *n.* [< ON. *kraki,* bent object] [Slang] anyone or anything worthless or useless, as from age

**crockery** (krok′ərē) *n.* [< CROCK[1]] earthenware pots, jars, dishes, etc.

**crocodile** (krok′ə dīl′) *n.* [< Gr. *krokodilos,* lizard] 1. a large, lizardlike reptile of tropical streams, with a thick skin, long tail, and long, narrow head with massive jaws 2. leather made from a crocodile's hide 3. a party of schoolchildren walking in double file

**crocodile tears** a hypocritical show of grief

**crocus** (krō′kəs) *n., pl.* **cro′cuses, cro′ci** (-kē) [< Gr. *krokos,* saffron] 1. a spring-blooming plant with a fleshy corm and a yellow, purple, or white flower 2. in the Canadian prairies, the pasqueflower, floral emblem of Manitoba: also **prairie crocus**

**Croesus** (krē′səs) *n.* [< *Croesus,* fl. 6th c. B.C.; last king of Lydia] a very rich man

**croft** (kroft) *n.* [OE.] 1. a small enclosed field 2. a small farm, esp. one in Scotland or N England —**croft′er** *n.*

**Cro-Magnon** (krō man′yon) *adj.* [< cave in SW France, where remains were found] belonging to a prehistoric, Caucasoid type of man, tall and erect, who lived on the European continent

**cromlech** (krom′lek) *n.* [W. < *crom,* bent + *llech,* flat stone] 1. *same as* DOLMEN 2. an ancient monument of monoliths, arranged in a circle around a mound or dolmen

**crone** (krōn) *n.* [< MDu. *kronje,* old ewe] an ugly, withered old woman; hag

**crony** (krō′nē) *n., pl.* **-nies** [< ? Gr. *chronios,* long-continued] a close companion

**crook** (krook) *n.* [< ON. *krōkr,* hook] 1. a hooked, or curved staff, crosier, etc. 2. a bend or curve 3. [Colloq.] a swindler or thief —*vt., vi.* **crooked** (krookt), **crook′ing** to bend or curve

**crooked** (krook′id; *for 3* krookt) *adj.* 1. not straight; bent; curved 2. dishonest; swindling 3. having a crook or hook —**crook′edly** *adv.* —**crook′edness** *n.*

**croon** (kroōn) *vi., vt.* [< MDu. *cronen,* to growl] 1. to sing or hum in a low, gentle tone 2. to sing (popular songs) in a soft, sentimental manner —*n.* a low, gentle singing or humming —**croon′er** *n.*

**crop** (krop) *n.* [OE. *croppa,* flower, crop of bird] 1. any agricultural product, growing or harvested 2. the yield of any product in one season or place 3. a group or collection 4. the handle of a whip 5. a saclike enlargement of a bird's gullet, in which food is stored before digestion 6. hair cut close to the head —*vt.* **cropped, crop′ping** 1. to cut off or bite off the tops or ends of 2. to grow or harvest as a crop 3. to cut short —*vi.* to grow or bear crops 2. to feed by grazing —**crop out** to appear at the surface, as a rock formation —**crop up** to happen unexpectedly

**crop-eared** *adj.* having the ears or hair cut short

**cropper** *n.* one that crops —**come a cropper** [Colloq.] 1. to fall heavily or headlong 2. to fail

**croquet** (krō′kā′) *n.* [Fr.: see CROTCHET] an outdoor game in which the players use mallets to drive a wooden ball through hoops in the ground

**croquette** (kro ket′) *n.* [Fr. < *croquer,* to crunch] a small cake or roll of chopped meat, fish, etc., coated with crumbs and fried in deep fat

**crosier** (krō′zhər) *n.* [< OFr. *croce*] a staff carried by or before a bishop or abbot as a symbol of his office

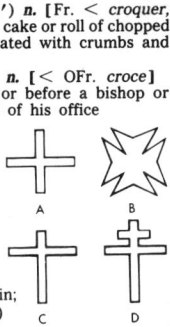


CROSSES
(A, Greek; B, Maltese; C, Latin; D, Patriarchal)

**cross** (kros) *n.* [< L. *crux,* a cross] 1. an upright post with a bar across it on which the ancient Romans fastened convicted persons to die 2. a cross-shaped badge, decoration, etc. 3. *a*) a monument in the shape of a cross *b*) the place where a cross has been set up 4. a representation of a cross as a symbol of the crucifixion of Jesus, and hence of the Christian religion 5. any trouble or affliction 6. any mark made by intersecting lines 7. such a mark (X) made as a signature 8. *a*) a crossing of varieties or breeds *b*) the result of such mixing; hybrid —*vt.* 1. to make the sign of the cross over or upon 2. to place across or crosswise [*cross* your fingers] 3. to intersect 4. *a*) to draw a line across *b*) to draw two lines across (a cheque) and so make it payable only into a bank account 5. to go or extend across 6. to bring into contact, causing electrical interference [the wires were *crossed*] 7. to thwart; oppose 8. to interbreed —*vi.* 1. to intersect 2. to go or extend from one side to the other 3. to pass each other —*adj.* 1. lying or passing across 2. contrary; opposed 3. ill-tempered; irritable 4. involving reciprocation 5. of mixed variety or breed —**cross off** (or **out**) to cancel as by drawing lines across —**cross one's fingers** to fold one finger over another in the hope of bringing good luck —**cross one's mind** to come suddenly to one's mind —**the Cross** 1. the cross on which Jesus died **2.** Christianity **—cross′ly** *adv.* **—cross′ness** *n.*

**crossbar** *n.* a bar, line, or stripe placed crossways

**crossbench** *n.* in the British parliament, a bench reserved for members who belong to neither the government nor the opposition **—crossbench′er** *n.*

**crossbill** *n.* a finch having a bill with curving points that cross

**crossbow** *n.* a medieval weapon consisting of a bow set transversely on a wooden stock

**crossbreed** *vt., vi.* **-bred, -breed′ing** *same as* HYBRIDIZE **—***n. same as* HYBRID

**crosscheck** *vi., vt.* to verify (a statement, etc.) by consulting other sources **—***n.* an act of crosschecking

**cross-country** *adj., adv.* across open country or fields, not by roads **—***n.* a cross-country race

**crosscut** *adj.* **1.** used for cutting across [a *crosscut* saw] **2.** cut across **—***n.* a cut across **—***vt., vi.* **-cut′, -cut′ting** to cut across

**cross-examine** (kros′ig zam′in) *vt., vi.* **-ined, -ining** **1.** to question closely **2.** *Law* to question (a witness already questioned by the opposing side) to determine the validity of his testimony **—cross′-exam′ina′tion** *n.*

**cross-eye** *n.* an abnormal condition in which the eyes are turned towards each other **—cross′-eyed′** *adj.*

**cross-fertilize** *vt., vi.* **-lized′, -liz′ing** to fertilize or be fertilized by pollen from another plant or variety of plant **—cross′-fer′tiliza′tion** *n.*

**cross fire** **1.** *Mil.* a firing at an objective from two or more positions so that the lines of fire cross **2.** any complex of opposing forces, opinions, etc.

**crossing** *n.* **1.** the act of passing across, thwarting, interbreeding, etc. **2.** an intersection, as of lines, streets, etc. **3.** a place where a street, river, etc. may be crossed

**cross-legged** (-leg′id, -legd′) *adj., adv.* with ankles crossed, or with one leg crossed over the other

**crosspatch** *n.* [CROSS + dial. *patch,* fool] [Colloq.] a cross, bad-tempered person

**cross-ply** *adj.* having the fabric cords running diagonally to stiffen the sidewalls: said of a tyre

**cross-purpose** (kros′pur′pəs) *n.* a conflicting purpose **—be at cross-purposes** to talk, act, etc. along different lines without either party realising it

**cross-question** (kros′kwes′chən) *vt.* to cross-examine

**cross-refer** (kros′ri fur′) *vt., vi.* **-ferred′, -fer′ring** to refer from one part to another

**cross-reference** (kros′ref′ər əns) *n.* a reference from one part of a book, index, etc. to another part

**crossroad** *n.* **1.** a road that crosses another **2.** a road that connects main roads **3.** [*usually pl.*] the place where roads intersect **—at the crossroads** at the point where one must choose between different courses of action

**cross section** **1.** *a*) a cutting through something, esp. at right angles to its axis *b*) a piece so cut off *c*) a drawing of a plane surface as exposed by such a cutting **2.** a sample with enough of each kind to show what the whole is like **—cross′-sec′tion** *vt.* **—cross′-sec′tional** *adj.*

**cross-stitch** *n.* a stitch made by crossing two stitches in the form of an X **—***vt., vi.* to sew with this stitch

**crosstalk** *n.* **1.** rapid, witty dialogue **2.** conversation in which two or more people are talking at once **3.** *Radio* etc. undesired sounds heard on a receiving channel

**crosswise** *adv.* so as to cross; across: also **cross′ways′**

**crossword puzzle** an arrangement of numbered squares to be filled in with words: numbered synonyms, definitions, etc. are given as clues

**crotch** (kroch) *n.* [see CRUTCH] a forked place, as where *a*) the the legs fork from the human body *b*) the legs of a pair of trousers, etc. meet *c*) a tree trunk divides into two branches **—crotched** *adj.*

**crotchet** (kroch′it) *n.* [< OFr. *croc,* hook] **1.** *Music* a note having the time value of one quarter of a semibreve **2.** a peculiar whim or stubborn idea

**crotchety** *adj.* full of whims or stubborn ideas

**crouch** (krouch) *vi.* [< OFr. *croc,* hook] **1.** to stoop low, as an animal ready to pounce **2.** to cringe in a servile manner **—***n.* the act or position of crouching

**croup**[1] (kroōp) *n.* [echoic] an inflammation of the respiratory passages, with laboured breathing and hoarse coughing **—croup′y** *adj.*

**croup**[2] *n.* [OFr. *croupe*] the rump of a horse, etc.

**croupier** (kroō′pē ər) *n.* [Fr.] a person in charge of a gambling table, who rakes in and pays out the money

**crouton** (kroō′ton) *n.* [< Fr.: see CRUST] a small piece of toasted or fried bread, often served in soup

**crow**[1] (krō) *n.* [OE. *crawa*] a large bird with glossy black plumage and a typical harsh call: the raven, rook, and jackdaw are crows **—as the crow flies** in a direct line **—eat crow** [U.S. Colloq.] to admit an error

**crow**[2] *vi.* **crowed** or, for 1, **crew** (kroō), **crowed, crow′ing** [OE. *crawan*] **1.** to make the shrill cry of a cock **2.** to boast in triumph **3.** to make a sound of pleasure as a baby does **—***n.* a crowing sound

**crowbar** (krō′bär′) *n.* a long metal bar, chisellike at one end, used as a lever for prying, etc.

**crowd** (kroud) *n.* [OE. *crudan*] **1.** a large number of people or things gathered closely together **2.** the common people **3.** [Colloq.] a set or clique **—***vi.* **1.** to push one's way (*into*) **2.** to throng **—***vt.* **1.** to push or shove **2.** to press closely together; cram **3.** to be or press very near to —**crowd out** to exclude because of insufficient space or time —**crowd'ed** *adj.*

**rowfoot** (krō'foot') *n., pl.* **-foots'** a plant of the buttercup family, with leaves resembling a crow's foot

**rown** (kroun) *n.* [< Gr. *korōnē,* wreath] **1.** a wreath worn on the head as a sign of honour, victory, etc. **2.** a reward or honour **3.** the emblematic headdress of a monarch **4.** [*often* **C-**] *a*) the power of a monarch *b*) the monarch as head of the state **5.** a thing like a crown, as the top of the head, of a hat, etc. **6.** a former British coin equal to five shillings (25p) **7.** *a*) the highest point, as of an arch *b*) the centre part of a road **8.** *a*) the part of a tooth projecting beyond the gum line *b*) an artificial substitute for this —*vt.* **1.** *a*) to put a crown on *b*) to enthrone **2.** to honour or reward **3.** to be the highest part of **4.** to put the finishing touch on **5.** [Slang] to hit on the head **6.** *Draughts* to make a king of —**crown'er** *n.*

**rown colony** a British colony directly under the control of the home government in London

**Crown corporation** a corporation set up by a Canadian government for the production or sale of specific goods or services independently of government departments

**rown court** a court of criminal jurisdiction holding sessions throughout England and Wales

**Crown Derby** a type of fine china

**rown jewels** the jewellery, including the regalia, used by the sovereign on a state occasion

**rown prince** the male heir apparent to a throne

**row's-foot** *n., pl.* **-feet'** any of the wrinkles at the outer corners of the eyes: *usually used in pl.*

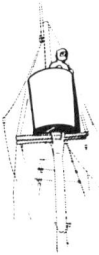

CROW'S NEST

**row's-nest** *n.* a lookout platform close to the top of a ship's mast

**rozier** (krō'zhər) *n.* *same as* CROSIER

**CRTC** Canadian Radio-television and Telecommunications Commission

**rucial** (krōō'shəl) *adj.* [< L. *crux,* cross] of supreme importance; decisive; critical —**cru'cially** *adv.*

**crucible** (krōō'sə b'l) *n.* [< ML. *crucibulum,* lamp] **1.** a heat-resistant container for melting ores, metals, etc. **2.** a severe test or trial

**crucifix** (krōō'sə fiks') *n.* [see CRUCIFY] **1.** a representation of a cross with the figure of Jesus crucified on it **2.** the cross as a Christian symbol

**crucifixion** (krōō'sə fik'shən) *n.* **1.** a crucifying **2.** [**C-**] the crucifying of Jesus, or a representation of this

**cruciform** (krōō'sə fôrm') *adj.* cross-shaped

**crucify** (krōō'sə fī') *vt.* **-fied', -fy'ing** [< L. *crux,* cross + *figere,* fix] **1.** to execute by nailing or binding to a cross and leaving to die of exposure **2.** to torment **3.** [Colloq.] to defeat; ridicule —**cru'cifi'er** *n.*

**crude** (krōōd) *adj.* [L. *crudus,* rough] **1.** in a raw or natural condition **2.** lacking grace, style, etc. **3.** not carefully made **4.** stark [*crude* reality] **5.** [Colloq.] vulgar; tasteless —**crude'ly** *adv.* —**crude'ness, cru'dity** *n.*

**cruel** (kroo'əl) *adj.* [< L. *crudus,* rough] **1.** enjoying others' suffering; merciless **2.** causing pain, distress, etc. —**cru'elly** *adv.* —**cru'elty** *n.*

**cruet** (krōō'it) *n.* [< OFr. *crue,* earthen pot] **1.** a small glass bottle, as for holding vinegar, oil, etc., for the table **2.** a stand for holding such bottles

**cruise** (krōōz) *vi.* **cruised, cruis'ing** [< Du. *kruisen,* to cross] **1.** to sail or drive from place to place, as for pleasure **2.** to move at the most efficient speed for sustained travel —*n.* a cruising voyage

**cruiser** *n.* **1.** a fast warship somewhat smaller than a battleship **2.** *same as* CABIN CRUISER

**cruiserweight** *n.* *Boxing* a light heavyweight: see BOXING AND WRESTLING WEIGHTS, table

**crumb** (krum) *n.* [OE. *cruma*] **1.** a small piece broken off something, as of bread **2.** any bit or scrap [*crumbs* of knowledge] **3.** the soft, inner part of bread **4.** [Slang] a worthless person —*vt.* **1.** to crumble **2.** *Cooking* to cover with crumbs

**crumble** (krum'b'l) *vt.* **-bled, -bling** [< prec.] to break into crumbs —*vi.* to fall to pieces; decay —*n.* a pudding consisting of a crumbly topping over fruit

**crumbly** (krum'blē) *adj.* **-blier, -bliest** apt to crumble; easily crumbled —**crum'bliness** *n.*

**crumby** (krum'ē) *adj.* **-bier, biest** **1.** full of crumbs **2.** [Slang] *same as* CRUMMY —**crum'biness** *n.*

**crummy** (krum'ē) *adj.* **-mier, -miest** [Slang] cheap; inferior; worthless —**crum'miness** *n.*

**crumpet** (krum'pit) *n.* [< ?] **1.** a light, soft cake baked on a griddle: it is usually toasted before serving **2.** [Slang] sexually attractive womanhood

**crumple** (krum'p'l) *vt., vi.* **-pled, -pling** [< ME. *crimplen,* to wrinkle] **1.** to crush together into wrinkles **2.** to break down; collapse —**crum'ply** *adj.*

**crunch** (krunch) *vi., vt.* [echoic] to chew,

press, grind, etc. with a noisy, crushing sound —*n.* **1.** the act or sound of crunching **2.** [Colloq.] *a*) a showdown *b*) a tight situation —**crunch'y** *adj.*

**Crunchie** (krunch'ē) *n.* [S Afr. Derog. Slang] an Afrikaner

**crupper** (krup'ər) *n.* [< OFr. *crope*, rump] **1.** a leather strap attached to a saddle or harness and passed under the horse's tail **2.** a horse's rump; croup

**crusade** (krōō sād') *n.* [ult. < L. *crux*, cross] **1.** [*sometimes* **C-**] any of the Christian military expeditions (11th - 13th cent.) to recover the Holy Land from the Moslems **2.** vigorous, concerted action for some cause or against some abuse —*vi.* **-sad'ed, -sad'ing** to engage in a crusade —**crusad'er** *n.*

**cruse** (krōōz) *n.* [OE. *cruse*] [Obs.] a small container for water, oil, honey, etc.

**crush** (krush) *vt.* [< OFr. *croisir*, break] **1.** to press between opposing forces so as to break or put out of shape **2.** to grind or pound into small particles **3.** to subdue; overwhelm **4.** to extract by pressing —*n.* **1.** a crushing **2.** a crowded mass of people **3.** a drink prepared by crushing fruit **4.** [Colloq.] an infatuation —**crush'able** *adj.* —**crush'er** *n.*

**crust** (krust) *n.* [< L. *crusta*] **1.** *a*) the hard, outer part of bread *b*) a piece of this **2.** the pastry covering of a pie **3.** any hard surface layer, as of snow **4.** [Slang] insolence **5.** *Geol.* the solid outer shell of the earth —*vt., vi.* to cover or become covered with a crust —**crus'tal** *adj.* —**crust'ed** *adj.*

**crustacean** (krus tā'shən) *n.* [< L. *crusta*, crust] any of a class of hard-shelled arthropods, including shrimps, crabs, and lobsters, that usually live in water and breathe through gills —*adj.* of crustaceans

**crusty** *adj.* **-ier, -iest** **1.** having a crust **2.** rudely abrupt or surly —**crust'ily** *adv.* —**crust'iness** *n.*

**crutch** (kruch) *n.* [OE. *crycce*, staff] **1.** a staff with a crosspiece that fits under the armpit, used by lame people as an aid in walking **2.** anything relied on for support; prop —*vt.* to support as with a crutch

**crux** (kruks) *n., pl.* **crux'es, cruces** (krōō'sēz) [L., CROSS] **1.** a difficult problem; puzzling thing **2.** the essential or deciding point

**cry** (krī) *vi.* **cried, cry'ing** [< L. *quiritare*, to wail] **1.** to make a loud vocal sound, as for help **2.** to sob and shed tears; weep **3.** *a*) to plead (*for*) *b*) to show a great need (*for*) —*vt.* **1.** to beg for [to *cry* quarter] **2.** to utter loudly; shout **3.** to call out (wares for sale, etc.) —*n., pl.* **cries** **1.** a loud vocal sound expressing pain, anger, etc. **2.** an announcement called out publicly **3.** an urgent appeal; plea **4.** a rallying call **5.** public outcry **6.** a fit of weeping **7.** the characteristic vocal sound of an animal —**a far cry** a great distance or difference —**cry down** to belittle; disparage —**cry off** to withdraw from an agreement or undertaking —**cry out** **1.** to shout; yell **2.** to complain loudly —**cry up** to praise highly —**in full cry** in eager pursuit

**crying** *adj.* demanding immediate notice

**cryogenics** (krī'ə jen'iks) *n.pl.* [*with sing. v.*] [< Gr. *kryos*, cold] the scienc that deals with the effects of very lov temperatures on the properties of matter

**crypt** (kript) *n.* [< Gr. *kryptein*, to hide an underground chamber; esp., a vau under a church

**cryptic** (krip'tik) *adj.* [see CRYPT] **1** hidden or mysterious **2.** obscure and cur —**cryp'tically** *adv.*

**cryptogam** (krip'tə gam') *n.* [< Gr *kryptos*, hidden + *gamos*, marriage] a plant that bears no flowers or seeds bu propagates by means of spores, as algae mosses, ferns, etc. —**cryp'togam'ic** *adj.*

**cryptogram** (krip'tə gram') *n.* [< Gr *kryptos*, hidden + -GRAM] somethin written in code or cipher: also **cryp'to graph'** —**cryp'togram'mic** *adj.*

**cryptography** (krip tog'rə fē) *n.* [< Gr *kryptos*, hidden + -GRAPHY] the art o writing or deciphering messages in cod —**cryptog'rapher** *n.*

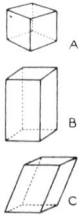


CRYSTALS
(A, isometric; B, monoclinic; C, triclinic)

**crystal** (kris't'l) *n.* [< Gr. *kryos*, frost **1.** a clear, transparent quartz **2.** *a*) very clear, brilliant glass *b*) articles mad of such glass, as goblets, bowls, etc. **3** the transparent covering over the fac of a watch **4.** anything clear like crysta **5.** a solidified form of a substance mad up of plane faces in three dimension in a symmetrical arrangement **6** *Electronics* a piezoelectric material, a quartz, used to produce and control desired frequency, as in transmitters, etc —*adj.* **1.** of crystal **2.** like crystal transparent

**crystal gazing** the practice of gazin into a large glass ball (**crystal ball**) an professing to see images, esp. of futur events —**crystal gazer**

**crystalline** (kris'tə līn) *adj.* **1.** made o crystal or crystals **2.** like crystal i clearness or structure

**crystallize** *vt.* **-lized', -liz'ing** **1.** to caus to form crystals **2.** to give a definit form to **3.** to coat with sugar —*vi.* **1** to become crystalline in form **2.** to tak on a definite form —**crys'talliza'tion** *n*

**crystallography** (kris'tə log'rə fē) *n.* [< CRYSTAL & -GRAPHY] the science of th form, structure, properties, an classification of crystals —**crys'tallog'ra pher** *n.*

**crystalloid** (kris′tə loid′) *n.* a substance, usually crystallizable, which, when in solution, readily passes through vegetable and animal membranes

**Cs** *Chem.* caesium

**CSC** Canadian Services College

**C.S.E.** Certificate of Secondary Education

**C.S. gas** [< B. *C(arson)* & R. *S(taughton),* its U.S. inventors] a gas causing tears, salivation and painful breathing, used in chemical warfare and civil disturbances

**C.S.I.R.O.** [Aust.] Commonwealth Scientific and Industrial Research Organization

**C.S.T.** [U.S. & Canad.] Central Standard Time

**ct.** 1. carat 2. *pl.* **cts.** cent 3. court

**CTV** Canadian Television (Network Ltd.)

**Cu** [L. *cuprum*] *Chem.* copper

**cu.** cubic

**cub** (kub) *n.* [< ?] 1. the young of certain mammals, as the fox, bear, lion, whale, etc. 2. an inexperienced or callow person, esp. a novice reporter —*vt., vi.* to give birth to (cubs) —**cub′bish** *adj.*

**cubbyhole** (kub′ē hōl′) *n.* [< dial. *cub,* little shed + HOLE] a small, enclosed space or room

**cube** (kyōōb) *n.* [< Gr. *kybos*] 1. a solid with six equal, square sides 2. anything having this shape 3. the product obtained by multiplying a given number by its square; third power [the *cube* of 3 is 27] —*vt.* **cubed, cub′ing** 1. to raise to the third power 2. to cut or shape into cubes

**cube root** the number or quantity of which a given number or quantity is the cube [the *cube root* of 8 is 2]

**cubic** (kyōō′bik) *adj.* 1. having the shape of a cube 2. having three dimensions, or having the volume of a cube whose length, width, and depth each measure the given unit [a *cubic* metre] 3. relating to the cubes of numbers

**cubicle** (kyōō′bi k′l) *n.* [< L. *cubare,* lie down] 1. a small sleeping compartment 2. any small compartment

**cubic measure** a system of measuring volume in cubic units, esp. that in which 1,728 cubic inches = 1 cubic foot and 1,000 cubic millimetres = 1 cubic centimetre

**cubism** (kyōō′biz′m) *n.* a movement in art, esp. of the early 20th century, characterized by the use of cubes and other geometric forms —**cub′ist** *n., adj.*

**cubit** (kyōō′bit) *n.* [< L. *cubitum,* elbow] an ancient measure of length, about 50 cm

**Cub Scout** a member of a junior division of Boy Scouts

**cuckold** (kuk′ōld) *n.* [see ff.] a man whose wife has committed adultery —*vt.* to make a cuckold of

**cuckoo** (kook′ōō) *n., pl.* **cuck′oos** [< OFr. *cucu,* echoic] 1. a greyish-brown bird with a long, slender body: the European species lays eggs in the nests of other birds 2. its call —*adj.* [Slang] crazy

**cuckoopint** *n.* a wild flower with arrow-shaped leaves and a purple spadix

**cuckoo spit** (or **spittle**) a froth produced on plants by the larvae of certain insects

**cucumber** (kyōō′kum bər) *n.* [< L. *cucumis*] 1. a creeping plant of the gourd family 2. the long fruit, with a green rind and firm, white flesh, used in salads —**cool as a cucumber** calm and self-possessed

**cud** (kud) *n.* [OE. *cudu*] food regurgitated from the first stomach of cattle and other ruminants and chewed a second time —**chew the cud** to ruminate; ponder

**cuddle** (kud′′l) *vt.* **-dled, -dling** [< ?] to hold lovingly; embrace and fondle —*vi.* to lie close and snug; nestle —*n.* an embrace; hug —**cud′dlesome, cud′dly** *adj.*

**cuddy** (kud′ē) *n., pl.* **-dies** [< ?] 1. a small cabin on a ship 2. the cook's galley on a small ship

**cudgel** (kuj′əl) *n.* [OE. *cycgel*] a short, thick stick or club —*vt.* **-elled, -elling** to beat with a cudgel —**cudgel one's brains** to think hard —**take up the cudgels (for)** to come to the defence (of)

**cue**[1] (kyōō) *n.* [< *q, Q* (? for L. *quando,* when) found in 16th-c. plays] 1. a short piece of dialogue, action, or music that is a signal for an actor's entrance or speech 2. any signal to do something 3. an indirect suggestion; hint —*vt.* **cued, cue′ing** to give a cue to

**cue**[2] *n.* [< QUEUE] 1. a long, tapering rod used in billiards, etc. to strike the ball 2. a pigtail —*vt.* **cued, cue′ing** to strike with a cue

**cuff**[1] (kuf) *n.* [< ME. *cuffe,* glove] 1. a band at the end of a sleeve 2. a trouser turnup 3. a handcuff —**off the cuff** [Colloq.] improvised; impromptu

**cuff**[2] *vt.* [< ? CUFF[1]] to strike, esp. with the open hand; slap —*n.* a slap or blow

**cuirass** (kwi ras′) *n.* [< L. *corium,* leather] 1. a piece of closefitting armour for protecting the breast and back 2. the breastplate of such armour

**Cuisenaire rod** (kwē′zə nâər′) [< inventor's name] *Trademark* any of a set of rods of various colours and lengths representing different numbers that are used to teach children arithmetic

**cuisine** (kwē zēn′) *n.* [Fr. < L. *coquere,* to cook] style of cooking or preparing food

**cul-de-sac** (kool′də sak′) *pl.* **cul-de-sacs** [Fr., lit., bottom of a sack] a passage with only one outlet

**-cule** (kyōōl, kyool) [< Fr. or L.] *a suffix meaning* small

**culinary** (ku′lə nər ē) *adj.* [< L. *culina,* kitchen] of the kitchen or of cooking

**cull** (kul) *vt.* [< L. *colligere,* collect] 1. to pick out; select and gather 2. to take out (inferior or surplus animals) from a herd or flock —*n.* something picked out; esp., an animal taken from a herd or flock

**culminate** (kul′mə nāt′) *vi.* **-nat′ed, -nat′ing** [< L. *culmen,* peak] to reach its highest point or climax —**cul′minant** *adj.* —**cul′mina′tion** *n.*

**culotte** (kyōō lot′) *n.* [Fr.] [*often pl.*] trousers made full in the legs to resemble a skirt, worn by women

**culpable** (kul′pə b′l) *adj.* [< L. *culpa,*

fault] deserving blame —**cul'pabil'ity** *n.* —**cul'pably** *adv.*

**culprit** (kul'prit) *n.* [< Anglo-Fr. *culpable,* guilty + *prit,* ready] a person accused or found guilty of a crime or offence

**cult** (kult) *n.* [< L. *cultus,* care] **1.** a system of religious worship **2.** devoted attachment to a person, principle, etc. **3.** a sect —**cult'ism** *n.* —**cult'ist** *n.*

**cultivable** (kul'tə vəb'l) *adj.* that can be cultivated: also **cul'tivat'able** (-vāt'əb'l) —**cul'tivabil'ity** *n.*

**cultivate** (kul'tə vāt') *vt.* **-vat'ed, -vat'ing** [< L. *colere,* to till] **1.** to prepare (land) for growing crops; till **2.** to grow (plants) **3.** to develop or improve *[cultivate* one's mind*]* **4.** to seek to become familiar with —**cul'tivat'ed** *adj.*

**cultivation** (kul'tə vā'shən) *n.* **1.** the act of cultivating (in various senses) **2.** refinement, or culture

**cultivator** (kul'tə vāt'ər) *n.* **1.** one who cultivates **2.** a tool or machine for loosening the earth around plants

**culture** (kul'chər) *n.* [see CULT] **1.** the skills, arts, etc. of a given people in a given period; civilization **2.** improvement of the mind, manners, etc. **3.** development by special training or care *[body culture]* **4.** development or improvement of a particular plant or animal **5.** cultivation of the soil **6.** a growth of bacteria, etc. in a specially prepared substance (**culture medium**) —*vt.* **-tured, -turing** to cultivate —**cul'tural** *adj.* —**cul'turist** *n.*

**cultured** *adj.* **1.** refined in speech, behaviour, etc. **2.** produced by cultivation

**cultured pearl** a pearl induced to grow in the shell of a mollusc by the insertion of a foreign body

CULVERT

**culvert** (kul'vərt) *n.* [< ?] a conduit, esp. a drain, under a road or embankment

**cum** (kum) *prep.* [L.] with; combined with *[a kitchencum-dining* room*]*

**cumber** (kum'bər) *vt.* [< OFr. *encombrer,* obstruct] **1.** to hinder; hamper **2.** to burden

**cumbersome** *adj.* burdensome; unwieldy; clumsy

**cumbrance** (kum'brəns) *n.* a troublesome burden

**Cumbrian** (kum'brē ən) *adj.* **1.** of the ancient British kingdom of Cumbria **2.** of the English county of Cumbria —*n.* a native or inhabitant of Cumbria

**cumin** (kum'in) *n.* [< Gr. *kyminon*] **1.** a small plant **2.** its aromatic fruits, used for flavouring Also sp. **cum'min**

**cummerbund** (kum'ər bund') *n.* [Hindi & Per. *kamarband,* loin band] a wide sash worn as a waistband

**cumquat** (kum'kwot) *n.* *same as* KUMQUAT

**cumulate** (kyōōm'yoo lāt') *vt., vi.* **-lat'ed, -lat'ing** [< L. < *cumulus,* a heap *same as* ACCUMULATE

**cumulative** (kyōōm'yoo lə tiv) *adj.* increasing in effect, size, etc. by successive additions; accumulated —**cu'mulatively** *adv.*

**cumulus** (kyōōm'yoo ləs) *n., pl.* **-li'** (-lī') [L., a heap] a thick cloud type with a dark, horizontal base and upper parts resembling domes —**cu'mulous** *adj.*

**cuneiform** (kyōō'nē ə fôrm') *adj.* [< L. *cuneus,* a wedge + -FORM] wedge-shaped as the characters used in ancient Assyrian Babylonian, and Persian inscriptions —*n.* cuneiform characters

**cunning** (kun'iŋ) *adj.* [< ME. *cunnen* know] **1.** sly; crafty **2.** made with skill or ingenuity **3.** [U.S.] pretty —*n.* slyness craftiness —**cun'ningly** *adv.*

**cunt** (kunt) *n.* [ME.] **1.** [Vulg.] the female genitals **2.** [Vulg. Slang] a despicable person

**cup** (kup) *n.* [< L. *cupa,* tub] **1.** a small bowl-shaped container for beverages, often with a handle **2.** a cup and its contents **3.** a cupful **4.** anything shaped like a cup **5.** a part of a bra designed to hold a breast **6.** an ornamental cup given as a prize **7.** the wine chalice at Communion also, the wine **8.** one's portion **9.** something served in a cup —*vt.* **cupped cup'ping** **1.** to shape like a cup **2.** to take in or put into a cup **3.** *Med.* to subject to cupping —**in one's cups** drunk

**C.U.P.** Cambridge University Press

**cupboard** (kub'ərd) *n.* a piece of furniture or a recess with a door concealing storage space, often with shelves

**cupboard love** a pretended affection assumed in the hope of a gain

**Cup Final** **1.** the annual final of the F.A. Cup soccer competition **2.** the final of any cup competition

**Cupid** (kyōō'pid) [< L. *cupido,* desire] the Roman god of love —*n.* [c-] a representation of Cupid as a naked, winged cherub with bow and arrow

**cupidity** (kyōō pid'ə tē) *n.* [< L. *cupere* to desire] strong desire for wealth; greed

**cupola** (kyōō'pə lə) *n.* [It. < L. *cupa* tub] **1.** a rounded roof or ceiling **2.** a small dome or similar structure on a roof —**cu'polaed** (-ləd) *adj.*

**cupping** (kup'iŋ) *n.* the use of a glass cup (**cupping glass**) from which the air has been exhausted, to draw blood to the surface of the skin: used, esp. formerly in medicine

**cupreous** (kyōō'prē əs) *adj.* of, like, or containing copper

**cupric** (kyōō'prik) *adj.* *Chem.* of or containing copper with a valence of two

**cupriferous** (kyōō prif'ər əs) *adj.* [< L. *cuprum,* copper + -FEROUS] containing copper

**cupronickel** (kyōō′prō nik′l) *n.* an alloy of copper and nickel, used in condenser tubes, some coins, etc.

**cuprous** (kyōō′prəs) *adj. Chem.* of or containing copper with a valence of one

**cup tie** *Sport* an eliminating match between two teams competing with others for a cup

**cur** (kur) *n.* [< ON. *kurra,* to growl] **1.** a dog of mixed breed; mongrel **2.** a contemptible person

**curable** (kyoor′ə b'l) *adj.* that can be cured

**curaçao** (kyoor′ə sō′) *n.* [< *Curaçao,* island in the Caribbean] a liqueur flavoured with orange peel

**curacy** (kyoor′ə sē) *n., pl.* **-cies** the position, office, or work of a curate

**curare, curari** (kyoo rä′rē) *n.* [< native (Tupi) name] a black, resinous substance prepared from the juices of certain S. American plants, used as an arrow poison by some Indians and in medicine to relax muscles

**curate** (kyoor′ət) *n.* [< L. *curare,* take care] a clergyman who assists a vicar or rector

**curative** (kyoor′ə tiv) *adj.* curing or having the power to cure —*n.* a thing that cures; remedy

**curator** (kyoo rāt′ər) *n.* [< L. *cura,* care] a person in charge of a museum, art gallery, etc. —**curatorial** (kyoor′ə tôr′ē əl) *adj.* —**cura′torship′** *n.*

**curb** (kurb) *n.* [< L. *curvus,* bent] **1.** anything that checks, restrains, or subdues **2.** a raised margin along an edge, to strengthen or confine **3.** *same as* KERB **4.** a chain or strap attached to a horse's bit, used to check the horse —*vt.* **1.** to restrain; control **2.** to provide with a curb

**curd** (kurd) *n.* [< ME. *crud*] [*often pl.*] the coagulated part of sour milk, from which cheese is made

**curdle** (kur′d'l) *vt., vi.* **-dled, -dling** to form into curd; coagulate —**curdle one's blood** to horrify or terrify one

**cure** (kyoor) *n.* [< L. *cura,* care] **1.** a healing or being healed **2.** a medicine or treatment for restoring health **3.** a method of treating a disease, ailment, etc. **4.** *same as* CURACY —*vt.* **cured, cur′ing** **1.** to restore to health **2.** to get rid of (an ailment, evil, etc.) **3.** *a*) to preserve (meat, fish, etc.), as by salting or smoking *b*) to process (tobacco, leather, etc.), as by drying

**curé** (kyoo ə′rā) *n.* [Fr.] in France, a parish priest

**cure-all** *n.* something supposed to cure all ailments or evils; panacea

**curet, curette** (kyoo ə ret′) *n.* [Fr.] a spoon-shaped surgical instrument for the removal of tissue from the walls of body cavities —*vt.* **-ret′ted, -ret′ting** to clean or scrape with a curet —**curet′tage** *n.*

**curfew** (kur′fyōō) *n.* [< OFr. *covrir,* to cover + *feu,* fire] **1.** a time in the evening beyond which people may not appear on the streets **2.** *Hist.* the ringing of a bell every evening as a signal for people to cover fires, put out lights, and retire

**Curia** (kyoor′ē ə) *n.* [L.] the administrative body of the Roman Catholic Church, with various courts, officials, etc. under the authority of the Pope: in full, **Curia Romana** (rō mä′nə) —**cu′rial** *adj.*

**curio** (kyoor′ē ō′) *n., pl.* **-os′** [contr. of CURIOSITY] any unusual or rare article

**curiosity** (kyoor′ē os′ə tē) *n., pl.* **-ties** **1.** a desire to learn or know **2.** anything curious or rare

**curious** (kyoor′ē əs) *adj.* [< L. *curiosus,* careful] **1.** eager to learn or know **2.** inquisitive; prying **3.** arousing attention because unusual or strange —**cu′riously** *adv.*

**curium** (kyoor′ē əm) *n.* [< Marie & Pierre *Curie*] a radioactive chemical element: symbol, Cm

**curl** (kurl) *vt.* [< ME. *crul,* curly] **1.** to wind (esp. hair) into ringlets or coils **2.** to cause to bend round —*vi.* **1.** to become curled **2.** to form, or move in, a spiral or curve **3.** to play the game of curling —*n.* **1.** a ringlet of hair **2.** anything with a curled shape —**curl up** **1.** to gather into spirals or curls **2.** to sit or lie with the legs drawn up **3.** [Colloq.] to be embarrassed or disgusted —**in curl** curled —**curl′y** *adj.*

**curler** *n.* a pin, clasp, etc. for curling hair

CURLEW
(length to 48 cm; wingspread to 84 cm)

**curlew** (kur′lyōō) *n.* [echoic] a large, brownish wading bird with long legs

**curlicue** (kur′li kyōō′) *n.* [< CURL + CUE²] a fancy curve, flourish, etc.

**curling** (kur′liŋ) *n.* a game played on ice by sliding a heavy disc (**curling stone**) towards a target circle

**curmudgeon** (kur muj′ən) *n.* [< ?] a surly, ill-mannered person

**currant** (kur′ənt) *n.* [< Anglo-Fr. lit., Corinth] **1.** a small, seedless raisin from the Mediterranean region **2.** *a*) the berry of several species of hardy shrubs, used for jellies and jams *b*) the shrub

**currency** (kur′ən sē) *n., pl.* **-cies** [see ff.] **1.** the money in circulation in any country **2.** common acceptance or use

**current** (kur′ənt) *adj.* [< L. *currere,* run] **1.** *a*) now in progress *b*) contemporary *c*) of most recent date **2.** circulating **3.** commonly used or accepted —*n.* **1.** a flow of water or air in a definite direction **2.** a general tendency or drift **3.** the flow or rate of flow of electric charge in a conductor —**cur′rently** *adv.*

**current account** a bank account against

which the holder may draw cheques at any time

**curricle** (kur′i k′l) *n.* [see ff.] a two-wheeled carriage drawn by two horses abreast

**curriculum** (kə rik′yə ləm) *n., pl.* **-ula, -ulums** [L., a course, race] **1.** a course of study **2.** all the courses offered in a school —**curric′ular** *adj.*

**curriculum vitae** (vē′tī) [L., course of life] a summary of one's personal, educational, and professional history

**curry**[1] (kur′ē) *vt.* **-ried, -rying** [< OFr. *correier,* to put in order] **1.** to rub down and clean the coat of (a horse, etc.) with a currycomb or brush **2.** to prepare (tanned leather) by soaking, cleaning, beating, etc. —**curry favour** to try to win favour by flattery, fawning, etc. —**cur′rier** *n.*

**curry**[2] *n., pl.* **-ries** [Tamil *kari,* sauce] **1.** a powder (**curry powder**) prepared from turmeric and various spices **2.** a sauce made with curry powder **3.** a kind of stew prepared with curry —*vt.* **-ried, -rying** to prepare with curry powder

CURRYCOMB

**currycomb** *n.* a comb with teeth or ridges, to curry a horse

**curse** (kurs) *n.* [OE. *curs*] **1.** a calling on God or the gods to send evil to some person or thing **2.** a profane oath **3.** a thing cursed **4.** evil that seems to come in answer to a curse **5.** any cause of evil or injury **6.** [Colloq.] menstruation (preceded by *the*) —*vt.* **cursed, curs′ing** **1.** to call evil down on **2.** to swear at **3.** to bring evil or injury on; afflict —*vi.* to swear —**be cursed with** to suffer from

**cursed** (kur′sid) *adj.* **1.** under a curse **2.** deserving to be cursed; evil —**curs′edly** *adv.* —**curs′edness** *n.*

**cursive** (kur′siv) *adj.* [< L. *cursus:* see COURSE] designating or of writing in which the letters are joined

**cursor** (kur′sər) *n.* [L., runner] the sliding part of a measuring instrument, as on a slide rule

**cursory** (kur′sər ē) *adj.* [< L. *cursor,* runner] hasty and superficial —**cur′sorily** *adv.* —**cur′soriness** *n.*

**curt** (kurt) *adj.* [L. *curtus*] so brief as to be rude; terse; brusque [a *curt* reply] —**curt′ly** *adv.* —**curt′ness** *n.*

**curtail** (kur tāl′) *vt.* [< L. *curtus,* short] to cut short; reduce; abridge —**curtail′er** *n.* —**curtail′ment** *n.*

**curtain** (kur′t′n) *n.* [< L. *cohors,* a court] **1.** a piece of cloth, etc. hung, as at a window, to decorate or conceal **2.** anything that conceals or shuts off **3.** *Theatre* *a*) the screen at the front of the stage *b*) the opening or the closing of the curtain for a play, act, or scene **4.** [*pl.*] [Slang] death; the end —*vt.* to provide or shut off as with a curtain

**curtain raiser** **1.** a short play or skit presented before a longer production **2.** any brief preliminary event

**curtain wall** an independently supported outer wall bearing only its own weight

**curtsy** (kurt′sē) *n., pl.* **-sies** [var. of COURTESY] a woman's gesture of greeting, respect, etc. made by bending the knees and slightly lowering the body —*vi.* **-sied, -sying** to make a curtsy Also sp. **curt′sey**

**curvaceous** (kur vā′shəs) *adj.* [< CURVE] [Colloq.] having a full, shapely figure: said of a woman

**curvature** (kur′və tyər) *n.* **1.** a curving or being curved **2.** a curve; curved part of anything

**curve** (kurv) *n.* [L. *curvus,* bent] **1.** a line having no straight part; bend with no angles **2.** a thing or part with the shape of a curve **3.** a curving **4.** a curved line indicating variations, as in prices **5.** a line representing data on a graph —*vt., vi.* **curved, curv′ing** **1.** to form a curve by bending **2.** to move in a curve

**curvet** (kur vet′) *n.* [< L. *curvus,* bent] an upward leap by a horse —*vi.* **-vet′ted** or **-vet′ed, -vet′ting** or **-vet′ing** **1.** to make a curvet **2.** to leap; frolic

**curvilinear** (kur′və lin′ē ər) *adj.* consisting of or enclosed by a curved line or lines: also **cur′vilin′eal**

**curvy** *adj.* **-ier, -iest** having curves or a curve

**cushion** (koosh′ən) *n.* [< L. *culcita,* mattress] **1.** a pillow or pad **2.** a thing like this in shape or use **3.** anything serving to absorb shock, as the inner rim of a billiard table **4.** anything that relieves distress, provides comfort, etc. —*vt.* **1.** to provide with a cushion **2.** to absorb (shock or noise) **3.** to act as a cushion in protecting from injury, relieving distress, etc.

**cushy** (koosh′ē) *adj.* **-ier, -iest** [< Hindi *khush,* pleasant] [Colloq.] easy; comfortable [a *cushy* job]

**CUSO** Canadian University Services Overseas

**cusp** (kusp) *n.* [L. *cuspis,* point] **1.** a pointed end **2.** any of the elevations on the chewing surface of a tooth **3.** either horn of a crescent, as of the moon

**cuspid** (kus′pid) *n.* a canine tooth

**cuspidate** (kus′pə dāt′) *adj.* **1.** having a cusp or cusps **2.** having a short, abrupt point Also **cus′pidat′ed**

**cuss** (kus) *n.* [< CURSE] [Colloq.] **1.** a curse **2.** a person or animal regarded as queer or annoying —*vt., vi.* [Colloq.] to curse —**cuss′ed** *adj.*

**custard** (kus′tərd) *n.* [< L. *crusta,* crust] **1.** a mixture of eggs, milk, flavouring, and, often, sugar, either boiled or baked **2.** a sauce made of milk, sugar, and cornflour

**custodian** (kus tō′dē ən) *n.* one who has the custody or care of something, esp. a public building; keeper

**custody** (kus′tə dē) *n., pl.* **-dies** [< L.

*custos,* guard] a guarding or keeping **—in custody** under arrest **—take into custody** to arrest **—custo'dial** (-tō'dē əl) ***adj.***

**custom** (kus'təm) ***n.*** [< L. *com-,* intens. + *suere,* be accustomed] **1.** a usual practice; habit **2.** social conventions carried on by tradition **3.** [*pl.*] *a*) duties imposed on imported goods *b*) [*with sing. v.*] the department in charge of collecting these duties **4.** the regular patronage of a business **5.** *Law* such usage as by long-established practice has taken on the force of law **—*adj.*** [U.S.] made to order

**customary** ***adj.*** **1.** in keeping with custom; usual **2.** *Law* holding or held by custom **—cus'tomarily** ***adv.*** **—cus'tomariness** ***n.***

**custom-built** ***adj.*** built to order, according to the customer's specifications: also **custom-made**

**customer** (kus'tə mər) ***n.*** **1.** a person who buys, esp. one who buys regularly **2.** [Colloq.] any person with whom one has dealings [a rough *customer*]

**customhouse** ***n.*** an office where customs or duties are paid: also **cus'tomshouse'**

**cut** (kut) ***vt.*** **cut, cut'ting** [ME. *cutten*] **1.** to make an opening in with a sharp-edged instrument **2.** to pierce sharply so as to hurt **3.** to hurt the feelings of **4.** to grow (a new tooth through the gum) **5.** to divide into parts with a sharp-edged instrument **6.** to carve (meat) **7.** to hew **8.** to mow or reap **9.** to pass across; intersect **10.** to divide (a pack of cards) before dealing **11.** to stop photographing (a film scene) **12.** to reduce [to *cut* salaries] **13.** to trim **14.** to make or do by or as by cutting; specif., *a*) to make (an opening, clearing, etc.) *b*) to type or mark (a stencil) *c*) to cut cloth so as to form (a garment) *d*) to perform [to *cut* a caper] *e*) to hit or throw (a ball) so that it spins *f*) to edit (film) as by deleting scenes *g*) to make a recording of on (a gramophone record) **15.** [Colloq.] to pretend not to see or know (a person) **16.** [Colloq.] to stay away from **17.** [Slang] to stop **—*vi.*** **1.** to pierce, sever, gash, etc. **2.** to take cutting [pine *cuts* easily] **3.** to swing a bat, etc. (*at* a ball) **4.** to move swiftly **5.** to make a sudden shift to another scene, as in a film **—*adj.*** **1.** that has been cut **2.** made or formed by cutting **—*n.*** **1.** a cutting or being cut **2.** a stroke or blow with a sharp-edged instrument **3.** a stroke taken at a ball **4.** an opening made by a sharp-edged instrument **5.** the omission of a part **6.** a piece cut off, as from a meat animal **7.** a reduction **8.** the shortest way across: usually **short cut** **9.** a passage or channel cut out **10.** the style in which a thing is cut; fashion **11.** an act, remark, etc. that hurts one's feelings **12.** [Colloq.] a snub **13.** [Slang] a share, as of profits **—a cut above** [Colloq.] somewhat better than **—cut a figure** to make a (certain) impression **—cut and dried** **1.** arranged beforehand **2.** lifeless; dull **—cut down** to reduce; lessen **—cut in** **1.** to draw in front of another vehicle leaving too little space **2.** to interrupt **3.** to give a share to **—cut it fine** [Colloq.] to leave only a minimum reserve of time, resources, etc. **—cut it out** [Colloq.] to stop what one is doing **—cut no ice** [Colloq.] to make no impression **—cut off** **1.** to sever **2.** to stop abruptly **3.** to shut off **4.** to interrupt **5.** to intercept **6.** to disinherit **—cut out** **1.** to remove; omit **2.** to eliminate and take the place of (a rival) **3.** to make or form as by cutting **4.** [Colloq.] *a*) to discontinue *b*) to cease to function **—cut out for** suited for **—cut up** **1.** to cut into pieces **2.** [Colloq.] *a*) to criticize harshly *b*) to cause to be dejected **—cut up rough** [Colloq.] to react with anger, resentment, etc.

**cutaneous** (kyōō tā'nē əs) ***adj.*** [< L. *cutis,* skin] of, on, or affecting the skin

**cutaway** ***n.*** a man's formal coat cut so as to curve back to the tails: also **cutaway coat** **—*adj.*** of a diagram or model having parts cut away to show the inside

**cutback** ***n.*** a reduction, as of production, personnel, etc.

**cute** (kyōōt) ***adj.*** **cut'er, cut'est** [< ACUTE] [Colloq.] **1.** clever; shrewd **2.** [U.S.] pretty, esp. in a dainty way **—cute'ly** ***adv.*** **—cute'ness** ***n.***

**cut glass** glass shaped or ornamented by grinding and polishing **—cut'-glass'** ***adj.***

**cuticle** (kyōōt'ik'l) ***n.*** [L. *cuticula,* skin] **1.** *same as* EPIDERMIS **2.** hardened skin at the base and sides of a fingernail or toenail **—cutic'ular** ***adj.***

**cutis** (kyōōt'is) ***n.*** [L.] the vertebrate skin, including both its layers, the dermis and the epidermis

**cutlass** (kut'ləs) ***n.*** [< L. *culter,* knife] *Hist.* a short, thick, curved sword used esp. by sailors

**cutlery** (kut'lər ē) ***n.*** **1.** any implements used for eating **2.** cutting instruments, such as knives and scissors

**cutlet** (kut'lit) ***n.*** [< L. *costa,* a rib] **1.** a small slice of meat from the ribs or leg, often breaded and fried, etc. **2.** a small, flat croquette of chopped meat or fish

**cutoff** (kut'of') ***n.*** **1.** the limit set for a process, activity, etc. **2.** any device for cutting off the flow of a fluid, a connection, etc.

**cut-price** ***adj.*** **1.** available at a lower price than the standard rate **2.** offering cut-price goods or services

**cutter** (kut'ər) ***n.*** **1.** a person whose work is cutting, as the sections of a garment **2.** a small, swift vessel; specif., *a*) a boat carried by large ships as a communications tender: also **ship's cutter** *b*) a single-masted sailing boat with a mainsail and two foresails *c*) a small boat, often lightly armed, used in the enforcement of customs regulations **3.** [U.S.] a small, light sleigh

**cutthroat** ***n.*** **1.** a murderer **2.** a razor with a long blade that folds into the handle **—*adj.*** **1.** merciless; ruthless **2.** three-handed: said of card games

**cutting** ***n.*** **1.** a piece cut off **2.** a newspaper clipping: also **press cutting** **3.** a shoot cut from a plant for rooting or grafting **4.** an excavation for a railway line, road, etc. through high ground —***adj.*** **1.** that cuts **2.** chilling or piercing **3.** sarcastic —**cut'tingly** ***adv.***

**cuttlefish** (kut'l fish') ***n.*** [OE. *cudele*] a squidlike sea mollusc with ten sucker-bearing arms: when in danger, some cuttlefish eject an inky fluid: also **cuttle**

**Cwlth.** Commonwealth

**cwm** (kōōm) ***n.*** [W.] **1.** [Welsh] a valley **2.** *Geol.* a hollow on a mountainside worn by glacial action; cirque

**cwt.** hundredweight

**-cy** (sē, si) [< Gr. *-kia*] *a suffix meaning:* **1.** condition *[hesitancy]* **2.** rank or office of *[curacy]*

**cyanic** (sī an'ik) ***adj.*** of or containing cyanogen

**cyanic acid** a colourless, poisonous acid

**cyanide** (sī'ə nīd') ***n.*** a highly poisonous compound of cyanogen with a metal

**cyanogen** (sī an'ə jin) ***n.*** [< Gr. *kyanos,* blue + -GEN] a colourless, poisonous, flammable gas

**cyanosis** (sī'ə nō'sis) ***n.*** [< Gr. *kyanos,* blue] a bluish skin colour caused by lack of oxygen in the blood

**cybernetics** (sī'bər net'iks) ***n.pl.*** [*with sing. v.*] [< Gr. *kybernētēs,* helmsman] the comparative study of complex electronic computers and the human nervous system —**cy'bernet'ic** ***adj.***

**cyclamate** (sī'klə māt') ***n.*** a complex organic compound with an extremely sweet taste

**cyclamen** (si'klə mən) *pl.* **-mens** [< Gr. *kyklaminos*] a plant of the primrose family, having heart-shaped leaves and white, pink, or red flowers with reflexed petals

**cycle** (sī'k'l) ***n.*** [< Gr. *kyklos,* circle] **1.** *a*) a period of time within which a round of regularly recurring events is completed *b*) a complete set of such events **2.** a very long period of time **3.** a series of poems or songs on the same theme **4.** a bicycle, tricycle, etc. **5.** *Elec.* one complete period of the reversal of an alternating current —***vi.*** **-cled, -cling** **1.** to occur in cycles **2.** to ride a bicycle, etc.

**cyclic** (sī'klik) ***adj.*** **1.** of, or having the nature of, a cycle; moving in cycles **2.** *Chem.* arranged in a ring or closed-chain structure: said of atoms Also **cy'clical**

**cyclist** (sī'klist) ***n.*** a person who rides a bicycle

**cyclo-** [< Gr. *kyklos,* circle] *a combining form meaning* of a circle or wheel, circular

**cyclone** (sī'klōn) ***n.*** [< Gr. *kyklos,* circle] **1.** loosely, a tornado or hurricane **2.** *Meteorol.* a storm with strong winds rotating about a moving centre of low atmospheric pressure —**cyclonic** (sī klon'-ik) ***adj.***

**Cyclops** (sī'klops) ***n.,*** *pl.* **Cyclopes** (sī klō'pēz) [< Gr. *kyklos,* circle + *ōps,* eye] *Gr. Myth.* any of a race of one-eyed giants —**Cyclopean** (sī klō'pē ən) ***adj.***

**cyclostyle** (sī'klə stīl') ***n.*** [CYCLO- + STYLE] a duplicating apparatus using a pen with a small, toothed wheel which cuts holes in a stencil —***vt.*** to duplicate in this way

**cyclotron** (sī'klə tron') ***n.*** [CYCLO- + (ELEC)TRON] an apparatus for giving high energy to particles, usually protons and deuterons: used in atomic research

**cyder** (sī'dər) ***n.*** *same as* CIDER

**cygnet** (sig'nit) ***n.*** [< Gr. *kyknos,* swan] a young swan

**cylinder** (sil'ən dər) ***n.*** [< Gr. *kylindein,* to roll] **1.** a roller-shaped solid or hollow body, of uniform diameter **2.** anything with the shape of a cylinder, esp. the chamber in which the piston moves in an engine —**cylindrical** (sə lin'dri k'l) ***adj.***

CYMBALS

**cymbal** (sim'b'l) ***n.*** [< Gr. *kymbē,* hollow of a vessel] a circular, concave brass plate used as a percussion instrument: it is struck with a drumstick, brush, etc. or used in pairs which are struck together to produce a ringing sound —**cym'balist** ***n.***

**cyme** (sīm) ***n.*** [< Gr. *kyma,* swelling] a flower cluster in which the central flower blooms first —**cymose** (sī'mōs) ***adj.***

**Cymric** (kim'rik) ***adj.*** [< W. *Cymru,* Wales] of the Celtic people of Wales or their language

**cynic** (sin'ik) ***n.*** [see ff.] **1.** a person who believes the worst about people or the outcome of events **2.** [**C-**] a member of a school of ancient Greek philosophers who esteemed virtue and stressed independence from worldly needs and pleasures —***adj.*** **1.** [**C-**] of or like the Cynics **2.** *same as* CYNICAL

**cynical** (sin'i k'l) ***adj.*** [< Gr. *kyōn,* dog] **1.** denying the sincerity of people's motives and actions **2.** sarcastic, sneering, etc. **3.** [**C-**] *same as* CYNIC —**cyn'ically** ***adv.*** —**cyn'icalness** ***n.***

**cynicism** (sin'ə siz'm) ***n.*** **1.** the attitude or beliefs of a cynical person **2.** a cynical remark, idea, or action

**cynosure** (sin'ə zhooər') [< Gr. *kynosoura,* dog's tail] [**C-**] *an old name for* URSA MINOR —***n.*** a centre of attention or interest

**cypher** (sī'fər) ***n., vt., vi.*** *same as* CIPHER

**cypress** (sī'prəs) ***n.*** [< Gr. *kyparissos*] **1.** a dark-foliaged, cone-bearing evergreen **2.** cypress branches used as a symbol of mourning

**Cypriot** (sip'rē ət) ***adj.*** of Cyprus —***n.*** a native or inhabitant of Cyprus Also **Cyp'riote** (-ōt)

**Cyrillic** (sə ril′ik) ***adj.*** of the Slavic alphabet attributed to Saint Cyril, 9th-cent. apostle to the Slavs

**cyst** (sist) ***n.*** [< Gr. *kystis,* sac] any of certain saclike structures in plants or animals, esp. one filled with fluid or diseased matter **—cyst′ic** ***adj.***

**cystic fibrosis** a disease of children, characterized by fibrosis and malfunctioning of the pancreas

**cystitis** (sis tīt′is) ***n.*** [CYST + -ITIS] an inflammation of the urinary bladder

**cystoscope** (sis′tə skōp′) ***n.*** [< CYST + -SCOPE] an instrument for visually examining the interior of the urinary bladder **—cystos′copy** (-tos′kə pē) ***n.***

**-cyte** (sīt) [< Gr. *kytos,* hollow] *a combining form meaning* a cell

**cytology** (sī tol′ə jē) ***n.*** [< Gr. *kytos,* hollow + -LOGY] the branch of biology dealing with cells **—cytol′ogist** ***n.***

**cytoplasm** (sīt′ə plaz′m) ***n.*** [< Gr. *kytos,* hollow + -PLASM] the protoplasm of a cell, exclusive of the nucleus

**czar** (zär) *var. of* TSAR **—czar′dom** ***n.*** **—czar′ist** ***adj., n.***

**czarevitch** (zär′ə vich′) ***n.*** *var. of* TSAREVITCH

**czarina** (zä rē′nə) ***n.*** *var. of* TSARINA: also **czarit′za** (-rit′sə)

**Czech** (chek) ***n.*** **1.** a Bohemian, Moravian, or Silesian Slav of Czechoslovakia **2.** their West Slavic language **—*adj.*** of Czechoslovakia: also **Czech′ish**

**Czechoslovak** (chek′ə slō′vak) ***adj.*** of Czechoslovakia or its people **—*n.*** a Czech or Slovak living in Czechoslovakia Also **Czech′oslovak′ian** (-slō va′kē ən)

# D

**D, d** (dē) *n., pl.* **D's, d's** the fourth letter of the English alphabet

**D** (dē) *n.* **1.** a Roman numeral for 500 **2.** *Music* the second tone in the ascending scale of C major

**D** *Chem.* deuterium

**D.** **1.** [Chiefly U.S.] Democrat(ic) **2.** Dutch

**d** deci-

**d.** **1.** day(s) **2.** diameter **3.** died **4.** [L. pl. *denarii*] penny; pence (in former Brit. currency)

**dab**[1] (dab) *vt., vi.* **dabbed, dab'bing** [ME. *dabben,* to strike] **1.** to touch lightly and quickly, esp. with something moist **2.** to put on (paint, etc.) with light strokes —*n.* **1.** a tap; pat **2.** a bit, esp. of a soft or moist thing [a *dab* of rouge] **3.** [*pl.*] [Slang] fingerprints —**dab'ber** *n.*

**dab**[2] *n.* [ME. *dabbe*] a flounder of coastal waters

**dab**[3] *n.* [< ?] [Colloq.] an expert

**dabble** (dab'l) *vt.* **-bled, -bling** [Du. *dabben,* strike] to spatter or splash —*vi.* **1.** to play in water, as with the hands **2.** to do something superficially (with *in* or *at*) [to *dabble* in art] —**dab'bler** *n.*

**dabchick** (dab'chik') *n.* [< OE. *dop,* to dive + CHICK] either of two small grebes of Europe and the Americas

**dab hand** someone who is skilled at some activity; expert

‡**da capo** (dä kä'pō) [It.] *Music* from the beginning

**dace** (dās) *n.* [< OFr. *dars,* dart] a small freshwater fish

DACHSHUND (20-25 cm high at shoulder)

**dachshund** (daks'hoond) *n.* [G. *Dachs,* badger + *Hund,* dog] a small dog with a long body and short legs

**Dacron** (dak'ron) *Trademark* a synthetic, crease-resistant fabric

**dactyl** (dak'til) *n.* [< Gr. *daktylos,* finger] a metrical foot of three syllables, the first accented and the others unaccented —**dactylic** (dak til'ik) *adj.*

**dad** (dad) *n.* [< child's cry *dada*] [Colloq.] father: also **daddy**

**dada** (dä'dä) *n.* [Fr., hobbyhorse] [*also* **D-**] a movement (1916–22) in art and literature characterized by fantastic or incongruous creations —**da'daist** *adj., n.*

**daddy-longlegs** (dad'ē loŋ'legz') *n., pl.* **-long'legs'** *same as* CRANE FLY

**dado** (dā'dō) *n., pl.* **-does** [< L. *datum,* a die] **1.** the part of a pedestal between the cap and the base **2.** the lower part of a wall if decorated differently from the upper

**daemon** (dē'mən) *n.* [< Gr. *daimōn*] **1.** *Gr. Myth.* a secondary deity **2.** a guardian spirit **3.** *same as* DEMON —**daemonic** (di mon'ik) *adj.*

**daff** (daf) *n.* [Colloq.] a daffodil

**daffodil** (daf'ə dil') *n.* [< Gr. *asphodelos*] **1.** a narcissus, having a yellow flower and a large, trumpetlike crown **2.** the flower, one of the Welsh national emblems

**daft** (däft) *adj.* [< OE. (*ge*)*dæfte,* mild] **1.** silly; foolish **2.** insane; crazy —**daft'ly** *adv.* —**daft'ness** *n.*

**dagga** (dakh'ə) *n.* [< Afrik. < Hottentot *dagah*] in S Africa, a hemp smoked as a narcotic

**dagger** (dag'ər) *n.* [< ME. *daggere*] **1.** a weapon with a short, pointed blade, used for stabbing **2.** *Printing* a reference mark (†) —**look daggers at** to look at with anger —**at daggers drawn** in a state of hostility

**dago** (dā'gō) *n.* [< Sp. *Diego,* James] [Derog. Slang] a foreigner, esp. a Spaniard, Portuguese, or Italian

**daguerreotype** (də ger'ō tīp') *n.* [< L. *Daguerre*] a photograph made by an early method on a plate of chemically treated metal or glass

**dahlia** (dāl'yə) *n.* [< A. *Dahl*] a perennial plant with tuberous roots and large, showy flowers

**Dail Eireann** (doil'äər'ən) [Ir., assembly of Ireland] the lower house of the legislature of the Republic of Ireland

**daily** (dā'lē) *adj.* done, happening, or published every day —*n., pl.* **-lies** **1.** a daily newspaper **2.** a charwoman —*adv.* every day; day after day

**dainty** (dān'tē) *n., pl.* **-ties** [< L. *dignitas,* worth] a delicacy —*adj.* **1.** delicious and choice **2.** delicately pretty **3.** of refined taste; fastidious —**dain'tily** *adv.* —**dain'tiness** *n.*

**daiquiri** (dak'ər ē) *n.* [< *Daiquirí,* in Cuba] a cocktail made of rum, sugar, and lime juice

**dairy** (dāər'ē) *n., pl.* **dair'ies** [< OE. *dæge,* breadmaker] **1.** a commercial establishment that distributes milk and milk products **2.** a place where milk and cream are kept and butter, cheese, etc. are made —*adj.* of milk, cream, butter, cheese, etc.

**dairy cattle** cows raised mainly for their milk

**dairy farm** a farm that specializes in producing milk

**dairymaid** *n.* a girl or woman who milks cows or works in a dairy

**dairyman** *n.* a man who works in or for a dairy

**dairy products** milk, cream, cheese, butter, etc.

**dais** (dā′is) *n., pl.* **da′ises** [< L. *discus,* discus] a platform raised above the floor at one end of a hall or room, as for seats of honour, a speaker's stand, etc.

**daisy** (dā′zē) *n., pl.* **-sies** [< OE. *dæges eage,* day's eye] a plant bearing flowers with white rays around a yellow disc —**push up (the) daisies** [Slang] to be dead and buried

**Dalai Lama** (da′lī lä′mə) [Mongol. *dalai,* ocean + LAMA] the traditional high priest of the Lamaist religion

**dale** (dāl) *n.* [OE. *dæl*] a valley

**dalles** (dalz) *n.pl.* [< Canad. Fr., trough] [US & Canad.] the rapids of a river flowing in a narrow channel between high rock walls

**dally** (dal′ē) *vi.* **-lied, -lying** [< OFr. *dalier,* to converse] **1.** to waste time **2.** to deal lightly or carelessly (*with*) **3.** to make love in a playful way —**dal′liance** *n.*

**Dalmatian** (dal mā′shən) *n.* a large, short-haired dog with dark spots on a white coat

‡**dal segno** (dal se′nyō) [It.] *Music* from the sign: a direction to return and repeat from the sign (𝄋)

**dam**[1] (dam) *n.* [ME.] **1.** a barrier built to hold back flowing water **2.** the water thus kept back —*vt.* **dammed, dam′ming** **1.** to build a dam in **2.** to keep back or confine as by a dam (usually with *up*)

**dam**[2] *n.* [see DAME] the female parent of any four-legged animal

**damage** (dam′ij) *n.* [< L. *damnum,* loss] **1.** injury or harm resulting in a loss **2.** [*pl.*] *Law* money compensating for injury, loss, etc. **3.** [Colloq.] cost —*vt.* **-aged, -aging** to do damage to —*vi.* to incur damage —**dam′ageable** *adj.*

**damask** (dam′əsk) *n.* [< *Damascus* (the city)] **1.** a lustrous, reversible fabric as of silk or linen, in figured weave, used for table linen, upholstery, etc. **2.** deep pink or rose —*adj.* **1.** made of or like damask **2.** deep-pink or rose —*vt.* to ornament with flowered designs or wavy lines

**damask rose** a very fragrant rose important as a source of attar of roses

**dame** (dām) *n.* [< L. *domina,* lady] **1.** [Obs.] a lady **2.** [**D-**] the title of a woman who has received an order of knighthood **3.** the role of a comic old woman in a pantomime, usually played by a man **4.** [U.S. Slang] a woman

**damn** (dam) *vt.* **damned, damn′ing** [< L. *damnare,* condemn] **1.** to condemn to an unhappy fate or *Theol.* to hell **2.** to condemn as bad, inferior, etc. **3.** to swear at by saying "damn" —*vi.* to swear or curse —*n.* the saying of "damn" as a curse —*adj., adv.* [Colloq.] *short for* DAMNED —*interj.* an expression of anger, annoyance, etc. —**damn all** [Slang] nothing whatever —**damn with faint praise** to condemn by praising mildly —**not give** (or **care**) **a damn** [Colloq.] not care at all

**damnable** *adj.* deserving to be damned; outrageous; execrable —**dam′nably** *adv.*

**damnation** (dam nā′shən) *n.* a damning or being damned —*interj.* an expression of anger, annoyance, etc. —**dam′natory** *adj.*

**damned** (damd) *adj.* **1.** condemned or deserving condemnation **2.** [Colloq.] deserving cursing; outrageous [*a damned* shame] —*adv.* [Colloq.] very —**do** (or **try**) **one's damnedest** [Colloq.] to do or try one's utmost

**damning** *adj.* proving or indicative of guilt

**damp** (damp) *n.* [MDu., vapour] **1.** a slight wetness; moisture **2.** any harmful gas in a mine —*adj.* somewhat moist or wet —*vt.* **1.** to make damp **2.** to reduce or check (energy, action, etc.) —**damp′ish** *adj.* —**damp′ly** *adv.* —**damp′ness** *n.*

**damp course** a layer of impervious material in a brick wall that prevents damp from rising

**dampen** *vt.* **1.** to make damp **2.** to deaden, reduce, or lessen —*vi.* to become damp —**damp′ener** *n.*

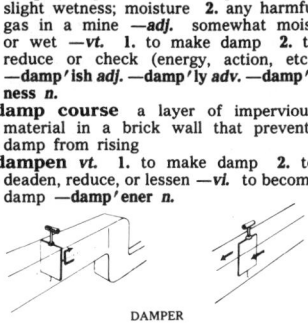

DAMPER

**damper** *n.* **1.** anything that deadens or depresses **2.** a movable plate or valve in a flue for controlling the draught **3.** a device to check vibration in the strings of a piano, etc.

**damsel** (dam′z'l) *n.* [see DAME] [Archaic or Poet.] a girl; maiden

**damson** (dam′z'n) *n.* [< L. *Damascenus,* (plum) of Damascus] a variety of small, purple plum —*adj.* of the colour of this plum

**Dan.** **1.** Daniel **2.** Danish

**dance** (dāns) *vi.* **danced, danc′ing** [< OFr. *danser*] **1.** to move the body and feet in rhythm, ordinarily to music **2.** to move lightly, rapidly, or gaily about —*vt.* **1.** to take part in or perform (a dance) **2.** to cause to dance —*n.* **1.** rhythmic movement of the body and feet, ordinarily to music **2.** a particular kind of dance **3.** the art of dancing **4.** a party to which people come to dance **5.** a piece of music for dancing **6.** rapid, lively movement —**dance attendance on** to be always near so as to lavish attentions on —**danc′er** *n.*

**D and C** dilatation (of the cervix) and curettage (of the uterus)

**dandelion** (dan′dəlī′ən) *n.* [< L. *dens,* tooth + *de,* of + *leo,* lion] a common weed with jagged leaves and yellow flowers

**dander** (dan′dər) *n.* [< ?] [Colloq.] anger or temper —**get one's dander up** [Chiefly U.S. Colloq.] to become angry

**dandify** (dan′də fī′) *vt.* **-fied′, -fy′ing** to dress up like a dandy —**dan′difica′tion** *n.*

**dandle** (dan′d′l) *vt.* **-dled, -dling** [< ?] to dance (a child) up and down on the knee or in the arms

**dandruff** (dan′druf) *n.* [< ?] little scales or flakes of dead skin formed on the scalp —**dan′druffy** *adj.*

**dandy** (dan′dē) *n., pl.* **-dies** [< ?] a man excessively attentive to his appearance; fop —*adj.* **-dier, -diest** [U.S. Colloq.] very good —**dan′dyish** *adj.*

**Dane** (dān) *n.* a native or inhabitant of Denmark

**danger** (dān′jər) *n.* [< L. *dominus,* master] **1.** liability to injury, damage, loss, or pain **2.** a thing that may cause injury, pain, etc.

**danger money** extra money paid to compensate for the risks involved in certain dangerous jobs

**dangerous** *adj.* full of danger; unsafe; perilous —**dan′gerously** *adv.* —**dan′gerousness** *n.*

**dangle** (daŋ′g′l) *vi.* **-gled, -gling** [< Scand.] **1.** to hang, swinging loosely **2.** to follow (*after*) —*vt.* to cause to dangle

**Danish** (dā′nish) *adj.* of Denmark, the Danes, or their language —*n.* the language of the Danes

**dank** (daŋk) *adj.* [ME.] disagreeably damp; moist and chilly —**dank′ly** *adv.* —**dank′ness** *n.*

**dankie** (daŋ′kē) *interj.* [Afrik.] [S Afr.] thank you

**dapper** (dap′ər) *adj.* [< ? MDu.] **1.** trim, neat, or smart **2.** small and active —**dap′perly** *adv.*

**dapple** (dap′′l) *adj.* [< ?] marked with spots: also **dap′pled** —*n.* **1.** a spotted condition **2.** an animal whose skin is spotted —*vt., vi.* **-pled, -pling** to become covered with spots

**dapple-grey** *adj.* grey spotted with darker grey —*n.* a dapple-grey horse

**Darby and Joan** (där′bē ən jōn′) [< ? an 18th-cent. song] an old married couple devoted to each other

**dare** (dâər) *vi., vt.* **dared** or archaic **durst** (dərst), **dared, dar′ing** [< OE. *durran*] **1.** to have enough courage for (some act) **2.** to oppose and defy **3.** to test the courage of (someone) with a dare —*n.* a challenge —**dare say** to think probable —**dar′er** *n.*

**daredevil** *adj.* bold and reckless —*n.* a bold, reckless person —**dare′dev′ilry, dare′dev′iltry** *n.*

**daring** *adj.* having or showing a bold willingness to take risks, etc. —*n.* bold courage —**dar′ingly** *adv.*

**dark** (därk) *adj.* [< OE. *deorc*] **1.** entirely or partly without light **2.** almost black **3.** not light in colour or complexion **4.** hidden; secret **5.** not easily understood **6.** gloomy **7.** angry or sullen **8.** evil; sinister **9.** ignorant; unenlightened —*n.* **1.** the state of being dark **2.** night —**in the dark** uninformed; ignorant —**keep dark** to keep secret or hidden —**dark′ish** *adj.* —**dark′ly** *adv.* —**dark′ness** *n.*

**Dark Ages** the Middle Ages; esp., the early part to the late 10th cent.

**Dark Continent** Africa

**darken** *vt., vi.* to make or become dark or darker —**not darken one's door** not come to one's home

**dark horse** [Colloq.] **1.** an unexpected winner, as in a horse race **2.** one who reveals unexpected talents

**darkroom** *n.* a room from which all actinic rays are excluded, so that photographs can be developed in it

**darling** (där′liŋ) *n.* [OE. *deorling*] a person much loved by another —*adj.* very dear; beloved

**darn**[1] (därn) *vt., vi.* [< ?] to mend (cloth, etc.) by sewing a network of stitches across the gap —*n.* a darned place in fabric —**darn′er** *n.*

**darn**[2] *vt., vi., n., adj., adv., interj.* [Colloq.] *a euphemism for* DAMN (the curse) —**darned** *adj., adv.*

**darnel** (där′n′l) *n.* [< Fr. dial. *darnelle*] a weedy rye grass which can become poisonous

**darning** *n.* things to be darned

**dart** (därt) *n.* [< OFr.] **1.** a small, pointed missile for throwing or shooting **2.** a sudden, quick movement **3.** a tapered stitched fold in a garment **4.** [*pl., with sing. v.*] a game in which a dart is thrown at a target —*vt., vi.* to throw, move, etc. suddenly and fast

**dartboard** *n.* a circular piece of wood, cork, etc. used as a target in the game of darts

**Dartmoor pony** (därt′moоər) a breed of small, strong ponies, originally from Dartmoor

**Darwinian theory** (där win′ē ən) Darwin's theory of evolution, which holds that all species of plants and animals developed from earlier forms, those forms surviving which are best adapted to the environment: also called **Dar′winism** —**Dar′winist** *adj., n.*

**dash** (dash) *vt.* [< Scand.] **1.** to throw so as to break **2.** to strike violently (*against*) **3.** to throw, thrust, etc. (with *away, down,* etc.) **4.** to destroy; frustrate [*to dash one's hopes*] **5.** to depress; discourage **6.** [Colloq.] *a euphemism for* DAMN —*vi.* **1.** to strike violently (*against* or *on*) **2.** to rush —*n.* **1.** a bit of something added **2.** a sudden rush **3.** vigour; verve **4.** showy appearance **5.** the mark (—) used to indicate a break, omission, etc. **6.** *Telegraphy* a long signal, as in Morse code —**dash off** **1.** to do, write, etc. hastily **2.** to rush away

**dashboard** *n.* a panel with instruments and gauges on it, as in a motor car; facia

**dasher** *n.* [Canad.] the ledge along the top of the boards of an ice hockey rink

**dashing** *adj.* **1.** full of dash or spirit; lively **2.** showy; stylish —**dash′ingly** *adv.*

**dassie** (das′ē) *n.* [< Afrik.] in South Africa, a hyrax, esp. a rock rabbit

**dastard** (das′tərd) *n.* [ME.] a mean, cowardly evildoer —**das′tardly** *adj.*

**dat.** dative

**data** (dāt′ə) ***n.pl.*** [*often with sing. v.*] [L., things given] facts or figures from which conclusions can be inferred; information: the sing. form is **datum**

**data bank** information stored in a form that can be directly retrieved by a computer

**data processing** the recording and handling of information by mechanical or electronic means

**date**[1] (dāt) ***n.*** [< L. *data*, as in *data Romae*, lit., given at Rome] **1.** a statement on a writing, coin, etc. of when it was made **2.** the time at which a thing happens or is done **3.** the day of the month **4.** *a*) an appointment for a set time *b*) the person with whom one has such an engagement —***vt.*** **dat′ed, dat′ing** **1.** to mark (a letter, etc.) with a date **2.** to find out or give the date of **3.** to show as old-fashioned **4.** to have a social engagement with —***vi.*** to belong to, or have its origin in, a definite period in the past (usually with *from* or *back to*) —**out of date** old-fashioned —**to date** until now —**up to date** in or into agreement with the latest ideas, styles, etc. —**dat′able, date′able** ***adj.***

**date**[2] ***n.*** [< Gr. *daktylos*, a finger] the sweet, fleshy fruit of a cultivated palm (**date palm**)

**dateline** ***n.*** **1.** the date and place of writing as given in a line in a newspaper, etc. **2.** *same as* DATE LINE

**date line** an imaginary line drawn north and south through the Pacific Ocean, at which each calendar day begins at midnight, so that when it is Sunday just west of the line, it is Saturday just east of it

**date stamp** **1.** a rubber stamp with figures that can be adjusted to show the date **2.** the mark made by this

**dative** (dāt′iv) ***adj.*** [< L. *dare*, give] designating, of, or in that case which expresses the indirect object of a verb —***n.*** **1.** the dative case **2.** a word in the dative case —**datival** (də tī′v′l) ***adj.***

**daub** (dôb) ***vt., vi.*** [< L. *de-*, intens. + *albus*, white] **1.** to cover or smear with sticky, soft matter, such as plaster, grease, etc. **2.** to paint coarsely and unskilfully —***n.*** **1.** anything daubed on **2.** a daubing stroke **3.** a poorly painted picture —**daub′er** ***n.***

**daughter** (dôt′ər) ***n.*** [< OE. *dohtor*] **1.** a girl or woman as she is related to either or both parents **2.** a female descendant **3.** a female thought of as if in the relation of child to parent [a *daughter* of France] —**daugh′terliness** ***n.*** —**daugh′terly** ***adj.***

**daughter-in-law** ***n., pl.*** **daugh′ters-in-law′** the wife of one's son

**daunt** (dônt) ***vt.*** [< L. *domare*, tame] to make afraid or discouraged; intimidate; dishearten

**dauntless** ***adj.*** that cannot be intimidated or discouraged —**daunt′lessly** ***adv.*** —**daunt′lessness** ***n.***

**dauphin** (dô′fin) ***n.*** [Fr., lit., dolphin] the eldest son of the king of France: a title used from 1349 to 1830 —**dau′phine, dau′phiness** ***n. fem.***

**davenport** (dav′ən pôrt′) ***n.*** [< ?] **1.** a small writing desk with a hinged writing surface **2.** [U.S.] a large sofa

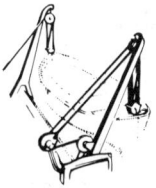

DAVITS

**davit** (dav′it) ***n.*** [< OFr. dim. of *David*] either of a pair of uprights projecting over the side of a ship for suspending, lowering, or raising a boat

**Davy Jones's locker** (dā′vē jōn′ziz) the bottom of the sea; grave of those drowned or buried at sea

**Davy lamp** [< Sir H. *Davy*] an early safety lamp for miners, with the flame enclosed by wire gauze

**dawdle** (dôd′′l) ***vi., vt.*** **-dled, -dling** [< ?] to waste (time) in trifling; loiter —**daw′dler** ***n.***

**dawn** (dôn) ***vi.*** [< OE. *dæg*, day] **1.** to begin to be day; grow light **2.** to begin to appear, develop, etc. **3.** to begin to be understood [the meaning *dawned* on me] —***n.*** **1.** daybreak **2.** the beginning (*of* something)

**dawn chorus** the singing of many birds at daybreak

**day** (dā) ***n.*** [< OE. *dæg*] **1.** *a*) the period of light between sunrise and sunset *b*) daylight *c*) sunshine **2.** the time (24 hours) that it takes the earth to revolve once on its axis **3.** [*often* **D-**] a particular day [Christmas *Day*] **4.** [*also pl.*] a period of time; era [the best writer of his *day*] **5.** a time of power, glory, etc. [he has had his *day*] **6.** the time one works each day [an eight-hour *day*] **7.** [*pl.*] one's lifetime —**all in a day's work** part of the usual course of events —**call it a day** [Colloq.] **1.** to stop working for the day **2.** to decide to stop doing (something) —**day after day** every day —**day by day** each day —**day in, day out** every day —**from day to day** **1.** from one day to the next **2.** without particular concern about the future

**daybed** (dā′bed′) ***n.*** a couch that can also be used as a bed

**dayboy** ***n.*** a child who attends a boarding school by day and returns home each night —**day′girl** ***n.fem.***

**daybreak** ***n.*** the time in the morning when light first appears; dawn

**day centre** a place where meals, entertainment, etc. are provided for old or disabled people who spend the day there

**daydream** ***n.*** **1.** a pleasant, dreamlike thinking or wishing; reverie **2.** a pleasing but visionary notion —*vi.* to have daydreams —**day′dream′er** *n.*

**daylight** *n.* **1.** the light of day **2.** dawn **3.** daytime **4.** full understanding or knowledge

**daylight robbery** blatant overcharging

**daylight-saving time** time that is one hour later than standard time, generally used in the summer

**day release** a system of vocational training for employees during working hours, usually one day a week

**day room** a room for recreation, reading, etc., as in a barracks, institution, or the like

**day school** **1.** a school whose pupils live at home **2.** a school that has classes in the daytime

**day-to-day** *adj.* everyday; daily

**daze** (dāz) *vt.* **dazed, daz′ing** [< ON. *dasi,* tired] to stun or bewilder —*n.* a dazed condition —**daz′edly** (-id lē) *adv.*

**dazzle** (daz′′l) *vi., vt.* **daz′zled, daz′zling** [< DAZE] **1.** to overpower or be overpowered with very bright light **2.** to surprise or arouse admiration with brilliant qualities, display, etc. —*n.* **1.** a dazzling **2.** something that dazzles —**daz′zler** *n.* —**daz′zlingly** *adv.*

**db** decibel; decibels

**D.B.E.** Dame Commander of the Order of the British Empire

**DC, D.C., d.c.** direct current

**D.C.B.** Dame Commander of the Order of the Bath

**D.C.M.** Distinguished Conduct Medal

**D.D.** [L. *Divinitatis Doctor*] Doctor of Divinity

**D-day** (dē′dā′) *n.* the day for beginning an important operation; specif., June 6, 1944, the day Allied forces invaded W Europe in World War II

**D.D.S.** Doctor of Dental Surgery

**DDT** a powerful insecticide effective upon contact

**de-** [< Fr. or L.] *a prefix meaning:* **1.** away from, off *[derail]* **2.** down *[decline]* **3.** entirely *[defunct]* **4.** reverse the action of *[defrost]*

**deacon** (dēk′′n) *n.* [< Gr. *diakonos,* servant] **1.** a cleric ranking just below a priest **2.** a church officer who helps the clergyman, esp. in secular matters —**dea′conate** *n.* —**dea′coness** *n. fem.*

**deactivate** (dē ak′tə vāt′) *vt.* **-vat′ed, -vat′ing** to make (an explosive, etc.) inactive —**deac′tiva′tion** *n.*

**dead** (ded) *adj.* [OE.] **1.** no longer living **2.** without life **3.** deathlike **4.** lacking vitality, interest, warmth, etc. **5.** without feeling, motion, or power **6.** extinguished or extinct **7.** no longer used or significant **8.** unerring; sure [a *dead* shot] **9.** exact; precise *[dead* centre] **10.** complete [a *dead* stop] **11.** *Elec.* without current or uncharged **12.** *Sports* no longer in play —*n.* the time of greatest darkness, most intense cold, etc. [the *dead* of night] —*adv.* **1.** completely; absolutely *[dead* right] **2.** directly *[dead* ahead] —**dead from the neck up** [Colloq.] extremely stupid —**the dead** those who have died

**deadbeat** *n.* [Slang] a person who is penniless or exhausted

**dead duck** [Colloq.] a person or thing doomed to death, failure, etc., esp. because of a mistake

**deaden** *vt.* **1.** to lessen the vigour or intensity of **2.** to make numb —*vi.* to become as if dead

**dead-end** (ded′end′) *adj.* **1.** having only one exit [a *dead-end* street] **2.** giving no opportunity for progress

**dead end** **1.** an end of a street, etc. that has no regular exit **2.** an impasse

**deadhead** *n.* **1.** a person who uses a free ticket to go to the theatre, etc. **2.** [U.S. & Canad.] a log sticking out of the surface of water as a snag to navigation —*vt.* to remove dead flower heads

**dead heat** a race in which two or more contestants reach the finishing line at exactly the same time; tie

**dead letter** **1.** a law, practice, etc. no longer enforced or operative but not formally done away with **2.** a letter that cannot be delivered or returned

**deadline** *n.* the latest time by which something must be done or completed

**deadlock** *n.* **1.** a standstill resulting from the action of equal and opposed forces **2.** a type of lock that can be locked or unlocked only with a key —*vt., vi.* to bring or come to a deadlock

**dead loss** **1.** a loss for which no compensation is payable **2.** [Colloq.] a worthless person or thing

**deadly** *adj.* **-lier, -liest** **1.** causing or likely to cause death **2.** to the death *[deadly* combat] **3.** typical of death **4.** extreme or excessive *[deadly* silence] **5.** *Theol.* causing spiritual death —*adv.* **1.** as if dead [to lie *deadly* still] **2.** extremely or excessively *[deadly* serious] —**dead′liness** *n.*

**deadly nightshade** *same as* BELLADONNA

**dead man's handle** a device in trains that requires constant pressure to maintain the power supply

**dead march** funeral music in slow march tempo

**deadpan** *adj., adv.* [Colloq.] without expression

**dead reckoning** [< ? *ded* (for *deduced*) *reckoning*] the finding of a ship's position by an estimate based on data recorded in the log rather than by taking astronomical observations

**dead set** a resolute attack or effort —*adv.* absolutely and uncompromisingly

**dead weight** **1.** the weight of an inert person or thing **2.** the weight of a vehicle without a load

**deadwood** *n.* **1.** dead wood on trees **2.** a useless or burdensome person or thing

**deaf** (def) *adj.* [OE.] **1.** unable to hear **2.** unwilling to hear or listen —**deaf′ly** *adv.* —**deaf′ness** *n.*

**deaf aid** a hearing aid

**deaf-and-dumb** *adj.* **1.** deaf-mute **2.** of or for deaf-mutes *[deaf-and-dumb* alphabet]

**deafen** *vt.* **1.** to make deaf **2.** to overwhelm with noise —**deaf'ening** *adj., n.* —**deaf'eningly** *adv.*

**deaf-mute** (def'myōōt') *n.* a person who is deaf, esp. from birth, and unable to speak

**deal**[1] (dēl) *vt.* **dealt, deal'ing** [OE. *dælan*] **1.** to portion out or distribute **2.** to give or administer (a blow) —*vi.* **1.** to have to do (*with*) [books *dealing* with fish] **2.** to act or conduct oneself [*deal* fairly with others] **3.** to consider or attend to [to *deal* with a problem] **4.** to do business; trade (*with* or *in*) **5.** to distribute playing cards to the players —*n.* **1.** *a*) the act of distributing playing cards *b*) a player's turn to deal **2.** a business transaction **3.** a bargain or agreement **4.** [Colloq.] behaviour or conduct towards another [a square *deal*] —**big deal** [Colloq.] a very impressive thing —**raw** (or **rough**) **deal** very unfair treatment —**deal'er** *n.*

**deal**[2] *n.* [OE. *dæl,* part] a considerable amount —**a good** (or **great**) **deal** **1.** a large amount **2.** very much

**deal**[3] *n.* [MDu. *dele*] **1.** a fir or pine board **2.** fir or pine wood —*adj.* made of deal

**dealing** *n.* **1.** distribution **2.** behaviour **3.** [*usually pl.*] transactions or relations

**dealt** (delt) *pt. and pp. of* DEAL[1]

**dean**[1] (dēn) *n.* [< LL. *decanus,* head of ten soldiers or monks] **1.** the presiding official of a cathedral **2.** *a*) a university official in charge of a faculty *b*) a fellow of a college with responsibility for undergraduate discipline —**dean'ship** *n.*

**dean**[2] *n.* [< OE. *denu,* valley] a narrow, wooded valley

**deanery** *n., pl.* **-eries** **1.** the rank, authority, or residence of a dean **2.** the parishes presided over by a dean

**dear** (dēər) *adj.* [OE. *deore*] **1.** much loved **2.** esteemed: a polite form of address [*Dear* Sir] **3.** high-priced **4.** earnest [our *dearest* wish] **5.** cherished; precious [for *dear* life] —*adv.* **1.** with deep affection **2.** at a high cost —*n.* a loved person: also **dear'est** —*interj.* an expression of surprise, pity, etc. —**dear'ly** *adv.*

**dearth** (dŭrth) *n.* [see DEAR] **1.** scarcity of food; famine **2.** any scarcity or lack

**death** (deth) *n.* [OE.] **1.** the act or fact of dying; ending of life **2.** [**D-**] the personification of death, usually as a skeleton holding a scythe **3.** the state of being dead **4.** any end resembling dying **5.** the cause of death —**at death's door** nearly dead —**be the death of** likely to cause the death of —**put to death** to execute —**to death** very much [worried *to death*] —**to the death** to the very end of (a struggle, etc.) —**death'like** *adj.*

**deathbed** *n.* the bed on which a person dies —*adj.* done in one's last hours of life [a *deathbed* will]

**deathblow** *n.* **1.** a blow that kills **2.** a thing destructive or fatal (*to* something)

**death certificate** a document stating the cause of death and signed by a doctor

**death duty** a tax levied on property inheritances

**deathless** *adj.* that cannot die; immortal

**deathly** *adj.* **1.** causing death; deadly **2.** like or characteristic of death —*adv.* **1.** in a deathlike way **2.** extremely [*deathly* ill]

**death rate** the number of deaths per year per thousand of population

**death's-head** *n.* a human skull symbolizing death

**deathtrap** *n.* an unsafe building, vehicle, etc.

**death warrant** **1.** an official order to put a person to death **2.** anything that makes inevitable the destruction or end of a person or thing

**deathwatch** *n.* **1.** a vigil kept beside a dead or dying person **2.** a beetle that bores into wood and makes a tapping sound: also **deathwatch beetle**

**debacle** (dā bäk'l) *n.* [< Fr. *débâcler,* break up] **1.** an overwhelming defeat or rout **2.** a total, often ludicrous, collapse or failure

**debar** (di bär') *vt.* **-barred', -bar'ring** [< Anglo-Fr.: see DE- & BAR[1]] **1.** to exclude (*from* something); bar **2.** to prevent or prohibit —**debar'ment** *n.*

**debark** (di bärk') *vt., vi.* [< Fr.: see DE- & BARQUE] to disembark —**de'barka'tion** *n.*

**debase** (di bās') *vt.* **-based', -bas'ing** [DE- + (A)BASE] to make lower in quality, dignity, etc. —**debase'ment** *n.*

**debate** (di bāt') *vi.* **-bat'ed, -bat'ing** [< OFr. *debatre,* fight] **1.** to discuss opposing reasons; argue **2.** to take part in a formal discussion —*vt.* **1.** to dispute about, esp. in a meeting or legislature **2.** to argue (a question) or argue with (a person) formally **3.** to consider reasons for and against —*n.* **1.** discussion of opposing reasons; argument **2.** *a*) the discussion of a bill, etc. in Parliament *b*) a formal contest in reasoned argument by two opposing teams —**debat'able** *adj.* —**debat'er** *n.*

**debauch** (di bôch') *vt.* [< OFr. *desbaucher,* seduce] to lead astray morally; corrupt —*vi.* to dissipate —*n.* **1.** debauchery **2.** an orgy —**debauch'er** *n.* —**debauch'ment** *n.*

**debauchery** (di bôch'ər ē) *n., pl.* **-eries** **1.** extreme indulgence of one's appetites **2.** [*pl.*] orgies

**debenture** (di ben'chər) *n.* [< L. *debentur,* there are owing] **1.** a voucher acknowledging a debt **2.** an interest-bearing bond often issued without security

**debenture stock** shares issued by a company, which guarantee a fixed return at regular intervals

**debilitate** (di bil'ə tāt') *vt.* **-tat'ed, -tat'ing** [< L. *debilis,* weak] to make weak; enervate —**debil'ita'tion** *n.*

**debility** *n., pl.* **-ties** [< L. *debilis,* weak] bodily weakness; feebleness

**debit** (deb'it) *n.* [< L. *debere,* owe] **1.** an entry in an account of money owed

2. the total of such entries —*vt.* to enter as a debit

**debonair** (deb′ə nāər′) *adj.* [< OFr. *de bon aire,* of good breed] 1. genial; affable 2. carefree in manner; jaunty —**deb′onair′ly** *adv.*

**debouch** (di bouch′) *vi.* [< Fr. *dé-,* DE- + *bouche,* mouth] 1. *Mil.* to come forth from a narrow place into open country 2. to emerge —**debouch′ment** *n.*

**debrief** (dē brēf′) *vt.* [DE- + BRIEF] to question (a pilot, etc.) following a flight or mission —**debrief′ing** *n.*

**debris, débris** (dā′brē) *n.* [< OFr. *desbrisier,* break apart] 1. broken pieces of stone, wood, etc.; rubble 2. bits of rubbish; litter 3. a heap of rock fragments

**debt** (det) *n.* [< L. *debere,* owe] 1. something owed to another 2. an obligation to pay or return something 3. the condition of owing *[to be in debt]*

**debt of honour** a gambling or betting debt

**debtor** *n.* one that owes a debt

**debug** (dē bug′) *vt.* **-bugged′, -bug′ging** [DE- + BUG] 1. [Slang] to correct defects, etc. in 2. [Slang] to remove hidden listening devices from (a room, etc.)

**debunk** (dē buŋk′) *vt.* [DE- + BUNK[2]] [Colloq.] to expose the false or exaggerated claims, etc. of —**debunk′er** *n.*

**début** (dā′bōō, dā′byōō) *n.* [Fr. < *débuter,* lead off] 1. the first appearance before the public, as of an actor 2. the formal introduction of a girl into society

**débutante** (deb′yōō tänt′) *n.* [Fr.] a girl making a début into society

**Dec.** December

**deca-** [< Gr. *deka,* ten] *a combining form meaning* ten

**decade** (dek′ād) *n.* [< Gr. *deka,* ten] 1. a period of ten years 2. a group of ten

**decadence** (dek′ə dəns) *n.* [< L. *de-,* from + *cadere,* fall] a process, condition, or period of decline, as in morals, art, etc. —**dec′adent** *adj., n.*

**decagon** (dek′ə gən) *n.* [see DECA- & -GON] a plane figure with ten sides and ten angles

**decagram, decagramme** *n.* [see DECA- & GRAM] a measure of weight, equal to 10 grams

**decahedron** (dek′ə hē′drən) *n., pl.* **-drons, -dra** [see DECA- & -HEDRON] a solid figure with ten plane surfaces

**decalitre** (dek′ə lēt′ər) *n.* [see DECA- & LITRE] a measure of capacity, equal to 10 litres

**Decalogue** (dek′ə log′) *n.* [< Gr.: see DECA- & -LOGUE] [*sometimes* **d-**] *same as* TEN COMMANDMENTS

**decametre** (dek′ə mēt′ər) *n.* [see DECA- & METRE] a measure of length, equal to 10 metres

**decamp** (di kamp′) *vi.* [< Fr.: see DE- & CAMP[1]] 1. to break or leave camp 2. to go away suddenly and secretly

**decant** (di kant′) *vt.* [< L. *de-,* from + *canthus,* rim] to pour off (a liquid, esp. wine) gently without stirring up the sediment

**decanter** *n.* a decorative glass bottle, used for serving wine, etc.

**decapitate** (di kap′ə tāt′) *vi.* **-tat′ed, -tat′ing** [< L. *de-,* off + *caput,* head] to cut off the head of; behead —**decap′ita′tion** *n.* —**decap′ita′tor** *n.*

**decapod** (dek′ə pod′) *adj.* [see DECA- & -POD] ten-legged —*n.* 1. any crustacean with ten legs, as a lobster, crab, etc. 2. any cephalopod with ten arms, as a squid

**decarbonize** (dē kär′bə nīz′) *vt.* **-ized′, -iz′ing** to remove carbon from: also **decar′burize′** (-byoo riz′) **-rized′, -riz′ing** —**decar′boniza′tion** *n.*

**decathlon** (di kath′lon) *n.* [DEC(A)- + Gr. *athlon,* a contest] an athletic contest consisting of ten events

**decay** (di kā′) *vi.* [see DECADENCE] 1. to lose strength, prosperity, etc. gradually 2. to rot 3. to undergo radioactive disintegration —*vt.* to cause to decay —*n.* 1. a deterioration 2. a rotting or rottenness 3. the spontaneous disintegration of radioactive atoms

**decease** (di sēs′) *n.* [< L. *de-,* from + *cedere,* go] death —*vi.* **-ceased′, -ceas′ing** to die

**deceased** (di sēst′) *adj.* dead —**the deceased** the dead person or persons

**deceit** (di sēt′) *n.* [see DECEIVE] 1. a deceiving or lying 2. a dishonest action; lie 3. the quality of being deceitful

**deceitful** *adj.* 1. apt to lie or cheat 2. deceptive; false —**deceit′fully** *adv.* —**deceit′fulness** *n.*

**deceive** (di sēv′) *vt.* **-ceived′, -ceiv′ing** [< L. *de-,* from + *capere,* take] to make (a person) believe what is not true —*vi.* to use deceit —**deceive oneself** to delude oneself —**deceiv′er** *n.* —**deceiv′ingly** *adv.*

**decelerate** (dē sel′ə rāt′) *vt., vi.* **-at′ed, -at′ing** [DE- + (AC)CELERATE] to slow down —**decel′era′tion** *n.*

**December** (di sem′bər) *n.* [< L. *decem,* ten: the Romans counted from March] the twelfth and last month of the year, having 31 days: abbrev. **Dec.**

**decency** (dē′sən sē) *n., pl.* **-cies** a being decent; propriety; proper behaviour, modesty, good taste, etc.

**decennial** (di sen′ē əl) *adj.* [< L. *decem,* ten + *annus,* year] 1. of or lasting ten years 2. occurring every ten years —*n.* a tenth anniversary —**decen′nially** *adv.*

**decent** (dē′sənt) *adj.* [< L. *decere,* befit] 1. proper and fitting 2. not obscene 3. conforming to approved social standards 4. adequate *[decent* wages*]* 5. [Colloq.] fair and kind —**de′cently** *adv.*

**decentralize** (dē sen′trə līz′) *vt.* **-lzed′, -iz′ing** to break up a concentration of (governmental authority, etc.) and distribute more widely —**decen′traliza′tion** *n.*

**deception** (di sep′shən) *n.* 1. a being deceived 2. an illusion or a fraud

**deceptive** *adj.* deceiving or meant to deceive —**decep′tively** *adv.* —**decep′tiveness** *n.*

**deci-** [< L. *decem,* ten] *a combining form meaning* one tenth *[decigram]*

**decibel** (des′ə bel′) *n.* [DECI- + *bel* (after

A. G. *Bell*)] a numerical expression of the relative loudness of a sound

**decide** (di sīd′) *vt.* **-cid′ed, -cid′ing** [< L. *de-*, off + *caedere*, to cut] **1.** to reach a decision about **2.** to end (a contest, dispute, etc.) by giving one side the victory —*vi.* to arrive at a judgment **—decid′er** *n.*

**decided** *adj.* **1.** definite; clear-cut **2.** unhesitating; determined **—decid′edly** *adv.*

**deciduous** (di sid′yōō wəs) *adj.* [< L. *de-*, off + *cadere*, fall] **1.** shedding leaves annually **2.** falling off at a certain season, as leaves, antlers, etc. **—decid′uously** *adv.*

**decigram, decigramme** (des′ə gram′) *n.* [see DECI- & GRAM] a metric weight, equal to 1/10 gram

**decilitre** (des′ə lēt′ər) *n.* [see DECI- & LITRE] a metric measure of volume, equal to 1/10 litre

**decimal** (des′ə m'l) *adj.* [< L. *decem*, ten] of or based on the number 10; progressing by tens —*n.* a fraction with an unwritten denominator of some power of ten, shown by a point (**decimal point**) before the numerator (Ex.: ·5 = 5/10): in full, **decimal fraction** **—dec′imally** *adv.*

**decimal currency** a system of currency in which the monetary units are powers of ten: also **decimal coinage**

**decimalize** *vt.* **-ized′, -iz′ing** to adopt a decimal system for (currency, etc.) **—dec′imaliza′tion** *n.*

**decimal system** a system of computation based on the number ten

**decimate** (des′ə māt′) *vt.* **-mat′ed, -mat′ing** [< L. *decem*, ten] **1.** to destroy a large part of **2.** orig., to kill every tenth one of **—dec′ima′tion** *n.*

**decimetre** (des′ə mēt′ər) *n.* [see DECI- & METRE] a metric measure of length, equal to 1/10 metre

**decipher** (di sī′fər) *vt.* [DE- + CIPHER] **1.** to decode **2.** to make out the meaning of (ancient inscriptions, etc.) **—deci′pherable** *adj.*

**decision** (di sizh′ən) *n.* **1.** the act of deciding something **2.** a judgment or conclusion **3.** determination [a man of *decision*] **—deci′sional** *adj.*

**decisive** (di sī′siv) *adj.* **1.** that settles a dispute, etc. **2.** critically important **3.** showing decision or determination **—deci′sively** *adv.* **—deci′siveness** *n.*

**deck**[1] (dek) *n.* [prob. < MLowG. *verdeck*] **1.** a roof over a section of a ship's hold, serving as a floor **2.** any platform or floor like a ship's deck **—clear the decks** to get ready for action

**deck**[2] *vt.* [MDu. *decken*, to cover] to cover with finery or ornaments

**deck chair** a folding chair, usually with a canvas seat

**deckhand** *n.* a common sailor

**deckle edge** (dek′'l) [< G. *Decke*, a cover] a rough, irregular edge sometimes given to a sheet of paper

**declaim** (di klām′) *vi., vt.* [< L. *de-*, intens. + *clamare*, shout] **1.** to recite (a speech, poem, etc.) with artificial eloquence **2.** to deliver a tirade (*against*) **—declaim′er** *n.* **—dec′lama′tion** (dek′lə-) *n.*

**declaration** (dek′lə rā′shən) *n.* **1.** a declaring; announcement **2.** a formal statement **3.** a statement of taxable goods **4.** *Bridge* the winning bid **5.** *Cricket* the closing of an innings before all wickets have fallen

**declare** (di klāər′) *vt.* **-clared′, -clar′ing** [< L. *de-*, intens. + *clarus*, clear] **1.** to announce openly, formally, etc. **2.** to show or reveal **3.** to say emphatically **4.** to make a statement of (taxable goods), as at customs **5.** *Card Games* to establish (trump or no-trump) by a successful bid —*vi.* **1.** to make a declaration **2.** to state openly a choice, opinion, etc. **3.** *Cricket* to close an innings before all wickets have fallen **—declare oneself** **1.** to state strongly one's opinion **2.** to reveal one's true character, etc. **—declar′ative** (-klar′-) *adj.* **—declar′er** *n.*

**declassify** (dē klas′ə fī′) *vt.* **-fied′, -fy′ing** to make (governmental documents, etc.) available to the public

**declension** (di klen′shən) *n.* [see DECLINE] **1.** a sloping; descent **2.** a declining; deterioration **3.** *Gram.* a class of nouns, pronouns, or adjectives having the same inflection **—declen′sional** *adj.*

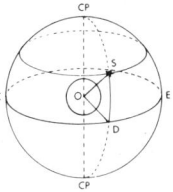


DECLINATION
(CP, celestial poles; CE, celestial equator; O, observer, or centre of earth; DS, or angle DOS, declination of star S)

**declination** (dek′lə nā′shən) *n.* **1.** a bending or sloping downwards **2.** the angle formed by a magnetic needle with the line pointing to true north **3.** [U.S.] a polite refusal **4.** *Astron.* the angular distance of a heavenly body north or south from the celestial equator

**decline** (di klīn′) *vi.* **-clined′, -clin′ing** [< L. *de-*, from + *clinare*, to bend] **1.** to refuse something **2.** to approach the end; wane **3.** to deteriorate **4.** to bend or slope downwards —*vt.* **1.** to refuse, esp. politely **2.** *Gram.* to give the inflected forms of (a noun, pronoun, or adjective) **3.** to cause to bend or slope downwards —*n.* **1.** a declining; deterioration; decay **2.** a period of decline **3.** a wasting disease, esp. tuberculosis **4.** a downward slope **—declin′able** *adj.* **—declin′er** *n.*

**declivity** (di kliv′ə tē) *n., pl.* **-ties** [< L. *de-*, down + *clivus*, a slope] a downward slope of the ground

**declutch** (dē kluch′) *vi.* to disengage the clutch which connects the engine and transmission of a motor vehicle

**decoct** (di kokt′) *vt.* [< L. *de-*, down + *coquere*, cook] to extract the essence of by boiling **—decoc′tion** *n.*

**decode** (dē kōd′) *vt.* **-cod′ed, -cod′ing** to translate (a coded message) into understandable language

**decoke** (dē kōk′) *vt. same as* DECARBONIZE

**décolletage** (dā kol′ə täzh′) *n.* [Fr.] a low-cut dress, etc.

**décolleté** (dā kol′tā) *adj.* [Fr., ult. < L. *de,* from + *collum,* neck] **1.** cut low so as to bare the neck and shoulders **2.** wearing a décolleté dress, etc.

**decompose** (dē′kəm pōz′) *vt., vi.* **-posed′, -pos′ing** [see DE- & COMPOSE] **1.** to break up into components or parts **2.** to rot —**de′compos′able** *adj.* —**de′composi′tion** (-kom pə zish′ən)

**decompress** (dē′kəm pres′) *vt.* to free from pressure —**de′compres′sion** *n.* —**de′compres′sor** *n.*

**decompression sickness** a condition caused by the formation of nitrogen bubbles in the blood as a result of a sudden lowering of air pressure

**decongestant** (dē′kən jes′tənt) *n.* a drug, etc. that relieves congestion, as in the nasal passages

**decontaminate** (dē′kən tam′ə nāt′) *vt.* **-nat′ed, -nat′ing** to rid of a harmful substance, as radioactive products —**de′contam′ina′tion** *n.*

**décor** (dā′kôr) *n.* [Fr.] **1.** decoration **2.** the decorative scheme of a room, stage set, etc.

**decorate** (dek′ə rāt′) *vt.* **-rat′ed, -rat′ing** [< L. *decus,* an ornament] **1.** to adorn; ornament **2.** to paint or wallpaper **3.** to give a medal or similar token of honour to —**decorative** (dek′ər ə tiv) *adj.* —**dec′orativeness** *n.* —**dec′ora′tor** *n.*

**decorated style** a richly ornamented style of 14th cent. Gothic architecture

**decoration** (dek′ə rā′shən) *n.* **1.** a decorating **2.** an ornament **3.** a medal or similar honour

**decorous** (dek′ər əs) *adj.* [L. *decorus,* becoming] having or showing decorum —**dec′orously** *adv.*

**decorum** (di kôr′əm) *n.* [L.: see prec.] **1.** whatever is suitable or proper **2.** propriety in behaviour, speech, etc.

**decoy** (di koi′; *for n.* dē′koi) *n.* [< Du. *de kooi,* the cage] **1.** a thing, animal, or person used to lure into a trap **2.** a place into which wild ducks, etc. are lured for capture —*vt.* **1.** to lure into a trap, danger, etc. **2.** [Canad.] *same as* DEKE —*vi.* to be decoyed

**decrease** (di krēs′; *for n.,* dē′krēs) *vi., vt.* **-creased′, -creas′ing** [< L. *de-,* from + *crescere,* grow] to become or cause to become gradually less, smaller, etc. —*n.* **1.** a lessening **2.** amount of decreasing —**on the decrease** decreasing —**decreas′ingly** *adv.*

**decree** (di krē′) *n.* [< L. *de-,* from + *cernere,* judge] an official order or decision, as of a government —*vt.* **-creed′, -cree′ing** to order, decide, or appoint by decree

**decree nisi** (nī′sī) [L. *nisi,* unless] a provisional divorce order which becomes absolute after a fixed period, unless cause to the contrary is shown

**decrepit** (di krep′it) *adj.* [< L. *de-,* intens. + *crepare,* creak] broken down or worn out by old age or long use —**decrep′itly** *adv.* —**decrep′itude′** *n.*

**decrescendo** (dē′krə shen′dō) *adj., adv.* [It.] *Music* with a gradual decrease in loudness —*n., pl.* **-dos** *Music* a gradual decrease in loudness; symbol <

**decretal** (di krēt′′l) *adj.* [< LL. *decretalis*] of a decree —*n. R.C.Ch.* a decree issued by the Pope

**decry** (di krī′) *vt.* **-cried′, -cry′ing** [see DE- & CRY] to speak out against strongly and openly; denounce

**dedicate** (ded′ə kāt′) *vt.* **-cat′ed, -cat′ing** [< L. *de-,* intens. + *dicere,* speak] **1.** to devote to a sacred purpose **2.** to devote to some work, duty, etc. **3.** to address (a book, etc.) to someone as a sign of honour —**ded′ica′tor** *n.*

**dedicated** *adj.* devoted; single-minded

**dedication** (ded′ə kā′shən) *n.* **1.** a dedicating or being dedicated **2.** an inscription, as in a book, dedicating it to someone **3.** wholehearted devotion —**ded′icatory** *adj.*

**deduce** (di dyōōs′) *vt.* **-duced′, -duc′ing** [< L. *de-,* down + *ducere,* lead] **1.** to infer by logical reasoning **2.** to trace the course of —**deduc′ible** *adj.*

**deduct** (di dukt′) *vt.* [see prec.] to take away or subtract (a quantity)

**deductible** *adj.* that is allowed as a deduction in computing income tax —**deduct′ibil′ity** *n.*

**deduction** *n.* **1.** a deducting or being deducted; subtraction **2.** the amount deducted **3.** *a*) reasoning from the general to the specific *b*) a conclusion so deduced —**deduc′tive** *adj.* —**deduc′tively** *adv.*

**deed** (dēd) *n.* [OE. *ded*] **1.** a thing done; act **2.** a feat of courage, skill, etc. **3.** action; actual performance **4.** *Law* a document which transfers a present interest in property —**in deed** in fact; really

**deed box** a strong box used to hold documents

**deed of covenant** an agreement to pay a certain sum annually, as to a charity, for a stated number of years: the tax on this gift may be reclaimed by the charity

**deed poll** *Law* a deed made by one party only, esp. one by which a person changes his name

**deejay** (dē′jā′) *n.* [D(ISC) J(OCKEY)] [Colloq.] *same as* DISC JOCKEY

**deem** (dēm) *vt., vi.* [OE. *deman,* to judge] to think, believe, or judge

**deemster** (dēm′stər) *n.* the title of either of the two chief judges of the Isle of Man: also **demp′ster**

**deep** (dēp) *adj.* [OE. *deop*] **1.** extending far downwards inwards, or backwards **2.** extending down, back, or in a specified distance *[two feet deep]* **3.** *a*) located far down or back *b*) coming from or going far down or back **4.** hard to understand **5.** grave or serious **6.** strongly felt **7.** intellectually profound **8.** carefully guarded [a *deep* secret] **9.** dark and rich [a *deep* red] **10.** absorbed by [*deep* in thought] **11.** intense **12.** of low pitch [a *deep* voice] —*n.* **1.** a deep place **2.** the part that is darkest, etc. [the *deep* of the night] **3.** *Cricket* the area of the field relatively far from the wicket —*adv.* far down, far back, etc. —**go off the deep end** [Colloq.] to become angry or excited —**in deep water** in trouble or difficulty —**deep'ly** *adv.* —**deep'ness** *n.*

**deepen** *vt., vi.* to make or become deep or deeper

**deepfreeze** (dēp'frēz') *n.* **1.** storage in a deep freezer **2.** *same as* DEEP FREEZER —*vt.* **-froze', -fro'zen, -freez'ing** to subject (foods) to sudden freezing so as to preserve and store

**deep freezer** any freezer for freezing and storing food

**deep-laid** *adj.* carefully worked out and kept secret

**deep-rooted** *adj.* **1.** having deep roots **2.** firmly fixed; hard to remove

**deep-seated** *adj.* **1.** buried deep **2.** firmly fixed

**deer** (dēər) *n., pl.* **deer** [OE. *deor,* wild animal] any of a family of hoofed, cud-chewing animals, including the reindeer, red deer, etc.

**deerskin** *n.* **1.** the hide of a deer **2.** leather or a garment made from this

**deerstalker** *n.* a hat with peaks in front and behind

**deface** (di fās') *vt.* **-faced', -fac'ing** [see DE- & FACE] to spoil the appearance of —**deface'ment** *n.*

**de facto** (dē fak'tō) [L.] existing in actual fact though not by official recognition, etc.

**defalcate** (dē'fal kāt) *vi.* **-cated, -cating** [< L. *de-,* from + *falx,* sickle] to steal or misuse funds entrusted to one's care; embezzle —**de'falca'tion** *n.*

**defame** (di fām') *vt.* **-famed', -fam'ing** [< L. *dis-,* from + *fama,* fame] to attack the reputation of —**defamation** (def'ə-mā'shən) —**defamatory** (di fam'ə tər ē) *adj.*

**default** (di fôlt') *n.* [< L. *de-,* away + *fallere,* fail] failure to do or appear as required; specif., *a*) failure to pay money due *b*) failure to take part in or finish a contest —*vt., vi.* **1.** to fail to do, pay, finish, etc. (something) when required **2.** to lose (a contest, etc.) by default —**go by default** to occur because of absence, lack of action, etc. —**default'er** *n.*

**defeat** (di fēt') *vt.* [< L. *dis-,* from + *facere,* do] **1.** to win victory over; beat **2.** to bring to nothing; frustrate —*n.* a defeating or being defeated

**defeatist** *n.* one who too readily accepts defeat —*adj.* of or like a defeatist —**defeat'ism** *n.*

**defecate** (dē'fə kāt') *vt., vi.* **-cat'ed, -cat'-ing** [< L. *de-,* from + *faex, faecis,* dregs] to excrete waste matter from the bowels Also **def'aecate** —**def'eca'tion** *n.*

**defect** (dē'fekt; *also, and for v. always,* di fekt') *n.* [< L. *de-,* from + *facere,* do] **1.** lack of something necessary for completeness **2.** an imperfection; blemish —*vi.* to forsake a party, cause, etc. —**defec'tion** *n.* —**defec'tor** *n.*

**defective** (di fek'tiv) *adj.* **1.** having a defect or defects; faulty **2.** subnormal in intelligence —*n.* a person with some bodily or mental defect —**defec'tively** *adv.* —**defec'tiveness** *n.*

**defence** (di fens') *n.* [< L. *defendere*] **1.** a defending against attack **2.** means of protection **3.** justification or support by speech or writing **4.** self-protection, as by boxing **5.** the side that is defending in any contest **6.** *Law a*) the arguments of the defendant *b*) the defendant and his lawyer —**defence'less** *adj.* —**defence'-lessly** *adv.* —**defence'lessness** *n.*

**defend** (di fend') *vt.* [< L. *de-,* away + *fendere,* strike] **1.** to guard from attack **2.** to support or justify **3.** *Law a*) to oppose (an action, etc.) *b*) to act as lawyer for (an accused) —*vi.* to make a defence —**defend'er** *n.*

**defendant** *adj.* defending —*n. Law* the person sued or accused

**defensible** *adj.* that can be defended or justified —**defen'sibil'ity, defen'sible-ness** *n.*

**defensive** *adj.* **1.** defending **2.** of or for defence —*n.* a position of defence: chiefly in **on the defensive** in a position that makes defence necessary —**defen'-sively** *adv.* —**defen'siveness** *n.*

**defer**[1] (di fur') *vt., vi.* **-ferred', -fer'ring** [see DIFFER] to put off; postpone; delay —**defer'ment, defer'ral** *n.*

**defer**[2] *vi.* **-ferred', -fer'ring** [< L. *de-,* down + *ferre,* to bear] to give in to the wish or judgment of another

**deference** (def'ər əns) *n.* **1.** a yielding in opinion, judgment, etc. **2.** courteous regard or respect

**deferential** (def'ə ren'shəl) *adj.* showing deference; very respectful: also **def'erent** —**def'eren'tially** *adv.*

**defiance** (di fī'əns) *n.* open, bold resistance to authority or opposition —**in defiance of** in spite of —**defi'ant** *adj.* —**defi'antly** *adv.*

**deficiency** (di fish'ən sē) *n.* **1.** a being deficient; absence of an essential **2.** *pl.* **-cies** a shortage

**deficiency disease** a disease, as rickets, caused by lack of vitamins, minerals, etc. in the diet

**deficient** *adj.* [see DEFECT] **1.** lacking in some essential; incomplete **2.** inadequate in amount, quality, etc. —**defi'-ciently** *adv.*

**deficit** (def'ə sit) *n.* [< L. *deficere,* to lack] the amount by which a sum of money is less than the required amount

**defile**[1] (di fīl') *vt.* **-filed', -fil'ing** [< OFr. *defouler,* tread underfoot] **1.** to make filthy **2.** to corrupt **3.** to profane or sully —**defile'ment** *n.* —**defil'er** *n.*

**defile**[2] (dē'fīl) *vi.* **-filed', -fil'ing** [< Fr. *dé-,* from + *filer,* form a line] to march in single file —*n.* a narrow passage, valley, or mountain pass

**define** (di fīn') *vt.* **-fined', -fin'ing** [<

L. *de-*, from + *finis*, boundary] **1.** to state the meaning of (a word, etc.) **2.** to determine the extent and nature of **3.** to determine the boundaries of —**defin'able** *adj.*

**definite** (def'ə nit) *adj.* [see prec.] **1.** precise and clear in meaning **2.** certain; positive **3.** having exact limits **4.** *Gram.* limiting or specifying [“the” is the *definite* article] —**def'initely** *adv.*

**definition** (def'ə nish'ən) *n.* **1.** a defining or being defined **2.** a statement of the meaning of a word, phrase, etc. **3.** a being in clear, sharp outline —**def'inî'tional** *adj.*

**definitive** (di fin'ə tiv) *adj.* **1.** decisive; conclusive **2.** most nearly complete and accurate **3.** serving to define —**defin'itively** *adv.*

**deflate** (di flāt') *vt., vi.* -**flat'ed, -flat'ing** [DE- + (IN)FLATE] **1.** to collapse by letting out air or gas **2.** to make or become smaller or less important **3.** to cause deflation of (currency, prices, etc.)

**deflation** *n.* **1.** a deflating or being deflated **2.** a lessening of the amount of money in circulation, causing a rise in its value —**defla'tionary** *adj.*

**deflect** (di flekt') *vt., vi.* [< L. *de-*, from + *flectere*, bend] to bend or turn to one side; swerve —**deflec'tion, deflex'ion** *n.* —**deflec'tive** *adj.* —**deflec'tor** *n.*

**deflower** (dē flou'ər) *vt.* [see DE- & FLOWER] **1.** to deprive (a woman) of virginity **2.** to ravage or spoil **3.** to remove flowers from (a plant) —**defloration** (dē flôr ā' shən) *n.*

**defoliate** (dē fō' lē āt') *vt.* -**at'ed, -at'ing** [< L. *de-*, from + *folium*, leaf] to strip (trees, etc.) of leaves —**defo'liant** *n.* —**defo'lia'tion** *n.*

**deform** (di fôrm') *vt.* [< L. *de-*, from + *forma*, form] **1.** to impair the form or shape of **2.** to make ugly —**deform'able** *adj.* —**deformation** (dē' fôr mā' shən) *n.* —**de'forma'tional** *adj.*

**deformed** *adj.* misshapen; ugly

**deformity** *n., pl.* -**ties** **1.** a deformed or disfigured part of the body **2.** ugliness or depravity

**defraud** (di frôd') *vt.* [< L. *de-*, from + *fraus*, fraud] to take property, rights, etc. from by fraud

**defray** (di frā') *vt.* [< OFr.] to pay (the cost or expenses) —**defray'able** *adj.* —**defray'al, defray'ment** *n.*

**defrost** (di frost') *vt.* **1.** to remove frost or ice from by thawing **2.** to cause (frozen foods) to become unfrozen —*vi.* to become defrosted

**deft** (deft) *adj.* [see DAFT] skilful in a quick, sure, and easy way —**deft'ly** *adv.* —**deft'ness** *n.*

**defunct** (di fuŋkt') *adj.* [< L. *de-*, from + *fungi*, perform] no longer existing; dead or extinct

**defuse** (dē fyōōz') *vt.* -**fused', -fus'ing** **1.** to remove the fuse from (a bomb, etc.) **2.** to remove the cause of tension from (a crisis, etc.)

**defy** (di fī') *vt.* -**fied', -fy'ing** [< L. *dis-*, from + *fidus*, faithful] **1.** to resist boldly or openly **2.** to resist in a baffling way **3.** to dare (someone) to do something

**degenerate** (di jen' ər ət; *for v.* -ə rāt') *adj.* [< L. *de-*, from + *genus*, race] having sunk below a former or normal condition, etc.; deteriorated —*n.* a degenerate person, esp. one who is morally depraved —*vi.* -**at'ed, -at'ing** to lose former normal or higher qualities —**degen'eracy** *n.* —**degen'erately** *adv.* —**degen'erative** *adj.*

**degeneration** (di jen' ə rā' shən) *n.* **1.** the process of degenerating **2.** *Biol.* loss of a function in the course of evolution

**degrade** (di grād') *vt.* -**grad'ed, -grad'ing** [< L. *de-*, down + *gradus*, a step] **1.** to lower in rank or status **2.** to lower in quality, etc. **3.** to dishonour **4.** *Chem.* to convert (an organic compound) into a simpler compound —**degrad'able** *adj.* —**degradation** (deg' rə dā' shən) *n.* —**degrad'ing** *adj.*

**degree** (di grē') *n.* [see DEGRADE] **1.** any of the successive steps in a series **2.** a step in the direct line of descent **3.** social or official rank **4.** relative condition; manner or respect **5.** extent, amount, or intensity [hungry to a slight *degree*] **6.** *Algebra* rank as determined by the sum of a term's exponents **7.** *Educ.* a rank given by a college or university to a student who has completed a course of study, or to a distinguished person as an honour **8.** *Gram.* a grade of comparison of adjectives and adverbs [the superlative *degree* of “good” is “best”] **9.** *Law* [Chiefly U.S.] the seriousness of a crime **10.** *Math., Astron., Geog., etc.* a unit of measure for angles or arcs 1/360 of the circumference of a circle **11.** *Physics* a unit of measure on a scale as for temperature —**by degrees** gradually

**dehisce** (di his') *vi.* -**hisced', -hisc'ing** [< L. *de-*, off + *hiscere*, gape] to burst or split open, as a seedpod —**dehis'cence** *n.* —**dehis'cent** *adj.*

**dehumanize** (dē hyōō' mə nīz') *vt.* -**ized', -iz'ing** to deprive of human qualities; make inhuman or machinelike

**dehydrate** (dē hī' drāt) *vt.* -**drated, -drating** to remove water from (a compound etc.); dry —*vi.* to become dry —**de'hydra'tion** *n.* —**dehy'drator** *n.*

**de-ice** (dē īs') *vt.* -**iced', -ic'ing** to melt ice from or keep free of ice —**de-ic'er** *n.*

**deify** (dē' ə fī') *vt.* -**fied', -fy'ing** [< L *deus*, god + *facere*, make] **1.** to make a god of **2.** to look upon or worship as a god —**de'ifica'tion** *n.*

**deign** (dān) *vi.* [< L. *dignus*, worthy] to condescend; think fit

**deism** (dē' iz' m) *n.* [< L. *deus*, god] belief in the existence of God based on reason rather than revelation —**de'ist** *n.* —**deis'tic, deis'tical** *adj.*

**deity** (dē' ə tē) *n., pl.* -**ties** [< L. *deus* god] **1.** the state of being a god **2.** a god or goddess —**the Deity** God

‡**déjà vu** (dā zhä vū') [Fr., already seen] **1.** *Psychol.* the illusion that one has previously experienced something actually

new to one **2.** anything which is unoriginal: said esp. of the arts

**deject** (di jekt′) *vt.* [< L. *de-*, down + *jacere,* throw] to dishearten; depress —**dejec′tion** *n.*

**dejected** *adj.* in low spirits; disheartened

**de jure** (dē jo͞ər′ē) [L.] by right or legal establishment *[de jure government]*

**deke** (dēk) *vt.* [Canad. Slang] in ice hockey or box lacrosse, to draw a defending player out of position by faking a shot or movement —*n.* [Canad. Slang] such a shot or movement

**dekko** (dek′ō) *n.* [Hindi.] [Colloq.] a look

**delay** (di lā′) *vt.* [< OFr. *de-*, intens. + *laier,* leave] **1.** to put off; postpone **2.** to make late; detain —*vi.* to stop for a while —*n.* a delaying or being delayed

**delectable** (di lek′tə b'l) *adj.* [see DELIGHT] very pleasing; delightful; delicious —**delec′tabil′ity** *n.*

**delectation** (dē′lek tā′shən) *n.* [see DELIGHT] delight; entertainment

**delegate** (del′ə gāt′; *also for n.* -gət) *n.* [< L. *de-*, from + *legare,* send] a person authorized to act for others; representative —*vt.* **-gat′ed, -gat′ing** **1.** to appoint as a representative **2.** to entrust (authority, etc.) to another

**delegation** (del′ə gā′shən) *n.* **1.** a body of delegates **2.** a delegating or being delegated

**delete** (di lēt′) *vt.* **-let′ed, -let′ing** [< L. *delere,* destroy] to take out (a letter, word, etc.) —**dele′tion** *n.*

**deleterious** (del′ə tēr′ē əs) *adj.* [< Gr. *dēleisthai,* injure] harmful to health, well-being, etc.; injurious —**del′ete′riously** *adv.* —**del′ete′riousness** *n.*

**delftware** (delft′wär′) *n.* glazed earthenware, usually blue and white, which originated in Delft in the Netherlands Also **delft, delf**

**deliberate** (di lib′ər ət; *for v.* -āt′) *adj.* [< L. *de-*, intens. + *librare,* weigh] **1.** carefully thought out and formed, or done on purpose **2.** not rash or hasty **3.** unhurried and methodical —*vi., vt.* **-at′ed, -at′ing** to consider carefully —**delib′erately** *adv.* —**delib′erateness** *n.* —**delib′erative** *adj.* —**delib′era′tor** *n.*

**deliberation** (di lib′ə rā′shən) *n.* **1.** a deliberating **2.** [*often pl.*] consideration and discussion **3.** carefulness

**delicacy** (del′i kə sē) *n., pl.* **-cies** **1.** the quality or state of being delicate; fineness, weakness, sensitivity, tact, etc. **2.** a choice food

**delicate** (del′i kət) *adj.* [L. *delicatus,* delightful] **1.** pleasing in its lightness, mildness, etc. **2.** beautifully fine in texture, workmanship, etc. **3.** slight and subtle **4.** easily damaged, spoiled, etc. **5.** frail in health **6.** *a*) needing careful handling *b*) showing tact, consideration, etc. **7.** finely sensitive —**del′icately** *adv.* —**del′icateness** *n.*

**delicatessen** (del′i kə tes′'n) *n.* [G. pl. < Fr. *délicatesse,* delicacy] **1.** prepared cooked meats, smoked fish, cheeses, salads, relishes, etc., collectively **2.** a shop where such foods are sold

**delicious** (di lish′əs) *adj.* [< L. *deliciae,* delight] **1.** very enjoyable **2.** very pleasing to taste or smell —*n.* [**D-**] a sweet, red or green winter apple —**deli′ciously** *adv.*

**delight** (di līt′) *vt.* [< L. *de-*, from + *lacere,* entice] to give great pleasure to —*vi.* **1.** to give great pleasure **2.** to be highly pleased —*n.* **1.** great pleasure **2.** something giving great pleasure —**delight′ed** *adj.* —**delight′edly** *adv.*

**delightful** *adj.* giving delight; very pleasing —**delight′fully** *adv.* —**delight′fulness** *n.*

**delimit** (dē lim′it) *vt.* to set the limits or boundaries of —**delim′ita′tion** *n.*

**delineate** (di lin′ē āt′) *vt.* **-at′ed, -at′ing** [< L. *de-*, from + *linea,* line] **1.** to draw; depict **2.** to depict in words; describe —**delin′ea′tion** *n.* —**delin′ea′tor** *n.*

**delinquent** (di liŋ′kwənt) *adj.* [< L. *de-*, from + *linquere,* to leave] failing or neglecting to do what duty or law requires —*n.* a delinquent person; esp., a juvenile delinquent —**delin′quency** *n.* —**delin′quently** *adv.*

**deliquesce** (del′ə kwes′) *vi.* **-quesced′, -quesc′ing** [< L. *de-*, from + *liquere,* to be liquid] **1.** to melt away **2.** to become liquid by absorbing moisture from the air —**del′iques′cence** *n.* —**del′iques′cent** *adj.*

**delirious** (di lir′ē əs) *adj.* **1.** in a state of delirium **2.** caused by delirium **3.** wildly excited —**delir′iously** *adv.*

**delirium** *n., pl.* **-iums, -ia** [< L. *de-*, from + *lira,* a line] **1.** a temporary state of mental excitement, marked by confused speech and hallucinations **2.** uncontrollably wild excitement

**delirium tremens** (trē′mənz) [ModL., trembling delirium] a violent delirium resulting chiefly from chronic alcoholism

**deliver** (di liv′ər) *vt.* [< L. *de-*, from + *liberare,* to free] **1.** to distribute *[deliver the post]* **2.** to transfer **3.** to set free or save from evil, danger, etc. **4.** to assist at the birth of **5.** to utter (speech, etc.) **6.** to strike (a blow) —*vi.* **1.** to make deliveries, as of merchandise **2.** [Colloq.] to produce the expected, or promised, results —**be delivered of** to give birth to —**deliver the goods** [Colloq.] to produce what has been promised —**deliv′erable** *adj.* —**deliv′erance** *n.*

**delivery** *n. pl.* **-eries** **1.** a transfer **2.** a distributing, as of the post **3.** a giving birth **4.** any giving forth **5.** the act or manner of giving a speech, throwing a ball, etc.

**dell** (del) *n.* [OE. *del*] a small, wooded valley

**delouse** (dē lous′) *vt.* **-loused′, -lous′ing** to rid of lice —**delous′er** *n.*

**Delphic** (del′fik) *adj.* of the oracle of Apollo at Delphi in ancient times Also **Del′phian**

**delphinium** (del fin′ē əm) *n.* [< Gr.

*delphin,* dolphin] a plant bearing spikes of irregular flowers, usually blue

**delta** (del′tə) *n.* **1.** the fourth letter of the Greek alphabet (Δ, δ) **2.** a deposit of soil, usually triangular, formed at the mouth of some rivers

**delta wing** the triangular shaped wing of certain kinds of jet aircraft

**delude** (di lōōd′) *vt.* **-lud′ed, -lud′ing** [< L. *de-,* from + *ludere,* play] to mislead; trick **—delud′er** *n.*

**deluge** (del′yōōj) *n.* [< L. *dis-,* off + *lavere,* wash] **1.** a great flood **2.** a heavy rainfall **3.** an overwhelming rush of anything **—*vt.* -uged, -uging 1.** to flood **2.** to overwhelm **—the Deluge** *Bible* the flood in Noah's time

**delusion** (di lōō′zhən) *n.* **1.** a false belief or opinion **2.** a deluding or being deluded **—delu′sional** *adj.* **—delu′sive, delu′sory** *adj.*

**deluxe** (də looks′) *adj.* [Fr.] of extra fine quality; elegant **—*adv.*** in a deluxe manner

**delve** (delv) *vi.* **delved, delv′ing** [OE. *delfan*] **1.** to search (*into* books, etc.) **2.** [Archaic] to dig **—delv′er** *n.*

**demagnetize** (dē mag′nə tīz′) *vt.* **-ized′, -iz′ing** to deprive of magnetism **—demag′netiza′tion** *n.*

**demagogue** (dem′ə gog′) *n.* [< Gr. *dēmos,* the people + *agōgos,* leader] one who tries to stir up people's emotions in order to gain power **—dem′agog′ic** *adj.* **—dem′agog′y** *n.*

**demand** (di mänd′) *vt.* [< L. *de-,* from + *mandare,* entrust] **1.** to ask for boldly or urgently **2.** to ask for as a right or with authority **3.** to require **—*n.* 1.** a demanding **2.** a thing demanded **3.** a strong request **4.** an urgent requirement **5.** *Econ.* *a*) the desire for a commodity *b*) the amount of a commodity, etc. that people are prepared to buy **—in demand** asked for **—on demand** when presented for payment **—demand′able** *adj.* **—demand′er** *n.*

**demanding** *adj.* making demands on one's patience, energy, etc. **—demand′ingly** *adv.*

**demarcation, demarkation** (dē′mär kā′shən) *n.* [Sp. < *de-,* from + *marcar,* to mark] **1.** the act of setting and marking boundaries **2.** a limit or boundary

**demean** (di mēn′) *vt.* [DE- + MEAN²] to degrade

**demeanour** (di mēn′ər) *n.* [< OFr. < L. *minari,* threaten] outward behaviour; conduct; deportment

**demented** (di ment′id) *adj.* [< L. *demens, dementis,* mad] mentally deranged; insane

**dementia** (di men′shē ə) *n.* [L. < *de-,* out from + *mens,* the mind] impairment of mental powers from organic causes

**demerara** (dem′ə rāər′ə) *n.* [< *Demerara,* in Guyana] brown crystallized cane sugar from the West Indies

**demerit** (di mer′it) *n.* a fault; defect

**demesne** (di mān′) *n.* [see DOMAIN] **1.** *Law* possession (of real estate) in one's own right **2.** the land around a mansion **3.** a region or domain

**demi-** [< L. *dimidius,* half] *a prefix meaning:* **1.** half **2.** less than usual in size, power, etc.

**demigod** (dem′ē god′) *n.* **1.** *Myth.* *a*) a minor deity *b*) the offspring of a human being and a god or goddess **2.** a godlike person

DEMIJOHN

**demijohn** (dem′ē jon) *n.* [Fr. *damejeanne*] a large bottle of glass or earthenware, with a narrow neck and a wicker casing and handle

**demilitarize** (dē mil′ə tə rīz′) *vt.* **-rized′, -riz′ing** to free from military control **—demili′itariza′tion** *n.*

**demimonde** (dem′ē mond′) *n.* [Fr. < *demi-,* DEMI- + *monde,* world] formerly, the class of women who had lost social standing because of sexual promiscuity

**demise** (di mīz′) *n.* [< L. *de-,* down + *mittere,* send] **1.** *Law* a transfer of an estate by lease **2.** death **—*vt.* -mised′, -mis′ing** to give or transfer (an estate) by lease

**demisemiquaver** (dem′ē sem′ē kwā′vər) *n.* *Music* a note having 1/32 of the duration of a semibreve

**demister** (dē mist′ər) *n.* a device for melting ice and frost, as on a windscreen

**demo** (dem′ō) *n.* [Colloq.] *same as* DEMONSTRATION

**demob** (dē mob′) *vt.* **-mobbed′, -mob′bing** [Colloq.] to demobilize

**demobilize** (dē mō′bə līz′) *vt.* **-lized′, -liz′ing 1.** to disband (troops) **2.** to discharge (a person) from the armed forces **—demo′biliza′tion** *n.*

**democracy** (di mok′rə sē) *n., pl.* **-cies** [< Gr. *dēmos,* people + *kratein,* rule] **1.** government by the people directly or through elected representatives **2.** a country, state, etc. with such government **3.** the principle of equality of rights, opportunity, etc.

**democrat** (dem′ə krat′) *n.* **1.** one who upholds and practises democracy **2.** [U.S.] [**D-**] a member of the Democratic Party

**democratic** (dem′ə krat′ik) *adj.* **1.** of or upholding (a) democracy **2.** for all or most people **3.** treating all people in the same way **—dem′ocrat′ically** *adv.*

**demodulation** (dē mod′yoo lā′shən) *n.* *Radio* the recovery, at the receiver, of a signal that has been modulated on a carrier wave

**demography** (di mog′rə fē) *n.* [< Gr. *dēmos,* the people + -GRAPHY] the statistical study of populations **—demog'rapher** *n.* **—demographic** (dē'mə graf'ik) *adj.*

**demolish** (di mol'ish) *vt.* [< L. *de-*, down + *moliri*, build] to tear down; destroy; ruin **—dem'oli'tion** (dem'ə-), **demol'ishment** *n.*

**demon** (dē'mən) *n.* [L. *daemon*] **1.** *same as* DAEMON **2.** a devil; evil spirit **3.** a person or thing regarded as evil, cruel, etc. **4.** one who has great energy or skill **—demonic** (dē mon'ik) *adj.*

**demonetize** (dē'mun'ə tīz') *vt.* **-tized', -tiz'ing** to deprive (currency) of its standard value

**demoniac** (di mō'nē ak') *adj.* of or like a demon; fiendish Also **demoniacal** (dē'mō nī'ə k'l) **—*n.*** one possessed by a demon **—de'moni'acally** *adv.*

**demonolatry** (dē'mə nol'ə trē) *n.* worship of demons

**demonology** (dē'mə nol'ə jē) *n.* the study of demons or of beliefs about them **—de'monol'ogist** *n.*

**demonstrable** (dem'ən strə b'l) *adj.* that can be demonstrated, or proved **—demon'strably** *adv.*

**demonstrate** (dem'ən strāt') *vt.* **-strat'ed, -strat'ing** [< L. *de-*, from + *monstrare*, show] **1.** to show by reasoning; prove **2.** to explain by using examples, experiments, etc. **3.** to show the working of **4.** to show (feelings) plainly **—*vi.*** to show one's feelings or views by taking part in a public meeting, parade, etc.

**demonstration** (dem'ən strā'shən) *n.* **1.** a proving **2.** an explanation by example, experiment, etc. **3.** a practical showing of how something works **4.** a display **5.** a public show of opinion, etc., as by a mass meeting

**demonstrative** (di mon'strə tiv) *adj.* **1.** showing feelings openly **2.** giving proof (*of*) **3.** having to do with demonstration **4.** *Gram.* pointing out ["this" is a *demonstrative* pronoun] **—*n.*** *Gram.* a demonstrative word **—demon'stratively** *adv.* **—demon'strativeness** *n.*

**demonstrator** (dem'ən strāt'ər) *n.* **1.** one who takes part in a public demonstration **2.** one who explains the uses of machinery, products, etc.

**demoralize** (di mor'ə līz') *vt.* **-ized', -iz'ing** **1.** to lower the morale of **2.** to throw into confusion **—demor'aliza'tion** *n.* **—demor'aliz'er** *n.*

**demote** (dē mōt') *vt.* **-mot'ed, -mot'ing** [DE- + (PRO)MOTE] to reduce to a lower grade; lower in rank **—demo'tion** *n.*

**demotic** (dē mot'ik) *adj.* [< Gr. *dēmos*, the people] of the people; popular

**demur** (di mur') *vi.* **-murred', -mur'ring** [< L. *de-*, from + *morari*, to delay] to be unwilling because of doubts or objections; object **—*n.*** a demurring **—demur'rable** *adv.*

**demure** (di myoor') *adj.* [< *de-* (prob. intens.) + OFr. *mëur*, mature] **1.** modest; reserved **2.** affectedly modest; coy **—demure'ly** *adv.* **—demure'ness** *n.*

**demurrer** (di mur'ər) *n.* [see DEMUR] a plea for the dismissal of a lawsuit on the grounds that even if the statements of the opposition are true, they do not sustain the claim

**demystify** (dē mis'tə fī') *vt.* **-fied', -fy'ing** to remove the mystery from; make clear

**den** (den) *n.* [OE. *denn*] **1.** the cave or other lair of a wild animal **2.** a retreat or headquarters, as of thieves **3.** a small, cosy room

**Den.** Denmark

**denarius** (di nâr'ē əs) *n., pl.* **-nar'ii** (-ī') [< L. *decem*, ten] an ancient Roman silver coin

**denary** (dē'nər ē) *adj.* [see prec.] of the number ten

**denationalize** (dē nash'ə n'l īz') *vt.* **-ized', -iz'ing** to place (a government-controlled industry) under private ownership **—dena'tionaliza'tion** *n.*

**denature** (dē nā'chər) *vt.* **-tured, -turing** **1.** to change the nature of **2.** to make (alcohol, etc.) unfit for human consumption **—dena'tura'tion** *n.*

**dendrology** (den drol'ə jē) *n.* the scientific study of trees **—dendrol'ogist** *n.*

**Dene** (den'ē, -ā) *n.* the official organization of the Indians of the Northwest Territories of Canada

**dene** (dēn) *n.* *same as* DEAN[2]

**dengue** (deŋ'gē) *n.* [WIndSp. < Swahili] an infectious tropical disease transmitted by mosquitoes and characterized by severe pain in the joints

**denial** (di nī'əl) *n.* **1.** a denying; saying "no" (to a request, etc.) **2.** a statement in opposition to another **3.** a disowning; repudiation

**denier** (den'yər) *n.* [see DENARIUS] a unit of weight for measuring the fineness of silk, nylon, etc.

**denigrate** (den'ə grāt') *vt.* **-grat'ed, -grat'ing** [< L. *de-*, intens. + *nigrare*, blacken] to belittle; speak ill of someone **—den'igra'tion** *n.* **—den'igra'tor** *n.*

**denim** (den'əm) *n.* [< Fr. (*serge*) *de Nîmes*, (serge) of Nîmes, Fr. town] a coarse, twilled cotton cloth used for overalls, jeans, uniforms, etc.

**denizen** (den'i zən) *n.* [< L. *de intus*, from within] **1.** an inhabitant **2.** an animal, plant, etc. that has become naturalized

**denominate** (di nom'ə nāt') *vt.* **-nat'ed, -nat'ing** [< L. *de-*, intens. + *nominare*, to name] to give a specified name to; call

**denomination** (di nom'ə nā'shən) *n.* **1.** a particular religious sect **2.** a class or kind with a specific name or value [coins of different *denominations*] **3.** a name **4.** the act of denominating

**denominational** *adj.* of, or under the control of, a religious denomination **—denom'ina'tionalism** *n.*

**denominator** (di nom'ə nāt'ər) *n.* [ML.] the term below the line in a fraction, indicating the number of equal parts into which the whole is divided

**denote** (di nōt') *vt.* **-not'ed, -not'ing** [< L. *de-*, down + *notare*, to mark] **1.** to be a sign of; indicate **2.** to refer to explicitly; mean **—denot'able** *adj.* **—de'nota'tion** *n.*

**dénouement** (dā nōō'män) *n.* [Fr. < *dé-*, out + *nouer*, to tie] the outcome, solution, or unravelling of a plot in a drama, story, etc.

**denounce** (di nouns') *vt.* **-nounced', -nounc'ing** [see DENUNCIATION] **1.** to accuse publicly **2.** to condemn strongly **3.** to give formal notice of the ending of (a treaty, etc.) **—denounce'ment** *n.* **—denounc'er** *n.*

**dense** (dens) *adj.* **dens'er, dens'est** [L. *densus*, compact] **1.** packed tightly together **2.** difficult to get through **3.** stupid **—dense'ly** *adv.* **—dense'ness** *n.*

**density** *n., pl.* **-ties** **1.** the condition of being dense **2.** number per unit, as of area **3.** *Physics* the ratio of the mass of an object to its volume

**dent** (dent) *n.* [ME., var. of DINT] a slight hollow made in a surface, as by a blow **—*vt.*** to make a dent in **—*vi.*** to become dented

**dental** (den't'l) *adj.* [< L. *dens, dentis*, tooth] **1.** of or for the teeth or dentistry **2.** *Phonet.* formed by placing the tip of the tongue against or near the upper front teeth **—*n.*** *Phonet.* a dental consonant (th, *th*)

**dental floss** thin, strong thread for removing food particles from between the teeth

**dental surgeon** *same as* DENTIST

**dentate** (den'tāt) *adj.* [see DENTAL] having teeth or toothlike projections; toothed or notched

**dentifrice** (den'tə fris) *n.* [< L. *dens*, tooth + *fricare*, rub] any preparation for cleaning teeth

**dentine** (den'tēn) *n.* [see DENTAL] the hard, calcareous tissue of a tooth, under the enamel

**dentist** (den'tist) *n.* [< L. *dens*, tooth] one whose profession is the care of teeth, the replacement of missing teeth with artificial ones, etc.

**dentistry** *n.* the profession or work of a dentist

**dentition** (den tish'ən) *n.* [see DENTAL] the number and kind of teeth and their arrangement

**denture** (den'chər) *n.* [see DENTAL] a fitting for the mouth, with artificial teeth

**denude** (di nyōōd') *vt.* **-nud'ed, -nud'ing** [< L. *de-*, off + *nudare*, strip] to make bare; strip **—de'nuda'tion** *n.*

**denumerable** (di nyōō'mər ə b'l) *adj.* *Math.* countable

**denunciation** (di nun'sē ā'shən) *n.* [< L. *de-*, intens. + *nuntiare*, announce] the act of denouncing **—denun'ciatory, denun'ciative** *adj.*

**deny** (di nī') *vt.* **-nied', -ny'ing** [< L. *de-*, intens. + *negare*, deny] **1.** to declare (a statement) untrue **2.** to refuse to accept as true or right **3.** to refuse to acknowledge as one's own **4.** to refuse to give **5.** to refuse the request of

**deodar** (dē'ō där') *n.* [Hindi] a Himalayan cedar with fragrant, light-red wood

**deodorant** (dē ō'dər ənt) *adj.* that prevents, destroys, or masks undesired odours **—*n.*** any deodorant preparation, esp. one used on the body

**deodorize** *vt.* **-ized', -iz'ing** to remove or mask the odour of or in **—deo'doriza'tion** *n.* **—deo'doriz'er** *n.*

**deoxyribonucleic acid** (dē ok'si rī'bō nyōō klē'ik) a basic material in the chromosomes of the cell nucleus: it contains the genetic code

**dep.** **1.** department **2.** deposed **3.** deposit **4.** deputy

**depart** (di pärt') *vi.* [< L. *dis-*, apart + *partire*, divide] **1.** to go away (*from*); leave **2.** to set out; start **3.** to die **4.** to turn aside (*from* something)

**departed** *adj.* **1.** gone away; past **2.** dead **—the departed** the dead person or persons

**department** *n.* [see DEPART] **1.** a separate part or division, as of a government or business **2.** a field of knowledge or activity **3.** an administrative district in France **—depart'men'tal** (-men't'l) *adj.* **—depart'men'tally** *adv.*

**department store** a retail store for the sale of many kinds of goods arranged in departments

**departure** (di pär'chər) *n.* **1.** a departing **2.** a starting out, as on a journey **3.** a deviation (*from* something)

**depend** (di pend') *vi.* [< L. *de-*, down + *pendere*, hang] **1.** to rely (*on*) **2.** to be determined by something else **3.** to rely (*on*) for support or aid

**dependable** *adj.* that can be depended on; reliable **—depend'abil'ity** *n.* **—depend'ably** *adv.*

**dependant** *n.* a person who depends on someone else for support, etc.

**dependence** *n.* **1.** a being dependent **2.** reliance (*on* another) for support or aid **3.** reliance; trust

**dependency** *n., pl.* **-cies** **1.** *same as* DEPENDENCE **2.** something dependent **3.** a territory geographically distinct from the country governing it

**dependent** *adj.* **1.** relying (*on* another) for support **2.** determined by something else **3.** subordinate

**depict** (di pikt') *vt.* [< L. *de-*, intens. + *pingere*, paint] **1.** to represent in a drawing, sculpture, etc. **2.** to picture in words; describe **—depic'tion** *n.*

**depilatory** (di pil'ə tər ē) *adj.* [< L. *de*, from + *pilus*, hair] serving to remove unwanted hair **—*n., pl.* -ries** a depilatory agent, as in cream form

**deplete** (di plēt') *vt.* **-plet'ed, -plet'ing** [< L. *de-*, from + *plere*, fill] **1.** to use up (funds, etc.) **2.** to empty wholly or partly **—deple'tion** *n.*

**deplorable** (di plôr'ə b'l) *adj.* **1.** that can or should be deplored **2.** very bad; wretched **—deplor'ably** *adv.*

**deplore** (di plôr') *vt.* **-plored', -plor'ing**

[< L. *de-*, intens. + *plorare*, weep] **1.** to be regretful or sorry about; lament **2.** to regard as unfortunate or wretched

**deploy** (di ploi′) *vt., vi.* [< L. *displicare*, to unfold] **1.** to spread out (troops, etc.) so as to form a wider front **2.** to move in accordance with a plan —**deploy′ment** *n.*

**depolarize** (dē pō′lə rīz′) *vt.* **-ized′, -iz′ing** to destroy or counteract the polarization of —**depo′lariza′tion** *n.*

**deponent** (di pō′nənt) *adj.* [< L. *deponere*, set down] *L. & Gr. Gram.* denoting a verb with a passive voice form and an active meaning —*n. Law* a person who gives written testimony under oath

**depopulate** (dē pop′yoo lāt′) *vt.* **-lat′ed, -lat′ing** to reduce the population of, esp. by violence, pestilence, etc. —**depop′ula′tion** *n.* —**depop′ula′tor** *n.*

**deport** (di pôrt′) *vt.* [< L. *de-*, from + *portare*, carry] **1.** to expel (an alien) from a country **2.** to behave (oneself) in a specified way

**deportation** (dē′pôr tā′shən) *n.* expulsion, as of an undesirable alien, from a country

**deportee** (dē′pôr tē′) *n.* a deported person

**deportment** (di pôrt′mənt) *n.* the manner of conducting oneself; behaviour

**depose** (di pōz′) *vt.* **-posed′, -pos′ing** [< OFr. *de-*, from + *poser*, cease] **1.** to remove from office or a position of power; oust **2.** *Law* to state under oath but out of court

**deposit** (di poz′it) *vt.* [< L. *de-*, down + *ponere*, put] **1.** to place or entrust, as for safekeeping **2.** to give as a pledge or partial payment **3.** to set down **4.** to leave (sediment, etc.) lying —*n.* **1.** something placed for safekeeping, as money in a bank **2.** a pledge or part payment **3.** a depository **4.** something left lying

**deposit account** an account in a bank, post office, etc. which pays interest on depositors' savings

**depositary** *n., pl.* **-taries** **1.** a person, firm, etc. entrusted with something for safekeeping **2.** a depository

**deposition** (dep′ə zish′ən) *n.* **1.** *Law* the written testimony of a witness made under oath **2.** a testifying **3.** a deposing or being deposed **4.** a depositing or being deposited **5.** something deposited

**depositor** (di poz′ə tər) *n.* a person who deposits something, esp. money in a bank

**depository** *n., pl.* **-ries** **1.** a place where things are put for safekeeping **2.** a depositary

**depot** (dep′ō) *n.* [< Fr.: see DEPOSIT] **1.** a storehouse **2.** a bus station **3.** *Mil.* a storage place for supplies

**deprave** (di prāv′) *vt.* **-praved′, -prav′ing** [< L. *de-*, intens. + *pravus*, crooked] to make morally bad; corrupt —**depraved′** *adj.*

**depravity** (di prav′ə tē) *n.* **1.** a depraved condition; wickedness **2.** *pl.* **-ties** a depraved act or practice

**deprecate** (dep′rə kāt′) *vt.* **-cat′ed, -cat′ing** [< L. *de-*, off + *precari*, pray] **1.** to express disapproval of **2.** to belittle —**dep′recat′ingly** *adv.* —**dep′reca′tion** *n.* —**dep′recatory** *adj.*

**depreciate** (di prē′shē āt′) *vt.* **-at′ed, -at′ing** [< L. *de-*, from + *pretiare*, to value] **1.** to reduce in value or price **2.** to belittle —*vi.* to drop in value or price —**depre′ciatory** *adj.*

**depreciation** (di prē′shē ā′shən) *n.* **1.** a decrease in value of property through wear, etc. **2.** a decrease in the purchasing power of money **3.** a belittling

**depredation** (dep′rə dā′shən) *n.* [< L. *de-*, intens. + *praedari*, to plunder] a plundering or laying waste

**depress** (di pres′) *vt.* [< L. *de-*, down + *premere*, to press] **1.** to sadden **2.** to decrease the activity of **3.** to lower —**depress′ing** *adj.* —**depres′sive** *adj.*

**depressant** *adj.* lowering the rate of muscular or nervous activity —*n.* a depressant medicine, drug, etc.

**depressed** *adj.* **1.** gloomy; sad **2.** pressed down **3.** characterized by widespread unemployment, etc. **4.** lowered in intensity, amount, etc.

**depression** *n.* **1.** a depressing or being depressed **2.** a depressed place **3.** low spirits **4.** a decrease in force, amount, etc. **5.** a period of slackening business activity, much unemployment, etc., esp. [**D-**] that of the early 1930s

**deprive** (di prīv′) *vt.* **-prived′, -priv′ing** [< L. *de-*, intens. + *privare*, to separate] **1.** to take something away from forcibly **2.** to keep from having, using, or enjoying —**dep′riva′tion** *n.*

**deprived** *adj.* lacking adequate food, shelter, education, social facilities, etc.

**dept.** department

**depth** (depth) *n.* [ME. *depthe*] **1.** the distance from the top downwards, or from front to back **2.** deepness **3.** intensity, as of colours, etc. **4.** profundity of thought **5.** lowness of pitch **6.** the middle part [*the depth of winter*] **7.** [*usually pl.*] the deep or deepest part, as of the sea —**in depth** in a thorough way —**out of** (or **beyond**) **one's depth** **1.** in water too deep for one **2.** past one's understanding

**depth charge** (or **bomb**) an explosive charge that explodes under water: used esp. against submarines

**deputation** (dep′yoo tā′shən) *n.* **1.** a deputing or being deputed **2.** a delegation

**depute**[1] (di pyōōt′) *vt.* **-put′ed, -put′ing** [< L. *de-*, from + *putare*, consider] **1.** to give (authority, etc.) to someone else as deputy **2.** to appoint as one's substitute, agent, etc.

**depute**[2] (dep′yōōt) *n.* [< DEPUTY] [Scot.] a deputy

**deputize** (dep′yoo tīz′) *vt.* **-tized′, -tiz′ing** to appoint as deputy —*vi.* to act as deputy

**deputy** (dep′yoo tē) *n., pl.* **-ties** [see DEPUTE[1]] **1.** one appointed to substitute for another **2.** a member of a legislature in some countries, such as France and Canada —***adj.*** acting as deputy

**derail** (di rāl′) ***vi., vt.*** to go or cause to go off the rails: said of a train, etc. —**derail′ment** ***n.***

**derange** (di rānj′) ***vt.*** **-ranged′, -rang′ing** [< OFr. *des-,* apart + *rengier,* range] **1.** to upset the order or working of **2.** to make insane —**deranged′** ***adj.***

**Derby** (där′bē) ***n., pl.*** **-bies** **1.** an annual race for three-year-old horses at Epsom Downs **2.** any similar horse race **3.** any local sporting event

**derelict** (der′ə likt′) ***adj.*** [< L. *de-,* intens. + *relinquere,* leave behind] deserted by the owner; abandoned —***n.*** **1.** a ship deserted at sea **2.** a destitute person

**dereliction** (der′ə lik′shən) ***n.*** **1.** a neglect of, or failure in, duty **2.** an abandoning or being abandoned

**derestrict** (dē′ri strikt′) ***vt.*** to remove a speed restriction on motor vehicles in built-up areas —**derestrict′ed** ***adj.***

**deride** (di rīd′) ***vt.*** **-rid′ed, -rid′ing** [< L. *de-,* down + *ridere,* laugh] to laugh at in contempt or scorn; ridicule —**deri′sion** ***n.***

‡**de rigueur** (də rē gër′) [Fr.] required by etiquette

**derisive** (di rī′siv) ***adj.*** showing or provoking derision: also **deri′sory** —**deri′sively** ***adv.***

**derivation** (der′ə vā′shən) ***n.*** **1.** a deriving or being derived **2.** the source or origin of something **3.** the forming of words from bases

**derivative** (də riv′ə tiv) ***adj.*** **1.** derived **2.** not original —***n.*** **1.** something derived **2.** a word formed by derivation **3.** *Chem.* a substance derived from another by chemical change **4.** *Math.* the instantaneous rate of change of one variable with respect to another

**derive** (di rīv′) ***vt.*** **-rived′, -riv′ing** [< L. *de-,* from + *rivus,* a stream] **1.** to get or receive (*from* a source) **2.** to deduce or infer **3.** to trace from or to a source —***vi.*** to come (*from* a source) —**deriv′able** ***adj.***

**derma** (dur′mə) ***n.*** [< Gr. *derma,* skin] *same as* DERMIS —**der′mal, der′mic** ***adj.***

**dermatitis** (dur′mə tīt′is) ***n.*** [< Gr. *derma,* skin + -ITIS] inflammation of the skin

**dermato-** [Gr.] *a combining form meaning* skin

**dermatology** (dur′mə tol′ə jē) ***n.*** [DERMATO- + -LOGY] the branch of medicine dealing with the skin and its diseases —**der′matol′ogist** ***n.***

**dermis** (dur′mis) ***n.*** [< LL. *epidermis,* EPIDERMIS] the layer of skin just below the epidermis

**derogate** (der′ə gāt′) ***vt., vi.*** **-gat′ed, -gat′ing** [< L. *de-,* from + *rogare,* ask] to take away (*from*) so as to impair —**der′oga′tion** ***n.***

**derogatory** (di rog′ə tər ē) ***adj.*** **1.** tending to lessen or impair **2.** belittling Also **derog′ative**

DERRICK
(for oil well)

**derrick** (der′ik) ***n.*** [< T. *Derrick*] **1.** a large apparatus for lifting and moving heavy objects **2.** a tall framework, as over an oil well, to support drilling machinery, etc.

**derring-do** (der′iŋ dōō′) ***n.*** [ME. *derrynge do,* daring to do] daring action; reckless courage

**derv** (durv) ***n.*** [< *d(iesel) e(ngine) r(oad) v(ehicle)*] diesel oil

**dervish** (dur′vish) ***n.*** [< Per. *darvēsh,* beggar] a member of any of various Moslem orders: some practise whirling, howling, etc. for religious reasons

**desalination** (dē sal′ə nā′shən) ***n.*** [< DE- + SALINE] the removal of salt, esp. from sea water to make it drinkable —**desal′inate′** ***vt.*** **-nat′ed, -nat′ing**

**descant** (des′kant; *for vi., also* dis kant′) ***n.*** [< L. *dis-,* apart + *cantus,* song] *Music* **1.** singing in which there is a fixed melody and a subordinate melody added above **2.** this added melody —***vi.*** **1.** to discourse (*on* or *upon*) **2.** to sing —***adj.*** of the highest member of a family of instruments

**descend** (di send′) ***vi.*** [< L. *de-,* down + *scandere,* climb] **1.** to move from a higher to a lower place **2.** to pass from an earlier to a later time, from general to particular, etc. **3.** to slope downwards **4.** to come down (*from* a source) **5.** to pass by inheritance **6.** to stoop (*to* some act) **7.** to make a sudden visit or attack (*on* or *upon*) —***vt.*** to move down

**descendant** ***n.*** one who is an offspring, however remote, of a certain ancestor, family, group, etc.

**descendent** ***adj.*** descending

**descent** (di sent′) ***n.*** **1.** a descending; coming or going down **2.** ancestry **3.** a downward slope **4.** a way down **5.** a sudden attack (*on* or *upon*) **6.** a decline

**describe** (di skrīb′) ***vt.*** **-scribed′, -scrib′ing** [< L. *de-,* from + *scribere,* write] **1.** to tell or write about **2.** to picture in words **3.** to trace the outline of

**description** (di skrip′shən) ***n.*** **1.** the act or technique of describing **2.** a statement or passage that describes **3.** sort or variety —**answers** (or **fits**) **the description** corresponds to a given description

**descriptive** ***adj.*** of or characterized by description

**descry** (di skrī′) ***vt.*** **-scried′, -scry′ing** [< OFr. *des-,* from + *crier,* cry] **1.** to catch sight of (distant or obscure objects) **2.** to detect

**desecrate** (des′ə krāt′) *vt.* **-crat′ed, -crat′ing** [DE- + (CON)SECRATE] to violate the sacredness of —**des′ecra′tion** *n.*

**desegregate** (dē seg′rə gāt′) *vt., vi.* **-gat′ed, -gat′ing** to abolish racial segregation (in) —**deseg′rega′tion** *n.*

**desert**[1] (di zurt′) *vt., vi.* [< L. *de-*, from + *serere*, to join] **1.** to forsake (someone or something); abandon **2.** to leave (one's post, etc.) without permission —**desert′er** *n.* —**deser′tion** *n.*

**desert**[2] (dez′ ərt) *n.* [< LL. *desertum*, a desert: see prec.] **1.** an uncultivated region without inhabitants; wilderness **2.** a dry, barren, sandy region —*adj.* **1.** of a desert **2.** wild and uninhabited

**desert**[3] (di zurt′) *n.* [see DESERVE] **1.** the fact of deserving reward or punishment **2.** [*often pl.*] deserved reward or punishment

**deserve** (di zurv′) *vt., vi.* **-served′, -serv′ing** [< L. *de-*, intens. + *servire*, serve] to be worthy (of); merit

**deserved** *adj.* rightfully earned or merited; just —**deserv′edly** (-zur′ vid lē) *adv.*

**deserving** *adj.* having merit; worthy (*of*)

**déshabillé** (dāz′ a bē′ ā) *n.* *same as* DISHABILLE

**desiccate** (des′ i kāt′) *vt., vi.* **-cat′ed, -cat′ing** [< L. *de-*, intens. + *siccus*, dry] to dry up completely —**des′icca′tion** *n.*

**design** (di zīn′) *vt.* [< L. *de-*, out + *signum*, a mark] **1.** to make preliminary sketches of **2.** to form (plans, etc.) in the mind **3.** to plan and work out (something) creatively **4.** to intend for some purpose —*vi.* to make original plans, patterns, etc. —*n.* **1.** a plan; scheme **2.** purpose; intention **3.** [*pl.*] a secret scheme (with *on* or *upon*) **4.** a plan or sketch to work from **5.** the arrangement of form, colour, etc. —**by design** purposely

**designate** (dez′ ig nāt′) *adj.* [see prec.] named for an office, etc. but not yet in possession of it —*vt.* **-nat′ed, -nat′ing** **1.** to specify **2.** to name **3.** to appoint

**designation** (dez′ ig nā′ shən) *n.* **1.** a pointing out **2.** appointment to an office, etc. **3.** a name, title, etc.

**designedly** (di zīn′ id lē) *adv.* purposely

**designer** *n.* a person who designs, or makes original sketches, patterns, etc.

**designing** *adj.* scheming; crafty —*n.* the art or work of creating designs, patterns, etc. —**design′ingly** *adv.*

**desirable** (di zīər′ ə b′l) *adj.* **1.** worth having; pleasing **2.** designating the best or the preferable course of action —**desir′abil′ity, desir′ableness** *n.* —**desir′ably** *adv.*

**desire** (di zīər′) *vt.* **-sired′, -sir′ing** [< L. *de-*, from + *sidus*, star] **1.** to long for; crave **2.** to request **3.** to want sexually **4.** to prefer; consider to be the best [such a result is much to be *desired*] —*n.* **1.** a strong craving **2.** sexual appetite **3.** a request **4.** anything desired

**desirous** *adj.* desiring; wanting

**desist** (di zist′) *vi.* [< L. *de-*, from + *sistere*, to cause to stand] to cease (*from* an action)

**desk** (desk) *n.* [ult. < L. *discus*, DISCUS] **1.** a kind of table with drawers and with a flat top for writing, etc. **2.** a musician's stand in an orchestra **3.** a counter at which public services are carried out [information *desk*]

**desolate** (des′ ə lət; *for v.* -lāt′) *adj.* [< L. *de-*, intens. + *solare*, make lonely] **1.** lonely; solitary **2.** uninhabited; deserted **3.** laid waste **4.** forlorn; wretched —*vt.* **-lat′ed, -lat′ing** **1.** to rid of inhabitants **2.** to lay waste **3.** to forsake **4.** to make forlorn —**des′olately** *adv.* —**des′olateness** *n.*

**desolation** (des′ ə lā′ shən) *n.* **1.** a making desolate **2.** a desolate condition or place **3.** misery **4.** loneliness

**despair** (di spâər′) *vi.* [< L. *de-*, without + *spes*, hope] to lose hope (*of*) —*n.* **1.** a loss of hope **2.** a person or thing causing despair —**despair′ing** *adj.*

**despatch** (di spach′) *vt., n.* *var. sp. of* DISPATCH

**desperado** (des′ pə rä′ dō) *n., pl.* **-does, -dos** [see DESPAIR] a dangerous, reckless criminal

**desperate** (des′ pər ət) *adj.* [see DESPAIR] **1.** rash or violent because of despair **2.** having a great need **3.** extremely serious **4.** drastic —**des′perately** *adv.*

**desperation** (des′ pə rā′ shən) *n.* **1.** the state of being desperate **2.** recklessness caused by despair

**despicable** (des′ pik ə b′l) *adj.* deserving to be despised —**des′picably** *adv.*

**despise** (di spīz′) *vt.* **-spised′, -spis′ing** [< L. *de*, down + *specere*, look at] to regard with scorn or dislike

**despite** (di spīt′) *prep.* [see prec.] in spite of —*n.* **1.** malice; spite **2.** [Archaic] contempt —**in despite of** in spite of

**despoil** (di spoil′) *vt.* [< L. *de-*, intens. + *spoliare*, to plunder] to rob; plunder —**despoil′er** *n.* —**despoil′ment, despo′lia′tion** (-spō′-) *n.*

**despond** (di spond′) *vi.* [< L. *de*, from + *spondere*, to promise] to lose courage or hope —**despond′ent** *adj.* —**despond′ingly** *adv.*

**despondency** *n.* loss of courage or hope; dejection: also **despond′ence**

**despot** (des′ pot) *n.* [< Gr. *despotēs*, master] **1.** an absolute ruler **2.** anyone who acts like a tyrant —**despot′ic** *adj.* —**despot′ically** *adv.*

**despotism** (des′ pə tiz′ m) *n.* **1.** rule by a despot; autocracy **2.** the methods of a despot; tyranny

**dessert** (di zurt′) *n.* [< OFr. *des-*, from + *servir*, serve] **1.** a sweet course served at the end of a meal **2.** fruit and nuts served after the sweet course

**dessertspoon** *n.* a spoon between a teaspoon and tablespoon in size

**destination** (des′ tə nā′ shən) *n.* **1.** the place towards which someone or something is going or sent **2.** the end for which something or someone is destined

**destine** (des′ tin) *vt.* **-tined, -tining** [<

L. *de-*, intens. + *stare*, stand] **1.** to predetermine, as by fate **2.** to set apart for a certain purpose **—destined for 1.** bound for **2.** intended for

**destiny** (des'tə nē) ***n.***, *pl.* **-ies** [see prec.] **1.** the seemingly inevitable succession of events **2.** (one's) fate **3.** that which determines events

**destitute** (des'tə tyōōt') ***adj.*** [< L. *de-*, down + *statuere*, set] **1.** lacking (with *of*) **2.** living in complete poverty **—des'titu'tion *n.***

**destroy** (di stroi') ***vt.*** [< L. *de-*, down + *struere*, build] **1.** to demolish **2.** to spoil completely **3.** to put an end to **4.** to kill

**destroyer** ***n.*** **1.** a small, fast, heavily armed warship **2.** a person or thing that destroys

**destruct** (di strukt') ***n.*** the deliberate destruction of a malfunctioning missile, etc. after its launch **—*vi.*** to be automatically destroyed

**destructible** ***adj.*** that can be destroyed **—destruct'ibil'ity *n.***

**destruction** ***n.*** [see DESTROY] **1.** a destroying or being destroyed **2.** the cause or means of destroying

**destructive** ***adj.*** **1.** likely to cause or causing destruction **2.** merely negative **—destruc'tively *adv.*—destruc'tiveness *n.***

**destructor** ***n.*** an incinerator for rubbish

**desuetude** (de syōō'ə tyōōd') ***n.*** [< L. *de-*, from + *suescere*, to be accustomed] disuse

**desultory** (des'l tər ē) ***adj.*** [< L. *de-*, from + *salire*, to leap] **1.** passing from one thing to another in an aimless way **2.** random **—des'ultorily *adv.***

**detach** (di tach') ***vt.*** [< OFr. *de-*, off + *estachier*, attach] **1.** to unfasten and remove **2.** to send (troops) on a special mission **—detach'able *adj.***

**detached** ***adj.*** **1.** not connected; separate **2.** disinterested; impartial

**detachment** ***n.*** **1.** the state of being impartial or aloof **2.** a detaching; separation **3.** a unit of troops assigned to some special task

**detail** (dē'tāl) ***n.*** [< Fr. *dé-*, from + *tailler*, to cut] **1.** an item or particular **2.** a small part **3.** a dealing with things item by item **4.** a minute account **5.** *a*) one or more soldiers, etc. chosen for a particular task *b*) the task **—*vt.*** **1.** to tell, item by item **2.** to choose for a particular task **—in detail** item by item **—de'tailed *adj.***

**detain** (di tān') ***vt.*** [< L. *de-*, off + *tenere*, hold] **1.** to keep in custody; confine **2.** to hold back **—detainee'*n.*** **—detain'er *n.*** **—detain'ment *n.***

**detect** (di tekt') ***vt.*** [< L. *de-*, from + *tegere*, to cover] to discover (something hidden or not easily noticed) **—detect'able, detect'ible *adj.***

**detection** ***n.*** **1.** a finding out or being found out **2.** *same as* DEMODULATION **—detec'tor *n.***

**detective** ***adj.*** of detectives and their work **—*n.*** a person, usually on a police force, whose work is investigating crimes, getting secret information, etc.

**détente** (dā tänt') ***n.*** [Fr.] a lessening of tension or hostility, esp. between nations

**detention** (di ten'shən) ***n.*** a detaining or being detained; confinement; enforced delay

**detention centre** a place where young persons may be detained for short periods, by a court order

**deter** (di tur') ***vt.*** **-terred', -ter'ring** [< L. *de-*, from + *terrere*, frighten] to discourage (a person) from doing something through fear, etc. **—deter'ment *n.***

**detergent** (di tur'jənt) ***n.*** [< L. *de-*, off + *tergere*, wipe] a cleansing substance that is like soap but not made from fats and lye **—*adj.*** cleansing

**deteriorate** (di tēr'ē ə rāt') ***vt., vi.*** **-rat'ed, -rat'ing** [< L. *deterior*, worse] to make or become worse **—dete'riora'tion *n.***

**determinant** (di tur'mi nənt) ***adj.*** determining **—*n.*** **1.** a thing or factor that determines **2.** *Math.* the sum of the products formed, following certain rules, from a square array of numbers

**determinate** (di tur'mi nit) ***adj.*** [see DETERMINE] **1.** having exact limits **2.** settled; conclusive **—deter'minately *adv.***

**determination** (di tur'mə nā'shən) ***n.*** **1.** a determining or being determined **2.** a firm intention **3.** firmness of purpose

**determine** (di tur'mən) ***vt.*** **-mined, -mining** [< L. *de-*, from + *terminus*, an end] **1.** to settle conclusively **2.** to find out exactly **3.** to decide upon **4.** to establish the nature, kind, or quality of [genes *determine* heredity] **5.** to set limits to; define **—*vi.*** **1.** to decide; resolve **2.** *Law* to come to an end **—deter'minable *adj.*** **—deter'miner *n.***

**determined** ***adj.*** **1.** having one's mind made up; resolved **2.** resolute; unwavering **—deter'minedly *adv.***

**determinism** ***n.*** the doctrine that everything, esp. one's choice of action, is determined by causes independent of one's will **—deter'minist *n., adj.***

**deterrent** (di ter'ənt) ***adj.*** deterring **—*n.*** a thing or factor that deters **—deter'rence *n.***

**detest** (di test') ***vt.*** [< L. *de-*, down + *testis*, a witness] to dislike intensely **—detest'able *adj.***

**detestation** (dē'tes tā'shən) ***n.*** **1.** intense dislike or hatred; loathing **2.** a detested person or thing

**dethrone** (dē thrōn') ***vt.*** **-throned', -thron'ing** to remove from a throne; depose **—dethrone'ment *n.*—dethron'er *n.***

**detonate** (det'ən āt') ***vi., vt.*** **-nat'ed, -nat'ing** [< L. *de-*, intens. + *tonare*, thunder] to explode noisily **—det'ona'tion *n.***

**detonator** ***n.*** **1.** a fuse, percussion cap, etc. for setting off explosives **2.** an explosive

**detour** (dē'tooər) ***n.*** [< OFr. *des-*, DE + *tourner*, turn] **1.** a roundabout way **2.** a route used when the usual route is closed to traffic **—*vi., vt.*** to go or cause to go by way of a detour

**detoxify** (dē tok'sə fī') ***vt.*** **-fied', -fy'ing**

[< DE- + TOXIN] to remove a poison from, esp. alcohol —**detox'ifica'tion** *n.*

**detract** (di trakt') *vt.* [< L. *de-*, from + *trahere*, draw] to take or draw away —*vi.* to take something desirable away (*from*) —**detrac'tion** *n.* —**detrac'tor** *n.*

**detriment** (det'rə mənt) *n.* [< L. *de-*, off + *terere*, rub] **1.** damage; injury; harm **2.** anything that causes this —**det'rimen'tal** (-men't'l) *adj.*

**detritus** (di trīt'əs) *n.* [L.: see prec.] fragments of rock, etc. produced by erosion

‡**de trop** (də trō') [Fr.] too much; superfluous

**detumescence** (dē'tyōo mes'əns) *n.* [< L. *detumescere*, to stop swelling] a subsidence, or lessening, of a swelling

**deuce**[1] (dyōos) *n.* [< L. *duo*, two] **1.** a playing card with two spots **2.** the side of a die bearing two spots **3.** *Tennis* a score of 40 each (or five games each) after which one side must get two successive points (or games) to win

**deuce**[2] *n., interj.* [< L. *deus*, God & DEUCE[1]] bad luck, the devil, etc.: a mild oath

‡**deus ex machina** (dā'əs eks'mak'i nə) [L., god from a machine] **1.** any unconvincing character or event brought artificially into the plot of a story, play, etc. to settle an involved situation **2.** anyone who unexpectedly intervenes in events

**Deut.** Deuteronomy

**deuterium** (dyōo tēər'ē əm) *n.* [< Gr. *deuteros*, second] the hydrogen isotope having an atomic weight of 2.0141; heavy hydrogen: symbol, D

**Deutsche Mark** (doi'chə) *pl.* **mark** the monetary unit of West Germany

**devalue** (dē val'yōo) *vt.* **-ued, -uing** **1.** to lessen the value of **2.** to lower the value of (a currency) in relation to other currencies —**deval'ua'tion** *n.*

**devastate** (dev'ə stāt') *vt.* **-tat'ed, -tat'ing** [< L. *de-*, intens. + *vastare*, make empty] **1.** to lay waste **2.** to overwhelm —**dev'astat'ing** *adj.* —**dev'asta'tion** *n.*

**develop** (di vel'əp) *vt.* [< Fr. *dé-*, apart + OFr. *voloper*, to wrap] **1.** to cause to become fuller, larger, stronger, etc. **2.** to bring into being; evolve **3.** to improve the value or change the use of (land), as by building **4.** *Music* to elaborate (a theme) **5.** *Photog.* to put (an exposed film, etc.) in various chemical solutions in order to make the picture visible **6.** to make known gradually; reveal **7.** to begin to experience [*develop* tuberculosis] —*vi.* **1.** to come into being or activity **2.** to become larger, fuller, better, etc.; grow or evolve **3.** to be disclosed

**developer** *n.* a person or thing that develops; esp., *Photog.* a chemical used to develop film, plates, etc.

**developing country** a country that is in the process of becoming industrialized

**development** *n.* **1.** a developing or being developed **2.** a stage in growth, advancement, etc. **3.** an event or happening —**devel'opmen'tal** (-men't'l) *adj.*

**development area** an area in which the government encourages industrial expansion because of unemployment

**deviant** (dē'vē ənt) *adj.* deviating, esp. from what is considered normal —*n.* one whose behaviour is deviant —**de'viancy, de'viance** *n.*

**deviate** (dē'vē āt') *vi., vt.* **-at'ed, -at'ing** [< L. *de-*, from + *via*, road] to turn aside (*from* a course, standard, etc.) —*n.* a deviant; esp., one with deviant sexual behaviour —**de'via'tor** *n.*

**deviation** (dē'vē ā'shən) *n.* a deviating or being deviant, as in behaviour, political ideology, etc. —**de'via'tional** *adj.*

**device** (di vīs') *n.* [see DEVISE] **1.** an underhanded scheme; trick **2.** a mechanical invention **3.** something used for artistic effect **4.** a design or emblem on a coat of arms **5.** a motto —**leave to one's own devices** to allow to do as one wishes

**devil** (dev'l) *n.* [ult. < Gr. *diabolos*, slanderous] **1.** [*often* **D-**] *Theol. a*) the chief evil spirit; Satan (with *the*) *b*) any demon of hell **2.** a wicked person **3.** one who is mischievous, reckless, etc. **4.** an unlucky, unhappy person **5.** something difficult, annoying etc. **6.** a literary hack **7.** a printer's devil —*vt.* **-iled, -iling** **1.** to prepare (food) with hot seasoning **2.** [Chiefly U.S.] to annoy —*vi.* to work for a lawyer, author, etc. without pay or recognition —**a devil of a** an extreme example of a —**between the devil and the deep (blue) sea** between equally unpleasant alternatives —**give the devil his due** to acknowledge the good qualities of even a wicked person —**play the devil with** to cause havoc

**devilish** *adj.* **1.** of or like a devil **2.** mischievous; reckless **3.** [Colloq.] extremely bad —*adv.* [Colloq.] extremely; very —**dev'ilishly** *adv.* —**dev'ilishness** *n.*

**devil-may-care** (dev'l mā kāər') *adj.* reckless or careless; happy-go-lucky

**devilment** *n.* mischief or mischievous action

**devilry** *n., pl.* **-ries** **1.** witchcraft **2.** evil behaviour

**devil's advocate** **1.** one who upholds the wrong side for argument's sake **2.** *R.C.Ch.* an official selected to raise objections in the case of one named for canonization

**devious** (dē'vē əs) *adj.* [< L. *de-*, off + *via*, road] **1.** not straightforward or frank **2.** roundabout; winding **3.** going astray —**de'viously** *adv.* —**de'viousness** *n.*

**devise** (di vīz') *vt., vi.* **-vised', -vis'ing** [< OFr. *deviser*, to distribute] **1.** to work out (something) by thinking **2.** *Law* to bequeath (real property) by will —*n.* *Law* a gift of real property by will —**devis'al** *n.* —**devis'er** *n.*

**devoid** (di void') *adj.* [< OFr. *des-*, from + *vuidier*, to void] completely without; empty (*of*)

**devolution** (dē'və lōo'shən) *n.* a transfer of authority from a central to a regional government

**devolve** (di volv′) *vt., vi.* **-volved′, -volv′ing** [< L. *de-,* down + *volvere,* roll] to pass (*on*) to another: said of duties, responsibilities, etc. **—devolve′ment** *n.*

**Devonian** (de vō′nē ən) *adj.* [< *Devonshire*] *Geol.* of the period after the Silurian in the Paleozoic Era

**devote** (di vōt′) *vt.* **-vot′ed, -vot′ing** [< L. *de-,* from + *vovere,* vow] to set apart for or give up to some purpose, activity, or person

**devoted** *adj.* **1.** dedicated **2.** very loving, loyal, or faithful **—devot′edly** *adv.* **—devot′edness** *n.*

**devotee** (dev′ə tē′) *n.* a person strongly devoted to someone or to something, as a religion

**devotion** (di vō′shən) *n.* **1.** piety **2.** religious worship **3.** [*pl.*] prayers **4.** loyalty or deep affection **—devo′tional** *adj.*

**devour** (di vour′) *vt.* [< L. *de-,* intens. + *vorare,* swallow whole] **1.** to eat (up) hungrily or voraciously **2.** to consume; destroy **3.** to take in greedily, as with the eyes **4.** to engross **—devour′er** *n.*

**devout** (di vout′) *adj.* [see DEVOTE] **1.** very religious **2.** showing reverence **3.** sincere **—devout′ly** *adv.*

**dew** (dyōō) *n.* [OE. *deaw*] **1.** the moisture that condenses in drops on cool surfaces at night **2.** anything regarded as refreshing, pure, etc., like dew **—*vt.*** to wet as with dew **—dew′y** *adj.*

**dewclaw** *n.* a functionless digit on the foot of some animals, as on the inner side of a dog's leg

**Dewey Decimal System** (dyōō′ē) [< J. *Dewey*] a library system of classifying books by use of numbers with decimals

**dewlap** *n.* [< ME. < *dew,* prob. dew + OE. *læppa,* fold] a loose fold of skin hanging from the throat of cattle and certain other animals **—dew′lapped′** *adj.*

**DEW line** (dyōō) [*D*(*istant*) *E*(*arly*) *W*(*arning*)] a line of radar stations near the 70th parallel in N America

**dew point** the temperature at which dew starts to form

**dew pond** an artificial pond fed by condensation

**dew-worm** *n.* [Canad. Colloq.] any large earthworm that can be seen at night and is used as fishing bait

**dexter** (dek′stər) *adj.* [L., right] of or on the right-hand side (on a coat of arms, the left of the viewer)

**dexterity** (dek ster′ə tē) *n.* [see prec.] skill in using one's hands, body, or mind

**dexterous** (dek′strəs) *adj.* having or showing skill in the use of the hands, body, or mind: also **dex′trous** **—dex′terously** *adv.*

**dextrin** (dek′strin) *n.* [Fr.] a soluble, gummy substance obtained from starch: also **dex′trine**

**dextrose** (dek′strōs) *n.* [ult. < L. *dexter,* right] a glucose found in plants and animals

**D.F.** Defender of the Faith

**D.F.C., DFC** Distinguished Flying Cross

**D.F.M., DFM** Distinguished Flying Medal

**dg** decigram(me)(s)

**‡dharma** (där′mə) *n.* [Sans., law] *Hinduism, Buddhism* **1.** cosmic order or law **2.** observance of this law

**dhow** (dou) *n.* [Ar. *dāwa*] a single-masted ship with a lateen sail, used along the Indian Ocean coasts

**D.H.S.S.** Department of Health and Social Security

**di-¹** [Gr. *di-* < *dis,* twice] *a prefix meaning:* twice, double, twofold: also **dis-**

**di-²** *same as* DIS-

**di-³** *same as* DIA-

**dia-** [< Gr.] *a prefix meaning:* **1.** through, across *[diaphragm, diagonal]* **2.** apart, between *[diagnose]*

**diabetes** (dī′ə bēt′ēz) *n.* [< Gr. *dia-,* through + *bainein,* go] any of various diseases characterized by an excessive discharge of urine

**diabetes mellitus** (mə lit′is) [ModL., honey diabetes] a chronic form of diabetes involving an insulin deficiency and excess of sugar in the blood and urine

**diabetic** (dī′ə bet′ik) *adj.* **1.** of or having diabetes **2.** prepared for diabetics **—*n.*** one who has diabetes

**diabolic** (dī′ə bol′ik) *adj.* [see DEVIL] **1.** of the Devil or devils **2.** very wicked or cruel Also **di′abol′ical**

**diaconate** (dī ak′ə nit) *n.* **1.** the rank or office of a deacon **2.** a group of deacons **—diak′onal** *adj.*

**diacritical** (dī′ə krit′i k'l) *adj.* [< Gr. *dia-,* across + *krinein,* separate] **1.** serving to distinguish **2.** able to distinguish **—di′acrit′ically** *adv.*

**diacritical mark** a mark, as a macron or a cedilla, added to a letter or symbol to show its pronunciation

**diadem** (dī′ə dem′) *n.* [< Gr. *dia-,* through + *dein,* bind] **1.** a crown **2.** a jewelled headband or circlet worn as a crown

**diaeresis** (dī ēər′ə sis) *n., pl.* **-ses′** [< Gr. *dia-,* apart + *hairein,* to take] a mark (¨) placed over the second of two consecutive vowels to show that it is pronounced in a separate syllable

**diagnose** (dī′ag nōz′) *vt., vi.* **-nosed′, -nos′ing** to make a diagnosis of (a disease, etc.)

**diagnosis** (dī′ag nō′sis) *n., pl.* **-ses** [< Gr. *dia-,* between + *gignōskein,* know] **1.** the act or process of deciding the nature of a disease, problem, etc. by examination and analysis **2.** a decision based on this **—di′agnos′tic** (-nos′tik) *adj.* **—di′agnosti′cian** (-nos tish′ən) *n.* **—di′agnos′tics** *n.pl.*

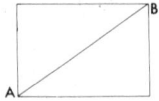

DIAGONAL (AB)

**diagonal** (dī ag′ə n'l) *adj.* [< Gr. *dia-,* through + *gōnia,* angle] **1.** slanting between opposite corners, as of a rectangle **2.** having a slanting direction or slanting markings, lines, etc. —*n.* a diagonal line, plane, course, part, etc. —**diag′onally** *adv.*

**diagram** (dī′ə gram′) *n.* [< Gr. *dia-*, across + *graphein,* write] a drawing, plan, or chart that explains a thing, as by outlining its parts and their relationships —*vt.* **-grammed′, -gram′ming** to make a diagram of —**di′agrammat′ic** (-grə mat′ik), **di′agrammat′ical** *adj.*

**dial** (dī′əl) *n.* [< L. *dies,* day] **1.** the face of a watch, clock, or sundial **2.** the face of a meter, gauge, etc. on which a pointer indicates an amount, degree, etc. **3.** a graduated disc or strip on a radio or television set, for tuning in channels **4.** a rotating disc on a telephone, used in making connections automatically **5.** [Slang] the face —*vt., vi.* **-alled, -alling** **1.** to measure, regulate, etc. with a dial **2.** to call on a telephone by using a dial

**dialect** (dī′ə lekt′) *n.* [< Gr. *dia-*, between + *legein,* to talk] **1.** the form of a spoken language peculiar to a region, community, social group, etc. **2.** any language as a member of a group of languages [English is a West Germanic *dialect*] —*adj.* of or in dialect —**di′alec′tal** *adj.* —**di′alec′tally** *adv.*

**dialectic** (dī′ə lek′tik) *n.* [see prec.] **1.** [*often pl.*] the practice of examining ideas logically, often by question and answer **2.** logical argumentation **3.** [*often pl.*] a method of logic used by Hegel and Marx in which opposites are reconciled in a synthesis —**di′alec′tical** *adj.*

**dialling tone** a low, purring sound indicating to the user of a telephone that a number may be dialled

**dialogue** (dī′ə log′) *n.* [see DIALECT] **1.** a conversation **2.** open and frank discussion of ideas, as in seeking mutual understanding **3.** the passages of talk in a play, story, etc.

**dialysis** (dī al′ə sis) *n., pl.* **-ses′** (-sēz′) [< Gr. *dia-*, apart + *lyein,* to loose] the separation of crystalloids from colloids in solution through a semipermeable membrane —**dialyse** (dī′ə līz′) *vt., vi.* **-lysed′, -lys′ing** —**dialytic** (dī′ə lit′ik) *adj.* —**di′alyt′ically** *adv.*

**diamagnetism** (dī′ə mag′nə tiz′m) *n.* the property of being repelled by both poles of a magnet

**diamanté** (dē′ə mon′tā) *adj.* [Fr.] decorated with rhinestones or other glittering bits of material

**diameter** (dī am′ət ər) *n.* [< Gr. *dia-*, through + *metron,* measure] **1.** a straight line passing through the centre of a circle, sphere, etc. from one side to the other **2.** the length of such a line

**diametrical** (dī′ə met′ri k'l) *adj.* **1.** of or along a diameter **2.** designating an opposite that is wholly so: also **di′amet′ric** —**di′amet′rically** *adv.*

**diamond** (dī′ə mənd) *n.* [< Gr. *adamas,* adamant] **1.** a mineral consisting of nearly pure carbon in crystalline form: it is the hardest mineral known: used for gems, cutting tools, abrasives, etc. **2.** a gem cut from this mineral **3.** *a*) a plane figure (♦) *b*) a red mark like this on a suit of playing cards *c*) [*pl.*] this suit —*adj.* of, like, or set with a diamond

**diamond wedding** a sixtieth wedding anniversary

**dianthus** (dī an′thəs) *n.* [< Gr. *dios,* divine + *anthos,* flower] any of a genus of flowers, including carnations

**diapason** (dī′ə pās′′n) *n.* [< Gr. *dia,* through + *pas,* all (notes)] **1.** the entire range of a musical instrument or voice **2.** one of the principal stops of an organ covering the instrument's complete range

**diaper** (dī′ə pər) *n.* [< MGr. *diaspros,* pure white] **1.** *a*) orig., cloth with a pattern of repeated figures *b*) such a pattern **2.** [U.S.] a nappy

**diaphanous** (dī af′ə nəs) *adj.* [< Gr. *dia-*, through + *phainein,* to show] so fine or gauzy in texture as to be transparent

**diaphragm** (dī′ə fram′) *n.* [< Gr. *dia-*, through + *phragma,* fence] **1.** the partition of muscles and tendons between the chest cavity and the abdominal cavity **2.** a device to regulate the amount of light entering a camera lens, etc. **3.** a thin, vibrating disc that produces sound waves, as in a loudspeaker **4.** a contraceptive device placed over the mouth of the cervix —**di′aphragmat′ic** (-frag mat′ik) *adj.*

**diapositive** (dī′ə poz′ə tiv) *n.* [DIA- + POSITIVE] *Photog.* a positive transparency, as a slide on film or glass

**diarist** (dī′ə rist) *n.* a person who keeps a diary

**diarrhoea** (dī′ə rē′ə) *n.* [< Gr. *dia-*, through + *rhein,* to flow] excessive frequency and looseness of bowel movements

**diary** (dī′ə rē) *n., pl.* **-ries** [< L. *dies,* day] **1.** a daily written record, esp. of the writer's own experiences, thoughts, etc. **2.** a book for this, or for keeping notes of future appointments

**Diaspora** (dī as′pə rə) *n.* [< Gr. *dia-*, across + *speirein,* to sow] **1.** the dispersion of the Jews after the Babylonian exile **2.** these Jews

**diastase** (dī′ə stās′) *n.* [< Gr. *dia-*, apart + *histanai,* to stand] an enzyme that changes starches into maltose and later into dextrose

**diatom** (dī′ət əm) *n.* [< Gr. *dia-*, through + *temnein,* to cut] any of a number of related microscopic algae which are a source of food for marine life

**diatomic** (dī′ə tom′ik) *adj.* **1.** having two atoms in the molecule **2.** having two radicals in the molecule

**diatonic** (dī′ə ton′ik) *adj.* [< Gr. *dia-*, through + *teinein,* stretch] *Music* designating or of any standard major or minor scale of eight tones —**di′aton′ically** *adv.*

**diatribe** (dī′ə trīb′) *n.* [< Gr. *dia-*, through + *tribein,* to rub] a bitter, abusive criticism or denunciation

**dibble** (dib′′l) *n.* [ME. *dibbel*] a pointed tool used to make holes in the soil for seeds, bulbs, etc.: also **dib′ber** —*vt.* **-bled, -bling** to plant with a dibble

**dice** (dīs) *n.pl., sing.* **die** or **dice** [see

DIE[2]] **1.** small cubes marked on each side with from one to six spots and used in games of chance **2.** [*with sing. v.*] a gambling game played with dice —*vi.* **diced, dic'ing** to play with dice —*vt.* to cut (vegetables, etc.) into small cubes —**no dice** **1.** no **2.** no success, etc.

**dicey** *adj.* [Colloq.] hazardous; risky

**dichotomy** (dī kot'ə mē) *n., pl.* **-mies** [< Gr. *dicha,* in two + *temnein,* to cut] division into two usually opposed parts or groups —**dichot'omous** *adj.*

**dichromatic** (dī'krō mat'ik) *adj.* [DI-[1] + CHROMATIC] having two colours —**dichro'matism** *n.*

**dick** (dik) *n.* [< *Richard*] [Slang] a detective —**clever dick** [Colloq.] a know-all

**Dickensian** (di ken'zē ən) *adj.* [< C. *Dickens*] **1.** of Dickens or his writings **2.** resembling the situations, characters, etc. described by Dickens

**dicker** (dik'ər) *vi., vt.* [< *dicker,* ten hides (as a unit of barter)] [U.S.] to trade by bargaining; barter; haggle

**dicky** (dik'ē) *adj.* **-ier, -iest** [? < *Dick*] [Colloq.] diseased; unsound; shaky —*n.* a man's detachable, or false, shirt front: also **dick'ey**

**dicotyledon** (dī'kot ə lēd'n) *n.* a flowering plant with two seed leaves (cotyledons) —**di'cotyle'donous** *adj.*

**Dictaphone** (dik'tə fōn') [DICTA(TE) + -PHONE] *Trademark* a machine that records and plays back spoken words

**dictate** (dik'tāt; *for v.* dik tāt') *vt., vi.* **-tat'ed, -tat'ing** [< L. *dicere,* speak] **1.** to speak or read (something) aloud for someone else to write down **2.** to command expressly **3.** to give (orders) with authority —*n.* **1.** an authoritative command **2.** a guiding principle

**dictation** (dik tā'shən) *n.* **1.** the dictating of words for another to write down **2.** the words so spoken **3.** the giving of orders or commands —**dicta'tional** *adj.*

**dictator** *n.* **1.** a ruler with absolute power **2.** a person who is domineering —**dicta'torship'** *n.*

**dictatorial** (dik'tə tôr'ē əl) *adj.* of or like a dictator; autocratic; tyrannical —**dic'tato'rially** *adv.*

**diction** (dik'shən) *n.* [< L. *dicere,* say] **1.** manner of expression in words **2.** enunciation

**dictionary** (dik'shə nər ē) *n., pl.* **-aries** [see prec.] **1.** a book of alphabetically listed words in a language, with definitions, pronunciations, etc. **2.** such a book of words in one language with their equivalents in another **3.** any alphabetically arranged list of words relating to a special subject

**dictum** (dik'təm) *n., pl.* **-tums, -ta** [< L. *dicere,* to speak] a formal statement of fact; pronouncement

**did** (did) *pt. of* DO[1]

**didactic** (di dak'tik) *adj.* [< Gr. *didaskein,* teach] **1.** intended for instruction **2.** morally instructive **3.** boringly pedantic Also **didac'tical** —**didac'tically** *adv.* —**didac'ticism** *n.*

**diddle** (did'l) *vt., vi.* **-dled, -dling** [< ?] [Colloq.] to cheat or swindle —**did'dler** *n.*

**didgeridoo** (di'jər ē dōō') *n.* [Abor.] [Aust.] a musical instrument made from a bamboo pipe or hollow sapling

**die[1]** (dī) *vi.* **died, dy'ing** [< ON. *deyja*] **1.** to stop living; become dead **2.** to suffer agony like that of death **3.** to stop functioning **4.** to lose force or activity **5.** to fade or wither away **6.** [Colloq.] to wish intensely [she's *dying* to tell] —**die away** (or **down**) to become weaker and cease gradually —**die back** (or **down**) to wither to the roots —**die (of) laughing** to be overcome with mirth —**die out** to go out of existence

**die[2]** *n., pl.,* for 1 **dice** (dīs); for 2 **dies** (dīz) [< L. *dare,* give] **1.** *see* DICE **2.** any of various tools for stamping, cutting, or shaping —*vt.* **died, die'ing** to mould, stamp, cut, or shape with a die —**the die is cast** the irrevocable decision has been made

**die casting** **1.** the process of forcing molten metal into a metallic mould **2.** a casting so made

**die-hard, diehard** *adj.* extremely stubborn —*n.* a stubborn person, esp. an extreme conservative

**dieldrin** (dēl'drin) *n.* a highly toxic insecticide

**dielectric** (dī'ə lek'trik) *n.* [< DI(A)- + ELECTRIC] a material, as rubber, glass, etc., that does not conduct electricity —*adj.* nonconducting

**diesel** (dē'z'l) *n.* [< R. *Diesel*] [*often* **D-**] **1.** a type of internal-combustion engine that burns fuel oil ignited by heat from air compression: also **diesel engine** (or **motor**) **2.** a train, lorry, etc. with such an engine

**diesel-electric** *n.* a locomotive driven by an electric generator powered by a diesel engine

**diesel fuel** a heavy oil, distilled from petroleum, used by diesel engines: also **diesel oil**

**diesinker** (dī'siŋ'kər) *n.* a maker of dies that are used in stamping or shaping —**die'sink'ing** *n.*

**diet[1]** (dī'ət) *n.* [< Gr. *diaita,* way of life] **1.** a regimen of special or limited food and drink, as for health or to gain or lose weight **2.** what a person or animal usually eats and drinks —*vi.* to eat special or limited food, esp. for losing weight —**di'etary** *adj.* —**di'eter** *n.*

**diet[2]** *n.* [< L. *dies,* day] **1.** a formal assembly, esp. formerly **2.** in some countries, a national or local legislative assembly

**dietetic** (dī'ə tet'ik) *adj.* of or for a particular diet of food and drink: also **di'etet'ical**

**dietetics** *n.pl.* [*with sing. v.*] the study of the kinds and quantities of food needed for health

**dietitian, dietician** (dī'ə tish'ən) *n.* an

expert in dietetics; specialist in planning meals or diets

**differ** (dif′ər) *vi.* [< L. *dis-*, apart + *ferre*, to bear] **1.** to be unlike; be not the same (often with *from*) **2.** to be of opposite or unlike opinions

**difference** (dif′rəns) *n.* **1.** condition or quality of being different **2.** the way in which people or things are different **3.** the state of holding a differing opinion; disagreement; quarrel **4.** *Math.* the amount by which one quantity is greater or less than another —**make a difference** **1.** to have an effect **2.** to change the situation —**split the difference** to share equally what is left over

**different** *adj.* **1.** not alike; dissimilar (with *from* or *to*) **2.** not the same; distinct **3.** various **4.** unusual —**dif′ferently** *adv.*

**differentia** (dif′ə ren′shē ə) *n., pl.* **-tiae′** (-shi ē′) a distinguishing characteristic

**differential** (dif′ə ren′shəl) *adj.* **1.** of, showing, or depending on a difference **2.** making use of differences [a *differential* gear] **3.** *Math.* of or involving differentials —*n.* **1.** a differentiating amount, factor, etc. [*differentials* in salary] **2.** *Math.* an infinitesimal difference between values of a variable quantity —**dif′feren′tially** *adv.*

**differential calculus** the branch of higher mathematics which deals with derivatives and their applications

**differential gear** (or **gearing**) an arrangement of gears connecting two axles in the same line and allowing one axle to turn faster than the other

**differentiate** (dif′ə ren′shē āt′) *vt.* **-at′ed, -at′ing** **1.** to constitute a difference in or between **2.** to make unlike **3.** to distinguish between **4.** *Math.* to work out the derivative of —*vi.* **1.** to become different or differentiated **2.** to note a difference —**dif′feren′tia′tion** *n.*

**difficult** (dif′i kəlt) *adj.* **1.** hard to do, understand, etc. **2.** hard to satisfy, please, etc. —**dif′ficultly** *adv.*

**difficulty** *n., pl.* **-ties** [< L. *dis-*, not + *facilis*, easy] **1.** a being difficult **2.** an obstacle or objection **3.** trouble **4.** disagreement —**in difficulties** in distress, esp. financially

**diffident** (dif′ə dənt) *adj.* [< L. *dis-*, not + *fidere*, to trust] lacking confidence in oneself; timid; shy —**dif′fidence** *n.* —**dif′fidently** *adv.*

**diffract** (di frakt′) *vt.* [< L. *dis-*, apart + *frangere*, break] to break into parts; specif., to subject to diffraction

**diffraction** *n.* **1.** the breaking up of a ray of light into dark and light bands or into the colours of the spectrum, as when it is deflected at the edge of an opaque object **2.** a similar breaking up of other waves, as of sound —**diffrac′tive** *adj.*

**diffuse** (di fyōōs′; *for v.* -fyōōz′) *adj.* [< L. *dis-*, apart + *fundere*, pour] **1.** spread out; not concentrated **2.** using more words than are needed —*vt., vi.* **-fused′, -fus′ing** **1.** to pour or disperse in every direction **2.** *Physics* to mix by diffusion —**diffuse′ly** *adv.* —**diffuse′ness** *n.* —**diffus′ibil′ity** *n.* —**diffus′ible** *adj.* —**diffu′sive** *adj.*

**diffusion** (di fyōō′zhən) *n.* **1.** a diffusing or being diffused; specif., *a*) a scattering of light rays, as by reflection *b*) an intermingling of the molecules of liquids, gases, etc. **2.** wordiness

**dig** (dig) *vt.* **dug, dig′ging** [< ? OFr. *digue*, dike] **1.** to turn up or remove (ground, etc.) with a spade, the hands, etc. **2.** to make (a hole, cellar, etc.) as by doing this **3.** to get from the ground in this way **4.** to find out, as by careful study **5.** to jab or prod **6.** [Slang] *a*) to understand *b*) to like —*vi.* **1.** to dig the ground **2.** to make a way as by digging (*through, into, under*) **3.** [Colloq.] to have rooms or lodgings —*n.* **1.** [Colloq.] *a*) a poke, nudge, etc. *b*) a sarcastic comment **2.** an archaeological excavation **3.** [*pl., often with sing. v.*] [Colloq.] living quarters —**dig in** **1.** to dig trenches for cover **2.** to entrench oneself **3.** [Colloq.] to begin eating —**dig one's heels** (or **toes**) **in** to refuse to move or be persuaded

**digest** (di jest′; *for n.* dī′jest) *vt.* [< L. *di-*, apart + *gerere*, to bear] **1.** to change (food), esp. in the stomach and intestines, so that it can be absorbed by the body **2.** to think over and absorb **3.** to summarize —*vi.* to be digested —*n.* a collection of condensed, systematic information; summary or synopsis, as of legal material —**digest′ible** *adj.*

**digestion** *n.* **1.** the act or process of digesting food **2.** the ability to digest food **3.** the absorption of ideas

**digestive** *adj.* of, for, or aiding digestion —*n.* any substance that aids digestion —**diges′tively** *adv.*

**digger** (dig′ər) *n.* **1.** a tool or machine for digging **2.** [**D-**] [Slang] an Australian or New Zealander

**diggings** *n.pl.* **1.** materials dug out **2.** [*often with sing. v.*] a place where digging or mining is carried on **3.** [Slang] one's lodgings

**digit** (dij′it) *n.* [L. *digitus*, a finger, toe] **1.** a finger or toe **2.** any numeral from 0 to 9

**digital** *adj.* **1.** of, like, or having digits **2.** using numbers that are digits to represent all the variables involved in calculation —*n.* a key played with a finger, as on the piano —**dig′itally** *adv.*

**digital clock** (or **watch**) a timepiece that shows the time in digits rather than by hands on a dial

**digital computer** a computer that uses numbers to perform calculations, usually in a binary system

**digitalis** (dij′ə tāl′is) *n.* [see DIGIT: from its flowers] **1.** any of a genus of plants with long spikes of thimblelike flowers **2.** a medicine made from foxglove leaves, used as a heart stimulant

**digitate** (dij′ə tāt′) *adj.* [see DIGIT] **1.** having separate fingers or toes **2.** fingerlike —**dig′ita′tion** *n.*

**dignified** (dig′nə fīd′) *adj.* having or showing dignity

**dignify** (dig′nə fī′) *vt.* **-fied′, -fy′ing** [< L. *dignus,* worthy + *facere,* make] to give dignity to; honour

**dignitary** *n., pl.* **-taries** [< L. *dignitas,* dignity] a person holding a high, dignified position or office

**dignity** *n., pl.* **-ties** [< L. *dignus,* worthy] **1.** the quality of being worthy of esteem or honour **2.** high repute; honour **3.** the degree of worth or honour **4.** a high position or title **5.** stateliness **6.** self-respect

**digraph** (dī′ grăf) *n.* [DI-[1] + -GRAPH] two letters that express a single sound (Ex.: read, *sh*ow)

**digress** (dī gres′) *vi.* [< L. *dis-,* apart + *gradi,* go] to depart temporarily from the main subject in talking or writing **—digres′sion** (-gresh′ən) *n.*

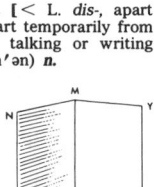


DIHEDRAL ANGLE
(angle formed by planes MWON and MWXY)

**dihedral** (dī hē′ drəl) *adj.* [< DI-[1] + Gr. *hedra,* a seat] having or formed by two intersecting plane faces

**dike** (dīk) *n.* [< OE. *dic*] **1.** a ditch **2.** an embankment or dam made to prevent flooding as by the sea **3.** a low wall, often made of stone **—*vt.* diked, dik′ing** to protect or enclose with a dike Also **dyke —dik′er** *n.*

**dikkop** (dik′ op) *n.* [< Afrik. *dik,* thick + *kop,* head] [S Afr.] **1.** the stone curlew **2.** [Slang] a fool

**dilapidate** (di lap′ ə dāt′) *vi., vt.* **-dat′ed, -dat′ing** [< L. *dis-,* apart + *lapidare,* throw stones at] to become or make partially ruined **—dilap′idat′ed** *adj.* **—dilap′ida′tion** *n.*

**dilate** (dī lāt′) *vt., vi.* **-lat′ed, -lat′ing** [< L. *dis-,* apart + *latus,* wide] **1.** to make or become wider or larger **2.** to expand (*on* or *upon*) **—dilat′able** *adj.* **—dil′ata′tion —dila′tion** *n.* **—dila′tor** *n.*

**dilatory** (dil′ ə tər ē) *adj.* [see DEFER[1]] **1.** causing delay **2.** inclined to delay; slow; tardy **—dil′atorily** *adv.* **—dil′atoriness** *n.*

**dilemma** (di lem′ ə) *n.* [< Gr. *di-,* two + *lēmma,* proposition] a situation in which one must choose between unpleasant alternatives

**dilettante** (dil′ ə tan′ tē) *n., pl.* **-tantes′, -tan′ti** (-tan′ tē) [It. < L. *delectare,* to delight] **1.** a person who dabbles in an art or science in a superficial way **2.** a person who loves the fine arts **—*adj.*** of or characteristic of a dilettante **—dil′ettant′ism** *n.*

**diligent** (dil′ ə jənt) *adj.* [< L. *di-,* apart + *legere,* choose] **1.** persevering and careful in work **2.** done with careful, steady effort **—dil′igence** *n.* **—dil′igently** *adv.*

**dill** (dil) *n.* [OE. *dile*] a plant with bitter seeds and aromatic leaves, used to flavour pickles, etc.

**dillydally** (dil′ ē dal′ ē) *vi.* **-lied, -lying** [redupl. form of DALLY] [Colloq.] to waste time in hesitation; loiter

**dilute** (dī lo̅o̅t′) *vt.* **-lut′ed, -lut′ing** [< L. *dis-,* off + *lavare,* wash] to thin down or weaken by mixing with water, etc. **—*adj.*** diluted **—dilute′ness** *n.* **—dilut′er, dilu′tor** *n.* **—dilu′tion** *n.*

**diluvial** (dī lo̅o̅′ vē əl) *adj.* [< L. *diluvium,* a deluge] of a flood, esp. the Deluge Also **dilu′vian**

**dim** (dim) *adj.* **dim′mer, dim′mest** [OE. *dimm*] **1.** not bright; dull **2.** not clearly seen, heard, or understood **3.** not clearly seeing, hearing, or understanding **4.** [Colloq.] stupid **—*vt., vi.* dimmed, dim′ming** to make or grow dim **—take a dim view of** to view with disapproval, gloom, etc. **—dim′ly** *adv.*

**dime** (dīm) *n.* [< L. *decimus,* a tenth] a coin of the U.S. and of Canada equal to ten cents

**dimension** (də men′ shən) *n.* [< L. *dis-,* off + *metiri,* to measure] **1.** any measurable extent, as length, width, depth, etc. **2.** [*pl.*] measurements in length and width, and often depth **3.** [*often pl.*] size or scope **—dimen′sional** *adj.* **—dimen′sionally** *adv.*

**diminish** (də min′ ish) *vt.* [ult. < L. *deminuere,* make smaller & *minutus,* MINUTE[2]] **1.** to reduce in size, degree, importance, etc. **2.** *Music* to reduce (a minor interval) by a semitone **—*vi.*** to become smaller or less **—dimin′ished** *adj.* **—diminution** (dim′ ə nyoo′ shən) *n.*

**diminished responsibility** *Law* a plea in which mental derangement is submitted as demonstrating lack of criminal responsibility

**diminuendo** (də min′ yoo wen′ dō) *adj., adv., n., pl.* **-dos** [It.] *same as* DECRESCENDO

**diminutive** (də min′ yoo tiv) *adj.* **1.** very small; tiny **2.** *Gram.* expressing smallness **—*n.*** a word or name formed by the addition of a suffix expressing smallness, as *ringlet, sonny* **—dimin′utively** *adv.*

**dimity** (dim′ ə tē) *n., pl.* **-ties** [< Gr. *dis-,* two + *mitos,* a thread] a strong, often corded cotton cloth

**dimple** (dim′ p′l) *n.* [ME. *dimpel*] a small, natural hollow spot, as on the cheek or chin **—*vt., vi.* -pled, -pling** to form dimples (in)

**dimwit** (dim′ wit′) *n.* [Colloq.] a stupid person; simpleton **—dim′wit′ted** *adj.* **—dim′wit′tedly** *adv.*

**din** (din) *n.* [OE. *dyne*] a loud, continuous noise; confused clamour **—*vt.* dinned, din′ning** **1.** to beset with a din **2.** to repeat insistently or noisily **—*vi.*** to make a din

**dinar** (dē′ när) *n.* [< Ar.: see DENARIUS] the monetary unit of Algeria, Iraq, Jordan, Libya, Tunisia, etc.

**dine** (dīn) *vi.* **dined, din'ing** [ult. < L. *dis-*, away + *jejunus*, fasting] to eat dinner —*vt.* to provide a dinner for —**dine out** to dine away from home

**diner** *n.* **1.** a person eating dinner **2.** *same as* DINING CAR **3.** [U.S.] a small restaurant

**dinette** (dī net') *n.* an alcove or small, partitioned space used as a dining room

**ding** (diŋ) *vi.* [< Scand.] to make a sound like that of a bell; ring —*n.* the sound of a bell

**ding-dong** *n.* [echoic] **1.** the sound of a bell struck repeatedly **2.** a heated argument —*adj.* [Colloq.] vigorously contested

**dinges** (dəngs) *n.* [< Afrik. *ding*, thing] [S Afr. Colloq.] a jocular word for something whose name is unknown, forgotten, etc.; thingumabob

**dinghy** (diŋ'gē) *n., pl.* **-ghies** [Hindi *dĩngī*] **1.** any small boat used as a tender to a yacht **2.** a small single-masted racing boat **3.** an inflatable life raft

**dingle** (diŋ'g'l) *n.* [ME. *dingel*, abyss] a small, deep, wooded valley; dell

**dingo** (diŋ'gō) *n., pl.* **-goes** [Abor.] the Australian wild dog

**dingy** (din'jē) *adj.* **-gier, -giest** [< ?] **1.** dirty-coloured **2.** dismal; shabby —**din'giness** *n.*

**dining car** a railway carriage equipped to serve meals to passengers

**dining room** a room where meals are eaten

**dinkum** (diŋ'kəm) *adj.* [< ?] [Aust. Slang] genuine; true —**dinkum oil** [Aust. Colloq.] the truth

**dinky** (diŋ'kē) *adj.* **-kier, -kiest** [< Scot. *dink*, trim] [Colloq.] small and neat; dainty

**dinner** (din'ər) *n.* [see DINE] **1.** the chief meal of the day, whether eaten in the evening or about noon **2.** a banquet in honour of some person or event

**dinner dance** an evening event consisting of a dinner followed by a dance, usually formal

**dinner jacket** a man's tailless jacket for semiformal evening wear, orig. black

**dinosaur** (dī'nə sôr') *n.* [< Gr. *deinos*, terrible + *sauros*, lizard] any of a large group of extinct, four-limbed reptiles of the Mesozoic Era

**dint** (dint) *n.* [OE. *dynt*, blow] **1.** exertion: now chiefly in **by dint of** **2.** a dent —*vt.* to dent

**diocesan** (dī os'ə s'n) *adj.* of a diocese —*n.* the bishop of a diocese

**diocese** (dī'ə sis) *n.* [< Gr. *dia*, through + *oikos*, house] the district under a bishop's jurisdiction

**diode** (dī'ōd) *n.* [< DI-[1] + Gr. *hodos*, way] an electron tube, etc. conducting electricity in only one direction

**dioecious** (dī ē'shəs) *adj.* [< DI-[1] + Gr. *oikos*, house] *Biol.* having the male reproductive organs in one individual and the female organs in another

**Dionysian** (dī'ə niz'ē ən) *adj.* [< *Dionysus*, the Greek god of wine] wild, frenzied, and sensuous

**dioptre** (dī op'tər) *n.* [< Gr. *dia-*, through + *opsis*, sight] a unit of measure of the power of a lens

**diorama** (dī'ə răm'ə) *n.* [DI(A)- + (PAN)ORAMA] **1.** a picture painted on a set of transparent curtains and looked at through a small opening **2.** a miniature scene depicting three-dimensional figures in a naturalistic setting

**dioxide** (dī ok'sīd) *n.* an oxide containing two atoms of oxygen per molecule

**dip** (dip) *vt.* **dipped, dip'ping** [OE. *dyppan*] **1.** to put into liquid for a moment **2.** to dye in this way **3.** to wash (sheep or pigs) in disinfectant **4.** to make (a candle) by putting a wick repeatedly in melted tallow or wax **5.** to take out as by scooping up **6.** to lower and immediately raise again **7.** to switch car headlights from main to lower beam —*vi.* **1.** to plunge into a liquid and quickly come out **2.** to sink or seem to sink suddenly **3.** to undergo a slight decline **4.** to slope down **5.** to lower something into liquid, etc., esp. in order to take something out: often figurative [to *dip* into one's savings] **6.** to read or study superficially (with *into*) —*n.* **1.** a dipping or being dipped **2.** a brief plunge into a liquid **3.** a liquid into which something is dipped, as for dyeing **4.** a candle made by dipping **5.** a downward slope **6.** a thick, creamy sauce into which one dips crisps or other appetizers **7.** [Slang] a pickpocket

**Dip. A.D.** Diploma in Art and Design

**Dip. Ed.** Diploma in Education

**diphtheria** (dif thēər'ē ə) *n.* [< Gr. *diphthera*, leather] an acute infectious disease characterized by high fever and the formation in the air passages of a membrane-like obstruction —**diphthe'rial** *adj.*

**diphthong** (dif'thoŋ) *n.* [< Gr. *di-*, two + *phthongos*, sound] *Phonet.* a vowel sound made by gliding from one vowel to another within the same syllable, as (oi) in *boy* —**diphthon'gal** *adj.*

**diploma** (di plō'mə) *n.* [< Gr. *diplōma*, folded letter] **1.** a certificate conferring honours, privileges, etc. **2.** a certificate conferring a degree from a college or university

**diplomacy** (di plō'mə sē) *n., pl.* **-cies** **1.** (skill in) conducting relations between nations **2.** tact in dealing with people

**diplomat** (dip'lə mat') *n.* [< Fr., ult. < L. *diploma*, DIPLOMA] **1.** a representative of a government who conducts relations with another government **2.** a tactful person Also **diplomatist** (di plō'mə tist)

**diplomatic** *n.* **1.** of diplomacy **2.** tactful and adroit in dealing with people —**dip'lomat'ically** *adv.*

**diplomatic immunity** exemption from court action, etc. abroad, granted to members of the diplomatic service

**dipole** (dī'pōl') *n.* *Physics* two equal but opposite electric charges or magnetic poles separated by a small distance —**dipo'lar** *adj.*

**dipper** (dip′ər) *n.* **1.** a container for dipping; esp., a long-handled cup **2.** any of a genus of songbirds, as the water ouzel —**dip′perful′** *n.*

**dipso** (dip′sō) *n.* [Colloq.] a dipsomaniac

**dipsomania** (dip′sō mā′nē ə) *n.* [< Gr. *dipsa,* thirst + -MANIA] an abnormal and insatiable craving for alcoholic drink —**dip′soma′niac′** *n.*

**dipstick** (dip′stik′) *n.* a graduated rod for measuring the depth of a substance in its container, as oil in a car engine

**dip switch** a switch which dips a vehicle's headlights

**dipterous** (dip′tər əs) *adj.* [< Gr. *di-,* two + *pteron,* wing] having two wings or two winglike appendages

**diptych** (dip′tik) *n.* [< Gr. *di-,* twice + *ptychē,* fold] **1.** an ancient hinged writing tablet **2.** a picture painted on two hinged tablets

**dire** (dīər) *adj.* **dir′er, dir′est** [L. *dirus*] **1.** arousing terror; dreadful: also **dire′ful** **2.** urgent —**dire′ly** *adv.*

**direct** (di rekt′) *adj.* [< L. *dis-,* apart + *regere,* to rule] **1.** by the shortest way; straight [a *direct* route] **2.** straightforward; frank **3.** with nothing or no one between; immediate **4.** in an unbroken line of descent; lineal **5.** exact; complete [the *direct* opposite] **6.** in the exact words of the speaker —*vt.* **1.** to manage; guide; conduct **2.** to order or command with authority **3.** to turn or point; aim; head **4.** to tell (a person) the way to a place **5.** to address (words, etc.) to a specific person **6.** to write the name and address on (a letter, etc.) **7.** to supervise the action of (a play, film, etc.) —*vi.* **1.** to give directions **2.** to be a director —**direct′ness** *n.*

**direct current** an electric current flowing in one direction

**direct-grant school** a day public school that receives a government grant for its non-fee-paying pupils

**direction** (di rek′shən) *n.* **1.** the act of directing; management; supervision **2.** [*usually pl.*] instructions for doing, using, etc. **3.** an order or command **4.** the point towards which one faces or line along which one moves or lies **5.** an aspect, way, trend, etc.

**directional** *adj.* **1.** of, aimed at, or indicating (a specific) direction **2.** designed for radiating or receiving radio signals most effectively in one or more particular directions —**direc′tionally** *adv.*

**direction finder** a device for finding out the direction from which radio waves or signals are coming

**directive** (di rek′tiv) *adj.* directing —*n.* a general instruction or order issued authoritatively

**directly** *adv.* **1.** in a direct way or line; straight **2.** with nothing coming between **3.** exactly [*directly* opposite] **4.** right away —**conj.** [Colloq.] as soon as

**direct object** the word or words denoting the receiver of the action of a transitive verb

**director** *n.* a person or thing that directs; specif., *a*) a member of a board chosen to direct the affairs of a company or institution *b*) one who directs the staging of a film, etc. —**directorial** (di rek′tôr′ē əl) *adj.* —**direc′torship′** *n.* —**direc′tress** *n.fem.*

**directorate** *n.* **1.** a board of directors **2.** the position of director

**directory** *adj.* directing or advising —*n., pl.* **-ries** a book listing the names, addresses, etc. of a specific group of persons

**direct speech** the reporting of what was said using the exact words and quotation marks

**direct tax** a tax levied directly on the person who is to pay it, as an income tax or property tax

**dirge** (dərj) *n.* [< L. *dirige,* direct, first word of an antiphon in the Office of the Dead] **1.** a funeral hymn **2.** a song, poem, etc. expressing grief

**dirigible** (dir′i jə b′l) *adj.* [see DIRECT] that can be steered —*n.* *same as* AIRSHIP

**dirk** (dərk) *n.* [< ?] a short, straight dagger

**dirndl** (dərn′d′l) *n.* [< G. *Dirne,* girl] **1.** a kind of dress with a full skirt, gathered waist, and closefitting bodice **2.** the skirt of such a dress: also **dirndl skirt**

**dirt** (dərt) *n.* [< ON. *dritr,* excrement] **1.** any unclean matter, as mud, etc. **2.** earth or garden soil **3.** dirtiness, corruption, etc. **4.** obscene writing, etc. **5.** malicious gossip —**do one dirt** [Slang] to harm one

**dirt-cheap** *adj.* [Colloq.] very inexpensive

**dirt track** a track of levelled cinders, loose earth, etc. used for motor-cycle racing

**dirty** *adj.* **-ier, -iest** **1.** soiled or soiling with dirt; unclean **2.** muddy or clouded [a *dirty* green] **3.** obscene; pornographic **4.** mean; nasty **5.** unfair; dishonest **6.** [Colloq.] showing dislike, irritation, etc. [a *dirty* look] **7.** *Naut.* squally; rough [*dirty* weather] —*vt., vi.* **dirt′ied, dirt′ying** to make or become dirty; soil —*adv.* [Slang] very (with *big* or *great*) —**do the dirty on** to behave unkindly towards —**dirt′ily** *adv.* —**dirt′iness** *n.*

**dis-** [< L.] *a prefix denoting* separation, negation, or reversal [*dismiss, dishonest, disown*]

**disability** (dis′ə bil′ə tē) *n., pl.* **-ties** **1.** a disabled condition **2.** that which disables, as an illness or injury

**disable** (dis ā′b′l) *vt.* **-bled, -bling** **1.** to make unable or unfit; cripple **2.** to disqualify legally —**disa′blement** *n.*

**disabuse** (dis′ə byōōz′) *vt.* **-bused′, -bus′ing** to rid of false ideas; undeceive

**disadvantage** (dis′əd vän′tij) *n.* **1.** an unfavourable situation; drawback; handicap **2.** harm or detriment —*vt.* **-taged, -taging** to act to the disadvantage of —**at a disadvantage** in an unfavourable situation —**disad′vanta′geous** (-ad′vən tā′jəs) *adj.*

**disadvantaged** *adj.* deprived of a decent standard of living, education, etc.; underprivileged

**disaffect** (dis′ə fekt′) *vt.* to make discontented or disloyal —**dis′affect′ed** *adj.* —**dis′affec′tion** *n.*

**disagree** (dis′ə grē′) *vi.* **-greed′, -gree′ing** **1.** to fail to agree; be different **2.** to differ in opinion **3.** to give distress *[cheese disagrees* with me*]*

**disagreeable** *adj.* **1.** not to one's taste; unpleasant **2.** quarrelsome —**dis′agree′ably** *adv.*

**disagreement** *n.* **1.** refusal to agree **2.** failure to agree; difference **3.** difference of opinion **4.** a quarrel

**disallow** (dis′ə lou′) *vt.* to refuse to allow; reject as invalid or illegal —**dis′allow′ance** *n.*

**disappear** (dis′ə pēər′) *vi.* **1.** to go out of sight **2.** to become lost or extinct —**dis′appear′ance** *n.*

**disappoint** (dis′ə point′) *vt.* **1.** to fail to satisfy the hopes or expectations of **2.** to frustrate (hopes, etc.)

**disappointment** *n.* **1.** a disappointing or being disappointed **2.** a person or thing that disappoints

**disapprobation** (dis′ap′rō bā′shən) *n.* disapproval

**disapprove** (dis′ə prōōv′) *vt., vi.* **-proved′, -prov′ing** **1.** to have or express an unfavourable opinion (of) **2.** to refuse to approve —**dis′approv′al** *adj.*

**disarm** (dis ärm′) *vt.* **1.** to take away weapons from **2.** to make harmless **3.** to overcome the hostility of —*vi.* to reduce armed forces and armaments

**disarmament** (dis′är′mə mənt) *n.* the reduction of armed forces and armaments, as to a limitation set by treaty

**disarming** *adj.* removing suspicions, fears, or hostility —**disarm′ingly** *adv.*

**disarrange** (dis′ə rānj′) *vt.* **-ranged′, -rang′ing** to make less neat; disorder —**dis′arrange′ment** *n.*

**disarray** (dis′ə rā′) *vt.* to throw into disorder; upset —*n.* **1.** disorder; confusion **2.** a state of disorderly or insufficient dress

**disassociate** (dis′ə sō′shē āt′) *vt.* **-at′ed, -at′ing** to sever association with; separate —**dis′asso′cia′tion** *n.*

**disaster** (di zäs′tər) *n.* [< L. *dis-* + *astrum,* star] any happening that causes great harm or damage; calamity

**disastrous** *adj.* being or causing great harm, damage, etc.; calamitous —**disas′trously** *adv.*

**disavow** (dis′ə vou′) *vt.* to deny any knowledge or approval of, or responsibility for —**dis′avow′al** *n.*

**disband** (dis band′) *vt.* to break up (an association or organization) —*vi.* to scatter; disperse —**disband′ment** *n.*

**disbar** (dis′bär′) *vt.* **-barred′, -bar′ring** to deprive (a lawyer) of the right to practise law —**disbar′ment** *n.*

**disbelieve** (dis′bə lēv′) *vt., vi.* **-lieved′, -liev′ing** to refuse to believe (*in*) —**dis′belief′** *n.* —**dis′believ′er** *n.*

**disburse** (dis bərs′) *vt.* **-bursed′, -burs′ing** [< OFr. *desbourser*] to pay out; expend —**disburs′al, disburse′ment** *n.*

**disc** (disk) *n.* [see DISCUS] **1.** any flat, circular thing **2.** anything with the appearance of a disc *[the moon's disc]* **3.** a gramophone record **4.** *Biol.* any disc-shaped part or structure; specif., *a*) the disc-shaped centre of certain composite flowers *b*) a layer of fibrous connective tissue occurring between vertebrae

**discard** (dis kärd′; *for n.* dis′ kärd) *vt.* [< OFr.: see DIS- & CARD[1]] **1.** *Card Games* to throw away (undesired cards) **2.** to get rid of as no longer useful —*vi.* *Card Games* to make a discard —*n.* **1.** something discarded **2.** *Card Games* the card or cards discarded

**disc brake** a brake, as on a motor vehicle, that causes two friction pads to press on a rotating disc

**discern** (di sərn′) *vt.* [< L. *dis-,* apart + *cernere,* to separate] **1.** to recognize as separate **2.** to make out clearly —**discern′ible** *adj.* —**discern′ibly** *adv.*

**discerning** *adj.* having or showing good judgment or understanding —**discern′ingly** *adv.*

**discernment** *n.* keen perception or judgment; insight

**discharge** (dis chärj′) *vt.* **-charged′, -charg′ing** [< L. *dis-,* from + *carrus,* wagon] **1.** to release or dismiss a jury, prisoner, etc. **2.** to unload (a cargo) **3.** to shoot (a projectile) **4.** to throw off; emit *[to discharge* pus*]* **5.** to pay (a debt) or perform (a duty) **6.** *Elec.* to remove stored energy from (a battery or capacitor) —*vi.* **1.** to get rid of a burden, load, etc. **2.** to be released or thrown off **3.** to go off: said of a gun, etc. **4.** to emit waste matter: said of a wound, etc. —*n.* **1.** a discharging or being discharged **2.** that which discharges, as a certificate of dismissal from military service, etc. **3.** that which is discharged **4.** a flow of electric current across a gap, as in a spark —**discharge′able** *adj.* —**discharg′er** *n.*

**disciple** (di sī′p′l) *n.* [< L. *discere,* learn] **1.** a follower of any teacher or school **2.** an early follower of Jesus, esp. one of the Apostles —**disci′pleship′** *n.*

**disciplinarian** (dis′ə pli nāər′ē ən) *n.* one who believes in or enforces strict discipline

**disciplinary** (dis′ə pli nər ē) *adj.* **1.** of or having to do with discipline **2.** that enforces discipline by punishing

**discipline** (dis′ə plin) *n.* [see DISCIPLE] **1.** *a*) training that develops self-control *b*) strict control to enforce obedience **2.** orderly conduct, obedience, etc. **3.** treatment that corrects or punishes **4.** a system of rules, as for a monastic order **5.** a branch of knowledge —*vt.* **-plined, -plining** **1.** to train; control **2.** to punish —**dis′ciplinable** *adj.* —**dis′cipliner** *n.*

**disc jockey** a person who conducts a radio programme of recorded music, interspersed with chatter, etc.

**disclaim** (dis klām′) *vt.* **1.** to give up any claim to **2.** to repudiate —**disclamation** (dis′klə mā′shən) *n.*

**disclaimer** *n.* **1.** a disclaiming or renunciation, as of a claim, title, etc. **2.** a disavowing

**disclose** (dis′klōz′) *vt.* **-closed′, -clos′-**

**ing** 1. to make known 2. to bring into view **—disclo'sure** (-klō'zhər) *n.*

**disco** (dis'kō) *n.* [Colloq.] a discotheque

**discobolus** (dis kob'ə ləs) *n.* [< Gr. *diskos,* discus + *ballein,* to throw] a discus thrower

**discolour** (dis kul'ər) *vt., vi.* to change in colour by fading or staining **—discol'ora'tion, discol'ora'tion** *n.*

**discomfit** (dis kum'fit) *vt.* [< L. *dis-* + *conficere,* prepare] 1. to make uneasy 2. to frustrate the plans of 3. orig., to defeat **—discom'fiture** *n.*

**discomfort** (dis kum'fərt) *n.* lack of comfort; uneasiness **—***vt.* to cause discomfort to

**discommode** (dis'kə möd') *vt.* **-mod'ed, -mod'ing** [< DIS- + L. *commodare,* make suitable] to cause bother to; inconvenience **—dis'commo'dious** *adj.*

**discompose** (dis'kəm pōz') *vt.* **-posed', -pos'ing** to disturb the calm of; disconcert **—dis'compo'sure** *n.*

**disconcert** (dis'kən surt') *vt.* 1. to upset the composure of 2. to upset (plans, etc.) **—dis'concert'ing** *adj.*

**disconnect** (dis'kə nekt') *vt.* to break or undo the connection of; detach **—dis'connec'tion** *n.*

**disconnected** *adj.* 1. incoherent 2. separated, detached, etc. **—dis'connect'edly** *adv.*

**disconsolate** (dis kon'sə lət) *adj.* [see DIS- & CONSOLE[1]] so unhappy that nothing will console **—discon'solately** *adv.*

**discontent** (dis'kən tent') *adj.* *same as* DISCONTENTED **—***n.* lack of contentment; dissatisfaction: also **dis'content'ment** **—***vt.* to make discontented

**discontented** *adj.* not contented; wanting something different **—dis'content'edness** *n.*

**discontinue** (dis'kən tin'yōō) *vt., vi.* **-ued, -uing** to stop; cease; give up **—dis'contin'uance, dis'contin'ua'tion** *n.*

**discontinuous** *adj.* not continuous; broken **—discontinuity** (dis kon'tə nyōō'ə tē) *n.*

**discord** (dis'kôrd) *n.* [< L. *dis-,* apart + *cor,* heart] 1. disagreement 2. a harsh or confused noise 3. *Music* a lack of harmony in tones sounded together

**discordant** *adj.* 1. not in accord; conflicting 2. not in harmony; clashing **—discord'ance, discord'ancy** *n.* **—discord'antly** *adv.*

**discothèque** (dis'kō tek) *n.* [Fr. < *disque,* record + *bibliothèque,* library] a nightclub or other public place for dancing to recorded popular music

**discount** (dis'kount; *for v., also* dis kount') *n.* [see DIS- & COMPUTE] 1. a reduction from a usual or list price 2. the interest deducted in advance by one who lends money on a promissory note, etc. 3. the rate of interest (**discount rate**) charged for this **—***vt.* 1. to allow for exaggeration, bias, etc. 2. to disbelieve or disregard 3. to deduct an amount from (a bill, price, etc.) 4. to sell at less than the regular price 5. to pay or receive the value of (a promissory note, etc.), minus the discount **—at a discount** below the regular price **—dis'countable** *adj.*

**discountenance** (dis koun'tə nəns) *vt.* **-nanced, -nancing** 1. to make ashamed or embarrassed; disconcert 2. to refuse approval or support to

**discourage** (dis kur'ij) *vt.* **-aged, -aging** [OFr. *descoragier*] 1. to deprive of courage; dishearten 2. to persuade (a person) to refrain 3. to try to prevent by disapproving **—discour'agement** *n.* **—discour'aging** *adj.* **—discour'agingly** *adv.*

**discourse** (dis'kôrs; *also, and for v. usually,* dis kôrs') *n.* [< L. *dis-,* from + *currere,* to run] 1. talk; conversation 2. a formal treatment of a subject, in speech or writing **—***vi.* **-coursed', -cours'ing** 1. to converse; talk 2. to speak or write (*on* or *upon* a subject) formally

**discourteous** (dis kur'tē əs) *adj.* impolite; ill-mannered **—discour'teously** *adv.* **—discour'teousness, discour'tesy** *n.*

**discover** (dis kuv'ər) *vt.* [see DIS- & COVER] 1. to be the first to find, see, or know about 2. to find out **—discov'erable** *adj.* **—discov'erer** *n.*

**discovery** *n., pl.* **-eries** 1. a discovering 2. anything discovered

**discredit** (dis kred'it) *vt.* 1. to disgrace 2. to cast doubt on 3. to reject as untrue **—***n.* 1. something that causes disgrace 2. disgrace 3. loss of belief; doubt **—discred'itable** *adj.* **—discred'itably** *adv.*

**discreet** (dis krēt') *adj.* [see DISCERN] 1. careful about what one says or does; prudent 2. unobtrusively tasteful **—discreet'ly** *adv.* **—discreet'ness** *n.*

**discrepancy** (dis krep'ən sē) *n., pl.* **-cies** [< L. *dis-,* from + *crepare,* to rattle] lack of agreement, or an instance of this; inconsistency **—discrep'ant** *adj.*

**discrete** (dis krēt') *adj.* [see DISCERN] 1. separate and distinct 2. made up of distinct parts **—discrete'ly** *adv.* **—discrete'ness** *n.*

**discretion** (dis kresh'ən) *n.* 1. the freedom or authority to make decisions and choices 2. the quality of being discreet; prudence **—years** (or **age**) **of discretion** maturity **—discre'tionary** *adj.*

**discriminate** (dis krim'ə nāt'; *for adj.* -nət) *vi.* [see DISCERN] 1. to show partiality or prejudice 2. to see the difference (*between* things) 3. to be discerning **—***vt.* **-nat'ed, -nat'ing** 1. to differentiate 2. to distinguish **—***adj.* distinguishing carefully **—discrim'inat'ing** *adj.* **—discrim'inative** *adj.*

**discrimination** (dis krim'ə nā'shən) *n.* 1. a showing of partiality or prejudice in treatment 2. the act of discriminating, or distinguishing differences 3. the ability to do this

**discriminatory** (-krim'ə nə tər ē) *adj.* 1. practising discrimination, or showing prejudice 2. distinguishing

**discursive** (dis kur'siv) *adj.* [see DISCOURSE] wandering from one topic to another; rambling; digressive **—discur'sively** *adv.* **—discur'siveness** *n.*

DISCUS THROWER

**discus** (dis′kəs) *n., pl.* **dis′cuses, disci** (dis′kī) [< Gr. *diskos*] a heavy disc of metal and wood thrown in athletic contests

**discuss** (dis kus′) *vt.* [< L. *dis-*, apart + *quatere,* to shake] to talk or write about; consider and argue the pros and cons of

**discussion** *n.* talk or writing in which the pros and cons of a subject are considered —**under discussion** being discussed

**disdain** (dis dān′) *vt.* [< L. *dis-*, not + *dignari,* DEIGN] to regard as beneath one's dignity; scorn —*n.* aloof contempt or scorn —**disdain′ful** *adj.*

**disease** (di zēz′) *n.* [< OFr. *des-*, DIS- + *aise,* EASE] **1.** illness in general **2.** a particular destructive process in an organism; specific illness **3.** a harmful condition —**diseased′** *adj.*

**disembark** (dis′im bärk′) *vt., vi.* to leave, or unload from, a ship, aircraft, etc. —**dis′embarka′tion** (dis′em-) *n.*

**disembody** (dis′im bod′ē) *vt.* **-bod′ied, -bod′ying** to free from bodily existence —**dis′embod′ied** *adj.*

**disembowel** (dis′im bou′əl) *vt.* **-elled, -elling** to take out the bowels, or entrails, of —**dis′embow′elment** *n.*

**disenchant** (dis′in chänt′) *vt.* to set free from an enchantment or illusion —**dis′enchant′ment** *n.*

**disencumber** (dis′in kum′bər) *vt.* to relieve of a burden; free from a hindrance or annoyance

**disengage** (dis′in gāj′) *vt., vi.* **-gaged′, -gag′ing** to release or loosen from something that binds, holds, etc. —**dis′engage′ment** *n.*

**disengaged** *adj.* **1.** at leisure **2.** set loose; detached **3.** out of gear

**disentangle** (dis′in taŋ′g'l) *vt.* **-gled, -gling** to free from something that entangles, confuses, etc.; extricate; untangle —**dis′entan′glement** *n.*

**disequilibrium** (dis ek′wə lib′rē əm) *n. pl.* **-riums, -ria** lack or destruction of equilibrium

**disestablish** (dis′ə stab′lish) *vt.* to deprive (a state church) of support by the government —**dis′estab′lishment** *n.*

**disfavour** (dis fā′vər) *n.* **1.** an unfavourable opinion; dislike **2.** the state of being disliked or disapproved of —*vt.* to regard or treat unfavourably

**disfigure** (dis fig′ər) *vt.* **-ured, -uring** to hurt the appearance of; deface —**disfig′urement, disfig′ura′tion** *n.*

**disfranchise** (dis fran′chīz) *vt.* **-chised, -chising** to deprive of a right or privilege, esp. of the right to vote —**disfran′chisement** *n.*

**disgorge** (dis gôrj′) *vt., vi.* **-gorged′, -gorg′ing** [< OFr.: see DIS- & GORGE] **1.** to vomit **2.** to pour forth (its contents)

**disgrace** (dis grās′) *n.* [< It. *dis-*, not + *grazia,* favour] **1.** a being in disfavour **2.** loss of respect; shame **3.** a person or thing that brings shame —*vt.* **-graced′, -grac′ing** to bring shame or dishonour upon

**disgraceful** *adj.* causing or characterized by disgrace; shameful —**disgrace′fully** *adv.*

**disgruntle** (dis grun′t'l) *vt.* **-tled, -tling** [ult. < DIS- + GRUNT] to make peevishly discontented —**disgrun′tlement** *n.*

**disguise** (dis gīz′) *vt.* **-guised′, -guis′ing** [< OFr.: see DIS- & GUISE] **1.** to make appear, sound, etc. different so as to be unrecognizable **2.** to hide the real nature of —*n.* **1.** any clothes, manner, etc. used for disguising **2.** the state of being disguised **3.** the act or practice of disguising

**disgust** (dis gust′) *n.* [< DIS- + L. *gustus,* taste] a sickening distaste or dislike; repugnance —*vt.* to cause to feel disgust —**disgust′ed** *adj.* —**disgust′ing** *adj.*

**dish** (dish) *n.* [< L. *discus,* DISCUS] **1.** *a*) a shallow, concave container for food *b*) [*pl.*] plates, bowls, cups, etc., collectively **2.** a particular kind of food **3.** a dishful **4.** a dish-shaped object **5.** [Slang] a pretty girl or woman —*vt.* **1.** to serve (food) in a dish (with *up* or *out*) **2.** to make concave **3.** [Slang] to ruin —**dish out** to distribute, esp. carelessly

**dishabille** (dis′a bēl′) *n.* [< Fr. *dés-*, DIS- + *habiller,* to dress] the state of being dressed only partially

**disharmony** (dis här′mə nē) *n.* lack of harmony; discord —**dis′harmo′nious** (-mō′nē əs) *adj.*

**dishcloth** (dish′kloth′) *n.* a cloth for washing dishes

**dishearten** (dis här′t'n) *vt.* to discourage; depress —**disheart′ening** *adj.* —**disheart′eningly** *adv.*

**dishevel** (di shev′′l) *vt.* **-elled, -elling** [< OFr. *des-*, DIS- + *chevel,* hair] to cause (hair, clothing, etc.) to become disarranged and untidy; rumple —**dishev′elled** *adj.* —**dishev′elment** *n.*

**dishonest** (dis on′ist) *adj.* not honest; lying, cheating, etc. —**dishon′estly** *adv.* —**dishon′esty** *n.*

**dishonour** (dis on′ər) *n.* **1.** *a*) loss of honour, respect, etc. *b*) shame; disgrace **2.** a cause of dishonour —*vt.* **1.** to treat disrespectfully **2.** to disgrace **3.** to refuse or fail to pay (a cheque, etc.)

**dishonourable** *adj.* causing or deserving dishonour; shameful; disgraceful —**dishon′ourably** *adv.*

**dishwasher** (dish′wosh′ər) *n.* **1.** a machine for washing dishes **2.** a person whose job is to wash dishes **3.** the water wagtail

**dishwater** *n.* **1.** water in which dishes, etc. have been washed **2.** something resembling this

**dishy** *adj.* [Slang] good-looking; attractive

**disillusion** (dis′i lōō′zhən) *vt.* **1.** to free from illusion or false ideas **2.** to make bitter, etc. —*n.* a disillusioning or being disillusioned

**disincentive** (dis′in sen′tiv) *n.* a thing or factor that keeps one from doing something; deterrent

**disincline** (dis′in klīn′) *vt.* **-clined′, -clin′ing** to make unwilling —**disin′clina′tion** (-klə nā′) *n.*

**disinfect** (dis′in fekt′) *vt.* to destroy the harmful bacteria, viruses, etc. in or on —**dis′infec′tion** *n.*

**disinfectant** *n.* anything that disinfects —*adj.* disinfecting

**disingenuous** (dis′in jen′yoo wəs) *adj.* not straightforward; not candid; insincere —**dis′ingen′uously** *adv.*

**disinherit** (dis′in her′it) *vt.* to deprive of an inheritance —**dis′inher′itance** *n.*

**disintegrate** (dis in′tə grāt′) *vt., vi.* **-grat′ed, -grat′ing** to separate into parts or fragments; break up —**disin′tegra′tion** *n.* —**disin′tegra′tor** *n.*

**disinter** (dis′in tur′) *vt.* **-terred′, -ter′ring** **1.** to dig up; exhume **2.** to bring to light —**dis′inter′ment** *n.*

**disinterest** (dis in′trist) *n.* **1.** lack of personal or selfish interest **2.** lack of interest

**disinterested** *adj.* **1.** impartial **2.** [Colloq.] uninterested —**disin′terestedly** *adv.*

**disjoint** (dis joint′) *vt.* **1.** to dislocate **2.** to dismember **3.** to destroy the connections or orderliness of

**disjointed** *adj.* **1.** incoherent: said esp. of speech **2.** out of joint **3.** dismembered —**disjoint′edly** *adv.*

**disjunctive** (dis juŋk′tiv) *adj.* **1.** disjoining; separating or causing to separate **2.** *Gram.* indicating an alternative between words, clauses, etc. [*"or" and "but" are disjunctive* conjunctions*]* —*n. Gram.* a disjunctive conjunction —**disjunc′tively** *adv.*

**disk** (disk) *n. var. sp. of* DISC

**dislike** (dis līk′) *vt.* **-liked′, -lik′ing** to have a feeling of not liking —*n.* distaste; aversion

**dislocate** (dis′lō kāt′) *vt.* **-cat′ed, -cat′ing** **1.** to displace (a bone) from its proper position at a joint **2.** to disarrange —**dis′loca′tion** *n.*

**dislodge** (dis loj′) *vt., vi.* **-lodged′, -lodg′ing** to force from a place where hiding, etc. —**dislodg′ment** *n.*

**disloyal** (dis loi′əl) *adj.* not loyal or faithful; faithless —**disloy′ally** *adv.* —**disloy′alty** *n.*

**dismal** (diz′m'l) *adj.* [< ML. *dies mali,* evil days] **1.** causing or showing gloom or misery **2.** dark and gloomy —**dis′mally** *adv.*

**dismantle** (dis man′t'l) *vt.* **-tled, -tling** [see DIS- & MANTLE] **1.** to strip of covering **2.** to strip (a house, etc.) of furniture **3.** to take apart —**disman′tlement** *n.*

**dismay** (dis mā′) *vt.* [< OFr. *des-,* intens. + *esmayer,* deprive of power] to fill with alarm; daunt —*n.* a loss of courage

**dismember** (dis mem′bər) *vt.* [see DIS- & MEMBER] **1.** to remove the limbs of by cutting or tearing **2.** to pull or cut to pieces; divide up or mutilate —**dismem′berment** *n.*

**dismiss** (dis mis′) *vt.* [< L. *dis-,* from + *mittere,* send] **1.** to cause or allow to leave **2.** to discharge from an office, employment, etc. **3.** to put out of one's mind **4.** *Cricket* to put (a batsman) out, as by catching **5.** *Law* to reject (a claim or action) —**dismiss′al** *n.* —**dismis′sive** *adj.*

**dismount** (dis′mount′) *vi.* to get off, as from a horse or bicycle —*vt.* **1.** to remove (a thing) from its mounting **2.** to cause to dismount **3.** to take apart

**disobedience** (dis′ə bē′dē əns) *n.* refusal to obey; insubordination —**dis′obe′dient** *adj.*

**disobey** (dis′ə bā′) *vt., vi.* to refuse or fail to obey

**disoblige** (dis′ə blīj′) *vt.* **-bliged′, -blig′ing** **1.** to refuse to oblige **2.** to slight; offend —**dis′oblig′ing** *adj.*

**disorder** (dis ôr′dər) *n.* **1.** a lack of order; confusion **2.** a breach of public peace; riot **3.** irregularity **4.** an upset of normal function —*vt.* **1.** to throw into disorder **2.** to upset the normal functions of —**disor′dered** *adj.*

**disorderly** *adj.* **1.** not orderly; untidy **2.** unruly; riotous —**disor′derliness** *n.*

**disorganize** (dis ôr′gə nīz′) *vt.* **-ized′, -iz′ing** to break up the order or system of —**disor′ganiza′tion** *n.*

**disorient** (dis ôr′ē ent′) *vt.* **1.** to cause to lose one's bearings **2.** to confuse mentally Also **diso′rientate** (-ən tāt′) **-tat′ed, -tat′ing** —**diso′rienta′tion** *n.*

**disown** (dis ōn′) *vt.* to refuse to acknowledge as one's own

**disparage** (dis par′ij) *vt.* **-aged, -aging** [< OFr. *des-,* DIS- + *parage,* rank] **1.** to speak slightingly of **2.** to lower in esteem —**dispar′agement** *n.* —**dispar′aging** *adj.*

**disparate** (dis′pər it) *adj.* [< L. *dis-,* apart, not + *parare,* make equal] distinct or different in kind —**dis′parately** *adv.* —**dispar′ity** (-par′ə tē) *n.*

**dispassionate** (dis pash′ən it) *adj.* free from passion, emotion, or bias; impartial —**dispas′sionately** *adv.*

**dispatch** (dis pach′) *vt.* [ult. < L. *dis-,* not + LL. *impedicare,* entangle] **1.** to send promptly on an errand **2.** to kill **3.** to finish quickly —*n.* **1.** a sending off **2.** a killing **3.** speed; promptness **4.** a message, esp. an official message **5.** a news story sent to a newspaper, etc., as by a reporter —**mentioned in dispatches** to be commended for bravery in action —**dispatch′er** *n.*

**dispatch rider** a soldier, originally on horseback, now on a motorcycle, who carries dispatches

**dispel** (dis pel′) *vt.* **-pelled′, -pel′ling** [< L. *dis-*, away + *pellere*, drive] to scatter and drive away

**dispensable** (dis pen′sə b′l) *adj.* **1.** that can be dispensed with **2.** that can be dealt out **—dispen′sabil′ity** *n.*

**dispensary** (dis pen′sərē) *n., pl.* **-ries** a room, as in a school or factory, where medicines are available

**dispensation** (dis′pen sā′shən) *n.* **1.** a dispensing **2.** anything distributed **3.** an administrative system **4.** a release from an obligation **5.** *R.C.Ch.* an exemption from a specific church law **6.** *Theol.* the ordering of events under divine authority **—dis′pensa′tional** *adj.*

**dispense** (dis pens′) *vt.* **-pensed′, -pens′ing** [< L. *dis-*, out + *pendere*, weigh] **1.** to give out; distribute **2.** to prepare and give out (medicines, etc.) **3.** to administer **4.** to exempt; excuse **—dispense with 1.** to get rid of **2.** to do without **—dispen′ser** *n.*

**disperse** (dis pŭrs′) *vt.* **-persed′, -pers′ing** [< L. *dis-*, out + *spargere*, strew] **1.** to break up and scatter **2.** to dispel (mist, etc.) **3.** to break up (light) into its component coloured rays **—*vi.*** to move in different directions **—disper′sal** *n.* **—dispers′er** *n.* **—disper′sion** *n.*

**dispirit** (di spir′it) *vt.* to deject **—dispir′ited** *adj.*

**displace** (dis plās′) *vt.* **-placed′, -plac′ing** **1.** to move from its usual place **2.** to discharge **3.** to replace

**displaced person** a person forced from his country, esp. in war, and left homeless elsewhere

**displacement′** *n.* **1.** a displacing or being displaced **2.** the volume of a fluid displaced by a floating object

**display** (dis plā′) *vt.* [< L. *dis-*, apart + *plicare*, to fold] **1.** to exhibit **2.** to disclose; reveal **3.** to unfold; spread out **—*n.*** **1.** an exhibition **2.** anything displayed **3.** ostentation; show **—display′er** *n.*

**displease** (dis plēz′) *vt., vi.* **-pleased′, -pleas′ing** to fail to please; offend **—displeas′ing** *adj.* **—displeas′ingly** *adv.*

**displeasure** (dis plezh′ər) *n.* a being displeased; dissatisfaction, annoyance, etc.

**disport** (dis pôrt′) *vi.* [< OFr. *des-*, DIS- + *porter*, carry] to play; frolic **—*vt.*** to amuse (oneself)

**disposable** (dis pō′zə b′l) *adj.* that can be discarded **—*n.*** something that is designed for disposal

**disposal** (dis pō′z′l) *n.* **1.** a disposing; specif., *a*) arrangement *b*) a settling of affairs *c*) a giving away; transfer *d*) a getting rid of **2.** the power to dispose **—at one's disposal** available to be used as one wishes

**dispose** (dis pōz′) *vt.* **-posed′, -pos′ing** [see DIS- & POSITION] **1.** to place in a certain order; arrange **2.** to settle (affairs) **3.** to make willing **—*vi.*** to have the power to settle affairs **—dispose of 1.** to deal with; settle **2.** to give away or sell **3.** to get rid of

**disposed** *adj.* having an inclination as specified [to feel *well-disposed* towards someone]

**disposition** (dis′pə zish′ən) *n.* **1.** one's temperament **2.** an inclination or tendency **3.** orderly arrangement **4.** management of affairs **5.** a selling or giving away **6.** the power to dispose

**dispossess** (dis′pə zes′) *vt.* to deprive of the possession of land etc. **—dis′posses′sion** *n.* **—dis′posses′sor** *n.*

**disproportion** (dis′prə pôr′shən) *n.* lack of proportion

**disproportionate** *adj.* not proportionate; not in proportion **—dis′propor′tionately** *adv.*

**disprove** (dis prōōv′) *vt.* **-proved′, -prov′ing** to prove to be false or in error **—disprov′able** *adj.*

**disputant** (dis pyōōt′′nt) *n.* one who disputes

**disputation** (dis′pyōō tā′shən) *n.* **1.** a disputing; dispute **2.** a debatelike discussion

**disputatious** *adj.* fond of arguing: also **dispu′tative** **—dis′puta′tiously** *adv.*

**dispute** (dis pyōōt′) *vi.* **-put′ed, -put′ing** [< L. *dis-*, apart + *putare*, to think] **1.** to argue; debate **2.** to quarrel **—*vt.*** **1.** to argue or debate (a question) **2.** to doubt **3.** to oppose in any way **—*n.*** **1.** a disputing; argument **2.** a quarrel **—beyond dispute 1.** settled **2.** indisputably **—in dispute** not settled **—dispu′table** *adj.*

**disqualify** (dis kwol′ə fī′) *vt.* **-fied′, -fy′ing** **1.** to make unfit or unqualified **2.** to make or declare ineligible **—disqual′ifica′tion** *n.*

**disquiet** (dis kwī′ət) *vt.* to make anxious or restless; disturb **—*n.*** restlessness; anxiety **—disqui′eting** *adj.*

**disquietude** (dis kwī′ə tyōōd′) *n.* restlessness; anxiety

**disquisition** (dis′kwə zish′ən) *n.* [< L. *dis-*, apart + *quaerere*, seek] a formal discussion of some subject

**disregard** (dis′ri gärd′) *vt.* **1.** to pay little or no attention to **2.** to treat without due respect **—*n.*** **1.** lack of attention **2.** lack of due regard or respect

**disrepair** (dis′ri pâər′) *n.* the condition of needing repairs; state of neglect; dilapidation

**disreputable** (dis rep′yoo tə b′l) *adj.* **1.** having or causing a bad reputation **2.** not fit to be seen

**disrepute** (dis′ri pyōōt′) *n.* lack or loss of repute; bad reputation; disgrace; disfavour

**disrespect** (dis′ri spekt′) *n.* lack of respect; discourtesy **—dis′respect′ful** *adj.* **—dis′respect′fully** *adv.*

**disrobe** (dis rōb′) *vt., vi.* **-robed′, -rob′ing** to undress

**disrupt** (dis rupt′) *vt., vi.* [< L. dis-, apart + *rumpere*, to break] **1.** to interrupt the orderly course of (a meeting, etc.) **2.** to break apart **—disrup′tion** *n.* **—disrup′tive** *adj.*

**dissatisfy** (dis sat′is fī′) *vt.* **-fied′, -fy′-**

**ing** to fail to satisfy; discontent —**dissat'isfac'tion** *n.*

**dissect** (di sekt') *vt.* [< L. *dis-*, apart + *secare*, to cut] **1.** to cut apart piece by piece, as a body for purposes of study **2.** to analyse closely —**dissec'tion** *n.* —**dissec'tor** *n.*

**disselboom** (dis'əl booəm) *n.* [S Afr.] the single shaft of a wagon esp. an ox wagon

**dissemble** (di sem'b'l) *vt.* **-bled, -bling** [< OFr. *des-*, DIS- + *sembler*, simulate] **1.** to conceal under a false appearance **2.** to make a false show of —*vi.* to conceal the truth, one's true feelings, etc., by pretence —**dissem'blance** *n.* —**dissem'bler** *n.*

**disseminate** (di sem'ə nāt') *vt.* **-nat'ed, -nat'ing** [< L. *dis-*, apart + *seminare*, sow] to scatter far and wide; spread abroad —**dissem'ina'tion** *n.* —**dissem'ina'tor** *n.*

**dissension** (di sen'shən) *n.* a dissenting in opinion; disagreement or, esp., violent quarrelling or wrangling

**dissent** (di sent') *vi.* [< L. *dis-*, apart + *sentire*, feel] **1.** to disagree **2.** to reject the doctrines of an established church —*n.* a dissenting —**dissent'ing** *adj.*

**Dissenter** *n.* a Protestant who refuses to conform to the established church

**dissentient** (di sen'shē ənt) *adj.* dissenting, esp. from the majority opinion —*n.* one who dissents

**dissertation** (dis'ər tā'shən) *n.* [< L. *dis-*, apart + *serere*, to join] a formal discourse or treatise; thesis

**disservice** (dis sur'vis) *n.* harmful action; injury

**dissidence** (dis'ə dəns) *n.* [< L. *dis-*, apart + *sidere*, sit] dissent, esp. from a government —**dis'sident** *adj., n.*

**dissimilar** (di sim'ə lər) *adj.* not similar or alike; different —**dissim'ilar'ity** (-lar'ə tē) *n.* —**dissim'ilarly** *adv.* —**dissimilitude** (dis'si mil'ə tyood) *n.*

**dissimulate** (di sim'yoo lāt') *vt., vi.* **-lat'ed, -lat'ing** [see DIS- & SIMULATE] to hide (one's feelings, etc.); dissemble —**dissim'ula'tion** *n.*

**dissipate** (dis'ə pāt') *vt.* **-pat'ed, -pat'ing** [< L. *dis-*, apart + *supare*, to throw] **1.** to scatter **2.** to make disappear **3.** to waste or squander —*vi.* **1.** to vanish **2.** to indulge in pleasure to the point of harming oneself

**dissipated** *adj.* **1.** squandered **2.** debauched

**dissipation** (dis'ə pā'shən) *n.* a dissipating or being dissipated; dispersion, squandering, dissoluteness, etc.

**dissociate** (di sō'shē āt') *vt., vi.* **-at'ed, -at'ing** [< L. *dis-*, apart + *sociare*, join] **1.** to sever association with; disunite **2.** to undergo or cause to undergo dissociation —**dissociate oneself from** to repudiate any connection with —**disso'cia'tion** *n.*

**dissoluble** (di sol'yoo b'l) *adj.* that can be dissolved —**dissol'ubil'ity** *n.*

**dissolute** (dis'ə loot') *adj.* [see DISSOLVE] dissipated and immoral; debauched —**dis'solute'ly** *adv.*

**dissolution** (dis'ə loo'shən) *n.* a dissolving or being dissolved; specif., *a*) a breaking up or into parts *b*) termination *c*) death *d*) the dismissal of parliament before a general election

**dissolve** (di zolv') *vt., vi.* **-solved', -solv'ing** [< L. *dis-*, apart + *solvere*, loosen] **1.** to make or become liquid; melt **2.** to pass or make pass into solution **3.** to break up; decompose **4.** to end as by breaking up; terminate **5.** to disappear or make disappear —**dissolved in tears** weeping —**dissolv'able** *adj.*

**dissonance** (dis'ə nəns) *n.* [< L. *dis-*, apart + *sonare*, to sound] **1.** an inharmonious combination of sounds **2.** any lack of harmony or agreement —**dis'sonant** *adj.*

**dissuade** (di swād') *vt.* **-suad'ed, -suad'ing** [< L. *dis-*, away + *suadere*, persuade] to turn (a person) aside (*from* a course, etc.) by persuasion —**dissua'sion** *n.* —**dissua'sive** *adj.*

**dissyllable** (dis'sil'ə b'l) *n.* *same as* DISYLLABLE

DISTAFF

**distaff** (dis'tăf) *n.* [< OE. *dis-*, flax + *stæf*, staff] a staff on which flax, wool, etc. is wound for use in spinning —*adj.* female

**distance** (dis'təns) *n.* [< L. *dis-*, apart + *stare*, stand] **1.** a being separated in space or time; remoteness **2.** an interval between two points in time **3.** the length of a line between two points **4.** a remote point in space or time —*vt.* **-tanced, -tancing** to leave behind; outdistance —**keep at a distance** to treat aloofly —**keep one's distance** to be aloof

**distant** *adj.* **1.** far apart in space or time **2.** away [ten kilometres *distant*] **3.** far apart in relationship **4.** cool in manner; aloof **5.** from or at a distance —**dis'tantly** *adv.*

**distaste** (dis tāst') *n.* dislike or aversion (*for*)

**distasteful** *adj.* unpleasant; disagreeable —**distaste'fully** *adv.* —**distaste'fulness** *n.*

**distemper**[1] (dis tem'pər) *n.* [< L. *dis-*, apart + *temperare*, mix in proportion] **1.** an infectious virus disease of young dogs **2.** a mental or physical disorder; disease —*vt.* to derange; disorder

**distemper**[2] *n.* [< L. *dis-*, intens. + *temperare*: see prec.] any of various water-based paints, as for walls, etc. —*vt.* to paint (walls, etc.) with distemper

**distend** (dis tend′) ***vt., vi.*** [< L. *dis-*, apart + *tendere*, stretch] **1.** to make or become swollen **2.** to stretch out —**disten′sible** ***adj.*** —**disten′tion, disten′sion** ***n.***

**distich** (dis′tik) ***n.*** [< Gr. *di-*, two + *stichos*, row] two lines of verse regarded as a unit; couplet

**distil** (dis til′) ***vt., vi.*** **-tilled′, -till′ing** [< L. *de-*, down + *stillare*, to drip] **1.** to undergo, subject to, or produce by, distillation **2.** to let fall or fall in drops

**distillate** (dis′tə lət) ***n.*** a liquid obtained by distilling

**distillation** (dis′tə lā′shən) ***n.*** **1.** a distilling **2.** the process of heating a mixture and condensing the resulting vapour to produce a more nearly pure substance **3.** a distillate

**distiller** (dis til′ər) ***n.*** a person, company, etc. in the business of distilling whisky, gin, etc. —**distill′ery** ***n.***

**distinct** (dis tiŋkt′) ***adj.*** [see DISTINGUISH] **1.** not alike; different **2.** separate **3.** clearly marked off; plain **4.** unmistakable —**distinct′ly** ***adv.*** —**distinct′ness** ***n.***

**distinction** ***n.*** **1.** the act of making or keeping distinct **2.** difference **3.** a quality or feature that differentiates **4.** fame; eminence **5.** the quality that makes one seem superior **6.** a mark of honour

**distinctive** ***adj.*** distinguishing from others; characteristic —**distinc′tively** ***adv.*** —**distinc′tiveness** ***n.***

**distingué** (dis taŋ′gā) ***adj.*** [Fr.] having an air of distinction; distinguished

**distinguish** (dis tiŋ′gwish) ***vt.*** [< L. *dis-*, apart + *stinguere*, prick] **1.** to perceive or show the difference in **2.** to characterize **3.** to recognize plainly **4.** to classify **5.** to make famous or eminent —*vi.* to make a distinction (*between* or *among*) —**distin′guishable** ***adj.***

**distinguished** ***adj.*** **1.** celebrated; famous **2.** having an air of distinction

**distort** (dis tôrt′) ***vt.*** [< L. *dis-*, intens. + *torquere*, twist] **1.** to twist out of shape **2.** to misrepresent —**distort′er** ***n.*** —**distor′tion** ***n.*** —**distor′tionless** ***adj.***

**distract** (dis trakt′) ***vt.*** [< L. *dis-*, apart + *trahere*, draw] **1.** to draw (the mind, etc.) away in another direction; divert **2.** to create conflict and confusion in —**distract′ed** ***adj.*** —**distract′ible** ***adj.*** —**distract′ing** ***adj.***

**distraction** ***n.*** **1.** a distracting or being distracted; confusion **2.** anything that distracts; diversion **3.** great mental distress —**to distraction** almost insanely —**distrac′tive** ***adj.***

**distrain** (dis trān′) ***vt., vi.*** [< L. *dis-*, apart + *stringere*, draw tight] *Law* to seize and hold (property) as security for a debt —**distrain′able** ***adj.*** —**distrain′er, distral′nor** ***n.*** —**distraint′** ***n.***

**distrait** (dis trā′) ***adj.*** [see DISTRACT] absent-minded

**distraught** (dis trôt′) ***adj.*** [var. of prec.] **1.** very troubled or confused **2.** driven mad; crazed

**distress** (dis tres′) ***vt.*** [see DISTRAIN] to cause misery or suffering to —***n.*** **1.** pain, suffering, etc. **2.** an affliction **3.** a state of danger or trouble **4.** *Law* distraint —**distress′ful** ***adj.*** —**distress′ing** ***adj.***

**distressed** ***adj.*** **1.** full of distress **2.** designating an area in which there is much poverty, unemployment, etc. **3.** in financial straits; poor

**distribute** (dis trib′yōōt) ***vt.*** **-uted, -uting** [< L. *dis-*, apart + *tribuere*, allot] **1.** to give out in shares **2.** to scatter or spread out **3.** to classify **4.** to put (things) in various distinct places —**distrib′utable** ***adj.***

**distribution** (dis′trə byōō′shən) ***n.*** **1.** a distributing or being distributed **2.** the process by which commodities get to consumers **3.** anything distributed —**dis′tribu′tional** ***adj.***

**distributive** (dis trib′yoo tiv) ***adj.*** **1.** distributing or tending to distribute **2.** *Gram.* referring to each member of a group regarded individually [“each” is a *distributive* word] **3.** *Math.* of the principle in multiplication that allows the multiplier to be used separately with each term of the multiplicand

**distributor** (dis trib′yoo tər) ***n.*** **1.** an agent or business firm that distributes goods to consumers **2.** a device for distributing electric current to sparking plugs

**district** (dis′trikt) ***n.*** [see DISTRAIN] **1.** a geographical or political division made for a specific purpose **2.** any region

**district nurse** a nurse appointed by a local authority to attend patients within a district

**distrust** (dis trust′) ***n.*** a lack of trust or of confidence —*vt.* to have no trust or confidence in —**distrust′ful** ***adj.*** —**distrust′fully** ***adv.***

**disturb** (dis tur′b′) ***vt.*** [< L. *dis-*, intens. + *turbare*, to disorder] **1.** to break up the quiet or calm of **2.** to make uneasy **3.** to break up the settled order of **4.** to interrupt —**disturb′er** ***n.***

**disturbance** ***n.*** **1.** a disturbing or being disturbed **2.** anything that disturbs **3.** commotion

**disunion** (dis yōōn′yən) ***n.*** **1.** the ending of union; separation **2.** lack of unity; discord

**disunite** (dis′yōō nīt′) ***vt.*** **-nit′ed, -nit′ing** to destroy the unity of —*vi.* to become separated —**disu′nity** ***n.***

**disuse** (dis yōōz′; *for n.* -yōōs′) ***vt.*** **-used′, -us′ing** to stop using —***n.*** lack of use

**disyllable** (di sil′ə b′l) ***n.*** [< Gr. *di-*, two + *syllabē*, syllable] a word of two syllables —**disyllabic** (di′si lab′ik) ***adj.***

**ditch** (dich) ***n.*** [OE. *dic*] a long, narrow channel dug into the earth, as for drainage —*vt.* **1.** to make a ditch in **2.** to set (a disabled aircraft) down on water **3.** [Slang] to get rid of —*vi.* **1.** to dig a ditch **2.** to ditch a disabled aircraft

**dither** (dith′ər) ***vi.*** [prob. akin to ME. *daderen*, DODDER] to be nervously excited or confused —***n.*** an excited state

**dithyramb** (dith′ə ram′) ***n.*** [ < Gr.

*dithyrambos*] **1.** in ancient Greece, a wild choric hymn in honour of Dionysus **2.** any wildly emotional speech or writing —**dith'yram'bic** *adj., n.*

**dittany** (dit'ə nē) *n., pl.* **-nies** [< Gr. *diktamnon* < ? *Dikte,* Mount Dicte, in Crete] a creeping, woolly herb native to Greece

**ditto** (dit'ō) *n., pl.* **-tos** [< L. *dictum,* a saying] **1.** the same (as above or before) **2.** *same as* DITTO MARK —*adv.* as said before —*vt.* **-toed, -toing** **1.** to duplicate **2.** to repeat

**ditto mark** a mark ( " ) used in lists or tables to show that the item above is to be repeated

**ditty** (dit'ē) *n., pl.* **-ties** [see DICTATE] a short, simple song

**diuretic** (dī'yoo ret'ik) *adj.* [< Gr. *dia-,* through + *ourein,* urinate] increasing the flow of urine —*n.* a diuretic drug or substance

**diurnal** (dī ur'n'l) *adj.* [< L. *dies,* day] **1.** daily **2.** of or in the daytime —**diur'nally** *adv.*

**divalent** (dī vā'lənt) *adj. Chem. same as* BIVALENT

**divan** (di van') *n.* [< Turk. *dīwān*] **1.** a large, low couch, usually without armrests **2.** a bed resembling such a couch

**dive** (dīv) *vi.* **dived, div'ing** [OE. *dyfan*] **1.** to plunge headfirst into water **2.** to submerge **3.** to plunge suddenly into something **4.** to make a steep, sudden descent, as an aircraft —*n.* **1.** a plunge into water **2.** any sudden plunge **3.** a sharp descent, as of an aircraft **4.** [Colloq.] a cheap, disreputable bar, nightclub, etc.

**dive bomber** an aircraft designed to release bombs while diving at a target —**dive'bomb'** *vt., vi.*

**diver** *n.* **1.** one who works or explores under water **2.** a diving water bird

**diverge** (dī vurj') *vi.* **-verged', -verg'ing** [< L. *dis-,* apart + *vergere,* turn] **1.** to branch off or go in different directions **2.** to take on gradually a different form [customs *diverge*] **3.** to differ —**diver'gence** *n.* —**diver'gent** *adj.*

**divers** (dī'vərz) *adj.* [OFr.: see ff.] [Archaic] various

**diverse** (dī vurs') *adj.* [< L. *dis-,* apart + *vertere,* to turn] **1.** different **2.** varied —**diverse'ly** *adv.*

**diversify** (dī vur'sə fī') *vt.* **-fied', -fy'ing** [see prec.] **1.** to make diverse; vary **2.** to divide up (investments) among different securities, etc. **3.** to expand (a company, etc.), as by varying products —**diver'sification** *n.*

**diversion** (dī vur'shən) *n.* **1.** a diverting, or turning aside, esp. an official detour used by traffic when a main road is closed **2.** distraction of attention **3.** a pastime —**diver'sionary** *adj.*

**diversity** (dī vur'sə tē) *n., pl.* **-ties** **1.** a being diverse; difference **2.** variety

**divert** (dī vurt') *vt.* [see DIVERSE] **1.** to turn aside **2.** to amuse **3.** to distract —**divert'ing** *adj.*

‡**divertissement** (dē ver tēs mān') *n.* [Fr.] **1.** a diversion **2.** a short ballet, etc.

**divest** (dī vest') *vt.* [ult. < L. *dis-,* from + *vestire,* to dress] **1.** to strip (*of* clothing, etc.) **2.** to deprive (*of* rank, rights, etc.) **3.** to rid (*of* something)

**divide** (də vīd') *vt.* **-vid'ed, -vid'ing** [< L. *dividere*] **1.** to separate into parts; split up **2.** to classify **3.** to make or keep separate **4.** to apportion **5.** to cause to disagree **6.** *Math.* to separate into equal parts by a divisor —*vi.* **1.** to be or become separate **2.** to disagree **3.** to separate into groups in voting **4.** to share **5.** *Math.* to do division —*n.* [Chiefly U.S.] a watershed —**divid'able** *adj.*

**dividend** (div'ə dend') *n.* [< L.] **1.** the quantity to be divided **2.** *a*) a sum to be divided among stockholders, etc. *b*) a single share of this **3.** a bonus

**divider** (də vīd'ər) *n.* **1.** [*pl.*] an instrument for dividing lines, etc.; compasses **2.** a set of shelves, etc. used to separate a room into distinct areas

**divination** (div'ə nā'shən) *n.* [see ff.] **1.** the act of trying to foretell the future by occult means **2.** a prophecy **3.** a clever guess —**divinatory** (də vin'ə tər ē) *adj.*

**divine** (də vīn') *adj.* [< L. *divus,* a god] **1.** of or like God or a god **2.** devoted to God; religious **3.** supremely great, good, etc. —*n.* a clergyman —*vt.* **-vined', -vin'ing** **1.** to prophesy **2.** to guess **3.** to find out by intuition —*vi.* to engage in divination —**divine'ly** *adv.* —**divin'er** *n.*

**diving bell** a large, hollow, air-filled apparatus in which divers can work under water

**diving board** a springboard projecting over a swimming pool, lake, etc., for use in diving

**diving suit** a heavy, waterproof garment worn by divers working under water

**divining rod** a forked stick alleged to reveal hidden water or minerals by dipping downwards

**divinity** (də vin'ə tē) *n., pl.* **-ties** **1.** a being divine **2.** a god **3.** the study of religion —**the Divinity** God

**divisible** (də viz'ə b'l) *adj.* that can be divided, esp. without leaving a remainder —**divis'ibil'ity** *n.*

**division** *n.* **1.** a dividing or being divided **2.** a sharing **3.** a difference of opinion **4.** a separation into groups in voting, esp. in the House of Commons **5.** anything that divides; partition **6.** a section, group, rank, segment, etc. [Chancery *Division*] **7.** *Math.* the process of finding how many times a number (the *divisor*) is contained in another (the *dividend*) **8.** *Mil.* a tactical unit under one command —**divi'sional** *adj.*

**division sign** the symbol ( ÷ ), indicating that the preceding number is to be divided by the following number (Ex.: 8 ÷ 4 = 2)

**divisive** (də vī'siv) *adj.* causing division —**divi'sively** *adv.* —**divi'siveness** *n.*

**divisor** (də vī'zər) *n.* [L.] the number

or quantity by which the dividend is divided to produce the quotient

**divorce** (də vôrs′) *n.* [see DIVERSE] **1.** legal dissolution of a marriage **2.** any complete separation —*vt.* **-vorced′, -vorc′ing** **1.** to dissolve legally a marriage between **2.** to separate from (one's spouse) by divorce **3.** to separate; disunite

**divorcée** (-vôr′sē′) *n.* [Fr.] a divorced woman

**divot** (div′ət) *n.* [< Scot.] a piece of turf dug out of a grass surface, esp. by a golf club

**divulge** (dī vulj′) *vt.* **-vulged′, -vulg′ing** [< L. *dis-*, apart + *vulgare*, make public] to make known; disclose —**divul′gence** *n.* —**divulg′er** *n.*

**divvy** (div′ē) *vt., vi.* **-vied, -vying** [< DIVIDE] [Colloq.] to share (*up*) —*n.* a dividend

**dixie** (dik′sē) *n.* [Hindi] a camp cooking-pot

**DIY** Do-It-Yourself

**dizzy** (diz′ē) *adj.* **-zier, -ziest** [OE. *dysig*, foolish] **1.** feeling giddy or unsteady **2.** causing giddiness **3.** confused **4.** [Colloq.] silly —*vt.* **-zied, -zying** to make dizzy —**diz′zily** *adv.* —**diz′ziness** *n.*

**D.J., DJ** **1.** disc jockey **2.** dinner jacket

**djellaba** (jə lä′bə) *n.* same as JELLABA

**djinni** (ji nē′) *n., pl.* **djinn** same as JINNI

**dl** decilitre(s)

**D layer** the lowest layer of the ionosphere

**D.Lit., D.Litt.** [L. *Doctor Lit(t)erarum*] Doctor of Letters

**dm** decimetre(s)

**D.Mus.** Doctor of Music

**DNA** deoxyribonucleic acid

**D-notice** [< *Defence Notice*] an official notice sent to newspapers, etc. prohibiting publication of certain material

**do¹** (dōō) *vt.* **did, done, do′ing** [OE. *don*] **1.** to perform (an action, etc.) [*do* great deeds] **2.** to finish [dinner has been *done* for an hour] **3.** to cause [it *does* no harm] **4.** to exert [*do* your best] **5.** to deal with as is required [*do* the ironing] **6.** to have as one's occupation; work at **7.** to work out; solve [*do* a sum] **8.** to produce (a play, etc.) [we *did* Hamlet] **9.** to cover (distance) [to *do* 30 miles] **10.** to be convenient to; suit [this will *do* me very well] **11.** [Colloq.] to provide; serve [this pub *does* lunches] **12.** [Colloq.] to sightsee **13.** [Colloq.] to cheat **14.** [Colloq.] to serve (a jail term) **15.** [Colloq.] to improve esp. in the phrase **do something to** or **for** —*vi.* **1.** to behave [he *does* well when praised] **2.** to be active; work [*do;* don't talk] **3.** to get along [the patient is *doing* well] **4.** to be adequate **5.** [Colloq.] to take place [anything *doing* tonight?] Auxiliary uses of *do:* **1.** to give emphasis [please *do* stay] **2.** to ask a question [*did* you write?] **3.** to serve as a substitute verb [love me as I *do* (love) you] —*n., pl.* **do's** or **dos** **1.** [Colloq.] a party or social event **2.** [*pl.*] share, esp. in **fair dos** —**do away with** **1.** to kill **2.** to throw away —**do for** **1.** to act as a housekeeper for **2.** to be sufficient **3.** [Colloq.] to ruin —**do in** [Slang] **1.** to kill **2.** to exhaust —**do over** **1.** [Colloq.] to redecorate **2.** [Slang] to beat up —**dos and don'ts** rules of conduct —**do up** **1.** to wrap up (a parcel, etc.) **2.** to redecorate **3.** to fasten (a dress, etc.) —**do with** **1.** to make use of **2.** [Colloq.] to appreciate having —**have to do with** **1.** to be related to **2.** to deal with —**make do** to get along with what is available

**do²** (dō) *n.* [It.: see GAMUT] *Music* a syllable representing the first or last tone of the diatonic scale

**dobbin** (dob′in) *n.* [< *Dobbin*, nickname for *Robin*] a horse, esp. a patient, plodding one

**Doberman pinscher** (dō′bər mən-pin′shər) [< G.] a breed of large dog, with smooth, dark hair

**doc** (dok) *n.* [Slang] doctor

**docile** (dō′sīl) *adj.* [< L. *docere*, teach] easy to manage or discipline; tractable —**doc′ilely** *adv.* —**docility** (dō sil′ə tē) *n.*

**dock¹** (dok) *n.* [< MDu. *docke*, channel] **1.** a large excavated basin for receiving ships between voyages **2.** [*pl.*] a dockyard **3.** a landing pier; wharf —*vt.* **1.** to pilot (a ship) to a dock **2.** to join (vehicles) together in outer space —*vi.* to come into a dock —**in dock** [Colloq.] **1.** in the garage for repair: said of a motor vehicle **2.** in hospital: said of a person

**dock²** *n.* [< Fl. *dok*, cage] the place where the accused stands or sits in court —**in the dock** on trial

**dock³** *n.* [OE. *docce*] any of various coarse weeds with large leaves and tap roots

**dock⁴** *n.* [< ON. *dockr*] the solid part of an animal's tail —*vt.* **1.** to cut off the end of (a tail) **2.** to deduct from (wages, etc.)

**docker** *n.* a man employed to load and unload ships

**docket** *n.* [earlier *doggette*, register] **1.** a piece of paper accompanying a package, etc., stating contents and often used as a receipt **2.** a customs certificate declaring that duty has been paid **3.** a list of cases to be tried by a law court **4.** a summary, as of legal decisions —*vt.* to put a docket on; label

**dockyard** *n.* a place with docks, machinery, etc. for repairing or building ships

**doctor** (dok′tər) *n.* [< L., teacher] **1.** a medical practitioner **2.** a person on whom a university has conferred a high degree [*Doctor* of Philosophy] **3.** [Colloq.] a person who carries out repairs [tree *doctor*] **4.** orig., a teacher —*vt.* [Colloq.] **1.** to try to heal **2.** to mend **3.** to tamper with **4.** to castrate; said esp. of dogs and cats —**doc′toral** *adj.*

**doctorate** *n.* the degree or status of doctor conferred by a university

**doctrinaire** (dok′trə nāər′) *n.* [Fr.] one who tries to apply theories regardless of the practical problems —*adj.* adhering to a doctrine in an unyielding, dogmatic way

**doctrine** (dok′trən) *n.* [see DOCTOR] **1.**

something taught **2.** something taught as the principles of a religion, political party, etc. **—doctrinal** (dok trī′nəl) ***adj.***

**document** (dok′yoo mənt; *for v.* -ment′) ***n.*** [< L. *documentum,* proof] anything printed, written, etc., relied upon to record or prove something ***—vt.*** to provide with, or support by reference to, documents **—doc′umen′tal** ***adj.***

**documentary** (dok′yoo men′tər ē) ***adj.*** **1.** of or supported by documents **2.** dramatically showing or analysing news events, etc., with no fictionalization ***—n., pl.*** **-ries** a documentary film, etc.

**documentation** (-men tā′shən) ***n.*** **1.** the collecting, abstracting, etc. of printed or written information for future reference **2.** the documents collected

**dodder** (dod′ər) ***vi.*** [ME. *daderen*] to shake or tremble, as from old age **—dod′derer** ***n.*** **—dod′dery** ***adj.***

**doddle** (dod′l) ***n.*** [< ?] [Colloq.] a simple task

**dodecagon** (dō dek′ə gən) ***n.*** [< Gr. *dōdeka,* twelve & -GON] a plane figure with twelve sides

**dodecahedron** (dō′dek ə hē′drən) ***n., pl.*** **-drons, -dra** [< Gr. *dōdeka,* twelve & -HEDRON] a solid figure with twelve plane faces **—do′decahe′dral** ***adj.***

**dodge** (doj) ***vi.*** **dodged, dodg′ing** [< ?] **1.** to move or twist quickly aside **2.** to use tricks or evasions ***—vt.*** **1.** to avoid by moving quickly aside **2.** to evade ***—n.*** **1.** a dodging **2.** a trick used in evading or cheating

**dodgem** (doj′əm) ***n.*** [DODG(E) + (TH)EM] an electrically powered vehicle that moves erratically within an enclosure, bumping other vehicles: found at funfairs, etc.

**dodger** ***n.*** a shifty, dishonest person

**dodgy** ***adj.*** **-ier, -iest** [Colloq.] **1.** risky; difficult; dangerous **2.** uncertain; tricky

DODO (60 cm high)

**dodo** (dō′dō) ***n., pl.*** **-dos, -does** [Port. *doudo,* foolish] **1.** a large, flightless bird, now extinct: formerly found on Mauritius

**doe** (dō) ***n.*** [OE. *da*] the female of the deer, or of the antelope, rabbit, etc.

**D.O.E.** Department of the Environment

**doek** (dook) ***n.*** [< Afrik.] [S Afr. Colloq.] a head cloth worn esp. by African women

**does** (duz) *3rd pers. sing., pres. indic., of* DO[1]

**doeskin** (dō′skin′) ***n.*** **1.** the skin of a female deer **2.** leather made from this

**doff** (dof) ***vt.*** [see DO[1] & OFF] to take off (clothes, etc.); esp., to remove or raise (one's hat)

**dog** (dog) ***n.*** [OE. *docga*] **1.** a domesticated animal related to the fox, wolf, etc. **2.** the male of this **3.** a mean, contemptible fellow **4.** an andiron **5.** [Colloq.] a boy or man *[lucky dog]* **6.** [*pl.*] [Slang] feet **7.** [*pl.*] [Colloq.] greyhound racing **8.** [**D-**] *Astron.* either of the constellations Great Dog or Little Dog **9.** *Mech.* a device for grappling ***—vt.*** **dogged, dog′ging** **1.** to follow or hunt like a dog **2.** to trouble; plague ***—adv.*** very; completely *[dog-tired]* **—a dog's age** [Colloq.] a long time **—a dog's life** a wretched existence **—dog in the manger** a person who keeps others from using something which he cannot use **—go to the dogs** [Colloq.] to deteriorate **—like a dog's dinner** [Colloq.] **1.** flashily: said of someone's style of dressing **2.** messy; jumbled

**dogcart** ***n.*** **1.** a small cart drawn by dogs **2.** an open carriage having two seats arranged back to back

**dog collar** **1.** a collar for a dog **2.** [Colloq.] the stiff, white collar worn by many clergymen

**dog days** the hot, humid days in July and August

**doge** (dōj) ***n.*** [It. < L. *dux,* leader] the chief magistrate of either of the former republics of Venice and Genoa

**dogear** (dog′ēər′) ***n.*** a turned-down corner of the leaf of a book ***—vt.*** to turn down the corner or corners of (a leaf in a book) **—dog′eared′** ***adj.***

**dog end** [Slang] a cigarette end

**dogfight** ***n. Mil.*** combat between fighter planes at close quarters

**dogfish** ***n.*** any of various small sharks

**dogged** (dog′id) ***adj.*** [see DOG] not giving in readily; persistent; stubborn **—dog′gedly** ***adv.*** **—dog′gedness** ***n.***

**doggerel** (dog′ər əl) ***n.*** [< ?] trivial poorly constructed verse, usually comic: also **dog′grel**

**doggo** ***adv.*** [Colloq.] out of sight: esp. in the phrase **lie doggo,** to lie low

**doggy, doggie** ***n., pl.*** **-gies** a little dog: a child's word ***—adj.*** **-gier, -giest** of or like a dog

**doghouse** ***n.*** [U.S.] a kennel **—in the doghouse** [Colloq.] in disfavour

**dogie, dogy, dogey** (dō′gē) ***n., pl.*** **-gies** or **-geys** [<?] [U.S. & Canad.] a motherless calf

**dogma** (dog′mə) ***n., pl.*** **-mas, -mata** [< Gr. *dokein,* think] **1.** a doctrine; belief **2.** a positive, arrogant assertion of opinion **3.** *Theol.* a body of doctrines authoritatively affirmed

**dogmatic** (dog mat′ik) ***adj.*** **1.** stating opinion in a positive or arrogant manner **2.** of or like dogma **3.** asserted without proof **—dogmat′ically** ***adv.***

**dogmatism** (dog′mə tiz′m) ***n.*** dogmatic assertion of opinion, usually without evidence **—dog′matist** ***n.***

**do-gooder** (dōō′ good′ər) ***n.*** [Colloq.] a person who seeks to correct social ills in an impractical way

**og paddle** a swimming stroke in which the swimmer paddles his hands and beats his legs up and down

**og rose** a European wild rose with single, pink flowers

**ogsbody** (dogz′bod′ē) *n.* [Colloq.] a drudge

**og Star** 1. the brightest star in the constellation Canis Major; Sirius 2. Procyon

**og-tired** *adj.* extremely tired; exhausted

**og train** [Canad.] a sleigh drawn by a team of dogs

**ogtooth violet** 1. a N American plant with yellow flowers 2. a European plant with purple flowers

**ogwatch** *n. Naut.* a duty period, either from 4 to 6 P.M. or from 6 to 8 P.M.

**ogwood** *n.* 1. a tree found in Europe with greenish-white flowers and black berries 2. a Canadian flowering shrub, the floral emblem of British Columbia

**oh** (dō) *n. same as* DO[2]

**oily** (doi′lē) *n., pl.* **-lies** [< 17th-c. London draper] a small mat, as of lace or paper, used to protect or decorate a surface: also **doy′ley**

**o-it-yourself** *n.* the practice of constructing, repairing, redecorating, etc. by oneself

**oldrums** (dol′drəmz) *n.pl.* [< ? DULL] 1. low spirits 2. sluggishness 3. equatorial ocean regions noted for dead calms

**ole** (dōl) *n.* [OE. *dal*] 1. money or food given to those in need 2. anything given out sparingly 3. a form of payment by a government to the unemployed —*vt.* **doled, dol′ing** to give sparingly or as dole (often with *out*) —**on the dole** receiving a dole (sense 3)

**oleful** (dōl′fool) *adj.* [ult. < L. *dolere,* suffer] full of sorrow or sadness —**dole′fully** *adv.* —**dole′fulness** *n.*

**oll** (dol) *n.* [< nickname for *Dorothy*] 1. a child's toy made to resemble a human being 2. a pretty but silly young woman 3. [Slang] any lovable person —*vt.,vi.* [Colloq.] to dress stylishly (with *up*)

**ollar** (dol′ər) *n.* [< G. *Thaler*] 1. the monetary unit of Canada, U.S., Australia, Ethiopia, etc. 2. [Colloq.] formerly, five shillings (25p)

**ollop** (dol′əp) *n.* [< ?] 1. a soft mass 2. a measure [a *dollop* of wit] —*vt.* to serve (*out*) in dollops

**olly** (dol′ē) *n., pl.* **-lies** 1. a doll: child's word 2. a low, flat, wheeled frame for moving heavy objects —*adj.* [Colloq.] attractive [a *dolly* bird]

**olman sleeve** (dol′mən) [< Turk. *dolama,* long robe] a kind of sleeve tapering from a wide opening at the armhole to a narrow one at the wrist

**olmen** (dol′mən) *n.* [< ? Breton *taol,* table + *men,* stone] a prehistoric monument formed by a large, flat stone laid across upright stones

**olomite** (do′lə mīt′) *n.* [< Fr. geologist *Dolomieu*] a common rock-forming mineral of calcium magnesium carbonate

**olos** (dol′os) *n., pl.* **dolosse** [S Afr.] a knucklebone of a sheep, buck, etc. used esp. by diviners

**dolour** (do′lər) *n.* [< L. *dolere,* suffer] [Poet.] sorrow —**do′lorous** *adj.*

**dolphin** (dol′fən) *n.* [< Gr. *delphis, delphinos*] 1. any of several water-dwelling mammals, often with a beaklike snout 2. either of two game fishes that change to bright colours out of water

**dolphinarium** (-āər′ē əm) *n.* [< prec. + (AQU)ARIUM] an aquarium for dolphins

**dolt** (dōlt) *n.* [< ME. *dullen,* to dull] a stupid, slow-witted person —**dolt′ish** *adj.* —**dolt′ishness** *n.*

**-dom** (dəm) [OE. *dom,* state] *a suffix meaning:* 1. the rank, position, or dominion of [*kingdom*] 2. a total of all who are [*officialdom*]

**domain** (dō mān′) *n.* [< L. *dominus,* lord] 1. territory under one government or ruler 2. land belonging to one person 3. sphere of activity

**dome** (dōm) *n.* [< Gr. *dōma,* housetop] 1. a hemispherical roof 2. any dome-shaped structure 3. [Slang] the head —*vt.* **domed, dom′ing** 1. to cover as with a dome 2. to form into a dome

**Domesday Book** (dōōmz′dā′) [said to be so named because it judged all men without bias, like the Last Judgment] the record of a land survey of England made under William the Conqueror

**domestic** (dō mes′tik) *adj.* [< L. *domus,* house] 1. of the home or family [*domestic* joys] 2. of one's own country or the country referred to 3. tame: said of animals 4. devoted to home life —*n.* a servant for the home, as a maid —**domes′tically** *adv.*

**domesticate** *vt.* **-cat′ed, -cat′ing** 1. to accustom to home life 2. to tame for man's use —**domes′tica′tion** *n.*

**domesticity** (dō′mes tis′ə tē) *n., pl.* **-ties** 1. home life; family life 2. devotion to home and family life

**domestic science** *same as* HOME ECONOMICS

**domicile** (dom′ə sīl′) *n.* [< L. *domus,* house] a home; residence, esp. a person's legal residence —*vt.* **-ciled′, -cil′ing** to establish (oneself) in a domicile

**dominant** (dom′ə nənt) *adj.* 1. dominating; ruling; prevailing 2. *Genetics* designating or of that one of any pair of characters which, when both are present in the germ plasm, dominates the other and appears in the organism —*n. Music* the fifth note of a diatonic scale —**dom′inance** *n.* —**dom′inantly** *adv.*

**dominate** *vt., vi.* **-nat′ed, -nat′ing** [< L. *dominus,* master] 1. to rule or control by superior power 2. to rise high above (the surroundings, etc.) —**dom′ina′tion** *n.* —**dom′ina′tor** *n.*

**dominee** *n.* [S Afr.] a minister of the Dutch Reformed Church

**domineer** (dom′ə nēər′) *vi., vt.* [< Du.: see prec.] to rule (*over*) in a harsh or arrogant way; tyrannize —**dom′ineer′ing** *adj.*

**Dominican** (də min′i kən) *adj.* of Saint Dominic or of a mendicant order founded by him —*n.* a friar or nun of one of the Dominican orders

**dominion** (də min′yən) *n.* [< L. *dominus,* lord] **1.** rule or power to rule **2.** a governed territory **3.** [**D-**] formerly, any of certain self-governing member nations of the British Commonwealth

**Dominion Day** *same as* CANADA DAY

DOMINOES

**domino** (dom′ə nō′) *n., pl.* **-noes′** [Fr. & It. < L. *dominus,* lord] **1.** a small, oblong piece of wood, etc. marked with dots **2.** [*pl., with sing. v.*] a game played with such pieces **3.** a loose cloak with a hood and mask, worn at masquerades **4.** a small mask for the eyes

**domino theory** the theory that an event, as a political takeover, in one place or context can precipitate similar events elsewhere

**domkop** (dom′kop) *n.* [< Afrik. *dom,* stupid + *kop,* head] [S Afr. Slang] a fool; dunderhead

**don**[1] (don) *n.* [Sp.] **1.** a tutor of any college of Oxford or Cambridge **2.** [**D-**] Sir; Mr.: a Spanish title of respect **3.** a Spanish nobleman or gentleman **4.** [Canad.] the head of a student dormitory at certain universities and colleges

**don**[2] *vt.* **donned, don′ning** [contr. of *do on*] to put on (a garment, etc.)

‡**Doña** (dō′nyä) *n.* [Sp.] **1.** Lady; Madam: a Spanish title of respect **2.** [**d-**] a Spanish lady

**donate** (dō nāt′) *vt., vi.* **-nat′ed, -nat′ing** [prob. < DONATION] to give or contribute —**dona′tor** *n.*

**donation** (dō nā′shən) *n.* [< L. *donum,* gift] **1.** the act of donating **2.** a gift or contribution

**donder** (don′ər) *vt.* [S Afr. Slang] to beat someone up —*n.* [S Afr. Slang] a wretch, swine, etc.

**done** (dun) *pp. of* DO[1] —*adj.* **1.** completed **2.** sufficiently cooked **3.** socially acceptable —**done (for)** [Colloq.] dead, ruined, etc. —**done in** (or **up**) [Colloq.] exhausted

**dong** (doŋ) *n.* [echoic] a sound of a large bell

**donga** (doŋ′gə) *n.* [< Afrik.] [S Afr.] a deep gully created by soil erosion

**donjon** (don′jən) *n.* [old sp. of DUNGEON] the heavily fortified inner tower of a castle

**Don Juan** (don′jōō′ən; *Sp.* dōn Hwän′) **1.** *Sp. Legend* a dissolute nobleman and seducer of women **2.** any man who seduces women; libertine

**donkey** (doŋ′kē) *n., pl.* **-keys** [< ? *Duncan*] **1.** a domesticated ass **2.** a stupid or stubborn person **3.** a small steam engine: in full, **donkey engine**

**donkey jacket** a workman's jacket of thick woollen cloth

**donkey's years** [Colloq.] a very long time

‡**Donna** (dōn′ä) *n.* [It.] **1.** Lady; Madam: an Italian title of respect **2.** [**d-**] an Italian lady

**donnish** (don′ish) *adj.* of or like a university don

**donor** (dō′nər) *n.* [< L. *donator*] **1.** a giver **2.** one from whom blood for transfusion, etc. is taken

**Don Quixote** (don′kwik′sət, don′ kē hōt′ē) **1.** a satirical romance by Cervantes **2.** the chivalrous, unrealistic hero of this romance

**doodle** (dōōd′l) *vi.* **-dled, -dling** [< Low G. *dudeltopf,* simpleton] to scribble or draw aimlessly —*n.* a mark, design, etc. made in doodling —**doo′dler** *n.*

**doodlebug** *n.* [Colloq.] a flying bomb

**doom** (dōōm) *n.* [OE. *dom*] **1.** a judgment, esp., a sentence of condemnation **2.** fate **3.** ruin or death —*vt.* to condemn

**doomsday** (dōōmz′dā′) *n.* judgement Day

**door** (dôr) *n.* [OE. *dor, duru*] **1.** a movable structure for opening or closing an entrance **2.** *same as* DOORWAY —**lay at the door of** to blame (a person) for —**out of doors** outdoors —**show (someone) the door** to command (someone) to leave

**doorjamb** *n.* a vertical piece of wood, etc. forming the side of a doorway: also **door′post′**

**doorknob** *n.* a small knob or lever on a door, usually for releasing the latch

**doorman** *n.* a man whose work is opening the door of a building for those who enter or leave, etc.

**doormat** *n.* a mat to wipe the shoes on before entering a house, room, etc.

**doorstep** *n.* **1.** a step that leads from an outer door to a path, etc. **2.** [Colloq.] a thick slice of bread

**doorstop** *n.* any device for controlling or stopping the closing of a door

**door-to-door** *adj., adv.* from one home to the next, calling on each in turn

**doorway** *n.* **1.** an opening in a wall that can be closed by a door **2.** any means of access

**dop** (dop) *n.* [S Afr. Slang] **1.** Cape brandy **2.** a tot of this

**dope** (dōp) *n.* [Du. *doop,* sauce] **1.** any thick liquid or paste used as a lubricant, etc. **2.** a varnish for protecting the cloth covering of aeroplane wings **3.** [Slang] any drug or narcotic **4.** [Slang] a slow-witted or stupid person **5.** [Slang] information —*vt.* **doped, dop′ing** to drug —**dop′er** *n.*

**dopey, dopy** *adj.* **-ier, -iest** [Slang] **1.** under the influence of a narcotic **2.** stupid —**dop′iness** *n.*

**doppelgänger** (dop′l gaŋ′ər) *n.* [G. < *Doppel,* double + *Gänger,* goer] the ghostly double of a living person

**Doppler effect** (dop′lər) [< C. *Doppler*] the apparent change in frequency of sound or light waves caused by relative motion between the source of radiation and the observer

**dorado** (dəräˈdō) *n.* [Sp., gilded] *same as* DOLPHIN (sense 2)

DORIC CAPITAL

**Doric** (dorˈik) *adj.* [< Gr. *Dōris,* an ancient region of Greece] designating or of the simplest of the classic orders of architecture: cf. CORINTHIAN, IONIC —*n.* any rustic dialect of English with broad vowels, esp. that spoken in Scotland

**dormant** (dôrˈmənt) *adj.* [< L. *dormire,* to sleep] **1.** sleeping **2.** quiet; still **3.** inactive, as some animals or plants in winter —**dorˈmancy** *n.*

DORMER

**dormer** (dôrˈmər) *n.* [see ff.] **1.** a window set upright in a sloping roof **2.** the roofed projection in which this window is set Also **dormer window**

**dormitory** (dôrˈmə trē) *n., pl.* **-ries** [< L. *dormire,* to sleep] **1.** a room with sleeping accommodation for a number of people **2.** a suburb of a large city where people live but do not work: in full **dormitory town**

**Dormobile** (dôrˈmō bēlˈ) *Trademark* a vanlike vehicle, often equipped with eating and sleeping facilities

**dormouse** (dôrˈmous′) *n., pl.* **-mice′** [< ? OFr. *dormeuse,* sleepy] a small rodent that resembles the squirrel, found in Europe and Asia

**dorp** (dôrp) *n.* [< Du.] [S Afr.] a small town or village

**dorsal** (dôrˈs'l) *adj.* [< L. *dorsum,* back] of, on, or near the back —**dorˈsally** *adv.*

**dory** (dôrˈē) *n.* [< MFr. *dorée,* gilt] any of various spiny-finned food fishes, as the John Dory

**dose** (dōs) *n.* [< Gr. *dosis,* a giving] **1.** an amount of medicine to be taken at one time **2.** amount of a punishment or other unpleasant experience undergone at one time —*vt.* **dosed, dosˈing** to give doses of medicine to —**like a dose of salts** [Colloq.] very quickly —**dosˈage** *n.*

**doss** (dos) *n.* [< ?] [Slang] a bed, esp. in a cheap lodging house —*vi.* to sleep (with *down*) —**dosˈser** *n.*

**doss house** [Slang] a place where a night's lodging can be had very cheaply

**dossier** (dosˈē ā′) *n.* [Fr.] a collection of documents about some person or matter

**dot** (dot) *n.* [OE. *dott,* head of boil] **1.** a tiny spot, speck, or mark; point **2.** any small, round spot **3.** a short sound or click in Morse code —*vt.* **dot′ted, dot′ting** **1.** to mark with a dot or dots **2.** to cover as with dots **3.** [Slang] to hit —**dot one's i's and cross one's t's** to be minutely correct —**on the dot** [Colloq.] at the exact time —**dot′ter** *n.*

**dotage** (dōtˈij) *n.* [ME. < *doten,* dote] **1.** feeble and childish state of old age **2.** excessive affection

**dotard** (dōtˈərd) *n.* [ME. < *doten,* dote] a foolish and doddering old person

**dote** (dōt) *vi.* **dot′ed, dot′ing** [ME. *doten*] **1.** to be excessively fond (with *on* or *upon*) **2.** to be weak-minded, esp. because of old age —**dot′ing** *adj.*

**dotterel** (dotˈrəl) *n.* [< DOTE] a European and Asian plover with a short bill

**dottle** (dotˈ'l) *n.* [< ME. *dosel,* plug] the tobacco plug left in a pipe after it has been smoked

**dotty** (dotˈē) *adj.* **dottier, dottiest** **1.** [Colloq.] feeble-minded or crazy **2.** [Colloq.] extremely fond of **3.** covered with dots —**dot′tiness** *n.*

**double** (dubˈ'l) *adj.* [< L. *duplus,* twofold] **1.** twofold; duplex **2.** having two layers **3.** having two of one kind; repeated **4.** being of two kinds *[a double* standard*]* **5.** having two meanings **6.** twice as much, as many, as large, etc. **7.** of extra size, value, etc. **8.** made for two *[a double* bed*]* **9.** two-faced; deceiving **10.** having a tone an octave lower *[double* bass*]* **11.** *Bot.* having more than one set of petals —*adv.* **1.** twofold **2.** two together; in pairs —*n.* **1.** anything twice as much, as many, etc. as normal **2.** a duplicate; counterpart **3.** a stand-in, as in films **4.** [*pl.*] a game of tennis, etc. with two players on each side **5.** [Colloq.] a double measure of whisky, etc. **6.** *Bridge* the doubling of an opponent's bid —*vt.* **-bled, -bling** **1.** to make twice as much or many **2.** to fold **3.** to repeat or duplicate **4.** to be the double of **5.** *Bridge* to increase the point value or penalty of (an opponent's bid) **6.** *Naut.* to sail around —*vi.* **1.** to become double **2.** to turn sharply **3.** to serve as a double **4.** to serve an additional purpose or function —**double back** **1.** to turn back in the direction from which one came **2.** to fold back —**double up** **1.** to bend over, as in laughter or pain **2.** to share a room, etc. with someone —**at the double** [Colloq.] **1.** in double time **2.** quickly

**double agent** a spy who infiltrates an enemy espionage organization in order to betray it

**double-barrelled** *adj.* **1.** having two barrels, as a kind of shotgun **2.** having a double purpose **3.** having hyphenated parts: said of surnames

DOUBLE BASS

**double bass** (bās) the largest and deepest-toned instrument of the violin family

**double-breasted** (dub′l bres′tid) *adj.* overlapping across the breast, as a coat

**double-check** (dub′l chek′) *vt., vi.* to check again; verify

**double chin** a fold of flesh beneath the chin

**double cream** cream with a high fat content

**double-cross** (dub′l kros′) *vt.* [Colloq.] to betray (a person) by intentionally failing to do what one has promised —**dou′ble-cross′er** *n.*

**double-dealing** (dub′l dēl′iŋ) *n.* duplicity —*adj.* deceitful; treacherous —**dou′ble-deal′er** *n.*

**double-decker** (dub′l dek′ər) *n.* any structure or vehicle with two levels

**double dutch** nonsense; gibberish

**double-dyed** *adj.* **1.** thoroughly infamous **2.** staunch

**double-edged** *adj.* **1.** having two cutting edges **2.** applicable both ways, as an argument

**double-entendre** (dōō′blän tän′drə) *n.* [Fr. (now obs.), double meaning] a word or phrase with two meanings, esp. when one of them is risqué or indecorous

**double entry** a system of bookkeeping in which each transaction is entered as a debit and a credit

**double glazing** two panes of glass in a window with a space between them, to reduce the transmission of heat, sound etc.

**double-jointed** (dub′l join′tid) *adj.* having joints that permit limbs, fingers, etc. to bend at other than the usual angles

**double-knit** (dub′l nit′) *adj.* knitted with a double stitch

**double pneumonia** pneumonia of both lungs

**double-quick** (dub′l kwik′) *adj.* very quick

**double standard** a system, code, etc. applied unequally; specif., one that is stricter for women than for men

**doublet** (dub′lit) *n.* [< OFr. *double*, something folded] **1.** a man's short, closefitting jacket of the 14th to the 16th cent. **2.** either of a pair **3.** a pair

**double take** a delayed reaction to some remark, situation, etc., following unthinking acceptance

**double talk** ambiguous and deceptive talk

**double time** a rate of payment twice as high as usual

**doubloon** (du blōōn′) *n.* [< L. *duplus*, double] an obsolete Spanish gold coin

**doubly** (dub′lē) *adv.* **1.** twice **2.** two at a time

**doubt** (dout) *vi.* [< L. *dubitare*] to be uncertain or undecided —*vt.* **1.** to be uncertain about **2.** to be inclined to disbelieve —*n.* **1.** a lack of conviction or trust **2.** a condition of uncertainty **3.** an unsettled point or matter —**beyond** (or **without**) **doubt** certainly —**no doubt** **1.** certainly **2.** probably —**doubt′er** *n.* —**doubt′ingly** *adv.*

**doubtful** *adj.* **1.** uncertain **2.** giving rise to doubt **3.** feeling doubt; unsettled —**doubt′fully** *adv.*

**doubtless** *adv.* **1.** certainly **2.** probably —**doubt′lessly** *adv.*

**douche** (dōōsh) *n.* [ult. < L. *ducere*, lead] **1.** a jet of liquid applied externally or internally to some part of the body **2.** a bath or treatment of this kind **3.** a device for douching —*vt., vi.* **douched**, **douch′ing** to apply a douche (to)

**dough** (dō) *n.* [OE. *dag*] **1.** a mixture of flour, liquid, etc. worked into a soft thick mass for baking **2.** any pasty mass like this **3.** [Chiefly U.S. Slang] money —**dough′y** *adj.*

**doughnut** *n.* a small cake, fried in deep fat

**doughty** (dout′ē) *adj.* **-tier, -tiest** [< OE *dugan*, to avail] valiant; brave —**dough′tily** *adv.*

**Doukhobor, Dukhobor** (dōō′kō bôr′) *n.* [< Russ. *dukhoborets*, spirit wrestler] any of a Russian Christian sect, many of whom migrated to W Canada in the late 19th cent.

**dour** (dooər) *adj.* [< L. *durus*, hard] **1.** [Scot.] stern; severe **2.** [Scot.] obstinate —**dour′ness** *n.*

**douse**[1] (dous) *vt.* **doused, dous′ing** [< ?] [Colloq.] to put out (a light or fire) quickly

**douse**[2] *vt.* **doused, dous′ing** [< ? prec.] **1.** to plunge or thrust suddenly into liquid **2.** to drench

**dove** (duv) *n.* [< ? ON. *dūfa*] **1.** a bird with a full-breasted body and short legs; a symbol of peace **2.** an advocate of peaceful international relationships **3.** a person regarded as gentle or innocent —**dov′ish** *adj.*

**dovecote** *n.* [DOVE + COTE] a small box with compartments for nesting pigeons: also **dove′cot′**

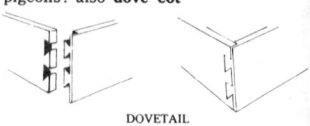

DOVETAIL

**dovetail** *n.* a projecting, wedge-shaped part that fits into a correspondin ndentation to form a joint —*vt., vi.* to oin or fit together closely or by means of dovetails

**owager** (dou′ə jər) *n.* [ult. < L. *dos,* dowry] **1.** a widow with a title or property derived from her dead husband **2.** an elderly woman of wealth and dignity

**owdy** (dou′dē) *adj.* **-dier, -diest** [< ?] not smart in dress; dull; shabby —**dow′dily** *adv.* —**dow′diness** *n.*

**owel** (dou′əl) *n.* [ME. *doule*] a peg or pin of wood, etc., usually fitted into corresponding holes in two pieces to fasten them together

**ower** (dou′ər) *n.* [< OFr. < L. *dos,* dowry] **1.** that part of a man's property which his widow inherits for life **2.** a dowry —*vt.* to endow (*with*)

**ower house** formerly, a house set apart for the use of a widow, esp. on her deceased husband's estate

**own**[1] (doun) *adv.* [< OE. *dune,* hill] **1.** from a higher to a lower place **2.** in or on a lower position or level **3.** in or to a place thought of as lower; often, specif., southwards, or away from a capital or a university **4.** from an earlier to a later period **5.** into a low physical or emotional condition **6.** in an inferior position or condition **7.** to a lower amount or bulk **8.** into a quiet state **9.** in cash —*adj.* **1.** directed towards a lower position **2.** in a lower place **3.** gone, pulled, etc. down **4.** dejected; discouraged **5.** completed [four *down,* six to go] **6.** in cash [a *down* payment] —*prep.* down towards, along, through, into, or upon —*vt.* to put or throw down —*n.* **1.** a depressed condition [ups and *downs*] **2.** in Canadian football, any of a series of three attempts to advance the ball ten yards *Down* is also used with some verbs to indicate intensity or completion [calm *down*] —**down and out** penniless, friendless, ill, etc. —**down on** [Colloq.] hostile to —**down tools** to cease work and go on strike —**down to the ground** thoroughly —**down with!** do away with! —**have a down on** to have a grudge against someone

**own**[2] *n.* [< ON. *dūnn*] **1.** soft, fine feathers **2.** soft, fine hair or hairy growth —**down′y** *adj.*

**own**[3] *n.* [OE. *dun,* hill] an expanse of open, high, grassy land: *usually used in pl.* —**the Downs** either of two ranges of low, grassy hills in SE England

**owncast** *adj.* **1.** directed downwards **2.** dejected

**ownfall** *n.* **1.** *a*) a sudden fall, as from power *b*) the cause of this **2.** a sudden, heavy fall, as of rain

**owngrade** *vt.* **-grad′ed, -grad′ing** **1.** to demote **2.** to belittle —*n.* [Chiefly U.S.] a downward slope

**ownhearted** (doun′här′tid) *adj.* discouraged; dejected

**ownhill** *adv.* **1.** towards the bottom of a hill **2.** to a poorer condition, status, etc.

**owning Street** (doun′iŋ) [< Sir G. *Downing*] **1.** street in the West End of London, location of some important government offices **2.** the British government

**down payment** the deposit paid on an item being bought on hire purchase, etc.

**downpour** *n.* a heavy rain

**downright** *adv.* thoroughly; utterly —*adj.* **1.** absolute; utter **2.** plain; frank

**Down's syndrome** (dounz) [< J.L.H. *Down*] a congenital disease in which there is mental deficiency and a characteristic broad face, with slanting eyes, etc.

**downstairs** *adv.* **1.** down the stairs **2.** on or to a lower floor —*adj.* situated on a lower floor: also **downstair** —*n.* a lower floor or floors

**downstream** *adv., adj.* in the direction of the current of a stream

**down-to-earth** *adj.* realistic or practical

**downtrodden** *adj.* **1.** oppressed; tyrannized over **2.** trampled on or down

**down under** [Colloq.] Australia or New Zealand

**downward** *adv., adj.* towards a lower place, state, etc. Also **down′wards** *adv.* —**down′wardly** *adv.*

**downwind** *adv., adj.* in the direction in which the wind is blowing or usually blows

**dowry** (dou′rē) *n., pl.* **-ries** [see DOWER] the property that a woman brings to her husband at marriage

**dowse**[1] (dous) *vt.* **dowsed, dows′ing** *same as* DOUSE[1]

**dowse**[2] (douz) *vi.* **dowsed, dows′ing** [< ?] to search for a source of water or minerals with a divining rod (**dowsing rod**) —**dows′er** *n.*

**doxology** (dok sol′ə jē) *n., pl.* **-gies** [< Gr. *doxa,* praise + *-logia,* -LOGY] a hymn of praise to God

**doyen** (doi′ən) *n.* [Fr.: see DEAN[1]] the senior member of a group, profession, or society —**doyenne′** (-en′) *n. fem.*

**doz.** dozen; dozens

**doze** (dōz) *vi.* **dozed, doz′ing** [prob. < Scand.] to sleep fitfully —*n.* a light sleep; nap

**dozen** (duz′′n) *n., pl.* **-ens** or, esp. after a number, **-en** [< L. *duo,* two + *decem,* ten] a set of twelve

**dozy** (dō′zē) *adj.* **doz′ier, doz′iest** **1.** sleepy; drowsy **2.** [Colloq.] stupid; dull —**doz′ily** *adv.* —**doz′iness** *n.*

**D.Phil.** Doctor of Philosophy

**DPP, D.P.P.** Director of Public Prosecutions

**Dr.** **1.** Doctor **2.** Drive

**drab**[1] (drab) *n.* [< LL. *drappus,* cloth] a dull yellowish brown —*adj.* **drab′ber, drab′best** **1.** of a dull yellowish-brown colour **2.** dull; monotonous —**drab′ness** *n.*

**drab**[2] *n.* [< Celt.] a prostitute

**drachma** (drak′mə) *n., pl.* **-mas, -mae** (-mē), **-mai** (-mī) [< Gr. *drachmē,* a handful] **1.** an ancient Greek silver coin **2.** the monetary unit of modern Greece

**Draconian** (drə kō′nē ən) *adj.* [< *Draco,* 7th cent. B.C. Athenian statesman] **1.** of the very harsh laws attributed to Draco **2.** very severe or cruel

**draft** (dräft) ***n.*** [< OE. *dragan,* to draw] **1.** a rough sketch of a piece of writing **2.** a plan or drawing of a work to be done **3.** a written order for payment of money **4.** a demand made on something **5.** the taking of persons, animals, etc. for a special purpose, esp. [U.S.] compulsory military service —***vt.*** **1.** to make a preliminary sketch of **2.** to draw off or away **3.** to take from a group for a special purpose, esp. [U.S.] for compulsory military service —***adj.*** in a preliminary or rough form —**draft'able** ***adj.*** —**draft'er** ***n.***

**drag** (drag) ***vt.*** **dragged, drag'ging** [OE. *dragan*] **1.** to pull, or move with effort, esp. along the ground **2.** to pull a grapnel, net, etc. over the bottom of (a river, etc.) in searching for something **3.** to draw (something) out over a period of time —***vi.*** **1.** to be dragged **2.** to move or pass too slowly **3.** to search a body of water with a grapnel, net, etc. —***n.*** **1.** something dragged along the ground, as a harrow **2.** a grapnel, dragnet, etc. **3.** anything that hinders **4.** a dragging **5.** [Slang] a puff of a cigarette, etc. **6.** [Slang] a dull or boring person, situation, etc. **7.** [Slang] women's clothes worn by a man —**drag on** (or **out**) to prolong or be prolonged tediously —**drag one's feet** (or **heels**) to be uncooperative —**drag up** **1.** to introduce unpleasantly **2.** [Colloq.] to rear (children) carelessly —**drag'gy** ***adj.***

**draggle** ***vt., vi.*** **-gled, -gling** [< DRAG] to make or become wet or dirty by dragging in mud or water

**dragnet** ***n.*** **1.** a net dragged along the bottom of a river, etc. for catching fish **2.** an organized network for catching criminals

**dragoman** (drag'ō mən) ***n., pl.*** **-mans, -men** [< Ar. *targumān*] in the Near East, an interpreter or guide

**dragon** (drag'ən) ***n.*** [< Gr. *drakōn*] **1.** a mythical monster, usually represented as a large reptile with wings, breathing out fire and smoke **2.** a fierce person

**dragonfly** ***n., pl.*** **-flies'** a large, harmless insect having narrow, transparent, net-veined wings

**dragoon** (drə gōōn') ***n.*** [Fr.: see DRAGON] a heavily armed cavalryman —***vt.*** to force (*into* doing)

**drag race** a race between motor cars to test their rates of acceleration from a complete stop on a short, straight course —**drag'-race'** ***vi.***

**drain** (drān) ***vt.*** [< OE. *dryge,* dry] **1.** to draw off (liquid) gradually **2.** to draw liquid from gradually **3.** to drink all the liquid from (a cup, etc.) **4.** to exhaust (strength or resources) gradually —***vi.*** **1.** to flow off gradually **2.** to become dry by the flowing off of liquid **3.** to discharge its waters [central Europe *drains* into the Danube] —***n.*** **1.** a channel, pipe, tube, etc. for carrying off water, sewage, pus, etc. **2.** that which gradually exhausts strength, etc. —**down the drain** lost in a wasteful, heedless way —**drain'er** ***n.***

**drainage** ***n.*** **1.** a draining **2.** a syster of pipes, etc. for carrying off waste matte **3.** that which is drained off **4.** an are drained, as by a river

**draining board** a sloping board attache to a sink on which dishes, etc. are place after being washed up

**drainpipe** ***n.*** **1.** a large pipe used t carry off water, sewage, etc. **2.** [*pl.* very narrow trousers

**drake** (drāk) ***n.*** [< ?] a male duck

**dram** (dram) ***n.*** [see DRACHMA] **1** *Apothecaries' Weight* a unit equal to 1/ ounce **2.** *Avoirdupois Weight* a unit equ to 1/16 ounce **3.** a small drink of spirit

**drama** (drä'mə) ***n.*** [< Gr. *dran,* do] a literary composition to be performe by actors; play **2.** the art of writin acting, or producing plays **3.** play collectively **4.** a series of events a interesting, vivid, etc. as a play **5.** th quality of being dramatic

**dramatic** (drə mat'ik) ***adj.*** **1.** of c connected with drama **2.** like a play vivid, exciting, etc. —**dramat'ically** ***adv***

**dramatics** ***n.pl.*** **1.** [*usually with sin v.*] the art of performing or producin plays **2.** plays presented by amateu **3.** histrionic or hysterical behaviour

**dramatis personae** (drām'ə tis pur sō' nī) [ModL.] the characters in a play

**dramatist** (dram'ə tist) ***n.*** a playwrigh

**dramatize** ***vt.*** **-tized', -tiz'ing** **1.** to mak into a drama **2.** to regard or preser in a dramatic manner —**dram'atiza'tion** ***n***

**drank** (draŋk) *pt. of* DRINK

**drape** (drāp) ***vt.*** **draped, drap'ing** [< OF *drap,* cloth] **1.** to cover or hang wi cloth in loose folds **2.** to arrange garment, etc.) in folds —***n.*** [Chiefly U.S. [*pl.*] curtains

**draper** ***n.*** a dealer in fabrics, etc.

**drapery** ***n., pl.*** **-peries** **1.** hangings, et arranged in loose folds **2.** [Chiefly U.S. [*pl.*] curtains of heavy material

**drastic** (dras'tik) ***adj.*** [< Gr. *dran,* do having a violent effect; severe; hars —**dras'tically** ***adv.***

**draught** (dräft) ***n.*** [< OE. *dragan,* draw **1.** a current of air, as in a room a drawing, as of a vehicle or load a drink; specif. a dose of medicine *a*) drinking *b*) the amount taken at or drink **5.** *a*) a drawing in of a fish n *b*) the amount of fish caught in one dra **6.** *Naut.* the depth of water that a sh displaces —***adj.*** **1.** used for pulling loa [*draught* animals] **2.** drawn from a cas on order [*draught* beer] —**feel the draug** to suffer financial losses

**draughtboard** ***n.*** a board with 64 square of two alternating colours, used in draugh and chess

**draught horse** a strong horse capabl of pulling heavy loads

**draughts** ***n.pl.*** [*with sing. v.*] a gam played on a draughtboard by two player each with twelve round, flat pieces to mov

**draughtsman** ***n.*** **1.** a person who draw plans of structures or machinery

*Draughts* any of the pieces used in playing draughts **—draughts'manship'** *n.*

**draughty** *adj.* **-ier, -iest** letting in, having, or exposed to a draught or draughts of air **—draught'ily** *adv.* **—draught'iness** *n.*

**Dravidian** (drə vid'ē ən) *n.* any of a group of intermixed races chiefly in S India and N Ceylon **—***adj.* of the Dravidians or their languages

**draw** (drô) *vt.* **drew, drawn, draw'ing** [< OE. *dragan*] **1.** to make move towards one; pull; drag **2.** to pull up, down, in, across, back, etc. **3.** to make (lines, pictures, objects, etc.) as with a pencil, pen, brush, etc. **4.** to attract; charm **5.** to breathe in **6.** to bring forth; elicit **7.** to bring on; provoke **8.** to reach (a conclusion, etc.); deduce **9.** to bring (a game or contest) to a tie **10.** to get from some source [to *draw* a salary] **11.** to withdraw (money) held in an account **12.** to write (a cheque or draft) **13.** to stretch to full length **14.** to extract (a cork, sword, etc.) **15.** *a*) to remove (liquid) by draining, etc. *b*) to cause (liquid) to flow [to *draw* blood] **16.** to disembowel **17.** to need (a specified depth of water) to float in: said of a ship **—***vi.* **1.** to draw (in various senses of the *vt.*) **2.** to be drawn or have a drawing effect **3.** to come; move [to *draw* near] **4.** to shrink; contract **5.** to allow a draught, as of smoke, to move through **6.** to become stronger by infusion; said of tea **—***n.* **1.** a drawing or being drawn (in various senses) **2.** the result of drawing **3.** a thing drawn **4.** a tie; stalemate **5.** a thing that attracts interest, audiences, etc. **—draw away** to move away or ahead **—draw in 1.** to grow shorter: said esp. of days **2.** to entice; lure **—draw on** (or **nigh**) to approach **—draw out 1.** to extend **2.** to take out **3.** to get (a person) to talk **4.** to grow longer: said esp. of days **—draw up 1.** to arrange in order **2.** to compose (a document) in proper form **3.** to stop

**drawback** *n.* anything that prevents or lessens full satisfaction; shortcoming

**drawbridge** *n.* a bridge that can be raised, lowered, or drawn aside

**drawer** (drô'ər; *for 3* drôr) *n.* **1.** a person or thing that draws **2.** one who draws an order for the payment of money **3.** a sliding box in a table, chest, bureau, etc.

**drawers** *n.pl.* a form of undergarments with legs

**drawing** *n.* **1.** the art of representing something by lines made on a surface with a pencil, pen, etc. **2.** a picture, design, etc. thus made

**drawing pin** a pin with a wide, flat head, that can be pressed into a board, etc. to support maps, notices, etc.

**drawing room** [< earlier *withdrawing room*] a room where guests are received or entertained; sitting room

**drawl** (drôl) *vt., vi.* [prob. < DRAW] to speak slowly, prolonging the vowels **—***n.* a manner of speaking thus **—drawl'er** *n.* **—drawl'ingly** *adv.*

**drawn** (drôn) *pp. of* DRAW **—***adj.* **1.** pulled out of the sheath **2.** even; tied **3.** eviscerated **4.** tense; haggard

**draw sheet** a sheet that can be removed from the bed while the bed is occupied

**drawstring** *n.* a string that tightens or closes an opening, as of a bag, when drawn

**dray** (drā) *n.* [< OE. *dragan,* to draw] a low, sturdy cart with detachable sides, for carrying heavy loads

**dread** (dred) *vt.* [OE. *drædan*] to anticipate with great fear, misgiving, or distaste **—***n.* **1.** intense fear **2.** fear mixed with awe **—***adj.* **1.** dreaded or dreadful **2.** inspiring awe

**dreadful** *adj.* **1.** [Colloq.] very bad, offensive, etc. **2.** inspiring dread; terrible or awesome **—dread'fully** *adj.*

**dreadnought** *n.* a large, heavily armoured battleship with big guns

**dream** (drēm) *n.* [< OE. *dream,* joy] **1.** a sequence of images, thoughts, etc. passing through a sleeping person's mind **2.** a daydream; reverie **3.** a fond hope **4.** anything so lovely, transitory, etc. as to seem dreamlike **—***vi.* **dreamed** (drēmd, dremt) or **dreamt** (dremt), **dream'ing 1.** to have dreams **2.** to think (*of*) as at all possible, etc. **—***vt.* **1.** to have a dream of **2.** to imagine as possible **—***adj.* ideal [her *dream* house] **—dream up** [Colloq.] to conceive of or devise **—dream'er** *n.* **—dream'less** *adj.* **—dream'like'** *adj.*

**dreamy** *adj.* **-ier, -iest 1.** filled with dreams **2.** visionary; impractical **3.** misty, vague, etc. **4.** soothing [*dreamy* music] **—dream'ily** *adv.* **—dream'iness** *n.*

**dreary** (drēər'ē) *adj.* **-ier, -iest** [< OE. *dreorig,* sad, orig., bloody] gloomy; depressing **—drear'iness** *n.*

**dredge**[1] (drej) *n.* [prob. < MDu. *dregge*] **1.** a net on a frame, dragged along the bottom of a river, bay, etc. to gather shellfish, etc. **2.** an apparatus for scooping up mud, etc., as in deepening harbours, etc. **—***vt., vi.* **dredged, dredg'ing 1.** to gather (*up*) or search (*for*) as with a dredge **2.** to enlarge or clean out with a dredge **—dredg'er** *n.*

**dredge**[2] *vt.* **dredged, dredg'ing** [< ME. *dragge,* sweetmeat] to coat (food) with flour etc., as by sprinkling **—dredg'er** *n.*

**dregs** (dregz) *n.pl.* [< ON. *dregg*] **1.** the particles that settle at the bottom of a liquid **2.** the most worthless part **—dreg'giness** *n.* **—dreg'gy** *adj.*

**drench** (drench) *vt.* [< OE. *drincan,* drink] **1.** to make wet all over; soak **2.** to make (a horse, etc.) swallow a medicinal liquid **—***n.* **1.** a soaking **2.** a large liquid dose, esp. for a sick animal

**Dresden** (drez'dən) *n.* [< *Dresden,* in East Germany] a type of fine, elaborately decorated porcelain

**dress** (dres) *vt.* **dressed, dress'ing** [ult. < L.] **1.** to put clothes on; clothe **2.** to provide with clothing **3.** to trim; adorn **4.** to arrange (the hair, a shop window, etc.) **5.** to arrange (troops, etc.) in straight lines **6.** to apply medicines and bandages to (a wound, etc.) **7.** to prepare for use, esp. for cooking **8.** to smooth or finish (leather, stone, etc.) —*vi.* **1.** to put on or wear clothes **2.** to get into a straight line —*n.* **1.** clothes **2.** a woman's one-piece garment with a skirt **3.** external covering or appearance —*adj.* **1.** of or for dresses *[dress* material*]* **2.** worn on formal occasions *[a dress* suit*]* —**dress down** to scold severely —**dress up 1.** to dress in formal clothes **2.** to improve the appearance *[*to *dress up* the facts*]*

**dressage** (dres′äzh) *n.* [Fr.] training of a horse through set piece exercises

**dress circle** a section of seats in a theatre, usually the first gallery, where formal dress was orig. customary

**dresser**[1] *n.* a person who dresses people, as actors in their costumes, or things, as shop windows

**dresser**[2] *n.* [< OFr. *dreceur*] **1.** a kitchen cupboard with shelves above **2.** [U.S.] a chest of drawers or dressing table

**dressing** *n.* **1.** a sauce for salads, etc. **2.** a stuffing for poultry, etc. **3.** that which is used to dress something (as manure applied to soil, bandages applied to a wound, etc.) **4.** the act of one that dresses

**dressing-down** (-doun′) *n.* a sound scolding

**dressing gown** a loose robe for wear when one is undressed or lounging

**dressing station** a military first aid station

**dressing table** a low table or chest of drawers with a mirror, for use while putting on cosmetics, etc.

**dress rehearsal** a final rehearsal, as of a play, performed exactly as it is to take place

**dress suit** a man's formal suit for evening wear

**dressy** *adj.* **-ier, -iest 1.** showy in dress or appearance **2.** stylish, elegant, etc. —**dress′iness** *n.*

**drew** (drōō) *pt. of* DRAW

**drey** (drā) *n.* [< ?] a squirrel's nest

**dribble** (drib′l) *vi., vt.* **-bled, -bling** [freq. of obs. *drib*] **1.** to flow, or let flow, in drops; trickle **2.** to slaver; drool **3.** in certain games, to move (the ball) along by rapid, repeated bounces, short kicks, or light taps —*n.* **1.** a dribbling **2.** a very small amount —**drib′bler** *n.*

**dried** (drīd) *pt. & pp. of* DRY

**drier** (drī′ər) *n.* **1.** a substance added to paint, etc. to make it dry fast **2.** *same as* DRYER —*adj. compar. of* DRY

**driest** *adj. superl. of* DRY

**drift** (drift) *vi.* [< OE. *drifan,* to drive] **1.** to be carried along as by a current **2.** to go along aimlessly **3.** to pile up in heaps by force of wind —*vt.* to cause to drift —*n.* **1.** a heap of snow, sand, etc. piled up by the wind **2.** a being driven along, as by a current of water **3.** the course on which something is directed **4.** a tendency or trend **5.** general meaning; tenor **6.** the deviation of a ship, etc. from its course, caused by side currents or winds **7.** a slow ocean current **8.** a controlled four-wheel skid used for cornering at high speed **9.** [S.Afr.] a ford

**drifter** *n.* a small fishing vessel that drifts with the tide

**driftwood** *n.* wood that is drifting in the water, or has been washed ashore

**drill**[1] (dril) *n.* [Du. < *drillen,* to bore] **1.** a tool for boring holes in wood, metal, etc. **2.** military or physical training, esp. of a group **3.** [Colloq.] the correct procedure for performing a task —*vt.* **1.** to bore (a hole) in (something) with or as with a drill **2.** to train in military or physical exercises **3.** to teach by having do repeated exercises **4.** to instil (ideas, etc. *into*) by repetition —**drill′er** *n.*

**drill**[2] *n.* [< ?] **1.** a furrow in which seeds are planted **2.** a row of planted seeds **3.** a machine for making holes or furrows and dropping seeds into them —*vt.* to sow (seeds) in rows

**drill**[3] *n.* [ult. < L. *tri-,* three + *licium,* thread] a coarse linen or cotton twill, used for work clothes, linings, etc.

**drill**[4] *n.* [< ?] a bright-cheeked monkey native to W Africa

**drily** (drī′lē) *adv. same as* DRYLY

**drink** (drinḳ) *vt.* **drank, drunk, drink′ing** [OE. *drincan*] **1.** to swallow (liquid) **2.** to absorb (liquid or moisture) **3.** to swallow the contents of **4.** to bring (oneself) into a specified condition by drinking **5.** to join in (a toast) —*vi.* **1.** to swallow liquid **2.** to absorb anything as if in drinking **3.** to drink beer, etc. to excess —*n.* **1.** any liquid for drinking **2.** alcoholic liquor —**drink in** to take in eagerly with the senses or the mind —**drink to** to drink a toast to —**the drink** [Colloq.] the sea —**drink′able** *adj.* —**drink′er** *n.*

**drip** (drip) *vi., vt.* **dripped, drip′ping** [OE. *dryppan*] to fall or let fall in drops —*n.* **1.** a falling in drops **2.** the sound made by this **3.** [Slang] a person regarded as dull, insipid, etc.

**drip-dry** *adj.* designating or of fabrics or garments that dry quickly and require little or no ironing —*vi.* **-dried′, -dry′ing** to launder as a drip-dry fabric does

**drip-feed** *vt.* to feed (someone) a liquid drop by drop, esp. intravenously —*n.* an apparatus for feeding thus: also **drip**

**dripping** *n.* the fat and juices that drip from roasting meat —*adv.* so as to drip; soaking

**drive** (drīv) *vt.* **drove, driv′en, driv′ing** [OE. *drifan*] **1.** to force to go **2.** to control the movement of (a vehicle) **3.** to transport in a vehicle **4.** to force to work, usually to excess **5.** to hit (a ball) hard **6.** to force into or from a state or act **7.** to make penetrate **8.** to produce by penetrating **9.** to chase (game) from cover —*vi.* **1.** to advance violently **2.** to try hard **3.** to drive a blow, ball, etc. **4.** to be driven; operate: said of a motor vehicle **5.** to operate, or go in, a motor vehicle —*n.* **1.** a driving **2.** a journey in a vehicle **3.** *a*) a road for motor vehicles *b*) a driveway **4.** [U.S.] a rounding up of animals **5.** a hard, swift blow, thrust, etc. **6.** an organized campaign **7.** aggressive vigour; energy **8.** an urge or impulse **9.** the propelling mechanism of a motor vehicle, machine, etc. **10.** a systematic chasing of game towards waiting guns **—drive at 1.** to aim at **2.** to mean; intend

**drive-in** *adj.* designating a restaurant, cinema, etc. designed to serve people seated in their cars

**drivel** (driv′'l) *vi.* **-elled, -elling** [< OE. *dreflian*] **1.** to let saliva flow from one's mouth **2.** to speak in a silly or stupid manner **—*n.*** silly, stupid talk

**driven** (driv′'n) *pp. of* DRIVE **—*adj.*** moved along and piled up by the wind [*driven* snow]

**driver** (drī′vər) *n.* **1.** a person who drives; specif., *a*) one who drives a motor car, etc. *b*) one who herds cattle **2.** a golf club used in hitting the ball from the tee **—the driver's seat** the position of control or dominance

**driveway** *n.* a path for cars, leading from the street to a garage, house, etc.

**driving licence** an official document authorizing a person to drive a motor vehicle

**drizzle** (driz′'l) *vi., vt.* **-zled, -zling** [< OE. *drēosan,* fall] to fall in fine, mistlike drops **—*n.*** a fine, mistlike rain **—driz′zly *adj.***

**droll** (drōl) ***adj.*** [< MDu. *drol,* stout fellow] amusing in an odd or wry way **—droll′ery *n.* —droll′ness *n.* —drol′ly *adv.***

**dromedary** (drom′ə dər ē) ***n., pl.*** **-daries** [< Gr. *dramein,* run] the one-humped camel

**drone**[1] (drōn) ***n.*** [< OE. *dran*] **1.** a male honeybee, which does no work **2.** an idle parasite or loafer

**drone**[2] ***vi.*** **droned, dron′ing** [< prec.] **1.** to make a continuous humming sound **2.** to talk in a monotonous way **—*vt.*** to utter in a monotonous tone **—*n.*** **1.** a droning sound **2.** a pipe of fixed tone in a bagpipe

**drool** (drōōl) ***vi.*** [< DRIVEL] **1.** to let saliva flow from one's mouth **2.** to flow from the mouth, as saliva **—*n.*** saliva running from the mouth

**droop** (drōōp) ***vi.*** [< ON. *drūpa*] **1.** to sink, hang, or bend down **2.** to lose vitality **3.** to become dejected **—*vt.*** to let hang down **—*n.*** a drooping **—droop′y *adj.***

**drop** (drop) ***n.*** [OE. *dropa*] **1.** a small, rounded quantity of liquid, esp. as when falling **2.** [*pl.*] liquid medicine taken in drops **3.** a very small quantity of anything **4.** a thing like a drop in shape, size, etc. **5.** a sudden fall, descent, slump, etc. **6.** anything that drops, as a drop curtain, etc. **7.** the distance between a higher and lower level **—*vi.*** **dropped, drop′ping 1.** to fall in drops **2.** to fall; come down **3.** to fall exhausted, wounded, or dead **4.** to pass into a specified state [to *drop* off to sleep] **5.** to come to an end [let the matter *drop*] **6.** to become lower or less, as prices, etc. **—*vt.*** **1.** to let or make fall **2.** to give birth to: said of animals **3.** to utter (a hint, etc.) casually **4.** to send (a letter) **5.** to cause to fall, as by killing, etc. **6.** to have done with; dismiss [*drop* the subject] **7.** to lower **8.** to omit (a letter or sound) in a word **9.** [Colloq.] to leave (a person or thing) at a specified place **—at the drop of a hat** immediately **—drop back** to be outdistanced: also **drop behind —drop in** (or **over, by,** etc.) to pay a casual or unexpected visit **—drop off 1.** to decline **2.** [Colloq.] to fall asleep **—drop out** to stop being a participant

**drop curtain** a theatre curtain that is lowered and raised rather than drawn

**dropout** *n.* a person who withdraws esp. from university, college, society, etc.

**dropper** *n.* a small tube with a hollow rubber bulb at one end, used to release a liquid in drops

**droppings** ***n.pl.*** dung, esp. of sheep, birds, etc.

**dropsy** (drop′sē) ***n.*** [< Gr. *hydōr,* water] *an earlier term for* OEDEMA **—drop′sical, drop′sied *adj.***

**droshky** (drosh′kē) ***n., pl.*** **-kies** [Russ. *drozhki*] a low, open, four-wheeled Russian carriage: also **dros′ky**

**dross** (dros) ***n.*** [OE. *dros,* dregs] **1.** a scum formed on the surface of molten metal **2.** waste matter; rubbish

**drought** (drout) ***n.*** [< OE. *drugian,* dry up] prolonged dry weather **—drought′y *adj.***

**drove**[1] (drōv) ***n.*** [< OE. *drifan,* drive] **1.** a flock or herd driven or moving as a group **2.** a crowd of people

**drove**[2] *pt. of* DRIVE

**drover** *n.* a person who herds droves of animals

**drown** (droun) ***vi.*** [< ON. *drukna*] to die by suffocation in water or other liquid **—*vt.*** **1.** to kill by such suffocation **2.** to flood **3.** to overpower another sound, etc.: usually with *out* **4.** to get rid of

**drowse** (drouz) ***vi.*** **drowsed, drows′ing** [< OE. *drusian,* become sluggish] to sleep lightly; doze **—*n.*** a doze

**drowsy** ***adj.*** **-sier, -siest 1.** sleepy or half asleep **2.** brought on by sleepiness **—drow′sily *adv.* —drow′siness *n.***

**drub** (drub) ***vt.*** **drubbed, drub′bing** [< ? Ar. *darb,* a beating] **1.** to beat as with a stick **2.** to defeat soundly in a fight, contest, etc. **—drub′ber *n.***

**drubbing** *n.* a thorough beating or defeat

**drudge** (druj) ***n.*** [prob. < OE. *dreogan,* suffer] a person who does hard, menial, or tedious work **—*vi.*** **drudged, drudg′ing** to do such work

**drudgery** ***n., pl.*** **-eries** work that is hard or tiresome

**drug** (drug) ***n.*** [< OFr. *drogue*] **1.** any substance used as or in a medicine **2.** a narcotic, hallucinogen, etc. **—*vt.*** **drugged, drug′ging 1.** to put a harmful drug in (a drink, etc.) **2.** to stupefy as with a drug **—*vi.*** to take narcotics, etc. **—drug on the market** something for which there is little demand

**drug addict** a habitual user of narcotics

**drugget** (drug′it) ***n.*** [< Fr. *drogue,* trash] a coarse fabric used as a floor covering

**drugstore** *n.* [Chiefly U.S.] a shop where drugs, sweets, cosmetics, etc. are sold

**druid** (drōō′id) *n.* [< Celt.] [*often* **D-**] **1.** a member of a Celtic religious order in ancient Britain, Ireland, and France **2.** an officer concerned with the Welsh eisteddfod **—druid′ic, druid′ical** *adj.* **—dru′idism** *n.*

**drum** (drum) *n.* [< Du. *trom*] **1.** a percussion instrument consisting of a hollow cylinder or hemisphere with a membrane stretched tightly over the end or ends **2.** the sound produced by beating a drum **3.** any drumlike cylindrical object, as a metal container for oil, etc. **4.** *Anat.* the eardrum **—*vi.* drummed, drum′ming 1.** to beat a drum **2.** to tap continually, as with the fingers **—*vt.* 1.** to beat out (a tune, etc.) as on a drum **2.** to instil (ideas, etc. *into*) by continued repetition **—beat the drum for** [Colloq.] to try to arouse enthusiasm for **—drum out of** to expel from in disgrace **—drum up** to get (business) by soliciting

**drumhead** *n.* the membrane stretched over the open end or ends of a drum

**drum major** a person who leads or precedes a marching band, often twirling a baton **—drum majorette** *fem.*

**drummer** *n.* a drum player

**drumstick** *n.* **1.** a stick for beating a drum **2.** the lower half of the leg of a cooked fowl

**drunk** (druŋk) *pp. & archaic pt. of* DRINK **—*adj.* 1.** intoxicated **2.** overcome by any powerful emotion **—*n.*** [Slang] a drunken person

**drunkard** *n.* a person who often gets drunk

**drunken** *archaic pp. of* DRINK **—*adj.* 1.** intoxicated **2.** caused by or occurring during intoxication **—drunk′enly** *adv.* **—drunk′enness** *n.*

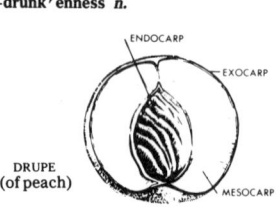

DRUPE
(of peach)

**drupe** (drōōp) *n.* [< Gr. *dryppa,* olive] any fruit with a soft, fleshy part around an inner stone that contains the seed, as an apricot, plum, etc.

**dry** (drī) ***adj.* dri′er, dri′est** [OE. *dryge*] **1.** not under water *[dry* land*]* **2.** not wet or damp **3.** lacking rain; arid **4.** empty of water or other liquid **5.** thirsty **6.** not yielding milk *[*a *dry* cow*]* **7.** without butter, jam, etc. *[dry* toast*]* **8.** solid; not liquid **9.** not sweet *[dry* wine*]* **10.** prohibiting or opposed to the sale of wine, spirits, etc. **11.** plain or sober *[dry* facts*]* **12.** funny in a quiet but sharp way **13.** dull or boring **—*vt., vi.* dried, dry′ing** to make or become dry **—dry out 1.** to make or become thoroughly dry **2.** to withdraw from addiction to alcohol or drugs **—dry up 1.** to make or become thoroughly dry **2.** to become unproductive, uncreative, etc. **3.** to dry washed plates, etc. **4.** [Colloq.] to stop talking, esp. in public, as an actor **—dry′ness** *n.*

**dryad** (drī′əd) *n.* [< Gr. *drys,* an oak] [*also* **D-**] *Gr. & Rom. Myth.* a wood nymph

**dry battery** **1.** an electric battery made up of several connected dry cells **2.** a dry cell

**dry cell** a voltaic cell containing an absorbent so that its contents cannot spill

**dry-clean** (drī′klēn′) *vt.* to clean (garments, etc.) with a solvent other than water **—dry cleaner —dry cleaning**

**dry dock** a dock from which the water can be emptied, used for building and repairing ships

**dryer** *n.* **1.** a person or thing that dries; specif., an appliance for drying hair by heating and blowing air **2.** *same as* DRIER

**dry fly** *Angling* an artificial fly designed to float on the water

**dry ice** carbon dioxide solidified and compressed into snowlike cakes, used as a refrigerant

**dryly** *adv.* in a dry manner; matter-of-factly

**dry measure** a system of measuring the volume of dry things, as grain, etc. in which 2 pints = 1 quart, 8 quarts = 1 peck, and 4 pecks = 1 bushel

**dry rot** a fungous decay causing seasoned timber to crumble to powder

**dry run** **1.** [Mil. Slang] practice in firing without using live ammunition **2.** [Slang] a rehearsal

**dry-stone** *adj.* made without mortar: said of walls, etc.

**D.S., D.Sc.** Doctor of Science

**D.S.C., DSC** Distinguished Service Cross

**D.S.M., DSM** Distinguished Service Medal

**D.S.O., DSO** Distinguished Service Order

**D.T.'s, d.t.'s** (dē′tēz′) [Colloq.] *same as* DELIRIUM TREMENS

**Du.** Dutch

**dual** (dyōō′əl) *adj.* [< L. *duo,* two] **1.** of two **2.** double; twofold **—dual′ity** (-al′ə tē) *n.* **—du′ally** *adv.*

**dual carriageway** a road with a central reservation separating traffic travelling in opposite directions

**dualism** *n.* **1.** the state of being dual **2.** any theory based on a twofold distinction, as that the world is composed of mind and matter **—du′alist** *n.*

**dual number** in some languages, a grammatical number indicating *two, a pair*

**dub**[1] (dub) *vt.* **dubbed, dub′bing** [< OE. *dubbian,* strike] **1.** to confer a title or name upon **2.** to make smooth, as by hammering or scraping **—dub′ber** *n.*

**dub**[2] *vt.* **dubbed, dub′bing** [< DOUBLE] to provide a film with a new soundtrack in a different language **—dub′ber** *n.*

**dubbin** *n.* [see DUB[1]] a greasy preparation for softening and waterproofing leather: also **dub′bing**

**dubiety** (dyōō bī′ə tē) *n.* [LL. *dubietas*]

1. a being dubious 2. *pl.* **-ties** a doubtful thing

**dubious** (dyōō'bē əs) ***adj.*** [< L. *dubius,* uncertain] 1. causing doubt 2. feeling doubt 3. questionable **—du'biously** ***adv.*** **—du'biousness** ***n.***

**ducal** (dyōō'k'l) ***adj.*** [see DUKE] of a duke or dukedom

**ducat** (duk'ət) ***n.*** [< LL. *ducatus,* duchy] any of several former European coins of gold or silver

**duchess** (duch'is) ***n.*** 1. the wife or widow of a duke 2. a woman who, like a duke, rules a duchy

**duchy** ***n.,*** *pl.* **duch'ies** [< L. *dux,* duke] the territory ruled by a duke or duchess; dukedom

**duck**[1] (duk) ***n.*** [< OE. *duce,* diver < ff.] 1. a swimming bird with a flat bill, short neck and legs, and webbed feet 2. a female duck: opposed to DRAKE 3. the flesh of a duck as food 4. [Colloq.] dear or darling 5. *Cricket* a score of zero by a batsman **—like a (dying) duck in a thunderstorm** looking forlorn or bedraggled **—like water off a duck's back** with no effect

**duck**[2] ***vt., vi.*** [ME. *douken*] 1. to lower or move (the head, body, etc.) suddenly, as in avoiding a blow 2. to plunge or dip under water for a moment 3. [Colloq.] to avoid (a task, person, etc.) **—*n.*** a ducking

**duck**[3] ***n.*** [Du. *doek*] 1. a cloth like canvas but lighter 2. [*pl.*] [Colloq.] trousers made of this cloth

**duckbill** ***n.*** *same as* PLATYPUS

**duckling** ***n.*** a young duck

**ducks and drakes** the game of throwing a flat stone so that it skims the surface of the water **—play ducks and drakes with** to deal with recklessly or squander

**duct** (dukt) ***n.*** [< L. *ducere,* to lead] 1. a tube or channel through which a fluid moves 2. a tube in the body for the passage of excretions or secretions 3. a pipe or conduit enclosing wires **—*vt.*** to convey through a duct **—duct'less** ***adj.***

**ductile** (duk'til) ***adj.*** [see prec.] 1. that can be drawn or hammered thin without breaking: said of metals 2. easily moulded 3. easily led **—ductil'ity** (-til'ə tē) ***n.***

**ductless gland** an endocrine gland

**dud** (dud) ***n.*** [< ?] [Colloq.] a person or thing that fails

**dude** (dyōōd) ***n.*** [< ?] [Chiefly U.S.] 1. a dandy; fop 2. [Slang] a city fellow or tourist

**dudgeon** (duj'ən) ***n.*** [< Anglo-Fr. *en digeon,* at the dagger hilt] anger or resentment: now chiefly in **in high dudgeon,** very angry, offended, or resentful

**duds** (dudz) ***n.pl.*** [prob. < ON. *dutha,* wrap up] [Colloq.] clothes, esp. old clothes

**due** (dyōō) ***adj.*** [< L. *debere,* owe] 1. owed or owing as a debt, etc.; payable 2. suitable; proper 3. enough *[due* care*]* 4. expected or scheduled to arrive **—*adv.*** exactly *[due* west*]* **—*n.*** anything due; specif., [*pl.*] fees or other charges *[*membership *dues]* **—become** (or **fall**) **due** to become payable as previously arranged **—due to** 1. caused by 2. [Colloq.] because of

**duel** (dyōō'əl) ***n.*** [< L. *duellum,* war] 1. a formal, prearranged fight between two persons armed with deadly weapons 2. any contest like this **—*vi., vt.*** **-elled, -elling** to fight a duel (with) **—du'ellist, du'eller** ***n.***

**duenna** (dyōō en'ə) ***n.*** [Sp. < L. *domina,* mistress] an elderly woman who has charge of the young unmarried women of a Spanish or Portuguese family

**duet** (dyōō et') ***n.*** [< L. *duo,* two] *Music* 1. a composition for two voices or instruments 2. the two performers of such a composition

**duff** (duf) ***vt.*** [? < DUFFER] 1. to bungle 2. [Colloq.] to beat (*up*) **—*adj.*** bad or useless *[a duff* car*]*

**duffel, duffle** (duf'l) ***n.*** [Du. < *Duffel,* in N Belgium] a coarse woollen cloth

**duffel** (or **duffle**) **bag** a large, cylindrical cloth bag for carrying clothing and personal belongings

**duffel** (or **duffle**) **coat** a knee-length coat made of duffel or other wool cloth, usually with a hood

**duffer** (duf'ər) ***n.*** [< thieves' slang *duff,* to fake] [Slang] an incompetent or stupid person

**dug**[1] (dug) *pt. & pp. of* DIG

**dug**[2] ***n.*** [< Dan. *dægge,* suckle] a nipple or udder

**dugong** (dōō'goŋ) ***n.*** [Malay *dūyung*] a large, whalelike mammal of tropical seas

**dugout** (dug'out') ***n.*** 1. a boat or canoe hollowed out of a log 2. a shelter, as in warfare, dug in the ground 3. in the Canadian prairies, a reservoir dug on a farm in which water from rain and snow is collected

**duiker** (dī'kər) ***n.*** [< Du.] [S Afr.] 1. a small antelope 2. a long-tailed cormorant or shag

**duke** (dyōōk) ***n.*** [< L. *ducere,* to lead] 1. the ruler of an independent duchy 2. a nobleman next in rank to a prince **—duke'dom** ***n.***

**dulcet** (dul'sit) ***adj.*** [< L. *dulcis,* sweet] soothing or pleasant to hear; melodious

DULCIMER

**dulcimer** (dul'sə mər) ***n.*** [< L. *dulce,* sweet + Gr. *melos,* song] a musical instrument with metal strings, which are struck with two small hammers

**dull** (dul) ***adj.*** [OE. *dol,* stupid] 1. mentally slow; stupid 2. lacking sensitivity 3. physically slow 4. lacking spirit; listless

**5.** causing boredom; tedious **6.** not sharp; blunt **7.** not felt keenly **8.** not vivid **9.** not glossy **10.** not distinct **11.** cloudy —*vt., vi.* to make or become dull —**dull'ness** *n.* —**dul'ly** *adv.*

**dullard** *n.* a stupid person

**duly** (dyōō'lē) *adv.* in due manner; specif., *a*) as due; rightfully *b*) when due; at the right time *c*) as required

**dumb** (dum) *adj.* [OE.] **1.** lacking the power of speech **2.** silent **3.** [Colloq.] stupid —**dumb'ly** *adv.* —**dumb'ness** *n.*

**dumbbell** *n.* a device usually used in pairs for muscular exercise: it has round weights joined by a short bar

**dumbfound, dumfound** (dum'found') *vt.* [DUMB + (CON)FOUND] to make speechless, esp. by shocking

**dumb show** gestures without speech

**dumbwaiter** (dum'wāt'ər) *n.* **1.** a small, portable stand for serving food **2.** [Chiefly U.S.] a small lift for food, rubbish, etc.

**dumdum (bullet)** (dum'dum') [< *Dumdum,* arsenal near Calcutta, India] a soft-nosed bullet that expands when it hits, inflicting a large wound

**dummy** (dum'ē) *n., pl.* **-mies** **1.** a figure made in human form, as for displaying clothing **2.** an imitation **3.** a baby's rubber comforter or teat **4.** [Slang] a stupid person **5.** a person unable to talk **6.** *Bridge,* etc. *a*) the declarer's partner, whose hand is exposed on the board and played by the declarer *b*) such a hand —*adj.* imitation; sham

**dummy run** a practice, rehearsal, or trial of some event

**dump** (dump) *vt.* [prob. < ON.] **1.** to unload in a heap or mass **2.** *a*) to throw away (rubbish, etc.) *b*) to get rid of abruptly **3.** to sell (a commodity) in a large quantity at a low price, esp. abroad —*n.* **1.** a rubbish pile or a place for dumping **2.** *Mil.* a temporary storage centre, as for ammunition **3.** [Slang] a place that is unpleasant, ugly, etc. —**dump'er** *n.*

**dumpling** (dump'liŋ) *n.* [< *dump,* lump] **1.** a small piece of dough, steamed or boiled and served with meat or soup **2.** [Colloq.] a short, plump person

**dumps** *n.pl.* a state of depression, esp. in **down in the dumps**

**dumpy** *adj.* **-ier, -iest** short and stout

**dun**[1] (dun) *adj., n.* [OE.] dull greyish-brown

**dun**[2] *vt., vi.* **dunned, dun'ning** [? < DIN] to ask (a debtor) repeatedly for payment —*n.* an insistent demand for payment of a debt

**dunce** (duns) *n.* [< *Duns Scotus*] **1.** a dull, ignorant person **2.** a person slow at learning

**dunderhead** (dun'dər hed') *n.* [? < Du. *donder,* thunder] a stupid person; dunce

**dune** (dyōōn) *n.* [Fr. < ODu. *duna*] a rounded hill or ridge of sand heaped up by the wind

**dung** (duŋ) *n.* [OE.] animal excrement; manure —*vt.* to spread with dung, as in fertilizing —**dung'y** *adj.*

**dungaree** (duŋ'gə rē') *n.* [Hindi *dungrī*] **1.** a coarse cotton cloth; specif., blue denim **2.** [*pl.*] work trousers or overalls of this cloth

**dungeon** (dun'jən) *n.* [< OFr. *donjon*] a dark, underground cell or prison

**dunghill** (duŋ'hil') *n.* **1.** a heap of dung **2.** anything filthy

**dunk** (duŋk) *vt.* [G. *tunken*] **1.** to dip (bread, etc.) into coffee, etc. before eating it **2.** to immerse briefly

**dunlin** (dun'lin) *n.* [< DUN[1]] a small sandpiper with a reddish back

**dunnock** (dun'ək) *n.* [< DUN[1]] *same as* HEDGE SPARROW

**duo** (dyōō'ō) *n., pl.* **du'os, du'i** (-ē) [It.] **1.** *same as* DUET (esp. sense 2) **2.** a pair; couple

**duodecimal** (dyōō'ō des'ə m'l) *adj.* [< L. *duo,* two + *decem,* ten] relating to twelve or twelfths —*n.* **1.** one twelfth **2.** [*pl.*] *Math.* a system of numeration with twelve as its base

**duodenum** (dyōō'ō dē'nəm) *n., pl.* **-de'na, -de'nums** [< L. *duodeni,* twelve each] the first section of the small intestine, below the stomach —**du'ode'nal** *adj.*

**duologue** (dyōō'ə log') *n.* [< L. *duo,* two + (MONO)LOGUE] a conversation between two people

**dupe** (dyōōp) *n.* [< ? L. *upupa,* stupid bird] a person easily tricked or fooled —*vt.* **duped, dup'ing** to deceive or cheat —**dup'er** *n.* —**dup'ery** *n.*

**duple** (dyōō'p'l) *adj.* [see DOUBLE] **1.** double **2.** *Music* having two beats to the bar

**duplex** (dyōō'pleks) *adj.* [L. < *duo,* two + *-plex,* -fold] **1.** double **2.** having two units operating in the same way —**duplex'ity** *n.*

**duplicate** (dyōō'plə kət; *for v.* -kāt') *adj.* [< L. *duplicare,* to double] **1.** double **2.** corresponding exactly **3.** designating a game of bridge, etc. in which the same hands are played again by other players to compare scores —*n.* **1.** an exact copy; facsimile **2.** a counterpart or double —*vt.* **-cat'ed, -cat'ing** **1.** to make an exact copy of **2.** to cause to happen again —**in duplicate** in two precisely similar forms —**du'plica'tion** *n.*

**duplicating machine** a machine for making exact copies of a letter, photograph, drawing, etc.: also **du'plica'tor**

**duplicity** (dyōō plis'ə tē) *n., pl.* **-ties** [< LL. *duplicitas*] hypocritical cunning or deception

**durable** (dyōōər'ə b'l) *adj.* [< L. *durare,* to last] **1.** lasting in spite of hard wear or frequent use **2.** stable —**du'rabil'ity** *n.* —**du'rably** *adv.*

**durable goods** goods usable for a relatively long time, as machinery, cars, or home appliances

**durance** (dyōōər'əns) *n.* [see DURABLE] imprisonment: mainly in phrase **in durance vile**

**duration** (dyōō rā'shən) *n.* [< L. *durare,* to last] the time that a thing continues or lasts

**durbar** (dur'bär) *n.* [< Per. *dar,* portal + *bār,* court] formerly in India, a reception or audience held by a native prince or British governor

**duress** (dyoo res') *n.* [< L. *durus,* hard] **1.** imprisonment **2.** the use of force or threats

**during** (dyoo ər' iŋ) *prep.* [< ME. *duren,* to last] **1.** throughout the entire time of **2.** in the course of

**durst** (dərst) *archaic pt. of* DARE

**dusk** (dusk) *n.* [< OE. *dox,* dark-coloured] **1.** the dim part of twilight **2.** gloom; dusky quality

**dusky** *adj.* **-ier, -iest** **1.** somewhat dark in colour **2.** dim **3.** gloomy **—dusk' ily** *adv.* **—dusk' iness** *n.*

**dust** (dust) *n.* [OE.] **1.** powdery earth or any finely powdered matter **2.** confusion; turmoil **3.** earth **4.** disintegrated mortal remains **5.** a humble condition **—vt.** **1.** to sprinkle with dust, powder, etc. **2.** to rid of dust, as by wiping **—vi.** to remove dust, as from furniture **—bite the dust** to be killed, esp. in battle **—shake the dust off one's feet** to leave with disdain **—throw dust in (someone's) eyes** to mislead (someone)

**dustbin** *n.* a container for household rubbish

**dust bowl** a region where eroded topsoil is blown away by winds during droughts

**dust cart** a vehicle used for removing household rubbish

**dust cover** **1.** *same as* DUST JACKET **2.** a cover for furniture, as a sheet, etc.

**duster** *n.* a cloth for removing dust from furniture, etc.

**dust jacket** a detachable paper cover for protecting the binding of a book

**dustman** *n.* a man whose work is removing rubbish

**dustpan** *n.* a shovellike receptacle into which dust or debris is swept from a floor

**dustup** n. [Colloq.] a commotion or fight

**dusty** *adj.* **-ier, -iest** **1.** covered with or full of dust **2.** like dust **—not so dusty** [Colloq.] quite good **—dust' ily** *adv.*

**Dutch** (duch) *adj.* of the Netherlands, its people, language, or culture **—n.** the language of the Netherlands **—go Dutch** [Colloq.] to have each pay his own expenses **—in Dutch** [Colloq.] in trouble or disfavour **—the Dutch** the people of the Netherlands

**Dutch auction** an auction at which the upset price is very high, and is gradually lowered till a purchaser is found

**Dutch barn** a farm building consisting of a roof and its supports: used for storing hay, etc.

**Dutch cap** a contraceptive diaphragm

**Dutch courage** bravery induced by spirits, wine, etc.

**Dutch elm disease** [from its first appearance in the Netherlands] a widespread fungous disease of elms

**Dutchman** *n.* **1.** an inhabitant of the Netherlands **2.** a Dutch ship **3.** [S Afr. Derog.] an Afrikaner **—I'm a Dutchman** [Colloq.] a phrase used to imply disbelief

**Dutch medicine** [S Afr.] patent medicines, esp. made of herbs

**Dutch nail** [S Afr. Slang] a rock or other weight for securing roofs, etc.

**Dutch oven** **1.** a heavy metal pot with a high, arched lid **2.** a metal container for roasting meats, etc., with an open side placed towards the fire

**Dutch treat** [Colloq.] any entertainment, etc. at which each participant pays his own expenses

**Dutch uncle** [Colloq.] a person who bluntly and sternly lectures or scolds someone else

**duteous** (dyoot' ē əs) *adj.* dutiful; obedient **—du' teously** *adv.* **—du' teousness** *n.*

**dutiable** (dyoot' ē ə b'l) *adj.* necessitating payment of a duty or tax, as imported goods

**dutiful** (-ə fəl) *adj.* **1.** showing, or resulting from, a sense of duty **2.** obedient **—du' tifully** *adv.*

**duty** (dyoot' ē) *n., pl.* **-ties** [< Anglo-Fr. *dueté,* what is due] **1.** obedience or respect to parents, older people, etc. **2.** conduct based on moral or legal obligation **3.** any action required by one's position **4.** a sense of obligation **5.** service, esp. military service **6.** a tax imposed on imports, exports, etc. **—on** (or **off**) **duty** at (or having time off from) one's work or duty

**duty-bound** *adj.* obliged; beholden

**duty-free shop** a shop, usually at an airport, port, etc., where goods can be bought with no payment of tax

**duvet** (dyoo' vā) *n.* [Fr.] a quilt filled with eiderdown or a mixture of terylene and eiderdown

**dwaal** (dwäl) *n.* [S Afr.] a state of befuddlement; daze

**dwarf** (dwôrf) *n., pl.* **dwarfs, dwarves** (dwôrvz) [OE. *dweorg*] **1.** a person, animal, or plant much smaller than usual for its species **2.** *Folklore* an ugly little being with supposed magic powers **—vt.** **1.** to stunt the growth of **2.** to make seem small or insignificant **—adj.** undersized **—dwarf' ish** *adj.* **—dwarf' ishness** *n.*

**dwell** (dwel) *vi.* **dwelt, dwell' ing** [OE. *dwellan,* lead astray] to make one's home **—dwell on** to linger over in thought or speech **—dwell' er** *n.*

**dwelling** *n.* a residence; abode

**dwindle** (dwin' d'l) *vi., vt.* **-dled, -dling** [< OE. *dwinan,* wither] to become less; shrink

**Dy** *Chem.* dysprosium

**dye** (dī) *n.* [OE. *deag*] **1.** colour produced by a colouring agent; tint; hue **2.** any such colouring agent **—vt.** **dyed, dye' ing** to colour as with a dye **—of (the) deepest dye** of the worst sort **—dy' er** *n.*

**dyed-in-the-wool** *adj.* thoroughgoing; unchanging

**dyeing** (dī' iŋ) *n.* the process or work of colouring fabrics, hair, etc. with dyes

**dying** (dī' iŋ) *prp. of* DIE[1] **—adj.** **1.** about to die or end **2.** of or at the time of death **—n.** a ceasing to live or exist

**dyke** (dīk) *n., vt.* *same as* DIKE

**dynamic** (dī nam' ik) *adj.* [< Gr. *dynasthai,* to be able] **1.** relating to energy or physical force in motion **2.** relating to dynamics **3.** energetic; vigorous; forceful —**dynam'ically** *adv.*

**dynamics** *n.pl.* [*with sing. v. for 1 & 3*] **1.** the branch of mechanics dealing with the motions of material bodies under the action of forces **2.** the various forces operating in any field **3.** the effect of varying degrees of loudness in musical performance

**dynamism** (dī'nə miz'm) *n.* a dynamic quality

**dynamite** (dī'nə mīt') *n.* [< Gr. *dynamis,* power] **1.** a powerful explosive made with nitroglycerin **2.** a person or thing that is potentially dangerous —*vt.* **-mit'ed, -mit'ing** to destroy with dynamite

**dynamo** (dī'nə mō') *n., pl.* **-mos'** [< *dynamoelectric machine*] a machine that generates electricity

**dynamo-** [see DYNAMIC] *a combining form meaning* power

**dynamoelectric** (dī'nə mō i lek'trik) *adj.* having to do with the production of electrical energy from mechanical energy

**dynamometer** (dī'nə mom'ə tər) *n.* an apparatus for measuring force or power

**dynast** (di'nəst) *n.* [< Gr. *dynasthai,* to be strong] a ruler, esp. a hereditary ruler

**dynasty** *n., pl.* **-ties** a succession o rulers who are members of the same famil —**dynastic** (di nas'tik), **dynas'tical** *adj* —**dynas'tically** *adv.*

**dyne** (dīn) *n.* [< Gr. *dynamis,* power the amount of force that imparts to a mass of one gram an acceleration of one centimetre per second per second

**dys-** [Gr.] *a prefix meaning* bad, ill abnormal, etc.

**dysentery** (dis'ən trē) *n.* [< Gr. *dys-* bad + *entera,* bowels] a painful intestina inflammation characterized by diarrhoea with bloody, mucous faeces —**dys'enter'ic** (-ter'ik) *adj.*

**dyslexia** (dis lek'sē ə) *n.* [< Gr. *dys-,* ba + *lexis,* speech] impairment of the ability to read —**dyslex'ic** *adj.*

**dyspepsia** (dis pep'sē ə) *n.* [< Gr. *dys-* bad + *peptein,* digest] indigestion —**dys pep'tic** *adj.*

**dysprosium** (dis prō'sē əm) *n.* [< Gr *dysprositos,* difficult of access] a chemica element of the rare-earth group: symbol, Dy

**dystrophy** (dis'trə fē) *n.* [see DYS- & -TROPHY] **1.** *short for* MUSCULAR DYSTROPHY **2.** degeneration or wastin of tissues, etc.

**dz.** dozen; dozens

# E

**E, e** (ē) *n., pl.* **E's, e's** the fifth letter of the English alphabet

**E** (ē) *n. Music* the third tone in the ascending scale of C major

**e** *Math.* the number used as the base of a system of logarithms, approximately 2.71828: written *e*

**e-** *a prefix meaning* out, from, etc.: see EX-

**E, E., e, e.** **1.** east **2.** eastern

**E.** **1.** Earl **2.** Easter **3.** English

**E., e.** **1.** earth **2.** engineer(ing)

**each** (ēch) ***adj., pron.*** [< OE. *ælc*] every one of two or more considered separately —***adv.*** apiece [ten pence *each*] —**each other** one another —**each way** in betting, to back a horse, etc. to either win or be placed

**eager** (ē′gər) ***adj.*** [< L. *acer,* keen] feeling or showing keen desire —**ea′gerly** ***adv.*** —**ea′gerness** ***n.***

**eager beaver** [Colloq.] a hardworking person

**eagle** (ē′g′l) ***n.*** [< L. *aquila*] **1.** a large, strong bird of prey having sharp vision and powerful wings **2.** a representation of the eagle, esp., as the national emblem of the U.S. **3.** the standard of a Roman Legion, or French army

**eagle-eyed** ***adj.*** **1.** having keen vision **2.** [Colloq.] very observant, esp. in a critical way

**eaglet** (ē′glit) ***n.*** a young eagle

**-ean** (ē′ən) [< L. & Gr.] *a suffix meaning* of, belonging to, like [*European*]

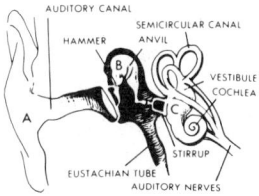


HUMAN EAR
(A, external ear; B, middle ear; C, inner ear)

**ear**[1] (ēər) ***n.*** [OE. *eare*] **1.** the part of the body that perceives sound; organ of hearing **2.** the external part of the ear **3.** the sense of hearing **4.** the ability to recognize slight differences in sound, esp. in musical tones —**be all ears** to listen attentively —**fall on deaf ears** to be ignored —**give one's ears** to be prepared to make any sacrifice —**have** (or **keep**) **an ear to the ground** to pay attention to the trends of public opinion —**lend an ear** to listen —**play it by ear** [Colloq.] to act as the situation demands —**turn a deaf ear** to be unwilling to listen

**ear**[2] ***n.*** [< OE. *ær*] the grain-bearing spike of a cereal plant [an *ear* of corn] —***vi.*** to sprout ears

**earache** ***n.*** an ache or pain in the ear

**eardrum** ***n. same as:*** **1.** TYMPANIC MEMBRANE **2.** MIDDLE EAR

**earl** ( url) ***n.*** [OE. *eorl,* warrior] a British nobleman ranking below a marquess —**earl′dom** ***n.***

**Earl Marshal** the marshal at certain state ceremonies and head of the Heralds' College

**early** (ur′lē) ***adv., adj.*** **-lier, -liest** [< OE. *ær,* before] **1.** near the beginning of a given period or of a series of events **2.** before the expected or usual time **3.** in the far distant past **4.** in the near future —**ear′liness** ***n.***

**early bird** [Colloq.] one who arrives or rises early

**Early English** a style of architecture used in England in the 12th and 13th cent. with lancet arches and plate tracery

**Early Modern English** English from c.1450 to c.1750

**earmark** (ēər′märk′) ***n.*** **1.** an identifying feature **2.** an identification mark put on the ear of an animal —***vt.*** **1.** to set aside for a special purpose **2.** to mark the ears of (livestock) for identification

**earmuffs** ***n.pl.*** cloth or fur coverings for the ears

**earn** (urn) ***vt.*** [OE. *earnian*] **1.** to receive (wages, etc.) for one's labour **2.** to get or deserve as a result of something done **3.** to gain (interest, etc.) as profit —**earn′er** ***n.***

**earnest**[1] (ur′nist) ***adj.*** [OE. *eornoste*] serious and intense; not joking —**in earnest** **1.** serious **2.** in a determined manner —**ear′nestly** ***adv.*** —**ear′nestness** ***n.***

**earnest**[2] ***n.*** [< OFr. *erres*] money given as a pledge in binding a bargain; token

**earnings** ***n.pl.*** **1.** wages **2.** profits, interest, etc.

**earphone** (ēər′fōn′) ***n.*** a receiver for radio, telephone, etc. held to or put into the ear

**ear-piercing** ***adj.*** shrill; deafening

**earring** ***n.*** an ornament for the lobe of the ear

**earshot** ***n.*** the distance within which a sound, esp. that of the unaided human voice, can be heard

**earth** (urth) ***n.*** [OE. *eorthe*] **1.** the planet that we live on, the third in distance from the sun **2.** this world, as distinguished from heaven and hell **3.** land, as distinguished from sea or sky **4.** soil; ground **5.** the hole of a burrowing animal **6.** *Elec.* the connection of an electrical conductor with the earth —*vt.* **1.** to cover (*up*) with soil for protection, as plants **2.** *Elec.* to connect a circuit, etc. with the earth —**come back** (or **down**) **to earth** to return to reality —**down to earth** practical; realistic —**on earth** of all things [what *on earth* is that?] —**run to earth** to hunt down

**earthbound** *adj.* **1.** confined to or by the earth or earthly things **2.** headed for the earth

**earth closet** a privy in which earth is applied to the excreta as a deodorant

**earthen** *adj.* made of earth or of baked clay

**earthenware** *n.* tableware, etc. made of baked clay

**earthly** *adj.* **1.** terrestrial **2.** worldly **3.** temporal or secular **4.** possible [no *earthly* reason] —**not an earthly** [Colloq.] no chance whatever —**earth'liness** *n.*

**earthnut** *n.* the root, tuber, or underground pod of various plants, as the peanut

**earthquake** *n.* a shaking of the crust of the earth, caused by underground shifting of rock

**earth sciences** those sciences concerned with the structure, age, etc. of the earth, as geology, geography, etc.

**earthward** *adv., adj.* towards the earth: also **earth'wards** *adv.*

**earthwork** *n.* a defensive embankment made by piling up earth

**earthworm** *n.* a round, segmented worm that burrows in the soil

**earthy** *adj.* **-ier, -iest** **1.** of or like earth **2.** *a*) coarse; unrefined *b*) simple and natural —**earth'iness** *n.*

**ear trumpet** a trumpet-shaped tube formerly used as a hearing aid by the partially deaf

**earwig** (ēər'wig') *n.* [< OE. *eare,* ear + *wicga,* beetle] an insect with a pair of forceps at the tail end

**ease** (ēz) *n.* [< OFr. *aise*] **1.** freedom from pain or trouble; comfort **2.** natural manner; poise **3.** freedom from difficulty **4.** leisure; relaxation —*vt.* **eased, eas'ing** **1.** to free from pain or trouble; comfort **2.** to lessen (pain, anxiety, etc.) **3.** to make easier **4.** to reduce the strain or pressure of **5.** to move by careful shifting, etc. —*vi.* **1.** to move or be moved by careful shifting, etc. **2.** to lessen in tension, speed, pain, etc. —**at ease** *Mil.* relaxed, but keeping silent and staying in place —**take one's ease** to relax —**ease'ful** *adj.*

**easel** (ē'z'l) *n.* [< Du. *ezel,* ass] an upright frame to hold an artist's canvas, a picture on display, etc.

**easement** *n.* **1.** a relief or convenience **2.** *Law* a right that one may have in another's land, as a right of way

**easily** (ē'zəlē) *adv.* **1.** in an easy way **2.** by far [*easily* the best] **3.** very likely [it may *easily* rain]

**easiness** (ē'zinis) *n.* the quality or state of being easy

**east** (ēst) *n.* [OE. *east*] **1.** the direction in which sunrise occurs (90° on the compass, opposite west) **2.** a region in this direction **3.** [E-] Asia and the nearby islands; the Orient —*adj.* **1.** in, of, to, or towards the east **2.** from the east —*adv.* in or towards the east —**back east** [Canad.] in or to E Canada, esp. east of Quebec

**eastbound** *adj.* going eastwards

**Easter** (ēs'tər) *n.* [< OE. *Eastre,* dawn goddess] an annual, movable Christian festival celebrating the resurrection of Jesus, held on a Sunday in Spring

**Easter egg** a coloured egg or an egg-shaped sweet, esp. made of chocolate, used as an Easter gift

**easterly** *adj., adv.* towards, or from, the east

**eastern** *adj.* **1.** in, of, or towards the east **2.** from the east **3.** [E-] of the East —**east'ernmost'** *adj.*

**Eastern Church** *same as* ORTHODOX EASTERN CHURCH: also **Eastern Orthodox Church**

**Eastern Hemisphere** that half of the earth that includes Europe, Africa, Asia, and Australia

**Eastertide** (ēs'tərtīd') *n.* the period after Easter

**east-northeast** *n.* the direction halfway between due east and northeast

**east-southeast** *n.* the direction halfway between due east and southeast

**eastward** (ēst'wərd) *adj., adv.* towards the east: also **east'wards** *adv.* —*n.* an eastward direction or region

**eastwardly** *adv., adj.* towards, or from, the east

**easy** (ē'zē) *adj.* **eas'ier, eas'iest** [see EASE] **1.** not difficult **2.** free from anxiety, pain, etc. **3.** providing comfort or rest **4.** not stiff or awkward **5.** lenient **6.** compliant **7.** *a*) unhurried *b*) gradual —*adv.* [Colloq.] slowly and carefully —**easy on the eye** [Colloq.] pleasant to look at —**go easy on** (or **with**) [Colloq.] **1.** to use with restraint **2.** to treat leniently —**on easy street** [Colloq.] well-to-do —**take it easy** [Colloq.] **1.** to refrain from anger, haste, etc. **2.** to relax; rest

**easy chair** a stuffed or padded armchair

**easygoing** *adj.* lenient or lackadaisical

**eat** (ēt) *vt.* **ate** (et, āt), **eaten** (ēt'ən), **eat'ing** [OE. *etan*] **1.** to chew and swallow (food) **2.** to consume or ravage (*away* or *up*) **3.** to corrode **4.** to make by eating [acid *ate* holes in the cloth] **5.** [Slang] to worry [what's *eating* him?] —*vi.* **1.** to eat food **2.** to destroy or use up (*into*) —**eat one's words** to retract something said earlier —**eat out** to eat a meal at a restaurant —**eat'er** *n.*

**eatable** *adj.* fit to be eaten; edible —*n.* [*pl.*] food

**eating** *n.* the edible quality of food —*adj.* **1.** good for eating uncooked [*eating* apples] **2.** of or for eating

**eats** *n.pl.* [Colloq.] food; meals

**eau de Cologne** (ō′də kə lōn′) [Fr., water of Cologne] a perfumed toilet water made of alcohol and aromatic oils

**‡eau de vie** (ō də vē′) [Fr., water of life] brandy

**eaves** (ēvz) ***n.pl., sing.*** **eave** [OE. *efes*] the projecting lower edge or edges of a roof

**eavesdrop** ***vi.*** **-dropped′, -drop′ping** [prob. < *eavesdropper* < OE. *yfesdrype,* water from the eaves] to listen secretly to a private conversation **—eaves′drop′per** ***n.***

**ebb** (eb) ***n.*** [OE. *ebba*] **1.** the flow of water back towards the sea, as the tide falls **2.** a weakening; decline ***—vi.*** **1.** to recede, as the tide **2.** to weaken; decline

**ebony** (eb′ən ē) ***n., pl.*** **-onies** [< Gr. *ebenos*] the hard, heavy, dark wood of certain tropical trees ***—adj.*** **1.** made of ebony **2.** like ebony, esp. in colour; dark

**ebullient** (i bul′yənt) ***adj.*** [< L. *e-,* out + *bullire,* boil] **1.** overflowing with enthusiasm; exuberant **2.** boiling **—ebul′lience, ebul′liency** ***n.*** **—ebul′liently** ***adv.***

**ebullition** (eb′ə lish′ən) ***n.*** **1.** a boiling or bubbling up **2.** a sudden outburst, as of emotion

**E.C.** East Central

**eccentric** (ik sen′trik) ***adj.*** [< Gr. *ek-,* out of + *kentron,* centre] **1.** odd; unconventional **2.** not having the axis exactly in the centre **3.** not having the same centre, as two circles **4.** not exactly circular ***—n.*** **1.** an eccentric person **2.** a disc off centre on a shaft, for converting circular motion into back-and-forth motion **—eccen′trically** ***adv.***

**eccentricity** (ek′sen tris′ə tē) ***n., pl.*** **-ties** **1.** oddity **2.** the state, quality, or degree of being eccentric

**Eccles., Eccl.** Ecclesiastes

**ecclesiastic** (i klē′zē as′tik) ***adj.*** [< Gr. *ekklēsia,* assembly] *same as* ECCLESIASTICAL ***—n.*** a clergyman

**ecclesiastical** ***adj.*** of the church or the clergy

**ECG** electrocardiogram

**echelon** (esh′ə lon′) ***n.*** [< Fr. < L. *scala,* ladder] **1.** a steplike formation of ships, aircraft, or troops **2.** *a*) an organizational level, as of responsibility *b*) persons at such a level

**echidna** (e kid′nə) ***n.*** [< Gr. *echidna,* adder] a small, egg-laying Australasian mammal with a spiny coat

**echinoderm** (i kī′nə durm′) ***n.*** [< Gr. *echinos,* sea urchin + *derma,* skin] a marine animal with a hard, spiny skeleton and radial body, as a starfish

**echo** (ek′ō) ***n., pl.*** **-oes** [< Gr. *ēchō*] **1.** *a*) the repetition of a sound by reflection of sound waves from a surface *b*) a sound so made **2.** any repetition or imitation of words, ideas, etc. of another **3.** a radar wave reflected from an object, appearing as a spot of light on a radarscope ***—vi.*** **-oed, -oing** **1.** to resound **2.** to be repeated as an echo ***—vt.*** to repeat (the words, etc.) of

**echo chamber** a room used in recording and broadcasting to increase resonance, produce echo effects, etc.

**echoic** (e kō′ik) ***adj.*** **1.** like an echo **2.** imitative in sound; onomatopoeic, as the word *clash* **—ech′oism** ***n.***

**echolocation** (ek′ō lō kā′shən) ***n.*** the location of an object by reflected sound, as by a bat

**echo sounding** determination of water depth or of underwater distances by a device (**echo sounder**) that measures the time it takes for a sound wave to be reflected

**éclair** (ā klāər′) ***n.*** [Fr., lightning] a small, oblong pastry shell filled with cream and covered with icing

**éclat** (ā klä′) ***n.*** [Fr. < *éclater,* burst (out)] **1.** brilliant success **2.** dazzling display **3.** acclaim; renown

**eclectic** (i klek′tik) ***adj.*** [< Gr. *ek-,* out + *legein,* pick] **1.** selecting from various systems, doctrines, or sources **2.** composed of material selected thus ***—n.*** one who uses eclectic methods **—eclec′tically** ***adv.*** **—eclec′ticism** ***n.***

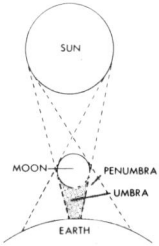


ECLIPSE (of the sun)

**eclipse** (i klips′) ***n.*** [< Gr. *ek-,* out + *leipein,* leave] **1.** an obscuring of the sun when the moon comes between it and the earth (**solar eclipse**), or of the moon when the earth's shadow is cast upon it (**lunar eclipse**) **2.** a dimming or extinction, as of fame ***—vt.*** **eclipsed′, eclips′ing** **1.** to cause an eclipse of **2.** to overshadow or surpass

**ecliptic** ***n.*** the apparent annual path of the sun; great circle on the celestial sphere ***—adj.*** of eclipses or the ecliptic

**eclogue** (ek′log) ***n.*** [see ECLECTIC] a short pastoral poem

**eco-** [< Gr. *oikos,* house] *a combining form meaning* environment or habitat *[ecosystem]*

**ecology** (ē kol′ə jē) ***n.*** [< Gr. *oikos,* house + *-logia,* -LOGY] the interrelationship of organisms and their environment, or the study of this **—ecological** (ēk′ə loj′i k'l) ***adj.*** **—ecol′ogist** ***n.***

**econ.** **1.** economic **2.** economics **3.** economy

**economic** (ē′kə nom′ik, ek′ə-) ***adj.*** **1.** of the management of the income, expenditures, etc. of a business, community, etc. **2.** of economics **3.** of the satisfaction of the material needs of people **4.** capable of being used, operated, etc. for profit; profitable

**economical** *adj.* **1.** not wasting money, time, etc. **2.** of economics —**e′conom′ically** *adv.*

**economics** *n.pl.* [*with sing. v.*] **1.** the science dealing with the production, distribution, and consumption of wealth **2.** economic factors

**economist** (i kon′ə mist) *n.* a specialist in economics

**economize** (i kon′ə mīz′) *vi.* **-mized′, -miz′ing** to reduce waste or expenses —*vt.* to manage or use with thrift (*on*)

**economy** (i kon′ə mē) *n., pl.* **-mies** [< Gr. *oikos,* house + *nomos,* managing] **1.** management of income, expenditures, etc. **2.** *a*) careful management of wealth, resources, etc.; thrift *b*) an instance of this **3.** an economic system of a specified kind, place, era, or condition

**ecosystem** (ē′kō sis′təm, ek′ō-) *n.* [see ECO- ] a given community of animals, plants, and bacteria and its interrelated physical and chemical environment

**ecru** (ā′krōō) *adj., n.* [Fr.] light tan; beige

**ecstasy** (ek′stə sē) *n., pl.* **-sies** [< Gr. *ek-,* out + *histanai,* to place] an overpowering feeling of joy; state of rapture —**ecstatic** (ek stat′ik) *adj.*

**E.C.T.** Electroconvulsive Therapy

**ecto-** [< Gr. *ektos,* outside] *a combining form meaning* outside, external

**-ectomy** (ek′tə mē) [< Gr. *ek-,* out + *temnein,* cut] *a combining form meaning* a surgical excision of

**ectoplasm** (ek′tə plaz′m) *n.* [ECTO- + -PLASM] a luminous substance believed by spiritualists to emanate from the medium in a trance —**ec′toplas′mic** *adj.*

**ecumenical** (ek′yōō men′i k'l) *adj.* [< Gr. *oikoumenē* (*gē*), the inhabited (world)] **1.** general, or universal; esp., of the Christian church as a whole **2.** furthering the unity of Christian churches Also **ec′umen′ic** —**ec′umen′icalism** *n.* —**ec′umen′ically** *adv.*

**ecumenism** (ē′kyōō′mə niz′m) *n.* any ecumenical movement: also **ec′umenic′ity** —**ecu′menist** *n.*

**eczema** (ek′sə mə) *n.* [< Gr. *ek-,* out of + *zein,* boil] a disorder of the skin in which it becomes inflamed, scaly, and itchy —**eczematous** (ek sem′ə təs) *adj.*

**-ed** (id, əd; d, t) [< OE.] *a suffix used: a*) to form the past tense and past participle of weak verbs *[wanted] b*) to form adjectives from nouns or verbs *[cultured]*

**ed.** **1.** edited **2.** edition **3.** editor **4.** education

**Edam (cheese)** (ē′dam) [< Du. town of *Edam*] a round, mild, yellow cheese, usually coated with red paraffin

**E.D.C.** European Defence Community

**eddy** (ed′ē) *n., pl.* **-dies** [? < ON. *itha*] **1.** a current of air, water, etc. moving with a circular motion against the main current **2.** a contrary movement or trend —*vi.* **-died, -dying** to move in an eddy; whirl

**edelweiss** (ā′d'l vīs′) *n.* [G. < *edel,* noble + *weiss,* white] a small, flowering plant of the Alps

**Eden** (ē′d'n) *n.* [< Heb. *'ēdhen,* delight] any delightful place: after the garden where Adam and Eve lived

**edentate** (ē den′tāt) *adj.* [< L. *e-,* out + *dens,* tooth] without teeth —*n.* any of an order of mammals with molars only or no teeth at all, as sloths and anteaters

**edge** (ej) *n.* [OE. *ecg*] **1.** the sharp, cutting part of a blade **2.** sharpness; keenness **3.** a projecting ledge, as of a cliff **4.** a border; margin; brink **5.** [Colloq.] advantage *[you have the edge on me]* —*vt.* **edged, edg′ing** **1.** *a*) to put an edge on *b*) to trim the edge of **2.** to make (one's way) sideways **3.** to move gradually or cautiously —*vi.* to move sideways or gradually —**on edge** nervously irritable or impatient —**set one's teeth on edge** **1.** to give a sensation of tingling discomfort **2.** to irritate —**take the edge off** to dull the intensity or pleasure (of) —**edg′er** *n.*

**edgeways** *adv.* with the edge foremost: also **edge′wise′** —**get a word in edgeways** to manage to say something in a conversation monopolized by others

**edging** *n.* something forming an edge

**edgy** *adj.* **-ier, -iest** **1.** irritable; on edge **2.** having an edge; sharp —**edg′ily** *adv.* —**edg′iness** *n.*

**edible** (ed′ə b'l) *adj.* [< L. *edere,* eat] fit to be eaten —*n.* anything fit to be eaten —**ed′ibil′ity** (-bil′ə tē) *n.*

**edict** (ē′dikt) *n.* [< L. *e-,* out + *dicere,* say] a public proclamation issued by authority; decree

**edifice** (ed′ə fis) *n.* [see ff.] **1.** a building, esp. a large, imposing one **2.** any complicated organization

**edify** (ed′ə fī′) *vt.* **-fied′, -fy′ing** [< L. *aedificare,* build] to instruct so as to improve morally or spiritually —**ed′ifica′tion** (-fi kā′shən) *n.* —**ed′ifi′er** *n.*

**edit** (ed′it) *vt., vi.* [< EDITOR] **1.** to prepare (a manuscript, etc.) for publication by selecting, revising, etc. **2.** to govern the policy for (a newspaper or periodical) **3.** to prepare (a film, tape, etc.) for presentation by cutting, rearranging, etc. **4.** to alter written or recorded material, esp. for propaganda purposes

**edit.** **1.** edited **2.** edition **3.** editor

**edition** (i dish′ən) *n.* [see ff.] **1.** a form in which a book is published **2.** the total number of copies of a book published at the same time **3.** another version of something already existing *[a younger edition of her mother]*

**editor** (ed′i tər) *n.* [< L. *e-,* out + *dare* give] **1.** a person who edits **2.** a writer of editorials **3.** the head of a newspaper or of a department of a newspaper, magazine, etc. —**ed′itorship′** *n.*

**editorial** (ed′ə tôr′ē əl) *adj.* of or by an editor —*n.* a statement of opinion in a newspaper —**ed′ito′rially** *adv.*

**EDP** electronic data processing

**E.D.T.** [US & Canad.] Eastern Daylight Time

**educable** (ed′yoo kə b′l) *adj.* that can be educated or trained —**ed′ucabil′ity** *n.*

**educate** (ed′yōō kāt′) *vt.* **-cat′ed, -cat′ing** [< L. *e-*, out + *ducere*, lead] to train, teach, instruct, or develop, esp. by formal schooling —**ed′uca′tor** *n.*

**educated** *adj.* **1.** having education **2.** based on experience

**education** (ed′yōō kā′shən) *n.* **1.** an educating or a being educated **2.** knowledge, etc. thus developed **3.** a particular kind of instruction [a university *education*] **4.** study of the methods of teaching and learning —**ed′uca′tional, ed′ucative** *adj.* —**ed′uca′tionally** *adv.*

**educe** (ē dyōōs′) *vt.* **-duced′, -duc′ing** [see EDUCATE] **1.** to draw out; elicit **2.** to infer from data; deduce

**Edwardian** (ed wôr′dē ən) *adj.* of the reign of any of the English kings named Edward, esp. Edward VII

**-ee** (ē) [< OFr.] *a n.-forming suffix designating:* **1.** the recipient of a specified action [*appointee*] **2.** a person in a specified condition [*employee*]

**E.E.C.** European Economic Community

**EEG** electroencephalogram

**eel** (ēl) *n.* [OE. *æl*] a snakelike fish with a long, slippery body and no pelvic fins —**eel′like′, eel′y** *adj.*

**e′en** (ēn) *adv.* [Poet.] even —*n.* [Poet.] even(ing)

**e′er** (āər) *adv.* [Poet.] ever

**-eer** (ēər) [< L.] *a suffix meaning* one that has to do with, or an action involving [*mountaineer, electioneer*]

**eerie, eery** (ēər′ē) *adj.* **-rier, -riest** [< OE. *earg*, timid] weird or uncanny —**ee′rily** *adv.* —**ee′riness** *n.*

**efface** (i fās′) *vt.* **-faced′, -fac′ing** [< L. *ex*, out + *facies*, face] **1.** to wipe out; erase [to *efface* a memory] **2.** to make (oneself) inconspicuous —**efface′able** *adj.* —**efface′ment** *n.* —**effac′er** *n.*

**effect** (ə fekt′) *n.* [< L. *ex-*, out + *facere*, do] **1.** anything brought about by a cause; result **2.** the power to produce results **3.** influence or action [a cathartic *effect*] **4.** general meaning; purport [he spoke to this *effect*] **5.** the impression produced, as by artistic design **6.** the condition of being in force [a law now in *effect*] **7.** [*pl.*] belongings —*vt.* to bring about; cause —**in effect 1.** in result; actually **2.** in essence; virtually —**take effect** to begin to produce results —**effect′er** *n.*

**effective** *adj.* **1.** producing a desired effect **2.** operative **3.** actual, not theoretical **4.** making a striking impression **5.** equipped and ready for combat —**effec′tively** *adv.* —**effec′tiveness** *n.*

**effectual** (ə fek′choo wəl) *adj.* **1.** producing the desired effect **2.** having legal force; valid —**effec′tually** *adv.*

**effeminate** (i fem′ə nət) *adj.* [< L. *ex-*, out + *femina*, woman] having the appearance or qualities attributed to women; unmanly —**effem′inacy** *n.*

**efferent** (ef′ər ənt) *adj.* [< L. *ex-*, out + *ferre*, bear] *Physiol.* carrying away, specif., designating nerves that carry impulses away from a nerve centre

**effervesce** (ef′ər ves′) *vi.* **-vesced′, -vesc′ing** [< L. *ex-*, out + *fervere*, boil] **1.** to give off gas bubbles, as lemonade **2.** to be lively —**ef′ferves′cence, ef′ferves′cency** *n.* —**ef′ferves′cent** *adj.* —**ef′ferves′cently** *adv.*

**effete** (i fēt′) *adj.* [L. *effetus*, exhausted by bearing] **1.** decadent, soft, etc. **2.** no longer able to produce; sterile —**effete′ly** *adv.* —**effete′ness** *n.*

**efficacious** (ef′ə kā′shəs) *adj.* [see EFFECT] producing or capable of producing the desired effect; effective —**ef′fica′ciously** *adv.* —**efficacy** (ef′i kə sē) *n.*

**efficient** (ə fish′ənt) *adj.* [see EFFECT] producing a desired effect with the least effort or waste —**effi′ciency** *n.*

**effigy** (ef′ə jē) *n., pl.* **-gies** [< L. *ex-*, out + *fingere*, to form] a statue or likeness —**burn** (or **hang**) **in effigy** to burn (or hang) a despised person's effigy in public

**effloresce** (ef′lô res′) *vi.* **-resced′, -resc′ing** [< L. *ex-*, out + *florescere*, to blossom] **1.** to blossom out; flower **2.** *Chem.* to develop a powdery crust by evaporation or chemical change —**ef′flores′cence** *n.*

**effluence** (ef′loo wəns) *n.* [< L. *ex-*, out + *fluere*, flow] **1.** a flowing out **2.** a thing that flows out —**ef′fluent** *adj., n.*

**effluvium** (i flōō′vē əm) *n., pl.* **-via** [see prec.] an emanation; esp., a disagreeable or foul vapour or odour

**effort** (ef′ərt) *n.* [< L. *ex-*, intens. + *fortis*, strong] **1.** physical or mental exertion **2.** a try; attempt **3.** a result of trying; achievement —**ef′fortless** *adj.* —**ef′fortlessly** *adv.* —**ef′fortlessness** *n.*

**effrontery** (i frun′tər ē) *n., pl.* **-teries** [< L. *ex-*, from + *frons*, forehead] unashamed boldness; impudence

**effulgence** (i ful′jəns) *n.* [< L. *ex-*, forth + *fulgere*, shine] great brightness; radiance —**efful′gent** *adj.*

**effuse** (i fyōōz′) *vt., vi.* **-fused′, -fus′ing** [< L. *ex-*, out + *fundere*, pour] to pour, or spread, out or forth

**effusion** *n.* **1.** unrestrained expression in words **2.** a pouring forth

**effusive** (i fyōō′siv) *adj.* too demonstrative gushing —**effu′sively** *adv.* —**effu′siveness** *n.*

**eft** (eft) *n.* [OE. *efeta*] *same as* NEWT

**EFTA** European Free Trade Association

**e.g.** [L. *exempli gratia*] for example

**egad** (ē gad′) *interj.* [prob. < *oh God*] [Obs.] a softened or euphemistic oath

**egalitarian** (i gal′ə tāər′ē ən) *adj.* [< Fr. *égalité*, equality] of or for equal rights for all —*n.* an advocate of equal rights —**egal′itar′ianism** *n.*

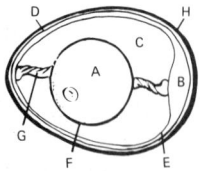


HEN'S EGG
(A, yolk; B, air space; C, white; D, outer shell membrane; E, inner shell membrane; F, chalaza-bearing membrane; G, chalaza; H, shell)

**egg**[1] (eg) ***n.*** [ON.] **1.** an oval body laid by a female bird, fish, etc. containing the germ of a new individual **2.** a female reproductive cell; ovum **3.** a hen's egg, raw or cooked **4.** [Colloq.] a person *[a bad egg]* **—egg'y *adj.***

**egg**[2] ***vt.*** [< ON. *eggja,* lit., to give edge to] to urge or incite (*on*)

**egghead** ***n.*** [Slang] an intellectual

**eggnog** ***n.*** [*egg* + *nog,* strong ale] a drink of beaten eggs, milk, sugar, and nutmeg, often with rum, brandy, etc.

**eggplant** ***n.*** **1.** a plant with a large, ovoid, purple-skinned fruit eaten as a vegetable **2.** the fruit: also called **aubergine**

**eggshell** ***n.*** the shell of an egg **—*adj.*** **1.** fragile and thin **2.** having a slight gloss: said of paint

**eglantine** (eg'lən tīn') ***n.*** [< L. *aculeus,* a sting] a wild rose with hooked spines and sweet-scented leaves

**ego** (ē'gō, eg'ō) ***n., pl.*** **e'gos** [L., I] **1.** the self; the individual as aware of himself **2.** egotism; conceit **3.** *Psychoanalysis* the part of the psyche which governs action rationally

**egocentric** (eg'ō sen'trik) ***adj.*** self-centred

**egoism** (eg'ō iz'm) ***n.*** **1.** the tendency to be self-centred **2.** self-conceit; egotism **3.** the doctrine that self-interest is the proper goal of all human actions **—e'goist *n.* —e'gois'tic, e'gois'tical *adj.***

**egotism** (eg'ə tiz'm) ***n.*** **1.** constant, excessive reference to oneself in speaking or writing **2.** self-conceit **—e'gotist *n.* —e'gotis'tic, e'gotis'tical *adj.***

**ego trip** [Colloq.] an act, project, etc. undertaken to boost one's own image or devoted entirely to one's own interests

**egregious** (i grē'jəs) ***adj.*** [L. *egregius* outstanding < *e-,* out + *grex,* a herd] remarkably bad; flagrant **—egre'giously *adv.* —egre'giousness *n.***

**egress** (ē'gres) ***n.*** [< L. *e-,* out + *gradi,* go] **1.** a going out **2.** the right to go out **3.** a way out; exit

**egret** (ē'gret) ***n.*** [< OFr. *aigrette*] a heronlike wading bird, usually with long, white plumes

**Egypt.** Egyptian

**Egyptian** (i jip'shən) ***adj.*** of Egypt **—*n.*** **1.** a native of Egypt **2.** the language of the ancient Egyptians

**Egyptology** (ē'jip tol'ə jē) ***n.*** the study of ancient Egyptian culture, language, etc. **—E'gyptol'ogist *n.***

**eh** (ā, e, en) ***interj.*** a sound expressing surprise or inquiry

**EHF** extremely high frequency

**eider** (ī'dər) ***n.*** [< ON. *æthr*] a large sea duck of northern regions: often **eider duck**

**eiderdown** ***n.*** **1.** the soft, fine breast feathers of the eider duck, used to stuff quilts, etc. **2.** a quilt so stuffed

**eight** (āt) ***adj.*** [OE. *eahta*] totalling one more than seven **—*n.*** **1.** the cardinal number between seven and nine; 8; VIII **2.** anything having eight units or members, specif., the crew of a racing rowing boat; **—have one over the eight** [Colloq.] to be intoxicated

**eighteen** (ā'tēn') ***adj., n.*** [OE. *eahtatiene*] eight more than ten; 18; XVIII **—eight'eenth' *adj., n.***

**eightfold** (āt'fōld') ***adj.*** **1.** having eight parts **2.** having eight times as much or as many **—*adv.*** eight times as much or as many

**eighth** (āth) ***adj.*** **1.** preceded by seven others in a series; 8th **2.** designating any of eight equal parts **—*n.*** **1.** the one following the seventh **2.** any of the eight equal parts of something; 1/8 **—eighth'ly *adv.***

**eightsome (reel)** a Scottish reel for eight dancers

**eighty** ***adj., n.*** [OE. (*hund*)*eahtatig*] eight times ten; 80; LXXX **—the eighties** the numbers or years, as of a century, from eighty to eighty-nine **—eight'leth *adj., n.***

**einsteinium** (īn stī'nē əm) ***n.*** [< A. *Einstein*] a radioactive chemical element: symbol, Es

**eisteddfod** (ī steth'vod) ***n.*** [W., a sitting < *eistedd,* sit] a yearly meeting in Wales of poets, musicians, etc., at which prizes are given

**either** (ī'*th*ər) [OE. *æghwæther*] **1.** one or the other (of two) *[use either hand]* **2.** each (of two) *[either end of the room]* **—*pron.*** one or the other (of two) **—*conj.*** a correlative used with *or,* implying a choice of alternatives *[either go or stay]* **—*adv.*** any more than the other; also (after negatives) *[if he won't, she won't either]*

**ejaculate** (i jak'yoo lāt') ***vt., vi.*** **-lat'ed, -lat'ing** [< L. *e-,* out + *jacere,* throw] **1.** to eject (esp. semen) **2.** to utter suddenly; exclaim **—ejac'ula'tion *n.* —ejac'ulatory *adj.***

**eject** (ē jekt') ***vt.*** [< L. *e-,* out + *jacere,* throw] **1.** to throw out; expel; discharge **2.** to drive out; evict **—eject'able *adj.* —ejec'tion *n.* —ejec'tive *adj.* —ejec'tor *n.***

**ejection seat** a seat, esp. as fitted in military aircraft, that ejects the occupant in an emergency: also **ejector seat**

**eke** (ēk) ***vt.*** **eked, ek'ing** [OE. *eacan,* to increase] **1.** to supplement **2.** to make (a living) with difficulty **3.** to use (a supply) frugally (with *out*)

**EKG** electrocardiogram

**elaborate** (i lab′ər ət; *for v.* -ər āt′) ***adj.*** [< L. *e-*, out + *laborare*, labour] developed in great detail; complicated —***vt.*** **-rat′ed, -rat′ing** **1.** to produce by effort **2.** to work out in careful detail —***vi.*** to state in detail or add details (*on* or *upon*) —**elab′orately** ***adv.*** —**elab′orateness** ***n.*** —**elab′ora′tion** ***n.***

**élan** (ā län′) ***n.*** [Fr.] spirited self-assurance; dash

**eland** (ē′lənd) ***n.*** [Du., elk] either of two large, oxlike African antelopes with spirally twisted horns

**elapse** (i laps′) ***vi.*** **elapsed′, elaps′ing** [< L. *e-*, out + *labi*, glide] to slip by; pass: said of time

**elastic** (i las′tik) ***adj.*** [< Gr. *elaunein*, to drive] **1.** able to return to its original size, shape, or position after being stretched, squeezed, etc. **2.** able to recover easily from dejection; buoyant **3.** adaptable —***n.*** an elastic fabric with strands of rubber, etc. running through it —**elas′tically** ***adv.*** —**elasticity** (e′las′tis′ə tē) ***n.***

**elasticate** (-kāt′) ***vt.*** **-cat′ed, -cat′ing** to make (a fabric or part of a garment) elastic by inserting elastic sections or thread —**elas′tica′tion** ***n.***

**elastic band** *same as* RUBBER BAND

**elate** (i lāt′) ***vt.*** **-lat′ed, -lat′ing** [< L. *elatus*, < *ex-*, out + *ferre*, bear] to raise the spirits of; make very proud, happy, etc. —**elat′edly** ***adv.*** —**ela′tion** ***n.***

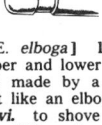

ELBOW (sense 2)

**elbow** (el′bō) ***n.*** [OE. *elboga*] **1.** the joint between the upper and lower arm; esp., the outer angle made by a bent arm **2.** anything bent like an elbow, as a pipe fitting —***vt., vi.*** to shove with the elbow —**bend** (or **lift**) **one's elbow** to drink alcoholic liquor, esp. to excess —**out at (the) elbows** shabby or poor

**elbow grease** [Colloq.] vigorous physical effort

**elbowroom** ***n.*** sufficient space or scope

**elder**[1] (el′dər) ***adj.*** [OE. *ald*, old] born or brought forth earlier than another; senior; older —***n.*** **1.** an older person, esp. one with authority in a community **2.** an ancestor **3.** an officer in an early Christian church and in some Protestant churches —**eld′ership′** ***n.***

**elder**[2] ***n.*** [OE. *ellern*] a shrub or tree with clusters of white flowers and red or purple berries

**elderberry** ***n., pl.*** **-ries** **1.** *same as* ELDER[2] **2.** its berry, or drupe, used in wines, etc.

**elderly** ***adj.*** somewhat old; approaching old age

**eldest** ***adj.*** oldest; esp., first-born or oldest surviving

**El Dorado, Eldorado** (el′də rä′dō) ***pl.*** **-dos** [Sp., the gilded] **1.** a legendary country rich in gold and jewels **2.** any place supposed to be rich in opportunity, etc.

**eldritch** (el′drich) ***adj.*** [< ?] eerie; unearthly

**elec., elect.** **1.** electric **2.** electrical **3.** electricity

**elect** (i lekt′) ***adj.*** [< L. *e-*, out + *legere*, choose] **1.** chosen **2.** elected but not yet installed in office [the mayor-*elect*] **3.** *Theol.* chosen by God for salvation —***vt., vi.*** **1.** to select for some office by voting **2.** to choose —**the elect** *Theol.* those who are elect

**election** (i lek′shən) ***n.*** **1.** a choosing or being chosen for office by vote **2.** a choosing or choice

**electioneer** (i lek′shə nēər′) ***vi.*** to canvass votes for a candidate, party, etc. in an election —**elec′tioneer′ing** ***n.***

**elective** (i lek′tiv) ***adj.*** **1.** filled by election [an *elective* office] **2.** chosen by election **3.** having the power to choose **4.** optional —**elec′tively** ***adv.***

**elector** ***n.*** **1.** one who elects; specif., a qualified voter **2.** [*usually* **E-**] any of the German princes of the Holy Roman Empire who elected the emperor —**elec′toral** ***adj.***

**electorate** ***n.*** all those qualified to vote in an election

**electric** (i lek′trik) ***adj.*** [< Gr. *ēlektron*, amber (orig., produced from amber by rubbing)] **1.** of, charged with, or conducting electricity **2.** producing or produced by electricity **3.** operated by electricity **4.** exciting; electrifying —***n.*** **1.** a train, car, etc. operated by electricity **2.** [*pl.*] electrical equipment, esp. the wiring of a house, office, etc.

**electrical** ***adj.*** **1.** *same as* ELECTRIC **2.** connected with the science of electricity —**elec′trically** ***adv.***

**electric blanket** a blanket containing an element that is heated electrically

**electric chair** **1.** a chair used in electrocuting persons sentenced to death **2.** the death sentence by electrocution

**electric eel** a large, eel-shaped fish of N S. America, with special organs that can give electric shocks

**electric eye** *same as* PHOTOELECTRIC CELL

**electric fire** a domestic appliance that supplies heat by means of an electrically operated metal coil

**electrician** (i lek′trish′ən) ***n.*** a person whose work is the repair or installation of electric apparatus

**electricity** (i lek′tris′ə tē) ***n.*** **1.** a form of energy occurring in certain fundamental particles of all matter, as electrons (negative charges) and protons or positrons (positive charges) **2.** an electric current **3.** the branch of physics dealing with electricity **4.** electric current used for lighting, heating, etc. **5.** strong emotional tension, excitement, etc.

**electric shock** the effect of an electric current passing through the body

**electrify** (i lek′trə fī′) *vt.* **-fied′, -fy′ing** **1.** to equip for the use of electricity **2.** to charge with electricity **3.** to give an electric shock to **4.** to excite; thrill **—elec′trifi′able** *adj.* **—elec′trifica′tion** *n.* **—elec′trifi′er** *n.*

**electro-** *a combining form meaning* electric, electricity

**electrocardiogram** (i lek′trō kär′dē ə gram′) *n.* [ELECTRO- + CARDIO- + -GRAM] a tracing showing the changes in electric potential produced by contractions of the heart

**electrocardiograph** (-kär′dē ə gräf′) *n.* an instrument for making an electrocardiogram

**electroconvulsive therapy** (i lek′trō kən vul′siv) *see* SHOCK THERAPY

**electrocute** (i lek′trə kyōōt′) *vt.* **-cut′ed, -cut′ing** [ELECTRO- + (EXE)CUTE] to kill or execute with a charge of electricity **—elec′trocu′tion** *n.*

**electrode** (i lek′trōd) *n.* [ELECTR(O-) + Gr. *hodos,* way] any terminal that conducts an electric current into or away from a battery, etc., or that controls the flow of electrons in an electron tube

**electrodynamics** (i lek′trō dī nam′iks) *n.pl.* [*with sing. v.*] the branch of physics dealing with the phenomena of electric currents and associated magnetic forces

**electroencephalogram** (i lek′trō en sef′ə lə gram′) *n.* [< ELECTRO- + Gr. *enkephalos,* brain + -GRAM] a tracing showing the changes in electric potential produced by the brain

**electroencephalograph** (-en sef′ə lə gräf′) *n.* an instrument for making electroencephalograms

**electrolyse** (i lek′trō līz′) *vt.* **-lysed′, -lys′ing** to subject to electrolysis

**electrolysis** (i lek′trol′ə sis) *n.* [ELECTRO- + -LYSIS] **1.** the decomposition of an electrolyte by the action of an electric current passing through it **2.** the removal of unwanted hair with an electrified needle

**electrolyte** (i lek′trō līt′) *n.* [ELECTRO- + -LYTE] any substance which in solution can conduct an electric current by the movement of its dissociated ions to electrodes, where the ions are deposited as a coating, liberated as a gas, etc. **—elec′trolyt′ic** (-lit′ik) *adj.*

**electromagnet** (i lek′trō mag′nit) *n.* a soft iron core surrounded by a coil of wire, that temporarily becomes a magnet when an electric current flows through the wire

**electromagnetism** *n.* **1.** magnetism produced by an electric current **2.** the branch of physics dealing with the relations between electricity and magnetism

**electromotive** (i lek′trō mōt′iv) *adj.* producing an electric current through differences in potential

**electromotive force** the force that causes a current to flow in a circuit, equivalent to the potential difference between the terminals

**electron** (i lek′tron) *n.* [< ELECTR(IC) + -ON] any of the negatively charged particles that form a part of all atoms

**electronic** (i lek′tron′ik) *adj.* **1.** of electrons **2.** operating, produced, or done by the action of electrons **—elec′tron′ically** *adv.*

**electronic brain** [Colloq.] an electronic computer

**electronic data processing** data processing by means of electronic equipment, esp. computers

**electronic music** music in which the sounds are originated by electronic devices and recorded on tape

**electronic organ** a musical instrument producing tones by means of electronic devices instead of organ pipes

**electronics** *n.pl.* [*with sing. v.*] the science that deals with the behaviour and control of electrons and with the use of electron tubes, transistors, etc.

**electron microscope** an instrument for focusing a beam of electrons to form an enlarged image of an object on a fluorescent screen or photographic plate

**electron tube** a sealed glass or metal tube completely evacuated or filled with gas and having two or more electrodes, used to control the flow of electrons

**electron-volt** *n.* a unit of energy equal to that attained by an electron falling unimpeded through a potential difference of one volt

**electroplate** (i lek′trō plāt′) *vt.* **-plat′ed, -plat′ing** to deposit a coating of metal on by electrolysis **—*n.*** anything so plated

**electroshock therapy** *see* SHOCK THERAPY

**electrostatics** (i lek′trō stat′iks) *n.pl.* [*with sing. v.*] the branch of physics dealing with the phenomena accompanying electric charges at rest, or static electricity **—elec′trostat′ic** *adj.* **—elec′trostat′ically** *adv.*

**electrotherapy** (i lek′trō ther′ə pē) *n.* the treatment of disease by electricity, as by diathermy **—elec′trother′apist** *n.*

**electrotype** (i lek′trō tīp′) *n. Printing* a facsimile plate made by electroplating a wax or plastic impression of the surface to be reproduced

**electrum** (i lek′trəm) *n.* [< Gr. *ēlektron:* see ELECTRIC] a light-yellow alloy of gold and silver

**elegant** (el′ə gənt) *adj.* [L. *elegans* < *e-,* out + *legere,* choose] **1.** characterized by dignified richness and grace; tastefully luxurious **2.** refined in manners and tastes **—el′egance** *n.* **—el′egantly** *adv.*

**elegiac** (el′ə jī′ək) *adj.* **1.** of or like an elegy **2.** sad; mournful **3.** *Prosody* of or composed in dactylic hexameter couplets Also **el′egi′acal** **—*n.*** **1.** an elegiac couplet **2.** [*pl.*] a poem written in such couplets

**elegy** (el′ə jē) *n., pl.* **-gies** [< Gr. *elegos,* a lament] **1.** a mournful poem or song, esp. of lament and praise for the dead **2.** any poem in elegiac verse **—el′egist** *n.*

**element** (el′ə mənt) *n.* [< L. *elementum*] **1.** *Chem.* any substance that cannot be separated into different substances by ordinary chemical methods **2.** *a*) a component part or quality, often one that is basic or essential *b*) a constituent group of a specified kind *[the criminal element]* **3.** the natural or suitable environment for a person or thing **4.** *Elec.* the wire coil, etc. that becomes glowing hot, as in an electric oven **5.** any of the four substances (earth, air, fire, water) formerly believed to constitute all physical matter **6.** [*pl.*] *Eccles.* the bread and wine of Communion **—in one's element** in the surroundings most pleasing and natural for one **—the elements** **1.** the first or basic principles; rudiments **2.** wind, rain, etc.; forces of the atmosphere

**elemental** (el′ə men′t'l) ***adj.*** **1.** basic and powerful; primal *[hunger is an elemental drive]* **2.** of or like the forces of nature **3.** of the four elements **—el′emen′talism** ***n.***

**elementary** (el′ə men′tər ē) ***adj.*** of first principles; introductory; basic **—el′emen′tarily** ***adv.*** **—el′emen′tariness** ***n.***

**elementary particle** a subatomic particle that is capable of independent existence, as a neutron, proton, etc.

**elementary school** *same as* PRIMARY SCHOOL

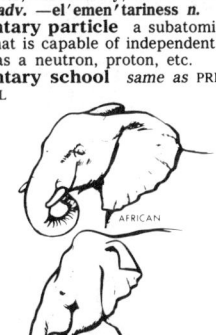


ELEPHANTS
(shoulder height:
African, 3-4 m; Indian 2.5-3 m)

**elephant** (el′ə fənt) ***n.*** [< Gr. *elephas*] the largest of extant four-footed animals, with a long, flexible snout (*trunk*) and, usually, two ivory tusks: the **African elephant** has a flatter head and larger ears than the **Indian elephant**

**elephantiasis** (el′ə fan tī′ə sis) ***n.*** a chronic disease of the skin characterized by the enlargement of the legs etc., and by the hardening of the skin

**elephantine** (el′ə fan′tīn) ***adj.*** **1.** of an elephant **2.** like an elephant; huge, heavy, slow, etc.

**elevate** (el′ə vāt′) ***vt.*** **-vat′ed, -vat′ing** [< L. *e-*, out + *levare,* lift] **1.** to lift up **2.** to raise in rank or position **3.** to raise to a higher intellectual or moral level **4.** to raise the spirits of; exhilarate

**elevation** (el′ə vā′shən) ***n.*** **1.** an elevating or being elevated **2.** a high position **3.** height above the surface of the earth **4.** a flat scale drawing of the front, rear, or side of a building **5.** *Astron.* altitude **6.** *Geog.* height above sea level **7.** *Mil.* the angle of a gun with the horizontal

**elevator** (el′ə vāt′ər) ***n.*** **1.** [U.S.] a lift **2.** a machine for hoisting grain **3.** [Chiefly U.S.] a warehouse for storing and discharging grain **4.** a movable aerofoil for making an aircraft go up or down

**eleven** (i lev′ən) ***adj.*** [OE. *endleofan*] totalling one more than ten **—*n.*** **1.** the cardinal number between ten and twelve; 11; XI **2.** a football or cricket team **—elev′enth** ***adj., n.***

**eleven-plus** ***n.*** an examination used, esp. formerly, to determine the form of secondary education: taken by children about eleven years old

**elevenses** (-ən ziz) ***n.pl.*** [Colloq.] a light snack, usually with tea or coffee, taken in the middle of the morning

**elf** (elf) ***n., pl.*** **elves** (elvz) [OE. *ælf*] **1.** *Folklore* a tiny, often prankish fairy **2.** a mischievous, small child or being **—elf′ish** ***adj.*** **—elf′ishly** ***adv.*** **—elf′ishness** ***n.***

**elfin** ***adj.*** of or like an elf; fairylike

**elicit** (i lis′it) ***vt.*** [< L. *elicere* ] to draw forth; evoke (a reply, the truth, etc.) **—elic′ita′tion** ***n.*** **—elic′itor** ***n.***

**elide** (i līd′) ***vt.*** **elid′ed, elid′ing** [< L. *e-,* out + *laedere,* strike] to leave out or slur over (a vowel, syllable, etc.) in pronunciation **—elid′ible** ***adj.***

**eligible** (el′i jə b'l) ***adj.*** [ see ELECT] **1.** fit to be chosen; qualified **2.** desirable, esp. for marriage **—el′igibil′ity** ***n.*** **—el′igibly** ***adv.***

**eliminate** (i lim′ə nāt′) ***vt.*** **-nat′ed, -nat′ing** [< L. *e-,* out + *limen,* threshold] **1.** to get rid of **2.** to leave out of consideration; omit **3.** to drop (a team, etc. losing a round) from further competition **4.** *Algebra* to get rid of (an unknown quantity) by combining equations **5.** *Physiol.* to excrete **—elim′ina′tion** ***n.*** **—elim′inative** ***adj.*** **—elim′inator** ***n.*** **—elim′inatory** ***adj.***

**elision** (i lizh′ən) ***n.*** the eliding of a vowel, syllable, etc. in pronunciation (Ex.: it's, they'd, we've)

**élite** (ā lēt′) ***n.*** [< Fr.: see ELECT] **1.** the group or part of a group selected or regarded as the best, most powerful, etc. **2.** a size of type for typewriters, measuring 12 characters to the inch

**élitism** ***n.*** government or control by an élite **—élit′ist** ***adj., n.***

**elixir** (i lik′sər) ***n.*** [< ML. < Ar.] **1.** a hypothetical substance sought for by medieval alchemists to change base metals into gold or (**elixir of life**) to prolong life indefinitely **2.** a cure-all **3.** a medicine made of drugs in alcoholic solution, usually sweetened

**Elizabethan** (i liz′ə bē′thən) ***adj.*** of or characteristic of the reign of Elizabeth I **—*n.*** an English person, esp. a writer, of the time of Elizabeth I

**elk** (elk) ***n.*** [OE. *eolh*] a large, mooselike

deer of N Europe and Asia, with broad antlers

**ell** (el) *n.* [OE. *eln*] *Hist.* a measure equal to 115 cm

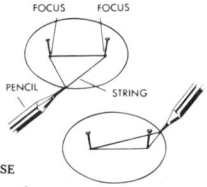


ELLIPSE

**ellipse** (i lips′) *n.*, *pl.* **-lip′ses** [< Gr. *elleipein*, fall short (of a circle)] *Geom.* the path of a point that moves so that the sum of its distances from two fixed points is constant

**ellipsis** (i lip′sis) *n.*, *pl.* **-ses** (-sēz) [see prec.] **1.** *Gram.* the omission of a word or words understood in the context (Ex.: "if possible" for "if it is possible") **2.** a mark (. . .) indicating an omission of words or letters

**ellipsoid** *n.* *Geom.* a solid whose plane sections are all ellipses or circles —*adj.* shaped like an ellipsoid

**elliptical** (i lip′ti k'l) *adj.* **1.** of, or having the form of, an ellipse **2.** of or characterized by ellipsis; with a word or words omitted Also **ellip′tic** —**ellip′tically** *adv.*

**elm** (elm) *n.* [OE.] **1.** a tall, hardy tree **2.** the hard, heavy wood of this tree

**elocution** (el′ə kyōō′shən) *n.* [see ELOQUENT] **1.** style of speaking or reading in public **2.** the art of public speaking —**el′ocu′tionary** *adj.* —**el′ocu′tionist** *n.*

**elongate** (ē′loŋ gāt) *vt., vi.* **-gated, -gating** [< L. *e-*, out + *longus*, long] to make or become longer; stretch —**e′longated** *adj.* —**elongation** (ē loŋ′gā′shən) *n.*

**elope** (i lōp′) *vi.* **eloped′, elop′ing** [Anglo-Fr. *aloper*] to run away secretly, esp. in order to get married —**elope′ment** *n.* —**elop′er** *n.*

**eloquence** (el′ə kwəns) *n.* **1.** speech or writing that is forceful, fluent, etc. **2.** the art of such speech or writing

**eloquent** *adj.* [< L. *e-*, out + *loqui*, speak] **1.** having eloquence **2.** vividly expressive —**el′oquently** *adv.*

**Elsan** (el′san) *Trademark* a type of chemical lavatory

**else** (els) *adj.* [OE. *elles*] **1.** different; other [somebody *else*] **2.** in addition [is there anything *else?*] —*adv.* **1.** differently; otherwise [where *else* can I go?] **2.** if not [study, (or) *else* you will fail]

**elsewhere** *adv.* in or to some other place

**elucidate** (i lōō′sə dāt′) *vt., vi.* **-dat′ed, -dat′ing** [< L. *e-*, out + *lucidus*, clear] to make clear; explain —**elu′cida′tion** *n.* —**elu′cida′tive** *adj.* —**elu′cida′tor** *n.*

**elude** (i lōōd′) *vt.* **elud′ed, elud′ing** [< L. *e-*, out + *ludere*, play] **1.** to avoid or escape from by quickness, cunning, etc. **2.** to escape detection, notice, or understanding by **3.** to slip away from [his name *eludes* me] —**elud′er** *n.* —**elu′sion** *n.*

**elusive** *adj.* **1.** tending to elude **2.** hard to grasp; baffling Also **elu′sory** —**elu′sively** *adv.* —**elu′siveness** *n.*

**elver** (el′vər) *n.* [for *eelfare*, migration of eels] a young eel

**elves** (elvz) *n.* *pl.* of ELF

**elvish** (el′vish) *adj.* of or like an elf —**elv′ishly** *adv.*

**Elysium** (i liz′ē əm) *n.* [L. < Gr.] any condition of complete happiness: after the dwelling place of virtuous people after death in Greek mythology: also **Elysian Fields**

**em** (em) *n.* **1.** the letter M, m **2.** *Printing* a square of any type body, used as a unit of measure

**'em** (əm, 'm) *pron.* [Colloq.] them

**emaciate** (i mā′shē āt′, -sē-) *vt.* **-at′ed, -at′ing** [< L. *e-*, out + *macies*, leanness] to cause to become abnormally lean, as by starvation —**ema′cia′tion** *n.*

**emanate** (em′ə nāt′) *vi.* **-nat′ed, -nat′ing** [< L. *e-*, out + *manare*, flow] to come forth; issue —**em′ana′tion** *n.*

**emancipate** (i man′sə pāt′) *vt.* **-pat′ed, -pat′ing** [< L. *e-*, out + *manus*, hand + *capere*, take] **1.** to free from restraint or restriction, esp. to remove social or legal disadvantages from **2.** to set free (a slave, etc.) —**eman′cipa′tion** *n.* —**eman′cipatory** *adj.* —**eman′cipa′tor** *n.*

**emasculate** (i mas′kyə lāt′; *for adj.*, -lit) *vt.* **-lat′ed, -lat′ing** [< L. *e-*, out + *masculus* masculine] **1.** to deprive (a male) of the power to reproduce; castrate **2.** to destroy the strength or force of —*adj.* deprived of virility or vigour —**emas′cula′tion** *n.* —**emas′culatory** *adj.* —**emas′cula′tor** *n.*

**embalm** (im bäm′) *vt.* [see EN- & BALM] **1.** to preserve (a dead body) with various chemicals **2.** to preserve in memory **3.** to perfume —**embalm′er** *n.*

**embankment** (im baŋk′mənt) *n.* a bank of earth or rubble to keep back water, hold up a road, railway, etc.

**embargo** (em bär′gō) *n.*, *pl.* **-goes** [Sp., ult. < L. *in-*, on + ML. *barra*, bar] **1.** a government order prohibiting the entry or departure of commercial ships at its ports **2.** any restraint, or prohibition, esp. one imposed on commerce by law —*vt.* **-goed, -going** to put an embargo on

**embark** (im bärk′) *vt.* [< L. *in*, in + *barca*, small boat] to put or take aboard a ship, aeroplane, etc. —*vi.* **1.** to go aboard a ship, aeroplane, etc. **2.** to begin a journey, enterprise, etc. —**em′barka′tion** (em′bär kā′shən) *n.*

**embarrass** (im bar′əs) *vt.* [< Fr. < It. *in-* + *barra*, bar] **1.** to cause to feel self-conscious; disconcert **2.** to hinder **3.** to cause to be in debt **4.** to complicate —**embar′rassing** *adj.* —**embar′rassment** *n.*

**embassy** (em′bə sē) *n.*, *pl.* **-sies** [see AMBASSADOR] **1.** the official residence or offices of an ambassador **2.** the position or functions of an ambassador **3.** any important or official mission

**embattle** (im bat′'l) *vt.* **-tled, -tling** to prepare or set in line for battle

**embed** (im bed′) *vt.* **-bed′ded, -bed′ding** **1.** to fix firmly in a surrounding mass **2.** to fix in the mind, etc.

**embellish** (im bel′ish) *vt.* [< OFr. *em-,* in + *bel,* beautiful] **1.** to decorate; adorn **2.** to improve (a story, etc.) by adding details, often fictitious **—embel′lishment** *n.*

**ember**[1] (em′bər) *n.* [< OE. *æmerge*] **1.** a glowing piece of coal, wood, etc. from a fire **2.** [*pl.*] the smouldering remains of a fire

**ember**[2] *adj.* [< OE. *ymbryne,* a circuit] [*often* **E-**] designating or of three days set aside for prayer and fasting in a specified week of each season of the year

**embezzle** (im bez′'l) **vt. -zled, -zling** [< OFr. < *en-* + *besillier,* destroy] to steal (money, etc. entrusted to one's care) **—embez′zlement** *n.* **—embez′zler** *n.*

**embitter** (im bit′ər) *vt.* to cause to have bitter or more bitter feelings **—embit′terment** *n.*

**emblazon** (im blā′z'n) *vt.* [see BLAZON] **1.** to decorate (*with* coats of arms, etc.) **2.** to display brilliantly **3.** to praise **—embla′zonment** *n.*

**emblem** (em′bləm) *n.* [< Gr. *emblēma,* insertion < *en-,* in + *ballein,* throw] **1.** an object that stands for or suggests something else **2.** a sign; badge **—em′blemat′ic** *adj.*

**embodiment** (im bod′ē mənt) *n.* that in which some idea, quality, etc. is embodied [she is the *embodiment* of virtue]

**embody** (im bod′ē) *vt.* **-bod′ied, -bod′ying** **1.** to give bodily form to **2.** to give definite form to **3.** to bring together into a whole; incorporate [the latest findings *embodied* in the new book]

**embolden** (im bōl′d'n) *vt.* to cause to be bold or bolder

**embolism** (em′bə liz′m) *n. Med.* the obstruction of a blood vessel by an embolus

**embolus** (em′bə ləs) *n., pl.* **-li′** (-lī′) [< Gr. *en-,* in + *ballein,* throw] any foreign matter, as a blood clot, carried in the bloodstream **—embol′ic** (-bol′ik) *adj.*

**emboss** (em bos′) *vt.* [see EN- & BOSS[2]] **1.** to decorate with raised designs **2.** to raise (a design, etc.) in relief **—emboss′er** *n.* **—emboss′ment** *n.*

**embrace** (em brās′) *vt.* **-braced′, -brac′ing** [< L. *im-,* in + *brachium,* arm] **1.** to clasp in the arms lovingly; hug **2.** to accept readily [to *embrace* an opportunity] **3.** to take up [to *embrace* a profession] **4.** to encircle **5.** to include **6.** to perceive **—*vi.*** to clasp each other in the arms **—*n.*** an embracing; hug **—embrace′able** *adj.* **—embrac′er** *n.*

**embrasure** (im brā′zhər) *n.* [Fr. < *embraser,* widen an opening] **1.** an opening (for a window, etc.) with the sides slanted so that it is wider on the inside than on the outside **2.** an opening in a parapet with the sides slanting outwards to increase the angle of fire of a gun

**embrocate** (em′brō kāt′) *vt.* **-cat′ed, -cat′ing** [< Gr. *en-,* in + *brechein,* to wet] to moisten and rub (a part of the body) with an oil, liniment, etc. **—em′broca′tion** *n.*

**embroider** (im broi′dər) *vt., vi.* [< OFr. *embroder*] **1.** to ornament (fabric) with a design in needlework **2.** to embellish (a story, etc.) **—embroi′derer** *n.*

**embroidery** *n., pl.* **-deries** **1.** the art of embroidering **2.** embroidered work or fabric **3.** embellishment, as of a story

**embroil** (im broil′) *vt.* [see EN- & BROIL[2]] **1.** to confuse (affairs, etc.); mix up; muddle **2.** to draw into a conflict or fight; involve in trouble **—embroil′ment** *n.*

**embryo** (em′brē ō′) *n., pl.* **-os′** [< Gr. *en-,* in + *bryein,* swell] **1.** an animal in the earliest stages of development in the uterus **2.** *a*) an early stage of something *b*) anything in such a stage **3.** the rudimentary plant contained in a seed **—*adj.*** embryonic

**embryonic** (-on′ik) *adj.* **1.** of or like an embryo **2.** in an early stage; rudimentary

**emeer** (e mēər′) *n.* *same as* EMIR **—emeer′ate** *n.*

**emend** (ē mend′) *vt.* [< L. *e-,* out + *mendum,* a fault] to make scholarly corrections or improvements in (a text) **—e′menda′tion** *n.*

**emerald** (em′ər əld) *n.* [< Gr. *smaragdos*] **1.** a bright-green precious stone; variety of beryl **2.** bright green **—*adj.*** bright-green

**Emerald Isle** [< its green landscape] Ireland

**emerge** (i murj′) *vi.* **emerged′, emerg′ing** [< L. *e-,* out + *mergere,* dip] **1.** to rise as from a fluid **2.** to become visible, apparent or known **3.** to develop as something new, improved, etc. [a strong breed *emerged*] **—emer′gence** *n.* **—emer′gent** *adj.*

**emergency** (i mur′jən sē) *n., pl.* **-cies** [orig. sense, an emerging] an unexpected occurrence or situation demanding immediate action **—*adj.*** for use in case of sudden necessity [an *emergency* exit]

**emeritus** (ē mer′ə təs) *adj.* [L. *e-,* out + *mereri,* serve] retired from active service, but retaining one's rank or title [professor *emeritus*]

**emersion** (ē mur′shən) *n.* an emerging

**emery** (em′ər ē) *n.* [< Gr. *smyris*] a dark variety of corundum used for grinding, polishing, etc.

**emery board** a strip of cardboard or wood with a rough surface of crushed emery used for filing the nails

**emetic** (i met′ik) *adj.* [< Gr. *emein,* to vomit] causing vomiting **—*n.*** an emetic substance

**E.M.F., e.m.f., EMF, emf** electromotive force

**emigrate** (em′ə grāt′) *vi.* **-grat′ed, -grat′ing** [< L. *e-,* out + *migrare,* move] to leave one country or region to settle in another **—em′igrant** *adj., n.* **—em′igra′tion** *n.*

**émigré, emigré** (em′ə grā′) *n.* [Fr.] **1.**

an emigrant **2.** a person forced to flee his country for political reasons

**eminence** (em′ə nəns) *n.* [< L. *eminere,* stand out] **1.** a high place, thing, etc. **2.** superiority in rank, position, etc. **3.** [**E-**] *R.C.Ch.* a title of honour used of a cardinal

‡**éminence grise** (ā mē nāns grēz′) [Fr., grey eminence] a person who wields great power and influence unofficially

**eminent** (em′ə nənt) *adj.* standing high by comparison with others; exalted; distinguished; noteworthy **—em′inently** *adv.*

**emir** (e mēər′) *n.* [Ar. *amīr,* commander] in certain Moslem countries, a ruler **—emir′ate** *n.*

**emissary** (em′ə sər ē) *n., pl.* **-saries** [see EMIT] a person, esp. a secret agent, sent on a specific mission

**emission** (i mish′ən) *n.* **1.** an emitting; issuance **2.** something emitted; discharge **—emis′sive** *adj.*

**emit** (i mit′) *vt.* **emit′ted, emit′ting** [< L. *e-,* out + *mittere,* send] **1.** to give forth **2.** to utter (sounds) **—emit′ter** *n.*

**Emmenthal** (em′ən täl′) *n.* [< valley in Switzerland] a hard Swiss cheese full of holes

**emollient** (i mol′yənt) *adj.* [< L. *e-,* out + *mollire,* soften] softening; soothing **—*n.*** an emollient preparation, esp. for the surface tissues of the body

**emolument** (i mol′yoo mənt) *n.* [< L. *e-,* out + *molere,* grind] gain from employment; salary, fees, etc.

**emote** (i mōt′) *vi.* **emot′ed, emot′ing** [Colloq.] to express emotion in a showy or theatrical manner

**emotion** (i mō′shən) *n.* [< L. *e-,* out + *movere,* move] **1.** strong feeling; excitement **2.** any specific feeling, as love, hate, fear, anger, etc.

**emotional** *adj.* **1.** of the emotions **2.** showing emotion **3.** easily aroused to emotion **4.** appealing to or arousing the emotions **—emo′tionally** *adv.*

**emotive** (i mōt′iv) *adj.* **1.** expressing or producing emotion **2.** relating to the emotions **—emo′tively** *adv.*

**Emp.** **1.** Emperor **2.** Empire **3.** Empress

**empanel** (im pan′′l) *vt.* **-elled, -elling** to enter the name of on a jury list

**empathy** (em′pə thē) *n.* [< Gr. *en-,* in + *pathos,* feeling] intellectual or emotional identification with another **—empathetic** (em′pə thet′ik) *adj.*

**emperor** (em′pər ər) *n.* [< L. *imperator* < *imperare,* to command] the supreme ruler of an empire

**emperor penguin** the largest penguin, growing to 1.3 m

**emphasis** (em′fə sis) *n., pl.* **-ses′** (-sēz′) [< Gr. *en-,* in + *phainein,* show] **1.** force of expression, action, etc. **2.** stress given to a syllable, word, etc. in speaking **3.** importance given to something; stress

**emphasize** *vt.* **-sized′, -siz′ing** to give emphasis, or special force, to; stress

**emphatic** (im fat′ik) *adj.* **1.** expressed or done with emphasis **2.** using emphasis in speaking, etc. **3.** forcible; definite [an *emphatic* defeat] **—emphat′ically** *adv.*

**empire** (em′pīər) *n.* [see EMPEROR] **1.** *a*) a group of states under the sovereignty of an emperor or empress *b*) a state uniting many territories under one ruler *c*) [**E-**] the British Empire **2.** government by an emperor or empress **3.** supreme rule; absolute power **4.** an extensive economic organization under the control of a single person

**empire builder** a person who ruthlessly seeks to extend the scope and power of his authority

**empirical** (em pir′i k′l) *adj.* [< Gr. *en-,* in + *peira,* trial] **1.** relying on experiment and observation rather than theory **2.** relying on practical experience without reference to scientific principles **—empir′ically** *adv.*

**empiricism** *n.* **1.** the search for knowledge by observation and experiment **2.** *Philos.* the theory that experience is the only source of knowledge **—empir′icist** *n.*

**emplacement** (im plās′mənt) *n.* **1.** placement **2.** the position in which something is placed; specif., *Mil.* the prepared position from which guns are fired

**emplane** (em plān′) *vi.* **-planed′, -plan′ing** *same as* ENPLANE

**employ** (im ploi′) *vt.* [< L. *implicare,* enfold] **1.** to engage the services or labour of for pay; hire **2.** to provide work and pay for **3.** to keep occupied **4.** to use **—*n.*** the state of being employed; employment **—employ′able** *adj.*

**employee** (im ploi′ē, em′ploi ē′) *n.* a person hired to work for wages or salary

**employer** (im ploi′ər) *n.* one who employs others to work for wages or salary

**employment** *n.* **1.** an employing or being employed **2.** work; occupation; job

**emporium** (em pôr′ē əm) *n., pl.* **-riums, -ria** [< Gr. *en-,* in + *poros,* way] **1.** a trading centre; marketplace **2.** a large store or shop

**empower** (im pou′ər) *vt.* to authorize; enable

**empress** (em′pris) *n.* **1.** the wife of an emperor **2.** a woman ruler of an empire

**empty** (emp′tē) *adj.* **-tier, -tiest** [< OE. *æmettig,* unoccupied] **1.** having nothing or no one in it; unoccupied **2.** worthless [*empty* pleasures] **3.** insincere [*empty* promises] **4.** [Colloq.] hungry **—*vt.*** **-tied, -tying** **1.** to make empty **2.** to remove (the contents) of something **3.** to discharge (oneself or itself) **—*vi.*** **1.** to become empty **2.** to discharge **—*n., pl.*** **-ties** an empty container, esp. a bottle **—empty of** lacking; without **—emp′tily** *adv.* **—emp′tiness** *n.*

**empty-handed** (emp′tē han′did) *adj.* bringing or carrying away nothing

**empty-headed** (emp′tē hed′id) *adj.* silly and ignorant

**empyrean** (em′pī rē′ən) *n.* [< Gr. *en-,* in + *pyr,* fire] **1.** the highest heaven **2.** the sky **—empyr′eal** *adj.*

**EMS** European Monetary System

EMU (to 1.5 m high)

**emu** (ē′myo͞o) *n.* [< Port.] a large, flightless Australian bird

**emulate** (em′yo͞o lāt′) *vt.* **-lat′ed, -lat′ing** [< L. *aemulus,* trying to equal] **1.** to try to equal or surpass **2.** to imitate (a person admired) **3.** to rival successfully —**em′ula′tion** *n.* —**em′ulative** *adj.* —**em′ula′tor** *n.*

**emulous** *adj.* **1.** desirous of equalling or surpassing **2.** caused by emulation —**em′ulously** *adv.*

**emulsify** (i mul′sə fī′) *vt., vi.* **-fied′, -fy′ing** to form into an emulsion —**emul′sifica′tion** *n.*

**emulsion** (i mul′shən) *n.* [< L. *e-,* out + *mulgere,* to milk] **1.** a fluid, as milk, formed by the suspension of one liquid in another **2.** a medicine or paint in this form **3.** *Photog.* a suspension of a salt of silver in gelatin, used to coat film —**emul′sive** *adj.*

**en** (en) *n.* **1.** the letter N, n **2.** *Printing* a space half the width of an em

**en-** (in, en) [< L.] *a prefix meaning:* **1.** to put or get into or on *[entrain]* **2.** to make, cause to be *[endanger, enfeeble]* **3.** in or into *[enclose]*

**-en** (ən, 'n) [< OE.] *a suffix:* **1.** *meaning: a)* to become or cause to be *[weaken] b)* to cause to have *[strengthen] c)* made of *[woollen]* **2.** *used to form plurals [children]* **3.** *used to form diminutives [chicken]*

**enable** (in ā′b'l) *vt.* **-bled, -bling** to make able; provide with means, opportunity, power, etc. (*to* do something)

**enabling act** a bill or act giving power to take action

**enact** (in akt′) *vt.* **1.** to decree; ordain **2.** to perform in or as in a play —**enac′tive** *adj.* —**enac′tor** *n.*

**enactment** *n.* **1.** an enacting or being enacted **2.** something enacted, as a law

**enamel** (i nam′′l) *n.* [< OFr. *esmail*] **1.** a glassy, opaque substance fused to metals, etc., as an ornamental or protective coating **2.** the hard, white coating of a tooth **3.** anything enamelled **4.** paint or varnish with a hard, glossy surface when it dries —*vt.* **-elled, -elling** to inlay, cover, or decorate with enamel —**enam′eller, enam′ellist** *n.*

**enamour** (in am′ər) *vt.* [< OFr. *en-,* in + *amour,* love] to fill with love and desire; charm; captivate: now mainly in the passive voice, with *of [*much *enamoured* of her*]*

**en bloc** (on blok′) [Fr., in a block] in one lump; as a whole; all together

**enc., encl.** enclosure

**encamp** (in kamp′) *vt., vi.* to set up or put in a camp —**encamp′ment** *n.*

**encapsulate** (in kap′syo͞o lāt′) *vt.* **-lat′ed, -lat′ing** **1.** to enclose in a capsule **2.** to condense; abridge Also **encap′sule** —**encap′sula′tion** *n.*

**encase** (in kās′) *vt.* **-cased′, -cas′ing** **1.** to enclose **2.** to put into a case —**encase′ment** *n.*

**encaustic** (en kôs′tik) *adj.* [< Gr. *en-,* in + *kaiein,* burn] done by burning in or applying heat —*n.* a method of painting in which colours in wax are fused to a surface with hot irons —**encaus′tically** *adv.*

**-ence** (əns, 'ns) [< OFr. & L.] *a suffix meaning* act, quality, state, result, or degree *[conference, excellence]*

‡**enceinte** (än sant′) *adj.* [Fr.] pregnant

**encephalitis** (en′sef ə līt′is) *n.* [< ENCEPHALO- + -ITIS] inflammation of the brain —**enceph′alit′ic** (-lit′ik) *adj.*

**encephalo-** [< Gr. *enkephalos,* brain] *a combining form meaning* of the brain

**encephalogram** (en sef′ō lō′gram′) *n. same as* ELECTROENCEPHALOGRAM

**enchain** (in chān′) *vt.* **1.** to fetter **2.** to captivate

**enchant** (in chänt′) *vt.* [see INCANTATION] **1.** to cast a spell over; bewitch **2.** to charm greatly; delight —**enchant′er** *n.* —**enchant′ing** *adj.* —**enchant′ment** *n.* —**enchant′ress** *n.fem.*

**encircle** (in sur′k'l) *vt.* **-cled, -cling** **1.** to surround **2.** to move in a circle around —**encir′clement** *n.*

**enclave** (en′klāv) *n.* [< L. *in,* in + *clavis,* key] a territory surrounded by the territory of a foreign country

**enclose** (in klōz′) *vt.* **-closed′, -clos′ing** **1.** to shut in all around; surround **2.** to insert in an envelope, wrapper, etc., often together with something else

**enclosure** *n.* **1.** an enclosing or being enclosed **2.** something that encloses **3.** something enclosed; specif., *a)* an enclosed place *b)* a document, money, etc. enclosed as with a letter

**encomium** (en kō′mē əm) *n., pl.* **-miums, -mia** [< Gr. *en-,* in + *kōmos,* a revel] a formal expression of high praise; eulogy; panegyric

**encompass** (in kum′pəs) *vt.* **1.** to surround **2.** to contain; include —**encom′passment** *n.*

**encore** (oŋ′kôr, on kôr′) *interj.* [Fr.] again —*n.* **1.** a demand by the audience for further performance **2.** the performance in answer to such a demand —*vt.* **-cored, -coring** to demand further performance of or by

**encounter** (in koun′tər) *vt.* [< L. *in,* in + *contra,* against] **1.** to meet unexpectedly **2.** to meet in conflict —*n.* **1.** an unexpected meeting **2.** a meeting in conflict

**encourage** (in kur′ij) *vt.* **-aged, -aging** **1.**

to give courage, hope, or confidence to **2.** to give support to; help **—encour'age-ment** *n.* **—encour'aging** *adj.*

**encroach** (in krōch') *vi.* [< OFr. *en-*, in + *croc*, a hook] to trespass or intrude (*on* or *upon*) **—encroach'ment** *n.*

**encrust** (in krust') *vt., vi. same as* INCRUST

**encumber** (in kum'bər) *vt.* [see EN- & CUMBER] **1.** to hold back the motion or action of; hinder **2.** to weigh down; burden **—encum'berment** *n.*

**encumbrance** *n.* a hindrance; burden

**-ency** (ən sē, 'n sē) [< L.] *a suffix meaning* act, quality, state, result, or degree *[dependency, emergency]*

**encyclical** (in sik'li k'l) *adj.* [< Gr. *en-*, in + *kyklos*, circle] for general circulation: also **encyc'lic** **—*n.*** *R.C.Ch.* a letter from the Pope to the bishops

**encyclopedia, encyclopaedia** (in sī'klō pē'dē ə) *n.* [< Gr. *enkyklios*, general + *paideia*, education] a book or set of books giving information on one or on many branches of knowledge, generally alphabetically arranged **—ency'clope'dic, ency'clopae'dic** *adj.* **—ency'clope'dically, ency'clopae'dically** *adv.*

**encyclopedist, encyclopaedist** *n.* **1.** a person who compiles an encyclopedia **2.** [E-] [*pl.*] the writers of the French Encyclopedia, edited by Diderot and d'Alembert

**end** (end) *n.* [OE. *ende*] **1.** a limit; boundary **2.** the last part of anything; conclusion **3.** a ceasing to exist; death or destruction **4.** the part at or near an extremity **5.** a purpose; object **6.** an outcome; result **7.** a remnant *[odds and ends]* **8.** the limit of endurance, etc. **—*vt., vi.*** to bring or come to an end; finish; stop **—*adj.*** at the end; final *[end* product*]* **—end it all** [Colloq.] to commit suicide **—end of steel** [Canad.] **1.** a point up to which railway tracks have been laid **2.** a town at such a point **—ends of the earth** remote regions **—make (both) ends meet** to keep one's expenses within one's income **—no end** [Colloq.] extremely **—on end 1.** in an upright position **2.** without interruption *[for days on end]* **—put an end to 1.** to stop **2.** to do away with **—the end** [Colloq.] the worst, esp. something beyond the limits of endurance

**endanger** (in dān'jər) *vt.* to expose to danger or loss

**endear** (in dēər') *vt.* to make dear or beloved

**endearing** *adj.* **1.** that makes dear or well liked **2.** expressing affection *[endearing* tones*]*

**endearment** *n.* **1.** a word or act expressing affection **2.** warm liking; affection

**endeavour** (in dev'ər) *vi.* [< EN- + OFr. *deveir*, duty] to make an earnest attempt **—*vt.*** to try (*to* do something) **—*n.*** an earnest attempt or effort Also, U.S. sp., **endeav'or**

**endemic** (en dem'ik) *adj.* [< Gr. *en-*, in + *dēmos*, the people] **1.** native to a particular country, region, etc. **2.** restricted to and present in a particular locality: said of a disease **—*n.*** an endemic plant, animal, or disease **—endem'ically** *adv.* **—endemicity** (en'də mis'ə tē) *n.*

**ending** (en'diŋ) *n.* **1.** *a*) the last part; finish *b*) death **2.** *Gram.* the final letter or letters added to a word base

**endive** (en'div) *n.* [< Gr. *entybon*] a plant with curled, narrow leaves used in salads

**endless** *adj.* **1.** having no end; eternal **2.** lasting too long *[an endless* speech*]* **3.** continual *[endless* interruptions*]* **4.** with the ends joined to form a unit that can move continuously over wheels, etc. *[an endless* belt*]* **—end'lessly** *adv.* **—end'lessness** *n.*

**endmost** *adj.* at the end; farthest; last

**endocrine** (en'dō krīn) *adj.* [< Gr. *endon*, within + *krinein*, to separate] designating or of any gland producing a secretion carried in the blood to other parts of the body whose functions it regulates **—*n.*** any such gland or its secretion, as the thyroid, adrenal, and pituitary glands

**endogenous** (en doj'ə nəs) *adj.* [< Gr. *endon*, within + -GENOUS] developing from within

**endorsation** (en'dôr sā'shən) *n.* [Canad.] approval; support

**endorse** (in dôrs') *vt.* **-dorsed', -dors'ing** [< L. *in*, on + *dorsum*, the back] **1.** to give approval to; sanction **2.** to write on the back of (a document); specif., to sign (one's name) as payee on the back of (a cheque, etc.) **3.** to record an offence on a driving licence, etc. **—endorse'ment** *n.* **—endors'er** *n.*

**endow** (in dou') *vt.* [< OFr. *en-*, in + *douer* < L. *dotare*, endow] **1.** to give money or property so as to provide an income for the support of (a college, hospital, etc.) **2.** to provide with some talent, quality, etc. *[endowed* with courage*]*

**endowment** *n.* **1.** an endowing **2.** that with which something is endowed; bequest **3.** a talent, ability, etc.

**endowment assurance** an insurance policy by which a stated amount is paid to the assured after the period specified or to the beneficiaries if the assured dies within the time specified: also **endowment insurance**

**end paper** the stout paper used in book binding to cover the inner sides of the cover and provide fly leaves

**end product** the final result of any series of changes, processes, or chemical reactions

**endue** (in dyōō') *vt.* **-dued', -du'ing** [see INDUCE] to provide (*with* qualities, talents, etc.)

**endurance** (in dyōōər'əns) *n.* **1.** an enduring **2.** ability to last or remain **3.** ability to stand pain, fatigue, etc.; fortitude

**endure** (in dyōōər') *vt.* **-dured', -dur'ing** [< L. *in-*, in + *durus*, hard] **1.** to bear (pain, fatigue, etc.) **2.** to put up with; tolerate **—*vi.*** **1.** to last; remain **2.** to bear pain, etc. without flinching **—endur'able** *adj.*

**enduring** *adj.* lasting; permanent; durable
**endways** *adv.* **1.** on end; upright **2.** with the end foremost **3.** lengthways **4.** end to end Also **end'wise'**
**enema** (en'əmə) *n.* [< Gr. *en-*, in + *hienai,* send] **1.** a liquid injected into the colon through the anus, as a purgative, medicine, etc. **2.** such an injection
**enemy** (en'əmē) *n., pl.* **-mies** [< L. *in-,* not + *amicus,* friend] **1.** a person who hates another and wishes to injure him **2.** *a*) a nation hostile to another *b*) a soldier, citizen, etc. of a hostile nation **3.** one hostile to an idea, cause, etc. **4.** anything injurious —*adj.* of an enemy
**energetic** (en'ərjet'ik) *adj.* of, having, or showing energy; vigorous; forceful —**en'erget'ically** *adv.*
**energize** (en'ərjīz') *vt.* **-gized', -giz'ing** to give energy to; invigorate; activate —**en'ergiz'er** *n.*
**energy** (en'ərjē) *n., pl.* **-gies** [< Gr. *en-,* in + *ergon,* work] **1.** force of expression **2.** capacity for action **3.** effective power **4.** *Physics* the capacity for doing work and overcoming resistance
**enervate** (en'ərvāt') *vt.* **-vat'ed, -vat'ing** [< L. *e-,* out + *nervus,* nerve] to deprive of strength, force, vigour, etc. —**en'erva'tion** *n.* —**en'erva'tor** *n.*
‡**enfant terrible** (änfänterē'bl') [Fr.] **1.** a person who causes trouble or embarrassment by his imprudent remarks or actions **2.** an unmanageable child
**enfeeble** (infē'b'l) *vt.* **-bled, -bling** to make feeble —**enfee'blement** *n.*
**enfilade** (en'fəlād') *n.* [Fr. < *enfiler,* to thread] gunfire directed from either flank along the length of a line of troops —*vt.* **-lad'ed, -lad'ing** to direct such gunfire at (a column, etc.)
**enfold** (infōld') *vt.* **1.** to wrap in folds; envelop **2.** to embrace —**enfold'ment** *n.*
**enforce** (infôrs') *vt.* **-forced', -forc'ing** **1.** to compel observance of (a law, etc.) **2.** to impose by force [to *enforce* one's will on a child] **3.** to give force to —**enforce'able** *adj.* —**enforce'ment** *n.* —**enforc'er** *n.*
**enfranchise** (infran'chīz) *vt.* **-chised, -chising** **1.** to admit to citizenship, esp. to the right to vote **2.** to free from slavery **3.** to give (a town) the right to be represented in parliament —**enfran'chisement** (-chiz-mənt) *n.*
**Eng.** **1.** England **2.** English
**eng.** **1.** engineer(ing) **2.** engraved **3.** engraving
**engage** (ingāj') *vt.* **-gaged', -gag'ing** [see EN- & GAGE[1]] **1.** to pledge (oneself); specif. (now only in the passive), to bind by a promise of marriage **2.** to hire **3.** to reserve [to *engage* a hotel room] **4.** to involve, as in conversation **5.** to attract and hold (the attention, etc.) **6.** to keep busy; occupy **7.** to enter into conflict with (the enemy) **8.** to interlock [*engage* the gears] —*vi.* **1.** to pledge oneself; promise **2.** to involve oneself [to *engage* in dramatics] **3.** to enter into conflict **4.** to interlock
**engaged** *adj.* **1.** pledged, esp. betrothed **2.** occupied, busy, or in use **3.** involved in combat **4.** in gear
**engagement** *n.* an engaging; specif., *a*) a betrothal *b*) an appointment or commitment *c*) employment, esp. in the performing arts *d*) a battle *e*) state of being in gear
**engaging** *adj.* attractive; winning; charming —**engag'ingly** *adv.*
**engender** (injen'dər) *vt.* [< L. *in-,* in + *generare,* generate] to bring into being; cause; produce
**engine** (en'jən) *n.* [< L. *ingenium,* genius < *in-,* in & *gignere,* produce] **1.** any machine that uses energy to develop mechanical power; esp., one for starting motion in some other machine **2.** a railway locomotive **3.** any instrument or apparatus [*engines* of torture] **4.** *same as* FIRE ENGINE
**engineer** (en'jənēər') *n.* **1.** a person skilled in some branch of engineering **2.** an operator of technical equipment [a radio *engineer*] **3.** *Mil.* a member of the armed forces concerned with the construction and demolition of bridges, roads, etc. —*vt.* **1.** to plan, construct, or manage as an engineer **2.** to direct skilfully [to *engineer* a business merger]
**engineering** *n.* **1.** the science concerned with putting scientific knowledge to practical uses **2.** the planning, designing, or construction of machinery, roads, buildings, etc.
**English** (iŋ'glish) *adj.* [OE. *Englisc,* of the Angles] **1.** of England **2.** of the English language —*n.* the language of the people of England, the official language of Britain, the British Commonwealth, the U.S., etc. —**the English** the people of England
**English horn** *same as* COR ANGLAIS
**Englishman** *n.* a native or inhabitant of England —**Eng'lishwom'an** *n.fem.*
**engorge** (ingôrj') *vt., vi.* **-gorged', -gorg'ing** **1.** to eat gluttonously **2.** *Med.* to congest with blood or other fluid
**engraft** (ingräft') *vt.* **1.** to graft (a shoot, etc.) from one plant onto another **2.** to implant
**engrave** (ingrāv') *vt.* **-graved', -grav'ing** [< Fr. *en-,* in + *graver,* incise] **1.** to cut or etch (letters, designs, etc.) in or on (a metal plate, wooden block, etc. for printing) **2.** to impress deeply on the mind or memory —**engrav'er** *n.*
**engraving** *n.* **1.** the act, process, or art of one who engraves **2.** a print made from an engraved surface
**engross** (ingrōs') *vt.* [see EN- & GROSS] **1.** to occupy the attention of; absorb **2.** to write in the large letters once used for legal documents **3.** to express in legal form —**engross'er** *n.* —**engross'ing** *adj., n.* —**engross'ment** *n.*
**engulf** (ingulf') *vt.* to swallow up; overwhelm
**enhance** (inhäns') *vt.* **-hanced', -hanc'ing** [ult. < L. *in,* in + *altus,* high] to

make greater; heighten —**enhance'ment** *n.* —**enhanc'er** *n.*

**enigma** (ə nig'mə) *n., pl.* **-mas** [< Gr. *ainigma*] **1.** a riddle **2.** a perplexing or baffling matter, person, etc. —**enigmatic** (en'ig mat'ik) *adj.* —**e'nigmat'ically** *adv.*

**enjoin** (in join') *vt.* [< L. *in-*, + *jungere*, join] **1.** to order; enforce **2.** to prohibit, esp. by legal injunction

**enjoy** (in joi') *vt.* [< OFr. *enjoir*] **1.** to have or experience with joy or pleasure **2.** to have the use of **3.** to experience [to *enjoy* good health] —**enjoy oneself** to have a good time —**enjoy'able** *adj.* —**enjoy'ableness** *n.* —**enjoy'ably** *adv.* —**enjoy'ment** *n.*

**enkindle** (in kin'd'l) *vt.* **-dled, -dling 1.** to set on fire; make blaze up **2.** to stir up; arouse

**enlarge** (in lärj') *vt.* **-larged', -larg'ing 1.** to make larger; increase in size, volume, extent, etc.; expand **2.** *Photog.* to reproduce on a larger scale —*vi.* **1.** to become larger; increase **2.** to discuss at greater length (with *on* or *upon*) —**enlarge'ment** *n.* —**enlarg'er** *n.*

**enlighten** (in līt''n) *vt.* **1.** to give clarification to (a person); inform **2.** to free from ignorance, prejudice, or superstition

**enlightenment** *n.* an enlightening —**the Enlightenment** an 18th-cent. European philosophical and social movement characterized by rationalism

**enlist** (in list') *vt., vi.* **1.** to enrol in some branch of the armed forces **2.** to engage in a cause or movement (with *in*) —**enlist'ee'** *n.* —**enlist'ment** *n.*

**enliven** (in lī'v'n) *vt.* to make active, vivacious, interesting, or cheerful —**enliv'ener** *n.* —**enliv'enment** *n.*

**en masse** (on mas') [Fr.] in a group; all together

**enmesh** (en mesh') *vt.* to catch in or as in the meshes of a net; entangle

**enmity** (en'mə tē) *n., pl.* **-ties** [see ENEMY] the attitude or feelings of an enemy; hostility

**ennoble** (i nō'b'l) *vt.* **-bled, -bling 1.** to raise to the rank of nobleman **2.** to dignify —**enno'blement** *n.*

**ennui** (on'wē) *n.* [Fr.] weariness and dissatisfaction resulting from inactivity or lack of interest; boredom —**ennuyé** (on wē'yā) *adj.*

**enormity** (i nôr'mə tē) *n., pl.* **-ties** [< L. *e-*, out + *norma*, rule] **1.** great wickedness [the *enormity* of a crime] **2.** a very wicked crime **3.** enormous size or extent

**enormous** (i nôr'məs) *adj.* very much exceeding the usual size, number, or degree; huge; vast —**enor'mously** *adv.* —**enor'mousness** *n.*

**enough** (i nuf') *adj.* [OE. *genoh*] as much or as many as necessary; sufficient —*n.* the amount or number needed —*adv.* **1.** sufficiently **2.** fully; quite [oddly *enough*] **3.** just adequately; fairly [he played well *enough*]

**enow** (i nou') *adj., n., adv.* [Archaic] enough

‡**en passant** (än pä sän') [Fr.] in passing; by the way

**enplane** (en plān') *vi.* **-planed', -plan'ing** to board an aeroplane

**enquire** (in kwīər') *vt., vi.* **-quired', -quir'ing** *same as* INQUIRE —**enquir'y** *n., pl.* **-quir'ies**

**enrage** (in rāj') *vt.* **-raged', -rag'ing** to put into a rage

**enrapture** (in rap'chər) *vt.* **-tured, -turing** to fill with great pleasure or delight

**enrich** (in rich') *vt.* to make richer; specif., *a*) to give more wealth to *b*) to give greater value to *c*) to decorate *d*) to fertilize (soil) *e*) to add vitamins, minerals, etc. to (bread, etc.) *f*) *Physics* to increase the concentration of an isotope in a mixture —**enrich'ment** *n.*

**enrol** (in rōl') *vt.* **-rolled', -roll'ing 1.** to record in a list **2.** to enlist **3.** to accept as a member —*vi.* to enrol oneself; become a member —**enrol'ment** *n.*

**en route** (on rōōt') [Fr.] on or along the way

**ensconce** (in skons') *vt.* **-sconced', -sconc'ing** [EN- + SCONCE[2]] to place or settle snugly

**ensemble** (on som'b'l) *n.* [< L. *in-*, in + *simul*, at the same time] **1.** all the parts considered as a whole; total effect **2.** a whole costume of complementary articles of dress **3.** a company of actors, dancers, etc. **4.** *Music* a small group of musicians performing together

**enshrine** (in shrīn') *vt.* **-shrined', -shrin'ing 1.** to enclose in or as in a shrine **2.** to hold sacred; cherish

**enshroud** (in shroud') *vt.* to cover as if with a shroud; hide; veil; obscure

**ensign** (en'sīn; *for 4 always*, -s'n) *n.* [see INSIGNIA] **1.** a badge or symbol **2.** a banner; specif., a national flag **3.** *Brit. Army* formerly, a commissioned officer who served as standard-bearer **4.** *U.S. Navy* a commissioned officer of the lowest rank —**en'signship'**, **en'signcy** *n.*

**ensilage** (en'sil ij) *n.* [Fr.] **1.** the preserving of green fodder by storage in a silo **2.** green fodder so preserved; silage

**enslave** (in slāv') *vt.* **-slaved', -slav'ing 1.** to make a slave of **2.** to dominate —**enslave'ment** *n.* —**enslav'er** *n.*

**ensnare** (in snāər') *vt.* **-snared', -snar'ing** to catch in or as in a snare; trap —**ensnare'ment** *n.*

**ensue** (in syōō') *vi.* **-sued', -su'ing** [< L. *in-*, in + *sequi*, follow] **1.** to follow immediately **2.** to happen as a consequence; result

‡**en suite** (än swēt') [Fr., in sequence] forming a set, or single unit [with bathroom *en suite*]

**ensure** (in shooər') *vt.* **-sured', -sur'ing 1.** to make sure; guarantee **2.** to make safe; protect

**E.N.T.** *Med.* Ear, Nose and Throat

**-ent** (ənt, 'nt) [< L.] **1.** *a suffix meaning* that has, shows, or does [*insistent*] **2.** *a suffix meaning* a person or thing that [*superintendent, solvent*]

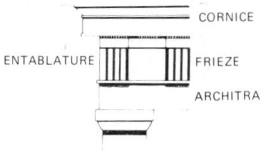


**entablature** (en tab′lə chər) ***n.*** [< It. *in-,* in + *tavola,* table] *Archit.* a horizontal superstructure supported by columns and composed of architrave, frieze, and cornice

**entail** (in tāl′) ***vt.*** [< ME. *en-,* in + *taile,* agreement] **1.** to cause as a necessary consequence [the plan *entails* work] **2.** *Law* to limit the inheritance of (property) to a specific line of heirs —***n.*** **1.** an entailed inheritance **2.** the order of descent for an entailed inheritance

**entangle** (in taŋ′g'l) ***vt.*** **-gled, -gling** **1.** to involve in a tangle **2.** to involve in difficulty **3.** to confuse **4.** to complicate —**entan′glement** ***n.***

**entente** (on tänt′) ***n.*** [Fr.] an understanding or agreement, as between nations

**entente cordiale** (kôr dyäl′) [Fr., cordial understanding] a treaty of friendship between nations

**enter** (en′tər) ***vt.*** [< L. *intrare*] **1.** to come or go in or into **2.** to force a way into **3.** to insert **4.** to write down in a record, list, etc. **5.** to become a participant in or member of **6.** to get (someone) admitted **7.** to begin (a career, etc.) **8.** to submit [to *enter* a protest] **9.** *Law* to place on record before a court —***vi.*** **1.** to come or go into a place **2.** to penetrate —**enter into** **1.** to engage in **2.** to form a component of **3.** to deal with; discuss —**enter on** (or **upon**) **1.** to begin **2.** to begin to possess or enjoy

**enteric** (en ter′ik) ***adj.*** [< Gr. *enteron,* intestine] intestinal: also **enteral** (en′tər əl)

**enteritis** (en′tə rīt′is) ***n.*** inflammation of the intestine

**enterprise** (en′tər prīz′) ***n.*** [< OFr. *entreprendre,* undertake] **1.** an undertaking; project, esp. a bold, difficult, dangerous or important undertaking **2.** a business venture **3.** energy and initiative —**en′terpris′er** ***n.***

**enterprising** ***adj.*** showing enterprise; full of energy and initiative; adventurous —**en′terpris′ingly** ***adv.***

**entertain** (en′tər tān′) ***vt.*** [ult. < L. *inter,* between + *tenere,* hold] **1.** to divert; amuse **2.** to have as a guest **3.** to have in mind; consider —***vi.*** to have guests

**entertainer** ***n.*** a person who entertains; esp., a popular singer, dancer, comedian, etc.

**entertaining** ***adj.*** interesting and pleasurable; amusing —**en′tertain′ingly** ***adv.***

**entertainment** ***n.*** something that entertains; interesting or amusing thing; esp., a show or performance

**enthral** (in thrôl′) ***vt.*** **-thralled′, -thrall′ing** [see EN- & THRALL] to captivate; fascinate —**enthral′ment** ***n.***

**enthrone** (in thrōn′) ***vt.*** **-throned′, -thron′ing** **1.** to place on a throne **2.** to exalt —**enthrone′ment** ***n.***

**enthuse** (in thyōōz′) ***vi.*** **-thused′, -thus′ing** [back-formation < ff.] [Colloq.] to express enthusiasm —***vt.*** [Colloq.] to make enthusiastic

**enthusiasm** (in thyōō′zē az′m) ***n.*** [< Gr. *enthous,* possessed by a god] intense or eager interest; fervour

**enthusiast** ***n.*** a person full of enthusiasm; an ardent supporter, a devotee, etc.

**enthusiastic** (in thyōō′zē as′tik) ***adj.*** of, having, or showing enthusiasm; ardent —**enthu′sias′tically** ***adv.***

**entice** (in tīs′) ***vt.*** **-ticed′, -tic′ing** [< OFr. prob. ult. < L. *in,* in + *titio,* firebrand] to attract by offering hope of reward or pleasure —**entice′ment** ***n.***

**entire** (in tīər′) ***adj.*** [< L. *integer,* whole] **1.** *a*) not lacking any parts; whole *b*) complete; absolute **2.** unbroken; intact **3.** being wholly of one piece **4.** not castrated —**entire′ly** ***adv.*** —**entire′ness** ***n.***

**entirety** (in tīər′tē) ***n., pl.*** **-ties** **1.** wholeness; completeness **2.** an entire thing —**in its entirety** as a whole

**entitle** (in tīt′′l) ***vt.*** **-tled, -tling** **1.** to give a right to **2.** to give a title or name to —**enti′tlement** ***n.***

**entity** (en′tə tē) ***n., pl.*** **-ties** [ult. < L. *esse,* be] **1.** being; existence **2.** a thing that has definite, individual existence in reality or in the mind

**entomb** (in tōōm′) ***vt.*** to place in a tomb or grave; bury —**entomb′ment** ***n.***

**entomology** (en′tō mol′ə jē) ***n.*** [< Gr. *entomon,* insect & -LOGY] the branch of zoology that deals with insects —**en′tomolog′ical** (-mə loj′i k'l) ***adj.*** —**en′tomol′ogist** ***n.***

**entourage** (on′tooräzh′) ***n.*** [Fr. < *entourer,* surround] a group of accompanying attendants; retinue

**entr'acte** (on′trakt) ***n.*** [Fr. < *entre-,* between + *acte,* an act] **1.** the interval between acts of a play, etc. **2.** music, a dance, etc. performed during this interval

**entrails** (en′trālz) ***n.pl.*** [< L. *interaneus,* internal < *inter,* between] **1.** the inner organs of men or animals; specif., the intestines **2.** the inner parts of a thing

**entrain** (in trān′) ***vt.*** to put aboard a train, esp. troops —***vi.*** to go aboard a train —**entrain′ment** ***n.***

**entrance**[1] (en′trəns) ***n.*** **1.** the act or point of entering **2.** a place for entering; door, gate, etc. **3.** permission or right to enter; admission

**entrance**[2] (in träns′) ***vt.*** **-tranced′, -tranc′ing** **1.** to enchant; charm; enrapture **2.** to put into a trance —**entrance′ment** ***n.*** —**entranc′ing** ***adj.***

**entrant** (en′trənt) ***n.*** **1.** a person who enters **2.** one who enters an examination, contest, profession, etc.

**entrap** (in trap′) *vt.* **-trapped′, -trap′ping** **1.** to catch as in a trap **2.** to trick into difficulty —**entrap′ment** *n.*

**entreat** (in trēt′) *vt., vi.* [< OFr. see TREAT] to ask earnestly; beg; implore —**entreat′ingly** *adv.*

**entreaty** *n., pl.* **-treat′ies** an earnest request; plea

**entrecôte** (on′trə kōt) *n.* [Fr.] a steak cut from between the ribs

**entrée** (on′trā) *n.* [Fr.] **1.** the right to enter **2.** *a*) the main course of a meal *b*) formerly, a dish served before the roast

**entrench** (in trench′) *vt.* **1.** to establish securely *[entrenched* in office*]* **2.** to surround or fortify with a trench —*vi.* to encroach (*on* or *upon*) —**entrench′ment** *n.*

**entrepreneur** (on′trə prə nur′) *n.* [Fr.: see ENTERPRISE] a person who organizes a business undertaking, assuming the risk for the sake of profit

**entropy** (en′trə pē) *n.* [G. < Gr. *entropē*, a turning towards] **1.** a measure of the amount of energy unavailable for work in a thermodynamic system **2.** a measure of the degree of disorder in a system, esp. the universe

**entrust** (in trust′) *vt.* **1.** to charge with a trust or duty **2.** to assign the care of —**entrust′ment** *n.*

**entry** (en′trē) *n., pl.* **-tries** [see ENTER] **1.** *a*) the act of entering *b*) the right to enter **2.** a way or passage by which to enter; door, hall, etc. **3.** *a*) the recording of an item in a list, journal, etc. *b*) an item thus recorded **4.** one entered in a race, competition, etc. **5.** *Law* the taking possession of buildings, etc. by entering

**entwine** (in twīn′) *vt., vi.* **-twined′, -twin′ing** to twine or twist together or around

**enumerate** (i nyōō′mə rāt′) *vt.* **-at′ed, -at′ing** [< L. *e-*, out + *numerare*, count] **1.** to count **2.** to name one by one; specify, as in a list —**enu′merable** *adj.* —**enu′meration** *n.* —**enu′merative** *adj.*

**enumerator** *n.* [Canad.] one who compiles the voting list for an area

**enunciate** (i nun′sē āt′) *vt.* **-at′ed, -at′ing** [< L. *e-*, out + *nuntiare*, announce] to pronounce words clearly —*vt.* **1.** to pronounce (words) **2.** to announce **3.** to state definitely —**enun′ciation** *n.*

**enuresis** (en′yoo rē′sis) *n.* [< Gr. *enourein*, urinate in] bed-wetting —**en′uretic** (-ret′ik) *adj.*

**envelop** (in vel′əp) *vt.* [< OFr. *envoluper*] **1.** to wrap up **2.** to surround **3.** to hide —**envel′opment** *n.*

**envelope** (en′və lōp′) *n.* [see prec.] **1.** a folded paper container for letters, etc. **2.** a wrapper; covering **3.** the bag that contains the gas in a dirigible or balloon

**enviable** (en′vē ə b′l) *adj.* worthy to be envied or desired —**en′viableness** *n.* —**en′viably** *adv.*

**envious** (en′vē əs) *adj.* [< L. *invidia*, envy] feeling or showing envy —**en′viously** *adv.* —**en′viousness** *n.*

**environment** (in vīə′rən mənt) *n.* [see ENVIRONS] **1.** surroundings, esp. those in which people live or work **2.** all the conditions and influences affecting the development of an organism —**envi′ronmen′tal** (-men′t′l) *adj.* —**envi′ronmen′tally** *adv.*

**environmentalist** (in vīə′rən men′t′list) one working to solve environmental problems, such as pollution

**environs** (in vīə′rənz) *n.pl.* [< OFr. *en-*, in + *viron*, circuit] the districts surrounding a city etc.; outskirts

**envisage** (en viz′ij) *vt.* **-aged, -aging** [< Fr.: see EN- & VISAGE] **1.** to form an image of in the mind **2.** to conceive of as a future possibility; foresee

**envoy**[1] (en′voi) *n.* [< Fr. < L. *in*, in + *via*, way] **1.** a messenger **2.** a diplomatic agent: an **envoy extraordinary** ranks just below an ambassador

**envoy**[2] *n.* [< OFr. see prec.] a postscript to a poem, essay, or book, containing a dedication, etc.; also **en′voi**

**envy** (en′vē) *n., pl.* **-vies** [< L. *invidia* < *in-*, upon + *videre*, look] **1.** discontent and ill will because of another's advantages, possessions, etc. **2.** desire for something that another has **3.** an object of envious feeling —*vt.* **-vied, -vying** to feel envy towards or because of —**en′vyingly** *adv.*

**enzyme** (en′zīm) *n.* [< G. < Gr. *en-*, in + *zymē*, leaven] a proteinlike substance in plant and animal cells, that acts as an organic catalyst in chemical reactions —**en′zymat′ic** (-zī mat′ik), **enzy′mic** *adj.*

**Eocene** (ē′ō sēn′) *adj.* [< Gr. *ēōs*, dawn + *kainos*, new] designating or of the second and longest epoch of the Tertiary Period in the Cainozoic Era

**eolithic** (ē′ō lith′ik) *adj.* [< Gr. *ēōs*, dawn + *lithos*, stone] designating or of the early part of the Stone Age

**-eous** (ē əs) [< L.] *a suffix meaning* like *[beauteous]*

**EP** Extended Play

EPAULETS

**epaulet, epaulette** (ep′ə let′) *n.* [< Fr. *épaule*, shoulder] a shoulder ornament, as on military uniforms

**épée** (ā pā′) *n.* [Fr. < Gr. *spathē*, blade] a thin, pointed sword without a cutting edge, used in fencing

**epergne** (i purn′) *n.* [Fr.] an ornamental branched centrepiece for a table

**Eph.** Ephesians: also **Ephes.**

**ephedrine** (i fed′rin) *n.* [< Gr. *ephedra*, horsetail] an alkaloid used to relieve nasal congestion and asthma

**ephemeral** (i fem′ər əl) *adj.* [< Gr. *epi-*, upon + *hēmera*, day] **1.** lasting only one day **2.** short-lived; transitory —**ephem′erally** *adv.*

**epi-** [< Gr. *epi,* at, on] *a prefix meaning* on, upon, over, beside *[epiglottis, epidemic, epidermis]*

**epic** (ep′ik) *n.* [< Gr. *epos,* word] **1.** a long narrative poem about the deeds of a traditional or historical hero, as the *Iliad* and *Odyssey* **2.** a play, etc. having the qualities of an epic —*adj.* of or like an epic; heroic; majestic: also **ep′ical** —**ep′ically** *adv.*

**epicene** (ep′ə sēn′) *adj.* [< Gr. *epi-,* to + *koinos,* common] **1.** belonging to one sex but having characteristics of the other; hermaphroditic **2.** sexless **3.** effeminate, effete —*n.* an epicene person

**epicentre** (ep′ə sen′tər) *n.* **1.** the area of the earth's surface directly above the place of origin of an earthquake **2.** a focal point —**ep′icen′tral** *adj.*

**epicure** (ep′i kyŏor′) *n.* [< *Epicurus*] a person who enjoys and has a discriminating taste for fine foods and drinks —**ep′icurism** *n.*

**Epicurean** (ep′i kyŏor ē′ən) *adj.* **1.** of Epicurus or his philosophy **2.** [**e-**] fond of luxury and sensuous pleasure —*n.* **1.** a follower of Epicurus or his philosophy **2.** [**e-**] an epicure —**Ep′icure′anism, ep′icure′anism** *n.*

**epidemic** (ep′ə dem′ik) *adj.* [< Gr. *epi-,* among + *dēmos,* people] prevalent and spreading rapidly among a community, as a contagious disease: also **ep′idem′ical** —*n.* **1.** an epidemic disease **2.** the epidemic spreading of a disease —**ep′idem′ically** *adv.*

**epidemiology** (ep′ə dē′mē ol′ə gē) *n.* the science concerned with the control of epidemic diseases —**ep′ide′miol′ogist** *n.*

**epidermis** (ep′ə dur′mis) *n.* [< Gr. *epi-,* upon + *derma,* skin] **1.** the outermost layer of skin **2.** the outermost layer of cells covering plants —**ep′ider′mal** *adj.*

**epidiascope** (ep′ə dī′ə skōp′) *n.* [EPI- + DIA- + -SCOPE] an optical device for projecting on a screen a magnified image of an opaque or transparent object

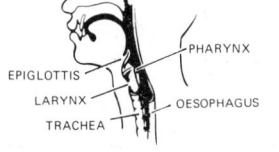


**epiglottis** (ep′ə glot′is) *n.* [see EPI- & GLOTTIS] the thin piece of cartilage that folds back over the opening of the windpipe during swallowing —**ep′iglot′tal** *adj.*

**epigram** (ep′ə gram′) *n.* [< Gr. *epi-,* upon + *graphein,* write] **1.** a short poem with a witty point **2.** any terse, witty, statement —**epigrammatic** (ep′i grə mat′ik) *adj.*

**epigraph** (ep′ə gräf′) *n.* [see EPIGRAM] **1.** an inscription on a building, monument, etc. **2.** a quotation at the beginning of a book, etc.

**epilepsy** (ep′ə lep′sē) *n.* [< Gr. *epi-,* upon + *lambanein,* seize] a chronic disease of the nervous system, characterized by convulsions and, often, unconsciousness

**epileptic** (ep′ə lep′tik) *adj.* of or having epilepsy —*n.* a person who has epilepsy

**epilogue** (ep′ə log′) *n.* [< Gr. *epi-,* upon + *legein,* say] **1.** a closing section of a novel, play, etc., providing further comment **2.** a short speech to the audience by one of the actors at the end of a play

**Epiphany** (i pif′ə nē) *n., pl.* **-nies** [< Gr. *epi-,* upon + *phainein,* show] a Christian festival (January 6) commemorating the revealing of Christ to the Magi

**Epis.** Epistle

**episcopacy** (i pis′kə pə sē) *n., pl.* **-cies** [< Gr. *episkopos,* overseer] **1.** church government by bishops **2.** *same as* EPISCOPATE

**episcopal** *adj.* **1.** of or governed by bishops **2.** [**E-**] designating or of any of various churches so governed, as the Anglican Church —**epis′copally** *adv.*

**Episcopalian** (i pis′kō pāl′yən) *adj.* *same as* EPISCOPAL —*n.* [*sometimes* **e-**] a member of an episcopal church —**Epis′copa′lianism** *n.*

**episcopate** (i pis′kō pət) *n.* **1.** the rank or term of office of a bishop **2.** a bishop's see **3.** bishops collectively

**episode** (ep′ə sōd′) *n.* [< Gr. *epi-,* upon + *eis-,* into + *hodos,* way] **1.** any part of a novel, poem, etc. that is complete in itself **2.** any event complete in itself but forming part of a larger one **3.** any instalment of a serial

**episodic** (ep′ə sod′ik) *adj.* **1.** incidental **2.** sporadic Also **ep′isod′ical** —**ep′isod′ically** *adv.*

**epistemology** (e pis′tē mol′ə jē) *n., pl.* **-gies** [< Gr. *epistēmē,* knowledge + -LOGY] the study or theory of knowledge —**epis′temolog′ical** (-mə loj′i k'l) *adj.*

**epistle** (i pis′'l) *n.* [< Gr. *epi-,* to + *stellein,* to send] **1.** a letter: now used humorously **2.** [**E-**] *a*) any of the letters of the Apostles in the New Testament *b*) a selection from these, read as part of Mass, Communion, etc. in various churches —**epis′tler** *n.*

**epistolary** (i pis′tə lər ē) *adj.* **1.** of or suitable to letters **2.** conducted by letters

**epitaph** (ep′i täf′) *n.* [< Gr. *epi-,* upon + *taphos,* tomb] an inscription on a tomb —**ep′itaph′ic, ep′itaph′ial** *adj.*

**epithelium** (ep′ə thē′lē əm) *n., pl.* **-liums, -lia** [< Gr. *epi-,* upon + *thēlē,* nipple] tissue covering surfaces and lining most cavities of the body —**ep′ithe′lial** *adj.*

**epithet** (ep′i thet′) *n.* [< Gr. *epi-,* on + *tithenai,* put] a word or phrase used to characterize some person or thing (Ex.: Philip the Fair) —**ep′ithet′ical, ep′ithet′ic** *adj.*

**epitome** (i pit′ə mē) *n., pl.* **-mes** [< Gr. *epi-,* upon + *temnein,* cut] **1.** a typical example of a characteristic or class; embodiment **2.** a summary

**epitomize** *vt.* **-mized′, -miz′ing** to make or be an epitome of —**epit′omiz′er** *n.*

**EPNS** Electroplated Nickel Silver

**epoch** (ē′pok) *n.* [< Gr. *epochē,* a pause] **1.** the beginning of a new and important period in the history of anything **2.** a period considered in terms of noteworthy events, developments, etc. [an *epoch* of social revolution] **3.** *Geol.* a subdivision of a geologic period —**ep′ochal** *adj.* —**ep′ochally** *adv.*

**eponym** (ep′ō nim′) *n.* [< Gr. *epi-,* upon + *onyma,* a name] a person from whose name the name of a nation, race, etc. is derived [William *Penn* is the *eponym* of *Penn*sylvania] —**eponymous** (i pon′ə-məs) *adj.*

**epoxy** (e pok′sē) *adj.* [EP(I)- + OXY(GEN)] designating or of a compound in which an oxygen atom is joined to two carbon atoms in a chain to form a bridge —*n., pl.* **-oxies** an epoxy resin

**epsilon** (ep sī′lən) *n.* the fifth letter of the Greek alphabet (E, ε)

**Epsom salts** (ep′səm) [< *Epsom,* in Surrey] a white salt, magnesium sulphate, used as a cathartic

**equable** (ek′wə b′l) *adj.* [see ff.] **1.** not varying much; steady [an *equable* temperature] **2.** serene [an *equable* temperament] —**eq′uabil′ity** *n.* —**eq′uably** *adv.*

**equal** (ē′kwəl) *adj.* [< L. *aequus,* even] **1.** of the same quantity, size, value, etc. **2.** having the same rights, ability, rank, etc. **3.** evenly proportioned **4.** having the necessary ability, courage, etc. (*to*) —*n.* any thing or person that is equal —*vt.* **e′qualled, e′qualling** **1.** to be equal to **2.** to do or make something equal to [to *equal* a record] —**e′qually** *adv.*

**equalitarian** (i kwol′ə tâər′ē ən) *adj., n.* *same as* EGALITARIAN —**equal′itar′ianism** *n.*

**equality** (i kwol′ə tē) *n., pl.* **-ties** state of being equal

**equalize** (ē′kwə līz′) *vt.* **-ized′, -iz′ing** to make equal —*vi.* to become equal, esp., in football, to reach the same score as one's opponents —**e′qualiz′er** *n.*

**equanimity** (ek′wə nim′ə tē) *n.* [< L. *aequus,* even + *animus,* mind] calmness of mind; composure

**equate** (i kwāt′) *vt.* **equat′ed, equat′ing** **1.** to make equal or equivalent **2.** to treat, regard, or express as equal or equivalent —**equat′able** *adj.*

**equation** (i kwā′zhən) *n.* **1.** an equating or being equated **2.** a statement of equality between two quantities, as shown by the equal sign (=) **3.** an expression in which symbols and formulas are used to represent a chemical reaction (Ex.: $SO_3 + H_2O = H_2SO_4$)

**equator** (i kwāt′ər) *n.* [see EQUATE] **1.** an imaginary circle around the earth, equally distant from the North Pole and the South Pole **2.** *same as* CELESTIAL EQUATOR

**equatorial** (e′kwə tôr′ē əl) *adj.* **1.** of or near the equator **2.** characteristic of conditions near the equator [*equatorial* heat]

**equerry** (ek′wər ē, i kwer′i) *n., pl.* **-ries** [< OFr. *escuerie,* status of a squire] an officer who is a personal attendant on some member of a royal family

**equestrian** (i kwes′trē ən) *adj.* [< L. *equus,* horse] **1.** of horses or horsemanship **2.** on horseback [an *equestrian* statue] —*n.* a rider on horseback —**eques′trianism** *n.* —**eques′trienne′** (-trē en′) *n. fem.*

**equi-** [< L.] *a combining form meaning* equal

**equiangular** (ē′kwə aŋ′gyoo lər) *adj.* having all angles equal

**equidistant** (ē′kwə dis′tənt) *adj.* equally distant —**e′quidis′tance** *n.*

**equilateral** (ē′kwə lat′ər əl) *adj.* [< L. *aequus,* equal + *latus,* side] having all sides equal [an *equilateral* triangle] —*n.* a figure having equal sides

**equilibrate** (ē′kwə lī′brāt) *vt., vi.* **-brated, -brating** to bring into or be in equilibrium —**equil′ibra′tion** *n.*

**equilibrium** (ē′kwə lib′rē əm) *n., pl.* **-riums, -ria** [< L. *aequus,* equal + *libra* a balance] **1.** a state of balance between opposing forces **2.** bodily or mental stability

**equine** (ek′wīn) *adj.* [< L. *equus,* horse] of, like, or characteristic of a horse —*n.* a horse

**equinoctial** (ē′kwə nok′shəl) *adj.* relating to or occurring at the time of an equinox —*n.* **1.** *same as* CELESTIAL EQUATOR **2.** an equinoctial storm

**equinoctial circle** (or **line**) *same as* CELESTIAL EQUATOR

**equinox** (ē′kwə noks′) *n.* [< L. *aequus,* equal + *nox,* night] the time when the sun crosses the equator, making night and day equal in all parts of the earth: the **vernal equinox** occurs about March 21, the **autumnal equinox** about September 22

**equip** (i kwip′) *vt.* **equipped′, equip′ping** [< OFr. *esquiper,* embark] **1.** to provide with what is needed **2.** to prepare by training, instruction, etc. —**equip′per** *n.*

**equipage** (ek′wə pij) *n.* **1.** the equipment of a ship, army, etc. **2.** a carriage with horses and liveried servants

**equipment** (i kwip′mənt) *n.* whatever one is equipped with; supplies, resources, etc.

**equipoise** (ek′wə poiz′) *n.* [EQUI- + POISE[1]] **1.** equal distribution of weight **2.** a weight that balances another

**equitable** (ek′wit ə b′l) *adj.* **1.** fair; just **2.** *Law* having to do with equity, as distinguished from law —**eq′uitableness** *n.* —**eq′uitably** *adv.*

**equitation** (ek′wə tā′shən) *n.* [< L. *equitare,* ride] the art of riding on horseback; horsemanship

**equity** (ek′wət ē) *n., pl.* **-ties** [< L. *aequus,* equal] **1.** fairness; justice **2.** [*pl.*] the ordinary shares of a limited company **3.** [**E-**] the Actors' Trade Union **4.** *Law* a system of rules as in Britain, supplementing common and statute law

**equiv.** equivalent

**equivalent** (i kwiv′ə lənt) ***adj.*** [< L. *aequus,* equal + *valere,* be strong] **1.** equal in quantity, value, meaning, etc. **2.** *Chem.* having the same valence —***n.*** an equivalent thing —**equiv′alence** ***n.*** —**equiv′alently** ***adv.***

**equivocal** (i kwiv′ə k'l) ***adj.*** **1.** having two or more meanings; purposely vague **2.** uncertain; doubtful **3.** questionable *[equivocal* conduct*]* —**equiv′ocally** ***adv.***

**equivocate** (-kāt′) ***vi.*** **-cat′ed, -cat′ing** [< L. *aequus,* equal + *vox,* voice] to use equivocal terms in order to deceive —**equiv′oca′tion** ***n.*** —**equiv′oca′tor** ***n.***

**er** (u, ə, ä, *etc.*) ***interj.*** a representation of a sound made by a speaker when hesitating briefly

**-er** (ər) [< OE.] *a suffix meaning:* **1.** *a*) a person or thing having to do with *[hatter] b*) a person living in *[Londoner] c*) a person or thing that *[roller]* **2.** more: *added to form the comparative degree [greater]*

**Er** *Chem.* erbium

**E.R.** **1.** [L. *Elizabetha Regina*] Queen Elizabeth **2.** [L. *Edwardus Rex*] King Edward

**era** (eər′ə) ***n.*** [LL. *aera*] **1.** a date that marks the beginning of a new period in the history of something **2.** a period of time measured from some important occurrence **3.** a period of time considered in terms of noteworthy events, men, etc. **4.** any of the main divisions of geologic time

**eradicate** (i rad′ə kāt′) ***vt.*** **-cat′ed, -cat′ing** [< L. *e-,* out + *radix,* root] to uproot; wipe out; destroy —**erad′icable** ***adj.*** —**erad′ica′tion** ***n.*** —**erad′icative** ***adj.*** —**erad′ica′tor** ***n.***

**erase** (i rās′) ***vt.*** **erased′, eras′ing** [< L. *e-,* out + *radere,* scrape] **1.** to rub, scrape, or wipe out; efface **2.** to remove (something recorded) from (magnetic tape) **3.** to obliterate, as from the mind —**eras′able** ***adj.***

**eraser** ***n.*** a thing that erases; specif., a pad of felt or cloth for removing chalk marks from a blackboard

**erasure** (i rā′zhər) ***n.*** **1.** an erasing **2.** an erased word, mark, etc. **3.** the place where something has been erased

**erbium** (ur′bē əm) ***n.*** [< (*Ytt*)*erby,* Sw. town] a metallic chemical element of the rare-earth group: symbol, Er

**ere** (āər) ***prep.*** [< OE. *ær*] [Archaic or Poet.] before —***conj.*** [Archaic or Poet.] **1.** before **2.** rather than

**erect** (i rekt′) ***adj.*** [< L. *e-,* up + *regere,* make straight] **1.** upright; vertical **2.** bristling; stiff **3.** of penis, etc., enlarged and rigid through sexual stimulation —***vt.*** **1.** construct (a building, etc.) **2.** to set up *[to erect* social barriers*]* **3.** to set in an upright position **4.** to put together —**erec′tion** ***n.*** —**erect′ly** ***adv.*** —**erect′ness** ***n.***

**erectile** ***adj.*** that can become erect: used esp. of tissue that becomes swollen and rigid when filled with blood

**erelong** (āər′ loŋ′) ***adv.*** [Archaic or Poet.] soon

**eremite** (er′ə mīt′) ***n.*** [see HERMIT] a religious recluse; hermit —**er′emit′ic** (-mit′ik), **er′emit′ical** ***adj.***

**erf** (urf) ***n., pl.*** **er′ven** [S Afr.] a plot of land, usually urban

**erg** (urg) ***n.*** [< Gr. *ergon,* work] *Physics* the unit of work or energy in the cgs (metric) system

**ergo** (ur′gō) ***conj., adv.*** [L.] therefore

**ergonomics** (ur′gō nom′iks) ***n.pl.*** [*with sing. v.*] [ERG + (EC)ONOMICS] the study of the relationships between workers and their working environment

**ergot** (ur′gət) ***n.*** [Fr.] **1.** a fungous disease that attacks the kernels of rye, or of other cereal plants **2.** an extract of the dried rye fungus, used as a drug

**Erin** (ēər′in) [OIr.] [Chiefly Poet.] Ireland

**ermine** (ur′min) ***n.*** [OFr.] **1.** a weasel of northern regions whose fur is brown in summer but white with a black-tipped tail in winter **2.** the soft, white fur of this animal, used for state robes —**er′mined** ***adj.***

**-ern** (ərn) *a suffix meaning* from, concerning *[Southern]*

**erne, ern** (urn) ***n.*** [OE. *earn*] the European white-tailed eagle, which lives near the sea

**Ernie** (ur′nē) ***n.*** [*e*(*lectronic*) *r*(*andom*) *n*(*umber*) *i*(*ndicator*) *e*(*quipment*)] the machine used to pick winning numbers of Premium Bonds

**erode** (i rōd′) ***vt.*** **erod′ed, erod′ing** [< L. *e-,* out + *rodere,* gnaw] **1.** to eat into; wear away **2.** to form by wearing away gradually *[the* stream *eroded* a gully*]* —**erod′ible** ***adj.***

**erogenous** (i roj′ə nəs) ***adj.*** [< Gr. *erōs,* love + -GENOUS] designating or of those areas of the body that are particularly sensitive to sexual stimulation

**erosion** (i rō′zhən) ***n.*** an eroding or being eroded —**ero′sional** ***adj.*** —**ero′sive** ***adj.***

**erotic** (i rot′ik) ***adj.*** [< Gr. *erōs,* love] of, having, or arousing sexual feelings or desires —**erot′ically** ***adv.***

**erotica** ***n.pl.*** [*often with sing. v.*] erotic books, pictures, etc.

**eroticism** ***n.*** **1.** erotic quality or character **2.** sexual excitement or behaviour **3.** preoccupation with sex

**err** (ur) ***vi.*** [< L. *errare,* wander] **1.** to be wrong or mistaken **2.** to deviate from the established moral code

**errand** (er′ənd) ***n.*** [OE. *ærende*] **1.** a short journey to do a definite thing, often for someone else **2.** the thing to be done on such a journey

**errant** (er′ənt) ***adj.*** [ult. < L. *iter,* a journey] **1.** wandering, esp. in search of adventure *[a* knight-*errant]* **2.** *a*) erring or straying from what is right *b*) shifting about *[an errant* wind*]* —**er′rantly** ***adv.*** —**er′rantry** ***n.***

**erratic** (i rat′ik) ***adj.*** [< L. *errare,* wander] **1.** having no fixed course; irregular **2.** inconsistent; unpredictable **3.** *Geol.* designating a boulder transported some distance from its source, as by a glacier —**errat′ically** ***adv.***

**erratum** (e rät′əm) ***n., pl.*** **-ta** [L., *errare,* wander] an error in printing or writing

**erroneous** (i rō′nē əs) ***adj.*** containing or based on error; mistaken; wrong —**erro′neously** ***adv.***

**error** (er′ər) ***n.*** [< L. *errare,* wander] **1.** something incorrect or wrong; mistake **2.** the state of believing what is untrue **3.** a wrong belief **4.** wrongdoing; sin **5.** the amount by which something deviates from what is correct

**ersatz** (âər′zats) ***n., adj.*** [G.] substitute or synthetic: the word usually suggests inferior quality

**Erse** (ûrs) ***adj., n.*** [ME. *Erish,* var. of *Irisc,* Irish] Gaelic

**erst** (ûrst) ***adv.*** [< OE. *ær,* ere] [Archaic] formerly

**erstwhile** ***adv.*** [Archaic] formerly —***adj.*** former

**eruct** (i rukt′) ***vt., vi.*** [< L. *e-,* out + *ructare,* belch] to belch: also **eruc′tate** —**e′ructa′tion** (ē′ruk-) ***n.***

**erudite** (er′o̅o̅ dīt′) ***adj.*** [< L. *erudire,* instruct < *e-,* out + *rudis,* rude] learned; scholarly —**er′udite′ly** ***adv.***

**erudition** (er′o̅o̅ dish′ən) ***n.*** learning acquired by reading and study; scholarship

**erupt** (i rupt′) ***vi.*** [< L. *e-,* out + *rumpere,* break] **1.** to burst forth or out, as from restraint **2.** to throw forth lava, steam, etc., as a volcano **3.** to break out in a rash —**erupt′ible** ***adj.***

**eruption** ***n.*** **1.** a bursting forth or out **2.** a throwing forth of lava, water, etc. **3.** *Med. a)* a breaking out in a rash *b)* a rash —**erup′tive** ***adj.*** —**erup′tively** ***adv.***

**-ery** (ər ē) [< LL.] *a suffix meaning:* **1.** a place to *[tannery]* **2.** a place for *[nunnery]* **3.** the practice of *[cookery]* **4.** the product of *[pottery]* **5.** a collection of *[crockery]* **6.** the state of *[drudgery]* **7.** the qualities of *[tomfoolery]*

**erythrocyte** (i rith′rə sīt′) ***n.*** [< Gr. *erythros,* red + -CYTE] a red blood corpuscle —**eryth′rocyt′ic** (-sit′ik) ***adj.***

**-es** (iz, əz, z) [< OE.] *a suffix used:* **1.** to form the plural of some nouns, as *fishes* **2.** to form the third person singular, present indicative, of verbs, as *kisses*

**Es** *Chem.* einsteinium

**escalate** (es′kə lāt′) ***vi.*** **-lat′ed, -lat′ing** [< ff.] **1.** to expand, as from a limited conflict into a general war **2.** to increase rapidly, as prices **3.** to rise as on an escalator —***vt.*** to cause to escalate —**es′cala′tion** ***n.***

**escalator** ***n.*** [< L. *scala,* ladder] a moving stairway consisting of treads linked in an endless belt

**escalator clause** a clause in a contract by which wages, etc. are adjusted to cost of living, etc.

**escallop** (i skol′əp) ***n., vt.*** *same as* SCALLOP

**escalope** (es′kə lop′) ***n.*** [< OFr. shell] a thin slice of meat, usually veal, cut from the leg

**escapade** (es′kə pād′) ***n.*** [see ff.] a reckless adventure or prank

**escape** (i skāp′) ***vi.*** **-caped′, -cap′ing** [< L. *ex-,* out of + *cappa,* cloak (i.e., leave one's cloak)] **1.** to get free; get away **2.** to avoid an illness, accident, etc. **3.** to leak away *[gas escaping* from a pipe*]* **4.** to slip away; disappear —***vt.*** **1.** to get away from; flee **2.** to avoid *[to escape* punishment*]* **3.** to come from involuntarily *[a scream escaped* her lips*]* **4.** to be missed or forgotten by *[his name escapes* me*]* —***n.*** **1.** an escaping **2.** a means of escape **3.** leakage **4.** a temporary mental release from reality **5.** *Bot.* a garden plant growing wild —***adj.*** **1.** giving temporary mental release from reality **2.** *a)* making escape possible *[an escape* hatch*] b)* giving a basis for evading a claim, responsibility, etc. *[an escape* clause*]* —**escap′able** ***adj.*** —**escap′er** ***n.***

ESCAPEMENT

**escapement** ***n.*** the part in a clock or watch that controls the speed and regularity of the balance wheel or pendulum, by means of a notched wheel (**escape wheel**), one tooth of which is allowed to escape from the detaining catch at a time

**escape road** a side road or track affording space for vehicles to stop, as on a hill

**escape velocity** the minimum speed required for a particle, space vehicle, etc. to escape permanently from the gravitational field of a planet, star, etc.

**escapism** ***n.*** a tendency to escape from reality, responsibilities, etc. through the imagination —**escap′ist** ***adj., n.***

**escapologist** (es′kə pol′ə jist) ***n.*** a performer who specializes in freeing himself from chains, ropes, etc.

**escarpment** (i skärp′mənt) ***n.*** [see SCARP] **1.** a steep slope or cliff **2.** ground formed into a steep slope on the exterior of a fortification

**-escence** (es′ns) *a n.-forming suffix corresponding to the adjective suffix* -ESCENT *[obsolescence]*

**-escent** (es′nt) [< L.] *an adj.-forming suffix meaning:* **1.** being or becoming *[convalescent]* **2.** giving off light or colour *[phosphorescent]*

**eschatology** (es′kə tol′ə jē) ***n.*** [< Gr. *eschatos,* furthest + -LOGY] the doctrines, etc. dealing with the end of the world —**eschatological** (es′kə tə loj′i k'l) ***n.***

**escheat** (is chēt′) ***n.*** [< OFr. < L. *ex-,* out + *cadere,* fall] *Law* **1.** the reverting of property to the lord of the manor, to the crown, or to the government when there are no legal heirs **2.** property so reverting —***vt., vi.*** to confiscate or revert by escheat —**escheat′able** ***adj.***

**eschew** (is ch o̅o̅′) ***vt.*** [< OFr. < OHG.] to keep away from; shun —**eschew′al** ***n.***

**escort** (es′kôrt; *for v.* i skôrt′) ***n.*** [< L.

*ex-*, out + *corrigere*, to correct] **1.** one or more persons (or cars, ships, etc.) accompanying another to give protection or show honour **2.** a person accompanying another, as to a party —***vt.*** to go with as an escort

**escritoire** (es′krē twär′) ***n.*** [< L. *scribere*, write] a writing desk or table; secretary

**esculent** (es′kyoo lənt) ***adj.*** [< L. *esca*, food] fit for food; eatable; edible —***n.*** something fit for food

**escutcheon** (i skuch′ən) ***n.*** [< L. *scutum*, shield] a shield on which a coat of arms is displayed —**a blot on one's escutcheon** a stain on one's honour

**-ese** (ēz, ēs) [< L.] *a suffix meaning:* **1.** (a native or inhabitant) of *[Javanese]* **2.** (in) the language of *[Cantonese]* **3.** (in) the style of *[journalese]*

**Eskimo** (es′kə mō′) ***n.*** [< Fr. < AmInd.] **1.** *pl.* **-mos′, -mo′** a member of a group of people living in Greenland, N Canada, Alaska, etc.: the Eskimos are more properly referred to as the Inuit **2.** either of the two languages of the Eskimos —***adj.*** of the Eskimos, their language, or their culture —**Es′kimo′an** ***adj.***

**Eskimo dog** a strong breed of dog with greyish, shaggy fur, used by the Eskimos to pull sledges

**E.S.N.** Educationally Subnormal

**esoteric** (es′ō ter′ik) ***adj.*** [< Gr. *esōteros*, inner] understood by only a chosen few, as an inner group of initiates; beyond the understanding of most people; abstruse —**es′oter′ically** ***adv.*** —**es′oter′icism** ***n.***

**ESP** extrasensory perception

**esp., espec.** especially

**espadrille** (es′pə dril′) ***n.*** [Fr. < Sp. *esparto*, coarse grass] a canvas shoe with a sole of twisted rope, etc.

ESPALIER

**espalier** (is pal′yər) ***n.*** [Fr. < It.] **1.** a lattice on which trees and shrubs are trained to grow flat **2.** a tree, etc. so trained

**esparto** (es pär′tō) ***n.*** [Sp. < Gr. *sparton*] a long, coarse grass of Spain and N Africa, used to make paper, rope, etc.: also **esparto grass**

**especial** (i spesh′əl) ***adj.*** special; particular —**espe′cially** ***adv.***

**Esperanto** (es′pə ran′tō) ***n.*** [< pseudonym of its inventor] an artificial language for international use

**espionage** (es′pē ə näzh′) ***n.*** [< Fr. *espion*, a spy] **1.** the act of spying **2.** the use of spies by a government

**esplanade** (es′plə nād′) ***n.*** [Fr. < It. < L. *explanare*, to level] level, open ground; esp., *a*) a public walk; promenade, as by the sea *b*) an open space in front of a fortified place

**espousal** (i spou′z'l) ***n.*** **1.** [*often pl.*] *a*) a betrothal *b*) a wedding **2.** an espousing (of some idea, etc.)

**espouse** (i spouz′) ***vt.*** **-poused′, -pous′ing** [see SPOUSE] **1.** to marry **2.** to advocate (an idea, etc.) —**espous′er** ***n.***

**espresso** (es pres′ō) ***n., pl.*** **-sos** [It., pressed-out (coffee)] coffee prepared in a special machine by forcing steam through finely ground coffee beans

**esprit** (es′prē) ***n.*** [Fr.] **1.** spirit **2.** wit

**esprit de corps** (-də kôr′) [Fr.] pride, honour, etc. shared by those in the same group or undertaking

**espy** (ə spī′) ***vt.*** **-pied′, -py′ing** to catch sight of; spy

**Esq.** Esquire

**-esque** (esk) [Fr. < It.] *a suffix meaning:* **1.** in the style of *[Romanesque]* **2.** like *[picturesque]*

**esquire** (i skwīər′) ***n.*** [< L. *scutum*, a shield] **1.** [**E-**] a title of courtesy, usually abbrev. *Esq.*, placed after a man's surname **2.** a member of the gentry ranking below a knight **3.** formerly, an attendant for a knight

**ESRO** European Space Research Organization

**ess** (es) ***n., pl.*** **ess′es** **1.** the letter S, s **2.** something shaped like an S

**-ess** (is, əs, es) [< Gr.] *a suffix meaning* female *[lioness]*

**essay** (es′ā; *for v.* e sā′) ***n.*** [< L. *ex-*, out of + *agere*, do] **1.** a short, personal literary composition **2.** an attempt —***vt.*** to try; attempt

**essayist** (es′ā ist) ***n.*** a writer of essays

**essence** (es′'ns) ***n.*** [< L. *esse*, be] **1.** that which makes something what it is; fundamental nature **2.** *a*) a substance that keeps, in concentrated form, the flavour, fragrance, etc. of the plant, food, etc. from which it is extracted *b*) a perfume —**of the essence** essential; indispensable

**essential** (i sen′shəl) ***adj.*** **1.** absolutely necessary; indispensable **2.** of or constituting the essence of something; basic —***n.*** [*sometimes pl.*] something fundamental or indispensable —**essentiality** (i sen′shē al′ə tē) ***n.*** —**essen′tially** ***adv.*** —**essen′tialness** ***n.***

**essential oil** any volatile oil that gives distinctive odour, flavour, etc. to a plant, flower, or fruit

**E.S.T.** [U.S. & Canad.] Eastern Standard Time

**-est** (ist, əst) [< OE.] *a suffix used to form* the superlative degree of adjectives and adverbs *[greatest]*

**est.** **1.** established **2.** estimate **3.** estimated

**establish** (i stab′lish) ***vt.*** [< L. *stabilis*, firm] **1.** to found (a nation, business, etc.) **2.** to settle in an office, or set up in business **3.** to prove; demonstrate **4.** to cause (a precedent, theory, etc.) to be accepted **5.** to bring about *[to establish* good relations] **6.** to order, ordain, or enact (a law, etc.) permanently **7.** to make a state institution of (a church) **—estab'lisher** *n.*

**establishment** *n.* **1.** an establishing or being established **2.** a thing established, as a business, household, etc. **—the Establishment** those in authority within a nation, institution, etc.

**estate** (i stāt') *n.* [< OFr. *estat*] **1.** landed property containing a residence **2.** a large area of new property development, esp. of houses or of industrial premises **3.** property; possessions **4.** a large area growing rubber, tea, grapes, etc. **5.** formerly, any of the three classes having specific powers: the clergy **(first estate)**, nobility **(second estate)**, and commons **(third estate)** **6.** *a*) a stage of life [man's *estate*] *b*) status or rank

**estate agent** **1.** an agent responsible for the valuation, advertisement, and sale of property, esp. houses **2.** the administrator of a landed estate; estate manager

**estate car** a motor car with folding or removable rear seats and rear door for loading and unloading luggage

**estate duty** *same as* DEATH DUTY

**esteem** (i stēm') *vt.* [< L. *aestimare,* to value] **1.** to have great regard for; value highly; respect **2.** to hold to be; consider **—***n.* favourable opinion; high regard

**ester** (es'tər) *n.* [G.] an organic compound, comparable to an inorganic salt, formed by the reaction of an acid and an alcohol, or a phenol

**estimable** (es'tə mə b'l) *adj.* worthy of esteem

**estimate** (es'tə māt'; *for n.* -mət) *vt.* **-mat'ed, -mat'ing** [see ESTEEM] **1.** to calculate approximately (size, cost, etc.) **2.** to form an opinion about **—***n.* **1.** a general calculation of size, value, etc.; esp., of the cost of a piece of work made by a person undertaking to do the work **2.** an opinion **—es'timative** *adj.* **—es'timator** *n.*

**estimation** (es'tə mā'shən) *n.* **1.** an estimating **2.** an opinion or judgment **3.** esteem; regard

**estrange** (i strānj') *vt.* **-tranged', -trang'ing** [< L. *extraneus,* strange] **1.** to turn (a person) from a friendly attitude to a hostile one; alienate **2.** to keep apart or away **—estranged** *adj.* **—estrange'ment** *n.*

**estuary** (es'tyoo wə rē) *n., pl.* **-aries** [< L. *aestus,* tide] the wide mouth of a river, where the tide meets the current **—es'tuar'ial, es'tuarine** *adj.*

**-et** (it, ət) [< OFr.] *a suffix meaning* little [*islet*]

**eta** (ēt'ə) *n.* the seventh letter of the Greek alphabet (H, η): it is shown as ē in the etymologies of this dictionary

**ETA, E.T.A.** estimated time of arrival

**et al.** **1.** [L. *et alibi*] and elsewhere **2.** [L. *et alii*] and others

**etc.** et cetera

**et cetera** (et set'ər ə) [L.] and others; and the like

**etceteras** *n.pl.* customary extras

**etch** (ech) *vt.* [< Du. < G.] **1.** to make (a design) on metal, glass, etc. by the action of an acid **2.** to engrave (metal, glass, etc.) in this way for use in printing such designs **3.** to impress sharply **—etch'er** *n.*

**etching** *n.* **1.** an etched plate **2.** a print made from an etched plate **3.** the art of making such drawings, etc.

**eternal** (i tur'n'l) *adj.* [< L. *aevum,* age] **1.** without beginning or end; everlasting **2.** unchanging **3.** [Colloq.] continual [*eternal* bickering] **4.** timeless **—the Eternal** God **—eter'nally** *adv.* **—eter'nalness** *n.*

**eternal triangle** an emotional or sexual relationship in which there are conflicts involving a man and two women or a woman and two men

**eternity** *n., pl.* **-ties** **1.** continuance without end **2.** time without beginning or end **3.** a long time that seems endless **4.** the endless time after death

**eternity ring** a ring set all around with stones, symbolizing continuity: given by a husband to his wife

**ethane** (eth'ān) *n.* [< ETHYL] an odourless, colourless hydrocarbon, found in natural gas and used as a fuel

**ether** (ē'thər) *n.* [< Gr. *aithēr* < *aithein,* to burn] **1.** *Chem.* a colourless, flammable liquid, used as an anaesthetic and solvent **2.** *Physics* an invisible substance postulated (in older theory) as pervading space and transmitting radiant energy **3.** the upper regions of space; clear sky

**ethereal** (i thēər'ē əl) *adj.* **1.** light; airy; delicate **2.** heavenly **—ethe'real'ity** (-al'ə tē) *n.* **—ethe'really** *adv.*

**etherealize** *vt.* **-ized', -iz'ing** to make, or treat as being, ethereal **—ethe'realiza'tion** *n.*

**etherize** (ē'thə rīz') *vt.* **-ized', -iz'ing** to anaesthetize as by causing to inhale ether fumes **—e'therization** *n.*

**ethic** (eth'ik) *n.* [see ff.] ethics or a system of ethics [the humanist *ethic*] **—***adj.* *same as* ETHICAL

**ethical** *adj.* [< Gr. *ēthos,* character] **1.** having to do with ethics or morality **2.** conforming to professional standards of conduct **3.** of a drug available only on a doctor's prescription **—eth'ical'ity** (-kal'ə tē), **eth'icalness** *n.* **—eth'ically** *adv.*

**ethics** *n.pl.* [*with sing. v. in 1 and occas. 2*] [see prec.] **1.** the study of standards of conduct and moral judgment **2.** the code of morals of a particular person, religion, group, profession, etc.

**Ethiopian** (ē'thē ō'pē ən) *adj.* **1.** of Ethiopia **2.** [Obs.] negro **—***n.* **1.** a native of Ethiopia **2.** [Obs.] a negro

**ethnic** (eth'nik) *adj.* [< Gr. *ethnos,* nation] **1.** of a human group having racial, religious, etc., traits in common **2.** designating or of any of the basic divisions of mankind; ethnological: also **eth'nical** **3.** resembling, or intended to resemble, peasant styles; said of clothes, etc. **—eth'nically** *adv.* **—ethnic'ity** (-nis'-) *n.*

**ethnology** (eth nol′ə jē) *n.* [< Gr. *ethnos,* nation + -LOGY] the science that deals with the comparative cultures of various peoples —**ethnological** (eth′nə loj′i k'l), **eth′nolog′ic** *adj.* —**eth′nolog′ically** *adv.* —**ethnol′ogist** *n.*

**ethos** (ē′thos) *n.* [Gr. *ēthos,* character] the characteristic attitudes, beliefs, etc. of an individual or group

**ethyl** (eth′l) *n.* [< ETHER] the hydrocarbon radical which forms the base of common alcohol, ether, etc.

**ethyl alcohol** *same as* ALCOHOL (sense 1): also **ethanol**

**ethylene** (eth′ə lēn′) *n.* [< ETHYL] a flammable, gaseous hydrocarbon used as a fuel, anaesthetic, etc.

**etiolate** (ēt′ē ō lāt′) *vt.* **-lat′ed, -lat′ing** [< Fr. *éteule,* straw] **1.** to cause to be weak or unhealthy **2.** *Bot.* to blanch by depriving of sunlight —**e′tiola′tion** *n.*

**etiquette** (et′i ket) *n.* [Fr. *étiquette,* ticket] **1.** the manners and ceremonies established by convention as acceptable or required in social relations **2.** conventional practice in certain professions *[medical etiquette]*

**Eton collar** (ē′tən) [< *Eton* College] a broad, white linen collar worn with an Eton jacket

**Eton crop** a women's short hair style of the 1920's

**Eton jacket** a black waist-length jacket with broad lapels, left open in front, as that worn by students at Eton

**Etruscan** (i trus′kən) *adj.* of Etruria —*n.* **1.** a native of Etruria **2.** the language of the ancient Etruscans Also **Etrurian** (i troor′ē ən)

**et seq.** [L. *et sequens*] and the following

**-ette** (et) [Fr.] *a suffix meaning:* **1.** little *[statuette]* **2.** female *[usherette]* **3.** substitute *[leatherette]*

**étude** (ā tyōōd′) *n.* [Fr., study] a musical composition for a solo instrument, designed to give practice in some special point of technique

**ety., etym., etymol.** **1.** etymological **2.** etymology

**etymology** (et′ə mol′ə jē) *n., pl.* **-gies** [< Gr. *etymos,* true + -LOGY] the origin and development of a word, affix, etc., or the branch of linguistics dealing with this —**et′ymolog′ical** (-mə loj′ə k'l) *adj.* —**et′ymolog′ically** *adv.* —**et′ymol′ogist** *n.*

**Eu** *Chem.* europium

**eucalyptus** (yōō′kə lip′təs) *n.* [< Gr. *eu,* well + *kalyptos,* covered] any of a genus of tall, chiefly Australian evergreen trees, valued for their timber, gum, and oil: also **eu′calypt′**

**Eucharist** (yōō′kə rist) *n.* [< Gr. *eucharistia,* gratitude] **1.** *same as* HOLY COMMUNION **2.** the consecrated bread and wine used in Holy Communion —**Eu′charis′tic** *adj.*

**Euclidean, Euclidian** (yōō klid′ē ən) *adj.* relating to Euclid, 5th cent. B.C. Greek philosopher

**eugenic** (yoo jen′ik) *adj.* [< Gr. *eu,* well + GENESIS] **1.** relating to the bearing of sound offspring **2.** of, relating to, or improved by eugenics —**eugen′ically** *adv.*

**eugenics** *n.pl.* [*with sing. v.*] the movement devoted to improving the human species by control of hereditary factors in mating —**eugen′icist** *n.*

**eulogize** (yōō′lə jīz′) *vt.* **-gized′, -giz′ing** to praise

**eulogy** (yōō′lə jē) *n., pl.* **-gies** [< Gr. *eulegein,* speak well of] **1.** speech or writing in praise of a person, event, or thing; esp., a funeral oration **2.** high praise

**eunuch** (yōō′nək) *n.* [< Gr. *eunē,* bed + *echein,* keep] a castrated man; esp., one in charge of a harem

**euphemism** (yōō′fə miz′m) *n.* [< Gr. *eu-,* good + *phēmē,* voice] **1.** the use of a word or phrase that is less direct but considered less offensive than another **2.** a word or phrase so substituted (Ex.: *remains* for *corpse*) —**eu′phemis′tic, eu′phemis′tical** *adj.* —**eu′phemis′tically** *adv.*

**euphonious** (yoo fō′nē əs) *adj.* having a pleasant sound; harmonious —**eupho′niously** *adv.*

**euphonium** (yoo fō′nē əm) *n.* a brass instrument with a mellow tone

**euphony** (yōō′fə nē) *n., pl.* **-nies** [< Gr. *eu-,* well + *phōnē,* voice] the quality of having a pleasing sound; pleasant combination of agreeable sounds, esp. words

**euphoria** (yoo fôr′ē ə) *n.* [< Gr. *eu-,* well + *pherein,* bear] a feeling of well-being or high spirits, specif. one without cause —**euphor′ic** (-for′ik) *adj.*

**euphuism** (yōō′fyōō wiz′m) *n.* [< *Euphues,* character in works by J. *Lyly*] **1.** an artificial, high-flown style of writing **2.** an instance of this —**eu′phuis′tic, eu′phuis′tical** *adj.* —**eu′phuis′tically** *adv.*

**Eur.** **1.** Europe **2.** European

**Eurasian** (yōō rā′zhən) *adj.* **1.** of Europe and Asia **2.** of mixed European and Asian descent —*n.* a person of mixed European and Asian descent

**Euratom** (yooə ra′təm) European Atomic Energy Community

**eureka** (yoo rē′kə) *interj.* [Gr. *heurēka*] I have found (it): an exclamation of triumphant achievement

**eurhythmics** (yoo rith′miks) *n.pl.* *same as* EURYTHMICS

**Euro-** (yōōər′ō) *a combining form meaning:* **1.** Europe, European *[Eurocrat]* **2.** Europe and *[Euro-American]*

**Eurodollars** *n.pl.* U.S. dollars used by banks, etc. outside the U.S. to finance short-term loans

**European** (yooər′ə pē′ən) *adj.* **1.** of or relating to Europe **2.** native to Europe **3.** concerned with the unity of Europe —*n.* **1.** a native or inhabitant of Europe **2.** a person who regards Europe as an essential whole **3.** [S Afr.] any white person —**Europe′anism** *n.*

**European Economic Community** the European common market formed in 1958

**europium** (yoo rō′pē əm) *n.* [ModL. <

*Europe*] a chemical element of the rare-earth group: symbol, Eu

**eurythmics** (yoo rith′miks) ***n.pl.*** [*with sing. v.*] [< Gr. *eu-*, well + *rhythmos*, rhythm] the art of performing bodily movements in rhythm —**euryth′mic** ***adj.***

**Eustachian tube** (yoo stā′shən) [< B. *Eustachio*] a slender tube between the middle ear and the pharynx, which equalizes air pressure on both sides of the eardrum

**euthanasia** (yōō′thə nā′zhə) ***n.*** [< Gr. *eu-*, well + *thanatos*, death] **1.** the act of causing death painlessly to end suffering, esp. in cases of incurable, painful diseases **2.** an easy and painless death

**ev, EV** electron-volt

**evacuate** (i vak′yoo wāt) ***vt.*** **-ated, -ating** [< L. *e-*, out + *vacuare*, make empty] **1.** to remove (inhabitants, etc.) from (a place), as for protective purposes **2.** to make empty; specif., to remove the air from **3.** to discharge (bodily waste) —**evac′ua′tion** ***n.*** —**evac′uative** ***adj.*** —**evac′ua′tor** ***n.*** —**evac′uee′** ***n.***

**evade** (i vād′) ***vt.*** **evad′ed, evad′ing** [< L. *e-*, out + *vadere*, go] **1.** to avoid or escape from by deceit or cleverness **2.** to avoid doing or answering directly [to *evade* income tax] —**evad′able** ***adj.*** —**evad′er** ***n.***

**evaluate** (i val′yoo wāt′) ***vt.*** **-at′ed, -at′ing** [see VALUE] **1.** to find the value or amount of **2.** to judge the quality of; appraise —**eval′ua′tion** ***n.***

**evanesce** (ēv′ə nes′) ***vi.*** **-nesced′, -nesc′ing** [< L. *e-*, out + *vanescere*, vanish] to fade from sight; vanish

**evanescent** ***adj.*** vanishing; fleeting —**ev′anes′cence** ***n.***

**evangel** (i van′jəl) ***n.*** [< Gr. *eu-*, well + *angelos*, messenger] [Archaic] **1.** the gospel **2.** [**E-**] any of the four Gospels **3.** an evangelist

**evangelical** (ē′van jel′i k'l) ***adj.*** **1.** of or according to the Gospels or the New Testament **2.** of those Protestant churches that emphasize salvation by faith in the atonement of Jesus **3.** evangelistic Also **e′vangel′ic** —***n.*** a member of an evangelical church —**e′vangel′icalism** ***n.*** —**e′vangel′ically** ***adv.***

**evangelism** (i van′jə liz′m) ***n.*** a preaching of, or zealous effort to spread the gospel —**evan′gelis′tic** ***adj.***

**evangelist** ***n.*** **1.** [**E-**] any of the four writers of the Gospels; Matthew, Mark, Luke, or John **2.** anyone who evangelizes; esp., a travelling preacher

**evangelize** ***vt.*** **-ized′, -iz′ing** **1.** to preach the gospel to **2.** to convert to Christianity —**evan′geliza′tion** ***n.***

**evaporate** (i vap′ə rāt′) ***vt.*** **-rat′ed, -rat′ing** [< L. *e-*, out + *vapor*, vapour] **1.** to change (a liquid or solid) into vapour **2.** to remove moisture from (vegetables, etc.), as by heating, so as to get a concentrated product —***vi.*** **1.** to become vapour **2.** to give off vapour **3.** to disappear —**evap′orabil′ity** ***n.*** —**evap′orable** ***adj.*** —**evap′ora′tion** ***n.*** —**evap′ora′tor** ***n.***

**evaporated milk** unsweetened milk thickened by evaporation to about half its weight, and then tinned

**evasion** (i vā′zhən) ***n.*** **1.** an evading; specif., an avoiding of a duty, question, etc. by deceit or cleverness **2.** a way of doing this; subterfuge

**evasive** ***adj.*** **1.** tending or seeking to evade; not straightforward **2.** hard to catch etc.; elusive

**eve** (ēv) ***n.*** [< OE. *æfen*, evening] **1.** [*often* **E-**] the evening or day before a holiday **2.** the period immediately before some event **3.** [Poet.] evening

**even¹** (ē′vən) ***adj.*** [OE. *efne, efen*] **1.** flat; level; smooth **2.** not varying; constant [an *even* tempo] **3.** calm; tranquil [ar *even* disposition] **4.** in the same plane or line [*even* with the rim] **5.** equally balanced **6.** owing and being owed nothing **7.** revenged **8.** just; fair [an *even* exchange] **9.** equal in number, quantity, etc. **10.** exactly divisible by two **11.** exact [an *even* mile] —***adv.*** **1.** however improbable; indeed [*even* a fool could do it] **2.** exactly just [*even* as I expected] **3.** just as while [*even* as he spoke] **4.** still; yet [*even* worse] —***vt., vi.*** to make, become, or be even —**break even** [Colloq.] to finish with neither a profit nor a loss —**even if** despite the fact that —**even so** nevertheless —**e′venly** ***adv.*** —**e′venness** ***n.***

**even²** ***n.*** [see EVE] [Poet.] evening

**evenhanded** (ē′vən han′did) ***adj.*** impartial; fair —**e′venhand′edly** ***adv.*** —**e′venhand′edness** ***n.***

**evening** (ēv′nin) ***n.*** [< OE. *æfen*, evening] **1.** the last part of the day and early part of night **2.** the last period, as of life —***adj.*** in or for the evening

**evening dress** clothes for wearing at a formal evening occasion, esp. a dinner jacket or long dress

**evening primrose** a plant having yellow flowers that open in the evening

**evenings** ***adv.*** [Colloq.] during the evenings

**evening star** a bright planet, esp. Venus, seen in the western sky soon after sunset

**even money** equal stakes in betting, with no odds: also **evens**

**evensong** ***n.*** *Eccles.* the service assigned to the evening

**event** (i vent′) ***n.*** [< L. *e-*, out + *venire*, come] **1.** a happening, esp. when important **2.** a result; outcome **3.** a particular item in a programme of sports —**in any event** no matter what happens: also **at all events** —**in the event of** in case of —**in the event that** if

**eventful** ***adj.*** **1.** full of outstanding events **2.** having an important outcome —**event′fully** ***adv.***

**eventide** (ē′vən tīd′) ***n.*** [Archaic] evening

**eventual** (i ven′choo wəl) ***adj.*** happening in the end; ultimate —**even′tually** ***adv.***

**eventuality** (i ven′choo wal′ə tē) ***n., pl.***

**-ties** a possible event, outcome, or condition;

**eventuate** (i ven′choo wāt′) *vi.* **-at′ed, -at′ing** to happen in the end; result (often with *in*)

**ever** (ev′ər) *adv.* [< OE. *æfre*] **1.** always *[ever* after*]* **2.** at any time *[*have you *ever* seen her?*]* **3.** at all; in any way *[*how can I *ever* repay you?*]* **—did you ever?** [Colloq.] have you ever heard or seen such a thing? **—ever so** [Colloq.] very **—for ever and a day** always: also **for ever and ever**

**evergreen** *adj.* having green leaves throughout the year **—*n.*** an evergreen plant or tree

**everlasting** (ev′ər läs′tiŋ) *adj.* **1.** lasting forever; eternal **2.** seeming never to stop **—*n.* 1.** eternity **2.** a plant whose blossoms keep their colour and shape when dried **—the Everlasting** God **—ev′erlast′ingly** *adv.*

**evermore** (ev′ər môr′) *adv.* forever; constantly

**every** (ev′rē) *adj.* [< OE. *æfre ælc,* ever each] **1.** each, individually and separately *[every* man among you*]* **2.** the fullest possible *[*given *every* chance*]* **3.** each interval of *[*a pill *every* three hours*]* **—every last** [Slang] all **—every now and then** from time to time: also [Colloq.] **every so often —every other** each alternate, as the first, third, fifth, etc.

**everybody** *pron.* every person; everyone

**everyday** *adj.* **1.** daily **2.** suitable for regular or daily use or wear *[everyday* shoes*]* **3.** usual; common

**Everyman** *n.* [< 15th-c. morality play] [*often* **e-**] the ordinary person; the man in the street

**everyone** *pron.* every person; everybody

**everything** *pron.* **1.** every thing; all **2.** all things pertinent to a specified matter **3.** the most important thing *[*money isn't *everything]*

**everywhere** *adv.* in or to every place

**evict** (i vikt′) *vt.* [see EVINCE] to remove (a tenant) from leased premises by legal procedure **—evic′tion** *n.*

**evidence** (ev′ə dəns) *n.* **1.** something that tends to prove **2.** something that makes another thing evident; sign **3.** *Law* a statement of a witness, an object, etc., which bears on or establishes the point in question **4.** the condition of being evident **—*vt.* -denced, -dencing** to make evident; show **—in evidence** visible or perceptible

**evident** *adj.* [< L. *e-,* from + *videre,* see] easy to see or perceive; clear; obvious; plain **—ev′idently** *adv.*

**evidential** (ev′ə den′shəl) *adj.* of, serving as, or providing evidence **—ev′iden′tially** *adv.*

**evil** (ē′v'l) *adj.* [OE. *yfel*] **1.** morally wrong; wicked **2.** harmful **3.** unlucky; disastrous **—*n.* 1.** wickedness; sin **2.** anything that causes harm, pain, etc. **—the Evil One** the Devil **—e′villy** *adv.* **—e′vilness** *n.*

**evildoer** *n.* a person who does evil, esp. habitually **—e′vildo′ing** *n.*

**evil eye** a look which, in superstitious belief, is able to harm or bewitch the one stared at

**evince** (i vins′) *vt.* **evinced′, evinc′ing** [< L. *e-,* intens. + *vincere,* conquer] to show plainly (a specified quality, feeling, etc.) **—evin′cible** *adj.* **—evin′cive** *adj.*

**eviscerate** (i vis′ə rāt′) *vt.* **-at′ed, -at′ing** [< L. *e-,* out + *viscera,* viscera] to remove the entrails from **—evis′cera′tion** *n.*

**evocation** (ev′ō kā′shən) *n.* an evoking **—evocative** (i vok′ə tiv) *adj.* **—ev′oca′tor** *n.*

**evoke** (i vōk′) *vt.* **evoked′, evok′ing** [< L. *e-,* out + *vocare,* call] to draw forth or elicit (a mental image, reaction, etc.) **—evok′er** *n.*

**evolution** (ē′və lōō′shən) *n.* [see EVOLVE] **1.** *Biol. a)* the development of a species, organism, etc. from its original to its present state *b)* a theory that all species of plants and animals developed from earlier forms **2.** an unfolding; process of development **3.** a movement that is part of a series **4.** a giving off, as of gas in a chemical reaction **5.** *Mil.* any manoeuvre by which troops, ships, etc. change formation **—ev′olu′tionary** *adj.*

**evolutionist** *n.* a person who accepts the principles of evolution **—*adj.*** of this theory

**evolve** (i volv′) *vt.* **evolved′, evolv′ing** [< L. *e-,* out + *volvere,* roll] **1.** to develop by gradual changes; unfold **2.** to give off (gas, etc.) **3.** to produce by evolution **—*vi.* 1.** to develop gradually **2.** to become disclosed

**ewe** (yōō) *n.* [OE. *eowu*] a female sheep

EWER

**ewer** (yōō′ər) *n.* [ult. < L. *aqua,* water] a large water jug with a wide mouth

**ex** (eks) *prep.* [L.] without; exclusive of *[ex* interest*]* **—*n., pl.* ex′es** [Colloq.] one's divorced husband or wife

**ex-** [< OFr. or L.] *a prefix meaning:* **1.** from, out *[expel]* **2.** beyond *[excess]* **3.** out of *[expatriate]* **4.** thoroughly *[exterminate]* **5.** upwards *[exalt]* **6.** former *[ex-*convict*]*

**Ex.** Exodus

**ex.** **1.** example **2.** except(ed) **3.** extra

**exacerbate** (ek sas′ər bāt′) *vt.* **-bat′ed, -bat′ing** [< L. *ex-,* intens. + *acerbus,* harsh] **1.** to make more intense; aggravate (pain, etc.) **2.** to irritate **—exac′erba′tion** *n.*

**exact** (ig zakt′) *adj.* [< L. *ex-,* out + *agere,* drive] **1.** characterized by or requiring accuracy; methodical; correct **2.** without variation; precise *[*an *exact* replica*]* **—*vt.* 1.** to extort **2.** to demand

and get by authority **3.** to require —**exact'ness** *n.* —**exac'tor** *n.*

**exacting** *adj.* **1.** making severe demands; strict **2.** demanding great care, effort, etc.; arduous

**exaction** *n.* **1.** an exacting **2.** an extortion **3.** an exacted fee, tax, etc.

**exactitude** *n.* precision; accuracy

**exactly** *adv.* accurately; precisely: also used as an affirmative reply, equivalent to "I agree," "quite true"

**exaggerate** (ig zaj'ə rāt') *vt.* **-at'ed, -at'ing** [< L. *ex-,* out + *agger,* a heap] **1.** to think, speak, or write of as greater than is really so; overstate **2.** to increase to an abnormal degree —**exag'gerat'edly** *adv.* —**exag'gera'tion** *n.*

**exalt** (ig zôlt') *vt.* [< L. *ex-,* out + *altus,* high] **1.** to raise in status, power, etc. **2.** to praise; glorify **3.** to fill with joy, pride, etc. —**ex'alta'tion** *n.* —**exalt'edly** *adv.*

**exam** (ig zam') *n.* [Colloq.] examination

**examination** (ig zam'ə nā'shən) *n.* **1.** an investigation; inquiry **2.** a test of knowledge, written or oral —**exam'ina'tional** *adj.* —**exam'inato'rial** (-nə tôr'ē əl) *adj.*

**examine** (ig zam'ən) *vt.* **-ined, -ining** [< L. *examen,* tongue of a balance] **1.** to look at or into to find out the facts, condition, etc. of; investigate **2.** to test to find out the knowledge, skill, etc. of —**exam'inable** *adj.* —**exam'inee'** *n.* —**exam'iner** *n.*

**example** (ig zam'p'l) *n.* [< L. *exemplum* < *eximere,* take out] **1.** something selected to show the character of the rest; sample **2.** a case that serves as a warning **3.** a person or thing to be imitated; model **4.** a problem, as in mathematics, that illustrates a principle or method —**set an example** to behave so as to be a model for others —**without example** having no precedent

**exasperate** (ig zas'pə rāt') *vt.* **-at'ed, -at'ing** [< L. *ex-,* out + *asper,* rough] to irritate or annoy very much; vex —**exas'perat'ingly** *adv.* —**exas'pera'tion** *n.*

**ex cathedra** (eks'kə thē'drə) [ModL., from the chair] with the authority that comes from one's rank or office: often used of papal pronouncements on faith or morals

**excavate** (eks'kə vāt') *vt.* **-vat'ed, -vat'ing** [< L. *ex-,* out + *cavus,* hollow] **1.** to make a hole or cavity in **2.** to form by hollowing out [to *excavate* a tunnel] **3.** to unearth **4.** to dig out (earth, etc.) —**ex'cava'tion** *n.*

**exceed** (ik sēd') *vt.* [< L. *ex-,* out + *cedere,* go] **1.** to go beyond (a limit, measure, etc.) **2.** to be greater than; surpass

**exceeding** *adj.* surpassing; extraordinary; extreme —*adv.* [Archaic] extremely —**exceed'ingly** *adv.*

**excel** (ik sel') *vi., vt.* **-celled', -cel'ling** [< L. *excellere,* rise] to be better or greater than (others)

**excellence** (ek'sələns) *n.* **1.** the fact or condition of excelling; superiority **2.** [**E-**] *same as* EXCELLENCY

**excellency** *n., pl.* **-cies** **1.** [**E-**] a title of honour applied to various dignitaries **2.** *same as* EXCELLENCE

**excellent** *adj.* outstandingly good of its kind

**except** (ik sept') *vt.* [< L. *ex-,* out + *capere,* take] to leave out or take out; exclude —*prep.* other than [everyone *except* me] —*conj.* **1.** [Archaic] unless **2.** [Colloq.] were it not that [I'd quit *except* I need the money] —**except for** if it were not for

**excepting** *prep., conj.* *same as* EXCEPT

**exception** *n.* **1.** an excepting **2.** anything that is excepted; specif., *a*) a case to which a rule does not apply *b*) a person or thing different from others of the same class —**take exception** **1.** to object **2.** to resent; feel offended —**with the exception of** except —**excep'tionless** *adj.*

**exceptionable** *adj.* liable or open to exception

**exceptional** *adj.* not ordinary or average; esp., above average in quality, ability, etc. —**excep'tionally** *adv.*

**excerpt** (ek surpt'; *for n.* ek'surpt') *vt.* [< L. *ex-,* out + *carpere,* pick] to select (passages from a book, etc.); extract —*n.* a passage selected or quoted from a book, etc.; extract —**excerp'tion** *n.*

**excess** (ik ses'; *for adj.* ek'ses') *n.* [see EXCEED] **1.** action that goes beyond a reasonable limit **2.** intemperance; overindulgence **3.** an amount greater than is necessary, desirable, etc. **4.** the amount by which one thing exceeds another —*adj.* extra or surplus —**in excess of** more than —**exces'sive** *adj.*

**excess luggage** luggage that is more than is allowed in weight, pieces, etc.: also **excess baggage**

**exchange** (iks chānj') *vt., vi.* **-changed', -chang'ing** [see EX- & CHANGE] **1.** to give or receive (something) *for* another **2.** to give up for a substitute [to *exchange* honour for wealth] —*n.* **1.** a giving or taking of one thing for another **2.** a thing given or received in exchange **3.** a place where trade is carried on by brokers, merchants, etc. [a stock *exchange*] **4.** a central office in a telephone system, serving a certain area **5.** a quarrel **6.** *a*) the payment of debts by negotiable drafts or bills of exchange *b*) an exchanging of a sum of money of one country for the equivalent in the money of another country *c*) the rate of exchange —**exchange'able** *adj.* —**exchang'er** *n.*

**exchange rate** the ratio of the value of one currency in relation to the value of another

**exchequer** (iks chek'ər) *n.* [< OFr *eschekier:* see CHEQUER] **1.** [*often* **E-**] the British state department in charge of the national revenue **2.** the funds in the British treasury **3.** a treasury **4.** money in one's possession

**excise**[1] (ek'sīz, *for v.* ek sīz') *n.* [ult. < L. *assidere,* assist (in office)] **1.** a tax on the manufacture of various commodities within a country, as wines, tobacco, etc

2. the section of the government service responsible for the collection of excise —*vt.* **-cised', -cis'ing** to put an excise on

**excise**[2] (ek sīz') *vt.* **-cised', -cis'ing** [< L. *ex-*, out + *caedere*, cut] to remove (a tumour, etc.) by cutting out or away —**exci'sion** (-sizh'ən) *n.*

**exciseman** (ek'sīz mən) *n.* an official who collects excises

**excitable** (ik sīt'ə b'l) *adj.* that is easily excited —**excit'abil'ity** *n.* —**excit'ably** *adv.*

**excite** (ik sīt') *vt.* **-cit'ed, -cit'ing** [< L. *ex-*, out + *ciere*, call] 1. to arouse the feelings of 2. to arouse [to *excite* pity] 3. to put into motion; stir up 4. *Physics* to raise (a nucleus, atom, etc.) to a higher energy state —**excit'ative** **excit'atory** *adj.*

**excited** *adj.* aroused; stirred up —**excit'edly** *adv.*

**excitement** *n.* 1. an exciting or being excited; agitation 2. something that excites

**exciting** *adj.* causing excitement; thrilling, etc.

**exclaim** (iks klām') *vi., vt.* [< L. *ex-*, out + *clamare*, shout] to cry out; speak suddenly and excitedly, as in surprise, etc.—**exclaim'er** *n.*

**exclamation** (eks'klə mā'shən) *n.* 1. the act of exclaiming 2. something exclaimed; interjection —**exclamatory** (iks klam'ə tər ē) *adj.*

**exclamation mark** a mark (!) used after a word or sentence to express surprise, strong feeling, etc.

**exclude** (iks klōōd') *vt.* **-clud'ed, -clud'ing** [< L. *ex-*, out + *claudere*, close] 1. to refuse to admit, consider, include, etc. 2. to put out; expel —**exclud'er** *n.*

**exclusion** *n.* 1. an excluding 2. a thing excluded —**to the exclusion of** so as to keep out

**exclusive** *adj.* 1. excluding all others 2. not shared or divided [an *exclusive* right] 3. excluding certain people or groups, as for social reasons 4. dealing only in costly items [an *exclusive* shop] —**exclusive of** not including or allowing for —**exclu'siveness, ex'clusiv'ity** *n.*

**excommunicate** (eks'kə myōō'nə kāt'; *for adj. and n., usually* -kət) *vt.* **-cat'ed, -cat'ing** to exclude from communion with a church —*adj.* excommunicated —*n.* an excommunicated person —**ex'commu'nica'tion** *n.* —**ex'commu'nicative** *adj.* —**ex'commu'nica'tor** *n.*

**excoriate** (ik skôr'ē āt') *vt.* **-at'ed, -at'ing** [< L. *ex-*, off + *corium*, skin] 1. to rub off the skin of 2. to denounce harshly —**exco'ria'tion** *n.*

**excrement** (eks'krə mənt) *n.* [see EXCRETE] waste matter from the bowels —**ex'cremen'tal** (-men't'l) *adj.*

**excrescence** (iks kres'əns) *n.* [< L. *ex-*, out + *crescere*, grow] an abnormal or disfiguring outgrowth, as a bunion —**excres'cent** *adj.*

**excreta** (eks krēt'ə) *n.pl.* waste matter excreted from the body, esp. sweat, faeces, or urine —**excre'tal** *adj.*

**excrete** (eks krēt') *vt., vi.* **-cret'ed, -cret'ing** [< L. *ex-*, out of + *cernere*, sift] to discharge (waste matter) from the body —**excre'tion** *n.* —**excre'tory** *adj.*

**excruciating** (iks krōō'shē āt'iŋ) *adj.* [< L. *ex-*, intens. + *cruciare*, crucify] 1. causing intense pain 2. so bad as to be painful [an *excrutiating* pun] —**excru'ciat'ingly** *adv.*

**exculpate** (eks'kul pāt') *vt.* **-pat'ed, -pat'ing** [< L. *ex*, out + *culpa*, fault] to free from blame; prove guiltless —**ex'culpa'tion** *n.* —**excul'patory** *adj.*

**excursion** (ik skur'shən) *n.* [< L. *ex-*, out + *currere*, run] 1. a short trip or journey, as for pleasure 2. a round trip (on a train, bus, etc.) at special rates 3. a digression [an *excursion* into politics] —*adj.* of or for an excursion —**excur'sionary** *adj.* —**excur'sionist** *n.*

**excursive** *adj.* rambling; digressive

**excuse** (ik skyōōz'; *for n.* -skyōōs') *vt.* **-cused', -cus'ing** [< L. *ex-*, from + *causa*, a charge] 1. to try to free (a person) of blame 2. to apologize or give reasons for 3. to overlook (an offence or fault) 4. to release from an obligation 5. to permit to leave 6. to justify —*n.* 1. a defence of some action; apology 2. a release from obligation 3. something that excuses 4. a pretended reason; pretext —**a poor** (or **bad,** etc.) **excuse for** a very inferior example of —**excuse oneself** 1. to apologize 2. to ask for permission to leave —**excus'able** *adj.*

**ex-directory** (eks'də rek'tə rē) *adj.* not in a directory, by request of the subscriber: said of a telephone number

**exeat** (eks'ē ət) *n.* [L., let him go out] a formal leave of absence granted as to a student

**exec.** 1. executive 2. executor

**execrable** (ek'si krə b'l) *adj.* [L. *execrabilis*] abominable; detestable —**ex'ecrably** *adv.*

**execrate** (-krāt') *vt., vi.* **-crat'ed, -crat'ing** [< L. *ex-*, out + *sacrare*, consecrate] 1. to curse 2. to denounce scathingly 3. to loathe; detest —**ex'ecra'tion** *n.* —**ex'ecra'tive, ex'ecra'tory** *adj.* —**ex'ecra'tor** *n.*

**execute** (ek'sə kyōōt') *vt.* **-cut'ed, -cut'ing** [< L. *ex-*, intens. + *sequi*, follow] 1. to carry out; do 2. to administer (laws, etc.) 3. to put to death in accordance with a legal sentence 4. to create in accordance with an idea, plan, etc. 5. *Law* to make valid (a deed, etc.) as by signing, sealing, etc. —**ex'ecut'er** *n.*

**execution** (ek'sə kyōō'shən) *n.* 1. a carrying out, doing, etc. 2. a putting to death in accordance with a legal sentence 3. the manner of doing something, as of performing music —**ex'ecu'tionary** *adj.*

**executioner** *n.* one who carries out the death penalty

**executive** (ig zek'yə tiv) *adj.* 1. of or concerned with carrying out duties, functions, etc., as in business 2. empowered to administer (laws, government affairs, etc.) 3. of managerial personnel or functions —*n.* **1.** a branch of government empowered to administer the laws and affairs of a nation **2.** a person whose function is to administer or manage affairs, as of a company

**executor** *n.* a person appointed by a testator to carry out the provisions in his will —**exec'uto'rial, exec'utory** *adj.* —**exec'utrix** *n.fem.*

**exegesis** (ek'sə jē'sis) *n., pl.* **-ge'ses** (-sēz) [< Gr. *ex-,* out + *hēgeisthai,* to guide] interpretation of a word, passage, etc., esp. of the Bible —**ex'eget'ic** (-jet'-ik) *adj.*

**exemplar** (ig zem'plər) *n.* [< L. *exemplum,* example] **1.** a model; pattern **2.** a typical specimen

**exemplary** *adj.* **1.** serving as a model [*exemplary* behaviour] **2.** serving as a warning [*exemplary* punishment] **3.** serving as a sample —**exem'plarily** *adv.*

**exemplify** (ig zem'plə fī') *vt.* **-fied', -fy'ing** [< L. *exemplum,* example + *facere,* make] to serve as an example of —**exem'plifica'tion** *n.*

**exempt** (ig zempt') *vt.* [< L. *eximere:* see EXAMPLE] to free from a rule or obligation which applies to others —*adj.* not subject to a rule, obligation, etc. applying to others —**exempt'ible** *adj.* —**exemp'tion** *n.*

**exequies** (ek'sə sə kwēz) *n.pl.* [< L. *exequi,* follow up] funeral rites; obsequies

**exercise** (ek'sər sīz') *n.* [< L. *exercere,* to put to work] **1.** activity for developing the body or mind **2.** [*pl.*] movements to strengthen or develop some part of the body **3.** a problem to be worked out for developing some skill **4.** active use or operation **5.** performance (of duties, etc.) **6.** *Mil.* manoevre or drill designed to train troops and increase efficiency —*vt.* **-cised', -cis'ing** **1.** to use; employ [to *exercise* self-control] **2.** to put into use so as to develop or train **3.** to worry; perplex **4.** to exert (influence, etc.) —*vi.* to take exercise; do exercises —**ex'ercis'able** *adj.* —**ex'ercis'er** *n.*

**exert** (ig zurt') *vt.* [< L. *exserere,* to stretch out] **1.** to put into action or use [*exert* your will] **2.** to apply (oneself) with energy —**exer'tion** *n.* —**exer'tive** *adj.*

**exeunt** (ek'sē ənt) [L.] they (two or more characters) leave the stage: a stage direction

**exeunt omnes** (om'nēz, -nās) [L.] all (of the characters who are on stage) leave: a stage direction

**ex gratia** (grā'shə) [L., out of kindness] given or granted as a favour, esp. where no legal obligation exists

**exhale** (eks hāl') *vt., vi.* **-haled', -hal'ing** [< L. *ex-,* out + *halare,* breathe] **1.** to expel air; breathe out **2.** to give off (vapour, etc.) —**exhalation** (eks'-hə lā'shən) *n.*

**exhaust** (ig zôst') *vt.* [< L. *ex-,* out + *haurire,* draw] **1.** to tire out **2.** to use up **3.** to empty completely; drain **4.** to draw off or let out (air, gas, etc.), as from a container **5.** to deal with or study thoroughly —*n.* **1.** the discharge of used steam, gas, etc. from an engine **2.** the pipe through which such steam, gas, etc. is released **3.** something given off, as fumes from an engine —**exhaust'ibil'ity** *n.* —**exhaust'ible** *adj.* —**exhaust'less** *adj.*

**exhaustion** *n.* the state of being exhausted; esp., *a*) great fatigue or weariness *b*) complete consumption

**exhaustive** *adj.* leaving nothing out; covering every detail —**exhaus'tively** *adv.* —**exhaus'tiveness** *n.*

**exhibit** (ig zib'it) *vt.* [< L. *ex-,* out + *habere,* hold] **1.** to show; display **2.** to present to public view —*n.* **1.** a show; display **2.** an object or objects displayed publicly **3.** *Law* an object produced as evidence in a court —**exhib'itor, exhib'iter** *n.*

**exhibition** (ek'sə bish'ən) *n.* **1.** a public display, as of art **2.** the act of exhibiting **3.** the things exhibited **4.** a scholarship awarded at some universities

**exhibitioner** *n.* a student who receives an exhibition

**exhibitionism** *n.* **1.** a tendency to call attention to oneself or show off **2.** *Psychol.* a tendency to expose parts of the body that are conventionally concealed —**ex'hibi'tionist** *n.* —**ex'hibi'tionis'tic** *adj.*

**exhilarate** (ig zil'ə rāt') *vt.* **-rat'ed, -rat'ing** [< L. *ex-,* intens. + *hilaris,* glad] to make merry or lively —**exhil'arative** *adj.* —**exhil'ara'tion** *n.*

**exhort** (ig zôrt') *vt., vi.* [< L. *ex-,* out + *hortari,* urge] to urge earnestly; entreat —**ex'horta'tion** (eg'-) *n.* —**exhor'tatory, exhor'tative** *adj.*

**exhume** (eks hyōōm') **vt.-humed', -hum'ing** [< L. *ex,* out + *humus,* ground] to dig out of the earth; disinter —**exhuma'tion** (eks'hyoo mā'shən) *n.*

**ex hypothesi** (hī poth'ə sī) [L.] hypothetically

**exigency** (ek'sə jən sē) *n., pl.* **-cies** [see EXACT] **1.** urgency **2.** a situation calling for immediate attention **3.** [*pl.*] pressing needs; demands Also **ex'igence** —**ex'igent** *adj.*

**exiguous** (eg zig'yoo wəs) *adj.* [see EXACT] scanty; little; small; meagre —**exiguity** (ek'sə gyōō'ə tē) *n.*

**exile** (ek'sīl) *n.* [< L. *exilium,* banishment] **1.** a prolonged, often enforced, living away from one's country, etc. **2.** a person in exile —*vt.* **-iled, -iling** to force (a person) to leave his country, etc.; banish

**exist** (ig zist') *vi.* [< L. *ex-,* forth + *sistere,* cause to stand] **1.** to have reality or being; be **2.** to be present (*in*) **3.** to continue being; live —**exist'ent** *adj.*

**existence** *n.* **1.** the state or fact of being **2.** continuance of being; life **3.** occurrence **4.** a manner of existing **5.** a thing that exists

**existential** (eg'zis ten'shəl) *adj.* **1.** of or based on existence **2.** of or relating to existentialism

**existentialism** *n.* a theory which holds that man is free and responsible for his acts —**ex'isten'tialist** *n.*

**exit** (ek′sit) *n.* [< L. *ex-*, out + *ire*, go] **1.** a way out **2.** a going out; departure **3.** an actor's departure from the stage **4.** he leaves: a stage direction —*vi.* to leave a place; depart

**‡ex libris** (eks li′bris, lī′-) [L.] from the library of

**exo-** [< Gr.] *a prefix meaning* outside, outer

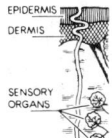

EXOCRINE GLAND

**exocrine** (ek′sə krīn) *adj.* [EXO- + (ENDO)CRINE] designating or of a gland secreting externally, either directly or through a duct —*n.* any such gland

**Exod.** Exodus

**exodus** (ek′sə dəs) *n.* [< Gr. *ex-*, out + *hodos*, way] a going out or forth —[**E-**] **1.** the departure of the Israelites from Egypt (with *the*) **2.** the second book of the Pentateuch, which describes this

**ex officio** (eks′ə fish′ē ō′) [L., from office] by virtue of one's office, or position

**exonerate** (ig zon′ə rāt′) *vt.* **-at′ed, -at′ing** [< L. *ex-*, out + *onus*, a burden] to declare or prove blameless —**exon′era′tion** *n.*

**exorbitant** (ig zôr′bə tənt) *adj.* [< L. *ex-*, out + *orbita*, track] going beyond what is reasonable, fair, etc., excessive —**exor′bitance** *n.* —**exor′bitantly** *adv.*

**exorcise, exorcize** (ek′sôr sīz′) *vt.* **-cised′** or **-cized′, -cis′ing** or **-ciz′ing** [< Gr. *ex-*, out + *horkos*, oath] **1.** to drive (an evil spirit) out or away by prayers, etc. **2.** to free from such a spirit —**ex′orcis′er, ex′orciz′er** *n.*

**exorcism** *n.* **1.** the act of exorcising **2.** a formula or ritual used in exorcising —**ex′orcist** *n.*

**exordium** (eks ôr′dē əm) *n., pl.* **-diums, -dia** [< L. *ex-*, from + *ordiri*, begin] the opening part of a speech, treatise, etc.

**exotic** (ig zot′ik) *adj.* [< Gr. *exō*, outside] **1.** not native **2.** strangely beautiful, enticing, etc. —*n.* a plant that is not native —**exot′ically** *adv.* —**exot′icism** *n.*

**exotica** *n.pl.* foreign or unfamiliar things, as curious or rare art objects, strange customs, etc.

**exp.** **1.** expenses **2.** export **3.** express

**expand** (ik spand′) *vt.* [< L. *ex-*, out + *pandere*, spread] **1.** to spread out; unfold **2.** to make greater in size, scope, etc. **3.** to enlarge upon (a topic, etc.) in detail —*vi.* **1.** to spread out; enlarge **2.** to become increasingly relaxed, friendly, or talkative —**expand′able** *adj.*

**expanse** *n.* a large, open area; wide extent

**expansible** *adj.* that can be expanded

**expansion** *n.* **1.** an enlargement **2.** an expanded thing or part **3.** the extent of expansion **4.** a development, as of a topic **5.** an increase, enlargement, etc., as in the activities of a company

**expansionism** *n.* the policy of expanding a nation's territory or sphere of influence —**expan′sionist** *adj., n.* —**expan′sionis′tic** *adj.*

**expansive** *adj.* **1.** tending to expand **2.** broad; comprehensive **3.** sympathetic; demonstrative —**expan′sively** *adv.* —**expan′siveness** *n.*

**expatiate** (ik spā′shē āt′) *vi.* **-at′ed, -at′ing** [< L. *ex-*, out + *spatiari*, walk] to speak or write in detail (*on* or *upon*) —**expa′tia′tion** *n.* —**expa′tiatory** *adj.*

**expatriate** (eks pa′trē āt′; *for adj. & n.,* -it) *vt.* **-at′ed, -at′ing** [< L. *ex,* out of + *patria,* fatherland] **1.** to exile **2.** to withdraw (oneself) from one's native land —*adj.* expatriated —*n.* an expatriated person —**expa′tria′tion** *n.*

**expect** (ik spekt′) *vt.* [< L. *ex-*, out + *spectare*, look] **1.** to look for as likely to occur or appear **2.** to look for as proper or necessary **3.** [Colloq.] to presume; guess —**be expecting** [Colloq.] to be pregnant

**expectancy** (ik spek′tən sē) *n., pl.* **-cies** **1.** expectation **2.** that which is expected, esp. on a statistical basis Also **expect′ance**

**expectant** *adj.* expecting; specif., *a*) showing expectation *b*) waiting, as for the birth of a child

**expectation** (ek′spek tā′shən) *n.* **1.** a looking forward to **2.** a looking for as due or necessary **3.** [*also pl.*] prospect of future success, prosperity, etc. —**in expectation** in the state of being looked for

**expectorant** (ek spek′tər ənt) *adj.* causing or easing the bringing up of phlegm, mucus, etc. from the respiratory tract —*n.* an expectorant medicine

**expectorate** *vt., vi.* **-rat′ed, -rat′ing** [< L. *ex-*, out + *pectus*, breast] **1.** to cough up and spit out (phlegm, mucus, etc.) **2.** to spit —**expec′tora′tion** *n.*

**expediency** (ik spē′dē ən sē) *n., pl.* **-cies** **1.** suitability for a given purpose **2.** the doing of what is of use or advantage rather than what is right; self-interest Also **expe′dience**

**expedient** *adj.* [see ff.] **1.** useful for effecting a desired result; convenient **2.** based on what is of use or advantage rather than what is right; guided by self-interest —*n.* an expedient thing —**expe′diently** *adv.*

**expedite** (ek′spə dīt′) *vt.* **-dit′ed, -dit′ing** [< L. *expedire*, lit., to free the feet] **1.** to speed up or make easy the progress of; facilitate **2.** to do quickly

**expedition** (ek′spə dish′ən) *n.* [see EXPEDITE] **1.** *a*) a journey, voyage, etc., as for exploration or battle *b*) the people, ships, etc. on such a journey **2.** efficient speed; dispatch —**ex'pedi'tionary** *adj.*

**expeditious** (ek'spə dish'əs) *adj.* efficient and speedy

**expel** (ik spel') *vt.* **-pelled', -pel'ling** [< L. *ex-*, out + *pellere*, thrust] **1.** to drive out by force; eject **2.** to dismiss or send away by authority —**expel'lable** *adj.*

**expend** (ik spend') *vt.* [< L. *ex-*, out + *pendere*, weigh] **1.** to spend **2.** to use up —**expend'er** *n.*

**expendable** *adj.* **1.** that can be expended **2.** *Mil.* designating equipment (and men) expected to be used up (or sacrificed) in service —*n.* a person or thing considered expendable —**expend'abil'ity** *n.*

**expenditure** *n.* **1.** a spending of money, time, etc. **2.** the amount of money, time, etc. expended

**expense** (ik spens') *n.* [see EXPEND] **1.** financial cost **2.** any cost or sacrifice **3.** [*pl.*] *a*) charges met with in doing one's work *b*) money to pay for these **4.** a cause of spending —**at the expense of** with the payment, loss, discredit, etc. borne by

**expense account** **1.** an arrangement whereby certain expenses of an employee related to his work are paid for by his employer **2.** a record of these

**expensive** *adj.* involving much expense; high-priced —**expen'sively** *adv.* —**expen'siveness** *n.*

**experience** (ik spēər'ē əns) *n.* [< L. *experiri*, to try] **1.** the act of living through an event **2.** anything or everything observed or lived through **3.** *a*) training and personal participation *b*) knowledge or skill resulting from this —*vt.* **-enced, -encing** to have experience of

**experienced** *adj.* **1.** having had much experience **2.** made wise, competent, etc. by experience

**experiential** (ik spēər'ē en'shəl) *adj.* of or based on experience —**expe'rien'tialist** *n.* —**expe'rien'tially** *adv.*

**experiment** (ik sper'ə mənt, *for v., also* -ment') *n.* [see EXPERIENCE] any action or process undertaken to discover or test something —*vi.* to make an experiment —**exper'imenta'tion** *n.* —**exper'iment'er** *n.*

**experimental** (ik sper'ə men't'l) *adj.* **1.** based on, tested by, or having the nature of, experiment **2.** used for experiments —**exper'imen'talism** *n.*

**expert** (ek'spərt) *n.* [see EXPERIENCE] a person who is skilful or highly trained and informed in some special field —*adj.* **1.** very skilful **2.** of or from an expert [*expert* opinion] —**ex'pertly** *adv.* —**ex'pertness** *n.*

**expertise** (ek'spər tēz') *n.* [Fr.] the skill, knowledge, judgment, etc. of an expert

**expiate** (ek'spē āt') *vt.* **-at'ed, -at'ing** [< L. *ex-*, out + *piare*, appease] **1.** to make amends for (wrongdoing) **2.** to suffer for —**ex'piable** *adj.* —**ex'pia'tion** *n.* —**ex'pia'tor** *n.*

**expiatory** (ek'spē ə tər ē) *adj.* that expiates

**expire** (ik spīər') *vi.* [< L. *ex-*, out + *spirare*, breathe] **1.** to come to an end **2.** to breathe out air **3.** to die —*vt.* **-pired', -pir'ing** to breathe out (air from the lungs) —**expiration** (ek'spə rā'shən) *n.*

**expiry** (ik spīər ē) *n., pl.* **-ries** a coming to an end; termination [the *expiry* of the lease]

**explain** (ik splān') *vt.* [< L. *ex-*, out + *planus*, level] **1.** to make plain or understandable **2.** to give the meaning of; expound **3.** to account for —*vi.* to give an explanation —**explain away** to state reasons for so as to justify —**explain oneself** **1.** to make clear what one means **2.** to give reasons justifying one's conduct

**explanation** (eks'plə nā'shən) *n.* **1.** an explaining **2.** something that explains **3.** the interpretation, meaning, etc. given in explaining

**explanatory** (ik splan'ə tə rē) *adj.* explaining or intended to explain: also **explan'ative**

**expletive** (eks plē'tiv) *n.* [< L. *ex-*, out + *plere*, fill] **1.** an oath or exclamation **2.** a word, phrase, etc. used to fill out a sentence or metrical line —*adj.* used to fill out a sentence, line, etc.: also **exple'tory**

**explicable** (iks plik'ə b'l) *adj.* that can be explained

**explicate** (eks'pli kāt') *vt.* **-cat'ed, -cat'ing** [< L. *ex-*, out + *plicare*, fold] to make clear or explicit; explain fully —**ex'plica'tion** *n.* —**ex'plica'tor** *n.*

**explicit** (ik splis'it) *adj.* [see prec.] **1.** clearly stated or expressed, with nothing implied **2.** saying what is meant; outspoken —**explic'itly** *adv.* —**explic'itness** *n.*

**explode** (ik splōd') *vt.* **-plod'ed, -plod'ing** [orig., drive off the stage < L. *ex-* off + *plaudere*, applaud] **1.** to make burst with a loud noise **2.** to cause a rapid, violent change in by chemical reaction or by nuclear fission or fusion **3.** to expose as false; discredit —*vi.* **1.** to burst noisily **2.** to break forth noisily [to *explode* with anger] **3.** to increase rapidly [an *exploding* population]

**exploit** (eks'ploit; *for v.*, ik sploit') *n.* [see EXPLICATE] an act of brilliance or daring; bold deed —*vt.* **1.** to utilize productively **2.** to profit from the labour of (others) in an unethical way; use selfishly —**exploit'able** *adj.* —**ex'ploita'tion** *n.* —**exploit'er** *n.*

**explore** (ik splôr') *vt., vi.* **-plored', -plor'ing** [L. *explorare*, search out] **1.** to look into closely; investigate **2.** to travel in (a region previously little known) for discovery —**ex'plora'tion** *n.* —**explor'atory** *adj.* —**explor'er** *n.*

**explosion** (ik splō'zhən) *n.* **1.** an exploding; detonation **2.** the noise made by exploding **3.** a noisy outburst **4.** a sudden, rapid, and widespread increase

**explosive** *adj.* **1.** of, causing, or like an explosion **2.** tending to explode —*n.* a substance that can explode —**explo'sively** *adv.* —**explo'siveness** *n.*

**exponent** (ik spō'nənt) *n.* [see EXPOUND]

1. a person who expounds or promotes (principles, etc.) 2. a person or thing that is an example (*of* something) 3. *Algebra* a small figure at the upper right of another figure to show how many times the latter is to be multiplied by itself (Ex.: $b^2 = b \times b$) **—exponential** (eks′-pō nen′shəl) *adj.* **—ex′ponen′tially** *adv.*

**export** (ek spôrt′; *for n. & adj.* eks′pôrt) *vt.* [< L. *ex-*, out + *portare,* carry] to send (goods, etc.) to other countries, esp. for sale **—*n.*** 1. something exported 2. an exporting Also **ex′porta′tion** **—*adj.*** of or for exporting or exports **—export′a-ble** *adj.* **—export′er** *n.*

**expose** (ik spōz′) *vt.* **-posed′, -pos′ing** [see EXPOUND] 1. to reveal; display; make known 2. to make known the crimes, etc. of 3. *a*) to lay open (*to* danger, attack, ridicule, etc.) *b*) to subject (*to* an influence) 4. *Hist.* to leave out in the open to die 5. *Photog.* to subject (a film or plate) to radiation as of light rays **—expose oneself** to display one's sexual organs in public **—expos′er** *n.*

**exposé** (eks pō′zā) *n.* [Fr.] a public disclosure of a scandal, crime, etc.

**exposed** (ik spōzd′) *adj.* 1. not concealed 2. left in the open; open to the weather 3. vulnerable

**exposition** (eks′pə zish′ən) *n.* [see EXPOUND] 1. a detailed explanation 2. writing or speaking that explains 3. a large public exhibition 4. the first section of certain musical forms, introducing the main theme

**expository** (ek spoz′ə tə rē) *adj.* explanatory

**ex post facto** (eks pōst fak′tō) [L., from (the thing) done afterwards] done afterwards, esp. when retroactive

**expostulate** (ik spos′choo lāt′) *vi.* **-lat′ed, -lat′ing** [< L. *ex-*, intens. + *postulare,* demand] to reason with a person, objecting to his actions or intentions (*with*) **—expos′tula′tion** *n.* **—expos′tula′tor** *n.* **—expos′tulatory** *adj.*

**exposure** (ik spō′zhər) *n.* 1. an exposing or being exposed 2. location in relation to the sun, winds, etc. [an eastern *exposure*] 3. the disclosure of doubtful transactions 4. a being exposed, when helpless, to the elements 5. *Photog.* *a*) a film section for making one picture *b*) the time during which film is exposed

**expound** (ik spound′) *vt.* [< L. *ex-*, out + *ponere,* put] 1. to set forth in detail 2. to explain

**express** (ik spres′) *vt.* [< L. *ex-*, out + *premere,* press] 1. to put into words; state 2. to make known; show 3. to represent; symbolize 4. to press out (juice, etc.) **—*adj.*** 1. *a*) expressed and not implied; explicit *b*) specific [his *express* reason] 2. exact [the *express* image] 3. fast and direct [an *express* train] **—*adv.*** by express **—*n.*** 1. an express train, bus, etc. 2. [Chiefly U.S.] a service for transporting goods rapidly **—express oneself** 1. to state one's thoughts 2. to give expression to one's feelings, talents, etc. **—express′er** *n.* **—express′ible** *adj.*

**expression** *n.* 1. a look, intonation, etc. that conveys meaning 2. a showing of feeling, character, etc. [an *expression* of joy] 3. a putting into words 4. a particular word or phrase 5. a manner of expressing; esp., with eloquence 6. a representing in art, music, etc. 7. a symbol or symbols expressing some mathematical fact **—expres′sionless** *adj.* **—expres′sionlessly** *adv.*

**expressionism** *n.* an early 20th-cent. movement in art, drama, etc., using symbols, stylization, etc. to give expression to inner experience **—expres′sionist** *adj., n.*

**expressive** *adj.* 1. that expresses; indicative (*of*) 2. full of meaning [an *expressive* nod] **—expres′sively** *adv.* **—expres′siveness** *n.*

**expressly** *adv.* 1. plainly; definitely 2. particularly

**expresso** (ek spres′ō) *n.* *same as* ESPRESSO

**expressway** *n.* [U.S.] a divided road for high-speed, through traffic

**expropriate** (eks prō′prē āt′) *vt.* **-at′ed, -at′ing** [< L. *ex-*, out + *proprius,* one's own] to take (property, etc.) from its owner **—expro′pria′tion** *n.* **—expro′pria′-tor** *n.*

**expulsion** (ik spul′shən) *n.* an expelling, or forcing out, or the condition of being expelled **—expul′sive** *adj.*

**expunge** (ek spunj′) *vt.* **-punged′, -pung′-ing** [< L. *ex-*, out + *pungere,* prick] to erase or remove completely; delete **—expunc′tion** (-spuŋk′shən) *n.*

**expurgate** (eks′pər gāt′) *vt.* **-gat′ed, -gat′ing** [< L. *ex-*, out + *purgare,* cleanse] to remove passages considered objectionable from (a book, etc.) **—ex′purga′tion** *n.*

**exquisite** (eks′kwi zit) *adj.* [< L. *ex-*, out + *quaerere,* ask] 1. carefully or elaborately made 2. very beautiful, esp. in a delicate way 3. of highest quality 4. intense; keen [*exquisite* pain] **—*n.*** one who is refined and fastidious in his tastes **—ex′quisitely** *adv.* **—ex′quisiteness** *n.*

**ex-serviceman** *n.* someone who has served in the Armed Forces **—ex-service-woman** *n. fem.*

**ext.** 1. exterior 2. external 3. extra

**extant** (ek stant′) *adj.* [< L. *ex-*, out + *stare,* stand] still existing

**extemporaneous** (ik stem′pə rā′nē əs) *adj.* [see EXTEMPORE] done or spoken without any preparation; impromptu: also **extemporary** (ik stem′pə rər ē) **—extem′-pora′neously** *adv.*

**extempore** (ek stem′pə rē) *adv., adj.* [L. < *ex,* out of + *tempus,* time] without preparation; impromptu

**extemporize** *vi., vt.* **-rized′, -riz′ing** 1. to speak, perform, or compose extempore; improvise 2. to contrive as a makeshift **—extem′poriza′tion** *n.* **—extem′poriz′-er** *n.*

**extend** (ik stend′) *vt.* [< L. *ex-*, out + *tendere,* stretch] 1. to stretch out; lengthen; prolong 2. to enlarge in area, scope, etc.; expand 3. to stretch forth 4. to offer; grant 5. to make (oneself) work or try hard —*vi.* **1.** to be extended **2.** to reach or stretch —**extend'ed** *adj.* —**extend'er** *n.* —**extend'ibil'ity** *n.*

**extended family** a social unit in which parents, grandparents, children, etc. live as a family unit

**extended player** a record containing three or four tracks instead of two: also **maxi single**

**extensible** (ik sten'sə b'l) *adj.* that can be extended

**extension** (ik sten'shən) *n.* **1.** an extending or being extended **2.** range; extent **3.** a part that forms a continuation or addition **4.** a service by which some of the facilities of an educational establishment are offered to outsiders **5.** an extra telephone on the same line as the main telephone **6.** *Physics* that property of a body by which it occupies space —*adj.* designating a device that can extend *[extension* ladder*]* —**exten'sional** *adj.*

**extensive** *adj.* **1.** of great extent; vast **2.** far-reaching —**exten'sively** *adv.* —**exten'siveness** *n.*

**extensor** *n.* a muscle that extends or straightens some part of the body, esp. a flexed arm or leg

**extent** (ik stent') *n.* **1.** the space, amount, or degree to which a thing extends; size; length; breadth **2.** range or limits; scope; coverage **3.** an extended space; vast area

**extenuate** (ik sten'yoo wāt') *vt.* **-at'ed, -at'ing** [< L. *ex-,* out + *tenuis,* thin] to lessen or seem to lessen the seriousness of (an offence, etc.) by giving excuses or serving as an excuse —**exten'ua'tion** *n.* —**exten'uatory, exten'uative** *adj.*

**exterior** (ik stēər'ē ər) *adj.* [see EXTERNAL] **1.** *a*) on the outside; outer *b*) for use on the outside **2.** coming from without *[exterior* forces*]* —*n.* **1.** an outside or outside surface **2.** an outward appearance **3.** a picture, etc. of an outdoor scene —**exte'riorly** *adv.*

**exterior angle** any of the four angles formed on the outside of two straight lines by a straight line cutting across them

**exterminate** (ik stur'mə nāt') *vt.* **-nat'ed, -nat'ing** [< L. *ex-,* out + *terminus,* boundary] to destroy entirely, as by killing; annihilate —**exter'mina'tion** *n.* —**exter'mina'tor** *n.*

**external** (ik stur'n'l) *adj.* [< L. *externus*] **1.** on the outside; exterior **2.** coming from without **3.** foreign **4.** for use on the outside of the body *[a* medicine for *external* use*]* **5.** existing apart from the mind; material **6.** for outward show; superficial **7.** of an examination, etc. taken by a student who is not resident at the university awarding the degree —*n.* [*pl.*] outward appearance or behaviour —**externality** (eks'tər nal'ə tē) *n., pl.* **-ties** —**exter'nally** *adv.*

**externalize** *vt.* **-ized', -iz'ing** to make external; embody —**exter'naliza'tion** *n.*

**extinct** (ik stiŋkt') *adj.* [see EXTINGUISH] **1.** no longer in existence *[an extinct* species*]* **2.** having died down **3.** no longer active *[an extinct* volcano*]*

**extinction** *n.* **1.** the fact or state of being or becoming extinct **2.** a putting out or being put out, as of a fire **3.** a destroying or being destroyed

**extinguish** (ik stiŋ'gwish) *vt.* [< L. *ex-,* out + *stinguere,* extinguish] **1.** to put out (a fire, etc.) **2.** to destroy **3.** to eclipse; obscure —**extin'guishable** *adj.* —**extin'guisher** *n.* —**extin'guishment** *n.*

**extirpate** (ek'stur pāt') *vt.* **-pat'ed, -pat'ing** [< L. *ex-,* out + *stirps,* root] **1.** to pull up by the roots **2.** to destroy completely; abolish —**ex'tirpa'tion** *n.*

**extol** (ik stōl') *vt.* **-tolled', -tol'ling** [< L. *ex-,* up + *tollere,* raise] to praise highly —**extol'ler** *n.* —**extol'ment** *n.*

**extort** (ik stôrt') *vt.* [< L. *ex-,* out + *torquere,* twist] to get (money, etc.) by violence, threats, misuse of authority, etc.; exact (*from*) —**extort'er** *n.*

**extortion** *n.* **1.** an extorting: sometimes applied to the exaction of too high a price **2.** something extorted —**extor'tionate, extor'tionary** *adj.*

**extortioner** *n.* a person guilty of extortion: also **extor'tionist**

**extra** (eks'trə) *adj.* [prob. < EXTRAORDINARY] **1.** more, larger, or better than is normal, expected, necessary, etc. **2.** to be paid for by an added charge —*n.* an extra person or thing; specif., *a*) an additional charge *b*) formerly, a special newspaper edition for important news *c*) an extra benefit *d*) *Cinema* an actor hired by the day to play a minor part *e*) *Cricket* a run that is not scored from the bat, as a bye —*adv.* more than usually *[extra* hot*]*

**extra-** [L. < *extern(us),* from outside] *a prefix meaning* outside, beyond, beside *[extramural, extramarital]*

**extra cover** *Cricket* a fielding position between cover and mid-off

**extract** (ik strakt'; *for n.* eks'trakt) *vt.* [< L. *ex-,* out + *trahere,* draw] **1.** to draw out by effort *[to extract* teeth, to *extract* a promise*]* **2.** to separate (metal) from ore **3.** to obtain by pressing, distilling, etc. *[to extract* juice from fruit*]* **4.** to derive, or elicit **5.** to copy out (a passage from a book, etc.) **6.** *Math.* to compute (the root of a quantity) —*n.* something extracted; specif., *a*) a concentrated form of a food, etc. *[*beef *extract] b*) a quotation from a book, etc. —**extrac'tive** *adj.* —**extrac'tor** *n.*

**extraction** *n.* **1.** an extracting; specif., the extracting of a tooth **2.** lineage; descent

**extractor fan** a device for extracting stale air and other gases from a room, building, etc.: also **extrac'tor**

**extracurricular** (eks'trə kə rik'yə lər) *adj.* not part of the required curriculum

**extradite** (eks'trə dīt') *vt.* **-dit'ed, -dit'ing** [< L. *ex,* out + *traditio,* a surrender] **1.** to turn over (an alleged criminal, etc.) to the jurisdiction of another state **2.** to obtain the extradition of —**ex'tradit'able** *adj.* —**ex'tradi'tion** (-dish'ən) *n.*

**extramural** (eks'trə myoor'əl) *adj.* [EXTRA- + MURAL] connected with but outside the normal courses of a university, college, etc.

**extraneous** (ik strā′nē əs) *adj.* [< L. *extraneus,* foreign] **1.** not essential **2.** not pertinent **3.** coming from outside; foreign **—extra′neousness** *n.*

**extraordinary** (ik strôr′d'n ər ē) *adj.* [< L. *extra ordinem,* out of the usual order] **1.** very unusual; remarkable **2.** not according to the usual custom **3.** sent on a special errand [an envoy *extraordinary*] **—extraor′dinarily** *adv.* **—extraor′dinariness** *n.*

**extrapolate** (ik strap′ō lāt′) *vt., vi.* **-lat′ed, -lat′ing** [see EXTRA- + INTERPOLATE] to estimate (a value, quantity, etc. beyond the known range) on the basis of certain known facts **—extrap′ola′tion** *n.*

**extrasensory** (eks′trə sen′sər ē) *adj.* designating or perception that seems to occur apart from the normal function of the senses

**extravagance** (ik strav′ə gəns) *n.* **1.** a spending of more than is reasonable or necessary **2.** a going beyond reasonable or proper limits; excess **3.** an instance of excess in spending, behaviour, or speech Also **extrav′agancy**

**extravagant** *adj.* [< L. *extra,* beyond + *vagari,* wander] **1.** costing or spending too much **2.** going beyond reasonable limits; excessive **3.** too ornate **—extrav′agantly** *adv.*

**extravaganza** (ik strav′ə gan′zə) *n.* [< It. *estravaganza,* extravagance] **1.** a literary, musical, or dramatic fantasy **2.** a spectacular theatrical show

**extravasate** (ik strav′ə sāt′) *vt.* [< EXTRA- + L. *vas,* vessel] to force (blood, etc.) out from its proper vessel

**extreme** (ik strēm′) *adj.* [< L. *exterus,* outer] **1.** to an excessive degree **2.** unconventional **3.** deviating from a moderate view; specif., furthest to the right or left in politics **4.** severe; drastic **5.** at the outermost point; farthest away **—*n.*** **1.** either of two things that are as different as possible from each other **2.** an extreme degree, act, expedient, etc. **—go to extremes** to be immoderate in speech or action **—in the extreme** to the utmost degree **—extreme′ly** *adv.*

**Extreme Unction** *same as* ANOINTING OF THE SICK

**extremism** *n.* a being extreme, esp. in politics **—extrem′ist** *adj., n.*

**extremity** (ik strem′ə tē) *n., pl.* **-ties** **1.** the utmost point; end **2.** the greatest degree **3.** a state of extreme necessity, danger, etc. **4.** the end of life; dying **5.** an extreme measure **6.** [*pl.*] the hands and feet

**extricate** (eks′trə kāt′) *vt.* **-cat′ed, -cat′ing** [< L. *ex-,* out + *tricae,* hindrances] to set free; disentangle (*from* a net, embarrassment, etc.) **—ex′trica′tion** *n.*

**extrinsic** (ek strin′sik) *adj.* [< L. *exter,* without + *secus,* following] not belonging to the real nature of a thing; not inherent; extraneous **—extrin′sically** *adv.*

**extroversion** (eks′trō vur′shən) *n.* [< EXTRA- + ML. *versio,* a turning] *Psychol.* an attitude in which a person directs his interest to things outside himself rather than to his own experiences and feelings

**extrovert** (eks′trə vurt′) *n. Psychol.* a person characterized by extroversion **—*adj.*** characterized by extroversion: usually **ex′trovert′ed**

**extrude** (ek stro̅o̅d′) *vt.* **-trud′ed, -trud′ing** [< L. *ex-,* out + *trudere,* thrust] **1.** to push out **2.** to force (metal, etc.) through a die to give it a certain shape **—*vi.*** to protrude **—extrud′er** *n.* **—extru′sion** *n.* **—extru′sive** *adj.*

**exuberance** (ig zyo̅o̅′bər əns) *n.* [< L. *ex-,* intens. + *uberare,* bear abundantly] **1.** the state or quality of being exuberant **2.** an instance of this; esp., action or speech showing high spirits Also **exu′berancy**

**exuberant** *adj.* **1.** full of life, vitality, or high spirits **2.** luxuriant **—exu′berantly** *adv.*

**exude** (ig zyo̅o̅d′) *vt., vi.* **-ud′ed, -ud′ing** [< L. *ex-,* out + *sudare,* sweat] **1.** to pass out in drops through pores, etc.; ooze **2.** to seem to radiate [to *exude* joy] **—exudation** (eks′yə dā′shən) *n.*

**exult** (ig zult′) *vi.* [< L. *ex-,* intens. + *salire,* to leap] to rejoice greatly; be jubilant; glory **—ex′ulta′tion** *n.*

**exultant** *adj.* exulting; triumphant; jubilant

**-ey** (ē, i) *same as* $-Y^2$: used esp. after words ending in *y*

**eye** (ī) *n.* [OE. *eage*] **1.** the organ of sight in man and animals **2.** *a*) the eyeball *b*) the iris **3.** the area around the eye [a black *eye*] **4.** [*often pl.*] sight; vision **5.** a look; glance **6.** attention; observation **7.** the power of judging by eyesight **8.** [*often pl.*] judgment; opinion [in the *eyes* of the law] **9.** a thing like an eye in shape or function, as a bud of a potato **10.** *Meteorol.* the low-pressure centre (of a hurricane), around which the winds whirl **—*vt.*** **eyed, eye′ing** or **ey′ing** to look at **—all eyes** extremely attentive **—all my eye** [Slang] nonsense: also **all my eye and Betty Martin** **—an eye for an eye** punishment equivalent to the injury suffered **—catch one's eye** to attract one's attention **—easy on the eyes** [Slang] attractive **—feast one's eyes on** to look at with pleasure **—get one's eye in** to accustom oneself to one's surroundings: said esp. of sportsmen **—have an eye for** to have a keen appreciation of **—have an eye to** to attend to **—have eyes for** [Colloq.] to be interested in and want **—in the public eye** often brought to public attention **—keep an eye on** to look after **—keep an eye out for** to be watchful for **—keep one's eyes open** (or **peeled** or **skinned**) to be watchful **—lay** (or **set** or **clap**) **eyes on** to see **—make sheep's eyes at** to look at flirtatiously; ogle **—one in the eye** a rebuff; discomfiture **—open one's eyes** to make one aware of the facts **—see eye to eye** to agree **—shut one's eyes to** to refuse to see or think about: also **turn a blind eye to** **—up to the eyes in** deeply engaged in **—with**

**an eye to** 1. regarding 2. with the intention of **—with one's eyes shut** 1. without noticing 2. with great ease

**eyeball** *n.* the part of the eye enclosed by the socket and eyelids **—eyeball to eyeball** confronting closely; face to face *[an eyeball to eyeball meeting]*

**eye-bright** *n.* a small plant formerly used in treating eye disorders

**eyebrow** *n.* the the bony arch over each eye or the hair growing on this **—raise an eyebrow** to appear sceptical, etc.

**eye-catching** *adj.* tending to attract attention

**eyed** *adj.* having eyes (of a specified kind) *[blue-eyed]*

**eyedropper** *n. same as* DROPPER

**eyeful** *n.* 1. a full look at something 2. [Slang] a person or thing that looks striking

**eyeglass** *n.* 1. a lens to help faulty vision; monocle 2. [Chiefly U.S.] [*pl.*] spectacles

**eyehole** *n.* 1. the socket for the eyeball 2. a peephole

**eyelash** *n.* any of the hairs on the edge of the eyelid

**eyelet** *n.* 1. a small hole for receiving a cord, etc. 2. a metal ring for lining such a hole

**eyelid** *n.* either of the two folds of skin that cover and uncover the front of the eyeball

**eye liner** a cosmetic applied in a thin line on the eyelid

**eye-opener** *n.* a sudden realization

**eyepiece** *n.* in a telescope, microscope, etc., the lens or lenses nearest the viewer's eye

**eye shadow** a coloured cosmetic applied to the eyelids

**eyeshot** *n.* range of vision

**eyesight** *n.* 1. the power of seeing; sight; vision 2. the range of vision

**eyesore** *n.* a thing that is unpleasant to look at

**eyestrain** *n.* a strained condition of the eye muscles, caused by too much use of the eyes

**eyetooth** *n., pl.* **-teeth′** a canine tooth of the upper jaw **—cut one's eyeteeth** to become experienced

**eyewash** *n.* 1. a lotion for the eyes 2. [Slang] *a*) nonsense *b*) flattery *c*) something done only to impress

**eyewitness** *n.* a person who sees something happen, as an accident, crime, etc.

**eyrie, eyry** (āər′ē, ēər′ē) *n., pl.* **-ries** [ML. *aeria,* area: infl. by L. *aer,* air & ME. *ei,* egg] 1. the nest of an eagle or other bird of prey that builds in a high place 2. a house or stronghold on a high place

# F

**F, f** (ef) *n., pl.* **F's, f's** the sixth letter of the English alphabet

**F** (ef) *n. Music* the fourth tone in the ascending scale of C major

**F** *Physics the symbol for* farad

**F** 1. Fahrenheit 2. fathom 3. *Chem.* fluorine

**F/, f/, f:, f.** f-number

**F.** 1. Fahrenheit 2. Fellow 3. France 4. Friday

**F., f.** 1. feminine 2. folio(s) 3. following 4. *Music* forte

**fa** (fä) *n.* [< ML.] *Music* a syllable representing the fourth tone of the diatonic scale

**F.A.** 1. Football Association 2. Fanny Adams

**Fabian** (fā′bē ən) *adj.* [< *Fabius,* Roman general] 1. using a cautious strategy of delay and avoidance of battle 2. of a socialist organization (**Fabian Society**) advocating gradual reforms —*n.* a member of the Fabian Society

**fable** (fā′b'l) *n.* [< L. *fabula,* story] 1. a fictitious story meant to teach a moral lesson: the characters are usually talking animals 2. a myth or legend 3. a falsehood or fiction

**fabled** *adj.* 1. legendary 2. fictitious

**fabric** (fab′rik) *n.* [< L. *fabrica,* a workshop < *faber,* workman] 1. any woven, knitted, or felted material 2. a framework or structure

**fabricate** (fab′rə kāt′) *vt.* **-cat′ed, -cat′ing** [see prec.] 1. to make, construct, etc.; manufacture 2. to make up (a story, lie, etc.) —**fab′rica′tion** *n.* —**fab′rica′tor** *n.*

**fabulous** (fab′yoo ləs) *adj.* [see FABLE] 1. incredible 2. [Colloq.] wonderful 3. of or like a fable; imaginary; fictitious —**fab′ulously** *adv.*

**façade** (fə säd′) *n.* [Fr. < It.: see ff.] 1. the front of a building 2. an outer appearance, esp. one that is deceptive

**face** (fās) *n.* [< L. *facies,* the face] 1. the front of the head 2. the expression of the countenance 3. the main or front surface 4. any of the surfaces of a crystal 5. the surface that is marked, as of a clock, playing card, etc. 6. the appearance; outward aspect 7. dignity; self-respect: in **lose** (or **save**) **face** 8. [Colloq.] effrontery 9. *Typography a*) the printing surface of a letter or plate *b*) the design of type —*vt.* **faced, fac′ing** 1. to turn, or have the face turned, towards 2. to meet face to face 3. to confront with courage, etc. 4. to put another material on the surface of 5. to sew a facing to (a collar, etc.) —*vi.* 1. to turn, or have the face turned, in a specified direction 2. *Mil.* to pivot in a specified direction *[right face!]* —**face to face** 1. confronting one another 2. in the presence of: followed by *with* —**face up to** to confront with courage —**in the face of** in spite of —**make a face** to grimace —**on the face of it** apparently —**set one's face against** to be determinedly against —**show one's face** to come and be seen —**to one's face** openly —**faced** *adj.*

**face card** *same as* COURT CARD

**faceless** *adj.* without individuality or identity

**face lifting** 1. plastic surgery for removing wrinkles, etc. from the face 2. an altering, cleaning, etc., as of the exterior of a building Also **face lift**

**facer** (fā′sər) *n.* [Colloq.] 1. a sudden blow in the face 2. any sudden, unexpected difficulty or defeat

**face-saving** *adj.* preserving or intended to preserve one's dignity or self-respect

**facet** (fas′it) *n.* [see FACE] 1. any of the small, polished plane surfaces of a cut gem 2. any of the sides or aspects, as of a personality —**fac′eted** *adj.*

**facetious** (fə sē′shəs) *adj.* [< L. *facetus,* witty] joking, or intended to be jocular, esp. at an inappropriate time

**face value** 1. the value shown on a bank note, bond, etc. 2. the seeming value *[to take a promise at face value]*

**facia** (fā′shē ə) *n.* [var. of FASCIA] 1. an instrument panel, as of a motor car 2. a board over a shop front with the proprietor's name

**facial** (fā′shəl) *adj.* of or for the face —*n.* a cosmetic treatment intended to improve facial appearance

**-facient** (fā′shənt) [< L.] *a suffix meaning* making or causing to become *[liquefacient]*

**facile** (fas′il′) *adj.* [< L. *facere,* do] 1. easy 2. done quickly and smoothly; fluent 3. not sincere or profound —**fac′ilely** *adv.* —**fac′ileness** *n.*

**facilitate** (fə sil′ə tāt′) *vt.* **-tat′ed, -tat′ing** [see prec.] to make easy or easier —**facil′ita′tion** *n.*

**facility** (fə sil′ə tē) *n., pl.* **-ties** 1. absence of difficulty 2. a ready ability; skill 3. [*usually pl.*] the means to do something 4. a room, etc. for some activity

**facing** (fās′iŋ) *n.* 1. a lining sewn on a collar, cuff, etc. 2. a covering of contrasting material, as for decorating or protecting a building

**facsimile** (fak sim′ə lē) *n.* [< L. *facere,* make + *simile,* like] (an) exact reproduction or copy

**fact** (fakt) *n.* [< L. *facere,* do] 1. a thing that has happened or is true 2. reality; truth 3. something supposed to be true 4. a deed; act: now esp. a criminal deed *[an accessory after the fact]* —**as a matter of fact** really: also **in fact, in**

**point of fact** —**facts and figures** exact details —**the facts of life** **1.** basic information about sexual reproduction **2.** the unpleasant facts one must face in life

**faction** (fak′shən) ***n.*** [< L. *facere,* do] **1.** a group of people in a political party, club, etc. working in a common cause against the main body **2.** partisan conflict within an organization; dissension

**faction fight** [S Afr.] a fight, often serious, between blacks of different tribes

**factious** (fak′shəs) ***adj.*** characterized by, or producing faction —**fac′tiously** ***adv.*** —**fac′tiousness** ***n.***

**factitious** (fak tish′əs) ***adj.*** [< L. *facere,* do] forced or artificial —**facti′tiously** ***adv.***

**factor** (fak′tər) ***n.*** [< L. *facere,* do] **1.** any of the circumstances, conditions, etc. that bring about a result **2.** *Math.* any of the quantities which form a product when multiplied together **3.** a person who carries on business transactions for another —***vt.*** *Math.* to resolve into factors: also **fac′torize′**

**factorial** (fak tôr′ē əl) ***n.*** *Math.* the product of all the whole numbers from 1 up to and including a given number [the *factorial* of 4 is 1×2×3×4, or 24]

**factory** (fak′tə rē) ***n., pl.*** **-ries** [see FACTOR] a building or buildings in which things are manufactured

**factory farm** a farm using industrial methods to promote maximum growth rate in animals

**factory ship** the vessel in a fishing fleet on which the catch is processed

**factotum** (fak tōt′əm) ***n.*** [< L. *facere,* do + *totum,* all] a person hired to do all sorts of work; handyman

**factual** (fak′choo wəl) ***adj.*** of facts; real; actual —**fac′tually** ***adv.***

**faculty** (fak′əl tē) ***n., pl.*** **-ties** [see FACILE] **1.** any natural or specialized power of a living organism **2.** any mental power such as will, reason, etc. **3.** special aptitude **4.** *a*) a university department *b*) its teaching staff **5.** [U.S.] all the teachers of a school, college, etc. **6.** an authorization

**fad** (fad) ***n.*** [< Dial.] a custom, style, etc. that many people are interested in for a short time; craze —**fad′dish, fad′dy** ***adj.*** —**fad′dist** ***n.***

**fade** (fād) ***vi.*** **fad′ed, fad′ing** [< OFr. *fade,* pale] **1.** to lose colour, intensity, power, etc. **2.** to wane, wither away, or die out —***vt.*** to cause to fade —**fade in** (or **out**) *Cinema, Radio & TV* to appear (or disappear) gradually or cause to do so

**faeces** (fē′sēz) ***n.pl.*** [L., dregs] waste matter expelled from the bowels; excrement —**fae′cal** (-k′l) ***adj.***

**faerie, faery** (fāər′ē) ***n.*** [Archaic] **1.** fairyland **2.** *pl.* **-ies** a fairy Also written **faërie, faëry**

**Faeroese** (fāər′ō wēz′) ***adj.*** of the Faeroe Islands —***n.*** **1.** *pl.* **Faer′oese′** a native of the Faeroe Islands **2.** their language Also sp. **Faroese**

**faff** (faf) ***vi.*** [< ?] [Colloq.] to dither; be flustered

**fag**[1] (fag) ***vi.*** **fagged, fag′ging** [< ?] **1.** to work hard and become very tired **2.** [Colloq.] to serve as a fag —***vt.*** to make tired by hard work —***n.*** **1.** [Colloq.] *a*) drudgery *b*) a schoolboy who acts as a servant for an older boy **2.** [U.S. Slang] a homosexual

**fag**[2] ***n.*** [< ff.] [Slang] a cigarette

**fag end** **1.** the last and worst part of anything, esp. of a cigarette **2.** the frayed end of a cloth or rope

**faggot** (fag′ət) ***n.*** [ult. < Gr. *phakelos* a bundle] **1.** a bundle of sticks, esp for use as fuel **2.** a savoury roll made of liver, etc. **3.** a stack of iron or steel pieces **4.** [Derog.] an old woman

**fah** (fä) ***n.*** *same as* FA

**Fah., Fahr.** Fahrenheit

**Fahrenheit** (far′ən hīt′) ***adj.*** [< G. D *Fahrenheit*] of a thermometer on which 32° is the freezing point and 212° the boiling point of water: abbrev. **F**

**faience** (fī äns′) ***n.*** [Fr. < *Faenza,* Italy] earthenware having a colourful, opaque glaze

**fail** (fāl) ***vi.*** [< L. *fallere,* deceive] **1.** to be unsuccessful in obtaining a desired end **2.** to stop functioning **3.** *Educ.* to be unsuccessful in an examination **4.** to be lacking or insufficient **5.** to weaken, die away **6.** to become bankrupt —***vt.*** **1.** to be of no help to **2.** to abandon [his courage *failed* him] **3.** to miss or omit [to *fail* to go] **4.** *Educ. a*) to refuse to pass a candidate under examination *b*) to be unsuccessful in an examination —***n.*** failure —**without fail** without failing (to occur, do, etc.) —**failed** ***adj.***

**failing** ***n.*** a slight fault or defect; weakness —***prep.*** without; lacking

**fail-safe** (fāl′sāf′) ***adj.*** of a procedure designed to prevent malfunctioning or unintentional operation

**failure** (fāl′yər) ***n.*** **1.** the act or fact of failing, or losing strength, breaking down, going bankrupt, not doing or succeeding, etc. **2.** a person or thing that fails

**fain** (fān) ***adj.*** [OE. *fægen,* glad] [Archaic] **1.** glad; ready **2.** compelled —***adv.*** [Archaic] gladly

**faint** (fānt) ***adj.*** [see FEIGN] **1.** weak; feeble **2.** timid **3.** done without enthusiasm **4.** feeling weak and dizzy **5.** dim; indistinct —***n.*** a condition of temporary loss of consciousness —***vi.*** to fall into a faint; swoon

**fainthearted** ***adj.*** cowardly; timid

**fair**[1] (fāər) ***adj.*** [OE. *fæger*] **1.** just; impartial **2.** according to the rules **3.** light in colour; blond **4.** beautiful **5.** neither very bad nor very good **6.** of moderately good size **7.** unblemished, clean **8.** favourable [a *fair* wind] **9.** clear and sunny **10.** easy to read; clear [a *fair* hand] **11.** likely [in a *fair* way to benefit] —***adv.*** **1.** in a fair manner [play *fair*] **2.** squarely [struck *fair* in the face] **3.** [Colloq.] extremely [I'm *fair* flummoxed] —**a fair treat** [Colloq.] a person or thing that is very pleasant —**fair and square** [Colloq.] with justice and honesty **—fair to middling** [Colloq.] moderately good **—fair'ish** *adj.* **—fair'ness** *n.*

**fair²** *n.* [< L. *feriae,* festivals] **1.** a regular gathering of people for the sale of goods **2.** a collection of sideshows and amusements; funfair **3.** an exhibition to promote trade *[a world fair]*

**fairground** *n.* an open space where fairs are held

**fair-haired** *adj.* **1.** having blond hair **2.** [Colloq.] favourite *[mother's fair-haired boy]*

**fairing** *n.* a structure added to an aircraft, etc., to streamline the shape and thus reduce drag

**Fair Isle** [< island in the Shetlands] a type of complex knitting pattern using coloured wools

**fairly** *adv.* **1.** justly **2.** moderately **3.** distinctly **4.** completely or really *[his voice fairly rang]*

**fair play** an abiding by the rules or by decency and honour in sports, business, etc.

**fair sex** women collectively: used with *the*

**fairway** *n.* **1.** a navigable channel **2.** the mowed part of a golf course between a tee and a green

**fair-weather** *adj.* dependable only in easy circumstances *[fair-weather friends]*

**fairy** (fâər'ē) *n., pl.* **fair'ies** [< OFr. *faerie*] **1.** a tiny, graceful, imaginary being with magic powers **2.** [Slang] a male homosexual

**fairy-cycle** *n.* a child's bicycle

**fairy godmother** *n.* a benefactress

**fairyland** *n.* **1.** the imaginary land where the fairies live **2.** a lovely, enchanting place

**fairy lights** small, coloured, decorative lights used esp. outdoors and on Christmas trees

**fairy ring** a circle of dark grass caused by fungus

**fairy tale** **1.** a story about fairies, magic deeds, etc. **2.** an unbelievable or untrue story; lie: also **fairy story**

**fait accompli** (fā'tə kom'plē) [Fr.] a thing already done, so that opposition or argument is useless

**faith** (fāth) *n.* [< L. *fidere,* to trust] **1.** unquestioning belief esp. in God, religious tenets, etc. **2.** a particular religion **3.** anything believed **4.** complete trust or confidence **5.** loyalty **—bad faith** insincerity; duplicity **—good faith** sincerity; honesty

**faithful** *adj.* **1.** loyal **2.** conscientious **3.** accurate **—the faithful** the true believers or loyal followers **—faith'fully** *adv.* **—faith'fulness** *n.*

**faith healing** a method of treating illness by religious faith, praying, etc.: also **faith curing** **—faith healer**

**faithless** *adj.* **1.** dishonest; disloyal **2.** unreliable **—faith'lessly** *adv.* **—faith'lessness** *n.*

**fake** (fāk) *vt., vi.* **faked, fak'ing** [< ? G. *fegen,* to clean] to practise deception by giving a false indication or appearance of (something); feign **—***n.* anything or anyone not genuine; fraud **—***adj.* fraudulent; false

**fakir** (fā'kēər') *n.* [Ar. *faqīr,* poor] **1.** a member of a Moslem holy sect who lives by begging **2.** a Hindu ascetic

**Falange** (fə lanj') *n.* [Sp., phalanx] a fascist political party in Spain **—Falang'ist** *n.*

**falchion** (fôl'chən) *n.* [< L. *falx,* sickle] a medieval sword with a broad, slightly curved blade

**falcon** (fôl'kən) *n.* [< L. *falx,* sickle] **1.** any hawk trained to hunt and kill small game **2.** a long-winged hawk with a short, curved beak

**falconry** *n.* **1.** the art of training falcons to hunt game **2.** the sport of hunting with falcons **—fal'coner** *n.*

**falderal** (fal'dərəl') *n.* [nonsense syllables] **1.** nonsense **2.** a refrain in some old songs

**fall** (fôl) *vi.* **fell, fall'en, fall'ing** [OE. *feallan*] **1.** to come down by gravity, as when dropped **2.** to come down suddenly from an upright position; tumble **3.** to be wounded or killed in battle **4.** to collapse **5.** to hang down **6.** to strike; hit *[to fall wide of the mark]* **7.** to take a downward direction **8.** to become lower, less, weaker, etc. **9.** to lose power, status, etc. **10.** to do wrong; sin **11.** to be captured or conquered **12.** to take on a dejected look *[his face fell]* **13.** to take place; occur **14.** to come by lot, inheritance, etc. **15.** to pass into a specified condition *[to fall ill]* **16.** to be directed, esp. by chance **—***n.* **1.** a dropping; descending **2.** a coming down suddenly from an upright position **3.** a downward direction or slope **4.** a becoming lower or less **5.** a capture; overthrow; ruin **6.** a loss of status, reputation, etc. **7.** something fallen, as snow, or the amount of this **8.** [U.S.] autumn **9.** the distance something falls **10.** [*usually pl.*] water falling over a cliff, etc. **11.** *a*) the throwing of an opponent in wrestling *b*) a wrestling match **—fall about** [Colloq.] be helpless with laughter **—fall (all) over oneself** [Colloq.] to behave in too eager a manner **—fall away** to become less in size, strength, etc. **—fall back** to retreat **—fall back on** (or **upon**) to turn to for help **—fall down on** [Colloq.] to fail in **—fall flat** to fail to have the desired effect **—fall for** [Colloq.] **1.** to fall in love with **2.** to be tricked by **—fall foul of** to come into conflict or collision with **—fall in** **1.** to give way **2.** to line up in proper formation **—fall in with** **1.** to meet accidentally **2.** to agree to **—fall off** to become smaller, less, worse, etc. **—fall on** (or **upon**) **1.** to attack **2.** to be the duty of **—fall out** **1.** to quarrel **2.** to happen **3.** to leave one's place in a formation **—fall short** to fail to meet a standard or goal (with *of*) **—fall through** to come to nothing **—fall to** to begin **—fall under** to be classified as **—the Fall (of Man)** *Theol.* Adam's sin of yielding to temptation in eating the forbidden fruit

**fallacy** (fal'əsē) *n., pl.* **-cies** [< L. *fallere,*

deceive] **1.** aptness to mislead **2.** a mistaken idea; error **3.** an error in reasoning **—fallacious** (fə lā′shəs) ***adj.***

**fallen** (fôl′ən) ***adj.*** **1.** dropped **2.** prostrate **3.** degraded **4.** over-thrown **5.** ruined **6.** dead

**fall guy** [U.S. Slang] a person left to face the consequences, as of a scheme that has miscarried

**fallible** (fal′ə b′l) ***adj.*** [< L. *fallere,* deceive] **1.** liable to be mistaken or deceived **2.** liable to be inaccurate **—fal′libil′ity** ***n.*** **—fal′libly** ***adv.***

**falling sickness** *former name for* EPILEPSY

**falling star** *same as* METEOR

**Fallopian tube** (fə lō′pē ən) [< G. *Fallopio*] either of two slender tubes that carry ova from the ovaries to the uterus

**fallout** (fôl′out′) ***n.*** **1.** the descent to earth of radioactive particles, as after a nuclear explosion **2.** these particles

**fallow** (fal′ō) ***n.*** [< OE. *fealh*] land ploughed but not seeded for one or more seasons **—*adj.*** left uncultivated or unplanted **—lie fallow** to remain uncultivated, unused, etc. for a time **—fal′lowness** ***n.***

**fallow deer** a small European deer having a yellowish coat spotted with white in summer

**false** (fôls) ***adj.*** **fals′er, fals′est** [< L. *fallere,* deceive] **1.** not true; wrong **2.** untruthful **3.** disloyal; unfaithful **4.** misleading **5.** not real; artificial **6.** not properly so named [*false* acacia] **7.** based on mistaken ideas **8.** nonessential, or added on for protection, disguise, etc. [a *false* drawer] **—play (a person) false** to deceive or betray (a person) **—false′ly** ***adv.*** **—false′ness** ***n.***

**falsehood** ***n.*** **1.** lack of accuracy or truth **2.** a lie or the telling of lies **3.** a false belief, theory, idea, etc.

**false pretences** misrepresentation of the facts to gain advantage

**falsetto** (fôl set′ō) ***n., pl.*** **-tos** [see FALSE] an artificially high vocal register **—*adj., adv.*** in falsetto

**falsies** (fôl′sēz) ***n.pl.*** [Colloq.] pads worn with a brassiere to make the breasts look fuller

**falsify** (fôl′sə fī′) ***vt.*** **-fied′, -fy′ing** [< L. *falsus,* false + *facere,* make] **1.** to make false, as by lying or altering **2.** to prove to be unfounded **—*vi.*** to lie **—fal′sifica′tion** ***n.*** **—fal′sifi′er** ***n.***

**falsity** ***n., pl.*** **-ties** **1.** the condition or quality of being false **2.** a lie

**falter** (fôl′tər) ***vi.*** [ME. *faltren*] **1.** to move uncertainly or unsteadily **2.** to stumble in speech **3.** to show uncertainty; waver **—*vt.*** to say hesitatingly or timidly

**fame** (fām) ***n.*** [< L. *fama,* fame] **1.** reputation, esp. for good **2.** the state of being well known or much talked about; renown

**famed** ***adj.*** famous; renowned (*for* something)

**familial** (fə mil′ē əl) ***adj.*** of a family

**familiar** (fə mil′ē ər) ***adj.*** [see FAMILY] **1.** well-known; common [a *familiar* sight] **2.** closely acquainted (*with*) **3.** friendly; intimate **4.** too friendly; unduly intimate **—*n.*** **1.** a close friend **2.** a spirit supposed to act as servant to a witch **—famil′iarly** ***adv.*** **—familiarity** (fə mil′ē ar′ə tē) ***n.***

**familiarize** (fə mil′yə rīz′) ***vt.*** **-ized′, -iz′ing** **1.** to make commonly known **2.** to make fully acquainted **—famil′iariza′tion** ***n.***

**family** (fam′ə lē) ***n., pl.*** **-lies** [< L. *familia,* household] **1.** *a*) a social unit consisting of parents and their children *b*) the children of the same parents **2.** a group of people related by ancestry or marriage **3.** all the people living in the same house **4.** a group of things having a common source or similar features; specif., *Biol.* a taxonomic category, ranking above a genus and below an order **—in the family way** [Colloq.] pregnant

**Family Allowance** in Canada, and formerly in Britain, a payment made by the government to families with dependent children: in Britain, now replaced by CHILD BENEFIT

**family man** **1.** a man who has a wife and children **2.** a man devoted to his family and home

**family name** a surname

**family planning** *same as* BIRTH CONTROL

**family tree** **1.** all the ancestors and descendants in a family **2.** a chart showing their relationship

**famine** (fam′in) ***n.*** [< L. *fames,* hunger] an acute and general shortage, specif. of food

**famish** (fam′ish) ***vt., vi.*** [< L. *ad,* to + *fames,* hunger] to make or be very hungry **—to be famished** (or **famishing**) [Colloq.] to feel very hungry

**famous** (fā′məs) ***adj.*** [< L. *fama,* fame] **1.** having fame; renowned **2.** [Colloq.] excellent **—fa′mously** ***adv.***

**fan**[1] (fan) ***n.*** [< L. *vannus,* basket for winnowing grain] **1.** a device used to set up a current of air for ventilating or cooling, esp. *a*) a folding device of paper, cloth, etc. that opens as a sector of a circle *b*) a motor-driven device with revolving blades **2.** anything in the shape of a fan **—*vt.*** **fanned, fan′ning** **1.** to move (air) as with a fan **2.** to direct air (towards) as with a fan **3.** to stir up; excite **4.** to spread out into the shape of a fan **—fan out** to spread out like a fan

**fan**[2] ***n.*** [< ff.] [Colloq.] a person enthusiastic about a sport, performer, etc.; devotee [a football *fan*]

**Fanagalo** (fan′ə gə lō) ***n.*** in South Africa, a Zulu-based pidgin language with English and Afrikaans components, used esp. on the mines

**fanatic** (fə nat′ik) ***adj.*** [< L. *fanum,* temple] unreasonably enthusiastic; excessively zealous: also **fanat′ical** **—*n.*** a zealot **—fanat′icism** ***n.***

**fan belt** in a motor vehicle, the belt driving the radiator cooling fan

**fancier** (fan′sē ər) ***n.*** a person with a

special interest in and knowledge of something [a dog *fancier*]

**fanciful** (fan′si fəl) ***adj.*** **1.** full of fancy; having or showing a playful imagination **2.** not real; imaginary —**fan′cifully** ***adv.*** —**fan′cifulness** ***n.***

**fancy** (fan′sē) ***n., pl.*** **-cies** [< fantasy] **1.** imagination, now esp. when light or whimsical **2.** a mental image **3.** a caprice; whim **4.** an inclination or fondness —***adj.*** **-cier, -ciest** **1.** capricious; whimsical **2.** extravagant [a *fancy* price] **3.** not plain; decorated, elaborate, etc. **4.** intricate **5.** bred for some special feature —***vt.*** **-cied, -cying** **1.** to imagine **2.** to have a liking for **3.** to suppose **4.** [Colloq.] to have a conceited opinion of (oneself) —**fancy (that)!** can you imagine (that)!

**fancy dress** a costume representing a historical character, an animal, etc., worn at a dance, carnival, etc.

**fancy-free** ***adj.*** **1.** free to fall in love; not married, engaged, etc. **2.** carefree

**fancy goods** small, decorative articles; knickknacks

**fancy man** [Slang] **1.** a woman's lover **2.** a man supported by a woman; esp., a pimp

**fancy woman** [Slang] **1.** a mistress **2.** a prostitute

**fancywork** ***n.*** ornamental needlework

**fandango** (fan daŋ′gō) ***n., pl.*** **-gos** [Sp.] a lively Spanish dance

**fanfare** (fan′fâər′) ***n.*** [Fr.] a loud flourish of trumpets

**fang** (faŋ) ***n.*** [OE. < *fon,* seize] **1.** one of the long, pointed teeth of meat-eating animals **2.** one of the long teeth through which poisonous snakes inject their venom

**fanjet** (fan′jet) ***n.*** *same as* TURBOFAN

**fanlight** (fan′līt′) ***n.*** a semicircular window, fanlike in shape, as over a door

**fanny** (fan′ē) ***n.*** [< ?] **1.** [Vulg. Slang] the female genitals **2.** [U.S. Slang] the buttocks

**Fanny Adams** [< C19 murder victim] [Slang] nothing at all: also **sweet Fanny Adams**

**fantail** (fan′tāl′) ***n.*** a pigeon or goldfish with a fanlike tail

**fantasia** (fan tä′zē ə) ***n.*** [see FANTASY] **1.** a musical composition of no fixed form **2.** a medley of familiar tunes

**fantasize** (fan′tə sīz′) ***vt., vi.*** **-sized′, -siz′ing** to create (something) in a fantasy; daydream (about)

**fantastic** (fan tas′tik) ***adj.*** **1.** imaginary; unreal **2.** grotesque; odd **3.** capricious; eccentric **4.** [Colloq.] incredible [*fantastic* progress] Also **fantas′tical** ***adj.*** —**fantas′tically** ***adv.***

**fantasy** (fan′tə sē) ***n., pl.*** **-sies** [< Gr. *phainein,* to show] **1.** imagination or fancy; esp., wild, visionary fancy **2.** a mental image **3.** a whim; caprice **4.** a highly imaginative poem, play, etc. **5.** *same as* FANTASIA **6.** a daydream, esp. about an unfulfilled desire

**fan vaulting** *Archit.* vaulting having ribs that radiate, like those of a fan, from the top of a capital

**FAO** Food and Agriculture Organization (of the UN)

**far** (fär) ***adj.*** **far′ther, far′thest** [OE. *feorr*] **1.** distant in space or time **2.** extending a long way **3.** more distant [the *far* side of the room] **4.** very different in quality or nature [*far* from poor] —***adv.*** **1.** very distant in space, time, or degree **2.** to or from a great distance in time or position **3.** very much [*far* better] —**a far cry from** very different from —**as far as** **1.** to the distance, extent, or degree that **2.** [Colloq.] with reference to; as for —**by far** very much: also **far and away** —**far gone** in an advanced state of deterioration —**few and far between** scarce; rare —**go far** **1.** to be sufficient or last long **2.** to accomplish much —**go too far** to behave in a manner exceeding reasonable limits —**in so far as** to the extent or degree that —**so far** up to this place, time, or degree —**so far as** to the extent or point that —**so far, so good** up to this point everything is all right

**farad** (far′əd) ***n.*** [< M. *Faraday*] the SI unit of capacitance

**faraway** (fär′ə wā′) ***adj.*** **1.** distant in time or place **2.** dreamy; abstracted [a *faraway* look]

**farce** (färs) ***n.*** [< L. *farcire,* to stuff: early farces were used between acts] **1.** an exaggerated comedy based on highly unlikely situations **2.** a ridiculous display, pretence, etc. —**far′cical** ***adj.***

**fare** (fâər) ***n.*** [OE. *faran,* go] **1.** money paid for a trip in a train, taxi, plane, etc. **2.** a passenger who pays a fare **3.** *a*) food *b*) the usual diet —***vi.*** **fared, far′ing** **1.** to get on [he *fared* well on his trip] **2.** [Poet.] to travel; go

**Far Eastern** designating or of those countries east of India

**fare stage** **1.** a section of a route, as a bus route, for which a set charge is imposed **2.** the stop marking the end of such a section

**farewell** (fâər′wel′; *for adj.* -wel′) ***interj.*** goodbye —***n.*** **1.** good wishes at parting **2.** a leaving or going away —***adj.*** parting; final [a *farewell* gesture]

**far-fetched** ***adj.*** resulting or introduced in a forced, or unnatural, way; strained

**far-flung** ***adj.*** extending over a wide area

**farina** (fə rē′nə) ***n.*** [L., meal] flour or meal made from cereal grains, potatoes, nuts, etc.

**farinaceous** (far′ə nā′shəs) ***adj.*** [see prec.] **1.** of or like flour or meal **2.** containing starch

**farm** (färm) ***n.*** [< ML. *firma,* fixed payment] **1.** a piece of land (with house, barns, etc.) on which crops or animals are raised **2.** any place where certain things are raised [a fish *farm*] —***vt.*** **1.** *a*) to cultivate (land) *b*) to raise animals, etc. **2.** to collect (taxes, etc.) for a fixed amount **3.** to turn over to another for a fee —***vi.*** to work on or operate a farm —**farm out** **1.** to rent (land, a business, etc.) for a fixed payment **2.** to send (work) from a shop, office, etc. to workers on the outside

**farmer** *n.* one who manages or works on a farm

**farmhand** *n.* a hired farm labourer

**farmhouse** *n.* the main dwelling house on a farm

**farming** *n.* the business of operating a farm

**farmstead** (fär′m′sted′) *n.* the land and buildings of a farm

**farmyard** *n.* the yard surrounding or enclosed by the farm buildings

**Far North** the arctic and subarctic regions of the world

**faro** (fâər′ō) *n.* [Fr. *pharaon*] a gambling game played with cards

**far-off** (fär′of′) *adj.* distant; remote

**far-out** *adj.* [Colloq.] very advanced, experimental or nonconformist; esp., avant-garde

**far-reaching** *adj.* having a wide range or effect

**farrier** (far′ē ər) *n.* [< L. *ferrum,* iron] a blacksmith who shoes horses —**far′riery** *n.*

**farrow** (far′ō) *n.* [< OE. *fearh,* young pig] a litter of pigs —*vt., vi.* to give birth to (a litter of pigs)

**farseeing** (fär′sē′iŋ) *adj.* *same as* FARSIGHTED (senses 1 & 2)

**farsighted** *adj.* **1.** prudent in judgment and foresight **2.** longsighted

**fart** (färt) *vi.* [< OE. hyp. *feortan*] [Vulg.] to pass wind from the anus —*n.* such a passing of wind

**farther** (fär′*th*ər) *compar. of* FAR —*adj.* **1.** more distant **2.** additional —*adv.* **1.** at or to a greater distance **2.** to a greater degree **3.** in addition

**farthermost** *adj.* most distant; farthest

**farthest** *superl. of* FAR —*adj.* most distant —*adv.* **1.** at or to the greatest distance **2.** to the greatest degree

**farthing** (fär′*th*iŋ) *n.* [OE. *feorthing,* fourth part] **1.** a former small British coin, equal to one quarter of an old penny **2.** a thing of little value

**farthingale** (fär′*th*iŋ gāl′) *n.* [< Sp. *verdugo,* rod] a hoop petticoat worn in the 16th and 17th centuries

FASCES

**fasces** (fas′ēz) *n.pl.* [L., pl. of *fascis,* a bundle] a bundle of rods bound about an axe, carried before ancient Roman magistrates as a symbol of authority

**fascia** (fā′shē ə) *n.* [L., a band] *same as* FACIA

**fascinate** (fas′ə nāt′) *vt.* **-nat′ed, -nat′ing** [< L. *fascinare,* bewitch] **1.** to hold the attention of by being very interesting or delightful **2.** to hold motionless, as by inspiring terror —**fas′cina′tion** *n.*

**fascism** (fash′iz′m) *n.* [< L.: see FASCES] [*also* **F-**] a system of government characterized by dictatorship, belligerent nationalism, racism, militarism, etc.: first instituted in Italy in 1922 —**fas′cist** *n., adj.*

**fashion** (fash′ən) *n.* [< L. *facere,* make] **1.** current style, as of dress **2.** way; manner **3.** form or shape —*vt.* **1.** to make; form **2.** to fit, accommodate (*to*) —**after** (or **in**) **a fashion** to some extent

**fashionable** *adj.* **1.** in fashion; stylish **2.** of or used by people who follow fashion —**fash′ionably** *adv.*

**fast**[1] (fäst) *adj.* [OE. *fæst*] **1.** swift; quick **2.** ahead of the correct time [his watch is *fast*] **3.** *a*) reckless; wild *b*) sexually promiscuous **4.** firm, fixed **5.** firmly fastened **6.** loyal; devoted **7.** that will not fade [*fast* colours] **8.** *Photog.* adapted to very short exposure time —*adv.* **1.** rapidly; swiftly **2.** soundly [*fast* asleep] **3.** firmly; fixedly **4.** ahead of time **5.** in a reckless way **6.** [Obs.] near [*fast* by the river] —**a fast one** [Slang] a deceptive act [to pull *a fast one*] —**play fast and loose** to behave with duplicity

**fast**[2] *vi.* [OE. *fæstan*] **1.** to abstain from all or certain foods, as in observing a holy day **2.** to eat very little or nothing —*n.* the act or period of fasting

**fastback** *n.* a car with a back that forms a continuous slope from roof to rear

**fast breeder reactor** a breeder reactor that uses high energy neutrons to produce fissionable material

**fasten** (fäs′'n) *vt.* [OE. *fæstnian*] **1.** to join (one thing *to* another); attach **2.** to make secure, as by locking, buttoning, etc. **3.** to hold or direct (the attention, etc.) steadily (*on*) —*vi.* to become fastened —**fas′tener** *n.*

**fastening** *n.* anything used to fasten; bolt, clasp, hook, lock, button, etc.

**fastidious** (fas tid′ē əs) *adj.* [< L. *fastidium,* loathing] **1.** not easy to please **2.** daintily refined; easily disgusted —**fastid′iously** *adv.* —**fastid′iousness** *n.*

**fat** (fat) *adj.* **fat′ter, fat′test** [OE. *fæt,* fatted] **1.** containing fat; oily; greasy **2.** *a*) fleshy; plump *b*) obese **3.** thick; broad **4.** fertile [*fat* land] **5.** profitable [a *fat* job] —*n.* **1.** an oily material in animal tissue and plant seeds **2.** fleshiness; corpulence **3.** the richest part of anything —*vt., vi.* **fat′ted, fat′ting** to fatten —**a fat chance** [Slang] very little chance —**a fat lot** [Slang] very little or nothing —**kill the fatted calf for** to celebrate someone's return —**the fat is in the fire** an action has been taken from which trouble is bound to result —**the fat of the land** the best obtainable; great luxury —**fat′ly** *adv.* —**fat′ness** *n.*

**fatal** (fāt′'l) *adj.* **1.** resulting in death **2.** disastrous **3.** fateful; decisive —**fa′tally** *adv.*

**fatalism** *n.* the belief that all events

are determined by fate and are hence inevitable —**fa'talist** *n.* —**fa'talis'tic** *adj.*

**fatality** (fə tal'ə tē) *n., pl.* **-ties** **1.** a death caused by a disaster, as in an accident, war, etc. **2.** a fatal quality; deadliness **3.** an inevitable liability to disaster **4.** subjection to fate

**fate** (fāt) *n.* [< L. *fatum,* oracle] **1.** the power supposed to determine the outcome of events; destiny **2.** *a*) something supposedly so determined *b*) a person's lot or fortune **3.** final outcome **4.** death; destruction —*vt.* **fat'ed, fat'ing** to destine: usually in the passive —**the Fates** *Gr. & Rom. Myth.* the three goddesses who control human destiny

**fated** (fāt'id) *adj.* **1.** destined **2.** doomed

**fateful** *adj.* **1.** having important consequences; decisive **2.** bringing death or destruction **3.** controlled as if by fate **4.** prophetic —**fate'fully** *adv.*

**fathead** (fat'hed') *n.* [Slang] a stupid person

**father** (fä'*thə*r) *n.* [OE. *fæder*] **1.** a male parent **2.** a male guardian or protector **3.** [**F-**] God **4.** a forefather; ancestor **5.** an originator; founder; inventor **6.** any of the leaders of a city, assembly, etc. **7.** [*often* **F-**] *a*) any of the important early Christian religious writers *b*) a Christian priest —*vt.* **1.** to be the father of **2.** to care for as a father does —**fa'therhood'** *n.*

**father-in-law** *n., pl.* **fa'thers-in-law'** the father of one's wife or husband

**fatherland** *n.* a person's native land

**fatherly** *adj.* of or like a father; kindly; protective

**Father's Day** the third Sunday in June, a day set aside in honour of fathers

**fathom** (fath'əm) *n.* [OE. *fæthm*] a nautical unit of depth or length, equal to 6 feet (1.8 m) —*vt.* **1.** to measure the depth of **2.** to understand thoroughly —**fath'omless** *adj.*

**fatigue** (fə tēg') *n.* [< L. *fatigare,* to weary] **1.** exhaustion; weariness **2.** *a*) labour, other than drill or instruction, assigned to soldiers: in full, **fatigue duty** *b*) [*pl.*] clothing worn on fatigue duty **3.** the tendency of a metal or other material to crack under stress —*vt., vi.* **-tigued', -tigu'ing** to tire; weary

**fatstock** (fat'stok') *n.* animals fattened for sale as meat

**fatten** (fat'n) *vt., vi.* to make or become fat

**fatty** *adj.* **fattier, fattiest** **1.** of or containing fat **2.** like fat; greasy; oily —*n.* [Colloq.] a fat person

**fatty acid** any of a series of saturated organic carboxylic acids

**fatuity** (fə tyōō'ə tē) *n., pl.* **-ties** **1.** complacent stupidity **2.** a fatuous remark, act, etc. —**fatu'itous** *adj.*

**fatuous** (fat'yōō wəs) *adj.* [L. *fatuus,* foolish] complacently stupid; foolish —**fat'uously** *adv.*

**faucet** (fô'sit) *n.* [< OFr.] **1.** a device to regulate the flow of liquid from a barrel **2.** [U.S.] a tap

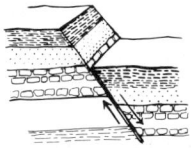

FAULT
(sense 4)

**fault** (fôlt) *n.* [see FALSE] **1.** something that mars; flaw; defect **2.** a misdeed or mistake **3.** responsibility for something wrong; blame **4.** *Geol.* a fracture and displacement of rock strata **5.** *Tennis, Squash,* etc. an error in service —*vt.* **1.** to blame **2.** *Geol.* to cause a fault in —*vi.* **1.** to commit a fault in tennis, etc. **2.** *Geol.* to develop a fault —**at fault** guilty of error —**find fault (with)** to seek and point out faults (of) —**to a fault** excessively —**fault'less** *adj.*

**faultfinding** *n., adj.* calling attention to defects

**faulty** *adj.* **-ier, -iest** having a fault or faults; imperfect —**fault'ily** *adv.* —**fault'iness** *n.*

**faun** (fôn) *n.* [< L. *Faunus,* a Roman nature god] a Roman deity, half man and half goat

**fauna** (fô'nə) *n., pl.* **-nas, -nae** (-nē) [< LL. *Fauna,* Roman goddess] the animals of a specified region or time

**faux pas** (fō'pä') *pl.* **faux pas** (fō'päz') [Fr.] a social blunder; error in etiquette

**favour** (fā'vər) *n.* [< L. *favere,* to favour] **1.** friendly regard **2.** unfair partiality **3.** a kind or obliging act **4.** a small gift or token —*vt.* **1.** to approve or like **2.** to prefer unfairly **3.** to support; advocate **4.** to make easier; help **5.** to do a kindness for **6.** to resemble —**in favour of** **1.** approving; supporting **2.** to the advantage of **3.** payable to U.S. sp. **favor**

**favourable** *adj.* **1.** approving **2.** helpful **3.** pleasing —**fa'vourably** *adv.*

**favoured** *adj.* **1.** treated with favour **2.** having (specified) features [*ill-favoured*]

**favourite** (fā'vər it) *n.* **1.** a person or thing regarded with special liking; specif., a person granted special privileges, as by a king, etc. **2.** a contestant regarded as most likely to win —*adj.* best liked; preferred

**favouritism** *n.* **1.** the act of being unfairly partial **2.** the condition of being a favourite

**fawn**[1] (fôn) *vi.* [< OE. *fægen,* fain] **1.** to cringe and flatter **2.** to show friendliness by wagging its tail, etc.: said of a dog —**fawn'ing** *adj.*

**fawn**[2] *n.* [< L. *fetus,* offspring] **1.** a deer less than one year old **2.** a pale, yellowish brown —*adj.* of this colour —*vi., vt.* to bring forth (young): said of deer

**fay** (fā) *n.* [< L. *fatum,* fate] a fairy

**FBI, F.B.I.** [U.S.] Federal Bureau of Investigation

**F.D.** [L.; see FIDEI DEFENSOR] Defender of the Faith

**Fe** [L. *ferrum*] *Chem.* iron

**fealty** (fē′əl tē) *n.*, *pl.* **-ties** [< L. *fidelitas*, fidelity] loyalty, esp. as owed by a vassal to his feudal lord

**fear** (fēər) *n.* [OE. *fær*, danger] **1.** anxiety caused by the presence of danger, pain, etc.; fright **2.** awe; reverence **3.** apprehension; concern **4.** a cause for fear —*vt.* **1.** to be afraid of **2.** to feel reverence or awe for **3.** to expect with misgiving —*vi.* **1.** to feel fear **2.** to be uneasy or anxious —**never fear** do not worry; there is no danger of that —**no fear** [Colloq.] by no means —**fear′less** *adj.*

**fearful** *adj.* **1.** causing, feeling, or showing fear **2.** [Colloq.] very bad, great, etc. [a *fearful* liar] —**fear′fully** *adv.*

**fearsome** *adj.* **1.** causing fear **2.** frightened

**feasible** (fē′zə b′l) *adj.* [< L. *facere*, do] **1.** practicable; possible **2.** likely; probable **3.** suitable —**fea′sibil′ity** *n.* —**fea′sibly** *adv.*

**feast** (fēst) *n.* [< L. *festus*, festal] **1.** a rich and elaborate meal **2.** a festival; esp., a religious festival **3.** anything that gives pleasure by its abundance or richness —*vi.* to eat a rich, elaborate meal —*vt.* **1.** to entertain at a feast **2.** to delight [to *feast* one's eyes on a sight]

**feat** (fēt) *n.* [< L. *factum*, a deed] an act or deed showing unusual daring, skill, etc.

**feather** (feth′ər) *n.* [OE. *fether*] **1.** any of the growths covering the body of a bird **2.** [*pl.*] *a*) plumage *b*) attire **3.** class; kind [birds of a *feather*] —*vt.* **1.** to provide or adorn as with feathers **2.** to turn the edge of (an oar or propeller) towards the line of movement —**feather in one's cap** an achievement worthy of pride —**feather one's (own) nest** to provide for one's own comfort or security —**in fine feather** in very good humour, health, or form —**feath′ered** *adj.* —**feath′ery** *adj.*

**featherbed** *vt.* to pamper; spoil

**feather bed** a mattress filled with feathers

**featherbrain** *n.* a foolish or frivolous person

**featherweight** *n.* **1.** a very light person or thing **2.** *see* BOXING AND WRESTLING WEIGHTS, table

**feature** (fē′chər) *n.* [< L. *facere*, make] **1.** *a*) [*pl.*] the form or look of the face *b*) any of the parts of the face **2.** an outstanding part or quality of something **3.** a prominently displayed or publicized attraction at an entertainment, sale, etc. **4.** a special story, article, etc. in a newspaper or magazine **5.** a full-length film —*vt.* **-tured, -turing** **1.** to give prominence to **2.** to be a feature of —*vi.* to have a prominent part —**fea′tured** *adj.* —**fea′tureless** *adj.*

**Feb.** February

**febrile** (fē′bril) *adj.* [< L. *febris*, fever] of or characterized by fever; feverish

**February** (feb′roo wər ē) *n.* [< L. *februa*, Roman festival of purification] the second month of the year, having 28 days (29 in leap years): abbrev. **Feb.**

**feckless** (fek′lis) *adj.* [Scot. < *feck*, effect + -LESS] **1.** weak; ineffective **2.** careless; irresponsible

**fecund** (fē′kənd) *adj.* [< L. *fecundus*] fruitful or fertile; productive —**fecundity** (fi kun′də tē) *n.*

**fecundate** (fē′kən dāt′) *vt.* **-dat′ed, -dat′ing** **1.** to make fecund **2.** to fertilize —**fe′cunda′tion** *n.*

**fed** (fed) *pt. & pp. of* FEED —**fed up** [Colloq.] having had enough to become disgusted, bored, etc.

**Fed.** **1.** Federal **2.** Federated **3.** Federation

**federal** (fed′ər əl) *adj.* [< L. *foedus*, league] **1.** designating or of a union of states, groups, etc. in which each member subordinates its power to a central authority in certain common affairs **2.** designating or of a central government in such a union **3.** [U.S.] [**F-**] of or supporting the northern states in the American Civil War —**fed′eralism** *n.* —**fed′eralist** *n.* —**fed′erally** *adv.*

**Federal Government** in Canada, the national government, located in Ottawa

**federalize** *vt.* **-ized′, -iz′ing** **1.** to unite (states, etc.) in a federal union **2.** to put under the authority of a federal government —**fed′eraliza′tion** *n.*

**federate** (fed′ə rāt′) *vt., vi.* **-at′ed, -at′ing** to unite in a federation

**federation** (fed′ə rā′shən) *n.* **1.** the act of forming a union of states, groups, etc. by agreement of each member to subordinate its power to a central authority in common affairs **2.** a federal union, as of states —**fed′erative** *adj.*

**fee** (fē) *n.* [< Anglo-Fr. *fee* & < OE. *feoh*, cattle] **1.** a charge for professional services, admissions, licences, tuition, etc. **2.** a sum paid for the transfer of a footballer to another club **3.** *Law* an inheritance in land: an estate can be held with unrestricted rights of disposition (**fee simple**) or with restrictions (**fee tail**)

**feeble** (fē′b′l) *adj.* **-bler, -blest** [< L. *flere*, weep] weak; not strong; specif., *a*) infirm *b*) without force or effectiveness *c*) easily broken —**fee′bly** *adv.*

**feebleminded** *adj.* mentally retarded

**feed** (fēd) *vt.* **fed, feed′ing** [< OE. *fedan*] **1.** to give food to; provide food for **2.** to provide as food [to *feed* oats to horses] **3.** to supply with what maintains or furthers growth, development, operation, etc. —*vi.* **1.** to eat: said chiefly of animals **2.** to flow steadily, as into a machine for use, processing, etc. —*n.* **1.** *a*) fodder *b*) the amount of fodder given at one time **2.** *a*) the material fed into a machine *b*) the part of the machine supplying this **3.** a meal, esp. for babies —**feed on** (or **upon**) to be nourished or gratified by —**off one's feed** [Slang] lacking appetite

**feedback** *n.* **1.** *Elec.* the transfer of part of the output back to the input **2.** a process in which the result modifies the factors producing the result **3.** the reaction in response to a process

**feeder** *n.* **1.** a device that feeds material

into a machine **2.** a child's bib **3.** anything that supplies or leads into something else

**feel** (fēl) *vt.* **felt, feel'ing** [OE. *felan*] **1.** to examine by touching or handling **2.** to be aware of through physical sensation **3.** *a*) to experience (an emotion or condition) *b*) to be emotionally moved by **4.** to be aware of mentally **5.** to think or believe, often for emotional reasons —*vi.* **1.** to have physical sensation **2.** to appear to be to the senses, esp. to the sense of touch **3.** to have the indicated effect [it *feels* good to be home] **4.** to grope **5.** to be aware of being [to *feel* sad] **6.** to be moved to sympathy, pity, etc. (*for*) —*n.* **1.** the act of feeling **2.** the sense of touch **3.** the nature of a thing perceived through touch **4.** an emotional sensation **5.** instinctive ability or appreciation [a *feel* for design] —**feel like** [Colloq.] to have a desire for —**feel one's way** to move cautiously —**feel up to** [Colloq.] to feel capable of

**feeler** *n.* **1.** a specialized organ of touch in an animal or insect, as an antenna **2.** a remark, question, offer, etc. made to sound out another

**feeling** *n.* **1.** the sense of touch **2.** ability to experience physical sensation **3.** awareness **4.** emotion **5.** [*pl.*] sensibilities **6.** sympathy or pity **7.** an opinion or sentiment **8.** air; atmosphere **9.** a natural ability or sensitive appreciation

**feet** (fēt) *n. pl. of* FOOT —**have feet of clay** to reveal weaknesses —**have one's feet on the ground** to be practical, realistic, etc. —**sit at the feet of** to be an admiring disciple of —**stand on one's own feet** to be independent —**sweep** (or **carry**) **off one's feet** **1.** to fill with enthusiasm **2.** to impress deeply

**feign** (fān) *vt., vi.* [< L. *fingere,* to shape] **1.** to pretend **2.** to make up (a story, excuse, etc.) —**feigned** *adj.*

**feint**[1] (fānt) *n.* [see prec.] **1.** a pretended blow or attack intended to take the opponent off his guard **2.** a false show —*vi., vt.* to make (a feint)

**feint**[2] *adj.* with lines ruled across the width of the page

**feldspar** (feld'spär') *n.* [< G. *Feld,* field + *Spat*(*h*), spar] any of several crystalline and usually glassy minerals made up of aluminium silicates with sodium, potassium, or calcium —**feldspath'ic** (-spa'thik) *adj.*

**felicitate** (fə lis'ə tāt') *vt.* **-tat'ed, -tat'ing** [< L. *felix,* happy] to wish happiness to —**felic'ita'tion** *n.*

**felicity** *n., pl.* **-ties** [< L. *felix,* happy] **1.** happiness **2.** anything producing happiness **3.** appropriate and pleasing expression in writing, speaking, etc. —**felic'itous** *adj.*

**feline** (fē'līn) *adj.* [< L. *felēs,* cat] **1.** of a cat or the cat family **2.** catlike; esp., *a*) sly *b*) graceful —*n.* any animal of the cat family —**felinity** (fi lin'ə tē) *n.*

**fell**[1] (fel) *pt. of* FALL

**fell**[2] *vt.* [OE. *fellan*] **1.** to knock down **2.** to cut down (a tree) **3.** to turn over (the edge of a seam) and sew down

**fell**[3] *adj.* [< ML. *fello*] fierce; terrible; cruel —**at one fell swoop** with one hasty and destructive action

**fell**[4] *n.* [OE. *fel*] an animal's hide or skin

**fell**[5] *n.* [< Scand.] a moor; down

**fellatio** (fe lāt'ē ō) *n.* [< L. *fellare,* suck] stimulation of the penis by the partner's mouth

**fellow** (fel'ō) *n.* [< OE. *feolaga,* partner] **1.** a companion; associate **2.** one of the same class or rank; equal **3.** either of a pair; mate **4.** a graduate student holding a fellowship in a university **5.** a member of a learned society **6.** [Colloq.] a man —*adj.* having the same ideas, position, work, etc.

**fellow feeling** **1.** sympathy for others, usually arising from a common experience **2.** a sense of common interest

**fellowship** *n.* **1.** companionship **2.** mutual sharing **3.** a group of people with the same interests **4.** an endowment for the support of a graduate student, scholar, etc., doing advanced study **5.** the rank or position of a fellow in a university or college

**fellow traveller** a person who espouses the cause of a party without being a member

**felon** (fel'ən) *n.* [< ML. *felo*] *Law* a person guilty of a major crime; criminal

**felony** *n., pl.* **-nies** a serious crime, as murder, arson, rape, etc. —**felonious** (fə lō'nē əs) *adj.*

**felspar** (fel'spär') *n.* *same as* FELDSPAR

**felt**[1] (felt) *n.* [OE.] a fabric of wool, often mixed with fur, cotton, etc., the fibres being worked together as by pressure or heat —*adj.* of felt —*vt.* **1.** *a*) to make into felt *b*) to cover with felt **2.** to mat (fibres) together —*vi.* to become matted together

**felt**[2] *pt. and pp. of* FEEL

**fem.** feminine

**female** (fē'māl) *adj.* [< L. *femina,* woman] **1.** designating or of the sex that bears offspring **2.** of or suitable to members of this sex **3.** having a hollow part shaped to receive a corresponding inserted part, as an electric socket **4.** *Bot.* having a pistil and no stamen —*n.* a female person, animal, or plant

**feminine** (fem'ə nin) *adj.* [< L. *femina,* woman] **1.** of women **2.** having qualities regarded as characteristic of or suitable to women **3.** *Gram.* of gender referring to females **4.** *Prosody* of a rhyme of two or three syllables with only the first stressed (Ex.: danger, stranger) —*n.* *Gram.* **1.** the feminine gender **2.** a word in this gender —**fem'inin'ity** *n.*

**feminism** (fem'ə niz'm) *n.* the movement to win political, economic, and social equality for women —**fem'inist** *n., adj.*

‡**femme fatale** (fäm fä täl') [Fr., deadly woman] an alluring woman, esp. one who leads men to their ruin

**femur** (fē'mər) *n., pl.* **fe'murs, femora** (fem'ər ə) [L.] *same as* THIGHBONE —**fem'oral** (fem'-) *adj.*

**fen** (fen) *n.* [OE.] an area of low, flat, marshy land —**the Fens** the flat, low-lying land around the Wash

**fence** (fens) *n.* [ME. < *defens,* defence] **1.** a barrier of posts, wire, rails, etc., used as a means of protection or confinement **2.** *a*) one who buys and sells stolen goods *b*) a place for such dealings —*vt.* **fenced, fenc'ing 1.** to enclose as with a fence (with *in, off,* etc.) **2.** to keep (*out*) as by a fence —*vi.* **1.** to practise the art of fencing **2.** to be evasive **3.** to buy or sell stolen goods —**sit on the fence** to avoid taking sides —**fenc'er** *n.*

**fencing** *n.* **1.** the art of fighting with a foil or other sword **2.** *a*) material for fences *b*) a system of fences

**fend** (fend) *vi.* [< ME. *defenden,* defend] to resist; parry —**fend for oneself** to get along without help from others —**fend off** to ward off; turn aside

**fender** *n.* anything that fends off or protects something else, as a low metal divider placed in front of a fireplace to confine falling coal

**Fenian** (fē'nē ən) *n.* [< Gael. *Fiann,* name of ancient people of Ireland] a member of a secret Irish revolutionary group formed about 1858 to free Ireland from British rule —*adj.* of the Fenians —**Fe'nianism** *n.*

**fennel** (fen''l) *n.* [< L. *fenum,* hay] a tall herb with yellow flowers: its aromatic seeds are used as a seasoning and in medicine

**fenugreek** (fen'yoo grēk) *n.* [< L. *faenum Graecum,* Greek hay] a heavily scented, leguminous plant

**feoff** (fef) *n.* [< OFr. *fieu*] a fief

**-fer** (fər) [< L.] *a suffix meaning* bearer *[conifer]*

**feral** (fēər'əl) *adj.* [< L. *ferus,* fierce] 1. untamed; wild **2.** savage; brutal

**fermata** (fer mät'ə) *n.* [It. < *fermare,* to stop] *Music* the holding of a tone or rest beyond its written value

**ferment** (fur'ment; *for v.* fər ment') *n.* [< L. *fervere,* to boil] **1.** a substance or organism causing fermentation, as yeast, bacteria, etc. **2.** excitement; agitation —*vt.* **1.** to cause fermentation in **2.** to excite; agitate —*vi.* **1.** to undergo fermentation **2.** to be excited or agitated

**fermentation** (fur'mən tā'shən) *n.* **1.** the breakdown of complex molecules in organic compounds, caused by a ferment *[*bacteria curdle milk by *fermentation]* **2.** excitement; agitation —**fermentative** (fər men'tə tiv) *adj.*

**fermium** (fur'mē əm) *n.* [< E. *Fermi*] a radioactive chemical element: symbol Fm

**fern** (furn) *n.* [OE. *fearn*] a nonflowering plant having roots, stems, and fronds: it reproduces by spores —**fern'y** *adj.*

**ferocious** (fə rō'shəs) *adj.* [< L. *ferox*] fierce; savage; violently cruel —**ferocity** (fə ros'ə tē) *n.*

**-ferous** (fər əs) [< L.] *a suffix meaning* bearing, producing *[coniferous]*

**ferret** (fer'it) *n.* [< L. *fur,* thief] a weasellike animal, tamed for hunting rabbits, rats, etc. —*vt.* **1.** to force out of hiding as with a ferret **2.** to search (*out*) —*vi.* **1.** to hunt with ferrets **2.** to search around

**Ferris wheel** (fer'is) [< G. *Ferris*] a large, upright wheel revolving on a fixed axle and having seats hanging from the frame: used in fairgrounds, etc.

**ferro-** [< L.] *a combining form meaning* iron

**ferroconcrete** (fer'ō kon'krēt) *n.* reinforced concrete

**ferrous** (fer'əs) *adj.* [< L. *ferrum,* iron] of, containing, or derived from iron: also **fer'ric**

**ferrule** (fer'ōōl) *n.* [< L. *viriae,* bracelets] a metal ring or cap put around the end of a cane, tool handle, etc. to give added strength

**ferry** (fer'ē) *vt., vi.* **-ried, -rying** [OE. *ferian,* carry] **1.** to take across or cross (a river, etc.) in a boat **2.** to deliver (aeroplanes) by flying to the destination **3.** to convey (passengers, goods, etc.) from one place to another —*n., pl.* **-ries 1.** a system for carrying people, cars, etc. across a river, etc. by boat **2.** a boat (**ferryboat**) used for this, or the place where it docks —**fer'ryman** *n.*

**fertile** (fur'til) *adj.* [< L. *ferre,* to bear] **1.** producing abundantly; fruitful **2.** able to produce young, seeds, fruit, etc. **3.** fertilized —**fertility** (fər til'ə tē) *n.*

**fertilize** (fur'til īz') *vt.* **-ized', -iz'ing 1.** to make fertile **2.** to spread fertilizer on **3.** to make (the female cell or female) fruitful by introducing the male germ cell; impregnate —**fer'tiliza'tion** *n.*

**fertilizer** *n.* manure, chemicals, etc. put in soil to improve plant growth

**ferule** (fer'ōōl) *n.* [L. *ferula,* rod] a flat stick or ruler used for punishing children

**fervent** (fur'vənt) *adj.* [< L. *fervere,* to glow] **1.** showing great warmth of feeling; intensely earnest **2.** hot; burning —**fer'vency** *n.*

**fervid** (fur'vid) *adj.* [see prec.] **1.** impassioned; fervent **2.** hot; glowing

**fervour** (fur'vər) *n.* [see FERVENT] **1.** great warmth of emotion; ardour **2.** intense heat U.S. sp. **fer'vor**

**fess, fesse** (fes) *n.* [< L. *fascia,* band] *Heraldry* a horizontal band across the middle of an escutcheon

**festal** (fes't'l) *adj.* [< L. *festum,* feast] of or like a joyous celebration; festive —**fes'tally** *adv.*

**fester** (fes'tər) *vi.* [< L. *fistula,* ulcer] **1.** to form pus **2.** to cause irritation; rankle **3.** to decay

**festival** (fes'tə v'l) *n.* [see ff.] **1.** a time or day of feasting or celebration **2.** a celebration or series of performances *[*a Bach *festival]* **3.** merrymaking —*adj.* of, for, or fit for a festival

**festive** (fes'tiv) *adj.* [< L. *festum,* feast] of or for a feast or festival; merry; joyous —**fes'tively** *adv.*

**festivity** (fes tiv'ə tē) *n., pl.* **-ties 1.** merrymaking; gaiety **2.** *a*) a festival *b*) [*pl.*] festive proceedings

**festoon** (fes tōōn′) *n.* [< It. *festa,* feast] **1.** a garland of flowers, etc. hanging in a loop or curve **2.** any decoration like this —*vt.* to adorn with or form into festoons

**fetch**[1] (fech) *vt.* [OE. *feccan*] **1.** to go after and bring back **2.** to cause to come **3.** to draw (a breath) or heave (a sigh) **4.** to sell for **5.** [Colloq.] to deliver (a blow) —*vi.* to go after things and bring them back —*n.* **1.** a fetching **2.** a trick; dodge —**fetch and carry** to perform menial tasks —**fetch up** **1.** [Colloq.] to reach; stop **2.** [Colloq.] to vomit

**fetch**[2] *n.* [< ?] the double or apparition of a living person

**fetching** *adj.* attractive; charming —**fetch′ingly** *adv.*

**fête** (fāt) *n.* [see FEAST] a festival; entertainment, esp. one held outdoors, with stalls, etc., to raise money —*vt.* **fêt′ed, fêt′ing** to honour with a fête; entertain

**fetid** (fet′id, fēt′-) *adj.* [< L. *foetere,* to stink] having a bad smell, as of decay; stinking —**fet′idly** *adv.*

**fetish** (fēt′ish) *n.* [< Port. *feitiço,* a charm] **1.** any object believed to have magical power **2.** anything to which one is irrationally devoted **3.** any nonsexual object that abnormally excites erotic feelings —**fet′ishism** *n.*

**fetlock** (fet′lok′) *n.* [ME. *fitlok*] **1.** a tuft of hair on the back of the leg of a horse, donkey, etc., just above the hoof **2.** the joint bearing this tuft

**fetter** (fet′ər) *n.* [OE. *feter*] **1.** a shackle or chain for the feet **2.** anything that holds in check; restraint —*vt.* **1.** to bind with fetters **2.** to restrain

**fettle** (fet′l) *n.* [ME. *fetlen,* make ready] condition of body and mind [in fine *fettle*]

**fetus** (fēt′əs) *n.* *U.S. var. sp. of* FOETUS

**feud** (fyōōd) *n.* [OFr. *faide*] a long-continued, deadly quarrel, esp. between clans or families —*vi.* to carry on a feud; quarrel

**feudal** (fyōōd′l) *adj.* [< ML. *feodum,* fief] of or like feudalism

**feudalism** *n.* the economic and social system (**feudal system**) in medieval Europe, in which land, worked by serfs, was held by vassals in exchange for military and other services to overlords —**feu′dalist** *n.*

**fever** (fē′vər) *n.* [< L. *febris*] **1.** an abnormally increased body temperature, often accompanied by a quickened pulse, delirium, etc. **2.** any disease characterized by a high fever **3.** a condition of nervousness —*vt.* to cause fever in —**fe′vered** *adj.*

**feverfew** (fē′vər fyōō′) *n.* [< L. *febris,* fever + *fugare,* drive away] a bushy plant with small, white heads of flowers

**feverish** *adj.* **1.** having fever, esp. slight fever **2.** of, like, or caused by fever **3.** causing fever **4.** greatly excited Also **fe′verous** —**fe′verishly** *adv.*

**fever pitch** a condition of intense excitement

**few** (fyōō) *adj.* [OE. *feawe, pl.*] not many —*pron., n.* a small number —**a good few, quite a few** [Colloq.] a rather large number —**the few** a small select group

**fey** (fā) *adj.* [OE. *fæge,* fated] **1.** [Scot.] fated **2.** strange, as in being eccentric, visionary, etc.

FEZ

**fez** (fez) *n., pl.* **fez′zes** [< *Fez,* city in Morocco] a conical felt hat, usually red, with a black tassel: worn, esp. formerly, by Turkish men

**ff** *Music* fortissimo

**ff.** **1.** folios **2.** following (pages, etc.)

**fiancé** (fē än′sā) *n.* [Fr.] the man to whom a woman is engaged to be married

**fiancée** (fē än′sā) *n.* [Fr.] the woman to whom a man is engaged to be married

**fiasco** (fē as′kō) *n., pl.* **-coes, -cos** [< It. *fiasco,* bottle] a complete, ridiculous failure

**fiat** (fī′at) *n.* [L., let it be done] **1.** an order issued by legal authority; decree **2.** a sanction

**fib** (fib) *n.* [? < *fable*] a lie about something unimportant —*vi.* **fibbed, fib′bing** to tell such a lie —**fib′ber** *n.*

**fibre** (fī′bər) *n.* [< L. *fibra*] **1.** a threadlike structure that combines with others to form animal or vegetable tissue **2.** any substance that can be separated into threadlike structures for weaving, etc. **3.** texture **4.** character [a man of strong moral *fibre*] —**fi′brous** *adj.*

**fibreboard** *n.* a flexible boardlike material made from pressed fibres of wood, etc., used in building

**fibreglass** *n.* a material made of finespun filaments of glass, and used for textiles, insulation, etc.

**fibre optics** the use of bundles of long, transparent, glass fibres in transmitting light, esp. optical images

**fibril** (fī′brəl) *n.* a small fibre

**fibroid** (fī′broid) *adj.* like or composed of fibrous tissue —*n.* a benign fibroid tumour in the uterus

**fibrosis** (fī brō′sis) *n.* an abnormal increase in the amount of fibrous tissue

**fibrositis** (fī′brə sīt′is) *n.* a rheumatic condition caused by the inflammation of the fibrous tissues

**fibula** (fib′yoo lə) *n., pl.* **-lae′** (-lē′), **-las** [L., a clasp] the long, thin, outer bone of the lower leg —**fib′ular** *adj.*

**-fic** (fik) [< L.] *a suffix meaning* making [*terrific*]

**-fication** (fi kā′shən) [< L.] *a suffix meaning* a making, creating, causing [*glorification*]

**fickle** (fik′l) *adj.* [OE. *ficol*] changeable

or unstable in affection, interest, etc. —**fick'leness** *n.*

**fiction** (fik'shən) *n.* [< L. *fingere,* to form] **1.** anything made up or imagined, as a statement, story, etc. **2.** *a*) any literary work portraying imaginary characters and events, as a novel, story, or play *b*) such works collectively **3.** *Law* something accepted as fact for convenience, although not necessarily true —**fic'tional** *adj.*

**fictionalize** *vt.* **-ized', -iz'ing** to deal with (historical events, etc.) as fiction

**fictitious** (fik tish'əs) *adj.* **1.** assumed for disguise [a *fictitious* name] **2.** imaginary **3.** pretended

**fiddle** (fid'l) *n.* [OE. *fithele*] **1.** any stringed instrument played with a bow, esp. the violin **2.** [Colloq.] a dishonest arrangement —*vt.* **-dled, -dling** [Colloq.] to make a dishonest arrangement; cheat —*vi.* **1.** [Colloq.] to play on a fiddle **2.** to tinker (*with*), esp. in a nervous way —**fit as a fiddle** in excellent health —**play second fiddle** to take a subordinate position —**fid'dler** *n.*

**fiddle-faddle** (fid'l fad'l) *n.* a triviality —*interj.* nonsense! —*vi.* to fuss; waste time

**fiddler (crab)** a small, burrowing crab

**fiddlesticks** *interj.* nonsense!

**fiddling** *adj.* trifling; futile

**fiddly** *adj.* troublesome and time consuming

**Fidei Defensor** (fi dā'ē dā fen'sôr) [L., Defender of the Faith] title given to Henry VIII by the pope: it appears on British coins as *F.D.*

**fidelity** (fə del'ə tē) *n., pl.* **-ties** [< L. *fides,* faith] **1.** faithful devotion to duty **2.** accuracy of description, sound reproduction, etc.

**fidget** (fij'it) *n.* [< ? ON. *fikja*] **1.** a being restless, nervous, or uneasy **2.** a fidgety person —*vi.* to move about in a restless, nervous, or uneasy way —**the fidgets** restless, uneasy feelings or movements —**fidg'ety** *adj.*

**fiduciary** (fi dyōō'shē ər ē) *adj.* [< L. *fidere,* to trust] **1.** holding or held in trust **2.** valuable only because of public confidence: said of paper money —*n., pl.* **-aries** a trustee

**fie** (fī) *interj.* [< OFr.] for shame!

**fief** (fēf) *n.* [Fr.: see FEE] under feudalism, heritable land held from a lord in return for service

**field** (fēld) *n.* [OE. *feld*] **1.** a wide stretch of open land **2.** a piece of cleared land for crops or pasture **3.** a piece of land for some particular purpose [a landing *field*] **4.** an area producing some natural resource **5.** any wide, unbroken expanse [a *field* of ice] **6.** a battlefield **7.** *a*) an area where practical work is done, away from the office, laboratory, etc. *b*) a realm of knowledge or work **8.** an area of observation, as in a microscope **9.** the background, as on a flag **10.** an area where athletic events are held **11.** all the entrants in a contest **12.** *Physics* a space within which magnetic or electrical lines of force are active: in full, **field of force** —*adj.* of, in, on, or growing in a field —*vt.* *Cricket,* etc. **1.** to stop or catch and return (a ball) in play **2.** to put (a player) into a field position —*vi.* *Cricket,* etc. to play as a fielder —**play the field** to explore every opportunity —**take** (or **leave**) **the field** to begin (or withdraw from) activity in a game, military operation, etc.

**field day** **1.** a day of military exercises and display **2.** a day of enjoyably exciting events or successful activity

**fielder** *n.* *Cricket,* etc. a player who is fielding

**field event** *Athletics* any event, as the high jump, that takes place on a field rather than a running track

**fieldfare** (fēld'fâər) *n.* [< ?] a species of N European thrush

**field glass** a small, portable, binocular telescope: *usually used in pl.* (**field glasses**)

**field hockey** [U.S. & Canad.] hockey played on a field, as distinguished from ice hockey

**field marshal** *see* MILITARY RANKS, table

**field officer** a colonel, lieutenant colonel, or major in the army

**fieldsman** *n.* a fielder in cricket

**fieldsports** *n.pl.* outdoor sports such as hunting, racing, etc.

**fieldwork** *n.* **1.** a temporary fortification **2.** practical work done away from an office or laboratory, as by a scientist, social worker, etc. —**field'work'er** *n.*

**fiend** (fēnd) *n.* [OE. *feond*] **1.** an evil spirit; devil **2.** an inhumanly wicked person **3.** [Colloq.] an addict [a fresh-air *fiend*] —**the Fiend** the Devil —**fiend'ish** *adj.*

**fierce** (fēərs) *adj.* **fierc'er, fierc'est** [< L. *ferus,* wild] **1.** violently cruel; savage **2.** violent; uncontrolled **3.** intensely eager [a *fierce* effort] **4.** vehement; intense —**fierce'ly** *adv.* —**fierce'ness** *n.*

**fiery** (fī'ər ē) *adj.* **-erier, -eriest** **1.** containing or consisting of fire **2.** like fire; glaring, hot, etc. **3.** ardent **4.** excitable —**fi'erily** *adv.* —**fi'eriness** *n.*

**fiesta** (fē es'tə) *n.* [Sp.] **1.** a religious festival **2.** any gala celebration; holiday

**FIFA** (fē'fə) [< Fr. *F(édération) I(nternationale) de F(ootball) A(ssociation)*] the international organization of association football

**fife** (fīf) *n.* [< G. or Fr.] a small, shrill-toned musical instrument resembling a flute —**fif'er** *n.*

**fifteen** (fif'tēn') *adj., n.* [OE. *fiftene*] five more than ten; 15; XV —**fif'teenth'** *adj., n.*

**fifth** (fifth) *adj.* [< OE. *fif,* five] **1.** preceded by four others in a series; 5th **2.** designating any of five equal parts —*n.* **1.** the one following the fourth **2.** any of the five equal parts of something; 1/5

**fifth column** [orig. (1936) applied to Franco sympathizers inside Madrid, then besieged by four of his columns on the outside] a group of people who give aid to the enemy from within their own country —**fifth columnist**

**fifty** (fif′tē) ***adj., n., pl.* -ties** [OE. *fiftig*] five times ten; 50; L. —**fif′tieth** ***adj., n.***

**fifty-fifty** ***adj.*** [Colloq.] equal; even —***adv.*** [Colloq.] equally

**fig** (fig) ***n.*** [< L. *ficus*] **1.** a small, hollow, pear-shaped fruit with sweet, seed-filled flesh **2.** a tree bearing this fruit **3.** a trifle [not worth a *fig*]

**fig.** **1.** figurative(ly) **2.** figure(s)

**fight** (fīt) ***vi.* fought, fight′ing** [OE. *feohtan*] **1.** to take part in a physical struggle or battle **2.** to struggle in trying to overcome; contend —***vt.*** **1.** to oppose physically or in battle **2.** to struggle against **3.** to engage in (a war, etc.) **4.** to gain by struggle [he *fought* his way up] —***n.*** **1.** any struggle, contest, or quarrel **2.** power or readiness to fight —**fight it out** to fight until one side is defeated —**fight off** to struggle to avoid —**fight shy of** keep aloof from; avoid

**fighter** ***n.*** **1.** one that fights; esp., a prizefighter **2.** a fast, highly manoeuvrable aircraft for aerial combat

**fighting chance** a chance of success dependent on a struggle

**fig leaf** a device intended to hide anything regarded as shameful, esp. the genitals

**figment** (fig′mənt) ***n.*** [< L. *fingere*, make] something merely imagined or made up in the mind

**figuration** (fig′yoo rā′shən) ***n.*** **1.** a forming; shaping **2.** form; appearance **3.** ornamentation

**figurative** (fig′yoor ə tiv) ***adj.*** **1.** representing by means of a figure or symbol **2.** not in its usual, literal, or exact sense; metaphorical **3.** using figures of speech —**fig′uratively** ***adv.*** —**fig′urativeness** ***n.***

**figure** (fig′ər) ***n.*** [< L. *fingere*, to form] **1.** the outline or shape of something; form **2.** the human form **3.** a person thought of in a specified way [a great social *figure*] **4.** a likeness of a person or thing **5.** an illustration; diagram **6.** a design; pattern **7.** *a*) the symbol for a number [the *figure* 5] *b*) [*pl.*] arithmetic **8.** a sum of money **9.** *Dancing & Skating* a series or pattern of steps or movements **10.** *Geom.* a surface or space bounded by lines or planes **11.** *same as* FIGURE OF SPEECH —***vt.*** **-ured, -uring** **1.** to represent in definite form **2.** to imagine **3.** to ornament with a design **4.** to compute with figures —***vi.*** **1.** to be conspicuous **2.** to do arithmetic **3.** [U.S. Colloq.] to be as expected —**figure out** **1.** to solve **2.** [U.S. Colloq.] understand

**figurehead** ***n.*** **1.** a carved figure on a ship's bow **2.** one holding a high position but having no real power

**figure of speech** an expression using words in a nonliteral sense to add vividness, etc. to what is said

**figurine** (fig′yoo rēn′) ***n.*** [< It. *figurina*] a small sculptured or mòulded figure; statuette

**figwort** (fig′wurt′) ***adj.*** designating a large family of plants including the foxglove, snapdragon, etc.

**filament** (fil′ə mənt) ***n.*** [< L. *filum*, thread] **1.** a very slender thread or threadlike part; specif., the fine wire in a light bulb or thermionic valve **2.** the stalk of a stamen bearing the anther —**fil′amen′tary** (-men′tər ē) ***adj.***

**filbert** (fil′bərt) ***n.*** [< St. *Philibert*, whose feast came in the nutting season] **1.** the edible nut of a cultivated hazel tree **2.** a tree bearing this nut

**filch** (filch) ***vt.*** [ME. *filchen*] to steal (esp. something small or petty); pilfer —**filch′er** ***n.***

**file**[1] (fīl) ***vt.* filed, fil′ing** [< L. *filum*, a thread] **1.** to arrange (papers, etc.) in order for future reference **2.** to dispatch (a news story) **3.** to register (an application, etc.) **4.** to put on public record **5.** to initiate (a legal action) —***vi.*** to move in a line —***n.*** **1.** a folder, etc. for keeping papers in order **2.** an orderly arrangement of papers, cards, etc. **3.** a line of persons or things, one behind another —**on file** kept as in a file for reference —**fil′er** ***n.***

**file**[2] ***n.*** [OE. *feol*] a steel tool with a rough, ridged surface for smoothing or grinding —***vt.* filed, fil′ing** to smooth or grind down with a file —**fil′er** ***n.***

**filial** (fil′ē əl) ***adj.*** [< L. *filius*, son] of, suitable to, or due from a son or daughter —**fil′ially** ***adv.***

**filibuster** (fil′ə bus′tər) ***n.*** [< MDu. *vrijbuiter*, freebooter] **1.** an adventurer who engages in unauthorized warfare against another country **2.** [U.S.] a member of a legislative body who obstructs a bill by making long speeches **3.** [U.S.] the use of such methods to obstruct a bill —***vi., vt.*** [Chiefly U.S.] to obstruct (legislation) with delaying tactics

**filigree** (fil′ə grē′) ***n.*** [< L. *filum*, thread + *granum*, grain] **1.** lacelike ornamental work of intertwined wire of gold, silver, etc. **2.** any delicate work like this —***adj.*** like or made of filigree

**filing** (fīl′iŋ) ***n.*** a small piece, as of metal, scraped off with a file: *usually used in pl.*

**Filipino** (fil′ə pē′nō) ***n. pl.* -nos** [Sp.] a native or citizen of the Philippines —***adj.*** Philippine

**fill** (fil) ***vt.*** [OE. *fyllan*] **1.** to put as much as possible into **2.** to occupy wholly **3.** *a*) to occupy (a position, etc.) *b*) to put a person into (a position, etc.) **4.** to satisfy (a need, etc.) **5.** to close or plug (holes, cracks, etc.) **6.** to satisfy the hunger of —***vi.*** to become full —***n.*** all that is needed to make full or satisfy —**fill in** **1.** to complete (a document, etc.) by inserting information **2.** to be a substitute **3.** to fill with some substance **4.** to complete by supplying (something) —**fill one in on** [Colloq.] to provide one with additional details about —**fill out** to make or become rounder, shapelier, etc. —**fill up** to make or become completely full

**filler** ***n.*** a person or thing that fills; specif., *a*) matter added to increase bulk *b*) a preparation used to fill in cracks, etc. *c*) a space-filling item in a newspaper

**fillet** (fil′it) ***n.*** [< L. *filum*, thread] **1.** a boneless piece of meat or fish **2.** a thin strip or band, as a headband for the hair —*vt.* to bone and slice (meat or fish)

**filling** *n.* a substance used to fill something; specif., *a*) the metal, plastic, etc. inserted into a prepared cavity in a tooth *b*) the foodstuff used in a pastry shell, etc.

**filling station** *same as* SERVICE STATION

**fillip** (fil′ip) *n.* [< FLIP[1]] **1.** anything that stimulates or livens up **2.** the snap made by a finger held down by the thumb and then suddenly released —*vt.* **1.** to stimulate or liven up **2.** to strike with a fillip

**filly** (fil′ē) *n., pl.* **-lies** [ON. *fylja*] **1.** a young female horse **2.** [Colloq.] a vivacious girl

**film** (film) *n.* [OE. *filmen*] **1.** *a*) a sequence of photographs or drawings projected on a screen in such rapid succession as to create the illusion of moving persons and objects *b*) a play, story, etc. photographed as a film **2.** a flexible cellulose material covered with a substance sensitive to light and used in photography **3.** a fine, thin skin or coating **4.** a haze or blur —*vt., vi.* **1.** to make a film (of) **2.** to cover or be covered as with a film

**filmstrip** *n.* a length of film containing still photographs arranged in sequence for projection separately

**filmy** *adj.* **-ier, -iest** **1.** hazy, gauzy, etc. **2.** covered as with a film —**film′iness** *n.*

**filter** (fil′tər) *n.* [< ML. *filtrum,* felt] **1.** a device or substance for straining out solid particles, impurities, etc. from a liquid or gas passed through it **2.** *a*) a device that passes electric currents of certain frequencies only *b*) a device that absorbs certain light rays [a colour *filter* for a camera lens] **3.** a traffic signal that permits one line of vehicles to move, even when the main signals are red. —*vt.* **1.** to pass through a filter **2.** to remove with a filter —*vi.* **1.** to pass through a filter **2.** to pass slowly [the news *filtered* through town]

**filter paper** porous paper for filtering liquids

**filter tip** a mouthpiece attached to a cigarette to trap and absorb impurities

**filth** (filth) *n.* [OE. *fylthe*] **1.** disgustingly offensive dirt **2.** obscenity **3.** corruption —**filth′y** *adj.*

**filthy lucre** [Colloq.] money

**filtrate** (fil′trāt) *vt.* **-trated, -trating** to filter —*n.* a filtered liquid —**filtra′tion** *n.*

**fin** (fin) *n.* [OE. *finn*] **1.** any of several winglike organs on the body of a fish, dolphin, etc., used in swimming **2.** anything like a fin in shape or use

**fin.** **1.** finance **2.** financial **3.** finis

**finagle** (fə nā′g′l) *vi., vt.* **-gled, -gling** [< ?] to use, or get by, craftiness or trickery —**fina′gler** *n.*

**final** (fī′n′l) *adj.* [< L. *finis,* end] **1.** of or coming at the end; last **2.** deciding; conclusive **3.** having to do with the ultimate purpose [a *final* cause] —*n.* **1.** anything final **2.** [*pl.*] the last of a series of contests **3.** a final examination —**final′ity** (-nal′ə tē) *n.* —**fi′nally** *adv.*

**finale** (fə nä′lē) *n.* [It.] **1.** the concluding part of a musical composition, etc. **2.** the conclusion; end

**finalist** (fī′nəl ist) *n.* a contestant who participates in the final, deciding contest of a series

**finalize** (fī′nəl īz′) *vt.* **-ized′, -iz′ing** to make final —**fi′naliza′tion** *n.*

**finance** (fī nans′) *n.* [< OFr. *finer,* to settle accounts < L. *finis,* end] **1.** [*pl.*] money resources, income, etc. **2.** the science of managing money matters —*vt.* **-nanced′, -nanc′ing** to supply or obtain money for

**financial** (fī nan′shəl) *adj.* of finance, finances, or financiers —**finan′cially** *adv.*

**financial year** the twelve-month period between settlements of financial accounts: the British government financial year ends April 5

**financier** (fī nan′sē ər) *n.* [Fr.] **1.** a person skilled in finance **2.** a person who engages in financial operations on a large scale

**finch** (finch) *n.* [OE. *finc*] any of a group of small songbirds, including the bunting, canary, and linnet

**find** (find) *vt.* **found, find′ing** [OE. *findan*] **1.** to happen on; discover by chance **2.** to get by searching **3.** to perceive; learn **4.** to experience or feel **5.** to recover (something lost) **6.** to consider; think **7.** to reach **8.** to declare after deliberation [to *find* him guilty] **9.** to supply; furnish —*vi.* to announce a decision [the jury *found* for the accused] —*n.* **1.** a finding **2.** something found —**find oneself** to learn what one's real talents are and begin to apply them —**find one's feet** to become capable or confident —**find out** to discover; learn

**finder** *n.* **1.** one that finds **2.** a camera device that shows what will appear in the photograph **3.** a small telescope attached to a larger one, and used to locate objects

**finding** *n.* **1.** discovery **2.** something found **3.** [*often pl.*] the verdict of a judge, scholar, etc.

**fine[1]** (fin) *adj.* **fin′er, fin′est** [< L. *finis,* an end] **1.** superior in quality; excellent **2.** *a*) good-looking *b*) elegant; refined **3.** with no impurities; refined **4.** containing a specified proportion of pure metal **5.** clear and bright: said of the weather **6.** not heavy or coarse **7.** very thin or small **8.** sharp [a *fine* edge] **9.** subtle [*fine* distinctions] **10.** delicate [*fine* china] **11.** involving precision [a *fine* adjustment] **12.** affectedly refined **13.** [Colloq.] terrible [this is a *fine* mess] —*adv.* **1.** finely **2.** [Colloq.] very well —*vt., vi.* **fined, fin′ing** to make or become fine or finer —**cut** (or **run**) **it fine** **1.** to arrive at the last minute **2.** to leave only a very small reserve of something —**fine′ly** *adv.*

**fine[2]** *n.* [< L. *finis,* an end] a sum of money paid as a penalty —*vt.* **fined, fin′ing** to order to pay a fine —**in fine** in conclusion

**fine art** any of the art forms that appeal to the senses, as painting, sculpture, etc. or, occasionally, architecture, literature, music, etc.: *usually used in pl.*

**fine-drawn** *adj.* **1.** drawn out until very fine, as wire **2.** very subtle: said of reasoning, arguments, etc.

**finery** (fin′ər ē) *n., pl.* **-eries** showy, gay, elaborate decoration, esp. clothes, jewellery, etc.

**fines herbes** (*Fr.,* fēn zāərb′) a mixture of fresh, finely-chopped herbs used to flavour omelettes, etc.

**finespun** (fīn′spun′) *adj.* **1.** delicate; fragile **2.** extremely or excessively subtle

**finesse** (fi nes′) *n.* [< OFr. *fin,* FINE[1]] **1.** adroitness or skill **2.** the ability to handle difficult situations diplomatically **3.** cunning **4.** *Cards* an attempt to take a trick with a lower card while holding a higher card —*vt., vi.* **-nessed′, -ness′ing** **1.** to manage by or use finesse **2.** *Cards* to make a finesse

**fine-toothed comb** a comb with fine, closely set teeth: also **fine-tooth comb** —**go over with a fine-toothed comb** to examine very thoroughly

**finger** (fiŋ′gər) *n.* [OE.] **1.** any of the five parts at the end of the hand, esp. any of these other than the thumb **2.** the part of a glove covering a finger **3.** anything like a finger in shape or use **4.** an approximate measurement based on the breadth of a finger —*vt.* **1.** to touch with the fingers **2.** to play (an instrument) by using the fingers —**get** (or **pull**) **one's finger out** [Colloq.] to begin or speed up activity —**put one's finger on** to ascertain exactly —**twist** (or **wrap**) **around one's little finger** to have complete control or influence over

**fingerboard** *n.* a strip of hard wood in the neck of a violin, cello, etc., against which the strings are pressed with the fingers to produce the desired tones

**finger bowl** a small bowl to hold water for rinsing the fingers at table after a meal

**fingering** *n. Music* **1.** technique of using the fingers **2.** directions on a score for using the fingers

**fingernail** *n.* the horny substance on the upper part of the end joint of a finger

**finger plate** an ornamental plate fixed above a doorhandle to prevent finger marks

FINGERPRINT

**fingerprint** *n.* **1.** an impression of the lines and whorls on a fingertip, used to identify a person **2.** a characteristic mark, trait, etc. —*vt.* to take the fingerprints of

**fingerstall** *n.* a protective covering for an injured finger

**finger tip** the tip of a finger —**have at one's finger tips** to be completely familiar with —**to one's finger tips** entirely; altogether

**finicky** (fin′i kē′) *adj.* [< FINE[1]] too particular; fussy: also **fin′icking**

**finis** (fin′is) *n., pl.* **-nises** [L.] the end, as of a book

**finish** (fin′ish) *vt.* [< L. *finis,* an end] **1.** *a*) to bring to an end *b*) to come to the end of **2.** to use up **3.** to give (wood, etc.) a desired surface effect **4.** *a*) to cause the defeat, death, etc. of *b*) to render worthless —*vi.* to come to an end —*n.* **1.** the last part; end **2.** anything used to give a desired surface effect, as varnish **3.** completeness **4.** the manner or method of completion **5.** the way in which the surface, as of furniture, is finished **6.** refinement in manners, speech, etc. **7.** defeat, collapse, etc. or that which brings it about —**finish off** **1.** to end **2.** to kill or destroy —**finish up** **1.** to end **2.** to consume all of —**finish with** to end relations with

**finishing school** a private school for girls that specializes in imparting social poise and polish

**finite** (fī′nīt) *adj.* [< L. *finire,* finish] **1.** having definable limits; not infinite **2.** *Gram.* having limits of person, number, and tense: said of a verb —**fi′nitely** *adv.*

**Finn.** Finnish

**finnan haddie** (fin′ən had′ē) [prob. < *Findhorn* (Scot. fishing port)] smoked haddock: also **finnan haddock**

**Finnish** (fin′ish) *adj.* of Finland, its people, their language, etc. —*n.* the language of the Finns

FIORD

**fiord** (fyôrd) *n.* [< ON. *fjörthr*] a narrow inlet of the sea bordered by steep cliffs

**fipple flute** (fip′′l) [< ?] a vertical flute, as the recorder, in which a plug (**fipple**) near the mouthpiece diverts the breath in producing the tones

**fir** (fur) *n.* [< OE. *fyrh*] a cone-bearing evergreen tree of the pine family

**fire** (fīər) *n.* [OE. *fyr*] **1.** the heat and light of combustion **2.** something burning, as fuel in a furnace **3.** a destructive burning [a forest *fire*] **4.** anything like fire in heat, brilliance, etc. **5.** tribulation [go through *fire* and water] **6.** strong feeling;

fervour **7.** vivid imagination **8.** *a*) a discharge of firearms *b*) anything like this [a *fire* of criticism] —*vt.* **fired, fir'ing** **1.** to shoot (a gun, bullet, etc.) **2.** to hurl or direct with force [to *fire* questions] **3.** to dismiss from a job **4.** to bake (bricks, etc.) in a kiln **5.** to ignite **6.** to supply with fuel **7.** to inspire, excite, etc. —*vi.* **1.** to shoot a firearm **2.** to discharge a projectile **3.** to start burning **4.** to become excited —**catch fire** to begin burning —**miss fire** *same as* MISFIRE —**on fire** **1.** burning **2.** greatly excited —**open fire** **1.** to begin to shoot **2.** to begin; start —**play with fire** to do something risky —**set fire to** to make burn; ignite —**set the Thames on fire** to do something outstanding —**under fire** under attack

**fire alarm** a signal to announce the outbreak of a fire

**firearm** *n.* any hand weapon from which a shot is fired by explosive force, as a rifle

**fireball** *n.* **1.** ball-shaped lightning **2.** a very bright ball of gas at the centre of a nuclear explosion **3.** a large, very bright meteor **4.** [Slang] an energetic person

**firebomb** *n.* an incendiary bomb

**firebox** *n.* the place for the fire in a furnace, etc.

**firebrand** *n.* **1.** a piece of burning wood **2.** a person who stirs up strife, etc.

**firebreak** *n.* a strip of land cleared to stop the spread of fire, as in a forest

**firebrick** *n.* a brick made to withstand great heat, used to line furnaces, etc.

**fire brigade** an organized body of firemen

**fireclay** *n.* a clay used to make firebricks, etc.

**firecracker** *n.* [U.S.] a roll of paper containing an explosive, set off at celebrations, etc.

**firecrest** *n.* a small bird related to the goldcrest

**firedamp** *n.* a gas, largely methane, formed in coal mines, which is explosive when mixed with air

**firedog** *n.* *same as* ANDIRON

**fire-eater** *n.* **1.** an entertainer who pretends to eat fire **2.** a belligerent person

**fire engine** a heavy road vehicle that carries firemen and firefighting equipment

**fire escape** a stairway, ladder, etc. down an outside wall, for escape from a burning building

**fire extinguisher** a portable device containing chemicals for spraying on a fire to put it out

**firefly** *n.*, *pl.* **-flies'** a winged beetle whose abdomen glows with a luminescent light

**fire guard** *n.* a meshed frame put before an open fire to protect against sparks, etc.

**fire hall** [Canad.] a fire station

**fire irons** the poker, shovel and tongs used for tending a fire

**firelight** *n.* light from an open fire

**firelighter** *n.* a composition of highly combustible material for kindling a domestic fire

**fireman** *n.* **1.** a member of a fire brigade **2.** a man who tends a furnace; stoker

**fireplace** *n.* a place for a fire, esp. an open place built in a wall, at a chimney base

**fireplug** *n.* [Chiefly U.S.] a street hydrant to which a hose can be attached for fighting fires

**firepower** *n.* *Mil.* **1.** the effectiveness of a weapon **2.** the capacity of a given unit to deliver fire

**fire-raising** *n.* arson

**fire ship** a ship filled with combustible materials, set on fire and floated among an enemy's ships to destroy them

**fireside** *n.* **1.** the part of a room near a fireplace; hearth **2.** home or home life

**fire station** the place where fire engines are kept and where firemen stay when on duty

**firetrap** *n.* a building unsafe in case of fire

**firewater** *n.* alcoholic spirits: now humorous

**fireworks** *n.pl.* **1.** devices in which combustible materials and explosives are ignited and produce coloured flames, sparks and smoke **2.** a display of fireworks **3.** [Colloq.] a burst of temper, etc.

**firing** *n.* **1.** the process of baking ceramics, etc. in a kiln **2.** the act of stoking a furnace, etc. **3.** the discharge of a firearm **4.** something used as fuel

**firing line** **1.** the line from which gunfire is directed against the enemy **2.** any vulnerable front position

**firm**[1] (fʉrm) *adj.* [< L. *firmus*] **1.** not yielding under pressure; solid **2.** not moved easily; fixed **3.** remaining the same; steady **4.** resolute; constant **5.** showing determination, strength, etc. **6.** definite; final [a *firm* contract] —*vt., vi.* to make or become firm —**firm'ly** *adv.* —**firm'ness** *n.*

**firm**[2] *n.* [< L. *firmus*, FIRM[1]] a business company or partnership

**firmament** (fʉr'mə mənt) *n.* [< L. *firmus*, firm] the sky, viewed poetically as a solid arch or vault

**first** (fʉrst) *adj.* [< OE. *fyrst*] **1.** before any others; 1st **2.** earliest **3.** foremost in importance, etc. **4.** *Music* playing or singing the highest or leading part —*adv.* **1.** *a*) before any other person or thing *b*) before doing anything else **2.** for the first time **3.** sooner; preferably —*n.* **1.** the first person, thing, place, etc. **2.** the beginning **3.** the winning place, as in a race

**first aid** emergency treatment for injury or illness, before medical care is available —**first'-aid'** *adj.*

**firstborn** *adj.* born first in a family; oldest —*n.* the firstborn child

**first-class** *adj.* **1.** of the highest class, quality, etc. **2.** of the most expensive accommodation on a ship, seats on a train, etc. **3.** of letters handled faster than second-class letters —*adv.* by first-class post, means of transport, etc.

**first cousin** the son or daughter of one's aunt or uncle

**first-day cover** an envelope postmarked on the first day of the issue of its stamps

**first finger** the finger next to the thumb
**first-foot** (furst′foot′) [Scot.] *n., vi.* (to be) the first person to enter a household in the New Year —**first′-foot′ing** *n.*
**first fruits** 1. the earliest produce of the season 2. the first products, results, or profits of any activity
**firsthand** *adj., adv.* from the original producer or source; direct
**first lady** [U.S.] [*often* **F- L-**] the wife of the U.S. president
**firstly** *adv.* in the first place; first
**first mate** a merchant ship's officer next in rank below the master: also **first officer**
**first night** the opening night of a play, opera, etc.
**first offender** a person convicted for the first time of an offence against the law
**first person** that form of a pronoun (as *I* or *we*) or verb (as *do*) which refers to the speaker or speakers
**first-rate** *adj.* of the highest class, rank, or quality; excellent —*adv.* [Colloq.] very well
**first water** the best quality and purest lustre
**firth** (furth) *n.* [< ON. *fjörthr*] a narrow arm of the sea; estuary
**fiscal** (fis′kəl) *adj.* [< L. *fiscus,* money basket] 1. having to do with the public treasury or revenues 2. financial —*n.* in some countries, a public prosecutor
**fiscal year** *same as* FINANCIAL YEAR

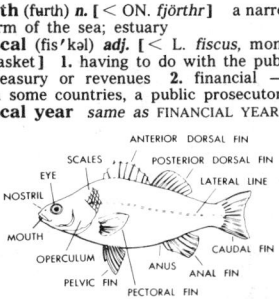

FISH

**fish** (fish) *n., pl.* **fish;** in referring to different species, **fish′es** [*OE. fisc*] 1. a coldblooded animal living in water and having a backbone, gills for breathing, and fins 2. the flesh of a fish used as food 3. [Colloq.] a person like a fish in being easily lured, lacking emotion, etc. —[**F-**] the constellation Pisces —*vi.* 1. to try to catch fish 2. to try to get something indirectly (often with *for*) —*vt.* 1. to fish in (a stream, etc.) 2. to grope for, find, and bring to view [*he fished* a coin out of his pocket] —**drink like a fish** to drink heavily —**fish in troubled waters** to turn a disturbed situation to one's own advantage —**like a fish out of water** in surroundings not suited to one —**neither fish, flesh, nor fowl** (or **nor good red herring**) not anything definite or recognizable —**other fish to fry** other, more important things to attend to
**fish cake** a fried cake of flaked fish and mashed potatoes
**fisher** *n.* 1. a fisherman 2. a flesh-eating animal related to the marten
**fisherman** *n.* 1. a person who fishes for sport or for a living 2. a ship used in fishing
**fishery** *n., pl.* **-eries** 1. the business of catching fish 2. a place where fish are caught or bred
**fish-eye lens** a camera lens designed to record a 180-degree field of vision
**fish finger** a small, oblong-shaped portion of fish covered in breadcrumbs or batter
**fishing** *n.* the catching of fish for sport or for a living
**fishing rod** a slender pole with an attached line, hook, and usually a reel, used in fishing
**fish-kettle** *n.* an oval pot in which fish are cooked
**fish meal** ground, dried fish, used as fertilizer or fodder
**fishmonger** (fish′muŋ′gər) *n.* a dealer in fish
**fishplate** *n.* a flat piece of metal joining one rail or beam to another, esp. on railway tracks
**fish slice** 1. a fish carver 2. a flat-bladed utensil for serving fish
**fishtail** *n.* anything shaped like a fish's tail, specif., a nozzle with a narrow slot placed over a Bunsen burner to produce a fanlike flame
**fishwife** *n.* 1. a woman who sells fish 2. a coarse, scolding woman
**fishy** *adj.* **-ier, -iest** 1. like a fish in odour, taste, etc. 2. dull or expressionless 3. [Colloq.] questionable; odd —**fish′ily** *adv.* —**fish′iness** *n.*
**fissile** (fis′il) *adj.* [< L. *findere,* to split] 1. that can be split 2. that can undergo fission
**fission** (fish′ən) *n.* [see prec.] 1. a splitting apart 2. *same as* NUCLEAR FISSION 3. *Biol.* a form of asexual reproduction in which the parent organism divides into two or more parts, each becoming an independent individual —**fis′sionable** *adj.*
**fissure** (fish′ər) *n.* [see FISSILE] 1. a cleft or crack 2. a dividing or breaking into parts —*vt., vi.* **-sured, -suring** to crack or split apart
**fist** (fist) *n.* [< OE. *fyst*] a hand with the fingers closed tightly into the palm
**fisticuffs** (fis′tikufs′) *n.pl.* 1. a fight with the fists 2. the science of boxing
**fistula** (fis′tyoo lə) *n., pl.* **-las, -lae′** (-lē′) [L.] an abnormal passage, as from an abscess, cavity, or hollow organ to the skin —**fis′tulous, fis′tular** *adj.*
**fit**[1] (fit) *vt.* **fit′ted** or **fit, fit′ted, fit′ting** [ME. *fitten*] 1. to be suitable to 2. to be the proper size, shape, etc. for 3. to make or alter so as to fit 4. to make suitable or qualified 5. *a*) to insert, as into a receptacle *b*) to make a place for (with *in* or *into*) 6. to equip; outfit (often with *out*) —*vi.* 1. to be suitable or proper 2. to be in accord or harmony (often with *in* or *into*) 3. to have the proper size or shape —*adj.* **fit′ter, fit′test** 1. suited to some purpose, function, etc. 2. proper; right 3. healthy —*n.* the manner

of fitting [a tight *fit*] —**fit'ly** *adv.* —**fit'ness** *n.*

**fit²** *n.* [OE. *fitt,* conflict] **1.** any sudden, uncontrollable attack [a *fit* of coughing] **2.** a sharp, brief display of feeling **3.** a burst of activity **4.** a seizure involving loss of consciousness or convulsions —**by fits and starts** in an irregular way —**have** (or **throw**) **a fit** [Colloq.] to become very angry or upset

**fitful** *adj.* characterized by intermittent activity, impulses, etc.; spasmodic —**fit'fully** *adv.* —**fit'fulness** *n.*

**fitment** *n.* **1.** an added part, as to a machine **2.** [*often pl.*] furnishings or equipment attached to a building but not a structural part of it

**fitted** *adj.* designed to conform to the contours of that which it covers

**fitter** *n.* **1.** a person who alters garments to fit **2.** a person who installs or adjusts machinery, etc.

**fitting** *adj.* suitable; proper —*n.* **1.** an adjustment or trying on of clothes, etc. for fit **2.** a part used to join or adapt other parts **3.** [*pl.*] fixtures, furnishings, etc.

**five** (fīv) *adj., n.* [< OE. *fif*] one more than four; 5; V

**fivefold** *adj.* **1.** having five parts **2.** having five times as much or as many —*adv.* five times as much or as many

**fivepins** *n. pl.* [*with sing. v.*] a bowling game played esp. in Canada

**fiver** *n.* [Slang] a five-pound note

**fives** *n.* [< ?] a game of handball played against a wall

**five-year plan** a government plan for intensive economic development over a five-year period

**fix** (fiks) *vt.* [< L. *figere,* fasten] **1.** to fasten firmly **2.** to set firmly in the mind **3.** to direct steadily [to *fix* the eyes on a spot] **4.** to make rigid **5.** to make permanent **6.** to establish definitely; determine **7.** to set in order; adjust **8.** to repair **9.** [Colloq.] to influence the result or action of (a race, etc) by bribery, trickery, etc. **10.** [Colloq.] to punish **11.** to combine (atmospheric nitrogen) in the form of compounds, as nitrates, ammonia, etc. **12.** *Photog.* to make (a film, print, etc.) permanent —*vi.* to become fixed —*n.* **1.** [Colloq.] a predicament **2.** the position of a ship or aircraft determined as from the bearings of two known points **3.** [Slang] an injection of a narcotic —**fix on** (or **upon**) to choose —**fix up** [Colloq.] **1.** to set in order; arrange **2.** to repair —**fix'er** *n.*

**fixation** (fik sā'shən) *n.* **1.** a fixing or being fixed **2.** popularly, an exaggerated preoccupation; obsession **3.** attachment to objects of an earlier stage of psychosexual development [a father *fixation*]

**fixative** (fik'sə tiv) *adj.* that is able or tends to make permanent, prevent fading, etc. —*n.* a fixative substance

**fixed** (fikst) *adj.* **1.** firmly placed or attached **2.** established; set **3.** steady; resolute **4.** obsessive [a *fixed* idea] **5.** [Colloq.] supplied with something, specif., money **6.** [Slang] with the outcome dishonestly prearranged —**fixedly** (fik'sid lē) *adv.*

**fixed star** a star that appears to keep the same position in relation to other stars

**fixity** *n.* **1.** stability; permanence **2.** *pl.* **-ties** something fixed

**fixture** (fiks'chər) *n.* **1.** anything firmly in place **2.** any of the fittings or furnishings attached to a building [bathroom *fixtures*] **3.** a sporting event fixed for a certain date **4.** [Colloq.] a person long-established in a place or job

**fizz** (fiz) *n.* [echoic] **1.** a hissing, sputtering sound **2.** an effervescent drink —*vi.* **1.** to make a hissing or bubbling sound **2.** to give off gas bubbles; effervesce

**fizzle** (fiz'l) *vi.* **-zled, -zling** [ME. *fesilen,* to break wind silently] **1.** to make a hissing or sputtering sound **2.** [Colloq.] to fail, esp. after a successful beginning (often with *out*) —*n.* a hissing or sputtering sound

**fizzy** *adj.* **-ier, -iest** fizzing; effervescent

**fjord** (fyôrd) *n.* *same as* FIORD

**fl.** **1.** [L. *floruit*] (he or she) flourished **2.** fluid

**flab** (flab) *n.* [Colloq.] soft, sagging flesh

**flabbergast** (flab'ər gäst') *vt.* [< ? ff. + AGHAST] to dumbfound; amaze

**flabby** *adj.* **-ier, -iest** [< FLAP] **1.** limp and soft **2.** lacking force; weak

**flaccid** (flak'sid) *adj.* [< L. *flaccus,* flabby] **1.** flabby **2.** weak; feeble —**flaccid'ity** *n.* —**flac'cidly** *adv.*

**flag¹** (flag) *n.* [< ?] a cloth with colours, patterns, or devices, used as a symbol of a country, organization, etc., or as a signal —*vt.* **flagged, flag'ging** **1.** to mark with flags **2.** to signal with or as with a flag; esp., to signal to stop (often with *down*) —**flag'ger** *n.*

**flag²** *n.* [ON. *flaga,* slab of stone] *same as* FLAGSTONE —*vt.* **flagged, flag'ging** to pave with flagstones

**flag³** *n.* [ME. *flagge,* akin ? to ff.] any of various irises, with flowers of blue, purple, white, yellow, etc.

**flag⁴** *vi.* **flagged, flag'ging** [< ? ON. *flakka,* flutter] to lose strength; grow weak or tired

**flag day** a day on which miniature flags are given in return for donations to a charity fund

**flagellant** (flaj'ə lənt) *n.* a person who whips; specif., one who whips himself or has himself whipped as for religious discipline —*adj.* engaging in flagellation

**flagellate** (flaj'ə lāt') *vt.* **-lat'ed, -lat'ing** [< L. *flagellum,* a whip] to whip; flog —*adj.* having flagella or shaped like a flagellum —**flag'ella'tion** *n.*

**flagellum** (flə jel'əm) *n., pl.* **-la, -lums** [L.: see prec.] *Biol.* a whiplike part serving as an organ of locomotion in certain cells, bacteria, etc.

**flageolet** (flaj'ō let') *n.* [Fr.] a small fipple flute similar to the recorder

**flagging**[1] (flag′iŋ) ***adj.*** weakening or drooping

**flagging**[2] ***n.*** flagstones

**flag of convenience** a foreign flag under which a company registers a ship to avoid the regulations, taxes, etc. of its own state

**flag of truce** a white flag shown to an enemy to indicate a desire to confer or parley

**flagon** (flag′ən) ***n.*** [< LL. *flasca,* flask] a container for liquids, with a handle, a spout, and, often, a lid

**flagpole** ***n.*** a pole on which a flag is flown: also **flag′staff′**

**flagrant** (flā′grənt) ***adj.*** [< L. *flagrare,* blaze] glaringly bad; notorious; outrageous —**fla′grancy** ***n.***

**flagship** (flag′ship) ***n.*** the ship carrying the commander of a fleet or squadron and displaying his flag

**flagstone** ***n.*** a flat piece of hard stone used to pave walks, terraces, etc.

**flag-waving** ***n.*** an emotional appeal calculated to arouse intense patriotic feelings —**flag′-wav′er** ***n.***

FLAIL

**flail** (flāl) ***n.*** [< L. *flagellum,* a whip] a farm tool having a free-swinging stick attached to a handle, used to thresh grain —***vt., vi.*** **1.** to thresh with a flail **2.** to beat **3.** to move (one's arms) about like flails

**flair** (flâər) ***n.*** [< L. *fragare,* to smell] **1.** keen, natural discernment **2.** an aptitude; knack **3.** [Colloq.] smartness in style; dash

**flak** (flak) ***n.*** [G. *Fl(ieger)a(bwehr)-k(anone),* antiaircraft gun] the fire of antiaircraft guns

**flake** (flāk) ***n.*** [prob. < Scand.] **1.** a small, thin mass [a *flake* of snow] **2.** a thin piece split off from anything; chip —***vt., vi.*** **flaked, flak′ing** **1.** to form into flakes **2.** to chip off in flakes —**flake out** [Slang] to collapse or become unconscious, as through exhaustion —**flak′y** ***adj.***

‡**flambé** (flän′bā) ***adj.*** [Fr., flaming] served with a flaming sauce containing brandy, rum, etc.

**flamboyant** (flamboi′ənt) ***adj.*** [see FLAME] **1.** characterized by florid decoration **2.** flamelike or brilliant **3.** too showy or ornate **4.** exuberant or ostentatious —**flamboy′ance** ***n.***

**flame** (flām) ***n.*** [< L. *flagrare,* burn] **1.** the burning gas of a fire, seen as a tongue of light **2.** the state of burning with a blaze of light **3.** a thing like a flame **4.** an intense emotion **5.** a sweetheart: now humorous —***vi.*** **flamed, flam′ing** **1.** to burst into flame **2.** to grow red or hot **3.** to become excited —**flame up** (or **out**) to burst out as in flames

**flamenco** (flə men′kō) ***n.*** [Sp.] **1.** the energetic, emotional style of dance or music of Spanish gypsies **2.** *pl.* **-cos** a song or dance in this style

**flame thrower** a military weapon for shooting a stream of flaming petrol, oil, etc.

**flaming** (flā′miŋ) ***adj.*** **1.** burning with flames; blazing **2.** like a flame in brilliance or heat **3.** ardent; passionate **4.** [Colloq.] damned [that *flaming* idiot]

**flamingo** (flə miŋ′gō) ***n., pl.*** **-gos, -goes** [Port. < Sp. *flama,* flame] a tropical wading bird with long legs, a long neck, and bright pink or red feathers

**flammable** (flam′ə b'l) ***adj.*** easily set on fire

**flan** (flan) ***n.*** [Fr.] an open case made of pastry or sponge cake and filled with custard, fruit, cheese, etc.

**flange** (flanj) ***n.*** [< ?] a projecting rim or collar on a wheel, pipe, etc., to hold it in place, give strength, etc.,

**flank** (flaŋk) ***n.*** [< OFr. *flanc*] **1.** the fleshy side of an animal between the ribs and the hip **2.** the side of anything **3.** *Mil.* the right or left side of a formation —***vt.*** **1.** to be at the side of **2.** to place at the side of **3.** to attack, or pass around, the side of (an enemy unit)

**flannel** (flan′'l) ***n.*** [< W. *gwlan,* wool] **1.** a soft, loosely woven woollen cloth **2.** a small cloth, usually of towelling, used in washing **3.** [*pl.*] trousers, etc. made of flannel **4.** [Colloq.] evasive talk; flattery —***vt.*** **-nelled, -nelling** to wash with a flannel **2.** [Colloq.] to flatter —**flan′nelly** ***adj.***

**flannelette** (flan′ə let′) ***n.*** a soft cotton cloth resembling flannel

**flap** (flap) ***n.*** [ME. *flappe*] **1.** anything flat and broad that is attached at one end and hangs loose **2.** the motion or sound of a swinging flap **3.** a hinged section of an aeroplane wing **4.** [Colloq.] a commotion; fuss —***vt.*** **flapped, flap′ping** **1.** to move back and forth or up and down, as wings **2.** to slap —***vi.*** **1.** to flutter **2.** [Colloq.] to be excited or confused —**flap′py** ***adj.***

**flapdoodle** (flap′dōōd′'l) ***n.*** [<?] [Colloq.] nonsense

**flapjack** (flap′jak′) ***n.*** a chewy biscuit made from rolled oats, sugar and butter

**flapper** ***n.*** **1.** one that flaps **2.** [Colloq.] in the 1920's, a young woman considered bold or unconventional

**flare** (flâər) ***vi.*** **flared, flar′ing** [ME. *fleare*] **1.** to blaze up brightly or burn unsteadily **2.** to burst out suddenly in anger, etc. (often with *up* or *out*) **3.** to curve outwards, as the bell of a trumpet —***vt.*** to make flare —***n.*** **1.** a bright, unsteady blaze **2.** a very bright light used as a distress signal, etc. **3.** an outburst, as of emotion **4.** a curving outwards

**flare-path** *n.* an area lit up to facilitate the landing or take-off of an aircraft
**flare-up** *n.* a sudden outburst of anger, trouble, etc.
**flash** (flash) *vi.* [echoic] **1.** to send out a sudden, brief light **2.** to sparkle **3.** to speak abruptly, esp. in anger (usually with *out*) **4.** to come or pass suddenly —*vt.* **1.** to cause to flash **2.** to send (news, etc.) swiftly **3.** [Colloq.] to show briefly or ostentatiously [to *flash* a roll of money] —*n.* **1.** a sudden, brief light **2.** a brief moment **3.** a sudden, brief display [a *flash* of wit] **4.** a brief item of news sent by telegraph or radio **5.** *same as* FLASHLIGHT **6.** anything that flashes —*adj.* **1.** happening swiftly or suddenly [a *flash* flood] **2.** [Colloq.] *a*) ostentatious; showy *b*) of or relating to the criminal underworld —**flash in the pan** [orig. of priming in pan of a flintlock] a sudden, apparently brilliant effort that fails
**flashback** *n.* an interruption in the continuity of a story, etc. by the presentation of some earlier episode
**flashbulb** *n. Photog.* an electric light bulb giving a brief, dazzling light
**flashcube** *n.* a small, rotating cube containing a flashbulb in each of four sides
**flashgun** *n. Photog.* a device that simultaneously sets off a flashbulb and works the camera shutter
**flashing** *n.* sheets of metal, etc. used to weatherproof joints, edges, etc., esp. of a roof
**flashlight** *n.* **1.** a brief, dazzling light for taking photographs at night or indoors **2.** [U.S.] a torch
**flash point** **1.** the lowest temperature at which the vapour of a volatile oil will ignite **2.** a critical moment beyond which violence is inevitable
**flashy** *adj.* **-ier, -iest** gaudy; showy
**flask** (flăsk) *n.* [< LL. *flasca*] **1.** a bottle with a narrow neck, used in laboratories, etc. **2.** a small, flat pocket container for spirits, etc. **3.** *same as* THERMOS
**flat**[1] (flat) *adj.* **flat'ter, flat'test** [< ON. *flatr*] **1.** having a smooth, level surface **2.** lying spread out **3.** broad, even, and thin **4.** almost straight or level **5.** absolute [a *flat* denial] **6.** not fluctuating [a *flat* rate] **7.** having little or no sparkle or taste **8.** monotonous; dull **9.** completely discharged; dead [a *flat* battery] **10.** emptied of air [a *flat* tyre] **11.** without gloss [*flat* paint] **12.** lacking relief or perspective **13.** *Music* below the true pitch —*adv.* **1.** in a flat manner **2.** in a flat position **3.** *a*) exactly [ten seconds *flat*] *b*) bluntly; abruptly [she left him *flat*] **4.** *Music* below the true pitch —*n.* **1.** a flat surface or part **2.** an expanse of level land **3.** a low-lying marsh **4.** a piece of theatrical scenery on a flat frame **5.** a deflated tyre **6.** *Music* a note or tone one semitone below another *b*) the symbol ( ♭ ) indicating such a note —**fall flat** to arouse no response —**flat'ly** *adv.* —**flat'ness** *n.* —**flat'tish** *adj.*
**flat**[2] *n.* [< obs. *flet,* a floor] living accommodation on one floor of a building
**flatboat** *n.* a flat-bottomed boat for carrying cargo in shallow waters or on rivers
**flatfish** *n.* a fish with a flat body and both eyes on the uppermost side, as the flounder, halibut, etc.
**flatfoot** *n.* **1.** a condition in which the instep arch of the foot has been flattened **2.** [Slang] a policeman
**flat-footed** (flat'foot'id) *adj.* **1.** having flatfoot **2.** [Colloq.] uninspired —**flat'-foot'edly** *adv.*
**flatiron** *n.* an iron for pressing clothes
**flatlet** *n.* a small flat
**flat race** a horse race over a level course
**flat spin** **1.** *Aero.* a spiral dive where an aircraft rotates in a plane more horizontal than vertical **2.** [Colloq.] a state of confusion
**flatten** *vt., vi.* to make or become flat or flatter
**flatter** (flat'ər) *vt.* [< OFr. *flater,* to smooth] **1.** to praise insincerely **2.** to try to please, as by praise **3.** to make seem more attractive than is so [his portrait *flatters* him] **4.** to make feel pleased or honoured —*vi.* to use flattery —**flatter oneself** to be smug or deluded in thinking (*that*) —**flat'terer** *n.*
**flattery** *n., pl.* **-teries** excessive or insincere praise
**flatulent** (flat'yoo lənt) *adj.* [< L. *flare,* blow] **1.** of, having, or producing gas in the stomach or intestines **2.** windy in speech; pompous —**flat'ulence, flat'ulency** *n.*
**flatworm** *n.* a flattened worm with a soft, unsegmented body, as the tape worm
**flaunt** (flônt) *vi., vt.* [< ? dial. *flant,* to strut] to show off proudly or impudently —**flaunt'ingly** *adv.*
**flautist** (flôt'ist) *n.* [< It. *flauto,* flute] a flute player
**flavour** (flā'vər) *n.* [< OFr. *flaur*] **1.** *a*) the combined taste and smell of something *b*) taste in general **2.** characteristic quality —*vt.* to give flavour to U.S. sp. **fla'vor** —**fla'vourful** *adj.* —**fla'vourless** *adj.*
**flavouring** *n.* an essence, extract, etc. added to a food or drink to give it a certain taste
**flaw**[1] (flô) *n.* [prob. < Scand.] **1.** a break, scratch, crack, etc. that spoils something; blemish **2.** a defect; fault —*vt., vi.* to make or become faulty —**flaw'less** *adj.* —**flaw'lessly** *adv.* —**flaw'lessness** *n.*
**flaw**[2] *n.* [prob. < ON.] a sudden gust of wind; squall
**flax** (flaks) *n.* [OE. *fleax*] **1.** a slender, erect plant with blue flowers: the seed (**flax'seed'**) yields linseed oil, and the fibres of the stem are spun into linen thread **2.** these fibres
**flaxen** *adj.* **1.** of flax **2.** pale-yellow
**flay** (flā) *vt.* [OE. *flean*] **1.** to strip off the skin of, as by whipping **2.** to criticize mercilessly —**flay'er** *n.*
**flea** (flē) *n.* [< OE. *fleah*] a small, wingless,

jumping insect that is parasitic and sucks blood **—a flea in one's ear** an annoying rebuff

**fleabite** *n.* **1.** the bite of a flea **2.** a slight annoyance or inconvenience

**flea-bitten** *adj.* **1.** bitten by or infested with fleas **2.** wretched; shabby

**flea market** an outdoor bazaar dealing mainly in cheap, secondhand goods

**fleapit** *n.* [Colloq.] a small, shabby and dirty cinema or theatre

**fleck** (flek) *n.* [ON. *flekkr*] **1.** a spot, speck, or flake **—*vt.*** to cover or sprinkle with flecks

**fled** (fled) *pt. & pp. of* FLEE

**fledge** (flej) ***vi.* fledged, fledg'ing** [< OE. *(un)flycge,* (un)fledged] to grow the feathers needed for flying **—*vt.*** **1.** to rear (a young bird) until it can fly **2.** to supply with feathers

**fledgling** *n.* **1.** a young bird just fledged **2.** a young, inexperienced person Also **fledge'ling**

**flee** (flē) ***vi., vt.* fled, flee'ing** [OE. *fleon*] **1.** to run away or escape, as from danger **2.** to vanish **—fle'er** *n.*

**fleece** (flēs) *n.* [OE. *fleos*] **1.** the wool covering a sheep or similar animal **2.** the wool cut from a sheep in one shearing **3.** a fabric with a soft, warm pile **—*vt.* fleeced, fleec'ing** **1.** to swindle **2.** to shear fleece from **—fleec'y** ***adj.***

**fleet**[1] (flēt) *n.* [OE. *fleot*] **1.** *a*) a number of warships under one command *b*) an entire navy **2.** any group of vehicles under one control

**fleet**[2] *vi.* [OE. *fleotan,* float] to move swiftly; fly **—*adj.*** swift; rapid **—fleet'ly** ***adv.*** **—fleet'ness** *n.*

**fleet chief petty officer** *see* MILITARY RANKS, table

**fleeting** *adj.* passing swiftly; not lasting

**Fleet Street** [after the street in London where many newspaper offices are situated] British journalism or journalists collectively

**Fleming** (flem'iŋ) *n.* a native of Flanders

**Flemish** *adj.* of Flanders **—*n.*** the language of the Flemings **—the Flemish** the people of Flanders

**flesh** (flesh) *n.* [OE. *flæsc*] **1.** *a*) the soft substance of the body; esp., the muscular tissue *b*) the skin **2.** meat **3.** the pulpy part of fruits and vegetables **4.** the body, as distinguished from the soul **5.** human nature, esp. in its sensual aspect **6.** all mankind **7.** kindred: now mainly in **one's (own) flesh and blood,** one's close relatives **—flesh and blood** the human body **—in the flesh** **1.** alive **2.** in person

**flesh-coloured** *adj.* yellowish-pink

**flesher** *n.* [Scot.] a butcher

**fleshly** *adj.* **-lier, -liest** **1.** of the body **2.** sensual

**fleshpots** *n.* **1.** bodily comfort and pleasures; luxuries **2.** a place where such pleasures are provided

**flesh wound** a wound that does not reach the bones or vital organs

**fleshy** *adj.* **-ier, -iest** **1.** plump **2.** of or like flesh **3.** having a firm pulp: said of fruits **—flesh'iness** *n.*

FLEUR-DE-LIS

**fleur-de-lis** (flur'dəlē') ***n., pl.* fleurs-de-lis** (flur'dəlēs') [< OFr., flower of the lily] **1.** *same as* IRIS (sense 2) **2.** the coat of arms of the former French royal family **3.** *Heraldry* a lilylike emblem: the unofficial floral emblem of Quebec Also sp. **fleur-de-lys**

**flew** (flōō) *pt. of* FLY[1]

**flews** (flōōz) ***n.pl.*** [< ?] the loose, hanging lip of a hound or other dog

**flex**[1] (fleks) ***vt., vi.*** [< L. *flectere,* bend] **1.** to bend (an arm, knee, etc.) **2.** to contract (a muscle)

**flex**[2] *n.* [< FLEXIBLE] flexible, insulated electric wire

**flexible** (flek'səb'l) ***adj.*** **1.** able to bend without breaking **2.** easily influenced **3.** adjustable to change **—flex'ibil'ity** *n.* **—flex'ibly** ***adv.***

**flextime** *n.* [< FLEXIBLE] an arrangement whereby employees must complete a set total of working hours but are able to vary their starting and finishing times Also **flex'itime**

**flibbertigibbet** (flib'ərtē jib'it) *n.* [< ?] an irresponsible, flighty person

**flick**[1] (flik) *n.* [echoic] a light, quick stroke **—*vt.*** to strike, remove, etc. with a light, quick stroke

**flick**[2] *n.* [< ff.] [Slang] a cinema film **—the flicks** [Slang] a cinema showing of an entire performance

**flicker** (flik'ər) ***vi.*** [OE. *flicorian*] **1.** to move with a quick, light, wavering motion **2.** to burn or shine unsteadily **—*n.*** **1.** a flickering **2.** a flame or light that flickers **3.** a quick, passing look or feeling

**flick knife** a knife with a retractable blade that springs out when a button on the handle is pressed

**flier** (flī'ər) *n.* *same as* FLYER

**flight**[1] (flīt) *n.* [OE. *flyht*] **1.** the act, manner, or power of flying **2.** distance flown **3.** a group of birds, arrows, etc. flying together **4.** a subdivision of a squadron in an air force **5.** an aeroplane scheduled to fly a certain trip **6.** a trip by aeroplane **7.** a soaring above the ordinary [*a flight* of fancy] **8.** a set of stairs, as between floors **—in the first** (or **top**) **flight** of the best quality

**flight**[2] *n.* [< OE. *fleon,* flee] a fleeing, as from danger **—put to flight** to force to flee

**flight deck** **1.** the compartment in an airliner in which the pilots and crew sit

**2.** the upper deck of an aircraft carrier where aircraft take off and land

**flightless** *adj.* not able to fly

**flight lieutenant** *see* MILITARY RANKS, table

**flight recorder** a device fitted to an aircraft to monitor its performance in flight, and used to determine the cause of an accident: also called **black box**

**flight sergeant** *see* MILITARY RANKS, table

**flighty** *adj.* **-ier, -iest** frivolous or irresponsible **—flight′ily** *adv.* **—flight′iness** *n.*

**flimsy** (flim′zē) *adj.* **-sier, -siest** [< ?] **1.** easily broken or damaged; fragile **2.** weak or inadequate **—*n.*** a sheet of thin paper

**flinch** (flinch) *vi.* [< OFr. *flenchir*] **1.** to draw back, as from a blow, difficulty, etc. **2.** to wince

**fling** (flin) *vt.* **flung, fling′ing** [< ON. *flengja,* to whip] **1.** to throw, esp. with force; hurl **2.** to put abruptly or violently **3.** to move (one's limbs, head, etc.) suddenly **—*n.*** **1.** a flinging **2.** a brief time of self-indulgence **3.** a spirited dance [the Highland *fling*] **4.** [Colloq.] a trial effort **—fling′er** *n.*

**flint** (flint) ***n.*** [OE.] **1.** a very hard, siliceous rock that makes sparks when struck with steel **2.** a piece of this, used to start a fire, for primitive tools, etc. **3.** anything like flint in hardness, use, etc. [a heart of *flint*] **—flint′y** *adj.*

**flintlock** *n.* **1.** a gunlock using a flint to strike sparks **2.** a gun with such a lock

**flip**[1] (flip) *vt.* **flipped, flip′ping** [echoic] **1.** to move with a quick jerk **2.** to snap (a coin) into the air with the thumb **3.** to turn (a card, etc.) over quickly **—*vi.*** **1.** to make a quick, light stroke or move **2.** [Slang] to lose self-control: also **flip one's lid** (or **wig**) **—*n.*** a flipping

**flip**[2] ***n.*** [prob. < prec.] a sweetened mixed drink of wine or spirits with egg, spices, etc.

**flip**[3] *adj.* **flip′per, flip′pest** [< flippant] [Colloq.] flippant; saucy; impertinent

**flippant** (flip′ənt) *adj.* [prob. < FLIP[1]] frivolous and disrespectful; impertinent **—flip′pancy** *n.*

**flipper** *n.* **1.** a broad, flat limb, as of a seal, adapted for swimming **2.** a paddlelike rubber piece worn on each foot as a help in swimming **3.** [Slang] a hand

**flip side** [Colloq.] the reverse side (of a gramophone record), esp. the less important side

**flirt** (flurt) *vi.* [< ?] **1.** to woo someone lightly or frivolously **2.** to toy, as with an idea **3.** to move jerkily **—*n.*** a person who plays at love **—flirt′y** *adj.*

**flirtation** (flur tā′shən) *n.* a flirting, or playing at love

**flirtatious** *adj.* flirting or inclined to flirt

**flit** (flit) *vi.* **flit′ted, flit′ting** [< ON. *flytja*] **1.** to dart; flutter **2.** to move house **—*n.*** a flitting **—flit′ter** *n.*

**flitch** (flich) *n.* [OE. *flicce*] the cured and salted side of a pig; side of bacon **—*vt.*** to cut into flitches

**flitter** (flit′ər) *vi., vt.* [< FLIT] *same as* FLUTTER

**flittermouse** *n.* *same as* BAT[2]

**float** (flōt) *n.* [< OE. *fleotan,* to float] **1.** anything that stays on or at a liquid's surface; specif., *a*) a fishing-line cork *b*) a floating ball, etc. that regulates liquid level, as in a tank *c*) a buoyant device on an aircraft for landing on water **2.** a very low, flat lorry, esp. one that carries a display in a parade **3.** a sum of money used: *a*) to provide change *b*) to cover small expenses **—*vi.*** **1.** to stay on or at a liquid's surface **2.** to drift gently **3.** to move about aimlessly **—*vt.*** **1.** to make float **2.** to flood **3.** *a*) to put into circulation [*float* a bond issue] *b*) to allow the rate of exchange (of a currency) to vary *c*) to start (a business, etc.)

**floatation** (flō tā′shən) *n.* *same as* FLOTATION

**floating** *adj.* **1.** that floats **2.** not fixed; moving about **3.** designating an unfunded, short-time debt **4.** *Med.* displaced and more movable [a *floating* kidney]

**floating ribs** the eleventh and twelfth pairs of ribs, not attached to the breastbone or to other ribs

**floating voter** a voter of no fixed political allegiance

**floats** (flōts) ***n.pl.*** *same as* FOOTLIGHTS

**flocculent** (flok′yoo lənt) *adj.* [< L. *floccus,* lock of wool] woolly; fluffy **—floc′culence** *n.*

**flock**[1] (flok) *n.* [OE. *flocc,* a troop] **1.** a group of animals, as sheep, or of birds, living, feeding, etc. together **2.** any group, as of church members **—*vi.*** to assemble or travel in a flock

**flock**[2] *n.* [< L. *floccus*] **1.** a tuft of wool, cotton, etc. **2.** wool or cotton waste used to stuff furniture, etc. **3.** tiny fibres put on wallpaper, etc. to form a velvety surface

**floe** (flō) *n.* [prob. < Norw. *flo,* layer] *same as* ICE FLOE

**flog** (flog) *vt.* **flogged, flog′ging** [< ? L. *flagellare,* to whip] **1.** to beat with a stick, whip, etc. **2.** [Slang] to sell **—flog′ger** *n.*

**flood** (flud) ***n.*** [OE. *flod*] **1.** an overflowing of water on an area normally dry; deluge **2.** the rising of the tide **3.** a great outpouring, as of words **—*vt.*** **1.** to cover or fill with or as with a flood **2.** to put too much liquid on or in **—*vi.*** **1.** to gush out in a flood **2.** to become flooded **—the Flood** *Bible* the great flood in Noah's time

**floodgate** *n.* **1.** a gate to control water height and flow **2.** anything like this in controlling an outburst

**floodlight** *n.* **1.** a lamp that casts a broad beam of bright light **2.** such light **—*vt.*** **-light′ed** or **-lit′, -light′ing** to illuminate by a floodlight

**flood tide** the incoming or rising tide

**floor** (flôr) *n.* [OE. *flor*] **1.** the inside bottom surface of a room **2.** any bottom surface [the ocean *floor*] **3.** a storey in a building **4.** the part of a legislative chamber, stock exchange, etc. occupied by members **5.** the right to speak in an assembly **6.** a lower limit set on anything —*vt.* **1.** to furnish with a floor **2.** to knock down **3.** [Colloq.] *a*) to defeat *b*) to shock, confuse, etc.

**floorboard** *n.* a board in a floor

**flooring** *n.* **1.** material for making a floor **2.** a floor **3.** floors collectively

**floor plan** a scale drawing of the layout of rooms, halls, etc. on one floor of a building

**floor show** a show presenting singers, dancers, etc. in a restaurant, nightclub, etc.

**floozy, floozie** (flōō′zē) *n., pl.* **-zies** [< ?] [Slang] a loose, disreputable woman: also sp. **floo′sy, floo′sie**

**flop** (flop) *vt.* **flopped, flop′ping** [var. of FLAP] to flap or throw noisily and clumsily —*vi.* **1.** to move, drop, or flap around loosely or clumsily **2.** [Colloq.] to be a failure —*n.* **1.** the act or sound of flopping **2.** [Colloq.] a failure —**flop′py** *adj.*

**flora** (flôr′ə) *n.* [< L. *flos,* flower] the plants of a specified region or time

**floral** (flôr′əl) *adj.* of, made of, or like flowers

**Florentine** (flor′ən tīn′) *adj.* of Florence, Italy, or its people, culture, or art —*n.* a native of Florence

**floret** (flôr′it) *n.* [< L. *flos,* flower] **1.** a small flower **2.** any of the small flowers making up the head of a composite plant

**floribunda** (flor′ə bun′də) *n.* [< Mod.L. *floribundus,* flowering freely] a cultivated rose with clusters of flowers produced in profusion

**florid** (flor′id) *adj.* [< L. *flos,* flower] **1.** flushed; ruddy **2.** showy; ornate —**florid′ity** *n.*

**florin** (flor′in) *n.* [< L. *flos,* flower] **1.** any of various European or South African silver or gold coins **2.** a former British coin worth two shillings

**florist** (flor′ist) *n.* [< L. *flos,* flower] a person who cultivates or sells flowers —**flo′ristry** *n.*

**floss** (flos) *n.* [prob. < Fr.] **1.** the rough silk covering a cocoon **2.** short, downy waste fibres of silk **3.** a soft thread or yarn, as of silk, used in embroidery **4.** *same as* DENTAL FLOSS —**floss′y** *adj.*

**flotation** (flō tā′shən) *n.* the starting or financing of a business, etc., as by selling an entire issue of bonds

**flotilla** (flō til′ə) *n.* [Sp.] a small fleet, or a fleet of small ships

**flotsam** (flot′səm) *n.* [< OFr.] the wreckage of a ship or its cargo floating at sea: chiefly in **flotsam and jetsam,** *a*) such wreckage *b*) miscellaneous trifles *c*) transient, unemployed people

**flounce**[1] (flouns) *vi.* **flounced, flounc′ing** [prob. < Scand.] to move with quick, flinging motions of the body, as in anger —*n.* the act of flouncing

**flounce**[2] *n.* [< OFr. *froncir,* to wrinkle] a wide, ornamental ruffle, as on a skirt —*vt.* **flounced, flounc′ing** to trim with flounces —**flounc′y** *adj.*

**flounder**[1] (floun′dər) *vi.* [< ? FOUNDER[1]] **1.** to struggle awkwardly, as in deep mud **2.** to speak or act in an awkward, confused way

**flounder**[2] *n.* [< Scand.] a flatfish caught for food, as the halibut

**flour** (flouər) *n.* [orig. flower (i.e., best) of meal] **1.** a fine, powdery substance produced by grinding and sifting grain etc. **2.** any finely powdered substance —*vt.* to put flour on or in —**flour′y** *adj.*

**flourish** (flur′ish) *vi.* [< L. *flos,* flower] **1.** to grow vigorously; thrive; prosper **2.** to be at the peak of development, etc. **3.** to make showy, wavy motions —*vt.* to brandish (a sword, etc.) —*n.* **1.** anything done in a showy way **2.** a brandishing **3.** decorative lines in writing **4.** a fanfare —**flour′ishing** *adj.*

**flout** (flout) *vt., vi.* [prob. < ME. *flouten,* play the flute] to show scorn or contempt (for) —**flout′er** *n.*

**flow** (flō) *vi.* [OE. *flowan*] **1.** to move as a liquid does **2.** to move gently and smoothly **3.** to pour out **4.** to be derived; proceed **5.** to hang loose *[flowing* hair*]* **6.** to rise, as the tide **7.** to be plentiful —*n.* **1.** a flowing, or the manner or rate of this **2.** anything that flows **3.** a continuous production

**flow chart** a diagram showing the progress of work through a sequence of operations: also **flow sheet**

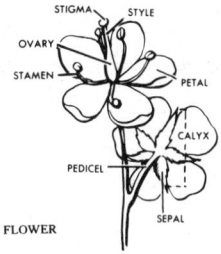

FLOWER

**flower** (flou′ər) *n.* [< L. *flos,* flower] **1.** the structure of many plants that produces seeds, typically with brightly coloured petals; blossom **2.** a plant cultivated for its blossoms **3.** the best or finest part **4.** [*pl.*] *Chem.* a powder made from condensed vapours —*vi.* **1.** to produce blossoms **2.** to reach the best period —**in flower** in a state of flowering

**flowered** *adj.* **1.** bearing or containing flowers **2.** having a floral design

**flowerpot** *n.* a container in which to grow plants

**flowery** *adj.* **-erier, -eriest** **1.** covered or decorated with flowers **2.** full of ornate expressions and fine words —**flow′eriness** *n.*

**flown** (flōn) *pp. of* FLY[1]

**fl. oz.** fluid ounce; fluid ounces

**flu** (flōō) *n.* **1.** *short for* INFLUENZA **2.**

popularly, a respiratory or intestinal infection caused by a virus

**fluctuate** (fluk′tyoo wāt′) *vi.* **-at′ed, -at′ing** [< L. *fluctus,* a wave] **1.** to vary irregularly **2.** to move back and forth or up and down **—fluc′tua′tion** *n.*

**flue** (flōō) *n.* [< ?] a tube or shaft for the passage of smoke, hot air, etc., as in a chimney

**fluent** (flōō′ənt) *adj.* [< L. *fluere,* flow] **1.** able to write or speak easily, smoothly, and expressively **2.** flowing smoothly **—flu′ency** *n.*

**fluff** (fluf) *n.* [? blend of *flue,* downy mass + *puff*] **1.** soft, light down **2.** a loose, soft mass, as of dust **3.** *Theatre, Radio, TV* an error in speaking a line **—*vt.* 1.** to shake or pat until loose, soft, and light **2.** *Theatre, Radio, TV* to make an error in speaking (one's lines, etc.) **3.** to bungle **—fluff′y** *adj.*

**fluid** (flōō′id) *adj.* [< L. *fluere,* flow] **1.** that can flow; not solid **2.** not settled or fixed **3.** available for investment or as cash [*fluid* assets] **—*n.*** a liquid or gas **—fluid′ity, flu′idness** *n.* **—flu′idly** *adv.*

**fluid ounce** a liquid measure equal to 1/20 pint, or 28.4 $cm^3$: also **flu′idounce′** *n.*

**fluke**[1] (flōōk) *n.* [OE. *floc*] **1.** a flatfish; esp. a flounder **2.** a flatworm parasitic in internal organs of vertebrates

**fluke**[2] *n.* [prob. < prec.] **1.** the triangular, pointed end of an anchor arm **2.** a barb or barbed head of an arrow, harpoon, etc. **3.** either of the lobes of a whale's tail

**fluke**[3] *n.* [< ?] [Colloq.] a chance outcome, esp. a lucky one **—*vt.* fluked, fluk′ing** [Colloq.] to hit or get by a fluke

**flummery** (flum′ər ē) *n., pl.* **-meries** [W. *llymru,* soured oatmeal] **1.** a creamy pudding **2.** meaningless talk

**flummox** (flum′əks) *vt.* [< ?] [Slang] to confuse; perplex

**flung** (fluŋ) *pt. & pp. of* FLING

**flunk** (fluŋk) *vt., vi.* [< ?] [Chiefly U.S. Colloq.] to fail; esp. in an examination

**flunkey** (fluŋ′kē) *n., pl.* **-kies** [< ? Fr. *flanquer,* to flank] **1.** a footman **2.** one who obeys superiors in a servile way **—flun′keyism** *n.*

**fluor** (flōō′ôr) *n.* [< L. *fluere,* to flow] *same as* FLUORITE

**fluoresce** (flōō′ə res′) *vi.* **-resced′, -resc′ing** to show or undergo fluorescence

**fluorescence** *n.* [ult. < L. *fluor,* flux] **1.** the property of a substance, as fluorite, of producing light when acted upon by radiant energy **2.** light so produced **—flu′ores′cent** *adj.*

**fluorescent lamp** (or **tube**) a glass tube coated inside with a fluorescent substance giving off light (**fluorescent light**) when mercury vapour in the tube is acted upon by electrons from the cathode

**fluoridate** (flooər′i dāt′) *vt.* **-dat′ed, -dat′ing** to add fluorides to (a water supply) so as to reduce the incidence of tooth decay **—fluor′ida′tion** *n.*

**fluoride** (flooər′id) *n.* a compound of fluorine and another element or radical

**fluorinate** (flooər′i nāt′) *vt.* **-nat′ed, -nat′ing** *same as* FLUORIDATE **—fluor′ina′tion** *n.*

**fluorine** (flooər′ēn) *n.* a corrosive, poisonous, greenish-yellow, gaseous chemical element: symbol, F

**fluorite** (flooər′īt) *n.* calcium fluoride, a transparent, crystalline mineral of various colours

**fluor spar** *same as* FLUORITE: also **flu′or-spar′** *n.*

**flurry** (flur′ē) *n., pl.* **-ries** [< ?] **1.** a sudden, brief rush of wind or fall of snow **2.** a sudden commotion **—*vt.* -ried, -rying** to confuse; agitate

**flush**[1] (flush) *vi.* [< ME. *flusschen,* fly up suddenly] **1.** to flow and spread suddenly **2.** to blush or glow **3.** to become cleaned or emptied with a sudden flow of water **4.** to start up from cover: said of birds **—*vt.* 1.** to make flow **2.** to clean or empty with a sudden flow of water **3.** to make blush or glow **4.** to excite; exhilarate **5.** to drive (birds) from cover **6.** to make level **—*n.* 1.** a rapid flow, as of water **2.** a sudden, vigorous growth [the first *flush* of youth] **3.** sudden excitement or exhilaration **4.** a blush or glow **5.** a sudden feeling of heat, as in a fever **—*adj.* 1.** well supplied, esp. with money **2.** level or even (*with*)

**flush**[2] *n.* [see FLUX] a hand of cards all in the same suit

**fluster** (flus′tər) *vt., vi.* [prob. < Scand.] to get confused or nervous **—*n.*** a flustered state

**flute** (flōōt) *n.* [< OFr.] **1.** a high-pitched wind instrument consisting of a long, slender tube with finger holes and keys **2.** an ornamental groove **—*vt., vi.* flut′ed, flut′ing 1.** to sing, speak, etc. in a flutelike tone **2.** to play on the flute **3.** to make grooves (in)

**fluting** *n.* **1.** a series of ornamental grooves, as in a column **2.** the act of one that flutes

**flutter** (flut′ər) *vi.* [< OE. *fleotan,* to float] **1.** to flap the wings rapidly **2.** to wave, move, or vibrate rapidly and irregularly **3.** to tremble **4.** to move about in a restless, fussy way **—*vt.*** to make flutter **—*n.* 1.** a fluttering **2.** a state of excitement or confusion **3.** [Colloq.] a modest bet

**fluty** (flōōt′ē) *adj.* **-ier, -iest** flutelike in tone

**fluvial** (flōō′vē əl) *adj.* [< L. *fluere,* to flow] of, found in, or produced by a river: also **flu′viatile** (-ə tīl)

**flux** (fluks) *n.* [< L. *fluere,* to flow] **1.** a flowing **2.** a coming in of the tide **3.** continual change **4.** any abnormal discharge from the body **5.** a substance used to help fuse metals together, as in soldering

**fly**[1] (flī) *vi.* **flew, flown, fly′ing** [OE. *fleogan*] **1.** to move through the air by using wings **2.** to travel in an aircraft **3.** to be propelled through the air or through space, as a missile **4.** to operate an aircraft **5.** to wave or float in the air **6.** to move or go swiftly **7.** to flee **—*vt.* 1.** to cause to float in the air **2.** to operate (an aircraft)

**3.** to travel over in an aircraft **4.** to carry in an aircraft **5.** to flee from —*n., pl.* **flies** **1.** a flap concealing the zipper, buttons, etc. in a garment **2.** a flap serving as a tent door **3.** the length of a flag from the staff outwards **4.** [*pl.*] *Theatre* the space above the proscenium arch —**fly a kite** to obtain an indication beforehand of the real state of affairs —**fly at** to attack by or as by springing towards —**fly high** [Colloq.] to be ambitious —**let fly (at)** **1.** to shoot or throw (at) **2.** to unleash a verbal attack (at)

**fly²** *n., pl.* **flies** [OE. *fleoge*] **1.** any of a large group of insects with two transparent wings, as the housefly **2.** a hooked lure for fishing, made to resemble an insect —**fly in the ointment** a tiny flaw that destroys the value of a thing —**there are no flies on him** [Slang] he is very alert; not easily hoaxed

**fly³** *adj.* [< ?] [Slang] alert and knowing; sharp

**flyaway** *adj.* **1.** streaming [*flyaway* hair] **2.** capricious

**flyblown** *adj.* **1.** full of flies' eggs **2.** spoiled; tainted **3.** [Colloq.] shabby; dingy

**fly-by-night** *adj.* not trustworthy, esp. financially —*n.* a fly-by-night person

**flycatcher** *n.* a bird that catches insects in flight

**flyer** *n.* **1.** a person or thing that flies or moves very fast **2.** an aviator

**fly-fish** *vi.* to fish by casting artificial flies

**flying** *adj.* **1.** that flies or can fly **2.** moving as if flying; fast **3.** hasty and brief **4.** organized to act quickly —*n.* the action of one that flies

**flying boat** an aeroplane with a hull that permits it to land on and take off from water

FLYING BUTTRESS

**flying buttress** a buttress connected to a wall by an arch, serving to resist outward pressure

**flying colours** notable victory or success

**flying doctor** a doctor who covers a wide area and visits his patients by aeroplane

**flying fish** a fish with winglike pectoral fins that enable it to glide through the air

**flying fox** a fruit-eating bat with a foxlike head

**flying officer** *see* MILITARY RANKS, table

**flying saucer** *same as* UFO

**flying start** **1.** the start of a race in which the contestants are already moving as they pass the starting line **2.** any rapid beginning

**flying wing** in Canadian football, the twelfth player, who has a variable position behind the scrimmage line

**flyleaf** (flī′lēf′) *n., pl.* **-leaves′** a blank leaf at the beginning or end of a book

**flyover** *n.* an intersection of two roads at which one is carried over the other by a bridge

**flypaper** *n.* a sticky or poisonous paper set out to catch or kill flies

**fly-past** *n.* a ceremonial flight of aircraft over a given area

**flysheet** *n.* a piece of canvas drawn over the ridgepole of a tent to form an outer roof

**fly-spray** *n.* a liquid squirted from an aerosol can to kill flies

**flytrap** *n.* a plant that catches insects

**flyweight** *n.* *see* BOXING AND WRESTLING WEIGHTS, table

**flywheel** *n.* a heavy wheel attached to a machine so as to regulate its speed and motion

**Fm** *Chem.* fermium

**FM** frequency modulation

**F.M.** Field Marshal

**fm.** **1.** fathom **2.** from

**f-number** (ef′num′bər) *n.* *Photog.* the ratio of a lens diameter to its focal length

**fo.** folio

**F.O.** **1.** Flying Officer **2.** [obs.] Foreign Office

**foal** (fōl) *n.* [OE. *fola*] a young horse, mule, donkey, etc.; colt or filly —*vt., vi.* to give birth to (a foal)

**foam** (fōm) *n.* [OE. *fam*] **1.** the whitish mass of bubbles formed on or in liquids by agitation, fermentation, etc. **2.** something like foam, as frothy saliva **3.** a rigid or spongy cellular mass made from liquid rubber, plastic, etc. —*vi.* to produce foam; froth —**foam at the mouth** to rage **foam′y** *adj.*

**foam rubber** rubber treated to form a firm, spongy foam

**fob¹** (fob) *n.* [prob. < dial. G. *fuppe,* pocket] **1.** a watch pocket in the front of a man's trousers **2.** a chain hanging from a watch in such a pocket

**fob²** *vt.* **fobbed, fob′bing** [< ME. *fobben,* cheat] [Obs.] to deceive —**fob off** to trick or put off (a person) with second-rate articles, lies, excuses, etc.

**F.O.B., f.o.b.** free on board

**focal** (fō′k'l) *adj.* of or at a focus —**fo′cally** *adv.*

**focal length** the distance from the optical centre of a lens to the point where the light rays converge

**fo'c's'le** (fōk′s'l) *n.* *phonetic spelling of* FORECASTLE

**focus** (fō′kəs) *n., pl.* **fo′cuses, fo′ci** (-sī) [L., hearth] **1.** the point where rays of light, heat, etc. come together; specif., the point where reflected or refracted light rays meet **2.** *same as* FOCAL LENGTH **3.** adjustment of focal length to make a clear image **4.** any centre of activity, attention, etc. —*vt.* **-cused** or **-cussed, -cusing** or **-cussing** **1.** to bring into focus **2.** to adjust the focal length of (the eye, a lens, etc.) so as to make a clear image **3.** to concentrate *[focus* one's attention*]* —*vi.* to come to a focus —**in focus** clear; distinct —**out of focus** blurred

**fodder** (fod′ər) *n.* [OE. *fodor*] coarse food for cattle, horses, etc., as hay and straw

**foe** (fō) *n.* [OE. *fah,* hostile] *same as* ENEMY

**foetid** (fēt′id) *adj.* *same as* FETID

**foetus** (fēt′əs) *n., pl.* **-tuses** [< L. *fetus,* a bringing forth] the unborn young of an animal while still in the uterus or egg, esp. in its later stages: cf. EMBRYO —**foe′tal** *adj.*

**fog** (fog) *n.* [prob. < Scand.] **1.** a large mass of water vapour condensed to fine particles, just above the earth's surface **2.** a similar mass of smoke, dust, etc. **3.** a state of mental confusion **4.** a blur on a photograph or film —*vt., vi.* **fogged, fog′ging** to make or become foggy, blurred, etc. —**fog′gy** *adj.*

**fog bank** a dense mass of fog

**fogbound** *adj.* **1.** surrounded or covered by fog **2.** prevented from sailing, flying, etc. because of fog

**foghorn** *n.* a horn blown to give warning to ships in a fog

**fogy** (fō′gē) *n., pl.* **-gies** [< ?] a person who is oldfashioned or highly conservative: also **fo′gey,** *pl.* **-geys**

**foible** (foi′b'l) *n.* [< Fr. *faible,* feeble] a small weakness in character; frailty

**foil**[1] (foil) *vt.* [< OFr. *fuler,* trample] to thwart

**foil**[2] *n.* [< L. *folium,* leaf] **1.** a very thin sheet of metal **2.** one that sets off or enhances another by contrast **3.** [etym. unc.] a long, thin, blunted fencing sword **4.** a leaflike, rounded space or design, as in windows, etc. in Gothic architecture

**foist** (foist) *vt.* [prob. < dial. Du. *vuisten,* hide in the hand] to put in slyly; palm off (*on* or *upon*)

**fold**[1] (fōld) *vt.* [OE. *faldan*] **1.** to bend or press (something) so that one part is over another **2.** to draw together and intertwine *[*to *fold* the arms*]* **3.** to embrace **4.** to wrap up; envelop —*vi.* **1.** to be or become folded **2.** [Colloq.] *a*) to fail, as a business *b*) to succumb, as to exhaustion —*n.* **1.** a folded part **2.** a hollow or crease made by folding **3.** *Geol.* a rock layer folded by pressure —**fold in** to blend (an ingredient) into a mixture, using gentle, cutting strokes

**fold**[2] *n.* [OE. *fald*] **1.** a pen in which to keep sheep **2.** a flock of sheep **3.** a group with common aims, faith, etc., as a church —*vt.* to confine in a pen

**-fold** (fōld) [OE. *-feald*] *a suffix meaning:* **1.** having (a specified number of) parts *[tenfold]* **2.** (a specified number of) times as many or as much

**foldaway** *adj.* that can be folded for easy storage

**folder** *n.* **1.** a sheet of heavy paper folded as a holder for papers **2.** an unstitched, folded booklet

**folderol** (fol′də rol′) *n.* *same as* FALDERAL

**folding door** a door with hinged leaves or accordion pleats that can be folded back

**foliaceous** (fō′lē ā′shəs) *adj.* [< L. *folium,* leaf] **1.** of, like, or having leaves **2.** consisting of thin layers

**foliage** (fō′lē ij) *n.* [< L. *folium,* leaf] leaves, as of a plant or tree —**fo′liaged** *adj.*

**foliation** (fō′lē ā′shən) *n.* **1.** a growing of or developing into a leaf or leaves **2.** the state of being in leaf **3.** the act of beating metal into layers **4.** a leaflike decoration

**folio** (fō′lē ō′) *n., pl.* **-lios′** [< L. *folium,* leaf] **1.** a large sheet of paper folded once **2.** a book made of sheets so folded **3.** a leaf of a book, etc. numbered on only one side **4.** the number of a page in a book, etc. —*adj.* of folio size —**in folio** in the form of a folio

**folk** (fōk) *n., pl.* **folk, folks** [OE. *folc*] **1.** *a*) a people; nation *b*) the common people of a nation **2.** [Colloq.] [*pl.*] people; persons —*adj.* of the common people —**(one's) folks** [Colloq.] (one's) family

**folk dance** **1.** a traditional dance of the common people of a country **2.** music for this

**folk etymology** the change that occurs in the form of a word over a period of prolonged usage so as to give it an apparent connection with some other word, as *Welsh rabbit* becomes *Welsh rarebit*

**folklore** (fōk′lôr′) *n.* the traditional beliefs, legends, sayings, etc. of a people —**folk′lor′ic** *adj.*

**folk music** music made and handed down among the common people

**folk song** **1.** a song made and handed down among the common people **2.** a song like this —**folk singer**

**folksy** *adj.* **-sier, -siest** **1.** affectedly simple **2.** [Colloq.] friendly or sociable

**follicle** (fol′i k'l) *n.* [< L. *follis,* bellows] any small sac, cavity, or gland *[*a hair *follicle]* —**follicular** (fə lik′yoo lər) *adj.*

**follow** (fol′ō) *vt.* [< OE. *folgian*] **1.** to come or go after **2.** to chase; pursue **3.** to go along *[follow* the road*]* **4.** to take up; engage in (a trade, etc.) **5.** to result from **6.** to take as a model; imitate **7.** to obey **8.** to listen to or observe closely **9.** to understand the continuity or logic of —*vi.* **1.** to come, go, or happen after something else in place, sequence, or time **2.** to result —*n.* the act of following —**follow out** to carry out fully —**follow through** to continue and complete a stroke or action —**follow up** **1.** to pursue or investigate closely **2.** to make more effective by doing something more

**follower** *n.* one that follows; esp. a person who follows another's teachings; disciple

**following** *adj.* that follows; next after —*n.* a group of followers —*prep.* after —**the following** **1.** the one or ones to be mentioned immediately **2.** what follows

**follow-on** *n. Cricket* an immediate second innings forced on a team scoring a prescribed number of runs fewer than its opponents in the first innings

**follow-up** *n.* a letter, visit, etc. that follows as a review or addition

**folly** (fol′ē) *n., pl.* **-lies** [see FOOL] **1.** a lack of sense; foolishness **2.** any foolish action or belief **3.** any foolish but expensive undertaking, esp. a useless and needlessly extravagant structure

**foment** (fō ment′) *vt.* [< L. *fovere,* keep warm] to stir up; incite [to *foment* a riot] **—fo′menta′tion** *n.*

**fond** (fond) *adj.* [< ME. *fonnen,* be foolish] **1.** tender and affectionate **2.** foolishly credulous or trusting **—fond of** having a liking for **—fond′ness** *n.*

**fondant** (fon′dənt) *n.* [Fr. < *fondre,* melt] **1.** a soft, creamy paste made of sugar **2.** a sweet made of this

**fondle** (fon′d'l) *vt.* **-dled, -dling** [< obs. *fond, v.*] to stroke lovingly; caress **—fon′dler** *n.*

**fondue, fondu** (fon′dyōō) *n.* [Fr. < *fondre,* melt] **1.** cheese melted in wine, used as a dip for cubes of bread, etc. **2.** any of various other dishes of hot, liquid ingredients, as hot oil into which cubes of meat are dipped

**font** (font) *n.* [< L. *fons,* fountain] **1.** a bowl to hold the water used in baptismal services **2.** a basin for holy water **3.** any source; origin **—font′al** *adj.*

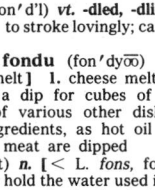


**fontanelle** (fon′tə nel′) *n.* [< OFr. *fontaine,* fountain] any of the soft, boneless areas in the skull of a baby: also sp. **fon′tanel′**

**food** (fōōd) *n.* [OE. *foda*] **1.** any substance taken into and assimilated by a plant or animal to keep it alive and enable it to grow **2.** solid substances of this sort: distinguished from *drink* **3.** anything that nourishes or stimulates

**food poisoning** sickness from eating food contaminated by bacteria, chemicals, etc.

**foodstuff** *n.* any material made into or used as food

**fool**[1] (fōōl) *n.* [< L. *follis,* windbag] **1.** a silly person; simpleton **2.** a man formerly kept by a nobleman or king to entertain as a clown; jester **3.** a dupe **—*vi.*** **1.** to act like a fool; be silly **2.** to joke **—*vt.*** to trick; deceive **—be no** (or **nobody's**) **fool** to be shrewd and capable **—fool about** (or **around**) [Colloq.] **1.** to behave irresponsibly or aimlessly **2.** to meddle (*with*) **—fool away** [Colloq.] to squander

**fool**[2] *n.* [< ? prec.] crushed stewed fruit mixed with cream

**foolery** *n., pl.* **-eries** (a) foolish action

**foolhardy** *adj.* **-dier, -diest** foolishly daring; rash **—fool′har′dily** *adv.* **—fool′har′diness** *n.*

**foolish** *adj.* **1.** silly; unwise **2.** absurd **—fool′ishly** *adv.* **—fool′ishness** *n.*

**foolproof** *adj.* so harmless, simple, etc. as not to be mishandled, damaged, etc. even by a fool

**foolscap** (fōōlz′kap′) *n.* [from former watermark] a large size of writing paper

**fool's errand** a fruitless errand

**fool's paradise** a state of illusory happiness

**fool's-parsley** *n.* a poisonous plant resembling parsley

**foot** (foot) *n., pl.* **feet** [OE. *fot*] **1.** the end part of the leg, on which one stands **2.** the base or bottom [the *foot* of a page] **3.** the last of a series **4.** the end, as of a bed, towards which the feet are directed **5.** the part of a stocking, etc. covering the foot **6.** a measure of length, equal to 12 inches (c. 30cm) **7.** infantry **8.** a group of syllables serving as a unit of metre in verse **—*vt.*** [Colloq.] to pay (costs, etc.) **—foot it** [Colloq.] to dance, walk, or run **—have one foot in the grave** [Colloq.] to be near to death **—on foot** **1.** walking **2.** in process **—put one's best foot forward** [Colloq.] **1.** to hurry **2.** to do one's best **3.** to try to appear at one's best **—put one's foot down** [Colloq.] to act decisively **—put one's foot in it** [Colloq.] to make an embarrassing blunder

**footage** (foot′ij) *n.* length expressed in feet

**foot-and-mouth disease** an acute, contagious disease of cattle, deer, etc. characterized by fever and blisters in the mouth and around the hoofs

**football** *n.* **1.** a field game played with an inflated leather ball by two teams **2.** the ball used in playing this **—foot′baller** *n.*

**football pools** *same as* POOLS

**footboard** *n.* **1.** a board or platform for supporting the feet **2.** a vertical piece across the foot of a bed

**footbridge** *n.* a narrow bridge for pedestrians

**footfall** *n.* the sound of a footstep

**foothill** *n.* a low hill at or near the foot of a mountain or mountain range

**foothold** *n.* **1.** a place to put a foot down securely, as in climbing **2.** a secure position

**footing** *n.* **1.** a secure position or basis **2.** a basis for relationship **3.** a secure placing of the feet **4.** a foothold

**footle** (fōōt′'l) *vi.* [< ?] [Colloq.] to act or talk foolishly or aimlessly **—foot′ling** *adj.*

**footlights** (foot′līts′) *n.pl.* a row of lights along the front of a stage at the actors' foot level

**footloose** *adj.* free to go where or do as one likes

**footman** *n.* a male servant who assists the butler in a household
**footnote** *n.* a note of comment or reference at the bottom of a page
**footpad** *n.* [see PAD[3]] formerly, a highway robber
**footpath** *n.* a narrow path for pedestrians
**footplate** *n.* the platform in a locomotive cab on which the crew stand to operate the controls
**foot-pound** (foot′pound′) *n.* the amount of energy required to raise a weight of one pound a distance of one foot
**footprint** *n.* a mark left by a foot
**footrace** *n.* a race run on foot
**footrest** *n.* a support to rest the feet on
**footsie, footsy** *n., pl.* **-sies** the foot: a child's term **—play footsie (with)** to flirt or have surreptitious dealings (with)
**footsore** *adj.* having sore feet, as from walking
**footstep** *n.* **1.** the distance covered in a step **2.** the sound of a step **3.** a footprint **—follow in (someone's) footsteps** to follow (someone's) example, vocation, etc.
**footstool** *n.* a low stool for supporting the feet of a seated person
**footwear** *n.* shoes, boots, slippers, etc.
**footwork** *n.* the act or manner of moving the feet, as in walking, boxing, dancing, etc.
**fop** (fop) *n.* [< ? ME. *foppe,* fool] a vain, affected man who pays too much attention to his clothes, appearance, etc. **—fop′pery** *n.* **—fop′pish** *adj.*
**for** (fôr; *unstressed* fər) *prep.* [OE.] **1.** in place of **2.** in the interest of *[his agent acted for him]* **3.** in defence of; in favour of **4.** in honour of **5.** with the aim or purpose of **6.** with the purpose of going to *[to leave for home]* **7.** in order to be, become, get, have, keep, etc. *[to walk for exercise]* **8.** in search of **9.** meant to be received by a specified person or thing, or to be used in a specified way *[money for paying bills]* **10.** suitable to *[a room for sleeping]* **11.** with regard to *[need for improvement]* **12.** as being *[know for a fact]* **13.** considering the nature of *[cool for July]* **14.** because of *[to cry for pain]* **15.** in spite of **16.** in proportion to *[a pound tax for every four earned]* **17.** at the price of *[sold for £10]* **18.** to the length, amount, duration, etc. of **19.** at (a specified time) *[an appointment for two o'clock]* **—*conj.*** because **—O! for** I wish that I had
**for-** [OE.] a *prefix meaning* away, apart, off, etc. *[forbid, forget, forgo]*
**forage** (for′ij) *n.* [< OFr.] **1.** food for domestic animals; fodder **2.** a search for food or provisions **—*vi.*** **-aged, -aging** to search for food, provisions, etc. **—*vt.*** to get or take food or provisions from
**foramen** (fo rā′mən) *n., pl.* **-ram′ina** (-ram′ə na), **-ra′mens** [L. < *forare,* to bore] a small opening, esp. in a bone
**forasmuch** (fôr′əz much′) *conj.* inasmuch (*as*)
**foray** (for′ā) *vt., vi.* [< OFr. *forrer*] to plunder **—*n.*** a sudden raid, as for spoils
**forbade, forbad** (fər bad′) *pt. of* FORBID
**forbear**[1] (fôr bâər′) ***vt.*** **-bore′, -borne′, -bear′ing** [see FOR- & BEAR[1]] to refrain from (doing, saying, etc.) **—*vi.*** **1.** to refrain or abstain **2.** to control oneself **—forbear′ance** *n.*
**forbear**[2] (fôr′bâər′) *n. same as* FOREBEAR
**forbid** (fər bid′) *vt.* **-bade′** or **-bad′, -bid′den, -bid′ding** [see FOR- & BID] **1.** to rule against; prohibit **2.** to bar from **3.** to prevent **—forbid′dance** *n.*
**forbidding** *adj.* looking dangerous, threatening, or disagreeable; repellent **—forbid′dingly** *adv.*
**forbore** (fôr bôr′) *pt. of* FORBEAR[1]
**forborne** (-bôrn′) *pp. of* FORBEAR[1]
**force**[1] (fôrs) *n.* [< L. *fortis,* strong] **1.** strength; power **2.** impetus **3.** physical coercion **4.** the power to control, persuade, etc. **5.** *a*) military power *b*) any organized group of soldiers, sailors, police, etc. **6.** any group of people organized for some activity *[a sales force]* **7.** *Law* binding power; validity **8.** *Physics* the cause that puts an object at rest into motion or alters the motion of a moving object **—*vt.*** **forced, forc′ing** **1.** to cause to do something by force; compel **2.** to break open, into, or through by force **3.** to take by force **4.** to drive as by force; impel **5.** to impose as by force (with *on* or *upon*) **6.** to produce as by force *[to force a smile]* **7.** to strain **8.** to cause (plants, etc.) to develop faster by artificial means **—in force** **1.** in full strength **2.** in effect; valid
**force**[2] *n.* [< ON *fors*] [Dial.] a waterfall
**forced** *adj.* **1.** compulsory *[forced labour]* **2.** produced by unusual effort; strained *[a forced smile]* **3.** due to an emergency *[a forced landing]* **4.** at a pace faster than usual *[a forced march]*
**force-feed** (fôrs′fēd′) *vt.* **-fed′, -feed′ing** to feed as by a tube through the throat to the stomach
**forceful** *adj.* full of force; powerful, vigorous, effective, etc. **—force′fully** *adv.* **—force′fulness** *n.*
**forcemeat** (fôrs′mēt) *n.* [< *farce* (obs.), to stuff] meat chopped up and seasoned, usually for stuffing
**forceps** (fôr′seps) *n., pl.* **for′ceps** [< L. *formus,* hot + *capere,* take] tongs or pincers for grasping, pulling, etc. used esp. by surgeons and dentists
**forcible** (fôr′sə b′l) *adj.* **1.** done or effected by force **2.** having force; forceful **—for′cibly** *adv.*
**ford** (fôrd) *n.* [OE.] a shallow place in a stream, river, etc. that can be crossed by wading, on horseback, in a car, etc. **—*vt.*** to cross (a stream) in this way **—ford′able** *adj.*
**fore** (fôr) ***adv.*** [OE.] at, in, or towards the front: now only of a ship **—*adj.*** situated in front **—*n.*** the front **—*interj.*** *Golf* a warning that one is about to hit the ball **—to the fore** to the front; active
**′fore** (fôr) ***prep.*** [Poet.] before
**fore-** [OE.] *a prefix meaning:* **1.** before in time, place, etc. *[forenoon]* **2.** the front part of *[forearm]*

**forearm**[1] (fôr′ärm′) *n.* the part of the arm between the elbow and the wrist

**forearm**[2] (fôr ärm′) *vt.* to arm in advance; prepare

**forebear** (fôr′bāər′) *n.* [< FORE + BE + -ER] an ancestor

**forebode** (fôr bōd′) *vt., vi.* **-bod′ed, -bod′ing** [see FORE- & BODE[1]] **1.** to be an omen or warning of (esp. something bad or harmful) **2.** to have a presentiment of (something bad or harmful) —**forebod′ing** *n., adj.*

**forecast** (fôr′kăst′) *vt.* **-cast′** or **-cast′ed, -cast′ing** **1.** to predict (weather, etc.) **2.** to serve as a prediction of —*n.* a prediction —**fore′cast′er** *n.*

**forecastle** (fōk′s'l) *n.* [*fore* + *castle*] the front part of a ship, where the sailors' quarters are located

**foreclose** (fôr klōz′) *vt.* **-closed′, -clos′ing** [< OFr. *fors,* outside + *clore,* CLOSE[2]] **1.** to take away the right to redeem (a mortgage, etc.) **2.** to exclude; bar —**foreclo′sure** *n.*

**forecourt** (fôr′kôrt′) *n.* a court at the front of a building, esp. a service station

**forefather** *n.* an ancestor

**forefinger** *n.* the finger nearest the thumb

**forefoot** *n., pl.* **-feet′** either of the front feet of an animal with four or more feet

**forefront** *n.* **1.** the extreme front **2.** the position of most activity, importance, etc.

**foregather** (fôr gath′ər) *vi.* *same as* FORGATHER

**forego**[1] (fôr gō′) *vt., vi.* **-went′, -gone′, -go′ing** to go before in place, time, or degree

**forego**[2] *vt.* *same as* FORGO

**foregoing** (fôr′gō′iŋ) *adj.* previously said, written, etc.

**foregone** (fôr′gon) *adj.* **1.** previous **2.** *a*) previously determined *b*) inevitable : said of a conclusion

**foreground** *n.* **1.** the part of a scene, etc. nearest the viewer **2.** the most conspicuous position

**forehand** *n.* a kind of stroke, as in tennis, made with the palm of the hand turned forwards —*adj.* done as with a forehand : also **forehand′ed**

**forehead** (fôr′id, fôr′hed) *n.* the part of the face between the eyebrows and the hairline

**foreign** (for′ən) *adj.* [< L. *foras,* out-of-doors] **1.** situated outside one's own country, locality, etc. **2.** of, from, or characteristic of another country **3.** concerning the relations of one country to another [*foreign* affairs] **4.** not characteristic or belonging

**foreigner** *n.* a person from another country; alien

**foreign minister** in some countries, a member of a governmental cabinet in charge of foreign affairs

**foreign office** in some countries, the office of government in charge of foreign affairs

**foreign secretary** the minister in the British government in charge of foreign affairs

**foreknow** (fôr nō′) *vt.* **-knew′, -known′, -know′ing** to know beforehand —**fore′knowl′edge** *n.*

**foreland** (fôr′lənd) *n.* a headland; promontory

**foreleg** *n.* either of the front legs of an animal with four or more legs

**forelimb** *n.* a front limb, as an arm, wing, etc.

**forelock** *n.* a lock of hair growing just above the forehead —**take time by the forelock** to seize a chance

**foreman** *n.* **1.** a man in charge of a group of workers in a factory, etc. **2.** the chairman of a jury —**fore′wom′an** *n. fem.*

**foremast** *n.* the mast nearest the bow of a ship

**foremost** *adj.* **1.** first in place or time **2.** first in rank or importance —*adv.* first

**forenoon** *n.* the time from sunrise to noon; morning

**forensic** (fə ren′sik) *adj.* [< L. *forum,* marketplace] of, or suitable for, a law court or public debate —**foren′sically** *adv.*

**forensic medicine** the application of medical knowledge to questions of law, as in determining cause of death

**foreordain** (fôr′ôr dān′) *vt.* to ordain beforehand —**fore′ordina′tion** *n.*

**forepaw** *n.* an animal's front paw

**forerunner** *n.* **1.** a messenger sent or going before; herald **2.** a predecessor

**foresail** (fôr′sāl′, -səl) *n.* the main sail on the foremast

**foresee** (fôr sē′) *vt.* **-saw′, -seen′, -see′ing** to see or know beforehand —**foresee′able** *adj.* —**forese′er** *n.*

**foreshadow** (fôr shad′ō) *vt.* to indicate or suggest beforehand; presage —**foreshad′ower** *n.*

**foreshore** *n.* the part of a shore between high-water mark and low-water mark

**foreshorten** (fôr shôr′t'n) *vt.* *Drawing, Painting,* etc. to shorten some lines of (an object) to give the illusion of proper relative size

**foresight** *n.* **1.** prudent regard or provision for the future **2.** *a*) a foreseeing *b*) the power to foresee

**foreskin** *n.* the fold of skin that covers the end of the penis; prepuce

**forest** (for′ist) *n.* [< L. *foris,* out-of-doors] **1.** a thick growth of trees and underbrush covering an extensive tract of land **2.** formerly, a tract of woodland or wasteland, preserved for game —*adj.* of or in a forest —*vt.* to cover with trees or woods —**for′ested** *adj.*

**forestall** (fôr stôl′) *vt.* [OE. *foresteall,* ambush] **1.** to prevent by doing something ahead of time **2.** to act in advance of; anticipate —**forestall′er** *n.*

**forestation** (for′is tā′shən) *n.* the planting or care of forests

**forester** *n.* a person trained in forestry or charged with the care of a forest

**forestry** *n.* the science of planting and taking care of forests

**foretaste** (fôr′tāst′) *n.* a taste or sample of what can be expected

**foretell** (fôr tel′) *vt.* **-told′, -tell′ing** to tell or indicate beforehand; predict —**foretell′er** *n.*

**forethought** (fôr′thôt′) *n.* **1.** a thinking or planning beforehand **2.** foresight; prudence

**foretoken** (fôr′tō′kən; *for v.* fôr tō′kən) *n.* a prophetic sign; omen —*vt.* to foreshadow

**foretop** (fôr′top′, -təp) *n.* the platform at the top of a ship's foremast

**forever** (fər ev′ər) *adv.* **1.** for eternity; for always **2.** at all times; always

**forewarn** (fôr wôrn′) *vt.* to warn beforehand

**foreword** (fôr′wurd′) *n.* an introductory remark, preface, or prefatory note

**forfeit** (fôr′fit) *n.* [< L. *foris,* beyond + *facere,* do] **1.** a fine or penalty for some crime, fault, or neglect **2.** the act of forfeiting —*adj.* lost or taken away as a forfeit —*vt.* to lose or be deprived of as a forfeit

**forfeiture** (fôr′fə chər) *n.* **1.** a forfeiting **2.** anything forfeited; penalty or fine

**forgather** (fôr gath′ər) *vi.* to come together; assemble

**forgave** (fər gāv′) *pt. of* FORGIVE

**forge**[1] (fôrj) *n.* [< L. *faber,* workman] **1.** a furnace for heating metal to be wrought **2.** a place where metal is heated and wrought; smithy —*vt., vi.* **forged, forg′ing 1.** to shape (metal) by blows or pressure, usually after heating **2.** to form; shape **3.** to imitate for purposes of fraud; esp., to counterfeit (a cheque, etc.) —**forg′er** *n.*

**forge**[2] *vt., vi.* **forged, forg′ing** [prob. altered < FORCE] **1.** to move forward steadily, as if against difficulties **2.** to move in a sudden spurt Often with *ahead*

**forgery** *n., pl.* **-geries 1.** the act of forging documents, signatures, etc. **2.** anything forged

**forget** (fər get′) *vt., vi.* **-got′, -got′ten, -get′ting** [OE. *forgietan*] **1.** to be unable to remember **2.** to overlook or neglect —**forget it** don't trouble to think about it —**forget oneself 1.** to think only of others **2.** to behave in an unseemly manner

**forgetful** *adj.* **1.** apt to forget; having a poor memory **2.** negligent —**forget′fully** *adv.*

**forget-me-not** *n.* a plant with small blue flowers, symbolic of friendship

**forgive** (fər giv′) *vt., vi.* **-gave′, -giv′en, -giv′ing** [OE. *forgiefan*] **1.** to give up resentment against or the desire to punish; pardon **2.** to cancel (a debt)

**forgiveness** *n.* **1.** a forgiving; pardon **2.** inclination to forgive

**forgiving** *adj.* inclined to forgive

**forgo** (fôr gō′) *vt.* **-went′, -gone′, -go′ing** [OE. *forgan*] to do without; abstain from —**forgo′er** *n.*

**forgot** (fər got′) *pt. & archaic pp. of* FORGET

**forgotten** *pp. of* FORGET

**fork** (fôrk) *n.* [< L. *furca*] **1.** an instrument with a handle and two or more prongs, used as an eating utensil or for pitching hay, etc. **2.** something resembling a fork in shape **3.** the point where a river, road etc. divides into branches **4.** any of these branches —*vi.* to divide into branches —*vt.* to pick up, spear, or pitch with a fork —**fork over** (or **out, up**) [Colloq.] to pay out; hand over —**fork′ful′** *n.*

**forked** *adj.* **1.** having a fork or forks; cleft [*forked* lightning] **2.** having prongs [*five-forked*]

**forklift** *n.* a device with projecting prongs, as on a vehicle, for lifting heavy objects

**forlorn** (fər lôrn′) *adj.* [< OE. *forleosan,* lose utterly] **1.** abandoned or deserted **2.** wretched; miserable

**forlorn hope** [< Du *verloren hoop,* lost group] **1.** an undertaking with very little chance of success **2.** a faint hope

**form** (fôrm) *n.* [< L. *forma*] **1.** the shape; structure **2.** the figure of a person or animal **3.** a mould **4.** the mode of existence a thing has or takes [water in the *form* of vapour] **5.** arrangement; style **6.** a way of doing something **7.** a customary way of behaving **8.** a fixed order of words; formula **9.** a printed document with blank spaces to be filled in **10.** a particular kind or type **11.** condition of mind or body **12.** what can be expected, based on past performances **13.** a long, wooden bench **14.** a class in school **15.** the place where a hare sleeps **16.** *Gram.* any of the different appearances of a word in changes of inflection, spelling, etc. —*vt.* **1.** to shape; fashion **2.** to train; instruct **3.** to develop (habits) **4.** to think of; conceive **5.** to organize into **6.** to make up —*vi.* **1.** to be formed **2.** to take form —**good** (or **bad**) **form** conduct in (or not in) accord with social custom

**-form** (fôrm) [< L.] *a suffix meaning* having the form of [*cuneiform*]

**formal** (fôr′məl) *adj.* **1.** of external form or structure, rather than nature or content **2.** according to fixed customs, rules, etc **3.** stiff in manner **4.** designed for wear at ceremonies, etc. [*formal* dress] **5.** methodical **6.** rigidly symmetrical [a *formal* garden] **7.** done or made in explicit, definite form [a *formal* contract] **8.** designating or of that level of language usage characterized by expanded vocabulary, complex sentences, etc. —**for′mally** *adv.*

**formaldehyde** (fôr mal′də hīd′) *n.* [FORM(IC) + ALDEHYDE] a colourless, pungent gas, used in solution as a disinfectant and preservative

**formalism** (fôr′mə liz′m) *n.* strict attention to outward forms and customs —**for′malist** *n., adj.*

**formality** (fôr mal′ə tē) *n., pl.* **-ties 1.** *a*) an observing of customs, rules, etc *b*) too careful attention to convention stiffness **2.** a formal act; ceremony **3.** something done merely for the sake of form

**formalize** (fôr′mə līz′) *vt.* **-lzed′, -lz′ing 1.** to make formal or official **2.** to give definite form to

**format** (fôr′mat) *n.* [< L. *formare,* to

form] 1. the shape, size, and general makeup of a book, magazine, etc. 2. general arrangement, as of a television programme

**formation** (fôr mā′shən) *n.* 1. a forming 2. a thing formed 3. the way something is arranged; structure 4. an arrangement, as of troops, a team, etc. 5. *Geol.* a rock unit having some common character, as origin

**formative** (fôr′mə tiv) *adj.* 1. helping to develop or mould *[a formative* influence*]* 2. of formation or development *[*one's *formative* years*]*

**former** (fôr′mər) *adj.* [< ME. *forme,* first] 1. preceding in time; earlier; past 2. first mentioned of two: often a noun (with *the*)

**formerly** *adv.* at or in a former or earlier time; in the past

**formic** (fôr′mik) *adj.* [< L. *formica,* ant] designating a colourless acid found in ants

**Formica** (fôr mīk′ə) *Trademark* a laminated, heat-resistant plastic used for table tops, etc.

**formidable** (fôr′mə də b'l) *adj.* [< L. *formidare,* to dread] 1. causing fear, dread, or awe 2. hard to handle or overcome —**for′midably** *adv.*

**formless** *adj.* having no regular form or plan

**formula** (fôr′myoo lə) *n., pl.* **-las, -lae′** (-lē′) [< L. *forma,* form] 1. a fixed form of words, esp. a conventional expression 2. a conventional rule for doing something 3. an exact statement of religious faith 4. a form of words that allows an agreement to be reached 5. a prescription for a medicine, etc. 6. a set of symbols expressing a mathematical rule 7. categorization of racing cars, usually according to engine capacity 8. *Chem.* an expression of the composition, as of a compound, using symbols and figures

**formulary** (fôr′myoo lər ē) *n., pl.* **-laries** 1. a collection of prescribed forms, as of prayers 2. a formula 3. a list of medicines with their formulas

**formulate** (fôr′myoo lāt′) *vt.* **-lat′ed, -lat′ing** 1. to express in or reduce to a formula 2. to express (a theory, plan, etc.) in a systematic way —**for′mula′tion** *n.* —**for′mula′tor** *n.*

**fornicate** (fôr′nə kāt′) *vi.* **-cat′ed, -cat′ing** [< L. *fornix,* brothel] to commit fornication —**for′nica′tor** *n.*

**fornication** (fôr′nə kā′shən) *n.* voluntary sexual intercourse between unmarried persons

**forsake** (fər sāk′) *vt.* **-sook′** (-sook′), **-sak′en, -sak′ing** [< OE. *forsacan*] 1. to leave; abandon 2. to give up (a habit, etc.) —**forsak′en** *adj.*

**forsooth** (fər sooth′) *adv.* [OE. *forsoth*] [Archaic] in truth; no doubt; indeed

**forswear** (fôr swāər′) *vt.* **-swore′, -sworn′, -swear′ing** 1. to swear to give up 2. to deny earnestly or on oath —**forswear oneself** to perjure oneself

**forsythia** (fôr sith′ē ə) *n.* [< W. *Forsyth*] a shrub with yellow flowers in early spring

**fort** (fôrt) *n.* [< L. *fortis,* strong] a fortified place for military defence —**hold the fort** [Colloq.] to keep things in operation; remain on duty, etc.

**forte**[1] (fôr′tā) *n.* [see FORT] that which one does particularly well; one's strong point

**forte**[2] (fôr′tē) *adj., adv.* [It. < L. *fortis,* strong] *Music* loud —*n.* a forte note or passage

**forth** (fôrth) *adv.* [OE.] 1. forwards; onwards 2. out into view, as from hiding —**and so forth** and so on

**forthcoming** *adj.* 1. about to appear; approaching 2. ready when needed 3. friendly; communicative

**forthright** *adj.* straightforward; direct; frank

**forthwith** (fôrth′with′) *adv.* immediately

**fortification** (fôr′tə fi kā′shən) *n.* 1. the act of fortifying 2. a fort or defensive earthwork, wall, etc.

**fortify** (fôr′tə fī′) *vt.* **-fied′, -fy′ing** [< L. *fortis,* strong + *facere,* make] 1. to strengthen physically, emotionally, etc. 2. to strengthen against attack, as by building forts, etc. 3. to support; corroborate 4. to strengthen (wine, etc.) by adding alcohol 5. to add vitamins, minerals, etc. (to food, etc.) —*vi.* to build military defences —**for′tifi′able** *adj.* —**for′tifi′er** *n.*

**fortissimo** (fôr tis′ə mō′) *adj., adv.* [It.] *Music* very loud

**fortitude** (fôr′tə tyōōd′) *n.* [< L. *fortis,* strong] patient endurance of misfortune, pain, etc.; firm courage

**fortnight** (fôrt′nīt′) *n.* [lit., fourteen nights] two weeks

**fortnightly** *adv., adj.* (happening or appearing) once every fortnight —*n., pl.* **-lies** a fortnightly periodical

**FORTRAN** (fôr′tran) *n.* [*for(mula) tran(slation)*] a digital computer language similar to algebra

**fortress** (fôr′trəs) *n.* [< L. *fortis,* strong] a fortified place; fort

**fortuitous** (fôr tyōō′ə təs′) *adj.* [< L. *fors,* luck] 1. happening by chance; accidental 2. bringing, or happening by, good luck; fortunate —**fortu′itously** *adv.*

**fortuity** (fôr tyōō′ə tē) *n., pl.* **-ties** chance or chance occurrence

**fortunate** (fôr′chə nət) *adj.* 1. having good luck 2. coming by good luck —**for′tunately** *adv.*

**fortune** (fôr′chən) *n.* [< L. *fors,* luck] 1. wealth; riches 2. luck; chance; fate 3. good luck; success 4. one's future lot, good or bad

**fortuneteller** *n.* one who professes to foretell events in other people's lives —**for′tunetell′ing** *n., adj.*

**forty** (fôr′tē) *adj., n., pl.* **-ties** [OE. *feowertig*] four times ten; 40; XL —**the forties** the numbers or years from forty to forty-nine —**for′tieth** *adj., n.*

**forty winks** [Colloq.] a short sleep; nap

**forum** (fôr′əm) *n.* [L.] 1. an assembly for the discussion of public matters 2. a law court; tribunal 3. the public square or marketplace of an ancient Roman city

**forward** (fôr′wərd) *adj.* [OE. *foreweard*] **1.** at, towards, or of the front **2.** advanced **3.** onward **4.** ready; prompt **5.** bold; presumptuous **6.** of or for the future [*forward* buying] —*adv.* **1.** towards the front; ahead **2.** towards the future **3.** into view or prominence —*n. Football, Hockey,* etc. any of the players in a front position —*vt.* **1.** to send on; transmit **2.** to promote

**forwards** *adv.* *same as* FORWARD

**fosse, foss** (fos) *n.* [< L. *fossa,* ditch] a ditch or moat, esp. in fortifications

**fossil** (fos′l) *n.* [< L. *fossilis,* dug up < *fodere,* dig up] **1.** any hardened remains or traces of plant or animal life of some previous geological age, preserved in the earth's crust **2.** a person who has outmoded, fixed ideas —*adj.* **1.** of, like, or forming a fossil **2.** dug from the earth [coal is a *fossil* fuel] **3.** antiquated

**fossilize** *vt., vi.* **-ized′, -iz′ing** to change or be changed into a fossil —**fos′siliza′tion** *n.*

**foster** (fos′tər) *vt.* [OE. *fostrian,* nourish] **1.** to bring up; rear **2.** to help to develop; promote **3.** to cherish —*adj.* **1.** having the standing of a specified member of the family but not by birth or adoption [a *foster* child] **2.** of or relating to the care of such a person [*foster* home] —**fos′terer** *n.*

**fought** (fôt) *pt. & pp. of* FIGHT

**foul** (foul) *adj.* [OE. *ful*] **1.** stinking; loathsome **2.** extremely dirty **3.** clogged with dirt, etc. **4.** not decent; obscene **5.** abominable **6.** stormy [*foul* weather] **7.** tangled [a *foul* rope] **8.** not according to the rules of a game; unfair **9.** dishonest **10.** [Colloq.] unpleasant, disagreeable, etc. —*adv.* in a foul way —*n.* anything foul; specif., *a*) a collision of boats, contestants, etc. *b*) an infraction of rules, as of a game —*vt.* **1.** to make foul; dirty **2.** to dishonour or disgrace **3.** to obstruct **4.** to entangle **5.** to collide with **6.** to make a foul against, as in a game —*vi.* **1.** to be or become fouled **2.** to break the rules of a game —**foul up** [Colloq.] to entangle or bungle —**run** (or **fall** or **go**) **foul of** to get into trouble with —**foul′ly** *adv.* —**foul′ness** *n.*

**foulard** (fōō lärd′) *n.* [Fr.] **1.** a lightweight material of silk, rayon, etc. **2.** a necktie, scarf, etc. of this material

**foul play** **1.** unfair play; action that breaks the rules of the game **2.** treacherous action or violence

**found**[1] (found) *pt. & pp. of* FIND

**found**[2] *vt.* [< L. *fundus,* bottom] **1.** to base **2.** to begin to build or organize; establish —**found′er** *n.*

**found**[3] *vt.* [< L. *fundere,* pour] **1.** to melt and pour (metal) into a mould **2.** to make by pouring molten metal into a mould; cast

**foundation** (foun dā′shən) *n.* **1.** a founding; establishment **2.** *a*) an endowment to maintain an institution *b*) an institution so endowed **3.** the base on which something rests; specif., the supporting part of a wall, house, etc. **4.** basis **5.** a woman's corset or girdle: also **foundation garment**

**founder** (foun′dər) *vi.* [see FOUND[2]] **1.** to stumble, fall, or go lame **2.** to become stuck as in soft ground **3.** to fill with water and sink: said of a ship **4.** to break down

**foundling** (found′liŋ) *n.* an infant of unknown parents that has been found abandoned

**foundry** (foun′drē) *n., pl.* **-ries** **1.** a place where metal is cast **2.** the work of founding metals; casting

**fount**[1] (fount) *n.* [< L. *fons,* FOUNTAIN] **1.** [Poet.] a fountain or spring **2.** a source

**fount**[2] *n.* [< OFr. *fondre:* see FOUND[3]] *Printing* a complete assortment of type in one size and style

**fountain** (foun′tən) *n.* [< L. *fons,* spring] **1.** a natural spring of water **2.** a source **3.** *a*) an artificial jet of water *b*) the basin, pipes, etc. where this flows **4.** a reservoir as for ink

**fountainhead** *n.* the source, as of a stream

**fountain pen** a pen which is fed ink from a supply in a reservoir or cartridge

**four** (fôr) *adj., n.* [OE. *feower*] one more than three; 4; IV —**on all fours** on hands and knees

**fourfold** *adj.* **1.** having four parts **2.** having four times as much or as many —*adv.* four times as much or as many

**four-footed** *adj.* having four feet

**four-in-hand** *n.* a coach drawn by a team of four horses driven by one man

**four-leaf clover** a clover with four leaves, popularly supposed to bring good luck to the finder

**four-letter word** any short word having to do with sex or excrement and generally regarded as offensive

**four-poster** (fôr′pōs′tər) *n.* a bedstead with tall corner posts often supporting a canopy or curtains

**fourscore** (fôr′skôr′) *adj., n.* four times twenty; eighty

**foursome** *n.* **1.** a group of four people **2.** *Golf* a game involving four players

**foursquare** (fôr′skwâər′) *adj.* **1.** unyielding; firm **2.** forthright **3.** square —*adv.* squarely

**four-stroke** *adj.* firing once to every four strokes of the piston: said of an internal combustion engine

**fourteen** (fôr′tēn′) *adj., n.* [OE. *feowertyne*] four more than ten; 14; XIV —**four′teenth′** *adj., n.*

**fourth** (fôrth) *adj.* [< OE.] **1.** preceded by three others in a series; 4th **2.** designating any of four equal parts —*n.* **1.** the one following the third **2.** any of the four equal parts of something; 1/4 —**fourth′ly** *adv.*

**fourth dimension** a dimension in addition to those of length, width, and depth: in the theory of relativity, time is regarded as this dimension —**fourth′-dimen′sional** *adj.*

**fourth estate** [*often* **F- E-**] journalism or journalists

**fowl** (foul) *n.* [OE. *fugol*] **1.** any bird [wild*fowl*] **2.** any of the domestic birds used as food, as the chicken, duck, etc. **3.** the flesh of these birds used for food —*vi.* to hunt wild birds for food or sport —**fowl'er** *n.* —**fowl'ing** *n., adj.*

FOX
(average length 107cm, including tail)

**fox** (foks) *n.* [OE.] **1.** a small, wild mammal of the dog family, with a bushy tail: thought of as sly and crafty **2.** its fur **3.** a sly, crafty person —*vt.* **1.** to baffle **2.** to trick by slyness **3.** to stain (book leaves, etc.) with brownish discolourations —**foxed** *adj.*

**foxglove** *n. same as* DIGITALIS

**foxhole** *n.* a hole dug in the ground as a protection against enemy gunfire or tanks

**foxhound** *n.* a strong, swift hound with a keen scent, bred and trained to hunt foxes

**fox hunt** a sport in which hunters on horses ride after hounds in pursuit of a fox —**fox hunting**

**fox trot** a ballroom dance in 4/4 time, or music for it —**fox'-trot'** *vi.* **-trot'ted, -trot'ting**

**foxy** *adj.* **-ier, -iest** **1.** foxlike; crafty; sly **2.** covered with brownish stains —**fox'-ily** *adv.*

**foyer** (foi'ā) *n.* [< L. *focus,* hearth] an entrance hall or a lobby, as in a theatre or hotel

**F.P., f.p., fp** foot-pound(s)

**f.p., fp, fp.** freezing point

**F.P.A.** Family Planning Association

**fps, f.p.s.** feet per second

**Fr** *Chem.* francium

**Fr.** **1.** Father **2.** France **3.** French **4.** Friday

**fr.** franc; francs

**fracas** (frak'ä) *n., pl.* **fracas** (frak'äz) [Fr. < It. *fracassare,* to smash] a noisy fight or loud quarrel; brawl

**fraction** (frak'shən) *n.* [< L. *frangere,* to break] **1.** *Math.* any quantity expressed in terms of a numerator and denominator, as 1/2, 2x/xy, etc. **2.** a small part, amount, etc.; fragment **3.** *Chem.* a part separated, as by distillation, from a mixture —**frac'-tional** *adj.* —**frac'tionally** *adv.*

**fractious** (frak'shəs) *adj.* [< ?] **1.** peevish; irritable **2.** unruly; rebellious —**frac'tiously** *adv.*

**fracture** (frak'chər) *n.* [< L. *frangere,* to break] a breaking or break, esp. of a bone —*vt., vi.* **-tured, -turing** to break, crack, or split —**frac'tural** *adj.*

**frae** (frā) *prep.* [Scot.] from

**fragile** (fraj'il) *adj.* [< L. *frangere,* break] easily broken or damaged; frail —**fragil-ity** (frə jil'ə tē) *n.*

**fragment** (frag'mənt; *for v.* frag ment') *n.* [< L. *frangere,* to break] **1.** a part broken away **2.** an incomplete part [a *fragment* of a song, etc.] —*vt., vi.* to break into fragments —**fragment'ed** *adj.*

**fragmentary** (frag'mən tər ē) *adj.* consisting of fragments or bits; not complete; disconnected

**fragrance** (frā'grəns) *n.* a fragrant smell; pleasant odour: also [Now Rare] **fra'-grancy**

**fragrant** (frā'grənt) *adj.* [< L. *fragrare,* emit a (sweet) smell] having a pleasant odour; sweet-smelling

**frail** (frāl) *adj.* [< L. *fragilis,* fragile] **1.** slender and delicate **2.** easily broken; fragile **3.** easily tempted; morally weak —**frail'ly** *adv.* —**frail'ness** *n.*

**frailty** *n.* **1.** a being frail **2.** a moral weakness **3.** *pl.* **-ties** a fault arising from such weakness

**frame** (frām) *vt.* **framed, fram'ing** [< OE. *framian,* be helpful] **1.** to form according to a pattern [to *frame* a constitution] **2.** to construct **3.** to put into words; compose **4.** to adjust; fit **5.** to enclose (a picture, etc.) in a border **6.** [Colloq.] to falsify evidence, etc. so as to make (an innocent person) appear guilty —*n.* **1.** body structure; build **2.** skeletal or basic, supporting structure; framework, as of a house **3.** the framework supporting the chassis of a motor vehicle **4.** the structural case into which a window, door, etc. is set **5.** a border, as of a picture **6.** [*pl.*] the framework for a pair of spectacles **7.** the way that anything is constructed; form **8.** setting or background circumstances **9.** mood; temper [a bad *frame* of mind] **10.** an established order or system **11.** *Bowling,* etc. a division of a game **12.** *Cinematography* each of the small exposures composing a strip of film **13.** *Snooker,* etc. *a*) the wooden triangle used to set up the balls *b*) the balls when set up *c*) a single game —*adj.* having a wooden framework [a *frame* house] —**fram'er** *n.*

**frame of reference** **1.** *Math.* the fixed points, lines, or planes from which coordinates are measured **2.** the set of ideas or standards that determine and sanction a person's behaviour

**frame-up** *n.* [Colloq.] **1.** a falsifying of evidence to make a person seem guilty **2.** a secret, deceitful scheme

**framework** *n.* **1.** a structure to hold together or to support something **2.** a basic structure or system

**franc** (frank) *n.* [< L. *Francorum rex,* king of the French, device on the coin in 1360] the monetary unit of France, Belgium, Switzerland, Luxembourg, etc.

**franchise** (fran'chīz) *n.* [< OFr. *franc,* free] **1.** the right to vote; suffrage **2.** any special right or privilege granted by a government **3.** the right to market a product or provide a service in an area

**Franciscan** (fran sis'kən) *adj.* of Saint

Francis of Assisi or the religious order founded by him in 1209 —*n.* any member of this order

**francium** (fran′sē əm) *n.* [< *France*] a radioactive, metallic chemical element: symbol, Fr

**Franco-** [< LL.] *a combining form meaning:* **1.** French **2.** French and [*Franco*-German]

‡**Franglais** (frän glā′) *n.* [Fr. < *Fran(çais),* French + *(An)glais,* English] informal French containing a high proportion of words of English origin

**Frank** (fraŋk) *n.* a member of the Germanic tribes that settled in Gaul in the 5th cent.

**frank** (fraŋk) *adj.* [< OFr. *franc,* free] **1.** open and honest in expressing oneself; candid **2.** free from disguise or guile —*vt.* to mark letters, etc., with an official stamp, other than a postage stamp, indicating payment of postage —**frank′ly** *adv.* —**frank′ness** *n.*

**Frankenstein** (fraŋ′kən stīn′) **1.** the title character in a novel by Mary Shelley: he creates a monster that destroys him **2.** popularly, the monster —*n.* anything that becomes dangerous to its creator

**frankfurter, frankforter** (fraŋk′fur tər) *n.* [G. < *Frankfurt*] a smoked sausage of beef or pork

**frankincense** (fraŋ′kin sens′) *n.* [< OFr. *franc encens,* pure incense] a gum resin burned as incense

**franking machine** a machine that prints marks on letters, etc., indicating that postage has been paid

**Frankish** *n.* the West Germanic language of the Franks

**frantic** (fran′tik) *adj.* [see PHRENETIC] **1.** wild with anger, worry, etc. **2.** marked by frenzy [*frantic* efforts] —**fran′tically** *adv.*

**frappé** (fra′pā) *adj.* [Fr.] iced; cooled —*n.* **1.** a dessert made of partly frozen fruit juices, etc. **2.** a beverage poured over crushed ice

**fraternal** (frə tur′n'l) *adj.* [< L. *frater,* brother] **1.** of brothers; brotherly **2.** of or like a fraternity **3.** designating twins developed from separately fertilized ova —**frater′nally** *adv.*

**fraternity** (frə tur′nə tē) *n., pl.* **-ties** **1.** a group of people with the same beliefs, interests, work, etc. **2.** brotherliness **3.** [U.S.] a male students' society

**fraternize** (frat′ər nīz′) *vi.* **-nized′, -niz′ing** to associate in a brotherly manner; be friendly —**frat′erniza′tion** *n.*

**fratricide** (frat′rə sīd′) *n.* [< L. *frater,* brother + *caedere,* kill] **1.** the act of killing one's brother or sister **2.** one who kills his brother or sister —**frat′rici′dal** *adj.*

‡**Frau** (frou) *n., pl.* **Frau′en** [G.] a married woman: in Germany, a title corresponding to *Mrs.*

**fraud** (frôd) *n.* [< L. *fraus*] **1.** deceit; trickery **2.** intentional deception **3.** a person who deceives or is not what he pretends to be

**fraudulent** (frô′dyoo lənt) *adj.* **1.** based on or using fraud **2.** done or obtained by fraud —**fraud′ulence** *n.*

**fraught** (frôt) *adj.* [< MDu. *vracht,* a load] filled, charged, or loaded (*with*) [a life *fraught* with hardship]

‡**Fräulein** (froi′līn) *n., pl.* **-lein** [G.] an unmarried woman: in Germany, a title corresponding to *Miss*

**fray**[1] (frā) *n.* [< AFFRAY] a noisy quarrel or fight; brawl

**fray**[2] *vt., vi.* [< L. *fricare,* rub] **1.** to make or become worn, ragged, etc. by rubbing **2.** to make or become weakened or strained

**frazil** (frā′zil) *n.* [< Fr. *fraisil,* cinders] spikes of ice that form in water moving turbulently enough to prevent the formation of a sheet of ice

**frazzle** (fraz′'l) *vt., vi.* **-zled,** [prob. < dial. *fazle*] [Colloq.] **1.** to tire out **2.** to wear to tatters; fray —*n.* [Colloq.] a being frazzled

**freak** (frēk) *n.* [< ? OE. *frician,* to dance] **1.** any abnormal animal, person, or plant **2.** an unusual happening **3.** a sudden fancy; whim **4.** [Slang] *a*) a user of a specified narcotic, etc. [an acid *freak*] *b*) a devotee *c*) *same as* HIPPIE —*adj.* oddly different from what is normal —**freak out** [Slang] **1.** to experience extreme reactions, as from a psychedelic drug **2.** to make or become very excited, distressed, etc. **3.** to adopt an unconventional way of life —**freak′ish** *adj.*

**freckle** (frek′'l) *n.* [< Scand.] a small, brownish spot on the skin, esp. as a result of exposure to the sun —*vt., vi.* **-led, -ling** to make or become spotted with freckles

**free** (frē) *adj.* **fre′er, fre′est** [OE. *freo*] **1.** not under the control or power of another; having liberty; independent **2.** having civil liberties **3.** able to move in any direction; loose **4.** not confined **5.** not burdened by obligations, discomforts, etc. **6.** at liberty; allowed [*free* to leave] **7.** not confined to the usual rules [*free* verse] **8.** not exact [a *free* translation] **9.** not busy or in use **10.** not stilted [a *free* gait] **11.** generous; profuse **12.** frank; straightforward **13.** too frank or familiar **14.** with no charge or cost **15.** exempt from taxes, duties, etc. **16.** clear of obstructions **17.** open to all [a *free* market] **18.** not fastened **19.** not combined [*free* oxygen] —*adv.* **1.** without cost **2.** in a free manner —*vt.* **freed, free′ing** to make free; specif., *a*) to release from bondage or arbitrary power, obligation, etc. *b*) to clear of obstruction, etc. —**free and easy** informal —**free from** (or **of**) without —**make free with** to take liberties with —**set free** to release; liberate —**free′ly** *adv.*

**freeboard** *n.* the height of a ship's side from the main deck or gunwale to the waterline

**freebooter** *n.* [< Du. *vrij,* free + *buit,* plunder] a pirate; buccaneer —**free′boot′** *vi.*

**freeborn** *adj.* born free, not in slavery

**Free Church** a nonconformist church
**freedman** *n.* a man legally freed from bondage
**freedom** (frē′dəm) *n.* **1.** a being free; esp., *a*) exemption from the control of some arbitrary power; independence *b*) civil or political liberty *[freedom* of speech*]* *c*) exemption from a specified obligation, discomfort, etc. *d*) a being able to act, move, use, etc. without hindrance *e*) ease of movement *f*) a being free from the usual rules, conventions, etc. *g*) frankness *h*) excessive frankness or familiarity **2.** a right or privilege **—freedom of the city** honorary citizenship
**free enterprise** the economic doctrine of permitting private industry to operate under freely competitive conditions with a minimum of governmental control
**free fall** the unchecked fall of a body through the air; esp. before a parachute is opened
**free fight** a confused fight in which anyone may join
**free flight** the flight of a rocket after the fuel supply has been used up or shut off **—free′-flight′** *adj.*
**free-for-all** *n.* a disorganized, general fight; brawl **—*adj.*** open to anyone
**freehand** *adj.* drawn by hand without the use of instruments, measurements, etc.
**freehanded** *adj.* generous; liberal
**freehold** *n.* **1.** an estate in land held for life or with the right to pass it on through inheritance **2.** the holding of an estate in this way **—*adj.*** of or held by freehold **—free′hold′er** *n.*
**free house** a public house which is not owned by any brewery and therefore sells various brands of beer
**free kick** *Soccer* a kick allowed as compensation for an opponent's breach of the rules
**free-lance** *adj.* of or acting as a free lance **—*vi.* -lanced, -lancing** to work as a free lance
**free lance** a writer, artist, etc. who sells his services to individual buyers: also **free′-lanc′er** *n.*
**free-living** *adj.* **1.** freely indulging one's appetites, desires, etc. **2.** *Biol.* not parasitic
**freeloader** *n.* [U.S. Colloq.] a person who habitually imposes on others for free food, lodging, etc.
**free love** the principle or practice of sexual relations unrestricted by marriage or other legal obligations
**freeman** *n.* **1.** a person not in slavery or bondage **2.** one who holds a right, such as the freedom of a city
**free market** any market where trade can be carried on without restrictions as to price, etc.
**Freemason** (frē′mās′′n) *n.* a member of a secret society based on brotherliness, charity, and mutual aid; Mason **—Free′-ma′sonry** *n.*
**free on board** delivered (by the seller) aboard the train, ship, etc. at the point of shipment, without charge
**free-range** *adj.* kept or produced in natural nonintensive conditions *[free-range* eggs*]*
**freesia** (frē′zē ə) *n.* [< F. *Freese*] a South African bulbous plant with fragrant, funnel-shaped flowers
**free-spoken** *adj.* frank; outspoken
**free-standing** *adj.* resting on its own support, without attachment
**Free State coal** [S Afr. Slang] dried dung used as fuel
**freestyle** *n.* **1.** *Swimming* a race in which competitors may choose any style **2.** *Wrestling* a form of wrestling in which any type of hold or throw is allowed **—*adj.*** of or using freestyle
**freethinker** (frē′thiŋ′kər) *n.* a person who forms his opinions about religion independently **—free′think′ing** *n., adj.*
**free trade** trade conducted without quotas on imports or exports, protective tariffs, etc.
**free verse** poetry not following regular metrical, rhyming, or stanzaic forms
**freeway** *n.* [U.S.] an expressway with interchanges for fully controlled access
**freewheel** (frē′wēl′) *n.* in a bicycle, a device that permits the rear wheel to go on turning when the pedals are stopped **—*vi.*** to coast
**free-will** *adj.* voluntary; spontaneous
**free will** one's freedom of decision or choice
**Free World** [sometimes **f- w-**] the non-Communist countries collectively
**freeze** (frēz) *vi.* **froze, fro′zen, freez′ing** [OE. *freosan*] **1.** to be formed into, or become covered or clogged with ice **2.** to become very cold **3.** to become attached by freezing **4.** to die or be damaged by cold **5.** to become motionless **6.** to be made speechless by fright, etc. **7.** to become formal or unfriendly **—*vt.*** **1.** to change into, or cover or clog with ice **2.** to make very cold **3.** to remove sensation from, as with a local anaesthetic **4.** to preserve (food) by rapid refrigeration **5.** to make fixed or attached by freezing **6.** to kill or damage by cold **7.** to make motionless **8.** to make formal or unfriendly **9.** *a*) to fix (prices, wages, etc.) at a given level *b*) to make (funds, etc.) unavailable **—*n.*** **1.** a freezing or being frozen **2.** a period of freezing weather **—freeze out** [Colloq.] to force out by a cold manner, competition, etc.
**freeze-dry** *vt.* **-dried′, -dry′ing** to subject (food, vaccines, etc.) to freezing followed by drying under high vacuum at a low temperature **—freeze′-dry′er** *n.*
**freezer** *n.* a refrigerator, compartment, or room for freezing and storing frozen foods
**freezing point** the temperature at which a liquid freezes: for water, it is 32°F or 0°C
**freight** (frāt) *n.* [< MDu. *vracht,* a load] **1.** a method or service for transporting goods by water or air **2.** the cost for such transportation **3.** the goods transported **—*vt.*** **1.** to load with freight **2.** to transport by freight

**freighter** *n.* a ship or aircraft for carrying freight

**French** (french) *adj.* **1.** of France, its people, language, etc. **2.** [Canad.] of French Canadians —*n.* the language of the French —**the French** the people of France —**French'man** *n.* —**French'wom'an** *n.*

**French bread** a long, slender loaf of crisp, white bread

**French Canadian** a Canadian of French ancestry

**French chalk** a very soft chalk used for marking lines on cloth or removing grease spots

**French dressing** a salad dressing made of vinegar, oil, and various seasonings

**French fried potatoes** *U.S. name for* potato chips: also **French fries**

FRENCH HORN

**French horn** a brass instrument with a long, coiled tube ending in a wide, flaring bell

**Frenchify** (french'ə fī') *vt., vi.* **-fied', -fy'ing** to make or become French or like the French

**French leave** an unauthorized departure; act of leaving secretly

**French letter** [Slang] a condom

**French polish** a shellac polish applied to furniture for a glossy finish

**French windows** two adjoining doors with long glass panes, opening onto a garden, etc.

**frenetic** (frə net'ik) *adj.* [see PHRENETIC] frantic; frenzied: also **frenet'ical** —**frenet'ically** *adv.*

**frenzy** (fren'zē) *n., pl.* **-zies** [< Gr. *phrenitis,* madness] a wild outburst; brief delirium —*vt.* **-zied, -zying** to make frantic; drive mad —**fren'zied** *adj.* —**fren'ziedly** *adv.*

**frequency** (frē'kwən sē) *n., pl.* **-cies** **1.** frequent occurrence **2.** the number of times any event, value, etc. is repeated in a given period or group **3.** *Physics* the number of vibrations, waves, etc. per unit of time

**frequency modulation** the variation of the frequency of a carrier wave in accordance with the signal to be transmitted

**frequent** (frē'kwənt; *for v.,* frē kwent') *adj.* [< L. *frequens,* crowded] **1.** occurring often **2.** constant; habitual —*vt.* to go to or be in habitually

**frequentative** (frē kwen'tə tiv) *adj. Gram.* expressing frequent and repeated action —*n. Gram.* a frequentative verb: *sparkle* is a frequentative of *spark*

**fresco** (fres'kō) *n., pl.* **-coes, -cos** [It., fresh] **1.** the art of painting with water colours on wet plaster **2.** a painting or design so made —*vt.* to paint in fresco

**fresh** (fresh) *adj.* [< OE. *fersc*] **1.** recently made, grown, etc. [*fresh* coffee] **2.** not salted, preserved, etc. **3.** not spoiled **4.** not tired; lively **5.** not worn, soiled, etc. **6.** healthy in appearance **7.** new; recent **8.** additional **9.** inexperienced **10.** having just arrived **11.** original and stimulating [*fresh* ideas] **12.** refreshing [a *fresh* day] **13.** brisk; said of wind **14.** not salt: said of water **15.** [Slang] saucy; impudent —*adv.* recently [*fresh*-painted] —**fresh'ly** *adv.*

**freshen** *vt., vi.* to make or become fresh —**freshen up** to bath oneself, change, etc. —**fresh'ener** *n.*

**fresher** *n. same as* FRESHMAN

**freshet** (fresh'it) *n.* **1.** a rush of fresh water flowing into the sea **2.** a flooding of a stream

**freshman** *n.* a first year student at university

**freshwater** *adj.* **1.** of or living in water that is not salty **2.** sailing only on inland waters **3.** unskilled

**fret**[1] (fret) *vt., vi.* **fret'ted, fret'ting** [OE. *fretan,* eat up] **1.** to irritate or be irritated; worry **2.** to wear away, gnaw, chafe, etc. **3.** to make or become rough —*n.* irritation; worry

**fret**[2] *n.* [OFr. *frete*] an ornamental pattern of straight bars joining one another at right angles to form a design —*vt.* **fret'ted, fret'ting** to ornament with a fret

FRETS

**fret**[3] *n.* [OFr. *frette,* band] a ridge across the fingerboard of a banjo, guitar, etc. to regulate the fingering

**fretful** *adj.* tending to fret; peevish —**fret'fully** *adv.*

**fret saw** a saw with a long, narrow, fine-toothed blade, for cutting curved patterns in thin boards or metal plates

**fretwork** *n.* decorative openwork

**Freudian** (froi'dē ən) *adj.* of Freud or his theories —*n.* a follower of Freud or his theories of psychoanalysis

**Freudian slip** a mistake made in speaking which seems to reveal one's true motives, desires, etc.

**Fri.** Friday

**friable** (frī'ə b'l) *adj.* [< L. *friare,* rub] easily crumbled into powder —**fri'abil'ity, fri'ableness** *n.*

**friar** (frī′ər) *n.* [< L. *frater,* brother] *R.C.Ch.* a member of any of several mendicant orders; esp., an Augustinian, Carmelite, Dominican, or Franciscan

**friar's balsam** tincture of benzoin used as an inhalant

**friary** *n., pl.* **-aries** a monastery of friars

**fricassee** (frik′əsē′) *n.* [< Fr.] meat cut into pieces, stewed or fried, and served in its own gravy

**fricative** (frik′ətiv) *adj.* [< L. *fricare,* rub] pronounced by forcing the breath through a narrow slit formed in the mouth, as *f, v, z* —*n.* a fricative consonant

**friction** (frik′shən) *n.* [< L. *fricare,* rub] **1.** the resistance to motion of surfaces that touch **2.** a rubbing of one object against another **3.** conflict because of differences of opinion, etc. —**fric′tional** *adj.*

**Friday** (frī′dē) *n.* [OE. *frigedaeg,* day of the goddess *Frigg*] **1.** the sixth day of the week **2.** [< servant of ROBINSON CRUSOE] a faithful follower or efficient helper: usually **man** (or **girl**) **Friday**

**Fridays** *adv.* [Colloq.] on or during every Friday

**fridge** (frij) *n.* [Colloq.] a refrigerator

**fried** (frīd) *pt. & pp. of* FRY[1]

**friend** (frend) *n.* [OE. *freond*] **1.** a person whom one knows well and is fond of **2.** an ally, supporter or sympathizer **3.** [**F-**] a member of the Society of Friends; Quaker —**friend at court** an influential acquaintance who can promote one's interests —**friend′less** *adj.*

**friendly** *adj.* **-lier, -liest** **1.** of or like a friend; kindly **2.** not hostile; amicable **3.** supporting —*adv.* in a friendly manner —**friend′lily** *adv.* —**friend′liness** *n.*

**friendly society** an association of people who pay regular dues in return for life insurance, sickness benefits, etc.

**friendship** *n.* **1.** the state of being friends **2.** friendly feeling or attitude

**frier** (frī′ər) *n.* *same as* FRYER

**frieze** (frēz) *n.* [< ML. *frisium*] **1.** a decoration forming an ornamental band around a room, mantel, etc. **2.** a horizontal band, often decorated with sculpture, between the architrave and cornice of a building

**frigate** (frig′it) *n.* [< Fr. < It.] **1.** *Hist.* a fast, medium-sized sailing warship **2.** a British warship larger than a corvette and smaller than a destroyer

**fright** (frīt) *n.* [OE. *fyrhto, fryhto*] **1.** sudden fear; alarm **2.** an ugly, ridiculous, or startling person or thing

**frighten** *vt.* **1.** to make suddenly afraid; scare **2.** to force (*away, off,* etc.) by frightening

**frightful** *adj.* **1.** causing fright; alarming **2.** shocking **3.** [Colloq.] *a*) unpleasant; annoying *b*) great [in a *frightful* hurry] —**fright′fully** *adv.*

**frigid** (frij′id) *adj.* [< L. *frigus,* coldness] **1.** without warmth of feeling or manner **2.** unaroused sexually: said of a woman **3.** extremely cold —**frigid′ity** *n.*

**Frigid Zone** either of two zones (**North** or **South Frigid Zone**) between the polar circles and the poles

**frill** (fril) *n.* [< ?] **1.** a gathered or pleated strip of cloth, etc. for trimming **2.** an unnecessary ornament —*vt.* to decorate with a frill —**frill′y** *adj.*

**fringe** (frinj) *n.* [< L. *frimbria*] **1.** a border of cords or threads, hanging loose or tied in bunches **2.** a section of the hair cut short over the forehead **3.** an outer edge; border **4.** a peripheral or minor part —*vt.* **fringed, fring′ing** to be or make a fringe for —*adj.* **1.** at the outer edge **2.** additional **3.** less important —**fring′y** *adj.*

**fringe benefit** an employee's benefit other than wages or salary, such as a pension or insurance

**frippery** (frip′ərē) *n., pl.* **-peries** [< OFr. *frepe,* a rag] **1.** cheap, gaudy clothes **2.** showy display in dress, manners, speech, etc.

**Frisbee** (friz′bē) [U.S.] *Trademark* a plastic disc tossed back and forth in a game

**Frisian** (frē′zhən) *adj.* of Friesland, a province of the Netherlands —*n.* **1.** a native of Friesland **2.** the language of the Frisians

**frisk** (frisk) *vi.* [OFr. *frisque*] to frolic —*vt.* to search (a person) for concealed weapons, etc. by passing the hands quickly over his clothing

**frisky** *adj.* **-ier, -iest** lively; frolicsome

**frith** (frith) *n.* *var. of* FIRTH

**fritter**[1] (frit′ər) *vt.* [< L. *frangere,* to break] to waste (money, time, etc.) bit by bit on petty things (often with *away*) —**frit′terer** *n.*

**fritter**[2] *n.* [< L. *frigere,* fry] a small cake of fried batter, usually containing meat, fruit, etc.

**frivolous** (friv′ələs) *adj.* [L. *frivolus*] **1.** trifling; trivial **2.** silly and light-minded —**frivolity** (fri vol′ətē) *n.*

**frizz** (friz) *vt., vi.* **frizzed, friz′zing** [Fr. *friser*] to form into small, tight curls —*n.* hair, etc. that is frizzed

**frizzle**[1] (friz′l) *vt., vi.* **-zled, -zling** [< FRY[1]] **1.** to make or cause to make a sputtering, hissing noise, as in frying **2.** to make or become crisp by grilling or frying

**frizzle**[2] *n., vt., vi.* **-zled, -zling** *same as* FRIZZ

**frizzly** *adj.* **-zlier, -zliest** full of or covered with small, tight curls: also **friz′zy**

**fro** (frō) *adv.* [< ON. *frá*] backwards; back: now only in **to and fro** back and forth —*prep.* [Scot.] from

**frock** (frok) *n.* [OFr. *froc*] **1.** a woman's dress **2.** a smock **3.** a robe worn by friars, monks, etc. —*vt.* to ordain as a priest

**frock coat** a man's double-breasted dress coat with a full skirt reaching to the knees, worn chiefly in the 19th cent.

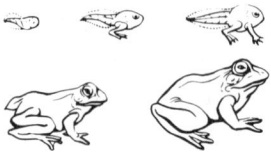

METAMORPHOSIS OF FROG

**frog** (frog) *n.* [OE. *frogga*] **1.** a tailless, leaping, four-legged amphibian with webbed feet **2.** a horny pad in the sole of a horse's foot **3.** a braided loop used as a fastener on clothing **4.** a device for keeping trains on the proper rails at junctions **5.** [**F-**] [Slang] a Frenchman: also **Frog'gy** —**frog in the throat** a hoarseness

**frogman** *n.* a person trained and equipped, as with scuba gear, for underwater work

**frogmarch** *n.* a method of carrying a troublesome prisoner, face downwards, each limb being held —*vt.* **1.** to carry in a frogmarch **2.** to make someone move forward unwillingly

**frolic** (frol'ik) *n.* [< MDu. *vrō,* merry] **1.** a playful trick; prank **2.** a lively party **3.** merriment; fun —*vi.* **-icked, -icking 1.** to make merry **2.** to play or romp —**frol'icker** *n.*

**frolicsome** *adj.* playful; merry: also **frol'icky**

**from** (from: *unstressed* frəm) *prep.* [OE.] **1.** beginning at [to walk *from* the door] **2.** starting with [*from* noon] **3.** out of [*from* his pocket] **4.** originating with [facts learned *from* reading] **5.** at a place not near to **6.** out of the whole of [take two *from* four] **7.** out of the possibility or use of [kept *from* going] **8.** out of the possession or control of [released *from* jail] **9.** as not being like [to tell one *from* another] **10.** because of [to tremble *from* fear]

**frond** (frond) *n.* [< L. *frons,* leafy branch] the leaf of a fern or palm

**front** (frunt) *n.* [< L. *frons,* forehead] **1.** the part facing forward **2.** the first part; beginning **3.** the place or position directly before a person or thing **4.** a forward or leading position **5.** land along a seashore or large lake, esp. a promenade **6.** *a*) the foremost position of troops *b*) the battle zone **7.** a specified area of activity [the home *front*] **8.** outward behaviour [put on a bold *front*] **9.** a broad movement in which different groups are united for the achievement of common aims **10.** a person or group used to cover the activity of another really in control **11.** a face of a building **12.** *Meteorol.* the boundary between two masses of air that are different, as in density —*adj.* at, to, in, on, or of the front —*vt., vi.* **1.** to face **2.** to serve as a front (*for*) —**in front of** before; ahead of

**frontage** *n.* **1.** the front part of a building **2.** the land between the front of a building and the street **3.** the front boundary line of a building plot or the length of this line **4.** land bordering a street, river, lake, etc.

**frontal** *adj.* **1.** of, in, on, at, or against the front **2.** of or for the forehead

**front bench** *n.* the leadership group of the government or opposition in the House of Commons —**front'bench'er** *n.*

**frontier** (frun'tēər') *n.* [see FRONT] **1.** the border between two countries **2.** that part of a country which lies next to an unexplored region **3.** any new field or area of learning, etc. [the *frontiers* of medicine] —*adj.* of, on, or near a frontier

**frontispiece** (frun'tis pēs') *n.* [< L. *frons,* front + *specere,* to look] an illustration facing the first page or title page of a book

**front-runner** *n.* one who is leading in a race or contest

**frost** (frost) *n.* [OE. *freosan,* freeze] **1.** a freezing or being frozen **2.** a temperature low enough to cause freezing **3.** frozen dew or vapour —*vt.* **1.** to cover with frost **2.** to damage or kill by freezing **3.** to give a frostlike surface to (glass)

**frostbite** *vt.* **-bit', -bit'ten, -bit'ing** to injure the tissues of (a part of the body) by exposure to intense cold —*n.* tissue damage caused by such exposure

**frosting** *n.* *U.S. name for* ICING (sense 1)

**frosty** *adj.* **-ier, -iest 1.** cold enough to produce frost; freezing **2.** covered as with frost **3.** unfriendly —**frost'ily** *adv.* —**frost'iness** *n.*

**froth** (froth) *n.* [ON. *frotha*] **1.** foam **2.** foaming saliva **3.** light, trifling talk, ideas, etc. —*vi., vt.* to foam or cause to foam —**froth'y** *adj.*

**froward** (frō'ərd) *adj.* [ME., unruly] [Now Rare] not easily controlled; wilful —**fro'wardness** *n.*

**frown** (froun) *vi.* [< OFr. *froigne,* sullen face] **1.** to contract the brows, as in displeasure or concentration **2.** to show disapproval (with *on* or *upon*) —*n.* **1.** a contracting of the brows in sternness, thought, etc. **2.** any expression of disapproval —**frown'ingly** *adv.*

**frowsty** (froust'ē) *adj.* [prob. < ff.] musty or stuffy

**frowzy** (frou'zē) *adj.* **-zier, -ziest** [< ?] dirty and untidy; slovenly: also sp. **frow'sy** —**frow'zily** *adv.*

**froze** (frōz) *pt. of* FREEZE

**frozen** *pp. of* FREEZE —*adj.* **1.** turned into or covered with ice **2.** damaged or killed by freezing **3.** preserved by freezing, as food **4.** as if turned into ice [*frozen* with terror] **5.** without warmth or affection **6.** kept at a fixed level **7.** not readily converted into cash [*frozen* assets]

**F.R.S.** Fellow of the Royal Society

**fructify** (fruk'tə fī') *vi., vt.* **-fied', -fy'ing** [< L. *fructificare*] to bear or cause to bear fruit

**fructose** (fruk'tōs) *n.* [< L. *fructus,* fruit] a crystalline sugar found in sweet fruits and in honey

**frugal** (frōō′g'l) *adj.* [L. *frugalis*] **1.** not wasteful; thrifty **2.** inexpensive or meagre *[a frugal meal]* —**frugal′ity** (-gal′ə tē) *n.* —**fru′gally** *adv.*

**fruit** (frōōt) *n.* [< L. *fructus*] **1.** any plant product, as grain, vegetables, etc.: *usually used in pl.* **2.** a sweet and edible plant structure, consisting of a fruit (sense 4), usually eaten raw or as a dessert **3.** the result or product of any action **4.** *Bot.* the mature ovary of a flowering plant, with its contents, as the whole peach —*vi., vt.* to bear or cause to bear fruit

**fruiterer** *n.* a person who deals in fruit

**fruitful** *adj.* **1.** bearing much fruit **2.** productive; prolific **3.** profitable —**fruit′fully** *adv.*

**fruition** (frōō ish′ən) *n.* [see FRUIT] **1.** the bearing of fruit **2.** fulfilment; realization

**fruitless** *adj.* **1.** without results; unsuccessful; vain **2.** bearing no fruit; sterile —**fruit′lessly** *adv.*

**fruit machine** a slot machine that pays out when certain combinations of diagrams, often representing fruit, appear

**fruit sugar** *same as* FRUCTOSE

**fruity** *adj.* **-ier, -iest** **1.** like fruit in taste or smell **2.** rich or mellow in tone, as a voice **3.** [Slang] full of coarse humour; salacious —**fruit′ily** *adv.* —**fruit′iness** *n.*

**frump** (frump) *n.* [< ? Du. *rompelen,* rumple] a dowdy, unattractive woman —**frump′ish, frump′y** *adj.*

**frustrate** (frus trāt′) *vt.* **-trat′ed, -trat′ing** [< L. *frustra,* in vain] **1.** to cause to have no effect; nullify **2.** to keep from an objective or from gratifying certain desires —**frustra′tion** *n.*

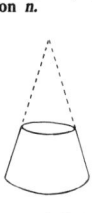

FRUSTUM

**frustum** (frus′təm) *n., pl.* **-tums, -ta** [L., a piece] the solid figure formed when the top of a cone or pyramid is cut off by a plane parallel to the base

**fry**[1] (frī) *vt., vi.* **fried, fry′ing** [< L. *frigere*] to cook or be cooked, usually in hot fat or oil, over direct heat —*n., pl.* **fries** a fried food, esp. offal *[pig's fry]*

**fry**[2] *n., pl.* **fry** [< ON. *frjo,* seed & Anglo-Fr. *frei,* spawn] **1.** young fish **2.** offspring —**small fry** **1.** trivial people or things **2.** children

**fryer** *n.* **1.** one that fries **2.** a utensil for deep-frying foods

**frying pan** a shallow pan for frying food —**out of the frying pan into the fire** from a bad situation into a worse one

**fry-up** *n.* [Colloq.] a dish of several mixed, fried foods

**f-stop** (ef′stop′) *n.* any of the settings for the f-number of a camera

**ft.** **1.** foot; feet **2.** fort

**fth., fthm.** fathom

**fuchsia** (fyōō′shə) *n.* [< L. *Fuchs*] **1.** a shrub with drooping pink, red, or purple flowers **2.** purplish red

**fuck** (fuk) *vi., vt.* [< ?] [Vulg.] **1.** to have sexual intercourse **2.** *used to express disgust, annoyance, etc., as in* **fuck off** go away —*n.* [Vulg.] **1.** an act of sexual intercourse **2.** a partner in sexual intercourse **3.** a damn *[don't give a fuck]* —**fuck′ing** *adj., adv.*

**fuddle** (fud′'l) *vt.* **-dled, -dling** [< ?] to confuse or stupefy as with alcohol —*n.* a fuddled condition

**fuddy-duddy** (fud′ē dud′ē) *n., pl.* **-dies** [Slang] **1.** a fussy, critical person **2.** an old-fashioned person

**fudge** (fuj) *n.* [< ?] **1.** nonsense **2.** a soft sweet made of butter, milk, sugar, flavouring, etc. —*vt.* **fudged, fudg′ing** to make dishonestly or carelessly; fake

**fuel** (fyōōəl) *n.* [ult. < L. *focus,* fireplace] **1.** coal, oil, gas, wood, etc. burned to supply heat or power **2.** fissionable material, as in a nuclear reactor **3.** anything that intensifies strong feeling, etc. —*vt., vi.* **-elled, -elling** to supply with or get fuel

**fuel cell** any of various devices that convert chemical energy directly into electrical energy

**fug** (fug) *n.* [< ?] the heavy air in a closed room —**fug′gy** *adj.*

**fugitive** (fyōō′jə tiv) *adj.* [< L. *fugere,* flee] **1.** fleeing or having fled, as from danger, justice, etc. **2.** passing quickly; fleeting **3.** roaming; shifting —*n.* a person who flees or has fled from danger, justice, etc.

**fugue** (fyōōg) *n.* [< L. *fugere,* flee] a musical composition in which a subject is announced by one voice and then developed contrapuntally by each of usually two or three other voices —**fu′gal** *adj.* —**fugu′ist** *n.*

‡**Führer, Fuehrer** (fyōōər′ər) *n.* [G.] leader

**-ful** (fəl, f'l, fool) [OE.] *a suffix meaning:* **1.** full of, having *[joyful]* **2.** having the qualities of or tendency to *[helpful]* **3.** the quantity that fills *[handful]*

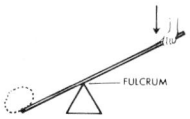


**fulcrum** (ful′krəm) *n., pl.* **-crums, -cra** [L. < *fulcire,* to prop] the support on which a lever turns in raising something

**fulfil** (fool fil′) *vt.* **-filled′, -fill′ing** [OE. *fullfyllan*] **1.** to carry out (something promised, etc.) **2.** to do (something required) **3.** to satisfy (a condition) **4.** to complete —**fulfil oneself** to realize completely one's ambitions, potentialities, etc. —**fulfil′ment** *n.*

**full**[1] (fool) *adj.* [OE.] **1.** having in it

all there is space for; filled **2.** having eaten all that one wants **3.** occupying all of a given space *[a full* load*]* **4.** well supplied (with *of*) *[a* tank *full* of petrol*]* **5.** complete *[a full* dozen*]* **6.** absolute *[*come to a *full* stop*]* **7.** having reached the greatest development, size, etc. **8.** having the same parents *[full* brothers*]* **9.** having clearness, volume, and depth *[a full* tone*]* **10.** plump; round **11.** with loose, wide folds; ample *[a full* skirt*]* **12.** engrossed —***adv.*** **1.** completely **2.** directly **3.** very *[full* well*]* —**full time** as a full-time employee, student, etc. —**in full** **1.** to, for, or with the full amount, etc. **2.** not abbreviated —**full'ness, ful'ness** ***n.***

**full**[2] ***vt., vi.*** [< L. *fullo,* cloth fuller] to shrink and thicken (cloth, esp. of wool) —**full'er** ***n.***

**fullback** ***n.*** *Football,* etc. a defender in a team

**full-blooded** ***adj.*** **1.** of unmixed breed or race; purebred: also **full'-blood' 2.** vigorous **3.** rich and full

**full-blown** ***adj.*** **1.** in full bloom; open: said of flowers **2.** fully developed; mature

**full-bodied** ***adj.*** having much strength, flavour, etc.

**fuller's earth** (fool'ərz) a highly absorbent clay used to remove grease from cloth in fulling, to clarify oils, etc.

**full-fledged** ***adj.*** completely developed or trained; of full rank or status

**full house** **1.** a poker hand containing three of a kind and a pair **2.** in bingo, the complete set of numbers needed to win **3.** a theatre, etc., filled to capacity

**full-length** ***adj.*** **1.** showing the whole length *[a full-length* portrait*]* **2.** not shortened *[a full-length* novel*]*

**full moon** the phase of the moon when its entire illuminated hemisphere is seen as a full disc

**full pitch** *same as* FULL TOSS

**full-scale** ***adj.*** **1.** according to the original or standard scale **2.** to the utmost degree *[full-scale* war*]*

**full stop** **1.** a punctuation mark (.) used at the end of a sentence **2.** the dot (.) following many abbreviations

**full-time** ***adj.*** on a complete regular schedule

**full toss** *Cricket* a bowled ball that reaches the batsman without bouncing

**fully** ***adv.*** **1.** to the full; completely; entirely **2.** abundantly; amply **3.** at least *[fully* two hours later*]*

**fully fashioned** shaped to conform to body contours, as stockings, knitwear, etc.

**fulmar** (fool'mər) ***n.*** [ON. < *fūll,* foul + *mār,* seagull] a grey sea bird, common in arctic regions

**fulminate** (ful'mə nāt') ***vi., vt.*** **-nat'ed, -nat'ing** [< L. *fulmen,* lightning] **1.** to explode with violence; detonate **2.** to shout forth (denunciations, etc.) —***n.*** any highly explosive compound —**ful'mina'tion** ***n.*** —**ful'mina'tor** ***n.***

**fulsome** (fool'səm) ***adj.*** [< FULL[1] + *-som,* like] disgusting, esp. because excessive or insincere

**fumble** (fum'b'l) ***vi., vt.*** **-bled, -bling** [prob. < ON. *famla,* grope] **1.** to grope clumsily **2.** to handle (a thing) clumsily —***n.*** the act of fumbling —**fum'bler** ***n.***

**fume** (fyōōm) ***n.*** [< L. *fumus*] [*often pl.*] a gas, smoke, or vapour, esp. if offensive or suffocating —***vi.*** **fumed, fum'ing** **1.** to show anger **2.** to give off fumes —***vt.*** to expose to fumes to darken colours, as oak

**fumigate** (fyōō'mə gāt') ***vt.*** **-gat'ed, -gat'ing** [< L. *fumus,* smoke + *agere,* make] to expose to the action of fumes, esp. in order to disinfect or kill the vermin in —**fu'miga'tion** ***n.*** —**fu'miga'tor** ***n.*** —**fu'migant** ***n.***

**fun** (fun) ***n.*** [< ME. *fonne,* fool] **1.** *a*) lively, gay play or playfulness *b*) pleasure **2.** a source of amusement —**for** (or **in**) **fun** playfully —**make fun of** to ridicule

**function** (funk'shən) ***n.*** [< L. *fungi,* perform] **1.** the normal or characteristic action of anything **2.** a specific duty required for a particular activity *[the function* of an auditor*]* **3.** a formal ceremony or social occasion **4.** a thing that depends on and varies with something else **5.** *Math.* a quantity whose value depends on that of another quantity or quantities —***vi.*** **1.** to act in a required manner; work **2.** to be used (*as*)

**functional** ***adj.*** **1.** of a function **2.** designed with regard to usefulness rather than aesthetic appeal **3.** *Med.* affecting a function of some organ without apparent organic changes —**func'tionally** ***adv.***

**functionalism** ***n.*** emphasis on adapting the structure of anything to its function —**func'tionalist** ***n., adj.***

**functionary** ***n., pl.*** **-aries** a person who performs a certain function; esp., an official

**fund** (fund) ***n.*** [L. *fundus,* bottom] **1.** a supply that can be drawn on; store *[a fund* of good humour*]* **2.** *a*) a sum of money set aside for a purpose *b*) [*pl.*] ready money —***vt.*** **1.** to put or convert into a long-term debt that bears interest **2.** to provide for with a fund

**fundamental** (fun'də men't'l) ***adj.*** [see FUND] **1.** of or forming a foundation or basis; basic **2.** primary **3.** most important —***n.*** a principle, law, etc. serving as a basis; essential part —**fun'damen'tally** ***adv.***

**fundamentalism** ***n.*** religious beliefs based on a literal interpretation of the Bible —**fun'damen'talist** ***n., adj.***

**fundamental particle** *same as* ELEMENTARY PARTICLE

**funeral** (fyōō'nər əl) ***adj.*** [< L. *funus,* funeral] of or for a funeral —***n.*** **1.** the ceremonies connected with burial or cremation of the dead **2.** [Colloq.] concern; affair *[that's your funeral]* —**fu'nerary** ***adj.***

**funeral director** *same as* UNDERTAKER

**funeral home** a place where bodies are prepared for burial or cremation; undertaker's establishment: also **funeral parlour**

**funereal** (fyōō nēər′ē əl) ***adj.*** suitable for a funeral; sad and solemn; gloomy: also **fune′brial** —**fune′really** ***adv.***

**funfair** (fun′fāər) ***n.*** a collection of amusements and sideshows; amusement park

**fungicide** (fun′jə sīd′) ***n.*** [< FUNGUS & -CIDE] any substance that kills fungi —**fun′gici′dal** ***adj.***

**fungoid** (fuŋ′goid) ***adj.*** like a fungus —***n.*** a fungus

**fungous** (fuŋ′gəs) ***adj.*** of, like, or caused by fungi

**fungus** (fuŋ′gəs) ***n., pl.*** **fungi** (fuŋ′gī), **fun′guses** [L.] **1.** any of a group of plants, as moulds, mildews, mushrooms, etc., that lack chlorophyll and leaves and reproduce by spores **2.** something that grows rapidly like a fungus —***adj.*** of or like a fungus —**fun′gal** ***adj.***

**funicular** (fyōō nik′yoo lər) ***n.*** [< L. *funis,* rope] a mountain railway on which counterbalanced cars ascend and descend by cables: also **funicular railway**

**funk** (fuŋk) ***n.*** [< ?] [Colloq.] **1.** a cowering through fear; panic: also **blue funk** **2.** a coward —***vi.*** [Colloq.] to be in a funk or panic —***vt.*** [Colloq.] **1.** to be afraid of **2.** to shrink from in fear

**funnel** (fun′l) ***n.*** [< L. *in-,* in + *fundere,* pour] **1.** a slender tube with a cone-shaped mouth, for pouring liquids and powders into containers with small openings **2.** a cylindrical smokestack, as of a steamship —***vi., vt.*** **-nelled, -nelling** to move or pour as through a funnel

**funny** (fun′ē) ***adj.*** **-nier, -niest** **1.** causing laughter; humorous **2.** [Colloq.] *a*) strange; queer *b*) puzzling *c*) slightly ill; queasy —**fun′nily** ***adv.*** —**fun′niness** ***n.***

**funny bone** [prob. a pun on *humerus*] a place on the elbow where a sharp impact on the nerve causes a strange, tingling sensation

**fur** (fur) ***n.*** [< OFr. *fuerre,* sheath] **1.** the soft, thick hair covering many mammals **2.** a skin bearing such hair, processed for making garments **3.** any garment made of such skins **4.** any furry deposit, specif., *a*) diseased matter on the tongue *b*) the deposit on the inside of kettles, etc., left by water containing lime —***adj.*** of fur —***vt.*** **furred, fur′ring** **1.** to line, cover, or trim with fur **2.** to coat with a furry deposit —***vi.*** to become furred with a deposit —**make the fur fly** to cause dissension or fighting —**furred** ***adj.***

**fur.** furlong

**furbelow** (fur′bə lō′) ***n.*** [< Fr. *falbala*] **1.** a flounce or ruffle **2.** [*usually pl.*] showy trimming

**furbish** (fur′bish) ***vt.*** [< OFr. *forbir*] **1.** to polish **2.** to renovate (often with *up*) —**fur′bisher** ***n.***

**fur brigade** *Canad. Hist.* a convoy of canoes, horses, or dog sleighs that transported furs, etc. between trading posts

**furcate** (fur′kāt) ***adj.*** [< L. *furca,* fork] forked —***vi.*** **-cated, -cating** to branch; fork —**furca′tion** ***n.***

**Furies** (fyooər′ēz) *Gr. & Rom. Myth.* three female spirits who punished doers of unavenged crimes

**furious** (fyooər′ē əs) ***adj.*** [< L. *furiosus*] **1.** full of fury **2.** violently overpowering **3.** very great; intense —**fu′riously** ***adv.*** —**fu′riousness** ***n.***

**furl** (furl) ***vt.*** [< OFr. *ferlier*] to roll up tightly and make secure, as a flag —***vi.*** to become furled

**furlong** (fur′loŋ) ***n.*** [< OE. *furh,* furrow + *lang,* long] a measure of distance equal to 1/8 of a mile (c. 20 m)

**furlough** (fur′lō) ***n.*** [< Du. *verlof*] a leave of absence; esp., a leave granted to military enlisted personnel

**furnace** (fur′nəs) ***n.*** [< L. *fornus,* oven] **1.** an enclosed structure in which heat is produced for destroying refuse, reducing ores, etc. **2.** any extremely hot place

**furnish** (fur′nish) ***vt.*** [< OFr. *furnir*] **1.** to supply with furniture, etc. **2.** to supply; provide

**furnishings** ***n.pl.*** the furniture, carpets, etc. as for a room

**furniture** (fur′ni chər) ***n.*** [Fr. *fourniture*] **1.** the movable things in a room which equip it for living, as chairs, beds, etc. **2.** the necessary equipment of a ship

**furore** (fyoo rôr′ē) ***n.*** [< L. *furor*] **1.** *a*) a commotion or uproar *b*) widespread enthusiasm **2.** fury; rage

**furrier** (fur′ē ər) ***n.*** **1.** a dealer in furs **2.** one who processes furs or makes and repairs fur garments

**furrow** (fur′ō) ***n.*** [OE. *furh*] **1.** a narrow groove made in the ground by a plough **2.** anything like this, as a wrinkle —***vt.*** to make furrows in —***vi.*** to become wrinkled

**furry** (fur′ē) ***adj.*** **-rier, -riest** **1.** of or like fur **2.** covered with fur **3.** having a furlike coating

**further** (fur′*th*ər) ***adj.*** [OE. *furthra*] **1.** additional; more **2.** more distant; farther —***adv.*** **1.** to a greater degree or extent **2.** in addition **3.** at or to a greater distance in space or time —***vt.*** to give aid to; promote —**fur′therance** ***n.*** —**fur′therer** ***n.***

**further education** education, usually full-time, for students above school age

**furthermore** ***adv.*** besides; moreover; in addition

**furthest** (fur′*th*ist) ***adj.*** most distant; farthest —***adv.*** at or to the greatest distance or degree

**furtive** (fur′tiv) ***adj.*** [< L. *fur,* thief] done or acting in a stealthy manner; surreptitious —**fur′tively** ***adv.***

**fury** (fyooər′ē) ***n., pl.*** **-ries** [< L. *furere,* to rage] **1.** violent anger; wild rage **2.** violence; vehemence **3.** a violent, vengeful person **4.** [F-] any of the Furies —**like fury** [Colloq.] violently, swiftly, etc.

**furze** (furz) ***n.*** [OE. *fyrs*] a prickly evergreen shrub with yellow flowers, esp. on wastelands —**fur′zy** ***adj.***

**fuse**[1] (fyōōz) ***vt., vi.*** **fused, fus′ing** [< L. *fundere,* shed] **1.** to melt or to join by melting, as metals **2.** to unite or blend together

**fuse**[2] ***n.*** [< L. *fusus,* spindle] **1.** a tube

or wick filled with combustible material for setting off an explosive charge **2.** *Elec.* a strip of easily melted metal placed in a circuit as a safeguard: if the current becomes too strong, the metal melts, thus breaking the circuit —***vt.*** **fused, fus'ing** to connect a fuse to —***vi.*** to fail as the result of the blowing of a fuse —**blow a fuse** **1.** to cause an electrical fuse to melt **2.** [Colloq.] to become very angry

**fuselage** (fyōō'zə läzh') ***n.*** [Fr. < *fuselé,* tapering] the body of an aircraft

**fusible** (fyōō'zə b'l) ***adj.*** that can be melted

**fusil** (fyōō'z'l) ***n.*** [Fr. < L. *focus,* hearth] a light flintlock musket

**fusilier** (fyōō'zə lēər') ***n.*** formerly, a soldier armed with a fusil: a term still applied to certain British regiments

**fusillade** (fyōō'zə lād') ***n.*** [Fr. < *fusiller,* to shoot] **1.** a simultaneous discharge of many firearms **2.** something like this [a *fusillade* of questions]

**fusion** (fyōō'zhən) ***n.*** **1.** a fusing or melting together **2.** a blending; coalition **3.** *same as* NUCLEAR FUSION

**fuss** (fus) ***n.*** [< ?] **1.** nervous, excited activity **2.** nervousness, agitation, etc. **3.** [Colloq.] a protest or objection **4.** [Colloq.] a showy display of delight, etc. —***vi.*** to bustle about or worry over trifles —***vt.*** [Colloq.] to bother unnecessarily

**fusspot** ***n.*** [Colloq.] a fussy person

**fussy** ***adj.*** **-ier, -iest** **1.** bustling about or worrying over trifles **2.** hard to please **3.** full of unnecessary details —**fuss'ily** ***adv.*** —**fuss'iness** ***n.***

**fustian** (fus'tē ən) ***n.*** [< OFr. *fust,* a cask] **1.** formerly, a coarse cloth of cotton and linen **2.** pompous, pretentious talk or writing —***adj.*** pompous; pretentious

**fusty** (fus'tē) ***adj.*** **-tier, -tiest** [< OFr. *fust,* a cask] **1.** musty; mouldy **2.** old-fashioned —**fus'tiness** ***n.***

**futile** (fyōō'til) ***adj.*** [< L. *futilis,* that easily pours out] **1.** useless; vain **2.** trifling or unimportant —**fu'tilely** ***adv.*** —**futility** (fyōō til'ə tē) ***n.***

**future** (fyōō'chər) ***adj.*** [< L. *futurus,* about to be] **1.** that is to be or come **2.** indicating time to come [*future* tense] —***n.*** **1.** the time that is to come **2.** what is going to be **3.** prospective condition **4.** [*pl.*] commodities sold for delivery at a later date **5.** *Gram.* the future tense

**future perfect** a tense indicating an action or state as completed in relation to a specified time in the future (Ex. will have gone)

**futurism** ***n.*** a movement in the arts which opposed traditionalism and stressed the dynamic movement of the machine age —**fu'turist** ***n., adj.***

**futuristic** (fyōō'chər is'tik) ***adj.*** of or having to do with the future or futurism —**fu'turis'tically** ***adv.***

**futurity** (fyōō tyōōər'ə tē) ***n., pl.*** **-ties** **1.** *a*) the future *b*) a future event **2.** the quality of being future

**futurology** (fyōō'chər ol'ə jē) ***n.*** a system of stating the probable form of future conditions by making assumptions based on known facts and observations

**fuzz** (fuz) ***n.*** [< ?] loose, light particles of down, wool, etc.; fine hairs or fibres —**the fuzz** [Slang] a policeman or the police

**fuzzy** ***adj.*** **-ier, -iest** **1.** of, like, or covered with fuzz **2.** not clear or precise; blurred —**fuzz'iness** ***n.***

**fwd.** forward

**-fy** (fi) [< L.] *a suffix meaning:* **1** to make [*liquefy*] **2.** to cause to have [*glorify*] **3.** to become [*putrefy*]

# G

**G, g** (jē) *n., pl.* **G's, g's** **1.** the seventh letter of the English alphabet **2.** *Physics* gravity

**G** (jē) *n. Music* the fifth tone in the ascending scale of C major

**g** gram(me)(s)

**Ga** *Chem.* gallium

**gab** (gab) *vi.* **gabbed, gab'bing** [< ON. *gabba,* mock] [Colloq.] to talk idly; chatter —*n.* [Colloq.] idle talk —**gift of the gab** [Colloq.] the ability to speak glibly

**gabble** (gab''l) *vi., vt.* **-bled, -bling** [< GAB] to talk rapidly and incoherently —*n.* rapid, incoherent talk —**gab'bler** *n.*

**gaberdine, gabardine** (gab'ər dēn') *n.* [< OFr. *gaverdine,* kind of cloak < ?] **1.** a twilled cloth of wool, cotton, etc., with a diagonal weave **2.** *Hist.* a loose coat worn esp. by Jews

GABLE (sense 1)

**gable** (gā'b'l) *n.* [< ON. *gafl,* gable] **1.** the triangular wall enclosed by the sloping ends of a ridged roof **2.** an end wall having a gable at the top

**gad** (gad) *vi.* **gad'ded, gad'ding** [? < OE. *gædeling,* companion] to wander about in a restless way, as in seeking amusement —**gad'der** *n.*

**gadabout** (gad'ə bout') *n.* [Colloq.] a restless seeker after fun, excitement, etc.

**gadfly** *n., pl.* **-flies'** [< ON. *gaddr,* a spike] **1.** a large fly that bites livestock **2.** an annoying person

**gadget** (gaj'it) *n.* [< ?] **1.** any small mechanical contrivance **2.** any small object

**gadoid** (gā'doid) *adj.* [< Gr. *gados,* fish] of or like the cod family of fishes —*n.* any fish of this family

**gadolinium** (gad'ə lin'ē əm) *n.* [< J. *Gadolin*] a metallic chemical element of the rare-earth group: symbol, Gd

**gadwall** (gad'wôl) *n.* [< ?] a greyish-brown duck

**gadzooks** (gad'zo̅o̅ks') *interj.* [< ?] [Obs.] a mild oath

**Gael** (gāl) *n.* [< Gael. *Gaidheal*] a Celt of Scotland (esp. the Highlands), Ireland, or the Isle of Man

**Gaelic** (gāl'ik, gal'-) *adj.* of the Gaels or any of their Celtic languages —*n.* one of the Gaelic languages; esp., Scottish or Irish Gaelic: abbrev. **Gael.**

**gaff**[1] (gaf) *n.* [< Pr. *gaf* or Sp. *gafa*] **1.** a large hook on a pole for landing large fish **2.** a spar supporting a fore-and-aft sail —*vt.* to land (a fish) with a gaff

**gaff**[2] *n.* [< ?] [Slang] nonsense —**blow the gaff** to reveal a secret

**gaffe** (gaf) *n.* [Fr.] a blunder; faux pas

**gaffer** (gaf'ər) *n.* [< godfather] **1.** an old man: now usually humorous **2.** [Colloq.] a foreman

**gag** (gag) *vt.* **gagged, gag'ging** [echoic] **1.** to cover the mouth of, so as to keep from talking **2.** to keep from expressing oneself, as by intimidation **3.** to cause to retch —*vi.* to retch —*n.* **1.** something put into or over the mouth to prevent talking, etc. **2.** any restraint of free speech **3.** in parliament, a closure **4.** [Slang] a comical remark or act; joke —**gag'ger** *n.*

**gaga** (gä'gä) *adj.* [Fr.] senile; doting; crazy

**gage**[1] (gāj) *n.* [< OFr., a pledge] **1.** something pledged; security **2.** a glove thrown down by a challenging knight **3.** a challenge

**gage**[2] *n., vt. same as* GAUGE

**gaggle** (gag''l) *n.* [< ME. *gagelen,* to cackle] **1.** a flock of geese **2.** [Derog.] any group or cluster

**gaiety** (gā'ə tē) *n., pl.* **-ties** **1.** the quality of being gay; cheerfulness **2.** merrymaking **3.** colourful brightness

**gaily** (gā'lē) *adv.* **1.** happily; merrily **2.** brightly

**gain** (gān) *n.* [< OFr. *gaaignier,* earn] **1.** an increase; specif., *a*) [*often pl.*] profit *b*) an increase in advantage; improvement **2.** acquisition —*vt.* **1.** to get by labour; earn **2.** to get by merit; win **3.** to attract **4.** to get as an addition, profit, or advantage **5.** to make an increase **6.** to reach —*vi.* **1.** to make progress; advance **2.** to acquire profit **3.** to become heavier **4.** to be fast: said of a clock, etc. —**gain on** to draw nearer to (an opponent)

**gainful** *adj.* profitable —**gain'fully** *adv.*

**gainsay** (gān'sā') *vt.* **-said'** (-sād'), **-say'ing** [< OE. *gegn,* against + *seggan,* say] **1.** to deny **2.** to contradict **3.** to oppose —**gain'say'er** *n.*

**gait** (gāt) *n.* [< ON. *gata,* path] **1.** manner of walking **2.** any of various foot movements of a horse, as a trot

**gaiter** (gāt'ər) *n.* [< Fr. *guêtre*] a cloth or leather covering for the instep, ankle and, sometimes, the calf

**Gal.** Galatians

**gal.** gallon; gallons

**gala** (gā'lə) *n.* [< OFr. *gale,* enjoyment

1. a festival 2. a competitive sporting occasion —*adj.* festive

**galactic** (gə lak′tik) *adj.* [< Gr. *gala*, milk] *Astron.* of the Milky Way or some other galaxy

**galantine** (gal′ən tēn′) *n.* [< L. *gelare*, congeal] a mould of boned white meat served in its own jelly

**galaxy** (gal′ək sē) [< Gr. *gala*, milk] [*often* **G-**] *same as* MILKY WAY —*n., pl.* **-axies** 1. any of innumerable vast groupings of stars 2. an assembly of illustrious people

**gale** (gāl) *n.* [< ?] 1. a strong wind; specif., one of c. 45-90 km per hour 2. an outburst [*a gale of laughter*]

**galena** (gə lē′nə) *n.* [L., lead ore] native lead sulphide, a lustrous, lead-grey mineral: also **gale′nite**

**gall**[1] (gôl) *n.* [OE. *galla*] 1. [Colloq.] impudence 2. bitter feeling 3. something distasteful 4. the bitter, greenish fluid secreted by the liver

**gall**[2] *n.* [OE. *gealla* < L. *galla*: see ff.] 1. a sore caused by chafing 2. irritation, or a cause of this —*vt.* 1. to make sore by rubbing 2. to irritate

**gall**[3] *n.* [< OFr. < L. *galla*, gallnut] a tumour on plant tissue caused by fungi, insects, or bacteria

**gallant** (gal′ənt;, *for n., also* gə lant′) *adj.* [see GALA] 1. stately; imposing 2. brave and noble 3. polite and attentive to women —*n.* [Rare] 1. a high-spirited, stylish man 2. a man attentive to women 3. a lover —**gal′lantly** *adv.*

**gallantry** *n., pl.* **-ries** 1. nobility; heroic courage 2. the courtly manner of a gallant 3. an act or speech characteristic of a gallant 4. amorous intrigue

**gallbladder** (gôl′blad′ər) *n.* a membranous sac attached to the liver, in which excess gall, or bile, is stored

GALLEON

**galleon** (gal′ē ən) *n.* [see GALLEY] a large Spanish ship of the 15th and 16th cent., with three or four decks at the stern

**gallery** (gal′ə rē) *n., pl.* **-leries** [< ML. *galeria*] 1. a covered walk open at one side 2. a long, narrow balcony on the outside of a building 3. *a*) a platform or projecting upper floor in a church, theatre, etc.; esp., the highest platform in a theatre *b*) the people occupying this a group of spectators, as at a sporting 4. a long, narrow corridor or room or establishment for showing 6. an underground passage, as one used in mining —**play to the gallery** to try to win the approval of the public, esp. in a showy way

**galley** (gal′ē) *n., pl.* **-leys** [< MGr. *galaia*, kind of ship] 1. *Hist.* a long, low, usually single-decked ship propelled by oars and sails 2. a ship's or aircraft's kitchen 3. *Printing a*) a shallow, oblong tray for holding composed type *b*) *same as* GALLEY PROOF

**galley proof** printer's proof taken from type in a galley to permit correction before the type is made up in pages

**galley slave** 1. a slave or convict sentenced or compelled to pull an oar on a galley 2. a drudge

**galliard** (gal′yärd) *n.* [< OFr. *gaillard*, brave] 1. a lively French dance 2. music for this

**Gallic** (gal′ik) *adj.* 1. of ancient Gaul 2. French

**Gallicism** (gal′ə siz′m) *n.* a French idiom, trait, etc.

**gallinaceous** (gal′ə nā′shəs) *adj.* [< L *gallus*, a cock] of an order of birds having a heavy rounded body, including poultry, pheasants, etc.

**galling** (gôl′iŋ) *adj.* that galls; very annoying; vexing

**gallium** (gal′ē əm) *n.* [< L. *Gallia*, Gaul] a bluish-white, metallic chemical element: symbol, Ga

**gallivant** (gal′ə vant′) *vi.* [< GALLANT] to go about in search of amusement

**gallnut** (gôl′nut′) *n.* a nutlike gall, esp. on oaks

**Gallo-** (gal′ō) [L.] *a combining form meaning* French

**gallon** (gal′ən) *n.* [< ML. *galo*, jug] a measure of capacity equal to 277.42 cubic inches (4.55 litres)

**gallop** (gal′əp) *vi.* [< OFr. *galoper*] 1. to go at a gallop 2. to hurry —*vt.* to cause to gallop —*n.* 1. the fastest gait of a horse, etc., consisting of leaping strides with all the feet off the ground at one time 2. a ride on a galloping animal —**gal′loper** *n.*

**gallows** (gal′ōz) *n., pl.* **-lowses, -lows** [OE. *galga*] 1. an upright frame with a crossbeam and a rope, for hanging condemned persons 2. the death sentence by hanging

**gallows bird** [Colloq.] a person who deserves hanging

**gallstone** (gôl′stōn′) *n.* a small, solid mass sometimes formed in the gallbladder or bile duct

**Gallup poll** (gal′əp) [< G. *Gallup*] a method of assessing public opinion by putting questions to a cross-section of the population

**galop** (gal′əp) *n.* [see GALLOP] 1. a lively round dance in 2/4 time 2. music for this

**galore** (gə lôr′) *adv.* [Ir. *go leōr*, enough] in abundance

**galoshes** (gə losh′iz) *n.* [< OFr. *galoche*] a pair of waterproof overshoes

**galumph** (gə lumf′) *vi.* [coined by Lewis Carroll < GAL(LOP) + (TRI)UMPH] to march or bound along in a self-satisfied, triumphant, or clumsy manner

**galvanic** (gal van′ik) *adj.* **1.** of or producing an electric current, esp. from a battery **2.** stimulating

**galvanism** (gal′və niz′m) *n.* [< L. *Galvani*] formerly, electricity produced by chemical action

**galvanize** (gal′və nīz′) *vt.* **-nized′, -niz′-ing** **1.** to stimulate; excite **2.** to plate (metal) with zinc **3.** to apply an electric current to —**gal′vaniza′tion** *n.*

**galvanometer** (gal′və nom′ə tər) *n.* an instrument for detecting and measuring a small electric current

**gambit** (gam′bit) *n.* [< Sp. *gambito*, a tripping] **1.** *Chess* an opening in which a pawn or other piece is sacrificed to get an advantage in position **2.** a manoeuvre intended to gain an advantage

**gamble** (gam′b'l) *vi.* **-bled, -bling** [OE. *gamenian*, to play] **1.** to play games of chance for money, etc. **2.** to take a risk in order to gain some advantage —*vt.* to bet; wager —*n.* an undertaking involving risk of a loss —**gamble away** to squander or lose in gambling —**gam′-bler** *n.*

**gamboge** (gam bōōzh′) *n.* [< *Cambodia*] a gum resin obtained from a tropical tree, used as a yellow pigment

**gambol** (gam′b'l) *n.* [< It. *gamba*, leg] a gambolling; frolic —*vi.* **-bolled, -bolling** to jump and skip about in play; frolic

**game**[1] (gām) *n.* [OE. *gamen*] **1.** any form of play; amusement **2.** *a*) an amusement or sport involving competition under specific rules *b*) a single contest in such a competition **3.** the number of points required for winning **4.** a victory **5.** a set of equipment for a competitive amusement **6.** quality of playing [to play a good *game*] **7.** [Colloq.] *a*) a project *b*) a trick; strategy **8.** any activity undertaken in a lighthearted spirit **9.** *a*) wild birds or animals hunted for sport *b*) their flesh used as food **10.** any object of pursuit: usually in **fair game** —*vi.* **gamed, gam′ing** to play cards, etc. for stakes; gamble —*adj.* **1.** designating wild birds or animals hunted for sport or food **2.** *a*) plucky *b*) ready (*for*) —**a game that two can play** any ploy that can be imitated to the disadvantage of its initiator —**give the game away** to reveal a secret —**make game of** to ridicule —**on the game** [Slang] engaged in prostitution —**play the game** [Colloq.] to behave as fairness requires —**the game is up** failure is certain —**game′-ly** *adv.* —**game′ness** *n.*

**game**[2] *adj.* [< ?] [Colloq.] lame: said esp. of a leg

**gamecock** *n.* a cock trained for cock-fighting

**gamekeeper** *n.* a person employed to breed and take care of game birds and animals on estates

**game laws** laws regulating hunting and fishing

**gamesmanship** *n.* skill in using ploys to gain a victory or advantage over another person

**gamesome** *adj.* playful; frolicsome

**gamester** *n.* a gambler

**gamete** (gam′ēt) *n.* [< Gr. *gamos*, marriage] a cell that can unite with another in sexual reproduction —**gametic** (gə met′ik) *adj.*

**gamin** (gam′in) *n.* [Fr.] a neglected child left to roam the streets

**gamine** (gam′ēn′) *n.* [Fr., fem. of prec.] a girl with a roguish, saucy charm

**gaming** (gā′miŋ) *n.* the practice of gambling

**gamma** (gam′ə) *n.* **1.** the third letter of the Greek alphabet (Γ, γ) **2.** the third of a group or series

**gamma ray** an electromagnetic radiation from a radioactive substance, of shorter wavelength and higher energy than an X-ray

**gammer** (gam′ər) *n.* [< godmother] an old woman

**gammon**[1] (gam′ən) *n.* [< ONormFr. *gambe*, leg] **1.** the bottom end of a side of bacon **2.** a smoked or cured ham or side of bacon

**gammon**[2] *n., interj.* [< ?] [Colloq.] humbug —*vt., vi.* [Colloq.] **1.** to talk humbug (to) **2.** to deceive

**gammy** (gam′ē) *adj.* [< ? GAME[2]] [Colloq.] *same as* GAME[2]

**gamp** (gamp) *n.* [< Mrs. *Gamp* in Dickens' *Martin Chuzzlewit*] [Colloq.] a large, bulky umbrella

**gamut** (gam′ət) *n.* [< *gamma*, Gr. letter for the lowest note of the medieval scale] **1.** the entire range, as of emotions **2.** *a*) the entire series of recognized notes in modern music *b*) any complete musical scale, esp. the major scale

**gamy** (gā′mē) *adj.* **-ier, -iest** having a strong flavour, like game kept uncooked until it is high

**gander** (gan′dər) *n.* [OE. *gan(d)ra*] **1.** a male goose **2.** a fool **3.** [Slang] a look: chiefly in **take a gander**

**gang**[1] (gaŋ) *n.* [< OE. *gangan* (see ff.)] **1.** a group of people associated in some way; specif., *a*) workers directed by a foreman *b*) organized criminals *c*) youths from one neighbourhood banded together; often, specif., juvenile delinquents **2.** a set of tools, etc. designed to work together —*vi.* to form a gang (with *up*) —**gang up on** [Colloq.] to attack as a group

**gang**[2] *vi.* [OE. *gangan*, go] [Scot.] to go or walk

**ganger** *n.* a foreman of a gang of workers

**gangling** (gaŋ′gliŋ) *adj.* [? < dial.] tall,

thin, and awkward; of loose, lanky build: also **gan'gly**

**ganglion** (gaŋ'glē ən) ***n., pl.*** **-glia, -glions** [< Gr. *ganglion,* tumour] a mass of nerve cells from which impulses are transmitted **—gan'glion'ic** (-on'ik) ***adj.***

**gangplank** (gaŋ'plaŋk') ***n.*** a narrow, movable platform by which to board or leave a ship

**gangrene** (gaŋ'grēn) ***n.*** [< Gr. *gran,* gnaw] decay of body tissue when the blood supply is obstructed by injury, disease, etc. **—gan'grenous** (-grə nəs) ***adj.***

**gangster** (gaŋ'stər) ***n.*** a member of a gang of violent criminals

**gangue** (gaŋ) ***n.*** [Fr. < G. *Gang,* lode] the commercially worthless mineral matter found with ores in a deposit

**gangway** (gaŋ'wā') ***n.*** [OE. *gangweg*] **1.** a passageway; specif., *a*) an opening in a ship's side *b*) a gangplank **2.** a passageway between rows of seats

**gannet** (gan'it) ***n.*** [OE. *ganot*] **1.** a large, web-footed seabird that breeds on cliffs **2.** a person who is greedy

**ganoid** (gan'oid) ***adj.*** [< Gr. *ganos,* brightness] of a group of fishes covered by rows of hard, glossy scales or plates, as the sturgeons

**gantry** (gan'trē) ***n., pl.*** **-tries** [< L. *canterius,* beast of burden] **1.** a bridgelike framework to support signs or signals as over a motorway, railway, etc. **2.** a framework that spans a distance, as one on wheels that carries a travelling crane **3.** a wheeled framework used to position and service a rocket at its launching site

**gaol** (jāl) ***n.*** *var. sp. of* JAIL **—gaol'er** ***n.***

**gap** (gap) ***n.*** [< ON. *gapa,* gape] **1.** a hole or opening made by breaking or parting **2.** a mountain pass or ravine **3.** an interruption of continuity **4.** a disparity between ideas, natures, etc.

**gape** (gāp) ***vi.*** **gaped, gap'ing** [< ON. *gapa*] **1.** to stare with the mouth open, as in wonder **2.** to open the mouth wide, as in yawning **3.** to open wide, as a chasm **—*n.*** **1.** an open-mouthed stare **2.** a yawn **3.** a wide opening **—gap'er** ***n.*** **—gap'ingly** ***adv.***

**gar** (gär) ***n.*** [< ME. *gare,* spear] a fish with a long beaklike snout and sharp teeth: also **gar'fish**

**garage** (gar'äj, -ij) ***n.*** [Fr. < *garer,* protect] **1.** a closed shelter for motor vehicles **2.** an establishment where motor vehicles are repaired, serviced, bought and sold, and which usually also sells petrol, etc. **—*vt.*** **-raged, -raging** to put or keep in a garage

**garb** (gärb) ***n.*** [< It. *garbo,* elegance] **1.** clothing; manner of dress **2.** external form **—*vt.*** to clothe

**garbage** (gär'bij) ***n.*** [ME., entrails of fowls] worthless, useless or unwanted matter

**garble** (gär'b'l) ***vt.*** **-bled, -bling** [< It. < Ar. *ghirbāl* < L., a sieve] **1.** to select, distort, etc. parts of (a story, etc.) so as to mislead or misrepresent **2.** to confuse (a story, etc.) unintentionally **—gar'bler** ***n.***

‡**garçon** (gär son') ***n., pl.*** **-çons'** (-son') [Fr.] a waiter

**garden** (gär'd'n) ***n.*** [< ONormFr. *gardin*] **1.** a piece of ground, usually close to a house, for the growing of fruits, flowers, or vegetables **2.** [*often pl.*] a parklike place for public enjoyment, sometimes having displays of animals or plants **—*vi.*** to work in a garden **—*adj.*** of, for, or grown in a garden **—common or garden** ordinary; commonplace **—lead (someone) up the garden path** to mislead or deceive (someone) **—the Garden of England** Kent **—gar'dener** ***n.***

**garden centre** an establishment selling plants, equipment and furniture for the garden

**garden city** a town with many open spaces, designed to harmonize residential and industrial needs

**gardenia** (gär dēn'yə) ***n.*** [< A. *Garden*] a plant with fragrant, white or yellow, waxy flowers

**gargantuan** (gär gan'tyoo wən) ***adj.*** [< giant king in Rabelais' *Gargantua and Pantagruel*] huge; enormous

**gargle** (gär'g'l) ***vt., vi.*** **-gled, -gling** [< Fr. *gargouille,* throat] to rinse (the throat) with a liquid kept in motion by the slow expulsion of air from the lungs **—*n.*** **1.** a liquid used for gargling **2.** a gargling sound

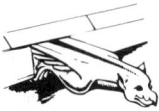

GARGOYLE

**gargoyle** (gär'goil) ***n.*** [see prec.] a waterspout, usually grotesquely carved, projecting from the gutter of a building

**garish** (gâər'ish) ***adj.*** [< ME. *gauren,* stare] too bright or gaudy; showy **—gar'ishly** ***adv.***

**garland** (gär'lənd) ***n.*** [< OFr. *garlande*] a wreath of flowers, leaves, etc. **—*vt.*** to decorate with garlands

**garlic** (gär'lik) ***n.*** [< OE. *gar,* spear + *leac,* leek] a plant with a strong-smelling bulb, used as a seasoning **—gar'licky** ***adj.***

**garment** (gär'mənt) ***n.*** [see GARNISH] **1.** any article of clothing **2.** a covering **—*vt.*** to clothe

**garner** (gär'nər) ***n.*** [< L. *granum,* grain] **1.** a granary **2.** a store of something **—*vt.*** to gather up and store

**garnet** (gär'nit) ***n.*** [< ML. *granatum,* garnet, lit., pomegranate] any of a group of hard silicate minerals: red varieties are used as gems

**garnish** (gär'nish) ***vt.*** [< OFr. *garnir,* furnish] **1.** to decorate; trim **2.** to decorate (food) with something that adds colour or flavour —*n.* a decoration, esp. something used to garnish food, as parsley

**garret** (gar′it) *n.* [< OFr. *garir,* to watch] the space or rooms just below the sloping roof of a house; attic

**garrison** (gar′ə s′n) *n.* [see GARRET] **1.** troops stationed in a fort **2.** a military post —*vt.* to station troops in (a fortified place) for its defence

**garrotte** (gə rot′) *n.* [Sp.] **1.** a method of execution, as formerly in Spain, by strangling with an iron collar **2.** a cord, length of wire, etc. for strangling a person —*vt.* **-rot′ted, -rot′ting** to execute with a garrotte or by strangling Also sp. **garotte′,** [U.S.] **garrote′** —**garrot′ter** *n.*

**garrulous** (gar′oo ləs) *adj.* [< L. *garrire,* to chatter] talking much or too much; loquacious —**garrulity** (ga roo′lə tē), **gar′rulousness** *n.* —**gar′rulously** *adv.*

**garter** (gär′tər) *n.* [< OFr. *garet,* back of the knee] **1.** an elastic band for holding a sock in position **2.** [G-] the Order of the Garter, the highest order of British knighthood

**garter stitch** knitting with all the rows in plain stitch

**garth** (gärth) *n.* [< ON. *garthr,* court] [Archaic] an enclosed yard or garden

**gas** (gas) *n.* [coined < Gr. *chaos,* chaos] **1.** the fluid form of a substance in which it can expand indefinitely; vapour **2.** any mixture of flammable gases used for lighting, heating, or cooking **3.** any gas used as an anaesthetic **4.** any poisonous substance dispersed through the atmosphere, as in war **5.** [U.S. Colloq.] petrol **6.** [Slang] idle or boastful talk **7.** *Mining* a mixture of firedamp with air that explodes if ignited —*vt.* **gassed, gas′sing** **1.** to subject to the action of gas **2.** to injure or kill by gas, as in war —*vi.* [Slang] to talk idly —*adj.* of or using gas —**step on the gas** [Colloq.] to accelerate a motor vehicle

**gasbag** *n.* [Slang] a person who talks too much

**gas chamber** a room in which people are put to be killed with poisonous gas

**gaseous** (gas′yəs) *adj.* of, like, or in the form of gas

**gas gangrene** a gangrene in which bacilli multiply in dirty wounds, producing gas, muscle destruction and toxaemia

**gash** (gash) *vt.* [ult. < Gr. *charassein,* to cut] to make a long, deep cut in; slash —*n.* a long, deep cut

**gasholder** (gas′hōld′ər) *n.* a large, usually cylindrical container for storing gas; gasometer

**gasify** (gas′ə fī) *vt., vi.* **-fied′, -fy′ing** to change into gas —**gas′ifica′tion** *n.*

**gasket** (gas′kit) *n.* [prob. < OFr. *garcette,* small cord] a piece of metal, rubber, etc., sandwiched between the faces of a joint to seal it

**gaslight** *n.* the light produced by burning gas —*adj.* characteristic of the period of gaslight illumination [*gaslight* melodrama]

**gasman** *n.* a man employed to read household gas meters, supervise gas fittings, etc.

**gas mask** a filtering device worn over the face to protect against breathing in poisonous gases

**gas meter** an instrument for measuring the quantity of a gas, esp. of gas consumed as a fuel

**gasoline, gasolene** (gas′ō lēn′) *n.* [< GAS] *U.S. name for* PETROL

**gasometer** (gas om′ə tər) *n.* *same as* GAS HOLDER

**gasp** (gäsp) *vi.* [< ON. *geispa,* to yawn] to inhale suddenly, as in surprise, or breathe with effort, as in choking —*vt.* to say with gasps —*n.* a gasping

**Gaspesian** (ga spā′zhən) *n.* a native or inhabitant of the Gaspé Peninsula, in Canada —*adj.* of the Gaspé Peninsula or Gaspesians

**gas ring** a tubular metal ring, perforated to form a circle of gas jets and used for cooking

**gassy** (gas′ē) *adj.* **-sier, -siest** **1.** like, full of, or producing gas **2.** [Colloq.] full of talk —**gas′siness** *n.*

**gastric** (gas′trik) *adj.* [< GASTRO-] of the stomach

**gastric juice** the acid digestive fluid produced by glands in the mucous membrane lining the stomach

**gastric ulcer** an ulcer of the stomach lining

**gastro-** [< Gr. *gastēr*] *a combining form meaning* the stomach (and): also **gastr-**

**gastroenteritis** (gas′trō en′tə rīt′is) *n.* [< GASTRO- + Gr. *enteron,* intestine + -ITIS] an inflammation of the stomach and the intestines

**gastronome** (gas′trə nōm′) *n.* a person who enjoys and has a discriminating taste for foods

**gastronomy** (gas tron′ə mē) *n.* [< Gr. *gastēr,* stomach + *nomos,* rule] the art of good eating —**gas′tronom′ic** (-trənom′ik), **gas′tronom′ical** *adj.*

**gastropod** (gas′trə pod′) *n.* [GASTRO- + -POD] any of a large class of molluscs having a single shell, as snails, etc., or no shell, as certain slugs: most gastropods move by means of a broad, muscular, ventral foot: also **gas′teropod′** —**gas′tropod′ous** *adj.*

**gasworks** *n.pl.* [*with sing. v.*] a plant where gas, esp. coal gas, is made for distribution as a fuel

**gate** (gāt) *n.* [< OE. *geat*] **1.** a movable structure controlling entrance or exit through an opening in a fence or wall **2.** a gateway **3.** a movable barrier, as at a level crossing **4.** a structure controlling the flow of water, as in a canal **5.** *a*) the total admission money paid by spectators at a performance *b*) the total number of such spectators **6.** the slatted metal frame that controls the positions of the gear lever in a motor vehicle —*vt.* to restrict (a student) to the school or college grounds as a punishment

**gateau** (gat′ō) *n., pl.* **-eaux** (-ō, -ōz) [Fr.] a rich, layered, elaborately-decorated cake

**gate-crasher** *n.* [Colloq.] a person who attends a social affair without an invitation —**gate′-crash′** *vt., vi.*

**gatehouse** *n.* a dwelling beside or over a gateway

GATELEG TABLE

**gateleg table** a table with drop leaves supported by gatelike legs that swing back to let the leaves drop

**gateway** *n.* **1.** an entrance in a wall, etc. fitted with a gate **2.** a means of access

**gather** (gath′ər) *vt.* [< OE. *gad(e)rian*] **1.** to bring together in one place or group **2.** to get gradually; accumulate **3.** to bring close **4.** to pick; harvest **5.** to infer **6.** to prepare to meet a situation **7.** to gain gradually [*gather* speed] **8.** to draw (cloth) into folds **9.** to wrinkle (one's brow) —*vi.* **1.** to assemble **2.** to form pus, as a boil **3.** to increase **4.** to become wrinkled: said of the brow —*n.* a pleat —**gath′erer** *n.*

**gathering** *n.* **1.** a meeting; crowd **2.** a series of pleats **3.** a boil or abscess

**G.A.T.T.** General Agreement on Tariffs and Trade

**gauche** (gōsh) *adj.* [< MFr. *gauchir,* become warped] lacking social grace; awkward; tactless —**gau′cherie** *n.*

**gaucho** (gou′chō) *n., pl.* **-chos** [AmSp.] a cowboy of the S American pampas

**gaud** (gôd) *n.* [ME. *gaude,* trinket] a cheap, showy ornament

**gaudy** (gôd′ē) *adj.* **-ier, -iest** [see prec.] bright and showy, but in bad taste —**gaud′ily** *adv.* —**gaud′iness** *n.*

**gauge** (gāj) *n.* [< ONormFr. *gaugier,* to gauge] **1.** a standard measure or scale of measurement **2.** dimensions, capacity, thickness, etc. **3.** any device for measuring something, as rainfall, the thickness of wire, steam pressure, etc. **4.** any means of estimating **5.** the distance between railway lines or parallel wheels **6.** the size of the bore of a shotgun **7.** the thickness of sheet metal, diameter of wire, etc. **8.** the fineness of a knitted or woven fabric, usually expressed as the number of loops per centimetre —*vt.* **gauged, gaug′ing** **1.** to measure the size, amount, or capacity of **2.** to estimate; judge —**gauge′able** *adj.* —**gaug′er** *n.*

**Gaul** (gôl) *n.* **1.** any of the Celtic-speaking people of Gaul **2.** a Frenchman —**Gaul′ish** *adj.*

**gaunt** (gônt) *adj.* [< ?] **1.** thin and bony; haggard **2.** grim or desolate —**gaunt′ly** *adv.* —**gaunt′ness** *n.*

**gauntlet**[1] (gônt′lit) *n.* [< OFr. *gant,* glove] **1.** a medieval armoured glove **2.** a long glove with a flaring cuff —**take up the gauntlet** to accept a challenge —**throw down the gauntlet** to challenge, as to combat

**gauntlet**[2] *n.* [< Sw. < *gata,* lane + *lopp,* a run] a former military punishment in which the offender ran between two rows of men who struck him —**run the gauntlet** **1.** to be punished by means of the gauntlet **2.** to proceed while under attack from both sides, as by criticism or gossip

**gauntry** (gôn′trē) *n., pl.* **-tries** *same as* GANTRY

**gauze** (gôz) *n.* [Fr. *gaze*] any very thin, transparent, loosely woven material, as of cotton or silk —**gauz′y** *adj.*

**gave** (gāv) *pt. of* GIVE

**gavel** (gav′′l) *n.* [< ?] a small mallet rapped on the table by a chairman, auctioneer, etc. to call for attention

**gavotte** (gə vot′) *n.* [Fr.] **1.** a 17th-cent. dance like the minuet, but livelier **2.** the music for this

**gawk** (gôk) *n.* [prob. < *gowk,* simpleton] a clumsy, stupid fellow; simpleton —*vi.* to stare in a stupid way

**gawky** (gô′kē) *adj.* **-ier, -iest** awkward; clumsy; ungainly —**gawk′ily** *adv.* —**gawk′iness** *n.*

**gawp** (gôp) *vi.* [< ME. *galpen,* gape] [Slang] to stare open-mouthed; gape

**gay** (gā) *adj.* [< OFr.] **1.** lively; merry **2.** bright [*gay* colours] **3.** licentious [a *gay* dog] **4.** [Colloq.] homosexual —**gay′ness** *n.*

**gaze** (gāz) *vi.* **gazed, gaz′ing** [< Scand.] to look intently and steadily —*n.* a steady look —**gaz′er** *n.*

**gazebo** (gə zē′bō) *n., pl.* **-bos, -boes** [< ?] a turret, balcony, or summerhouse with an extensive view

**gazelle** (gə zel′) *n.* [Fr. < Ar. *ghazāl*] a small, swift, graceful antelope with large, lustrous eyes

**gazette** (gə zet′) *n.* [Fr. < It.] **1.** a newspaper **2.** an official publication containing announcements —*vt.* **-zet′ted, -zet′ting** to announce in a gazette

**gazetteer** (gaz′ə tēər′) *n.* a dictionary or index of geographical names

**gazump** (gə zump′) *vt.* [< ?] to raise the price of something, esp. a house, in the period between a verbal agreement and the signing of the contract

**G.B.** Great Britain

**G.B.E.** Grand Cross of the British Empire

**g.b.h.** grievous bodily harm

**G.C.** George Cross

**G.C.B.** Grand Cross of the Bath

**G.C.E.** General Certificate of Education

**G clef** *same as* TREBLE CLEF

**G.C.M.G.** Grand Cross of St. Michael and St. George

**G.C.V.O.** Grand Cross of the Victorian Order

**Gd** *Chem.* gadolinium
**Gdns.** Gardens
**GDR** German Democratic Republic
**Ge** *Chem.* germanium

GEARS

**gear** (gēər) *n.* [prob. < ON. *gervi,* preparation] **1.** *a*) a toothed wheel, disc, etc. designed to mesh with another *b*) [*often pl.*] a system of gears meshed together so that the motion of one is passed on to the others *c*) a specific adjustment of such a system: in motor-vehicle transmissions, *high* or *top gear* provides greatest speed and *bottom* or *first gear* greatest power *d*) any part of a mechanism performing a specific function [the steering *gear*] **2.** equipment for some particular task, as a workman's tools **3.** clothing, esp. up-to-date clothes and accessories —*vt.* **1.** to furnish with, or connect by, gears **2.** to adapt (one thing) to conform with another [to *gear* production to demand] —**in** (or **out of**) **gear 1.** (not) connected to the motor **2.** (not) in working order —**change gears 1.** to switch from one gear arrangement to another **2.** to alter one's approach
**gearbox** *n.* the case enclosing the transmission gears in a machine or vehicle
**gearing** *n.* a system of gears or other parts for transmitting motion
**gearlever** *n.* a device for connecting or disconnecting any of the transmission gears to a motor, etc.
**gearwheel** *n.* a toothed wheel in a system of gears
**gecko** (gek′ō) *n., pl.* **-os, -oes** [Malay *gekok,* echoic of its cry] a soft-skinned, insect-eating, tropical lizard
**gee** (jē) *interj., n.* [< ?] a word of command to a horse, etc. meaning "turn right!" or "go on!" (with *up*)
**geelbek** (khēl′bek) *n.* [< Afrik. *geel,* yellow + *bek,* mouth] [S Afr.] a yellow-jawed edible marine fish
**geese** (gēs) *n. pl. of* GOOSE
**geezer** (gē′zər) *n.* [< GUISE] [Slang] an eccentric old man
**Geiger counter** (gī′gər) [< H. *Geiger*] an instrument for detecting and measuring radioactivity
**geisha** (gā′shə) *n.* [Jap.] a Japanese girl entertainer trained to serve as a hired companion to men
**gel** (jel) *n.* [< ff.] a jellylike colloid in which a liquid is dispersed in a solid —*vi.* **gelled, gel′ling** to form a gel
**gelatin** (jel′ət in) *n.* [< L. *gelare,* freeze] the tasteless substance extracted by boiling bones, hoofs, etc.: dissolved and cooled, it forms a jellylike substance used in foods, photographic film, etc.: also **gel′atine** (-tēn)
**gelatinize** (jə lat′ən īz′) *vt., vi.* **-nized′, -niz′ing** to change or be changed into gelatin —**gelat′iniza′tion** *n.*
**gelatinous** (jə lat′ən əs) *adj.* **1.** of or containing gelatin **2.** like gelatin or jelly —**gelat′inously** *adv.*
**geld** (geld) *vt.* **geld′ed** or **gelt, geld′ing** [< ON. *geldr,* barren] to castrate (esp. a horse)
**gelding** (gel′diŋ) *n.* a gelded animal; esp., a horse
**gelignite** (jel′ig nīt′) *n.* [GELATIN + L. *lignum,* wood] a blasting explosive containing nitroglycerin

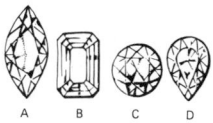

A B C D

CUTS OF GEM

(A, marquise; B, emerald; C, round; D, pear-shaped)

**gem** (jem) *n.* [< L. *gemma*] **1.** a precious stone, cut and polished as a jewel **2.** a highly valued person or thing —*vt.* **gemmed, gem′ming** to adorn as with gems —**gem′my** *adj.*
**geminate** (jem′ə nāt′) *adj.* [< L. *geminus,* twin] combined in pairs —*vt., vi.* **-nat′ed, -nat′ing** to arrange or be arranged in pairs —**gem′ina′tion** *n.*
**Gemini** (jem′ə nī′) [L., twins] **1.** a N constellation containing the stars Castor and Pollux **2.** the third sign of the zodiac
**gemma** (jem′ə) *n., pl.* **-mae** (-ē) [< L.] *Biol.* a budlike outgrowth which becomes detached and develops into a new organism
**gemmate** (jem′āt) *adj.* [< L. *gemma,* bud] having, or reproducing by, gemmae —**gemma′tion** *n.*
**gemsbok** (gemz′buk) *n.* [< Afrik.] a S African oryx with a large black band along its flanks
**gen** (jen) *n.* [*gen(eral)* information] [Colloq.] information —*vt., vi.* to make oneself fully informed (with *up*)
**-gen** (jən, jen) [< Gr. *gignesthai,* be born] *a suffix meaning:* **1.** something that produces [*oxygen*] **2.** something produced (in a specified way) [*zymogen*]
**Gen.** **1.** General **2.** Genesis
**gen.** **1.** gender **2.** general **3.** genitive **4.** genus
**gendarme** (zhän′därm) *n.* [Fr., men of arms] in France, a soldier serving as an armed policeman
**gender** (jen′dər) *n.* [< L. *genus,* origin] **1.** *Gram.* the classification of words as masculine, feminine, or neuter **2.** [Colloq.] sex
**gene** (jēn) *n.* [see -GEN] *Genetics* any of the units occurring at specific points on the chromosomes, by which hereditary characters are transmitted and determined

**genealogy** (jē′nē al′ə jē) *n., pl.* **-gies** [< Gr. *genea,* race + -LOGY] **1.** a history of the ancestry of a person **2.** the study of family descent **3.** pedigree; lineage —**ge′nealog′ical** (-ə loj′i k'l) *adj.* —**ge′neal′ogist** *n.*

**general** (jen′ər əl) *adj.* [< L. *genus,* class] **1.** of, for, or from all; not particular or localized **2.** of or for a whole kind, class, etc. **3.** widespread [*general* unrest] **4.** most common; usual **5.** concerned with the main or overall features **6.** not precise; vague [in *general* terms] **7.** highest in rank [*general* manager] —*n.* **1.** the head of a religious order **2.** *see* MILITARY RANKS, table —**in general** **1.** usually **2.** without specific details —**gen′eralness** *n.*

**General Certificate of Education** a public examination for which certificates are awarded at ordinary, advanced, or scholarship level

**general election** **1.** in Britain, an election in which every constituency chooses a representative **2.** [U.S. & Canad.] a national, state, or provincial election, as distinguished from a local election

**generalissimo** (jen′ər ə lis′ə mō′) *n., pl.* **-mos′** [It.] the commander in chief of all the armed forces, or of several armies in the field

**generality** (jen′ə ral′ə tē) *n., pl.* **-ties** **1.** a nonspecific statement, rule, etc. **2.** the quality of being general **3.** the bulk; main body

**generalization** (jen′ər ə lī zā′shən) *n.* **1.** a generalizing **2.** a general idea, etc. resulting from this

**generalize** (jen′ər ə līz′) *vt.* **-ized′, -iz′ing** **1.** to state in terms of a general law **2.** to infer (a general law) from (particular instances) **3.** to emphasize the general character rather than details of **4.** to cause to be widely known —*vi.* **1.** to formulate general principles from particulars **2.** to talk in generalities **3.** to become general or spread

**generally** *adv.* **1.** popularly; extensively **2.** usually **3.** in a general way; not specifically

**general practitioner** a practising doctor who does not specialize in any particular field of medicine

**general-purpose** *adj.* having a variety of uses

**general staff** *Mil.* a group of officers who assist the commander in planning and supervising operations

**general strike** a strike by all, or most, of the workers of a country, province, etc.

**generate** (jen′ə rāt′) *vt.* **-at′ed, -at′ing** [< L. *genus,* race] to bring into being; produce

**generation** (jen′ə rā′shən) *n.* **1.** the producing of offspring **2.** production **3.** a single stage in the succession of descent **4.** the average period (c. 30 years) between the birth of successive generations **5.** all the people born at about the same time

**generation gap** the difference in outlook, resulting in lack of understanding, between people of different generations

**generative** (jen′ər ə tiv) *adj.* of, or having the power of, generation —**gen′eratively** *adv.*

**generator** (jen′ə rāt′ər) *n.* **1.** a machine for changing mechanical energy into electrical energy; dynamo **2.** a machine for producing gas or steam

**generic** (jə ner′ik) *adj.* [see GENUS] **1.** referring to a whole kind, class, or group; inclusive or general **2.** *Biol.* of a genus —**gener′ically** *adv.*

**generosity** (jen′ə ros′ə tē) *n.* **1.** the quality of being generous **2.** *pl.* **-ties** a generous act

**generous** (jen′ər əs) *adj.* [L. *generosus* of noble birth < GENUS] **1.** noble-minded; magnanimous **2.** willing to give or share; unselfish **3.** large; ample [*generous* portions] —**gen′erously** *adv.* —**gen′erousness** *n.*

**genesis** (jen′ə sis) *n., pl.* **-ses′** (-sēz′) [< Gr. *gignesthai,* be born] a beginning; origin —[**G-**] the first book of the Bible, giving an account of the Creation

**-genesis** (jen′ə sis) *a combining form meaning* origination, creation, evolution (of something specified)

**genetic** (jə net′ik) *adj.* [< GENESIS] of the origin of something **2.** of genetics —**genet′ically** *adv.*

**genetic code** the order in which four chemical constituents are arranged in DNA molecules for transmitting genetic information to the cells

**genetics** *n.pl.* [*with sing. v.*] the branch of biology that deals with heredity and variation in animals and plants —**genet′icist** *n.*

**Geneva Convention** (jə nē′və) an international agreement (1864) establishing a code for the care in wartime of the sick, wounded, and prisoners of war

**genial** (jēn′yəl) *adj.* [see GENIUS] **1.** cheerful, friendly, and sympathetic **2.** promoting life and growth; warm and mild [a *genial* climate] —**geniality** (jē′nē al′ə tē) *n.* —**ge′nially** *adv.*

**genie** (jē′nē) *n.* [Fr. *génie*] *same as* JINN

**genital** (jen′ə t'l) *adj.* [< L. *genere,* beget] of reproduction or the sexual organs

**genitals** *n.pl.* the reproductive organs; esp., the external sex organs: also **gen′italia** (-tāl′yə)

**genitive** (jen′ə tiv) *adj.* [< L. (*casus*) *genitivus,* case of origin] *Gram.* designating, of, or in a case expressing possession, source, etc. —*n.* **1.** the genitive case **2.** a word in the genitive case

**genius** (jēn′yəs) *n., pl.* **ge′niuses** for 1, 2, 3; **genii** (jē′nē ī′) for 4 [L., guardian spirit] **1.** *a*) great mental and inventive ability *b*) a person having this *c*) popularly, any person with a very high intelligence quotient **2.** a great natural ability or strong inclination (*for*) **3.** particular spirit of a nation, place, age, etc. **4.** *a*) [*often* **G-**] the guardian spirit of a person, place, etc. *b*) either of two spirits, one good and one evil, supposed to influence one's destiny *c*) a person considered as having strong influence over another

**genocide** (jen′ō sīd′) *n.* [< Gr. *genos,* race + -CIDE] the systematic killing of a whole national or ethnic group **—gen′o-ci′dal** (-sī′d′l) *adj.*

**genous** (jə nəs) [see -GEN] *a suffix meaning:* **1.** producing *[nitrogenous]* **2.** produced by *[autogenous]*

**genre** (zhän′rə) *n.* [Fr. < L. *genus,* kind] **1.** a kind or type of literature, art, etc. **2.** painting in which subjects from everyday life are treated realistically

**gent** (jent) *n.* [Colloq.] a gentleman; man

**genteel** (jen tēl′) *adj.* [< Fr. *gentil*] **1.** excessively or affectedly refined, polite, etc. **2.** formerly, elegant or fashionable **—genteel′ly** *adv.* **—genteel′ness** *n.*

**gentian** (jen′shən) *n.* [< L. *gentiana*] a plant with blue, white, red, or yellow flowers

**gentian violet** a violet dye used as an antiseptic, etc.

**gentile** (jen′tīl) *n.* [< L. *gentilis,* of the same clan] [*also* **G-**] **1.** any person not a Jew **2.** formerly, among Christians, a heathen **—*adj.*** [*also* **G-**] **1.** not Jewish **2.** heathen

**gentility** (jen til′ə tē) *n., pl.* **-ties** [see ff.] **1.** the condition of belonging by birth to the upper classes **2.** the quality of being genteel

**gentle** (jent′l) *adj.* **-tler, -tlest** [< L. *gentilis,* of the same clan] **1.** kindly; patient **2.** not violent *[a gentle* tap*]* **3.** generous; kind **4.** gradual *[a gentle* slope*]* **5.** easily handled; tame **6.** of the upper classes **7.** polite; refined **8.** [Archaic] noble; chivalrous **—*n.*** a maggot used for fishing bait **—gen′tleness** *n.* **—gen′tly** *adv.*

**gentlefolk** *n.pl.* people of high social standing

**gentleman** *n.* **1.** orig. *a*) a man born into a family of high social standing *b*) any man of independent means *[country gentleman]* **2.** a courteous, gracious man **3.** any man: polite term, as (chiefly in pl.) of address **—gen′tlewom′an** *n.fem.*

**gentlemanly** *adj.* of, characteristic of, or fit for a gentleman; well-mannered: also **gen′tlemanlike′**

**gentlemen's** (or **gentleman's**) **agreement** an unwritten agreement secured only by the parties' pledge of honour

**gentry** (jen′trē) *n.* [see GENTLE] **1.** people of high social standing; esp., the landowning people ranking below the nobility **2.** [Derog.] people of a particular class

**gents** *n.pl.* [*with sing. v.*] [Colloq.] a men's lavatory

**genuflect** (jen′yōō flekt′) *vi.* [< L. *genu,* knee + *flectere,* bend] to bend the knee in reverence or worship **—gen′uflec′tion, gen′uflex′ion** *n.* **—gen′uflec′tor** *n.*

**genuine** (jen′yōō win) *adj.* [< L. *gignere,* be born] **1.** really being what it is said to be; authentic **2.** sincere; honest **—gen′uinely** *adv.* **—gen′uineness** *n.*

**genus** (jē′nəs) *n., pl.* **genera** (jen′ər ə) [L., race, kind] **1.** a class; kind **2.** *Biol.* a classification of plants or animals: a genus is the main subdivision of a family and includes one or more species **3.** *Logic* a class of things made up of subordinate species

**geo-** [< Gr. *gē*] *a combining form meaning:* earth, of the earth *[geocentric]*

**geocentric** (jē′ō sen′trik) *adj.* **1.** viewed as from the centre of the earth **2.** having the earth as a centre Also **ge′ocen′trical** **—ge′ocen′trically** *adv.*

**geode** (jē′ōd) *n.* [< Gr. *geoeidēs,* earthlike] **1.** a globular stone having a cavity lined with inward-growing crystals **2.** such a cavity **—geod′ic** (-od′ik) *adj.*

**geodesic** (jē′ə des′ik) *adj.* designating the shortest line between two points on a surface, esp. a curved surface

**geodesy** (jē od′ə sē) *n.* [< Gr. *gē,* earth + *daiein,* divide] the branch of mathematics concerned with measuring, or determining the shape of, the earth **—geod′esist** *n.*

**geog.** **1.** geographic(al) **2.** geography

**geographical** (jē′ə graf′i k′l) *adj.* of or according to geography: also **ge′ograph′ic** **—ge′ograph′ically** *adv.*

**geographical mile** *same as* NAUTICAL MILE

**geography** (jē og′rə fē) *n., pl.* **-phies** [< Gr. *gē,* earth + *graphein,* write] **1.** the science dealing with the earth, its continents and countries, climate, resources, people, etc. **2.** the physical features of a region **—geog′rapher** *n.*

**geoid** (jē′oid) *n.* [< Gr. *geoeidēs,* earthlike] the earth viewed as a hypothetical ellipsoid with the surface represented as a mean sea level

**geol.** **1.** geologic(al) **2.** geologist **3.** geology

**geology** (jē ol′ə jē) *n., pl.* **-gies** [see GEO- & -LOGY] **1.** the science dealing with the earth's structure and development, types of rocks, etc. **2.** the structure of the earth's crust in a given region **—ge′olog′ical** *adj.* **—geol′ogist** *n.*

**geometric** (jē′ō met′rik) *adj.* **1.** of geometry **2.** characterized by straight lines, triangles, etc., as a pattern Also **ge′omet′rical** **—ge′omet′rically** *adv.*

**geometric progression** a sequence in which the ratio of each term to the preceding one is the same (Ex.: 1, 2, 4, 8)

**geometry** (jē om′ə trē) *n., pl.* **-tries** [< Gr. *gē,* earth + *metrein,* measure] the branch of mathematics that deals with the properties of points, lines, surfaces, and solids **—geom′etri′cian, geom′eter** *n.*

**Geordie** (jôr′dē) *n.* [< *George*] a native of Tyneside

**George Cross** (jôrj) an award for bravery, esp. of civilians

**georgette** (jôr jet′) *n.* [< *Georgette* de la Plante] a kind of thin crepe fabric: also **georgette crepe**

**Georgian** (jôr′jən) *adj.* **1.** of the reigns of George I, II, III, and IV, or of George V and VI, of Britain **2.** of the Georgian S.S.R. **3.** of the state of Georgia, U.S. **—*n.*** **1.** *a*) a native of the Georgian S.S.R. *b*) the language of the Georgians **2.** a native of Georgia, U.S.

**geotropism** (jē ot′rə piz′m) *n.* [GEO- +

Gr. *tropos,* a turning] movement or growth in response to the force of gravity

**Ger.** 1. German 2. Germany

**geranium** (jə rān′yəm) *n.* [L. < Gr. *geranion,* cranesbill] 1. a plant with pink or purple flowers and seed pods like a crane's bill 2. pop. name for a pelargonium

**gerbil, gerbille** (jur′b'l) *n.* [< Fr. < ModL. *gerbo,* JERBOA] a burrowing rodent related to the mouse, with long hind legs and tail

**gerfalcon** (jur′fôl′k'n) *n.* *same as* GYRFALCON

**geriatrics** (jer′ē at′riks) *n.pl.* [*with sing. v.*] [< Gr. *gēras,* old age] the branch of medicine that deals with the diseases and hygiene of old age —**ger′iat′ric** *adj.*

**germ** (jurm) *n.* [< L. *germen,* bud] 1. any microscopic organism, esp. one that can cause disease 2. that from which something can develop [the *germ* of an idea] 3. the rudimentary form from which a new organism is developed; seed —**germ′less** *adj.*

**German** (jur′mən) *adj.* [< L. *Germanus*] of Germany, its people, language, or culture —*n.* 1. a native of Germany 2. the German language

**german** (jur′mən) *adj.* [< L. *germanus*] 1. having the same parents [a brother-*german*] 2. being a first cousin [a cousin-*german*]

**germander** (jur man′dər) *n.* [< Gr. *chamai,* on the ground + *drys,* tree] any of a genus of plants with spikes of flowers that lack an upper lip

**germane** (jur mān′) *adj.* [var. of GERMAN] truly relevant

**Germanic** (jur man′ik) *adj.* 1. German 2. designating the original language of the German peoples or the languages descended from it —*n.* 1. the original language of the Germanic peoples 2. a branch of the Indo-European family of languages, comprising this language and the languages descended from it

**germanium** (jur mā′nē əm) *n.* [< L. *Germania,* Germany] a rare, greyish-white, metallic chemical element that can be a semiconductor: symbol, Ge

**German measles** *same as* RUBELLA

**German silver** *same as* NICKEL SILVER

**germ cell** a cell from which a new organism can develop

**germicide** (jur′mə sīd′) *n.* [< GERM + -CIDE] anything used to destroy germs —**ger′mici′dal** *adj.*

**germinal** (jur′mə n'l) *adj.* 1. of or like germs or germ cells 2. in the first stage of development

**germinate** (jur′mə nāt′) *vi., vt.* **-nat′ed, -nat′ing** [see GERM] 1. to sprout or cause to sprout, as from a seed 2. to start developing —**ger′mina′tion** *n.* —**ger′minative** *adj.*

**germ warfare** the deliberate contamination of enemy territory with disease germs in warfare

**gerontology** (jer′on tol′ə jē) *n.* [< Gr. *gerōn,* old man + -LOGY] the scientific study of aging and of the problems of aged people —**ger′ontol′ogist** *n.*

**gerrymander** (jer′i man′dər) *vt.* [< E. *Gerry,* governor of Massachusetts, U.S. (1812) + SALAMANDER (the shape of the redrawn electoral district)] to divide (a voting area) so as to give one political party a majority in as many electoral districts as possible —*n.* the act or result of gerrymandering —**ger′ryman′derer** *n.*

**gerund** (jer′ənd) *n.* [< L. *gerere,* do] *Gram.* a verbal noun ending in *-ing* (Ex. "*Playing* golf is his only exercise")

**gerundive** (jə run′div) *n.* a Latin verbal adjective with a typical gerund stem form expressing duty, necessity, etc.

**gesso** (jes′ō) *n.* [It., gypsum, chalk] plaster of Paris prepared for use in sculpture, or as a surface for painting

**Gestapo** (ge stä′pō) *n.* [< G. *Ge(heime) Sta(ats)po(lizei)*] the secret police force of the German Nazi state

**gestate** (jes tāt′) *vt.* **-tat′ed, -tat′ing** [< L. *gerere,* to bear] to carry in the uterus during pregnancy —**gesta′tion** *n.*

**gesticulate** (jes tik′yoo lāt′) *vi.* **-lat′ed, -lat′ing** [< L. *gesticulari,* ult. < *gerere,* do] to make gestures, esp. with the hands, in adding force to one's speech —*vt.* to express by gesticulating —**gestic′ula′tion** *n.*

**gesture** (jes′chər) *n.* [< L. *gerere,* do] 1. a movement of the body, or of part of the body, to express or emphasize ideas, emotions, etc. 2. anything said or done to convey a state of mind or intention, sometimes something said or done only for effect —*vi.* **-tured, -turing** to use gestures —**ges′turer** *n.*

**get** (get) *vt.* **got** or archaic **gat, got** or archaic and U.S. **got′ten, get′ting** [< ON. *geta*] 1. to come into the state of having; receive, win, etc. 2. to reach [to *get* home] 3. to set up communication with, as by radio 4. to go and bring 5. to capture 6. to commit to memory 7. to persuade (a person) [*get* him to leave] 8. to cause to be [he *got* his hands dirty] 9. to prepare [to *get* lunch] 10. to give birth to; beget: said of animals 11. [Colloq.] to be obliged to (with *have* or *has*) 12. [Colloq.] to possess (with *have* or *has*) 13. [Colloq.] *a*) to overpower [his illness finally *got* him] *b*) to baffle [this problem *gets* me] *c*) to wound or kill 14. [Colloq.] to hit [the blow *got* him in the eye] 15. [Colloq.] to understand 16. [Slang] to cause an emotional response in —*vi.* 1. to arrive [to *get* to work] 2. to come to be [he *got* caught in the rain] 3. to contrive [to *get* to do something] —**get about** 1. to move from place to place 2. to go to many social events, places, etc. 3. to circulate, as news —**get across** [Colloq.] to succeed in making oneself understood —**get at** 1. to approach or reach 2. to apply oneself to [let's *get at* the work] 3. [Colloq.] to imply 4. [Colloq.] to bribe or intimidate 5. [Colloq.] to criticise, esp. in an indirect manner —**get away with** [Slang] to succeed in doing without being punished

—**get back** 1. to return 2. to recover 3. [Slang] to get revenge (usually with *at*) —**get by** 1. to be just acceptable 2. [Colloq.] to survive; manage —**get down to** to begin to consider or act on —**get off** 1. to come off, down, or out of 2. to take off 3. to escape punishment 4. to start, as in a race —**get off with** [Colloq.] to establish a friendly or sexual relationship with —**get on** 1. to go on or into 2. to put on 3. to proceed 4. to grow older 5. to succeed 6. to agree —**get out** 1. to go out or away 2. to take out 3. to become no longer a secret —**get over** 1. to recover from 2. to overcome —**get round** 1. to circumvent 2. to gain favour with by cajolery, flattery, etc. —**get round to** to find time for —**get somewhere** to succeed —**get through** 1. to finish 2. to survive 3. to pass (an examination, etc.) 4. to make oneself clear (*to*) —**get up** 1. to rise (from sleep, etc.) 2. to organize 3. to dress elaborately 4. to intensify [the wind *got up*] 5. [Colloq.] work at [I must *get up* my maths for the exam] —**get'ter** *n.*

**getaway** *n.* 1. the act of escaping, as from police 2. the act of starting, as in a race

**get-together** *n.* an informal social gathering

**get-up** *n.* [Colloq.] 1. outfit; dress 2. general arrangement

**get-up-and-go** *n.* [Colloq.] energy; drive

**geum** (jē'əm) *n.* [< L.] a perennial plant, having yellow, red or white flowers

**geyser** (gī'zər; *for 2,* gē'-) *n.* [< ON. *gjosa,* gush] 1. a spring from which columns of boiling water and steam gush into the air at intervals 2. a small, domestic, gas water heater

**ghastly** (gäst'lē) *adj.* **-lier, -liest** [< OE. *gast,* ghost] 1. [Colloq.] unpleasant 2. ghostlike; pale 3. frightful —*adv.* in a ghastly manner —**ghast'liness** *n.*

**ghat, ghaut** (gôt) *n.* [Hindi *ghāṭ*] in India, 1. a mountain pass 2. a flight of steps leading down to a river

**ghee** (gē) *n.* [Hindi *ghī*] in India, a liquid butter specially made from cow's milk or buffalo milk

**gherkin** (gur'kin) *n.* [< LowG. *gurken*] a small pickled cucumber

**ghetto** (get'ō) *n., pl.* **-tos, -toes** [It.] 1. any section of a city in which many members of some minority group live 2. in certain European cities, a section to which Jews were formerly restricted

**ghost** (gōst) *n.* [OE. *gast*] 1. the supposed disembodied spirit of a dead person; apparition 2. a slight trace [not a *ghost* of a chance] 3. [Colloq.] *same as* GHOSTWRITER 4. *Optics & TV* an unwanted secondary image —*vt., vi.* [Colloq.] to work as a ghostwriter (*for*) —**ghost'like'** *adj.* —**ghost'liness** *n.* —**ghost'ly** *adj.*

**ghost town** the remains of a town that has been permanently abandoned, esp. for economic reasons

**ghost word** a word created through a misprint, etc.

**ghostwriter** *n.* a person who writes speeches, articles, etc. for another who professes to be the author

**ghoul** (gōōl) *n.* [< Ar. *ghāla,* seize] 1. one who enjoys things that disgust most people 2. *Oriental Folklore* an evil spirit that robs graves and feeds on the dead —**ghoul'ish** *adj.* —**ghoul'ishly** *adv.* —**ghoul'ishness** *n.*

**GHQ, G.H.Q.** General Headquarters

**ghyll** (gil) *n. var. of* GILL[3]

**GI** (jē'ī') *adj.* [*G(overnment) I(ssue)*] [Colloq.] of or characteristic of the U.S. armed forces —*n., pl.* **GI's, GIs** [Colloq.] any member of the U.S. armed forces

**giant** (jī'ənt) *n.* [< Gr. *gigas*] 1. any imaginary being of human form but of superhuman size and strength 2. a person or thing of great size, intellect, etc. —*adj.* of great size, strength, etc. —**gi'antess** *n.fem.*

GIANT PANDA (1.2 m high at shoulder)

**giant panda** a large, black-and-white, bearlike mammal of China and Tibet

**giaour** (jouər) *n.* [< Ar. *kāfir,* infidel] in Moslem usage, a non-Moslem; esp., a Christian

**gib** (jib) *n.* [< ?] an adjustable piece of metal, etc., for keeping moving parts of a machine in place or for reducing friction

**Gib.** [Colloq.] Gibraltar

**gibber** (jib'ər) *vi., vt.* [echoic] to speak or utter rapidly and incoherently —*n.* gibberish

**gibberish** *n.* rapid, incoherent talk

**gibbet** (jib'it) *n.* [< Frank. *gibb,* forked stick] 1. a gallows 2. a structure like a gallows, from which bodies of criminals were hung and exposed to public scorn —*vt.* 1. to hang on a gibbet 2. to expose to public scorn

**gibbon** (gib'ən) *n.* [Fr.] a small, slender, long-armed ape

**gibbous** (gib'əs) *adj.* [< L. *gibba,* hump] 1. rounded and bulging 2. designating the moon when more than half of the disc is illuminated 3. humpbacked

**gibe** (jīb) *vi., vt.* **gibed, gib'ing** [< ? OFr. *giber,* handle roughly] to jeer; scoff (at) —*n.* a jeer; taunt —**gib'er** *n.*

**giblet** (jib'lit) *n.* [< OFr. *gibelet,* stew made of game] any of the parts of a fowl, as the heart, gizzard, neck, etc., usually cooked separately

**giddy** (gid'ē) *adj.* **-dier, -diest** [OE. *gydig,* insane] 1. having or causing a whirling, dazed sensation; dizzy 2. frivolous; flighty —**gid'dily** *adv.* —**gid'diness** *n.*

**gie** (gē) *vt., vi.* **gied, gien** (gē'ən), **gie'ing** [Scot.] to give

**gift** (gift) *n.* [< OE. < *giefan,* give] 1.

something given; present **2.** the act, power, or right of giving [in the *gift* of] **3.** a talent —*vt.* to present with or as a gift **—look a gift horse in the mouth** to be critical of a gift

**gift coupon** a voucher given on purchase of certain articles; a specified number may be collected and exchanged for a gift

**gifted** *adj.* having a natural ability; talented

**gift token** a voucher given as a present which the recipient can exchange for a gift of a certain value

**gift-wrap** *vt.* **-wrapped′, -wrap′ping** to wrap as a gift, with decorative paper, ribbon, etc.

**gig**[1] (gig) *n.* [prob. < Scand.] **1.** a two-wheeled, open carriage drawn by one horse **2.** a long, light ship's boat

**gig**[2] *n.* [< ?] [Colloq.] a job, esp. a single booking, to play or sing jazz, rock, etc.

**giga-** (gig′ə) [< Gr. *gigas,* giant] *a combining form meaning* one thousand million; $10^9$

**gigantic** (jīgan′tik) *adj.* [see GIANT] **1.** huge; enormous; immense **2.** of, like, or fit for a giant **—gigan′tically** *adv.*

**giggle** (gig′l) *vi.* **-gled, -gling** [prob. < Du. *giggelen*] to laugh with rapid, high-pitched sounds, suggestive of nervousness, etc. —*n.* such a laugh **—gig′gly** *adj.*

**gigolo** (zhig′ə lō) *n., pl.* **-los** [Fr.] a man paid by a woman to be her escort

**gigot** (jig′ət) *n.* [Fr.] a leg of mutton, lamb, etc.

**gild**[1] (gild) *vt.* **gild′ed** or **gilt, gild′ing** [OE. *gyldan*] **1.** to overlay or coat with a layer of gold **2.** to make (something) seem more attractive than it is **—gild′er** *n.* **—gild′ing** *n.*

**gild**[2] *n. same as* GUILD

**gill**[1] (gil) *n.* [prob. < Anglo-N.] **1.** the organ for breathing of most animals that live in water, as fish **2.** [*pl.*] *a*) the wattle of a fowl *b*) the jowl of a person **3.** a thin, leaflike plate on the undersurface of a mushroom **—gilled** *adj.*

**gill**[2] (jil) *n.* [< LL. *gillo,* cooling vessel] a liquid measure, equal to 1/4 pint (0.142 litres)

**gill**[3] (gil) *n.* [< ON. *gil*] **1.** a wooded ravine or glen **2.** a narrow stream; brook

**gillie, gilly** (gil′ē) *n., pl.* **-lies** [< Gael. *gille,* boy] in the Scottish Highlands, a sportsman's attendant

**gilliflower** (jil′ē flou′ər) *n.* [< Gr. *karyon,* nut + *phyllon,* leaf] any of several plants with clove-scented flowers, as the clove pink: also sp. **gil′lyflow′er**

**gilt**[1] (gilt) *alt. pt. & pp. of* GILD[1] **—*adj.*** overlaid with a thin layer of gold —*n.* gold leaf

**gilt**[2] *n.* [< ON. *gyltr*] a young female pig

**gilt-edged** (gilt′ejd′) *adj.* **1.** of the highest reliability or value [*gilt-edged* securities] **2.** having gilded edges

**gimbals** (gim′b'lz) *n.pl.* [*with sing. v.*] [< L. *geminus,* twin] a pair of rings pivoted so that one is free to swing within the other: a ship's compass will keep a horizontal position when suspended in gimbals

**gimcrack** (jim′krak′) *adj.* [< ME. *gibbecrak,* an ornament] showy but cheap and useless —*n.* a cheap, showy, useless thing; knickknack **—gim′crack′ery** *n.*

**gimlet** (gim′lit) *n.* [< MDu. *wimmel,* auger] a small boring tool with a spiral, pointed cutting edge

**gimlet-eyed** *adj.* having a piercing glance

**gimmick** (gim′ik) *n.* [< ?] any superficial feature designed to attract attention, interest or publicity **—gim′mickry, gim′mickery** *n.* **—gim′micky** *adj.*

**gimp** (gimp) *n.* [< ?] a ribbonlike braided fabric

**gin**[1] (jin) *n.* [< L. *juniperus,* juniper] a spirit distilled from grain and flavoured with juniper berries

**gin**[2] *n.* [< OFr. *engin,* engine] **1.** a snare or trap **2.** a machine in which a vertical shaft is turned to drive a horizontal beam in a circle **3.** *same as* COTTON GIN —*vt.* **ginned, gin′ning 1.** to catch in a trap **2.** to remove seeds from (cotton) with a gin **—gin′ner** *n.*

**ginger** (jin′jər) *n.* [< L. *zingiber*] **1.** an Asiatic plant grown for its aromatic rootstalk, used as a spice **2.** a reddish-brown colour **3.** [Colloq.] vigour **—gin′gery** *adj.*

**ginger ale** a carbonated soft drink flavoured with ginger

**ginger beer** a drink like ginger ale but with a stronger flavour

**gingerbread** *n.* **1.** a cake flavoured with ginger and treacle **2.** showy ornamentation —*adj.* cheap and showy: also **gin′gerbread′y —take the gilt off the gingerbread** to destroy the illusion

**ginger group** a group within a party, association, etc., that enlivens or radicalizes its parent body

**gingerly** *adv.* very carefully or cautiously —*adj.* very careful; cautious **—gin′gerliness** *n.*

**gingersnap** *n.* a crisp, spicy biscuit flavoured with ginger and treacle: also **ginger nut**

**gingham** (giŋ′əm) *n.* [< Malay *ginggang,* striped] a cotton cloth, usually woven in stripes or checks

**gingivitis** (jin′jə vīt′əs) *n.* [< L. *gingiva,* gum + -ITIS] inflammation of the gums

**ginkgo** (giŋ′kō) *n., pl.* **gink′goes** [Jap. < Chin.] an Asiatic tree with yellow seeds enclosing an edible kernel

**gin-palace** (jin′pal′is) *n.* formerly, a public house

**gin rummy** a variety of the card game rummy

**ginseng** (jin′seŋ) *n.* [Chin.] **1.** a perennial plant with a thick, forked, aromatic root: found in China and N. America **2.** the root of this plant, used medicinally

**gip** (jip) *n., vt., vi. same as* GYP[1]

**Gipsy** (jip′sē) *n. same as* GYPSY

**giraffe** (jə räf′) *n.* [Fr. < Ar. *zarāfa*] a large, cud-chewing animal of Africa, with a very long neck and legs

**gird**[1] (gurd) *vt.* **gird′ed** or **girt, gird′ing** [OE. *gyrdan*] **1.** to encircle or fasten with a belt **2.** to enclose **3.** to endow **4.** to prepare (oneself) for action

**gird**[2] *vi., n.* [ME. *girden,* to strike] gibe; taunt

**girder** *n.* [< GIRD[1]] a large beam of timber or steel, for supporting joists, a framework, etc.

**girdle**[1] (gur′d'l) *n.* [OE. *gyrdel*] **1.** a woman's elasticized undergarment for supporting the waist and hips **2.** anything that encircles **3.** a belt for the waist —*vt.* **-dled, -dling** to surround, as with a girdle —**gir′dler** *n.*

**girdle**[2] *n.* *same as* GRIDDLE

**girl** (gurl) *n.* [ME. *girle,* youngster] **1.** a female child **2.** a young, unmarried woman **3.** a female servant **4.** [Colloq.] a woman of any age **5.** [Colloq.] a sweetheart **6.** [S Afr. Derog.] a black female servant —**girl′ish** *adj.* —**girl′ishness** *n.*

**girl Friday** a female employee with a wide range of secretarial and clerical duties

**girlfriend** *n.* [Colloq.] **1.** a sweetheart of a boy or man **2.** a girl who is one's friend

**girl guide** a member of the Girl Guides' Association, an organisation founded to provide character-building activities

**girlie, girly** *n., pl.* **girl′ies** [Slang] a girl or woman —*adj.* [Slang] featuring nude women [a *girlie* magazine]

**giro** (jī′rō) *n., pl.* **-ros** [< Gr. *gyros,* circuit] a banking system, operated by post offices and banks, which provides for the transfer of money between accounts or by giro cheque

**girt**[1] (gurt) *alt. pt. & pp. of* GIRD[1]

**girt**[2] *vt.* [var. of GIRD[1]] **1.** to gird; girdle **2.** to fasten with a girth

**girth** (gurth) *n.* [< ON. *gjörth*] **1.** the circumference, as of a tree trunk or person's waist **2.** a band put around the belly of a horse, etc. to hold a saddle or pack

**gist** (jist) *n.* [< OFr. *gesir,* to lie < L. *jacere*] the essence or main point, as of an article or argument

**git** (git) *n.* [< GET] [Slang] a contemptible person

**give** (giv) *vt.* **gave, giv′en, giv′ing** [OE. *giefan*] **1.** to bestow; make a gift of **2.** to hand over [he *gave* the porter his bag] **3.** to pay (a price) for **4.** to relay [*give* my regards] **5.** to impart **6.** to confer **7.** to act as host of (a party, etc.) **8.** to produce; supply [cows *give* milk] **9.** *a*) to sacrifice [he *gave* his life] *b*) to devote [he *gives* all his time to his work] **10.** to concede **11.** to show; exhibit **12.** to offer; proffer **13.** to perform [to *give* a concert] **14.** to make (a gesture, movement, etc.) **15.** to inflict (punishment, etc.) —*vi.* **1.** to bend, sink, etc. from force or pressure **2.** to be resilient **3.** to provide a view of or access to [the window *gives* onto the park] —*n.* resiliency —**give and take** to exchange on an even basis —**give away** **1.** to make a gift of **2.** to present (the bride) ritually to the bridegroom **3.** [Colloq.] to reveal —**give back** to return —**give forth** (or **off**) to send forth; emit —**give in** **1.** to hand in **2.** to yield —**give it to** [Colloq.] to beat or scold —**give or take** plus or minus —**give out** **1.** to emit **2.** to make public **3.** to distribute **4.** to become worn out or used up —**give over** **1.** to transfer **2.** to assign [the day was *given over* to pleasure] **3.** [Colloq.] to cease —**give to understand** (or **believe,** etc.) to cause to understand (or believe, etc.) —**give up** **1.** to hand over **2.** to stop **3.** to admit failure **4.** to lose hope for **5.** to devote wholly —**giv′er** *n.*

**give-and-take** *n.* **1.** a mutual yielding **2.** a fair exchange of remarks or retorts

**giveaway** *n.* [Colloq.] **1.** an unintentional revelation **2.** something that betrays or reveals —*adj.* very cheap

**given** *pp. of* GIVE —*adj.* **1.** bestowed **2.** inclined [*given* to lying] **3.** specified **4.** assumed; granted

**gizzard** (giz′ərd) *n.* [< L. *gigeria,* cooked entrails of poultry] the second stomach of a bird —**stick in one's gizzard** to be intolerable

**glacé** (gla′sā) *adj.* [Fr.] **1.** having a smooth, glossy surface **2.** candied or glazed, as fruits

**glacial** (glā′shəl) *adj.* **1.** of ice or glaciers **2.** of or produced by a glacial epoch **3.** freezing; frigid **4.** cold and unfriendly —**gla′cially** *adv.*

**glacial epoch** any extent of geologic time when large parts of the earth were covered with glaciers

**glaciate** (glā′sē āt′) *vt.* **-at′ed, -at′ing** **1.** to cover with ice or a glacier **2.** to expose to or change by glacial action —**gla′cia′ted** *adj.* —**gla′cia′tion** *n.*

**glacier** (gla′sē ər) *n.* [< L. *glacies,* ice] a large mass of ice and snow that forms in areas where the rate of snowfall exceeds the melting rate: it moves slowly down a mountain, along a valley, etc. until it melts

**glad**[1] (glad) *adj.* **glad′der, glad′dest** [OE. *glæd*] **1.** happy; pleased **2.** causing pleasure **3.** willing [I'm *glad* to help] **4.** bright —**glad′ly** *adv.* —**glad′ness** *n.*

**glad**[2] *n.* [Colloq.] *same as* GLADIOLUS

**gladden** *vt., vi.* to make or become glad

**glade** (glād) *n.* [ME. < ?] an open space in a wood

**glad eye** [Slang] an inviting or flirtatious glance: usually in **give** (or **get**) **the glad eye**

**gladiator** (glad′ē āt′ər) *n.* [L. < *gladius,* sword] in ancient Rome, a man who fought other men or animals as a public show —**glad′iato′rial** (-ə tôr′ē əl) *adj.*

**gladiolus** (glad′ē ō′ləs) *n., pl.* **-luses, -li** (-lī) [< L. *gladius,* sword] a plant with swordlike leaves and tall spikes of funnel-shaped flowers

**glad rags** [Slang] fine or dressy clothes

**gladsome** (glad′səm) *adj.* joyful or cheerful

**Gladstone (bag)** (glad′stən) [< W.E. *Gladstone*] a travelling bag hinged so that it can open flat

**glair** (glâər) *n.* [< L. *clarus,* clear] **1.** raw white of egg, used in sizing **2.** a size or glaze made from this

**Glam.** Glamorgan

**glamour** (glam′ər) *n.* [Scot. var. of *grammar*] seemingly mysterious and elusive fascination or allure; bewitching charm —**glam′orous** *adj.*

**glance** (glăns) *vi.* **glanced, glanc′ing** [< ?] **1.** to take a quick look **2.** to make an indirect or passing reference **3.** to gleam **4.** to strike obliquely and go off at an angle —*n.* **1.** a quick look **2.** a flash **3.** a glancing off

**gland** (gland) *n.* [< L. *glans,* acorn] any organ that separates certain elements from the blood and secretes them for the body to use or expel

**glanders** (glan′dərz) *n.pl.* [*with sing. v.*] [OFr. *glandres,* glands] a contagious disease of horses, etc. characterized by fever, swelling of glands beneath the jaw, etc.

**glandular** (glan′dyoo lər) *adj.* **1.** of, like, or having a gland or glands **2.** derived from or affected by glands

**glandular fever** *same as* INFECTIOUS MONONUCLEOSIS

**glare** (glâər) *vi.* **glared, glar′ing** [ME. *glaren*] **1.** to stare fiercely or angrily **2.** to shine with a steady, dazzling light **3.** to be too bright —*vt.* to express with a glare —*n.* **1.** a fierce or angry stare **2.** a steady, dazzling light **3.** a dazzling display

**glaring** *adj.* **1.** flagrant [*a glaring* mistake] **2.** dazzlingly-bright **3.** too bright **4.** staring fiercely —**glar′ingly** *adv.*

**glass** (glăs) *n.* [OE. *glæs*] **1.** a hard, brittle substance, usually transparent, made by fusing silicates with soda, lime, etc. **2.** glass objects; glassware **3.** *a*) an article made of glass, as a drinking container, mirror, etc. *b*) [*pl.*] spectacles *c*) [*pl.*] binoculars **4.** the quantity contained in a drinking glass —*vt.* to equip with glass; glaze —*adj.* of, made of, or like glass

**glass blowing** the shaping of molten glass by blowing air into a mass of it at the end of a tube —**glass blower**

**glasshouse** *n.* **1.** *same as* GREENHOUSE **2.** [Slang] a military prison

**glass-paper** *n.* paper coated with pulverized glass for polishing

**glass wool** fine fibres of glass intertwined in a woolly mass, used in filters and as insulation

**glassy** *adj.* **-ier, -iest** **1.** like glass, as in smoothness **2.** expressionless [*a glassy* stare]

**Glaswegian** (glaz wē′jən) *adj.* of Glasgow —*n.* a native of Glasgow

**glaucoma** (glô kō′mə) *n.* [see ff.] a disease of the eye caused by increased pressure in the eyeball: it leads to a gradual loss of sight —**glauco′matous** *adj.*

**glaucous** (glô′kəs) *adj.* [< Gr. *glaukos,* gleaming] **1.** bluish-green or yellowish-green **2.** *Bot.* covered with a whitish bloom that can be rubbed off, as grapes

**glaze** (glāz) *vt.* **glazed, glaz′ing** [< ME. *glas,* glass] **1.** to fit (windows, etc.) with glass **2.** *a*) to overlay (pottery, etc.) with a substance that gives a glassy finish when fused *b*) to cover (foods) with a coating of sugar syrup, etc. —*vi.* to become glassy or glossy —*n.* **1.** *a*) a glassy finish, as on pottery *b*) any substance used to form this **2.** a film or coating —**glaz′er** *n.* —**glaz′ing** *n.*

**glazier** *n.* a person whose work is fitting glass in windows, etc. —**gla′ziery** *n.*

**G.L.C.** Greater London Council

**gleam** (glēm) *n.* [OE. *glæm*] **1.** a faint light **2.** a reflected brightness, as from a polished surface **3.** a faint manifestation, as of hope, etc. —*vi.* **1.** to shine with a gleam **2.** to appear suddenly

**glean** (glēn) *vt., vi.* [< Celt.] **1.** to collect (facts, etc.) bit by bit **2.** to collect (grain left by reapers) —**glean′er** *n.*

**gleanings** *n.pl.* that which is gleaned

**glebe** (glēb) *n.* [< L. *gleba,* clod] **1.** church land forming part or all of a benefice **2.** [Poet.] earth; land; field

**glee** (glē) *n.* [OE. *gleo*] **1.** lively joy; merriment **2.** a part song for three or more voices, usually unaccompanied

**gleeful** *adj.* full of glee; merry: also **glee′some**

**gleeman** *n.* [ME. *gleman*] a medieval minstrel

**glen** (glen) *n.* [< ScotGael.] a narrow, secluded valley

**Glengarry** (glen gar′ē) *n., pl.* **-ries** [< *Glengarry,* in Scotland] [*sometimes* **g-**] a Scottish cap for men, creased lengthwise across the top

**glib** (glib) *adj.* **glib′ber, glib′best** [< or akin to Du. *glibberig,* slippery] speaking or spoken in a smooth, fluent manner, often too smooth and easy to be convincing —**glib′ly** *adv.* —**glib′ness** *n.*

**glide** (glīd) *vi.* **glid′ed, glid′ing** [OE. *glidan*] **1.** to move smoothly and easily **2.** to pass gradually and unnoticed **3.** *Aeron.* *a*) to fly in a glider *b*) to descend at a normal angle without engine power —*vt.* to cause to glide —*n.* the act of gliding

**glider** *n.* an aircraft that has no engine and is carried along by air currents

**glimmer** (glim′ər) *vi.* [< OE. *glæm,* gleam] **1.** to give a faint, flickering light **2.** to appear dimly —*n.* **1.** a faint, flickering light **2.** a faint manifestation

**glimpse** (glimps) *vt.* **glimpsed, glimps′ing** [see GLIMMER] to catch a brief view of —*n.* **1.** a flash **2.** a faint, fleeting appearance **3.** a brief view

**glint** (glint) *vi., n.* [prob. < Scand.] gleam; flash

**glissade** (gli säd′) *n.* [Fr.] **1.** an intentional slide by a mountain climber down a snow-covered slope **2.** *Ballet* a gliding step —*vi.* **-sad′ed, -sad′ing** to make a glissade

**glisten** (glis′′n) *vi.* [OE. *glisnian*] to shine or sparkle with reflected light —*n.* a glistening

**glister** (glis′tər) *vi., n.* *archaic var. of* GLISTEN

**glitter** (glit′ər) *vi.* [prob. < ON. *glitra*] **1.** to shine with a sparkling light **2.** to be brilliant, showy, or attractive —*n.* **1.** a bright, sparkling light **2.** showy brilliance

**glitter ice** [Canad.] ice formed from freezing rain

**gloaming** (glō′miŋ) *n.* [< OE. *glom*] dusk; twilight

**gloat** (glōt) *vi.* [prob. < ON. *glotta*, grin scornfully] to gaze or think with malicious pleasure —**gloat′er** *n.*

**glob** (glob) *n.* [prob. < globule] a rounded mass

**global** (glō′b'l) *adj.* **1.** worldwide *[global war]* **2.** complete **3.** globe-shaped —**glob′ally** *adv.*

**globe** (glōb) *n.* [< L. *globus*] **1.** any ball-shaped thing; sphere; specif., *a*) the earth *b*) a spherical model of the earth **2.** anything shaped like a globe, as a glass cover for a lamp —**globate** (glō′bāt) *adj.*

**globefish** *n.* any of several tropical fishes that can puff themselves into a globular form

**globeflower** *n.* any of a genus of plants with white, orange, or yellow globe-shaped flowers

**globe-trotter** *n.* a person who travels widely, esp. for pleasure or sightseeing —**globe′-trot′ting** *n., adj.*

**globigerina ooze** (glō bij′ə rī′nə) [ModL.] a fine, deep-sea sediment, formed mainly of fossilized shells

**globular** (glob′yoo lər) *adj.* **1.** shaped like a globe or ball; spherical **2.** made up of globules —**glob′ularly** *adv.*

**globule** (glob′yōōl) *n.* [< L. *globus*, ball] a tiny ball or globe; esp., a drop of liquid

**globulin** (glob′yoo lin) *n.* [see prec.] any of a group of proteins in animal and vegetable tissue

GLOCKENSPIEL

**glockenspiel** (glok′ən spēl′) *n.* [G. < *Glocke*, a bell + *Spiel*, play] a percussion instrument with flat metal bars set in a frame, that are struck with small hammers

**glomerate** (glom′ər it) *adj.* [< L. *glomus*, ball] formed into a rounded mass —**glom′-era′tion** *n.*

**gloom** (glōōm) *vi., vt.* [< ?] to be, become, or make dark, dismal, dejected, etc. —*n.* **1.** dimness; obscurity **2.** deep sadness; dejection **3.** a dark place

**gloomy** *adj.* **-ier, -iest** **1.** enveloped in darkness or dimness **2.** melancholy or sullen **3.** causing gloom; depressing —**gloom′ily** *adv.* —**gloom′iness** *n.*

**glorify** (glôr′ə fī′) *vt.* **-fied′, -fy′ing** [< L. *gloria*, glory + *facere*, make] **1.** to give glory to **2.** to exalt in worship **3.** to honour **4.** to make seem better, larger, etc. —**glo′rifica′tion** *n.* —**glo′rifi′er** *n.*

**glorious** (glôr′ē əs) *adj.* **1.** full of glory; illustrious **2.** receiving or deserving glory **3.** splendid **4.** [Colloq.] very delightful —**glo′riously** *adv.* —**glo′riousness** *n.*

**glory** (glôr′ē) *n., pl.* **-ries** [< L. *gloria*] **1.** *a*) great honour and admiration *b*) anything bringing this **2.** worshipful adoration **3.** the condition of highest achievement, prosperity, splendour, etc. **4.** heaven or the bliss of heaven **5.** a halo —*vi.* **-ried, -rying** to exult (with *in*) —**in one's glory** at one's best, happiest, etc.

**glory-hole** *n.* [Colloq.] any room, cupboard, etc., used for storage, esp. one which is very untidy

**Glos.** Gloucestershire

**gloss**[1] (glos) *n.* [prob. < Scand.] **1.** the lustre of a polished surface **2.** a deceptively pleasant appearance **3.** paint with a shiny finish —*vt.* **1.** to make lustrous **2.** to cover up (an error, etc.) by minimizing (often with *over*) —**gloss′er** *n.*

**gloss**[2] *n.* [< Gr. *glōssa*, tongue] a note of comment or explanation, as in a footnote —*vt., vi.* to furnish (a text) with glosses —**gloss′er** *n.*

**glossary** (glos′ə rē) *n., pl.* **-ries** [< Gr. *glōssa*, tongue] a list of difficult, technical, or foreign terms with definitions or translations, for a particular book, etc.

**glossy** *adj.* **-ier, -iest** having a smooth, shiny appearance —*n., pl.* **gloss′ies** [Colloq.] a magazine printed on glossy paper —**gloss′ily** *adv.* —**gloss′iness** *n.*

**glottis** (glot′is) *n.* [< Gr. *glōtta*, tongue] the opening between the vocal cords in the larynx —**glot′tal** *adj.*

**glove** (gluv) *n.* [< OE. *glof*] **1.** a covering for the hand, with a separate sheath for each finger and the thumb **2.** a boxing glove —*vt.* **gloved, glov′ing** to cover as with a glove —**with the gloves off** with no restraint; ruthlessly: said of quarrels, etc.

**glover** *n.* one who makes or sells gloves

**glow** (glō) *vi.* [OE. *glowan*] **1.** to give off a bright light as a result of great heat **2.** to give out a steady light without flame **3.** to be or feel hot **4.** to be enlivened by emotion **5.** to be bright with colour —*n.* **1.** a light given off as the result of great heat **2.** steady, even light without flame **3.** brilliance of colour **4.** brightness of skin colour **5.** a sensation of warmth and well-being **6.** warmth of emotion —**glow′ing** *adj.* —**glow′ingly** *adv.*

**glower** (glou′ər) *vi.* [prob. < ON.] to stare with sullen anger; scowl —*n.* a sullen, angry stare; scowl

**glow-worm** (glō′wurm′) *n.* a wingless insect or insect larva that gives off a luminescent light

**gloxinia** (glok sin′ē ə) *n.* [< B. P. *Gloxin*] a cultivated tropical plant with bell-shaped flowers

**glucose** (glōō′kōs) *n.* [< Gr. *gleúkos*, sweet wine] a crystalline sugar occurring naturally in fruits, honey, etc.

**glue** (glōō) *n.* [< LL. *glus*] **1.** a sticky substance made from animal skins, bones, etc. and used to stick things together **2.** any similar adhesive made from resin, etc. —*vt.* **glued, glu'ing** to make stick as with glue

**gluey** *adj.* **glu'ier, glu'iest** **1.** like glue; sticky **2.** covered with or full of glue

**glum** (glum) *adj.* **glum'mer, glum'mest** [prob. < ME. *gloum(b)en,* to look morose] gloomy; sullen; morose

**glut** (glut) *vi.* **glut'ted, glut'ting** [< L. *gluttire,* to swallow] to eat like a glutton —*vt.* **1.** to feed, fill, etc. to excess **2.** to flood (the market) with certain goods so that supply is greater than demand —*n.* **1.** a supply that is greater than the demand **2.** a glutting or being glutted

**gluten** (glōōt'n) *n.* [L., glue] a grey, sticky substance found in wheat, etc.; the protein part of flour

**glutinous** (glōōt'ən əs) *adj.* [< L. *gluten,* glue] gluey; sticky —**glu'tinously** *adv.*

**glutton** (glut'n) *n.* [< L. *glutire,* devour] **1.** a person who greedily eats too much **2.** a person with a great capacity for something **3.** an animal of the weasel family: wolverine —**glut'tonous** *adj.*

**gluttony** *n., pl.* **-tonies** the habit or act of eating too much

**glyceride** (glis'ər id') *n.* an ester of glycerol

**glycerin** (glis'ər in) *n.* [< Gr. *glykeros,* sweet] *commercial term for* GLYCEROL: also sp. **glyc'erine** (-ēn)

**glycerol** (glis'ər ol') *n.* [< prec.] a colourless, syrupy liquid made from fats and oils: used as a solvent, skin lotion, etc., and in explosives, etc.

**glycogen** (gli'kə jən) *n.* [prec. + -GEN] a starchlike substance produced in animal tissues and changed into sugar as the body needs it —**gly'cogen'ic** (-jen'ik) *adj.*

**gm** gram(me)(s)

**GM** **1.** General Manager **2.** George Medal

**G-man** (jē'man') *n.* [*g(overnment) man*] [U.S. Colloq.] an agent of the Federal Bureau of Investigation

**G.M.T.** Greenwich Mean Time

**gnarled** (närld) *adj.* [ult. < ME. *knur,* a knot] knotty and twisted [a *gnarled* tree, *gnarled* hands]: also **gnarl'y**

**gnash** (nash) *vt., vi.* [prob. < ON.] to grind (the teeth) together, as in anger —*n.* the act of gnashing

**gnat** (nat) *n.* [OE. *gnæt*] any of a number of small, two-winged insects some of which can bite or sting

**gnaw** (nô) *vt., vi.* [OE. *gnagen*] **1.** to bite and wear away bit by bit **2.** to consume; corrode **3.** to torment, as by pain, fear, etc. —**gnaw'ing** *n., adj.*

**gneiss** (nīs) *n.* [< OHG. *gneisto,* spark] a granitelike rock formed of layers of feldspar, quartz, mica, etc.

**gnome** (nōm) *n.* [< Gr. *gnōmē,* thought] **1.** *Folklore* a dwarf supposed to dwell in the earth and guard its treasures **2.** [Colloq.] an influential international financier —**gnom'ish** *adj.*

**gnomic** (nō'mik) *adj.* [< Gr. *gnōmē,* thought] wise and pithy; full of aphorisms —**gno'mically** *adv.*

**gnomon** (nō'mon) *n.* [L. < Gr. *gignōskein,* know] a column, pin, etc. on a sundial, that casts a shadow indicating the time of day —**gnomon'ic** *adj.*

**gnostic** (nos'tik) *adj.* [< Gr. *gnōsis,* knowledge] **1.** of or having knowledge **2.** [G-] of the Gnostics or Gnosticism —*n.* [G-] a believer in Gnosticism

**Gnosticism** (nos'tə siz'm) *n.* a system of belief combining ideas derived from Greek philosophy, Oriental mysticism, and, ultimately, Christianity

**GNP** gross national product

GNU
(1-1.3 m high at shoulder)

**gnu** (nōō) *n.* [< Bushman *nqu*] either of two heavily built S African antelopes; wildebeest

**go** (gō) *vi.* **went, gone, go'ing** [OE. *gan*] **1.** to move along; travel; proceed **2.** to be in operation; work [the clock won't *go*] **3.** to gesture, act, etc., as specified **4.** to result; turn out [the war *went* badly] **5.** to pass **6.** to be in a certain state [he *goes* in rags] **7.** to become [to *go* mad] **8.** to be expressed, sung, etc. [as the saying *goes*] **9.** to be in harmony; fit in **10.** to tend; help [facts that *go* to prove a case] **11.** to have force, acceptance, etc. [what he says *goes*] **12.** to depart; pass away **13.** to die **14.** to be removed **15.** to fail; give way [his sight is *going*] **16.** to be given [the prize *goes* to you] **17.** to be sold [it *went* for £10] **18.** to extend; reach **19.** to turn to or participate in [to *go* to college] **20.** to pass (*through*), fit (*into*), etc. **21.** to be a divisor (*into*) **22.** to last **23.** to continue (unpunished, etc.) **24.** to have a regular place [pencils *go* on the desk] —*vt.* **1.** *a*) to bet *b*) to bid at cards **2.** [Colloq.] to furnish (bail) —*n., pl.* **goes** **1.** a success **2.** [Colloq.] energy **3.** [Colloq.] an agreement [is it a *go?*] **4.** [Colloq.] a try —*adj.* [Slang] functioning properly —**as people** (or **things**) **go** in comparison with others —**go about** **1.** to be busy at **2.** to circulate **3.** *Naut.* to change direction —**go after** [Colloq.] to try to catch or get —**go against** to be in opposition to —**go along with** **1.** to agree **2.** to accompany —**go back on** [Colloq.] to break (a promise, etc.) —**go by** **1.** to pass **2.** to be guided by **3.** to be known by (the name of) —**go down** **1.** to sink; set **2.** to suffer defeat **3.** to be perpetuated in history **4.** to leave university —**go down with** to catch (a disease) —**go for** **1.** to be taken as **2.** to try to get **3.** [Colloq.] to attack **4.** [Colloq.] to be attracted by —**go hard**

**with** to cause trouble to —**go in for** [Colloq.] to engage in —**go into** **1.** to inquire into **2.** to take up as a study —**go off** **1.** to leave, esp. suddenly **2.** to explode **3.** to deteriorate **4.** to happen **5.** to lessen *[the pain's going off]* **6.** [Colloq.] to develop a dislike of —**go on** **1.** to continue **2.** to happen —**go out** **1.** to be extinguished, become outdated, etc. **2.** to attend social affairs, the theatre, etc. **3.** to go on strike **4.** to be transmitted on radio, etc. —**go over** **1.** to examine thoroughly **2.** to review **3.** to be received in a specified manner —**go round** **1.** to circulate **2.** to be sufficient *[enough to go round]* **3.** to be long enough to surround —**go slow** to work slowly or deliberately curtail output as part of an industrial campaign —**go through** **1.** to perform **2.** to endure; experience **3.** to search **4.** to get acceptance **5.** to spend —**go through with** to complete —**go to the country** to hold a general election —**go under** to fail —**go up** to rise in price, etc.; increase —**go without** to do without —**let oneself go** **1.** to be unrestrained in emotion, etc. **2.** to stop taking care of one's appearance —**no go** [Colloq.] not possible —**on the go** [Colloq.] in constant motion or action

**goad** (gōd) ***n.*** [OE. *gad*] **1.** a sharp-pointed stick for driving oxen **2.** any driving impulse; spur —***vt.*** to drive as with a goad; prod into action

**go-ahead** ***adj.*** enterprising; pushing —***n.*** permission or a signal to proceed: usually with *the*

**goal** (gōl) ***n.*** [ME. *gol*, boundary] **1.** the place where a race, etc. is ended **2.** an end that one strives to attain **3.** *Sport* *a*) the line, net, etc. over or into which the ball must go to score *b*) the act of so scoring *c*) the score made

**goalkeeper** ***n.*** *Sport* a player stationed at a goal to prevent the ball from entering it: also **goal'ie**

**goal line** *Sport* the line marking each end of the pitch, on which the goals stand

**goat** (gōt) ***n.*** [OE. *gat*] **1.** a cud-chewing mammal with hollow horns **2.** a lecherous man **3.** [Colloq.] a stupid person —[**G-**] the constellation Capricorn —**get one's goat** [Colloq.] to annoy one —**goat'ish** ***adj.***

**goatee** (gōtē') ***n.*** a pointed beard on a man's chin

**goatherd** ***n.*** one who herds goats

**goatskin** ***n.*** **1.** the skin of a goat **2.** leather made from this **3.** a container for wine, etc., made of this leather

**goatsucker** ***n.*** any of various large-mouthed, nocturnal birds that feed on insects, as the nightjar

**gob**[1] (gob) ***n.*** [see GOBBET] a soft lump or mass

**gob**[2] ***n.*** [< ?] [Slang] the mouth

**gobbet** (gob'it) ***n.*** [OFr. *gobet*, mouthful] **1.** [Archaic] a fragment or bit, esp. of raw flesh **2.** a literary extract

**gobble**[1] (gob'l) ***n.*** [echoic] the throaty sound made by a male turkey —***vi.*** **-bled, -bling** to make this sound

**gobble**[2] ***vt., vi.*** **-bled, -bling** [prob. < OFr. *gobe*, mouthful] to eat quickly

**gobbledygook** (gob'ldēgoŏk') ***n.*** [Slang] pompous and wordy talk or writing: also **gob'bledegook'**

**gobbler** ***n.*** a male turkey

**Gobelin** (gō'bəlin) ***adj.*** of or like a kind of tapestry made at the Gobelin works in Paris —***n.*** a Gobelin tapestry

**go-between** (gō'bitwēn') ***n.*** one who makes arrangements between two sides; intermediary

**goblet** (gob'lit) ***n.*** [< OFr. *gobel*] a drinking glass with a base and stem

**goblin** (gob'lin) ***n.*** [< ML. *gobelinus*] *Folklore* an evil or mischievous sprite, ugly or misshapen in form

**goby** (gō'bē) ***n.*** [< Gr. *kōbios*] a small, spiny-finned fish: the ventral fins are modified into a suction disc

**go-by** (gō'bī') ***n.*** [Colloq.] an intentional disregard: chiefly in **give** (or **get**) **the go-by** to slight (or be slighted)

**go-cart** ***n.*** *same as* KART

**god** (god) ***n.*** [OE.] **1.** any of various beings conceived of as supernatural, immortal, and having power over people and nature; deity, esp. a male one **2.** an idol **3.** a person or thing deified or excessively honoured **4.** [*pl.*] the gallery of a theatre —[**G-**] in monotheistic religions, the creator and ruler of the universe —**on the knees** (or **in the lap**) **of the gods** beyond human control —**god'dess** ***n. fem.*** —**god'like** ***adj.***

**godchild** ***n.*** the person for whom a godparent is sponsor

**goddaughter** ***n.*** a female godchild

**godetia** (gōdē'shə) ***n.*** [< C.H. *Godet*] a plant cultivated for its showy flowers

**godfather** ***n.*** **1.** a male godparent **2.** [Chiefly U.S. Slang] a head of a criminal enterprise

**God-fearing** ***adj.*** [*occas.* **g-**] devout; pious

**Godforsaken** ***adj.*** [*occas.* **g-**] desolate; forlorn

**godhead** ***n.*** **1.** godhood **2.** [**G-**] God

**godless** ***adj.*** **1.** denying the existence of God; irreligious **2.** wicked —**god'lessness** ***n.***

**godly** ***adj.*** **-lier, -liest** pious; devout; religious

**godmother** ***n.*** a female godparent

**godown** (gō'doun') ***n.*** [Anglo-Ind. < Malay *gedong*] in the Far East, a warehouse

**godparent** (god'pāər'ənt) ***n.*** a person who sponsors a child and assumes responsibility for its faith

**God's acre** a burial ground, esp. in a churchyard

**godsend** ***n.*** anything unexpected and

needed or desired that comes at the opportune moment, as if sent by God

**godson** *n.* a male godchild

**Godspeed** *n.* [< *God speed you*] success; good fortune: a wish made for travellers

**godwit** (god'wit) *n.* [? echoic] a brownish wading bird, with a long bill that curves up at the tip

**goer** (gō'ər) *n.* one that goes

**goffer** (gōf'ər) *vt.* [Fr. *gaufrer,* crimp] to pleat, crimp, or flute (cloth, paper, etc.) —*n.* the act of pleating or fluting: also **gof'fering**

**go-getter** (gō'get'ər) *n.* [Colloq.] an enterprising and aggressive person

**gogga** (khokh'ə) *n.* [< Hottentot *xoxon,* insects] [S Afr. Colloq.] any small creature that crawls or flies, esp. an insect; creepy-crawly

**goggle** (gog''l) *vi.* **-gled, -gling** [ME. *gogelen*] **1.** to stare with bulging eyes **2.** to bulge or roll: said of the eyes —*n.* **1.** a staring with bulging eyes **2.** [*pl.*] large spectacles to protect the eyes against dust, water, etc. —*adj.* bulging: said of the eyes —**gog'gle-eyed'** *adj.*

**gogglebox** *n.* [Slang] a television set

**go-go dancer** (gō'gō') *adj.* [< Fr. *à gogo,* ad lib.] an entertainer who performs lively erotic dances in nightclubs, etc.

**Goidelic** (goi del'ik) *adj.* [< OIr. *Góidel*] of the Gaels —*n.* *see* CELTIC

**going** (gō'iŋ) *n.* **1.** a departure **2.** the condition of the ground as it affects travelling **3.** circumstances affecting progress —*adj.* **1.** moving; working **2.** operating successfully [a *going* concern] **3.** in existence or available **4.** current —**be going to** to be intending to —**get going** [Colloq.] to start —**going on** [Colloq.] nearing (a specified time) —**going strong** continuing to function strongly, successfully, etc.

**going-over** *n.* [Colloq.] **1.** an inspection, esp. a thorough one **2.** a severe scolding or beating

**goings-on** *n.pl.* [Colloq.] actions or events, esp. when regarded with disapproval

**goitre** (goit'ər) *n.* [< L. *guttur,* throat] an enlarged thyroid gland, often visible as a swelling in the neck

**gold** (gōld) *n.* [OE.] **1.** a heavy, yellow, metallic chemical element: it is a precious metal and is used in coins, jewellery, etc.: symbol, Au **2.** money; riches **3.** bright yellow —*adj.* **1.** of, made of, or like gold **2.** having the colour of gold

**gold bloc** the states which adhere to the GOLD STANDARD

**goldcrest** *n.* a small warbler with a yellow crown

**gold digger** **1.** one who digs for gold **2.** [Slang] a woman who tries to get money from her men friends

**gold dust** gold in very small bits or as a powder

**golden** *adj.* **1.** of or containing gold **2.** bright yellow **3.** precious; excellent **4.** prosperous and joyful **5.** marking the 50th anniversary —**gold'enness** *n.*

**golden age** a period of great progress, culture, etc.

**golden eagle** a large, strong eagle found in mountainous districts of the N Hemisphere

**Golden Fleece** *Gr. Myth.* the fleece of gold guarded by a dragon until captured by Jason

**golden hamster** *see* HAMSTER

**golden handshake** [Colloq.] money given to an employee on retirement or for loss of employment

**golden mean** the safe, prudent way between extremes

**golden retriever** a breed of dog with a golden coat

**goldenrod** *n.* a plant with long stalks bearing clusters of small, yellow flowers

**golden rule** **1.** the precept that one should do as one would be done by **2.** any important principle

**golden syrup** a light golden-coloured treacle used to flavour puddings, cakes, etc.

**golden wedding** a 50th wedding anniversary

**goldfinch** *n.* a songbird with yellow-streaked wings

**goldfish** *n.* a small, golden-yellow fish of the carp family, often kept in fishbowls

**gold foil** gold beaten into thin sheets slightly thicker than gold leaf —**gold'-foil'** *adj.*

**gold leaf** gold beaten into very thin sheets, used for gilding —**gold'-leaf'** *adj.*

**gold medal** a medal awarded to an entrant who is placed first in a competition

**gold mine** **1.** a place where gold is mined **2.** any source of wealth, profit, etc.

**gold plate** tableware made of gold

**gold rush** a rush of people to territory where gold has recently been discovered

**goldsmith** *n.* a skilled worker in gold

**gold standard** a monetary standard in which the basic unit equals a specified quantity of gold

**golf** (golf) *n.* [< ?] an outdoor game played on a golf course with a small, hard ball and a set of clubs, the object being to hit the ball into each of 9 or 18 holes in turn, with the fewest possible strokes —*vi.* to play golf —**golf'er** *n.*

**golf club** **1.** any of a set of clubs used in golf **2.** an organization operating a golf course

**golf course** (or **links**) a tract of land for playing golf

**Goliath** (gə li'əth) *n.* [see 1 Samuel 17] a giant

**golliwog** (gol'ē wog') *n.* [< ?] a soft doll with a black face, usually made of cloth

**golly** (gol'ē) *interj.* an exclamation of surprise, etc.

**goloshes** (gə losh'iz) *n.* *var. of* GALOSHES

**-gon** (gon, gən) [< Gr. *gōnia,* angle] *a combining form meaning* a figure having (a specified number of) angles

**gonad** (gō'nad) *n.* [< Gr. *gonē,* seed]

GONDOLA

an animal organ producing reproductive cells; ovary or testis

**gondola** (gon′dələ) *n.* [It.] **1.** a long, narrow boat used on the canals of Venice **2.** the car of an airship or balloon

**gondolier** (gon′dəlēər′) *n.* a man who propels a gondola

**gone** (gon) *pp. of* GO —*adj.* **1.** moved away **2.** ruined **3.** lost **4.** dead **5.** consumed **6.** ago; past —**far gone** deeply involved —**gone on** [Colloq.] in love with

**goner** *n.* [Colloq.] one seemingly sure to die soon, be ruined, etc.

**gonfalon** (gon′fələn) *n.* [< Frank. *gund,* battle + *fano,* banner] a flag hanging from a crosspiece and ending in streamers —**gon′falonier** *n.*

**gong** (goŋ) *n.* [Malay: echoic] a slightly convex metallic disc that gives a loud, resonant tone when struck

**gonorrhoea** (gon′ərē′ə) *n.* [< Gr. *gonos,* semen + *rheein,* flow] a venereal disease marked by inflammation of the genital organs

**goo** (gōō) *n.* [Slang] **1.** anything sticky, as glue **2.** anything sticky and sweet **3.** sentimentality

**good** (good) *adj.* **bet′ter, best** [OE. *god*] **1.** suitable to a purpose **2.** beneficial *[good* exercise*]* **3.** unspoiled *[good* eggs*]* **4.** valid; genuine *[good* money*]* **5.** healthy **6.** financially sound **7.** honourable; worthy *[*one's *good* name*]* **8.** enjoyable, happy, etc. **9.** dependable; reliable **10.** thorough *[*did a *good* job*]* **11.** not for everyday use *[*her *good* china*]* **12.** virtuous, pious, kind, generous, etc. **13.** correct *[good* manners*]* **14.** able; skilled **15.** considerable *[*a *good* many*]* **16.** complete *[*a *good* six hours*]* —*n.* something good; specif., *a*) worth; virtue *b*) benefit; advantage *c*) something desirable See also GOODS —*interj.* an exclamation of satisfaction, pleasure, etc. —**a good question** one which is difficult to answer —**as good as** virtually —**for good (and all)** permanently —**good and** [Colloq.] very or altogether —**good for 1.** able to endure or be used for (a period of time) **2.** worth **3.** able to pay or give —**good on you** [Aust. & N.Z.] well-done —**make good 1.** to repay or replace **2.** to fulfil **3.** to succeed —**to the good** as a profit or advantage

**Good Book** the Bible (usually with *the*)

**goodbye, good-bye** *interj., n., pl.* **-byes′** [contr. of *God be with ye*] farewell: term used in parting

**good day** a salutation of greeting or farewell

**good-for-nothing** *adj.* useless or worthless —*n.* such a person

**Good Friday** the Friday before Easter Sunday, commemorating the crucifixion of Jesus

**good-hearted** *adj.* kind and generous

**good humour** a cheerful, agreeable, or pleasant mood —**good′-hu′moured** *adj.* —**good′-hu′mouredly** *adv.*

**goodish** *adj.* fairly good or fairly large

**good looks** attractive appearance —**good′-look′ing** *adj.*

**goodly** *adj.* **-lier, -liest 1.** of good appearance or quality **2.** rather large; ample —**good′liness** *n.*

**good morning** a salutation of greeting or farewell used in the morning

**good nature** a pleasant, agreeable, or kindly disposition —**good′-na′tured** *adj.* —**good′-na′turedly** *adv.*

**goodness** *n.* the state or quality of being good; virtue, kindness, etc. —*interj.* an exclamation of surprise

**good night** a salutation of parting used at night

**goods** *n.pl.* **1.** movable personal property **2.** merchandise; wares **3.** freight, esp. rail freight —**deliver the goods** [Colloq.] to do or produce the thing required —**get** (or **have**) **the goods on** [Slang] to discover (or know) something incriminating about

**good Samaritan** one who pities and unselfishly helps another or others: Luke 10:30–37

**Good Shepherd** *an epithet for* JESUS: John 10:11

**good-tempered** *adj.* not easily angered or annoyed —**good′-tem′peredly** *adv.*

**good turn** a good deed; friendly, helpful act

**good will 1.** a kindly attitude **2.** willingness **3.** the value of a business in patronage, reputation, etc., beyond its tangible assets Also **good′will′** *n.*

**goody** *n., pl.* **good′ies** [Colloq.] **1.** something good to eat, as a sweet **2.** [Colloq.] a hero —*interj.* a child's exclamation of delight

**goody-goody** *adj.* [Colloq.] moral or pious in a smug way —*n.* [Colloq.] a goody-goody person

**gooey** (gōō′ē) *adj.* **goo′ier, goo′iest** [Colloq.] **1.** sticky **2.** sticky and sweet **3.** sentimental

**goof** (gōōf) *n.* [prob. ult. < It. *goffo,* clumsy] [Slang] **1.** a stupid person **2.** a mistake —*vt., vi.* [Slang] to bungle; botch —**goof′y** *adj.*

**googly** (gōō′glē) *n.* [< ?] *Cricket* a ball which changes direction on the bounce in an unexpected way

**goon** (gōōn) *n.* [Slang] [< ?] **1.** one who is awkward, grotesque, stupid, etc. **2.** a ruffian or thug

**goosander** (gōō san′dər) *n.* [prob. < GOOSE] a large, fish-eating, diving duck with a serrated red bill

**goose** (gōōs) *n., pl.* **geese;** for **4 goos′es** [OE. *gos*] **1.** a long-necked, web-footed bird like a duck but larger, esp. the female **2.** its flesh, used for food **3.** a silly person **4.** a tailor's pressing iron, with a long, curved handle **—cook one's goose** [Colloq.] to spoil one's chances **—the goose that lays the golden eggs** the source of one's present and future benefits

**gooseberry** (gooz′bər ē) *n., pl.* **-ries** **1.** a small, round, sour berry **2.** the shrub it grows on **—play gooseberry** to be an unwanted third person

**goose flesh** (or **pimples**) a roughened condition of the skin caused by cold, fear, etc.

**goosegog** (gooz′gog) *n.* [Colloq.] a gooseberry

**goose step** a marching step in which the legs are raised high and kept unbent **—goose′-step′** *vi.*

**gopher** (gō′fər) *n.* [< ? Fr. *gaufre,* honeycomb] **1.** a burrowing rodent with wide cheek pouches **2.** a striped ground squirrel of N American prairies

**Gordian knot** (gôr′dē ən) *Gr. Legend* a knot tied by King Gordius of Phrygia: Alexander the Great cut the knot with his sword **—cut the Gordian knot** to find a quick, bold solution for a problem

**gore**[1] (gôr) *n.* [OE. *gor,* filth] blood shed from a wound; esp., clotted blood

**gore**[2] *vt.* **gored, gor′ing** [< OE. *gar,* spear] to pierce as with a horn or tusk

**gore**[3] *n.* [OE. *gara,* corner < *gar,* spear] a tapering piece of cloth in a skirt, sail, etc. to give it fullness **—*vt.* gored, gor′ing** to make or insert a gore or gores in

**gorge** (gôrj) *n.* [< L. *gurges,* whirlpool] **1.** a deep, narrow pass between steep heights **2.** the food filling the stomach **3.** the throat **—*vi., vt.* gorged, gorg′ing** to stuff (oneself) with food **—make one's gorge rise** to make one disgusted, angry, etc.

**gorgeous** (gôr′jəs) *adj.* [< OFr. *gorgias*] **1.** brilliantly coloured **2.** [Slang] beautiful, delightful, etc. **—gor′geously** *adv.*

**gorgon** (gôr′gən) *n.* [from the three sisters in Gr. Myth., so horrible that the beholder was turned to stone] any ugly, terrifying, or repulsive woman

**Gorgonzola** (gôr′gən zō′lə) *n.* [< *Gorgonzola,* in Italy] a white Italian cheese with blue-green veins

**gorilla** (gə ril′ə) *n.* [< W Afr.] **1.** the largest and most powerful manlike ape, native to Africa **2.** [Slang] a person regarded as like a gorilla in strength, etc.

**gormandize** (gôr′mən dīz′) *vi., vt.* **-ized′, -iz′ing** [< Fr. *gourmandise,* gluttony] to eat or devour like a glutton

**gormless** (gôrm′lis) *adj.* [< ME. *gome,* care] [Colloq.] slowwitted; stupid

**gorse** (gôrs) *n.* [OE. *gorst*] furze **—gors′y** *adj.*

**gory** (gôr′ē) *adj.* **-ier, -iest** **1.** full of bloodshed **2.** covered with gore; bloody **—gor′iness** *n.*

**gosh** (gosh) *interj.* an exclamation of surprise, etc.

**goshawk** (gos′hôk′) *n.* [< OE.: see GOOSE & HAWK[1]] a large, swift hawk with short wings

**gosling** (goz′liŋ) *n.* [< ON.] a young goose

**go-slow** (gō′slō′) *n.* a deliberate slackening of the rate of production by workers as a tactic in industrial conflict

**gospel** (gos′p'l) *n.* [OE. *godspel,* good news] **1.** [*often* **G-**] the teachings of Jesus and the Apostles **2.** [**G-**] any of the first four books of the New Testament (*Matthew, Mark, Luke,* or *John*) **3.** anything regarded as the absolute truth: also **gospel truth** **4.** any doctrine widely maintained **—*adj.*** of the gospel

**gossamer** (gos′ə mər) *n.* [ME. *gosesomer,* goose summer] **1.** a filmy cobweb on bushes, etc. **2.** a very thin, filmy cloth **—*adj.*** light, thin, and filmy

**gossip** (gos′ip) *n.* [< OE. *godsibbe,* godparent] **1.** one who chatters or repeats idle talk, esp. about others' private affairs **2.** such talk or rumours **—*vi.*** to indulge in idle talk **—gos′siper** *n.* **—gos′sipy** *adj.*

**gossip column** a part of a newspaper which is devoted to gossip about well-known people

**got** (got) *pt. & pp. of* GET

**Goth** (goth) *n.* an uncouth, uncivilized person: after the Germanic people that invaded the Roman Empire in the 3rd-5th cent. A.D.

**Gothic** *adj.* **1.** of the Goths or their language **2.** designating or of a style of architecture developed in W Europe from the 12th to 16th cent., with flying buttresses, pointed arches, etc. **3.** barbarous **4.** of a style of literature using a macabre atmosphere, etc., to suggest horror **—*n.*** **1.** the language of the Goths **2.** Gothic style in architecture **3.** *Printing* [*often* **g-**] a plain type face **—Goth′ically** *adv.*

**gotten** (got′'n) *Archaic and U.S. pp. of* GET

**gouache** (goo äsh′) *n.* [Fr. < It. < L. *aqua,* water] **1.** a way of painting with opaque water colours mixed with gum **2.** such a pigment or a painting made thus

**Gouda (cheese)** (gou′də) [< *Gouda,* in Netherlands] a mild cheese, usually coated with wax

**gouge** (gouj) *n.* [< LL. *gulbia*] a chisel for cutting grooves or holes in wood **—*vt.* gouged, goug′ing** **1.** to make grooves or holes in as with a gouge **2.** in fighting, to push one's thumb into the eye of

**goulash** (gōō′lash) *n.* [< Hung. *gulyás,* herdsman] a stew of beef or veal seasoned with paprika: also **Hungarian goulash**

**gourd** (gooərd) *n.* [< L. *cucurbita*] **1.** any of various trailing or climbing plants, as the melon **2.** the ornamental, inedible fruit of certain related plants **3.** the dried, hollowed-out shell of such a fruit, used as a dipper, etc.

**gourmand** (gooər′mənd) *n.* [< OFr.] a person who likes good food and drink, sometimes to excess

**gourmandise** *n.* [Fr.] a love of and taste for good food

**gourmet** (gōōər′mā) *n.* [< OFr., wine

taster] one who likes and is an excellent judge of fine foods and drinks

**gout** (gout) *n.* [< L. *gutta,* drop] a disease characterized by swelling and great pain, esp. in the big toe —**gout'ily** *adv.* —**gout'iness** *n.* —**gout'y** *adj.*

**gov., Gov.** 1. government 2. governor

**govern** (guv'ərn) *vt.* [< Gr. *kybernan,* steer] 1. to rule, control, manage, etc. 2. to influence the action or conduct of 3. to hold in check; curb 4. to be a rule or law for 5. *Gram.* to require (a word) to be in a particular case or mood —*vi.* to govern someone or something; rule —**gov'ernable** *adj.*

**governance** *n.* control or rule

**governess** *n.* a woman employed in a private home to train and teach the children

**government** (guv'ər mənt) *n.* 1. the exercise of authority over a state, district, group, etc.; control; rule 2. an established system of political administration by which a nation, state, etc. is governed 3. all the people that administer the affairs of a nation 4. [*often* G-] the administrative branch of government of a particular nation —**gov'ernmen'tal** *adj.*

**governor** (guv'ə nər) *n.* 1. a person who governs; esp., *a*) one appointed to govern a province, etc. *b*) the representative of the Crown in a Commonwealth country *c*) the elected head of any state of the U.S. 2. the administrator in charge of a prison 3. a device automatically controlling the speed of an engine 4. [Colloq.] one's father or employer —**gov'ernorship'** *n.*

**governor general** *pl.* **governors general, governor generals** 1. the representative of the Crown in a dominion of the Commonwealth 2. a governor with deputy governers under him Also **gov'ernorgen'eral** *n.*

**govt., Govt.** government

**gown** (goun) *n.* [< LL. *gunna*] 1. a woman's long, usually formal dress 2. a surgeon's smock 3. a long, flowing robe worn by clergymen, professors, etc. 4. the members of a college, etc. collectively

**goy** (goi) *n., pl.* **goy'im, goys** [< Heb. *gôi,* tribe] a Jewish name for a person who is not a Jew

**G.P., g.p.** general practitioner

**GPO, G.P.O.** General Post Office

**Gr.** 1. Grecian 2. Greece 3. Greek

**gr.** 1. grain(s) 2. gram(me)(s) 3. gross

**grab** (grab) *vt.* **grabbed, grab'bing** [prob. < MDu. *grabben*] 1. to snatch suddenly 2. to get by unscrupulous methods 3. [Slang] to impress —*vi.* to grab or try to grab something (often with *for, at,* etc.) —*n.* 1. a grabbing 2. a device for clutching something to be hoisted —**grab'ber** *n.*

**grace** (grās) *n.* [< L. *gratus,* pleasing] 1. beauty or charm of form, movement, or expression 2. an attractive quality, manner, etc. 3. decency 4. good will; favour 5. a delay granted beyond the date set for the payment of an obligation 6. a short prayer of thanks for a meal 7. [G-] a title of an archbishop, duke, or duchess 8. *Theol.* the unmerited love and favour of God towards man —*vt.* **graced, grac'ing** 1. to give or add grace or graces to 2. to dignify —**in the good** (or **bad**) **graces of** in favour (or disfavour) with —**with good** (or **bad**) **grace** in a willing (or unwilling) way

**grace-and-favour** *adj.* granted rent-free by the sovereign of Britain [a *grace-and-favour* house]

**graceful** *adj.* having grace (sense 1) —**grace'fully** *adv.* —**grace'fulness** *n.*

**graceless** *adj.* 1. lacking any sense of what is proper 2. clumsy —**grace'lessly** *adv.* —**grace'lessness** *n.*

**grace note** *Music* a merely ornamental note

**Graces** *Gr. Myth.* three sister goddesses who controlled pleasure, charm, elegance, and beauty

**gracious** (grā'shəs) *adj.* 1. having or showing kindness, courtesy, charm, etc. 2. compassionate 3. polite to those held to be inferiors 4. marked by luxury, ease, etc. [*gracious* living] —*interj.* an expression of surprise —**gra'ciously** *adv.* —**gra'ciousness** *n.*

**gradation** (grā dā'shən) *n.* 1. an arranging in grades, stages, or steps 2. a gradual change by stages 3. a step, stage, or degree in a graded series —**gradate'** *vt., vi.* —**grada'tional** *adj.* —**grada'tionally** *adv.*

**grade** (grād) *n.* [< L. *gradus,* a step] 1. any of the stages in a systematic progression 2. *a*) a degree in a scale of quality, rank, etc. *b*) a group of the same rank, merit, etc. 3. a mark on an examination, in a school course, etc. —*vt.* **grad'ed, grad'ing** 1. to classify by grades of quality, rank, etc. 2. to give a grade (sense 3) to —*vi.* to change by gradation —**make the grade** to succeed

**gradient** (grā'dē ənt) *adj.* [< L. *gradi,* to step] ascending or descending with a uniform slope —*n.* 1. a slope, as of a road 2. the degree of such slope

**gradual** (graj'oo wəl) *adj.* [see GRADE] taking place little by little —*n.* *Eccles.* a set of verses, esp. from the Psalms, following the Epistle at Mass —**grad'ually** *adv.* —**grad'ualness** *n.*

**gradualism** *n.* the principle of seeking only gradual social or political change —**grad'ualist** *n., adj.*

**graduate** (grad'yoo wət; *for v.* -wāt') *n.* [see GRADE] a person who has completed a course of study at a university or college and has received a degree or diploma —*vt.* **-at'ed, -at'ing** 1. to mark with degrees for measuring 2. to grade by size, quality, etc. —*vi.* 1. to become a graduate of a university, etc. 2. to change by degrees —*adj.* 1. graduated from a university 2. of or for studies leading to degrees above the bachelor's

**graduation** (gra'dyoo wā'shən) *n.* 1. a graduating or being graduated from a university 2. the ceremony connected with this

**Graeco-** *a combining form meaning* **1.** Greek or Greeks **2.** Greek and or Greece and

**Graeco-Roman** (grē′kō rō′mən) ***adj.*** of or influenced by both Greece and Rome

**graffito** (grə fēt′ō) ***n., pl.*** **-fi′ti** [It., scribbling] an inscription or drawing scribbled on a wall, etc.

**graft** (gräft) ***n.*** [< Gr. *grapheion,* stylus] **1.** a shoot or bud of a plant or tree inserted into another where it grows permanently **2.** the inserting of such a shoot **3.** [Chiefly U.S.] a taking advantage of one's position to gain money, etc. **4.** *Surgery* a piece of skin, bone, etc. transplanted from one body, or place on a body, to another **5.** [Slang] work —***vt.*** **1.** to insert as a graft **2.** to join as if by grafting **3.** *Surgery* to transplant as a graft —***vi.*** **1.** to be grafted **2.** [Chiefly U.S.] to obtain money, etc. by graft —**graft′er** ***n.***

**Grail** (grāl) [< ML. *gradalis,* cup] *Medieval Legend* the cup or platter used by Jesus at the Last Supper: also called **Holy Grail**

**grain** (grān) ***n.*** [< L. *granum*] **1.** a small, hard seed or seedlike fruit, esp. of a cereal plant, as wheat, rice, etc. **2.** cereal plants **3.** a tiny, solid particle, as of salt or sand **4.** a tiny bit **5.** the smallest unit in certain systems of weights **6.** *a*) the arrangement of fibres or particles of wood, leather, etc. *b*) the markings or texture due to this **7.** disposition; nature —***vt.*** **1.** to form into grains; granulate **2.** to paint in imitation of the grain of wood, marble, etc. —**against the** (or **one's**) **grain** contrary to one's feelings, nature, etc. —**grained** ***adj.***

**grallatorial** (gral′ə tôr′ē əl) ***adj.*** [L. *grallator,* stilt-walker] of long-legged wading birds

**gram, gramme** (gram) ***n.*** [< Gr. *gramma,* a small weight] the basic unit of weight in the metric system, equal to one thousandth of a kilogram

**-gram** (gram) [Gr.] *a combining form meaning* something written or recorded *[telegram]*

**gram.** **1.** grammar **2.** grammatical

**gramineous** (grə min′ē əs) ***adj.*** [< L. *gramen,* grass] of or like grass; grassy

**graminivorous** (gram′ə niv′ər əs) ***adj.*** [< L. *gramen,* grass + -VOROUS] feeding on grasses; grass-eating

**grammar** (gram′ər) ***n.*** [< Gr. *gramma,* writing] **1.** language study dealing with word forms and word order in sentences **2.** a body of rules for speaking or writing a given language **3.** a book of such rules **4.** one's manner of speaking or writing, as judged by rules

**grammarian** (grə mâər′ē ən) ***n.*** a specialist in grammar

**grammar school** **1.** a secondary school providing an academic education **2.** orig. an endowed secondary school teaching Latin and Greek

**grammatical** (grə mat′i k'l) ***adj.*** **1.** of grammar **2.** conforming to the rules of grammar

**gramophone** (gram′ə fōn′) ***n.*** [< *phonogram*] an instrument for reproducing sound that has been transcribed in a special groove on a disc —**gram′ophon′ic** ***adj.***

**grampus** (gram′pəs) ***n., pl.*** **-puses** [< L. *crassus,* fat + *piscis,* fish] **1.** a small, black, fierce whale related to the dolphin **2.** [Colloq.] a person who is breathing hard

**gran** (gran) ***n.*** [Colloq.] grandmother

**granary** (gran′ər ē) ***n., pl.*** **-ries** [< L. *granum,* grain] a building for storing threshed grain

**grand** (grand) ***adj.*** [< L. *grandis,* large] **1.** imposing in size, beauty, and extent **2.** distinguished; illustrious **3.** pretentious **4.** lofty and dignified **5.** overall *[the grand* total*]* **6.** [Colloq.] excellent **7.** most important; main *[the grand* ballroom*]* **8.** higher in rank than others —***n.*** a grand piano —**grand′ly** ***adv.***

**grand-** *a combining form meaning* of the generation older (or younger) than *[grandfather, grandson]*

**grandam** (gran′dam) ***n.*** [see GRAND & DAME] [Archaic] **1.** a grandmother **2.** an old woman

**grandchild** (gran′chīld) ***n.*** a child of one's son or daughter

**granddad, grand-dad, grandad** ***n.*** [Colloq.] grandfather

**granddaughter** ***n.*** a daughter of one's son or daughter

**grand duke** **1.** the sovereign ruler of a territory (**grand duchy**), ranking just below a king **2.** in czarist Russia, a prince of the royal family —**grand duchess**

**grande dame** (gränd dăm) [Fr., great lady] a woman, esp. an older one, of great dignity or prestige

**grandee** (gran dē′) ***n.*** [Sp. & Port.: see GRAND] **1.** a Spanish or Portuguese nobleman of the highest rank **2.** a man of high rank

**grandeur** (gran′jər) ***n.*** [see GRAND] **1.** splendour; magnificence **2.** dignity; nobility

**grandfather** ***n.*** the father of one's father or mother

**grandfather clock** a long-pendulum clock in a tall free-standing wooden case

**grandiloquent** (gran dil′ə kwənt) ***adj.*** [< L. *grandis,* grand + *loqui,* speak] using pompous, bombastic words —**grandil′oquence** ***n.***

**grandiose** (gran′dē ōs′) ***adj.*** [< L. *grandis,* great] **1.** having grandeur; imposing **2.** pompous and showy —**gran′diose′ly** ***adv.*** —**gran′dios′ity** (-os′ə tē) ***n.***

**grand jury** *Law* in the U.S., and formerly in Britain, a jury that investigates accusations against persons charged with crime and indicts them for trial if there is sufficient evidence

**grandma** (gran′mä) ***n.*** [Colloq.] grandmother

**grand mal** (grän mäl′) [Fr., great ailment] a type of epilepsy with convulsions and loss of consciousness

**grandmother** ***n.*** (gran′muth′ər) the mother of one's father or mother

**Grand National** an annual steeplechase run at Aintree, Liverpool

**grand opera** opera, generally on a serious theme, in which the whole text is set to music

**grandpa** *n.* [Colloq.] grandfather

**grandparent** *n.* a grandfather or grandmother

**grand piano** a large piano with strings set horizontally

**Grand Prix** (grän prē′) [Fr., great prize] any of various international formula motor races

**grandsire** (gran′sīər) *n.* [Archaic] **1.** a grandfather **2.** a male ancestor

**grandson** *n.* a son of one's son or daughter

**grandstand** *n.* the main seating structure for spectators at a sporting event, etc.

**grand tour** a tour of continental Europe

**grange** (grānj) *n.* [< L. *granum,* grain] a farm with its dwelling house, barns, etc.

**granite** (gran′it) *n.* [< It. < L. *granum,* grain] a very hard, crystalline rock consisting of feldspar and quartz

**granivorous** (grə niv′ər əs) *adj.* [< L. *granum,* grain + -VOROUS] feeding on grain and seeds

**granny, grannie** (gran′ē) *n., pl.* **-nies** [Colloq.] **1.** a grandmother **2.** an old woman

**granny knot** a knot like a reef knot but with the ends crossed the wrong way: also **granny's knot**

**grant** (gränt) *vt.* [< L. *credere,* believe] **1.** to give (what is requested, as permission, etc.) **2.** to give or transfer according to legal procedure **3.** to admit as true —*n.* something granted, as money to an individual or organization for a specific purpose —**take for granted** to accept as a matter of course —**grant′er,** *Law* **grant′or** *n.*

**Granth** (grunt) *n.* [< Hindi < Sans. *grantha,* tying together, book] the sacred scripture of the Sikhs

**grant-in-aid** *n., pl.* **grants-in-aid** a grant of funds, as by a foundation, to support a specific programme

**granular** (gran′yoo lər) *adj.* **1.** like, containing, or consisting of grains or granules **2.** having a grainy surface —**gran′ular′ity** (-lar′ə tē) *n.* —**gran′ularly** *adv.*

**granulate** *vt., vi.* **-lat′ed, -lat′ing** to form into grains or granules —**gran′ula′tion** *n.* —**gran′ula′tor** *n.*

**granule** (gran′yōōl) *n.* [< L. *granum,* a grain] **1.** a small grain **2.** a small, grainlike particle or spot

**grape** (grāp) *n.* [< OFr. *graper,* gather with a hook] **1.** a small, round, juicy berry, growing in clusters on woody vines **2.** a dark purplish red

**grapefruit** *n.* a large, round, edible citrus fruit with a pale-yellow rind and a somewhat sour, juicy pulp

**grape hyacinth** a small plant with clusters of blue flowers resembling grapes

**grapeshot** *n.* a cluster of small iron balls formerly fired as a cannon charge

**grapevine** *n.* **1.** a woody vine bearing grapes **2.** a secret means of spreading information **3.** a rumour

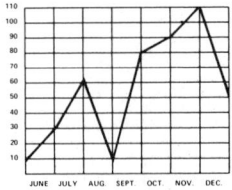

GRAPH

**graph** (graf) *n.* [short for *graphic formula*] **1.** a diagram that shows the relationship between certain sets of numbers **2.** *Math.* a picture showing the values taken on by a function —*vt.* to represent by a graph

**-graph** (gräf) [< Gr. *graphein,* write] *a combining form meaning:* **1.** something that writes or records *[telegraph]* **2.** something written

**-grapher** (grə fər) *a combining form meaning* a person who writes, records, etc. *[stenographer]*

**graphic** (graf′ik) *adj.* [< Gr. *graphein,* write] **1.** described in realistic detail **2.** written or inscribed Also **graph′ical** —**graph′ically** *adv.* —**graph′icness** *n.*

**graphic arts** any form of visual artistic representation, esp. painting, drawing, etching, etc.

**graphics** *n.pl.* [*with sing. v.*] the art of making drawings, as in architecture or engineering, in accordance with mathematical rules

**graphite** (graf′īt) *n.* [< Gr. *graphein,* write] a soft, black, form of carbon used in pencils, lubricants, etc.

**graphology** (gra fol′ə jē) *n.* [< Gr. *graphein,* write + -LOGY] the study of handwriting, esp. as a clue to character, etc. —**graphol′ogist** *n.*

**graph paper** paper with small ruled squares on which to make graphs, diagrams, etc.

**-graphy** (gra fē) [< Gr. *graphein,* write] *a combining form meaning:* **1.** a process or method of writing, or representing *[lithography]* **2.** a descriptive science *[geography]*

GRAPNEL

**grapnel** (grap′n′l) *n.* [< Pr. *grapa,* a hook] **1.** a small anchor with several flukes **2.** an iron bar with claws at one end for grasping things

**grapple** (grap′l) *n.* [see GRAPNEL] **1.** *same as* GRAPNEL (sense 2) **2.** a coming to grips —*vt.* **grap′pled, grap′pling** to grip and hold —*vi.* **1.** to struggle in hand-to-hand combat **2.** to try to cope (*with*) **3.** to use a grapnel (sense 2) —**grap′pler** *n.*

**grappling iron** (or **hook**) *same as* GRAPNEL (sense 2)

**grasp** (grăsp) *vt.* [ME. *graspen*] **1.** to take hold of firmly, as with the hand **2.** to take hold of eagerly **3.** to understand —*vi.* **1.** to try to seize (with *at*) **2.** to accept eagerly (with *at*) —*n.* **1.** control; possession **2.** the power to hold or seize **3.** comprehension —**grasp the nettle** tackle a difficult task —**grasp′able** *adj.* —**grasp′er** *n.*

**grasping** *adj.* eager for gain; avaricious

**grass** (grăs) *n.* [OE. *græs*] **1.** any of a family of plants with long, narrow leaves and jointed stems, as wheat, rye, oats, etc. **2.** any of various green plants with long, narrow leaves that are eaten by grazing animals **3.** pasture land or lawn **4.** [Slang] marijuana —*vt.* to grow grass over —*vi.* **1.** to become covered with grass **2.** [Slang] to inform on someone (with *on*) —**let the grass grow under one's feet** to neglect one's opportunities —**grass′like′** *adj.* —**grass′y** *adj.*

**grass hockey** [Canad.] in W Canada, hockey (or *field hockey*) as contrasted with ice hockey

**grasshopper** *n.* a plant-eating insect with two pairs of wings and powerful hind legs for jumping

**grassland** *n.* pasture land

**grass parrot** any of several small, bright, Australian parrots, esp. the budgerigar

**grass roots** [Colloq.] fundamentals —**grass′-roots′** *adj.* coming from the rank-and-file

**grass widow** a woman temporarily separated from her husband

**grate**[1] (grāt) *vt.* **grat′ed, grat′ing** [< OFr. *grater*] **1.** to grind into particles by scraping **2.** to rub against (an object) with a harsh sound **3.** to grind (the teeth) **4.** to irritate; annoy —*vi.* **1.** to rub with or make a rasping sound **2.** to cause irritation —**grat′er** *n.*

**grate**[2] *n.* [< L. *cratis,* hurdle] **1.** a frame of metal bars for holding fuel in a fireplace, etc. **2.** a fireplace

**grateful** (grāt′fəl) *adj.* [obs. *grate* (< L. *gratus*), pleasing] **1.** feeling or expressing gratitude **2.** causing gratitude; welcome —**grate′fully** *adv.*

**gratify** (grat′ə fī′) *vt.* **-fied′, -fy′ing** [< L. *gratus,* pleasing + *facere,* make] **1.** to give pleasure or satisfaction to **2.** to indulge; humour —**grat′ifica′tion** *n.*

**grating**[1] (grāt′iŋ) *n.* a framework of parallel or latticed bars set in a window, door, etc.

**grating**[2] *adj.* **1.** harsh and rasping **2.** irritating or annoying —**grat′ingly** *adv.*

**gratis** (grāt′is) *adv., adj.* [L. < *gratia,* favour] without charge or payment; free

**gratitude** (grat′ə tyōōd) *n.* [< L. *gratus,* thankful] a feeling of thankfulness for favours received

**gratuitous** (grə tyōō′ə təs) *adj.* [< L. *gratus,* pleasing] **1.** given or received without charge **2.** uncalled-for —**gratu′itously** *adv.* —**gratu′itousness** *n.*

**gratuity** *n., pl.* **-ties** a gift of money, etc., esp. one given for a service rendered; tip

**gravamen** (grə vā′mən) *n., pl.* **-mens, gravam′ina** [< L. *gravis,* heavy] **1.** a grievance **2.** *Law* the gist of an accusation

**grave**[1] (grāv) *adj.* [< L. *gravis,* heavy] **1.** important **2.** threatening; ominous [a *grave* illness] **3.** solemn **4.** sombre; dull —**grave′ly** *adv.* —**grave′ness** *n.*

**grave**[2] *n.* [< OE. *grafan,* dig] **1.** *a*) a hole in the ground in which to bury a dead body *b*) any place of burial **2.** death —*vt.* **graved, grav′en** or **graved, grav′ing** **1.** to carve out **2.** [Archaic] to engrave **3.** to impress sharply —**make a person turn in his grave** to be or do something that would have shocked a person now dead

**grave accent** (grāv) a mark (`) used to indicate the quality of a vowel, full pronunciation of a syllable, etc.

**gravel** (grav′l) *n.* [< OFr. *grave,* coarse sand] **1.** a loose mixture of pebbles and rock fragments coarser than sand **2.** *Med.* a deposit in the kidneys, etc. —*vt.* **-elled, -elling** **1.** to cover (a walk, etc.) with gravel **2.** to perplex

**gravelly** *adj.* **1.** full of, like, or consisting of gravel **2.** sounding harsh [a *gravelly* voice]

**graven** (grāv′n) *alt. pp. of* GRAVE[2]

**graven image** an idol made from stone, wood, etc.

**Graves** (grāv) *n.* a light wine from Graves in France

**gravestone** (grāv′stōn′) *n.* an engraved stone marking a grave; tombstone

**graveyard** *n.* a burial ground; cemetery

**gravid** (grav′id) *adj.* [< L. *gravis,* heavy] pregnant

**gravimeter** (grə vim′ə tər) *n.* [< L. *gravis,* heavy + -METER] **1.** a device used to determine specific gravity **2.** an instrument used to measure the force of gravity

**gravimetry** *n.* the measurement of weight or density —**grav′imet′ric** (grav′ə met′rik) *adj.*

**gravitate** (grav′ə tāt′) *vi.* **-tat′ed, -tat′ing** **1.** to move or tend to move in accordance with the force of gravity **2.** to be attracted or tend to move (*towards*)

**gravitation** (grav′ə tā′shən) *n.* **1.** a gravitating **2.** *Physics* the force by which every mass or particle of matter attracts and is attracted by every other mass or particle of matter —**grav′ita′tional** *adj.*

**gravity** (grav′ə tē) *n., pl.* **-ties** [< L. *gravis,* heavy] **1.** the state or condition of being grave or serious **2.** weight [specific *gravity*] **3.** gravitation; esp., the force that tends to draw all bodies in the earth's sphere towards the centre of the earth

**gravy** (grā′vē) *n., pl.* **-vies** [< ?] **1.** the juice given off by meat in cooking

2. a sauce made with this juice and flour, seasoning, etc. 3. [Chiefly U.S. Slang] money easily obtained

**gravy boat** a boat-shaped dish for serving gravy

**gray** (grā) *adj.* *var., now chiefly U.S., sp. of* GREY

**grayling** *n.* a freshwater game fish related to the salmon

**graze**[1] (grāz) *vt.* **grazed, graz'ing** [< OE. *græs,* grass] 1. to feed on (growing grass, herbage, etc.) 2. to put livestock to feed on (a pasture, etc.) —*vi.* to feed on growing grass, etc. —**graz'er** *n.*

**graze**[2] *vt., vi.* **grazed, graz'ing** [prob. < prec.] to touch or rub lightly in passing; scrape —*n.* a grazing, or a scratch or scrape caused by it

**grazier** *n.* 1. a person who grazes beef cattle for sale 2. [Aust.] *a*) a cattle raiser *b*) a sheep farmer

**grazing** *n.* land to graze on; pasture

**grease** (grēs; *for v. also* grēz) *n.* [< L. *crassus,* fat] 1. melted animal fat 2. any thick, oily substance or lubricant —*vt.* **greased, greas'ing** 1. to smear or lubricate with grease 2. [Colloq.] to bribe: in **grease the palm** (or **hand**) **of**

**greasepaint** *n.* a mixture of grease and colouring matter used by performers in making up

**greasy** *adj.* **-ier, -iest** 1. smeared with grease 2. containing or like grease 3. unctuous: said of a person's manner —**greas'ily** *adv.* —**greas'iness** *n.*

**great** (grāt) *adj.* [OE.] 1. of much more than ordinary size, extent, number, etc. 2. much above the ordinary or average; esp., *a*) intense [*great* pain] *b*) very much of a [a *great* reader] *c*) eminent [a *great* playwright] *d*) very impressive [*great* ceremony] *e*) noble [a *great* man] 3. of most importance; main [*great* seal] 4. designating a relationship one generation removed [*great*-grandmother] 5. [Colloq.] excellent, splendid, fine, etc. —*n.* a great or distinguished person: *usually pl.* —**great'ly** *adv.* —**great'ness** *n.*

**great-aunt** *n.* a sister of any of one's grandparents

**Great Bear** the constellation URSA MAJOR

**great circle** any circle described on the surface of the earth or other sphere by a plane which passes through the centre of the sphere

**greatcoat** *n.* a heavy overcoat

**Great Dane** a breed of large dog with short hair

**great-grandchild** *n.* a child of any of one's grandchildren —**great'-grand'daugh'ter** *n.* —**great'-grand'son'** *n.*

**great-grandparent** *n.* a parent of any of one's grandparents —**great'-grand'fa'ther** *n.* —**great'-grand'moth'er** *n.*

**great-great-** *a combining form used with nouns of relationship to indicate* two degrees of removal

**Great Russian** 1. a member of the chief East Slavonic people of Russia 2. their language

**Greats** *n.pl.* 1. the B.A. course, esp. in classics and philosophy, at the University of Oxford 2. the final examination of this course

**great seal** the chief seal of a nation, state, etc., with which official papers are stamped

**great-uncle** *n.* a brother of any of one's grandparents

**Great War** World War I (1914-18)

**greaves** (grēvz) *n.pl.* [< OFr. *greve,* shin] armour for the legs from the ankle to the knee

**grebe** (grēb) *n.* [Fr. *grèbe*] a diving and swimming bird with partially webbed feet

**Grecian** (grē'shən) *adj., n.* Greek

**Grecian profile** a profile in which the nose and forehead form an almost straight line

**Greco-** *same as* GRAECO-

**greed** (grēd) *n.* excessive desire, esp. for wealth or food

**greedy** *adj.* **-ier, -iest** [OE. *grædig*] 1. wanting or taking all that one can get; avaricious 2. gluttonous 3. intensely eager —**greed'ily** *adv.* —**greed'iness** *n.*

**Greek** (grēk) *n.* 1. a native or inhabitant of ancient or modern Greece 2. the language of Greece, ancient or modern —*adj.* of ancient or modern Greece, its people, language, or culture —**be Greek to one** to be incomprehensible to one

**Greek cross** a cross with four equal arms at right angles

**Greek fire** an incendiary material used in ancient warfare, described as able to burn in water

**Greek (Orthodox) Church** *popular name for* ORTHODOX EASTERN CHURCH

**green** (grēn) *adj.* [OE. *grene*] 1. of the colour of growing grass 2. overspread with green foliage [a *green* field] 3. sickly or bilious 4. not mature; unripe 5. not trained; inexperienced 6. naive 7. not dried, seasoned, or cured 8. fresh; new 9. flourishing; vigorous 10. [Colloq.] jealous —*n.* 1. the colour of growing grass 2. any green pigment 3. anything coloured green 4. [*pl.*] green leafy plants or vegetables, as spinach, cabbage, etc. 5. an area of smooth turf set aside for special purposes [a village *green*] 6. *Golf* a putting green —*vt., vi.* to make or become green —**the Green** Ireland's national colour —**green'ish** *adj.*

**green bean** any of various bean plants, as the French bean, that have narrow, green, edible pods

**greenbelt** *n.* an area round a city, preserved by official authority as open or agricultural land

**green card** an insurance document for motorists travelling abroad

**Green Cross Code** a code for children giving rules for road safety

**greenery** *n., pl.* **-eries** green vegetation

**green-eyed** *adj.* very jealous

**greenfinch** *n.* a finch with olive-green and yellow feathers, native to Europe

**green fingers** talent in growing plants

**greenfly** *n.* a garden pest attacking rose bushes, etc.

**greengage** *n.* [< Sir William *Gage*] a large plum with golden-green skin and flesh

**greengrocer** *n.* a retail dealer in fresh vegetables and fruit —**green'gro'cery** *n.*

**greenhorn** *n.* an inexperienced person; novice

**greenhouse** *n.* a building made mainly of glass, with heat and humidity regulated for growing plants

**greenkeeper** *n.* a person in charge of maintaining a golf course

**green light** [after the green ("go") signal of a traffic light] [Colloq.] permission to proceed with some undertaking

**green paper** a report containing policy proposals to be discussed, esp. by parliament

**green pepper** the green, immature fruit of the sweet red pepper, eaten as a vegetable

**green pound** the value of the pound paid to farmers as fixed by the EEC

**greenroom** *n.* a room in theatres used by performers

**greenshank** *n.* a wading bird with pale green legs

**green-stick fracture** a partial fracture in which the bone is broken on only one side

**greensward** *n.* green, grassy ground

**green tea** tea prepared from leaves not fermented before drying

**Greenwich (mean) time** (grin'ij) the time on longitude 0 which passes through Greenwich: used as the basis for standard time throughout the world

**greet**[1] (grēt) *vt.* [OE. *gretan*] **1.** to address with expressions of friendliness, respect, etc. **2.** to meet, receive, or acknowledge (a person, event, etc.) in a specified way **3.** to come or appear to —**greet'er** *n.*

**greet**[2] *vi.* [< OE. *grætan*] [Scot] to weep; lament

**greeting** *n.* **1.** the act or words of a person who greets **2.** [*often pl.*] a message of regards

**greetings card** a decorated card bearing a greeting for some occasion, as a birthday

**gregarious** (grə gâər'ē əs) *adj.* [< L. *grex, gregis*, a flock] **1.** fond of the company of others **2.** living in herds or flocks —**gregar'iousness** *n.*

**Gregorian calendar** (gri gôr'ē ən) a widely used calendar, introduced by Pope Gregory XIII in 1582

**Gregorian chant** the ritual plainsong of the Roman Catholic Church, introduced under Pope Gregory I

**gremlin** (grem'lən) *n.* [prob. < Dan. hyp. *græmling*, imp] an imaginary small creature humorously blamed for the faulty operation of aircraft, etc.

**grenade** (grə nād') *n.* [ult. < L. *granum*, a seed] a small bomb detonated by a fuse and usually thrown by hand

**grenadier** (gren'ə dēər') *n.* [Fr. < *grenade*] **1.** orig., an infantry soldier who threw grenades **2.** a member of the Grenadier Guards

**grew** (groo) *pt. of* GROW

**grey** (grā) *adj.* [< OE. *græg*] **1.** of the colour grey **2.** *a*) darkish *b*) dismal **3.** *a*) having hair that is grey *b*) old **4.** designating an intermediate area between morality and immorality —*n.* **1.** a colour made by mixing black and white **2.** a grey animal or thing —*vt., vi.* to make or become grey —**grey'ly** *adv.* —**grey'ness** *n.*

**Grey Cup** [< Earl *Grey*] the annual championship game of the Canadian Football League or the trophy awarded to the winner

**Grey Friar** a Franciscan friar

**greyhound** *n.* a breed of tall, slender, swift hound with a narrow, pointed head

**greylag** *n.* [from its colour and its late migration] a wild grey goose of Europe and C Asia

**grey matter** **1.** greyish nerve tissue of the brain and spinal cord **2.** [Colloq.] intelligence

**grey squirrel** a large, grey squirrel with a bushy tail, native to E N America; now common in Europe

**grid** (grid) *n.* [< GRIDIRON] **1.** a gridiron; grating **2.** a network of crossing parallel lines, as on graph paper **3.** a network of transmission lines, pipes, etc. **4.** a metallic plate in a storage cell **5.** an electrode, as of wire mesh, for controlling the passage of electrons in an electron tube

**griddle** (grid'l) *n.* [< L. *cratis*, wickerwork] a flat, metal plate or pan for cooking pancakes, etc.

**gridiron** (grid'ī'ərn) *n.* [see GRIDDLE] **1.** a framework of metal bars or wires on which to cook meat or fish; grill **2.** any framework resembling a gridiron

**grief** (grēf) *n.* [see GRIEVE] **1.** intense emotional suffering caused by loss, disaster, etc. **2.** a cause of such suffering —**come to grief** to fail or be ruined

**grief-stricken** *adj.* stricken with grief; sorrowful

**grievance** (grē'vəns) *n.* **1.** a circumstance thought to be unjust and ground for complaint **2.** complaint against a real or imagined wrong

**grieve** (grēv) *vt., vi.* **grieved, griev'ing** [< L. *gravis*, heavy] to feel or cause to feel grief —**griev'er** *n.*

**grievous** (grē'vəs) *adj.* **1.** severe **2.** deplorable; atrocious **3.** showing or full of grief **4.** causing grief —**griev'ously** *adv.* —**griev'ousness** *n.*

**griffin** (grif'ən) *n.* [< Gr. *grypos*, hooked] a mythical animal, part eagle and part lion

**griffon** (grif'ən) *n.* [Fr., griffin] **1.** *same as* GRIFFIN **2.** a wire-haired breed of dog **3.** a large vulture

**grill** (gril) *n.* [see GRIDDLE] **1.** a gridiron **2.** a device on a cooker to radiate heat downwards **3.** grilled food **4.** *short for* GRILLROOM —*vt.* **1.** to cook on a grill **2.** to question relentlessly —**grilled** *adj.* —**grill'er** *n.*

**grille** (gril) *n.* [see GRIDDLE] an open grating forming a screen to a door, window, etc.

**grillroom** *n.* a restaurant that makes a speciality of grilled foods

**grilse** (grils) *n.* [< ?] a young salmon on its first return from the sea

**grim** (grim) *adj.* **grim'mer, grim'mest** [OE. *grimm*] **1.** hard and unyielding; stern **2.** appearing forbidding, harsh, etc. **3.** repellent; ghastly **4.** fierce; cruel —**grim'ly** *adv.*

**grimace** (gri mās') *n.* [< OFr. *grimuche*] a distortion of the face, as in expressing pain, contempt, etc. —*vi.* **-maced', -mac'ing** to make grimaces

**grimalkin** (gri mal'kin) *n.* [earlier *gray malkin* (cat)] **1.** an old female cat **2.** a malicious old woman

**grime** (grīm) *n.* [prob. < Fl. *grijm*] sooty dirt rubbed into or covering a surface, as of the skin —*vt.* **grimed, grim'ing** to make very dirty —**grim'y** *adj.*

**grin** (grin) *vi.* **grinned, grin'ning** [OE. *grennian*] to draw back the lips and show the teeth in amusement, pain, scorn, etc. —*vt.* to express by grinning —*n.* a broad smile —**grin and bear it** to accept philosophically something painful —**grin'ner** *n.*

**grind** (grīnd) *vt.* **ground, grind'ing** [OE. *grindan*] **1.** to crush into fine particles **2.** to oppress **3.** to sharpen or smooth by friction **4.** to press down or rub together harshly or gratingly **5.** to operate by turning the crank of —*vi.* **1.** to perform the act of grinding **2.** to undergo grinding **3.** to grate —*n.* **1.** [Colloq.] long, difficult work or study **2.** the degree of fineness of something ground into particles **3.** a grinding —**grind out** to produce by laborious effort —**grind'ingly** *adv.*

**grinder** *n.* **1.** any of various machines for crushing or sharpening **2.** a molar tooth

**grindstone** *n.* a revolving stone disc for sharpening tools or shaping and polishing things —**keep** (or **have** or **put**) **one's nose to the grindstone** to work steadily

**grip** (grip) *n.* [< OE. *gripan*, seize] **1.** a firm hold **2.** any special manner of clasping hands **3.** the power of grasping firmly **4.** mental grasp **5.** control; mastery **6.** a handle **7.** [Chiefly U.S.] a small travelling bag —*vt.* **gripped, gripp'ing** **1.** to take firmly and hold fast with the hand, teeth, etc. **2.** *a*) to get and hold the attention of *b*) to have a strong emotional impact on —**come to grips** to cope (*with*) —**grip'per** *n.*

**gripe** (grīp) *vt.* **griped, grip'ing** [OE. *gripan*, seize] **1.** formerly, to clutch or afflict **2.** to cause sudden, sharp pain in the bowels of —*vi.* [Slang] to complain —*n.* **1.** *[pl.]* a sudden, sharp pain in the bowels **2.** [Slang] a complaint —**grip'er** *n.*

**grippe** (grip) *n.* [Fr., seizure] *earlier term for* INFLUENZA

**grisly** (griz'lē) *adj.* **-lier, -liest** [OE. *grislic*] terrifying; ghastly —**gris'liness** *n.*

**grist** (grist) *n.* [OE.] grain that is to be or has been ground —**grist to** (or **for**) **one's mill** anything one can use profitably

**gristle** (gris'l) *n.* [OE.] cartilage, now esp. as found in meat —**gris'tliness** *n.* —**gristly** (gris'lē) *adj.*

**grit** (grit) *n.* [OE. *greot*] **1.** rough, hard particles of sand, stone, etc. **2.** a sandstone with sharp grains **3.** stubborn courage —*vt.* **grit'ted, grit'ting** **1.** to grind (the teeth) in anger or determination **2.** to cover a surface, as icy roads, with grit —**grit'ty** *adj.*

**Grit** (grit) *n., adj.* [Canad. Colloq.] Liberal

**grizzle** (griz''l) *vi.* [< ?] [Colloq.] to whine; whimper

**grizzled** *adj.* [< OFr. *gris*, grey] **1.** grey or streaked with grey **2.** having grey hair

**grizzly** *adj.* **-zlier, -zliest** greyish; grizzled —*n., pl.* **-zlies** *short for* GRIZZLY BEAR

**grizzly bear** a large, ferocious bear of western N America, with brown, grey, or yellow fur

**groan** (grōn) *vi.* [OE. *granian*] **1.** to utter a deep sound expressing pain, distress, etc. **2.** to make a creaking sound, as from strain **3.** to be weighed down —*n.* a groaning sound

**groat** (grōt) *n.* [< MDu. *grote*] an obsolete English silver coin worth four old pence

**groats** *n.pl.* [< OE. *grotan*] any grain that is hulled, or hulled and coarsely cracked

**grocer** (grō'sər) *n.* [< OFr. *gros*, GROSS] a shopkeeper who sells food and various household supplies

**grocery** *n., pl.* **-ceries** **1.** a grocer's shop **2.** [*pl.*] the food and supplies sold by a grocer

**grog** (grog) *n.* [< nickname of E. Vernon, Brit. admiral] any alcoholic drink as rum diluted with water

**groggy** *adj.* **-gier, -giest** shaky or dizzy —**grog'gily** *adv.* —**grog'giness** *n.*

**grogram** (grog'rəm) *n.* [< OFr. *grosgrain*, coarse grain] formerly, a coarse fabric of silk and mohair

GROIN

**groin**[1] (groin) *n.* [< OE. *grynde*, abyss] **1.** the hollow or fold where the abdomen joins either thigh **2.** *Archit.* the sharp, curved edge at the junction of two intersecting vaults —**groined** *adj.*

**groin**[2] *n. var., esp. US., sp. of* GROYNE

**groom** (grōōm) *n.* [ME. *grom*, boy] **1.** one whose work is tending horses **2.** any of various officials of the British royal household **3.** *same as* BRIDEGROOM —*vt.* **1.** to clean and curry (a horse, dog, etc.) **2.** to make neat and tidy **3.** to train for a particular purpose

**groomsman** *n.* a man who attends a bridegroom at the wedding

**groove** (grōōv) *n.* [< ON. *grof*, pit] **1.** a long, narrow furrow cut or formed in a surface with a tool **2.** a habitual way of doing something **3.** [Slang] an exciting place, experience, etc. —*vt.* **grooved,**

**groov'ing** to make a groove or grooves in **—in the groove** [Slang] performed with smooth, effortless skill: orig. of jazz

**groovy** *adj.* **-ier, -iest** [Slang] very pleasing

**grope** (grōp) *vi.* **groped, grop'ing** [OE. *grapian,* seize] to feel or search about blindly or uncertainly **—*vt.*** to seek or find (one's way) by groping **—grop'er** *n.*

**grosbeak** (grōs'bēk') *n.* [< Fr.: see GROSS & BEAK] any of various finchlike birds, with a thick, strong, conical bill

**grosgrain** (grō'grān') *n.* [Fr., lit., coarse grain] a ribbed silk or rayon fabric used for ribbons, etc.

**‡gros point** (grō'pwan) *n.* [Fr., large stitch] **1.** a cross-stitch in embroidery **2.** embroidery using this stitch

**gross** (grōs) *adj.* [< LL. *grossus,* thick] **1.** fat and coarse-looking **2.** flagrant; very bad **3.** dense; thick **4.** insensitive or unrefined **5.** vulgar; obscene **6.** total; with no deductions **—*n.*** **1.** *pl.* **gross'-es** overall total **2.** *pl.* **gross** twelve dozen **—*vt., vi.*** [Colloq.] to earn (a specified total amount) before expenses are deducted **—in the gross** **1.** in bulk **2.** wholesale: also **by the gross** **—gross'-ly** *adv.* **—gross'ness** *n.*

**gross national product** the total value of a nation's annual output of goods and services

**grotesque** (grō tesk') *adj.* [< It. *grotta,* grotto] **1.** distorted; bizarre **2.** of painting, etc. in which forms of fantastic persons and animals are intermingled with foliage **3.** ludicrously eccentric; absurd **—*n.*** **1.** a grotesque painting, design, etc. **2.** a grotesque thing

**grotto** (grot'ō) *n., pl.* **-toes, -tos** [< It. < L. *crypta,* crypt] **1.** a cave **2.** a cave-like summerhouse, etc.

**grotty** (grot'ē) *adj.* [< GROTESQUE] [Slang] **1.** ugly; unpleasant **2.** unwell; miserable

**grouch** (grouch) *vi.* [< ME. *grucchen,* grudge] to grumble in a sulky way **—*n.*** **1.** one who grouches continually **2.** a sulky mood **3.** a complaint **—grouch'y** *adj.*

**ground**[1] (ground) *n.* [OE. *grund,* bottom] **1.** the solid surface of the earth **2.** the soil of the earth; land **3.** [*pl.*] land attached to a building; esp., the lawns, gardens, etc. of an estate **4.** any area of discussion, etc.; subject **5.** [*often pl.*] basis; foundation **6.** [*often pl.*] valid reason **7.** the underlying surface of a painting, coloured pattern, etc. **8.** [*pl.*] dregs *[coffee grounds]* **9.** *Elec.* [U.S.] earth **—*adj.*** **1.** of, on, or near the ground **2.** growing or living in or on the ground **—*vt.*** **1.** to set on the ground **2.** to cause (a ship, etc.) to run aground **3.** to found on a firm basis **4.** to base (a claim, etc.) on something specified **5.** to instruct (a person) in the elements of **6.** to keep (an aircraft or pilot) from flying **—*vi.*** to strike the bottom: said of a ship **—break new ground** to do something that has not been done before **—cover ground** **1.** to move a certain distance **2.** to make progress **—cut the ground from under one's feet** to deprive one of effective defence or argument **—gain ground** **1.** to make progress **2.** to gain in strength, popularity, etc. **—get off the ground** to get (something) started **—give ground** to yield **—hold** (or **stand**) **one's ground** to keep one's position against opposition **—lose ground** **1.** to drop back **2.** to lose in strength, popularity, etc. **—shift one's ground** to change one's argument or defence **—suit down to the ground** [Colloq.] to suit completely

**ground**[2] *pt. & pp. of* GRIND

**ground bass** *Music* a short phrase played repeatedly in the bass against the harmonies of the upper parts

**ground control** personnel, electronic equipment, etc. on the ground for guiding aircraft or spacecraft in takeoff, flight, and landing operations

**ground cover** any of various dense, low-growing plants used instead of grass for covering the ground

**ground crew** a group of people in charge of the maintenance and repair of aircraft: also **ground staff**

**ground floor** that floor of a building which is on or near the ground level **—in on the ground floor** [Colloq.] in at the beginning of an enterprise

**grounding** *n.* basic general knowledge of a subject

**ground ivy** a creeping plant with round, toothed leaves

**groundless** *adj.* without reason or cause

**groundnut** *n.* **1.** any of various N. American plants with edible tubers, as the peanut **2.** a peanut

**groundsel** (groun's'l) *n.* [< OE., ? < *gund,* pus + *swelgan,* swallow: from use in poultices] a plant with yellow flowers used to feed cage birds

**groundsheet** (ground'shēt) *n.* a waterproof cover placed on the ground, as in a tent

**groundsman** *n.* a person who tends the grounds of a playing field, estate, cemetery, etc.

**groundswell** *n.* **1.** a rolling of the ocean, caused by a distant storm **2.** a rapidly growing wave of public opinion, etc. Also **ground swell**

**groundwork** *n.* a foundation; basis

**group** (grōōp) *n.* [< It. *gruppo*] **1.** a number of persons or things gathered or classified together **2.** *same as* POP GROUP **3.** *Mil.* a unit of two or more squadrons **—*vt., vi.*** to form into a group or groups **—*adj.*** of a group **—group'ing** *n.*

**group captain** *see* MILITARY RANKS, table

**grouse**[1] (grous) *n., pl.* **grouse** [< ?] a game bird with a round, plump body

**grouse**[2] *vi.* **groused, grous'ing** [< ?] [Colloq.] to complain; grumble **—*n.*** [Colloq.] a complaint **—grous'er** *n.*

**grout** (grout) *n.* [OE. *grut*] a thin mortar used to fill chinks, as between tiles **—*vt.*** to fill or finish with grout **—grout'er** *n.*

**grove** (grōv) *n.* [< OE. *graf*] **1.** a small

wood or group of trees **2.** an orchard of fruit or nut trees

**grovel** (grov′′l) *vi.* **-elled, -elling** [< ON.] **1.** to behave humbly or abjectly **2.** to lie or crawl in a prostrate position, esp. abjectly —**grov′eller** *n.*

**grow** (grō) *vi.* **grew, grown, grow′ing** [OE. *growan*] **1.** to come into being; spring up **2.** to exist as living vegetation **3.** to increase in size, quantity, or degree **4.** to come to be; become [to *grow* weary] —*vt.* **1.** to cause to grow **2.** to allow to grow [to *grow* a beard] **3.** to develop —**grow on** to become gradually more acceptable, likable, etc. —**grow out of 1.** to develop from **2.** to outgrow —**grow up** to become adult —**grow′er** *n.*

**growing pains 1.** recurrent pains in the joints and muscles of growing children **2.** difficulties experienced in the early development of any enterprise

**growl** (groul) *vi.* [< ?] to make a low, rumbling, menacing sound in the throat, as a dog does —*vt.* to express by growling —*n.* the act or sound of growling —**growl′er** *n.*

**grown** (grōn) *pp. of* GROW —*adj.* **1.** mature **2.** cultivated as specified [home-*grown*]

**grown-up** *adj.* **1.** adult **2.** of or for adults —*n.* an adult: also **grown′up′**

**growth** (gröth) *n.* **1.** a growing or developing **2.** degree or extent of increase in size, weight, etc. **3.** something that grows or has grown **4.** a tumour or other abnormal mass of tissue

**groyne** (groin) *n.* [< ? OFr. *groign,* snout *or* GROIN[1]] a breakwater to control erosion

**grub** (grub) *vi.* **grubbed, grub′bing** [ME. *grubben*] **1.** to dig in the ground **2.** to work hard, esp. at menial or tedious jobs —*vt.* to uproot (often with *up*) —*n.* **1.** the short, fat, wormlike larva of an insect, esp. of a beetle **2.** [Slang] food —**grub′ber** *n.*

**grubby** *adj.* **-bier, -biest** dirty; messy; untidy

**grudge** (gruj) *vt.* **grudged, grudg′ing** [OFr. *grouchier*] **1.** to envy (someone) because of his possession of (something) **2.** to give with reluctance —*n.* a strong feeling of ill will against someone —**grudg′ing** *adj.*

**gruel** (groo′əl) *n.* [OFr., coarse meal] thin, easily digested porridge made by cooking meal in water or milk

**gruelling** *adj.* [prp. of obs. v. *gruel,* to punish] extremely trying; exhausting

**gruesome** (groō′səm) *adj.* [< dial. *grue,* to shudder] causing horror or loathing; grisly —**grue′someness** *n.*

**gruff** (gruf) *adj.* [Du. *grof*] **1.** rough or surly; rude **2.** harsh and throaty; hoarse —**gruff′ly** *adv.* —**gruff′ness** *n.*

**grumble** (grum′b′l) *vi.* **-bled, -bling** [prob. < Du. *grommelen*] **1.** to mutter or complain in a surly way **2.** to growl or rumble —*vt.* to express by grumbling —*n.* a grumbling, esp. in complaint —**grum′bler** *n.*

**grumpy** *adj.* **-ier, -iest** [echoic] grouchy; peevish; bad-tempered —**grump′ily** *adv.* —**grump′iness** *n.*

**Grundy, Mrs.** (grun′dē) [busybody in an 18th-c. play] a personification of conventional social disapproval

**grunt** (grunt) *vi.* [OE. *grunnettan*] to make the short, deep, hoarse sound of a pig or a sound like this —*vt.* to express by grunting —*n.* the sound of grunting —**grunt′er** *n.*

**Gruyère (cheese)** (groō yâər′) [< *Gruyère,* Switzerland] a light-yellow Swiss cheese, rich in butterfat

**gryphon** (grif′ən) *n. same as* GRIFFIN

**G.S., g.s.** **1.** general secretary **2.** general staff

**G-string** (jē′strin′) *n.* **1.** a narrow loincloth **2.** a similar band, worn by striptease dancers **3.** *Music* a string tuned to G

**G-suit** *n.* [*G* for *gravity*] a pressurized garment for pilots or astronauts

**G.T.** [It. *gran turismo*] *Motoring* sports tourer capable of high speeds

GUANACO

**guanaco** (gwä nä′kō) *n., pl.* **-cos** [Sp. < SAmInd.] a woolly, reddish-brown, wild animal of the Andes, related to the camel and llama

**guano** (gwä′nō) *n., pl.* **-nos** [Sp. < SAmInd.] the manure of sea birds, used as a fertilizer

**guarantee** (gar′ən tē′) *n.* [< GUARANTY] **1.** *same as* GUARANTY **2.** *a*) a pledge that something will be replaced if it is not as represented *b*) a positive assurance that something will be done in the manner specified **3.** a guarantor —*vt.* **-teed′, -tee′ing 1.** to give a guarantee or guaranty for **2.** to promise

**guarantor** *n.* one who makes a guaranty or guarantee

**guaranty** *n., pl.* **-ties** [< OFr. *garant,* a warrant] **1.** a pledge or security for another's debt or obligation **2.** an agreement that secures the existence or maintenance of something

**guard** (gärd) *vt.* [< OFr. *garder,* protect] **1.** to watch over and protect; defend **2.** *a*) to keep from escape or trouble *b*) to hold in check; control *c*) *Sports* to keep (an opponent) from making a gain or scoring —*vi.* **1.** to keep watch (*against*) **2.** to act as a guard —*n.* **1.** a person or group that guards; specif., *a*) a sentinel or sentry *b*) the official in general charge of a railway train *c*) [*pl.*] [*often* **G-**] a special unit of troops assigned to the British royal household **2.** any device that protects against injury or loss **3.** defence; protection **4.** a posture of defence, as in boxing, fencing, etc. —**off (one's) guard** not alert for defence —**on (one's) guard** alert for defence —**stand guard** to do sentry duty

**guarded** *adj.* **1.** watched over **2.** cautious; noncommittal —**guard'edly** *adv.*

**guardhouse** *n. Mil.* **1.** a building used by the members of a guard when not on duty: also **guard room** **2.** a jail for temporary confinement

**guardian** *n.* **1.** a person who guards or takes care of another person, property, etc. **2.** a person legally placed in charge of the affairs of a minor or of someone incapable of managing his own affairs —*adj.* protecting —**guard'ianship'** *n.*

**guardsman** *n.* a member of The Guards or of any military guard

**guava** (gwä'və) *n.* [< Sp. < native name] **1.** a tropical American tree bearing a yellow, edible fruit **2.** the fruit

**gubernatorial** (gōō'bər nə tôr'ē əl) *adj.* [L. *gubernator,* governor] [Chiefly U.S.] of a governor or his office

**gudgeon**[1] (guj'ən) *n.* [< Gr. *kōbios*] **1.** a small freshwater fish, easily caught, and used for bait **2.** a person easily tricked

**gudgeon**[2] *n.* [< OFr. *gojon,* pivot] **1.** a metal pin or shaft at the end of an axle **2.** the socket of a hinge, into which the pin is fitted

**guelder-rose** (gel'dər rōz') *n.* [< *Gelderland,* in the Netherlands] a shrub bearing clusters of white flowers

**Guernsey** (gurn'zē) *n., pl.* **-seys** [< one of the Channel Islands] any of a breed of dairy cattle, usually fawn-coloured with white markings

**guerrilla, guerilla** (gə ril'ə) *n.* [Sp. dim. of *guerra,* war] any member of a small force of irregular soldiers, usually politically motivated, making surprise raids on regular forces

**guess** (ges) *vt., vi.* [prob. < MDu. *gessen*] **1.** to form a judgment or estimate of (something) without actual knowledge; surmise **2.** to judge correctly by doing this **3.** [U.S.] to think or suppose —*n.* **1.** a guessing **2.** something guessed; surmise —**guess'er** *n.*

**guesswork** *n.* **1.** the act of guessing **2.** a judgment, result, etc. arrived at by guessing

**guest** (gest) *n.* [ON. *gestr*] **1.** a person entertained at the home of another or at a restaurant, theatre, etc. **2.** any paying customer of a hotel, restaurant, etc. **3.** a person who appears on a programme by special invitation —*adj.* **1.** for guests **2.** performing by special invitation *[a guest* artist*]*

**guest house** a boarding house

**guff** (guf) *n.* [echoic] [Slang] foolish talk; nonsense

**guffaw** (gu fô') *n.* [echoic] a loud, coarse burst of laughter —*vi.* to laugh in this way

**guidance** (gīd'əns) *n.* **1.** the act of guiding; direction; leadership **2.** advice or assistance

**guide** (gīd) *vt.* **guid'ed, guid'ing** [< OFr. *guier*] **1.** to point out the way for; lead **2.** to direct the course of **3.** to direct in (policies, actions, work, etc.) —*n.* **1.** one who leads others on a trip or tour **2.** one who directs, or serves as the model for, another in his conduct, career, etc. **3.** a guidebook **4.** a book giving instruction in the elements of some subject **5.** *same as* GIRL GUIDE —**guid'able** *adj.*

**guidebook** *n.* a book containing directions and information for tourists

**guided missile** a military missile whose course is controlled by radio signals, radar devices, etc.

**guide dog** a dog trained to lead a blind person

**guideline** *n.* a standard or principle by which to determine a policy or action: also **guide line**

**guider** *n.* the adult leader of a company of girl guides

**guidon** (gīd''n) *n.* [Fr. < It.] the identification flag of a military unit

**guild** (gild) *n.* [< OE. *gyld* and ON. *gildi*] **1.** any association for mutual aid and the promotion of common interests **2.** in medieval times, a union of men in the same craft or trade

**guilder** (gil'dər) *n.* [< MDu.] **1.** the monetary unit of the Netherlands **2.** a former coin of the Netherlands, Germany, or Austria

**guildhall** *n.* **1.** a hall where a guild meets **2.** a town hall

**guile** (gīl) *n.* [OFr.] slyness and cunning in dealing with others —**guile'ful** *adj.* —**guile'less** *adj.*

**guillemot** (gil'ə mot') *n.* [Fr., dim. of *Guillaume,* William] any of various narrow-billed, northern diving birds

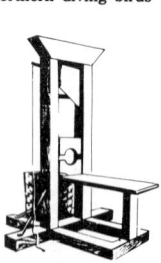

GUILLOTINE

**guillotine** (gil'ə tēn'; *for n. also* gil'ə tēn') *n.* [Fr., < J. I. *Guillotin*] **1.** an instrument for beheading by means of a heavy blade dropped between two grooved uprights **2.** a device with a long, rigid, blade for cutting or trimming paper, metal, etc. **3.** in Parliament, a form of closure under which a bill is divided into compartments, certain groups of which must be dealt with each day —*vt.* **-tined', -tin'ing** **1.** to behead or cut with a guillotine **2.** in Parliament, to limit debate by means of a guillotine

**guilt** (gilt) *n.* [OE. *gylt,* sin] **1.** the act or state of having done a wrong or committed an offence **2.** a feeling of self-reproach resulting from a belief that one has done something wrong

**guiltless** *adj.* **1.** innocent **2.** having no knowledge (with *of*) **—guilt'lessly** *adv.*

**guilty** *adj.* **-ier, -iest** **1.** having guilt **2.** legally judged an offender **3.** showing or conscious of guilt **4.** involving guilt **—guilt'ily** *adv.* **—guilt'iness** *n.*

**guinea** (gin'ē) *n.* **1.** [first coined of gold from *Guinea*] a former British gold coin equal to 21 shillings **2.** formerly, the sum of 21 shillings

**guinea fowl** [orig. imported from *Guinea*] a domestic fowl with a rounded body and speckled feathers

**guinea pig** [prob. orig. brought to England by ships plying between England, *Guinea,* and S. America] **1.** a small, fat rodent kept as a pet or used in biological experiments **2.** any person or thing used in an experiment

**guipure** (gē pyo̅o̅r') *n.* [Fr.] lace with the patterns held together by connecting threads

**guise** (gīz) *n.* [OFr. < OHG. *wisa,* manner] **1.** a false appearance **2.** outward aspect **3.** manner of dress

**guiser** *n.* [< prec.] [Scot. and N Eng.] a mummer

**guitar** (gi tär') *n.* [< Sp. < Gr. *kithara,* lyre] a musical instrument usually with six strings that are plucked with the fingers or a plectrum **—guitar'ist** *n.*

**Gulag** (go̅o̅'lag) *n.* [Russ.] the central administrative department of the Soviet security service, responsible for prisons, labour camps, etc.

**gulch** (gulch) *n.* [prob. < dial. *gulch,* swallow greedily] a deep, narrow ravine

**gulf** (gulf) *n.* [ult. < Gr. *kolpos,* bosom] **1.** an area of sea, larger than a bay, reaching into land **2.** a wide, deep chasm **3.** a wide separation

**Gulf Stream** a warm ocean current flowing from the Gulf of Mexico and around the British Isles

**gulfweed** *n.* a seaweed found in the Gulf Stream and the Sargasso Sea: also **sargasso weed**

**gull**[1] (gul) *n.* [< Celt.] a water bird with large wings, webbed feet, and white and grey feathers

**gull**[2] *n.* [< ?] [Archaic] a person easily tricked; dupe **—*vt.*** to cheat; trick

**gullet** (gul'ət) *n.* [< L. *gula,* throat] **1.** the oesophagus **2.** the throat or neck

**gullible** (gul'əb'l) *adj.* easily tricked; credulous **—gul'libil'ity** *n.* **—gul'libly** *adv.*

**gully** (gul'ē) *n., pl.* **-lies** [see GULLET] **1.** a channel worn by running water; small, narrow ravine **2.** *Cricket* a close fielding position on the off side behind the wicket

**gulp** (gulp) *vt.* [prob. < Du. *gulpen*] **1.** to swallow hastily or greedily **2.** to choke back as if swallowing **—*vi.*** to catch the breath as in swallowing **—*n.*** **1.** a gulping **2.** the amount swallowed at one time

**gum**[1] (gum) *n.* [< L. *gumma* < Egypt. *kemai*] **1.** a sticky substance found in certain trees and plants, which dries into a brittle mass that swells in water **2.** any similar plant secretion, as resin **3.** an adhesive, as on the back of a postage stamp **4.** any of various sticky substances or deposits **5.** *same as* CHEWING GUM **—*vt.* gummed, gum'ming** to coat, unite, or stiffen with gum **—*vi.*** to become sticky or clogged **—gum up** [Colloq.] to put out of working order

**gum**[2] *n.* [OE. *goma*] [*often pl.*] the firm flesh surrounding the base of the teeth

**gum arabic** a gum obtained from several African acacias, used in medicine and sweets, for stabilizing emulsions, etc.

**gumboil** *n.* an abscess on the gum

**gum boot** *same as* WELLINGTON BOOT

**gummy**[1] *adj.* **-mier, -miest** **1.** having the nature of gum; sticky **2.** covered with gum **3.** yielding gum

**gummy**[2] *adj.* toothless

**gump** (gump) *n.* [Colloq.] gumption

**gumption** (gump'shən) *n.* [< Scot. dial.] [Colloq.] **1.** orig., common sense **2.** courage and initiative

**gum resin** a mixture of gum and resin, given off by certain trees and plants

**gum tree** any of various trees that yield gum, as the eucalyptus **—up a gum tree** [Colloq.] to be in difficulties

**gun** (gun) *n.* [< ME. *gonne* < ?] **1.** any of various weapons, as a cannon, rifle, etc., consisting of a metal tube from which a projectile is discharged by the force of an explosive **2.** a discharge of a gun in signalling or saluting **3.** anything like a gun in shape or use [air *gun,* spray *gun*] **4.** a member of a shooting party **—*vi.* gunned, gun'ning** to shoot or hunt with a gun **—*vt.*** **1.** [Colloq.] to shoot (a person) (often with *down*) **2.** [Slang] to advance the throttle of (an engine) so as to increase the speed **—go great guns** [Slang] to act with speed and efficiency **—gun for** **1.** to hunt for with a gun **2.** [Slang] to be ambitious for **—jump the gun** [Slang] to begin before the proper time **—stick to one's guns** to be firm under attack

**gunboat** *n.* a small armed ship of shallow draught, used to patrol rivers, etc.

**gunboat diplomacy** diplomacy reinforced with the threat of military action

**guncotton** *n.* nitrocellulose in a highly nitrated form, used as an explosive

**gun dog** a dog trained to find or retrieve game

**gunfire** *n.* the firing of a gun or guns

**gunman** *n.* a man armed with a gun, esp. an armed gangster or hired killer

**gunmetal** *n.* **1.** a kind of bronze formerly used for making cannons **2.** the dark grey colour (**gunmetal grey**) of tarnished gunmetal **—*adj.*** dark grey

**gunnel** (gun''l) *n.* *same as* GUNWALE

**gunner** *n.* **1.** a soldier etc. who helps fire artillery **2.** an artilleryman **3.** a naval warrant officer in charge of a ship's guns

**gunnery** *n.* the science of making and using heavy guns

**gunny** (gun′ē) *n., pl.* **-nies** [< Sans. *gōnī,* sack] a coarse, heavy fabric of jute or hemp, used for sacks

**gunpoint** *n.* the muzzle of a gun —**at gunpoint** under threat of being shot with a gun

**gunpowder** *n.* an explosive powder used in cartridges, shells, etc., for blasting, etc.

**gunrunning** *n.* the smuggling of guns and ammunition into a country —**gun′run′ner** *n.*

**gunshot** *n.* **1.** shot fired from a gun **2.** the range of a gun —*adj.* caused by a shot from a gun

**gunslinger** *n.* [Chiefly U.S. Slang] a gunman

**gunstock** *n.* the wooden handle or butt to which the barrel of a gun is attached

**gunwale** (gun′l) *n.* [first applied to bulwarks supporting a ship's guns] the upper edge of the side of a ship or boat

**guppy** (gup′ē) *n., pl.* **-pies** [< R. *Guppy,* of Trinidad] a tiny, brightly coloured tropical fish

**gurgle** (gur′g'l) *vi.* **-gled, -gling** [prob. echoic] **1.** to flow with a bubbling sound **2.** to make such a sound in the throat —*n.* the sound of gurgling

**Gurkha** (gur′kə) *n.* **1.** any of a warlike people living in Nepal **2.** a member of this people serving as a soldier in the British army

**gurnard** (gur′nərd) *n.* [< OFr. *grogner,* to grunt] a sea fish with winglike fins for gliding short distances

**guru** (goor′o͞o) *n.* [< Sans. *guru-ḥ,* venerable] in Hinduism, one's spiritual adviser

**gush** (gush) *vi.* [prob. akin to ON. *gjosa*] **1.** to flow out suddenly and plentifully **2.** to have a sudden flow **3.** to express exaggerated enthusiasm or feeling —*vt.* to cause to flow out suddenly —*n.* **1.** a sudden, plentiful outflow **2.** gushing talk or writing —**gush′ing** *adj.*

**gusher** *n.* **1.** a person who gushes **2.** an oil well from which oil spouts without being pumped

**gusset** (gus′it) *n.* [< OFr. *gousset*] a triangular or diamond-shaped piece inserted in a garment to make it stronger or roomier —**gus′seted** *adj.*

**gust** (gust) *n.* [< ON. *gustr*] **1.** a sudden, strong rush of air, rain, or wind **2.** a sudden outburst of laughter, rage, etc. —*vi.* to blow in gusts —**gust′y** *adj.*

**gustatory** (gus′tə tôr′ē) *adj.* of or having to do with tasting or the sense of taste: also **gus′tative**

**gusto** (gus′tō) *n.* [< L. *gustus,* taste] **1.** great vigour **2.** zest; relish **3.** [Obs.] taste; liking

**gut** (gut) *n.* [OE. *guttas,* pl.] **1.** [*pl.*] the bowels; entrails **2.** the intestine **3.** tough cord made from animal intestines, used for violin strings, etc. **4.** [*pl.*] [Colloq.] the basic or inner parts **5.** [*pl.*] [Colloq.] daring, courage, etc. —*vt.* **gut′ted, gut′ting** **1.** to remove the intestines from **2.** to destroy the interior of, as by fire —*adj.* [Colloq.] **1.** urgent and basic **2.** instinctive

**gutless** *adj.* [Slang] lacking courage

**gutsy** *adj.* **-ier, -iest** [Slang] **1.** greedy **2.** courageous, forceful, etc. —**guts′iness** *n.*

**gutta-percha** (gut′ə pur′chə) *n.* [< Malay] a rubberlike gum produced from various SE Asian trees, used in insulation, dentistry, etc.

**gutter** (gut′ər) *n.* [< L. *gutta,* drop] **1.** a trough to carry off water, as under the eaves of a roof, along the side of a street, etc. **2.** a way of living characterized by squalor, poverty, etc. (with *the*) —*vt.* to furnish with gutters —*vi.* to melt rapidly so that the wax runs down in channels: said of a candle

**gutter press** journalism that seeks sensationalism

**guttersnipe** *n.* a child living in the slums, for the most part in the streets: contemptuous term

**guttural** (gut′ər əl) *adj.* [< L. *guttur,* throat] **1.** of the throat **2.** produced in the throat; rasping **3.** formed with the back of the tongue close to the palate, as the *k* in *keen* —**gut′turally** *adv.* —**gut′turalness** *n.*

**guy**[1] (gī) *n.* [< OFr. guier, to guide] a rope, chain, etc. attached to something to steady or guide it —*vt.* to guide or steady with a guy

**guy**[2] *n.* [< *Guy Fawkes*] **1.** [Colloq.] any person, esp. a man or boy **2.** an effigy of Guy Fawkes **3.** a person dressed oddly —*vt.* to make fun of

**guzzle** (guz′'l) *vi., vt.* **-zled, -zling** [< ? OFr. *gosier,* throat] to drink or eat greedily —**guz′zler** *n.*

**gybe** (jīb) *n., vi., vt.* **gybed, gyb′ing** *same as* JIBE[1]

**gym** (jim) *n.* [Colloq.] *same as:* **1.** GYMNASIUM **2.** PHYSICAL EDUCATION

**gymkhana** (jim kä′nə) *n.* [< Hindi & Urdu *gend-khāna,* racket court] **1.** an event in which horses and riders display skill in races and contests **2.** the place where such an event is held

**gymnasium** (jim nā′zē əm) *n., pl.* **-siums, -sia** [< Gr. *gymnos,* naked] a room or building equipped for physical training and athletic sports —**gymna′sial** *adj.*

**gymnast** (jim′nast) *n.* an expert in gymnastics

**gymnastics** (jim nas′tiks) *n.pl.* **1.** [*with sing v.*] the practice of exercises that develop physical strength and agility **2.** such exercises —**gymnas′tic** *adj.*

**gymnosperm** (jim′nə spurm′) *n.* [< Gr. *gymnos,* naked + *sperma,* seed] a plant having the ovules borne on open scales, usually in cones, as pines and cedars

**gymp** (gimp) *n.* *same as* GIMP

**gym shoe** a plimsoll

**gymslip** (jim′slip′) *n.* a tunic or pinafore

dress worn, esp. formerly, by schoolgirls, often as part of school uniform

**gynaecology** (gī′nə·kol′ə·jē) *n.* [< Gr. *gynē*, woman + -LOGY] the branch of medicine dealing with the specific functions, diseases, etc. of women —**gyn′aecolog′ic** (-kə·loj′ik), **gyn′aeco·log′ical** *adj.* —**gyn′ae·col′ogist** *n.*

**gyp**[1] (jip) *n.* [< ? GYPSY] a male servant at a college, esp. at Cambridge

**gyp**[2] *n.* [< ?] [Slang] severe pain [his arthritis gave him *gyp*]

**gypsum** (jip′səm) *n.* [< Gr. *gypsos*, chalk] a hydrated sulphate of calcium used for making plaster of Paris, in treating soil, etc. —**gyp′seous** *adj.*

**Gypsy** (jip′sē) *n., pl.* **-sies** [< *Egipcien*, Egyptian] [*also* **g-**] a member of a wandering Caucasoid people with dark skin and black hair, believed to have originated in India

**gyrate** (jī′rāt′; *for adj.* jī′rāt) *vi.* **-rat′ed, -rat′ing** [< Gr. *gyros*, circle] to move in a circular or spiral path —*adj.* spiral or circular —**gyra′tion** *n.* —**gy′ra′tor** *n.*

**gyrfalcon** (jur′fôl′kən) *n.* [< OFr. *girfaucon*] a large, fierce, strong falcon of N Europe, Asia and N America

**gyro** (jī′rō) *n., pl.* **-ros** *short for:* **1.** GYROSCOPE **2.** GYROCOMPASS

**gyro-** [< Gr. *gyros*, a circle] *a combining form meaning:* **1.** gyrating [*gyroscope*] **2.** gyroscope [*gyrocompass*]

**gyrocompass** *n.* a compass consisting of a motor-operated gyroscope whose rotating axis points to the geographic north pole

**gyropilot** *n.* *same as* AUTOMATIC PILOT

GYROSCOPE

**gyroscope** *n.* [GYRO- + -SCOPE] a wheel mounted in a ring so that its axis is free to turn in any direction: when the wheel is spun rapidly, it will keep its original plane of rotation —**gy′roscop′ic** (-skop′ik) *adj.*

**gyrostabilizer** *n.* a device consisting of a gyroscope spinning in a vertical plane, used to stabilize the side-to-side rolling of a ship

**gyve** (jīv) *n., vt.* **gyved, gyv′ing** [< Anglo-Fr. *gyves*, pl.] [Archaic or Poet.] fetter; shackle

# H

**H, h** (āch) ***n., pl.*** **H's, h's** the eighth letter of the English alphabet

**H** *Chem.* hydrogen

**H., h.** **1.** hard(ness) **2.** height **3.** high **4.** hour(s)

**ha**[1] (hä) ***interj.*** [echoic] an exclamation variously expressing surprise, anger, triumph, etc.

**ha**[2] hectare(s)

**habeas corpus** (hā′bē əs kôr′pəs) [L., (that) you have the body] *Law* a writ requiring that a detained person be brought before a court to decide the legality of his detention or imprisonment

**haberdasher** (hab′ər dash′ər) ***n.*** [prob. < Anglo-Fr.] a dealer in various small articles, such as ribbons, thread, etc. **—hab′erdash′ery** ***n.***

**habiliment** (hə bil′ə mənt) ***n.*** [< MFr. *habiller,* clothe] [*usually pl.*] clothing; dress

**habit** (hab′it) ***n.*** [< L. *habere,* have] **1.** an acquired pattern of action that is difficult to break **2.** a thing done often and, hence, easily; custom **3.** tendency, disposition, etc. **4.** an addiction, esp. to narcotics **5.** a distinctive costume, as of a religious order **—*vt.*** to dress

**habitable** ***adj.*** fit to be lived in **—hab′itabil′ity** ***n.***

**habitant** (hab′ə tənt) ***n.*** [Canad.] **1.** one of the original French settlers in Canada or Louisiana **2.** a descendant of these, esp. a farmer

**habitat** (hab′ə tat′) ***n.*** [L., it inhabits] the natural environment, esp. of a plant or animal

**habitation** (hab′ə tā′shən) ***n.*** **1.** an inhabiting; occupancy **2.** a dwelling; home

**habit-forming** ***adj.*** resulting in the formation of a habit or in addiction

**habitual** (hə bit′yoo wəl) ***adj.*** **1.** done or fixed as a habit; customary **2.** being or doing by habit; steady [a *habitual* smoker] **3.** much seen, done, or used; usual **—habit′ually** ***adv.*** **—habit′ualness** ***n.***

**habituate** ***vt.*** **-at′ed, -at′ing** [see HABIT] to make used (*to*); accustom **—habit′ua′tion** ***n.***

**habitué** (hə bit′yoo wā′) ***n.*** [Fr.] a person who frequents a certain place or places

**hachure** (ha shyoor′) ***n.*** [< OFr. *hacher,* chop] any of a series of short parallel lines used, esp. in map making, to represent a sloping or elevated surface

**hacienda** (ha′sē en′də) ***n.*** [Sp.] in Latin America, **1.** a large estate **2.** the main dwelling on such an estate

**hack**[1] (hak) ***vt.*** [OE. *haccian*] **1.** to chop or cut roughly **2.** in some sports, to foul by kicking an opponent's shin **—*vi.*** **1.** to make rough or irregular cuts **2.** to give harsh, dry coughs **—*n.*** **1.** a tool for hacking **2.** a slash, gash or notch **3.** a kick on the shin **—hack′er** ***n.***

**hack**[2] ***n.*** [< HACKNEY] **1.** *a*) a horse kept for riding *b*) a horse for hire **2.** an old, worn-out horse **3.** one who does uninspired, routine writing **4.** [U.S.] a devoted, unquestioning worker for a political party **—*vi.*** to ride a horse at a gentle pace **—*adj.*** **1.** employed as or done by a hack **2.** stale; trite

**hackle** (hak′l) ***n.*** [ME. *hechele*] **1.** any of the long feathers at the neck of a cock **2.** *Fishing* parts of an artificial fly made of feathers from a cock's neck **3.** [*pl.*] the bristling hairs on a dog's neck and back **4.** a comb for separating the fibres of flax, etc. **—get one's hackles up** to become tense with anger; bristle

**hackney** (hak′nē) ***n., pl.*** **-neys** [? < village where horses were formerly raised] **1.** a horse for ordinary driving or riding **2.** a carriage for hire

**hackney carriage** a taxi

**hackneyed** (hak′nēd′) ***adj.*** made trite by overuse

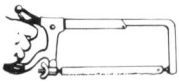

HACKSAW

**hacksaw** (hak′sô′) ***n.*** a saw for cutting metal, consisting of a narrow, fine-toothed blade held in a frame

**had** (had; *unstressed* həd, əd) *pt. & pp. of* HAVE

**haddock** (had′ək) ***n.*** [< ? OFr. *hadot*] a food fish related to the cod

**hadedah** (hä′di dä′) ***n.*** [echoic] a large, grey-green S African ibis

**Hades** (hā′dēz) *Gr. Myth.* **1.** the home of the dead **2.** the ruler of the underworld

**hadj** (haj) ***n.*** *same as* HAJJ

**hadji** (haj′ē) ***n.*** *same as* HAJJI

**haemal** (hē′məl) ***adj.*** [< Gr. *haima,* blood] of the blood or blood vessels: also **hae′matal**

**haematic** (hi mat′ik) ***adj.*** of or filled with blood

**haematite** (hem′ə tīt′) ***n.*** [< Gr. *haimatitēs,* bloodlike] ferric oxide, an important iron ore, brownish red or black **—haem′atit′ic** (-tit′ik) ***adj.***

**haemato-** [< Gr.] *a combining form meaning* blood

**haematology** (hē′mə tol′ə jē) ***n.*** the study of blood and its diseases **—hae′mato-**

**og'ic** (-tə loj'ik), **hae'matolog'ical** *adj.* —**hae'matol'ogist** *n.*

**aemo-** [< Gr.] *a combining form meaning* blood *[haemoglobin]*: also Chiefly U.S.] **hemo-**

**aemoglobin** (hē'mō glō'bin) *n.* [see HAEMATO + GLOBULIN] the red colouring matter of the red blood corpuscles: it carries oxygen from the lungs to the tissues

**aemophilia** (hē'mō fil'ē ə) *n.* [see HAEMO- & -PHILE] a hereditary condition in which one of the normal blood-clotting factors is absent, causing prolonged bleeding from even minor cuts —**hae'mophil'iac** (-fil'ē ak) *n.* —**hae'mophil'ic** *adj.*

**aemorrhage** (hem'ər ij) *n.* [< Gr. *haima,* blood + *rhēgnynai,* break] the escape of blood from a blood vessel; heavy bleeding —*vi.* **-rhaged, -rhaging** to have a haemorrhage —**haem'orrhag'ic** (-ə raj'ik) *adj.*

**aemorrhoid** (hem'ə roid') *n.* [< Gr. *haima,* blood + *rhein,* to flow] a painful swelling of a vein in the region of the anus, often with bleeding: *usually used in pl.*

**afnium** (haf'nē əm) *n.* [< L. *Hafnia,* Roman name of Copenhagen] a metallic chemical element found with zirconium and somewhat resembling it: symbol, Hf

**aft** (häft) *n.* [OE. *hæft*] a handle of a knife, etc.

**ag** (hag) *n.* [< OE. *hægtesse,* witch] **1.** a witch **2.** an ugly, often vicious old woman —**hag'gish** *adj.*

**aggard** (hag'ərd) *adj.* [MFr. *hagard,* untamed] having a wild, worn look, as from grief —*n. Falconry* a hawk captured after reaching maturity

**aggis** (hag'is) *n.* [< ?] a Scottish dish made of offal, mixed with suet, seasoning, and oatmeal and boiled in a sheep's stomach

**aggle** (hag''l) *vi.* **-gled, -gling** [< Scot. *hag,* chop] to argue about terms, price, etc.; wrangle —*n.* a haggling

**agio-** [< Gr.] *a prefix meaning* saintly, sacred

**agiography** (hag'ē og'rə fē) *n., pl.* **-phies** [HAGIO- + -GRAPHY] the writing or study of lives of the saints

**agiology** (hag'ē ol'ə jē) *n., pl.* **-gies** [HAGIO- + -LOGY] literature about the saints' lives and legends

**agridden** (hag'rid''n) *adj.* obsessed by fears

**ah** (hä) *interj., n. same as* HA[1]

**a-ha** (hä'hä') *n.* [Fr. *haha*] a fence set in a ditch round a garden so as not to hide the view from within

**aiku** (hī'kōō) *n. pl.* **-ku** [Jap.] a Japanese poem of three unrhymed lines of 5, 7, and 5 syllables respectively

**ail[1]** (hāl) *vt.* [< ON. *heill,* sound] **1.** to greet with cheers; acclaim **2.** to salute as *[they hailed* him their leader*]* **3.** to summon *[hail* a taxi*]* —*vi. Naut.* to signal to a ship —*n.* **1.** a hailing **2.** the distance a shout will carry *[within hail]* —*interj.* an exclamation of greeting, etc. —**hail fellow well met** very friendly to everyone —**hail from** to come from —**hail'er** *n.*

**ail[2]** *n.* [OE. *hægel*] **1.** pellets of ice that fall during thunderstorms **2.** a showering of or like hail *[a hail* of bullets*]* —*vi.* to pour down hail *[it is hailing]* —*vt.* to shower, hurl, etc. violently like hail (*on* or *upon*)

**Hail Mary** *pl.* **Hail Marys** same as AVE MARIA

**hailstone** *n.* a pellet of hail

**hailstorm** *n.* a storm during which hail falls

**hair** (häər) *n.* [OE. *hær*] **1.** any of the fine, threadlike outgrowths from the skin of an animal or human **2.** a growth of these; esp. that covering the human head **3.** an extremely small space, degree, etc. **4.** a threadlike growth on a plant —*adj.* **1.** made of hair **2.** for the care of the hair —**get in one's hair** [Colloq.] to annoy one —**keep one's hair on** [Colloq.] to stay calm —**let one's hair down** [Colloq.] to behave without reserve —**make one's hair stand on end** to horrify one —**not turn a hair** to show no fear, surprise, etc. —**split hairs** to quibble —**to a hair** exactly

**hairbreadth** *n.* an extremely small space or amount: also **hairs'breadth', hair's'-breadth'**

**haircloth** *n.* cloth woven from horsehair, camel's hair, etc.

**hairdo** *n., pl.* **-dos'** the style in which (a woman's) hair is arranged; coiffure

**hairdresser** *n.* a person whose work is cutting, styling, etc. (women's) hair —**hair'dress'ing** *n., adj.*

**hair-grip** *n.* a small metal clip for holding hair in place

**hairline** *n.* **1.** a very thin line or stripe **2.** the outline of the hair on the head, esp. above the forehead

**hairpiece** *n.* **1.** a toupee **2.** a section of extra hair attached to one's real hair to give greater body or length

**hairpin** *n.* a small, usually U-shaped, piece of wire, etc., for keeping the hair in place —*adj.* U-shaped

**hair-raising** *adj.* [Colloq.] terrifying —**hair'-rais'er** *n.*

**hair shirt** a shirt or girdle of haircloth, worn for self-punishment by religious ascetics

**hair-slide** *n.* an ornamental hinged clasp for holding hair in place

**hairsplitting** *adj., n.* making petty distinctions; quibbling —**hair'split'ter** *n.*

**hairspring** *n.* a slender, hairlike coil that controls the balance wheel in a watch or clock

**hair trigger** a trigger so delicately adjusted that slight pressure on it discharges the firearm

**hairy** *adj.* **-ier, -iest** **1.** covered with, of, or like hair **2.** [Slang] difficult —**hair'iness** *n.*

**hairy-back** *n.* [S Afr. Derog. Slang] an Afrikaner

**hajj** (haj) *n.* [Ar. *ḥajj,* pilgrimage] the pilgrimage to Mecca that every Moslem is expected to take at least once

**hajji, haji** (haj'ē) *n.* [see prec.] a Moslem who has made a pilgrimage to Mecca

**hake** (hāk) *n.* [prob. < ON. *haki,* hook] any of various marine food fishes related to the cod

**halberd** (hal′bərd) *n.* [ult. < MHG. *helm,* handle + *barte,* axe] *Hist.* a combination spear and battle-axe: also **hal′bert** —**hal′berdier′** *n.*

**halcyon** (hal′sē ən) *adj.* [< Gr. *alkyōn,* kingfisher, supposed to calm the sea at the winter solstice] tranquil, happy, idyllic, etc.: esp. in **halcyon days**

**hale**[1] (hāl) *adj.* **hal′er, hal′est** [OE. *hal*] sound in body; vigorous and healthy —**hale′ness** *n.*

**hale**[2] *vt.* **haled, hal′ing** [< OFr. *haler*] to force (one) to go *[haled* him into court*]*

**half** (häf) *n., pl.* **halves** [OE. *healf*] **1.** either of the two equal parts of something **2.** *Sport* either of the two equal periods of a game **3.** [Colloq.] half a pint of beer —*adj.* **1.** being a half **2.** incomplete; partial —*adv.* **1.** to the extent of a half **2.** [Colloq.] to some extent *[half* convinced*]* **3.** [Colloq.] at all: used with *not [*not *half* bad*]* —**by half** considerably *[*too busy by *half]* —**in half** into halves —**not the half of** only a small part of

**half-and-half** *n.* something that is half one thing and half another; a mixture of beer and stout —*adj.* combining two things equally

**halfback** *n. Football, Hockey,* etc. a player positioned behind the forwards

**half-baked** *adj.* **1.** not completely planned **2.** having or showing little intelligence

**half binding** a style of book binding in which leather, etc., is used to surround the spine and cover the corners

**half blood** kinship through one parent only *[*sisters of the *half blood]* —**half′-blood′ed** *adj.*

**half-breed** *n.* a person whose parents are of different races

**half brother** a brother through one parent only

**half-caste** *n.* a half-breed

**half cock** the halfway position of the hammer of a firearm, when the trigger is locked —**go off at half cock** **1.** to fail because of inadequate preparation or premature starting **2.** to go off too soon: said of a firearm

**half crown** a former British coin worth two shillings and sixpence (12.5 new pence): also **half a crown**

**halfhearted** *adj.* with little enthusiasm, determination, interest, etc. —**half′heart′edly** *adv.*

**half hitch** a knot made by passing the end of the rope around the rope and then through the loop thus made

**half-hour** *n.* **1.** half of an hour; thirty minutes **2.** the point thirty minutes after any given hour —**half′-hour′ly** *adj., adv.*

**half-inch** (häf′inch′) *vt., vi.* [< *pinch*] [Slang] to steal

**half-life** *n.* the period required for the disintegration of half of the atoms in a sample of some radioactive substance: also **half life**

**half-mast** (häf′mäst′) *n.* the position of a flag lowered about halfway dow its staff, as in public mourning

**half measures** inadequate means c actions

**half-moon** (häf′mōōn′) *n.* **1.** the moo when only half its disc is seen **2.** anythin shaped like a half-moon

**halfpenny** (hāp′nē) *n., pl.* **-pence** (-pəns) **-pennies** a coin worth half of one penn

**half sister** a sister through one parent only

**half size** any of a series of sizes i clothing, shoes, etc. that is halfway betwee two sizes

**half sovereign** a former British coi worth ten shillings (50 new pence)

**half term** a short holiday midway throug an academic term

**half-timbered** (häf′tim′bərd) *ad Archit.* made of a wooden framewor having the spaces filled with plaster, etc

**half time** the rest period between halve of a game

**half title** the title of a book appearin on the odd-numbered page preceding th main title page

**halftone** *n.* **1.** *Art* a shading betwee light and dark **2.** *Photoengraving a)* technique of shading by use of dots *b)* a photoengraving so made

**halftrack** *n.* an army truck, armoure vehicle, etc. with tractor treads instea of rear wheels

**half-truth** *n.* a statement containing onl some of the facts, often made with th intention of deceiving

**halfway** *adj.* **1.** equally distant betwee two points, etc. **2.** incomplete —*adv.* to the midway point **2.** incompletel —**meet halfway** to be willing to compro mise with

**halfway house** **1.** a place to rest midwa on a journey **2.** the halfway point i any progression

**half-wit** *n.* a fool —**half′-wit′ted** *adj.*

**halibut** (hal′ə bət) *n.* [< ME. *hali,* hol + *butt,* flounder] a large, edible flatfis found in northern seas

**halitosis** (hal′ə tō′sis) *n.* [< L. *halitu* breath + -OSIS] bad-smelling breath

**hall** (hôl) *n.* [OE. *heall*] **1.** a passagewa or room between the entrance and th interior of a building **2.** a large publi room for entertainments, etc. **3.** th dwelling of a baron, squire, etc. **4.** residential building in a university **5.** *a* in some colleges, a dining-room *b)* a dinne eaten there **6.** the large, main living room in a castle or manor house **7.** th headquarters of a guild, etc. **8.** passageway onto which rooms open

**hallelujah, halleluiah** (hal′ə lōō′yə *interj.* [< Heb. *hallelū,* praise + *yāh* Jehovah] praise (ye) the Lord! —*n.* hymn of praise to God

**halliard** (hal′yərd) *n. same as* HALYARD

**hallmark** (hôl′märk′) *n.* **1.** an officia mark stamped on British gold and silve articles orig. at Goldsmiths' Hall in London as a guarantee of genuineness **2.** an mark of high quality —*vt.* to put hallmark on

**allo** (hə lō′) *interj.* [< HALLOO] an exclamation *a*) of greeting *b*) to attract attention *c*) of surprise —*n., pl.* **-los** a saying of 'hallo'

**alloo** (hə lōō′) *vi., vt.* **-looed′, -loo′ing** 1. to call out in order to attract attention 2. to urge on (hounds) by shouting 3. to shout —*interj., n.* a shout

**allow** (hal′ō) *vt.* [OE. *halgian*] to make or regard as holy —**hal′lowed** *adj.*

**Halloween, Hallowe′en** (hal′ō wēn′) *n.* [< *all hallow even*] the evening of October 31st, which is followed by All Saints' Day

**allucinate** (hə lōō′sə nāt′) *vi., vt.* **-nat′ed, -nat′ing** [< L. *hallucinari,* wander mentally] to have or cause to have hallucinations —**hallu′cinant** *adj., n.*

**allucination** (hə lōō′sə nā′shən) *n.* 1. the apparent perception of sights, sounds, etc. that are not actually present 2. the imaginary thing apparently seen, heard, etc. —**hallu′cinative, hallu′cinatory** *adj.*

**allucinogen** (hə lōō′sə nə jen) *n.* a drug that produces hallucinations —**hallu′cinogen′ic** *adj.*

**allway** (hôl′wā′) *n.* a passageway; corridor; hall

**alm** (häm) *n.* *same as* HAULM

**alo** (hā′lō) *n., pl.* **-los, -loes** [< Gr. *halōs,* circular threshing floor] 1. a symbolic ring of light around the head of a saint, etc. 2. the glory with which a revered person or thing is invested 3. a ring of light that seems to encircle the sun, moon, etc.

**alogen** (hal′ə jən) *n.* [< Gr. *hals,* salt + -GEN] any of the five very active, nonmetallic chemical elements, fluorine, chlorine, bromine, astatine, and iodine

**alt**[1] (hôlt) *vi., vt.* [< G. *halten,* to hold] stop —*n.* 1. a stop 2. a minor railway station, without permanent buildings —**call a halt** to order a stop

**alt**[2] *vi.* [< OE. *healtian*] 1. to be uncertain; hesitate [to *halt* in one's speech] 2. to have defects in flow, as of rhythm or logic —*adj.* [Archaic] lame —**the halt** those who are lame —**halt′ingly** *adv.*

**alter** (hôl′tər) *n.* [OE. *hælftre*] 1. a rope, etc. for tying or leading an animal 2. a rope for hanging a person; noose 3. a woman's garment held up by a loop around the neck —*vt.* to put a halter on (an animal)

**alve** (hāv) *vt.* **halved, halv′ing** 1. to divide into two equal parts 2. to share equally (*with* someone) 3. to reduce to half 4. *Golf* to draw (a hole, match, etc.)

**alves** *n. pl. of* HALF —**by halves** 1. incompletely; imperfectly 2. halfheartedly —**go halves** to share expenses, etc. equally

**alyard** (hal′yərd) *n.* [< ME. *halier*] a rope or tackle for raising or lowering a flag, sail, etc.

**am** (ham) *n.* [OE. *hamm*] 1. *a*) the upper part of a pig's hind leg, salted, smoked, etc. *b*) meat from this 2. the back of the thigh 3. the thigh and the buttock together 4. [Slang] an incompetent actor, esp. one who overacts 5. [Colloq.] an amateur radio operator —*vi.* **hammed, ham′ming** to overact

**hamadryad** (ham′ə drī′əd) *n.* [< Gr. *Hamadryas*] *Gr. Myth.* a wood nymph whose life was bound up with that of the tree in which she lived

**hamba** (ham′bə) *interj.* [< Bantu *-hamba,* walk, travel] [S Afr.] go away; be off

**hamburger** (ham′bur gər) *n.* [< *Hamburg,* W. Germany] a fried or baked cake of minced meat, often eaten as a sandwich in a round bun

**ham-fisted** (ham′fist′id) *adj.* [Colloq.] clumsy: also **ham-handed**

**Hamitic** (ha mit′ik) *adj.* designating a group of African languages, including ancient Egyptian and Berber

**hamlet** (ham′lit) *n.* [< OFr. *hamel*] a very small village

**hammer** (ham′ər) *n.* [OE. *hamor*] 1. a tool for pounding, with a metal head and a handle 2. a thing like this in shape or use; specif., *a*) the mechanism that strikes the firing pin in a firearm *b*) any of the felted mallets that strike the strings of a piano 3. *a*) a heavy metal ball attached to a wire and thrown for distance *b*) this event 4. an auctioneer's gavel —*vt.* 1. to strike repeatedly as with a hammer 2. to drive, force, or shape as with hammer blows 3. [Colloq.] to defeat, esp. in a game —*vi.* to strike repeated blows as with a hammer —**come** (or **go**) **under the hammer** to be offered for sale by an auctioneer —**hammer and tongs** noisily and with much energy —**hammer (away) at** to keep emphasizing

**hammer and sickle** the emblem on the flag of the U.S.S.R., representing the industrial workers and the peasants

**hammerhead** *n.* a shark that has a mallet-shaped head

**hammertoe** *n.* a toe that is permanently bent downwards in a clawlike deformity

**hammock** (ham′ək) *n.* [Sp. *hamaca* < WInd.] a bed of canvas, etc. swung from ropes at both ends

**hammy** (ham′ē) *adj.* **-mier, -miest** [Slang] like or characteristic of a ham (actor); overacting

**hamper**[1] (ham′pər) *vt.* [ME. *hampren*] to hinder

**hamper**[2] *n.* [< OFr. *hanap,* cup] 1. a large basket, usually with a cover 2. its contents, usually food

**hamster** (ham′stər) *n.* [G.] a rodent with large cheek pouches: it is often kept as a pet

**hamstring** (ham′strin′) *n.* 1. a tendon at the back of the human knee 2. the great tendon at the back of the hock in a four-legged animal —*vt.* **-strung′, -string′ing** 1. to disable by cutting a hamstring 2. to make powerless

**hand** (hand) *n.* [OE.] 1. the part of the human arm below the wrist, used for grasping 2. the corresponding part in apes, etc. 3. a side or position [at one's right *hand*] 4. possession or care [the papers are in my *hands*] 5. control; power [to strengthen one's *hand*] 6. an active part [take a *hand* in this work] **7.** *a*) a pledge *b*) a promise to marry **8.** skill; ability [a master's *hand*] **9.** *a*) handwriting *b*) a signature **10.** applause [they gave the singer a *hand*] **11.** help [lend a *hand*] **12.** a person whose chief work is with his hands, as a labourer **13.** a member of a ship's crew **14.** a person having some special skill [quite a *hand* at sewing] **15.** a source [to get a story at second *hand*] **16.** anything like a hand, as the pointer on a clock **17.** the breadth of a hand, about 10 centimetres, used in measuring the height of horses **18.** *Card Games* *a*) the cards held by a player at one time *b*) a player *c*) a round of play —*adj.* of, for, made by, or controlled by the hand —*vt.* **1.** to give as with the hand; transfer **2.** to help, steady, etc. with the hand [to *hand* a lady into her car] —**(at) first hand** from the original source —**at hand** **1.** near **2.** imminent —**(at) second hand** **1.** not from the original source **2.** previously used —**by hand** not by machines but with the hands —**change hands** to pass from one owner to another —**from hand to mouth** with just enough for immediate needs —**hand down** **1.** to bequeath **2.** to announce (a verdict, etc.) —**hand in** to give; submit —**hand in** (or **and**) **glove** in intimate association —**hand it to** [Colloq.] to give deserved credit to —**hand on** to pass along —**hand out** to distribute —**hand over** to give up —**hand over fist** [Colloq.] easily and in large amounts —**hands down** without effort —**hand to hand** at close quarters: said of fighting —**have one's hands full** to be extremely busy —**in hand** **1.** in control **2.** in possession **3.** in process —**keep one's hand in** to keep in practice in order to retain one's skill —**lay hands on** **1.** to attack physically **2.** to seize **3.** to touch with the hands in blessing —**off one's hands** no longer in one's care —**on every hand** on all sides: also **on all hands** —**on hand** **1.** near **2.** available **3.** present —**on one's hands** in one's care; as one's responsibility —**on the one hand** from one point of view —**on the other hand** from the opposed point of view —**out of hand** **1.** out of control **2.** immediately; without reservation or close examination [to condemn *out of hand*] —**show one's hand** to disclose one's intentions —**turn one's hand to** to undertake —**wash one's hands of** to refuse to take responsibility for —**with a high hand** with arrogance —**hand'less** *adj.*

**handbag** *n.* **1.** a small container for money, toilet articles, etc., carried by women **2.** a small suitcase

**handball** *n.* a game in which a ball is thrown by hand from player to player

**handbill** *n.* a small printed notice, advertisement, etc. to be passed out by hand

**handbook** *n.* **1.** a compact reference book on some subject; manual **2.** a guidebook

**handbreadth** *n.* the breadth of the human palm, c. 10 cm

**h. & c.** hot and cold

**handcart** *n.* a small cart, often with only two wheels, pulled or pushed by hand

**handcraft** *n.* *same as* HANDICRAFT

**handcuff** *vt.* to put handcuffs on —*n.pl.* a pair of connected metal rings that can be locked about the wrists, as in fastening a prisoner to a policeman

**handful** *n., pl.* **-fuls'** **1.** as much or as many as the hand will hold **2.** a relatively small number or amount **3.** [Colloq.] someone or something hard to manage

**handicap** (han'dē kap') *n.* [< *hand in cap,* former kind of lottery] **1.** *a*) a race or competition in which difficulties are imposed on, or advantages given to, the contestants to make their chances equal *b*) such a difficulty or advantage **2.** something that hampers, disables, etc. **3.** *Golf* the average number of strokes above par which a player takes to complete a course —*vt.* **-capped', -cap'ping** **1.** to give a handicap to **2.** to hinder —**the handicapped** those who are physically disabled or mentally retarded

**handicraft** (han'dē kräft') *n.* **1.** expertness with the hands **2.** an occupation or art calling for skilful use of the hands as weaving —**hand'icrafts'man** *n.*

**handiwork** *n.* **1.** *same as* HANDWORK **2.** anything made or done by a particular person

**handkerchief** (haŋ'kər chif) *n., pl.* **-chiefs, -chieves** (-chēvz') **1.** a small piece of cloth for wiping the nose, eyes, or face **2.** a kerchief

**handle** (han'd'l) *n.* [OE., < *hand*] **1.** that part of a utensil, tool, etc. which is to be held **2.** [Colloq.] a personal title [a *handle* to one's name] **3.** a opportunity or excuse [his failure served as a *handle* to his enemies] —*vt.* **-dled, -dling** **1.** to touch, lift, etc. with the hands **2.** to operate with the hands [he *handles* the reins well] **3.** to manage, control, etc. **4.** to deal with **5.** to sell or deal in **6.** to behave towards; treat —*vi.* to respond to control [the car *handles* well] —**fly off the handle** [Colloq.] to become violently angry

**handlebar** *n.* **1.** a curved metal bar with handles on the ends, for steering a bicycle, etc. **2.** a moustache with long curved ends: in full, **handlebar moustache**

**handler** *n.* one that handles; specif., *a*) a boxer's trainer *b*) a person who trains and manages an animal

**handmade** *adj.* not made by machine

**handmaiden** *n.* [Archaic] a woman or girl servant Also **hand'maid'**

**hand-me-down** *n.* [Colloq.] a used article of clothing, etc. which is passed along to someone else

**handout** *n.* **1.** food, etc. given to a needy person **2.** a leaflet, statement, etc. handed out for publicity

**handpick** (hand'pik') *vt.* **1.** to pick (fruit, etc.) by hand **2.** to choose with care —**hand'picked'** *adj.*

**handrail** *n.* a rail serving as a guard or hand support, as along a stairway

HANDSET

**handset** *n.* a telephone mouthpiece and receiver in a single unit, held in one hand

**handshake** *n.* a gripping of each other's hand in greeting, etc.

**handsome** (han′səm) *adj.* [orig., easily handled] **1.** good-looking, esp. in a manly way **2.** large [a *handsome* sum] **3.** generous [a *handsome* gesture] —**hand′somely** *adv.*

**handspring** *n.* a gymnastic feat in which the performer turns over in midair with one or both hands touching the ground

**handstand** *n.* a gymnastic feat of supporting oneself upright on the hands with the arms outstretched

**hand-to-hand** (han′tə hand′) *adj.* in close contact; at close quarters: said of fighting

**hand-to-mouth** (-mouth′) *adj.* barely subsisting

**handwork** *n.* work done or an article made by hand, not by machine —**hand′worked′** *adj.*

**handwriting** *n.* **1.** writing done by hand, with pen, pencil, etc. **2.** a style of such writing —**hand′writ′ten** *adj.*

**handy** *adj.* **-ier, -iest** **1.** close at hand **2.** easily used or managed **3.** useful **4.** clever with the hands —**hand′ily** *adv.* —**hand′iness** *n.*

**handyman** *n.* a man who does odd jobs

**hanepoot** (han′ə pōt′) *n.* [< Du.] [S Afr.] a kind of grape eaten as a dessert or used in wine-making

**hang** (haŋ) *vt.* **hung, hang′ing;** for vt. 3 & vi. 4 **hanged** is preferred pt. & pp. [OE. *hangian*] **1.** to attach to something above; suspend **2.** to attach so as to permit free motion [to *hang* a door on its hinges] **3.** to put to death by suspending from a rope about the neck **4.** to fasten (pictures, etc.) to a wall **5.** to ornament [to *hang* a room with pictures] **6.** to paste (wallpaper) to walls **7.** [Chiefly U.S.] to deadlock (a jury) **8.** to suspend (game) till it becomes slightly decomposed —*vi.* **1.** to be suspended **2.** to swing, as on a hinge **3.** to fall in folds as cloth **4.** to die by hanging **5.** to droop **6.** to be doubtful [*hang* in the balance] —*n.* the way a thing hangs —**get the hang of** [Colloq.] **1.** to learn the knack of **2.** to understand —**hang around** (or **about**) [Colloq.] to loiter —**hang back** (or **off**) to be reluctant to advance —**hang fire** to be undecided —**hang heavily** (or **heavy**) pass slowly (of time) —**hang on** **1.** to keep hold **2.** to persevere **3.** to depend on **4.** to listen attentively to **5.** [Colloq.] to wait —**hang out** **1.** to lean out **2.** [Slang] to frequent —**hang together** **1.** to stick together **2.** to make sense —**hang up** **1.** to put on a hanger, etc. **2.** to end a telephone conversation by replacing the receiver **3.** to delay

**hangar** (haŋ′ər) *n.* [Fr., a shed] a repair shed or shelter for aircraft

**hangdog** *adj.* **1.** contemptible or abject **2.** ashamed and cringing [a *hangdog* expression]

**hanger** *n.* **1.** a person or thing that hangs **2.** a thing on which objects, as garments, are hung

**hanger-on** (haŋ′ər on′) *n., pl.* **hang′ers-on′** a follower or dependant; specif., one not wanted

**hang gliding** the sport of gliding while suspended by a harness from a large type of kite (**hang glider**)

**hanging** *adj.* **1.** suspended **2.** leaning over **3.** located on a steep slope **4.** deserving or imposing the death penalty —*n.* **1.** a putting to death by hanging **2.** something hung, as a tapestry

**hangman** *n.* an executioner who hangs criminals

**hangnail** *n.* [OE. *angnægl,* a corn] a bit of torn skin hanging at the side or base of a fingernail

**hangover** *n.* **1.** headache, etc. occurring as an aftereffect of drinking too much alcohol **2.** something remaining

**hang-up** *n.* [Slang] an emotional problem

**hank** (haŋk) *n.* [prob. < Scand.] **1.** a coil of something flexible **2.** a standard length of coiled yarn

**hanker** (haŋ′kər) *vi.* [prob. < Du. or LowG.] to crave or long (*after, for*) —**hank′ering** *n.*

**hankie, hanky** (haŋ′kē) *n., pl.* **-kies** [Colloq.] a handkerchief

**hanky-panky** (haŋ′kē paŋ′kē) *n.* [< ? HOCUS-POCUS] [Colloq.] **1.** trickery or deception **2.** *a*) foolish behaviour *b*) illicit sexual behaviour

**Hansard** (han′särd) *n.* [< L. *Hansard*] the official record of proceedings in *a*) the British parliament *b*) the Canadian parliament

**Hanse** (hans) *n.* [< OHG.] a medieval league of free towns in N Germany and adjoining countries, for economic advancement: also **Hanseatic League**

**hansom (cab)** (han′səm) [< J. A. *Hansom*] a two-wheeled covered carriage for two passengers, pulled by one horse: the driver's seat is above and behind the cab

**Hants.** Hampshire

**hap** (hap) *n.* [< ON. *happ*] [Archaic] chance; luck —*vi.* **happed, hap′ping** to occur by chance; happen

**haphazard** (hap′haz′ərd) *adj.* [prec. + HAZARD] **1.** not planned; casual **2.** careless —*adv.* by chance; casually —**hap′haz′ardly** *adv.* —**hap′haz′ardness** *n.*

**hapless** (hap′lis) *adj.* unlucky —**hap′lessly** *adv.*

**happen** (hap′′n) *vi.* [< HAP] **1.** to occur **2.** to be or occur by chance **3.** to have the luck or occasion; chance *[I happened* to see it*]* —**happen on** (or **upon**) to meet or find by chance —**happen to** to be done to; befall

**happening** *n.* **1.** an event **2.** an entertainment, etc., which is spontaneous or improvised, and usually involves its spectators

**happy** (hap′ē) *adj.* **-pier, -piest** [< HAP] **1.** favoured by circumstances; lucky **2.** having, showing, or causing pleasure **3.** clever; apt *[a happy* suggestion*]* —**hap′pily** *adv.* —**hap′piness** *n.*

**happy event** [Colloq.] the birth of a baby

**happy-go-lucky** *adj.* easygoing; trusting to luck

**hara-kiri** (har′ə kir′ē) *n.* [Jap. *hara,* belly + *kiri,* a cutting] ritual suicide by disembowelment: it was practised by high-ranking Japanese to avoid facing disgrace

**harangue** (hə raŋ′) *n.* [< Olt. *aringo,* site for public assemblies] a long, blustering or scolding speech; tirade —*vi., vt.* **-rangued′, -rangu′ing** to speak or address in a harangue —**harangu′er** *n.*

**harass** (har′əs) *vt.* [< OFr. *harer,* set a dog on] **1.** to worry, as with cares, debts, etc. **2.** to trouble by repeated raids or attacks —**har′asser** *n.* —**har′assment** *n.*

**harbinger** (här′bin jər) *n.* [< OFr. *herberge,* a shelter] a person or thing that comes before to indicate what follows

**harbour** (här′bər) *n.* [< OE. *here,* army + *beorg,* a shelter] **1.** a protected inlet for anchoring ships **2.** a refuge; shelter —*vt.* **1.** to serve as, or provide, shelter **2.** to cling to *[to harbour* a grudge*]* —*vi.* to take shelter in a harbour —**har′bourer** *n.* —**har′bourless** *adj.*

**harbour master** the official in charge of enforcing the regulations governing the use of a harbour

**hard** (härd) *adj.* [OE. *heard*] **1.** firm to the touch; solid and compact **2.** powerful *[a hard* blow*]* **3.** difficult to do, understand, deal with, or explain **4.** *a)* unfeeling *[a hard* heart*] b)* unfriendly *[hard* feelings*]* **5.** practical and shrewd *[a hard* customer*]* **6.** *a)* firm, esp. in an aggressive way *[a hard* line*] b)* undeniable *[hard* facts*]* **7.** harsh; severe **8.** sharp or too sharp *[hard* outlines, a *hard* red*]* **9.** having mineral salts that interfere with the lathering: said of water **10.** energetic *[a hard* worker*]* **11.** strongly alcoholic **12.** [Colloq.] designating any drug, as heroin, that is addictive and very damaging **13.** popularly, designating the letters *c* and *g* sounded as in *can* or *gun* **14.** high; extreme —*adv.* **1.** energetically *[work hard]* **2.** with strength or severity *[hit hard]* **3.** with difficulty *[hard*-earned*]* **4.** so as to withstand much use *[hard*-wearing*]* **5.** firmly *[secure hard* and fast *]* **6.** close *[we live hard by]* **7.** so as to be solid *[to freeze hard]* **8.** to the fullest extent *[turn hard* right*]* —**be hard on** **1.** to treat severely **2.** to be difficult or unpleasant for —**hard and fast** invariable —**hard of hearing** partially deaf —**hard put to it** having considerable difficulty —**hard up** [Colloq.] in great need of something, esp. money —**hard′ness** *n.*

**hardback** *n.* a hard-cover book

**hard-bitten** *adj.* tough; dogged

**hardboard** *n.* a material made in sheets by subjecting fibres from wood chips to pressure and heat

**hard-boiled** *adj.* **1.** boiled until the white and the yolk solidify: said of an egg **2.** [Colloq.] not affected by sentiment, pity, etc.; tough

**hard case** [Colloq.] a person who is difficult to deal with, or impossible to reform

**hard copy** computer output that can be read by eye: as contrasted with output that is machine-readable only

**hard-core** *adj.* absolute; complete

**hard-cover** *adj.* designating any book bound in a relatively stiff cover: also **hard′-bound′**

**harden** *vt., vi.* to make or become hard

**hardened** *adj.* **1.** made hard or harder **2.** confirmed or inveterate in a callous way

**hardheaded** *adj.* shrewd and unsentimental; practical —**hard′head′edly** *adv.* —**hard′head′edness** *n.*

**hardhearted** *adj.* unfeeling; pitiless

**hard labour** formerly, compulsory physical labour imposed, with imprisonment, as a punishment

**hard-line** *adj.* characterized by an aggressive, unyielding position in politics, foreign policy, etc.

**hardly** *adv.* **1.** only just; scarcely: often used ironically to mean "not at all" *[hardly* the person to ask*]* **2.** probably not **3.** with difficulty **4.** harshly

**hard pad** a disease in dogs, similar to distemper

**hard palate** the bony part of the roof of the mouth

**hard-pressed** *adj.* in difficulties; harassed

**hard sell** high-pressure salesmanship —**hard′-sell′** *adj.*

**hardship** *n.* **1.** hard circumstances of life **2.** a thing hard to bear

**hard shoulder** a surfaced verge along a motorway for emergency stops

**hardtack** *n.* [< *tack,* food] unleavened, very hard, large biscuits: traditionally part of army and navy rations

**hardware** *n.* **1.** articles made of metal, as nails, utensils, etc. **2.** heavy military equipment **3.** the mechanical, magnetic, and electronic components of a computer **4.** [Colloq.] weapons

**hardwood** *n.* **1.** any tough timber with a compact texture **2.** *Forestry* wood other than that from a conifer

**hardy** *adj.* **-dier, -diest** [< OFr. *hardir,* make bold] **1.** bold and resolute **2.** able to withstand fatigue, privation, etc. **3.** able to survive the winter without special care: said of plants —**har'dily** *adv.* —**har'diness** *n.*

**hare** (hâər) *n.* [OE. *hara*] a swift mammal related to the rabbit, with long ears, a cleft upper lip, and long, powerful hind legs

**hare and hounds** a game in which some players chase others who have left a trail of paper scraps

**harebell** *n.* a plant with clusters of blue, bell-shaped flowers

**harebrained** *adj.* reckless, giddy, rash, etc.

**harelip** *n.* a congenital deformity consisting of a harelike cleft of the lip —**hare'lipped'** *adj.*

**harem** (hä rēm') *n.* [Ar. *harīm*, prohibited (place)] **1.** that part of a Moslem's household in which the women live **2.** the women in a harem Also **hareem'**

**haricot** (har'ə kō') *n.* [Fr.] **1.** *same as* KIDNEY BEAN **2.** the pod or seed of other edible beans

**hari-kari** (har'ə kir'ē) *n.* *same as* HARA-KIRI

**hark** (härk) *vi.* [< ? OE. *heorcnian*, hearken] to listen carefully: usually in the imperative —**hark back** to go back; revert

HARLEQUIN

**Harlequin** (här'lə kwin) [< OFr. *hierlekin*, demon] a traditional comic character in pantomime, who wears a mask and gay, spangled tights —*n.* [**h-**] a clown —*adj.* [**h-**] of many colours

**harlequinade** (här'lə kwi nād') *n.* **1.** that part of a pantomime in which the Harlequin and the clown play leading parts **2.** buffoonery

**Harley Street** (här'lē) **1.** a street in London famous for its large number of medical specialists' consulting rooms **2.** medical specialists collectively

**harlot** (här'lət) *n.* [OFr., rogue] a prostitute —**har'lotry** *n.*

**harm** (härm) *n.* [OE. *hearm*] **1.** hurt; injury; damage **2.** moral wrong —*vt.* to hurt, damage, etc.

**harmful** *adj.* causing or able to cause harm; hurtful

**harmless** *adj.* causing no harm; inoffensive

**harmonic** (här mon'ik) *adj.* *Music* *a*) of or in harmony *b*) pertaining to an overtone —*n.* *same as* OVERTONE (sense 2) —**harmon'ically** *adv.*

**harmonica** (här mon'i kə) *n.* a small wind instrument played with the mouth; mouth organ: it has a series of graduated metal reeds that produce tones when air is blown or sucked across them

**harmonics** *n.pl.* [*with sing. v.*] the physical science dealing with musical sounds

**harmonious** (här mō'nē əs) *adj.* **1.** having parts combined in an orderly or pleasing arrangement **2.** having similar feelings, ideas, interests, etc. **3.** having musical tones combined to give a pleasing effect

**harmonium** (här mō'nē əm) *n.* a small reed organ

**harmonize** (här'mə nīz') *vi.* **-nized', -niz'ing** to be or sing in harmony —*vt.* **1.** to make harmonious **2.** to add chords to (a melody) so as to form a harmony —**har'moniza'tion** *n.* —**har'moniz'er** *n.*

**harmony** (här'mə nē) *n.*, *pl.* **-nies** [< Gr. *harmos*, a fitting] **1.** a combination of parts into a pleasing or orderly whole **2.** agreement in feeling, ideas, etc.; peaceable or friendly relations **3.** agreeable sounds; music **4.** *Music* *a*) the simultaneous sounding of two or more tones, esp. when satisfying to the ear *b*) structure in the arrangement of chords

**harness** (här'nis) *n.* [< OFr. *harneis*, armour] **1.** the leather straps and metal pieces by which a horse is fastened to a vehicle **2.** any trappings similar to this —*vt.* **1.** to put harness on (a horse, etc.) **2.** to control so as to use the power of —**in harness** in or at one's routine work

**harp** (härp) *n.* [OE. *hearpe*] a musical instrument with strings stretched across an open, triangular frame, held upright and played by plucking with the fingers —*vi.* to persist in talking or writing tediously (*on* or *upon*) —**harp'ist** *n.*

**harpoon** (här pōōn') *n.* [< MFr. < *harper*, to claw] a barbed missile attached to a cord and hurled or fired from a gun when hunting whales, etc. —*vt.* to strike or kill with a harpoon —**harpoon'er** *n.*

**harpsichord** (härp'si kôrd') *n.* [see HARP & CORD] a stringed musical instrument with a keyboard, predecessor of the piano —**harp'sichord'ist** *n.*

**harpy** (här'pē) *n.*, *pl.* **-pies** [< Gr. *harpazein*, seize] a greedy or grasping person: after the hideous, winged monsters in Greek mythology

**harquebus** (här'kwi bəs) *n.* [ult. < Du. *haak*, hook + *bus*, gun] an early type of portable gun

**harridan** (har'i d'n) *n.* [prob. < Fr. *haridelle*, worn-out horse] a disreputable, shrewish old woman

**harrier**[1] (har'ē ər) *n.* [< HARE] **1.** a hound used for hunting hares and rabbits **2.** a cross-country runner

**harrier**[2] *n.* **1.** one who harries **2.** a

hawk that preys on small mammals, reptiles, etc.

**harrow** (har′ō) *n.* [prob. < ON. *harfr*] a heavy frame with spikes or discs, used for breaking up ploughed ground, etc. —*vt.* **1.** to draw a harrow over (land) **2.** to torment; vex —**har′rowing** *adj.*

**harry** (har′ē) *vt.* **-ried, -rying** [< OE. *here,* army] **1.** to raid and ravage or rob **2.** to torment; harass

**harsh** (härsh) *adj.* [ME. *harsk*] **1.** unpleasantly sharp or rough to the ear, eye, taste, or touch **2.** excessively severe; cruel —**harsh′en** *vt., vi.* —**harsh′ly** *adv.*

**hart** (härt) *n.* [OE. *heorot*] a male of the red deer, esp. after its fifth year; stag

**hartal** (här′tal) *n.* [Hindi] in India, a suspension of work, esp. as an expression of political protest

**hartebeest** (här′tə bēst′) *n.* [obs. Afrik.] a large, swift S African antelope having lyre-shaped horns

**hartshorn** (härts′hôrn′) *n.* ammonium carbonate, used in smelling salts: orig. obtained from deer's antlers

**harum-scarum** (hâər′əm skâər′əm) *adj.* [< ? HARE + SCARE] reckless or rash —*n.* a harum-scarum person

**harvest** (här′vist) *n.* [OE. *hærfest*] **1.** the time of the year when grain, fruit, etc. is gathered in **2.** a season's crop **3.** the gathering in of a crop **4.** the outcome of any effort —*vt., vi.* **1.** to gather in (a crop, etc.) **2.** to gather the crop from (a field) **3.** to get (something) as the result of an action or effort —**har′vestable** *adj.*

**harvester** *n.* **1.** a person who gathers in a crop **2.** any of various farm machines for harvesting crops

**harvest festival** a religious thanksgiving service in autumn

**harvest home** **1.** the bringing home of the last harvest load **2.** a festival celebrating this

**harvest moon** the full moon at or about the time of the autumnal equinox, September 22nd or 23rd

**harvest mouse** a small mouse inhabiting cornfields, etc.

**has** (haz, həz, əz) *3rd pers. sing., pres. indic., of* HAVE

**has-been** *n.* [Colloq.] a person or thing whose popularity or effectiveness is past

**hash**[1] (hash) [Fr. *hacher,* chop] **1.** a dish of diced, cooked meat reheated in a sauce **2.** a jumble **3.** a reuse of old material —**make a hash of** [Colloq.] to mess up —**settle one's hash** [Colloq.] to subdue

**hash**[2] *n.* [Slang] hashish

**hashish** (hash′ēsh) *n.* [Ar. *hashīsh*] a drug formed from the resin in the flowering tops of Indian hemp, chewed or smoked for its intoxicating effects

**haslet** (häz′lit) *n.* [ME. *hastelet*] a dish made from heart, liver, etc., fried and made into a loaf eaten cold

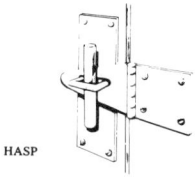

HASP

**hasp** (häsp) *n.* [OE. *hæpse*] a hinged fastening for a door, etc.; esp., a metal piece fitted over a staple and fastened by a padlock

**hassle** (has′′l) *n.* [< ?] [Colloq.] **1.** a heated argument **2.** a troublesome situation —*vi.* **-sled, -sling** [Colloq.] to have a heated argument —*vt.* [Chiefly U.S. Colloq.] to harass

**hassock** (has′ək) *n.* [OE. *hassuc*] **1.** a thick clump of grass **2.** a firmly stuffed cushion for kneeling on, etc.

**haste** (hāst) *n.* [OFr. *haste*] quickness of motion; hurrying; urgency —*vt., vi.* **hast′ed, hast′ing** *same as* HASTEN —**in haste** **1.** in a hurry **2.** in too great a hurry —**make haste** to hasten

**hasten** (hās′′n) *vt.* to cause to be or come faster; speed up —*vi.* to move swiftly; hurry

**hasty** (hās′tē) *adj.* **-ier, -iest** **1.** done with haste; hurried **2.** done with too little thought; rash **3.** short tempered —**hast′ily** *adv.* —**hast′iness** *n.*

**hat** (hat) *n.* [OE. *hætt*] a covering for the head, usually with a brim and crown —**pass the hat** to take up a collection —**take one's hat off to** to congratulate —**talk through one's hat** [Colloq.] to talk nonsense —**under one's hat** [Colloq.] secret —**hat′less** *adj.*

**hatband** *n.* a band of cloth around the crown of a hat

**hatch**[1] (hach) *vt.* [ME. *hacchen*] **1.** to bring forth (young) from (an egg or eggs) **2.** to bring (a plan, plot, etc.) into existence —*vi.* **1.** to bring forth young: said of eggs **2.** to come forth from the egg —*n.* **1.** the process of hatching **2.** the brood hatched —**hatch′ling** *n.*

**hatch**[2] *n.* [OE. *hæcc,* grating] **1.** an opening in a wall for serving food **2.** *same as* HATCHWAY **3.** a covering for a hatchway

**hatch**[3] *vt.* [< OFr. *hache,* axe] to shade with fine parallel lines —**hatch′ing** *n.*

**hatchback** *n.* [< HATCH[2]] **1.** a car with a single lifting door in the rear **2.** the door itself

**hatchet** (hach′it) *n.* [< OFr. *hache,* axe] a small axe with a short handle —**bury the hatchet** to make peace

**hatchet man** [Colloq.] **1.** a man hired to commit murder **2.** any person assigned to carry out unscrupulous tasks

**hatchway** *n.* a covered opening in a ship's deck

**hate** (hāt) *vt.* **hat'ed, hat'ing** [OE. *hatian*] **1.** to have strong dislike or ill will for **2.** to shrink from [to *hate* arguments] —*vi.* to feel hatred —*n.* **1.** strong dislike or ill will **2.** a person or thing hated —**hate'able, hat'able** *adj.* —**hat'er** *n.*

**hateful** *adj.* causing or deserving hate —**hate'fulness** *n.*

**hatrack** (hat'rak') *n.* a rack, set of pegs, etc. to hold hats

**hatred** (hā'trid) *n.* strong dislike or ill will

**hatter** (hat'ər) *n.* one who makes or sells hats

**hat trick** **1.** in cricket, the taking of three wickets by one bowler with three successive balls **2.** any achievement of three successive points or goals in other games

**hauberk** (hô'bərk) *n.* [ult. < Frank. *hals,* neck + *bergan,* protect] a medieval coat of armour, usually of chain mail

**haughty** (hôt'ē) *adj.* **-tier, -tiest** [< OFr. *haut,* high] having or showing great pride in oneself and contempt for others —**haugh'tily** *adv.* —**haugh'tiness** *n.*

**haul** (hôl) *vt., vi.* [< ODu. *halen,* fetch] **1.** to move by pulling; drag **2.** to transport by wagon, truck, etc. **3.** *same as* HALE[2] **4.** *Naut.* to change the course of (a ship) —*n.* **1.** the act of hauling **2.** the amount amassed, earned, caught, etc. at one time **3.** the distance covered in transporting or travelling —**haul up** **1.** to sail nearer the direction of the wind **2.** [Colloq.] to call to account —**haul'er** *n.*

**haulage** *n.* **1.** the act or process of hauling **2.** the charge made for hauling, as by a railway

**haulier** (hôl'yər) *n.* **1.** a mine worker who hauls coal to the foot of the shaft **2.** a person or organization that transports goods by road

**haulm** (hôm) *n.* [< OE. *healm,* straw] the stalks of beans, peas, etc., esp. after the crop has been gathered

**haunch** (hônch) *n.* [< OFr. *hanche*] **1.** the part of the body including the hip, buttock, and thickest part of the thigh **2.** an animal's loin and leg together

**haunt** (hônt) *vt.* [< OFr. *hanter,* to frequent] **1.** to visit in the form of a ghost **2.** to visit (a place) often **3.** to persistently force one's company on **4.** to recur repeatedly to [memories *haunted* her] **5.** to pervade [a house *haunted* by sorrow] —*n.* a place frequented [to make the library one's *haunt*]

**haunted** *adj.* supposedly frequented by ghosts

**haunting** *adj.* often recurring to the mind

**hautboy** (ō'boi') *n.* [< Fr. *haut,* high + *bois,* wood] *earlier name for* OBOE

‡**haute couture** (ōt kōō tyoōər') [Fr.] the leading designers in women's clothing, or their creations

‡**haute cuisine** (ōt kwē zēn') [Fr.] the preparation of fine food by highly skilled chefs, or the food so prepared

**hauteur** (ō tur') *n.* [Fr.] disdainful pride; haughtiness

**Havana** (hə van'ə) *n.* [< *Havana,* Cuba] a type of cigar

**have** (hav; həv, əv; *before* 'to' haf) *vt.* **had, hav'ing** [OE. *habban*] **1.** to hold; own; possess **2.** to possess as a part, characteristic, etc. [the week *has* seven days] **3.** to experience; undergo **4.** to know [to *have* a little Spanish] **5.** to hold in the mind [to *have* an idea] **6.** to state [gossip *has* it] **7.** *a*) to get, take, or obtain *b*) to eat or drink **8.** to bear or beget **9.** to engage in [to *have* an argument] **10.** to cause to or cause to be **11.** to be in a certain relation to [to *have* a wife] **12.** to feel and show [*have* pity] **13.** to permit [I won't *have* this] **14.** [Colloq.] *a*) to hold at a disadvantage *b*) to cheat *c*) to engage in sexual intercourse with *Have* is used as an auxiliary expressing completed action, as in the perfect tenses (Ex.: I *had* left), and with infinitives to express necessity (Ex.: we *have* to go) *Have got* often replaces *have Have* is conjugated in the present indicative: (I) *have,* (he, she, it) *has,* (we, you, they) *have;* in the past indicative (I, he, she, it, we, you, they) *had* —*n.* a person or nation with relatively much wealth —**have had it** [Colloq.] to be defeated, etc. or no longer popular, useful, etc.—**have it both ways** to adopt either of contradictory alternatives to suit different moods or occasions —**have it out** to settle a disagreement by fighting or discussion —**have on** **1.** to be wearing **2.** to have an engagement **3.** to deceive playfully —**the haves and the have-nots** those persons or nations who have wealth and those who do not

**haven** (hā'vən) *n.* [OE. *hæfen*] **1.** a port; harbour **2.** any sheltered, safe place; refuge

**haver** (hā'vər) *vi.* [< ?] to talk foolishly or waste time

**haversack** (hav'ər sak') *n.* [< G. Dial. *habersack,* sack of oats] a canvas bag for rations, worn on the back or over one shoulder, as by soldiers and hikers

**havoc** (hav'ək) *n.* [< OFr. *havot,* plunder] great destruction and devastation —**play havoc with** to disorder, confuse

**haw**[1] (hô) *n.* [OE. *haga*] the berry of the hawthorn

**haw**[2] *vi.* [echoic] to hesitate in speaking —*n.* a sound made by a speaker when hesitating briefly

**hawfinch** (hô'finch') *n.* [HAW[1] + FINCH] a small, brown bird with brightly-coloured wings

**hawk**[1] (hôk) *n.* [OE. *hafoc*] **1.** a bird of prey with short, rounded wings, a long tail and legs, and a hooked beak and claws **2.** an advocate of war or open hostilities —*vi.* to hunt birds with hawks —**hawk'er** *n.* —**hawk'ing** *n.*

**hawk**[2] *vt., vi.* [< HAWKER] to advertise or peddle (goods) in the street by shouting

**hawk**[3] *vi.* [echoic] to clear the throat

audibly —*vt.* to bring up (phlegm) by coughing

**hawker** *n.* [ult. < MLowG. *hoken,* peddle] a person who hawks goods in the street

**hawk-eyed** *adj.* keen-sighted like a hawk

**hawkmoth** *n.* a moth with a thick, tapering body and a long feeding tube used for sucking nectar

**hawser** (hôˈzər) *n.* [ult. < L. *altus,* high] a large rope or small cable, by which a ship is anchored or towed

**hawthorn** (hôˈthôrn′) *n.* [< OE. *haga,* hedge + *thorn*] a thorny shrub with white or pink flowers and small, red fruits

**hay** (hā) *n.* [OE. *hieg*] grass, clover, etc. cut and dried for fodder —**hit the hay** [Slang] to go to bed —**make hay of** to turn into confusion —**make hay while the sun shines** to make the most of an opportunity

**haybox** *n.* a box filled with hay in which heated food is left to continue cooking

**hay fever** an acute allergic inflammation of the eyes and upper respiratory tract, caused by pollen

**haymaker** *n.* a person who cuts hay and spreads it out to dry —**hayˈmakˈ-ing** *n.*

**hayride** *n.* a pleasure ride taken by a group in a wagon partly filled with hay

**haystack** *n.* a large heap of hay piled up outdoors: also **hayˈrick′**

**haywire** *adj.* [Colloq.] **1.** out of order; confused **2.** crazy: usually in **go haywire,** to become crazy

**hazard** (hazˈərd) *n.* [< OFr. < Ar.] **1.** risk; danger **2.** chance **3.** an obstacle on a golf course **4.** an early game of chance played with dice —*vt.* to risk or venture

**hazardous** *adj.* risky; dangerous —**hazˈ-ardously** *adv.*

**haze** (hāz) *n.* [prob. < HAZY] **1.** a thin vapour of fog, smoke, etc. in the air **2.** slight vagueness of mind —*vi., vt.* **hazed, hazˈing** to make or become hazy (often with *over*)

**hazel** (hāˈzˈl) *n.* [OE. *hæsel*] **1.** a shrub bearing edible nuts **2.** a light brown —*adj.* light-brown

**hazelnut** *n.* the small, roundish nut of the hazel

**hazy** (hāˈzē) *adj.* **-zier, -ziest** [< ? OE. *hasu,* dusky] **1.** somewhat foggy or smoky **2.** vague, obscure, or indefinite [*hazy* thinking] —**haˈzily** *adv.* —**haˈziness** *n.*

**HB** hard black (of pencil lead)

**H.B.C.** Hudson's Bay Company

**H-bomb** *n. same as* HYDROGEN BOMB

**H.C.** **1.** Holy Communion **2.** House of Commons

**H.C.F., h.c.f.** highest common factor

**he** (hē; *unstressed* hi, ē, i) ***pron.*** *for pl. see* THEY [OE.] **1.** the man, boy, or male animal previously mentioned **2.** anyone [*he* who laughs last laughs best] —***n.,*** *pl.* **hes** a man, boy, or male animal —***adj.*** male

**He** *Chem.* helium

**H.E.** **1.** high explosive **2.** His Eminence **3.** His (or Her) Excellency

**head** (hed) ***n.*** [OE. *heafod*] **1.** the top part of the body in man, or the front part in most other animals containing the brain, eyes, ears, nose, and mouth **2.** *a*) intelligence *b*) ability [to have a *head* for figures] **3.** [Colloq.] a headache **4.** a person [dinner at five pounds a *head*] **5.** *pl.* **head** a unit of counting [fifty *head* of cattle] **6.** the obverse of a coin: often **heads** **7.** the highest or uppermost part or thing; specif., *a*) the top of a page, etc. *b*) a title *c*) a chief point of discussion *d*) froth floating on newly poured beer, etc. **8.** the foremost part; front; specif., *a*) a part associated with the human head [the *head* of a bed] *b*) the front part of a ship *c*) *Naut.* a lavatory **9.** the part designed for holding, striking, etc. [the *head* of a pin] **10.** a headland **11.** a projecting place in a boil, where pus is about to break through **12.** the part of a tape recorder that records or plays back the magnetic signals on the tape **13.** the membrane stretched across the end of a drum, etc. **14.** the source of a river, stream, etc. **15.** a source of water kept at some height to supply a mill, etc. **16.** the pressure in an enclosed fluid, as steam **17.** a position of leadership **18.** a leader, director, etc. **19.** a headmaster **20.** a large, compact bud **21.** [Slang] a habitual user of marijuana, LSD, etc. —***adj.*** **1.** most important; principal **2.** at the top or front **3.** striking against the front [*head* current] —***vt.*** **1.** to be in charge of **2.** to lead; precede **3.** to supply with a head or heading **4.** to cause to go in a specified direction **5.** *Soccer* to hit (the ball) with one's head —*vi.* to travel [to *head* eastwards] —**by a head** by a small margin —**come to a head** **1.** to be about to suppurate, as a boil **2.** to culminate —**give someone his head** to let someone do as he likes —**go to one's head** **1.** to confuse or intoxicate one **2.** to make one vain —**head off** **1.** to intercept **2.** to prevent; forestall —**head over heels** deeply; completely —**keep** (or **lose**) **one's head** to keep (or lose) one's poise, self-control, etc. —**make head or tail of** to understand —**off the top of one's head** [Colloq.] at random; extempore —**on** (or **upon**) **one's head** as one's responsibility —**off one's head** [Colloq.] crazy —**over one's head** **1.** too difficult to understand **2.** to a higher authority —**put heads together** to consult together —**turn one's head** to make one vain

**headache** *n.* **1.** a continuous pain in the head **2.** [Colloq.] a cause of worry, trouble, etc.

**headboard** *n.* a board that forms the head of a bed, etc.
**headdress** *n.* a covering or decoration for the head
**headed** *adj.* **1.** formed into a head, as cabbage **2.** having a heading
**header** *n.* **1.** [Colloq.] a headlong fall or dive **2.** a brick, etc. laid at right angles to the thickness of a wall **3.** *Soccer* the act of heading the ball
**headfirst** (hed′fŭrst′) *adv.* **1.** with the head in front **2.** rashly; impetuously Also **head′fore′most′**
**headgear** *n.* a hat, cap, headdress, etc.
**headhunter** *n.* a member of any of certain primitive tribes who preserve the heads of slain enemies
**heading** *n.* **1.** an inscription at the top of a chapter, page, etc., giving the title **2.** a topic or category **3.** the direction in which a plane, ship, etc. is moving: usually expressed as a compass reading
**headland** *n.* a point of land reaching out into the water
**headlight** *n.* a light with a reflector and lens, at the front of a car, locomotive, etc.: also **head′lamp′**
**headline** *n.* **1.** a line or lines at the top of a newspaper article, giving its topic **2.** an important news item —*vt.* **-lined′, -lin′ing** **1.** to provide with a headline **2.** to give featured billing to
**headlong** *adj., adv.* **1.** with the head first **2.** with uncontrolled speed and force **3.** reckless(ly); impetuous(ly)
**headmaster** (hed′mäs′tər) *n.* the principal of a school —**head′mas′ter-ship′** *n.* —**head′mis′tress** *n. fem.*
**head of steel** [Canad.] the furthest point to which railway tracks have been laid; end of steel
**head-on** *adj., adv.* head or front foremost [a *head-on* collision, meet problems *head-on*]
**headphone** *n.* a telephone or radio receiver held to the ear by a band over the head
**headquarters** *n.pl.* [*often with sing. v.*] **1.** the centre of operations of one in command, as in an army **2.** the main office in any organization —**head′quar′-ter** *vt.*
**headroom** *n.* space or clearance overhead
**headship** *n.* **1.** the position or authority of a chief or leader **2.** the position of a headmaster or headmistress
**headshrinker** *n.* **1.** [Slang] a psychiatrist **2.** a headhunter who shrinks his victims' heads
**headstall** *n.* the part of a bridle or halter that fits over a horse's head
**head start** an early start or initial advantage
**headstone** *n.* a stone marker at the head of a grave
**headstrong** *adj.* determined to do as one pleases
**headwaters** *n.pl.* the small streams that are the sources of a river
**headway** *n.* **1.** forward motion, esp. of a ship **2.** progress in work, etc. **3.** *same as* HEADROOM
**head wind** a wind blowing in the direction directly against the course of a ship, aircraft, etc.
**headword** *n.* a key word at the beginning of a line, paragraph, etc., as the word defined in a dictionary entry
**heady** *adj.* **-ier, -iest** **1.** impetuous; rash **2.** intoxicating —**head′ily** *adv.* —**head′i-ness** *n.*
**heal** (hēl) *vt., vi.* [< OE. *hal,* healthy] **1.** to make or become well or healthy again **2.** to cure (a disease) or mend, as a wound, sore, etc. —**heal′er** *n.*
**health** (helth) *n.* [OE. *hælth*] **1.** physical and mental well-being **2.** condition of body or mind [good *health*] **3.** a wish for a person's health and happiness, as in a toast **4.** soundness or vitality, as of a society —*adj.* **1.** relating to health [*health* service] **2.** relating to foods, etc., beneficial to the health
**health centre** headquarters for administration of medical welfare in a district
**healthful** *adj.* helping to produce or maintain health
**Health Service** *same as* NATIONAL HEALTH SERVICE
**health visitor** a nurse who visits people's homes chiefly in connection with the health of babies and children
**healthy** *adj.* **-ier, -iest** having, showing, producing, or resulting from good health —**health′ily** *adv.* —**health′iness** *n.*
**heap** (hēp) *n.* [OE. *heap,* troop] **1.** a pile or mass of things jumbled together **2.** [Colloq.] a large amount —*vt.* **1.** to make a heap of **2.** to give in large amounts **3.** to fill (a plate, etc.) full or to overflowing
**hear** (hēər) *vt.* **heard** (hŭrd), **hear′ing** [OE. *hieran*] **1.** to perceive or sense (sounds) by the ear **2.** to listen to **3.** to conduct a hearing of (a law case, etc.); try **4.** to grant [*hear* my plea] **5.** to be informed of —*vi.* **1.** to be able to hear sounds **2.** to listen **3.** to be told (*of* or *about*) —**hear from** to get a letter, etc. from —**not hear of** to forbid —**hear′er** *n.*
**hearing** *n.* **1.** the act or process of perceiving sounds **2.** the sense by which sounds are perceived **3.** opportunity to speak, etc.; audience **4.** a court appearance before a judge, other than a trial **5.** a formal meeting of an official body for hearing testimony, etc. **6.** the distance a sound will carry [within *hearing*]
**hearing aid** a device, usually a small electronic amplifier, worn to assist the hearing of a partially deaf person
**hearken** (här′kən) *vi.* [OE. *heorcnean*] [Archaic] to pay careful attention; listen carefully
**hearsay** (hēər′sā′) *n.* rumour; gossip —*adj.* based on hearsay
**hearse** (hŭrs) *n.* [< L. *hirpex,* a harrow]

a vehicle used in a funeral for carrying the corpse

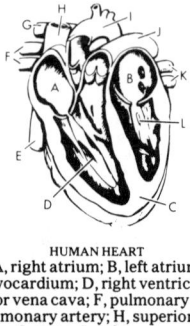


HUMAN HEART
(A, right atrium; B, left atrium, C myocardium; D, right ventricle; E, inferior vena cava; F, pulmonary veins; G, pulmonary artery; H, superior vena cava; I, aorta; J, pulmonary artery; K, pulmonary veins; L, left ventricle)

**heart** (härt) *n.* [OE. *heorte*] **1.** the hollow, muscular organ that circulates the blood by alternate dilation and contraction **2.** any place or part centrally located **3.** the central, vital, or main part; essence **4.** the human heart considered as the centre of emotions, etc.; specif., *a*) inmost thought and feeling *b*) one's disposition *c*) love, sympathy, etc. *d*) mood; feeling *e*) spirit or courage **5.** a conventionalized design of a heart (♥) **6.** the innermost, usually best, part of a vegetable **7.** *a*) any of a suit of playing cards marked with such symbols in red *b*) [*pl.*] this suit of cards **8.** a fertile condition in land [a field in good *heart*] —**at heart** in one's innermost nature —**break one's heart** to overwhelm one with grief or disappointment —**by heart** from memory —**change of heart** a change of mind, affections, etc. —**eat one's heart out** to brood over; regret —**have one's heart in one's mouth** (or **boots**) to be full of nervous anticipation —**have one's heart in the right place** to be well-meaning —**set one's heart on** to have a fixed desire for —**take heart** to cheer up —**take to heart** **1.** to consider seriously **2.** to be troubled by —**wear one's heart on one's sleeve** to show one's feelings plainly

**heartache** *n.* sorrow or grief

**heart attack** any sudden instance of heart failure, esp., a CORONARY THROMBOSIS

**heartbeat** *n.* one pulsation, or full contraction and dilation, of the heart

**heartbreak** *n.* overwhelming sorrow, grief, or disappointment —**heart′break′ing** *adj.* —**heart′bro′ken** *adj.*

**heartburn** *n.* a burning acid sensation beneath the breastbone

**hearted** *adj.* having a (specified kind of) heart: used in compounds [*stout-hearted*]

**hearten** *vt.* to cheer up; encourage

**heart failure** the inability of the heart to pump enough blood through the body

**heartfelt** *adj.* sincere

**hearth** (härth) *n.* [OE. *heorth*] **1.** the stone or brick floor of a fireplace **2.** *a*) the fireside *b*) the home

**heartless** *adj.* lacking kindness; hard and pitiless

**heart-rending** *adj.* causing much grief or mental anguish —**heart′-rend′ingly** *adv.*

**heart-searching** *n.* honest and thorough investigation of one's own feelings

**heartstrings** *n.pl.* deepest feelings or affections

**heart-throb** *n.* **1.** the object of one's romantic admiration **2.** a heartbeat

**heart-to-heart** *adj.* intimate and candid —*n.* an intimate, confidential talk

**heartwarming** *adj.* such as to kindle a warm glow of genial feelings

**heartwood** *n.* the hard wood at the core of a tree trunk

**hearty** *adj.* **-ier, -iest** [see HEART] **1.** warm and friendly; cordial **2.** enthusiastic; wholehearted **3.** strongly felt or expressed **4.** strong and healthy **5.** nourishing and plentiful [a *hearty* meal] —**heart′ily** *adv.* —**heart′iness** *n.*

**heat** (hēt) *n.* [OE. *hætu*] **1.** the quality of being hot; hotness **2.** much hotness; great warmth **3.** degree of hotness or warmth **4.** a feeling of hotness **5.** hot weather or climate **6.** the warming of a room, house, etc., as by a boiler: also **heating** **7.** *a*) strong feeling; excitement, anger, etc. *b*) the period of such feeling **8.** a single bout or trial; esp., a preliminary round of a race, etc. **9.** *a*) sexual excitement *b*) the period of this in animals; esp., the oestrus of females **10.** [Slang] great pressure, as in criminal investigation —*vt., vi.* **1.** to make or become warm or hot **2.** to make or become excited

**heated** *adj.* **1.** hot **2.** vehement, or angry —**heat′edly** *adv.*

**heater** *n.* a stove, radiator, etc. for heating a room, car, water, etc.

**heath** (hēth) *n.* [OE. *hæth*] **1.** a tract of open wasteland, covered with heather, low shrubs, etc. **2.** any of various plants that grow on heaths, as heather —**heath′y** *adj.*

**heathen** (hē′*th*ən) *n., pl.* **-thens, -then** [OE. *hæthen*] **1.** one who believes in a god different from one's own, esp., anyone not a Jew, Christian, or Moslem **2.** a person regarded as uncivilized, etc. —*adj.* **1.** pagan **2.** uncivilized, etc. —**hea′then-dom** *n.* —**hea′thenish** *adj.* —**hea′thenism** *n.*

**heather** (he*th*′ər) *n.* [< ME. *haddyr*] a low-growing plant with stalks of small, bell-shaped, purplish-pink flowers —**heath′ery** *adj.*

**Heath Robinson** [W. *Heath Robinson*] of such fantastically impracticable design that it is unlikely to work

**heatstroke** *n.* a condition resulting from exposure to intense heat, characterized by fever and collapse

**heat wave** a period of unusually hot weather

**heave** (hēv) *vt.* **heaved** or (esp. *Naut.*) **hove, heav′ing** [< OE. *hebban*] **1.** to lift, esp. with effort **2.** to lift in this way and throw **3.** to make rise or swell **4.** to utter (a sigh, etc.) with great effort **5.** *Naut.* to raise, haul, etc. by pulling with a rope —*vi.* **1.** to swell up **2.** to rise and fall rhythmically **3.** to retch or vomit **4.** *Naut.* *a*) to haul (*on* or *at* a rope, etc.) *b*) to move [a ship *hove* into sight] —*n.* the act or effort of heaving —**heave ho!** pull hard! —**heave to** *Naut.* to stop —**heav'er** *n.*

**heaven** (hev'n) *n.* [OE. *heofon*] **1.** [*usually pl.*] the space surrounding the earth; firmament **2.** *Theol.* *a*) [*often* **H-**] the place where God and his angels are and where the blessed go after death *b*) [**H-**] God **3.** any place or state of great happiness —**move heaven and earth** to do all that can be done —**heav'enward** *adj., adv.*

**heavenly** *adj.* **1.** of or in the heavens [the sun is a *heavenly* body] **2.** *a*) causing or marked by great happiness, beauty, etc. *b*) [Colloq.] very pleasing **3.** *Theol.* of or in heaven; holy —**heav'enliness** *n.*

**heavy** (hev'ē) *adj.* **-ier, -iest** [< OE. *hebban,* heave] **1.** hard to lift because of great weight **2.** of concentrated weight for the size **3.** above the usual or a defined weight **4.** greater, more intense, etc. than usual [a *heavy* vote, *heavy* thunder] **5.** to an unusual extent [a *heavy* drinker] **6.** serious [a *heavy* responsibility] **7.** hard to endure [*heavy* demands] **8.** hard to do [*heavy* work] **9.** sorrowful [a *heavy* heart] **10.** burdened with fatigue [*heavy* eyelids] **11.** hard to digest [a *heavy* meal] **12.** not leavened properly [a *heavy* cake] **13.** cloudy **14.** dull; tedious **15.** clumsy [a *heavy* gait] **16.** designating any basic industry that uses massive machinery **17.** heavily armed **18.** *Theatre* serious, tragic, or villainous **19.** *Literature* *a*) grandiose *b*) not easily understood —*adv.* heavily —*n., pl.* **heav'ies** *Theatre* *a*) a serious, tragic, or villainous role *b*) an actor who plays such roles —**heav'ily** *adv.* —**heav'iness** *n.*

**heavy-duty** *adj.* made to withstand great strain, bad weather, etc.

**heavy-handed** *adj.* **1.** clumsy or tactless **2.** cruel; tyrannical —**heav'y-hand'edness** *n.*

**heavy-hearted** *adj.* sad; depressed

**heavy hydrogen** *same as* DEUTERIUM

**heavy water** water containing atoms of deuterium

**heavyweight** *n.* **1.** a person or animal weighing much more than average **2.** *see* BOXING AND WRESTLING WEIGHTS, table **3.** [Colloq.] a very intelligent or influential person

**Heb.** **1.** Hebrew **2.** Hebrews

**hebdomadal** (heb dom'ə dəl) *adj.* [< Gr. *hepta,* seven] weekly —**hebdom'adally** *adv.*

**Hebraic** (hē brā'ik) *adj.* of or characteristic of the Hebrews, their language, culture, etc. —**He'braist** *n.*

**Hebrew** (hē'brōō) *n.* [< Heb. *'ibhri,* one from across (the river)] **1.** any member of an ancient Semitic people; Israelite: in modern, but not recent, usage, a Jew **2.** *a*) the ancient Semitic language of the Israelites *b*) its modern form, the language of Israel —*adj.* **1.** of Hebrew or the Hebrews **2.** Jewish

**heck** (hek) *interj., n.* [Colloq.] *a euphemism for* HELL

**heckle** (hek'l) *vt.* **-led, -ling** [< ME. *hechele*] to harass (a speaker) by interrupting with questions or taunts —**heck'ler** *n.*

**hectare** (hek'tär) *n.* [Fr.] a metric measure of surface, equal to 10 000 square metres (100 ares or 2.471 acres)

**hectic** (hek'tik) *adj.* [< Gr. *hektikos,* habitual] **1.** full of confusion, rush, excitement, etc. **2.** feverish or flushed —**hec'tically** *adv.*

**hecto-** [< Gr.] *a combining form meaning* a hundred

**hector** (hek'tər) *n.* [< *Hector,* Trojan hero] a swaggering fellow; bully —*vt., vi.* to browbeat; bully

**he'd** (hēd) **1.** he had **2.** he would

**hedge** (hej) *n.* [OE. *hecg*] **1.** a row of closely planted shrubs, bushes, etc. forming a boundary **2.** any barrier or protection —*vt.* **hedged, hedg'ing** **1.** to place a hedge around **2.** to hem in **3.** to try to avoid loss in (a bet, etc.) by making counterbalancing bets, etc. —*vi.* **1.** to make or trim hedges **2.** to refuse to commit oneself; avoid direct answers —**hedg'er** *n.*

**hedgehog** *n.* a small, insect-eating mammal, with sharp spines on the back, which bristle and form a defence when the animal curls up

**hedgehop** *vi.* **-hopped', -hop'ping** [Colloq.] to fly an aircraft very close to the ground

**hedgerow** *n.* a row of bushes, etc., forming a hedge

**hedge sparrow** a small European bird with a brown back and wings and a grey breast: also called **dunnock**

**hedonic** (hē don'ik) *adj.* [< Gr. *hēdonē,* pleasure] having to do with pleasure

**hedonism** (hēd'ən iz'm) *n.* [< Gr. *hēdonē,* pleasure] the doctrine that pleasure is the principal good —**he'donist** *n.* —**he'donis'tic** *adj.* —**he'donis'tically** *adv.*

**-hedron** (hē'drən) [< Gr.] *a combining form meaning* a figure or crystal with (a specified number of) surfaces

**heed** (hēd) *vt., vi.* [OE. *hedan*] to take careful notice (of) —*n.* close attention —**heed'ful** *adj.*

**heedless** *adj.* careless; unmindful —**heed'lessly** *adv.*

**heehaw** (hē'hô') *n., vi.* [echoic] *same as* BRAY

**heel**[1] (hēl) *n.* [OE. *hela*] **1.** the back part of the foot, under the ankle **2.** that part of a stocking, etc. which covers the heel **3.** the built-up part of a shoe, supporting the heel **4.** anything like the heel in location, shape, or function, as the end of a loaf **5.** [Colloq.] a cad —*vt.* **1.** to furnish with a heel **2.** to touch or move as with the heel —**at heel**

just behind **—cool one's heels** [Colloq.] to be kept waiting **—down at heel 1.** with the heels of one's shoes worn down **2.** shabby; seedy **—kick up one's heels** to have fun **—on** (or **upon**) **the heels of** close behind **—take to one's heels** to run away: also **show a clean pair of heels —turn on one's heel** to turn around abruptly **—heel'er** ***n.***

**heel**[2] ***vi.*** [OE. *hieldan*] to lean to one side; list **—*vt.*** to make (a ship) list **—*n.*** the act or extent of heeling

**heelball** ***n.*** [orig. used by shoemakers in polishing the edges of heels and soles] beeswax mixed with lampblack and used in making rubbings of brasses, etc.

**heeled** ***adj.*** **1.** [Colloq.] having money *[well-heeled]* **2.** [Colloq.] armed, esp. with a gun

**hefty** (hef'tē) ***adj.*** **-ier, -iest** [< HEAVE] [Colloq.] **1.** heavy **2.** large and powerful **—heft'ily** ***adv.*** **—heft'iness** ***n.***

**hegemony** (hi gem'ə nē) ***n., pl.*** **-nies** [< Gr. *hēgemōn,* leader] leadership or dominance, esp. of one nation over others **—hegemonic** (hej'ə mon'ik) ***adj.***

**hegira** (hej'ər ə) ***n.*** [< Ar. *hijrah,* flight] **1.** [*often* **H-**] the forced journey of Mohammed from Mecca to Medina in 622 A.D. **2.** any flight

**heifer** (hef'ər) ***n.*** [OE. *heahfore*] a young cow that has not borne a calf

**heigh** (hā) ***interj.*** an exclamation of pleasure, surprise, etc.

**height** (hīt) ***n.*** [< OE. *heah,* high] **1.** the distance from the bottom to the top **2.** elevation above a given level, as above the sea **3.** a relatively great distance above a given level or from bottom to top **4.** the topmost point **5.** the highest limit; extreme **6.** [*often pl.*] a high place

**heighten** ***vt., vi.*** to make or become higher, larger, greater, etc.; increase **—height'ener** ***n.***

**height of land** [U.S. & Canad.] a watershed

**heinous** (hā'nəs) ***adj.*** [< OFr. *haine,* hatred] outrageously evil or wicked **—hei'nousness** ***n.***

**heir** (âər) ***n.*** [< L. *heres*] **1.** one who inherits or is entitled to inherit another's property or title **2.** one who appears to get some trait from a predecessor or to carry on in his tradition **—heir'ess** ***n.fem.***

**heir apparent** *pl.* **heirs apparent** the heir whose right to a property or title cannot be denied

**heirloom** ***n.*** [HEIR + LOOM[1]] **1.** a piece of personal property that goes to an heir **2.** any treasured possession handed down from generation to generation

**heir presumptive** *pl.* **heirs presumptive** an heir whose right to a property or title will be lost if someone more closely related is born before the ancestor dies

**hejira** (hej'ər ə) ***n.*** *same as* HEGIRA

**held** (held) *pt. & pp. of* HOLD[1]

**hele** (hēl) ***vt.*** [< OE. *hellan,* hide] to insert (cuttings, etc.) into the soil to keep them moist before planting them permanently (with *in*)

**helical** (hel'i kəl) ***adj.*** of, or having the form of, a helix; spiral **—hel'ically** ***adv.***

**helicopter** (hel'ə kop'tər) ***n.*** [< Gr. *helix,* spiral + *pteron,* wing] a kind of aircraft moved, or kept hovering, by rotary blades mounted horizontally

**helio-** [< Gr.] *a combining form meaning* the sun

**heliocentric** (hē'lē ō sen'trik) ***adj.*** [HELIO- + -CENTRIC] having or regarding the sun as the centre

**heliograph** (hē'lē ə gräf') ***n.*** [HELIO- + -GRAPH] a device for signalling by flashing the sun's rays from a mirror **—*vt., vi*** to signal thus **—hel'iog'rapher** (-og'rə fər) ***n.***

**heliotrope** (hē'lē ə trōp') ***n.*** [< Gr. *hēlios* sun + *trepein,* turn] **1.** a plant with fragrant clusters of small, reddish-purple flowers **2.** reddish purple **—*adj.*** reddish-purple

**heliotropism** (hē'lē ot'rə piz'm) ***n.*** the tendency of plants or other organisms to turn towards or from light

**heliport** (hel'ə pôrt') ***n.*** [HELI(COPTER) + (AIR)PORT] a flat place where helicopters land and take off

**helium** (hē'lē əm) ***n.*** [< Gr. *hēlios,* sun] a light, inert, colourless gas: used for inflating balloons, etc.: symbol, He

**helix** (hē'liks) ***n., pl.*** **-lixes, -lices'** (hel'ə sēz') [< Gr., a spiral] **1.** any spiral, as a screw thread **2.** the folded rim of cartilage around the outer ear

**hell** (hel) ***n.*** [OE. *hel*] **1.** [*often* **H-**] a) *Christianity* the place to which sinners and unbelievers go after death for punishment b) the powers of evil **2.** any place or condition of evil, cruelty, etc **3.** [Colloq.] any very disagreeable experience **—*interj.*** an exclamation of anger, emphasis, etc. **—get hell** [Slang] to receive a scolding, punishment, etc **—come hell or high water** no matter what difficulties may arise **—hell for leather** at full speed

**he'll** (hēl; *unstressed* hil, il) **1.** he will **2.** he shall

**hellbent** (hel'bent') ***adj.*** [Slang] firmly or recklessly determined (with *on*)

**hellebore** (hel'ə bôr') ***n.*** [< Gr *helleboros*] **1.** any of a group of winter blooming plants with flowers like buttercups but of various colours **2.** any of a group of plants of the lily family **3.** the poisonous rhizomes of certain of these plants that have been used in medicine

**Hellene** (hel'ēn) ***n.*** [< Gr.] a Greek **—Hellenic** (hə len'ik) ***adj.***

**Hellenism** (hel'ən iz'm) ***n.*** **1.** a Greek phrase, idiom, or custom **2.** the thought, culture, or ethics of ancient Greece **—Hel'lenist** ***n.***

**Hellenistic** (hel'ə nis'tik) ***adj.*** of Greek history, culture, etc. after the death of Alexander the Great (323 B.C.) **—Hel'lenis'tically** ***adv.***

**hellfire** (hel'fīər') ***n.*** the fire or torment of hell

**hellish** ***adj.*** **1.** of, from, or like hell **2.**

fiendish **3.** [Colloq.] detestable **—hell'ishly** *adv.* **—hell'ishness** *n.*

**ello** (hə lō', hel' ō) *interj. var. sp. of* HALLO

**ell's angel** a member of a motorcycling gang of violent youths

**elm**[1] (helm) *n., vt.* [OE.] *archaic var. of* HELMET

**elm**[2] *n.* [OE. *helma*] **1.** the wheel or tiller with which a ship is steered **2.** the control or leadership, as of an organization

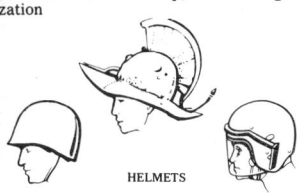

HELMETS

**elmet** (hel' mət) *n.* [< OFr. *helme*] a hard, protective head covering, variously designed for use in combat, certain sports, etc. **—hel'meted** *adj.*

**elminth** (hel' minth) *n.* [Gr. *helmins*] a worm, esp., a parasite of the intestine **—helmin'thic** *adj.*

**elmsman** (helmz' mən) *n.* the person who steers a ship

**elot** (hel' ət) *n.* [< Gr. *Heilōtes,* serfs] a member of the lowest class of serfs in ancient Sparta

**elp** (help) *vt.* [OE. *helpan*] **1.** to make things easier or better for; specif., *a*) to give money, etc. *b*) to share the labour of *c*) to aid in getting (*up, into, out of,* etc.) **2.** to make it easier for (something) to exist, happen, etc. **3.** to relieve [this will *help* your cough] **4.** *a*) to keep from; avoid [she can't *help* crying] *b*) to stop, change, etc. [faults that can't be *helped*] **5.** to serve (a customer) **—*vi.*** **1.** to give assistance; be useful **2.** to act as a waiter, etc. **—*n.*** **1.** assistance **2.** relief; remedy **3.** *a*) a hired helper, as a servant *b*) employees **—cannot help but** to be obliged to **—cannot help oneself** to be the victim of circumstances, etc. **—help oneself to 1.** to serve oneself with (food, etc.) **2.** to steal **—help'er** *n.*

**elpful** *adj.* giving help; useful **—help'fully** *adv.*

**elping** *n.* **1.** a giving of aid; assisting **2.** a portion of food served to one person

**elpless** *adj.* **1.** not able to help oneself; weak **2.** lacking help or protection **3.** incompetent; ineffective

**elpmate** *n.* [< ff.] a helpful companion; specif., a wife or husband

**elpmeet** *n.* [misreading of "an *help meet* for him" (Gen. 2:18)] *same as* HELPMATE

**elter-skelter** (hel' tər skel' tər) *adv.* [arbitrary formation] in haste and confusion **—*adj.*** disorderly **—*n.*** a high, spiral slide, as at a fairground

**elve** (helv) *n.* [OE. *helfe*] the handle of a tool

**em**[1] (hem) *n.* [OE.] the border on a garment, usually made by folding the edge and sewing it down **—*vt.*** **hemmed, hem'ming** to fold back the edge of and sew down **—hem in** (or **around** or **about**) **1.** to surround **2.** to confine **—hem'mer** *n.*

**hem**[2] ***interj., n.*** the sound made in clearing the throat **—*vi.*** **hemmed, hem'ming 1.** to make this sound, as to get attention **2.** to grope about in speech for the right words: usually in **hem and haw**

**he-man** (hē' man') *n.* [Colloq.] a strong, virile man

**hemi-** [Gr. *hēmi-*] *a prefix meaning* half

**hempteran** (hi mip' tər ən) *n.* [see HEMI- & Gr. *pteron,* wing] any of a group of insects, including lice, aphids, etc., with piercing and sucking mouthparts

**hemisphere** (hem' ə sfēər') *n.* [see HEMI- & SPHERE] **1.** half of a sphere **2.** any of the halves of the earth: the Northern, Southern, Eastern, or Western Hemisphere **—hem'ispher'ical** (-sfer' i kəl), **hem'ispher'ic** *adj.*

**hemline** (hem' līn') *n.* the bottom edge of a dress, etc.

**hemlock** (hem' lok') *n.* [OE. *hymlic*] **1.** a poisonous plant with small white flowers **2.** a poison made from this plant

**hemp** (hemp) *n.* [OE. *hænep*] **1.** a tall Asiatic plant having tough fibre in its stem **2.** the fibre used to make rope, etc. **3.** a substance, such as marijuana, hashish, etc., made from its leaves and flowers **—hemp'en** *adj.*

**hemstitch** (hem' stich') *n.* an ornamental stitch made by pulling out several parallel threads and tying the cross threads into small bunches **—*vt.*** to put hemstitches on

**hen** (hen) *n.* [< OE. *henn*] **1.** the female of the chicken (the domestic fowl) **2.** the female of various other birds

**henbane** *n.* a coarse, hairy, foul-smelling, poisonous plant, used in medicine

**hence** (hens) *adv.* [< OE. *heonan*] **1.** from this place **2.** *a*) from this time *b*) thereafter **3.** therefore **—*interj.*** [Archaic] go away!

**henceforth** *adv.* from this time on: also **hence'for'ward**

**henchman** (hench' mən) *n.* [OE. *hengest,* male horse + *man*] a trusted helper or follower

**henge** (henj) *n.* [back-formation < *Stonehenge*] a circular monument, usually with an outer bank or ditch

**hen harrier** the common harrier, of moors and marshes

**henna** (hen' ə) *n.* [Ar. *hinnā'*] **1.** a tropical plant **2.** a dye extracted from its leaves, often used to tint the hair auburn **—*vt.*** **-naed, -naing** to tint with henna

**henpeck** (hen' pek') *vt.* to nag and domineer over (one's husband) **—hen'pecked'** *adj.*

**henry** (hen' rē) *n., pl.* **-rys, -ries** [< J. *Henry*] *Elec.* the SI unit of inductance

**hep** (hep) *adj.* [< ?] [Slang] *earlier form of* HIP[3]

**hepatic** (hi pat' ik) *adj.* [< Gr. *hēpar,* liver] **1.** of or affecting the liver **2.** like the liver in colour or shape

**hepatitis** (hep′ə tīt′is) *n.* [< Gr. *hēpar,* liver + -ITIS] inflammation of the liver

**hepta-** [< Gr.] *a combining form meaning* seven

**heptagon** (hep′tə gon′) *n.* [see HEPTA & -GON] a plane figure with seven angles and seven sides —**heptag′onal** (-tag′ə n'l) *adj.*

**her** (hur; *unstressed* ər) ***pron.*** [OE. *hire*] *objective case of* SHE —***possessive pronominal adj.*** of, belonging to, made, or done by her

**herald** (her′əld) *n.* [< OFr. *heralt*] **1.** a forerunner **2.** a person who announces significant news **3.** in Britain, an official in charge of genealogies, heraldic arms, etc. **4.** formerly, an official who made proclamations, carried state messages, etc. —*vt.* to announce the approach of —**heraldic** (hə ral′dik) *adj.*

**heraldry** *n., pl.* **-ries** **1.** the science of coats of arms, genealogies, etc. **2.** heraldic devices **3.** heraldic pomp

**herb** (hurb) *n.* [< L. *herba*] **1.** any seed plant whose stem withers away annually **2.** any plant used as a medicine, seasoning, or flavouring —**herbif′erous** *adj.*

**herbaceous** (hur bā′shəs) *adj.* of or like a herb

**herbaceous border** a flower bed that contains perennials rather than annuals, esp. one forming a border

**herbage** *n.* herbs collectively, esp. those used as pasturage

**herbal** *adj.* of herbs —*n.* formerly, a book about herbs

**herbalist** *n.* one who grows, collects, or deals in herbs

**herbicide** (hur′bə sīd′) *n.* [< L. *herba,* herb + -CIDE] any chemical substance used to destroy plants, esp. weeds

**herbivorous** (hur biv′ər əs) *adj.* [< L. *herba,* herb + -VOROUS] feeding on plants —**her′bivore** *n.*

**Herculean** (hur′kyoo lē′ən) *adj.* [< *Hercules,* hero in L. Myth.] **1.** calling for great strength or courage, as a task **2.** [*also* **h-**] having the great size and strength of Hercules

**herd**[1] (hurd) *n.* [OE. *heord*] **1.** a number of cattle or other animals feeding or being driven together **2.** [Derog.] the common people; masses —*vt., vi.* to form into or move as a herd

**herd**[2] *n.* [OE. *hierde*] a herdsman [*cowherd*] —*vt.* to tend or drive as a herdsman

**herd instinct** a tendency to associate in groups and to be uneasy when apart from the group

**herdsman** *n.* a person who keeps or tends a herd

**here** (hēər) *adv.* [OE. *her*] **1.** at or in this place **2.** towards, to, or into this place **3.** at this point in action, speech, etc. —*interj.* an exclamation used to call attention, answer a roll call, etc. —*n.* this place or point —**here and there** in, at, or to various places —**neither here nor there** beside the point; irrelevant

**hereabout** *adv.* about or near here: also **here′abouts′**

**hereafter** (hēər äf′tər) *adv.* **1.** in the future **2.** following this, as in a writing **3.** in the life after death —*n.* **1.** the future **2.** life after death

**hereby** (hēər′bī′) *adv.* by this means

**hereditable** (hə red′i tə b'l) *adj. same as* HERITABLE

**hereditary** (hə red′ə tər ē) *adj.* **1.** of, or passed down by, heredity **2.** *a)* of, or passed down by, inheritance from an ancestor *b)* having title, etc. by inheritance

**heredity** (hə red′ə tē) *n., pl.* **-ties** [< L *heres,* heir] **1.** the transmission of characteristics from parents to offspring by means of genes **2.** all the characteristics that one inherits genetically

**Hereford** (her′ə fərd) *n.* [< *Herefordshire*] a breed of beef cattle having white and red markings

**herein** (hēər in′) *adv.* [Archaic] in this place, writing, etc.

**hereinafter** (hēər′in äf′tər) *adv.* [Archaic] in the following part (of this document, speech, etc.)

**hereof** (hēər′ov′) *adv.* [Archaic] of this

**here's** (hēərz) here is

**here's to!** here's a toast to! I wish joy, etc. to!

**heresy** (her′ə sē) *n., pl.* **-sies** [< Gr *hairein,* take] **1.** a religious belief opposed to the orthodox doctrines of a church **2.** any opinion opposed to established views

**heretic** (her′ə tik) *n.* a person who professes a heresy —**heretical** (hə ret′i k'l) *adj.* —**heret′ically** *adv.*

**hereto** (hēər′tōō′) *adv.* [Archaic] to this (document, etc.)

**heretofore** (hēər′tə fôr′) *adv.* [Archaic] up to now; until the present; before this

**hereupon** (hēər′ə pon′) *adv.* **1.** immediately following this **2.** concerning this

**herewith** (hēər with′) *adv.* along with this

**heritable** (her′it ə b'l) *adj.* **1.** that can be inherited **2.** that can inherit —**her′itabil′ity** *n.*

**heritage** (her′ə tij) *n.* [see HEREDITY] **1.** something handed down from one's ancestors or the past, as a characteristic, a tradition, etc. **2.** property that is or can be inherited

**hermaphrodite** (hur maf′rə dīt′) *n.* [< Gr. *Hermaphroditos,* son of Hermes and Aphrodite, united in a single body with a nymph] a person, animal, or plant with the sexual organs of both the male and the female —*adj.* having the characteristics of a hermaphrodite —**hermaph′rodit′ic** (-dit′ik) *adj.* —**hermaph′rodit′ism, hermaph′rodism** *n.*

**hermetic** (hur met′ik) *adj.* [< Gr. *Hermēs* (reputed founder of alchemy)] airtight: also **hermet′ical** —**hermet′ically** *adv.*

**hermit** (hur′mit) *n.* [< Gr. *erēmos,* solitary] a person who lives by himself in a secluded spot, often from religious motives; recluse —**hermit′ic, hermit′ical** *adj.*

**hermitage** *n.* **1.** the place where a hermit

lives **2.** a place away from other people; secluded retreat

**hermit crab** any of various soft-bellied crabs that live in the empty shells of certain molluscs, as snails

**hernia** (hur′nē ə) ***n., pl.*** **-nias, -niae′** (-ē′) [L.] the protrusion of an organ, esp. a part of the intestine, through a tear in the wall of the surrounding structure; rupture

**hero** (hēər′ō) ***n., pl.*** **-roes** [< Gr. *hērōs*] **1.** a man of great strength and courage, or one admired for his exploits **2.** any man regarded as an ideal **3.** the central male character in a novel, play, etc.

**heroic** (hi rō′ik) ***adj.*** **1.** like or characteristic of a hero or his deeds **2.** of or about heroes and their deeds; epic **3.** exalted; eloquent **4.** *Art* larger than life-size [a *heroic* statue] Also **hero′ical** —***n.*** **1.** [*pl.*] *same as* HEROIC VERSE **2.** [*pl.*] extravagant or melodramatic talk or action —**hero′ically** ***adv.***

**heroic verse** the verse form in which epic poetry is traditionally written, as iambic pentameter

**heroin** (her′ō win) ***n.*** [G., orig. a trademark] a very powerful, habit-forming narcotic, a derivative of morphine

**heroine** (her′ō win) ***n.*** a girl or woman hero

**heroism** (her′ō wiz′m) ***n.*** heroic qualities and actions

**heron** (her′ən) ***n.*** [< OFr. *hairon*] a wading bird with a long neck, long legs, and a long, tapered bill

**heronry** ***n., pl.*** **-ries** a place where herons breed

**hero worship** great or exaggerated admiration for heroes —**he′ro-wor′ship** ***vt.*** —**he′ro-wor′shipper** ***n.***

**herpes** (hur′pēz) ***n.*** [< Gr. *herpein,* creep] a virus disease characterized by the eruption of small blisters

**herpes simplex** (sim′pleks) a form of herpes principally involving the mouth, lips, and face

**herpes zoster** (zos′tər) [< Gr. *zōstēr,* girdle] an infection of certain sensory nerves, causing pain and blisters

‡**Herr** (hāər) ***n., pl.*** **Her′ren** in Germany, a man; gentleman: also used as a title corresponding to *Mr.* or *Sir*

**herring** (her′iŋ) ***n.*** [OE. *hæring*] a small food fish of the N Atlantic: eaten dried, salted, or smoked

**herringbone** ***n.*** **1.** the spine of a herring, with the ribs extending in rows of parallel, slanting lines **2.** a pattern with such a design —***adj.*** having the pattern of a herringbone

**herring choker** [Canad. Slang] a New Brunswicker

**herring gull** a common gull that has white plumage with black-tipped wings and pink legs

**hers** (hurz) ***pron.*** that or those belonging to her [that book is *hers, hers* are better, a friend of *hers*] —***possessive pronominal adj.*** of, belonging to, or done by her

**herself** (hur self′) ***pron.*** a form of the 3rd pers. sing., fem. pronoun, used: *a*) as an intensive [she went *herself*] *b*) as a reflexive [she hurt *herself*] *c*) as a quasi-noun meaning "her true self" [she is not *herself* today]

**Herts.** Hertfordshire

**hertz** (hurts) ***n., pl.*** **hertz** [< H. R. *Hertz*] the SI unit of frequency

**he's** (hēz) **1.** he is **2.** he has

**hesitant** (hez′ə tənt) ***adj.*** hesitating or undecided —**hes′itancy** ***n.*** —**hes′itantly** ***adv.***

**hesitate** ***vi.*** **-tat′ed, -tat′ing** [< L. *haerere,* stick] **1.** to stop in indecision **2.** to stop momentarily **3.** to be reluctant [I *hesitate* to ask] —**hes′itat′er, hes′ita′tor** ***n.*** —**hes′itat′ingly** ***adv.*** —**hes′ita′tion** ***n.***

**Hesperus** (hes′pər əs) ***n.*** [L.] the evening star, esp. Venus: also **Hes′per**

**hessian** (hes′ē ən) ***n.*** a coarse cloth of jute or hemp

**hest** (hest) ***n.*** [< OE. *hæs,* command] [Archaic] behest

**hetaera** (hi tiər′ə) ***n., pl.*** **-rae** (-ē), **-ras** [< Gr. *hetairos,* companion] in ancient Greece, a courtesan

**hetero-** [< Gr.] *a combining form meaning* other, another, different [*heterosexual*]

**heterodox** (het′ər ō doks′) ***adj.*** [< HETERO- + Gr. *doxa,* opinion] opposed to the usual beliefs or established doctrines, esp. in religion; unorthodox —**het′erodox′y** ***n.***

**heterodyne** (het′ər ō dīn′) ***adj.*** [HETERO- + DYNE] designating or of the combination of two different radio frequencies to produce beats with new frequencies

**heterogeneous** (het′ər ō jē′nē əs) ***adj.*** [< HETERO- + Gr. *genos,* a kind] **1.** differing in structure, quality, etc.; dissimilar **2.** composed of unlike parts; varied —**het′erogene′ity** (-jə nē′ə tē) ***n.*** —**het′eroge′neously** ***adv.***

**heteromorphic** (het′ər ō môr′fik) ***adj.*** [< HETERO- + Gr. *morphē,* form] **1.** differing from the standard **2.** having different forms at various stages —**het′eromor′phism** ***n.***

**heterosexual** (het′ər ō sek′shoo wəl) ***adj.*** of or characterized by sexual desire for those of the opposite sex —***n.*** a heterosexual individual —**het′erosex′ual′ity** ***n.***

**het up** (het) [*het,* dial. pt. & pp. of *heat*] [Colloq.] excited or angry

**heuristic** (hyoo ris′tik) ***adj.*** [< Gr. *heuriskein,* discover] helping to discover or learn

**hew** (hyōō) ***vt.*** **hewed, hewed** or **hewn, hew′ing** [OE. *heawan*] **1.** to chop or cut with an axe, knife, etc. **2.** to make or shape thus —**hew′er** ***n.***

**hexa-** [< Gr.] *a combining form meaning* six

**hexagon** (hek′sə gon′) ***n.*** [< Gr. *hex,* six + *gōnia,* corner] a plane figure with six angles and six sides —**hexag′onal** (-sag′ə n'l) ***adj.*** —**hexag′onally** ***adv.***

**hexagram** (hek′sə gram′) ***n.*** [HEXA- +

-GRAM] a six-pointed star formed by extending all sides of a regular hexagon to points of intersection

**hexameter** (hek sam′ə tər) *n.* [see HEXA- & -METER] a line of verse containing six metrical feet

**hexapod** (hek′sə pod′) *n.* [see HEXA- & -POD] an insect

**hey** (hā) *interj.* [echoic] an exclamation used to attract attention, express surprise, etc.

**heyday** *n.* the time of greatest vigour, success, etc.; prime

**hey presto** a conjuror's phrase announcing the surprise moment in a trick

**Hf** *Chem.* hafnium

**HF, H.F., hf, h.f.** high frequency

**Hg** [L. *hydrargyrum*] *Chem.* mercury

**HG., H.G.** High German

**H.G.V.** heavy goods vehicle

**HH** double hard (of pencil lead)

**H.H.** 1. His (or Her) Highness 2. His Holiness

**hi** (hī) *interj.* [< HEY] [Chiefly U.S.] an exclamation of greeting

**hiatus** (hī āt′əs) *n., pl.* **-tuses, -tus** [< L. *hiare,* gape] 1. a break or gap where a part is missing 2. a slight pause between two vowel sounds, as between the *e's* in *reentry*

**hibernate** (hī′bər nāt′) *vi.* **-nat′ed, -nat′ing** [< L. *hibernus,* wintry] to spend the winter in a dormant state —**hi′berna′tion** *n.* —**hi′berna′tor** *n.*

**Hibernia** (hī bur′nē ə) [L.] *poet. name of* Ireland —**Hiber′nian** *adj., n.*

**hibiscus** (hi bis′kəs) *n.* [< Gr. *hibiskos,* marshmallow] a shrub or small tree with large, colourful flowers

**hiccup** (hik′up) *n.* [echoic] an involuntary contraction of the diaphragm that closes the glottis at the moment of breathing, making a sharp, quick sound —*vi., vt.* **-cuped, -cuping** to make or utter with a hiccup Also **hiccough**

**hick** (hik) *n.* [< *Richard*] [Chiefly U.S. Colloq.] an awkward, unsophisticated person regarded as typical of rural areas —*adj.* [Colloq.] like a hick

HICKORY
(leaf, nut & tree)

**hickory** (hik′ər ē) *n., pl.* **-ries** [< AmInd. *pawcohiccora*] 1. a N. American tree related to the walnut 2. the hard wood of the hickory 3. its nut

**hidalgo** (hi dal′gō) *n., pl.* **-gos** [Sp.] a Spanish nobleman of secondary rank, below that of a grandee

**hidden** (hid′′n) *alt. pp. of* HIDE[1] —*adj.* concealed; secret

**hide[1]** (hīd) *vt.* **hid, hid′den** or **hid, hid′ing** [OE. *hydan*] 1. to put or keep out of sight; conceal 2. to keep secret 3. to keep from being seen by covering up, obscuring, etc. —*vi.* 1. to be concealed 2. to conceal oneself —*n.* a place of concealment, as for a bird watcher —**hid′er** *n.*

**hide[2]** *n.* [OE. *hid*] 1. an animal skin or pelt, either raw or tanned 2. [Colloq.] the skin of a person —**neither hide nor hair** nothing whatsoever

**hide-and-seek** *n.* a children's game in which one player tries to find the other players, who have hidden

**hideaway** *n.* [Colloq.] a hidden or secluded place

**hidebound** *adj.* obstinately conservative and narrow-minded

**hideous** (hid′ē əs) *adj.* [< OFr. *hide,* fright] very ugly or revolting; dreadful —**hid′eously** *adv.* —**hid′eousness** *n.*

**hide-out** *n.* [Colloq.] a hiding place

**hiding[1]** *n.* the condition of being hidden: usually in the phrase **in hiding**

**hiding[2]** *n.* [Colloq.] a severe beating

**hie** (hī) *vi., vt.* **hied, hie′ing** or **hy′ing** [OE. *higian*] [Archaic or Poet.] to hurry or hasten: usually reflexive

**hierarchy** (hī′ə rär′kē) *n., pl.* **-chies** [< Gr. *hieros,* sacred + *archos,* ruler] 1. a group arranged in order of rank, grade, etc. 2. church government by clergy in graded ranks 3. the officials in such a system —**hi′erar′chical, hi′erar′chic** *adj.*

**hieratic** (hī′ə rat′ik) *adj.* [< Gr. *hieros,* sacred] 1. of or used by priests 2. designating the abridged form of cursive hieroglyphic writing once used by Egyptian priests

**hieroglyph** (hī′ər ō glif′) *n.* *same as* HIEROGLYPHIC

**hieroglyphic** (hī′ər ō glif′ik) *adj.* [< Gr. *hieros,* sacred + *glyphein,* carve] of, like, or written in hieroglyphics —*n.* 1. a picture or symbol representing a word, syllable, or sound, used by the ancient Egyptians and others 2. [*usually pl.*] a method of writing using hieroglyphics 3. [*pl.*] writing hard to decipher —**hi′eroglyph′ically** *adv.*

**hi-fi** (hī′fī′) *n.* 1. *same as* HIGH FIDELITY 2. a radio, etc. having high fidelity —*adj.* of or having high fidelity

**higgledy-piggledy** (hig′′l dē pig′′l dē) *adv.* [prob. < *pig*] in jumbled confusion —*adj.* disorderly; jumbled

**high** (hī) *adj.* [OE. *heah*] 1. lofty; tall 2. extending upwards a (specified) distance 3. situated at, reaching to, or done from a height 4. above others in rank, position, quality, etc.; superior 5. very serious [*high* treason] 6. greater in size, amount, degree, power, etc. than usual 7. advanced to its acme or fullness [*high* noon] 8. noble; virtuous 9. expensive; luxurious [*high* living] 10. haughty; overbearing 11. shrill

**12.** slightly tainted: said of meat, esp. game **13.** extremely formal in matters of ceremony, doctrine, etc. **14.** elated *[high* spirits*]* **15.** designating that gear ratio of a motor vehicle transmission which produces the highest speed **16.** [Slang] *a)* drunk *b)* under the influence of a drug —***adv.*** in or to a high level, degree, rank, etc. —***n.*** **1.** a high level, place, etc. **2.** an area of high barometric pressure **3.** [Slang] a condition of euphoria induced as by drugs —**high and dry** stranded —**high and low** everywhere —**high and mighty** [Colloq.] arrogant —**on high** **1.** high above **2.** in heaven

**highball** ***n.*** [U.S.] an alcoholic drink, usually whisky, served with ice in a tall glass

**highbred** ***adj.*** showing good breeding; cultivated

**highbrow** ***n.*** [Colloq.] a person who is or tries to be intellectual —***adj.*** [Colloq.] of or for a highbrow

**highchair** ***n.*** a baby's chair with an attached tray, mounted on long legs

**High Church** that party of the Anglican Church which emphasizes the importance of the priesthood and of traditional rituals and doctrines —**High′-Church′** ***adj.***

**high commissioner** the chief representative of the British government to one of the Commonwealth countries or from one of these countries to the British government

**higher education** education beyond secondary school, usually at colleges and universities

**higher-up** ***n.*** [Colloq.] a person of higher rank

**high explosive** any explosive in which the combustion of the particles is very rapid, producing great shattering effect

**highfalutin, highfaluting** (hī′fə lōōt′in) ***adj.*** [Colloq.] ridiculously pretentious or pompous

**high fidelity** in radio, sound recording, etc., a nearly exact reproduction of a wide range of sound frequencies

**highflier, highflyer** (hī′flī′ər) ***n.*** **1.** an ambitious person **2.** a person who achieves, or is capable of achieving, success

**high frequency** any radio frequency between 3 and 30 megahertz

**High German** **1.** the West Germanic dialects spoken in C and S Germany **2.** the official and literary form of the German language

**highhanded** ***adj.*** overbearing or arbitrary —**high′hand′edly** ***adv.*** —**high′-hand′edness** ***n.***

**highjack** ***vt.*** [Colloq.] *same as* HIJACK

**high jump** **1.** an athletic event in which the contestants jump over a horizontal bar **2.** [Colloq.] severe punishment *[*he's for the *high jump]*

**highland** ***n.*** a region containing many hills or mountains —***adj.*** of, in, or from such a region —**the Highlands** mountainous region occupying nearly all of N Scotland —**high′lander, High′lander** ***n.***

**Highland cattle** a breed of cattle with shaggy hair, usually reddish-brown, and long horns

**highlight** ***n.*** **1.** a part on which light is, or is represented as, brightest: also **high light** **2.** the most important or interesting part, scene, etc. —***vt.*** **1.** to give highlights to **2.** to give prominence to

**highliner** ***n.*** [Canad.] in the Maritimes, the fishing boat or fisherman bringing in the most fish

**highly** ***adv.*** **1.** extremely **2.** favourably **3.** in a high rank **4.** at a high wage, salary, etc.

**highly strung** nervous and tense; highly sensitive

**High Mass** *R.C.Ch.* a sung Mass, usually celebrated with the complete ritual: also **Solemn High Mass, Solemn Mass**

**high-minded** ***adj.*** having high ideals, principles, etc. —**high′-mind′edness** ***n.***

**highness** ***n.*** **1.** height **2.** [**H-**] a title used in speaking to or of a member of a royal family (with *His, Her,* or *Your*)

**high-pitched** ***adj.*** **1.** shrill **2.** steep: said of roofs

**high-powered** ***adj.*** **1.** very powerful **2.** of a high intellectual standard **3.** forceful; dynamic

**high-pressure** ***adj.*** **1.** having, using, or withstanding high pressure **2.** using forcefully persuasive or insistent methods —***vt.*** **-sured, -suring** [Colloq.] to urge with such methods

**high priest** a chief priest

**high-rise** ***adj.*** designating a block of flats, offices, etc. of many storeys

**high school** a secondary school, esp. a grammar school

**high seas** open ocean waters outside the territorial limits of any single nation

**high-sounding** ***adj.*** pretentious or impressive

**high-spirited** (hī′spir′itid) ***adj.*** **1.** courageous or noble **2.** spirited; lively —**high′-spir′itedly** ***adv.***

**high street** the main street of a town, usually containing the principal shops (often preceded by *the*)

**high table** the table in a college dining hall, at a public function, etc., at which the most important guests, members of staff, etc., sit

**high-tension** ***adj.*** having, carrying, or operating under a high voltage

**high tide** **1.** the highest level to which the tide rises **2.** the time when the tide is at this level **3.** any culminating point or time

**high time** **1.** none too soon **2.** [Colloq.] a gay, exciting time: also **high old time**

**high treason** treason against the ruler or government

**highveld** (hī′felt′) ***n.*** in South Africa, the high grasslands of the Transvaal province

**high-water mark** **1.** the highest level reached by a body of water **2.** a culminating point

**highway** ***n.*** **1.** a public road **2.** a main road; thoroughfare Now chiefly a legal and U.S. usage

**Highway Code** a booklet of rules and advice compiled by the Ministry of the Environment for road users

**highwayman** *n.* formerly, a man who robbed travellers

**hijack** (hī′jak′) *vt.* [< ?] **1.** to steal (goods in transit, a lorry and its contents, etc.) by force **2.** to force the pilot (of an aircraft) to go to a nonscheduled destination —*n.* the act of hijacking —**hi′jack′er** *n.*

**hike** (hīk) *vi.* **hiked, hik′ing** [< dial. *heik*] to take a long, vigorous walk —*n.* a long, vigorous walk —**hik′er** *n.*

**hilarious** (hi lâər′ē əs) *adj.* [< Gr. *hilaros*, cheerful] **1.** noisily merry **2.** provoking laughter; funny —**hilar′iously** *adv.* —**hilar′iousness, hilarity** (hi lar′ə tē) *n.*

**hill** (hil) *n.* [OE. *hyll*] **1.** a natural raised part of the earth's surface, smaller than a mountain **2.** a small heap or mound [an *anthill*]

**hillbilly** (hil′bil′ē) *n., pl.* **-lies** [*hill* + *Billy*] [U.S. Colloq.] a person who lives in the mountains or backwoods —*adj.* **1.** [U.S. Colloq.] of hillbillies **2.** designating folk music originating from certain mountainous regions of the U.S.

**hillock** (hil′ək) *n.* a small hill; mound —**hill′ocky** *adj.*

**hillside** *n.* the side or slope of a hill

**hilly** *adj.* **-ier, -iest** **1.** full of hills **2.** like a hill; steep —**hill′iness** *n.*

**hilt** (hilt) *n.* [OE.] the handle of a sword, dagger, tool, etc. —**(up) to the hilt** thoroughly; entirely

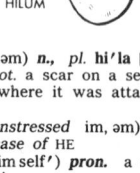


**hilum** (hī′ləm) *n., pl.* **hi′la** [< L., little thing] *Bot.* a scar on a seed, marking the place where it was attached to the seed stalk

**him** (him; *unstressed* im, əm) *pron.* [OE.] *objective case of* HE

**himself** (him self′) *pron.* a form of the 3rd pers. sing., masc. pronoun, used: *a*) as an intensive [he went *himself*] *b*) as a reflexive [he hurt *himself*] *c*) as a quasi-noun meaning "his true self" [he is not *himself* today]

**hind**[1] (hīnd) *adj.* **hind′er, hind′most′** or **hind′ermost′** [prob. < HINDER[2]] back; rear; posterior

**hind**[2] *n.* [OE.] the female of a deer, esp. the red deer

**hinder**[1] (hin′dər) *vt.* [OE. *hindrian*] to restrain; stop; thwart —*vi.* to be a hindrance

**hinder**[2] (hīn′dər) *adj.* [OE. *hinder*, behind] hind; rear

**Hindi** (hin′dē) *n.* [see HINDU] an Indo-Iranian language, the main, now official, language of India

**hindmost** (hīnd′mōst′) *adj.* *superl. of* HIND[1]; farthest back; last: also **hind′ermost′** (hīn′dər-)

**hindquarters** (hīnd′kwôr′tərz) *n. pl.* the hind part of a four-legged animal

**hindrance** (hin′drəns) *n.* **1.** the act of hindering **2.** any person or thing that hinders; obstacle

**hindsight** (hīnd′sīt′) *n.* an understanding, after the event, of what should have been done

**Hindu** (hin′dōō′) *n.* [ult. < Sans. *sindhu*, river, the Indus] a follower of Hinduism —*adj.* of the Hindus or Hinduism

**Hinduism** (hin′dōō wiz′m) *n.* the religion and social system of India, comprising many loosely-related sects

**Hindustani** (hin′dōō stä′nē) *n.* an important dialect of Western Hindi, used as a trade language in N India

**hinge** (hinj) *n.* [< ME. *hengen*, hang] **1.** a joint on which a door, lid, etc. swings **2.** anything on which matters depend —*vt.* **hinged, hing′ing** to attach by a hinge —*vi.* to be contingent (*on*)

**hinny**[1] (hin′ē) *n., pl.* **-nies** [< Gr. *innos*] the offspring of a male horse and a female donkey

**hinny**[2] *n.* [< *honey*] [Dial.] a term of endearment

**hint** (hint) *n.* [< OE. *henten*, to seize] a slight indication; indirect suggestion —*vt., vi.* to give a hint (of) —**hint at** to suggest indirectly —**take a hint** to perceive and act on a hint —**hint′er** *n.*

**hinterland** (hin′tər land′) *n.* [G. < *hinter*, back + *Land*, land] **1.** the district behind that bordering a coast or river **2.** an area near and dependent on a large city, esp. a port

**hip**[1] (hip) *n.* [OE. *hype*] the part of the body surrounding the joint formed by each thighbone and the pelvis

**hip**[2] *n.* [OE. *heope*] the fleshy fruit of the rose

**hip**[3] *adj.* **hip′per, hip′pest** [< ? *hep*] [Slang] **1.** *a*) sophisticated *b*) fashionable **2.** of hippies —**hip′ness** *n.*

**hip-bath** *n.* a portable bath for sitting in immersed to the hips

**hipbone** *n.* the projecting, bony part of the hip

**hip joint** the junction between the thighbone and its socket in the pelvis

**hipped** *adj.* having hips of a specified kind [broad-*hipped*]

**hippie** *n.* [< HIP[3]] [Slang] a young person alienated from conventional society, who has turned to mysticism, drugs, communal living, etc.

**hippo** (hip′ō) *n., pl.* **-pos** [Colloq.] a hippopotamus

**Hippocratic oath** (hip′ə krat′ik) [< *Hippocrates*] the oath generally taken by medical graduates: it sets forth an ethical code for the medical profession

**hippodrome** (hip′ə drōm′) *n.* [< Gr. *hippos*, horse + *dromos*, course] **1.** a music hall, variety theatre, or circus **2.**

in ancient Greece and Rome, an oval course for horse races and chariot races

**ippopotamus** (hip'ə pot'ə məs) ***n., pl.*** **-muses, -mi** (-mī') [< Gr. *hippos,* horse + *potamos,* river] a large, plant-eating mammal with a heavy, thick-skinned, almost hairless body and short legs: it lives chiefly in or near rivers in Africa

**ippy** ***n., pl.*** **-pies** [Slang] *same as* HIPPIE

**ipster** ***adj.*** designating trousers, etc., cut with a low waist so that the top encircles the hips

**ire** (hīər) ***n.*** [OE. *hyr*] **1.** the amount paid for the services of a person or the use of a thing **2.** a hiring —***vt.*** **hired, hir'ing** **1.** to pay for the services of (a person) or the use of (a thing) **2.** to give the use of for payment (often with *out*) —**for hire** available for use, for payment: also **on hire** —**hir'er** ***n.***

**ireling** ***n.*** a person who will follow anyone's orders for pay

**ire-purchase** ***n.*** a system by which a hired article becomes the property of the hirer after a stipulated number of payments: also **hire-purchase system**

**irsute** (hur'syōōt) ***adj.*** [L. *hirsutus*] hairy; shaggy

**is** (hiz) ***pron.*** [OE.] that or those belonging to him [that book is *his, his* are better] —***possessive pronominal adj.*** of, belonging to, or done by him

**ispanic** (his pan'ik) ***adj.*** Spanish or Spanish and Portuguese —**Hispan'icism** ***n.***

**iss** (his) ***vi., vt.*** [echoic] **1.** to make, or utter with, a sound like that of a prolonged *s* **2.** to show dislike or disapproval (of) by hissing —***n.*** the sound of hissing —**hiss'er** ***n.***

**ist** (st; hist) ***interj.*** be quiet! listen!

**ist.** **1.** historian **2.** historical **3.** history

**istamine** (his'tə mēn') ***n.*** [see HISTO- & AMINE] an amine released by the tissues in allergic reactions

**isto-** [< Gr.] *a combining form meaning* tissue

**istogram** (his'tə gram') ***n.*** [HISTO(RY) + -GRAM] a graph using vertical columns to illustrate frequency distribution

**istology** (his tol'ə je) ***n.*** [see HISTO- + -LOGY] the branch of biology concerned with the structure of tissue

**istorian** (his tôr'ē ən) ***n.*** **1.** a writer of history **2.** an authority on or specialist in history

**istoric** (his tor'ik) ***adj.*** famous in history

**istorical** ***adj.*** **1.** of or concerned with history **2.** providing evidence for a fact of history **3.** based on people or events of the past **4.** established by history; factual **5.** in chronological order —**histor'ically** ***adv.***

**istoricism** (his tor'i siz''m) ***n.*** a theory of history holding that the course of events is determined by unchangeable laws or cyclic patterns

**istoricity** (his'tə ris'ə tē) ***n.*** the condition of having actually occurred in history

**istoriographer** (his tor'ē og'rə fər) ***n.*** [< Gr. *historia,* history + *graphein,* write] a historian; esp., one appointed to write the history of some institution, country, etc. —**histo'riog'raphy** ***n.***

**history** (his'tə rē) ***n., pl.*** **-ries** [< Gr. *histōr,* learned] **1.** an account of what has happened, esp. in the life of a people, country, etc. **2.** all recorded events of the past **3.** the branch of knowledge that deals systematically with the recording, analysing, etc. of past events **4.** a known past [this coat has a *history*] —**make history** to be or do something important enough to be recorded

**histrionic** (his'trē on'ik) ***adj.*** [< L. *histrio,* actor] **1.** overacted or overacting **2.** of acting or actors

**histrionics** ***n.pl.*** [*sometimes with sing. v.*] **1.** an artificial or affected manner or outburst **2.** theatricals

**hit** (hit) ***vt.*** **hit, hit'ting** [< ON. *hitta,* meet with] **1.** to come against with force; strike **2.** to give a blow to; strike **3.** to strike with a missile [to *hit* the target] **4.** to cause to bump or strike, as in falling, moving, etc. **5.** to propel or cause to move by striking **6.** to affect strongly or adversely [a town *hit* by floods] **7.** to come upon by accident or after search [to *hit* the right answer] **8.** to reach; attain **9.** [Slang] to apply oneself to frequently [to *hit* the bottle] —***vi.*** **1.** to strike **2.** to attack suddenly **3.** to come by accident or after search (with *on* or *upon*) —***n.*** **1.** a blow that strikes its mark **2.** an effectively witty remark **3.** a popular song, play, etc. —**hit it off** to get along well together —**hit or miss** in a haphazard way —**hit the (right) nail on the head** **1.** to guess correctly **2.** to express a point exactly —**hit the road** [Slang] to leave —**make a hit** to be a success

**hit-and-run** (hit''n run') ***adj.*** hitting and then fleeing [a *hit-and-run* driver]

**hitch** (hich) ***vi.*** [< ?] **1.** to move jerkily; **2.** to become fastened or caught **3.** [Colloq.] to hitchhike —***vt.*** **1.** to move, pull, or shift with jerks **2.** to fasten with a hook, knot etc. **3.** [Colloq.] to marry: usually in the passive **4.** [Colloq.] to hitchhike —***n.*** **1.** a hindrance; obstacle **2.** [Colloq.] a ride obtained by hitchhiking **3.** a tug; jerk **4.** *Naut.* a kind of knot that can be easily undone **5.** a hobble —**without a hitch** smoothly and successfully

**hitchhike** ***vi.*** **-hiked', -hik'ing** to travel by asking for free rides from motorists along the way —***vt.*** to get (a ride) or make (one's way) by hitchhiking —**hitch'hik'er** ***n.***

**hither** (hith'ər) ***adv.*** [OE. *hider*] to this place; here —***adj.*** on or towards this side; nearer

**hitherto** (hith'ər tōō') ***adv.*** until this time; to now

**hitman** ***n.*** a hired assassin

**hit parade** the list of currently most popular records

**Hittite** (hit′īt) *n.* any of an ancient people of Asia Minor and Syria —*adj.* of the Hittites, their culture, etc.

**hive** (hīv) *n.* [OE. *hyf*] **1.** a shelter for a colony of domestic bees **2.** a colony of bees living in a hive **3.** a place with many busy people —*vt.* **hived, hiv′ing** to gather (bees) into a hive —*vi.* to enter a hive —**hive off** **1.** to withdraw in a group, as bees **2.** to assign work to a subsidiary department, etc. **3.** to transfer (assets etc.) of a company to another group

**hives** *n.* [orig. Scot. dial.] an allergic skin condition

**H.L.** House of Lords

**H.M.** **1.** Her Majesty **2.** His Majesty

**H.M.A.S.** His (or Her) Majesty's Australian Ship

**H.M.C.S.** His (or Her) Majesty's Canadian Ship

**H.M.I.** His (or Her) Majesty's Inspector (of Schools)

**H.M.N.Z.S.** His (or Her) Majesty's New Zealand Ship

**H.M.S.** **1.** His (or Her) Majesty's Service **2.** His (or Her) Majesty's Ship or Steamer

**H.M.S.O.** His (or Her) Majesty's Stationery Office

**H.N.C.** Higher National Certificate

**H.N.D.** Higher National Diploma

**ho** (hō) *interj.* an exclamation of surprise, derision, etc.

**Ho** *Chem.* holmium

**hoar** (hôr) *adj.* [OE. *har*] *same as* HOARY

**hoard** (hôrd) *n.* [OE. *hord*] a supply stored up and hidden or kept in reserve —*vt., vi.* to accumulate and store away (money, goods, etc.) —**hoard′er** *n.* —**hoard′ing** *n.*

**hoarding** (hôr′diŋ) *n.* [< Frank. *hurda*, a fold] **1.** a temporary wooden fence, as around a building site **2.** a large board for displaying advertisements

**hoarfrost** (hôr′frost′) *n.* white, frozen dew on the ground, leaves, etc.; rime

**hoarse** (hôrs) *adj.* **hoars′er, hoars′est** [OE. *has*] **1.** sounding harsh and grating, etc. **2.** having a rough, husky voice —**hoarse′ly** *adv.* —**hoarse′ness** *n.*

**hoary** (hôr′ē) *adj.* **-ier, -iest** **1.** white or grey **2.** having white or grey hair because old **3.** very old

**hoax** (hōks) *n.* [< ? HOCUS-POCUS] a trick or fraud, esp. a practical joke —*vt.* to deceive with a hoax —**hoax′er** *n.*

**hob**[1] (hob) *n.* [? < HUB] **1.** the flat top part of a cooking stove, or a separate flat surface, containing hotplates or burners **2.** a projecting ledge at the back or side of a fireplace, for keeping a kettle, etc. warm

**hob**[2] *n.* [< *Robin* Goodfellow] an elf; goblin

**hobble** (hob′′l) *vi.* **-bled, -bling** [ME. *hobelen*] to go unsteadily, haltingly, etc.; limp —*vt.* **1.** to cause to limp **2.** to hamper the movement of (a horse, etc.) by tying two legs together —*n.* **1.** a halting walk; limp **2.** a rope, strap, etc. used to hobble a horse —**hob′bler** *n.*

**hobby** (hob′ē) *n., pl.* **-bies** [ME. *hoby*] **1.** something that a person likes to work at, collect, etc. in his spare time **2.** a hobbyhorse —**hob′byist** *n.*

**hobbyhorse** *n.* **1.** a toy consisting of a horse's head on a stick that one pretends to ride **2.** a rocking horse **3.** a favourite topic or fixed idea

**hobgoblin** (hob′gob′lin) *n.* [HOB[2] + GOBLIN] **1.** an elf; goblin **2.** a bogy; bugbear

**hobnail** *n.* [HOB[1] + NAIL] a nail with a broad head, put on the soles of shoes to prevent wear —**hob′nailed′** *adj.*

**hobnob** (hob′nob′) *vi.* **-nobbed′, -nob′bing** [< ME. *habben*, have + *nabben* not have] to be on close terms (*with*)

**hobo** (hō′bō) *n., pl.* **-bos, -boes** [U.S.] **1.** a vagrant; tramp **2.** esp. formerly, a migratory worker

**Hobson's choice** (hob′sənz) [< T. *Hobson*, liveryman, who let horses in order according to their position near the door] a choice of taking what is offered or nothing

**hock**[1] (hok) *n.* [OE. *hoh*, heel] the joint bending backwards in the hind leg of a horse, ox, etc., but corresponding to the human ankle

**hock**[2] *n.* [< *Hochheim*, Germany] a white Rhine wine

**hock**[3] *vt., n.* [< Du. *hok*, prison] [U.S. Slang] *same as* PAWN[1]

**hockey** (hok′ē) *n.* [prob. < OFr. *hoquet*, bent stick] **1.** a team game played on a field, using curved sticks (**hockey sticks**) and a ball **2.** [U.S. & Canad.] *same as* ICE HOCKEY

**hocus-pocus** (hō′kəs pō′kəs) *n.* [imitation L.] **1.** trickery; deception **2.** meaningless words used as a formula by conjurers **3.** sleight of hand; legerdemain

**hod** (hod) *n.* [prob. < MDu. *hodde*] **1.** a long-handled wooden trough, used for carrying bricks, mortar, etc. on the shoulder **2.** a coal scuttle

**hodgepodge** (hoj′poj′) *n.* *same as* HOTCHPOTCH

**hodometer** (ho dom′itər) *n.* same as ODOMETER

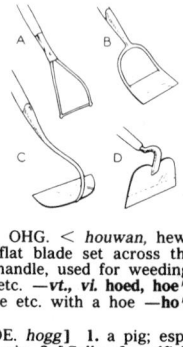


TYPES OF HOE (A, wire; B, Dutch; C, swan-necked draw; D, plain draw)

**hoe** (hō) *n.* [< OHG. < *houwan*, hew] a tool with a flat blade set across the end of a long handle, used for weeding, loosening soil, etc. —*vt., vi.* **hoed, hoe′ing** to cultivate etc. with a hoe —**ho′er** *n.*

**hog** (hog) *n.* [OE. *hogg*] **1.** a pig; esp., a castrated male pig **2.** [Colloq.] a selfish greedy, or filthy person —*vt.* **hogged, hog'ging** [Colloq.] to take all of or an unfair share of —**go the whole hog** [Colloq.] to go all the way —**hog'gish** *adj.*

**ogback** *n.* a sharp ridge of land: also **hog's back**

**ogmanay** (hog'mə nā) *n.* [< ?] [Scot.] (Also **H-**) New Year's Eve

**ogshead** *n.* [ME. *hoggeshede*] **1.** a large barrel of varying capacity **2.** any of various liquid measures, esp. one of c 50 gallons

**ogwash** *n.* **1.** nonsense **2.** pig swill

**oick** (hoik) *vt.* [< ?] [Slang] to raise abruptly

**oi polloi** (hoi'pə loi') [Gr., the many] the common people; the masses: usually patronizing

**oist** (hoist) *vt.* [< Du. *hijschen*] to raise aloft, esp. with a pulley, crane, etc. —*n.* **1.** a hoisting **2.** an apparatus for raising heavy things —**hoist with one's own petard** caught in one's own trap

**oity-toity** (hoit'ē toit'ē) *adj.* [< obs. *hoit,* to be noisily mirthful] haughty or petulant

**okum** (hōk'əm) *n.* [< HOCUS-POCUS] [Slang] **1.** crudely comic or mawkishly sentimental elements in a play, story, etc. **2.** nonsense; humbug

**old**[1] (hōld) *vt.* **held, hold'ing** [OE. *haldan*] **1.** to take and keep with the hands, arms, or other means; grasp **2.** to keep in a certain position or condition **3.** to restrain or control **4.** to get and keep *[to hold* our attention*]* **5.** to keep against an enemy; defend **6.** to occupy *[he holds* the office of mayor*]* **7.** to have or conduct (a meeting, conversation, etc.) **8.** to have room for *[this can holds* a litre*]* **9.** to regard; consider **10.** to keep a telephone line open by not replacing the receiver **11.** to possess *[to hold* a mortgage*]* **12.** to bind *[hold* him to his word*]* —*vi.* **1.** to retain a contact *[hold* tight*]* **2.** to go on being firm, loyal, etc. *[he held* to his resolve*]* **3.** to remain unbroken or unyielding *[the rope held]* **4.** to be valid *[a* rule which still *holds]* **5.** to continue *[the* wind *held* steady*]* —*n.* **1.** a grip; specif., a way of gripping an opponent in wrestling **2.** a thing to hold on by **3.** a controlling force *[to* have a *hold* over someone*]* —**catch hold of** to seize —**get hold of** **1.** to seize; **2.** to acquire **3.** [Colloq.] to make contact with (a person) —**hold back** **1.** to restrain **2.** to refrain **3.** to retain —**hold down** **1.** to restrain **2.** [Colloq.] to have and keep (a job) —**hold forth** to preach; lecture —**hold off** **1.** to keep at a distance **2.** to keep from attacking or doing something —**hold on** **1.** to retain one's hold **2.** to persist **3.** [Colloq.] wait! **4.** [Colloq.] to wait, esp. during a telephone call, until a person, information, etc. is found —**hold one's own** to persist in spite of obstacles —**hold out** **1.** to last **2.** to stand firm —**hold out for** [Colloq.] to stand firm in demanding —**hold out on** [Colloq.] to keep something from someone —**hold up** **1.** to delay **2.** to prop up **3.** to stop forcibly and rob **4.** to last; endure —**hold with** to approve of —**with no holds barred** [Colloq.] with no set rules or limits —**hold'er** *n.*

**hold**[2] *n.* [< HOLE] an area below the decks, as in a ship, for carrying cargo

**holdall** *n.* a large travelling bag or case

**holdfast** *n.* a specialized organ or part by which certain animals and plants attach themselves to an object

**holding** *n.* **1.** land, esp. a farm, rented from another **2.** [*usually pl.*] property owned, esp. stocks or bonds

**holding company** a corporation organized to hold bonds or stocks of other corporations, which it usually controls

**holdup** *n.* **1.** a stoppage; delay **2.** the act of stopping forcibly and robbing

**hole** (hōl) *n.* [OE. *hol*] **1.** a hollow place; cavity **2.** an animal's burrow **3.** a small, dingy, squalid place **4.** an opening in anything; gap, tear or rent **5.** a flaw; defect *[holes* in an argument*]* **6.** [Colloq.] an embarrassing situation; predicament **7.** *Golf a)* a cup sunk into a green, into which the ball is to be hit *b)* any of the sections of a course —*vt.* **holed, hol'ing** **1.** to make a hole in **2.** to put or drive into a hole —**hole up** [Colloq.] **1.** to hibernate, usually in a hole **2.** to shut oneself in —**pick holes in** to pick out errors or flaws in —**hole'y** *adj.*

**hole-and-corner** *adj.* [Colloq.] secretive; shady

**holiday** (hol'ə dā) *n.* [see HOLY + DAY] **1.** [*often pl.*] a period in which a break is taken from work for rest or recreation **2.** a day on which work is suspended by law or custom **3.** a religious festival —*adj.* of or suited to a holiday; joyous —*vi.* to spend one's holidays

**holier-than-thou** *adj.* annoyingly self-righteous

**holiness** (hō'lē nis) *n.* **1.** a being holy **2.** [**H-**] a title of the Pope (with *His* or *Your*)

**holland** (hol'ənd) *n.* [< *Holland,* where first made] a linen or cotton cloth used for clothing, window blinds, etc.

**Hollands** (hol'əndz) *n.* [Du.] gin made in the Netherlands

**holler** (hol'ər) *vi., vt., n.* [< HOLLO] [Colloq.] yell

**hollo** (hol'ō) *interj., n., pl.* **-los** a shout or call, as to attract attention or urge on hounds —*vi., vt.* **-loed, -loing** to shout (at)

**hollow** (hol'ō) *adj.* [OE. *holh*] **1.** having a cavity within it; not solid **2.** shaped like a bowl; concave **3.** sunken *[hollow* cheeks*]* **4.** worthless *[hollow* praise*]* **5.** hungry **6.** deep-toned and muffled —*n.* **1.** a cavity; hole **2.** a valley —*vt., vi.* to make or become hollow —**beat (someone) hollow** [Colloq.] to surpass by far —**hollow out** to make by hollowing —**hol'lowly** *adv.* —**hol'lowness** *n.*

**holly** (hol'ē) *n., pl.* **-lies** [OE. *holegn*]

a small tree or shrub with glossy, sharp-pointed leaves and bright-red berries, used as Christmas ornaments

HOLLYHOCK

**hollyhock** (hol′ē hok′) *n.* [< OE. *halig,* holy + *hoc,* mallow] a tall, biennial plant with large flowers of various colours

**holmium** (hōl′mē əm) *n.* [ModL. < *Holmia,* Latinized form of *Stockholm*] a metallic chemical element of the rare-earth group: symbol, Ho

**holm oak** (hōm) [< OE. *holegn,* holly] an evergreen oak with hollylike leaves

**holo-** [< Gr.] *a combining form meaning* whole, entire

**holocaust** (hol′ə kôst′) *n.* [< Gr. *holos,* whole + *kaustos,* burnt] great destruction of life

**hologram** (hol′ō gram′) *n.* a photographic plate containing the record of the interference pattern produced by means of holography

**holograph** (hol′ō gräf′) *adj.* [< Gr. *holos,* whole + *graphein,* write] written in the handwriting of the person under whose name it appears —*n.* a holograph document

**holography** (hə log′rə fē) *n.* [HOLO- + -GRAPHY] a method used to produce three-dimensional images by laser light and to record on a photographic plate the interference patterns from which an image can be reconstructed

**hols** (holz) *n.pl.* [Colloq.] holidays

**holster** (hōl′stər) *n.* [Du.] a pistol case, usually of leather and attached to a belt or saddle

**holy** (hō′lē) *adj.* **-lier, -liest** [< OE. *hal,* sound, whole] **1.** dedicated to religious use **2.** spiritually pure; sinless **3.** deserving deep respect or reverence —*n., pl.* **-lies** a holy thing or place

**Holy Communion** a Christian rite in which bread and wine are consecrated and received as the body and blood of Jesus or as symbols of them

**Holy Ghost** the third person of the Trinity

**Holy Grail** *see* GRAIL

**Holy Land** Palestine

**holy of holies** **1.** the innermost part of the Jewish Temple **2.** any most sacred place

**holy orders** **1.** the position of being an ordained Christian priest **2.** the rank of the Christian ministry

**Holy See** the position, authority, or court of the Pope

**Holy Spirit** the spirit of God; specif. the third person of the Trinity

**Holy Week** the week before Easter

**homage** (hom′ij) *n.* [< L. *homo,* man] **1.** anything given or done to show reverence, honour, etc.: usually with *do* or *pay* [to pay *homage* to a hero] **2.** orig., a public avowal of allegiance by a vassal to his lord

**homburg** (hom′bur̄g) *n.* [< *Homburg,* Prussia] a man's hat with a crown dented front to back and a stiff brim

**home** (hōm) *n.* [OE. *ham*] **1.** the place where a person lives **2.** the region or country where one was born or reared **3.** a household and its affairs **4.** an institution for the care of orphans, the aged, etc. **5.** the natural environment of an animal, plant, etc. **6.** the place of origin, development, etc. **7.** in many games the base or goal —*adj.* **1.** of one's home or country; domestic **2.** of or at the centre of operations **3.** played in the city, etc. where the team originates —*adv.* **1.** at, to, or in the direction of home **2.** to the point aimed at **3.** to the heart of a matter —*vi.* **homed, hom′ing** to return home accurately from a distance: said of birds and animals —**at home** **1.** in one's own house, city, or country **2.** comfortable; at ease **3.** willing to receive visitors —**bring (something) home to** to impress upon —**home and dry** [Colloq.] safe; successful —**home (in) on** to be directed as by radar to —**home′less** *adj.* —**home′like′** *adj.*

**home-brew** (hōm′ brōō′) *n.* an alcoholic beverage, esp. beer, made at home

**Home Counties** the counties surrounding London

**home economics** the science of managing a home

**home farm** a farm near or attached to the house of a landed proprietor who has other farms on his estate

**Home Guard** a volunteer, part-time force recruited for the defence of the United Kingdom in World War 2

**home help** a woman employed, esp. by a local authority, to do housework

**homeland** *n.* **1.** the country in which one was born or makes one's home **2.** [S Afr.] *official term for* BANTUSTAN

**homely** *adj.* **-lier, -liest** **1.** plain or simple [*homely* virtues] **2.** not elegant; crude **3.** [U.S.] plain or unattractive —**home′liness** *n.*

**homemade** *adj.* **1.** made at home **2.** as if made at home; esp., plain, simple, or crude

**homeo-, homoeo-** [< Gr.] *a combining form meaning* like, the same, similar

**Home Office** the department of the British government responsible for law and order, immigration control, and other internal affairs

**homeopathy, homoeopathy** (hō′mē op′ə thē) *n.* [see HOMEO- & -PATHY treatment of a disease with small doses of drugs which in a healthy person and in large doses would produce its symptoms —**ho′meopath′ic, ho′moeopath′ic** (-ə-path′ik) ***adj.***

**homeowner** ***n.*** a person who owns the house he lives in

**Homeric** (hō mer′ik) ***adj.*** of the poet Homer, his poems, or the Greek civilization that they describe

**home rule** the administration of the affairs of a country, colony, city, etc. granted to the citizens who live in it

**Home Secretary** in Britain, the Secretary of State for Home Affairs; the head of the Home Office

**homesick** ***adj.*** longing for home —**home′sick′ness** ***n.***

**homespun** ***n.*** **1.** cloth made of yarn spun at home **2.** coarse, loosely woven cloth like this —***adj.*** **1.** spun at home **2.** made of homespun **3.** plain; homely

**homestead** ***n.*** **1.** a place, esp. a farm, where a family makes its home, including the land, house, and outbuildings **2.** [U.S. & Canad.] a house and adjoining land occupied by the owner and exempt from seizure and forced sale for debts —**home′steader** ***n.***

**homestead law** [U.S. & Canad.] any of various laws conferring certain privileges on owners of homesteads

**homeward** ***adv., adj.*** towards home: also **home′wards** ***adv.***

**homework** ***n.*** **1.** schoolwork to be done outside the classroom **2.** preparatory or introductory study

**homicide** (hom′ə sīd′) ***n.*** [< L. *homo,* man + *caedere,* kill] **1.** any killing of one human being by another **2.** a person who kills another —**hom′ici′dal** ***adj.***

**homily** (hom′ə lē) ***n., pl.*** **-lies** [< Gr. *homilos,* assembly] **1.** a sermon **2.** a solemn, moralizing talk or writing

**homing** (hō′miŋ) ***adj.*** **1.** homeward bound **2.** having to do with guidance to a goal, target, etc.

**homing pigeon** a pigeon trained to find its way home

**hominid** (hom′ə nid) ***n.*** [< ModL. *Hominidae* (family name)] any form of man, extinct or living

**hominoid** (-noid′) ***n.*** [< ModL. *Hominoidea* (superfamily name)] any form of man or the great apes, extinct or living —***adj.*** manlike

**homo**[1] (hō′mō) ***n., pl.*** **homines** (hom′ə nēz′) [L., a man] any of a genus of primates including modern man

**homo**[2] ***n., pl.*** **-mos** [Colloq.] a homosexual person —***adj.*** [Colloq.] homosexual

**homo-** [< Gr.] *a combining form meaning* same, like

**homogeneous** (ho′mō jē′nē əs) ***adj.*** [< Gr. *homos,* same + *genos,* kind] **1.** the same in structure, quality, etc. **2.** composed of similar or identical parts —**ho′mogene′ity** (-jə nē′ə tē) ***n.*** —**ho′moge′neously** ***adv.***

**homogenize** (hə moj′ə nīz′) ***vt.*** **-nized′, -niz′ing** **1.** to process (milk) so that the fat particles are finely divided and the cream does not separate on standing **2.** to make homogeneous Also **homog′enise**

**homograph** (hom′ō graf′) ***n.*** [HOMO- + -GRAPH] a word with the same spelling as another but a different meaning and origin (Ex.: *bow,* part of a ship, *bow,* to bend)

**homologous** (ho mol′ə gəs) ***adj.*** [< Gr. *homos,* same + *legein,* say] **1.** matching in structure, position, character, etc. **2.** *Biol.* corresponding in structure and deriving from a common origin, as the wing of a bat and the foreleg of a mouse —**hom′ologue** ***n.***

**homology** (ho mol′ə jē) ***n., pl.*** **-gies** **1.** the state of being homologous **2.** a homologous relationship

**homonym** (hom′ō nim) ***n.*** [< Gr. *homos,* same + *onyma,* name] a word with the same pronunciation as another but with a different meaning, origin, and, usually, spelling (Ex.: *bore* and *boar*)

**Homo sapiens** (hō′mō sap′ē ənz) [see HOMO[1] & SAPIENT] modern man; mankind

**homosexual** (hō′mō sek′shoo wəl) ***adj.*** of or having sexual desire for those of the same sex as oneself —***n.*** a homosexual person —**ho′mosex′ual′ity** ***n.***

**homy** (hō′mē) ***adj.*** **-ier, -iest** having qualities usually associated with home; comfortable, familiar, etc.

**Hon., hon.** **1.** honourable **2.** honorary

**hone** (hōn) ***n.*** [< OE. *han,* stone] a whetstone used to sharpen tools —***vt.*** **honed, hon′ing** to sharpen as with a hone

**honest** (on′əst) ***adj.*** [< L. *honor,* honour] **1.** that will not lie, cheat, or steal; trustworthy **2.** *a*) showing fairness and sincerity [an *honest* effort] *b*) gained by fair methods [an *honest* living] **3.** frank and open [an *honest* face] —***adv.*** [Colloq.] truly

**honestly** ***adv.*** **1.** in an honest manner **2.** truly

**honesty** ***n.*** **1.** the state or quality of being honest: sincerity; straightforwardness **2.** a plant with purple flowers and semi-transparent, silvery seedpods

**honey** (hun′ē) ***n., pl.*** **-eys** [OE. *hunig*] **1.** a thick, sweet, syrupy substance that bees make as food from the nectar of flowers **2.** sweetness **3.** darling **4.** [U.S. Colloq.] something pleasing

**honeybee** ***n.*** a bee that makes honey

**honeycomb** ***n.*** **1.** the structure of six-sided wax cells made by bees to hold their honey, eggs, etc. **2.** anything like this —***vt.*** **1.** to fill with holes like a honeycomb **2.** to permeate or undermine —***adj.*** of or like a honeycomb: also **hon′eycombed′**

**honeydew** ***n.*** a sweet fluid exuded from various plants or secreted by some juice-sucking plant insects

**honeyed** ***adj.*** **1.** sweetened with honey **2.** flattering or affectionate [*honeyed* words] Also **honied**

**honeymoon** ***n.*** [< ?] **1.** the holiday spent together by a newly married couple **2.** a brief period of apparent agreement

—*vi.* to spend a honeymoon —**hon′ey-moon′er** *n.*

**honeysuckle** *n.* a woody plant with small, fragrant flowers of red, yellow, or white

**honk** (hoŋk) *n.* [echoic] **1.** the call of a wild goose **2.** any similar sound, as of a car horn —*vi., vt.* to make or cause to make such a sound —**honk′er** *n.*

**honky-tonk** (hoŋ′kē toŋk′) *n.* [< ?] **1.** [Colloq.] a cheap, disreputable nightclub **2.** a style of ragtime piano-playing

**honorarium** (on′ə rär′ē əm) *n., pl.* **-riums, -ria** [L. *honorarium (donum),* honorary (gift)] a payment as to a professional person for services for which no fee is set

**honorary** (on′ə rə rē) *adj.* [L. *honorarius,* of or conferring honour] **1.** given as an honour only [an *honorary* degree] **2.** *a*) designating an office held as an honour only, without service or pay *b*) holding such an office

**honorific** (on′ə rif′ik) *adj.* [< L. *honor,* honour + *facere,* make] conferring honour; showing respect

**honour** (on′ər) *n.* [< L. *honor*] **1.** high regard or respect; esp. *a*) glory; fame *b*) good reputation **2.** adherence to principles considered right **3.** chastity **4.** high rank; distinction [the *honour* of the presidency] **5.** [**H-**] a title given to judges (preceded by *His, Her,* or *Your*) **6.** something done or given as a token of respect; specif., *a*) a social courtesy *b*) [*pl.*] public ceremonies of respect [funeral *honours*] *c*) [*pl.*] special distinction given to students for high achievement *d*) [*pl.*] a specialized degree course **7.** one that brings respect and fame to a school, country, etc. **8.** *Card Games* [*pl.*] the four or five highest cards of the trump suit —*vt.* **1.** to respect greatly **2.** to do something in honour of **3.** to accept and pay when due [to *honour* a cheque] —**do honour to** **1.** to show great respect for **2.** to bring honour to —**do the honours** to act as host or hostess, esp. by making introductions, etc. —**on** (or **upon**) **one's honour** staking one's good name on one's truthfulness or reliability U.S. sp. **honor**

**honourable** *adj.* **1.** worthy of being honoured **2.** [**H-**] of high rank: used as a title of courtesy **3.** having or showing a sense of right and wrong **4.** bringing honour [*honourable* mention] **5.** accompanied with marks of respect [*honourable* burial] —**hon′ourably** *adv.*

**hooch** (hōōch) *n.* [< Alaskan] [Slang] alcoholic liquor

**hood**[1] (hood) *n.* [OE. *hod*] **1.** a covering for the head and neck, often part of a cloak **2.** an appendage to an academic gown, showing the type of degree **3.** anything like a hood, as the folding roof of a convertible car or the canopy of a pram —*vt.* to cover as with a hood —**hood′ed** *adj.* —**hood′less** *adj.*

**hood**[2] *n.* [Slang] *short for* HOODLUM

**-hood** [< OE.] *a suffix meaning:* **1.** state, quality [*childhood*] **2.** the whole group of [*priesthood*]

**hooded crow** a common crow with a grey body and black head, wings and tail: also called **hoodie-crow**

**hoodlum** (hōōd′ləm) *n.* [< ?] a wild, lawless person, often a member of a gang of criminals

**hoodoo** (hōō′dōō) *n., pl.* **-doos** [var. of VOODOO] [Chiefly U.S.] **1.** *same as* VOODOO **2.** [Colloq.] *a*) a person or thing that causes bad luck *b*) bad luck

**hoodwink** (hood′wiŋk′) *vt.* [HOOD[1] + WINK] to deceive

**hooey** (hōō′ē) *interj., n.* [echoic] [Slang] nonsense

**hoof** (hōōf) *n., pl.* **hoofs, hooves** (hōōvz) [OE. *hof*] the horny covering on the feet of cattle, deer, horses, etc., or the entire foot —*vt., vi.* [Colloq.] to walk

**hoo-ha** (hōō′hä′) *n.* [echoic] [Colloq.] a noisy fuss

**hook** (hook) *n.* [< OE. *hoc*] **1.** a bent piece of metal, etc. used to catch, hold, or pull something; specif., *a*) a curved piece of wire for catching fish *b*) a curved piece of metal, etc. used to hang things on *c*) a small metal catch inserted in a loop, or eye, to fasten clothes **2.** a curved implement for cutting grain, etc. **3.** something shaped like a hook, as a curving headland **4.** *Boxing* a short blow delivered with the arm bent **5.** *Sport* a curved shot —*vt.* **1.** to fasten or catch as with a hook **2.** [Colloq.] to steal **3.** *Boxing* to hit with a hook **4.** *Sport* to hit in a curve —*vi.* **1.** to curve **2.** to be fastened or caught by a hook —**by hook or by crook** by any means —**hook, line and sinker** completely —**off the hook** [Colloq.] out of trouble —**sling one's hook** [Slang] to depart

HOOKAH

**hookah, hooka** (hook′ə) *n.* [Ar. *ḥuqqah*] an Oriental tobacco pipe with a long tube by means of which the smoke is drawn through water and cooled

**hooked** *adj.* **1.** curved like a hook **2.** [Slang] addicted as to a drug (with *on*) **3.** [Slang] married

**hooker**[1] *n.* **1.** [U.S. Slang] a prostitute **2.** *Rugby* the centre forward in the front row of a scrum

**hooker**[2] *n.* [Du. *hoeker*] **1.** a small Dutch sailing ship **2.** a fishing smack

**hookup** *n.* **1.** the connection of parts, circuits, etc., as in (a) radio **2.** [Colloq.] a connection

**hookworm** *n.* a small, parasitic roundworm with hooks around the mouth, infesting the small intestine and causing **hookworm disease**

**hooligan** (hōō'li gən) *n.* [< ? *Hooligan,* family name] [Slang] a hoodlum —**hoo'liganism** *n.*

**hoop** (hōōp) *n.* [OE. *hop*] **1.** a circular band for holding together the staves of a barrel **2.** anything like a hoop; specif., *a*) any of the rings forming the framework of a hoop skirt *b*) a large ring, often with paper stretched over it, for circus performers or animals to jump through *c*) a toy shaped like a hoop and rolled along —*vt.* to bind or fasten as with a hoop —**go** (or **be put**) **through the hoop** to undergo an ordeal

**hoopla** (hōōp'lä) *n.* a game in which rings are thrown to encircle, and so win, prizes

**hoopoe** (hōō'pōō) *n.* [< L. *upupa,* prob. echoic] a bird with a long, curved bill and an erectile crest

**hooray** (hoo rā') *interj., n., vi., vt. same as* HURRAH

**hoot** (hōōt) *vi.* [echoic] **1.** to shout, esp. in scorn or disapproval **2.** to utter its characteristic hollow sound: said of an owl **3.** to utter a sound like this **4.** to sound a horn **5.** [Colloq.] to laugh loudly —*vt.* **1.** to express scorn or disapproval (of) by hooting **2.** to chase away by hooting —*n.* **1.** the sound that an owl makes **2.** any sound like this **3.** a shout of scorn or disapproval **4.** [Colloq.] an amusing or ridiculous person or thing

**hooter** *n.* **1.** a person or thing that hoots, specif., *a*) a car horn *b*) a factory siren **2.** [Colloq.] a nose

**hoots** *interj.* [< ? HOOT] [Scot.] an exclamation of objection, irritation or impatience

**Hoover** (hōō'vər) *Trademark* a type of vacuum cleaner —*n.* [h-] popularly, any vacuum cleaner —*vt.* [h-] to clean with a vacuum cleaner

**hooves** (hōōvz) *n. alt. pl. of* HOOF

**hop**[1] (hop) *vi.* **hopped, hop'ping** [OE. *hoppian*] **1.** to make a short leap on one foot **2.** to move by springing on both (or all) feet at once **3.** [Colloq.] to go or move briskly —*n.* **1.** a hopping **2.** [Colloq.] a dance, esp. an informal one **3.** [Colloq.] a short flight in an aircraft —**hop it** [Slang] go away —**on the hop** [Colloq.] **1.** busy **2.** unprepared [caught *on the hop*]

**hop**[2] *n.* [< MDu. *hoppe*] **1.** a climbing plant with the flowers borne in cones **2.** [*pl.*] the dried cones, used for flavouring beer —*vt.* **hopped, hop'ping** to flavour with hops

**hop-bind** *n.* the stalk on which hops grow: also **hop-bine**

**hope** (hōp) *n.* [OE. *hopa*] **1.** a feeling that what is wanted will happen **2.** the thing that one has a hope for **3.** a reason for hope **4.** a person or thing on which one may base some hope —*vt.* **hoped, hop'ing** **1.** to want and expect **2.** to want very much —*vi.* to have hope (*for*) —**hope against hope** to continue having hope though it seems baseless —**hop'er** *n.*

**hopeful** *adj.* feeling or giving hope —*n.* a person who hopes, or seems likely, to succeed —**hope'fulness** *n.*

**hopefully** *adv.* **1.** in a hopeful manner **2.** [Colloq.] it is to be hoped: regarded by some as a loose usage

**hopeless** *adj.* **1.** without hope **2.** impossible to solve, deal with, etc. **3.** [Colloq.] incompetent —**hope'lessly** *adv.* —**hope'lessness** *n.*

**hopper** (hop'ər) *n.* **1.** one that hops **2.** a container from which the contents can be emptied slowly and evenly **3.** [S Afr.] *same as* COCOPAN

**hopscotch** (hop'skoch') *n.* [HOP[1] + SCOTCH] a children's game in which each player hops from one compartment to another of a figure drawn on the ground

**horde** (hôrd) *n.* [< Turk. *ordü*] **1.** a large, moving crowd; swarm **2.** a nomadic tribe or clan of Mongols

**horehound** (hôr'hound') *n.* [< OE. *harhune*] a plant with a bitter juice used in cough medicine

**horizon** (hə rī'z'n) *n.* [< Gr. *horizōn* (*kyklos*), the bounding (circle)] **1.** the line where the sky seems to meet the earth **2.** [*usually pl.*] the limit of one's experience, interest, knowledge, etc.

**horizontal** (hor'ə zon't'l) *adj.* **1.** parallel to the plane of the horizon; not vertical **2.** at, or made up of elements at the same level or status —*n.* a horizontal line, plane, etc. —**hor'izon'tally** *adv.*

**hormone** (hôr'mōn) *n.* [< Gr. *hormē,* impulse] a substance formed in some organ of the body, as the adrenal glands, and carried to another organ where it has a specific effect —**hormo'nal** *adj.*

**horn** (hôrn) *n.* [OE.] **1.** *a*) a hard, permanent projection on the head of cattle, sheep, etc. *b*) the antler of a deer, shed annually **2.** anything that protrudes from the head of an animal, as a tentacle of a snail **3.** the substance that horns are made of **4.** a container made by hollowing out a horn **5.** anything shaped like a horn; specif., either end of a crescent **6.** *a*) an instrument made of horn and sounded by blowing *b*) any brass instrument; specif., the French horn *c*) a device sounded to give a warning —*vt.* to furnish with horns —*adj.* made of horn —**horn in (on)** [Colloq.] to meddle (in) —**draw in one's horns** **1.** to withdraw; recant **2.** to economize —**horned** *adj.*

**hornbeam** *n.* any of various small, hardy trees with very hard, white wood

**hornbill** *n.* any of a family of large, tropical, birds of Asia and Africa with a huge, curved bill

**hornblende** (hôrn'blend') *n.* [G.] a black, rock-forming mineral, common in some granitic rocks

**hornbook** *n.* a parchment sheet with the alphabet, numbers, etc. on it, mounted on a small board under a thin, clear plate of horn: formerly a child's primer

**hornet** (hôr′nit) *n.* [OE. *hyrnet*] a large, yellow-and-black social wasp —**hornets' nest** trouble

**horn of plenty** *same as* CORNUCOPIA

**hornpipe** *n.* a lively dance formerly popular with sailors

**horny** *adj.* **-ier, -iest** 1. of or like horn 2. having horns 3. toughened and calloused 4. [Slang] lustful —**horn′iness** *n.*

**horology** (ho rol′ə jē) *n.* [< Gr. *hōra,* hour + -LOGY] the science or art of measuring time or making timepieces —**hor′olog′ical** *adj.* —**horol′ogist** *n.*

**horoscope** (hor′ə skōp′) *n.* [< Gr. *hōra,* hour + *skopos,* watcher] 1. one's future as predicted by an astrologer using a chart of the positions of the planets, etc. 2. this chart 3. the position of the planets and stars at a given time, esp. at a person's birth —**hor′oscop′ic** (-skop′ik) *adj.*

**horrendous** (ho ren′dəs) *adj.* [< L. *horrere,* to bristle] horrible; frightful —**horren′dously** *adv.*

**horrible** (hor′ə b'l) *adj.* 1. causing a feeling of horror; terrible 2. [Colloq.] very bad —**hor′ribly** *adv.*

**horrid** (hor′id) *adj.* 1. causing horror; revolting 2. very bad, ugly, unpleasant, etc. —**hor′ridly** *adv.*

**horrific** (ho rif′ik) *adj.* horrifying

**horrify** (hor′ə fī′) *vt.* **-fied′, -fy′ing** 1. to cause to feel horror 2. [Colloq.] to shock —**hor′rifica′tion** *n.*

**horror** (hor′ər) *n.* [< L. *horrere,* bristle] 1. the strong feeling caused by something frightful or shocking 2. strong dislike 3. the quality of causing horror 4. something that causes horror 5. [Colloq.] something very bad, ugly, etc. —*adj.* intended to cause horror —**the horrors** [Colloq.] a fit of extreme nervousness

**hors d'oeuvre** (ôr′dur′vr′) *pl.* **hors′-d'oeuvres′** (dur′vrz′) [Fr.] an appetizer, served usually before a meal

**horse** (hôrs) *n.* [OE. *hors*] 1. a large, strong animal with solid hoofs, and flowing mane and tail, domesticated for drawing loads, carrying riders, etc. 2. the full-grown male of the horse 3. a frame on legs to support something 4. *Gym* a padded block on legs, used for vaulting 5. *Mil.* [*with pl. v.*] cavalry —*adj.* of or on horses —**from the horse's mouth** [Colloq.] from the original or authoritative source of information —**hold one's horses** [Colloq.] to curb one's impatience —**horse around** [Colloq.] to engage in horseplay —**on one's high horse** [Colloq.] acting in an arrogant manner

**horseback** *n.* the back of a horse —*adv.* on horseback

**horse block** a block of stone or wood used when mounting, or dismounting from, a horse

**horse brass** a brass ornament, usually circular, originally attached to a horse's harness

**horse chestnut** 1. a tree with large, palm-shaped leaves, clusters of pink or white flowers, and glossy brown seeds 2. its seed —**horse′-chest′nut** *adj.*

**horseflesh** *n.* 1. horses collectively 2. the flesh of the horse, esp. as food

**horsefly** *n., pl.* **-flies′** any of various large flies, the female of which sucks the blood of horses, cattle, etc.

**horsehair** *n.* hair from the mane or tail of a horse —*adj.* 1. of horsehair 2. stuffed with horsehair

**horselaugh** *n.* a loud, usually derisive laugh; guffaw

**horseless** *adj.* 1. without a horse 2. self-propelled

**horseman** *n.* 1. a man who rides on horseback 2. a man skilled in the riding or care of horses —**horse′manship′** *n.* —**horse′wom′an** *n.fem.*

**horseplay** *n.* rough, boisterous fun

**horsepower** *n.* a unit for measuring the power of motors or engines, equal to 746 watts

**horseradish** *n.* 1. a plant of the cabbage family, grown for its pungent root 2. a relish made by grating this

**horse sense** [Colloq.] ordinary common sense

**horseshoe** (hôr′shōō′) *n.* 1. a flat, U-shaped, protective metal plate nailed to a horse's hoof 2. anything shaped like this —**horse′sho′er** *n.*

**horsetail** *n.* 1. a horse's tail 2. a rushlike plant

**horsewhip** *n.* a whip for driving horses —*vt.* **-whipped′, -whip′ping** to lash with a horsewhip

**horsy** *adj.* **-ier, -iest** 1. of, like, or suggesting a horse; esp., having large features 2. of, like, or characteristic of people who are fond of horses, fox hunting, or horse racing Also **hors′ey** —**hors′ily** *adv.*

**hortatory** (hôr′tə tər ē) *adj.* [< L. *hortari,* to urge] urging; exhorting Also **hor′tative** —**horta′tion** *n.*

**horticulture** (hôr′tə kul′chər) *n.* [< L. *hortus,* garden + *cultura,* culture] the art or science of growing flowers, fruits, vegetables, etc. —**hor′ticul′tural** *adj.*

**Hos.** Hosea

**hosanna** (hō zan′ə) *n., interj.* [< Heb. *hōshi'āh nnā,* save, we pray] an exclamation of praise to God

**hose** (hōz) *n., pl.* **hose** or, for 1, usually **hos′es** [OE. *hosa*] 1. a flexible tube, used to convey fluids, esp. water from a tap 2. [*pl.*] stockings 3. orig., a man's tightfitting garment covering the hips, legs, and feet —*vt.* **hosed, hos′ing** to water with a hose

**hosier** (hō′zyər) *n.* a person who makes or sells hosiery

**hosiery** (hō′zyər ē) *n.* 1. hose; stockings and socks 2. similar knitted or woven goods

**hospice** (hos′pis) *n.* [< L. *hospes,* host, guest] a place of shelter for travellers, esp. one maintained by monks

**hospitable** (hos′pi tə b'l) *adj.* [see prec.] 1. showing friendliness, kindness, and solicitude towards guests 2. favouring health, growth, etc. [a *hospitable* climate] —**hos′pitably** *adv.*

**hospital** (hos′pit′l) *n.* [see HOSPICE] **1.** an institution where the ill or injured may receive medical or surgical treatment, nursing care, lodging, etc. **2.** [Archaic] a charitable institution [a foundling *hospital*]

**hospitality** (hos′pə tal′ə tē) *n., pl.* **-ties** the act, practice, or quality of being hospitable

**hospitalize** (hos′pit′l īz′) *vt.* **-ized′, -iz′-ing** to send to, put in, or admit to a hospital **—hos′pitaliza′tion** *n.*

**hospitaller** (hos′pit′lər) *n.* a member of certain religious orders, dedicated to the care of the sick or poor in hospitals

**host**[1] (hōst) *n.* [< L. *hostia,* sacrifice] a wafer of the Eucharist; esp., [H-] a consecrated wafer

**host**[2] *n.* [see HOSPICE] **1.** a man who entertains guests **2.** any organism on or in which another (called a *parasite*) lives **3.** a man who keeps an inn **—*vi., vt.*** to act as host or hostess (to)

**host**[3] *n.* [< L. *hostis,* army] **1.** a multitude **2.** an army

**hostage** (hos′tij) *n.* [< OFr.] a person given or held as a pledge until certain conditions are met

**hostel** (hos′t′l) *n.* [see HOSPICE] **1.** *same as* YOUTH HOSTEL **2.** a residential establishment for students, homeless, etc.

**hostel school** in N Canada, a government boarding school for Indian and Eskimo students

**hostess** (hōs′tis) *n.* **1.** a woman who entertains guests **2.** *a*) a stewardess, as on an aeroplane *b*) a woman employed in a club, restaurant, etc. to receive and serve patrons

**hostile** (hos′til) *adj.* [< L. *hostis,* enemy] **1.** of an enemy **2.** antagonistic **3.** not hospitable; adverse

**hostility** (hos til′ə tē) *n., pl.* **-ties** **1.** a feeling of enmity, ill will, unfriendliness, etc. **2.** *a*) an expression of enmity; hostile act *b*) [*pl.*] acts of war; warfare

**hot** (hot) *adj.* **hot′ter, hot′test** [OE. *hat*] **1.** *a*) having a temperature higher than that of the human body *b*) having a relatively or abnormally high temperature **2.** producing a burning sensation [*hot* pepper] **3.** full of intense feeling or activity, as *a*) impetuous; excitable [a *hot* temper] *b*) violent; angry [*hot* words] *c*) full of enthusiasm *d*) lustful *e*) very controversial **4.** *a*) electrically charged [a *hot* wire] *b*) [Colloq.] highly radioactive **5.** designating a colour that suggests heat, as red **6.** [Colloq.] *a*) recent; new [*hot* news] *b*) clear; strong [a *hot* scent] *c*) from an inside source [a *hot* tip] **7.** [Slang] *a*) recently stolen *b*) sought by the police **8.** [Slang] excellent **9.** *Jazz* of music or playing having exciting rhythmic effects, etc. **—hot under the collar** [Colloq.] embarrassed; annoyed **—make it hot for** [Colloq.] to make things uncomfortable for **—hot′ly** *adv.* **—hot′-ness** *n.*

**hot air** [Slang] empty or pretentious talk

**hotbed** *n.* **1.** a bed of earth covered with glass and heated by manure, for forcing plants **2.** any place that fosters rapid growth [a *hotbed* of vice]

**hot-blooded** *adj.* excitable, ardent, etc.

**hotchpotch** (hoch′poch′) *n.* [ME. *hochepot*] **1.** any jumbled mixture; mess **2.** a thick stew

**hot dog** [Colloq.] a hot sausage served in a soft roll

**hotel** (hō tel′) *n.* [< OFr. *hostel,* hostel] an establishment providing lodging and meals for guests

**hotelier** (hō tel′yā) *n.* [Fr.] an owner or manager of a hotel

**hotfoot** *adv.* [Colloq.] in great haste

**hotheaded** *adj.* **1.** quick-tempered; easily made angry **2.** hasty; impetuous **—hot′-head′edness** *n.*

**hothouse** *n.* a greenhouse **—*adj.*** **1.** grown in a hothouse **2.** needing careful treatment; delicate

**hot line** a telephone line for direct, instant communication in an emergency, esp. between heads of state

**hot money** capital transferred from one commercial centre to another to take advantage of the highest interest rates

**hotplate** *n.* **1.** an electrically heated plate on a cooker **2.** a portable device on which food can be kept warm

**hotpot** *n.* meat and vegetables cooked together in a tightly covered pot

**hot rod** [Chiefly U.S. Slang] **1.** an old car adjusted or rebuilt for quick acceleration and high speed **2.** a driver of hot rods

**hot seat** [Slang] **1.** any position of embarrassment, difficulty, etc. **2.** [U.S.] *same as* ELECTRIC CHAIR

**hot stuff** [Colloq.] any person or thing considered important, exciting, sexually attractive, etc.

**hot-tempered** *adj.* easily made angry

**Hottentot** (hot′′n tot′) *n.* [echoic] **1.** a member of a race of people of South Africa of short stature and yellowish-brown complexion, now virtually extinct **2.** any language of these people **3.** [S Afr. Derog.] a nonwhite person

**hot water** [Colloq.] trouble: preceded by *in* or *into*

**hot-water bottle** a container, usually made of rubber, filled with hot water and used to provide warmth

**hound** (hound) *n.* [OE. *hund,* dog] **1.** any of several breeds of hunting dogs **2.** any dog **3.** a contemptible person **—*vt.*** **1.** to hunt with or as with hounds [to *hound* a debtor] **2.** to urge on; incite **—follow the** (or **ride to**) **hounds** to hunt (a fox, etc.) with hounds

**hour** (ouər) *n.* [< Gr. *hōra,* hour] **1.** a division of time, one of the twenty-four parts of a day; sixty minutes **2.** a fixed point or period for a particular activity [the dinner *hour,* office *hours*] **3.** an indefinite period of a specified kind [his finest *hour*] **4.** the time of day **5.** a measure of distance set by the time it takes to travel it **6.** *Eccles. a*) *same as* CANONICAL HOUR *b*) the prayers said at a canonical hour **—after hours** after the regular hours for business, etc. —**of the hour** prominent at this time —**the small hours** the hours just after midnight

HOURGLASS

**hourglass** *n.* an instrument for measuring time by the trickling of sand, mercury, etc. from one glass bulb to another below it

**houri** (hoor′ē) ***n., pl.*** **-ris** [ult. < Ar. *ḥawira,* be dark-eyed] a beautiful nymph of the Moslem Paradise

**hourly** (our′lē) ***adj.*** **1.** done every hour **2.** reckoned by the hour *[hourly* wage*]* **3.** continual —***adv.*** **1.** at every hour **2.** continually

**house** (hous; *for v.* houz) ***n., pl.*** **houses** (hou′ziz) [OE. *hus*] **1.** a building for human beings to live in; specif., *a*) a building occupied by one family *b*) a monastery or convent **2.** the people who live in a house; household **3.** a royal family; dynasty **4.** any of the divisions in a school to which pupils are assigned for competitive activities, etc. **5.** something regarded as a house, in providing shelter; specif., *a*) the habitation of an animal *b*) a building where things are stored **6.** *a*) a theatrical performance *b*) the audience in a theatre **7.** a business firm **8.** the management of a hotel, bar, etc. **9.** [*often* **H-**] *a*) the building where a legislative assembly meets *b*) a legislative assembly —***vt.*** **housed** (houzd), **hous′ing** **1.** to provide a house for **2.** to store, shelter, etc. —**keep house** to take care of the affairs of a home —**like a house on fire** very well, quickly, etc. —**on the house** given free —**set** (or **put**) **one's house in order** to put one's affairs in order

**house arrest** detention of an arrested person in his own house, often under guard

**houseboat** *n.* a boat designed for use as a dwelling place

**housebound** ***adj.*** confined to one's home, as by illness

**housebreaking** *n.* the act of breaking into another's house to commit theft —**house′break′er** *n.*

**housecoat** *n.* a woman's long, loose garment for casual wear at home

**housefly** ***n., pl.*** **-flies′** a two-winged fly found in and around houses: it feeds on rubbish, manure, and food

**household** *n.* **1.** all those living in one house; family, or family and servants **2.** the home and its affairs —***adj.*** **1.** of a household **2.** ordinary

**householder** *n.* **1.** one who owns or maintains a house **2.** the head of a household

**household word** a very familiar word or saying

**housekeeper** *n.* a woman who manages a home, esp. one hired to do so

**housekeeping** *n.* **1.** the management of domestic affairs **2.** the amount of money available for this

**housemaid** *n.* a woman servant who does housework

**housemaid's knee** an inflammation of the kneecap

**houseman** *n.* a recently qualified doctor who holds a resident post in a hospital

**house martin** a bird that builds its nest under the eaves of a house

**House of Commons** the lower branch of the legislature of Great Britain or Canada

**House of Keys** the elective branch of the legislature of the Isle of Man

**House of Lords** the upper house of the British Parliament, consisting of the Lords temporal and spiritual

**house party** the entertainment of guests overnight or over a few days, usually in a country house

**house-proud** ***adj.*** concerned, sometimes excessively, to keep one's home clean, tidy and attractive

**housetop** *n.* the top of a house; roof —**from the housetops** publicly and widely

**house-trained** ***adj.*** trained to void outdoors or in a special place: said of a dog, cat, etc. —**house′-train** ***vt.***

**housewarming** *n.* a party given by or for someone moving into a new home

**housewife** ***n., pl.*** **-wives′** **1.** a woman, esp. a married woman, who manages a household **2.** (huz′if) a small sewing kit —**house′wife′ly** ***adj.***

**housework** *n.* the work involved in housekeeping; cleaning, etc.

**housing** (hou′ziŋ) ***n.*** **1.** the act of providing shelter or lodging **2.** houses collectively **3.** a shelter; covering **4.** *Mech.* a frame, box, etc. for containing some part

**hove** (hōv) *alt. pt. & pp. of* HEAVE

**hovel** (hov′l) ***n.*** [< ?] **1.** any small, miserable dwelling **2.** a low, open shed for sheltering animals, etc.

**hover** (hov′ər) ***vi.*** [< ME. *hoven,* stay] **1.** to stay suspended or flutter in the air near one place **2.** to linger close by **3.** to waver —***n.*** a hovering —**hov′erer** ***n.***

**hovercraft** *n.* [HOVER + (AIR)CRAFT] a vehicle which travels across land or water supported by a cushion of air and driven forwards by propellers

**how** (hou) ***adv.*** [OE. *hu*] **1.** in what manner or way **2.** in what state or condition **3.** for what reason **4.** to what extent, amount, etc. *How* is also used as an intensive —**how about** what is your thought concerning

**howbeit** (hou bē′it) ***adv.*** [Archaic] nevertheless

**howdah** (hou′də) ***n.*** [< Ar. *haudaj*] a canopied seat for riding on the back of an elephant or camel

**however** (hou ev′ər) ***adv.*** **1.** in whatever

manner **2.** to whatever degree **3.** nevertheless Also [Poet.] **howe'er'**

**howitzer** (hou'it sər) *n.* [< Czech *haufnice,* a sling] a short cannon, firing shells in a relatively high trajectory

**howl** (houl) *vi.* [echoic] **1.** to utter the long, wailing cry of wolves, dogs, etc. **2.** to utter a similar cry of pain, anger, etc. **3.** to make a sound like this [the wind *howls*] —*vt.* to utter with a howl —*n.* **1.** the long, wailing cry of a wolf, dog, etc. **2.** any similar sound —**howl down** to drown out with shouts of scorn, etc.

**howler** *n.* [Colloq.] a ludicrous blunder

**howling** *adj.* [Colloq.] great [a *howling* success]

**howsoever** (hou'sō ev'ər) *adv.* **1.** to whatever degree or extent **2.** by whatever means

**how's that?** **1.** What do you think of that? **2.** *Cricket* a phrase used in appealing to the umpire to declare a batsman out: also **howzat?** (hou zat')

**hoyden** (hoid''n) *n.* [< Du. *heiden,* heathen] a bold, boisterous girl; tomboy

**H.P.** Houses of Parliament

**HP, H.P., hp, h.p.** **1.** high pressure **2.** hire purchase **3.** horsepower

**HQ, H.Q., hq, h.q.** headquarters

**hr.** *pl.* **hrs.** hour; hours

**H.R.H.** His (or Her) Royal Highness

**HT** high tension

**hub** (hub) *n.* [? akin to HOB[1]] **1.** the centre part of a wheel, etc. **2.** a centre of interest, importance, or activity

**hubble-bubble** (hub'l bub'l) *n.* [echoic] **1.** a tobacco pipe in which the smoke is drawn through water, causing a bubbling sound **2.** a bubbling sound **3.** uproar

**hubbub** (hub'ub') *n.* [< Celt.] a confused uproar

**hubby** (hub'ē) *n., pl.* **-bies** [Colloq.] a husband

**hubris** (hyōō'bris) *n.* [Gr. *hybris*] arrogance resulting from excessive pride —**hubris'tic** *adj.*

**huckaback** (huk'ə bak') *n.* [< ?] a coarse linen or cotton cloth with a rough surface, used for towelling

**huckster** (huk'stər) *n.* [< MDu.] **1.** a haggling merchant **2.** a pedlar —*vt.* to sell; peddle —**huck'sterism** *n.*

**huddle** (hud''l) *vi.* **-dled, -dling** [< ?] **1.** to crowd close together **2.** to hunch oneself up, as from cold —*vt.* **1.** to crowd close together **2.** to hunch (oneself) up **3.** to do, put, or make hastily and carelessly —*n.* **1.** a confused crowd or heap **2.** [Colloq.] a private conference

**hue[1]** (hyōō) *n.* [OE. *heow*] **1.** colour **2.** a particular shade or tint of a given colour —**hued** *adj.*

**hue[2]** *n.* [< OFr. *hu,* a warning cry] a shouting: now only in **hue and cry,** any loud outcry

**huff[1]** (huf) *n.* [echoic] a condition of smouldering anger or resentment —*vi.* to blow, puff

**huff[2]** *vt.* *Draughts* to remove (an opponent's man) from the board as a penalty for not effecting a capture

**huffy** *adj.* **-ier, -iest** **1.** easily offended; touchy **2.** angered or offended —**huff'ily** *adv.* —**huff'iness** *n.*

**hug** (hug) *vt.* **hugged, hug'ging** [prob. < ON. *hugga,* to comfort] **1.** to put the arms around and hold closely, esp. affectionately **2.** to squeeze tightly with the forelegs, as a bear does **3.** to keep close to [the bus *hugged* the kerb] —*vi.* to embrace one another closely —*n.* **1.** a close, fond embrace **2.** a tight hold in wrestling **3.** a bear's squeeze

**huge** (hyōōj) *adj.* [OFr. *ahuge*] very large; gigantic; immense —**huge'ly** *adv.* —**huge'ness** *n.*

**huggermugger** (hug'ər mug'ər) *n.* [< ?] **1.** confusion **2.** [Archaic] secrecy

**Huguenot** (hyōō'gə not, -nō) *n.* [< G. *Eidgenosse,* confederate] *Hist.* a French Protestant

**huh** (hu) *interj.* an exclamation of contempt, surprise, etc.

**hula** (hōō'lə) *n.* [Haw.] a native Hawaiian dance marked by flowing gestures: also **hu'la-hu'la**

**hulk** (hulk) *n.* [OE. *hulc*] **1.** the body of a ship, esp. if old and dismantled **2.** a big, clumsy person or thing **3.** *Hist.* [*usually pl.*] a dismantled ship used as a prison

**hulking** *adj.* large, heavy, and unwieldy

**hull[1]** (hul) *n.* [OE. *hulu*] **1.** the outer covering of a seed or fruit **2.** the calyx of some fruits, as the strawberry —*vt.* to take the hulls off —**hull'er** *n.*

**hull[2]** *n.* [< ? prec. & Du. *hol,* ship's hold] the frame or body of a ship, hydrofoil, etc. —*vt.* to pierce the hull of

**hullabaloo** (hul'ə bə lōō') *n.* [echoic] a hubbub

**hullo** (hə lō') *interj., n., vt., vi.* *same as* HALLO

**hum** (hum) *vi.* **hummed, hum'ming** [echoic] **1.** to make the low, murmuring sound of a bee, a motor, etc. **2.** to sing with the lips closed, not producing words **3.** [Colloq.] to be full of activity **4.** [Colloq.] to stink —*vt.* to sing (a tune, etc.) with the lips closed —*n.* the act or sound of humming —**hum'mer** *n.*

**human** (hyōō'mən) *adj.* [< L. *humanus*] of, typical of, or produced by mankind —*n.* a person: also **human being**

**humane** (hyōō mān') *adj.* [see prec.] **1.** kind, tender, merciful, sympathetic, etc. **2.** civilizing; humanizing [*humane* learning] —**humane'ly** *adv.*

**humanism** (hyōō'mə niz'm) *n.* **1.** a rationalist movement that holds that man can be ethical, find self-fulfilment, etc. without recourse to supernaturalism **2.** the study of the humanities **3.** [**H-**] the movement that stemmed from the study of classical Greek and Roman culture and helped give rise to the Renaissance —**hu'manist** *n., adj.* —**hu'manis'tic** *adj.*

**humanitarian** (hyōō man'ə tāər'ē ən) *n.* one devoted to promoting the welfare of humanity —*adj.* helping humanity —**human'itar'ianism** *n.*

**humanity** (hyōō man'ə tē) *n., pl.* **-ties** **1.** the fact or quality of being human **2.** mankind; people **3.** the fact or quality of being humane; kindness, mercy, etc. —**the humanities** **1.** languages and literature, esp. classical Greek and Latin **2.** the branches of learning concerned with human thought and relations; esp., literature, philosophy, the fine arts, history, etc.

**humanize** (hyōō'mə nīz') *vt., vi.* **-ized', -iz'ing** to make or become human or humane —**hu'maniz'er** *n.*

**humankind** (hyōō'mən kīnd') *n.* the human race

**humanly** (hyōō'mən lē) *adv.* **1.** in a human manner **2.** by human means **3.** from a human viewpoint

**humanoid** *adj.* nearly human —*n.* a nearly human creature

**humble** (hum'b'l) *adj.* **-bler, -blest** [< L. *humilis,* low] **1.** having or showing a consciousness of one's defects **2.** low in condition or rank; unpretentious —*vt.* **-bled, -bling** **1.** to lower in condition or rank **2.** to make modest or humble in mind —**hum'bleness** *n.* —**hum'bly** *adv.*

**humble pie** [< *umbles,* entrails of a deer] formerly, a pie made of the offal of a deer —**eat humble pie** to undergo humiliation, as by admitting one's error

**humbug** (hum'bug') *n.* [< ?] **1.** an imposter **2.** *a*) a fraud *b*) misleading or empty talk **3.** a peppermint boiled sweet, usually striped —*vt.* **-bugged', -bug'ging** to deceive; hoax —*interj.* nonsense! —**hum'bug'ger** *n.*

**humdinger** (hum'diŋ'ər) *n.* [Slang] a person or thing considered excellent of its kind

**humdrum** (hum'drum') *adj.* dull; routine

**humerus** (hyōō'mər əs) *n., pl.* **-meri'** (-ī') [L., upper arm] the bone of the upper arm or forelimb, extending from the shoulder to the elbow —**hu'meral** *adj.*

**humid** (hyōō'mid) *adj.* [< L. *umere,* to be moist] full of water vapour; damp; moist —**hu'midly** *adv.*

**humidex** (hyōō'mi deks) *n.* [Canad.] an index of discomfort showing the combined effect of humidity and temperature

**humidify** (hyōō mid'ə fī') *vt.* **-fied', -fy'ing** to make humid —**humid'ifica'tion** *n.* —**humid'ifi'er** *n.*

**humidity** (hyōō mid'ə tē) *n., pl.* **-ties** **1.** moistness; dampness **2.** the amount of moisture in the air

**humiliate** (hyōō mil'ē āt') *vt.* **-at'ed, -at'ing** [< L. *humilis,* humble] to hurt the pride or dignity of by causing to seem foolish, etc.; mortify —**humil'ia'tion** *n.*

**humility** (hyōō mil'ə tē) *n.* [< L. *humilitas*] the state or quality of being humble

**hummingbird** (hum'iŋ burd') *n.* any of a family of very small, brightly coloured birds with narrow wings that vibrate rapidly with a humming sound

**hummock** (hum'ək) *n.* [orig. naut. < ?] a low, rounded hill; knoll —**hum'mocky** *adj.*

**humoresque** (hyōō'mə resk') *n.* [G. *Humoreske*] a light, fanciful, or playful musical composition

**humorist** (hyōō'mər ist) *n.* a writer or teller of amusing stories, jokes, etc.

**humorous** (hyōō'mər əs) *adj.* having or expressing humour; amusing —**hu'morously** *adv.* —**hu'morousness** *n.*

**humour** (hyōō'mər) *n.* [< L. *humor,* moisture] **1.** comic or amusing quality **2.** *a*) the ability to appreciate or express what is amusing *b*) the expression of this in speech, writing, or action **3.** a mood; state of mind **4.** whim; fancy **5.** any fluid of the body [the aqueous *humour*] **6.** formerly, any of the four fluids considered responsible for one's disposition; blood, phlegm, choler, or melancholy —*vt.* to comply with the mood or whim of; indulge U.S. sp. **humor** —**out of humour** cross; disagreeable —**hu'mourless** *adj.*

**hump** (hump) *n.* [< LowG. *humpe,* thick piece] **1.** a rounded, protruding lump, as on the back of a camel **2.** a hummock; mound **3.** [Colloq.] a fit of depression or sulks [he's got the *hump*] —*vt.* **1.** to hunch; arch **2.** [Colloq.] to carry, esp. heavy objects; heave —**over the hump** [Colloq.] over the worst part —**humped** *adj.* —**hump'y** *adj.*

**humpback** *n.* **1.** a humped, deformed back **2.** a person having a humped back **3.** a whale having a dorsal fin resembling a humpback —**hump'backed'** *adj.*

**humph** (hmf) *interj., n.* a snorting or grunting sound expressing doubt, surprise, disdain, disgust, etc.

**humus** (hyōō'məs) *n.* [L., earth] the brown or black organic part of the soil, resulting from the partial decay of plant and animal matter

**Hun** (hun) *n.* [< *Huns,* a warlike asiatic people who invaded Europe in the 4th and 5th centuries A.D.] **1.** [Slang] a German **2.** [*often* **h-**] any savage or destructive person; vandal —**Hun'nish** *adj.*

**hunch** (hunch) *n.* [< ?] **1.** [Colloq.] a premonition or suspicion **2.** a hump **3.** a chunk; hunk —*vt.* to draw (one's body) up so as to form a hump —*vi.* to push oneself forward jerkily

**hunchback** *n.* *same as* HUMPBACK (senses 1, 2)

**hundred** (hun'drəd) *n.* [OE.] **1.** ten times ten; 100; C **2.** [Obs.] a division of an English county —*adj.* ten times ten —**hun'dredth** *adj., n.*

**hundredfold** *adj., adv.* a hundred times as much or as many

**hundreds and thousands** tiny beads of coloured sugar used in decorating cakes, etc.

**hundredweight** *n.* **1.** a unit of weight equal to 112 pounds (c. 50kg) or [U.S.] 100 pounds (c. 45kg) **2.** a metric unit of weight equal to 50kg

**hung** (huŋ) *pt. & pp. of* HANG

**Hung.** **1.** Hungarian **2.** Hungary

**Hungarian** (huŋ gãər′ē ən) ***adj.*** of Hungary, its people, their language, or culture —***n.*** **1.** a native or inhabitant of Hungary **2.** the language of the Hungarians

**hunger** (huŋ′gər) ***n.*** [OE. *hungor*] **1.** *a*) the discomfort caused by a need for food *b*) famine; starvation **2.** a need or appetite for food **3.** any strong desire —***vi.*** **1.** to be hungry **2.** to crave; long (with *for* or *after*)

**hunger strike** a voluntary fast undertaken, usually by a prisoner, as a means of protest

**hung parliament** a parliament in which no party has an absolute majority

**hungry** (huŋ′grē) ***adj.*** **-grier, -griest** **1.** wanting or needing food **2.** eager [*hungry for praise*] **3.** barren: said of soil —**hun′grily** ***adv.*** —**hun′griness** ***n.***

**hunk** (huŋk) ***n.*** [Fl. *hunke*, hunk] [Colloq.] a large piece, lump, or slice of bread, meat, etc.

**hunkers** (huŋ′kərz) ***n.pl.*** [prob. < ON. *hokra*, creep] haunches

**hunt** (hunt) ***vt.*** [OE. *huntian*] **1.** to chase (game) for food or sport **2.** to search for **3.** to chase; harry —***vi.*** **1.** to go out after game **2.** to search —***n.*** **1.** a hunting **2.** a group of people who hunt together **3.** a district covered in hunting **4.** a search —**hunting** ***n., adj.*** —**hunt′ress** ***n. fem.***

**hunter** ***n.*** **1.** one who hunts **2.** a horse trained for hunting **3.** a watch with a hinged case to protect the glass

**hunter's moon** the full moon following the harvest moon

**hunting-box** ***n.*** a lodge used during the hunting season

**huntsman** ***n.*** **1.** a hunter **2.** a person who trains and looks after hounds

HURDLES

**hurdle** (hur′d′l) ***n.*** [OE. *hyrdel*] **1.** a portable frame of interlaced twigs, etc., used as a temporary fence **2.** any of a series of framelike barriers over which horses or runners must leap in a race (the **hurdles**) **3.** a difficulty; obstacle —***vt.*** **-dled, -dling** **1.** to fence off with hurdles **2.** to jump over; overcome —**hur′dler** ***n.***

**hurdy-gurdy** (hur′dē gur′dē) ***n., pl.*** **-gur′dies** [prob. echoic] *same as* BARREL ORGAN

**hurl** (hurl) ***vt., vi.*** [prob. < ON.] **1.** to throw or move with force or violence **2.** to utter with force —***n.*** a violent throw —**hurl′er** ***n.***

**hurling** ***n.*** [< prec.] an Irish game resembling hockey: also **hurley**

**hurly-burly** (hur′lē bur′lē) ***n., pl.*** **-burl′ies** turmoil

**hurrah** (hərä′) ***interj., n.*** [echoic] a shout of joy, approval, etc. —***vi., vt.*** to cheer; shout "hurrah" Also **hurray′** (-rā′)

**hurricane** (hur′ə kən) ***n.*** [< WInd. *huracan*] a violent tropical cyclone, often with torrential rains

**hurricane deck** the upper deck of a passenger ship

**hurricane lamp** an oil lamp or candlestick with a tall glass chimney to keep the flame from being blown out

**hurried** (hur′id) ***adj.*** in a hurry; rushed or rushing —**hur′riedly** ***adv.*** —**hur′riedness** ***n.***

**hurry** (hur′ē) ***vt.*** **-ried, -rying** [prob. akin to HURL] **1.** to move or send with haste **2.** to cause to occur more rapidly or too rapidly **3.** to cause to act soon or too soon —***vi.*** to move or act with haste —***n.*** **1.** a rush; urgency **2.** eagerness to do, act, go, etc. —**hur′rier** ***n.***

**hurry-scurry, hurry-skurry** (hur′ē-skur′ē) ***n.*** a disorderly confusion —***adj., adv.*** with hurried confusion

**hurst** (hurst) ***n.*** [< OE. *hyrst*, hillock] **1.** a hillock **2.** a grove or wooded hillock

**hurt** (hurt) ***vt.*** **hurt, hurt′ing** [OFr. *hurter*, to push] **1.** to cause pain or injury to **2.** to harm or damage **3.** to offend or distress —***vi.*** **1.** to cause injury, damage, or pain **2.** to have pain —***n.*** **1.** a pain or injury **2.** harm or damage **3.** something that wounds the feelings —***adj.*** damaged; injured —**hurt′er** ***n.*** —**hurt′ful** ***adj.***

**hurtle** (hurt′′l) ***vi., vt.*** **-tled, -tling** [< ME. *hurten*, hurt] to move swiftly and with great force

**husband** (huz′bənd) ***n.*** [< ON. *hūs*, house + *bondi*, freeholder] a woman's partner in marriage —***vt.*** to manage economically

**husbandry** ***n.*** **1.** farming **2.** thrifty management

**hush** (hush) ***vt., vi.*** [< ME. *huscht*, quiet] **1.** to make or become quiet **2.** to calm —***n.*** quiet; silence —***interj.*** silence! —**hush up** to keep secret; suppress

**hush-hush** ***adj.*** [Colloq.] very secret; most confidential

**husk** (husk) ***n.*** [prob. < MDu. *huus*, house] **1.** the dry outer covering of various fruits or seeds **2.** the useless covering of anything —***vt.*** to remove the husk from

**husky**[1] (hus′kē) ***n., pl.*** **-kies** [< ? ESKIMO] **1.** [*sometimes* **H-**] a hardy dog used for pulling sledges in the Arctic **2.** [**H-**] [Canad. Slang] *a*) a member of the Inuit *b*) their language

**husky**[2] ***adj.*** **-ier, -iest** **1.** sounding deep and hoarse **2.** full of or like husks **3.** big and strong —**husk'ily** *adv.* —**husk'iness** *n.*

**hussar** (hoo zär') *n.* [< Serbian *husar*] a member of any European regiment of light-armed cavalry, usually with brilliant dress uniforms

**hussy** (hus'ē) *n., pl.* **-sies** [< ME. *huswife,* housewife] **1.** a woman of low morals **2.** a bold, saucy girl; minx

**hustings** (hus'tiŋz) *n.pl.* [*usually with sing. v.*] [< ON. *hūs,* house + *thing,* assembly] **1.** [Obs.] the platform where candidates for parliament stood and delivered speeches **2.** the proceedings at an election

**hustle** (hus'l) *vt.* **-tled, -tling** [Du. *hutseln,* shake up] **1.** to jostle **2.** to force in a rough, hurried manner **3.** [Colloq.] to hurry (a person, a job, etc.) **4.** [Slang] to get, victimize, etc. by aggressive tactics —*vi.* **1.** to move hurriedly **2.** [Colloq.] to act rapidly or energetically **3.** [Slang] to obtain money by aggressive or dishonest means —*n.* a hustling —**hus'tler** *n.*

**hut** (hut) *n.* [< OHG. *hutta*] **1.** a little house or shed of the plainest kind **2.** a temporary structure, as at an army camp, etc. —*vt., vi.* **hut'ted, hut'ting** to shelter or be sheltered as in a hut

**hutch** (huch) *n.* [< ML. *hutica,* chest] a pen or coop for small animals

**huzzah, huzza** (hə zä') ***interj., n., vi., vt.*** [echoic] *former var. of* HURRAH

**hyacinth** (hī'ə sinth) *n.* [< Gr. *hyakinthos*] **1.** a plant with spikes of fragrant, bell-shaped flowers **2.** a bluish purple —**hy'acin'thine** (-sin'thin) ***adj.***

**Hyades** (hī'ə dēz) ***n. pl.*** [< Gr.] an open cluster of more than 200 stars in the constellation Taurus

**hybrid** (hī'brid) *n.* [L. *hybrida*] **1.** the offspring of two animals or plants of different species, etc. **2.** anything of mixed origin —*adj.* of or being a hybrid —**hy'bridism, hybrid'ity** *n.*

**hybridize** *vi., vt.* **-ized', -iz'ing** to produce or cause to produce hybrids —**hy'bridiza'tion** *n.*

**hydra** (hī'drə) *n., pl.* **-dras, -drae** (-drē) [Gr. *hydra,* the nine-headed serpent of Gr. myth] **1.** a small freshwater polyp with a tubelike body and a mouth surrounded with tentacles **2.** any persistent or ever-increasing evil

**hydrangea** (hī drān'jə) *n.* [< HYDRO- + Gr. *angeion,* vessel] a shrubby plant, with large clusters of white, blue, or pink flowers

**hydrant** (hī'drənt) *n.* [< Gr. *hydōr,* water] an outlet from a water main from which water can be drawn for fighting fires, etc.

**hydrate** (hī'drāt) *n.* [< HYDRO-] a compound formed by the chemical combination of water and some other substance —*vi., vt.* **-drated, -drating** **1.** to become or cause to become a hydrate **2.** to combine with water —**hydra'tion** *n.*

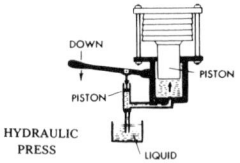


**hydraulic** (hī drô'lik) *adj.* [< Gr. < *hydōr,* water + *aulos,* tube] **1.** of hydraulics **2.** operated by the movement and pressure of liquid [*hydraulic* brakes] —**hydrau'lically** *adv.*

**hydraulics** *n.pl.* [*with sing. v.*] the science dealing with the mechanical properties of water and other liquids in motion and their application in engineering

**hydride** (hī'drīd) *n.* [< HYDRO-] a compound of hydrogen with another element or a radical

**Hydro** (hī'drō) *n., pl.* **-dros** a Canadian hydroelectric power company [Ontario *Hydro*]

**hydro** (hī'drō) *n., pl.* **-dros** a hotel, resort, etc., where people go to get hydropathic treatment

**hydro-** [< Gr. *hydōr,* water] *a combining form meaning:* **1.** water **2.** containing hydrogen

**hydrocarbon** (hī'drō kär'bən) *n.* any compound, as benzene, containing only hydrogen and carbon

**hydrocephalus** (hī'drō sef'ə ləs) *n.* [< Gr. *hydōr,* water + *kephalē,* head] a condition characterized by an abnormal amount of fluid in the cranium, causing enlargement of the head: also **hy'droceph'aly**

**hydrochloric acid** (hī'drō klor'ik) [HYDRO- + CHLORIC] a strong, corrosive acid that is a solution of the gas hydrogen chloride in water

**hydrocyanic acid** (hī'drō sī an'ik) [HYDRO- + CYANIC] a weak, highly poisonous acid, a colourless liquid with the odour of bitter almonds

**hydrodynamics** *n.pl.* [*with sing. v.*] the branch of physics dealing with the motion and action of water and other liquids —**hy'drodynam'ic** ***adj.***

**hydroelectric** ***adj.*** producing, or relating to the production of, electricity by water power —**hy'droelec'tric'ity** *n.*

**hydrofoil** (hī'drō foil') *n.* [HYDRO- + (AERO)FOIL] **1.** a winglike structure on the hull of some watercraft: at high speeds the craft skims along on the hydrofoils **2.** a craft with hydrofoils

**hydrogen** (hī'drə jən) *n.* [< Fr.: see HYDRO- + -GEN] a flammable, colourless, odourless, gaseous chemical element, the lightest of all known substances: symbol, H —**hydrogenous** (hī droj'ə nəs) ***adj.***

**hydrogenate** (hī'drə jə nāt', hī droj'ə-) *vt.* **-at'ed, -at'ing** to combine or treat with hydrogen —**hy'drogena'tion** *n.*

**hydrogen bomb** a highly destructive nuclear bomb, in which the atoms of heavy hydrogen are fused by explosion of a nuclear-fission unit in the bomb

**hydrogen peroxide** an unstable liquid often used, diluted, as a bleach or disinfectant

**hydrogen sulphide** a gaseous compound with the characteristic odour of rotten eggs

**hydrography** (hī drog′rə fē) ***n.*** [< Fr.: see HYDRO- & -GRAPHY] the study, description, and mapping of seas, lakes, and rivers **—hydrog′rapher** ***n.***

**hydrology** (hī drol′ə jē) ***n.*** [see HYDRO- & -LOGY] the study of the distribution, use, etc., of water

**hydrolysis** (hī drol′ə sis) ***n., pl.*** **-ses′**(-sēz′) [HYDRO- + -LYSIS] the breaking up of a substance into other substances by reaction with water **—hy′drolyse** ***vt., vi.***

**hydrometer** (hī drom′ə tər) ***n.*** [HYDRO- + -METER] an instrument for measuring the specific gravity of liquids **—hydrometric** (hī′drə met′rik) ***adj.*** **—hydrom′etry** ***n.***

**hydropathy** (hī drop′ə thē) ***n.*** [HYDRO- + -PATHY] a system of treating all diseases by the external or internal use of water **—hydropathic** (hī′drə path′ik) ***adj.***

**hydrophilic** (hī′drō fil′ik) ***adj.*** [HYDRO- + Gr. *philos,* loving] capable of uniting with or taking up water

**hydrophobia** (hī′drō fō′bē ə) ***n.*** [see HYDRO- & -PHOBIA] **1.** rabies **2.** an abnormal fear of drinking water, esp. as a symptom of rabies **—hy′dropho′bic** ***adj.***

**hydroplane** (hī′drō plān′) ***n.*** [HYDRO- + PLANE[4]] **1.** a small, light motorboat with hydrofoils or with a flat bottom that can skim along the water at high speeds **2.** a horizontal vane on the hull of a submarine for controlling its vertical motion

**hydroponics** (hī′drō pon′iks) ***n.pl.*** [*with sing. v.*] [< HYDRO- + Gr. *ponos,* labour] the cultivation of plants in solutions, or moist inert material, containing minerals, instead of in soil **—hy′dropon′ic** ***adj.***

**hydrosphere** (hī′drō sfēər′) ***n.*** [HYDRO- + SPHERE] all the water on the surface of the earth or in its atmosphere

**hydrostatics** (hī′drō stat′iks) ***n.pl.*** [*with sing. v.*] [see HYDRO- & STATIC] the science dealing with the pressure and equilibrium of water and other liquids **—hy′drostat′ic** ***adj.***

**hydrotropism** (hī drot′rə piz′m) ***n.*** [HYDRO- + -TROPISM] movement, as of a root, in response to moisture

**hydrous** (hī′drəs) ***adj.*** [see HYDRO-] containing water, as certain chemical compounds

**hydroxide** (hī drok′sīd) ***n.*** [HYDRO- + OXIDE] a compound of an element or radical with hydroxyl

**hydroxyl** (hī drok′sil) ***n.*** the monovalent radical OH, present in all hydroxides

**hydrozoan** (hī′drə zō′ən) ***adj.*** [< HYDRA + ZOO-] of a class of coelenterate animals having a saclike body and a mouth that opens directly into the body cavity

**hyena** (hī ē′nə) ***n.*** [< Gr. *hys,* pig] a wolflike animal of Africa and Asia, with a shrill cry

**hygiene** (hī′jēn) ***n.*** [< Gr. *hygiēs,* healthy] **1.** principles for preserving health and preventing disease **2.** hygienic practices **—hygien′ic** ***adj.*** **—hy′gienist** ***n.***

**hygro-** [< Gr.] *a combining form meaning* moisture

**hygrometer** (hī grom′ə tər) ***n.*** [see prec. & -METER] an instrument for measuring moisture in the air

**hygroscope** (hī′grə skōp′) ***n.*** [HYGRO- + -SCOPE] an instrument that indicates, without actually measuring, changes in atmospheric humidity

**hygroscopic** (hī′grə skop′ik) ***adj.*** **1.** *a*) absorbing moisture from the air *b*) changed by the absorption of moisture **2.** of or according to a hygroscope

**hying** (hī′iŋ) *alt. prp. of* HIE

**hymen** (hī′men) ***n.*** [Gr. *hymēn,* membrane] the thin membrane that usually closes part of the opening of the vagina in a virgin **—hy′menal** ***adj.***

**hymenopteran** (hī′mə nop′tər ən) ***n.*** [< Gr. *hymēn,* membrane + *pteron,* wing] any of a large order of insects, including wasps, bees, ants, etc., which have four membranous wings **—hy′menop′terous** ***adj.***

**hymn** (him) ***n.*** [< Gr. *hymnos*] a song of praise, esp. in honour of God **—*vt.*** to praise in a hymn

**hymnal** (him′nəl) ***n.*** a collection of religious hymns: also **hymn′book′, hym′nary** **—*adj.*** of hymns

**hymnody** (him′nə dē) ***n.*** **1.** the singing of hymns **2.** *same as* HYMNOLOGY **—hym′nodist** ***n.***

**hymnology** (him nol′ə jē) ***n.*** the study of or composition of hymns **—hymnol′ogist** ***n.***

**hyoscyamine** (hī′ə sī′ə mēn′) ***n.*** [< Gr. *hyoskamas,* henbane] a colourless, poisonous alkaloid obtained from henbane and used in medicine

**hyper-** [< Gr.] *a prefix meaning* over, above, more than normal, excessive *[hypercritical]*

**hyperactive** (hī′pər ak′tiv) ***adj.*** extremely or abnormally active **—hy′peractiv′ity** (-tiv′ə tē) ***n.***

HYPERBOLA

**hyperbola** (hī pur′bə lə) ***n., pl.*** **-las, -lae′** (-lē′) [< Gr. *hyper-,* over + *ballein,* throw] a curve formed by the section of a cone cut by a plane more steeply inclined to the base than to the side

**hyperbole** (hī pur′bə lē) ***n.*** [see prec.]

exaggeration for effect (Ex.: He's as strong as an ox)

**hyperbolic** (hī′pər bol′ik) *adj.* **1.** of or using hyperbole **2.** of a hyperbola

**hyperborean** (hī′pər bô rē′ən) *adj.* [< Gr. *hyperboreos,* beyond the north wind] **1.** of the far north **2.** very cold

**hypercritical** (hī′pər krit′i k'l) *adj.* too critical —**hy′percrit′ically** *adv.*

**hyperglycaemia** (hī pər glī sē′mē ə) *n.* [< HYPER- + Gr. *glykys,* sweet + -AEMIA] an abnormally high concentration of sugar in the blood

**hypermarket** (hī′pər mär′kit) *n.* a huge store, larger than a supermarket, usually on the outskirts of a town

**hypermetropia** (hī′pər mi trō′pē ə) *n.* [< Gr. *hypermetros,* excessive + -OPIA] abnormal vision in which distant objects are seen more clearly than near ones

**hyperon** (hī′pər on′) *n.* [HYPER- + (BARY)ON] any of a class of baryons which are heavier than the nucleons

**hypersensitive** (hī′pər sen′sə tiv) *adj.* abnormally or excessively sensitive —**hy′persen′sitiv′ity** *n.*

**hypersonic** (hī′pər son′ik) *adj.* of or moving at a speed equal to about five times the speed of sound or greater

**hypertension** (hī′pər ten′shən) *n.* abnormally high blood pressure, or a disease of which this is the chief sign

**hypertrophy** (hī pur′trō fē) *n.* [see HYPER- & -TROPHY] an abnormal increase in the size of an organ or tissue —**hypertrophic** (hī′pər trof′ik) *adj.*

**hyperventilation** (hī′pər ven′tə lā′shən) *n.* very rapid or deep breathing causing dizziness, fainting, etc. —**hy′perven′tilate′** *vi., vt.*

**hyphen** (hī′f'n) *n.* [< Gr. *hypo-,* under + *heis,* one] a mark (-) used between the parts of a compound word or the syllables of a divided word, as at the end of a line —*vt. same as* HYPHENATE

**hyphenate** *vt.* **-at′ed, -at′ing** **1.** to connect by a hyphen **2.** to write with a hyphen —**hy′phena′tion** *n.*

**hypno-** [< Gr.] *a combining form meaning:* **1.** sleep **2.** hypnotism

**hypnosis** (hip nō′sis) *n., pl.* **-ses** (-sēz) [see HYPNO-] a sleeplike condition psychically induced, in which the subject is in a state of altered consciousness and responds to the suggestions of the hypnotist

**hypnotherapy** (hip′nō ther′ə pē) *n.* [HYPNO- + THERAPY] the treatment of disease by hypnotism

**hypnotic** (hip not′ik) *adj.* [< Gr. *hypnos,* sleep] **1.** causing sleep; soporific **2.** of or inducing hypnosis —*n.* any agent causing sleep —**hypnot′ically** *adv.*

**hypnotism** (hip′nə tiz′m) *n.* the act or practice of inducing hypnosis —**hyp′notist** *n.*

**hypnotize** *vt.* **-tized′, -tiz′ing** **1.** to induce hypnosis in **2.** to spellbind as if by hypnotism

**hypo** (hī′pō) *n., pl.* **-pos** *short for* HYPODERMIC

**hypo-** [Gr. < *hypo,* less than] *a prefix meaning:* **1.** under *[hypodermic]* **2.** deficient in *[hypothyroid]*

**hypocaust** (hī′pō kôst′) *n.* [< Gr. *hypokaiein,* to heat from below] a space below the floor in some ancient Roman buildings, into which hot air was piped to warm the rooms

**hypochondria** (hī′pō kon′drē ə) *n.* [< Gr. *hypo-,* under + *chondros,* cartilage of the sternum] abnormal anxiety over one's health, often with imaginary illnesses

**hypochondriac** *n.* a person who has hypochondria —*adj.* of or having hypochondria

**hypocrisy** (hi pok′rə sē) *n., pl.* **-ries** [< G. *hypo-,* under + *krinesthai,* to dispute] a pretending to be what one is not, or to feel what one does not feel; esp., a pretence of virtue

**hypocrite** (hip′ə krit) *n.* [see prec.] a person who pretends to be pious, virtuous, etc. without really being so —**hyp′ocrit′ical** *adj.* —**hyp′ocrit′ically** *adv.*

**hypodermic** (hī′pō dur′mik) *adj.* [see HYPO- + DERMA] **1.** of the parts under the skin **2.** injected under the skin —*n.* a hypodermic injection or syringe

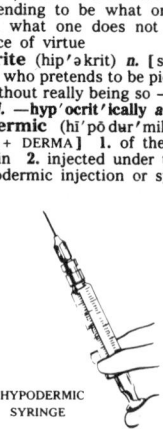

HYPODERMIC SYRINGE

**hypodermic syringe** a piston syringe attached to a hollow needle (**hypodermic needle**), used for giving hypodermic injections

**hypostasis** (hī pos′tə sis) *n., pl.* **-ses′** (sēz′) [Gr. *hypostasis,* foundation] **1.** the essential nature of anything **2.** the substance of each of the three divisions of the Godhead

**hypotension** (hī′pō ten′shən) *n.* abnormally low blood pressure

**hypotenuse** (hī pot′ən yōōz′) *n.* [< Gr. *hypo-,* under + *teinein,* stretch] the side of a right-angled triangle opposite the right angle

**hypothecate** (hī poth′ə kāt′) *vt.* **-cat′ed, -cat′ing** [< Gr. *hypotithenai,* to pledge] to pledge (property) to another as security

**hypothermia** (hī′pō thur′mē ə) *n.* [<

HYPO- + Gr. *thermē,* heat] the condition of having a subnormal body temperature

**ypothesis** (hī pŏth′ə sis) ***n., pl.* -ses′** (-sēz′) [Gr. < *hypo-,* under + *tithenai,* to place] an unproved theory, etc. tentatively accepted to explain certain facts

**ypothesize** ***vi.* -sized′, -siz′ing** to make a hypothesis —***vt.*** to assume; suppose

**ypothetical** (hī′pə thet′i k'l) ***adj.*** based on a hypothesis; assumed; supposed —**hy′pothet′ically** ***adv.***

**yssop** (his′əp) ***n.*** [< Heb. *ēzōbh*] **1.** a fragrant, blue-flowered plant, used in folk medicine as a tonic, etc. **2.** *Bible* a plant whose twigs were used for sprinkling in certain ancient Jewish rites

**ysterectomy** (his′tə rek′tə mē) ***n., pl.* -mies** [< Gr. *hystera,* uterus + -ECTOMY] surgical removal of all or part of the uterus

**hysteresis** (his′tə rē′sis) ***n.*** [Gr., deficiency] *Physics* a lag of effect, as in magnetization, when the forces acting on a body are changed

**hysteria** (his tēər′ē ə) ***n.*** [< ff.] **1.** a psychiatric condition characterized by excitability, sensory and motor disturbances, etc. **2.** any outbreak of wild, uncontrolled excitement, such as fits of laughing and crying

**hysteric** (his ter′ik) ***n.*** [< Gr. *hystera,* uterus: the ancients thought it was caused by disturbances of the uterus] **1.** [*usually pl., occas. with sing. v.*] a hysterical fit **2.** a person subject to hysteria —***adj.*** *same as* HYSTERICAL

**hysterical** ***adj.*** **1.** of hysteria **2.** having or subject to hysteria —**hyster′ically** ***adv.***

**Hz** *Physics the symbol for* hertz

# I

**I, i** (ī) *n., pl.* **I's, i's** the ninth letter of the English alphabet

**I**[1] (ī) *n.* a Roman numeral for 1 —*adj.* shaped like *I*

**I**[2] (ī) *pron. for pl. see* WE [OE. *ic*] the person speaking or writing —*n., pl.* **I's** the ego

**i** (ī) *n.* a Roman numeral for 1 *[page i]*

**I** *Chem.* iodine

**I., i.** 1. island(s) 2. isle(s)

**-ia** (ē ə, yə) [L. & Gr.] *a suffix used in:* 1. names of certain diseases 2. names of some plants and animals

**I.A.E.A.** International Atomic Energy Agency

**-ial** (ē əl, yəl, əl) [L.] *same as* -AL

**iamb** (ī′amb) *n.* [< Gr. *iambos*] a metrical foot of two syllables, the first unaccented and the other accented (Ex.: "Tō bē, ōr nót tō bé"): also **iam′bus**

**iambic** (ī am′bik) *adj.* of or made up of iambs —*n.* 1. an iamb 2. an iambic verse

**-ian** (ē ən, yən, ən) [< L.] *same as* -AN *[reptilian]*

**-iatry** (ī′ə trē) [< Gr. *iatreia,* healing] *a combining form meaning* medical treatment *[psychiatry]*

**I.B.A.** Independent Broadcasting Authority

**Iberian** (ī bēər′ē ən) *adj.* of Spain and Portugal —*n.* an inhabitant of Spain or Portugal

**ibex** (ī′beks) *n., pl.* **i′bexes, ibices** (ī′-bə sēz′) [L.] a wild goat of Europe, Asia, or Africa: the male has backward-curved horns

**ibid.** [L. *ibidem*] in the same place: used in citing again the book, page, etc. cited just before

**-ibility** (ə bil′ə tē) *pl.* **-ties** [< L.] *a suffix used to form nouns from adjectives ending in* -IBLE *[sensibility]*

**ibis** (ī′bis) *n.* [< Egypt. *hīb*] a large wading bird related to the heron, as the sacred ibis of the Nile

**-ible** (i b′l, ə b′l) [L. *-ibilis*] *same as* -ABLE *[legible]*

**Ibo** (ē′bō) *n.* [< the native name] *pl.* **I′-bos, I′bo** any member of an African people of SE Nigeria

**-ic** (ik) [< Gr.] *a suffix meaning:* a) of, having to do with *[volcanic]* b) like *[angelic]* c) produced by *[photographic]* d) having, affected by *[lethargic]* e) *Chem.* of a higher valence than the compound ending in *-ous [nitric]* Also **-ical**

**i/c** 1. in charge 2. internal combustion

**I.C.A.** Institute of Chartered Accountants in England and Wales

**ICBM** intercontinental ballistic missile

**ice** (īs) *n.* [OE. *is*] 1. a) water frozen solid by cold b) a sheet or layer of this 2. anything like frozen water in appearance etc. 3. a helping of a) water ice b) ice cream 4. icing —*vt.* **iced, ic′ing** 1. to freeze 2. to cover with ice 3. to coo by putting ice on, in, or around 4. to cover with icing —*vi.* to freeze (with *up* or *over*) —**break the ice** to make a start, as in getting acquainted —**cu no ice** [Colloq.] to have no effect —**on ice** [Slang] 1. in readiness or reserve 2. with success assured —**on thin ice** [Colloq.] in a risky situation

**-ice** (is, əs) [< L.] *a suffix meaning* condition or quality of *[justice]*

**Ice.** 1. Iceland 2. Icelandic

**I.C.E.** Institution of Civil Engineers

**ice age** *same as* GLACIAL EPOCH

**iceberg** (īs′bərg′) *n.* [prob. < Du. *ijsberg* ice mountain] a great mass of ice broken off from a glacier and floating in the sea

**icebound** *adj.* 1. held fast by ice, as a boat 2. made inaccessible by ice, as a port

**icebox** *n.* 1. a compartment in a refrigerator for storing or making ice 2 a cabinet with ice in it for keeping foods etc. cold 3. [U.S.] a refrigerator

**icebreaker** *n.* a ship for breaking through ice

**icecap** *n.* a mass of glacial ice that spreads slowly out from a centre

**ice cream** a sweet, frozen food made from flavoured cream or milk —**ice′-cream′** *adj.*

**ice field** an extensive area of floating sea ice

**ice floe** a single piece, large or small of floating sea ice

**ice hockey** a team game played on ice in which the players, using curved sticks and wearing skates, try to drive a rubber disc (*puck*) into their opponents' goal

**Icelandic** (īs lan′dik) *adj.* of Iceland, its people, etc. —*n.* the Germanic language of the Icelanders

**ice lolly** frozen ice cream or water ice on a stick

**ice pack** 1. a bag, etc. filled with crushed ice and applied to the body, as to reduce a swelling 2. a large, floating expanse of ice masses frozen together

**ice skate** a skate for skating on ice: see SKATE[1] (sense 1) —**ice′-skate′** *vi.* **-skat′ed, -skat′ing** —**ice skater**

**I.Chem.E.** Institution of Chemical Engineers

**ichor** (ī′kôr) *n.* [Gr. *ichōr*] 1. *Gr. Myth.*

the fluid flowing in the veins of the gods **2.** a watery discharge from a wound or sore

**chthyology** (ik′thē ol′ə jē) ***n.*** [< Gr. *ichthys,* fish & -LOGY] the branch of zoology dealing with fishes **—ich′thyol′ogist** ***n.***

**I.C.I.** Imperial Chemical Industries

**ician** (ish′ən) [< Fr.] *a suffix meaning* a person engaged in, practising, or specializing in *[physician]*

**icle** (ī′si k′l) ***n.*** [< OE. *is,* ice + *gicel,* piece of ice] a hanging piece of ice, formed by the freezing of dripping water **—i′cicled** ***adj.***

**icing** (ī′siŋ) ***n.*** **1.** a mixture, as of sugar, etc., for covering a cake **2.** the formation of ice, as on an aircraft

**icing sugar** granulated sugar ground to a powder

**I.C.M.A.** Institute of Cost and Management Accountants

**icon** (ī′kon) ***n.*** [< Gr. *eikōn,* image] **1.** *Orthodox Eastern Ch.* an image or picture of Jesus, Mary, a saint, etc. venerated as sacred **2.** an image **—icon′ic** ***adj.***

**icono-** [< Gr. *eikōn,* image] *a combining form meaning* image, figure

**iconoclast** (ī kon′ō klast′) ***n.*** [< Gr. *eikōn,* image + *klaein,* break] **1.** a person who attacks or ridicules traditional or venerated institutions or ideas **2.** anyone who deliberately destroys religious images **—icon′oclasm** ***n.*** **—icon′oclas′tic** ***adj.***

**icosahedron** (ī′kə sə hē′drən) ***n., pl.*** **-he′dra, -drons** [< Gr. *eikosi,* twenty + -HEDRON] a solid figure with twenty plane surfaces

**ictus** (ik′təs) ***n., pl.*** **-tuses, -tus** [< L. *icere,* to hit] rhythmical or metrical stress, or accent

**icy** (ī′sē) ***adj.*** **i′cier, i′ciest** **1.** full of or covered with ice **2.** of ice **3.** like ice; slippery or very cold **4.** cold in manner; unfriendly **—i′cily** ***adv.*** **—i′ciness** ***n.***

**id** (id) ***n.*** [L., it] *Psychoanalysis* that part of the psyche which is the source of the instinctual drives

**-id** (id, əd) [ult. < L. or Gr.] *a suffix meaning* a thing belonging to or connected with *[Aeneid, arachnid]*

**ID, I.D.** [U.S.] identification

**id.** [L. *idem*] the same

**I′d** (īd) **1.** I had **2.** I would **3.** I should

**-idae** (i dē′) [ModL.] *a suffix used to form the name of* a zoological family *[Canidae* (the dog family)*]*

**idea** (ī dē′ə) ***n.*** [< Gr. *idea,* appearance of a thing] **1.** a mental conception or image **2.** an opinion or belief **3.** a plan; scheme **4.** a vague impression **5.** meaning or significance **6.** *Philos.* according to Plato, a model of which all real things are but imperfect imitations

**ideal** (ī dē′əl) ***adj.*** [see prec.] **1.** existing as an idea **2.** thought of as perfect **3.** existing only in the mind; imaginary **—*n.*** **1.** a conception of something in its most excellent form **2.** a perfect model **3.** a goal or principle

**idealism** ***n.*** **1.** behaviour or thought based on a conception of things as one thinks they should be **2.** a striving to achieve one's ideals **3.** *Philos.* any theory which holds that things exist only as ideas in the mind or that things are really imperfect imitations of unchanging models

**idealist** ***n.*** **1.** a person whose behaviour or thought is based on ideals **2.** a visionary or impractical dreamer **—*adj.*** *same as* IDEALISTIC

**idealistic** (ī′dē ə lis′tik) ***adj.*** **1.** of or characteristic of an idealist **2.** of or based on idealism

**idealize** (ī dē′ə līz′) ***vt.*** **-ized′, -iz′ing** to regard or show as perfect or more nearly perfect than is true **—ide′aliza′tion** ***n.***

**ideally** ***adv.*** **1.** in an ideal manner **2.** in theory

‡**idée fixe** (ē dā fēks′) [Fr.] a fixed idea; obsession

‡**idem** (ī′dem) ***pron.*** [L.] the same as that previously mentioned

**identical** (ī den′ti k′l) ***adj.*** [see IDENTITY] **1.** the very same **2.** exactly alike **3.** designating twins developed from a single fertilized ovum and very much alike **—iden′tically** ***adv.***

**identification** (ī den′tə fi kā′shən) ***n.*** **1.** an identifying or being identified **2.** anything by which a person or thing can be identified

**identification parade** a line of people from which a suspected criminal may be recognized

**identify** (ī den′tə fī′) ***vt.*** **-fied′, -fy′ing** **1.** to show to be the very person or thing known, described, or claimed **2.** to connect or associate closely **3.** to make identical; treat as the same **—*vi.*** to understand and share another's feelings (*with*) **—iden′tifi′able** ***adj.***

**Identikit** (ī den′tə kit) [IDENTI(FICATION) + KIT] *Trademark* a composite picture, formed from descriptions given, of a person of whom no actual photograph is available

**identity** ***n., pl.*** **-ties** [< L. *idem,* the same] **1.** *a*) the condition or fact of being a specific person or thing *b*) the condition of being as described **2.** the condition or fact of being the same

**ideo-** [< Gr.] *a combining form meaning* idea

**ideogram** (id′ē ō gram′) ***n.*** [prec. + -GRAM] a graphic symbol representing an object or idea without expressing the sounds that form its name: also **id′eograph′**

**ideographic** (id′ē ə graf′ik) ***adj.*** of, or having the nature of, an ideogram: also **id′eograph′ical**

**ideological** (ī′dē ə loj′i k′l) ***adj.*** of or concerned with ideology: also **i′deolog′ic** **—i′deolog′ically** ***adv.***

**ideology** (ī′dē ol′ə jē) ***n., pl.*** **-gies** [see IDEO- & -LOGY] **1.** the doctrines, opinions, or way of thinking of an individual, class, etc. **2.** the study of ideas, their nature and source **—i′deol′ogist** ***n.***

**ides** (īdz) ***n.pl.*** [*often with sing. v.*] [< L. *idus*] in the ancient Roman calendar, the 15th day of March, May, July, or October, or the 13th of the other months

‡**id est** (id est) [L.] that is (to say)

**idiocy** (id′ē ə sē) *n., pl.* **-cies** 1. the state of being an idiot 2. great foolishness or stupidity

**idiom** (id′ē əm) *n.* [< Gr. *idios,* one's own] 1. an accepted phrase having a meaning different from the literal 2. the usual way in which the words of a particular language are joined together to express thought 3. the language of a people, region, etc. 4. a characteristic style, as in art or music

**idiomatic** (id′ē ə mat′ik) *adj.* 1. characteristic of a particular language 2. of, like, or having many idioms —**id′iomat′ically** *adv.*

**idiosyncrasy** (id′ē ə siŋ′krə sē) *n., pl.* **-sies** [< Gr. *idio-,* one's own + *syn-,* together + *kerannynai,* mix] any personal peculiarity, mannerism, reaction, etc. —**id′iosyncrat′ic** (-sin krat′ik) *adj.*

**idiot** (id′ē ət) *n.* [< Gr. *idiōtēs,* ignorant person] 1. a person having severe mental retardation 2. a stupid person

**idiotic** (id′ē ot′ik) *adj.* of or like an idiot; very foolish or stupid —**id′iot′ically** *adv.*

**idle** (ī′d′l) *adj.* **i′dler, i′dlest** [OE. *idel,* empty] 1. *a*) unemployed *b*) not in use 2. lazy 3. worthless; futile 4. unfounded *[idle* rumours*]* —*vi.* **i′dled, i′dling** 1. to move slowly or aimlessly 2. to be unemployed or inactive 3. to operate without transmitting any power, esp. with disengaged gears —*vt.* 1. to waste; squander 2. to make (a motor, etc.) idle —**i′dleness** *n.* —**i′dly** *adv.*

**idler** *n.* 1. one who loafs 2. a gearwheel placed between two others to transfer motion from one to the other without changing their direction or speed

**idol** (ī′d′l) *n.* [< Gr. *eidōlon,* image] 1. an image of a god, used as an object of worship 2. an object of excessive devotion or admiration

**idolater** (ī dol′ə tər) *n.* [< Gr. *eidōlon,* image + *latris,* servant] 1. a worshipper of idols 2. a devoted admirer

**idolatry** *n., pl.* **-tries** 1. worship of idols 2. excessive devotion or reverence —**idol′atrous** *adj.*

**idolize** (ī′dəl īz′) *vt.* **-ized′, -iz′ing** 1. to love or admire excessively 2. to make an idol of —**ī′doliza′tion** *n.*

**idyll, idyl** (id′′l) *n.* [< Gr. *eidos,* a form] 1. a short poem or prose work describing a simple, pleasant scene of rural or pastoral life 2. a scene or incident suitable for such a work —**i′dyllist** *n.*

**idyllic** (i dil′ik) *adj.* 1. of, or relating to an idyll 2. peaceful; contented; happy

**i.e.** [L. *id est*] that is (to say)

**I.E.E.** Institution of Electrical Engineers

**-ier** (ēər, ər, yər) [< L.] *a suffix meaning* one concerned with (a specified action or thing) *[bombardier]*

**if** (if) *conj.* [OE. *gif*] 1. on condition that *[if* I come, I'll see him*]* 2. granting that *[if* he was there, I didn't see him*]* 3. whether *[*ask him *if* he knows her*]* —*n.* 1. a supposition 2. a condition *[*too many *ifs* and buts*]* —**as if** as the situation would be if

**iffy** (if′ē) *adj.* [Colloq.] full of uncertainty

**igloo** (ig′lōō) *n., pl.* **-loos** [Eskimo *igdlu,* snow house] an Eskimo hut, usually dome-shaped and built of snow

**igneous** (ig′nē əs) *adj.* [< L. *ignis,* fire] 1. formed by volcanic action *[igneous* rock*]* 2. of, or like fire

**ignis fatuus** (ig′nis fat′yōō wəs) *pl.* **ignes fatui** (ig′nēz fat′yōō wī′) [< L. *ignis,* fire + *fatuus,* foolish] a light seen at night moving over swamps, etc.: popularly called *will-o′-the-wisp, jack-o′-lantern*

**ignite** (ig nīt′) *vt., vi.* **-nit′ed, -nit′ing** [< L. *ignis,* fire] to start burning —**ignit′able, ignit′ible** *adj.*

**ignition** (ig nish′ən) *n.* 1. an igniting or means of igniting 2. in an internal-combustion engine, the system for igniting the explosive mixture in the cylinder

**ignoble** (ig nō′b′l) *adj.* [< L. *in-,* not + *nobilis,* known] not noble; dishonourable base —**igno′bly** *adv.*

**ignominious** (ig′nō min′ē əs) *adj.* 1. disgraceful 2. despicable 3. degrading —**ig′nomin′iously** *adv.*

**ignominy** (ig′nə min′ē) *n., pl.* **-min′ies** [< L. *in-,* without + *nomen,* name] 1 loss of one's reputation; shame and dishonour 2. shameful quality or action

**ignoramus** (ig′nə rā′məs) *n., pl.* **-muses** [< L., lit., we are ignorant of] an ignorant person

**ignorance** (ig′nər əns) *n.* the condition or quality of being ignorant; lack of knowledge

**ignorant** *adj.* [see ff.] 1. lacking knowledge or experience 2. caused by or showing lack of these 3. unaware (*of*) 4. rude, sometimes because of lack of knowledge of good manners —**ig′norantly** *adv.*

**ignore** (ig nôr′) *vt.* **-nored′, -nor′ing** [< L. *in-,* not + *gnarus,* knowing] to disregard deliberately; pay no attention to —**ignor′er** *n.*

LAND IGUANA
(to 1.5 m long)

**iguana** (i gwä′nə) *n.* [< S. AmInd. *iuana* a large tropical American lizard

**IHS** a contraction misread from the Greek word ΙΗΣΟΥΣ, Jesus, used as a symbol or monogram

**ikebana** (ē′ke bä′nə) *n.* [Jap.] the Japanese art of arranging flowers

**ikon** (ī′kon) *n.* *var. of* ICON

**il-** *see* IN-[1], IN-[2]

**ileum** (il′ē əm) *n., pl.* **il′ea** [< L., flank

groin (var. of *ilium*)] the lowest part of the small intestine

**ilex** (ī′leks) *n.* [L.] *same as:* **1.** HOLLY **2.** HOLM OAK

**ilium** (il′ē əm) *n.*, *pl.* **il′ia** [see ILEUM] the flat, uppermost section of the hipbone

**ilk** (ilk) *adj.* [< OE. *ilca*, same] [Obs.] same —*n.* kind; sort: only in **of that** (or **his, her,** etc.) **ilk**

**ill** (il) *adj.* **worse, worst** [< ON. *illr*] **1.** not healthy, normal, or well **2.** bad [*ill* repute, *ill* fortune, *ill* will] **3.** improper [with an *ill* grace] —*n.* anything causing harm, trouble, pain, etc.; evil —*adv.* **worse, worst 1.** badly **2.** with difficulty [he can *ill* afford it] —**ill at ease** uncomfortable

**I'll** (īl) **1.** I shall **2.** I will

**ill. 1.** illustrated **2.** illustration

**ill-advised** (il′əd vīzd′) *adj.* resulting from a lack of sound advice; unwise —**ill′-advis′edly** *adv.*

**ill-bred** *adj.* badly brought up; rude

**ill-considered** *adj.* not suitable or wise

**ill-disposed** *adj.* **1.** malicious or malevolent **2.** unfriendly or unfavourable (*towards*)

**illegal** (i lē′gəl) *adj.* not lawful; against the law —**illegality** (il′ē gal′ə tē) *n.* —**ille′gally** *adv.*

**illegible** (i lej′ə b′l) *adj.* difficult or impossible to read, as because badly written or printed —**illeg′ibil′ity** *n.* —**illeg′ibly** *adv.*

**illegitimate** (il′ə jit′ə mət) *adj.* **1.** born of parents not married to each other **2.** not lawful **3.** unsanctioned —**il′legit′imacy** *n.* —**il′legit′imately** *adv.*

**ill fame** bad reputation —**house of ill fame** a brothel

**ill-fated** (il′fāt′id) *adj.* **1.** having or sure to have an evil fate or unlucky end **2.** unlucky

**ill-favoured** *adj.* **1.** unpleasant **2.** offensive

**ill-founded** *adj.* not supported by facts

**ill-gotten** *adj.* obtained by evil, unlawful, or dishonest means [*ill-gotten* gains]

**ill humour** a disagreeable, cross, or sullen mood or state of mind —**ill′-hu′moured** *adj.* —**ill′-hu′mouredly** *adv.*

**illiberal** (i lib′ər əl) *adj.* **1.** intolerant; narrow-minded **2.** miserly —**illib′eral′ity** (-ə ral′ə tē) *n.*

**illicit** (i lis′it) *adj.* not allowed by law, custom, etc.; unlawful —**illic′itly** *adv.* —**illic′itness** *n.*

**illiterate** (i lit′ə ət) *adj.* [L. *illiteratus*, unlettered] uneducated; esp., not knowing how to read or write —*n.* an illiterate person —**illit′eracy** *n.* —**illit′erately** *adv.*

**ill-mannered** (il′man′ərd) *adj.* rude; impolite

**ill nature** an unpleasant, disagreeable disposition —**ill′-na′tured** *adj.* —**ill′-na′turedly** *adv.*

**illness** *n.* the condition of being ill; sickness; disease

**illogical** (i loj′i k′l) *adj.* not logical; using or based on faulty reasoning —**illog′ical′ity** (-i kal′ə tē) *n.* —**illog′ically** *adv.*

**ill-starred** *adj.* unlucky; doomed

**ill-timed** *adj.* coming or done at the wrong time

**ill-treat** (il′trēt′) *vt.* to treat unkindly, cruelly, or unfairly; abuse —**ill′-treat′ment** *n.*

**illuminant** (i lyōō′mə nənt) *adj.* giving light; illuminating —*n.* something that gives light

**illuminate** (i lyōō′mə nāt′) *vt.* **-nat′ed, -nat′ing** [< L. *in-*, in + *luminare*, to light] **1.** to give light to; light up **2.** *a*) to make clear; explain *b*) to inform **3.** to decorate with lights **4.** to decorate (an initial letter, a page border, etc.) with designs of gold, etc. —**illu′minative** *adj.*

**illumination** (i lyōō′mə nā′shən) *n.* **1.** an illuminating or being illuminated **2.** the designs used in illuminating manuscripts **3.** [*pl.*] lights used as decorations, as at a seaside resort

**illumine** (i lyōō′min) *vt.* **-mined, -mining** *same as* ILLUMINATE —**illu′minable** *adj.*

**illus., illust. 1.** illustrated **2.** illustration

**ill-usage** (il′yōō′zij) *n.* unfair, unkind, or cruel treatment; abuse: also **ill usage**

**ill-use** (-yōōz′; *for n.* -yōōs′) *vt.* **-used′, -us′ing** to subject to ill-usage —*n.* *same as* ILL-USAGE

**illusion** (i lōō′zhən) *n.* [< L. *illudere*, mock] **1.** a false idea or conception **2.** an unreal or misleading appearance or image **3.** a false perception or interpretation of what one sees —**illu′sive, illu′sory** *adj.*

**illusionist** *n.* an entertainer who performs sleight-of-hand tricks

**illustrate** (il′ə strāt′) *vt.* **-trat′ed, -trat′ing** [< L. *in-*, in + *lustrare*, illuminate] **1.** to make clear or explain, as by examples or comparisons **2.** to furnish (books, etc.) with explanatory or decorative drawings, pictures, etc. —**il′lustra′tor** *n.*

**illustration** (il′ə strā′shən) *n.* **1.** an illustrating or being illustrated **2.** an explanatory example, story, etc. **3.** an explanatory or decorative picture, diagram, etc.

**illustrative** (il′ə strə tiv) *adj.* serving to illustrate

**illustrious** (i lus′trē əs) *adj.* [< L. *illustris*, bright] very distinguished; famous; eminent —**illus′triously** *adv.*

**ill will** unfriendly feeling; hostility; hate

**ILO, I.L.O.** International Labour Organization

**I.L.P.** Independent Labour Party

**I'm** (īm) I am

**im-** *see* IN-[1], IN-[2]

**image** (im′ij) *n.* [L. *imago*] **1.** a representation of a person or thing, esp., a statue **2.** the visual impression of something produced by a mirror, lens, etc. **3.** a copy; likeness **4.** *a*) a mental picture *b*) the public conception of a person, product, etc. **5.** a type; embodiment **6.** a metaphor or simile —*vt.* **-aged, -aging 1.** to picture in the mind **2.** to reflect **3.** to portray; delineate

**imagery** *n.*, *pl.* **-ries 1.** descriptions and figures of speech **2.** mental images

**imaginary** (i maj′ə nər ē) *adj.* existing only

in the imagination; unreal —**imag'inarily** *adv.*

**imagination** (i maj'ə nā'shən) *n.* 1. *a*) the act or power of forming mental images of what is not actually present *b*) the act or power of creating new images by combining previous experiences 2. responsiveness to the imaginative creations of others 3. resourcefulness in dealing with new experiences

**imaginative** (i maj'ə nə tiv) *adj.* 1. having or showing imagination 2. of or resulting from imagination

**imagine** (i maj'in) *vt., vi.* **-ined, -ining** [< L. *imago,* image] 1. to make a mental image (of) 2. to suppose; think —**imag'inable** *adj.*

**imago** (i mā'gō) *n., pl.* **-gos, imagines** (i maj'ə nēz') [L.] an insect in its final, adult stage

**imam** (i mäm') *n.* [Ar. *imām*] 1. the prayer leader in a Moslem mosque 2. [*often* I-] title for a Moslem ruler

**imbalance** (im bal'əns) *n.* lack of balance, as in emphasis, proportion, etc.

**imbecile** (im'bə sēl) *n.* [< L. *imbecilis,* feeble] 1. a person having moderate mental retardation 2. a foolish or stupid person —*adj.* foolish or stupid —**im'becil'ity** (-sil'ə tē) *n.*

**imbed** (im bed') *vt.* *same as* EMBED

**imbibe** (im bīb') *vt.* **-bibed', -bib'ing** [< L. *in-,* in + *bibere,* drink] 1. *a*) to drink (esp. alcoholic liquor) *b*) to drink in 2. to absorb (moisture) —**imbib'er** *n.*

**imbroglio** (im brōl'yō) *n., pl.* **-glios** [It. < *imbrogliare,* embroil] an involved and confusing situation

**imbue** (im byōō') *vt.* **-bued', -bu'ing** [< L. *imbuere*] 1. to permeate or inspire (*with* principles, ideas, etc.) 2. to fill with colour; dye

**I.Mech.E.** Institution of Mechanical Engineers

**I.M.F.** International Monetary Fund

**imitate** (im'ə tāt') *vt.* **-tat'ed, -tat'ing** [< L. *imitari,* imitate] 1. to follow the example of 2. to mimic 3. to copy the form, colour, etc. of 4. to resemble —**im'itable** *adj.* —**im'ita'tor** *n.*

**imitation** (im'ə tā'shən) *n.* 1. an imitating 2. the result of imitating —*adj.* made to resemble something that is usually superior or genuine [*imitation* leather]

**imitative** (im'ə tə tiv) *adj.* 1. formed from a model 2. given to imitating

**immaculate** (i mak'yōō lət) *adj.* [< L. *in-,* not + *macula,* spot] 1. perfectly clean 2. without flaw 3. pure; innocent 4. [Colloq.] faultless —**immac'ulately** *adv.* —**immac'ulateness** *n.*

**immanent** (im'ə nənt) *adj.* [< L. *in-,* in + *manere,* remain] 1. remaining or operating within 2. present throughout the universe: said of God —**im'manence** *n.* —**im'manently** *adv.*

**immaterial** (im'ə tēər'ē əl) *adj.* 1. not pertinent; unimportant 2. spiritual —**im'mate'rial'ity** (-al'ə tē) *n.*

**immature** (im'ə tyōōər') *adj.* 1. not mature or ripe; not completely developed 2. not finished or perfected —**im'matu'rity** *n.*

**immeasurable** (i mezh'ər ə b'l) *adj.* not measurable; boundless —**immeas'urably** *adv.*

**immediacy** (i mē'dē ə sē) *n.* the quality or condition of being immediate

**immediate** (i mē'dē ət) *adj.* [see IN-[2] & MEDIATE] 1. without delay 2. directly or closely related 3. directly affecting; direct 4. not separated in space; closest 5. next in order, succession, etc. —**imme'diately** *adj.*

**immemorial** (im'ə môr'ē əl) *adj.* extending back beyond memory or record —**im'memo'rially** *adv.*

**immense** (i mens') *adj.* [< L. *in-,* not + *metiri,* measure] 1. very large; vast; huge 2. [Slang] very good —**immense'ly** *adv.* —**immense'ness** *n.* —**immen'sity** *n.*

**immerse** (i mûrs') *vt.* **-mersed', -mers'ing** [< L. *immergere,* plunge] 1. to plunge or dip into or as if into a liquid 2. to baptize by dipping under water 3. to absorb deeply; engross —**immer'sion** *n.*

**immersion heater** an electric coil or rod that heats water while directly immersed in it

**immigrant** (im'ə grənt) *n.* one that immigrates —*adj.* immigrating

**immigrate** (im'ə grāt') *vi.* **-grat'ed, -grat'ing** [see IN-[1] & MIGRATE] to come into a new country, esp. in order to settle there —**im'migra'tion** *n.*

**imminent** (im'ə nənt) *adj.* [< L. *in-,* in + *minere,* project] likely to happen soon: said of danger, events, etc. —**im'minence** *n.* —**im'minently** *adv.*

**immiscible** (i mis'ə b'l) *adj.* [< IN-[2] + MISCIBLE] that cannot be mixed, as oil and water —**immis'cibil'ity** *n.*

**immobile** (i mō'bil) *adj.* not movable or moving; stable; motionless —**im'mobil'ity** *n.*

**immobilize** (i mō'bə līz') *vt.* **-lized', -liz'ing** 1. to make immobile 2. to prevent the movement of (a limb or joint) with splints or a cast —**immo'biliza'tion** *n.*

**immoderate** (i mod'ər ət) *adj.* not moderate; without restraint; excessive —**immod'erately** *adv.*

**immodest** (i mod'ist) *adj.* 1. indecent; improper 2. bold; forward —**immod'estly** *adv.* —**immod'esty** *n.*

**immolate** (im'ə lāt') *vt.* **-lat'ed, -lat'ing** [< L. *immolare,* sprinkle with sacrificial meal] to sacrifice —**im'mola'tion** *n.* —**im'mola'tor** *n.*

**immoral** (i mor'əl) *adj.* morally wrong; sometimes, specif., unchaste —**immor'ally** *adv.* —**im'moral'ity** *n.*

**immortal** (i môr't'l) *adj.* 1. living or lasting forever 2. enduring 3. having lasting fame —*n.* an immortal being; specif., *a*) [*pl.*] the ancient Greek or Roman gods *b*) a person of lasting fame —**im'mortal'ity** (-tal'ə tē) *n.*

**immortalize** *vt.* **-ized', -iz'ing** to make immortal; esp., to give lasting fame to —**immor'taliza'tion** *n.*

**immovable** (i mōōv'ə b'l) *adj.* 1. firmly

fixed **2.** motionless **3.** unyielding; steadfast **4.** unemotional; impassive —*n.* [*pl.*] *Law* immovable objects or property, as land, etc. —**immov'ably** *adv.*

**immune** (i myōōn') *adj.* [< L. *in-*, without + *munia,* duties] **1.** not susceptible to a specified disease **2.** exempt from or protected against something disagreeable or harmful

**immunity** *n., pl.* **-ties** **1.** resistance to or protection against a specified disease **2.** exemption or freedom from something burdensome

**immunize** (im'yoo nīz') *vt.* **-nized', -niz'ing** to give immunity to —**im'muniza'tion** *n.*

**immunology** (im'yōō nol'ə jē) *n.* the branch of medicine dealing with immunity to disease or with allergic reactions —**im'munol'ogist** *n.*

**immure** (i myoōr') *vt.* **-mured', -mur'ing** [< L. *im-,* in + *murus,* wall] to shut up as within walls

**immutable** (i myōōt'ə b'l) *adj.* never changing or varying —**immu'tabil'ity, immu'tableness** *n.*

**imp** (imp) *n.* [< Gr. *em-,* in + *phyton,* a plant] **1.** a young demon **2.** a mischievous child

**imp.** **1.** imperative **2.** imperfect **3.** imprimatur

**impact** (im pakt'; *for n.* im'pakt) *vt.* [< L. *impingere,* press firmly together] to force tightly together —*n.* **1.** a striking together **2.** the force of a collision; shock **3.** an effect, esp. a shock —**impac'tion** *n.*

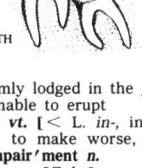

IMPACTED TOOTH

**impacted** *adj.* firmly lodged in the jaw: said of a tooth unable to erupt

**impair** (im pāər') *vt.* [< L. *in-,* intens. + *pejor,* worse] to make worse, less, etc.; damage —**impair'ment** *n.*

**impala** (im pä'lə) *n.* [Zulu] a small African antelope with lyre-shaped horns, capable of moving with great leaps

**impale** (im pāl') *vt.* **-paled', -pal'ing** [< L. *in-,* on + *palus,* pole] **1.** to pierce through with, or fix on, something pointed **2.** to torture by fixing on a stake **3.** to make helpless, as if fixed on a stake —**impale'ment** *n.*

**impalpable** (im pal'pə b'l) *adj.* **1.** not perceptible to the touch **2.** too subtle to be grasped easily by the mind

**impanel** (im pan''l) *vt.* **-elled, -elling** *same as* EMPANEL

**impart** (im pärt') *vt.* [see IN-[1] & PART] **1.** to tell; reveal **2.** to give a share of; give —**impart'able** *adj.*

**impartial** (im pär'shəl) *adj.* without bias; fair —**impar'tial'ity** (-shē al'ə tē) *n.* —**impar'tially** *adv.*

**impassable** (im päs'ə b'l) *adj.* that cannot be passed, crossed, or travelled over —**impass'abil'ity** *n.*

**impasse** (am päs') *n.* [Fr.] a situation offering no escape; deadlock

**impassible** (im pas'ə b'l) *adj.* [< L. *im-,* not + *pati,* suffer] **1.** that cannot feel pain or be injured **2.** that cannot be moved emotionally —**impas'sibil'ity** *n.*

**impassioned** (im pash'ənd) *adj.* filled with passion; passionate; fiery; ardent —**impas'sionedly** *adv.*

**impassive** (im pas'iv) *adj.* **1.** not feeling pain **2.** not feeling or showing emotion; calm —**impas'sively** *adv.* —**impassivity** (im'pə siv'ə tē) *n.*

**impasto** (im pas'tō) *n.* [< It. *impastare,* to paste over] painting with the paint laid on thickly

**impatience** (im pā'shəns) *n.* **1.** annoyance because of delay, etc. **2.** restless eagerness to do something

**impatient** *adj.* feeling or showing impatience —**impa'tiently** *adv.*

**impeach** (im pēch') *vt.* [< L. *in-,* in + *pedica,* a fetter] **1.** to bring (a public official) before the proper tribunal on a charge of wrongdoing **2.** to discredit (a person's honour, etc.) —**impeach'able** *adj.* —**impeach'ment** *n.*

**impeccable** (im pek'ə b'l) *adj.* [< L. *in-,* not + *peccare,* sin] **1.** flawless **2.** not liable to sin —**impec'cabil'ity** *n.* —**impec'cably** *adv.*

**impecunious** (im'pi kyōō'nē əs) *adj.* [< L. *in-,* not + *pecunia,* money] having no money; penniless —**im'pecu'nios'ity** (-äs'ə tē), **im'pecu'niousness** *n.*

**impedance** (im pēd'əns) *n.* [< IMPEDE] the total opposition in an electric circuit to the flow of an alternating current of a single frequency

**impede** (im pēd') *vt.* **-ped'ed, -ped'ing** [< L. *in-,* in + *pes,* foot] to bar or hinder the progress of

**impediment** (im ped'ə mənt) *n.* [< L. *impedimentum,* hindrance] anything that impedes; specif., a speech defect —**impedimen'tal** *adj.*

**impedimenta** (im ped'ə men'tə) *n.pl.* [see prec.] things hindering progress, as on a trip; esp., baggage

**impel** (im pel') *vt.* **-pelled', -pel'ling** [< L. *in-,* on + *pellere,* to drive] **1.** to force, compel, or urge **2.** to push, drive, or move forwards

**impend** (im pend') *vi.* [< L. *in-,* in + *pendere,* to hang] to be about to happen —**impending** *adj.*

**impenetrable** (im pen'i trə b'l) *adj.* **1.** that cannot be penetrated or passed through **2.** that cannot be solved or understood **3.** unreceptive to ideas, influences, etc. —**impen'etrabil'ity** *n.* —**impen'etrably** *adv.*

**impenitent** (im pen'ə tənt) *adj.* without regret, shame, or remorse —**impen'itence** *n.* —**impen'itently** *adv.*

**imper.** imperative

**imperative** (im per'ə tiv) *adj.* [< L. *imperare,* to order] **1.** absolutely necessary; urgent **2.** of or indicating power or authority **3.** *Gram.* designating or of a verb mood expressing a command, etc. —*n.* **1.** a command **2.** *Gram.* the imperative mood —**imper'atively** *adv.* —**imper'ativeness** *n.*

**imperator** (im'pe rät'ôr) *n.* [< L. *imperare,* to command] in ancient Rome, a title of honour for generals and, later, emperors —**imperatorial** (im per'ə tôr'-ē əl) *adj.*

**imperceptible** (im'pər sep'tə b'l) *adj.* not easily perceived; very slight, gradual, etc. —**im'percep'tibil'ity** *n.* —**im'percep'-tibly** *adv.*

**imperf.** **1.** imperfect **2.** imperforate

**imperfect** (im pur'fikt) *adj.* **1.** having a defect or error **2.** not complete **3.** *Gram.* designating or of a verb tense indicating an incomplete or continuous past action: "was writing" is a form like the imperfect tense —*n.* *Gram.* the imperfect tense —**imper'fectly** *adv.*

**imperfection** (im'pər fek'shən) *n.* **1.** a being imperfect **2.** a shortcoming; defect; blemish

**imperial** (im pēər'ē əl) *adj.* [< L. *imperium,* empire] **1.** of an empire, emperor, or empress **2.** of a country having control over other countries or colonies **3.** having supreme authority **4.** majestic; august **5.** *a*) formerly, of the British Empire *b*) of a system of weights and measures, formerly official in Britain —*n.* a pointed tuft of beard on the lower lip and chin —**impe'rially** *adv.*

**imperialism** *n.* **1.** imperial state, authority, or government **2.** the policy of forming and maintaining an empire by conquest, colonization, economic domination, etc. —**impe'rialist** *n., adj.*

**imperil** (im per'əl) *vt.* **-illed, -illing** to put in peril —**imper'ilment** *n.*

**imperious** (im pēər'ē əs) *adj.* [< L. *imperium,* empire] **1.** arrogant; domineering **2.** urgent —**impe'riously** *adv.*

**impermanent** (im pur'mə nənt) *adj.* not lasting; temporary —**imper'manence, imper'manency** *n.*

**impermeable** (im pur'mē ə b'l) *adj.* not permeable; not permitting passage, esp. of fluids —**imper'meably** *adv.*

**impermissible** (im'pər mis'ə b'l) *adj.* not allowed

**impersonal** (im pur's'n əl) *adj.* **1.** without reference to any particular person **2.** not existing as a person [an *impersonal* force] **3.** *Gram.* designating or of a verb occurring only in the third person singular (Ex.: "it is snowing") —**imper'sonal'ity** (-al'ə tē) *n.* —**imper'sonally** *adv.*

**impersonate** (im pur'sə nāt') *vt.* **-at'ed, -at'ing** **1.** to act the part of **2.** *a*) to mimic (a person) for entertainment *b*) to pretend to be (an officer, etc.) with fraudulent intent —**imper'sona'tion** *n.* —**imper'sona'tor** *n.*

**impertinent** (im pur'tin ənt) *adj.* [L. *impertinens*] **1.** insolent **2.** not pertinent; irrelevant —**imper'tinently** *adv.* —**imper'-tinence, imper'tinency** *n.*

**imperturbable** (im'pər tur'bə b'l) *adj.* that cannot be perturbed or excited —**im'-perturb'abil'ity** *n.*

**impervious** (im pur'vē əs) *adj.* **1.** impermeable **2.** not affected by (with *to*) —**imper'viously** *adv.*

**impetigo** (im'pə tī'gō) *n.* [L.: see IMPETUS] a skin disease with eruption of pustules

**impetuous** (im pet'yoo wəs) *adj.* [see ff.] **1.** acting or done suddenly with little thought; impulsive **2.** rushing —**impet'u-ously** *adv.* —**impet'uos'ity** (-os'ə tē), **impet'uousness** *n.*

**impetus** (im'pə təs) *n., pl.* **-tuses** [< L. *in-,* in + *petere,* rush at] **1.** a stimulus to action; incentive **2.** the force with which a body moves against resistance

**impi** (im'pi) *n.* [< Zulu] [S Afr.] a Zulu regiment

**impiety** (im pī'ə tē) *n.* **1.** lack of piety, esp. towards God **2.** *pl.* **-ties** an impious act or remark

**impinge** (im pinj') *vi.* **-pinged', -ping'ing** [< L. *in-,* in + *pangere,* to strike] **1.** to encroach (*on* or *upon*) **2.** to strike or hit (*on, upon,* or *against*) —**impinge'-ment** *n.*

**impious** (im'pē əs) *adj.* not pious; specif., lacking reverence for God —**im'piously** *adv.* —**im'piousness** *n.*

**impish** (im'pish) *adj.* of or like an imp; mischievous —**imp'ishly** *adv.* —**imp'ish-ness** *n.*

**implacable** (im plak'ə b'l) *adj.* that cannot be appeased or pacified —**implac'abil'-ity** *n.*

**implant** (im plänt'; *for n.* im'plänt') *vt.* **1.** to plant firmly **2.** to fix firmly in the mind **3.** *Med.* to insert (an organ, tissue, etc.) within the body —*n.* *Med.* an implanted organ, etc. —**im'planta'-tion** *n.*

**implausible** (im plô'zə b'l) *adj.* not plausible —**implau'sibil'ity** *n.* —**implau'si-bly** *adv.*

**implement** (im'plə mənt; *for v.* -ment') *n.* [< L. *in-,* in + *plere,* fill] any tool, instrument, etc. used or needed in a given activity —*vt.* **1.** to carry into effect **2.** to accomplish —**im'plemen'tal** *adj.* —**im'-plementa'tion** *n.*

**implicate** (im'plə kāt') *vt.* **-cat'ed, -cat'-ing** [see IMPLY] **1.** to cause to be involved in or associated with a crime, etc. **2.** to imply —**im'plica'tion** *n.*

**implicit** (im plis'it) *adj.* [see IMPLY] **1.** suggested though not plainly expressed; implied **2.** necessarily involved though not apparent; inherent **3.** without reservation; absolute —**implic'itly** *adv.*

**implied** (im plīd') *adj.* involved, suggested, or understood without being directly expressed

**implode** (im plōd') *vt., vi.* **-plod'ed, -plod'-ing** [< IN-[1] + (EX)PLODE] to burst inwards —**implo'sion** (-plō'zhən) *n.*

**implore** (im plôr') *vt.* **-plored', -plor'ing** [< L. *in-,* intens. + *plorare,* cry out] **1.** to beg (a person) to do something **2.** to ask earnestly for —**implor'ingly** *adv.*

**imply** (im plī′) *vt.* **-plied′, -ply′ing** [< L. *in-*, in + *plicare*, to fold] **1.** to have as a necessary part, condition, or effect **2.** to indicate indirectly; suggest

**impolite** (im′pə līt′) *adj.* not polite; discourteous; rude —**im′polite′ly** *adv.* —**im′polite′ness** *n.*

**impolitic** (im pol′ə tik) *adj.* unwise; injudicious

**imponderable** (im pon′dər ə b′l) *adj.* [see IN-[2] & PONDER] **1.** that cannot be weighed or measured **2.** that cannot be conclusively determined —*n.* anything imponderable —**impon′derabil′ity** *n.*

**import** (im pôrt′; *also, and for n. always,* im′pôrt) *vt.* [< L. *in-*, in + *portare*, carry] **1.** to bring in from the outside, esp. (goods) from another country **2.** to mean; signify —*n.* **1.** the importing of goods **2.** [*often pl.*] something imported **3.** meaning **4.** importance **5.** [Canad. Slang] a sportsman who is not native to the area where he plays —**import′er** *n.*

**importance** (im pôr′təns) *n.* the state or quality of being important; significance; consequence

**important** *adj.* [see IMPORT] **1.** having much significance or consequence **2.** having, or acting as if having, power, authority, etc. —**impor′tantly** *adv.*

**importation** (im′pôr tā′shən) *n.* **1.** an importing or being imported **2.** something imported

**importunate** (im pôr′tyōō nət) *adj.* persistent in asking or demanding —**impor′tunately** *adv.*

**importune** (im pôr′tyōōn) *vt.* **-tuned, -tuning** [< L. *importunus*, troublesome] to trouble with requests or demands; entreat persistently —**im′por′tunely** *adv.* —**im′portu′nity** *n.*

**impose** (im pōz′) *vt.* **-posed′, -pos′ing** [< L. *in-*, on + *ponere*, to place] **1.** to place (a burden, tax, etc. *on* or *upon*) **2.** to force (oneself) on another **3.** to pass off by deception **4.** to arrange (pages of type) for printing —**impose on** (or **upon**) **1.** to put to some trouble or use unfairly for one's own benefit **2.** to cheat; defraud

**imposing** *adj.* impressive in size, dignity, etc.

**imposition** (im′pə zish′ən) *n.* **1.** a taking advantage of friendship, etc. **2.** something imposed, as a tax, burden, etc. **3.** an essay, etc. set as a punishment at school **4.** the laying on of hands as at ordination

**impossibility** (im pos′ə bil′ə tē) *n.* **1.** a being impossible **2.** *pl.* **-ties** something that is impossible

**impossible** (im pos′ə b′l) *adj.* **1.** not capable of being, being done, or happening **2.** not capable of being endured, used, etc. because disagreeable or unsuitable —**impos′sibly** *adv.*

**impost**[1] (im′pōst) *n.* [see IMPOSE] a tax; esp., a duty on imported goods

**impost**[2] *n.* [ult. < L.: see IMPOSE] the top part of a pillar, pier, etc. supporting an arch

**impostor** (im pos′tər) *n.* [see IMPOSE] one who deceives by pretending to be what he is not

**imposture** *n.* fraud; deception

**impotent** (im′pə tənt) *adj.* [see IN-[2] & POTENT] **1.** lacking physical strength **2.** ineffective; powerless **3.** unable to engage in sexual intercourse: said of males —**im′potence** *n.* —**im′potently** *adv.*

**impound** (im pound′) *vt.* **1.** to shut up (an animal) in a pound **2.** to take into legal custody; confiscate —**impound′ment** *n.*

**impoverish** (im pov′ər ish) *vt.* [< L. *in-*, in + *pauper*, poor] **1.** to make poor **2.** to deprive of strength, resources, etc. —**impov′erishment** *n.*

**impracticable** (im prak′ti kə b′l) *adj.* not capable of being carried out in practice or of being used —**imprac′ticabil′ity, imprac′ticableness** *n.*

**impractical** *adj.* not practical —**imprac′tical′ity** *n.*

**imprecate** (im′prə kāt′) *vt.* **-cat′ed, -cat′ing** [< L. *in-*, on + *precari*, pray] to invoke (evil, a curse, etc.) —**im′preca′tion** *n.* —**im′precatory** *adj.*

**imprecise** (im′pri sīs′) *adj.* not precise or definite —**im′precise′ly** *adv.* —**im′preci′sion** *n.*

**impregnable** (im preg′nə b′l) *adj.* **1.** not capable of being captured or entered by force **2.** unshakable —**impreg′nabil′ity** *n.*

**impregnate** (im′preg nāt) *vt.* **-nated, -nating** [< L. *in-*, in + *praegnans*, pregnant] **1.** to fill; saturate **2.** to imbue (*with* ideas, etc.) **3.** to fertilize; make pregnant —**im′pregna′tion** *n.* —**impreg′nator** *n.*

**impresario** (im′prə sär′ē ō) *n., pl.* **-rios** [It.] the manager of an opera company, concert series, etc.

**impress**[1] (im pres′) *vt.* [< IN-[1] + PRESS[2]] to force (men) into public service, esp. into a navy

**impress**[2] (im′pres′; *for n.* im′pres) *vt.* [see IN-[1] & PRESS[1]] **1.** to affect strongly the mind or emotions of **2.** to arouse the interest or approval of **3.** to fix in the memory **4.** to stamp; imprint —*n.* **1.** any mark, imprint, etc. **2.** an effect produced by some strong influence —**impress′ible** *adj.*

**impression** (im presh′ən) *n.* **1.** an impressing **2.** *a*) a mark, imprint, etc. *b*) an effect produced, as on the mind **3.** a vague notion **4.** an amusing impersonation **5.** *Printing* all the copies printed at one time from a set of type or plates —**impres′sional** *adj.*

**impressionable** *adj.* easily impressed or influenced; sensitive —**impres′sionably** *adv.*

**impressionism** *n.* a theory of art, music, etc. whose aim is to reproduce the immediate impression or mood —**impres′sionist** *n., adj.* —**impres′sionis′tic** *adj.* —**impres′sionis′tically** *adv.*

**impressive** (im pres′iv) *adj.* tending to impress the mind or emotions; striking —**impres′sively** *adv.*

**imprimatur** (im′pri mät′ər) *n.* [ModL., let it be printed] licence to publish or print a book, article, etc.; esp. given by the Roman Catholic Church

**imprint** (im print'; *for n.* im' print) ***vt.*** [< L. *in-*, on + *premere*, to press] **1.** to mark by pressing or stamping **2.** to fix in the memory —***n.*** **1.** a mark made by imprinting **2.** a characteristic result **3.** a note in a book, giving facts of publication

**imprison** (im priz' 'n) ***vt.*** **1.** to put or keep in prison **2.** to confine —**impris' onment** ***n.***

**improbable** (im prob' ə b'l) ***adj.*** unlikely to happen or be true —**im' probabil' ity** ***n.*** —**improb' ably** ***adv.***

**improbity** (im prō' bə tē) ***n.,*** *pl.* dishonesty

**impromptu** (im promp' tyōō) ***adj., adv.*** [< *in promptu*, in readiness] without preparation; spontaneous —***n.*** an impromptu speech, etc.

**improper** (im prop' ər) ***adj.*** **1.** not suitable; unfit **2.** incorrect **3.** not in good taste; indecent —**improp' erly** ***adv.*** —**improp' erness** ***n.***

**improper fraction** a fraction in which the denominator is less than the numerator (Ex.: 5/3)

**impropriate** (im prō' prē āt') ***vt.*** **-at' ed, -at' ing** [< ML. *impropriare*, take as one's own] to transfer (church income or property) to private individuals —**impro' pria' tion** ***n.*** —**impro' pria' tor** ***n.***

**impropriety** (im' prə prī' ə tē) ***n.*** **1.** a being improper **2.** *pl.* **-ties** improper action, usage, etc.

**improve** (im prōōv') ***vt.*** **-proved', -prov' ing** [< L. *in-*, in + *prodesse*, to be of advantage] **1.** to make better **2.** to add value to by cultivation, etc. **3.** to use profitably or to advantage —***vi.*** to become better —**improve on** (or **upon**) to do or make better than —**improv' abil' ity** ***n.*** —**improv' able** ***adj.*** —**improv' er** ***n.***

**improvement** ***n.*** **1.** an improving or being improved **2.** a change that improves something or adds to its value

**improvident** (im prov' ə dənt) ***adj.*** failing to provide for the future; lacking foresight or thrift —**improv' idence** ***n.***

**improvise** (im' prə vīz') ***vt., vi.*** **-vised', -vis' ing** [< L. *in-*, not + *providere*, foresee] **1.** to compose and perform without preparation **2.** to make or do with whatever is at hand —**im' provisa' tion** ***n.*** —**improv' isa' tional** ***adj.***

**imprudent** (im prōōd' ənt) ***adj.*** not prudent; rash; indiscreet —**impru' dence** ***n.*** —**impru' dently** ***adv.***

**impudent** (im' pyōō dənt) ***adj.*** [< L. *in-*, not + *pudere*, feel shame] shamelessly bold; insolent —**im' pudence** ***n.*** —**im' pudently** ***adv.***

**impugn** (im pyōōn') ***vt.*** [< L. *in-*, against + *pugnare*, fight] to oppose or challenge as false —**impugn' able** ***adj.*** —**impugn' er** ***n.***

**impulse** (im' puls) ***n.*** [see IMPEL] **1.** *a*) an impelling force; impetus *b*) the motion or effect caused by such a force **2.** *a*) incitement to action arising from a state of mind or an external stimulus *b*) a sudden inclination to act, without conscious thought **3.** *Physiol.* a stimulus transmitted in a muscle or nerve

**impulsive** (im pul' siv) ***adj.*** **1.** *a*) likely to act on impulse *b*) resulting from impulse [an *impulsive* remark] **2.** driving forwards —**impul' sively** ***adv.*** —**impul' siveness** ***n.***

**impundulu** (im' pōon dōō' lōō) ***n.*** [< Bantu] [S Afr.] a mythical bird often associated with witchcraft

**impunity** (im pyōō' nə tē) ***n.*** [< L. *in-*, without + *poena*, punishment] exemption from punishment or harm

**impure** (im pyōōər') ***adj.*** **1.** mixed with foreign matter; adulterated **2.** unclean; dirty **3.** immoral; obscene —**impure' ly** ***adv.*** —**impure' ness** ***n.***

**impurity** ***n.*** **1.** a being impure **2.** *pl.* **-ties** an impure thing or element

**impute** (im pyōōt') ***vt.*** **-put' ed, -put' ing** [< L. *in-*, + *putare*, to estimate] to attribute (esp. a fault or misconduct) to another —**im' puta' tion** ***n.***

**I.Mun.E.** Institution of Municipal Engineers

**in** (in, ən, 'n) ***prep.*** [OE.] **1.** contained by [*in* the room] **2.** wearing [a lady *in* red] **3.** during [done *in* a day] **4.** at the end of [return *in* an hour] **5.** perceptible to [*in* sight] **6.** out of a group of [one *in* ten] **7.** amidst [*in* a storm] **8.** affected by [*in* trouble] **9.** employed at [*in* business] **10.** with regard to [*in* my opinion] **11.** using [speak *in* French] **12.** made of [done *in* wood] **13.** because of [to cry *in* pain] **14.** by way of [*in* recompense] **15.** belonging to [not *in* his nature] **16.** into [come *in* the house] **17.** (of animals) pregnant with —***adv.*** **1.** from a point outside to one inside **2.** so as to be contained by a certain space, condition, or position **3.** so as to be agreeing [he fell *in* with our plans] **4.** so as to form a part **5.** in some games, so as to take a turn at something **6.** at, inside one's home, etc. **7.** alight [to keep the fire *in*] —***adj.*** **1.** [Colloq.] currently smart, popular, etc. **2.** that is successful or in power [the *in* group] **3.** ingoing [the *in* door] **4.** inner; inside —***n.*** **1.** a person, group, etc. in power: *usually used in pl.* **2.** [Colloq.] special influence, favour, etc. —**have it in for** [Colloq.] to hold a grudge against —**in for** certain to have —**in on** having a share of —**ins and outs** all the parts, details, and intricacies —**in that** because; since —**in with** associated with

**in-**[1] [< L.] *a prefix meaning* in, into, within, on, towards [*inbreed, induct*]: also used as an intensive [*inflame*]

**in-**[2] [< L.] *a prefix meaning* no, not, without, non-

The following list includes some common compounds formed with *in-* that do not have special meanings; they will be understood if *not* or *lack of* is used with the meaning of the base word:

| | |
|---|---|
| **inability** | **inactive** |
| **inaccuracy** | **inactivity** |
| **inaccurate** | **inadequacy** |
| **inaction** | **inadequate** |

**inadmissible**
**inadvisable**
**inapplicable**
**inappreciative**
**inappropriate**
**inaudible**
**inauspicious**
**incapable**
**incautious**
**incertitude**
**incivility**
**incombustible**
**incommunicable**
**incommunicative**
**incomprehensible**
**incomprehension**
**inconceivable**
**inconclusive**
**inconsonant**
**incontrovertible**
**incorrect**
**incurious**
**indecipherable**
**indecorous**
**indefinable**
**indehiscent**
**indemonstrable**
**indiscernible**
**indiscipline**
**indisputable**
**indistinguishable**
**indivisible**
**inedible**
**ineffaceable**
**ineffective**
**ineffectual**
**inefficacious**
**inefficacy**
**inelastic**
**inelegant**
**ineligible**
**ineradicable**
**inessential**
**inexact**
**inexhaustible**
**inexpedient**
**inexpressive**
**inextinguishable**
**inharmonic**
**inharmonious**
**inhospitable**
**injudicious**
**inopportune**
**insanitary**
**insensitive**
**inseparable**
**insolvable**
**insufficiency**
**insufficient**
**insurmountable**
**insusceptible**

**In** *Chem.* indium

**in.** inch; inches

**-ina** (ē′nə) [< L.] *a suffix used to form* feminine names, titles, etc. *[Christina, czarina]*

**in absentia** (in ab sen′tē ə) [L., in absence] although not present

**inaccessible** (in′ək ses′ə b′l) *adj.* **1.** impossible to reach or enter **2.** that cannot be seen, talked to, etc. **3.** not obtainable —**in′acces′sibil′ity** *n.*

**inadvertent** (in′əd vur′tənt) *adj.* **1.** not attentive or observant **2.** due to oversight; unintentional —**in′advert′ence** *n.* —**in′advert′ently** *adv.*

**inalienable** (in āl′yən ə b′l) *adj.* that may not be taken away or transferred —**inal′ienabil′ity** *n.*

**inamorata** (in am′ə rät′ə) *n.* [It.] one's sweetheart or mistress

**inane** (in ān′) *adj.* [L. *inanis*] **1.** empty **2.** lacking sense; silly —**inane′ly** *adv.* —**inan′ity** (-an′ə tē) *n.*

**inanimate** (in an′ə mət) *adj.* **1.** without (animal) life **2.** not animated; dull —**inan′imately** *adv.*

**inanition** (in′ə nish′ən) *n.* [< L. *inanitus*, empty] weakness, esp. exhaustion from lack of food

**inapposite** (in ap′ə zit) *adj.* not apposite; irrelevant —**inap′positely** *adv.* —**inap′positeness** *n.*

**inapt** (in apt′) *adj.* **1.** inappropriate **2.** lacking skill or aptitude —**inapt′itude′** (-ap′tə tyōōd′) *n.*

**inarticulate** (in′är tik′yoo lət) *adj.* **1.** not able to speak coherently **2.** without the articulation of normal speech *[an inarticulate* cry*]* **3.** unable to speak; mute **4.** *Zool.* without joints —**in′artic′ulately** *adv.*

**inasmuch as** (in′əz much′əz) **1.** seeing that; since; because **2.** to the extent that

**inattention** (in′ə ten′shən) *n.* failure to pay attention; heedlessness; negligence —**in′atten′tive** *adj.*

**inaugural** (in ô′gyoo rəl) *adj.* [Fr.] of an inauguration —*n.* an inaugural ceremony or address

**inaugurate** (in ô′gyoo rāt′) *vt.* **-rat′ed, -rat′ing** [< L. *inaugurare*, practise augury] **1.** to induct into office with a formal ceremony **2.** to make a formal beginning of **3.** to celebrate formally the first public use of —**inau′gura′tion** *n.* —**inau′gura′tor** *n.*

**inboard** (in′bôrd′) *adv., adj.* **1.** inside the hull of a ship or boat **2.** close to the fuselage of an aircraft —*n.* a marine motor mounted inboard

**inborn** *adj.* present in the organism at birth

**inbred** *adj.* **1.** innate or deeply instilled **2.** resulting from inbreeding

**inbreed** (in′brēd′) *vt.* **-bred′, -breed′ing** to breed by mating of individuals of closely related stocks

**inc.** **1.** inclusive **2.** incorporated **3.** increase

**incalculable** (in kal′kyoo lə b′l) *adj.* **1.** too great or too many to be counted **2.** unpredictable; uncertain —**incal′culabil′ity** *n.* —**incal′culably** *adv.*

**incandescent** (in′kən des′ənt) *adj.* [see IN-[1] & L. *kandere*, to shine] **1.** glowing with intense heat; red-hot or, esp., white-hot **2.** very bright —**in′candes′cence** *n.*

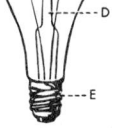


INCANDESCENT LAMP (A, inert gas filling; B, coiled tungsten wire filament; C, glass envelope; D, glass support; E, metal base)

**incandescent lamp** a lamp having a filament contained in a vacuum and heated to incandescence by an electric current

**incantation** (in′kan tā′shən) *n.* [< L. *in-*, IN-[1] + *cantare*, to chant] **1.** the chanting of special words in magic spells **2.** words so chanted —**in′canta′tional** *adj.* —**incan′tatory** *adj.*

**incapacitate** (in′kə pas′ə tāt′) *vt.* **-tat′ed, -tat′ing** **1.** to make unable or unfit; disable **2.** *Law* to disqualify —**in′capac′ita′tion** *n.*

**incapacity** (in′kə pas′ə tē) *n., pl.* **-ties** **1.** lack of capacity, power, or fitness; disability **2.** legal ineligibility

**incarcerate** (in kär′sə rāt′) *vt.* **-at′ed, -at′ing** [< L. *in*, in + *carcer*, prison] **1.** to imprison **2.** to confine —**incar′cera′tion** *n.*

**incarnadine** (in kär′nə dīn′) *adj., n.* [see ff.] (of) the colour of either flesh or blood —*vt.* **-dined′, -din′ing** to make incarnadine

**incarnate** (in kär′nāt) *adj.* [< L. *in-*, in + *caro,* flesh] endowed with a human body; personified —*vt.* **-nated, -nating** **1.** to give bodily form to **2.** to make real **3.** to be the type or embodiment of

**incarnation** (in′kär nā′shən) *n.* **1.** endowment with a human body **2.** [**I-**] the taking on of human form and nature by Jesus as the Son of God **3.** any person or thing serving as the embodiment of a quality, spirit, etc.

**incendiary** (in sen′dē ər ē) *adj.* [see ff.] **1.** relating to the wilful destruction of property by fire **2.** designed to cause fires, as certain bombs **3.** wilfully stirring up strife, riot, etc. —*n., pl.* **-aries** **1.** one who wilfully destroys property by fire **2.** one who wilfully stirs up strife, riot, etc. **3.** an incendiary bomb, etc. —**incen′diarism** *n.*

**incense**[1] (in′sens) *n.* [< L. *in-*, in + *candere,* burn] **1.** any substance burned for its pleasant odour, esp. in a church **2.** the odour or smoke so produced —*vt.* **-censed, -censing** to burn or offer incense to

**incense**[2] (in sens′) *vt.* **-censed′, -cens′ing** [see prec.] to make very angry; enrage —**incense′ment** *n.*

**incentive** (in sen′tiv) *n.* [< L. *in-*, on + *canere,* sing] a stimulus; motive —*adj.* stimulating to action

**inception** (in sep′shən) *n.* [see INCIPIENT] a beginning

**inceptive** *adj.* [see INCIPIENT] **1.** beginning; introductory **2.** *Gram.* expressing the beginning of an action —*n.* an inceptive verb —**incep′tively** *adv.*

**incessant** (in ses′ənt) *adj.* [< L. *in-*, not + *cessare,* cease] continuing or repeated endlessly; constant

**incest** (in′sest) *n.* [< L. *in-*, not + *castus,* chaste] sexual intercourse between persons too closely related to marry legally —**inces′tuous** (in ses′tyoo wəs) *adj.*

**inch**[1] (inch) *n.* [< L. *uncia,* a twelfth] **1.** a measure of length equal to 1/12 foot (2.54 cm): abbrev. **in.** **2.** a very small amount, degree, or distance —*vt., vi.* to move very slowly —**every inch** in all respects —**inch by inch** slowly: also **by inches** —**within an inch of** very close to —**within an inch of one's life** almost to one's death

**inch**[2] *n.* [< Gael. *innis,* island] [Scot.] a small island

**inchmeal** (inch′mēl′) *adv.* [INCH[1] + ME. *mele,* a measure] gradually; inch by inch: also **by inchmeal**

**inchoate** (in kō′āt) *adj.* [< L. *inchoare,* begin] **1.** just begun **2.** not yet clearly formed —**incho′ately** *adv.* —**incho′ateness** *n.* —**in′choa′tion** *n.*

**inchoative** *adj., n.* *Gram.* *same as* INCEPTIVE

**incidence** (in′si dəns) *n.* **1.** the degree or range of occurrence or effect; extent of influence **2.** the act, fact, or manner of falling upon or influencing

**incident** *n.* [< L. *in-*, on + *cadere,* fall] **1.** something that happens; occurrence **2.** a minor episode, esp. one in a play, etc. **3.** an apparently minor conflict, etc. that may have serious results —*adj.* **1.** likely to happen in connection with **2.** falling upon or affecting

**incidental** (in′si den′t'l) *adj.* **1.** happening in connection with something important **2.** secondary or minor —*n. pl.* miscellaneous items

**incidental music** music included in the presentation of a play, film, etc. to heighten mood or effect on the audience

**incinerate** (in sin′ə rāt′) *vt., vi.* **-at′ed, -at′ing** [< L. *in,* to + *cinis,* ashes] to burn to ashes —**incin′era′tion** *n.*

**incinerator** *n.* a furnace or other device for incinerating rubbish

**incipient** (in sip′ē ənt) *adj.* [< L. *in-*, on + *capere,* take] just beginning to exist or appear —**incip′ience, incip′iency** *n.* —**incip′iently** *adv.*

**incise** (in sīz′) *vt.* **-cised′, -cis′ing** [< L. *in-*, into + *caedere,* cut] to cut into with a sharp tool; engrave

**incision** (-sizh′ən) *n.* **1.** a cut **2.** *Surgery* a cut made into a tissue or organ **3.** incisive quality

**incisive** (in sī′siv) *adj.* **1.** cutting into **2.** sharp; keen; penetrating; acute —**inci′sively** *adv.*

**incisor** (in sī′zər) *n.* any of the front cutting teeth between the canines in either jaw

**incite** (in sīt′) *vt.* **-cit′ed, -cit′ing** [< L. *in-*, in, on + *citare,* arouse] to urge to action; stir up —**incite′ment, in′citation** *n.* —**incit′er** *n.*

**incl.** **1.** inclosure **2.** including **3.** inclusive

**inclement** (in klem′ənt) *adj.* [see IN-[2] & CLEMENT] **1.** rough; severe; stormy **2.** lacking mercy or leniency; harsh —**inclem′ency** *n.* —**inclem′ently** *adv.*

**inclination** (in′klə nā′shən) *n.* **1.** *a*) a tendency *b*) a liking or preference **2.** the degree of incline from the horizontal or vertical **3.** a slope; slant **4.** an inclining, leaning, etc. **5.** the angle made by two lines or planes

**incline** (in klīn′; *for n., usually* in′klīn) *vi.* **-clined′, -clin′ing** [< L. *in-*, on + *clinare,* lean] **1.** to lean; slope **2.** to bow the body or head **3.** to have a tendency **4.** to have a preference —*vt.* **1.** to cause to lean, slope, etc. **2.** to make willing; influence —*n.* an inclined plane or surface —**incline one's ear** to listen willingly —**inclin′able** *adj.* —**inclined′** *adj.* —**inclin′er** *n.*

**inclined plane** a plane surface set at any angle other than a right angle against a horizontal surface

**inclose** (in klōz′) *vt.* **-closed′, -clos′ing** *same as* ENCLOSE

**include** (in klōōd′) *vt.* **-clud′ed, -clud′ing** [< L. *in-*, in + *claudere,* to close] **1.** to enclose **2.** to have as part of a whole;

contain **3.** to put in a total, category, etc. **—includ'able, includ'ible** *adj.*

**inclusion** *n.* **1.** an including or being included **2.** something included

**inclusive** *adj.* **1.** taking everything into account **2.** including the terms, limits, or extremes mentioned *[*the first to the tenth *inclusive]* **—inclu'sively** *adv.* **—inclu'siveness** *n.*

**incognito** (in kog'ni tō, in'kog nēt'ō) *adv., adj.* [< L. *in-,* not + *cognoscere,* to know] disguised under an assumed name, rank, etc. **—*n., pl.* -tos 1.** a person who is incognito **2.** *a*) the state of being incognito *b*) the disguise assumed

**incognizant** (in kog'nə zənt) *adj.* unaware of **—incog'nizance** *n.*

**incoherent** (in'kō hēər'ənt) *adj.* **1.** not logically connected; disjointed **2.** characterized by incoherent speech, thought, etc. **—in'coher'ence** *n.* **—in'coher'ently** *adv.*

**income** (in'kum') *n.* the money or other gain received, for labour or services, or from property, investments, etc.

**income tax** a tax on annual income subject to certain deductions

**incoming** *adj.* **1.** coming in or about to come in **2.** about to come into office; succeeding

**incommensurable** (in'kə men'shər ə b'l) *adj.* **1.** that cannot be measured or compared **2.** having no common divisor **—*n.*** an incommensurable thing, quantity, etc. **—in'commen'surabil'ity** *n.*

**incommensurate** *adj.* not proportionate; not adequate **—in'commen'surately** *adv.*

**incommode** (in'kə mōd') *vt.* **-mod'ed, -mod'ing** [< L. *in-,* not + *commodus,* convenient] to inconvenience; bother

**incommodious** *adj.* **1.** causing inconvenience **2.** inconveniently small, etc. **—in'commo'diously** *adv.*

**incommunicado** (in'kə myōō'nə kä'dō) *adj.* [Sp.] unable or not allowed to communicate

**incomparable** (in kom'pər ə b'l) *adj.* **1.** having no basis of comparison **2.** beyond comparison; unequalled **—incom'parabil'ity** *n.* **—incom'parably** *adv.*

**incompatible** (in'kəm pat'ə b'l) *adj.* **1.** not able to exist in harmony **2.** logically contradictory **3.** not suitable for being used together **—in'compat'ibil'ity** *n.* **—in'compat'ibly** *adv.*

**incompetent** (in kom'pə tənt) *adj.* **1.** without adequate ability, fitness, etc. **2.** not legally qualified **—*n.*** an incompetent person **—incom'petence** *n.* **—incom'petently** *adv.*

**incomplete** (in'kəm plēt') *adj.* **1.** lacking a part or parts **2.** unfinished; not concluded **3.** not perfect **—in'complete'ly** *adv.* **—in'complete'ness, in'comple'tion** *n.*

**incongruity** (in'koŋ grōō'ə tē) *n.* **1.** lack of harmony or agreement **2.** lack of appropriateness **3.** *pl.* **-ties** something incongruous

**incongruous** (in koŋ'grōō wəs) *adj.* **1.** lacking harmony or agreement of parts, etc. **2.** unsuitable; inappropriate **—incon'gruously** *adv.* **—incon'gruousness** *n.*

**inconnu** (in'kən yōō) *n.* [Canad.] a whitefish of Far Northern waters

**inconsequent** (in kon'sə kwənt) *adj.* **1.** not following as a result **2.** irrelevant **3.** not proceeding in logical sequence **—incon'sequence'** *n.* **—incon'sequent'ly** *adv.*

**inconsequential** (in kon'sə kwen'shəl) *adj.* **1.** illogical **2.** of no consequence; unimportant **—in'consequen'tial'ity** *n.* **—incon'sequen'tially** *adv.*

**inconsiderable** (in'kən sid'ər ə b'l) *adj.* not worth consideration; trivial; small **—in'consid'erably** *adv.*

**inconsiderate** *adj.* without thought or consideration for others **—in'consid'erately** *adv.* **—in'consid'erateness** *n.*

**inconsistent** (in'kən sis'tənt) *adj.* **1.** not in agreement or harmony **2.** not uniform; self-contradictory **3.** changeable **—in'consis'tency** *n.* **—in'consis'tently** *adv.*

**inconsolable** (in'kən sōl'ə b'l) *adj.* that cannot be consoled **—in'consol'ably** *adv.*

**inconspicuous** (in'kən spik'yōō wəs) *adj.* attracting little attention **—in'conspic'uously** *adv.*

**inconstant** (in kon'stənt) *adj.* **1.** not remaining firm in mind or purpose **2.** fickle **3.** not uniform; irregular **—incon'stancy** *n.* **—incon'stantly** *adv.*

**incontestable** (in'kən tes'tə b'l) *adj.* not to be contested; unquestionable **—in'contest'ably** *adv.*

**incontinent** (in kont'in ənt) *adj.* [see IN-[2] & CONTINENT] **1.** without self-restraint, esp. in regard to sexual activity **2.** unable to restrain a natural discharge, as of urine **—incon'tinence** *n.* **—incon'tinently** *adv.*

**inconvenience** (in'kən vēn'yəns) *n.* **1.** a lack of comfort, ease, etc. **2.** anything inconvenient Also **in'conven'iency** **—*vt.* -ienced, -iencing** to trouble; bother

**inconvenient** *adj.* not favourable to one's comfort; causing trouble, bother, etc. **—in'conven'iently** *adv.*

**inconvertible** (in'kən vur'tə b'l) *adj.* that cannot be changed or exchanged **—in'convert'ibil'ity** *n.*

**incorporate** (in kôr'pər ət; *for v.* -pə rāt') *adj.* [see IN-[1] & CORPORATE] incorporated **—*vt.* -rat'ed, -rat'ing 1.** to combine with something already formed **2.** to bring together into a single whole **3.** to form into a corporation **4.** to give material form to **—*vi.* 1.** to unite into a single whole **2.** [Chiefly U.S.] to form a corporation **—incor'pora'tion** *n.* **—incor'pora'tor** *n.*

**incorporeal** (in'kôr pôr'ē əl) *adj.* without material body or substance **—incorporeal'ity** *n.*

**incorrigible** (in kor'i jə b'l) *adj.* that cannot be corrected, improved, or reformed, esp. because set in bad habits *n.* **—incor'rigibly** *adv.*

**incorrupt** (in'kə rupt') *adj.* sound, pure, upright, honest, etc. **—in'corrupt'ly** *adv.* **—in'corrupt'ness** *n.*

**incorruptible** *adj.* that cannot be

corrupted, esp. morally —**in'corrupt'ibil'ity** *n.*

**increase** (in krēs'; *also for n.,* in'krēs) *vi., vt.* **-creased', -creas'ing** [< L. *in-,* in + *crescere,* grow] to become or cause to become greater in size, amount, numbers, etc. —*n.* **1.** an increasing or becoming increased **2.** the result or amount of an increasing —**on the increase** increasing —**increas'able** *adj.* —**increas'er** *n.*

**increasingly** *adv.* more and more

**incredible** (in kred'ə b'l) *adj.* **1.** unbelievable **2.** so great, unusual, etc. as to seem impossible —**incred'ibil'ity** *n.* —**incred'ibly** *adv.*

**incredulity** (in'krə dyōō'lə tē) *n.* unwillingness or inability to believe; doubt

**incredulous** (in kred'yoo ləs) *adj.* **1.** unwilling or unable to believe **2.** showing doubt or disbelief

**increment** (in'krə mənt) *n.* [< L. *increscere,* increase] **1.** amount of increase **2.** a becoming greater or larger; increase —**in'cremen'tal** (-men't'l) *adj.*

**incriminate** (in krim'ə nāt') *vt.* **-nat'ed, -nat'ing** [< IN-[1] & L. *crimen,* offence] **1.** to involve in, or make appear guilty of, a crime or fault **2.** to charge with a crime —**incrim'ina'tion** *n.* —**incrim'inatory** *adj.*

**incrust** (in krust') *vt.* **1.** to cover as with a crust **2.** to decorate, as with gems —**in'crusta'tion** *n.*

**incubate** (in'kyoo bāt') *vt.* **-bat'ed, -bat'ing** [< L. *in-,* on + *cubare,* to lie] **1.** to sit on and hatch (eggs) **2.** to keep (eggs, embryos, etc.) in a favourable environment for hatching or developing —*vi.* to undergo incubation

**incubation** (in'kyoo bā'shən) *n.* **1.** an incubating or being incubated **2.** the phase in the development of a disease before the first appearance of symptoms —**in'cubational** *adj.* —**in'cubative, in'cubatory** *adj.*

**incubator** (in'kyoo bā'tər) *n.* **1.** an artificially heated container for hatching eggs **2.** a similar apparatus for the care of premature babies

**incubus** (iŋ'kyoo bəs) *n., pl.* **-buses, -bi'** (-bī') [< LL., nightmare < L. *incubare,* lie on] **1.** a spirit or demon thought in medieval times to have sexual intercourse with sleeping women **2.** a nightmare

**inculcate** (in'kul kāt') *vt.* **-cat'ed, -cat'ing** [< L. *in-,* in + *calcare,* trample underfoot] to impress upon the mind by repetition —**in'culca'tion** *n.*

**inculpate** (in'kul pāt') *vt.* **-pat'ed, -pat'ing** [< L. *in,* on + *culpa,* a fault] *same as* INCRIMINATE —**in'culpa'tion** *n.* —**incul'patory** *adj.*

**incumbency** (in kum'bən sē) *n., pl.* **-cies** **1.** a duty or obligation **2.** *a*) the holding and administering of a position *b*) tenure of office

**incumbent** *adj.* [< L. *in-,* on + *cubare,* lie down] **1.** lying or pressing with its weight on something else **2.** currently in office —*n.* the holder of an office or benefice —**incumbent on** (or **upon**) resting upon as a duty

**incunabula** (in'kyōō nab'yoo lə) *n.pl., sing.* **-ulum** [< L. *in-,* in + *cunabula* cradle] **1.** the very first stages of anything **2.** early printed books; esp., books printed before 1500

**incur** (in kur') *vt.* **-curred', -cur'ring** [< L. *in-,* in + *currere,* run] **1.** to acquire (something undesirable) **2.** to bring upon oneself through one's own actions

**incurable** (in kyoor'ə b'l) *adj.* that cannot be remedied or corrected [an *incurable* romantic] —*n.* a person having an incurable disease —**incur'ably** *adv.*

**incursion** (in kur'shən) *n.* [see INCUR] **1.** an inroad **2.** a sudden, brief invasion or raid —**incur'sive** *adj.*

**Ind.** **1.** India **2.** Indian **3.** Indies

**ind.** **1.** independent **2.** index **3.** industrial **4.** indicative

**indaba** (in dä'bə) *n.* [< Zulu] [S Afr. **1.** a meeting convened for a serious discussion **2.** [Colloq.] a matter for discussion; problem

**indebted** (in det'id) *adj.* **1.** obliged **2.** in debt

**indebtedness** *n.* **1.** a being indebted **2.** the amount owed; all one's debts

**indecency** (in dē'sən sē) *n.* **1.** a being indecent **2.** *pl.* **-cies** an indecent act statement, etc.

**indecent** *adj.* **1.** obscene **2.** not proper and fitting; unseemly —**inde'cently** *adv.*

**indecision** (in'di sizh'ən) *n.* inability to decide or a tendency to change the mind frequently

**indecisive** (-sī'siv) *adj.* **1.** not decisive **2.** showing indecision —**in'deci'sively** *adv.* —**in'deci'siveness** *n.*

**indeclinable** (in'di klīn'ə b'l) *adj. Gram* having no case inflections; not declinable

**indeed** (in dēd') *adv.* [see IN & DEED] certainly; truly —*interj.* an exclamation of surprise, doubt, etc.

**indef.** indefinite

**indefatigable** (in'di fat'i gə b'l) *adj.* [< L. *in-,* not + *defatigare,* tire out] that cannot be tired out; untiring —**in'defat'igabil'ity** *n.* —**in'defat'igably** *adv.*

**indefeasible** (in'di fē'zə b'l) *adj.* that cannot be undone or made void —**in'defea'sibly** *adv.*

**indefensible** (in'di fen'sə b'l) *adj.* **1.** that cannot be defended —**in'defen'sibil'ity** *n.* —**in'defen'sibly** *adv.*

**indefinite** (in def'ə nət) *adj.* **1.** having no exact limits **2.** not precise in meaning; vague **3.** not sure; uncertain **4.** *Gram* not limiting or specifying [*a* and *an* are *indefinite* articles] —**indef'initely** *adv.* —**indef'initeness** *n.*

**indelible** (in del'ə b'l) *adj.* [< L. *in-,* no + *delere,* destroy] **1.** that cannot be erased blotted out, etc. **2.** leaving an indelible mark —**indel'ibil'ity** *n.* —**indel'ibly** *adv.*

**indelicate** (in del'i kət) *adj.* embarrassing; coarse; esp., lacking propriety or modesty —**indel'icately** *adv.* —**indel'icacy** *n.*

**indemnify** (in dem′nə fī′) *vt.* **-fied′, -fy′ing** [< L. *indemnis,* unhurt] **1.** to protect against loss, etc. **2.** to repay for loss or damage —**indem′nifica′tion** *n.*

**indemnity** *n., pl.* **-ties** **1.** insurance against loss, damage, etc. **2.** legal exemption from penalties incurred by one's actions **3.** repayment for loss, damage, etc. **4.** in Canada, the annual salary paid by the government to a member of Parliament or of a provincial legislature

**indent**[1] (in dent′; *for n., usually* in′dent) *vt.* [< L. *in,* in + *dens,* tooth] **1.** to space (the first line of a paragraph, etc.) in from the usual margin **2.** to write out (a contract, etc.) in duplicate **3.** to order by an indent **4.** to notch **5.** to make jagged in outline —*vi.* **1.** to space in from the margin **2.** to draw up an order or requisition in duplicate —*n.* **1.** an order form, esp. one used in foreign trade **2.** an official order or requisition for goods **3.** an indenture **4.** a notch or cut in an edge **5.** an indented line, etc.

**indent**[2] *vt.* [IN-[1] + DENT] **1.** to make a dent in **2.** to press (a mark, etc.) in —*n.* a dent, or slight hollow

**indentation** (in′den tā′shən) *n.* **1.** an indenting or being indented **2.** a notch, cut, or inlet on a coastline, etc. **3.** a dent, or slight hollow **4.** space in from a margin

**indention** (in den′shən) *n.* **1.** a spacing in from the margin **2.** *a*) a dent *b*) the making of a dent

**indenture** (in den′chər) *n.* [< INDENT[1]] **1.** a written contract or agreement **2.** [*often pl.*] a contract binding a person to work for another, as an apprentice to a master —*vt.* **-tured, -turing** to bind by indenture

**independence** (in′di pen′dəns) *n.* a being independent; freedom from the control of another

**independent** *adj.* **1.** free from the influence or control of others; specif., *a*) self-governing *b*) objective [an *independent* observer] *c*) self-confident; self-reliant *d*) not adhering to any political party *e*) not connected with others **2.** *a*) not depending on another, esp. for financial support *b*) of, or having an income large enough to enable one to live without working —*n.* a person who is independent in thinking, action, etc., esp. in politics —**independent of** apart from —**in′depend′ently** *adv.*

**independent clause** *Gram. same as* MAIN CLAUSE

**independent school** a school which does not receive financial support from the government or local authorities

**in-depth** (in′depth′) *adj.* carefully worked out, detailed, thorough, etc. [an *in-depth* study]

**indescribable** (in′di skrī′bə b′l) *adj.* beyond the power of description —**in′describ′ably** *adv.*

**indestructible** (in′di struk′tə b′l) *adj.* that cannot be destroyed —**in′destruct′ibly** *adv.*

**indeterminable** (in′di tur′mi nə b′l) *adj.* **1.** that cannot be decided **2.** that cannot be ascertained —**in′deter′minableness** *n.* —**in′deter′minably** *adv.*

**indeterminate** *adj.* **1.** inexact in its limits, nature, etc.; vague **2.** not yet settled; inconclusive —**in′deter′minacy, in′deter′mina′tion** *n.*

**index** (in′deks) *n., pl.* **-dexes, -dices′** (-də sēz′) [L. < *indicare,* indicate] **1.** *a*) an alphabetical list of names, subjects, etc. together with the page numbers where they appear in the text *b*) a catalogue [a library *index*] **2.** an indication [an *index* of ability] **3.** a pointer, as the needle on a dial **4.** *Math.* an exponent **5.** *a*) the relation or ratio of one amount or dimension to another *b*) a number used to measure changes in prices, wages, etc.: in full, **index number** **6.** *short for* INDEX FINGER **7.** [**I-**] *R.C.Ch.* formerly, a list of books forbidden to be read —*vt.* **1.** to make an index of or for **2.** to include in an index —**in′dexer** *n.* —**index′ical** *adj.*

**index finger** the finger next to the thumb

**index-linked** *adj.* related to the change in prices: said of pensions, wages, etc.

**Indiaman** (in′dē ə mən) *n.* formerly, a large merchant ship engaged in trade with India or the East Indies

**Indian** (in′dē ən) *adj.* **1.** of India or the East Indies, their people, or culture **2.** of any of the aboriginal peoples (**American Indians**) of N. America, S. America, or the West Indies, or of their cultures **3.** of a type used or made by Indians —*n.* **1.** a native of India or the East Indies **2.** a member of any of the aboriginal peoples of N. America, S. America, or the West Indies

**Indian club** a club of wood, metal, etc. shaped like a tenpin and swung in the hand for exercise

**Indian corn** *same as* MAIZE (sense 1)

**Indian file** *same as* SINGLE FILE

**Indian ink** **1.** a black pigment of lampblack **2.** a liquid ink made from this

**Indian list** [Canad. Colloq.] a list of persons to whom spirits may not be sold

**Indian summer** a period of mild, warm, hazy weather following the first frosts of late autumn

**India paper** a thin, strong, opaque printing paper, used for some Bibles, dictionaries, etc.

**India** (or **india**) **rubber** crude, natural rubber obtained from latex —**In′dia-rub′ber** *adj.*

**Indic** (in′dik) *adj.* **1.** of India **2.** of a branch of the Indo-European language family, including many of the languages of India

**indic.** indicative

**indicate** (in′də kāt′) *vt.* **-cat′ed, -cat′ing** [< L. *in-,* in + *dicare,* declare] **1.** to direct attention to; point out **2.** to be a sign of; signify **3.** to show the need for **4.** to state briefly

**indication** (in′də kā′shən) *n.* **1.** an indicating **2.** something that indicates **3.** the amount registered by an indicator

**indicative** (in dik′ə tiv) *adj.* **1.** giving an indication or intimation: also **indic′atory** **2.** *Gram.* of that mood of a verb used to express an act, state, etc. as actual, or to ask a question —*n.* the indicative mood —**indic′atively** *adv.*

**indicator** (in′də kāt′ər) *n.* **1.** a person or thing that indicates; specif., a gauge, dial, etc. that measures something **2.** a device for showing that a motor vehicle is about to turn left or right

**indices** (in′də sēz′) *n. alt. pl. of* INDEX

**indict** (in dīt′) *vt.* [< L. *in,* against + *dictare,* declare] to charge with a crime; esp., to make formal accusation against on the basis of positive legal evidence —**indict′able** *adj.*

**indictment** *n.* a charge; specif., a formal accusation charging someone with a crime

**indifference** (in dif′ər əns) *n.* **1.** lack of concern or interest **2.** lack of importance or meaning

**indifferent** *adj.* **1.** having or showing no preference **2.** uninterested or unmoved **3.** of no importance **4.** not particularly good or bad, etc.; average **5.** not really good **6.** not very good; poor: said esp. of health —**indif′ferently** *adv.*

**indigenous** (in dij′ə nəs) *adj.* [< OL. *indu,* in + *gignere,* be born] born or growing naturally in a region or country; native (*to*)

**indigent** (in′di jənt) *adj.* [< OL. *indu,* in + *egere,* need] poor; needy —**in′digence** *n.* —**in′digently** *adv.*

**indigestible** (in′di jes′tə b′l) *adj.* not digestible; not easily digested —**in′digest′ibil′ity** *n.*

**indigestion** (in′di jes′chən) *n.* **1.** difficulty in digesting food **2.** the discomfort caused by this

**indignant** (in dig′nənt) *adj.* [< L. *in-,* not + *dignus,* worthy] feeling or expressing indignation —**indig′nantly** *adv.*

**indignation** (in′dig nā′shən) *n.* anger or scorn that is a reaction to something felt to be unfair, unworthy, or wrong

**indignity** (in dig′nə tē) *n., pl.* **-ties** something that humiliates, insults, or injures the dignity or self-respect

**indigo** (in′di gō′) *n., pl.* **-gos′, -goes′** [Sp. < Gr. *Indikos,* Indian] **1.** a blue dye obtained from certain plants or made synthetically **2.** a deep violet blue: also **indigo blue** —*adj.* of a deep violet-blue: also **in′digo′-blue′**

**indirect** (in′di rekt′) *adj.* **1.** not straight **2.** not straight to the point **3.** dishonest **4.** not immediate; secondary —**in′direct′ly** *adv.* —**in′direct′ness** *n.*

**indirect lighting** lighting reflected, as from a ceiling, or diffused so as to avoid glare

**indirect object** *Gram.* the person or thing indirectly affected by the action of the verb (Ex.: *him* in "do *him* a favour")

**indirect speech** *same as* REPORTED SPEECH

**indirect tax** a tax on manufactured goods, imports, etc. paid indirectly when included in the price

**indiscreet** (in′dis krēt′) *adj.* not discreet; lacking prudence; unwise —**in′discreet′ly** *adv.*

**indiscrete** (in′dis krēt′) *adj.* [L. *indiscretus,* unseparated] not separated into distinct parts

**indiscretion** (in′dis kresh′ən) *n.* **1.** lack of discretion **2.** an indiscreet act or remark

**indiscriminate** (in′dis krim′ə nət) *adj.* **1.** random or promiscuous **2.** not making careful choices or distinctions —**in′discrim′inately** *adv.* —**in′discrim′inateness, in′discrim′ina′tion** *n.*

**indispensable** (in′dis pen′sə b′l) *adj.* **1.** that cannot be dispensed with **2.** absolutely necessary —**in′dispen′sabil′ity** *n.* —**in′dispen′sably** *adv.*

**indisposed** (in′dis pōzd′) *adj.* **1.** slightly ill **2.** unwilling; disinclined —**in′disposi′tion** *n.*

**indissoluble** (in′di sol′yoo b′l) *adj.* that cannot be dissolved or destroyed; lasting —**in′dissol′ubly** *adv.*

**indistinct** (in′dis tiŋkt′) *adj.* **1.** not seen, heard, or perceived clearly **2.** not plainly defined —**in′distinct′ly** *adv.* —**in′distinct′ness** *n.*

**indite** (in dīt′) *vt.* **-dit′ed, -dit′ing** [see INDICT] to compose and write —**indite′ment** *n.* —**indit′er** *n.*

**indium** (in′dē əm) *n.* [< L. *indicum,* indigo] a rare metallic chemical element, ductile and silver-white: symbol, In

**individual** (in′di vid′yoo wəl) *adj.* [< L. *individuus,* not divisible] **1.** existing as a separate thing or being; single **2.** of, for, by, or characteristic of a single person or thing **3.** unique or striking —*n.* **1.** a single thing or being **2.** [Colloq.] a person

**individualism** *n.* **1.** individuality **2.** the doctrine that the state exists to serve the individual **3.** egoism **4.** the leading of one's life in one's own way —**in′divid′ualist** *n., adj.* —**in′divid′ualis′tic** *adj.*

**individuality** (in′di vid′yoo wal′ə tē) *n., pl.* **-ties** **1.** the sum of the characteristics that set one person or thing apart **2.** separate existence

**individualize** (in′di vid′yoo wə līz) *vt.* **-ized′, -iz′ing** **1.** to mark as different from others **2.** to consider individually —**in′divid′ualiza′tion** *n.*

**individually** *adv.* **1.** one at a time **2.** as an individual **3.** distinctively

**Indo-** (in′dō) *a combining form meaning* **1.** Indian **2.** India and; Indian and *[Indo-European]*

**indoctrinate** (in dok′trə nāt′) *vt.* **-nat′ed, -nat′ing** [see IN-[1] & DOCTRINE] **1.** to instruct systematically in doctrines, theories, or beliefs **2.** to teach —**indoc′trina′tion** *n.*

**Indo-European** (in′dō yoo ər′ə pē′ən) *adj.* designating or of a family of languages that includes most of those of Europe and some of those of Asia —*n.* this family of languages

**indolent** (in′də lənt) *adj.* [< L. *in-,* not + *dolere,* feel pain] avoiding work; idle; lazy —**in′dolence** *n.* —**in′dolently** *adv.*

**indomitable** (in dom′it ə b′l) *adj.* [< L. *in-,* not + *domare,* tame] not easily discouraged or defeated —**indom'itably** *adv.*

**Indonesian** (in'dənē'zhən) *adj.* **1.** of Indonesia, its people, etc. **2.** of a large group of languages spoken in Indonesia, Java, etc. —*n.* **1.** a member of a race of people of Indonesia, Java, etc. **2.** an inhabitant of Indonesia **3.** the Indonesian languages

**indoor** (in'dôr') *adj.* living, belonging, or carried on within a house or building

**indoors** *adv.* in or into a building

**indorse** (indôrs') *vt.* **-dorsed', -dors'ing** *same as* ENDORSE

**indrawn** (in'drôn') *adj.* **1.** drawn in **2.** [Chiefly U.S.] introspective

**indubitable** (indyōō'bitəb'l) *adj.* that cannot be doubted; unquestionable —**indu'bitably** *adv.*

**induce** (indyōōs') *vt.* **-duced', -duc'ing** [< L. *in-*, in + *ducere*, lead] **1.** to persuade **2.** *a*) to bring on *[to induce* vomiting*]* *b*) to cause labour to begin **3.** to draw (a conclusion) from particular facts **4.** *Physics* to bring about (an electric or magnetic effect) in a body by placing it in a field of force —**induc'er** *n.* —**induc'ible** *adj.*

**inducement** *n.* **1.** an inducing or being induced **2.** anything that induces; incentive

**induct** (indukt') *vt.* [see INDUCE] to place formally in a benefice or an official position

**inductance** *n.* the property of an electric circuit by which a varying current in it induces voltages in the same circuit or in one nearby

**induction** *n.* **1.** an inducting or being inducted **2.** reasoning from particular facts to a general conclusion **3.** *Physics* the act or process by which an electric or magnetic effect is produced in an electrical conductor or magnetizable body when it is exposed to the influence of a field of force

**induction coil** an apparatus made up of two magnetically coupled coils in a circuit in which interruptions of the direct-current supply to one coil produce an alternating current of high potential in the other

**inductive** *adj.* **1.** of or using induction *[inductive* reasoning*]* **2.** produced by induction —**induc'tively** *adv.*

**inductor** *n.* a device designed to introduce inductance into an electric circuit

**indue** (indyōō') *vt.* **-dued', -du'ing** *same as* ENDUE

**indulge** (indulj') *vt.* **-dulged', -dulg'ing** [L. *indulgere*, be kind to] **1.** to satisfy (a desire) **2.** to gratify the wishes of; humour —*vi.* to give way to one's own desires

**indulgence** *n.* **1.** an indulging or being indulgent **2.** a thing indulged in **3.** a favour or privilege **4.** *R.C.Ch.* a remission of punishment still due for a sin after the guilt has been forgiven

**indulgent** *adj.* indulging or inclined to indulge; kind or lenient, often to excess —**indul'gently** *adv.*

**induna** (indōōn'ə) *n.* [< Zulu] [S Afr.] in South Africa, a powerful black male, as a headman or overseer

**indurate** (in'dyōōərāt') *vt., vi.* **-rat'ed, -rat'ing** [< L. *in-*, in + *durare*, harden] **1.** to harden **2.** to make or become callous or unfeeling —**in'dura'tion** *n.* —**in'durative** *adj.*

**industrial** (indus'trēəl) *adj.* **1.** of, connected with, or resulting from industries **2.** working in industries **3.** of or concerned with people working in industries **4.** for use by industries: said of products —**indus'trially** *adv.*

**industrial estate** an area set aside for industrial and business use, usually on the outskirts of a city

**industrialism** *n.* social and economic organization characterized by large industries, etc.

**industrialist** *n.* a person who owns or manages an industrial enterprise

**industrialize** *vt.* **-ized', -iz'ing** **1.** to develop industrialism in **2.** to organize as an industry —**indus'trializa'tion** *n.*

**industrious** *adj.* characterized by earnest, steady effort —**indus'triously** *adv.* —**indus'triousness** *n.*

**industry** (in'dəstrē) *n., pl.* **-tries** [< L. *industrius*, active] **1.** any branch of production, esp. manufacturing, or all of these collectively **2.** the owners and managers of industry **3.** systematic work **4.** earnest, steady effort

**-ine** (īn, in, ēn, ən) [< L.] *a suffix meaning* of, having the nature of, like *[divine, marine, crystalline]*

**inebriate** (inē'brēāt'; *for adj.& n., usually* -ət) *vt.* **-at'ed, -at'ing** [< L. *in-*, intens. + *ebrius*, drunk] **1.** to make drunk **2.** to excite; exhilarate —*adj.* drunk —*n.* a drunken person —**ine'briat'ed** *adj.* —**ine'bria'tion, inebriety** (in'ēbrī'ətē) *n.*

**ineducable** (ined'yōōkəb'l) *adj.* thought to be incapable of being educated —**ined'ucabil'ity** *n.*

**ineffable** (inef'əb'l) *adj.* [< L. *in-*, not + *effabilis*, utterable] **1.** too overwhelming to be expressed in words **2.** too sacred to be spoken —**in'effabil'ity, inef'fableness** *n.* —**inef'fably** *adv.*

**inefficient** (in'əfish'ənt) *adj.* **1.** not producing the desired effect with a minimum use of energy, time, etc. **2.** incapable —**in'effi'ciency** *n.* —**in'effi'ciently** *adv.*

**inelegance** (inel'əgəns) *n.* **1.** lack of elegance **2.** something inelegant Also **inel'egancy**

**ineluctable** (in'ilukt'təb'l) *adj.* [< L. *in-*, not + *eluctari*, struggle] not to be avoided or escaped

**inept** (inept') *adj.* [< L. *in-*, not + *aptus*, fit] **1.** unsuitable; unfit **2.** absurd; foolish **3.** clumsy; inefficient —**inept'ly** *adv.* —**inept'ness** *n.*

**ineptitude** (inep'tətyōōd') *n.* **1.** the quality or condition of being inept **2.** an inept act, remark, etc.

**inequable** (inek'wəb'l) *adj.* [IN-[2] +

EQUABLE] **1.** unfairly distributed **2.** not uniform **3.** changeable

**inequality** (in′i kwol′ə tē) ***n.,*** *pl.* **-ties** **1.** lack of equality **2.** *a*) a difference in size, quality, etc. *b*) an unevenness *c*) unequal distribution

**inequitable** (in ek′wit ə b′l) ***adj.*** not equitable; unfair; unjust **—ineq′uitably** ***adv.***

**inert** (in ŭrt′) ***adj.*** [< L. *in-*, not + *ars*, art] **1.** without power to move or act **2.** dull; slow **3.** having few or no active properties **—inert′ly** ***adv.***

**inertia** (in ŭr′shə) ***n.*** [see prec.] **1.** *Physics* the tendency of matter to remain at rest (or to keep moving in the same direction) unless affected by an outside force **2.** disinclination to move or act **—iner′tial** ***adj.***

**inertia reel** a reel holding a seat belt and enabling it to adjust itself automatically

**inertia selling** the sending of unrequested goods to householders, relying on their not taking the trouble to return them

**inescapable** (in′ə skāp′ə b′l) ***adj.*** that cannot be escaped or avoided; inevitable **—in′escap′ably** ***adv.***

**inestimable** (in es′tə mə b′l) ***adj.*** too great or valuable to be properly measured or estimated **—ines′timably** ***adv.***

**inevitable** (in ev′ə tə b′l) ***adj.*** [< L. *in-*, not + *evitabilis*, avoidable] that cannot be avoided; certain to happen **—inev′itabil′ity** ***n.*** **—inev′itably** ***adv.***

**inexcusable** (in′ik skyōō′zə b′l) ***adj.*** that cannot or should not be excused **—in′excus′ably** ***adv.***

**inexorable** (in ek′sər ə b′l) ***adj.*** [< L. *in-*, not + *exorare*, move by entreaty] **1.** that cannot be influenced by entreaty **2.** that cannot be altered **—inex′orabil′ity** ***n.*** **—inex′orably** ***adv.***

**inexpensive** (in′ik spen′siv) ***adj.*** costing relatively little; cheap **—in′expen′sively** ***adv.***

**inexperience** (in′ik spēər′ē əns) ***n.*** lack of experience or of the knowledge or skill resulting from experience **—in′expe′rienced** ***adj.***

**inexpert** (in ek′spŭrt) ***adj.*** not expert; unskilful; amateurish **—inex′pertly** ***adv.*** **—inex′pertness** ***n.***

**inexpiable** (in ek′spē ə b′l) ***adj.*** that cannot be expiated or atoned for [an *inexpiable* sin]

**inexplicable** (in′iks plik′ə b′l) ***adj.*** that cannot be explained **—inexpli′cably** ***adv.***

**inexplicit** (in′ik splis′it) ***adj.*** vague; indefinite; not clearly stated **—in′explic′itly** ***adv.*** **—in′explic′itness** ***n.***

**inexpressible** (in′ik spres′ə b′l) ***adj.*** that cannot be expressed **—in′express′ibly** ***adv.***

**‡in extenso** (in ik sten′sō) [L.] at full length

**‡in extremis** (in′ik strē′mis) [L., in extremity] at the point of death

**inextricable** (in eks′tri kə b′l) ***adj.*** **1.** that one cannot extricate oneself from **2.** that cannot be disentangled or untied **3.** insolvable **—inex′tricably** ***adv.***

**inf.** **1.** [L. *infra*] below **2.** infantry: also **Inf.** **3.** infinitive

**infallible** (in fal′ə b′l) ***adj.*** [see IN-[2] & FALLIBLE] **1.** incapable of error **2.** not liable to fail, go wrong, etc. **3.** *R.C.Ch.* incapable of error in setting forth doctrine on faith and morals **—infal′libil′ity** ***n.*** **—infal′libly** ***adv.***

**infamous** (in′fə məs) ***adj.*** **1.** notorious **2.** causing a bad reputation **—in′famously** ***adv.***

**infamy** ***n.,*** *pl.* **-mies** [see IN-[2] & FAMOUS] **1.** very bad reputation; disgrace **2.** great wickedness **3.** an infamous act

**infancy** (in′fən sē) ***n.,*** *pl.* **-cies** **1.** the state or period of being an infant **2.** the earliest stage of anything **3.** *Law* the state of being a minor

**infant** ***n.*** [< L. *in-*, not + *fari*, speak] **1.** a very young child; baby **2.** *Law* a minor **—*adj.*** **1.** of or for infants **2.** in a very early stage

**infanta** (in fan′tə) ***n.*** [Sp. & Port.] **1.** any daughter of a king of Spain or Portugal **2.** the wife of an infante

**infante** (-tē) ***n.*** [Sp. & Port.: see INFANT] any son of a king of Spain or Portugal, except the heir to the throne

**infanticide** (in fan′tə sīd′) ***n.*** [see INFANT & -CIDE] **1.** the murder of a baby **2.** a person guilty of this

**infantile** (in′fən til′) ***adj.*** **1.** of infants or infancy **2.** like an infant; babyish

**infantile paralysis** *same as* POLIOMYELITIS

**infantry** (in′fən trē) ***n.,*** *pl.* **-tries** [< It. *infante*, foot soldier] that branch of an army consisting of soldiers trained to fight on foot **—in′fantryman** ***n.***

**infant school** a school for children aged between four or five and seven

**infatuate** (in fat′yoo wāt′) ***vt.*** **-at′ed, -at′ing** [< L. *in-*, intens. + *fatuus*, foolish] **1.** to inspire with shallow love **2.** to make foolish **—infat′ua′tion** ***n.***

**infatuated** ***adj.*** completely carried away by shallow love

**infect** (in fekt′) ***vt.*** [< L. *inficere*, stain] **1.** to contaminate or cause to become diseased by bringing into contact with a germ or virus **2.** to imbue with one's feelings or beliefs **—infec′tor** ***n.***

**infection** ***n.*** **1.** an infecting or being infected **2.** a disease resulting from infection **3.** anything that infects

**infectious** ***adj.*** **1.** likely to cause infection **2.** designating a disease communicated by infection **3.** tending to spread to others **—infec′tiously** ***adv.***

**infectious hepatitis** a viral disease causing inflammation of the liver

**infectious mononucleosis** an acute disease characterized by fever, swollen lymph nodes, etc.

**infelicitous** (in′fə lis′ə təs) ***adj.*** not felicitous; unfortunate or unsuitable **—in′felic′itously** ***adv.***

**infelicity** ***n.*** **1.** a being infelicitous **2.**

*pl.* **-ties** unsuitable or inapt remark, action, etc.

**infer** (in fur′) *vt.* **-ferred′, -fer′ring** [< L. *in-*, in + *ferre,* bring] **1.** to conclude by reasoning from something known or assumed **2.** [Colloq.] to imply: a loose usage —**infer′able, inferr′able** *adj.* —**infer′ably** *adv.*

**inference** (in′fər əns) *n.* **1.** the deriving of a conclusion by induction or deduction **2.** conclusion

**inferential** (in′fə ren′shəl) *adj.* of or based on inference —**in′feren′tially** *adv.*

**inferior** (in fēər′ē ər) *adj.* [< L. *inferus,* low] **1.** poor in quality; below average **2.** lower in order, status, quality, etc. (with *to*) **3.** lower in space —*n.* an inferior person or thing —**infe′rior′ity** (-or′ə tē) *n.*

**inferiority complex** *Psychol.* a neurotic condition resulting from various feelings of inferiority or inadequacy

**infernal** (in fur′n′l) *adj.* [see INFERIOR] **1.** of hell **2.** hellish; fiendish **3.** [Colloq.] hateful; outrageous —**infer′nally** *adv.*

**infernal machine** formerly, a booby trap or time bomb

**inferno** (in fur′nō) *n., pl.* **-nos** [It. < L.: see INFERIOR] hell or any place suggesting hell

**infertile** (in fur′tīl) *adj.* not fertile; barren; sterile —**infertility** (in′fər til′ə tē) *n.*

**infest** (in fest′) *vt.* [< L. *infestus,* hostile] **1.** to overrun in large numbers, usually so as to be harmful **2.** to be parasitic in or on —**in′festa′tion** *n.*

**infidel** (in′fə d′l) *n.* [< L. *in-*, not + *fidelis,* faithful] **1.** a person who does not believe in a particular, esp. the prevailing, religion **2.** a person who holds no religious belief —*adj.* **1.** that is an infidel **2.** of infidels

**infidelity** (in′fə del′ə tē) *n., pl.* **-ties** **1.** unfaithfulness to another; esp., in marriage **2.** the fact or state of being an infidel **3.** an unfaithful or disloyal act

**infield** (in′fēld′) *n.* *Cricket a*) the area of ground near the wicket *b*) the fieldsmen stationed there

**infighting** (in′fīt′iŋ) *n.* **1.** fighting, esp. boxing, at close range **2.** intense personal conflict within a group

**infiltrate** (in′fil trāt′) *vi., vt.* **-trat′ed, -trat′ing** **1.** to pass into or through (a substance), as in filtering **2.** to penetrate, or cause to penetrate (enemy lines, a region, etc.) gradually, so as to gain influence or control —**in′filtra′tion** *n.* —**in′filtra′tor** *n.*

**infin.** infinitive

**infinite** (in′fə nit) *adj.* [see IN-[2] & FINITE] **1.** lacking limits; endless **2.** very great; vast **3.** *Math.* greater than any finite number —*n.* something infinite —**the Infinite (Being)** God —**in′finitely** *adv.* —**in′finiteness** *n.*

**infinitesimal** (in′fin ə tes′ə məl) *adj.* [< L. *infinitus,* infinite] too small to be measured —*n.* **1.** an infinitesimal quantity **2.** *Math.* a number which is understood to be smaller than any preassigned number —**in′finites′imally** *adv.*

**infinitive** (in fin′ə tiv) *n.* [< L. *infinitus* (*modus*), unlimited (mood)] *Gram.* the form of the verb without reference to person or tense: usually following *to* (*to go*) or another verb form (*let him try*) —**infin′iti′val** (-tī′vəl) *adj.*

**infinitude** (in fin′ə tyōōd′) *n.* **1.** a being infinite **2.** an infinite quantity or extent

**infinity** (in fin′ə tē) *n., pl.* **-ties** **1.** the quality of being infinite **2.** unlimited space, time, etc. **3.** an indefinitely large amount

**infirm** (in furm′) *adj.* **1.** weak; feeble **2.** not firm; unstable; frail —**infirm′ly** *adv.* —**infirm′ness** *n.*

**infirmary** *n., pl.* **-ries** a place for the care of the sick, injured, or infirm; hospital

**infirmity** *n., pl.* **-ties** **1.** a physical weakness or defect **2.** a moral weakness

**infix** (in fiks′) *vt.* **1.** to fasten or set firmly in or on **2.** to instil

‡**in flagrante delicto** (in flə gran′tē di lik′tō) [L.] in the very act of committing the offence

**inflame** (in flām′) *vt., vi.* **-flamed′, -flam′ing** [see IN-[1] & FLAME] **1.** to arouse, excite, etc. or become aroused, excited, etc. **2.** to undergo, or cause inflammation

**inflammable** (in flam′ə b′l) *adj.* **1.** *same as* FLAMMABLE **2.** easily excited —**inflam′mably** *adv.*

**inflammation** (in′flə mā′shən) *n.* **1.** an inflaming or being inflamed **2.** redness, pain, heat, etc. in some part of the body, caused by injury or disease

**inflammatory** (in flam′ə tər ē) *adj.* **1.** rousing or likely to rouse excitement, anger, etc. **2.** of inflammation

**inflatable** (in flāt′ə b′l) *adj.* capable of being inflated —*n.* any object made of strong, inflatable plastic

**inflate** (in flāt′) *vt.* **-flat′ed, -flat′ing** [< L. *in-*, in + *flare,* blow] **1.** to blow full with air or gas **2.** to raise in spirits; make proud **3.** to increase beyond what is normal; specif., to cause inflation of (money, credit, etc.)

**inflation** (in flā′shən) *n.* **1.** an inflating or being inflated **2.** an increase in the amount of money in circulation, resulting in a rise in prices —**infla′tionary** *adj.*

**inflect** (in flekt′) *vt.* [< L. *in-*, in + *flectere,* bend] **1.** *Gram.* to change the form of (a word) by inflection, as in conjugating or declining **2.** to vary the tone of (the voice) **3.** to bend

**inflection, inflexion** *n.* **1.** a change in tone of the voice **2.** *Gram.* the change of form by some words to indicate number, case, gender, tense, etc. **3.** a bend —**inflec′tional, inflex′ional** *adj.*

**inflexible** (in flek′sə b′l) *adj.* **1.** rigid **2.** firm in mind or purpose; stubborn **3.** unalterable —**inflex′ibil′ity** *n.* —**inflex′ibly** *adv.*

**inflict** (in flikt′) *vt.* [< L. *in-*, against + *fligere,* strike] **1.** to cause (pain, wounds, etc.) as by striking **2.** to impose (a punishment, etc. *on* or *upon*) —**inflic′tion** *n.* —**inflic′tive** *adj.* —**inflic′tor** *n.*

**in-flight** (in′flīt′) *adj.* done, occurring, shown, etc. while an aircraft is in flight

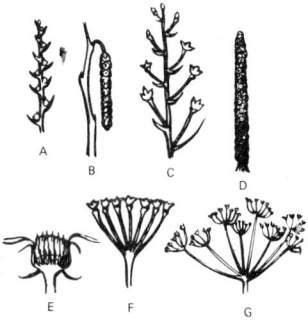


TYPES OF INFLORESCENCE
(A, spike; B, catkin; C, raceme; D, spadix; E, head with disc, flowers and ray flowers; F, umbel; G, compound umbel)

**inflorescence** (in′flô res′əns) *n.* [see IN-[1] & L. *florere,* to bloom] *Bot.* **1.** a flowering **2.** the arrangement of flowers on a stem **3.** a single flower cluster **4.** flowers collectively

**inflow** (in′flō′) *n.* **1.** a flowing in or into **2.** anything that flows in

**influence** (in′floo wəns) *n.* [< L. *in-,* in + *fluere,* to flow] **1.** *a*) the power to affect others *b*) the effect of such power **2.** the ability to produce effects because of wealth, high position, etc. **3.** one that has influence —*vt.* **-enced, -encing** to have influence on —**under the influence** [Colloq.] drunk

**influential** (in′floo wen′shəl) *adj.* exerting influence, esp. great influence —**in′fluen′tially** *adv.*

**influenza** (in′floo wen′zə) *n.* [It., an influence] an acute, contagious, disease characterized by inflammation of the respiratory tract, fever, and muscular pain

**influx** (in′fluks′) *n.* [see INFLUENCE] a flowing in; inflow

**info** (in′fō) *n.* [Colloq.] information

**infold** (in fōld′) *vt.* *same as* ENFOLD

**inform** (in fôrm′) *vt.* [see IN-[1] & FORM] to give knowledge of something to; tell —*vi.* to give information, esp. in accusing another

**informal** (in fôr′məl) *adj.* **1.** not according to fixed customs, rules, etc. **2.** casual, easy, or relaxed **3.** not requiring formal dress —**in′formal′ity** *n.* —**infor′mally** *adv.*

**informal vote** [Aust. & N.Z.] a spoilt ballot paper

**informant** (in fôr′mənt) *n.* a person who gives, or serves as a source of, information

**information** (in′fər mā′shən) *n.* **1.** an informing or being informed **2.** knowledge acquired in any manner; facts; news **3.** any data stored in a computer —**in′forma′tional** *adj.*

**information theory** the study of processes of communication and the transmission of messages

**informative** (in fôr′mə tiv) *adj.* giving information; instructive —**inform′atively** *adv.*

**informer** *n.* one who secretly accuses another, often for a reward

**infra-** (in′frə-) [< L.] *a prefix meaning* below

**infraction** (in frak′shən) *n.* [see INFRINGE] a violation of a law, pact, etc.

**infra dig** [L. *infra dig(nitatem)*] [Colloq.] beneath one's dignity

**infrangible** (in fran′jə b′l) *adj.* that cannot be broken or violated —**infran′gibil′ity, infran′gibleness** *n.*

**infrared** (in′frə red′) *adj.* designating or of those invisible rays just beyond the red of the visible spectrum

**infrasonic** (in′frə son′ik) *adj.* designating or of a frequency of sound below the range audible to the human ear

**infrastructure** (in′frə struk′chər) *n.* the basic requirements of a developed economy, as roads, power, education, etc. —**in′frastruc′tural** *adj.*

**infrequent** (in frē′kwənt) *adj.* not frequent; rare —**infre′quency, infre′quence** *n.* —**infre′quently** *adv.*

**infringe** (in frinj′) *vt.* **-fringed′, -fring′ing** [< L. *in-,* in + *frangere,* reak] to break (a law or agreement) —**infringe on** (or **upon**) to encroach on (the rights, etc. of others) —**infringe′ment** *n.*

**infuriate** (in fyoor′ē āt′) *vt.* **-at′ed, -at′ing** [< L. *in-,* in + *furia,* rage] to cause to become very angry —**infu′riat′ingly** *adv.* —**infu′ria′tion** *n.*

**infuse** (in fyōōz′) *vt.* **-fused′, -fus′ing** [< L. *in-,* in + *fundere,* pour] **1.** to instil or impart (qualities, etc.) **2.** to imbue (*with* a quality, etc.) **3.** to steep (tea leaves, etc.) to extract flavour —**infus′er** *n.*

**infusible** (in fyōō′zə b′l) *adj.* that cannot be fused or melted —**infu′sibil′ity, infu′sibleness** *n.*

**infusion** (in fyōō′zhən) *n.* **1.** the liquid extract that results from steeping a substance in water **2.** an addition which revitalizes

**-ing** (iŋ) [< OE.] **1.** *a suffix used to form the present participle [hearing]* **2.** *a suffix used to form verbal nouns [talking]*

**ingenious** (in jēn′ē əs) *adj.* [< L. *in-,* in + *gignere,* produce] **1.** clever, resourceful, etc. **2.** cleverly or originally made or done —**ingen′iously** *adv.*

**ingénue** (an′zhā nyōō′) *n.* [Fr.] **1.** an innocent, inexperienced young woman **2.** the role of such a character or an actress playing it

**ingenuity** (in′jə nyōō′ə tē) *n.* [see ff.: associated with INGENIOUS] cleverness, originality, etc.

**ingenuous** (in jen′yoo wəs) *adj.* [< L. *in-,* in + *gignere,* produce] **1.** frank; candid **2.** artless; naive —**ingen′uously** *adv.*

**ingest** (in jest′) *vt.* [< L. *in-*, into + *gerere*, carry] to take (food, drugs, etc.) into the body, as by swallowing —**inges′tion** *n.* —**inges′tive** *adj.*

**ingle** (iŋ′g'l) *n.* [< Gael. *aingeal*, fire] [Dial.] **1.** a fire or blaze **2.** a fireplace

**inglenook** *n.* a corner by a fireplace

**inglorious** (in glôr′ē əs) *adj.* shameful; disgraceful —**inglo′riously** *adv.* —**inglo′riousness** *n.*

**ingoing** (in′gō′iŋ) *adj.* going in; entering

**ingot** (iŋ′gət) *n.* [? < MFr. *lingot*] a mass of metal cast into a bar or other convenient shape

**ingraft** (in gräft′) *vt.* *same as* ENGRAFT

**ingrain** (in′grān) *adj.* [< OFr. *engrainer*, dye scarlet] dyed in the fibre, before manufacture

**ingrained** (in grānd′) *adj.* **1.** firmly fixed or established **2.** inveterate; thoroughgoing

**ingrate** (in′grāt) *n.* [< L. *in-*, not + *gratus*, grateful] [Now Rare] an ungrateful person

**ingratiate** (in grā′shē āt′) *vt.* **-at′ed, -at′ing** [< L. *in*, in + *gratia*, favour] to act so as to bring (oneself) into another's favour or good graces —**ingra′tiat′ingly** *adv.*

**ingratitude** (in grat′ə tyōōd′) *n.* ungratefulness

**ingredient** (in grē′dē ənt) *n.* [see INGRESS] any of the things that a mixture is made of; component

**ingress** (in′gres) *n.* [< L. *in-*, into + *gradi*, go] **1.** the act of entering: also **ingres′sion** **2.** the right to enter **3.** an entrance —**ingres′sive** *adj.*

**ingrowing** (in′grō′iŋ) *adj.* growing within, inwards, or into; esp., growing into the flesh —**in′growth** *n.*

**ingrown** *adj.* grown within, inwards, or into; esp., grown into the flesh, as a toenail

**inguinal** (iŋ′gwə n'l) *adj.* [< L. *inguen*, groin] of or near the groin

**inhabit** (in hab′it) *vt.* [< L. *in-*, in + *habitare*, dwell] to live in; occupy —**inhab′itable** *adj.* —**inhab′iter** *n.*

**inhabitant** *n.* a person or animal that inhabits some specified region, house, etc.

**inhalant** (in hāl′ənt) *adj.* used in inhalation —*n.* a medicine to be inhaled as a vapour

**inhale** (in hāl′) *vt., vi.* **-haled′, -hal′ing** [< L. *in-*, in + *halare*, breathe] to breathe in (air, smoke, etc.) —**in′hala′tion** (in′-hə lā′shən) *n.*

**inhaler** *n.* **1.** *same as* RESPIRATOR **2.** an apparatus for administering medicinal vapours in inhalation

**inhere** (in hēər′) *vi.* **-hered′, -her′ing** [< L. *in-*, in + *haerere*, to stick] to be inherent

**inherent** *adj.* [see prec.] existing in someone or something as a natural and inseparable quality or right —**inher′ence, inher′ency** *n.* —**inher′ently** *adv.*

**inherit** (in her′it) *vt.* [< L. *in*, in + *heres*, heir] **1.** to receive (property, etc.) as an heir **2.** to have (certain characteristics) by heredity —**inher′itor** *n.* —**inher′itress, inher′itrix** *n.fem.*

**inheritable** *adj.* **1.** capable of being transmitted by heredity **2.** that can be inherited —**inher′itabil′ity** *n.*

**inheritance** *n.* **1.** the action of inheriting **2.** something inherited or to be inherited **3.** the right to inherit

**inhibit** (in hib′it) *vt.* [< L. *in-*, in + *habere*, hold] to hold back or keep from some action, etc. —**inhib′itive, inhib′itory** *adj.* —**inhib′itor, inhib′iter** *n.*

**inhibition** (in′hi bish′ən) *n.* **1.** an inhibiting or being inhibited **2.** a mental or psychological process that restrains an action, emotion, or thought

**inhuman** (in hyōō′mən) *adj.* not having normal human characteristics; unfeeling, cruel, etc. —**inhu′manly** *adv.*

**inhumane** (in′hyōō mān′) *adj.* unmoved by the suffering of others; cruel, brutal, etc. —**in′humane′ly** *adv.*

**inhumanity** (in′hyōō man′ə tē) *n.* **1.** a being inhuman or inhumane **2.** *pl.* **-ties** an inhuman or inhumane act

**inhume** (in hyōōm′) *vt.* **-humed′, -hum′ing** [< L. *inhumare*, bury] to bury (a dead body)

**inimical** (in im′i k'l) *adj.* [< L. *inimicus*, enemy] **1.** unfriendly **2.** in opposition —**inim′ically** *adv.*

**inimitable** (in im′ə tə b'l) *adj.* that cannot be imitated or matched —**inim′itably** *adv.*

**iniquity** (in ik′wə tē) *n.* [< L. *in-*, not + *aequus*, equal] **1.** lack of righteousness or justice **2.** *pl.* **-ties** a wicked, unjust, or unrighteous act —**iniq′uitous** *adj.*

**initial** (i nish′əl) *adj.* [< L. *in-*, in + *ire*, go] of or at the beginning —*n.* the first letter of a name —*vt.* **-tialled, -tialling** to mark with an initial or initials

**initially** *adv.* at the beginning; first

**initial teaching alphabet** an alphabet of 44 characters for teaching beginners to read English

**initiate** (i nish′ē āt′; *for adj. & n., usually* -ət) *vt.* **-at′ed, -at′ing** [see INITIAL] **1.** to bring into practice or use **2.** to teach the fundamentals of some subject to **3.** to admit as a member into a society, etc., esp. with a ceremony —*adj.* initiated —*n.* a person who is about to be initiated —**ini′tia′tion** *n.* —**ini′tia′tor** *n.*

**initiative** (i nish′ē ə tiv) *n.* **1.** the action of taking the first step or move **2.** the characteristic of originating new ideas or methods; enterprise —*adj.* of, or having the nature of, initiation

**initiatory** *adj.* **1.** beginning; introductory **2.** of or used in an initiation

**inject** (in jekt′) *vt.* [< L. *in-*, in + *jacere*, throw] **1.** to force (a fluid) into a vein, tissue etc. by means of a syringe **2.** to introduce (a missing quality, etc.) —**inject′able** *adj.* —**injec′tion** *n.* —**injec′tor** *n.*

**injunction** (in juŋk′shən) *n.* [< LL. *injungere*, enjoin] **1.** a court order prohibiting a person or group from carrying out a given action, or ordering a given action to be done **2.** a command; order

**injure** (in′jər) *vt.* **-jured, -juring** [see INJURY] **1.** to do physical harm to **2.** to offend (one's feelings, etc.) **3.** to weaken (a reputation, etc.) —**in′jurer** *n.*

**injured** *adj.* **1.** hurt; wronged **2.** feeling or displaying a sense of injury *[an injured* expression*]*

**injurious** (in jooər′ē əs) *adj.* **1.** harmful **2.** offensive or abusive —**inju′riously** *adv.* —**inju′riousness** *n.*

**injury** (in′jər ē) *n., pl.* **-ries** [< L. *in-,* not + *jus,* right] **1.** physical harm to a person, etc. **2.** an injurious act

**injury time** *Football* extra time allowed at the end of a match to compensate for time lost through a player's injury

**injustice** (in jus′tis) *n.* **1.** the quality of being unjust or unfair **2.** an unjust act; injury

**ink** (iŋk) *n.* [< Gr. *enkaiein,* to burn in] **1.** a coloured liquid used for writing, printing, etc. **2.** a liquid secretion squirted out by cuttlefish, etc. for protection —*vt.* **1.** to cover with ink **2.** to mark with ink

**inkling** *n.* **1.** a suggestion; hint **2.** a vague idea

**inkosi** (iŋ kôs′i) *n.* [< Bantu] [S Afr.] a chief; leader

**inkstand** *n.* a small stand holding an inkwell, pens, etc.

**inkwell** *n.* a container for holding ink

**inky** *adj.* **-ier, -iest** **1.** like ink in colour; black **2.** covered with ink —**ink′iness** *n.*

**inlaid** *adj.* **1.** set into a surface by inlaying **2.** decorated with such a surface

**inland** (in′lənd; *for n. & adv., usually* -land′) *adj.* **1.** of or in the interior of a country **2.** within a country —*n.* inland areas —*adv.* towards the interior

**Inland Revenue** a department of the British government that collects major direct taxes, such as income tax

**in-law** (in′lô′) *n.* [Colloq.] a relative by marriage

**inlay** (in′lā′; *for v., also* in lā′) *vt.* **-laid′, -lay′ing** **1.** to set (pieces of wood, metal, etc.) into, and level with, a surface to make a design **2.** to decorate thus —*n., pl.* **-lays′** **1.** inlaid decoration or material **2.** a filling for a tooth made from a mould and cemented in

**inlet** (in′let) *n.* **1.** a narrow strip of water extending into a body of land, or between islands **2.** an entrance, as to a culvert

‡**in loco parentis** (in lō′kō pə ren′tis) [L.] in the place of a parent

**inly** (in′lē) *adv.* [Poet.] **1.** inwardly **2.** intimately

**inmate** (in′māt′) *n.* a person living with others in the same building, esp. a prison

‡**in memoriam** (in mə môr′ē əm) [L.] in memory (of)

**inmost** (in′mōst′) *adj.* **1.** located farthest within **2.** most intimate or secret *[inmost* thoughts*]*

**inn** (in) *n.* [OE.] **1.** an establishment providing food and lodging for travellers **2.** a tavern

**innards** (in′ərdz) *n.pl.* [< INWARDS] [Colloq.] the inner organs or parts

**innate** (i nāt′) *adj.* [< L. *in-,* in + *nasci,* be born] existing naturally rather than acquired; inborn; inherent —**innate′ly** *adv.* —**innate′ness** *n.*

**inner** (in′ər) *adj.* **1.** located farther within **2.** of the mind or spirit —*n.* *a*) the part of a target next to the bull's-eye *b*) a shot which hits this

**inner city** the sections of a large city in or near its centre, esp. when crowded or blighted

**inner man** **1.** one's mind or soul **2.** one's stomach

**innermost** *adj.* **1.** located farthest within **2.** most intimate or secret

**inner tube** an inflatable rubber tube that fits inside a pneumatic tyre casing

**innings** (in′iŋz) *n.pl.* [*with sing. v.*] [OE. *innung,* getting in] **1.** *Cricket,* etc. *a*) the period of play in which a team has a turn at batting *b*) a numbered round of play in which both teams have a turn at batting **2.** the period of action, exercise of authority, etc.

**innkeeper** (in′kē′pər) *n.* the proprietor of an inn

**innocence** (in′ə səns) *n.* **1.** freedom from sin or guilt **2.** guilelessness; simplicity **3.** naiveté **4.** harmlessness

**innocent** *adj.* [< L. *in-,* not + *nocere,* do wrong to] **1.** free from sin, evil, or guilt; specif., not guilty of a crime **2.** harmless **3.** knowing no evil **4.** without guile or cunning **5.** naive —*n.* a person knowing no evil or sin, as a child —**in′nocently** *adv.*

**innocuous** (i nok′yoo wəs) *adj.* [< L. *in-,* not + *nocere,* harm] harmless —**innoc′uously** *adv.*

**innovate** (in′ō vāt′) *vi.* **-vat′ed, -vat′ing** [< L. *in-,* in + *novus,* new] to introduce new methods, devices, etc. —**in′nova′tive** *adj.* —**in′nova′tor** *n.*

**innovation** (in′ō vā′shən) *n.* **1.** an innovating **2.** a new method, practice, device, etc.

**innuendo** (in′yōō wen′dō) *n., pl.* **-does, -dos** [< L. *innuere,* nod to] an indirect remark, hint, etc., usually derogatory; insinuation

**Innuit** (in′yōō it) *n.* *same as* INUIT

**innumerable** (i nyōō′mər ə b'l) *adj.* too numerous to be counted —**innu′merably** *adv.*

**innumerate** *adj.* lacking the knowledge needed to deal with scientific, esp. mathematical, concepts —**innu′meracy** *n.*

**inoculate** (i nok′yoo lāt′) *vt.* **-lat′ed, -lat′ing** [< L. *in-,* in + *oculus,* eye] to inject a serum, vaccine, etc. into, esp. in order to create immunity —**inoc′ulable** *adj.* —**inoc′ula′tion** *n.* —**inoc′ula′tor** *n.*

**inoffensive** (in′ə fen′siv) *adj.* not offensive; unobjectionable; causing no harm or annoyance —**in′offen′sively** *adv.* —**in′offen′siveness** *n.*

**inoperable** (in op′ər ə b'l) *adj.* not operable; specif., that will not practicably allow of surgical operation

**inoperative** (in op′ər ə tiv) *adj.* not operative; without effect —**inop′erativeness** *n.*

**inordinate** (in ôr′din ət) *adj.* [see IN-[2] & ORDINATE] immoderate; excessive —**inor′dinately** *adv.*

**inorganic** (in′ôr gan′ik) *adj.* not organic;

specif., *a*) designating or composed of matter that is not animal or vegetable; not living *b*) designating any chemical compound not organic **—in′organ′ically** ***adv.***

**in patient** a patient who lives in hospital while receiving treatment

‡**in perpetuum** (in′pər pet′yoo wəm) [L.] forever

**input** (in′poot) ***n.*** what is put in, as power into a machine, information into a computer, etc. **—*vt.*** to feed data into a computer

**inquest** (in′kwest) ***n.*** [see INQUIRE] **1.** a judicial inquiry, as a coroner's investigation of a death **2.** the jury or group holding such an inquiry

**inquietude** (in kwī′ə tyōōd′) ***n.*** restlessness; uneasiness

**inquire** (in kwīər′) ***vi.*** **-quired′, -quir′ing** [< L. *in,* into + *quaerere,* seek] **1.** to ask a question or questions **2.** to carry out an investigation **—*vt.*** to seek information about **—inquire after** to pay respects by asking about the health of **—inquir′er** ***n.*** **—inquir′ingly** ***adv.***

**inquiry** ***n., pl.*** **-quir′ies** **1.** the act of inquiring **2.** an investigation **3.** a query

**inquisition** (in′kwə zish′ən) ***n.*** **1.** an investigation **2.** any harsh suppression of nonconformity **3.** *Law* any judicial inquiry **4.** [**I-**] *R.C.Ch.* formerly, the tribunal established to suppress heresy **—in′quisi′tional** ***adj.***

**inquisitive** (in kwiz′ə tiv) ***adj.*** [see INQUIRE] **1.** inclined to ask many questions **2.** unnecessarily curious; prying **—inquis′itively** ***adv.*** **—inquis′itiveness** ***n.***

**inquisitor** ***n.*** **1.** an investigator **2.** [**I-**] an official of the Inquisition

**inquisitorial** (in kwiz′ə tôr′ē əl) ***adj.*** of, or having the nature of, an inquisitor **—inquis′ito′rially** ***adv.***

**in re** (in rē) [L.] in the matter (of); concerning

**I.N.R.I.** [L. *Iesus Nazarenus, Rex Iudaeorum*] Jesus of Nazareth, King of the Jews

**inroad** (in′rōd′) ***n.*** **1.** a sudden invasion or raid **2.** [*usually pl.*] any injurious encroachment

**inrush** ***n.*** a rushing in; inflow; influx

**ins.** **1.** inches **2.** insulated **3.** insurance

**insalubrious** (in′sə lōō′brē əs) ***adj.*** [< L. *insalubris*] unhealthy; unwholesome **—in′salu′brity** ***n.***

**insane** (in sān′) ***adj.*** **1.** mentally ill or deranged; mad **2.** of or for insane people **3.** very foolish **—insane′ly** ***adv.***

**insanity** (in san′ə tē) ***n., pl.*** **-ties** **1.** mental illness or derangement **2.** great folly

**insatiable** (in sā′shə b′l) ***adj.*** that cannot be satisfied; very greedy **—insa′tiably** ***adv.***

**inscribe** (in skrīb′) ***vt.*** **-scribed′, -scrib′ing** [see IN-[1] & SCRIBE] **1.** to mark or engrave (words, symbols, etc.) on (a surface) **2.** to add the name of (someone) to a list **3.** *a*) to dedicate (a book, etc.) informally *b*) to write a short, signed message in (a book, etc.) **4.** to fix in the mind **5.** *Geom.* to draw (a figure) inside another figure so that their boundaries touch at as many points as possible **—inscrib′er** ***n.***

**inscription** (in skrip′shən) ***n.*** **1.** an inscribing **2.** something inscribed **3.** an informal dedication in a book, etc. **—inscrip′tive, inscrip′tional** ***adj.***

**inscrutable** (in skrōōt′ə b′l) ***adj.*** [< L. *in-,* not + *scrutari,* examine] that cannot be easily understood; enigmatic **—inscru′tabil′ity, inscru′tableness** ***n.***

**insect** (in′sekt) ***n.*** [< L. *insectum,* notched] **1.** any of a large class of small arthropod animals, including beetles, flies, wasps, etc., having three pairs of legs, and, usually, two pairs of wings **2.** popularly, any of a group of small animals, usually wingless, including spiders, centipedes, ticks, mites, etc.

**insecticide** (in sek′tə sīd′) ***n.*** any substance used to kill insects **—insec′tici′dal** ***adj.***

**insectivore** (in sek′tə vôr′) ***n.*** [see INSECT & -VOROUS] any animal or plant that feeds on insects **—insectivorous** (in′sek tiv′ər əs) ***adj.***

**insecure** (in′si kyoər′) ***adj.*** **1.** not safe from danger **2.** filled with anxieties **3.** not firm or dependable **—in′secure′ly** ***adv.*** **—in′secu′rity** ***n.***

**inseminate** (in sem′ə nāt′) ***vt.*** **-nat′ed, -nat′ing** [< L. *in-,* in + *semen,* seed] **1.** to impregnate with semen **2.** to implant (ideas, etc.) in (the mind, etc.) **—insem′ina′tion** ***n.***

**insensate** (in sen′sāt) ***adj.*** **1.** lacking sensation **2.** stupid **3.** without feeling for others

**insensible** (in sen′sə b′l) ***adj.*** **1.** unable to perceive with the senses **2.** unconscious **3.** unaware; indifferent **4.** so slight as to be virtually imperceptible **—insen′sibil′ity** ***n.*** **—insen′sibly** ***adv.***

**insert** (in surt′; *for n.* in′surt) ***vt.*** [< L. *in-,* in + *serere,* join] to put or fit (something) into something else **—*n.*** anything inserted or for insertion **—insert′er** ***n.***

**insertion** (in sur′shən) ***n.*** **1.** an inserting or being inserted **2.** something inserted, as a single placement of an advertisement in a newspaper

**in-service** (in′sur′vis) ***adj.*** of training given to employees in connection with their work

**inset** (in set′; *for n. always,* in′set) ***vt.*** **-set′, -set′ting** to set into something; insert **—*n.*** something set in

**inshore** (in′shôr′) ***adv., adj.*** **1.** in towards the shore **2.** near the shore

**inside** (in′sīd′) ***n.*** **1.** the inner side, surface, or part **2.** the part closest to something implied, as the part of a pavement closest to the buildings **3.** [*often pl.*] [Colloq.] the internal organs of the body **—*adj.*** **1.** on or in the inside **2.** secret or private [*the inside story*] **3.** in some games, designating a forward who plays in the midfield area **—*adv.*** **1.** on or to the inside **2.** indoors **3.** [Slang] in prison **—*prep.*** in; within; in less than **—inside out** **1.**

with the inside where the outside should be **2.** [Colloq.] thoroughly

**inside job** [Colloq.] a crime committed by, or with the aid of, a person employed or trusted by the victim

**insider** *n.* **1.** a person inside a given place or group **2.** a person having secret or confidential information

**insidious** (in sid′ē əs) *adj.* [< L. *insidiae,* an ambush] **1.** characterized by treachery or slyness **2.** more dangerous than seems evident —**insid′iously** *adv.*

**insight** (in′sīt′) *n.* **1.** the ability to see and understand clearly the inner nature of things, esp. by intuition **2.** an instance of such understanding

**insignia** (in sig′nē ə) *n.pl., sing.* **-sig′nia, -sig′ne** [ult. < L. *in,* in + *signum,* mark] distinguishing marks, as emblems of rank, membership, etc.

**insignificant** (in′sig nif′ə kənt) *adj.* **1.** having little or no meaning **2.** trivial **3.** small; unimposing —**in′signif′icance** *n.* —**in′signif′icantly** *adv.*

**insincere** (in′sin sēər′) *adj.* deceptive or hypocritical —**in′sincere′ly** *adv.* —**in′sincer′ity** (-ser′ə tē) *n.*

**insinuate** (in sin′yoo wāt′) *vt.* **-at′ed, -at′ing** [< L. *in-,* in + *sinus,* a curve] **1.** to hint indirectly; imply **2.** to introduce or work into gradually, indirectly, etc. —**insin′uat′ingly** *adv.* —**insin′ua′tor** *n.*

**insinuation** (in sin′yoo wā′shən) *n.* **1.** an insinuating **2.** something insinuated; specif., *a*) a sly hint *b*) an act or remark intended to win favour

**insipid** (in sip′id) *adj.* [< L *in-,* not + *sapere,* taste] **1.** without flavour; tasteless **2.** not exciting; dull —**in′sipid′ity, insip′idness** *n.* —**insip′idly** *adv.*

**insist** (in sist′) *vi.* [< L. *in-,* in + *sistere,* stand] to take and maintain a stand (often with *on* or *upon*) —*vt.* **1.** to demand strongly **2.** to declare firmly —**insist′er** *n.* —**insist′ingly** *adv.*

**insistent** *adj.* **1.** insisting or demanding **2.** compelling the attention —**insist′ence** *n.* —**insist′ently** *adv.*

‡**in situ** (in si′tyōō) [L.] in position

**insobriety** (in′sō brī′ə tē) *n.* lack of sobriety; intemperance, esp. in drinking

**insofar** (in′sə fär′) *adv.* to such a degree or extent (usually with *as*)

**insole** (in′sōl′) *n.* **1.** the inside sole of a shoe **2.** an extra, removable inside sole for comfort

**insolent** (in′sə lənt) *adj.* [< L. *in-,* not + *solere,* be accustomed] boldly disrespectful; impertinent —**in′solence** *n.* —**in′solently** *adv.*

**insoluble** (in sol′yoo b′l) *adj.* **1.** unsolvable **2.** that cannot be dissolved —**insol′ubly** *adv.*

**insolvent** (in sol′vənt) *adj.* unable to pay debts; bankrupt —*n.* an insolvent person —**insol′vency** *n.*

**insomnia** (in som′nē ə) *n.* [< L. *in-,* without + *somnus,* sleep] abnormal inability to sleep —**insom′niac′** (-ak′) *n., adj.*

**insomuch** (in′sō much′) *adv.* **1.** to such a degree or extent; so (with *that*) **2.** inasmuch (*as*)

**insouciant** (in sōō′sē ənt) *adj.* [Fr.] calm and untroubled; carefree; indifferent —**insou′ciance** *n.*

**inspan** (in span′) *vt.* **-spanned′, -span′ning** [< Afrik.] [S Afr.] **1.** to harness animals; yoke **2.** to press (people) into service

**inspect** (in spekt′) *vt.* [< L. *in-,* at + *specere,* look] **1.** to look at carefully **2.** to examine or review officially —**inspec′tion** *n.* —**inspec′tive** *adj.*

**inspector** *n.* **1.** one who inspects; official examiner **2.** an officer in a police force, ranking next below a superintendent —**inspec′torship′** *n.*

**inspectorate** *n.* **1.** the position or duties of an inspector **2.** inspectors collectively

**inspiration** (in′spə rā′shən) *n.* **1.** an inspiring or being inspired mentally or emotionally **2.** *a*) any stimulus to creative thought or action *b*) an inspired idea, action, etc. **3.** an inhaling —**in′spira′tional** *adj.*

**inspire** (in spīər′) *vt.* **-spired′, -spir′ing** [< L. *in-,* in + *spirare,* breathe] **1.** to arouse (a thought or feeling) **2.** to stimulate or impel, as to some creative effort **3.** to cause to be written or said **4.** to motivate by divine influence **5.** to inhale —*vi.* to inhale —**inspir′able** *adj.* —**inspired′** *adj.* —**inspir′er** *n.* —**inspir′ingly** *adv.*

**instability** (in′stə bil′ə tē) *n.* unstable condition; lack of firmness, steadiness, etc.

**install** (in stôl′) *vt.* **-stalled′, -stall′ing** [< ML. *in-,* in + *stallum,* place] **1.** to place in an office, rank, etc. with formality **2.** to establish in a place **3.** to fix in position for use —**in′stalla′tion** (in′stə lā′shən) *n.* —**install′er** *n.*

**installment plan** *U.S. name for* HIRE-PURCHASE

**instalment** (in stôl′mənt) *n.* [see INSTALL] **1.** any of the parts of a sum of money to be paid at regular times **2.** any of several parts, as of a serial story

**instance** (in′stəns) *n.* [see ff.] **1.** an example; case **2.** a step in proceeding; occasion [in the first *instance*] —*vt.* **-stanced, -stancing** to use as an example; cite —**at the instance of** at the suggestion of —**for instance** as an example

**instant** (in′stənt) *adj.* [< L. *in-,* upon + *stare,* stand] **1.** immediate **2.** urgent; pressing **3.** imminent **4.** designating a food or beverage that can be prepared quickly **5.** of the current month [your letter of the 13th *instant*] —*n.* **1.** a moment **2.** a particular moment —**the instant** as soon as

**instantaneous** (in′stən tā′nē əs) *adj.* done or happening in an instant; immediate —**in′stanta′neously** *adv.*

**instantly** (in′stənt lē) *adv.* without delay; immediately —*conj.* as soon as

**instead** (in sted′) *adv.* [IN + STEAD] in place of the person or thing mentioned —**instead of** in place of

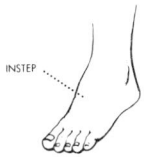


**instep** (in′step′) *n.* **1.** the upper part of the arch of the foot, between the ankle and the toes **2.** the part of a shoe or stocking covering this

**instigate** (in′stə gāt′) *vt.* **-gat′ed, -gat′ing** [< L. *instigare,* incite] **1.** to cause by inciting; foment **2.** to urge on to some action —**in′stiga′tion** *n.* —**in′stiga′tor** *n.*

**instil** (in stil′) *vt.* **-stilled′, -still′ing** [< L. *in-,* in + *stilla,* drop] **1.** to put (an idea, feeling, etc.) *in* or *into* gradually **2.** to put in drop by drop —**in′stilla′tion** *n.* —**instill′er** *n.*

**instinct** (in′stiŋkt; *for adj.* in stiŋkt′) *n.* [< L. *instinguere,* impel] **1.** (an) inborn tendency to behave in a way characteristic of a species **2.** a natural or acquired tendency; knack —*adj.* filled or charged (*with*) —**instinc′tive** *adj.* —**instinctual** (in stiŋk′choo wəl) *adj.*

**institute** (in′stə tyōōt′) *vt.* **-tut′ed, -tut′ing** [< L. *in-,* in + *statuere,* set up] **1.** to set up; establish **2.** to start; initiate **3.** to install in office —*n.* something instituted; specif., *a*) an organization for the promotion of art, science, etc. *b*) a building used by such an organization *c*) a school specializing in art, technical subjects, etc. *d*) an established principle

**institution** (in′stə tyōō′shən) *n.* **1.** an instituting or being instituted **2.** an established law, practice, etc. **3.** *a*) an organization having a social, educational, or religious purpose *b*) the building housing it **4.** [Colloq.] a well-established person or thing

**institutional** *adj.* **1.** of, or having the nature of, an institution **2.** of or to institutions, rather than individuals **3.** dull [*institutional* meals] —**in′stitu′tionalism** *n.* —**in′stitu′tionalize** *vt.*

**instruct** (in strukt′) *vt.* [< L. *in-,* in + *struere,* pile up] **1.** to teach **2.** to inform or guide **3.** to order or direct

**instruction** *n.* **1.** [*often pl.*] orders; directions **2.** an instructing; education **3.** something taught —**instruc′tional** *adj.*

**instructive** *adj.* giving knowledge or information —**instruc′tively** *adv.* —**instruc′tiveness** *n.*

**instructor** *n.* **1.** a teacher **2.** [U.S.] a college teacher —**instruc′tress** *n.fem.*

**instrument** (in′stroo mənt) *n.* [see INSTRUCT] **1.** a tool or implement **2.** any of various devices producing musical sound **3.** a thing by means of which something is done; means **4.** a device for indicating, measuring or controlling

**instrumental** (in′strə men′t'l) *adj.* **1.** serving as a means; helpful **2.** of or performed with an instrument or tool **3.** performed on or written for a musical instrument or instruments —*n.* a piece of music for instruments —**in′strumen′tally** *adv.*

**instrumentalist** *n.* a person who performs on a musical instrument

**instrumentality** (in strə men tal′ə tē) *n., pl.* **-ties** **1.** a being instrumental **2.** a means or agency

**instrumentation** (in strə mən tā′shən) *n.* **1.** the arrangement of music for instruments **2.** a using or equipping with instruments, esp. scientific instruments

**instrument panel** (or **board**) a panel or board with instruments, gauges, etc. mounted on it, as in a car

**insubordinate** (in′sə bôr′din ət) *adj.* not submitting to authority; disobedient —**in′subor′dina′tion** *n.*

**insubstantial** (in′səb stan′shəl) *adj.* not substantial; specif., *a*) not real *b*) not solid or firm

**insufferable** (in suf′ər ə b'l) *adj.* not sufferable; intolerable; unbearable —**insuf′ferably** *adv.*

**insular** (in′syoo lər) *adj.* [< L. *insula,* island] **1.** of or like an island or islanders **2.** narrow-minded, illiberal, etc. —**in′sular′ity** (-lar′ə tē), **in′sularism** *n.*

**insulate** (in′syoo lāt′) *vt.* **-lat′ed, -lat′ing** [< L. *insula,* island] **1.** to separate or cover with a nonconducting material in order to prevent the leakage of electricity, heat, etc. **2.** to set apart; isolate —**in′sula′tor** *n.*

**insulation** (in′syoo lā′shən) *n.* **1.** an insulating or being insulated **2.** any material used to insulate

**insulin** (in′syoo lin) *n.* [< L. *insula,* island: referring to islands of tissue in the pancreas] **1.** a secretion of the pancreas, which helps the body use carbohydrates **2.** an extract from the pancreas of sheep, etc., used in the treatment of diabetes

**insult** (in sult′; *for n.* in′sult) *vt.* [< L. *in-,* in, on + *salire,* leap] to treat or speak to with scorn, insolence, or disrespect —*n.* an insulting act, remark, etc. —**insult′er** *n.* —**insult′ing** *adj.* —**insult′ingly** *adv.*

**insuperable** (in syōō′pər əb'l) *adj.* that cannot be overcome —**insu′perabil′ity** *n.* —**insu′perably** *adv.*

**insupportable** (in′sə pôrt′ə b'l) *adj.* **1.** intolerable **2.** incapable of being upheld —**in′support′ably** *adv.*

**insurance** (in shoor′əns) *n.* **1.** an insuring or being insured **2.** a contract (**insurance policy**) whereby the insurer guarantees the insured that a certain sum will be paid for a specified loss **3.** the amount for which life, property, etc. is insured **4.** the business of insuring against loss **5.** the amount paid in compensation

**insure** (in shoor′) *vt.* **-sured′, -sur′ing** [see ENSURE] **1.** to take out or issue insurance on (something or someone) **2.** *same as* ENSURE —*vi.* to give or take out insurance —**insur′abil′ity** *n.* —**insur′able** *adj.*

**insured** *n.* a person whose life, property, etc. is insured against loss

**insurer** *n.* a person or company that insures others against loss or damage

**insurgence** (in sur′jəns) *n.* a rising in revolt

**insurgent** *adj.* [< L. *in-*, upon + *surgere*, rise] rising up against established authority —*n.* one engaged in insurgent activity —**insur′gently** *adv.*

**insurrection** (in′sə rek′shən) *n.* [see INSURGENT] a rising up against established authority —**in′surrec′tional** *adj.* —**in′surrec′tionist** *n.*

**int.** 1. interest 2. interior 3. internal 4. international

**intact** (in takt′) *adj.* [< L. *in-*, not + *tangere*, touch] with nothing missing or injured —**intact′ness** *n.*

**intaglio** (in täl′yō) *n.*, *pl.* **-ios** [It. *in-*, in + *tagliare*, cut] 1. a design or figure carved or engraved below the surface 2. a gem ornamented in this way

**intake** (in′tāk′) *n.* 1. a taking in 2. the amount, or body of people, taken in 3. the place at which a fluid is taken into a pipe, etc.

**intangible** (in tan′jə b′l) *adj.* 1. that cannot be touched 2. representing value that is neither intrinsic nor material 3. hard to define —*n.* something intangible —**intan′gibil′ity** *n.* —**intan′gibly** *adv.*

**integer** (in′tə jər) *n.* [L., whole] 1. any whole number or zero 2. anything complete in itself; whole

**integral** (in′tə grəl) *adj.* [< prec.] 1. necessary for completeness 2. whole or complete 3. made up of parts forming a whole 4. *Math.* of or having to do with integers —*n.* 1. the sum of a large number of minute quantities 2. a whole

**integral calculus** the branch of mathematics dealing with the determination of integrals

**integrate** (in′tə grāt′) *vt.* **-grat′ed, -grat′ing** [< L. *integer*, whole] 1. to make whole or complete 2. to bring (parts) together into a whole 3. to remove barriers imposing segregation upon (racial groups) —*vi.* to become integrated —**in′tegra′tion** *n.* —**in′tegra′tor** *n.*

**integrated circuit** an electronic circuit containing interconnected devices formed on a single chip of semiconductor material

**integrity** (in teg′rə tē) *n.* [see INTEGER] 1. honesty 2. soundness 3. wholeness

**integument** (in teg′yoo mənt) *n.* [< L. *in-*, upon + *tegere*, cover] an outer covering; skin, shell, etc.

**intellect** (in′tə lekt′) *n.* [< L. *inter-*, between + *legere*, choose] 1. the ability to reason or understand 2. high intelligence 3. a person of high intelligence

**intellectual** (in′tə lek′tyoo wəl) *adj.* 1. of, pertaining to, or appealing to the intellect 2. requiring the intellect 3. showing high intelligence —*n.* a person having intellectual tastes or work —**in′tellec′tual′ity** *n.* —**in′tellec′tually** *adv.*

**intelligence** (in tel′ə jəns) *n.* [see INTELLECT] 1. *a*) the ability to learn or understand *b*) the ability to respond to a new situation 2. news or information 3. *a*) the gathering of secret information, as for military purposes *b*) the persons employed at this

**intelligence quotient** a number indicating a person's level of intelligence: it is the mental age multiplied by 100 and divided by the chronological age

**intelligent** *adj.* having or showing intelligence; bright, clever, etc. —**intel′ligently** *adv.*

**intelligentsia** (in tel′ə jent′sē ə) *n.pl.* [*also with sing. v.*] [< Russ.] intellectuals collectively

**intelligible** (in tel′i jə b′l) *adj.* [see INTELLECT] that can be understood; clear —**intel′ligibil′ity** *n.*

**intemperate** (in tem′pər ət) *adj.* 1. not moderate; excessive 2. drinking too much alcoholic liquor —**intem′perance** *n.* —**intem′perately** *adv.*

**intend** (in tend′) *vt.* [< L. *in-*, at + *tendere*, stretch] 1. to plan; purpose 2. to mean (something) to be or be used (*for*) 3. to mean or signify —*vi.* to have a purpose —**intend′er** *n.*

**intended** *adj.* 1. planned; purposed 2. prospective —*n.* [Colloq.] the person whom one has agreed to marry

**intense** (in tens′) *adj.* [see INTEND] 1. very strong [an *intense* light] 2. strained to the utmost; earnest [*intense* thought] 3. characterized by much action, emotion, etc. —**intense′ly** *adv.* —**intense′ness** *n.*

**intensify** *vt., vi.* **-fied′, -fy′ing** to make or become intense or more intense —**inten′sifica′tion** *n.* —**inten′sifi′er** *n.*

**intensity** *n.*, *pl.* **-ties** 1. a being intense 2. great energy or vehemence, as of emotion 3. the amount of force or energy of heat, light, sound, etc.

**intensive** *adj.* 1. of or characterized by intensity; thorough 2. designating very attentive hospital care given to patients, as after surgery 3. *Agric.* designating a system of farming which aims at an increase of crops 4. *Gram.* giving force or emphasis (Ex.: "the very same") —*n.* an intensive word, prefix, etc. —**inten′sively** *adv.*

**intent** (in tent′) *adj.* [see INTEND] 1. firmly directed; earnest 2. *a*) having the attention firmly fixed *b*) strongly resolved —*n.* something intended; purpose; meaning —**to all intents and purposes** in almost every respect —**intent′ly** *adv.* —**intent′ness** *n.*

**intention** *n.* 1. determination to act in a specified way 2. *a*) anything intended; purpose *b*) [*pl.*] purpose in regard to marriage

**intentional** *adj.* done purposely —**inten′tionally** *adv.*

**inter** (in tur′) *vt.* **-terred′, -ter′ring** [< L. *in*, in + *terra*, earth] to put (a dead body) into a grave or tomb

**inter-** [L. *inter*] *a combining form meaning:* 1. between or among [*interdepartmental*] 2. with or on each other (or one another); mutual [*interact*]

**interact** (in′tər akt′) *vi.* to act on one

another —**in'terac'tion** *n.* —**in'terac'tive** *adj.*

‡**inter alia** (in'tər ā'lē ə) [L.] among other things

**interbreed** (in'tər brēd') *vt., vi.* **-bred', -breed'ing** *same as* HYBRIDIZE

**intercede** (in'tər sēd') *vi.* **-ced'ed, -ced'ing** [< L. *inter-*, between + *cedere*, go] **1.** to plead on behalf of another **2.** to intervene for the purpose of producing agreement —**in'terced'er** *n.*

**intercept** (in'tər sept'; *for n.* in'tər sept') *vt.* [< L. *inter-*, between + *capere*, take] **1.** to seize, stop, or interrupt on the way [to *intercept* a message] **2.** *Math.* to mark off between two points, lines, or planes —*n.* *Math.* the part of a line, plane, etc. intercepted —**in'tercep'tion** *n.* —**in'tercep'tive** *adj.* —**in'tercep'tor, in'tercep'ter** *n.*

**intercession** (in'tər sesh'ən) *n.* mediation or prayer on behalf of another —**in'terces'sor** *n.*

**interchange** (in'tər chānj'; *for n.* in'tər chānj') *vt.* **-changed', -chang'ing** **1.** to give and take mutually; exchange **2.** to put (each of two things) in the other's place **3.** to alternate —*n.* **1.** an interchanging **2.** a motorway junction with interconnecting roads and bridges —**in'terchange'able** *adj.* —**in'terchange'ably** *adv.*

**inter-city** (in'tər sit'ē) *adj.* between cities

**intercollegiate** (in'tər kə lē'jē ət) *adj.* between colleges

**intercom** (in'tər kom') *n.* a radio or telephone intercommunication system, within a building, aircraft, etc.

**intercommunicate** (in'tər kə myōō'nə kāt') *vt., vi.* **-cat'ed, -cat'ing** to communicate with or to each other or one another —**in'tercommu'nica'tion** *n.*

**intercommunion** (in'tər kə myōōn'yən) *n.* mutual communion, as among religious groups

**interconnect** (in'tər kə nekt') *vt., vi.* to connect with one another —**in'terconnec'tion** *n.*

**intercourse** (in'tər kôrs') *n.* [see INTER- & COURSE] **1.** communication or dealings between people, countries, etc. **2.** the sexual joining of two individuals: in full, **sexual intercourse**

**interdenominational** (in'tər di nom'ə nā'shən'l) *adj.* among or involving different religious denominations

**interdepartmental** (in'tər di pärt'men't'l) *adj.* between or among departments

**interdependence** (in'tər di pen'dəns) *n.* mutual dependence: also **in'terdepend'ency** —**in'terdepend'ent** *adj.*

**interdict** (in'tər dikt'; *for n.* in'tər dikt') *vt.* [< L. *inter-*, between + *dicere*, speak] **1.** to prohibit (an action) **2.** to restrain from doing or using something **3.** *R.C.Ch.* to exclude (a person, parish, etc.) from certain acts or privileges —*n.* an official prohibition or restraint; specif., *R.C.Ch.* an interdicting of a person, parish, etc. —**in'terdic'tion** *n.* —**in'terdic'tory, in'terdic'tive** *adj.*

**interdisciplinary** (in'tər dis'ə pli nər ē) *adj.* involving two or more disciplines, or branches of learning

**interest** (in'trist') *n.* [< L. *inter-*, between + *esse*, be] **1.** *a*) a feeling of curiosity about something *b*) the power of causing this feeling *c*) something causing this feeling **2.** [*often pl.*] welfare; benefit **3.** a right to, or share in, something **4.** anything in which one has a share **5.** importance **6.** *a*) money paid for the use of money *b*) the rate of such payment **7.** [*usually pl.*] a group of people having a common concern in some industry, cause, etc. —*vt.* **1.** to excite the curiosity of **2.** to involve the interest of **3.** to cause to have an interest in —**in the interest** (or **interests**) **of** for the sake of

**interested** *adj.* **1.** feeling or showing curiosity **2.** influenced by personal interest **3.** having an interest

**interesting** *adj.* exciting interest, curiosity, or attention —**in'terestingly** *adv.*

**interface** (in'tər fās') *n.* **1.** a plane forming the common boundary between two parts **2.** a point of communication as between disciplines

**interfacing** *n.* a piece of fabric sewn between the facing and the garment to give shape and firmness

**interfere** (in'tər fēr') *vi.* **-fered', -fer'ing** [< L. *inter-*, between + *ferire*, strike] **1.** to come between; intervene; meddle **2.** to clash; conflict **3.** *Physics* to affect each other by interference: said of vibrating waves —**interfere with** **1.** to hinder **2.** to molest, esp. sexually —**in'terfer'ingly** *adv.*

**interference** *n.* **1.** an interfering **2.** something that interferes **3.** *Physics* the mutual action of two waves of vibration, as of sound, light, etc., in reinforcing or neutralizing each other **4.** *Radio & TV* static, unwanted signals, etc., producing distortion

**interfuse** (in'tər fyōōz') *vt.* **-fused', -fus'ing** **1.** to combine by fusing together **2.** to spread itself through —*vi.* to fuse

**intergalactic** (in'tər gə lak'tik) *adj.* existing or occurring between or among galaxies

**interim** (in'tər im) *n.* [< L. *inter*, between] the period of time between —*adj.* provisional

**interior** (in tēər'ē ər) *adj.* [< L. *inter*, between] **1.** situated within **2.** away from the coast, border, etc.; inland **3.** of the domestic affairs of a country —*n.* **1.** the interior part as of a room, country, etc. **2.** a picture of the inside of a room **3.** the domestic affairs of a country

**interior angle** any of the four angles formed on the inside of two straight lines by a straight line cutting them

**interior decoration** the decorating and furnishing of the interior of a room, house, etc.

**interj.** interjection

**interject** (in'tər jekt') *vt.* [< L. *inter-*, between + *jacere*, throw] to insert; interpose —**in'terjec'tor** *n.*

**interjection** *n.* **1.** an interjecting **2.**

something interjected, as a word or phrase **3.** *Gram.* an exclamatory word or phrase (Ex.: ah! well!)

**interlace** (in′tər lās′) *vt., vi.* **-laced′, -lac′ing** [< OFr.: see INTER- & LACE] **1.** to weave together **2.** to connect intricately —**in′terlace′ment** *n.*

**interlard** (in′tər lärd′) *vt.* [< Fr.: see INTER- & LARD] **1.** to intersperse; diversify **2.** to be intermixed in

**interlay** (in′tər lā′) *vt.* **-laid′, -lay′ing** to put between

**interleaf** (in′tər lēf′) *n., pl.* **-leaves′** a leaf, usually blank, bound between the other leaves of a book, for notes, etc. —**in′terleave′** *vt.* **-leaved′, -leav′ing**

**interline** (in′tər līn′) *vt.* **-lined′, -lin′ing** to write (something) between the lines of (a text, document, etc.)

**interlining** *n.* a lining between the outer cloth and the ordinary lining

**interlink** (in′tər liŋk′) *vt.* to link together

**interlock** (in′tər lok′; *for adj.,* in′-) *vt., vi.* to lock together; join with one another —*adj.* closely knitted

**interlocutor** (in′tər lok′yoo tər) *n.* [< L. *inter,* between + *loqui,* talk] a person taking part in a conversation

**interlocutory** *adj.* **1.** conversational **2.** *Law* pronounced during the course of a suit

**interloper** (in′tər lō′pər) *n.* [prob. < INTER- + LOPE] a person who intrudes in others' affairs

**interlude** (in′tər lōōd′) *n.* [< L. *inter,* between + *ludus,* play] **1.** a period of different activity between two events **2.** an interval **3.** music played between the parts of a song, play, etc. **4.** any performance between the acts of a play **5.** a short play formerly presented between the parts of a miracle play

**intermarry** (in′tər mar′ē) *vi.* **-ried, -rying** to become connected by marriage —**in′termar′riage** *n.*

**intermediary** (in′tər mē′dē er ē) *n., pl.* **-aries** a go-between —*adj.* **1.** acting as a mediator **2.** intermediate

**intermediate** (in′tər mē′dē ət; *for v.* -āt′) *adj.* [< L. *inter-,* between + *medius,* middle] being or happening between; in the middle —*n.* **1.** anything intermediate **2.** *same as* INTERMEDIARY —*vi.* **-at′ed, -at′ing** to mediate —**in′terme′diately** *adv.* —**in′terme′dia′tion** *n.*

**interment** (in tur′mənt) *n.* an interring; burial

**intermezzo** (in′tər met′sō) *n., pl.* **-zos, -zi** (-sē) [It.] **1.** a short musical entertainment between the acts of a play or opera **2.** *Music* a short movement connecting the main parts of a composition

**interminable** (in tur′mi nə b′l) *adj.* lasting, or seeming to last, forever; endless —**inter′minably** *adv.*

**intermingle** (in′tər miŋ′g′l) *vt., vi.* **-gled, -gling** to mix together; mingle; blend

**intermission** (in′tər mish′ən) *n.* an interval of time between periods of activity, as between acts of a play

**intermittent** (in′tər mit′ənt) *adj.* stopping and starting again at intervals —**in′termit′tently** *adv.*

**intern** (in′turn; *for vt. usually* in turn′) *n.* [< L. *internus,* internal] [U.S.] a doctor serving as an assistant resident in a hospital, generally just after graduation from medical school —*vt.* to detain and confine within an area —**intern′ment** *n.*

**internal** (in tur′n′l) *adj.* [< L. *internus*] **1.** of or on the inside; inner **2.** to be taken inside the body **3.** intrinsic [*internal evidence*] **4.** of a person's inner nature **5.** domestic —**in′ternal′ity** (-nal′ə tē) *n.* —**inter′nally** *adv.*

**internal-combustion engine** an engine, as in a car, in which the power is produced by the combustion of a fuel-and-air mixture within the cylinders

**international** (in′tər nash′ən′l) *adj.* **1.** between or among nations **2.** concerned with the relations between nations **3.** for the use of all nations **4.** of, for, or by people in various nations —*n.* **1.** *a*) a contest between national teams *b*) a member of these teams **2.** [I-] any of several international socialist organizations —**in′terna′tional′ity** *n.* —**in′terna′tionally** *adv.*

**internationalism** *n.* the principle of international cooperation for the common good

**International Phonetic Alphabet** a set of phonetic symbols for international use: each symbol represents a single sound

**internecine** (in′tər nē′sīn) *adj.* [< L. *inter-,* between + *necare,* kill] mutually destructive or harmful

**internee** (in′tur nē′) *n.* a person interned as a prisoner of war, enemy alien, political dissident, etc.

**internist** (in tur′nist) *n.* a doctor who specializes in internal medicine

**interpenetrate** (in′tər pen′ə trāt′) *vt.* **-trat′ed, -trat′ing** to penetrate thoroughly —**in′terpen′etra′tion** *n.*

**interpersonal** (in′tər pur′sə n′l) *adj.* **1.** between persons **2.** of or involving relations between persons

**interplanetary** (in′tər plan′ə tər ē) *adj.* **1.** between planets **2.** within the solar system but outside the atmosphere of any planet or the sun

**interplay** (in′tər plā′) *n.* action or effect on one another

**Interpol** (in′tər pol) *n.* [*inter(national) pol(ice)*] an international police organization: full name, *International Criminal Police Commission*

**interpolate** (in tur′pō lāt′) *vt.* **-lat′ed, -lat′ing** [< L. *inter-,* between + *polire,* polish] **1.** to insert between or among others **2.** to change (a text, etc.) by putting in new material **3.** *Math.* to estimate a missing value by taking an average of known values at neighbouring points —**inter′pola′tion** *n.* —**inter′polative** *adj.*

**interpose** (in′tər pōz′) *vt., vi.* **-posed′, -pos′ing** [< L. *interponere,* set between] **1.** to place or come between **2.** to intervene (with) **3.** to interrupt (with) —**in′terpos′al** *n.* —**in′terposi′tion** *n.*

**interpret** (in tur′prit) *vt.* [< L. *interpres,* negotiator] **1.** to explain or translate **2.** to construe [to *interpret* a laugh as derisive] **3.** to give one's own conception of, as in performing a play —*vi.* to act as an interpreter; translate —**inter′pretable** *adj.* —**inter′pretive, inter′pretative** *adj.*

**interpretation** (in tur′prə tā′shən) *n.* **1.** an interpreting; explanation, translation, etc. **2.** the expression of a person's conception of a work of art, subject, etc. through acting, writing, etc.

**interpreter** (in tur′prə tər) *n.* a person whose work is translating a foreign language orally

**interracial** (in′tər rā′shəl) *adj.* between, among, or for persons of different races

**interregnum** (in′tər reg′nəm) *n., pl.* **-reg′nums, -reg′na** [L. < *inter-,* between + *regnum,* reign] **1.** an interval between two successive reigns, when the country has no sovereign **2.** any period without the usual ruler

**interrelate** (in′tər ri lāt′) *vt., vi.* **-lat′ed, -lat′ing** to make, be, or become mutually related —**in′terrela′tion** *n.*

**interrogate** (in ter′ō gāt′) *vt.* **-gat′ed, -gat′ing** [< L. *inter-,* between + *rogare,* ask] to ask questions of formally in examining —**inter′roga′tion** *n.* —**inter′roga′tor** *n.*

**interrogation mark** (or **point**) *same as* QUESTION MARK

**interrogative** (in′tə rog′ə tiv) *adj.* asking a question —*n.* an interrogative word, etc.

**interrogatory** *adj.* expressing a question —*n., pl.* **-ries** a formal set of questions

**interrupt** (in′tə rupt′) *vt.* [< L. *inter-,* between + *rumpere,* break] **1.** to make a break in the continuity of **2.** *a*) to break into (a discussion, etc.) *b*) to break in upon (a person) while he is speaking, working, etc. —**in′terrupt′er** *n.* —**in′terrup′tive** *adj.*

**interrupter, interruptor** *n.* *Elec.* a mechanism used to intermittently open and close a circuit

**interruption** (in′tə rup′shən) *n.* **1.** an interrupting **2.** anything that interrupts **3.** an intermission

**interscholastic** (in′tər skə las′tik) *adj.* between or among schools [an *interscholastic* debate]

**intersect** (in′tər sekt′) *vt.* [< L. *inter-,* between + *secare,* cut] to divide into two parts by passing through or across

**intersection** *n.* **1.** an intersecting **2.** the point or line where two lines, surfaces, or roads meet or cross

**interspace** (in′tər spās′) *n.* a space between —*vt.* **-spaced′, -spac′ing** to make spaces between

**intersperse** (in′tər spurs′) *vt.* **-spersed′, -spers′ing** [< L. *inter-,* among + *spargere,* scatter] **1.** to scatter among other things **2.** to diversify with things scattered here and there —**in′tersper′sion** (-spur′shən) *n.*

**interstellar** (in′tər stel′ər) *adj.* [INTER- + STELLAR] between or among the stars

**interstice** (in tur′stis) *n., pl.* **-stices** (-stə sēz′) [Fr. < L. *inter-,* between + *sistere,* set] a crevice; crack —**interstitial** (in′tər stish′əl) *adj.*

**intertwine** (in′tər twīn′) *vt., vi.* **-twined′, -twin′ing** to twine together

**interval** (in′tər v'l) *n.* [< L. *inter-,* between + *vallum,* wall] **1.** a period of time between two events **2.** a space between two things **3.** *Music* the difference in pitch between two tones —**at intervals** **1.** now and then **2.** here and there

**intervene** (in′tər vēn′) *vi.* **-vened′, -ven′ing** [< L. *inter-,* between + *venire,* come] **1.** to come between as an influencing force **2.** to come or be between **3.** to occur between two events, etc. —**in′terven′er** *n.*

**intervention** (in′tər ven′shən) *n.* **1.** an intervening **2.** any interference in the affairs of others, esp. of one state in the affairs of another —**in′terven′tionist** *n., adj.*

**interview** (in′tər vyōō′) *n.* [< Fr.: see INTER- & VIEW] **1.** a meeting of people face to face, as for evaluating a job applicant **2.** *a*) a meeting in which a person is asked about his views, etc., as by a reporter *b*) a published account of this —*vt.* to have an interview with —**in′terviewee′** *n.* —**in′terview′er** *n.*

**interweave** (in′tər wēv′) *vt., vi.* **-wove′, -wo′ven, -weav′ing** **1.** to weave together **2.** to connect closely

**intestate** (in tes′tāt) *adj.* [< L. *in-,* not + *testari,* make a will] having made no will —*n.* a person who has died intestate —**intes′tacy** *n.*

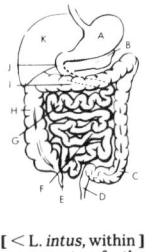


INTESTINES (A, stomach; B, pancreas; C, descending colon; D, rectum; E, appendix; F, ileum; G, jejunum; H, ascending colon; I, transverse colon; J, duodenum; K, liver)

**intestine** (in tes′tin) *n.* [< L. *intus,* within] [*usually pl.*] the lower part of the alimentary canal, extending from the stomach to the anus and consisting of a convoluted upper part (**small intestine**) and a lower part of greater diameter (**large intestine**); bowel(s) —**intes′tinal** *adj.*

**intimacy** (in′tə mə sē) *n., pl.* **-cies** **1.** familiarity **2.** an intimate act; esp., [*usually pl.*] sexual intercourse

**intimate** (in′tə mət; *for v.* -māt′) *adj.* [< L. *intus,* within] **1.** closely associated; very familiar **2.** most private or personal **3.** having sexual relations **4.** resulting from careful study **5.** fundamental; essential —*n.* an intimate friend or companion —*vt.* **-mat′ed, -mat′ing** to hint or imply —**in′timately** *adv.* —**in′timateness** *n.*

**intimation** (in′tə mā′shən) *n.* **1.** a hint **2.** a formal announcement

**intimidate** (in tim′ə dāt′) *vt.* **-dat′ed, -dat′ing** [< L. *in-*, in + *timidus*, afraid] **1.** to make afraid **2.** to force or deter with threats —**intim′ida′tion** *n.*

**into** (in′tōo, -tə) ***prep.*** [OE.] **1.** towards and within **2.** advancing to the midst of [dancing far *into* the night] **3.** to the form, substance, etc. of **4.** so as to strike [to bump *into* a door] **5.** *Math.* used to indicate division

**intolerable** (in tol′ər ə b′l) ***adj.*** unbearable; too severe, painful, etc. to be endured —**intol′erably** ***adv.***

**intolerant** ***adj.*** unwilling to tolerate others' opinions, beliefs, etc. or persons of other races, etc.; bigoted —**intolerant of** not able or willing to tolerate —**intol′erance** ***n.*** —**intol′erantly** ***adv.***

**intonation** (in′tō nā′shən) ***n.*** **1.** variations in pitch in speaking **2.** an intoning **3.** the manner of singing or playing tones with regard to accuracy of pitch

**intone** (in tōn′) ***vt., vi.*** **-toned′, -ton′ing** [see IN-[1] & TONE] to utter or recite in a singing tone; chant: also **intonate**

**in toto** (in tō′tō) [L.] as a whole; entirely

**intoxicant** (in tok′sə kənt) ***n.*** something that intoxicates; esp., alcoholic liquor —***adj.*** intoxicating

**intoxicate** ***vt.*** **-cat′ed, -cat′ing** [< L. *in-*, in + *toxicum*, poison] **1.** to make drunk **2.** to excite to a point beyond self-control

**intoxication** (in tok′sə kā′shən) ***n.*** **1.** a making or becoming drunk **2.** a feeling of wild excitement

**intr.** intransitive

**intra-** [L.] *a combining form meaning* within, inside

**intractable** (in trak′tə b′l) ***adj.*** **1.** unruly or stubborn **2.** hard to work, cure, etc. —**intrac′tabil′ity, intrac′tableness** ***n.*** —**intrac′tably** ***adv.***

**intrados** (in trā′dos) ***n.*** [Fr. < L. *intra*, within + Fr. *dos*, the back] the inside curve of an arch or vault

**intramural** (in′trə myōōər′əl) ***adj.*** [INTRA- + MURAL] within the walls or limits of a college, etc.

**intrans.** intransitive

**intransigent** (in tran′sə jənt) ***adj.*** [< L. *in-*, not + *transigere*, settle] refusing to compromise —***n.*** one who is intransigent, esp. in politics —**intran′sigence, intran′sigency** ***n.***

**intransitive** (in tran′sə tiv) ***adj.*** designating a verb that does not require a direct object to complete its meaning —***n.*** an intransitive verb —**intran′sitively** ***adv.***

**intrauterine** (in′trə yōō′tə rin′) ***adj.*** within the uterus

**intrauterine (contraceptive) device** any of various devices inserted in the uterus as a contraceptive

**intravenous** (in′trə vē′nəs) ***adj.*** [INTRA- + VENOUS] in, or directly into, a vein or veins —**in′trave′nously** ***adv.***

**intray** (in′trā′) ***n.*** a receptacle for incoming papers, etc.

**intrepid** (in trep′id) ***adj.*** [< L. *in-*, not + *trepidus*, alarmed] bold; fearless; very brave —**in′trepid′ity** (-trə pid′ə tē) ***n.*** —**intrep′idly** ***adv.***

**intricate** (in′tri kət) ***adj.*** [< L. *in-*, in + *tricae*, perplexities] **1.** hard to follow or understand because full of puzzling parts, details, etc. **2.** full of elaborate detail —**in′tricacy** ***n.*** —**in′tricately** ***adv.***

**intrigue** (in trēg′; *for n., also* in′trēg) ***vi.*** **-trigued′, -trigu′ing** [see prec.] to plot or scheme secretly or underhandedly —***vt.*** **1.** to excite the interest or curiosity of **2.** to get by secret plotting —***n.*** **1.** secret or underhanded plotting **2.** a secret plot or scheme **3.** a secret love affair —**intrigu′ingly** ***adv.***

**intrinsic** (in trin′sik) ***adj.*** [< L. *intra-*, within + *secus*, close] belonging to the real nature of a thing; inherent —**intrin′sically** ***adv.***

**intro** (in′trō) ***n.*** [Colloq.] introduction

**intro-** [< L.] *a combining form meaning* into, within

**introduce** (in′trə dyōōs′) ***vt.*** **-duced′, -duc′ing** [< L. *intro-*, within + *ducere*, lead] **1.** *a*) to make acquainted; present (*to*) *b*) to give knowledge or experience of [they *introduced* him to music] **2.** to present for consideration or approval [*introduce* a bill in parliament] **3.** to add as a new feature **4.** to begin **5.** to bring into use or fashion **6.** to put in; insert —**in′troduc′ible** ***adj.***

**introduction** (-duk′shən) ***n.*** **1.** an introducing or being introduced **2.** the formal presentation of one person to another **3.** anything that introduces, as the preliminary section of a book, speech, etc.

**introductory** ***adj.*** used as an introduction; preliminary: also **in′troduc′tive** —**in′troduc′torily** ***adv.***

**introit** (in′troit) ***n.*** [< L. *intro-*, within + *ire*, go] **1.** a psalm or hymn at the opening of a Christian worship service **2.** [I-] *R.C.Ch.* the first variable part of the Mass

**introspection** (in′trō spek′shən) ***n.*** [< L. *intro-*, within + *specere*, look] a looking into one's own mind, feelings, etc. —**in′trospec′tive** ***adj.***

**introvert** (in′trō vərt′; *for v., also* in′trō vərt′) ***vt.*** [< L. *intro*, within + *vertere*, turn] to direct (one's interest, mind, etc.) upon oneself —***n.*** *Psychol.* one who is more interested in his own feelings, etc. than in other people —**in′trover′sion** ***n.*** —**in′trovert′ed** ***adj.***

**intrude** (in trōōd′) ***vt.*** **-trud′ed, -trud′ing** [< L. *in-*, in + *trudere*, thrust] **1.** to push or force (something *in* or *upon*) **2.** to force (oneself) upon others without being asked or welcomed —**intrud′er** ***n.***

**intrusion** (in trōō′zhən) ***n.*** **1.** an intruding **2.** *Geol.* the invasion of liquid magma, etc. into or between solid rock —**intru′sive** ***adj.***

**intrust** (in trust′) ***vt.*** *same as* ENTRUST

**intuition** (in′tyōō wish′ən) ***n.*** [< L. *in-*, in + *tueri*, look at] the direct knowing or learning of something without conscious reasoning —**in′tui′tional** ***adj.***

**intuitive** (in tyōō′i tiv) *adj.* **1.** having to do with, having, or perceiving by intuition **2.** perceived by intuition —**intu′itively** *adv.* —**intu′itiveness** *n.*

**Inuit** (in′yōō it) *n., pl.* **-it, -its** an Eskimo of N America or Greenland

**inundate** (in′un dāt′) *vt.* **-dat′ed, -dat′ing** [< L. *in-,* in + *undare,* flood] **1.** to cover completely with water; flood **2.** to overwhelm —**in′unda′tion** *n.*

**inure** (in yoor′) *vt.* **-ured′, -ur′ing** [< ME. *in,* in + *ure,* work] to make accustomed to something difficult, painful, etc. —*vi. Law* to take effect —**inure′ment** *n.*

‡**in vacuo** (in vak′yōō ō′) [L.] in a vacuum

**invade** (in vād′) *vt.* **-vad′ed, -vad′ing** [< L. *in-,* in + *vadere,* go] **1.** to enter forcibly, as to conquer **2.** to crowd into; throng **3.** to intrude upon; violate —*vi.* to make an invasion —**invad′er** *n.*

**invalid**[1] (in′və lid) *n.* [see IN-[2] + VALID] one who is chronically ill or disabled —*adj.* **1.** of or for invalids **2.** weak and sickly —*vt.* (in′və lēd′) **1.** to disable or weaken **2.** to remove (a soldier, etc.) from active duty because of illness —**in′validism** *n.*

**invalid**[2] (in val′id) *adj.* not valid; having no force; null or void —**invalidity** (in′-və lid′ə tē) *n.* —**inval′idly** *adv.*

**invalidate** (in val′ə dāt′) *vt.* **-dat′ed, -dat′ing** to deprive of legal force —**inval′ida′tion** *n.*

**invaluable** (in val′yoo wə b′l) *adj.* too valuable to be measured; priceless —**inval′uableness** *n.*

**invariable** (in vār′ē ə b′l) *adj.* unchanging; constant —**invar′iableness** *n.* —**invar′iably** *adv.*

**invasion** (in vā′zhən) *n.* **1.** an invading, as by an army **2.** an intruding upon others —**inva′sive** *adj.*

**invective** (in vek′tiv) *n.* [see ff.] a violent verbal attack; insults, curses, etc. —*adj.* vituperative —**invec′tively** *adv.* —**invec′tiveness** *n.*

**inveigh** (in vā′) *vi.* [< L. *in-,* in + *vehere,* carry] to make a violent verbal attack; rail (*against*)

**inveigle** (in vā′g′l) *vt.* **-gled, -gling** [< L. *ab,* from + *oculus,* eye] to entice or trick into doing something, etc. —**invei′glement** *n.* —**invei′gler** *n.*

**invent** (in vent′) *vt.* [< L. *in-,* on + *venire,* come] **1.** to think up **2.** to think out or produce (a new device, etc.) —**inven′tor** *n.*

**invention** *n.* **1.** an inventing **2.** something invented; specif., *a*) a new device or contrivance *b*) a falsehood **3.** ingenuity

**inventive** *adj.* **1.** of or characterized by invention **2.** skilled in inventing; creative —**inven′tively** *adv.*

**inventory** (in′vən trē) *n., pl.* **-ries** [see INVENT] a detailed list of articles, goods, etc., as the effects of a house —*vt.* **-ried, -rying** **1.** to make an inventory **2.** to place on an inventory

**inverse** (in vurs′) *adj.* inverted; reversed in order or relation; directly opposite [an *inverse* ratio] —*n.* any inverse thing; direct opposite —**inverse′ly** *adv.*

**inversion** *n.* **1.** an inverting or being inverted **2.** something inverted; reversal **3.** *Gram.* a reversal of the normal order of words in a sentence (Ex.: "said he" for "he said") —**inver′sive** *adj.*

**invert** (in vurt′; *for n.* in′vurt′) *vt.* [< L. *in-,* to + *vertere,* to turn] **1.** to turn upside down **2.** to reverse the order, position, direction, etc. of —*n.* **1.** anything inverted **2.** a homosexual —**invert′ible** *adj.*

**invertebrate** (in vur′tə brət) *adj.* **1.** having no backbone, or spinal column **2.** of invertebrates —*n.* any animal without a backbone

**inverted comma** *same as* QUOTATION MARK

**invest** (in vest′) *vt.* [< L. *in-,* in + *vestis,* clothing] **1.** to put (money) into business, shares, etc. for the purpose of obtaining a profit **2.** to install in office with ceremony **3.** to furnish with power, privilege, or authority **4.** to endow with qualities, attributes, etc. **5.** to clothe **6.** to cover or surround **7.** *Mil.* to besiege (a town, etc.) —*vi.* **1.** to invest money **2.** [Colloq.] to buy —**inves′tor** *n.*

**investigate** (in ves′tə gāt′) *vt., vi.* **-gat′ed, -gat′ing** [< L. *investigare,* trace out] to search into; inquire —**inves′tigable** *adj.* —**inves′tigative, inves′tigatory** *adj.* —**inves′tiga′tor** *n.*

**investigation** (in ves′tə gā′shən) *n.* **1.** an investigating **2.** a careful examination —**inves′tiga′tional** *adj.*

**investiture** (in ves′ti chər) *n.* a formal investing with an office, power, authority, etc.

**investment** (in vest′mənt) *n.* **1.** an investing or being invested **2.** *a*) the investing of money, time, etc. *b*) anything in which money may be invested *c*) the amount invested

**investment trust** an organization that invests its members' capital in a wide range of securities to provide profit and reduce the risk of depreciation

**inveterate** (in vet′ər ət) *adj.* [< L. *in-,* in + *vetus,* old] **1.** firmly established over a long period **2.** settled in a habit, practice, etc. —**invet′eracy** *n.* —**invet′erately** *adv.*

**invidious** (in vid′ē əs) *adj.* [< L. *invidia,* envy] such as to excite ill will or envy; giving offence —**invid′iously** *adv.* —**invid′iousness** *n.*

**invigilate** (in vij′ə lāt′) *vi.* **-lat′ed, -lat′ing** [< L. *invigilare,* watch over] to supervise, esp. candidates during an examination —**invig′ila′tor** *n.*

**invigorate** (in vig′ə rāt′) *vt.* **-at′ed, -at′ing** [IN-[1] + VIGOUR] to give vigour to; fill with energy —**invig′orative** *adj.* —**invig′ora′tor** *n.*

**invincible** (in vin′sə b′l) *adj.* [see IN-[2] & VINCIBLE] that cannot be overcome; unconquerable —**invin′cibil′ity, invin′cibleness** *n.* —**invin′cibly** *adv.*

**inviolable** (in vī′ə lə b′l) *adj.* **1.** not to

be violated; sacred **2.** indestructible —**invi′olabil′ity** *n.* —**invi′olably** *adv.*

**inviolate** (in vī′ə lət) *adj.* not violated; kept sacred or unbroken —**invi′olately** *adv.*

**invisible** (in viz′ə b′l) *adj.* **1.** that cannot be seen **2.** out of sight **3.** imperceptible **4.** kept hidden **5.** *Econ.* relating to services, as banking, insurance, etc., rather than goods —**the Invisible 1.** God **2.** the unseen world —**invis′ibil′ity** *n.* —**invis′ibly** *adv.*

**invitation** (in′və tā′shən) *n.* **1.** an inviting **2.** the message or note used in inviting

**invite** (in vīt′; *for n.* in′vīt) *vt.* **-vit′ed, -vit′ing** [< L. *invitare*] **1.** to ask courteously to come somewhere or do something **2.** to make a request for [to *invite* questions] **3.** to give occasion for **4.** to entice —*n.* [Colloq.] an invitation

**inviting** *adj.* tempting; enticing

**invocation** (in′vō kā′shən) *n.* **1.** an invoking of God, the Muses, etc. for blessing, help, etc. **2.** a formal prayer used in invoking **3.** an incantation —**in′voca′tional** *adj.* —**invoc′atory** (-vok′ə tər ē) *adj.*

**invoice** (in′vois) *n.* [prob. < ME. *envoie,* a message] an itemized list of goods sent or shipped to a buyer, stating quantities, prices, etc. —*vt.* **-voiced, -voicing** to present an invoice for or to

**invoke** (in vōk′) *vt.* **-voked′, -vok′ing** [< L. *in-,* on + *vocare,* call] **1.** to call on (God, the Muses, etc.) for blessing, help, etc. **2.** to put into use (a law, penalty, etc.) as pertinent **3.** to call forth **4.** to conjure up spirits, etc. **5.** to ask solemnly for —**invok′er** *n.*

**involuntary** (in vol′ən tər ē) *adj.* **1.** not done of one's own free will **2.** unintentional **3.** not consciously controlled [sneezing is *involuntary*]

**involute** (in′və lo̅o̅t′) *adj.* [< L. *involvere,* involve] **1.** intricate; involved **2.** rolled up or curled in a spiral **3.** *Bot.* rolled inwards at the edges —*n. Math.* the curve traced by any point of a taut string when it is wound upon or unwound from a fixed curve on the same plane with it —*vi.* **-lut′ed, -lut′ing** to become involute —**in′volu′tion** *n.*

**involve** (in volv′) *vt.* **-volved′, -volv′ing** [< L. *in-,* in + *volvere,* roll] **1.** to include by necessity; entail **2.** to entangle in difficulty, danger, etc. **3.** to include **4.** to relate to or affect [his honour is *involved*] **5.** to make busy; occupy **6.** to make intricate or complicated —**involve′ment** *n.*

**invulnerable** (in vul′nər ə b′l) *adj.* **1.** that cannot be wounded or injured **2.** incapable of being damaged or captured —**invul′nerabil′ity** *n.* —**invul′nerably** *adv.*

**inward** (in′wərd) *adj.* **1.** situated within **2.** mental or spiritual **3.** directed towards the inside —*adv.* **1.** towards the inside or centre **2.** into the mind or spirit Also **in′wards** *adv.*

**inwardly** *adv.* **1.** in or on the inside; internally **2.** in the mind or spirit **3.** towards the inside or centre

**inwardness** *n.* **1.** the inner nature or meaning **2.** spirituality **3.** introspection

**inwrought** (in rôt′) *adj.* **1.** worked or woven into a fabric **2.** closely blended with other things

**iodide** (ī′ō dīd′) *n.* a compound of iodine with another element or with a radical

**iodine** (ī′ō dēn′) *n.* [< Gr. *ion,* violet + *eidos,* a form] **1.** a nonmetallic chemical element consisting of greyish-black crystals that volatilize into a violet-coloured vapour: used as an antiseptic, etc.: symbol, I **2.** tincture of iodine, used as an antiseptic

**iodize** (ī′ō dīz′) *vt.* **-dized′, -diz′ing** to treat with iodine

**I.O.M.** Isle of Man

**ion** (ī′ən) *n.* [< Gr. *ienai,* go] an electrically charged atom or group of atoms, the electrical charge of which results from a neutral atom or group of atoms losing or gaining one or more electrons —**ionic** (ī on′ik) *adj.*

**-ion** [< L.] *a suffix meaning* the act, condition, or result of

**ion exchange** a chemical process whereby ions are reversibly transferred between an insoluble solid and a fluid mixture: used in water softening, etc.

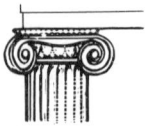

IONIC CAPITAL

**Ionic** (ī on′ik) *adj.* designating or of that one of the three orders of Greek architecture distinguished by ornamental scrolls on the capitals

**ionize** (ī′ə nīz′) *vt., vi.* **-ized′, -iz′ing** to dissociate into ions, as a salt dissolved in water, or become electrically charged, as a gas under radiation —**i′oniza′tion** *n.*

**ionosphere** (ī on′ə sfēər′) *n.* the outer part of the earth's atmosphere, with an appreciable electron and ion content —**ion′ospher′ic** *adj.*

**iota** (ī ōt′ə) *n.* **1.** the ninth letter of the Greek alphabet (I, ι) **2.** a very small quantity; jot

**IOU, I.O.U.** (ī′ō′yo̅o̅′) **1.** I owe you **2.** a signed note bearing these letters, acknowledging a debt

**-ious** (ē əs, yəs, əs) *a suffix used to form adjectives meaning* having, characterized by [*furious*]

**I.O.W.** Isle of Wight

**IPA** International Phonetic Alphabet

**ipecac** (ip′ə kak′) *n.* [< Tupi] **1.** a tropical S. American plant **2.** a preparation from the dried roots, used to induce vomiting

**ipso facto** (ip′sō fak′tō) [L.] by that very fact

**IQ, I.Q.** intelligence quotient

**ir-** *see* IN-[1] & IN-[2]

**Ir** *Chem.* iridium

**IR, ir, i-r** infrared

**Ir.** **1.** Ireland **2.** Irish

**I.R.A.** Irish Republican Army

**Iranian** (i rā′nē ən) *adj.* of Iran, its people,

their language, or culture —*n.* one of the people of Iran; Persian

**rascible** (i ras′ə b'l) *adj.* [see ff.] easily angered; quick-tempered —**iras′cibil′ity** *n.* —**iras′cibly** *adv.*

**rate** (ī rāt′) *adj.* [< L. *ira,* ire] angry; wrathful; incensed

**re** (īər) *n.* [L. *ira*] anger; wrath —**ire′ful** *adj.*

**ridaceous** (ir′ə dā′shəs) *adj.* [ModL. *iridaceus*] belonging to the iris family

**ridescent** (ir′ə des′ənt) *adj.* [< Gr. *iris,* rainbow + -ESCENT] having or showing an interplay of rainbowlike colours —**ir′ides′cence** *n.* —**ir′ides′cently** *adv.*

**ridium** (ī rid′ē əm) *n.* [< Gr. *iris,* rainbow] a white, brittle, metallic chemical element found in platinum ores: symbol, Ir

IRIS

**ris** (ī′ris) *n., pl.* **i′rises** [< Gr. *iris,* rainbow] **1.** the round, pigmented membrane surrounding the pupil of the eye **2.** a plant with sword-shaped leaves and showy flowers

**rish** (ī′rish) *adj.* of Ireland, its people, their language, or culture —*n. same as* IRISH GAELIC —**the Irish** the people of Ireland —**I′rishman** *n.* —**I′rishwom′an** *n.fem.*

**rish bull** *same as* BULL[3]

**rish coffee** coffee made with Irish whiskey and cream

**rish Gaelic** the Celtic language of Ireland

**rish stew** a stew of mutton, potatoes, and onions

**rk** (ərk) *vt.* [ME. *irken,* be weary of] to annoy, disgust, irritate, tire out, etc.

**rksome** *adj.* tiresome or annoying —**irk′somely** *adv.* —**irk′someness** *n.*

**I.R.O.** Inland Revenue Office

**ron** (ī′ərn) *n.* [OE. *iren*] **1.** a white, malleable, ductile, metallic chemical element: it is the most common of all metals: symbol, Fe **2.** any tool, device, etc. made of iron, as a device with a handle and flat undersurface, used, when heated, for pressing clothes **3.** [*pl.*] iron shackles **4.** firm strength; power **5.** *Golf* any of a set of clubs with metal heads **6.** a leg-support for a malformed or paralysed limb —*adj.* **1.** of or consisting of iron **2.** like iron; strong **3.** cruel; merciless —*vt., vi.* to press (clothes or cloth) with a hot iron —**have many** (or **several,** etc.) **irons in the fire** to be engaged in many (or several, etc.) activities —**iron out** to smooth out —**strike while the iron is hot** to act at the opportune time

**Iron Age** a phase of human culture characterized by the use of iron tools, weapons, etc.

**ironclad** *adj.* covered or protected with iron —*n.* formerly, a warship armoured with thick iron plates

**Iron Curtain** a barrier of secrecy and censorship regarded as isolating the Soviet Union, etc.

**iron hand** firm, rigorous control —**i′ron-hand′ed** *adj.*

**iron horse** [Old Colloq.] a railway engine

**ironical** (ī ron′i k'l) *adj.* [see IRONY] **1.** meaning the contrary of what is expressed **2.** using irony **3.** opposite to what might be expected Also **iron′ic**

**ironing board** (or **table**) a cloth-covered board or stand on which clothes are ironed

**iron lung** a large metal respirator enclosing all the body but the head, used for maintaining artificial respiration

**Iron Maiden** a former instrument of torture consisting of a case in the form of a woman, with spikes inside

**ironmaster** *n.* a manufacturer of iron

**ironmonger** *n.* a dealer in hardware —**i′ronmon′gery** *n.*

**iron pyrites** *same as* PYRITE

**iron rations** emergency food supplies

**ironsides** *n.pl.* [*with sing. v.*] *same as* IRONCLAD

**ironstone** *n.* **1.** any rock rich in iron **2.** a hard variety of white ceramic ware

**ironware** *n.* things made of iron

**iron-wood** *n.* a name for the exceptionally hard wood of various S African trees, or the trees themselves

**ironwork** *n.* articles or parts made of iron

**ironworks** *n.pl.* [*often with sing. v.*] a place where iron is smelted or heavy iron goods are made

**irony[1]** (īə′rən ē) *n., pl.* **-nies** [< Gr. *eirōn,* dissembler in speech] **1.** expression in which the intended meaning of the words is the opposite of their usual sense **2.** an event or a result that is the opposite of what might be expected

**irony[2]** (ī′ər nē) *adj.* of, like, or containing iron

**irradiate** (i rā′dē āt′) *vt.* **-at′ed, -at′ing** [see IN-[1] & RADIATE] **1.** to shine upon; light up **2.** to expose to X-rays, ultraviolet rays, etc. **3.** to enlighten **4.** to radiate —**irra′diance, irra′diancy** *n.* —**irra′diation** *n.*

**irrational** (i rash′ən 'l) *adj.* **1.** lacking the power to reason **2.** senseless; absurd **3.** *Math.* designating a real number not expressible as an integer or a quotient of two integers —**irra′tional′ity** (-ə nal′ə tē) *n.*

**irreconcilable** (i rek′ən sīl′ə b'l) *adj.* that cannot be brought into agreement; incompatible —**irrec′oncil′abil′ity** *n.* —**irrec′oncil′ably** *adv.*

**irrecoverable** (ir′i kuv′ər ə b'l) *adj.* that cannot be recovered, rectified, or remedied —**ir′recov′erably** *adv.*

**irredeemable** (ir′i dēm′ə b'l) *adj.* **1.** that

cannot be bought back **2.** that cannot be converted into coin, as certain paper money **3.** that cannot be reformed

**irredentist** (ir′i den′tist) ***n.*** **[** < It. (*Italia*) *irredenta,* unredeemed (Italy)**]** a person who advocates a policy of recovering territory formerly a part of his country

**irreducible** (ir′i dyōōs′ə b′l) ***adj.*** that cannot be reduced **—ir′reduc′ibil′ity** ***n.*** **—ir′reduc′ibly** ***adv.***

**irrefutable** (i ref′yoo tə b′l) ***adj.*** that cannot be refuted or disproved **—irref′utably** ***adv.***

**irreg.** **1.** irregular **2.** irregularly

**irregular** (i reg′yoo lər) ***adj.*** **1.** not straight or even; not uniform in shape, design, etc. **2.** uneven in occurrence; variable **3.** not conforming to established rule, standard, etc. **4.** *Gram.* not inflected in the usual way *[go* is an *irregular* verb*]* **5.** *Mil.* not belonging to the regularly established army **—*n.*** a person or thing that is irregular **—irreg′ular′ity** (-lar′ə tē) ***n.*** **—irreg′ularly** ***adv.***

**irrelevant** (i rel′ə vənt) ***adj.*** not pertinent; not to the point **—irrel′evance, irrel′evancy** ***n.***

**irreligious** (ir′i lij′əs) ***adj.*** **1.** not religious **2.** indifferent or hostile to religion **3.** profane; impious **—ir′reli′gion** ***n.*** **—ir′reli′gionist** ***n.*** **—ir′reli′giously** ***adv.***

**irremediable** (ir′i mē′dē ə b′l) ***adj.*** that cannot be remedied; incurable **—ir′reme′diably** ***adv.***

**irremissible** (ir′i mis′ə b′l) ***adj.*** that cannot be excused, pardoned, or shirked **—ir′remis′sibly** ***adv.***

**irremovable** (ir′i mōō′və b′l) ***adj.*** not removable **—ir′remov′abil′ity** ***n.*** **—ir′remov′ably** ***adv.***

**irreparable** (i rep′ər ə b′l) ***adj.*** that cannot be repaired, mended, remedied, etc. **—irrep′arably** ***adv.***

**irreplaceable** (ir′i plās′ə b′l) ***adj.*** not replaceable

**irrepressible** (ir′i pres′ə b′l) ***adj.*** that cannot be repressed **—ir′repress′ibil′ity** ***n.*** **—ir′repress′ibly** ***adv.***

**irreproachable** (ir′i prō′chə b′l) ***adj.*** blameless; faultless **—ir′reproach′abil′ity** ***n.*** **—ir′reproach′ably** ***adv.***

**irresistible** (ir′i zis′tə b′l) ***adj.*** that cannot be resisted; too strong, fascinating, etc. to be withstood **—ir′resist′ibil′ity, ir′resist′ibleness** ***n.*** **—ir′resist′ibly** ***adv.***

**irresolute** (i rez′ə lōōt′) ***adj.*** wavering in decision or purpose **—irres′olute′ly** ***adv.*** **—irres′olu′tion** ***n.***

**irrespective** (ir′i spek′tiv) ***adj.*** regardless (*of*) **—ir′respec′tively** ***adv.***

**irresponsible** (ir′i spon′sə b′l) ***adj.*** **1.** showing the lack of a sense of responsibility **2.** not accountable for actions **—ir′respon′sibly** ***adv.***

**irretrievable** (ir′i trēv′ə b′l) ***adj.*** that cannot be retrieved, recovered, restored, or recalled **—ir′retriev′ably** ***adv.***

**irreverence** (i rev′ər əns) ***n.*** **1.** lack of reverence **2.** an act or statement showing this **—irrev′erent** ***adj.*** **—irrev′erently** ***adv.***

**irreversible** (ir′i vur′sə b′l) ***adj.*** **1.** that cannot be repealed or annulled **2.** that cannot be run backwards, etc. **—ir′revers′ibil′ity** ***n.*** **—ir′revers′ibly** ***adv.***

**irrevocable** (i rev′ə kə b′l) ***adj.*** that cannot be revoked or undone **—irrev′ocabil′ity, irrev′ocableness** ***n.***

**irrigable** (ir′i gə b′l) ***adj.*** that can be irrigated

**irrigate** (ir′ə gāt′) ***vt.*** **-gat′ed, -gat′ing** **[** < L. *in-,* in + *rigare,* water**]** **1.** to supply (land) with water by means of artificial ditches, etc. **2.** *Med.* to wash out continually **—ir′riga′tion** ***n.*** **—ir′riga′tor** ***n.***

**irritable** (ir′i tə b′l) ***adj.*** **1.** easily annoyed or provoked **2.** *Med.* excessively sensitive to a stimulus **3.** *Physiol.* able to respond to a stimulus **—ir′ritabil′ity, ir′ritableness** ***n.***

**irritant** ***adj.*** causing irritation **—*n.*** something causing irritation **—ir′ritancy** ***n.***

**irritate** ***vt.*** **-tat′ed, -tat′ing** **[** < L. *irritare,* excite**]** **1.** to provoke to impatience or anger **2.** to make (a part of the body) inflamed or sore **3.** *Physiol.* to excite (an organ, muscle, etc.) **—ir′rita′tion** ***n.*** **—ir′rita′tive** ***adj.***

**irrupt** (i rupt′) ***vi.*** **[** < L. *in-,* in + *rumpere,* break**]** to burst violently (*into*) **—irrup′tion** ***n.*** **—irrup′tive** ***adj.***

**is** (iz) **[**OE.**]** *3rd pers. sing., pres. indic., of* BE

**is.** **1.** island(s) **2.** isle(s)

**Isa., Is.** Isaiah

**I.S.B.N.** International Standard Book Number

**-ise** (īz) *var. of* -IZE

**-ish** (ish) **[**OE. *-isc***]** *a suffix meaning:* *a)* of (a specified people) *[Spanish] b)* like *[devilish] c)* tending to *[bookish] d)* somewhat, rather *[tallish] e)* [Colloq.] approximately *[thirtyish]*

**isinglass** (ī′zin glās′) ***n.*** **[**prob. < MDu. *huizen,* sturgeon + *blas,* bladder**]** **1.** a form of gelatin prepared from fish bladders **2.** mica, esp. in thin sheets

**isl.** *pl.* **isls.** **1.** island **2.** isle

**Islam** (iz′lām) ***n.*** **[**Ar. *islām,* submission (to God)**]** **1.** the Moslem religion, a monotheistic religion whose founder is Mohammed **2.** Moslems collectively **3.** all the lands in which the Moslem religion predominates **—Islam′ic** (-lam′-) ***adj.*** **—Is′lamism** (iz′ləm iz′m) ***n.***

**island** (ī′lənd) ***n.*** **[** < OE. *igland,* lit., island land**]** **1.** a land mass not as large as a continent, surrounded by water **2.** anything like an island in position or isolation

**island authority** a local government administrative area of Scotland

**islander** ***n.*** a native or inhabitant of an island

**isle** (īl) ***n.*** **[**L. *insula*** a small one

**islet** (ī′lit) ***n.*** a very small island

**ism** (iz′m) ***n.*** a doctrine, theory, system, etc., esp. one whose name ends in *-ism*

**-ism** (iz′m; iz əm) **[** < Gr. *-ismos*** *a suffix meaning:* **1.** the act or result of *[terrorism]* **2.** the condition, conduct, or qualities characteristic of *[patriotism]* **3.** the theory of *[socialism]* **4.** devotion to *[nationalism]* **5.** an instance of *[witticism]* **6.** an abnormal condition caused by *[alcoholism]*

**so-** [< Gr.] *a combining form meaning* equal, similar

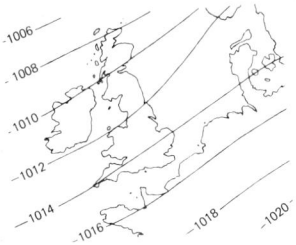


ISOBARS

**sobar** (ī′sō bär′) *n.* [< prec. + Gr. *baros*, weight] a line on a map connecting points having equal barometric pressure

**sochronal** (ī sok′rə n'l) *adj.* [< Gr. *isos*, equal + *chronos*, time] **1.** equal in length of time **2.** occurring at equal intervals of time Also **—isoch′ronous —isoch′ronism** *n.*

**solate** (ī′sə lāt′) *vt.* **-lat′ed, -lat′ing** [< It. *isola* (< L. *insula*), island] **1.** to set apart from others **2.** *Chem.* to separate (an element or compound) in pure form from another compound or mixture **3.** *Med.* to place (a patient with a contagious disease) apart from others **—i′solable** *adj.* **—i′sola′tion** *n.* **—i′sola′tor** *n.*

**solationist** (ī′sə lā′shən ist) *n.* one who opposes the involvement of his country in international agreements, etc. **—***adj.* of isolationists

**somer** (ī′sō mər) *n.* [< Gr. *isos*, equal + *meros*, part] any of two or more chemical compounds having the same elements in the same proportion by weight but differing in properties because of differences in the structure of their molecules **—i′somer′ic** (-mer′ik) *adj.* **—isomerism** (ī som′ər iz′m) *n.*

**sometric** (ī′sō met′rik) *adj.* [< Gr. *isos*, equal + *metron*, measure] **1.** having equality of measure **2.** of isometrics **—***n.* [*pl.*] exercises in which one set of muscles is briefly tensed in opposition to another set of muscles or to an immovable object **—i′somet′rically** *adv.*

**somorphic** (ī′sō môr′fik) *adj.* [ISO- + Gr. *morphē*, form] having similar or identical structure: also **i′somor′phous**

**somorphism** *n.* [ISO- + Gr. *morphē*, form] **1.** *Biol.* a similarity in organisms belonging to different species **2.** *Chem.* an identity or similarity in the crystalline form of substances of different elements **—i′somorph′** *n.*

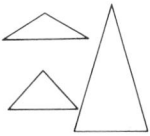

ISOSCELES TRIANGLES

**isosceles** (ī sos′ə lēz′) *adj.* [< Gr. *isos*, equal + *skelos*, leg] designating a triangle with two equal sides

**isotherm** (ī′sō thurm′) *n.* [< ISO- + Gr. *thermē*, heat] a line on a map connecting points having the same mean temperature or the same temperature at a given time **—i′sother′mal** *adj.*

**isotope** (ī′sō tōp′) *n.* [< ISO- + Gr. *topos*, place] any of two or more forms of an element having the same atomic number but different atomic weights *[*uranium *isotopes* U 235, U 238, U 239*]* **—i′sotop′ic** (-top′ik) *adj.*

**isotropic** (ī′sō trop′ik) *adj.* [ISO- + Gr. *trepein*, to turn] having physical properties, as conductivity, elasticity, etc., that are the same regardless of the direction of measurement **—isot′ropy** *n.*

**I spy** a children's guessing game **—I spy strangers** a demand for all but members and officials of the House of Commons to leave

**Israel** (iz′rā əl) *n.* [< Heb. *yisrā′ēl*, contender with God] **1.** the modern Jewish state **2.** the Jewish people, as descendants of Jacob **3.** their ancient land

**Israelite** (iz′rē ə ə līt′) *n.* any of the people of ancient Israel or their descendants; Jew; Hebrew **—***adj.* of ancient Israel or the Israelites

**issue** (ish′ōō) *n.* [< L. *ex-*, out + *ire*, go] **1.** a sending or giving out **2.** *a*) all that is put forth and circulated at one time *[*an *issue* of shares*] b*) an edition *[*the May *issue]* **3.** an outgoing; outflow **4.** an exit; outlet **5.** offspring **6.** a point or matter under dispute **7.** a result; consequence **8.** *Med.* a discharge of blood, etc. **—***vi.* **-sued, -suing** **1.** to go or flow out; emerge **2.** to result (*from*) or end (*in*) **3.** to be published **—***vt.* **1.** to let out; discharge **2.** to give or deal out *[*to *issue* supplies*]* **3.** to publish **—at** (or **in**) **issue** in dispute **—join issue** to meet in conflict, etc. **—take issue** to disagree **—is′suable** *adj.* **—is′suer** *n.*

**-ist** (ist, əst) [< Gr.] *a suffix meaning:* **1.** one who does, makes, or practises *[satirist]* **2.** one occupied with *[chemist, violinist]* **3.** an adherent of *[anarchist]*

**isthmus** (is′məs) *n., pl.* **-muses, -mi** (-mī) [< Gr. *isthmos*, neck] a narrow strip of land having water at each side and connecting two bodies of land **—isth′mian** *adj.*

**-istic** (is′tik) [< Gr.] *a suffix used to form adjectives from nouns ending in* -ISM *and* -IST

**it**[1] (it) *pron.* *for pl. see* THEY [OE. *hit*]

the animal or thing under discussion *It* is used as: *a*) the subject of an impersonal verb *[it is snowing] b*) the subject of a clause of which the actual subject is a following clause, etc. *[it* is settled that he will go *] c*) a subject or object of indefinite sense *[it's* all right, to lord *it* over someone *] d*) the antecedent to a relative pronoun from which it is separated by a predicate *[it* is your car that I want *] e*) [Colloq.] an emphatic predicate pronoun referring to something ultimate or perfect *[this is it] —n.* the player, as in the game of tag, who must do some specific thing **—that's it** [Colloq.] that is: *a*) the difficulty *b*) the end *[that's it* for today *] c*) exactly what is required **—with it** [Slang] alert, informed, or hip

**it²** *n.* [contr. < *Italian*] [Colloq.] Italian vermouth

**It., Ital.** 1. Italian 2. Italic 3. Italy

**I.T.A.** Independent Television Authority

**i.t.a.** initial teaching alphabet

**ital.** italic (type)

**Italian** (i tal′yən) ***adj.*** of Italy, its people, their language, etc. **—*n.*** 1. a native or inhabitant of Italy 2. the language of the Italians

**Italianate** ***adj.*** of Italian form or character

**Italic** (i tal′ik) ***adj.*** of ancient Italy, its people, etc.

**italic** (i tal′ik) ***adj.*** [< its first use in *Italy*] designating or of a type in which the characters slant upwards to the right *[this is italic type] —n.* [*usually pl.*] italic type or print

**italicize** (i tal′ə sīz′) ***vt.*** **-cized′, -ciz′ing** to print in italics

**itch** (ich) ***vi.*** [OE. *giccan*] 1. to feel an irritating sensation on the skin 2. to have a restless desire **—*n.*** 1. an itching on the skin 2. a restless desire **—itching palm** greediness for money **—the itch** a skin disorder accompanied by severe irritation of the skin **—itch′y *adj.***

**-ite** (īt) [< Gr.] *a suffix meaning:* 1. an inhabitant of *[suburbanite]* 2. a descendant from *[Israelite]* 3. an adherent of *[Luddite]* 4. a manufactured product *[dynamite]* 5. a (specified) mineral or rock *[anthracite]*

**item** (īt′əm) ***n.*** [< L. *ita*, so, thus] 1. an article; unit; separate thing 2. a bit of news or information **—*adv.*** also: used before each article in a series being enumerated

**itemize** ***vt.*** **-ized′, -iz′ing** to specify the items of; set down by items *[itemize* the bill *]* **—i′temiza′tion *n.***

**iterate** (it′ə rāt′) ***vt.*** **-at′ed, -at′ing** [< L. *iterum*, again] to utter or do repeatedly **—it′era′tion *n.*** **—it′era′tive *adj.***

**itinerant** (ī tin′ər ənt) ***adj.*** [< L. *iter*, walk] travelling from place to place or on a circuit **—*n.*** a person who travels from place to place **—itin′erantly *adv.***

**itinerary** (ī tin′ə rər ē) ***n., pl.*** **-aries** [see prec.] 1. a route 2. a record of a journey 3. a detailed plan for a journey **—*adj.*** of travelling, routes, or roads

**-ition** (ish′ən) [< L.] *var. of* -ATION *[nutrition]*

**-itis** (īt′əs, -is) [< Gr.] *a suffix meaning:* inflammation of

**it'll** (it′l) 1. it will 2. it shall

**its** (its) ***pron.*** that or those belonging to it **—*possessive pronominal adj.*** of, belonging to, or done by it

**it's** (its) 1. it is 2. it has

**itself** (it self′) ***pron.*** a form of the 3rd pers. sing., neuter pronoun, used: *a*) as an intensive *[the work itself* is easy *] b*) as a reflexive *[the dog bit itself] c*) as a quasi-noun meaning "its true self" *[the bird is not itself* today *]*

**ITV** Independent Television

**-ity** (ə tē, i-) [< L.] *a suffix meaning:* state, condition

**IUD** intrauterine (contraceptive) device also **IUCD**

**I've** (īv) I have

**-ive** (iv) [< L.] *a suffix meaning:* 1. of, relating to, having the nature of *[substantive]* 2. tending to *[creative]*

**ivory** (ī′vər ē) ***n., pl.*** **-ries** [< L. *eburnus*, ivory] 1. the hard, white substance forming the tusks of elephants, walruses, etc. 2. any substance like ivory 3. creamy white 4. [*pl.*] [Slang] *a*) piano keys *b*) teeth *c*) dice **—*adj.*** 1. of or like ivory 2. creamy-white

**ivory tower** figuratively, a place of mental withdrawal from reality and action

**ivy** (ī′vē) ***n., pl.*** **i′vies** [OE. *ifig*] 1. a climbing plant with a woody stem and evergreen leaves 2. any of various similar plants, as ground ivy, poison ivy, etc.

**ixia** (ik′sē ə) ***n.*** [< Gr. *ixos*, birdlime] a South African plant related to the iris

**-ization** (ə zā′shən, ī-) *a suffix used to form nouns from verbs ending in* -IZE *[realization]*

**-ize** (īz) [< Gr.] *a suffix meaning:* 1. to cause to be; make *[democratize]* 2. to become like *[crystallize]* 3. to treat or combine with *[oxidize]* 4. to engage in *[theorize]*

# J

**J, j** (jā) *n., pl.* **J's, j's** the tenth letter of the English alphabet

**J** *Physics the symbol for* joule

**jab** (jab) *vt., vi.* **jabbed, jab′bing** [< ME. *jobben,* peck] to poke or thrust, as with a sharp instrument —*n.* **1.** a quick thrust, blow, or punch **2.** [Colloq.] an injection

**jabber** (jab′ər) *vi., vt.* [prob. echoic] to speak or say quickly, incoherently, or nonsensically; chatter —*n.* fast, incoherent, nonsensical talk —**jab′berer** *n.*

**jabot** (zha′bō) *n.* [Fr., bird's crop] a frill, as of lace, attached to the front of a blouse or shirt

**jacinth** (jas′inth) *n.* [see HYACINTH] a reddish-orange or brownish gem

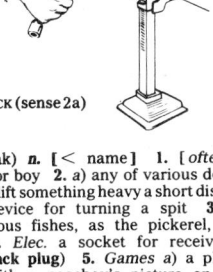

JACK (sense 2a)

**jack** (jak) *n.* [< name] **1.** [*often* **J-**] a man or boy **2.** *a*) any of various devices used to lift something heavy a short distance *b*) a device for turning a spit **3.** any of various fishes, as the pickerel, pike, etc. **4.** *Elec.* a socket for receiving a plug (**jack plug**) **5.** *Games a*) a playing card with a pageboy's picture on it *b*) any of the small pebbles or metal pieces used in playing jacks *c*) in the game of bowls, the target ball **6.** *Naut.* a small flag flown on a ship's bow as a signal or to show nationality —*vt.* to raise by means of a jack —**before you could say Jack Robinson** suddenly; very quickly —**every man jack** everyone —**jack in** [Colloq.] to abandon (an activity) —**jack up** **1.** to raise by means of a jack **2.** [Colloq.] to raise (prices, etc.)

**jack-** [see prec.] *a combining form meaning:* **1.** male *[jackass]* **2.** large or strong *[jackboot]* **3.** boy; fellow

**jackal** (jak′ôl) *n.* [< Per. *shagāl*] **1.** a yellowish-grey wild dog of Asia and N Africa **2.** one who does dishonest or humiliating tasks for another

**jackanapes** (jak′ə nāps′) *n.* [< nickname of a Duke of Suffolk] a conceited, insolent fellow

**jackaroo, jackeroo** (jak′ə rōō′) *n.* [JACK- + (KANG)AROO] [Aust.] a novice on a sheep station

**jackass** (jak′as′) *n.* [JACK- + ASS] **1.** a male donkey **2.** a stupid or foolish person; nitwit

**jackboot** *n.* [JACK- + BOOT[1]] **1.** a sturdy boot that reaches above the knee **2.** oppressive behaviour

**jackdaw** (jak′dô′) *n.* [JACK- + ME. *dawe*] a European black bird related to the crow, but smaller

**jacket** (jak′it) *n.* [< OFr. < proper name *Jacques*] **1.** a short coat **2.** an outer covering; specif., *a*) *same as* DUST JACKET *b*) the insulating casing on a boiler, etc. *c*) the skin of a potato, etc.

**Jack Frost** frost or cold weather personified

**jack-in-office** *n., pl.* **jacks-** an official with a high opinion of his own importance

**jack-in-the-box** *pl.* **-box′es** a box from which a toy figure on a spring jumps up when the lid is lifted

**jackknife** *n., pl.* **-knives′** [JACK- + KNIFE] **1.** a large pocketknife **2.** a dive in which the diver keeps his knees unbent, touches his feet, and then straightens out; forward pike dive —*vi.* **-knifed′, -knif′ing** **1.** to turn on the coupling so as to form a sharp angle: said of a vehicle and its trailer **2.** to bend at the middle as in a jackknife dive

**jack-of-all-trades** *n., pl.* **jacks-** [*often* **J-**] a person who can do many kinds of work acceptably; handyman

**jack-o′-lantern** *n., pl.* **-terns** **1.** a shifting, elusive light seen over marshes at night **2.** a hollow pumpkin used as a lantern

**jackpot** (jak′pot′) *n.* [JACK + POT] cumulative stakes, as in a poker game, slot machine, etc. —**hit the jackpot** [Slang] **1.** to win the jackpot **2.** to attain the highest success

**jack rabbit** a large hare of W N America, with long ears and strong hind legs

**jacks** (jaks) *n.pl.* [< JACKSTONE] [*with sing. v.*] a game in which pebbles or small metal pieces are tossed and picked up, esp. while bouncing a small ball

**jackstone** *n.* [for dial. *checkstone,* pebble] **1.** *same as* JACK (*n.* 5 *b*) **2.** [*pl., with sing. v.*] *same as* JACKS

**jack-tar** *n.* [JACK + TAR[2]] [*often* **J-**] a sailor

**Jacobean** (jak′ə bē′ən) *adj.* [< *Jacobus,* Latinized form of *James*] of the period when James I was king of England (1603–1625) —*n.* a person of this period

**Jacobin** (jak′ə bin) *n.* [< the Church of

St. *Jacques* in Paris] **1.** any member of a society of radical democrats in France during the Revolution of 1789 **2.** a political radical

**Jacobite** (jak′ə bīt′) *n.* [see JACOBEAN] a supporter of James II of England after his abdication, or of his descendants' claims to the throne —**Jac′obitism** *n.*

**Jacquard** (ja′kärd′) *n.* [< J. M. *Jacquard*] a loom having an endless belt of cards punched with holes arranged to produce a figured weave (**Jacquard weave**)

**jade**[1] (jād) *n.* [Fr. < Sp. *ijada,* side: from the belief that it cured pains in the side] **1.** a hard, ornamental stone, usually green **2.** a green colour of medium hue

**jade**[2] *n.* [< ON. *jalda,* a mare] **1.** a horse, esp. a worn-out, worthless one **2.** a disreputable woman

**jaded** (jā′did) *adj.* **1.** tired; worn-out **2.** satiated

**Jaffa** (jaf′ə) *n.* [< *Jaffa,* in Israel] a kind of large orange or grapefruit with a thick skin, grown in Israel

**jag**[1] (jag) *n.* [ME. *jagge*] a sharp, toothlike projection —*vt.* **jagged, jag′ging** to notch or pink (cloth, etc.)

**jag**[2] *n.* [< ?] [Slang] **1.** a drunken spree **2.** a period of uncontrolled activity [a crying *jag*]

**jagged** (jag′id) *adj.* having sharp projecting points or notches —**jag′gedly** *adv.* —**jag′gedness** *n.*

**jaguar** (jag′yoo wər) *n.* [Port. < Tupi] a large cat, yellowish with black spots, found from SW U.S. to Argentina: it is similar to the leopard, but larger

**jail** (jāl) *n.* [ult. < L. *cavea,* cage] **1.** a prison **2.** imprisonment —*vt.* to put or keep in jail

**jailbird** *n.* [Colloq.] a person who has often been in jail

**jailer, jailor** *n.* a person in charge of a jail or of prisoners

**jail fever** typhus, formerly common in jails

**jalap** (jal′əp) *n.* [< Sp. *Jalapa,* in Mexico] the dried root of a Mexican plant, formerly used as a purgative

**jalopy** (jə lop′ē) *n., pl.* **-lop′ies** [< ?] [Slang] an old, ramshackle motor car

**jalousie** (zhal′ōō zē′) *n.* [see JEALOUS] a window, blind, or door formed of adjustable, horizontal slats

**jam**[1] (jam) *vt.* **jammed, jam′ming** [< ?] **1.** to squeeze into a confined space **2.** to crush **3.** to crowd **4.** to fill or block (a passageway, etc.) by crowding in **5.** to wedge so that it cannot move **6.** to make (radio or radar signals) unintelligible, as by sending out others on the same wavelength —*vi.* **1.** to become wedged or stuck fast, esp. so as to become unworkable **2.** to push against one another in a confined space **3.** [Slang] *Jazz* to improvise —*n.* **1.** a jamming or being jammed **2.** a group of persons or things blocking a passageway, etc. [a traffic *jam*] **3.** [Colloq.] a difficult situation —**jam on** to apply suddenly [to *jam on* the brakes]

**jam**[2] *n.* [< ? prec.] a food made by boiling fruit with sugar to a thick mixture —**jam tomorrow** a promise of some pleasant future event that often does not occur

**jamb** (jam) *n.* [< LL. *gamba,* leg] a side post of an opening for a door, window, etc.

**jamboree** (jam′bə rē′) *n.* [< ?] **1.** a large assembly of boy scouts **2.** [Colloq.] a boisterous party or revel

**jammy** (jam′ē) *adj.* **1.** of, like, or smeared with jam **2.** [Slang] lucky; excellent [*jammy* beggar]

**jampacked** (jam′pakt′) *adj.* tightly packed

**jam session** an informal gathering of jazz musicians to play improvisations

**Jan.** January

**jangle** (jaŋ′g'l) *vi.* **-gled, -gling** [< OFr. *jangler*] to make a harsh, inharmonious sound —*vt.* **1.** to cause to make a harsh sound **2.** to irritate [to *jangle* one's nerves] —*n.* a harsh sound —**jan′gler** *n.*

**janitor** (jan′i tər) *n.* [L., doorkeeper] the caretaker of a building —**jan′ito′rial** (-ə tôr′ē əl) *adj.*

**janizary** (jan′i zər ē) *n., pl.* **-zaries** [< Turk. *yeni,* new + *cheri,* soldiery] [*often* **J-**] a Turkish soldier, orig. one in the former sultan's guard: also **jan′issary**

**January** (jan′yoo wər ē) *n., pl.* **-aries** [< L. *Januarius* (*mensis*), (the month) of Janus] the first month of the year, having 31 days: abbrev. **Jan.**

**japan** (jə pan′) *n.* [orig. from Japan] a varnish giving a hard, glossy finish —*vt.* **-panned′, -pan′ning** to varnish with japan

**Japanese** (jap′ə nēz′) *adj.* of Japan, its people, language, culture, etc. —*n.* **1.** *pl.* **-nese′** a native of Japan **2.** the language of Japan

**jape** (jāp) *vi.* **japed, jap′ing** [ME. *japen*] **1.** to joke **2.** to play tricks —*n.* **1.** a joke **2.** a trick —**jap′ery** *n.*

**japonica** (jə pon′i kə) *n.* [< Fr. *Japon,* Japan] an ornamental variety of quince used as a garden shrub

**jar**[1] (jär) *vi.* **jarred, jar′ring** [ult. echoic] **1.** to vibrate from a sudden impact **2.** to make a harsh sound; grate **3.** to have a harsh, irritating effect (*on* one) **4.** to clash or quarrel —*vt.* to jolt or shock —*n.* **1.** a jolt or shock **2.** a vibration due to a sudden impact **3.** a harsh, grating sound **4.** a sharp clash or quarrel

**jar**[2] *n.* [< Ar. *jarrah,* earthen container] **1.** a container made of glass, stone, or earthenware, with a large opening and no spout **2.** as much as a jar will hold: also **jar′ful′** **3.** [Colloq.] a glass of beer, etc.

**jar**[3] *n.* [see AJAR[1]] only in **on the jar,** ajar

**jardinière** (jär′di nyär′) *n.* [< Fr. *jardin,* garden] **1.** an ornamental bowl or stand for flowers or plants **2.** a garnish of several vegetables cooked separately

**jargon** (jär′gən) *n.* [MFr., a chattering] **1.** the specialized vocabulary and idioms of those in the same work, profession, etc. **2.** incoherent speech; gibberish

**Jas.** James

**jasmine, jasmin** (jas′min) *n.* [< Per.

*yāsamīn*] a tropical and subtropical plant with fragrant flowers of yellow, red, or white

**jasper** (jas′pər) *n.* [< Gr. *iaspis*] an opaque variety of coloured quartz, usually reddish, yellow, or brown

**jaundice** (jôn′dis) *n.* [ult. < L. *galbus*, yellow] **1.** a diseased condition in which the eyeballs, skin, and urine become abnormally yellow as a result of bile in the blood **2.** bitterness or prejudice caused by envy, etc. —*vt.* **-diced, -dicing** **1.** to make bitter or prejudiced through envy, etc. **2.** to cause to have jaundice

**jaunt** (jônt) *vi.* [< ?] to take a short trip for pleasure —*n.* such a trip; excursion

**jaunting car** a light, two-wheeled cart used in Ireland

**jaunty** *adj.* **-tier, -tiest** [< Fr. *gentil*, genteel] **1.** fashionable; chic **2.** gay and carefree; sprightly —**jaun′tily** *adv.* —**jaun′tiness** *n.*

**Javanese** (jäv′ə nēz′) *adj.* of Java —*n.* **1.** *pl.* **-nese′** a native of Java **2.** the language of Java

**javelin** (jav′lin) *n.* [< MFr. *javelot*, a spear] a light spear, esp. one thrown in athletics

**jaw** (jô) *n.* [< ? OFr. *joue*, cheek] **1.** either of the two bony parts that hold the teeth and frame the mouth **2.** either of two parts that grip or crush something, as in a vice **3.** [*pl.*] *a*) the mouth *b*) the entrance of a canyon, valley, etc. **4.** [*pl.*] something grasping [the *jaws* of death] **5.** [Slang] talk; esp., boring talk —*vi.* [Slang] to talk, esp. in a boring way —*vt.* [Slang] to scold

**jawbone** *n.* a bone of a jaw, esp. of the lower jaw

**jay** (jā) *n.* [< LL. *gaius*, jay] **1.** a noisy bird with gay blue and black plumage **2.** [Colloq.] a stupid or foolish person

**jaywalk** *vi.* [JAY + WALK] [Colloq.] to walk in or across a street carelessly without obeying traffic rules and signals —**jay′walk′er** *n.* —**jay′walk′ing** *n.*

**jazz** (jaz) *n.* [< ? Creole patois *jass*, sexual term] **1.** a kind of music characterized by syncopation, melodic variations, and unusual tonal effects **2.** [Slang] rigmarole; paraphernalia [all that *jazz*] —*adj.* of, in, or like jazz —*vt.* **1.** to play as jazz **2.** [Slang] to enliven or embellish (usually with *up*)

**jazzy** *adj.* **-ier, -iest** [Colloq.] **1.** of or like jazz music **2.** gaudy or flashy

**jealous** (jel′əs) *adj.* [< ML. *zelosus*, zeal] **1.** *a*) resentfully suspicious, as of a rival *b*) resentfully envious *c*) resulting from such feelings [a *jealous* rage] **2.** watchful in guarding [*jealous* of one's rights] **3.** [Now Rare] requiring exclusive loyalty [a *jealous* God] —**jeal′ously** *adv.* —**jeal′ousness** *n.*

**jealousy** *n., pl.* **-ousies** **1.** the quality or condition of being jealous **2.** an instance of this; jealous feeling

**jean** (jēn) *n.* [< L. *Genua*, Genoa] **1.** a twilled cotton cloth **2.** [*pl.*] trousers of this material or of denim

**Jean Baptiste** (zhän bap tēst′) [Canad. Slang] a French Canadian

**jeep** (jēp) *n.* [< creature in a comic strip by E. C. Segar] a small, rugged vehicle with a four-wheel drive

**jeer** (jēər) *vt., vi.* [< ? CHEER] to make fun of in a rude, sarcastic manner; scoff (at) —*n.* a sarcastic or derisive comment —**jeer′er** *n.* —**jeer′ingly** *adv.*

**Jehovah** (ji hō′və) [< Heb.] God; (the) Lord

**Jehovah's Witnesses** a proselytizing Christian sect founded by Charles T. Russell (1852–1916)

**jejune** (ji jōōn′) *adj.* [L. *jejunus*, empty] **1.** not mature; childish **2.** not interesting or satisfying

**Jekyll and Hyde** (jek′l′n hīd′) [< novel by R. L. Stevenson] a person with two distinct personalities, esp. one good and one evil

**jell** (jel) *vi.* [< JELLY] **1.** to become jelly **2.** [Colloq.] to take definite form; crystallize [the plans didn't *jell*]

**jellaba** (jə la′bə) *n.* [Ar. *jallabah*] a long, loose, outer garment worn by many Arab men

**jellify** (jel′ə fī′) *vt., vi.* **-fied′, -fy′ing** to change into jelly

**jelly** (jel′ē) *n., pl.* **-lies** [< L. *gelare*, freeze] **1.** a soft, gelatinous food made from cooked fruit syrup or meat juice **2.** any substance like this —*vt.* **-lied, -lying** **1.** to make into jelly **2.** to coat or serve with jelly —*vi.* to become jelly

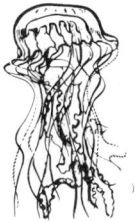

JELLYFISH
(to 40 cm long)

**jellyfish** *n.* an invertebrate sea animal with an umbrella-shaped body of jellylike substance and long tentacles with stinging cells on them

**jemmy** (jem′ē) *n., pl.* **-mies** [< *James*] a short crowbar, used by burglars to pry open windows, etc.

**jenny** (jen′ē) *n., pl.* **-nies** [< *Jenny*] **1.** *short for* SPINNING JENNY **2.** *a*) the female of some birds [a *jenny* wren] *b*) a female donkey

**jeopardize** (jep′ər dīz′) *vt.* **-ized′, -iz′ing** to put in jeopardy; endanger

**jeopardy** (jep′ər dē) *n., pl.* **-ies** [< OFr. *jeu parti*, a game with even chances] great danger; peril

**Jer.** Jeremiah

**jerbil** (jur′b'l) *n.* *same as* GERBIL

**jerboa** (jur bō′ə) *n.* [Ar. *yarbū'*] a small,

nocturnal, leaping rodent of Africa and Asia, with long hind legs

**jeremiad** (jer′ə mī′əd) *n.* a lamentation or tale of woe: in allusion to the *Lamentations of Jeremiah*

**jerepigo** (jer′ə pig ō) *n.* [S Afr.] a sweet, sherry-type wine, white or red

**jerk**[1] (jurk) *vt.* [< ?] to pull, twist, push, or throw with a sudden, sharp movement —*vi.* **1.** to move with a jerk **2.** to twitch —*n.* **1.** a sharp, abrupt pull, twist, etc. **2.** a sudden muscular contraction **3.** [Slang] a person regarded as stupid, foolish, etc.

**jerk**[2] *vt.* [< Sp. *charqui*] to preserve (meat) by slicing into strips and drying in the sun

**jerkin** (jur′kin) *n.* [< ?] a sleeveless jacket

**jerky** *adj.* **-ier, -iest** making sudden starts and stops; spasmodic —**jerk′ily** *adv.* —**jerk′iness** *n.*

**Jerry** (jer′ē) *n.* [< GERMAN] [Slang] **1.** a German, esp. a German soldier **2.** the Germans collectively

**jerrybuilt** (jer′ē bilt′) *adj.* [prob. < name *Jerry,* infl. by JURY[2]] built poorly, of cheap materials

**Jersey** (jur′zē) *n., pl.* **-seys** [< *Jersey,* in the Channel Islands] **1.** any of a breed of small, reddish-brown dairy cattle, originally from Jersey **2.** [j-] *a*) a soft, elastic, knitted cloth *b*) any closefitting, knitted upper garment

**Jerusalem artichoke** (jə rōō′sə ləm) [altered (after *Jerusalem*) < It. *girasole,* sunflower] a tall N American sunflower with edible potatolike tubers

**jest** (jest) *n.* [< L. *gerere,* perform] **1.** a joke **2.** fun; joking [said in *jest*] **3.** something to be laughed at —*vi.* to joke

**jester** *n.* one who jests; esp., a professional fool employed by a medieval ruler to amuse him

**Jesuit** (jez′yōō wit) *n.* a member of the Society of Jesus, a Roman Catholic religious order for men founded by Ignatius Loyola in 1534 —**Jes′uit′ical** *adj.*

**Jesus** (jē′zəs) [< Heb. *yēhōshu′a,* help of Jehovah] the founder of the Christian religion: also called **Jesus Christ, Jesus of Nazareth**

**jet**[1] (jet) *vt., vi.* **jet′ted, jet′ting** [< L. *jacere,* throw] **1.** to gush out in a stream **2.** to travel or convey by jet aircraft —*n.* **1.** a stream of liquid or gas emitted, as from a spout **2.** a spout for emitting a jet **3.** a jet-propelled aeroplane: in full, **jet (aero)plane** —*adj.* **1.** jet-propelled **2.** of jet propulsion or jet-propelled aircraft

**jet**[2] *n.* [< Gr. *Gagas,* town in Asia Minor] **1.** a hard, black variety of lignite, used in jewellery **2.** a lustrous black —*adj.* **1.** made of jet **2.** black like jet

**jet-black** *adj.* glossy black, like jet

**jet lag** a disruption of the body's natural rhythms, associated with high-speed travel by jet aircraft

**jet propulsion** a method of propelling aircraft, boats, etc. by the discharge of gases under pressure through a rear vent —**jet′propelled′** *adj.*

**jetsam** (jet′səm) *n.* [var. of JETTISON] **1.** cargo thrown overboard to lighten a ship in danger **2.** such cargo washed ashore **3.** discarded things

**jet set** a social set of rich, fashionable people who travel widely in pursuit of pleasure

**jettison** (jet′ə s'n) *vt.* [< L. *jactare,* throw] **1.** to throw (goods) overboard **2.** to discard —*n.* a throwing overboard of goods to lighten a ship, etc. in an emergency

**jetty** (jet′ē) *n., pl.* **-ties** [see JET[1]] **1.** a wall built out into the water to restrain currents, protect a harbour, etc. **2.** a landing pier

**Jew** (jōō) *n.* [< Heb. *yehūdī,* member of the tribe of Judah] **1.** a person descended from the ancient Hebrews **2.** a person whose religion is Judaism —**Jew′ess** *n.fem.*

**jewel** (jōō′əl) *n.* [ult. < L. *jocus,* a joke] **1.** a precious stone; gem **2.** any person or thing that is very precious **3.** a small gem used as one of the bearings in a watch **4.** a valuable ring, necklace, etc., esp. one set with gems —*vt.* **-elled, -elling** to decorate or set with jewels

**jeweller** *n.* a person who makes, deals in, or repairs jewellery, watches, etc.

**jewellery** (jōō′əl rē) *n.* jewels collectively

**Jewish** *adj.* of Jews or Judaism

**Jewry** (jōōə′rē) *n., pl.* **-ries** Jewish people collectively

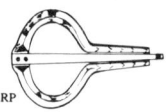

JEW'S-HARP

**jew's-harp, jews'-harp** (jōōz′härp′) *n.* a small, metal musical instrument, held between the teeth and played by plucking a projecting piece with the finger

**Jezebel** (jez′ə b'l) *n.* [< *Jezebel,* in Bible] [also j-] a shameless, wicked woman

**jib**[1] (jib) *n.* [prob. < GIBBET] **1.** the projecting arm of a crane **2.** the boom of a derrick

**jib**[2] *n.* [< Dan. *gibbe,* to jibe] a triangular sail projecting ahead of the foremast —**cut of one's jib** [Colloq.] one's appearance

**jib**[3] *vi.* **jibbed, jib′bing** [? < prec.] **1.** to obstinately refuse to do something (usually with *at*) **2.** to start or shy (*at* something) **3.** to refuse to go forwards

**jib boom** a spar fixed to and extending beyond the bowsprit of a ship: the jib is attached to it

**jibe**[1] (jīb) *vi.* **jibed, jib′ing** [< Du. *gijpen*] **1.** to shift from one side of a ship to the other, as a sail **2.** to change the course of a ship so that the sails shift thus

**jibe**[2] *vi., vt., n.* *same as* GIBE —**jib′er** *n.*

**jiffy** (jif′ē) *n., pl.* **-fies** [< ?] [Colloq.] a very short time; instant [done in a *jiffy*]: also **jiff**

**jig** (jig) *n.* [prob. < MFr. *gigue,* a fiddle] **1.** *a*) a fast, springy dance in triple time *b*) the music for such a dance **2.** a device used as a guide for a tool —*vi., vt.* **jigged, jig'ging** **1.** to dance (a jig) **2.** to move jerkily up and down or to and fro —**the jig is up** [Slang] all chances for success are gone

**jigger** (jig'ər) *n.* **1.** [U.S.] *a*) a small glass used to measure whisky, gin, etc. *b*) the quantity in a jigger **2.** *Billiards* a support for the cue

**jiggered** (jig'ərd) *adj.* [< ?] [Colloq.] amazed; confounded: often used instead of damned *[I'll be jiggered]*

**jiggery-pokery** (jig'ərē pō'kərē) *n.* [< Scot. *jouk,* a trick] [Colloq.] trickery or deception

**jiggle** (jig'l) *vt., vi.* **-gled, -gling** [< *jig*] to move in quick, slight jerks —*n.* a jiggling movement

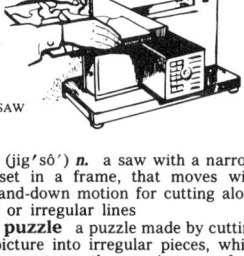

JIGSAW

**jigsaw** (jig'sô') *n.* a saw with a narrow blade set in a frame, that moves with an up-and-down motion for cutting along curved or irregular lines

**jigsaw puzzle** a puzzle made by cutting up a picture into irregular pieces, which must be put together again to re-form the picture

**jilt** (jilt) *vt.* [< *Jill*] to reject or cast off (a previously accepted lover or sweetheart)

**Jim Crow** [< Negro minstrel song] [*also* **j- c-**] [U.S. Colloq.] discrimination against Negroes

**jimjams** (jim'jamz') *n.pl.* [echoic] [Slang] **1.** delirium tremens **2.** a nervous feeling; jitters

**jingle** (jiŋ'g'l) *vi.* **-gled, -gling** [echoic] **1.** to make light, ringing sounds, as small bells **2.** to have obvious, easy rhythm, simple repetitions of sound, etc., as some poetry and music —*vt.* to cause to jingle —*n.* **1.** a jingling sound **2.** a verse that jingles *[advertising jingles]* —**jin'gly** *adj.*

**jingo** (jiŋ'gō) *n., pl.* **-goes** [< phr. *by jingo* in a patriotic Brit. song] one who boasts of his patriotism and favours an aggressive, warlike foreign policy —**jin'goism** *n.* —**jin'goist** *n.* —**jin'gois'tic** *adj.*

**jink** (jiŋk) *vi.* [< ?] to move swiftly or with sudden turns, as in dodging a pursuer —*n.* an eluding, as by a quick sudden turn —**high jinks** lively pranks

**jinn** (jin) *n., pl. of* JINNI: popularly regarded as a singular, with the pl. **jinns**

**jinni** (jinē') *n., pl.* **jinn** [< Ar.] *Moslem Legend* a supernatural being that can take human or animal form

**jinx** (jiŋks) *n.* [< Gr. *iynx,* the wryneck (bird used in black magic)] [Colloq.] a person or thing supposed to bring bad luck

**jitter** (jit'ər) *vi.* [? echoic] [Colloq.] to be nervous —**the jitters** [Colloq.] an uneasy, nervous feeling —**jit'tery** *adj.*

**jitterbug** *n.* [prec. + BUG] a fast, acrobatic dance for couples, esp. in the early 1940's —*vi.* **-bugged', -bug'ging** to dance the jitterbug

**jiujitsu, jiujutsu** (jōō jit'sōō) *n.* *var. of* JUJITSU

**jive** (jīv) *vi.* **jived, jiv'ing** [< ?] to play, or dance to, jazz music —*n.* a style of lively and jerky dance

**job** (job) *n.* [< ?] **1.** a piece of work done for pay **2.** a task; duty **3.** the thing or material being worked on **4.** employment; work **5.** [Colloq.] a criminal act, as a theft, etc. **6.** [Colloq.] any happening, affair, etc. *[bad job]* —*adj.* hired or done by the job —*vi.* **jobbed, job'bing** **1.** to do odd jobs **2.** to act as a jobber **3.** to engage in jobbery —*vt.* **1.** to buy and sell (goods) as a wholesaler **2.** to sublet (work, etc.) —**just the job** [Colloq.] exactly what is needed —**odd jobs** miscellaneous pieces of work —**job'less** *adj.*

**jobber** (job'ər) *n.* **1.** a wholesaler; middleman, esp. dealing in stocks **2.** a person who does piecework

**jobbery** *n.* public business done dishonestly for gain

**jobbing** *adj.* not regularly employed; working by the piece *[jobbing gardener]*

**jobcentre** *n.* a government office in which advertisements giving details of jobs available are displayed

**job lot** **1.** an assortment of goods for sale as one quantity **2.** any random assortment

**Job's comforter** (jōbz) a person who aggravates one's misery while attempting to comfort: see Job 16

**Jock** (jok) *n.* [Scot. form of *Jack*] [Slang] a Scot

**jockey** (jok'ē) *n., pl.* **-eys** [< Scot. dim. of *Jack*] a person whose work is riding horses in races —*vt., vi.* **-eyed, -eying** **1.** to manoeuvre for position or advantage **2.** to cheat; swindle

**jockstrap** (jok'strap') *n.* [*jock,* penis + STRAP] a belt with a pouch to support the genitals, worn by men

**jocose** (jō kōs') *adj.* [< L. *jocus,* a joke] joking or playful; humorous —**jocos'ity** (-kos'ətē) *n.*

**jocular** (jok'yələr) *adj.* [< L. *jocus,* a joke] joking; full of fun —**joc'ular'ity** (-lar'ətē) *n.*

**jocund** (jok'ənd) *adj.* [< L. *jucundus,* pleasant] cheerful; gay —**jocundity** (jō kun'dətē) *n.*

**jodhpurs** (jod'pərz) *n. pl.* [< *Jodhpur,* former state in India] riding breeches made loose and full above the knees and tight from knees to ankles

**jog** (jog) *vt.* **jogged, jog'ging** [ME. *joggen,* to spur] **1.** *a*) to give a little shake to *b*) to nudge **2.** to shake up or revive (a person's memory) —*vi.* to move along at a slow, steady, jolting pace —*n.* **1.** a little shake or nudge **2.** a slow, steady, jolting motion; trot —**jog'ger** *n.*

**jogging** *n.* a slow jolting run or trot, esp. as a keep-fit exercise

**joggle** (jog'l) *vt., vi.* **-gled, -gling** [< JOG] to shake or jolt slightly —*n.* a slight jolt

**jogtrot** *n.* a slow, steady trot

**john** (jon) *n.* [Chiefly U.S. Slang] a toilet

**John Bull** England, or an Englishman, personified

**Johnny Canuck** (jon'ē kə nuk') [Canad.] **1.** [Colloq.] a Canadian **2.** a personification of Canada

**Johnny Raw** a novice; new recruit

**Johnsonian** (jon sō'nē ən) *adj.* [< S. *Johnson*] **1.** of or like Samuel Johnson or his style **2.** written in a formal or pompous style, full of Latinate constructions

‡**joie de vivre** (zhwȧd vē'vr') [Fr.] joy of living

**join** (join) *vt., vi.* [< L. *jungere*] **1.** to bring or come together (with); combine; unite **2.** to become a part or member of (a club, etc.) **3.** [Colloq.] to adjoin **4.** to participate (*in*) —*n.* a place of joining, as a seam —**join battle** to start fighting

**joiner** *n.* a workman trained and skilled in making finished woodwork, as doors, stairs, etc.

**joinery** *n.* the work or skill of a joiner

**joint** (joint) *n.* [< L. *jungere,* join] **1.** a place where, or way in which, two things are joined **2.** one of the parts of a jointed whole **3.** *Anat.* a place where two bones, etc. are joined, usually so that they can move **4.** a large cut of meat, often with the bones still in it **5.** [Slang] *a*) a cheap bar, restaurant, etc. *b*) any building **6.** [Slang] a marijuana cigarette —*adj.* **1.** common to two or more [*joint* property] **2.** sharing with someone else [*a joint* owner] —*vt.* **1.** to fasten together by a joint **2.** to cut (meat) into joints —**out of joint** **1.** dislocated **2.** disordered —**joint'ed** *adj.*

**jointly** *adv.* in common; together

**joint-stock company** a business firm owned by the stockholders in shares which each may sell or transfer

**jointure** (join'chər) *n.* [< L. *jungere,* join] property settled on a wife for use after her husband's death

JOISTS

**joist** (joist) *n.* [< OFr. *giste,* a bed] any of the parallel beams that hold up the planks of a floor or the laths of a ceiling

**joke** (jōk) *n.* [L. *jocus*] **1.** anything said or done to arouse laughter; a funny anecdote **2.** a thing done or said merely in fun **3.** a person or thing to be laughed at —*vi.* **joked, jok'ing** to tell or play joke —**jok'ingly** *adv.*

**joker** *n.* **1.** a person who jokes **2.** an extra playing card used in some games

**jollify** (jol'ə fī') *vt., vi.* **-fied', -fy'ing** [Colloq.] to make or be merry —**jol'lification** *n.*

**jollity** *n.* a being jolly; fun; gaiety

**jolly** (jol'ē) *adj.* **-lier, -liest** [< OFr. *joli*] **1.** full of high spirits and good humour **2.** [Colloq.] enjoyable; pleasant —*adv.* [Colloq.] very —*vt., vi.* **-lied, -lying** [Colloq.] to try to make (a person) feel good by coaxing, flattering, etc. (often with *along*) —*n., pl.* **-lies** [Colloq.] a British marine —**jol'lily** *adv.* —**jol'liness** *n.*

**Jolly Roger** a black flag of pirates, with a white skull and crossbones

**jolt** (jōlt) *vt.* [< earlier *jot,* to jog] **1.** to shake up or jar, as with a bumpy ride **2.** to shock or surprise —*vi.* to move along in a bumpy manner —*n.* **1.** a sudden jerk, bump, etc. **2.** a shock or surprise —**jolt'ingly** *adv.* —**jolt'y** *adj.*

**Jonah** (jō'nə) *n.* [< *Jonah,* Hebrew prophet] any person said to bring bad luck by his presence

**jonquil** (joŋ'kwəl) *n.* [< L. *juncus,* a rush] a species of narcissus having yellow flowers and long, slender leaves

**josh** (josh) *vt., vi.* [< ?] [U.S. Colloq.] to ridicule in a good humoured way; banter

**joss** (jos) *n.* [PidE. < Port. *deos* < L. *deus,* a god] a figure of a Chinese god

**joss stick** a thin stick of dried, fragrant wood dust, burned by the Chinese as incense

**jostle** (jos'l) *vt., vi.* **-tled, -tling** [see JOUST] **1.** to bump or push, as in a crowd **2.** to contend (*with* someone *for* something —*n.* a jostling —**jos'tler** *n.*

**jot** (jot) *n.* [< Gr. *iōta,* the smallest letter] a trifling amount; the smallest bit —*vt.* **jot'ted, jot'ting** to make a brief note of (usually with *down*)

**jotter** *n.* a small notebook for rough notes

**jotting** *n.* a short note jotted down

**joual** (zhwäl) *n.* [< pronunciation of Fr. *cheval,* horse] a nonstandard Canadian French dialect

**joule** (jōōl) *n.* [< J. P. *Joule*] *Physics* the SI unit of energy, work, and quantity of heat

**journal** (jur'n'l) *n.* [< L. *diurnalis,* daily] **1.** a newspaper, magazine, etc. **2.** a daily record of happenings, as a diary **3.** a logbook **4.** *Bookkeeping* a book of original entry for recording transactions **5.** *Mech.* the part of a rotatory axle or shaft that turns in a bearing

**journalese** (jur'n'l ēz') *n.* a superficial style of newspaper writing with many clichés

**journalism** (jur'n'l iz'm) *n.* the work of gathering, writing, and publishing news as through newspapers, etc. or by radio and TV —**jour'nalist** *n.*

**journey** (jur'nē) *n., pl.* **-neys** [< L.

*diurnus,* daily] **1.** a travelling from one place to another; trip **2.** distance of, or time taken for, a journey —*vi.* **-neyed, -neying** to travel

**journeyman** *n.* [ME. < *journee,* day's work] **1.** a worker who has learned his trade **2.** an experienced craftsman of average ability

**joust** (jōust) *n.* [< L. *juxta,* beside] a combat with lances between two knights on horseback —*vi.* to engage in a joust —**joust'er** *n.*

**Jove** (jōv) *same as* JUPITER —**by Jove!** an exclamation of astonishment, emphasis, etc. —**Jo'vian** (jō'vē ən) *adj.*

**jovial** (jō'vē əl) *adj.* [< LL. *Jovialis,* of Jupiter] full of good humour; genial —**jo'vial'ity** (-al'ə tē) *n.*

**jowl**[1] (joul) *n.* [< OE. *ceafl,* jaw] **1.** a jaw; esp., the lower jaw with the chin and cheeks **2.** the cheek

**jowl**[2] *n.* [< OE. *ceole,* throat] [*often pl.*] the fleshy, hanging part under the lower jaw —**jowl'y** *adj.*

**joy** (joi) *n.* [< L. *gaudium,* joy] **1.** a very glad feeling; happiness; delight **2.** anything causing such feeling **3.** [Colloq.] success or luck [*to* get no *joy*]

**joyful** *adj.* feeling, expressing, or causing joy; glad; happy —**joy'fully** *adv.* —**joy'fulness** *n.*

**joyless** *adj.* without joy; unhappy; sad

**joyous** *adj.* full of joy; happy —**joy'ously** *adv.*

**joy ride** [Colloq.] a motor car ride merely for pleasure, often with reckless speed and, sometimes, in a stolen car

**joy stick** [Slang] the control stick of an aircraft

**J.P.** justice of the peace

**Jr., jr.** junior

**jubilant** (jōō'bil ənt) *adj.* [see ff.] joyful and triumphant; elated —**ju'bilance** *n.* —**ju'bilantly** *adv.*

**jubilate** (jōō'bi lāt') *vi.* **-lat'ed, -lat'ing** [< L. *jubilare,* to shout for joy] to rejoice, as in triumph; exult —**ju'bila'tion** *n.*

**jubilee** (jōō'bi lē') *n.* [< Heb. *yōbēl,* a horn (trumpet)] **1.** a 50th or 25th anniversary **2.** a time or occasion of rejoicing **3.** jubilation

**Jud.** Judges

**Judaic** (jōō dā'ik) *adj.* of the Jews or Judaism

**Judaism** (jōō'dā iz'm) *n.* the Jewish religion, a monotheistic religion based on the laws and teachings of the Holy Scripture and the Talmud

**Judas** (jōō'dəs) *n.* [< *Judas Iscariot,* the disciple who betrayed Jesus] a traitor or betrayer

**judder** (jud'ər) *n.* [< ? SHUDDER] vibration or shaking motion —*vi.* to shake, wobble, or vibrate

**Judg.** Judges

**judge** (juj) *n.* [< L. *jus,* law + *dicere,* say] **1.** a public official with authority to hear and decide cases in a court of law **2.** a person designated to determine the winner, settle a controversy, etc. **3.** a person qualified to decide on the relative worth of anything [a good *judge* of music] —*vt., vi.* **judged, judg'ing** **1.** to hear and pass judgment (*on*) in a court of law **2.** to determine the winner of (a contest) or settle (a controversy) **3.** to form an opinion about **4.** to criticize or censure

**judgment** *n.* **1.** power of comparing and deciding; understanding **2.** a legal decision; order given by a judge or law court **3.** a judging; deciding **4.** an opinion **5.** criticism or censure **6.** [**J-**] *short for* LAST JUDGMENT Also sp. **judge'ment**

**Judgment Day** *Theol.* the time of God's final judgment

**judicature** (jōō'di kə chər) *n.* **1.** the administering of justice **2.** jurisdiction of a judge or court of law **3.** judges or courts of law collectively

**judicial** (jōō dish'əl) *adj.* [< L. *judex,* judge] **1.** of judges, law courts, or their functions **2.** allowed, enforced, or set by order of a judge or law court **3.** befitting a judge **4.** fair; unbiased —**judi'cially** *adv.*

**judiciary** (jōō dish'ər ē) *adj.* of judges or law courts —*n., pl.* **-aries** **1.** the part of government that administers justice **2.** judges collectively

**judicious** (jōō dish'əs) *adj.* [see JUDGE] having, applying, or showing sound judgment; wise

**judo** (jōō'dō) *n.* [Jap. < *jū,* soft + *dō,* art] a form of jujitsu, esp. as a means of self-defence

**jug** (jug) *n.* [< ?] **1.** a container, usually with a handle and lip, for holding and pouring liquids **2.** [Slang] a jail —*vt.* **jugged, jug'ging** **1.** to stew in a covered earthenware container **2.** [Slang] to put in jail

**juggernaut** (jug'ər nôt') *n.* [after Hindi *Jagannath,* an incarnation of the Hindu god Vishnu] **1.** any terrible, irresistible force **2.** a large, heavy lorry

**juggins** (jug'inz) *n.* [? < surname] [Slang] a dupe

**juggle** (jug'l) *vt.* **-gled, -gling** [< L. *jocus,* a joke] **1.** to perform skilful tricks of sleight of hand with (balls, etc.) **2.** to use trickery on to deceive or cheat [to *juggle* figures to show a profit] —*vi.* to toss up a number of balls, etc. and keep them in the air —*n.* **1.** a juggling **2.** a trick or deception —**jug'gler** *n.*

**jugular** (jug'yoo lər) *adj.* [< L. *jugum,* a yoke] of the neck or throat —*n.* either of two large veins in the neck carrying blood back from the head to the heart: in full, **jugular vein**

**juice** (jōōs) *n.* [< L. *jus,* broth] **1.** the liquid part of a plant, fruit, or vegetable **2.** a liquid in or from animal tissue [gastric *juice*] **3.** [Colloq.] energy; vitality **4.** [Slang] *a*) electricity *b*) petrol

**juicy** *adj.* **-ier, -iest** **1.** full of juice **2.** [Colloq.] full of interest; spicy **3.** [Colloq.] highly profitable

**jujitsu** (jōō jit'sōō) *n.* [< Jap. *jū,* soft + *jutsu,* art] a Japanese system of wrestling in which the strength and weight of an opponent are used against him: also **jujutsu**

**ju-ju** (jōō′jōō) *n.* [Hausa] **1.** a magic charm or fetish used by some West African tribes **2.** its magic

**jujube** (jōō′jōōb) *n.* [< Gr. *zizyphon*] **1.** a tree with an edible, datelike fruit **2.** a gelatinous, fruit-flavoured lozenge

**jukebox** (jōōk′boks′) *n.* [< Negro *juke,* wicked] a coin-operated electric gramophone: also **juke box**

**jukskei** (jœok′skā) *n.* a S African game in which a peg (**skey**) is thrown over a fixed distance at a stake driven into the ground

**Julian calendar** (jōō′lē ən) the calendar introduced by Julius Caesar in 46 B.C., in which every fourth year had 366 days: replaced by the Gregorian calendar

**julienne** (jōō′lē en′) *n.* [Fr.] a clear soup containing vegetables cut into strips or bits —*adj. Cooking* cut into strips: said of vegetables

**July** (jōō lī′) *n., pl.* **-lies′** [< L. < *Julius* Caesar] the seventh month of the year, having 31 days: abbrev. **Jul.**

**jumble** (jum′bˈl) *vt.* **-bled, -bling** [< ?] **1.** to mix in a confused heap **2.** to confuse mentally —*vi.* to be jumbled —*n.* **1.** a confused heap; muddle **2.** goods for a jumble sale

**jumble sale** a sale of second-hand goods, often in aid of a charity or other worthy cause

**jumbo** (jum′bō) *n., pl.* **-bos** [< Negro *jamba,* elephant] a very large person, animal, or thing —*adj.* very large

**jumbo jet** a large, jet-propelled passenger aircraft

**jump** (jump) *vi.* [< ?] **1.** to move oneself suddenly from the ground, etc. by using the leg muscles; leap; spring **2.** to jerk; bob **3.** to start in surprise **4.** to act or react eagerly (often with *at*) **5.** to pass suddenly as from one topic to another **6.** to rise suddenly, as prices **7.** to arrive at prematurely, as a conclusion, etc. —*vt.* **1.** *a*) to leap over *b*) to pass over; skip **2.** to cause to leap **3.** to cause (prices, etc.) to rise **4.** to attack suddenly **5.** [Colloq.] to react to prematurely, in anticipation —*n.* **1.** a jumping; leap **2.** a distance or height jumped **3.** a thing to be jumped over **4.** a sudden transition **5.** a sudden rise, as in prices **6.** a sudden, nervous start —**get** (or **have**) **the jump on** [Slang] to get (or have) an advantage over —**jump a claim** to seize land claimed by someone else —**jump bail** to forfeit one's bail by running away —**jump down someone's throat** [Slang] to address someone sharply; to scold —**jump the queue** to move ahead of others waiting for transport, jobs, etc. —**jump the rails** (or **track**) to go suddenly off the rails —**one jump ahead** one step ahead of a rival

**jumped-up** *adj.* upstart

**jumper**[1] *n.* **1.** a short wire used to make an electrical connection **2.** one that jumps

**jumper**[2] *n.* [< dial. *jump,* short coat] **1.** a pullover **2.** a loose jacket worn as part of a sailor's outfit

**jump jet** a fixed-wing jet aircraft that can land and take off vertically

**jump leads** electric cables with crocodile clips at each end: used to start a vehicle with a flat battery

**jump suit** **1.** overalls **2.** any one-piece garment like this

**jumpy** *adj.* **-ier, -iest** **1.** easily startled **2.** moving in jumps, jerks, etc. —**jump′iness** *n.*

**Jun., jun.** junior

**junction** (juŋk′shən) *n.* [< L. *jungere* to join] **1.** a joining or being joined **2.** a place or point of joining or crossing, as of roads or railways —**junc′tional** *adj.*

**juncture** (juŋk′chər) *n.* **1.** a point of time, esp. a crisis **2.** a state of affairs **3.** a joining or being joined **4.** a point of joining or connection

**June** (jōōn) *n.* [< L. *Junius,* of Juno] the sixth month of the year, having 30 days: abbrev. **Jun.**

**jungle** (juŋ′gˈl) *n.* [< Sans. *jaṅgala,* desert] **1.** land with a dense growth of trees, vines, etc., as in the tropics **2.** any tangled growth **3.** [Slang] a place where people compete ruthlessly —**jun′gly** *adj.*

**junior** (jōōn′yər) *adj.* [< L. *juvenis,* young] **1.** of more recent position or lower status [a *junior* partner] **2.** made up of younger members **3.** the younger: written *Jr.* after the name of a son who bears the same name as his father —*n.* **1.** a younger person **2.** a person of lower standing or rank —**one's junior** a person younger than oneself

**junior school** a school for children aged between 7 and 12

**juniper** (jōō′nə pər) *n.* [L. *juniperus*] a small evergreen shrub or tree with scalelike foliage and berrylike cones

**junk**[1] (juŋk) *n.* [< ?] **1.** old metal, paper, rags, etc. **2.** [Colloq.] useless stuff; rubbish **3.** [Slang] a narcotic drug; esp., heroin —**junk′y** *adj.*

JUNK

**junk**[2] *n.* [< Jav. *joṅ*] a Chinese flat-bottomed ship

**Junker** (yœoŋ′kər) *n.* [G.] a Prussian of the militaristic, landowning class

**junket** (juŋ′kit) *n.* [ult. < L. *juncus,* a rush: orig. sold in reed baskets] **1.** milk sweetened, flavoured, and thickened into curd with rennet **2.** a feast or picnic **3.** an excursion for pleasure **4.** an excursion by an official, paid for out of public funds —*vi.* to go on a junket —**jun'keting** *n.*

**junk food** food with a low nutritional content, often not forming part of a balanced diet

**junkie, junky** (juŋ'kē) *n., pl.* **junk'ies** [Slang] a drug addict, esp. one addicted to heroin

**junta** (jun'tə) *n.* [< L. *jungere,* to join] a group of political intriguers, esp. military men in power after a coup d'état: also **junto** (jun'tō), *pl.* **-tos**

**Jupiter** (jōō'pə tər) **1.** the chief Roman god **2.** the largest planet of the solar system

**Jurassic** (joo ras'ik) ***adj., n.*** [< *Jura* (Mountains)] (of) the second period of the Mesozoic Era

**juridical** (joo ə rid'i k'l) ***adj.*** [< L. *jus,* law + *dicere,* declare] of judicial proceedings or of law

**jurisdiction** (jooər'is dik'shən) ***n.*** [< L. *jus,* law + *dicere,* declare] **1.** the administering of justice; authority to hear and decide cases **2.** authority **3.** the range of authority —**ju'risdic'tional** ***adj.***

**jurisprudence** (jooər is prōō'dəns) ***n.*** [< L. *jus,* law + *prudentia,* a foreseeing] **1.** the science or philosophy of law **2.** a division of law

**jurist** (jooər'ist) ***n.*** [< L. *jus,* law] an expert in law

**juror** (jooər'ər) ***n.*** **1.** a member of a jury; juryman **2.** a person taking an oath, as of allegiance

**jury**[1] (jooər'ē) ***n., pl.*** **-ries** [< L. *jurare,* swear < *jus,* law] **1.** a group of people sworn to hear evidence in a law case and to give a decision **2.** a group selected to decide the winners in a contest

**jury**[2] ***adj.*** [< ?] *Naut.* for temporary use; makeshift [a *jury* mast]

**jury-rigged** ***adj.*** [see JURY[2]] *Naut.* rigged for temporary use

**just** (just) ***adj.*** [< L. *jus,* law] **1.** right or fair [a *just* decision] **2.** righteous [a *just* man] **3.** deserved [*just* praise] **4.** lawful **5.** proper, fitting, etc. **6.** well-founded [a *just* suspicion] **7.** correct or true **8.** exact —***adv.*** **1.** a very short time ago **2.** almost at the point of **3.** only [*just* a taste] **4.** exactly [*just* one o'clock] **5.** immediately [*just* to my right] **6.** barely [*just* missed the train] **7.** [Colloq.] quite; really [looks *just* right] —**just now** a moment ago —**just the same** [Colloq.] nevertheless —**just'ly** ***adv.***

**justice** (jus'tis) ***n.*** **1.** a being righteous **2.** fairness **3.** rightfulness **4.** reward or penalty as deserved **5.** the use of authority to uphold what is just **6.** the administration of law **7.** *same as:* a) JUDGE b) JUSTICE OF THE PEACE —**bring to justice** to cause (a wrongdoer) to be tried in court and duly punished —**do justice to 1.** show to advantage **2.** to treat fairly **3.** to enjoy properly —**do oneself justice** to do something in a manner worthy of one's abilities —**jus'ticeship'** ***n.***

**justice of the peace** a local magistrate, authorized to decide minor cases, etc.

**justiciary** (jus ti'shə rē) ***n., pl.*** **-aries** [< L. *jus,* law] an officer of justice —**the Justiciary** judges collectively

**justifiable** (jus'tə fī'ə b'l) ***adj.*** that can be justified or defended as correct —**jus'tifi'ably** ***adv.***

**justify** (jus'tə fī') ***vt.*** **-fied'**, **-fy'ing** [< L. *justus,* just + *facere,* make] **1.** to show to be just, right, or reasonable **2.** *Theol.* to free from blame **3.** to supply good grounds for **4.** to space (type) to make the lines correct in length —**jus'tifica'tion** ***n.***

**justle** (jus'l) ***vt., vi., n.*** *same as* JOSTLE

**jut** (jut) ***vi., vt.*** **jut'ted, jut'ting** [prob. var. of JET[1]] to stick out; project —***n.*** a part that juts

**jute** (jōōt) ***n.*** [< Sans. *jūṭa,* matted hair] **1.** a strong fibre used for making burlap, sacks, rope, etc. **2.** either of two East Indian plants yielding this fibre

**juvenile** (jōō'və nīl) ***adj.*** [< L. *juvenis,* young] **1.** a) young b) immature; childish **2.** of or suitable for young persons —***n.*** **1.** a young person **2.** an actor who plays youthful roles —**ju'venil'ity** (-nil'ə tē) ***n.***

**juvenile delinquency** antisocial or unlawful behaviour by minors —**juvenile delinquent**

**juvenilia** (jōō'və nil'yə) ***n. pl.*** [< L. *juvenilis,* juvenile] writings, paintings, etc. done in childhood or youth

**juxtapose** (juk'stə pōz') ***vt.*** **-posed'**, **-pos'ing** [< Fr. < L. *juxta,* near + POSE[1]] to put side by side or close together —**jux'taposi'tion** ***n.***

# K

**K, k** (kā) *n., pl.* **K's, k's** the eleventh letter of the English alphabet

**K** **1.** *Physics the symbol for* kelvin **2.** *Chess* king **3.** knit **4.** [ModL. *kalium*] potassium **5.** 1000 (strictly, 1024)

**k** kilo

**K., k.** **1.** *Elec.* capacity **2.** *Music* Köchel (in numbering Mozart's works)

**Kaffir** (kaf′ər) *n.* [Ar. *kāfir,* infidel] [Obs. Derog.] **1.** in South Africa, any black African **2.** a former name for the Xhosa language

**Kaffir beer** [S Afr.] a sorghum beer

**Kaffirboom** (kaf′ər bo͞oəm) *n.* [< KAFFIR + Afrik. *boom,* tree] a deciduous flowering tree

**Kaffircorn** a S African variety of sorghum

**Kaffir sheeting** [S Afr.] a coarsely woven cloth

**kaftan** (kaf′tan) *n.* *same as* CAFTAN

**kaiser** (kī′zər) *n.* [< L. *Caesar*] emperor: the title [**K-**] of the former rulers of Austria and of Germany

**kale** (kāl) *n.* [Scot. var. of COLE] a hardy cabbage with loose, spreading, curled leaves

**kaleidoscope** (kə lī′də skōp′) *n.* [< Gr. *kalos,* beautiful + *eidos,* form + -SCOPE] **1.** a small tube containing loose bits of coloured glass, plastic, etc. reflected by mirrors so that various symmetrical patterns appear when the tube is rotated **2.** anything that constantly changes —**kalei′doscop′ic** (-skop′ik) *adj.* —**kalei′doscop′ically** *adv.*

**kaleyard** (kāl′yärd′) *n.* [Scot.] a kitchen garden

**Kamasutra** (kä′mə so͞o′trə) [Sans. < *kāma,* love + *sūtra,* manual] a Hindu love manual

**kamikaze** (ka′mi kä′zē) *n.* [Jap., divine wind] **1.** a suicide attack by a Japanese aircraft pilot in World War II **2.** the aircraft or pilot in such an attack

**Kamloops trout** (kam′lo͞ops) a variety of rainbow trout common in British Columbia

**kangaroo** (kaŋ′gə ro͞o′) *n.* [< ? native name] a leaping, plant-eating, Australian mammal with short forelegs and strong, large hind legs: the female has a pouch in front, in which she carries her young

**kangaroo closure** the confinement of discussion, esp. in Parliament, to selected amendments

**kangaroo court** [Colloq.] a mock court illegally passing and executing judgment, as among prison inmates

**KANU** Kenya African National Union

**kaolin** (kā′ə lin) *n.* [Fr. < Chin., name of hill] a fine white clay used in making porcelain

**kapok** (kā′pok) *n.* [Malay *kapoq*] the silky fibres from a tropical tree: used for stuffing sleeping bags, etc.

**kappa** (kap′ə) *n.* the tenth letter of the Greek alphabet (Κ, κ)

**kaput** (kə po͝ot′) *adj.* [G. *kaputt*] [Slang] ruined, destroyed, defeated, etc.

**karakul** (kar′ə kəl) *n.* [< *Kara Kul,* lake in U.S.S.R.] **1.** a sheep of C Asia **2.** the wavy pelt of the karakul lamb

**karate** (kə rät′ē) *n.* [Jap. < *kara,* empty + *te,* hand] a Japanese system of self-defence in which blows are struck with the side of the open hand

**karma** (kär′mə) *n.* [Sans., deed] *Buddhism & Hinduism* a person's actions in one reincarnation thought of as determining his fate in the next

**karroo** (kə ro͞o′) *n.* [< Afrik. *karo*] [S Afr.] a high, arid plateau

**kaross** (kə ros′) *n., pl.* **-oss′es** [< Afrik. *karos*] [S Afr.] a cloak or mantle made of skins

**kart** (kärt) *n.* [< CART] a small, flat, 4-wheeled, motorized vehicle for one person, used in racing (**karting**): also **go-kart, go-cart**

**katydid** (kāt′ē did′) *n.* [echoic] a large, green, American tree insect resembling the grasshopper

**kauri** (kou′rē) *n.* [Maori] a New Zealand pine that yields a resin (**kauri gum**) used in varnishes, etc.

KAYAK

**kayak** (kī′ak) *n.* [Eskimo] an Eskimo canoe made of skins covering a wooden frame

**kayo** (kā′ō′) *vt.* **-oed′, -o′ing** [< KO] [Slang] to knock out —*n.* [Slang] a knockout

**kazoo** (kə zo͞o′) *n.* [echoic] a toy musical instrument that gives a buzzing quality to tones hummed through a small tube

**K.B.E.** Knight Commander of the British Empire

**kc, kc.** kilocycle; kilocycles

**K.C.** King's Counsel
**kcal.** kilocalorie; kilocalories
**K.C.B.** Knight Commander of the Bath
**K.C.M.G.** Knight Commander of St. Michael and St. George
**kea** (kā′ə) *n.* [Maori] a large, green parrot of New Zealand that sometimes kills sheep
**kebab** (kə bab′) *n.* [Ar. *kabāb*] [*often pl*] a dish consisting of small pieces of meat cooked on a skewer, often with alternating pieces of onion, tomato, etc.
**kedge** (kej) *vt., vi.* **kedged, kedg′ing** [< ME. *caggen,* fasten] to move (a ship) by hauling on a rope fastened to an anchor —*n.* a light anchor: also **kedge anchor**
**kedgeree** (kej′ə rē) *n.* [Hindi *khicarī*] **1.** an Indian dish of rice boiled with onions, pulse, and butter **2.** a British breakfast dish of fish, boiled rice, and eggs
**keek** (kēk) *n., vi.* [prob. < MDu. *kīken,* to look] [Scot.] *same as* PEEP[2]
**keel** (kēl) *n.* [< ON. *kjolr*] the chief timber or steel piece along the length of the bottom of a ship or boat —*vt., vi.* to turn over so as to turn up the keel —**keel over** **1.** to turn over **2.** to fall in a faint, etc. —**on an even keel** upright and level, steady, stable, etc.
**keelhaul** *vt.* **1.** to haul (a person) under the keel of a ship as a punishment **2.** to scold or rebuke harshly
**keelson** (kel′s'n) *n.* [prob. < Dan. *kjøl,* keel + *sville,* sill] a beam or set of timbers or metal plates fastened inside a ship's hull along the keel for added strength
**keen[1]** (kēn) *adj.* [OE. *cene,* wise] **1.** eager **2.** sharp; acute: said of the senses **3.** having a sharp edge or point **4.** piercing [a *keen* wind] **5.** strong or intense **6.** extremely competitive: said of prices —**keen on** fond of —**keen′ly** *adv.* —**keen′ness** *n.*
**keen[2]** *n.* [< Ir. *caoinim,* I wail] [Irish] a wailing for the dead —*vt., vi.* [Irish] to wail for (the dead)
**keep** (kēp) *vt.* **kept, keep′ing** [< OE. *cepan,* behold] **1.** to continue to have or hold **2.** to fulfil (a promise, etc.) **3.** to go on maintaining [*keep* pace] **4.** to protect; guard; take care of; tend **5.** to raise (livestock) **6.** to preserve **7.** to provide for; support **8.** to make regular entries in [to *keep* books, a diary, etc.] **9.** to conduct; manage **10.** to make stay in a specified condition, position, etc. [to *keep* an engine running] **11.** to hold for future use or a long time **12.** to have regularly in stock **13.** to hold in custody **14.** to detain **15.** to restrain from action **16.** to withhold **17.** to conceal (a secret) **18.** to observe; celebrate [*keep* the Sabbath] **19.** to stay in or at (a path, course, or place) —*vi.* **1.** to stay in a specified condition, position, etc. **2.** to continue; go on; (often with *on*) **3.** to refrain [to *keep* from telling someone] **4.** to stay fresh —*n.* **1.** food and shelter; support **2.** *a*) a donjon *b*) a fort; castle —**for keeps** [Colloq.] forever —**keep at** to continue doing; persist in —**keep back** **1.** to refuse to reveal **2.** to stay at a distance —**keep to** **1.** to persevere in **2.** to adhere to **3.** to remain in —**keep to oneself** **1.** to avoid others **2.** to refrain from telling —**keep track of** [Colloq.] to continue to be informed about —**keep up** **1.** to continue **2.** to maintain the pace **3.** to maintain in good condition **4.** to remain informed about (with *on* or *with*) —**keep up with the Joneses** to try to obtain the same material goods as one's neighbours
**keeper** *n.* **1.** a guard, as of prisoners, animals, etc. **2.** a guardian or protector **3.** a caretaker
**keeping** *n.* **1.** observance (of a rule, etc.) **2.** care; charge —**in keeping with** in conformity or accord with
**keepsake** *n.* something kept, in memory of the giver
**keg** (keg) *n.* [< ON. *kaggi*] a small barrel
**kelp** (kelp) *n.* [ME. *culp*] large coarse, brown seaweed, rich in iodine
**kelpie[1], kelpy[1]** (kel′pē) *n., pl.* **-pies** [Scot. < ?] *Gaelic Folklore* a water spirit in the form of a horse
**kelpie[2], kelpy[2]** *n., pl.* **-pies** [< ?] a breed of Australian sheepdog
**kelson** (kel′s'n) *n.* *same as* KEELSON
**Kelt** (kelt) *n.* *same as* CELT —**Kelt′ic** *adj., n.*
**kelt** (kelt) *n.* [ME.] [Scot.] a salmon that has spawned
**kelvin** (kel′vin) *n.* the SI unit of thermodynamic temperature
**Kelvin scale** [< 1st Baron *Kelvin*] a scale of temperature measured from absolute zero (-273.15°C)
**ken** (ken) *vt., vi.* **kenned, ken′ning** [OE. *cennan,* cause to know] [Scot.] to know —*n.* range of knowledge
**kennel** (ken′'l) *n.* [< L. *canis,* dog] **1.** a shelter for dogs **2.** [*often pl.*] a place where dogs are bred or kept **3.** a pack of dogs —*vt.* **-nelled, -nelling** to place or keep in a kennel
**kepi** (kā′pē) *n., pl.* **kep′is** [Fr. *képi*] a visored cap with a flat, round top, worn by French soldiers
**kept** (kept) *pt. & pp. of* KEEP —*adj.* maintained as a mistress [a *kept* woman]
**kerb** (kuʀb) *n.* [var. of CURB] the stone or concrete edging forming a gutter along a street
**kerbstone** *n.* any of the stones making up a kerb
**kerchief** (kuʀ′chif) *n.* [< OFr. *covrir,* to cover + *chef,* head] **1.** a piece of cloth worn over the head or around the neck **2.** a handkerchief —**ker′chiefed** *adj.*
**kerel** (kāər′əl) *n.* [< Afrik.] [S Afr.] a young man
**kerfuffle** (kər fuf′'l) *n.* [< ?] [Colloq.] a commotion
**kermes** (kuʀ′mēz) *n.* [< Ar. & Per. *qirmiz,* crimson] **1.** the dried bodies of certain Mediterranean insects, used to make a purple-red dye **2.** the dye
**kernel** (kuʀ′n'l) *n.* [< OE. *corn,* seed] **1.** the inner, softer part of a nut, etc.

2. a grain or seed, as of corn 3. the central, most important part; essence

**kerosene** (ker′ə sēn′) *n.* [< Gr. *kēros,* wax] a thin oil distilled from petroleum or shale oil, used as a fuel, solvent, etc.: also sp. **kerosine**

**kestrel** (kes′trəl) *n.* [echoic] a small falcon that can hover in the air against the wind

**ketch** (kech) *n.* [< ME. *cacchen,* to catch] a small two-masted sailing vessel

**ketchup** (kech′əp) *n.* [Malay *kēchap,* < Chin.] a sauce for meat, fish, etc.; esp., a thick sauce (**tomato ketchup**) of tomatoes flavoured with onion and spices

**ketone** (kē′tōn) *n.* [< G. *Keton*] an organic chemical compound containing the bivalent radical CO in combination with two hydrocarbon radicals

**kettle** (ket′'l) *n.* [< L. *catinus,* bowl] a metal container with a handle and a spout, used for boiling water

**kettledrum** *n.* a percussion instrument consisting of a hollow hemisphere and a top made of parchment, etc. that can be tightened or loosened to change the pitch

**kettle of fish** set of circumstances; situation

**key**[1] (kē) *n., pl.* **keys** [OE. *cæge*] 1. an instrument for moving the bolt of a lock and thus locking or unlocking something 2. anything like this; specif., *a*) a device to turn a bolt, etc. [a skate *key*] *b*) a pin, bolt, etc. used to hold parts together *c*) any of the levers, pressed down to operate a piano, typewriter, etc. *d*) a device for opening or closing an electric circuit *e*) an implement for winding up a clock 3. a thing that explains or solves, as a book of answers 4. a controlling or essential person or thing 5. tone of thought or expression 6. a dry, winged fruit of various trees 7. *Music* a system of notes forming a given scale —***adj.*** controlling; essential; important —***vt.*** **keyed, key′ing** 1. to bring into harmony 2. to fasten or lock with a key 3. to furnish with a key 4. *same as* KEYBOARD 5. to set the tone or pitch of 6. to roughen a surface, as for plastering, etc. —**key up** to make tense or excited

**key**[2] *n., pl.* **keys** [Sp. *cayo*] a reef or low island

**keyboard** *n.* the row(s) of keys of a piano, typewriter, linotype, etc.—***vt.*** to set (a text) in type using a composing machine having a keyboard

**keyhole** *n.* an opening (in a lock) into which a key is inserted

**key money** a sum of money demanded from a new tenant as a condition of granting a lease: now illegal in the U.K.

**keynote** *n.* 1. the basic idea or ruling principle, as of a speech, policy, etc. 2. the lowest, basic note or tone of a musical scale

**key punch** a keyboard machine that records data by punching holes in cards

**key signature** *Music* the sharps or flats after the clef on the staff, showing the key

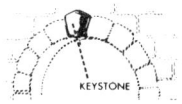


**keystone** *n.* 1. the central, topmost stone of an arch 2. the main part or principle

**kg** kilogram(s)

**K.G.** Knight of (the Order of) the Garter

**KGB, K.G.B.** [Russ., Committee of State Security] the security police, or intelligence agency, of the Soviet Union

**khaki** (kä′kē) ***adj.*** [< Per. *khāk,* dust] dull yellowish-brown —***n., pl.*** **-kis** a strong, twilled cloth of this colour, used esp. for uniforms

**khan** (kän) *n.* [< Turki *khān,* lord] 1. *Hist.* a title of Turkish, Tatar, and Mongol rulers 2. a title of honour in Iran, Afghanistan, etc. —**khan′ate** *n.*

**khedive** (kə dēv′) *n.* [< Per. *khidīw,* prince] the title of the Turkish viceroys of Egypt, from 1867 to 1914

**kHz** kilohertz

**kibbutz** (kē bōōts′) *n., pl.* **kibbutzim** (kē′-bōō tsēm′) [ModHeb.] an Israeli collective settlement, esp. a collective farm

**kibosh** (ki′bosh) *n.* [< ?] [Slang] orig., nonsense —**put the kibosh on** to put an end to; veto

**kick** (kik) *vi.* [ME. *kiken*] 1. to strike out with the foot or feet 2. to spring back suddenly, as a gun when fired 3. [Colloq.] to complain 4. *Football* to kick the ball —*vt.* 1. to strike suddenly with the foot or feet 2. to drive, force, etc. as by kicking 3. to score (a goal) by kicking 4. [Slang] to get rid of (a habit) —*n.* 1. a blow with the foot 2. a kicking 3. a sudden recoil 4. [Colloq.] a stimulating effect 5. [Colloq.] [*often pl.*] pleasure; thrill 6. [Slang] a temporary enthusiasm —**kick around** (or **about**) [Colloq.] 1. to treat roughly 2. to move from place to place 3. to lie about unnoticed 4. to discuss —**kick off** 1. to put a football into play with a kick 2. to start (a campaign, etc.) —**kick out** [Colloq.] to get rid of; expel —**kick up** [Colloq.] to cause (trouble, etc.) —**kick upstairs** [Colloq.] to promote to an effectively powerless position

**kickback** *n.* 1. [Colloq.] a sharp reaction 2. [Chiefly U.S. Slang] a sum paid in return for an opportunity to make a profit, often illegally

**kickoff** *n.* 1. the act of kicking off in football 2. the start of a campaign, etc.

**kickstand** *n.* a short metal bar that can be kicked down to hold a stationary cycle upright

**kick starter** a foot-operated lever used for starting motorcycle engines —**kick′-start** *vt., vi.*

**kid** (kid) *n.* [ME. *kide*] 1. a young goat 2. leather from the skin of young goats 3. [Colloq.] a child —***adj.*** 1. made of kidskin **2.** [Colloq.] younger *[my kid sister]* —*vt., vi.* **kid'ded, kid'ding 1.** [Colloq.] to deceive or tease playfully **2.** to give birth to (a kid): said of goats —**kid'der** *n.* —**kid'like', kid'dish** *adj.*

**kiddy, kiddie** *n., pl.* **-dies** [Colloq.] a child

**kid gloves** soft, smooth gloves made of kidskin —**handle with kid gloves** [Colloq.] to treat with care, tact, etc.

**kidnap** (kid'nap') *vt.* **-napped', -nap'ping** [KID + dial. *nap,* nab] **1.** to seize and hold (a person) against his will, often for ransom **2.** to steal (a child) —**kid'nap'per** *n.*

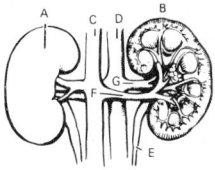


KIDNEYS
(A, right kidney; B, left kidney; C, vena cava; D, aorta; E, ureter; F, renal vein; G, renal artery; left kidney shown in cross section)

**kidney** (kid'nē) *n., pl.* **-neys** [ME. *kidenei*] **1.** either of a pair of glandular organs which separate waste products from the blood and excrete them as urine **2.** an animal kidney, used as food **3.** *a*) temperament *b*) kind

**kidney bean** the kidney-shaped seed of the common garden bean

**kidney machine** a machine which takes over the function of damaged human kidneys

**kidney stone** a hard mineral deposit formed in the kidney

**kill** (kil) *vt.* [ME. *killen*] **1.** to cause the death of **2.** to destroy; put an end to **3.** to defeat or veto (legislation) **4.** turn off (a light, etc.) **5.** to prevent publication of **6.** [Colloq.] to overcome with laughter, chagrin, etc. **7.** [Colloq.] to make feel great pain or exhaustion —*vi.* to destroy life —*n.* **1.** an act of killing **2.** an animal or animals killed **3.** an enemy plane, ship, etc. destroyed—**in at the kill** present at the end of some action —**kill time** to waste time while waiting for an event, appointment, etc. —**kill'er** *n.*

**killer whale** any of several small whales that hunt in packs and prey on large fish, seals, and other whales

**killing** *adj.* **1.** causing death; deadly **2.** exhausting **3.** [Colloq.] very comical —*n.* **1.** slaughter; murder **2.** [Colloq.] a sudden, great profit or success

**kill-joy** *n.* a person who destroys or lessens other people's enjoyment: also **kill'joy'**

**kiln** (kiln) *n.* [< L. *culina,* kitchen] a furnace or oven for drying, burning, or baking something, as bricks, pottery, or grain

**kilo** (kē'lō) *n., pl.* **-los** [Fr.] *short for:* **1.** KILOGRAM **2.** KILOMETRE

**kilo-** [< Gr.] *a combining form meaning* a thousand

**kilocycle** (kil'ə sī'k'l) *n. former name for* KILOHERTZ

**kilogram, kilogramme** (kil'ə gram') *n.* the SI unit of mass

**kilohertz** (kil'ə hurts') *n., pl.* **-hertz'** 1000 hertz

**kilolitre** (kil'ə lēt'ər) *n.* a unit of capacity equal to 1000 litres, or one cubic metre: also U.S. **kil'oli'ter**

**kilometre** (kil'ə mēt'ər) *n.* a unit of length or distance, equal to 1000 metres: also U.S. **kilo'meter** —**kilometric** (kil'ə met'rik) *adj.*

**kiloton** (kil'ə tun') *n.* the explosive force of 1000 tons of TNT

**kilowatt** (kil'ə wot') *n.* a unit of electrical power, equal to 1000 watts

**kilowatt-hour** *n.* a unit of electrical energy or work, equal to one kilowatt acting for one hour

**kilt** (kilt) *n.* [prob. < Scand.] a pleated skirt reaching to the knees; esp., the tartan skirt worn sometimes by men of the Scottish Highlands —*vt.* **1.** [Scot.] to tuck up (a skirt, etc.) **2.** to pleat —**kilt'ed** *adj.*

**kimono** (kə mō'nō) *n., pl.* **-nos** [Jap.] **1.** a loose outer garment with a sash, a traditional Japanese costume **2.** a woman's dressing gown like this

**kin** (kin) *n.* [< OE. *cynn*] relatives; family; kindred —*adj.* related, as by blood

**-kin** (kin) [< MDu.] *a suffix meaning* little *[lambkin]*

**kind** (kīnd) *n.* [< OE. *cynd*] **1.** sort; class **2.** essential character **3.** a natural group or division —*adj.* **1.** sympathetic, gentle, generous, etc. **2.** cordial *[kind regards]* —**in kind 1.** in goods or produce instead of money **2.** with something like that received —**kind of** somewhat; rather —**of a kind 1.** alike **2.** inferior

**kindergarten** (kin'dər gär't'n) *n.* [G., garden of children] a school for young children in which teaching is by means of games, music, simple handicrafts, etc.

**kindhearted** (kīnd'här'tid) *adj.* sympathetic; kindly

**kindle** (kin'd'l) *vt.* **-dled, -dling** [< ON. *kynda*] **1.** to set on fire; ignite **2.** to excite (interest, feelings, etc.) —*vi.* **1.** to catch fire **2.** to become excited

**kindling** (kin'dliŋ) *n.* bits of dry wood or other easily lighted material for starting a fire

**kindly** (kīnd'lē) *adj.* **-lier, -liest 1.** kind **2.** agreeable; pleasant —*adv.* **1.** in a kind way **2.** agreeably **3.** please *[kindly reply]* —**take kindly to 1.** to be naturally attracted to **2.** to accept willingly —**kind'liness** *n.*

**kindness** (kīnd'nis) *n.* **1.** the state, quality, or habit of being kind **2.** kind act or treatment

**kindred** (kin'drid) *adj.* [< OE. *cynn,* kin + *ræden,* condition] of like nature *[kindred* spirits*]* —*n.* **1.** formerly, family relationship **2.** relatives or family; kin

**kine** (kīn) *n.pl.* [< OE. *cy*] [Archaic] cows; cattle

**kinematics** (kin′ə mat′iks) *n.pl.* [*with sing. v.*] [< Gr. *kinēma,* motion] the branch of mechanics dealing with abstract motion, without reference to force or mass —**kin′emat′ic, kin′emat′ical** *adj.*

**kinetic** (kī net′ik) *adj.* [< Gr. *kinein,* to move] **1.** of or resulting from motion **2.** energetic or dynamic

**kinetic art** sculpture or assemblage involving the use of moving parts, sounds, shifting lights, etc.

**kinetics** *n.pl. same as* DYNAMICS (sense 1)

**kinfolk** (kin′fōk′) *n.pl.* [Chiefly U.S.] relatives; kin

**king** (kiŋ) *n.* [OE. *cyning*] **1.** the male ruler of a monarchy **2.** *a*) a man who is supreme in some field *[*an oil *king]* *b*) something supreme in its class **3.** a playing card with a picture of a king on it **4.** *Chess* the chief piece **5.** *Draughts* a piece crowned upon reaching the opponent's base —*adj.* chief (in size, importance, etc.) —**king′ly** *adj.* —**king′ship** *n.*

**King Charles spaniel** a toy breed of spaniel with very long ears and a wavy coat

**kingcup** *n.* **1.** a buttercup **2.** a marsh marigold

**kingdom** *n.* **1.** a country headed by a king or queen; monarchy **2.** a realm; domain *[*the *kingdom* of poetry*]* **3.** any of the three great divisions of things in nature (the animal, vegetable, and mineral kingdoms)

**kingfisher** *n.* a brightly-coloured bird with a crested head, a large, strong beak, and a short tail

**kingklip** (kiŋ′klip) *n.* [< Du.] an edible, eellike marine fish

**king-of-arms** *n.* in Great Britain, any of the chief officers who decide questions of heraldry

**king of beasts** *an epithet for* a lion

**king of birds** *an epithet for* an eagle

**kingpin** *n.* **1.** the metal rod upon which the steering stub axle of a motorcar is pivoted **2.** [Colloq.] the main or essential person or thing

**King's** (or **Queen's**) **Bench** *Law* one of the three divisions of the High Court of Justice

**King's** (or **Queen's**) **Counsel** **1.** in England, an eminent barrister selected to serve as counsel to the Crown **2.** in Canada, an honorary title which may be bestowed by the government on lawyers with long experience

**King's** (or **Queen's**) **English, the** standard (esp. British) English

**king's** (or **queen's**) **evidence** *Law* evidence given for the Crown by a person against his former associates in crime

**king's** (or **queen's**) **highway** **1.** any public road or right of way **2.** [Canad.] a main road maintained by the provincial government

**king-size** *adj.* bigger than normal: also **king′-sized′**

**king's post** *Canad. Hist.* any of the fur-trading and fishing posts in Quebec

**kink** (kiŋk) *n.* [< Scand.] **1.** a twist or curl in a rope, hair, etc. **2.** an eccentricity; quirk **3.** a defect, as in a plan —*vi., vt.* to form or cause to form a kink

**kinky** *adj.* **-ier, -iest** **1.** [Slang] weird, bizarre, etc.; specif., sexually abnormal **2.** full of kinks; tightly curled

**kinsfolk** (kinz′fōk′) *n.pl. var. of* KINFOLK

**kinsman** (kinz′mən) *n.* a relative; esp., a male relative —**kins′wom′an** *n.fem.*

**kiosk** (kē′osk) *n.* [< Fr. < Per. *kūshk,* palace] **1.** a small booth from which newspapers, cigarettes, etc. are sold **2.** a telephone box

**kip** (kip) *n.* [< Dan. *kippe,* low alehouse] [Slang] **1.** sleep **2.** a bed —*vi.* **kipped, kip′ping** [Slang] to sleep

**kipper** (kip′ər) *n.* [< ?] **1.** a kippered herring, salmon, etc. **2.** a male salmon during the spawning season —*vt.* to cure (herring, salmon, etc.) by cleaning, salting, and drying or smoking

**kirk** (kurk) *n.* [Scot. & North Eng.] a church

**kirschwasser** (kēərsh′väs′ər) *n.* [G.] an alcoholic drink distilled from the fermented juice of black cherries: often **kirsch**

**kismet** (kis′met) *n.* [< Ar. *qismah*] fate; destiny

**kiss** (kis) *vt., vi.* [OE. *cyssan*] **1.** to touch or caress with the lips in affection, greeting, etc. **2.** to touch lightly —*n.* a kissing —**kiss′able** *adj.*

**kiss curl** a circular curl of hair on the forehead or cheek

**kisser** *n.* **1.** one who kisses **2.** [Slang] *a*) the mouth *b*) the face

**kiss of life** artificial resuscitation whereby air is blown into the victim's lungs through his mouth by the rescuer

**kist** (kist) *n.* [< Afrik.] [S Afr.] a wooden chest, usually large

**kit** (kit) *n.* [prob. < MDu. *kitte,* a tub] **1.** a set of tools, articles for special use, parts to be assembled, etc. **2.** a container for such equipment, tools, etc. **3.** personal equipment, esp. as packed for travel —*vt., vi.* **kit′ted, kit′ting** to fit out or be fitted out with kit —**the whole kit and caboodle** everybody or everything

**kitbag** *n.* a bag, usually canvas, that holds kit

**kitchen** (kich′ən) *n.* [< L. *coquere,* to cook] a room or place for preparing and cooking food

**kitchen Dutch** [S Afr.] an impoverished form of Afrikaans often mixed with words from other languages, as English

**kitchenette** (kich′ə net′) *n.* a small, compact kitchen

**kitchen garden** a garden in which vegetables, and sometimes fruit, are grown usually for home use

**kitchen Kaffir** [S Afr. Derog.] Fanagalo

**kite** (kīt) *n.* [OE. *cyta*] **1.** a light wooden frame covered with paper or cloth, to be flown in the wind at the end of a string **2.** a bird of the hawk family, with long, pointed wings

**kitemark** the kite-shaped mark on goods approved by the British Standards Institution

**kith** (kith) *n.* [OE. *cyth*] only in **kith and kin,** friends and relatives

**kitsch** (kich) *n.* [G.] pretentious but shallow art, writing, etc., designed for popular appeal —**kitsch'y** *adj.*

**kitten** (kit'n) *n.* [< OFr. dim. of *chat,* cat] a young cat —**to have kittens** [Colloq.] to react with anxiety, shock, etc.

**kittenish** *adj.* playful; frisky; often, playfully coy

**kittiwake** (kit'iwāk') *n.* [echoic] any of several sea gulls of the Arctic and North Atlantic

**kitty** (kit'ē) *n., pl.* **-ties** [prob. < KIT] **1.** in poker, etc., the stakes **2.** any money pooled for some special use

**kiwi** (kē'wē) *n., pl.* **-wis** [Maori] **1.** a tailless New Zealand bird with undeveloped wings, hairlike feathers, and a long bill **2.** [Colloq.] a New Zealander

**kl, kl.** kilolitre; kilolitres

**klaar** (klär) *n.* [< Afrik.] [S Afr.] finish, esp. in the phrase **finish and klaar**

**klaxon** (klak's'n) *n.* a kind of electric horn with a loud, shrill sound

**kleptomania** (klep'tə mā'nē ə) *n.* [< Gr. *kleptēs,* thief + -MANIA] an abnormal, persistent impulse to steal —**klep'toma'niac'** *n.*

**klipspringer** (klip'spriŋ'ər) *n.* [< Afrik. *klip,* rock + *spring,* jump] a small S African antelope inhabiting rocky areas

**kloof** (klōōf) *n.* [< Afrik.] [S Afr.] a mountain pass or valley

**km, km.** kilometre; kilometres

**knack** (nak) *n.* [ME. *knak,* sharp blow] **1.** a clever way of doing something **2.** ability to do something easily

**knacker** (nak'ər) *n.* [< ?] **1.** a person who buys and slaughters worn-out horses **2.** a person who buys and wrecks old houses, etc. and sells their materials —*vt.* [Slang] to exhaust *[he was knackered]*

**knapsack** (nap'sak') *n.* [< Du. *knappen,* eat + *zak,* a sack] a leather or canvas bag for carrying equipment or supplies on the back

**knapweed** (nap'wēd') *n.* [< ME. *knoppe,* knob + *weed*] a hardy perennial with heads of rose-purple flowers

**knave** (nāv) *n.* [OE. *cnafa,* boy] **1.** a deceitful rascal; rogue **2.** a jack (the playing card) —**knav'ish** *adj.*

**knavery** *n., pl.* **-eries** behaviour characteristic of a knave; rascality

**knead** (nēd) *vt.* [OE. *cnedan*] **1.** to work (dough, clay, etc.) into a pliable mass by pressing and squeezing **2.** to massage with similar movements —**knead'er** *n.*

**knee** (nē) *n.* [OE. *cneow*] **1.** the joint between the thigh and the lower leg **2.** the area between this and the thigh, when sitting **3.** anything like a knee, esp. like a bent knee **4.** the part of a stocking, trouser leg, etc. covering the knee —*vt.* **kneed, knee'ing** to hit or touch with the knee —**bring to one's knees** to force to submit

**kneecap** *n.* a movable bone at the front of the knee —*vt.* to shoot through the kneecap as a punishment

**knee-deep** *adj.* **1.** sunk to the knees, as in water **2.** so deep as to reach the knees

**knee-high** *adj.* so high or tall as to reach to the knees

**kneel** (nēl) *vi.* **knelt, kneel'ing** [< OE. *cneow,* knee] to bend or rest on a knee or the knees —**kneel'er** *n.*

**knell** (nel) *vi.* [OE. *cnyllan*] to ring in a slow, solemn way; toll —*n.* **1.** the sound of a tolling bell **2.** an omen of death, failure, etc.

**knelt** (nelt) *pt. and pp. of* KNEEL

**knew** (nyōō) *pt. of* KNOW

**knickerbockers** (nik'ər bok'ərz) *n.pl.* [< fictitious author of W. Irving's *History of New York*] short, loose trousers gathered just below the knees

**knickers** (nik'ərz) *n.pl.* [contr. < prec.] a woman's undergarment covering the lower trunk

**knickknack** (nik'nak') *n.* [< KNACK] a small ornamental article or contrivance

**knife** (nīf) *n., pl.* **knives** [OE. *cnif*] **1.** a cutting or stabbing instrument with a sharp blade set in a handle **2.** a cutting blade, as in a machine —*vt.* **knifed, knif'ing** to cut or stab with a knife —**have one's knife into someone** to have a grudge against or victimize someone —**under the knife** [Colloq.] undergoing surgery

**knife-edge** *n.* a metal wedge whose fine edge serves as the fulcrum for a scale beam, pendulum, etc.

**knight** (nīt) *n.* [OE. *cniht,* boy] **1.** *Hist.* a man formally raised to honourable military rank and pledged to chivalrous conduct **2.** in Britain, a man who for some achievement is given honorary nonhereditary rank next below a baronet, entitling him to use *Sir* before his Christian name **3.** [*usually* **K-**] a member of any society that officially calls its members *knights* **4.** [Poet.] a lady's devoted champion or attendant **5.** *Chess* a piece typically shaped like a horse's head —*vt.* to make (a man) a knight

**knight-errant** (nīt'er'ənt) *n., pl.* **knights'-er'rant** **1.** a medieval knight wandering in search of adventure **2.** a chivalrous or quixotic person —**knight'-er'rantry** *n.*

**knighthood** *n.* **1.** the rank or vocation of a knight **2.** knightly conduct **3.** knights collectively

**knightly** *adj.* like a knight; chivalrous, brave, etc.

**knit** (nit) *vt., vi.* **knit'ted** or **knit, knit'ting** [< OE. *cnotta,* knot] **1.** to make (cloth or clothing) by looping yarn or thread together with special needles **2.** to join closely and firmly **3.** to draw (the brows) together —**knit'ter** *n.*

**knitting** *n.* knitted work

**knitting needle** an eyeless, long needle used in pairs, etc. in knitting by hand

**knitwear** *n.* knitted clothing

**knives** (nīvz) *n. pl. of* KNIFE

**knob** (nob) *n.* [< MLowG. *knobbe,* knot] **1.** a rounded lump or protuberance **2.** a handle, usually round, of a door, drawer, etc. —**with knobs on** [Slang] that, and more: usually ironic —**knob'by** *adj.*

**knobkierie** (nob'ker'ē) *n.* [< Afrik. *knopkierie*] [S Afr.] a stick with a knob at one end used as a club or missile

**knock** (nok) *vi.* [OE. *cnocian*] **1.** to strike a blow, as with the fist; esp., to rap on a door **2.** to bump; collide **3.** to make a thumping noise, as an engine —*vt.* **1.** to hit; strike **2.** to make by hitting **3.** [Colloq.] to find fault with —*n.* **1.** a knocking **2.** a sharp blow; rap, as on a door **3.** a thumping noise, as in an engine **4.** [Colloq.] a misfortune or trouble —**knock about** (or **around**) [Colloq.] **1.** to wander about **2.** to treat roughly —**knock back** [Slang] to drink or eat —**knock down** **1.** to strike down **2.** to take apart **3.** to indicate the sale of at an auction **4.** [Colloq.] to reduce (a price) —**knock off** **1.** [Colloq.] to stop working **2.** [Colloq.] to deduct **3.** [Colloq.] to make or do hastily or easily **4.** [Slang] to kill **5.** [Slang] to steal —**knock on** *Rugby* to play the ball forward with the hand or arm —**knock out** **1.** to make unconscious or exhausted **2.** to defeat, destroy, etc. —**knock sideways** [Colloq.] to disconcert sharply —**knock together** to make or compose hastily or crudely —**knock up** **1.** to wake (someone) as by knocking at the door **2.** [U.S. Slang] to make pregnant

**knockabout** *adj.* rough; noisy; boisterous

**knockdown** *adj.* **1.** overwhelming **2.** made so as to be easily taken apart **3.** very low: said of prices

**knocker** *n.* a small metal ring, knob, etc. on a door, for knocking

**knock-knee** *n.* a condition in which the legs bend inward at the knees —**knock'-kneed'** *adj.*

**knockout** *adj.* that knocks out, as a blow —*n.* **1.** a competition in which various competitors are eliminated progressively **2.** *Boxing* a victory won when the opponent is knocked down and cannot rise before an official count of ten **3.** [Slang] a very attractive or striking person or thing

**knoll** (nōl) *n.* [OE. *cnoll*] a hillock; mound

**knot**[1] (not) *n.* [OE. *cnotta*] **1.** a lump in a thread, etc., as formed by a tangle **2.** a fastening made by tying together pieces of string, rope, etc. **3.** an ornamental bow of ribbon, etc. **4.** a small group or cluster **5.** something that ties closely; esp., the bond of marriage **6.** a problem; difficulty **7.** a hard lump on a tree where a branch grows out, or a cross section of such a lump in a board **8.** *Naut.* a unit of speed of one nautical mile (1852 m) an hour —*vt.* **knot'ted, knot'ting** **1.** to tie with a knot **2.** to entangle —*vi.* **1.** to form a knot or knots **2.** to make knots for fringe —**get knotted** [Slang] an expression of disapproval or rejection —**tie the knot** [Colloq.] to get married —**knot'ted** *adj.*

**knot**[2] *n.* [< ?] a small grey northern sandpiper

**knotgrass** *n.* a common weed with slender stems and narrow leaves: also **knot'weed'**

**knothole** *n.* a hole in a board, etc. where a knot has fallen out

**knotty** *adj.* **-tier, -tiest** **1.** full of knots **2.** hard to solve; puzzling [a *knotty* problem] —**knot'tiness** *n.*

**know** (nō) *vt.* **knew, known, know'ing** [OE. *cnawan*] **1.** to be well informed about **2.** to be aware of [to *know* that one is loved] **3.** to have securely in the memory [the actor *knows* his lines] **4.** to be acquainted with **5.** to have understanding of or skill in [to *know* music] **6.** to recognize [I'd *know* that face anywhere] **7.** to distinguish [to *know* right from wrong] —*vi.* **1.** to have knowledge **2.** to be sure or aware —**in the know** [Colloq.] having confidential information —**know what's what** to be very shrewd and wide-awake

**know-all** *n.* [Colloq.] a conceited person who thinks he knows everything

**know-how** *n.* knowledge of how to do something well; technical skill

**knowing** *adj.* **1.** having knowledge **2.** shrewd; clever **3.** implying shrewd understanding or secret knowledge [a *knowing* look] **4.** deliberate —**know'ingly** *adv.*

**knowledge** (nol'ij) *n.* **1.** the body of facts, principles, etc. accumulated by mankind **2.** the fact or state of knowing **3.** range of information or understanding **4.** what is known; learning —**to (the best of) one's knowledge** as far as one knows

**knowledgeable** *adj.* having or showing knowledge or intelligence —**knowl'edgeably** *adv.*

**known** (nōn) *pp. of* KNOW

**knuckle** (nuk''l) *n.* [< MDu. & MLowG. *knokel,* little bone] **1.** a joint of the finger; esp., the joint connecting a finger to the rest of the hand **2.** the knee or hock joint of an animal, used as food —*vt.* **-led, -ling** to strike or touch with the knuckles —**knuckle down** to work energetically or seriously —**knuckle under** to yield; give in —**near the knuckle** [Colloq.] almost indecent

**knuckle-duster** *n.* linked metal rings or a metal bar with finger holes, worn for rough fighting

**knurl** (nurl) *n.* [prob. < ME. *knur,* knot + GNARL] any of a series of small beads or ridges, as along the edge of a coin —**knurled** *adj.*

**KO** (kā'ō') *vt.* **KO'd, KO'ing** [Slang] *Boxing* to knock out —*n., pl.* **KO's** [Slang] *Boxing* a knockout Also **K.O., k.o.**

KOALA
(70-90 cm long)

**koala** (kō ä′lə) *n.* [< Abor.] an Australian, tree-dwelling marsupial with thick, grey fur

**koeksister** (kook′sist′ər) *n.* [< Afrik.] [S Afr.] a small cake of sweetened dough, usually dipped in syrup

**kohl** (kōl) *n.* [Ar. *kuhl*] a cosmetic preparation used, esp. in Eastern countries, for eye makeup

**kohlrabi** (kōl′rä′bē) *n., pl.* **-bies** [G. < It. *cavolo rapa*] a garden vegetable with an edible bulbous stem

**kokanee** (kō kan′ē) *n.* [< *Kokanee* Creek, British Columbia] a landlocked salmon of N American lakes

**kola** (kō′lə) *n. alt. sp. of* COLA

**kolinsky** (kə lin′skē) *n., pl.* **-skies** [< Russ.] **1.** any of several weasels of Asia **2.** the golden-brown fur of such a weasel

**kolkhoz** (kol hôz′) *n.* [Russ.] a collective farm in the Soviet Union

**komatik** (kō′mat ik) *n.* [< Eskimo] a sledge with wooden runners, used by Eskimos

**kook** (kōōk) *n.* [< ? *cuckoo*] [U.S. Slang] a person regarded as eccentric, crazy, etc. —**kook′y, kook′ie** *adj.*

**kookaburra** (kook′ə bur′ə) *n.* [< Abor.] an Australian kingfisher with an abrupt, harsh cry suggestive of loud laughter: also **laughing jackass**

**kopeck, kopek** (kō′pek) *n.* [< Russ.] a monetary unit of U.S.S.R.: equal to 1/100 of a ruble

**kopje** (kop′ē) *n.* [Afrik.] in South Africa, a small hill: also **koppie**

**Koran** (ko rän′) *n.* [< Ar. *qur'ān,* book] the sacred book of the Moslems: its contents are reported revelations made to Mohammed by Allah

**Korean** (kə rē′ən) *adj.* of Korea, its people, etc. —*n.* **1.** a native of Korea **2.** the language of the Koreans

**kosher** (kō′shər) *adj.* [Heb. *kāshēr,* proper] **1.** *Judaism a*) clean or fit to eat according to the dietary laws *b*) dealing in such food **2.** [Slang] all right, proper, etc. —*n.* kosher food

**kowtow** (kou′tou′) *n.* [Chin. *k'o-t'ou,* knock head] the act of kneeling and touching the ground with the forehead to show great deference, etc. —*vi.* **1.** to make a kowtow **2.** to show submissive respect (*to*)

**Kr** *Chem.* krypton

**kraal** (kräl) *n.* [Afrik. < Port. *curral*] in South Africa: **1.** a village, usually surrounded by a stockade **2.** a fenced enclosure for cattle or sheep

**krans** (kräns) *n.* [< Afrik.] [S Afr.] a cliff

**kremlin** (krem′lin) *n.* [< Russ. *kreml′*] in Russia, the citadel of a city, esp. of Moscow —**the Kremlin** the government of the Soviet Union

**krill** (kril) *n., pl.* **krill** [Norw. *kril,* young fry (of fish)] a small, shrimplike crustacean

**kris** (krēs) *n.* [Malay] a Malay dagger with a wavy blade

**krona** (krō′nə) *n., pl.* **-nor** (-nôr) [Sw. < L. *corona,* crown] the monetary unit of Sweden

**krone** (krō′nə) *n. pl.* **-ner** [Dan. < L. *corona,* crown] the monetary unit of Denmark or Norway

**krypton** (krip′ton) *n.* [< Gr. *kryptein,* to hide] a rare, inert, gaseous chemical element: symbol, Kr

**Kt** *Chess* knight

**kudos** (kyōō′dos) *n.* [Gr. *kydos,* glory] praise for an achievement; glory; fame

**kudu** (kōō′dōō) *n.* [< Afrik.] a spiral-horned African antelope

**Ku Klux Klan** (kyōō′kluks′klan) [< Gr. *kyklos,* circle] [U.S.] a secret, terrorist society that is anti-Negro, anti-Semitic, anti-Catholic, etc.

**kukri** (kooʼkri) *n.* [Hindi] a short, curved, Gurkha knife

**kulak** (kōō′läk) *n.* [< Russ., fist] a well-to-do farmer in Russia who opposed the Soviet collectivization of the land

**kümmel** (koom′l) *n.* [G., caraway] a colourless liqueur flavoured with caraway seeds, anise, cumin, etc.

**kumquat** (kum′kwot) *n.* [< Chin. *chin-chü,* golden orange] a small, orange-coloured, oval fruit, with a sour pulp and a sweet rind, used in preserves

**kung fu** (kuŋ′fōō′) [< Chin.] a Chinese system of self-defence, like karate but emphasizing circular movements

**KW** kilowatt; kilowatts

**kwashiorkor** (kwa′shē ôr′kər) *n.* [< name in Ghana] a severe disease of young children, caused by a deficient diet

**kwedien** (kwe′dēn′) *n.* [< Xhosa] [S Afr.] a young African boy

**kwh, K.W.H., kw.-hr., kw-hr** kilowatt-hour

**kyle** (kīl) *n.* [Gael. *caol*] a narrow strait

# L

**L, l** (el) *n., pl.* **L's, l's** the twelfth letter of the English alphabet

**L** (el) *n., pl.* **L's** **1.** an object shaped like **L** **2.** a Roman numeral for 50

**L.** **1.** Latin **2.** Learner (driver)

**L., l.** **1.** line **2.** left **3.** *pl.* **LL., ll.** line **4.** [L. *libra,* pl. *librae*] pound(s)

**l** litre

**£** pounds (sterling)

**la** (lä) *n.* [see GAMUT] *Music* a syllable representing the sixth tone of the diatonic scale

**La** *Chem.* lanthanum

**laager** (lä'gər) *n.* [< Afrik.] [S Afr.] an encampment surrounded by wagons for defence

**lab** (lab) *n.* [Colloq.] a laboratory

**Lab.** **1.** Labour **2.** Labrador

**label** (lā'b'l) *n.* [OFr., a rag] **1.** a card, paper, etc. marked and attached to an object to indicate its contents, ownership, etc. **2.** a convenient generalized classification for a person, group, etc. —*vt.* **-belled, -belling** **1.** to attach a label to **2.** to classify as; describe

**labial** (lā'bē əl) *adj.* [< L. *labium,* lip] **1.** of the lips **2.** *Phonet.* formed mainly with the lips, as *b, m,* and *p* —*n.* a labial sound —**la'bially** *adv.*

**labiate** (lā'bē it) *adj.* [< L. *labium,* lip] **1.** formed like a lip **2.** having a lip or lips

**labium** (lā'bē əm) *n., pl.* **-bia** [L., a lip] *Anat., Bot.,* etc. a lip or liplike organ

**laboratory** (lə bor'ə tər ē) *n., pl.* **-ries** [see LABOUR] **1.** a room or building for scientific experimentation or research **2.** a place for preparing chemicals, drugs, etc.

**laborious** (lə bôr'ē əs) *adj.* **1.** involving much hard work; difficult **2.** hard-working —**labo'riously** *adv.*

**labour** (lā'bər) *n.* [< L. *labor*] **1.** physical or mental exertion; work **2.** a specific task **3.** *a*) all wage-earning workers as a group *b*) all manual workers **4.** trade unions collectively **5.** [**L-**] *same as* LABOUR PARTY **6.** *Med.* the process of giving birth to a child —*vi.* **1.** to work **2.** to work hard **3.** to move slowly and with difficulty **4.** to be burdened (with *under*) —*vt.* to develop in too great detail U.S. sp. **la'bor**

**Labour Day** a public holiday in honour of labour, held in many countries on May 1st, but in US and Canada on the first Monday in September

**laboured** *adj.* made or done with great effort; strained

**labourer** *n.* one who labours; esp., a wage-earning worker whose work involves physical exertion

**Labour Exchange** formerly, a government office set up locally to help the unemployed find work: also **employment exchange**

**labour party** **1.** a political party organized to protect and further the rights of workers **2.** [**L- P-**] such a party in Great Britain

**labour-saving** *adj.* eliminating or lessening physical labour [*labour-saving appliances*]

**Labrador retriever** (lab'rə dôr') a breed of dog having a black or yellow coat of short, thick hair

**laburnum** (lə bur'nəm) *n.* [L.] a small poisonous tree or shrub with drooping racemes of yellow flowers

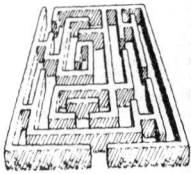

LABYRINTH

**labyrinth** (lab'ə rinth') *n.* [< Gr *labyrinthos*] **1.** a structure containing an intricate network of winding passages hard to follow without losing one's way; maze **2.** a complicated arrangement; condition, etc. **3.** *Anat.* the inner ear —**lab'yrin'thine** (-rin'thīn) *adj.*

**lac** (lak) *n.* [< Hindi < Sans. *lākṣā*] a resinous substance secreted on various trees in S Asia by a scale insect: source of shellac **2.** *same as* LAKH

**lace** (lās) *n.* [< L. *laqueus,* noose] a string, etc. used to draw together and fasten the parts of a shoe, corset, etc. **2.** an openwork fabric of linen, silk, etc. woven in ornamental designs —*vt.* **laced, lac'ing** **1.** to fasten with a lace **2.** to weave together; intertwine **3.** to ornament with lace **4.** to thrash; beat **5.** to add a dash of brandy, etc. to —*vi.* **1.** to be fastened with a lace **2.** to attack (with *into*)

**lacerate** (las'ə rāt') *vt.* **-at'ed, -at'ing** [< L. *lacer,* mangled] **1.** to tear jaggedly; mangle **2.** to hurt (one's feelings, etc.) deeply —**lac'era'tion** *n.*

**lacework** (lās'wurk') *n.* lace, or any openwork decoration like lace

**lachrymal** (lak'rə məl) *adj.* [< L. *lacrima* TEAR²] **1.** of or producing tears **2.** *same as* LACRIMAL (sense 1)

**lachrymose** (lak'rə mōs') *adj.* [< L

*lacrima,* TEAR[2]] **1.** inclined to shed tears **2.** causing tears

**lacing** (lās′iŋ) *n.* **1.** the act of a person who laces **2.** a beating **3.** gold or silver braid used to trim a uniform

**lack** (lak) *n.* [< MDu. *lak*] **1.** the fact or condition of not having enough or not having any **2.** the thing that is needed —*vi.* to be wanting or missing —*vt.* to be deficient in or entirely without

**lackadaisical** (lak′ə dā′zi k′l) *adj.* [ult. < *alack the day*] showing lack of interest or spirit; listless

**lackey** (lak′ē) *n., pl.* **-eys** [< Sp. *lacayo*] **1.** a servile follower **2.** a male servant of low rank —*vt., vi.* **-eyed, -eying** to serve as a lackey

**lacklustre** (lak′lus′tər) *adj.* lacking brightness; dull

**laconic** (lə kon′ik) *adj.* [< Gr. *Lakōn,* a Spartan] terse in expression; using few words —**lacon′ically** *adv.*

**lacquer** (lak′ər) *n.* [< Port. *laca,* gum lac] **1.** a coating substance of natural or synthetic resins, dissolved in a solvent that evaporates rapidly **2.** a natural resin varnish obtained from certain trees in China and Japan, or woodenware coated with it —*vt.* to coat with or as with lacquer —**lac′querer** *n.*

**lacrimal** (lak′rə məl) *adj.* **1.** *Anat.* of or near the glands that secrete tears **2.** *same as* LACHRYMAL (sense 1)

LACROSSE

**lacrosse** (lə kros′) *n.* [< Fr. *la,* the + *crosse,* a crutch] a ball game in which two teams use long-handled, pouched rackets, or **lacrosse sticks**

**lactate** (lak′tāt) *vi.* **-tated, -tating** [< L. *lac,* milk] to secrete milk —*n.* any salt or ester of lactic acid

**lactation** (lak tā′shən) *n.* **1.** the secretion of milk by a mammary gland **2.** the period during which milk is secreted

**lacteal** (lak′tē əl) *adj.* [< L. *lac,* milk] **1.** of or like milk; milky **2.** containing or carrying chyle —*n.* any of the lymphatic vessels that carry chyle from the small intestine to the blood

**lactic** (lak′tik) *adj.* [see LACTATE] of or obtained from milk

**lactic acid** a clear, syrupy acid formed when milk sours

**lactose** (lak′tōs) *n.* [see LACTATE] a white, crystalline sugar found in milk

**lacuna** (lə kyōō′nə) *n., pl.* **-nas, -nae** (-nē) [L., a ditch] a space where something has been omitted or has come out; missing part; gap; hiatus

**lacy** (lā′sē) *adj.* **-ier, -iest** of or like lace

**lad** (lad) *n.* [ME. *ladde*] **1.** a boy or youth **2.** [Colloq.] any man; fellow: familiar term

**ladder** (lad′ər) *n.* [OE. *hlæder*] **1.** a framework of two parallel sidepieces connected by rungs for use in climbing up or down **2.** any means of climbing [the *ladder* of success] **3.** a vertical break in a knitted fabric, esp. in a stocking —*vt., vi.* to cause to have a ladder (*n.* 3)

**ladder back** a type of chair in which the back is constructed of horizontal slats between two uprights

**laddie** (lad′ē) *n.* [Chiefly Scot.] a young lad

**lade** (lād) *vt., vi.* **lad′ed, lad′ed** or **lad′en, lad′ing** [OE. *hladan*] **1.** to load **2.** to bail; ladle

**laden** *alt. pp. of* LADE —*adj.* **1.** loaded **2.** burdened; afflicted [*laden* with sorrow]

**la-di-da, la-de-da** (lä′dē dä′) *adj.* [Colloq.] affected in speech, manners, etc.; pretentiously refined

**Ladies** (lā′dēz) *n.pl.* [*with sing. v.*] a women's public toilet

**lading** (lā′diŋ) *n.* a load; cargo; freight

**ladle** (lā′d'l) *n.* [OE. *hlædel*] a long-handled, cuplike spoon for dipping out liquids —*vt.* **-dled, -dling** to dip out or carry with or as with a ladle —**ladle out** to distribute lavishly

**lady** (lā′dē) *n., pl.* **-dies** [< OE. *hlaf,* loaf + base of *dæge,* kneader] **1.** *a*) a woman of high social position *b*) a woman who is polite, refined, etc. **2.** any woman **3.** [**L-**] the Virgin Mary (usually with *Our*) **4.** [**L-**] in Great Britain, the title given to women of certain ranks —*adj.* female

**ladybird** *n.* a small, roundish beetle with a spotted back, that feeds chiefly on insect pests

**Lady Day** *same as* ANNUNCIATION (sense 2*b*)

**lady-in-waiting** *n., pl.* **la′dies-in-wait′ing** a woman attending, or waiting upon, a queen or princess

**lady-killer** *n.* a man who behaves towards women as if he were irresistible to them

**ladylike** *adj.* like or suitable for a lady; refined

**lady's finger** *another name for* BHINDI

**ladyship** *n.* the rank or position of a lady: used in speaking to or of a woman having the title of *Lady,* always preceded by *your* or *her*

**lady's-slipper** *n.* an orchid with reddish or purple flowers: the pink variety, or moccasin flower, is the floral emblem of Prince Edward Island

**laevo-** (lē′vō) [< L. *laevus,* left] *a combining form meaning* towards or on the left-hand side

**lag**[1] (lag) *vi.* **lagged, lag′ging** [? akin to MDan. *lakke,* go slowly] **1.** to fall, move, or stay behind **2.** to wane —*n.* **1.** a falling behind or being retarded **2.** the amount of this —**lag′ger** *n.*

**lag**[2] *vt.* **lagged, lag'ging** [prob. < Scand.] to cover a boiler, cylinder, etc., with insulating material —*n.* a narrow strip of insulating material

**lag**[3] *n.* [< ?] [Colloq.] a convict or ex-convict

**lager (beer)** (lä'gər) [G. *Lagerbier,* storehouse beer] a beer which is stored for several months for aging after it has been brewed

**laggard** (lag'ərd) *n.* [< LAG[1]] a slow person, esp. one who is always falling behind —*adj.* slow or late in doing things —**lag'gardly** *adv., adj.*

**lagging** (lag'iŋ) *n.* [< LAG[2]] insulating material wrapped around pipes, etc., to prevent loss of heat

**lagoon** (lə gōōn') *n.* [< L. *lacuna,* lake] 1. the water enclosed by a coral reef or separated from the sea by dunes 2. a shallow lake or pond, esp. one connected with a larger body of water

**lah** (lä) *n.* *same as* LA

**laid** (lād) *pt. & pp. of* LAY[1]

**laid paper** paper having evenly spaced parallel lines water-marked in it

**lain** (lān) *pp. of* LIE[1]

**lair** (lāər) *n.* [OE. *leger*] the resting place of a wild animal

**laird** (lāərd) *n.* [Scot. form of LORD] in Scotland, a landowner, esp. a wealthy one

**lairiness** (lāər'i nis) *n.* [Aust.] crude behaviour

**laissez faire** (les'ā fāər') [Fr., let do] noninterference; specif., the policy of letting industry and business operate without governmental regulation

**laity** (lā'ə tē) *n., pl.* **-ties** [< LAY[3]] all the people not included among the clergy; laymen collectively

**lake**[1] (lāk) *n.* [< L. *lacus,* lake] a large, inland body of water, usually fresh water

**lake**[2] *n.* [see LAC] 1. a dark-red pigment prepared from cochineal 2. its colour

**Lake District** (or **Country**) lake & mountain region in NW England: also called **the Lakes, Lake'land'**

**lake trout** a yellow-spotted char of the Great Lakes region of Canada

**lakh** (läk) *n.* [< Hindi] in India and Pakistan, the sum of 100 000: said specifically of rupees

**lam** (lam) *vt., vi.* **lammed, lam'ming** [< Scand.] [Slang] to beat; thrash; flog

**Lam.** Lamentations

**lama** (lä'mə) *n.* [Tibetan *blama*] a Buddhist priest or monk in Lamaism

**Lamaism** *n.* a form of Buddhism found in C Asia —**La'maist** *adj., n.* —**La'mais'tic** *adj.*

**lamb** (lam) *n.* [OE.] 1. a young sheep 2. its flesh used as food 3. lambskin 4. a gentle, innocent, or gullible person —*vi.* to give birth: said of a ewe —**the Lamb** Jesus

**lambaste** (lam bāst') *vt.* **-bast'ed, -bast'ing** [LAM + BASTE[3]] 1. to beat soundly 2. to scold severely

**lambda** (lam'də) *n.* the eleventh letter of the Greek alphabet (Λ, λ)

**lambent** (lam'bənt) *adj.* [< L. *lambere,* to lick] 1. playing lightly over a surfa 2. softly glowing 3. light and grace —**lam'bency** *n.* —**lam'bently** *adv.*

**lambkin** (lam'kin) *n.* a little lamb

**lambskin** (lam'skin') *n.* 1. the skin a lamb, esp. with the fleece left on 2. leather made from this

**lamb's tail** *another name for* CATKIN

**lamb's wool** soft, fine wool: also **lambs wool**

**lame** (lām) *adj.* [OE. *lama*] 1. cripple esp., having an injured leg or foot th causes a limp 2. stiff and painful poor, ineffectual, etc. [a *lame* excus —*vt.* **lamed, lam'ing** to make lan —**lame'ly** *adv.*

**lamé** (lä'mā) *n.* [< Fr. *lame,* metal plat a cloth interwoven with metallic threa

**lame duck** a disabled, ineffectual, helpless person or thing

**lament** (lə ment') *vi., vt.* [< L. *lamentu* wailing] to feel or express deep sorr (for); mourn —*n.* 1. a lamentation; w 2. an elegy or dirge —**lam'entable** (lam *adj.* —**lam'enta'tion** *n.*

**lamented** *adj.* mourned for: usually sa of someone dead —**lament'edly** *adv.*

**lamina** (lam'ə nə) *n., pl.* **-nae'** (-nē'), **-n** [L.] a thin flake, scale, or layer —**lam nar** *adj.*

**laminate** (lam'ə nāt') *vt.* **-nat'ed, -nat ing** 1. to press into a thin sheet to separate into or cover with thin laye 3. to make by building up in layers — something made by laminating —**lam'in ble** *adj.* —**lam'ina'tion** *n.*

**laminated** *adj.* composed of or built thin sheets or layers, as of fabric, woo plastic, etc., that have been bonded pressed together

**Lammas** (lam'əs) *n.* [< OE. *hlammæs* bread feast] 1. a harvest festival forme held on August 1 2. this day (**Lamm Day**) or this time (**Lam'mastide'**) of the ye

**lamp** (lamp) *n.* [< Gr. *lampein,* shin 1. any device for producing light therapeutic rays 2. a container with wick for burning oil, etc. to produce lig or heat

**lampblack** *n.* fine soot used as a pigme in paint, ink, etc.

**lamplighter** *n.* formerly, a person w lit and extinguished gas street lamps

**lampoon** (lam pōōn') *n.* [< Fr. *lampo* let us drink (refrain in a drinking song a piece of strongly satirical writing, usua attacking or ridiculing someone —*vt.* attack in a lampoon —**lampoon'er, la poon'ist** *n.*

**lamppost** *n.* a post supporting a stre lamp

**lamprey** (lam'prē) *n., pl.* **-preys** [M *lampreda*] an eellike parasitic fish w a funnel-shaped, jawless, sucking mou it preys on other fish

**lampshade** *n.* an ornamental coveri for an electric, gas, or oil lamp, ma of glass, fabric, etc.

**Lancastrian** (laŋ kas'trē ən) *adj.* Lancashire or Lancaster —*n.* a support of the house of Lancaster during the Wars of the Roses

**lance** (lăns) *n.* [< L. *lancea*] **1.** a thrusting weapon consisting of a long wooden shaft with a sharp metal head **2.** a lancer **3.** any sharp instrument like a lance **4.** a surgical lancet —*vt.* **lanced, lanc'ing** **1.** to cut open as with a lancet **2.** to attack with a lance

**lance corporal** *see* MILITARY RANKS, table

**lanceolate** (lăn'sē ə lət) *adj.* [< LL. *lanceola,* little lance] tapering like the head of a lance, as certain leaves

**lancer** (lăn'sər) *n.* a cavalry soldier armed with a lance

**lancers** *n.pl.* [*with sing. v.*] [< LANCE] **1.** a 19th-cent. quadrille **2.** music for this

**lancet** (lăn'sit) *n.* [< OFr. dim. of *lance,* lance] a small, pointed surgical knife, usually two-edged

**Lancs.** Lancashire

**land** (land) *n.* [OE.] **1.** the solid part of the earth's surface not covered by water **2.** a country, region, or nation **3.** ground or soil **4.** ground considered as property **5.** rural regions —*vt.* **1.** to set on shore from a ship **2.** to bring into a particular place **3.** to set (an aircraft) down on land or water **4.** to catch (a fish, etc.) **5.** [Colloq.] to get or win [*to land* a job] **6.** [Colloq.] to deliver (a blow) —*vi.* **1.** to leave a ship and go on shore **2.** to come to a port: said of a ship **3.** to arrive at a specified place [*to land up* at home] **4.** to alight or come to rest, as after a flight, jump, or fall **5.** in Canada, to be legally admitted to the country as an immigrant, or **landed immigrant**

**land agent** a person employed by an estate-owner to collect rents, let farms, etc.

**landau** (lan'dô) *n.* [< *Landau,* Germany] a four-wheeled carriage with the top in two sections

**landed** (lan'did) *adj.* **1.** owning land [*landed* gentry] **2.** consisting of land or real estate [a *landed* estate]

**landfall** *n.* **1.** a sighting of land from a ship at sea **2.** the land sighted **3.** a landing by ship or aircraft

**land-girl** *n.* a member of the Women's Land Army recruited to replace agricultural workers in wartime

**landgrave** (land'grāv') *n.* [< G. *Land,* land + *Graf,* a count] in medieval Germany, a count

**landholder** *n.* an owner or occupant of land

**landing** *n.* **1.** the act of coming to shore **2.** a platform at the end of a flight of stairs **3.** the act of alighting, as after a flight, jump, or fall

**landing field** a field with a smooth surface to enable aircraft to land and take off easily

**landing gear** the undercarriage of an aircraft, including wheels, pontoons, etc.

**landlady** *n., pl.* **-dies** a woman landlord

**landless** *adj.* not owning land

**landlocked** *adj.* entirely or almost entirely surrounded by land, as a bay or a country

**landlord** *n.* **1.** one who rents or leases land, houses, etc. to others **2.** a man who keeps an inn, etc.

**landlubber** (land'lub'ər) *n.* a person who has had little experience at sea, and is awkward aboard a ship

**landmark** *n.* **1.** any prominent feature of the landscape marking a locality **2.** an important event in the development of something **3.** an object used to mark the boundary of a piece of land

**landmass** *n.* a very large area of land

**land mine** an explosive charge hidden under the surface of the ground and detonated by pressure upon it

**landowner** *n.* one who owns land —**land'own'ership** *n.* —**land'own'ing** *adj., n.*

**Landrost** (lan'drost, lant'-) *n.* [< Afrik. *landros*] *S Afr. Hist.* the chief magistrate of a district

**landscape** (land'skāp') *n.* [< Du. *land,* land + *-schap,* -SHIP] **1.** an expanse of natural scenery seen in one view **2.** a picture representing natural, inland scenery —*vt.* **-scaped', -scap'ing** to change the natural features of (a plot of ground) so as to make it more attractive

**landscape gardening** the art or work of arranging lawns, trees, etc. on a plot of ground to make it more attractive —**landscape gardener**

**landslide** *n.* **1.** the sliding of a mass of rocks or earth down a slope **2.** the mass sliding down **3.** an overwhelming victory in an election

**landslip** *n.* *same as* LANDSLIDE (senses 1 & 2)

**landward** (land'wərd) *adv.* towards the land: also **land'wards** —*adj.* situated or facing towards the land

**lane** (lān) *n.* [OE. *lanu*] **1.** a narrow country road or city street **2.** any narrow way, as an opening in a crowd **3.** a marked strip of road wide enough for a single line of cars, etc. **4.** any of the parallel courses marked off for contestants in a race **5.** a designated path for ships and aircraft

**lang.** language

**language** (laŋ'gwij) *n.* [< L. *lingua,* tongue] **1.** *a*) human speech *b*) the vocal sounds used in speech, or the written symbols for them **2.** *a*) any means of communicating *b*) a special set of symbols, rules, etc. used for transmitting information, as in a computer **3.** the speech of a particular nation, tribe, etc.

**language laboratory** a room equipped with tape recorders, etc., where language skills are developed

**languid** (laŋ'gwid) *adj.* [< L. *languere,* be faint] **1.** without vigour or vitality; weak **2.** listless **3.** sluggish; slow —**lan'guidly** *adv.*

**languish** (laŋ'gwish) *vi.* [see prec.] **1.** to become weak; droop **2.** to live under distressing conditions **3.** to become slack or dull **4.** to pine **5.** to put on a wistful air —**lan'guisher** *n.* —**lan'guishing** *adj.*

**languor** (laŋ'gər) *n.* [see LANGUID] **1.**

a lack of vigour or vitality **2.** listlessness **3.** tenderness of mood or feeling —**lan′guorous** *adj.*

**lank** (laŋk) *adj.* [OE. *hlanc*] **1.** long and slender; lean **2.** straight and limp: said of hair —**lank′ness** *n.*

**lanky** *adj.* **-ier, -iest** awkwardly tall and lean or long and slender —**lank′iness** *n.*

**lanolin** (lan′ō lin) *n.* [< L. *lana,* wool + *oleum,* oil] a fatty substance obtained from sheep wool and used in ointments, cosmetics, etc.

**lantern** (lan′tərn) *n.* [< Gr. *lampein,* to shine] **1.** a transparent case holding a light and protecting it from wind and weather **2.** the room containing the lamp at the top of a lighthouse

**lantern jaws** long, thin jaws, with sunken cheeks, that give the face a gaunt look —**lan′tern-jawed′** *adj.*

**lanthanide series** (lan′thə nīd′) [< ff.] the rare-earth group of chemical elements from element 57 (lanthanum) to element 71 (lutetium)

**lanthanum** (lan′thə nəm) *n.* [< Gr. *lanthanein,* be concealed] a silvery, metallic chemical element of the rare-earth group: symbol, La

**lanyard** (lan′yərd) *n.* [< OFr. *lasne,* noose: altered after YARD[1]] **1.** a short rope used on board ship for holding or fastening something **2.** a cord used esp. by sailors to hang a knife, whistle, etc. around the neck

**laodicean** (lā′ō də sē′ən) *adj.* [< *Laodicea*: see Rev. 3: 14-16] lukewarm; indifferent

**lap[1]** (lap) *n.* [OE. *læppa*] **1.** *a*) the front part from the waist to the knees of a sitting person *b*) the part of the clothing covering this **2.** that in which one is cared for, sheltered, etc. **3.** *a*) an overlapping *b*) amount or place of this **4.** one complete circuit around a race track **5.** a lapping —*vt.* **lapped, lap′ping** **1.** to fold (*over* or *on*) **2.** to wrap; enfold **3.** to envelop **4.** to place partly upon something else **5.** to get a lap ahead of (an opponent) in a race —*vi.* **1.** to overlap **2.** to extend beyond something in space or time (with *over*) —**drop** (or **dump,** etc.) **into someone's lap** to cause to be someone's responsibility

**lap[2]** *vi., vt.* **lapped, lap′ping** [OE. *lapian*] **1.** to drink (a liquid) by dipping it up with the tongue as a dog does **2.** to strike gently with a light splash, as waves —*n.* the sound of lapping —**lap up** **1.** to take up (liquid) by lapping **2.** [Colloq.] to take in eagerly

**lap dog** a pet dog small enough to hold in the lap

**lapel** (lə pel′) *n.* [dim. of LAP[1]] either of the front parts of a coat, etc. folded back and forming a continuation of the collar

**lapful** (lap′fool′) *n., pl.* **-fuls′** as much as a lap can hold

**lapidary** (lap′ə dər ē) *n., pl.* **-daries** [< L. *lapis,* stone] a workman who cuts, polishes, and engraves precious stones —*adj.* of or connected with the art of cutting precious stones

**lapis lazuli** (lap′is laz′yoo lī′) [< L. *lapis,* a stone + ML. *lazulus,* azure] **1.** an azure-blue, opaque stone **2.** a blue pigment obtained from it **3.** its colour

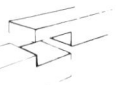

LAP JOINT

**lap joint** a joint made by overlapping parts

**lap of honour** a circuit of the field or track by the winner(s) in a race or football game, etc.

**Lapp** (lap) *n.* **1.** a member of a people living in Lapland: also **Lap′land′er** **2.** their language

**lappet** (lap′it) *n.* [dim. of LAP[1]] a small fold or flap, as of a garment or flesh

**lapse** (laps) *n.* [< L. *labi,* to slip] **1.** a slip or small error **2.** *a*) a moral slip *b*) a falling into a lower condition **3.** a passing away, as of time **4.** *Law* the termination of a right or privilege through disuse, etc. —*vi.* **lapsed, laps′ing** **1.** to slip into a specified state **2.** to backslide **3.** to pass away: said of time **4.** to become void because of failure to meet requirements —**laps′able, laps′ible** *adj.*

**lapwing** (lap′wiŋ′) *n.* [< OE. *hleapan,* to leap + *wincian,* wink] a crested plover noted for its irregular, wavering flight: also called **peewit**

**larboard** (lär′bərd) *n., adj.* [< OE. *hladan,* to lade + *bord,* side] port; left

**larceny** (lär′sə nē) *n., pl.* **-nies** [< L. *latro,* robber] *Law* the unlawful taking of another's property; theft —**lar′cenist** *n.* —**lar′cenous** *adj.*

**larch** (lärch) *n.* [< L. *larix*] **1.** a coniferous tree bearing needlelike leaves that are shed annually **2.** the tough wood of this tree

**lard** (lärd) *n.* [< L. *lardum*] the fat of pigs, melted down and clarified —*vt.* **1.** to put strips of bacon, etc. on (meat or poultry) before cooking **2.** to add to; embellish

**larder** (lär′dər) *n.* a place where the food supplies of a household are kept; pantry

**lardy cake** (lärd′ē) a rich, sweet cake made of bread dough, lard, sugar, and dried fruit

**lares and penates** (lâər′ēz ənd pi nāt′ēz) the household gods of the ancient Romans

**large** (lärj) *adj.* **larg′er, larg′est** [< L. *largus*] **1.** big; great; bulky, spacious, of great extent or amount, etc. **2.** big as compared with others of its kind **3.** operating on a big scale [a *large* manufacturer] —**at large** **1.** free; not confined **2.** fully; in complete detail **3.** in general —**large′ness** *n.*

**largely** *adv.* **1.** for the most part; mainly **2.** much; in great amounts

**large-scale** *adj.* **1.** drawn to a large scale **2.** of wide scope; extensive

**largess, largesse** (lärjes′) *n.* [see LARGE] **1.** generous giving **2.** a gift or gifts generously given

**largish** (lär′jish) *adj.* rather large

**largo** (lär′gō) *adj., adv.* [It.] *Music* slow and stately

**lariat** (lar′ē ət) *n.* [Sp. *la reata,* the rope] **1.** a rope used for tethering grazing horses, etc. **2.** a lasso

**lark**[1] (lärk) *n.* [OE. *læwerce*] any of a large family of songbirds; esp., the skylark

**lark**[2] *vi.* [? altered after prec. < ? ON. *leika*] to play or frolic (with *about* or *around*) —*n.* a frolic or spree —**lark′y** *adj.*

**larkspur** (lärk′spur′) *n.* a common garden plant with spurred flowers, related to the delphinium

**larrigan** (lar′i gən) *n.* [< ?] a knee-high, oiled leather moccasin boot worn by trappers, etc.

**larrikin** (lar′ə kin) *n.* [< ?] [Aust.] a rough; a disorderly person —*adj.* rowdy

**larva** (lär′və) *n., pl.* **-vae** (-vē), **-vas** [L., ghost] the early, immature form of an animal that changes when it becomes an adult, as the caterpillar

**laryngeal** (lar′ən jē′əl) *adj.* of, in, or near the larynx

**laryngitis** (lar′ən jīt′əs) *n.* [ff. + -ITIS] inflammation of the larynx, often with a temporary loss of voice

**larynx** (lar′iṇks) *n., pl.* **lar′ynxes, larynges** (lə rin′jēz) [< Gr.] the structure at the upper end of the human trachea, containing the vocal cords

**lascar** (las′kər) *n.* [< Hindi < Per. *lashkar,* army] an Oriental sailor, esp. one who is a native of India

**lascivious** (lə siv′ē əs) *adj.* [< L. *lascivus,* wanton] **1.** characterized by or expressing lust **2.** tending to excite lust —**lasciv′iously** *adv.* —**lasciv′iousness** *n.*

**laser** (lā′zər) *n.* [*l(ight) a(mplification by) s(timulated) e(mission of) r(adiation)*] a device that amplifies focused coherent light waves and concentrates them in a narrow, very intense beam

**lash**[1] (lash) *n.* [< ?] **1.** a stroke as with a whip **2.** the flexible part of a whip **3.** an eyelash —*vt.* **1.** to strike or drive as with a lash **2.** to switch [the cat *lashed* her tail] **3.** to strike with great force **4.** to censure or rebuke —*vi.* to make strokes as with a whip —**lash out 1.** to strike out violently **2.** to speak angrily —**lash′er** *n.*

**lash**[2] *vt.* [see LACE] to fasten or tie with a rope, etc.

**lashing**[1] *n.* **1.** a whipping **2.** a strong rebuke

**lashing**[2] *n.* **1.** the act of fastening or tying with a rope, etc. **2.** a rope, etc. so used

**lashings** *n.pl.* [Colloq.] large amounts (often with *of*)

**lash-up** *n.* [Colloq.] an improvised contrivance

**lass** (las) *n.* [prob. < ON.] a young woman

**Lassa fever** (las′ə) [< *Lassa,* village in E Nigeria] an acute virus disease endemic to western Africa, characterized by high fever

**lassie** (las′ē) *n.* [dim. of LASS] [Scot.] a young girl

**lassitude** (las′ə tyōōd′) *n.* [< L. *lassus,* faint] a state or feeling of being tired and listless; weariness

**lasso** (la sōō′) *n., pl.* **-sos, -soes** [Sp. < L. *laqueus,* noose] a long rope with a sliding noose at one end, used to catch cattle —*vt.* **-soed′, -so′ing** to catch with a lasso

**last**[1] (läst) *adj.* *alt. superl. of* LATE [see LATE] **1.** being or coming after all others in place or time **2.** only remaining **3.** most recent [*last* month] **4.** least likely **5.** utmost **6.** lowest in rank, as a prize **7.** conclusive —*adv.* **1.** after all others **2.** most recently **3.** finally —*n.* **1.** someone or something which comes last **2.** end [friends to the *last*] —**at (long) last** finally —**see the last of** to see for the last time

**last**[2] *vi.* [< OE. *læstan*] **1.** to remain in existence or operation **2.** to remain in good condition **3.** to be enough (for) —*vt.* to continue or endure throughout: often with *out* —**last′er** *n.*

**last**[3] *n.* [< OE. *last,* footstep] a form shaped like a foot, on which shoes are made or repaired —**stick to one's last** to mind one's own business —**last′er** *n.*

**last-ditch** *adj.* made, done, etc. in a final, often desperate effort to resist or oppose

**lasting** *adj.* that lasts a long time; durable

**Last Judgment** *Theol.* the final judgment of mankind at the end of the world

**lastly** *adv.* in conclusion; finally

**last name** a surname or family name

**last rites** final rites for a dead person

**last straw** [from the last straw that broke the camel's back in the fable] a final trouble or annoyance that results in a breakdown, loss of patience, etc.

**last word** **1.** *a*) the final word or speech, regarded as settling the argument *b*) final authority **2.** something regarded as perfect **3.** [Colloq.] the very latest style

**lat.** latitude

**latch** (lach) *n.* [< OE. *læccan,* to catch] a fastening for a door, gate, or window; esp. a bar that falls into a notch —*vt., vi.* to fasten with a latch —**latch onto** [Colloq.] **1.** to attach (oneself) to **2.** to understand

**latchkey child** a child who regularly arrives home to an empty house because his parents are at work

**late** (lāt) *adj.* **lat′er** or **lat′ter, lat′est** or **last** [OE. *læt*] **1.** happening, coming, etc. after the usual or expected time **2.** *a*) happening, continuing, etc. far on in the day, night, a period, etc. [the *late* Middle Ages] **3.** recent [of *late* years] **4.** former [my *late* employer] **5.** having recently died —*adv.* **lat′er, lat′est** or **last 1.** after the expected time **2.** at or until an advanced time of the day, night, etc. **3.** towards the end of a period **4.** recently —**late in the day** [Colloq.] at some late point in the proceedings, etc. —**of late** lately —**late'ness** *n.*

**lateen** (lə tēn') *adj.* [< Fr. (*voile*) *latine,* Latin (sail)] designating or of a triangular sail attached to a long yard suspended from a short mast —*n.* a vessel with such a sail: also **lateen'er**

**Late Greek** the Greek language of the period after classical Greek, c.200 to c.600 A.D.

**Late Latin** the Latin language of the period after classical Latin, seen chiefly in writings from c.200 to c.600 A.D.

**lately** (lāt'lē) *adv.* recently; a short while ago

**latent** (lāt'ənt) *adj.* [< L. *latere,* to lurk] lying hidden and undeveloped within a person or thing

**later** (lāt'ər) *adj.* *alt. compar. of* LATE —*adv.* *compar. of* LATE at a later time —**later on** subsequently

**lateral** (lat'ər əl) *adj.* [< L. *latus,* a side] of, at, from, or towards the side; sideways —*n.* any lateral part, growth, etc. —**lat'erally** *adv.*

**lateral thinking** a way of solving problems by finding unorthodox solutions

**latest** (lāt'ist) *alt. superl. of* LATE —**at the latest** no later than (the time specified)

**latex** (lā'teks) *n., pl.* **latices** (lat'ə sēz'), **la'texes** [L., a fluid] a milky liquid in certain plants and trees: used esp. as the basis of rubber

**lath** (läth) *n., pl.* **laths** (läths) [< OE. *lætt*] any of the thin, narrow strips of wood nailed to studs, rafters, etc. as a groundwork for plastering, tiling, etc. —*vt.* to cover with laths

**lathe** (läth) *n.* [prob. < MDu. *lade*] a machine for shaping wood, metal, etc. by holding and turning it rapidly against the edge of a cutting tool

**lather** (läth'ər) *n.* [OE. *leathor,* soap] **1.** the foam formed by soap and water **2.** foamy sweat, as on a horse **3.** [Slang] an agitated state —*vt., vi.* to cover with, or form lather —**lath'ery** *adj.*

**Latin** (lat'in) *adj.* **1.** of ancient Rome, its people, their language, etc. **2.** designating or of the languages derived from Latin, the peoples who speak them, their countries, etc. —*n.* **1.** the language of ancient Rome **2.** a person, as a Spaniard or Italian, whose language is derived from Latin **3.** a native or inhabitant of ancient Rome

**Latinate** *adj.* of, derived from, or similar to Latin

**latish** (lāt'ish) *adj., adv.* somewhat late

**latitude** (lat'i tyōōd') *n.* [< L. *latus,* wide] **1.** *Geog.* *a*) distance, measured in degrees, north or south from the equator *b*) a region in relation to its latitude **2.** extent; scope **3.** freedom from narrow restrictions —**lat'itu'dinal** *adj.*

**latitudinarian** (lat'i tyōō'də nāər'ē ən) *adj.* [see prec. & -ARIAN] liberal in one's views, esp. in religious matters —*n.* one who is very liberal in his views, esp. in religion

**latrine** (lə trēn') *n.* [< L. *lavare,* wash] a toilet for the use of many people, as in an army camp

**latter** (lat'ər) *adj.* *alt. compar. of* LATE [OE. *læt,* late] **1.** last mentioned of two: often a noun (with *the*) **2.** *a*) nearer the end or close *b*) later; more recent

**latter-day** *adj.* of recent or present time

**latterly** *adv.* lately; recently

LATTICE

**lattice** (lat'is) *n.* [< MHG. *latte,* lath] **1.** an openwork structure of crossed strips of wood or metal used as a screen, support, etc. **2.** a door, shutter, etc. formed of such a structure **3.** *Physics* a pattern of points in space, as of atoms in a crystal —*vt.* **-ticed, -ticing** **1.** to arrange like a lattice **2.** to furnish with a lattice

**latticework** *n.* **1.** a lattice **2.** lattices collectively

**laud** (lôd) *n.* [< L. *laus,* praise] **1.** praise **2.** [*pl.*] *Eccles.* [*often* L-] the first service at dawn —*vt.* to praise; extol

**laudable** *adj.* praiseworthy —**laud'ability, laud'ableness** *n.* —**laud'ably** *adv.*

**laudanum** (lod'nəm) *n.* [< L. *ladanum,* mastic] a solution of opium in alcohol

**laudatory** (lôd'ə tər ē) *adj.* expressing praise

**laugh** (läf) *vi.* [< OE. *hleahhan*] to make the sounds and facial movements that express mirth, ridicule, etc. —*vt.* to cause to be by means of laughter [to *laugh* oneself hoarse] —*n.* **1.** the act or sound of laughing **2.** a cause of laughter **3.** [*pl.*] [Colloq.] mere diversion —**have the last laugh** to win after apparent defeat —**laugh at** **1.** to be amused by **2.** to make fun of —**laugh in** (or **up**) **one's sleeve** to laugh secretly —**laugh off** to scorn or reject by laughter or ridicule —**no laughing matter** a serious matter —**laugh'er** *n.*

**laughable** *adj.* amusing or ridiculous —**laugh'ableness** *n.* —**laugh'ably** *adv.*

**laughing gas** nitrous oxide used as an anaesthetic: it may cause laughter and exhilaration

**laughingstock** *n.* an object of ridicule

**laughter** *n.* the action or sound of laughing

**launch**[1] (lônch) *vt.* [< L. *lancea,* lance] **1.** to cause (a newly built vessel) to slide into the water **2.** to start [to *launch* an attack] **3.** to start (a person) on some course **4.** to hurl, or send off (a weapon, blow, rocket, etc.) —*vi.* **1.** to put to sea **2.** to start on some new course or enterprise **3.** to plunge (*into*) —***n.*** the launching of a ship, spacecraft, etc. —**launch'er** ***n.***

**launch²** ***n.*** [Sp. or Port. *lancha*] **1.** an open motorboat **2.** formerly, the largest boat carried by a warship

**launching pad** the platform from which a rocket, guided missile, etc. is launched: also **launch pad**

**launder** (lôn'dər) ***vt.*** [< L. *lavare,* to wash] to wash, or wash and iron, (clothes, etc.) —***vi.*** **1.** to withstand washing [this fabric *launders* well] **2.** to do laundry —**laun'derer** ***n.***

**Launderette** (lôn'də ret') ***n.*** a self-service laundry: also **Laundrette'**

**laundress** (lôn'dris) ***n.*** a woman whose work is washing clothes, ironing, etc.: also **laundrywoman**

**laundry** (lôn'drē) ***n., pl.*** **-dries** **1.** a place for laundering **2.** clothes, etc. laundered or to be laundered

**laureate** (lôr'ē ət) ***adj.*** [< L. *laurus,* laurel] crowned with a laurel wreath as a mark of honour —***n.*** **1.** *same as* POET LAUREATE **2.** one on whom honour is conferred

**laurel** (lor'əl) ***n.*** [< L. *laurus*] **1.** an evergreen tree or shrub, native to S Europe, with large, glossy leaves; bay **2.** its foliage, esp. as woven into wreaths used by the ancient Greeks to crown victors in contests **3.** [*pl.*] *a*) fame; honour *b*) victory —**look to one's laurels** to beware of having one's achievements surpassed —**rest on one's laurels** to be satisfied with what one has already achieved

**Laurentian** (lôr en'shən) ***adj.*** [Canad.] of or near the St. Lawrence river

**Laurentian Shield** *same as* CANADIAN SHIELD

**lav** ***n.*** [Colloq.] lavatory

**lava** (lä'və) ***n.*** [It. < L. *labi,* slide] **1.** melted rock issuing from a volcano **2.** such rock when cool and solid

**lavatory** (lav'ə tər ē) ***n., pl.*** **-ries** [< L. *lavare,* wash] **1.** a room equipped with a washbowl, flush toilet, etc. **2.** the flush toilet itself

**lave** (lāv) ***vt., vi.*** **laved, lav'ing** [< L. *lavare,* wash] [Poet.] to wash or bathe

**lavender** (lav'ən dər) ***n.*** [< ML. *lavandria*] **1.** a fragrant plant having spikes of pale-purplish flowers and yielding an aromatic oil (**oil of lavender**) **2.** its dried flowers, leaves, and stalks used to perfume clothes, linens, etc. **3.** a pale purple —***adj.*** pale-purple

**lavender water** a perfume or toilet water made from flowers of the lavender plant

**lavish** (lav'ish) ***adj.*** [< OFr. *lavasse,* torrent of rain] **1.** very generous in giving or spending **2.** very abundant —***vt.*** to give or spend liberally —**lav'ishly** ***adv.*** —**lav'ishness** ***n.***

**law** (lô) ***n.*** [OE. *lagu*] **1.** *a*) all the rules of conduct established by the authority or custom of a given community *b*) any one of such rules **2.** obedience to such rules **3.** jurisprudence **4.** the system of courts in which such rules are referred to in securing justice **5.** all such rules dealing with a particular activity **6.** the profession of lawyers, judges, etc. (often with *the*) **7.** *a*) a sequence of events in nature occurring with unvarying uniformity: often **law of nature** *b*) the formulation in words of such a sequence **8.** any rule expected to be observed [the *laws* of hygiene] **9.** *Eccles.* a divine commandment **10.** *Math., Logic,* etc. a general principle —**in** (or **at**) **law** according to the laws —**lay down the law** **1.** to give orders in an authoritative manner **2.** to give a scolding (*to*) —**read law** to study to become a lawyer —**the Law** **1.** [l-] [Colloq.] a policeman or the police **2.** the Mosaic law, or the part of the Hebrew Scriptures containing it

**law-abiding** ***adj.*** obeying the law

**law agent** in Scotland, a solicitor

**lawbreaker** ***n.*** a person who violates the law

**lawful** ***adj.*** **1.** in conformity with the law **2.** recognized by law; just —**law'fully** ***adv.***

**lawgiver** ***n.*** one who draws up a code of laws for a nation or people; lawmaker —**law'giv'ing** ***n., adj.***

**lawless** ***adj.*** **1.** not regulated by the authority of law **2.** illegal **3.** not obeying the law; unruly —**law'lessness** ***n.***

**Law Lord** a member of the House of Lords qualified to participate in the legal work of the House

**lawmaker** ***n.*** one who makes or helps to make laws; esp., a legislator —**law'mak'ing** ***adj., n.***

**lawn¹** (lôn) ***n.*** [< OFr. *launde,* heath] land covered with grass kept closely mown, esp. around a house

**lawn²** ***n.*** [< *Laon,* city in France] a fine, sheer cloth of linen or cotton

**lawn mower** a hand-propelled or power-driven machine for cutting the grass of a lawn

**lawn tennis** *see* TENNIS

**lawrencium** (lo ren'sē əm) ***n.*** [< E. O. *Lawrence*] a radioactive chemical element produced by nuclear bombardment of californium: symbol, Lr

**lawsuit** (lô'sōōt') ***n.*** a suit at law between two parties

**law term** a period in the year when the law courts sit

**lawyer** (lô'yər) ***n.*** a person whose profession is advising others in matters of law or representing them in lawsuits

**lax** (laks) ***adj.*** [< L. *laxus*] **1.** not strict or exact; careless **2.** loose; slack —**lax'ly** ***adv.*** —**lax'ness** ***n.***

**laxative** (lak'sə tiv) ***adj.*** [< L. *laxus,* loose] making the bowels loose and relieving constipation —***n.*** any laxative medicine

**laxity** (lak'sə tē) ***n.*** lax quality or condition

**lay¹** (lā) ***vt.*** **laid, lay'ing** [< OE. *lecgan*] **1.** to place or put so as to rest, lie, etc. **2.** to cause to fall with force; knock down **3.** *a*) to put down (bricks, carpeting, etc.) in the correct position *b*) to situate [the scene is *laid* in France] **4.** to place; put [to *lay* emphasis on accuracy] **5.** to produce (an egg or eggs) **6.** to allay, overcome, or appease **7.** to smooth down **8.** to wager **9.** to impose (a tax, etc. *on* or *upon*) **10.** to devise [to *lay* plans] **11.** to set (a table) with plates, etc. **12.** to place fuel in a grate for lighting **13.** to present or assert [to *lay* claim to property] **14.** to attribute [to *lay* the blame on Tom] —*vi.* **1.** to lay an egg or eggs **2.** *Naut.* to go [all hands *lay* aft] —*n.* the way in which something is situated or arranged [the *lay* of the land] —**lay aside** to set aside for the future: also **lay by** —**lay bare** to disclose —**lay in** to get and store away —**lay into** [Slang] to attack —**lay it on (thick)** [Colloq.] **1.** to exaggerate **2.** to flatter effusively —**lay off** **1.** to discharge (an employee), esp. temporarily **2.** [Slang] to cease —**lay on** **1.** to spread on **2.** to attack with force —**lay oneself open** to expose oneself to attack, blame, etc. —**lay open** **1.** to cut open **2.** to expose —**lay out** **1.** to spread out (clothes, etc.) **2.** to make (a dead body) ready for burial **3.** to arrange according to a plan **4.** to spend —**lay up** **1.** to store for future use **2.** to confine to bed —**lay up in lavender** to preserve for future use —**lay waste** to devastate

**lay**[2] *pt. of* LIE[1]

**lay**[3] *adj.* [< Gr. *lāos,* the people] **1.** of the laity, as distinguished from the clergy **2.** not belonging to a given profession

**lay**[4] *n.* [OFr. *lai*] **1.** a short poem, esp. a narrative poem, for singing **2.** [Archaic or Poet.] a song or melody

**layabout** *n.* [Colloq.] a lazy idler or loafer

**lay-by** *n.* a widened section along a road allowing vehicles to park

**layer** (lā′ər) *n.* **1.** a single thickness, coat, fold, or stratum **2.** a person or thing that lays —**lay′ered** *adj.*

**layette** (lā et′) *n.* [Fr. < MDu. *lade,* chest] a complete outfit for a newborn baby, including bedding, clothes, etc.

**lay figure** [earlier *layman* < Du. *led,* limb + *man,* man] **1.** an artist's jointed model of the human form **2.** a person who is a nonentity

**Lay Lord** a peer in the British House of Lords other than a Law Lord

**layman** *n.* **1.** a person not a clergyman **2.** a person not belonging to a given profession

**layoff** *n.* the act of laying off; esp., temporary unemployment, or the period of this

**layout** *n.* **1.** the manner in which anything is laid out; arrangement; specif., the makeup of a newspaper, advertisement, etc. **2.** the thing laid out

**lay reader** a church member licensed to take some services, though not ordained

**laze** (lāz) *vi.* **lazed, laz′ing** to be idle —*vt.* to spend (time, etc.) in idleness —*n.* an instance of lazing

**lazy** *adj.* **-zier, -ziest** [prob. < MLowG.] **1.** not eager or willing to work or exert oneself **2.** slow and heavy; sluggish —**la′zily** *adv.* —**la′ziness** *n.*

**lazybones** *n.* [Colloq.] a lazy person

**lb.** [L. *libra,* pl. *librae*] pound; pounds

**l.b.w.** *Cricket* leg before wicket

**l.c.** **1.** [L. *loco citato*] in the place cited **2.** *Printing* lower case

**L.C.C.** (formerly) London County Council

**L.C.D., l.c.d.** least (or lowest) common denominator

**L.C.J.** Lord Chief Justice

**L.C.M., l.c.m.** least (or lowest) common multiple

**L/Cpl.** lance corporal

**L.D.S.** Licentiate in Dental Surgery

**lea** (lē) *n.* [OE. *leah*] [Chiefly Poet.] a meadow, grassy field, or pasture; grassland

**L.E.A.** Local Education Authority

**leach** (lēch) *vt.* [prob. < OE. *leccan,* to water] **1.** to cause (a liquid) to filter down through some material, as wood ashes **2.** to extract (a soluble substance) from some material —*vi.* **1.** to lose soluble matter through a filtering liquid **2.** to dissolve and be washed away

**lead**[1] (lēd) *vt.* **led, lead′ing** [OE. *lædan*] **1.** to direct the course of by going before or along with, by physical contact, pulling a rope, etc.; guide **2.** to conduct (water, steam, etc.) in a certain direction, channel, etc. **3.** to direct by influence, etc. to a course of action or thought **4.** to be the head or leader of (an expedition, orchestra, etc.) **5.** to be at the head of [to *lead* the world] **6.** to live; spend [to *lead* a hard life] **7.** *Card Games* to begin the play with (a card or suit) —*vi.* **1.** to show the way by going before or along **2.** to be or form a way (*to, from, under,* etc.); go **3.** to bring as a result (with *to*) [one thing *led* to another] **4.** to be or go first **5.** *Card Games* to play the first card —*n.* **1.** *a*) first or front place *b*) the amount or distance ahead **2.** example [follow his *lead*] **3.** leadership **4.** the strap by which a dog is held in check **5.** anything that leads, as a clue **6.** *Card Games* the right of playing first, or the card or suit played **7.** *Elec.* a wire carrying current in a circuit **8.** *Theatre* *a*) a main role *b*) an actor or actress playing such a role —*adj.* acting as leader [the *lead* horse] —**lead a person a dog's life** to torment someone constantly —**lead off** to begin —**lead on** to lure —**lead up to** to prepare the way for

**lead**[2] (led) *n.* [OE.] **1.** a heavy, soft, bluish-grey metallic chemical element used for piping: symbol, Pb **2.** anything made of this metal; specif., *a*) a weight for sounding depths at sea, etc. *b*) *Printing* a thin strip of metal inserted to increase the space between lines **3.** bullets **4.** a thin stick of graphite, used in pencils —*adj.* made of or containing lead —*vt.* to cover, line, or weight with lead

**leaden** (led′′n) *adj.* **1.** heavy **2.** sluggish **3.** gloomy **4.** made of lead **5.** of a dull grey

**leader** (lē′dər) *n.* **1.** a person or thing that leads; guiding head **2.** a horse harnessed before all others **3.** a pipe for carrying fluid **4.** a section of blank film or recording tape at the beginning of a reel **5.** *Bot.* the central stem of a plant **6.** *Journalism* the editorial in a newspaper **7.** *Music* the leader of the first violins, often an assistant to the conductor: in full **leader of the orchestra** —**lead'erless** *adj.* —**lead'ership'** *n.*

**leading** (lē'diŋ) *adj.* **1.** that leads; guiding **2.** principal; chief —*n.* guidance; direction

**leading aircraftman** *see* MILITARY RANKS, table

**leading light** an important or influential member of a club, community, etc.

**leading note** *Music* the note a semitone below the keynote

**leading question** a question put in such a way as to suggest the answer sought

**leading rating** *see* MILITARY RANKS, table

**leading rein** **1.** a rein used to lead a horse, esp. for someone learning to ride **2.** [*usually pl.*] straps used to control a child who is learning to walk

**leading strings** *same as* LEADING REIN (sense 2)

**lead pencil** (led) a pencil consisting of a slender stick of graphite encased in wood, etc.

**lead poisoning** (led) an acute or chronic poisoning caused by the absorption of lead into the body

**lead time** (lēd) the period of time from the decision to make a product to its actual production

**leaf** (lēf) *n., pl.* **leaves** [OE.] **1.** any of the flat, thin, expanded organs, usually green, growing from the stem of a plant **2.** leaves collectively [choice tobacco *leaf*] **3.** a sheet of paper **4.** a thin sheet of metal **5.** a hinged section of a table top —*vi.* **1.** to turn the pages of a book, etc. (with *through*) **2.** to bear leaves —**in leaf** with foliage —**take a leaf from someone's book** to follow someone's example —**turn over a new leaf** to make a new start —**leaf'less** *adj.*

**leafage** *n.* leaves collectively; foliage

**leaflet** *n.* **1.** a young leaf **2.** a separate sheet of printed matter, often folded but not stitched

**leaf mould** a rich soil consisting of decayed leaves

**leafy** *adj.* **-ier, -iest** **1.** of, consisting of, or like a leaf or leaves **2.** having many leaves

**league**[1] (lēg) *n.* [< L. *ligare,* bind] **1.** an association of nations, groups, or individuals for promoting common interests, etc. **2.** *Sports* a group of teams organized to compete against one another **3.** [Colloq.] a group or class —*vt., vi.* **leagued, leagu'ing** to form into a league —**in league** allied —**leagu'er** *n.*

**league**[2] *n.* [ult. < Celt.] a measure of distance varying in different countries: usually about 5 kilometres

**leak** (lēk) *vi.* [< ON. *leka,* to drip] **1.** to let a fluid out or in accidentally **2.** to enter or escape in this way, as a fluid **3.** to become known little by little [the truth *leaked* out] —*vt.* to allow to leak —*n.* **1.** an accidental hole or crack that lets something out or in **2.** any accidental means of escape for something **3.** leakage **4.** an intentional disclosure **5.** *a*) a loss of electrical charge through faulty insulation *b*) the point where this occurs —**leak'y** *adj.*

**leakage** *n.* **1.** a leaking; leak **2.** something that leaks in or out **3.** the amount that leaks

**lean**[1] (lēn) *vi.* **leaned** or **leant, lean'ing** [OE. *hlinian*] **1.** to bend or deviate from an upright position **2.** to bend the body so as to rest part of one's weight upon something **3.** to rely (*on* or *upon*) **4.** to tend (*towards* or *to*) —*vt.* to cause to lean —*n.* an inclination; slant —**lean'er** *n.*

**lean**[2] *adj.* [OE. *hlæne*] **1.** with little flesh or fat; thin **2.** containing little or no fat: said of meat **3.** meagre —*n.* meat containing little or no fat —**lean'ness** *n.*

**leaning** *n.* **1.** the act of a person or thing that leans **2.** tendency; inclination

**leant** (lent) *alt. pt. & pp. of* LEAN[1]

**lean-to** *n., pl.* **lean'-tos'** a structure whose sloping roof abuts a wall or building

**leap** (lēp) *vi.* **leaped** (lept) or **leapt** (lept), **leap'ing** [OE. *hleapan*] **1.** to jump; spring; bound **2.** to accept eagerly something offered (with *at*) —*vt.* **1.** to pass over by a jump **2.** to cause to leap —*n.* **1.** a jump; spring **2.** the distance covered in a jump —**by leaps and bounds** very rapidly —**leap in the dark** a risky act whose consequences cannot be foreseen —**leap'er** *n.*

**leapfrog** *n.* a game in which each player in turn jumps over the bent back of each of the other players —*vi.* **-frogged', -frog'ging** **1.** to skip (*over*) **2.** to progress in jumps or stages —*vt.* to jump or skip over

**leap year** a year of 366 days, occurring every fourth year: the additional day is February 29

**learn** (lurn) *vt.* **learned** or **learnt** (lurnt), **learn'ing** [OE. *leornian*] **1.** to get knowledge of or skill in (an art, trade, etc.) by study, experience, etc. **2.** to come to know **3.** to memorize **4.** to acquire as a habit or attitude —*vi.* **1.** to gain knowledge or skill **2.** to be informed; hear (*of* or *about*) —**learn'able** *adj.* —**learn'er** *n.*

**learned** (lur'nid; *for 3* lurnd) *adj.* **1.** having or showing much learning **2.** of or characterized by study and learning **3.** acquired by study, experience, etc.

**learner driver** someone who is learning to drive a motor vehicle but who has not yet passed a driving test

**learning** *n.* **1.** the acquiring of knowledge or skill **2.** acquired knowledge or skill

**lease** (lēs) *n.* [< L. *laxus,* loose] a contract by which a landlord gives to a tenant the use of lands, buildings, etc. for a specified time and for fixed payments —*vt.* **leased, leas'ing** to give or get by a lease

**leash** (lēsh) *n.* [< L. *laxus,* loose] a cord, strap, etc. by which a dog or other animal is held in check —*vt.* to control as by a leash —**hold in leash** to control —**strain at the leash** to be impatient

**least** (lēst) *adj. alt. superl. of* LITTLE [OE. *læst*] smallest in size, degree, etc. —*adv.* in the smallest degree —*n.* the smallest in size, importance, etc. —**at (the) least** 1. with no less 2. at any rate

**leastways** *adv.* [Colloq.] at least; anyway

**leather** (leth′ər) *n.* [OE. *lether*] animal skin prepared for use by removing the hair and tanning —*adj.* of or made of leather —*vt.* [Colloq.] to whip

**leathering** *n.* [Colloq.] a beating

**leatherjacket** *n.* the tough-skinned larva of certain craneflies

**leathery** *adj.* like leather; tough and flexible

**leave**[1] (lēv) *vt.* **left, leav′ing** [OE. *læfan*, let remain] 1. to go away from 2. to allow to remain 3. to cause to remain [to *leave* footprints] 4. to have remaining after one [the deceased *leaves* a widow] 5. to bequeath 6. to entrust (with *to* or *up to*) 7. to cause to be in a certain condition [the flood *left* them homeless] 8. to abandon 9. to stop living in, working for, or belonging to —*vi.* to go away or set out —**leave off** 1. to stop 2. to stop doing or using —**leave out** 1. to omit 2. to fail to consider —**leave (someone) alone** to refrain from bothering (someone)

**leave**[2] *n.* [OE. *leaf*] 1. permission 2. *a*) permission to be absent from duty *b*) the period for which this is granted —**on leave** absent from duty with permission —**take leave of** to say goodbye to

**leave**[3] *vi.* **leaved, leav′ing** [see LEAF] to put forth, or bear, leaves; leaf

**leaven** (lev′'n) *n.* [< L. *levare*, raise] 1. a small piece of fermenting dough used for producing fermentation in a fresh batch of dough 2. *same as* LEAVENING —*vt.* 1. to make (batter or dough) rise with a leavening agent 2. to spread through, causing a gradual change

**leavening** *n.* 1. a substance, such as yeast, used to make dough rise by the formation of gas 2. any influence working to bring about a gradual change

**leave of absence** a leave from work or duty, esp. for a long time; also, the period of time

**leaves** (lēvz) *n. pl. of* LEAF

**leave-taking** *n.* the act of saying goodbye

**leavings** *n.pl.* things left over; leftovers, remnants, etc.

**lecher** (lech′ər) *n.* [< OFr. *lechier*, to be debauched, lit., lick] a lewd, grossly sensual man —**lech′erous** *adj.* —**lech′ery** *n.*

**lectern** (lek′tərn) *n.* [< L. *legere*, read] 1. a reading desk in a church 2. a stand for holding the notes, speech, etc., as of a lecturer

**lecture** (lek′chər) *n.* [< L. *legere*, read] 1. an informative talk given before an audience, class, etc., and usually prepared beforehand 2. a lengthy scolding —*vt., vi.* **-tured, -turing** to give a lecture (to) —**lec′turer** *n.*

**LED** light-emitting diode

**led** (led) *pt. & pp. of* LEAD[1]

**ledge** (lej) *n.* [see ff.] 1. a shelf or shelflike projection 2. a projecting ridge of rocks

**ledger** (lej′ər) *n.* [prob. < ME. *leggen*, lay] 1. *Bookkeeping* the book of final entry, in which a record of debits, credits, etc. is kept 2. *Angling* a wire trace that allows the weight to rest on the bottom and the bait to float freely

**lee** (lē) *n.* [OE. *hleo*, shelter] 1. shelter 2. *Naut.* the side or part away from the wind —*adj.* of or on the side away from the wind

LEECH (to 8 cm long)

**leech** (lēch) *n.* [OE. *læce*] 1. an annelid worm with suckers, living in water and formerly used to bleed patients 2. a person who is a parasite —*vt.* to bleed with leeches

**leek** (lēk) *n.* [OE. *leac*] an onionlike vegetable: a Welsh national emblem

**leer** (lēər) *n.* [OE. *hleor*, cheek] a sly sidelong look showing salaciousness, malicious triumph, etc. —*vi.* to look with a leer —**leer′ingly** *adv.*

**leery** *adj.* **-ier, -iest** wary

**lees** (lēz) *n.pl.* [< ML. *lia*] dregs, as of wine

**lee shore** the shore towards which the wind is blowing

**leeward** (lē′wərd; *naut.* lōō′ərd) *adj.* in the direction towards which the wind blows —*n.* the lee part or side —*adv.* towards the lee

**leeway** (lē′wā′) *n.* 1. [Colloq.] *a*) margin of time, money, etc. *b*) room for freedom of action 2. the leeward drift of a ship or aircraft from course

**left**[1] (left) *adj.* [< OE. *lyft*, weak] 1. designating that side of one's body which is towards the west when one faces north 2. closer to the left side of one facing the thing mentioned 3. of the bank of a river on the left of a person facing downstream 4. of the political left —*n.* 1. the left side 2. *Boxing* a blow delivered with the left hand 3. [*often* L-] *Politics* a radical or liberal position, party, etc. (often with *the*) —*adv.* on or toward the left hand or left side —**have two left feet** to be very clumsy

**left**[2] *pt. & pp. of* LEAVE[1]

**left-hand** *adj.* 1. on or directed towards the left 2. of, for, or with the left hand

**left-handed** (left′hand′-) *adj.* 1. using the left hand more skilfully than the right 2. done with the left hand 3. clumsy, awkward 4. insincere or ambiguous —*adv.* with the left hand [to write *left-handed*] —**left′-hand′edly** *adv.* —**left′-hand′edness** *n.* —**left′-hand′er** *n.*

**leftist** *n.* a person whose political position

is radical or liberal —*adj.* radical or liberal —**left'ism** *n.*

**leftover** *n.* [*usually pl.*] something left over, as from a meal —*adj.* remaining unused, etc.

**leftward** *adv., adj.* on or towards the left: also **left'wards** *adv.*

**left wing** the more radical or liberal section of a political party, group, etc. —**left'-wing'** *adj.* —**left'-wing'er** *n.*

**lefty** *n., pl.* **left'ies** [Slang] **1.** a left-handed person **2.** a left-winger in politics

**leg** (leg) *n.* [ON. *leggr*] **1.** one of the parts of the body by means of which men and animais stand and walk **2.** the part of a garment covering the leg **3.** anything resembling a leg in shape or use, as one of the supports of a piece of furniture **4.** any of the stages of a journey **5.** a single stage, lap, or game in a race or competition **6.** *Cricket* that part of the field to the left of, and behind, the batsman —*vi.* **legged, leg'ging** [Colloq.] to walk or run: used chiefly in **leg it** —**not have a leg to stand on** [Colloq.] to have absolutely no excuse —**on one's** (or **its**) **last legs** [Colloq.] not far from death, breakdown, etc. —**shake a leg** [Slang] to hurry —**stretch one's legs** to walk, esp. after sitting a long time —**leg'gy** *adj.*

**legacy** (leg'ə sē) *n., pl.* **-cies** [< L. *legatus,* leave by will] **1.** money or property left to someone by a will **2.** anything handed down, as from an ancestor

**legal** (lē'gəl) *adj.* [< L. *lex,* law] **1.** of, based on, or authorized by law **2.** permitted by law **3.** of or applicable to lawyers —**le'gally** *adv.*

**legal aid** financial assistance available to people unable to meet their legal costs

**legalese** (lē'gə lēz') *n.* the special vocabulary of legal forms, documents, etc.

**legalism** (lē'gəl iz'm) *n.* strict, often too strict and literal, adherence to law —**le'galist** *n.* —**le'galis'tic** *adj.*

**legality** (lē gal'ə tē) *n., pl.* **-ties** quality, condition, or instance of being legal or lawful

**legalize** (lē'gə līz') *vt.* **-ized', -iz'ing** to make legal or lawful —**le'galiza'tion** *n.*

**legal tender** money that may be legally offered in payment of an obligation and that a creditor must accept

**legate** (leg'it) *n.* [< L. *legare,* to send as ambassador] an envoy, esp. one officially representing the Pope

**legation** (li gā'shən) *n.* **1.** a diplomatic minister and his staff, representing their government in a foreign country and ranking just below an embassy **2.** their headquarters

**legato** (lə gät'ō) *adj., adv.* [It.] *Music* in a smooth, even style

**leg before wicket** *Cricket* a dismissal because the ball, if it had not hit part of the batsman's body (except his hand) would, in the umpire's opinion, have hit the wicket

**legend** (lej'ənd) *n.* [< L. *legere,* read] **1.** a story handed down for generations and popularly believed to have a historical basis **2.** a notable person much talked about in his own time **3.** an inscription on a coin, medal, etc. **4.** a title, key, etc., as under an illustration

**legendary** *adj.* **1.** of, based on, or presented in legends **2.** worthy of being considered in legend

**legerdemain** (lej'ər di mān') *n.* [< MFr. *leger de main,* light of hand] **1.** sleight of hand **2.** deceit

**leger line** (lej'ər) [< *ledger line*] *Music* a short line written above or below the staff, for notes beyond the range of the staff

**legged** (leg'id, legd) *adj.* having (a specified number or kind of) legs [long-*legged*]

**legging** (leg'iŋ) *n.* [*often pl.*] a covering of canvas, leather, etc. for protecting the leg below the knee

**leghorn** (leg'hôrn', li gôrn') *n.* [< *Leghorn,* in Italy] **1.** [*sometimes* L-] any of a breed of small chicken **2.** *a*) a plaiting made of Italian wheat straw *b*) a broad-brimmed hat of this straw

**legible** (lej'ə b'l) *adj.* [< L. *legere,* read] that can be read, esp. easily —**leg'ibil'ity** *n.*

**legion** (lē'jən) *n.* [< L. *legere,* to select] **1.** *Rom. History* a military division varying at times from 3000 to 6000 foot soldiers, with additional cavalrymen **2.** a large group of soldiers **3.** a large number —**le'gionary** *adj.*

**legionnaire** (lē'jə nāər') *n.* a member of a legion

**Legionnaire's disease** [after the outbreak at a meeting of the American Legion] a disease caused by viruses and having symptoms similar to those of pneumonia

**legislate** (lej'is lāt') *vi.* **-lat'ed, -lat'ing** to make or pass a law or laws —*vt.* to cause to be, go, etc. by making laws —**leg'isla'tor** *n.*

**legislation** (lej'is lā'shən) *n.* [< L. *lex,* law + *latio,* a proposing] **1.** the making of laws **2.** the laws made

**legislative** (lej'is lə tiv) *adj.* **1.** of legislation or a legislature **2.** having the power to make laws

**legislative assembly** the single-chamber legislature in most Canadian provinces

**legislature** (lej'is lā'chər) *n.* a body of persons given the power to make laws for a country, state, etc.

**legitimate** (lə jit'i mət) *adj.* [ult. < L. *lex,* law] **1.** born of parents legally married to each other **2.** lawful **3.** ruling by the rights of heredity **4.** *a*) logically correct *b*) justifiable **5.** conforming to established rules, standards, etc. **6.** *Theatre* designating or of stage plays, as distinguished from films, etc. —**legit'imacy** *n.* —**legit'imately** *adv.*

**legitimatize** (lə jit'ə mə tīz') *vt.* **-tized', -tiz'ing** *same as* LEGITIMIZE

**legitimize** (lə jit'ə mīz') *vt.* **-mized', -miz'ing** **1.** to make or declare legitimate **2.** to make seem just, right, etc.

**leg-pull** *n.* a practical joke

**legroom** *n.* room to move one's legs comfortably, as in a car

**leguan** (leg′wo̍ oo̍ an′) *n.* [< Du. *leguaan*] a large amphibious S African lizard

**legume** (leg′yo̍ o̍m) *n.* [< L. *legere,* gather] **1.** any of a large family of plants, including the peas, beans, clovers, etc., with fruit that is a pod **2.** the pod or seed of such a plant

**leguminous** (le gyo̍ o̍′min əs) *adj.* of, having the nature of, or bearing legumes

**lei** (lā′ē) *n., pl.* **leis** [Haw.] in Hawaii, a wreath of flowers and leaves

**Leics.** Leicestershire

**leisure** (lezh′ər) *n.* [< L. *licere,* be permitted] free time that can be used for rest, recreation, etc. —*adj.* **1.** free and unoccupied **2.** having much leisure —**at leisure** **1.** having free time **2.** with no hurry **3.** not occupied —**at one's leisure** when one has the time —**lei′sured** *adj.*

**leisurely** *adj.* without haste; slow —*adv.* in an unhurried manner —**lei′sureliness** *n.*

**leitmotif, leitmotiv** (līt′mō tēf′) *n.* [< G. *leiten,* to lead + *Motiv,* motive] **1.** a short musical phrase representing and recurring with a given character, situation, etc. **2.** a dominant theme

**lekker** (lek′ər) *adj.* [< Afrik.] [S Afr. Slang] pleasing; nice

**LEM** (lem) Lunar Excursion Module

**lemming** (lem′iŋ) *n.* [Dan. < ON.] a small arctic rodent resembling the mouse

**lemon** (lem′ən) *n.* [< Per. *līmūn*] **1.** a small, sour, pale-yellow citrus fruit **2.** the spiny, semitropical tree bearing this fruit **3.** pale yellow **4.** [Slang] something that is defective —*adj.* **1.** pale-yellow **2.** made with or flavoured like lemon —**lem′ony** *adj.*

**lemonade** (lem′ə nād′) *n.* a drink made of lemon juice and water, usually sweetened, often effervescent

**lemon curd** a paste made from lemons, eggs, and butter, used as a spread or a filling: also **lemon cheese**

**lemon sole** a flatfish, like the sole, valued as food

**lemon squash** **1.** a drink made from a sweetened lemon concentrate and water **2.** the lemon concentrate

**lemur** (lē′mər) *n.* [< L. *lemures,* ghosts] a small primate related to the monkey, with large eyes and soft, woolly fur

**lend** (lend) *vt.* **lent, lend′ing** [< OE. *læn,* a loan] **1.** to let another use or have (a thing) temporarily **2.** to let out (money) at interest **3.** to give [to *lend* an air of mystery] —**lend an ear** (or **ears**) to listen —**lend itself** (or **oneself**) **to** to be useful for or open to —**lend′er** *n.*

**length** (leŋth) *n.* [< OE. *lang,* long] **1.** the measure of how long a thing is from end to end **2.** extent in space or time **3.** a long stretch or extent **4.** the state or fact of being long **5.** a piece of a certain length **6.** a unit of measure consisting of the length of an object or animal in a race —**at full length** completely extended —**at length** **1.** finally **2.** in full

**lengthen** *vt., vi.* to make or become longer

**lengthways** *adv., adj.* in the direction of the length: also [U.S.] **length′wise′**

**lengthy** *adj.* **-ier, -iest** long; esp., too long —**length′ily** *adv.* —**length′iness** *n.*

**lenient** (lē′nē ənt) *adj.* [< L. *lenis,* soft] not harsh or severe in disciplining, judging, etc.; mild; merciful —**le′niency** *n.* —**le′niently** *adv.*

**lenitive** (len′ə tiv) *adj.* [< L. *lenire,* soften] soothing; lessening pain

**lenity** *n.* [see LENIENT] **1.** a being lenient; mildness **2.** *pl.* **-ties** a lenient act

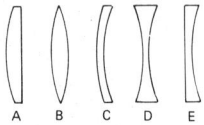


LENS
(A, plano-convex; B, double-convex; C, divergent meniscus; D, double-concave; E, plano-concave)

**lens** (lenz) *n.* [L., lentil < its shape] **1.** a piece of glass, plastic, etc. for bringing together or spreading rays of light passing through it: used in optical instruments **2.** a transparent body of the eye: it focuses upon the retina light rays entering the pupil

**Lent** (lent) *n.* [OE. *lengten,* the spring] the period of forty weekdays from Ash Wednesday to Easter, observed in Christian churches by fasting and penitence —**Lent′en** *adj.*

**lent** (lent) *pt. & pp. of* LEND

**lentil** (lent′il) *n.* [< L. *lens*] **1.** a leguminous plant with small, edible seeds **2.** the seed of this plant —**lenticular** (len tik′yoo lər) *adj.*

**lento** (len′tō) *adv., adj.* [It.] *Music* slow

**Leo** (lē′ō) [L.: see LION] **1.** a N constellation between Cancer and Virgo **2.** the fifth sign of the zodiac

**leonine** (lē′ō nīn′) *adj.* [< L. *leo,* lion] of or like a lion: said esp. of thick, tawny hair

**leopard** (lep′ərd) *n.* [< Gr. *leōn,* lion + *pardos,* panther] a large, ferocious animal of the cat family, with a black-spotted tawny coat, found in Africa and Asia

**leotard** (lē′ō tärd′) *n.* [< J. *Léotard*] a tightfitting garment for the torso, worn by acrobats, etc.

**leper** (lep′ər) *n.* [< Gr. *lepros,* scaly] a person having leprosy

**lepidopteran** (lep′ə dop′tər ən) *n.* [< Gr. *lepis,* scale + PTERO-] an order of insects, including the butterflies and moths, characterized by four membranous wings covered with very fine scales —**lep′idop′terous** *adj.*

**lepidopterist** *n.* a person who studies or collects moths and butterflies

**leprechaun** (lep′rə kôn′) *n.* [< OIr. *lu,* little + *corp,* body] *Irish Folklore* a fairy in the form of a little old man

**leprosy** (lep′rə sē) *n.* [see LEPER] a

chronic, infectious disease that attacks the skin, flesh, nerves, etc., characterized by ulcers, white scaly scabs, deformities, etc.

**leprous** *adj.* **1.** of or like leprosy **2.** having leprosy

**lepton** (lep′ton) ***n.,*** *pl.* **-ta** [< Gr. *leptos,* thin] *Physics* one of a group of primary particles which do not interact strongly with other particles

**lesbian** (lez′bē ən) ***adj.*** [< *Lesbos*] [*sometimes* **L-**] of homosexuality between women —***n.*** [*sometimes* **L-**] a homosexual woman —**les′bianism** ***n.***

**lese majesty** (lēz′maj′es tē) [< Fr.] **1.** treason **2.** any insolence towards one to whom deference is due

**lesion** (lē′zhən) ***n.*** [< L. *laedere,* harm] an injury of an organ or tissue resulting in impairment of function

**less** (les) ***adj.*** *alt. compar. of* LITTLE [OE. *læssa*] not so much, so great, etc.; smaller; fewer —***adv.*** *compar. of* LITTLE to a smaller extent —***n.*** a smaller amount —***prep.*** minus —**less and less** decreasingly

**-less** (lis, ləs) [OE.] *a suffix meaning:* **1.** without, lacking *[valueless]* **2.** that cannot be *[dauntless]*

**lessee** (les ē′) ***n.*** [see LEASE] a person to whom property is leased; tenant

**lessen** (les′n) ***vt., vi.*** to make or become less; decrease

**lesser** (les′ər) ***adj.*** *alt. compar. of* LITTLE [< LESS] smaller, less, or less important —***adv.*** less

**lesson** (les′n) ***n.*** [< L. *legere,* to read] **1.** a teaching session **2.** an exercise that a student is to prepare or learn **3.** something from which useful knowledge can be learned; example **4.** [*pl.*] course of instruction **5.** a selection read from the Bible **6.** a rebuke; reproof

**lessor** (les ôr′) ***n.*** [see LEASE] one who gives a lease; landlord

**lest** (lest) ***conj.*** [< OE. *thy læs the,* by the less that] **1.** for fear that; in case **2.** that: used after expressions denoting fear

**let**[1] (let) ***vt.*** **let, let′ting** [< OE. *lætan,* leave behind] **1.** to allow; permit *[let me help]* **2.** to rent; hire out **3.** to allow to pass, come, or go **4.** to allow or cause to escape **5.** to leave: now only in **let alone** (or **let be**), to refrain from bothering, etc. When used in commands, suggestions, or dares, *let* serves as an auxiliary *[let us go]* —***vi.*** to be rented *[house to let]* —**let down** **1.** to lower **2.** to deflate **3.** to disappoint —**let drop** (or **fall**) to drop accidentally or on purpose a word or hint —**let go** to release —**let off** **1.** to give forth (steam, etc.) **2.** to deal leniently with —**let on** [Colloq.] to indicate one's awareness of a fact —**let out** **1.** to release **2.** to rent out **3.** to reveal (a secret, etc.) **4.** to make a garment larger by reducing (the seam, etc.) —**let up** **1.** to relax **2.** to cease

**let**[2] ***n.*** [< OE. *lettan,* make late] **1.** an obstacle or impediment: used in **without let or hindrance** **2.** in tennis, etc., an interference with the ball making it necessary to play the point over again

**-let** (lit, lət) [< MFr.] *a suffix meaning:* **1.** small *[ringlet]* **2.** a small object worn as a band on *[anklet]*

**letdown** ***n.*** a disappointment or disillusionment

**lethal** (lē′thəl) ***adj.*** [< L. *letum,* death] **1.** causing death; fatal **2.** of or suggestive of death

**lethargy** (leth′ər jē) ***n., pl.*** **-gies** [< Gr. *lēthē,* oblivion + *argos,* idle] **1.** sluggishness, apathy, etc. **2.** a condition of abnormal drowsiness —**lethargic** (li thär′jik) ***adj.***

**Lethe** (lē′thē) [< Gr. *lēthē,* oblivion] *Gr. & Rom. Myth.* the river of forgetfulness, in Hades —***n.*** oblivion; forgetfulness

**letter** (let′ər) ***n.*** [< L. *littera*] **1.** any of the characters of the alphabet **2.** a written or printed message, usually sent by post **3.** [*usually pl.*] an official document authorizing someone or something **4.** [*pl.*] *a*) literature *b*) learning; knowledge **5.** literal meaning —***vt.*** to mark with letters —**to the letter** just as written or directed —**let′terer** ***n.***

**letter bomb** an explosive device in an envelope that detonates when the envelope is opened

**letter box** **1.** a box for receiving letters, as on the inside of a house door **2.** *same as* PILLAR BOX

**lettered** ***adj.*** **1.** literate **2.** well educated

**letterhead** ***n.*** **1.** the name, address, etc. of a person or firm printed as a heading on sheets of letter paper **2.** such a sheet

**letter of credit** a letter from a bank asking that the holder be allowed to draw sums of money from other banks

**letterpress** ***n.*** **1.** the method of printing from raised surfaces, as set type **2.** matter so printed

**letters** (or **letter**) **of marque** formerly, a government document authorizing an individual to arm a ship and capture enemy merchant ships

**letters patent** a document granting a patent

**lettuce** (let′is) ***n.*** [< L. *lac,* milk: from its milky juice] **1.** a hardy, annual plant, grown for its crisp, green leaves **2.** the leaves, much used for salads

**letup** (let′up′) ***n.*** [< phr. *let up*] [Colloq.] **1.** a slackening or lessening **2.** a stop or pause

**leuco-** [< Gr.] *a combining form meaning* white

**leucocyte** (lyōō′kō sīt′) ***n.*** [see prec. & -CYTE] any of the small, colourless cells in the blood, lymph, and tissues, which are important in the body's defences against infection; white blood corpuscle

**leukaemia** (lyōō kē′mē ə) ***n.*** [< Gr. *leukos,* white + -AEMIA] a disease of the blood-forming organs, resulting in an abnormal increase in the production of leucocytes: also sp. **leukemia** —**leukae′mic** ***adj.***

**Lev.** Leviticus

**Levant** (lə vant′) [< L. *levare,* to raise, applied to the East, where the sun "rises"] coastal region on the E Mediterranean, between Greece & Egypt —**Levantine** (lev′ən tīn′) ***adj., n.***

**levanter** (lə van′tər) ***n.*** [< LEVANT] a strong wind that blows over the Mediterranean area from the east

**levee**[1] (lev′ē) ***n.*** [< Fr. < L. *levare,* to raise] [U.S.] **1.** an embankment built alongside a river to prevent high water from flooding bordering land **2.** a quay

**levee**[2] ***n.*** [< Fr. *se lever,* to rise] formerly, a morning reception held by a sovereign

**level** (lev′l) ***n.*** [< L. *libra,* balance] **1.** a horizontal plane or line *[sea level]* **2.** an instrument for determining whether a surface is horizontal **3.** position, rank, etc. in a scale of values *[levels of income]* **4.** normal position *[water seeks its level]* **5.** a horizontal area —***adj.*** **1.** perfectly flat and even **2.** not sloping **3.** even in height (*with*) **4.** even with the top of the container **5.** equal in importance, rank, degree, etc. **6.** *a*) well-balanced; equable *b*) calm or steady —***vt., vi.*** **-elled, -elling** **1.** to make or become level, even, flat, equal (as in rank), etc. **2.** to demolish **3.** to raise and aim (a gun, etc.) —**level off** **1.** to give a flat surface to **2.** *Aeron.* to come or bring to a horizontal line of flight: also **level out** **3.** to become stable or constant —**one's level best** [Colloq.] the best one can do —**on the level** [Slang] honest(ly) and fair(ly) —**lev′eller** ***n.***

**level crossing** the place where one railway intersects another railway or a road on the same level

**levelheaded** ***adj.*** having or showing an even temper and sound judgment —**lev′el-head′edly** ***adv.***

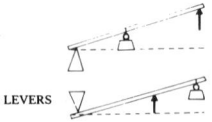

LEVERS

**lever** (lē′vər) ***n.*** [< OFr. < L. *levare,* raise] **1.** *Mech.* a device consisting of a bar turning about a fixed point, using force at a second point to lift a weight at a third **2.** a bar used to open by force, as a crowbar **3.** a means to an end —***vt.*** to move, lift, etc. with a lever

**leverage** ***n.*** **1.** the action of a lever **2.** the mechanical power resulting from this **3.** increased means of accomplishing some purpose

**leveret** (lev′ər it) ***n.*** [< L. *lepus,* hare] a hare during its first year

**leviathan** (lə vī′ə thən) ***n.*** [< Heb. *liwyāthān*] **1.** *Bible* a sea monster **2.** any huge thing

**Levi's** (lē′vīz) [< *Levi* Strauss] *Trademark* closefitting trousers of denim, reinforced at the seams, etc. with small copper rivets

**levitate** (lev′ə tāt′) ***vt.*** **-tat′ed, -tat′ing** [< L. *levis,* light] to cause to rise and float in the air supposedly, often by using supernatural powers —**lev′ita′tion** ***n.***

**levity** (lev′ə tē) ***n., pl.*** **-ties** [< L. *levis,* light] **1.** lightness of disposition, conduct, etc. **2.** fickleness

**levy** (lev′ē) ***n., pl.*** **lev′ies** [< MFr.: see LEVER] **1.** an imposing and collecting of a tax, fine, etc. **2.** the amount levied **3.** *a*) compulsory enlistment for military service *b*) a group so enlisted —***vt.*** **lev′ied, lev′ying** **1.** to impose (a tax, fine, etc.) **2.** to enlist (troops) for military service **3.** to wage (war)

**lewd** (lōōd) ***adj.*** [< OE. *læwede,* unlearned] showing, or intended to excite, lust or sexual desire; obscene

**lexical** (lek′si k'l) ***adj.*** [< Gr. *lexikon,* lexicon] **1.** of items of vocabulary in a language **2.** of a lexicon

**lexicographer** (lek′sə kog′rə fər) ***n.*** [< Gr. *lexikon,* lexicon + *graphein,* write] a person who writes or compiles a dictionary —**lex′icog′raphy** ***n.***

**lexicon** (lek′si kən) ***n.*** [< Gr. *legein,* to say] **1.** a dictionary, esp. of an ancient language **2.** a special vocabulary, as a of a particular author

**ley** (lā) ***n.*** [< LEA] farmland temporarily under grass

**Leyden jar** (or **vial**) (līd′'n) [< *Leiden,* Netherlands] a condenser for static electricity, consisting of a glass jar with a coat of tinfoil outside and inside and a metallic rod connecting with the inner lining and passing through the lid

**LF, L.F., lf, l.f.** low frequency

**LGr., L.Gr.** Late Greek

**l.h., L.H., LH** left hand

**Li** *Chem.* lithium

**liability** (lī′ə bil′ə tē) ***n., pl.*** **-ties** **1.** the state of being liable **2.** anything for which a person is liable **3.** [*pl.*] *Accounting* the debts of a person or business **4.** something that works to one's disadvantage

**liable** (lī′ə b'l) ***adj.*** [< L. *ligare,* bind] **1.** legally bound; responsible **2.** subject to *[liable to heart attacks]* **3.** likely (*to*) *[liable to cause hard feelings]*

**liaise** (li āz′) ***vi.*** **-aised′, -ais′ing** [< ff.] to establish liaison (usually with *with*)

**liaison** (lē ā′zon) [< L. *ligare,* to bind] **1.** a connecting of the parts of a whole, as of military units, in order to bring about proper coordination of activities **2.** an illicit love affair

**liana** (li än′ə) ***n.*** [NormFr. *liane*] any luxuriantly growing, tropical vine that roots in the ground and climbs, as around tree trunks

**liar** (lī′ər) ***n.*** a person who tells lies

**lib** (lib) ***n.*** *short for* liberation

**Lib.** Liberal

**lib.** **1.** [L. *liber*] book **2.** librarian **3.** library

**libation** (lī bā′shən) ***n.*** [< L. *libare,* pour out] **1.** the ritual of pouring out wine or oil upon the ground as a sacrifice to a god **2.** the liquid so poured out

**libel** (lī′b'l) *n.* [< L. *liber,* book] **1.** any written or printed matter tending to injure a person's reputation unjustly **2.** the act of publishing such a thing **3.** anything that gives a damaging picture of the subject —*vt.* **-belled, -belling** to make a libel against — **li′beller** *n.*

**libellous** *adj.* **1.** of or involving a libel **2.** given to writing and publishing libels —**li′bellously** *adv.*

**liberal** (lib′ər əl) *adj.* [< L. *liber,* free] **1.** favouring reform or progress; specif., favouring political reforms **2.** broad-minded **3.** giving freely; generous **4.** ample; abundant **5.** not restricted to the literal meaning **6.** [**L-**] designating a political party upholding liberal principles, as in Great Britain or Canada —*n.* **1.** a person favouring reform **2.** [**L-**] a member of a liberal political party —**lib′eralism** *n.* —**lib′erally** *adv.*

**liberality** (lib′ə ral′ə tē) *n., pl.* **-ties** **1.** generosity **2.** tolerance; broad-mindedness

**liberalize** (lib′ər ə līz′) *vt., vi.* **-ized′, -iz′ing** to make or become liberal —**lib′eralizā′tion** *n.*

**liberate** (lib′ə rāt′) *vt.* **-at′ed, -at′ing** [< L. *liber,* free] to release from slavery, enemy occupation, etc. —**lib′era′tion** *n.* —**lib′era′tor** *n.*

**libertine** (lib′ər tēn′) *n.* [< L. *liber,* free] a man who leads an unrestrained, sexually immoral life; rake —*adj.* licentious —**lib′ertinism, lib′ertinage** *n.*

**liberty** (lib′ər tē) *n., pl.* **-ties** [< L. *liber,* free] **1.** freedom from slavery, captivity, etc. **2.** a particular right, franchise, freedom, etc. **3.** a too free, too familiar, or impertinent attitude —**at liberty** **1.** not confined; free **2.** allowed (to do or say something) **3.** not busy or in use —**take liberties** **1.** to be impertinent in action or speech **2.** to deal (*with* facts, etc.) in a distorting way

**libidinous** (li bid′ə nəs) *adj.* [see ff.] lustful; lewd; lascivious —**libid′inously** *adv.*

**libido** (li bē′dō) *n.* [L., desire] the sexual urge or instinct —**libid′inal** (-bid′′n əl) *adj.*

**Libra** (lī′brə) [L., a balance] **1.** a S constellation between Virgo and Scorpio **2.** the seventh sign of the zodiac

**librarian** (lī brāər′ē ən) *n.* **1.** a person in charge of a library **2.** a qualified library worker —**librar′ianship′** *n.*

**library** (lī′brə rē) *n., pl.* **-braries** [< L. *liber,* book] **1.** a room or building where a collection of books, periodicals, etc. is kept **2.** an institution in charge of the care and circulation of such a collection **3.** a collection of books, periodicals, etc.

**libretto** (li bret′ō) *n., pl.* **-tos, -ti** [It. < L. *liber,* book] the words, or text, of an opera, oratorio, etc. —**libret′tist** *n.*

**lice** (līs) *n. pl. of* LOUSE

**licence** (līs′′ns) *n.* [< L. *licere,* be permitted] **1.** formal or legal permission to do something specified **2.** a document indicating such permission **3.** freedom to deviate from strict conduct, rule, or practice [poetic *licence*] **4.** excessive, undisciplined freedom Also, U.S. sp., **license**

**license** (līs′′ns) *vt.* **-censed, censing** [< prec.] to permit formally —**li′censable** *adj.*

**licensee** (līs′′n sē′′) *n.* a person to whom a licence is granted, esp. one to sell alcoholic drink

**licentiate** (lī sen′shē it) *n.* a person licensed to practise a specified profession —**licen′tiateship′** *n.*

**licentious** (lī sen′shəs) *adj.* [see LICENCE] morally unrestrained, esp. in sexual activity; lascivious —**licen′tiously** *adv.* —**licen′tiousness** *n.*

**lichee** (lī′chē′) *n.* *same as* LITCHI

**lichen** (lī′kən) *n.* [< Gr. *leichein,* to lick] a mosslike plant growing in patches on rocks, wood, soil, etc.

**lich gate** (lich) [< OE. *lic.,* akin to G. *Leiche,* corpse + gate] a roofed gate at the entrance to a churchyard, where a coffin awaits the arrival of the clergyman

**licit** (lis′it) *adj.* [< L. *licere,* be permitted] permitted; lawful —**lic′itly** *adv.* —**lic′itness** *n.*

**lick** (lik) *vt.* [OE. *liccian*] **1.** to pass the tongue over **2.** to bring into a certain condition by passing the tongue over **3.** to pass lightly over like a tongue [flames *licking* the logs] **4.** [Colloq.] *a*) to whip *b*) to vanquish —*n.* **1.** a licking with the tongue **2.** [Colloq.] *a*) a sharp blow *b*) a short, rapid burst of activity *c*) a fast pace —**lick and a promise** a hasty, superficial effort in cleaning, etc. —**lick into shape** [Colloq.] to bring into proper condition —**lick one's chops** to anticipate eagerly —**lick one's wounds** to retire after a severe defeat —**lick up** to consume as by licking

**lick-spittle** *n.* a servile flatterer: also **lick′spit′**

**licorice** (lik′ər is) *n.* *same as* LIQUORICE

**lid** (lid) *n.* [OE. *hlid*] **1.** a movable cover, as for a box, pot, etc. **2.** *short for* EYELID **3.** [Colloq.] a curb or restraint —**lid′ded** *adj.* —**lid′less** *adj.*

**lido** (lē′dō) *n.* [< *Lido,* NE Italy] **1.** a pleasure resort **2.** a public swimming pool

**lie**[1] (lī) *vi.* **lay, lain, ly′ing** [OE. *licgan*] **1.** to be or put oneself in a horizontal or reclining position (often with *down*) **2.** to rest on a support in a horizontal position **3.** to be in a specified condition **4.** to be situated [Scotland *lies* to the north of England] **5.** to extend [the road that *lies* before us] **6.** to exist [the love that *lies* in her eyes] **7.** [Archaic] to stay overnight —*n.* the way in which something is situated or arranged; lay —**lie down on the job** [Colloq.] to put forth less than one's best efforts —**lie in** **1.** to stay in bed in the morning **2.** to be in confinement for childbirth —**lie over** to wait until some future time —**take lying down** to submit to (a wrong, etc.) without protest —**li′er** *n.*

**lie**[2] *vi.* **lied, ly′ing** [OE. *leogan*] to make a statement that one knows to be false —*n.* **1.** a thing said in lying **2.** anything that gives a false impression —**give the lie to** 1. to prove to be false 2. to charge with telling a lie

**lied** (lēd) *n., pl.* **lied'er** [G.] a German lyrical song

**lief** (lēf) ***adv.*** [OE. *leof*] willingly; gladly: only in **would** (or **had**) **as lief**

**liege** (lēj) ***adj.*** [< OFr.] 1. *Feudal law* *a*) entitled to the allegiance of his vassals *b*) bound to give allegiance to the lord 2. loyal; faithful —***n.*** *Feudal Law* 1. a lord or sovereign 2. a subject or vassal

**lien** (li'ən) ***n.*** [< L. *ligare,* bind] *Law* a claim on the property of another as security for the payment of a debt

**lieu** (lyōō) ***n.*** [< L. *locus,* place] place: now chiefly in **in lieu of,** in place of; instead of

**lieutenant** (lef ten'ənt) ***n.*** [< MFr. *lieu,* place + *tenant,* holding] 1. one who acts for a superior 2. *see* MILITARY RANKS, table —**lieuten'ancy** ***n.***

**lieutenant colonel** *see* MILITARY RANKS, table

**lieutenant commander** *see* MILITARY RANKS, table

**lieutenant general** *see* MILITARY RANKS, table

**lieutenant governor** the official head of government of a Canadian province, appointed by the governor general: also **lieuten'ant-gov'ernor** ***n.***

**life** (līf) ***n., pl.*** **lives** [OE. *lif*] 1. that property of plants and animals (ending at death) which makes it possible for them to take in food, get energy from it, grow, etc. 2. the state of possessing this property 3. a human being [the *lives* lost in wars] 4. living things collectively [plant *life*] 5. the time a person or thing is alive 6. one's manner of living [a *life* of ease] 7. the people and activities of a given time, setting, or class [military *life*] 8. human existence [to learn from *life*] 9. *a*) an individual's lifetime experiences *b*) an account of this 10. the existence of the soul [eternal *life*] 11. something essential to the continued existence of something else [freedom of speech is the *life* of democracy] 12. the source of liveliness [the *life* of the party] 13. vigour; liveliness —***adj.*** of, in, or for life —**a matter of life and death** a matter of extreme importance —**as large as life** 1. life-size 2. in actual fact —**for dear life** with a desperate intensity —**for life** for the duration of one's life —**from life** from a living model —**not on your life** certainly not —**take one's (own) life** to commit suicide —**to the life** exactly —**true to life** true to reality

**lifeblood** ***n.*** 1. the blood necessary to life 2. a vital element or animating influence

**lifeboat** ***n.*** 1. a small boat carried by a ship for use if the ship must be abandoned 2. a boat launched from the shore to help ships in distress

**life buoy** a buoyant device for saving a person from drowning by keeping his body afloat

**life-giving** ***adj.*** 1. that gives life 2. refreshing

**lifeguard** ***n.*** an expert swimmer employed at a beach, a pool, etc. to prevent drownings

**life insurance** insurance in which a stipulated sum is paid to the beneficiary at the death of the insured

LIFE JACKET

**life jacket** (or **vest**) a life buoy in the form of a sleeveless jacket

**lifeless** ***adj.*** 1. *a*) inanimate *b*) dead 2. dull; listless —**life'lessly** ***adv.***

**lifelike** ***adj.*** resembling actual life or a real person or thing

**lifeline** ***n.*** 1. a rope for saving life 2. the rope used to raise or lower a diver 3. a vital line of access or communication

**lifelong** ***adj.*** lasting or not changing during one's whole life

**life peer** a peer whose title lapses at his death

**life preserver** 1. a club kept for self-defence 2. [U.S.] a life jacket

**lifer** ***n.*** [Slang] one sentenced to imprisonment for life

**life raft** a small, inflatable raft or boat

**lifesaver** ***n.*** 1. a lifeguard 2. [Colloq.] a person or thing that is of great timely help —**life'sav'ing** ***adj., n.***

**life-size** ***adj.*** of the same size as the person or thing represented: also **life'-sized'**

**life style** one's way of life

**lifetime** ***n.*** the length of time that one lives, or that something lasts —***adj.*** lasting for such a period

**lift** (lift) ***vt.*** [< ON. *lopt,* air] 1. to bring up to a higher position; raise 2. to raise in rank, condition, etc. 3. to end (a siege, etc.) by withdrawing forces 4. to revoke (a ban or order) 5. to subject to FACE LIFTING 6. [Colloq.] to plagiarize 7. [Colloq.] to steal —***vi.*** 1. to exert strength in raising something 2. to rise and vanish 3. to become raised; go up —***n.*** 1. a lifting, raising, or rising 2. the amount lifted 3. the distance something is lifted 4. lifting force, power, or influence 5. elevation of mood 6. elevated position or carriage 7. a ride in a car or bus in the direction one is going 8. help of any kind 9. a cage or car for hoisting or lowering people or things, attached by cables to a machine that moves it in a shaft 10. a device used to transport people up or down a slope

**liftoff** ***n.*** the vertical thrust and rise of a spacecraft, missile, etc. as it is launched

**ligament** (lig'ə mənt) ***n.*** [< L. *ligare,* to

bind] **1.** *Anat.* a band of tough tissue connecting bones or holding organs in place **2.** a bond or tie

**ligature** (lig′ə chooər) *n.* [< L. *ligare,* to bind] **1.** a tying or binding together **2.** a tie, bond, etc. **3.** two or more letters united, as *ff, th* **4.** *Music* a curved line indicating a slur **5.** *Surgery* a thread used to tie up an artery, etc.

**light**[1] (lit) *n.* [OE. *leoht*] **1.** *a*) the form of electromagnetic radiation that acts upon the retina of the eye making sight possible *b*) ultraviolet and infrared radiation **2.** brightness; illumination, often of a specified kind **3.** a source of light, as the sun, a lamp, etc. **4.** *same as* TRAFFIC LIGHT **5.** daylight or dawn **6.** a thing by means of which something can be started burning **7.** the means by which light is let in; window **8.** knowledge; enlightenment **9.** spiritual inspiration **10.** the way in which something is seen; aspect **11.** facial expression **12.** an outstanding figure —*adj.* **1.** having light; bright **2.** pale in colour; whitish —*adv.* palely [a *light* blue colour] —*vt.* **light′ed** or **lit, light′ing** **1.** to set on fire; ignite **2.** to cause to give off light **3.** to furnish with light **4.** to brighten; animate —*vi.* **1.** to catch fire **2.** to brighten (usually with *up*) —**according to one's lights** as one's opinions, standards, etc. may direct —**in the light of** considering —**see the light (of day)** **1.** to come into existence **2.** to come into public view **3.** to understand —**strike a light** **1.** to make a flame, as with a match **2.** [Colloq.] an exclamation of surprise

**light**[2] *adj.* [OE. *leoht*] **1.** having little weight; not heavy, esp. for its size **2.** less than usual in weight, amount, extent, force, intensity, etc. [a *light* blow] **3.** of little importance **4.** easy to bear [a *light* duty] **5.** easy to do; not difficult [*light* work] **6.** gay; happy [*light* spirits] **7.** loose in morals; wanton **8.** dizzy; giddy **9.** of an amusing or entertaining nature [*light* reading] **10.** containing little alcohol [*light* wine] **11.** not as full as usual [a *light* meal] **12.** soft and spongy [a *light* cake] **13.** loose in consistency **14.** moving with ease [*light* on one's feet] **15.** carrying little weight **16.** designating industry equipped with relatively light machinery and producing small products **17.** equipped with light weapons, armour, etc. —*adv.* lightly —*vi.* **light′ed** or **lit, light′ing** **1.** to come to rest after travelling through the air **2.** to come or happen (*on* or *upon*) by chance **3.** to strike suddenly, as a blow —**light into** [Colloq.] **1.** to attack **2.** to scold —**light out** [Colloq.] to depart suddenly —**make light of** to treat as unimportant —**light′ish** *adj.*

**lighten**[1] *vt.* **1.** to illuminate **2.** to make light or pale —*vi.* **1.** to grow brighter **2.** to shine brightly

**lighten**[2] *vt., vi.* **1.** to make or become lighter in weight **2.** to make or become more cheerful

**lighter**[1] *n.* a small device for lighting a cigarette, etc.

**lighter**[2] *n.* [< MDu. *licht,* light] a large barge used in loading or unloading ships

**light-fingered** *adj.* **1.** having a light touch **2.** skilful at stealing, esp. by picking pockets

**light flyweight** *see* BOXING AND WRESTLING WEIGHTS, table

**light-footed** *adj.* stepping lightly and gracefully: also [Poet.] **light′foot′** —**light′-foot′edly** *adv.*

**lightheaded** *adj.* **1.** giddy; dizzy **2.** flighty; frivolous —**light′head′edly** *adv.* —**light′head′edness** *n.*

**lighthearted** *adj.* free from care; gay —**light′heart′edly** *adv.* —**light′heart′edness** *n.*

**light heavyweight** *see* BOXING AND WRESTLING WEIGHTS, table

**lighthouse** *n.* a tower with a bright light at the top by which ships are guided and warned

**lighting** *n.* **1.** a giving light or being lighted; illumination **2.** the distribution of light and shade

**lighting-up time** the time after which vehicles on the road must show lights: usually half an hour after sunset

**lightly** *adv.* **1.** with little weight or pressure; gently **2.** to a small degree or amount **3.** nimbly; deftly **4.** cheerfully **5.** with indifference or neglect

**light middleweight** *see* BOXING AND WRESTLING WEIGHTS, table

**lightness**[1] *n.* **1.** the quality or intensity of lighting; brightness **2.** paleness

**lightness**[2] *n.* **1.** the state of being light, not heavy **2.** nimbleness, cheerfulness, lack of seriousness, etc.

**lightning** *n.* [< ME. *lightnen,* to lighten] a flash of light in the sky caused by the discharge of atmospheric electricity from one cloud to another or between a cloud and the earth —*adj.* like lightning; very fast —**like (greased) lightning** like a flash

**lights**[1] *n.pl.* [from their light weight] the lungs of animals, used as food

**lights**[2] *n.pl.* *same as* TRAFFIC LIGHT

**lightweight** *n.* **1.** one below normal weight **2.** *see* BOXING AND WRESTLING WEIGHTS, table **3.** a person of limited influence, intelligence, etc. —*adj.* **1.** light in weight **2.** not serious

**light welterweight** *see* BOXING AND WRESTLING WEIGHTS, table

**light-year** *n.* the distance that light travels in a vacuum in one year, approximately $10^{16}$ metres

**ligneous** (lig′nē əs) *adj.* [< L. *lignum,* wood] of, or having the nature of, wood; woody

**lignite** (lig′nīt) *n.* [< Fr.: see LIGNEOUS] a soft, brownish-black coal with the texture of the original wood

**lignum vitae** (lig′nəm vīt′ē) [< L., wood of life] *commercial name for* the very hard wood of the guaiacum

**likable** (līk′ə b'l) *adj.* having qualities that

inspire liking; attractive, genial, etc.: also **likeable**

**like**[1] (līk) *adj.* [OE. *gelic*] having the same characteristics; similar; equal —***adv.*** [Colloq.] likely [*like* as not, he's there] —***prep.*** **1.** similar to **2.** similarly to [she sings *like* a bird] **3.** characteristic of [not *like* her to cry] **4.** in the mood for [to feel *like* sleeping] **5.** indicative of [it looks *like* rain] —***conj.*** [Colloq.] **1.** as [it was just *like* you said] **2.** [Chiefly U.S.] as if —***n.*** an equal or counterpart [the *like* of it] —**and the like** and others of the same kind —**like anything** [Colloq.] very much —**like blazes** (or **crazy, the devil, mad,** etc.) [Colloq.] with furious energy, speed, etc. —**nothing like** not at all like —**something like** **1.** almost like; about **2.** [Colloq.] exactly what is desired or needed —**the like** (or **likes**) **of** [Colloq.] any person or thing like

**like**[2] *vi.* **liked, lik'ing** [OE. *lician*] to be so inclined [do as you *like*] —***vt.*** **1.** to be pleased with; enjoy **2.** to wish [I would *like* to go] —***n.*** [*pl.*] preferences or tastes

**-like** (līk) [see LIKE[1]] *a suffix meaning* like, characteristic of, suitable for [*doglike, homelike*]

**likelihood** (līk'lē hood') ***n.*** (a) probability

**likely** ***adj.*** **-lier, -liest** [< OE. *geliclic*] **1.** credible; probable **2.** reasonably to be expected **3.** suitable [a *likely* man] **4.** promising [a *likely* lad] —***adv.*** probably —**not likely** [Colloq.] there is no chance

**like-minded** (līk'mīn'did) ***adj.*** having the same ideas, tastes, etc. —**like'-mind'edly** ***adv.*** —**like'-mind'edness** ***n.***

**liken** ***vt.*** to describe as being similar; compare

**likeness** ***n.*** **1.** a being like; similarity **2.** (the same) form or shape **3.** a copy, portrait, etc.

**likewise** ***adv.*** [short for *in like wise*] **1.** in the same manner **2.** also; too; moreover

**liking** ***n.*** **1.** fondness; affection **2.** preference; taste; pleasure [not to my *liking*]

**lilac** (lī'lək) ***n.*** [Fr. < Per. *nīlak*, bluish] **1.** a shrub with large clusters of tiny, fragrant flowers ranging from white to lavender **2.** a pale-purple colour —***adj.*** pale-purple

**Lilliputian** (lil'ə pyōō'shən) ***adj.*** [< *Lilliput*, in Swift's *Gulliver's Travels*] very small; tiny —***n.*** a very small person

**lilt** (lilt) ***vt., vi.*** [ME. *lilten*] to sing, speak, or play with a light, graceful rhythm —***n.*** a light, swingy, and graceful rhythm —**lilt'ing** ***adj.***

**lily** (lil'ē) ***n., pl.*** **lil'ies** [< L. *lilium*] **1.** a plant grown from a bulb and having trumpet-shaped flowers, white or coloured **2.** the flower **3.** any of several similar plants, as the waterlily —***adj.*** like a lily, as in whiteness, purity, etc. —**gild the lily** to attempt vain improvements on something that is already perfect

**lily-livered** ***adj.*** cowardly; timid

LILY OF THE VALLEY

**lily of the valley** *pl.* **lilies of the valley** a plant with a spike of fragrant, small white, bell-shaped flowers

**limb**[1] (lim) ***n.*** [OE. *lim*] **1.** an arm, leg or wing **2.** a large branch of a tree **3.** a person or thing regarded as a part o agent —**out on a limb** [Colloq.] **1.** i a precarious position **2.** isolated, esp because of unpopular opinions —**limb'les** ***adj.***

**limb**[2] ***n.*** [< L. *limbus*, edge] *Astron* the apparent outer edge of a heavenly body

**limbed** ***adj.*** having (a specified numbe or kind of) limbs [*four-limbed*]

**limber**[1] (lim'bər) ***adj.*** [< ? LIMB[1]] easily bent; flexible **2.** able to bend th body easily —***vt., vi.*** to make or becom limber (usually with *up*)

**limber**[2] ***n.*** [< ?] the two-wheeled detachable front part of a gun carriag —***vt.*** to attach the limber to (a gu carriage)

**limbo**[1] (lim'bō) ***n., pl.*** **-bos** [< L. (*in limbo*, (on) the border] **1.** [*often* **L-**] in some Christian theologies, a regio bordering on hell, the abode after deat of unbaptized children and righteous peopl who lived before Jesus **2.** a place c oblivion **3.** an indeterminate state

**limbo**[2] ***n., pl.*** **-bos** [< ?] a West India dance in which the dancers pass, whil leaning backwards, under a low bar

**lime**[1] (līm) ***n.*** [OE. *lim*] a white substance calcium oxide, obtained by the action o heat on limestone and used in makin mortar and cement and in neutralizin acid soil —***vt.*** **limed, lim'ing** **1.** to smea or catch with birdlime **2.** to treat with lim

**lime**[2] ***n.*** [Fr. < Ar. *līma*] **1.** a small, lemon shaped, greenish-yellow citrus fruit wit a juicy, sour pulp **2.** the small, semitropica tree that it grows on

**lime**[3] ***n.*** [< ME. *lind*: see LINDEN] tree with dense, heart-shaped leaves

**limekiln** ***n.*** a furnace in which limestone shells, etc. are burned to make lime

**limelight** ***n.*** **1.** a prominent position befor the public **2.** a brilliant light created b the incandescence of lime, formerly use in theatres

**limerick** (lim'ər ik) ***n.*** [prob. < *Limerick* Ireland] a rhymed, nonsense poem o five lines

**limestone** (līm'stōn') ***n.*** rock consistin mainly of calcium carbonate

**limey** (lī'mē) ***n.*** [from the LIME[2] juic

formerly served to British sailors to prevent scurvy] [U.S. Slang] **1.** a British sailor **2.** any Briton

**limit** (lim′it) *n.* [< L. *limes*] **1.** the point, line, or edge where something ends or must end; boundary **2.** [*pl.*] bounds **3.** the greatest amount allowed —*vt.* to restrict; curb —**lim′itable** *adj.* —**lim′iter** *n.*

**limitation** (lim′ə tā′shən) *n.* **1.** a limiting or being limited **2.** qualification; restriction

**limited** *adj.* **1.** confined within bounds; restricted **2.** exercising governmental powers under constitutional restrictions [a *limited* monarch] **3.** restricting the liability of each partner or shareholder [a *limited* company] —**lim′itedly** *adv.* —**lim′itedness** *n.*

**limited liability** of a company in which the liability of the shareholder is in proportion to the amount of his stock

**limitless** *adj.* without limits; unbounded; vast

**limn** (lim) *vt.* **limned, limn′ing** [< L. *illuminare,* make light] [Obs.] **1.** to paint or draw **2.** to describe

**Limoges** (lē mōzh′) *n.* [< *Limoges,* in France] a fine porcelain: also **Limoges ware**

**limousine** (lim′ə zēn′) *n.* [Fr., lit., a hood] any large, luxurious motor car, esp. one driven by a chauffeur

**limp**[1] (limp) *vi.* [< OE. *lemphealt,* lame] **1.** to walk with or as with a lame leg **2.** to move jerkily, laboriously, etc. —*n.* a halt or lameness in walking —**limp′ing** *adj.*

**limp**[2] *adj.* [? < prec.] **1.** lacking stiffness; drooping **2.** lacking firmness —**limp′ly** *adv.*

**limpet** (lim′pit) *n.* [< ML. *lempreda*] a mollusc which clings to rocks, etc. by means of a thick, fleshy foot

**limpid** (lim′pid) *adj.* [< L. *limpidus*] **1.** perfectly clear; transparent **2.** clear and simple —**limpid′ity, lim′pidness** *n.*

**limy** (lī′mē) *adj.* **-ier, -iest** **1.** covered with or like birdlime; sticky **2.** of, like, or containing lime

**linage** (lī′nij) *n.* the number of written or printed lines on a page

**linchpin** (linch′pin′) *n.* [< OE. *lynis*] **1.** a pin that goes through the end of an axle to keep the wheel from coming off **2.** a person or thing on which the success of a project, organization, etc. depends

**Lincs.** Lincolnshire

**linctus** (liŋk′təs) *n.* [< L. *lingere,* to lick] a soothing, syrupy cough mixture

**linden** (lin′dən) *n.* [< OE. *lind*] *same as* LIME[3]

**line**[1] (līn) *n.* [< L. *linea,* linen thread] **1.** a very thin, threadlike mark; specif., *a*) made by a pencil, pen, etc. *b*) a thin crease on the face **2.** a cord, rope, wire, etc. **3.** a wire or system of wires connecting stations in a telephone system **4.** any wire pipe, etc., or system of these, for conducting gas, water, electricity etc. **5.** a limit **6.** outline; contour **7.** [*usually pl.*] a plan of making or doing **8.** a row or series of persons or things, as written or printed characters across a page **9.** *same as* LINEAGE[1] **10.** the descendants of a common ancestor or of a particular breed **11.** *a*) a transport system consisting of regular trips by buses, ships, etc. between points *b*) a company operating such a system *c*) a single track of a railway **12.** the course anything moving takes **13.** course of conduct, action, explanation, etc. **14.** a person's trade or occupation **15.** a stock of goods **16.** the field of one's special knowledge or interest **17.** a short letter, note, or card **18.** a verse of poetry **19.** [*pl.*] all the speeches of any one character in a play **20.** [*pl.*] a marriage certificate: in full **marriage lines** **21.** [*pl.*] in schools, a punishment consisting of copying out some passage of literature, etc. **22.** [**L-**] the regular regiments of the army **23.** [Colloq.] flattering talk **24.** *Math.* the path of a moving point **25.** *Mil.* *a*) a formation of ships, troops, etc. abreast of each other *b*) the area or position in closest contact with the enemy during combat *c*) the troops in this area **26.** *Music* any of the long parallel marks forming the staff **27.** *T.V.* any of a number of narrow horizontal bands forming a television picture —*vt.* **lined, lin′ing** **1.** to mark with lines **2.** to bring into alignment (often with *up*) **3.** to form a line along —*vi.* to form a line (usually with *up*) —**all along the line** **1.** everywhere **2.** at every turn of events —**bring** (or **come, get**) **into line** to bring (or come) into alignment —**down the line** completely —**draw the** (or **a**) **line** to set a limit —**hard lines** [Colloq.] bad luck —**in** (or **out of**) **line** in (or not in) alignment, agreement, or conformity —**lay** (or **put**) **it on the line** to speak frankly —**line up** to bring into or take a specified position —**read between the lines** to discover a hidden meaning in something written, said, or done

**line**[2] *vt.* **lined, lin′ing** [ult. < L. *linum,* flax] **1.** to put a layer of a different material on the inside of **2.** to be used as a lining in **3.** to fill: now chiefly in **line one's pockets,** to make money

**lineage** (lin′ē ij) *n.* [< OFr. *ligne:* see LINE[1]] **1.** direct descent from an ancestor **2.** ancestry; family

**lineal** (lin′ē əl) *adj.* **1.** in the direct line of descent from an ancestor **2.** hereditary **3.** linear

**lineament** (lin′ē ə mənt) *n.* [< L. *linea,* line] a distinctive feature, esp. of the face *Usually used in pl.*

**linear** (lin′ē ər) *adj.* **1.** of or relating to a line or lines **2.** made of or using lines —**lin′ear′ity** (-ē ar′ə tē) *n.* —**lin′early** *adv.*

**linear measure** a system of measuring length, esp. the system in which 100 centimetres = 1 metre or in which 12 inches = 1 foot

**lineation** (lin′ē ā′shən) *n.* **1.** marking with lines **2.** a system or series of lines

**line drawing** a drawing done entirely in lines, from which a cut (**line cut**) can be photoengraved for printing

**linen** (lin′ən) *n.* [< OE. *lin,* flax] **1.** thread or cloth made of flax **2.** things orig. made of linen, as tablecloths, sheets, shirts, etc., collectively —*adj.* made of, or for, linen

**linen draper** a retailer who deals in linen, cloth, etc.

**line of fire** **1.** the course of a bullet, shell, etc. **2.** a position open to attack of any kind

**liner** (lī′nər) *n.* **1.** a steamship, aircraft, etc. in regular service on a specific route **2.** a cosmetic applied in a fine line, as along the eyelid

**linesman** (līnz′mən) *n.* *Football, Tennis* an official who reports whether the ball is inside or outside the lines

**lineup** (lin′up′) *n.* an arrangement of persons or things in or as in a line, as the list of a team's players arranged according to playing position, etc.

**ling**[1] (liŋ) *n.* [akin to MDu. *lange*] an edible fish related to the cod, found in the North Atlantic

**ling**[2] *n.* [ON. *lyng*] *same as* HEATHER

**-ling** (liŋ) [OE.] *a suffix added to nouns, meaning:* **1.** small *[duckling]* **2.** unimportant or contemptible *[hireling]*

**linger** (liŋ′gər) *vi.* [< OE. *lang,* long] **1.** to continue to stay, esp. through reluctance to leave **2.** to continue to live although very close to death **3.** to loiter —**lin′gerer** *n.* —**lin′gering** *adj.*

**lingerie** (lan′zhə rē′) *n.* [Fr.] women's underwear and night clothes of silk, nylon, lace, etc.

**lingo** (liŋ′gō) *n., pl.* **-goes** [< L. *lingua,* tongue] language; esp., a dialect, jargon, etc. that one is not familiar with: a humorous or disparaging term

**lingua franca** (liŋ′gwə fraŋ′kə) *pl.* **lin′gua fran′cas, linguae francae** (liŋ′gwē fran′sē) [It., lit., Frankish language] a hybrid language used for communication between different peoples, as pidgin English

**lingual** (liŋ′gwəl) *adj.* [< L. *lingua,* the tongue] **1.** of the tongue **2.** of language or languages **3.** articulated with the tongue —**lin′gually** *adv.*

**linguist** (liŋ′gwist) *n.* [< L. *lingua,* the tongue] **1.** a specialist in linguistics **2.** *same as* POLYGLOT (sense 1)

**linguistic** (liŋ gwis′tik) *adj.* **1.** of language **2.** of linguistics —**linguis′tically** *adv.*

**linguistics** *n.pl.* [*with sing. v.*] **1.** the science of language, including morphology, syntax, etc. **2.** the study of a particular language

**liniment** (lin′ə mənt) *n.* [< L. *linere,* to smear] a medicated liquid to be rubbed on the skin to soothe sore, sprained, or inflamed areas

**lining** (lī′niŋ) *n.* [see LINE[2]] the material covering an inner surface

**link** (liŋk) *n.* [< Scand.] **1.** any of the series of rings or loops making up a chain **2.** *a*) a section of something resembling a chain *b*) an element in a series *[a weak link in the evidence]* **3.** anything serving to connect or tie **4.** one division (1/100) of a surveyor's chain —*vt., vi.* to join together with a link or links —**link′er** *n.*

**linkage** *n.* **1.** a linking or being linked **2.** a series or system of links

**linkman** *n.* **1.** someone who links various parts of TV and radio broadcasts **2.** formerly, someone who carried a torch for pedestrians

**links** *n.pl.* [< OE. *hlinc,* a slope] *same as* GOLF COURSE

**Linnaean, Linnean** (li nē′ən) *adj.* [< C. *Linnaeus*] designating a system of classifying plants and animals by using a double name

**linnet** (lin′it) *n.* [< L. *linum,* flax: it feeds on flaxseed] a small finch found in Europe, Asia, and Africa

**lino** (lī′nō) *n., pl.* **-nos** linoleum

**linocut** *n.* [< ff.] **1.** a design cut into the surface of a linoleum block **2.** a print made from this

**linoleum** (li nō′lē əm) *n.* [< L. *linum,* flax + *oleum,* oil] a hard, washable floor covering made of a mixture of ground cork and linseed oil with a canvas backing

**Linotype** (līn′ō tīp′) [< *line of type*] *Trademark* a typesetting machine that casts an entire line of type in one bar, or slug —*vt., vi.* [l-] **-typed′, -typ′ing** to set (matter) with this machine —**lin′otyp′ist, lin′otyp′er** *n.*

**linseed** (lin′sēd′) *n.* [OE. *linsæd*] the seed of flax

**linseed oil** a yellowish oil extracted from flaxseed, used in oil paints, etc.

**linsey-woolsey** (lin′zē wool′zē) *n., pl.* **-wool′seys** [ME. < *lin,* flax + *wolle,* wool] a coarse cloth made of linen (or cotton) and wool: also **lin′sey**

**lint** (lint) *n.* [prob. < OE. *lin,* linen] **1.** scraped and softened linen used as a dressing for wounds **2.** bits of thread or fluff from cloth or yarn

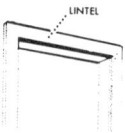


**lintel** (lin′t′l) *n.* [ult. < L. *limen,* threshold] the horizontal crosspiece over a door, window, etc.

**lion** (lī′ən) *n.* [< Gr. *leōn*] **1.** a large, powerful mammal of the cat family, found in Africa and SW Asia **2.** a person of great courage or strength **3.** a celebrity —**lī′oness** *n.fem.*

**lionhearted** *adj.* very brave

**lionize** *vt.* **-ized′, -iz′ing** to treat as a celebrity —**lī′oniza′tion** *n.*

**lion's share** the biggest portion

**lip** (lip) *n.* [OE. *lippa*] **1.** either of the two fleshy folds forming the edges of the mouth **2.** anything like a lip, as the rim of a jug, cup, etc. **3.** [Slang] insolent talk —*vt.* **lipped, lip′ping** **1.** to touch with the lips **2.** to utter softly —*adj.*

spoken, but insincere —**bite one's lip** to keep back one's anger, annoyance, etc. —**curl one's lip** to display one's scorn —**keep a stiff upper lip** [Colloq.] to avoid becoming frightened or discouraged —**lip'-less** *adj.*

**lipped** (lipt) *adj.* having a lip or lips [tight-*lipped*]

**lip-read** *vt., vi.* **-read', -read'ing** to recognize (a speaker's words) by lip reading —**lip reader**

**lip reading** recognition of a speaker's words by watching the movement of his lips, as by the deaf

**lip service** insincere expression of respect, loyalty, etc.

**lipstick** *n.* a small stick of cosmetic paste, set in a case, for colouring the lips

**liquefy** (lik'wə fī') *vt., vi.* **-fied', -fy'ing** [< L. *liquere,* be liquid + *facere,* make] to change into a liquid —**liq'uefac'tion** *n.* —**liq'uefi'er** *n.*

**liqueur** (li kyoo'ər) *n.* [Fr.] any of certain sweet, syrupy alcoholic liquors, variously flavoured

**liquid** (lik'wid) *adj.* [< L. *liquidus*] **1.** readily flowing; fluid **2.** clear; limpid **3.** flowing smoothly and gracefully [*liquid* verse] **4.** readily convertible into cash **5.** like a vowel, as the consonants *l* and *r* —*n.* a liquid substance —**liquid'ity, liq'-uidness** *n.*

**liquidate** (lik'wə dāt') *vt.* **-dat'ed, -dat'-ing** [< ML. *liquidare,* to make clear] **1.** to settle the accounts of (a bankrupt business, etc.) by apportioning assets and debts **2.** to pay (a debt) **3.** to convert (assets) into cash **4.** to get rid of, as by killing —**liq'uida'tor** *n.*

**liquidation** (lik'wə dā'shən) *n.* a liquidating or being liquidated —**go into liquidation** to close one's business by collecting assets and settling all debts

**liquidize** (lik'wə dīz') *vt.* **-ized', -iz'ing** to cause to have a liquid quality

**liquidizer** *n.* a kitchen appliance used to make purées, etc.

**liquid measure** a system of measuring liquids; esp., the system in which 1000 millilitres = 1 litre or in which 2 pints = 1 quart, etc.

**liquor** (lik'ər) *n.* [L.] **1.** an alcoholic drink, esp. one made by distillation, as whisky or rum **2.** any liquid

**liquorice** (lik'ər is) *n.* [ult. < Gr. *glykys,* sweet + *rhiza,* root] **1.** a European plant **2.** its dried root or the black flavouring extract made from this **3.** a sweet flavoured with this extract

**lira** (lēər'ə) *n., pl.* **-re** (-ā), for 2 **-ras** [It. < L. *libra,* balance] the monetary unit of **1.** Italy **2.** Turkey

**lisle** (līl) *n.* [< *Lille,* in France] **1.** a fine, hard, extra-strong cotton thread **2.** a fabric, or stockings, gloves, etc., woven of lisle —*adj.* made of lisle

**lisp** (lisp) *vi.* [< OE. *wlisp,* a lisping] **1.** to substitute the sounds (th) and (*th*) for the sounds of *s* and *z* **2.** to speak imperfectly —*vt.* to utter with a lisp —*n.* the act, speech defect, or sound of lisping —**lisp'ing** *adj.*

**lissome, lissom** (lis'əm) *adj.* [< *lithesome*] moving gracefully or with ease and lightness —**lis'someness, lis'som-ness** *n.*

**list**[1] (list) *n.* [merging of OE. *liste* & Anglo-Fr. *liste*] **1.** a series of names, words, numbers, etc. set forth in order; catalogue, roll, etc. **2.** the selvage of cloth **3.** formerly, a narrow strip or border See also LISTS —*vt.* to set forth or enter in a list, directory, catalogue, etc. —**list'er** *n.* —**list'ing** *n.*

**list**[2] *vt.* [< OE. *lust,* desire] [Archaic] to be pleasing to; suit —*vi.* [Archaic] to wish; choose

**list**[3] *vt., vi.* [prob. < prec.] to tilt to one side, as a ship —*n.* a tilting or inclining to one side

**list**[4] *vt., vi.* [< OE. *hlyst,* hearing] [Archaic] to listen (to)

**listed building** a building listed as being of historical or architectural importance

**listen** (lis''n) *vi.* [OE. *hlysnan*] **1.** to make a conscious effort to hear **2.** to give heed; take advice —*n.* a listening —**listen in** **1.** to eavesdrop **2.** to listen to a broadcast —**lis'tener** *n.*

**listless** *adj.* [LIST[2] + -LESS] lacking energy or enthusiasm —**list'lessly** *adv.*

**list price** retail price as given in a list or catalogue, discounted in sales to dealers, etc.

**lists** *n.pl.* [< ME. *liste,* border] **1.** the fenced area where knights held tournaments **2.** any place of combat —**enter the lists** to enter a struggle

**lit** (lit) *alt. pt. & pp. of* LIGHT[1]

**litany** (lit'ən ē) *n., pl.* **-nies** [< Gr. *litē,* a request] a prayer in which the congregation recites responses

**litchi** (lī'chē') *n.* [Chin. *li-chih*] **1.** a Chinese evergreen tree **2.** the dried fruit of this tree (**litchi nut**), with a single seed, a sweet pulp, and a papery shell

**-lite** (līt) [Fr.] *a combining form meaning* stone: used in the names of minerals, rocks, and fossils

**literacy** (lit'ər ə sē) *n.* the ability to read and write

**literal** (lit'ər əl) *adj.* [< L. *littera,* a letter] **1.** following the exact words of the original **2.** in a basic or strict sense [the *literal* meaning] **3.** matter-of-fact [a *literal* mind] **4.** real; not going beyond the actual facts [the *literal* truth] —**lit'erally** *adv.* —**lit'er-alness** *n.*

**literalism** *n.* the tendency to take words, statements, etc. in their literal sense

**literary** (lit'ə rə rē) *adj.* **1.** of or dealing with literature **2.** of the relatively formal language of literature **3.** versed in literature **4.** making literature a profession —**lit'erari-ness** *n.*

**literate** (lit'ər ət) *adj.* [< L. *littera,* letter] **1.** able to read and write **2.** well-educated —*n.* a literate person

**literati** (lit'ə rät'ē) *n.pl.* [It. < L.] men of letters

**literature** (lit'ər ə chər) *n.* [< L. *littera,* letter] **1.** *a*) all the writings of a particular time, country, etc., esp. those valued for excellence of form and expression *b*) all the writings on a particular subject **2.** [Colloq.] printed matter **3.** the profession of an author

**lithe** (līth) *adj.* **lith'er, lith'est** [OE. soft] bending easily; supple; limber: also **lithe'-some** —**lithe'ly** *adv.*

**lithium** (lith'ē əm) *n.* [< LITHO-] a soft, metallic chemical element, the lightest known metal: symbol, Li

**litho** (līth'ō) *n., pl.* **-os;** *vt., vi.* **-oed, -oing** *short for* LITHOGRAPH

**litho-** [< Gr.] *a combining form meaning* stone, rock

**lithograph** (lith'ə gräf') *n.* a print made by lithography —*vi., vt.* to make (prints or copies) by lithography —**lithographer** (li thog'rə fər) *n.*

**lithography** (li thog'rə fē) *n.* [LITHO- + -GRAPHY] printing from a flat stone or metal plate parts of which absorb the ink —**lithographic** (lith'ə graf'ik) *adj.*

**litigant** (lit'ə gənt) *n.* a party to a lawsuit

**litigate** *vt., vi.* **-gat'ed, -gat'ing** [< L. *lis,* dispute + *agere,* do] to contest in a lawsuit —**lit'iga'tor** *n.*

**litigation** (lit'ə gā'shən) *n.* **1.** the carrying on of a lawsuit **2.** a lawsuit

**litmus** (lit'məs) *n.* [< ON. *litr,* colour + *mosi,* moss] a purple colouring matter obtained from various lichens: it turns blue in bases and red in acids

**litre** (lēt'ər) *n.* [Fr. < Gr. *litra,* a pound] a unit of capacity in the metric system, now defined as equal to 1000 cubic centimetres

**Litt.D.** [L. *Lit(t)erarum Doctor*] Doctor of Letters

**litter** (lit'ər) *n.* [< L. *lectus,* a couch] **1.** things lying about in disorder; esp., bits of scattered rubbish **2.** the young borne at one time by a dog, cat, etc. **3.** straw, hay, etc. used as bedding for animals **4.** a framework enclosing a couch on which a person can be carried **5.** a stretcher for carrying the sick or wounded —*vt.* **1.** to bring forth (a number of young) at one time **2.** to make untidy **3.** to scatter about carelessly —*vi.* to bear a litter of young

**litterlout** (lit'ər lout') *n.* a person who litters a public place with rubbish, bits of paper, etc.

**little** (lit'l) *adj.* **less** or **less'er, least** [OE. *lytel*] **1.** small in size, amount, number, or degree **2.** short in duration; brief **3.** small in importance or power [the *little* man] **4.** trivial; trifling **5.** narrow-minded **6.** young: said of children or animals *Little* is sometimes used to express endearment [bless your *little* heart] —*adv.* **less, least** **1.** in a small degree; not much **2.** not in the least [he *little* suspects] —*n.* **1.** a small amount, degree, etc. **2.** a short time or distance —**little by little** gradually —**make little of** to treat as unimportant —**not a little** very much; very —**lit'tleness** *n.*

**Little Bear** the constellation URSA MINOR

**little people** the fairies

**little woman** [Colloq.] one's wife

**liturgy** (lit'ər jē) *n., pl.* **-gies** [< Gr. *leōs,* people + *ergon,* work] prescribed forms or ritual for public worship —**litur'gical** (li tur'jə k'l) *adj.*

**livable** (liv'ə b'l) *adj.* **1.** fit to live in, as a house **2.** endurable **3.** agreeable to live with Also sp. **liveable**

**live**[1] (liv) *vi.* **lived, liv'ing** [OE. *libban*] **1.** to have life **2.** *a*) to remain alive *b*) to endure **3.** to pass one's life in a specified manner **4.** to enjoy a full life **5.** to maintain life [to *live* on a pension] **6.** to feed [to *live* on fruit] **7.** to make one's dwelling; reside —*vt.* **1.** to carry out in one's life [to *live* one's faith] **2.** to spend; pass [to *live* a useful life] —**live and let live** to be tolerant —**live down** to live in such a way as to wipe out the shame of (some misdeed, etc.) —**live it up** [Colloq.] to indulge in pleasures, etc. that one usually forgoes —**live on air** to appear to take little or no food —**live together** **1.** to share a house, etc. **2.** to have a permanent sexual relationship outside marriage: also **live in sin** —**live up to** to act in accordance with (ideals, promises, etc.) —**live well** to live in luxury

**live**[2] (līv) *adj.* [< ALIVE] **1.** having life **2.** of the living state or living beings **3.** having qualities of warmth, vigour, vitality, brilliance, etc. **4.** of present interest [a *live* issue] **5.** *a*) still burning [a *live* spark] *b*) not extinct [a *live* volcano] **6.** unexploded [a *live* shell] **7.** unused; unexpended [*live* steam] **8.** carrying electrical current [a *live* wire] **9.** involving a performance in person, not one on film, tape, etc.

**-lived** (livd) *a combining form meaning* having (a specified kind or duration of) life [short-*lived*]

**livelihood** (līv'lē hood') *n.* [< OE. *lif,* life + *-lad,* course] means of supporting life; subsistence

**livelong** (liv'loŋ') *adj.* [ME. *lefe longe,* lief long; *lief* is merely intens.] whole; entire [the *livelong* day]

**lively** (līv'lē) *adj.* **-lier, -liest** [OE. *liflic*] **1.** full of life; vigorous **2.** full of spirit; exciting **3.** gay; cheerful **4.** vivid; keen —**live'liness** *n.*

**liven** (lī'vən) *vt., vi.* to make or become lively; cheer (*up*)

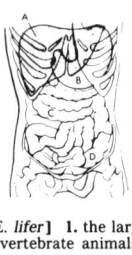


LIVER
(A, liver; B, stomach; C, small intestine; D, large intestine)

**liver**[1] (liv'ər) *n.* [OE. *lifer*] **1.** the largest glandular organ in vertebrate animals: it secretes bile and is important in metabolism **2.** the liver of cattle, etc. used as food

**liver²** *n.* a person who lives (in a specified way or place) *[a clean liver]*

**liveried** (liv′ər ēd) ***adj.*** wearing a livery

**liverish** (liv′ər ish) ***adj.*** [Colloq.] **1.** bilious **2.** peevish; cross

**liversausage** *n.* a sausage containing minced liver

**liverwort** (liv′ər wurt′) ***n.*** a plant, often forming dense, mosslike mats on rocks, etc. in moist places

**livery** (liv′ər ē) ***n., pl.*** **-eries** [< OFr. *livree,* gift of clothes to a servant] **1.** an identifying uniform such as is worn by servants **2.** characteristic dress or appearance **3.** *a*) the keeping and feeding of horses for a fixed charge *b*) a stable providing these services: also **livery stable**

**lives** (līvz) ***n.*** *pl. of* LIFE

**livestock** (līv′ stok′) ***n.*** domestic animals kept for use on a farm or raised for sale and profit

**live wire** **1.** a wire carrying an electric current **2.** [Colloq.] an energetic and enterprising person

**livid** (liv′id) ***adj.*** [< L. *lividus*] **1.** discoloured by a bruise; black-and-blue **2.** greyish-blue; lead-coloured *[livid* with rage*]* **3.** [Colloq.] furious

**living** (liv′iŋ) ***adj.*** **1.** alive; having life **2.** in active operation or use **3.** of persons alive *[*within *living* memory*]* **4.** true to reality; lifelike *[*the *living* image*]* **5.** of life or the sustaining of life *[living* conditions*]* **6.** very *[*the *living* daylights*]* —***n.*** **1.** the state of being alive **2.** livelihood **3.** manner of existence *[*the standard of *living]* **4.** a church benefice —**the living** those that are still alive

**living wage** a wage sufficient to maintain a person and his family in reasonable comfort

**lizard** (liz′ərd) ***n.*** [< L. *lacerta*] **1.** a reptile with a long slender body and tail, a scaly skin, and four legs (sometimes vestigial), as the slow worm, chameleon, and iguana **2.** loosely, any similar animal, as the alligator

**LJ.** Lord Justice

**'ll** *contraction of* will or shall *[I'll* go*]*

**LL., L.L.** Late Latin

**L.L.** Lord Lieutenant

**llama** (lä′mə) ***n.*** [Sp. < S AmInd] a S American animal related to the camel but smaller and without humps

**LL.B.** [L. *Legum Baccalaureus*] Bachelor of Laws

**LL.D.** [L. *Legum Doctor*] Doctor of Laws

**LL.M.** [L. *Legum Magister*] Master of Laws

**Lloyd's** (loidz) ***n.*** [< *Lloyd's* coffeehouse, meeting place of the original associates] an association dealing with insurance: it publishes an annual list **(Lloyd's Register)** of the seagoing vessels of all countries

**lo** (lō) ***interj.*** [OE. *la*] look! see!

**loach** (lōch) ***n.*** [< OFr. *loche*] a small freshwater fish

**load** (lōd) ***n.*** [< OE. *lad,* a course] **1.** something carried at one time; burden **2.** the amount that can be carried **3.** *a*) a heavy burden or weight *b*) a great mental burden *[a load* off one's mind*]* **4.** the weight that a structure bears **5.** [*often pl.*] [Colloq.] a great number *[loads* of friends*]* **6.** *Elec.* the amount of power carried by a circuit —***vt.*** **1.** to put something to be carried into or upon **2.** to put into or upon a carrier **3.** to burden; oppress **4.** to supply in abundance *[loaded* with money*]* **5.** to put ammunition into (a gun or firearm), film into (a camera), etc. **6.** to weight (dice) unevenly **7.** to phrase (a question, etc.) so as to elicit a desired response —***vi.*** to put on or take on a load —**get a load of** [Slang] **1.** to listen to or hear **2.** to look at or see —**load′er** ***n.*** —**load′ing** ***n.***

**loaded** ***adj.*** [Slang] **1.** rich; well-endowed **2.** intoxicated

**loadstar** *n.* *same as* LODESTAR

**loadstone** *n.* *same as* LODESTONE

**loaf¹** (lōf) ***n., pl.*** **loaves** (lōvz) [OE. *hlaf*] **1.** a portion of bread baked in one piece, commonly of oblong shape **2.** any mass of food shaped somewhat like a loaf of bread

**loaf²** ***vi.*** [prob. < ff.] to loiter or lounge about; idle

**loafer** ***n.*** [< G. *Landläufer,* vagabond] one who loafs

**loam** (lōm) ***n.*** [OE. *lam*] a rich soil of clay, sand, and organic matter —**loam′y** ***adj.***

**loan** (lōn) ***n.*** [< ON. *lān*] **1.** the act of lending **2.** something lent; esp., a sum of money lent, often at interest —***vt., vi.*** to lend —**on loan** lent for temporary use

**loath** (lōth) ***adj.*** [< OE. *lath,* hostile] unwilling; reluctant *[*to be *loath* to depart*]* —**nothing loath** willing(ly)

**loathe** (lōth) ***vt.*** **loathed, loath′ing** [< OE. *lathian,* be hateful] to feel intense dislike for —**loath′er** ***n.***

**loathing** (lōth′iŋ) ***n.*** intense dislike, disgust, or hatred

**loathsome** (lōth′səm) ***adj.*** causing loathing; disgusting —**loath′somely** ***adv.*** —**loath′someness** ***n.***

**loaves** (lōvz) ***n.*** *pl. of* LOAF¹

**lob** (lob) ***n.*** [prob. < Du.] *Tennis* a stroke in which the ball is sent high into the air, dropping into the back of the opponent's court —***vt., vi.*** **lobbed, lob′bing** to send (a ball) in a lob —**lob′ber** ***n.***

**lobar** (lō′bər) ***adj.*** of a lobe or lobes

**lobate** (lō′bāt) ***adj.*** having a lobe or lobes

**lobby** (lob′ē) ***n., pl.*** **-bies** [see LODGE] **1.** a hall or large anteroom, as a waiting room of a hotel, theatre, etc. **2.** a group of people who try to influence M.P.s, officials, etc. **3.** the corridor in the House of Commons to which members retire to vote on a division: also called **division lobby** —***vi.*** **-bied, -bying** to frequent the lobby, as of the House of Commons, to influence members —***vt.*** to try to get legislators to vote for or against (a measure) by lobbying

**lobby correspondent** a reporter who frequents the lobby (n. 3) to gain parliamentary news

**lobbyist** *n.* [Chiefly U.S.] a person who tries to influence the voting on legislation

**lobe** (lōb) *n.* [< Gr. *lobos*] a rounded projecting part, as the lower end of the human ear or any of the divisions of the brain, lung, or liver **—lobed** *adj.*

**lobelia** (lō bēl′yə) *n.* [< Matthias de *L'Obel*] a low-growing plant with white, blue, or red flowers

**lobola** (lə bō′lə) *n.* [< Zulu] in South Africa, a custom among Africans of making payment in cattle or money to a prospective bride's family; bride price

**lobotomy** (lō bot′ə mē) *n., pl.* **-mies** [< LOBE] an operation in which a lobe of the brain is cut across

**lobscouse** (lob′skous′) *n.* [< ?] a sailor's stew of meat, vegetables, and hardtack

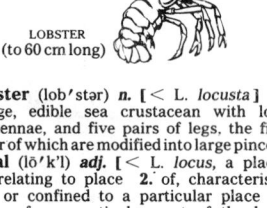

LOBSTER
(to 60 cm long)

**lobster** (lob′stər) *n.* [< L. *locusta*] a large, edible sea crustacean with long antennae, and five pairs of legs, the first pair of which are modified into large pincers

**local** (lō′k'l) *adj.* [< L. *locus,* a place] **1.** relating to place **2.** of, characteristic of, or confined to a particular place **3.** of or for a particular part of the body **4.** making all stops along its run [*a local* bus] **—*n.*** **1.** a local train, bus, etc. **2.** [*often* **L-**] [Colloq.] the local public house **—lo′cally** *adv.*

**local authority** the governing body of a county, district, or other locality

**local colour** behaviour, speech, etc. characteristic of a certain region or time, introduced into a novel, play, etc. to supply realism

**locale** (lō käl′) *n.* [Fr. *local*] a place or locality, esp. with reference to events, etc. connected with it

**local improvement district** in Canada, a district that is directly governed by the province because it is too thinly populated to have its own municipality

**locality** (lō kal′ə tē) *n., pl.* **-ties** **1.** position with regard to surrounding objects, landmarks, etc. **2.** a place; district

**localize** (lō′kə līz′) *vt.* **-ized′, -iz′ing** to limit, confine, or trace to a particular place or locality

**locate** (lō kāt′) *vt.* **-cat′ed, -cat′ing** [< L. *locus,* a place] **1.** to establish in a certain place [*located* in the Town Hall] **2.** to discover the position of after a search **3.** to show the position of **4.** to assign to a particular place, etc.

**location** (lō kā′shən) *n.* **1.** a locating or being located **2.** position; place **3.** an area marked off for a specific purpose **4.** *Cinema* an outdoor setting, where scenes are photographed: in **on location** **5.** in South Africa, a black African or coloured township **—loca′tional** *adj.*

**locative** (lok′ə tiv) *adj.* [see LOCATE] *Linguis.* expressing place where **—*n.*** the locative case (in Latin, Greek, etc.)

**loc. cit.** [L. *loco citato*] in the place cited

**loch** (lok, lokh) *n.* [< Gael.] [Scot.] **1.** a lake **2.** an arm of the sea

**loci** (lō′sī) *n. pl. of* LOCUS

**lock**[1] (lok) *n.* [OE. *loc,* a bolt] **1.** a mechanical device for fastening a door, strongbox, etc. by means of a key or combination **2.** an enclosed part of a canal, waterway, etc. equipped with gates so that the level of the water can be changed **3.** the mechanism of a firearm used to explode the charge **4.** the extent to which a vehicle's front wheels will turn **5.** *Rugby* a player in the second row of the scrum: also **lock forward** **6.** *Wrestling* a hold in which a part of the opponent's body is firmly gripped **—*vt.*** **1.** to fasten (a door, case, etc.) by means of a lock **2.** to shut (*up, in,* or *out*); confine **3.** to fit closely; link **4.** to embrace tightly **5.** to jam together so as to make immovable **—*vi.*** **1.** to become locked **2.** to interlock **—lock out** to keep (workers) from a place of employment in seeking to force terms upon them **—lock, stock, and barrel** [Colloq.] completely

**lock**[2] *n.* [OE. *loc*] **1.** a ringlet of hair **2.** [*pl.*] [Poet.] the hair of the head **3.** a tuft of wool, etc.

**locker** *n.* a chest, cupboard, drawer, etc. which can be locked, esp. one for individual use

**locket** (lok′it) *n.* [< OFr. *loc,* latch] a small, hinged case of gold, silver, etc., for holding a picture, lock of hair, etc.: it is usually worn on a necklace

**lockjaw** *n. same as* TETANUS

**lock keeper** one in charge of a canal lock

**locksmith** *n.* a person whose work is making or repairing locks and keys

**lockup** *n.* **1.** a jail **2.** a shop or private garage that is separate from living accommodation

**loco**[1] (lō′kō) *n.* [Colloq.] a locomotive

**loco**[2] *adj.* [Sp., mad] [U.S. Slang] crazy; demented

**loco-** [< L. *locus,* a place] *a combining form meaning* from place to place [*locomotion*]

‡**loco citato** (lō′kō si tāt′ō) [L.] in the place cited

**locomotion** (lō′kə mō′shən) *n.* [LOCO- + MOTION] motion, or the power of moving, from one place to another

**locomotive** (lō′kə mōt′iv) *n.* an engine that can move about by its own power; esp., an engine on wheels, designed to pull a railway train **—*adj.*** **1.** of locomotion **2.** moving or capable of moving from one place to another

**locum tenens** (lō′kəm tē′nənz) [< L. *locum,* place + *tenens,* holding] a temporary substitute, as for a doctor or clergyman: also **locum**

**locus** (lō′kəs) *n., pl.* **loci** (-sī) [L.] *Math.*

a line, plane, etc. every point of which satisfies a given condition

**locust** (lō′kəst) *n.* [< L. *locusta*] a large grasshopper often travelling in swarms destroying vegetation

**locust tree** 1. a spiny tree found in the U.S. 2. the carob

**locution** (lō kyōō′shən) *n.* [< L. *loqui*, speak] 1. a word, phrase, or expression 2. a particular style of speech

**lode** (lōd) *n.* [< OE. *lad*, course] *Mining* a vein or deposit of metallic ore

**lodestar** *n.* 1. a star by which a person directs his course; esp., the North Star 2. a guiding principle

**lodestone** *n.* 1. a strongly magnetic variety of the mineral magnetite 2. something that attracts

**lodge** (loj) *n.* [< OFr. *loge*, arbour] 1. a small house at the entrance to the grounds of a country mansion 2. a small house for special or seasonal use [a hunting *lodge*] 3. the meeting place of a local chapter, as of freemasons, etc. 4. the den of certain animals, esp. beavers 5. the hut or tent of an American Indian —*vt.* **lodged, lodg′ing** 1. to house, esp. temporarily 2. to rent rooms to 3. to deposit or place 4. to bring (a complaint, etc.) before legal authorities 5. to confer (powers) upon (with *in*) —*vi.* 1. to live in a place for a time 2. to live (*with* or *in*) as a paying guest 3. to come to rest (*in*); become embedded

**lodger** *n.* one who rents a room in another's home

**lodging** *n.* 1. a place to live in, esp. temporarily 2. [*pl.*] a room or rooms rented in a private home

**lodgment** *n.* 1. a lodging or being lodged 2. a lodging place 3. an accumulation of deposited material Also sp. **lodge′ment**

**loft** (loft) *n.* [< ON. *lopt*, upper room] 1. the space just below the roof of a house, barn, etc. 2. a gallery [the choir *loft*] 3. *a*) the slope of the face of a golf club *b*) the height of a ball hit in a high curve —*vt.* to hit or throw (a golf ball, etc.) into the air in a high curve

**lofty** *adj.* **-ier, -iest** 1. very high 2. elevated; noble 3. haughty; arrogant —**loft′ily** *adv.* —**loft′iness** *n.*

**log**[1] (log) *n.* [ME. *logge*] 1. a section of the trunk of a felled tree 2. a device for measuring the speed of a ship 3. a daily record of a ship's speed, progress, etc.; logbook 4. a record of an aircraft's flight, a pilot's flying time, experience, etc. 5. any similar record —*adj.* made of a log or logs —*vt.* **logged, log′ging** 1. to saw (trees) into logs 2. to enter or record in a log —**like a log** inert; heavy [she slept *like a log*]

**log**[2] *n.* *short for* LOGARITHM

**logan** (lō′gən) *n.* [Canad.] *same as* BOGAN

**loganberry** (lō′gən bər ē) *n.*, *pl.* **-ries** [< J. H. *Logan*] 1. a hybrid bramble developed from the blackberry and the red raspberry 2. its purplish-red fruit

**logarithm** (log′ə rith′m) *n.* [< Gr. *logos*, ratio + *arithmos*, number] *Math.* the exponent of the power to which a fixed number (the *base*) must be raised in order to produce a given number (the *antilogarithm*) —**log′arith′mic** *adj.* —**log′arith′mically** *adv.*

**logbook** (log′book′) *n.* 1. *same as* LOG[1] (senses 3, 4, & 5) 2. a book showing the registration details of a motor vehicle

**logger** *n.* [U.S.] a lumberjack

**loggerhead** (log′ər hed′) *n.* [< LOG[1] + HEAD] a sea turtle with a large head: also **loggerhead turtle** —**at loggerheads** quarrelling

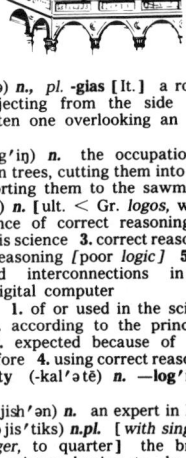

LOGGIA

**loggia** (lō′jə) *n.*, *pl.* **-gias** [It.] a roofed gallery projecting from the side of a building, often one overlooking an open court

**logging** (log′iŋ) *n.* the occupation of cutting down trees, cutting them into logs, and transporting them to the sawmill

**logic** (loj′ik) *n.* [ult. < Gr. *logos*, word] 1. the science of correct reasoning 2. a book on this science 3. correct reasoning 4. way of reasoning [poor *logic*] 5. the systematized interconnections in an electronic digital computer

**logical** *adj.* 1. of or used in the science of logic 2. according to the principles of logic 3. expected because of what has gone before 4. using correct reasoning —**log′ical′ity** (-kal′ə tē) *n.* —**log′ically** *adv.*

**logician** (lō jish′ən) *n.* an expert in logic

**logistics** (lō jis′tiks) *n.pl.* [*with sing. v.*] [< Fr. *loger*, to quarter] the branch of military science having to do with maintaining and transporting personnel —**logis′tic, logis′tical** *adj.*

**logjam** (log′jam′) *n.* 1. logs jammed together in a stream 2. an accumulation of many items to deal with

**logo** (lōg′ō) *n.* [< Gr. *logos*, word] a letter, symbol, etc. used to represent an entire word, esp. the name of a company

**-logue** (log) [see LOGIC] *a combining form meaning* a (specified kind of) speaking or writing [*monologue*]

**-logy** (lə jē) [ult. < Gr. *logos*, word] *a combining form meaning:* 1. a (specified kind of) speaking [*eulogy*] 2. science, doctrine, or theory of [*biology, theology*]

**loin** (loin) *n.* [ult. < L. *lumbus*] 1. [*usually pl.*] the lower part of the back between the hipbones and the ribs 2. the front part of the hindquarters of beef, lamb, veal, etc. 3. [*pl.*] the hips and the lower abdomen regarded as the region of strength and procreative power —**gird (up) one's loins** to prepare to do something difficult

**loincloth** *n.* a cloth worn about the loins, as by some tribes in warm climates

**loiter** (loit′ər) *vi.* [< MDu. *loteren*] **1.** to spend time idly; linger **2.** to move slowly and lazily —**loi′terer** *n.*

**loll** (lol) *vi.* [< MDu. *lollen*] **1.** to lean or lounge about in a lazy manner **2.** to droop —*vt.* to let droop

**Lollard** (lol′ərd) *n.* [< MDu., a mutterer] any of the followers of John Wycliffe in 15th-cent. England

**lollipop, lollypop** (lol′ē pop′) *n.* [prob. < dial. *lolly,* the tongue] a boiled sweet fixed to the end of a small stick

**lollipop man** [Colloq.] someone, usually carrying a pole with a circular sign on top, employed to stop traffic so children may cross the road —**lollipop lady** *fem.*

**lollop** (lol′əp) *vi.* [< LOLL] **1.** to lounge about **2.** to move in a clumsy, bobbing way

**lolly** (lol′ē) *n., pl.* **-lies** [see LOLLIPOP] **1.** [Colloq.] *same as* LOLLIPOP **2.** [Slang] money

**Lombard Street** (lom′bərd) [< the *Lombard* merchants who settled there] street in London where many banks are located

**London pride** (lun′dən) a saxifrage, with pink flowers

**lone** (lōn) *adj.* [< ALONE] **1.** by oneself; solitary **2.** lonely **3.** isolated —**lone′ness** *n.*

**lonely** *adj.* **-lier, -liest** **1.** unhappy at being alone **2.** *a*) isolated *b*) unfrequented **3.** alone —**lone′lily** *adv.* —**lone′liness** *n.*

**loner** *n.* [Colloq.] one who avoids the company of others

**lonesome** *adj.* having or causing a lonely feeling

**long**[1] (loŋ) *adj.* [OE. *long, lang*] **1.** measuring much from one end to the other in space or time **2.** of a specified extent in length [a metre *long*] **3.** of greater than usual length, quantity, etc. [a *long* list] **4.** tedious; slow **5.** far-reaching [a *long* view of the matter] **6.** well supplied [*long* on excuses] **7.** holding a supply of a commodity in anticipation of a rise in price **8.** requiring a long time to pronounce: said of a speech sound —*adv.* **1.** for a long time **2.** for the duration of [all day *long*] **3.** at a remote time —*n.* **1.** a signal, syllable, etc. of long duration **2.** a long time [it won't take *long*] —**as (or so) long as** **1.** during the time that **2.** since **3.** provided that —**before long** soon —**in the long run** eventually —**the long and (the) short of it** the whole story of in a few words

**long**[2] *vi.* [OE. *langian*] to feel a strong yearning; wish earnestly [to *long* to go home]

**long.** longitude

**longbow** *n.* a large bow drawn by hand and shooting a long, feathered arrow

**long-distance** *adj.* **1.** covering long distances **2.** connecting points that are far apart

**long division** the process of dividing one number by another and putting th steps down in full

**long-drawn** *adj.* prolonged: also **long′drawn′-out′**

**longevity** (lon jev′ə tē) *n.* [< L. *longu* long + *aevum,* age] long life

**longhair** *adj.* [Colloq.] of intellectua or their tastes; specif., preferring classic music to jazz, etc.: also **long′haired′**

**longhand** *n.* ordinary handwriting

**long-headed, longheaded** *adj.* havir much foresight; shrewd —**long′-head′e ness** *n.*

**longing** *n.* a yearning —*adj.* feeling yearning

**longitude** (lon′jə tyōōd′) *n.* [< L. *longu* long] angular distance east or west c the earth's surface, measured in degre from the prime meridian passing throug Greenwich

**longitudinal** (lon′jə tyōōd′ən əl) *adj.* of or in length **2.** running or place lengthways **3.** of longitude

**long johns** [Colloq.] long underwear

**long jump** an athletic event that is jump for distance rather than height

**long-lived** *adj.* having or tending to hav a long life span or existence

**long-playing** *adj.* of a gramophon record for playing at 33 1/3 revolutio per minute

**long-range** *adj.* **1.** having a range great distance **2.** taking the future in consideration

**long shot** [Colloq.] a betting choice th has little chance of winning —**not by long shot** [Colloq.] not at all

**longsighted** (loŋ′sīt′id) *adj.* havir better vision for distant objects than f near ones —**long′sight′edly** *adv.* —**long sight′edness** *n.*

**longstanding** *adj.* having continued f a long time

**long-suffering** (loŋ′suf′ər iŋ) *adj.* bea ing trouble patiently for a long time — long and patient endurance

**long-term** *adj.* for or extending ov a long time

**longtime** *adj.* over a long period of tim

**long ton** *same as* TON (sense 1)

**long wave** a radio wave more than 10 metres in length

**longways** *adv.* *same as* LENGTHWAY also **long′wise′**

**long-winded** (loŋ′win′did) *adj.* tiresomely long **2.** not easily winded exertion —**long′-wind′edly** *adv.* —**long wind′edness** *n.*

**loo** (lōō) *n.* [< ? Fr. *l'eau,* water] [Colloc a toilet

**loofah** (lōō′fə) *n.* [Ar. *lūfah*] the fibro interior of a plant of the gourd type, us as a bath sponge

**look** (look) *vi.* [OE. *locian*] **1.** to dire one's eyes in order to see **2.** to sear **3.** to appear; seem **4.** to be facing a specified direction **5.** to direct one attention —*vt.* **1.** to direct one's ey on **2.** to express by one's looks **3.** appear as having attained (some age) — **1.** the act of looking; glance **2.** outwa aspect **3.** [Colloq.] *a)* [*usually pl.*] appearance [from the *looks* of things] *b)* [*pl.*] personal appearance —*interj.* **1.** see! **2.** pay attention! —**look after** to take care of —**look down on** (or **upon**) to regard with contempt —**look for 1.** to search for **2.** to expect —**look forward to** to anticipate, esp. eagerly —**look in (on)** to pay a brief visit (to) —**look on 1.** to be an observer or spectator **2.** to consider —**look (like) oneself** to seem in normal health, spirits, etc. —**look out 1.** to be careful **2.** to select by inspection —**look out for 1.** to be wary about **2.** to take care of —**look over** to examine —**look to 1.** to take care of **2.** to rely upon **3.** to expect —**look up 1.** to search for in a reference book, etc. **2.** [Colloq.] to visit **3.** [Colloq.] to improve —**look up to** to admire —**look'er** *n.*

**looker-on** (look'ər on') *n., pl.* **look'ers-on'** an observer or spectator; onlooker

**looking glass** a (glass) mirror

**lookout** *n.* **1.** a careful watching **2.** a place for keeping watch **3.** a person detailed to watch **4.** outlook; prospect **5.** [Colloq.] concern; business

**look-see** *n.* [< PidE.] [Slang] a quick look

**loom**[1] (lōōm) *n.* [< OE. *(ge)loma,* tool] a machine for weaving thread or yarn into cloth

**loom**[2] *vi.* [< ?] to come in sight indistinctly, esp. in a large or threatening form

**loon** (lōōn) *n.* [< ON. *lomr*] a name given to several fish-eating diving birds

**loony** (lōō'nē) *adj.* **-ier, -iest** [< LUNATIC] [Slang] crazy —*n., pl.* **loon'ies** [Slang] a loony person

**loop** (lōōp) *n.* [< ?] **1.** the figure formed by a line, thread, etc. that curves back to cross itself **2.** anything forming this figure **3.** a ring-shaped fastening or ornament **4.** a plastic intrauterine contraceptive device **5.** *Aeron.* a manoeuvre in which an aeroplane describes a closed curve in the vertical plane —*vt.* **1.** to make a loop or loops in or of **2.** to wrap around one or more times **3.** to fasten with a loop —*vi.* to form a loop or loops —**loop the loop** to make a vertical loop in the air, as in an aeroplane

**loophole** *n.* [prob. < MDu. *lupen,* to peer + HOLE] **1.** a means of evading a law, etc. **2.** a hole or narrow slit in the wall of a fort, etc. for looking or shooting through

**loopy** *adj.* **-ier, -iest** [Slang] crazy; foolish

**loose** (lōōs) *adj.* [< ON. *lauss*] **1.** not confined or restrained; free **2.** not put into a package **3.** not firmly fastened down or in **4.** not tight or compact **5.** not restrained [*loose* talk] **6.** not precise; inexact [a *loose* translation] **7.** sexually immoral **8.** moving freely [*loose* bowels] —*vt.* **loosed, loos'ing 1.** to set free; unbind **2.** to make less tight, compact, etc. **3.** to release [he *loosed* the arrow] —*vi.* to become loose —**break loose** to free oneself —**let loose (with)** to release; let go —**on the loose 1.** free **2.** [Colloq.] having fun in a free, unrestrained manner —**set** (or **turn**) **loose** to release —**loose'ly** *adv.*

**loose-jointed** (lōōs'join'tid) *adj.* **1.** having loose joints **2.** moving freely; limber —**loose'joint'edly** *adv.*

**loose-leaf** *adj.* having leaves, or sheets, that can easily be removed or replaced

**loosen** *vt., vi.* to make or become loose or looser

**loot** (lōōt) *n.* [Hindi *lūt*] **1.** goods stolen or taken by force **2.** [Slang] money —*vt., vi.* to plunder —**loot'er** *n.*

**lop**[1] (lop) *vt.* **lopped, lop'ping** [OE. *loppian*] **1.** to trim (a tree, etc.) by cutting off branches or twigs **2.** to remove by or as by cutting off

**lop**[2] *vi.* **lopped, lop'ping** [prob. akin to LOB] **1.** to hang down loosely **2.** to move in a halting way

**lope** (lōp) *vi.* **loped, lop'ing** [< ON. *hlaupa,* leap] to move with a long, swinging stride —*n.* a loping stride

**lop-eared** *adj.* having ears that droop or hang down

**lopsided** (lop'sīd'id) *adj.* noticeably heavier, bigger, or lower on one side —**lop'sid'edly** *adv.*

**loquacious** (lō kwā'shəs) *adj.* [< L. *loqui,* to speak] very talkative; fond of talking —**loqua'ciously** *adv.* —**loquac'ity** (-kwas'ə tē)

**lor** (lôr) *interj.* [< LORD] an expression of surprise

**Loran** (lôr'an) *n.* [< *Lo(ng) Ra(nge) N(avigation)*] [*also* l-] a form of radar by which a ship or aircraft can determine its position

**lord** (lôrd) *n.* [< OE. *hlaf,* loaf + *weard,* keeper] **1.** a ruler; master **2.** the head of a feudal estate **3.** [L-] *a)* God *b)* Jesus Christ **4.** *a)* a member of the House of Lords *b)* a man who by courtesy is given the title of Lord **5.** [L-] [*pl.*] the House of Lords in the British Parliament **6.** [L-] in Great Britain, the title of a lord —*interj.* [*often* L-] an exclamation of surprise or irritation —**lord it (over)** to domineer (over)

**Lord Chief Justice** the president of one division of the High Court of Justice, second only to the Lord Chancellor

**Lord (High) Chancellor** the highest officer of state of Great Britain

**Lord Lieutenant 1.** the representative of the Crown in a county **2.** formerly, the British viceroy in Ireland

**lordly** *adj.* **-lier, -liest 1.** noble; grand **2.** haughty; overbearing —**lord'liness** *n.*

**Lord Mayor** the title of the mayor of the City of London and of the mayor of several other British cities

**Lord of Misrule** formerly, a person who presided over revels and games at Christmas

**Lord President of the Council** the cabinet minister who presides over meetings of the Privy Council

**Lord Privy Seal** a senior cabinet minister who has no official duties

**Lord's** *n.* [< Thomas *Lord,* founder] Lord's

cricket ground, now headquarters of the M.C.C.

**Lord's day** Sunday

**lordship** (lôrd′ship′) *n.* **1.** the rank or authority of a lord **2.** rule; dominion **3.** [*also* **L-**] a title used in speaking of or to a lord: with *his* or *your*

**Lord's Prayer** the prayer beginning *Our Father,* which Jesus taught his disciples: Matt. 6:9–13

**lords spiritual** the archbishops and bishops who are members of the House of Lords

**Lord's Supper** Holy Communion; Eucharist

**lords temporal** those members of the House of Lords who are not clergymen

**lore** (lôr) *n.* [OE. *lar*] knowledge or learning; specif., all the knowledge concerning a particular subject, esp. that of a traditional nature

**lorgnette** (lôr nyet′) *n.* [< OFr. *lorgne,* squinting] a pair of glasses, or an opera glass, attached to a handle

**lorry** (lor′ē) *n., pl.* **-ries** [< ?] **1.** a motor vehicle used to transport heavy loads along motorways, roads, etc. **2.** a low, flat wagon without sides

**lose** (lōōz) *vt.* **lost, los′ing** [< OE. *losian,* be lost] **1.** to become unable to find **2.** to have taken from one by accident, death, removal, etc. **3.** to get rid of **4.** to fail to keep [to *lose* one's temper] **5.** *a*) to fail to see, hear, or understand *b*) to fail to keep in sight, mind, etc. **6.** to fail to have, get, take, etc. **7.** to fail to win **8.** to cause the loss of [it *lost* him his job] **9.** to wander from (one's way, etc.) **10.** to waste; squander [to *lose* time] **11.** to engross or preoccupy [to be *lost* in reverie] **12.** to go slower by [my watch *lost* a minute] —*vi.* **1.** to suffer loss **2.** to be defeated in a contest, etc. **3.** to be slow: said of a timepiece —**lose oneself** **1.** to go astray **2.** to become engrossed —**lose out** [Colloq.] to fail —**lose out on** [Colloq.] to fail to take advantage of

**loser** *n.* **1.** [Colloq.] one that seems doomed to lose **2.** a person who reacts to loss as specified [a poor *loser*]

**losing** *adj.* **1.** that loses **2.** resulting in loss —*n.* [*pl.*] losses by gambling

**loss** (los) *n.* [< ? OE. *los,* ruin] **1.** a losing or being lost **2.** the damage, disadvantage, etc. caused by losing something **3.** the person, thing, or amount lost —**at a loss (to)** puzzled or uncertain (how to)

**loss leader** any article that a shop sells cheaply or below cost to attract customers

**lost** (lost) *pt. & pp. of* LOSE —*adj.* **1.** not to be found; missing **2.** having wandered from the way **3.** bewildered **4.** wasted **5.** no longer held, seen, heard, etc. **6.** not gained or won **7.** destroyed; ruined —**lost in** engrossed in —**lost on** without effect on

**lot** (lot) *n.* [OE. *hlot*] **1.** [*often pl.*] [Colloq.] a great number or amount **2.** a number of persons or things regarded as a group **3.** fortune [her unhappy *lot*] **4.** any of a number of counters, etc. drawn from at random to decide a matter by chance **5.** the use of such a method **6.** the decision arrived at by this means **7.** one's share by lot **8.** a plot of ground **9.** [Colloq.] sort (of person) [he's a bad *lot*] —*adv.* very much [a *lot* richer]: also **lots** —**cast** (or **throw**) **in one's lot with** to share the fortunes of —**draw** (or **cast**) **lots** to decide an issue by using lots

**loth** (lōth) *adj.* *alt. sp. of* LOATH

**Lothario** (lō thär′ē ō′) *n., pl.* **los′** [< the young rake in a play] [*often* **l-**] a lighthearted seducer of women

**lotion** (lō′shən) *n.* [< L. *lavare,* wash] a liquid preparation used on the skin for washing, healing, etc.

**lottery** (lot′ər ē) *n., pl.* **-teries** [< MDu. *lot,* lot] **1.** a game of chance in which people buy numbered chances on prizes, the winning numbers being drawn by lot **2.** any undertaking involving chance selection

**lotto** (lot′ō) *n.* [< MDu. *lot,* lot] a game of chance played with cards having squares numbered in rows: counters are placed on those numbers drawn by lot

**lotus, lotos** (lōt′əs) *n.* [< Gr. *lōtos*] **1.** *Gr. Legend* a plant whose fruit was supposed to induce a dreamy languor and forgetfulness **2.** any of several tropical waterlilies **3.** a plant with yellow, purple, or white flowers

**lotus-eater** *n.* one who becomes indolent, dreamy, etc.

**loud** (loud) *adj.* [OE. *hlud*] **1.** strongly audible: said of sound **2.** sounding with great intensity **3.** noisy **4.** emphatic [*loud* denials] **5.** [Colloq.] flashy **6.** [Colloq.] vulgar —*adv.* in a loud manner —**loud′ly** *adv.* —**loud′ness** *n.*

**loudmouthed** *adj.* **1.** gossipy or tactless **2.** talking in a loud, irritating voice

**loudspeaker** (loud′spē′kər) *n.* a device for converting electric current into sound and amplifying it

**lough** (lok, lokh) *n.* [< Gaelic & OIr. *loch,* loch] [Ir.] **1.** a lake **2.** an arm of the sea

**lounge** (lounj) *vi.* **lounged, loung′ing** [< ?] **1.** to stand, move, sit, etc. in a relaxed or lazy way **2.** to spend time in idleness —*n.* **1.** a room, as in a hotel or theatre, with comfortable furniture **2.** a living room in a private house **3.** a time of lounging —**loung′er** *n.*

**lounge suit** a man's suit for daytime wear

**lour** (louər) *vi., n.* *same as* LOWER[2]

**lourie** (lou′rē) *n.* an African bird with bright plumage

**louse** (lous) *n., pl.* **lice** [OE. *lus*] **1.** a small, wingless, parasitic insect that infests the hair or skin of man and some other mammals **2.** any similar insect, arachnid, etc., as the wood louse **3.** *pl.* **lous′es** [Slang] a person regarded as mean, contemptible, etc. —**louse up** [Slang] to spoil; ruin

**lousy** (lou′zē) *adj.* **-ier, -iest** **1.** [Slang] disgusting **2.** [Slang] poor; inferior **3.**

infested with lice **4.** [Slang] oversupplied (*with*)

**out** (lout) *n.* [prob. < OE. *lutan*, to stoop] a clumsy, stupid person; boor —**lout'ish** *adj.*

**ouvre** (lōō'vər) *n.* [< OFr. *lover*, skylight] **1.** an opening fitted with sloping slats so as to admit light and air but shed rain **2.** any of these slats Also esp. U.S. **lou'ver** —**lou'vred** *adj.*

**ovage** (luv'ij) *n.* [< L. *ligusticum*, the plant of Liguria] an umbelliferous plant, sometimes used as a flavouring

**ove** (luv) *n.* [OE. *lufu*] **1.** a deep affection for or attachment to someone or something **2.** *a*) a passionate affection of one person for another *b*) the object of this; sweetheart **3.** sexual passion or intercourse **4.** [**L-**] Cupid **5.** *Tennis* a score of zero —*vt., vi.* **loved, lov'ing** to feel love (for) —**fall in love (with)** to begin to feel love (for) —**for the love of** for the sake of —**in love** feeling love —**make love** **1.** to have sexual intercourse **2.** to woo or embrace, kiss, etc. —**not for love or money** not under any conditions —**lov'able, love'able** *adj.* —**love'less** *adj.*

**ovebird** *n.* a small parrot: the mates appear to be greatly attached to each other

**ove child** a euphemism for an illegitimate child; bastard

**ove-lies-bleeding** (luv'līz'blēd'iŋ) *n.* a cultivated amaranth with spikes of small, red flowers

**ovelorn** *adj.* pining from love

**ovely** *adj.* **-lier, -liest** **1.** beautiful **2.** morally or spiritually attractive **3.** [Colloq.] highly enjoyable —*n., pl.* **-lies** [Colloq.] a beautiful young woman —**love'liness** *n.*

**over** *n.* **1.** a partner, esp. the male partner, in a love affair **2.** [*pl.*] a couple in love with each other **3.** a sweetheart **4.** a person who greatly enjoys some (specified) thing [*a lover* of jazz] —**lov'erly** *adj., adv.*

**ovesick** *adj.* so much in love as to be unable to act normally —**love'sick'ness** *n.*

**ovey-dovey** (luv'ē duv'ē) *adj.* [LOVE + DOVE] [Slang] very affectionate, amorous, or sentimental

**oving** *adj.* feeling or expressing love —**lov'ingly** *adv.* —**lov'ingness** *n.*

**oving cup** a large drinking cup with two handles, formerly passed among guests at banquets

**ow**[1] (lō) *adj.* [< ON. *lagr*] **1.** not high or tall **2.** depressed below the surrounding surface **3.** shallow **4.** of little quantity, degree, value, etc. **5.** of less than normal height, depth, degree, etc. **6.** below others in order, position, etc. **7.** near the horizon [the sun is *low*] **8.** near the equator [*low* latitudes] **9.** exposing the neck and shoulders **10.** in hiding **11.** deep [a *low* bow] **12.** depressed; melancholy **13.** not of high rank **14.** vulgar; coarse **15.** contemptible [a *low* trick] **16.** unfavourable **17.** *a*) not well supplied with [*low* on fuel] *b*) [Colloq.] short of ready cash **18.** *a*) not loud *b*) deep in pitch —*adv.* **1.** in, to, or towards a low position, level, etc. **2.** quietly; softly **3.** with a deep pitch —*n.* **1.** a low level, point, degree, etc. **2.** *Meteorol.* an area of low barometric pressure —**lay low** to overcome or kill —**lie low** **1.** to keep oneself hidden **2.** to wait patiently —**low'ness** *n.*

**low**[2] *vi.* [OE. *hlowan*] to make the characteristic sound of a cow; moo —*n.* this sound

**lowborn** *adj.* of humble birth

**lowbred** *adj.* ill-mannered; vulgar

**lowbrow** *n.* [Colloq.] one regarded as lacking intellectual tastes —*adj.* [Colloq.] of or for a lowbrow

**Low Church** that party of the Anglican Church which attaches little importance to the priesthood or to traditional rituals, doctrines, etc. —**Low'-Church'** *adj.*

**low comedy** comedy that gets its effect mainly from action and situation, as burlesque, farce, etc.

**lowdown** *n.* [Slang] the pertinent facts (with *the*) —*adj.* [Colloq.] mean; contemptible

**lower**[1] *adj.* *compar. of* LOW[1] **1.** below or farther down in place, rank, dignity, etc. **2.** [**L-**] *Geol.* earlier: used of a division of a period —*vt.* **1.** to let or put down [*lower* the window] **2.** to reduce in height, amount, value, etc. **3.** to weaken or lessen **4.** to demean **5.** to reduce (a sound) in volume or in pitch —*vi.* to become lower; sink; fall

**lower**[2] (lou'ər) *vi.* [ME. *louren*] **1.** to scowl **2.** to appear dark and threatening —*n.* a threatening look

**Lower Canada** the official name of the present-day province of Quebec

**lower case** small-letter type used in printing, as distinguished from capital letters (*upper case*)

**lower class** the working class, or proletariat

**Lower House** [*often* **l- h-**] the larger and more representative branch of a legislature having two branches, as the House of Commons

**lowering** (lou'ər iŋ) *adj.* **1.** scowling; frowning darkly **2.** dark, as if about to rain or snow —**low'eringly** *adv.*

**low frequency** any radio frequency between 30 and 300 kilohertz

**Low German** the West Germanic languages, other than High German, including English, Dutch, etc.

**low-grade** *adj.* of inferior quality

**low-key** *adj.* of low intensity, tone, etc.; subdued or restrained: also **low'-keyed'**

**lowland** (lō'lənd) *n.* land that is below the level of the surrounding land —**the Lowlands** lowland region in SC Scotland —**low'lander, Low'lander** *n.*

**Low Latin** nonclassical, esp. medieval, Latin

**lowly** *adj.* **-lier, -liest** **1.** of low position or rank **2.** humble; meek —*adv.* **1.** humbly **2.** in a low manner, position, etc. **3.** softly; gently —**low'liness** *n.*

**Low Mass** a Mass said, not sung, less ceremonial than High Mass, and offered by one priest

**low-minded** *adj.* having or showing a coarse, vulgar mind —**low′-mind′edness** *n.*
**low-pitched** *adj.* **1.** low in pitch **2.** having little slope, as a roof
**low-pressure** *adj.* **1.** using a relatively low pressure **2.** having a low barometric pressure
**low profile** an unobtrusive presence, or concealed activity
**low-spirited** (lō′spir′i tid) *adj.* in low spirits; sad; depressed —**low′-spir′itedly** *adv.*
**low tide** **1.** the lowest level reached by the ebbing tide **2.** the time when the tide is at this level
**lowveld** (lō′felt) *n.* in South Africa, the low grasslands of the Transvaal province
**low water** **1.** *same as* LOW TIDE **2.** water at its lowest level, as in a stream
**lox** (loks) *n.* [*l(iquid) ox(ygen)*] oxygen in a liquid state, used in a fuel mixture for rockets
**loyal** (loi′əl) *adj.* [Fr.: see LEGAL] **1.** faithful to one's country, friends, ideals, etc. **2.** of or indicating loyalty —**loy′ally** *adv.*
**loyalist** *n.* **1.** a person who supports the established government of his country during times of revolt **2.** a supporter of the Stuart cause in the 17th cent. **3.** in Northern Ireland, a protestant opposing the unification of Ireland **4.** [L-] a United Empire Loyalist —**loy′alism** *n.*
**loyal toast** the toast drunk in pledging allegiance to the Sovereign, usually after a meal
**loyalty** *n., pl.* **-ties** quality, state, or instance of being loyal; faithful adherence, etc.
**lozenge** (loz′inj) *n.* [< OFr. *losenge*] **1.** a cough drop, sweet, etc. **2.** a diamond-shaped figure
**LP** *n.* [*L(ong) P(laying)*] a long-playing record
**L-plate** a letter L attached to the front and back of a motor vehicle indicating that the driver is a learner
**Lr** *Chem.* lawrencium
**LSD** [*l(y)s(ergic acid) d(iethylamide)*] a psychedelic drug that produces hallucinations, delusions, etc.
**L.S.D., £.s.d., l.s.d.** [L. *librae, solidi, denarii*] pounds, shillings, pence
**L.S.E.** London School of Economics
**Lt.** Lieutenant
**LTA** Lawn Tennis Association
**Ltd., ltd.** limited
**Lu** *Chem.* lutetium
**lubber** (lub′ər) *n.* [< ME. *lobbe-*, heavy] **1.** a big, slow, clumsy person **2.** a landlubber —**lub′berliness** *n.*
**lubricant** (lōō′bri kənt) *adj.* reducing friction by providing a smooth film as a covering over parts that move against each other —*n.* a lubricant oil, grease, etc.
**lubricate** *vt.* **-cat′ed, -cat′ing** [< L. *lubricus*, smooth] **1.** to apply a lubricant to **2.** to make slippery or smooth —**lu′brica′tion** *n.* —**lu′brica′tor** *n.*
**lubricity** (lōō bris′ə tē) *n.* **1.** lewdness **2.** shiftiness **3.** slipperiness; smoothness
**lucerne, lucern** (lōō surn′) *n.* [< Fr *luzerne*] *same as* ALFALFA
**lucid** (lōō′sid) *adj.* [< L. *lucere*, shine] **1.** readily understood **2.** shining **3.** transparent **4.** sane **5.** rational —**lucid′ity, lu′cidness** *n.* —**lu′cidly** *adv.*
**Lucifer** (lōō′si fər) [< L. *lux*, light + *ferre* to bear] **1.** [Poet.] the planet Venus when it is the morning star **2.** *Theol.* Satan —*n.* [l-] an early type of friction match
**luck** (luk) *n.* [prob. < MDu. *luk*] **1.** the seemingly chance happening of events which affect one; fortune **2.** good fortune, success, etc. —**down on one's luck** unlucky —**in luck** lucky —**out of luck** unlucky —**push one's luck** [Colloq.] to take superfluous risks —**worse luck** unfortunately —**luck′less** *adj.*
**lucky** *adj.* **-ier, -iest** **1.** having good luck **2.** resulting fortunately **3.** believed to bring good luck —**luck′ily** *adv.*
**lucky dip** a receptacle from which one chooses from among a number of unseen articles
**lucrative** (lōō′krə tiv) *adj.* [see ff.] profitable —**lu′cratively** *adv.*
**lucre** (lōō′kər) *n.* [< L. *lucrum*, gain, riches] riches; money: chiefly derogatory, as in **filthy lucre**
**Luddite** (lud′īt) *n.* [< ? Ned *Ludd*, who destroyed industrial machinery] **1.** any of the textile workers who organized machine breaking **2.** any opponent of industrial change or innovation
**ludicrous** (lōō′di krəs) *adj.* [< L. *ludus* game] causing laughter because absurd or ridiculous —**lu′dicrously** *adv.* —**lu′dicrousness** *n.*
**ludo** (lōō′dō) *n.* [L., I play] a children's game played with counters and a special board
**luff** (luf) *n.* [< ODu. *loef*, weather side (of a ship)] a sailing close to the wind —*vi.* to turn the bow of a ship toward the wind
**lug** (lug) *vt.* **lugged, lug′ging** [prob. < Scand.] to carry or drag with effort —*n.* **1.** an earlike projection by which a thing is held or supported **2.** [Colloq.] an ear
**luggage** (lug′ij) *n.* [< LUG] suitcases, bags, trunks, etc.
**lugger** (lug′ər) *n.* a small vessel equipped with a lugsail
**lugsail** (lug′s′l) *n.* [< ? LUG] a four-sided sail attached to an upper yard that hangs obliquely on the mast
**lugubrious** (lōō gōō′brē əs) *adj.* [< L. *lugere*, mourn] very sad or mournful, esp. in a way that seems exaggerated or ridiculous —**lugu′briously** *adv.*
**lugworm** (lug′wurm′) *n.* [< ?] a worm that burrows in sand along the shore and is used for bait
**lukewarm** (lōōk′wôrm′) *adj.* [ME. *luke* tepid + *warm*, warm] **1.** barely warm **2.** said of liquids **2.** not very enthusiastic —**luke′warm′ness** *n.*
**lull** (lul) *vt.* [ME. *lullen*] **1.** to calm by gentle sound or motion **2.** to bring into

a specified condition by soothing and reassuring **3.** to allay —*vi.* to become calm —*n.* a short period of comparative calm

**lullaby** (lul′ə bī′) *n., pl.* **-bies′** a song for lulling a baby to sleep —*vt.* **-bied′, -by′ing** to lull as with a lullaby

**lumbago** (lum bā′gō) *n.* [< L. *lumbus,* loin] backache, esp. in the lower back

**lumbar** (lum′bər) *adj.* [< L. *lumbus,* loin] of or near the loins

**lumber**[1] (lum′bər) *n.* [< ? orig., pawnshop in *Lombardy,* Italy] **1.** discarded household articles, furniture, etc. stored away or taking up room **2.** [Chiefly Canad.] timber sawn into beams, boards, etc. —*vt.* **1.** to clutter with useless articles or rubbish **2.** [Colloq.] to burden with something unpleasant, tedious, etc. —*vi.* to cut down timber and saw it into lumber —**lum′bering** *n.*

**lumber**[2] *vi.* [< ? Scand.] to move heavily, clumsily, and, often, noisily —**lum′bering** *adj.*

**lumberjack** *n.* one who cuts down and removes trees

**luminary** (lōō′mi nər ē) *n., pl.* **-naries** [< L. *lumen,* light] **1.** a body that gives off light, such as the sun or moon **2.** any notable person

**luminescence** (lōō′mi nes′əns) *n.* [< L. *lumen,* a light + -ESCENCE] any giving off of light caused by the absorption of radiant energy, etc. —**lu′mines′cent** *adj.*

**luminous** (lōō′mi nəs) *adj.* [< L. *lumen,* a light] **1.** giving off light **2.** glowing in the dark **3.** enlightened or enlightening —**lu′minos′ity** (-nos′ə tē) *n.* —**lu′minously** *adv.*

**lumme** (lum′ē) *interj.* [contr. < *Lord love me*] an expression of surprise

**lump**[1] (lump) *n.* [ME. *lumpe*] **1.** a solid mass of no special shape **2.** a small cube, as of sugar **3.** a swelling; bulge **4.** a large amount **5.** a clodlike person **6.** [*usually* **L-**] a system of employment, esp. in the building industry, under which workers are paid as sub-contractors —*adj.* in lumps [*lump* sugar] —*vt.* **1.** to put together in a lump or lumps **2.** to treat or deal with in a mass —*vi.* to become lumpy —**in the lump** all together —**lump in one's throat** a tight feeling in the throat, as from emotion

**lump**[2] *vt.* [< ?] [Colloq.] to put up with (something disagreeable) [if you don't like it, you can *lump* it]

**lumpish** *adj.* **1.** like a lump **2.** clumsy, dull, etc. —**lump′ishly** *adv.* —**lump′ishness** *n.*

**lump sum** a gross, or total, sum paid at one time

**lumpy** *adj.* **-ier, -iest** **1.** full of lumps **2.** covered with lumps **3.** rough: said of water —**lump′iness** *n.*

**lunacy** (lōō′nə sē) *n., pl.* **-cies** [< LUNATIC] **1.** insanity **2.** utter foolishness

**lunar** (lōō′nər) *adj.* [< L. *luna,* moon] of, on, or like the moon

**lunar (excursion) module** the module used to go between the orbiting spacecraft and the moon

**lunatic** (lōō′nə tik) *adj.* [< L. *luna,* moon] **1.** [Rare] *a*) insane *b*) of or for insane persons **2.** utterly foolish —*n.* an insane person

**lunatic asylum** [Rare] a mental hospital

**lunatic fringe** the minority considered fanatical in any political, social, or other movement

**lunch** (lunch) *n.* [? < Sp. *lonja,* slice of ham] the light midday meal between breakfast and dinner —*vi.* to eat lunch

**luncheon** (lun′chən) *n.* [< prec.] a lunch; esp., a formal lunch with others

**luncheon voucher** a voucher issued to employees and redeemable at a restaurant for food: also **L.V.**

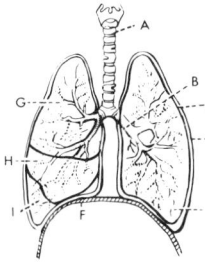


LUNGS
(A, trachea; B, bronchus; C, visceral pleura; D, parietal pleura; E, bronchiole; F, diaphragm; G, upper lobe; H, middle lobe; I, lower lobe)

**lung** (luŋ) *n.* [OE. *lungen*] either of the two spongelike respiratory organs in the thorax of vertebrates —**at the top of one's lungs** in one's loudest voice

**lunge** (lunj) *n.* [< Fr. *allonger,* to lengthen] **1.** a sudden thrust, as with a sword **2.** a sudden plunge forward —*vi., vt.* **lunged, lung′ing** to move, or cause to move, with a lunge

**lungfish** (luŋ′fish′) *n.* any of various fishes having lungs as well as gills

**lupin, lupine** (lōō′pin) *n.* [< L. *lupus,* wolf] **1.** a plant with racemes of white, rose, yellow, or blue flowers and pods containing beanlike seeds **2.** the seed of this plant

**lupine** (lōō′pīn) *adj.* [< L. *lupus,* wolf] **1.** of a wolf or wolves **2.** fierce

**lupus** (lōō′pəs) *n.* [< L., wolf] any of various diseases with skin lesions, esp. tuberculosis of the skin

**lurch**[1] (lurch) *vi.* [< ?] **1.** to pitch or sway suddenly to one side **2.** to stagger —*n.* a lurching movement

**lurch**[2] *n.* [prob. < OFr. *lourche,* duped] only in **leave in the lurch** to leave in a difficult situation

**lurcher** *n.* a crossbred dog trained to hunt silently, used by poachers

**lure** (lyoor) *vt.* **lured, lur'ing** [< OFr. *loirre*] to entice —*n.* **1.** *a*) the power of attracting *b*) anything having this power **2.** a feathered device on the end of a long cord, used in falconry to recall the hawk

**lurid** (lyoor'id) *adj.* [< L. *luridus*, ghastly] **1.** startling; sensational; horrifying **2.** gaudy; garish **3.** [Rare] deathly pale —**lu'ridly** *adv.* —**lu'ridness** *n.*

**lurk** (lurk) *vi.* [ME. *lurken*] **1.** to stay hidden, ready to attack, etc. **2.** to be present as a latent threat, etc. **3.** to move furtively —**lurk'er** *n.*

**luscious** (lush'əs) *adj.* [ME. *lucius*, infl. by ff.] **1.** very pleasing to taste or smell **2.** delighting any of the senses —**lus'ciously** *adv.*

**lush** (lush) *adj.* [< OFr. *lasche*, lax] **1.** of or characterized by rich growth **2.** tender and full of juice **3.** rich, abundant, extravagant, etc. —**lush'ly** *adv.*

**lust** (lust) *n.* [OE., pleasure] **1.** strong sexual desire **2.** excessive desire [a *lust* for power] —*vi.* to feel an intense desire, esp. sexual desire —**lust'ful** *adj.* —**lust'fully** *adv.* —**lust'fulness** *n.*

**lustre** (lus'tər) *n.* [< L. *lustrare*, illumine] **1.** gloss; sheen **2.** brightness; radiance **3.** *a*) radiant beauty *b*) fame; glory **4.** the iridescent appearance of glazed pottery

**lustrous** *adj.* shining; bright —**lus'trously** *adv.*

**lusty** (lus'tē) *adj.* **-ier, -iest** full of vigour; strong, robust, hearty, etc. —**lust'ily** *adv.* —**lust'iness** *n.*

**lutanist, lutenist** (loot'ən ist) *n.* a lute player

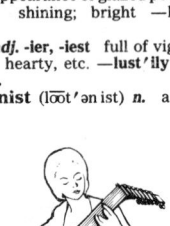

LUTE

**lute**[1] (loot) *n.* [< Ar. *al'ūd*, lit., the wood] an early stringed instrument with a rounded back and a long, fretted neck

**lute**[2] *n.* [< L. *lutum*, mud] a clayey cement used as a sealing agent for the joints of pipes, etc.

**lutetium** (loo tē'shē əm) *n.* [< L. *Lutetia*, Paris] a metallic chemical element of the rare-earth group: symbol, Lu

**Lutheran** (loo'thər ən) *adj.* of the Protestant denomination founded by Luther, or of its doctrines, etc. —*n.* a member of a Lutheran church

**lutist** (loot'ist) *n.* a lute player

**luxe** (luks) *n.* [Fr. < L. *luxus*] luxury: see also DELUXE

**luxuriant** (lug zhoor'ē ənt) *adj.* [see ff.] **1.** growing with vigour and in abundance **2.** richly varied, elaborate, etc. —**luxu'riance, luxu'riancy** *n.*

**luxuriate** *vi.* **-at'ed, -at'ing** [< L. *luxuria*, luxury] **1.** to revel (*in*) **2.** to grow in great abundance **3.** to live in great luxury etc. —**luxu'riously** *adv.*

**luxurious** *adj.* **1.** splendid, rich, comfortable, etc. **2.** fond of or indulging in luxury —**luxu'riously** *adv.*

**luxury** (luk'shə rē) *n., pl.* **-ries** [< L *luxus*] **1.** the enjoyment of the best and most costly things **2.** anything giving such enjoyment, usually something considered unnecessary to life and health —*adj.* characterized by luxury

**L.V.** Luncheon Voucher

**-ly**[1] (lē) [OE. *-lic*] *a suffix meaning:* **1.** like, characteristic of [*manly*] **2.** happening (once) every (specified period of time) [*monthly*]

**-ly**[2] [OE. *-lic*] *a suffix meaning:* **1.** in a (specified) manner, to a (specified) extent or direction, in or at a (specified) time or place [*harshly, outwardly, hourly*] **2.** in the (specified) order of sequence [*secondly*]

**lyceum** (lī sē'əm) *n.* [< Gr. *Lykeion*, grove at Athens where Aristotle taught] [Chiefly U.S.] a lecture hall

**lychee** (lī'chē') *n.* *same as* LITCHI

**lych gate** *same as* LICH GATE

**lye** (lī) *n.* [OE. *leag*] any strongly alkaline substance: lye is used in cleaning and in making soap

**lying**[1] (lī'iŋ) *prp. of* LIE[1]

**lying**[2] *prp. of* LIE[2] —*adj.* false; not truthful —*n.* the telling of a lie or lies

**lying-in** (lī'iŋ in') *n.* confinement in childbirth —*adj.* of or for childbirth [a *lying-in* hospital]

**lymph** (limf) *n.* [< L. *lympha*, spring water] a yellowish fluid resembling blood plasma, found in vertebrates

**lymphatic** (lim fat'ik) *adj.* **1.** of, containing, or conveying lymph **2.** sluggish, without energy

**lymph node** any of many small, compact structures lying in groups along the course of the lymphatic vessels

**lynch** (linch) *vt.* [< W. *Lynch*, vigilante in 18th-cent. Virginia] to murder (an accused person) by mob action and without lawful trial, as by hanging —**lynch'ing** *n.*

**lynx** (liŋks) *n.* [< Gr. *lynx*] a wildcat characterized by a short tail, long, tufted ears, and keen vision

**lynx-eyed** *adj.* having very keen sight

**Lyon King of Arms** (lī'ən) the chief herald of Scotland

**Lyra** (lī'rə) a N constellation: it contains Vega

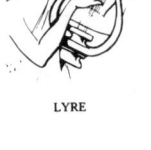

LYRE

**lyre** (līər) ***n.*** [ < Gr. *lyra* ] a small stringed instrument played by the ancient Greeks

**lyrebird** ***n.*** an Australian songbird: the long tail feathers of the male when spread resemble a lyre

**lyric** (lir′ik) ***adj.*** [ < Gr. *lyrikos* ] **1.** suitable for singing; specif., designating poetry expressing the poet's emotions and thoughts **2.** *same as* LYRICAL **3.** having a relatively high voice with a light, flexible quality *[a lyric tenor]* —***n.*** **1.** a lyric poem **2.** [ *usually pl.* ] the words of a song

**lyrical** ***adj.*** **1.** *same as* LYRIC **2.** expressing rapture or enthusiasm —**lyr′i-cally** ***adv.***

**lyricist** ***n.*** a writer of lyrics, esp. lyrics for popular songs

**-lyse** (līz) *a combining form used to form verbs corresponding to nouns ending in* -LYSIS *[electrolyse]*

**-lysis** (lə sis) [ see ff. ] *a combining form meaning* a loosing, dissolution, destruction *[paralysis]*

**-lyte** (līt) [ < Gr. *lyein,* to loose ] *a combining form meaning* a substance subjected to a process of decomposition *[hydrolyte]*

**-lytic** (lit′ik) *a combining form used to form adjectives corresponding to nouns ending in* -LYSIS *[catalytic]*

# M

**M, m** (em) *n., pl.* **M's, m's** the thirteenth letter of the English alphabet

**M** (em) *n.* the Roman numeral for 1000

**M.** 1. Medieval 2. *Music* mezzo 3. Monday 4. *pl.* MM. Monsieur 5. Motorway

**M., m.** 1. majesty 2. male 3. married 4. masculine 5. meridian 6. mile(s) 7. minute(s) 8. month

**m** metre; metres

**ma** (mä) *n.* [Colloq.] mamma; mother

**M.A.** [L. *Magister Artium*] Master of Arts

**ma'am** (mam, mäm, məm) *n.* madam

**Mac** (mak) *n.* [< MAC-, MC-] [Colloq.] a Scotsman

**mac** (mak) *n.* *see* MACK

**Mac-** (mak, mək, mə) [< Ir. & Gael. *mac*, son] *a prefix meaning* son of: also **Mc-, M^c^-, M'-**

**macabre** (mə käb′rə) *adj.* [Fr.] gruesome; horrible

**macadam** (mə kad′əm) *n.* [< J. L. *McAdam*] small broken stones used in making roads, usually combined with tar or asphalt —**macad′amize** *vt.*

**macaroni** (mak′ə rō′nē) *n.* [It. *maccaroni*, pl.] 1. pasta in the form of tubes 2. *pl.* **-nies** an 18th-cent. dandy

**macaroon** (mak′ə rōōn′) *n.* [< prec.] a small biscuit made of egg white, crushed almonds, and sugar

**macaw** (mə kô′) *n.* [prob. < Braz. native name] a large, brightly-coloured, harsh-voiced parrot of C and S America

**Macc.** Maccabees

**mace**[1] (mās) *n.* [< OFr. *masse*] 1. *Hist.* a heavy, spiked club 2. a staff used as a symbol of authority by certain officials, esp. as carried before the Speaker of the House of Commons —**mace′bear′er** *n.*

**mace**[2] *n.* [< L. *makir*, a fragrant resin] a spice made from the dried outer covering of the nutmeg

**macerate** (mas′ə rāt′) *vt.* **-at′ed, -at′ing** [< L. *macerare*, soften] 1. to soften and break down the parts of by soaking in liquid 2. to cause to waste away —*vi.* to waste away —**mac′era′tion** *n.* —**mac′era′tor** *n.*

**Mach** (mak) *n.* *short for* MACH NUMBER

**machete** (mə chet′ē, mə shet′ē) *n.* [Sp.] a large, heavy-bladed knife used for cutting sugar cane, etc. in the W Indies and S America

**Machiavellian** (mak′ē ə vel′ē ən) *adj.* of or like Machiavelli, the 15th cent. Florentine statesman, or the political principles of craftiness and duplicity advocated by him

**machicolation** (mə chik′ō lā′shən) *n.* [prob. < L. *masticare*, grind + *col*, neck] an opening through which hot liquids, etc. could be dropped by the defenders of a fortress

**machinate** (mak′ə nāt′) *vi., vt.* **-nat′ed, -nat′ing** [< L. *machinari*, to plot] to plan or plot, esp. to do evil —**mach′ina′tion** *n.* —**mach′ina′tor** *n.*

**machine** (mə shēn′) *n.* [Fr. < Gr. *mēchos*, contrivance] 1. a structure consisting of a framework and various moving parts, for doing some kind of work 2. a vehicle: old-fashioned term 3. a person or organization regarded as acting like a machine; esp., a smoothly functioning complex organization —*adj.* 1. of machines 2. made or done by machinery —*vt.* **-chined′, -chin′ing** to make, shape, etc. by machinery —**machin′able** *adj.*

**machine gun** an automatic gun firing a rapid stream of bullets —**machine′gun′** *vt.* **-gunned′, -gun′ning**

**machinery** *n., pl.* **-eries** 1. machines collectively 2. the working parts of a machine 3. any means by which something is kept in action [the *machinery* of government]

**machine shop** a factory for making or repairing machines or machine parts

**machine tool** a power-driven tool, as an electric lathe

**machinist** *n.* 1. a person who makes or repairs machinery 2. a worker who operates a machine

‡**machismo** (ma kiz′mō) *n.* [< Sp. *macho*, masculine] strong or aggressive masculinity; virility

**Mach number** (mak) [< Ernst *Mach*] [*also* **m-**] a number representing the ratio of the speed of an object to the speed of sound through the same medium, as air

**mack** (mak) *n.* *short for* MACKINTOSH

**mackerel** (mak′rəl) *n.* [< OFr. *makerel* < ?] an edible fish with a greenish, blue-striped back and a silvery belly

**mackintosh, macintosh** (mak′in tosh′) *n.* [< C. *Macintosh*] a waterproof raincoat, or the fabric for it

**macramé** (mə krä′mē) *n.* [ult. < Ar. *miqramah*, a veil] 1. a coarse fringe or lace of thread or cord knotted in designs 2. the craft of making these fringes

**macro-** [< Gr. *makros*, long] *a combining form meaning* long, large, enlarged, or elongated

**macrobiotics** (mak′rō bī ot′iks) *n.pl.* [*with sing. v.*] [< prec. + Gr. *bios*, life] the art of prolonging life, as by a special diet —**mac′robiot′ic** *adj.*

**macrocosm** (mak′rō koz′m) *n.* [see MACRO- & COSMOS[1]] 1. the universe 2. any large, complex entity

**acron** (ma′kron) *n.* [< Gr. *makros,* ong] a short, straight mark ( ¯ ) placed orizontally over a vowel to indicate that is long or is to be pronounced in a ertain way

**acroscopic** (mak′rō skop′ik) *adj.* MACRO- + -SCOPE] **1.** visible to the naked ye **2.** to do with large units

**acula** (mak′yoo lə) *n., pl.* **-lae′** (-lē′) L.] a spot; esp., *a*) a discoloured spot n the skin *b*) a sunspot

**ad** (mad) *adj.* **mad′der, mad′dest** [< OE. (*ge*)*mædan,* drive mad] **1.** insane **2.** frenzied; frantic **3.** foolish and rash **4.** foolishly enthusiastic *[mad* about clothes*]* **5.** wildly amusing **6.** having babies *[a mad* dog*]* **7.** [Colloq.] angry often with *at*) **—mad′ness** *n.*

**adam** (mad′əm) *n., pl.* **mad′ams;** for , usually **mesdames** (mā dam′) [Fr.] **1.** a woman: a polite term of address **2.** a woman in charge of a brothel **3.** [Slang] precocious or pert girl

**adame** (mad′əm) *n., pl.* **mesdames** mā dam′) [Fr.] a married woman: French title equivalent to *Mrs.*: abbrev. **Mme.**

**adcap** (mad′kap′) *n.* [MAD + CAP, fig. or head] a reckless, impulsive person **—***adj.* reckless and impulsive

**adden** (mad′′n) *vt., vi.* to make or become insane, angry, or wildly excited **—mad′dening** *adj.*

**adder** (mad′ər) *n.* [OE. *mædere*] **1.** a plant with small, yellow flowers **2.** *a*) its red root *b*) a red dye made from this

**ade** (mād) *pt. & pp. of* MAKE **—***adj.* **1.** formed **2.** prepared from various ingredients *[a made* dish*]* **3.** sure of success *[a made* man*]* **—be made for** to be ideally suited **—have it made** [Slang] to be assured of success

**adeira** (mə dēr′ə) *n.* [< *Madeira,* the island off NW Africa] [also **m-**] a fortified wine

**ademoiselle** (mad′ə mə zel′) *n.,* Fr. *pl.* **mesdemoiselles** (mād mwä zel′) [Fr. < *ma,* my + *demoiselle,* young lady] an unmarried woman or girl: French title equivalent to *Miss*: abbrev. **Mlle.**

**ade-up** (mād′up′) *adj.* **1.** put together **2.** invented; false **3.** with cosmetics applied **4.** of road, surfaced with tarmac, etc.

**adhouse** (mad′hous′) *n.* **1.** [Archaic] a place of confinement for the mentally ill **2.** any place of turmoil

**adly** *adv.* **1.** foolishly **2.** wildly; furiously **3.** insanely **4.** extremely

**adman** *n.* an insane person **—mad′-vom′an** *n.fem.*

**adonna** (mə don′ə) *n.* [It. < *ma,* my + *donna,* lady] **1.** Mary, mother of Jesus **2.** a picture or statue of Mary

**adrigal** (mad′ri gəl) *n.* [< It.] a part song, without accompaniment **—mad′ri-galist** *n.*

**aelstrom** (māi′strom) *n.* [Early ModDu. < *malen,* grind + *stroom,* stream] **1.** any large or violent whirlpool **2.** a violently agitated state

**aenad** (mē′nad) *n.* [< Gr. *mainesthai,* to rave] **1.** [*often* **M-**] a female worshipper of Dionysus; bacchante **2.** a frenzied woman **—maenadic** (mi nad′ik) *adj.*

**maestro** (mä′es′trō) *n., pl.* **-tros, -tri** (-trē) [It. < L. *magister,* master] a master in any art; esp., a great composer, conductor, or teacher of music

**Mae West** (mā′west′) [< U.S. actress] an inflatable life-jacket

**Mafia, Maffia** (ma′fē ə) *n.* [It. *maffia,* hostility to law] an alleged secret society of criminals, esp. in the U.S.

**magazine** (mag′ə zēn′) *n.* [< Fr. < Ar. *makhzan,* granary] **1.** a publication that appears at regular intervals and contains stories, articles, etc. **2.** a supply chamber, as the space in a rifle from which the cartridges are fed **3.** a warehouse or military supply depot **4.** a space in which explosives are stored, as in a fort

**magenta** (mə jen′tə) *n.* [< *Magenta,* town in Italy] purplish red **—***adj.* purplish-red

**maggot** (mag′ət) *n.* [ME. *magotte*] **1.** a wormlike insect larva, esp. of the housefly **2.** a whim **—mag′goty** *adj.*

**Magi** (mā′jī) *n.pl.* [< OPer. *magus*] **1.** the priestly caste in ancient Persia **2.** the wise men from the East who brought gifts to the infant Jesus: Matt. 2:1–13

**magic** (maj′ik) *n.* [< Gr. *magikos,* of the Magi] **1.** the use of charms, spells, etc. in seeking or pretending to control events or forces **2.** any power that seems mysterious **3.** the art of producing illusions by sleight of hand, etc. **—***adj.* **1.** of, produced by, or using magic **2.** producing extraordinary results, as if by magic **—magic away** to bring about the disappearance of, as if by magic **—mag′ic-al** *adj.* **—mag′ically** *adv.*

**magician** (mə jish′ən) *n.* an expert in magic; specif., *a*) a wizard *b*) a performer skilled in magic

**magic lantern** an early type of slide projector

**magisterial** (maj′is tēər′ē əl) *adj.* [< L. *magister,* master] **1.** authoritative **2.** domineering **3.** of a magistrate

**magistracy** (maj′is trə sē) *n., pl.* **-cies** **1.** the office of a magistrate **2.** magistrates collectively

**magistrate** *n.* [< L. *magister,* master] **1.** a civil officer empowered to administer the law **2.** a justice of the peace

**magistrate's court** a court dealing with minor crimes

**magma** (mag′mə) *n.* [L.] molten rock deep in the earth, from which igneous rock is formed

**Magna Charta** (or **Carta**) (mag′nə kär′-tə) [ML., great charter] **1.** the charter that King John was forced to grant in 1215, interpreted as guaranteeing certain liberties **2.** any constitution guaranteeing certain liberties

**magnanimous** (mag nan′ə məs) *adj.* [< L. *magnus,* great + *animus,* soul] generous in overlooking injury or insult; rising above pettiness **—magnanimity** (mag′-nə nim′ə tē) *n.* **—magnan′imously** *adv.*

**magnate** (mag′nāt) *n.* [< L. *magnus,*

great] a very influential person, esp. in business

**magnesia** (mag nē′shə) *n.* [ult. < Gr. *Magnēsia,* in Thessaly] magnesium oxide, a white, tasteless powder used as a laxative and antacid

**magnesium** (mag nē′zē əm) *n.* [< prec.] a light, silver-white, metallic chemical element: symbol, Mg

**magnet** (mag′nit) *n.* [< Gr. *Magnētis (lithos),* (stone) of Magnesia: see MAGNESIA] **1.** any piece of iron, steel, or lodestone that has the property of attracting iron, steel, etc. **2.** a person or thing that attracts

**magnetic** (mag net′ik) *adj.* **1.** having the properties of a magnet **2.** of, producing, or caused by magnetism **3.** of the earth's magnetism **4.** that can be magnetized **5.** powerfully attractive —**magnet′ically** *adv.*

**magnetic field** a region of space in which there is an appreciable magnetic force

**magnetic mine** a mine exploded when the metal hull of a ship deflects a magnetic needle, thus detonating the charge

**magnetic needle** a bar of magnetized steel which, when swinging freely, points towards the magnetic poles

**magnetic north** the direction towards which a magnetic needle points, usually not true north

**magnetic pole** **1.** either pole of a magnet **2.** either point on the earth's surface towards which a magnetic needle points: the magnetic poles differ from the geographical poles

**magnetic recording** the recording of electrical signals by means of changes of magnetization on a tape or disc

**magnetic storm** a worldwide disturbance of the earth's magnetic field, believed to be caused by sunspot activity

**magnetic tape** a thin plastic ribbon coated with iron oxide particles, used for magnetic recording

**magnetism** (mag′nə tiz′m) *n.* **1.** the property or quality of being magnetic **2.** the force to which this is due **3.** the branch of physics dealing with magnetic phenomena **4.** personal charm

**magnetite** *n.* a black iron oxide, an important iron ore: called *lodestone* when magnetic

**magnetize** *vt.* **-ized′, -iz′ing** **1.** to give magnetic properties to **2.** to charm (a person) —**mag′netiza′tion** *n.*

**magneto** (mag nēt′ō) *n., pl.* **-tos** a dynamo in which one or more magnets produce the magnetic field

**magnetron** (mag′nə tron′) *n.* [MAGNE(T) + (ELEC)TRON] an electron tube in which the electrons are acted upon by a magnetic field to produce microwave frequencies

**Magnificat** (mag nif′i kat′) *n.* [L.] **1.** the hymn of the Virgin Mary in Luke 1:46–55 **2.** any musical setting for this

**magnification** (mag′nə fi kā′shən) *n.* **1.** a magnifying or being magnified **2.** the power of magnifying **3.** a magnified imag or model

**magnificent** (mag nif′i sənt) *adj.* [< L *magnus,* great + *facere,* do] **1.** beautif and stately; sumptuous, as in constructio decoration, etc. **2.** exalted: said of idea etc. **3.** [Colloq.] very good —**magnif′ cence** *n.* —**magnif′icently** *adv.*

**magnify** (mag′nə fī′) *vt.* **-fied′, -fy′in** [see MAGNIFICENT] **1.** to increase th apparent size of, esp. by means of a len **2.** to exaggerate **3.** [Archaic] to prai —*vi.* to have the power of increasin the apparent size of an object

**magnifying glass** a lens that increase the apparent size of an object seen through

**magniloquent** (mag nil′ō kwənt) *adj.* [ L. *magnus,* great + *loqui,* speak] pompous or grandiose in speech or sty **2.** boastful —**magnil′oquence** *n.*

**magnitude** (mag′nə tyōōd′) *n.* [< *magnus,* great] **1.** greatness **2.** size importance **4.** *Astron.* the degree brightness of a fixed star —**of the fi magnitude** of the greatest importance

**magnolia** (mag nōl′yə) *n.* [< P. *Magno* a tree or shrub with large, fragrant flowe of white, pink, or purple

**magnum** (mag′nəm) *n.* [L. < *magnu* great] a wine bottle holding about quarts or 2.3 litres

‡**magnum opus** (mag′nəm ō′pəs) [L **1.** a great work; masterpiece **2.** a person greatest work

**magpie** (mag′pī′) *n.* [< *Mag,* dim. *Margaret* + PIE[3]] **1.** a noisy bird relat to the crows, with black-and-whi colouring and a long, tapering tail one who chatters **3.** one who collec odds and ends

**Magyar** (mag′yär) *n.* [Hung.] **1.** member of the main ethnic group Hungary **2.** their language; Hungari —*adj.* of the Magyars, their language, e

**maharajah, maharaja** (mä′hə rä′jə) [< Hindi *mahā,* great + *rājā,* kin formerly in India, a prince

**maharani, maharanee** (-nē) *n.* [< Hin *mahā,* great + *rānī,* queen] the wife a maharajah

**maharishi** (mä′hä rish′ē) *n.* [Hindi] Hindu teacher of mysticism a transcendental meditation

**mahatma** (mə hät′mə) *n.* [< Sans. *ma* great + *ātman,* soul] *Theosophy Buddhism* any of a class of wise a holy persons held in special reverence

**mah-jongg, mahjong** (mä jōŋ′) *n.* [ Chin. *ma-ch'iao,* house sparrow] a gar played with 136 or 144 small tiles

**mahogany** (mə hog′ə nē) *n., pl.* **-nies** [ ?] **1.** any of various tropical trees w hard, reddish-brown wood valued f furniture **2.** reddish brown

**mahout** (mə hout′) *n.* [< Hindi] in In and the East Indies, an elephant driv or elephant keeper

**maid** (mād) *n.* [< ME. *maiden*] **1.** a girl or young unmarried woman *b* virgin **2.** a female servant

**maiden** (mād′n) *n.* [OE. *mægden*]

*a)* a girl or young unmarried woman *b)* a virgin **2.** a racehorse that has never won a race —***adj.*** **1.** *a)* unmarried *b)* virgin **2.** untried; new; fresh **3.** first or earliest *[a maiden voyage]*

**maidenhair** *n.* any of various ferns with delicate fronds and slender stalks: also **maidenhair fern**

**maidenhead** *n.* **1.** virginity **2.** the hymen

**maiden name** the surname that a woman had when not yet married

**maiden over** *Cricket* an over in which no runs are scored

**maid of all work** **1.** a woman employed for doing general housework **2.** someone doing a variety of work

**maid of honour** **1.** a tartlet **2.** an unmarried woman attending a queen or princess

**maidservant** *n.* a girl or woman servant

**mail**[1] (māl) *n.* [< OHG. *malaha,* wallet] **1.** letters, packages, etc. transported and delivered by the post office **2.** a vehicle that carries mail —***vt.*** to send by mail

MAIL

**mail**[2] *n.* [< L. *macula,* mesh of a net] **1.** a flexible body armour made of small metal rings or scales **2.** armour in general —**mailed** ***adj.***

**mailbag** *n.* a bag in which mail is transported: also **mail sack**

**mailing list** a list of names and addresses used by an organization in sending out its literature, advertising matter, etc.

**mail-order firm** a business that takes mail orders and sends goods by post

**maim** (mām) ***vt.*** [OFr. *mahaigner*] to cripple; mutilate; disable

**main**[1] (mān) ***adj.*** [OE. *mægen,* strength] chief in size, importance, etc. —***n.*** **1.** a principal pipe or line in a distributing system for water, gas, etc. **2.** strength: only in **with might and main,** with all one's strength **3.** [Poet.] the sea **4.** [Archaic] the mainland —**by main force** by sheer force —**in the main** chiefly

**main**[2] *n.* [prob. < prec.] a match in cockfighting

**main chance** self-interest: usually in **have an eye to the main chance**

**main clause** in a complex sentence, a clause that can function as a complete sentence by itself

**mainland** *n.* the main land mass of a continent, as distinguished from nearby islands —**main′land′er** *n.*

**mainline** *n.* the major railway line between two points —***adj.*** designating a railway station on a mainline —***vt.*** **-lined′, -lin′ing** [Slang] to inject (a narcotic drug) directly into a large vein —**main′lin′er** *n.*

**mainly** ***adv.*** chiefly; principally; in the main

**mainmast** (-məst, -mäst′) *n.* the principal mast of a vessel

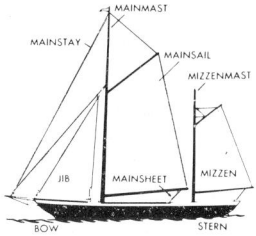


**mainsail** (-s′l, -sāl′) *n.* the principal sail of a ship, set from the mainmast

**mainspring** *n.* **1.** the driving spring in a clock, watch, etc. **2.** the chief motive or incentive

**mainstay** *n.* **1.** the supporting line run forward from the mainmast **2.** a chief support

**mainstream** *n.* the prevailing trend of thought, action, etc.

**maintain** (mān tān′) ***vt.*** [< L. *manu tenere,* to hold in the hand] **1.** to keep or keep up; carry on **2.** to keep in continuance or in a certain condition, as of repair **3.** *a)* to uphold or defend *b)* to declare positively; assert **4.** to support by aid, influence, etc. **5.** to provide the means of existence for —**maintain′able** ***adj.*** —**maintain′er** *n.*

**maintenance** (mān′tən əns) *n.* **1.** a maintaining or being maintained **2.** means of support; livelihood

**maintop** *n.* a platform at the head of the lower section of the mainmast

**maisonette, maisonnette** (mā′zə net′) *n.* [Fr., dim. of *maison,* house] a flat, usually on more than one floor

**‡maître d'hôtel** (me′tr′ dō tel′) [Fr., master of the house] **1.** a butler or steward **2.** a headwaiter

**maize** (māz) *n.* [Sp. < WInd. *mahiz*] **1.** a cultivated cereal plant, with the grain borne on cobs; Indian corn **2.** the colour of ripe maize; yellow

**Maj.** Major

**majesty** (maj′əs tē) *n., pl.* **-ties** [< L. *magnus,* great] **1.** sovereign power **2.** [M-] a title used in speaking to or of a sovereign **3.** stateliness —**majestic** (mə jes′tik) ***adj.***

**majolica** (mə jol′i kə) *n.* [< It. *Maiolica,* Majorca] a variety of Italian pottery, enamelled, glazed, and richly decorated

**major** (mā′jər) ***adj.*** [L., compar. of *magnus,* great] **1.** greater in size, amount, importance, etc. **2.** of full legal age **3.** *Music* a) designating an interval greater than the corresponding minor by a semitone b) characterized by major intervals, scales, etc. [the *major* key] c) based on the major scale —*n.* **1.** *see* MILITARY RANKS, table **2.** [U.S.] *Educ.* major field of study **3.** *Law* a person of full legal age

**major-domo** (mā′jər dō′mō) *n., pl.* **-mos** [< Sp. or It. < L. *major,* greater + *domus,* house] a man in charge of a great or royal household; chief steward

**major general** *pl.* **major generals** *see* MILITARY RANKS, table

**majority** (mə jor′ə tē) *n., pl.* **-ties** [see MAJOR] **1.** the greater number; more than half **2.** the excess of the larger number of votes cast for one candidate, bill, etc. over the rest of the votes **3.** the party with the majority of votes **4.** the state of being legally an adult **5.** *Mil.* the rank of a major

**major scale** a musical scale, with semitones instead of whole tones after the third and seventh notes

**make** (māk) *vt.* **made, mak′ing** [OE. *macian*] **1.** to bring into being; build, create, devise, etc. **2.** to cause to be, become, or seem **3.** to prepare [*make* the beds] **4.** to amount to [1000 grammes *make* a kilo] **5.** to have the qualities of [to *make* a fine leader] **6.** to establish [to *make* rules] **7.** to acquire; earn **8.** to cause the success of [that venture *made* him] **9.** to understand [what do you *make* of that?] **10.** to estimate [I *make* the distance about 500 miles] **11.** to do, accomplish, engage in, etc. **12.** to deliver (a speech) **13.** to force [*make* him behave] **14.** to reach [the ship *made* port] **15.** to travel [to *make* 500 miles] **16.** [Colloq.] to succeed in getting a position on, etc. [to *make* the team] —*vi.* **1.** to start (to do something) [she *made* to go] **2.** to tend; move (*to, towards,* etc.) **3.** to behave in a specified manner [*make* merry] **4.** to cause something to be in a specified condition [*make* ready] —*n.* **1.** style; build **2.** type or brand —**make after** to chase —**make a meal of** **1.** to eat **2.** to do something laboriously or fussily —**make away with** **1.** to steal **2.** to get rid of **3.** to kill —**make believe** to pretend —**make do** to manage with whatever means available —**make for** **1.** to head for **2.** to attack **3.** to help effect —**make it** [Colloq.] to achieve a certain thing —**make off with** to steal —**make or break** to cause the success or failure of —**make out** **1.** to see with some difficulty **2.** to understand **3.** to write out **4.** to fill in (a blank form, etc.) **5.** to (try to) prove to be **6.** to succeed —**make over** **1.** to change; renovate **2.** to transfer the ownership of —**make up** **1.** to compose **2.** to form **3.** to invent **4.** to complete by providing what is lacking **5.** to compensate (*for*) **6.** to become friendly again after a quarrel **7.** to put cosmetics on **8.** to decide —**make up to** to try to ingratiate oneself with —**on the make** [Colloq.] trying to succeed financially, socially, etc.

**make-believe** *n.* pretence —*adj.* pretended

**maker** *n.* **1.** one that makes **2.** [**M-**] God

**makeshift** *n.* a temporary expedient —*adj.* that will do for a while as a substitute

**makeup, make-up** *n.* **1.** cosmetics generally **2.** the cosmetics, costumes, etc. put on for theatrical roles **3.** the way in which something is put together **4.** nature; disposition —*adj.* of or for making-up

**makeweight** *n.* **1.** anything added to a scale to complete the required weight **2.** an unimportant person or thing added to make up some lack

**making** *n.* **1.** the process of being made **2.** the cause of consequence [that will be the *making* of him] **3.** [*pl.*] potential; qualities needed [the *makings* of a lawyer]

**mal-** [< L. *malus,* bad] *a prefix meaning* bad or badly, wrong, ill [*maladjustment*]

**Mal.** **1.** Malachi **2.** Malay

**malachite** (mal′ə kīt′) *n.* [< Gr. *malachē,* mallow] copper carbonate, a green mineral used for table tops, etc.

**maladjusted** (mal′ə jus′tid) *adj.* poorly adjusted, esp. to the circumstances of one's life —**mal′adjust′ment** *n.*

**maladminister** (mal′əd min′ə stər) *vt.* to administer badly or corruptly —**mal′admin′istra′tion** *n.*

**maladroit** (mal′ə droit′) *adj.* [see MAL- & ADROIT] awkward; clumsy —**mal′adroit′ly** *adv.*

**malady** (mal′ə dē) *n., pl.* **-dies** [< L *male habitus,* out of condition] a disease, illness; sickness

**malaise** (ma lāz′) *n.* [Fr. < *mal,* bad + *aise,* ease] a vague feeling of discomfort or uneasiness

**malapropism** (mal′ə prop iz′m) *n.* [< Mrs. *Malaprop,* a character in Sheridan's *The Rivals*] ludicrous misuse of words esp. of words that sound somewhat alike

**malaria** (mə lâr′ē ə) *n.* [It. < *mala aria* bad air] an infectious disease transmitted to man by the bite of an infected mosquito it is characterized by severe chills and fever —**malar′ial** *adj.*

**malarkey, malarky** (mə lär′kē) *n.* [< ? Irish surname] [Slang] insincere talk nonsense

**malathion** (mal′ə thī′on) *n.* an organic phosphate, used as an insecticide

**Malay** (mə lā′) *n.* **1.** a member of a group of peoples living in the Malay Peninsula, and the Malay Archipelago **2.** their Indonesian language —*adj.* of the Malays, their country, language, culture etc. Also **Malay′an**

**malcontent** (mal′kən tent′) *adj.* [see MAL- & CONTENT[1]] dissatisfied or rebellious —*n.* a dissatisfied or rebellious person

**male** (māl) *adj.* [< L. *mas,* a male] **1.** designating or of the sex that fertilizes the ovum of the female **2.** of, like, or suitable for members of this sex **3.** having a part shaped to fit into a corresponding hollow part **4.** *Bot.* designating or of fertilizing bodies, organs, etc. —*n.* a male person, animal, or plant —**male'ness** *n.*

**malediction** (mal'ə dik'shən) *n.* [see MAL- & DICTION] a calling down of evil on someone; curse

**malefactor** (mal'ə fak'tər) *n.* [< L. *male,* evil + *facere,* do] an evildoer or criminal —**mal'efac'tion** *n.*

**malevolent** (mə lev'ə lənt) *adj.* [< L. *male,* evil + *velle,* to wish] wishing evil or harm to others; malicious —**malev'olence** *n.* —**malev'olently** *adv.*

**malfeasance** (mal fē'zəns) *n.* [< Fr. *mal,* evil + *faire,* do] wrongdoing or misconduct, esp. by a public official

**malformation** (mal'fôr mā'shən) *n.* faulty, irregular, or abnormal formation —**malformed'** *adj.*

**malfunction** (mal'fuŋk'shən) *vi.* to fail to function as it should —*n.* the act or an instance of malfunctioning

**malice** (mal'is) *n.* [< L. *malus,* bad] **1.** active ill will; desire to harm another **2.** *Law* evil intent —**malice aforethought** a deliberate plan to do something unlawful —**malicious** (mə lish'əs) *adj.*

**malign** (mə līn') *vt.* [< L. *male,* ill + *genus,* born] to speak evil of; slander —*adj.* **1.** showing ill will; malicious **2.** evil; sinister **3.** very harmful —**malign'er** *n.*

**malignant** (mə lig'nənt) *adj.* [see MALIGN] **1.** having an evil influence **2.** wishing evil; malevolent **3.** very harmful **4.** causing or likely to cause death [a *malignant* growth] —**malig'nancy** *n.*

**malignity** *n.* **1.** intense ill will **2.** the quality of being very harmful **3.** *pl.* **-ties** a malignant act or feeling

**malinger** (mə liŋ'gər) *vi.* [< Fr. *malingre,* sickly] to pretend to be ill in order to escape duty or work; shirk —**malin'gerer** *n.*

**mall** (môl) *n.* [var. of MAUL] **1.** a shaded walk or public promenade **2.** a street for pedestrians only

**mallard** (mal'ärd) *n.* [< OFr. *malart*] the common wild duck: the male has a green head

**malleable** (mal'ē ə b'l) *adj.* [< L. *malleus,* a hammer] **1.** that can be hammered, pounded, or pressed into various shapes without breaking **2.** adaptable —**mal'leabil'ity, mal'leableness** *n.*

**mallet** (mal'it) *n.* [see MAUL] **1.** a hammer with a wooden head and a short handle **2.** a long-handled hammer used in playing croquet or polo

**mallow** (mal'ō) *n.* [< L. *malva*] any of a group of plants, with downy leaves

**malmsey** (mäm'zē) *n.* [< Gr. *Monembasia,* Greek town] a strong, full-flavoured, sweet white wine

**malnutrition** (mal'nyōō trish'ən) *n.* faulty or inadequate nutrition; poor nourishment

**malodorous** (mal ō'dər əs) *adj.* stinking

**malpractice** (mal'prak'tis) *n.* **1.** unprofessional treatment of a patient by a physician **2.** misconduct in any professional or official position

**malt** (môlt) *n.* [OE. *mealt*] **1.** barley or other grain softened by soaking and germination and then kiln-dried: used for brewing and distilling certain alcoholic liquors **2.** such liquor, esp. beer —*adj.* made with malt —*vt., vi.* to change (barley, etc.) into malt —**malt'y** *adj.*

**Maltese** (môl tēz') *adj.* of Malta, its inhabitants, etc. —*n.* **1.** *pl.* **-tese'** a native of Malta **2.** the Arabic language of Malta **3.** a cat with bluish-grey fur

**Maltese cross** a cross whose arms look like arrowheads pointing inwards

**Malthusian** (mal thyōō'zhən) *adj.* [< R. *Malthus*] designating a theory that the population of the world tends to increase faster than its food supplies, etc.

**maltose** (môl'tōs) *n.* a white, crystalline sugar obtained by the action of the diastase of malt on starch

**maltreat** (mal'trēt') *vt.* [see MAL- & TREAT] to treat roughly, unkindly, or brutally —**maltreat'ment** *n.*

**malversation** (mal'vur sā'shən) *n.* [Fr. < L. *male,* badly + *versari,* occupy oneself] corrupt conduct in public office or other position of trust

**mam** (mam) *n.* [Colloq.] mother

**mamba** (mam'bə) *n.* [Zulu *imamba*] any of several extremely poisonous African tree snakes

**mambo** (mam'bō) *n.* [AmSp.] a rhythmic ballroom dance to music of Cuban Negro origin in 4/4 time

**Mameluke** (mam'ə lōōk') *n.* [obs. Fr. < Ar. *mamlick,* slave] a member of a military caste, orig. made up of slaves, that dominated Egypt from 1250-1811

**mamilla** (ma mil'ə) *n.* *pl.* **-lae** (-ē) [L.: see MAMMA[2]] **1.** a nipple **2.** any nipple-shaped protuberance —**mam'illary** *adj.*

**mamma[1]** (mə mä') *n.* [< baby talk] mother: a child's word: also **ma'ma**

**mamma[2]** (mam'ə) *n.,* *pl.* **-mae** (-ē) [L., breast] a gland for secreting milk —**mam'mary** *adj.*

**mammal** (mam'əl) *n.* [see prec.] any of a large class of warmblooded vertebrates whose offspring are fed with milk secreted by the female mammary glands —**mammalian** (mə mā'lē ən) *adj., n.*

**mammon** (mam'ən) *n.* [< Aram. *māmōnā,* riches] [*often* **M-**] riches regarded as an object of worship and greed

**mammoth** (mam'əth) *n.* [Russ. *mamont*] an extinct elephant with a hairy skin and long tusks —*adj.* huge

**man** (man) *n., pl.* **men** (men) [OE. *mann*] **1.** an adult male human being **2.** a human being; person **3.** the human race; mankind **4.** an adult male servant, employee, etc. **5.** a husband or a lover **6.** any of the pieces used in chess, draughts, etc. **7.** [Colloq.] fellow; chap **8.** [S Afr. Slang] any person —*vt.* **manned, man'ning** **1.** to furnish with men for work, defence etc. [to *man* a ship] **2.** to take assigned places in or at *[man* the guns!*]* —*adj.* male —**as a** (or **one**) **man** in unison —**he is your man** he can accommodate you —**to a man** with no one as an exception

**Man.** Manitoba

**manacle** (man′ə k′l) *n.* [< L. *manus,* hand] **1.** a handcuff; fetter for the hand **2.** any restraint —*vt.* **-cled, -cling** to fetter

**manage** (man′ij) *vt.* **-aged, -aging** [It. *maneggiare* < L. *manus,* hand] **1.** to have charge of; direct **2.** to succeed in accomplishing **3.** to get (a person) to do what one wishes by tact, flattery, etc. **4.** to control the movement or behaviour of **5.** to handle or use —*vi.* **1.** to direct affairs **2.** to contrive to get along —**man′ageable** *adj.*

**management** *n.* **1.** the persons managing a business, institution, etc. **2.** executive ability **3.** skilful managing **4.** the art or manner of managing

**manager** *n.* a person who manages the affairs of a business, client, team, etc. —**managerial** (man′ə jēər′ē əl) *adj.*

‡**mañana** (ma nyä′nə) *n.* [Sp.] tomorrow —*adv.* **1.** tomorrow **2.** at some indefinite future time

**man-at-arms** *n., pl.* **men′-at-arms′** formerly, a soldier

**manatee** (man′ə tē′) *n.* [Sp. *manatí* < native (Carib) name] a large, plant-eating aquatic mammal living in shallow tropical waters; sea cow

**Manchu** (man ch$\overline{oo}$′) *n. pl.* **-chus′, -chu′** a member of a Mongolian people of Manchuria: the Manchus conquered China in 1643–44 and ruled until 1912

**Mancunian** (maŋ ky$\overline{oo}$′ nē ən) *adj.* [< ML. *Mancunium,* Manchester] of Manchester —*n.* a native or inhabitant of Manchester

**mandala** (man′ də lə) *n.* [Sans. *maṇḍala*] a circular design of concentric geometric forms symbolizing the universe or wholeness in Hinduism and Buddhism

**mandamus** (man dā′ məs) *n.* [L., we command] *Law* a writ commanding that a specified thing be done, issued by a higher court to a lower one, or to an official, etc.

**mandarin** (man′ də rin) *n.* [< Port. < Sans. *mantra,* counsel] **1.** a high official of China under the Empire **2.** a member of any elite group **3.** [**M-**] the main dialect of Chinese **4.** a small, sweet orange

**mandate** (man′ dāt) *n.* [< L. *mandare,* to command] **1.** an authoritative order **2.** the wishes of constituents expressed to a representative, party, etc. **3.** *a*) formerly, a commission from the League of Nations to a country to administer some region, etc. *b*) the area so administered —*vt.* **-dated, -dating** to assign (a region, etc.) as a mandate —**man′da′tor** *n.*

**mandatory** (man′ də tər ē) *adj.* authoritatively commanded or required; obligatory —**man′datorily** *adv.*

**mandible** (man′ də b′l) *n.* [< L. *mandere,* chew] the jaw; specif., *a*) the lower jaw of a vertebrate *b*) either of the biting jaws of an insect *c*) either jaw of a beaked animal

MANDOLIN

**mandolin** (man′ də lin) *n.* [< LGr. *pandoura,* kind of lute] a musical instrument with strings and a deep, rounded sound box: it is played with a plectrum

**mandrake** (man′ drāk) *n.* [< Gr. *mandragoras*] a poisonous plant with a short stem and a thick root, formerly used as a narcotic: also **mandragora** (man drag′ ər ə)

**mandrel, mandril** (man′ drəl) *n.* [prob. < Fr. *mandrin*] **1.** a bar inserted into something to hold it while it is being machined **2.** a metal bar used as a core around which metal, glass, etc. is cast or shaped

**mandrill** (man′ dril) *n.* [MAN + DRILL[4]] a large, fierce, strong baboon of W Africa

**mane** (mān) *n.* [OE. *manu*] the long hair growing from the top or sides of the neck of certain animals

**manège, manege** (ma nāzh′) *n.* [Fr.: see MANAGE] **1.** the art of riding and training horses **2.** a school teaching this art **3.** the paces of a trained horse

**man Friday** *see* FRIDAY

**manful** (man′ fəl) *adj.* manly; brave —**man′fully** *adv.*

**manganese** (maŋ′ gə nēz′) *n.* [< Fr. < It. < ML. *magnesia,* magnesia] a greyish-white, metallic chemical element, usually hard and brittle: symbol, Mn

**mange** (mānj) *n.* [see MANGER] a skin disease of mammals characterized by itching, loss of hair, etc.

**mangel-wurzel** (maŋ′ g′l wur′ z′l) *n.* [G. < *Mangold,* beet + *Wurzel,* root] a variety of large beet, used as cattle food

**manger** (mān′ jər) *n.* [ult. < L. *mandere,* chew] a box or trough to hold hay, etc. for horses or cattle to eat

**mangle[1]** (maŋ′ g′l) *vt.* **-gled, -gling** [< OFr. *mehaigner,* maim] **1.** to mutilate by roughly cutting, hacking, etc. **2.** to spoil; botch —**man′gler** *n.*

**mangle[2]** *n.* [Du. *mangel* < Gr. *manganon,* war machine] a machine for pressing and smoothing cloth between heavy rollers to remove water —*vt.* **-gled, -gling** to press in a mangle —**man′gler** *n.*

**mango** (maŋ′ gō) *n., pl.* **-goes, -gos** [< Port. < Tamil *mān-kāy*] **1.** a yellow-red, somewhat acid tropical fruit with a juicy pulp **2.** the tree on which it grows

**mangrove** (maŋ′ grōv) *n.* [altered (after GROVE) < Port. < ?] a tropical tree with branches that spread and send down roots, thus forming more trunks

**mangy** (mān′ jē) *adj.* **-gier, -giest** **1.** having or caused by the mange **2.** shabby and filthy **3.** mean and low; despicable —**man′gily** *adv.* —**man′giness** *n.*

**manhandle** (man′han′d'l) *vt.* **-dled, -dling** **1.** to handle roughly **2.** [Rare] to move by human strength only

**manhole** *n.* a hole through which a man can get into a sewer, conduit, etc. for repair work or inspection

**man-hour** *n.* an industrial time unit equal to one hour of work done by one person

**manhunt** *n.* a hunt for a fugitive: also **man hunt**

**mania** (mā′nē ə) *n.* [< Gr. *mainesthai,* to rage] **1.** wild or violent mental disorder **2.** an excessive, persistent enthusiasm; obsession; craze —**manic** (man′ik) *adj.*

**-mania** (mā′nē ə) [see prec.] *a combining form meaning:* **1.** a (specified) type of mental disorder *[kleptomania]* **2.** intense enthusiasm for *[bibliomania]*

**maniac** (mā′nē ak′) *n.* **1.** [Colloq.] an enthusiast *[a car maniac]* **2.** a violently insane person —*adj.* wildly insane —**maniacal** (mə nī′ə k'l) *adj.* —**mani′acally** *adv.*

**manic-depressive** *adj.* of or having a psychosis characterized by alternating periods of mania and mental depression —*n.* a person who has this psychosis

**manicure** (man′ə kyōōr′) *n.* [< L. *manus,* hand + *cura,* care] the care of the hands and fingernails —*vt.* **-cured′, -cur′ing** to trim, polish, etc. (the fingernails)

**manifest** (man′ə fest) *adj.* [< L. *manifestus,* struck by the hand] apparent to the senses or to the mind; evident; obvious —*vt.* **1.** to reveal **2.** to be evidence of —*n.* **1.** an itemized list of a ship's cargo, to be shown to customs officials **2.** a list of passengers and cargo on an aircraft —**man′ifesta′tion** *n.*

**manifesto** (man′ə fes′tō) *n., pl.* **-toes, -tos** [It.: see MANIFEST] a public declaration of intentions by a government or by an important person or group

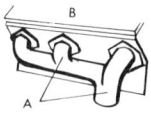


MANIFOLD
(A, manifold; B, cylinder)

**manifold** (man′ə fōld′) *adj.* [see MANY & -FOLD] **1.** having many forms, parts, etc. **2.** of many sorts *[manifold duties]* **3.** being such in many ways *[a manifold villain]* —*n.* **1.** something that is manifold **2.** a pipe with several outlets for connecting with other pipes, as the cylinder exhaust system in a motor car —**man′ifold′ly** *adv.* —**man′ifold′ness** *n.*

**manikin** (man′ə kin) *n.* [Du. *manneken*] a little man; dwarf

**Manila hemp** (mə nil′ə) [*often* **m-**] a strong fibre from the leafstalks of a Philippine plant, used in making rope, etc.

**Manila paper** [*often* **m-**] strong, buff or brownish paper orig. made of Manila hemp, now of various fibres

**man in the street** the average person

**manipulate** (mə nip′yoo lāt′) *vt.* **-lat′ed, -lat′ing** [< L. *manus,* hand + *plere,* fill] **1.** to operate, or handle with skill **2.** to manage artfully, often in an unfair way —**manip′ula′tion** *n.* —**manip′ula′tor** *n.*

**Manitoban** (man′i tō′bən) *n.* a native or inhabitant of Manitoba —*adj.* of Manitoba or Manitobans

**mankind** (man′kīnd′; *also, & for 2 always,* man′kīnd′) *n.* **1.** the human race **2.** the male sex

**manly** *adj.* **-lier, -liest** **1.** having qualities generally regarded as befitting a man; strong, brave, etc. **2.** fit for a man *[manly sports]* —**man′liness** *n.*

**man-made** *adj.* made by man; synthetic

**manna** (man′ə) *n.* [< Heb. *mān,* gift] **1.** *Bible* food miraculously provided for the Israelites in the wilderness **2.** anything badly needed that comes unexpectedly

**mannequin** (man′ə kin) *n.* [see MANIKIN] **1.** a model of the human body, used by window dressers, artists, etc. **2.** a woman whose work is modelling clothes

**manner** (man′ər) *n.* [< L. *manus,* a hand] **1.** a way in which something is done or happens **2.** behaviour or bearing **3.** [*pl.*] *a*) ways of social life *[a comedy of manners] b*) ways of social behaviour *[good manners] c*) polite ways of social behaviour *[the child lacks manners]* **4.** characteristic style in art, etc. **5.** kind; sort —**by no manner of means** definitely not —**in a manner of speaking** in a certain sense —**to the manner born** as if accustomed from birth —**man′nerless** *n.*

**mannered** *adj.* **1.** having manners of a specified sort *[ill-mannered]* **2.** artificial, stylized, or affected

**mannerism** *n.* **1.** a peculiarity of manner in behaviour, speech, etc. that has become a habit **2.** excessive use of some distinctive manner in art, literature, etc.

**mannerly** *adj.* polite —*adv.* politely —**man′nerliness** *n.*

**manoeuvre** (mə nōō′vər) *n.* [Fr. < L. *manu operare,* to work by hand] **1.** a strategem; scheme **2.** any skilful change of movement or direction **3.** a planned and controlled movement of troops, aircraft, etc. **4.** [*pl.*] practice movements of troops, etc. —*vi., vt.* **1.** to move, get, etc. by some strategem U.S. sp. **maneuver** **2.** to manage skilfully; scheme **3.** to perform or cause to perform manoeuvres —**manoeu′vrabil′ity** *n.* —**manoeu′vrable** *adj.*

**man of letters** a writer; scholar

**man of the world** a man familiar with and tolerant of various sorts of people and their ways

**man-of-war** *n., pl.* **men′-of-war′** a warship

**manor** (man′ər) *n.* [< L. *manere,* remain] **1.** a mansion, as on an estate: also **manor house** **2.** a landed estate, orig. of a feudal lord and subject to the jurisdiction of his court **3.** [Colloq.] a police district —**manorial** (mə nôr′ē əl) *adj.*

**manpower** *n.* **1.** power furnished by

human physical strength **2.** the collective strength or availability for work of the people in a given area Also **man power**

‡**manqué** (män′kā) ***adj.*** [Fr.] unfulfilled; would-be Placed after a noun [a scholar *manqué*] —**manquée** ***adj. fem.***

MANSARD ROOF

**mansard (roof)** (man′särd) [< F. *Mansard*] a roof with two slopes on each of the four sides, the lower steeper than the upper

**manse** (mans) ***n.*** [< L. *manere,* dwell] a parsonage

**manservant** ***n., pl.*** **menservants** a male servant: also **man servant**

**mansion** (man′shən) ***n.*** [< L. *manere,* dwell] a large, imposing house

**Mansion House** the official residence of the Lord Mayor of London

**manslaughter** ***n.*** the unlawful killing of a human being without malice aforethought

**mantel** (man′t'l) ***n.*** [see MANTLE] **1.** the facing about a fireplace, including a shelf above it **2.** the shelf

**mantelpiece** (man′t'l pēs′) ***n.*** a mantel shelf, or this shelf and the side elements framing the fireplace

**mantic** (man′tik) ***adj.*** [< Gr. *mantis,* seer] of, or having powers of, divination; prophetic

**mantilla** (man til′ə) ***n.*** [Sp. < L. *mantellum,* mantle] a woman's scarf, as of lace, worn over the hair and shoulders

**mantis** (man′tis) ***n.*** [< Gr. *mantis,* seer] a slender insect that grasps its prey with spiny forelegs often held up together as if praying

**mantissa** (man tis′ə) ***n.*** [L., (useless) addition] the decimal part of a logarithm

**mantle** (man′t'l) ***n.*** [< L. *mantellum*] **1.** a loose, sleeveless cloak **2.** anything that cloaks or envelops **3.** a small, mesh hood which becomes white-hot over a flame and gives off light —***vt.*** **-tled, -tling** to cover as with a mantle —***vi.*** **1.** to be or become covered, as a surface with froth **2.** to blush

**mantra** (man′trə) ***n.*** [Sans.] *Hinduism* a hymn or text, esp. from the Veda, chanted as an incantation or prayer

**manual** (man′yoo wəl) ***adj.*** [< L. *manus,* hand] **1.** of the hands **2.** made, done, worked, or used by the hands **3.** involving or doing hard physical work —***n.*** **1.** a handy book of instructions, etc. **2.** a keyboard of an organ console or harpsichord —**man′ually** ***adv.***

**manual alphabet** the finger alphabet used by the deaf and dumb

**manufactory** (man′yoo fak′tər ē) ***n., pl.*** **-ries** *same as* FACTORY

**manufacture** (man′yoo fak′chər) ***n.*** [< L. *manus,* hand + *facere,* make] **1.** the making of goods, esp. by machinery on a large scale **2.** anything so made **3.** the making of something in a way regarded as mechanical —***vt.*** **-tured, -turing** **1.** to make, esp. by machinery **2.** to produce (something) in a way regarded as mechanical **3.** to make up (excuses, evidence, etc.) —**man′ufac′turer** ***n.***

**manumit** (man′yoo mit′) ***vt.*** **-mit′ted, -mit′ting** [< L. *manus,* hand + *mittere,* send] to free from slavery —**man′umis′sion** ***n.***

**manure** (mə nyooər′) ***vt.*** **-nured′, -nur′ing** [< OFr. *manouvrer,* to work with the hands] to put manure on or into (soil) —***n.*** animal excrement or other substance used to fertilize soil —**manur′er** ***n.***

**manuscript** (man′yoo skript′) ***n.*** [< L. *manus,* hand + *scribere,* write] **1.** a written or typewritten book, etc.; esp., an author's copy of his work, as submitted to a publisher **2.** writing as distinguished from print —***adj.*** written by hand or with a typewriter

**Manx** (maṇks) ***adj.*** of the Isle of Man —***n.*** the Celtic language of the Isle of Man —**the Manx** the people of the Isle of Man

**Manx cat** [*also* **m-**] a domestic cat that has no tail

**many** (men′ē) ***adj.*** **more, most** [OE. *manig*] **1.** numerous **2.** relatively numerous (preceded by *as, too,* etc.) —***n.*** a large number (of persons or things) —***pron.*** many persons or things —**a good many** [*with pl. v.*] a relatively large number —**many's the time** often —**the many** the people; the masses

**Maoism** (mou′iz′m) ***n.*** the communist theories and policies of Mao Tse-tung —**Mao′ist** ***adj., n.***

**Maori** (mou′rē) ***n.*** **1.** *pl.* **-ris, -ri** any of a people native to New Zealand, of Polynesian origin **2.** their Polynesian language —***adj.*** of the Maoris

**map** (map) ***n.*** [< L. *mappa,* napkin] **1.** a representation, usually flat, of all or part of the earth's surface, showing countries, bodies of water, cities, roads, etc. **2.** a similar representation of the sky, showing stars, etc. —***vt.*** **mapped, map′ping** **1.** to make a map of **2.** to plan [to *map* out a project] **3.** *Math.* to link the elements of one set with the elements of another —**put on the map** to make well known —**wipe off the map** to put out of existence

**maple** (mā′p'l) ***n.*** [OE. *mapel(treo)*] **1.** any of a large group of trees grown for wood, sap, or shade **2.** the light-coloured wood **3.** the flavour of maple syrup

**maple leaf** the leaf of the maple, emblem of Canada

**maple syrup** syrup made by boiling down the sap of the sugar maple

**Maquis** (ma′kē) ***n.*** [Fr. < It. *macchia,* thicket] **1.** a member of the French underground fighting against the Nazis in World War II **2.** this organization

**mar** (mär) ***vt.*** **marred, mar′ring** [OE.

*mierran,* to hinder] to hurt or spoil the looks, value, perfection, etc. of

**Mar.** March

**marabou** (mar'ə bo̅o̅') *n.* [Fr. < Ar. *murābit,* hermit] **1.** any of certain large storks **2.** soft feathers from the marabou Also **mar'about'** (-bo̅o̅')

**maraca** (mə ra'kə) *n.* [Port.] a percussion instrument consisting of a dried gourd or rattle with pebbles in it, shaken to beat out a rhythm

**maraschino** (mar'ə skē'nō) *n.* [It.] a sweet liqueur made from a kind of black wild cherry

**marathon** (mar'ə thən) *n.* **1.** a footrace of 26 miles, 385 yards (42.2 km): so called in allusion to the Greek runner who carried word of the victory at Marathon to Athens **2.** any long-distance or endurance contest

**maraud** (mə rôd') *vi., vt.* [< Fr. *maraud,* vagabond] to raid; plunder **—maraud'er** *n.*

**marble** (mär'b'l) *n.* [< Gr. *marmaros,* white stone] **1.** a hard limestone, which can take a high polish **2.** a monument, sculpture, etc. in marble **3.** *a*) a little ball of glass, etc. used in games *b*) [*pl., with sing. v.*] a children's game using marbles **—*adj.*** of or like marble **—*vt.* -bled, -bling** to stain (book edges) to look mottled like marble

**marbled** *adj.* [< prec.] with fat evenly distributed in streaks throughout: said of meat

**marc** (märk) *n.* [Fr.] **1.** refuse of grapes, seeds, fruits, etc. after pressing **2.** a brandy distilled from this

**marcasite** (mär'kə sīt') *n.* [< Fr. < Ar.] **1.** a pale, crystallized pyrite **2.** this mineral or polished steel cut and used like brilliants

**March** (märch) *n.* [< L. *Martius,* of Mars] the third month of the year, having 31 days: abbrev. **Mar.**

**march**[1] (märch) *vi.* [Fr. *marcher*] **1.** to walk with regular steps, as in a military formation **2.** to walk in a grave, stately way **3.** to progress steadily **—*vt.*** to make march or go **—*n.*** **1.** a marching **2.** a steady advance **3.** a regular, steady step **4.** the distance covered in marching **5.** a piece of music for marching **6.** an organized walk by people demonstrating on a public issue **—on the march** marching **—steal a march on** to get an advantage over secretly **—march'er** *n.*

**march**[2] *n.* [OFr. *marche* < Frank. *marka*] a boundary or frontier **—the Marches** borderlands between England and Scotland and between England and Wales

**March hare** a hare in breeding time, proverbially regarded as an example of madness

**marching orders** orders to march, go, or leave

**marchioness** (mär'shə nis) *n.* [< ML. *marchio,* prefect of the marches] **1.** the wife of a marquis **2.** a lady whose own rank equals that of a marquis

**marchpane** (märch'pān') *n.* *former name for* MARZIPAN

**march-past** *n.* a review of troops as they march past a saluting point

**Mardi gras** (mär'di grä') [Fr., lit., fat Tuesday] Shrove Tuesday, the last day before Lent: a day of carnival

**mare**[1] (mâər) *n.* [OE. *mere*] a female horse, donkey, etc.

**mare**[2] (mär'ē) *n., pl.* **-ria** (-ē ə) [L., sea] a large, dark area on the surface of the moon or of Mars

**mare's-nest** (mâərz' nest') *n.* a hoax; delusion

**margarine** (mär'jə rēn') *n.* [Fr.] a spread or cooking fat made of refined vegetable oils

**marge** (märj) *n.* [Colloq.] *short for* MARGARINE

**margin** (mär'jin) *n.* [L. *margo*] **1.** a border or brink **2.** the blank border of a printed or written page **3.** a limit to what is desirable or possible **4.** *a*) an amount beyond what is needed *b*) provision for increase, or advance **5.** the amount by which something is higher or lower **6.** *Econ.* the minimum return of profit needed to continue activities **—*vt.*** to provide with a margin

**marginal** *adj.* **1.** written in the margin **2.** slight **3.** yielding little profit because it is difficult to cultivate: said of land **—mar'ginally** *adv.*

**marginal seat** *Politics* a constituency in which a political party cannot be sure of retaining a majority

**margrave** (mär'grāv) *n.* [< OHG.] the title of certain princes of Germany **—mar'gravine'** (-grə vēn') ***n.fem.***

**marguerite** (mär'gə rēt') *n.* [Fr., pearl] **1.** a large daisy **2.** a cultivated chrysanthemum with a single flower

**marigold** (mar'ə gōld') *n.* [< *Marie* (prob. the Virgin Mary) + *gold,* gold] a plant of the composite family, with red, yellow, or orange flowers

**marijuana, marihuana** (mar'ə hwä'nə) *n.* [AmSp.] **1.** the dried leaves and flowers of hemp, smoked for the psychological effects **2.** *same as* HEMP (sense 1 *a*)

**marimba** (mə rim'bə) *n.* [< Afr.] a kind of xylophone, usually with resonators under the wooden bars

**marina** (mə rē'nə) *n.* [It. & Sp., seacoast: see MARINE] a harbour with dockage, services, etc. for small pleasure craft

**marinade** (mar'ə nād') *n.* [Fr. < Sp. *marinar,* to pickle] **1.** a spiced pickling solution, esp. with oil and wine or vinegar, in which meat, etc. is steeped **2.** meat, etc. so steeped **—*vt.* -nad'ed, -nad'ing** *same as* MARINATE

**marinate** (mar'ə nāt') *vt.* **-nat'ed, -nat'ing** [< It. *marinare,* to pickle] to steep (meat, etc.) in a marinade

**marine** (mə rēn') *adj.* [< L. *mare,* sea] **1.** of or found in the sea **2.** *a*) of navigation; nautical; maritime *b*) naval **3.** used, or to be used, at sea **—*n.*** **1.** *a*) *see* MILITARY RANKS, table *b*) a member of the Royal Marines **2.** naval or merchant ships collectively [*the merchant marine*]

**mariner** (mar'ə nər) *n.* a sailor; seaman

**marionette** (mar′ē ə net′) *n.* [Fr. *Marion,* name] a puppet moved by strings or wires from above

**marital** (mar′ə t'l) *adj.* [< L. *maritus,* husband] of marriage —**mar′itally** *adv.*

**maritime** (mar′ə tim′) *adj.* [< L. *mare,* sea] **1.** on or near the sea **2.** of sea navigation, shipping, etc.

**Maritime Provinces** certain of the Canadian provinces facing the Atlantic, esp. New Brunswick, Nova Scotia, and Prince Edward Island: also called **Maritimes**

**Maritimer** *n.* [Canad.] a native or inhabitant of the Maritime Provinces

**marjoram** (mär′jər əm) *n.* [ult. < Gr. *amarakos*] any of various perennial plants having aromatic leaves used in cooking

**mark**[1] (märk) *n.* [OE. *mearc,* orig., boundary] **1.** a spot, scratch, etc. on a surface **2.** a printed or written sign [punctuation *marks*] **3.** a brand, label, etc. put on an article to show the maker **4.** a sign of some quality [courtesy is the *mark* of a gentleman] **5.** a numerical assessment of proficiency, as in an examination **6.** a cross, etc. made by a person unable to write his signature **7.** a standard of quality, etc. [up to the *mark*] **8.** distinction [a man of *mark*] **9.** impression [left his *mark* in history] **10.** a visible object of known position, serving as a guide **11.** a line, dot, etc. used to indicate position, as on a graduated scale **12.** a target; goal **13.** *Sports* the starting line of a race —*vt.* **1.** to put or make a mark or marks on **2.** to identify or indicate as by a mark **3.** to draw, write, record, etc. **4.** to show plainly **5.** to characterize **6.** to take notice of **7.** to grade; rate **8.** to put price labels on **9.** to keep (score, etc.); record **10.** *Sport* to follow closely the movements of a player in the opposing team, so as to hinder his play —*vi.* **1.** to make a mark or marks **2.** to observe —**make one's mark** to achieve fame —**mark down** **1.** to write down; record **2.** to mark for sale at a reduced price —**mark off** (or **out**) to mark the limits of —**mark time** **1.** to keep time while at a halt by lifting the feet as if marching **2.** to suspend progress —**wide of the mark** **1.** not striking the point aimed at **2.** irrelevant —**mark′er** *n.*

**mark**[2] *n.* [< ON. *mork,* a half pound of silver] **1.** the monetary unit of East Germany **2.** *same as* DEUTSCHE MARK

**marked** (märkt) *adj.* **1.** having a mark or marks **2.** singled out as an object of hostility, etc. [a *marked* man] **3.** noticeable; distinct [a *marked* change] —**mark′edly** (mär′kid lē) *adv.* —**mark′edness** *n.*

**market** (mär′kit) *n.* [< L. *merx,* merchandise] **1.** a gathering of people for buying and selling things **2.** an open space or a building with goods for sale from stalls, etc. **3.** a region where goods can be bought and sold [the European *market*] **4.** the trading or selling opportunities provided by a particular group of people **5.** trade [an active *market*] **6.** *short for* STOCK MARKET **7.** demand (for goods or services) —*vt.* **1.** to offer for sale **2.** to sell —*vi.* to buy or sell —**be in the market for** to be seeking to buy —**be on the market** to be offered for sale —**put on the market** to offer for sale —**mar′ketabil′ity** *n.* —**mar′ketable** *adj.*

**market garden** an establishment where fruit and vegetables are grown and sold —**market gardener**

**marketing** *n.* the business of moving goods from the producer to the consumer

**market research** the study of the demands or needs of consumers in relation to particular goods or services

**market town** a town that holds a public market

**marking** *n.* **1.** the act of making marks **2.** the characteristic arrangement of marks as on fur or feathers

**marksman** *n.* a person who shoots, esp. with skill —**marks′manship′** *n.*

**marl** (märl) *n.* [< L. *marga*] a crumbly mixture of clay, sand, and limestone —*vt.* to fertilize with marl —**marl′y** *adj.*

**marlinespike, marlinspike** (mär′lin spīk′) *n.* [< Du. *marlijn,* small cord] a pointed iron instrument for separating rope strands, as in splicing: also **mar′lingspike′**

**marmalade** (mär′mə lād′) *n.* [< Gr. *meli,* honey + *mēlon,* apple] a jam made of oranges or other citrus fruits and sugar

**marmoreal** (mär môr′ē əl) *adj.* [< L. *marmor,* marble] of or like marble: also **marmo′rean**

**marmoset** (mär′mō zet′) *n.* [< OFr. *marmouset,* grotesque figure] a very small American monkey

**marmot** (mär′mət) *n.* [< Fr. prob. < L. *mus montanus,* mountain mouse] a thick-bodied, burrowing rodent

**maroon**[1] (mə rōōn′) *n., adj.* [Fr. *marron,* chestnut] dark brownish red

**maroon**[2] *vt.* [< Fr. < AmSp. *cimarrón,* wild] **1.** to put (a person) ashore in some desolate place and abandon him there **2.** to leave abandoned, helpless, etc.

**marque** (märk) *n.* [Fr.] an identifying emblem on a car

**marquee** (mär kē′) *n.* [< Fr. *marquise*] a large tent, as for an outdoor entertainment

**marquess** (mär′kwis) *n.* *same as* MARQUIS

**marquetry, marqueterie** (mär′kə trē) *n.* [< Fr. *marque,* mark] decorative inlaid work, as in furniture

**marquis** (mär′kwis) *n., pl.* **-quises** [< ML. *marchisus*] a nobleman ranking above an earl or count and below a duke

**marquise** (mär kēz′) *n.* **1.** the wife of a marquis **2.** a lady whose rank in her own right equals that of a marquis **3.** a gem cut as a pointed oval

**marriage** (mar′ij) *n.* [see MARRY[1]] **1.** the state of being married; relation between husband and wife **2.** the act or rite of marrying; wedding **3.** any close union

**marriageable** *adj.* old enough or suitable for marriage

**marriage bureau** a business concern set up to introduce people wishing to get married

**marriage certificate** a document giving the place and date of the wedding ceremony and the names of the couple

**marriage guidance** advice given by a counsellor to couples who experience difficulties in their marriages

**marriage lines** *same as* MARRIAGE CERTIFICATE

**married** *adj.* **1.** living together as husband and wife **2.** having a husband or wife **3.** of marriage —*n.* a married person: chiefly in **young marrieds**

**marrow** (mar′ō) *n.* [OE. *mearg*] **1.** the soft, fatty tissue that fills the cavities of bones **2.** the innermost, essential, or choicest part **3.** *same as* VEGETABLE MARROW

**marrowfat** *n.* a variety of large, rich pea

**marry**[1] (mar′ē) *vt.* **-ried, -rying** [< L. *maritus,* husband] **1.** to join as husband and wife **2.** to take as husband or wife **3.** to join closely —*vi.* to get married

**marry**[2] *interj.* [< (the Virgin) *Mary*] [Archaic] an exclamation of surprise, anger, etc.

**Mars** (märz) **1.** a planet, fourth in distance from the sun **2.** *Rom. Myth.* the god of war **3.** war

**Marsala** (mär sä′lə) *n.* [< *Marsala,* in Sicily] a light, fortified, sweet wine

**Marseillaise** (mär sā yäz′) [Fr., of Marseille] the French national anthem

**marsh** (märsh) *n.* [OE. *merisc*] a tract of low, wet, soft land; swamp; bog; morass —**marsh′y** *adj.*

**marshal** (mär′shəl) *n.* [< OHG. *marah,* horse + *scalh,* servant] **1.** a military commander; specif., *same as* FIELD MARSHAL **2.** [U.S.] a Federal officer appointed to a judicial district to perform functions like those of a sheriff **3.** an official in charge of ceremonies, processions, etc. **4.** a high state official [Earl *Marshal*] —*vt.* **-shalled, -shalling** **1.** to arrange (troops, ideas, etc.) in order **2.** to guide ceremoniously —**mar′shalcy, mar′shalship** *n.*

**marshalling yard** a railway depot for goods trains

**Marshal of the Royal Air Force** *see* MILITARY RANKS, table

**marsh gas** a gaseous product, chiefly methane, formed from decomposing vegetable matter

**marshmallow** *n.* [orig. made from the root of the marsh mallow] a soft, spongy confection

**marsh mallow** a pink-flowered, perennial plant

**marsh marigold** a marsh plant with yellow flowers

**marsh tit** a greyish-brown European tit that lives in woods, hedges, etc.

**marsupial** (mär syōō′pē əl) *adj.* of an order of mammals whose young are carried by the female for several months after birth in an external pouch of the abdomen —*n.* an animal of this kind, as a kangaroo

**marsupium** *n., pl.* **-pia** [< Gr. *marsypos,* pouch] the pouch on the abdomen of a female marsupial

**mart** (märt) *n.* [MDu.] a market

**martello tower** (mär tel′ō) [< *Mortello,* Corsica, where such a tower was attacked by Brit. fleet in 1794] [*occas.* M-] a circular fort of masonry, formerly built on coasts to protect against invaders: also **martel′lo** *n.*

**marten** (mär′tin) *n.* [< OFr. *martre*] a small, flesh-eating mammal like a weasel but larger, with soft, valuable fur

**martial** (mär′shəl) *adj.* [< L. *martialis,* of Mars] **1.** of or connected with war, soldiers, etc.; military [*martial* music] **2.** warlike; militaristic [*martial* spirit] —**mar′tialism** *n.*

**martial law** temporary rule by the military authorities over the civilians, as in time of war

**Martian** (mär′shən) *adj.* of Mars (god or planet) —*n.* an imagined inhabitant of the planet Mars

**martin** (mär′tin) *n.* [Fr.] a stout-billed bird related to the swallow, as the house martin

**martinet** (mär′tin et′) *n.* [< Gen. J. *Martinet*] a very strict disciplinarian or stickler for rigid regulations

**martingale** (mär′tin gāl′) *n.* [Fr.] **1.** the strap of a horse's harness passing from the noseband to the girth between the forelegs, to keep the horse from rearing **2.** a lower stay for the jib boom of a sailing vessel

**martini** (mär tē′nē) *n., pl.* **-nis** [< ?] a cocktail of gin and dry vermouth

**Martinmas** (mär′tin məs) *n.* [see -MAS] Saint Martin's Day, a church festival held on November 11

**martyr** (mär′tər) *n.* [< Gr., a witness] **1.** a person tortured or killed because of his beliefs **2.** a person suffering great pain or misery for a long time [he was a *martyr* to catarrh] —*vt.* to make a martyr of —**mar′tyrdom** *n.*

**marvel** (mär′v'l) *n.* [< L. *mirari,* admire] a wonderful or astonishing thing —*vi.* **-velled, -velling** to be amazed —*vt.* to wonder at or about (followed by a clause)

**marvellous** *adj.* **1.** causing wonder; astonishing **2.** [Colloq.] splendid —**mar′vellously** *adv.*

**Marxism** (märk′siz′m) *n.* the system of thought developed by Karl Marx, his co-worker Friedrich Engels, and their followers —**Marx′ist, Marx′ian** *adj., n.*

**marzipan** (mär′zi pan′) *n.* [G. < It.] a paste of ground almonds, sugar, and egg white

**-mas** (məs) *a combining form for* MASS *meaning* a (specified) church festival [*Martinmas*]

**Masai** (mä′sī) *n. pl.* **-sai′, -sais′** any member of a pastoral people of Kenya and Tanzania

**masc., mas.** masculine

**mascara** (mas kär′ə) *n.* [see MASK] a cosmetic for colouring the eyelashes

**mascot** (mas′kət) *n.* [< Fr. < Pr. *masco,*

sorcerer] any person, animal, or thing supposed to bring good luck

**masculine** (mas′kyoo lin) *adj.* [< L. *mas,* male] **1.** male **2.** having qualities regarded as characteristic of men and boys **3.** suitable for a man **4.** *Gram.* designating or of the gender of words referring to males or things conventionally regarded as male **5.** *Prosody* designating a rhyme of stressed final syllables (Ex.: enjoy, destroy) —*n. Gram.* **1.** the masculine gender **2.** a word in this gender —**mas′culinely** *adv.* —**mas′culin′ity** *n.*

**maser** (mā′zər) *n.* [*m*(*icrowave*) *a*(*mplification by*) *s*(*timulated*) *e*(*mission of*) *r*(*adiation*)] a device which emits a narrow beam of microwave radiation formed by raising atoms in a crystal or gas to a higher energy level

**mash** (mash) *n.* [< OE. *mascwyrt*] **1.** any soft mixture **2.** a mixture of bran, etc. in water for feeding horses **3.** crushed malt soaked in hot water for making wort, used in brewing **4.** [Colloq.] mashed potatoes —*vt.* **1.** to change into a soft mass by beating, crushing, etc. **2.** to mix (crushed malt, etc.) in hot water for making wort

**mashie** (mash′ē) *n.* [< ? Fr. *massue,* club] a golf club with a metal head used for lofting

MASKS

**mask** (mäsk) *n.* [Fr. *masque* < It.] **1.** a covering to conceal or disguise the face **2.** anything that conceals or disguises **3.** *a*) a moulded likeness of the face *b*) a grotesque or comic representation of a face, worn to amuse or frighten **4.** a protective covering for the face [a gas *mask*] **5.** a covering for the mouth and nose, as for administering an anaesthetic, etc. **6.** the face of a dog, fox, etc. —*vt.* to conceal, cover, disguise, etc. with or as with a mask —**masked** *adj.* —**mask′er** *n.*

**masking tape** an adhesive tape for covering borders, etc., as during painting

**maskinonge** (mas′kə nonj′) *n.* *same as* MUSKELLUNGE

**masochism** (mas′ō kiz′m) *n.* [< L. von Sacher-*Masoch*] the getting of pleasure, specif. sexual pleasure, from being dominated or hurt —**mas′ochist** *n.* —**mas′ochis′tic** *adj.*

**mason** (mā′s′n) *n.* [< ML. *matio*] **1.** one whose work is building with stone **2.** [**M-**] *same as* FREEMASON

**Masonic** (mə son′ik) *adj.* [*also* **m-**] of Masons (Freemasons) or Masonry (Freemasonry)

**masonry** (mā′s′n rē) *n., pl.* **-ries** **1.** the trade or art of a mason **2.** brickwork or stonework **3.** [*usually* **M-**] *same as* FREEMASONRY

**masque** (mäsk) *n.* [see MASK] **1.** a masquerade **2.** a former kind of dramatic entertainment with lavish costumes, music, etc. —**masqu′er** *n.*

**masquerade** (mas′kə rād′) *n.* [see MASK] **1.** a ball at which masks are worn **2.** a disguise; pretence —*vi.* **-ad′ed, -ad′ing** **1.** to take part in a masquerade **2.** to act under false pretences —**mas′querad′er** *n.*

**Mass** (mas) *n.* [< *missa* in L. *ite, missa est* (*contio*), go, (the meeting) is dismissed] [*also* **m-**] **1.** the service of the Eucharist in the Roman Catholic Church and some other churches **2.** a musical setting for certain parts of this service

**mass** (mas) *n.* [< Gr. *maza,* barley cake] **1.** a piece or amount of indefinite shape or size [a *mass* of clay, a *mass* of cold air] **2.** a large quantity or number **3.** bulk; size **4.** the main part **5.** *Physics* the quantity of matter in a body as measured in its relation to inertia —*adj.* **1.** of a large number [*mass* production] **2.** of or for the masses [*mass* education] —*vt., vi.* to gather or form into a mass —**in the mass** collectively —**the masses** the common people

**massacre** (mas′ə kər) *n.* [Fr. < OFr. *maçacre,* shambles] an indiscriminate, merciless, and large-scale slaughter —*vt.* **-cred, -cring** to kill indiscriminately and mercilessly —**mas′sacrer** *n.*

**massage** (mə säzh′) *n.* [Fr.] a rubbing, kneading, etc. of part of the body, as to stimulate circulation —*vt.* **-saged′, -sag′ing** to give a massage to —**massag′er** *n.*

**massasauga** (mas′ə sô′gə) *n.* [< *Missisauga* River, Ontario] a N American venomous rattlesnake

**masseur** (ma sur′) *n.* [Fr.] a man whose work is giving massages —**masseuse′** (-surz′) *n.fem.*

**mass hysteria** the irrational behaviour evidenced in large crowds

**massif** (mas′ēf) *n.* [Fr., solid] *Geol.* a distinctive, compact group of mountains

**massive** (mas′iv) *adj.* **1.** *a*) big and solid; bulky *b*) larger than normal [a *massive* dose] **2.** large and imposing **3.** large-scale; extensive —**mas′sively** *adv.*

**mass media** those means of communication that reach and influence large numbers of people, as television

**mass production** quantity production of goods, esp. by machinery and division of labour —**mass′-produce′** *vt.*

**mass spectrometer** an instrument which, by passing ionized particles through electric and magnetic fields, separates and counts isotopes according to their mass

**mast**[1] (mäst) *n.* [OE. *mæst*] **1.** a tall spar rising vertically from the deck of a vessel and used to support the sails, radar equipment, etc. **2.** any vertical pole, as in a crane

**mast**[2] *n.* [OE. *mæst*] beechnuts, acorns, chestnuts, etc., esp. as food for pigs

**mastaba** (mas′tə bə) *n.* [< Ar.] an oblong tomb with a flat roof and sloping sides, built in ancient Egypt

**mastectomy** (mas tek′tə mē) *n., pl.* **-mies** [< Gr. *mastos,* breast + -ECTOMY] the surgical removal of a breast

**master** (mäs′tər) *n.* [< L. *magister*] **1.** a man who rules others; specif., *a*) a man who is head of a household or institution *b*) an employer *c*) an owner of an animal or slave *d*) the captain of a merchant ship *e*) a victor *f*) a male schoolteacher *g*) a person whose teachings one follows *h*) [**M-**] Jesus Christ **2.** *a*) a highly skilled workman *b*) an artist regarded as great **3.** [**M-**] a title applied to *a*) a boy regarded as too young to be addressed as *Mr. b*) a man who heads some institution, group, etc. *c*) a person who is a MASTER OF ARTS (or SCIENCE, etc.) **4.** an original copy from which duplicates are made **5.** *Chess* a player who has won a specified number of tournament games —*adj.* **1.** being a master **2.** chief; main **3.** controlling; specif., designating a mechanism that controls others *[a master* switch*]* —*vt.* **1.** to become an expert in **2.** to conquer

**masterful** *adj.* **1.** expert; skilful **2.** acting the part of a master; imperious —**mas′terfully** *adv.*

**master key** a key that will open a set of locks

**masterly** *adj.* showing the skill of a master; expert

**mastermind** *n.* **1.** a very intelligent person, esp. one with the ability to plan a group project **2.** [**M-**] *Trademark* a game requiring logical thinking —*vt.* to be the mastermind of (a project)

**Master of Arts** (or **Science,** etc.) **1.** a degree given by a university to a person who has completed a course of postgraduate study **2.** a person who has this degree

**master of ceremonies** **1.** a person who supervises a ceremony **2.** a person who presides over an entertainment, introducing the participants, etc.

**Master of the Rolls** the Court of Appeal judge who acts as head of the Public Record Office

**masterpiece** *n.* **1.** a thing done with masterly skill **2.** the greatest work of a person or group: also **mas′terwork′**

**masterstroke** *n.* a masterly move or achievement

**mastery** *n., pl.* **-teries** **1.** expert skill or knowledge **2.** ascendancy or victory

**masthead** *n.* **1.** the top part of a ship's mast **2.** that part of a newspaper stating its address, publishers, etc.

**mastic** (mas′tik) *n.* [< Gr. *mastichē*] a resin obtained from a Mediterranean tree, used in making varnish, adhesives, etc.

**masticate** (mas′tə kāt′) *vt.* **-cat′ed, -cat′ing** [< Gr. *mastax,* mouth] to chew up (food, etc.) —**mas′tica′tion** *n.* —**mas′ticatory** *adj.*

**mastiff** (mas′tif) *n.* [< L. *mansuetus,* tame] a large, powerful, smooth-coated dog with hanging lips

**mastitis** (mas tīt′is) *n.* [< Gr. *mastos,* breast + -ITIS] inflammation of the breast or udder

**mastodon** (mas′tə don′) *n.* [< Gr. *mastos,* breast + *odous,* tooth] a large, extinct animal resembling the elephant but larger

**mastoid** (mas′toid) *adj.* [< Gr. *mastos,* a breast + *eidos,* form] **1.** shaped like a breast **2.** designating a projection of the temporal bone behind the ear—*n.* **1.** the mastoid projection **2.** [Colloq.] inflammation of the mastoid projection

**masturbate** (mas′tər bāt′) *vi., vt.* **-bat′ed, -bat′ing** [< L. *masturbari*] to manipulate one's own genitals, or the genitals of (another) —**mas′turba′tion** *n.*

**mat**[1] (mat) *n.* [< LL. *matta*] **1.** a flat, coarse fabric of woven hemp, straw, etc. **2.** a piece of this or of rubber, etc., used as a doormat, etc. **3.** a flat piece of cloth, etc. put under a vase, etc. **4.** a thickly padded floor covering, as in a gymnasium **5.** anything growing or interwoven in a thick tangle —*vt., vi.* **mat′ted, mat′ting** to make or become thickly tangled —**on the mat** [Colloq.] in trouble

**mat**[2] *adj.* [Fr.] *same as* MATT

**matador** (mat′ə dôr′) *n.* [Sp. < *matar,* kill] the bullfighter who kills the bull with a sword

**match**[1] (mach) *n.* [< OFr. *mesche*] **1.** a slender piece of wood, cardboard, etc. tipped with a composition that catches fire by friction **2.** orig., a cord prepared to burn at a uniform rate, used for firing guns

**match**[2] *n.* [OE. *(ge)mæcca,* a mate] **1.** any person or thing equal or similar to another; specif., *a*) one able to cope with another as an equal *b*) a counterpart **2.** two or more persons or things that go together in appearance, size, etc. **3.** a contest or game **4.** a marriage or mating **5.** a suitable mate —*vt.* **1.** to be equal, similar, or suitable to **2.** to put in opposition **3.** to join in marriage; mate **4.** to suit or fit (one thing) to another **5.** to make or get a competitor or equivalent to *[match* this cloth*]* —*vi.* to be equal, similar, suitable, etc. —**match′able** *adj.* —**match′er** *n.*

**matchless** *adj.* having no equal; peerless

**matchlock** *n.* **1.** a gunlock in which the powder was ignited by a slow-burning match **2.** a musket with such a gunlock

**matchmaking** *n.* the arranging of marriages for others —**match′mak′er** *n.*

**match play** *Golf* a form of play in which the score is calculated by counting holes won rather than strokes taken

**matchstick** *n. same as* MATCH[1] (sense 1)

**matchwood** *n.* **1.** wood for making matches **2.** very small pieces: splinters

**mate**[1] (māt) *n.* [MDu.] **1.** *a*) the male or female of paired animals *b*) a husband or wife **2.** a companion or fellow worker **3.** one of a matched pair **4.** *Naut.* an officer of a merchant ship, ranking below the captain **5.** an assistant [a carpenter's *mate*] —*vt., vi.* **mat'ed, mat'ing 1.** to pair **2.** to couple in marriage or sexual union

**mate**[2] *n., interj., vt.* **mat'ed, mat'ing** *same as* CHECKMATE

**matelot** (mat'lō) *n.* [Fr.] a sailor: also **matlow, matlo**

**mater** (māt'ər) *n.* [L.] mother

**material** (mə tēər'ē əl) *adj.* [< L. *materia,* matter] **1.** of matter; physical **2.** *a*) of the body or bodily needs, etc. [*material* pleasures] *b*) of comfort, wealth, etc. [*material* success] **3.** important, essential, etc. (*to*) —*n.* **1.** what a thing is made of; elements or parts **2.** ideas, notes, etc. that may be developed **3.** cloth or other fabric **4.** [*pl.*] tools, articles, etc. for a specified use —**mate'rial'ity** (-al'ə tē) *n.*

**materialism** *n.* **1.** the tendency to be more concerned with material than with spiritual values **2.** the doctrine that everything can be explained only in terms of matter —**mate'rialist** *adj., n.* —**mate'rialis'tic** *adj.*

**materialize** *vi.* **-ized', -iz'ing 1.** to become fact [a plan that never *materialized*] **2.** to take on bodily form: said of spirits, etc. **3.** to appear suddenly —*vt.* to represent in material form —**mate'rializa'tion** *n.*

**materially** *adv.* **1.** to a great extent **2.** physically **3.** with regard to the content and not the form

**matériel** (mə tēər'ē el') *n.* [Fr.] the necessary materials; specif., weapons, supplies, etc. of armed forces

**maternal** (mə tur'n'l) *adj.* [< L. *mater,* mother] **1.** of or like a mother; motherly **2.** derived from a mother **3.** related through the mother's side of the family [*maternal* grandparents] —**mater'nally** *adv.*

**maternity** (mə tur'nə tē) *n.* motherhood —*adj.* for pregnant women

**matey** (māt'ē) *adj.* [< MATE[1]] [Colloq.] friendly

**math.** **1.** mathematical **2.** mathematician

**mathematical** (math'ə mat'i k'l) *adj.* [< Gr. *manthanein,* learn] **1.** of or concerned with mathematics **2.** rigorously precise —**math'emat'ically** *adv.*

**mathematician** (math'ə mə tish'ən) *n.* an expert or specialist in mathematics

**mathematics** (math'ə mat'iks) *n.pl.* [*with sing. v.*] [see MATHEMATICAL] the sciences (arithmetic, geometry, etc.) dealing with quantities, magnitudes, and forms by the use of numbers and symbols

**maths** (maths) *n. short for* MATHEMATICS

**matinée** (mat'ə nā') *n.* [< Fr.: see MATINS] a performance, as of a play, in the afternoon

**matinée coat** a baby's short coat, usually knitted

**matins** (mat'inz) *n.pl.* [< L. *matutinus,* of the morning] a service of morning prayer

**matriarch** (mā'trē ärk') *n.* [< L. *mater,* mother + -ARCH] a mother who rules her family or tribe —**ma'triar'chal** (-är'k'l) *adj.*

**matriarchy** *n., pl.* **-chies** a form of social organization in which the mother is head of the family or tribe, descent being through the female line —**ma'triar'chic** *adj.*

**matricide** (mat'rə sīd') *n.* [< L. *mater,* mother + *caedere,* kill] **1.** the act of killing one's mother **2.** a person who kills his mother —**mat'rici'dal** *adj.*

**matriculate** (mə trik'yoo lāt') *vt., vi.* **-lat'ed, -lat'ing** [< ML. *matriculare,* to register] to enrol, esp. as a student in a university —**matric'ula'tion** *n.*

**matrimony** (mat'ri mə nē) *n., pl.* **-nies** [< L. *mater,* mother] **1.** the rite of marriage **2.** married life —**mat'rimo'nial** *adj.* —**mat'rimo'nially** *adv.*

**matrix** (mā'triks) *n., pl.* **-trices** (-trə sēz'), **-trixes** [ult. < L. *mater,* mother] **1.** that within which something originates, takes form, etc.; specif., a die or mould for casting or shaping **2.** *Math.* a regular array of quantities or symbols

**matron** (mā'trən) *n.* [< L. *mater,* mother] **1.** a wife or widow, esp. one with a mature manner **2.** *a*) a woman manager of the domestic arrangements of a school or other institution *b*) formerly, a woman in charge of the nursing staff of a hospital; senior nursing officer —**ma'tronly** *adj.*

**matron of honour** a married woman acting as principal attendant to the bride at a wedding

**Matt.** Matthew

**matt** (mat) *adj.* [see MAT[2]] not shiny or glossy; dull

**matted** *adj.* **1.** closely tangled together in a dense mass **2.** covered with matting or mats

**matter** (mat'ər) *n.* [< L. *materia,* material] **1.** what a thing is made of; constituent material **2.** whatever occupies space and is perceptible to the senses **3.** any specified sort of substance [colouring *matter*] **4.** content of thought or expression, as distinguished from style or form **5.** an amount or quantity [a *matter* of a few days] **6.** *a*) a thing or affair [business *matters*] *b*) cause or occasion [no laughing *matter*] **7.** importance [it's of no *matter*] **8.** trouble [what's the *matter*?] **9.** pus —*vi.* to have significance —**as a matter of fact** really —**for that matter** **1.** as far as that is concerned **2.** indeed on consideration —**no matter** **1.** it is of no importance **2.** regardless of [*no matter* what you say]

**matter-of-fact** *adj.* sticking strictly to facts; literal, unimaginative, etc. —**mat'ter-of-fact'ness** *n.*

**matting** (mat'iŋ) *n.* **1.** a fabric of fibre, as straw for mats, floor covering, etc. **2.** mats collectively

**mattins** (mat'inz) *n.pl.* *var. of* MATINS

MATTOCK

**mattock** (mat′ək) *n.* [OE. *mattuc*] a tool like a pickaxe but with at least one flat blade, for loosening the soil, digging up roots, etc.

**mattress** (mat′ris) *n.* [< Ar. *matrah,* cushion] a casing of strong cloth filled with cotton, foam rubber, etc., and usually coiled springs, and used on or as a bed

**maturate** (mat′yoo rāt′) *vi.* **-rat′ed, -rat′ing** [< MATURE] **1.** to mature **2.** to discharge pus

**mature** (mə tyoor′) *adj.* [< L. *maturus,* ripe] **1.** full-grown, ripe, fully developed, perfected, etc. **2.** due: said of a note, bond, etc. —*vt., vi.* **-tured′, -tur′ing** to make or become mature —**matu′rity** *n.*

**matutinal** (ma tyōō tī′n'l) *adj.* [see MATINS] of or in the morning; early —**matuti′nally** *adv.*

**maudlin** (môd′lin) *adj.* [< ME. *Maudeleyne,* (Mary) Magdalene] foolishly and tearfully or weakly sentimental

**maul** (môl) *vt.* [< L. *malleus,* hammer] **1.** to handle roughly **2.** to bruise —*n.* **1.** a heavy hammer or mallet **2.** *Rugby* a scrimmage —**maul′er** *n.*

**maunder** (môn′dər) *vi.* [prob. < obs. *maund,* beg] to talk, move, or act in a vague, rambling way

**Maundy money** (môn′dē) specially minted coins given by the British sovereign to poor people on Maundy Thursday

**Maundy Thursday** [< L. *mandatum,* commandment: from use in a prayer] the Thursday before Easter

**mausoleum** (mô′sə lē′əm) *n., pl.* **-le′ums, -le′a** [< the tomb of *Mausolus,* king of an ancient land in Asia Minor] a large, imposing tomb —**mau′sole′an** *adj.*

**mauve** (môv) *n.* [Fr. < L. *malva,* mallow] a delicate purple —*adj.* of such a colour

**maverick** (mav′ər ik) *n.* [< S. *Maverick,* 19th-c. Texas rancher who did not brand his cattle] a person who acts independently of his political party or group

**maw** (mô) *n.* [OE. *maga*] **1.** the throat, gullet, jaws, etc. of a voracious animal **2.** the stomach

**mawkish** (mô′kish) *adj.* [< ON. *mathkr,* maggot] sentimental in a weak, insipid way —**mawk′ishly** *adv.*

**max.** maximum

**maxi-** [< MAXI(MUM)] *a combining form meaning* maximum, very large, very long *[maxicoat]*

**maxilla** (mak sil′ə) *n., pl.* **-lae** (-ē) [L.] a jaw; in vertebrates, the upper jaw —**maxil′lary** *adj.*

**maxim** (mak′sim) *n.* [< LL. *maxima (propositio),* greatest (premise)] a concisely expressed rule of conduct; precept

**maximize** (mak′sə mīz′) *vt.* **-mized′, -miz′ing** to increase to the maximum —**max′imiza′tion** *n.*

**maximum** *n., pl.* **-ma** [L., superl. of *magnus,* great] **1.** the greatest quantity, number, etc. possible or permissible **2.** the highest degree or point reached or recorded —*adj.* **1.** greatest possible, permissible, or reached **2.** of, marking or setting a maximum

**maxwell** (maks′wel) *n.* [< James Clark *Maxwell*] a unit of magnetic flux

**May** (mā) *n.* [< L. *Maia,* goddess of increase] the fifth month of the year, having 31 days

**may** (mā) *v.aux.*, *pt.* **might** [OE. *mæg*] an auxiliary verb expressing: **1.** possibility *[it may rain]* **2.** permission *[you may go]* **3.** purpose, result, etc. *[they died that we may be free]* **4.** wish or hope *[may he rest in peace]*

**Maya** (mī′yə) *n.* **1.** a member of a tribe of Indians in Central America **2.** their language —**Ma′yan** *adj., n.*

**maybe** (mā′bē) *adv.* [ME. (for *it may be*)] perhaps

**Mayday** (mā′dā′) *n.* [< Fr. (*venez*) *m'aider,* (come) help me] the international radiotelephone signal for help, used by ships and aircraft in distress

**May Day** May 1: as a traditional spring festival, often celebrated by dancing, etc.; as an international labour holiday, observed by parades, etc.

**mayfly** *n., pl.* **-flies′** a slender insect with gauzy wings held vertically when at rest

**mayhap** *adv.* [< *it may hap(pen)*] [Archaic] perhaps

**mayhem** (mā′hem) *n.* [see MAIM] **1.** *Law* the offence of maiming a person **2.** any deliberate destruction or violence

**mayn't** (mā′'nt) may not

**mayonnaise** (mā′ə nāz′) *n.* [Fr.] a salad dressing made of egg yolks, oil, vinegar, etc.

**mayor** (mā′ər) *n.* [< L. *major,* greater] the chief administrative official of a city, town, or other municipality —**may′oral** *adj.* —**may′oress** *n. fem.*

**mayoralty** *n., pl.* **-ties** the office or term of office of a mayor

**Maypole** (mā′pōl′) *n.* a high pole decorated with ribbons, around which merrymakers dance on May Day

**May queen** a girl chosen to be queen of the merrymakers on May Day

**may tree** the hawthorn

**maze** (māz) *n.* [< OE. *amasian,* amaze] **1.** a confusing, intricate network of winding pathways; labyrinth **2.** a state of confusion —**ma′zy** *adj.* —**ma′zily** *adv.*

**mazurka, mazourka** (mə zur′kə) *n.* [Pol.] **1.** a lively Polish dance like the polka **2.** music for this

**M.B.** [L. *Medicinae Baccalaureus*] Bachelor of Medicine

**M.B.E.** Member of the Order of the British Empire

**M.C.** 1. Master of Ceremonies 2. Military Cross

**M.C.C.** Marylebone Cricket Club

**McCoy** (mə koi′), **the (real)** [Slang] the real person or thing, not a substitute

**M.Ch(ir).** [L. *Magister Chirurgiae*] Master of Surgery

**Md** *Chem.* mendelevium

**M.D.** [L. *Medicinae Doctor*] Doctor of Medicine

**M.D.T.** [U.S. & Canad.] Mountain Daylight Time

**MDu.** Middle Dutch

**me**[1] (mē) ***pron.*** [OE.] *objective case of* I

**me**[2] *same as* MI

**ME.** Middle English

‡**mea culpa** (mā′ə kool′pə) [L.] (by) my fault

**mead**[1] (mēd) ***n.*** [OE. *meodu*] an alcoholic drink made of fermented honey and water, often with spices added

**mead**[2] ***n.*** [OE. *mæd*] [Poet.] a meadow

**meadow** (med′ō) ***n.*** [< OE. *mæd*] 1. a piece of grassland, esp. one whose grass is grown for use as hay 2. low, level grassland near a stream —**mead′owy** ***adj.***

**meadowsweet** ***n.*** a fragrant plant with feathery flowers

**meagre** (mē′gər) ***adj.*** [< L. *macer*, lean] 1. of poor quality or small amount 2. lean; emaciated Also U.S., **mea′ger**

**meal**[1] (mēl) ***n.*** [OE. *mæl*] 1. any of the times for eating; breakfast, lunch, etc. 2. the food served or eaten

**meal**[2] ***n.*** [OE. *melu*] any edible grain, coarsely ground and unbolted *[oatmeal]* —**meal′y** ***adj.***

**mealie** (mēl′ē) ***n.*** [Afrik. *milie*] in South Africa, maize

**mealie-meal** ***n.*** in South Africa, meal made from maize

**mealie-pap** ***n.*** [< MEALIE + Afrik. *pap*, porridge] in South Africa, porridge made from maize

**meals-on-wheels** ***n.*** a service taking hot meals to the infirm and elderly, run as a branch of the social services

**meal ticket** 1. [U.S.] a luncheon voucher 2. a person, job, skill, etc. depended on as one's means of support

**mealy-mouthed** ***adj.*** evasive, euphemistic, insincere, etc.

**mean**[1] (mēn) ***vt.*** **meant** (ment), **mean′ing** [OE. *mænan*] 1. to intend to express 2. *a*) to intend for *[a gift meant for you] b*) to destine *[he was meant to be a doctor]* 3. to have in mind; intend 4. to signify; denote 5. to entail *[it means getting up early]* —***vi.*** 1. to have a purpose in mind 2. to have a (specified) degree of importance *[she means little to him]* —**mean well (by)** to have good intentions (towards)

**mean**[2] ***adj.*** [OE. (*ge*)*mæne*] 1. stingy; miserly 2. bad-tempered, selfish, etc. 3. ignoble; petty 4. poor in appearance 5. low in quality, value, or importance 6. [U.S.] bad-tempered: said of a horse, etc. 7. [Colloq.] secretly guilty; disturbed —**mean′ness** ***n.***

**mean**[3] ***adj.*** [< L. *medius*, middle] 1. halfway between extremes 2. average —***n.*** 1. what is between extremes; intermediate state, quality, etc. 2. *Math.* a number between the smallest and largest values of a set of quantities

**meander** (mē an′dər) ***n.*** [< Gr. *Maiandros*, a winding river in Asia Minor] 1. [*pl.*] windings, as of a stream 2. an aimless wandering —***vi.*** 1. to take a winding course: said of a stream 2. to wander aimlessly

**meanie, meany** ***n., pl.*** **mean′ies** [Colloq.] a person who is mean, selfish, cruel, etc.

**meaning** ***n.*** what is meant; significance —***adj.*** that has meaning; significant

**meaningful** ***adj.*** full of meaning; having significance

**meaningless** ***adj.*** without significance

**means** ***n.pl.*** [< MEAN[3], *n.*] 1. [*with sing. or pl. v.*] that by which something is done or obtained 2. resources *[a person of means]* —**by all means** 1. without fail 2. certainly —**by any means** in any way possible —**by means of** with the aid of —**by no (manner of) means** certainly not —**means to an end** a method of getting what one wants

**mean (solar) time** time having exactly equal divisions

**means test** a financial investigation of a person's eligibility for financial or social help

**meant** (ment) *pt. & pp. of* MEAN[1]

**meantime** ***adv.*** 1. in or during the intervening time 2. at the same time —***n.*** the intervening time Also, and for adv. usually, **mean′while′**

**measles** (mē′z′lz) ***n.pl.*** [*with sing. v.*] [ME. *maseles*] 1. an infectious virus disease, characterized by small red spots, high fever, etc. 2. any of various similar but milder diseases; esp., rubella

**measly** (mēz′lē) ***adj.*** **-slier, -sliest** 1. [Colloq.] contemptibly slight or skimpy 2. infected with measles

**measure** (mezh′ər) ***n.*** [< L. *metiri*, to measure] 1. the extent, dimensions, capacity, etc. of anything 2. a determining of extent, dimensions, etc.; measurement 3. *a*) a unit of measurement, as a litre *b*) any criterion 4. a system of measurement *[dry measure]* 5. an instrument or container for measuring 6. a definite quantity measured out 7. an extent or degree not to be exceeded *[within measure]* 8. quantity or degree *[in large measure]* 9. course of action 10. a law 11. *a*) rhythm in verse; metre *b*) a metrical unit 12. [Obs.] a dance 13. [*pl.*] *Geol.* strata: chiefly in **coal measures** 14. *Music a*) a bar *b*) musical time —***vt.*** **-ured, -uring** 1. to find out the extent, dimensions, etc. of 2. to mark off by measuring (often with *off* or *out*) 3. to make a judgment of by comparing 4. to bring into comparison or rivalry (*against*) —***vi.*** 1. to take measurements 2. to be of specified measurements —**a measure of** some degree of —**beyond measure** exceedingly —**for good measure** extra —**made to measure** custom-made: said of clothes —**measure up to** to meet (expectations, etc.) —**take someone's measure** to estimate someone's ability, character, etc. —**meas'urable** *adj.*

**measured** *adj.* **1.** regular **2.** rhythmical **3.** calculated, deliberate, etc., as speech —**meas'uredly** *adv.*

**measurement** *n.* **1.** a measuring or being measured **2.** extent or quantity determined by measuring **3.** a system of measuring

**meat** (mēt) *n.* [OE. *mete*] **1.** the flesh of animals used as food **2.** [Archaic] food **3.** the substance or essence

**meat safe** a cupboard of perforated zinc or gauze-covered wooden frame for storing meat, esp. in hot weather

**meaty** *adj.* **-ier, -iest** **1.** of, like, or full of meat **2.** full of substance; thought-provoking

**Mecca** (mek'ə) *n.* [< the holy city of Islam] [often **m-**] any place that many people feel drawn to

**meccano** (mə kä'nō) *Trademark* small-scale fitments used to make engineering models

**mech.** **1.** mechanical **2.** mechanics

**mechanic** (mə kan'ik) *n.* [< Gr. *mēchanē,* machine] a worker skilled in using tools or in making, operating, and repairing machines

**mechanical** *adj.* **1.** involving or having skill in the use of machinery or tools **2.** produced or operated by machinery **3.** of the science of mechanics **4.** automatic, as if from habit **5.** lacking feeling [her acting is *mechanical*] —**mechan'ically** *adv.*

**mechanical drawing** *same as* TECHNICAL DRAWING

**mechanics** *n.pl.* [*with sing. v.*] **1.** the branch of physics that deals with the motion of bodies and the action of forces on bodies **2.** knowledge of machinery **3.** the mechanical aspect [the *mechanics* of writing]

**mechanism** (mek'ə niz'm) *n.* [< Gr. *mēchanē,* machine] **1.** the working parts of a machine **2.** a system whose parts work together as in a machine **3.** the mechanical aspect —**mech'anis'tic** *adj.* —**mech'anis'tically** *adv.*

**mechanize** (mek'ə nīz') *vt.* **-nized', -niz'ing** **1.** to do or operate by machinery, not by hand **2.** to bring about the use of machinery in (an industry, etc.) **3.** to equip (an army, etc.) with motor vehicles, tanks, etc. —**mech'aniza'tion** *n.* —**mech'aniz'er** *n.*

**Mechlin** (mek'lin) *n.* [< E. name of *Mechelen,* in Belgium] a fine lace, with the design outlined by a thread

**Med** *short for* MEDITERRANEAN

**med.** **1.** medical **2.** medicine **3.** medieval **4.** medium

**M.Ed.** Master of Education

**medal** (med'l) *n.* [< L. *metallum,* metal] a small, flat piece of metal with a design or inscription on it, made to commemorate some event, or awarded for some distinguished action, merit, etc. —**med'alist** *n.*

**medallion** (mə dal'yən) *n.* [see MEDAL] **1.** a large medal **2.** any of various designs, carvings, etc. like a medal in shape, used decoratively, as in architecture

**medal play** *Golf* a form of competitive play in which the score is calculated by counting the total number of strokes taken to play the designated number of holes

**meddle** (med'l) *vi.* **-dled, -dling** [< L. *miscere,* mix] **1.** to concern oneself with other people's affairs without being asked or needed; interfere (*in* or *with*) **2.** to tamper (*with*) —**med'dler** *n.* —**med'dlesome** *adj.*

**media** (mē'dē ə) *n.* *alt. pl. of* MEDIUM: see MEDIUM (*n.* 3)

**mediaeval** (med'ē ē'v'l) *adj.* *same as* MEDIEVAL

**medial** (mē'dē əl) *adj.* [< L. *medius,* middle] **1.** of or in the middle **2.** average —**me'dially** *adv.*

**median** *adj.* [< L. *medius,* middle] **1.** middle; intermediate **2.** designating a line from a vertex of a triangle to the middle of the opposite side **3.** designating the middle number in a series —*n.* a median number, point, or line

**mediate** (mē'dē āt'; *for adj.* -ət) *vi.* **-at'ed, -at'ing** [< L. *medius,* middle] to be an intermediary between persons or sides —*vt.* to settle through efforts as an intermediary —*adj.* acting by or connected through some intervening agency —**me'dia'tion** *n.* —**me'dia'tor** *n.*

**medic** (med'ik) *n.* [Colloq.] **1.** a physician or surgeon **2.** a medical student or intern

**medical** (med'i k'l) *adj.* [< Fr. < L. *medicus,* physician] of or connected with medicine —*n.* [Colloq.] a medical examination —**med'ically** *adv.*

**medical certificate** a certificate issued by a doctor to a worker who is unfit, in order that he may claim sick leave

**medicate** (med'ə kāt') *vt.* **-cat'ed, -cat'ing** [< L. *medicari,* heal] **1.** to treat with medicine **2.** to add a medicinal substance to —**med'icative** *adj.*

**medication** (med'ə kā'shən) *n.* **1.** a medicating **2.** a medicine; substance for healing, or for relieving pain

**medicinal** (mə dis'in 'l) *adj.* of, or having the properties of, medicine; healing or relieving —**medic'inally** *adv.*

**medicine** (med'sin) *n.* [< L. *medicus,* physician] **1.** the science of diagnosing, treating, and preventing disease **2.** the branch of this science that makes use of drugs, diet, etc., as distinguished esp. from surgery **3.** any substance used in treating disease, relieving pain, etc. —**take one's medicine** to endure just punishment, etc.

**medicine man** among primitive peoples, a man supposed to have supernatural powers of curing disease

**medico** (med'i kō') *n.,* *pl.* **-cos'** [It.] [Colloq.] **1.** a doctor **2.** a medical student

**medieval** (med'ē ē'v'l) *adj.* [< L. *medius,*

middle + *aevum,* age] of, like, or suggestive of the Middle Ages —**me′die′valist** *n.* —**me′die′vally** *adv.*

**Medieval Greek** the Greek language c.600–c.1500 A.D.

**Medieval Latin** the Latin language c.600–c.1500 A.D.

**mediocre** (mē′dē ō′kər) ***adj.*** [< L. *medius,* middle + *ocris,* peak] **1.** neither very good nor very bad; ordinary **2.** not good enough —**me′dioc′rity** (-ok′rə tē) ***n.***

**meditate** (med′ə tāt′) ***vt.*** **-tat′ed, -tat′ing** [< L. *meditari*] to plan or intend —***vi.*** to think deeply; reflect —**med′itative** ***adj.*** —**med′itatively** ***adv.*** —**med′ita′tor** ***n.***

**meditation** (med′ə tā′shən) ***n.*** deep reflection, esp. on sacred matters as a devotional act

**Mediterranean** (med′i tə rā′nē ən) ***adj.*** [< L. *medius,* middle + *terra,* land] of the Mediterranean Sea or nearby regions

**medium** (mē′dē əm) ***n., pl.*** **-dium;** also (except sense 5), and for sense 3 usually, **-dia** [L. < *medius,* middle] **1.** *a*) something intermediate *b*) a middle state or degree **2.** an intervening thing through which a force acts **3.** any means, agency, etc.; specif., a means of communication that reaches the general public **4.** any surrounding substance or environment **5.** a person through whom communications are supposedly sent from the spirits of the dead **6.** any material or technique as used in art —***adj.*** intermediate in quality, amount, etc.

**medium wave** any radio frequency between 200 kilohertz and 2 megahertz (100 to 2000 metres)

**medlar** (med′lər) ***n.*** [< Gr. *mespilon*] a tree with a small, brown, applelike fruit, eaten when partly decayed

**medley** (med′lē) ***n., pl.*** **-leys** [see MEDDLE] **1.** a mixture of things not usually placed together **2.** a musical piece made up of tunes or passages from various works

**medulla** (me dul′ə) ***n., pl.*** **-dul′las, -dul′lae** (-ē) [L., marrow] **1.** *Anat.* *a*) the inner substance of an organ *b*) bone marrow **2.** *Bot. same as* PITH —**medul′lary** ***adj.***

**medusa** (mə dyōō′zə) ***n., pl.*** **-sas, -sae** (-zē) [< *Medusa,* Gorgon slain by Perseus] *Zool. same as* JELLYFISH

**meek** (mēk) ***adj.*** [< ON. *miukr,* gentle] patient and mild; submissive —**meek′ly** ***adv.*** —**meek′ness** ***n.***

**meerkat** (mēər′kat′) ***n.*** [< Du.] [S Afr.] a mongoose

**meerschaum** (mēər′shəm) ***n.*** [G., sea foam] **1.** a soft, white, claylike mineral used for tobacco pipes, etc. because heat-resistant **2.** a pipe made of this

**meet**[1] (mēt) ***vt.*** **met, meet′ing** [OE. *metan*] **1.** to come upon; esp., to come face to face with **2.** to be present at the arrival of [to *meet* a bus] **3.** to come into contact with **4.** *a*) to get acquainted with *b*) to keep an appointment with **5.** *a*) to face [to *meet* angry words with a laugh] *b*) to deal with effectively [to *meet* an objection] **6.** to experience [to *meet* disaster] **7.** to come within the perception (of the eye, ear, etc.) **8.** *a*) to satisfy (a demand, etc.) *b*) to pay (a bill, etc.) —***vi.*** **1.** to come together **2.** to come into contact, etc. **3.** to become acquainted **4.** to assemble **5.** to come together for discussion, etc. (*with*) —***n.*** **1.** a meeting, gathering, etc. **2.** the people who meet —**meet a person half-way** to be willing to compromise —**meet with** **1.** to experience **2.** to receive **3.** to encounter: also [Colloq.] **meet up with**

**meet**[2] ***adj.*** [< OE. (*ge*)*mæte*] [Archaic] suitable; proper

**meeting** ***n.*** **1.** an assembly **2.** an assembly for worship **3.** a series of horse or dog races **4.** a point of contact; junction

**mega-** (meg′ə) [Gr.] *à combining form meaning:* **1.** large, powerful [*megaphone*] **2.** a million (of) [*megaton*]

**megahertz** (meg′ə hurts′) ***n., pl.*** **-hertz′** [see MEGA-] one million hertz: formerly **meg′acy′cle** (-sī′k'l)

**megalith** (meg′ə lith′) ***n.*** [MEGA- + Gr. *lithos,* stone] a huge stone, esp. one used in prehistoric monuments —**meg′alith′ic** ***adj.***

**megalomania** (meg′ə lō mān′yə) ***n.*** [< Gr. *megas,* large & MANIA] a mental disorder characterized by delusions of grandeur, power, etc. —**meg′aloma′niac′** (-ak′) ***adj., n.***

**megalopolis** (meg′ə lop′ə lis) ***n.*** [Gr., great city] a vast, heavily populated urban area, including many cities

**megaphone** (meg′ə fōn′) ***n.*** [see MEGA- + -PHONE] a large, funnel-shaped device for increasing the volume of the voice and directing it

**megaton** (meg′ə tun′) ***n.*** [see MEGA-] the explosive force of a million tons of TNT —**meg′aton′nage** ***n.***

**meiosis** (mī ō′sis) ***n.*** [< Gr. *meioun,* make smaller] the process of nuclear division in the formation of germ cells that halves the number of chromosomes present

**melamine** (mel′ə mēn′) ***n.*** [G. *Melamin*] a white, crystalline compound used in making synthetic resins

**melancholia** (mel′ən kōl′yə) ***n.*** [see ff.] a mental disorder characterized by extreme depression, brooding, etc. —**mel′ancho′liac′** (-kō′lē ak′) ***adj., n.***

**melancholy** (mel′ən kəl ē) ***n., pl.*** **-cholies** [< Gr. *melas,* black + *cholē,* bile] **1.** sadness and depression of spirits **2.** pensiveness —***adj.*** **1.** sad and depressed **2.** causing sadness or depression **3.** pensive —**mel′anchol′ic** (-kol′ik) ***adj.***

**Melanesian** (mel ə nē′zhən) ***adj.*** of Melanesia —***n.*** a member of the native people of Melanesia

**mélange** (mā länzh′) ***n.*** [Fr.] a mixture or medley

**melanin** (mel′ə nin) ***n.*** [< Gr. *melas,* black] a brownish-black pigment found in skin, hair, etc.

**mêlée** (me′lā) ***n.*** [Fr.] a noisy, confused,

hand-to-hand fight among a number of people

**meliorate** (mēl′yə rāt′) *vt., vi.* **-rat′ed, -rat′ing** [< L. *melior,* better] to improve

**melliferous** (mə lif′ər əs) *adj.* [< L. *mel,* honey + *ferre,* bear] producing honey

**mellifluous** (mə lif′loo wəs) *adj.* [< L. *mel,* honey + *fluere,* to flow] sounding sweet and smooth: also **mellif′luent** —**mellif′luously** *adv.*

**mellow** (mel′ō) *adj.* [prob. < OE. *melu,* meal] **1.** sweet and juicy because ripe: said of fruit **2.** full-flavoured: said of wine, etc. **3.** rich, soft, and pure: said of sound, light, etc. **4.** moist and rich: said of soil **5.** made gentle and understanding by experience **6.** slightly intoxicated —*vt., vi.* to make or become mellow

**melodeon** (mə lō′dē ən) *n.* [< G. *Melodie,* melody] a small keyboard organ

**melodic** (mə lod′ik) *adj.* **1.** of melody **2.** melodious

**melodious** (mə lō′dē əs) *adj.* **1.** containing or producing melody **2.** tuneful —**melo′diousness** *n.*

**melodrama** (mel′ō drä′mə) *n.* [< Fr. < Gr. *melos,* song + *drama,* drama] **1.** a drama with exaggerated conflicts and emotions, stereotyped characters, etc. **2.** any sensational, highly emotional action, utterance, etc.

**melodramatic** (mel′ō drə mat′ik) *adj.* sensational, violent, and extravagantly emotional —**mel′odramat′ically** *adv.* —**mel′odramat′ics** *n.pl.*

**melody** (mel′ə dē) *n., pl.* **-dies** [< Gr. *melos,* song + *aeidein,* sing] **1.** pleasing sounds or arrangement of sounds in sequence **2.** *Music a*) a tune, song, etc. *b*) the leading part in a harmonic composition

**melon** (mel′ən) *n.* [< Gr. *mēlon,* apple] the large, juicy, many-seeded fruit of certain trailing plants

**Melpomene** (mel pom′ə nē′) *Gr. Myth.* the Muse of tragedy

**melt** (melt) *vt., vi.* [OE. *m(i)eltan*] **1.** to change from a solid to a liquid state, generally by heat **2.** to dissolve **3.** to disappear or cause to disappear gradually **4.** to merge gradually [the sea *melts* into the sky] **5.** to soften [a story to *melt* our hearts] —**melt down** to melt (metal) so that it can be cast or moulded again —**melt′er** *n.*

**melting point** the temperature at which a specified solid becomes liquid: abbrev. **melt. pt.**

**meltwater** *n.* water produced by the melting of snow or ice

**mem.** **1.** member **2.** memorandum

**member** (mem′bər) *n.* [< L. *membrum*] **1.** a person belonging to an organization **2.** a limb or organ of a person, animal, or plant **3.** a distinct part of a whole

**member of parliament** a member of the House of Commons or similar legislative body

**membership** *n.* **1.** the state of being a member **2.** all the members of a group **3.** the number of members

**membrane** (mem′brān) *n.* [< L. *membrum,* member] a thin, soft, pliable layer of animal or plant tissue that covers or lines an organ or part —**mem′braned** *adj.*

**memento** (mi men′tō) *n., pl.* **-tos, -toes** [< L. *meminisse,* remember] anything serving as a reminder; souvenir

‡**memento mori** (mô′rī, -rē) [L., remember you must die] any reminder of death

**memo** (mem′ō) *n., pl.* **-os** *short for* MEMORANDUM

**memoir** (mem′wär) *n.* [< Fr. < L. *memoria,* memory] **1.** a biography **2.** [*pl.*] an autobiography **3.** [*pl.*] a record of events based on the writer's personal observation or knowledge **4.** a scholarly report

**memorabilia** (mem′ər ə bil′ē ə) *n.pl.* [L.] things worth remembering or recording and collecting

**memorable** (mem′ər ə b'l) *adj.* worth remembering; notable —**mem′orabil′ity** *n.*

**memorandum** (mem′ə ran′dəm) *n., pl.* **-dums, -da** [L.] **1.** a note written to help one remember something **2.** an informal written communication, as in a business office **3.** a short written statement of the terms of an agreement, contract, or transaction

**memorial** (mə môr′ē əl) *adj.* serving to help people remember some person or event —*n.* anything meant to help people remember some person or event, as a statue, holiday, etc.

**memorize** (mem′ə rīz′) *vt.* **-rized′, -riz′ing** to commit to memory —**mem′oriza′tion** *n.*

**memory** (mem′ər ē) *n., pl.* **-ries** [< L. *memor,* mindful] **1.** the power or process of recalling facts or experiences **2.** the total of what one remembers **3.** a person, thing, etc. remembered **4.** the period over which remembering extends [within *memory*] **5.** commemoration [in *memory* of his son] **6.** reputation after death **7.** the components of a computer that retain information

**memsahib** (mem′sä ib) *n.* [Anglo-Ind.] in India formerly, a term of address for a European married woman

**men** (men) *n.* *pl. of* MAN

**menace** (men′is) *n.* [< L. *minari,* threaten] **1.** a threat **2.** anything threatening harm **3.** [Colloq.] an annoying person —*vt., vi.* **-aced, -acing** to threaten —**men′acingly** *adv.*

**ménage** (me näzh′) *n.* [Fr. < L. *mansio,* dwelling] a household

‡**ménage à trois** (me näzh′ ä trwä′) [Fr., household of three] an arrangement by which a married couple and the lover of one of them live together

**menagerie** (mə naj′ər ē) *n.* [< Fr.: see MENAGE] **1.** a collection of wild animals kept in cages for exhibition **2.** a place where such animals are kept

**mend** (mend) *vt.* [ME. < *amenden,* amend] **1.** to repair; restore to good condition **2.** to improve [*mend* your manners] —*vi.* to heal, as a fracture —*n.* a mended place —**on the mend** improving, esp. in health —**mend'er** *n.*

**mendacious** (men dā' shəs) *adj.* [< L. *mendax*] not truthful; lying; false —**men-dac'ity** (-das' ə tē) *n.*

**mendelevium** (men' də lē' vē əm) *n.* [< D.I. *Mendeleev*] a radioactive chemical element of the actinide series: symbol, Md

**Mendels laws** (men' d'lz) the principles of hereditary phenomena formulated by Gregor Mendel (1822-84)

**mendicant** (men' di kənt) *adj.* [< L. *mendicare,* beg] asking for alms —*n.* **1.** a beggar **2.** a mendicant friar

**menhir** (men' hēər') *n.* [Fr. < Breton *men,* stone + *hir,* long] a tall, upright stone erected probably as a monument in prehistoric times

**menial** (mēn' yəl) *adj.* [see MANSION] **1.** of or fit for servants **2.** servile; low —*n.* **1.** a servant **2.** a servile, low person —**me'-nially** *adv.*

**meninges** (mə nin' jēz) *n.pl.* [< Gr. *mēninx,* membrane] the three membranes that envelop the brain and spinal cord —**menin'geal** (-jē əl) *adj.*

**meningitis** (men' in jīt' is) *n.* inflammation of the meninges, esp. as the result of infection

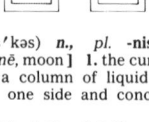

MENISCUS (left, mercury; right, water)

**meniscus** (mi nis' kəs) *n., pl.* **-nis'ci** (-nis' ī) [< Gr. *mēnē,* moon] **1.** the curved upper surface of a column of liquid **2.** a lens convex on one side and concave on the other

**menopause** (men' ō pôz') *n.* [< Gr. *mēn,* month + *pauein,* to make cease] the permanent cessation of menstruation —**men'opaus' al** *adj.*

**menorah** (mə nôr' ə) *n.* [Heb., lamp stand] a candelabrum with seven branches, a symbol of Judaism

**menses** (men' sēz) *n.pl.* [L., months] the periodic flow of blood from the uterus: normally every four weeks

**menstruate** (men' stroo wāt') *vi.* **-at'ed, -at'ing** [< L. *mensis,* month] to have a discharge of the menses —**men'strual** *adj.* —**men'strua' tion** *n.*

**mensuration** (men' shyooə rā' shən) *n.* [< L. *mensura,* measure] **1.** a measuring **2.** the branch of mathematics dealing with the determination of length, area, or volume

**menswear** *n.* clothing for men

**-ment** (mənt) [< L.] *a suffix meaning:* **1.** result [*improvement*] **2.** means [*adornment*] **3.** act [*movement*] **4.** state [*disappointment*]

**mental** (men't'l) *adj.* [< L. *mens,* mind] **1.** of, for, done by, or in the mind **2.** [Colloq.] mentally ill **3.** for the mentally ill [*a mental* hospital] —**men'tally** *adv.*

**mentality** (men tal' ə tē) *n., pl.* **-ties** mental capacity

**mental retardation** congenital subnormality of intelligence

**menthol** (men' thol) *n.* [G. < L. *mentha,* mint] a white, waxy, crystalline alcohol obtained from oil of peppermint and used in medicine, cosmetics, etc.

**mention** (men' shən) *n.* [< L. *mens,* mind] **1.** a brief reference **2.** a citing for honour —*vt.* **1.** to refer to briefly or incidentally **2.** to cite for honour —**men'tionable** *adj.*

**mentor** (men' tôr) *n.* [< *Mentor* adviser of Odysseus] a wise, loyal adviser

**menu** (men' yōō) *n., pl.* **men'us** [Fr. < L. *minutus,* small] **1.** a detailed list of the foods served at a meal or available at a restaurant **2.** the foods served

**meow, meou** (mē ou') *n.* [echoic] the characteristic vocal sound made by a cat —*vi.* to make such a sound

**MEP** Member of European Parliament

**Mephistopheles** (mef' ə stof' ə lēz') *n.* [< the devil to whom Faust sold his soul] a powerful, sardonic person —**Mephisto-phelean, Mephistophelian** (mef' is tə fē'-lē ən) *adj.*

**mercantile** (mər' kən tīl) *adj.* [see MERCHANT] **1.** of merchants or trade; commercial **2.** of mercantilism

**mercantilism** *n.* the doctrine that the economic interests of a nation could be strengthened by the government through protective tariffs, etc. —**mer'cantilist** *n., adj.*

**Mercator projection** (mər kāt' ôr) [< G. *Mercator*] a method of making maps on which the meridians are equally spaced parallel straight lines and the parallels of latitude are parallel straight lines spaced farther apart as they get farther from the equator

**mercenary** (mər' sə nər ē) *adj.* [< L. *merces,* wages] **1.** working or done for payment only **2.** designating a soldier serving for pay in a foreign army —*n., pl.* **-naries** a mercenary soldier —**mer'ce-narily** *adv.*

**mercer** (mər' sər) *n.* [< L. *merx,* wares] a dealer in textiles

**mercerize** (mər' sə rīz') *vt.* **-ized', -iz' ing** [< J. *Mercer*] to treat (cotton) with a caustic soda solution in order to strengthen it and give it a silky lustre

**merchandise** (mər' chən dīz') *n.* [see ff.] things bought and sold; goods —*vt., vi.* **-dised', -dis' ing** **1.** to trade in (some kind of goods) **2.** to promote and organize the sale of (a product) —**mer'chandis'-er** *n.*

**merchant** (mər' chənt) *n.* [< L. *merx,*

wares] **1.** a person whose business is buying and selling goods for profit **2.** [Scot. & U.S.] a shopkeeper **3.** [Colloq.] someone well-known for something [a speed *merchant*] —*adj.* **1.** of or used in trade **2.** of the merchant navy

**merchant bank** a financial institution dealing in commercial investment and credit for manufacturers, etc.

**merchantman** *n.* a ship used in commerce

**merchant navy** **1.** all the ships of a nation that are used in commerce **2.** their personnel

**merciful** (mur′si fəl) *adj.* having, feeling, or showing mercy —**mer′cifully** *adv.* —**mer′cifulness** *n.*

**merciless** *adj.* showing no mercy; pitiless; cruel —**mer′cilessly** *adv.* —**mer′cilessness** *n.*

**mercurial** (mur kyoor′ē əl) *adj.* **1.** of or containing mercury **2.** quick, quick-witted, changeable, fickle, etc.

**mercuric** (mur kyoor′ik) *adj.* of or containing mercury, esp. with a valence of two

**mercurous** (mur′kyoo rəs) *adj.* of or containing mercury, esp. with a valence of one

**Mercury** (mur′kyoo rē) **1.** *Rom. Myth.* the messenger of the gods **2.** the smallest planet in the solar system and the one nearest to the sun —*n.* [**m-**] a heavy, silver-white metallic chemical element, liquid at ordinary temperatures; quicksilver: it is used in thermometers, dentistry, etc.: symbol, Hg

**mercy** (mur′sē) *n., pl.* **-cies** [< L. *merces,* payment] **1.** a refraining from harming or punishing offenders, enemies, etc.; kindness in excess of what may be expected **2.** a disposition to forgive; clemency **3.** kind or compassionate treatment **4.** a fortunate thing —**at the mercy of** completely in the power of

**mercy flight** an aircraft flight to bring a seriously ill or injured person to hospital from an isolated community

**mercy killing** *same as* EUTHANASIA

**mere**[1] (mēər) *adj. superl.* **mer′est** [< L. *merus,* pure] nothing more or other than [a *mere* boy] —**mere′ly** *adv.*

**mere**[2] *n.* [OE.] [Poet.] a lake

**meretricious** (mer′ə trish′əs) *adj.* [< L. *meretrix,* prostitute] **1.** alluring by false, showy charms; tawdry **2.** specious —**mer′etri′ciously** *adv.*

**merganser** (mur gan′sər) *n.* [< L. *mergus,* diver + *anser,* goose] *same as* GOOSANDER

**merge** (murj) *vi., vt.* **merged, merg′ing** [< L. *mergere,* to dip] **1.** to lose or cause to lose identity by being absorbed, swallowed up, or combined **2.** to unite; combine

**merger** *n.* a merging; specif., the combination of several companies, etc. in one

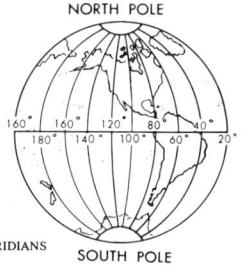


**meridian** (mə rid′ē ən) *n.* [< L. *medius,* middle + *dies,* day] **1.** *a*) a great circle of the earth passing through the geographical poles and any given point on the earth's surface *b*) any of the lines of longitude **2.** orig., the highest point reached by a heavenly body in its course **3.** the highest point of power, prosperity, etc.; zenith

**meridional** *adj.* [< LL. *meridionalis,* southern] **1.** of a meridian **2.** southern **3.** of the people living in the south, esp. of France

**meringue** (mə raŋ′) *n.* [Fr.] **1.** egg whites beaten stiff and mixed with sugar **2.** a baked cake or shell made of this

**merino** (mə rē′nō) *n., pl.* **-nos** [Sp.] **1.** a breed of sheep with long, fine wool **2.** the wool **3.** a fine, soft yarn or cloth made from this wool

**merit** (mer′it) *n.* [< L. *mereri,* earn] **1.** worth; value; excellence **2.** something deserving reward, praise, etc. **3.** a mark, badge, etc. awarded for excellence **4.** [*pl.*] essential rightness or wrongness —*vt.* to deserve

**meritocracy** (mer′ə tok′rə sē) *n.* control by an intellectual elite —**mer′itocrat′** *n.*

**meritorious** (mer′ə tôr′ē əs) *adj.* having merit; deserving reward, praise, etc. —**mer′ito′riously** *adv.*

**merl, merle** (murl) *n.* [< L. *merula*] [Poet.] the blackbird

**merlin** (mur′lin) *n.* [< OFr. *esmerillon*] a small, black and white falcon

**mermaid** (mur′mād′) *n.* [see MERE[2] & MAID] an imaginary sea creature with the body of a beautiful woman and the tail of a fish —**mer′man′** *n.masc.*

**merry** (mer′ē) *adj.* **-rier, -riest** [OE. *myrge*] **1.** full of fun and laughter; gay **2.** [Colloq.] slightly drunk —**make merry** to have fun —**mer′rily** *adv.* —**mer′riment** *n.*

**merry-andrew** *n.* a buffoon; clown

**merry-go-round** *n.* **1.** *same as* ROUNDABOUT **2.** a whirl or busy round, as of pleasure

**merrymaking** *n.* **1.** festivity **2.** a merry festival or entertainment —**mer′rymak′er** *n.*

**mésalliance** (me zal′ē əns) *n.* [Fr.] a

marriage with a person of a lower social status

**mescaline** (mes′kə lēn′) *n.* [< Mex. Ind.] a psychedelic drug obtained from **mescal buttons**, the tops of a Mexican cactus

**mesdames** (mä′dam) *n. pl. of* MADAME, MADAM (sense 1), or MRS.: abbrev. **Mmes.**

**mesdemoiselles** (mä′d′mwə zel′) *n. pl. of* MADEMOISELLE: abbrev. **Mlles.**

**mesh** (mesh) *n.* [prob. < MDu. *maesche*] **1.** a net or network **2.** any of the open spaces of a net, screen, etc. **3.** [*pl.*] the threads, cords, etc. forming these openings **4.** a netlike material, as for stockings **5.** a structure of interlocking metal links **6.** anything that entangles or snares —*vt., vi.* **1.** to entangle or become entangled **2.** to engage or become engaged: said of gears **3.** to interlock **4.** to coordinate (*with*) —**mesh′y** *adj.*

**mesmerize** (mez′mər īz′) *vt.* **-ized′, -iz′ing** [< F.A. *Mesmer*] to hypnotize or fascinate —**mes′merism** *n.* —**mes′meriz′er** *n.*

**meso-** [< Gr.] *a combining form meaning* in the middle, intermediate

**Mesolithic** (mes′ō lith′ik) *adj.* [MESO- + Gr. *lithos*, stone] designating a period between the Paleolithic and Neolithic, during which certain animals were domesticated

**mesomorphic** (mes′ō môr′fik) *adj.* [MESO- + Gr. *morphē*, form] designating the muscular type of human body

**meson** (mē′zon) *n.* [MES(O)- + (ELECTR)ON] an unstable particle between the electron and proton in mass, first observed in cosmic rays —**meson′ic** *adj.*

**mesosphere** (mes′ō sfēər′) *n.* [MESO- + SPHERE] an atmospheric zone above the stratosphere

**Mesozoic** (mes′ō zō′ik) *adj.* [MESO- + ZO(O)-] designating a geologic era after the Paleozoic and before the Cainozoic

**mess** (mes) *n.* [< L. *missus*, a course (at a meal)] **1.** *a*) a state of trouble or difficulty *b*) a state of being untidy or dirty *c*) [Colloq.] a person in either of these states **2.** a jumble; hotchpotch **3.** *a*) a group of people who regularly have their meals together, as in the army *b*) the meal eaten by such a group *c*) the place where such a group eats —*vt.* **1.** to make dirty or untidy **2.** to bungle: botch Often with *up* —*vi.* **1.** to eat as one of a mess **2.** to make a mess —**mess around** (or **about**) **1.** to potter around **2.** to play the fool

**message** (mes′ij) *n.* [< L. *mittere*, send] **1.** a report, request, etc. sent between persons **2.** the chief idea that an artist, writer, etc. seeks to communicate in a work —**get the message** [Colloq.] to understand a hint, etc.

**messenger** (mes′ən jər) *n.* [see MESSAGE] **1.** a person who carries a message or is sent on an errand **2.** [Archaic] a harbinger

**Messiah** (mə sī′ə) [< Heb. *māshīah*, anointed] **1.** *Judaism* the expected deliverer of the Jews **2.** *Christianity* Jesus —*n.* [**m-**] any expected saviour

**messieurs** (mes′ərz) *n. pl. of* MONSIEUR: abbrev. **MM.**

**mess jacket** a man's short, closefitting jacket, as that worn by officers in the mess for formal dinners

**mess kit** the compactly arranged metal or plastic plates and eating utensils carried by a soldier or camper

**Messrs.** (mes′ərz) Messieurs: used as the pl. of MR.

**mess tin** a soldier's cooking-vessel, the lid of which can be used as a plate and the lower part as a cup or bowl

**messy** *adj.* **-ier, -iest** in or like a mess; untidy, disordered, dirty, etc. —**mess′iness** *n.*

**Met** (met) *n.* [Colloq.] *short for* METEOROLOGICAL

**met** (met) *pt. & pp. of* MEET[1]

**met.** metropolitan

**meta-** [< Gr. *meta*, with, after] *a prefix meaning:* **1.** changed [*metamorphosis*] **2.** after, beyond [*metaphysics*]

**metabolism** (mə tab′ə liz′m) *n.* [< Gr *meta*, beyond + *ballein*, throw] the processes in organisms by which food is built up into protoplasm and protoplasm is broken down into simpler substances or waste matter, with the release of energy —**metabolic** (met′ə bol′ik) *adj.*

**metacarpus** (met′ə kär′pəs) *n.* [< Gr *meta*, beyond + *karpos*, wrist] the five bones between the wrist and the fingers

**metal** (met′′l) *n.* [< Gr. *metallon*, mine] **1.** *a*) any of a class of chemical elements as iron, gold, etc., characterized by ductility lustre, and conductivity of heat *b*) an alloy of such elements, as brass **2.** any substance consisting of metal **3.** broken stones, etc used as in making roads —*adj.* made of metal —*vt.* **-alled, -aliing** to cover with metal

**metal., metall.** **1.** metallurgical **2.** metallurgy

**metallic** (mə tal′ik) *adj.* **1.** of, like, or producing metal **2.** suggestive of metal [a *metallic* sound] —**metal′lically** *adv.*

**metalliferous** (met′əl if′ər əs) *adj.* [< L *metallum*, metal + *ferre*, bear] containing yielding, or producing metal or ore

**metallography** (met′əl og′rə fē) *n.* [see METAL & -GRAPHY] the study of the structure and physical properties of metal —**metallographic** (mə tal′ə graf′ik) *adj.*

**metalloid** (met′əl oid′) *n.* an element having some of, but not all, the properties of metals, as arsenic or silicon

**metallurgy** (me tal′ər jē) *n.* [< Gr *metallon*, metal + *ergon*, work] the science of separating metals from their ores and preparing them for use, by smelting refining, etc., and of their structure and chemical suitability for particular functions —**metal′lurgist** *n.*

**metalwork** (met′′l wurk′) *n.* **1.** things made of metal **2.** the making of such things —**met′alwork′er** *n.*

**metamorphic** (met′ə môr′fik) *adj.* of

characterized by, or formed by metamorphism or metamorphosis

**metamorphism** (-môr′fiz′m) *n.* **1.** *same as* METAMORPHOSIS **2.** change in the structure of rocks under pressure, heat, etc.

**metamorphosis** (-môr′fə sis) *n., pl.* **-ses** (-sēz) [< Gr. *meta,* over + *morphē,* form] **1.** change of form, as, in myths, by magic **2.** a marked change of character, appearance, etc. **3.** *Biol.* a change in form or function, specif., that undergone by various animals after the embryonic state, as of the tadpole to the frog —**met′amor′phose** *vt., vi.* **-phosed, -phosing**

**metaphor** (met′ə fər) *n.* [< Gr. *meta,* over + *pherein,* carry] a figure of speech that suggests a likeness by speaking of one thing as if it were another (Ex.: "all the world's a stage") —**mix metaphors** to use inconsistent metaphors in a single expression (Ex.: the storm of protest was nipped in the bud) —**met′aphor′ical** *adj.* —**met′aphor′ically** *adv.*

**metaphysical** (met′ə fiz′i k′l) *adj.* **1.** of metaphysics **2.** so subtle as to be hard to understand **3.** designating the 17th-cent. English poets whose verse is characterized by subtle and fanciful images

**metaphysics** (met′ə fiz′iks) *n.pl.* [*with sing. v.*] [< Gr. (*ta*) *meta* (*ta*) *physika,* (that) after (the) *Physics* (in Aristotle's works)] **1.** the branch of philosophy that seeks to explain the nature of being and of the origin of the world **2.** speculative philosophy in general

**metastasis** (mə tas′tə sis) *n., pl.* **-ses′** (-sēz′) [< Gr. *meta,* after + *histanai,* to place] the spread of disease from one part of the body to another unrelated to it, as of cancer cells by way of the bloodstream

**metatarsus** (met′ə tär′səs) *n., pl.* **-tar′si** (-sī) [< Gr. *meta-,* after + *tarsus,* sole] the five bones between the ankle and toes —**met′atar′sal** *adj., n.*

**metazoan** (met′ə zō′ən) *n.* [META- & Gr. *zōion,* animal] any of the very large zoological division made up of all animals whose bodies are composed of many cells arranged into organs —*adj.* of the metazoans

**mete** (mēt) *vt.* **met′ed, met′ing** [OE. *metan*] **1.** to allot; distribute (usually with *out*) **2.** [Archaic] to measure

**metempsychosis** (me temp′si kō′sis) *n., pl.* **-ses** (-sēz) [< Gr. *meta,* over + *en,* in + *psyche,* soul] the supposed passing of the soul at death into another body; transmigration

**meteor** (mēt′ē ər) *n.* [< Gr. *meta,* beyond + *eōra,* a hovering] **1.** loosely, a meteoroid or meteorite **2.** the streak of light, the ionized trail, etc. occurring when a meteoroid enters the earth's atmosphere

**meteoric** (mēt′ē or′ik) *adj.* **1.** of a meteor **2.** like a meteor; momentarily brilliant, flashing, or swift

**meteorite** (mēt′ē ə rīt′) *n.* that part of a meteoroid that falls to earth as a mass of metal or stone

**meteoroid** (mēt′ē ə roid′) *n.* any of the many small, solid bodies travelling through space, which are seen as meteors when they enter the earth's atmosphere

**Meteorological Office** a department of the Civil Service responsible for collecting meteorological data from all over the world, and for providing weather forecasts

**meteorology** (mēt′ē ə rol′ə jē) *n.* [see METEOR & -LOGY] the science of the atmosphere; study of weather and climate —**me′teorolog′ical** *adj.* —**me′teorol′ogist** *n.*

**meter** (mēt′ər) *n.* [< ff.] **1.** an instrument for measuring and recording the quantity or rate of flow of gas, water, etc. passing through it **2.** *same as* PARKING METER —*vt.* to measure with a meter

**-meter** (mēt′ər, mi tər) [< Gr. *metron,* a measure] *a suffix meaning:* **1.** a device for measuring *[barometer]* **2.** having (a specified number of) metrical feet *[pentameter]*

**meterage** *n.* measurement as by a meter, or the charge for this

**Meth.** Methodist

**methane** (mēth′ān) *n.* [< METHYL] a colourless, odourless, flammable gas present in firedamp and natural gas

**methanol** (meth′ə nol′) *n.* [< METHANE] a poisonous liquid, obtained by the destructive distillation of wood and used as a fuel, etc.

**methinks** (mi thiṅks′) ***v.impersonal*** *pt.* **methought′** [< OE. *me,* to me + *thyncth,* it seems] [Archaic] it seems to me

**method** (meth′əd) *n.* [< Gr. *meta,* after + *hodos,* a way] **1.** a way of doing anything; esp., a regular, orderly procedure **2.** system in doing things **3.** orderly habits

**methodical** (mə thod′i k′l) *adj.* characterized by method; orderly; systematic —**method′ically** *adv.*

**Methodist** *n.* a member of a Protestant denomination that developed from the evangelistic teachings of Wesley —*adj.* of Methodists or Methodism: also **Meth′odis′tic** —**Meth′odism** *n.*

**methodology** (meth′ə dol′ə jē) *n., pl.* **-gies** [see METHOD & -LOGY] **1.** the science of method, or orderly arrangement **2.** a system of methods, as in any particular science

**meths** (meths) *n.* [Colloq.] *short for* METHYLATED SPIRITS

**methyl** (meth′əl) *n.* [< Gr. *methy,* wine + *hylē,* wood] the monovalent hydrocarbon radical $CH_3$, normally existing only in combination

**methylate** (meth′ə lāt′) *vt.* **-at′ed, -at′ing** to mix with methanol, often in order to make undrinkable

**methylated spirits** ethyl alcohol made unfit to drink by the addition of methanol

**meticulous** (mə tik′yoo ləs) *adj.* [< L. *metus,* fear] extremely or excessively careful about details; scrupulous or finicky —**metic′ulously** *adv.* —**metic′ulousness** *n.*

**métier** (mā′tyā) *n.* [Fr.] a trade,

profession, or occupation, esp., the work that one is particularly suited for

**Métis** (metēs′) *n., pl.* **-tis′** (-tēs′) [< Fr.] [Canad.] a person of mixed parentage, esp. the offspring of a French Canadian and a N American Indian

**metonymy** (mə ton′ə mē) *n., pl.* **-mies** [< Gr. *meta,* change + *onyma,* name] use of the name of one thing for that of another associated with it (Ex.: "the press" for "journalists") **—metonymic** (met′ə nim′ik) *adj.*

**metre** (mē′tər) *n.* [< Gr. *metron,* measure] **1.** the SI unit of length; 1.094 yards **2.** *a*) rhythm in verse; arrangement according to stress and length *b*) the specific rhythmic pattern of a stanza **3.** rhythm in music

**metric** (met′rik) *adj.* **1.** *same as* METRICAL **2.** of the system of measurement based on the metre: see METRIC SYSTEM **—go metric** [Colloq.] to change to the metric system **—met′ricize′** *vt.* **-cized′, -ciz′ing**

**metrical** *adj.* **1.** of, involving, or used in measurement; metric **2.** of or composed in metre or verse

**metrication** (met′rə kā′shən) *n.* the process of changing to the metric system **—met′ricate′** *vt.* **-cat′ed, -cat′ing**

**metric system** a decimal system of weights and measures in which the gram, the metre, and the litre are the basic units of weight, length, and capacity, respectively

**metric ton** *same as* TONNE

**Metro** (met′rō) *n.* [Canad.] a metropolitan city administration, esp. Metropolitan Toronto

METRONOME

**metronome** (met′rə nōm′) *n.* [< Gr. *metron,* measure + *nomos,* law] a clockwork device with an inverted pendulum that beats time, as in setting a musical tempo

**metropolis** (mə trop′əl is) *n., pl.* **-lises** [< Gr. *mētēr,* mother + *polis,* city] the main city, often the capital, of a country, esp. [**M-**] London

**metropolitan** (met′rə pol′ət'n) *adj.* **1.** of a metropolis or metropolitan **2.** constituting a city and its suburbs **—*n.*** an archbishop having authority over a church province

**-metry** (mə trē) [< Gr.] *a terminal combining form meaning* measuring *[geometry]*

**mettle** (met′'l) *n.* [var. of METAL] quality of character; spirit; courage; ardour **—on one's mettle** prepared to do one's best **—met′tlesome** *adj.*

**mev, MeV** [M(ILLION) E(LECTRON-) V(OLTS)] a unit of energy equal to one million ($10^6$) electron-volts

**mew**[1] (myōō) *n.* [echoic] the characteristic vocal sound made by a cat **—*vi.*** to make this sound

**mew**[2] *n.* [OE. *mæw*] a sea gull

**mews** (myōōz) ***n.pl.*** [*usually with sing. v.*] [< L. *mutare,* to change] a row of stables or carriage houses, now often converted into dwellings

**Mex.** **1.** Mexican **2.** Mexico

**Mexican** (mek′si kən) *adj.* of Mexico, its people, their language, or their culture **—*n.*** a native of Mexico

**mezzanine** (met′sə nēn′) *n.* [< It. *mezzano,* middle] a storey between two main storeys in a building, usually in the form of a balcony projecting partly over the main floor

**mezzo** (med′zō) ***adj., adv.*** [It. < L. *medius,* middle] *Music* moderate(ly); half

**mezzo-soprano** *n., pl.* **-nos, -ni** (-nē) [It.] a voice or singer between soprano and contralto

**mezzotint** *n.* [see MEZZO & TINT] **1.** a method of engraving by scraping or polishing parts of a roughened surface to produce impressions of light and shade **2.** an engraving so produced

**MF, M.F., mf, m.f.** medium frequency

**mf** *Music* mezzo forte

**MFr.** Middle French

**Mg** *Chem.* magnesium

**mg, mg.** milligram(me)(s)

**MGr.** Medieval (or Middle) Greek

**Mgr.** **1.** Manager **2.** Monseigneur **3.** Monsignor

**MHG.** Middle High German

**MHz, Mhz** megahertz

**mi** (mē) *n.* [ML.: see GAMUT] *Music* a syllable representing the third tone of the diatonic scale

**M.I.** Military Intelligence

**M.I.5** Military Intelligence, section 5, dealing with counterintelligence

**miaow, miaou** (mē ou′) ***n., vi.*** *same as* MEOW

**miasma** (mī az′mə) ***n.,*** *pl.* **-mas, -mata** [< Gr. *miainein,* pollute] an unwholesome atmosphere, vapour, etc.

**Mic.** Micah

**mica** (mī′kə) *n.* [< L., crumb] any of a group of minerals that crystallize in thin, somewhat flexible, easily separated layers, resistant to heat and electricity

**mice** (mīs) *n. pl. of* MOUSE

**M.I.C.E.** Member of the Institution of Civil Engineers

**Michaelmas** (mik′'l məs) *n.* [see -MAS] the feast of the archangel Michael, celebrated on September 29

**Michaelmas daisy** a perennial aster that blooms in the autumn

**M.I.Ch.E.** Member of the Institution of Chemical Engineers

**mickey** (mik′ē) *n.* [prob. < *Mickey,*

ickname for *Michael*] **1.** [Slang] an rishman: also **mick** **2.** [Slang] spirit; ride: chiefly in **take the mickey** to make un; mock

**ickey Finn** [*also* **m- f-**] [Slang] an lcoholic drink to which a powerful narcotic as been secretly added

**ickle** (mik′l) ***adj., adv., n.*** [OE. *micel*] Archaic or Scot.] much

**icro-** [< Gr.] *a combining form meaning:* **1.** small; minute *[microfilm]* , enlarging *[microscope]* **3.** microscopic *microchemistry]* **4.** one millionth *[microram]*

**icrobe** (mī′krōb) ***n.*** [< Gr. *mikros,* small + *bios,* life] a microscopic organism; sp., any of the bacteria that cause disease; erm **—micro′bic, micro′bial** ***adj.***

**icrobiology** (mī′krō bī ol′ə jē) ***n.*** the ranch of biology that deals with nicroorganisms

**icrochemistry** (mī′krō kem′is trē) ***n.*** he chemistry of microscopic or subnicroscopic quantities or objects

**icrochip** (mī′krō chip) ***n.*** *same as* CHIP ***n.*** 6)

**icrocopy** (mī′krō kop′ē) ***n., pl.*** **-cop′es** a copy produced in greatly reduced size, as by microfilming

**icrocosm** (mī′krō koz′m) ***n.*** a niniature universe; specif., man, a ommunity, etc. regarded as a miniature of the world **—mi′crocos′mic** ***adj.***

**icrodot** (mī′krō dot′) ***n.*** a copy, as of written matter, reduced by microphotography to the size of a pinhead

**icroelectronics** (mī′krō i′lek tron′iks) ***n.pl.*** [*with sing. v.*] the science dealing with the theory and applications of small circuits (**microcircuits**) used in computers, etc.

**icrofiche** (mī′krō fēsh′) ***n.*** [Fr. < *micro-,* micro- + *fiche,* small card] a small sheet of microfilm, containing a number of pages of microcopy

**icrofilm** ***n.*** film on which documents, etc. are photographed in a reduced size **—*vt., vi.*** to photograph on microfilm

**icrogram** ***n.*** one millionth of a gram

**icrogroove** ***n.*** a very narrow needle groove, as for a long-playing gramophone record

**icrometer** (mī krom′ə tər) ***n.*** [see MICRO- & -METER] an instrument for measuring small distances, angles, etc.

**icrominiaturize** (mī′krō min′ə chə rīz′) ***vt.*** **-ized′, -iz′ing** to provide with electronic equipment of extremely small size **—mi′cromin′iaturiza′tion** ***n.***

**icron** (mī′kron) ***n., pl.*** **-crons, -cra** [< Gr. *mikros,* small] one millionth of a metre

**icroorganism** (mī′krō ôr′gə niz′m) ***n.*** any microscopic organism; esp., a bacterium, virus, etc.

**icrophone** (mī′krə fōn′) ***n.*** [MICRO- + -PHONE] an instrument that converts the mechanical energy of sound waves into an electric signal, as for radio

**icroprint** (mī′krō print′) ***n.*** a photographic copy so greatly reduced that it can be read only through a magnifying device

**microprocessor** (mī′krō prō′ses ər) ***n.*** a single integrated circuit performing the basic functions of the central processing unit in a small computer

**microscope** (mī′krə skōp′) ***n.*** [see MICRO- & -SCOPE] an instrument consisting of a lens for making very small objects, as microorganisms, look larger

**microscopic** (mī′krə skop′ik) ***adj.*** **1.** so small as to be invisible or obscure except through a microscope **2.** of or with a microscope **—mi′croscop′ically** ***adv.***

**microstructure** (mī′krō struk′chər) ***n.*** the structure as of a metal or alloy, seen under a microscope

**microwave** (mī′krō wāv′) ***n.*** an electromagnetic wave between 300 000 and 300 megahertz in frequency

**microwave oven** an oven which cooks food very rapidly by use of microwaves

**micturate** (mik′tyoo rāt′) ***vi.*** **-rat′ed, -rat′ing** [< L. *mingere*] to urinate **—mic′turi′tion** ***n.***

**mid**[1] (mid) ***adj.*** [OE. *midd*] *same as* MIDDLE

**mid**[2] ***prep.*** [Poet.] amid: also **'mid**

**midair** ***n.*** any point in space, not in contact with the ground or other surface

**midday** ***n.*** [OE. *middæg*] the middle part of the day; noon **—*adj.*** of midday

**middelskot** (mid′l skot′) ***n.*** in South Africa, an intermediate payment to a farmers' cooperative for a crop or wool clip

**midden** (mid′n) ***n.*** [prob. < Scand.] a dunghill or refuse heap

**middle** (mid′l) ***adj.*** [OE. *middel*] **1.** halfway between two given points, times, limits, etc. **2.** in between; intermediate **3.** [**M-**] *Geol.* designating a division, as of a period, between *Upper* and *Lower* **4.** [**M-**] *Linguis.* in a stage in language development intermediate between *Old* and *Modern* **—*n.*** **1.** a point or part halfway between extremes; middle point, time, etc. **2.** the waist

**middle age** the time of life between youth and old age: now from about 40 to about 65 **—mid′dle-aged′** ***adj.***

**Middle Ages** the period of European history between ancient and modern times

**middle C** the musical note of the first leger line below the treble staff and the first above the bass staff

**middle class** the social class between the aristocracy and the working class **—mid′dle-class′** ***adj.***

**middle ear** the eardrum and the adjacent cavity containing the hammer, the anvil, and the stirrup bones

**Middle East** the area from Afghanistan to Egypt, including Arabia, Cyprus, and Asiatic Turkey

**Middle English** the English language c. 1100 to c. 1500

**Middle French** the French language c. 1300 to c. 1500

**Middle Greek** *same as* MEDIEVAL GREEK

**Middle High German** the High German language c. 1100 to c. 1500

**Middle Latin** *same as* MEDIEVAL LATIN
**Middle Low German** the Low German language c. 1100 to c. 1500
**middleman** *n.* **1.** a trader who buys from the producer and sells to the retailer or, sometimes, the consumer **2.** an intermediary
**middle name** **1.** the name between a Christian name and a surname **2.** the characteristic, peculiarity, or character of a person *[modesty was his middle name]*
**middle-of-the-road** *adj.* avoiding extremes
**middle school** a school for children between 10 and 14
**middleweight** *n. see* BOXING AND WRESTLING WEIGHTS, table
**middling** *adj.* of middle size, quality, grade, state, etc.; medium —*adv.* [Colloq.] moderately
**Middx.** Middlesex
**midfield** *n. Soccer* the area of the pitch between the penalty areas —*adj.* of the midfield
**midge** (mij) *n.* [OE. *mycg*] **1.** a small, two-winged, gnatlike insect **2.** a very small person
**midget** (mij′it) *n.* **1.** a very small person **2.** anything very small of its kind —*adj.* very small of its kind
**mid heavyweight** *see* BOXING AND WRESTLING WEIGHTS, table
**midi** (mid′ē) *adj.* [< MID[1], after MINI-] [Colloq.] of clothing reaching to below the knee or midcalf
**midland** *n.* the middle region of a country —*adj.* **1.** of or in the midland **2.** [**M-**] of the Midlands —**the Midlands** region in WC England, around Birmingham
**midnight** *n.* twelve o'clock at night —*adj.* of or at midnight —**burn the midnight oil** to study or work very late at night
**midnight sun** the sun visible at midnight in the arctic or antarctic regions during the summer
**mid-off** *n. Cricket* the fielding position close to and on the bowler's left, when the batsman is right-handed
**mid-on** *n. Cricket* the fielding position close to and on the bowler's right, when the batsman is right-handed
**midriff** (mid′rif) *n.* [< OE. *midd,* mid + *hrif,* belly] **1.** the middle part of the torso **2.** *same as* DIAPHRAGM
**midshipman** *n. see* MILITARY RANKS, table
**midships** *adv. same as* AMIDSHIPS
**midst** (midst) *n.* the middle; central part —**in our** (or **your, their**) **midst** among us (or you, them) —**in the midst of** **1.** in the middle of **2.** during
**midsummer** *n.* the middle of summer, about June 21 —*adj.* of, in, or like midsummer
**Midsummer's Day** June 24, feast of St. John the Baptist
**midway** *adj., adv.* in the middle
**midweek** *n., adj.* (in) the middle of the week
**mid-wicket** *n. Cricket* the fielding position opposite the middle of the wicke and usually near the boundary
**midwife** (mid′wīf′) *n., pl.* **-wives** (-wīvz′) [OE. *mid,* with + *wif,* woman a woman who is trained to help wome in childbirth —**mid′wif′ery** (-wif′ərē) *n*
**midwinter** *n.* the middle of the winter about December 22 —*adj.* of, in, or lik midwinter
**M.I.E.E.** Member of the Institution c Electrical Engineers
**mien** (mēn) *n.* [< DEMEANOUR] **1.** a wa of conducting oneself; manner **2.** a wa of looking; appearance
**might[1]** (mīt) *v.* [OE. *mihte*] **1.** *pt. o* MAY **2.** an auxiliary generally equivalen to *may* [*it might* rain]
**might[2]** *n.* [OE. *miht*] great strength power, force, or vigour
**might-have-been** *n.* a past possibility esp., a person who might have achieve more in his field or profession
**mighty** *adj.* [OE. *mihtig*] **-ier, -iest** powerful; strong **2.** remarkably larg extensive, etc. —*adv.* [Colloq.] ver —**might′ily** *adv.* —**might′iness** *n.*
**mignonette** (min′yənet′) *n.* [Fr.] plant bearing spikes of small, fragran flowers
**migraine** (mē′grān) *n.* [< Gr. *hēmi-,* ha + *kranion,* skull] a type of intens periodically returning headache
**migrant** (mī′grənt) *adj.* migrating —*n* a person, bird, or animal that migrates
**migrate** (mī′grāt′) *vi.* **-grat′ed, -grat′in** [< L. *migrare*] **1.** to move from or place to another, esp. to another countr **2.** to move from one region to anothe with the change in seasons, as many birc —**migra′tion** *n.* —**migratory** (mī′grə tər ē *adj.*
**mikado** (mikä′dō) *n., pl.* **-dos** [Jap. [*often* **M-**] the emperor of Japan: tit no longer used
**mike** (mīk) *n.* [Colloq.] a microphone
**mil** (mil) *n.* [< L. *mille,* thousand] a ur of length, 1/1000 inch, used in measurir the diameter of wire
**milady** (milā′dē) *n.* [*my lady*] an Englis noblewoman
**milage** (mīl′ij) *n. alt. sp. of* MILEAGE
**milch** (milch) *adj.* [OE. *-milce*] givin milk; kept for milking
**mild** (mīld) *adj.* [OE. *milde*] **1.** *a*) gent or kind in disposition, action, or effec *b*) not extreme; moderate *[a mild* winte **2.** having a pleasant flavour; not stron bitter, etc. —*n.* mild ale
**mildew** (mil′dyōō′) *n.* [OE. *meledeaw* lit., honeydew] a fungus that attack plants or appears on damp cloth, et as a furry, whitish coating —*vt., vi.* affect or become affected with milde —**mil′dew′y** *adj.*
**mild steel** malleable steel with a lo carbon content
**mile** (mīl) *n.* [< L. *milia* (*passuum* thousand (paces)] a unit of linear measu equal to 1760 yards (1609.35 metres): full, **statute mile**

**mileage** *n.* **1.** a distance expressed in miles **2.** total number of miles travelled **3.** an allowance per mile for travelling expenses **4.** the number of miles a vehicle will go on one gallon of fuel **5.** [Colloq.] the amount of use one can get from something

**milepost** *n.* a signpost showing the distance in miles from a specified place

**miler** *n.* one who competes in mile races

**milestone** *n.* **1.** a stone set up as a milepost **2.** a significant event in history, in one's career, etc.

**milfoil** (mil′foil′) *n.* [< L. *millefolium,* thousand-leaved] *same as* YARROW

**milieu** (mēl′yur) *n., pl.* **-lieu′** [Fr.] environment; esp., social setting

**militant** (mil′itənt) *adj.* [< L. *miles,* a soldier] **1.** ready to fight; vigorous in support of a cause **2.** fighting —*n.* a militant person —**mil′itancy** *n.* —**mil′itantly** *adv.*

**militarism** (mil′ətər iz′m) *n.* **1.** military spirit **2.** the policy of maintaining a strong military organization in aggressive preparedness for war —**mil′itaris′tic** *adj.*

**militarize** *vt.* **-rized′, -riz′ing** **1.** to equip for war **2.** to fill with warlike spirit —**mil′itariza′tion** *n.*

**military** (mil′ətər ē) *adj.* [see MILITANT] **1.** of, for, or by soldiers or the armed forces **2.** of, for, or fit for war —**the military** the army or the armed forces —**mil′itarily** *adv.*

**militate** (mil′ətāt′) *vi.* **-tat′ed, -tat′ing** [see MILITANT] to be directed (*against*); operate (*against* or, rarely, *for*)

**militia** (məlish′ə) *n.* [L.: see MILITANT] any army composed of civilians rather than professional soldiers, called up in time of emergency —**mili′tiaman** *n.*

**milk** (milk) *n.* [OE. *meolc*] **1.** a white liquid secreted by the mammary glands of female mammals for suckling their young **2.** cow's milk, etc. drunk by humans **3.** any liquid like this [*coconut milk*] —*vt.* **1.** to draw milk from the mammary glands of (a cow, etc.) **2.** to extract (something) or extract something (from) as if by milking [*to milk* a rich uncle for his money] —**milk′er** *n.* —**milk′ing** *n.*

**milk and honey** being prosperous; easy circumstances

**milk-and-water** *adj.* insipid; weak

**milk float** a shallow cart usually powered by batteries and used for delivering milk

**milkmaid** *n.* a woman who milks cows or works in a dairy

MILITARY RANKS

| NAVY | ARMY | MARINES | AIR FORCE |
|---|---|---|---|
| | Commissioned | | |
| Admiral of the Fleet | Field Marshal | | Marshal of the Royal Air Force |
| Admiral | General | General | Air Chief Marshal |
| Vice-Admiral | Lieutenant-General | Lieutenant-General | Air Marshal |
| Rear-Admiral | Major-General | Major-General | Air Vice-Marshal |
| Commodore | Brigadier | Brigadier | Air Commodore |
| Captain | Colonel | Colonel | Group Captain |
| Commander | Lieutenant-Colonel | Lieutenant-Colonel | Wing Commander |
| Lieutenant-Commander | Major | Major | Squadron Leader |
| Lieutenant | Captain | Captain | Flight Lieutenant |
| Sub-Lieutenant<br>Acting Sub-Lieutenant [1] | Lieutenant | Lieutenant | Flying Officer |
| Midshipman [2] | Second-Lieutenant | Acting Lieutenant [3]<br>Second-Lieutenant | Pilot Officer<br>Acting Pilot Officer [4] |
| | Noncommissioned | | |
| Fleet Chief Petty Officer | Warrant Officer I<br>Warrant Officer II [5] | Warrant Officer I<br>Warrant Officer II [5] | Master Aircrew Warrant Officer } |
| Chief Petty Officer | Staff Corporal<br>Staff Sergeant | Colour Sergeant | Flight Sergeant<br>Chief Technician |
| Petty Officer | Corporal of Horse<br>Sergeant | Sergeant | Sergeant |
| Leading Rating [6] | Corporal<br>Bombardier<br>Lance Corporal [7] | Corporal | Corporal |
| Able Rating<br>Ordinary Rating | Private<br>Trooper<br>Gunner etc | Marine | Junior Technician<br>Senior Aircraftman<br>Leading Aircraftman |

[1] But Junior to Lieutenant and Flying Officer
[2] But Junior to Army and Air Force Ranks
[3] But Senior to Second-Lieutenant and Pilot Officer
[4] But Junior to Second-Lieutenant
[5] But Junior to Navy and Air Force Ranks
[6] But Junior to Corporal
[7] But Junior to Corporal and Leading Rating

**milkman** *n.* a man who sells or delivers milk

**milk of magnesia** a milky-white suspension of magnesium hydroxide, in water, used as an antacid

**milk run** [Slang] a routine mission, as of a bomber aircraft, not expected to be dangerous

**milkshake** *n.* a drink made of milk, flavouring, and, usually, ice cream, mixed until frothy

**milksop** *n.* an unmanly man or boy; sissy

**milk tooth** any of the temporary, first set of teeth

**milkweed** *n.* any of a group of plants with a milky juice

**milky** *adj.* **-ier, -iest** **1.** like milk; esp., white as milk **2.** of or containing milk **3.** cloudy; not clear : said of liquids **—milk'i-ness** *n.*

**Milky Way** a broad, faint band of light seen as an arch across the sky at night, created by billions of distant stars

**mill** (mil) *n.* [< L. *mola,* millstone] **1.** a factory [a textile *mill*] **2.** any of various machines for cutting, stamping, shaping, etc. **3.** a machine for grinding any solid material **4.** *a*) a building with machinery for grinding corn *b*) a machine for grinding corn **—*vt.*** **1.** grind, work, form, etc. by or in a mill **2.** to raise and ridge the edge of (a coin) **—*vi.*** to move slowly in a circle, as cattle, or aimlessly, as a confused crowd (*around* or *about*) **—through the mill** [Colloq.] through a hard, painful, instructive experience **—milled** *adj.*

**milldam** *n.* a dam built across a stream to raise its level enough to provide water power for turning a mill wheel

**millennium** (mi len'ē əm) *n., pl.* **-niums, -nia** [< L. *mille,* thousand + *annus,* year] **1.** a period of 1000 years **2.** [*also* **M-**] *Theol.* the period of a thousand years during which some believe Christ will reign on earth **3.** a future period of peace and happiness **—millen'nial** *adj.*

**millepede** (mil'ə pēd') *n.* *same as* MILLIPEDE

**miller** (mil'ər) *n.* **1.** a person who owns or operates a mill, esp. a corn mill **2.** a tool used for milling

**miller's-thumb** *n.* any of several small freshwater fishes with spiny fins and a broad, flat head

**millesimal** (mi les'ə m'l) *adj.* [L. *millesimus*] **1.** thousandth **2.** consisting of thousandths **—*n.*** a thousandth

**millet** (mil'it) *n.* [< L. *milium*] a cereal grass whose small grain is used for food in Europe and Asia

**mill hand** a person employed in a factory or mill

**milli-** [< L.] *a combining form meaning* a 1000th part of

**milliard** (mil'yärd') *n.* [Fr. < prec.] 1000 millions

**milligram** *n.* one thousandth of a gram

**millilitre** *n.* one thousandth of a litre

**millimetre** *n.* one thousandth of a metre

**milliner** (mil'ə nər) *n.* [< *Milaner* importer of dress wares from Milan] a person who designs, makes, trims, or sells women's hats **—mil'linery** *n.*

**milling** *prp. of* MILL **—*n.*** **1.** the process or business of grinding corn **2.** the grinding, cutting, or processing of metal, cloth, etc in a mill

**million** (mil'yən) *n., adj.* [< L. *mille* thousand] **1.** a thousand thousands; $10^6$ over 1000000 **2.** very many **—mil'lionth** *adj., n.*

**millionaire** (mil'yə nāər') *n.* [< Fr.] person worth at least a million pounds francs, dollars etc.

**millipede** (mil'ə pēd') *n.* [< L. *mille* thousand + *pes,* foot] a many-legge arthropod

**millpond** *n.* a pond from which wate flows for driving a mill wheel

**millrace** *n.* the current of water tha drives a mill wheel

**millstone** *n.* **1.** either of a pair of large flat, round stones between which grai is ground **2.** a heavy burden

**mill wheel** the wheel, usually a wate wheel, that drives the machinery in a mil

**milometer** (mīl'om'ə tər) *n.* an instru ment used to determine how many mile a vehicle has travelled

**milord** (mi lôrd') *n.* [*my lord*] an Englis nobleman

**milt** (milt) *n.* [prob. < Scand.] th reproductive glands or sperm of male fishes

**mime** (mīm) *n.* [< Gr. *mimos*] th representation of an action, character mood, etc. by gestures rather than word **—*vt.*** **mimed, mim'ing** to mimic or ac as a mime **—mim'er** *n.*

**M.I.Mech.E.** Member of the Institutio of Mechanical Engineers

**mimeograph** (mim'ē ə gräf') *n.* [< G *mimeomai,* I imitate + -GRAPH] a machin for making copies of written or typewritte matter by means of a stencil **—*vt.*** t make (copies) on such a machine

**mimetic** (mi met'ik) *adj.* [< G *mimeisthai,* imitate] **1.** imitative **2** characterized by mimicry

**mimic** (mim'ik) *n.* [< Gr. *mimos,* a mime a person or thing that imitates **—*vt.*** **mim' icked, mim'icking** **1.** to imitate in speec or action, as in ridicule **2.** to copy closel **3.** to take on the appearance of **—mim' icker** *n.* **—mim'icry**

**M.I.Min.E.** Member of the Institutio of Mining Engineers

**mimosa** (mi mō'zə) *n.* [< L. *mimus,* mime a tree or shrub growing in warm region with heads of small, round flowers

**Min.** **1.** Minister **2.** Ministry

**min.** **1.** minim(s) **2.** minimum **3.** minute(s

**mina** (mī'nə) *n.* *same as* MYNA: als sp. **mi'nah**

MINARET

**minaret** (min′ə ret′) *n.* [Fr. < Ar. *manārah,* lighthouse] a high tower attached to a mosque from which a muezzin calls the people to prayer

**minatory** (min′ə tər ē) *adj.* [< L. *minari,* threaten] menacing; threatening

**mince** (mins) *vt.* **minced, minc′ing** [ult. < L. *minutus,* small] **1.** to cut up into very small pieces **2.** to lessen the force of [to *mince* words] —*vi.* to speak, act, or walk in an affected, dainty manner —*n.* minced meat —**not mince matters** to speak frankly —**minc′er** *n.*

**mincemeat** *n.* a mixture of chopped apples, spices, suet, raisins, etc. —**make mincemeat of** to defeat or refute completely

**mince pie** a pie with a filling of mincemeat

**mincing** *adj.* **1.** affectedly elegant or dainty **2.** with short steps or affected daintiness [a *mincing* walk]

**mind** (mīnd) *n.* [OE. (*ge*)*mynd*] **1.** that which thinks, perceives, feels, etc.; the seat of consciousness **2.** memory or remembrance [to bring to *mind*] **3.** opinion [speak your *mind*] **4.** reason; sanity [to lose one's *mind*] **5.** a person having intelligence [great *minds*] **6.** way of thinking and feeling [the reactionary *mind*] —*vt.* **1.** to pay attention to; heed **2.** [Chiefly U.S.] to obey **3.** to look after [*mind* the baby] **4.** to be careful about [*mind* those stairs] **5.** *a*) to care about; feel concern about *b*) to object to; dislike [to *mind* the cold] —*vi.* **1.** to pay attention **2.** to be careful **3.** *a*) to care *b*) to object —**bear** (or **keep**) **in mind** to remember —**be in one's right mind** to be sane —**be in two minds** to be undecided or irresolute —**change one's mind** to change one's opinion or intention —**come to mind 1.** to occur to **2.** to be remembered —**do you mind? 1.** do you object? **2.** [Colloq.] please stop that —**give (someone) a piece of one's mind** to rebuke sharply —**have a (good) mind to** to feel (strongly) inclined to —**have in mind 1.** to intend **2.** to think of **3.** to remember —**know one's own mind** to know one's own real desires, etc. —**make up one's mind** to form a decision —**mind out 1.** to be careful **2.** to pay attention —**mind your backs** give way —**never mind** it doesn't matter —**on one's mind 1.** occupying one's thoughts **2.** worrying one —**out of one's mind 1.** insane **2.** frantic (*with* worry, grief, etc.) —**take one's mind off** to turn one's thoughts or attention from —**mind′er** *n.*

**minded** *adj.* **1.** having a (specified kind of) mind [high-*minded*] **2.** inclined; disposed

**mindful** *adj.* aware or careful (*of*) —**mind′fully** *adv.*

**mindless** *adj.* **1.** showing little or no intelligence; thoughtless **2.** heedless (*of*) —**mind′lessly** *adv.*

**mind reader** one who professes to be able to perceive another's thoughts —**mind reading**

**mind's eye** the imagination

**mine**[1] (mīn) *pron.* [OE. *min*] that or those belonging to me [this is *mine, mine* are better] —***possessive pronominal adj.*** [Mainly Archaic] my [*mine* eyes, daughter *mine*]

**mine**[2] *n.* [< MFr.] **1.** *a*) a large excavation made in the earth, from which to extract ores, coal, etc. *b*) a deposit of ore, coal, etc. **2.** any great source of supply [a *mine* of information] **3.** *Mil. a*) a tunnel dug under an enemy's fort, etc., in which an explosive is placed *b*) an explosive charge in a container, buried in the ground or placed in the sea for destroying enemy troops, ships, etc. —*vt., vi.* **mined, min′ing 1.** to dig (ores, coal, etc.) from (the earth) **2.** to place explosive mines in or under (a place)

**mine detector** an electromagnetic device for locating the position of hidden explosive mines

**mine-dump** *n.* [S Afr.] large mounds of residue esp. from gold mining operations

**mine field** an area where explosive mines have been set

**minelayer** *n.* a ship equipped to lay explosive mines

**miner** *n.* a person whose work is digging coal, ore, etc. in a mine

**mineral** (min′ər əl) *n.* [< ML. *minera,* a mine] **1.** an inorganic substance occurring naturally in the earth: sometimes applied to organic substances in the earth, such as coal **2.** an ore **3.** any substance that is neither vegetable nor animal **4.** any of certain elements, as iron, vital to animals and plants —*adj.* of, like, or containing minerals

**mineralogy** (min′ə ral′ə jē) *n.* the scientific study of minerals —**min′eral′ogist** *n.*

**mineral wáter** water naturally or artificially impregnated with mineral salts or gases

**minestrone** (min′i strō′nē) *n.* [It.] a thick vegetable soup containing vermicelli, barley, etc. in a meat broth

**mine sweeper** a ship for destroying enemy mines

**Ming** (miŋ) Chin. dynasty (1368–1644): period noted for scholarly achievements and artistic works, esp. porcelain

**mingle** (miŋ′g'l) *vt.* **-gled, -gling** [< OE. *mengan,* mix] to mix together; blend —*vi.* **1.** to become mixed, blended, etc. **2.** to join with others —**min′gler** *n.*

**mingy** (min′jē) *adj.* **-gier, -giest** [< MEAN[2] & STINGY] [Colloq.] mean and stingy; miserly

**mini-** [< MINI(ATURE)] *a combining form meaning:* **1.** very small *[miniskirt]* **2.** less than usual *[mini-crisis]*

**miniature** (min′ə chər) *n.* [< L. *minium,* red lead] **1.** a copy or model on a very small scale **2.** a very small painting, esp. a portrait **—*adj.*** on or done on a very small scale **—in miniature** greatly reduced **—min′iaturist** ***n.***

**miniaturize** ***vt.*** **-ized′, -iz′ing** to make in a small and compact form **—min′iatur′iza′tion** ***n.***

**minibus** (min′ē bus′) ***n.*** a small bus for about ten passengers

**minicab** (min′ē kab′) ***n.*** a small saloon car used as a taxi

**minim** (min′im) ***n.*** [see MINIMUM] **1.** the smallest liquid measure, 1/60 fluid dram, or about a drop **2.** *Music* a note having one half the duration of a semibreve

**minimize** (min′ə mīz′) ***vt.*** **-mized′, -miz′ing** **1.** to reduce to or estimate at the least possible amount, degree, etc. **2.** to depreciate; undervalue

**minimum** (min′ə məm) ***n., pl.*** **-ma** [L. < *minimus,* least] **1.** the smallest quantity, number, or degree possible or permissible **2.** the lowest degree or point reached or recorded **—*adj.*** **1.** smallest possible, permissible, or reached **2.** of, marking, or setting a minimum **—min′imal** ***adj.*** **—min′imally** ***adv.***

**minimum lending rate** the minimum rate at which the Bank of England lends money: it influences other lending rates

**minimum wage** a wage established by contract or by law as the lowest that may be paid to employees doing a specified type of work

**mining** (mī′niŋ) ***n.*** the act, process, or work of removing ores, coal, etc. from a mine

**minion** (min′yən) ***n.*** [< Fr. *mignon,* darling] **1.** a subordinate official **2.** [Derog.] a favourite, esp. a servile follower

**miniskirt** (min′ē skurt′) ***n.*** [MINI- + SKIRT] a very short skirt ending well above the knee

**minister** (min′is tər) ***n.*** [< L. *minister,* servant] **1.** a person in charge of some governmental department **2.** a diplomatic officer sent to a foreign nation to represent his government **3.** a clergyman, esp. of the Presbyterian and Nonconformist Churches **4.** any person or thing thought of as the agent of some power, force, etc. *[a minister of evil]* **—*vi.*** to give help (*to*)

**ministerial** (min′is tēər′ē əl) ***adj.*** of a minister or (the) ministry **—min′iste′rially** ***adv.***

**Minister of State** **1.** a government minister other than a cabinet minister **2.** any government minister

**Minister of the Crown** a cabinet minister

**ministrant** ***adj.*** serving as a minister; ministering **—*n.*** a person who ministers, or serves

**ministration** (min′is trā′shən) ***n.*** **1.** help or care **2.** the act of serving as a minister or clergyman

**ministry** (min′is trē) ***n., pl.*** **-tries** **1.** the act of ministering **2.** *a*) the office or function of a minister of religion *b*) such ministers collectively; clergy **3.** *a*) the department under a minister of government *b*) his term of office *c*) his headquarters *d*) such ministers collectively

**miniver** (min′i vər) ***n.*** [< OFr. *menu,* small + *vair,* fur] a white fur used for trimming ceremonial robes

MINK (43-70 cm long, including tail)

**mink** (miŋk) ***n.*** [< Scand.] **1.** a small, stoatlike mammal **2.** its valuable fur

**minnow** (min′ō) ***n.*** [< OE. *myne*] a small freshwater fish

**Minoan** (mi nō′ən) ***adj.*** [< *Minos,* a king of Crete, in Greek Mythology] designating an advanced prehistoric culture in Crete from c. 2800 to c. 1100 B.C.

**minor** (mī′nər) ***adj.*** [L.] **1.** lesser in size, amount, importance, or rank **2.** under full legal age **3.** *Music* *a*) designating an interval smaller than the corresponding major by a semitone *b*) characterized by minor intervals, scales, etc. *c*) based on the minor scale **—*vi.*** [U.S.] *Educ.* to pursue a secondary specialization **—*n.*** **1.** a person under full legal age **2.** [U.S.] *Educ.* a minor field of study

**minority** (mī nor′ə tē) ***n., pl.*** **-ties** **1.** the smaller number; less than half **2.** a racial, religious, or political group smaller than and differing from the larger, controlling group **3.** the period of being under full legal age

**minor scale** one of the two standard diatonic scales, with semi tones instead of whole tones, after the second and seventh notes (**melodic minor scale**) or after the second, fifth, and seventh notes (**harmonic minor scale**), in ascending order

**minster** (min′stər) ***n.*** [< L. *monasterium,* monastery] **1.** the church of a monastery **2.** any of various large churches or cathedrals

**minstrel** (min′strəl) ***n.*** [< L. *ministerium,* ministry] **1.** a travelling singer of the Middle Ages **2.** a member of a comic variety show, in which the performers blacken their faces

**minstrelsy** ***n., pl.*** **-sies** **1.** the art of a minstrel **2.** a group of minstrels **3.** a collection of minstrels' songs

**mint[1]** (mint) ***n.*** [< L. *Moneta,* epithet of Juno, in whose temple money was coined] **1.** a place where money is coined by the government **2.** a large amount *[a mint of ideas]* **—*adj.*** new, as if freshly minted [in *mint* condition] —*vt.* **1.** to coin (money) **2.** to create —**mint'er** *n.*

**mint²** *n.* [OE. *minte*] **1.** a plant with leaves used for flavouring **2.** a sweet flavoured with mint

**minuend** (min'yoo wend') *n.* [see MINUTE²] *Arith.* the number from which another is to be subtracted

**minuet** (min'yoo wet') *n.* [< Fr. *menu*, small: from the small steps taken] **1.** a slow, stately dance of the 17th and 18th cent. **2.** the music for this, in 3/4 time

**minus** (mī'nəs) *prep.* [< L. *minor*, less] **1.** less [four *minus* two] **2.** [Colloq.] without [*minus* a toe] —*adj.* **1.** indicating subtraction [a *minus* sign] **2.** negative [a *minus* quantity] **3.** somewhat less than [a mark of A *minus*] **4.** *Elec.* *same as* NEGATIVE [the *minus* terminal] —*n.* **1.** a minus sign **2.** a negative quantity

**minuscule** (min'ə skyōōl') *adj.* [< L. *minusculus*] very small

**minus sign** *Math.* a sign ( – ) indicating subtraction or negative quantity

**minute¹** (min'it) *n.* [< L. (*pars*) *minuta* (*prima*), (first) small (part)] **1.** the sixtieth part of an hour or of a degree of an arc **2.** a moment **3.** a specific point in time **4.** a measure of the distance covered in a minute [ten *minutes* from the centre] **5.** [*pl.*] an official record of what was said at a meeting —*vt.* **-uted, -uting** to make minutes of; record —**up to the minute** in the latest fashion

**minute²** (mī nyōōt') *adj.* [< L. *minuere*, lessen] **1.** very small **2.** trifling **3.** attentive to tiny details; precise

**minute hand** (min'it) the longer hand of a clock or watch, which indicates the minutes

**minute steak** (min'it) a small, thin steak that can be cooked quickly

**minutiae** (mī nyōō'shi ē') *n.pl., sing.* **-tia** [L.: see MINUTE²] small or relatively unimportant details

**minx** (miŋks) *n.* [< ?] a pert, saucy young woman

**Miocene** (mī'ō sēn') *adj.* [< Gr. *meiōn*, less + *kainos*, recent] designating the fourth epoch of the Tertiary Period in the Cainozoic Era

**miracle** (mir'ə k'l) *n.* [< L. *mirus*, wonderful] **1.** an event or action that apparently contradicts known scientific laws [the *miracles* in the Bible] **2.** a remarkable thing **3.** a wonderful example [a *miracle* of tact]

**miracle play** a medieval religious drama dealing with events in the lives of the saints

**miraculous** (mi rak'yoo ləs) *adj.* **1.** like a miracle; marvellous **2.** supernatural —**mirac'ulously** *adv.*

**mirage** (mi'räzh) *n.* [< L. *mirari*, wonder at] **1.** an optical illusion in which a distant object is made to appear nearby: it is caused by the refraction of light through layers of air of different temperatures **2.** something that falsely appears to be real

**mire** (mīər) *n.* [< ON. *myrr*] **1.** an area of wet, soggy ground **2.** deep mud —*vt.* **mired, mir'ing** **1.** to cause to get stuck in or as in mire **2.** to soil with mud or dirt

**mirror** (mir'ər) *n.* [< L. *mirari*, wonder at] **1.** a smooth surface that reflects images; esp., a looking glass **2.** anything that truly pictures or describes [a play that is a *mirror* of life] —*vt.* to reflect as in a mirror

**mirror image** an image as seen in a mirror, i.e., with the right side as though it were the left, and vice versa

**mirth** (murth) *n.* [< OE. *myrig*, pleasant] joyfulness or gaiety, esp. when characterized by laughter —**mirth'ful** *adj.*

**miry** (mīər'ē) *adj.* **-ier, -iest** **1.** swampy **2.** muddy

**mis-** [< OE. or OFr.] *a prefix meaning:* **1.** wrong(ly), bad(ly) [*misplace, misrule*] **2.** no, not [*mistrust, misfire*]

**misadventure** (mis'əd ven'chər) *n.* an unlucky accident; bad luck; mishap

**misalliance** (mis'ə lī'əns) *n.* an improper alliance; esp., an unsuitable marriage

**misanthrope** (miz'ən thrōp') *n.* [< Gr. *misein*, to hate + *anthrōpos*, man] one who hates or distrusts all people: also **mizanthropist** (miz an'thrə pist) —**mis'anthrop'ic** (-throp'ik) *adj.* —**mis'anthrop'ically** *adv.*

**misanthropy** (miz an'thrə pē) *n.* hatred or distrust of all people

**misapply** (mis'ə plī') *vt.* **-plied', -ply'ing** to apply or use badly or improperly —**mis'applica'tion** *n.*

**misappropriate** (mis'ə prō'prē āt') *vt.* **-at'ed, -at'ing** to appropriate to a bad or dishonest use —**mis'appro'pria'tion** *n.*

**misbegotten** (mis'bi got'n) *adj.* wrongly or unlawfully begotten; specif., born out of wedlock: also **mis'begot'**

**misbehave** (mis'bi hāv') *vt., vi.* **-haved', -hav'ing** to behave (oneself) improperly —**mis'behav'iour** *n.*

**miscalculate** (mis kal'kyoo lāt') *vt., vi.* **-lat'ed, -lat'ing** to calculate incorrectly; misjudge —**mis'calcula'tion** *n.*

**miscarriage** (mis'kar'ij) *n.* **1.** the expulsion of a foetus from the womb before it is sufficiently developed to survive **2.** failure to carry out what was intended [a *miscarriage* of justice] **3.** failure of post, etc. to reach its destination

**miscarry** (mis'kar'ē) *vi.* **-ried, -rying** **1.** to suffer a miscarriage of a foetus **2.** *a*) to go wrong; fail: said of a plan, project, etc. *b*) to go astray: said of post

**miscegenation** (mis'i jə nā'shən) *n.* [< L. *miscere*, mix + *genus*, race] sexual relations between a man and woman of different races, esp. between a white and a black

**miscellaneous** (mis'ə lā'nē əs) *adj.* [< L. *miscere*, mix] consisting of various kinds; varied; mixed

**miscellany** (mi sel'ə nē) *n., pl.* **-nies** [see prec.] a miscellaneous collection, esp. of literary works

**mischance** (mis'chäns') *n.* bad luck; misadventure

**mischief** (mis'chif) *n.* [< OFr. *mes-*, mis- + *chief*, end] **1.** *a*) a prank; playful, annoying trick *b*) playful teasing **2.** a tendency to annoy with playful tricks **3.** an action or a person causing damage or annoyance **4.** harm or damage, esp. that done by a person **—do (someone) a mischief** to injure, wound or kill

**mischief-maker** *n.* a person who causes mischief; esp. by gossiping **—mis'chief-mak'ing** *n., adj.*

**mischievous** (mis'chi vəs) *adj.* **1.** inclined to annoy with playful tricks **2.** prankish; teasing **3.** causing mischief; harmful **—mis'chievously** *adv.*

**miscible** (mis'ə b'l) *adj.* [< L. *miscere,* mix] that can be mixed **—mis'cibil'ity** *n.*

**misconceive** (mis'kən sēv') *vt., vi.* **-ceived', -ceiv'ing** to misunderstand **—mis'concep'tion** (-sep'shən) *n.*

**misconduct** (mis kon'dukt) *n.* **1.** bad or dishonest management **2.** improper behaviour

**misconstrue** (mis'kən stro̅o̅') *vt.* **-strued', -stru'ing** to misinterpret **—mis'construc'tion** (-struk'shən) *n.*

**miscount** (mis kount'; *for n. usually* mis'kount) *vt., vi.* to count incorrectly **—*n.*** an incorrect count

**miscreant** (mis'krē ənt) *adj.* [< OFr. *mes-,* mis- + *croire,* believe] villainous; evil **—*n.*** a criminal; villain

**misdeal** (mis'dēl') *vt., vi.* **-dealt', -deal'ing** to deal (playing cards) wrongly **—*n.*** a wrong deal **—mis'deal'er** *n.*

**misdeed** (mis'dēd') *n.* a wrong or wicked act

**misdemeanour** (mis'di mēn'ər) *n.* **1.** a misbehaving **2.** *Law* any minor offence for which, formerly, statute provided a lesser punishment than for a felony

**misdirect** (mis'də rekt') *vt.* to direct wrongly

**misdoubt** (mis'dout') *vt., vi.* [Archaic] to distrust; fear

‡**mise en scène** (mē zän sän') [Fr.] **1.** the setting of a play, film, etc. **2.** surroundings; environment

**miser** (mī'zər) *n.* [L., wretched] a stingy person who hoards money for its own sake **—mi'serly** *adj.*

**miserable** (miz'ər ə b'l) *adj.* **1.** in misery; wretched **2.** causing misery, discomfort, etc. [*miserable* weather] **3.** bad [a *miserable* performance] **4.** pitiable **5.** shameful **—mis'erableness** *n.* **—mis'erably** *adv.*

**misericord, misericorde** (miz er'ə-kôrd') *n.* [< L. *misere,* pity + *cor,* heart] a narrow ledge on the underside of a hinged seat in a choir stall offering support to the occupant when standing

**misery** (miz'ər ē) *n., pl.* **-eries** [< L. *miser,* wretched] **1.** a condition of great suffering; distress **2.** a cause of such suffering; pain, sorrow, poverty, squalor, etc.

**misfeasance** (mis fē'zəns) *n.* [< OFr. *mes-,* mis- + *faire,* do] *Law* wrongdoing; specif., the doing of a lawful act in an unlawful manner

**misfire** (mis'fīər') *vi.* **-fired', -fir'ing** **1.** to fail to ignite properly : said of an internal-combustion engine **2.** to fail to be discharged : said of a firearm, missile, etc. **3.** to fail to achieve the desired effect **—*n.*** a misfiring

**misfit** (mis'fit') *n.* **1.** a person not suited to his position, associates, etc. **2.** a garment, etc. that fits badly

**misfortune** (mis fôr'chən) *n.* **1.** bad luck; trouble; adversity **2.** an instance of this

**misgive** (mis'giv') *vt.* **-gave', -giv'en, -giv'ing** to cause fear, doubt, or suspicion in [his heart *misgave* him]

**misgiving** *n.* [*often pl.*] a disturbed feeling of fear, doubt, apprehension, etc.

**misgovern** (mis'guv'ərn) *vt.* to govern or administer badly

**misguide** (mis'gīd') *vt.* **-guid'ed, -guid'ing** to lead into error or misconduct; mislead **—misguid'ed** *adj.*

**mishandle** (mis'han'd'l) *vt.* **-dled, -dling** to handle badly or roughly; abuse; mismanage, etc.

**mishap** (mis'hap') *n.* an unlucky accident

**mishit** (mis'hit') *n.* *Sport* a faulty shot or stroke **—*vt.*** (mis'hit') **-hit'ting, -hit** to hit a ball with a faulty stroke

**mishmash** (mish'mash') *n.* a hotchpotch; jumble

**misinform** (mis'in fôrm') *vt.* to supply with false or misleading information **—mis'informa'tion** *n.*

**misinterpret** (mis'in tər'prit) *vt.* to understand or explain incorrectly **—mis'interpreta'tion** *n.*

**misjudge** (mis'juj') *vt., vi.* **-judged' -judg'ing** to judge wrongly or unfairly **—misjudg'ment, misjudge'ment** *n.*

**mislay** (mis'lā') *vt.* **-laid', -lay'ing** to put in a place afterwards forgotten

**mislead** (mis'lēd') *vt.* **-led', -lead'ing** **1.** to lead in a wrong direction **2.** to deceive or delude **3.** to lead into wrongdoing **—mislead'ing** *adj.* **—mislead'ingly** *adv.*

**mismanage** (mis'man'ij) *vt., vi.* **-aged -aging** to manage or administer badly **—misman'agement** *n.*

**misnomer** (mis nō'mər) *n.* [< OFr. *mes-* mis- + *nomer,* to name] a name or epithet wrongly used

**misogamy** (mi sog'ə mē) *n.* [< Gr. *miseein,* to hate + *gamos,* marriage] hatred of marriage **—misog'amist** *n.*

**misogyny** (mi soj'ə nē) *n.* [< Gr. *miseein,* to hate + *gynē,* woman] hatred of women **—misog'ynist** *n.*

**misplace** (mis'plās') *vt.* **-placed', -plac'ing** **1.** to put in a wrong place **2.** to bestow (one's trust, affection, etc.) unwisely **3.** *same as* MISLAY **—mis'place'ment** *n.*

**misprint** (mis'print'; *for n. usually* mis'print') *vt.* to print incorrectly **—*n.*** an error in printing

**misprision** (mis'prizh'ən) *n.* [< OFr. *mesprendre,* take wrongly] *Law* misconduct or neglect of duty, esp. by a public official

**misprision of felony** (or **treason**) *Law* the offence of concealing knowledge of another's felony (or treason)

**mispronounce** (mis'prə nouns') *vt., vi.* **-nounced', -nounc'ing** to give (a word a pronunciation different from the accepted pronunciations —**mis′pronun′cia′tion** (-nun′sē ā′shən) *n.*

**misquote** (mis′kwōt′) *vt., vi.* **-quot′ed, -quot′ing** to quote incorrectly —**mis′quota′tion** *n.*

**misread** (mis′rēd′) *vt., vi.* **-read′** (-red′), **-read′ing** to read wrongly; misunderstand

**misrepresent** (mis′rep′rizent′) *vt.* to represent falsely; give an untrue idea of

**misrule** (mis′rōōl′) *vt.* **-ruled′, -rul′ing** to rule badly or unjustly; misgovern —*n.* **1.** misgovernment **2.** disorder

**miss**[1] (mis) *vt.* [OE. *missan*] **1.** to fail to hit, meet, catch, do, see, hear, etc. **2.** to let (an opportunity, etc.) go by **3.** to avoid [he *missed* being hit] **4.** to fail or forget to do, attend, etc. [he *missed* his appointment] **5.** to regret the absence or loss of —*vi.* **1.** to fail to hit **2.** to fail to be successful **3.** to misfire, as an engine —*n.* a failure to hit, obtain, etc. —**miss the boat** [Colloq.] to fail to seize an opportunity

**miss**[2] *n., pl.* **miss′es** [contr. of MISTRESS] **1.** [**M-**] a title for an unmarried woman, placed before the name **2.** a young unmarried woman **3.** a size in clothing for young women

**missal** (mis′l) *n.* [< LL. *missa,* Mass] *R.C.Ch.* a book containing all the prayers, rites, etc. for the Mass throughout the year

**misshapen** (mis′shāp′n) ***adj.*** badly shaped; deformed

**missile** (mis′il) *n.* [< L. *mittere,* send] a weapon or other object, as a rocket, designed to be thrown or launched towards a target; often, specif., a guided missile

**missing** *adj.* **1.** absent; lost **2.** not able to be traced and not known to be dead

**missing link** something necessary for completing a series; specif. the hypothetical animal supposed to bridge the gap between anthropoid apes and man in evolution

**mission** (mish′ən) *n.* [< L. *mittere,* send] **1.** a sending out or being sent out to perform a special duty **2.** *a*) a group of missionaries *b*) its headquarters **3.** a special embassy sent to a foreign country for a specific purpose **4.** the special duty for which someone is sent **5.** a vocation; calling **6.** any charitable or religious organization doing welfare work **7.** *Mil.* an assigned combat operation; esp., a single combat flight by an aeroplane

**missionary** *adj.* of religious missions or missionaries —*n., pl.* **-aries** a person sent on a mission; specif., a person sent out by his church to preach, teach, and proselytize

**missis** (mis′iz) *n.* [altered < MISTRESS] [Colloq.] one's wife: also used with *the*: also **mis′sus**

**missive** (mis′iv) *n.* [Fr. < L. *mittere,* send] a letter or written message

**misspell** (mis′spel′) *vt., vi.* **-spelled′** or **-spelt′, -spell′ing** to spell incorrectly

**misspend** (mis′spend′) *vt.* **-spent′, -spend′ing** to spend improperly or wastefully

**misstate** (mis′stāt′) *vt.* **-stat′ed, -stat′ing** to state incorrectly or falsely —**misstate′ment** *n.*

**mist** (mist) *n.* [OE.] **1.** a large mass of water vapour like a light fog **2.** a cloud of dust, gas, etc. **3.** a fine spray, as of perfume **4.** a film before the eyes [a *mist* of tears] **5.** anything that obscures the understanding, etc. —*vt., vi.* to obscure as with a mist

**mistake** (mi stāk′) *vt.* **-took′, -tak′en, -tak′ing** [< ON. *mistaka,* to take wrongly] **1.** to understand or perceive wrongly **2.** to take to be another —*vi.* to make a mistake —*n.* a fault in understanding, etc.; blunder; error

**mistaken** ***adj.*** **1.** wrong; having an incorrect understanding **2.** incorrect: said of ideas, etc. —**mistak′enly** ***adv.***

**mister** (mis′tər) *n.* [< MASTER] **1.** [**M-**] a title used for a man, placed before his name and usually written *Mr.* **2.** [Colloq.] sir: in direct address, not followed by a name

**mistime** (mis′tīm′) *vt.* **-timed′, -tim′ing** **1.** to do at an inappropriate time **2.** to judge incorrectly the time of

**mistle thrush** (mis′l) a large thrush supposed to like mistletoe berries: also **missel thrush**

**mistletoe** (mis′ltō′) *n.* [< OE. *mistel,* mistletoe + *tan,* twig] an evergreen plant with yellowish-green leaves and waxy white, poisonous berries, parasitic on trees

**mistook** (mi stoōk′) *pt. & obs. pp. of* MISTAKE

**mistral** (mis′trəl, mi strāl′) *n.* [Fr. < Pr., master-wind] a cold, dry, north wind that blows over the Mediterranean coast of France and nearby regions

**mistreat** (mis′trēt′) *vt.* to treat wrongly or badly

**mistress** (mis′tris) *n.* [< OFr. fem. of *maistre,* master] **1.** a woman who has sexual relations with a man to whom she is not married **2.** a woman who rules others or controls something; specif., *a*) a woman head of a household or institution *b*) a woman schoolteacher **3.** [Archaic] a sweetheart

**mistress of the robes** the title of the lady in charge of the Queen's wardrobe

**mistrial** (mis trī′əl) *n.* *Law* a trial made void because of an error in the proceedings

**mistrust** (mis′trust′) *n.* lack of trust or confidence; suspicion —*vt., vi.* to have no trust or confidence in; doubt —**mistrust′ful** ***adj.*** —**mistrust′fully** ***adv.***

**misty** (mis′tē) ***adj.*** **-ier, -iest** **1.** of, like, or covered with mist **2.** *a*) blurred, as by mist *b*) obscure or vague —**mist′ily** ***adv.*** —**mist′iness** ***n.***

**misunderstand** (mis′un dər stand′) *vt.* **-stood′, -stand′ing** to fail to understand correctly

**misunderstanding** *n.* **1.** a failure to understand correctly **2.** a quarrel; disagreement

**misunderstood** ***adj.*** **1.** not properly understood **2.** not properly appreciated

**misusage** (mis yōō′zij) *n.* **1.** incorrect

usage, as of words **2.** bad or harsh treatment

**misuse** (mis yōōz′; *for n.* -yōōs′) *vt.* **-used′, -us′ing** **1.** to use improperly; misapply **2.** to treat badly or harshly —*n.* incorrect or improper use —**misus′er** *n.*

**mite**[1] (mīt) *n.* [OE.] any of a large number of tiny arachnids, often parasitic upon animals or plants

**mite**[2] *n.* [< MDu.] **1.** a very small child or animal **2.** a very small sum of money **3.** a bit; a little [a *mite* slow]

**mitigate** (mit′ə gāt′) *vt., vi.* **-gat′ed, -gat′ing** [< L. *mitis,* mild + *agere,* drive] to make or become milder, less severe, or less painful —**mit′iga′tion** *n.* —**mit′igatory** *adj.*

**mitigating circumstances** circumstances which lessen the culpability of an offender

**mitosis** (mī tō′sis) *n., pl.* **-ses** (-sēz) [< Gr. *mitos,* thread] the process by which a cell divides into two so that the nucleus of each new cell has the full number of chromosomes

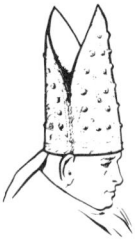

MITRE

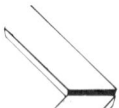

MITRE JOINT

**mitre** (mīt′ər) *n.* [< Gr. *mitra,* headband] **1.** a tall, ornamented cap worn by bishops and abbots as a mark of office **2.** a diagonal joint made by fitting together two pieces of wood, material, etc. to form a corner —*vt.* to fit together in a mitre

**mitt** (mit) *n.* [contr. < MITTEN] **1.** a woman's glove covering part of the arm, the hand, and sometimes part of the fingers **2.** *same as* MITTEN **3.** [Slang] a hand **4.** a boxing glove

**mitten** (mit′n) *n.* [< OFr. *mitaine*] a glove with a thumb but no separately divided fingers

**mix** (miks) *vt.* **mixed, mix′ing** [< L. *miscere*] **1.** to blend together in a single mass **2.** to make by blending ingredients [to *mix* a cake] **3.** to combine [to *mix* work and play] —*vi.* **1.** to be mixed; mingle **2.** to associate or get along —*n.* **1.** a mixing or being mixed **2.** a mixture, as of ingredients for making something —**mix up** **1.** to mix thoroughly **2.** to confuse —**mix′able** *adj.*

**mixed** *adj.* **1.** blended **2.** made up of different parts, elements, races, sexes, etc. **3.** confused

**mixed bag** a random assortment of diverse elements, types of people, etc.

**mixed blessing** an event or situation that has advantages and disadvantages

**mixed doubles** *Sport* a doubles game in which each pair is composed of one man and one woman

**mixed farming** combined arable and livestock farming

**mixed grill** a dish of grilled sausages, bacon, etc.

**mixed marriage** marriage between persons of different religions or races

**mixed-up** *adj.* in a state of mental confusion

**mixer** *n.* **1.** a person with reference to his sociability **2.** a machine or an electric appliance for mixing **3.** a drink, as ginger ale, added to an alcoholic drink

**mixture** (miks′chər) *n.* **1.** a mixing or being mixed **2.** something mixed **3.** *Chem.* a substance containing two or more ingredients not chemically united —**the mixture as before** a repeat of various elements

**mix-up** *n.* a condition or instance of confusion

**mizzenmast** (miz′'n mäst′) *n.* [< L. *medius,* middle] the mast nearest the stern in a ship with two or three masts

**mizzle** (miz′'l) *vi.* **-zled, -zling** [< prob. LowG. *miseln*] to rain in a fine mist —*n.* a misty rain; drizzle

**ML.** Medieval (or Middle) Latin

**ml.** **1.** mile **2.** millilitre(s): also **ml**

**MLA, M.L.A.** [Canad.] Member of the Legislative Assembly

**M.Litt.** [L. *Magister Litterarum*] Master of Letters

**Mlle.** *pl.* **Mlles.** Mademoiselle

**MLowG.** Middle Low German

**MLR** minimum lending rate

**mm** millimetre(s)

**M.M.** Military Medal

**Mme.** Madame

**M.Mus.** Master of Music

**Mn** *Chem.* manganese

**MNA, M.N.A.** [Canad.] Member of the National Assembly (of Quebec)

**mnemonic** (nē mon′ik) *adj.* [< Gr. *mnēmōn,* mindful] helping the memory —*n.* a verse, rhyme, etc. to aid the memory —**mnemon′ically** *adv.*

**mo** (mō) *n.* [Colloq.] *short for* MOMENT

**Mo** *Chem.* molybdenum

**M.O., MO** **1.** Medical Officer **2.** money order

**moa** (mō′ə) *n.* [< Maori] any of an extinct group of very large, flightless birds of New Zealand

**moan** (mōn) *n.* [< OE. *mænan,* complain] **1.** a low, mournful sound of sorrow or pain **2.** any similar sound, as of the wind **3.** a complaint —*vi.* **1.** to make a moan **2.** to complain —*vt.* **1.** to say with a moan **2.** to bewail

**moat** (mōt) *n.* [< OFr. *mote*] a deep, broad ditch dug around a castle, and often filled with water, for protection —*vt.* to surround with a moat

**mob** (mob) *n.* [< L. *mobile* (*vulgus*), excitable (crowd)] **1.** a disorderly and lawless crowd **2.** [Derog.] the common people **3.** [Slang] a gang of criminals —*vt.* **mobbed, mob'bing** **1.** to crowd around and jostle, annoy, etc. **2.** to throng

**mobcap** *n.* [< MDu. *mop,* woman's cap] formerly, a woman's cap, worn indoors, with a high, puffy crown

**mobile** (mō'bīl) *adj.* [< L. *movere,* move] **1.** *a*) moving, or able to move, from place to place *b*) movable by means of a motor vehicle **2.** that can change rapidly or easily, as to suit moods or needs; flexible, adaptable, etc. —*n.* an abstract sculpture with parts that can move, as a suspended arrangement —**mobility** (mō bil'ə tē) *n.*

**mobilize** (mō'bə līz') *vt., vi.* **-lized', -liz'ing** to make or become ready for immediate service or use, as for war —**mo'biliz'able** *adj.* —**mo'biliza'tion** *n.*

**mobster** (mob'stər) *n.* [Slang] a gangster

MOCCASINS

**moccasin** (mok'ə sin) *n.* [< Algonquian] a heelless shoe of soft, flexible leather, worn orig. by N American Indians

**mocha** (mok'ə) *n.* [< *Mocha,* seaport in Yemen] a choice coffee grown orig. in Arabia —*adj.* flavoured with coffee or coffee and chocolate

**mock** (mok) *vt.* [< OFr. *mocquer*] **1.** to ridicule **2.** to mimic, as in fun or derision **3.** to lead on and disappoint; deceive **4.** to defy and make futile —*vi.* to express scorn, ridicule, etc. —*adj.* **1.** sham; imitation **2.** practice [*mock* 'O' levels] —**mock'ingly** *adv.*

**mockery** *n., pl.* **-eries** **1.** a mocking **2.** an object of ridicule **3.** a false, derisive, or impertinent imitation **4.** vain effort; futility

**mock-heroic** *adj.* mocking, or burlesquing, heroic manner, action, or character —**mock'-hero'ically** *adv.*

**mockingbird** *n.* an American songbird able to imitate many birdcalls

**mock orange** a shrub with fragrant white flowers like those of the orange: also called **syringa**

**mock turtle soup** a soup made from calf's head, veal, etc., spiced to taste like green turtle soup

**mock-up** *n.* a scale model or replica, used for instructional or experimental purposes

**mod** (mod) *n.* [< MOD(ERN)] [*also* **M-**] [Colloq.] a member of a youth cult in the mid-60's

**mod.** **1.** moderate **2.** modern

**modal** (mōd'l) *adj.* of a mode or mood; specif., *Gram.* of or expressing mood —**modality** (mō dal'ə tē) *n.*

**mod cons** *short for* modern conveniences

**mode** (mōd) *n.* [L. *modus,* measure, manner] **1.** a way of acting, doing, or being **2.** customary usage or current fashion **3.** *Music* the arrangement of tones and semitones in a scale

**model** (mod'l) *n.* [see MODE] **1.** *a*) a small representation of an existing or planned object *b*) *same as* ARCHETYPE (sense 1) **2.** a person or thing considered as a standard of excellence to be imitated **3.** a style or design [*a* 1972 *model*] **4.** *a*) a person who poses for an artist or photographer *b*) a person employed to display clothes by wearing them —*adj.* serving as a standard of excellence —*vt.* **-elled, -elling** **1.** *a*) to make a model of *b*) to plan or form after a model **2.** to form in clay, wax, etc. **3.** to display (a dress, etc.) by wearing —*vi.* to serve as a model (sense 4) —**mod'eller** *n.*

**moderate** (mod'ər ət; *for v.* -ə rāt') *adj.* [< L. *moderare,* to restrain] **1.** within reasonable limits; avoiding extremes **2.** mild [*moderate* weather] **3.** of average or medium quality, range, etc. —*n.* a person holding moderate views, as in politics —*vt., vi.* **-at'ed, -at'ing** **1.** to make or become moderate **2.** to preside over (a meeting, etc.) —**mod'erately** *adv.* —**mod'erateness** *n.*

**moderation** (mod'ə rā'shən) *n.* **1.** a moderating **2.** avoidance of extremes **3.** absence of violence —**in moderation** to a moderate degree

**moderato** (mod'ə rät'ō) *adj., adv.* [It.] *Music* with moderation in tempo

**moderator** (mod'ə rāt'ər) *n.* **1.** a person or thing that moderates; specif., a person who presides at a meeting, etc. **2.** a substance used to slow down high-energy neutrons in a nuclear reactor —**mod'era'torship'** *n.*

**modern** (mod'ərn) *adj.* [< Fr. < L. *modo,* just now] **1.** of the present or recent times; specif., *a*) up-to-date *b*) designating contemporary trends in art, literature, etc. **2.** of the period of history from c.1450 A.D. **3.** [*often* **M-**] designating the most recent stage of a language —*n.* a person living in modern times or with modern ideas, etc. —**moder'nity** (mo dur'nə tē) *n.*

**Modern English** the English language since about the mid-15th cent.

**modernism** *n.* modern practices, ideas, etc., or sympathy with these —**mod'ernist** *n., adj.* —**mod'ernis'tic** *adj.*

**modernize** *vt., vi.* **-ized', -iz'ing** to make or become modern in design, methods, etc. —**mod'erniza'tion** *n.*

**modern languages** the current European languages as a subject of study
**Modern Latin** the Latin used since c. 1500
**modest** (mod′ist) *adj.* [< L. *modus,* measure] **1.** having or showing a moderate opinion of one's own abilities, etc. **2.** not forward; unassuming **3.** behaving, dressing, etc. decorously or decently **4.** reasonable; not extreme [*a modest* request] **5.** quiet and humble in appearance, style, etc. —**mod′estly** *adv.* —**mod′esty** *n.*
**ModGr.** Modern Greek
**modicum** (mod′i kəm) *n.* [L., moderate] a small amount
**modification** (mod′ə fi kā′shən) *n.* **1.** a slight change in form **2.** a product of this **3.** a slight reduction **4.** a qualification or limitation of meaning
**modifier** (mod′ə fī′ər) *n.* a word, phrase, or clause that limits the meaning of another word or phrase [adjectives and adverbs are *modifiers*]
**modify** (mod′ə fī′) *vt.* **-fied′, -fy′ing** [< L. *modus,* measure + *facere,* make] **1.** to change or alter slightly or partially **2.** to limit or lessen slightly **3.** *Gram.* to limit the meaning of; qualify ["old" *modifies* "man" in *old man*] —**mod′ifi′able** *adj.*
**modish** (mōd′ish) *adj.* in the latest style; fashionable
**modiste** (mō dēst′) *n.* [Fr.] a woman who makes or deals in fashionable clothes, hats, etc. for women
**ModL.** Modern Latin
**modular** (mod′yoo lər) *adj.* **1.** of a module **2.** designating units of standardized size, design, etc. that can be arranged or fitted together in various ways
**modulate** (mod′yoo lāt′) *vt.* **-lat′ed, -lat′ing** [< L. *modus,* measure] **1.** to regulate or adjust **2.** to vary the pitch, intensity, etc. of (the voice) **3.** *Radio* to vary the amplitude, frequency, etc. of (a radio wave) in accordance with some signal —*vi.* to shift from one key to another within a musical composition —**mod′ula′tion** *n.*
**module** (mod′yōōl) *n.* [< L. *modus,* measure] **1.** any of a set of units, as cabinets, designed to be arranged in various ways **2.** a detachable section with a specific function, as in a spacecraft **3.** *Electronics* a compact assembly functioning as a component of a larger unit
**modulus** (mod′yoo ləs) *n., pl.* **-uli′** (-lī′) [see prec.] **1.** *Math.* the value of a number regardless of a prefixed plus or minus sign **2.** *Physics* a constant expressing the measure of some property, as elasticity
‡**modus operandi** (mō′dəs op′ə ran′dē) [L.] mode of operation; procedure
‡**modus vivendi** (vi ven′dē) [L.] **1.** mode of living **2.** a temporary compromise in a dispute
**mog** (mog) *n.* [< ?] [Slang] a cat: also **mog′gie**
**Mogul** (mō′gul) *n.* [Per. *Mughul*] **1.** a Mongolian; esp., any of the Mongolian conquerors of India **2.** [**m-**] a powerful or important person
**M.O.H.** Medical Officer of Health
**mohair** (mō′hâər) *n.* [< Ar. *mukhayyar*] **1.** the hair of the Angora goat **2.** yarn or a fabric made from this
**Mohammedan** (mō ham′i d'n) *adj.* of Mohammed or the Moslem religion —*n.* *same as* MOSLEM
**Mohammedanism** *n.* *same as* ISLAM
**moiety** (moi′ə tē) *n., pl.* **-ties** [< L. *medius,* middle] **1.** a half **2.** an indefinite part
**moil** (moil) *vi.* [< L. *mollis,* soft] to toil —*n.* **1.** toil **2.** turmoil
**moire** (mwär) *n.* [Fr.] a fabric, as silk or rayon, having a watered, or wavy, pattern
**moiré** (mwä′rā) *adj.* [Fr.] having a watered, or wavy, pattern —*n.* **1.** a watered pattern pressed into cloth, etc. with engraved rollers **2.** *same as* MOIRE
**moist** (moist) *adj.* [< L. *mucus,* mucus] **1.** slightly wet; damp **2.** tearful —**moist′ly** *adv.* —**moist′ness** *n.*
**moisten** (mois′'n) *vt., vi.* to make or become moist
**moisture** *n.* water, etc. causing a slight wetness or dampness —**mois′tureless** *adj.*
**moisturize** *vt., vi.* **-ized′, -iz′ing** to add or restore moisture to (the skin, air, etc.) —**mois′turiz′er** *n.*
**moke** (mōk) *n.* [< ?] [Slang] a donkey
**mol** mole
**mol.** **1.** molecular **2.** molecule
**molar** (mō′lər) *adj.* [< L. *mola,* millstone] **1.** designating a tooth adapted for grinding **2.** used for or capable of grinding —*n.* a molar tooth
**molasses** (mō las′iz) *n.* [< L. *mel,* honey] [Chiefly U.S.] treacle
**mole**[1] (mōl) *n.* [OE. *mal*] a small, congenital spot on the human skin, usually dark-coloured and raised
**mole**[2] *n.* [< ME, *molle*] a small, burrowing, insect-eating mammal with soft fur
**mole**[3] *n.* [< Fr. < L. *moles,* mass] **1.** a breakwater **2.** a harbour formed by a breakwater
**mole**[4] *n.* [< G. *Mol*] the SI unit of substance; the quantity of a substance having a weight in grams numerically equal to its molecular weight —**mo′lar** *adj.*
**molecular** (mō lek′yoo lər) *adj.* produced by or existing between molecules —**molec′ular′ity** (-lar′ə tē) *n.*
**molecular weight** the sum of the atomic weights of all atoms in a given molecule
**molecule** (mol′ə kyōōl′) *n.* [< L. *moles,* mass] **1.** the smallest particle of an element or compound that can exist in the free state and still retain the characteristics of the element or compound **2.** a small particle
**molehill** (mōl′hil′) *n.* a small ridge or mound of earth, formed by a burrowing mole
**molest** (mō lest′) *vt.* [< L. *moles,* a burden] **1.** to annoy so as to trouble or harm **2.** to make improper sexual advances to (esp. a child) —**molesta′tion** *n.*
**moll** (mol) *n.* [< var. of name *Molly*] [Slang] **1.** a gangster's mistress **2.** a prostitute
**mollify** (mol′ə fī′) *vt.* **-fied′, -fy′ing** [< L. *mollis,* soft + *facere,* make] **1.** to

soothe, pacify, or appease **2.** to make less severe or violent **—mol′lifica′tion** *n.*

**mollusc** (mol′əsk) *n.* [< L. *mollis,* soft] any of a group of invertebrate animals, including oysters, snails, etc., having a soft body often enclosed in a hard shell

**mollycoddle** (mol′ē kod′′l) *vt.* **-dled, -dling** [< *Molly* + CODDLE] to pamper; coddle **—*n.*** one used to being coddled or pampered, etc. **—mol′lycod′dler** *n.*

**Molotov cocktail** (mô′lə tof) [< V.M. *Molotov*] [Slang] a bottle filled with an inflammable liquid, plugged with a rag, ignited, and hurled as a grenade

**molten** (mōl′t′n) *archaic pp. of* MELT **—*adj.*** **1.** melted by heat **2.** made by being melted and cast in a mould

**molto** (mōl′tō) ***adv.*** [It.] *Music* very; much

**molybdenum** (mə lib′dənəm) *n.* [< Gr. *molybdos,* lead] a soft, lustrous, silver-white metallic chemical element, used in alloys, etc.: symbol, Mo

**moment** (mō′mənt) *n.* [< L. *momentum,* movement] **1.** a brief period of time; instant **2.** a definite point in time **3.** a brief time of being important **4.** importance [news of great *moment*] **5.** *Mech. a*) the tendency to cause rotation about a point or axis *b*) a measure of this **—at the moment** now

**momentarily** *adv.* **1.** for a moment or short time **2.** in an instant **3.** from moment to moment

**momentary** *adj.* **1.** lasting for only a moment; passing **2.** [U.S.] likely to occur at any moment

**momently** *adv.* **1.** every moment **2.** at any moment **3.** for a single moment

**moment of truth** **1.** a crucial moment **2.** the point in a bullfight when the matador faces the bull for the kill

**momentous** (mō men′təs) ***adj.*** very important [a *momentous* decision] **—momen′tousness** *n.*

**momentum** (mō men′təm) ***n., pl.*** **-tums, -ta** [see MOMENT] **1.** the impetus of a moving object **2.** *Physics & Mech.* the quantity of motion of a moving body, equal to the product of its mass and its velocity

**Mon.** **1.** Monastery **2.** Monday **3.** Monsignor

**monad** (mon′ad) ***n.*** [< Gr. *monos,* alone] **1.** a unit; something simple and indivisible **2.** *Chem.* an atom, element, or radical with a valence of one

**monandrous** (mə nan′drəs) ***adj.*** [Gr. *monandros,* having one husband] **1.** having only one husband **2.** *Bot.* having only one stamen **—monan′dry** *n.*

**monarch** (mon′ərk) ***n.*** [< Gr. *monos,* alone + *archein,* to rule] **1.** a supreme ruler; king, queen, etc. **2.** a person or thing surpassing others of the same kind

**monarchical** (mə när′ki k′l) ***adj.*** **1.** of a monarch or monarchy **2.** favouring a monarchy Also **monar′chic**

**monarchism** (mon′ər kiz′m) ***n.*** monarchical principles or the advocacy of these **—mon′archist** *n., adj.*

**monarchy** *n., pl.* **-archies** a government or state headed by a monarch

**monastery** (mon′ə stər ē) ***n., pl.*** **-teries** [< LGr. *monos,* alone] the residence of a group of people, esp. monks, retired from the world under religious vows

**monastic** (mə nas′tik) ***adj.*** **1.** of or characteristic of monasteries **2.** of or characteristic of monks or nuns; ascetic; self-denying

**monasticism** *n.* the monastic state or way of life

**monaural** (mon ôr′′l) ***adj.*** [MON(O)- + AURAL] designating or of sound reproduction that uses only one source of sound, giving a monophonic effect

**Monday** (mun′dē) ***n.*** [OE. *monandæg,* moon's day] the second day of the week; the first day of the working week

**Mondays** *adv.* [Colloq.] on or during every Monday

**monetarist** (mun′ə tər ist) ***n.*** one who advocates regulation of the money supply as a method of controlling the economy of a country **—mon′etarism** *n.*

**monetary** (mun′ə tər ē) ***adj.*** **1.** of the coinage or currency of a country **2.** of money **—mon′etarily** *adv.*

**money** (mun′ē) ***n., pl.*** **-eys, -ies** [< L. *moneta,* MINT[1]] **1.** *a*) pieces of gold, silver, copper, etc., stamped by government authority and used as a medium of exchange *b*) any paper note authorized to be so used **2.** anything used as a medium of exchange **3.** any sum of money **4.** wealth **—for one's money** [Colloq.] in one's opinion **—in the money** [Slang] wealthy **—money for jam** money obtained with very little trouble **—one's money's worth** full value **—place** (or **put**) **money on** to bet on **—put money into** to invest money in

**moneybag** *n.* **1.** a bag for money **2.** [*pl., with sing. v.*] [Colloq.] a rich person

**money-box** *n.* a box with a slit, for holding savings

**money-changing** *n.* the exchanging of currency, usually of different countries, esp. at an established or official rate **—mon′ey-chang′er** *n.*

**moneyed** (mun′ēd) ***adj.*** wealthy; rich

**money-grubber** *n.* a person who is greedily intent on accumulating money **—mon′ey-grub′bing** *adj., n.*

**moneylender** *n.* a person whose business is lending money at interest

**moneymaker** *n.* one that makes money or a profit

**money of account** a monetary denomination used in keeping accounts, etc., esp. one not issued in coin or in paper money, as, formerly in Britain, the guinea

**money-spinner** *n.* **1.** a source of wealth **2.** a small spider supposed to bring good luck: also **money spider**

**monger** (muŋ′gər) ***n.*** [< L. *mango*] a dealer or trader: usually in compounds [*fishmonger*]

**Mongol** (moŋ′gol) ***adj., n.*** *same as* MONGOLIAN

**Mongolian** (moŋ gō′lē ən) ***adj.*** **1.** of

Mongolia **2.** *same as* MONGOLOID —***n.*** **1.** a native of Mongolia **2.** *same as* MONGOLOID **3.** the language of Mongolia

**mongolism** (moŋ′gə liz′m) ***n.*** *same as* DOWN'S SYNDROME

**Mongoloid** (moŋ′gə loid′) ***adj.*** **1.** of the natives of Mongolia **2.** designating one of the major groups of mankind: it includes most of the peoples of Asia **3.** [*often* **m-**] of or having Down's syndrome —***n.*** **1.** a member of the Mongoloid group **2.** a person having Down's syndrome

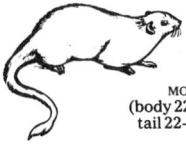

MONGOOSE
(body 22-65 cm long; tail 22-50 cm long)

**mongoose** (moŋ′gōōs) ***n.,*** *pl.* **-gooses** [< native name] a ferretlike mammal found in Africa and Asia, noted for its ability to kill snakes

**mongrel** (muŋ′grəl) ***n.*** [< OE. *mengan,* mix] **1.** an animal or plant produced by crossing breeds or varieties; esp., a dog of this kind **2.** anything produced by indiscriminate mixture —***adj.*** of mixed breed, race, etc. Often Derog.

**monism** (mon′iz′m) ***n.*** [< Gr. *monos,* single] *Philos.* the doctrine that there is only one ultimate substance or principle

**monition** (mō nish′ən) ***n.*** [< L. *monere,* warn] **1.** warning; caution **2.** an official or legal notice

**monitor** (mon′ə tər) ***n.*** [L. < *monere,* warn] **1.** a device or instrument used for monitoring **2.** in some schools, a student chosen to help keep order, record attendance, etc. **3.** a person who monitors **4.** *Radio & TV* a receiver for checking the quality of transmission —***vt., vi.*** **1.** to watch or check on (a person or thing) **2.** to regulate the performance of (a machine, aircraft, etc.) **3.** to listen to (a broadcast, telephone conversation, etc.) to gather some specified type of information **4.** *Radio & TV* to check with a monitor —**mon′itress** ***n.fem.*** —**mon′ito′rial** (-tôr′ē əl) ***adj.***

**monitory** (mon′ə tər ē) ***adj.*** admonishing

**monk** (muŋk) ***n.*** [< Gr. *monos,* alone] a member of certain male religious orders, generally under vows, as of poverty, obedience, and chastity —**monk′ish** ***adj.***

**monkey** (muŋ′kē) ***n., pl.*** **-keys** [prob. < MLowG. *Moneke,* son of Martin the Ape in *Reynard the Fox*] **1.** any of the primates except man and the lemurs; specif., any of the smaller, long-tailed primates **2.** a person regarded as like a monkey, as a mischievous child —***vi.*** [Colloq.] to play or meddle

**monkey business** [Colloq.] foolish, mischievous, or deceitful tricks or behaviour

**monkey nut** *another name for* PEANUT

**monkey puzzle** a tall, prickly, coniferous tree

**monkey's wedding** [S Afr. Colloq.] a combination of rain and sunshine

**monkeytrick** ***n.*** [Colloq.] a mischievous trick

**monkey wrench** a wrench with one movable jaw

**monkshood** (muŋks′hood′) ***n.*** *same as* ACONITE

**mono** (mon′ō) ***adj.*** *short for* MONOPHONIC

**mono-** [< Gr.] *a prefix meaning* one, alone, single

**monochromatic** (mon′ō krō mat′ik) ***adj.*** [see ff.] of or having one colour

**monochrome** (mon′ə krōm′) ***n.*** [< Gr *monos,* single + *chrōma,* colour] a painting, drawing, etc. in one colour o shades of one colour —**mon′ochro′mic** ***adj.***

**monocle** (mon′ə k'l) ***n.*** [Fr. < Gr. *monos* single + L. *oculus,* eye] an eyeglass fo one eye only

**monocotyledon** (mon′ō kot′il ē′dən) ***n*** a flowering plant with one seed lea (cotyledon)

**monody** (mon′ə dē) ***n., pl.*** **-dies** [< Gr *monos,* alone + *aeidein,* sing] **1.** a sol lament, as in ancient Greek tragedy **2** *Music* a style of composition in which the melody is carried by one part, or voice

**monogamy** (mo nog′ə mē) ***n.*** [MONO- + Gr. *gamos,* marriage] the practice of bein married to only one person at a tim —**monog′amous** ***adj.***

**monogram** (mon′ə gram′) ***n.*** [< Gr *monos,* single + *gramma,* letter] th initials of a name, combined in a singl design —***vt.*** **-grammed′, -gram′ming** t put a monogram on —**mon′ogrammat′i** (-grə mat′ik) ***adj.***

**monograph** (mon′ə gräf′) ***n.*** [MONO- + -GRAPH] a writing, esp. a scholarly one on a single subject or aspect of a subjec —**monog′rapher** ***n.***

**monogyny** (mə noj′ə nē) ***n.*** [MONO- + Gr *gynē,* woman] the practice of bein married to only one woman at a time

**monolith** (mon′ō lith′) ***n.*** [< Gr. *monos* single + *lithos,* stone] **1.** a single larg block of stone **2.** something made o this, as an obelisk **3.** something like monolith in size, unity of structure, etc —**mon′olith′ic** ***adj.***

**monologue** (mon′ə log′) ***n.*** [< Gr. *monos* alone + *legein,* speak] **1.** a long speech esp. one monopolizing a conversation **2** a soliloquy **3.** a play, skit, or recitatio for one actor only

**monomania** (mon′ō mā′nē ə) ***n.*** a excessive enthusiasm for one thing —**mon′ oma′niac′** ***n.***

**monomial** (mo nō′mē əl) ***n.*** [MO(NO)- + (BI)NOMIAL] consisting of one term

**mononucleosis** (mon′ə nyōō′klē ō′sis) ***n*** [MO(NO)- + NUCLE(US)] **1.** *same a* INFECTIOUS MONONUCLEOSIS **2.** presenc in the blood of too many cells with single nucleus

**monophonic** (mon′ō fon′ik) ***adj*** designating or of sound reproduction usin a single channel

**Monophysite** (mə nof′ə sīt′) ***n.*** [< Gr *monos,* single + *physis,* nature] *Theo*

one who believes that Christ had only one nature, part human and part divine

**monoplane** (mon′ō plān′) *n.* an aircraft with only one pair of wings

**monopolist** (mə nop′ə list) *n.* a person who has a monopoly or who favours monopoly —**monop′olis′tic** *adj.*

**monopolize** *vt.* **-lized′, -liz′ing** **1.** to have a monopoly of **2.** to dominate completely —**monop′oliza′tion** *n.*

**monopoly** *n., pl.* **-lies** [< Gr. *monos,* single + *pōlein,* sell] **1.** exclusive control of a commodity or service in a given market **2.** such control granted by a government **3.** any exclusive possession or control **4.** something held as a monopoly **5.** [M-] *Trademark* a board game in which players move tokens to acquire squares representing property

**monorail** (mon′ō rāl′) *n.* a single rail serving as a track for cars suspended from it or balanced on it

**monosodium glutamate** (mon′ō sō′dē əm glōō′tə māt′) a white powder used in foods to enhance flavour

**monosyllabic** (mon′ō si lab′ik) *adj.* **1.** having only one syllable **2.** using or speaking in monosyllables

**monosyllable** (mon′ə sil′ə b'l) *n.* a word of one syllable

**monotheism** (mon′ō thē iz′m) *n.* [MONO- + THEISM] the doctrine or belief that there is only one God —**mon′otheist** *n.* —**mon′otheis′tic, mon′otheis′tical** *adj.*

**monotone** (mon′ə tōn′) *n.* **1.** utterance of successive words without change of pitch or key **2.** monotony of tone, colour, etc. **3.** a single, unchanging musical tone **4.** recitation, singing, etc. in such a tone

**monotonous** (mə not′ən əs) *adj.* [see MONO- & TONE] **1.** having little or no variety **2.** tiresome because unvarying —**monot′onously** *adv.* —**monot′onousness** *n.*

**monotony** *n.* **1.** lack of variety **2.** tiresome sameness

**monotype** (mon′ō tīp′) *n.* [MONO- + -TYPE] *Printing* type produced by Monotype —[M-] *Trademark* either of a pair of machines for casting and setting up type in separate characters

**monovalent** (mon′ə vā′lənt) *adj. Chem. same as* UNIVALENT —**mon′ova′lence, mon′ova′lency** *n.*

**monoxide** (mon ok′sīd) *n.* an oxide with one atom of oxygen in each molecule

**Monseigneur** (mon′sen yur′) *n., pl.* **Messeigneurs** (mes′en yurz′) [Fr.] a French title of honour given to persons of high birth or rank, as princes, bishops, etc.

**monsieur** (mə syur′) *n., pl.* **messieurs** (mes′ərz) [Fr.] a man; gentleman: French title [M-], equivalent to *Mr.* or *Sir*: abbrev. **M., Mons.**

**Monsignor** (mon sēn′yər) *n., pl.* **-gnors** [It.] a title of certain Roman Catholic prelates

**monsoon** (mon sōōn′) *n.* [< Ar. *mausim,* a season] **1.** a seasonal wind of the Indian Ocean and S Asia, blowing from the southwest from April to October, and from the northeast the rest of the year **2.** the rainy season, when this wind blows from the southwest

**monster** (mon′stər) *n.* [< L. *monere,* warn] **1.** any huge animal or thing **2.** any very cruel or wicked person **3.** any imaginary creature with striking incongruities in form, as a centaur **4.** any plant or animal greatly malformed, lacking parts, etc. —*adj.* huge; monstrous

**monstrance** (mon′strəns) *n.* [< L. *monstrare,* show] *R.C.Ch.* a receptacle in which the consecrated Host is exposed for adoration

**monstrosity** (mon stros′ə tē) *n.* **1.** the state of being monstrous **2.** *pl.* **-ties** a monstrous thing

**monstrous** (mon′strəs) *adj.* **1.** abnormally large; enormous **2.** very unnatural in shape or character **3.** like a monster **4.** horrible; hideous **5.** hideously wrong or evil —**mon′strously** *adv.* —**mon′strousness** *n.*

**montage** (mon täzh′) *n.* [Fr. < *monter,* MOUNT[2]] **1.** *a*) the process of making a composite picture from a number of different pictures *b*) a picture so made **2.** *Cinema & T.V.* a sequence of abruptly alternating or superimposed scenes or images

**Montessori method** (or **system**) (mon′te sôr′ē) [< Maria *Montessori*] a system of teaching young children which emphasizes training of the senses and guidance intended to encourage self-education

**month** (munth) *n.* [OE. *monath*] **1.** any of the twelve parts into which the calendar year is divided **2.** *a*) the time from any day of one month to the corresponding day of the next *b*) a period of four weeks or 30 days

**monthly** *adj.* **1.** lasting for a month **2.** done, happening, payable, etc. every month —*n., pl.* **-lies** a periodical published once a month —*adv.* every month

**monument** (mon′yoo mənt) *n.* [< L. *monere,* remind] **1.** something set up to keep alive the memory of a person or event, as a tablet, statue, building, etc. **2.** a work of enduring significance **3.** [Obs.] a tomb

**monumental** (mon′yoo men′t'l) *adj.* **1.** of or serving as a monument **2.** like a monument; massive, enduring, etc. **3.** of lasting importance **4.** colossal *[monumental* pride*]*

**monumental mason** a maker and engraver of tombstones

**moo** (mōō) *n., pl.* **moos** [echoic] the vocal sound made by a cow —*vi.* **mooed, moo′ing** to make this sound; low

**mooch** (mōōch) *vi., vt.* [ult. < OFr. *muchier,* to hide] to loaf, loiter or walk aimlessly or idly —**mooch′er** *n.*

**mood**[1] (mōōd) *n.* [OE. *mod,* mind] **1.** a particular state of mind or feeling **2.** a prevailing feeling, spirit, or tone **3.** [*sometimes pl.*] a fit of sullen or uncertain temper —**in the mood** in a favourable state of mind

**mood**[2] *n.* [< MODE, altered after prec.] *Gram.* that aspect of verbs which indicates whether the action or state expressed is a fact (*indicative mood*), supposition, desire, etc. (*subjunctive mood*), or command (*imperative mood*)

**moody** *adj.* **-ier, -iest** subject to or characterized by gloomy, sullen, or changing moods —**mood'ily** *adv.* —**mood'iness** *n.*

**Moog Synthesizer** (mōōg) [< Robert *Moog*] *Trademark* an electronic instrument capable of producing a wide range of musical sounds

**mooi** (moi) *adj.* [< Afrik.] [S Afr. Slang] pleasing; nice

PHASES OF THE MOON

**moon** (mōōn) *n.* [OE. *mona*] **1.** the satellite of the earth, that revolves around it once in 29[1]/2 days and shines at night by reflecting the sun's light **2.** this body as it appears at a particular time of the month **3.** a month **4.** any satellite of a planet —*vi.* to behave in an idle, dreamy, or abstracted way —**over the moon** elated; very excited

**moonbeam** *n.* a ray of moonlight

**mooncalf** *n.* **1.** an idiot **2.** a youth who moons about

**moon-faced** *adj.* round-faced

**moonlight** *n.* the light of the moon —*adj.* **1.** of moonlight **2.** lighted by the moon **3.** done or occurring by moonlight, or at night

**moonlight flit** a hurried departure by night to escape one's creditors

**moonlighting** *n.* [< the usual night hours of such jobs] the practice of holding a second regular job in addition to one's main job

**moonlit** *adj.* lighted by the moon

**moonscape** *n.* [MOON + (LAND)SCAPE] the surface of the moon or a representation of it

**moonshine** *n.* **1.** moonlight **2.** foolish or empty talk, etc. **3.** [U.S. Colloq.] whisky unlawfully made or smuggled

**moonshot** *n.* the launching of a rocket to the moon

**moonstone** *n.* a translucent feldspar with a pearly lustre, used as a gem

**moonstruck** *adj.* **1.** crazed **2.** romantically dreamy **3.** dazed or distracted Also **moon'strick'en**

**moony** *adj.* **-ier, -iest** mooning; listless; dreamy

**Moor** (mooər) *n.* [< Gr. *Mauros*] a member of a Moslem people of NW Africa: they invaded and occupied Spain in the 8th cent. A.D. —**Moor'ish** *adj.*

**moor**[1] (mooər) *n.* [OE. *mor*] a tract of open, rolling wasteland, usually covered with heather and often marshy

**moor**[2] *vt.* [< ? MDu. *maren,* to tie] to secure (a ship, etc.) or be secured in place by cables or chains as to a pier or buoy —*vi.* to moor a ship, etc. —**moor'age** *n.*

**moorhen** *n.* a common bird inhabiting ponds, lakes, etc.

**mooring** *n.* **1.** [*often pl.*] the cables, etc. by which a ship is moored **2.** [*pl.*] a place where a ship is moored

**moorland** *n.* *same as* MOOR[1]

**moose** (mōōs) *n., pl.* **moose** [< Algonquian] **1.** the largest animal of the deer family, native to the N U.S. and Canada **2.** *same as* ELK

**moot** (mōōt) *n.* [OE. *mot, gemot,* meeting] an early English assembly of freemen to administer justice, etc. —*adj.* debatable —*vt.* **1.** to debate **2.** to propose for debate

**mop** (mop) *n.* [ult. < ? L. *mappa,* napkin] **1.** a bundle of rags or a sponge, etc., fastened to the end of a stick, as for washing floors **2.** anything suggestive of this, as a thick head of hair —*vt.* **mopped, mop'ping** to wash or remove as with a mop —**mop up** [Colloq.] to finish

**mope** (mōp) *vi.* **moped, mop'ing** [akin to MDu. *mopen*] to be gloomy and apathetic —*n.* **1.** a person who mopes **2.** [*pl.*] low spirits —**mop'er** *n.* —**mop'ish** *adj.*

**moped** (mō'ped') *n.* [< MO(TOR) + PED(AL)] a two-wheel vehicle propelled by a small motor

**moppet** (mop'it) *n.* [< ?] [Colloq.] a little child: a term of affection

**moquette** (mo ket') *n.* [Fr.] a thick, velvety fabric used for carpets, etc.

**moraine** (mo rān') *n.* [Fr. < *morre,* a muzzle] a mass of rocks, gravel, sand etc. deposited by a glacier

**moral** (mor'əl) *adj.* [< L. *mos,* pl. *mores* morals] **1.** dealing with, or capable of distinguishing between, right and wrong in conduct **2.** of, teaching, or in accordance with, the principles of right and wrong **3.** good in conduct or character; sometimes, specif., sexually virtuous **4.** having psychological rather than tangible effects [*moral* support, a *moral* victory] **5.** based on a sense of right and wrong according to conscience [a *moral* obligation] —*n.* **1.** a moral lesson taught by a fable, etc. **2.** [*pl.*] principles or habits with respect to right or wrong in conduct —**mor'ally** *adv.*

**morale** (mo räl') *n.* [Fr.: see prec.] mental condition with respect to courage, discipline, confidence, etc.

**moralist** (mor'əlist) *n.* **1.** one who moralizes **2.** one who adheres to a system of moral teaching —**mor'alis'tic** *adj.*

**morality** (mə ral'ə tē) *n., pl.* **-ties** **1.** rightness or wrongness, as of an action **2.** a being in accord with the principles or standards of right conduct; virtue **3.** principles of right and wrong in conduct; ethics **4.** moral instruction

**morality play** *Hist.* an allegorical drama whose characters were personifications, as Everyman, Vice, etc.

**moralize** (mor′əlīz′) *vi.* **-ized′, -iz′ing** to consider or discuss matters of right and wrong, often in a self-righteous way —*vt.* **1.** *a*) to explain in terms of right and wrong *b*) to draw a moral from **2.** to improve the morals of —**mor′aliza′tion** *n.* —**mor′aliz′er** *n.*

**moral philosophy** *same as* ETHICS

**morass** (mə ras′) *n.* [< Du. < Frank. *marisk*] a tract of low, soft, watery ground; swamp: often used figuratively of a difficult or troublesome state of affairs

**moratorium** (mor′ə tôr′ē əm) *n., pl.* **-riums, -ria** [< L. *mora,* a delay] **1.** a legal authorization to delay payment of money due **2.** the effective period of such an authorization **3.** any authorized delay or stopping

**moray** (mo rā′) *n.* [< Port. < Gr. *myraina*] a voracious, brilliantly coloured eel, found esp. among coral reefs

**morbid** (môr′bid) *adj.* [< L. *morbus,* disease] **1.** having or showing an interest in gruesome matters **2.** gruesome; horrible **3.** of, having, or caused by disease; diseased —**morbid′ity, mor′bidness** *n.* —**mor′bidly** *adv.*

**mordant** (môr′d′nt) *adj.* [< L. *mordere,* to bite] **1.** biting, caustic, or sarcastic **2.** acting as a mordant —*n.* **1.** a substance used in dyeing to fix the colours **2.** an acid, etc. used in etching to bite lines, areas, etc. into the surface—**mor′dancy** *n.* —**mor′dantly** *adv.*

**more** (môr) *adj. superl.* MOST [OE. *mara*] **1.** greater in amount or degree: the comparative of MUCH **2.** greater in number: the comparative of MANY **3.** additional [take *more* tea] —*n.* **1.** a greater amount or degree **2.** [*with pl. v.*] a greater number (*of*) **3.** something additional [*more* can be said] —*adv. superl.* MOST **1.** in or to a greater degree or extent: used with many adjectives and adverbs (esp. those of three or more syllables) to form comparatives **2.** in addition —**more and more** **1.** increasingly **2.** a constantly increasing amount, quantity, etc. —**more or less** **1.** somewhat **2.** approximately

**morel** (mo rel′) *n.* [< OHG. *morhila,* carrot] an edible mushroom that looks like a sponge on a stalk

**morello** (mə rel′ō) *n., pl.* **-los** [It.] a variety of small sour cherry with dark-red skin and juice

**moreover** (môr ō′vər) *adv.* in addition to what has been said; besides; further; also

**mores** (môr′ēz) *n.pl.* [L., customs] folkways that, through general observance, develop the force of law

**morganatic** (môr′gə nat′ik) *adj.* [< OHG. *morgengeba,* morning gift given to one's bride] designating or of a form of marriage in which a man of royalty or nobility marries a woman of inferior social status with the provision that neither she nor their offspring may lay claim to his rank or property —**mor′ganat′ically** *adv.*

**morgen** (môr′gən) *n.* [< Du. *morgen,* morning] [S Afr.] a unit of area approximately two acres or 0.8 hectare

**morgue** (môrg) *n.* [Fr.] **1.** a place where the bodies of dead persons are kept **2.** a newspaper office's reference library of back numbers, clippings, etc.

**moribund** (mor′ə bund′) *adj.* [< L. *mori,* die] **1.** dying **2.** coming to an end —**mor′ibund′ity** *n.*

**morion** (môr′ē ən) *n.* [Fr.] *Hist.* a crested helmet with a curved brim coming to a peak in front and behind

**Morisco** (mə ris′kō) *adj.* Moorish —*n., pl.* **-cos, -coes** a Moor; esp., one of the Moors of Spain

**Mormon** (môr′mən) *n.* a member of the Church of Jesus Christ of Latter-day Saints founded in the U.S. in 1830 by Joseph Smith —**Mor′monism** *n.*

**morn** (môrn) *n.* [OE. *morne*] [Poet.] morning

**mornay** (môr′nā′) *adj.* [? < Phillipe de *Mornay*] denoting a white sauce to which cheese is added

**morning** (môr′niŋ) *n.* [OE. *morgen*] **1.** the first or early part of the day, from midnight, or esp. dawn, to noon **2.** dawn; daybreak —*adj.* of, for, or in the morning

**morning after** [Colloq.] a hangover, or painful awakening

**morning dress** formal daytime dress for men, including a cutaway frock coat (**morning coat**)

**morning glory** a twining annual plant with trumpet-shaped flowers of lavender, blue, pink, or white

**mornings** *adv.* [Colloq.] during every morning

**morning sickness** nausea and vomiting occurring in the morning during the first months of pregnancy

**morning star** a planet, esp. Venus, visible in the eastern sky before sunrise

**morocco** (mə ro′kō) *n.* [< *Morocco*] a fine, soft leather made, orig. in Morocco, from goatskins

**moron** (môr′on) *n.* [< Gr. *mōros,* foolish] **1.** [Colloq.] a very stupid person **2.** a person having mild mental retardation —**moron′ic** *adj.* —**moron′ically** *adv.*

**morose** (mə rōs′) *adj.* [< L. *mos,* manner] ill-tempered; gloomy, sullen, etc. —**morose′ly** *adv.* —**morose′ness** *n.*

**morpheme** (môr′fēm) *n.* [< Gr. *morphē,* form] the smallest meaningful unit in a language, as an affix, a base, or an inflectional form —**morphe′mic** *adj.*

**morphine** (môr′fēn) *n.* [< L. *Morpheus,* god of sleep and dreams] a bitter, white or colourless alkaloid derived from opium and used to relieve pain: also **mor′phia**

**morphology** (môr fol′ə jē) *n.* [< Gr. *morphē,* form + -LOGY] **1.** the branch of biology dealing with the form and structure of animals and plants **2.** the branch of linguistics dealing with the structure and forms of words **—mor′phological** (-fə loj′i k′l), **mor′phologʼic** *adj.*

**morris** (mor′is) *adj.* [< ME. *morys,* moorish] of an old folk dance performed esp. on May Day, in which fancy costumes are worn **—*n.*** this dance

**morris man** a dancer in a morris dance: also **morris dancer**

**morrow** (mor′ō) ***n.*** [< OE. *morgen,* morning] [Poet.] **1.** morning **2.** the next day

**Morse** (môrs) ***adj.*** [< Samuel *Morse*] [*often* **m-**] designating a code, or alphabet, consisting of dots and dashes, or short and long sounds **—*n.*** the Morse code

**morsel** (môr′s′l) ***n.*** [< L. *morsum,* a bite] **1.** a small bite or portion of food **2.** a small amount; bit

**mortal** (môr′t′l) ***adj.*** [< L. *mors,* death] **1.** that must eventually die **2.** of man as a being who must eventually die **3.** of this world **4.** of death **5.** causing death **6.** to the death [*mortal* combat] **7.** not to be pacified [a *mortal* enemy] **8.** very intense [*mortal* terror] **9.** [Colloq.] *a*) extreme *b*) long and tedious *c*) possible [no *mortal* good to anyone] **—*n.*** a being who must eventually die; esp., a human being **—mor′tally *adv.***

**mortality** (môr tal′ə tē) ***n.*** **1.** the mortal nature of man **2.** death on a large scale, as from war **3.** the proportion of deaths to population; death rate **4.** human beings collectively

**mortar** (môr′tər) ***n.*** [< L. *mortarium*] **1.** a bowl in which substances are ground to a powder with a pestle **2.** a short-barrelled cannon which hurls shells in a high trajectory **3.** a mixture of cement or lime with sand and water, used between bricks, etc. **—*vt.*** to plaster together with mortar

**mortarboard** ***n.*** **1.** a square board with a handle beneath, on which mortar is carried **2.** an academic cap with a square, flat top

**mortgage** (môr′gij) ***n.*** [< OFr. *mort,* dead + *gage,* GAGE[1]] *Law* **1.** the pledging of property to a creditor as security for the payment of a debt **2.** *a*) the deed by which this pledge is made *b*) the sum of money borrowed **—*vt.* -gaged, -gaging 1.** *Law* to pledge (property) by a mortgage **2.** to put an advance liability on [he *mortgaged* his future] **—mort′gagor′, mort′gager′ *n.***

**mortgagee** (môr′gə jē′) ***n.*** a person to whom property is mortgaged

**mortice** (môr′tis) ***n., vt.*** *alt. sp. of* MORTISE

**mortification** (môr′tə fi kā′shən) ***n.*** **1.** shame, humiliation, etc. **2.** something causing shame, humiliation, etc. **3.** the control of physical desires by self-denial, fasting, etc. **4.** *old term for* GANGRENE

**mortify** (môr′tə fī′) ***vt.*** **-fied′, -fy′ing** [< L. *mors,* death + *facere,* make] **1.** to shame, humiliate, etc. **2.** to punish (one's body) or control (one's physical desires) by self-denial, fasting, etc. **—*vi.*** [Rare] to become gangrenous

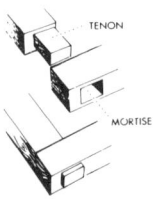


**mortise** (môr′tis) ***n.*** [< Ar. *murtazza,* joined] a notch or hole cut, as in a piece of wood, to receive a projecting part (*tenon*) shaped to fit **—*vt.* -tised, -tising 1.** to join securely, esp. with a mortise and tenon **2.** to cut a mortise in

**mortise lock** a lock set into a mortise in a door so that the mechanism is enclosed by the door

**mortmain** (môrt′mān′) ***n.*** [< L. *mori,* die + *manus,* hand] *Law* a transfer of property to a corporate body for perpetual ownership

**mortuary** (môr′tyoo wər ē) ***n., pl.*** **-aries** [< L. *mortuus,* dead] a place where dead bodies are kept before burial or cremation

**Mosaic** (mō zā′ik) ***adj.*** of Moses or the writings, principles, etc. attributed to him

**mosaic** (mō zā′ik) ***n.*** [< L. *musa,* MUSE] **1.** the making of designs by inlaying small bits of coloured stone, glass, etc. in mortar **2.** a picture or design so made **3.** anything resembling this **—*adj.*** of or resembling mosaic

**Moselle** (mō zel′) ***n.*** a white wine from the Rhine valley

**Moslem** (moz′lem) ***n.*** [< Ar. *aslama,* to resign oneself (to God)] an adherent of Islam **—*adj.*** of Islam or the Moslems: also **Moslem′ic —Mos′lemism *n.***

**mosque** (mosk) ***n.*** [< Ar. *sajada,* pray] a Moslem temple or place of worship

**mosquito** (mə skēt′ō) ***n., pl.*** **-toes, -tos** [Sp. & Port. < L. *musca,* fly] a two-winged insect, the female of which has skin-piercing, bloodsucking mouthparts: some varieties transmit diseases, as malaria and yellow fever

**mosquito net** (or **netting**) a fine mesh curtain for keeping out mosquitoes

**moss** (mos) ***n.*** [OE. *mos,* swamp] **1.** a very small, green plant growing in velvety clusters on rocks, trees, etc. **2.** [Chiefly Scot.] a peat bog or swamp **—*vt.*** to cover with a growth of moss **—moss′y *adj.***

**moss hag** a portion of a peat moor from which the peat has been cut

**mossie** (mos′ē) ***n.*** *see* CAPE SPARROW

**moss rose** a variety of the cabbage rose with a roughened, mossy flower stalk and calyx

**moss stitch** *Knitting* rows alternating plain and purl stitches yielding a knobbly pattern

**mosstrooper** ***n.*** **1.** *Hist.* any of the raiders

who infested the borderland between England and Scotland **2.** a raider

**most** (mōst) *adj. compar.* MORE [OE *mast*] **1.** greatest in amount or degree: the superlative of MUCH **2.** greatest in number: the superlative of MANY **3.** in the greatest number of instances —*n.* **1.** the greatest amount or degree **2.** [*with pl. v.*] the greatest number (*of*) —*adv. compar.* MORE in or to the greatest degree or extent: used with many adjectives and adverbs (esp. those of three or more syllables) to form superlatives —**at (the) most** not more than —**make the most of** to take the fullest advantage of

**mostly** *adv.* **1.** for the most part **2.** chiefly **3.** usually

**Most Reverend** the form of address used for archbishops or Irish Roman Catholic bishops

**mot** (mō) *n.* [Fr., word] a witticism or pithy remark

**M.O.T.** Ministry of Transport —*n.* [Colloq.] *same as* M.O.T. TEST

**mote** (mōt) *n.* [OE. *mot*] a speck, as of dust

**motel** (mō tel′) *n.* [MO(TORIST) + (HO)TEL] a hotel for those travelling by car, with accessible parking

**motet** (mō tet′) *n.* [OFr., dim of *mot*, word] a contrapuntal song of a sacred nature for several voices

**moth** (moth) *n., pl.* **moths** [OE. *moththe*] a four-winged, chiefly night-flying insect related to the butterfly but generally smaller and less brightly coloured; specif., a small moth (**clothes moth**) whose larvae eat holes in woollens, furs, etc.

**mothball** *n.* a small ball of naphthalene, the fumes of which repel moths —**in** (or **out of**) **mothballs** put into (or taken from) storage

**moth-eaten** *adj.* **1.** gnawed away in patches by moths, as cloth **2.** worn-out **3.** outdated

**mother** (mu*th*′ər) *n.* [OE. *modor*] **1.** a female parent **2.** that which is the origin of something **3.** a woman who is the head (**mother superior**) of a religious establishment **4.** an elderly woman: used as a title of affectionate respect —*adj.* **1.** of or like a mother **2.** native [*mother* tongue] —*vt.* **1.** to be the mother of **2.** to care for as a mother does —**moth′erless** *adj.*

**Mother Carey's chicken** (kāər′ēz) [< ?] any of various sea petrels; esp., *same as* STORMY PETREL (sense 1)

**mother country** *same as* MOTHERLAND

**mother earth** **1.** the earth as a mother, particularly in its fertility **2.** soil; ground

**motherhood** *n.* **1.** the state of being a mother **2.** the qualities of a mother **3.** mothers collectively

**mother-in-law** *n., pl.* **moth′ers-in-law′** the mother of one's husband or wife

**motherland** *n.* a person's native land

**motherly** *adj.* of, like, or befitting a mother; maternal —**moth′erliness** *n.*

**mother-naked** *adj.* completely naked

**mother-of-pearl** *n.* the hard, pearly internal layer of certain marine shells, as of the pearl oyster

**Mother's Day** **1.** in Britain, a Sunday in Lent set aside in honour of mothers: also **Mothering Sunday** **2.** in the US and Canada, the second Sunday in May, observed as a day in honour of mothers

**mother's meeting** **1.** a parish meeting of mothers **2.** any meeting where gossip is exchanged

**mother tongue** one's native language

**mothproof** (moth′prōōf′) *adj.* treated chemically so as to repel moths —*vt.* to make mothproof

**motif** (mō tēf′) *n.* [Fr.: see MOTIVE] **1.** a theme or subject that is repeated with various changes, as in a piece of music, a book, etc. **2.** a repeated figure in a design

**motion** (mō′shən) *n.* [< L. *movere*, move] **1.** a moving from one place to another **2.** a meaningful movement of the hand, etc.; gesture **3.** *a*) the capacity for movement *b*) a manner of movement; gait **4.** a proposal formally made in an assembly **5.** *a*) the evacuation of the bowels *b*) faeces —*vi.* to make a meaningful movement of the hand, head, etc. —*vt.* to command by a meaningful gesture —**go through the motions** to do something in a mechanical way —**in motion** moving —**mo′tionless** *adj.*

**motivate** (mōt′əvāt′) *vt.* **-vat′ed, -vat′ing** to provide with, or affect as, a motive —**mo′tiva′tion** *n.*

**motive** (mōt′iv) *n.* [< L. *movere*, to move] **1.** some inner drive, impulse, etc. that causes one to act in a certain way **2.** *same as* MOTIF —*adj.* of or causing motion

**-motive** [see prec.] *a suffix meaning* of motion, moving

**motive power** **1.** any power, as steam, electricity, etc., used to impart motion **2.** an impelling force

‡**mot juste** (mō zhüst′) *pl.* **mots justes** (mō zhüst′) [Fr.] the right word; exact, appropriate word or phrase

**motley** (mot′lē) *adj.* [< ?] **1.** of many colours **2.** of many different elements [*a motley* group] —*n. Hist.* a garment of various colours, worn by a jester

**motocross** (mō′tə kros′) *n.* [MOTO(R) + CROSS(-COUNTRY)] a cross-country race for lightweight motorcycles

**motor** (mōt′ər) *n.* [< L. *movere*, to move] **1.** anything that produces motion **2.** an engine; esp., an internal-combustion engine **3.** *short for* MOTOR CAR **4.** a machine for converting electrical energy into mechanical energy —*adj.* **1.** producing motion **2.** of or powered by a motor **3.** of, by, or for motor vehicles —*vi.* to travel by motor car

**motor bicycle** a bicycle driven by a motor; a moped

**motorbike** *n.* [Colloq.] a motorcycle

**motorboat** *n.* a boat propelled by a motor

**motorcade** (mōt′ər kād′) *n.* [MOTOR + (CAVAL)CADE] [U.S.] a procession of motor cars

**motor car** a passenger car propelled

by an engine, and used for travelling on roads: also **motorcar**

**motorcycle** *n.* a two-wheeled vehicle, like a bicycle, propelled by an internal-combustion engine —*vi.* **-cled, -cling** to ride a motorcycle —**mo′torcy′clist** *n.*

**motorist** *n.* a person who drives a motor car

**motorize** *vt.* **-ized′, -iz′ing** **1.** to equip with motor-driven vehicles **2.** to equip (a vehicle, etc.) with a motor

**motorman** *n.* **1.** a person who drives an electric locomotive **2.** a person who operates a motor

**motor nerve** a nerve which controls muscular movement

**motor vehicle** a vehicle on wheels having its own motor for use on roads, as a motor car

**motorway** *n.* a main road for fast moving traffic with separate carriageways for vehicles travelling in opposite directions

**M.O.T. test** a compulsory annual test of the roadworthiness of motor vehicles over a certain age

**mottle** (mot′'l) *vt.* **-tled, -tling** [< MOTLEY] to mark with blotches or streaks of different colours —**mot′tled** *adj.*

**motto** (mot′ō) *n., pl.* **-toes, -tos** [It., word] **1.** a word, phrase, or sentence chosen as expressive of the ideals of a nation, group, etc. and inscribed on something **2.** a maxim adopted as a principle of behaviour

‡**moue** (mo͞o) *n., pl.* **moues** (mo͞o) [Fr.] a pouting grimace

**mould**[1] (mōld) *n.* [see MODULE] **1.** a hollow form for shaping something plastic or molten **2.** a frame on which something is modelled **3.** a pattern or model **4.** something formed in or on a mould **5.** distinctive character —*vt.* **1.** to make or shape in or on, or as if in or on, a mould **2.** to influence (opinion, etc.) strongly **3.** to fit closely to the contours of —**mould′er** *n.*

**mould**[2] *n.* [ME. *moul*] a downy fungous growth on organic matter, esp. in the presence of dampness or decay

**mould**[3] *n.* [OE. *molde*, earth] loose, soft soil, esp. when rich with decayed organic matter

**mouldboard** *n.* a curved iron plate on a ploughshare, for turning over the soil

**moulder** *vt. vi.* [see MOULD[3]] to crumble into dust; decay

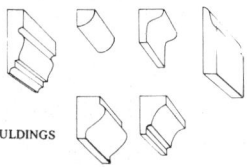

MOULDINGS

**moulding** *n.* something moulded, esp. a shaped strip of wood, etc., for finishing or decorating walls (esp. near the ceiling), furniture, etc.

**mouldy** *adj.* **-ier, -iest** **1.** covered with mould **2.** musty, as from age or decay **3.** [Colloq.] miserable, dull, etc. —**mould′iness** *n.*

**moult** (mōlt) *vi.* [< L. *mutare*, to change] to shed skin, feathers, etc. prior to replacement by a new growth: said of reptiles, birds, etc. —*vt.* to shed thus —*n.* a moulting —**moulter** *n.*

**mound** (mound) *n.* [< ?] a heap or bank of earth, sand, etc.; small hill —*vt.* to heap up in a mound

**mount**[1] (mount) *n.* [< L. *mons*] a mountain or hill: now poetic or [M-] before a proper name [*Mount* Everest]

**mount**[2] *vi.* [see prec.] **1.** to climb; ascend **2.** to climb up on something; esp. a horse **3.** to increase in amount —*vt.* **1.** to go up; ascend [to *mount* stairs] **2.** *a*) to get up on (a horse, platform, etc.) *b*) to provide with a horse **3.** to place or fix on or in the proper support, backing, etc., as a gem in a setting **4.** to arrange (a skeleton, dead animal, etc.) for exhibition **5.** to prepare for and undertake (an expedition, etc.) **6.** *Mil.* *a*) to place (a gun) in position for use *b*) to post (a guard) on sentry duty *c*) to go on (guard) as a sentry —*n.* **1.** a horse for riding **2.** the support, setting, etc. on or in which something is mounted —**mount′able** *adj.* —**mount′er** *n.*

**mountain** (moun′tin) *n.* [< L. *mons*, MOUNT[1]] **1.** a natural raised part of the earth's surface, larger than a hill **2.** [*pl.*] a chain or group of such elevations: also **mountain chain, mountain range** **3.** a large heap or mound **4.** a very large amount —*adj.* of or in mountains

**mountain ash** the rowan tree

**mountain dew** [Colloq.] **1.** orig., Scotch whisky **2.** any whisky esp. when illegally distilled

**mountaineer** (moun′tin ēər′) *n.* a mountain climber —*vi.* to climb mountains, as for sport —**moun′taineer′ing** *n.*

**mountain goat** *same as* ROCKY MOUNTAIN GOAT

**mountain lion** *same as* PUMA

**mountainous** (moun′tin əs) *adj.* **1.** full of mountains **2.** like a mountain; esp., very large

**mountain sickness** a feeling of weakness, nausea, etc. brought on at high altitudes by the rarefied air

**mountebank** (moun′tə baŋk) *n.* [< It. *montare*, to mount + *banco*, bench] **1.** orig., a person who sold quack medicines in a public place **2.** any charlatan, or quack —*vi.* to act as a mountebank

**mounted** *adj.* provided with a mount, or horse, vehicle, support, etc. [*mounted* police]

**Mountie, Mounty** *n., pl.* **-ies** [Colloq.] a member of the Royal Canadian Mounted Police

**mounting block** a slab of stone or wooden block used to facilitate mounting of a horse

**mourn** (môrn) *vi., vt.* [OE. *murnan*] **1.** to grieve for (someone who has died)

2. to feel or express sorrow for (something regrettable) —**mourn'er** *n.*

**mournful** *adj.* 1. feeling or expressing grief 2. causing sorrow; melancholy —**mourn'fully** *adv.*

**mourning** *n.* 1. a sorrowing; specif., the expression of grief at someone's death, or the period of this 2. black clothes worn as a sign of grief

**mourning band** a strip of black cloth or crêpe worn, usually around the arm, to show mourning

**mouse** (mous; *for v., usually* mouz) *n., pl.* **mice** [OE. *mus*] 1. any of numerous small rodents, esp., the **house mouse,** which infests human dwellings 2. a timid or spiritless person —*vi.* **moused, mous'ing** to hunt for mice

**mouse-coloured** *adj.* of an indeterminate greyish-brown

**mousetrap** *n.* 1. a trap for catching mice 2. [Colloq.] cheese of an inferior quality

**mousey** *adj.* *same as* MOUSY

**moussaka** (mōō sä'kə) *n.* [ModGr.] a Greek dish of mutton, aubergines, etc., topped with a cheese sauce

**mousse** (mōōs) *n.* [Fr., foam] 1. a light dessert made with egg white, gelatin, fruit, etc. 2. a similar preparation made from fish, ham, etc.

**moustache** (mə stäsh') *n.* [< Fr. < Gr. *mystax,* upper lip] the hair on the upper lip of men

**moustache cup** a drinking cup partly covered on top, to keep the moustache dry

**mousy** (mou'sē) *adj.* **-ier, -iest** 1. *same as* MOUSE-COLOURED 2. of or like a mouse; quiet, timid, etc. 3. infested with mice —**mous'iness** *n.*

**mouth** (mouth; *for v.* mouth) *n., pl.* **mouths** (mouthz) [OE. *muth*] 1. the opening through which an animal takes in food and through which sounds are uttered 2. any opening regarded as like the mouth [the *mouth* of a river, of a jar, etc.] 3. [Colloq.] boastful or rude talk [he is all *mouth*] —*vt.* 1. to say, esp. in an affected manner 2. to form (a word) with the mouth soundlessly —*vi.* to declaim —**down in** (or **at**) **the mouth** [Colloq.] depressed; unhappy —**mouth'er** (mouth'ər) *n.*

**mouthful** *n., pl.* **-fuls'** 1. as much as the mouth can hold 2. the usual amount taken into the mouth 3. a small amount

**mouth organ** *same as* HARMONICA

**mouthpiece** *n.* 1. the part of a musical instrument, telephone, etc., held in or to the mouth 2. a person, periodical, etc. used by others to express their views

**mouthwash** *n.* a flavoured liquid used for rinsing the mouth or gargling

**movable** (mōō'və b'l) *adj.* 1. that can be moved 2. changing in date from one year to the next [*movable* holidays] —*n.* *Law* personal property, as furniture: *usually used in pl.* Also **move'able** —**mov'ably** *adv.*

**move** (mōōv) *vt.* **moved, mov'ing** [< L. *movere*] 1. to change the place or position of 2. to set or keep in motion 3. to cause (*to act, do, say,* etc.) 4. to arouse the emotions, etc. of 5. to propose formally, as in a meeting 6. to cause (the bowels) to evacuate —*vi.* 1. to change place or position 2. to change one's residence 3. to be active [to *move* in artistic circles] 4. to make progress 5. to take action 6. to be, or be set, in motion 7. to make a formal application (*for*) 8. to evacuate: said of the bowels 9. [Colloq.] to depart [time to be *moving* on] 10. *Chess, Draughts,* etc. to change the position of a piece 11. *Commerce* to be disposed of by sale: said of goods —*n.* 1. a movement 2. an action towards some goal 3. a trend 4. a change of residence 5. *Chess, Draughts,* etc. the act of moving or one's turn to move —**get a move on** [Colloq.] to hurry —**move house** to change one's residence —**move in on** [Slang] to draw near to and try to gain control of —**move up** to promote or be promoted —**not move a muscle** to be completely still —**on the move** [Colloq.] moving from place to place —**mov'er** *n.*

**movement** *n.* 1. the act or manner of moving 2. *a*) organized action by people working together towards some goal *b*) those active in this way 3. a trend 4. the moving parts of a mechanism [the *movement* of a clock] 5. the progress of events in a literary work 6. the effect of motion in painting, sculpture, etc. 7. an evacuation (of the bowels) 8. *Music* any of the principal divisions of a symphony or other extended composition

**movie** *n.* [< *moving picture*] [Chiefly U.S.] a cinema film

**moving** *adj.* 1. that moves 2. stirring the emotions —**mov'ingly** *adv.*

**moving staircase** (or **stairway**) *same as* ESCALATOR

**mow** (mō) *vt., vi.* **mowed, mowed** or **mown, mow'ing** [OE. *mawan*] to cut down (grass or grain) with a sickle, lawn mower, etc. from (a lawn, field, etc.) —**mow down** to kill or destroy at random or in great numbers —**mow'er** *n.*

**mown** *alt. pp. of* MOW

**mp** [It. *mezzo piano*] *Music* moderately soft

**M.P.** 1. Member of Parliament 2. Mounted Police

**mpg, m.p.g.** miles per gallon

**mph, m.p.h.** miles per hour

**M.Phil.** Master of Philosophy

**M.P.P.** [Canad.] Member of Provincial Parliament

**Mr.** (mis'tər) *pl.* **Messrs.** (mes'ərz) mister: used before the name or title of a man

**Mrs.** (mis'iz) *pl.* **Mmes.** (mā dam') mistress: now used as a title before the name of a married woman

**Mrs. Mopp** a charwoman

**MS., ms., ms** *pl.* **MSS., mss., mss** manuscript

**Ms.** (miz) a title used for both married and unmarried women; the feminine of Mr.

**M.S., M.Sc.** Master of Science

**M.S.T.** [U.S. & Canad.] Mountain Standard Time
**Mt., mt.** *pl.* **mts.** 1. mount 2. mountain
**M.Tech.** Master of Technology
**mu** (myōō) *n.* the twelfth letter of the Greek alphabet (M, μ)
**much** (much) *adj.* **more, most** [OE. *mycel*] great in amount, degree, etc. —*adv.* 1. to a great degree or extent [*much* happier] 2. nearly [*much* the same] 3. often [do you dine out *much?*] —*n.* 1. a great amount [*much* to be done] 2. something great, outstanding, etc. [not *much* to look at] —**a bit much** [Colloq.] somewhat extreme —**make much of** to treat as of great importance —**much as** 1. almost as 2. though —**much of a muchness** very much alike
**mucilage** (myōō′sə lij) *n.* [< L. *mucere,* be mouldy] 1. a thick, sticky substance produced in certain plants 2. any watery gum, glue, etc. used as an adhesive
**muck** (muk) *n.* [< or akin to ON. *myki,* dung] 1. farmyard manure 2. dirt; filth —*vt.* 1. to fertilize with muck 2. [Colloq.] to dirty as with muck 3. [Slang] to bungle (often with *up*) —**muck about** (or **around**) [Slang] 1. to waste time 2. to interfere (with) —**muck in** to share something, such as duties, expenses, etc. —**muck′y** *adj.*
**muckrake** *vi.* **-raked′, -rak′ing** to search for and publicize corruption by public officials, etc. —**muck′rak′er** *n.*
**mucksweat** *n.* a profuse or copious sweat
**mucous** (myōō′kəs) *adj.* 1. of, containing, or secreting mucus 2. slimy —**mucos′ity** (-kos′ə tē) *n.*
**mucous membrane** a mucus-secreting membrane lining body cavities, as the mouth, connecting with the air
**mucus** (myōō′kəs) *n.* [L.] the slimy secretion that moistens and protects the mucous membranes
**mud** (mud) *n.* [prob. < LowG.] wet, soft, sticky earth —*vt.* **mud′ded, mud′ding** to cover or soil with or as with mud —**throw** (or **sling**) **mud at** [Colloq.] to slander or defame
**muddle** (mud′l) *vt.* **-dled, -dling** [< MUD] 1. to mix up; jumble 2. to confuse; befuddle —*vi.* to act or think in a confused way —*n.* mess, confusion, etc. —**muddle through** to succeed in spite of confusion
**muddle-headed** *adj.* stupid; blundering; confused
**muddy** *adj.* **-dier, -diest** 1. full of or spattered with mud 2. cloudy [*muddy* coffee] 3. confused, obscure, etc. —*vt., vi.* **-died, -dying** to make or become muddy —**mud′dily** *adv.* —**mud′diness** *n.*
**mudguard** *n.* a metal frame over the wheels of a bicycle, etc., to protect against splashing mud
**mudlark** *n.* 1. formerly, one who made a living by picking up odds and ends in the mud of tidal rivers 2. [Colloq.] a street urchin
**mudpack** *n.* a paste made up of fuller's earth, astringents, etc., used as a facial
**mudslinging** *n.* unscrupulous attacks against an opponent, as in a political campaign —**mud′sling′er** *n.*
**muesli** (myōō′zlē) *n.* [SwissG.] a mixture of uncooked cereals, usually mixed with nuts, fruits, etc.
**muezzin** (mōō ez′in) *n.* [< Ar. *adhana* proclaim] a Moslem crier who calls the people to prayer
**muff**[1] (muf) *n.* [Du. *mof* < Fr. *moufle* mitten] a cylindrical covering of fur etc. into which the hands are placed from either end for warmth
**muff**[2] *vt., vi.* [< ?] to do (something) badly or awkwardly; specif., to bungle (a catch)
**muffin** (muf′in) *n.* [< ?] a thick, plain yeast roll, usually served hot and buttered
**muffin man** a man who used to sell muffins in the street
**muffle** (muf′l) *vt.* **-fled, -fling** [< ? OFr *moufle,* mitten] 1. to wrap up so as to hide, keep warm, etc. 2. to cover in order to deaden sound 3. to deaden (a sound)
**muffler** *n.* 1. a scarf worn around the throat, as for warmth 2. [U.S.] a silencer
**mufti** (muf′tē) *n.* [Ar. < *āftā,* to judge] ordinary clothes, esp. when worn by one who usually wears a uniform
**mug** (mug) *n.* [prob. < Scand.] 1. a large drinking cup with a handle but no saucer 2. as much as a mug will hold 3. [Slang] *a*) the face *b*) the mouth 4. [Colloq.] a stupid or gullible person —*vt.* **mugged, mug′ging** 1. to assault and rob 2. [Colloq.] to learn by studying (with *up*) —*vi.* to assault someone —**a mug's game** something only a gullible or simple person would do —**mug′ger** *n.*
**muggins** (mug′inz) *n.* [< personal name] [Slang] a dupe; fool
**muggy** (mug′ē) *adj.* **-gier, -giest** [< ? ON. *mugga,* a drizzle] hot, damp, and close —**mug′giness** *n.*
**mukluk** (muk′luk) *n.* [< Eskimo] a soft, usually sealskin boot worn by Eskimos
**mulatto** (myōō lat′ō) *n., pl.* **-toes** [Sp. & Port. *mulato,* of mixed breed] a person who has one Negro parent and one white parent
**mulberry** (mul′ber ē) *n., pl.* **-ries** [OE. *morberie*] 1. any of several trees that bear edible fruits resembling the raspberry 2. purplish red
**mulch** (mulch) *n.* [ME. *molsh,* soft] leaves, peat etc., spread on the ground around plants to retain moisture, protect roots, etc. —*vt.* to apply mulch to
**mulct** (mulkt) *vt.* [< L. *multa,* a fine] 1. to fine 2. to extract (money) from (someone), as by fraud —*n.* a fine
**mule**[1] (myōōl) *n.* [< L. *mulus*] 1. the offspring of a donkey and a horse, esp. of a jackass and a mare 2. a machine that spins cotton fibres into yarn
**mule**[2] *n.* [Fr. < L. *mulleus,* red shoe] a slipper that does not cover the heel
**muleteer** (myōō′lə tēər′) *n.* [< OFr.] a driver of mules
**mulish** *adj.* stubborn; obstinate —**mul′ishly** *adv.*

**mull**[1] (mul) *vt., vi.* [< ?] [Colloq.] to cogitate or ponder (usually with *over*)

**mull**[2] *vt.* [< ?] to heat, sweeten, and flavour with spices

**mull**[3] *n.* [< ON. *muli,* snout] [Scot.] a headland

**mullah, mulla** (mul′ə) *n.* [< Ar. *mawlā*] a Moslem teacher of the religious law: used as a title of respect

**mullet** (mul′it) *n.* [< L. *mullus*] any of a group of edible, spiny-rayed fishes found in fresh and salt waters

**mulligatawny** (mul′i gə tô′nē) *n.* [Tamil *milagutannir,* pepper water] a soup flavoured with curry

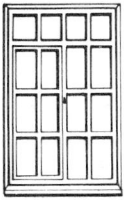

MULLIONS

**mullion** (mul′ē ən) *n.* [prob. < L. *medianus,* middle] a slender, vertical dividing bar between the panes of windows, panels, etc. —**mul′lioned** *adj.*

**multangular** (mul taŋ′gyoo lər) *adj.* having many angles

**multi-** [L. < *multus,* much, many] *a combining form meaning:* **1.** having many **2.** more than two **3.** many times more than The meanings of the following words can be determined by combining the meanings of their component elements: **multicoloured, multilingual, multipurpose, multiracial, multistorey**

**multifarious** (mul′tə fâər′ē əs) *adj.* [L. *multifarius*] having many kinds of parts or elements —**mul′tifar′iously** *adv.*

**multiflora rose** (mul′tə flôr′ə) a rose with thick clusters of small flowers

**multiform** (mul′tə fôrm′) *adj.* having many forms, shapes, etc.

**multilateral** (mul′ti lat′ər əl) *adj.* **1.** involving more than two nations, etc. **2.** many-sided

**multimillionaire** (mul′ti mil′yə nāər′) *n.* one whose wealth amounts to many millions of pounds, etc.

**multinational** (mul′ti nash′ə n′l) *adj.* designating a company with branches in a number of countries —*n.* a multinational company

**multiple** (mul′tə p′l) *adj.* [< L. *multus,* many + *-plex,* -fold] having or consisting of many parts, elements, etc. —*n.* a number that is a product of some specified number and another number [10 is a *multiple* of 5]

**multiple-choice** *adj.* designating a question for which one of several proposed answers is to be selected

**multiple sclerosis** a disease in which there is damage to the central nervous system, marked by speech defects, etc.

**multiplex** (mul′tə pleks′) *adj.* multiple

**multipliable** (mul′tə plī′ə b′l) *adj.* that can be multiplied: also **mul′tiplic′able** (-plik′ə b′l)

**multiplicand** (mul′tə pli kand′) *n. Math.* the number that is, or is to be, multiplied by another (the *multiplier*)

**multiplication** (mul′tə pli kā′shən) *n.* a multiplying or being multiplied; specif., *Math.* a method used to find the result of adding a specified quantity repeated a specified number of times: indicated in arithmetic by the symbol ×

**multiplication table** a table for memorization showing the results of multiplying each number of a series, usually 1 to 12, by each of the numbers in succession

**multiplicity** (mul′tə plis′ə tē) *n.* [< MULTIPLE] **1.** a being manifold or various **2.** a great number

**multiplier** (mul′tə plī′ər) *n. Math.* the number by which another number (the *multiplicand*) is, or is to be, multiplied

**multiply** (mul′tə plī′) *vt., vi.* **-plied′, -ply′ing** [see MULTIPLE] **1.** to increase in number, amount, degree, etc. **2.** *Math.* to find the product (of) by multiplication

**multitude** (mul′tə tyōōd′) *n.* [< L. *multus,* many] **1.** a large number; host **2.** the masses (preceded by *the*)

**multitudinous** (mul′tə tyōōd′in əs) *adj.* **1.** very numerous **2.** consisting of many parts, elements, etc.

**mum**[1] (mum) *vi.* **mummed, mum′ming** [< OFr. *momer,* grimace] to wear a mask or costume in fun; specif., to act as a mummer at Christmas time

**mum**[2] *n.* [Colloq.] mother

**mum**[3] *adj.* [ME. *momme*] silent —**mum's the word** say nothing

**mumble** (mum′b′l) *vt., vi.* **-bled, -bling** [ME. *momelen*] **1.** to speak or say indistinctly **2.** [Rare] to chew gently —*n.* a mumbled utterance —**mum′blingly** *adv.*

**mumbo jumbo** (mum′bō jum′bō) [of Afr. orig.] **1.** meaningless ritual, gibberish, etc. **2.** an idol or fetish

**mummer** (mum′ər) *n.* [see MUM[1]] any of the masked and costumed persons who travel from house to house acting folk plays at Christmas time

**mummery** *n., pl.* **-meries** **1.** performance by mummers **2.** any pretentious or hypocritical show

**mummify** (mum′ə fī′) *vt.* **-fied′, -fy′ing** to make into a mummy —*vi.* to shrivel up —**mum′mifica′tion** *n.*

**mummy**[1] (mum′ē) *n., pl.* **-mies** [ult. < Per. *mum,* wax] a dead body preserved by embalming, as by the ancient Egyptians

**mummy**[2] *n., pl.* **-mies** [< MUM[2]] [Colloq.] mother

**mumps** (mumps) *n.pl.* [*with sing. v.*] [pl. of obs. *mump,* a grimace] an acute communicable disease, caused by a virus and characterized by swelling of the salivary glands

**mun.** municipal

**munch** (munch) *vt., vi.* [echoic] to chew steadily, often with a crunching sound

**mundane** (mun dān′) *adj.* [< L. *mundus,* world] **1.** commonplace; everyday **2.** worldly, as distinguished from heavenly

**municipal** (myōō nis′ə p'l) *adj.* [< L. *munia,* official duties + *capere,* take] of or having to do with a city, town, etc. or its local government —**munic′ipally** *adv.*

**municipality** (myōō nis′ə pal′ə tē) *n., pl.* **-ties** a city, town, etc. having its own government

**munificent** (myōō nif′ə sənt) *adj.* [< L. *munus,* gift + *facere,* make] **1.** very generous in giving **2.** given with great generosity —**munif′icence** *n.*

**munitions** (myōō nish′ənz) *n.pl.* [< L. *munire,* fortify] war supplies; esp., weapons and ammunition

**muon** (myōō′on) *n.* [MU + (MES)ON] a subatomic particle with a mass 207 times that of an electron

**mural** (myoor′əl) *adj.* [< L. *murus,* wall] of, on, in, or like a wall —*n.* a picture, esp. a large one, painted or applied directly on a wall —**mu′ralist** *n.*

**murder** (mur′dər) *n.* [OE. *morthor*] the unlawful and malicious or premeditated killing of one human being by another —*vt.* **1.** to kill unlawfully and with malice **2.** to spoil, as in performance —*vi.* to commit murder —**cry** (or **scream**) **blue murder** to make a scene —**get away with murder** [Colloq.] to escape censure; do as one pleases —**mur′derer** *n.* —**mur′deress** *n.fem.*

**murderous** *adj.* **1.** of or characteristic of murder; brutal **2.** capable or guilty of, or intending, murder —**mur′derously** *adv.*

**muriatic acid** (myoor′ē at′ik) [< L. *muria,* brine] hydrochloric acid: a commercial term

**murk** (murk) *n.* [< ON. *myrkr,* dark] darkness; gloom

**murky** *adj.* **-ier, -iest** **1.** dark or gloomy **2.** heavy and obscure with smoke, mist, etc.

**murmur** (mur′mər) *n.* [< L.: echoic] **1.** a low, indistinct, continuous sound, as of a stream, far-off voices, etc. **2.** a mumbled complaint **3.** *Med.* any abnormal sound, esp. in the region of the heart —*vi.* **1.** to make a murmur **2.** to mumble a complaint —*vt.* to say in a murmur —**mur′murous** *adj.*

**murphy** (mur′fē) *n., pl.* **-phies** [< Ir. surname] [Slang] a potato

**murrain** (mur′in) *n.* [< L. *mori,* die] **1.** any of various infectious diseases of cattle **2.** [Archaic] a plague

**mus.** **1.** museum **2.** music **3.** musical

**Mus.B., Mus. Bac.** [L. *Musicae Baccalaureus*] Bachelor of Music

**muscat** (mus′kət) *n.* [< LL. *muscus,* musk] **1.** a variety of sweet grape from which muscatel and raisins are made **2.** *same as* MUSCATEL

**muscatel** (mus′kə tel′) *n.* [< It. *moscato,* MUSCAT] **1.** a rich, sweet wine made from the muscat **2.** *same as* MUSCAT Also **mus′cadel′**

**muscle** (mus′′l) *n.* [< L. *mus,* mouse] **1.** any of the body organs consisting of bundles of fibres that can be contracted and expanded to produce bodily movement **2.** the tissue making up such organs **3.** muscular strength **4.** [Colloq.] power based on force —*vi.* **-cled, -cling** [U.S. Colloq.] to impose one's presence or will (with *in*)

**muscle-bound** *adj.* having some of the muscles enlarged and less elastic, as from too much exercise

**muscleman** *n.* **1.** a man with highly developed muscles **2.** a henchman employed by a gangster to intimidate victims or opponents

**Muscovite** (mus′kō vīt′) *n.* a Russian esp. of Moscow —*adj.* of Russia or of Moscow

**Muscovy duck** (mus′kō vē) a common domesticated duck with a large crest

**muscular** (mus′kyoo lər) *adj.* **1.** of or accomplished by muscles **2.** having well developed muscles; strong —**mus′cular′ity** (-lar′ə tē) *n.* —**mus′cularly** *adv.*

**muscular dystrophy** a chronic disease characterized by a progressive wasting of the muscles

**musculature** (mus′kyə lə chər) *n.* [Fr.] the arrangement of the muscles; muscular system

**Mus.D., Mus.Doc., Mus.Dr.** [L. *Musicae Doctor*] Doctor of Music

**Muse** (myōōz) *n.* [< Gr. *mousa*] **1.** *Gr. Myth.* any of the nine goddesses who presided over literature, arts, and sciences **2.** [**m-**] the spirit regarded as inspiring a poet or artist

**muse** (myōōz) *vi.* **mused, mus′ing** [< OFr. *muser,* loiter] to meditate —*vt.* to think or say meditatively

**museum** (myōō zē′əm) *n.* [< Gr. *mousa* Muse] a building, room, etc. for preserving and exhibiting artistic, historical, or scientific objects

**museum piece** **1.** an object of sufficient age or interest to be kept in a museum **2.** [Colloq.] a person or thing regarded as antiquated or decrepit

**mush**[1] (mush) *n.* [prob. var. of MASH] **1.** any thick, soft mass **2.** [Colloq.] maudlin sentimentality

**mush**[2] *interj.* [< ? Fr. *marchons,* let's go] a shout urging on sledge dogs —*vi.* to travel on foot over snow, usually with a dog sledge —*n.* a journey by mushing

**mushroom** (mush′room′) *n.* [< LL. *mussirio*] any of various rapid-growing, fleshy fungi having an umbrellalike top, esp., any edible variety —*adj.* **1.** of or like a mushroom —*vi.* **1.** to grow or spread rapidly **2.** to flatten out at the end so as to resemble a mushroom

**mushroom cloud** the large mushroom-shaped cloud of smoke, debris, etc. produced by a nuclear explosion

**mushy** *adj.* **-ier, -iest** **1.** like mush; thick

and soft **2.** [Colloq.] maudlin and sentimental —**mush'ily** *adv.*

**music** (myōō'zik) *n.* [< Gr. *mousa,* Muse] **1.** the art of combining tones in varying melody, harmony, etc., to form compiete and expressive compositions **2.** a musical composition or its written or printed score **3.** any rhythmic sequence of pleasing sounds, as of birds —**face the music** [Colloq.] to accept the consequences, however unpleasant —**set to music** to compose music for

**musical** *adj.* **1.** of or for music **2.** melodious or harmonious **3.** fond of or skilled in music **4.** set to music —*n.* a theatrical or film production with dialogue, songs, and dances: often, **musical comedy** —**mu'sical'ity** (-kal'ə tē) *n.* —**mu'sically** *adv.*

**musical box** a mechanical musical instrument containing a bar with tuned steel teeth that are struck by pins on a revolving cylinder to produce a certain tune

**musical chairs** a game in which the players march to music around empty chairs (one fewer than the number of players) and rush to sit down each time the music stops: the player with no seat drops out

**music centre** a single hi-fi unit containing a turntable, amplifier, radio, and cassette player

**music hall** **1.** a variety entertainment consisting of songs, comic tunes, etc., esp. in the Edwardian period **2.** the theatre where such entertainments are staged

**musician** (myōō zish'ən) *n.* a person skilled in music; esp., a professional performer of music —**musi'cianship'** *n.*

**musicology** (myōō'zi kol'ə jē) *n.* [see MUSIC & -LOGY] the systematized study of the science, history, and methods of music —**mu'sicol'ogist** *n.*

**music-stool** *n.* **1.** an adjustable stool for a pianist **2.** a hollow stool for storing sheet music

**musk** (musk) *n.* [< Sans. *muska,* testicle] a substance with a strong odour, obtained from the male musk deer or produced synthetically, and used as the basis of perfumes —**musk'like'**, **musk'y** *adj.*

**musk deer** a small, hornless deer of C Asia

**muskeg** (mus'keg') *n.* [< AmInd] [Canad.] an undrained boggy hollow

**muskellunge** (mus'kə lunj') *n.* [< AmInd.] a large N American freshwater game fish: also [Colloq.] **muskie, musky**

**musket** (mus'kit) *n.* [< L. *musca,* a fly] a smooth-bore, long-barrelled firearm used before the invention of the rifle

**musketeer** (mus'kə tēər') *n.* a soldier armed with a musket

**muskmelon** *n.* any of several sweet, juicy fruits, as the cantaloupe

**musk ox** a hardy ox of arctic America and Greenland, with a long coat, curved horns, and a musklike odour

**muskrat** *n.* **1.** a N American rodent with glossy brown fur and a musklike odour **2.** its fur

**musk rose** a rose with fragrant white flowers

**Muslim** (mooz'ləm) *n., adj.* *same as* MOSLEM

**muslin** (muz'lin) *n.* [< Fr. < Mosul, city in Iraq] a fine, plain-weave cotton fabric

**musquash** (mus'kwosh) *n.* [< Algonquian] *another name for* MUSKRAT, esp. the fur

**mussel** (mus''l) *n.* [ult. < L. *musculus*] any of various bivalve molluscs

**Mussulman** (mus''l mən) *n., pl.* **-mans** [< Ar. *muslim*] [Now Rare] a Moslem

**must**[1] (must; *unstressed* məst) ***v.aux.*** *pt.* **must** [< OE. *moste*] an auxiliary used to express: **1.** necessity *[I must pay her]* **2.** probability *[you must be my cousin]* **3.** certainty *[all men must die]* —*n.* [Colloq.] something that must be done, had, etc.

**must**[2] (must) *n.* [< L. *mustum,* new wine] the juice pressed from grapes or other fruit before it has fermented

**mustachio** (məstä'shē ō') *n., pl.* **-chios** [< Sp. or It.] a moustache, esp. a large, bushy one —**musta'chioed** *adj.*

**mustang** (mus'taŋ) *n.* [< Sp. *mesteño,* wild] a small wild or half-wild horse of the SW plains of the U.S.

**mustard** (mus'tərd) *n.* [< OFr.] **1.** any of several plants with yellow flowers and slender pods **2.** the powdered seeds from these pods, used as a pungent seasoning **3.** a dark yellow

**mustard gas** a volatile liquid used as a poison gas in war

**mustard plaster** a plaster made with powdered mustard, applied to the skin as a counterirritant

**muster** (mus'tər) *vt.* [< L. *monere,* warn] **1.** to assemble (troops, etc.) **2.** to collect; summon *[to muster up strength]* —*vi.* to assemble as for inspection —*n.* **1.** an assembling, as of troops for inspection **2.** the persons or things assembled —**pass muster** to measure up to the required standards

**musty** (mus'tē) *adj.* **-tier, -tiest** [ult. < ? MOIST] **1.** having a stale, mouldy smell or taste **2.** trite or antiquated *[musty ideas]* —**mus'tily** *adv.* —**mus'tiness** *n.*

**mutable** (myōōt'ə b'l) *adj.* [< L. *mutare,* to change] **1.** that can be changed **2.** inconstant —**mu'tabil'ity** *n.*

**mutant** (myōōt''nt) *adj.* [< L. *mutare,* to change] undergoing mutation —*n.* an animal or plant with inheritable characters that differ from those of the parents

**mutate** (myōō tāt') *vi., vt.* **-tat'ed, -tat'ing** [< L. *mutare,* to change] to change; specif., to undergo or cause to undergo mutation

**mutation** *n.* **1.** a change, as in form, nature, etc. **2.** *Biol.* *a*) a sudden variation in some inheritable character of an animal or plant *b*) a mutant —**muta'tional** *adj.*

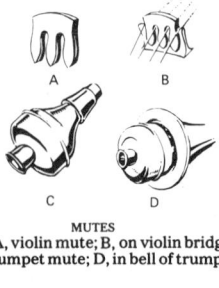


MUTES
(A, violin mute; B, on violin bridge; C, trumpet mute; D, in bell of trumpet)

**mute** (myōōt) ***adj.*** [< L. *mutus*] **1.** voluntarily silent **2.** unable to speak **3.** not spoken [a *mute* appeal] **4.** not pronounced, as the *e* in *mouse* —***n.*** **1.** a person who does not speak; specif., one who cannot speak because deaf; deaf-mute **2.** *Music* a device to soften the tone of an instrument —***vt.*** **mut'ed, mut'ing 1.** to soften the sound of **2.** to tone down (a colour) —**mute'ly** ***adv.***

**mute swan** a common swan with an orange-red beak

**muti** (mōō'tē) ***n.*** [< Zulu *umuthi*] [S Afr.] medicine, esp. herbal

**mutilate** (myōōt'ə lāt') ***vt.*** **-lat'ed, -lat'ing** [< L. *mutilus,* maimed] **1.** to cut off or damage a limb, etc. of (a person or animal) **2.** to damage or otherwise make imperfect —**mu'tila'tion** ***n.***

**mutineer** (myōōt'ə nēər') ***n.*** one guilty of mutiny

**mutiny** (myōōt'ə nē) ***n., pl.*** **-nies** [ult. < L. *movere,* to move] revolt against constituted authority; esp., rebellion of soldiers or sailors against their officers —***vi.*** **-nied, -nying** to take part in a mutiny —**mu'tinous** ***adj.***

**mutt** (mut) ***n.*** [prob. < *muttonhead,* a dolt] [Slang] **1.** a stupid person; blockhead **2.** a mongrel dog; cur

**mutter** (mut'ər) ***vi., vt.*** [ME. *moteren*] **1.** to speak or say in low, indistinct tones **2.** to grumble —***n.*** **1.** a muttering **2.** something muttered —**mut'terer** ***n.***

**mutton** (mut''n) ***n.*** [< ML. *multo,* sheep] the flesh of sheep, used as food —**mutton dressed up as lamb** an older person, thing, or idea dressed up or presented so as to look young or new —**mut'tony** ***adj.***

**mutton chop** **1.** a piece cut from the rib of a sheep for grilling or frying **2.** [*pl.*] side whiskers shaped like mutton chops

**muttonhead** ***n.*** [Slang] a stupid person

**mutual** (myōō'chōō wəl) ***adj.*** [< L. *mutuus,* reciprocal] **1.** *a*) done, felt, etc. by each of two or more for or towards the other or others; reciprocal [*mutual* admiration] *b*) of each other [*mutual* enemies] **2.** [Colloq.] shared in common [our *mutual* friend] —**mu'tual'ity** (-wal'ə tē) ***n.*** —**mu'tually** ***adv.***

**mutual insurance company** a company in which policy holders share in the profits

**Muzak** (myōō'zak) *Trademark* a system of transmitting recorded music to restaurants, factories, etc.

**muzzle** (muz''l) ***n.*** [< ML. *musum*] **1.** the part of the head of a dog, horse, etc. including the mouth, nose, and jaws **2.** a device fastened over the mouth of an animal to prevent its biting or eating **3.** the front end of the barrel of a firearm —***vt.*** **-zled, -zling 1.** to put a muzzle on (an animal) **2.** to prevent from expressing an opinion

**muzzy** (muz'ē) ***adj.*** **-zier, -ziest** [prob. < MU(DDY) + (FU)ZZY] [Colloq.] **1.** confused; befuddled **2.** blurred —**muz'zily** ***adv.*** —**muz'ziness** ***n.***

**M.V.O.** Member of the Royal Victorian Order

**MW** **1.** medium wave **2.** megawatt, megawatts

**mW** milliwatt; milliwatts

**Mx** **1.** maxwell **2.** Middlesex

**my** (mī; *unstressed* mə) ***possessive pronominal adj.*** [OE. *min*] of, belonging to, or done by me —***interj.*** an exclamation of surprise, dismay, etc.

**mycelium** (mī sē'lē əm) ***n., pl.*** **-lia** [< Gr. *mykēs,* mushroom] the vegetative part of a fungus

**Mycenaean** (mī'sə nē'ən) ***adj.*** of a civilization that existed in Greece, Asia Minor, etc. from 1500 to 1100 B.C.

**mycology** (mī kol'ə jē) ***n.*** [< Gr. *mykes,* fungus & -LOGY] the branch of botany dealing with fungi —**mycol'ogist** ***n.***

**myna, mynah** (mī'nə) ***n.*** [Hindi *mainā*] a tropical bird of SE Asia that can mimic speech

**Mynheer** (mī nēər') ***n.*** [Du.] Sir; Mr. a Dutch title of address

**myope** (mī'ōp) ***n.*** a person having myopia

**myopia** (mī ō'pē ə) ***n.*** [< Gr. *myein,* to close + *ōps,* eye] abnormal vision in which light rays from distant objects focus in front of the retina, so that the objects are not seen distinctly; shortsightedness —**myop'ic** (-op'ik) ***adj.***

**myosotis** (mī'ō sōt'is) ***n.*** [< Gr. *myosōtis,* mouse ear] any of a family of plants including the forget-me-not

**myriad** (mir'ē əd) ***n.*** [< Gr. *myrias,* ten thousand] an indefinitely large number —***adj.*** countless

**myriapod** (mir'ē ə pod') ***n.*** [see prec. & -POD] an arthropod having many pairs of jointed legs, as the centipede

**myrmidon** (mur'mə dən) ***n., pl.*** **-dons** [< tribe of Thessalian warriors who fought under Achilles] an unquestioning follower or subordinate

**myrrh** (mur) ***n.*** [< Ar. *murr*] a fragrant bitter-tasting gum resin from Arabia and E Africa, used in making incense, perfume, etc.

**myrtle** (mur't'l) ***n.*** [< Gr. *myrtos*] a shrub with evergreen leaves, white flowers and dark berries

**myself** (mī self', mə-) ***pron.*** a form of

the 1st pers. sing. pronoun, used: *a*) as an intensive *[I went myself] b*) as a reflexive *[I hurt myself] c*) as a quasi-noun meaning "my real or true self" *[I am not myself today]*

**mysterious** (mis tēər′ē əs) ***adj.*** of, containing, implying, or characterized by mystery —**myste′riously** ***adv.***

**mystery**[1] (mis′tə rē) ***n., pl.*** **-teries** [< Gr. *mystērion,* secret rite] **1.** something unexplained, unknown, or kept secret **2.** a novel, play, etc. about a crime and its solution **3.** obscurity or secrecy **4.** [*pl.*] secret rites known only to the initiated *[the Eleusinian mysteries]*

**mystery**[2] ***n., pl.*** **-teries** [< L. *ministerium,* office, by confusion with prec.] [Archaic] a craft or craft guild

**mystery play** any of a class of medieval dramatic representations of Biblical events

**mystery tour** a bus tour, the itinerary of which is not known beforehand by the passengers

**mystic** (mis′tik) ***adj.*** [< Gr. *mystēs,* one initiated] **1.** *same as* MYSTICAL **2.** mysterious, secret, occult, etc. *[mystic rites, mystic powers]* —***n.*** one who professes to undergo profound spiritual experiences

**mystical** ***adj.*** **1.** of mystics or mysticism **2.** spiritually symbolic **3.** *same as* MYSTIC (sense 2) —**mys′tically** ***adv.***

**mysticism** ***n.*** **1.** the beliefs or practices of mystics **2.** the doctrine that knowledge of spiritual truths can be acquired by intuition and meditation

**mystify** (mis′tə fī′) ***vt.*** **-fied′, -fy′ing** **1.** *a*) to puzzle *b*) to bewilder deliberately **2.** to make obscure —**mys′tifica′tion** ***n.***

**mystique** (mis tēk′) ***n.*** [Fr., mystic] an aura of mystery, power, and awe surrounding some person, activity, etc.

**myth** (mith) ***n.*** [< Gr. *mythos*] **1.** a traditional story of unknown authorship, serving usually to explain some phenomenon, custom, etc. **2.** such stories collectively **3.** any fictitious story **4.** any imaginary person or thing

**mythical** ***adj.*** **1.** of myths **2.** existing only in myth **3.** imaginary or fictitious Also **myth′ic** —**myth′ically** ***adv.***

**mythologize** (mi thol′ə jīz′) ***vi.*** **-gized′, -giz′ing** to relate or explain myths —***vt.*** to make into a myth: also **myth′icize**

**mythology** (mi thol′ə jē) ***n., pl.*** **-gies** [< Gr. *mythos,* myth + -LOGY] **1.** the study of myths **2.** myths collectively; esp., the myths of a specific people —**mythological** (mith′ə loj′i k'l) ***adj.*** —**myth′olog′ically** ***adv.***

**myxomatosis** (mik′sō mə tō′sis) ***n.*** [< Gr. *myxa,* mucus] an infectious virus disease in rabbits, characterized by tumorous growths

# N

**N, n** (en) ***n., pl.*** **N's, n's** the fourteenth letter of the English alphabet

**n** (en) ***n.*** **1.** *Math. the symbol for* an indefinite number **2.** *Physics the symbol for* neutron

**N** **1.** *Chem.* nitrogen **2.** *Physics the symbol for* newton

**N, N., n, n.** **1.** north **2.** northern **3.** *Chess* knight

**n.** **1.** net **2.** neuter **3.** noon **4.** noun **5.** number

**Na** [L. *natrium*] *Chem.* sodium

**N.A.A.F.I.** (naf′ē) **1.** Navy, Army and Air Force Institutes **2.** a shop or canteen run by this organization for servicemen

**naartjie** (när′chē) ***n.*** [< Afrik.] [S Afr.] a tangerine

**nab** (nab) ***vt.*** **nabbed, nab′bing** [< ?] [Colloq.] **1.** to seize suddenly **2.** to arrest or catch (a wrongdoer)

**nabob** (nā′bob) ***n.*** [< Ar. *nā′ib,* deputy] *Hist.* **1.** a very rich man, esp. one who obtained his fortune in India **2.** a governor of the old Mogul Empire in India

**nacre** (nā′kər) ***n.*** [Fr. < Ar.] mother-of-pearl **—na′creous** (-krē əs) ***adj.***

**nadir** (nā′dēər′) ***n.*** [< Ar. *nazīr,* opposite] **1.** the point opposite to the zenith and directly below the observer **2.** the lowest point

**nae** (nā) ***adv.*** [Scot.] no; not **—*adj.*** no

**naevus** (nē′vəs) ***n., pl.*** **nae′vi** (-vī) [L.] a birthmark or mole **—nae′void *adj.***

**nag**[1] (nag) ***vt., vi.*** **nagged, nag′ging** [< Scand.] **1.** to annoy by continual scolding, etc. **2.** to keep troubling **—*n.*** one who nags: also **nag′ger —nag′gingly *adv.***

**nag**[2] ***n.*** [< ?] **1.** a horse that is worn-out, old, etc. **2.** a small riding horse

**naiad** (nī′ad) ***n.*** [< Gr. *naein,* to flow] [*also* **N-**] *Gr. & Rom. Myth.* any of the nymphs living in springs, fountains, rivers, etc.

**naif, naïf** (nä ēf′) ***adj.*** [Fr.] *same as* NAIVE

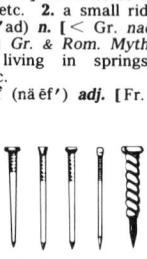


NAILS
(A, common wire; B, flooring; C, finishing; D, oval; E, screw)

**nail** (nāl) ***n.*** [OE. *nægl*] **1.** *a*) the thin, horny substance growing out at the ends of the fingers and toes *b*) a claw **2.** a tapered piece of metal driven with a hammer to hold pieces of wood together **—*vt.*** **1.** to attach, fasten, etc. with nails **2.** to fix (the eyes, etc.) steadily on an object **3.** to discover or expose (a lie, etc.) **4.** [Colloq.] to catch, capture, etc. **—hit the nail on the head** to do whatever is exactly right **—nail down** to settle definitely **—on the nail** at once, esp. where payment is concerned

**nail file** a small, flat file for trimming the fingernails

**nail set** a tool for sinking a nail so that it is below the surface of the wood: also **nail punch**

**naive, naïve** (nä ēv′) ***adj.*** [Fr. < L. *nativus,* natural] unaffectedly simple; artless; unsophisticated **—naive′ly, naïve′ly *adv.***

**naiveté, naïveté** (nä ēv′tā) ***n.*** [Fr.] **1.** a being naive **2.** a naive action or remark

**naked** (nā′kid) ***adj.*** [OE. *nacod*] **1.** completely unclothed; nude **2.** without protection or defence **3.** without its usual covering [a *naked* sword] **4.** without additions, etc. [the *naked* truth] **5.** not aided by a microscope, etc. [the *naked* eye] **—na′kedly *adv.* —na′kedness *n.***

**naked ape** a human being

**NALGO** (nal′gō) National and Local Government Officers' Association

**namby-pamby** (nam′bē pam′bē) ***adj.*** [< *Ambrose Philips*] insipidly pretty or nice **—*n., pl.*** **-bies** a namby-pamby person

**name** (nām) ***n.*** [OE. *nama*] **1.** a word or phrase by which a person, thing, or class of things is known; title **2.** a word or phrase considered descriptive; epithet **3.** *a*) reputation *b*) good reputation **4.** a family **5.** appearance only [in *name* only] **6.** a famous person **—*vt.*** **named, nam′ing** **1.** to give a name to **2.** to designate by name **3.** to identify by the right name [*name* the oceans] **4.** to appoint to an office, etc. **5.** to specify (a day, price, etc.) **—call names** to swear at **—in the name of** **1.** in appeal to **2.** by the authority of **—name names** to identify specific persons, esp. as doing wrong **—name the day** to decide on a date, esp. for a wedding **—to one's name** belonging to one **—name′able *adj.***

**name day** the feast of the saint after whom one is named

**name-dropper** ***n.*** one who tries to impress others by mentioning famous persons in a familiar way

**nameless** ***adj.*** **1.** without a name **2.** left unnamed **3.** not well known **4.**

indescribable **5.** too horrible to specify —**name'lessly** *adv.*

**namely** *adv.* that is to say; to wit

**nameplate** *n.* a piece of metal, etc. on which a name is inscribed

**namesake** *n.* one with the same name as another

**nankeen, nankin** (naŋ kēn') *n.* [< *Nanking,* in China] a buff-coloured cotton cloth, orig. from China

**nanny** (nan'ē) *n. pl.* **-nies** [< *Nan,* dim. of Ann(a)] **1.** a child's nurse **2.** [Colloq.] grandmother

**nanny goat** [see prec.] a female goat

**nano-** [< Gr. *nanos,* dwarf] *a combining form meaning* one thousand-millionth part of *[nanosecond]*

**nap**[1] (nap) *vi.* **napped, nap'ping** [OE. *hnappian*] **1.** to sleep lightly for a short time **2.** to be careless or unprepared —*n.* a brief, light sleep

**nap**[2] *n.* [< MLowG. *noppe*] the downy surface of cloth formed by short hairs or fibres, raised by brushing, etc.

**nap**[3] *n.* [< NAPOLEON] **1.** a card game for two or more players, similar to whist **2.** *Racing* a tip, supposed to be a certainty to win —*vt.* **napped, nap'ping** to name a horse as a winner —**go nap** **1.** a bid in the game of nap to win all the tricks **2.** to risk all

**napalm** (nā'päm) *n.* [*na*(*phthene*) + *palm*(*itate*] a jellylike substance with petrol or oil in it, used in flame throwers and bombs

**nape** (nāp) *n.* [ME.] the back of the neck

**naphtha** (naf'thə) *n.* [< Per. *neft,* pitch] a flammable liquid made by distilling petroleum

**naphthalene** (naf'thə lēn') *n.* [< prec.] a white, crystalline hydrocarbon made by distilling coal tar and used in moth repellents, etc.

**napkin** (nap'kin) *n.* [< L. *mappa,* cloth] **1.** a small, usually square cloth or paper used while eating for protecting the clothes, etc. **2.** *same as* NAPPY

**napkin ring** a ring, often ornate, for holding a table napkin

**napoleon** (nə pō'lē ən) *n.* [< *Napoleon I*] **1.** a former gold coin of France **2.** *original name of* NAP[3]

**nappy** (nap'ē) *n., pl.* **-pies** [< NAPKIN] a soft, absorbent cloth arranged between the legs and around the waist of a baby

**narcissism** (när sis'iz'm) *n.* [< *Narcissus*] self-love —**narcis'sist** *n., adj.* —**nar'cissi'tic** *adj.*

**narcissus** (när sis'əs) *n., pl.* **-cis'suses, -cis'si** (-ī) [< L. < Gr. *narkissos*] any of a genus of bulb plants with yellow or orange flowers, including the daffodils

**narcosis** (när kō'sis) *n.* unconsciousness caused by a narcotic

**narcotic** (när kot'ik) *n.* [< Gr. *narkē,* numbness] **1.** a drug, as opium, used to relieve pain and induce sleep **2.** anything with a soothing, lulling, or dulling effect —*adj.* **1.** of, like, or producing narcosis **2.** of, by, or for narcotic addicts

**nard** (närd) *n.* [< Gr. *nardos*] spikenard

**nark** (närk) *n.* [< Romany *nak,* nose] [Slang] an informer or spy —*vt., vi.* [Slang] **1.** to make, be, or become annoyed, etc. **2.** to inform on (a person) —**nark'y** *adj.*

**narrate** (nə rāt') *vt., vi.* **-rat'ed, -rat'ing** [< L. *narrare,* relate] **1.** to tell (a story) **2.** to give an account of (events) —**narra'tor** *n.*

**narration** (nə rā'shən) *n.* **1.** a narrating **2.** *same as* NARRATIVE **3.** writing or speaking that narrates

**narrative** (nar'ə tiv) *adj.* in story form —*n.* **1.** a story; tale **2.** the art or practice of relating stories

**narrow** (nar'ō) *adj.* [OE. *nearu*] **1.** small in width; not wide **2.** limited in meaning, size, amount, or extent **3.** limited in outlook; not liberal **4.** close; careful *[a narrow inspection]* **5.** with barely enough space, time, etc. **6.** limited in means —*vi., vt.* to decrease or limit in width, extent, or scope —*n.* [*usually pl.*] a narrow passage; strait —**nar'rowly** *adv.* —**nar'rowness** *n.*

**narrow boat** a long, narrow canal boat

**narrow gauge** a width (between railway lines) less than the standard of 56[1]/2 in. —**nar'row-gauge'** *adj.*

**narrow-minded** (nar'ō mīn'dəd) *adj.* limited in outlook; not liberal; prejudiced —**nar'row-mind'edness** *n.*

**narrow seas** the seas separating Britain and Europe

**narwhal** (när'wəl) *n.* [< Scand. *narhval*] an arctic whale valued for its oil and ivory: the male has a long, spiral tusk: also **nar'wal, nar'whale'**

**N.A.S.** National Association of Schoolmasters

**NASA** (nas'ə) [U.S.] National Aeronautics and Space Administration

**nasal** (nā'z'l) *adj.* [< L. *nasus,* nose] **1.** of the nose **2.** produced by making breath go through the nose **3.** characterized by such sounds *[a nasal voice]* —*n.* a nasal sound —**na'sally** *adv.*

**nasalize** (nā'zə līz') *vt., vi.* **-ized', -iz'ing** to pronounce or speak with a nasal sound or sounds —**na'saliza'tion** *n.*

**nascent** (nas'nt) *adj.* [< L. *nasci,* be born] **1.** coming into being **2.** beginning to form, or develop —**nas'cence, nas'cency** *n.*

**nasturtium** (nə stur'shəm) *n.* [< L. *nasus,* nose + *torquere,* to twist] **1.** a plant with shield-shaped leaves and red, yellow, or orange flowers **2.** the flower

**nasty** (nas'tē) *adj.* **-tier, -tiest** [< ?] **1.** unpleasant **2.** offensive **3.** painful; dangerous *[a nasty wound]* **4.** spiteful, abusive, etc. —**a nasty piece of work** [Colloq.] an unpleasant person —**nas'tily** *adv.* —**nas'tiness** *n.*

**nat.** **1.** national **2.** native **3.** natural

**natal** (nāt'l) *adj.* [< L. *nasci,* be born] of or connected with one's birth

**natatorial** (nāt'ə tôr'ē əl) *adj.* [< L. *natator,* swimmer] characterized by swimming: also **na'tatory**

**nation** (nā'shən) *n.* [< L. *nasci,* be born]

1. a community of people with a territory, economic life, language, etc. in common 2. a country 3. a people or tribe —**na'tionhood'** *n.*

**national** (nash'ən'l) *adj.* of or affecting a nation as a whole —*n.* 1. a citizen of a nation 2. [N-] *same as* GRAND NATIONAL —**na'tionally** *adv.*

**national anthem** a patriotic hymn or song commonly sung by the people of a nation at public gatherings

**National Assistance** a former name for various social security benefits

**National Debt** the total debt of central government

**National Front** a political organization opposing immigration and advocating extreme nationalism

**national grid** 1. the system connecting electric power stations by a network of high-voltage power lines 2. the metric coordinate system used in Ordnance Survey maps

**National Guard** [U.S.] a state military force that can be called into federal service by the president

**National Health Service** a system introduced in Britain in 1948 by which medical services are funded mainly by taxation rather than payments by individuals

**National Insurance** an insurance scheme operated by the British government, based on contributions from employers and employees and providing State aid for the sick, jobless, retired, etc.

**nationalism** *n.* 1. the advocacy of national independence 2. patriotism 3. the putting of national interests above international considerations —**na'tionalist** *n., adj.* —**na'tionalis'tic** *adj.*

**nationality** (nash'ənal'ətē) *n., pl.* **-ties** 1. the status of belonging to a particular nation by birth or naturalization 2. a national group, esp. of immigrants from some other country 3. national character

**nationalize** (nash'ənəlīz') *vt.* **-ized', -iz'ing** 1. to transfer ownership or control of (land, industries, etc.) to the nation 2. to make national —**na'tionaliza'tion** *n.*

**national park** an area of great scenic beauty set aside for the use of the public

**national service** compulsory military service, usually for a fixed period of time; conscription

**National Trust** a society founded to preserve and administer places of historic interest or natural beauty

**nationwide** (nā'shənwīd') *adj.* by or throughout the whole nation

**native** (nāt'iv) *adj.* [< L. *nasci,* be born] 1. inborn; natural 2. belonging to a locality or country by birth, production, or growth 3. being, or associated with, the place of one's birth [one's *native* land] 4. as found in nature 5. of or characteristic of the people born in a certain place —*n.* 1. a person born in the region indicated 2. an original inhabitant, esp. as distinguished from colonists, etc. 3. an indigenous plant or animal 4. a permanent resident, not a mere visitor —**go native** to adopt the simpler way of life found in the country one is visiting, etc. —**na'tively** *adv.* —**na'tiveness** *n.*

**nativity** (nətiv'ətē) *n., pl.* **-ties** [see NATIVE] birth —**the Nativity** 1. the birth of Jesus 2. Christmas Day

**NATO** (nā'tō) North Atlantic Treaty Organization

**NATSOPA** (nat sō'pə) National Society of Operative Printers, Graphical & Media Personnel

**natter** (nat'ər) *vi.* [< dial.] [Colloq.] 1. to chatter idly 2. to grumble —*n.* [Colloq.] a chat

**natterjack toad** (nat'ərjak') [< ? echoic] a small toad

**natty** (nat'ē) *adj.* **-tier, -tiest** [< ?] trim and smart in appearance or dress —**nat'tily** *adv.* —**nat'tiness** *n.*

**natural** (nach'rəl) *adj.* [< L. *naturalis,* by birth] 1. of or arising from nature 2. produced or existing in nature; not artificial 3. innate; inborn [*natural* abilities] 4. based on instinctive moral feeling [*natural* rights] 5. true to nature; lifelike 6. normal [a *natural* outcome] 7. customarily expected [a *natural* courtesy] 8. free from affectation 9. *a*) illegitimate *b*) not adoptive 10. *Music* neither sharpened nor flattened —*n.* 1. [Colloq.] a person who is naturally expert 2. [Colloq.] a sure success 3. a yellowish-grey colour 4. *Music a*) the sign (♮) cancelling a preceding sharp or flat: in full, **natural sign** *b*) the note affected: in full, **natural note** 5. an idiot —**nat'uralness** *n.*

**natural gas** a mixture of gaseous hydrocarbons occurring naturally in the earth and used as a fuel

**natural history** the study of the animal, vegetable, and mineral world, esp. in a popular way

**naturalism** *n.* 1. *Literature, Art,* etc. faithful adherence to nature; realism 2. action or thought based on natural desires or instincts

**naturalist** *n.* 1. a person who studies animals and plants 2. a person who believes in or practises naturalism —**nat'uralis'tic** *adj.*

**naturalize** *vt.* **-ized', -iz'ing** 1. to confer citizenship upon (someone of foreign birth) 2. to adopt and make common (a custom, word, etc.) from another place 3. to adapt (a plant or animal) to a new environment —**nat'uraliza'tion** *n.*

**naturally** *adv.* 1. in a natural manner 2. by nature; innately 3. as one might expect; of course

**natural number** any positive integer, as 1, 2, etc.

**natural philosophy** *earlier name for* physics

**natural resources** the forms of wealth supplied by nature, as coal, oil, water power, etc.

**natural science** the systematized knowledge of nature, including biology, chemistry, physics, etc.

**natural selection** the process in evolution by which those individuals (of a species) with characters that help them to become adapted to their specific environment tend to transmit their characters

**nature** (nā′chər) ***n.*** [< L. *nasci,* be born] **1.** the quality or qualities that make something what it is; essence **2.** inborn character, disposition, or tendencies **3.** kind; sort **4.** the basic biological functions, instincts, drives, etc. **5.** the physical universe **6.** [*sometimes* **N-**] the power, force, etc. that seems to regulate this **7.** the primitive state of man **8.** natural scenery **—by nature** inherently **—call of nature** [Colloq.] the desire or need to urinate or defecate **—in a state of nature** **1.** completely naked **2.** not cultivated **3.** uncivilized

**-natured** (nā′chərd) *a combining form meaning* having or showing a (specified kind of) temperament

**nature trail** a path set out in woods, etc., so as to facilitate the study of nature by its users

**naught** (nôt) ***n.*** [< OE. *na,* no + *wiht,* person] **1.** nothing **2.** *Arith.* the figure zero (0) **—*adj.*** [Archaic] worthless Also **nought —set at naught** to defy

**naughty** (nôt′ē) ***adj.*** **-tier, -tiest** [< obs. *naught,* wicked] **1.** not behaving properly; disobedient **2.** improper or obscene **—naugh′tily *adv.* —naugh′tiness *n.***

**nausea** (nô′sē ə) ***n.*** [< Gr. *nausia,* seasickness] **1.** a feeling of sickness in the stomach, with an urge to vomit **2.** disgust

**nauseate** ***vt., vi.*** **-at′ed, -at′ing** to feel or cause to feel nausea

**nauseous** (nô′shəs) ***adj.*** causing nausea; sickening **—nau′seously *adv.* —nau′seousness *n.***

**naut.** nautical

**nautch** (nôch) ***n.*** [< Sans. *nṛt,* to dance] in India, a performance by professional dancing girls **(nautch girls)**

**nautical** (nôt′i k′l) ***adj.*** [< Gr. *naus,* ship] of or relating to sailors, ships, or navigation **—nau′tically *adv.***

**nautical mile** an international unit of distance for sea and air navigation, equal to 6076.11549 feet (1852 metres)

NAUTILUS (shown in cross section)

**nautilus** (nôt′il əs) ***n., pl.*** **-luses, -li′** (-ī′) [< Gr. *naus,* ship] a tropical mollusc with a pearly interior

**naval** (nā′v′l) ***adj.*** [< L. *navis,* ship] of, having, characteristic of, or for a navy, its ships, etc.

**nave**[1] (nāv) ***n.*** [< L. *navis,* ship] the main part of a church, extending from the chancel to the principal entrance

**nave**[2] ***n.*** [OE. *nafu*] the hub of a wheel

**navel** (nā′v′l) ***n.*** [OE. *nafela*] the small depression in the middle of the abdomen, where the umbilical cord was attached

**navel orange** a seedless orange having a navellike depression containing a small, secondary fruit

**navigable** (nav′i gə b′l) ***adj.*** [see ff.] **1.** wide or deep enough for ships, etc. to go through **2.** that can be steered **—nav′igabil′ity *n.* —nav′igably *adv.***

**navigate** (nav′ə gāt′) ***vt., vi.*** **-gat′ed, -gat′ing** [< L. *navis,* ship + *agere,* lead] **1.** to steer or direct (a ship or aircraft) **2.** [Colloq.] to make one's way **3.** to travel through or over (water, air, or land) in a ship or aircraft **—nav′iga′tor *n.***

**navigation** (nav′ə gā′shən) ***n.*** the act or practice of locating the position and plotting the course of ships and aircraft **—nav′iga′tional *adj.***

**navvy** (nav′ē) ***n., pl.*** **-vies** [< NAVIGATE] an unskilled labourer, as on canals, roads, etc.

**navy** (nā′vē) ***n., pl.*** **-vies** [< L. *navis,* ship] **1.** all the warships of a nation **2.** [*often* **N-**] the entire sea force of a nation, including vessels, personnel, stores, yards, etc. **3.** *same as* NAVY BLUE

**navy blue** very dark, purplish blue

**nawab** (nə wäb′) ***n.*** [Hindi *navāb*] *same as* NABOB

**nay** (nā) ***adv.*** [< ON. *ne,* not + *ei,* ever] not that only, but also [he is well-off, *nay,* rich] **—*n.*** **1.** a refusal or denial **2.** a negative vote or voter

**Nazarene** (naz′ə rēn′) ***adj.*** of Nazareth or the Nazarenes **—*n.*** a native or inhabitant of Nazareth **—the Nazarene** Jesus

**Nazi** (nät′sē) ***adj.*** [G., contr. of party name] designating or of the German fascist political party that ruled Germany under Hitler (1933–45) **—*n.*** **1.** a member of this party **2.** [*often* **n-**] a supporter of this party or its ideology; fascist **—Na′zism, Na′ziism *n.***

**Nb** *Chem.* niobium

**N.B.** New Brunswick

**N.B., n.b.** [L. *nota bene*] note well

**N.C.B.** National Coal Board

**NCO, N.C.O.** noncommissioned officer

**NCR** no carbon required

**Nd** *Chem.* neodymium

**N.D., n.d.** no date

**N.D.P.** [Canad.] New Democratic Party

**N.D.T.** [Canad.] Newfoundland Daylight Time

**Ne** *Chem.* neon

**NE, N.E., n.e.** **1.** northeast **2.** northeastern

**Neanderthal** (nē an′dər täl′) ***adj.*** [< German valley where remains were found] designating or of a form of primitive man of the paleolithic period

**neap** (nēp) ***adj.*** [< OE. *nepflod,* neap

tide] designating either of the two lowest monthly tides

**Neapolitan** (nē′ə pol′ə t′n) *adj.* of Naples —*n.* a native or inhabitant of Naples

**near** (nēər) *adv.* [< OE. *neah,* nigh] **1.** at a short distance in space or time **2.** [Colloq.] almost —*adj.* **1.** close in distance or time **2.** close in relationship; akin **3.** close in friendship **4.** close in degree [a *near* escape] **5.** on the left side, facing forward: said of an animal, car wheel, etc. **6.** stingy —*prep.* close to in space, time, degree, etc. —*vt., vi.* to draw near (to) —**near at hand** very close in time or space —**near′ness** *n.*

**nearby** *adj., adv.* near; close at hand

**Near Eastern** of or designating those countries near the E end of the Mediterranean

**nearly** *adv.* almost —**not nearly** not at all

**nearsighted** (nēər′sīt′id) *adj.* short sighted —**near′sight′edness** *n.*

**neat** (nēt) *adj.* [< L. *nitere,* shine] **1.** *a*) clean and orderly; trim; tidy *b*) skilful and precise *c*) simple **2.** unmixed [to drink whisky *neat*] **3.** well-proportioned **4.** cleverly phrased or done —**neat′ly** *adv.* —**neat′ness** *n.*

**neaten** *vt.* to make neat

**'neath, neath** (nēth) *prep.* [Poet.] beneath

**N.E.B.** National Enterprise Board

**nebula** (neb′yoo lə) *n., pl.* **-lae′** (-lē′), **-las** [< L., fog] a vast cloudlike patch seen in the night sky, consisting of very distant groups of stars, etc. —**neb′ular** *adj.*

**nebulous** (neb′yoo ləs) *adj.* **1.** unclear; vague; indefinite **2.** of or like a nebula —**neb′ulously** *adv.*

**necessarily** (nes′ə sər ə lē) *adv.* **1.** because of necessity **2.** as a necessary result

**necessary** (nes′ə sər ē) *adj.* [< L. *ne-,* not + *cedere,* give way] **1.** essential; indispensable **2.** inevitable **3.** that must be done **4.** that follows logically —*n., pl.* **-saries** a thing necessary to life, to some purpose, etc.

**necessitarianism** (nə ses′ə tāər′ē ən-iz′m) *n.* the theory that there is no free will, but that human behaviour is causally determined —**neces′sitar′ian** *n., adj.*

**necessitate** (nə ses′ə tāt′) *vt.* **-tat′ed, -tat′ing** **1.** to make (something) necessary **2.** to compel

**necessitous** *adj.* needy; destitute

**necessity** (nə ses′ə tē) *n., pl.* **-ties** [see NECESSARY] **1.** something that cannot be done without **2.** what is required by circumstances, custom, law, etc. **3.** great need **4.** poverty **5.** natural causation; fate —**of necessity** necessarily

**neck** (nek) *n.* [OE. *hnecca*] **1.** that part of man or animal joining the head to the body **2.** a narrow part between the head and the body of any object, as of a violin **3.** that part of a garment nearest the neck **4.** a narrow, necklike part; specif., *a*) a narrow strip of land *b*) the narrowest part of a bottle, vase, etc. *c*) a strait—*vt., vi.* [Slang] to kiss and caress in making love —**get it in the neck** [Slang] to be severely reprimanded —**neck and neck** very close, as in a race —**neck or nothing** risking all —**risk one's neck** to put one's life, career, etc. in danger —**stick one's neck out** to expose oneself to possible failure, etc. —**neck′er** *n.* —**neck′ing** *n.*

**neckband** *n.* the part of a garment that encircles the neck

**neckerchief** (nek′ər chif) *n.* a kerchief worn around the neck

**necklace** *n.* [NECK + LACE] a string of beads, jewels, etc. worn as an ornament around the neck

**neckline** *n.* the line formed by the edge of a garment around or nearest the neck

**necktie** *n.* *same as* TIE (*n.* 4)

**necro-** [< Gr.] *a combining form meaning* death, corpse

**necromancy** (nek′rō man′sē) *n.* [< Gr. *nekros,* corpse + *manteia,* divination] **1.** divination by alleged communication with the dead **2.** sorcery —**nec′roman′cer** *n.*

**necrophilia** (nek′rō fil′ē ə) *n.* [< NECRO- + Gr. *philos,* loving] an abnormal, often erotic, fascination with death and the dead —**nec′rophile′** (-fīl′) *n.* —**nec′rophil′iac** *adj.*

**necropolis** (ne krop′ə lis) *n., pl.* **-lises** [< Gr. *nekros,* dead body + *polis,* city] a cemetery

**necrosis** (ne krō′sis) *n., pl.* **-ses** (-sēz) [< Gr. *nekros,* dead body] the death or decay of tissue in a part of a living body or plant, as from disease —**necrose** (ne krōs′) *vt., vi.* **-crosed′, -cros′ing**

**nectar** (nek′tər) *n.* [< Gr. *nektar,* that overcomes death] **1.** *Bot.* the sweetish liquid in many flowers, made into honey by bees **2.** *Gr. Myth.* the drink of the gods **3.** any delicious beverage —**nec′tarous** *adj.*

**nectarine** (nek′tə rin) *n.* [< prec.] a variety of peach having a smooth skin without down

**N.E.D.C.** National Economic Development Council

**neddy**[1] (ne′dē) *n., pl.* **-dies** [< *Edward*] a child's word for donkey

**neddy**[2] *n.* [< N.E.D.C.] [Colloq.] the National Economic Development Council

**née** (nā) *adj.* [Fr.] born: used to indicate the maiden name of a married woman

**need** (nēd) *n.* [OE. *nied*] **1.** necessity **2.** lack of something required or desired **3.** something required or desired [one's daily *needs*] **4.** *a*) a condition of deficiency, or one requiring relief or supply *b*) extreme want —*vt.* to have need of; require *Need* is often used as an auxiliary followed by an infinitive with or without *to,* meaning "to be obliged, must" [he *need* not come] —*vi.* to be in need —**have need to** to be compelled to —**if need be** if it is required

**needful** *adj.* necessary —*n.* [Colloq.] ready money

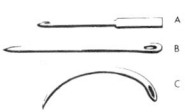


NEEDLES
(A, sewing machine; B, straight; C, surgical)

**needle** (nēd′l) *n.* [OE. *nædl*] **1.** a slender, sharp-pointed piece of steel with a hole for thread, used for sewing **2.** *a*) a slender, hooked rod of steel, bone, etc., for crocheting *b*) a similar but hookless rod, for knitting **3.** a short, pointed piece of metal, etc. that moves in gramophone record grooves to transmit vibrations **4.** the pointer of a compass, gauge, etc. **5.** the thin, short, pointed leaf of the pine, spruce, etc. **6.** the sharp, very slender metal tube at the end of a hypodermic syringe **7.** a needlelike structure or part **8.** [Colloq.] a spur **9.** [Slang] an attack of nerves —*vt.* **-dled, -dling 1.** [Colloq.] *a*) to goad *b*) to tease **2.** to sew, puncture, etc. with a needle —**look for a needle in a haystack** to search for something that is almost impossible to find —**nee′dle-like′** *adj.*

**needlecord** *n.* a fine corduroy fabric

**needle game** a game which is fiercely contested and in which there is personal antagonism between the players

**needlepoint** *n.* **1.** an embroidery of woollen threads on canvas **2.** lace made on a paper pattern

**needless** (nēd′lis) *adj.* unnecessary —**need′lessly** *adv.*

**needle time** *Radio* the amount of programme time during which recorded music is played

**needlewoman** *n.* a seamstress

**needlework** *n.* work done with a needle; sewing or embroidery —**nee′dlework′er** *n.*

**needs** (nēdz) *adv.* [OE. *nedes*] [Now Rare] of necessity; necessarily (with *must*) [he must *needs* obey]

**needy** (nēd′ē) *adj.* **-ier, -iest** very poor; destitute

**ne′er** (nāər) *adv.* [Poet.] never

**ne′er-do-well** *n.* a shiftless, irresponsible person —*adj.* lazy, worthless, etc.

**nefarious** (ni fāər′ē əs) *adj.* [< L. *ne-*, not + *fas*, lawful] very wicked —**nefar′iously** *adv.*

**neg.** **1.** negative **2.** negatively

**negate** (ni gāt′) *vt.* **-gat′ed, -gat′ing** [see ff.] **1.** to make ineffective **2.** to deny the existence or truth of

**negation** (ni gā′shən) *n.* [< L. *negare*, deny] **1.** a denial **2.** the lack or opposite of something positive

**negative** (neg′ə tiv) *adj.* [see prec.] **1.** expressing denial or refusal; saying "no" **2.** opposite to or lacking what is positive [a *negative* personality] **3.** *Elec.* having an excess of electrons **4.** *Math.* less than zero **5.** *Med.* not indicating the presence of symptoms, bacteria, etc. **6.** *Photog.* reversing the relation of light and shade of the original subject —*n.* **1.** a word, phrase, etc. expressing denial, rejection, or refusal **2.** the point of view opposing the affirmative **3.** the plate in a voltaic battery where the lower potential is **4.** *Math.* a negative quantity **5.** *Photog.* an exposed and developed negative film from which positive prints are made —*vt.* **-tived, -tiving 1.** to veto **2.** to contradict **3.** to disprove **4.** to neutralize —**in the negative 1.** in refusal or denial of a plan, etc. **2.** with a negative answer —**neg′atively** *adv.*

**negativism** (neg′ə tiv iz′m) *n.* *Psychol.* an attitude characterized by ignoring or resisting suggestions or orders from others —**neg′ativist** *n., adj.* —**neg′ativis′tic** *adj.*

**neglect** (ni glekt′) *vt.* [< L. *neg-*, not + *legere*, gather] **1.** to fail to attend to properly **2.** to leave undone **3.** to ignore or disregard —*n.* **1.** a neglecting or being neglected **2.** lack of proper care

**neglectful** *adj.* negligent (often with *of*)

**négligé** (neg′lē zhā′) *n.* [< Fr. *négliger*, to neglect] a woman's loosely fitting dressing gown

**negligent** (neg′li jənt) *adj.* [see NEGLECT] **1.** habitually failing to do the required thing **2.** careless, inattentive, etc. —**neg′ligence** *n.* —**neg′ligently** *adv.*

**negligible** (neg′li jə b′l) *adj.* that can be neglected or disregarded, esp. because small —**neg′ligibly** *adv.*

**negotiable** (ni gō′shē ə b′l) *adj.* **1.** that can be passed, crossed, etc. **2.** legally transferable, as a promissory note —**nego′tiabil′ity** *n.*

**negotiate** (ni gō′shē āt′) *vi.* **-at′ed, -at′ing** [< L. *negotium*, business] to confer or discuss with a view to reaching agreement —*vt.* **1.** to succeed in crossing, moving through, etc. **2.** to settle (a transaction, treaty, etc.) **3.** to transfer or sell (negotiable paper) —**nego′tia′tor** *n.*

**negotiation** (ni gō′shē ā′shən) *n.* [*often pl.*] a conferring or bargaining to reach agreement —**nego′tiatory** *adj.*

**Negress** (nē′gris) *n.* a Negro woman or girl

**Negrito** (ne grēt′ō) *n., pl.* **-tos, -toes** [Sp., < *negro*, NEGRO] a member of any of various dwarfish Negroid peoples of the East Indies, the Philippines, and Africa

**negritude** (nē′grə tyōōd′) *n.* [Fr. *négritude*] [*also* **N-**] the affirmation by Negroes of their cultural heritage

**Negro** (nē′grō) *n., pl.* **-groes** [Sp. < L. *niger*, black] **1.** a member of the Negroid peoples of Africa **2.** *same as* NEGROID **3.** any person with Negro ancestors —*adj.* of Negroes

**Negroid** (nē′groid) *adj.* designating or of a major group of mankind that includes the dark-skinned peoples of Africa —*n.* a Negroid person

**negus** (nē'gəs) *n.* [< Col. Francis *Negus*] a beverage of hot water, wine, and lemon juice

**neigh** (nā) *vi.* [OE. *hnægan*] to utter the characteristic cry of a horse; whinny —*n.* this cry

**neighbour** (nā'bər) *n.* [< OE. *neah,* nigh + *gebur,* farmer] **1.** one who lives near another **2.** a person or thing situated near another **3.** a fellow man —*adj.* nearby; adjacent —*vt., vi.* to live or be situated near U.S. sp., **neighbor**

**neighbourhood** *n.* **1.** a district, esp. with regard to some characteristic **2.** people living near one another —**in the neighbourhood of** **1.** near (a place) **2.** [Colloq.] approximately

**neighbourly** *adj.* friendly —**neigh'bourliness** *n.*

**neither** (nī'*th*ər) *adj., pron.* [OE. *nahwæther,* not whether] not either [*neither* of them sings] —*conj.* **1.** not either [can *neither* laugh *nor* cry] **2.** nor [*neither* does he drink]

**nelly** (nel'ē) *n.* [< rhyming slang] life: only in **not on your nelly**

**nelson** (nel's'n) *n.* [< name] a wrestling hold in which one arm is placed under the opponent's arm from behind with the hand pressing the back of his neck

**nematode** (nem'ə tōd') *n.* [< Gr. *nēma,* thread] a long, cylindrical worm, as the hookworm

**Nemesis** (nem'ə sis) *n., pl.* **-ses** (-sēz') [< Gr. *nemein,* deal out] **1.** *a*) just punishment *b*) one who imposes this **2.** anyone or anything that it seems will surely defeat or thwart one After the goddess of retribution in Greek myth

**neo-** [< Gr.] *a combining form meaning* new [*neolithic, neocolonialism*]

**neoclassic** (nē'ō klas'ik) *adj.* designating or of a revival of classic style in art, literature, etc.: also **ne'oclas'sical** —**ne'oclas'sicism** *n.* —**ne'oclas'sicist** *n.*

**neodymium** (nē'ō dim'ē əm) *n.* [< NEO- + Gr. *didymos,* twin] a metallic chemical element of the rare-earth group: symbol, Nd

**Neolithic** (nē'ō lith'ik) *adj.* [NEO- + Gr. *lithos,* stone] designating or of the later part of the Stone Age

**neologism** (nē ol'ə jiz'm) *n.* [see NEO- & -LOGY] a new word or a new meaning for an established word

**neon** (nē'on) *n.* [< Gr. *neos,* new] a rare, colourless, and inert gaseous chemical element: symbol, Ne

**neon lamp** a tube containing neon, which glows red when an electric current is sent through it

**neophyte** (nē'ō fīt') *n.* [< Gr. *neos,* new + *phyein,* produce] **1.** a new convert **2.** any beginner

**Nepali** (ni pôl'ē) *n.* **1.** the Indic language of Nepal **2.** an inhabitant of Nepal

**nephew** (nev'yōō) *n.* [< L. *nepos*] **1.** the son of one's brother or sister **2.** the son of one's brother-in-law or sister-in-law

**nephritis** (ne frīt'əs) *n.* [see ff. & -ITIS] disease of the kidneys, characterized by inflammation, fibrosis, etc.

**nephro-** [< Gr.] *a combining form meaning* kidney

**ne plus ultra** (nā'plus ul'trə) [L., no more beyond] the highest point of perfection

**nepotism** (nep'ə tiz'm) *n.* [< L. *nepos,* nephew] favouritism shown to relatives, esp. in appointment to desirable positions

**Neptune** (nep'tyōōn) **1.** *Rom. Myth.* the god of the sea **2.** a planet of the solar system, eighth in distance from the sun

**neptunium** (nep tyōō'nē əm) *n.* a radioactive chemical element produced by irradiating uranium atoms with neutrons: symbol, Np

**N.E.R.C.** National Environment Research Council

**nervate** (nur'vāt) *adj. Bot.* having nerves, or veins

**nerve** (nurv) *n.* [< L. *nervus*] **1.** any of the cordlike fibres carrying impulses between the body organs and the central nervous system **2.** courage **3.** strength; vigour **4.** [*pl.*] nervousness **5.** [Colloq.] audacity **6.** a tendon: now chiefly in **strain every nerve,** to try as hard as possible **7.** *Biol.* a vein in a leaf or insect's wing —*vt.* **nerved, nerv'ing** **1.** to give strength or courage to **2.** to brace (oneself) —**bundle of nerves** a very nervous person —**get on one's nerves** [Colloq.] to make one irritable

**nerve cell** *same as* NEURON

**nerve centre** **1.** any group of nerve cells that function together **2.** a control centre; headquarters

**nerve gas** a gas which can paralyse the respiratory and central nervous systems

**nerveless** *adj.* **1.** without strength, courage, etc.; weak **2.** controlled **3.** *Biol.* without nerves —**nerve'lessly** *adv.*

**nerve-racking** *adj.* very trying to one's patience or equanimity

**nervous** (nur'vəs) *adj.* **1.** characterized by or having a disordered state of the nerves **2.** emotionally tense, restless, agitated, etc. **3.** fearful **4.** of or made up of nerves **5.** vigorous in expression —**nerv'ously** *adv.* —**nerv'ousness** *n.*

**nervous breakdown** a psychotic or neurotic disorder that impairs the ability to function normally

**nervous system** all the nerve cells and nervous tissues in an organism, including, in the vertebrates, the brain, spinal cord, nerves, etc.

**nervy** *adj.* **-ier, -iest** nervous; excitable —**nerv'ily** *adv.*

**nescient** (nes'ē ənt) *adj.* [< L. *ne-,* not + *scire,* know] ignorant —**nes'cience** *n.*

**ness** (nes) *n.* [< OE. *næs*] a headland: chiefly in place names [*Inverness*]

**-ness** (nis, nəs) [OE. *-nes(s)*] *a suffix meaning* state, quality, or instance of being [*sadness, weakness*]

**nest** (nest) *n.* [OE.] **1.** the structure or place where a bird lays its eggs and shelters its young **2.** the place used by hornets, fish, etc. for spawning or breeding **3.** a cosy place; retreat **4.** a resort, haunt, or den or its frequenters [a *nest* of thieves] **5.** a swarm or colony of birds, insects, etc. **6.** a set of similar things, each fitting within the one next larger —*vi., vt.* **1.** to build or live in (a nest) **2.** to fit (an object) closely within another —**nest'able** *adj.* —**nest'er** *n.*

**nest egg** money, etc. put aside as a reserve or to set up a fund

**nestle** (nes'l) *vi.* **-tled, -tling** [OE. *nestlian*] **1.** to settle down comfortably and snugly **2.** to press close for comfort or in affection **3.** to lie sheltered, as a house among trees —*vt.* **1.** to rest or press snugly **2.** to house as in a nest

**nestling** (nest'liŋ) *n.* a young bird still in the nest

**net**[1] (net) *n.* [OE. *nett*] **1.** an openwork fabric of string, cord, etc., used to snare birds, fish, etc. **2.** a trap; snare **3.** a meshed fabric used to hold, protect, or mark off something [a *hairnet*] **4.** a fine, meshed, lacelike cloth —*vt.* **net'ted, net'ting** **1.** to snare or acquire, as with a net **2.** to shelter or enclose as with a net —*vi.* to make a net out of rope, etc. —**net'like'** *adj.*

**net**[2] *adj.* [Fr.: see NEAT] **1.** remaining after certain deductions or allowances have been made, as for expenses **2.** final [*net* result] —*vt.* **net'ted, net'ting** to gain as profit

**netball** *n.* a team game played mainly by women, in which a ball is thrown through a netted ring attached to a post —**net'baller** *n.*

**nether** (ne*th*'ər) *adj.* [OE. *neothera*] lower or under

**nether garments** [Archaic] *same as* TROUSERS

**nethermost** *adj.* lowest

**nether world** *Theol. & Myth.* the world of the dead or of punishment after death; hell: also **nether regions**

**net profit** the profit remaining after all operating expenses have been deducted from the gross or total profit

**nett** *n. var. sp. of* NET[2]

**netting** *n.* netted material

**nettle** (net'l) *n.* [OE. *netele*] any of a number of related weeds with stinging hairs —*vt.* **-tled, -tling** **1.** to irritate; annoy; vex **2.** to sting with or as with nettles

**nettle rash** *same as* HIVES

**network** (net'wurk') *n.* **1.** any arrangement of parallel wires, threads, etc. crossed at regular intervals by others so as to leave open spaces **2.** *a*) a system of connecting roads, canals, etc. *b*) *Radio & TV* a chain of transmitting stations *c*) a system, etc. of cooperating individuals

**neural** (nyoor'əl) *adj.* [< NEURO-] of a nerve, nerves, or the nervous system

**neuralgia** (nyoorəl'jə) *n.* [see NEURO- & -ALGIA] severe pain along the course of a nerve —**neural'gic** *adj.*

**neurasthenia** (nyoorəs'thē'nē ə) *n.* [< NEURO- + Gr. *astheneia*, weakness] a type of neurosis characterized by irritability, fatigue, etc. —**neu'rasthen'ic** (-then'ik) *adj., n.*

**neuritis** (nyoorīt'əs) *n.* [see ff. & -ITIS] inflammation of a nerve or nerves, accompanied by pain

**neuro-** [< Gr.] *a combining form meaning* of a nerve, nerves, or the nervous system [*neuropathy*]

**neurology** (nyoorol'əjē) *n.* [see prec. & -LOGY] the branch of medicine dealing with the nervous system and its diseases —**neurol'ogist** *n.*

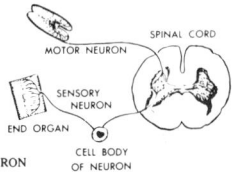


**neuron** (nyoor'on) *n.* [< Gr. *neuron*, nerve] the nerve cell body and all its processes: also **neu'rone** (-ōn) —**neu'ronal** *adj.*

**neuropteran** (nyoorop'tərən) *n.* [< NEURO- + Gr. *pteron*, wing] any of a group of insects with four membranous wings and biting mouthparts

**neurosis** (nyoorō'sis) *n., pl.* **-ses** (-sēz) [see NEURO-] a mental disorder characterized by anxiety, compulsions and obsessions, depression, etc.

**neurosurgery** (nyoor'ō sur'jərē) *n.* the branch of surgery involving the brain and spinal cord

**neurotic** (nyoorot'ik) *adj.* of or having a neurosis —*n.* a neurotic person —**neurot'ically** *adv.*

**neut.** neuter

**neuter** (nyōōt'ər) *adj.* [< L. *ne-*, not + *uter*, either] **1.** *Biol. a*) having no sexual organs *b*) having undeveloped sexual organs in the adult, as the worker bee **2.** *Gram.* designating or of the gender that refers to things regarded as neither masculine nor feminine —*n.* **1.** a castrated or spayed animal **2.** *Biol.* a neuter plant or animal **3.** *Gram. a*) the neuter gender *b*) a neuter word —*vt.* to castrate or spay (an animal)

**neutral** (nyōō'trəl) *adj.* [see prec.] **1.** not taking part in either side of a quarrel or war **2.** not one thing or the other; indifferent **3.** having little or no decided colour **4.** *Biol. same as* NEUTER **5.** *Chem.* neither acid nor alkaline **6.** *Elec.* neither negative nor positive —*n.* **1.** a nation not taking part in a war **2.** a neutral person **3.** a neutral colour **4.** *Mech.* a disengaged position of gears: also called **neutral gear** —**neu'trally** *adv.*

**neutrality** (nyōō tral'ətē) *n.* **1.** a being neutral **2.** the status or policy of a neutral nation

**neutralize** (nyōō'trəlīz') *vt.* **-ized', -iz'ing** **1.** to destroy the effectiveness, etc. of **2.** *Chem.* to destroy the active properties of **3.** *Elec.* to make electrically neutral

4. to declare (a nation, etc.) neutral —**neu'-traliza'tion** *n.*

**neutrino** (nyōō trē'nō) *n., pl.* **-nos** [It.] *Physics* a neutral particle having a mass approaching zero

**neutron** (nyōō'tron) *n.* [NEUTER + (ELECTR)ON] an uncharged fundamental particle in the nucleus of an atom

**never** (nev'ər) *adv.* [< OE. *ne,* not + *æfre,* ever] 1. not ever; at no time 2. not at all; in no case

**nevermore** *adv.* never again

**never-never** *n.* [Colloq.] the hire purchase system of buying

**never-never land** [< *Peter Pan*] an unreal or unrealistic place or situation

**nevertheless** (nev'ər*th*əles') *adv.* in spite of that; nonetheless; however

**new** (nyōō) *adj.* [OE. *niwe*] 1. appearing, thought of, discovered, made, etc. for the first time 2. *a*) different [*a new* hairdo] *b*) strange; unfamiliar 3. more or most recent of two or more things of the same class [*the new* library] 4. recently grown [*new* potatoes] 5. not previously used or worn 6. modern; recent 7. more; additional 8. starting as a repetition of a cycle, series, etc. [the *new* year] 9. having just reached a position, rank, place, etc. [*a new* arrival] 10. refreshed [*a new* man] —*n.* something new (with *the*) —*adv.* 1. again 2. newly; recently —**new wine in old bottles** new ideas, institutions, etc. added to an established order

**New Brunswicker** (brunz'wik ər) a native or inhabitant of New Brunswick

**New Canadian** a recent immigrant to Canada

**newcomer** *n.* a person who has come recently

**newel** (nyōō'əl) *n.* [< L. *nux,* nut] 1. the upright pillar around which the steps of a winding staircase turn 2. the post at the top or bottom of a flight of stairs, supporting the handrail: also **newel post**

**newfangled** (nyōō'faŋ'g'ld) *adj.* [< ME. *newe,* new + OE. *fon,* take] new; novel: a humorously derogatory term

**New High German** *see* GERMAN, HIGH GERMAN

**New Jerusalem** *Bible* heaven: Rev. 21:2

**new-laid** *adj.* freshly laid: said of eggs

**newly** *adv.* 1. recently; lately 2. anew; afresh

**newlywed** *n.* a recently married person

**new maths** a system for teaching basic mathematics based on the use of sets

**new moon** the moon when it is between the earth and the sun, with its dark side towards the earth

**news** (nyōōz) *n.pl.* [*with sing. v.*] 1. reports of recent happenings, esp. those broadcast, printed in a newspaper, etc. 2. new information; information previously unknown —**in the news** much talked about

**newsagent** *n.* a person who sells newspapers, magazines, etc., esp. as a retailer

**news bulletin** the latest news, esp. as broadcast by radio and television

**newscast** *n.* a programme of news broadcast over radio or TV —**news'-caster** *n.*

**news conference** *same as* PRESS CONFERENCE

**newsflash** *n.* a brief item of urgent or important news, esp. one that interrupts a radio or TV programme

**newsletter** *n.* a news bulletin issued at regular intervals to a special group

**newspaper** *n.* a regular publication, usually a daily or weekly, containing news, advertisements, etc. —**news'pa'per-man'** *n.* —**news'pa'perwom'an** *n.fem.*

**Newspeak** *n.* [coined by *G. Orwell*] the use of ambiguous and deceptive talk, as by government officials seeking to mould public opinion

**newsprint** (nyōōz'print') *n.* a cheap paper, made mainly from wood pulp, for newspapers, etc.

**newsreel** *n.* a short film of news events

**news room** 1. the room where newscasts and newspapers are prepared 2. the room in a library where newspapers can be read

**newsstand** *n.* a stand at which newspapers, magazines, etc. are sold

**new star** *same as* NOVA

**newsworthy** *adj.* timely and important

**newsy** *adj.* **news'ier, news'iest** [Colloq.] containing much news

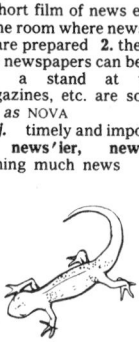

NEWT
(7-10 cm long)

**newt** (nyōōt) *n.* [< OE. *efeta,* eft] any of various small amphibians

**New Testament** the part of the Bible containing the life and teachings of Jesus and his followers

**newton** (nyōōt''n) *n.* [< Sir Isaac *Newton*] the SI unit of force

**New Town** any of a number of planned communities built in Great Britain since World War II

**New World** the Western Hemisphere; the Americas

**new year** [*also* **N- Y-**] 1. the year just about to begin or just begun (usually with *the*) 2. the first day of the new year

**New Year's Day** January 1, the first day of a calendar year, usually a public holiday

**New Year's Eve** the evening before New Year's Day

**next** (nekst) *adj.* [OE. *neahst,* superl. of *neah,* nigh] nearest; immediately preceding or following —*adv.* 1. in the time, place, degree, or rank immediately preceding or following 2. on the first subsequent occasion —*prep.* beside; nearest to [sit *next* the tree] —*n.* the one immediately following

**next-door** *adj.* in or at the next house, building, etc.

**next of kin** one's relative(s) most nearly related

**nexus** (nek′səs) *n.* [L.] a connection, tie, or link between individuals, members of a series, etc.

**N.F., Nfld., Nfd.** Newfoundland

**n.f.** *Banking* no funds

**N.F.U.** National Farmers' Union

**N.G.** New Guinea

**N.G., n.g.** [Slang] no good

**N.G.A.** National Graphical Association

**N.H.S.** National Health Service

**Ni** *Chem.* nickel

**N.I.** 1. National Insurance 2. Northern Ireland

**niacin** (nī′ə sin) *n.* [< NICOTINE] a white, odourless substance, found in protein foods: it is a member of the vitamin B complex

**nib** (nib) *n.* [< OE. *nebb*] 1. the point of a pen 2. a point; sharp prong 3. the bill or beak of a bird

**nibble** (nib′l) *vt., vi.* **-bled, -bling** [< ?] 1. to eat (food) with quick, small bites 2. to bite at with small, gentle bites —*n.* 1. a small bite or morsel 2. a nibbling

**nibs** (nibz) *n.* [< ?] [Colloq.] an important, or self-important, person (with *his*)

**nice** (nīs) *adj.* **nic′er, nic′est** [< L. *nescius,* ignorant] 1. *a*) agreeable *b*) attractive *c*) kind *d*) respectable *e*) good 2. delicate; precise; subtle [a *nice* distinction] 3. calling for care, tact, etc. [a *nice* problem] 4. *a*) finely discriminating *b*) minutely accurate 5. difficult to please; fastidious —**nice and** [Colloq.] altogether; very —**nice work** a phrase used to signify approval of a task, etc. —**nice′ly** *adv.* —**nice′ness** *n.*

**nicety** (nī′sə tē) *n., pl.* **-ties** 1. a subtle or minute detail, distinction, etc. 2. something choice or dainty 3. precision; accuracy 4. fastidiousness; refinement —**to a nicety** exactly

**niche** (nich) *n.* [Fr., ult. < L. *nidus,* nest] 1. a recess in a wall for a statue, bust, or vase 2. a place or position particularly suitable to the person or thing in it

**nick** (nik) *n.* [< ?] 1. small cut, chip, etc. made on a surface; notch 2. [Slang] prison —*vt.* 1. to make a nick or nicks in 2. *a*) to wound slightly *b*) to strike glancingly 3. [Slang] *a*) to steal *b*) to arrest —**in good nick** [Colloq.] in good condition —**in the nick of time** just before it is too late

**nickel** (nik′l) *n.* [Sw. < G. *Kupfernickel,* copper demon: the copperlike ore contains no copper] 1. a hard, silver-white, malleable metallic chemical element, used in alloys and for plating: symbol, Ni 2. a U.S. or Canadian coin equal to five cents

**nickelodeon** (nik′ə lō′dē ən) *n.* [< NICKEL + MELODEON] [U.S.] an early type of jukebox operated by a nickel

**nickel plate** a thin layer of nickel deposited by electrolysis on metallic objects to prevent rust —**nick′el-plate′** *vt.* **-plat′ed, -plat′ing**

**nickel silver** a hard, tough, ductile, malleable alloy composed essentially of nickel, copper, and zinc

**nicker**[1] (nik′ər) *vi.* [? < NEIGH] to utter a whinnying sound: said of a horse

**nicker**[2] *n., pl.* **-er** [< ?] [Colloq.] a pound sterling

**nicknack** (nik′nak′) *n.* *same as* KNICK-KNACK

**nickname** (nik′nām′) *n.* [< ME. *an ekename,* a surname] 1. a substitute, often descriptive name given in fun, affection, etc., as "Doc," "Shorty," etc. 2. a familiar form of a name, as "Dick" for "Richard" —*vt.* **-named′, -nam′ing** to give a nickname to

**nicotine** (nik′ə tēn′) *n.* [< J. *Nicot*] a poisonous alkaloid, found in tobacco leaves and used as an insecticide

**nictitate** (nik′tə tāt′) *vi.* **-tat′ed, -tat′ing** [< L. *nictare,* wink] to wink or blink rapidly, as some birds and animals

**nictitating membrane** a transparent third eyelid hinged at the inner side or lower lid of the eye of various animals

**niece** (nēs) *n.* [< L. *neptis*] 1. the daughter of one's brother or sister 2. the daughter of one's brother-in-law or sister-in-law

**niff** (nif′) *vi.* [< ?] to smell, usually unpleasantly

**nifty** (nif′tē) *adj.* **-tier, -tiest** [prob. < MAGNIFICENT] [Slang] attractive, smart, stylish, enjoyable, etc.

**niggard** (nig′ərd) *n.* [prob. < Scand.] a stingy person

**niggardly** *adj.* 1. stingy; miserly 2. small, few, or scanty —*adv.* stingily —**nig′gardliness** *n.*

**nigger** (nig′ər) *n.* [< Fr. *nègre,* black] a derogatory term for a negro or any dark-skinned person —**nigger in the woodpile** a hidden snag

**nigger brown** a very dark, chocolate brown

**niggle** (nig′l) *vi.* **-gled, -gling** [? akin to Norw. *nigla*] to be finicky —*vt.* to annoy —**nig′gling** *adj., n.*

**nigh** (nī) *adj., adv. prep.* [OE. *neah*] [Archaic or Dial.] near

**night** (nīt) *n.* [OE. *niht*] 1. the period of darkness between sunset and sunrise 2. the darkness of night 3. any period or condition of darkness or gloom —*adj.* 1. of, for, or at night 2. active or working at night —**make a night of it** to celebrate all night —**night and day** continuously

**night blindness** imperfect vision in the dark or in dim light: a symptom of vitamin A deficiency

**nightcap** *n.* 1. [Colloq.] a drink taken at bedtime, esp. an alcoholic one 2. a cap worn in bed

**nightclub** *n.* a place of entertainment open at night for eating, drinking, dancing, etc.

**nightdress** *n.* a loose dress worn in bed by women

**nightfall** *n.* the close of day; dusk

**nightgown** *n.* 1. *same as* NIGHTDRESS 2. *same as* NIGHTSHIRT

**nightie** *n. colloq. dim. of* NIGHTDRESS

**nightingale** (nīt′iŋ gāl′) *n.* [< OE. *niht,* night + *galan,* sing] a small thrush known for the melodious singing of the male, esp. at night

**nightjar** (nīt′järʹ) *n.* [NIGHT + JAR[1]] a a nocturnal insect-eating bird with a sustained trilling callnote

**night light** a small, dim light kept on all night, as in a hallway, bathroom, sickroom, etc.

**nightlong** *adj.* lasting the entire night —*adv.* during the entire night

**nightly** *adj.* **1.** done or occurring every night **2.** of or like the night —*adv.* **1.** at night **2.** every night

**nightmare** *n.* [< ME. *niht,* night + *mare,* demon] **1.** a frightening dream **2.** any frightening experience —**night′mar′ish** *adj.*

**nights** *adv.* [Colloq.] on every night or most nights

**night safe** a safety-deposit box set in the wall of a bank to receive money, etc. after the bank closes

**night school** a school held in the evening, as for adults unable to attend by day

**nightshade** (nīt′shād′) *n.* [OE. *nihtscada*] **1.** a flowering plant related to the potato, tomato, etc. **2.** *same as* BELLADONNA

**nightshirt** *n.* a long, loose, shirtlike garment, worn in bed, esp. formerly, by men or boys

**nightspot** *n. colloq. var. of* NIGHTCLUB

**nighttime** *n.* the period of darkness from sunset to sunrise

**night watch** **1.** a guarding during the night **2.** [*pl.*] any of the periods into which the night was formerly divided for such guarding **3.** the person or persons doing such guarding

**night watchman** **1.** a watchman hired for duty at night **2.** *Cricket* a batsman sent in to play out time when a wicket has fallen near the end of a day's play

**nighty** *n., pl.* **night′ies** *alt. sp. of* NIGHTIE

**nihilism** (nī′i liz′m) *n.* [< L. *nihil,* nothing] **1.** *Philos.* *a*) the denial of the existence of any basis for knowledge *b*) the general rejection of customary beliefs in morality, religion, etc. **2.** *a*) the doctrine that all social, political, and economic institutions must be destroyed *b*) loosely, any terroristic revolutionary movement —**ni′hilist** *n.* —**ni′hilis′tic** *adj.*

**nil** (nil) *n.* [L., contr. of *nihil*] nothing

**nilgai** (nil′gī) *n.* [< Per. *nīlgāw,* blue cow] a large, grey Indian antelope

**nimble** (nim′b′l) *adj.* **-bler, -blest** [< OE. *niman,* take] **1.** quick-witted; alert **2.** moving quickly and lightly —**nim′bleness** *n.* —**nim′bly** *adv.*

**nimbus** (nim′bəs) *n., pl.* **-bi** (-bī), **-buses** [L.] **1.** orig., any rain-producing cloud **2.** a halo surrounding the heads of saints, etc., as in pictures

**nincompoop** (nin′kəm po̅o̅p′) *n.* [< ?] a fool; simpleton

**nine** (nīn) *adj., n.* [OE. *nigon*] one more than eight; 9; IX —**999** the telephone number for emergency services in Britain —**the Nine** the nine Muses —**to the nines** in the most elaborate manner [dressed *to the nines*]

**nine days' wonder** anything that arouses great excitement or interest, but only for a short time

**ninefold** *adj.* **1.** having nine parts **2.** having nine times as much or as many —*adv.* nine times as much or as many

**ninepins** *n.* **1.** [*pl. with sing. v.*] *another name for* skittles **2.** any of the pins used in this game

**nineteen** (nīn′tēn′) *adj., n.* [OE. *nigontyne*] nine more than ten; 19; XIX —**talk** (or **chatter,** etc.) **nineteen to the dozen** to talk or chatter very animatedly —**nine′teenth′** *adj., n.*

**nineteenth hole** [Colloq.] in golf, the bar of the clubhouse

**ninety** (nīn′tē) *adj., n., pl.* **-ties** [OE. *nigontig*] nine times ten; 90; XC (or LXXXX) —**the nineties** the numbers or years, as of a century, from ninety to ninety-nine —**nine′tieth** *adj., n.*

**ninny** (nin′ē) *n., pl.* **-nies** [? < *an innocent*] a fool

**ninth** (nīnth) *adj.* [OE. *nigonthe*] **1.** preceded by eight others in a series; 9th **2.** designating any of nine equal parts —*n.* **1.** the one following the eighth **2.** any of the nine equal parts of something; 1/9

**niobium** (nī ō′bē əm) *n.* [< L. *Niobe,* the Queen of Thebes] a grey or white metallic chemical element used in chromium steels etc.: symbol, Nb

**nip[1]** (nip) *vt.* **nipped, nip′ping** [prob. < MLowG. *nippen*] **1.** to pinch or squeeze; bite **2.** to sever (shoots, etc.) as by pinching **3.** to check the growth of [to *nip* in the bud] **4.** to have a painful or injurious effect on because of cold —*vi.* **1.** to give a nip or nips **2.** to move quickly (with *along*) —*n.* **1.** a nipping; pinch; bite **2.** a stinging quality, as in cold air **3.** stinging cold; frost

**nip[2]** *n.* [prob. < Du. *nippen,* sip] a small drink of liquor —*vt., vi.* to drink (liquor) in nips

**nipper** *n.* **1.** anything that nips **2.** [*pl.*] pliers, pincers, etc. **3.** the claw of a crab, etc. **4.** [Colloq.] a small boy

**nipple** (nip′′l) *n.* [< OE. *nebb,* beak] **1.** the part of a breast or udder through which a baby or young animal sucks milk from its mother; teat **2.** a teatlike part, as of rubber, for a baby's bottle **3.** any projection or thing resembling a nipple in shape or function

**nippy** *adj.* **-pier, -piest** **1.** tending to nip **2.** cold in a stinging way **3.** [Colloq.] quick; nimble

**nirvana** (nēər′vä′nə) *n.* [< Sans.] *Buddhism* the state of blessedness achieved by the extinction of the self

**Nissen hut** (nis′′n) [< P.N. *Nissen*] a military shelter made of corrugated steel, having a semicircular cross section

**nit**[1] (nit) *n.* [OE. *hnitu*] **1.** the egg of a louse or similar insect **2.** a young louse, etc.

**nit**[2] *n.* [Colloq.] *short for* NITWIT

**nit-picking** *adj., n.* paying too much attention to petty details —**nit'-pick'er** *n.*

**nitrate** (nī'trāt) *n.* [Fr. < *nitre,* NITRE] **1.** a salt or ester of nitric acid **2.** potassium nitrate or sodium nitrate, used as a fertilizer —*vt.* **-trated, -trating** to treat or combine with nitric acid —**nitra'tion** *n.*

**nitre** (nīt'ər) *n.* [< Gr. *nitron*] *same as* POTASSIUM NITRATE

**nitric** (nī'trik) *adj.* of or containing nitrogen, esp. of a higher valence than in the corresponding nitrous compounds

**nitric acid** a colourless, corrosive acid

**nitrify** (nī'trə fī') *vt.* **-fied', -fy'ing** [see NITRE] **1.** to impregnate (soil, etc.) with nitrates **2.** to cause the oxidation of (ammonium salts, etc.) to nitrates, as by the action of soil bacteria, etc. —**ni'trifica'tion** *n.*

**nitrogen** (nī'trə jən) *n.* [see NITRE & -GEN] a colourless, odourless, gaseous chemical element forming nearly four fifths of the atmosphere: symbol, N —**nitrogenous** (nī troj'i nəs) *adj.*

**nitrogen cycle** the cycle through which atmospheric nitrogen is converted into compounds used by plants and animals in the formation of proteins and is eventually returned by decay to its original state

**nitrogen fixation** the conversion of atmospheric nitrogen into nitrates by soil bacteria

**nitroglycerin, nitroglycerine** (nī'trō glis'ər ēn) *n.* a thick, explosive oil used in medicine and in making dynamite

**nitrous** (nī'trəs) *adj.* **1.** of, like, or containing nitre **2.** of compounds in which nitrogen has a lower valence than in the corresponding nitric compounds

**nitrous oxide** a colourless, nonflammable gas used as an anaesthetic and in aerosols

**nitty** (nit'ē) *adj.* **-tier, -tiest** full of nits

**nitty-gritty** *n.* [Slang] the actual, basic facts, issues, etc.

**nitwit** (nit'wit') *n.* [? NIT[1] + WIT[1]] a stupid person

**NNE, N.N.E., n.n.e.** north-northeast

**NNW, N.N.W., n.n.w.** north-northwest

**no**[1] (nō) *adv.* [< OE. *ne a,* not ever] **1.** not in any degree **2.** nay; not so: the opposite of YES —*adj.* not any; not a *[no* errors*]* —*n., pl.* **noes, nos** **1.** refusal or denial **2.** a negative vote or voter

**no**[2] *n., pl.* **no** [Jap. *nō*] [*often* **N-**] a classic form of Japanese drama with music and dancing: also **noh**

**No** *Chem.* nobelium

**No.** **1.** north **2.** northern **3.** number: also **no.**

**n.o.** *Cricket* not out

**nob**[1] (nob) *n.* [later form of KNOB] [Slang] the head

**nob**[2] *n.* [< ?] [Slang] a person of high social status

**no-ball** (nō'bôl') *n.* *Cricket* an improperly bowled ball for which one run is scored by the batting side

**nobble** (nob'l) *vt.* **-bled, -bling** [? freq. of NAB] [Slang] **1.** to disable (a horse), as by drugging, to prevent it winning a race **2.** to cheat or swindle **3.** to get hold of; grab

**nobby** (nob'ē) *adj.* **-bier, -biest** [< ?] [Slang] stylish

**nobelium** (nō bēl'ē əm) *n.* [< *Nobel* Institute] a radioactive chemical element produced by the nuclear bombardment of curium: symbol, No

**Nobel prize** (nō bel') [< A.B. *Nobel*] annual prizes given for distinction in physics, chemistry, physiology, medicine, literature, and work for peace

**nobility** (nō bil'ə tē) *n., pl.* **-ties** **1.** a being noble **2.** high rank in society **3.** the class of people of noble rank

**noble** (nō'b'l) *adj.* **-bler, -blest** [< L. *nobilis,* well-known] **1.** of high rank or title **2.** having high moral qualities **3.** grand; stately *[a noble* view*]* **4.** excellent **5.** famous or renowned —*n.* a person having hereditary rank or title —**no'bleness** *n.* —**no'bly** *adv.*

**nobleman** *n.* a member of the nobility; peer —**no'blewom'an** *n.fem.*

**noblesse oblige** (nō bles'ō blēzh') [Fr., nobility obliges] the obligation of people of high rank to be kind and generous

**nobody** (nō'bəd ē) *pron.* not anybody; no one —*n., pl.* **-bodies** a person of no importance

**nock** (nok) *n.* [< Scand.] **1.** a notch for holding the string at either end of a bow **2.** the notch in the end of an arrow, for the bowstring

**no-claim bonus** a refund of part of the premium paid to the holder of an insurance policy, esp. on a motor vehicle, if no claims are made within a specified period: also **no-claims bonus**

**nocturnal** (nok tur'n'l) *adj.* [< L. *nox,* night] **1.** of or happening in the night **2.** active during the night

**nocturne** (nok'turn) *n.* [Fr.] **1.** a painting of a night scene **2.** a romantic, dreamy musical composition

**nod** (nod) *vi.* **nod'ded, nod'ding** [ME. *nodden*] **1.** to bend the head forward quickly, as in agreement, greeting, etc. **2.** to let the head fall forward because of drowsiness **3.** to be careless **4.** to sway back and forth, as plumes —*vt.* **1.** to bend (the head) forward quickly **2.** to signify (assent, etc.) by doing this —*n.* **1.** a nodding **2.** [**N-**] the imaginary realm of sleep and dreams: usually **land of Nod** —**nod off** to fall asleep

**nodding acquaintance** a slight acquaintance

**noddle** (nod'l) *n.* [< ?] [Colloq.] the head or brains

**noddy** (nod'ē) *n., pl.* **-dies** [< ? NOD] **1.** a simpleton **2.** a tropical sea bird

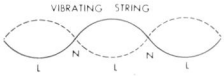


NODES
(N, nodes formed when vibrating string is stopped at intervals along its length; L, loops between nodes)

**node** (nōd) *n.* [L. *nodus,* knot] **1.** a knot; knob **2.** *Astron.* either of the two points at which the orbit of a heavenly body intersects a fundamental plane **3.** *Bot.* that part of a stem from which a leaf starts to grow **4.** *Physics* the point, line, or surface of a vibrating object where there is comparatively no vibration **—nod'al** *adj.*

**nodule** (noj'o̅o̅l) *n.* [L. *nodulus*] **1.** a small knot or rounded lump **2.** *Bot.* a small knot or joint on a stem or root **—nod'ular, nod'ulose, nod'ulous** *adj.*

**noel, noël** (nō el') *n.* [< L. *natalis,* natal] **1.** a Christmas carol **2.** [N-] Christmas

**nog, nogg** (nog) *n.* [< dial.] **1.** a strong ale **2.** eggnog

**noggin** (nog'in) *n.* [prob. < prec.] **1.** a small cup or mug **2.** one fourth of a pint **3.** [Colloq.] the head

**no-go** (nō'gō') *adj.* [Slang] **1.** not functioning properly **2.** hopeless

**no-go area** a district in a town separated by barricades, esp. in Northern Ireland

**noise** (noiz) *n.* [OFr.] **1.** *a*) loud shouting; clamour *b*) any loud, disagreeable sound **2.** sound **—*vt.* noised, nois'ing** to spread (a rumour, etc.)

**noiseless** *adj.* with little or no noise **—noise'lessly** *adv.*

**noisome** (noi'səm) *adj.* [see ANNOY] **1.** injurious to health **2.** foul-smelling **—noi'somely** *adv.*

**noisy** (noi'zē) *adj.* **-ier, -iest** **1.** making noise **2.** full of noise **—nois'ily** *adv.* **—nois'iness** *n.*

**nom.** nominative

**nomad** (nō'mad) *n.* [< Gr. *nemein,* to pasture] **1.** a member of a tribe or people moving about constantly in search of food, pasture, etc. **2.** a wanderer **—*adj.*** wandering: also **nomad'ic —no'madism** *n.*

**no man's land** **1.** a piece of land to which no one has a recognized title **2.** the area on a battlefield separating the combatants

**nom de plume** (nom'də plo̅o̅m') *pl.* **noms'de plume'** [Fr.] a pen name; pseudonym

**nomenclature** (nō'men'klə chər) *n.* [< L. *nomen,* name + *calare,* call] the system of names used in a branch of learning

**nominal** (nom'in'l) *adj.* [< L. *nomen,* name] **1.** of or like a name **2.** in name only, not in fact **3.** relatively very small **—nom'inally** *adv.*

**nominalism** *n.* [see prec.] the philosophical doctrine that general nouns such as "triangle" do not stand for an object but are merely names **—nom'inalist** *n., adj.*

**nominal value** *same as* PAR VALUE

**nominate** (nom'ə nāt') *vt.* **-nat'ed, -nat'ing** [< L. *nomen,* name] **1.** to appoint to an office or position **2.** to name as a candidate for election, an award, etc. **—nom'ina'tion** *n.* **—nom'ina'tor** *n.*

**nominative** (nom'ə nə tiv) *adj.* **1.** *Gram.* designating or of the case of the subject of a finite verb and the words that agree with it **2.** named to a position or office **—*n.*** **1.** the nominative case **2.** a word in this case

**nominee** (nom'ə nē') *n.* [< NOMINATE] a person who is nominated, esp. a candidate for election

**non-** [< L. *non,* not] *a prefix meaning* not: less emphatic than *in-* and *un-,* which often give a word an opposite meaning (Ex.: *nonhuman, inhuman*) The list below includes the more common compounds formed with *non-* that do not have special meanings; they will be understood if *not* is used before the meaning of the base word

**nonacademic**
**nonadjustable**
**nonaffiliated**
**nonaggression**
**nonalcoholic**
**nonallergic**
**nonappearance**
**nonapplicable**
**nonaristocratic**
**nonassertive**
**nonassessable**
**nonassignable**
**nonassimilable**
**nonathletic**
**nonattendance**
**nonattributive**
**nonbeliever**
**nonbelligerent**
**nonbreakable**
**noncarnivorous**
**noncertified**
**nonchargeable**
**nonchemical**
**nonclassifiable**
**nonclerical**
**nonclinical**
**noncohesive**
**noncollapsable**
**noncollapsible**
**noncollectable**
**noncollectible**
**noncombat**
**noncombustible**
**noncommunicable**
**noncommunicating**
**noncompensating**
**noncompetent**
**noncompeting**
**noncompletion**
**noncompliance**
**noncompressible**
**noncompulsory**
**nonconducive**
**nonconducting**
**nonconfidential**
**nonconflicting**
**nonconforming**
**nonconnective**
**nonconscious**
**nonconstitutional**
**nonconstructive**
**noncontagious**
**noncontemporary**
**noncontinuous**
**noncontradictory**
**noncontributory**
**noncontroversial**
**nonconviction**
**noncorresponding**
**noncreative**
**noncritical**
**noncumulative**
**nondeceptive**
**nondeciduous**
**nondeductible**
**nondefensive**
**nondenominational**
**nondependence**
**nonderivative**
**nondestructive**
**nondetachable**
**nondevelopment**
**nondictatorial**
**nondifferentiation**
**nondiffusible**
**nondiplomatic**
**nondisciplinary**
**nondiscrimination**
**nondisposal**
**nondivergent**
**nondivisible**
**nondrinker**
**nondriver**
**nonecclesiastical**
**noneconomic**
**noneducational**
**nonefficient**
**nonelective**

**nonenforceable**
**nonexchangeable**
**nonexclusive**
**nonexcusable**
**nonexempt**
**nonexpendable**
**nonexperimental**
**nonexpert**
**nonextensive**
**nonfactual**
**nonfading**
**nonfat**
**nonfatal**
**nonfederated**
**nonfiction**
**nonfigurative**
**nonfissionable**
**nonflammable**
**nonforfeiture**
**nonfreezing**
**nonhabitable**
**nonhazardous**
**nonhereditary**
**nonhistoric**
**nonimaginary**
**nonimitative**
**nonimmunized**
**nonimpregnated**
**noninclusive**
**nonindustrial**
**noninfected**
**noninflammable**
**noninflationary**
**noninformative**
**nonintegrated**
**nonintellectual**
**noninterference**
**nonintoxicating**
**nonintuitive**
**noninvolvement**
**nonjudicial**
**nonlethal**
**nonlicensed**
**nonliterate**
**nonmalignant**
**nonmalleable**
**nonmaterial**
**nonmechanical**
**nonmember**
**nonmilitant**
**nonnegotiable**
**nonnutritious**
**nonobservance**
**nonoccupational**
**nonofficial**
**nonoperational**
**nonoperative**
**nonparental**
**nonpaying**
**nonpayment**
**nonperforated**
**nonperishable**
**nonpermanent**
**nonpermeable**
**nonpermissible**
**nonpersistent**
**nonporous**
**nonpredictable**
**nonpreferential**
**nonprescriptive**
**nonprofessional**
**nonprofitable**
**nonprogressive**
**nonprohibitive**
**nonprolific**
**nonprotective**
**nonpunishable**
**nonreader**
**nonrealistic**
**nonreciprocating**
**nonrecoverable**
**nonrecurrent**
**nonregistered**
**nonrelative**
**nonremovable**
**nonrenewable**
**nonrepayable**
**nonrepresentative**
**nonrestricted**
**nonretiring**
**nonreturnable**
**nonreversible**
**nonrigid**
**nonsalable**
**nonsalaried**
**nonsaturated**
**nonscholastic**
**nonscientific**
**nonsecular**
**nonseditious**
**nonsegregated**
**nonselective**
**nonsensitized**
**nonsensory**
**nonshrinkable**
**nonsinkable**
**nonsmoker**
**nonspeaking**
**nonspecialist**
**nonspecialized**
**nonspecific**
**nonstandard**
**nonstandardized**
**nonstarting**
**nonstationary**
**nonstatutory**
**nonstriker**
**nonstructural**
**nonsubscriber**
**nonsupporting**
**nonsymptomatic**
**nontaxable**
**nonteachable**
**nontechnical**
**nontheatrical**
**nonthinking**
**nontoxic**
**nontransferable**
**nontransparent**
**nontributary**
**nontypical**
**nonuniform**
**nonusable**
**nonutilitarian**
**nonverbal**
**nonviable**
**nonviolation**
**nonvocal**
**nonwhite**
**nonworker**

**nonage** (nō′nij) ***n.*** [< OFr.: see NON- & AGE] **1.** *Law* the state of being under full legal age **2.** immaturity

**nonagenarian** (nō′nə ji nâər′ē ən) ***adj.*** [< L. *nonaginta*, ninety] ninety years old, or between the ages of ninety and one hundred —***n.*** a person of this age

**nonaggression pact** (non′ə gresh′ən) an agreement between two nations not to attack each other

**nonagon** (non′ə gon′) ***n.*** [< L. *nonus*, ninth + -GON] a polygon with nine angles and nine sides

**nonaligned** (non′ə līnd′) ***adj.*** not aligned with either side in a conflict —**non′align′ment** ***n.***

**nonce** (nons) ***n.*** [by merging of *for then ones*, for the once] the present use, occasion etc.: chiefly in **for the nonce**

**nonce word** a word used for a single occasion

**nonchalant** (non′shə lənt) [< L. *non*, not + *calere*, be warm] **1.** casually indifferent **2.** without warmth or enthusiasm —**non′chalance′** ***n.***

**noncom** (non′kom′) ***n.*** *colloq. form of* NONCOMMISSIONED OFFICER

**noncombatant** (non′kom′bə tənt) ***n.*** **1.** a member of the armed forces not engaged in actual combat **2.** any civilian in wartime —***adj.*** of noncombatants

**noncommissioned officer** (non′kə mish′ənd) an enlisted person of any of various ranks in the armed forces: see MILITARY RANKS, table

**noncommittal** (non′kə mit′′l) ***adj.*** not committing one to any point of view —**non′commit′tally** ***adv.***

**non compos mentis** (non′kom′pəs men′tis) [L.] *Law* not of sound mind: often **non compos**

**nonconductor** (non′kən duk′tər) ***n.*** a substance that does not readily transmit electricity, heat, etc.

**nonconformist** (non′kən fôr′mist) ***adj.*** not following established customs, beliefs, etc. —***n.*** one who is nonconformist; esp. [**N-**], a Protestant who is not a member of the Anglican Church —**non′conform′ity** ***n.***

**noncooperation** (non′kō op′ə rā′shən) ***n.*** **1.** failure to work together **2.** refusal to cooperate with a government, as by nonpayment of taxes —**non′coop′erative** ***adj.***

**nondescript** (non′di skript′) ***adj.*** [< L. *non*, not + *describere*, describe] **1.** having no outstanding features **2.** belonging to no definite class or type

**none** (nun) ***pron.*** [< OE. *ne*, not + *an*, one] **1.** no one; not anyone **2.** [*usually with pl. v.*] not any —***n.*** no part; nothing [I want *none* of it] —***adv.*** not at all [*none* the worse for wear]

**nonentity** (non en′tə tē) ***n.***, *pl.* **-ties** **1.** a person of no importance **2.** the state of not existing

**nones** (nōnz) ***n.pl.*** [< L. *novem*, nine] in the Roman calendar, the ninth day before the ides of a month

**nonessential** (non′i sen′shəl) ***adj.*** not

essential; unnecessary —*n.* a nonessential person or thing

**nonesuch** (nun′such′) *n.* a person or thing unrivalled or unequalled; nonpareil

**nonetheless** (nun′*th*əles′) *adv.* nevertheless

**nonevent** (non′i vent′) *n.* an event that fails to attract attention or otherwise take on significance

**nonferrous** (non′fer′əs) *adj.* **1.** not made of or containing iron **2.** designating or of metals other than iron

**nonintervention** (non′in tər ven′shən) *n.* a refraining by one nation from interference in the affairs of another —**non′interven′tionist** *adj., n.*

**noniron** (non′ī′ərn) *adj.* not requiring ironing

**nonmetal** (non′met′l) *n.* an element lacking the characteristics of a metal, as oxygen, carbon, nitrogen, fluorine —**non′metal′lic** *adj.*

**nonmoral** (non′mor′əl) *adj.* not moral and not immoral

**nonnuclear** (non′ny$\overline{oo}$′klē ər) *adj.* not operated by or using nuclear energy

**nonpareil** (non′pə rəl) *adj.* [Fr. < *non,* not + *pareil,* equal] unequaled; peerless —*n.* someone or something unequalled or unrivalled

**nonpartisan** (non′pär ti zan′) *adj.* not supporting any single political party: also **non′partizan′**

**nonplus** (non′plus′) *vt.* **-plussed′, -plus′sing** [L. *non,* not + *plus,* more] to bewilder

**nonproductive** (non′prə duk′tiv) *adj.* **1.** not productive **2.** not directly related to the production of goods —**non′produc′tively** *adv.* —**non′produc′tiveness** *n.*

**nonprofit** (non prof′it) *adj.* not intended to earn a profit

**nonproliferation** (non′prō lif′ə rā′shən) *n.* the limitation of production, esp. of nuclear weapons

**nonrepresentational** (non′rep ri zən tā′shən′l) *adj.* designating or of art that does not attempt to represent in recognizable form any object in nature; abstract

**nonresident** (non rez′i dənt) *adj.* not residing in the locality where one works, attends school, etc. —*n.* a nonresident person —**nonres′idence, nonres′idency** *n.*

**nonresistant** (non′ri zis′tənt) *adj.* not resistant; submitting to force or arbitrary authority —*n.* a person who believes that force and violence should not be used to oppose arbitrary authority, however unjust

**nonscheduled** (non shed′y$\overline{oo}$ld) *adj.* of an airline, aircraft, etc. making commercial flights on demand

**nonsectarian** (non′sek tāər′ē ən) *adj.* not sectarian; not confined to any specific religion

**nonsense** (non′səns) *n.* [NON- + SENSE] **1.** words or actions that are absurd or meaningless **2.** things of relatively no importance or value —*interj.* how foolish! how absurd! —**nonsen′sical** (-sen′si k'l) *adj.*

**non sequitur** (non′sek′wi tər) [L., it does not follow] **1.** a conclusion that does not follow from the premises **2.** a remark having no bearing on what has just been said

**nonskid** (non′skid′) *adj.* so constructed as to reduce skidding: said of a tyre tread, etc.

**nonstarter** (non′stärt′ər) *n.* **1.** a competitor who fails to run in a race for which he has entered **2.** a person, idea, etc. with little or no chance of success

**nonstick** (non′stik′) *adj.* coated with a substance that prevents food adhering: said of saucepans, etc.

**nonstop** (non′stop′) *adj., adv.* without a stop

**nonsuch** (nun′such′) *n.* *same as* NONESUCH

**nonsuit** (non′s$\overline{oo}$t′) *n.* [< Anglo-Fr.] *Law* a judgment against a plaintiff due to his failure to establish a valid case —*vt.* to bring a nonsuit against (a plaintiff)

**non-U** (non′y$\overline{oo}$′) *adj.* [Colloq.] not characteristic of the upper classes: said of language, table manners, etc.

**nonunion** (non yōōn′yən) *adj.* **1.** not belonging to a trade union **2.** not made or serviced under conditions required by a trade union **3.** refusing to recognize a trade union

**nonviolence** (non′vī′ələns) *n.* an abstaining from violence or physical force —**nonvi′olent** *adj.*

**nonvoter** (non vōt′ər) *n.* a person who does not vote or is not permitted to vote —**nonvot′ing** *adj.*

**noodle**[1] (n$\overline{oo}$′d'l) *n.* [< *noddle,* head] a fool

**noodle**[2] *n.* [G. *Nudel*] a flat, narrow strip of dry dough, usually made with egg and served in soup, etc.

**nook** (nook) *n.* [ME. *nok*] **1.** a corner, esp. of a room **2.** a small recess or secluded spot

**noon** (n$\overline{oo}$n) *n.* [< L. *nona* (*hora*), ninth (hour)] **1.** twelve o'clock in the daytime; midday **2.** the highest point —*adj.* of or occurring at noon Also **noon′day′, noon′time′**

**no one** no person; not anybody; nobody

**noose** (n$\overline{oo}$s) *n.* [< L. *nodus,* knot] **1.** a loop formed in a rope, cord, etc. by means of a slipknot so that the loop tightens as the rope is pulled **2.** anything that restricts one's freedom —**the noose** death by hanging

**no-par** (nō′pär′) *adj.* having no stated par value

**nor** (nôr; *unstressed* nər) *conj.* [ME., contr. of *nother,* neither] and not; and not either [I can *neither* go *nor* stay]

**nor', nor** (nôr) north: used especially in compounds

**Nor.** North

**Nordic** (nôr′dik) *adj.* [< OE. *north,* north] designating a physical type of the Caucasoid peoples exemplified by the long-headed, tall, blond people of Scandinavia

**Norfolk jacket** (or **coat**) (nôr′fək) a loose-fitting, single-breasted, belted jacket with box pleats

**norm** (nôrm) *n.* [< L. *norma,* carpenter's square] a standard, model, or pattern; esp., the standard of achievement of a large group

**normal** (nôr′m'l) *adj.* **1.** conforming with an accepted standard or norm; natural; usual **2.** *Med., Psychol. a)* free from disease, disorder, etc. *b)* mentally sound **3.** *Math.* perpendicular; at right angles —*n.* **1.** anything normal **2.** the usual state, amount, etc. **3.** *Math.* a perpendicular —**nor′malcy, normal′ity** (-mal′ə tē) *n.*

**normalize** *vt., vi.* **-ized′, -iz′ing** **1.** to bring or come to the normal state **2.** to bring or come into conformity with a standard —**nor′maliza′tion** *n.*

**normally** *adv.* **1.** in a normal manner **2.** under normal circumstances; ordinarily

**Norman** (nôr′mən) *n.* [< OFr.] **1.** any of the Scandinavians who occupied Normandy in the 10th cent. A.D. **2.** a descendant of the Normans and French who conquered England in 1066 **3.** same as NORMAN FRENCH **4.** a native of Normandy —*adj.* of Normandy, the Normans, their language, or culture

**Norman French** the French spoken in England by the Norman conquerors; Anglo-French —**Nor′man-French′** *adj.*

**Norman style** a style of architecture with rounded arches, used in Britain in the 11th and 12th cent.

**normative** (nôr′mə tiv) *adj.* of or establishing a norm, or standard —**norm′atively** *adv.*

**norn** (nôrn) *n.* [ON. *norn*] *Norse Myth.* any of three goddesses who determine the destiny of gods and men

**Norse** (nôrs) *adj.* [prob. < Du. *noord,* north] Scandinavian —*n.* the Scandinavian group of languages

**Norseman** *n.* a member of the ancient Scandinavian people; Northman

**north** (nôrth) *n.* [OE.] **1.** the direction to the right of a person facing the sunset (0° or 360° on the compass, opposite south) **2.** a region or district in or towards this direction **3.** [*often* **N-**] the northern part of the earth —*adj.* **1.** in, or towards the north **2.** from the north —*adv.* in or towards the north —**the North** that part of England north of the Humber

**Northants.** Northamptonshire

**north country** the northern part of England, esp. Yorkshire, Northumbria & Cumbria —**north-coun′tryman** *n.*

**northeast** (nôrth′ēst′; *nautical,* nôr-) *n.* **1.** the direction halfway between north and east **2.** a region in or towards this direction —*adj.* **1.** in, of, to, or towards the northeast **2.** from the northeast —*adv.* in, towards, or from the northeast —**north′east′erly** *adj., adv.* —**north′east′ern** *adj.* —**north′east′ward** *adv., adj.* —**north′east′wards** *adj.*

**northeaster** (nôrth′ēs′tər; *nautical,* nôr-) *n.* a storm or strong wind from the northeast

**northerly** (nôr′*th*ə lē) *adj., adv.* **1.** towards the north **2.** from the north

**northern** (nôr′*th*ərn) *adj.* **1.** in, of, or towards the north **2.** from the north **3.** [**N-**] of or characteristic of the North

**northerner** *n.* a native or inhabitant of the north, specif. [**N-**] *a)* of the North of England *b)* [Canad.] of the Far North

**Northern Hemisphere** that half of the earth north of the equator

**northern lights** *same as* AURORA BOREALIS

**Northman** *same as* NORSEMAN

**north-northeast** *n.* the direction halfway between north and northeast

**north-northwest** *n.* the direction halfway between north and northwest

**North Pole** the northern end of the earth's axis

**North-Sea gas** natural gas obtained from deposits beneath the North Sea

**North Star** Polaris, the bright star almost directly above the North Pole; polestar

**Northum.** Northumbria

**northward** (nôrth′wərd) *adv., adj.* towards the north: also **north′wards** *adv.* —*n.* a northward direction, point, etc.

**northwest** (nôrth′west′; *nautical,* nôr-) *n.* **1.** the direction halfway between north and west **2.** a district or region in or towards this direction —*adj.* **1.** in, of, or towards the northwest **2.** from the northwest —*adv.* in, towards, or from the northwest —**north′west′erly** *adj., adv.* —**north′west′ern** *adj.* —**north′west′ward** *adv., adj.* —**north′west′wards** *adv.*

**northwester** (nôrth′wes′tər; *nautical,* nôr-) *n.* a storm or strong wind from the northwest

**Norw.** **1.** Norway **2.** Norwegian

**Norwegian** (nôr wē′jən) *adj.* of Norway, its people, their language, etc. —*n.* **1.** a native or inhabitant of Norway **2.** the language of the Norwegians

**Nos., nos.** numbers

**nose** (nōz) *n.* [OE. *nosu*] **1.** the part of the human face between the mouth and the eyes, having two openings for breathing and smelling **2.** the corresponding part in animals **3.** the sense of smell **4.** power to perceive as by scent [a *nose* for news] **5.** anything noselike in shape or position —*vt.* **nosed, nos′ing** **1.** to discover as by smell **2.** to rub with the nose **3.** to push with the nose (with *aside,* etc.) **4.** to push (a way, etc.) with the front forward —*vi.* **1.** to pry inquisitively **2.** to advance; move forwards —**by a nose** by a very small margin —**lead by the nose** to dominate completely —**look down one's nose at** [Colloq.] to be disdainful of —**pay through the nose** to pay an unreasonable price —**turn up one's nose at** to sneer at —**under one's nose** in plain view

**nose bag** a bag filled with grain, fastened over a horse's muzzle for feeding

**noseband** *n.* that part of a bridle or halter which passes over the animal's nose

**nosebleed** *n.* a bleeding from the nose

**nose cone** the cone-shaped foremost part of a spacecraft, missile, etc.

**nose dive** **1.** a swift, downward plunge of an aircraft, nose first **2.** any sudden, sharp drop —**nose′-dive′** *vi.* **-dived′, -div′-ing**

**nosegay** (nōz′gā′) *n.* [NOSE + GAY (in obs. sense of "gay object")] a small bouquet

**nosey** *adj.* **nos′ier, nos′iest** *same as* NOSY

**nosh** (nosh) *vt., vi.* [< Yid.] [Slang] to eat (a snack) —*n.* [Slang] food

**nosh-up** *n.* [Slang] a meal, esp. a large one

**nostalgia** (nos tal′jē ə) *n.* [< Gr. *nostos,* return] **1.** a longing for former times **2.** a longing for home —**nostal′gic** *adj.*

**nostril** (nos′trəl) *n.* [< OE. *nosu,* nose + *thyrel,* hole] either of the openings into the nose

**no-strings** (nō′strinz′) *adj.* free of conditions

**nostrum** (nos′trəm) *n.* [L., ours] **1.** a quack medicine **2.** a pet scheme for solving some problem

**nosy** (nō′zē) *adj.* **-ier, -iest** [Colloq.] prying; inquisitive —**nos′ily** *adv.* —**nos′iness** *n.*

**Nosy Parker** [*also* **n- p-**] [Colloq.] a nosy person

**not** (not) *adv.* [< ME. *nought*] in no manner; to no degree: a term of negation —**not half** [Colloq.] very much —**not quite** **1.** nearly **2.** obviously not [*not quite* proper]

‡**nota bene** (nō′tə bē′nē) [L.] note well

**notable** (nōt′ə b′l) *adj.* [< L. *notare,* to note] worthy of notice; remarkable —*n.* a well-known person —**no′tabil′ity** *n.* —**no′tably** *adv.*

**notary** (nōt′ər ē) *n., pl.* **-ries** [< L. *notare,* to note] someone, usually a solicitor, who attests deeds and writings: also **notary public** —**notar′ial** (-tāər′-) *adj.*

**notation** (nō tā′shən) *n.* [< L. *notare,* to note] **1.** the use of a system of signs or symbols for words, quantities, etc. **2.** any such system used in algebra, music, etc.

**notch** (noch) *n.* [by merging of ME. *an oche,* a notch] **1.** a V-shaped cut in an edge or surface **2.** [Colloq.] a step; degree —*vt.* **1.** to cut a notch or notches in **2.** to record, as by notches —**notched** *adj.*

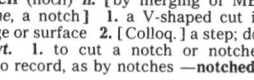


NOTES
(A, semibreve; B, minim; C, crotchet; D, quaver; E, semiquaver; F, demi-semiquaver; G, hemidemisemiquaver)

**note** (nōt) *n.* [< L. *nota,* mark] **1.** a brief, written statement, as to aid memory **2.** *a*) a short, informal letter *b*) a formal diplomatic communication **3.** a comment or explanation, as at the foot of a page **4.** a distinguishing feature [a *note* of joy] **5.** importance or distinction [a man of *note*] **6.** notice; heed [worthy of *note*] **7.** any of certain commercial papers relating to debts or payment of money [a promissory *note*] **8.** a cry or call, as of a bird **9.** a signal [a *note* of warning] **10.** *Music* *a*) a tone of definite pitch *b*) a symbol for a tone, indicating pitch and duration —*vt.* **not′ed, not′ing** **1.** to heed; observe **2.** to put in writing **3.** to mention specially —**compare notes** to exchange views —**strike** (or **hit**) **the right note** to behave in a manner appropriate to the occasion

**notebook** *n.* a book for memorandums

**noted** *adj.* distinguished; renowned; eminent

**notelets** (nōt′ləts) *n.pl.* small cards of folded paper used for short letters, etc.

**note paper** paper for writing notes, or letters

**noteworthy** *adj.* worthy of note; remarkable

**nothing** (nuth′iŋ) *n.* [OE. *na thing*] **1.** no thing; not anything **2.** nothingness **3.** a thing that does not exist **4.** a person or thing considered of no value or importance **5.** a nought; zero —*adv.* not at all —**for nothing** **1.** at no cost; free **2.** in vain **3.** without reason —**have nothing on** **1.** to be naked **2.** to have no appointments [he *has nothing on* tonight] **3.** not to be a match for (someone) —**make nothing of** **1.** to treat as of little importance **2.** to fail to understand —**nothing but** nothing other than —**nothing doing** [Colloq.] **1.** no: used in refusal **2.** no result, etc. —**nothing less than** no less than: also **nothing short of** —**think nothing of** **1.** to attach no importance to **2.** to regard as easy to do

**nothingness** *n.* **1.** nonexistence **2.** lack of value, meaning, etc. **3.** unconsciousness

**notice** (nōt′is) *n.* [see NOTE] **1.** attention; heed **2.** an announcement or warning **3.** a sign giving some public information, warning, or rule **4.** a formal warning of intention to end an agreement or contract at a certain time [to give an employee *notice*] **5.** a brief mention or review of a book, play, etc. —*vt.* **-ticed, -ticing** **1.** to observe; pay attention to **2.** to refer to or comment on —**at short notice** with little warning —**serve notice** to give formal warning —**take notice** to pay attention

**noticeable** *adj.* **1.** readily noticed; conspicuous **2.** significant —**no′ticeably** *adv.*

**notice board** a board or wall area on which bulletins, notices or displays are put up

**notifiable** (nōt′ə fī′ə b′l) *adj.* that must be reported to the health authorities [*notifiable* diseases]

**notification** (nōt′ə fi kā′shən) *n.* **1.** a notifying or being notified **2.** the notice given or received **3.** the letter, form, etc. notifying

**notify** (nōt′ə fī′) *vt.* **-fied′, -fy′ing** [< L. *notus,* known + *facere,* make] **1.** to give notice to **2.** to announce

**notion** (nō′shən) *n.* [see NOTE] **1.** *a*) a mental image *b*) a vague thought **2.** a belief; opinion; view **3.** an inclination; whim **4.** an intention

**notional** *adj.* **1.** of or expressing notions, or concepts **2.** imaginary **3.** fanciful

**notoriety** (nōt′ərī′ətē) ***n.*** a being notorious

**notorious** (nō tôr′ē əs) ***adj.*** [see NOTE] widely but unfavourably known

**not proven** *Scots Law* a verdict given when the evidence is insufficient to warrant a conviction

**no-trump** (nō′trump′) ***adj.*** *Cards* with no suit being trumps —***n.*** *Cards* a no-trump bid or hand

**Notts.** Nottinghamshire

**notwithstanding** (not′with stan′diŋ) ***prep.*** in spite of —***adv.*** nevertheless —***conj.*** although

**nougat** (nōō′gä) ***n.*** [Fr. < L. *nux,* nut] a confection of sugar paste with nuts

**nought** (nôt) ***n.*** [< OE. *ne,* not + *awiht,* aught] **1.** *Arith.* the figure zero (0) **2.** nothing —**set at nought** to defy; scorn Also **naught**

**noughts and crosses** a game for two, each marking either X's or O's in an open block of nine squares, the object being to complete a line of three

**noun** (noun) ***n.*** [< L. *nomen,* a name] *Gram.* **1.** any of a class of words naming or denoting a person, thing, action, quality, etc. **2.** any word, phrase, or clause so used

**nourish** (nur′ish) ***vt.*** [< L. *nutrire*] **1.** to feed or sustain with substances necessary to life and growth **2.** to foster; promote —**nour′ishing** ***adj.***

**nourishment** ***n.*** **1.** a nourishing or being nourished **2.** something that nourishes

**nous** (nous) ***n.*** [Gr. *nous, noos*] **1.** [Colloq.] common sense **2.** *Philos.* mind; reason

**nouveau riche** (nōō′vō rēsh′) [Fr.] a newly rich person

**Nov.** November

**nova** (nō′və) ***n., pl.*** **-vae** (-vē), **-vas** [< L. *nova* (*stella*), new (star)] *Astron.* a star that suddenly becomes vastly brighter and then gradually dims

**novel** (nov′l) ***adj.*** [< L. *novus,* new] new and unusual —***n.*** a relatively long fictional prose narrative with a complex plot; book-length story

**novelette** (nov′ə let′) ***n.*** a short novel

**novelist** (nov′l ist) ***n.*** a person who writes novels

**novella** (nō vel′ə) ***n.*** [It.] **1.** a short prose narrative, as a tale by Boccaccio **2.** a short novel

**novelty** (nov′l tē) ***n., pl.*** **-ties** **1.** the quality of being novel **2.** an innovation **3.** [*pl.*] a small, often cheap, cleverly made article, as a toy or ornament

**November** (nō vem′bər) ***n.*** [< L. *novem,* nine] the eleventh month of the year, having 30 days: abbrev. **Nov.**

**novena** (nō vē′nə) ***n.*** [< L. *novem,* nine] *R.C.Ch.* a nine-day period of devotions

**novice** (nov′is) ***n.*** [< L. *novus,* new] **1.** a beginner **2.** a person on probation in a religious group before taking vows

**novitiate** (nō vish′ē ət) ***n.*** **1.** the period or state of being a novice **2.** the quarters of religious novices

**now** (nou) ***adv.*** [OE. *nu*] **1.** *a*) at the present time *b*) at once **2.** at the time referred to; then; next **3.** very recently [he left just *now*] **4.** with things as they are [*now* I'll never know] —***conj.*** since; seeing that —***n.*** the present time —***adj.*** of the present time —***interj.*** an exclamation of warning, reproach, etc. —**now and then** sometimes: also **now and again**

**nowadays** ***adv.*** in these days; at the present time —***n.*** the present time

**noway** (nō′wā′) ***adv.*** by no means; not at all

**nowel, nowell** (nō el′) ***n.*** *alt. sp. of* NOEL

**nowhere** (nō′wâr′) ***adv.*** not in, at, or to any place —**get nowhere** [Colloq.] to fail to make progress —**nowhere near** not nearly

**nowise** ***adv.*** in no manner

**nowt** (nout) ***n.*** [Dial.] nothing

**noxious** (nok′shəs) ***adj.*** [< L. *nocere,* to hurt] harmful to health or morals —**nox′iously** ***adv.***

**nozzle** (noz′l) ***n.*** [dim. of NOSE] a spout at the end of a hose, etc. for controlling a stream of liquid or gas

**Np** *Chem.* neptunium

**nr.** near

**N.S.** **1.** New Style **2.** Nova Scotia

**N.S.B.** National Savings Bank

**N.S.P.C.C.** National Society for the Prevention of Cruelty to Children

**N.S.T.** [Canad.] Newfoundland Standard Time

**N.S.W.** New South Wales

**NT., NT, N.T.** New Testament

**N.T.** **1.** Northern Territory **2.** National Trust

**nth** (enth) ***adj.*** of the indefinitely large or small quantity represented by *n* —**to the nth degree** (or **power**) **1.** to an indefinite degree or power **2.** to an extreme

**nt. wt.** net weight

**nu** (nyōō) ***n.*** the thirteenth letter of the Greek alphabet (N, ν)

**nuance** (nyōō äns′) ***n.*** [Fr. < L. *nubes,* cloud] a slight or delicate variation in colour, meaning, etc.

**nub** (nub) ***n.*** [var. of *knub,* knob] **1.** a lump or small piece **2.** [Colloq.] the main point; gist

**nubble** (nub′l) ***n.*** [< NUB] a small knob —**nub′bly** ***adj.***

**nubby** ***adj.*** **-bier, -biest** having a rough, knotted surface —**nub′biness** ***n.***

**nubile** (nyōō′bīl) ***adj.*** [< L. *nubere,* marry] marriageable: said of a young woman

**nuclear** (nyōō′klē ər) ***adj.*** **1.** of or involving atomic nuclei, atomic energy, or nuclear weapons **2.** of, like, or forming a nucleus

**nuclear bomb** an atomic bomb or a hydrogen bomb

**nuclear disarmament** the attempted elimination of nuclear weapons from a country's armament

**nuclear energy** *same as* ATOMIC ENERGY

**nuclear family** a basic social unit consisting of parents and their children living in one household

**nuclear fission** the splitting of the nuclei of atoms, as in an atomic bomb

**nuclear fusion** the fusion of atomic

nuclei into a nucleus of heavier mass, as in a hydrogen bomb

**nuclear physics** the branch of physics dealing with the structure of atomic nuclei and their interactions

**nuclear reactor** a device for initiating a controlled nuclear chain reaction for the production of energy

**nucleate** *adj.* having a nucleus —*vt., vi.* **-at'ed, -at'ing** to form into a nucleus —**nu'clea'tion** *n.*

**nuclei** (nyōō'klē ī') *n. pl. of* NUCLEUS

**nucleic acid** (nyōō klē'ik) any of a group of complex organic acids found in all living cells

**nucleonics** (nyōō'klē on'iks) *n.pl.* [*with sing. v.*] the branch of physics dealing with the practical applications of atomic energy

**nucleus** (nyōō'klē əs) *n., pl.* **-clei', -cleuses** [L., kernel] **1.** a central thing or part around which other things or parts are grouped **2.** any centre of growth or development **3.** *Biol.* the central mass of protoplasm in most plant and animal cells, necessary to growth, etc. **4.** *Chem., Physics* the central part of an atom, the fundamental particles of which are the proton and neutron

**nude** (nyōōd) *adj.* [L. *nudus*] naked; bare —*n.* **1.** the condition of being nude [in the *nude*] **2.** a nude figure, as in painting, sculpture, etc. —**nude'ly** *adv.* —**nu'dity** *n.*

**nudge** (nuj) *vt.* **nudged, nudg'ing** [< ?] to push gently, esp. with the elbow, so as to get attention, etc. —*n.* a gentle push with the elbow, etc.

**nudism** (nyōō'diz'm) *n.* the practice or cult of going nude in the belief that it benefits health —**nud'ist** *n., adj.*

**nugatory** (nyōō'gə tər ē) *adj.* [< L. *nugari,* to trifle] **1.** trifling; worthless **2.** inoperative; invalid

**nugget** (nug'it) *n.* [prob. < dial. *nug,* lump] a lump, esp. of native gold

**nuisance** (nyōō's'ns) *n.* [< L. *nocere,* annoy] an act, thing, person, etc. causing trouble, annoyance, or inconvenience

**nuisance value** the value of a person or thing because of its ability to irritate

**N.U.J.** National Union of Journalists

**null** (nul) *adj.* [< L. *nullus,* none] **1.** without legal force: usually in **null and void** **2.** amounting to nought **3.** of no value, effect, etc.

**nullify** (nul'ə fī') *vt.* **-fied', -fy'ing** [< L. *nullus,* none + *facere,* make] **1.** to make legally null **2.** to make valueless **3.** to cancel out —**nul'lifica'tion** *n.*

**nullity** (nul'ə tē) *n.* **1.** a being null **2.** *pl.* **-ties** anything that is null

**null set** *Math.* a set having no members: also **empty set**

**Num.** (the book of) Numbers

**num.** **1.** number **2.** numeral(s)

**N.U.M.** National Union of Mineworkers

**numb** (num) *adj.* [< ME. *nimen,* take] deadened; insensible —*vt.* to make numb —**numb'ly** *adv.* —**numb'ness** *n.*

**number** (num'bər) *n.* [< L. *numerus*] **1.** a symbol or word showing how many, or which one in a series **2.** the sum or total of persons or units **3.** a collection of persons or things **4.** *a*) [*often pl.*] a large group *b*) [*pl.*] numerical superiority **5.** quantity **6.** *a*) a single issue of a periodical *b*) a single song, skit, etc. in a programme **7.** [Colloq.] a person or thing singled out **8.** *Gram. a*) the differentiation in form to show whether one or more than one is meant *b*) the form itself **9.** [*pl.*] metrical form or lines —*vt.* **1.** to give a number to **2.** to comprise **3.** to count; enumerate **4.** to include as one of a group (*among*) **5.** to limit the number of —**a number of** several or many —**beyond** (or **without**) **number** too many to be counted —**get** (or **have**) **one's number** [U.S. Slang] to discover (or know) one's true character or motives —**one's number is up** [Slang] one's time to die, etc. has arrived —**num'berer** *n.*

**numberless** *adj.* **1.** countless **2.** without a number

**number one** [Colloq.] *n.* oneself —*adj.* first in importance, urgency, etc. [*number one* priority]

**number plate** a plate mounted on the front and back of a motor vehicle bearing the registration number

**Number Ten** the official residence of the British Prime Minister in Downing Street

**numbskull** (num'skul') *n. same as* NUMSKULL

**numerable** (nyōō'mər ə b'l) *adj.* that can be counted

**numeracy** (nyōō'mər ə sē) *n.* the ability to handle numbers

**numeral** (nyōō'mər əl) *n.* [< L. *numerus,* number] a figure, letter, or word expressing a number —*adj.* of or denoting a number or numbers

**numerate** *adj.* able to do basic arithmetic

**numeration** (nyōō'mə rā'shən) *n.* **1.** a numbering or counting **2.** a system of numbering

**numerator** (nyōō'mə rāt'ər) *n. Math.* the term above the line in a fraction, indicating how many of the specified parts of a unit are taken

**numerical** (nyōō mer'i k'l) *adj.* **1.** of, or having the nature of, number **2.** in or by numbers **3.** expressed by numbers

**numerology** (nyōō'mə rol'ə jē) *n.* divination based on assigning meanings to numbers

**numerous** (nyōō'mər əs) *adj.* **1.** consisting of many **2.** very many —**nu'merously** *adv.*

**numismatic** (nyōō'miz mat'ik) *adj.* [< L. *numisma,* a coin] **1.** of coins or medals **2.** of currency **3.** of numismatics —**nu'mismat'ically** *adv.*

**numismatics** *n.pl.* [*with sing. v.*] the study or collection of coins, medals, etc. —**numis'matist** *n.*

**numskull** (num'skul') *n.* [NUM(B) + SKULL] a stupid person; dolt; dunce

**nun** (nun) *n.* [< LL. *nonna*] a woman devoted to a religious life, esp. in a convent

**nuncio** (nun'shē ō') *n., pl.* **-cios'** [It. <

L. *nuntius,* messenger] an ambassador of the Pope

**nunnery** (nun′ər ē) *n., pl.* **-neries** *a former name for* CONVENT

**nunny bag** (nun′ē) [prob. < Scots. *noony,* lunch] [Canad.] a small sealskin haversack

**NUPE** (nyōō′pē) National Union of Public Employees

**nuptial** (nup′shəl) *adj.* [< L. *nubere,* marry] **1.** of marriage **2.** of mating —*n.* [*pl.*] a wedding

**N.U.R.** National Union of Railwaymen

**nurse** (nərs) *n.* [< L. *nutrire,* nourish] **1.** a person trained to take care of the sick or aged, assist doctors, etc. **2.** a woman hired to take care of another's children —*vt.* **nursed, nurs′ing** **1.** to take care of (a child, invalid, etc.) **2.** to give milk from the breast to (an infant) **3.** to suck milk from the breast of **4.** to try to cure [to *nurse* a cold] **5.** to use, handle, hold, etc. carefully, so as to protect or conserve **6.** to bring up; rear **7.** to nourish or foster —*vi.* **1.** to tend the sick, etc. as a nurse **2.** to feed at the breast **3.** to suckle a child —**nurs′er** *n.*

**nursemaid** *n.* a woman hired to take care of a child or children: also **nurs′erymaid′**

**nursery** (nərs′rē) *n., pl.* **-eries** **1.** a room in a home, set aside for the children **2.** *same as* NURSERY SCHOOL **3.** a place where young plants are raised for sale, etc.

**nurseryman** *n.* one who owns, operates, or works for a nursery (sense 3)

**nursery rhyme** a short poem for children

**nursery school** a school for young children

**nursery slopes** gentle slopes used by beginners in skiing

**nursery stakes** a horse race for two-year-olds

**nursing home** a residence providing care for the infirm, chronically ill, disabled, etc.

**nurture** (nər′chər) *n.* [< L. *nutrire,* nourish] **1.** training, upbringing, fostering, etc. **2.** food —*vt.* **-tured, -turing** **1.** to nourish **2.** to train, rear, foster, etc.

**N.U.S.** National Union of Students

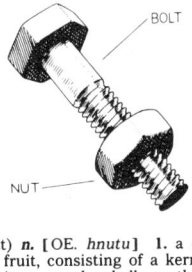


**nut** (nut) *n.* [OE. *hnutu*] **1.** a dry, one-seeded fruit, consisting of a kernel, often edible, in a woody shell, as the walnut **2.** the kernel itself **3.** loosely, any hard-shelled fruit keeping more or less indefinitely, as a peanut **4.** a small, usually metal block with a centre threaded hole for screwing onto a bolt, etc. **5.** [Slang] a crazy person **6.** [Slang] the head **7.** a small piece of coal See also NUTS —*vi.* **nut′ted, nut′ting** to hunt for or gather nuts —**do one's nut** [Slang] to be extremely angry —**hard** (or **tough**) **nut to crack** a person or thing hard to deal with —**off one's nut** [Slang] crazy

**N.U.T.** National Union of Teachers

**nut case** [Slang] an eccentric or insane person

**nutcracker** *n.* a device, usually hinged, for cracking the shells of nuts

**nuthatch** *n.* a small, nut-eating bird with a sharp beak and short tail

**nutmeg** (nut′meg′) *n.* [< L. *nux,* nut + *muscus,* musk] the hard, aromatic seed of an East Indian tree: it is grated and used as a spice

**nutria** (nyōō′trē ə) *n.* [Sp. < L. *lutra,* otter] **1.** a S American water-dwelling rodent with webbed feet **2.** its soft, brown fur

**nutrient** (nyōō′trē ənt) *adj.* [< L. *nutrire,* nourish] nutritious; nourishing —*n.* anything nutritious

**nutriment** *n.* anything that nourishes; food

**nutrition** (nyōō trish′ən) *n.* [< L. *nutrire,* nourish] **1.** a nourishing or being nourished; esp., the processes by which an organism takes in and assimilates food **2.** nourishment **3.** the science or study of proper diet —**nutri′tional** *adj.* —**nutri′tionist** *n.*

**nutritious** *adj.* nourishing; of value as food —**nutri′tiously** *adv.* —**nutri′tiousness** *n.*

**nutritive** (nyōō′trə tiv) *adj.* **1.** having to do with nutrition **2.** nutritious —**nu′tritively** *adv.*

**nuts** (nuts) *adj.* [see NUT] [Slang] crazy —*interj.* [Slang] an exclamation of disgust, scorn, etc.: often in the phrase **nuts to** (**someone** or **something**) —**be nuts about** [Slang] to like very much

**nuts and bolts** the practical, basic elements or mechanics of a situation or thing

**nutshell** *n.* the shell enclosing the kernel of a nut —**in a nutshell** concisely

**nutter** *n.* [< NUT] [Slang] an eccentric person

**nutty** *adj.* **-tier, -tiest** **1.** containing or producing nuts **2.** nutlike in flavour **3.** [Slang] *a*) very enthusiastic *b*) crazy —**nut′tily** *adv.* —**nut′tiness** *n.*

**nux vomica** (nuks′vom′i kə) [< L. *nux,* nut + *vomere,* vomit] the poisonous seed of an Asiatic tree, containing strychnine

**nuzzle** (nuz′′l) *vt., vi.* **-zled, -zling** [< NOSE] **1.** to push (against) or rub with the nose, snout, etc. **2.** to nestle; snuggle —**nuz′zler** *n.*

**NW, N.W., n.w.** **1.** northwest **2.** northwestern

**N.W.M.P.** [Canad.] North West Mounted Police

**N.W.T.** Northwest Territories

**nylon** (nī′lon) *n.* [arbitrary coinage] **1.** a synthetic polymeric amide made into fibre, bristles, etc. of great strength and elasticity **2.** [*pl.*] stockings made of this

**nymph** (nimf) ***n.*** [< Gr. *nymphē*] **1.** *Gr. & Rom. Myth.* any of a group of minor nature goddesses, represented as beautiful maidens living in rivers, trees, etc. **2.** a lovely young woman **3.** *Entomology* the young of an insect with incomplete metamorphosis

**nympho** (nim′fō) ***n.,*** *pl.* **-phos** [contr. < *nymphomaniac*] [Colloq.] a woman who suffers from nymphomania

**nymphomania** (nim′fō mā′nē ə) ***n.*** [< Gr. *nymphē,* bride, nymph + -MANIA] abnormal and uncontrollable desire by a woman for sexual intercourse **—nym′pho-ma′niac′** ***adj., n.***

**N.Z., N.Zeal.** New Zealand

# O

**O, o** (ō) ***n.,*** *pl.* **O's, o's** **1.** the fifteenth letter of the English alphabet **2.** the numeral zero

**O** (ō) ***interj.*** an exclamation used: **1.** in direct address *[O Lord!]* **2.** to express surprise, fear, etc.: now usually *oh*

**o'** (ə, ō) ***prep.*** *an abbreviated form of:* **1.** of *[o'clock]* **2.** [Archaic or Dial.] on

**O** **1.** *Linguis.* Old *[OFr.]* **2.** *Chem.* oxygen

Ω *Physics the symbol for* ohm

**O.** **1.** Ocean **2.** Ontario

**O., o.** **1.** octavo **2.** old

**oaf** (ōf) ***n.*** *pl.* **oafs, oaves** (-vz) [< ON. *alfr,* elf] a stupid, clumsy lout —**oaf'ish** ***adj.*** —**oaf'ishness** ***n.***

**oak** (ōk) ***n.*** [OE. *ac*] **1.** a large hardwood tree bearing nuts called *acorns* **2.** its wood —***adj.*** of oak: also **oak'en**

**oak apple** an applelike gall on oak trees

**Oaks** (ōks) ***n.*** an annual race for fillies held at Epsom

**oakum** (ō'kəm) ***n.*** [< OE. *a-,* out + *camb,* a comb] loose, stringy, hemp fibre got by taking apart old ropes: used in caulking

**OAP, O.A.P.** **1.** old age pensioner **2.** old age pension

**oar** (ôr) ***n.*** [OE. *ar*] **1.** a pole with a broad blade at one end, used in rowing **2.** a rower —**put one's oar in** to meddle —**rest on one's oars** to stop or relax —**oared** ***adj.***

**oarsman** ***n.*** a man who rows —**oars'manship'** ***n.*** —**oars'woman** ***n. fem.***

**OAS, O.A.S.** Organization of American States

**oasis** (ō ā'sis) ***n.,*** *pl.* **-ses** (-sēz) [< Gr. *ōasis*] **1.** a fertile place in a desert **2.** anything offering relief in the midst of difficulty, dullness, etc.

**oast** (ōst) ***n.*** [< OE. *ast*] a kiln for drying hops or malt —**oast'house** ***n.***

**oat** (ōt) ***n.*** [OE. *ate*] **1.** a hardy cereal grass **2.** [*usually pl.*] its edible grain —**oat'en** ***adj.***

**oath** (ōth) ***n.,*** *pl.* **oaths** (ōthz) [OE. *ath*] **1.** *a*) a ritualistic declaration, as by appeal to God, that one will speak the truth, keep a promise, etc. *b*) the thing declared **2.** the profane use of the name of God, as in anger **3.** a swearword —**take oath** to promise with an oath

**oatmeal** (ōt'mēl') ***n.*** **1.** oats ground or rolled into meal or flakes **2.** a greyish-yellow colour

**O.A.U.** Organization of African Unity

**ob-** [< L. *ob*] *a prefix meaning:* **1.** to, towards, before *[object]* **2.** against *[obnoxious]* **3.** upon, over *[obfuscate]* **4.** completely *[obsolete]* In words of Latin origin, *ob-* assimilates to *o-* before *m, oc-* before *c, of-* before *f,* and *op-* before *p*

**OB, O.B.** **1.** obstetrician **2.** obstetrics

**ob.** [L. *obiit*] he (or she) died

**O.B.** Outside Broadcast

**obbligato** (ob'lə gät'ō) ***adj.*** [It.] *Music* indispensable: said of a required accompaniment —***n.,*** *pl.* **-tos, -ti** (-ē) such an accompaniment

**obdurate** (ob'dyoor ət) ***adj.*** [< L. *ob-,* intens. + *durare,* harden] **1.** hardhearted **2.** hardened and unrepenting **3.** stubborn —**ob'duracy** ***n.***

**O.B.E.** Officer (of the Order of the) British Empire

**obedient** (ō bē'dē ənt) ***adj.*** [< OBEY] obeying or willing to obey; submissive —**obe'dience** ***n.*** —**obe'diently** ***adv.***

**obeisance** (ō bā'səns) ***n.*** [< OFr. *obeir,* OBEY] **1.** homage **2.** a gesture of respect, as a bow —**obei'sant** ***adj.***

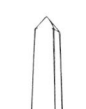

OBELISK

**obelisk** (ob'ə lisk) ***n.*** [< Gr. *obelos,* a spit] a four-sided stone pillar tapering towards its pyramidal top

**obese** (ō bēs') ***adj.*** [< L. *ob-,* OB- + *edere,* eat] very fat —**obe'sity** ***n.***

**obey** (ə bā') ***vt.*** [< L. *ob-,* OB- + *audire,* hear] **1.** to carry out the orders of **2.** to carry out (an order) **3.** to be guided by *[to obey* one's conscience*]* —***vi.*** to be obedient —**obey'er** ***n.***

**obfuscate** (ob'fus kāt') ***vt.*** **-cat'ed, -cat'ing** [< L. *ob-,* OB- + *fuscus,* dark] **1.** to darken; obscure **2.** to muddle; confuse —**ob'fusca'tion** ***n.***

**obituary** (ə bi'tyoo wər ē) ***n.,*** *pl.* **-aries** [< L. *obire,* die] a notice of someone's death, usually with a brief biography —***adj.*** of or recording a death

**obj.** **1.** object **2.** objection **3.** objective

**object** (ob'jikt; *for v.* əb jekt') ***n.*** [< L. *ob-,* OB- + *jacere,* throw] **1.** a thing that can be seen or touched **2.** a person or thing to which action, thought, etc. is directed **3.** aim; purpose **4.** *Gram.* a noun or substantive receiving the action of a verb or governed by a preposition **5.** *Philos.* anything that can be perceived by the mind —***vt.*** to state in opposition or disapproval —***vi.*** to feel or express opposition or disapproval —**no object** not a hindrance [money is *no object*] —**objec'tor** ***n.***

**objectify** (ob jek'tə fī') ***vt.*** **-fied', -fy'ing** to make objective —**objec'tifica'tion** ***n.***

**objection** (əb jek'shən) ***n.*** **1.** a feeling or expression of opposition or disapproval **2.** a reason for objecting

**objectionable** ***adj.*** causing objection; disagreeable; offensive —**objec'tionably** ***adv.***

**objective** (əb jek'tiv) ***adj.*** **1.** having existence independent of the mind; real **2.** concerned with the actual features of the thing dealt with rather than the thoughts, feelings, etc. of the artist, writer, or speaker [an *objective* description] **3.** without bias or prejudice **4.** *Gram.* designating or of the case of an object —***n.*** **1.** an aim; goal **2.** *Gram.* *a*) the objective case *b*) a word in this case **3.** *Optics* the lens nearest the object observed, as in a telescope —**objec'tively** ***adv.*** —**objectivity** (ob'jek tiv'ə tē) ***n.***

**object lesson** an actual or practical demonstration or exemplification of some principle

**objet d'art** (ob'zhā där') *pl.* **objets d'art** (ob'zhā-) [Fr.] a small object of artistic value, as a figurine

**objurgate** (ob'jər gāt') ***vt.*** **-gat'ed, -gat'ing** [< L. *ob-*, OB- + *jurgare*, chide] to upbraid sharply; berate —**ob'jurga'tion** ***n.***

**oblate** (ob'lāt) ***adj.*** [< OB- + (PRO)LATE] *Geom.* flattened at the poles [an *oblate* spheroid]

**oblation** (ō blā'shən) ***n.*** [see OFFER] an offering made to God or a god —**obla'tional** ***adj.***

**obligate** (ob'lə gāt') ***vt.*** **-gat'ed, -gat'ing** [see OBLIGE] to bind by a contract, promise, sense of duty, etc.

**obligation** (ob'lə gā'shən) ***n.*** **1.** *a*) a legal or moral responsibility *b*) the thing that such a responsibility binds one to do **2.** binding power of a contract, promise, etc. **3.** indebtedness for a favour, service, etc.

**obligato** (ob'lə gät'ō) ***adj., n., pl.*** **-tos, -ti** (-ē) *same as* OBBLIGATO

**obligatory** (ə blig'ə tər ē) ***adj.*** legally or morally binding; required —**oblig'atorily** ***adv.***

**oblige** (ə blīj') ***vt.*** **obliged', oblig'ing** [< L. *ob-*, OB- + *ligare*, bind] **1.** to compel by moral, legal, or physical force **2.** to make indebted for a kindness or favour —***vi.*** to do a favour —**much obliged** thank you —**oblig'er** ***n.***

**obliging** ***adj.*** helpful; accommodating —**oblig'ingly** ***adv.***

**oblique** (ə blēk') ***adj.*** [< L. *ob-*, OB- + *liquis*, awry] **1.** neither perpendicular nor horizontal; slanting **2.** indirect; evasive **3.** *Gram.* designating any case but the nominative and vocative —***n.*** an oblique angle, muscle, line, etc. —**oblique'ly** ***adv.*** —**obliquity** (ə blik'wə tē), **oblique'ness** ***n.***

**oblique angle** an acute or obtuse angle

**obliterate** (ə blit'ə rāt') ***vt.*** **-at'ed, -at'ing** [< L. *ob-*, OB- + *litera*, letter] **1.** to blot out; efface **2.** to destroy —**oblit'era'tion** ***n.*** —**oblit'era'tor** ***n.***

**oblivion** (ə bliv'ē ən) ***n.*** [< L. *oblivisci*, forget] **1.** forgetfulness **2.** the state of being forgotten

**oblivious** ***adj.*** forgetful or unmindful (usually with *of* or *to*) —**obliv'iously** ***adv.*** —**obliv'iousness** ***n.***

**oblong** (ob'lôŋ) ***adj.*** [< L. *ob-*, OB- + *longus*, long] longer than broad; specif., rectangular and longer in one direction than in the other —***n.*** an oblong figure

**obloquy** (ob'lə kwē) ***n., pl.*** **-quies** [< LL. *obloqui*, speak against] **1.** verbal abuse; esp., widespread censure **2.** disgrace or infamy resulting from this

**obnoxious** (əb nok'shəs) ***adj.*** [< L. *ob-*, OB- + *noxa*, a harm] very unpleasant; offensive —**obnox'iousness** ***n.***

**oboe** (ō'bō) ***n.*** [It. < Fr.: see HAUTBOY] a double-reed woodwind instrument having a high, penetrating, melancholy tone —**o'boist** ***n.***

**Obs., obs.** obsolete

**obscene** (əb sēn') ***adj.*** [< L. *obscenus*, filthy] **1.** offensive to modesty or decency; lewd **2.** disgusting; repulsive —**obscene'ly** ***adv.*** —**obscen'ity** (əb sen'-) ***n.***

**obscure** (əb skyoor') ***adj.*** [< L. *obscurus*, covered over] **1.** not easily understood; vague; ambiguous **2.** not easily perceived; not distinct **3.** inconspicuous; hidden **4.** not well-known [an *obscure* scientist] **5.** dim; dark —***vt.*** **-scured', -scur'ing** to make obscure; darken; conceal; overshadow; confuse, etc. —**obscu'rity** ***n.***

**obsequies** (ob'sə kwēz) ***n.pl.*** [< L. *obsequium*: see ff.), substituted for L. *exsequiae*, funeral] funeral rites

**obsequious** (əb sē'kwē əs) ***adj.*** [< L. *obsequium*, compliance] showing too great a willingness to serve or obey; fawning

**observable** (əb zur'və b'l) ***adj.*** that can be observed

**observance** (əb zur'vəns) ***n.*** **1.** the observing of a law, duty, custom, etc. **2.** a customary act, rite, etc.

**observant** ***adj.*** **1.** paying careful attention **2.** perceptive or alert —**observ'antly** ***adv.***

**observation** (ob'zər vā'shən) ***n.*** **1.** *a*) the act or power of noticing *b*) something noticed **2.** a being noticed **3.** *a*) a noting and recording of facts, as for some scientific study *b*) the data so noted **4.** a comment —**ob'serva'tional** ***adj.***

**observatory** (əb zur'və trē) ***n., pl.*** **-ries** a building or institution equipped for scientific observation, esp. one with a large telescope for astronomical research

**observe** (əb zurv') ***vt.*** **-served', -serv'ing** [< L. *ob-*, OB- + *servare*, keep] **1.** *a*) to notice (something) *b*) to pay special attention to **2.** to examine scientifically **3.** to conclude after study **4.** to remark **5.** to keep (a law, custom, etc.) **6.** to celebrate (a holiday, etc.) —***vi.*** **1.** to take notice **2.** to comment (*on* or *upon*) —**observ'er** ***n.***

**obsess** (əb ses′) *vt.* [< L. *obsidere,* besiege] to haunt or trouble in mind; preoccupy greatly **—obses′sive** *adj.*

**obsession** *n.* **1.** a being obsessed with an idea, desire, etc. **2.** such an idea, desire, etc. **—obses′sional** *adj.*

**obsidian** (ob sid′ē ən) *n.* [< *Obsius,* who discovered it] a hard, dark volcanic glass, used as a gemstone

**obsolescent** (ob′sə les′ənt) *adj.* in the process of becoming obsolete **—ob′soles′cence** *n.*

**obsolete** (ob′sə lēt′) *adj.* [< L. *obsolescere,* to decay] no longer in use; discarded; out-of-date **—ob′solete′ly** *adv.*

**obstacle** (ob′stə k'l) *n.* [< L. *ob-,* OB- + *stare,* to stand] anything that gets in the way or hinders; obstruction

**obstetrician** (ob′ste trish′ən) *n.* a medical doctor who specializes in obstetrics

**obstetrics** (ob stet′riks) *n.pl.* [*with sing. v.*] the branch of medicine concerned with the care and treatment of women in pregnancy and childbirth

**obstinate** (ob′stə nət) *adj.* [< L. *obstinare,* resolve on] **1.** unreasonably determined to have one's own way; stubborn **2.** resisting treatment [an *obstinate* fever] **—ob′stinacy** *n.*

**obstreperous** (əb strep′ər əs) *adj.* [< L. *ob-,* OB- + *strepere,* roar] noisy, boisterous, or unruly

**obstruct** (əb strukt′) *vt.* [< L. *ob-,* OB- + *struere,* pile up] **1.** to block (a passage); clog **2.** to hinder (progress, etc.); impede **3.** to block (the view) **—obstruc′tive** *adj.*

**obstruction** *n.* **1.** an obstructing or being obstructed **2.** anything that obstructs; hindrance

**obstructionist** *n.* anyone who obstructs progress; esp., a member of a legislature who hinders legislation by technical manoeuvres **—***adj.* of obstructionists

**obtain** (əb tān′) *vt.* [< L. *ob-,* OB- + *tenere,* hold] to get possession of by effort; procure **—***vi.* to be in force; prevail [peace will *obtain*] **—obtain′able** *adj.*

**obtrude** (əb tro̅o̅d′) *vt.* **-trud′ed, -trud′ing** [< L. *ob-,* OB- + *trudere,* thrust] **1.** to thrust forward **2.** to force (oneself, one's opinions, etc.) upon others **—***vi.* to obtrude oneself (*on* or *upon*) **—obtru′sion** *n.*

**obtrusive** *adj.* **1.** inclined to obtrude **2.** obtruding itself **—obtru′sively** *adv.* **—obtru′siveness** *n.*

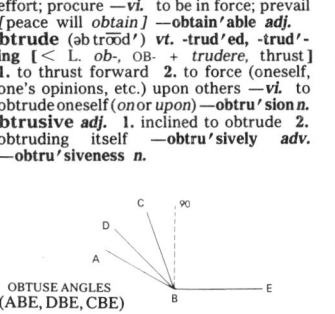

OBTUSE ANGLES
(ABE, DBE, CBE)

**obtuse** (əb tyo̅o̅s′) *adj.* [< L. *ob-,* OB- + *tundere,* strike] **1.** slow to understand; dull or insensitive **2.** greater than 90 degrees and less than 180 degrees [an *obtuse* angle] **3.** not sharp or pointed; blunt **—obtuse′ly** *adv.* **—obtuse′ness** *n.*

**obverse** (ob′vurs) *adj.* [< L. *ob-,* OB- + *vertere,* turn] **1.** turned towards the observer **2.** forming a counterpart **—***n.* **1.** a counterpart **2.** the side, as of a coin, bearing the main design **3.** the main surface of anything

**obviate** (ob′vē āt′) *vt.* **-at′ed, -at′ing** [see OBVIOUS] to make unnecessary **—ob′via′tion** *n.*

**obvious** (ob′vē əs) *adj.* [L. *obvius,* in the way: see OB- & VIA] easy to see or understand; evident **—ob′viously** *adv.* **—ob′viousness** *n.*

**o/c** overcharge

**O.C.** Officer Commanding

**ocarina** (ok′ə rē′nə) *n.* [It. < LL. *auca,* goose] a small, rounded wind instrument with finger holes and a mouthpiece

**occasion** (ə kā′zhən) *n.* [< L. *ob-,* OB- + *cadere,* fall] **1.** *a*) a happening *b*) a particular time **2.** need; reason **3.** a fact or event that makes something else possible **4.** a favourable time; opportunity **5.** a special time or event **—***vt.* to cause **—on occasion** sometimes **—rise to the occasion** to meet the demands of a situation

**occasional** *adj.* **1.** happening now and then; infrequent **2.** on, of, or for a special occasion **—occa′sionally** *adv.*

**occident** (ok′sə dənt) *n.* [< L. *occidens,* direction of the setting sun: see OCCASION] the west: now rare, except [**O-**] the part of the world west of Asia, esp. Europe and the Americas **—oc′ciden′tal, Oc′ciden′tal** *adj., n.*

**occiput** (ok′si put′) *n., pl.* **occip′ita** (-sip′ə tə), **-puts′** [< L. *ob-,* OB- + *caput,* head] the back part of the skull or head **—occipital** (ok sip′ə t'l) *adj.*

**occlude** (o klo̅o̅d′) *vt.* **-clud′ed, -clud′ing** [< L. *ob-,* OB- + *claudere,* shut] **1.** to close or block (a passage) **2.** to shut in or out **3.** *Chem.* to retain or absorb (a gas, etc.) **—occlu′sion** *n.*

**occluded front** *Meteorol.* the front formed when a warm front is overtaken by a cold front and the warm air is forced up away from ground level

**occult** (o kult′) *adj.* [< L. *occulere,* conceal] **1.** of alleged supernatural powers, manifestations, etc. **2.** beyond human understanding **3.** hidden **4.** secret; esoteric **—the occult** the occult arts **—occult′ism** *n.*

**occupancy** (ok′yoo pən sē) *n., pl.* **-cies** an occupying; a taking or keeping in possession

**occupant** *n.* one who occupies a house, post, etc.

**occupation** (ok′yoo pā′shən) *n.* **1.** (one's) trade, profession, or business **2.** an occupying or being occupied; specif., the seizure and control of a country or area by military forces **—oc′cupa′tional** *adj.* **—oc′cupa′tionally** *adv.*

**occupational disease** a disease commonly acquired by people in a particular occupation

**occupational therapy** therapy by means of work designed to divert the mind or to correct a physical defect

**occupier** (ok′yəo pī′ər) *n.* the person in possession; an occupant; a tenant

**occupy** (ok′yəo pī′) *vt.* **-pied′, -py′ing** [< L. *ob-*, OB- + *capere,* seize] **1.** to hold possession of by tenure; specif., *a*) to dwell in *b*) to hold (a position or office) **2.** to employ or busy (oneself, one's mind, etc.) **3.** to take up or fill up (space, time, etc.) **4.** to take possession of by settlement or seizure

**occur** (ə kur′) *vi.* **-curred′, -cur′ring** [< L. *ob-*, OB- + *currere,* run] **1.** to happen **2.** to be found; exist **3.** to present itself; come to mind

**occurrence** (ə kur′əns) *n.* **1.** the act or fact of occurring **2.** something that occurs; event; incident **—occur′rent** *adj.*

**ocean** (ō′shən) *n.* [< Gr. *Okeanos*] **1.** the great body of salt water that covers about 71 % of the earth's surface **2.** any of its five principal divisions: the Atlantic, Pacific, Indian, Arctic, or Antarctic Ocean **3.** any great expanse or quantity **—oceanic** (ō′shē an′ik) *adj.*

**oceangoing** *adj.* of or for travel on the ocean

**oceanography** (ō′shyə nog′rə fē) *n.* the study of the environment in the oceans **—o′ceanog′rapher** *n.*

**ocelot** (ō′sə lot′) *n.* [Fr. < SAmInd. *ocelotl,* jaguar] a large cat of N and S America, with a yellow or grey coat marked with black spots

**och** (okh) ***interj.*** [Scot. & Ir.] an expression of regret, impatience, surprise, etc.

**ochre** (ō′kər) *n.* [< Gr. *ōchros,* pale yellow] **1.** a yellow or reddish-brown clay used as a pigment **2.** the colour of ochre, esp., dark yellow **—o′chreous** *adj.*

**-ock** (ək) [< OE.] *a suffix used orig. to form the diminutive [hillock]*

**o'clock** (ə klok′) *adv.* of or according to the clock

**OCR** *Data Processing* optical character recognition

**oct-** *same as:* **1.** OCTA- **2.** OCTO- Used before a vowel

**Oct.** October

**oct.** octavo

**octa-** [< Gr.] *a combining form meaning* eight

**octagon** (ok′tə gən) *n.* [see OCTA- & -GON] a plane figure with eight angles and eight sides **—octag′onal** (-tag′ə n'l) *adj.* **—octag′onally** *adv.*

**octahedron** (ok′tə hē′drən) *n., pl.* **-drons, -dra** [see OCTA- & -HEDRON] a solid figure with eight plane surfaces

**octane** (ok′tān) *n.* [< OCTO-] an oily paraffin hydrocarbon found in petroleum

**octane number** (or **rating**) a number representing the antiknock quality of a fuel: the higher the number, the greater this quality

**octave** (ok′tiv) *n.* [< L. *octo,* eight] **1.** *Music a*) the eighth full tone above or below a given tone *b*) the interval of eight diatonic degrees between a tone and either of its octaves *c*) the series of tones (a full scale) within this interval, or the keys of an instrument producing such a series *d*) a tone and either of its octaves sounded together **2.** the first eight lines of a sonnet

**octavo** (ok tā′vō) *n., pl.* **-vos** [< L. (*in*) *octavo,* (in) eight] **1.** the page size (c. 15 x 23 cm) of a book made from folding a sheet of paper to form eight leaves **2.** a book with pages of this size Also written **8vo** or **8°**

**octet, octette** (ok tet′) *n.* [< OCT(O)- + (DU)ET] **1.** any group of eight **2.** *Music a*) a composition for eight voices or instruments *b*) the performers of this

**octo-** [< Gr.] *a combining form meaning* eight

**October** (ok tō′bər) *n.* [< L. *octo,* eight: eighth month of the Roman year] the tenth month of the year, having 31 days: abbrev. **Oct.**

**octogenarian** (ok′tō ji nāər′ē ən) *adj.* [< L. *octoginta,* eighty] eighty years old, or between the ages of eighty and ninety **—*n.*** a person of this age

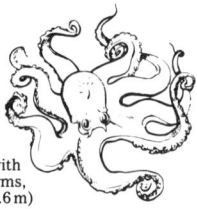

OCTOPUS (diameter with outspread arms, from 2 cm to 7.6 m)

**octopus** (ok′tə pəs) *n., pl.* **-puses** [< Gr. *oktō,* eight + *pous,* foot] a mollusc with a soft body and eight arms covered with suckers

**O.C.T.U.** Officer Cadets Training Unit

**ocular** (ok′yoo lər) *adj.* [< L. *oculus,* eye] **1.** of, for, or like the eye **2.** by eyesight **—*n.*** the eyepiece of an optical instrument

**oculist** *n.* [< L. *oculus,* eye] formerly, a specialist in eye diseases

**OD, O.D.** **1.** Officer of the Day **2.** outside diameter **3.** overdose

**O.D.** ordnance datum

**odalisque, odalisk** (ōd′ə lisk) *n.* [Fr. < Turk. *ōdalik,* chambermaid] a female slave in an Oriental harem

**odd** (od) *adj.* [< ON. *oddi,* triangle, hence odd number] **1.** *a*) peculiar *b*) eccentric **2.** occasional; incidental *[odd* jobs*]* **3.** having a remainder of one when divided by two **4.** numbered with an odd number *[*the *odd* months*]* **5.** *a*) remaining or separated from a pair, set, etc. *[*an *odd* glove*] b*) remaining after the others are paired, taken, etc. **6.** *a*) in addition to a round number *[*ten pounds and some *odd* change*] b*) with a small number over *[*thirty *odd* years ago*]* **7.** out-of-the-way *[*in *odd* corners*]* **—odd man out** a person or thing different or excluded from others forming a group **—odd′ly** *adv.* **—odd′ness** *n.*

**oddity** *n.* **1.** queerness; peculiarity **2.** *pl.* **-ties** an odd person or thing
**oddment** *n.* something odd or left over
**odds** *n.pl.* **1.** an equalizing advantage given by a bettor or competitor in proportion to the assumed chances in his favour **2.** difference in favour of one side over the other; advantage **3.** difference [it makes no *odds*] **—against all odds** despite all difficulties **—at odds** in disagreement **—over the odds** more than is expected, necessary, etc. **—the odds are** the likelihood is
**odds and ends** scraps; remnants; oddments
**odds-on** *adj.* having better than an even chance of winning [an *odds-on* favourite]
**ode** (ōd) *n.* [< Gr. *ōidē,* song] a lyric poem typically addressed to some person or thing and characterized by lofty feeling and dignified style
**odious** (ō′dē əs) *adj.* [see ff.] arousing or deserving hatred or loathing; disgusting **—o′diously** *adv.*
**odium** *n.* [< L. *odi,* I hate] **1.** hatred **2.** the disgrace brought on by hateful action; opprobrium
**odometer** (ō dom′ə tər) *n.* [< Gr. *hodos,* way + *metron,* a measure] an instrument for measuring the distance travelled by a vehicle
**-odont** (ə dont′) [< Gr.] *a combining form meaning* tooth
**odonto-** [see prec.] *a combining form meaning* tooth or teeth
**odontology** (ō′don tol′ə jē) *n.* [see prec. & -LOGY] the science dealing with the structure and diseases of the teeth **—odon′tolog′ical** (-tə loj′i k′l) *adj.*
**odoriferous** (ō′də rif′ər əs) *adj.* giving off an odour, often, specif., a fragrant one **—o′dorif′erously** *adv.*
**odour** (ō′dər) *n.* [< L. *odor*] a smell, whether pleasant or unpleasant U.S. sp. **odor —be in bad** (or **ill**) **odour** to be in ill repute **—o′dorous** *adj.*
**Odyssey** (od′ə sē) *n., pl.* **-seys** [< the Greek epic poem] any extended wandering
**oe-** a variant spelling for many words of Gr. and L. origin now sometimes written with *e-*
**OE., OE, O.E.** Old English
**O.E.C.D.** Organization for Economic Co-operation and Development
**oedema** (ē dē′mə) *n., pl.* **-mas, -mata** [< Gr. *oidēma,* swelling] an abnormal accumulation of fluid in tissues of the body, causing swelling
**Oedipus complex** (ē′də pəs) *Psychoanalysis* the unconscious tendency of a child to be attached to the parent of the opposite sex
**o′er** (ōər) *prep., adv.* *chiefly poet. contr. of* OVER
**oesophagus** (ē sof′ə gəs) *n., pl.* **-agi′** (-gī′) [< Gr. *oisophagos,* gullet] the tube through which food passes from the pharynx to the stomach
**oestrogen** (ēs′trō jən) *n.* [< Gr. *oistros,* frenzy + -GEN] any of several female sex hormones
**of** (ov; *unstressed* əv, ə) *prep.* [OE.] **1.** from; specif., *a*) coming from [men *of* Harlech] *b*) as relates to [how wise *of* her] *c*) resulting from [to die *of* fever] *d*) at a distance from [east *of* the city] *e*) by [the poems *of* Poe] *f*) separated from [robbed *of* his money] *g*) from the whole [part *of* the time] *h*) made from [a sheet *of* paper] **2.** belonging to **3.** *a*) possessing [a man *of* property] *b*) containing [a bag *of* nuts] **4.** specified as [a height *of* two metres] **5.** with (something specified) as object, goal, etc. [a reader *of* books] **6.** characterized by [a man *of* honour] **7.** about [think *of* me] **8.** set aside for [a day *of* rest] **9.** during [*of* late years] **10.** [Colloq.] indicating a time when some activity habitually occurs [I go to the pub *of* an evening]
**off** (of) *adv.* [LME. variant of *of,* OF] **1.** so as to be away or at a distance [to move *off*] **2.** so as to be measured, divided, etc. [to mark *off*] **3.** so as to be no longer on, attached, etc. [take *off* your hat] **4.** (a specified distance) away in space or time [two weeks *off*] **5.** so as to be no longer in operation [turn the motor *off*] **6.** so as to be less, smaller, etc. [5 % *off* for cash] **7.** so as to lose consciousness [to doze *off*] **8.** away from one's work [take a day *off*] **—*prep.*** **1.** no longer (or not) on, attached, etc. [the car is *off* the road] **2.** away from [to live *off* the beaten track] **3.** *a*) from the substance of [to live *off* the land] *b*) at the expense of **4.** branching out from [a road *off* the High Street] **5.** relieved from [*off* duty] **6.** not up to the usual standard, etc. of [*off* one's game] **7.** [Colloq.] no longer using, supporting, etc. [to be *off* a diet] **—*adj.*** **1.** not on, attached, etc. **2.** not in operation [the motor is *off*] **3.** on the way [be *off* to bed] **4.** away from work, etc. **5.** not up to what is usual [an *off* day] **6.** more remote [on the *off* chance] **7.** designating the horse on the right in double harness, etc. **8.** in (specified) circumstances [to be well *off*] **9.** sour, rotten, etc. **10.** postponed or cancelled [the game's *off*] **11.** *Cricket* designating the side of the field facing the batsman **—*n.*** **1.** *Cricket* the off side **2.** *Horse Racing* the beginning of a race **—*interj.*** go away! stay away! **—a bit off** [Colloq.] irritating; unjust **—off and on** now and then
**off.** **1.** office **2.** officer **3.** official
**offal** (of′l) *n.* [ME. *ofall,* lit., off-fall] **1.** [*with sing. or pl. v.*] the entrails, etc. of a butchered animal **2.** refuse
**offbeat** (of′bēt′) *adj.* [< a rhythm in jazz music] [Colloq.] unconventional, unusual, etc.
**off-chance** *n.* a slight possibility
**off-colour** *adj.* **1.** slightly ill; unwell **2.** not quite proper; risqué

**off cut** a piece of plywood, etc. remaining after the main pieces have been cut

**offence** (ə fens′) *n.* **1.** a breaking of the law; sin or crime **2.** a feeling of resentment or anger **3.** something that causes resentment, anger, etc. **4.** the act of attacking **5.** the person, army, etc. that is attacking U.S. sp. **offense** —**give offence** to anger, insult, etc. —**take offence** to feel hurt, angry, etc. —**offence′less** *adj.*

**offend** (ə fend′) *vi.* [< L. *ob-* (see OB-) + *fendere,* hit] **1.** to commit a sin or crime **2.** to create resentment, anger, etc. —*vt.* **1.** to hurt the feelings of; make resentful, angry, etc. **2.** to be displeasing to (the taste, sense, etc.) —**offend′er** *n.* —**offend′edly** *adv.*

**offensive** (ə fen′siv) *adj.* **1.** unpleasant; disgusting **2.** causing resentment, anger, etc.; insulting **3.** attacking, or for attack —*n.* **1.** attitude or position of attack **2.** an attack or hostile action —**offen′siveness** *n.*

**offer** (of′ər) *vt.* [< L. *ob-* (see OB-) + *ferre,* bring] **1.** to present for acceptance or consideration [to *offer* one's services] **2.** to express willingness or intention [to *offer* to go] **3.** *a*) to present for sale *b*) to bid (a price, etc.) **4.** to present in an act of worship [to *offer* prayers] **5.** to show or give signs of [to *offer* resistance] —*vi.* to occur; present itself —*n.* the act of offering or thing offered —**of′ferer, of′feror** *n.*

**offering** *n.* something offered; a contribution

**offertory** (of′ər tər ē) *n., pl.* **-ries** [< LL. *offere,* OFFER] [*often* **O-**] **1.** that part of Holy Communion during which the Eucharistic bread and wine are offered to God **2.** any collection of money at a church service

**offhand** *adv.* without prior preparation —*adj.* **1.** said or done offhand **2.** casual, curt, etc. Also **off′hand′ed** —**off′hand′edly** *adv.* —**off′hand′edness** *n.*

**office** (of′is) *n.* [< L. *opus,* a work + *facere,* do] **1.** a place where work that is clerical, administrative, professional, etc. is carried on **2.** a governmental department [the Foreign *Office*] **3.** a position of authority or trust, esp. in a government **4.** a duty, esp. one that is part of one's work **5.** something done for another [done through his good (or ill) *offices*] **6.** a place where tickets, information, etc. can be obtained **7.** a religious rite **8.** [*pl*] the rooms or buildings of a house or estate in which servants carry out their duties

**officer** (of′ə sər) *n.* **1.** a person holding a position of authority, esp. by commission, in the armed forces **2.** a policeman **3.** the captain or any of the mates of a nonnaval ship **4.** anyone holding an office or position of authority in a government, business, society, etc.

**official** (ə fish′əl) *adj.* **1.** of or holding an office, or position of authority **2.** authorized or authoritative [an *official* request] **3.** formal or ceremonious —*n.* a person holding office —**offi′cially** *adv.*

**officialdom** *n.* **1.** officials collectively **2.** the domain or position of officials

**officialese** (ə fish′ə lēz′) *n.* the pompous, wordy, and involved language typical of official communications

**Official Receiver** a public official charged with certain duties in bankruptcy cases

**officiate** (ə fish′ē āt′) *vi.* **-at′ed, -at′ing** **1.** to perform the duties of an office **2.** to perform the functions of a priest, minister, etc. **3.** *Sports* to act as referee, umpire, etc.

**officious** (ə fish′əs) *adj.* [< L. *officium,* OFFICE] offering unwanted advice or services; meddlesome —**offi′ciously** *adv.* —**offi′ciousness** *n.*

**offing** (of′iŋ) *n.* [< OFF] the distant part of the sea visible from the shore —**in the offing** **1.** at some distance but in sight **2.** at some indefinite future time

**offish** (of′ish) *adj.* [Colloq.] aloof; standoffish

**off-key** *adj.* **1.** not on the right note; flat or sharp **2.** not quite in accord with what is normal, fitting, etc.

**off-licence** *n.* **1.** a shop, etc. where alcohol is sold in unopened containers for consumption elsewhere **2.** a licence permitting such sales

**off-line** *adj.* designating equipment not directly controlled by the central processor of a computer

**off-peak** *adj.* of services used at times other than those of the highest demand

**off-putting** *adj.* [Colloq.] distracting, annoying, etc.

**offset** *n.* **1.** an offshoot **2.** *a*) *same as* OFFSET PRINTING *b*) an impression made by this process —*vt.* **-set′, -set′ting** **1.** to balance, compensate for, etc. **2.** to make (an impression) by offset printing

**offset printing** a printing process in which the inked impression is first made on a rubber-covered roller, then transferred to paper

**offshoot** *n.* **1.** a shoot growing from the main stem of a plant **2.** anything that derives from a main source

**offshore** (of′shôr′) *adj.* **1.** moving away from the shore **2.** at some distance from shore —*adv.* away from the shore

**offside** (of′sīd′) *adj.* **1.** designating the side of a motor vehicle nearest the centre of the road [the *offside* headlight] **2.** *Sports* in a position illegally ahead of the ball when it is played

**offspring** *n.* **1.** a child or animal as related to its parent **2.** progeny **3.** a result

**off-the-peg** *adj.* ready-to-wear, as opposed to made-to-measure: said of clothing

**OFr.** Old French

**oft** (oft) *adv.* [OE.] *chiefly poet. var. of* OFTEN

**often** (of′′n) *adv.* [ME. var. of prec.] many times; frequently —**every so often** occasionally

OGEE ARCH

**ogee** (ō′jē) *n.* [< OFr. *ogive*] **1.** an S-shaped curve, moulding, etc. **2.** a pointed arch formed with the curve of an ogee on each side: also **ogee arch**

**ogle** (ō′g'l) *vi., vt.* **o′gled, o′gling** [prob. < LowG. *oog,* the eye] to keep looking (at) boldly and with obvious desire —**o′gler** *n.*

**ogre** (ō′gər) *n.* [Fr.] **1.** in fairy tales and folklore, a man-eating giant **2.** a hideous or cruel man —**o′gress** *n.fem.*

**oh** (ō) *interj., n.* an exclamation of surprise, fear, wonder, pain, etc.

**OHG, OHG., O.H.G.** Old High German

**ohm** (ōm) *n.* [< G. S. *Ohm*] the SI unit of electrical resistance —**ohm′ic** *adj.*

**O.H.M.S.** On Her (or His) Majesty's Service

**-oid** (oid) [< Gr. *eidos,* a form] *a suffix meaning* like, resembling *[crystalloid]*

**oil** (oil) *n.* [< Gr. *elaion,* (olive) oil] **1.** any of various greasy, combustible, normally liquid substances obtained from animal, vegetable, and mineral sources: oils are not soluble in water **2.** *same as* PETROLEUM **3.** *same as:* a) OIL COLOUR b) OIL PAINTING —*vt.* **1.** to lubricate or supply with oil **2.** to bribe *[*to *oil* someone's palm*]* —*adj.* of, from, or like oil, or having to do with the production or use of oil —**oil the wheels** to make things go more smoothly —**oil′er** *n.*

**oil cake** a mass of crushed linseed, etc. from which the oil has been extracted, used as livestock feed

**oilcloth** *n.* cloth made waterproof with oil

**oil colour** paint made by grinding a pigment in oil

**oiled** *adj.* **1.** treated with oil **2.** drunk, esp. in the phrase **well oiled**

**oil field** a place where oil deposits of value are found

**oil-fired** *adj.* using oil as a fuel

**oil painting** **1.** a picture painted in oil colours **2.** the art of painting in oil colours

**oil rig** *see* RIG

**oilskin** *n.* **1.** cloth made waterproof by treatment with oil **2.** [*often pl.*] a garment or outfit made of this

**oil slick** a film of oil, esp. from a ship, covering an area of water

**oil well** a well bored through layers of rock, etc. to a supply of petroleum

**oily** *adj.* **oil′ier, oil′iest** **1.** of, like, or containing oil **2.** covered with oil; greasy **3.** unctuous —**oil′iness** *n.*

**oink** (oiŋk) *n.* the grunt of a pig, or a sound imitating it

**ointment** (oint′mənt) *n.* [see UNGUENT] a fatty substance applied to the skin as a salve or cosmetic

**OK, O.K.** (ō′kā′; *also, & for v. & n. usually,* ō′kā′) *adj., adv., interj.* [abbrev. for "oll korrect," jocular misspelling of *all correct*] all right; correct —*n., pl.* **OK's, O.K.'s** approval —*vt.* **OK'd, O.K.'d, OK'ing, O.K.'ing** to put an OK on; approve Also **okay**

**okapi** (ōkä′pē) *n.* [native Afr. name] an African animal related to the giraffe, but having a shorter neck

**okra** (ō′krə) *n.* [< WAfr. name] a tall plant with pods that are used as a food

**-ol** (ol) [< (ALCOH)OL] *a suffix used in chemistry to mean* an alcohol or phenol *[menthol]*

**old** (ōld) *adj.* **old′er** or **eld′er, old′est** or **eld′est** [OE. *ald*] **1.** having lived or existed for a long time; aged **2.** of aged people **3.** of a certain age *[*ten years *old]* **4.** not new **5.** [*often* **O-**] designating the earliest stage of a language *[Old* English*]* **6.** worn out by age or use **7.** former **8.** having had long experience *[*an *old* hand*]* **9.** having existed long ago **10.** of long standing *[*an *old* joke*]* **11.** [Colloq.] dear: a term of affection *[old* boy*]* Also used as a colloquial intensive *[*a fine *old* time*]* —*n.* **1.** time long past *[*days of *old]* **2.** something old (with *the*) —**old′ish** *adj.* —**old′ness** *n.*

**old age** the advanced years of life

**old age pension** *former name for* RETIREMENT PENSION —**old age pensioner**

**Old Bailey** popular name for the Central Criminal Court, London

**Old Boy** [*often* **o- b-**] [Colloq.] **1.** a male ex-pupil of a school **2.** a) a familiar name used to refer to a man b) an old man Also **old girl** *fem.*

**Old Contemptibles** the British Expeditionary Force of 1914

**old country** the country from which an immigrant came

**olden** *adj.* [Poet.] (of) old; ancient

**Old English** the Germanic language of the Anglo-Saxons, spoken in England from c. 400 to c. 1100 A.D.

**old-fashioned** *adj.* suited to or favouring the styles, ideas, etc. of past times; out-of-date

**old fogy, old fogey** *see* FOGY

**Old French** the French language c. 800 to c. 1550 A.D.

**old guard** [< Napoleon's imperial guard] **1.** any group that has long defended a cause **2.** the conservative element of a group, party, etc.

**old hat** [Slang] **1.** old-fashioned **2.** trite

**Old High German** the High German language from the 8th to the 12th century

**oldie, oldy** *n., pl.* **old′ies** [Colloq.] an old joke, song, film, etc.

**old lady** [Slang] **1.** one's mother **2.** one's wife

**Old Lady of Threadneedle Street** the Bank of England

**old maid** **1.** a woman, esp. an older woman, who has never married; spinster **2.** a prim, fussy person

**old man** [Slang] **1.** one's father **2.** one's husband **3.** [*usually* **O- M-**] any man in authority

**old master** **1.** any great European painter before the 18th cent. **2.** a painting by such a painter

**old moon** the moon in its last quarter, when it appears as a crescent curving to the left

**Old Nick** the Devil; Satan: also **Old Harry**

**old rose** greyish or purplish red —**old'-rose'** *adj.*

**old school** a group of people who cling to traditional or conservative ideas, methods, etc.

**old school tie** **1.** a necktie in the distinctive colours of any of the British public schools **2.** the system of mutual aid supposed to operate among their former pupils

**old style** the old method of reckoning time according to the Julian calendar —**old'-style'** *adj.*

**Old Testament** the Holy Scriptures of Judaism, the first of the two general divisions of the Christian Bible

**old-time** *adj.* **1.** of or like past times **2.** of long standing or experience

**old wives' tale** a silly story or superstition

**Old World** the Eastern Hemisphere, often esp. Europe

**oleaginous** (ō'lē aj'i nəs) *adj.* [< L. *olea,* olive tree] oily; unctuous —**o'leag'inousness** *n.*

**oleander** (ō'lē an'dər) *n.* [ML.] a poisonous evergreen shrub with fragrant white, pink, or red flowers

**oleo-** (ō'lē ō) [< L. *oleum,* oil] *a combining form meaning* oil [*oleomargarine*]

**'O' level** *short for* ORDINARY LEVEL

**olfactory** (ol fak'tər ē) *adj.* [< L. *olere,* have a smell + *facere,* make] of the sense of smell: also **olfac'tive**

**oligarch** (ol'ə gärk') *n.* any of the rulers of an oligarchy

**oligarchy** (ol'ə gär'kē) *n., pl.* **-chies** [see OLIGO- & -ARCHY] **1.** a form of government with the ruling power belonging to a few **2.** a state so governed **3.** those ruling such a state —**ol'igar'chic, ol'igar'chical** *adj.*

**oligo-** [Gr. < *oligos,* small] *a combining form meaning* few, small, a deficiency of

**Oligocene** (o lig'ō sēn') *adj.* [< prec. + Gr. *kainos,* new] designating or of the third epoch of the Tertiary Period in the Cainozoic Era

**olio** (ō'lē ō') *n., pl.* **o'lios'** [< Sp.] **1.** a spicy stew **2.** a medley or miscellany

**olive** (ol'iv) *n.* [< Gr. *elaia*] **1.** *a*) an evergreen tree of S Europe and the Near East *b*) its small, oval fruit, eaten green or ripe, or pressed to extract its oil **2.** the dull, yellowish-green colour of the unripe fruit —*adj.* olive-coloured

**olive branch** **1.** the branch of the olive tree, a symbol of peace **2.** any peace offering

**olive oil** a light-yellow oil pressed from ripe olives

**olivine** (ol'ə vēn') *n.* [< OLIVE] a green silicate of magnesium and iron

**Olympiad** (ō lim'pē ad') *n.* [after the plain in Greece where the first Olympic Games were held] **1.** a celebration of the modern Olympic games **2.** an international contest in chess, etc. **3.** in ancient Greece, a four-year period between Olympic games

**Olympian** (ō lim'pē ən) *n. Gr. Myth.* any of the gods on Mount Olympus —*adj.* **1.** of Olympia or Mount Olympus **2.** exalted; majestic

**Olympic** (ō lim'pik) *adj. same as* OLYMPIAN —*n.* [*pl.*] the Olympic games (preceded by *the*)

**Olympic games** **1.** an ancient Greek festival with contests in athletics, poetry, and music, held every four years at Olympia to honour Zeus **2.** a modern international athletic competition held every four years

**O.M.** Order of Merit

**-oma** (ō'mə) [< Gr.] *a suffix meaning* tumour [*sarcoma*]

**ombudsman** (om'boodz mən) *n., pl.* **-men** [Sw.] a public official appointed to investigate citizens' complaints against government officials, etc.

**omega** (ō'mə gə) *n.* **1.** the twenty-fourth and final letter of the Greek alphabet (Ω, ω) **2.** the last (of any series)

**omelette, omelet** (om'lit) *n.* [< Fr., ult. < L. *lamella,* small plate] eggs beaten up, cooked as a pancake in a frying pan and served usually folded over and with a filling

**omen** (ō'men) *n.* [L.] a thing or happening supposed to foretell a future event; augury —*vt.* to augur

**omicron, omikron** (ō mī'krən) *n.* the fifteenth letter of the Greek alphabet (O, o)

**ominous** (om'ə nəs) *adj.* [L. *ominosus*] of or serving as an evil omen; threatening —**om'inously** *adv.*

**omission** (ə mish'ən) *n.* [< LL. *omissio*] **1.** an omitting or being omitted **2.** anything omitted

**omit** (ə mit') *vt.* **omit'ted, omit'ting** [< L. *ob-* (see OB-) + *mittere,* send] **1.** to fail to include; leave out **2.** to fail to do; neglect —**omit'ter** *n.*

**omni-** [L. < *omnis,* all] *a combining form meaning* all, everywhere [*omniscient*]

**omnibus** (om'nə bəs) *n., pl.* **-buses** [L., for all] **1.** *same as* BUS **2.** a one-volume collection of previously published works —*adj.* providing for many things at once

**omnifarious** (om'nə fā'ər ē əs) *adj.* [< L. *omnis,* all + *fari,* speak] of all kinds, varieties, or forms

**omnipotent** (om nip'ə tənt) *adj.* [< L. *omnis,* all + *potens,* able] all-powerful —**omnip'otence** *n.*

**omnipresent** (om'ni prez'ənt) *adj.* [< L. *omnis,* all + *praesens,* present] present in all places at once

**omniscient** (om nis'ē ənt) *adj.* [< L. *omnis,* all + *scire,* know] knowing all things —**omnis'cience** *n.*

**omnivorous** (om niv'ər əs) *adj.* [see OMNI- & -VOROUS] **1.** eating any sort of food

2. taking in everything indiscriminately [an *omnivorous* reader]

**on** (on) ***prep.*** [OE.] 1. in contact with, supported by, covering, or attached 2. in the surface of 3. near to [a cottage *on* the lake] 4. at the time of [*on* entering] 5. with (something specified) as the basis [*on* purpose] 6. connected with, as a part [*on* the committee] 7. engaged in [*on* a trip] 8. in a state of [*on* parole] 9. as a result of [a profit *on* the sale] 10. in the direction of [a light shone *on* us] 11. through the use of [to live *on* bread] 12. concerning [an essay *on* war] 13. coming after [insult *on* insult] 14. chargeable to [a drink *on* the house] 15. [Colloq.] using [*on* drugs] —***adv.*** 1. in a situation of contacting, being supported by, or covering [put your shoes *on*] 2. towards [looked *on*] 3. forward [move *on*] 4. continuously [she sang *on*] 5. into operation or action [turn the light *on*] 6. *Theatre* on stage —***adj.*** 1. in action or operation 2. possible [his getting the post is *on*] 3. *Cricket* designating the side of the field to the left of a right-handed batsman —***n.*** *Cricket* the on side —**and so on** and more like the preceding —**be on at** [Colloq.] to nag —**on and off** intermittently —**on and on** continuously —**on time** punctually

**-on** (on) [< *-on* in *ion*] *a suffix designating:* 1. an inert gas [*radon*] 2. a subatomic particle [*electron*]

**onager** (on′ə gər) ***n., pl.*** **-gri′** (-grī′), **-gers** [< Gr. *onagros,* wild ass] a wild ass of C Asia

**onanism** (ō′nə niz′m) ***n.*** [< *Onan* (Gen. 38:9)] 1. withdrawal in coition before ejaculation 2. masturbation

**O.N.C.** Ordinary National Certificate

**once** (wuns) ***adv.*** [< ME. *on,* one] 1. one time only 2. at any time; ever 3. formerly 4. by one degree [a cousin *once* removed] —***conj.*** as soon as —***n.*** one time [go this *once*] —**all at once** 1. all at the same time 2. suddenly —**at once** 1. immediately 2. at the same time —**for once** for at least one time —**once and again** repeatedly —**once (and) for all** finally; decisively —**once in a while** occasionally —**once upon a time** long ago

**once-over** (wuns′ō′vər) ***n.*** [Colloq.] 1. a swiftly appraising glance 2. a quick cleaning or going-over

**oncoming** (on′kum′iŋ) ***adj.*** approaching [*oncoming* traffic] —***n.*** approach

**O.N.D.** Ordinary National Diploma

**one** (wun) ***adj.*** [OE. *an*] 1. being a single thing 2. united 3. designating a person or thing as contrasted with another [from *one* day to another] 4. being uniquely such [the *one* solution] 5. the same [all of *one* mind] 6. a certain but unspecified [*one* day last week] —***n.*** 1. the first and lowest cardinal number; 1; I 2. a single person or thing 3. anything consisting of a single unit or numbered one 4. [Colloq.] a joke; story [the *one* about the man and the gorilla] —***pron.*** 1. some or a certain person or thing 2. any person or thing 3. the person or thing previously mentioned —**all one** making no difference —**at one** in accord —**one another** each one the other; each other

**one-armed bandit** [Colloq.] a term for a slot machine used for gambling

**one-horse** ***adj.*** [Colloq.] small, unimportant, etc.

**oneness** ***n.*** 1. singleness; unity 2. unity of mind, feeling, etc. 3. sameness; identity

**one-night stand** a performance given only once at any one place

**one-off** ***n.*** something that is carried out or made only once —***adj.*** of something done only once

**onerous** (on′ər əs) ***adj.*** [< L. *onus,* a load] burdensome; oppressive —**on′erously** ***adv.***

**oneself** (wun′self′) ***pron.*** a person's own self: also **one's self** —**by oneself** alone —**come to oneself** to recover one's senses

**one-sided** (wun′sīd′id) ***adj.*** 1. favouring one side; unfair 2. unequal [a *one-sided* race] 3. larger, heavier, etc. on one side; lopsided —**one′sid′edness** ***n.***

**one-time** ***adj.*** at a past time; former

**one-to-one** ***adj.*** permitting the pairing of an element of one group uniquely with a corresponding element of another group

**one-track** ***adj.*** 1. [Colloq.] able or willing to deal with only one thing at a time 2. having a single track

**one-up** (wun′up′) ***adj.*** [Colloq.] having an advantage (over another): often in **be one-up on** —**one′-up′manship′** ***n.***

**one-way** ***adj.*** 1. moving, or allowing movement, in one direction only 2. without reciprocal action

**ongoing** (on′gō′iŋ) ***adj.*** going on; in process

**onion** (un′yən) ***n.*** [< L. *unio,* a kind of single onion] 1. a plant with an edible bulb of strong, sharp smell and taste 2. the bulb —**know one's onions** [Colloq.] to be fully acquainted with a subject

**onionskin** ***n.*** a tough, thin, translucent paper

**on-line** (on′līn′) ***adj.*** of equipment directly controlled by the computer unit that interprets and executes instructions

**onlooker** ***n.*** one who watches without taking part; spectator —**on′look′ing** ***adj., n.***

**only** (ōn′lē) ***adj.*** [< OE.] 1. alone of its or their kind 2. alone in superiority; best —***adv.*** 1. and no other; and no (or nothing) more [drink water *only*] 2. (but) in the end [to meet one crisis, *only* to face another] 3. as recently as [*only* last autumn] —***conj.*** [Colloq.] except that; but [I'd go, *only* it's late] —**if . . . only** I wish that —**only too** very

**o.n.o.** or nearest offer

**onomatopoeia** (on′ō mat′ō pē′ə) ***n.*** [< Gr. *onoma,* a name + *poiein,* make] formation of a word by imitating the sound associated with an object or action (Ex.: *buzz*) —**on′omat′opoe′ic** ***adj.***

**onrush** (on′rush′) ***n.*** a strong onward rush

**onset** ***n.*** 1. an attack 2. a beginning

**onshore** ***adj.*** 1. moving towards the shore

**2.** on land [an *onshore* patrol] —**adv.** landward

**onslaught** (on′slôt′) *n.* [< Du. *slagen,* to strike] a violent, intense attack

**Ont.** Ontario

**Ontarian** (on tãər′ē ən) *n.* a native or inhabitant of Ontario —**adj.** of Ontario or Ontarians Also **Ontar′io′an** (-ō′ən)

**onto** (on′tōō, -tə) *prep.* **1.** to a position on **2.** [Slang] aware of [he's *onto* our schemes] Also **on to**

**onto-** [< Gr. *einai,* to be] *a combining form meaning:* **1.** being; existence **2.** organism

**ontology** (on tol′ə jē) *n.* the study of the nature of being —**ontological** (on′-tə loj′i k'l) *adj.*

**onus** (ō′nəs) *n.* [L.] **1.** a hard or unpleasant task, duty, etc.; burden **2.** responsibility

**onward** (on′wərd) *adv.* ahead; forward: also **on′wards** —*adj.* advancing

**onyx** (on′iks) *n.* [< Gr. *onyx,* fingernail] **1.** a variety of chalcedony with alternate coloured layers **2.** a variety of calcite used as an ornamental stone: also **onyx marble**

**oodles** (ōō′d'lz) *n.pl.* [< ?] [Colloq.] a great amount

**Ookpik** (ōōk′pik) *Trademark* a model of an "Arctic owl" made by an Inuit artist, now a promotional symbol for Canadian handicrafts

**oolite** (ō′ə līt′) *n.* [< Gr. *ōion,* egg & -LITE] a limestone made of tiny calcium carbonate particles, formed in the sea —**oolitic** (-lit′ik) *adj.*

**oomiak** (ōō′mē ak′) *n.* *same as* UMIAK

**oompah, oom-pah** (ōōm′pä′) *n.* [echoic] the sound of a repeated, rhythmic bass figure played in a brass band

**oomph** (ōōmf) *n.* [< ?] [Slang] **1.** sex appeal **2.** vigour; energy

**oops** (ōōps) *interj.* *same as* WHOOPS

**ooze¹** (ōōz) *n.* [< OE. *wos,* sap] an oozing —*vi.* **oozed, ooz′ing** **1.** to flow or leak out slowly; seep **2.** to give forth moisture, as through pores —*vt.* to exude

**ooze²** *n.* [OE. *wase*] soft mud or slime; esp., the sediment at the bottom of a lake, etc. —**oo′zy** *adj.*

**op.** **1.** opera **2.** operation **3.** opposite **4.** opus

**O.P.** Order of Preachers (Dominicans)

**O.P., OP, o.p., op** **1.** out of print **2.** *Philately* over-print

**opacity** (ō pas′ə tē) *n.* opaque state or quality

**opal** (ō′p'l) *n.* [< Sans. *upala,* precious stone] various coloured forms of silica, esp. an iridescent semiprecious stone

**opalescent** (ō′pə les′ənt) *adj.* iridescent like opal —**o′pales′cence** *n.*

**opaline** (ō′pə lin′) *adj.* of or like opal —*n.* a translucent, milky glass

**opaque** (ō pāk′) *adj.* [< L. *opacus,* shady] **1.** not letting light through **2.** not reflecting light **3.** obscure

**op. cit.** [L. *opere citato*] in the work cited

**OPEC** (ō′pek′) Organization of Petroleum Exporting Countries: also **O.P.E.C.**

**open** (ō′p'n) *adj.* [OE.] **1.** not closed, covered, or shut **2.** unenclosed or unobstructed **3.** unsealed; unwrapped **4.** unprotected **5.** spread out; unfolded **6.** having spaces, gaps, etc. [*open* texture] **7.** *a*) not excluding anyone *b*) ready to admit customers, etc. **8.** free to be argued [an *open* question] **9.** *a*) not prejudiced or narrow-minded *b*) generous **10.** socially mobile, politically free, etc. [an *open* society] **11.** in operation **12.** not already taken [the job is *open*] **13.** accessible; available **14.** not secret; public **15.** frank; candid —*vt., vi.* **1.** to make or become open **2.** to spread out; expand; unfold **3.** to make or become available without restriction **4.** to begin; start **5.** to start operating, going, etc. **6.** to open ceremonially or formally —*n.* [*usually* **O-**] any of various golf tournaments for both professionals and amateurs —**be open with** to communicate frankly with —**open onto** (or **on**) to give access (to) or a view of —**open out** **1.** to expand **2.** to develop **3.** to reveal —**open to** **1.** willing to receive, discuss, etc. **2.** liable to **3.** available or accessible to or for —**open up** **1.** to make or become open **2.** to unfold **3.** to start; begin **4.** [Colloq.] to begin firing a gun or guns **5.** [Colloq.] to speak freely **6.** [Colloq.] to go or make go faster —**the open** **1.** any open, unobstructed area **2.** the outdoors **3.** public knowledge —**o′pened** *adj.* —**o′pener** *n.* —**o′penly** *adv.* —**o′penness** *n.*

**open air** the outdoors —**o′pen-air′** *adj.*

**open-and-shut** *adj.* easily decided; obvious

**open-cast mining** mining by excavating from the surface

**open-ended** *adj.* **1.** unrestricted **2.** allowing for a freely formulated answer: said of a question —**o′pen-end′edness** *n.*

**open-eyed** *adj.* with the eyes wide open, as in amazement

**openhanded** *adj.* generous —**o′pen-hand′edness** *n.*

**openhearted** *adj.* **1.** kindly; generous **2.** not reserved; frank —**o′penheart′edness** *n.*

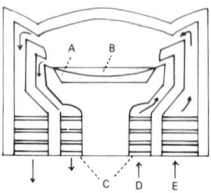


OPEN-HEARTH FURNACE
(A, lining; B, metal; C, heater ports; D, gas; E, air; fired alternately from either end)

**open-hearth** (ō′pən härth′) *adj.* designating a furnace with a wide, saucer-shaped hearth for making steel

**open-heart surgery** heart surgery with

the chest opened and the blood recirculated by mechanical means

**opening** *n.* **1.** a becoming or making open **2.** a hole; gap **3.** *a*) a beginning *b*) a first performance **4.** an opportunity —*adj.* first

**opening time** the time at which public houses legally start selling alcoholic drinks

**open letter** a letter written as to a specific person but published in a newspaper, etc. for all to read

**open-minded** (ō′pən mīn′did) *adj.* open to new ideas; not biased

**open-mouthed** (ō′pən mouth′d′) *adj.* gaping, as in astonishment

**open-plan** *adj.* designating accommodation in which there are few dividing walls or partitions

**open prison** a prison allowing prisoners considerable freedom

**open sandwich** a sandwich made from a slice of bread and meat, fish, etc., but no top slice

**open sea** **1.** the expanse of sea away from coastlines, bays, inlets, etc. **2.** *same as* HIGH SEAS

**open secret** something supposed to be secret but known to almost everyone

**open sesame** **1.** magic words spoken to open the door of the thieves' den in the story of Ali Baba **2.** any sure means of achieving an end

**Open University** a university teaching by radio, television, correspondence courses, etc.

**opera**[1] (op′ər ə) *n.* [It. < L., a work] **1.** a play with most or all the text sung to orchestral accompaniment **2.** the art of such plays

**opera**[2] *n. pl. of* OPUS

**operable** (op′ər ə b′l) *adj.* [see OPERATE] **1.** treatable surgically **2.** practicable —**op′erabil′ity** *n.*

**opera glasses** a small binocular telescope used at the opera, in theatres, etc.

**opera hat** a man's tall, collapsible silk hat

**operate** (op′ə rāt′) *vi.* **-at′ed, -at′ing** [< L. *operari,* to work] **1.** to be in action; work **2.** to perform a surgical operation **3.** to produce a certain effect **4.** to carry on military movements —*vt.* **1.** to put or keep in action **2.** to manage

**operatic** (op′ə rat′ik) *adj.* of or like the opera —**op′erat′ically** *adv.*

**operating theatre** a room for surgical operations

**operation** (op′ə rā′shən) *n.* **1.** the act or method of operating **2.** the condition of being in action **3.** a procedure that is part of a series in some work **4.** any strategic military movement **5.** any specific plan, project, etc. [*Operation* Overlord] **6.** any surgical procedure to remedy a physical ailment or defect —**in operation** **1.** in action **2.** in force

**operational** *adj.* **1.** of the operation of a system, process, etc. **2.** *a*) that can be operated *b*) in use; operating **3.** ready for use in a military operation

**operations research** systematic analysis of problems, as in business operations: also **operations analysis**

**operative** (op′ər ə tiv) *adj.* **1.** capable of or in operation **2.** effective **3.** of or resulting from a surgical operation —*n.* a worker, esp. a skilled industrial worker

**operator** (op′ə rāt′ər) *n.* **1.** one who operates; specif., *a*) one who connects lines at a telephone exchange *b*) a person who works a machine *c*) a person engaged in commercial or industrial operations or enterprises **2.** [Slang] a clever person who generally manages to achieve his ends

**operculum** (ō pur′kyoo ləm) *n., pl.* **-la, -lums** [< L. *operire,* to close] any of various covering flaps or lidlike structures in plants and animals, as the bony covering protecting the gills of fishes —**oper′cular** *adj.*

**operetta** (op′ə ret′ə) *n.* [It. < OPERA[1]] a light, amusing opera with spoken dialogue

**ophthalmia** (of thal′mē ə) *n.* [< Gr. *ophthalmos,* eye] inflammation of the eyeball or conjunctiva

**ophthalmic** *adj.* of the eye; ocular

**ophthalmic optician** an optician who tests eyes, prescribes, and dispenses glasses

**ophthalmology** (of′thal mol′ə jē) *n.* the branch of medicine dealing with the structure, functions, and diseases of the eye —**oph′thalmol′ogist** *n.*

**-opia** (ō′pē ə) [< Gr. *ōps,* eye] *a combining form meaning* a (specified kind of) eye defect

**opiate** (ō′pē ət) *n.* **1.** any medicine containing opium or any of its derivatives, and acting as a sedative and narcotic **2.** anything quieting, soothing, etc.

**opine** (ō pīn′) *vt., vi.* **opined′, opin′ing** [< L. *opinari,* think] to hold or express (some opinion)

**opinion** (ə pin′yən) *n.* [< L. *opinari,* think] **1.** a belief not based on certainty but on what seems true or probable **2.** an evaluation, estimation, etc. **3.** an expert's formal judgment

**opinionated** *adj.* holding unreasonably or obstinately to one's own opinions —**opin′ionat′edly** *adv.*

**opinionative** *adj.* **1.** of, or of the nature of, opinion **2.** opinionated

**opium** (ō′pē əm) *n.* [L. < Gr. *opos,* vegetable juice] a narcotic drug made from the juice of the seed capsules of the **opium poppy,** used to relieve pain and produce sleep

OPOSSUM
(body 30-50 cm long; tail 25-53 cm long)

**opossum** (ə pos′əm) *n.* [< Algonquian]

1. a small, tree-dwelling, American mammal: it pretends to be dead when trapped 2. any of various Australian phalangers

**opp.** 1. opposed 2. opposite

**opponent** (ə pō′nənt) *n.* [< L. *ob-* (see OB-) + *ponere,* to set] one who opposes, as in a fight, game, etc.; adversary

**opportune** (op′ər tyōōn′) *adj.* [< L. *ob-* (see OB-) + *portus,* port] 1. right for the purpose: said of time 2. happening or done at the right time; timely —**op′portune′ly** *adv.*

**opportunism** *n.* the adapting of one's actions, judgments, etc. to circumstances, without regard for principles —**op′portun′ist** *n.*

**opportunity** (op′ər tyōō′nə tē) *n., pl.* **-ties** 1. a combination of circumstances favourable for the purpose 2. a good chance or occasion

**opposable** (ə pō′zə b′l) *adj.* 1. that can be resisted 2. that can be placed opposite something else

**oppose** (ə pōz′) *vt.* **-posed′, -pos′ing** [see OB- & POSITION] 1. to contend with in speech or action; resist 2. to place opposite, in balance or contrast —**oppos′er** *n.*

**opposite** (op′ə zit) *adj.* [see OB- + POSITION] 1. set against, facing, or back to back 2. entirely different; exactly contrary 3. *Bot.* growing in pairs, but separated by a stem —*n.* anything opposed or opposite —*adv.* in an opposite position —*prep.* facing; across from —**op′positely** *adv.*

**opposite number** a person holding an equivalent position in another organization or group

**opposition** (op′ə zish′ən) *n.* 1. an opposing 2. resistance, contrast, etc. 3. [**O-**] a political party opposing the party in power 4. *Astrol., Astron.* the position of two heavenly bodies 180° apart in longitude

**oppress** (ə pres′) *vt.* [< L. *ob-* (see OB-) + *premere,* PRESS[1]] 1. to keep down by the cruel or unjust use of power; tyrannize over 2. to weigh heavily on the mind, spirits, or senses of —**oppres′sion** *n.* —**oppres′sor** *n.*

**oppressive** *adj.* 1. tyrannical 2. weighing heavily on the mind 3. hard to put up with 4. very hot and close [the day was *oppressive*] —**oppres′sively** *adv.*

**opprobrious** (ə prō′brē əs) *adj.* expressing opprobrium; abusive

**opprobrium** (ə prō′brē əm) *n.* [< L. *opprobare,* to reproach] 1. the disgrace or infamy attached to conduct viewed as grossly shameful 2. anything bringing shame or disgrace

**oppugn** (o pyōōn′) *vt.* [< L. *ob-* (see OB-) + *pugnare,* to fight] to oppose with argument; controvert

**opsit-bank** (op′sit) *n.* [S Afr.] a bench for two people, formerly used for courting couples

**opt** (opt) *vi.* [< L. *optare*] to make a choice (often with *for*) —**opt out (of)** to choose not to be or continue in

**opt.** 1. optical 2. optician 3. optional

**optative** (op′tə tiv) *adj.* [< Fr. < L. *optare,* to desire] expressing wish or desire, as a mood in Greek grammar —*n.* the optative mood, or a verb in this mood

**optic** (op′tik) *adj.* [< Gr. *optikos*] of the eye or sense of sight

**optical** *adj.* 1. of the sense of sight; visual 2. of optics 3. for aiding vision —**op′tically** *adv.*

**optician** (op tish′ən) *n.* a person who makes or deals in optical instruments, esp. one who dispenses spectacles

**optics** *n.pl.* [*with sing. v.*] [< OPTIC] the branch of physics dealing with the nature and properties of light and vision

**optimism** (op′tə miz′m) *n.* [< L. *optimus,* best] 1. the tendency to take the most hopeful view of matters 2. *Philos.* a) the doctrine that the existing world is the best possible b) the belief that good ultimately prevails over evil —**op′timist** *n.* —**op′timis′tic** *adj.* —**op′timis′tically** *adv.*

**optimum** (op′tə məm) *n., pl.* **-mums, -ma** [L. *optimus,* best] the best or most favourable degree, condition, etc. —*adj.* most favourable or desirable: also **op′timal**

**option** (op′shən) *n.* [< L. *optare,* to wish] 1. a choosing; choice 2. the right or liberty of choosing 3. something that is or can be chosen 4. the right to buy, sell, or lease at a fixed price within a specified time —**keep** (or **leave**) **one's options open** to be uncommitted

**optional** *adj.* left to one's option, or choice

**opulent** (op′yoo lənt) *adj.* [< L. *ops,* wealth] 1. wealthy; rich 2. abundant; profuse —**op′ulence** *n.*

**opus** (ō′pəs) *n., pl.* **opera** (op′ər ə) [L., a work] a composition; esp., any of the musical works of a composer numbered in order of composition or publication

**or**[1] (ôr; *unstressed* ər) *conj.* [< OE. *oththe*] a coordinating conjunction introducing: a) an alternative [beer *or* wine] b) a synonymous term [ill, *or* sick]

**or**[2] (ôr) *n.* [< L. *aurum,* gold] *Heraldry* gold

**-or** (ər; *occas.* ôr) [< L. *-or*] *a suffix meaning:* 1. a person or thing that [*inventor*] 2. quality or condition [*error*]: see also -OUR

**O.R.** operations research

**Oracle** (or′ə k′l) *Trademark* the ITV teletext service

**oracle** (or′ə k′l) *n.* [< L. *orare,* pray] 1. in ancient Greece and Rome, a) the place where, or medium by which, deities were consulted b) the revelation of a medium or priest 2. a) any person of great wisdom b) the statements of any such oracle

**oracular** (o rak′yoo lər) *adj.* of or like an oracle; wise, mysterious, etc. —**orac′ularly** *adv.*

**oral** (ôr′əl) *adj.* [< L. *os, oris,* mouth] 1. spoken 2. of or using speech 3. of, at, or near the mouth 4. done or taken by the mouth —*n.* a spoken examination —**o′rally** *adv.*

**orange** (or′inj) *n.* [ult. < Ar. < Per.

< Sans. *naranga*] **1.** a reddish-yellow, round, juicy citrus fruit **2.** the evergreen tree it grows on **3.** reddish yellow —*adj.* reddish-yellow —**or'angy** *adj.*

**orangeade** *n.* an effervescent orange-flavoured drink

**orange blossom** the flowers of the orange tree, traditionally worn by brides

**Orangeman** *n.* [< the Prince of *Orange*] a member of a secret society organized in Ulster in 1795 to support Protestantism

**orangery** (or'inj ə rē) *n., pl.* **-ries** a hothouse or other sheltered place for growing orange trees in cooler climates

**orangewood** *n.* the wood of the orange tree

**orangutan** (ô raŋ'ōō tan') *n.* [< Malay *oran,* man + *utan,* forest] an ape of Borneo and Sumatra, with shaggy, reddish-brown hair, very long arms, small ears, and a hairless face: also sp. **orang'outang'** (-taŋ')

**oration** (ô rā'shən) *n.* [< L. *orare,* speak] a formal speech, as at a ceremony

**orator** (or'ət ər) *n.* **1.** a person who delivers an oration **2.** an eloquent public speaker

**oratorical** (or'ə tor'i k'l) *adj.* **1.** of orators or oratory **2.** given to oratory —**or'ator'ically** *adv.*

**oratorio** (or'ə tôr'ē ō') *n., pl.* **-os'** [It., small chapel] a long, dramatic musical work, usually on a religious theme, consisting of arias, recitatives, etc. with orchestral accompaniment

**oratory** (or'ə tə rē) *n., pl.* **-ries** [L. *oratoria*] **1.** skill in public speaking **2.** [< L. *orare,* pray] a small chapel, esp. for private prayer

**orb** (ôrb) *n.* [< L. *orbis,* a circle] **1.** a small globe with a cross on top, as a royal symbol **2.** a globe; sphere **3.** [Poet.] the eye **4.** any heavenly sphere, as the sun —**orbed** *adj.*

**orbicular** (ôr bik'yoo lər) *adj.* [< L. *orbis,* a circle] spherical or circular

**orbit** (ôr'bit) *n.* [< L. *orbis,* a circle] **1.** the path of a heavenly body, artificial satellite, or spacecraft around another body **2.** the range of one's activity **3.** the eye socket —*vi., vt.* to go or put into an orbit in space —**or'bital** *adj.* —**or'biter** *n.*

**Orcadian** (ôr kā'dē ən) *n.* [< L. *Orcades,* Orkney Islands] a native of the Orkneys —*adj.* of the Orkneys

**orchard** (ôr'chərd) *n.* [< L. *hortus,* garden + OE. *geard,* enclosure] **1.** an area where fruit trees are grown **2.** such trees

**orchestra** (ôr'kis trə) *n.* [< Gr. *orchēstra,* space for the chorus] **1.** a large group of musicians playing together **2.** the space in front of and below the stage, where the musicians sit: in full, **orchestra pit** —**orches'tral** (-kes'trəl) *adj.* —**orches'trally** *adv.*

**orchestrate** (ôr'kis trāt') *vt., vi.* **-trat'ed, -trat'ing** **1.** to compose or arrange (music) for an orchestra **2.** to furnish (a ballet, etc.) with an orchestral score **3.** to combine or arrange harmoniously —**or'chestra'tion** *n.*

**orchid** (ôr'kid) *n.* [< Gr. *orchis,* testicle: from the shape of its roots] **1.** any of a family of plants having bulbous roots and flowers with three petals, one lip-shaped **2.** the flower

**ordain** (ôr dān') *vt.* [< L. *ordo,* an order] **1.** to invest with the office of a minister, priest, or rabbi **2.** to decree; order; enact —**ordain'er** *n.* —**ordain'ment** *n.*

**ordeal** (ôr dēl') *n.* [OE. *ordal*] **1.** a painful or severe experience **2.** an old method of trial exposing the accused to physical dangers from which he was supposedly protected if innocent

**order** (ôr'dər) *n.* [< L. *ordo,* straight row] **1.** a condition in which everything is in its right place and functioning properly **2.** condition in general [in working *order*] **3.** arrangement of things or events; series **4.** a state of peace; orderly conduct **5.** social position **6.** a definite plan; system **7.** a group of persons organized for military, monastic, or social purposes **8.** *a*) a group of persons distinguished by having received a certain award *b*) the group's insignia **9.** a command, direction, etc. **10.** kind; sort [sentiments of a high *order*] **11.** an established method, as of conduct in meetings **12.** *a*) a request to supply something *b*) the goods supplied **13.** *Archit.* any of several classical styles of structure, determined chiefly by the type of column **14.** *Biol.* a classification ranking above a family and below a class **15.** *Finance* written instructions to pay money or surrender property **16.** *Theol.* *a*) any rank in the Christian clergy *b*) [*pl.*] the position of ordained minister —*vt., vi.* **1.** to put or keep (things) in order; arrange **2.** to command **3.** to request (something to be supplied) —**call to order** to request to be quiet —**in** (or **out of**) **order** **1.** in (or not in) proper sequence or position **2.** in (or not in) good condition **3.** in (or not in) accordance with the rules **4.** being (or not being) suitable to the occasion —**in order that** so that —**in order to** as a means to —**on order** ordered but not yet supplied —**to order** **1.** as specified by the buyer **2.** when called upon —**or'derer** *n.*

**order in council** an order issued by a British sovereign with the advice of the Privy Council

**orderly** *adj.* **1.** *a*) neatly arranged *b*) systematic **2.** well-behaved; law-abiding —*n., pl.* **-lies** **1.** *Mil.* a soldier assigned as a personal attendant or given a specific task **2.** a male hospital attendant —**or'derliness** *n.*

**Order of Merit** a limited order awarded for outstanding achievement in any sphere, civil or military

**order paper** a list indicating the order of business in Parliament

**ordinal** (ôr'dən əl) *adj.* [< L. *ordo,* an order] expressing order in a series —*n.* *same as* ORDINAL NUMBER

**ordinal number** a number used to indicate order (e.g., ninth, 25th, etc.) in a series

**ordinance** (ôr'dən əns) *n.* [see ORDAIN]

1. an authoritative command 2. an established practice, rite, etc.

**ordinarily** (ôr′d'n rə lē) *adv.* usually; as a rule

**ordinary** (ôr′d'n rē) *adj.* [< L. *ordo,* an order] 1. customary; usual 2. *a*) unexceptional; common *b*) relatively inferior —*n., pl.* **-naries** *Eccles.* [*often* **O-**] the unvarying part of the Mass —**out of the ordinary** unusual —**or′dinariness** *n.*

**Ordinary Level** 1. the basic standard of the General Certificate of Education 2. a pass in a particular subject at this standard

**ordinary rating** *see* MILITARY RANKS, table

**ordinate** (ôr′din ət) *n.* [< ORDAIN] *Math.* in a system of coordinates, the distance of a point from the horizontal axis as measured along a line parallel to the vertical axis: cf. ABSCISSA

**ordination** (ôr′din ā′shən) *n.* an ordaining or being ordained

**ordnance** (ôrd′nəns) *n.* [contr. < ORDINANCE] 1. artillery 2. all military weapons, ammunition, equipment, etc. 3. a military unit supplying and storing ordnance

**ordnance datum** mean sea level, as at Newlyn, Cornwall, used as basis for height on Ordnance Survey maps

**Ordnance Survey** the official map-making body of the British or Irish government

**Ordovician** (ôr′də vish′ən) *adj.* [< L. *Ordovices,* a tribe in Wales] designating or of the second period of the Palaeozoic Era

**ordure** (ôr′dyoor) *n.* [< L. *horridus,* horrid] dung; excrement

**ore** (ôr) *n.* [OE. *ar,* brass, copper] any natural combination of minerals from which a metal or other valuable constituent can be profitably extracted

**oregano** (o re gä′nō) *n.* [< Gr. *origanon*] a plant with fragrant leaves used for seasoning

**organ** (ôr′gən) *n.* [< Gr. *organon,* instrument] 1. a keyboard musical instrument with sets of graduated pipes through which compressed air is passed, causing sound by vibration 2. in animals and plants, a part adapted to perform a specific function or functions 3. a means for performing some action 4. a means of communicating ideas, as a periodical

**organdie, organdy** (ôr′gən dē) *n., pl.* **-dies** [Fr.] a very sheer, crisp cotton fabric

**organic** (ôr gan′ik) *adj.* 1. of, like, or derived from living organisms 2. of or having to do with an organ 3. *a*) designating or of any chemical compound containing carbon *b*) designating the branch of chemistry dealing with carbon compounds 4. inherent; constitutional 5. systematically arranged; organized 6. grown with only animal or vegetable fertilizers 7. *Med.* producing or involving alteration in the structure of an organ —**organ′ically** *adv.*

**organism** (ôr′gə niz′m) *n.* 1. any animal or plant with organs and parts that function together 2. anything like a living thing in its complexity of structure or functions

**organist** (ôr′gə nist) *n.* one who plays the organ

**organization** (ôr′gə nī zā′shən) *n.* 1. an organizing or being organized 2. the way in which the parts of a thing are organized 3. any unified group, as a club, union, etc. 4. the administrative or executive structure of a business or political party —**or′ganiza′tional** *adj.* —**or′ganiza′tionally** *adv.*

**organize** (ôr′gə nīz′) *vt.* **-ized′, -iz′ing** 1. to provide with an organic structure; esp., *a*) to arrange in an orderly way *b*) to make plans and arrange for 2. to establish 3. to enlist in, or cause to form, a trade union —**or′ganiz′er** *n.*

**organ loft** the gallery in a church, etc. for an organ

**organza** (ôr gan′zə) *n.* [< ?] a stiff sheer fabric of rayon, silk, etc.

**orgasm** (ôr′gaz′m) *n.* [< Gr. *organ,* to swell] the climax of a sexual act —**orgas′mic, orgas′tic** *adj.*

**orgy** (ôr′jē) *n., pl.* **-gies** [< Gr. *orgia,* secret rites] 1. any wild, licentious merrymaking 2. unrestrained indulgence in any activity 3. [*usually pl.*] in ancient Greece and Rome, wild celebration in worship of certain gods —**or′gias′tic** *adj.* —**or′gias′tically** *adv.*

ORIEL

**oriel** (ôr′ē əl) *n.* [< ?] a large window built out from a wall

**orient** (ôr′ē ənt; *for v.,* -ent′) *n.* [< L *oriri,* arise] [**O-**] the East, or Asia; esp. the Far East —*vt.* 1. to adjust to a particular situation (often used reflexively) 2. to set (a map or chart) in agreement with the points of the compass 3. to arrange with reference to the east

**oriental** (ôr′ē en′t'l) *adj.* 1. [Poet.] eastern 2. [**O-**] of the Orient, its people, or their culture —*n.* [*usually* **O-**] a member of a people native to the Orient

**orientate** (ôr′ē en tāt′) *vt.* **-tat′ed, -tat′ing** *same as* ORIENT

**orientation** (ôr′ē en tā′shən) *n.* 1. an orienting or being oriented 2. awareness of one's environment as to time, space, objects, and persons

**orienteering** (ôr′ē en tēər′iŋ) *n.* [< Sw.] a sport in which competitors race on foot over a course, usually rough country, with the aid of a map and compass

**orifice** (or′ə fis) *n.* [< L. *os,* mouth +

*facere,* make] an opening or mouth, as of a cavity

**orig.** 1. origin 2. original 3. originally

**origami** (or′ə gä′mē) *n.* [Jap.] a traditional Japanese art of folding paper to form flowers, animal figures, etc.

**origin** (or′ə jin) *n.* [< L. *oriri,* to rise] 1. source; root 2. a coming into existence or use; beginning 3. birth; lineage 4. *Math.* the point at which coordinate axes intersect

**original** (ə rij′ən′l) *adj.* 1. first; earliest 2. never having been before; new 3. thinking or acting in an independent, fresh way; inventive 4. coming from someone as the maker, author, etc. 5. being that from which copies, translations, etc. have been made —*n.* 1. a primary type that has given rise to varieties 2. an original work of art, writing, etc. 3. the person or thing depicted in a painting, etc. —**original′ity** *n.* —**orig′inally** *adv.*

**original sin** *Christian Theology* sinfulness regarded as innate in man as a direct result of Adam's sin

**originate** (ə rij′ə nāt′) *vt.* **-nat′ed, -nat′ing** to bring into being; esp., to create; invent —*vi.* to come into being; begin —**orig′ina′tion** *n.* —**orig′ina′tor** *n.*

**oriole** (ôr′ē ōl′) *n.* [< L. *aurum,* gold] any of a family of yellow and black birds found from Europe to Australia

**Orion** (ə rī′ən) an equatorial constellation near Taurus, containing the bright star Rigel

**orison** (or′i z′n) *n.* [see ORATION] a prayer

**Orlon** (ôr′lon) *Trademark* a synthetic acrylic fibre somewhat like nylon, or a fabric made from this fibre

**ormolu** (ôr′mō lo͞o′) *n.* [< Fr. *or moulu,* ground gold] an imitation gold consisting of an alloy of copper and tin, used as decoration, etc.

**ornament** (ôr′nə mənt; *for v.* -ment′) *n.* [< L. *ornare,* adorn] 1. anything that adorns; decoration 2. a person whose character or talent adds lustre to society, etc. 3. mere external display —*vt.* to furnish with ornaments or be an ornament to; decorate —**ornamen′tal** *adj.* —**ornamenta′tion** *n.*

**ornate** (ôr nāt′) *adj.* [< L. *ornare,* adorn] 1. heavily ornamented; overadorned 2. showy or flowery, as some literary styles —**ornate′ly** *adv.* —**ornate′ness** *n.*

**ornithology** (ôr′nə thol′ə jē) *n.* [< Gr. *ornis,* bird + -LOGY] the branch of zoology dealing with birds —**ornithological** (ôr′ni thə log′i k′l) *adj.* —**or′nithol′ogist** *n.*

**orotund** (ôr′ō tund′) *adj.* [< L. *ore rotundo,* lit., with round mouth] 1. clear, strong, and deep: said of the voice 2. bombastic or pompous, as speech

**orphan** (ôr′fən) *n.* [< Gr. *orphanos*] a child whose parents are dead —*adj.* 1. being an orphan 2. of or for orphans —*vt.* to cause to become an orphan

**orphanage** *n.* an institution housing orphans

**Orphic** (ôr′fik) *adj.* 1. of or characteristic of Orpheus 2. [*also* **o-**] mystic; occult Also **or′phean** (ôr′fē ən)

**orrery** (or′ər ē) *n., pl.* **-reries** [< Charles Boyle, Earl of *Orrery*] a mechanical apparatus which illustrates with balls of various sizes the relative motions and positions of the bodies in the solar system

**orris** (or′is) *n.* [prob. < L. *iris,* iris] an iris whose rootstocks yield orrisroot

**orrisroot** *n.* the rootstock of the orris, ground and used in perfumery, tooth powders, etc.

**ortho-** [< Gr. *orthos,* straight] *a combining form meaning:* 1. straight *[orthodontics]* 2. correct *[orthography]* 3. *Med.* correction of deformities *[orthopaedics]*

**orthodontics** (ôr′thō don′tiks) ***n.pl.*** [*with sing. v.*] [see ORTHO- & -ODONT] the branch of dentistry concerned with correcting irregularities of the teeth

**orthodox** (ôr′thə doks′) *adj.* [< Gr. *orthos,* correct + *doxa,* opinion] 1. conforming to the usual beliefs or established doctrines, esp. in religion 2. [**O-**] strictly observing the rites and traditions of Judaism 3. [**O-**] designating or of any church in the Orthodox Eastern Church —**or′thodox′y** *n.*

**Orthodox Eastern Church** the Christian church dominant in E Europe, W Asia, and N Africa, including the autonomous churches of the Soviet Union, Greece, Romania, Bulgaria, etc.

**orthography** (ôr thog′rə fē) *n., pl.* **-phies** [see ORTHO- & -GRAPHY] 1. spelling in accord with accepted usage 2. spelling as a subject for study —**orthog′rapher** *n.*

**orthopaedics** (ôr′thō pē′diks) ***n.pl.*** [*with sing. v.*] [< Gr. *orthos,* straight + *pais,* child] the branch of surgery dealing with the treatment of deformities, diseases, and injuries of the bones, joints, etc.: also U.S. sp. **orthopedics** —**or′thopae′dic** *adj.* —**or′thopae′dist** *n.*

**orthopteran** (ôr thop′tər ən) *n.* [< ORTHO- + Gr. *pteron,* wing] any of an order of insects, including grasshoppers, having chewing mouthparts and hard forewings covering membranous hind wings —**orthop′terous** *adj.*

**ortolan** (ôr′tə lən) *n.* [Fr. < L. *hortus,* garden] a European bunting, prized as food

**-ory** (ər ē) [< L.] *a suffix meaning:* 1. of, having the nature of *[contradictory]* 2. a place or thing for *[laboratory]*

**Os** *Chem.* osmium

**OS, O.S.** 1. Old Style 2. outsize

**oscillate** (os′ə lāt′) *vi.* **-lat′ed, -lat′ing** [< L. *oscillare,* to swing] 1. to swing back and forth 2. to vacillate 3. *Physics* to vary between maximum and minimum values, as electric current —*vt.* to cause to oscillate —**oscilla′tion** *n.* —**os′cilla′tor** *n.*

**oscilloscope** (o sil′ə skōp′) *n.* [< L. *oscillare,* to swing + -SCOPE] an instrument that visually displays an oscillating electrical wave on a fluorescent screen, as of a cathode-ray tube —**oscil′loscop′ic** (-skop′ik) *adj.*

**oscular** (os′kyo͞o lər) *adj.* [see ff.] of the mouth or kissing

**osculate** (os'kyoo lāt') *vt., vi.* **-lat'ed, -lat'ing** [< L. *osculum,* kiss] to kiss: a jocular usage —**os'cula'tion** *n.*

**-ose**[1] (ōs) [Fr. < *(gluc)ose*] *a suffix designating:* **1.** a carbohydrate *[sucrose]* **2.** the product of a protein hydrolysis *[proteose]*

**-ose**[2] [L. *-osus*] *a suffix meaning* full of, having the qualities of, like *[verbose]*

**osier** (ō'zhər) *n.* [< ML. *ausaria,* bed of willows] **1.** a willow whose stems are used for baskets and furniture **2.** a willow branch used for wickerwork

**-osis** (ō'sis) [< Gr.] *a suffix meaning:* **1.** state, action *[osmosis]* **2.** an abnormal or diseased condition *[neurosis]*

**-osity** (os'ə tē) [< L.] *a suffix used to form nouns from adjectives ending in* -OSE[2] *or* -OUS

**Osmanli** (oz man'lē) *n., pl.* **-lis** [Turk. < *Osman,* founder of Ottoman Empire] an Ottoman Turk —*adj.* Turkish

**osmium** (oz'mē əm) *n.* [< Gr. *osmē,* odour] a bluish-white, metallic chemical element that occurs as an alloy with platinum and iridium: symbol, Os

**osmosis** (oz mō'sis) *n.* [< Gr. *ōsmos,* impulse] the tendency of a solvent to pass through a semipermeable membrane, so as to equalize concentrations on both sides —**osmot'ic** (-mot'ik) *adj.* —**osmot'ically** *adv.*

OSPREY
(51-61 cm long)

**osprey** (os'prē) *n., pl.* **-preys** [< L. *os,* bone + *frangere,* break] a large bird of prey of the hawk family that feeds on fish

**osseous** (os'ē əs) *adj.* [< L. *os,* bone] of, containing, or like bone

**ossify** (os'ə fī') *vt., vi.* **-fied', -fy'ing** [< L. *os,* a bone] **1.** to change into bone **2.** to settle or fix rigidly in a practice, custom, etc. —**os'sifica'tion** (-fi kā'-) *n.*

**ostensible** (os ten'sə b'l) *adj.* [< L. *ostendere,* to show] apparent; seeming —**osten'sibly** *adv.*

**ostensive** (os ten'siv) *adj.* directly pointing out

**ostentation** (os'tən tā'shən) *n.* [see OSTENSIBLE] showy display, as of wealth, knowledge, etc.; pretentiousness —**os'tenta'tious** *adj.* —**os'tenta'tiousness** *n.*

**osteo-** (os'tē ō') [< Gr.] *a combining form meaning* a bone or bones *[osteopath]*

**osteomyelitis** (os'tē ō mī'ə lī'əs) *n.* [see OSTEO- & Gr. *myelos,* marrow] infection of bone marrow or structures

**osteopathy** (os'tē op'ə thē) *n.* [see OSTEO- & -PATHY] a school of medicine and surgery that seeks to cure ailments by manipulation of joints, esp. the spine —**os'teopath'** (os'tē ə path') *n.* —**os'teopath'ic** *adj.*

**ostler** (os'lər) *n.* [< HOSTEL] one who takes care of horses at an inn, stable, etc.

**ostracism** (os'trə siz'm) *n.* [see ff.] **1.** an exclusion by general consent, as from society **2.** in ancient Greece, the temporary banishment of a citizen by popular vote

**ostracize** (os'trə sīz') *vt.* **-cized', -ciz'ing** [< Gr. *ostrakon,* potsherd] to banish exclude, etc. by ostracism

OSTRICH
(to 2.5 m high)

**ostrich** (os'trich) [< L. *avis,* bird + *struthio,* ostrich] **1.** a swift-running, nonflying bird of Africa: the largest living bird **2.** a person who refuses to recognize the truth

**OT., OT, O.T.** Old Testament

**O.T.C.** Officers' Training Corps

**other** (uth'ər) *adj.* [OE.] **1.** being the remaining one or ones of two or more *[Bill and the other boy(s)]* **2.** different or distinct from that or those implied *[some other girl]* **3.** additional *[no other coat]* **4.** former *[in other times]* —*pron.* **1.** the other one **2.** some other person or thing *[do as others do]* —*adv.* otherwise *[he can't do other than go]* —**the other day** (or **night, etc.**) not long ago

**otherwise** *adv.* **1.** differently *[to believe otherwise]* **2.** in all other respects *[an otherwise intelligent man]* **3.** in other circumstances —*adj.* different *[his answer could not be otherwise]*

**otherworldly** (uth'ər wurld'lē) *adj.* concerned with life in a future world —**oth'erworld'liness** *n.*

**otic** (ōt'ik) *adj.* [< Gr. *ous,* EAR[1]] of or connected with the ear

**otiose** (ō'shē ōs') *adj.* [< L. *otium,* leisure] **1.** ineffective **2.** useless **3.** idle —**o'tios'ity** (-os'ə tē) *n.*

**otitis** (ō tīt'əs) *n.* [< Gr. *ous, ōtos,* ear & -ITIS] inflammation of the ear

**otter** (ot'ər) *n.* [OE. *otor*] a furry, flesh-eating, aquatic mammal with webbed feet and a long tail

**Ottoman** (ot'ə mən) *adj.* [see OSMANLI] Turkish —*n., pl.* **-mans** **1.** a Turk **2.** [**o-**] *a*) a low, cushioned couch without a back or arms *b*) a container for blankets, often with a cushioned seat

**ou** (ō) *n.* [< Afrik.] [S Afr. Slang] a man

**O.U.** **1.** Open University **2.** Oxford University

**oubaas** (ō'bäs') *n.* [< Afrik.] [S Afr.] a man in authority

**oubliette** (o͞o'blē et') *n.* [Fr. < *oublier,* forget] a concealed dungeon having a trap door in the ceiling as its only opening

**ouch** (ouch) ***interj.*** an exclamation of pain

**ought**[1] (ôt) ***v.aux.*** [< OE. *agan,* owe] an auxiliary used with infinitives to express obligation or duty *[he ought* to pay his debts*]* or desirability *[you ought* to eat more*]* or probability *[it ought* to be over soon*]* or advisibility *[you ought* to wear a hat*]*

**ought**[2] *n.* [var. of AUGHT] anything whatever; aught

**ought**[3] *n.* [< *a nought*] a nought; the figure zero (0)

**Ouija** (wē'jä) [Fr. *oui,* yes + G. *ja,* yes] *Trademark* a device consisting of a planchette and a board bearing the alphabet and other symbols, used in spiritualistic séances, etc.

**ouma** (ō'mä) *n.* [< Afrik.] in S Africa, **1.** grandmother, esp. in titular use with surname **2.** [Slang] any elderly woman

**ounce** (ouns) *n.* [< L. *uncia,* a twelfth] **1.** a unit of weight equal to 1/16 pound avoirdupois (28.35gm) **2.** any small amount Abbrev. **oz.**

**O.U.P.** Oxford University Press

**oupa** (ō'pä) *n.* [< Afrik.] in S Africa, **1.** grandfather, esp. in titular use with surname **2.** [Slang] any elderly man

**our** (ouər) ***possessive pronominal adj.*** [OE. *ure*] of, belonging to, made, or done by us

**-our** (ər) [< L.] *a suffix meaning* state or activity *[behaviour, labour]*: in U.S. usage, often **-or**

**ours** (ouərz) ***pron.*** that or those belonging to us: used without a following noun *[ours* are better, a friend of *ours]*

**ourself** (ouər self') ***pron.*** a form corresponding to OURSELVES, used, as in royal proclamations, by one person

**ourselves** (ouər selvz') ***pron.*** a form of the 1st pers. pl. pronoun, used: *a)* as an intensive *[we* went *ourselves]* *b)* as a reflexive *[we* hurt *ourselves]* *c)* as a quasi-noun meaning "our true selves" *[we* are not *ourselves* today*]*

**-ous** (əs) [< L.] *a suffix meaning:* **1.** having, characterized by *[dangerous]* **2.** *Chem.* having a lower valence than is indicated by the suffix *-ic [nitrous]*

**ousel** (o͞o'z'l) *n.* *same as* OUZEL

**oust** (oust) ***vt.*** [< OFr. *ouster*] to force or drive out; expel, dispossess, etc.

**out** (out) ***adv.*** [OE. *ut*] **1.** *a)* away or forth from a place, position, etc. *b)* away from home *c)* away from shore *d)* on strike **2.** into the open air **3.** into existence or activity *[disease* broke *out]* **4.** *a)* to a conclusion *[fight* it *out]* *b)* completely *[tired out]* *c)* in bloom, or in leaf **5.** into sight or notice *[the* moon came *out]* **6.** into or in circulation or society **7.** from existence or activity *[fade out]* **8.** so as to remove from power or office *[vote* them *out]* **9.** aloud *[sing out]* **10.** beyond a regular surface, condition, etc. *[stand out]* **11.** away from the interior or midst *[spread out]* **12.** into disuse *[long skirts* went *out]* **13.** from a number or stock *[pick out]* **14.** [Colloq.] into unconsciousness *[to* pass *out]* ***—adj.*** **1.** not possible **2.** [Colloq.] outmoded **3.** *a)* not in operation, use, etc. *b)* turned off; extinguished **4.** away from home, etc. **5.** deviating from what is accurate **6.** not in power **7.** external: usually in combination *[outpost]* **8.** outlying **9.** beyond regular limits ***—prep.*** out of; through to the outside ***—n.*** [Slang] a way out; means of avoiding ***—vi.*** to come out; esp., to become known ***—vt.*** to put out ***—interj.*** get out! **—out and away** by far **—out and out** completely **—out for** making a determined effort to get or do **—out of** **1.** from inside **2.** from the number of **3.** beyond **4.** from (material, etc.) *[made out of* stone*]* **5.** because of *[out of* spite*]* **6.** having no *[out of* breath*]* **7.** not in a condition of *[out of* order*]* **8.** so as to deprive *[cheat out of* money*]* **—out to** making a determined effort to

**out-** [< OUT] *a combining form meaning:* **1.** at or from a point away, outside *[outbuilding]* **2.** going away or forth, outward *[outbound]* **3.** better, greater, or more than *[outact, outdo, outfight, outscore]*

**outage** *n.* an accidental suspension of operation, as of electric power

**out-and-out** (out''n out') ***adj.*** complete; thorough

**outback** *n.* [*also* **O-**] the sparsely settled, flat, arid inland region of Australia

**outbid** (out bid') ***vt.*** **-bid', -bid'ding** to bid or offer more than

**outboard** ***adj., adv.*** **1.** outside the hull of a ship **2.** away from the fuselage of an aircraft

**outboard motor** a portable petrol engine mounted outboard on a boat to propel it

**outbreak** *n.* a breaking out; sudden occurrence

**outbuilding** *n.* a structure, as a garage, separate from the main building

**outburst** *n.* a sudden release, as of feeling, etc.

**outcast** ***adj.*** driven out; rejected ***—n.*** a person or thing cast out or rejected

**outcaste** *n.* in India, a person expelled from his caste, or one who belongs to no caste

**outclass** (out kläs') ***vt.*** to surpass; excel

**outcome** *n.* result; consequence

**outcrop** *n.* **1.** the emergence of a mineral or a rock formation from the earth so as to be exposed on the surface **2.** the mineral

**outcry** *n., pl.* **-cries'** **1.** a crying out **2.** a strong protest

**outdated** (out dāt'id) ***adj.*** no longer popular

**outdistance** (out dis'təns) ***vt.*** **-tanced, -tancing** to leave behind, as in a race

**outdo** (out do͞o') ***vt.*** **-did', -done', -do'ing** to surpass

**outdoor** *adj.* 1. being, taking place, or used outdoors 2. fond of the outdoors
**outdoors** (out′dôrz′) *adv.* in or into the open; outside —*n.* 1. any area outside a building 2. the countryside
**outer** *adj.* farther out; exterior
**outermost** *adj.* located furthest without
**outer space** 1. space beyond the atmosphere of the earth 2. space outside the solar system
**outface** (out′fās′) *vt.* **-faced′, -fac′ing** to subdue with a look or stare
**outfall** *n.* the outlet of a river, sewer, etc.
**outfield** *n.* the playing area beyond the infield in cricket
**outfit** *n.* 1. the equipment used in any craft or activity 2. articles of clothing worn together 3. a group of people associated in some activity —**out′fit′ter** *n.*
**outflank** (out′flaŋk′) *vt.* 1. to go around and beyond the flank of (enemy troops) 2. to thwart; outwit
**outflow** *n.* 1. that which flows out 2. amount flowing out
**outfox** (out′foks′) *vt.* to outwit; outsmart
**outgoing** *adj.* 1. leaving 2. sociable, friendly, etc. —*n.* [*pl.*] expenses
**outgrow** (out′grō′) *vt.* **-grew′, -grown′, -grow′ing** 1. to grow faster or larger than 2. to lose or get rid of by becoming mature 3. to grow too large for
**outgrowth** *n.* 1. an offshoot 2. a result; development
**outguess** (out′ges′) *vt.* to outwit; anticipate
**outhouse** *n.* an outbuilding
**outing** *n.* a pleasure trip or excursion
**outlandish** (out lan′dish) *adj.* 1. very odd; fantastic 2. remote; out-of-the-way —**out-land′ishly** *adv.*
**outlast** (out′läst′) *vt.* to endure longer than; outlive
**outlaw** *n.* 1. orig., a person deprived of legal rights and protection 2. a notorious criminal who is a fugitive from the law —*vt.* 1. orig., to declare to be an outlaw 2. to declare illegal 3. to ban
**outlay** *n.* 1. a spending (of money, energy, etc.) 2. money, etc. spent
**outlet** *n.* 1. a passage for letting something out 2. a means of expression [an *outlet* for rage] 3. a market for goods
**outline** *n.* 1. [*also pl.*] an undetailed general plan 2. a systematic listing of the important points of a subject 3. a line bounding the limits of an object 4. a sketch showing the contours of an object —*adj.* not detailed [an *outline* proposal] —*vt.* **-lined′, -lin′ing** 1. to draw in outline 2. to list the main points of
**outlive** (out′liv′) *vt.* **-lived′, -liv′ing** 1. to live or endure longer than 2. to live through; outlast
**outlook** *n.* 1. viewpoint 2. prospect; probable result 3. the view from a place
**outlying** *adj.* far out from a centre; remote
**outmanoeuvre** (out′mə nōō′vər) *vt.* **-vred, -vring** to manoeuvre with better effect than; outwit
**outmatch** (out′mach′) *vt.* to surpass; outdo
**outmoded** (out′mōd′id) *adj.* no longer in fashion or accepted; obsolete
**outnumber** (out′num′bər) *vt.* to exceed in number
**out-of-date** *adj.* outmoded; old-fashioned
**out-of-doors** *adv., n.* *same as* OUTDOORS
**out-of-pocket** *adj.* 1. having lost money 2. unbudgeted [*out-of-pocket* expenses]
**out-of-the-way** *adj.* 1. secluded 2. unusual
**outpace** (out′pās′) *vt.* **-paced′, -pac′ing** to exceed
**outpatient** *n.* a patient, not an inmate, receiving treatment at a hospital
**outport** *n.* [Canad.] a small fishing village of Newfoundland —**out′porter** *n.*
**outpost** *n.* 1. *Mil.* *a*) a small group stationed at a distance from the main force *b*) the station so occupied 2. *a*) a settlement on a frontier *b*) a place considered remote from the centre of an activity [*outpost* of learning]
**output** *n.* 1. the work done or amount produced 2. in computers, *a*) information transferred or delivered *b*) the act or process of transferring or delivering this information 3. *Elec.* the useful current delivered by amplifiers, generators, etc.
**outrage** (out′rāj′) *n.* [ult. < L. *ultra*, beyond] 1. an extremely vicious or violent act 2. a deep insult or offence 3. great anger, indignation, etc. aroused by such an act —*vt.* **-raged′, -rag′ing** 1. to cause great anger, etc. in 2. to commit an outrage upon
**outrageous** (out rā′jəs) *adj.* 1. involving or doing great injury or wrong 2. very offensive or shocking
**outrank** (out′raŋk′) *vt.* to exceed in rank
**outré** (ōōt′rā) *adj.* [Fr.] eccentric; bizarre
**outreach** (out′rēch′) *vt., vi* 1. to surpass 2. to extend
**outrider** (out′rīd′ər) *n.* 1. a motorcyclist, who rides ahead of or beside a car 2. an attendant on horseback who rides ahead of or beside a carriage

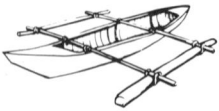

OUTRIGGER

**outrigger** *n.* 1. any framework extended beyond the rail of a ship 2. a timber rigged out from the side of a canoe to prevent tipping; also, a canoe of this type
**outright** (out′rīt′; *for adv.* out′rīt′) *adj.* 1. downright 2. straightforward 3. complete —*adv.* 1. entirely 2. openly 3. at once
**outrun** (out′run′) *vt.* **-ran′, -run′, -run′ning** 1. to run faster or further than 2. to exceed
**outsell** (out′sel′) *vt.* **-sold′, -sell′ing** 1. to sell in greater amounts than 2. to excel in salesmanship

**outset** *n.* a setting out; beginning

**outshine** (out′shīn′) *vt.* **-shone′, -shin′ing** **1.** to shine brighter or longer than (another) **2.** to surpass; excel

**outside** *n.* **1.** the outer side; exterior **2.** *a*) outward aspect *b*) that which is obvious or superficial **3.** any place or area not inside **4.** [Canad.] the settled parts of Canada —*adj.* **1.** outer **2.** coming from or situated beyond given limits *[outside* help*]* **3.** extreme *[*an *outside* estimate*]* **4.** slight *[*an *outside* chance*]* —*adv.* **1.** on or to the outside **2.** beyond certain limits **3.** outdoors —*prep.* **1.** on or to the outer side of **2.** beyond the limits of —**at the outside** at the very most

**outside broadcast** *Radio & T.V.* a broadcast taking place away from the studio

**outsider** (out′sīd′ər) *n.* **1.** one who is not included; esp., one not a member of or in sympathy with a given group **2.** [Canad.] one who does not live in the arctic regions

**outsize** *n.* **1.** an unusually large size **2.** a garment, etc. of such a size —*adj.* unusually large: also **out′sized′**

**outskirts** *n.pl.* the outer areas, as of a city

**outsmart** (out′smärt′) *vt.* [Colloq.] to outwit

**outspan** (out′span′) *n.* [< Afrik. *uit,* out + *spannen,* to stretch] in South Africa, **1.** the act of unyoking oxen, etc. **2.** an area set aside for rest

**outspoken** (out′spō′kən) *adj.* **1.** unrestrained in speech; frank **2.** spoken candidly —**out′spo′kenness** *n.*

**outspread** (out′spred′; *for adj.* out′-spred′) *vt., vi.* **-spread′, -spread′ing** to spread out; extend —*adj.* spread out; extended; expanded

**outstanding** (out′stand′iŋ) *adj.* **1.** prominent; distinguished **2.** unsettled **3.** unpaid **4.** projecting

**outstretch** (out′strech′) *vt.* **1.** to extend **2.** to stretch beyond —**out′stretched′** *adj.*

**outstrip** (out′strip′) *vt.* **-stripped′, -strip′ping** **1.** to go at a faster pace than **2.** to surpass; excel

**outtalk** (out′tôk′) *vt.* to talk more skilfully, loudly, or forcibly than

**outthink** (out′thiŋk′) *vt.* **-thought′, -think′ing** **1.** to think faster or more cunningly than **2.** to outwit thus

**outvote** (out′vōt′) *vt.* **-vot′ed, -vot′ing** to defeat or surpass in voting

**outward** *adj.* **1.** having to do with the outside; outer **2.** visible **3.** to or towards the outside **4.** superficial or external —*adv.* towards the outside; away: also **out′wards** —**out′wardly** *adv.* —**out′wardness** *n.*

**outward bound** **1.** travelling away from home, as a ship **2.** [**O- B-**] a scheme to provide adventure training, such as mountaineering, for young people

**outweigh** (out′wā′) *vt.* **1.** to be more important than **2.** to weigh more than

**outwit** (out′wit′) *vt.* **-wit′ted, -wit′ting** to get the better of by cunning or cleverness

**outwork** *n.* a lesser fortification built out beyond the main defences

**ouzel** (o͞o′z'l) *n.* [OE. *osle*] any of several perching birds including the dippers

**ouzo** (o͞o′zō) *n.* [< Mod Gr. *ouzon*] a colourless Greek spirit flavoured with aniseed

**ova** (ō′və) *n.* *pl. of* OVUM

**oval** (ō′v'l) *adj.* [< L. *ovum,* egg] **1.** shaped like the cross section of an egg lengthways; elliptical **2.** having the form of an egg —*n.* anything oval —**o′vally** *adv.*

**ovary** (ō′vər ē) *n., pl.* **-ries** [< L. *ovum,* egg] **1.** *Anat., Zool.* either of the female reproductive glands producing eggs **2.** *Bot.* the enlarged hollow part of the pistil, containing ovules —**ovarian** (ō vâər′ē ən) *adj.*

**ovate** (ō′vāt) *adj.* [< L. *ovum,* egg] egg-shaped, esp. with the broader end at the base, as some leaves

**ovation** (ō vā′shən) *n.* [< L. *ovare,* celebrate a triumph] an enthusiastic outburst of applause

**oven** (uv′ən) *n.* [OE. *ofen*] a compartment or receptacle for baking or roasting food or for heating or drying things

**over** (ō′vər) *prep.* [OE. *ofer*] **1.** *a*) in, at, or to a position above *b*) across and down from *[over* a cliff*]* **2.** while engaged in *[*discuss it *over* dinner*]* **3.** upon the surface of **4.** so as to cover **5.** upon, as an effect or influence **6.** with care for *[*watch *over* the flock*]* **7.** above in authority, power, etc. **8.** along or across, or above and to the other side of *[*fly *over* the lake*]* **9.** through all or many parts of **10.** during *[over* a decade*]* **11.** more than **12.** up to and including *[*stay *over* Easter*]* **13.** concerning; about **14.** through the medium of *[over* the radio*]* —*adv.* **1.** *a*) above, across, or to the other side *b*) across the edge **2.** more; beyond **3.** covering the entire area *[*the wound healed *over]* **4.** from start to finish *[*count the money *over]* **5.** *a*) from an upright position *b*) upside down *[*turn the cup *over]* **6.** from one side, person, etc. to another —*adj.* **1.** upper, outer, superior, excessive, or extra **2.** finished; past **3.** having reached the other side **4.** [Colloq.] surplus; extra —*n. Cricket* **1.** a set of six (or eight) balls bowled by one bowler from one end of the wicket **2.** the time during which this takes place —**all over** **1.** finished **2.** over one's entire body **3.** typical *[*that's men *all over]* **4.** [Colloq.] extremely attentive or affectionate towards —**over again** once more —**over against** opposite; in front of; in contrast to —**over all** from end to end —**over and above** in addition —**over and over (again)** repeatedly

**over-** *a combining form meaning:* **1.** above in position, outer, upper, superior *[overhead, overlord]* **2.** passing across or beyond *[overrun]* **3.** downward from above *[overflow]* **4.** excessive(ly) *[overload, oversell]*: the list below includes some common compounds formed with *over-* that can be understood if *too* or *too much* is added to the meaning of the base word

**overabundance**
**overabundant**
**overactive**
**overambitious**
**overanxious**
**overattentive**
**overbid**
**overbook**
**overburden**
**overcareful**
**overcautious**
**overcompensate**
**overconfident**
**overcook**
**overcrowd**
**overeager**
**overeat**
**overemotional**
**overemphasize**
**overenthusiastic**
**overexert**
**overexpose**
**overfed**
**overfond**
**overheat**
**overindulge**
**overindulgence**
**overinflate**
**overladen**
**overman**
**overpay**
**overpopulate**
**overpraise**
**overprotect**
**overripe**
**oversell**
**oversew**
**oversexed**
**overstock**
**overstretch**
**overstuff**
**oversupply**
**overtire**
**overuse**

**overact** (ō′vər akt′) ***vt., vi.*** to act with exaggeration

**overage** (ō′vər āj′) ***adj.*** over the age fixed as a standard

**overall** (ō′vər ôl′; *for adv.* -ôl′) ***adj.*** **1.** from end to end **2.** including everything; total —***adv.*** in general —***n.*** a garment worn over the ordinary clothing as a protection against dirt

**overalls** ***n.pl.*** loose-fitting trousers with an attached upper part, worn to protect against dirt and wear

**overarm** ***adj.*** performed by raising the arm above the shoulder, as in swimming or cricket

**overawe** (ō′vər ô′) ***vt.*** **-awed′, -aw′ing** to overcome or subdue by inspiring awe

**overbalance** (ō′vər bal′əns) ***vi., vt.*** **-anced, -ancing** to lose, or cause to lose, balance and fall over

**overbear** (ō′vər bâr′) ***vt.*** **-bore′, -borne′, -bear′ing** **1.** to dominate **2.** to press down by weight or physical power

**overbearing** ***adj.*** arrogant or domineering

**overblown** (ō′vər blōn′) ***adj.*** **1.** pompous; bombastic **2.** past the stage of full bloom

**overboard** ***adv.*** **1.** over a ship's side **2.** from a ship into the water —**go overboard** [Colloq.] to go to extremes

**overcast** ***adj.*** **1.** cloudy **2.** *Sewing* made with long, loose stitches to prevent unravelling: said of edges

**overcharge** (ō′vər chärj′) ***vt., vi.*** **-charged′, -charg′ing** **1.** to charge too high a price **2.** to overload —***n.*** an excessive charge

**overcloud** (ō′vər kloud′) ***vt., vi.*** to make or become cloudy, gloomy, etc.

**overcoat** ***n.*** a coat, esp. a heavy coat, worn over the usual clothing for warmth

**overcome** (ō′vər kum′) ***vt.*** **-came′, -come′, -com′ing** **1.** to get the better of in competition, etc. **2.** to prevail over, overwhelm, etc.

**overdo** (ō′vər dōō′) ***vt.*** **-did′, -done′, -do′ing** **1.** to do too much **2.** to spoil the effect of by exaggeration **3.** to cook too long —**overdo it** (or **things**) to overtax one's strength, etc.

**overdose** ***n.*** too large a dose, esp. one causing death

**overdraft** ***n.*** **1.** an overdrawing of money from a bank **2.** the amount overdrawn

**overdraw** (ō′vər drô′) ***vt.*** **-drew′, -drawn′, -draw′ing** **1.** to draw on in excess of the amount credited to the drawer **2.** to spoil the effect of by exaggeration

**overdress** (ō′vər dres′) ***vt., vi.*** to dress too warmly, too showily, or too formally for the occasion

**overdrive** ***n.*** a gear that automatically reduces an engine's power output without reducing its driving speed

**overdue** ***adj.*** past or delayed beyond the time set for payment, arrival, etc.

**overestimate** (ō′vər es′tə māt′; *for n.* -mit) ***vt.*** **-mat′ed, -mat′ing** to set too high an estimate on or for —***n.*** an estimate that is too high

**overflow** (ō′vər flō′; *for n.* ō′vər flō′) ***vt.*** **1.** to flow across; flood **2.** to flow over the brim of **3.** to fill beyond capacity —***vi.*** **1.** to run over **2.** to be superabundant —***n.*** **1.** an overflowing **2.** the amount that overflows **3.** an outlet for overflowing liquids

**overgrow** (ō′vər grō′) ***vt.*** **-grew′, -grown′, -grow′ing** to overspread with growth or foliage —***vi.*** to grow too large or too fast —**o′vergrown′** ***adj.***

**overhang** (ō′vər haŋ′; *for n.* ō′vər haŋ′) ***vt.*** **-hung′, -hang′ing** **1.** to hang or project over or beyond **2.** to impend; threaten —***vi.*** to project out over something —***n.*** an overhanging part

**overhaul** (ō′vər hôl′; *for n.* ō′vər hôl′) ***vt.*** **1.** *a)* to check thoroughly for needed repairs, adjustments, etc. *b)* to make such repairs **2.** to overtake —***n.*** an overhauling

**overhead** (ō′vər hed′; *for adv.* ō′vər hed′) ***adj.*** **1.** above the level of the head **2.** in the sky **3.** on a higher level —***n.*** [*pl.*] the general, continuing costs of running a business, as rent, taxes, etc. —***adv.*** above the head; aloft

**overhear** (ō′vər hēər′) ***vt.*** **-heard′, -hear′ing** to hear without the speaker's knowledge or intention

**overjoy** (ō′vər joi′) ***vt.*** to give great joy to; delight

**overland** ***adv., adj.*** by, on, or across land

**overlap** (ō′vər lap′; *for n.* ō′vər lap′) ***vt., vi.*** **-lapped′, -lap′ping** to extend over (something or each other) so as to coincide in part —***n.*** **1.** an overlapping **2.** a part that overlaps

**overlay** (ō′vər lā′; *for n.* ō′vər lā′) ***vt.*** **-laid′, -lay′ing** **1.** to lay or spread over **2.** to cover, as with a decorative layer —***n.*** **1.** a covering **2.** a decorative layer

**overleaf** (ō′vər lēf′) ***adj., adv.*** on the other side of the page or sheet

**overleap** (ō′vər lēp′) ***vt.*** **1.** to leap over or across **2.** to leap too far

**overlie** (ō′vər lī′) ***vt.*** **-lay′, -lain′, -ly′ing** **1.** to lie on or over **2.** to smother by lying on, esp. a newborn baby or animal

**overload** (ō′vər lōd′; *for n.* ō′vər lōd′) ***vt.***

to put too great a load in or on —*n.* too great a load

**overlook** (ō′vər look′) *vt.* **1.** *a*) to look beyond and not see *b*) to ignore; neglect **2.** to excuse **3.** to rise above **4.** to give a view of from above **5.** to supervise

**overmuch** *adj., adv., n.* too much

**overnight** (ō′vər nīt′; *for adj.* ō′vər nīt′) *adv.* **1.** during the night **2.** on the previous evening **3.** suddenly —*adj.* **1.** during the night **2.** for one night [an *overnight* guest] **3.** for a brief trip [an *overnight* bag]

**overpass** *n.* a bridge or other passageway over a road, railway, etc.

**overplay** (ō′vər plā′) *vt.* **1.** to overdo or overemphasize **2.** *Card Games* to overestimate the strength of (one's hand)

**overpower** (ō′vər pou′ər) *vt.* to subdue; overwhelm —**o′verpow′ering** *adj.*

**overprint** (ō′vər print′; *for n.* ō′vər-print′) *vt.* to print over —*n.* anything overprinted, as (on) a stamp

**overproduce** (ō′vər prə dyōōs′) *vt., vi.* **-duced′, -duc′ing** to produce in a quantity that exceeds the need or demand —**o′verproduc′tion** *n.*

**overrate** (ō′vər rāt′) *vt.* **-rat′ed, -rat′ing** to estimate too highly

**overreach** (ō′vər rēch′) *vt.* **1.** to outwit **2.** to reach beyond —**overreach oneself** to fail because of trying more than one can do or because of being too crafty

**overreact** (ō′vər rē akt′) *vi.* to react in an extreme, highly emotional way

**override** (ō′vər rīd′) *vt.* **-rode′, -rid′den, -rid′ing** **1.** to disregard, overrule, or nullify **2.** to prevail over

**overrule** (ō′vər rōōl′) *vt.* **-ruled′, -rul′ing** **1.** to set aside or decide against, as by higher authority **2.** to prevail over

**overrun** (ō′vər run′) *vt.* **-ran′, -run′, -run′ning** **1.** to swarm over, as vermin, or ravage, as an army **2.** to conquer by a rapid advance **3.** to spread swiftly throughout, as ideas **4.** to run beyond (certain limits)

**overseas** *adv.* over or beyond the sea —*adj.* **1.** foreign **2.** over or across the sea

**oversee** (ō′vər sē′) *vt.* **-saw′, -seen′, -see′ing** to supervise; superintend —**o′verse′er** (-sē′ər) *n.*

**overset** (ō′vər set′) *vt.* **-set′, -set′ting** **1.** to upset **2.** to overturn

**overshadow** (ō′vər shad′ō) *vt.* **1.** to be, or appear to be, more important than by comparison **2.** *a*) to cast a shadow over *b*) to darken

**overshoe** *n.* a kind of boot of rubber, etc. worn over the regular shoe to protect against cold or dampness

**overshoot** (ō′vər shōōt′) *vt.* **-shot′, -shoot′ing** **1.** to shoot or pass over or beyond (a target, mark, etc.) **2.** to go farther than (an intended or normal limit)

**overshot** *adj.* **1.** with the upper part extending past the lower [an *overshot* jaw] **2.** driven by water flowing onto the upper part [an *overshot* water wheel]

**oversight** *n.* a careless mistake or omission

**oversimplify** (ō′vər sim′plə fī′) *vt., vi.* **-fied′, -fy′ing** to simplify to an extent that distorts, as by ignoring essential details —**o′versim′plifica′tion** *n.*

**oversleep** (ō′vər slēp′) *vi.* **-slept′, -sleep′ing** to sleep past the intended time for getting up

**overspend** (ō′vər spend′) *vi.* **-spent′, spend′ing** to spend more than one can afford

**overspill** *n.* something that spills over or is in excess, esp. a surplus population

**overstate** (ō′vər stāt′) *vt.* **-stat′ed, -stat′ing** to exaggerate (facts, truth, etc.) —**overstate′ment** *n.*

**overstay** (ō′vər stā′) *vt.* to stay beyond the limits of

**overstep** (ō′vər step′) *vt.* **-stepped′, -step′ping** to go beyond the limits of; exceed

**overstrung** (ō′vər struŋ′) *adj.* too highly strung; tense

**oversubscribe** (ō′vər səb skrīb′) *vt., vi.* **-scribed′, -scrib′ing** to subscribe for more (of) than is available or asked

**overt** (ō′vərt) *adj.* [< L. *aperire,* to open] not hidden; open —**overt′ly** *adv.* —**overt′ness** *n.*

**overtake** (ō′vər tāk′) *vt.* **-took′, -tak′en, -tak′ing** **1.** to catch up with and go beyond **2.** to come upon suddenly

**overtax** (ō′vər taks′) *vt.* **1.** to tax too heavily **2.** to make excessive demands on

**overthrow** (ō′vər thrō′; *for n.* ō′vər thrō′) *vt.* **-threw′, -thrown′, -throw′ing** **1.** to conquer; end **2.** to upset **3.** to throw a ball, etc. beyond (the intended receiver) —*n.* **1.** an overthrowing **2.** destruction; end

**overtime** *n.* **1.** time beyond the established limit, as of working hours **2.** pay for work done in such time —*adj., adv.* of, for, or during overtime

**overtone** *n.* **1.** an implication; nuance: *usually used in pl.* **2.** any of the attendant higher tones heard with a fundamental musical tone

**overture** (ō′vər tyōōər) *n.* [< L. *apertura,* APERTURE] **1.** a musical introduction to an opera, oratorio, etc. **2.** an introductory proposal or offer

**overturn** (ō′vər tŭrn′) *vt.* **1.** to turn over; upset **2.** to conquer —*vi.* to tip over; capsize

**overweening** (ō′vər wē′niŋ) *adj.* [< OE. *oferwenan*] arrogant; presumptious; exaggerated

**overweight** (ō′vər wāt′; *for n.* ō′vər wāt′) *adj.* above the normal, desirable, or allowed weight —*n.* extra or surplus weight

**overwhelm** (ō′vər welm′) *vt.* [see OVER- & WHELM] **1.** to crush; overpower **2.** to pour down on and bury beneath —**o′verwhelm′ing** *adj.*

**overwork** (ō′vər wŭrk′) *vt.* to work or use to excess —*vi.* to work too hard or too long

**overwrought** (ō′vər rôt′) *adj.* very nervous or excited

**ovi-** [< L. *ovum,* an egg] *a combining*

*form meaning* egg or ovum *[oviduct, oviform]*

**oviduct** (ō'vi dukt') *n.* [see OVI- & DUCT] a tube through which the ovum passes from an ovary

**oviform** (ō'vi fôrm') *adj.* [OVI- & -FORM] egg-shaped

**ovine** (ō'vīn) *adj.* [< L. *ovis,* sheep] of sheep

**oviparous** (ō vip'ər əs) *adj.* [< L.: see OVI- & -PAROUS] producing eggs which hatch after leaving the body —**ovip'arously** *adv.*

**ovoid** (ō'void) *adj.* [see OVI-] egg-shaped

**ovulate** (ov'yoo lāt') *vi.* **-lat'ed, -lat'ing** to produce and discharge ova from the ovary —**o'vula'tion** *n.*

**ovule** (ō'vyōōl) *n.* [< L. *ovum,* egg] **1.** *Bot.* the part of a plant which develops into a seed **2.** *Zool.* the immature ovum —**o'vular** *adj.*

**ovum** (ō'vəm) *n., pl.* **ova** [L., egg] *Biol.* a mature female germ cell

**owe** (ō) *vt.* **owed, ow'ing** [< OE. *agan,* to own] **1.** to be indebted to (someone) for (a specified amount or thing) **2.** to feel the need to do, give, etc. **3.** to cherish (a feeling) towards another: only in **owe a grudge**

**owing** *adj.* **1.** that owes **2.** due; unpaid —**owing to** because of

**owl** (oul) *n.* [OE. *ule*] a nocturnal bird of prey having large eyes, a short, hooked beak, and feathered legs: applied figuratively to a person who looks solemn, dull, etc. —**owl'ish** *adj.* —**owl'ishly** *adv.* —**owl'like'** *adj.*

**own** (ōn) *adj.* [< OE. *agan,* possess] belonging or relating to oneself or itself *[his own book]* —*n.* that which belongs to oneself *[the car is his own]* —*vt.* **1.** to possess; have **2.** to admit —*vi.* to confess (*to*) —**come into one's own** to receive what properly belongs to one, esp. recognition —**on one's own** [Colloq.] by one's own efforts; independent(ly) —**own up (to)** to confess (to) —**own'er** *n.* —**own'ership'** *n.*

**owner occupier** someone who both occupies and owns a house

**ox** (oks) *n., pl.* **ox'en** [OE. *oxa*] **1.** any of several bovine mammals, as the buffalo, bison, yak, etc. **2.** a castrated bull, used as a draught animal

**oxalic acid** (ok sal'ik) [< Gr. *oxys,* acid] a colourless, poisonous, crystalline acid, found in many plants and used in dyeing, bleaching, etc.

**oxblood** (oks'blud') *n.* a deep red colour

**oxbow** *n.* **1.** the U-shaped part of an ox yoke which passes under and around the animal's neck **2.** something shaped like this, as a bend in a river

**Oxbridge** (oks'brij) *n.* [*Ox(ford)* + *(Cam)bridge*] the universities of Oxford and Cambridge, esp. considered as influencing political, intellectual, and social life —*adj.* of Oxbridge *[an Oxbridge accent]*

**oxen** (ok's'n) *n. pl. of* OX

**oxeye** *n.* any of several composite plants

**Oxfam** (oks'fam') *n.* Oxford Famine Relief Fund

**Oxford movement** (oks'fərd) a High-Church movement within the Anglican Church, begun at Oxford University in 1833

**oxidation** (ok'sə dā'shən) *n.* an oxidizing or being oxidized —**oxidant** (ok'sə dənt) *n.* —**ox'idative** *adj.*

**oxide** (ok'sid) *n.* [< Gr. *oxys,* sour + Fr. *(ac)ide,* acid] a binary compound of oxygen with another element or a radical

**oxidize** (ok'sə dīz') *vt.* **-dized', -diz'ing** [< prec.] **1.** to unite with oxygen, as in burning or rusting **2.** to increase the positive valence or decrease the negative valence of (an element or ion) —*vi.* to become oxidized

**Oxon.** **1.** Oxfordshire **2.** of Oxford (University)

**Oxonian** (ok sō'nē ən) *adj.* of Oxford or Oxford University —*n.* **1.** a student of Oxford University **2.** a native of Oxford

**oxtail** (oks'tāl') *n.* the tail of an ox, esp. when skinned and used in soup or stew

**oxtongue** *n.* **1.** any of a number of plants with rough, tongue-shaped leaves **2.** the tongue of an ox, braised or boiled as food: also **tongue**

**oxy-** [< Gr. *oxys,* sharp] *a combining form meaning:* **1.** sharp, acid **2.** oxygen

**oxyacetylene** (ok'sē ə set'əl ēn') *adj.* of or using a mixture of oxygen and acetylene, as for producing an extremely hot flame used in welding

**oxygen** (ok'si jən) *n.* [see OXY- & -GEN] a colourless, odourless, tasteless, gaseous chemical element, the most abundant of all elements: it is essential to life processes and to combustion: symbol, O

**oxygenate** (ok si'jə nāt') *vt.* **-at'ed, -at'ing** to mix, treat, or combine with oxygen: also **ox'ygenize'**

**oxygen tent** a transparent enclosure into which oxygen is released, fitted around a bed-ridden patient to help him breathe

**oxyhaemoglobin** (ok'si hē'mə glō'bin) *n.* [OXY- + HAEMOGLOBIN] the bright-red substance found in the arterial blood, formed in the lungs by the union of oxygen with haemoglobin

**oxymoron** (ok'si môr'on) *n., pl.* **-mo'ra** [< Gr. *oxys,* sharp + *moros,* dull] a figure of speech in which contradictory ideas are combined (Ex.: sweet sorrow)

**oyez, oyes** (ō yes') *interj.* [ult. < L. *audire,* hear] hear ye! attention!: cried out by an official to command silence before a proclamation is made

**oyster** (oi'stər) *n.* [< Gr. *ostreon*] a marine mollusc with an irregular, bivalve shell, found esp. on the sea floor and widely used as food

**oyster catcher** a wading bird with stout legs

**oz.** *pl.* **oz., ozs.** ounce

**ozone** (ō'zōn) *n.* [< Gr. *ozein,* to smell] **1.** a pale-blue gas with a strong odour: it is an allotropic form of oxygen **2.** [Colloq.] pure, fresh air

# P

**P, p** (pē) *n., pl.* **P's, p's** the sixteenth letter of the English alphabet —**mind one's p's and q's** to be careful what one says or does

**P** 1. *Chess* pawn 2. *Chem.* phosphorus 3. *Physics* pressure

**p** penny; pence

**p.** 1. *pl.* **pp.** page 2. penny 3. per 4. piano

**pa** (pä) *n.* [Colloq.] father; papa

**Pa** *Chem.* protactinium

**PA** Personal Assistant

**P.A.** public address (system)

**pabulum** (pab′yoo̅ləm) *n.* [L.] 1. food 2. nourishment for the mind

**pace**[1] (pās) *n.* [< L. *passus,* step] 1. a step in walking, running, etc. 2. the length of a step or stride 3. speed in walking, etc. 4. rate of progress, development, etc. 5. a particular way of walking, etc. 6. the gait of a horse in which both legs on the same side are raised together —*vt.* **paced, pac′ing** 1. to walk back and forth across 2. to measure by paces 3. to set the pace for (a runner, etc.) —*vi.* 1. to walk with regular steps 2. to raise both legs on the same side at the same time: said of a horse —**change of pace** variation in tempo or mood —**keep pace (with)** to maintain the same rate of progress (as) —**put through one's paces** to test one's abilities, etc. —**set the pace** 1. to go at a speed that others try to equal 2. to do or be something for others to emulate —**pac′er** *n.*

‡**pace**[2] (pā′sē) *prep.* [< L. *pax,* peace] with all due respect to: used in polite disagreement

**pacemaker** (pās′mā′kər) *n.* 1. a runner, horse, etc. that sets the pace, as in a race: also **pace′set′ter** 2. *Med.* an electronic device implanted in the body to regulate the heartbeat —**pace′mak′ing** *n.*

**pachyderm** (pak′ə dur̄m′) *n.* [< Gr. *pachys,* thick + *derma,* skin] a large, thick-skinned, hoofed animal, as the elephant, rhinoceros, or hippopotamus —**pach′y-der′matous** *adj.*

**pacific** (pə sif′ik) *adj.* [< PACIFY] 1. making or tending to make peace 2. peaceful; calm —**pacif′ically** *adv.*

**pacificate** (pas′ə fi kāt′) *vt.* **-cat′ed, -cat′-ing** *same as* PACIFY —**pac′i′fication** *n.* —**pacif′icatory** *adj.*

**pacifier** (pas′ə fī′ər) *n.* [U.S.] a baby's dummy

**pacifism** (pas′ə fiz′m) *n.* [see PACIFY] opposition to the use of force under any circumstances; specif., refusal to participate in war —**pac′ifist** *n., adj.*

**pacify** (pas′ə fī′) *vt.* **-fied′, -fy′ing** [< Fr. < L. *pax,* peace + *facere,* make] 1. to make peaceful or calm; appease 2. to secure peace in (a nation, etc.) —**pac′ifi′-able** *adj.*

**pack**[1] (pak) *n.* [< MFl. *pac*] 1. a bundle of things tied up for carrying 2. a group or set [*a pack* of lies] 3. a package of a standard number [*a pack* of cards] 4. a set of hunting hounds 5. a group of wild animals living and hunting together 6. *Rugby* the forwards of a team 7. the organizational unit of Brownies and Cub Scouts 8. *same as* PACK ICE 9. a cosmetic paste applied to the skin and left to dry [*mudpack*] 10. a method of packing or bottling —*vt.* 1. to make a pack of 2. *a*) to put together in a box, trunk, etc. *b*) to fill (a box, etc.) 3. to crowd; cram [the hall was *packed*] 4. to press together firmly [*packed* earth] 5. to send (*off*) 6. [Slang] to carry (a gun, etc.) 7. [Slang] *a*) to deliver (a punch, etc.) with force *b*) to contain [a play that *packs* a message] —*vi.* 1. to make up packs 2. to put one's clothes, etc. into luggage for a trip 3. to crowd together 4. to admit of being folded compactly [this suit *packs* well] 5. to settle into a compact mass —**pack it in** [Colloq.] to stop doing something —**pack up** [Colloq.] 1. to stop working: said esp. of a machine 2. to retire from a contest, activity, etc. —**send packing** to dismiss (a person) abruptly —**pack′-able** *adj.* —**pack′er** *n.*

**pack**[2] *vt.* to choose (a jury, court, etc.) dishonestly so as to get desired results

**package** *n.* 1. a wrapped or boxed thing; parcel 2. a number of items, plans, etc. offered as an inseparable unit —*vt.* **-aged, -aging** to put into a package

**package holiday** a holiday with a fixed itinerary and at a price inclusive of travel and lodging

**packet** *n.* 1. a small package 2. a container in which a commodity is packed for sale 3. *same as* PACKET BOAT 4. [Colloq.] a large sum of money

**packet boat** a boat that travels on a regular route carrying passengers, freight, and mail

**packhorse** *n.* a horse used to transport goods, equipment, etc.

**pack ice** a large, floating expanse of ice masses

**packing** *n.* 1. the act or process of a person or thing that packs 2. any material used to pack

**packsaddle** *n.* a saddle with fastenings to secure the load carried by a **pack animal**

**packthread** *n.* strong, thick thread for tying bundles

**pact** (pakt) *n.* [< L. *pax,* peace] an agreement between persons, groups, or nations

**pad**[1] (pad) *n.* [echoic] the dull sound made, as by a footstep, on the ground

**pad**[2] *n.* [? var. of POD] **1.** anything made of or stuffed with soft material to fill out a shape, protect from friction, jarring, blows, etc. **2.** folded gauze, etc. used as a dressing on a wound, etc. **3.** the cushionlike sole of an animal's paw **4.** the floating leaf of a water lily **5.** a tablet of paper for writing on **6.** a small cushion soaked with ink for inking a rubber stamp: in full, **stamp pad** or **ink pad** **7.** *same as* LAUNCHING PAD **8.** [Slang] the room, flat, etc. where one lives —*vt.* **pad'ded, pad'ding** **1.** to stuff or cover with padding **2.** to lengthen (a speech, etc.) with unnecessary material

**pad**[3] *vi.* **pad'ded, pad'ding** [< Du. *pad,* path] to walk or run with a soft step

**padded cell** a room in a mental hospital, with padded surfaces, in which violent inmates are placed

**padding** *n.* any material used to pad

**paddle**[1] (pad''l) *n.* [< ?] **1.** a short oar with a wide blade, used without a rowlock **2.** any of various implements shaped like this **3.** any of the propelling boards in a water wheel or paddle wheel —*vt., vi.* **-dled, -dling** to propel (a canoe, etc.) with a paddle —**paddle one's own canoe** to depend entirely on oneself

**paddle**[2] *vi.* **-dled, -dling** [prob. < PAD[3]] to move the hands or feet about in the water; dabble

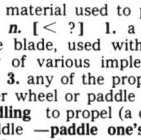

PADDLE WHEEL

**paddle wheel** a wheel with paddles around it for propelling a steamboat

**paddock** (pad'ək) *n.* [< OE. *pearruc,* enclosure] **1.** a small enclosure near a stable, in which horses are exercised **2.** an enclosure at a race track, where horses are assembled before a race

**paddy**[1] (pad'ē) *n., pl.* **-dies** [Malay *padi*] **1.** a rice field: often **rice paddy** **2.** rice **3.** rice in the husk

**paddy**[2] *n., pl.* **-dies** [< *Paddy,* a nickname for an Irishman] [Colloq.] a fit of temper; also **pad'dywhack'**

**padlock** (pad'lok') *n.* [< ME.] a removable lock with a hinged link to be passed through a staple, chain, or eye —*vt.* to fasten or keep shut as with a padlock

**padre** (pä'drē) *n., pl.* **-dres** (-drēz) [Sp., It., Port. < L. *pater,* father] **1.** father: the title of a priest in Italy, Spain, Portugal etc. **2.** [Colloq.] a chaplain, esp. in the army

**paean** (pē'ən) *n.* [< Gr. *Paian,* epithe of Apollo] a song of joy, triumph praise, etc.

**paediatrician** (pē'dē ə trish'ən) *n.* a specialist in paediatrics: also **pae'diat'rist** (-at'rist)

**paediatrics** (pē'dē at'riks) *n.pl.* [*with sing. v.*] [< PAEDO-] the branch o medicine dealing with the care and diseases of infants and children —**pae'diat'ric** *adj.*

**paedo-** [< Gr.] *a combining form meaning* child, children

**paedophilia** (pē'də fil'ē ə) *n.* [< PAEDO + -PHILE] a sexual desire in an adul for children

**paella** (pä yel'ə) *n.* [Catalan < L. *patella* small pan] a Spanish dish of rice cooke with chicken, seafood, etc.

**pagan** (pā'gən) *n.* [< L. *paganus,* a peasant] **1.** anyone not a Christian Moslem, or Jew; heathen **2.** a person who has no religion —*adj.* **1.** of pagans **2.** not religious —**pa'ganish** *adj.* —**pa'gan ism** *n.*

**page**[1] (pāj) *n.* [< L. *pangere,* fasten] **1.** *a*) one side of a leaf of a book, newspaper etc. *b*) the writing on it [the sports *pages* *c*) an entire leaf **2.** [*often pl.*] a recor of events **3.** an event that might fil a page —*vt.* **paged, pag'ing** to numbe the pages of

**page**[2] *n.* [< It. *paggio*] **1.** a boy o girl who runs errands, etc., as in a hotel etc. **2.** a boy attendant, esp. one servin a person of high rank **3.** formerly, a boy training for knighthood —*vt.* **paged pag'ing** to try to find (a person) by calling his name, esp. using a loudspeaker

**pageant** (paj'ənt) *n.* [Anglo-L. *pagina* stage < L., PAGE[1]] **1.** a spectacula exhibition, parade, etc., as a processior with floats **2.** an outdoor drama celebratin a historical event

**pageantry** *n., pl.* **-ries** **1.** grand spectacle; gorgeous display **2.** empty show or display

**pageboy** (pāj'boi') *n.* **1.** a medium-length hair style with the ends of the hair curlec under **2.** *same as* PAGE[2]

**paginate** (paj'ə nāt') *vt.* **-nat'ed, -nat'ing** to number the pages of (a book, etc.) —**pag'ina'tion** *n.*

**pagoda** (pə gō'də) *n.* [? < Per. *but,* idc + *kadah,* house] in the Orient, a temple that is a tapering tower with rooflike projections between its several storeys

**paid** (pād) *pt. & pp. of* PAY[1] —**put paid to** [Colloq.] to end or destroy (chances hopes, etc.)

**paid-up** *adj.* having made all necessary payments

**pail** (pāl) *n.* [OE. *pægel,* small measure] **1.** a cylindrical container, usually with a handle, for carrying liquids, etc.; bucke **2.** the amount held by a pail: also **pail'ful'**

**pain** (pān) *n.* [< Gr. *poinē,* penalty] **1** suffering caused by injury, disease, etc **2.** the suffering caused by anxiety, grief disappointment, etc. **3.** [*pl.*] the labou of childbirth **4.** [*pl.*] great care [to take *pains* with one's work] **5.** [Colloq.] an annoyance —*vt.* to cause pain to —**on** (or **upon** or **under**) **pain of** at the risk of bringing upon oneself (punishment, death, etc.) —**pain'less** *adj.* —**pain'lessly** *adv.*

**pained** *adj.* **1.** hurt or distressed; offended **2.** showing hurt feelings or resentment

**painful** *adj.* **1.** causing pain; hurting **2.** having pain; aching **3.** exacting **4.** irritating —**pain'fully** *adv.*

**painkiller** *n.* a medicine that relieves pain

**painstaking** (pānz'tā'kiŋ) *adj.* **1.** very careful **2.** characterized by great care —**pains'tak'ingly** *adv.*

**paint** (pānt) *vt.* [< L. *pingere*] **1.** *a*) to make (a picture, etc.) in colours applied to a surface *b*) to depict with paints **2.** to describe colourfully **3.** to cover or decorate with paint **4.** to apply cosmetics to **5.** to apply (a medicine, etc.) with a brush —*vi.* to paint pictures —*n.* **1.** a mixture of pigment with oil, water, etc. used as a covering or colouring **2.** colouring matter, as lipstick, rouge, etc., used as a cosmetic —**paint out** to cover up as with a coat of paint —**paint the town** (**red**) [Colloq.] to go on a boisterous spree —**paint'able** *adj.*

**paintbrush** *n.* a brush used for applying paint

**painter**[1] *n.* **1.** an artist who paints pictures **2.** one whose work is covering surfaces, as walls, with paint

**painter**[2] *n.* [ult. < L. *pendere,* hang] a rope attached to the bow of a boat for tying it to a dock, etc.

**painting** *n.* **1.** the work or art of one who paints **2.** a picture made with paints

**pair** (pāər) *n., pl.* **pairs;** sometimes, after a number, **pair** [< L. *par,* equal] **1.** two corresponding things associated or used together [*a pair* of shoes] **2.** a single thing with two joined corresponding parts [*a pair* of trousers] **3.** two persons or animals regarded as a unit [*a pair* of oxen] **4.** two legislators on opposing sides who agree to withhold their vote so as to offset each other **5.** two playing cards of the same denomination —*vt., vi.* **1.** to form a pair or pairs (of); match **2.** to mate —**pair off** to join (two people or things) in a pair

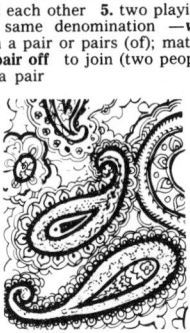

PAISLEY PATTERN

**paisley** (pāz'lē) *adj.* [< *Paisley,* Scotland where orig. made] [*also* **P-**] **1.** having an elaborate, colourful pattern of intricate, curved figures **2.** made of cloth having such a pattern

**pajamas** (pəjä'məz) *n.pl. U.S. sp. of* PYJAMAS

**Pak** (pak) *n.* [Derog. Slang] a Pakistani immigrant residing in Britain: also **Pak'i**

**Pakistani** (pä'ki stä'nē) *adj.* of Pakistan or its people —*n.* a native of Pakistan

**pal** (pal) *n.* [< Romany] [Colloq.] an intimate friend; comrade —*vi.* **palled, pal'ling** [Colloq.] to associate as pals (with *up*)

**palace** (pal'is) *n.* [< L. *Palatium,* a hill in Rome, where Augustus lived] **1.** the official residence of a king, etc. **2.** any large house or building

**paladin** (pal'ə din) *n.* [see prec.] **1.** any of the twelve peers of Charlemagne's court **2.** a heroic champion

**palaeo-** *same as* PALEO-

**palanquin, palankeen** (pal'ən kēn') *n.* [< Port. < Sans.] formerly in eastern Asia, a covered litter for one person, carried by poles on men's shoulders

**palatable** (pal'it ə b'l) *adj.* [PALAT(E) + -ABLE] **1.** pleasant or acceptable to the taste **2.** acceptable to the mind —**pal'atabil'ity, pal'atableness** *n.*

**palatal** (pal'ət'l) *adj.* **1.** of the palate **2.** pronounced with the tongue near the hard palate, as *y* in *yes*

**palate** (pal'ət) *n.* [L. *palatum*] **1.** the roof of the mouth, consisting of a hard, bony forward part (the *hard palate*) and a soft, fleshy back part (the *soft palate*) **2.** taste

**palatial** (pə lā'shəl) *adj.* [see PALACE] **1.** of, suitable for, or like a palace **2.** magnificent —**pala'tially** *adv.*

**palatine** (pal'ə tīn') *adj.* [< L. *palatium,* palace] having royal privileges [a count *palatine*] —*n.* a medieval vassal lord having the rights of royalty in his own territory, or palatinate —**palatinate** (pə lat'ən ət) *n.*

**palaver** (pə läv'ər) *n.* [Port. < LL. *parabola,* parable] **1.** fuss; bother **2.** talk; esp., idle chatter **3.** a conference, as orig. between African natives and European explorers **4.** flattery —*vi.* to talk, esp. idly

**pale**[1] (pāl) *adj.* [< L. *pallere,* to be pale] **1.** of a whitish or colourless complexion **2.** lacking intensity, as colour, light, etc. —*vi., vt.* **paled, pal'ing** to make or become pale —**pale'ly** *adv.* —**pale'ness** *n.*

**pale**[2] *n.* [< L. *palus,* stake] **1.** a pointed stake used in fences **2.** a fence; enclosure; boundary —**beyond the pale** outside the limits of social convention

**paleface** *n.* a white person: a term allegedly first used by N American Indians

**paleo-** [< Gr.] *a combining form meaning* ancient, prehistoric, etc. [*paleolithic*]

**Paleocene** (pal'ē ō sēn') *adj.* [< prec. + Gr. *kainos,* recent] of the first epoch of the Tertiary Period in the Cainozoic Era

**paleography** (pal'ē og'rə fē) *n.* **1.** ancient forms of writing **2.** the study of ancient writings —**pa'leog'rapher** *n.*

**paleolithic** (pal'ē ō lith'ik) *adj.* [< PALEO-

+ Gr. *lithos*, stone] of the middle part of the early Stone Age

**paleontology** (pal′ē on tol′ə jē) *n.* [< Fr.: see PALE(O)- & ONTO- & -LOGY] the branch of geology that deals with prehistoric life through the study of fossils —**pa′leontol′ogist** *n.*

**Paleozoic** (pal′ē ō zō′ik) *adj.* [< PALEO- + Gr. *zōion*, animal] of the era between the Precambrian and the Mesozoic

**Palestinian** (pal′əs tin′ē ən) *adj.* of the region on the E coast of the Mediterranean —*n.* an inhabitant, esp. an Arab, of this area

**palette** (pal′ət) *n.* [< L. *pala*, shovel] **1.** a thin board with a hole for the thumb at one end, on which an artist arranges and mixes his paints **2.** the colours used, as by a particular artist

**palette knife** a round-ended spatula with a thin flexible blade, used esp. in painting and cookery

**palfrey** (pôl′frē) *n., pl.* **-freys** [ult. < Gr. *para*, beside + L. *veredus*, horse] [Archaic] a saddle horse

**palindrome** (pal′in drōm′) *n.* [< Gr. *palin*, again + *dramein*, run] a word, phrase, or sentence that reads the same backwards or forwards (Ex.: madam) —**pal′indrom′ic** (-drom′ik) *adj.*

**paling** (pāl′iŋ) *n.* **1.** a fence made of pales **2.** a pale, or pales collectively

**palisade** (pal′ə sād′) *n.* [< L. *palus*, stake] **1.** any of a row of large pointed stakes set in the ground to form a fence as for fortification **2.** such a fence —*vt.* **-sad′ed, -sad′ing** to fortify with a palisade

**pall**[1] (pôl) *vi.* **palled, pall′ing** [ME. *pallen*] **1.** to become cloying, insipid, etc. **2.** to become satiated or bored

**pall**[2] *n.* [< L. *pallium*, cover] **1.** a piece of velvet, etc. used to cover a coffin, hearse, or tomb **2.** a dark or gloomy covering [a *pall* of smoke]

**palladium** (pə lā′dē əm) *n.* [< Gr. *Pallas* (*Athene*), the goddess] a rare, silvery-white, metallic chemical element: it is used in jewellery: symbol, Pd

**pallbearer** (pôl′bâər′ər) *n.* [PALL[2] + BEARER] one of the persons who bear the coffin at a funeral

**pallet**[1] (pal′it) *n.* [see PALETTE] **1.** a wooden tool consisting of a flat blade with a handle, as used for smoothing pottery **2.** a palette **3.** a low, portable platform for storing goods in warehouses, etc.

**pallet**[2] *n.* [< L. *palea*, chaff] a small, inferior bed or a mattress filled as with straw and used on the floor

**palliasse** (pal′ē as) *n.* [< L. *palea*, chaff] a mattress filled with straw, sawdust, etc.

**palliate** (pal′ē āt′) *vt.* **-at′ed, -at′ing** [< L. *pallium*, a cloak] **1.** to lessen the severity of without curing **2.** to make appear less serious or offensive; excuse —**pal′liative** *adj., n.*

**pallid** (pal′id) *adj.* [< L. *pallidus*, pale] faint in colour

**pall-mall** (pal′mal′) *n.* [< It. *palla*, ball + *maglio*, hammer] an old game in which a boxwood ball was struck by a mallet through an iron ring

**pallor** (pal′ər) *n.* [see PALE[1]] unnatural paleness, as of the face

**pally** (pal′ē) *adj.* [PAL] [Colloq.] friendly

**palm**[1] (päm) *n.* [< L. *palma*: from its handlike fronds] **1.** a tropical or subtropical tree with a tall, branchless trunk and a bunch of large leaves at the top **2.** a leaf of this tree carried as a symbol of victory **3.** victory; triumph —**bear** (or **carry off**) **the palm** to be the winner —**palmaceous** (pal mā′shəs) *adj.*

**palm**[2] *n.* [< L. *palma*] **1.** the inner surface of the hand between the fingers and wrist **2.** the part of a glove, etc. that covers the palm —*vt.* to hide (something) in the palm or between the fingers, as in a sleight-of-hand trick —**have an itching palm** [Colloq.] to desire money greedily —**palm off 1.** to pass off by deceit **2.** [Colloq.] to get rid of —**palmar** (pal′mər) *adj.*

**palmate** (pal′mit) *adj.* [see PALM[2]] shaped like a hand with the fingers spread —**pal′mately** *adv.*

**palmetto** (pal met′ō) *n., pl.* **-tos, -toes** [Sp. < L.] a small new-world palm

**palmistry** (päm′is trē) *n.* [< ME., prob. < *paume*, palm + *maistrie*, mastery] the pretended art of telling a person's fortune by the lines, etc. on the palm of his hand —**palm′ist** *n.*

**palm oil** an oil obtained from the fruit of certain palms

**Palm Sunday** the Sunday before Easter, commemorating Jesus' triumphal entry into Jerusalem

**palmy** *adj.* **-ier, -iest 1.** prosperous **2.** of or like a palm **3.** abounding in palm trees

**palomino** (pal′ə mē′nō) *n., pl.* **-nos** [AmSp. < L. *palumbes*, pigeon] a cream, golden, or light-chestnut horse with white mane and tail

**palpable** (pal′pə b′l) *adj.* [< L. *palpare*, touch] **1.** easily perceived by the senses **2.** obvious **3.** that can be touched, felt, etc. —**pal′pabil′ity** *n.* —**pal′pably** *adv.*

**palpate** (pal′pāt) *vt.* **-pated, -pating** [< L. *palpare*, touch] *Med.* to examine by touching —**palpa′tion** *n.*

**palpitate** (pal′pə tāt′) *vi.* **-tat′ed, -tat′ing** [< L. *palpare*, to feel] **1.** to beat rapidly or flutter: said of the heart **2.** to throb; quiver —**pal′pita′tion** *n.*

**palsy** (pôl′zē) *n., pl.* **-sies** [< PARALYSIS] paralysis of any voluntary muscle, sometimes accompanied by uncontrollable tremors —*vt.* **-sied, -sying** to afflict with palsy

**paltry** (pôl′trē) *adj.* **-trier, -triest** [prob. < LowG. *palte*, rag] worthless; trifling; petty —**pal′triness** *n.*

**pampas** (pam′pəz; *for adj.*, -pəs) *n.pl.* [< SAmInd.] the extensive treeless plains of S America —*adj.* of the pampas

**pampas grass** any of several S American grasses grown for their large, feathery flower branches

**pamper** (pam′pər) *vt.* [< LowG.] to be overindulgent with; coddle [to *pamper* a child] —**pam′perer** *n.*

**pamphlet** (pam′flit) *n.* [< OFr. *Pamphilet,* a ML. poem] a small, unbound booklet, often on some topic of current interest

**pamphleteer** (pam′flə tēər′) *n.* a writer of pamphlets, esp. those dealing with political or social issues

**pan**[1] (pan) *n.* [OE. *panne*] **1.** any broad, shallow container, used in cooking, etc. **2.** a pan-shaped part or object, as either receptacle in a pair of scales **3.** the part holding the powder in a flintlock **4.** the bowl of a lavatory —*vt.* **panned, pan′ning** **1.** [Colloq.] to criticize unfavourably, as in reviewing **2.** *Mining* to wash (gold-bearing gravel) in a pan —*vi.* *Mining* to wash gravel in a pan —**pan out** [Colloq.] to turn out; esp., to turn out well

**pan**[2] *vt., vi.* **panned, pan′ning** [< PAN(ORAMA)] to move (a film or television camera) so as to get a panoramic effect or to follow a moving object —*n.* the act of panning

**pan**[3] *n.* [< Afrik. < Du.] [S Afr.] a shallow, natural basin in which water collects

**pan-** [< Gr.] *a combining form meaning:* **1.** all *[pantheism]* **2.** [**P-**] of, comprising, or common to every *[Pan-American]* In sense 2, usually with a hyphen, as in: Pan-African, Pan-Slavic

**panacea** (pan′ə sē′ə) *n.* [< Gr. *pan,* all + *akeisthai,* cure] a supposed remedy for all ills; cure-all

**panache** (pə nash′) *n.* [< LL. *pinnaculum,* plume] carefree self-confidence; flamboyance

**Panama (hat)** (pan′ə mä′) [< *Panama* (city)] a fine, hand-plaited hat made from leaves of a South American plant

**Pan-American** (pan′ə mer′ə kən) *adj.* of North, Central, and South America, collectively

**panatela, panatella** (pan′ə tel′ə) *n.* [AmSp.] a long, slender cigar

**pancake** (pan′kāk′) *n.* **1.** a thin, flat cake of batter fried on both sides in a pan **2.** a landing in which the plane drops almost vertically: in full, **pancake landing**

**Pancake Day** *same as* Shrove Tuesday (*see* SHROVETIDE)

**pancreas** (paŋ′krē əs) *n.* [< Gr. *pan,* all + *kreas,* flesh] a large gland that secretes a digestive juice (**pancreatic juice**) into the small intestine: the pancreas of animals, used as food, is called *sweetbread* —**pan′creat′ic** (-at′ik) *adj.*

**panda** (pan′də) *n.* [Fr. < native name] *short for* GIANT PANDA

**panda car** a police patrol car, usually with a white stripe

**pandemic** (pan dem′ik) *adj.* [< Gr. *pan,* all + *dēmos,* people] epidemic over a large region

**pandemonium** (pan′də mō′nē əm) *n.* [< Gr. *pan,* all + *daimon,* demon] disorder or confusion, or a place where this exists: after the capital of Hell in *Paradise Lost*

**pander** (pan′dər) *n.* [< L. *Pandarus,* in the story of Troilus and Cressida] **1.** one who provides the means of helping to satisfy the ambitions, vices, etc. of another **2.** a go-between in a sexual intrigue —*vi.* to act as a pander (*to*)

**pandit** (pun′dit) *n.* [var. of PUNDIT] in India, a learned man: used [**P-**] as a title of respect

**P & L** profit and loss

**P and O** Peninsular and Oriental (Steamship Company)

**p. & p.** postage and packing

**pane** (pān) *n.* [< L. *pannus,* piece of cloth] **1.** a single division of a window, etc., consisting of a sheet of glass in a frame **2.** such a sheet of glass

**panegyric** (pan′ə jir′ik) *n.* [< Gr. *panēgyris,* public meeting] **1.** a formal speech or writing praising a person or event **2.** high praise —**pan′egyr′ical** *adj.*

**panel** (pan′′l) *n.* [< L. *pannus,* piece of cloth] **1.** *a)* a flat piece, usually rectangular, forming a part of the surface of a wall, door, etc., often recessed *b)* a board for instruments or controls **2.** *a)* a list of persons summoned for jury duty *b)* *Scots Law* the accused **3.** a group of persons selected for a specific purpose, as for judging a contest **4.** a lengthwise strip, as of contrasting material, as in a skirt —*vt.* **-elled, -elling** to provide with panels

**panel game** a quiz, etc. played by a group of people, esp. on TV

**panelling** panels collectively; a series of panels in a wall, etc.

**panellist** *n.* a member of a panel (*n.* 3.)

**pang** (paŋ) *n.* [< ?] a sudden, sharp, brief pain

**pangolin** (paŋ gō′lin) *n.* [Malay *pĕngulin,* roller] a scaly mammal able to roll into a ball when attacked

**panic** (pan′ik) *n.* [< Gr. *panikos,* of Pan] **1.** a sudden, unreasoning, hysterical fear **2.** a widespread fear of financial collapse —*adj.* like, showing, or resulting from, panic —*vt.* **-icked, -icking** to affect with panic —*vi.* to give way to panic —**pan′icky** *adj.*

PANICLE OF OATS

**panicle** (pan′i k′l) *n.* [< L. *panus,* a swelling] a loose, irregularly branched flower cluster —**pan′icled** *adj.*

**panic-stricken** *adj.* badly frightened: also **panic-struck**

**panjandrum** (pan jan′drəm) *n.* [arbitrary

coinage] a self-important, pompous official

**pannier** (pan′ē ər) *n.* [< L. *panis,* bread] **1.** a large basket for carrying loads on the back **2.** either of a pair of baskets hung across the back of a donkey, etc. **3.** a large bag, often one of a pair, as on the back of a bicycle

**panoply** (pan′ə plē) *n., pl.* **-plies** [< Gr. *pan,* all + *hopla,* arms] **1.** any magnificent covering or array **2.** a complete suit of armour **—pan′oplied** *adj.*

**panorama** (pan′ə räm′ə) *n.* [< PAN- + Gr. *horama,* view] **1.** an open view in all directions **2.** a picture unrolled in such a way as to give the impression of a continuous view **3.** a constantly changing scene **—pan′oram′ic** (pan′ə- ram′ik) *adj.*

**panpipe** (pan′pīp′) *n.* [*also* **P-**] a primitive musical instrument made of a row of tubes of graduated lengths, played by blowing across the open ends

**pansy** (pan′zē) *n., pl.* **-sies** [Fr. *pensée,* thought] **1.** a small, flowering plant with velvety petals in many colours **2.** [Colloq.] a male homosexual

**pant**[1] (pant) *vi.* [ult. < L. *phantasia,* nightmare] **1.** to breathe rapidly and heavily, as from running fast **2.** to throb **3.** to yearn eagerly (with *for* or *after*) **—*vt.*** to gasp out **—*n.*** **1.** a gasp **2.** a throb, as of the heart

**pant**[2] *n., adj.* *see* PANTS

**pantaloon** (pan′tə lōōn′) [< It., ult. after saint *Pantalone*] [**P-**] a foolish old man in early Italian comedy **—*n.*** [*pl.*] [Chiefly U.S.] trousers

**pantechnicon** (pan tek′ni kən) *n.* [PAN- + Gr. *technikon,* of the arts] **1.** a furniture removal van **2.** orig., a bazaar where all kinds of things were sold

**pantheism** (pan′thē iz′m) *n.* **1.** the belief that God is not a personality but the sum of all beings, things, forces, etc. in the universe **2.** the worship of all gods **—pan′theist** *n.*

**pantheon** (pan′thē ən) *n.* [< Gr. *pan,* all + *theos,* a god] **1.** a temple for all the gods; esp., [**P-**] a temple built in Rome in 27 B.C. **2.** all the gods of a people **3.** [*often* **P-**] a building in which the famous dead of a nation are entombed

**panther** (pan′thər) *n.* [< Gr. *panthēr*] **1.** a leopard **2.** [U.S.] *a*) a puma *b*) a jaguar

**panties** (pan′tēz) ***n.pl.*** women's or children's short undergarments

**pantihose** (pan′tē hōz) ***n.pl.*** tights

**pantile** (pan′tīl′) *n.* [PAN[1] + TILE] a roofing tile having an S curve

**panto** (pan′tō) *n.* [Colloq.] a pantomime

**panto-** [< Gr.] *a combining form meaning* all or every

**pantograph** (pan′tō gräf′) *n.* [< Fr.: see prec. & -GRAPH] a mechanical device for reproducing a drawing

**pantomime** (pan′tə mīm′) *n.* [< PANTO- + Gr. *mimos,* a mimic] **1.** a spectacular entertainment based usually on a fairy tale and performed at Christmas **2.** a play, skit, etc. performed without words **3.** actions and gestures without words **—*vt., vi.*** **-mimed′, -mim′ing** to express or act in pantomime **—pan′tomim′ic** (-mim′ik) *adj.*

**pantry** (pan′trē) *n., pl.* **-tries** [< L. *panis,* bread] a small room off the kitchen where cooking ingredients and utensils, china, etc. are kept

**pants** (pants) ***n.pl.*** [< PANTALOON(S)] **1.** [U.S.] trousers **2.** panties **—with one's pants down** [Colloq.] unprepared

**panzer** (pan′zər) *adj.* [G., armour] armoured

**pap**[1] (pap) *n.* [? < baby talk] [Archaic] a nipple

**pap**[2] *n.* [< baby talk] **1.** any soft food for babies **2.** any oversimplified writing, etc. **3.** [< Afrik.] [S Afr.] maize porridge

**papa** (pə pä′) *n.* [< baby talk] father: a child's word

**papacy** (pā′pə sē) *n., pl.* **-cies** [< ML. *papa,* pope] **1.** the position or authority of the Pope **2.** the period during which a Pope rules **3.** [*also* **P-**] the government of the Roman Catholic Church

**papal** (pā′pəl) *adj.* [< ML.: see POPE] of the Pope or the papacy **—pa′pally** *adv.*

**papaw** (pə pôr′) *n.* [prob. < ff.] **1.** *same as* PAPAYA **2.** a tree of the U.S. having a yellowish, edible fruit

**papaya** (pə pī′yə) *n.* [Sp.] **1.** a palmlike tropical American tree bearing a large, yellowish-orange fruit like a melon **2.** its fruit

**paper** (pā′pər) *n.* [< L. *papyrus,* papyrus] **1.** a thin, flexible material usually in sheets, made from wood pulp, rags, etc., and used for writing or printing on **2.** a single sheet of this **3.** an official document **4.** an essay, dissertation, etc. **5.** a written examination, report, etc. **6.** *same as* PAPER MONEY **7.** *a*) a newspaper *b*) wallpaper **8.** a small wrapper of paper **9.** [*pl.*] documents identifying a person **—*adj.*** **1.** made of paper **2.** like paper **3.** theoretical [*paper* profits] **—*vt.*** to cover with paper, esp. wallpaper **—on paper** **1.** in written or printed form **2.** in theory **—pa′perer** *n.* **—pa′perlike′, pa′pery** *adj.*

**paperback** *n.* a book bound in flexible card **—pa′perbacked′, pa′perbound′** *adj.*

**paperboy** *n.* a boy or man who sells or delivers newspapers **—pa′pergirl** *n. fem.*

**paperchase** *n.* a cross-country race in which runners follow a trail of torn-up pieces of paper

**paper clip** a flexible clasp of metal wire for holding loose sheets of paper together

**paperhanger** *n.* a person whose work is covering walls with wallpaper **—pa′perhang′ing** *n.*

**paper knife** a knifelike blade, as of metal, used to slit sealed envelopes and uncut book pages

**paper money** noninterest-bearing notes issued by a government or its banks, circulating as legal tender

**paperweight** *n.* any small, heavy object set on papers

**paper work** the keeping of records, filing

of reports, etc. incidental to some work or stage

**papier-mâché** (pap′yā ma′shā) *n.* [< Fr. *papier,* paper + *mâcher,* chew] a material made of paper pulp mixed with glue, etc. that is easily moulded when moist

**papilla** (pə pil′ə) *n., pl.* **-lae** (-ē) [L. < *papula,* pimple] a small bulge of flesh, as at the root of a hair —**papil′lary** *adj.*

**papist** (pā′pist) *n.* [< LL. *papa,* pope] **1.** one who believes in papal supremacy **2.** [Derog] a Roman Catholic

**papoose** (pə pōōs′) *n.* [< AmInd. *papoos*] a North American Indian baby

**paprika** (pap′ri kə) *n.* [Hung. < Gr. *peperi,* pepper] a mild, red condiment ground from the fruit of certain peppers

**Pap test** (pap) [< G. *Papanicolaou*] the examination of a smear (**Pap smear**) taken from the cervix of a woman: a test for uterine cancer

**papyrus** (pə pī′rəs) *n., pl.* **-ri** (-rī), **-ruses** [< Gr. *papyros*] **1.** a tall water plant abundant in the Nile region **2.** a writing material made from this plant by the ancient Egyptians **3.** any ancient document on papyrus

**par** (pär) *n.* [L., an equal] **1.** the average state, condition, etc. *[*work that is above *par]* **2.** an equal status, footing, level, etc.: usually in **on a par (with)** **3.** the established value of a currency in foreign-exchange rates **4.** *Commerce* the face value of shares, etc. **5.** *Golf* the number of strokes established as a skilful score for a hole or course —*adj.* **1.** of or at par **2.** average; normal

**par.** **1.** paragraph **2.** parallel **3.** parenthesis

**para-** [< Gr.] *a prefix meaning:* **1.** by or at the side of, beyond, *[paramilitary]* **2.** *Med.* in a secondary capacity

**parable** (par′ə b'l) *n.* [< Gr. *para-,* beside + *ballein,* throw] a simple story teaching a moral or religious lesson

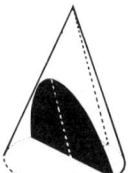

PARABOLA

**parabola** (pə rab′ə lə) *n.* [see prec.] *Geom.* a plane curve formed by the intersection of a cone with a plane parallel to its side

**parabolic** (par′ə bol′ik) *adj.* **1.** of, like, or expressed by a parable **2.** of or like a parabola —**par′abol′ically** *adv.*

**paracetamol** (par′ə sēt′ə mol′) *n.* [< *para-acetamidophenol*] a mild analgesic drug

**parachute** (par′ə shōōt′) *n.* [Fr. < *para-* (< It. *parare,* ward off) + *chute,* fall] a large cloth contrivance shaped like an umbrella, used to retard the speed of a person or thing dropping from an aircraft, etc. —*vt., vi.* **-chut′ed, -chut′ing** to drop or descend by parachute —**par′achut′ist** *n.*

**parade** (pə rād′) *n.* [< L. *parare,* to prepare] **1.** any organized procession or march, as for display **2.** *a*) a review of troops *b*) a place where troops assemble for parade **3.** ostentatious display **4.** a public walk or promenade —*vt.* **- rad′ed, -rad′ing** **1.** to march or walk through (the streets, etc.), as for display **2.** to show off —*vi.* **1.** to march in a parade **2.** to walk about ostentatiously **3.** to assemble in military formation for review —**on parade** on display

**paradigm** (par′ə dīm) *n.* [< Gr. *para,* beside + *deigma,* example] **1.** a pattern, example, or model **2.** *Gram.* an example of a declension or conjugation, giving all the inflectional forms —**par′adigmat′ic** (-dig mat′ik) *adj.*

**paradise** (par′ə dīs′) *n.* [< Gr. *paradeisos,* garden] **1.** [**P-**] the garden of Eden **2.** heaven **3.** any place or state of perfection, happiness, etc. —**par′adisi′acal** (-di sī′-ə k'l) *adj.*

**paradox** (par′ə doks′) *n.* [< Gr. *para-,* beyond + *doxa,* opinion] **1.** a statement that seems contradictory, absurd, etc. but may be true in fact **2.** a statement that contradicts itself and is false **3.** a person, situation, etc. that seems inconsistent —**par′adox′ical** *adj.* —**par′adox′ically** *adv.*

**paraffin** (par′ə fin) *n.* [< L. *parum,* too little + *affinis,* akin: from its inertness] **1.** a liquid mixture of hydrocarbons used as a fuel in domestic heaters, etc. **2.** *Chem.* a saturated hydrocarbon **3.** a white, waxy substance distilled from petroleum and used for making candles, sealing jars, etc.

**paragon** (par′ə gən) *n.* [< It. *paragone,* touchstone] a model of perfection or excellence

**paragraph** (par′ə gräf′) *n.* [< Gr. *para-,* beside + *graphein,* write] **1.** a distinct section of a chapter, letter, etc., begun on a new line and often indented **2.** a mark ( ¶ ) used to indicate the beginning of a paragraph **3.** a brief item in a newspaper —*vt.* to arrange in paragraphs —**par′agraph′ic** (par′ə graf′ik) *adj.*

**parakeet** (par′ə kēt′) *n.* [prob. < MFr. *perrot,* parrot] a small, slender parrot with a long, tapering tail

**parallax** (par′ə laks′) *n.* [< Gr. *para-,* beyond + *allassein,* change] **1.** the apparent change in the position of an object resulting from a change in the viewer's position **2.** the amount of such change —**par′allac′tic** *adj.*

**parallel** (par′ə lel′) *adj.* [< Gr. *para-,* side by side + *allēlos,* one another] **1.** extending in the same direction and at a constant distance apart, so as never to meet, as lines, planes, etc. **2.** similar or corresponding, as in purpose, time, or essential parts **3.** *Elec.* designating a circuit in parallel —*n.* **1.** a parallel line, surface, etc. **2.** any person or thing similar to another **3.** any comparison showing likeness **4.** *a*) any of the imaginary lines parallel to the equator and representing degrees of latitude *b*) such a line drawn on a map or globe: in full, **parallel of latitude** **5.** [*pl.*] a sign ( ‖ ) used as a reference mark **6.** *Elec.* a circuit connection in which the negative terminals are joined to one conductor and the positive to another: usually in phrase, **in parallel** —***vt.*** **-alleled', -allel'ing** **1.** to make parallel **2.** to be parallel to **3.** to compare (things) **4.** to match

**parallel bars** two parallel, horizontal bars set on adjustable upright posts: used in gymnastics

**parallelepiped** (par'ə lel'ə pipid) ***n.*** [< Gr. *parallēlos,* parallel + *epipedos,* plane] a solid with six faces, each of which is a parallelogram

**parallelism** (par'ə lel iz'm) ***n.*** **1.** the state of being parallel **2.** close resemblance; similarity

**parallelogram** (par'ə lel'ō gram') ***n.*** [< Gr. *parallēlos,* parallel + *grammē,* line] a plane figure with four sides, having the opposite sides parallel and equal

**paralyse** (par'ə līz') ***vt.*** **-lysed', -lys'ing** **1.** to cause paralysis in **2.** to make ineffective or powerless

**paralysis** (pə ral'ə sis) ***n., pl.*** **-ses'** (-sēz') [< Gr. *para-,* beside + *lyein,* to loose] **1.** partial or complete loss of the power of motion or sensation, esp. voluntary motion **2.** a condition of helpless inactivity

**paralytic** (par'ə lit'ik) ***adj.*** **1.** relating to paralysis **2.** [Slang] drunk —***n.*** a person affected with paralysis

**paramedical** (par'ə med'i k'l) ***adj.*** [PARA- + MEDICAL] of auxiliary medical personnel, as midwives, nurses' aides, etc. —**par'amed'ic** ***n.***

**parameter** (pə ram'i tər) ***n.*** [< Gr. *para-,* alongside + *metron,* measure] **1.** *Math.* a quantity whose value varies with the circumstances of its application **2.** any constant, with variable values, used as a reference for other variables

**paramilitary** (par'ə mil'ə tər ē) ***adj.*** [PARA- + MILITARY] of forces working along with, or in place of, a regular military organization

**paramount** (par'ə mount') ***adj.*** [< OFr. *par,* by + *amont,* uphill] ranking higher than any other; chief —**par'amount'ly** ***adv.***

**paramour** (par'ə moor') ***n.*** [< OFr. *par amour,* with love] a lover; esp., the illicit sexual partner of a married person

**paranoia** (par'ə noi'ə) ***n.*** [< Gr. *para-,* beside + *nous,* the mind] a mental disorder characterized by delusions, as of grandeur —**par'anoid', par'anoi'ac** ***adj., n.***

**parapet** (par'ə pit) ***n.*** [< It. *parare,* guard + *petto,* breast] **1.** a low wall or railing, as on a balcony **2.** a wall or bank for screening troops from enemy fire

**paraphernalia** (par'ə fər nā'lē ə) ***n.pl.*** [*often with sing. v.*] [< Gr. *para-,* beyond + *phernē,* dowry] miscellaneous articles or equipment

**paraphrase** (par'ə frāz') ***n.*** [< Gr. *para-* beyond + *phrazein,* tell] a rewording of the meaning of something spoken or written —***vt., vi.*** **-phrased', -phras'ing** to express in a paraphrase —**par'aphras'tic** ***adj.***

**paraplegia** (par'ə plē'jə) ***n.*** [< Gr. *paraplēgia,* a stroke at one side] paralysis of the entire lower half of the body —**par'aple'gic** ***adj., n.***

**parapsychology** (par'ə sī kol'ə jē) ***n.*** [PARA- + PSYCHOLOGY] the study of psychic phenomena, as telepathy

**paraquat** (par'ə kwat') ***n.*** [PARA- + QUAT(ERNARY)] *Trademark* a quick-acting, extremely poisonous weedkiller

**parasite** (par'ə sīt') ***n.*** [< Gr. *para-,* beside + *sitos,* food] **1.** one who lives at others' expense without making any useful return **2.** a plant or animal that lives on or within another from which it derives sustenance —**par'asit'ic** (-sit'ik) ***adj.*** —**par'asit'ically** ***adv.*** —**par'asit'ism** ***n.***

**parasol** (par'ə sol') ***n.*** [< It. *parare,* ward off + *sole,* sun] a light umbrella carried as a sunshade

**parathion** (par'ə thī'on) ***n.*** [< Gr. *para-,* alongside + *theion,* sulphur] a poisonous insecticide

**paratroops** (par'ə troōps') ***n.pl.*** [< PARA(CHUTE) + TROOP] troops trained and equipped to parachute into a combat area —**par'atroop'er** ***n.***

**paratyphoid** (par'ə tī'foid) ***n.*** [PARA- + TYPHOID] a disease similar to typhoid fever but milder

‡**par avion** (pär'ä vyōn') [Fr.] by air mail

**parboil** (pär'boil') ***vt.*** [< L. *per,* through + *bullire,* to boil: meaning infl. by Eng. *part*] **1.** to boil until partly cooked, as before roasting **2.** to make hot

**parcel** (pär's'l) ***n.*** [see PARTICLE] **1.** a small, wrapped bundle; package **2.** a quantity of items put up for sale **3.** a piece, as of land —***vt.*** **-celled, -celling** **1.** to separate into parts and distribute (with *out*) **2.** to make up in or as a parcel

**parcel post** a postal service for delivering parcels

**parch** (pärch) ***vt.*** [< ?] **1.** to make hot and dry **2.** to make very thirsty **3.** to expose (corn, etc.) to great heat, so as to dry or roast —***vi.*** to become very hot, dry, thirsty, etc.

**parchment** (pärch'mənt) ***n.*** [< *Pergamum,* in Asia Minor] **1.** an animal skin, as of a sheep or goat, prepared as a surface for writing **2.** paper treated to resemble this

**pardon** (pär'd'n) ***vt.*** [< L. *per-,* through + *donare,* give] **1.** to release (a person) from punishment **2.** to cancel a penalty for (an offence) **3.** to excuse (a person) for (a minor fault, discourtesy, etc.) —***n.*** **1.** forgiveness **2.** an official document granting a pardon —**(I beg your) pardon** **1.** excuse me: a polite form of apology, disagreement, etc. **2.** a request to repeat what has just been said —**par'donable** ***adj.*** —**par'donably** ***adv.***

**pardoner** ***n.*** in the Middle Ages, a person

authorized to sell ecclesiastical pardons, or indulgences

**pare** (pâər) *vt.* **pared, par'ing** [< L. *parare,* prepare] **1.** to cut or trim away (the rind, skin, etc.) of **2.** to reduce gradually —**par'er** *n.*

**paregoric** (par'ə gor'ik) *n.* [< Gr. *parēgoros,* consoling] a camphorated tincture of opium, used to relieve diarrhoea

**parent** (pâər'ənt) *n.* [< L. *parere,* beget] **1.** a father or mother **2.** an ancestor **3.** any organism in relation to its offspring **4.** a source; origin —**parental** (pə ren't'l) *adj.* —**paren'tally** *adv.* —**par'enthood'** *n.*

**parentage** *n.* descent from parents or ancestors; lineage

**parenthesis** (pə ren'thə sis) *n., pl.* **-ses'** (-sēz') [< Gr. *para-,* beside + *entithenai,* insert] **1.** a word, clause, etc. added as an explanation or comment within a complete sentence and usually marked off by curved lines, commas, etc. **2.** either or both of the curved lines ( ) so used —**parenthetical** (par'ən thet'i k'l), **par'enthet'ic** *adj.* —**par'enthet'ically** *adv.*

**parenthesize** *vt.* **-sized', -siz'ing** **1.** to insert (a word, etc.) as a parenthesis **2.** to put into parentheses

**parent teacher association** an organization formed by the parents of schoolchildren and their teachers to advance better relations between them

**par excellence** (pär ek'sə läns') [Fr.] in the greatest degree of excellence; beyond comparison

**parfait** (pär'fā) *n.* [Fr., perfect] a frozen dessert of cream, eggs, syrup, etc. in a tall glass

**pariah** (par'ē ə, pə rī'ə) *n.* [< Tamil *paraiyan*] **1.** an outcast **2.** a member of one of the lowest social castes in India

**parietal** (pə rī'ə t'l) *adj.* [< L. *paries,* wall] *Anat.* of the walls of a cavity, etc.; esp., designating either of two bones forming part of the top and sides of the skull

**parimutuel** (par'ə myōō'chōō wəl) *n.* [Fr., mutual bet] a system of betting on races in which the winning bettors share the total amount bet, minus a percentage for the track operators, taxes, etc.

**paring** (pâər'iŋ) *n.* a thin piece or strip pared off

**parish** (par'ish) *n.* [< LGr. *paroikia,* diocese] **1.** a part of a diocese, under the charge of a priest or minister **2.** *a*) the members of a church congregation *b*) the area they live in **3.** a district of British local government **4.** in some provinces in Canada, a subdivision of a county

**parish clerk** an official appointed by a clergyman to perform certain duties in a parish

**parish council** a body elected to administer the affairs of a parish

**parishioner** (pə rish'ə nər) *n.* a member of a parish

**parish register** a book in which all the births, baptisms, marriages and deaths in a particular parish are recorded

**parity** (par'ə tē) *n., pl.* **-ties** [< L. *par,* equal] **1.** equality in power, value, etc. **2.** resemblance; similarity **3.** equivalence in value of a currency in terms of another country's currency

**park** (pärk) *n.* [< ML. *parricus*] **1.** a national park **2.** an area of public land for public recreation, usually with walks, playgrounds, etc. **3.** land with woods, lakes, etc., held as part of a private estate **4.** *Mil.* an area for storing and servicing vehicles, etc. —*vt.* **1.** to leave (a vehicle) in a certain place temporarily **2.** to manoeuvre (a vehicle) into a space for parking **3.** [Colloq.] to deposit in a certain place **4.** to enclose as in a park —**park oneself** [Colloq.] to sit down

**parka** (pär'kə) *n.* [Aleutian] a hip-length, hooded jacket

**parkin** (pär'kin) *n.* [< ?] a moist, spicy ginger cake

**parking meter** a coin-operated timing device at a parking space to show the length of time that a parked vehicle may occupy that space

**parking ticket** the notice of a fine incurred by a motorist in violation of parking laws

**Parkinson's disease** (pär'kin sənz) [< J. *Parkinson*] a brain disease characterized by a tremor and muscular rigidity

**Parkinson's Law** [< C. *Parkinson*] the idea, expressed facetiously as a law of economics, that work expands to fill the time allotted to it

**parkland** (pärk'land') *n.* **1.** an open expanse of grass with trees dotted about in it **2.** in the Prairie Provinces of Canada, the belt of land with rich soil lying between the open prairie and the northern forests

**parky** (pärk'ē) *adj.* **-ier, -iest** [Colloq.] chilly; cold: used esp. of the weather

**Parl.** **1.** Parliament **2.** Parliamentary

**parlance** (pär'ləns) *n.* [< OFr. *parler,* speak] a style of speaking or writing

**parley** (pär'lē) *vi.* [< Fr. *parler,* speak] to confer, esp. with an enemy —*n., pl.* **-leys** a conference; specif., with an enemy

**parliament** (pär'lə mənt) *n.* [see prec.] **1.** an official government council **2.** [**P-**] the national legislative body of Great Britain, composed of the House of Commons and the House of Lords **3.** [**P-**] a similar body in other countries

**parliamentarian** (pär'lə men tâər'ē ən) *n.* a person skilled in parliamentary rules or debate

**parliamentary** (pär'lə men'tə rē) *adj.* **1.** of, like, or established by a parliament **2.** conforming to the rules of a parliament **3.** governed by a parliament

**Parliamentary Private Secretary** a member of parliament who helps the head of a government department

**parlour** (pär'lər) *n.* [see PARLEY] **1.** a living room **2.** a small, semi-private room in a hotel, etc. **3.** [Chiefly U.S.] a business establishment *[a* billiard *parlour]* U.S. sp. **parlor**

**parlous** (pär'ləs) *adj.* [ME., contr. of *perilous*] [Chiefly Archaic] perilous; full of danger

**Parmesan (cheese)** (pär′mə zan′) [< *Parma*, in Italy] a hard, dry Italian cheese usually grated for sprinkling on spaghetti, etc.

**parochial** (pə rō′kē əl) ***adj.*** [see PARISH] **1.** of or in a parish **2.** narrow; provincial —**paro′chialism** ***n.***

**parody** (par′ə dē) ***n., pl.*** **-dies** [< Gr. *para-*, beside + *ōidē*, song] **1.** a literary or musical composition imitating the style of a writer or composer **2.** a weak imitation —***vt.*** **-died, -dying** to make a parody of —**par′odist** ***n.***

**parole** (pə rōl′) ***n.*** [< LL. *parabola*, parable] **1.** *a*) the release of a prisoner before his sentence has expired, on condition of future good behaviour *b*) the freedom thus granted **2.** the condition of being on parole **3.** word of honour —***vt.*** **-roled′, -rol′ing** to release on parole —**on parole** at liberty under conditions of parole

**parotid** (pə rot′ id) ***adj.*** [< Gr. *para-*, beside + *ous*, ear] designating or of either of the salivary glands below and in front of each ear

**parotitis** (par′ə tīt′ əs) ***n.*** [< prec. & -ITIS] mumps

**-parous** (pər əs) [< L.] *a combining form meaning* bringing forth, bearing *[viviparous]*

**paroxysm** (par′ək siz′m) ***n.*** [< Gr. *para-*, beyond + *oxys*, sharp] **1.** a sudden attack **2.** a sudden outburst of laughter, rage, etc. —**par′oxys′mal** (-siz′m′l) ***adj.***

**parquet** (pär′kā) ***n.*** [Fr. < MFr. *parc*, a park] a flooring of parquetry —***vt.*** **-queted** (-kād), **-queting** (-kā iŋ) to decorate the floor of (a room) with parquetry

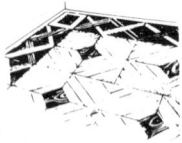

PARQUETRY

**parquetry** (pär′kə trē) ***n.*** inlaid woodwork in geometric forms: used esp. in flooring

**parr** (pär) ***n.*** [< ?] a young salmon

**parrakeet** (par′ə kēt′) ***n.*** *alt. sp. of* PARAKEET

**parricide** (par′ə sīd′) ***n.*** [Fr. < L. *parricida*, murderer of a relative] **1.** a person who murders his parent or another near relative **2.** the act of a parricide —**par′rici′dal** ***adj.***

**parrot** (par′ət) ***n.*** [Fr. dial. *perrot*] **1.** a bird with a hooked bill and brightly coloured feathers: some parrots can learn to imitate human speech **2.** a person who mechanically repeats the words or acts of others —***vt.*** to repeat, esp. without understanding

**parrot fever** *same as* PSITTACOSIS

**parry** (par′ē) ***vt.*** **-ried, -rying** [< L. *parare*, prepare] **1.** to ward off (a blow, etc.) **2.** to turn aside (a question, etc.) —***n., pl.*** **-ries** **1.** a warding off **2.** an evasive reply

**parse** (pärz) ***vt., vi.*** **parsed, pars′ing** [< L. *pars* (*orationis*), part (of speech)] [Now Rare] to separate (a sentence) into its parts, explaining the grammatical form, function, etc. of each part

**parsec** (pär′sek′) ***n.*** [PAR(ALLAX) + SEC(OND)] a unit of measure of astronomical distance

**Parsee, Parsi** (pär sē′) ***n.*** [Per., a Persian] a member of a Zoroastrian religious sect in India descended from Persian refugees —**Par′seeism, Par′siism** ***n.***

**parsimony** (pär′sə mə nē) ***n.*** [< L. *parcere*, spare] a tendency to be very careful in spending —**par′simo′nious** (-si mō′ nē əs) ***adj.*** —**par′simo′niously** ***adv.***

**parsley** (pärs′lē) ***n.*** [< Gr. *petros*, rock + *selinon*, celery] an umbelliferous plant with aromatic, curled leaves used to flavour or garnish some foods

**parsnip** (pär′snip) ***n.*** [< L. *pastinare*, dig up] **1.** an umbelliferous plant with a long, thick, sweet, white root used as a vegetable **2.** its root

**parson** (pär′s′n) ***n.*** [see PERSON] **1.** a clergyman in charge of a parish **2.** any clergyman

**parsonage** ***n.*** the dwelling provided by a church for the use of its parson

**parson's nose** the rump of a fowl

**part** (pärt) ***n.*** [< L. *pars*] **1.** a division or portion of a whole **2.** an essential, separable element *[radio parts]* **3.** a certain amount but not all **4.** a segment or organ as of the body **5.** a share assigned or given; specif., *a*) duty *[to do one's part]* *b*) [*usually pl.*] ability *[a man of parts]* *c*) a role in a play *d*) *Music* any voice or instrument in an ensemble, or the score for it **6.** a region; esp., [*usually pl.*] district **7.** one of the sides in a transaction, dispute, etc. —***vt.*** **1.** to break or hold apart **2.** to comb (the hair) so as to leave a parting **3.** to break or divide into parts —***vi.*** **1.** to separate and go different ways **2.** to cease associating **3.** to go away **4.** to break or divide into parts —***adj.*** partial —***adv.*** not fully; partly —**for one's part** as far as one is concerned —**for the most part** mostly —**in good part** good- naturedly —**in part** to some extent —**on the part of one** **1.** as far as one is concerned **2.** by or coming from one Also **on one's part** —**part and parcel** an essential part —**part with** to give up —**take someone's part** to side with someone

**part.** **1.** participial **2.** participle

**partake** (pär tāk′) ***vi.*** **-took′, -tak′en, -tak′ing** [< *part taker*] **1.** to take part (*in* an activity) **2.** to eat or drink, esp. with others (usually with *of*) **3.** to have some of the qualities (*of*) —**partak′er** ***n.***

**parterre** (pär tâər′) ***n.*** [Fr. < *par*, on + *terre*, earth] **1.** an ornamental garden area **2.** the pit of a theatre

**part exchange** a transaction in which used goods are taken as partial payment

**parthenogenesis** (pär′thə nō jen′ə sis) ***n.*** [< Gr. *parthenos,* virgin + *genesis,* origin] reproduction by the development of an unfertilized ovum, seed, or spore, as in certain insects, algae, etc.

**Parthian shot** (pär′thē ən) any hostile gesture made in leaving: Parthian cavalrymen shot at the enemy while retreating

**partial** (pär′shəl) ***adj.*** [< L. *pars,* part] **1.** favouring one person, faction, etc. more than another **2.** not complete —**partial to** fond of —**par′tial′ity** (-shē al′ə tē) —**par′tially** ***adv.***

**participant** (pär tis′ə pənt) ***n.*** one who participates

**participate** (pär tis′ə pāt′) ***vi.*** **-pat′ed, -pat′ing** [< L. *pars,* part + *capere,* to take] to have or take a share with others (*in* an activity, etc.) —**partic′ipa′tion** ***n.*** —**partic′ipa′tor** ***n.*** —**partic′ipatory** ***adj.***

**participle** (pär′tə sip′l) ***n.*** [< L. *pars,* part + *capere,* to take] a verbal form having the qualities of both verb and adjective [the *beaten* path, *raving* mad] —**par′ticip′ial** ***adj.***

**particle** (pär′ti k'l) ***n.*** [< L. *pars,* part] **1.** a tiny fragment or trace **2.** *Gram.* a short, uninflected part of speech, as an article, preposition, etc. **3.** *Physics* a piece of matter so small as to be considered without magnitude

**parti-coloured** (pär′tē kul′ərd) ***adj.*** [see PARTY] **1.** having different colours in different parts **2.** diversified

**particular** (pər tik′yoo lər) ***adj.*** [< L. *particula,* PARTICLE] **1.** of or belonging to a single person, group, or thing **2.** regarded separately; specific **3.** unusual **4.** hard to please; exacting —***n.*** **1.** a distinct fact, item, or instance **2.** [*pl.*] a detailed account —**in particular** especially

**particularity** (pər tik′yoo lar′ə tē) ***n., pl.*** **-ties** **1.** *a*) individuality *b*) attention to detail **2.** *a*) a peculiarity *b*) a minute detail

**particularize** (pər tik′yoo lə rīz′) ***vt.*** **-ized′, -iz′ing** to specify; itemize —***vi.*** to give particulars or details

**particularly** ***adv.*** **1.** especially **2.** specifically **3.** in detail

**parting** (pärt′iŋ) ***adj.*** **1.** given, spoken, etc. at parting **2.** departing **3.** dividing; separating —***n.*** **1.** the dividing line made by combing the hair in different directions **2.** a breaking or separating **3.** a leave-taking or departure

**partisan** (pärt′ə zan′) ***n.*** [< L. *pars,* PART] **1.** a strong supporter of a side, party, or person **2.** a guerrilla fighter —***adj.*** of or like a partisan Also sp. **par′tizan′**—**par′tisan′ship′** ***n.***

**partition** (pär tish′ən) ***n.*** [< L. *partitio*] **1.** division into parts **2.** something that divides, as a wall separating rooms **3.** a part or section —***vt.*** to divide into parts

**partitive** (pärt′ə tiv) ***adj.*** [see PART] **1.** making a division **2.** *Gram.* restricting to a part of a whole —***n.*** a partitive word

**partly** (pärt′lē) ***adv.*** in part; not fully

**partner** (pärt′nər) ***n.*** [< *parcener,* joint inheritor] one who takes part in an activity with another or others; specif., *a*) one of two or more persons heading the same business enterprise *b*) a husband or wife *c*) either of two persons dancing together *d*) either of two players on the same side or team —***vt.*** **1.** to join (others) together as partners **2.** to be a partner for

**partnership** ***n.*** **1.** the relationship of partners **2.** *a*) an association of partners in a business *b*) the contract for this

**part of speech** any of the traditional classes of words of a given language, variously based on form, function, meaning, etc.: in English, noun, verb, adjective, adverb, pronoun, preposition, conjunction, and interjection

**partook** (pär took′) *pt. of* PARTAKE

**partridge** (pär′trij) ***n.*** [< Gr. *perdix*] a quaillike game bird with an orange-brown head, greyish neck, and rust-coloured tail

**part song** a song for several voices singing in harmony, usually unaccompanied: also **part′-song′** ***n.***

**part-time** (pärt′tīm′) ***adj.*** of, or engaged in work, study, etc. for periods of less time than in a full schedule —**part′tim′er** ***n.***

**part time** as a part-time employee, student, etc.

**parturient** (pär tyoor′ē ənt) ***adj.*** [< L. *parturire,* to be in labour] **1.** giving birth or about to give birth to young **2.** of childbirth

**parturition** (pär′tyoo rish′ən) ***n.*** [< see prec.] a giving birth; childbirth

**partway** (pärt′wā′) ***adv.*** to some point, degree, etc.

**party** (pär′tē) ***n., pl.*** **-ties** [< L. *pars,* part] **1.** a gathering for social entertainment **2.** any group acting together to accomplish something [a surveying *party*] **3.** a group working to promote certain principles of government **4.** a participant in an action, plan, etc. (often with *to*) [a *party* to the plan] **5.** either of the persons concerned in a legal matter **6.** [Colloq.] a person —***adj.*** of, or for a party

**party line** **1.** a single circuit connecting two or more telephone users with the exchange **2.** the policies of a political party

**party wall** a wall separating and common to two buildings or properties

**par value** the value of a stock, bond, etc. fixed at the time of its issue; face value

**parvenu** (pär′və nyōō′) ***n.*** [Fr. < L. *parvenire,* arrive] a newly-rich person who is considered an upstart —***adj.*** like a parvenu

**pas** (pä) ***n., pl.*** **pas** (päz) [Fr. < L. *passus,* step] a step or series of steps in dancing: in ballet, a **pas de deux** is a dance for two

**Pasch** (pask) ***n.*** [< Heb. *pesach,* Passover] *same as:* **1.** PASSOVER **2.** EASTER —**pas′chal** (pas′k'l) ***adj.***

**pasha** (pä′shə) ***n.*** [Turk. *pasha*] formerly,

in Turkey, a title of honour placed after the name

**pas op** (pas′op) *interj.* [< Afrik.] [S Afr.] beware

**pasqueflower** (pask′flou′ər) *n.* [< MFr. *passer,* pass + *fleur,* flower] a kind of anemone with large, purple flowers

**pass**[1] (päs) *n.* [see PACE[1]] a narrow passage or opening, esp. between mountains; gap; defile

**pass**[2] *vi.* [< L. *passus,* a step] **1.** to go forward, through, or out **2.** to extend; lead **3.** to go or be conveyed from one place, condition, possession, etc. to another **4.** *a*) to cease *b*) to go away; depart **5.** to die (usually with *away, on*) **6.** to go by or past **7.** to elapse [an hour *passed*] **8.** to make a way (with *through* or *by*) **9.** to be accepted without question **10.** to be approved, as by a legislative body **11.** *a*) to go through an examination, etc. successfully *b*) to be barely acceptable as a substitute **12.** to take place; happen **13.** to give a judgment, sentence, etc. **14.** to be pronounced [the judgment *passed* against us] **15.** to decline a chance to bid, play, etc. **16.** *Sports* to make a pass of the ball, etc. —*vt.* **1.** to go by, beyond, past, over, or through; specif., *a*) to leave behind *b*) to undergo (usually with *through*) *c*) to go through (a test, course, etc.) successfully *d*) to surpass **2.** to cause or allow to go or move; specif., *a*) to guide into position [to *pass* a rope around a stake] *b*) to ratify, enact, or approve *c*) to spend (time) *d*) to excrete **3.** to make move from place to place or person to person; specif., *a*) to hand to another *b*) to put into circulation *c*) to throw or kick (a ball, etc.) from one player to another **4.** to give (an opinion or judgment) —*n.* **1.** an act of passing **2.** the successful completion of a course in university, etc. esp. without honours **3.** condition or situation [a strange *pass*] **4.** *a*) a ticket, etc. giving one free entry or exit, reduced fares, etc. *b*) *Mil.* a written leave of absence for a brief period **5.** a motion of the hands **6.** a tentative attempt **7.** [Slang] an over-familiar attempt to embrace or kiss **8.** *Sports* *a*) an intentional transfer of the ball, etc. to another player during play *b*) a thrust in fencing —**come** (or **bring**) **to pass** to (cause to) happen —**pass for** to be accepted or looked upon as [it *passes for* the real thing] —**pass off** **1.** to cease **2.** to take place **3.** to be or cause to be accepted as genuine, etc., esp. through deceit —**pass out** **1.** to faint **2.** to complete a course of military training **3.** to distribute —**pass over** to disregard; ignore —**pass up** [Colloq.] to refuse, or let go by, as an opportunity —**pass′er** *n.*

**passable** *adj.* **1.** adequate; fair **2.** that can be passed, travelled over, or crossed —**pass′ably** *adv.*

**passage** (pas′ij) *n.* [see PASS[2]] **1.** a way or means of passing; road, passageway etc. **2.** a portion of a book, etc. **3.** a journey, esp. by water **4.** passenger accommodation, esp. on a ship **5.** the act of passing; specif., *a*) migration *b*) transition *c*) the enactment of a law **6.** permission, right, or a chance to pass **7.** an interchange, as of blows or words

**passageway** *n.* a narrow way for passage, as a hall, corridor, or alley

**passbook** (päs′book′) *n.* a book recording deposits and withdrawals for a bank, building society, etc.

**pass degree** an ordinary degree awarded at a university, without honours

**passé** (pä′sā) *adj.* [Fr., past] **1.** out-of-date; old-fashioned **2.** rather old

**passenger** (pas′ən jər) *n.* [< OFr. *passage,* PASSAGE] **1.** a person travelling in a vehicle **2.** one who does not participate as fully as others in the work of a team

**passe-partout** (pas′pär tōō′) *n.* [Fr., passes everywhere] **1.** a picture mounting using gummed paper **2.** that which allows passage everywhere **3.** a passkey

**passer-by** (päs′ər bī′) *n., pl.* **pass′ers-by′** a person who passes by

**passerine** (pas′ə rīn′) *adj.* [< L. *passer,* a sparrow] of the order of perching songbirds to which many birds belong —*n.* a bird of this order

‡**passim** (pas′im) *adv.* [L.] in various parts (of a book, etc.)

**passing** (päs′iŋ) *adj.* **1.** going by, beyond, etc. **2.** momentary **3.** incidental —*n.* the act of one that passes; specif., death —**in passing** **1.** casually **2.** incidentally

**passion** (pash′ən) *n.* [< L. *pati,* suffer] **1.** any emotion, as hate, grief, love, etc. **2.** extreme emotion as rage, fury, enthusiasm, lust, etc. **3.** the object of strong desire or fondness **4.** [P-] the suffering of Jesus during the Crucifixion or after the Last Supper —**pas′sionless** *adj.*

**passionate** *adj.* **1.** readily aroused sexually **2.** intense; ardent **3.** having or showing strong emotions **4.** hot-tempered —**pas′sionately** *adv.*

**passionflower** *n.* [< supposed resemblance of parts of the flowers to crown of thorns] any of a number of tropical plants with variously coloured flowers and egglike fruit (**passion fruit**)

**Passion play** a religious play representing the Passion of Jesus

**passive** (pas′iv) *adj.* [< L. *pati,* suffer] **1.** inactive **2.** not resisting; submissive **3.** acted upon without acting in return **4.** *Gram.* denoting the voice of a verb whose subject receives the action —*n.* *Gram.* the passive voice —**pas′sively** *adv.* —**passivity** (pa siv′ə tē) *n.*

**passive resistance** opposition, as to a government, by nonviolent acts as fasting, public demonstrations, etc.

**passkey** (päs′kē′) *n.* **1.** *same as: a*) MASTER KEY *b*) SKELETON KEY **2.** any private key

**Passover** (päs′ō′vər) *n.* a Jewish holiday commemorating the ancient Hebrews' deliverance from slavery in Egypt

**passport** (päs′pôrt′) *n.* [< Fr. *passer,* pass & *port,* port] **1.** a government document issued to a citizen for travel abroad, certifying his identity and citizenship **2.** anything making a person accepted

**password** *n.* a secret word that must be uttered by someone wishing to pass a guard

**past** (päst) *rare pp. of* PASS[2] —*adj.* **1.** gone by; ended **2.** of a former time **3.** just gone by [the *past* week] **4.** having served formerly [a *past* chairman] **5.** *Gram.* indicating a time gone by —*n.* **1.** time gone by **2.** the history or former life of a person, group, etc. **3.** *Gram.* the past tense —*prep.* **1.** beyond in amount or degree **2.** beyond the extent, power, etc. of [*past* belief] —*adv.* to and beyond —**not put it past someone** to believe someone is not unlikely (to do a certain thing) —**past it** [Colloq.] incompetent because of age, etc.

**pasta** (pas'tə) *n.* [It.] **1.** dough made as of semolina and dried in the form of spaghetti, macaroni, etc. **2.** spaghetti, macaroni, etc. cooked in some way

**paste** (pāst) *n.* [< Gr. *pastē,* barley porridge] **1.** any soft, moist, smooth-textured substance [*toothpaste,* almond *paste*] **2.** a mixture of flour or starch, water, resin, etc., used as an adhesive **3.** dough for making rich pastry **4.** a hard, brilliant glass for making artificial gems **5.** the moistened clay used to make pottery —*vt.* **past'ed, past'ing** to fasten or make stick as with paste

**pasteboard** *n.* a stiff material made of layers of paper pasted together or of pressed paper pulp

**pastel** (pas't'l) *n.* [Fr. < LL. *pasta,* paste] **1.** a crayon of ground colouring matter **2.** a picture drawn with such crayons **3.** a soft, pale shade of any colour —*adj.* soft and pale: said of colours

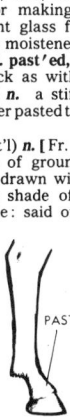


**pastern** (pas'tərn) *n.* [< MFr. *pasture,* tether] the part of a horse's foot between the fetlock and the hoof

**pasteurization** (pas'tərīzā'shən) *n.* a method of destroying bacteria in milk, etc. by heating the liquid to a specified temperature for a specified time

**pasteurize** (pas'tərīz) *vt.* **-ized', -iz'ing** [< Louis *Pasteur*] to subject (milk, etc.) to pasteurization —**pas'teuriz'er** *n.*

**pastiche** (pastēsh') *n.* [Fr.] **1.** an artistic composition made up of bits from various sources **2.** such a composition intended to imitate another artist's style

**pastille** (pas'təl) *n.* [< L. *pastillus,* lozenge] **1.** a lozenge containing medicine, flavouring, etc. **2.** a pellet of aromatic paste, burned for fumigating Also **pas'til**

**pastime** (päs'tīm') *n.* a way of spending spare time pleasantly

**past master** **1.** an expert **2.** a former master, as in a lodge or guild —**past mistress** *fem.*

**pastor** (päs'tər) *n.* [< L., a shepherd] a clergyman in charge of a congregation

**pastoral** *adj.* [< L. *pastor,* a shepherd] **1.** of rural life idealized as peaceful, simple, and natural **2.** of a pastor or his duties **3.** of shepherds or their work, etc. —*n.* **1.** a poem, play, etc. having an idealized pastoral setting **2.** a letter from a bishop to those in his charge —**pas'torally** *adv.*

**pastorale** (pas'tərä'lē) *n.* [It.] *Music* a composition suggesting rural scenes or life

**pastoralist** (päs'tərəlist) *n.* [Aust.] a rancher; grazier

**pastorate** *n.* **1.** the position, rank, or term of office of a pastor **2.** a group of pastors

**past participle** a participle used: *a*) to indicate completed action or a time or state gone by *b*) as an adjective (as *grown* in "a grown man")

**past perfect** **1.** a tense indicating an action as completed before a specified time in the past **2.** a verb form in this tense (Ex.: had gone)

**pastry** (pās'trē) *n., pl.* **-tries** [see PASTE] **1.** flour dough made with fat, for pie crust, etc. **2.** foods made with this

**pasturage** (päs'tyoorij) *n.* *same as* PASTURE

**pasture** (päs'chər) *n.* [< L. *pascere,* to feed] **1.** grass or other growing plants used as food by grazing animals **2.** ground suitable for grazing —*vt.* **-tured, -turing** to put (cattle, etc.) out to graze in a pasture —**put out to pasture** to cause to retire from work

**pasty**[1] (pās'tē) *adj.* **-ier, -iest** **1.** of or like paste **2.** unhealthy-looking [*pasty-faced*] —**past'iness** *n.*

**pasty**[2] (pas'tē) *n., pl.* **pas'ties** [< PASTE] pastry folded over a filling, often of meat and potatoes

**pat**[1] (pat) *adj.* [prob. < ff.] **1.** apt; timely **2.** exactly suitable **3.** so glibly plausible as to seem contrived —*adv.* in a pat manner —**have (down) pat** [Colloq.] to know or have memorized thoroughly —**stand pat** to stick to an opinion, etc.

**pat**[2] *n.* [prob. echoic] **1.** a gentle tap or stroke with a flat surface **2.** the sound made by this **3.** a small lump, as of butter —*vt.* **pat'ted, pat'ting** **1.** to tap or stroke gently with the hand or a flat surface **2.** to shape, apply, etc. by patting

**pat.** **1.** patent **2.** patented

**patch** (pach) *n.* [prob. < OFr. *pieche,* PIECE] **1.** a piece of material to cover or mend a hole or to strengthen a weak spot **2.** a dressing for a wound **3.** a shield worn over an injured eye **4.** a differing part of a surface area [*patches* of blue sky] **5.** a small plot of ground **6.** a scrap; remnant **7.** [Colloq.] the area patrolled by a policeman **8.** [Colloq.]

a stage; period, etc. *[a bad patch]* —*vt.* **1.** to put a patch on **2.** to put together crudely (often with *up* or *together*) **3.** *Electronics* to connect electrical circuits temporarily —**not a patch on** not nearly as good as —**patch up** to end or settle (differences, a quarrel, etc.) —**patch'er** *n.*

**patchwork** *n.* **1.** anything made of odd, miscellaneous parts **2.** needlework, as a quilt, made of odd patches of cloth

**patchy** *adj.* **1.** irregular in quality, occurrence, etc. **2.** having patches

**pate** (pāt) *n.* [< ?] [Archaic Colloq.] **1.** the head **2.** the brain

**pâté** (pa′tā) *n.* [Fr.] **1.** a meat paste **2.** a pie

**pâté de foie gras** (pa tā′də fwä′grä′) [Fr.] a paste made of the livers of fattened geese

**patella** (pə tel′ə) *n., pl.* **-las, -lae** (-ē) [L., a pan] kneecap —**patel′lar** *adj.*

**paten** (pat′′n) *n.* [see prec.] a metal plate, esp. for the Eucharistic bread

**patent** (pāt′′nt) *adj.* [< L. *patere,* be open] **1.** open to public inspection **2.** obvious; evident *[a patent lie]* **3.** *a)* protected by a patent *b)* of or having to do with patents *c)* made or sold under a patent —*n.* **1.** an official document granting the exclusive right to produce or sell an invention, process, etc. **2.** *a)* the right so granted *b)* the thing so protected —*vt.* **1.** to grant a patent to or for **2.** to get a patent for —**pat′entee′** *n.* —**pat′entor** *n.*

**patent leather** leather with a hard, glossy finish

**patent medicine** a trademarked medical preparation obtainable without a prescription

**patent office** the government office which grants letters patent

**pater** (pāt′ər) *n.* [L.] [Colloq.] father

**paternal** (pə tur′n′l) *adj.* [< L. *pater,* father] **1.** of or like a father **2.** inherited from a father **3.** on the father's side of the family —**pater′nally** *adv.*

**paternity** *n.* **1.** the state of being a father **2.** male parentage **3.** origin in general

**paternoster** (pat′ər nos′tər) *n.* [L., our father] the Lord's Prayer, esp. in Latin

**path** (päth) *n.* [OE. *pæth*] **1.** a way worn by footsteps **2.** a walk for use by people on foot **3.** a course along which something moves **4.** a course of conduct

**pathetic** (pə thet′ik) *adj.* [< Gr. *pathos,* suffering] **1.** arousing pity, sympathy, etc.; pitiful **2.** pitifully unsuccessful, etc. —**pathet′ically** *adv.*

**pathetic fallacy** the ascribing of human feelings, etc. to nonhuman things (Ex.: the angry sea)

**-pathic** (path′ik) *a combining form used to form adjectives from nouns ending in* -PATHY

**pathology** (pə thol′ə jē) *n., pl.* **-gies** [< < Gr.: see ff. & -LOGY] **1.** the branch of medicine dealing with the nature of disease, esp. with the structural and functional changes **2.** all the symptoms of a particular disease —**pathologica** (path′ə loj′i k′l) *adj.* —**pathol′ogist** *n.*

**pathos** (pā′thos) *n.* [Gr., suffering] th quality in something experienced o observed which arouses feelings of pity sorrow, sympathy, or compassion

**pathway** (päth′wā′) *n.* *same as* PATH

**-pathy** (pə thē) [< Gr. *pathos,* suffering *a combining form meaning:* **1.** feelin *[antipathy]* **2.** disease *[osteopathy]*

**patience** (pā′shəns) *n.* [< L. *pati,* suffer **1.** the state, quality, or fact of being patier **2.** any of many card games, played b one person

**patient** *adj.* [< L. *pati,* suffer] **1.** endurin pain, trouble, etc. without complaint **2** calmly tolerating insult, delay, confusior etc. **3.** showing calm endurance *[a patien* face*]* **4.** diligent; persevering —*n.* person receiving medical care —**pa′tientl** *adv.*

**patina** (pat′in ə) *n.* [Fr. < It.] **1.** a fin greenish crust formed by oxidation o bronze or copper **2.** any surface chang due to age, as on old wood

**patio** (pat′ē ō′) *n., pl.* **-tios′** [Sp.] **1.** courtyard open to the sky, as in Spanis and Spanish-American architecture **2.** paved area, as one next to a house, fo outdoor lounging, dining, etc.

**patois** (pat′wä) *n., pl.* **-ois** (-wäz) [Fr. **1.** a form of a language differing fror the accepted standard, as a local dialec **2.** jargon

**pat. pend.** patent pending

**patrial** (pā′trē əl) *n.* [< L. *patria,* nativ land] a person who has the right o residence in a given country because hi parents or grandparents were born ther

**patriarch** (pā′trē ärk′) *n.* [< Gr. *patēr* father + *archein,* to rule] **1.** the fathe and ruler of a family or tribe: in th Bible, Abraham, Isaac, Jacob, and Jacob' sons were patriarchs **2.** a man of grea age and dignity **3.** [*often* **P-**] *a) R.C.Ch* the Pope or any of certain Eastern bishop *b) Orthodox Eastern Ch.* the highest ranking bishop at Constantinople, Jeru salem, Moscow, etc. —**pa′triar′chal** *adj*

**patriarchate** *n.* the position, rank, etc of a patriarch

**patriarchy** *n., pl.* **-chies** a form of socia organization in which the father is th head of the family, descent being trace through the male line

**patrician** (pə trish′ən) *n.* [< L. *pater* father] **1.** in ancient Rome, a membe of the nobility **2.** an aristocrat —*adj* **1.** of or characteristic of patricians **2.** noble

**patricide** (pat′rə sīd′) *n.* [see PARRICIDE **1.** the act of killing one's father **2.** on who kills his father

**patrimony** (pat′rə mə nē) *n., pl.* **-nies** [< L. *pater,* father] **1.** property inherite from one's father or ancestors **2.** anything inherited; heritage —**pat′rimo′nial** (-mō′ nē əl) *adj.*

**patriot** (pat′rē ət) *n.* [< Fr. < Gr. *patris* fatherland] a person who loves an zealously supports his own country —**pa′**

**triot'ic·** (-ot'ik) *adj.* **—pa'triot'ically** *adv.* **—pa'triotism** *n.*

**patrol** (pə trōl') *vt., vi.* **-trolled', -trol'ling** [< OFr. *patouiller,* paddle] to make a regular, repeated circuit of, in guarding **—*n.*** **1.** a patrolling **2.** a person or group patrolling **3.** a group of ships, aircraft, etc. used in patrolling **4.** a subdivision of a troop of Boy Scouts or Girl Guides

**patron** (pā'trən) ***n.*** [< L. *pater,* father] **1.** a protector; benefactor **2.** one who sponsors and supports some person, activity, etc. **3.** a regular customer **—pa'troness** ***n.fem.***

**patronage** (pa'trən ij) ***n.*** **1.** support, sponsorship, etc. given by a patron **2.** condescension **3.** *a*) clientele; customers *b*) business; trade **4.** *a*) the power to appoint to office or grant political favours *b*) the offices, etc. thus distributed **5.** the legal right to present a clergyman to an Anglican benefice

**patronize** ***vt.*** **-ized', -iz'ing** **1.** to treat kindly but as an inferior **2.** to sponsor; support **3.** to be a regular customer of (a shop, etc.)

**patronizing** ***adj.*** condescending

**patron saint** a saint looked upon as the special guardian of a person, place, institution, etc.

**patronymic** (pat'rə nim'ik) ***n.*** [< Gr. *patēr,* father + *onyma,* name] a name showing descent from a given person (e.g., *Stevenson,* son of Steven)

**patter**[1] (pat'ər) ***vi.*** [< PAT[2]] to make, or move so as to make, a patter **—*n.*** a series of quick, light taps

**patter**[2] ***vt., vi.*** [< PATERNOSTER] to speak rapidly or glibly **—*n.*** **1.** glib, rapid speech, as of salesmen, comedians, etc. **2.** language peculiar to a group, class, etc.

**pattern** (pat'ərn) ***n.*** [< OFr. *patron,* patron] **1.** a design *[*wallpaper *patterns]* **2.** a model, plan, etc. used in making things **3.** a regular way of acting *[*behaviour *patterns]* **4.** a person or thing worthy of imitation **5.** a sample **—*vt.*** to make, do, or plan in imitation of a model or pattern (with *on, upon,* or *after*)

**patty** (pat'ē) ***n., pl.*** **-ties** [Fr. *pâté,* pie] **1.** a small pie **2.** [U.S.] a small, flat cake of minced meat, etc.

**paucity** (pô'sə tē) ***n.*** [< L. *paucus,* few] **1.** fewness; small number **2.** scarcity; insufficiency

**Pauline** (pôl'in) ***adj.*** of the Apostle Paul, his writings, or doctrines

**paunch** (pônch) ***n.*** [< L. *pantex,* belly] the abdomen, or belly; esp., a potbelly **—paunch'y** ***adj.***

**pauper** (pô'pər) ***n.*** [L.] **1.** an extremely poor person **2.** one who lives on charity **—pau'perism** ***n.***

**pause** (pôz) ***n.*** [< Gr. *pauein,* to stop] **1.** a temporary stop or rest **2.** hesitation; delay **3.** *Music* a mark over a note showing that it is lengthened **—*vi.*** **paused, paus'ing** **1.** to make a pause; stop; hesitate **2.** to linger (*on* or *upon*) **—give one pause** to make one hesitant

**pavane** (pav'ən) ***n.*** [< It. *Pavana,* Paduan (dance)] **1.** a slow, stately court dance performed by couples **2.** the music for this Also **pavan**

**pave** (pāv) ***vt.*** **paved, pav'ing** [< L. *pavire,* beat] to cover the surface of (a road, etc.), as with concrete, asphalt, etc. **—pave the way (for)** to prepare the way (for) **—pav'er** ***n.***

**pavement** (pāv'mənt) ***n.*** a paved surface, as of concrete, brick, etc.; specif., a paved path for pedestrians

**pavilion** (pə vil'yən) ***n.*** [< L. *papilio,* tent] **1.** a building attached to a sports ground in which players change, etc. **2.** a building, often partly open, for exhibits, etc., as at a fair or park **3.** a large tent, usually with a peaked top

**paving** (pā'viŋ) ***n.*** **1.** a pavement **2.** material for a pavement

**paw** (pô) ***n.*** [< OFr. *poue*] **1.** the foot of a four-footed animal having claws **2.** [Colloq.] a hand **—*vt., vi.*** **1.** to touch, dig, strike, etc. with the paws or feet **2.** to handle clumsily or overintimately

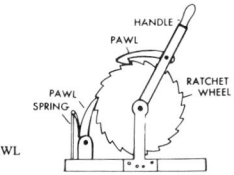


**pawl** (pôl) ***n.*** [akin ? to Du. *pal,* pole] a device as a hinged tongue which engages the notches of a ratchet wheel, preventing backward motion

**pawn**[1] (pôn) ***n.*** [< MFr. *pan*] **1.** anything given as security, as for a debt; pledge **2.** the state of being pledged **—*vt.*** **1.** to put in pawn **2.** to stake or risk

**pawn**[2] ***n.*** [< ML. *pedo,* foot soldier] **1.** a chessman of the lowest value **2.** one used to advance another's purposes

**pawnbroker** ***n.*** one who lends money at interest on personal belongings left with him as security **—pawn'bro'king** ***n.***

**pawnshop** ***n.*** a pawnbroker's shop

**pawpaw** (pô'pô') ***n.*** *same as* PAPAW

**pax** (paks) ***n.*** [< L., peace] the kiss of peace **—*interj.*** [Slang] a call signalling a desire for an end to hostilities

**pay** (pā) ***vt.*** **paid, pay'ing** [< L. *pacare,* pacify] **1.** to give to (a person) what is due, as for goods or services **2.** to give (what is due) in return, as for goods or services **3.** to settle (a debt, etc.) **4.** *a*) to give (a compliment, etc.) *b*) to make (a visit, etc.) **5.** to yield *[*this job *pays* £50*]* **6.** to be profitable to *[*it will *pay* him to listen*]* **—*vi.*** **1.** to give due compensation **2.** to be profitable **—*n.*** **1.** a paying or being paid **2.** money paid; esp., wages or salary **—in the pay of** employed by **—pay back** **1.** to repay **2.** to get even with **—pay for** **1.** to undergo punishment because of **2.** to atone for

—**pay off** 1. to pay all that is owed 2. to turn out to be profitable —**pay out** 1. to give out (money, etc.) 2. to let out a rope, cable, etc. gradually —**pay up** to pay in full —**pay'er** *n.*

**payable** *adj.* 1. that can be paid 2. that is to be paid (*on* a specified date); due

**pay-as-you-earn** a system by which income tax is paid by employers directly to the government: also **P.A.Y.E.**

**pay-bed** *n.* a hospital bed whose occupant is not treated under the National Health Service

**paycheque** *n.* a cheque in payment of wages, etc.

**payee** (pāē') *n.* the person to whom a cheque, note, money, etc. is payable

**paying guest** *same as* LODGER: also **P.G.**

**payload** *n.* 1. a cargo, or the part of a cargo, producing income: also **pay load** 2. the warhead of a ballistic missile, etc.

**paymaster** *n.* the official in charge of paying employees

**Paymaster General** the government official appointed to make payments on behalf of various government departments

**payment** *n.* 1. a paying or being paid 2. something paid 3. penalty or reward

**payoff** *n.* 1. payment, settlement, or reckoning 2. [Colloq.] a bribe 3. [Colloq.] an unexpected climax

**payola** (pāō'lə) *n.* [Slang] the paying of bribes for commercial advantage, as to a disc jockey for promoting a song unfairly

**pay packet** 1. the envelope containing an employee's wages 2. the wages themselves

**payroll** *n.* a list of employees to be paid, with the amount due to each

**Pb** [L. *plumbum*] *Chem.* lead

**P.C.** 1. Police Constable 2. Privy Councillor 3. [Canad.] Progressive Conservative

**p.c.** 1. percent: also **pct.** 2. postcard

**Pd** *Chem.* palladium

**pd.** paid

**P.D.S.A.** People's Dispensary for Sick Animals

**P.D.T.** [U.S. & Canad.] Pacific Daylight Time

**P.E.** Physical Education

**pea** (pē) *n., pl.* **peas,** archaic **pease** [< ME. *pese,* a pea, taken as pl.: ult. < Gr. *pison*] 1. a climbing plant with green seedpods 2. its small, round seed, eaten as a vegetable —**as like as two peas (in a pod)** exactly alike

**peace** (pēs) *n.* [< L. *pax*] 1. freedom from war 2. a treaty or agreement to end war 3. freedom from public disturbance 4. harmony; concord 5. serenity; calm; quiet —**at peace** free from war, conflict, etc. —**hold** (or **keep**) **one's peace** to be silent —**keep the peace** to maintain law and order —**make peace** to end hostilities

**peaceable** *adj.* 1. fond of or promoting peace 2. peaceful —**peace'ably** *adv.*

**peaceful** *adj.* 1. not quarrelsome 2. free from disturbance; calm 3. of or characteristic of a time of peace —**peace'fully** *adv.*

**peacemaker** *n.* a person who makes peace, as by settling the quarrels of others —**peace'mak'ing** *n., adj.*

**peace offering** [Heb. *shelem,* thank-offering] 1. an offering made to bring about peace 2. an offering in thanksgiving to God

**peace pipe** *same as* CALUMET

**peacetime** *n.* a time of peace

**peach**[1] (pēch) *n.* [< L. *Persicum* (*malum*), Persian (apple)] 1. a tree with round, juicy, orange-yellow fruit with a fuzzy skin 2. its fruit 3. the colour of this fruit 4. [Slang] any person or thing well liked

**peach**[2] *vi.* [< IMPEACH] [Old Slang] to inform against another

**peach brandy** [S Afr.] a coarse brandy made from fermented peaches

**peachy** *adj.* **-ier, -iest** peachlike, as in colour or texture

**peacock** (pē'kok') *n.* [< L. *pavo,* peacock] the male of a species of peafowls, with a long showy tail which can be spread out like a fan —**pea'hen'** *n.fem.*

**pea green** a light yellowish green

**pea jacket** [< Du. *pijjekker*] a hip-length, heavy woollen coat worn by seamen

**peak**[1] (pēk) *n.* [var. of *pike* (summit)] 1. a pointed end or top, as of a cap, roof, etc. 2. *a*) the summit of a mountain ending in a point *b*) a mountain with such a summit 3. the highest point or degree —*adj.* maximum [*peak production*] —*vt., vi.* to come or cause to come to a peak

**peak**[2] *vi.* [< ?] to become sickly; waste away; droop

**peaked** (pēkt) *adj.* 1. pointed 2. *same as* PEAKY

**peak hour** the time at which a maximum occurs, either in the amount of traffic or the demand for gas, electricity, etc.

**peak load** the maximum demand for electricity in a power station

**peaky** *adj.* **-ier, -iest** [< PEAK[2]] thin; sickly

**peal** (pēl) *n.* [< ME. *apele,* appeal] 1. the loud ringing of a bell or bells 2. a set of bells 3. any loud, prolonged sound, as of laughter —*vt., vi.* to resound; ring

PEANUT PLANT

**peanut** (pē′nut′) *n.* **1.** a trailing plant with brittle pods ripening underground and containing edible seeds **2.** the pod or its seed **3.** [*pl.*] [Slang] a trifling sum

**pear** (pāər) *n.* [< L. *pirum*] **1.** a tree with soft, juicy fruit **2.** its fruit with a narrow top and rounded base

**pearl** (pərl) *n.* [ult. < L. *perna,* a sea mussel] **1.** a smooth, hard, usually white or bluish-grey, roundish growth formed around a foreign body within the shell of some oysters and other molluscs: it is used as a gem **2.** *same as* MOTHER-OF-PEARL **3.** anything pearllike in size, beauty, etc. —*vt.* **1.** to decorate with pearls **2.** to make round, esp. barley, etc. —*vi.* to fish for pearl-bearing molluscs —*adj.* **1.** of or having pearls **2.** like a pearl in shape or colour —**pearl′er** *n.* —**pearl′iness** *n.* —**pearl′y** *adj.*

**pearl barley** barley seed rubbed down into small, round grains, used esp. in soups and stews: also **pearled barley**

**pearl diver** (or **fisher**) a person who dives for pearl-bearing molluscs

**pearl grey** a pale, bluish grey

**Pearly Gates** [Colloq.] the gates of heaven: cf. Rev. 21:21

**pearly king** the London costermonger whose ceremonial clothes display many pearl buttons —**pearly queen**

**peasant** (pez′′nt) *n.* [< LL. *pagus,* district] any person of the class of small farmers or of farm labourers, as in Europe or Asia

**peasantry** *n.* peasants collectively

**pease** (pēz) *n.* **1.** *pl.* **peas′es, peas′en** [Obs.] a pea **2.** *archaic pl. of* PEA

**peasecod, peascod** (pēz′kod′) *n.* [Archaic] the pod of the pea plant

**pease pudding** a dish of boiled split peas

**peasouper** (pē′sōōp′ər) *n.* **1.** [Colloq.] a very thick fog **2.** [Canad. Derog.] a French Canadian

**peat** (pēt) *n.* [< ML. *peta,* piece of turf] **1.** partly decayed plant matter found in ancient bogs **2.** a dried block of this used as fuel —**peat′y** *adj.*

**peat bog** marshland whose foundation is peat

**peat moss** **1.** *same as* SPHAGNUM **2.** peat composed of residues of mosses, used as a mulch

**pebble** (peb′′l) *n.* [< OE. *papol(stan),* pebble (stone)] a small stone worn smooth and round, as by the action of water —**peb′bly** *adj.*

**pebble dash** a mortar containing pebbles used for surfacing exterior walls

**peccadillo** (pek′ə dil′ō) *n., pl.* **-loes, -los** [< Sp. < L. *peccare,* to sin] a slight fault

**peccary** (pek′ər ē) *n.* [< AmSp. name] a greyish, piglike animal of N and S America

**peck**[1] (pek) *vt.* [< ME. *picken,* pick] **1.** to strike with a pointed object, as a beak **2.** to make by doing this **3.** to pick up or get by pecking —*vi.* to make strokes as with a beak —*n.* **1.** a stroke so made, as with the beak **2.** a mark made, as by pecking **3.** [Colloq.] a quick kiss —**peck at** [Colloq.] to eat very little of

**peck**[2] *n.* [< OFr. *pek*] **1.** a unit of dry measure equal to 1/4 bushel, eight quarts or 9.09 litres **2.** [Colloq.] a large amount

**pecker** *n.* in **keep one's pecker up** [Colloq.] do not become depressed or discouraged

**peckish** *adj.* [Colloq.] somewhat hungry

**pectin** (pek′tin) *n.* [< Gr. *pēktos,* congealed] a water-soluble carbohydrate obtained from certain ripe fruits, which yields a gel that is the basis of jams

**pectoral** (pek′tər əl) *adj.* [< L. *pectus,* breast] **1.** of or located in or on the breast or chest **2.** worn on the chest or breast —*n.* a pectoral fin or muscle

**pectoral fin** either of a pair of fins just behind the head of a fish

**peculate** (pek′yoo lāt′) *vt., vi.* **-lat′ed, -lat′ing** [< L. *peculari*] to embezzle (money, etc.) —**pec′ula′tion** *n.* —**pec′ula′tor** *n.*

**peculiar** (pi kyōōl′ē ər) *adj.* [< L. *peculium,* private property] **1.** odd; strange **2.** particular; special **3.** of only one person, thing, group, etc. —**pecul′iarly** *adv.*

**peculiarity** (pi kyōō′lē ar′ə tē) *n.* **1.** a being peculiar **2.** *pl.* **-ties** something that is peculiar, as a trait

**pecuniary** (pi kyōō′nē ər ē) *adj.* [< L. *pecunia,* money] **1.** of or involving money **2.** involving a money penalty, or fine —**pecu′niarily** *adv.*

**pedagogue** (ped′ə gog′) *n.* [< Gr. *pais* child + *agein,* to lead] a teacher; often specif., a pedantic teacher

**pedagogy** (ped′ə goj′ē) *n.* the art or science of teaching; esp., instruction in teaching methods —**ped′agog′ic, ped′agog′ical** *adj.*

**pedal** (ped′′l) *n.* [< L. *pes,* foot] a lever operated by the foot to transmit motion, as in a bicycle, or to change the volume of an organ, etc. —*adj.* of the foot or feet —*vt., vi.* **-alled, -alling** to operate by a pedal or pedals

**pedalo** (ped′ə lō′) *n., pl.* **-os** a small watercraft with a paddle wheel propelled by foot pedals

**pedant** (ped′ənt) *n.* [see PEDAGOGUE] **1.** a person who emphasizes trivial points of learning **2.** a narrow-minded teacher who insists on exact adherence to rules —**pedantic** (pi dan′tik) *adj.* —**pedan′tically** *adv.*

**pedantry** (ped′ən trē) *n., pl.* **-ries** **1.** the qualities, practices, etc. of a pedant **2.** adherence to rules

**peddle** (ped′′l) *vi.* **-dled, -dling** [< ? ME. *ped,* basket] to go from place to place selling small articles —*vt.* to carry from place to place and offer for sale

**-pede** (pēd) [< L.] *a combining form meaning* foot or feet *[centipede]*

**pederasty** (ped′ə ras′tē) *n.* [< Gr. *pais,* boy + *eran,* to love] sodomy between males, esp. by a man with a boy: also sp. **paed′eras′ty** —**ped′erast′, paed′erast′** *n.*

**pedestal** (ped′is t′l) *n.* [< It. *piè,* a foot + *di,* of + *stal,* a rest] **1.** the bottom support of a column, statue, etc. **2.** any foundation

**pedestrian** (pi des′trē ən) *adj.* [< L. *pes,* foot] **1.** going or done on foot **2.** of or for pedestrians **3.** prosaic; dull —*n.* one who goes on foot —**pedes′trianism** *n.*

**pedestrian crossing** a path across a road marked as a crossing for pedestrians

**pedestrianize** *vt.* **-ized′, -iz′ing** to convert a street, etc., into an area solely for the use of pedestrians —**pedes′trianiza′tion** *n.*

**pedi-** [< L.] *a combining form meaning* foot or feet *[pedicure]*

**pediculosis** (pi dik′yoo lō′sis) *n.* [< L. *pedis,* louse + -OSIS] infestation with lice —**pedic′ulous** *adj.*

**pedicure** (ped′i kyoor′) *n.* [< Fr. < L. *pes,* foot + *cura,* care] **1.** a trimming, polishing, etc. of the toenails **2.** treatment of corns, bunions, etc.

**pedigree** (ped′ə grē′) *n.* [< MFr. *piè de grue,* crane's foot: from the lines in the genealogical tree] **1.** a recorded line of descent, esp. of a purebred animal **2.** a family tree **3.** descent; lineage —**ped′igreed′** *adj.*

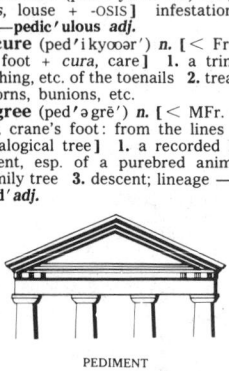

PEDIMENT

**pediment** (ped′i mənt) *n.* [< earlier *periment,* prob. < PYRAMID] **1.** a low-pitched gable on the front of some buildings **2.** any similar triangular piece, as over a doorway, etc. —**ped′imen′ted** *adj.*

**pedlar** (ped′lər) *n.* one who peddles; hawker

**pedo-** [< Gr. *pais,* a child] *same as* PAEDO-

**pedometer** (pi dom′i tər) *n.* [< L. *pes,* foot + Gr. *metron,* measure] an instrument which measures the distance covered in walking by recording the number of steps

**peduncle** (pi duŋ′k'l) *n.* [< L. *pes,* foot] **1.** *Anat., Med., Zool.* a stalklike part **2.** *Bot.* a stalk of a flower cluster or solitary flower —**pedun′cular** *adj.*

**pee** (pē) *vi., vt.* [orig. euphemistic use of P(ISS)] [Colloq.] to urinate —*n.* [Colloq.] **1.** urine **2.** the act of urinating

**peek** (pēk) *vi.* [< ?] to glance or look quickly and furtively, as through an opening —*n.* such a glance

**peel**[1] (pēl) *vt.* [< L. *pilare,* to make bald] to cut away or strip off (the rind, skin, etc.) —*vi.* **1.** to shed skin, bark, etc. **2.** to come off in layers or flakes, as old paint **3.** [Slang] to undress —*n.* the rind or skin of fruit

**peel**[2] *n.* [< OFr. a fort, stake] *Hist.* a fortified tower of a type built on the Scottish border

**peeling** *n.* a peeled-off strip, as of apple skin

**peen** (pēn) *n.* [prob. < Scand.] the part of certain hammer heads opposite to the flat striking surface

**peep**[1] (pēp) *vi.* [echoic] to make the short, high-pitched cry of a young bird —*n.* a short, high-pitched sound

**peep**[2] *vi.* [? akin to ME. *piken,* peek] **1.** to look through a small opening or from a place of hiding **2.** to appear gradually or partially —*n.* **1.** a brief look; furtive glimpse **2.** the first appearance, as of dawn

**peepers** *n.* [Slang] the eyes

**peeping Tom** [< the tailor who peeped at Lady Godiva] a person who gets sexual pleasure from furtively watching others undressing, etc.

**peep show** a pictured scene or group of objects, as in a box, viewed through a small opening

**peer**[1] (pēər) *n.* [< L. *par,* an equal] **1.** one that has the same rank, etc. as another; specif., an equal before the law **2.** a noble; esp., a British duke, earl, etc. —**peer of the realm** a peer in the House of Lords —**peer′ess** *n.fem.*

**peer**[2] *vi.* [< ? APPEAR] **1.** to look closely, as in trying to see more clearly **2.** to come partly into sight

**peerage** *n.* **1.** all the peers of a country **2.** the rank of a peer **3.** a list of peers

**peer group** a group of people of about the same age and status

**peerless** *adj.* without equal; unrivalled

**peeve** (pēv) *vt.* **peeved, peev′ing** [< ff.] [Colloq.] to irritate; vex; annoy —*n.* [Colloq.] **1.** an object of annoyance **2.** a peevish state

**peevish** *adj.* [< ?] irritable; fretful —**pee′vishly** *adv.* —**pee′vishness** *n.*

**peewit** (pē′wit) *n.* [echoic] *same as* LAPWING

**peg** (peg) *n.* [? < LowG.] **1.** a short pin or bolt used to hold parts together, hang things on, fasten ropes to, etc. **2.** a step or degree **3.** any of the pins that regulate the tension of the strings of a violin, etc. **4.** a point of reference, esp. an excuse or reason **5.** *short for* CLOTHESPEG **6.** a small drink of spirits —*vt.* **pegged, peg′ging** **1.** to put a peg or pegs into so as to fasten, mark, etc. **2.** to maintain (prices, etc.) at a fixed level **3.** [U.S. Colloq.] to categorize *[pegged* him as a scholar*]* —*vi.* to keep score with pegs, as in cribbage —**peg away (at)** to work steadily (at) —**round peg in a square hole** one in a position, etc. for which he is unfitted: also **square peg in a round hole** —**take down a peg** to lower the pride of

**Pegasus** (peg′ə səs) [< *Pegasus,* in Gr. mythology] a large northern constellation

**pegboard** (peg′bôrd′) *n.* **1.** a board with holes in it for inserting pegs for cribbage **2.** a board with rows of holes for hooks to hold displays, tools, etc.

**peg leg** [Colloq.] **1.** a wooden leg **2.** a person with a wooden leg

**P.E.I.** Prince Edward Island

**peignoir** (pān′wär) *n.* [Fr. < L. *pecten,* comb] a négligé

**pejorative** (pi jor′ə tiv, pēj′ə rə tiv) *adj.* [< L. *pejor,* worse] disparaging or derogatory —*n.* a pejorative word

**peke** (pēk) *n. short for* PEKINGESE

**Pekingese** (pē′kə nēz′) *n., pl.* **Pekingese** a small dog with long, silky hair, short legs, and a pug nose: also **Pe′kinese′**

**Peking man** (pē′kiŋ) a type of early man known from fossil remains found near Peking

**pekoe** (pē′kō) *n.* [< Chin. *pek-ho,* white down (on the young leaves used)] a black, small-leaved tea

**pelargonium** (pel′ər gō′nē əm) *n.* [< Gr. *pelargos,* stork] a plant with showy flowers

**pelf** (pelf) *n.* [akin to MFr. *pelfre,* booty] wealth regarded with contempt

**pelican** (pel′i kən) *n.* [< Gr. *pelekan*] a large water bird with webbed feet and an expandable pouch in the lower bill for scooping up fish

**pelican crossing** a type of road crossing with pedestrian-operated traffic lights

**pelisse** (pe lēs′) *n.* [Fr. < L. *pellis,* a skin] a long cloak or outer coat, esp. one lined with fur

**pellagra** (pə lā′grə) *n.* [It. < *pelle,* skin + Gr. *agra,* seizure] a deficiency disease, characterized by skin eruptions

**pellet** (pel′it) *n.* [< L. *pila,* a ball] **1.** a little ball, as of clay, paper, medicine, compressed food, etc. **2.** a small lead shot

**pell-mell, pellmell** (pel′mel′) *adv., adj.* [< OFr. *mesler,* to mix] **1.** in a jumbled, confused mass or manner **2.** in reckless haste

**pellucid** (pe lyōō′sid) *adj.* [< L. *per,* through + *lucere,* shine] **1.** transparent or translucent **2.** clear and simple in style

**pelmet** (pel′mit) *n.* [? < Fr. *palmette,* a palm-leaf ornament] a board for concealing curtain fixtures

**pelt**[1] (pelt) *vt.* [? < L. *pillare,* drive] **1.** to throw things at **2.** to beat repeatedly —*vi.* **1.** to strike heavily or steadily, as hard rain **2.** to hurry —*n.* a blow —**(at) full pelt** at full speed

**pelt**[2] *n.* [< ? L. *pellis,* skin] **1.** the skin of a fur-bearing animal **2.** the human skin: a humorous usage

**pelvis** (pel′vis) *n., pl.* **-vises, -ves** (-vēz) [< L., a basin] *Anat., Zool.* **1.** the basinlike cavity in the posterior part of the trunk of man and many other vertebrates **2.** the bones forming this cavity: also **pelvic girdle** —**pel′vic** *adj.*

**Pemb.** Pembrokeshire

**pen**[1] (pen) *n.* [OE. *penn*] **1.** a small enclosure for domestic animals **2.** any small enclosure —*vt.* **penned** or **pent, pen′ning** to confine or enclose as in a pen

**pen**[2] *n.* [< L. *penna,* a feather] **1.** orig., a heavy quill trimmed to a split point, for writing with ink **2.** any of various devices used in writing or drawing with ink, often with a metal point split into two nibs **3.** the metal point **4.** writing as a profession —*vt.* **penned, pen′ning** to write as with a pen

**pen**[3] *n.* [< ?] a female swan

**Pen., pen.** peninsula

**penal** (pē′n'l) *adj.* [< L. *poena,* punishment] of, for, or involving punishment

**penal code** a body of law dealing with various crimes or offences and their legal penalties

**penalize** (pē′nəl īz′) *vt.* **-ized′, -iz′ing** to impose a penalty on, as for breaking some rule

**penalty** (pen′'l tē) *n., pl.* **-ties** **1.** a punishment fixed by law, as for a crime **2.** the handicap, fine, etc. imposed upon an offender **3.** any unfortunate consequence **4.** *Sports* a free shot at goal, etc. imposed for breaking a rule

**penalty box** *Ice Hockey* a bench for players serving time penalties

**penance** (pen′əns) *n.* [see PENITENT] **1.** *R.C.Ch.* a sacrament involving the confession of sin, repentance, and submission to penalties imposed, followed by absolution **2.** any voluntary suffering to show repentance for wrongdoing —**do penance** to perform an act of penance

**pence** (pens; *in compounds,* pəns) *n. pl. of* PENNY: used also in compounds *[twopence]*

**penchant** (pän′shän′) *n.* [Fr. < L. *pendere,* hang] a strong liking or fondness

**pencil** (pen′s'l) *n.* [< L. *penis,* a tail] **1.** a pointed, rod-shaped instrument with a core of graphite or crayon, used for writing, drawing, etc. **2.** something shaped or used as a pencil *[a styptic pencil]* **3.** a series of lines coming to or spreading out from a point —*vt.* **-cilled, -cilling** to write, draw, etc. as with a pencil

**pend** (pend) *vi.* [< L. *pendere,* hang] to await decision

**pendant** (pen′dənt) *n.* [< prec.] **1.** an ornamental hanging object, as from an earring **2.** anything hanging, as a chandelier —*adj.* *same as* PENDENT

**pendent** *adj.* [see PEND] **1.** suspended **2.** overhanging **3.** undecided —*n.* *same as* PENDANT —**pend′ency** *n.*

**pending** *adj.* **1.** not decided **2.** impending —*prep.* **1.** during **2.** while awaiting; until

**pendragon** (pen drag′ən) *n.* [< W. *pen,* head + *dragon,* leader] leader: a title used in ancient Britain

**pendulous** (pen′dyōō ləs) *adj.* [< L. *pendere,* hang] **1.** hanging freely **2.** drooping —**pen′dulously** *adv.*

**pendulum** (pen′dyōō ləm) *n.* [see prec.] a body hung from a fixed point so as to swing freely to and fro: often used to regulate clock movements

**peneplain, peneplane** (pē′nə plān′) *n.* [L. *pene, paene,* almost + PLAIN, PLANE[2]] land worn down by erosion almost to a level plain

**penetrable** (pen′i trə b'l) *adj.* that can be penetrated —**pen′etrabil′ity** *n.*

**penetrate** (pen′ə trāt′) *vt.* **-trat′ed, -trat′ing** [< L. *penitus,* inward] **1.** to find or force a way into or through **2.** to see into the interior of **3.** to have an effect throughout **4.** to understand —*vi.* to make a way into or through something

**penetrating** *adj.* **1.** that can penetrate **2.** sharp; piercing **3.** discerning [*a penetrating* mind] Also **pen'etrative** —**pen'etrat'ingly** *adv.*

**penetration** (pen'ə trā'shən) *n.* **1.** act of penetrating **2.** the depth to which something penetrates **3.** insight

**pen friend** a person, esp. a stranger in another country with whom one arranges to exchange letters: also **pen pal**

**penguin** (peŋ'gwin) *n.* [prob. < W. *pen gwyn,* white head] a flightless bird of the S Hemisphere, having paddlelike flippers for swimming

**penicillin** (pen'ə sil'in) *n.* [< L. *penicillus,* brush] an antibiotic obtained from certain moulds

**peninsula** (pə nin'syoo lə) *n.* [< L. *paene,* almost + *insula,* isle] **1.** a land area almost surrounded by water **2.** any land area projecting into the water —**penin'sular** *adj.*

**penis** (pē'nis) *n., pl.* **-nises, -nes** (-nēz) [L., a tail] the male organ of sexual intercourse: in mammals it is also the organ through which urine is ejected by the male

**penitent** (pen'i tənt) *adj.* [< L. *paenitere,* repent] sorry for having done wrong and willing to atone —*n.* a penitent person —**pen'itence** *n.* —**pen'iten'tial** (-ten'shəl) *adj.*

**penitentiary** (pen'i ten'shə rē) *adj.* **1.** of or for penance **2.** used in reforming —*n., pl.* **-ries** [U.S.] a prison for persons convicted of serious crimes

**penknife** (pen'nīf') *n., pl.* **-knives'** (-nīvz') a small pocketknife; orig., one used in making quill pens

**penman** *n.* **1.** a person skilled in penmanship **2.** an author

**penmanship** *n.* **1.** handwriting as an art or skill **2.** a style of handwriting

**pen name** a name used by an author in place of his true name; nom de plume

**pennant** (pen'ənt) *n.* [< PEN[2], altered after PENDANT] any long, narrow flag

**penniless** (pen'i lis) *adj.* extremely poor

**pennon** (pen'ən) *n.* [see PEN[2]] **1.** a long, narrow, triangular flag used as an ensign by knights **2.** any flag or pennant

**penny** (pen'ē) *n., pl.* **-nies;** for 1 (esp. collectively), **pence** [< OE. *pening*] **1.** in the United Kingdom and certain Commonwealth countries, *a*) formerly, a unit of currency equal to one twelfth of a shilling *b*) a unit of currency equal to one 100th part of a pound **2.** a sum of money —**a pretty penny** [Colloq.] a large sum of money —**spend a penny** [Colloq.] to urinate —**the penny dropped** comprehension dawned

**-penny** (pen'ē, pə nē') *a combining form meaning* costing (a specified number of) pennies [*sixpenny*]

**Penny Black** the first postage stamp issued in Britain in 1840

**penny-dreadful** *n., pl.* **-fuls** a cheap, often lurid book

**penny-farthing** *n.* an early type of bicycle with a large front wheel and a small rear wheel

**penny pincher** a person who is extremely frugal —**pen'ny-pinch'ing** *n., adj.*

**pennyroyal** (pen'ē roi'əl) *n.* [< OFr. *poliol* + *real,* royal] a mint with lavender flowers

**pennyweight** *n.* a unit of weight, equal to 24 grains, 1/20 ounce troy weight or 1.55 gms

**penny-wise** *adj.* careful or thrifty in small matters —**penny-wise and pound-foolish** thrifty in small matters but wasteful in major ones

**pennywort** (pen'ē wurt') *n.* [ME. *penywort*] a plant with round leaves growing in crevices of rocks

**pennyworth** *n.* **1.** the amount that can be bought for one penny **2.** a small amount

**penology** (pē nol'ə jē) *n.* [Gr. *poinē,* penalty + -LOGY] the study of the rehabilitation of criminals and of prison management —**penol'ogist** *n.*

**pen pusher** a clerk involved with boring paperwork —**pen'-push'ing** *adj., n.*

**pension** (pen'shən; *for 2.* pän'syōn) *n.* [< L. *pendere,* to pay] **1.** a regular payment to one who is disabled, retired, etc. **2.** in France, etc., *a*) a boardinghouse *b*) room and board —*vt.* to grant a pension to —**pension off** to dismiss from service with a pension —**pen'sionable** *adj.* —**pen'sionary** *adj., n.* —**pen'sioner** *n.*

**pensive** (pen'siv) *adj.* [< L. *pensare* consider] thinking deeply, often of sad or melancholy things —**pen'sively** *adv.* —**pen'siveness** *n.*

**pent** (pent) *alt. pt. & pp. of* PEN[1] —*adj.* held or kept in; penned (often with *up*)

**penta-** [< Gr.] *a combining form meaning* five

**pentacle** (pen'tə k'l) *n.* [< Gr. *penta-* five] a symbol, usually a five-pointed star formerly used in magic: also called **pen'tagram, pentan'gle**

**pentagon** (pen'tə gən') *n.* [< PENTA- & -GON] a plane figure with five angles and five sides —**the Pentagon** a five-sided building in the U.S.A., housing the Department of Defense —**pentag'onal** (-tag'ə n'l) *adj.*

**pentameter** (pen tam'ə tər) *n.* [see PENTA & -METER] a line of verse containing five metrical feet

**Pentateuch** (pen'tə tyōōk') *n.* [< Gr. *penta-,* five + *teuchos,* book] the first five books of the Bible

**pentathlon** (pen tath'lon) *n.* [< Gr. *penta-,* five + *athlon,* contest] an athletic contest in which each contestant takes part in five events

**pentatonic** (pen tə ton'ik) *adj.* [see PENTA & TONIC] designating a musical scale having only five tones

**Pentecost** (pen'tə kost') *n.* [< Gr. *pentēkostē* (*hēmera*), the fiftieth (day) after Passover] a Christian festival on the seventh Sunday after Easter; Whitsunday

**Pentecostal** (pen′tə kost′əl) ***adj.*** of or relating to any of various charismatic Christian groups

**penthouse** (pent′hous′) ***n.*** [< L. *appendere,* append] **1.** a flat built on the roof of a building **2.** a small structure with a sloping roof attached to the side of a building

**pent-up** (pent′up′) ***adj.*** held in check; curbed; confined

**penult** (pi nult′) ***n.*** [< L. *paene,* almost + *ultimus,* last] the one next to the last

**penultimate** (pi nul′ti mət) ***adj.*** next to the last **—penul′timately *adv.***

**penumbra** (pi num′brə) ***n., pl.*** **-brae** (-brē), **-bras** [< L. *paene,* almost + *umbra,* shade] **1.** the partly lighted area surrounding the complete shadow of a body, as the moon, in full eclipse **2.** a vague, borderline area

**penurious** (pə nyoor′ē əs) ***adj.*** **1.** miserly; stingy **2.** destitute **—penu′riously *adv.***

**penury** (pen′yoo rē) ***n.*** [< L. *penuria,* want] lack of money, property, or necessities; destitution

**peon** (pē′on) ***n.*** [< Sp. < ML. *pedo,* foot soldier] **1.** in Latin America, a person of the labouring class **2.** (pyōōn) in India, a messenger, esp. in an office **—pe′onage *n.***

**peony** (pē′ə nē) ***n., pl.*** **-nies** [< Gr. *Paiōn,* Apollo, god of medicine] **1.** a plant with large pink, red, or yellow, showy flowers **2.** the flower

**people** (pē′p'l) ***n., pl.*** **-ple**; for 1, **-ples** [< L. *populus,* nation] **1.** all the persons of a racial, national, religious, linguistic, or cultural group; nation, race, ethnic group, etc. **2.** the persons belonging to a certain place, community, or class **3.** the persons under the leadership or control of a particular person or body **4.** one's relatives or ancestors **5.** the electorate of a country, etc. **6.** persons considered indefinitely [what will *people* say?] **7.** human beings **—*vt.*** **-pled, -pling** to populate

**pep** (pep) ***n.*** [< PEPPER] [Colloq.] energy; vigour; liveliness **—*vt.*** **pepped, pep′ping** [Colloq.] to invigorate; stimulate (with *up*) **—pep′py *adj.***

**pepper** (pep′ər) ***n.*** [< Gr. *peperi*] **1.** *a*) a pungent condiment obtained from the small, dried fruits of an East Indian plant *b*) the plant itself **2.** *same as* CAPSICUM **3.** any of various pungent spices, as cayenne pepper **—*vt.*** **1.** to season with ground pepper **2.** to shower with many small objects [*peppered* with hailstones]

**pepper-and-salt** ***adj.*** speckled with contrasting colours, esp. black and white

**peppercorn** ***n.*** the dried berry of the black pepper

**peppercorn rent** rent, for a property, that is nominal

**pepper mill** a hand mill used to grind peppercorns

**peppermint** ***n.*** **1.** a species of mint with lance-shaped leaves **2.** the pungent oil it yields, used for flavouring **3.** a sweet flavoured with this oil

**peppery** ***adj.*** **1.** of, like, or highly seasoned with pepper **2.** sharp or fiery **3.** irritable

**pep pill** [Slang] a pill containing a stimulant

**pepsin** (pep′sin) ***n.*** [< Gr. *peptein,* digest] an enzyme secreted in the stomach, aiding in the digestion of proteins

**pep talk** a talk to instil enthusiasm, etc.

**peptic** (pep′tik) ***adj.*** [< Gr. *peptein,* digest] **1.** of or aiding digestion **2.** caused by digestive secretions [a *peptic* ulcer]

**per** (pur; *unstressed* pər) ***prep.*** [L.] **1.** through; by means of **2.** for each [fifty pence *per* metre] **3.** according to [*per* his instructions]

**per-** [< L. *per,* through] *a prefix meaning:* **1.** through; throughout [*percolate*] **2.** thoroughly [*permeate*]

**peradventure** (pər əd ven′chər) ***adv.*** [< OFr. *par,* by + *aventure,* chance] [Archaic] **1.** possibly **2.** by chance **—*n.*** chance; doubt

**perambulate** (pər am′byoo lāt′) ***vt.*** **-lat′ed, -lat′ing** [< L. *per,* through + *ambulare,* to walk] to walk through, over, around, etc. **—*vi.*** to stroll **—peram′bula′tion *n.***

**perambulator** ***n.*** *same as* PRAM

**per annum** (pər an′əm) [L.] by the year; yearly

**percale** (pər kāl′) ***n.*** [Fr. < Per. *pargāla*] closely woven cotton cloth, used for sheets, etc.

**per capita** (pər kap′ə tə) [ML., by heads] for each person

**perceive** (pər sēv′) ***vt., vi.*** **-celved′, -celv′ing** [< L. *per,* through + *capere,* take] **1.** to become aware (of) through the senses **2.** to grasp or take in mentally **—perceiv′able *adj.*** **—perceiv′ably *adv.***

**percent** (pər sent′) ***adv., adj.*** [< L. *per centum*] in or for every hundred [a 20 *percent* rate means 20 in every hundred]: symbol, % : also **per cent** **—*n.*** [Colloq.] percentage

**percentage** ***n.*** **1.** a given part in every hundred **2.** part; portion [a *percentage* of the audience] **3.** [Colloq.] advantage

**percentile** (pər sen′til) ***n.*** *Statistics* any of 100 divisions of a series, each of equal frequency

**perceptible** (pər sep′tə b'l) ***adj.*** that can be perceived **—percep′tibil′ity *n.*** **—percep′tibly *adv.***

**perception** (pər sep′shən) ***n.*** [see PERCEIVE] **1.** *a*) the act of perceiving; awareness *b*) insight or intuition **2.** the understanding, knowledge, etc., or a specific idea, etc. got by perceiving **—percep′tual** (-tyōō əl) ***adj.***

**perceptive** ***adj.*** **1.** of or capable of perception **2.** able to perceive quickly and easily **—percep′tiveness *n.***

**perch**[1] (purch) ***n.*** [< Gr. *perkē*] a small, spiny-finned, freshwater food fish

**perch**[2] ***n.*** [< L. *pertica,* a pole] **1.** a horizontal pole, branch, etc. serving as a roost for birds **2.** any high resting place **3.** formerly, a measure of length (5m) **—*vi., vt.*** to alight and rest on or as on a perch

**perchance** (pər chäns′) ***adv.*** [< OFr. *par,*

by + *chance*, chance] [Archaic] **1.** by chance **2.** perhaps; possibly

**percipient** (pər sip′ē ənt) ***adj.*** perceiving, esp. keenly —***n.*** one who perceives

**percolate** (pur′kə lāt′) ***vt.*** **-lat′ed, -lat′ing** [< L. *per*, through + *colare*, strain] **1.** to pass (a liquid) through a porous substance; filter **2.** to ooze through (a porous substance) **3.** to brew (coffee) in a percolator —***vi.*** to ooze through a porous substance —**per′cola′tion** ***n.***

**percolator** ***n.*** a coffeepot in which boiling water bubbles up through a tube and filters back down through the ground coffee

**percussion** (pər kush′ən) ***n.*** [< L. *percutere*, to strike] **1.** the hitting of one body against another, as the hammer of a firearm against a powder cap **2.** percussion instruments collectively **3.** *Med.* the tapping of the chest, back, etc. to determine the condition of internal organs —**percus′sive** ***adj.***

**percussion cap** a small paper or metal container holding a charge that explodes when struck

**percussion instrument** a musical instrument producing a tone when struck, as the drums, cymbals, xylophone, etc.

**percussionist** ***n.*** a musician who plays percussion instruments

**perdition** (pər dish′ən) ***n.*** [< L. *perdere*, to lose] *Theol.* **1.** damnation **2.** *same as* HELL

**peregrinate** (per′ə gri nāt′) ***vt., vi.*** **-nat′ed, -nat′ing** [see PILGRIM] to travel, esp. walk (along or through) —**per′egrina′tion** ***n.***

**peregrine (falcon)** (per′ə grin) [see PILGRIM] a very swift European falcon with a spotted breast

**peremptory** (pə remp′tər ē) ***adj.*** [< L. *perimere*, destroy] **1.** that cannot be denied, delayed, etc., as a command **2.** intolerantly positive; dogmatic —**peremp′torily** ***adv.*** —**peremp′toriness** ***n.***

**perennial** (pə ren′ē əl) ***adj.*** [< L. *per*, through + *annus*, year] **1.** lasting throughout the whole year **2.** continuing for a long time **3.** having a life cycle of more than two years: said of plants —***n.*** a perennial plant —**peren′nially** ***adv.***

**perf. 1.** perfect **2.** perforated

**perfect** (pur′fikt; *for v.*, pər fekt′) ***adj.*** [< L. *per*, through + *facere*, to do] **1.** complete in all respects; flawless **2.** excellent, as in skill or quality **3.** completely accurate; exact **4.** utter; absolute **5.** *Gram.* expressing an action completed at the time of speaking or at the time indicated **6.** *Music* designating an interval, as an octave, whose character is not altered by inversion —***vt.*** **1.** to bring to completion **2.** to make perfect —***n.*** **1.** the perfect tense **2.** a verb form in this tense —**perfect′er** ***n.*** —**per′fectly** ***adv.***

**perfectible** (pər fek′tə b′l) ***adj.*** that can be made perfect or more nearly perfect —**perfect′ibil′ity** ***n.***

**perfection** (pər fek′shən) ***n.*** **1.** a being perfect **2.** a person or thing that is the perfect embodiment of some quality —**to perfection** completely; perfectly

**perfectionism** ***n.*** extreme or obsessive striving for perfection, as in one's work —**perfec′tionist** ***n., adj.***

**perfect participle** *same as* PAST PARTICIPLE

**perfidy** (pur′fə dē) ***n., pl.*** **-dies** [< L. *per fidem* (*decipi*), (deceive) through faith] betrayal of trust; treachery —**perfidious** (pər fid′ē əs) ***adj.***

**perforate** (pur′fə rāt′; *for adj.* -rit) ***vt., vi.*** **-rat′ed, -rat′ing** [< L. *per*, through + *forare*, bore] **1.** to make a hole or holes through, as by boring **2.** to pierce with holes in a row, as a pattern, computer tape, etc. —***adj.*** pierced with holes, for easy tearing: also **per′forat′ed** —**per′forat′or** ***n.***

**perforation** (pur′fə rā′shən) ***n.*** **1.** a hole made by piercing, etc. **2.** any of a series of punched holes, as those between postage stamps

**perforce** (pər fôrs′) ***adv.*** [< OFr.: see PER & FORCE[1]] by or through necessity; necessarily

**perform** (pər fôrm′) ***vt.*** [< OFr. *par*, through + *fournir*, accomplish] **1.** to act on so as to complete **2.** to fulfil (a promise, etc.) **3.** to render or enact (a piece of music, etc.) —***vi.*** to act in a play, dance, etc. before an audience —**perform′able** ***adj.*** —**perform′er** ***n.***

**performance** ***n.*** **1.** the act of performing; execution, accomplishment, etc. **2.** functional effectiveness, as of a machine **3.** a deed or feat **4.** *a*) a formal presentation before an audience, as a play *b*) one's part in this

**perfume** (pər fyōōm′; *for n.*, pur′ fyōōm) ***vt.*** **-fumed′, -fum′ing** [< L. *per-*, intens. + *fumare*, smoke] **1.** to fill with a pleasing odour **2.** to put perfume on —***n.*** **1.** a sweet scent; fragrance **2.** a substance producing a pleasing odour

**perfumer** (pər fyōō′mər) ***n.*** one who makes or sells perfumes

**perfumery** ***n., pl.*** **-eries** **1.** the art of a perfumer **2.** perfumes collectively **3.** a place where perfume is sold

**perfunctory** (pər fuŋk′tər ē) ***adj.*** [< L *per-*, intens. + *fungi*, perform] **1.** done merely as a routine; superficial **2.** without concern; indifferent —**perfunc′torily** ***adv.***

**pergola** (pur′gə lə) ***n.*** [It. < L. *pergula*] an arbour, esp. one of trelliswork covered with climbing plants

**perhaps** (pər haps′) ***adv.*** [PER- + HAP] possibly

**peri-** [< Gr.] *a prefix meaning:* **1.** around, about *[periscope]* **2.** near *[perigee]*

**perianth** (per′ē anth′) ***n.*** [< Gr. *peri-*, around + *anthos*, flower] the outer envelope of a flower

**pericardium** (per′ē kär′dē əm) ***n., pl.*** **-dia** [< Gr. *peri-*, around + *kardia*, heart] in vertebrates, the thin, membranous sac around the heart

**perigee** (per′ə jē′) ***n.*** [< Fr. < Gr. *peri-*, near + *gē*, earth] the point nearest to the earth, the moon, or another planet, in the orbit of a satellite around it

**perihelion** (per′ə hē′lē ən) ***n.,*** *pl.* **-lions, -lia** [< Gr. *peri-,* around + *hēlios,* sun] the point nearest the sun in the orbit around it of a planet, comet, or satellite

**peril** (per′əl) ***n.*** [< L. *periculum,* danger] **1.** exposure to harm or injury **2.** something that may cause harm —**at your peril** accept the consequences of your action, etc. —**per′ilous** ***adj.***

**perimeter** (pə rim′ə tər) ***n.*** [< Gr. *peri-,* around + *metron,* measure] **1.** the outer boundary of a figure or area **2.** the total length of this

**perineum** (per′ə nē′əm) ***n.,*** *pl.* **-ne′a** [< Gr. *peri-,* around + *inein,* discharge] the small area between the anus and the vulva or the scrotum —**per′ine′al** ***adj.***

**period** (pēər′ē əd) ***n.*** [< Gr. *periodos,* cycle] **1.** a portion of time distinguished by certain processes, conditions, etc.; stage **2.** the menses **3.** a subdivision of a geologic era **4.** any of the portions of time into which a school day, etc. is divided **5.** the interval between the successive occurrences of an astronomical event **6.** *Gram. a)* a sentence, esp. a well-balanced sentence *b) Chiefly U.S. name for* FULL STOP **7.** an end or conclusion —***adj.*** of or like that of an earlier period or age

**periodic** (pēər′ē od′ik) ***adj.*** **1.** appearing or recurring at regular intervals **2.** occurring from time to time **3.** of or characterized by periods

**periodical** ***adj.*** **1.** *same as* PERIODIC **2.** published at regular intervals, as weekly, monthly, etc. —***n.*** a periodical publication —**pe′riod′ically** ***adv.***

**periodicity** (pēər′ē ə dis′ə tē) ***n.,*** *pl.* **-ties** the tendency or fact of recurring at regular intervals

**periodic law** the law that properties of chemical elements recur periodically when the elements are arranged in order of their atomic numbers

**periodic table** an arrangement of the chemical elements according to their atomic numbers, to exhibit the periodic law

**periodontal** (per′ē ə don′t'l) ***adj.*** [< PERI- + -ODONT] occurring around a tooth or affecting the gums

**peripatetic** (per′i pə tet′ik) ***adj.*** [< Gr. *peri-,* around + *patein,* walk] **1.** itinerant **2.** of a teacher employed in more than one school **3.** [**P-**] of the philosophy of Aristotle, who taught while walking about —***n.*** [**P-**] a follower of Aristotle —**per′ipatet′ically** ***adv.***

**peripheral** (pə rif′ər əl) ***adj.*** **1.** merely incidental; tangential **2.** of, belonging to, or forming a periphery

**periphery** ***n.,*** *pl.* **-eries** [< Gr. *peri-,* around + *pherein,* to bear] **1.** an outer boundary line, esp. of a rounded figure **2.** surrounding space or area

**periphrasis** (pə rif′rə sis) ***n.,*** *pl.* **-ses′** (-sēz′) [< Gr. *peri-,* around + *phrazein,* speak] the use of many words where a few would do —**per′iphras′tic** (per′ə fras′tik) ***adj.***

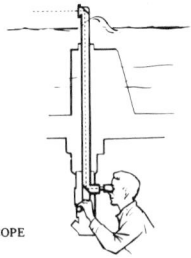

PERISCOPE

**periscope** (per′ə skōp′) ***n.*** [PERI- + -SCOPE] an optical instrument consisting of a tube equipped with lenses and mirrors, so arranged that a person looking through one end can see objects reflected at the other: used on submarines, etc. —**per′i-scop′ic** (-skop′ik) ***adj.***

**perish** (per′ish) ***vi.*** [< L. *per-,* intens. + *ire,* go] **1.** to be destroyed, ruined, or wiped out **2.** to die **3.** to decay: said esp. of rubber —**perish the thought!** do not even consider such a possibility!

**perishable** ***adj.*** liable to spoil, as some foods —***n.*** something, esp. a food, liable to spoil

**perisher** ***n.*** [Colloq.] one who is a pest, esp. a child

**perishing** ***adj.*** **1.** [Colloq.] extremely cold **2.** [Slang] confounded

**peristalsis** (per′ə stal′sis) ***n.,*** *pl.* **-ses** (-sēz) [< Gr. *peri-,* around + *stellein,* place] the wavelike muscular contractions and dilations of the walls of the alimentary canal —**per′istal′tic** ***adj.***

**peritoneum** (per′i tō nē′əm) ***n.,*** *pl.* **-ne′a, -ne′ums** [< Gr. *peri-,* around + *teinein,* stretch] the serous membrane lining the abdominal cavity and covering the visceral organs —**per′itone′al** ***adj.***

**peritonitis** ***n.*** inflammation of the peritoneum

**periwig** (per′ə wig′) ***n.*** [< Fr. *perruque,* peruke] a wig, formerly worn by men

**periwinkle**[1] (per′ə wiŋ′k'l) ***n.*** [< L. *pervinca*] a creeper with blue, white, or pink flowers

**periwinkle**[2] ***n.*** [OE. *pinewincle*] a saltwater snail having a thick, cone-shaped shell: also **winkle**

**perjure** (pur′jər) ***vt.*** **-jured, -juring** [< L. *per,* through + *jurare,* swear] to make (oneself) guilty of perjury —**per′jurer** ***n.***

**perjury** ***n.,*** *pl.* **-ries** [< L. *perjurus,* false] the wilful telling of a lie while under oath

**perk**[1] (purk) ***vt.*** [< ?] **1.** to raise (the head, etc.) briskly (often with *up*) **2.** to make smart in appearance (often with *up*) **3.** to restore freshness to (with *up*) —***vi.*** to become lively (with *up*)

**perk**[2] ***n.*** *colloq. form of* PERQUISITE

**perky** (pur′kē) ***adj.*** **-ier, -iest** **1.** self-confident **2.** gay or lively —**perk′ily** ***adv.***

**perm**[1] (purm) ***n.*** *colloq. form* of

PERMANENT WAVE —*vt.* [Colloq.] to give a permanent wave to

**perm²** *n. colloq. form of* PERMUTATION (sense 2) —*vt.* [Colloq.] to make a permutation of

**permafrost** (pur′mə frôst′) *n.* [PERMA(NENT) + FROST] permanently frozen subsoil

**permanent** (pur′mə nənt) *adj.* [< L. *per,* through + *manere,* remain] lasting or intended to last indefinitely —**per′manence** *n.* —**per′manently** *adv.*

**permanent wave** a hair wave, produced by applying heat or chemicals, that is relatively longlasting

**permanent way** the track of a railway, including the ballast, sleepers, rails, etc.

**permanganate** (pur maŋ′gə nāt′) *n.* a salt of an acid containing manganese, used as a disinfectant

**permeable** (pur′mē ə b'l) *adj.* that can be permeated, as by liquids —**per′meabil′ity** *n.* —**per′meably** *adv.*

**permeate** *vt.* **-at′ed, -at′ing** [< L. *per,* through + *meare,* glide] to pass into and affect every part of —*vi.* to spread (with *through* or *among*) —**per′mea′tion** *n.*

**Permian** (pur′mē ən) *adj.* [< *Perm,* Russia] of the seventh and last period of the Paleozoic Era

**permissible** (pər mis′ə b'l) *adj.* allowable —**permis′sibil′ity** *n.*

**permission** (pər mish′ən) *n.* formal consent; leave

**permissive** *adj.* **1.** allowing freedom **2.** giving permission —**permis′siveness** *n.*

**permit** (pər mit′; *for n.,* pur′mit) *vt.* **-mit′ted, -mit′ting** [< L. *per,* through + *mittere,* send] **1.** to allow; consent to **2.** to give permission to; authorize **3.** to give opportunity for —*vi.* to give opportunity [if time *permits*] —*n.* a document granting permission; licence

**permutation** (pur′myōō tā′shən) *n.* **1.** *Math.* any one of the total number of groupings, or subsets, into which a group, or set, of elements can be arranged **2.** any alteration **3.** a fixed plan for selection of results on football pools

**pernicious** (pər nish′əs) *adj.* [< Fr. < L. *per,* thoroughly + *necare,* kill] causing great injury, destruction, or ruin —**perni′ciously** *adv.*

**pernicious anaemia** a form of anaemia characterized by a reduction of the red blood cells, nervous disturbances, etc.

**pernickety** (pər nik′ə tē) *adj.* [< Scot. dial] [Colloq.] too particular or precise; fussy

**peroration** (per′ə rā′shən) *n.* [< L. *per,* through + *orare,* speak] the concluding part of a speech, including a summing up

**peroxide** (pə rok′sīd) *n.* [< L. *per,* through + OXIDE] any oxide containing the oxygen ($O_2$) group linked by a single bond; specif., hydrogen peroxide —*vt.* **-ided, -iding** to bleach (hair, etc.) with hydrogen peroxide

**perpendicular** (pur′pən dik′yōō lər) *adj.* [< L. *perpendiculum,* plumb line] **1.** at right angles to a given plane or line **2.** exactly upright; vertical **3.** very steep **4.** [P-] of the style of English Gothic architecture characterized by vertical lines —*n.* **1.** a line at right angles to another line or plane **2.** a perpendicular position —**per′pendic′ular′ity** (-lar′ə tē) *n.*

**perpetrate** (pur′pə trāt′) *vt.* **-trat′ed, -trat′ing** [< L. *per,* thoroughly + *patrare,* effect] **1.** to do (something evil, criminal, etc.) **2.** to commit (a blunder), impose (a hoax), etc. —**per′petra′tion** *n.* —**per′petra′tor** *n.*

**perpetual** (pər pech′ōō wəl) *adj.* [< L. *perpetuus,* constant] **1.** lasting forever or for a long time **2.** continuing indefinitely without interruption; constant —**perpet′ually** *adv.*

**perpetual motion** the motion of a hypothetical device which, once set in motion, would operate indefinitely

**perpetuate** *vt.* **-at′ed, -at′ing** to cause to continue or be remembered —**perpet′ua′tion** *n.*

**perpetuity** (pur′pə tyōō′ə tē) *n., pl.* **-ties** **1.** unlimited time; eternity **2.** something perpetual, as a pension —**in perpetuity** forever

**perplex** (pər pleks′) *vt.* [< L. *per,* through + *plectere,* twist] **1.** to make (a person) uncertain, hesitant, etc. **2.** to make complicated —**perplexed′** *adj.* —**perplex′ing** *adj.*

**perplexity** *n.* **1.** bewilderment **2.** *pl.* **-ties** something that perplexes

**perquisite** (pur′kwə zit) *n.* [< L. *per-,* intens. + *quaerere,* seek] **1.** something additional to regular pay **2.** a tip or gratuity **3.** a prerogative, by virtue of one's status, etc.

**perry** (per′ē) *n.* [< L. *pirum,* pear] a fermented drink like cider, made from pear juice

**per se** (pur′sā′) [L.] by (or in) itself; intrinsically

**persecute** (pur′sə kyōōt′) *vt.* **-cut′ed, -cut′ing** [< L. *per,* through + *sequi,* follow] **1.** to afflict constantly so as to injure or distress, esp. for reasons of religion, politics, or race **2.** to annoy constantly —**per′secu′tion** *n.* —**per′secu′tor** *n.*

**Perseus** (pur′syōōs) [< *Perseus* in Greek Myth.] a N constellation

**perseverance** (pur′sə vēər′əns) *n.* steadfastness

**persevere** *vi.* **-vered′, -ver′ing** [< L. *per-,* intens. + *severus,* severe] to continue in some effort, course of action, etc. in spite of difficulty, opposition, etc.

**Persian** (pur′shən) *adj.* of Persia, its people, their language, etc.; Iranian —*n.* **1.** a native of Persia **2.** the language of Iran

**Persian cat** a variety of domestic cat with long silky hair

**Persian lamb** the black pelt of newborn karakul lambs, having small, tight curls

**persiflage** (pur′sə fläzh′) *n.* [Fr. < *persifler,* to banter] light, frivolous talk or writing

**persimmon** (pur sim′ən) *n.* [< AmInd.] **1.** a tree with white flowers and plumlike fruit **2.** the fruit, sweet and edible when ripe

**persist** (pər sist′) *vi.* [< L. *per,* through + *sistere,* cause to stand] **1.** to refuse to give up, esp. when faced with opposition **2.** to continue insistently **3.** to endure; last

**persistent** *adj.* **1.** continuing, esp. in the face of opposition **2.** continuing to exist **3.** constantly repeated —**persist′ence** *n.*

**person** (pur′s′n) *n.* [< L. *persona*] **1.** a human being **2.** *a*) a living human body *b*) bodily appearance **3.** *Gram.* division into three sets of pronouns (**personal pronouns**), and, usually, corresponding verb forms, to identify the subject **4.** *Law* any individual or incorporated group having certain legal rights —**in person** actually present

**-person** (pur′s′n) *a combining form meaning* person (of either sex) in a specified activity *[chairperson]*

**persona** (pur sō′nə) *n., pl.* **-nae** (-nē), **-nas** [L., actor's mask] the personality presented to others by an individual

**personable** (pur′sən ə b′l) *adj.* having a pleasing appearance and personality

**personage** (pur′s′n ij) *n.* **1.** an important person **2.** any person

‡**persona grata** (pər sō′nə grät′ə) [L.] a person who is acceptable or welcome

**personal** (pur′sən əl) *adj.* **1.** private; individual **2.** done in person **3.** involving human beings **4.** of the body or physical appearance **5.** *a*) having to do with the character, conduct, etc. of a certain person *b*) making critical or derogatory remarks about a person **6.** of or like a person or rational being **7.** *Gram.* indicating grammatical person **8.** *Law* of property (**personal property**) that is movable or not attached to the land

**personal column** a part of a newspaper devoted to births, marriages, deaths, personal messages, etc.

**personality** (pur′sə nal′ə tē) *n., pl.* **-ties** **1.** distinctive individual qualities of a person, considered collectively **2.** *a*) the sum of such qualities as impressing others *b*) personal attractiveness **3.** a notable person **4.** the quality of being a unique person **5.** [*pl.*] offensive remarks aimed at a person

**personalize** (pur′sən ə līz′) *vt.* **-ized′, -iz′ing** **1.** to personify **2.** to have marked with one's name or initials

**personally** *adv.* **1.** in person **2.** as a person *[I dislike him personally]* **3.** in one's own opinion **4.** as though directed at oneself

‡**persona non grata** (pər sō′nə non grät′ə) [L.] a person who is not acceptable

**personate** (pur′sə nāt′) *vt.* **-at′ed, -at′ing** to assume the identity of, as with intent to defraud —**per′sona′tion** *n.* —**per′sona′tor** *n.*

**personify** (pur son′ə fī′) *vt.* **-fied′, -fy′ing** **1.** to think or speak of (a thing) as a person **2.** to symbolize (an abstract idea) by a human figure, as in art **3.** to be a symbol or perfect example of; typify —**person′ifica′tion** *n.*

**personnel** (pur′sə nel′) *n.* [Fr.] **1.** persons employed in any work, service, etc. **2.** a department for hiring employees, etc. —*adj.* of or in charge of personnel

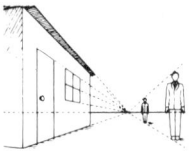

PERSPECTIVE

**perspective** (pər spek′tiv) *adj.* [< L. *per,* through + *specere,* look] of or in perspective —*n.* **1.** a specific point of view in judging things or events **2.** the ability to see things in a true relationship **3.** the appearance of objects as determined by their relative distance and positions **4.** the art of picturing objects so as to show relative distance or depth

**perspex** (pur′speks) *Trademark* a hard transparent plastic, an acrylic resin

**perspicacious** (pur′spə kā′shəs) *adj.* [see PERSPECTIVE] having keen judgment or understanding —**per′spicac′ity** (-kas′ə tē) *n.*

**perspicuous** (pər spik′yoo wəs) *adj.* [see PERSPECTIVE] clear in statement or expression; easily understood —**perspicuity** (pur′spə kyōō′ə tē) *n.*

**perspiration** (pur′spə rā′shən) *n.* [Fr.] **1.** a perspiring; sweating **2.** sweat

**perspire** (pər spīr′) *vt., vi.* **-spired′, -spir′ing** [< Fr. < L. *per,* through + *spirare,* breathe] to sweat

**persuade** (pər swād′) *vt.* **-suad′ed, -suad′ing** [< L. *per-,* intens. + *suadere,* to urge] to cause to do something, esp. by reasoning, urging, etc. —**persua′sible** *adj.* —**persuad′er** *n.*

**persuasion** (pər swā′zhən) *n.* **1.** the power of persuading **2.** a strong belief; conviction **3.** *a*) a particular religious belief *b*) a particular sect

**persuasive** *adj.* having the power, or tending, to persuade —**persua′sively** *adv.* —**persua′siveness** *n.*

**pert** (purt) [< L. *apertus,* open] **1.** bold; impudent; saucy **2.** chic and jaunty —**pert′ly** *adv.* —**pert′ness** *n.*

**pertain** (pur tān′) *vi.* [< L. *per-,* intens. + *tenere,* hold] **1.** to belong; be connected or associated **2.** to be appropriate **3.** to have reference *[pertaining* to the case*]*

**pertinacious** (pur′tə nā′shəs) *adj.* [< L. *per-,* intens. + *tenere,* hold] **1.** holding firmly to some purpose, belief, or action **2.** hard to get rid of —**per′tinac′ity** (-nas′ə tē) *n.*

**pertinent** (pur′tin ənt) *adj.* [see PERTAIN] of or connected with the matter at hand; relevant —**per′tinence, per′tinency** *n.*

**perturb** (pər turb′) *vt.* [< L. *per-,* intens. + *turbare,* disturb] **1.** to cause to be alarmed, agitated, or upset **2.** to cause confusion in —**per'turba'tion** (pər'-tər bā'shən) ***n.***

**peruke** (pə rōōk') ***n.*** [< Fr. *perruque*] *same as* PERIWIG

**perusal** (pə rōō'z'l) ***n.*** a perusing

**peruse** (pə rōōz') ***vt.*** **-rused', -rus'ing** [prob. < L. *per-*, intens. + ME. *usen*, to use] to read carefully; study

**pervade** (pər vād') ***vt.*** **-vad'ed, -vad'ing** [< L. *per*, through + *vadere*, go] to pass or be prevalent throughout —**perva'sion** ***n.*** —**perva'sive** ***adj.***

**perverse** (pər vurs') ***adj.*** [see PERVERT] **1.** deviating from what is considered right or good **2.** stubbornly contrary **3.** obstinately disobedient —**perverse'ly** ***adv.*** —**perver'sity** ***n.***

**perversion** ***n.*** **1.** something perverted **2.** any sexual act or practice considered abnormal

**pervert** (pər vurt'; *for n.*, pur'vərt) ***vt.*** [< L. *per-*, intens. + *vertere*, turn] **1.** to misuse **2.** to misinterpret; distort **3.** to lead astray from what is right or good **4.** to debase —***n.*** one who practises sexual perversion —**pervert'ed** ***adj.***

**pervious** (pur'vē əs) ***adj.*** [< L. *per*, through + *via*, way] **1.** allowing passage through; permeable **2.** having a mind open to influence, etc. —**per'viously** ***adv.***

**peseta** (pə sāt'ə) ***n.*** [Sp.] the monetary unit of Spain and Equatorial Guinea

**pesky** (pes'kē) ***adj.*** **-kier, -kiest** [< PEST] [U.S. Colloq.] annoying; troublesome

**peso** (pā'sō) ***n., pl.*** **-sos** [Sp.] the monetary unit of Argentina, Colombia, Cuba, Mexico, the Philippines, etc.

**pessary** (pes'ər ē) ***n., pl.*** **-ries** [< Gr. *pessos*, pebble] a device worn in the vagina to support the uterus or prevent conception

**pessimism** (pes'ə miz'm) ***n.*** [< Fr. < L. *pejor*, worse] **1.** the tendency to expect the worst outcome in any circumstance **2.** the belief that the evil in life outweighs the good —**pes'simist** ***n.*** —**pes'simis'tic** ***adj.*** —**pes'simis'tically** ***adv.***

**pest** (pest) ***n.*** [< L. *pestis*, plague] a person or thing that causes trouble, annoyance, etc.; specif., any destructive insect, small animal, weed, etc.

**pester** (pes'tər) ***vt.*** [< OFr. *empestrer*, entangle] to annoy repeatedly with petty irritations; bother

**pesticide** (pes'tə sīd') ***n.*** any chemical used for killing insects, weeds, etc. —**pes'ticī'dal** ***adj.***

**pestiferous** (pes tif'ər əs) ***adj.*** [< L. *pestis*, plague + *ferre*, to bear] **1.** annoying; bothersome **2.** dangerous to society **3.** orig., bringing or carrying disease

**pestilence** (pes'tə ləns) ***n.*** [see ff.] any very contagious or infectious disease, esp. bubonic plague —**pes'tilen'tial** (-tə-len'shəl) ***adj.*** —**pes'tilen'tially** ***adv.***

**pestilent** ***adj.*** [< L. *pestis*, plague] **1.** annoying; troublesome **2.** dangerous to society **3.** likely to cause death

**pestle** (pes''l) ***n.*** [< L. *pinsere*, to pound] a tool used to pound or grind substances, as in a mortar

**pestology** (pest'ol'ə jē) ***n.*** the branch of science dealing with pests, esp. insects harmful to animal and plant life

**pet**[1] (pet) ***n.*** [orig. Scot. dial.] **1.** any animal that is domesticated and kept as a companion or treated with fondness **2.** one who is a favourite —***adj.*** **1.** kept or treated as a pet **2.** especially liked **3.** particular [one's *pet* hatred] —***vt.*** **pet'ted, pet'ting** **1.** to fondle; caress **2.** to pamper —***vi.*** [Colloq.] to fondle intimately, etc. in making love

**pet**[2] ***n.*** [< ?] a state of sulky peevishness or ill humour

**Pet.** *Bible* Peter

**petal** (pet'l) ***n.*** [< Gr. *petalos*, outspread] any of the leaflike parts of a blossom —**pet'alled** ***adj.***

**petard** (pi tärd') ***n.*** [< Fr. < L. *pedere*, to break wind] a metal cone filled with explosives: formerly fastened to walls and gates and exploded

**peter** (pē'tər) ***vi.*** [< ?] [Colloq.] to become gradually smaller, weaker, etc. and cease (with *out*)

**Peter Pan** [< character created by J.M. Barrie] a youthful or immature man

**petersham** (pēt'ər shəm) ***n.*** [< Lord *Petersham*] a thick, corded ribbon used for stiffening belts, etc.

**pethidine** (peth'i dēn') ***n.*** a soluble pain relieving drug

**petiole** (pet'ē ōl') ***n.*** [< L. *pes*, a foot] *Bot.* the slender portion of a leaf that supports the blade

**petit** (pet'ē) ***adj.*** [< OFr.] *same as* PETTY (sense 4)

**petite** (pə tēt') ***adj.*** [Fr.] small and trim of figure: said of a woman —**petite'ness** ***n.***

**petite bourgeoise** (pet'ē) the section of the middle class with the lowest social status and least wealth, as small shopkeepers, etc.

**petit four** (pet'ē fôr') *pl.* **petits fours, petit fours** [Fr. < *petit*, small + *four*, oven] any of various small fancy cakes

**petition** (pə tish'ən) ***n.*** [< L. *petere*, ask] **1.** a solemn, earnest request to a superior **2.** a formal document making such a request often signed by a number of persons **3.** *Law* a written plea asking for specific court action —***vt.*** **1.** to address a petition to **2.** to ask for —***vi.*** to make a petition —**peti'tioner** ***n.***

**petit mal** (pet'ē mal') [Fr., small ailment] a type of epilepsy in which there are attacks of momentary unconsciousness

**petit point** **1.** a small diagonal needlepoint stitch used for fine detail **2.** work done with such stitches

**petrel** (pet'rəl) ***n.*** [< ?] a small, dark sea bird with long wings, as the stormy petrel

**petrify** (pet'rə fī') ***vt.*** **-fied', -fy'ing** [< L. *petra*, a rock + *facere*, make] **1.** to reform as a stony substance **2.** to harden or deaden **3.** to paralyse, as with fear —***vi.*** to become petrified —**pet'rifica'tion** ***n.***

**petrochemical** (pet'rō kem'i k'l) ***n.*** [PETRO(LEUM) + CHEMICAL] a chemical derived ultimately from petroleum, as ethylene glycol, etc. —**pet'rochem'istry** *n.*

**petrodollar** (pet'rō dol'ər) *n.* [< PETROLEUM + DOLLAR] the dollars earned by a petroleum-exporting country

**petrol** (pet'rəl) *n.* [see PETROLEUM] a volatile liquid produced by the distillation of petroleum and used chiefly as a fuel in internal-combustion engines

**petrolatum** (pet'rə lāt'əm) *n.* [< ff.] a greasy, jellylike substance consisting of a mixture of hydrocarbons obtained from petroleum

**petroleum** (pə trō'lē əm) *n.* [< L. *petra,* rock + *oleum,* oil] an oily, liquid solution of hydrocarbons occurring naturally in certain rock strata: it yields paraffin, petrol, etc.

**petroleum jelly** *same as* PETROLATUM

**petrol station** a garage that sells petrol

**petticoat** (pet'i kōt') *n.* [< PETTY + COAT] an underskirt, worn by women and girls —***adj.*** of or by women

**pettifogger** (pet'ē fog'ər) *n.* [PETTY + obs. *fogger* < ?] **1.** a lawyer who handles petty cases, esp. by using unethical methods **2.** a quibbler —**pet'tifog'gery** *n.* —**pet'tifog'ging** ***adj.***

**pettish** (pet'ish) ***adj.*** [< PET[2]] peevish; petulant; cross —**pet'tishly** ***adv.*** —**pet'tishness** ***n.***

**petty** (pet'ē) ***adj.*** **-tier, -tiest** [OFr. *petit*] **1.** relatively unimportant **2.** narrow-minded, mean, etc. **3.** relatively low in rank **4.** insignificant: now used chiefly in law —**pet'tiness** ***n.***

**petty cash** a cash fund for incidental expenses

**petty jury** a group of twelve citizens picked to weigh evidence in and decide the issues of a trial in court

**petty officer** *see* MILITARY RANKS, table

**petulant** (pet'yoo lənt) ***adj.*** [< L. *petere,* attack] impatient or irritable, esp. over a petty annoyance —**pet'ulance** ***n.***

**petunia** (pə tyōōn'yə) ***n.*** [< Tupi *petun,* tobacco] a plant with variously coloured, funnel-shaped flowers

**pew** (pyōō) ***n.*** [< Gr. *pous,* a foot] **1.** a benchlike seat with a back in a church **2.** any of the boxlike enclosures with seats, in some churches **3.** [Colloq.] a seat

**pewter** (pyōōt'ər) ***n.*** [< OFr. *peautre*] **1.** a dull, silvery-grey alloy of tin with lead **2.** articles made of pewter —***adj.*** made of pewter

**peyote** (pā ōt'ē) ***n.*** [< SAmInd *peyotl,* caterpillar] a Mexican cactus, source of mescaline

**pf** pianoforte

**pH** (pē'āch') [< Fr. *p(ouvoir) h(ydrogène),* hydrogen power] *a symbol for* the degree of acidity or alkalinity

**phaeton, phaëton** (fā't'n) [< the son of Helios in Greek Myth.] a light four-wheeled carriage with front and back seats

**phalanger** (fə lan'jər) ***n.*** [< Gr. *phalanx,* bone between two joints] any of various small Australian marsupials with a long, bushy tail

**phalanx** (fal'aŋks) ***n., pl.*** **-lanxes, phalanges** (fə lan'jēz) [< Gr., line of battle] **1.** an ancient military formation of infantry in close ranks **2.** a massed group of individuals **3.** a group united for a common purpose **4.** *pl.* **-lan'ges** any of the bones of the fingers or toes

**phallus** (fal'əs) ***n., pl.*** **-li** (-ī), **-luses** [< Gr. *phallos*] an image of the penis as a symbol of generative power —**phal'lic** ***adj.***

**phantasm** (fan'taz'm) ***n.*** [< Gr. *phantazein,* to show] **1.** a figment of the mind; esp., a spectre, or ghost **2.** a deceptive likeness

**phantasmagoria** (fan'taz mə gor'ē ə) ***n.*** [< Gr. *phantasma,* phantasm + *ageirein,* assemble] a rapidly changing series of things seen or imagined —**phantas'mago'ric** ***adj.***

**phantasy** (fan'tə sē) ***n., pl.*** **-sies** *same as* FANTASY

**phantom** (fan'təm) ***n.*** [see PHANTASM] **1.** an apparition; spectre **2.** an illusion **3.** a person or thing that is something in appearance but not in fact **4.** any mental image —***adj.*** illusory

**Pharaoh** (fā'ər'ō) ***n.*** the title of the rulers of ancient Egypt

**Pharisaic** (far'ə sā'ik) ***adj.*** **1.** of the Pharisees **2.** [p-] hypocritical —**phar'isa'ically** ***adv.***

**Pharisee** (far'ə sē') ***n.*** **1.** a member of an ancient Jewish party that observed the written and the oral law **2.** [p-] a pharisaic person —**Phar'isee'ism** ***n.***

**pharmaceutical** (fär'mə syōōt'i k'l) ***adj.*** [< Gr. *pharmakon,* a medicine] **1.** of pharmacy or pharmacists **2.** of or by drugs

**pharmaceutics** ***n.pl.*** [*with sing. v.*] *same as* PHARMACY (sense 1)

**pharmacist** (fär'mə sist) ***n.*** a person licensed to practise pharmacy

**pharmacology** (fär'mə kol'ə jē) ***n.*** [< Gr. *pharmakon,* a drug] the science dealing with the effects of drugs —**phar'macolog'ical** (-kə loj'i k'l) ***adj.*** —**phar'macolog'ically** ***adv.*** —**phar'macol'ogist** ***n.***

**pharmacopoeia** (fär'mə kə pē'ə) ***n.*** [< Gr. *pharmakon,* a drug + *poiein,* to make] a book containing a list of drugs and the lawful standards for their production, dispensation, etc.

**pharmacy** (fär'mə sē) ***n., pl.*** **-cies** [< Gr. *pharmakon,* a drug] **1.** the profession of preparing and dispensing drugs and medicines **2.** a place where this is done

**pharyngitis** (far'in jīt'əs) ***n.*** inflammation of the mucous membrane of the pharynx; sore throat

**pharynx** (far'iŋks) ***n., pl.*** **phar'ynxes, pharynges** (fə rin'jēz) [Gr.] the cavity leading from the mouth and nasal passages to the larynx and oesophagus —**pharyngeal** (far'ən jē'əl) ***adj.***

**phase** (fāz) ***n.*** [< Gr. *phasis*] **1.** any stage in a series of changes, as in development **2.** any stage in the illumination or appearance of the moon or a planet **3.** aspect or side, as of a problem **4.** a solid, liquid, or gaseous homogeneous form [ice is a *phase* of $H_2O$] **5.** the part of a cycle through which a periodic wave of light or sound has advanced at any instant, with reference to a standard position —*vt.* **phased, phas'-ing** to introduce, carry out, etc. in phases (often with *in, into,* etc.) —**in** (or **out of**) **phase** in (or not in) synchronization —**phase out** to terminate (an activity) by stages

**Ph.D.** Doctor of Philosophy

PHEASANT (to 89 cm long, including beak and tail)

**pheasant** (fez'nt) *n.* [< Gr. *phasianos,* (bird) of *Phasis,* river in Asia] a chickenlike game bird with a long tail and brilliant feathers

**phen-** [< Gr. *phainein,* to show] *a combining form meaning* of or derived from benzene

**phenobarbital** (fē'nə bär'bə tal) *n.* [PHEN- + BARBITURIC ACID] an odourless, white powder used as a sedative: also **phe'nobar'-bitone** (-bə tōn)

**phenol** (fē'nol) *n.* a white crystalline compound used in making explosives, etc.: its dilute aqueous solution is commonly called carbolic acid

**phenomena** (fi nom'ə nə) *n. pl. of* PHE-NOMENON

**phenomenal** *adj.* **1.** of or constituting a phenomenon or phenomena **2.** extraordinary —**phenom'enally** *adv.*

**phenomenalism** *n.* the philosophic theory that all knowledge comes from sense perceptions

**phenomenon** (fi nom'ə nən) *n., pl.* **-na;** also, esp. for 3 and 4, **-nons'** [< Gr. *phainesthai,* appear] **1.** any observable fact that can be scientifically described **2.** the appearance of something as distinguished from the thing in itself **3.** anything extremely unusual **4.** [Colloq.] a person who is extraordinary

**phenyl** (fē'nil) *n.* [< PHEN-] the monovalent radical, $C_6H_5$, forming the basis of phenol, benzene, etc.

**phenylketonuria** (fē nil kēt'ə nyoor'ē ə) *n.* [PHENYL + KETON(E) + -URINE] a genetic disorder which causes severe mental retardation in infants

**phew** (fyōō: *conventionalized pronun.*) *interj.* a breathy sound expressing disgust, surprise, etc.

**phi** (fī) *n.* the 21st letter of the Greek alphabet (Φ, φ)

**phial** (fī'əl) *n.* [< Gr. *phialē,* shallow bowl] a small glass bottle

**Phil.** **1.** Philippians **2.** Philippine

**philadelphus** (fil'ə del'fəs) *n.* [< Gr.] the mock orange

**philander** (fi lan'dər) *vi.* [< Gr. *philos,* loving + *anēr,* a man] to make love insincerely: said of a man —**philan'derer** *n.*

**philanthropy** (fi lan'thrə pē) *n.* [< Gr. *philein,* to love + *anthrōpos,* man] **1.** a desire to help mankind, as by gifts to charitable institutions **2.** *pl.* **-pies** a philanthropic act, gift, etc. —**phil'anthrop'-ic** (-ən throp'ik) *adj.* —**philan'thropist** *n.*

**philately** (fi lat'əl ē) *n.* [< Gr. *philos,* loving + *ateleia,* exemption from (further) tax] the collection and study of postage stamps, postmarks, etc. —**philat'elist** *n.*

**-phile** (fīl) [< Gr.] *a combining form meaning* loving, liking *[Anglophile]*

**philharmonic** (fil'här mon'ik) *adj.* [< Gr. *philos,* loving + *harmonia,* harmony] loving or devoted to music —*n.* a specific choir, orchestra or society

**philhellene** (fil'hel'ēn) *n.* [see PHILO- & HELLENE] a friend or supporter of the Greeks or Greece

**philippic** (fi lip'ik) *n.* [< *Philip* of Macedon] any bitter verbal attack

**Philippine** (fil'ə pēn') *adj.* of the Philippine Islands or their people

**Philistine** (fil'is tīn') *n.* **1.** [*often* **p-**] a person regarded as indifferent to cultural values **2.** a member of a non-Semitic people who repeatedly warred with the Israelites —*adj.* [*often* **p-**] smugly conventional, lacking in culture, etc. —**Phil'istinism** (-tin-) *n.*

**Phillips** (fil'əps) [< H. *Phillips*] a screwdriver that can be used on a screw (**Phillips screw**) that has two slots crossing at the centre of the head

**philo-** [< Gr.] *a combining form meaning* loving, liking, having a predilection for *[philology]*

**philology** (fi lol'ə jē) *n.* [< Gr. *philein,* to love + *logos,* word] **1.** the study of literary texts, etc. **2.** *earlier term for* LINGUISTICS —**philological** (fil'ə loj'i k'l) *adj.* —**philol'ogist** *n.*

**philos.** philosophy

**philosopher** (fi los'ə fər) *n.* [< Gr. *philos,* loving + *sophos,* wise] **1.** a person who studies or is learned in philosophy **2.** a person who lives by a system of philosophy **3.** a person who meets difficulties with calmness and composure

**philosophers'** (or **philosopher's**) **stone** an imaginary substance that alchemists believed would change base metals into gold or silver

**philosophic** (fil'ə sof'ik) *adj.* **1.** of a philosophy or philosopher **2.** devoted to or learned in philosophy **3.** calm; rational Also **phil'osoph'ical** —**phil'osoph'ically** *adv.*

**philosophize** (fi los'ə fīz') *vi.* **-phized',** **-phiz'ing** **1.** to reason like a philosopher **2.** to moralize

**philosophy** (fi los'ə fē) *n., pl.* **-phies** [see PHILOSOPHER] **1.** theory or analysis of the principles underlying conduct, thought, knowledge, and the nature of the universe **2.** the general principles of a field of knowledge **3.** a particular system of ethics

**philtre** (fil'tər) *n.* [< Gr. *philein,* to love]

a potion thought to arouse sexual love, esp. towards a specific person

**phlebitis** (fli bīt′is) ***n.*** [< Gr. *phleps,* vein + -ITIS] inflammation of a vein —**phlebit′ic** (-bit′ik) ***adj.***

**phlegm** (flem) ***n.*** [< Gr. *phlegma,* inflammation] **1.** thick mucus discharged from the throat, as during a cold **2.** [Obs.] the humour believed to cause sluggishness **3.** *a*) sluggishness *b*) calmness

**phlegmatic** (fleg mat′ik) ***adj.*** [see prec.] **1.** sluggish; dull **2.** calm; cool —**phlegmat′ically** ***adv.***

**phloem** (flō′em) ***n.*** [< Gr. *phloos,* bark] the cell tissue serving as a path for the distribution of food material in a plant

**phlogiston** (flō jis′tən) ***n.*** [< Gr. *phlegein,* to burn] an imaginary element formerly believed to cause combustion

**phlox** (floks) ***n.*** [Gr., a flame] a plant with white, pink, red, or bluish flowers

**-phobe** (fōb) [< Gr. *phobos,* a fear] *a suffix meaning* one who fears or hates *[xenophobe]*

**phobia** (fō′bē ə) ***n.*** [< Gr. *phobos,* a fear] an irrational, persistent fear of some thing or situation —**pho′bic** ***adj.***

**-phobia** (fō′bē ə) [see prec.] *a combining form meaning* fear, dread, hatred *[claustrophobia]*

**Phoenician** (fə nish′ən) ***adj.*** of Phoenicia, its people, their language, etc. —***n.*** a native of Phoenicia

**phoenix** (fē′niks) ***n.*** [< Gr. *phoinix*] *Egyptian Myth.* a beautiful bird which consumed itself in fire, rising renewed from the ashes: a symbol of immortality

**phone** (fōn) ***n., vt., vi.*** **phoned, phon′ing** *colloq. shortened form of* TELEPHONE

**-phone** (fōn) [< Gr. *phōnē,* a sound] *a combining form meaning:* **1.** a device transmitting sound **2.** a telephone

**phone-in** ***n.*** *Radio & TV* a programme in which questions, comments, etc. are telephoned to the studio and broadcast live

**phoneme** (fō′nēm) ***n.*** [< Gr. *phōnē,* a voice] *Linguis.* a set of similar sounds in a language that are heard as the same sound and represented by the same symbol —**phonemic** (fō nē′mik) ***adj.***

**phonemics** (fō nē′miks) ***n.pl.*** [*with sing. v.*] the study of phonemic systems and the phonemes of a language

**phonetic** (fō net′ik) ***adj.*** [< Gr. *phōnē,* a sound] **1.** of speech sounds **2.** of phonetics **3.** conforming to pronunciation —**phonet′ically** ***adv.***

**phonetics** ***n.pl.*** [*with sing. v.*] the study of speech sounds, their production and written representation —**phonetician** (fō′nə tish′ən), **phonetist** (fō′nə tist) ***n.***

**phoney** (fō′nē) ***adj., n.*** [Colloq.] *same as* PHONY

**phonic** (fō′nik) ***adj.*** [< Gr. *phōnē,* a sound] of, or having the nature of, sound —**phon′ically** ***adv.***

**phono-** [< Gr.] *a combining form meaning* sound, speech

**phonograph** (fō′nə gräf′) ***n.*** [PHONO- + -GRAPH] **1.** [U.S.] a gramophone **2.** an early type of gramophone with an external horn —**pho′nograph′ic** (-graf′ik) ***adj.***

**phonology** (fō nol′ə jē) ***n.*** [PHONO- + -LOGY] the study of the changes in speech sounds in a language —**phonological** (fō′nə loj′i k'l) ***adj.***

**phony** (fō′nē) ***adj.*** **-nier, -niest** [< ?] [Colloq.] not genuine; false —***n., pl.*** **-nies** [Colloq.] **1.** something not genuine; fake **2.** a person who deceives, dissembles, is insincere, etc. —**pho′niness** ***n.***

**phooey** (fōō′ē) ***interj.*** [echoic] an exclamation expressing contempt, scorn or disgust

**phosphate** (fos′fāt) ***n.*** [Fr.] **1.** a salt of phosphoric acid **2.** a fertilizer containing phosphates

**phosphor** (fos′fər) ***n.*** [see PHOSPHORUS] **1.** *same as* PHOSPHORUS: now esp. in **phosphor bronze** **2.** a fluorescent substance

**phosphoresce** (fos′fə res′) ***vi.*** **-resced′, -resc′ing** to show or undergo phosphorescence

**phosphorescence** ***n.*** [see PHOSPHORUS & -ESCENCE] **1.** the property of giving off light after exposure to light, X-rays, etc. **2.** such light —**phos′phores′cent** ***adj.***

**phosphoric** (fos for′ik) ***adj.*** of, like, or containing phosphorus, esp. with a valence of five

**phosphoric acid** any of several oxygen acids of phosphorus

**phosphorous** (fos′fər əs) ***adj.*** of, like, or containing phosphorus, esp. with a valence of three

**phosphorus** (fos′fər əs) ***n.*** [< Gr. *phōs,* light + *pherein,* to bear] a nonmetallic chemical element, a white, phosphorescent, waxy solid that ignites spontaneously at room temperature: symbol, P

**photo** (fōt′ō) ***n., pl.*** **-tos** *short form of* PHOTOGRAPH

**photo-** (fōt′ō) [< Gr. *phos,* a light] *a combining form meaning:* **1.** of or produced by light **2.** of photography

**photocopier** ***n.*** a device which produces photographic copies

**photocopy** ***n., pl.*** **-cop′ies** a photographic copy of printed or other graphic material —***vt.*** **-cop′ied, -cop′ying** to make a photocopy of

**photoelectric** ***adj.*** of or having to do with the electric effects produced by light or other radiation

**photoelectric cell** any device in which light controls an electric circuit which operates a mechanical device, as for opening doors, etc.; electric eye

**photoengraving** (fōt′ō in grā′viŋ) ***n.*** a photomechanical process by which photographs are reproduced in relief on printing plates

**photo finish** **1.** a race so close that the winner can be determined only from a photograph at the finish line **2.** any close finish of a contest

**photoflash** ***adj.*** *Photog.* designating a flashbulb, electrically synchronized with the shutter

**photoflood** ***adj.*** *Photog.* designating a

high-intensity electric lamp used for sustained illumination

**photogenic** (fōt′ō jen′ik) *adj.* [see PHOTO] **1.** that looks attractive in photographs: said esp. of a person **2.** giving off light **—pho′togen′ically** *adv.*

**photograph** (fōt′ə gräf′) *n.* a picture made by photography **—*vt.*** to take a photograph of **—*vi.*** to appear (as specified) in photographs [to *photograph well*] **—photographer** (fə tog′rə fər) *n.*

**photographic** (fōt′ə graf′ik) *adj.* **1.** of or like a photograph or photography **2.** used in photography **3.** recalling in precise detail **—pho′tograph′ically** *adv.*

**photography** (fə tog′rə fē) *n.* [PHOTO- + -GRAPHY] the process of producing images of objects upon a photosensitive surface by the chemical action of light or other radiant energy

**photogravure** (fōt′ō grə vyoōər′) *n.* [Fr.] a photomechanical process by which photographs are reproduced on intaglio printing plates

**photolithography** (fōt′ō li thog′rə fē) *n.* a printing process combining photography and lithography

**photometer** (fō tom′ə tər) *n.* [PHOTO- + -METER] a device used to measure the intensity of light

**photometry** *n.* the measurement of the intensity of light **—photometric** (fōt′ə met′rik) *adj.*

**photomontage** (fōt′ō mon täzh′) *n.* montage done in or with photographs

**photon** (fō′ton) *n.* [PHOT(O)- + (ELECTR)ON] a quantum of electromagnetic energy, as of light, X-rays, etc., having both particle and wave behaviour

**photosensitive** (fōt′ō sen′sə tiv) *adj.* reacting or sensitive to radiant energy, esp. to light

**Photostat** (fōt′ō stat′) [PHOTO- + -STAT] *Trademark* a device for making photographic copies of printed matter, drawings, etc. directly as positives upon special paper **—*vt.*** [p-] **-stat′ted, -stat′ting** to make a photostat of

**photosynthesis** (fōt′ə sin′thə sis) *n.* the formation in green plants of organic substances, chiefly sugars, from carbon dioxide and water in the presence of light and chlorophyll **—pho′tosyn′thesize′** *vt., vi.*

**phototropism** (fō′tō trop′iz′m) *n.* *Bot.* movement of a part of a plant towards or away from light sources

**phrasal verb** *Gram.* a phrase consisting of a verb and adverb whose meaning cannot be deduced from the constituents (Ex.: "take in" meaning "deceive")

**phrase** (frāz) *n.* [< Gr. *phrazein,* speak] **1.** *Gram.* a sequence of two or more words conveying a single thought but not containing a subject and predicate **2.** a short, colourful expression **3.** a manner of expression **4.** *Music* a short, distinct passage **—*vt.* phrased, phras′ing 1.** *Music* to mark off (notes) into phrases **2.** to express in a phrase **—phras′al** *adj.*

**phraseology** (frā′zē ol′ə jē) *n., pl.* **-gies** choice and pattern of words **—phra′seolog′ical** (-ə loj′i k'l) *adj.*

**phrenetic** (fri net′ik) *adj.* [< Gr. *phrenētikos,* mad] *earlier sp. of* FRENETIC

**phrenology** (fri nol′ə jē) *n.* [< Gr. *phrēn,* mind + -LOGY] a system, now rejected, by which character and mental faculties are analysed by studying the shape of the skull **—phrenol′ogist** *n.*

**phthisis** (thī′sis) [< Gr. *phthiein,* waste away] *old term for* any wasting disease, esp. tuberculosis of the lungs **—phthis′ical** *adj.*

**phut** (fut) *n.* [< Hind. *phatna,* to burst] **1.** the sound made by a passing bullet **2.** the sound of a bladder collapsing **—to go phut** [Colloq.] to collapse

PHYLACTERIES

**phylactery** (fi lak′tər ē) *n., pl.* **-teries** [< Gr. *phylassein,* to guard] a small leather case holding slips inscribed with Scripture passages worn by Orthodox Jewish men during morning prayer

**phylum** (fī′ləm) *n., pl.* **-la** [< Gr. *phylon,* tribe] any principal division of the plant or animal kingdom

**phys.** **1.** physical **2.** physician **3.** physics

**physic** (fiz′ik) *n.* [< Gr. *physis,* nature] **1.** [Archaic] medical science **2.** a medicine **—*vt.* -icked, -icking** to dose with medicine

**physical** *adj.* [see prec.] **1.** of the body **2.** of nature and all matter; material **3.** of or according to the laws of nature **4.** of, or produced by the forces of, physics **—phys′ically** *adv.*

**physical chemistry** chemistry dealing with physical properties in relation to chemical properties

**physical education** instruction in the exercise, hygiene, etc. of the human body

**physical geography** the study of the features and nature of the earth's surface, atmosphere, climate, etc.

**physical jerks** [Colloq.] physical training

**physical science** any science dealing with inanimate matter or energy, as physics, chemistry, etc.

**physical therapy** *same as* PHYSIOTHERAPY

**physical training** a method of keeping fit by following a course of bodily exercises

**physician** (fə zish′ən) *n.* [see PHYSIC] **1.** a person licensed to practise medicine **2.** a medical doctor other than a surgeon **3.** a healer

**physicist** (fiz′ə sist) *n.* a specialist in physics

**physics** (fiz′iks) ***n.pl.*** [< L. *physica*] **1.** [*with sing. v.*] the science dealing with the properties, changes, etc. of matter and energy **2.** physical properties or processes

**physiognomy** (fiz′ē on′ə mē) *n.* [< Gr. *physis,* nature + *gnōmōn,* one who knows] **1.** facial features, esp. as supposedly indicative of character **2.** the practice of trying to judge character by observation of bodily, esp. facial, features **3.** outward features —**phys′iognom′ic** (-ə nom′ik), **phys′iognom′ical** *adj.* —**phys′iog′nomist** *n.*

**physiography** (fiz′ē og′rə fē) *n.* [< Gr. *physis,* nature + -GRAPHY] **1.** a description of the features and phenomena of nature **2.** physical geography —**phys′iog′rapher** *n.*

**physiology** (fiz′ē ol′ə jē) *n.* [< Gr. *physis,* nature + -LOGY] the study of the functions and vital processes of living organisms or their parts and organs —**phys′iolog′ical** (-ə loj′ik′l), **phys′iolog′ic** *adj.* —**phys′iol′ogist** *n.*

**physiotherapy** (fiz′ē ō ther′ə pē) *n.* therapy using exercise, massage, heat, etc. instead of drugs —**phys′iother′apist** *n.*

**physique** (fi zēk′) *n.* [Fr.] the structure, constitution, strength, or appearance of the body

**pi**[1] (pī) *n., pl.* **pies** [< PIE[1]] *chiefly U.S. sp. of* PIE[2]

**pi**[2] *n.* **1.** the sixteenth letter of the Greek alphabet (Π, π) **2.** the symbol (π) designating the ratio of the circumference of a circle to its diameter, about equal to 3.14

**pia mater** (pī′ə māt′ər) [ML., gentle mother] the vascular membrane that is the innermost of the three membranes around the brain and spinal cord

**pianissimo** (pya′nis′ə mō′) ***adj., adv.*** [It.] *Music* very soft

**pianist** (pē′ən ist) *n.* a person who plays the piano

**piano**[1] (pē an′ō) *n., pl.* **-os** [It., < *pianoforte*] a large, stringed percussion instrument played from a keyboard: each key operates a felt-covered hammer that strikes a steel wire or set of wires

**piano**[2] (pyä′nō) ***adj., adv.*** [It.] *Music* soft —***n., pl.*** **-nos** a note or passage played softly

**piano accordion** an accordion in which the right hand plays a piano-like keyboard rather than studs or buttons

**pianoforte** (pyan′ə fôr′tē) *n.* [It. < *piano,* soft + *forte,* strong] *same as* PIANO[1]

**Pianola** (pē′ə nō′lə) *Trademark* a kind of mechanical piano

**piazza** (pi at′sə) *n.* [It.] **1.** in Italy, an open public square **2.** a covered arcade

**pibroch** (pē′brok) *n.* [< Gael. *piob,* bagpipe] a martial or dirgelike piece of music for the bagpipes

**pica** (pī′kə) *n.* [< ? ML., directory] **1.** formerly, a size of type, approx. 12 point **2.** the height of this type, about .42 cm or 1/6 inch **3.** a type size of typewriters with 10 spaces to the inch

**picador** (pik′ə dôr′) *n.* [Sp. < *picar,* to prick] in bullfighting, a horseman who pricks the bull's neck with a lance

**picaresque** (pik′ə resk′) *adj.* [< Sp. *pícaro,* rascal] of or dealing with sharp-witted vagabonds and their adventures [a *picaresque* novel]

**picayune** (pik′ə yōōn′) *n.* [< Fr. *picaillon,* small coin] [U.S.] a coin of small value —***adj.*** trivial; petty

**piccalilli** (pik′ə lil′ē) *n.* [prob. < PICKLE] a pickle of chopped vegetables, mustard, spices, etc.

**piccanin** (pik′ə nin) *n.* [See ff.] [S Afr. Colloq.] a male African child

**piccaninny** (pik′ə nin′ē) *n.* [? < Port. *pequenino,* tiny one] a small Negro or Aboriginal child

**piccolo** (pik′ə lō′) ***n., pl.*** **-los′** [It., small] a small flute, pitched an octave above the ordinary flute —**pic′colo′ist** *n.*

**pick**[1] (pik) *n.* [var. of PIKE[4]] **1.** a heavy tool with a long, pointed metal head set at a right angle to the handle, used for breaking up soil, rock, etc. **2.** a pointed instrument for picking **3.** *same as* PLECTRUM

**pick**[2] ***vt.*** [ME. *picken*] **1.** to choose **2.** to gather (flowers, berries, etc.) **3.** to dig, probe, or scratch at in trying to remove or to clear something from **4.** to eat sparingly or daintily **5.** to break up, pierce, or dig up with something pointed **6.** to pull (fibres, rags, etc.) apart **7.** to open (a lock) with a wire, etc. instead of a key **8.** to steal from (another's pocket, etc.) —***vi.*** **1.** to select, esp. in a fussy way **2.** to gather growing berries, flowers, etc. **3.** to use a pick **4.** to eat sparingly or fussily **5.** to thieve —***n.*** **1.** the act of choosing **2.** the most desirable one(s) —**pick and choose** to select carefully —**pick apart** (or **to pieces**) to find flaws in by examining critically: also —**pick holes in** —**pick a quarrel** to provoke a dispute —**pick at** **1.** to eat small portions of, esp. in a fussy way **2.** [Colloq.] to find fault with —**pick off** **1.** to pluck **2.** to hit with a carefully aimed shot —**pick on** **1.** to choose **2.** [Colloq.] to single out for abuse, etc. —**pick one's way** to move cautiously —**pick out** **1.** to choose **2.** to single out from among a group **3.** to play (a tune) note by note —**pick over** to sort out, item by item —**pick someone's brains** [Colloq.] to obtain information from someone —**pick up** **1.** to grasp and lift **2.** to learn, esp. by chance **3.** to stop for and take along **4.** to arrest **5.** to gain (speed) **6.** to regain (health, power, etc.); improve **7.** to resume (an activity, etc.) after a pause **8.** to bring into range of sight, hearing, etc. **9.** [Colloq.] to get to know casually, esp. for lovemaking —**pick′er** *n.*

**pickaback** ***n., adv., adj.*** [< PACK[1]] *same as* PIGGYBACK

PICKAXE

**pickaxe** *n.* [< OFr. *picquois*] a pick with a point at one end of the head and a chisellike edge at the other

**picked** *adj.* [< PICK[2]] selected with care

**picket** (pik′it) *n.* [< Fr. *pic,* pickaxe] **1.** a stake, usually pointed, used in a fence, etc. **2.** a person stationed, as by a trade union, outside a factory, etc. to demonstrate, keep strikebreakers out, etc. **3.** a soldier or soldiers stationed to guard troops from surprise attack —*vt.* **1.** to place pickets, or serve as a picket, at (a factory, etc.) **2.** to guard (troops) with a picket **3.** to hitch (an animal) to a picket **4.** to enclose with a picket fence —**pick′eting** *n.*

**picket fence** a fence made of upright stakes

**picket line** a line of people serving as pickets

**pickings** *n.pl.* **1.** small scraps; leftovers **2.** returns; profit **3.** spoils

**pickle** (pik′l) *n.* [< MDu. *pekel*] **1.** [usually *pl.*] vegetables, such as onions, cucumbers, etc. so preserved **2.** any brine, vinegar, etc. used to preserve or marinate food **3.** [Colloq.] an awkward or difficult situation —*vt.* **-led, -ling** to treat or preserve in a pickle solution —**pick′ler** *n.*

**pickled** *adj.* [Slang] drunk

**pick-me-up** *n.* [Colloq.] a tonic, esp. an alcoholic drink, taken to raise one's spirits

**pickpocket** *n.* one who steals from people's pockets

**pickup** *n.* **1.** in an electric gramophone, a device producing audio-frequency currents from the vibrations of a needle in a record groove **2.** a small, open truck for light loads **3.** [Colloq.] a casual acquaintance, as for lovemaking **4.** a picking up **5.** [Colloq.] improvement

**picky** (pik′ē) *adj.* **-ier, -iest** [U.S. Colloq.] very fastidious or exacting; fussy

**picnic** (pik′nik) *n.* [< Fr. *pique-nique*] **1.** a pleasure outing, with an outdoor meal **2.** [Slang] *a*) a pleasant experience *b*) an easy task —*vi.* **-nicked, -nicking** to hold or attend a picnic —**pic′nicker** *n.*

**picot** (pē′kō) *n.* [Fr. < *pic,* a point] any of the small loops in an ornamental edging on lace, ribbon, etc.

**picric acid** (pik′rik) [< Gr. *pikros,* bitter] a yellow, crystalline acid used in dyes, explosives, etc.

**Pict** (pikt) *n.* any of an ancient people of Great Britain —**Pict′ish** *adj., n.*

**pictograph** (pik′tō graf′) *n.* [see PICTURE + -GRAPH] **1.** a picture or picturelike symbol, as used in ancient writing **2.** a diagram using pictures Also **pic′togram** —**pic′tograph′ic** (-graf′ik) *adj.*

**pictorial** (pik tôr′ē əl) *adj.* of, containing, or expressed in pictures —*n.* a periodical featuring many pictures —**picto′rializa′tion** *n.*

**picture** (pik′chər) *n.* [< L. *pingere,* to paint] **1.** a likeness produced on a flat surface, as by painting or photography **2.** anything resembling or typifying something else **3.** anything regarded as like a painting, etc. **4.** a mental image; idea **5.** a vivid description **6.** all the facts of an event **7.** a film **8.** the image on a TV screen —*vt.* **-tured, -turing 1.** to imagine **2.** to describe or explain **3.** to make a picture of **4.** to make visible —**in** (or **out of**) **the picture** considered as involved (or not involved) in a situation

**picture card** *same as* COURT CARD

**picture moulding** the rail near the ceiling from which framed pictures are hung: also **picture rail**

**picture palace** a cinema: also **picture house, picture theatre**

**picture postcard** a postcard with a picture on one side

**pictures** *n.pl.* [Colloq.] the cinema or a film performance

**picturesque** (pik′chə resk′) *adj.* **1.** *a*) having a wild beauty, as mountain scenery *b*) quaint **2.** vivid

**picture window** a large window, esp. in a living room

**piddle** (pid′l) *vi.* **-dled, -dling** [< ?] **1.** [Colloq.] to urinate **2.** to trifle or deal in trifles —**pid′dler** *n.*

**piddling** (pid′liŋ) *adj.* [Colloq.] trifling; petty

**pidgin** (pij′in) *n.* [supposed Chin. pronun. of BUSINESS] a jargon incorporating the vocabulary of different languages

**pidgin English** a simplified form of English with a Chinese syntax, used as a trade language

**pi-dog** *same as* PYE-DOG

**pie[1]** (pī) *n.* [< ?] a baked dish consisting of fruit, meat, etc. with an under or upper crust, or both —**(as) easy as pie** [Colloq.] extremely easy

**pie[2]** *n.* [< ?] a disordered collection of printing type

**pie[3]** *n.* [OFr. < L. *pica*] *same as* MAGPIE

**piebald** (pī′bôld′) *adj.* [PIE[3] + BALD] covered with patches of two colours, esp. white and black —*n.* a piebald horse or other animal

**piece** (pēs) *n.* [OFr. *pece*] **1.** a section of a whole, regarded as complete in itself **2.** a part broken or separated from the whole **3.** a single thing, as an artistic work, an action, a firearm, a coin, one of a set, etc. **4.** an amount of work constituting a single job **5.** *Chess* any chessman other than a pawn —*vt.* **pieced, piec'ing 1.** to add pieces to, as in repairing **2.** to join (*together*) the pieces of, as in mending —**a piece of one's mind** frank criticism —**go to pieces 1.** to lose all self-control **2.** to fall apart —**nasty piece of work** an unpleasant person —**of a** (or **one**) **piece** alike —**piece of cake** [Colloq.] something easily obtained or achieved

**‡pièce de résistance** (pyes'də-rā zēs tāns') [Fr. piece of resistance] **1.** the main or most remarkable item **2.** the principal dish of a meal

**piece goods** textiles usually sold by the metre, or yard

**piecemeal** (pēs'mēl') *adv.* [< ME. *pece,* piece + *-mele,* a measure] in small amounts or degrees —*adj.* made or done in pieces or one piece at a time

**piece of eight** the obsolete Spanish dollar

**piecework** *n.* work paid for at a fixed rate (**piece rate**) per piece —**piece'work'er** *n.*

**pie chart** a graph in the form of a circle divided into sectors in which relative quantities are indicated by the proportionately different sizes of the sectors

**pied** (pīd) *adj.* covered with patches of two or more colours

**‡pied-à-terre** (pye tä tāər') *n., pl.* **pieds-à-terre** (pye tä-) [Fr. foot on the ground] a lodging used only part of the time

**pie-eyed** (pī'īd') *adj.* [Slang] intoxicated; drunk

**pie in the sky** [Slang] a promise of benefits or a reward in an afterlife or in the remote future

**pier** (pēər) *n.* [ML. *pera*] **1.** a structure supporting the spans of a bridge **2.** a structure built out over water and supported by pillars: used as a landing place, pavilion, etc. **3.** *Archit.* *a*) a heavy supporting column *b*) the part of a wall between windows

**pierce** (pēərs) *vt.* **pierced, pierc'ing** [< L. *per,* through + *tundere,* strike] **1.** to pass into or through as a pointed instrument does **2.** to make a hole in; bore **3.** to break into or through **4.** to sound sharply through **5.** to penetrate with the sight or mind —*vi.* to penetrate —**pierc'ingly** *adv.*

**pier glass** a mirror set in the pier between windows

**Pierrot** (pēə'rō') [Fr.] a stock comic character in old French pantomime

**pietism** (pī'ə tiz'm) *n.* religious piety, esp. when exaggerated —**pi'etis'tic, pi'etis'tical** *adj.*

**piet-my-vrou** (pit'mā frō') *n.* [echoic] [S Afr.] the red-breasted cuckoo

**piety** (pī'ə tē) *n., pl.* **-ties** [< L. *pius,* pious] **1.** devotion to religious duties and practices **2.** devotion to parents, family, etc. **3.** a pious act, etc.

**piezoelectric effect** (pī ē'zō i lek'trik) the property exhibited by certain crystals of generating voltage when subjected to pressure, and, conversely, undergoing mechanical stress when subjected to voltage

**piezoelectricity** (pī ē'zō i lek tris'ə tē) *n.* [< Gr. *piezein,* to press + ELECTRICITY] electricity resulting from the piezoelectric effect

**piffle** (pif'l) *n.* [< ?] [Colloq.] talk, action, etc. regarded as nonsensical —*interj.* nonsense! —**vi. -fled, -fling** to talk in a silly manner —**pif'fling** *adj.*

**pig** (pig) *n.* [ME. *pigge*] **1.** a domesticated animal with a broad snout and a fat body covered with bristles; swine **2.** pork **3.** a person regarded as like a pig **4.** an oblong casting of iron, etc. poured from the smelting furnace **5.** [Derog. Slang] a policeman —*vi.* **pigged, pig'ging** to live like a pig, esp. in the phrase **pig it** —**buy a pig in a poke** to buy an article without prior sight or knowledge, usually something of no value

**pigeon**[1] (pij'ən) *n.* [< L. *pipire,* to peep] **1.** any of various related birds with a small head, plump body, and short legs, larger than doves **2.** [Slang] a dupe

**pigeon**[2] *n.* *same as* PIDGIN —**one's** pigeon [Slang] one's special concern

**pigeonhole** *n.* a small, open compartment, as in a desk, for filing papers —*vt.* **-holed', -hol'ing 1.** to put in the pigeonhole of a desk, etc. **2.** to put aside indefinitely **3.** to classify

**pigeon-toed** *adj.* having the toes or feet turned in

**piggery** (pig'ər ē) *n., pl.* **-geries** *var. of* PIGSTY

**piggish** (pig'ish) *adj.* like a pig; gluttonous or filthy —**pig'gishly** *adv.* —**pig'gishness** *n.*

**piggy** (pig'ē) *n., pl.* **-gies** a little pig —*adj.* **-gier, -giest** *same as* PIGGISH

**piggyback** *n.* [< PACK[1]] a ride on the back or shoulders of another —*adv., adj.* on the back or shoulders of another

**piggy bank** any small money-box with a slot for coins

**pigheaded** *adj.* stubborn; obstinate

**pig iron** [see PIG, *n.* 4] crude iron, as it comes from the blast furnace

**piglet** (pig'lit) *n.* a little pig, esp. a suckling

**pigment** (pig'mənt) *n.* [< L. *pigmentum*] **1.** colouring matter used to make paints **2.** colouring matter in the cells and tissues of plants or animals —*vi., vt.* to take on pigment —**pig'mentary** *adj.*

**pigmentation** (pig'mən tā'shən) *n.* colouration in plants or animals due to pigment in the tissue

**Pigmy** (pig'mē) *adj., n., pl.* **-mies** *same as* PYGMY

**pignut** (pig'nut') *n.* *same as* EARTHNUT

**pigpen** *n.* [U.S.] *same as* PIGSTY

**pigskin** *n.* **1.** the skin of a pig **2.** leather made from this

**pigsty** *n., pl.* **-sties'** a pen where pigs are confined

**pig swill** kitchen or brewery swill given to pigs: also **pig's wash, pig wash**

**pigtail** *n.* a plait of hair hanging at the back of the head

**pike**[1] (pīk) *n.* [< Fr. *pique*] *Hist.* a

weapon with a metal spearhead on a long, wooden shaft

**pike²** *n.* [see ff.] a slender, voracious, freshwater game fish of northern waters, with a narrow, pointed head and sharp teeth

**pike³** *n.* [OE. *pic,* a pickaxe] a spike or point, as the pointed tip of a spear

**pike⁴** *n.* [see prec.] [Dial.] a peaked summit

**pikestaff** *n., pl.* **-staves** the shaft of a pike

**pilaf, pilaff** (pi laf′) *n.* [Pers. & Turk. *pilāw*] rice boiled in a seasoned liquid, and usually containing meat or fish: also **pilau′**

PILASTER

**pilaster** (pi las′tər) *n.* [< It. < L. *pila,* a pile] a columnlike rectangular support projecting partially from a wall

**pilchard** (pil′chərd) *n.* [< ?] a small saltwater fish of the herring family, the commercial sardine of western Europe

**pile¹** (pīl) *n.* [< L. *pila,* a pillar] **1.** a mass of things heaped together **2.** [Colloq.] a large amount **3.** a heap of wood, etc. on which a corpse or sacrifice is burned **4.** a large building **5.** *Elec.* a series of alternate plates of unlike metals with acid-saturated cloth between them, for making an electric current **6.** *an earlier name for* NUCLEAR REACTOR —***vt.*** **piled, pil′ing** **1.** to heap up **2.** to load **3.** to accumulate Often with *up* —***vi.*** **1.** to form a pile **2.** to move confusedly in a mass (with *in, out, on,* etc.) —**pile it on** to exaggerate

**pile²** *n.* [< L. *pilus,* a hair] a soft, velvety, raised surface on a rug, fabric, etc.

**pile³** *n.* [OE. *pil*] a long, heavy beam driven into the ground to support a bridge, dock, etc.

**pile driver** (or **engine**) a machine with a drop hammer for driving piles

**piles** *n.pl.* [< L. *pila,* ball] haemorrhoids

**pileup** *n.* [Colloq.] a collision involving several vehicles

**pilfer** (pil′fər) ***vt., vi.*** [< MFr. *pelfre,* booty] to steal (esp. small sums, petty objects, etc.) —**pil′ferage** *n.*

**pilgrim** (pil′grim) *n.* [< L. *peregrinus,* foreigner] **1.** a traveller to a shrine or holy place **2.** a wanderer **3.** [**P-**] one of the English Puritans who founded Plymouth colony in Massachusetts, U.S. in 1620

**pilgrimage** *n.* **1.** a pilgrim's journey, esp. to a shrine, etc. **2.** any similar long journey

**Pilgrim Fathers** the Pilgrims

**pill** (pil) *n.* [< L. *pila,* ball] **1.** a small ball, tablet, etc. of medicine to be swallowed whole **2.** a thing that is unpleasant but unavoidable **3.** [Slang] a billiard ball, golf ball, etc. —**the pill** [Colloq.] a contraceptive taken as a pill by women

**pillage** (pil′ij) *n.* [< MFr. *piller,* rob] **1.** a plundering **2.** booty; loot —***vt., vi.*** **-laged, -laging** **1.** to loot; plunder

**pillar** (pil′ər) *n.* [< L. *pila,* column] **1.** a slender, vertical structure used as a support; column **2.** a person who is a main support of an institution, etc. —**from pillar to post** from one predicament, place of appeal, etc. to another

**pillar box** a pillar-shaped public letter box, usually red and often situated on a pavement

**pillbox** (pil′boks′) *n.* **1.** a small box for pills **2.** a low, enclosed gun emplacement of concrete

**pillion** (pil′yən) *n.* [< L. *pellis,* a skin] an extra saddle behind the driver on a motorcycle —**ride pillion** to travel on the pillion, esp. of a motorcycle

PILLORY

**pillory** (pil′ər ē) *n., pl.* **-ries** [OFr. *pilori*] *Hist.* a wooden board with holes for the head and hands, in which offenders were locked and exposed to public scorn —***vt.*** **-ried, -rying** **1.** to lay open to public ridicule, scorn, or abuse **2.** to put in a pillory

**pillow** (pil′ō) *n.* [OE. *pyle*] a cloth case filled with feathers, etc. and used as a support for the head in sleeping —***vt.*** **1.** to rest as on a pillow **2.** to be a pillow for

**pillowcase** *n.* a removable cloth case to cover a pillow: also **pil′lowslip′**

**pilot** (pī′lət) *n.* [< Gr. *pēdon,* oar blade] **1.** a qualified operator of an aircraft **2.** a steersman; specif., one licensed to steer ships into or out of a harbour **3.** a guide **4.** *same as* PILOT LIGHT —***vt.*** **1.** to act as a pilot of, on, in, or over **2.** to guide —***adj.*** **1.** that guides or activates **2.** that serves as a testing unit

**pilothouse** *n. same as* WHEELHOUSE

**pilot lamp** an electric lamp placed in an electric circuit to indicate when the current is on

**pilot light** a small gas burner kept lighted to rekindle a principal burner when needed

**pilot officer** *see* MILITARY RANKS, table
**pilule** (pil′yōōl) *n.* [see PILL] a small pill
**pimento** (pi men′tō) *n., pl.* **-tos** [< L. *pigmentum,* pigment] *same as* ALL-SPICE
**pimiento** (pi myen′tō) *n.* [var. of PIMENTO] a sweet variety of the capsicum pepper
**pimp** (pimp) *n.* [< ?] a man who is an agent for prostitutes —*vi.* to act as a pimp
**pimpernel** (pim′pər nəl) *n.* [< L. *piper,* pepper] any of certain related plants with clustered flowers and leafless stems; esp., the **scarlet pimpernel,** with starlike flowers which close in bad weather
**pimple** (pim′p'l) *n.* [? < OE. *piplian,* break out in pimples] any small, rounded, usually inflamed swelling of the skin —**pim′ply** *adj.*
**pin** (pin) *n.* [OE. *pinn*] **1.** a little piece of stiff wire with a pointed end and a rounded head, for fastening things together **2.** something worthless or insignificant **3.** anything like a pin in form, use, etc. **4.** *Bowling* any of the wooden clubs at which the ball is rolled **5.** a peg for regulating the tension of a string in a piano, harp, etc. **6.** *Golf* a pole with a flag attached, in and marking the hole of a green **7.** a peg of wood, metal, etc., used as a fastening, support, etc. **8.** [Colloq.] the leg: *usually used in pl.* —*vt.* **pinned, pin′ning** **1.** to fasten as with a pin **2.** to hold firmly in one position —**pin down** **1.** to get (someone) to commit himself as to his opinion, plans, etc. **2.** to confirm (a fact, details, etc.) —**pin (something) on someone** [Colloq.] to lay the blame for (something) on someone
**pinafore** (pin′ə fôr′) *n.* [PIN + AFORE] **1.** an apron, esp. a wraparound one or one with a bib **2.** a sleeveless dress worn over a sweater or blouse: also **pinafore dress**
**pinball machine** a game machine with an inclined board having pins, holes, etc. marked with scores for a spring-driven ball to contact
**pince-nez** (pans′nā′) *n., pl.* **pince′-nez**′(-nāz′) [Fr., nose-pincher] spectacles without sidepieces, kept in place by a spring gripping the bridge of the nose
**pincers** (pin′sərz) *n.pl.* [*occas. with sing. v.*] [< OFr. *pincier,* to pinch] **1.** a tool with two pivoted parts for gripping or nipping things **2.** a grasping claw, as of a crab —**pin′cerlike**′ *adj.*
**pinch** (pinch) *vt.* [< OFr. *pincier*] **1.** to squeeze as between finger and thumb **2.** to nip off the end of (a plant shoot) **3.** to press painfully upon (a part of the body) **4.** to cause distress or discomfort to **5.** to make thin, cramped, etc., as by hunger or cold **6.** to restrict closely; straiten **7.** [Colloq.] *a*) to steal *b*) to arrest —*vi.* **1.** to squeeze painfully **2.** to be stingy or frugal —*n.* **1.** a pinching; squeeze **2.** a quantity graspable between finger and thumb **3.** distress **4.** an emergency
**pinchbeck** (pinch′bek′) *n.* [< C. *Pinchbeck*] **1.** an alloy of copper and zinc used to imitate gold in jewellery **2.** anything cheap or imitation
**pinch-hit** (pinch′hit′) *vi.* **-hit′, -hit′ting** [U.S.] **1.** *Baseball* to bat in place of the batter whose turn it is **2.** to substitute (*for*) in an emergency —**pinch hitter**
**pincushion** (pin′koosh′ən) *n.* a small cushion to stick pins and needles in
**pine**[1] (pin) *n.* [< L. *pinus*] **1.** any of various evergreen trees with needlelike leaves and woody cones: pines are valuable for wood and for resin, from which turpentine, tar, etc. are obtained **2.** the wood
**pine**[2] *vi.* **pined, pin′ing** [< L. *poena,* a pain] **1.** to have an intense desire; yearn **2.** to waste (*away*) with grief, longing, etc.
**pineal body** (pin′ē əl) [< Fr. < L. *pinea,* pine cone] a small, cone-shaped body in the brain of all vertebrates: its function is obscure
**pineapple** (pīn′ap′'l) *n.* [< ME. *pinappel,* pine cone] **1.** a juicy, edible tropical fruit somewhat resembling a pine cone **2.** the plant it grows on
**pine cone** the cone of a pine tree
**ping** (piŋ) *n.* [echoic] a sharp sound, as of a bullet striking, an engine knocking, etc. —*vi., vt.* to make or cause to make such a sound
**Ping-Pong** (piŋ′poŋ′) [echoic] *Trademark* table tennis equipment —*n.* [**p-p-**] *same as* TABLE TENNIS
**pinhead** (pin′hed′) *n.* **1.** anything tiny or trifling **2.** [Slang] a stupid or silly person
**pinhole** *n.* **1.** a tiny hole made as by a pin **2.** a hole into which a pin or peg goes
**pinion**[1] (pin′yən) *n.* [< L. *pinna,* feather] a small cogwheel with teeth that fit into a gearwheel
**pinion**[2] *n.* [< L. *pinna,* feather] **1.** the end joint of a bird's wing **2.** a wing **3.** any wing feather —*vt.* **1.** to bind the arms of **2.** to confine **3.** to bind (the wings) **4.** to cut off the pinions of (a bird)
**pink**[1] (piŋk) *n.* [< ?] **1.** pale red **2.** any of certain annual and perennial plants with brightly-coloured flowers **3.** the finest example, degree, etc. —*adj.* **1.** pale-red **2.** [Colloq.] somewhat radical politically —**in the pink** [Colloq.] in good physical condition —**pink′ish** *adj.*
**pink**[2] *vt.* [ME. *pynken*] **1.** to cut a saw-toothed edge on (cloth, etc.) to prevent unravelling or for decoration **2.** to prick or stab
**pink**[3] *vi.* [echoic] to make a metallic knocking sound: said of an internal-combustion engine —**pink′ing** *n.*
**pinkie, pinky** *n., pl.* **pink′ies** [prob. < Du. *pink,* little finger] [U.S. & Scot.] the smallest finger
**pinking shears** shears with notched blades, for pinking the edges of cloth, etc.
**pin money** **1.** orig., an allowance given to a wife for small personal expenses **2.** any small sum of money
**pinnace** (pin′is) *n.* [< Fr. < Sp. < L. *pinus,* pine] **1.** a small sailing ship **2.** a ship's boat

**pinnacle** (pin′ə k′l) *n.* [< L. *pinna,* wing] **1.** the highest point **2.** a slender, pointed formation, as a mountain peak **3.** a small turret or spire

**pinnate** (pin′it) *adj.* [< L. *pinna,* a feather] *Bot.* with leaflets on each side of a common axis

**pinny** (pin′ē) *n.* [Colloq.] a pinafore

**pinpoint** (pin′point′) *vt.* to locate, define, or focus on precisely —*n.* the point of a pin

**pinprick** *n.* a minor irritation or annoyance

**pins and needles** a prickling feeling as in a numb limb

**pin stripe** a very thin stripe, as in some suits

**pint** (pīnt) *n.* [< ML. *pinta*] **1.** a measure of capacity (liquid or dry) equal to 1/2 quart (0.568 litre) **2.** a pint container Abbrev. **pt., p. 3.** [Colloq.] a pint of beer

**pinta** (pīn′tə) *n.* [< *pint of* ] [Colloq.] a pint, esp. of milk

**pintail** (pin′tāl′) *n.* a duck or grouse with a long, pointed tail —**pin′tailed′** *adj.*

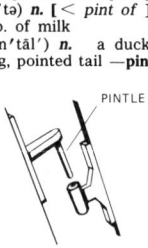


**pintle** (pin′t′l) *n.* [OE. *pintel,* penis] a pin or bolt upon which some other part pivots or turns

**pinto** (pin′tō) *n., pl.* **-tos** [AmSp.] [U.S.] a horse marked with patches of white and another colour

**pint-size** (pīnt′sīz′) *adj.* [Colloq.] tiny: also **pint′-sized′**

**pin tuck** a very narrow, ornamental fold in the fabric of a shirt, dress, etc.

**pinup** (pin′up′) *adj.* [Colloq.] designating an attractive woman or man whose picture is often pinned up on walls —*n.* [Colloq.] a pinup woman or man, picture, etc.

**pinwheel** *n.* a firework that revolves when set off

**pion** (pī′on′) *n.* [$PI^2$ + (MES)ON] any of three mesons, positive, negative, or neutral

**pioneer** (pī′ə nēər′) *n.* [< Fr. see PEON] **1.** one who goes before, preparing the way for others, as an early settler **2.** an innovator or inventor —*adj.* of a pioneer —*vi.* to be a pioneer —*vt.* **1.** to prepare or open (a way, etc.) **2.** to be a pioneer in or of

**pious** (pī′əs) *adj.* [L. *pius*] **1.** having or showing religious devotion **2.** hypocritically virtuous —**pi′ously** *adv.*

**pip**[1] (pip) *n.* [< PIPPIN] a small seed, as of an apple

**pip**[2] *n.* [< ?] **1.** any of the spots on playing cards, dice, etc. **2.** the emblem worn by certain officers in the army indicating their rank

**pip**[3] *n.* [< L. *pituita,* phlegm] **1.** a contagious disease of fowl **2.** [Slang] a bad temper or depression [he gives me the *pip*]

**pip**[4] *vt.* **pipped, pip′ping** [< ?] [Colloq.] **1.** to wound, esp. with a gun **2.** to defeat someone, esp. when their victory seemed certain [to *pip* at the post]

**pip**[5] *n.* [echoic] a high-pitched sound, of which a sequence (**the pips**) acts as a time signal, esp. on the radio

**pipe** (pīp) *n.* [< L. *pipare,* to chirp] **1.** a long tube of concrete, metal, etc., for conveying water, gas, oil, etc. **2.** a tubular part, organ, etc. **3.** *a*) a tube with a small bowl at one end, in which tobacco, etc. is smoked *b*) enough tobacco, etc. to fill such a bowl **4.** a tube into which air is blown to make musical sounds; specif., [*pl.*] *same as: a*) PANPIPE *b*) BAGPIPE **5.** any of the tubes in an organ that produce the tones **6.** a boatswain's whistle **7.** a cask holding about 105 gallons (447 litres) —*vi.* **piped, pip′ing 1.** to play on a pipe **2.** to utter shrill sounds —*vt.* **1.** to play (a tune, etc.) on a pipe **2.** to utter in a shrill voice **3.** to bring, etc. by piping **4.** to convey (water, etc.) by pipes **5.** to provide with pipes **6.** to transmit recorded music, etc. —**pipe down** [Slang] to become quiet —**pipe up 1.** to begin to play or sing (music) **2.** to speak up or say, esp. in a piping voice

**pipe clay** a white clay used for making tobacco pipes, whitening leather, etc.

**pipe cleaner** a short length of wires twisted to hold tiny tufts of yarn, for cleaning pipestems

**pipe dream** [Colloq.] a fanciful idea or vain hope: alluding to dreams induced by smoking an opium pipe

**pipeline** *n.* **1.** a line of pipes for conveying water, oil, etc. **2.** any means whereby something is conveyed —**in the pipeline** in the process of being completed, delivered, etc.

**pip emma** [Colloq.] the army signallers term for P.M.

**pipe organ** an organ with pipes

**piper** *n.* a person who plays on a pipe; esp., a bagpiper

**pipe rolls** the record of Exchequer accounts kept between 1131 and 1833

**pipestem** *n.* the slender stem of a tobacco pipe

**pipette** (pi pet′) [< Fr. *pipe,* a pipe] a slender tube for measuring or transferring small amounts of liquids

**piping** (pīp′iŋ) *n.* **1.** a system of pipes **2.** material used for pipes **3.** a narrow, rounded fold of material with which edges are trimmed —*adj.* shrill —**piping hot** so hot as to sizzle

**pipit** (pip′it) *n.* [echoic] a small songbird with a slender bill and streaked breast

**pippin** (pip′in) *n.* [OFr. *pepin,* seed] any of a number of varieties of apple

**pipsqueak** (pip′skwēk′) *n.* [< $PEEP^1$ +

SQUEAK] [Colloq.] a person, etc. regarded as small or insignificant

**piquant** (pē'kənt) ***adj.*** [Fr. < *piquer,* to prick] **1.** pleasantly sharp or spicy to the taste **2.** exciting interest; stimulating —**pi'quancy** ***n.***

**pique** (pēk) ***n.*** [Fr. < *piquer,* to prick] resentment at being slighted —***vt.*** **piqued, piqu'ing** **1.** to arouse resentment in **2.** to arouse (one's curiosity, etc.)

**piqué** (pē'kā) ***n.*** [Fr. < *piquer,* to prick] a firmly woven cotton fabric with ribbed wales

**piquet** (pi ket') ***n.*** [Fr. < *pic,* orig., a sting] a game of cards for two, played with 32 cards

**piracy** (pīə'rə sē) ***n., pl.*** **-cies** [see PIRATE] **1.** robbery of ships on the high seas **2.** the unauthorized use of copyrighted work

**piranha** (pi rän'yə) ***n.*** [< Tupi, toothed fish] a small, fiercely voracious fresh-water fish of South America

**pirate** (pīə'rət) ***n.*** [< Gr. *peirān,* to attack] a person who practises piracy —***vt., vi.*** **-rated, -rating** **1.** to publish or reproduce without authorization (a book, etc.), esp. in violation of a copyright **2.** to practise piracy (upon) **3.** to take (something) by piracy —**pirat'ical** (pī rat'i k'l) ***adj.***

**pirouette** (pir'oo wet') ***n.*** [Fr., spinning top] a whirling around on one foot or the point of the toe, esp. in ballet —***vi.*** **-et'ted, -et'ting** to do a pirouette

**piscatorial** (pis'kə tôr'ē əl) ***adj.*** [< L. *piscator,* fisherman] of fishermen or fishing: also **pis'catory**

**Pisces** (pī'sēz) [L. *piscis,* fish] **1.** a constellation south of Andromeda **2.** the twelfth sign of the zodiac

**pisciculture** (pis'i kul'chər) ***n.*** [prec. + CULTURE] the breeding of fish as a science or industry

**piscine**[1] (pis'īn) ***adj.*** [< L. *piscis,* fish] of or resembling fish

**piscine**[2] (pis'ēn) ***n.*** [< prec.] a swimming pool

**pish** (psh, pish) ***interj., n.*** an exclamation of disgust or impatience —***vi., vt.*** to make this exclamation (at)

**piss** (pis) ***vi.*** [prob. echoic] [Vulg.] to urinate —***vt.*** to discharge as or with the urine —***n.*** urine —**piss off** [Vulg. Slang] to go away; depart —**pissed off** [Vulg. Slang] annoyed

**pissed** (pist) ***adj.*** [Vulg. Slang] drunk, intoxicated

**pistachio** (pi stä'shē ō') ***n., pl.*** **-chios'** [< OPer. *pistah*] **1.** a small tree related to the cashew **2.** its edible, greenish seed (**pistachio nut**)

**pistil** (pis't'l) ***n.*** [< L. *pistillum,* pestle] the seedbearing organ of a flowering plant

**pistillate** (pis'tə lit) ***adj.*** having a pistil or pistils

**pistol** (pis't'l) ***n.*** [< Czech *pišt'al*] a small firearm held and fired with one hand —***vt.*** **-tolled, -tolling** to shoot with a pistol

**pistol-whip** ***vt.*** **-whipped', -whip'ping** to beat with a pistol, esp. about the head

PISTON

**piston** (pis't'n) ***n.*** [< L. *pinsere,* to pound] a short cylinder fitted in a hollow cylinder and moved back and forth by the pressure of a fluid so as to transmit motion to a rod (**piston rod**), or moved by the rod to exert pressure on the fluid

**pit**[1] (pit) ***n.*** [< MDu. *pitte*] [U.S.] the stone of various fruits

**pit**[2] ***n.*** [< L. *puteus,* a well] **1.** a large, deep hole in the ground **2.** an abyss **3.** hell: used with *the* **4.** a covered hole used to trap wild animals **5.** any concealed danger **6.** an enclosed area in which animals are kept or made to fight **7.** *a*) a mine or excavation *b*) the shaft of a coal mine **8.** a small hollow in a surface **9.** the rear part of the ground floor of a theatre **10.** the sunken section in front of the stage, where the orchestra sits **11.** *a*) an area off the side of a motor racing circuit for servicing cars *b*) a sunken area in a garage for servicing cars —***vt.*** **pit'ted, pit'ting** **1.** to set in competition (*against*) **2.** to make pits in **3.** to put in a pit —**pit of the stomach** the hollow depression below the breastbone

**pitapat** (pit'ə pat') ***adv.*** [echoic] with rapid beating —***n.*** a rapid succession of beats

**pitch**[1] (pich) ***n.*** [< L. *pix*] **1.** a black, sticky substance formed from coal tar and used for waterproofing, pavements, etc. **2.** natural asphalt —***vt.*** to cover or smear as with pitch

**pitch**[2] ***vt.*** [ME. *picchen*] **1.** to set up [to *pitch* a tent] **2.** to throw; toss **3.** to fix at a particular point, level, etc. **4.** *Cricket* to throw a cricket ball, esp. at some specified point **5.** *Music* to set the key of (a tune, etc.) —***vi.*** **1.** to take up one's position **2.** to toss anything, as hay, a ball, etc. **3.** to fall or plunge forwards **4.** to toss with the bow and stern rising and falling: said of a ship —***n.*** **1.** act or manner of pitching **2.** a throw; toss **3.** the pitching of a ship or aircraft in rough sea or air **4.** a point or degree **5.** the degree of slope **6.** a vendor's station, esp. his position on a pavement **7.** [Slang] a line of talk, such as a salesman uses **8.** *Machinery* the distance between corresponding points or adjacent threads of a screw **9.** *Music* that quality of a tone or sound determined by the frequency of vibration of the sound waves: the greater the frequency, the higher the pitch **10.** *Sports* the field of play, esp. in football and cricket **—pitch in** [Colloq.] to set to work energetically **—pitch into** [Colloq.] to attack

**pitch-black** *adj.* very black

**pitchblende** *n.* [< G. *Pech,* pitch + *Blende,* blende] a brown mineral, the chief ore of uranium

**pitch-dark** *adj.* very dark

**pitched battle** **1.** a battle in which positions are fixed before the action **2.** a hard-fought battle

**pitcher**[1] *n.* [see BEAKER] a container, usually rounded with a narrow neck, used mainly as a water container

**pitcher**[2] *n.* [< PITCH[2]] [U.S.] *Baseball* the player who pitches the ball to opposing batters

**pitcher plant** a plant with pitcherlike leaves: floral emblem of Newfoundland and Labrador

**pitchfork** *n.* a large, long-handled fork used for tossing hay, etc. **—*vt.*** to toss as with a pitchfork

**pitch pine** a resinous pine from which pitch or turpentine is obtained

**pitch pipe** a small pipe which produces a fixed tone as a standard for tuning instruments, etc.

**pitchy** *adj.* **-ier, -iest** **1.** thick and sticky like pitch **2.** black

**piteous** (pit'ē əs) *adj.* arousing or deserving pity **—pit'eously** *adv.* **—pit'eousness** *n.*

**pitfall** (pit'fôl') *n.* [< ME. *pit,* pit + *falle,* trap] **1.** any hidden difficulty **2.** a covered pit to trap animals

**pith** (pith) *n.* [OE. *pitha*] **1.** the fibrous tissue under the rind of an orange, etc. **2.** the essential part **3.** the soft, spongy tissue in the centre of certain plant stems

**pit head** the area at the top of a mine shaft

**pith helmet** a lightweight hat made of pith covered with white cotton and worn in hot climates

**pithy** (pith'ē) *adj.* **-ier, -iest** **1.** terse and full of substance **2.** of, like, or full of pith **—pith'ily** *adv.*

**pitiable** (pit'ē ə b'l) *adj.* arousing pity, sometimes mixed with scorn **—pit'iably** *adv.*

**pitiful** (pit'i fool) *adj.* **1.** exciting or deserving pity **2.** deserving contempt **—pit'ifully** *adv.* **—pit'ifulness** *n.*

**pitiless** (pit'i lis) *adj.* without pity; merciless

**piton** (pē'ton) *n., pl.* **-tons** (-tonz) [< MFr., a spike] a metal spike that is driven into rock or ice for support in mountain climbing

**pittance** (pit'əns) *n.* [ult. < L. *pietas,* piety] **1.** a meagre allowance of money **2.** a small amount

**pitter-patter** (pit'ər pat'ər) *n.* [echoic] a rapid succession of light tapping sounds, as of raindrops

**pituitary** (pi tyōō'ə tər ē) *adj.* [< L. *pituita,* phlegm] of the pituitary gland **—*n., pl.* -taries** *same as* PITUITARY GLAND

**pituitary gland** (or **body**) a small, oval endocrine gland at the base of the brain: it secretes hormones influencing body growth, metabolism, etc.

**pity** (pit'ē) *n., pl.* **pit'ies** [< L. *pietas,* piety] **1.** sorrow for another's suffering **2.** a cause for sorrow or regret **—*vt., vi.* pit'ied, pit'ying** to feel pity (for) **—have** (or **take**) **pity on** to show pity for **—pit'yingly** *adv.*

**‡più** (pyōō) *adv.* [It.] more: a direction in music

**pivot** (piv'ət) *n.* [Fr.] **1.** a point, shaft, etc. on which something turns **2.** a person or thing on which something depends **—*vt.*** to provide with a pivot **—*vi.*** to turn as on a pivot

**pivotal** *adj.* **1.** of or acting as a pivot **2.** on which something turns or depends; crucial

**pix** (piks) *n.pl.* [< PIC(TURE)S] [Slang] **1.** films **2.** photographs

**pixie, pixy** (pik'sē) *n., pl.* **pix'ies** [< ?] a fairy or sprite, esp. one that is puckish **—pix'ieish, pix'yish** *adj.*

**pìzza** (pēt'sə) *n.* [It.] an Italian dish of dough covered with tomatoes, cheese, etc.

**pizzicato** (pit'sə kät'ō) *adj.* [It.] *Music* plucked: a direction to pluck the strings of a violin, viola, etc. **—*adv.*** in a pizzicato manner

**pl.** **1.** place **2.** plate **3.** plural

**PLA** Port of London Authority

**plaas** (pläs) *n.* [< Afrik.] [S Afr.] a farm

**placable** (plak'ə b'l) *adj.* [< L. *placare,* to soothe] capable of being placated **—plac'abil'ity** *n.*

**placard** (plak'ärd) *n.* [< MDu. *placke,* a piece] a notice for display in a public place **—*vt.*** **1.** to place placards on or in **2.** to advertise by means of placards **3.** to display as a placard

**placate** (plə kāt') *vt.* **-cat'ed, -cat'ing** [< L. *placare,* to soothe] to appease; pacify **—placa'tory** *adj.*

**place** (plās) *n.* [< Gr. *plateia,* street] **1.** *a*) the part of space occupied by a person or thing *b*) situation or state **2.** a city, town, or village **3.** a square or court in a city **4.** space; room **5.** a region or locality **6.** a residence; dwelling **7.** a building or space devoted to a special purpose **8.** a particular spot on or part of something **9.** a particular passage or page in a book, etc. **10.** position or standing **11.** a step or point in a sequence **12.** the customary or proper position, time, or character **13.** a space reserved by a person, as a seat in a theatre, etc. **14.** a job or position; employment **15.** official position **16.** one's duty or business **17.** *Arith.* the position of an integer, as in noting decimals **18.** *Racing* the first, second, or third position at the finish **—*vt.*** **placed, plac'ing** **1.** *a*) to put in a particular place, condition, or relation *b*) to identify by associating with the correct place or circumstances **2.** to offer for consideration, etc. **3.** to repose (trust, etc.) *in* a person or thing **4.** to finish in (a specified position) in a competition **—give place** to make room **—go places** [Colloq.] to achieve success **—How are you placed (for)?** [Colloq.] What are your present circumstances? **—in (or out of) place 1.** in (or out of) the customary or proper place **2.** being (or not being) fitting **—in place of** instead of **—put someone in his place** to humble someone **—take place** to occur **—take the place of** to be a substitute for

**placebo** (plə sē′bō) ***n.,*** *pl.* **-bos, -boes** [L., I shall please] *Med.* a sugar pill given merely to humour a patient or used as a control during drug trials

**place kick** *Rugby* a kick made in which the ball is placed in position before it is kicked **—place′-kick′** ***vi.***

**place mat** a small mat serving as an individual table cover for a person at a meal

**placement** (plās′mənt) ***n.*** a placing or being placed

**placenta** (plə sen′tə) ***n.,*** *pl.* **-tas, -tae** (-tē) [< Gr. *plax,* flat object] an organ developed within the uterus, connected by the umbilical cord to the foetus and supplying it with nourishment **—placen′tal** ***adj.***

**placer** (plas′ər) ***n.*** [AmSp., ult. < Gr. *plateia,* street] a deposit of gravel or sand containing particles of gold, platinum, etc. that can be washed out

**place setting** the china, cutlery, etc. for setting one place at a table for a meal

**placid** (plas′id) ***adj.*** [L. *placidus*] tranquil; calm **—placidity** (plə sid′ə tē), **plac′idness** ***n.***

**placket** (plak′it) ***n.*** [prob. < PLACARD] a slit at the waist of a skirt or dress

**plagiarize** (plā′jə rīz′) ***vt., vi.*** **-rized′, -riz′ing** [< L. *plagiarius,* kidnapper] to take (ideas, writings, etc.) from (another) and pass them off as one's own **—pla′giarism** ***n.*** **—pla′giarist** ***n.***

**plague** (plāg) ***n.*** [< Gr. *plēgē,* misfortune] **1.** any deadly epidemic disease **2.** anything that afflicts or troubles **3.** [Colloq.] a nuisance **—*vt.* plagued, plagu′ing** to vex; torment

**plaguy** (plā′gē) ***adj.*** [Dial. or Colloq.] vexatious

**plaice** (plās) ***n.,*** *pl.* **plaice** [< Gr. *platys,* broad] a kind of flatfish used as food

**plaid** (plad) ***n.*** [Gael. *plaide,* blanket] **1.** a long woollen cloth with a crossbarred pattern, worn over the shoulder by Scottish Highlanders **2.** any pattern of this kind **—*adj.*** having such a pattern

**Plaid Cymru** (plid′kum′rē) the Welsh nationalist party

**plain** (plān) ***adj.*** [< L. *planus,* flat] **1.** not obstructed; open [in *plain* view] **2.** clearly understood [his meaning was *plain*] **3.** direct; frank **4.** not fancy; simple **5.** not good-looking; homely **6.** ordinary [a *plain* man] **—*n.*** **1.** an extent of level country **2.** a simple stitch in knitting **—*adv.*** clearly or simply **—as plain as a pikestaff** perfectly clear and obvious **—plain′ly** ***adv.*** **—plain′ness** ***n.***

**plain chocolate** eating chocolate with a slightly bitter taste and a dark colour

**plainclothes man** a police detective who wears civilian clothes on duty: also **plain′clothes′man**

**plain flour** flour that contains no raising agent

**plain sailing 1.** smooth progress or advancement **2.** *Naut.* sailing in a body of water that is unobstructed

**plainsong** ***n.*** early Christian church music, in free rhythm and sung in unison: also **plain′chant′**

**plain-spoken** (plān′spō′k'n) ***adj.*** speaking or spoken plainly or frankly **—plain′-spo′kenness** ***n.***

**plaint** (plānt) ***n.*** [< L. *plangere,* to lament] **1.** [Poet.] lament **2.** a complaint

**plaintiff** (plān′tif) ***n.*** [see prec.] a person who brings a suit into a court of law; complainant

**plaintive** (plān′tiv) ***adj.*** [see PLAINT] expressing sorrow or melancholy; sad **—plain′tively** ***adv.***

**plait** (plat) ***n.*** [< L. *plicare,* to fold] **1.** a length of plaited hair **2.** *same as* PLEAT **—*vt.*** to interweave three or more strands of (hair, straw, etc.)

**plan** (plan) ***n.*** [Fr.] **1.** a scheme for making, doing, or arranging something **2.** a diagram showing the arrangement in horizontal section of a structure, piece of ground, etc. **3.** any outline or sketch **—*vt., vi.*** **planned, plan′ning** to make or have in mind a plan of or for (something) **—plan on** [Colloq.] aim to do **—plan′ner** ***n.***

**planar** (plā′nər) ***adj.*** **1.** of or relating to a plane **2.** lying in one plane; flat

**planchette** (plän shet′) ***n.*** [Fr.] a small device used on a Ouija board: it is believed to move without guidance to letters or words as the fingers rest on it

**plane**[1] (plān) ***n.*** [< Gr. *platys,* broad] any of several trees with broad leaves and bark that comes off in large patches: also **plane tree**

**plane**[2] ***adj.*** [L. *planus*] **1.** flat; level **2.** *Math. a*) on a surface that is a plane *b*) of such surfaces **—*n.*** **1.** a surface that wholly contains a straight line joining any two points lying in it **2.** a flat or level surface **3.** a level of achievement, existence, etc. **4.** *short for* AEROPLANE **5.** an aerofoil

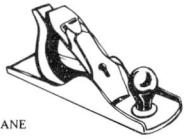

PLANE

**plane**[3] ***n.*** [< L. *planus,* level] a carpenter's tool for smoothing or levelling wood **—*vt.*** **planed, plan′ing 1.** to make smooth or level with a plane **2.** to remove with a plane (with *off* or *away*) **—*vi.*** **1.** to work with a plane **2.** to do the work of a plane —**plan'er** *n.*

**plane**[4] *vi.* **planed, plan'ing** [Fr. *planer*] **1.** to soar or glide **2.** to rise from the water, as a hydroplane does **3.** to travel by aircraft

**planet** (plan'it) *n.* [< Gr. *planan,* wander] any heavenly body revolving about a star, as the earth does about the sun, and shining by light reflected from the star: the major planets, in their order from the sun, are Mercury, Venus, Earth, Mars, Jupiter, Saturn, Uranus, Neptune, and Pluto —**plan'etary** *adj.*

**planetarium** (plan'ə tāər'ē əm) *n., pl.* **-iums, -ia** [< LL. *planeta,* planet + L. (*sol*)*arium,* solarium] **1.** an arrangement for projecting the images of the sun, moon, planets, and stars inside a large dome **2.** the room or building containing this

**planetoid** (plan'ə toid') *n. same as* ASTEROID (*n.* 1)

**plank** (plaŋk) *n.* [< LL. *planca*] **1.** a long, broad, thick board **2.** an article of principle in a political programme —*vt.* **1.** to cover, lay, etc. with planks **2.** [Colloq.] *a*) to lay or set (*down*) with force *b*) to pay (usually with *down* or *out*) —**walk the plank** to walk off a plank projecting out from a ship's side, as pirates' victims were forced to do

**planking** *n.* **1.** the act of laying planks **2.** planks collectively

**plankton** (plaŋk'tən) *n.* [G. < Gr. *planktos,* wandering] floating microscopic animal and plant life, source of food for fish

**planning** (plan'iŋ) *n.* the making of comprehensive plans to control the physical and social developments of an area

**plant** (plänt) *n.* [< L. *planta,* a sprout] **1.** a living organism that cannot move voluntarily, synthesizes food from carbon dioxide, and has no sense organs **2.** a soft-stemmed organism of this kind, as distinguished from a tree or shrub **3.** the machinery, buildings, etc. of a factory **4.** the apparatus for a certain mechanical operation [a ship's power *plant*] **5.** [Slang] a person placed, or thing used, to trick or trap —*vt.* **1.** *a*) to put into the ground to grow *b*) to set plants in (a piece of ground) **2.** to set firmly in position **3.** to fix in the mind **4.** to settle; establish **5.** [Slang] to deliver (a punch, etc.) with force **6.** [Slang] to place (a person or thing) in such a way as to trick, trap, etc. —**plant oneself** position oneself

**plantain**[1] (plan'tin) *n.* [< L. *plantago*] a plant with broad leaves and spikes of tiny, greenish flowers

**plantain**[2] *n.* [< L. *platanus,* plane] a tropical banana plant with a coarse fruit cooked as a vegetable

**plantation** (plan tā'shən) *n.* [< L. *plantare,* to plant] **1.** an estate cultivated by workers living on it **2.** an area growing cultivated crops **3.** a large, cultivated planting of trees **4.** formerly, a colony

**planter** (plän'tər) *n.* **1.** the owner of a plantation **2.** a container for house plants

**plantigrade** (plan'tə grād') *adj.* [< L. *planta,* sole + *gradi,* walk] walking on the whole sole of the foot, as a bear

**plant louse** *same as* APHID

**plaque** (pläk) *n.* [Fr. < MDu. *placke,* disc] **1.** a thin, flat, decorated or lettered piece of metal, wood, etc., placed on a wall **2.** a thin film on teeth

**plash** (plash) *vt., vi., n.* [echoic] *same as* SPLASH

**-plasm** (plaz'm) [see ff.] *a combining form meaning:* **1.** the fluid substances of a cell **2.** protoplasm

**plasma** (plaz'mə) *n.* [G. < Gr. *plassein,* to form] **1.** the fluid part of blood, without the corpuscles **2.** the fluid part of lymph, milk, or intramuscular liquid **3.** protoplasm **4.** a high-temperature, ionized, electrically neutral gas

**plaster** (pläs'tər) *n.* [< Gr. *emplassein,* to daub over] **1.** a pasty mixture of lime, sand, and water, hard when dry, for coating walls, etc. **2.** *same as* PLASTER OF PARIS **3.** a pasty preparation spread on cloth and applied to the body as a medicine **4.** a small prepared bandage of gauze and adhesive tape —*vt.* **1.** to cover as with plaster **2.** to apply like a plaster **3.** to make lie smooth and flat **4.** [Colloq.] to affect or strike with force —**plas'terer** *n.*

**plasterboard** *n.* a thin board formed of layers of plaster and paper, used in wide sheets

**plastered** *adj.* [Slang] intoxicated; drunk

**plaster of Paris** a white powder, calcined gypsum, which, when mixed with water, forms a thick paste that sets quickly; used for casts, statuary, etc.

**plastic** (plas'tik) *adj.* [< Gr. *plassein,* to form] **1.** made of a plastic **2.** *a*) that can be moulded or shaped *b*) impressionable **3.** dealing with moulding or modelling **4.** moulding or shaping matter; formative —*n.* any of various nonmetallic, synthetic compounds which can be moulded and hardened —**plastic'ity** (-tis'ə tē) *n.*

**plastic bomb** a bomb made from an adhesive puttylike substance

**Plasticine** (plas'tə sēn') [< PLASTIC] *Trademark* an oil-based modelling paste used like clay or wax

**plasticize** (plas'tə sīz') *vt., vi.* **-cized', -ciz'ing** to make or become plastic

**plasticizer** *n.* any substance added to a plastic material to keep it soft and viscous

**plastic surgery** surgery dealing with the repair of injured, deformed, or destroyed parts of the body, as by skin transfer —**plastic surgeon**

**plate** (plāt) *n.* [< Gr. *platys,* flat] **1.** a shallow dish **2.** a plateful **3.** a container passed in churches, etc. for donations of money **4.** a smooth, flat, thin piece of metal, etc. **5.** dishes, utensils, etc. of, or plated with, gold or silver **6.** a full-page book illustration printed on special paper **7.** an impression taken from engraved metal **8.** a print of a woodcut, lithograph, etc. **9.** a horse race with a silver or gold cup as a prize **10.** *Anat., Zool.* a thin layer or scale, as of horny tissue, etc. **11.** *Dentistry a*) that part of a denture which fits to the mouth and holds the teeth *b*) [*often pl.*] loosely, a full set of false teeth **12.** *Photog.* a sheet of glass, metal, etc. coated with a film sensitive to light **13.** *Printing* a cast made from a mould of set type —***vt.*** **plat'ed, plat'ing** **1.** to coat with gold, tin, etc. **2.** to cover with metal plates —**on a plate** acquired without trouble —**on one's plate** waiting to be dealt with —**put up one's plate** start practising as a doctor, etc.

**plateau** (pla'tō) ***n., pl.*** **-teaus, -teaux** (-tōz) [Fr.: see PLATE] **1.** an elevated tract of level land **2.** a period of little change following some upward progress

**plated** (plāt'id) ***adj.*** **1.** coated with a metal [*silver-plated*] **2.** protected with plates, as of armour

**plateful** ***n.*** as much as a plate will hold

**plate glass** polished, clear glass in thick sheets, used for shop windows, mirrors, etc.

**platelayer** ***n.*** one whose work is laying and repairing railway lines

**platelet** (plāt'lit) ***n.*** [< PLATE] a roundish disc found in the blood and associated with blood clotting

**platen** (plat''n) ***n.*** [see PLATE] **1.** a flat metal plate, as that in a printing press which presses the paper against the inked type **2.** in a typewriter, the roller against which the keys strike

**plate rack** a kitchen device for holding plates that are draining or not in use

**platform** (plat'fôrm') ***n.*** [Fr. *plate-forme,* flat form] **1.** a raised horizontal surface; specif., *a*) a raised flooring beside a railway line, etc. *b*) a space at the entrance of a bus, etc. *c*) a raised stage for performers, speakers, etc. **2.** a statement of principles, as of a political party **3.** a shoe with a thick sole

**platform ticket** a ticket allowing entry to a railway platform but not allowing the holder to travel by train

**plating** (plāt'iŋ) ***n.*** **1.** an external layer of metal plates **2.** a thin coating of gold, silver, tin, etc.

**platinum** (plat'ə nəm) ***n.*** [< Sp. *plata,* silver] a steel-grey, metallic chemical element, resistant to corrosion: used as a chemical catalyst, for dental alloys, jewellery, etc.: symbol, Pt

**platinum blonde** **1.** a girl or woman with very light, silvery blonde hair **2.** such a colour

**platitude** (plat'ə tyōōd') ***n.*** [Fr. < *plat,* flat] a trite remark, esp. one uttered as though it were fresh —**plat'itu'dinous** ***adj.***

**Platonic** (plə ton'ik) ***adj.*** **1.** of Plato or his philosophy **2.** [*usually* **p-**] not sexual, but purely spiritual or intellectual [*platonic love*]

**Platonism** (plāt'ən iz'm) ***n.*** the philosophy of Plato or his school; Platonic idealism —**Pla'tonist** ***n.***

**platoon** (plə tōōn') ***n.*** [Fr. *peloton,* a ball, group] **1.** a military unit composed of two or more squads **2.** a group like this [*a platoon of police*]

**platteland** (plat'ə lant') ***n.*** [< Afrik.] [S Afr.] a rural district

**platter** (plat'ər) ***n.*** [see PLATE] a large, shallow dish, usually oval, for serving food

PLATYPUS
(40-60 cm long, including tail)

**platypus** (plat'ə pəs) ***n., pl.*** **-puses** [< Gr. *platys,* flat + *pous,* foot] a small, aquatic, egg-laying mammal of Australia, with webbed feet, a tail like a beaver's, and a bill like a duck's: in full, **duckbill platypus**

**plaudit** (plô'dit) ***n.*** [< L. *plaudere,* applaud] [*usually pl.*] **1.** applause **2.** any expression of approval

**plausible** (plô'zə b'l) ***adj.*** [< L. *plaudere,* applaud] seemingly true, trustworthy, etc.: often implying disbelief or distrust —**plau'sibil'ity** ***n.*** —**plau'sibly** ***adv.***

**play** (plā) ***vi.*** [OE. *plegan*] **1.** to take part in a game or sport **2.** to have fun **3.** to trifle (*with*) **4.** to gamble **5.** to move lightly, rapidly, etc. [*sunlight playing on the waves*] **6.** to perform on a musical instrument **7.** to give out sounds, etc.: said of an instrument, gramophone record, etc. **8.** to act in a specified way [*to play fair*] **9.** to perform on the stage, etc. **10.** to impose (*on* another's feelings, etc.) —***vt.*** **1.** *a*) to take part in (a game or sport) *b*) to be stationed at (a specified position) in a sport **2.** to oppose (a person, etc.) in a game **3.** to use (a player, etc.) in a game **4.** to do, as in fun [*to play tricks*] **5.** to bet (on) **6.** to cause to move, etc.; wield **7.** to put (a specified card) into play **8.** to cause [*to play havoc*] **9.** to perform (music, a drama, etc.) **10.** *a*) to perform on (an instrument) *b*) to put (a gramophone, etc.) into operation **11.** to act the part of [*to play* Iago] **12.** to imitate for amusement [*to play teacher*] **13.** to give performances in [*to play Newcastle*] **14.** to direct (a light, a stream of water, etc.) repeatedly or continuously (*on, over,* or *along*) **15.** to let (a fish) tire itself by tugging at the line —***n.*** **1.** a dramatic composition or performance; drama **2.** sport, games, etc. **3.** the playing of a game **4.** gambling **5.** motion or activity, esp. when free and rapid **6.** freedom or looseness of movement in a mechanical part **7.** fun; joking —**in** (or **out of**) **play** *Sports* in (or not in) the condition for continuing play: said of a ball, etc. —**make a play for** [Colloq.] to employ one's arts or skills to obtain —**play along (with)** to cooperate (with), often just for expediency —**play around** (or **about**) **1.** to behave in a frivolous way **2.** to be sexually unfaithful or promiscuous —**play by ear** **1.** to play an instrument without music **2.** to follow one's instinct —**play down** to make seem not too important —**played out** **1.** finished **2.** exhausted —**play off** **1.** to pit (one) against another **2.** to break (a tie) by playing once more —**play up** **1.** to give prominence **2.** to behave irritatingly **3.** to become painful, etc. —**play up to** [Colloq.] to try to please by flattery, etc.

**playback** *n.* the playing of a gramophone record or tape to listen to or check the sound recorded on it —*vt.* to play a tape, record, etc. that has just been recorded

**playbill** *n.* a poster or circular advertising a play

**playboy** *n.* a man of means who is given to pleasure-seeking, sexual promiscuity, etc.

**player** *n.* **1.** a person who plays a game **2.** an actor **3.** a person who plays a musical instrument

**player piano** a piano that can play mechanically

**playful** *adj.* **1.** fond of play or fun; frisky **2.** said or done in fun —**play'fully** *adv.* —**play'fulness** *n.*

**playgoer** *n.* one who goes frequently to the theatre

**playground** *n.* a place, often part of a schoolground, for outdoor games and play

**playgroup** *n.* a group of preschool children who meet for periods of supervised play: also **play'school'**

**playhouse** *n.* a theatre

**playing cards** cards used in playing various games, arranged in four suits: a standard pack has 52 cards

**playing field** a field or open space used for sport

**playmate** *n.* a companion in games and recreation: also **play'fel'low**

**play-off** *n.* a game played to break a tie or to decide a championship

**play on words** a pun or punning

**playpen** *n.* a small, portable enclosure in which an infant can play, crawl, etc.

**plaything** *n.* a thing to play with; toy

**playtime** *n.* time for play or recreation

**playwright** *n.* a writer of plays; dramatist

**plaza** (plä'zə) *n.* [Sp. < L.: see PLACE] a public square

**plea** (plē) *n.* [< L. *placere,* please] **1.** an appeal; entreaty **2.** a statement in defence; excuse **3.** *Law* a defendant's statement

**plead** (plēd) *vi.* **plead'ed** or **pled** or **plead** (pled), **plead'ing** [< OFr.: see PLEA] **1.** to make an appeal; beg **2.** to present a case or a plea in a law court —*vt.* **1.** to offer as an excuse **2.** to answer (guilty or not guilty) to a charge **3.** to argue (a law case) —**plead'er** *n.*

**pleadings** *n.pl.* the statements setting forth to the court the claims of the plaintiff and the answer of the defendant

**pleasant** (plez'ənt) *adj.* [< MFr. *plaisir,* please] **1.** agreeable to the mind or senses; pleasing **2.** having an agreeable manner, appearance, etc. —**pleas'antly** *adv.*

**pleasantry** *n., pl.* **-ries** **1.** jocularity **2.** *a*) a humorous remark *b*) a polite social remark

**please** (plēz) *vt.* **pleased, pleas'ing** [< L. *placere*] **1.** to be agreeable to; satisfy **2.** to be the wish of [*it pleased* him to remain] —*vi.* **1.** to be agreeable; satisfy **2.** to have the wish; like [to do as one *pleases*] *Please* is also used in polite requests [*please* sit down] —**if you please** if you wish or like

**pleasing** *adj.* giving pleasure; agreeable

**pleasurable** (plezh'ər ə b'l) *adj.* pleasant; enjoyable —**pleas'urableness** *n.* —**pleas'urably** *adv.*

**pleasure** (plezh'ər) *n.* **1.** a pleased feeling; delight **2.** one's wish, will, or choice **3.** a thing that gives delight or satisfaction **4.** sensual satisfaction **5.** amusement; fun —**pleas'ureful** *adj.*

**pleat** (plēt) *n.* [< PLAIT] a flat double fold in cloth or other material, pressed or stitched in place —*vt.* to lay and press (cloth) in a pleat or pleats —**pleat'er** *n.*

**pleb** (pleb) *n.* [< ff.] [Colloq.] a common, vulgar person

**plebeian** (pli bē'ən) *n.* [< L. *plebs,* common people] **1.** one of the common people **2.** a member of the ancient Roman lower class **3.** a vulgar, coarse person —*adj.* vulgar, coarse, or common

**plebiscite** (pleb'ə sit') *n.* [< L. *plebs,* common people + *scitum,* decree] a direct vote of the people on a political issue

**plectrum** (plek'trəm) *n., pl.* **-trums, -tra** [< Gr. *plēssein,* to strike] a thin piece of metal, plastic, etc. for plucking the strings of a guitar, mandolin, etc.

**pled** (pled) [U.S. & Scot.] *alt. pt. & pp. of* PLEAD

**pledge** (plej) *n.* [? < OS. *plegan,* to guarantee] **1.** a promise or agreement **2.** the condition of being given or held as security for a contract, payment, etc. **3.** a person or thing given or held as such security **4.** a token **5.** the drinking of a toast **6.** something promised, esp. money —*vt.* **pledged, pledg'ing** **1.** to promise to give **2.** to bind by a promise **3.** to present as security **4.** to drink a toast to —**take the pledge** to vow not to drink alcohol —**pledg'er** *n.*

**Pleiades** (pli'ə dēz') *n.pl. Astron.* a cluster of stars in the constellation Taurus

**Pleiocene** (pli'ō sēn') *adj.* *same as* PLIOCENE

**Pleistocene** (plīs'tō sēn') *adj.* [< Gr. *pleistos,* most + *kainos,* recent] designating or of the first epoch of the Quaternary Period in the Cainozoic Era

**plenary** (plē'nə rē) *adj.* [< L. *plenus,* full] **1.** full; complete **2.** for attendance by all members

**plenipotentiary** (plen'i pō ten'shər ē)

*adj.* [< L. *plenus*, full + *potens*, powerful] having full authority —*n., pl.* **-aries** a diplomat given full authority

**plenitude** (plen'ə tyōōd') *n.* [< L. *plenus*, full] **1.** fullness; completeness **2.** abundance; plenty

**plenteous** (plen'tē əs) *adj.* plentiful; abundant

**plentiful** (plen'ti fool) *adj.* **1.** having or yielding plenty **2.** abundant —**plen'tifully** *adv.* —**plen'tifulness** *n.*

**plenty** (plen'tē) *n., pl.* **-ties** [< L. *plenus*, full] **1.** an ample supply **2.** a large number **3.** prosperity; opulence —*adv.* [Colloq.] fully

**plenum** (plē'nəm) *n., pl.* **-nums, -na** [< L. *plenus*, full] **1.** a full assembly **2.** space filled with matter

**pleonasm** (plē'ō naz'm) *n.* [< Gr. *pleonazein*, be in excess] **1.** the use of more words than are necessary for the meaning **2.** a redundant expression —**ple'onas'tic** *adj.*

**plethora** (pleth'ə rə) *n.* [< Gr. *plēthos*, fullness] an overabundance; excess —**plethoric** (ple thor'ik) *adj.*

**pleura** (ploor'ə) *n., pl.* **-rae** (-ē) [< Gr. *pleura*, a rib] the thin membrane lining each half of the chest cavity and covering each lung —**pleu'ral** *adj.*

**pleurisy** (ploor'ə sē) *n.* inflammation of the pleura, characterized by painful breathing —**pleurit'ic** *adj.*

**plexus** (plek'səs) *n., pl.* **-uses, -us** [< L. *plectere*, to twine] *Anat.* a network of blood vessels, nerves, etc.

**pliable** (plī'ə b'l) *adj.* [< L. *plicare*, to fold] **1.** easily bent; flexible **2.** easily influenced or persuaded **3.** adaptable —**pli'abil'ity** *n.* —**pli'ably** *adv.*

**pliant** (plī'ənt) *adj.* [see prec.] **1.** easily bent; pliable **2.** compliant —**pli'ancy** *n.* —**pli'antly** *adv.*

**pliers** (plī'ərz) *n.pl.* [< PLY[1]] small pincers for gripping small objects, bending wire, etc.

**plight[1]** (plīt) *n.* [< OFr. *pleit*, a fold] a condition or state; esp., an awkward, sad, or dangerous situation

**plight[2]** *vt.* [< OE. *pliht*, danger] to pledge or promise —**plight one's troth** to promise to marry

**Plimsoll mark** (or **line**) (plim'səl) [< S. *Plimsoll*] a line on the outside of merchant ships, showing the water level to which they may legally be loaded

**plimsolls** (plim'səlz) *n.pl.* [? < resemblance to prec.] lightweight canvas sports shoes with rubber soles

**plinth** (plinth) *n.* [< Gr. *plinthos*, a brick] **1.** the square block at the base of a column, pedestal, etc. **2.** the base on which a statue rests

**Pliocene** (plī'ō sēn') *adj.* [< Gr. *pleōn*, more + *kainos*, new] designating or of the last epoch of the Tertiary Period in the Cainozoic Era

**plissé** (plē'sā) *n.* [Fr., pleated] **1.** a crinkled finish given to cotton, nylon, etc. **2.** a fabric with this finish

**PLO** Palestine Liberation Organization

**plod** (plod) *vi.* **plod'ded, plod'ding** [prob. echoic] **1.** to move heavily and laboriously; trudge **2.** to work steadily; drudge —*n.* **1.** the act of plodding **2.** the sound of a heavy step —**plod'der** *n.*

**plonk[1]** (ploŋk) *vt., vi., n.* *same as* PLUNK

**plonk[2]** (ploŋk) *n.* [< ?] alcohol, esp. inferior wine

**plop** (plop) *vt., vi.* **plopped, plop'ping** [echoic] to drop with a sound like that of something flat falling into water —*n.* the sound of plopping —*adv.* with a plop

**plosive** (plō'siv) *adj.* [< (EX)PLOSIVE] produced by the sudden release of the breath, as the sounds of *k, p,* and *t* used initially —*n.* a plosive sound

**plot** (plot) *n.* [OE., piece of land] **1.** a small area of ground **2.** a secret, usually evil, scheme **3.** the plan of action of a play, novel, etc. —*vt.* **plot'ted, plot'ting** **1.** to draw a plan, map, etc. of **2.** to make secret plans for **3.** to plan the action of (a story, etc.) **4.** to form (a curve) on a graph —*vi.* to scheme

**Plough** (plou) the plough-shaped group of stars in the constellation Ursa Major (Great Bear)

**plough** (plou) *n.* [OE., *ploh*] **1.** a farm implement used to cut and turn up the soil **2.** anything like this; specif., a SNOWPLOUGH —*vt.* **1.** to cut and turn up (soil) with a plough **2.** to make as if by ploughing [he *ploughed* his way in] —*vi.* **1.** to use a plough **2.** to cut a way (*through* water, etc.) **3.** to plod **4.** to begin work vigorously (with *into*) **5.** to collide forcefully (with *into*) —**plough a lonely furrow** to continue without assistance from others —**plough back** to reinvest (profits) in the same enterprise —**plough'er** *n.*

**ploughman** *n.* a man who guides a plough

**ploughman's lunch** a meal of cheese, bread, and, often, beer

**ploughshare** *n.* the cutting blade of a plough

**plover** (pluv'ər) *n.* [< L. *pluvia*, rain] a shore bird with a short tail, long, pointed wings, and a short beak

**plow** (plou) *n., vt., vi.* *U.S. sp. of* PLOUGH

**ploy** (ploi) *n.* [? < (EM)PLOY] an action or manoeuvre intended to outwit or disconcert another person

**PLP** Parliamentary Labour Party

**PLR** Public Lending Right

**pluck** (pluk) *vt.* [OE. *pluccian*] **1.** to pull off or out; pick **2.** to pull feathers or hair from [to *pluck* a chicken, *pluck* eyebrows] **3.** to pull at (the strings of a musical instrument) and release quickly **4.** [Slang] to rob or swindle —*vi.* to pull (*at*) —*n.* **1.** courage **2.** a pulling; tug **3.** the heart, liver, and lungs, esp. of an animal used for food —**pluck up** to rouse one's (courage) —**pluck'er** *n.*

**plucky** *adj.* **-ier, -iest** brave; spirited; resolute —**pluck'ily** *adv.* —**pluck'iness** *n.*

**plug** (plug) *n.* [MDu. *plugge*] **1.** an object used to stop up a hole, drain, etc. **2.** a device, as with prongs, for fitting into an electric outlet, appliance, etc. to make electrical contact **3.** *same as* SPARKING PLUG **4.** a cake of tobacco **5.** a handle for the release of a water-closet flushing mechanism **6.** [Colloq.] an electric socket **7.** [Colloq.] a free boost, advertisement, etc. —***vt.*** **plugged, plug'ging** **1.** to stop up (a hole, etc.) with a plug **2.** to insert (something) as a plug **3.** [Colloq.] *a*) to promote (a song) by frequent performance *b*) to promote with a plug (*n.* 7) **4.** [Slang] to shoot a bullet into —***vi.*** [Colloq.] to work hard and steadily —**plug in** to connect electrically by inserting a plug in a socket or jack

**plum** (plum) ***n.*** [OE. *plume*] **1.** *a*) a tree bearing a smooth-skinned, edible fruit with a flattened stone *b*) the fruit **2.** a raisin, when used in pudding or cake **3.** a dark bluish-red colour **4.** something choice or desirable

**plumage** (plōō'mij) ***n.*** [< L. *plumbe*, a feather] a bird's feathers

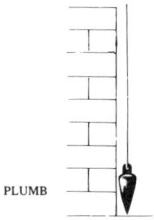

PLUMB

**plumb**[1] (plum) ***n.*** [< L. *plumbum*, LEAD[2]] a lead weight (**plumb bob**) hung at the end of a line (**plumb line**), used to determine how deep water is or whether a wall, etc. is vertical —***adj.*** perfectly vertical —***adv.*** **1.** straight down **2.** [U.S. Colloq.] entirely [*plumb* crazy] —***vt.*** **1.** to test or sound with a plumb **2.** to make vertical **3.** to discover the facts of —**out of** (or **off**) **plumb** not vertical

**plumb**[2] ***vt.*** to fit as part of a plumbing system —***vi.*** to work as a plumber

**plumber** ***n.*** [< L. *plumbum*, LEAD[2]] a skilled worker who installs and repairs pipes, fixtures, etc., as of water or gas systems in a building

**plumbing** ***n.*** **1.** the work of a plumber **2.** the pipes and fixtures with which a plumber works

**plume** (plōōm) ***n.*** [< L. *pluma*] **1.** *a*) a feather, esp. a large, showy one *b*) a cluster of these **2.** an ornament made of feathers **3.** something like a plume in shape or lightness [a *plume* of smoke] —***vt.*** **plumed, plum'ing** **1.** to adorn with plumes **2.** to preen (its feathers): said of a bird **3.** to pride (oneself)

**plummet** (plum'it) ***vi.*** [see PLUMB[1]] to fall straight downwards —***n.*** a plumb

**plummy** (plum'ē) ***adj.*** **-mier, -miest** **1.** full of or tasting of plums **2.** [Colloq.] good or desirable **3.** [Colloq.] rich, full, and mellow: said of a sound or voice

**plump**[1] (plump) ***adj.*** [< MDu. *plomp*, bulky] full and rounded in form; chubby —***vt., vi.*** to fill out (sometimes with *up* or *out*) —**plump'ish** ***adj.*** —**plump'ness** ***n.***

**plump**[2] ***vi.*** [echoic] **1.** to fall or bump (*against*) **2.** to choose (with *for*) —***vt.*** to drop or put down heavily or all at once —***n.*** a fall or the sound of this —***adv.*** **1.** suddenly or heavily **2.** straight down **3.** bluntly —***adj.*** blunt; direct

**plum pudding** [orig. made with plums] a rich pudding made of raisins, currants, flour, suet, etc., boiled or steamed, as in a linen bag

**plumy** (plōō'mē) ***adj.*** **-ier, -iest** **1.** covered or adorned with plumes **2.** like a plume; feathery

**plunder** (plun'dər) ***vt., vi.*** [< G. *Plunder*, baggage] **1.** to rob by force, esp. in warfare **2.** to take (property) by force or fraud —***n.*** **1.** the act of plundering **2.** goods taken by force or fraud —**plun'derer** ***n.***

**plunge** (plunj) ***vt.*** **plunged, plung'ing** [< L. *plumbum*, LEAD[2]] to thrust or throw suddenly (*into*) —***vi.*** **1.** to dive or rush **2.** to move violently and rapidly downwards or forwards **3.** to pitch, as a ship **4.** to extend down in a revealing way [a *plunging* neckline] **5.** [Colloq.] to gamble heavily —***n.*** **1.** *a*) a dive or downward leap *b*) a swim **2.** any plunging motion —**take the plunge** to start on some new and uncertain enterprise

**plunger** ***n.*** **1.** a large, rubber suction cup used to free clogged drains **2.** a device that operates with a plunging motion, as a piston **3.** a person who plunges

**plunk** (pluŋk) ***vt.*** [echoic] **1.** to strum (a guitar, etc.) **2.** to throw or put down heavily —***vi.*** **1.** to give out a twanging sound **2.** to fall heavily —***n.*** the act or sound of plunking —***adv.*** with a twang or thud

**pluperfect** (plōō pur'fikt) ***adj.*** [abbrev. of L. *plus quam perfectum*, more than perfect] designating a tense in certain languages corresponding to the past perfect in English —***n.*** a pluperfect tense or form

**plural** (plooər'əl) ***adj.*** [< L. *plus*, more] **1.** of or including more than one **2.** of or involving a plurality of persons or things **3.** *Gram.* designating or of more than one —***n.*** *Gram.* **1.** the plural number **2.** a plural form of a word (Ex.: *hands, men*) **3.** a word in plural form

**pluralism** ***n.*** **1.** the existence within a society of groups that differ ethnically, culturally, etc. **2.** the holding of more than one office at the same time —**plu'ralist** ***n., adj.*** —**plu'ralis'tic** ***adj.***

**plurality** (plooəral'ətē) ***n., pl.*** **-ties** **1.** a being plural or numerous **2.** a multitude **3.** *same as* MAJORITY

**pluralize** (plooər'əlīz') ***vt., vi.*** **-ized', -iz'ing** to make or become plural —**plu'raliza'tion** ***n.*** —**plu'raliz'er** ***n.***

**plus** (plus) ***prep.*** [L., more] **1.** added to [2 *plus* 2] **2.** in addition to —***adj.*** **1.** designating a sign indicating addition [+ is a *plus* sign] **2.** positive [a *plus* quantity] **3.** higher than [a mark of B *plus]* **4.** involving extra gain or advantage *[a plus* factor*]* **5.** [Colloq.] and more *[*personality *plus]* **6.** *Elec. same as* POSITIVE —***adv.*** [Chiefly U.S. Colloq.] moreover *[*he has the time *plus* he has the money*]* —***n., pl.*** **plus'ses, plus'es** **1.** a plus sign **2.** something added or favourable **3.** a positive quantity

**plus fours** loose knickerbockers worn, esp. formerly, for active sports

**plush** (plush) ***n.*** [< L. *pilus,* hair] a fabric with a soft, thick pile —***adj.*** [Slang] luxurious —**plush'y** ***adj.***

**Pluto** (plōōt'ō) **1.** *Gr. & Rom. Myth.* the god ruling the lower world **2.** the outermost planet of the solar system

**plutocracy** (plōō tok'rə sē) ***n., pl.*** **-cies** [< Gr. *ploutos,* wealth + *kratein,* to rule] **1.** government by the wealthy **2.** a group of wealthy people who control a government

**plutocrat** (plōōt'ō krat') ***n.*** **1.** a member of a wealthy ruling class **2.** a person whose wealth gives him control or great influence —**plu'tocrat'ic** ***adj.***

**plutonic** (plōō ton'ik) ***adj.*** [< PLUTO] formed far below the earth's surface by intense heat, as some rocks

**plutonium** (plōō tō'nē əm) ***n.*** [< *Pluto* (planet)] a radioactive, metallic chemical element: symbol, Pu

**pluvial** (plōō'vē əl) ***adj.*** [< L. *pluvia,* rain] **1.** *a)* of rain *b)* rainy **2.** *Geol.* formed by the action of rain

**ply**[1] (plī) ***n., pl.*** **plies** [< L. *plicare,* to fold] **1.** a thickness or layer, as of plywood, cloth, etc. **2.** one of the twisted strands in rope, yarn, etc. —***adj.*** having (a specified number of) layers, strands, etc. *[*three-*ply]*

**ply**[2] ***vt.*** **plied, ply'ing** [contr. < APPLY] **1.** to work with (a tool, etc.) **2.** to work at (a trade) **3.** to address (someone) urgently (*with* questions, etc.) **4.** to keep supplying (*with* food, etc.) **5.** to sail back and forth across —***vi.*** **1.** to keep busy or work **2.** to travel regularly (*between* places): said of ships, buses, etc.

**Plymouth Brethren** (plim'əth) a Calvinistic religious sect with no ordained ministry

**plywood** (plī'wood') ***n.*** [PLY[1] + WOOD] a material made of thin layers of wood glued and pressed together

**Pm** *Chem.* promethium

**P.M.** **1.** Paymaster **2.** Postmaster **3.** Prime Minister

**P.M., p.m., PM** [L. *post meridiem*] after noon

**p.m.** post-mortem

**PMG** Postmaster General

**pneumatic** (nyōō mat'ik) ***adj.*** [< Gr. *pneuma,* breath] **1.** of or containing wind, air, or gases **2.** worked by or filled with compressed air *[pneumatic* drill*]* —**pneumat'ically** ***adv.***

**pneumatics** ***n.pl.*** [*with sing. v.*] the branch of physics dealing with such properties of air and other gases as pressure, density, etc.

**pneumonia** (nyōō mō'nē ə) ***n.*** [< Gr. *pnein,* breathe] inflammation or infection of the lungs, caused by bacteria, viruses, etc. —**pneumon'ic** (-mon'ik) ***adj.***

**Po** *Chem.* polonium

**P.O., p.o.** **1.** petty officer: also **PO** **2.** post office **3.** postal order

**po** (pō) ***n., pl.*** **pos** [< POT] [Colloq.] a chamber pot

**poach**[1] (pōch) ***vt.*** [< MFr. *poche,* pocket] to cook (fish, an egg without its shell, etc.) in water or other liquid near the boiling point

**poach**[2] ***vt., vi.*** [< MHG. *puchen,* to plunder] **1.** *a)* to trespass on (private property), esp. for shooting or fishing *b)* to hunt or catch (game or fish) illegally **2.** to steal —**poach'er** ***n.***

**pock** (pok) ***n.*** [OE. *pocc*] **1.** a pustule, esp. one caused by smallpox **2.** *same as* POCKMARK —**pocked** ***adj.***

**pocket** (pok'it) ***n.*** [< ONormFr. *poque,* a bag] **1.** *a)* a little bag or pouch sewn into or on clothing, for carrying small articles *b)* any usually small container, compartment, etc. **2.** a cavity for holding something **3.** a small area or group *[a pocket* of poverty*]* **4.** funds *[*a drain on one's *pocket]* **5.** *Aeron. same as* AIR POCKET **6.** *Geol.* a cavity filled with ore, oil, etc. **7.** [S Afr.] a bag or sack of vegetables or fruit —***adj.*** **1.** that can be carried in a pocket **2.** smaller than standard —***vt.*** **1.** to put into a pocket **2.** to envelop; enclose **3.** to take dishonestly; appropriate (money, etc.) **4.** to put up with (an insult, etc.) without showing anger **5.** to suppress *[pocket* one's pride*]* —**out of pocket** having made a loss after a transaction

**pocket book** [Chiefly U.S.] a case for carrying money and papers in one's pocket

**pocket borough** a borough whose representation in Parliament was controlled by one family or person

**pocketful** ***n.*** as much as a pocket will hold

**pocket handkerchief** **1.** a handkerchief small enough for a pocket **2.** anything small, esp. a small lawn

**pocketknife** ***n., pl.*** **-knives'** a knife with blades that fold into the handle

**pocket money** cash for small expenses, esp. that given to children to buy sweets, etc.

**pocket-size** ***adj.*** of a size to fit in a pocket

**pockmark** (pok'märk') ***n.*** a scar or pit left by a pustule, as of smallpox —**pock'marked'** ***adj.***

**poco** (pō'kō) ***adv.*** [It.] *Music* somewhat

**pod** (pod) ***n.*** [< ?] a dry fruit or seed vessel enclosing one or more seeds, as of a pea or bean —***vi.*** **pod'ded, pod'ding** **1.** to bear pods **2.** to remove the pods from

**-pod** (pod) [< Gr.] *a combining form meaning* foot: also **-pode** (pōd)

**podgy** (poj'ē) ***adj.*** **-ier, -iest** *var. of* PUDGY

**podium** (pō'dē əm) ***n., pl.*** **-diums, -dia** [see -POD] a low platform, esp. for the conductor of an orchestra

**poem** (pō'əm) ***n.*** [< Gr. *poiein,* to make] **1.** an arrangement of words written or spoken, traditionally a rhythmical or metrical composition, sometimes rhymed **2.** anything suggesting a poem in its effect

**poesy** (pō′əzē′) *n., pl.* **-sies** *old-fashioned var. of* POETRY

**poet** (pō′ət) *n.* **1.** one who writes poems **2.** one who expresses himself with beauty of thought and language

**poet. 1.** poetic **2.** poetry

**poetaster** (pō′ətas′tər) *n.* [< POET + L. *-aster,* dim. suffix] a writer of mediocre verse; rhymester

**poetic** (pōet′ik) *adj.* **1.** of, like, or for poets or poetry **2.** written in verse **3.** having the beauty, imagination, etc. of poetry Also **poet′ical**

**poetic justice** justice, as in some plays, etc., in which good is rewarded and evil punished

**poetic licence 1.** disregard of strict fact or of rigid form, as by a poet, for artistic effect **2.** freedom to do this

**poet laureate** *pl.* **poets laureate, poet laureates** the official poet of a nation, appointed to write poems celebrating national events, etc.

**poetry** (pō′ətrē) *n.* [< L. *poeta,* poet] **1.** the art, theory, or structure of poems **2.** poems **3.** poetic qualities

**Poets' Corner** that area of Westminster Abbey devoted to the graves and monuments of various poets

**po-faced** (pō′fāst) *adj.* wearing a disapproving, stern expression

**pogey, pogy** (pō′gē) *n.* [< obs. *pogie,* workhouse] [Canad. Slang] **1.** relief given by the government to the unemployed; dole **2.** the office where it is distributed **3.** unemployment insurance

**pogo stick** (pō′gō) [arbitrary coinage] a stilt with pedals and a spring at one end, used as a toy on which one can move along in a series of bounds

**pogrom** (po′grəm) *n.* [Russ., devastation] an organized persecution and massacre, as of Jews in Czarist Russia

**poignant** (poin′ənt) *adj.* [< L. *pungere,* to prick] **1.** sharply painful to the feelings **2.** biting [*poignant* wit] **3.** *a*) sharp to the smell *b*) keenly affecting the other senses [*poignant* beauty] **—poign′ancy** *n.*

**poinsettia** (poin set′ē ə) *n.* [< J. R. *Poinsett*] a plant with yellow flowers and petallike red leaves

**point** (point) *n.* [< L. *pungere,* to prick] **1.** a dot in writing etc., as a decimal point **2.** *a*) an element in geometry having definite position, but no size, shape, or extension *b*) a particular position, location, etc. [*points* on an itinerary] **3.** the position of certain players, as in cricket [cover *point*] **4.** the exact moment **5.** a condition, degree, etc. reached [boiling *point*] **6.** an item [explain it *point* by *point*] **7.** a distinguishing characteristic **8.** [*often pl.*] any of the extremities; as ears, feet, etc. of a domestic animal **9.** a unit, as of value, game scores, etc. **10.** a sharp end **11.** needlepoint lace **12.** a projecting piece of land; cape **13.** a branch of a deer's antler **14.** the essential fact or idea **15.** aim; purpose **16.** an impressive argument or fact **17.** [*often pl.*] a movable section of railway line used in transferring a train from one line to another **18.** *Ballet* the position of being on the tips of the toes **19.** *Elec. a*) either of the contacts that make or break the circuit in a distributor *b*) [Colloq.] *same as* POWER POINT **20.** a mark showing direction on a compass **21.** a measuring unit for printing type, about 1/72 of an inch **—*vt.* 1.** to show (usually with *out*) [*point* the way] **2.** to give (a story, etc.) emphasis (sometimes with *up*) **3.** to aim **4.** to sharpen to a point **5.** to show the location of (game) by facing towards it: said of dogs **6.** *Masonry* to fill the joints of (brickwork) with fresh mortar **—*vi.* 1.** to direct one's finger (*at* or *to*) **2.** to call attention (*to*); hint (*at*) **3.** to be directed (*to* or *towards*) **4.** to point game: said of a dog **—at the point of** very close to **—beside the point** not pertinent **—in point of** in the matter of **—make a point of 1.** to insist on **2.** to call special attention to **—on** (or **upon**) **the point of** on the verge of **—to the point** pertinent; apt: also **in point**

**point-blank** *adj.* [POINT + BLANK (white centre of the target)] **1.** aimed straight at a mark **2.** straightforward **3.** very close [*point-blank* range] **—*adv.* 1.** straight **2.** bluntly [to refuse *point-blank*]

**point duty** the regulation of traffic by a policeman or traffic warden, stationed at a point, usually in the road

**pointed** (poin′tid) *adj.* **1.** having a sharp end **2.** sharp; incisive **3.** aimed at someone [a *pointed* remark] **4.** very evident **—point′edly** *adv.* **—point′edness** *n.*

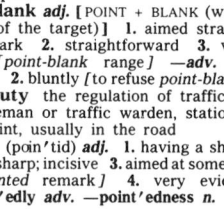

POINTER (66 cm high at shoulder)

**pointer** *n.* **1.** an indicator on a clock, meter, etc. **2.** a long, tapered rod for pointing to things, as on a map **3.** a large, lean hunting dog with a smooth coat **4.** [Colloq.] a helpful hint **—the Pointers** *Astron.* the two stars in the Plough that are almost in a line with the North Star

**pointillism** (pwan′tē iz′m) *n.* [Fr. < L. *punctus,* point] the method of painting of certain impressionists, using dots of pure colour rather than mixing colours on the canvas

**pointing** (point′iŋ) *n.* **1.** the act of filling the crevices of walls with mortar **2.** the material used for this

**pointless** *adj.* **1.** without a point **2.** without meaning or force; senseless **—point′lessness** *n.*

**point of no return** a point at which

an irreversible commitment must be made to an action, stance, etc.

**point of order** a question as to whether the procedural rules of an assembly are being observed

**point of view** 1. the way in which, something is viewed; standpoint 2. a mental attitude

**point-to-point** *n.* a steeplechase organized by a hunt or some other body: usually restricted to amateurs

**poise** (poiz) *n.* [< L. *pendere,* weigh] 1. ease and dignity of manner 2. carriage, as of the body 3. balance; stability —*vt.* **poised, pois'ing** 1. to balance 2. to suspend —*vi.* to be suspended or balanced

**poison** (poi'z'n) *n.* [< L. *potio,* potion] 1. a substance causing illness or death when eaten, drunk, or absorbed in small quantities 2. anything harmful to happiness or welfare —*vt.* 1. to harm or destroy by means of poison 2. to put poison on or into 3. to influence wrongfully —*adj.* poisonous or poisoned

**poison ivy** an American plant having leaves of three leaflets: it can cause a severe rash on contact

**poisonous** *adj.* capable of injuring or killing by or as by poison —**poi'sonously** *adv.*

**poisonpen** (poi'z'n pen') *adj.* [Colloq.] concerning an abusive letter written out of spite or malice, usually anonymously

**poke**[1] (pōk) *vt.* **poked, pok'ing** [MDu. or LowG. *poken*] 1. to jab with a stick, finger, etc. 2. to make (a hole, etc.) by poking 3. to stir up (a fire) 4. to thrust forwards [to *poke* one's head out of a window] —*vi.* 1. to jab (*at*) 2. to intrude; meddle 3. to search (*about* or *around*) 4. to stick out —*n.* a jab; thrust —**poke fun** (**at**) to ridicule

**poke**[2] *n.* [< Frank.] [Dial.] a sack or bag

**pokelogan** (pōk'lo'gən) *n.* [Canad.] *same as* BOGAN

**poker**[1] (pō'kər) *n.* [< ?] a card game in which the players bet on the value of their hands

**poker**[2] *n.* a bar, as of iron, for stirring a fire

**poker face** [Colloq.] an expressionless face, as of a poker player hiding the nature of his hand

**poker work** *same as* PYROGRAPHY

**poky** (pō'kē) *adj.* **-ier, -iest** [< POKE[1]] 1. slow; dull 2. small; stuffy [a *poky* room] —**pok'ily** *adv.*

**Pol.** 1. Poland 2. Polish

**polar** (pō'lər) *adj.* [see POLE[2]] 1. of or near the North or South Pole 2. of a pole or poles 3. having polarity 4. opposite in character, direction, etc.

**polar bear** a large, white bear of the Arctic regions

**polar circle** *same as:* 1. ARCTIC CIRCLE 2. ANTARCTIC CIRCLE

**Polaris** (pō lär'is) [< ML. *polaris,* polar] 1. the North Star 2. a kind of U.S. ballistic missile, usually fired by a submarine

**polarity** (pō lar'ə tē) *n., pl.* **-ties** 1. the tendency of bodies having opposite magnetic poles to become aligned so that they point to the two magnetic poles of the earth 2. any tendency to turn, feel, etc. in a certain way, as if magnetized 3. the having of two contrary qualities, powers, etc. 4. the condition of being positive or negative with respect to some reference point

**polarization** (pō'lər ī zā'shən) *n.* 1. the producing or acquiring of polarity 2. *Optics* a condition of light in which the vibrations of the waves are in one plane or direction only

**polarize** (pō'lə rīz') *vt.* **-ized', -iz'ing** [< Fr. *polaire,* polar] to give polarity to —*vi.* to acquire polarity; specif., to separate into opposed groups, etc.

**Polaroid** (pō'lə roid') [POLE[2]] *Trademark:* 1. a transparent material capable of polarizing light 2. a camera that develops and prints snapshots

**polder** (pol'dər) *n.* [Du.] an area of low-lying land reclaimed from a sea, lake, or river

**Pole** (pōl) *n.* a native or inhabitant of Poland

**pole**[1] (pōl) *n.* [< L. *palus,* stake] 1. a long, slender piece of wood, metal, etc. 2. a unit of measure, equal to one rod or one square rod —*vt., vi.* **poled, pol'ing** to propel (a boat or raft) with a pole —**up the pole** [Colloq.] 1. slightly mad 2. in a dilemma

**pole**[2] *n.* [< Gr. *polos*] 1. either end of any axis, as of the earth 2. the region around the North Pole or South Pole 3. either of two opposed forces, parts, etc., as the ends of a magnet, the terminals of a battery, etc. —**poles apart** widely separated, as in opinions, etc.

**poleaxe** *n.* [< POLL + AXE] 1. a long-handled battle-axe 2. any axe with a spike, hook, etc. opposite the blade —*vt.* **-axed', -ax'ing** to attack or fell as if with a poleaxe

**polecat** *n.* [see PULLET & CAT] 1. a small, weasellike carnivore 2. [U.S.] *same as* SKUNK

**polemic** (po lem'ik) *adj.* [< Fr. < Gr. *polemos,* a war] of or involving dispute: also **polem'ical** —*n.* an argument or controversial discussion

**polemics** *n.pl.* [*with sing. v.*] the art or practice of disputation —**polem'icist** *n.*

**polestar** (pōl'stär') *n.* 1. Polaris, the North Star 2. a guiding principle

**pole vault** *Athletics* a leap for height by vaulting over a bar with the aid of a long, flexible pole —**pole'-vault'** *vi.* —**pole'-vault'er** *n.*

**police** (pə lēs') *n.* [Fr. < Gr. *polis,* city] 1. the governmental department (of a city, county, etc.) for keeping order, enforcing the law, and investigating crime 2. [*with pl. v.*] the members of such a department, or of a private organization like this —*vt.* **-liced', -lic'ing** to control, protect, etc. with police

**police constable** the lowest rank in the police force
**police dog** a dog specially trained to assist police
**policeman** *n.* a member of a police force —**police′wom′an** *n.fem.*
**police state** a government that uses a secret police force to suppress political opposition
**police station** the office or headquarters of the police force of a district
**policy**[1] (pol′ə sē) *n., pl.* **-cies** [see POLICE] **1.** any governing principle, plan, etc. **2.** wise management
**policy**[2] *n., pl.* **-cies** [< Gr. *apodeixis,* proof] a written insurance contract
**polio** (pō′lē ō′) *n. short for* POLIOMYELITIS
**poliomyelitis** (pō′lē ō mī′ə līt′əs) *n.* [< Gr. *polios,* grey + *myelos,* marrow] an infectious disease caused by a virus inflammation of the grey matter of the spinal cord, often resulting in muscular paralysis
**Polish** (pō′lish) *adj.* of Poland, its people, their language, or culture —*n.* the Slavic language of the Poles
**polish** (pol′ish) *vt.* [< L. *polire*] **1.** to make smooth and glossy, as by rubbing **2.** to refine (manners, etc.) **3.** to complete or embellish —*vi.* to take a polish —*n.* **1.** a surface gloss **2.** refinement **3.** a substance used for polishing —**polish off** [Colloq.] to finish or get rid of —**polish up** [Colloq.] to improve —**pol′ished** *adj.* —**pol′isher** *n.*
**Politburo** (pol′it byōōər′ō) *n.* [< Russ.] the executive committee of a Communist Party
**polite** (pə līt′) *adj.* [< L. *polire,* polish] **1.** cultured; refined **2.** having good manners; courteous —**polite′ly** *adv.* —**polite′ness** *n.*
**politic** (pol′ə tik) *adj.* [see POLICE] **1.** having practical wisdom; prudent **2.** crafty **3.** expedient [a *politic* plan] **4.** [Rare] political: see BODY POLITIC —*vi.* **-ticked, -ticking** to engage in political campaigning
**political** (pə lit′i k'l) *adj.* **1.** of, concerned with, or engaged in government, politics, etc. **2.** of or characteristic of political parties or politicians —**polit′ically** *adv.*
**political asylum** refuge given to someone for political reasons
**political prisoner** someone imprisoned for political offences rather than criminal ones
**political science** the science of the principles, organization, and methods of government
**politician** (pol′ə tish′ən) *n.* a person actively engaged in politics, often one holding or seeking political office
**politicize** (pə lit′ə sīz′) *vi.* **-cized′, -ciz′ing** to talk about, engage in politics —*vt.* to make political in tone, character, etc. —**polit′iciza′tion** *n.*
**politics** (pol′ə tiks) *n.pl.* [*with sing. or pl. v.*] **1.** political science **2.** political affairs **3.** participation in political affairs **4.** political methods, etc. **5.** political principles, etc. **6.** factional scheming for power
**polity** (pol′ə tē) *n., pl.* **-ties** [see POLICE] **1.** the government organization of a state, church, etc. **2.** a society or institution with a government; state
**polka** (pol′kə) *n.* [< Czech] **1.** a fast dance for couples **2.** music for this dance —*vi.* to dance the polka
**polka dot** one of the small round dots regularly spaced to form a pattern on cloth —**pol′ka-dot′** *adj.*
**poll** (pōl) *n.* [< or akin to MDu. *pol,* head] **1.** a counting, listing, etc. of persons esp. of voters **2.** the number of votes recorded **3.** a canvassing to collect information or to discover public opinion **4.** the head —*vt.* **1.** to receive (a certain number of votes) **2.** to register the votes of **3.** to canvass in a poll **4.** to cast (a vote) **5.** to trim the wool, branches, etc. of **6.** to cut off or cut short
**pollack** (pol′ək) *n.* [< ?] a food fish of the cod family: also sp. **pol′lock**
**pollen** (pol′ən) *n.* [< L., dust] the yellow powderlike male sex cells on the stamens of a flower
**pollen count** a measure of the pollen grains present in the air over a 24 hour period
**pollinate** (pol′ə nāt′) *vt.* **-nat′ed, -nat′ing** to transfer pollen from a stamen to a pistil of (a flower) —**pol′lina′tion** *n.* —**pol′lina′tor** *n.*
**polling booth** a voting place in a polling station
**polling station** a place where the voters of an area can cast their votes
**pollster** (pōl′stər) *n.* a person whose work is taking public opinion polls
**pollutant** (pə lōōt′′nt) *n.* something that pollutes, as a harmful chemical discharged into the air
**pollute** (pə lōōt′) *vt.* **-lut′ed, -lut′ing** [< L. *polluere*] to make unclean, impure, or corrupt —**pollu′tion** *n.*
**polo** (pō′lō) *n.* [prob. < Tibet. *pulu,* the ball] **1.** a game played on horseback by two teams using a wooden ball and long-handled mallets **2.** *same as* WATER POLO
**polonaise** (pol′ə nāz′) *n.* [Fr. < *polonais,* Polish] **1.** a stately Polish dance in triple time **2.** music for this
**poloneck** (pō′lō nek′) *n.* a high, snugly fitting, turnover collar on a pullover, shirt, etc.
**polonium** (pə lō′nē əm) *n.* [< ML. *Polonia,* Poland] a radioactive chemical element formed by the disintegration of radium: symbol, Po
**poltergeist** (pol′tər gīst′) *n.* [G. < *poltern,* make noise + *Geist,* GHOST] a ghost supposed to be responsible for rappings and other mysterious noisy disturbances
**poltroon** (pol trōōn′) *n.* [< Fr. < It. *poltrone*] a thorough coward —**poltroon′ery** *n.*
**Poly** (pol′ē) *n.* [Colloq.] *short for* POLYTECHNIC
**poly-** [< Gr.] *a combining form meaning* much, many

**polyandry** (pol′ē an′drē) *n.* [< Gr. *poly-*, many + *anēr*, man] the practice of having two or more husbands at the same time —**pol′yan′drous** *adj.*

**polyanthus** (pol′ē an′thəs) *n.* [< Gr. *poly-*, many + *anthos*, flower] any of various primroses with many flowers

**polychromatic** (pol′ē krō mat′ik) *adj.* [POLY- + CHROMATIC] having various or changing colours

**polyester** (pol′ē es′tər) *n.* [POLY(MER) + ESTER] a synthetic resin used in making plastics, fibres, etc.

**polyethylene** (pol′ē eth′ə lēn′) *n.* *U.S. var. of* POLYTHENE

**polygamy** (pə lig′ə mē) *n.* [< Gr. *poly-*, many + *gamos*, marriage] the practice of having two or more wives or husbands at the same time —**polyg′amist** *n.* —**polyg′amous** *adj.*

**polyglot** (pol′i glot′) *adj.* [< Gr. *poly-*, many + *glôtta*, tongue] **1.** speaking or writing several languages **2.** written in several languages —*n.* a polyglot person

**polygon** (pol′i gən) *n.* [see POLY- & -GON] a closed plane figure, esp. one with more than four sides and angles —**polygonal** (pə lig′ə n′l) *adj.*

**polygraph** (pol′ē gräf′) *n.* an instrument for recording changes in blood pressure, pulse rate, etc.

**polygyny** (pə lij′ə nē) *n.* [< POLY- + Gr. *gynē*, woman] the practice of having two or more wives or concubines at the same time —**polyg′ynous** *adj.*

**polyhedron** (pol′i hē′drən) *n.*, *pl.* **-drons, -dra** [see POLY- & -HEDRON] a solid figure, esp. one with more than six plane surfaces —**pol′yhe′dral** *adj.*

**polymath** (pol′i math′) *n.* [< Gr. *poly-*, much + *manthanein*, to learn] a person of great and diversified learning

**polymer** (pol′i mər) *n.* [G. < Gr. *poly-*, many + *meros*, a part] a substance made up of giant molecules formed by polymerization

**polymeric** (pol′i mer′ik) *adj.* composed of the same chemical elements in the same proportions by weight, but differing in molecular weight —**pol′ymer′ically** *adv.*

**polymerization** (pə lim′ər ī zā′shən) *n.* the process of joining two or more like molecules to form a more complex molecule —**polym′erize′** *vt., vi.*

**polymorphous** (pol′i môr′fəs) *adj.* [< POLY + Gr. *morphē*, form] having, occurring in, or passing through several or various forms: also **pol′ymor′phic**

**Polynesian** (pol′ə nē′zhən) *adj.* of Polynesia, its people, their language, etc. —*n.* **1.** a member of the people of Polynesia **2.** the languages of Polynesia

**polynomial** (pol′i nō′mē əl) *n.* [POLY- + (BI)NOMIAL] **1.** *Algebra* an expression consisting of two or more terms (Ex.: $x^3 + 3x + 2$) **2.** *Biol.* a name having two or more terms —*adj.* consisting of polynomials

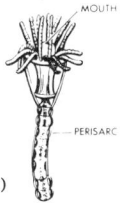

POLYP (sense 1)

**polyp** (pol′ip) *n.* [< Gr. *poly-*, many + *pous*, foot] **1.** a coelenterate with a fringe of tentacles at the top of a tubelike body, as the sea anemone, hydra, etc. **2.** a projecting growth of mucous membrane

**polyphonic** (pol′i fon′ik) *adj.* [see POLY- & -PHONE] **1.** having or making many sounds **2.** *Music* of or characterized by polyphony

**polyphony** (pə lif′ə nē) *n.* **1.** multiplicity of sounds **2.** *Music* a combining of a number of harmonious melodies; counterpoint

**polystyrene** (pol′i stī′rēn) *n.* a tough plastic, a polymer of styrene

**polysyllabic** (pol′i si lab′ik) *adj.* **1.** having several, esp. four or more, syllables **2.** characterized by polysyllables

**polysyllable** (pol′i sil′ə b′l) *n.* a polysyllabic word

**polytechnic** (pol′i tek′nik) *adj.* [< Gr. *poly-*, many + *technē*, an art] of or providing instruction in many scientific and technical subjects —*n.* a polytechnic college, etc.

**polytheism** (pol′i thē iz′m) *n.* [< Gr. *poly-*, many + *theos*, god] belief in more than one god —**pol′ytheist** *adj., n.* —**pol′ytheis′tic** *adj.*

**polythene** (pol′i thēn′) *n.* [POLY(MER) + (ETHYL)ENE] a thermoplastic resin used in making plastics, pipes, etc.

**polyunsaturated** (pol′i un sach′ə rāt′id) *adj.* designating a class of fats thought not to increase cholesterol in the blood stream

**polyurethane** (pol′i yoor′ə thān′) *n.* [< POLY- & UREA & ETHER] a synthetic rubber polymer used in cushions, etc.

**poly vinyl chloride** a polymer of vinyl chloride that is tough and resistant, used for pipes, insulation, etc.

**pomace** (pum′is) *n.* [< L. *pomum*, fruit] the crushed pulp of apples or other fruit pressed for juice

**pomade** (pə mād′) *n.* [< Fr. < L. *pomum*, fruit] a perfumed preparation, as for the hair

**pomander** (pō man′dər) *n.* [< OFr. *pome*, apple + *ambre*, amber] **1.** a mixture of aromatic substances compressed in a ball, used for perfuming drawers, etc. **2.** a case for this

**pomegranate** (pom′ə gran′it) *n.* [< OFr. *pome*, apple + L. *granatum*, having seeds]

1. a round fruit with a thick, red rind and many seeds covered with red, juicy, flesh 2. the bush or tree that bears it

**Pomeranian** (pom′ə rā′ nē ən) *n.* a small dog with long, silky hair, pointed ears, and a bushy tail

**pomfret cake** (pum′ frət) a small, cakelike sweet made of liquorice: also **pom′fret-cake, pontefract cake**

**pommel** (pum′′l; *also, for n.,* pom′′l) *n.* [< L. *pomum,* fruit] 1. the rounded, upward-projecting front part of a saddle 2. a round knob on the end of some sword hilts —*vt.* **-melled, -melling** *same as* PUMMEL

**Pommy, Pommie** (pom′ē) *n., pl.* **-mies** [< ?] [also **p-**] [Aust. Slang] a Briton —*adj.* [also **p-**] [Aust. Slang] British

**pomp** (pomp) *n.* [< Gr. *pompē,* solemn procession] 1. stately display 2. ostentatious show or display

**pom-pom** (pom′pom′) *n.* [echoic] 1. a rapid-firing automatic weapon 2. *same as* POMPON: also **pom′pom′**

**pompon** (pom′pon′) *n.* [Fr.] 1. an ornamental tuft as of silk or wool, worn as on hats, shoes, etc. 2. a chrysanthemum, dahlia, etc. with small, round flowers

**pompous** (pom′pəs) *adj.* 1. pretentious, as in speech or manner; self-important 2. full of pomp —**pompos′ity** (-pos′ə tē) *n.* —**pom′pously** *adv.*

**ponce** (pons) *n.* [< ?] [Slang] *same as* PIMP —*vi.* **ponced, ponc′ing** [Slang] 1. *same as* PIMP 2. to go around in a flashy or showy way [he *ponced* around the room]

**poncho** (pon′chō) *n., pl.* **-chos** [< SAmInd.] 1. a cloak like a blanket with a hole in the middle for the head 2. a garment, esp. a raincoat, like this

**pond** (pond) *n.* [< ME. POUND[3]] a body of standing water smaller than a lake, often man-made

**ponder** (pon′dər) *vt., vi.* [< L. *ponderare,* weigh] to think deeply (about); deliberate —**pon′derable** *adj.*

**ponderous** (pon′dər əs) *adj.* 1. very heavy; unwieldy 2. laboured; dull [a *ponderous* style]

**pondok** (pon′dok′) *n., pl.* **-doks** [< Malay, leaf house] [S Afr. Derog.] a crudely-made house or shelter: also **pondokie** (-kē)

**pondweed** (pond′wēd′) *n.* any of various related water plants, with submerged or floating leaves

**pong** (poŋ) *vi., n.* [prob. < Romany *pan,* to stink] [Slang] *same as* STINK

**pongee** (pon jē′) *n.* [< Chin. dial. *pen-chi,* domestic loom] a soft, thin silk cloth, usually in natural tan

**poniard** (pon′yərd) *n.* [< L. *pugnus,* fist] a dagger

**pons** (ponz) *n., pl.* **pontes** (pon′tēz) [L., a bridge] *Anat., Zool.* a piece of connecting tissue

**pontiff** (pon′tif) *n.* [< L. *pontifex,* high priest] 1. a bishop; specif., [**P-**] the Pope 2. a high priest

**pontifical** (pon tif′i k′l) *adj.* 1. having to do with a high priest 2. papal 3. pompous, dogmatic, or arrogant

**pontificate** (pon tif′i kit; *for v.,* -kāt′) *n.* the office or tenure of a pontiff —*vi.* **-cat′ed, -cat′ing** 1. to be pompous or dogmatic 2. to officiate as a pontiff

**pontoon[1]** (pon tōōn′) *n.* *same as* VINGT-ET-UN

**pontoon[2]** *n.* [Fr. < L. *pons,* a bridge] 1. a flat-bottomed boat 2. any of a number of these, or of floating cylinders, etc. used to support a temporary bridge (**pontoon bridge**)

**pony** (pō′nē) *n., pl.* **-nies** [< Scot., prob. < L. *pullus,* foal] 1. a horse of any small breed 2. [Colloq.] in bookmaking £25

**ponytail** *n.* a hair style in which long hair, tied high at the back of the head hangs free

**pony trekking** the pastime of travelling through the countryside on horseback usually in an organized group

**poodle** (pōō′d′l) *n.* [G. *Pudel*] a dog with a solid-coloured, curly coat

**poof** (poof, pōōf) *n.* [< Fr. *pouffe,* puff] [Colloq.] an effeminate man, esp. a male homosexual

**pooh** (pōō) *interj.* [prob. echoic] an exclamation of disdain, disbelief, or impatience

**pooh-pooh** (pōō′pōō′) *vt.* to make light of; belittle

**pool[1]** (pōōl) *n.* [OE. *pol*] 1. a small pond 2. a small, shallow body of any liquid 3. *same as* SWIMMING POOL 4. a deep, still spot in a river

**pool[2]** *n.* [< LL. *pulla,* hen] 1. *a*) a combination of resources, funds, etc. for some common purpose *b*) the parties forming it 2. a supply of equipment, personnel, etc. shared by a group 3. the total stakes played for, as in a single deal of a card game 4. a combination of business firms for creating a monopoly 5. a game of billiards played with numbered balls —*vt., vi.* to contribute to a common fund

**pools** *n.pl.* an organized postal gambling pool betting on the result of football matches: also **football pools**

**poop** (pōōp) *n.* [< L. *puppis,* stern] a raised deck at the stern of a sailing ship: also **poop deck**

**poor** (pooər) *adj.* [< L. *pauper,* poor] 1. *a*) having little or no means to support oneself; needy *b*) indicating or characterized by poverty 2. lacking in some quality or thing; specif., *a*) inadequate *b*) inferior or worthless *c*) contemptible *d*) lacking skill 3. worthy of pity; unfortunate —**poor′ness** *n.*

**poorhouse** *n.* formerly, an institution for paupers, supported from public funds

**poor law** formerly, a law providing for the relief or support of the poor from public, esp. parish, funds

**poorly** *adv.* in a poor way; badly —*adj.* [Colloq.] in poor health; unwell

**poor man's weatherglass** *same as* PIMPERNEL

**poort** (pōōərt) *n.* [< Afrik.] a narrow mountain pass, usually following a river

**poor white** a poverty stricken white person, esp. in S US or South Africa

**pop**[1] (pop) *n.* [echoic] **1.** a sudden, light explosive sound **2.** any carbonated, nonalcoholic beverage —*vi.* **popped, pop'ping** **1.** to make, or burst with, a pop **2.** to move, go, etc. suddenly or for a brief visit **3.** to bulge: said of the eyes **4.** to shoot a pistol, etc. —*vt.* **1.** [U.S.] to cause (maize) to pop, as by roasting **2.** to shoot **3.** to put suddenly [to *pop* one's head in at the door] **4.** to place in pawn —*adv.* with or like a pop —**pop off** [Slang] **1.** to die suddenly **2.** to leave hastily —**pop the question** [Colloq.] to propose marriage

**pop**[2] *n.* [< PAPA] [Slang] father

**pop**[3] *adj.* *short for* POPULAR

**pop**[4] *n.* [< POP(ULAR)] music popular among young people, characterized by strong rhythm and electronic amplification

**pop.** **1.** popular **2.** population

**P.O.P.** Post Office Preferred

**pop (art)** a realistic art style using techniques and subjects from commercial art, comic strips, etc.

**popcorn** *n.* the puffed, edible kernels of a variety of maize with small ears and hard grains which pop open when heated

**pope** (pōp) *n.* [< Gr. *pappas,* father] [*usually* **P-**] *R.C.Ch.* the bishop of Rome and head of the Church

**popery** (pōp'ərē) *n.* the doctrines and rituals of the Roman Catholic Church: a hostile term

**popeyed** (pop'īd') *adj.* having protruding eyes

**popgun** *n.* a toy gun that shoots pellets by air compression, with a pop

**popinjay** (pop'in jā') *n.* [< Ar. *babaghā,* parrot] a talkative, conceited person

**popish** (pōp'ish) *adj.* of popery: a hostile term

**poplar** (pop'lər) *n.* [< L. *populus,* the people] a tall, fast-growing tree with alternate leaves and catkins

**poplin** (pop'lin) *n.* [< Fr. prob. < It. *papalina,* papal] a sturdy fabric of cotton, rayon, etc. with fine ribbing

**popper** (pop'ər) *n.* [Colloq.] *same as* PRESS STUD

**poppet** (pop'it) *n.* [var. of PUPPET] **1.** [Colloq.] a little person: a term of endearment **2.** a valve that moves into and from its seat: in full, **poppet valve**

**popping crease** *Cricket* the line 4 feet in front of the wicket at, or behind which, the batsman stands

**poppy** (pop'ē) *n., pl.* **-pies** [< L. *papaver*] **1.** a plant with a milky juice and showy, variously coloured flowers **2.** an extract, as opium, made from poppy juice **3.** yellowish red

**poppycock** (pop'ē kok') *n.* [Du. *pappekak,* dung] [Colloq.] nonsense

**Poppy Day** another name for Remembrance Day, because of the artificial poppies sold in aid of the Earl Haig Fund

**pop shop** [Colloq.] a pawnshop

**popsy, popsie** (pop'sē) *n., pl.* **-sies** [< POPPET] [Colloq.] a young woman: a term of affection

**populace** (pop'yōō ləs) *n.* [< L. *populus,* people] the common people; the masses

**popular** (pop'yōō lər) *adj.* [< L. *populus,* people] **1.** liked by many people **2.** having many friends **3.** common; prevalent **4.** of or carried on by people generally **5.** intended for the general public [*popular* music] **6.** within the means of the ordinary person [*popular* prices] —**pop'ular'ity** (-lar'ə tē) *n.*

**popular front** a group of left wing political parties

**popularize** *vt.* **-ized', -iz'ing** **1.** to make popular **2.** to make understandable to the general public

**populate** (pop'yōō lāt') *vt.* **-lat'ed, -lat'ing** [< L. *populus,* people] **1.** to inhabit **2.** to supply with inhabitants

**population** (pop'yōō lā'shən) *n.* **1.** *a*) all the people in a country, region, etc. *b*) the number of these **2.** a populating or being populated

**populous** (pop'yōō ləs) *adj.* thickly populated

**porcelain** (pôr's'lin) *n.* [< Fr. < It. *porcellana,* a kind of shell] **1.** a hard, white, translucent ceramic ware, made of kaolin, feldspar, and quartz or flint **2.** porcelain dishes or ornaments, collectively

**porch** (pôrch) *n.* [< L. *porta,* gate] a structure projecting from the doorway of a building and forming a covered entrance

**porcine** (pôr'sīn) *adj.* [< L. *porcus,* pig] of or like pigs

**porcupine** (pôr'kyōō pīn') *n.* [< L. *porcus,* pig + *spina,* spine] a rodent having coarse hair mixed with long, stiff, sharp spines

**pore**[1] (pôr) *vi.* **pored, por'ing** [< ?] **1.** to study carefully [to *pore* over a book] **2.** to ponder (with *over*)

**pore**[2] *n.* [< Gr. *poros,* passage] **1.** a tiny opening, as in plant leaves, skin, etc., for absorbing or discharging fluids **2.** a similar opening in rocks or other substances

**pork** (pôrk) *n.* [< L. *porcus,* pig] the flesh of a pig used, fresh or cured, as food

**pork butcher** a butcher who specializes in selling pork

**porker** *n.* a pig fattened for use as food

**pork pie** **1.** a meat pie made with chopped pork **2.** a man's soft hat with a round, flat crown

**porky** *adj.* **-ier, -iest** **1.** of or like pork **2.** fat

**porn** (pôrn) *n.* [Colloq.] *short for* PORNOGRAPHY

**porno** (pôrn'ō) *n., adj.* [Colloq.] *short for:* **1.** PORNOGRAPHY **2.** PORNOGRAPHIC

**pornography** (pôr nog'rə fē) *n.* [< Gr. *porne,* a prostitute + *graphein,* write] writings, pictures, etc. intended primarily to arouse sexual desire —**pornog'rapher** *n.* —**por'nograph'ic** (-nō graf'ik) *adj.*

**porous** (pôr'əs) *adj.* full of pores, through

which fluids, air, or light may pass —**porosity** (pôr ros′ə tē) ***n.***

**porphyry** (pôr′fər ē) ***n., pl.*** **-ries** [< Gr. *porphyros,* purple] **1.** orig., an Egyptian rock with large feldspar crystals in a purplish rock mass **2.** any igneous rock resembling this —**por′phyrit′ic** (-fə rit′ik) ***adj.***

**porpoise** (pôr′pəs) ***n.*** [< L. *porcus,* pig + *piscis,* fish] a small whale with a blunt snout

**porridge** (por′ij) ***n.*** [altered < POTTAGE] **1.** a soft food made of cereal or oatmeal boiled in water or milk **2.** [Slang] imprisonment

**porringer** (por′in jər) ***n.*** [< Fr. *potager,* soup dish] a bowl for porridge, soup, etc., esp. one used by children

**port**[1] (pôrt) ***n.*** [< L. *portus,* haven] **1.** a harbour **2.** a city with a harbour where ships load and unload

**port**[2] ***n.*** [< *Oporto,* city in Portugal] a sweet, fortified, usually dark-red wine

**port**[3] ***vt.*** [< L. *portare,* carry] to hold (a rifle or sword) diagonally in front of one, as for inspection

**port**[4] ***n.*** [prob. < PORT[1]] the left-hand side of a ship or aircraft as one faces the bow —***adj.*** of or on the port —***vt., vi.*** to turn (the helm) to the port side

**Port.** **1.** Portugal **2.** Portuguese

**portable** (pôr′tə b'l) ***adj.*** [< L. *portare,* carry] **1.** that can be carried **2.** easily carried —***n.*** something portable —**port′abil′ity** ***n.***

**portage** (pôr′tij) ***n.*** [< L. *portare,* carry] **1.** a carrying of boats and supplies between rivers, lakes, etc. **2.** any route over which this is done —***vt., vi.*** **-taged, -taging** to carry (boats, etc.) over a portage

**portal** (pôr′t'l) ***n.*** [< L. *porta,* gate] a doorway, gate, or entrance, esp. a large or imposing one

**portcullis** (pôrt′kul′is) ***n.*** [< MFr. *porte,* gate + *coleice,* sliding] a heavy iron grating lowered to bar the gateway of a castle or fortified town

**portend** (pôr tend′) ***vt.*** [< L. *por-,* through + *tendere,* stretch] **1.** to be an omen of **2.** to signify

**portent** (pôr′tent) ***n.*** **1.** something that portends an event; omen **2.** significance **3.** a marvel

**portentous** (pôr ten′təs) ***adj.*** **1.** ominous **2.** amazing **3.** pompous —**porten′tousness** ***n.***

**porter**[1] (pôr′tər) ***n.*** [< L. *porta,* gate] a doorman or gatekeeper —**port′ress** ***n. fem.***

**porter**[2] ***n.*** [< L. *portare,* carry] **1.** a man whose work is to carry luggage, as at a railway station **2.** [abbrev. of *porter's ale*] a dark-brown beer

**porterhouse** ***n.*** a choice cut of beef from the loin just before the sirloin: in full, **porterhouse steak**

**portfolio** (pôrt′fō′lē ō′) ***n., pl.*** **-lios′** [< L. *portare,* carry + *folium,* leaf] **1.** a flat, portable case for loose papers, etc. **2.** the office of a minister of state [a minister without *portfolio*] **3.** a list of an investor's stocks, bonds, etc.

**porthole** (pôrt′hōl′) ***n.*** an opening in a ship's side, as for admitting light and air

PORTICO

**portico** (pôr′tə kō′) ***n., pl.*** **-coes′, -cos′** [It. < L. *porticus*] a porch or covered walk, consisting of a roof supported by columns

**portion** (pôr′shən) ***n.*** [< L. *portio*] **1.** a part, esp. as allotted to a person; share **2.** a helping of food **3.** a dowry **4.** one's lot; destiny —***vt.*** **1.** to divide into portions **2.** to give as a portion to

**portland cement** (pôrt′lənd) [it resembles stone from the Isle of *Portland*] [*sometimes* **P-**] a kind of cement that hardens under water

**portly** (pôrt′lē) ***adj.*** **-lier, -liest** **1.** stout; corpulent **2.** large and heavy in a dignified way —**port′liness** ***n.***

**portmanteau** (pôrt′man′tō) ***n., pl.*** **-teaus, -teaux** (-tōz) [< Fr. *porter,* carry + *manteau,* cloak] a stiff suitcase that opens like a book into two compartments

**portmanteau word** a word that is a combination of two others (Ex.: *smog,* from *smoke* and *fog*)

**portrait** (pôr′trit) ***n.*** [see PORTRAY] **1.** a painting, photograph, etc. of a person, esp. of his face **2.** a description, portrayal, etc. —**por′traitist** ***n.***

**portraiture** (pôr′tri chər) ***n.*** **1.** the making of portraits **2.** a portrait

**portray** (pôr trā′) ***vt.*** [< L. *pro-,* forth + *trahere,* draw] **1.** to make a portrait of **2.** to describe **3.** to play the part of in a play, film, etc. —**portray′al** ***n.***

**Portuguese** (pôr′chōō gēz′) ***adj.*** of Portugal, its people, their language, etc. —***n.*** **1.** *pl.* **-guese′** a native of Portugal **2.** the language of Portugal

**Portuguese man-of-war** a large, warm-sea animal having long, dangling tentacles that sting, and a large, bladderlike sac that enables it to float on water

**pose**[1] (pōz) ***vt.*** **posed, pos′ing** [< LL. *pausare,* to pause] **1.** to present (a question, problem, etc.) **2.** to put (a model, etc.) in a certain attitude —***vi.*** **1.** to assume a certain attitude, as in modelling for an artist **2.** to strike attitudes for effect **3.** to pretend to be what one is not —***n.*** **1.** a bodily attitude, esp. one held for an artist, etc. **2.** behaviour assumed for effect; pretence

**pose**[2] ***vt.*** **posed, pos′ing** [< APPOSE, OPPOSE] to baffle, as by a difficult question

**poser** ***n.*** a baffling question or problem

**poseur** (pō zur′) *n.* [Fr.] a person who assumes attitudes or manners merely for their effect upon others

**posh** (posh) *adj.* [prob. < obs. slang *posh,* a dandy] [Colloq.] luxurious and fashionable; elegant

**position** (pə zish′ən) *n.* [< L. *ponere,* to place] **1.** the place where one is; location **2.** the usual or proper place **3.** the manner in which a person or thing is placed or arranged **4.** one's attitude or opinion **5.** rank or status **6.** a place high in society, business, etc. *[a man of position]* **7.** a post of employment; job; office —*vt.* to put in a particular position; place —**posi′tional** *adj.*

**positive** (poz′ə tiv) *adj.* [< L. *ponere,* to place] **1.** *a*) definitely set; explicit *b*) allowing no doubt; certain **2.** *a*) confident *b*) overconfident or dogmatic **3.** showing agreement; affirmative **4.** tending in the direction regarded as that of increase, progress, etc. **5.** constructive *[positive* criticism*]* **6.** absolute; unqualified **7.** having real existence in itself *[a positive* good*]* **8.** based on facts *[positive* proof*]* **9.** concerned only with real things and experience; practical **10.** [Colloq.] complete; downright *[a positive* fool*]* **11.** *Elec. a*) of electricity predominating in a glass body after it has been rubbed with silk *b*) charged with positive electricity *c*) having a deficiency of electrons **12.** *Gram.* of an adjective or adverb in its uninflected or unmodified form neither comparative nor superlative **13.** *Math.* greater than zero; plus **14.** *Med.* indicating the presence of a condition, bacteria, etc. **15.** *Photog.* with the relation of light and shade the same as in the thing photographed **16.** *Physics* having an opposite polarity to that of an electron; said of an electric charge —*n.* something positive, as a degree, quality, etc.; specif., *a*) the plate in a voltaic battery where the higher potential is *b*) *Math.* a positive quantity *c*) *Photog.* a positive print —**pos′itively** *adv.* —**pos′itiveness** *n.*

**positivism** *n.* a system of philosophy based solely on observable scientific facts —**pos′itivist** *n., adj.*

**positron** (poz′ə tron) *n.* [POSI(TIVE) + (ELEC)TRON] the positive antiparticle of an electron, with about the same mass and magnitude of charge

**poss.** **1.** possession **2.** possessive **3.** possibly

**posse** (pos′ē) *n.* [< L., be able] **1.** [Now Chiefly U.S.] a body of men summoned to assist a sheriff **2.** in W Canada, a troop of trained horses and riders who perform at rodeos

**possess** (pə zes′) *vt.* [< L. *possidere*] **1.** to have as something that belongs to one; own **2.** to have as an attribute, quality, etc. **3.** to gain control over; dominate *[possessed* by an idea*]* —**posses′sor** *n.*

**possessed** *adj.* **1.** owned **2.** controlled as by an evil spirit; crazed —**possessed of** having

**possession** (pə zesh′ən) *n.* **1.** a possessing or being possessed; ownership **2.** anything possessed **3.** [*pl.*] property; wealth **4.** territory ruled by an outside country

**possessive** (pə zes′iv) *adj.* **1.** of possession **2.** showing an excessive desire to possess, or retain possession or control of **3.** *Gram.* designating or of a case, form, or construction expressing possession (Ex.: *men's, of men, her*) —*n.* *Gram.* a possessive case or form —**posses′siveness** *n.*

**possible** (pos′ə b′l) *adj.* [< L. *posse,* be able] **1.** that can be **2.** that may or may not happen **3.** that can be done, chosen, etc. **4.** permissible —*n.* **1.** the highest attainable score, esp. in shooting **2.** a candidate, etc. who has a good chance of winning, being chosen, etc. —**pos′sibil′ity** *n.*

**possibly** *adv.* **1.** by any possible means *[it can't possibly work]* **2.** perhaps; maybe

**post**[1] (pōst) *n.* [< L. *postis*] **1.** a piece of wood, metal, etc., set upright to support a sign, fence, etc. **2.** the starting point of a horse race **3.** the finishing point of a race —*vt.* **1.** to put up (a notice, etc.) on (a wall, etc.) **2.** to announce or publicize thus **3.** to put (a name) on a posted or published list

**post**[2] *n.* [ult. < L. *ponere,* to place] **1.** an assigned or appointed position, job, or duty **2.** the place where a soldier, guard, etc. is stationed **3.** *a*) a place where troops are stationed *b*) the troops there; garrison **4.** either of two military bugle calls (**first** and **last post**) giving notice of the time to retire for the night **5.** *short for* TRADING POST —*vt.* to assign to a post

**post**[3] *n.* [see prec.] **1.** a single collection or delivery of mail **2.** a post office **3.** a postbox or pillar box **4.** the system or organization for the collection, transport, and delivery of letters, etc. —*vt.* **1.** to send by post **2.** to inform *[keep me posted]* **3.** *Bookkeeping a*) to transfer (an item) to the ledger *b*) to enter all necessary items in (a ledger, etc.)

**post-** [L.] *a prefix meaning:* **1.** after in time, following *[postglacial]* **2.** after in space, behind

**postage** (pōs′tij) *n.* the amount charged for delivering a letter, etc., esp. as represented by stamps

**postage stamp** a government stamp for a letter or package, showing postage paid

**postal** (pōs′t′l) *adj.* having to do with mail or post offices

**postal code** a code consisting of letters and numbers, added to the last line of an address to facilitate processing of mail

**postal order** a money order issued by one office authorizing payment at another post office

**post bag** a mailbag

**postbox** *n.* a box, as on a street, into which mail is put for collection

**postcard** *n.* a card, often a picture card, for posting when a postage stamp is affixed: also **post card**

**post chaise** a closed, four-wheeled coach

drawn by fast horses, formerly used to carry mail and passengers

**post code** a code used as part of a postal address to aid the sorting of mail: also **postal code**

**postdate** (pōst′dāt′) *vt.* **-dat′ed, -dat′ing** **1.** to assign a later date to than the actual date **2.** to follow in time

**poster** (pōs′tər) *n.* **1.** a large advertisement or notice, often illustrated, posted publicly **2.** a large coloured picture, as of a pop star, used for decoration

**poste restante** (pōst′res′tänt) a department in a post office to which letters can be addressed to be kept till called for

**posterior** (pos tēər′ē ər) *adj.* [L. < *post,* after] **1.** at or towards the rear **2.** later; following —*n.* the buttocks —**poste′rior′ity** (-or′ə tē) *n.*

**posterity** (pos ter′ə tē) *n.* [see prec.] **1.** all future generations **2.** all of a person's descendants

**postern** (pōs′tərn) *n.* [see POSTERIOR] a door or entrance at the side or rear

**post-free** *adj., adv.* **1.** with the postage prepaid **2.** free of postal charge

**postgraduate** (pōst′grad′yoo wət) *adj.* of or taking a course of study after graduation —*n.* a postgraduate student

**posthaste** (pōst′hāst′) *adv.* with great haste

**posthumous** (pos′tyoo məs) *adj.* [< L. *postumus,* last] **1.** occurring after one's death **2.** published after the author's death **3.** born after the father's death —**post′humously** *adv.*

**posthypnotic** (pōst′hip not′ik) *adj.* of, or carried out in, the period following a hypnotic trance

**postilion, postillion** (pos til′yən) *n.* [Fr. < It. *posta,* POST[3]] a person riding the left-hand horse of a team drawing a carriage

**postimpressionism** (pōst′im presh′ən iz′m) *n.* the theory or practice of some late 19th-cent. painters reacting against impressionism and emphasizing what is subjective —**post′impres′sionist** *adj., n.*

**postman** (pōst′mən) *n.* one whose work is carrying and delivering the post

**postman's knock** a parlour game involving the exchange of kisses

**postmark** (pōst′märk′) *n.* a post-office mark stamped on mail, cancelling the postage stamp and recording the date and place —*vt.* to stamp with a postmark

**postmaster** *n.* a person in charge of a post office —**post′mis′tress** *n.fem.*

**postmaster general** *pl.* **postmasters general, postmaster generals** the head of a government's postal system

**postmeridian** (pōst′mə rid′ē ən) *adj.* [< L.: see POST- & MERIDIAN] of or in the afternoon

**post meridiem** (pōst′mə rid′ē əm) [L.] after noon

**post-mortem** (pōst′môr′təm) *adj.* [L.] after death —*n.* **1.** an examination of a dead body to determine the cause of death **2.** a detailed evaluation of some event just ended

**postnatal** (pōst′nāt′l) *adj.* after birth

**post-obit** (pōst′ō′bit) *n.* [< L., after death] a bond pledging to pay a debt upon the death of a person from whom one expects to inherit money

**post office** **1.** the governmental department in charge of postal and telecommunications services **2.** a place where post is sorted, postage stamps are sold, etc.

**postoperative** (pōst′op′ər ə tiv) *adj.* of or in the period after surgery —**post′op′eratively** *adv.*

**postpaid** (pōst′pād′) *adj.* with the postage prepaid

**postpone** (pōst′pōn′) *vt.* **-poned′, -pon′ing** [< L. *post,* after + *ponere,* put] to put off until later; delay —**postpon′able** *adj.* —**postpone′ment** *n.*

**postprandial** (pōst′pran′dē əl) *adj.* [< POST- + L. *prandium,* noonday meal] after a meal

**postscript** (pōs′skript′) *n.* [< L. *post-,* after + *scribere,* write] a note, paragraph, etc. added below the signature of a letter

**postulant** (pos′chə lənt) *n.* [see ff.] a petitioner, esp. for admission into a religious order

**postulate** (pos′chə lāt′; *for n.,* -lət) *vt.* **-lat′ed, -lat′ing** [< L. *postulare,* to demand] **1.** to assume to be true, real, etc., esp. as a basis for argument **2.** to take for granted **3.** to demand; require —*n.* something postulated —**pos′tulation** *n.*

**posture** (pos′chər) *n.* [< L. *ponere,* to place] **1.** the position or carriage of the body **2.** a position assumed as in posing **3.** state; condition [the *posture* of foreign affairs] **4.** *a)* frame of mind *b)* an attitude assumed merely for effect —*vt.* **-tured, -turing** to place in a posture; pose —*vi.* to assume a bodily or mental posture, esp. for effect —**pos′tural** *adj.*

**postwar** (pōst′wôr′) *adj.* after the (or a) war

**posy** (pō′zē) *n., pl.* **-sies** [< POESY] a flower or bouquet: an old-fashioned usage

**pot** (pot) *n.* [OE. *pott*] **1.** a round vessel for holding liquids, cooking, etc. **2.** a pot with its contents **3.** *shortened form for* FLOWERPOT, etc. **4.** [Colloq.] *a)* all the money bet at a single time *b)* a large amount of money **5.** [Colloq.] a cup or other prize **6.** [Colloq.] a potbelly **7.** [Slang] marijuana —*vt.* **pot′ted, pot′ting** **1.** to put into a pot **2.** to cook or preserve in a pot **3.** to shoot **4.** to hit or get as by a potshot **5.** *Billiards* to pocket a ball —**go to pot** to go to ruin

**potable** (pōt′ə b'l) *adj.* [Fr. < L. *potare,* to drink] fit to drink; drinkable

‡**potage** (po täzh′) *n.* [Fr.] soup or broth

**potash** (pot′ash′) *n.* [< Du. *pot,* pot + *asch,* ash] any substance containing potassium; esp., any potassium compound used in fertilizers

**potassium** (pə tas′ē əm) *n.* [see prec.] a soft, silver-white, metallic chemical element: symbol, K

**potassium nitrate** a crystalline

compound used in fertilizers, gunpowder, etc. and as an oxidizing agent

**potation** (pō tā′shən) *n.* [< L. *potare,* to drink] **1.** the act of drinking **2.** a drink, esp. of alcohol

**potato** (pə tāt′ō) *n., pl.* **-toes** [Sp. *patata* < WInd.] **1.** the starchy tuber of a widely cultivated plant cooked as a vegetable **2.** the plant

**potato beetle** (or **bug**) *same as* COLORADO BEETLE

**potato crisp** a very thin slice of potato fried crisp and often salted and flavoured: also, U.S., **potato chip**

**potbelly** (pot′bel′ē) *n., pl.* **-lies** a protruding belly

**potboiler** *n.* a piece of writing, etc., usually inferior, done quickly for money

**pot-bound** *adj.* of a plant whose roots are too great for their container

**poteen** (po tēn′) *n.* [< Ir. *pota,* pot] illicitly distilled Irish whiskey: also **potheen′**

**potent** (pōt′ənt) *adj.* [< L. *posse,* be able] **1.** having authority or power **2.** convincing; cogent **3.** effective, as a drug **4.** able to engage in sexual intercourse —**po′tency** *n.*

**potentate** (pōt′′n tāt′) *n.* a ruler; monarch

**potential** (pō ten′shəl) *adj.* [see POTENT] that can come into being; possible; latent —*n.* **1.** something potential **2.** latent but unrealised ability or capacity **3.** *Elec.* the relative voltage at a point in an electric circuit or field with respect to some reference point in the same circuit or field —**poten′tially** *adv.*

**potential difference** the difference in electrical potential between two points in an electric field; voltage

**potentiality** (pō ten′shē al′ə tē) *n.* possibility or capability of becoming, developing, etc.; latency

**potful** (pot′fool′) *n.* as much as a pot will hold

**pother** (poth′ər) *n.* [< ?] a commotion or fuss

**potherb** (pot′hurb′) *n.* any herb whose leaves and stems are boiled for food or used as a flavouring

**pothole** (pot′hōl′) *n.* **1.** a deep hole or pit **2.** a rough hole in a road, made by wear and weathering

**potholing** *n.* the exploration of deep holes, esp. those with systems of passages occurring in limestone rocks —**pot′hol′er** *n.*

**pothook** (pot′hook′) *n.* **1.** an S-shaped hook for hanging a pot over a fire **2.** a curved mark in writing

**pothunter** (pot′hun′tər) *n.* **1.** a hunter who kills game indiscriminately **2.** a person who enters competitions merely to win prizes

**potion** (pō′shən) *n.* [< L. *potare,* to drink] a drink or liquid dose, as of medicine or poison

**potluck** (pot′luk′) *n.* whatever the family meal happens to be —**to take potluck** to accept what is available without knowing much about it

**pot plant** a plant grown in a flowerpot

**potpourri** (pō poor′ē) *n.* [Fr. < *pot,* a pot + *pourrir,* to rot] **1.** a fragrant mixture of dried flower petals **2.** a medley, miscellany, or anthology

**pot roast** meat cooked in one piece by braising

**potsherd** (pot′shurd′) *n.* [see POT & SHARD] a piece of broken pottery

**potshot** (pot′shot′) *n.* **1.** an easy shot **2.** a random shot **3.** a haphazard try

**pottage** (pot′ij) *n.* [< MFr. *pot,* a pot] a thick soup or stew of vegetables, or meat and vegetables

**potted** (pot′id) *adj.* **1.** put into a pot **2.** cooked or preserved in a pot **3.** summarized or abridged

**potter**[1] (pot′ər) *n.* a maker of earthenware pots, dishes, etc.

**potter**[2] *vi.* [< OE. *potian,* to push] to busy oneself in an aimless way (often with *around,* etc.)

**Potteries** (pot′ər ēz) an area of W central England where china and earthenware are manufactured

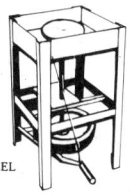

POTTER'S WHEEL

**potter's wheel** a rotating horizontal disc upon which clay is moulded into bowls, etc.

**pottery** (pot′ər ē) *n., pl.* **-teries** **1.** a potter's workshop or factory **2.** the art of a potter **3.** pots, bowls, etc. made of baked clay

**potting shed** a shed in the garden originally used to pot plants, now often used to store gardening equipment

**potty**[1] (pot′ē) *n., pl.* **-ties** a child's small chamber pot

**potty**[2] *adj.* **-tier, -tiest** [Colloq.] **1.** trivial **2.** slightly crazy

**pouch** (pouch) *n.* [MFr. *poche,* a poke] **1.** a small bag or sack **2.** any pouchlike cavity, part, etc. **3.** a saclike structure, as that on the abdomen of the kangaroo, etc. for carrying young —*vt.* **1.** to put into a pouch **2.** to make into a pouch

**pouf** (pōōf) *n.* [Fr. echoic] a large, solid cushion used as a seat; hassock: also sp. **pouff, pouffe**

**poulterer** (pōl′tər ər) *n.* a dealer in poultry and game

**poultice** (pōl′tis) *n.* [ML. *pultes,* pap] a hot, moist mass, as of flour, mustard, etc., applied to a sore part of the body —*vt.* **-ticed, -ticing** to apply a poultice to

**poultry** (pōl′trē) *n.* [< OFr. *poulet:* see

PULLET] domestic fowls, as chickens, raised for meat or eggs

**pounce** (pouns) *vi.* **pounced, pounc'ing** [< ?] to swoop down, or leap (*on, upon,* or *at*) as in attacking —*n.* the act of pouncing

**pound**[1] (pound) *n.* [< L. *pondus,* weight] **1.** a unit of weight, equal to 16oz. avoirdupois (.454 kgm) or 12 oz. troy (.373 kgm): abbrev. **lb. 2.** the monetary unit of the United Kingdom: in full **pound sterling:** symbol £ **3.** the monetary unit of various other countries, as of Ireland, Israel, etc. —**pound of flesh** a literal, legal but unreasonable fulfilment of a bargain

**pound**[2] *vt.* [OE. *punian*] **1.** to beat to a pulp, powder, etc. **2.** to strike with repeated heavy blows —*vi.* **1.** to deliver repeated, heavy blows (*at* or *on*) **2.** to move with heavy steps **3.** to beat heavily —**pound out** to produce (musical notes, etc.) with a very heavy touch

**pound**[3] *n.* [< OE. *pund-*] **1.** an enclosure for confining stray animals **2.** an enclosure for keeping officially removed vehicles, etc.

**poundage** *n.* a tax, etc. per pound (sterling or weight)

**pounder** *n.* a person or thing that pounds

**-pounder** *a combining form meaning* something weighing or worth (a specified number of pounds)

**pound-foolish** *adj.* not handling large sums of money wisely: see PENNY-WISE

**pound note** a banknote valued at one pound sterling

**pour** (pôr) *vt.* [< ?] **1.** to make flow in a continuous stream **2.** to emit, utter, etc. profusely or steadily —*vi.* **1.** to flow freely, continuously, etc. **2.** to rain heavily **3.** to swarm **4.** to serve tea, coffee, etc. —**pour cold water on** to discourage; disparage —**pour'er** *n.*

‡**pourboire** (pooərbwär') *n.* [Fr.] a tip, or gratuity

**pout** (pout) *vi.* [ME. *pouten*] **1.** to thrust out the lips, as in sullenness **2.** to protrude: said of the lips —*vt.* to thrust out (the lips) —*n.* a pouting

**pouter** *n.* **1.** a person who pouts **2.** any of a breed of pigeon that can distend its crop: also **pouter pigeon**

**poverty** (pov'ər tē) *n.* [< L. *pauper,* poor] **1.** the condition or quality of being poor; need **2.** inferiority; inadequacy **3.** scarcity

**poverty-stricken** *adj.* very poor

**poverty trap** the situation of a family on social security where an increase in earned income means a decrease in total income, because of a decrease in State benefits

**POW, P.O.W.** prisoner of war

**powder** (pou'dər) *n.* [< L. *pulvis*] **1.** any dry substance in the form of fine, dustlike particles **2.** a specific kind of powder [face *powder*] **3.** *same as* GUNPOWDER —*vt.* **1.** to put powder on **2.** to make into powder —**pow'dery** *adj.*

**powder horn** a container made of an animal's horn, for carrying gunpowder

**powder keg** **1.** a small barrel used to hold gunpowder **2.** [Colloq.] an explosive situation

**powder puff** a soft pad for applying cosmetic powder

**powder room** [U.S.] a lavatory for women

**power** (pou'ər) *n.* [ult. < L. *posse,* be able] **1.** ability to do or act **2.** a specific ability or faculty **3.** vigour; force **4.** *a*) influence; authority *b*) legal authority **5.** physical force or energy [water *power*] **6.** a person or thing of great influence, force, or authority **7.** a nation, esp. one dominating others **8.** a spirit or divinity **9.** *Math.* the result of multiplying a quantity by itself [4 is the second *power* of 2 ($2^2$)] **10.** *Optics* the degree of magnification of a lens, telescope, etc. —*vt.* to supply with power —*adj.* **1.** operated by electricity, etc. [*power* tools] **2.** using an auxiliary, engine-powered system [*power* steering] **3.** carrying electricity —**in power 1.** in authority **2.** in office —**the powers that be** the persons in control

**powerful** *adj.* having much power; strong; influential —**pow'erfully** *adv.* —**pow'erfulness** *n.*

**powerhouse** *n.* **1.** *same as* POWER STATION **2.** [Colloq.] a powerful person, team, etc.

**powerless** *adj.* without power; weak, impotent, etc.

**power of attorney** a written statement legally authorizing a person to act for one

**power point** an electrical socket mounted on, or recessed into, a wall

**power station** a building where electric power is generated

**powwow** (pou'wou') *n.* [< AmInd.] **1.** a conference of or with N American Indians **2.** [Colloq.] any conference or gathering —*vi.* [Colloq.] to confer

**pox** (poks) *n.* [see POCK] **1.** a disease characterized by skin eruptions, as smallpox **2.** [Colloq.] syphilis

**pp, pp.** **1.** [L. per *procurationem*] by delegation to **2.** *Music* pianissimo

**pp.** **1.** pages **2.** past participle

**P.P., p.p.** **1.** past participle **2.** postpaid **3.** prepaid

**ppd.** **1.** postpaid **2.** prepaid

**ppr., p.pr.** present participle

**P.P.S., p.p.s.** **1.** [L. *post postscriptum*] an additional postscript **2.** Parliamentary Private Secretary

**P.Q.** **1.** Province of Quebec **2.** [Canad.] Parti Québécois

**Pr** *Chem.* praseodymium

**Pr.** **1.** Prince **2.** Prinçal

**pr.** **1.** pair(s) **2.** present **3.** price **4.** pronoun

**PR** Proportional Representation

**P.R., PR** **1.** public relations **2.** Puerto Rico

**P.R.A.** President of the Royal Academy

**practicable** (prak'ti kə b'l) *adj.* [see PRACTICE] **1.** that can be put into practice; feasible **2.** that can be used —**prac'ticabil'ity** *n.* —**prac'ticably** *adv.*

**practical** (prak'ti k'l) *adj.* [see PRACTICE] **1.** concerned with application to useful ends, rather than theory *[practical* science*]* **2.** given to actual practice *[a practical* farmer*]* **3.** realistic and sensible about everyday activities, work, etc. **4.** useful or designed for use **5.** of or from practice or action **6.** that is so in practice; virtual —*n.* a practical examination **—prac'tical'ity** (-kal'ə tē) ***n.***

**practical joke** a trick played on someone but meant in fun **—practical joker**

**practically** ***adv.*** **1.** in a practical way **2.** virtually **3.** [Colloq.] nearly

**practice** (prak'tis) ***n.*** [< Gr. *prassein,* do] **1.** a practising; habit, custom, etc. **2.** *a*) repeated action for gaining skill *b*) the resulting condition of being skilled *[out of practice]* **3.** knowledge put into action **4.** *a*) the exercise of a profession *b*) a business based on this **—*vt., vi.* -ticed, -ticing** *U.S. sp. of* PRACTISE

**practise** (prak'tis) ***vt., vi.*** **-tised, -tising** [see PRACTICE] **1.** to do repeatedly so as to gain skill **2.** to do or engage in regularly; make a habit of **3.** *a*) to work at, esp. as a profession *[to practise* law*]* *b*) to observe (beliefs, ideals, etc.) **—*vi.*** **1.** to do something repeatedly so as to gain skill **2.** to work at a profession

**practitioner** (prak tish'ə nər) ***n.*** a person who practises a profession, art, etc., esp. medicine

**praetor** (prēt'ər) ***n.*** [L.] a magistrate of ancient Rome, next below a consul in rank

**Praetorian Guard** (prē tôr'ē ən) the bodyguard of a Roman emperor

**pragmatic** (prag mat'ik) ***adj.*** [< Gr. *pragma,* deed] **1.** concerned with practice, not with theory **2.** dealing with historical facts as causally related **3.** of pragmatism **—pragmat'ically *adv.***

**pragmatism** (prag'mə tiz'm) ***n.*** **1.** a philosophy that tests all concepts by practical results **2.** the quality or condition of being pragmatic **—prag'matist *n., adj.***

**prairie** (prāər'ē) ***n.*** [Fr. < L. *pratum,* meadow] a large area of level or rolling grassland, esp. in N America

PRAIRIE DOG (to 38 cm long, including tail)

**prairie dog** a small, squirrellike, burrowing rodent of N America, with a barking cry

**Prairie Provinces** the Canadian provinces of Manitoba, Saskatchewan, and Alberta

**praise** (prāz) ***vt.*** **praised, prais'ing** [< L. *pretium,* worth] **1.** to commend the worth of **2.** to glorify (God, etc.), as in song —*n.* a praising or being praised; commendation **—sing someone's praise** (or **praises**) to praise someone highly **—prais'er *n.***

**praiseworthy** ***adj.*** worthy of praise **—praise'wor'thiness *n.***

**praline** (prä'lēn) ***n.*** [Fr., < Marshal Duplessis-*Praslin*] a crisp sweet made of nuts browned in boiling sugar

**pram** (pram) ***n.*** a light carriage for wheeling a baby about

**prance** (präns) ***vi.*** **pranced, pranc'ing** [< ?] **1.** to caper or strut **2.** to rise up, or move along on the hind legs: said of a horse —*n.* a prancing

**prang** (praŋ) ***vt.*** [echoic] [Slang] **1.** to crash or damage (an aircraft, car, etc.) **2.** to bomb heavily —*n.* [Slang] **1.** a collision **2.** a bombing raid

**prank** (praŋk) ***n.*** [< ?] a playful trick, often one causing some mischief **—prank'ster *n.***

**praseodymium** (prā'zē ō dim'ē əm) ***n.*** [< Gr. *prasios,* green + *didymos,* twin] a metallic chemical element of the rare-earth group: symbol, Pr

**prate** (prāt) ***vi.,vt.*** **prat'ed, prat'ing** [< MDu. *praten*] to talk on and on, foolishly; chatter —*n.* chatter

**prattle** (prat'l) ***vi., vt.*** **-tled, -tling** [MLowG. *pratelen*] to speak childishly; babble —*n.* chatter or babble

PRAWN (from 2.5 cm to 25 cm long)

**prawn** (prôn) ***n.*** [< ?] an edible, shrimplike crustacean

**praxis** (prak'sis) ***n.*** [< Gr. *prassein,* do] **1.** practice **2.** a set of examples or exercises

**pray** (prā) ***vi.*** [< L. *prex,* prayer] to make supplication or offer prayers —*vt.* **1.** to implore *[(I) pray* (you) tell me*]* **2.** to ask for by prayer

**prayer**[1] (prāər) ***n.*** **1.** the act of praying **2.** *a*) an earnest request to God, etc. *b*) an utterance of praise, etc. to God *c*) a set of words used in praying **3.** [*often pl.*] a religious prayer service **4.** something prayed for

**prayer**[2] (prā'ər) ***n.*** a person who prays

**prayer mat** the small carpet on which a Muslim kneels while saying his prayers

**prayer wheel** a revolving drum with written prayers, used by Tibetan Buddhists, in counting prayers

**praying mantis** *same as* MANTIS

**pre-** [< L. *prae,* before] *a prefix meaning* before in time, place, or rank *[prewar]*

**preach** (prēch) *vi.* [< L. *prae-*, before + *dicare,* proclaim] **1.** to give a sermon **2.** to give moral advice, esp. tediously —*vt.* **1.** to advocate or urge, as by preaching **2.** to deliver (a sermon)

**preacher** *n.* one who preaches; esp., a clergyman

**preamble** (prē am′b'l) *n.* [< L. *prae-*, before + *ambulare,* go] an introduction, esp. to a constitution, statute, etc., stating its reason and purpose

**prearrange** (prē′ə rānj′) *vt.* **-ranged′, -rang′ing** to arrange beforehand —**pre′arrange′ment** *n.*

**prebend** (preb′ənd) *n.* [< L. *praebere,* give] the amount paid a clergyman by his cathedral or collegiate church

**prebendary** *n., pl.* **-ies** a person receiving a prebend

**prec.** preceding

**Precambrian** (prē kam′brē ən) *adj.* designating or of the geologic era covering all the time before the Cambrian Period

**precarious** (pri kâər′ē əs) *adj.* [see PRAYER[1]] dependent upon circumstances or chance; insecure; risky —**precar′iously** *adv.* —**precar′iousness** *n.*

**precaution** (pri kô′shən) *n.* [< L. *prae-*, before + *cavere,* take care] a measure taken beforehand against possible danger, failure, etc. —**precau′tionary** *adj.*

**precede** (pri sēd′) *vt., vi.* **-ced′ed, -ced′ing** [< L. *prae-*, before + *cedere,* go] to be, come, or go before in time, order, rank, importance, etc.

**precedence** (pres′i dəns, prē sēd′'ns) *n.* the act, right, or fact of preceding; priority in time, order, rank, etc.: also **prec′edency**

**precedent** (pres′i dənt; *for adj.* pri sēd′'nt) *n.* an act, decision, etc. that may serve as an example or justification for a later one —*adj.* that precedes

**precentor** (prē sen′tər) *n.* [< L. *prae,* before + *canere,* sing] a person who directs church singing

**precept** (prē′sept) *n.* [< L. *prae-*, before + *capere,* take] **1.** a direction meant as a rule of conduct **2.** a rule of moral conduct —**precep′tive** *adj.*

**preceptor** (pri sep′tər) *n.* [see prec.] a teacher —**preceptorial** (prē′sep tôr′ē əl) *adj.*

**precession** (pri sesh′ən) *n.* **1.** a preceding **2.** *Mech.* a change in direction of the rotational axis of a spinning body, in which the axis describes a cone

**precinct** (prē′siŋkt) *n.* [< L. *prae-*, before + *cingere,* surround] **1.** *a*) [*usually pl.*] an enclosure between buildings, walls, etc. *b*) an area in a town where vehicles are not allowed **2.** [*pl.*] environs

**preciosity** (presh′ē os′ə tē) *n., pl.* **-ties** [see PRECIOUS] great fastidiousness or affectation, esp. in language

**precious** (presh′əs) *adj.* [< L. *pretium,* a price] **1.** of great price or value; costly **2.** much loved or cherished **3.** overrefined or affected **4.** [Colloq.] very great [*a precious* liar] —*adv.* [Colloq.] very

**precious metals** any of gold, silver, or platinum

**precious stone** a rare and costly gem

**precipice** (pres′ə pis) *n.* [< L. *prae-*, before + *caput,* a head] a vertical or overhanging rock face

**precipitant** (pri sip′i tənt) *adj.* [see prec.] *same as* PRECIPITATE —*n.* a substance causing formation of a precipitate —**precip′itancy, precip′itance** *n.*

**precipitate** (pri sip′i tāt′; *also, for adj. & n.,* -tit) *vt.* **-tat′ed, -tat′ing** [see PRECIPICE] **1.** to make happen before expected, needed, etc. **2.** to hurl downwards **3.** *Chem.* to separate (a dissolved substance) out from a solution —*vi.* **1.** *Chem.* to be precipitated **2.** *Meteorol.* to condense and fall as rain, snow, etc. —*adj.* **1.** falling steeply **2.** acting, happening, or done hastily or rashly **3.** very sudden; abrupt —*n.* a substance precipitated out from a solution —**precip′itately** *adv.* —**precip′itateness** *n.*

**precipitation** (pri sip′i tā′shən) *n.* **1.** *Meteorol. a*) rain, snow, etc. *b*) the amount of this **2.** a precipitating or being precipitated **3.** sudden or rash haste

**precipitous** (pri sip′i təs) *adj.* **1.** steep like a precipice **2.** rash; impetuous —**precip′itously** *adv.*

**précis** (prā′sē) *n., pl.* **pré′cis** (-sēz) [Fr.: see ff.] a summary or abstract —*vt.* to make a précis of

**precise** (pri sīs′) *adj.* [< L. *prae-*, before + *caedere,* to cut] **1.** accurately stated; definite **2.** minutely exact **3.** very careful or strict in following a procedure, rules, etc. —**precise′ly** *adv.* —**precise′ness** *n.*

**precision** (pri sizh′ən) *n.* **1.** the quality of being precise; exactness **2.** the degree of this —*adj.* characterized by precision, as in measurement, operation, etc.

**preclude** (pri klōōd′) *vt.* **-clud′ed, -clud′ing** [< L. *prae-*, before + *claudere,* to shut] to make impossible, esp. in advance; prevent —**preclu′sion** *n.*

**precocious** (pri kō′shəs) *adj.* [< L. *prae-*, before + *coquere,* to cook] **1.** matured beyond normal for one's age **2.** of or showing premature development —**preco′ciousness, precoc′ity** (-kos′ə tē) *n.*

**precognition** (prē′kog nish′ən) *n.* supposed perception, esp. extrasensory, of something before it occurs —**precog′nitive** *adj.*

**preconceive** (prē′kən sēv′) *vt.* **-ceived′, -ceiv′ing** to form a conception or opinion of beforehand —**pre′concep′tion** *n.*

**precondition** (prē′kən dish′ən) *n.* a condition required in advance for something to occur, be done, etc.

**precursor** (prē kur′sər) *n.* [< L. *praecurrere,* to run ahead] **1.** a forerunner **2.** a predecessor, as in office

**precursory** *adj.* **1.** serving as a precursor **2.** introductory; preliminary

**pred.** predicate

**predacious** (pri dā′shəs) *adj.* [< L. *praeda,* a prey] preying on other animals

**predate** (prē dāt′) *vt.* **-dat′ed, -dat′ing** **1.** to date before the actual date **2.** to come before in date

**predator** (pred′ə tər) *n.* a predatory person or animal

**predatory** *adj.* [< L. *praeda,* a prey] **1.** capturing and feeding upon other animals **2.** plundering, robbing, or exploiting —**pred′atorily** *adv.*

**predecease** (prē′di sēs′) *vt., vi.* **-ceased′, -ceas′ing** to die before (someone else)

**predecessor** (prē′di ses′ər) **n.** [< L. *prae-,* before + *decedere,* go away] a person preceding another, as in office

**predestinate** (prē des′tə nāt′; *for adj.* -nit) *vt.* **-nat′ed, -nat′ing** *Theol.* to foreordain by divine decree —*adj.* predestined

**predestination** (prē des′tə nā′shən) *n.* *Theol.* divine foreordaining of everything, specif. of certain souls to salvation

**predestine** (prē des′tin) *vt.* **-tined, -tining** to foreordain

**predetermine** (prē′di tur′min) *vt.* **-mined, -mining** **1.** to determine or decide beforehand **2.** to bias or prejudice

**predicable** (pred′i kə b′l) *adj.* that can be predicated —**pred′icably** *adv.*

**predicament** (pri dik′ə mənt) *n.* [see PREACH] a situation, esp. one that is difficult, embarrassing, or comical

**predicant** (pred′i kənt) *adj.* [< L. *praedicare,* to preach] preaching —*n.* a preacher, esp. a Dominican friar

**predicate** (pred′i kāt′; *for n.* -kət) *vt.* **-cat′ed, -cat′ing** [see PREACH] **1.** orig., to affirm **2.** to affirm as a quality, attribute, etc. —*n.* **1.** *Gram.* the verb or verbal phrase that makes a statement about the subject of a sentence or clause **2.** *Logic* something that is affirmed or denied about the subject of a proposition (Ex.: *green* in "grass is green") —**pred′ica′tion** *n.* —**pred′icative** *adj.*

**predict** (pri dikt′) *vt., vi.* [< L. *prae-,* before + *dicere,* tell] to state (what one believes will happen) —**predict′able** *adj.* —**predict′ably** *adv.* —**predic′tor** *n.*

**prediction** (pri dik′shən) *n.* **1.** a predicting or being predicted **2.** something predicted

**predikant** (prēə′də kant′) *n.* [< L. *praedicare,* preach] in S Africa, a minister in the Dutch Reformed Church

**predilection** (prē′di lek′shən) *n.* [< L. *prae-,* before + *diligere,* prefer] a preconceived liking; partiality (*for*)

**predispose** (prē′dis pōz′) *vt.* **-posed′, -pos′ing** to make receptive beforehand —**pre′disposi′tion** (-pə zish′ən) *n.*

**predominant** (pri dom′i nənt) *adj.* **1.** having authority over others **2.** most frequent; prevailing —**predom′inance** *n.* —**predom′inantly** *adv.*

**predominate** (pri dom′i nāt′) *vi.* **-nat′ed, -nat′ing** **1.** to have influence or authority (*over* others) **2.** to prevail; preponderate —**predom′inately** *adv.*

**preeminent, pre-eminent** (prē′em′i nənt) *adj.* eminent above others; surpassing —**preem′inence, pre-em′inence** *n.* —**preem′inently, pre-em′inently** *adv.*

**preempt, pre-empt** (prē′empt′) *vt.* [< ff.] **1.** to seize before anyone else can **2.** to acquire (public land) by preemption —**preemp′tive, pre-emp′tive** *adj.* —**pre-emp′tor, pre-emp′tor** *n.*

**preemption, pre-emption** *n.* [< L. *prae-,* before + *emere,* buy] the act or right of buying land, etc. before, or in preference to, others

**preen** (prēn) *vt.* [< ME. *proinen,* to prune (a tree, etc.)] **1.** to clean and trim (the feathers) with the beak: said of birds **2.** to dress up or adorn (oneself) **3.** to be proud of (oneself) —**preen′er** *n.*

**preexist, pre-exist** (prē′ig zist′) *vt., vi.* to exist previously or before (another person or thing) —**pre′exist′ence, pre′-exist′ence** *n.*

**pref.** **1.** preface **2.** preference **3.** prefix

**prefab** (prē′fab) *n.* [Colloq.] a prefabricated building

**prefabricate** (prē fab′rə kāt′) *vt.* **-cat′ed, -cat′ing** to make (houses, etc.) in standardized sections for quick assembly —**pre′fabrica′tion** *n.*

**preface** (pref′is) *n.* [< L. *prae-,* before + *fari,* speak] an introductory statement to an article, book, etc. —*vt.* **-aced, -acing** **1.** to introduce with a preface **2.** to be as a preface to

**prefatory** (pref′ə tər ē) *adj.* of, like, or serving as a preface —**pref′atorily** *adv.*

**prefect** (prē′fekt) *n.* [< L. *praeficere,* to set over] **1.** any of various administrators; specif., the head of a department of France **2.** in some schools, a pupil given certain powers in order to help maintain discipline

**prefecture** (prē′fek tyŏŏər′) *n.* the office, authority, territory, or residence of a prefect —**prefec′tural** *adj.*

**prefer** (pri fur′) *vt.* **-ferred′, -fer′ring** [< L. *prae-,* before + *ferre,* bear] **1.** to like better or value more highly **2.** to put before a magistrate, court, etc. to be considered **3.** to promote

**preferable** (pref′ər ə b′l) *adj.* to be preferred; more desirable —**pref′erably** *adv.*

**preference** (pref′ər əns) *n.* **1.** a preferring or being preferred **2.** something preferred **3.** the right, power, etc. of prior choice or claim **4.** a giving of advantage to one person, country, etc. over others

**preference shares** shares on which dividends are paid before dividends on ordinary shares

**preferential** (pref′ə ren′shəl) *adj.* of, giving, or receiving preference —**pref′eren′tially** *adv.*

**preferment** (pri fur′mənt) *n.* an advancement in rank or office; promotion

**prefigure** (prē fig′ər) *vt.* **-ured, -uring** [< L. *prae-,* before + *figurare,* to fashion] **1.** to foreshadow (something that will appear later) **2.** to imagine beforehand —**pre′figura′tion** *n.* —**prefig′urative** *adj.*

**prefix** (prē′fiks; *also, for v.,* prē fiks′) *n.* [< L. *prae-,* before + *figere,* to fix] a syllable or group of syllables joined to the beginning of a word to alter its meaning —*vt.* to fix to the beginning of a word, speech, book, etc.

**preggers** (preg′ərz) *adj.* [Colloq.] *same as* PREGNANT

**pregnant** (preg′nənt) *adj.* [< L. *pregnans*] **1.** having (an) offspring developing in the uterus **2.** full of meaning, significance, etc. **3.** mentally fertile; inventive **4.** fruitful —**preg′nancy** *n.* —**preg′nantly** *adv.*

**prehensile** (pri hen′sil) *adj.* [< Fr. < L. *prehendere,* take] adapted for grasping, esp. by wrapping itself around something, as a monkey's tail

**prehistoric** (prē′his tor′ik) *adj.* of the period before recorded history: also **pre′histor′ical**

**prejudge** (prē juj′) *vt.* **-judged′, -judg′ing** [see PRE- & JUDGE] to judge beforehand, or without all the evidence

**prejudice** (prej′ oo dis) *n.* [< L. *prae-,* before + *judicium,* judgment] **1.** a preconceived idea, usually one that is unfavourable **2.** an opinion held in disregard of facts that contradict it **3.** intolerance of other races, etc. **4.** harm resulting as from some action of another —*vt.* **-diced, -dicing** **1.** to harm, as by some judgment or action **2.** to bias

**prejudicial** (prej′ oo dish′əl) *adj.* causing prejudice, or harm; injurious

**prelacy** (prel′ə sē) *n., pl.* **-cies** **1.** *a*) the office or rank of a prelate *b*) prelates collectively **2.** church government by prelates

**prelate** (prel′it) *n.* [< L. *praeferre,* to PREFER] a high-ranking ecclesiastic, as a bishop —**prel′ateship′** *n.* —**prelatic** (pri lat′ik) *adj.*

**prelim** (prē′lim) *n.* [Colloq.] *short for* PRELIMINARY

**prelim.** preliminary

**preliminary** (pri lim′ə nər ē) *adj.* [< L. *prae-,* before + *limen,* threshold] leading up to the main action, etc.; preparatory —*n., pl.* **-naries** [*often pl.*] a preliminary step, examination, contest, etc. —**prelim′inarily** *adv.*

**prelude** (prel′ yōōd) *n.* [< L. *prae-,* before + *ludere,* play] **1.** something serving as an introduction; opening **2.** *Music a*) an introductory section of a suite, fugue, etc. *b*) any short, romantic composition —*vt., vi.* **-uded, -uding** to serve as or be a prelude (to)

**premarital** (prē mar′ə t'l) *adj.* before marriage

**premature** (prem′ə tyooər′) *adj.* [< L.: see PRE- & MATURE] **1.** happening or existing before the usual time; specif., born before the full period of gestation **2.** impulsive or hasty —**pre′mature′ly** *adv.* —**pre′matu′rity** *n.*

**premeditate** (prē med′i tāt′) *vt.* **-tat′ed, -tat′ing** to think out or plan beforehand —**premed′itat′ed** *adj.* —**premed′ita′tion** *n.*

**premenstrual** (prē men′ stroo wəl) *adj.* of the period in the menstrual cycle just before menstruation

**premier** (prem′ yər) *n.* [< L. *primus,* first] a chief official; specif., the prime minister in Britain and certain other countries —*adj.* **1.** first in importance; chief **2.** first in time —**premier′ship** *n.*

**première** (prem′ē āər′) *n.* [Fr., fem. of *premier*] a first performance of a play, film, etc. —*vt., vi.* **-mièred′, -mièr′ing** to exhibit (a play, film, etc.) for the first time

**premise** (prem′is) *n.* [< L. *prae-,* before + *mittere,* send] **1.** a previous statement serving as a basis for an argument: also sp. **prem′iss** **2.** [*pl.*] a piece of real estate [keep off the *premises*] **3.** [*pl.*] the part of a deed or lease that states the parties and property involved, etc. —**on the premises** in the shop, business, etc., rather than elsewhere

**premium** (prē′mē əm) *n., pl.* **-ums** [< L. *prae-,* before + *emere,* take] **1.** a reward or prize, esp. as an inducement to buy or do something **2.** a payment, as for an insurance policy **3.** very high value [a *premium* on honesty] —**at a premium** **1.** at a value or price higher than normal **2.** very valuable, as because of scarcity

**Premium Savings Bonds** bonds issued by the Treasury that yield no interest but give one the opportunity of winning cash prizes: also **premium bonds**

**premonition** (prē′mə nish′ən) *n.* [< L. *prae-,* before + *monere,* warn] **1.** a foreboding **2.** a forewarning —**premonitory** (pri mon′ə tər ē) *adj.*

**preoccupy** (prē ok′yə pī′) *vt.* **-pied′, -py′ing** [see PRE- & OCCUPY] to occupy completely the thoughts of; engross —**preoc′cupa′tion** *n.*

**preordain** (prē′ôr dān′) *vt.* to ordain or decree beforehand —**pre′ordina′tion** (-dən ā′ shən) *n.*

**prep** (prep) *n.* [Colloq.] *short for a*) PREPARATION *b*) PREPARATORY SCHOOL

**prep.** **1.** preparation **2.** preparatory **3.** preposition

**prepaid** (prē′ pād′) *pt. & pp. of* PREPAY

**preparation** (prep′ə rā′ shən) *n.* **1.** a preparing or being prepared **2.** something prepared for a special purpose **3.** school homework

**preparatory** (pri par′ə tər ē) *adj.* that prepares or serves to prepare; introductory —**prepar′atorily** *adv.*

**preparatory school** a private school for children between the ages of 6 and 13, generally preparing them for public school

**prepare** (pri pāər′) *vt.* **-pared′, -par′ing** [< L. *prae-,* before + *parare,* get ready] **1.** to make ready or suitable **2.** to equip or furnish **3.** to put together; construct [to *prepare* a dinner] —*vi.* **1.** to make things ready **2.** to make oneself ready —**be prepared to** to be ready to

**prepay** (prē′ pā′) *vt.* **-paid′, -pay′ing** to pay or pay for in advance —**pre′pay′ment** *n.*

**prepense** (pri pens′) *adj.* [< OFr. *pur-,* pro- + *penser,* think] planned beforehand

**preponderate** (pri pon′ də rāt′) *vi.* **-at′ed, -at′ing** [< L. *prae-,* before + *ponderare,* weigh] to be greater in amount, power, influence, etc. —**prepon'derance** *n.* —**prepon'derant** *adj.*

**preposition** (prep'əzish'ən) *n.* [< L. *prae-*, before + *ponere*, to place] a word, as *in, by, for, with, to,* etc., that connects a noun or pronoun, or a noun phrase, to another element, as to another noun (Ex.: the sound *of* rain, he went *to* the shop) —**prep'osi'tional** *adj.*

**prepossess** (prē'pəzes') *vt.* **1.** to prejudice or bias **2.** to impress favourably at once —**pre'posses'sion** *n.*

**prepossessing** *adj.* that impresses favourably; pleasing —**pre'possess'ingly** *adv.*

**preposterous** (pri pos'tər əs) *adj.* [< L. *prae-*, before + *posterus,* coming after] so contrary to nature, common sense, etc. as to be laughable; absurd

**prep school** *Colloq. form of* PREPARATORY SCHOOL

**prepuce** (prē'pyōōs) *n.* [< L. *praeputium*] the fold of skin covering the end of the penis

**Pre-Raphaelite** (prē'raf'ē ə līt') *n.* a member of a society of artists (**Pre-Raphaelite Brotherhood**) formed in Britain in 1848 to revive the qualities of Italian art before Raphael

**prerequisite** (prē rek'wə zit) *adj.* required beforehand as a necessary condition for something following —*n.* something prerequisite

**prerogative** (pri rog'ə tiv) *n.* [ult. < L. *prae-*, before + *rogare,* ask] a prior or exclusive privilege, esp. one peculiar to a rank, class, etc.

**Pres.** **1.** Presbyterian: also **Presb.** **2.** President

**pres.** **1.** present **2.** presidency

**presage** (pres'ij) *n.* [< L. *prae-*, before + *sagire,* perceive] **1.** a sign or warning; portent **2.** a foreboding —*vt.* **-aged, -aging** **1.** to give a warning of; portend **2.** to have a foreboding of **3.** to predict

**presbyter** (prez'bi tər) *n.* [LL.: see PRIEST] **1.** in the Presbyterian Church, an elder **2.** in the Episcopal Church, a priest or minister

**presbyterian** (prez'bi tēər'ē ən) *adj.* **1.** having to do with church government by presbyters **2.** [**P-**] designating a church of a Calvinistic Protestant denomination governed by elders —*n.* [**P-**] a member of a Presbyterian church —**pres'byter'ianism** *n.*

**presbytery** (prez'bi tər ē) *n. pl.* **-teries** in Presbyterian churches, a governing body made up of all the ministers and an equal number of elders in a district

**preschool** (prē'skōōl') *adj.* of, or for a child between infancy and school age

**prescience** (pre'sē əns) *n.* [< L. *prae-*, before + *scire,* know] apparent knowledge of things before they happen —**pre'scient** *adj.*

**prescribe** (pri skrīb') *vt.* **-scribed', -scrib'ing** [< L. *prae-*, before + *scribere,* write] **1.** to order or direct **2.** to order or advise as a medicine or treatment: said of doctors, etc. —*vi.* **1.** to set down rules **2.** to give medical advice or prescriptions

**prescription** (pri skrip'shən) *n.* **1.** a prescribing **2.** *a*) a doctor's direction for the preparation and use of a medicine *b*) a medicine so prescribed —*adj.* purchasable only with a doctor's prescription —**prescrip'tive** *adj.*

**presence** (prez'əns) *n.* **1.** a being present **2.** immediate surroundings [admitted to his *presence*] **3.** one that is present, esp. a person of imposing appearance **4.** *a*) a person's bearing, appearance, etc. *b*) poised and confident bearing

**presence of mind** the ability to think clearly and act quickly and intelligently in an emergency

**present** (prez'ənt; *for v.* pri zent') *adj.* [< L. *prae-*, before + *esse,* be] **1.** existing or happening now **2.** being at the specified place **3.** now being discussed, considered, etc. [the *present* writer] **4.** *Gram.* indicating action as now taking place (Ex.: he *goes*), or state as now existing (Ex.: the plums *are* ripe), or action that is habitual (Ex.: he *speaks* softly) —*n.* **1.** the present time **2.** the present occasion **3.** *Gram.* the present tense or a verb in it **4.** [*pl.*] *Law* this very document [know by these *presents*] **5.** something presented, or given; gift —*vt.* **1.** to introduce (a person *to* someone) **2.** to offer for viewing or notice **3.** to offer for consideration **4.** to give (a gift, etc.) to (someone) **5.** to hand over, send, etc. (a bill, etc.) to **6.** to point or aim (a weapon, etc.) —**present arms** *Mil.* to hold a rifle vertically in front of the body: a position of salute —**present'er** *n.*

**presentable** (pri zen'tə b'l) *adj.* **1.** properly dressed for meeting people **2.** fit to be shown, given, etc. to others —**present'abil'ity** *n.* —**present'ably** *adv.*

**presentation** (prez'ən tā'shən) *n.* **1.** a presenting or being presented **2.** something presented, as a theatrical performance, a gift, etc. —**pre'senta'tional** *adj.*

**present-day** (prez'ənt dā') *adj.* of the present time

**presentiment** (pri zen'ti mənt) *n.* [see PRE- & SENTIMENT] a foreboding, esp. of approaching evil

**presently** (prez'ənt lē) *adv.* **1.** soon **2.** [Chiefly U.S. & Scot.] at present; now

**present participle** a participle used to express present or continuing action

**present perfect** a tense indicating an action or state as completed but not at any definite time in the past

**preservative** (pri zur'və tiv) *n.* anything that preserves; esp., a substance added to food to keep it from spoiling —*adj.* preserving

**preserve** (pri zurv') *vt.* **-served', -serv'ing** [< L. *prae-*, before + *servare,* keep] **1.** to keep from harm, damage, etc. **2.** to keep from spoiling or rotting **3.** to prepare (food), as by bottling, for future use **4.** to keep up; maintain —*n.* **1.** [*usually pl.*] fruit preserved whole **2.**

a place where game is reared for hunting, fishing, etc. **3.** the special domain of some person —**preservation** (prez′ər-vā′shən) ***n.***

**preside** (pri zīd′) ***vi.*** **-sid′ed, -sid′ing** [< L. *prae-*, before + *sedere,* sit] **1.** to act as chairman **2.** to have authority, control, etc. (usually with *over*)

**presidency** (prez′i dən sē) ***n., pl.*** **-cies** the office, function, or term of president

**president** (prez′i dənt) ***n.*** [see PRESIDE] **1.** [Chiefly U.S.] the highest executive officer of a company, university, etc. **2.** [*often* **P-**] the chief executive, or sometimes the formal head, of a republic **3.** a person who presides over a council, society, etc. —**pres′iden′tial** (-den′shəl) ***adj.***

**presidium** (pri sid′ē əm) ***n., pl.*** **-ia, -iums** [< L. *praesidium,* a presiding over] in the Soviet Union, **1.** any of a number of permanent administrative committees **2.** [**P-**] the permanent administrative committee of the Supreme Soviet

**press**[1] (pres) ***vt.*** [< L. *premere*] **1.** to act on with steady force or weight; push against **2.** to squeeze (juice, etc.) from **3.** *a*) to compress *b*) to iron (clothes, etc.) **4.** to mould or form using pressure **5.** to embrace closely **6.** to force; compel **7.** to urge persistently; entreat **8.** to try to force acceptance of **9.** to be troubled, inconvenienced by shortage of **10.** to urge on —***vi.*** **1.** to weigh down **2.** to go forwards with determined effort **3.** to crowd; throng **4.** to be urgent or insistent **5.** to iron clothes, etc. —***n.*** **1.** an instrument or machine by which something is crushed, stamped, smoothed, etc. **2.** *a*) *short for* PRINTING PRESS *b*) the art or business of printing *c*) newspapers, magazines, etc. or the persons who write for them *d*) publicity, criticism, etc., as in newspapers **3.** a crowd; throng **4.** pressure, urgency, etc. **5.** an upright cupboard for clothes, etc. —**go to press** to start to be printed

**press**[2] ***vt.*** [< L. *praes,* surety + *stare,* to stand] **1.** to force into service, esp. military or naval service **2.** to use in a different way, esp. in an emergency

**press agent** a person whose work is to get publicity for an individual, organization, etc. —**press′-a′gentry** ***n.***

**press conference** a collective interview granted to journalists as by a celebrity or personage

**press gallery** a section set apart for journalists in a legislative chamber

**press gang** [see PRESS[2]] formerly, a group who rounded up and forced others into military or naval service

**pressgang** ***vt.*** **1.** formerly, to force (someone) to enlist for military service **2.** to induce (someone) to perform a duty, etc., by forceful persuasion

**pressing** ***adj.*** calling for immediate attention —***n.*** something stamped, squeezed, etc. with a press, as gramophone records

**press stud** a fastening device, one part with a projecting knob that snaps into a hole on another part

**press-up** ***n.*** an exercise in which a person lying face down pushes the body up by straightening the arms

**pressure** (presh′ər) ***n.*** [< L. *premere,* to press] **1.** compression; squeezing **2.** a state of distress or strain **3.** a compelling influence [*social pressure*] **4.** pressing demands; urgency **5.** *Physics* the force pressing against a surface, expressed in units of force per unit of area —***vt.*** **-sured, -suring** to exert pressure on

**pressure cooker** an airtight container for quick cooking by steam under pressure —**pres′sure-cook′** ***vt.***

**pressure group** any group exerting pressure on legislators and the public through lobbying, etc.

**pressurize** ***vt.*** **-ized′, -iz′ing** to keep nearly normal air pressure inside (an aircraft, etc.), as at high altitudes —**pres′-suriza′tion** ***n.***

**Prestel** (pres′tel) *Trademark* the Post Office teletext service

**prestidigitation** (pres′tə dij′i tā′shən) ***n.*** [< It. *presto,* quick + L. *digitus,* a finger] sleight of hand; conjuring —**pres′tidig′ita′-tor** ***n.***

**prestige** (pres tēzh′) ***n.*** [L. *praestigium,* illusion] **1.** reputation based on high achievement, character, etc. **2.** the power to impress or influence —**presti′gious** (-tij′əs) ***adj.***

**presto** (pres′tō) ***adv., adj.*** [It.] *Music* in fast tempo

**prestressed** (prē strest′) ***adj.*** designating concrete that is strengthened by steel wires

**presume** (pri zyōōm′) ***vt.*** **-sumed′, -sum′-ing** [< L. *prae-*, before + *sumere,* take] **1.** to take for granted, lacking proof; suppose **2.** to dare (to say or do something) **3.** to constitute reasonable evidence for supposing —***vi.*** **1.** to act presumptuously **2.** to rely too much (*on* or *upon*) —**presum′able** ***adj.*** —**presum′ably** ***adv.***

**presumption** (pri zump′shən) ***n.*** **1.** a presuming; specif., *a*) effrontery *b*) a taking of something for granted **2.** the thing presumed **3.** a reason for presuming —**presump′tive** ***adj.***

**presumptuous** (pri zump′tyōō wəs) ***adj.*** too bold or forward; showing presumption

**presuppose** (prē′sə pōz′) ***vt.*** **-posed′, -pos′ing** **1.** to suppose or assume beforehand **2.** to require or imply as a preceding condition

**pretence** (pri tens′) ***n.*** [see PRETEND] **1.** a false show of something **2.** a false claim or profession **3.** a pretending, as at play; make-believe **4.** a pretext **5.** a claim; pretension Also, U.S. sp., **pretense**

**pretend** (pri tend′) ***vt.*** [< L. *prae-*, before + *tendere,* to stretch] **1.** to claim; profess **2.** to claim or profess falsely **3.** to make believe, as in play —***vi.*** **1.** to make believe **2.** to lay claim (with *to*) —**pretend′ed** ***adj.***

**pretender** ***n.*** a claimant to a throne; specif., [**P-**] in British history, the son or grandson of James II

**pretension** (pri ten′shən) ***n.*** [see PRETEND] **1.** a claim, as to a title **2.**

the assertion of a claim **3.** a pretext **4.** pretentiousness

**pretentious** *adj.* [< Fr.] claiming or pretending to be more important, elegant, etc. than is really so

**preterite** (pret′ər it) *adj.* [< L. *praeter-*, beyond + *ire*, go] *Gram.* expressing past action or state —*n.* **1.** the past tense **2.** a verb in this

**preternatural** (prē′tər nach′ər əl) *adj.* [< L. *praeter-*, beyond + *naturalis*, natural] **1.** differing from or beyond what is natural; abnormal **2.** *same as* SUPERNATURAL

**pretext** (prē′tekst) *n.* [see PRE- & TEXT] a false reason or motive put forth to hide the real one

**prettify** (prit′ə fī′) *vt.* **-fied′, -fy′ing** to make pretty

**pretty** (prit′ē) *adj.* **-tier, -tiest** [< OE. *prættig*, crafty] **1.** pleasing or attractive, esp. in a dainty or graceful way **2.** fine; nice: often used ironically **3.** [Colloq.] considerable [a *pretty* price] —*adv.* fairly; somewhat [*pretty* sure] —**pretty much** very nearly —**sitting pretty** [Slang] in a favourable position —**pret′tily** *adv.* —**pret′tiness** *n.*

**pretty-pretty** *adj.* insipid; characterless; over pretty

**pretzel** (pret′s'l) *n.* [G. *Brezel*] a hard, brittle biscuit usually in the form of a knot

**prev.** previous

**prevail** (pri vāl′) *vi.* [< L. *prae-*, before + *valere*, be strong] **1.** to be victorious (*over* or *against*) **2.** to succeed **3.** to be or become stronger or more widespread; predominate —**prevail (up)on** to persuade; induce

**prevailing** *adj.* **1.** widely existing **2.** most frequent; predominant **3.** superior in strength, influence, etc.

**prevalent** (prev′ə lənt) *adj.* [see PREVAIL] widely existing, practised, or accepted; common —**prev′alence** *n.* —**prev′alently** *adv.*

**prevaricate** (pri var′ə kāt′) *vi.* **-cat′ed, -cat′ing** [< L. *prae-*, before + *varicare*, straddle] to speak or act falsely with intent to deceive; equivocate —**prevar′ica′tion** *n.*

**prevent** (pri vent′) *vt.* [< L. *prae-*, before + *venire*, come] **1.** to stop or keep (*from* doing something) **2.** to keep from happening; hinder —**prevent′able, prevent′ible** *adj.* —**preven′tion** *n.*

**preventive** *adj.* preventing or serving to prevent; esp., preventing disease —*n.* anything that prevents Also **prevent′ative** —**preven′tively** *adv.*

**preventive detention** formerly, prolonged imprisonment for habitual offenders, with corrective training, etc.

**Preventive Service** the Customs department concerned with preventing smuggling

**preview** (prē′ vyōō) *vt.* to view or show beforehand —*n.* a restricted showing, as of a film, before exhibition to the public generally

**previous** (prē′ vē əs) *adj.* [< L. *prae-*, before + *via*, a way] **1.** occurring before; prior **2.** [Colloq.] premature —**previous to** before —**pre′viously** *adv.*

**prewar** (prē′ wôr′) *adj.* before a (or the) war

**prey** (prā) *n.* [< L. *praeda*] **1.** an animal hunted for food by another animal **2.** a victim of someone or something **3.** the mode of living by preying on other animals [a bird of *prey*] —*vi.* **1.** to hunt other animals for food **2.** to profit by swindling **3.** to have a wearing or destructive influence: generally used with *on* or *upon*

**price** (prīs) *n.* [< L. *pretium*] **1.** the amount of money, etc. asked or paid for something; cost **2.** the cost, as in life, labour, etc., of obtaining some benefit **3.** a reward for the capture or death of a person **4.** in gambling, odds —*vt.* **priced, pric′ing** **1.** to fix the price of **2.** [Colloq.] to find out the price of —**at any price** no matter what the cost —**beyond** (or **without**) **price** invaluable —**what price...?** **1.** what is the possibility of...? **2.** what do you think of...now?

**price control** the setting of price ceilings on basic commodities by a government, as to fight inflation

**price fixing** setting prices at a certain level, esp. by mutual agreement of competitors

**priceless** *adj.* **1.** too valuable to be measured by price **2.** [Colloq.] very amusing or absurd

**price tag** **1.** a label on an item showing the cost **2.** the cost of an enterprise, etc.

**pricey** *adj.* [Colloq.] expensive; dear

**prick** (prik) *n.* [< OE. *prica*, a dot] **1.** a very small puncture made by a sharp point **2.** a sharp pain caused as by being pricked **3.** [Vulg. Slang] the penis **4.** [Derog. Slang] a man —*vt.* **1.** to make (a hole) in (something) with a sharp point **2.** to pain sharply **3.** to mark by dots, points, etc. **4.** to cause to stick up (with *up*) **5.** [Archaic] to goad —*vi.* **1.** to cause or feel a slight, sharp pain **2.** to point or stick up: said esp. of ears —**prick up one's ears** to listen closely —**prick′er** *n.*

**prickle** (prik′'l) *n.* [< OE. *prica*, prick] a thornlike growth on a plant —*vt.,vi.* **-led, -ling** to tingle

**prickly** *adj.* **-lier, -liest** **1.** full of prickles **2.** stinging; tingling —**prick′liness** *n.*

**prickly heat** an itching skin disease with small eruptions caused by inflammation of the sweat glands

**prickly pear** **1.** any of various cactus plants **2.** its pear-shaped, edible fruit

**pride** (prīd) *n.* [< OE. *prut*, proud] **1.** dignity; self-respect **2.** *a*) a high opinion of oneself *b*) arrogance **3.** satisfaction in one's achievements, etc. **4.** a person or thing that one is proud of **5.** the best part; prime [the *pride* of manhood] **6.** a group or family (of lions) —**pride oneself on** to be proud of —**pride′ful** *adj.*

**prie-dieu** (prē′ dyur) *n.* [Fr. < *prier*, pray + *dieu*, God] an upright frame with a ledge for kneeling on at prayer

**priest** (prēst) *n.* [< Gr. *presbys,* old] **1.** a person whose function is to perform religious rites **2.** in some Christian churches, a clergyman authorized to administer the sacraments **3.** any clergyman —**priest'hood'** *n.* —**priest'liness** *n.* —**priest'ly** *adj.*

**priestess** *n.* a woman priest, esp. of a pagan religion

**prig** (prig) *n.* [< ?] a person who is excessively proper and smug —**prig'gery** *n.* —**prig'gish** *adj.* —**prig'gishness** *n.*

**prim** (prim) *adj.* **prim'mer, prim'mest** [< ?] stiffly formal, precise, moral, etc.; proper; demure —**prim'ly** *adv.* —**prim'ness** *n.*

**prim.** 1. primary **2.** primitive

**prima ballerina** (prē'mə) [It.] the principal woman dancer in a ballet company

**primacy** (prī'məsē) *n., pl.* **-cies** [see PRIMATE] **1.** the state of being first in time, order, rank, etc. **2.** the rank or authority of a primate

**prima donna** (prē'mə don'ə) *pl.* **pri'ma don'nas** [It.] **1.** the principal woman singer, as in an opera **2.** [Colloq.] a temperamental person

**prima facie** (prī'mə fā'shē) [L.] at first sight: used to designate legal evidence that is enough to establish a fact unless refuted

**primal** (prī'm'l) *adj.* [< L. *primus,* first] **1.** first in time; original **2.** first in importance; chief

**primarily** (prī'mərəlē) *adv.* **1.** mainly; principally **2.** at first; originally

**primary** (prī'mərē) *adj.* [< L. *primus,* first] **1.** first in importance; chief **2.** first in time or order; original **3.** *a*) from which others are derived; fundamental *b*) designating colours regarded as basic, from which all others may be derived **4.** *Elec.* designating an inducing current, input circuit, or input coil in a transformer, etc. **5.** *Zool.* of the large feathers on the end joint of a bird's wing —***n.,*** *pl.* **-ries** **1.** something first in order, quality, etc. **2.** in the U.S., a local meeting of voters of a given political party to nominate candidates for public office, etc. **3.** *Zool.* a primary feather

**primary accent** (or **stress**) the heavier stress given to one syllable in a spoken word

**primary education** the education obtained in an elementary school, emphasizing reading, writing, etc.

**primary school** a school for children below the age of 11, or 9 if there is a middle school

**primate** (prī'māt; *also, for 1,* -mət) *n.* [< L. *primus,* first] **1.** an archbishop **2.** any of an order of mammals, including man, the apes, monkeys, etc.

**prime** (prīm) *adj.* [< L. *primus,* first] **1.** first in quality **2.** fundamental **3.** first in time; original **4.** first in rank or importance; chief; principal **5.** *Math.* of or being a prime number —***n.*** **1.** the best part **2.** the best or most vigorous period **3.** the first or earliest part **4.** *Math. same as* PRIME NUMBER **5.** [*often* **P-**] the first daylight canonical hour —***vt.*** **primed, prim'ing** **1.** to make ready; prepare **2.** to prepare (a gun) for firing or (a charge) for exploding by providing with priming or a primer **3.** to get (a pump) into operation by pouring in water or petrol **4.** to undercoat, size, etc. (a surface) for painting, etc. **5.** to provide (a person) beforehand with information, answers, etc. **6.** to ply (someone) with spirits or other liquor

**prime meridian** the meridian from which longitude is measured east and west; 0° longitude: see GREENWICH TIME

**prime minister** [also **P- M-**] in parliamentary governments, the chief executive

**prime number** an integer that can be evenly divided by no other whole number than itself and 1, as 2, 3, 5, or 7

**primer**[1] (prī'mər) *n.* [< L. *primus,* first] **1.** a simple book for first teaching children to read **2.** a textbook giving the first principles of any subject

**primer**[2] *n.* **1.** a small cap, tube, etc. containing an explosive, used to set off the main charge **2.** a preliminary coat of paint, etc.

**primeval** (prīmē'v'l) *adj.* [< L. *primus,* first + *aevum,* age] of the earliest times or ages; primordial

**priming** (prī'miŋ) *n.* **1.** the explosive used to set off the charge in a gun, etc. **2.** paint, sizing, etc. used as a primer

**primitive** (prim'ətiv) *adj.* [< L. *primus,* first] **1.** of the earliest times; original **2.** crude, simple, etc. **3.** primary; basic —***n.*** **1.** a primitive person or thing **2.** an artist or a work of art characterized by lack of formal training

**primogenitor** (prī'mōjen'itər) *n.* [< L. *primus,* first + *genitor,* a father] **1.** a forefather **2.** the earliest ancestor

**primogeniture** (prī'mōjen'ichər) *n.* [< L. *primus,* first + *genitura,* a begetting] **1.** a being the firstborn of the same parents **2.** *Law* the right of the eldest son to inherit

**primordial** (prīmôr'dēəl) *adj.* [< L. *primus,* first + *ordiri,* begin] existing at or from the beginning; primitive

**primp** (primp) *vt., vi.* [prob. < PRIM] to groom or dress up in a fussy way

**primrose** (prim'rōz') *n.* [< MFr. altered (after *rose*) < ML. *primula*] **1.** a spring-blooming plant with light yellow flowers **2.** the flower of this plant —***adj.*** **1.** of the primrose **2.** light yellow

**primrose path** [cf. *Hamlet* I, iii] the path of pleasure, self-indulgence, etc.

**primula** (prim'yoolə) *n.* [ML.] any of a genus of plants including the primrose, oxlip, etc. having variously coloured, tubelike flowers with five petals

**Primus** (prī'məs) *Trademark* a small, portable stove (**Primus stove**) fuelled with propane or butane

**prin.** **1.** principal **2.** principle

**prince** (prins) *n.* [< L. *princeps,* chief] **1.** in Great Britain, a son of the sovereign **2.** a nonreigning male member of a royal family **3.** a ruler whose rank is below that of a king **4.** orig., any male monarch **5.** a preeminent person in any class or group

**princeling** *n.* a young, small, or subordinate prince

**princely** *adj.* **-lier, -liest** **1.** of a prince **2.** characteristic or worthy of a prince

**Prince of Wales** *title conferred on* the oldest son and heir apparent of a British king or queen

**princess** (prin′ses) *n.* **1.** in Great Britain, a daughter of the sovereign **2.** a nonreigning female member of a royal family **3.** the wife of a prince **4.** orig., any female monarch

**princess royal** the eldest daughter of a king or queen

**principal** (prin′sə pəl) *adj.* [see PRINCE] first in rank, authority, importance, etc. —*n.* **1.** a principal person or thing **2.** the head of some educational institutions **3.** a main actor or performer **4.** *Finance* the amount of a debt, investment, etc. minus the interest **5.** *Law a*) one who employs another to act as his agent *b*) the one primarily responsible for an obligation *c*) one who commits a crime —**prin′cipally** *adv.* —**prin′cipalship′** *n.*

**principal boy** the actress who plays the principal male part in a pantomime

**principality** (prin′si pal′ə tē) *n., pl.* **-ties** **1.** the territory ruled by a prince **2.** [**P-**] Wales

**principal parts** the principal inflected forms of a verb, from which the other forms may be derived: in English, they are the present infinitive, the past tense, and the past participle (Ex.: *drink, drank, drunk*)

**principle** (prin′sə pəl) *n.* [see PRINCE] **1.** *a*) a rule of conduct *b*) adherence to such rules; integrity **2.** a fundamental truth, law, etc., upon which others are based **3.** an essential element or quality *[the* active *principle* of a medicine*]* **4.** the ultimate source **5.** the scientific law that explains a natural action —**in principle** theoretically or in essence

**prink** (priŋk) *vt., vi.* [prob. < LowG.] *same as* PRIMP

**print** (print) *n.* [< L. *premere,* to PRESS[1]] **1.** printed material *[newsprint]* **2.** a picture or design printed from a plate, block, etc. **3.** printed lettering **4.** a photograph, esp. one made from a negative **5.** a cloth printed with a design **6.** a mark made on a surface by pressing or stamping **7.** the impression made by inked type —*vt.* **1.** to produce (a book, etc.) by typesetting, etc. **2.** to produce on (paper, etc.) the impression of inked type, plates, etc. by means of a printing press **3.** to publish in print **4.** to write in letters resembling printed ones **5.** to stamp or draw, trace, etc. (a mark, letter, etc.) on or in a surface **6.** to produce (a photograph) from (a negative) **7.** to impress upon the mind, memory, etc. —*vi.* to practise the trade of a printer —**in** (or **out of**) **print** still (or no longer) for sale by the publisher: said of books, etc.

**printed circuit** an electrical circuit formed by applying conductive material in fine lines or other shapes to an insulating surface

**printer** *n.* **1.** one whose work is printing **2.** in computers, a device that produces information in printed form

**printer's devil** an apprentice in a printing shop

**printing** *n.* **1.** the act of a person or thing that prints **2.** an impression of a book **3.** written letters made like printed ones

**printing press** a machine for printing from inked type, plates, or rolls

**printout** *n.* the output of a computer presented in printed or typewritten form

**prior** (prī′ər) *adj.* [L.] **1.** preceding in time; earlier **2.** preceding in order or importance —*n.* the head of a priory —**prior to** before in time —**pri′oress** *n.fem.*

**priority** (prī or′ə tē) *n., pl.* **-ties** **1.** a being prior; precedence **2.** a right to precedence over others in obtaining, buying, etc. **3.** something given prior attention

**priory** (prī′ər ē) *n., pl.* **-ries** a monastery governed by a prior, or a convent governed by a prioress

**prise** (prīz) *vt.* **prised, pris′ing** *same as* PRIZE[2] (*vt.*)

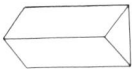

TRIANGULAR PRISM

**prism** (priz′m) *n.* [< Gr. *prizein,* to saw] **1.** a solid figure whose ends are equal and parallel polygons and whose sides are parallelograms **2.** *Optics* a transparent body, as of glass, whose ends are triangles: used for dispersing light, as into the spectrum

**prismatic** (priz mat′ik) *adj.* **1.** of or like a prism **2.** that refracts light as a prism —**prismat′ically** *adv.*

**prison** (priz′′n) *n.* [< L. *prehendere,* take] **1.** a building, usually with cells, where persons convicted by trial or awaiting trial are confined **2.** a place where persons are confined **3.** imprisonment

**prisoner** *n.* **1.** a person confined in prison, as for some crime **2.** a person captured or held captive

**prisoner of state** one confined for political rather than criminal reasons: also **State prisoner**

**prisoner of war** a member of the armed forces of a nation at war held captive by the enemy

**prissy** (pris′ē) *adj.* **-sier, -siest** [prob. PR(IM) + (S)ISSY] [Colloq.] prim; fussy; prudish etc. —**pris′sily** *adv.*

**pristine** (pris′tīn) *adj.* [L. *pristinus,* former] **1.** characteristic of the earliest period; original **2.** still pure; unspoiled —**pris′tinely** *adv.*

**privacy** (pri′və sē) *n., pl.* **-cies** **1.** withdrawal from public view; seclusion

**2.** secrecy **3.** one's private life or personal affairs

**private** (prī′vit) *adj.* [< L. *privus,* separate] **1.** secret; confidential **2.** for an individual person or a group [a *private* room] **3.** not open to or controlled by the public [a *private* club] **4.** of or concerning a particular person or group **5.** not holding public office [a *private* citizen] **6.** dealing with clients or patients who pay directly for services rendered —*n.* *see* MILITARY RANKS, table **—in private** not publicly **—pri′vately** *adv.*

**private bill** a bill presented to Parliament that affects an individual or company only

**private company** a limited company that does not issue shares for public subscription

**privateer** (prī′vətēər′) *n.* [< PRIVAT(E) + -EER] **1.** a privately owned ship commissioned in a war to attack and capture enemy ships **2.** a commander of a privateer

**private eye** [Colloq.] a private detective

**private means** an unearned income, as from investment

**private member's bill** a parliamentary bill sponsored by a member of parliament who is not a government minister

**private parts** the genitals

**private school** a school accepting pupils mostly on a feepaying basis

**privation** (prī vā′shən) *n.* [see PRIVATE] **1.** lack of the ordinary necessities of life **2.** the loss or absence of some quality or condition

**privative** (priv′ə tiv) *adj.* **1.** depriving or tending to deprive **2.** *Gram.* indicating negation, absence, or loss

**privet** (priv′it) *n.* [< ?] any of various shrubs with bluish-black berries and white flowers

**privilege** (priv′ə lij) *n.* [< L. *privus,* separate + *lex,* a law] a right, advantage, favour, etc. specially granted to a certain person, group, or class —*vt.* **-leged, -leging** to grant a privilege to

**privileged** *adj.* enjoying or granted as a privilege or privileges

**privy** (priv′ē) *adj.* [< L. *privatus,* private] [Archaic] hidden, secret, etc. —*n.,* *pl.* **priv′ies** a toilet **—privy to** privately informed about **—priv′ily** *adv.*

**privy council** a body of advisers appointed by or serving a ruler **—privy councillor**

**privy purse** **1.** an allowance from public revenue for the personal expenses of the monarch **2.** the official responsible for dealing with the monarch's personal expenses: also **Keeper of the Privy Purse**

**privy seal** in Great Britain, the seal placed on documents which later received the great seal

**prize**[1] (prīz) *n.* [see PRICE] **1.** something offered or given to the winner of a contest, lottery, etc. **2.** anything worth striving for —*adj.* **1.** that has received a prize **2.** worthy of a prize —*vt.* **prized, priz′ing** to value highly; esteem

**prize**[2] *n.* [< L. *prehendere,* take] something taken by force, esp., a captured enemy warship —*vt.* **prized, priz′ing** to open by force, as with a crowbar

**prizefight** *n.* a professional boxing match **—prize′fight′er** *n.* **—prize′fight′ing** *n.*

**pro**[1] (prō) *adv.* [L., for] on the affirmative side —*prep.* in favour of —*n.,* *pl.* **pros** a reason, vote, etc. in favour of something [the *pros* and cons of a matter]

**pro**[2] *adj., n., pl.* **pros** *short form of* PROFESSIONAL

**PRO, P.R.O.** public relations officer

**pro-**[1] [< Gr.] *a prefix meaning* before in place or time

**pro-**[2] [L. < *pro,* forward] *a prefix meaning:* **1.** forward or ahead [*progress*] **2.** forth [*produce*] **3.** substituting for [*pronoun*] **4.** supporting, favouring

**prob.** **1.** probable **2.** probably **3.** problem

**probability** (prob′ə bil′ə tē) *n., pl.* **-ties** **1.** a being probable; likelihood **2.** a probable thing or event **3.** a measure of the relative frequency of the occurrence of something **—in all probability** very likely

**probable** (prob′ə b′l) *adj.* [< L. *probare,* prove] **1.** likely to occur or be **2.** reasonably so, as on the basis of evidence, but not proved **—prob′ably** *adv.*

**probate** (prō′bāt) *n.* [see PROBE] the act or process of establishing that a document submitted for official certification and registration, as a will, is genuine —*adj.* having to do with probate —*vt.* **-bated, -bating** [U.S.] to establish officially the validity of (a will) **—pro′bative** *adj.*

**probation** (prə bā′shən) *n.* [see PROBE] **1.** the suspension of sentence of a person convicted but not imprisoned, on condition of continued good behaviour **2.** the status of a person being tested or on trial **3.** a testing or trial, as of a person's character, etc. **—proba′tionary** *adj.*

**probationer** *n.* a person on probation

**probation officer** an officer appointed by a court to supervise persons placed on probation

**probe** (prōb) *vt.* **probed, prob′ing** [< L. *probare,* to test] **1.** to examine thoroughly **2.** to explore (a wound, etc.) with a probe —*n.* **1.** a blunt surgical instrument for exploring a wound **2.** the act of probing **3.** a searching investigation **4.** an instrumented spacecraft for exploring outer space, another planet, etc. **—prob′er** *n.*

**probity** (prō′bə tē) *n.* [< L. *probus,* good] uprightness; honesty; integrity

**problem** (prob′ləm) *n.* [< Gr. *problēma*] **1.** a question or matter to be worked out **2.** a matter, person, etc. that is perplexing —*adj.* **1.** depicting a social problem [a *problem* play] **2.** very difficult to train or discipline

**problematic** (prob′lə mat′ik) *adj.* **1.** hard to solve or deal with **2.** uncertain Also **prob′lemat′ical**

**proboscis** (prō bos′is) *n., pl.* **-cises** [< Gr. *pro-,* before + *boskein,* to feed] **1.** an elephant's trunk, or a long, flexible snout, as of a tapir **2.** any tubular organ for sucking, as of some insects

**procedure** (prə sē′jər) *n.* **1.** the act or method of proceeding in some action **2.** a particular course of action **3.** the established way of carrying on the business of a law court, etc. **—proce′dural** *adj.*

**proceed** (prə sēd′) *vi.* [< L. *pro-*, forward + *cedere*, go] **1.** to go on, esp. after stopping **2.** to carry on some action **3.** to move along or be carried on **4.** to take legal action (often with *against*) **5.** to come forth or issue (*from*)

**proceeding** *n.* **1.** a going on with what one has been doing **2.** a course of action **3.** [*pl.*] a record of the business transacted by a learned society, etc. **4.** [*pl.*] legal action

**proceeds** (prō′sēdz) *n.pl.* the sum or profit derived from a sale, venture, etc.

**process** (prō′ses) *n.* [see PROCEED] **1.** a series of changes by which something develops [the *process* of growth] **2.** a method of doing something, in which there are a number of steps **3.** *Biol.* a projecting part of a structure or organism **4.** *Law* a written order, as a summons to appear in court **—*vt.*** to prepare by or subject to a special process **—in process** in the course of being done **—in (the) process of** during the course of

**procession** (prə sesh′ən) *n.* [see PROCEED] **1.** the act of proceeding **2.** a number of persons or things moving forwards, as in a parade, in an orderly way

**processional** *adj.* of or relating to a procession **—*n.*** a hymn sung at the beginning of a church service during the entrance of the clergy

**process server** *Law* a sheriff's officer who serves legal documents as writs, warrants, etc.

**proclaim** (prə klām′) *vt.* [< L. *pro-*, before + *clamare*, cry out] **1.** to announce officially; announce to be **2.** to show to be [acts that *proclaimed* him a friend]

**proclamation** (prok′lə mā′shən) *n.* **1.** a proclaiming **2.** something that is proclaimed

**proclivity** (prə kliv′ə tē) *n., pl.* **-ties** [< L. *pro-*, before + *clivus*, a slope] a natural tendency or inclination

**procrastinate** (prō kras′tə nāt′) *vi., vt.* **-nat′ed, -nat′ing** [< L. *pro-*, forward + *cras*, tomorrow] to put off doing (something) until later **—procras′tina′tion** *n.*

**procreate** (prō′krē āt′) *vt., vi.* **-at′ed, -at′ing** [< L. *pro-*, before + *creare*, create] **1.** to produce (young); beget **2.** to produce **—pro′crea′tion** *n.* **—pro′crea′tive** *adj.*

**Procrustean** (prō krus′tē ən) *adj.* **1.** of or like Procrustes in Greek Myth. who seized travellers, tied them to a bedstead, and either stretched them or cut off their legs to make them fit **2.** securing conformity at any cost

**proctor** (prok′tər) *n.* [see PROCURE] a college or university official who maintains order, discipline, etc. among students **—proctorial** (prok tôr′ē əl) *adj.* **—proc′torship′** *n.*

**procurator** (prok′yoo rāt′ər) *n.* [see PROCURE] a person employed to manage another's affairs; agent

**procurator fiscal** a legal officer in Scotland who performs the functions of public prosecutor and coroner

**procure** (prə kyoor′) *vt.* **-cured′, -cur′ing** [< L. *pro*, for + *curare*, to attend to] **1.** to bring about by some effort; obtain **2.** to obtain (women) for the purpose of prostitution **—procur′able** *adj.* **—procure′ment** *n.*

**procurer** *n.* a man who obtains women for the purpose of prostitution **—procur′ess** ***n.fem.***

**Procyon** (prō′sē ən) [< Gr. *pro-*, before + *kyōn*, dog: it rises before the Dog Star] a bright star in Canis Minor

**prod** (prod) *vt.* **prod′ded, prod′ding** [< ?] **1.** to jab or poke as with a pointed stick **2.** to urge or stir into action **—*n.*** **1.** a jab, poke, etc. **2.** something that prods **—prod′der** *n.*

**prodigal** (prod′i gəl) *adj.* [< L. *pro-*, forth + *agere*, to drive] **1.** wasteful in a reckless way **2.** extremely generous; lavish **—*n.*** a person who recklessly wastes his wealth, etc. **—prod′igal′ity** (-gal′ə tē) *n.*

**prodigal son** *Bible* a wastrel son who repented and was welcomed home: Luke 15:11-32

**prodigious** (prə dij′əs) *adj.* [see ff.] **1.** wonderful; amazing **2.** enormous; huge **—prodi′giously** *adv.*

**prodigy** (prod′ə jē) *n., pl.* **-gies** [L. *prodigium*, omen] a person or thing so extraordinary as to inspire wonder; specif., a child who is extremely talented

**produce** (prə dyōōs′; *for n.* prod′yōōs) *vt.* **-duced′, -duc′ing** [< L. *pro-*, forward + *ducere*, to lead] **1.** to bring forth; bear; yield **2.** to make or manufacture **3.** to cause; give rise to **4.** to offer for inspection **5.** to get ready and present (a play, film, etc.) **6.** *Econ.* to create (anything having exchange value) **7.** *Geom.* to extend (a line or plane) **—*n.*** something produced; esp., fresh fruits and vegetables

**producer** (prə dyōōs′ər) *n.* **1.** one who produces goods and services **2.** *a*) a person in charge of the artistic direction of a play *b*) a person in charge of the financing, etc. of a film

**product** (prod′əkt) *n.* **1.** something produced by nature or by man **2.** result; outgrowth **3.** *Chem.* any substance resulting from a chemical change **4.** *Math.* the quantity obtained by multiplying two or more quantities together

**production** (prə duk′shən) *n.* **1.** the act or process of producing **2.** the rate of producing **3.** *a*) something produced *b*) a work of art, literature, etc. *c*) a show, film, etc. **4.** the producing of goods and services

**productive** *adj.* **1.** fertile **2.** marked by abundant production **3.** bringing as a result (with *of*) **4.** of or engaged in the creating of economic value **—produc′tively** *adv.* **—productivity** (pro′dək tiv′ə tē) *n.*

**proem** (prō′em) *n.* [< Gr. *pro-*, before + *oimē*, song] a brief introduction; preface

**prof** (prof) *n.* [Colloq.] *shortened form of* PROFESSOR

**Prof.** Professor

**profanation** (prof′ə nā′shən) *n.* a profaning or being profaned; desecration

**profane** (prə fān′) *adj.* [< L. *pro-*, before (i.e., outside) + *fanum*, temple] **1.** showing disrespect or contempt for sacred things **2.** not connected with religion; secular —*vt.* **-faned′, -fan′ing** **1.** to treat (sacred things) with disrespect or contempt **2.** to put to a base or improper use —**profane′ness** *n.*

**profanity** (prə fan′ə tē) *n.* **1.** a being profane **2.** *pl.* **-ties** profane language; swearing

**profess** (prə fes′) *vt.* [< L. *pro-*, before + *fateri*, avow] **1.** to make an open declaration of; affirm **2.** to claim to have (some feeling, knowledge, etc.) **3.** to declare one's belief in —**professed′** *adj.*

**profession** (prə fesh′ən) *n.* **1.** *a*) an occupation requiring advanced education, as medicine, law, teaching, etc. *b*) the body of persons in any such occupation **2.** an avowal, as of love, religious belief, etc. **3.** the act of taking vows on entering a religious order —**the oldest profession** prostitution

**professional** *adj.* **1.** of, engaged in, connected with, or worthy of the standards of, a profession **2.** earning one's living from an activity, such as a sport, not normally thought of as an occupation **3.** engaged in by professional players [*professional* boxing] **4.** engaged in a specific occupation for pay —*n.* a person who is professional —**profes′sionalism** *n.*

**professor** (prə fes′ər) *n.* **1.** a teacher holding a university chair **2.** a person who professes something —**professorial** (prō′fə sôr′ē əl) *adj.*

**proffer** (prof′ər) *vt.* [< OFr. *por-*, PRO-[1] + *offrir*, to offer] to offer (advice, friendship, etc.)

**proficient** (prə fish′ənt) *adj.* [< L. *pro-*, forward + *facere*, make] highly competent; skilled —**profi′ciency** *n.* —**profi′ciently** *adv.*

**profile** (prō′fīl) *n.* [< L. *pro-*, before + *filum*, a thread] **1.** *a*) a side view of the face *b*) a drawing of this **2.** outline **3.** a short, vivid biographical and character sketch —*vt.* **-filed, -filing** to sketch a profile of

**profit** (prof′it) *n.* [see PROFICIENT] **1.** [*often pl.*] the sum remaining after all costs are deducted from the income of a business **2.** advantage; gain; benefit —*vi.* **1.** to make a profit **2.** to benefit; gain —*vt.* to be of profit to —**prof′itable** *adj.*

**profiteer** (prof′ə tēər′) *n.* one who makes an unfair profit by charging very high prices when there is a shortage —*vi.* to be a profiteer

**profit sharing** the practice of dividing a share of the profits of a business among employees, in addition to paying them their wages —**prof′it-shar′ing** *adj.*

**profligate** (prof′li gət) *adj.* [< L. *pro-*, forward + *fligere*, to drive] **1.** immoral and shameless; dissolute **2.** recklessly extravagant —*n.* a profligate person —**prof′ligacy** *n.*

**profound** (prə found′) *adj.* [< L. *pro-*, forward + *fundus*, bottom] **1.** marked by intellectual depth **2.** very deep or low [a *profound* abyss] **3.** deeply or intensely felt **4.** thoroughgoing [*profound* changes] —**profun′dity** (-fun′-) *n.*

**profuse** (prə fyōōs′) *adj.* [< L. *pro-*, forth + *fundere*, pour] giving or given freely and abundantly —**profuse′ly** *adv.* —**profu′sion** *n.*

**progenitor** (prō jen′i tər) *n.* [< L. *pro-*, forth + *gignere*, beget] **1.** a forefather; ancestor in direct line **2.** an originator or precursor

**progeny** (proj′ə nē) *n., pl.* **-nies** [see prec.] children, descendants, or offspring

**progesterone** (prō jes′tə rōn′) *n.* [< PRO-[1] & GESTATION & (CHOLE)STEROL] a steroid hormone that prepares the uterus for the fertilized ovum

**prognosis** (prog nō′sis) *n., pl.* **-no′ses** (-sēz) [< Gr. *pro-*, before + *gignōskein*, know] a prediction of the probable course of a disease —**prognos′tic** (-nos′tik) *n.*

**prognosticate** (prog nos′tə kāt′) *vt.* **-cat′ed, -cat′ing** **1.** to foretell or predict **2.** to indicate beforehand —**prognos′tication** *n.* —**prognos′ticator** *n.*

**program** (prō′gram) *n.* **1.** *Chiefly U.S. sp. of* PROGRAMME **2.** *a*) a sequence of operations to be performed by a computer *b*) the coded instructions and data for this —*vt.* **-grammed** or **-gramed, -gramming** or **-graming** **1.** *Chiefly U.S. sp. of* PROGRAMME **2.** to furnish (a computer) with a program —**pro′grammer** *n.*

**programmable, programable** (prō′gram′ə b'l) *adj.* of a computer that can be programmed

**programme** (prō′gram) *n.* [< Gr. *pro-*, before + *graphein*, write] **1.** *a*) the acts, speeches, musical pieces, etc. that make up an entertainment, ceremony, etc. *b*) a printed list of these **2.** a scheduled broadcast on radio or television **3.** a plan or procedure **4.** a specially arranged selection of things to be done —*vt.* **-grammed, -gramming** to schedule in a programme —**programmatic** (prō′gra mat′ik) *adj.* —**pro′grammer** *n.*

**progress** (prō′gres; *for v.* prō gres′) *n.* [< L. *pro-*, before + *gradi*, to step] **1.** a moving forwards or onwards **2.** development **3.** advance; improvement —*vi.* **1.** to move forwards **2.** to advance towards perfection; improve —**in progress** going on

**progression** (prō gresh′ən) *n.* **1.** a moving forwards **2.** a succession, as of events **3.** *Math.* a series of numbers increasing or decreasing by a constant difference between terms

**progressive** (prō gres′iv) *adj.* **1.** moving forwards **2.** continuing by successive steps

**3.** designating a tax whose rate increases as the base increases **4.** favouring or working for progress, reform, etc. **5.** of a dance in which partners dance one figure with each other before moving on **6.** *Gram.* indicating continuing action: said of certain verb forms **7.** *Med.* becoming more severe: said of a disease —***n.*** one who favours political progress or reform —**progres'sively** ***adv.***

**prohibit** (prə hib'it) ***vt.*** [< L. *pro-*, before + *habere*, have] **1.** to forbid by law or by an order **2.** to prevent; hinder —**prohib'itor** ***n.***

**prohibition** (prō'ə bish'ən) ***n.*** **1.** a prohibiting **2.** an order that forbids **3.** the forbidding by law of the manufacture or sale of alcohol —**pro'hibi'tionist** ***n.***

**prohibitive** (prə hib'i tiv) ***adj.*** **1.** prohibiting or tending to prohibit something **2.** such as to prevent purchase, use, etc. Also **prohib'itory**

**project** (proj'ekt; *for v.* prə jekt') ***n.*** [< L. *pro-*, before + *jacere*, to throw] **1.** a proposal; plan **2.** an organized undertaking, as a special unit of work, research, etc. —***vt.*** **1.** to propose (a plan of action) **2.** to throw forwards **3.** to cause (one's voice) to be heard clearly and at a distance **4.** to send forth in one's imagination **5.** to cause to jut out **6.** to cause (a shadow, image, etc.) to fall upon a surface **7.** *same as* EXTRAPOLATE —***vi.*** **1.** to jut out **2.** to project one's voice, ideas, etc.

**projectile** (prō jek'til) ***n.*** an object designed to be shot forwards, as a cannon shell, bullet, or rocket —***adj.*** **1.** designed to be hurled forwards, as a javelin **2.** hurling forwards

**projection** (prə jek'shən) ***n.*** **1.** a projecting or being projected **2.** something that projects, or juts out **3.** in map making, the representation on a plane of all or part of the earth's surface or of the celestial sphere **4.** *Photog.* the process of projecting an image, as from a transparent slide, upon a screen, etc. —**projec'tive** ***adj.***

**projectionist** ***n.*** the operator of a film or slide projector

**projector** (prə jek'tər) ***n.*** a machine for throwing an image on a screen, as from a film

**prolapse** (prō'laps; *for v.* prō laps') ***n.*** [< L. *pro-*, forward + *labi*, to fall] *Med.* the slipping out of place of an internal organ, as the uterus: also **prolap'sus** —***vi.*** **-lapsed', -laps'ing** *Med.* to slip out of place

**prolate** (prō'lāt) ***adj.*** [< L. *proferre*, bring forwards] extended or elongated at the poles

**prole** (prōl) ***adj., n.*** [Colloq.] proletarian

**proletariat** (prō'lə târ'ē ət) ***n.*** [< L. *proletarius*, a citizen of the poorest class] the working class; esp., the industrial working class —**pro'letar'ian** ***adj., n.***

**proliferate** (prō lif'ə rāt') ***vt., vi.*** **-at'ed, -at'ing** [< L. *proles*, offspring + *ferre*, to bear] **1.** to reproduce (new parts) in quick succession **2.** to create in profusion; multiply rapidly —**prolif'era'tion** ***n.***

**prolific** (prō lif'ik) ***adj.*** [< L. *proles*, offspring + *facere*, make] **1.** producing many young or much fruit **2.** creating many products of the mind **3.** fruitful; abounding (often with *in*) —**prolif'ically** ***adv.***

**prolix** (prō'liks) ***adj.*** [< L. *prolixus*, extended] verbose; long-winded —**prolix'ity** ***n.***

**prologue** (prō'log) ***n.*** [< Gr. *pro-*, before + *logos*, a discourse] **1.** an introduction to a poem, play, etc. **2.** any preliminary act, event, etc.

**prolong** (prō lôŋ') ***vt.*** [< L. *pro-*, forth + *longus*, long] to lengthen in time or space —**pro'longa'tion** ***n.***

**prom** (prom) ***n.*** [contr. < ff.] **1.** *same as* PROMENADE (sense 2) **2.** *short for* PROMENADE CONCERT

**promenade** (prom'ə nād') ***n.*** [< L. *pro-*, forth + *minare*, to herd] **1.** a public place for a walk, esp. a paved walk along the front at a seaside resort **2.** a leisurely walk taken for pleasure —***vi., vt.*** **-nad'ed, -nad'ing** to take or perform a promenade (along or through); parade —**prom'enad'er** ***n.***

**promenade concert** a musical performance at which some of the audience pay a low entrance fee to stand

**promethium** (prə mē'thē əm) ***n.*** [ModL. < *Prometheus*] a metallic chemical element of the rare-earth group: symbol Pm

**prominent** (prom'i nənt) ***adj.*** [< L. *prominere*, to project] **1.** sticking out; projecting **2.** conspicuous **3.** widely and favourably known —**prom'inence** ***n.*** —**prom'inently** ***adv.***

**promiscuous** (prə mis'kyoo wəs) ***adj.*** [< L. *pro-*, forth + *miscere*, to mix] **1.** showing little taste in choosing; specif., engaging in sexual intercourse with many persons casually **2.** consisting of different elements mixed together without sorting —**promiscuity** (prom'is kyōō'ə tē) ***n.*** —**promis'cuously** ***adv.***

**promise** (prom'is) ***n.*** [< L. *pro-*, forth + *mittere*, send] **1.** an agreement to do or not to do something **2.** a sign that gives reason for expecting success **3.** something promised —***vi.*** **-ised, -ising** **1.** to make a promise **2.** to give a basis for expectation —***vt.*** **1.** to make a promise of (something) **2.** to engage or pledge [to *promise* to go] **3.** [Colloq.] to assure

**promised land** a place where one expects to have a better life: after Canaan, in the Bible

**promising** ***adj.*** showing promise of success, excellence, etc. —**prom'isingly** ***adv.***

**promissory note** (prom'i sər ē) a written promise to pay a certain sum of money to a certain person

**promontory** (prom'ən tər ē) ***n., pl.*** **-ries** [prob. < L. *prominere*, to project] a peak of high land that juts out into a body of water

**promote** (prə mōt') ***vt.*** **-mot'ed, -mot'-**

**ing** [< L. *pro-*, forward + *movere*, to move] **1.** to raise or advance to a higher position or rank **2.** to further the growth or establishment of **3.** to further the popularity, sales, etc. of **4.** to support the passage of a private bill in Parliament **—promot'able** *adj.* **—promo'tion** *n.*

**promoter** *n.* a person who begins, secures financing for, and helps to organize an undertaking

**prompt** (prompt) *adj.* [< L. *pro-*, forth + *emere*, take] **1.** quick to act or to do what is required **2.** done, spoken, etc. at once **—***n.* a reminder, esp. one to an actor of forgotten lines **—***vt.* **1.** to urge into action **2.** to remind (a person) of something he has forgotten; specif., to help (an actor, etc.) with a cue **3.** to inspire **—prompt'ly** *adv.* **—promp'titude', prompt'ness** *n.*

**prompter** *n.* one who cues performers when they forget their lines

**promulgate** (prom'əl gāt') *vt.* **-gat'ed, -gat'ing** [< L. *promulgare*, to publish] **1.** to make known officially (a decree, law, etc.) **2.** to make widespread **—prom'ulga'tion** *n.* **—prom'ulga'tor** *n.*

**pron.** **1.** pronoun **2.** pronunciation

**prone** (prōn) *adj.* [< L. *pronus*]. **1.** lying or leaning face downwards **2.** lying flat or prostrate **3.** disposed or inclined (*to*) [*prone* to error] **—prone'ly** *adv.*

**prong** (prôŋ) *n.* [akin to MLowG. *prangen*, to pinch] **1.** any of the pointed ends of a fork **2.** any pointed projecting part **—pronged** *adj.*

**pronominal** (prō nom'i n'l) *adj.* *Gram.* of, or having the function of, a pronoun **—pronom'inally** *adv.*

**pronoun** (prō'noun) *n.* [< L. *pro*, for + *nomen*, noun] *Gram.* a word that can assume the functions of a noun and be used in place of a noun (Ex.: *I, you, them, it, who, myself,* etc.)

**pronounce** (prə nouns') *vt.* **-nounced', -nounc'ing** [< L. *pro-*, before + *nuntiare*, announce] **1.** *a*) to utter or articulate (a sound or word) *b*) to utter in the required or standard manner **2.** to say officially, solemnly, etc. **—***vi.* **1.** to pronounce words, syllables, etc. **2.** to make a pronouncement (*on*) **—pronounce'able** *adj.*

**pronounced** *adj.* **1.** unmistakable; decided [*a pronounced* change] **2.** spoken or uttered

**pronouncement** *n.* **1.** a formal statement of a fact, opinion, or judgment **2.** a pronouncing

**pronto** (pron'tō) *adv.* [Sp.: see PROMPT] [Chiefly U.S. Slang] at once; quickly; immediately

**pronunciamento** (prə nun'sē ə men'tō) *n., pl.* **-tos** [Sp. < L.: see PRONOUNCE] a proclamation

**pronunciation** (prə nun'sē ā'shən) *n.* **1.** the act or manner of pronouncing words **2.** any of the accepted or standard pronunciations of a word

**proof** (prōōf) *n.* [see PROBE] **1.** anything serving to establish the truth of something **2.** a proving, testing, or trying of something **3.** a test or trial of the truth, quality, etc. of something **4.** the state of having been tested or proved **5.** the relative strength of an alcoholic liquor: see PROOF SPIRIT **6.** *Photog.* a trial print of a negative **7.** *Printing* an impression of composed type taken for checking errors and making changes **—***adj.* **1.** able to resist, withstand, etc. (with *against*) **2.** of tested and proved strength **—***vt.* **1.** to make a proof of **2.** to render proof against, esp. to make materials impervious to water

**-proof** (prōōf) *a combining form meaning:* **1.** impervious to [*waterproof*] **2.** protected from [*rustproof*] **3.** resistant to [*fireproof*]

**proofread** (prōōf'rēd') *vt., vi.* to read and mark corrections on (printers' proofs, etc.) **—proof'read'er** *n.*

**proof spirit** an alcoholic liquor that is 100 proof and contains 57.10 of its volume of alcohol

**prop**[1] (prop) *n.* [MDu. *proppe*] **1.** a support, as a pole, placed under or against a structure **2.** a person or thing that gives support to a person, institution, etc. **—***vt.* **propped, prop'ping** **1.** to support, as with a prop (often with *up*) **2.** to place or lean (something) *against* a support

**prop**[2] *n.* *Theatre same as* PROPERTY

**prop**[3] *n.* *short for* PROPELLER

**prop.** **1.** proper(ly) **2.** property **3.** proposition

**propaganda** (prop'ə gan'də) *n.* [< ff.] **1.** the systematic, widespread promotion of a certain set of ideas, doctrines, etc., esp. to further one's own cause **2.** ideas, doctrines, or allegations so spread, esp. if regarded as spread by deception **—prop'agan'dist** *n., adj.* **—prop'agan'dize** *vt., vi.*

**propagate** (prop'ə gāt') *vt.* **-gat'ed, -gat'ing** [< L. *propago*, slip (of a plant)] **1.** to cause (a plant or animal) to reproduce itself **2.** to reproduce (itself): said of a plant or animal **3.** to spread (ideas, customs, etc.) **4.** to extend or transmit (sound waves, etc.) **—***vi.* to reproduce, as plants or animals **—prop'aga'tion** *n.* **—prop'aga'tor** *n.*

**propane** (prō'pān) *n.* [< PROPYLENE & (METH)ANE] a heavy, gaseous hydrocarbon used as a fuel, in refrigerants, etc.

**propel** (prə pel') *vt.* **-pelled', -pel'ling** [< L. *pro-*, forward + *pellere*, to drive] to drive forwards **—propel'lant** *n.* **—propel'lent** *adj., n.*

**propeller** *n.* a device (**screw propeller**) consisting of blades twisted to move in a spiral as they rotate with the hub, to propel a ship or aircraft

**propensity** (prə pen'sə tē) *n., pl.* **-ties** [< L. *propendere*, to hang forward] a natural tendency

**proper** (prop'ər) *adj.* [< L. *proprius*, one's own] **1.** specially adapted or suitable **2.** naturally belonging or peculiar (*to*) **3.** conforming to an accepted standard; correct **4.** fitting; seemly; right **5.** decent or decorous or exceedingly respectable **6.** in its most restricted sense [the family *proper*] **7.** real; genuine **8.** [Colloq.] complete; thorough [*a proper* scoundrel]

**9.** *Gram.* designating a noun that names a specific individual, place, etc. —**prop'erly** *adv.* —**prop'erness** *n.*

**proper fraction** *Math.* a fraction in which the numerator is less than the denominator (Ex.: 2/5)

**propertied** (prop'ər tēd) *adj.* owning property

**property** (prop'ər tē) *n., pl.* **-ties** [< L. *proprius,* one's own] **1.** a thing or things owned; possessions; esp., land or real estate owned **2.** ownership **3.** a specific piece of land **4.** any trait or attribute proper to a thing [the *properties* of a chemical compound] **5.** any of the movable articles used as part of a stage setting, except the costumes, backdrops, etc. —**prop'ertyless** *adj.*

**prophecy** (prof'ə sē) *n., pl.* **-cies** **1.** prediction of the future by a prophet, as supposedly under divine guidance **2.** any prediction **3.** something prophesied

**prophesy** (prof'ə sī') *vt., vi.* **-sied', -sy'ing** **1.** to predict (something) by the influence of divine guidance **2.** to predict (a future event)

**prophet** (prof'it) *n.* [< Gr. *pro-,* before + *phanai,* speak] **1.** a person who claims to speak for God, or a religious leader who is thought to be divinely inspired **2.** a spokesman for some cause, group, etc. **3.** a person who predicts the future —**the Prophet** *a name used for* Mohammed (by Moslems) —**the Prophets** **1.** the prophetic books of the Bible that include Isaiah, Jeremiah, etc. **2.** the authors of these —**proph'etess** *n. fem.*

**prophetic** (prə fet'ik) *adj.* **1.** of, or like a prophet **2.** of or containing a prophecy —**prophet'ically** *adv.*

**prophylactic** (prō'fi lak'tik) *adj.* [< Gr. *pro-,* before + *phylassein,* to guard] preventive; esp., preventing disease —*n.* a prophylactic medicine, device, etc.

**propinquity** (prə piŋ'kwə tē) *n.* [< L. *propinquus,* near] **1.** nearness in time or place **2.** nearness of relationship; kinship

**propitiate** (prə pish'ē āt') *vt.* **-at'ed, -at'ing** [see ff.] to win or regain the good will of —**propi'tiable** *adj.* —**propi'tia'tion** *n.* —**propi'tia'tor** *n.* —**propi'tiatory** *adj.*

**propitious** (prə pish'əs) *adj.* [< L. *pro-,* before + *petere,* seek] **1.** favourable; auspicious **2.** favourably inclined —**propi'tiously** *adv.* —**propi'tiousness** *n.*

**propjet** (prop'jet') *n.* *same as* TURBOPROP

**proponent** (prə pō'nənt) *n.* [< L. *pro-,* forth + *ponere,* to place] **1.** a person who makes a proposal **2.** a person who supports a cause, etc.

**proportion** (prə pôr'shən) *n.* [< L. *pro-,* for + *portio,* a part] **1.** the comparative relation between things with respect to size, amount, etc.; ratio **2.** a part, share, etc., esp. in its relation to the whole **3.** balance or symmetry **4.** [*pl.*] dimensions **5.** *Math.* an equality between ratios: also called **geometrical proportion** —*vt.* **1.** to cause to be in proper relation, balance, etc. **2.** to arrange the parts of (a whole) so as to be harmonious —**propor'tioned** *adj.* —**propor'tionment** *n.*

**proportional** *adj.* **1.** in proportion **2.** *Math.* having the same ratio **3.** relative —**propor'tionally** *adv.*

**proportional representation** representation of political parties in proportion to the number of votes they receive

**proportionate** (prə pôr'shə nət) *adj.* in proper proportion —**propor'tionately** *adv.*

**proposal** (prə pō'z'l) *n.* **1.** a proposing **2.** a plan or action proposed **3.** an offer of marriage

**propose** (prə pōz') *vt.* **-posed', -pos'ing** [see PROPONENT] **1.** to put forth for consideration or acceptance **2.** to plan or intend **3.** to present as a toast in drinking —*vi.* **1.** to make a proposal **2.** to offer marriage —**propos'er** *n.*

**proposition** (prop'ə zish'ən) *n.* **1.** something proposed; plan **2.** [Colloq.] a proposed deal, as in business **3.** [Colloq.] a person, problem, etc. to be dealt with **4.** a subject to be discussed **5.** a statement; assertion **6.** *Math.* a theorem to be demonstrated or a problem to be solved —*vt.* [Colloq.] to make a proposition, esp. an improper one, to

**propound** (prə pound') *vt.* [see PROPONENT] to put forth for consideration; propose —**propound'er** *n.*

**proprietary** (prə prī'ə tər ē) *adj.* [see PROPERTY] **1.** belonging to a proprietor **2.** holding property **3.** held under patent, trademark, or copyright [a *proprietary* medicine]

**proprietor** (prə prī'ə tər) *n.* [< PROPERTY] one who owns and operates a business establishment —**propri'etress** *n.fem.*

**propriety** (prə prī'ə tē) *n., pl.* **-ties** [see PROPERTY] **1.** the quality of being proper, fitting, etc. **2.** conformity with what is proper or fitting —**the proprieties** accepted standards of behaviour in polite society

**propulsion** (prə pul'shən) *n.* [see PROPEL] **1.** a propelling or being propelled **2.** a propelling force —**propul'sive** *adj.*

**propylene** (prō'pə lēn') *n.* [< PROTO- & Gr. *pion,* fat] a flammable, colourless gas, used in making polypropylene, etc.

**pro rata** (prō rät'ə) [L.] in proportion

**prorogue** (prə rōg') *vt., vi.* **-rogued', -rogu'ing** [< L. *pro-,* for + *rogare,* ask] to discontinue or end a session of (a legislative assembly) —**pro'roga'tion** *n.*

**prosaic** (prō zā'ik) *adj.* [< L. *prosa,* PROSE] **1.** commonplace; dull **2.** of or like prose —**prosa'ically** *adv.*

**proscenium** (prō sē'nē əm) *n., pl.* **-niums, -nia** [< Gr. *pro-,* before + *skēnē,* a tent] the plane separating the stage proper from the audience and including the arch (**proscenium arch**) and its curtain

**proscribe** (prō skrīb') *vt.* **-scribed', -scrib'ing** [< L. *pro-,* before + *scribere,* write] **1.** to denounce or forbid the practice of **2.** to outlaw **3.** to banish; exile —**proscrip'tion** (-skrip'shən) *n.* —**proscrip'tive** *adj.*

**prose** (prōz) *n.* [< L. *provertere,* turn forwards] **1.** the ordinary form of language, without rhyme or metre **2.** dull, commonplace talk —*vt., vi.* **prosed, pros'ing** to speak or write in prose

**prosecute** (pros'i kyōōt') *vt.* **-cut'ed, -cut'ing** [< L. *pro-*, before + *sequi*, follow] **1.** *a*) to conduct legal proceedings against, esp. for a crime *b*) to try to get, enforce, etc. by legal process **2.** to carry on; engage in —*vi.* to institute and carry on a legal action —**pros'ecu'tor** *n.*

**prosecution** (pros'i kyōō'shən) *n.* **1.** the conducting of a lawsuit **2.** the lawyers acting for the Crown against the accused in criminal proceedings **3.** a prosecuting, or following up

**proselyte** (pros'ə līt') *n.* [< Gr. *prosēlytos*] a person who has been converted from one religion, belief, etc. to another —*vt., vi.* **-lyt'ed, -lyt'ing** to try to convert (a person), esp. to one's religion —**pros'elytism** (-lit iz'm) *n.*

**proselytize** (pros'ə li tīz') *vi., vt.* **-ized', -iz'ing** *same as* PROSELYTE —**pros'elytiz'er** *n.*

**prosody** (pros'ə dē) *n., pl.* **-dies** [< Gr. *prosōidia*, accent] the science of versification, including the study of metre, rhyme, etc. —**prosodic** (prə sod'ik) *adj.* —**prosod'ically** *adv.* —**pros'odist** *n.*

**prospect** (pros'pekt; *for v.* pros pekt') *n.* [< L. *pro-*, forward + *specere*, to look] **1.** *a*) something hoped for *b*) [*usually pl.*] apparent chance for success **2.** anticipation **3.** outlook **4.** *a*) a broad view; scene *b*) a place from which one can see such a view **5.** a mental view; survey **6.** a likely customer, candidate, etc. —*vt., vi.* to explore or search (*for*) [to *prospect* for gold] —**prospec'tor** *n.*

**prospective** (prə spek'tiv) *adj.* **1.** looking towards the future **2.** expected; likely —**prospec'tively** *adv.*

**prospectus** (prə spek'təs) *n.* [L.: see PROSPECT] **1.** a statement of the features of a new work, business, etc. **2.** a pamphlet giving details of courses, as at a university

**prosper** (pros'pər) *vi.* [< L. *prosperus*, favourable] to succeed, thrive, grow, etc. vigorously

**prosperity** (pro sper'ə tē) *n.* prosperous condition; wealth, success, etc.

**prosperous** (pros'pər əs) *adj.* **1.** flourishing **2.** well-to-do; well-off **3.** conducive to success —**pros'perously** *adv.*

**prostate** (pros'tāt) *adj.* [< Gr. *prostatēs*, one standing before] of or relating to the prostate gland: also **prostat'ic** (-tat'ik) —*n.* the prostate gland

**prostate gland** a gland surrounding the urethra at the base of the bladder in most male mammals

**prosthesis** (pros'thə sis) *n., pl.* **-theses'** (-sēz') [< Gr. *pros*, to + *tithenai*, to place] *Med.* **1.** the replacement of a missing limb, etc. by an artificial substitute **2.** such a substitute —**prosthet'ic** (-thet'ik) *adj.*

**prostitute** (pros'tə tyōōt') *n.* [< L. *pro-*, before + *statuere*, make stand] a man or woman who engages in promiscuous sexual intercourse for pay —*vt.* **-tut'ed, -tut'ing** **1.** to sell the services of (oneself or another) for purposes of sexual intercourse **2.** to sell (oneself, one's integrity, etc.) for unworthy purposes —**pros'titu'tion** *n.*

**prostrate** (pros'trāt, *for v.* pros trāt') *adj.* [< L. *pro-*, before + *sternere*, to stretch out] **1.** lying face downwards in humility or submission **2.** lying flat, prone, or supine **3.** *a*) laid low; overcome *b*) physically weak or exhausted —*vt.* **-trat'ed, -trat'ing** **1.** to lay flat on the ground **2.** to overcome or exhaust —**prostra'tion** *n.*

**prosy** (prō'zē) *adj.* **-ier, -iest** **1.** like prose **2.** prosaic, dull, etc. —**pros'ily** *adv.* —**pros'iness** *n.*

**Prot.** Protestant

**protactinium** (prō'tak tin'ē əm) *n.* [ModL.: see PROTO- & ACTINIUM] a rare, radioactive, metallic chemical element: symbol, Pa

**protagonist** (prō tag'ə nist) *n.* [< Gr. *prōtos*, first + *agōnistēs*, actor] **1.** the main character in a drama, novel, or story **2.** a person playing a leading or active part

**protea** (prō'tēə) *n.* [< Gr. god *Proteus*] a small S African shrub or tree esp. prized for its showy flowers

**protean** (prō tē'ən) *adj.* **1.** [**P-**] of or like Proteus, in Gr. Myth. who could change shape at will **2.** readily taking on different shapes

**protect** (prə tekt') *vt.* [< L. *pro-*, before + *tegere*, to cover] **1.** to shield from injury, danger, or loss; defend **2.** *Econ.* to guard (domestic goods) by tariffs on imports

**protection** (prə tek'shən) *n.* **1.** a protecting **2.** a person or thing that protects **3.** [Colloq.] money extorted by racketeers threatening violence **4.** *Econ.* the system of protecting domestic goods by taxing imports

**protectionism** *n.* *Econ.* the system, theory, or policy of protection —**protec'tionist** *n., adj.*

**protective** *adj.* protecting or intended to protect, esp. economically [a *protective* tariff] —**protec'tiveness** *n.*

**protector** (prə tek'tər) *n.* **1.** a guardian **2.** *a*) one ruling a kingdom during the minority, etc. of the sovereign *b*) [**P-**] the title (in full **Lord Protector**) held by Oliver Cromwell and his son Richard —**protec'torship** *n.* —**protec'tress** *n.fem.*

**protectorate** *n.* **1.** a weak state under the control and protection of a stronger state **2.** government by a protector **3.** the office or term of a protector **4.** [**P-**] the government of England under the Protectors (1653–1659)

**protégé** (prō'te zhā') *n.* [Fr.: see PROTECT] a person guided and helped in his career by another —**pro'tégée'** *n.fem.*

**protein** (prō'tēn) *n.* [ult. < Gr. *prōtos*, first] any of a class of complex nitrogenous substances occurring in all living matter and essential to the diet of animals

**pro tempore** (prō tem'pə rē') [L.] for the time (being); temporary or temporarily: shortened to **pro tem**

**protest** (prə test′; *for n.* prō′test) ***vt.*** [< L. *pro-*, forth + *testari*, affirm] **1.** to state positively, esp. in contradiction, disapproval, etc. **2.** to make a written declaration of the nonpayment of (a cheque, etc.) —***vi.*** to express disapproval; object —***n.*** **1.** public disapproval or dissent, often organized, as a march **2.** an objection **3.** a document formally objecting to something **4.** *Law* a formal declaration that a bill or note has not been honoured by the drawer —**under protest** unwillingly —**protest′er, protes′tor** ***n.***

**Protestant** (prot′is tənt) ***n.*** [see prec.] a member of any of the Christian churches deriving from the Reformation under the leadership of Luther, Calvin, etc. —***adj.*** of Protestants or Protestant beliefs, practices, etc. —**Prot′estantism** ***n.***

**protestation** (prō′tes tā′shən) ***n.*** **1.** a strong affirmation **2.** an objection

**protium** (prōt′ē əm) ***n.*** [ModL.: see ff.] the most common isotope of hydrogen with mass number 1

**proto-** [< Gr. *protōs*, first] *a combining form meaning:* **1.** first in time, original *[prototype]* **2.** first in importance, chief *[protagonist]*

**protocol** (prōt′ə kol′) ***n.*** [< LGr. *prōtokollon*, contents page] **1.** the code of ceremonial forms and courtesies used in official dealings, as between heads of state or diplomats **2.** an original draft of a document, negotiation, etc.

**proton** (prō′ton) ***n.*** [< Gr. *prōtos*, first] a fundamental particle in the nucleus of all atoms: it carries a unit positive charge of electricity

**protoplasm** (prōt′ō plaz′m) ***n.*** [< G.: see PROTO- & PLASMA] a semifluid, colloidal substance that is the living matter of all animal and plant cells —**pro′toplas′mic** ***adj.***

**prototype** (prōt′ō tīp′) ***n.*** [see PROTO- & TYPE] **1.** the first of its kind; original **2.** a model for another of its kind

**protozoan** (prōt′ō zō′ən) ***n.*** [see PROTO- & Gr. *zōion*, animal] a microscopic, one-celled animal living chiefly in water: also **pro′tozo′on,** *pl.* **-zo′a**

**protract** (prə trakt′) ***vt.*** [< L. *pro-*, forward + *trahere*, to draw] **1.** to draw out in time; prolong **2.** to draw to scale, using a protractor and scale —**protract′edly** ***adv.*** —**protrac′tion** ***n.***

PROTRACTOR (DAC, angle measured)

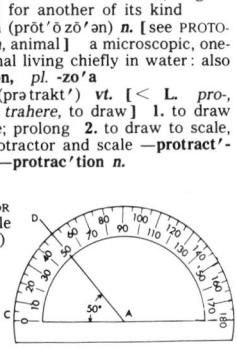


**protractor** ***n.*** [ML.] a graduated, semicircular instrument for plotting and measuring angles

**protrude** (prə tro̅od′) ***vt., vi.*** **-trud′ed, -trud′ing** [< L. *pro-*, forth + *trudere*, to thrust] to thrust or jut out; project —**protru′sion** ***n.***

**protrusive** ***adj.*** jutting or bulging out —**protru′sively** ***adv.***

**protuberance** (prə tyo̅o′bər əns) ***n.*** **1.** a being protuberant **2.** a part or thing that protrudes Also **protu′berancy**

**protuberant** ***adj.*** [< L. *pro-*, forth + *tuber*, a bump] bulging or swelling out; protruding; prominent —**protu′berantly** ***adv.***

**proud** (proud) ***adj.*** [< LL. *prode*, beneficial] **1.** having or showing a proper pride in oneself **2.** haughty; arrogant **3.** feeling or causing great pride or joy **4.** caused by pride **5.** stately; splendid —**do oneself proud** [Colloq.] to do extremely well —**proud of** highly pleased with —**proud′ly** ***adv.***

**proud flesh** [< notion of swelling up] an abnormal growth of flesh around a healing wound

**Prov.** **1.** Provençal **2.** Proverbs **3.** Province **4.** Provost

**prove** (pro̅o̅v) ***vt.*** **proved** or **prov′en, prov′ing** [see PROBE] **1.** to establish as true **2.** to establish the validity of (a will, etc.) **3.** to test by experiment, a standard, etc.; try out **4.** to show (oneself) to be capable, etc. —***vi.*** to turn out to be —**prov′able** ***adj.*** —**prov′ably** ***adv.***

**provenance** (prov′ə nəns) ***n.*** [Fr. < L. *pro-*, forth + *venire*, come] origin; derivation; source

**Provençal** (prov′ən säl′) ***adj.*** of Provence, its people, their language, etc. —***n.*** the vernacular of S France, a Romance language which, in its medieval form, was an important literary language

**provender** (prov′ən dər) ***n.*** [see PREBEND] **1.** dry food for livestock **2.** [Colloq.] provisions; food

**proverb** (prov′ urb) ***n.*** [< L. *pro-*, before + *verbum*, a word] **1.** a short, popular saying that expresses some obvious truth **2.** a person who has become commonly recognized as a type

**proverbial** (prə vur′bē əl) ***adj.*** **1.** of, or having the nature of, a proverb **2.** well-known because commonly referred to —**prover′bially** ***adv.***

**provide** (prə vīd′) ***vt.*** **-vid′ed, -vid′ing** [< L. *pro-*, before + *videre*, see] **1.** to make available; supply **2.** to supply (someone *with* something) **3.** to state as a condition; stipulate —***vi.*** **1.** to prepare (*for* or *against*) a possible situation or event **2.** to furnish the means of support (*for*) —**provid′er** ***n.***

**provided** (prə vīd′id) ***conj.*** on the condition or understanding; if (often with *that*)

**providence** (prov′i dəns) ***n.*** [see PROVIDE] **1.** the benevolent guidance of God or nature **2.** [**P-**] God **3.** a looking to, or preparation for, the future

**provident** ***adj.*** [see PROVIDE] **1.** providing for the future **2.** prudent or economical —**prov′idently** ***adv.***

**providential** (prov′i den′shəl) ***adj.*** of,

by, or as if decreed by divine providence —**prov'iden'tially** *adv.*

**providing** (prə vīd'iŋ) *conj.* provided (often with *that*)

**province** (prov'ins) *n.* [< L. *provincia*] **1.** an administrative division of a country, esp. of Canada and New Zealand **2.** *a*) a district; territory *b*) [*pl.*] the parts of a country removed from the capital and major cities **3.** range of duties or functions **4.** a field of knowledge, activity, etc.

**provincial** (prə vin'shəl) *adj.* **1.** of a province **2.** having the ways, speech, etc. of a certain province **3.** countrified; rustic **4.** narrow or limited in outlook —*n.* **1.** a native of a province **2.** a provincial person —**provin'cialism** *n.*

**proving ground** a place for testing new equipment, new theories, etc.

**provision** (prə vizh'ən) *n.* [see PROVIDE] **1.** a providing or supplying **2.** something provided for the future; specif., [*pl.*] a stock of food **3.** a preparatory measure taken in advance **4.** a stipulation; proviso —*vt.* to supply with provisions

**provisional** *adj.* conditional or temporary, pending a permanent arrangement —*n.* [**P-**] a member of the Provisional IRA, advocating terrorism as a means to achieve Irish unity —**provi'sionally** *adv.*

**proviso** (prə vī'zō) *n., pl.* **-sos, -soes** [ML. *proviso* (*quod*), provided that] **1.** a conditional clause, as in a document **2.** a condition —**provi'sory** *adj.*

**provocation** (prov'ə kā'shən) *n.* **1.** a provoking **2.** something that provokes; esp., a cause of anger or irritation

**provocative** (prə vok'ə tiv) *adj.* provoking or tending to provoke —**provoc'atively** *adv.* —**provoc'ativeness** *n.*

**provoke** (prə vōk') *vt.* **-voked', -vok'ing** [< L. *pro-*, forth + *vocare*, to call] **1.** to excite to some action or feeling **2.** to anger or irritate **3.** to stir up (action or feeling)

**provost** (prov'əst) *n.* [< L. *praepositus*, chief] **1.** the chief administrative official of a Scottish burgh **2.** the head of some colleges

**provost marshal** (prə vō') the officer in charge of military police, in a camp, etc.

**prow** (prou) *n.* [ult. < Gr. *prôira*] **1.** the forward part of a ship **2.** anything like this

**prowess** (prou'is) *n.* [< OFr. *prouesse*] **1.** superior ability, skill, etc. **2.** bravery; valour

**prowl** (proul) *vi., vt.* [< ?] to roam about as in search of prey —*n.* a prowling —**on the prowl** prowling about —**prowl'er** *n.*

**prox.** proximo

**proximate** (prok'si mət) *adj.* [< L. *prope*, near] **1.** next or nearest in space, order, time, etc. **2.** approximate —**prox'imately** *adv.*

**proximity** (prok sim'ə tē) *n.* [see prec.] nearness in space, time, etc.

**proximo** (prok'si mō') *adv.* [L. *proximo* (*mense*)] in or of the next month

**proxy** (prok'sē) *n., pl.* **prox'ies** [< ME. *procuracie*, office of a procurator] **1.** the function of a deputy **2.** *a*) the authority to act for another, or a person given this authority *b*) a document giving this authority

**P.R.S.** President of the Royal Society

**prude** (prōōd) *n.* [Fr. < *prudefemme*, excellent woman] a person who is excessively modest or proper in behaviour, dress, speech, etc. —**prud'ish** *adj.*

**prudence** (prōōd'əns) *n.* **1.** a being prudent **2.** careful management; economy

**prudent** *adj.* [< L. *providens*, provident] **1.** exercising sound judgment in practical matters, esp. as concerns one's own interests **2.** cautious; not rash —**pru'dently** *adv.*

**prudential** (prōō den'shəl) *adj.* characterized by or exercising prudence —**pruden'tially** *adv.*

**prudery** (prōōd'ər ē) *n.* a being prudish

**prune**[1] (prōōn) *n.* [< Gr. *proumnon*, plum] a plum dried for eating

**prune**[2] *vt.* **pruned, prun'ing** [< ?] **1.** to remove dead or living parts from (a plant) to encourage new growth **2.** to cut out as being unnecessary —**prun'er** *n.*

**prurient** (prōōər'ē ənt) *adj.* [< L. *prurire*, to itch] **1.** having lustful ideas or desires **2.** full of or causing lust —**pru'rience** *n.*

**pruritus** (prōōə rīt'əs) *n.* [< L. *prurire*, to itch] intense itching without a rash —**prurit'ic** (-rit'ik) *adj.*

**prussic acid** (prus'ik) *same as* HYDROCYANIC ACID

**pry** (prī) *vi.* **pried, pry'ing** [< ?] to look (*into*) closely or inquisitively

**prying** *adj.* improperly curious or inquisitive

**Ps., Psa.** Psalm; Psalms

**P.S.** **1.** Private Secretary **2.** Public School

**P.S., p.s., PS** postscript

**psalm** (säm) *n.* [< Gr. *psallein*, to pluck (a harp)] **1.** a sacred song or poem **2.** [**P-**] any of the songs in praise of God that make up the Book of Psalms in the Bible

**psalmody** (sal'mə dē) *n.* [< Gr. *psalmos*, psalm + *ōidē*, a song] **1.** the singing of psalms **2.** psalms collectively

**Psalter** (sôl'tər) [< Gr. *psallein*, to pluck] the Book of Psalms —*n.* [*also* **p-**] a version of the Psalms for use in religious services

**psaltery** (sôl'tər ē) *n., pl.* **-teries** an ancient stringed instrument with a shallow sound box, played by plucking the strings

**psephology** (se fol'ə jē) *n.* [< Gr. *psēphos*, pebble (used in voting) + -LOGY] the statistical evaluation of election returns or of political polls —**psephol'ogist** *n.*

**pseud** (syōōd) *n.* [< PSEUDO] [Colloq.] a false, artificial, or pretentious person; phoney

**pseud.** pseudonym

**pseudo** (syōō'dō) *adj.* [see ff.] sham; false; spurious; pretended; counterfeit

**pseudo-** [< Gr. *pseudēs*, false] *a combining form meaning:* **1.** fictitious [*pseudonym*] **2.** spurious **3.** deceptively similar to

**pseudonym** (syōō′dənim′) *n.* [< Gr. *pseudēs,* false + *onyma,* a name] a fictitious name, esp. one assumed by an author —**pseu′donym′ity** *n.* —**pseudon′ymous** (-don′əməs) *adj.*

**pshaw** (pshô) *interj., n.* an exclamation of impatience, disgust, contempt, etc.

**psi** (psī) *n.* the twenty-third letter of the Greek alphabet (Ψ, ψ)

**psittacosis** (psit′əkō′sis) *n.* [< Gr. *psittakos,* parrot] an acute virus disease of parrots, often transmitted to man

**psoriasis** (sərī′əsis) *n.* [< Gr. *psōra,* an itch] a skin disease in which scaly, reddish patches are formed

**psst** (pst) *interj.* a sound made to get someone's attention quickly and quietly

**P.S.T.** [U.S. & Canad.] Pacific Standard Time

**P.S.V.** Public Service Vehicle

**psyche** (sī′kē) *n.* [< Gr. *psychē,* the soul] **1.** the human soul **2.** the human mind

**psychedelic** (sī′kədel′ik) *adj.* [< PSYCHE + Gr. *delein,* make manifest] **1.** of or causing extreme changes in the conscious mind, with hallucinations, etc. **2.** of or like the intense, distorted sights, sounds, colours, etc. produced by such changes —*n.* a psychedelic drug

**psychiatry** (sīkī′ətrē) *n.* [see PSYCHO-] the branch of medicine dealing with disorders of the mind —**psychiatric** (sī′kē at′rik), **psy′chiat′rical** *adj.* —**psychi′atrist** *n.*

**psychic** (sī′kik) *adj.* [< Gr. *psychē,* the soul] **1.** of the psyche, or mind **2.** beyond physical processes **3.** apparently sensitive to supernatural forces Also **psy′chical** —*n.* a person who is supposedly psychic —**psy′chically** *adv.*

**psycho** (sī′kō) *adj., n.* [Colloq] *short for* PSYCHOTIC, PSYCHOPATHIC, PSYCHOPATH

**psycho-** [< Gr. *psychē,* soul] *a combining form meaning* the mind or mental processes *[psychology]*

**psychoanalyse** (sī′kōan′əlīz′) *vt.* **-lysed′, -lys′ing** to treat by means of psychoanalysis

**psychoanalysis** (sī′kō ənal′əsis) *n.* [see PSYCHO- & ANALYSIS] a method of treating neuroses and other mental disorders by getting the patient to talk freely, analysing his dreams, etc. —**psy′choan′alyt′ic** (-an′ə lit′ik), **psy′choan′alyt′ical** *adj.*

**psychoanalyst** (sī′kōan′əlist) *n.* a specialist in psychoanalysis

**psychogenic** (sī′kō jen′ik) *adj.* [< PSYCHO-] caused by mental conflicts; psychic

**psychokinesis** (sī′kō kinē′sis) *n.* [< PSYCHO- + Gr. *kinēsis,* motion] the supposed ability to influence physical objects or events by thought processes

**psychological** (sī′kə loj′ik′l) *adj.* **1.** of psychology **2.** of the mind **3.** affecting the mind —**psy′cholog′ically** *adv.*

**psychological moment** **1.** the moment when one is mentally ready for something **2.** the critical moment

**psychological warfare** the use of psychological means to influence the thinking of an enemy

**psychologize** (sīkol′əjīz′) *vi.* **-gized′, -giz′ing** to reason psychologically

**psychology** (sīkol′əjē) *n., pl.* **-gies** [see PSYCHO- & -LOGY] **1.** *a)* the science dealing with the mind and with mental and emotional processes *b)* the science of human and animal behaviour **2.** a person's actions, thoughts, etc. —**psychol′ogist** *n.*

**psychopath** (sī′kō path) *n.* *same as* PSYCHOPATHIC PERSONALITY

**psychopathic** (sī′kō path′ik) *adj.* mentally ill

**psychopathic personality** a person with serious personality defects, whose behaviour is amoral, irresponsible, and often criminal

**psychopathology** (sī′kō pəthol′əjē) *n.* the science dealing with mental disorders —**psy′chopath′olog′ical** (-path′əloj′ik′l) *adj.*

**psychopathy** (sīkop′əthē) *n.* [PSYCHO- + -PATHY] mental disorder

**psychosis** (sīkō′sis) *n., pl.* **-cho′ses** (-sēz) [see PSYCHO- & -OSIS] a major mental disorder in which the personality is very seriously disorganized and one's sense of reality is usually altered —**psychot′ic** *adj., n.*

**psychosomatic** (sī′kō sō mat′ik) *adj.* [PSYCHO- + SOMATIC] designating or of a physical disorder originating in or aggravated by emotional processes —**psy′chosomat′ically** *adv.*

**psychotherapy** (sī′kō ther′əpē) *n.* [PSYCHO- + THERAPY] treatment of mental disorder by counselling, psychoanalysis, etc. —**psy′chother′apist** *n.*

**Pt** *Chem.* platinum

**P.T.** **1.** Physical Therapy **2.** Physical Training

**pt.** *pl.* **pts.** **1.** part **2.** pint **3.** point

**p.t.** **1.** past tense **2.** pro tempore

**P.T.A.** Parent/Teacher Association

**ptarmigan** (tär′məgən) *n.* [< Scot. *tarmachan*] any of several varieties of northern or alpine grouse

**ptero-** [< Gr.] *a combining form meaning* feather, wing *[pterodactyl]*

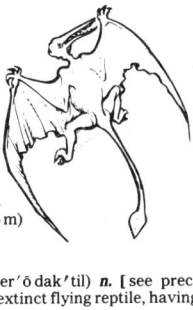

PTERODACTYL
(wingspread to 6 m)

**pterodactyl** (ter′ōdak′til) *n.* [see prec. & DACTYL] an extinct flying reptile, having wings of skin stretched between the hind limb and a long digit of the forelimb

**P.T.O., p.t.o.** please turn over

**Ptolemaic** (tol′əmā′ik) ***adj.*** of Ptolemy, the Greek astronomer, or his theory that the earth is the centre of the universe

**ptomaine** (tō′mān) ***n.*** [< Gr. *ptōma,* a corpse] any of a class of alkaloid substances, some of which are poisonous, formed in decaying animal or vegetable matter by bacteria

**Pty.** [Aust., N.Z., S.Afr.] Proprietary

**Pu** *Chem.* plutonium

**pub** (pub) ***n.*** [Colloq.] a public house

**pub.** **1.** public **2.** published **3.** publisher

**pub-crawl** ***n.*** [Colloq.] a drinking tour of a number of pubs or bars: also **pub crawl**

**puberty** (pyōō′bər tē) ***n.*** [< L. *puber,* adult] the state of physical development when sexual reproduction first becomes possible **—pu′bertal** ***adj.***

**pubes**[1] (pyōō′bēz) ***n.*** [L., pubic hair] **1.** the body hair appearing at puberty surrounding the genitals **2.** the region of the abdomen covered by such hair

**pubes**[2] ***n.*** *pl. of* PUBIS

**pubescent** (pyōō bes′′nt) ***adj.*** [< L. *pubes,* adult] **1.** reaching or having reached puberty **2.** covered with a soft down, as many plants and insects **—pubes′cence** ***n.***

**pubic** (pyōō′bik) ***adj.*** of or in the region of the pubes

**pubis** (pyōō′bis) ***n., pl.*** **pu′bes** (-bēz) [see PUBES[1]] that part of the hipbone forming the front arch of the pelvis

**public** (pub′lik) ***adj.*** [< L. *populus,* the people] **1.** of the people as a whole **2.** for the use or benefit of all *[public* transport*]* **3.** acting in an official capacity for the people *[the public* prosecutor*]* **4.** known by most people **—*n.*** **1.** the people as a whole **2.** a specific part of the people *[the* reading *public]* **—go public** *Finance* to offer company shares for sale to the public **—in public** openly **—pub′licly** ***adv.***

**public-address system** an electronic system used to amplify sound at public gatherings

**publican** (pub′li kən) ***n.*** the licensee of a public house

**publication** (pub′li kā′shən) ***n.*** [see PUBLISH] **1.** the printing and distribution, usually for sale, of books, magazines, etc. **2.** something published **3.** public notification

**public company** a limited company whose shares may be purchased by the public

**public convenience** a public lavatory, esp. one situated in a public park, on the street, etc.

**public enemy** a hardened criminal or other person who is a menace to society

**public house** an establishment where beer, spirits, etc. are served; bar

**publicist** (pub′li sist) ***n.*** **1.** a journalist who writes about public affairs **2.** a specialist in public relations

**publicity** (pub lis′ə tē) ***n.*** **1.** *a)* any information that makes a person, place, etc. known to the public *b)* the work of handling such information **2.** a being noticed by the public **3.** any act intended to gain public notice

**publicize** (pub′li sīz′) ***vt.*** **-cized′, -ciz′ing** to give publicity to; draw public attention to

**public lending right** the right for authors to receive payment when their books are loaned out by public libraries

**public relations** relations of an organization with the public through publicity seeking to form public opinion

**public school** **1.** an independent fee-paying school **2.** in Scotland, a state-maintained school **3.** [U.S.] any school that is part of the local educational system **4.** [Canad.] a public elementary school, as distinguished from a separate school

**public servant** an elected or appointed government official or a civil-service employee

**public-spirited** ***adj.*** having or showing zeal for the public welfare

**public transport** vehicles, such as trains, buses, etc. that have fixed routes and are available to the general public

**public utility** an organization that supplies water, electricity, transportation, etc. to the public

**publish** (pub′lish) ***vt.*** [< L. *publicus,* public] **1.** to make publicly known; announce **2.** to issue (a printed work, etc.) to the public, as for sale **—*vi.*** to write books, etc. that are published

**publisher** ***n.*** a person or firm that publishes books, newspapers, magazines, etc.

**puce** (pyōōs) ***n.*** [Fr., lit., a flea] brownish purple

**puck**[1] (puk) ***n.*** [akin to POKE[1]] *Ice Hockey* a hard rubber disc which the players try to drive into the opponents' goal

**puck**[2] ***n.*** [OE. *puca*] a mischievous sprite or elf **—puck′ish** ***adj.*** **—puck′ishly** ***adv.***

**pucker** (puk′ər) ***vt., vi.*** [< POKE[2]] to draw up into wrinkles or small folds (with *up*) **—*n.*** such a wrinkle or fold

**pud** (pood) ***n.*** [Colloq.] a pudding; dessert

**pudding** (pood′iŋ) ***n.*** [< ?] **1.** a sweetened dessert containing eggs, fruit, etc. **2.** a soft, mushy food, of flour, cereal, etc., boiled or baked *[*Yorkshire *pudding]* **3.** the dessert course in a meal, following the main dish **4.** a kind of boiled sausage *[*black *pudding]* **—in the puddling club** [Slang] pregnant

**puddle** (pud′′l) ***n.*** [< OE. *pudd,* a ditch] **1.** a small pool of water, esp. dirty water **2.** a thick mixture of clay with water **—*vt.*** **-dled, -dling** **1.** to make muddy **2.** to make a thick mixture of (wet clay and sand) **3.** to treat (iron) by the puddling process **—*vi.*** to dabble in muddy water **—pud′dly** ***adj.***

**puddling** ***n.*** the process of making wrought iron by heating and stirring it with oxidizing agents

**pudendum** (pyōō den′dəm) ***n., pl.*** **-den′da** [< L. *pudere,* to be ashamed] [*usually* *pl.*] the external human sex organs, esp. of the female

**pudgy** (puj'ē) *adj.* **-ier, -iest** [prob. < Scot. *pud,* belly] short and fat —**pudg'iness** *n.*

**puerile** (pyoo̅ər'īl) *adj.* [< L. *puer,* boy] childish; silly; immature —**pu'eril'ity** (-əril'ətē) *n.*

**puerperal** (pyoo̅ ur'pər əl) *adj.* [< L. *puer,* boy + *parere,* to bear] of or connected with childbirth

**puerperal fever** septic poisoning occurring during childbirth: a term no longer used

**puff** (puf) *n.* [OE. [OE. *pyff*] **1.** a short, sudden gust, as of wind, or an expulsion, as of breath **2.** a drawing into the mouth of smoke from a cigarette, etc. **3.** a swelling **4.** a shell of light pastry filled with whipped cream, etc. **5.** a soft roll of hair on the head **6.** a soft pad for dabbing powder on the skin **7.** exaggerated praise, as in a book review —*vi.* **1.** to blow in puffs, as the wind **2.** *a*) to give forth puffs of smoke, etc. *b*) to breathe rapidly **3.** to fill, swell (*out* or *up*), as with air or pride **4.** to take a puff or puffs on a cigarette, etc. —*vt.* **1.** to blow, drive, etc. in or with a puff **2.** to inflate; swell **3.** to praise unduly **4.** to smoke (a cigarette, etc.) —**puff'ily** *adv.* —**puff'iness** *n.* —**puff'y** *adj.*

**puff adder** a large, poisonous African snake which inflates its body when alarmed

**puffball** *n.* any of various round, white-fleshed fungi that burst at the touch when mature

**puffed** *adj.* **1.** breathless; winded **2.** swollen; puffy

**puffin** (puf'in) *n.* [< ?] a northern sea bird with a short neck, ducklike body, and brightly coloured beak

**puff pastry** a dough used for making a rich, flaky pastry for pies, pastries, etc.

**puff-puff** *n.* [echoic] a child's name for a train

**pug** (pug) *n.* [< ?] a small, short-haired dog with a wrinkled face, snub nose, and curled tail

**pugilism** (pyoo̅'jə liz'm) *n.* [< L. *pugil,* boxer] *same as* BOXING —**pu'gilist** *n.* —**pu'gilis'tic** *adj.*

**pugnacious** (pug nā'shəs) *adj.* [< L. *pugnare,* to fight] eager and ready to fight; quarrelsome —**pugna'ciously** *adv.* —**pugnac'ity** (-nas'ə tē) *n.*

**pug nose** a short, thick, turned-up nose —**pug'-nosed'** *adj.*

**puissance** (pwē'säṇs) *n.* in show-jumping, a competition testing a horse's ability to jump large obstacles

**puissant** (pyoo̅'isənt) *adj.* [OFr.: see POWER] [Archaic] powerful; strong

**puke** (pyoo̅k) *n., vi., vt.* **puked, puk'ing** [< ?] [Slang] *same as* VOMIT

**pukka** (puk'ə) *adj.* [Hindi *pakkā,* ripe] [Anglo-Indian] **1.** good or first-rate of its kind **2.** genuine; real

**pulchritude** (pul'krə tyoo̅d') *n.* [< L. *pulcher,* beautiful] physical beauty —**pul'chritu'dinous** *adj.*

**pule** (pyoo̅l) *vi.* **puled, pui'ing** [echoic] to whine or whimper, as a sick or fretful child

**pull** (pool) *vt.* [OE. *pullian,* to pluck] **1.** to exert force or influence on so as to make move towards the source of the force **2.** to pluck out (a tooth, etc.) **3.** to draw apart; tear **4.** to strain and injure [to *pull* a muscle] **5.** [Colloq.] to restrain [to *pull* one's punches] **6.** [Colloq.] to take out (a gun, etc.) **7.** *Golf* to hit (the ball) so it goes to the left or, if left-handed, to the right **8.** *Rowing* to work (an oar) by drawing it towards one —*vi.* **1.** to exert force in dragging, tugging, etc. **2.** to take a deep draught of a drink, etc. **3.** to be capable of being pulled **4.** to move or drive a vehicle (*away, ahead, out,* etc.) —*n.* **1.** the act or force of pulling; specif., *a*) a dragging, tugging, attracting, etc. *b*) a drink, a puff on a cigarette, etc. *c*) a hard, steady effort **2.** [Colloq.] *a*) influence or special advantage *b*) appeal —**pull apart** to find fault with —**pull down** **1.** to tear down **2.** to degrade; humble —**pull in** **1.** to arrive **2.** to draw in **3.** to receive as payment **4.** [Slang] to arrest —**pull off** [Colloq.] to accomplish —**pull oneself together** to regain one's poise, courage, etc. —**pull one's socks up** [Colloq.] to try harder —**pull one's weight** to do a fair share of a task —**pull out** **1.** to depart **2.** to withdraw **3.** to escape from a responsibility, etc. **4.** of vehicle, to move towards the centre of the road —**pull over** to drive (a vehicle) towards the kerb —**pull someone's leg** [Colloq.] to tease; make fun of; deceive good-humouredly —**pull through** to get over (an illness, etc.) —**pull up** **1.** to uproot **2.** to bring or come to a stop **3.** to rebuke —**pull'er** *n.*

**pullet** (pool'it) *n.* [< L. *pullus,* chicken] a young hen, usually not more than a year old

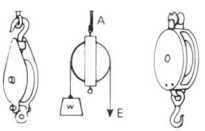


PULLEYS (A, anchor; E, energy; W, weight)

**pulley** (pool'ē) *n., pl.* **-leys** [< Gr. *polos,* axis] a small wheel with a grooved rim in which a rope or chain runs, as to raise a weight attached at one end by pulling on the other end

**Pullman** (pool'mən) *n.* [< G. M. *Pullman*] a railway carriage with private compartments or seats that can be made up into berths for sleeping

**pullover** (pool'ō'vər) *n.* a garment, esp.

a knitted sweater, put on by being pulled over the head

**pulmonary** (pul′mə nər ē) *adj.* [< L. *pulmo,* lung] of, like, or affecting the lungs

**pulp** (pulp) *n.* [< L. *pulpa,* flesh] **1.** a soft, moist, formless mass **2.** the soft, juicy part of a fruit **3.** the soft pith of a plant stem **4.** ground-up, moistened fibres of wood, rags, etc., from which paper is made **5.** [Chiefly U.S.] a magazine printed on inferior paper, featuring shocking stories about sex, crime, etc. —*vt.* to reduce to pulp —*vi.* to become pulp —**pulp′ily** *adv.* —**pulp′iness** *n.* —**pulp′y** *adj.*

**pulpit** (pool′pit) *n.* [L. *pulpitum,* a stage] **1.** a raised platform from which a clergyman preaches in a church **2.** preachers as a group

**pulpwood** (pulp′wood′) *n.* **1.** soft wood for making paper **2.** wood ground to pulp for paper

**pulsar** (pul′sər) *n.* [PULS(E[1]) + -AR] any of several small heavenly objects in the Milky Way that emit radio pulses

**pulsate** (pul sāt′) *vi.* **-sat′ed, -sat′ing** [< L. *pulsare,* to beat] **1.** to beat or throb rhythmically, as the heart **2.** to vibrate; quiver —**pulsa′tion** *n.* —**pulsa′tor** *n.*

**pulse[1]** (puls) *n.* [< L. *pellere,* to beat] **1.** the regular beating in the arteries, caused by the contractions of the heart **2.** any regular beat **3.** the underlying feelings of a group, the public, etc. **4.** a brief surge of electric current —*vi.* **pulsed, puls′ing** to pulsate

**pulse[2]** *n.* [< L. *puls,* a pottage] the edible seeds of peas, beans, lentils, etc.

**pulverize** (pul′və rīz′) *vt.* **-ized′, -iz′ing** [< L. *pulvis,* dust] **1.** to crush, grind, etc. into a powder or dust **2.** to demolish —*vi.* to be crushed into a powder or dust —**pul′veriza′tion** *n.* —**pul′veriz′er** *n.*

**puma** (pyōō′mə) *n.* [SAmInd.] a large tawny-brown animal of the cat family

**pumice** (pum′is) *n.* [< L. *pumex*] a light, porous, volcanic rock used to scour, smooth, and polish: also **pumice stone**

**pummel** (pum′′l) *vt.* **-melled, -melling** [< POMMEL] to beat or hit with repeated blows, esp. with the fist

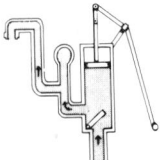

PUMP

**pump[1]** (pump) *n.* [echoic] any of various machines that force a liquid or gas into, or draw it out of, something —*vt.* **1.** to move (fluids) with a pump **2.** to remove water, etc. from **3.** to drive air into, as with a pump **4.** to force in, draw out, move up and down, etc. like a pump **5.** [Colloq.] to question closely and persistently —*vi.* **1.** to work a pump **2.** to move or go up and down like a pump handle —**pump up** to inflate the tyre of a bicycle, motor car, etc.

**pump[2]** *n.* [< ?] **1.** a low-cut, low-heeled shoe worn esp. for dancing **2.** a rubber-soled shoe used in tennis, etc.; plimsoll

**pumpernickel** (poom′pər nik′′l) *n.* [G.] a coarse, dark, sour bread made of unsifted rye

**pumpkin** (pump′kin) *n.* [< Gr. *pepōn* ripe] **1.** a large, edible, round, orange-yellow fruit with many seeds **2.** the climbing plant on which it grows

**pun** (pun) *n.* [< ?] the humorous use of words that have the same sound, but have different meanings —*vi.* **punned, pun′ning** to make puns

**Punch** (punch) [< PUNCHINELLO] the hero of the puppet show **Punch and Judy**; a humpbacked figure with a hooked nose —**pleased as Punch** greatly pleased

**punch[1]** (punch) *n.* [< L. *pungere,* to prick] a tool driven or pressed against a surface that is to be pierced, shaped, or stamped —*vt.* **1.** to pierce, stamp, etc. with a punch **2.** to make (a hole, etc.) with a punch

**punch[2]** *vt.* [ME. *punchen*] to strike with the fist —*n.* **1.** a thrusting blow with the fist **2.** [Colloq.] effective force; vigour —**pull one's punches** [Colloq.] to deliver blows, criticisms, etc. intended to have little effect

**punch[3]** *n.* [< Hindi *pāc,* five] a sweet drink of fruit juices, etc., often mixed with wine or spirits, and served in cups from a large bowl (**punch bowl**)

**punch ball** a stuffed or inflated leather bag hung up in order to be punched for exercise or practice

**punch card** a card with holes or notches positioned in it, esp. by a key punch for data processing: also **punched card**

**punch-drunk** *adj.* dazed, unsteady in gait, etc., as because of many blows to the head in boxing

**punchinello** (pun′chə nel′ō) *n., pl.* **-los** [< a character in a Neapolitan puppet play] a buffoon; clown

**punch line** the line carrying the point of a joke

**punch-up** *n.* [Slang] a fight or violent argument

**punchy** *adj.* **-ier, -iest** [Colloq.] forceful; vigorous

**punctilio** (puŋk til′ē ō′) *n., pl.* **-os′** [< L. *punctum,* point] a point of conduct, etc.

**punctilious** (puŋk til′ē əs) *adj.* **1.** very careful about every detail of behaviour **2.** very exact

**punctual** (puŋk′tyōō wəl) *adj.* [<

*punctus,* a point] on time; prompt **—punc′tual′ity** (-wal′ə tē) ***n.***

**punctuate** (puŋk′tyoo wāt′) ***vt.*** **-at′ed, -at′ing** [< L. *punctus,* a point] **1.** to insert punctuation marks in **2.** to break in on here and there *[punctuated* with applause*]* **3.** to emphasize

**punctuation** (puŋk′tyoo wā′shən) ***n.*** **1.** the use of standardized marks in writing and printing to make meaning clearer **2.** a punctuation mark or marks

**punctuation mark** any of the marks used in punctuation, as a full stop or comma

**puncture** (puŋk′chər) ***n.*** [< L. *pungere,* pierce] **1.** a perforating or piercing **2.** a hole made by a sharp point **—*vt., vi.*** **-tured, -turing** to perforate or pierce, as with a sharp point

**pundit** (pun′dit) ***n.*** [< Sans.] **1.** an acknowledged authority on some subject **2.** in India, a learned Brahman

**pungent** (pun′jənt) ***adj.*** [< L. *pungere,* to prick] **1.** producing a sharp sensation of taste or smell **2.** sharp to the mind; poignant **3.** biting **—pun′gency *n.***

**punish** (pun′ish) ***vt.*** [< L. *punire,* to punish] **1.** to cause to undergo pain, loss, or suffering, as for a crime **2.** to impose a penalty for (an offence) **3.** to treat harshly **—pun′ishabil′ity *n.* —pun′ishable *adj.* —pun′isher *n.***

**punishment** ***n.*** **1.** a punishing or being punished **2.** the penalty imposed **3.** harsh treatment

**punitive** (pyoo′nə tiv) ***adj.*** inflicting or concerned with punishment **—pu′nitively *adv.***

**punk**[1] (puŋk) ***n.*** [var. of SPUNK] any substance, as decayed wood, that smoulders when ignited, used as tinder

**punk**[2] ***n.*** [< ?] [Slang] **1.** anyone regarded as inexperienced, insignificant, etc. **2.** a follower of punk rock **3.** a young hoodlum **—*adj.*** [Slang] **1.** poor or bad in quality **2.** designating a form of rock music characterized by strong rhythm

**punkah, punka** (puŋ′kə) ***n.*** [Hindi *pankhā*] in India, a large, swinging fan hung from the ceiling

**punnet** (pun′it) ***n.*** [< ?] a small, shallow basket for fruit, esp. strawberries

**punster** (pun′stər) ***n.*** a person who is fond of making puns

**punt**[1] (punt) ***n.*** [< ?] *Sport* a kick in which the ball is dropped from the hands and then kicked before it strikes the ground **—*vt., vi.*** to kick (a ball) in this way

**punt**[2] ***n.*** [see PONTOON[2]] a flat-bottomed boat with square ends, usually propelled by a long pole **—*vt., vi.*** to propel (a boat) with a long pole **—punt′er *n.***

**punt**[3] ***vi.*** [< L. *punctum,* a point] **1.** in certain card games, to bet against the banker **2.** to gamble **—punt′er *n.***

**puny** (pyoo′nē) ***adj.*** **-nier, -niest** [< OFr. *puis,* after + *né,* born] of inferior size, strength, etc. **—pu′niness *n.***

**pup** (pup) ***n.*** **1.** a young dog; puppy **2.** a young seal, whale, etc. **—*vi.*** **pupped, pup′ping** to give birth to pups

PUPA

**pupa** (pyoo′pə) ***n., pl.*** **-pae** (-pē), **-pas** [< L., a doll] an insect in the stage between the larval and adult forms **—pu′pal *adj.***

**pupil**[1] (pyoo′p'l) ***n.*** [< L. *pupillus,* ward] a person being taught by a teacher or tutor, as in a school **—pu′pillage, pu′pilage *n.***

**pupil**[2] ***n.*** [< L. *pupilla,* one's figure reflected in another's eye] the contractile circular opening in the centre of the iris of the eye

**puppet** (pup′it) ***n.*** [< L. *pupa,* a doll] **1.** a small, usually jointed figure, as of a human being, moved with the hands or by strings, usually in a **puppet show** **2.** a person whose actions, ideas, etc. are controlled by another **—pup′petry *n.***

**puppeteer** (pup′i tēər′) ***n.*** a person who operates or designs puppets or produces puppet shows

**puppet state** an apparently independent country that, in reality, is controlled by another country

**puppy** (pup′ē) ***n., pl.*** **-pies** [see PUPPET] **1.** a young dog **2.** a conceited, or silly young man **—pup′pyish *adj.***

**puppy fat** the chubbiness associated with adolescence that usually disappears in adulthood

**purblind** (pər′blīnd′) ***adj.*** [ME. *pur blind,* quite blind] **1.** partly blind **2.** slow in understanding

**purchase** (pər′chəs) ***vt.*** **-chased, -chasing** [< OFr. *pour,* for + *chacier,* to chase] **1.** to buy **2.** to get at a cost, as of suffering **—*n.*** **1.** anything obtained by buying **2.** a buying **3.** a fast hold applied to move something mechanically or to keep from slipping **—pur′chasable *adj.* —pur′chaser *n.***

**purdah** (pər′də) ***n.*** the practice of hiding women from strangers, esp. behind a curtain or veil

**pure** (pyooər) ***adj.*** [< L. *purus*] **1.** free from any adulterant or anything harmful **2.** simple; mere *[pure* luck*]* **3.** utter; absolute **4.** free from defects **5.** free from sin or guilt **6.** virgin or chaste **7.** of unmixed stock **8.** abstract or theoretical *[pure* physics*]* **—pure′ly *adv.***

**purebred** ***adj.*** belonging to a recognized breed through generations of unmixed descent

**purée** (pyooər′ā) ***n.*** [< L. *purus,* pure] food prepared by putting cooked vegetables, fruits, etc. through a sieve or liquidizer **—*vt.*** **-réed, -réeing** to make a purée of Also sp. **puree**

**purgative** (pər′gə tiv) ***adj.*** **1.** that purges

**2.** causing bowel movement —*n.* a substance that purges; specif., a cathartic

**purgatory** (pur′gə tər ē) *n., pl.* **-ries** [see ff.] **1.** [*often* **P-**] in R.C. and other Christian doctrine, a state or place in which those who have died in the grace of God expiate their sins **2.** any state or place of temporary punishment

**purge** (purj) *vt.* **purged, purg′ing** [< L. *purus,* clean + *agere,* to do] **1.** to cleanse of impurities, etc. **2.** to cleanse of guilt, sin, etc. **3.** to remove by cleansing **4.** to rid (a nation, party, etc.) of individuals regarded as disloyal **5.** *Med.* to empty (the bowels) —*vi.* to become clean, clear, or pure —*n.* **1.** a purging **2.** that which purges; esp., a cathartic —**purga′tion** *n.* —**purg′er** *n.*

**purify** (pyoor′i fī′) *vt.* **-fied′, -fy′ing** [< L. *purus,* pure + *facere,* make] **1.** to rid of impurities, etc. **2.** to free from guilt, sin, etc. —**pu′rifica′tion** *n.* —**pu′rifica′tory** *adj.*

**purism** (pyoor′iz′m) *n.* strict observance of precise usage or style, as in grammar or art —**pur′ist** *n.* —**puris′tic** *adj.*

**Puritan** (pyoor′i t'n) *n.* [see PURITY] **1.** a member of a Protestant group who, in the 16th and 17th centuries, wanted to make the Church of England simpler in its services **2.** [**p-**] a person regarded as excessively strict in morals and religion —*adj.* **1.** of the Puritans **2.** [**p-**] puritanical —**Pu′ritanism, pu′ritanism** *n.*

**puritanical** (pyoor′i tan′ik'l) *adj.* **1.** excessively strict in morals and religion **2.** [**P-**] of the Puritans —**pu′ritan′ically** *adv.*

**purity** (pyoor′ə tē) *n.* [< L. *purus,* pure] a being pure; specif., *a*) freedom from adulterating matter *b*) cleanness *c*) innocence or chastity

**purl**[1] (purl) *vi.* [< ?] to move in ripples or with a murmuring sound

**purl**[2] *vt., vi.* [< ?] **1.** to edge (lace) with small loops **2.** to invert (stitches) in knitting —*n.* **1.** a chain of loops on the edge of lace **2.** an inversion of knitting stitches

**purlieu** (pur′lyōō) *n.* [< OFr. *pur-,* through + *aler,* to go] **1.** orig., an outlying part of a royal forest **2.** a place one visits often **3.** [*pl.*] bounds; limits **4.** an outlying part

**purlin, purline** (pur′lin) *n.* [< ?] a horizontal timber supporting rafters of a roof

**purloin** (pur loin′) *vt., vi.* [< OFr. *pur-,* for + *loin,* far] to steal; filch —**purloin′er** *n.*

**purple** (pur′p'l) *n.* [< Gr. *porphyra,* shellfish yielding purple dye] **1.** a dark colour that is a blend of red and blue **2.** crimson cloth or clothing, esp. as an emblem of royalty or high rank —*adj.* **1.** of the colour purple **2.** imperial **3.** flowery [*purple* prose] —*vt., vi.* **-pled, -pling** to make or become purple —**born to** (or **in**) **the purple** of royal or high birth

**purple heart** [Colloq.] a heart-shaped tablet consisting mainly of amphetamine

**purport** (pər pôrt′; *for n.* pur′pôrt) *vt.* [< OFr. *por-,* forth + *porter,* to bear] **1.** to profess or claim as its meaning **2.** to give the appearance, often falsely, of being, intending, etc. —*n.* meaning; main idea —**purport′ed** *adj.*

**purpose** (pur′pəs) *n.* [< OFr. *proposer,* to propose] **1.** the reason or use for something **2.** what one plans to get or do; aim **3.** determination —*vt., vi.* **-posed, -posing** to plan, intend, or resolve —**on purpose** intentionally —**to little** (or **no**) **purpose** with little or no effect —**to the purpose** apt; relevant —**pur′poseful** *adj.* —**pur′poseless** *adj.*

**purpose-built** *adj.* made to serve a specific purpose

**purposely** *adv.* intentionally; deliberately

**purposive** (pur′pə siv) *adj.* **1.** serving a purpose **2.** having purpose —**pur′posively** *adv.*

**purr** (pur) *n.* [echoic] a low, vibratory sound made by a cat when it seems to be pleased —*vi., vt.* to make, or express by, such a sound

**purse** (purs) *n.* [< Gr. *brysa,* a hide] **1.** a small pouch for carrying money **2.** finances; money **3.** a sum of money given as a present or prize **4.** [U.S.] a handbag —*vt.* **pursed, purs′ing** to pucker (one's lips, etc.)

**purser** (pur′sər) *n.* [ME., purse bearer] a ship's officer in charge of accounts, freight, tickets, etc.

**purse strings** a drawstring for certain purses —**hold the purse strings** to be in control of the money

**purslane** (purs′lin) *n.* [< L. *portulaca*] an annual plant used as a potherb and in salads

**pursuance** (pər syoo′əns) *n.* a pursuing, or carrying out, as of a project, plan, etc.

**pursuant** *adj.* [Now Rare] pursuing —**pursuant to** **1.** in accordance with **2.** following upon

**pursue** (pər syōō′) *vt.* **-sued′, -su′ing** [< L. *pro-,* forth + *sequi,* follow] **1.** to follow in order to overtake, capture, etc. **2.** to follow (a specified course, action, etc.) **3.** to strive for; seek after **4.** to have as one's occupation, profession, or study **5.** to keep on harassing —*vi.* **1.** to chase **2.** to go on; continue —**pursu′er** *n.*

**pursuit** (pər syōōt′) *n.* **1.** a pursuing **2.** a career, interest, etc. to which one devotes oneself

**pursuivant** (pur′si vənt) *n.* [see PURSUE] in Britain, an officer ranking below a herald

**pursy**[1] (pur′sē) *adj.* **-sier, -siest** [< L. *pulsare,* to beat] **1.** short-winded, esp. from being fat **2.** fat —**pur′siness** *n.*

**pursy**[2] *adj.* **-sier, -siest** pursed; puckered

**purulent** (pyoor′oo lənt) *adj.* [< L. *pus,* pus] of, like, or discharging pus —**pu′rulence** *n.*

**purvey** (pər vā′) *vt.* [see PROVIDE] to supply (esp. food or provisions) —**purvey′-or** *n.*

**purview** (pur′ vyōō) *n.* [see PROVIDE] **1.** extent of control, activity, concern, etc. **2.** the scope of an act or bill

**pus** (pus) *n.* [L.] the yellowish liquid matter produced in infections, consisting of bacteria, white corpuscles, etc.

**push** (pōōsh) *vt.* [< L. *pulsare,* to beat] **1.** *a*) to exert force against, esp. so as to move *b*) to move in this way **2.** to urge on; impel **3.** to bring into a critical state; press *[be pushed* for time*]* **4.** [Colloq.] to urge or promote the use, sale, etc. of **5.** [Colloq.] to be close to *[pushing* sixty years*]* —*vi.* **1.** to press against a thing so as to move it **2.** to try hard to advance, succeed, etc. **3.** to move forwards against opposition —*n.* **1.** a pushing **2.** a vigorous effort, campaign, etc. **3.** pressure of circumstances **4.** [Colloq.] enterprise; drive —**push off** [Colloq.] to set out; depart —**push on** to proceed —**the push** [Colloq.] dismissal from employment

**push bike** [Colloq.] a pedal cycle

**push button** a small knob that is pushed to cause something to operate —**push′-but′ton** *adj.*

**push chair** a light, chairlike baby carriage

**pusher** *n.* [Slang] a person peddling drugs illegally

**pushing** *adj.* **1.** aggressive **2.** forward

**pushover** *n.* [Slang] **1.** anything very easy to do **2.** a person, etc. easily persuaded, seduced, etc.

**push-start** *n.* a way of starting a car engine by pushing it to turn the engine over —*vt.* **-start′ed, -start′ing** to start a motor car using this method

**pushy** *adj.* **-ier, -iest** [Colloq.] annoyingly aggressive and persistent

**pusillanimous** (pyōō′sə lan′ə məs) *adj.* [< L. *pusillus,* tiny + *animus,* the mind] timid or cowardly —**pu′sillanim′ity** (-ə nim′ə tē) *n.*

**puss**[1] (pōōs) *n.* [< ?] **1.** a cat: pet name **2.** a girl: term of affection

**puss**[2] *n.* [< ?] [Slang] **1.** the face **2.** the mouth

**pussy**[1] (pus′ē) *adj.* **-sier, -siest** containing or like pus

**pussy**[2] (pōōs′ē) *n., pl.* **puss′ies** [dim. of PUSS[1]] **1.** a cat, esp. a kitten: also **puss′y-cat′** **2.** [Vulg. Slang] the female genitals

**pussyfoot** *vi.* [Chiefly U.S. Colloq.] **1.** to move with stealth **2.** to avoid committing oneself

**pussy willow** any of several willows bearing silvery, velvety catkins before the leaves appear

**pustulate** (pus′ tyōō lāt′) *vt., vi.* **-lat′ed, -lat′ing** [< L. *pustula,* a pustule] to form into pustules

**pustule** (pus′ tyōōl) *n.* [L. *pustula*] a small swelling in the skin, containing pus

**put** (pōōt) *vt.* **put, put′ting** [< OE. *potian,* to push] **1.** to make be in a specified place, condition, relation, etc.; place *[put* her at ease*]* **2.** to make undergo; subject **3.** to impose (a burden, tax, etc.) **4.** to bring about *[put* a stop to*]* **5.** to attribute *[put* the blame on him*]* **6.** to express; state **7.** present for consideration, etc. *[put* the question*]* **8.** to estimate as being (with *at*) *[to put* the cost at £25*]* **9.** *a*) to bet (money) *on b*) to invest (money) *in* or *into* **10.** *a*) to drive or send by a blow or thrust *b*) to throw with an overhand thrust from the shoulder *[put* the shot*]* —*vi.* to go (*in, out, back,* etc.) —*n.* a cast or thrust —*adj.* [Colloq.] fixed *[stay put]* —**put about** **1.** to turn from one tack or direction to another **2.** to make widely known —**put across** [Colloq.] to make understood or accepted —**put aside** (or **by**) to keep for later —**put away** **1.** *same as* PUT ASIDE **2.** to tidy up **3.** [Colloq.] *a*) to put in a jail, etc. *b*) to consume (food or drink) —**put down** **1.** to crush; repress **2.** to write down; record **3.** to attribute (to) **4.** to consider as; classify **5.** to kill (a pet) to prevent suffering **6.** [Slang] to belittle or humiliate —**put in** **1.** to enter a port or haven **2.** to enter (a claim, etc.) **3.** [Colloq.] to spend (time) —**put in for** to apply for —**put it** (or **something**) **across on someone** [Colloq.] to deceive; trick —**put off** **1.** to delay **2.** to evade **3.** to cause to lose interest in or enjoyment of —**put on** **1.** to clothe or cover oneself with **2.** to take on; add **3.** to assume or pretend **4.** to apply (a brake, etc.) **5.** to stage (a play) —**put out** **1.** to expel **2.** to extinguish (a fire or light) **3.** to disconcert or vex **4.** to inconvenience **5.** *Sports* to cause (a batsman) to be out —**put over** [Colloq.] *same as* PUT ACROSS —**put through** **1.** to carry out successfully **2.** to connect (someone) by telephone with someone else —**put under** to render unconscious —**put up** **1.** to erect; build **2.** to lodge, or provide lodgings for **3.** to offer, as for consideration, sale, etc. **4.** to carry on *[to put up* a struggle*]* **5.** to advance or provide (money) **6.** to offer as a candidate **7.** [Colloq.] to incite (a person) *to* some action —**put upon** to impose on —**put up with** to tolerate

**putative** (pyōōt′ ə tiv) *adj.* [< L. *putare,* suppose] reputed; supposed —**pu′tatively** *adv.*

**put-down** (pōōt′ doun′) *n.* [Slang] a crushing retort

**putrefy** (pyōō′ trə fī′) *vt., vi.* **-fied′, -fy′ing** [< L. *putris,* putrid + *facere,* make] to make or become putrid —**pu′trefac′tion** *n.*

**putrescent** (pyōō tres′ ənt) *adj.* rotting; putrefying —**putres′cence** *n.*

**putrid** (pyōō′ trid) *adj.* [< L. *putrere,* be rotten] **1.** rotten and smelling bad **2.** corrupt or depraved **3.** [Colloq.] very unpleasant —**putrid′ity** *n.* —**pu′tridly** *adv.*

‡**Putsch** (pōōch) *n.* [G.] an attempted uprising

**putt** (put) *n.* [< PUT] *Golf* a light stroke

made on the putting green in trying to put the ball into the hole —*vt., vi.* to hit (the ball) thus

PUTTEES

**puttee** (put′ē) *n.* [< Sans. *patta,* a strip of cloth] a legging or a cloth strip wound spirally to cover the leg from ankle to knee

**putter** *n. Golf* a short, straight-faced club used in putting

**putting green** *Golf* the area of smooth, closely mowed turf in which the hole is sunk

**putt-putt** (put′put′) *n.* [echoic] the chugging sounds of a motorboat engine, etc.

**putty** (put′ē) *n.* [< Fr. *potée,* lit., potful] a soft, plastic mixture of powdered chalk and linseed oil, used to hold glass panes in place, etc. —*vt.* **-tied, -tying** to cement, fill, etc. with putty

**put-up** (poot′up′) *adj.* [Colloq.] dishonestly or craftily prearranged [*a put-up job*]

**puzzle** (puz′l) *vt.* **-zled, -zling** [< ?] to perplex; bewilder —*vi.* **1.** to be perplexed, etc. **2.** to exercise one's mind, as on a problem —*n.* **1.** a puzzling problem, etc. **2.** a toy or problem to test skill or ingenuity —**puzzle out** to solve by deep thought —**puzzle over** to give deep thought to —**puz′zlement** *n.* —**puz′zler** *n.*

**P.V.C.** Poly Vinyl Chloride

**PW** policewoman

**pyaemia** (pī ē′mē ə) *n.* [see PYO- & -AEMIA] blood poisoning caused by pus-producing organisms

**pye-dog** (pī′dôg′) *n.* [< *pariah dog*] an undomesticated Asian dog, often roaming in packs

**Pygmy** (pig′mē) *n., pl.* **-mies** [< Gr. *pygmaios,* of the length of the forearm] **1.** a member of any of several African and Asian peoples of small stature **2.** [**p-**] any abnormally undersized or insignificant person —*adj.* **1.** of Pygmies **2.** [**p-**] very small

**pyjamas** (pə jäm′əz) *n.pl.* [< Per. *pai,* leg + *jāma,* garment] a loosely fitting sleeping suit consisting of jacket and trousers

**pylon** (pī′lən) *n.* [Gr. *pylōn,* gateway] a towerlike structure, as for supporting electric lines

**pyo-** [< Gr.] *a combining form meaning* pus

**pyorrhoea** (pī′ə rē′ə) *n.* [see PYO- & -RRHOEA] a discharge of pus; specif., *short for* PYORRHOEA ALVEOLARIS

**pyorrhoea alveolaris** (al vē′ə lär′is) an infection of the gums and tooth sockets in which pus forms and the teeth become loose

EGYPTIAN PYRAMID

**pyramid** (pir′ə mid) *n.* [Gr. *pyramis*] **1.** any huge structure with a square base and four sloping, triangular sides meeting at the top, as those built in ancient Egypt **2.** *Geom.* a solid figure the base of which is a polygon whose sides are the bases of triangular surfaces meeting at a common vertex —**pyramidal** (pi ram′ə d'l) *adj.* —**pyram′idally** *adv.*

**pyramid selling** a method of selling in which the right to sell certain goods is purchased by people who then sell the right to other people

**pyre** (pīər) *n.* [< Gr. *pyr,* a fire] a pile of wood for burning a corpse in a funeral rite

**pyrethrum** (pī rē′thrəm) *n.* [< Gr. *pyrethron,* feverfew] **1.** a chrysanthemum with white, red, or purple flowers **2.** an insecticide made from their dried flowers

**pyretic** (pī ret′ik) *adj.* [< Gr. *pyretos,* fever] of or causing fever

**Pyrex** (pī′reks) [arbitrary coinage] *Trademark* a heat-resistant glassware for cooking, etc.

**pyrite** (pī′rīt) *n., pl.* **pyrites** (pī rīt′ēz) [< Gr. *pyritēs,* flint] iron sulphide, a important ore of sulphur

**pyrites** (pī rīt′ēz) *n.* any of various native metallic sulphides, as pyrite

**pyro-** [< Gr.] *a combining form meaning* fire, heat

**pyrography** (pī rog′rə fē) *n.* [PYRO- + -GRAPHY] the art of burning designs on wood or leather with heated tools —**py′rograph′ic** (-rō graf′ik) *adj.*

**pyromania** (pī′rō mā′nē ə) *n.* [see PYRO- & -MANIA] an uncontrollable desire to start destructive fires —**py′romaniac′** *n., adj.*

**pyrotechnics** (pī′rō tek′niks) *n.pl* [< PYRO- & Gr. *technē,* art] **1.** [*with sing. v.*] the art of making and using fireworks **2.** a display of fireworks **3.** a dazzling display, as of eloquence —**py′rotech′nic** *adj.*

**Pyrrhic victory** (pir′ik) [< *Pyrrhus,* king of Epirus] a victory that is too costly

**Pythagoras' Theorem** (pī thag′ər əs) [< *Pythagoras*] the theorem that the square on the hypotenuse of a right-angled triangle is equal to the sum of the squares on the other two sides

**python** (pī′thən) *n.* [< Gr. *Pythōn,* serpent slain by Apollo] any of a group of large, nonpoisonous snakes of Asia and Africa that crush their prey to death

**pythoness** (pī′thə nis) *n.* [< Gr. *Pythō,* Delphi] a priestess of Apollo at Delphi

**pyx** (piks) *n.* [< Gr. *pyxis,* a box] the container in which the consecrated wafers of the Eucharist is kept or carried

# Q

**Q, q** (kyōō) *n., pl.* **Q's, q's** the seventeenth letter of the English alphabet

**Q** *Chess* queen

**Q.** 1. Quebec 2. Queen 3. Question

**q.** 1. quart 2. quarter 3. quarto 4. question

**Q.A.R.A.N.C.** Queen Alexandra's Royal Army Nursing Corps

**Q.A.R.N.N.S.** Queen Alexandra's Royal Naval Nursing Service

**Q.B.** Queen's Bench

**Q-boat** *n.* [< *Q,* Query + BOAT] a boat with concealed guns used in anti-submarine warfare in World War I

**Q.C.** Queen's Counsel

**Q.E.D.** [L. *quod erat demonstrandum*] which was to be proved

**Q'ld.** Queensland

**QM, Q.M.** Quartermaster

**Q.M.G.** Quartermaster General

**qr.** *pl.* **qrs.** 1. quarter 2. quire

**qt.** 1. quart 2. quantity

**Q.T., q.t.** [Slang] quiet —**on the Q.T.** (or **q.t.**) in secret

**qua** (kwā) *adv.* [L. < *qui,* who] in the function or capacity of *[*the Queen *qua* Head of the Commonwealth *]*

**quack**[1] (kwak) *vi.* [echoic] to utter the sound of a duck, or a sound like it —*n.* the sound made by it

**quack**[2] *n.* [< MDu. *quacken,* to brag] 1. a person who practises medicine without having been trained, licensed, etc. 2. any person who pretends to have knowledge or skill that he does not have; charlatan —*adj.* fraudulent —**quack'ery** *n.*

**quad** (kwod) *n. same as:* 1. QUADRANGLE (of a college) 2. QUADRUPLET

**Quadragesima** (kwod'rə jes'i mə) *n.* [< L. *quadragesimus,* fortieth] the first Sunday in Lent

**quadrangle** (kwod'raŋ'g'l) *n.* [see QUADRI- & ANGLE[1]] 1. a plane figure with four angles and four sides 2. *a*) an area surrounded on four sides by buildings *b*) the buildings themselves —**quadran'gular** *adj.*

**quadrant** (kwod'rənt) *n.* [< L. *quadrans,* fourth part] 1. an arc of 90° 2. a quarter section of a circle 3. an instrument for measuring altitudes or angular elevations in astronomy and navigation

**quadraphonic** (kwod'rə fon'ik) *adj.* [< L. *quadra,* a square + PHONIC] using four channels to record and reproduce sounds

**quadrate** (kwo drāt'; *for adj.,* kwod'rət) *adj.* [< L. *quadrare,* make square] square or nearly square —*vi., vt.* **-rat'ed, -rat'ing** to square; agree or cause to agree (*with*)

**quadratic** (kwod rat'ik) *adj.* [< prec.] *Algebra* involving a quantity or quantities that are squared but none that are raised to a higher power —*n. Algebra* a quadratic term or equation —**quadrat'ically** *adv.*

**quadratic equation** *Algebra* an equation in which the second power, or square, is the highest to which the unknown quantity is raised

**quadrature** (kwod'rə chər) *n.* [see QUADRATE] 1. the act of squaring 2. the determining of the dimensions of a square equal in area to a given surface 3. *Astron.* the relative position of two heavenly bodies when 90° distant from each other

**quadrennial** (kwod ren'ē əl) *adj.* [< ff. + L. *annus,* a year] 1. lasting four years 2. occurring once every four years

**quadri-** [L. < *quattuor,* four] *a combining form meaning* four times, fourfold

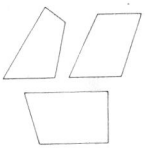

QUADRILATERALS

**quadrilateral** (kwod'rə lat'ər əl) *adj.* [see QUADRI- & LATERAL] four-sided —*n. Geom.* a plane figure having four sides and four angles

**quadrille** (kwə dril') *n.* [Fr.] 1. a square dance performed by four couples 2. music for this dance

**quadrillion** (kwod ril'yən) *n.* [see QUADRI- + (MI)LLION] 1. in Great Britain and Germany, the number represented by 1 followed by 24 zeros 2. in the U.S. and France, the number represented by 1 followed by 15 zeros

**quadriplegia** (kwod'rə plē'jē ə) *n.* [see QUADRI- & Gr. *plēgē,* a stroke] paralysis of the body from the neck down —**quad'riple'gic** *adj., n.*

**quadrivalent** (kwod'rə vā'lənt) *adj.* having four valences

**quadruped** (kwod'roo ped') *n.* [< L. *quadru-,* four + *pes,* foot] an animal, esp. a mammal, with four feet

**quadruple** (kwod'roo p'l) *vt., vi.* **-pled, -pling** [< L. *quadru-,* four + *-plus,* -fold] to make or become four times as much or as many —*adj.* 1. four times as much or as many 2. consisting of four 3. *Music* having four beats to the bar —*n.* an amount four times as much or as many

**quadruplet** (kwod'roo plit) *n.* [< prec.] any of four offspring born at a single birth

**quadruplicate** (kwo drōō′plə kāt′; *for adj., usually* -kət) *vt.* **-cat′ed, -cat′ing** [< L. *quadru-*, four + *plicare*, to fold] to make four copies of —*adj.* **1.** fourfold **2.** designating the fourth of identical copies —**in quadruplicate** in four identical copies

**quaestor** (kwēs′tər) *n.* [L. < *quaerere*, inquire] in ancient Rome, **1.** orig., a judge in certain criminal cases **2.** later, any of certain state treasurers

**quaff** (kwof, kwäf) *vt., vi.* [< ?] to drink deeply in a hearty or thirsty way

**quagga** (kwag′ə) *n.* [Afrik.] an extinct wild ass of Africa

**quagmire** (kwag′mīər′) *n.* [< *quag*, bog + MIRE] wet, boggy ground, yielding under the feet

**quail**[1] (kwāl) *vi.* [< ?] to draw back in fear; cower

**quail**[2] *n.* [< OFr.: echoic] a small game bird resembling the partridge

**quaint** (kwānt) *adj.* [< L. *cognitus*, known] **1.** unusual or old-fashioned in a pleasing way **2.** fanciful; whimsical

**quake** (kwāk) *vi.* **quaked, quak′ing** [OE. *cwacian*] **1.** to tremble or shake **2.** to shudder or shiver, as from fear —*n.* **1.** a shaking or tremor **2.** an earthquake

**Quaker** (kwāk′ər) *n.* [< founder's admonition to "quake" at the word of the Lord] a member of the Society of Friends —**Quak′erism** *n.*

**qualification** (kwol′ə fi kā′shən) *n.* **1.** a qualifying or being qualified **2.** any skill, experience, etc. that fits a person for a position **3.** a condition that must be met, in order to be eligible **4.** a modification or restriction

**qualified** (kwol′ə fīd′) *adj.* **1.** having the necessary qualities; competent **2.** limited; modified [*qualified* approval] **3.** having met requirements set

**qualify** (kwol′ə fī′) *vt.* **-fied′, -fy′ing** [< L. *qualis*, of what kind + *facere*, make] **1.** to make fit for an office, position, etc. **2.** to modify; limit **3.** to make legally capable; license **4.** *Gram.* to modify the meaning of (a word) **5.** to describe (*as*) —*vi.* to be or become competent, eligible, etc. —**qual′ifi′able** *adj.* —**qual′ifi′er** *n.*

**qualitative** (kwol′ə tə tiv) *adj.* having to do with quality or qualities —**qual′itatively** *adv.*

**qualitative analysis** the branch of chemistry dealing with the determination of the elements of a mixture

**quality** (kwol′ə tē) *n., pl.* **-ties** [< L. *qualis*, of what kind] **1.** a characteristic; attribute **2.** basic nature; character **3.** degree of excellence **4.** excellence; superiority **5.** [Obs.] *a*) high social position *b*) people of such position

**quality control** a system for maintaining desired standards in a product, esp. by inspecting samples

**qualm** (kwäm) *n.* [OE. *cwealm*, disaster] **1.** a sudden feeling of faintness or nausea **2.** a sudden feeling of uneasiness or doubt; misgiving **3.** a twinge of conscience

**quandary** (kwon′dər ē) *n., pl.* **-ries** [< ?] a state of perplexity; dilemma

**quango** (kwaŋ′gō) *n.* [*qu*(*asi*) -*a*(*utonomous*) *n*(*ational*) or *n*(*on*) *g*(*overnment*) *o*(*rganization*)] a body set up by, and receiving financial support from, the government, but not controlled by it

**quantify** (kwon′tə fī′) *vt.* **-fied′, -fy′ing** [< L. *quantus*, how much + *facere*, make] to determine or express the quantity of; measure —**quan′tifica′tion** *n.*

**quantitative** (kwon′ti tə tiv) *adj.* **1.** having to do with quantity **2.** capable of being measured

**quantitative analysis** the branch of chemistry dealing with the measurement of the amounts or percentages of the components of a mixture

**quantity** (kwon′tə tē) *n., pl.* **-ties** [< L. *quantus*, how much] **1.** an amount; portion **2.** any bulk, weight, or number not definitely specified **3.** [*also pl.*] a great amount **4.** that property of anything which can be measured **5.** the relative length of a vowel, musical tone, etc. **6.** *Math. a*) a thing that has the property of being measurable *b*) a number or symbol expressing a quantity

**quantity surveyor** a person who estimates the costs of materials and labour for builders

**quantum** (kwon′təm) *n., pl.* **-ta** [L., how much] *Physics* an (or the) elemental unit, as of energy: the **quantum theory** states that energy is absorbed or radiated discontinuously, in quanta

**quarantine** (kwor′ən tēn′) *n.* [< L. *quadraginta*, forty] **1.** the period, orig. 40 days, during which a vessel suspected of carrying contagious disease is detained in a port in isolation **2.** any isolation or restriction on travel to keep contagious diseases, insect pests, etc. from spreading **3.** the state of being quarantined —*vt.* **-tined′, -tin′ing** to place under quarantine

**quark** (kwärk) *n.* [orig. a word in *Finnegans Wake*] any of three proposed particles thought of as the building blocks of baryons and mesons

**quarrel** (kwor′əl) *n.* [< L. *queri*, complain] **1.** a dispute, esp. one marked by anger and resentment **2.** a cause for dispute **3.** a breaking up of friendly relations —*vi.* **-relled, -relling** **1.** to find fault **2.** to dispute heatedly **3.** to have a breach in friendship

**quarrelsome** *adj.* inclined to quarrel

**quarry**[1] (kwor′ē) *n., pl.* **-ries** [< OFr. *curer*, eviscerate] **1.** an animal that is being hunted **2.** anything pursued

**quarry**[2] *n., pl.* **-ries** [< L. *quadrare*, to square] a place where building stone, marble, or slate is excavated —*vt.* **-ried, -rying** to excavate from a quarry

**quarry tile** a flooring tile that is unglazed

**quart** (kwôrt) *n.* [< L. *quartus*, fourth] a liquid measure, equal to $^1/_4$ gallon (1.136 litres) —**put** (or **pour**) **a quart into a pint pot** to attempt to perform the impossible

**quarter** (kwôr′tər) *n.* [< L. *quartus,* fourth] **1.** any of the four equal parts of something; fourth **2.** one fourth of a year **3.** *a*) one fourth of an hour *b*) the moment marking the end of each fourth of an hour **4.** a coin of the U.S. and Canada equal to 25 cents **5.** any leg of a four-legged animal, with the adjoining parts **6.** any of the four main points of the compass **7.** a particular district in a city [the Latin *quarter*] **8.** [*pl.*] lodgings; place of abode **9.** mercy granted to a surrendering foe **10.** a particular source [news from the highest *quarters*] **11.** *a*) the period in which the moon makes one fourth of its revolution around the earth *b*) a phase of the moon when it is half lighted **12.** *Naut.* the after part of a ship's side —*vt.* **1.** to divide into four equal parts **2.** to dismember (the body of a person put to death) **3.** to provide lodgings for; specif., to assign (soldiers) to lodgings **4.** to pass over (an area) in many directions, as hounds do in searching for game **5.** *Heraldry* to place (different coats of arms) on the quarters of a shield —*vi.* to be lodged or stationed (*at* or *with*) —*adj.* constituting or equal to a quarter —**at close quarters** at close range —**cry quarter** to beg for mercy

**quarter day** any of the four days regarded as beginning a new quarter of the year, when quarterly payments on rents, etc. are due

**quarter-deck, quarterdeck** *n.* the after part of a ship's upper deck, usually reserved for officers

**quarterfinal** *n.* a match or round coming just before the semifinals —**quar′terfi′nalist** *n.*

**quartering** *n.* *Heraldry* *a*) the marshalling of several coats of arms on one shield, usually representing family intermarriages *b*) such a coat of arms

**quarterlight** *n.* a small pivoted window in the door of a car

**quarterly** *adj.* occurring regularly four times a year —*adv.* once every quarter of the year —*n., pl.* **-lies** a publication issued every three months

**quartermaster** *n.* **1.** *Mil.* an officer who provides troops with quarters, equipment, etc. **2.** a ship's petty officer who attends to navigation, signals, etc.

**Quartermaster General** *Mil.* an official in charge of supplies, etc. for the whole army

**quartern** (kwôr′tərn) *n.* [see QUART] one fourth of a pint, a peck, etc.

**quarter sessions** *Hist.* in Britain, a court that sat quarterly in civil proceedings, with limited criminal jurisdiction

**quarterstaff** *n., pl.* **-staves′** a stout, iron-tipped wooden staff, six to eight feet long

**quartet, quartette** (kwôr tet′) *n.* [< Fr. < L. *quartus,* a fourth] **1.** *Music* *a*) a composition for four voices or instruments *b*) the four performers of this **2.** any group of four

**quarto** (kwôr′tō) *n., pl.* **-tos** [< L. (*in*) *quarto,* (in) a fourth] **1.** the page size of a book made up of sheets folded into four leaves **2.** a book with pages of this size

**quartz** (kwôrts) *n.* [G. *Quarz*] a brilliant, crystalline mineral, silicon dioxide, occurring most often in a colourless transparent form

**quasar** (kwā′zär) *n.* [< *quas(i-stell)ar* (*radio source*)] any of a number of extremely distant starlike objects that emit powerful radio waves

**quash**[1] (kwosh) *vt.* [< L. *cassus,* empty] *Law* to annul or set aside (an indictment)

**quash**[2] *vt.* [< L. *quatere,* to break] to put down or overcome as by force; suppress

**quasi** (kwā′zī) *adv.* [L. < *quam,* as + *si,* if] as if; seemingly —*adj.* seeming

**quassia** (kwosh′ə) *n.* [< Graman *Quassi,* who discovered its medicinal value] **1.** any of a group of tropical trees related to the ailanthus **2.** the wood of certain of these, or a drug extracted from it

**quaternary** (kwə tur′nər ē) *adj.* [< L. *quaterni,* four each] **1.** consisting of four **2.** [**Q-**] designating or of the geologic period following the Tertiary in the Cainozoic Era

**quatrain** (kwo′trān) *n.* [Fr. < L. *quattuor,* four] a stanza or poem of four lines

**quatrefoil** (kat′rə foil′) *n.* [< MFr. *quatre,* four + *feuille,* leaf] **1.** a flower with four petals or a leaf with four leaflets **2.** *Archit.* a circular design of four converging arcs

**quattrocento** (kwat′trō chen′tō) *n.* [It., four hundred] the 15th cent. as a period in Italian art and literature

**quaver** (kwā′vər) *vi.* [ME. *cwafien*] **1.** to shake or tremble **2.** to be tremulous: said of the voice **3.** to make a trill in singing or playing —*vt.* **1.** to utter in a tremulous voice **2.** to sing or play with a trill —*n.* **1.** *Music* a note having one eighth the duration of a semibreve **2.** a tremulous quality in a voice or tone —**qua′very** *adj.*

**quay** (kē) *n.* [MFr. *cai*] a wharf for loading and unloading ships

**Que.** Quebec

**quean** (kwēn) *n.* [OE. *cwene*] [Obs.] **1.** a hussy **2.** a prostitute

**queasy** (kwē′zē) *adj.* **-sier, -siest** [< ?] **1.** causing or feeling nausea **2.** squeamish; easily nauseated **3.** uncomfortable; uneasy —**quea′siness** *n.*

**Quebec heater** (kwi bek′) [Canad.] a kind of coal or wood burning stove for heating rooms

**Quebecker, Quebecer** (kwi bek′ər, ke-) *n.* a native or inhabitant of Quebec

**Québécois** (ke be kwä′) *n., pl.* **-cois′** (-kwä′) a native or inhabitant of the province of Quebec, esp. a French-speaking one

**queen** (kwēn) *n.* [OE. *cwen*] **1.** the wife of a king **2.** a woman who rules over a monarchy in her own right **3.** a woman, place, or thing regarded as the finest possible **4.** the fully developed, reproductive female in a colony of bees, ants, etc. **5.** a playing card with a picture of a queen on it **6.** *Chess* the most powerful piece **—queen it** to domineer **—queen'ly** ***adj.***

**Queen Anne's lace** *same as* WILD CARROT

**Queen Anne Style** a style of English design of the early 18th cent., characterized by simple, dignified curves

**queen consort** the wife of a reigning king

**queen dowager** the widow of a king

**queen mother** a queen dowager who is mother of a reigning sovereign

**Queen of the May** a young girl, crowned with flowers, who is the ruler of May Day celebrations

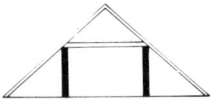

QUEEN POSTS

**queen post** either of two vertical posts set between the rafters and the base of a truss

**Queensberry rules** (kwēnz'bər ē) the rules for boxing formulated by the Marquis of Queensberry

**Queen's Counsel** *see* KING'S COUNSEL

**queen's English** *see* KING'S ENGLISH

**queen's highway** *see* KING'S HIGHWAY

**queer** (kwēər) ***adj.*** [< ?] **1.** odd; strange **2.** slightly ill; giddy, queasy, etc. **3.** [Colloq.] doubtful; suspicious **4.** [Colloq.] eccentric **5.** [Slang] homosexual **—*n.*** [Slang] a homosexual **—*vt.*** [Slang] to spoil the success of **—in queer street** in trouble or difficulty, esp. financially **—queer the pitch for** to spoil someone's chances, esp. by underhand means **—queer'ness *n.***

**quell** (kwel) ***vt.*** [< OE. *cwellan,* to kill] **1.** to subdue *[to quell* a mutiny*]* **2.** to allay *[to quell* fears*]*

**quench** (kwench) ***vt.*** [OE. *cwencan*] **1.** to satisfy; slake *[he quenched* his thirst*]* **2.** to extinguish *[water quenched* the fire*]* **3.** to overcome; subdue **4.** to cool (hot steel, etc.) suddenly by plunging into water **—quench'less *adj.***

**quern** (kwurn) ***n.*** [OE. *cweorn*] a primitive hand mill, esp. for grinding grain

**querulous** (kwer'oo las) ***adj.*** [< L. *queri,* complain] inclined to find fault; complaining; peevish **—quer'ulousness *n.***

**query** (kwēər'ē) ***n., pl.*** **-ries** [< L. *quaerere,* ask] **1.** a question; inquiry **2.** a doubt **3.** a question mark (?) **—*vt.*** **-ried, -rying** **1.** to question **2.** to question the accuracy of (written matter) by marking with a question mark

**quest** (kwest) ***n.*** [< L. *quaerere,* seek] a seeking; hunt; search **—*vi.*** to go in search or pursuit **—*vt.*** to seek **—quest'er *n.***

**question** (kwes'chən) ***n.*** [< L. *quaerere,* ask] **1.** something asked; interrogative sentence **2.** a matter open to discussion or inquiry **3.** doubt; uncertainty **4.** a matter of difficulty *[not a question* of money*]* **5.** an asking; inquiry **6.** a point being debated as before an assembly **—*vt.*** **1.** to ask questions of **2.** to express uncertainty about; doubt **3.** to dispute; challenge **—*vi.*** to ask questions **—a question of** (only) a matter of; all that is necessary is... **—beyond (all) question** without any doubt **—in question** being considered, debated, etc. **—out of the question** impossible; not to be considered **—ques'tioner *n.* —ques'tioning *adj.***

**questionable** ***adj.*** **1.** open to doubt **2.** suspected with good reason of being dishonest, etc. **3.** uncertain *[of questionable* excellence*]*

**question mark** **1.** a mark of punctuation (?) put after a sentence, word, etc. to indicate a direct question **2.** a doubt; uncertainty

**question master** the chairman of a quiz or panel game

**questionnaire** (kwes'chə nāər') ***n.*** [Fr.] a written list of questions used in gathering information from people

**question time** in the British parliament, the time set aside each day for ministers' oral answers to questions from members

**queue** (kyōō) ***n.*** [Fr. < L. *cauda,* tail] **1.** a line, as of persons waiting to be served **2.** a pigtail **—*vi.*** **queued, queu'ing** to form in a line (often with *up*)

**quibble** (kwib'l) ***n.*** [< L. *qui,* who] **1.** a petty evasion; cavil **2.** a petty objection or criticism **—*vi.*** **-bled, -bling** to evade the truth of a point under discussion by cavilling **—quib'bler *n.***

**quiche** (kēsh) ***n.*** [Fr.] a savoury tart with a rich filling of eggs, milk, etc.

**quick** (kwik) ***adj.*** [OE. *cwicu,* living] **1.** *a*) rapid in action *[a quick* worker*] b*) prompt *[a quick* reply*]* **2.** lasting a short time *[a quick* look*]* **3.** prompt to understand or learn **4.** easily stirred *[a quick* temper*] —adv.* quickly **—*n.*** **1.** the sensitive flesh under a fingernail or toenail **2.** the deepest feelings *[cut to the quick]* **3.** the living, esp. in **the quick and the dead** **—quick'ly *adv.* —quick'ness *n.***

**quick-change artist** an entertainer who undertakes several rapid costume changes during his performances

**quicken** ***vt.*** **1.** to move more rapidly; hasten **2.** to animate; enliven; arouse **—*vi.*** **1.** to speed up *[the pulse quickens* with fear*]* **2.** to revive **3.** *a*) to begin to show signs of life *b*) to enter the stage of pregnancy in which the movement of the foetus can be felt

**quick-freeze** ***vt.*** **-froze', -froz'en, -freez'ing** to subject (food) to sudden freezing

**quickie** ***n.*** [Colloq.] anything done or made quickly

**quicklime** ***n.*** lime, or calcium oxide, which

gives off much heat in combining with water; unslaked lime

**quick one** [Colloq.] a speedily consumed alcoholic drink

**quicksand** *n.* a deep deposit of loose, wet sand in which a person or heavy object may be easily engulfed

**quickset** *n.* **1.** a live cutting, as of hawthorn, planted, as for a hedge **2.** a hedge of such plants

**quicksilver** *n.* the metal mercury —***adj.*** rapid or unpredictable in movement or change

**quickstep** *n.* **1.** a ballroom dance with a spirited step **2.** music for such a dance

**quick-tempered** (kwik′tem′pərd) ***adj.*** easily angered

**quick time** the normal rate of marching: in the Army, 120 paces a minute

**quick-witted** (kwik′wit′id) ***adj.*** nimble of mind; alert —**quick′-wit′tedness** ***n.***

**quid**[1] (kwid) ***n.*** [var. of *cud*] a piece, as of tobacco, to be chewed

**quid**[2] ***n., pl.*** **quid** [Slang] one pound sterling

**quiddity** (kwid′ə tē) ***n., pl.*** **-ties** [< L. *quid,* what] **1.** essential quality **2.** a quibble

**quid pro quo** (kwid′prō kwō′) [L.] one thing in return for another

**quiescent** (kwī es′ənt) ***adj.*** [< L. *quiescere,* become quiet] quiet; still; inactive —**quies′cence** ***n.***

**quiet** (kwī′ət) ***adj.*** [< L. *quies,* rest] **1.** *a*) not noisy; hushed *b*) not speaking; silent **2.** still; calm; motionless **3.** not agitated **4.** not easily excited **5.** not bright or showy **6.** unobtrusive [a *quiet* manner] **7.** secluded [a *quiet* glade] **8.** peaceful; relaxing —***n.*** **1.** a quiet state; calmness, stillness, etc. **2.** a quiet or peaceful quality —***vt., vi.*** to make or become quiet —**qui′etly** ***adv.*** —**qui′etness** ***n.***

**quieten** ***vt., vi.*** to make or become quiet

**quietism** (kwī′ət iz′m) ***n.*** [see QUIET] a form of religious mysticism originating in Spain in the 17th cent., requiring complete passivity of the will —**qui′etist** ***n., adj.***

**quietude** (kwī′ə tyo̅o̅d′) ***n.*** rest; calmness

**quietus** (kwī ēt′əs) ***n.*** [< ML. *quietus* (*est*), (he is) quit] **1.** discharge or release from debt, obligation, etc. **2.** discharge or release from life; death

**quiff** (kwif) ***n.*** [< ?] a lock or tuft of hair, esp. one brushed up above the forehead

**quill** (kwil) ***n.*** [< ?] **1.** any of the large, stiff wing or tail feathers of a bird **2.** *a*) the hollow stem of a feather *b*) anything made from this, as a pen **3.** any of the spines of a porcupine or hedgehog

**quilt** (kwilt) ***n.*** [< L. *culcita,* bed] a bedcover filled with down, wool, etc. and stitched together in lines or patterns —***vt.*** to stitch as or like a quilt

**quilting** ***n.*** material for quilts

**quin** (kwin) ***n.*** *shortened form of* QUINTUPLET

**quince** (kwins) ***n.*** [< Gr. *kydōnion*] **1.** a greenish-yellow, hard, apple-shaped fruit used in preserves, etc. **2.** the tree that bears this fruit

**quincunx** (kwin′kuŋks) ***n.*** [L. < *quinque,* five + *uncia,* a twelfth] an arrangement of five objects in a square, with one at each corner and one in the middle

**quinine** (kwi nēn′) ***n.*** [< Sp. *quina,* cinchona bark] a bitter, crystalline substance extracted from cinchona bark and used in medicine, esp. for treating malaria

**Quinquagesima** (kwiŋ′kwə jes′i mə) ***n.*** [LL. *quinquagesima* (*dies*), fiftieth (day)] the Sunday before Lent

**quinquennial** (kwiŋ kwen′ē əl) ***adj.*** [< L. *quinque,* five + *annus,* year] **1.** lasting five years **2.** taking place every five years

**quinquereme** (kwin′kwə rēm′) ***n.*** [< L. *quinque,* five + *remus,* oared] an ancient galley having five tiers of rowers

**quinsy** (kwin′zē) ***n.*** [< Gr. *kyōn,* dog + *anchein,* choke] *an earlier term for* TONSILLITIS

**quintal** (kwin′t′l : *for 3 also* kan′t′l) ***n.*** [< Ar.] **1.** a unit of weight equal to 100 pounds **2.** a unit of weight equal to 100 kilograms **3.** [Canad.] *a*) a unit of weight equal to 112 pounds *b*) a container which can hold this

**quintessence** (kwin tes′əns) ***n.*** [< ML. *quinta essentia,* fifth essence, or ultimate substance] **1.** the perfect type or example of something **2.** the essence of something in its purest form —**quin′tessen′tial** (-tə sen′shəl) ***adj.***

**quintet, quintette** (kwin tet′) ***n.*** [< L. *quintus,* a fifth] **1.** any group of five **2.** *Music a*) a composition for five voices or instruments *b*) the five performers of this

**quintillion** (kwin til′yən) ***n.*** [< L. *quintus,* a fifth + (M)ILLION] **1.** in Great Britain and Germany, the number represented by 1 followed by 30 zeros **2.** in the U.S. and France, the number represented by 1 followed by 18 zeros

**quintuple** (kwin′tyoo p′l) ***adj.*** [< L. *quintus,* a fifth + *-plex,* -fold] **1.** consisting of five **2.** five times as much or as many —***n.*** an amount five times as much or as many —***vt., vi.*** **-pled, -pling** to make or become five times as much or as many

**quintuplet** (kwin′tyoo plit) ***n.*** [dim. of prec.] any of five offspring born at a single birth

**quip** (kwip) ***n.*** [< L. *quippe,* indeed] a witty or sarcastic remark; jest —***vi.*** **quipped, quip′ping** to utter quips

**quire** (kwīər) ***n.*** [< L. *quaterni,* four each] a set of 24 or 25 sheets of paper of the same size and stock

**quirk** (kwurk) ***n.*** [< ?] **1.** *a*) a sudden twist, turn, etc. [a *quirk* of fate] *b*) a flourish in writing **2.** a peculiar trait or mannerism —**quirk′y** ***adj.***

**quisling** (kwiz′liŋ) ***n.*** [< Vidkun *Quisling*] a person who collaborates with enemy forces of occupation; traitor

**quit** (kwit) ***vt.*** **quit′ted, quit′ting** [< ML.

*quietus,* free] **1.** to stop, discontinue, or resign from **2.** to leave; depart from **3.** to give up —*vi.* [Colloq] **1.** to stop doing something **2.** to give up one's job; resign —*adj.* clear, free, or rid, as of an obligation

**quitch** (kwich) *n.* [< OE. *cwicu,* alive] *same as* COUCH GRASS

**quite** (kwīt) *adv.* [ME. form of QUIT, *adj.*] **1.** completely **2.** really; truly **3.** to a considerable degree —**quite a few** (or **bit,** etc.) [Colloq.] more than a few (or bit, etc.) —**quite (so)!** certainly! —**quite something** an unusual thing

**quitrent** (kwit′rent′) *n.* a rent paid in lieu of feudal services: also **quit rent**

**quits** (kwits) *adj.* [see QUIETUS] on even terms, as by paying a debt, retaliating, etc. —**call it quits** [Colloq.] **1.** to stop working, playing, etc. **2.** to declare oneself even with another; agree to stop competing

**quittance** (kwit′əns) *n.* [see QUIT] **1.** *a*) payment of a debt *b*) a document certifying this **2.** discharge; release

**quitter** (kwit′ər) *n.* [Colloq.] a person who gives up easily, without trying hard

**quiver**[1] (kwiv′ər) *vi.* [< ME. *cwiver,* quick] to shake with a tremulous motion; tremble —*n.* the act of quivering —**quiv′ery** *adj.*

**quiver**[2] *n.* [OFr. *coivre*] a case for holding arrows

**quixotic** (kwik sot′ik) *adj.* [< Don *Quixote*] extravagantly chivalrous or romantically idealistic; impractical: also **quixot′ical** —**quixot′ically** *adv.* —**quix′otism** *n.*

**quiz** (kwiz) *n., pl.* **quiz′zes** [prob. < L. *quis,* what?] **1.** *same as* QUIZ PROGRAMME **2.** a short examination to test one's knowledge —*vt.* **quizzed, quiz′zing** **1.** to ask questions of **2.** [Obs.] *a*) to stare at with curiosity *b*) to make fun of —**quiz′zer** *n.*

**quiz programme** a radio or TV programme in which a group of people compete in answering questions posed by a question master

**quizzical** (kwiz′i k'l) *adj.* **1.** odd; comical **2.** teasing **3.** perplexed —**quiz′zically** *adv.*

**quod** (kwod) *n.* [< ?] [Slang] prison; jail

**quoin** (koin) *n.* [var. of COIN] **1.** the external corner of a building; esp., any

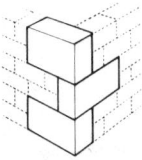

QUOINS

of the stones forming the corner **2.** a wedge shaped block

**quoit** (koit) *n.* [< ?] a ring thrown at an upright peg to encircle it in the game of **quoits**

**quondam** (kwon′dəm) *adj.* [L.] former [a *quondam* pacifist]

**quorum** (kwôr′əm) *n.* [L. < *qui,* who] the minimum number of members required to be present at an assembly or meeting before it can validly transact business

**quota** (kwōt′ə) *n.* [< L. *quota pars,* how large a part] **1.** a share which each of a number is to contribute or receive **2.** the number or proportion that is allowed or admitted

**quotation** (kwō tā′shən) *n.* **1.** a quoting **2.** the words or passage quoted **3.** *Commerce* the current quoted price of a stock, bond, commodity, etc.

**quotation mark** either of a pair of punctuation marks ("...") used to enclose a direct quotation

**quote** (kwōt) *vt.* **quot′ed, quot′ing** [< ML. *quotare,* to number (chapters, etc.)] **1.** to repeat a passage from or statement of **2.** to repeat (a passage, statement, etc.) **3.** to cite as an example or authority **4.** to state (the price of something) —*vi.* to make a quotation, as from a book —*n.* [Colloq.] *same as:* **1.** QUOTATION **2.** QUOTATION MARK —*interj.* I shall quote —**quot′able** *adj.*

**quoth** (kwōth) *vt.* [< OE. *cwethan,* speak] [Archaic] said

**quotidian** (kwō tid′ē ən) *adj.* [< L. *quot,* as many as + *dies,* day] **1.** daily **2.** everyday; ordinary —*n.* anything, esp. a fever, that recurs daily

**quotient** (kwō′shənt) *n.* [< L. *quot,* how many] *Arith.* the result obtained when one number is divided by another

**q.v.** [L. *quod vide*] which see (used to mean that the reader should look up the reference given)

# R

**R, r** (är) *n., pl.* **R's, r's** the eighteenth letter of the English alphabet

**R** 1. *Chem.* radical 2. *Math.* ratio 3. *Elec.* resistance 4. *Chess* rook —**the three R's** reading, writing, and arithmetic, regarded as the basic studies

**r** 1. *Math.* radius 2. roentgen(s)

**R., r.** 1. [L. *Rex*] king 2. [L. *Regina*] queen 3. radius 4. railway 5. right 6. river 7. road

**Ra** *Chem.* radium

**R.A.** 1. Rear Admiral 2. Royal Academician 3. Royal Academy 4. Royal Artillery

**R.A.A.F.** Royal Australian Air Force

**rabbet** (rab′it) *n.* [< OFr. *rabattre,* beat down] a groove made in the edge of a board so that another piece may be fitted into it to form a joint (**rabbet joint**) —*vt.* 1. to cut a rabbet in 2. to join by a rabbet

**rabbi** (rab′ī) *n., pl.* **-bis, -bies** [< Heb. *rabbī,* my master] a teacher of the Jewish law, now usually the ordained head of a congregation —**rabbin′ical** (-bin′-) *adj.*

**rabbit** (rab′it) *n.* [ME. *rabette*] 1. a burrowing mammal that is smaller than the hare, with long ears and a stubby tail 2. [Colloq.] a poor performer at a game —*vi.* 1. to hunt rabbits 2. [Colloq.] to talk inconsequentially or in a rambling way

**rabbit punch** a sharp blow to the back of the neck

**rabble** (rab′′l) *n.* [< ?] a noisy, disorderly crowd; mob —**the rabble** [Derog.] the common people

**rabble-rouser** *n.* a person who tries to arouse people to violent action by appeals to emotions, prejudices, etc.

**Rabelaisian** (rab′əlā′zē ən) *adj.* 1. of Rabelais (1495?-1553) or his writings 2. coarsely humorous

**rabid** (rab′id) *adj.* [< L. *rabere,* to rage] 1. of or having rabies 2. fanatical 3. violent; raging —**rabid′ity** (rə bid′ə tē), **rab′idness** *n.*

**rabies** (rā′bēz) *n.* [L., madness] an infectious virus disease of mammals, passed on to man by the bite of an infected animal

**R.A.C.** 1. Royal Armoured Corps 2. Royal Automobile Club

**raccoon** (ra kōōn′) *n.* [< Algonquian *äräkun,* scratcher] a small, tree-climbing mammal of N America, having yellowish-grey fur and a black-ringed tail

**race**[1] (rās) *n.* [< ON. *rās,* a running] 1. a competition of speed in running, riding, etc. 2. [*pl.*] a series of such competitions for horses, cars, etc., on a regular course 3. a contest [the *race* for the moon] 4. a) a swift current of water b) a channel for this [a *millrace*] —*vi.* **raced, rac′ing** 1. to take part in a race 2. to go or move fast or too fast —*vt.* 1. to compete with in a race 2. to enter or run (a horse, etc.) in a race 3. to make go or operate fast or too fast

**race**[2] *n.* [< It. *razza*] 1. any of the different varieties of mankind, distinguished by kind of hair, colour of skin, etc. 2. any geographical, national, or tribal ethnic grouping 3. any group of people having the same ancestry or the same habits, ideas, etc. 4. a subspecies, variety, or breed —**the (human) race** mankind

**racecourse** *n.* a course prepared for horse racing

**racehorse** *n.* a horse bred and trained for racing

RACEME

**raceme** (rə sēm′) *n.* [L. *racemus,* cluster of grapes] a flower cluster with individual flowers growing on small stems at intervals along one central stem

**race meeting** a regularly organized fixture for racing horses, dogs, etc.

**race relations** the relations between members of two or more human races, esp. within a single community

**race riot** violence and fighting in a community, brought on by racial hostility

**race track** a circuit for motor racing, etc.

**Rachmanism** (rak′mə niz′m) *n.* [< Perec *Rachman*] the practice of charging high rents for slum property

**racial** (rā′shəl) *adj.* 1. of a race, or ethnic group 2. of or between races —**ra′cially** *adv.*

**racialism** *n.* a doctrine without scientific support, that claims the superiority of some one race: also **racism** —**ra′cialist** *n., adj.*

**rack**[1] (rak) *n.* [prob. < MDu. *recken,* stretch] 1. a framework, stand, etc. for holding things [clothes *rack*] 2. a toothed bar that meshes with a cogwheel, etc. **3.** formerly, a frame on which a victim was tortured by stretching his limbs out of place —*vt.* **1.** to put in or on a rack **2.** to torture on a rack **3.** to torment or afflict **—on the rack** in a very painful situation **—rack one's brains** (or **memory,** etc.) to try very hard to think of something

**rack²** *n.* [var. of WRACK] destruction: now only in **go to rack and ruin**

**rack³** *n.* [prob. < Scand.] a broken mass of clouds blown by the wind

**rack⁴** *vt.* [< Provençal *raca,* husks] to draw off (cider, wine, etc.) from the dregs

**rack and pinion** *adj.* designating a type of steering in motor cars with a track rod that can engage with a pinion attached to the steering column

**racket¹** (rak′it) *n.* [prob. echoic] **1.** a noisy confusion; uproar **2.** *a*) an obtaining of money illegally *b*) [Colloq.] any dishonest scheme **3.** [Slang] any business, profession, etc. —*vi.* to make a racket, or uproar (with *about*) **—rack′ety** *adj.*

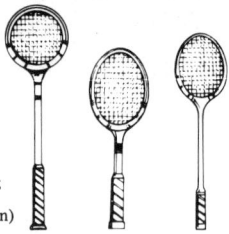

RACKETS
(A, squash;
B, tennis;
C, badminton)

A B C

**racket²** *n.* [< Ar. *rāḥah,* palm of the hand] **1.** a light bat for tennis, etc., with a network of catgut, nylon, etc. in an oval or round frame **2.** [*pl., with sing. v.*] the game of racquets

**racketeer** (rak′ə tēər′) *n.* [see RACKET¹] one who gets money illegally, as by fraud or extortion

**rack railway** a mountain railway having a middle rail fitted with a rack that engages a pinion on the locomotive

**rack-rent** *n.* [RACK¹ + RENT] an excessively high rent

**raconteur** (rak′on tŭr′) *n.* [Fr. < *raconter,* recount] a person skilled at telling anecdotes

**racoon** (rə kōōn′) *n.* *same as* RACCOON

**racquet** (rak′it) *n.* **1.** *same as* RACKET² **2.** [*pl., with sing. v.*] a game similar to squash

**racy** (rā′sē) *adj.* **-ier, -iest** [< RACE²] **1.** lively; spirited **2.** having a characteristic or distinctive taste or quality **3.** risqué **—rac′ily** *adv.* **—rac′iness** *n.*

**RADA** (rä′də) Royal Academy of Dramatic Art

**radar** (rā′där) *n.* [*ra*(*dio*) *d*(*etecting*) *a*(*nd*) *r*(*anging*)] a system or device that transmits radio waves to a reflecting object, as an aircraft, to determine its location speed, etc. by the reflected waves

**radar trap** a device using radar to detect motorists who exceed the speed limit

**raddle** (rad′l) *vt.* [< *rud,* red ochre] **1.** to colour with red ochre **2.** to paint (the face) with rouge, esp. heavily **—rad′dled** *adj.*

**radial** (rā′dē əl) *adj.* [see RADIUS] **1.** of or like a ray or rays; branching out from a centre **2.** of or like a radius —*n.* a radial tyre

**radial (ply) tyre** a tyre with the ply cords almost at right angles to the centre line of the tread

**radian** (rā′dē ən) *n.* [< RADIUS] a unit of angular measurement equal to the angle formed at the centre of a circle by an arc whose length equals the radius of the circle

**radiant** (rā′dē ənt) *adj.* [see RADIUS] **1.** shining brightly **2.** filled with light **3.** showing joy, love, etc. **4.** issuing (from a source) in rays **5.** *a*) sent out by means of radiation [*radiant* heat] *b*) sending out (heat) by radiation —*n.* a source of heat or light rays **—ra′diance, ra′diancy** *n.*

**radiant energy** energy travelling in waves; esp., electromagnetic radiation, as heat, light, X-rays, etc.

**radiate** (rā′dē āt′) *vi.* **-at′ed, -at′ing** [see RADIUS] **1.** to send out rays of heat light, etc. **2.** to spread out from a centre —*vt.* **1.** to send out (heat, light, etc.) in rays **2.** to give forth (happiness, love, etc.) —*adj.* having raylike parts

**radiation** (rā′dē ā′shən) *n.* **1.** a radiating; specif., the process in which radiant energy is sent out from atoms and molecules as they undergo internal change **2.** such radiant energy **3.** nuclear particles

**radiation sickness** sickness produced by overexposure to radiation from X-rays, nuclear explosions, etc.

**radiator** (rā′dē āt′ər) *n.* a device that radiates heat, as into a room, or, in a motor vehicle, away from the engine

**radical** (rad′i k'l) *adj.* [< L. *radix,* root] **1.** *a*) of or from the root; fundamental *b*) extreme; thorough **2.** favouring basic or extreme change, as in the social structure —*n.* **1.** a person having radical views **2.** *Chem.* a group of atoms that acts as a single atom and goes through a reaction unchanged, or is replaced by a single atom **3.** *Math.* a root of a number or quantity, such as $\sqrt[3]{5}$ **—rad′ically** *adv.*

**radical sign** *Math.* the sign (√ or $\sqrt{\ }$) used before a quantity to show that its root is to be extracted

**radicle** (rad′i k'l) *n.* [< L. *radix,* root] *Bot.* the primary root of an embryo seedling; rootlet

**radii** (rā′dē ī′) *n. pl. of* RADIUS

**radio** (rā′dē ō′) *n., pl.* **-os′** [ult. < L. *radius,* ray] **1.** the transmission of sounds or signals by electromagnetic waves through space, without wires, to a receiving set **2.** such a receiving set **3.** broadcasting by radio as an industry, entertainment, etc. —*adj.* **1.** of, using, used in, or sent by radio **2.** of electromagnetic wave frequencies from c. 10 kilohertz to c. 300 000 megahertz —*vt., vi.* **-oed′, -o′ing** to send (a message, etc.) or communicate with (a person, etc.) by radio

**radio-** [Fr. < L. *radius,* ray] *a combining form meaning:* **1.** ray **2.** by radio **3.** by means of radiant energy *[radiotherapy]* **4.** radioactive *[radioisotope]*

**radioactive** (rā′dē ō ak′tiv) *adj.* giving off radiant energy in particles or rays by the disintegration of the atomic nuclei —**ra′dioactiv′ity** (-ak tiv′ə tē) *n.*

**radio astronomy** astronomy dealing with radio waves in space in order to get data about the universe

**radiocarbon** *n. same as* CARBON 14: see CARBON

**radiochemistry** (rā′dē ō kem′is trē) *n.* the branch of chemistry dealing with radioactive phenomena

**radio frequency** any frequency between normally audible sound waves and infrared light, from c.10 kilohertz to c. 1,000 000 megahertz

**radiogram** (rā′dē ō gram′) *n.* **1.** a single unit consisting of a radio and a gramophone **2.** a message sent by radio: also **ra′diotel′egram** **3.** *same as* RADIOGRAPH

**radiograph** (rā′dē ō gräf′) *n.* a picture made on a sensitized film or plate by X-rays —**ra′diog′rapher** (-og′rə fər) *n.* —**ra′diog′raphy** *n.*

**radioisotope** (rā′dē ō ī′sə tōp′) *n.* a natural or artificial radioactive isotope of a chemical element

**radiology** (rā′dē ol′ə jē) *n.* [RADIO- + -LOGY] the science dealing with X-rays and other radiant energy, esp. as used in medicine —**ra′diol′ogist** *n.*

**radioscopy** (rā′dē os′kə pē) *n.* [RADIO- + Gr. *skopein,* to see] the direct examination of the inside structure of opaque objects by radiation, as by X-rays

**radiosonde** (rā′dē ō sond′) *n.* [Fr. < *radio,* radio + *sonde,* sounding line] a compact radio transmitter with meteorological instruments sent into the upper atmosphere, as by balloon, to radio back temperature, pressure, and humidity data

**radiotelegraph** (rā′dē ō tel′ə gräf′) *n. same as* WIRELESS TELEGRAPHY: also **ra′dioteleg′raphy** (-tə leg′rə fē)

**radiotelephone** (rā′dē ō tel′ə fōn′) *n.* the equipment needed at one station for two-way voice communication by radio: also **ra′diophone′** —**ra′dioteleph′ony** (-tə lef′ə nē) *n.*

**radio telescope** a radio antenna or array of antennas for use in radio astronomy

**radiotherapy** (rā′dē ō ther′ə pē) *n.* the treatment of disease by X-rays or by rays from a radioactive substance

**radish** (rad′ish) *n.* [< L. *radix,* root] an annual plant with a pungent root, eaten raw in a salad

**radium** (rā′dē əm) *n.* [< L. *radius,* ray] a radioactive metallic chemical element, found in uranium minerals, which undergoes spontaneous atomic disintegration: symbol, Ra

**radius** (rā′dē əs) *n., pl.* **-dii′** (dē ī′), **-uses** [L., spoke, ray] **1.** *a*) a straight line from the centre to the periphery of a circle or sphere *b*) its length **2.** the area or distance within the sweep of such a line *[no house within a radius of five miles]* **3.** the shorter and thicker of the two bones of the forearm on the same side as the thumb

**radon** (rā′don) *n.* [RAD(IUM) + -ON] a radioactive gaseous chemical element formed in the atomic disintegration of radium: symbol, Rn

**RAF, R.A.F.** Royal Air Force

**raffia** (raf′ē ə) *n.* [< Malagasy name] **1.** a palm tree of Madagascar **2.** fibre from its leaves, woven into baskets, etc.

**raffish** (raf′ish) *adj.* [< (RIFF)RAFF] **1.** disreputable, rakish, etc. **2.** tawdry; vulgar

**raffle** (raf′′l) *n.* [< MFr. *rafle,* dice game] a lottery in which chances to win a prize are bought —*vt.* **-fled, -fling** to offer as a prize in a raffle (often with *off*)

**raft** (räft) *n.* [< ON. *raptr,* log] **1.** a flat structure of logs, boards, etc. fastened together and floated **2.** a life raft

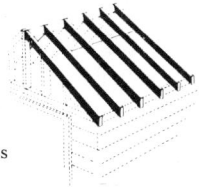

RAFTERS

**rafter** (räf′tər) *n.* [OE. *ræfter*] any of the beams that slope from the ridge of a roof to the eaves and serve to support the roof

**rag**[1] (rag) *n.* [ult. < ON. *rögg,* tuft of hair] **1.** a waste piece of cloth, esp. an old or torn one **2.** a small cloth for dusting, washing, etc. **3.** [*pl.*] old, worn clothes **4.** [Derog. Slang] newspaper —*adj.* made of rags **—rags to riches** poverty to prosperity

**rag**[2] *vt.* **ragged, rag′ging** [< ?] [Slang] **1.** to tease **2.** to play practical jokes on —*n.* **1.** [Slang] an instance of ragging **2.** an organized student procession of floats, etc., usually to raise money for charity

**rag**[3] *n.* **1.** *short for* RAGTIME **2.** a composition in ragtime

**ragamuffin** (rag′ə muf′in) *n.* [< ?] a dirty, ragged person; esp., a poor, ragged child

**rag-and-bone man** a man who buys, collects, and sells discarded clothing, furniture, etc.

**ragbag** *n.* **1.** a bag for rags **2.** a collection of odds and ends

**rage** (rāj) *n.* [< L. *rabies,* madness] **1.** furious, uncontrolled anger **2.** violence or intensity —*vi.* **raged, rag'ing** **1.** to show violent anger **2.** to be violent, uncontrolled, etc. **3.** to spread unchecked, as a disease —**(all) the rage** a fashion or craze

**ragged** (rag'id) *adj.* **1.** shabby or torn from wear **2.** wearing shabby or torn clothes **3.** uneven; rough **4.** imperfect —**run ragged** to make (someone) exhausted

**raglan** (rag'lən) *n.* [< Lord *Raglan*] a loose overcoat without shoulder seams, each sleeve (**raglan sleeve**) continuing in one piece to the collar

**ragman** (rag'man') *n.* a man who collects, buys, and sells rags, old paper, etc.

**ragout** (ra'gōō) *n.* [< Fr. *ragoûter,* revive the appetite of] a highly seasoned stew of meat and vegetables

**ragtag (and bobtail)** [RAG[1] + TAG] the lowest classes; the rabble: term of contempt

**ragtime** (rag'tīm') *n.* [prob. < *ragged time*] a type of strongly syncopated music in fast, even time

**rag trade** [Colloq.] the clothing business

**ragwort** (rag'wurt') *n.* [< its ragged-edged leaves] a common wild flower with bright-yellow flowers on a tall, erect stem

**raid** (rād) *n.* [< ROAD, in obs. sense "a riding"] **1.** a sudden, hostile attack, as by aircraft, bandits, etc. **2.** any sudden invasion by police, to discover violations of the law —*vt., vi.* to make a raid (on) —**raid'er** *n.*

**rail[1]** (rāl) *n.* [< L. *regula,* a rule] **1.** a bar of wood, metal, etc. placed horizontally between posts as a barrier or support **2.** a railing **3.** any of a series of parallel metal bars laid to make a track for trains **4.** a railway as a means of transport [travel by *rail*] —*vt.* to fence —**go off the rails** **1.** to go off the proper course **2.** to become insane **3.** to start to behave in a manner considered unconventional, improper, etc.

**rail[2]** *vi.* [ult. < LL. *ragere,* to bellow] to complain violently (*against* or *at*)

**rail[3]** *n.* [< MFr. *raaler,* to screech] any of a number of small wading birds living in marshes and having a harsh cry

**railhead** (rāl'hed') *n.* the furthest point to which rails have been laid in a railway

**railing** *n.* a fence or balustrade

**raillery** (rāl'ər ē) *n., pl.* **-leries** [Fr. *raillerie*: see RAIL[2]] **1.** light ridicule; banter **2.** a teasing act or remark

**railroad** *n.* [U.S.] a railway —*vt.* [Colloq.] to force (a person) into an action with haste or by unfair means

**railway** *n.* **1.** a permanent way laid with parallel steel rails along which engines draw carriages in a train **2.** a complete system of such tracks, including land, rolling stock, etc. **3.** the company owning such a system

**raiment** (rā'mənt) *n.* [see ARRAY] [Archaic] clothing

**rain** (rān) *n.* [OE. *regn*] **1.** water falling in drops condensed from the moisture in the atmosphere **2.** the falling of such drops **3.** *a*) rainy weather *b*) [*pl.*] the rainy season **4.** a rapid falling of many small objects [*a rain* of ashes] —*vi.* **1.** to fall: said of rain [it is *raining*] **2.** to fall like rain —*vt.* **1.** to pour down **2.** to give in large quantities —**rain off** to cause (an event) to be postponed or cancelled because of rain —**rain'y** *adj.*

**rainbow** (-bō') *n.* an arc containing the colours of the spectrum in bands, formed in the sky by the refraction of the sun's rays in falling rain or in mist —*adj.* of many colours

**raincoat** *n.* a waterproof or water-repellent coat

**raindrop** *n.* a single drop of rain

**rainfall** *n.* **1.** a falling of rain **2.** the amount of water falling as rain, snow, etc. over a given area in a given time: measured in an instrument (**rain gauge**) into which the water falls

**rain forest** a dense, evergreen forest in a tropical region having abundant rainfall throughout the year

**rain shadow** a region of little rainfall on the lee slopes of mountains whose windward slopes receive the rain

**rainwater** *n.* water that falls or has fallen as rain and is soft and fairly free of mineral matter

**rainwear** *n.* rainproof clothing

**rainy day** a possible future time of difficulty or need

**raise** (rāz) *vt.* **raised, rais'ing** [< ON. *reisa*] **1.** to make rise; lift **2.** to construct (a building, etc.) **3.** to stir up [to *raise* a revolt] **4.** to increase in value, amount, degree, intensity, etc. [to *raise* prices, to *raise* one's voice] **5.** to improve the rank of [to *raise* oneself from poverty] **6.** to cause to arise, appear, or come [to *raise* the dead] **7.** to produce [the joke *raised* a laugh] **8.** to bring forward for consideration **9.** to collect (an army, money, etc.) **10.** to utter (a cry, etc.) **11.** to end [to *raise* a siege] **12.** to leaven (bread, etc.) **13.** *a*) to make (vegetables, etc.) grow *b*) to breed (cattle, etc.) *c*) to bring up (children) —*n.* **1.** a raising **2.** [U.S.] a rise (in wages or salary) —**raise Cain** (or **the devil, hell,** etc.) [Colloq.] to create a disturbance; cause trouble —**raise the wind** obtain ready money

**raisin** (rā'z'n) *n.* [< L. *racemus,* cluster of grapes] a sweet, dried grape, usually seedless

**raison d'être** (rā'zôn det'rə) [Fr.] reason for being; justification for existence

**raj** (rāj) *n.* [see ff.] in India, rule; sovereignty

**rajah, raja** (rä'jə) *n.* [< Sans. *rāj,* to rule] formerly, a prince or chief in India

**rake[1]** (rāk) *n.* [OE. *raca*] a long-handled tool with prongs at one end, used for gathering loose grass, etc. —*vt.* **raked, rak'ing** **1.** *a*) to gather with or as with a rake *b*) to make (a lawn, etc.) tidy with a rake **2.** to gather with great care **3.** to scratch or smooth as with a rake **4.** to search through carefully **5.** to direct gunfire along (a line of troops, etc.) —*vi.* to use a rake —**rake in** to gather fast a great deal of **—rake up** to uncover (facts or gossip)

**rake**[2] *n.* [< *rakehell*] a man who leads a wild, dissolute life: also **rake'hell'**

**rake**[3] *vi., vt.* **raked, rak'ing** [< ?] to be or make slightly inclined, as a ship's masts; slant **—*n.*** a slanting

**rake-off** *n.* [Slang] a commission or share, esp. one gained in a shady deal

**rakish**[1] (rā'kish) ***adj.*** [< RAKE[3]] **1.** having a trim, neat appearance **2.** dashing and gay; jaunty

**rakish**[2] ***adj.*** wild and dissolute

**rallentando** (ral'ən tan'dō) ***adj., adv.*** [It.] *Music* gradually slower: abbrev. **rall.**

**rally**[1] (ral'ē) ***vt., vi.*** **-lied, -lying** [< OFr. *re-*, again + *alier*, to join: see ALLY] **1.** to gather together (retreating troops) and restore or come to a state of order **2.** to bring or come together for a common purpose **3.** to revive; recover **—*n., pl.* -lies 1.** a rallying or being rallied; specif., a mass meeting **2.** an organized run, esp. of sports cars, over a course, designed to test driving skills **3.** *Tennis*, etc. an exchange of several strokes before the point is won **—ral'lier *n.***

**rally**[2] ***vt., vi.*** **-lied, -lying** [Fr. *rallier*, RAIL[2]] to tease or mock playfully

**ram** (ram) ***n.*** [OE. *ramm*] **1.** a male sheep **2.** *same as* BATTERING RAM **3.** *a*) formerly, a sharp projection at a prow, for piercing enemy vessels *b*) a ship with this **4.** a hydraulic device for raising a liquid **5.** the striking part of a pile driver **—[R-]** Aries **—*vt.*** **rammed, ram'ming 1.** to strike against with great force **2.** to force into place **3.** to cram (*with*) **—*vi.*** to crash (*into*) **—ram'mer *n.***

**R.A.M.** Royal Academy of Music

**Ramadan** (ram'ə dan') ***n.*** [Ar. *ramadān*, the hot month] the ninth month of the Moslem year, a period of daily fasting

**ramble** (ram'b'l) ***vi.*** **-bled, -bling** [< ME. *romblen*, roam] **1.** to roam about **2.** to walk for pleasure, sometimes without a planned route **3.** to talk or write aimlessly, without sticking to any point **4.** to wander or spread in all directions **—*vt.*** to roam through **—*n.*** a rambling, esp. a stroll

**rambler** ***n.*** **1.** a person or thing that rambles **2.** any of certain climbing roses

**rambunctious** (ram bunk'shəs) ***adj.*** [altered < *robust*] [U.S.] wild, boisterous, unruly, etc.

**R.A.M.C.** Royal Army Medical Corps

**ramekin, ramequin** (ram'ə kin) ***n.*** [< MDu. *rammeken*, cheese dish] a small, individual baking dish, or the food cooked in it

**ramification** (ram'ə fi kā'shən) ***n.*** **1.** a branch or offshoot **2.** a derived effect, consequence, or result

**ramify** (ram'ə fī') ***vt., vi.*** **-fied', -fy'ing** [< L. *ramus*, branch + *facere*, to make] to divide or spread out into branches or branchlike divisions

**ramose** (rā'mōs) ***adj.*** [< L. *ramus*, branch] branching

**ramp**[1] (ramp) ***n.*** [see ff.] **1.** a sloping walk, plank, etc. joining different levels **2.** a wheeled staircase rolled up to an aircraft for use in getting on or off

**ramp**[2] ***vi.*** [OFr. *ramper*, to climb] **1.** to rear up on the hind legs **2.** to rampage

**rampage** (ram pāj'; *also, for n.*, ram'pāj) ***vi.*** **-paged', -pag'ing** [prob. < RAMP[2]] to rush violently or wildly about; rage **—*n.*** a rampaging: chiefly in **on the rampage —rampa'geous *adj.***

**rampant** (ram'pənt) ***adj.*** [see RAMP[2]] **1.** growing unchecked; rife **2.** violent and uncontrollable **3.** standing up on the hind legs; specif., *Heraldry* shown so in profile, one forepaw above the other

**rampart** (ram'pärt) ***n.*** [< Fr. *re-*, again + *emparer*, fortify] **1.** a defensive embankment round a castle, fort, etc., with a parapet at the top **2.** any defence

**rampike** (ram'pīk) ***n.*** [Canad.] a tall tree that has been burned or is bare of branches

**ramrod** (ram'rod') ***n.*** a rod for ramming down the charge in a gun loaded through the muzzle

**ramshackle** (ram'shak'l) ***adj.*** [< RANSACK] rickety; likely to fall to pieces

**ran** (ran) *pt. of* RUN

**RAN, R.A.N.** Royal Australian Navy

**ranch** (ränch) ***n.*** [< Sp. *rancho*, small farm] **1.** [Chiefly U.S.] a large farm for raising many cattle, horses, or sheep **2.** any large farm for raising a particular livestock [a mink *ranch*] **—*vi.*** to work on a ranch **—ranch'er *n.***

**rancherie** (rän'chər ē) ***n.*** [< Sp. *rancheria*] [Canad.] an Indian reservation

**rancid** (ran'sid) ***adj.*** [< L. *rancere*, to be rank] having the bad smell or taste of spoiled fats or oils **—rancid'ity *n.***

**rancour** (raŋ'kər) ***n.*** [< L. *rancere*, to be rank] a continuing and bitter hate or ill will

**rand** (rand) ***n., pl.*** **rand** [Afrik., orig., shield] in South Africa, **1.** the chief monetary unit, divided into 100 cents **2.** *short for* the **Witwatersrand** in the Transvaal

**R & B, r & b** rhythm and blues

**R & D, R. and D.** research and development

**random** (ran'dəm) ***adj.*** [< OFr. *randir*, run violently] **1.** made, done, etc. in a haphazard way **2.** having an equal opportunity of occurring or of being chosen **—at random** without careful choice, aim, plan, etc.

**randy** (ran'dē) ***adj.*** **-dier, -diest** [prob. < RANT] [Slang] sexually aroused; lustful **—ran'diness *n.***

**ranee** (rä nē') ***n.*** *alt. sp. of* RANI

**rang** (raŋ) *pt. of* RING[1]

**range** (rānj) ***n.*** [< OFr. *renc*, a row] **1.** the full extent over which something moves or is heard, seen, effective, etc.; scope **2.** the limits within which there are differences in amount, degree, etc. [a wide *range* in price] **3.** *a*) the firing distance of a weapon *b*) the flight path of a missile or rocket **4.** the farthest distance a plane, etc. can go without refuelling **5.** *a*) a place for shooting practice *b*) a place for testing rockets in flight **6.** the full extent of pitch of a voice, instrument, etc. **7.** [Chiefly U.S.] a large, open area for grazing livestock **8.** a row, line, or series **9.** a chain or single system of mountains **10.** a cooking unit with an oven and surface heating units usually heated by solid fuel —*vt.* **ranged, rang'ing** **1.** to put in a certain order, esp. in a row or rows **2.** to place with others in a cause, party, etc. **3.** to roam over or through —*vi.* **1.** to extend in a given direction **2.** to wander about; roam **3.** to vary between stated limits

**range finder** any of various instruments to determine the distance of a target or object from a gun, camera, etc.

**ranger** *n.* **1.** *a*) the chief official of a royal park, etc. *b*) a warden patrolling forests **2.** [**R-**] a member of the senior branch of the Girl Guides **3.** [U.S.] a member of a special military or police force that patrols a region **4.** a roamer

**rangy** (rān'jē) *adj.* **-ier, -iest** long-limbed and slender

**rani** (rä'nē') *n.* [see RAJAH] the wife of a rajah

**rank**[1] (raŋk) *n.* [< OFr. *renc*] **1.** an official grade *[the rank* of captain*]* **2.** a social class *[all ranks* of life*]* **3.** a high position in society **4.** a row, line, or series **5.** a relative position as measured by quality, etc. *[of the* first *rank]* **6.** a row of soldiers, etc., side by side **7.** [*pl.*] all those in an organization, as the army, who are not officers or leaders: also **rank and file** —*vt.* **1.** to place in a rank **2.** to assign a relative position to —*vi.* to hold a certain position **—pull (one's) rank** [Colloq.] to use one's higher rank to get others to obey, etc.

**rank**[2] *adj.* [OE. *ranc,* strong] **1.** growing too vigorously and coarsely **2.** producing a too luxuriant crop **3.** very bad in smell or taste **4.** indecent **5.** extreme *[rank* injustice*]*

**rankle** (raŋ'k'l) *vi.* **-kled, -kling** [< ML. *dracunculus,* a fester] to cause or fill with long-lasting rancour, resentment, etc.

**ransack** (ran'sak) *vt.* [< ON. *rann,* house + *sækja,* to search] **1.** to search through **2.** to plunder; pillage

**ransom** (ran'səm) *n.* [< L. *redemptio,* REDEMPTION] **1.** the securing of the release of a captive by paying money or meeting other demands **2.** the price so paid or demanded —*vt.* to get (a captive, etc.) released by paying the demanded price **—ran'somer** *n.*

**rant** (rant) *vi., vt.* [< obs. Du. *ranten*] to talk or say in a loud, wild, extravagant way; rave

**R.A.O.C.** Royal Army Ordnance Corps

**rap**[1] (rap) *vt.* **rapped, rap'ping** [prob. echoic] **1.** to strike quickly and sharply; tap **2.** [Colloq.] to criticize sharply —*vi.* to knock quickly and sharply —*n.* **1.** a quick, sharp knock; tap **2.** [Slang] blame or punishment: usually in **take the rap** take the blame, whether guilty or not **—rap out** to utter sharply

**rap**[2] *n.* [< ?] [Colloq.] the least bit: in **not care a rap**

**rapacious** (rə pā'shəs) *adj.* [< L. *rapere,* seize] **1.** plundering **2.** greedy; voracious **3.** predatory **—rapacity** (rə pas'ə tē) *n.*

**R.A.P.C.** Royal Army Pay Corps

**rape**[1] (rāp) *n.* [< L. *rapere,* seize] **1.** *a*) the crime of having sexual intercourse with a woman forcibly and without her consent *b*) any sexual assault **2.** any violent or outrageous assault —*vt., vi.* **raped, rap'ing** to commit rape (on) **—rap'ist** *n.*

**rape**[2] *n.* [L. *rapa,* turnip] a plant with seed (**rape'seed'**) yielding an oil (**rape oil, rapeseed oil**) and with leaves used for fodder

**rapid** (rap'id) *adj.* [< L. *rapere,* to rush] moving or acting with speed; swift —*n.* [*usually pl.*] a part of a river where the current is swift, as because of a narrowing of the river bed **—rapidity** (rə pid'ə tē) *n.*

**rapier** (rāp'yər) *n.* [Fr. *rapière*] a light, sharp-pointed sword used only for thrusting

**rapine** (rap'īn) *n.* [< L. *rapere,* seize] plunder; pillage

**rapport** (ra pôr') *n.* [Fr. < L. *ad-,* to + *portare,* to carry] relationship, esp. of a sympathetic kind; harmony

**rapprochement** (ra prosh'män) *n.* [Fr.] an establishing or restoring of friendly relations

**rapscallion** (rap skal'yən) *n.* [< RASCAL] a rogue

**rapt** (rapt) *adj.* [< L. *rapere,* seize] **1.** absorbed (*in*) **2.** carried away with joy, love, etc.; full of rapture

**raptorial** (rap tôr'ē əl) *adj.* [< L. *rapere,* seize] **1.** predatory, as the eagle **2.** adapted for seizing prey *[raptorial* claws*]*

**rapture** (rap'chər) *n.* [< RAPT] **1.** the state of being carried away with joy, love, etc. **2.** an expression of great joy, pleasure, etc. **—rap'turous** *adj.*

**rare**[1] (rāər) *adj.* **rar'er, rar'est** [< L. *rarus*] **1.** not often seen, done, found, etc.; uncommon **2.** unusually good; excellent **3.** not dense *[rare* atmosphere*]* **—rare'ly** *adv.*

**rare**[2] *adj.* **rar'er, rar'est** [OE. *hrere*] not fully cooked; partly raw: said esp. of meat

**rarebit** *n.* *same as* WELSH RABBIT

**rare earth** **1.** any of the oxides of the rare-earth metals **2.** any of the rare-earth metals

**rare-earth metals** (or **elements**) a group of rare metallic chemical elements with consecutive atomic numbers of 57 to 71 inclusive

**rarefy** (rāər'ə fī') *vt., vi.* **-fied', -fy'ing** [< L. *rarus,* rare + *facere,* make] **1.** to make or become thin, or less dense **2.** to make or become more refined **—rar'efac'tion** (-fak'shən) *n.*

**rarely** *adv.* **1.** seldom **2.** beautifully **3.** unusually

**raring** (rāər'iŋ) *adj.* [< *rare,* Dial. var. of REAR[2]] eager; enthusiastic *[raring* to go*]*

**rarity** (rāər'ə tē) *n.* **1.** a being rare; specif., uncommonness; scarcity **2.** *pl.* **-ties** a rare thing

**rascal** (räs'k'l) *n.* [OFr. *rascaille,*

scrapings] a scoundrel; rogue; scamp —**rascal'ity** (-kal'-) *n.*

**rase** (rāz) *vt.* **rased, ras'ing** *alt. sp. of* RAZE

**rash**[1] (rash) *adj.* [ME. *rasch*] too hasty and careless; reckless —**rash'ly** *adv.* —**rash'ness** *n.*

**rash**[2] *n.* [MFr. *rasche*] **1.** a breaking out of red spots on the skin **2.** a sudden appearance of a large number [a *rash* of complaints]

**rasher** (rash'ər) *n.* [< ?] a thin slice of bacon

**rasp** (räsp) *vt.* [< OHG. *raspon,* scrape together] **1.** to scrape as with a file **2.** to utter in a rough, grating tone **3.** to grate upon; irritate —*vi.* **1.** to grate **2.** to make a rough, grating sound —*n.* **1.** a type of rough file with sharp, projecting points **2.** a rough, grating sound —**rasp'ingly** *adv.*

**raspberry** (räz'bər ē) *n., pl.* **-ries** [< ?] **1.** a small, juicy, edible fruit, usually red **2.** the bramble bearing this **3.** [Slang] a jeering sound made by blowing out so as to vibrate the tongue between the lips

**Rastafarian** (ras'tə fär'ē ən) *n.* a member of a Jamaican cult that regards the former emperor of Ethiopia, Haile Selassie, as its spiritual leader

**rat** (rat) *n.* [OE. *ræt*] **1.** *a*) a long-tailed rodent resembling, but larger than, the mouse *b*) any of various ratlike rodents **2.** [Slang] an informer, traitor, etc. —*vi.* **rat'ted, rat'ting** **1.** [Slang] *a*) to betray a cause, movement, etc. *b*) to act as an informer **2.** to hunt rats —**smell a rat** to suspect a trick, plot, etc.

**ratable** (rāt'ə b'l) *adj.* **1.** that can be estimated, etc. **2.** liable to payment of rates Also sp. **rate'able**

**ratable value** the value of property for rating purposes

**ratafia** (rat'ə fē'ə) *n.* [Fr.: < ?] **1.** a cordial flavoured with almond or fruit kernels **2.** a macaroon

**ratan** (rə tan') *n.* *alt. sp. of* RATTAN

**rat-a-tat** (rat'ə tat') *n.* [echoic] a series of sharp, quick rapping sounds: also **rat'-a-tat'-tat'**

RATCHET WHEEL

**ratchet** (rach'it) *n.* [< Fr. < It. *rocca,* distaff] **1.** a toothed wheel (in full, **ratchet wheel**) or bar that catches and holds a pawl, preventing backward movement **2.** such a pawl **3.** such a wheel (or bar) and pawl as a unit

**rate**[1] (rāt) *n.* [< L. *reri,* reckon] **1.** the amount, degree, etc. of anything in relation to units of something else [the *rate* of pay per month] **2.** a fixed ratio [the *rate* of exchange] **3.** a price; specif., the cost per unit of some commodity, service, etc. **4.** speed **5.** rank [of the first *rate*] **6.** [*often pl.*] a tax on property levied by a local authority —*vt.* **rat'ed, rat'ing** **1.** to appraise **2.** to assess the value of property for taxation purposes **3.** to put into a particular class or rank **4.** to consider; esteem **5.** [U.S. Colloq.] to deserve —*vi.* to be classed or ranked —**at any rate** **1.** in any event **2.** anyway —**at this rate** this being so

**rate**[2] *vt., vi.* **rat'ed, rat'ing** [ME. *raten*] to scold severely

**ratepayer** *n.* one who pays rates

**rather** (räth'ər; *for interj.* rä'thur') *adv.* [< OE. *hrathe,* quickly] **1.** more willingly; preferably **2.** with more justice, reason, etc. **3.** more accurately **4.** on the contrary **5.** somewhat —*interj.* certainly —**had** (or **would**) **rather** **1.** would choose to **2.** would prefer that —**rather than** instead of

**ratify** (rat'ə fī') *vt.* **-fied', -fy'ing** [see RATE[1] + L. *facere,* make] to approve or confirm; esp., to give official sanction to —**rat'ifica'tion** *n.*

**rating**[1] (rāt'iŋ) *n.* **1.** a placement in a certain rank or class **2.** a rank or grade, as of naval personnel **3.** an evaluation of the credit or financial standing of a businessman, firm, etc. **4.** the assessment of the value of a property for taxation **5.** *Radio & TV* the relative popularity of a programme, determined by polls

**rating**[2] *n.* [see RATE[2]] a scolding

**ratio** (rā'shē ō') *n., pl.* **-tios** [L.: see REASON] **1.** a fixed relation in degree, number, etc. between two similar things; proportion **2.** *Math.* the quotient of one quantity divided by another of the same kind

**ratiocinate** (rat'ē os'ə nāt') *vi.* **-nat'ed, -nat'ing** [see REASON] to reason, esp. using formal logic —**ra'tio'cina'tion** *n.*

**ration** (rash'ən) *n.* [see REASON] **1.** a fixed portion; share **2.** a fixed allowance of food, as a daily allowance for one soldier, etc. **3.** [*pl.*] food supply —*vt.* **1.** to distribute (food, clothing, etc.) in rations, as in times of scarcity **2.** to give rations to —**ra'tioning** *n.*

**rational** (rash'ən'l) *adj.* [see REASON] **1.** of or based on reasoning **2.** able to reason **3.** sensible [a *rational* plan] **4.** *Math.* designating a number that can be expressed as the quotient of two integers or as an integer —**ra'tional'ity** (-ə nal'ə tē) *n.*

**rationale** (rash'ə näl') *n.* [L.: see REASON] **1.** the rational basis for something **2.** an explanation of reasons

**rationalism** (rash'ən ə liz'm) *n.* the principle or practice of accepting reason as the only basis for forming one's opinions or course of action —**ra'tionalist** *n., adj.*

**rationalize** *vt.* **-ized', -iz'ing** **1.** to think of explanations for (one's acts, etc.) that seem to make sense but do not truly reveal one's motives **2.** to make conform to reason **3.** to reorganize (an industry) so as to eliminate uneconomic units and increase productivity —*vi.* to rationalize one's acts, beliefs, etc. —**ra'tionaliza'tion** *n.*

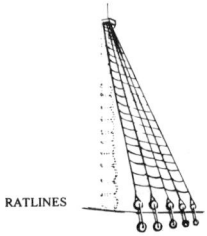

RATLINES

**ratline** (rat′lin) *n.* [< ?] any of the small ropes that join the shrouds of a ship and serve as a ladder: also sp. **rat′lin**

**rat race** [Colloq.] an intense competitive struggle, as in the business world

**ratsbane** *n.* rat poison

**rattan** (rə tan′) *n.* [< Malay *raut*, to strip] 1. a climbing palm with long, slender, tough stems 2. these stems, used in making wickerwork, etc.

**ratter** (rat′ər) *n.* a dog or cat skilled at catching rats

**rattle** (rat′l) *vi.* **-tled, -tling** [prob. echoic] 1. to make a series of short, sharp sounds 2. to move with such sounds 3. to chatter (often with *on*) —*vt.* 1. to cause to rattle 2. to utter or perform rapidly (usually with *off*) 3. to confuse or upset —*n.* 1. a succession of short, sharp sounds 2. a device, as a baby's toy, intended to rattle when shaken 3. a rattling noise in the throat, as of a dying person

**rattlesnake** *n.* a poisonous American viper having horny rings at the end of the tail that rattle when shaken

**rattletrap** *n.* anything worn out, rickety, or rattling

**rattling** *adj.* 1. that rattles 2. [Colloq.] very fast, good, etc. —*adv.* [Colloq.] very

**ratty** (rat′ē) *adj.* **-tier, -tiest** [Slang] irritable; annoyed

**raucous** (rô′kəs) *adj.* [L. *raucus*] hoarse; rough-sounding

**raunchy** (rôn′chē) *adj.* **-chier, -chiest** [< ?] [U.S. Slang] 1. dirty, smelly, etc. 2. lecherous or risqué

**ravage** (rav′ij) *n.* [see RAVISH] ruin; devastating damage: *usually used in pl.* —*vt.* **-aged, -aging** to devastate; ruin

**rave** (rāv) *vi.* **raved, rav′ing** [prob. < OFr. *raver*] 1. to talk incoherently or wildly, as when delirious 2. to talk with excessive enthusiasm (*about*) —*n.* [Colloq.] an excessively enthusiastic commendation —**rav′er** *n.*

**ravel** (rav′l) *vt., vi.* **-elled, -elling** [MDu. *ravelen*] 1. to tangle or become entangled 2. to separate into its parts, esp. threads; untwist; fray (*out*) —*n.* a ravelling

**ravelling** *n.* anything unravelled, as a thread unravelled from knitted or woven fabric

**raven** (rā′vən) *n.* [OE. *hræfn*] a large bird of the crow family, with shiny black feathers —*adj.* black and shiny

**ravening** (rav′ən iŋ) *adj.* [see RAVENOUS] greedily searching for prey

**ravenous** (rav′ə nəs) *adj.* [< L. *rapina*, RAPINE] 1. greedily hungry 2. greedy [*ravenous* for praise] 3. rapacious

**rave-up** (rāv′up) *n.* [Slang] an enjoyable social event, usually an energetic party

**ravine** (rə vēn′) *n.* [Fr., flood: see RAPINE] a long, deep hollow in the earth's surface, worn by a stream

**raving** (rā′viŋ) *adj.* 1. delirious 2. [Colloq.] exciting admiration [a *raving* beauty] —*adv.* so as to cause raving [*raving* mad] —*n.* incoherent speech

**ravioli** (rav′ē ō′lē) *n.pl.* [*with sing. v.*] [It.] small, square casings of pasta containing seasoned minced meat, cheese, etc., served usually in a savoury tomato sauce

**ravish** (rav′ish) *vt.* [< L. *rapere*, seize] 1. to enrapture 2. to rape 3. to seize and carry away forcibly

**ravishing** *adj.* causing great delight; entrancing

**raw** (rô) *adj.* [OE. *hreaw*] 1. not cooked 2. in its natural condition; not processed, etc. 3. inexperienced [a *raw* recruit] 4. with the skin rubbed off; sore and inflamed 5. cold and damp [a *raw* wind] 6. [Colloq.] harsh or unfair [a *raw* deal] —**in the raw** 1. in the natural state 2. naked

**rawboned** *adj.* having little fat; lean; gaunt

**rawhide** *n.* 1. an untanned hide 2. a whip made of this

**ray**[1] (rā) *n.* [see RADIUS] 1. any of the thin lines, or beams, of light that appear to come from a bright source 2. any of several lines coming out from a centre 3. a tiny amount [a *ray* of hope] 4. *Bot., Zool.* any part of a structure with parts coming like rays from a centre, as the petals of certain flowers 5. *Physics* a stream of radioactive particles, beam of radiant energy, etc.

**ray**[2] *n.* [< L. *raia*] a fish, as the stingray, skate, etc., having a flat body with both eyes on top

**rayon** (rā′on) *n.* [arbitrary coinage] 1. a synthetic textile fibre produced from cellulose solution 2. any fabric woven or knitted from such fibres

**raze** (rāz) *vt.* **razed, raz′ing** [< L. *radere*, to scrape] to tear down completely; demolish

**razor** (rā′zər) *n.* [see prec.] a sharp-edged cutting instrument for shaving off or cutting hair

**razorbill** *n.* a black and white auk with a black compressed bill

**razor blade** a sharp-edged cutting tool placed in a handle and used for shaving

**razzle-dazzle** (raz′l daz′l) *n.* [Slang] 1. a flashy display 2. a spree; frolic: also **razzle**

**Rb** *Chem.* rubidium

**R.C.** 1. Red Cross 2. Roman Catholic

**R.C.A.** Royal College of Art

**R.C.A.F., RCAF** Royal Canadian Air Force
**R.C.M.** Royal College of Music
**R.C.M.P., RCMP** Royal Canadian Mounted Police
**R.C.N.** Royal Canadian Navy
**R.C.P.** Royal College of Physicians
**R.C.S.** 1. Royal College of Science 2. Royal College of Surgeons 3. Royal Corps of Signals
**Rd., rd.** 1. road 2. rod 3. round
**r.d., R/D** return to drawer
**re**[1] (rā) *n.* [It.: see GAMUT] *Music* a syllable representing the second tone of the diatonic scale
**re**[2] (rē) ***prep.*** [< L. *res,* thing] as regards; about
**re-** [< Fr. < L.] *a prefix meaning:* 1. back *[repay]* 2. again, anew *[reappear]* It is used with a hyphen: 1) to distinguish between a word in which the prefix means *again* or *anew* and a word having a special meaning (Ex.: *re-sound, resound*) 2) usually, before words beginning with an *e* The following list contains some of the more common words in which *re-* means *again* or *anew*

**reabsorb**
**reaccustom**
**reacquaint**
**reacquire**
**re-act**
**readapt**
**readdress**
**readjust**
**readmit**
**readmittance**
**readopt**
**reaffiliate**
**reaffirm**
**reaffirmation**
**realliance**
**reallocation**
**reallot**
**reappearance**
**reapplication**
**reapply**
**reappoint**
**rearrest**
**reassemble**
**reassert**
**reassume**
**reattack**
**reattempt**
**reawaken**
**rebaptism**
**rebaptize**
**rebind**
**reborn**
**rebroadcast**
**rebuild**
**rebury**
**recalculate**
**recarry**
**recharge**
**rechargeable**
**recharter**
**recheck**
**recirculate**
**reclassify**
**reclothe**
**recolour**
**recombine**
**recommence**
**recompress**
**recondense**
**reconduct**
**reconfirm**
**reconquer**
**reconquest**
**reconsecrate**
**reconsign**
**reconsolidate**
**recontaminate**
**reconvene**
**reconvert**
**recook**
**recopy**
**re-cover**
**recross**
**recultivate**
**redecorate**
**redefine**
**redeliver**
**redescribe**
**redesign**
**redetermine**
**redevelop**
**redirect**
**rediscover**
**rediscovery**
**redistribute**
**redistribution**
**redraft**
**redraw**
**re-edit**
**re-educate**
**re-elect**
**re-election**
**re-embark**
**re-emerge**
**re-emphasize**
**re-enact**
**re-engage**
**re-enlist**
**re-enter**
**re-entrance**
**re-establish**
**re-examination**
**re-examine**
**re-exchange**
**re-experience**
**re-explain**
**reface**
**refashion**
**refasten**
**refloat**
**refocus**
**refold**
**reformulate**
**reframe**
**refurnish**
**regather**
**reglorify**
**regroup**
**rehang**
**reheat**
**rehire**
**rehouse**
**reimpose**
**reimprison**
**reincorporate**
**reinfect**
**reinflate**
**reinform**
**reinsert**
**reinspect**
**reinstall**
**reinstruct**
**reinsure**
**reinterpret**
**reinterrogate**
**reintroduce**
**reinvestigate**
**reinvigorate**
**reissue**
**rekindle**
**reknit**
**relabel**
**re-lay**
**relearn**
**relet**
**remarriage**
**remarry**
**remeasure**
**remerge**
**remix**
**remodel**
**remodify**
**remount**
**rename**
**renegotiate**
**renotify**
**renumber**
**reoccupy**
**reoccur**
**reoccurrence**
**reopen**
**reorient**
**repack**
**repaint**
**repaper**
**rephotograph**
**rephrase**
**replant**
**replaster**
**replate**
**replay**
**repolish**
**repopularize**
**repopulate**
**repot**
**re-press**
**reprice**
**reprocess**
**republication**
**republish**
**repurchase**
**reread**
**rerecord**
**resaddle**
**reseal**
**resell**
**reset**
**resettle**
**resew**
**reshape**
**resharpen**
**reshuffle**
**resolder**
**resolidify**
**respace**
**respell**
**restabilize**
**restage**
**restamp**
**restart**
**restitch**
**restock**
**restraighten**
**restrengthen**
**restudy**
**resubmit**
**resummon**
**resupply**
**resurvey**
**reswallow**
**retack**
**retape**
**retelevise**
**retell**
**rethread**
**retie**
**retrain**
**retranslate**
**retrial**
**retune**
**retype**
**reunite**
**reusuable**
**revalue**
**revarnish**
**revisit**
**rewaken**
**reweigh**

**Re** *Chem.* rhenium
**R.E.** Royal Engineers
**reach** (rēch) ***vt.*** [OE. *ræcan*] 1. to go as far as; attain 2. to extend to, or touch, by thrusting out, etc. 3. to carry as far as *[the news reached him]* 4. to obtain and hand over *[reach me the salt]* 5.

to thrust out or extend (the hand, etc.) **6.** to get in touch with, as by telephone —*vi.* **1.** to thrust out the hand, etc. **2.** to stretch in influence, space, time, etc. **3.** to carry, as sound **4.** to try to obtain something —*n.* **1.** a stretching out **2.** the power of stretching, obtaining, etc. **3.** the distance or extent covered in stretching, obtaining, etc. **4.** a continuous extent of water

**reach-me-downs** *n.pl.* [Colloq.] second-hand clothing

**react** (rē akt′) *vi.* **1.** to respond to a stimulus, influence, etc. **2.** to act in return or reciprocally **3.** to act in opposition **4.** to go back to a former condition, stage, etc. **5.** *Chem.* to act with another substance in producing a chemical change

**reactance** *n. Elec.* opposition to the flow of alternating current, caused by inductance or capacitance

**reaction** (rē ak′shən) *n.* **1.** a response, as to a stimulus **2.** a returning or opposing action, etc. **3.** a movement back to a former or less advanced stage, etc.; esp. in politics **4.** *Chem.* *a*) the mutual action of substances undergoing chemical change *b*) a process that produces changes in an atomic nucleus **5.** *Med.* *a*) an action induced by resistance to another action *b*) depression or exhaustion following overstimulation, etc.

**reactionary** *adj.* showing or favouring reaction, esp. in politics —*n., pl.* **-aries** a reactionary person

**reactivate** (rē ak′tə vāt′) *vt.* **-vat′ed, -vat′ing** to make active again —**reac′tiva′tion** *n.*

**reactor** (rē ak′tər) *n. same as* NUCLEAR REACTOR

**read** (rēd) *vt.* **read** (red), **read′ing** (rēd′iŋ) [OE. *rædan,* to counsel] **1.** to get the meaning of (something written or printed) by interpreting its characters **2.** to utter aloud (something written or printed) **3.** to know (a language) well enough to interpret its written form **4.** to understand the nature, significance, or thinking of **5.** to interpret (dreams, etc.) or foretell (the future) **6.** to interpret (a printed passage, etc.) as having a particular meaning **7.** to study [to *read* law] **8.** to register [the thermometer *reads* 25°C] **9.** to obtain (information) from (punch cards, tape, etc.): said of a computer **10.** [Slang] to hear and understand —*vi.* **1.** to read something written or printed **2.** to utter aloud the words of written or printed matter **3.** to learn by reading (*about* or *of*) **4.** to be drawn up in certain words **5.** to admit of being read [it *reads* well] —*n.* something for reading or a spell of reading —**read between the lines** to deduce a meaning that is implied —**read into** to interpret in a certain way —**read out** to display or record with a readout device —**read up (on)** to become well informed (about) by reading

**readable** *adj.* **1.** interesting or easy to read **2.** legible

**reader** *n.* **1.** a person who reads **2.** a person who reads lessons, etc. aloud in church **3.** a schoolbook containing stories, poems, etc. for use in teaching how to read **4.** a lecturer in a university **5.** in publishing, *a*) a person who assesses the merit of manuscripts submitted *b*) a proofreader

**readership** *n.* all the people who read a particular publication, author, etc.

**reading** *adj.* of or for reading —*n.* **1.** the act or practice of one who reads **2.** the reciting of a literary work in public **3.** material read **4.** the extent to which a person has read **5.** the amount measured by a thermometer, etc. **6.** the way something is performed, understood, etc. [a superb *reading* of Hamlet] **7.** in Parliament, a formal recital of a bill

**reading matter** books, magazines, etc. collectively

**reading room** a room (in a club, library, etc.) for reading and writing

**readout** *n.* **1.** a retrieving of information from a computer **2.** this information, displayed visually or recorded, as by typewriter or on tape

**ready** (red′ē) *adj.* **-ler, -lest** [OE. *ræde*] **1.** prepared to act or be used immediately **2.** willing [a *ready* worker] **3.** *a*) liable [*ready* to cry] *b*) apt; inclined [always *ready* to blame others] **4.** prompt [a *ready* reply] **5.** available immediately [*ready* cash] —*vt.* **read′ied, read′ying** to make ready —**at the ready** prepared for immediate use —**make ready** to prepare —**read′ily** *adv.* —**read′iness** *n.*

**ready-made** *adj.* made so as to be ready for immediate use or sale: also, as applied to clothing, **read′y-to-wear′**

**ready reckoner** a book of tabulated calculations, providing a quick and easy method of finding the amounts of money involved in commercial transactions

**reagent** (rē ā′jənt) *n.* [RE- + AGENT] *Chem.* a substance used to detect, measure or react with another

**real**[1] (rē′əl) *adj.* [< L. *res,* thing] **1.** existing as or in fact; actual; true **2.** *a*) genuine *b*) sincere **3.** designating income as measured by purchasing power **4.** *Law* of or relating to permanent, immovable things [*real* property]

**real**[2] (rā äl′) *n.* [Sp. & Port., royal] a former silver coin of Spain

**real estate** land, including the buildings or improvements on it and its natural assets, as minerals, timber, etc.

**realign** (rē′ə līn′) *vt., vi.* to align again; specif., to readjust alliances (between) —**re′align′ment** *n.*

**realism** (rē′ə liz′m) *n.* **1.** a tendency to face facts and be practical **2.** the picturing in art and literature of people and things as they really appear to be **3.** *Philos.* the doctrine that universals are objectively actual —**re′alist** *n.* —**re′alis′tic** *adj.* —**re′alis′tically** *adv.*

**reality** (rē al′ə tē) *n., pl.* **-ties** **1.** the quality or fact of being real **2.** a person or thing that is real **3.** the quality of being true to life —**in reality** actually

**realize** (rē′ə līz′) *vt.* **-ized′, -iz′ing** **1.**

to understand fully **2.** to make real; achieve **3.** to be sold for (a specified sum) **4.** to convert (assets, etc.) into money **5.** to gain [to *realize* a profit] —**re'aliza'tion** *n.*

**really** (rē'ə lē) *adv.* **1.** in reality; actually **2.** truly [*really* hot] —*interj.* indeed

**realm** (relm) *n.* [< L. *regimen,* rule] **1.** a kingdom **2.** a region; sphere [the *realm* of imagination]

**real tennis** an ancient form of tennis played in a walled indoor court: also **royal tennis**

**realty** (rē'əl tē) *n.* [< REAL[1]] *same as* REAL ESTATE

**ream** (rēm) *n.* [< Ar. *rizma,* bale] **1.** 20 quires of paper **2.** [*pl.*] [Colloq.] a great amount

**reanimate** (rē an'ə māt') *vt.* **-mat'ed, -mat'ing** to give new life, vigour, courage, etc. to —**rean'ima'tion** *n.*

**reap** (rēp) *vt.* [OE. *ripan*] **1.** to cut (grain) with a scythe, machine, etc. **2.** to gather (a harvest) **3.** to get as the result of action, work, etc.

**reaper** *n.* **1.** a person who reaps **2.** a machine for reaping grain —**the (Grim) Reaper** death

**reapportion** (rē'ə pôr'shən) *vt.* to apportion again

**reappraise** (rē'ə prāz') *vt.* **-praised', -prais'ing** to reconsider —**re'apprais'al** *n.*

**rear[1]** (rēər) *n.* [< ARREAR(S)] **1.** the back part **2.** the position behind or at the back **3.** [Slang] the buttocks: also **rear end** —*adj.* of, at, or in the rear —**bring up the rear** to come at the end

**rear[2]** *vt.* [OE. *ræran*] **1.** to bring to maturity by educating, nourishing, etc. [to *rear* children] **2.** to grow or breed **3.** to put upright **4.** to build; erect —*vi.* to rise on the hind legs, as a horse

**rear admiral** *see* MILITARY RANKS, table

**rear guard** a military detachment to protect the rear of a main force

**rear light** a light, usually red, at the rear of a vehicle to warn other vehicles coming from behind

**rearm** (rē ärm') *vt., vi.* **1.** to arm again **2.** to arm with new or more effective weapons —**rear'mament** *n.*

**rearmost** (rēər'mōst') *adj.* farthest in the rear

**rearrange** (rē'ə rānj') *vt.* **-ranged', -rang'ing** to arrange again or in a different manner —**re'arrange'ment** *n.*

**rear-view mirror** a mirror in a motor vehicle positioned so that the driver can see the traffic behind his vehicle

**rearward** *adj.* at, in, or towards the rear —*adv.* towards the rear: also **rear'wards**

**reason** (rē'z'n) *n.* [< L. *reri,* think] **1.** an explanation or justification of an act, idea, etc. **2.** a cause or motive **3.** the ability to think, draw conclusions, etc. **4.** good sense **5.** sanity —*vi.* **1.** to think logically; infer **2.** to argue or talk in a logical way —*vt.* **1.** to think logically about **2.** to argue or infer [he *reasoned* that the method was too costly] **3.** to persuade by reasoning (*into* or *out of*) —**by reason of** because of —**in** (or **within**) **reason** in accord with what is reasonable —**stand to reason** to be logical —**with reason** justifiably

**reasonable** *adj.* **1.** using or showing reason; sensible **2.** not extreme or excessive **3.** not expensive **4.** fair; average —**rea'sonableness** *n.* —**rea'sonably** *adv.*

**reasoning** *n.* the drawing of inferences or conclusions from known or assumed facts

**reassure** (rē'ə shoōər') *vt.* **-sured', -sur'ing** to restore to confidence —**re'assur'ance** *n.*

**rebate** (rē'bāt) *n.* [< OFr. *re-,* re- + *abattre,* beat down] **1.** a return of part of the amount paid, as for goods **2.** *same as* RABBET

**rebec, rebeck** (rē'bek) *n.* [< Ar. *rabāb*] a medieval pear-shaped instrument played with a bow

**rebel** (reb'l; *for v.* ri bel') *n.* [< L. *re-,* again + *bellare,* to war] **1.** a person who takes up arms against the government of his country **2.** a person who resists any authority —*adj.* **1.** rebellious **2.** of rebels —*vi.* **-elled', -el'ling** **1.** to be a rebel against the government of one's country **2.** to resist authority **3.** to feel or show strong aversion

**rebellion** (ri bel'yən) *n.* [see prec.] **1.** armed resistance to one's government **2.** defiance of any authority

**rebellious** (ri bel'yəs) *adj.* **1.** engaged in rebellion **2.** of or like rebels or rebellion **3.** defiant

**rebid** (rē bid'; *for n.,* rē'bid') *vt., vi. Cards* to bid again, esp., in bridge, in the same suit as before —*n.* a rebidding

**rebirth** (rē burth') *n.* a reawakening; revival

**rebound** (ri bound'; *also, for n.,* rē'bound') *vi.* **1.** to spring back, as upon impact **2.** to misfire, esp. so as to harm the perpetrator —*n.* a rebounding; recoil —**on the rebound** **1.** after bouncing off the ground, etc. **2.** while reacting to rejection, as in love

**rebuff** (ri buf') *n.* [< It. *rabbuffo*] **1.** a blunt refusal of offered help, advice, etc. **2.** any repulse —*vt.* **1.** to refuse bluntly; snub **2.** to repel

**rebuke** (ri byōōk') *vt.* **-buked', -buk'ing** [< OFr. *re-,* back + *buchier,* beat] to blame or scold in a sharp way; reprimand —*n.* a sharp reprimand —**rebuk'ingly** *adv.*

**rebus** (rē'bəs) *n.* [L., lit., by things] a puzzle consisting of pictures combined so as to suggest words [a picture of a bee plus the figure 4 is a *rebus* for "before"]

**rebut** (ri but') *vt.* **-but'ted, -but'ting** [< OFr. *re-,* back + *buter,* to push] to contradict or oppose, esp. in a formal manner by argument, proof, etc. —**rebut'tal** *n.*

**rec** (rek) *n. shortened form of* RECREATION

**rec.** **1.** receipt **2.** recipe **3.** record(ed)

**recalcitrant** (ri kal'si trənt) *adj.* [< L. *re-,* back + *calcitrare,* to kick] refusing to obey authority, regulation, etc.; stubbornly defiant —**recal'citrance** *n.*

**recall** (ri kôl'; *for n. also* rē'kôl') *vt.* **1.**

to remember **2.** to order to return **3.** to take back; revoke **4.** to bring back in awareness, attention, etc. —*n.* **1.** a recalling **2.** the ability to remember; memory

**recant** (ri kant′) *vt., vi.* [< L. *re-*, back + *canere*, sing] to take back or confess being wrong about (former beliefs, etc.), esp. publicly —**recantation** (rē′kan-tā′shən) *n.*

**recap** (rē′kap′) *vi., vt.* **-capped′, -cap′-ping** to recapitulate —*n.* a recapitulation, or summary

**recapitulate** (rē′kə pit′yoo lāt′) *vi., vt.* **-lat′ed, -lat′ing** [see RE- & CAPITULATE] to summarize —**re′capit′ula′tion** *n.*

**recapture** (rē kap′chər) *vt.* **-tured, -tur-ing** **1.** to capture again **2.** to remember —*n.* a recapturing or being recaptured

**recast** (rē käst′; *for n.* rē′käst′) *vt.* **-cast′, -cast′ing** **1.** to cast again **2.** to improve the form of by redoing; reconstruct —*n.* a recasting

**recce** (rek′ē) *n., vt., vi.* *Mil. colloq. var. of* RECONNAISSANCE or RECONNOITRE

**recd., rec′d.** received

**recede** (ri sēd′) *vi.* **-ced′ed, -ced′ing** [see RE- & CEDE] **1.** to move back **2.** to withdraw **3.** to slope backwards [her chin *recedes*] **4.** to lessen, dim, etc.

**receipt** (ri sēt′) *n.* [see RECEIVE] **1.** a written acknowledgment that something has been received **2.** a receiving or being received **3.** [*pl.*] the money taken in by a business **4.** *old-fashioned var. of* RECIPE —*vt.* to mark (a bill) paid

**receive** (ri sēv′) *vt.* **-ceived′, -ceiv′ing** [< L. *re-*, back + *capere*, take] **1.** to take or get (something given, sent, etc.) **2.** to experience; undergo [to *receive* acclaim] **3.** to take the force of; bear **4.** to react to [the song was well *received*] **5.** to learn [to *receive* news] **6.** to accept as authentic, valid, etc. **7.** *a*) to let enter *b*) to have room for; contain **8.** to greet (visitors, etc.) —*vi.* **1.** to be a recipient **2.** to greet guests **3.** to buy and sell stolen goods **4.** *Radio & TV* to convert incoming electromagnetic waves into sounds or images —**be on the receiving end** [Colloq.] to be the recipient of something unpleasant

**Received Pronunciation** the accent of standard British English as spoken by educated English people

**receiver** *n.* **1.** one that receives; specif., *a*) *Law* a person appointed to administer or hold in trust property in bankruptcy or in a lawsuit *b*) a receptacle *c*) an apparatus that converts electrical signals, etc. into sound or light, as a radio receiving set, or that part of a telephone held to the ear **2.** someone who receives stolen goods knowing that they are stolen

**receiving set** an apparatus for receiving radio or television signals

**recent** (rē′s′nt) *adj.* [< L. *recens*] **1.** done, made, etc. just before the present time; new **2.** of a time just before the present **3.** [**R-**] designating the present epoch, extending from the close of the Pleistocene —**re′cently** *adv.*

**receptacle** (ri sep′tə k'l) *n.* [see RECEIVE] **1.** a container **2.** *Bot.* the part of the stalk from which the flower grows

**reception** (ri sep′shən) *n.* [see RECEIVE] **1.** *a*) a receiving or being received *b*) the manner of this [a friendly *reception*] **2.** a social function for the receiving of guests **3.** an area in an office, hotel, etc. where clients or visitors are received **4.** *Radio & TV* the manner of receiving, with reference to quality

**receptionist** *n.* a person employed at a hotel, doctor's surgery, etc. to receive clients, etc.

**reception room** **1.** a room for receiving visitors, clients, etc. **2.** a living room in a house: term used chiefly by estate agents

**receptive** *adj.* able or ready to receive requests, suggestions, etc. —**recep′tiv′ity, recep′tiveness** *n.*

**recess** (rē′ses; *also, for v.,* ri ses′) *n.* [< L. *recedere*, recede] **1.** a receding or hollow place, as in a wall **2.** a secluded or inner place **3.** a temporary halting of work, study, etc. [the parliamentary *recess*] —*vt.* **1.** to place in a recess **2.** to form a recess in

**recession** (ri sesh′ən) *n.* **1.** a temporary falling off of business activity **2.** a going backwards; withdrawal

**recessional** *n.* a hymn sung after a church service as the clergy and choir leave

**recessive** (ri ses′iv) *adj.* **1.** receding **2.** *Genetics* designating or of that one of any pair of genes which, when both are present in the germ plasm, remains latent

**recherché** (rə shâər′shā) *adj.* [Fr.] **1.** sought out with care; choice **2.** having refinement or contrived elegance **3.** too refined

**recidivism** (ri sid′ə viz′m) *n.* [< L. *re-*, back + *cadere*, to fall] relapse, or tendency to relapse, esp. into crime or antisocial behaviour —**recid′ivist** *n., adj.*

**recipe** (res′ə pē) *n.* [L.: see RECEIVE] **1.** a list of ingredients and directions for preparing a dish **2.** any procedure for bringing about a desired result

**recipient** (ri sip′ē ənt) *n.* [see RECEIVE] a person or thing that receives

**reciprocal** (ri sip′rə k'l) *adj.* [< L. *reciprocus*, returning] **1.** done, felt, given, etc. in return **2.** mutual **3.** equivalent or complementary **4.** *Gram.* expressing mutual relation [*each other* is a *reciprocal* pronoun] —*n.* **1.** anything that has a reciprocal relation to another; counterpart **2.** *Math.* the quantity resulting from the division of 1 by the given quantity [the *reciprocal* of 7 is 1/7]

**reciprocate** (ri sip′rə kāt′) *vt., vi.* **-cat′ed, -cat′ing** **1.** *a*) to give and get reciprocally *b*) to give, do, feel, etc. (something similar) in return **2.** to move alternately back and forth —**recip′roca′tion** *n.*

**reciprocity** (res′ə pros′ə tē) *n., pl.* **-ties** **1.** reciprocal relationship **2.** mutual exchange; esp., exchange of special privileges between two countries

**recital** (ri sīt′l) *n.* **1.** a musical programme given by a soloist or a small ensemble **2.** *a*) a telling in detail *b*) the account, story, etc. told

**recitation** (res′ə tā′shən) *n.* **1.** a recital (sense 2) **2.** *a*) the speaking aloud in public of something memorized *b*) the piece so presented

**recitative** (res′ə tə tēv′) *n.* [< It. < L. *recitare,* recite] *Music* a type of declamatory singing, free in rhythm and tempo, as in the dialogue of operas

**recite** (ri sīt′) *vt., vi.* **-cit′ed, -cit′ing** [see RE- & CITE] **1.** to speak aloud, as from memory (a poem, etc.) **2.** to tell in detail

**reck** (rek) *vi., vt.* [OE. *reccan*] [Archaic] **1.** to have care or concern (*for*) or take heed (*of*) **2.** to matter (to)

**reckless** (rek′lis) *adj.* [see prec. & -LESS] not regarding consequences; rash

**reckon** (rek′ən) *vt.* [OE. *-recenian*] **1.** to count; compute **2.** to regard as being **3.** [Colloq.] to suppose —*vi.* **1.** to count up **2.** [Colloq.] to rely (with *on*) —**reckon up** to add a bill, etc. —**reckon with** to take into consideration

**reckoner** *n.* any device or table used to aid reckoning, esp., a ready reckoner

**reckoning** *n.* **1.** counting or computation **2.** a calculated guess **3.** a settlement of an account **4.** the giving of rewards or punishments [day of *reckoning*]

**reclaim** (ri klām′) *vt.* [see RE- & CLAIM] **1.** to regain possession of **2.** to make (marshland, etc.) capable of being cultivated or lived on **3.** to recover (useful materials) from waste products **4.** to rescue from error, vice, etc. —**reclamation** (rek′lə mā′shən) *n.*

**recline** (ri klīn′) *vt., vi.* **-clined′, -clin′ing** [< L. *re-,* back + *clinare,* to lean] to lie or cause to lie back or down; lean back —**reclin′er** *n.*

**recluse** (ri klōōs′) *n.* [< L. *re-,* back + *claudere,* to shut] a person who leads a secluded, solitary life —**reclu′sive** *adj.*

**recognition** (rek′əg nish′ən) *n.* [see ff.] **1.** a recognizing or being recognized **2.** approval, gratitude, etc. [in *recognition* of his services]

**recognizance** (ri kog′ni zəns) *n.* [< L. *re-,* again + *cognoscere,* know] *Law* **1.** a bond binding a person to some act, as to appear in court **2.** a sum of money that one must forfeit if this obligation is not fulfilled

**recognize** (rek′əg nīz′) *vt.* **-nized′, -niz′ing** [see prec.] **1.** to identify as known before **2.** to know by some detail, as of appearance **3.** to be aware of the significance of **4.** to acknowledge the existence, validity, etc. of **5.** to accept as a fact [to *recognize* defeat] **6.** to acknowledge as worthy of appreciation or approval **7.** to formally acknowledge the legal standing of (a government) **8.** to show acquaintance with (a person) by greeting —**rec′ogniz′able** *adj.* —**rec′ogniz′ably** *adv.*

**recoil** (ri koil′; *also for n.,* rē′koil′) *vi.* [< L. *re-,* back + *culus,* buttocks] **1.** to draw back, as in fear, disgust, etc. **2.** to spring or kick back, as a gun when fired **3.** to react unfavourably upon the originator (with *on* or *upon*) —*n.* a recoiling

**recollect** (rek′ə lekt′) *vt., vi.* [see RE- & COLLECT[1]] to remember, esp. with some effort —**rec′ollec′tion** *n.*

**recommend** (rek′ə mend′) *vt.* [see RE- & COMMEND] **1.** to advise **2.** to suggest as suited for some function, position, etc. **3.** to make acceptable or pleasing [his charm *recommends* him] **4.** to entrust [*recommended* to his care] —**rec′ommenda′tion** *n.*

**recompense** (rek′əm pens′) *vt.* **-pensed′, -pens′ing** [see RE- & COMPENSATE] **1.** to repay; reward **2.** to compensate (*for*) (a loss, etc.) —*n.* **1.** compensation for a loss, injury, etc. **2.** requital, reward, etc.

**reconcile** (rek′ən sīl′) *vt.* **-ciled′, -cil′ing** [see RE- & CONCILIATE] **1.** to make content or acquiescent (*to*) **2.** to make friendly again **3.** to settle (a quarrel, etc.) **4.** to make (facts, ideas, etc.) consistent —**rec′oncil′able** *adj.* —**rec′oncil′ia′tion** (-sil′ē ā′shən) *n.*

**recondite** (ri kon′dīt) *adj.* [< L. *re-,* back + *condere,* to hide] **1.** beyond the grasp of ordinary understanding; profound **2.** dealing with abstruse or difficult subjects

**recondition** (rē′kən dish′ən) *vt.* to put back in good condition by cleaning, repairing, etc.

**reconnaissance** (ri kon′ə səns) *n.* [Fr.: see RECOGNIZANCE] an exploratory survey or examination, as in seeking information about enemy positions

**reconnoitre** (rek′ə noit′ər) *vt., vi.* [< Fr.: see RECOGNIZANCE] to make a reconnaissance (of)

**reconsider** (rē′kən sid′ər) *vt., vi.* to think over, as with a view to changing a decision —**re′consid′era′tion** *n.*

**reconstitute** (rē kon′stə tyōōt′) *vt.* **-tut′ed, -tut′ing** to constitute again; specif., to restore (a dehydrated or condensed substance) to its full form by adding water

**reconstruct** (rē′kən strukt′) *vt.* **1.** to construct again, as from remaining parts **2.** to form a picture of (a crime, past event, etc.) by re-enacting it or piecing together the evidence —**re′construc′tion** *n.*

**record** (ri kôrd′; *for n. & adj.,* rek′ôrd) *vt.* [< L. *recordari,* remember] **1.** to put in writing for future use **2.** to indicate, as on a graph or dial **3.** to register (sound or visual images) in some permanent form, as on a magnetic tape, for reproduction —*vi.* **1.** to record something **2.** to admit of being recorded —*n.* **1.** the condition of being recorded **2.** *a*) an account of events *b*) anything that serves as evidence of an event, etc. *c*) an official report of public proceedings **3.** a register, monument, etc. **4.** *a*) the known facts about anyone or anything *b*) the recorded offences of a person who has been convicted one or more times **5.** a thin, flat, grooved disc for playing on a gramophone **6.**

the best performance, highest speed, greatest amount, etc. achieved —*adj.* establishing a record as the best, largest, etc. *[a record crop]* —**for the record** officially —**go on record** to state one's opinions publicly —**have a record** to have been convicted of criminal offences —**off the record** confidential(ly) —**on record** publicly declared

**recorded delivery** a post office service by which an official record of posting and delivery is obtained for a letter or package

**recorder** *n.* **1.** one who keeps records **2.** a machine or device that records; esp., *same as* TAPE RECORDER **3.** a kind of flute **4.** a barrister or solicitor who is appointed to act as a judge in certain courts

**recording** *n.* **1.** the act of one that records **2.** what is recorded, as on a disc or tape —*adj.* that records

**Record Office** the state department responsible for public and state records: also **Public Record Office**

**record player** a gramophone operated electrically or electronically

**recount** (ri kount′) *vt.* [see RE- & COUNT[1]] to tell in detail; narrate

**re-count** (rē′kount′; *for n.* rē′kount′) *vt.* to count again —*n.* a second count, as of votes: also **recount**

**recoup** (ri kōōp′) *vt.* [< Fr. *re-*, again + *couper*, to cut] **1.** *a*) to make up for *[to recoup a loss]* *b*) to regain **2.** to reimburse —*n.* a recouping —**recoup′ment** *n.*

**recourse** (ri kôrs′) *n.* [see RE- & COURSE] **1.** a turning for aid, safety, etc. *[he had recourse to the law]* **2.** that to which one turns seeking aid, safety, etc.

**recover** (ri kuv′ər) *vt.* [< L. *recuperare*] **1.** *a*) to get back (something lost, stolen, etc.) *b*) to regain (health, etc.) **2.** to compensate for *[to recover losses]* **3.** to save (oneself) from a fall, loss of control, betrayal of feeling, etc. **4.** *Law* to get or get back by final judgment in a court —*vi.* to regain health, balance, control, etc.

**recovery** *n., pl.* **-eries** a recovering; specif., *a*) a regaining of something lost *b*) a return to health *c*) a regaining of balance, composure, etc.

**recreant** (rek′rē ənt) *adj.* [< OFr. *recreire*, surrender allegiance] **1.** cowardly **2.** disloyal; traitorous —*n.* **1.** a coward **2.** a traitor —**rec′reancy** *n.*

**recreation** (rek′rē ā′shən) *n.* [< L. *recreare*, refresh] any form of play, amusement, etc. used for refreshment of body or mind —**rec′rea′tional** *adj.*

**recriminate** (ri krim′ə nāt′) *vi.* **-nat′ed, -nat′ing** [see RE- & CRIME] to answer an accuser by accusing him in return —**recrim′ina′tion** *n.* —**recrim′inatory** (-nə tə rē), *adj.*

**recrudesce** (rē′krōō des′) *vi.* **-desced′, -desc′ing** [< L. *re-*, again + *crudus*, raw] to break out again after being relatively inactive —**re′crudes′cence** *n.*

**recruit** (ri krōōt′) *vt.* [< Fr. < L. *re-*, again + *crescere*, grow] **1.** to enlist (personnel) into an army or navy **2.** to enlist (new members) for a party, organization, etc. —*vi.* to enlist new personnel, esp. for a military force —*n.* **1.** a recently enlisted soldier, sailor, etc. **2.** a new member of any group —**recruit′ment** *n.*

**rectal** (rek′t′l) *adj.* of, for, or near the rectum

**rectangle** (rek′taṇ′g′l) *n.* [< L. *rectus*, straight + ANGLE[1]] any four-sided plane figure with four right angles —**rectan′gular** *adj.*

**rectify** (rek′tə fī′) *vt.* **-fied′, -fy′ing** [< L. *rectus*, straight + *facere*, make] **1.** to put right; correct **2.** *Chem.* to refine or purify (a liquid) by distillation **3.** *Elec.* to convert (alternating current) to direct current —**rec′tifica′tion** *n.* —**rec′tifi′er** *n., adj.*

**rectilinear** (rek′tə lin′ē ər) *adj.* [< LL. *rectus*, straight + *linea*, LINE[1]] **1.** in or forming a straight line **2.** bounded or formed by straight lines Also **rec′tilin′eal**

**rectitude** (rek′tə tyōōd′) *n.* [< L. *rectus*, straight] **1.** honesty; uprightness of character **2.** correctness of judgment or method

**recto** (rek′tō) *n., pl.* **-tos** [< L. *recto*, to the right] *Printing* any right-hand page of a book

**rector** (rek′tər) *n.* [< L. *regere*, to rule] **1.** *Anglican Ch.* a clergyman in charge of a parish in which the incumbent was formerly entitled to the whole of the tithes **2.** *R.C.Ch.* the head priest of a parish, or of a college, etc. **3.** in certain academic institutions, the principal or head

**rectory** *n., pl.* **-ries** the residence of a clergyman who is a rector

**rectum** (rek′təm) *n., pl.* **-tums, -ta** [< L. *rectum* (*intestinum*), straight (intestine)] the last segment of the large intestine, ending at the anus

**recumbent** (ri kum′bənt) *adj.* [< L. *re-*, back + *cumbere*, lie down] lying down; reclining

**recuperate** (ri kyōō′pə rāt′) *vt., vi.* **-at′ed, -at′ing** [< L. *recuperare*, recover] to recover (losses, health, etc.) —**recu′pera′tion** *n.* —**recu′perative** *adj.*

**recur** (ri kur′) *vi.* **-curred′, -cur′ring** [< L. *re-*, back + *currere*, run] **1.** to occur again or at intervals **2.** to return in thought, talk, etc. *[to recur to a topic]* —**recur′rence** (-kur′-) *n.* —**recur′rent** (-kur′-) *adj.*

**recusant** (rek′yoo zənt) *n.* [< L. *recusare*, to reject] a person who refuses to obey an established authority; specif., in England in the 16th to 18th cent., a Roman Catholic who refused to attend the services of the Church of England —**rec′usancy** *n.*

**recycle** (rē sī′k′l) *vt., vi.* **-cled, -cling** **1.** to pass through a cycle again **2.** to use again and again, as a single supply of water **3.** to change (waste substances) into a usable form

**red** (red) *n.* [OE. *read*] **1.** a colour varying in hue from that of blood to pink **2.** a pigment producing this colour **3.** [*often* **R-**] a political radical; esp., a communist

4. anything coloured red, as a red draughts piece —*adj.* **red'der, red'dest** 1. of the colour red 2. auburn: said of hair 3. a) flushed or blushing b) bloodshot c) sore 4. [R-] radical; esp., communist —**in the red** in debt or losing money —**see red** [Colloq.] to become angry —**red'dish** *adj.* —**red'ness** *n.*

**red blood cell** *same as* ERYTHROCYTE

**red-blooded** *adj.* vigorous, lusty, etc.

**redbreast** *n.* the robin

**redbrick, red-brick** *adj.* [< the typical building material] of a British university of relatively recent foundation —*n.* a redbrick university

**red carpet** a very grand welcome and entertainment

**redcoat** *n.* 1. a British soldier in a uniform with a red coat 2. [Canad. Colloq.] a Mountie

**Red Crescent** a Moslem organization equivalent to the Red Cross

**Red Cross** an international society for the relief of suffering in time of war or disaster

**red deer** a deer native to Europe and Asia

**redden** *vt., vi.* to make or become red

**redeem** (ri dēm') *vt.* [< L. *re(d)-*, back + *emere*, buy] 1. to get or buy back; recover 2. to pay off (a mortgage, etc.) 3. to convert (bonds, tokens, etc.) into cash 4. a) to ransom b) to deliver from sin 5. to fulfil (a promise) 6. a) to make amends or atone for b) to restore (oneself) to favour c) to make worthwhile —**redeem'er** *n.*

**redemption** (ri demp'shən) *n.* [see prec.] 1. a redeeming or being redeemed 2. something that redeems

**Red Ensign** the flag flown by the British merchant navy, having the Union Jack on a red background at the upper corner: the national flag of Canada until 1965

**redeploy** (rē'di ploi') *vt., vi.* to move (troops, etc.) from one front or area to another —re'**deploy'ment** *n.*

**redeye** (red'ī) *n.* [Canad. Slang] a drink of beer and tomato juice

**redfish** *n.* [Canad.] *same as* KOKANEE

**red flag** 1. the emblem of revolution 2. a danger signal

**red-handed** (red'han'did) *adv., adj.* in the very act of committing a crime

**red hat** a wide-brimmed, flat, red hat: symbol of a cardinal's rank

**redhead** *n.* a person with red hair —**red'head'ed** *adj.*

**red herring** 1. something used to turn attention away from the basic issue 2. a smoked herring

**red-hot** *adj.* 1. hot enough to glow 2. very excited, angry, etc. 3. very new; up-to-the-minute

**Rediffusion** (rē'di fyōō'zhən) *Trademark* in Britain, a system by which radio or television programmes are relayed to subscribers from a receiver via cables

**Red Indian** a N American Indian

**redistribution** (rē'dis trə byōō'shən) *n.* a revision of the number of seats in the Canadian House of Commons allocated to each province, made every ten years on the basis of a new census

**red lead** red oxide of lead, used in making paint, etc.

**red-letter** (red'let'ər) *adj.* designating a memorable or joyous day or event: from the custom of marking holidays on the calendar in red ink

**red light** 1. any warning signal 2. a red traffic light

**red-light district** a district containing many brothels

**red meat** meat that is red before cooking, as beef

**redo** (rē dōō') *vt.* **-did', -done', -do'ing** 1. to do again 2. to redecorate

**redolent** (red'ō lənt) *adj.* [< L. *re(d)-*, intens. + *olere*, to smell] 1. fragrant 2. smelling (*of*) [*redolent* of tar] 3. suggestive (*of*) —**red'olence** *n.*

**redouble** (rē dub'l) *vt., vi.* **-bled, -bling** 1. to make or become twice as great or twice as much 2. *Bridge* to double (a bid that an opponent has already doubled) —*n.* *Bridge* a redoubling

**redoubt** (ri dout') *n.* [< Fr.: see REDUCE] 1. a breastwork outside or within a fortification 2. any stronghold

**redoubtable** (ri dout'ə b'l) *adj.* [< L. *re-*, intens. + *dubitare*, to doubt] 1. inspiring fear 2. commanding respect —**redoubt'ably** *adv.*

**redound** (ri dound') *vi.* [< L. *re(d)-*, intens. + *undare*, to surge] 1. to have a result (*to* the credit or discredit of) 2. to recoil (*upon*)

**red pepper** 1. a plant with a red, many-seeded fruit 2. the fruit 3. the ground fruit or seeds, used for seasoning

**redpoll** *n.* a finch, the male of which has a red crown

**red rag** [Colloq.] anything which excites one to fury

**redress** (ri dres') *vt.* [see RE- & DRESS] to set right, as by making compensation for (a wrong, etc.) —*n.* 1. a redressing 2. compensation

**Red River cart** *Canad. Hist.* a strongly-built, two-wheeled ox or horse-drawn cart

**Red River Rebellion** the Métis uprising of 1869-70 against the Canadian government's takeover of their territory in the Red River region

**red salmon** any salmon having reddish flesh, esp. the sockeye salmon

**redshank** *n.* a sandpiper with red legs

**red shift** *Astron.* a shift towards longer wavelengths of the spectral lines of remote galaxies, thought to indicate an expanding universe

**redskin** *n.* [Colloq.] a North American Indian

**red squirrel** a squirrel with reddish fur

**redstart** (red'stärt') *n.* [RED + obs. *start*, tail] a small warbler with a reddish tail

**red tape** [< the tape used to tie official papers] rigid adherence to routine and regulations, causing delay in getting business done

**reduce** (ri dyōōs') *vt.* **-duced', -duc'ing** [< L. *re-*, back + *ducere*, to lead] 1.

to lessen, as in size, price, etc. **2.** to bring into a certain order **3.** to change to a different form *[to reduce to ashes]* **4.** to lower, as in rank or circumstances **5.** to subdue or conquer **6.** to compel by need *[reduced to stealing]* **7.** to make thin **8.** to simplify; explain **9.** *Arith.* to change in denomination or form without changing in value *[to reduce 4/8 to 1/2]* **10.** *Chem.* *a*) to decrease the positive valence of (an atom or ion) *b*) to remove the oxygen from *c*) to combine with hydrogen *d*) to bring into the metallic state by removing nonmetallic elements —*vi.* **1.** to become reduced **2.** to diet —**reduc'ible** *adj.*

‡**reductio ad absurdum** (ri duk'tē ō'-ad ab sur'dəm) [L., reduction to absurdity] *Logic* the disproof of a proposition by showing the logical conclusions drawn from it to be absurd

**reduction** (ri duk'shən) *n.* **1.** *a*) a reducing or being reduced *b*) the amount of this **2.** anything made by reducing, as a smaller copy —**reduc'tive** *adj.*

**redundancy payment** a sum of money given to a worker who is made redundant by an employer

**redundant** (ri dun'dənt) *adj.* [see REDOUND] **1.** more than enough; superfluous **2.** unnecessary to the meaning: said of words **3.** of a worker deprived of a job because he is no longer needed —**redun'dance, redun'dancy** *n.* —**redun'-dantly** *adv.*

**reduplicate** (ri dyōō'plə kāt') *vt.* **-cat'ed, -cat'ing** **1.** to redouble, double, or repeat **2.** to double (a syllable or word) to form a new word (as *tom-tom*), sometimes with changes (as *chitchat*) —**redu'plica'tion** *n.* —**redu'plicative** *adj.*

**redwing** (red'wiŋ') *n.* a thrush with an orange-red patch on the underside of the wings

**redwood** *n.* a giant N American evergreen tree

**re-echo** (rē ek'ō) *vt., vi.* **-ech'oed, -ech'o-ing** to echo back or again; resound

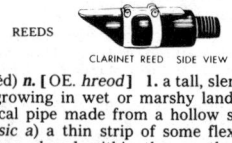


**reed** (rēd) *n.* [OE. *hreod*] **1.** a tall, slender grass growing in wet or marshy land **2.** a musical pipe made from a hollow stem **3.** *Music* *a*) a thin strip of some flexible substance placed within the mouthpiece of certain wind instruments: when vibrated by the breath, it produces a musical tone *b*) an instrument with a reed *c*) in some organs, a similar device that vibrates in a current of air

**reed bunting** *same as* ORTOLAN

**reedy** *adj.* **-ier, -iest** **1.** full of reeds **2.** made of reed **3.** slender, fragile, etc. **4.** thin; piping —**reed'ily** *adv.* —**reed'iness** *n.*

**reef**[1] (rēf) *n.* [prob. < ON. *rif*, rib] a ridge of rock, coral, or sand at or near the surface of the water

**reef**[2] *n.* [< or akin to prec.] a part of a sail which can be folded and tied down to reduce the area exposed to the wind —*vt.* to reduce (a sail) by taking in part of it

**reefer** *n.* **1.** a short, thick, double-breasted coat like a seaman's jacket **2.** [Slang] a marijuana cigarette

**reef knot** a double knot in which the free ends run parallel to the standing parts

**reek** (rēk) *vi.* [OE. *rec*] **1.** to have a strong, offensive smell **2.** to be permeated with —*n.* **1.** a strong, unpleasant smell **2.** [Chiefly Scot.] vapour; fume —**reek'y** *adj.*

**reel**[1] (rēl) *vi.* [< OE. *hreol*] **1.** to sway or stagger, as from dizziness or drunkenness **2.** to spin; whirl

**reel**[2] *n.* [prob. < REEL] **1.** any of various lively, esp. Scottish, dances **2.** music for these

**reel**[3] *n.* [OE. *hreol*] **1.** a spool on which thread, wire, film, fishing line, etc. is wound **2.** the quantity of wire, thread, film, etc. usually wound on one reel —*vt., vi.* to wind on a reel —**reel off** to tell, write, etc. easily and quickly

**re-entry** (rē en'trē) *n., pl.* **-tries** a re-entering; specif., a coming back, as of a space vehicle, into the earth's atmosphere

**reeve**[1] (rēv) *n.* [OE. *gerefa*] **1.** *Hist.* the chief officer of a town or district **2.** *Hist.* the overseer of a manor; steward **3.** [Canad.] the president of a local council esp. in a rural area

**reeve**[2] *vt.* **reeved** or **rove, rove** or **rov'-en, reev'ing** [prob. < Du. *reven*] *Naut.* **1.** to slip (a rope) through a block, ring, etc. **2.** *a*) to pass in, through, or round something *b*) to fasten by so doing

**ref** (ref) *n., vt., vi.* [Colloq.] *same as* REFEREE

**ref.** **1.** referee **2.** reference **3.** reformed

**refection** (ri fek'shən) *n.* [< L. *re-*, again + *facere*, make] a light meal

**refectory** (ri fek'tər ē) *n., pl.* **-ries** a dining hall in a monastery, convent, college, etc.

**refectory table** a long, narrow, rectangular table

**refer** (ri fur') *vt.* **-ferred', -fer'ring** [< L. *re-*, back + *ferre*, to bear] **1.** to direct (*to* someone or something) for aid, information, etc. **2.** to assign (*to*) as cause or origin **3.** to assign as belonging (*to* a kind, class, etc.) **4.** to submit (a quarrel, etc.) for settlement —*vi.* **1.** to relate or apply (*to*) **2.** to direct attention (*to*) **3.** to turn for information, aid, etc. (*to*) —**refer'able** *adj.* —**refer'ral** *n.*

**referee** (ref'ə rē') *n.* **1.** a person to whom something is referred for decision **2.** an official who enforces the rules in certain sports contests **3.** someone who testifies to the good character of another —*vt., vi.* **-eed', -ee'ing** to act as referee (in)

**reference** (ref′rəns) ***n.*** **1.** a referring or being referred **2.** *a*) an indication, as in a book, of some other work to be consulted *b*) the work so indicated **3.** *a*) the direction of attention to a person or thing *b*) a mention **4.** relation; regard; connection **5.** *a*) the giving of the name of a person who can offer information or recommendation *b*) the person so indicated *c*) a written statement giving the qualifications, abilities, etc. of someone seeking a position, etc. **—make reference to** to mention **—with reference to** concerning **—ref′eren′tial** (-ə ren′shəl) ***adj.***

**reference book** a book, such as an encyclopedia, from which information may be obtained

**reference library** a library where books may be consulted but not taken away by readers

**referendum** (ref′ə ren′dəm) ***n., pl.*** **-dums** or **-da** [L.: see REFER] **1.** the submission of a law, proposed or already in effect, to a direct vote of the people **2.** the vote itself

**refill** (rē fil′; *for n.* rē′fil) ***vt., vi.*** to fill again **—*n.*** a new filling; esp., a unit to replace the used-up contents of a container **—refill′able** ***adj.***

**refine** (ri fīn′) ***vt., vi.*** **-fined′, -fin′ing** [RE- + FINE[1], *v.*] **1.** to free or become free from impurities, etc. **2.** to make or become more polished or elegant **—refin′er** ***n.***

**refined** ***adj.*** **1.** cultivated; elegant **2.** characterized by great subtlety, precision, etc. **3.** purified

**refinement** ***n.*** **1.** *a*) a refining or being refined *b*) the result of this **2.** delicacy or elegance of speech, manners, etc. **3.** a development; improvement **4.** a subtlety

**refinery** ***n., pl.*** **-eries** a plant for refining such raw materials as oil, metal, sugar, etc.

**refit** (rē fit′; *also for n.* rē′fit′) ***vt., vi.*** **-fit′ted, -fit′ting** to make or be made ready or fit for use again, as by repairing **—*n.*** a refitting

**reflation** (rē flā′shən) ***n.*** [RE- + (IN)FLATION] **1.** an increase in money supply designed to cause an increase in economic activity **2.** the increase in economic activity **—refla′tionary** ***adj.***

**reflect** (ri flekt′) ***vt.*** [< L. *re-*, back + *flectere,* to bend] **1.** to throw back (light, heat, or sound) **2.** to give back an image of; mirror **3.** to bring as a consequence (with *on*) *[*deeds that *reflect* honour on him*]* **4.** to show *[*skills that *reflect* years of training*]* **5.** to realize (*that*) **—*vi.*** **1.** to be thrown back *[*light *reflecting* from the water*]* **2.** to throw back light, heat, etc. **3.** to give back an image **4.** to think seriously (*on* or *upon*) **5.** to cast blame or discredit (*on* or *upon*)

**reflection, reflexion** ***n.*** **1.** a reflecting or being reflected **2.** anything reflected; specif., an image **3.** *a*) serious thought *b*) an idea, remark, etc. that comes from such thought **4.** *a*) discredit *b*) a statement casting, or an action bringing, discredit

**reflective** ***adj.*** **1.** reflecting **2.** thoughtful

**reflector** ***n.*** **1.** a surface, object, or device that reflects radiant energy, as light, sound, etc. **2.** a reflecting telescope

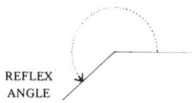


**reflex** (rē′fleks) ***n.*** [see REFLECT] **1.** *a*) a reflex action *b*) any quick, automatic response *c*) [*pl.*] ability to react quickly and effectively **2.** reflection **3.** a reflected image **—*adj.*** **1.** coming in reaction; esp., designating an involuntary action, as a sneeze, resulting when a stimulus is directly transmitted to the muscle or gland that responds **2.** *Geom.* designating an angle greater than a straight angle (180°) **3.** turned or bent back

**reflexive** (rē flek′siv) ***adj.*** **1.** *Gram.* *a*) designating a verb whose subject and object refer to the same person or thing ("I *wash* myself") *b*) designating a pronoun used as the object of such a verb **2.** reflex **—*n.*** a reflexive verb or pronoun

**reform** (ri fôrm′) ***vt.*** [see RE- & FORM] **1.** to make better by stopping abuses, introducing better procedures, etc. **2.** to cause (a person) to behave better **—*vi.*** to become better; give up bad ways **—*n.*** **1.** a correction of faults or evils, as in government **2.** an improvement in character and conduct **—reform′ative** ***adj.***

**reformation** (ref′ər mā′shən) ***n.*** **1.** a reforming or being reformed **2.** [**R-**] the 16th-cent. religious movement that aimed at reforming the Roman Catholic Church and resulted in establishing the Protestant churches

**reformatory** (ri fôr′mə tər ē) ***n., pl.*** **-ries** formerly, an institution to which young offenders were sent for training **—*adj.*** reforming or aiming at reform

**reformed** ***adj.*** **1.** improved or corrected **2.** [**R-**] designating a Protestant church

**reformer** ***n.*** a person who seeks to bring about reform, esp. political or social reform

**refract** (ri frakt′) ***vt.*** [< L. *re-*, back + *frangere,* to break] to cause (a ray of light, heat, etc.) to undergo refraction **—refrac′tive** ***adj.*** **—refract′or** ***n.***

**refraction** ***n.*** **1.** the bending of a ray or wave of light, heat, or sound, as it passes obliquely from one medium to another **2.** the ability of the eye to refract light entering it, so as to form an image on the retina

**refractory** ***adj.*** [see REFRACT] **1.** hard to manage; stubborn **2.** hard to melt or work: said of ores or metals **3.** not yielding to treatment, as a disease

**refrain[1]** (ri frān′) ***vi.*** [< L. *re-*, back + *frenare,* to curb] to hold back; keep oneself (*from* doing something)

**refrain[2]** ***n.*** [see REFRACT] **1.** a phrase or verse repeated at intervals in a song or poem **2.** music for this

**refrangible** (ri fran′jə b'l) *adj.* [< REFRACT] that can be refracted, as light rays

**refresh** (ri fresh′) *vt.* [see RE- & FRESH] **1.** to make (another or oneself) feel cooler, stronger, etc., as by food, drink, or sleep **2.** to make fresh by cooling, wetting, etc. **3.** to revive (the memory, etc.) **4.** to replenish —*vi.* to revive —**refresh′er** *n.* —**refresh′ing** *adj.*

**refreshment** *n.* **1.** a refreshing or being refreshed **2.** something that refreshes **3.** [*pl.*] food or drink or both

**refrigerant** (ri frij′ər ənt) *n.* any of various liquids that vaporize at a low temperature, used in mechanical refrigeration —*adj.* that refrigerates; cooling or freezing

**refrigerate** (ri frij′ə rāt′) *vt.* **-at′ed, -at′ing** [< L. *re-*, intens. + *frigus*, cold] **1.** to make or keep cool or cold **2.** to preserve (food, etc.) by keeping cold or freezing —**refrig′era′tion** *n.*

**refrigerator** *n.* a box, cabinet, or room in which food, etc. is kept cool

**reft** (reft) *adj.* bereft

**refuel** (rē fyōō′əl) *vt.* **-fu′elled, -fu′elling** to supply again with fuel —*vi.* to take on a fresh supply of fuel

**refuge** (ref′yōōj) *n.* [< L. *re-*, back + *fugere*, flee] **1.** shelter or protection from danger, difficulty, etc. **2.** a place of safety; shelter

**refugee** (ref′yoo jē′) *n.* a person who flees from his home or country to seek refuge elsewhere

**refulgent** (ri ful′jənt) *adj.* [< L. *refulgere*, to reflect light] shining; radiant —**reful′gence** *n.*

**refund** (ri fund′; *for n.* rē′fund′) *vt., vi.* [< L. *re-*, back + *fundere*, pour] to give back (money, etc.) —*n.* the act of refunding or the amount refunded

**refurbish** (ri fur′bish) *vt.* [RE- + FURBISH] to brighten, freshen, or polish up again

**refusal** (ri fyōō′z'l) *n.* **1.** the act of refusing **2.** the chance to accept or refuse something before it is offered to another

**refuse**[1] (ri fyōōz′) *vt.* **-fused′, -fus′ing** [see REFUND] **1.** to decline to accept; reject **2.** to decline to do, give, etc. **3.** to stop short at (a fence, etc.) without jumping it: said of a horse —*vi.* to decline to accept, agree to, or do

**refuse**[2] (ref′yōōs) *n.* [see REFUND] anything thrown away or rejected as worthless or useless; waste; rubbish

**refute** (ri fyōōt′) *vt.* **-fut′ed, -fut′ing** [< L. *refutare*, repel] **1.** to prove (a person) wrong **2.** to prove (an argument or statement) to be false or wrong, by argument or evidence: sometimes incorrectly used to mean *deny* —**refut′ably** *adj.* —**refutation** (ref′yōō tā′shən) *n.*

**regain** (ri gān′) *vt.* **1.** to get back again; recover **2.** to get back to

**regal** (rē′gəl) *adj.* [< L. *rex*, king] of, like, or fit for a king; splendid, stately, etc. —**regality** (rē gal′ə tē) *n.*

**regale** (ri gāl′) *vt.* **-galed′, -gal′ing** [< Fr. *ré-*, RE- + OFr. *gale*, joy] **1.** to delight (*with*) **2.** to entertain by providing a feast

**regalia** (ri gāl′yə) *n.pl.* [L.: see REGAL] **1.** the insignia of kingship, as a crown, sceptre, etc. **2.** the insignia or decorations of any rank, society, etc.

**regard** (ri gärd′) *n.* [see RE- & GUARD] **1.** a firm, fixed look; gaze **2.** consideration; concern **3.** respect and affection **4.** reference [*in regard* to your plan] **5.** [*pl.*] good wishes [*give* my *regards* to Bill] —*vt.* **1.** to look at with a firm, steady gaze **2.** to take into account **3.** to hold in affection and respect **4.** to think of in a certain light [*to regard* taxes as a burden] **5.** to concern [this *regards* your welfare] —**as regards** concerning —**without regard to** without considering —**regard′ful** *adj.*

**regarding** *prep.* concerning; about

**regardless** *adj.* without regard; heedless; careless —*adv.* [Colloq.] without regard for objections, difficulties, etc.; anyway —**regardless of** in spite of

**regatta** (ri gat′ə) *n.* [It.] a series of boat races

**regency** (rē′jən sē) *n., pl.* **-cies** **1.** the position or authority of a regent or group of regents **2.** a group of men serving as regents **3.** the time during which a regent or regency governs; specif., [**R-**] in Britain, the period between 1811 and 1820

**regenerate** (ri jen′ər it; *for v.* -ə rāt′) *adj.* [see RE- & GENERATE] **1.** spiritually reborn **2.** renewed or restored —*vt.* **-at′ed, -at′ing** **1.** to cause to be spiritually reborn **2.** to cause to be completely reformed **3.** to bring into existence again **4.** *Biol.* to grow anew (a part to replace one hurt or lost) **5.** *Physics* to restore (a battery, etc.) to its original state —*vi.* **1.** to form again **2.** to be spiritually reborn —**regen′era′tion** *n.* —**regen′erative** *adj.*

**regent** (rē′jənt) *n.* [< L. *regere*, to rule] a person appointed to rule a monarchy when the sovereign is absent, too young, or incapacitated —*adj.* acting in place of a king or ruler —**re′gentship′** *n.*

**reggae** (reg′ā) *n.* [< ?] a form of popular music of Jamaican origin, characterized by a strong rhythm and influenced by calypso and rock-and-roll

**regicide** (rej′ə sīd′) *n.* [see REGAL + -CIDE] **1.** a person who kills a king **2.** the killing of a king

**regime, régime** (rā zhēm′) *n.* [< Fr.: see ff.] **1.** a form of government or rule **2.** a social system **3.** *same as* REGIMEN

**regimen** (rej′ə mən) *n.* [< L., *regere*, to rule] a system of diet, exercise, etc. for promoting health

**regiment** (rej′ə mənt; *for v.* -ment′) *n.* [< L. *regere*, to rule] **1.** an army unit usually containing a number of subunits, such as batteries or squadrons **2.** a large number —*vt.* **1.** to organize in a rigid system under strict discipline and control **2.** to form into regiments —**reg′imen′tal** *adj.* —**reg′imenta′tion** *n.*

**regimentals** (rej′ə men′t'lz) *n.pl.* **1.** a

regiment's uniform and insignia **2.** military uniform

**regimental sergeant major** *see* WARRANT OFFICER

**regina** (rə jī′nə) ***n.*** [L.] [also **R-**] queen

**region** (rē′jən) ***n.*** [< L. *regere,* to rule] **1.** a part of the earth's surface, esp. a part having a specified feature [a coastal *region*] **2.** any area, place, etc. or sphere, realm, etc. [the upper *regions* of the air, a *region* of research] **3.** an administrative division of a country, as in Scotland, or of a Canadian province, such as Ontario **4.** a part of the body [the abdominal *region*] —**in the region of** approximately —**re′gional** ***adj.***

**register** (rej′is tər) ***n.*** [< L. *regerere,* to record] **1.** *a*) a list of names, items, etc. *b*) a book in which this is kept **2.** a device for recording fares paid, money deposited, etc. [a cash *register*] **3.** an opening into a room by which the amount of air passing, as from a furnace, can be controlled **4.** *Music a*) a part of the range of a voice or instrument *b*) an organ stop, or the tone quality it produces **5.** *Printing* exact placing of lines, pages, etc. —***vt.*** **1.** to enter in a record or list **2.** to indicate as on a scale **3.** to show [to *register* surprise] **4.** to safeguard (a letter, etc.) by having its committal to the postal system recorded, for a fee —***vi.*** **1.** to enter one's name, as in a hotel register **2.** to make an impression

**registered post** a postal service, by which, for a fee, either delivery of post or compensation for its loss is guaranteed

**registrar** (rej′i strär′) ***n.*** **1.** an official who keeps records, as of the students in a college **2.** a hospital doctor senior to a houseman and junior to a consultant

**registration** (rej′i strā′shən) ***n.*** **1.** a registering or being registered **2.** an entry in a register

**registration plate** *same as* NUMBER PLATE

**registry** (rej′is trē) ***n., pl.*** **-tries** **1.** an office where registers are kept **2.** *same as* REGISTRATION

**registry office** a government office where civil marriages are performed and births, marriages, and deaths are recorded

**regius** (rē′jē əs) ***adj.*** [< L. *rex,* king] designating certain professors holding chairs founded by royal charter

**regmaker** (rekh′mä′kər) ***n.*** [< Afrik., right maker] [S Afr.] a drink to relieve symptoms of a hangover

**regnant** (reg′nənt) ***adj.*** [< L. *regnare,* to reign] **1.** reigning **2.** predominant **3.** prevalent

**regress** (ri gres′) ***vi.*** [< L. *re-,* back + *gradi,* go] **1.** to move backwards **2.** to revert to an earlier form —**regres′sion** ***n.*** —**regres′sive** ***adj.***

**regret** (ri gret′) ***vt.*** **-gret′ted, -gret′ting** [< OFr. *regreter,* mourn] **1.** to feel troubled or remorseful over (one's acts, etc.) **2.** to be sorry about or mourn for (a person or thing gone, lost, etc.) —***n.*** **1.** a troubled feeling or remorse, esp. over one's acts or omissions **2.** sorrow over a person or thing gone, lost, etc. —**(one's) regrets** a polite expression of regret, as at declining an invitation —**regret′ful** ***adj.*** —**regret′table** ***adj.*** —**regret′tably** ***adv.***

**regular** (reg′yoo lər) ***adj.*** [see RULE] **1.** usual; customary **2.** conforming to a rule, type, etc.; orderly; symmetrical **3.** consistent, steady, etc. [a *regular* customer] **4.** conforming to a fixed principle or procedure **5.** functioning in a normal way **6.** properly qualified [a *regular* doctor] **7.** [Colloq.] absolute [a *regular* nuisance] **8.** *Eccles.* belonging to a religious order and adhering to its rule **9.** *Gram.* conforming to the usual type as in inflection **10.** *Math.* having all angles and sides equal **11.** *Mil.* designating or of the permanent army of a country —***n.*** **1.** a member of a regular army **2.** [Colloq.] a regular customer, visitor, etc. —**reg′ular′ity** (-lar′ə tē) ***n.*** —**reg′ularly** ***adv.***

**regulate** (reg′yoo lāt′) ***vt.*** **-lat′ed, -lat′ing** [see RULE] **1.** to adjust to a standard, rate, etc. [*regulate* price rises] **2.** to adjust (a clock, etc.) so as to make operate accurately **3.** to control or direct according to a rule, principle, etc.

**regulation** (reg′yoo lā′shən) ***n.*** **1.** a regulating or being regulated **2.** a rule by which conduct, etc. is regulated —***adj.*** **1.** required by regulation [a *regulation* uniform] **2.** usual; normal

**regulator** (reg′yoo lāt′ər) ***n.*** a person or thing that regulates, esp. the device in a watch or clock by which its speed is adjusted

**regurgitate** (ri gur′jə tāt′) ***vi., vt.*** **-tat′ed, -tat′ing** [< ML. *re-,* back + LL. *gurgitare,* to surge] to surge or flow back; specif., to bring (partly digested food) from the stomach back to the mouth —**regur′gita′tion** ***n.***

**rehabilitate** (rē′ə bil′ə tāt′) ***vt.*** **-tat′ed, -tat′ing** [< ML. *rehabilitare,* to restore] **1.** to help (one who is ill or disabled, or has just been released from prison) to readjust to society, a new job, etc., as by therapy or special training **2.** to restore to rank, reputation, etc. which one has lost **3.** to put back in good condition —**re′habil′ita′tion** ***n.***

**rehash** (rē hash′; *for n.* rē′hash) ***vt.*** [RE- + HASH[1]] to put something, as an idea, joke, etc. which has already been used, into a slightly different form, without significant improvement —***n.*** the act or result of rehashing

**rehearse** (ri hurs′) ***vt.*** **-hearsed′, -hears′ing** [< OFr. *re-,* again + *herser,* to harrow] **1.** to practise (a play, concert, etc.) in preparation for a public performance **2.** to recite **3.** to tell in detail **4.** to drill (a person) in what he is to do —***vi.*** to rehearse a play, etc. —**rehears′al** ***n.***

**Reich** (rīk) ***n.*** [G.] *Hist.* the German government; specif., the German fascist state under the Nazis from 1933 to 1945 (**Third Reich**)

**reign** (rān) ***n.*** [< L. *regere,* to rule] **1.** royal power **2.** dominance; prevalence

**3.** the period of rule, dominance, etc. —*vi.* **1.** to rule as a sovereign **2.** to prevail [peace *reigns*]

**reimburse** (rē′im bûrs′) *vt.* **-bursed′, -burs′ing** [RE- + archaic *imburse,* to pay] **1.** to pay back (money spent) **2.** to compensate (a person) for expenses, losses, etc. —**re′imburse′ment** *n.*

**rein** (rān) *n.* [see RETAIN] **1.** a narrow strip of leather attached to each end of a horse's bit and held by the rider or driver to control the animal: *usually pl.* **2.** [*pl.*] a means of controlling [the *reins* of government] —*vt.* to guide, control, etc. as with reins —*vi.* to stop or slow down as with reins (with *in* or *up*) —**give (free) rein to** to allow to act without restraint

**reincarnation** (rē′inkär nā′shən) *n.* a rebirth of the soul in another body —**rein-car′nate** *vt.*

**reindeer** (rān′dēər′) *n., pl.* **-deer′,** occas. **-deers′** [< ON. *hreinn,* reindeer + *dyr,* deer] a large deer with branching antlers, found in northern regions and often domesticated

**reinforce** (rē′in fôrs′) *vt.* **-forced′, -forc′ing** [RE- + var. of ENFORCE] **1.** to strengthen, as by propping, adding new material, etc. **2.** to strengthen (a military or naval force) with more troops, ships, etc.

**reinforced concrete** concrete containing steel bars or mesh to increase its strength

**reinforcement** *n.* **1.** a reinforcing or being reinforced **2.** anything that reinforces; specif., [*pl.*] additional troops, ships, etc.

**reinstate** (rē′in stāt′) *vt.* **-stat′ed, -stat′ing** to restore to a former condition, position, etc. —**re′instate′ment** *n.*

**reiterate** (rē it′ə rāt′) *vt.* **-at′ed, -at′ing** [see RE- & ITERATE] to say or do again or repeatedly —**reit′era′tion** *n.*

**reject** (ri jekt′; *for n.* rē′jekt) *vt.* [< L. *re-,* back + *jacere,* to throw] **1.** to refuse to take, agree to, use, believe, etc. **2.** to deny love or acceptance to (someone) **3.** *Physiol.* to be incompatible with (a part or organ transplanted into the body) —*n.* a thing or person rejected as unsatisfactory, useless, etc. —**rejec′tion** *n.*

**rejig** (rē′jig′) *vt.* **-jigged′, -jig′ging** [< RE- + JIG] **1.** to reequip a factory, etc. **2.** to change or rearrange, esp. in an unscrupulous way

**rejoice** (ri jois′) *vi., vt.* **-joiced′, -joic′ing** [< OFr. *rejoir*] to be or make glad or happy (often with *at* or *in*)

**rejoin** (ri join′) *vt., vi.* **1.** to join again **2.** to answer

**rejoinder** *n.* an answer; retort

**rejuvenate** (ri jōō′və nāt′) *vt.* **-nat′ed, -nat′ing** [< RE- + L. *juvenis,* young] **1.** to make young again **2.** to make seem new or fresh again —**reju′vena′tion** *n.*

**relapse** (ri laps′) *vi.* **-lapsed′, -laps′ing** [< L. *relabi,* to slip back] to slip back into a former condition, esp. into illness after apparent recovery —*n.* a relapsing

**relate** (ri lāt′) *vt.* **-lat′ed, -lat′ing** [< L. *referre,* bring back] **1.** to tell the story of; narrate **2.** to connect, as in thought or meaning; show a relation between —*vi.* **1.** to have reference or some connection (*to*) **2.** to show sympathy and understanding

**related** *adj.* **1.** connected **2.** of the same family

**relation** *n.* **1.** a narrating **2.** what is narrated **3.** connection, as in thought, meaning, etc. **4.** connection by blood or marriage; kinship **5.** a person related to others by kinship; relative **6.** [*pl.*] *a*) the connections between or among persons, groups, nations, etc. *b*) sexual intercourse —**in** (or **with**) **relation to** concerning —**rela′tionship** *n.*

**relative** (rel′ə tiv) *adj.* **1.** regarded in relation to something else; comparative [*relative* comfort] **2.** meaningful only in relationship ["cold" is a *relative* term] **3.** relevant **4.** related each to the other **5.** *Gram. a*) designating a word that introduces a subordinate clause and refers to an antecedent ["which" is a *relative* pronoun in "the hat which you bought"] *b*) introduced by such a word [a *relative* clause] —*n.* **1.** a person related to others by kinship **2.** a relative word —**relative to 1.** concerning **2.** in proportion to —**rel′atively** *adv.*

**relativity** (rel′ə tiv′ə tē) *n.* **1.** *Physics* the theory of the relative, rather than absolute, character of motion, velocity, mass, time, etc., as developed esp. by Albert Einstein **2.** a being relative

**relax** (ri laks′) *vt., vi.* [< L. *re-,* back + *laxare,* loosen] **1.** to make or become less firm, stiff, or tense **2.** to make or become less strict or intense, as discipline **3.** to rest or give rest to, from work, worry, etc. —**relaxed′** *adj.*

**relaxation** (rē′lak sā′shən) *n.* **1.** a relaxing or being relaxed **2.** *a*) a lessening of or rest from work, worry, etc. *b*) recreation

**relay** (rē′lā; *for v., also* ri lā′) *n.* [< MFr. *re-,* back + *laier,* leave] **1.** a crew of workers relieving others; shift **2.** a fresh supply of horses, etc., as for a stage of a journey **3.** *same as* RELAY RACE **4.** *Elec.* a device activated by variations in conditions in one electric circuit and controlling a larger current or activating other devices in the same or another circuit —*vt.* **-layed, -laying** to convey as by relays [to *relay* news]

**relay race** (rē′lā) a race between teams, each runner going in turn only part of the total distance

**release** (ri lēs′) *vt.* **-leased′, -leas′ing** [see RELAX] **1.** to set free, as from confinement, work, etc. **2.** to let (a missile) go **3.** to permit to be issued, published, etc. **4.** to give up to someone else (a claim, right, etc.) —*n.* **1.** a freeing, as from prison, pain, etc. **2.** a letting loose of something caught, held, etc. **3.** a device for releasing a catch, etc., as on a machine **4.** *a*) a releasing to the public, as of a book, news, etc. *b*) the book, news, etc. released

**relegate** (rel′ə gāt′) *vt.* **-gat′ed, -gat′ing**

[< L. *re-*, away + *legare*, send] **1.** to consign or assign, esp. to an inferior position, specif., *Football* to demote (a team) to a lower division **2.** to exile or banish (*to*) —**rel'ega'tion** *n.*

**relent** (ri lent') *vi.* [< L. *re-*, again + *lentus*, pliant] to become less severe, stern, or stubborn

**relentless** *adj.* **1.** harsh; pitiless **2.** persistent; unremitting

**relevant** (rel'ə vənt) *adj.* [see RELIEVE] bearing upon or relating to the matter in hand —**rel'evance** *n.*

**reliable** (ri lī'ə b'l) *adj.* that can be relied on; dependable —**reli'abil'ity** *n.* —**reli'ably** *adv.*

**reliance** *n.* trust, dependence, or confidence —**reli'ant** *adj.*

**relic** (rel'ik) *n.* [< OFr.: see RELINQUISH] **1.** an object, custom, etc. that has survived from the past **2.** a souvenir **3.** [*pl.*] ruins **4.** the bodily remains of a saint, martyr, etc., or an object associated with him, reverenced as a memorial

**relict** (rel'ikt) *n.* [see RELINQUISH] [Archaic] a widow

**relief** (ri lēf') *n.* [see ff.] **1.** an easing, as of pain, anxiety, a burden, etc. **2.** anything that lessens tension, or offers a pleasing change **3.** any aid given in times of need, danger, or disaster **4.** *a*) release from work or duty *b*) those bringing such release by taking over a post **5.** *a*) the projection of sculptured forms from a flat surface *b*) a work of art so made **6.** the differences in height, collectively, of land forms, shown by lines, colours, or raised areas on a map (**relief map**) **7.** the freeing of a besieged town, fortress, etc. **8.** *a*) *Painting* the apparent solidity or projection of objects *b*) distinctness of outline **9.** goods or money given formerly under the Poor Law —**in relief** carved so as to project from a surface

**relieve** (ri lēv') *vt.* **-lieved', -liev'ing** [< L. *re-*, again + *levare*, raise] **1.** *a*) to ease or reduce (pain, anxiety, etc.) *b*) to free from pain, distress, etc. **2.** to give or bring aid to [*to relieve* a besieged city] **3.** to set free from a burden **4.** to set free from duty or work by replacing [to *relieve* a nurse] **5.** to make less tedious, etc. by providing a pleasing change **6.** to set off by contrast **7.** to ease (oneself) by urinating or defecating —**relieve someone of** to take from —**reliev'able** *adj.* —**reliev'er** *n.*

**relievo** (ri lē'vō) *n., pl.* **-vos** *same as* RELIEF (SENSE 5)

**religion** (ri lij'ən) *n.* [< L. *religio*] **1.** *a*) belief in a superhuman power or powers to be worshipped *b*) expression of this belief in conduct and ritual **2.** any specific system of belief, worship, etc., often involving a code of ethics **3.** the state or way of life of a person in a monastic order, etc. **4.** any object that is seriously pursued

**religiosity** (ri lij'ē os'ə tē) *n.* the quality of being excessively or mawkishly religious

**religious** (ri lij'əs) *adj.* **1.** that believes in a religion; devout **2.** of or concerned with religion **3.** belonging to a community of monks, nuns, etc. **4.** scrupulous —*n., pl.* **-gious** a member of a community of monks, nuns, etc.

**relinquish** (ri liŋ'kwish) *vt.* [< L. *re-*, from + *linquere*, leave] **1.** to give up (a plan, etc.) **2.** to surrender (a right, etc.) **3.** to let go (a grasp, etc.) —**relin'quishment** *n.*

**reliquary** (rel'ə kwər ē) *n., pl.* **-quaries** [see prec.] a small box in which relics are kept and shown

**relish** (rel'ish) *n.* [< OFr. *relais*, something remaining] **1.** enjoyment **2.** pickles, olives, etc. served with a meal to add flavour **3.** an appetizing flavour **4.** anything that gives pleasure, zest, etc. **5.** a trace (*of* some quality) —*vt.* to enjoy

**relive** (rē liv') *vt.* **-lived', -liv'ing** to experience again (a past event) as in the imagination

**relocate** (rē lō kāt') *vt., vi.* **-cat'ed, -cat'ing** to move to a new location —**re'loca'tion** *n.*

**reluctance** (ri luk'təns) *n.* **1.** unwillingness **2.** *Elec.* a measure of the opposition presented to the lines of force in a magnetic circuit

**reluctant** *adj.* [< L. *re-*, against + *luctari*, to struggle] **1.** unwilling or disinclined (*to* do something) **2.** marked by unwillingness [a *reluctant* answer]

**rely** (ri lī') *vi.* **-lied', -ly'ing** [< L. *re-*, back + *ligare*, to bind] to have confidence in; depend (with *on* or *upon*)

**remain** (ri mān') *vi.* [< L. *re-*, back + *manere*, to stay] **1.** to be left over when the rest has been taken away, destroyed, etc. **2.** to stay **3.** to go on being [to *remain* a cynic] **4.** to continue [hope *remains*] **5.** to be left to be dealt with, done, etc.

**remainder** *n.* **1.** those remaining **2.** what is left when a part is taken away **3.** a copy of a book disposed of at a low price by the publisher when the sale has fallen off **4.** *Arith.* what is left when a smaller number is subtracted from a larger —*vt.* to sell (books, etc.) as remainders

**remains** *n.pl.* **1.** what is left after part has been used, destroyed, etc. **2.** a dead body **3.** relics from the past [Roman *remains*]

**remand** (ri mānd') *vt.* [< L. *re-*, back + *mandare*, to order] *Law* **1.** to send (a prisoner or accused person) back into custody, as to await trial, etc. **2.** to send (a case) back to a lower court for further proceedings —*n.* a remanding or being remanded

**remand home** an institution to which juvenile offenders may be sent while waiting to appear before a court

**remark** (ri märk') *vt.* [< Fr. *re-*, intens. + *marquer*, to mark] **1.** to say or write as an observation **2.** to notice; observe —*vi.* to make an observation (*on* or *upon*) —*n.* **1.** a comment **2.** a noticing or observing

**remarkable** *adj.* 1. worthy of remark or notice 2. unusual; extraordinary —**remark'ably** *adv.*

**R.E.M.E.** Royal Electrical and Mechanical Engineers

**remedial** (ri mē'dēəl) *adj.* 1. providing, or intended to provide, a remedy 2. *Educ.* of or for slow or backward learners

**remedy** (rem'ə dē) *n., pl.* **-dies** [< L. *re-*, again + *mederi*, heal] 1. any medicine or treatment that cures or relieves a disease 2. something that corrects an evil or wrong —*vt.* **-died, -dying** to cure, correct, etc. —**reme'diable** (ri mē'-) *adj.*

**remember** (ri mem'bər) *vt.* [< L. *re-*, again + *memorare*, bring to mind] 1. to think of again 2. to bring back to mind by an effort; recall 3. to be careful not to forget 4. to keep (a person) in mind for a present, legacy, etc. 5. to mention as sending greetings (*to*) —*vi.* to bear in mind or call back to mind

**remembrance** *n.* 1. a remembering or being remembered 2. the power to remember 3. the extent of time over which one can remember 4. a souvenir or keepsake 5. [*pl.*] greetings

**Remembrance Day** the day commemorating those killed in World War I and World War II, celebrated in Britain on Armistice Day (November 11th) or the preceding Sunday (**Remembrance Sunday**), and in Canada, as a statutory holiday, on November 11th

**remind** (ri mīnd') *vt.* to put (a person) in mind (*of* something); cause to remember —**remind'er** *n.*

**reminisce** (rem'ə nis') *vi.* **-nisced', -nis'cing** [< ff.] to talk or write about one's past experiences

**reminiscence** *n.* [< L. *re-*, again + *memini*, remember] 1. a remembering of past experiences 2. a memory 3. [*pl.*] an account, written or spoken, of remembered experiences

**reminiscent** *adj.* 1. suggestive (*of*) 2. characterized by reminiscence

**remiss** (ri mis') *adj.* [see REMIT] careless in, or negligent about, carrying out a task

**remission** (ri mish'ən) *n.* 1. reduction of the term of prison sentence, as for good behaviour 2. lessening or leaving of pain or symptoms, etc. 3. forgiveness of sins, debts, etc.

**remit** (ri mit') *vt.* **-mit'ted, -mit'ting** [< L. *re-*, back + *mittere*, send] 1. to send (money) in payment 2. to refer (a matter) for consideration, judgment, etc.; specif., *Law same as* REMAND 3. to free someone from (a debt, tax, penalty, etc.) 4. to lessen [without *remitting* one's efforts] 5. to forgive (sins, etc.) —*vi.* 1. to send money in payment 2. to moderate: said esp. of an illness —*n.* (rē'mit) area of authority or competence; scope

**remittance** *n.* 1. the sending of money 2. the money sent

**remittent** *adj.* abating at intervals, as a fever

**remnant** (rem'nənt) *n.* [see REMAIN] what is left over, esp. a piece of cloth at the end of the bolt

**remonstrance** (ri mon'strəns) *n.* a remonstrating; protest, complaint, etc.

**remonstrate** (rem'ən strāt) *vi.* [< L. *re-*, again + *monstrare*, to show] to protest —*vt.* **-strated, -strating** to say in protest, objection, etc. —**remon'strant** (ri mon'-) *adj., n.* —**remonstration** (rem'ən strā'shən) *n.*

**remorse** (ri môrs') *n.* [< L. *re-*, again + *mordere*, to bite] 1. a deep, torturing sense of guilt over a wrong one has done 2. pity: now only in **without remorse,** pitilessly —**remorse'ful** *adj.* —**remorse'less** *adj.*

**remote** (ri mōt') *adj.* **-mot'er, -mot'est** [< L. *removere*, remove] 1. distant in space or time 2. secluded 3. distant in connection, relation, etc. 4. distantly related [a *remote* cousin] 5. distant in manner; aloof 6. slight [a *remote* chance] —**remote'ly** *adv.*

**remote control** control of aircraft, missiles, or other apparatus from a distance, as by radio waves

**remould** (rē'mōld'; *for n.* rē'mōld') *vt.* **-mould'ed, -mould'ing** [RE- + MOULD[1]] to cement, mould, and vulcanize a strip of rubber on the outer surface of (a worn tyre) —*n.* a remoulded tyre

**removal** (ri mōō'v'l) *n.* a removing or being removed; esp., a moving to somewhere else, as of a household

**removal man** a person whose work is packing and conveying furniture, etc. for those moving house

**remove** (ri mōōv') *vt.* **-moved', -mov'ing** [see RE- & MOVE] 1. to move (something) from where it is; take away or off 2. to dismiss, as from an office 3. to get rid of 4. to extract (*from*) —*vi.* to move away, as to another place of residence —*n.* 1. a removing 2. any step or degree [but one *remove* from war] 3. a move to another residence 4. a class in certain schools —**remov'able** *adj.* —**remov'er** *n.*

**remunerate** (ri myōō'nə rāt') *vt.* **-at'ed, -at'ing** [< L. *re-*, again + *munus*, gift] to pay (a person) for (a service, loss, etc.); reward; recompense —**remu'nera'tion** *n.* —**remu'nerative** *adj.*

**renaissance** (ri nā'səns) *n.* [Fr. < *re-*, again + *naître*, be born] 1. a rebirth; revival 2. [**R-**] *a*) the great revival of art, literature, and learning in Europe in the 14th, 15th, and 16th centuries *b*) the period of this *c*) the style of art, literature, architecture, etc. of this period

**renal** (rē'n'l) *adj.* [< L. *renes*, kidneys] of or near the kidneys

**renascent** (ri nas'ənt) *adj.* [see RE- & NASCENT] having or showing new life, strength, or vigour —**renas'cence** *n.*

**rend** (rend) *vt.* **rent, rend'ing** [OE. *rendan*] to tear or split with violence

**render** (ren'dər) *vt.* [< L. *re-*, back + *dare*, give] 1. to submit, as for approval, payment, etc. [*render* an account of your actions] 2. to give in return or pay as due 3. to cause to be; make [to *render* one helpless] **4.** *a*) to give (aid) *b*) to do (a service) **5.** to represent; depict **6.** to play (music), act (a role), etc. **7.** to translate **8.** to melt down (fat) **9.** *Masonry* to cover (brickwork, etc.) directly with a coat of plaster **—ren'dering** *n.*

**rendezvous** (ron'dē vōō') *n., pl.* **-vous'** (-vōōz') [< Fr. *rendez vous,* betake yourself] **1.** a meeting place **2.** *a*) an agreement to meet at a certain time or place *b*) the meeting itself **—*vi., vt.*** **-voused'** (-vōōd'), **-vous'ing** (-vōō'iŋ) to bring or come together at a rendezvous

**rendition** (ren dish'ən) *n.* a rendering; performance, translation, etc.

**renegade** (ren'ə gād') *n.* [< Sp. < L. *re-,* again + *negare,* deny] a person who abandons his party, principles, etc. to join the other side

**renege** (ri nēg') *vi.* **-neged', -neg'ing** [see prec.] **1.** to go back on a promise (often with *on*) **2.** *Card Games* same as REVOKE

**renew** (ri nyōō') *vt.* **1.** to reestablish **2.** to resume **3.** to repeat [*renew* a promise] **4.** to give or get an extension of [to *renew* a lease] **5.** to make new, fresh, or strong again **6.** to replace as by a fresh supply of **—renew'able** *adj.* **—renew'al** *n.*

**rennet** (ren'it) *n.* [< OE. *gerennan,* coagulate] **1.** the membrane lining the stomach of a calf **2.** an extract of this membrane, used to curdle milk, as in making junket **3.** any substance used to curdle milk

**renounce** (ri nouns') *vt.* **-nounced', -nounc'ing** [< L. *re-,* back + *nuntiare,* tell] **1.** to give up formally (a claim, right, etc.) **2.** to give up (a practice, belief, etc.) **3.** to disown

**renovate** (ren'ō vāt') *vt.* **-vat'ed, -vat'ing** [< L. *re-,* again + *novus,* new] to make fresh or sound again, as though new; repair, rebuild, etc. **—ren'ova'tion** *n.* **—ren'ova'tor** *n.*

**renown** (ri noun') *n.* [< OFr. *re-,* again + *nom(m)er,* to name] great fame or reputation **—renowned'** *adj.*

**rent**[1] (rent) *n.* [< L. *reddita,* paid] a stated payment at fixed intervals for the use of a house, land, etc. **—*vt.*** to get or give temporary possession or use of in return for rent **—*vi.*** to be leased or let for rent or a fee **—for rent** available to be rented

**rent**[2] *pt. & pp. of* REND

**rent**[3] *n.* [< REND] a hole or gap made by tearing or splitting

**rental** *n.* an amount paid or received as rent

**‡rentier** (ron'tē ā) [Fr.] a person who has a fixed income from lands, bonds, etc.

**renunciation** (ri nun'sē ā'shən) *n.* [see RENOUNCE] a renouncing, as of a right, claim, pursuit, etc.

**reorder** (rē ôr'dər) *vt.* **1.** to order again **2.** to put in order again **—*vi.*** to order goods again

**reorganize** (rē ôr'gə nīz') *vt., vi.* **-ized', -iz'ing** to organize again or anew **—reor'ganiza'tion** *n.*

**rep**[1] (rep) *n.* [Fr. *reps* < Eng. *ribs*] a ribbed fabric of silk, wool, cotton, rayon, etc.: also **repp**

**rep**[2] *n. short for:* **1.** REPERTORY (THEATRE) **2.** REPRESENTATIVE

**repaid** (rē pād') *pt. & pp. of* REPAY

**repair**[1] (ri pâr') *vt.* [< L. *re-,* again + *parare,* prepare] **1.** to put back in good condition after damage, decay, etc.; mend **2.** to remedy (a mistake, etc.) **3.** to make amends for (a wrong, etc.) **—*n.*** **1.** a repairing **2.** [*usually pl.*] work done in repairing **3.** the state of being fit for use [a car kept in *repair*] **4.** state with respect to being repaired [in bad *repair*] **—repair'er** *n.*

**repair**[2] *vi.* [< L. *re-,* back + *patria,* one's native country] to go (*to* a place)

**reparable** (rep'ər ə b'l) *adj.* that can be repaired, remedied, etc. **—rep'arably** *adv.*

**reparation** (rep'ə rā'shən) *n.* [see REPAIR[1]] **1.** a making up for a wrong or injury **2.** compensation; specif., [*usually pl.*] compensation by a defeated nation for damage done by it in a war

**repartee** (rep'är tē') *n.* [< Fr. *re-,* back + *partir,* to part] **1.** a quick, witty reply **2.** a series of such retorts; banter **3.** skill in making witty replies

**repast** (ri päst') *n.* [< RE- + L. *pascere,* to feed] food and drink; a meal

**repatriate** (rē pa trē āt'; *for n. usually* -it) ***vt., vi.*** **-at'ed, -at'ing** [see REPAIR[2]] to send back or return to the country of birth or citizenship **—*n.*** a person who has been repatriated **—repa'triа'tion** *n.*

**repay** (ri pā') *vt.* **-paid', -pay'ing** [OFr. *repaier*] **1.** *a*) to pay back **2.** to make some return for [*repay* a kindness] **—repay'able** *adj.* **—repay'ment** *n.*

**repeal** (ri pēl') *vt.* [see RE- & APPEAL] to revoke; cancel [to *repeal* a law] **—*n.*** the act of repealing

**repeat** (ri pēt') *vt.* [< L. *re-,* again + *petere,* seek] **1.** to say again **2.** to recite, as a poem **3.** to say (something) as said by someone else **4.** to tell to others [to *repeat* a secret] **5.** to do or make again **—*vi.*** **1.** to say or do again **2.** to recur **3.** to continue to be tasted, as because of belching: often with *on* **—*n.*** **1.** a repeating **2.** *a*) anything said or done again *b*) a rebroadcast of a radio or TV programme **3.** *Music a*) a passage repeated in playing *b*) a symbol for this **—repeat'edly** *adv.*

**repeater** *n.* **1.** a person or thing that repeats **2.** *same as* REPEATING FIREARM **3.** a watch that repeats the hour and the quarter just passed, when a spring is pressed

**repeating firearm** a firearm that can fire a number of shots without reloading

**repel** (ri pel') *vt.* **-pelled', -pel'ling** [< L. *re-,* back + *pellere,* drive] **1.** to drive or force back **2.** to spurn [she *repelled* his attentions] **3.** to disgust [the odour *repels* me] **4.** *a*) to be resistant to [plastic *repels* water] *b*) to fail to mix with [water *repels* oil] **—repel'lent** *adj., n.*

**repent** (ri pent') ***vi., vt.*** [< L. *re-,* again

+ *paenitere,* repent] **1.** to feel sorry for (an error, omission, etc.) **2.** to feel such regret over (some past act, etc.) as to change one's mind **—repent'ance** *n.* **—repent'ant** *adj.*

**repercussion** (rē'pər kush'ən) *n.* [see RE- & PERCUSSION] **1.** a reaction to some event or action: *usually used in pl.* **2.** reflection, as of sound

**repertoire** (rep'ər twär') *n.* [see ff.] the stock of plays, songs, etc. that a company, singer, etc. knows and is ready to perform

**repertory** (rep'ər tər ē) *n., pl.* **-ries** [< L. *reperire,* discover] **1.** a storehouse, or the things in it **2.** *same as* REPERTOIRE **3.** the system of play production used by a repertory theatre

**repertory theatre** a theatre with a repertoire of plays and a permanent company

**repetition** (rep'ə tish'ən) *n.* [< L. *repetitio*] **1.** a repeating **2.** something repeated **3.** a copy **—rep'e ti'tious, repet'itive** (ri pet'ə tiv) *adj.*

**repine** (ri pīn') *vi.* **-pined', -pin'ing** [RE- + PINE[2]] to feel discontent; complain; fret

**replace** (ri plās') *vt.* **-placed', -plac'ing** **1.** to put back in a former or the proper place **2.** to take the place of **3.** to provide an equivalent for **4.** to pay back; restore [*replace* stolen goods]

**replacement** *n.* **1.** a replacing or being replaced **2.** a person or thing that takes the place of another

**replenish** (ri plen'ish) *vt.* [< L. *re-,* again + *plenus,* full] **1.** to make full or complete again **2.** to supply again **—replen'ishment** *n.*

**replete** (ri plēt') *adj.* [< L. *re-,* again + *plere,* fill] **1.** well-filled; plentifully supplied **2.** stuffed with food and drink **—reple'tion** *n.*

**replica** (rep'li kə) *n.* [It.: see REPLY] a close copy, esp. of a work of art

**reply** (ri plī') *vi.* **-plied', -ply'ing** [< L. *re-,* back + *plicare,* to fold] **1.** to answer in speech or writing **2.** to respond by some action **—*vt.*** to say in answer **—*n., pl.* -plies'** an answer or response

**report** (ri pôrt') *vt.* [< L. *re-,* back + *portare,* carry] **1.** to give an account of; give information about **2.** to carry and repeat (a message, etc.) **3.** to write or broadcast an account of (news events) **4.** to give an official account of **5.** to make a charge about (an offence or offender) to a person in authority **—*vi.*** **1.** to make a report **2.** to present oneself [to *report* for duty] **3.** to be responsible (*to* a superior) **—*n.*** **1.** a statement or account **2.** rumour; gossip [*report* has it] **3.** a formal or official presentation of facts **4.** a statement of a child's progress in school sent to the parents **5.** reputation [of good *report*] **6.** a loud noise made by an explosion **—report progress** notify (someone) of the developments that have occurred

**reported speech** statement of what a person said, without quoting his exact words (Ex.: she said that she could not go)

**reporter** *n.* a person who reports; specif., a person who gathers information and writes reports for a newspaper, etc., or reports news on radio or TV

**repose**[1] (ri pōz') *vt.* **-posed', -pos'ing** [< L. *re-,* again + LL. *pausare,* to rest] to lay or place for rest **—*vi.*** **1.** to lie at rest **2.** to rest **3.** to rest in death **4.** to be supported [the shale *reposes* on limestone] **—*n.*** **1.** *a*) rest *b*) sleep **2.** composure **3.** calm; peace **—repose'ful** *adj.*

**repose**[2] *vt.* **-posed', -pos'ing** [see ff.] to place (trust, etc.) in

**repository** (ri poz'ə tər ē) *n., pl.* **-ries** [< L. *re-,* back + *ponere,* to place] **1.** a box, room, etc. in which things may be placed for safekeeping **2.** a person to whom something is confided

**repossess** (rē' pə zes') *vt.* to get possession of again; specif., to take back from a buyer who has failed to keep up payments **—re'posses'sion** *n.*

**reprehend** (rep'ri hend') *vt.* [< L. *re-,* back + *prehendere,* take] **1.** to reprimand or rebuke **2.** to find fault with

**reprehensible** (-hen'sə b'l) *adj.* deserving to be reprehended **—rep'rehen'sibly** *adv.*

**represent** (rep'ri zent') *vt.* [see RE- & PRESENT, *v.*] **1.** to be the equivalent of [a cave *represents* home] **2.** to be a substitute for **3.** to speak and act for by conferred authority, as a legislator for his constituents **4.** *a*) to be a symbol for *b*) to express by symbols **5.** to serve as a specimen, type, etc. of **6.** to present a likeness of **7.** to present to the mind **8.** to describe or set forth, often in order to influence, persuade, etc. **9.** to act (a role), as in a play

**representation** (rep'ri zen tā' shən) *n.* **1.** a representing or being represented **2.** legislative representatives, collectively **3.** a likeness **4.** [*often pl.*] facts, arguments, etc. intended to influence action, etc.

**representative** (rep'rə zen'tə tiv) *n.* **1.** a person authorized to act or speak for others, as an elected legislator or a salesman, agent, etc. **2.** an example or type **—*adj.*** **1.** representing **2.** typical **3.** including examples from various groups, types, etc. [a *representative* collection] **4.** of or based on representation of the people by elected delegates **—*n.*** **1.** a person authorized to act or speak for others, as an elected legislator or a salesman, agent, etc. **2.** an example or type

**repress** (ri pres') *vt.* [see RE- & PRESS[1]] **1.** to hold back; restrain **2.** to put down; subdue **3.** to control so strictly as to stifle natural behaviour **4.** *Psychiatry* to force (painful ideas, impulses, etc.) into the unconscious **—repres'sion** *n.* **—repres'sive** *adj.*

**reprieve** (ri prēv') *vt.* **-prieved', -priev'ing** [ult. < Fr. *reprendere,* take back] **1.** to postpone the punishment of; esp., to postpone the execution of (a condemned person) **2.** to give temporary relief to **—*n.*** a reprieving or being reprieved

**reprimand** (rep′rə mänd′) *n.* [< L. *reprimere,* repress] a severe or formal rebuke —*vt.* to rebuke severely or formally

**reprint** (rē print′; *for n.* rē′ print′) *vt.* to print again —*n.* something reprinted; specif., an additional impression or edition

**reprisal** (ri prī′z'l) *n.* [see REPREHEND] injury done in return for injury received, esp. in war

**reproach** (ri prōch′) *vt.* [< L. *re-,* back + *prope,* near] to accuse of and blame for a fault; rebuke —*n.* 1. a rebuke 2. disgrace or blame, or a cause of this —**reproach′ful** *adj.*

**reprobate** (rep′rō bāt′) *adj.* [< LL. *reprobare,* reprove] depraved; corrupt —*n.* a reprobate person —*vt.* **-bat′ed, -bat′ing** to disapprove of; condemn —**rep′roba′tion** *n.*

**reproduce** (rē′prə dyōōs′) *vt.* **-duced′, -duc′ing** to produce again; specif., *a*) to make a copy of (a picture, sound, etc.) *b*) to bring forth others of (its kind), esp. by sexual intercourse —*vi.* 1. to produce offspring, esp. by sexual intercourse 2. to undergo copying, duplication, etc. —**re′produc′ible** *adj.*

**reproduction** (rē′prə duk′shən) *n.* 1. the process by which animals and plants produce new individuals 2. a copy 3. a reproducing or being reproduced —*adj.* made in imitation of a style of the past [*reproduction* furniture] —**re′produc′tive** *adj.*

**reproof** (ri prōōf′) *n.* a rebuke

**reprove** (ri prōōv′) *vt.* **-proved′, -prov′ing** [see RE- & PROVE] 1. to speak to in disapproval; rebuke 2. to express disapproval of —**reprov′ingly** *adv.*

**reptile** (rep′til) *n.* [< L. *repere,* creep] any of a group of coldblooded vertebrates having a body covered with scales or horny plates and including snakes, crocodiles, etc. —*adj.* of or like a reptile —**reptil′ian** (rep til′ē ən) *adj., n.*

**republic** (ri pub′lik) *n.* [< L. *res,* thing + *publica,* public] 1. a nation or government in which the supreme power rests with all the citizens and is exercised by representatives elected by them 2. a nation with a president as its head

**republican** *adj.* 1. of or like a republic 2. favouring a republic —*n.* 1. a person who favours a republican form of government 2. [U.S.] [R-] a member of the Republican Party

**repudiate** (ri pyōō′dē āt′) *vt.* **-at′ed, -at′ing** [< L. *repudium,* separation] 1. *a*) to refuse to accept or support (a belief, treaty, etc.) *b*) to deny (a charge, etc.) 2. to refuse to acknowledge or pay (a debt, etc.) 3. to disown —**repu′dia′tion** *n.*

**repugnance** (ri pug′nəns) *n.* [< L. *re-,* back + *pugnare,* to fight] 1. extreme dislike or distaste 2. inconsistency —**repug′nant** *adj.*

**repulse** (ri puls′) *vt.* **-pulsed′, -puls′ing** [< REPEL] 1. to drive back (an attack, etc.) 2. to repel with discourtesy, coldness, etc. —*n.* a refusal, rejection, or rebuff

**repulsion** *n.* 1. a repelling or being repelled 2. strong dislike or aversion 3. *Physics* the mutual action by which bodies tend to repel each other

**repulsive** *adj.* 1. causing strong dislike or aversion 2. tending to repel

**reputable** (rep′yoo tə b'l) *adj.* having a good reputation; respectable

**reputation** (rep′yoo tā′shən) *n.* [see ff.] 1. the regard, favourable or not, shown for a person or thing by the public 2. such regard when favourable 3. distinction

**repute** (ri pyōōt′) *vt.* **-put′ed, -put′ing** [< L. *re-,* again + *putare,* think] to consider to be [he is *reputed* to be rich] —*n.* reputation

**reputed** *adj.* generally regarded as being such [the *reputed* owner]

**request** (ri kwest′) *n.* [see REQUIRE] 1. an asking for something 2. something asked for 3. demand [a song much in *request*] —*vt.* 1. to ask for 2. to ask (a person) to do something —**by request** in response to a request

**request stop** a point on a route at which public transport will stop only if signalled to do so

**Requiem** (rek′wē əm) *n.* [L., < *requies,* rest] [*also* r-] 1. a Mass for the repose of the dead 2. a musical setting for this

**‡requiescat in pace** (rek′wē es′kät in pä′chä) [L.] may he (or she) rest in peace

**require** (ri kwīər′) *vt.* **-quired′, -quir′ing** [< L. *re-,* again + *quaerere,* ask] 1. to need 2. to call for as needed [the work *requires* skill] 3. to ask or insist upon, as by right; demand 4. to command

**requirement** *n.* 1. something required or demanded 2. something needed; necessity

**requisite** (rek′wə zit) *adj.* [see REQUIRE] required; necessary —*n.* something requisite

**requisition** (rek′wə zish′ən) *n.* 1. a requiring, as by authority 2. a formal request, as for equipment —*vt.* 1. to demand or take, as by authority [to *requisition* food for troops] 2. to submit a written request for (equipment, etc.)

**requite** (ri kwīt′) *vt.* **-quit′ed, -quit′ing** [RE- + *quite,* obs. var. of QUIT] to repay or make return to for (a benefit, service, etc. or an injury, wrong, etc.) —**requit′al** *n.*

**reredos** (rēər′dos) *n.* [< OFr. *arere,* behind + *dos,* back] an ornamental screen behind an altar

**reroute** (rē rōōt′) *vt.* **-rout′ed, -rout′ing** to send by a different route

**rerun** (rē run′; *for n.* rē′run′) *vt.* **-ran′, -run′ning** to run again —*n.* a rerunning; esp., a repeat showing of a film, TV programme, etc.

**resale** (rē′ sāl′) *n.* the act of selling again

**rescind** (ri sind′) *vt.* [< L. *re-,* back + *scindere,* to cut] to revoke, repeal, or cancel (a law, etc.)

**rescission** (ri sizh′ən) *n.* a rescinding

**rescript** (rē′skript) *n.* [< L. *re-,* back + *scribere,* write] an official decree or order

**rescue** (res′kyōō) *vt.* **-cued, -cuing** [< L. *re-*, again + *ex-*, off + *quatere,* to shake] to free or save from danger, evil, etc. —*n.* a rescuing —**res′cuer** *n.*

**research** (ri surch′) *n.* [see RE- & SEARCH] [*sometimes pl.*] systematic investigation in a field of knowledge, to discover or establish facts or principles —*vi., vt.* to do research (on or in) —**research′er** *n.*

**resemble** (ri zem′b'l) *vt.* **-bled, -bling** [< OFr. *re-*, again + *sembler,* to feign] to be similar to —**resem′blance** *n.*

**resent** (ri zent′) *vt.* [< OFr. *re-*, again + *sentir,* feel] to feel or show hurt or indignation at (some act, etc.) or towards (a person), from a sense of being offended —**resent′ful** *adj.* —**resent′ment** *n.*

**reservation** (rez′ər vā′shən) *n.* **1.** a reserving or the thing reserved; specif., *a*) an arrangement by which a hotel room, theatre ticket, etc. is set aside for use at a certain time or until called for *b*) (U.S. & Canada] public land set aside for some special use [*an* Indian *reservation*] **2.** a limiting condition or qualification

**reserve** (ri zurv′) *vt.* **-served′, -serv′ing** [< L. *re-*, back + *servare,* to hold] **1.** to keep back or set apart for later or special use **2.** to set aside or have set aside (a theatre seat, etc.) for someone **3.** to retain [to *reserve* the right to refuse] —*n.* **1.** something reserved **2.** a limitation [without *reserve*] **3.** the practice of keeping one's thoughts, feelings, etc. to oneself; aloofness; reticence **4.** a substitute member of a team **5.** [*pl.*] *a*) manpower kept out of action and ready for replacing others *b*) military forces not on active duty but subject to call **6.** cash or liquid assets kept aside by a bank, business, etc. to meet demands **7.** land set apart for special use [a nature *reserve*] —*adj.* being, or having the nature of, a reserve —**in reserve** reserved for later use

**reserved** *adj.* **1.** set apart for some purpose, person, etc. **2.** showing reserve; reticent

**reserve price** the minimum price acceptable to the owner of property being auctioned

**reservist** *n.* a member of a country's military reserves

**reservoir** (rez′ər vwär′) *n.* [Fr.: see RESERVE] **1.** a place where anything is collected and stored; esp., a natural or artificial lake in which water is stored for use **2.** a receptacle (in an apparatus) for a fluid **3.** a reserve supply

**reshuffle** (rē′shuf′′l) *n.* a reorganization, as in a reassignment of jobs within a government —*vt.* to carry out a reshuffle

**reside** (ri zīd′) *vi.* **-sid′ed, -sid′ing** [< L. *re-*, back + *sedere,* sit] **1.** to dwell for a long time; live (*in* or *at*) **2.** to be present (*in*): said of qualities, etc. **3.** to be vested (*in*): said of rights, powers, etc.

**residence** (rez′i dəns) *n.* **1.** a residing **2.** the fact or status of living in a place while working or in training, etc. **3.** the place where one resides; one's home **4.** the time during which a person resides in a place

**residency** *n., pl.* **-cies** **1.** [U.S.] a period of advanced medical training at a hospital **2.** formerly, the official residence of a governor-general at the court of an Indian prince

**resident** *n.* **1.** a person who lives in a place and is not a visitor or transient **2.** a junior houseman in a hospital —*adj.* **1.** having a residence (*in* or *at*); residing **2.** living at a place in order to discharge a duty **3.** existing (*in*) **4.** not migratory: said of birds, etc.

**residential** (rez′ə den′shəl) *adj.* **1.** of or connected with residence **2.** suitable for homes [a *residential* area] **3.** chiefly for residents rather than transients [a *residential* hotel]

**residual** (ri zid′yoo wəl) *adj.* of or like a residue; remaining —*n.* something remaining, as at the end of a process

**residuary** (-yoo wər ē) *adj.* **1.** residual **2.** *Law a*) relating to the residue of an estate *b*) receiving such a residue [a *residuary* legatee]

**residue** (rez′ə dyōō′) *n.* [< L. *residuus,* remaining] **1.** what is left after part is removed; remainder **2.** *Law* that part of a testator's estate left after all claims and bequests have been satisfied

**residuum** (ri zid′yoo wəm) *n., pl.* **-ua** [L.] *same as* RESIDUE

**resign** (ri zīn′) *vt., vi.* [< L. *re-*, back + *signare,* sign] to give up or relinquish (a claim, office, position, etc.), esp. by formal notice (often with *from*) —**resign oneself** (to) to become reconciled (to)

**resignation** (rez′ig nā′shən) *n.* **1.** *a*) a resigning *b*) formal notice of this **2.** patient submission

**resigned** (ri zīnd′) *adj.* feeling or showing resignation —**resign′edly** (-zīn′id lē) *adv.*

**resilient** (ri zil′ē ənt) *adj.* [< L. *re-*, back + *salire,* to jump] **1.** springing back into shape, position, etc. after being stretched, bent, or compressed **2.** recovering strength, spirits, etc. quickly —**resil′ience** *n.*

**resin** (rez′in) *n.* [< L. *resina*] **1.** a substance exuded from various plants and trees: natural resins are used in varnishes and lacquers **2.** *same as: a*) SYNTHETIC RESIN *b*) ROSIN —*vt.* to treat or rub with resin —**res′inous** *adj.*

**resist** (ri zist′) *vt.* [< L. *re-*, back + *sistere,* to set] **1.** to withstand; fend off **2.** to oppose actively; fight against **3.** to keep from yielding to or enjoying —*vi.* to offer resistance —*n.* a resistant substance, as a protective coating

**resistance** *n.* **1.** a resisting **2.** power to resist; specif., the ability of an organism to ward off disease **3.** opposition of some force, thing, etc. to another **4.** [*often* **R-**] an underground movement in a country fighting against a foreign occupying power **5.** *Elec. a*) the property by which a conductor opposes current flow and thus generates heat *b*) *same as* RESISTOR —**resist′ant** *adj., n.*

**resistor** *n.* *Elec.* a device, as a wire coil, used to produce resistance in a circuit

**resit** (rē sit′) *vt.* to sit (an examination) again after previously failing it

**resoluble** (ri zol′yoo b′l) *adj.* that can be resolved or analysed

**resolute** (rez′ə lōōt′) *adj.* [see RE- & SOLVE] having or showing a fixed, firm purpose; determined

**resolution** (rez′ə lōō′shən) *n.* **1.** *a*) a resolving *b*) the result of this **2.** a decision as to future action **3.** a resolute quality of mind **4.** a formal statement of opinion adopted by a group **5.** a solving or answering; solution **6.** *Music* the process in harmony where a dissonant note or chord is followed by a consonant one **7.** *Physics* the ability of a lens to distinguish between adjoining points

**resolve** (ri zolv′) *vt.* **-solved′, -solv′ing** [see RE- & SOLVE] **1.** to determine [to *resolve* to go] **2.** *a*) to find an answer to; solve *b*) to make a decision about, esp. by vote or formally *c*) to remove (doubt, etc.) **3.** to break up into separate parts; analyse **4.** to change [the talk *resolved* itself into a dispute] **5.** to cause to decide [this *resolved* him to go] **6.** *Music* to make (a dissonant chord or tone) become consonant —*vi.* **1.** to be resolved, as by analysis **2.** to come to a decision —*n.* a fixed purpose or intention

**resolved** *adj.* firm in purpose; resolute

**resonance** (rez′ə nəns) *n.* **1.** a being resonant **2.** the reinforcing and prolonging of a sound or musical tone by reflection or vibration of other bodies **3.** *Physics* the effect produced when the natural vibration frequency of a body is amplified by vibrations from another body

**resonant** *adj.* [< L. *resonare,* resound] **1.** resounding or reechoing **2.** producing resonance [*resonant* walls] **3.** full of, or intensified by resonance [a *resonant* voice]

**resonate** *vi., vt.* **-nat′ed, -nat′ing** to be or make resonant

**resort** (ri zôrt′) *vi.* [< OFr. *re-,* again + *sortir,* go out] **1.** to turn (*to*) for help, support, etc. **2.** to go; esp., to go often —*n.* **1.** a place people often go to for rest or recreation, as on a holiday **2.** a person or thing one turns to for help, support, etc. **3.** a turning for help, support, etc.; recourse —**as a last resort** as the last available means

**resound** (ri zound′) *vi.* [< L. *re-,* again + *sonare,* to sound] **1.** to echo or be filled with sound **2.** to make a loud, echoing or prolonged sound **3.** to be celebrated [an act that *resounded* through the ages] —*vt.* **1.** to give back (sound); echo **2.** to give forth loudly

**resounding** *adj.* **1.** reverberating **2.** thoroughgoing; complete [a *resounding* victory]

**resource** (ri sôrs′) *n.* [< OFr. *re-,* again + *sourdre,* spring up] **1.** something ready for use or available as needed **2.** [*pl.*] wealth; assets **3.** [*pl.*] something useful, as coal or oil, that a country, state, etc. has **4.** an expedient **5.** [*pl.*] a source of strength or ability within oneself

**resourceful** *adj.* full of resource; able to deal promptly and effectively with difficulties, etc.

**respect** (ri spekt′) *vt.* [< L. *re-,* back + *specere,* look] **1.** to hold in high regard; show honour or courtesy to **2.** to show consideration for [*respect* others' privacy] —*n.* **1.** high regard; esteem **2.** deference or dutiful regard [*respect* for law] **3.** courteous consideration **4.** a point or detail [right in every *respect*] **5.** reference; relation [with *respect* to this] **6.** [*pl.*] courteous expressions of regard: chiefly in **pay one's respects,** to show polite regard as by visiting and **pay one's last respects,** to attend someone's funeral

**respectable** *adj.* **1.** worthy of respect or esteem **2.** socially acceptable; proper **3.** fairly good **4.** good enough to be seen, worn, etc. —**respect′abil′ity** *n.* —**respect′ably** *adv.*

**respectful** *adj.* full of or showing respect; polite

**respecting** *prep.* concerning; about

**respective** *adj.* as relates individually to each of two or more [their *respective* merits]

**respectively** *adv.* in regard to each in the order named [the first and second prizes went to Mary and George, *respectively*]

**respiration** (res′pə rā′shən) *n.* **1.** breathing **2.** the processes by which a living organism or cell takes in oxygen and gives off products, esp. carbon dioxide —**respiratory** (ri spīər′ə tə rē) *adj.*

**respirator** (res′pə rāt′ər) *n.* **1.** a device worn over the mouth and nose, as to prevent the inhaling of harmful substances **2.** an apparatus for giving artificial respiration

**respire** (ri spīər′) *vi., vt.* **-spired′, -spir′ing** [< L. *re-,* back + *spirare,* breathe] to breathe

**respite** (res′pīt) *n.* [see RESPECT] **1.** a period of temporary relief, as from pain **2.** a delay or postponement —*vt.* **-pited, -piting** to give a respite to

**resplendent** (ri splen′dənt) *adj.* [< L. *re-,* again + *splendere,* shine] shining brightly; dazzling —**resplend′ence** *n.*

**respond** (ri spond′) *vi.* [< L. *re-,* back + *spondere,* to pledge] **1.** to answer **2.** to act as if in answer [to *respond* by issuing an invitation] **3.** to react favourably, as to medical treatment

**respondent** *adj.* responding —*n.* **1.** a person who responds **2.** *Law* a defendant

**response** (ri spons′) *n.* **1.** something said or done in answer; reply or reaction **2.** a word, phrase, etc. sung or spoken by a congregation or choir in answer to an officiating clergyman **3.** any reaction to a stimulus

**responsibility** (ri spon′sə bil′ə tē) *n., pl.* **-ties** **1.** a being responsible; obligation **2.** a person or thing that one is responsible for **3.** the quality of being reliable or dependable

**responsible** (ri spon′sə b'l) ***adj.*** [see RESPOND] **1.** obliged to account (*for* something, *to* someone); answerable **2.** involving obligation or duties [a *responsible* job] **3.** accountable as being the cause of something **4.** accountable for one's behaviour **5.** dependable or reliable **—respon′sibly *adv.***

**responsive** (ri spon′siv) ***adj.*** **1.** answering **2.** reacting readily [a *responsive* audience] **3.** containing responses

**respray** (rē sprā′) ***vt.*** [RE- & SPRAY[1]] to spray again; specif., to spray a vehicle with paint

MUSICAL RESTS
(A, semibreve; B, minim; C, crotchet D, quaver; E, semiquaver)

**rest[1]** (rest) ***n.*** [OE.] **1.** sleep or repose **2.** refreshing inactivity after exertion, or a period of this **3.** *a*) relief from anything distressing, tiring, etc. *b*) peace of mind **4.** the repose of death **5.** absence of motion **6.** a lodging place, as for travellers **7.** a thing that supports [a foot *rest*] **8.** *Music a*) a measured interval of silence between tones *b*) a symbol for this **—*vi.*** **1.** to become refreshed by sleeping, lying down, ceasing work, etc. **2.** *a*) to lie, sit, or lean *b*) to be placed (*in, on,* etc.) **3.** to be at ease **4.** to be buried (in) **5.** to be quiet or still **6.** to remain unchanged [let the matter *rest*] **7.** to lie (where specified) [the fault *rests* with him] **8.** to be fixed [his eyes *rested* on her] **9.** to rely; depend **10.** *Law* to end voluntarily the introduction of evidence in a case **—*vt.*** **1.** to refresh by rest **2.** to put for ease, support, etc. **3.** to base [to *rest* an argument on facts] **4.** to fix (the eyes, etc.) **5.** *Law* to cause (a case) to rest **—be resting** [Theatrical Colloq.] to be out of work **—lay to rest** to bury **—rest on one's oars** to slacken one's efforts

**rest[2]** ***n.*** [< L. *re-*, back + *stare*, to stand] **1.** what is left; remainder **2.** [*with pl. v.*] the others **—*vi.*** to go on being [*rest* assured] **—for the rest** as regards all other matters **—rest with** to be the responsibility (of)

**restaurant** (res′tə rənt) ***n.*** [Fr.: see RESTORE] a place where meals can be bought and eaten

**restaurant car** *same as* DINING CAR

**restaurateur** (res′tor ə tur′) ***n.*** [Fr.] a person who owns or operates a restaurant

**rest cure** medical treatment consisting of complete rest

**restful** (rest′fəl) ***adj.*** **1.** full of or giving rest **2.** quiet; peaceful; soothing

**restitution** (res′tə tyōō′shən) ***n.*** [< L. *re-*, again + *statuere*, set up] **1.** restoration to the rightful owner **2.** a making good for loss or damage **3.** a return to a former condition

**restive** (res′tiv) ***adj.*** [see REST[2]] **1.** hard to control; unruly **2.** nervous or impatient under restraint

**restless** (rest′lis) ***adj.*** **1.** unable to rest or relax **2.** disturbed [*restless* sleep] **3.** always moving **4.** seeking change; discontented

**restoration** (res′tə rā′shən) ***n.*** **1.** a restoring or being restored **2.** a reconstruction of the original form of a building, fossil animal, etc. **—the Restoration** **1.** reestablishment of the monarchy in England in 1660 under Charles II **2.** the period of his reign (1660–85)

**restorative** (ri stor′ə tiv) ***adj.*** restoring or able to restore health **—*n.*** a thing that restores

**restore** (ri stôr′) ***vt.*** **-stored′, -stor′ing** [< L. *restaurare*, rebuild] **1.** to give back (something taken away, lost, etc.) **2.** to bring back to a former condition, as by repairing **3.** to put (a person) back into a position, rank, etc. **4.** to bring back to health, strength, etc. **5.** to bring back into being, use, etc. **—restor′er *n.***

**restrain** (ri strān′) ***vt.*** [< L. *re-*, back + *stringere*, raw tight] **1.** to hold back from action; check; curb **2.** to keep under control **3.** to deprive of physical liberty, as by shackling **4.** to restrict

**restraint** (ri strānt′) ***n.*** **1.** a restraining or being restrained **2.** a restraining influence or action **3.** a means of restraining **4.** loss or limitation of liberty **5.** control of emotions; reserve

**restrict** (ri strikt′) ***vt.*** [see RESTRAIN] to limit; confine **—restric′tive *adj.***

**restriction** ***n.*** **1.** restricting or being restricted **2.** something that restricts; limitation

**restrictive practice** any agreement or work practice that hinders the most efficient use of machinery, labour, etc.

**restructure** (rē struk′chər) ***vt.*** **-tured, -turing** to plan or provide a new structure or organization for

**result** (ri zult′) ***vi.*** [< L. *resultare*, to rebound] **1.** to follow as an effect (often with *from*) **2.** to end (*in* something) as an effect **—*n.*** **1.** *a*) a consequence; outcome *b*) [*pl.*] desired effects **2.** the number, quantity, etc. obtained by mathematical calculation **3.** [*often pl.*] the score in a match, game etc.

**resultant** ***adj.*** that results **—*n.*** *Physics* a force, velocity, etc. with an effect equal to that of two or more such forces, etc. acting together

**resume** (ri zyōōm′) ***vt.*** **-sumed′, -sum′ing** [< L. *re-*, again + *sumere*, take] **1.** to begin again after interruption **2.** to take or occupy again **—*vi.*** to begin again or go on again

**résumé** (rez′yōō mā′) ***n.*** [Fr.] a summary

**resumption** (ri zump′shən) ***n.*** the act of resuming

**resurface** (rē sur′fis) ***vt.*** **-faced, -facing**

to put a new surface on —*vi.* to come to the surface again

**resurgent** (rē sur′jənt) *adj.* rising again —**resur′gence** *n.*

**resurrect** (rez′ə rekt′) *vt.* [< ff.] **1.** *Theol.* to bring back to life **2.** to bring back into notice, use, etc.

**resurrection** (rez′ə rek′shən) *n.* [< L. *resurgere,* rise again] **1.** *Theol.* a rising from the dead **2.** a revival —**the Resurrection** *Theol.* **1.** the rising of Jesus from the dead **2.** the rising of all the dead at the Last Judgment

**resuscitate** (ri sus′ə tāt′) *vt., vi.* **-tat′ed, -tat′ing** [< L. *re-,* again + *suscitare,* revive] to revive (someone who is unconscious, apparently dead, etc.) —**resus′cita′tion** *n.*

**ret** (ret) *vt.* **ret′ted, ret′ting** [MDu. *reten*] to soak (flax, etc.) in water to separate the fibres from woody tissue

**retail** (rē′tāl; *for vt. 2, usually* ri tāl′) *n.* [< OFr. *re-,* again + *tailler,* to cut] the sale of goods in small quantities directly to the consumer —*adj.* having to do with the selling of goods in this way —*adv.* in small amounts or at a retail price —*vt.* **1.** to sell as retail goods **2.** to repeat (gossip, etc.) —*vi.* to be sold as retail goods —**re′tailer** *n.*

**retain** (ri tān′) *vt.* [< L. *re-,* back + *tenere,* to hold] **1.** to keep in possession, use, etc. **2.** to keep in a fixed state **3.** to continue to hold (heat, etc.) **4.** to keep in mind **5.** to engage (a lawyer, etc.) by an advance fee

**retainer** *n.* **1.** a person or thing that retains **2.** a servant, attendant, etc., as of a person of rank or wealth **3.** *Law* a fee paid in advance to make the services of a lawyer, etc. available when needed

**retaining wall** a wall built to hold back earth, water, loose rocks, etc.

**retake** (rē tāk′; *for n.* rē′tāk′) *vt.* **-took′, -tak′en, -tak′ing** **1.** to take again or recapture **2.** to photograph again —*n.* a film scene, etc. rephotographed

**retaliate** (ri tal′ē āt′) *vi.* **-at′ed, -at′ing** [< L. *re-,* back + *talio,* punishment in kind] to return like for like; esp., injury for injury —**retal′ia′tion** *n.* —**retal′iative, retal′iatory** *adj.*

**retard** (ri tärd′) *vt.* [< L. *re-,* back + *tardus,* slow] to hinder or slow the advance or progess of —**re′tarda′tion** *n.*

**retarded** *adj.* delayed in development or progress, esp. because of mental retardation

**retch** (rech) *vi.* [OE. *hræcan,* to spit] to undergo the straining action of vomiting, esp. without bringing anything up

**retention** (ri ten′shən) *n.* **1.** a retaining or being retained **2.** power of retaining **3.** *a*) memory *b*) ability to remember —**reten′tive** *adj.*

**rethink** (rē thiŋk′) *vt.* **-thought′, -think′ing** to reconsider esp., with a view to changing

**reticent** (ret′i ə sənt) *adj.* [< L. *re-,* again + *tacere,* be silent] not willing to say much; tending to keep one's thoughts, etc. to oneself; reserved —**ret′icence** *n.*

**reticulate** (ri tik′yoolit; *for v.,* -lāt′) *adj.* [see ff.] like a net or network —*vt., vi.* **-lat′ed, -lat′ing** to divide or mark so as to look like network —**retic′ula′tion** *n.*

**reticule** (ret′ə kyōōl′) *n.* [< L. *rete,* net] formerly, a woman's drawstring handbag, orig. of net

**retina** (ret′in ə) *n., pl.* **-nas, -nae′** (-ē′) [prob. < L. *rete,* net] the innermost coat of the back part of the eyeball, on which the image is formed —**ret′inal** *adj.*

**retinue** (ret′ə nyōō′) *n.* [see RETAIN] a body of assistants, servants, etc. attending a person of rank or importance

**retire** (ri tīər′) *vi.* **-tired′, -tir′ing** [< Fr. *re-,* back + *tirer,* draw] **1.** to give up one's work, career, etc., esp. because of advanced age **2.** to withdraw, as to a secluded place **3.** to go to bed **4.** *Cricket,* etc. to stop (batting) before one is out, as because of injury **5.** to retreat, as in battle —*vt.* **1.** to cause to retire from a job, etc. **2.** to withdraw (troops) —**retire into oneself** to become uncommunicative —**retire′ment** *n.*

**retired** *adj.* having given up one's work, etc., esp. because of advanced age

**retirement pension** a state pension paid to people above a certain age

**retiring** *adj.* **1.** reserved; shy **2.** that retires

**retook** (rē took′) *pt. of* RETAKE

**retort**[1] (ri tôrt′) *vt., vi.* [< L. *re-,* back + *torquere,* to twist] **1.** to return in kind (an insult, etc.) **2.** to answer back, esp. in a sharp, quick, or clever way —*n.* a retorting or the response so made

RETORT

**retort**[2] *n.* [< ML. *retorta:* see prec.] **1.** a container for distilling, usually of glass and with a long tube **2.** a vessel for heating ore to extract metal

**retouch** (rē tuch′) *vt.* to touch up details in (a painting, photograph, etc.)

**retrace** (ri trās′) *vt.* **-traced′, -trac′ing** [see RE- & TRACE[1]] **1.** to go back over again [to *retrace* one's steps] **2.** to trace again the story of

**retract** (ri trakt′) *vt., vi.* [< L. *re-,* back + *trahere,* draw] **1.** to draw back or in [to *retract* claws] **2.** to withdraw (a statement, offer, etc.) —**retract′able** *adj.* —**retrac′tion** *n.* —**retrac′tive** *adj.*

**retractile** *adj.* [Fr.] that can be retracted

**retread** (rē tred′; *for n.* rē′tred′) *vt., n.* *same as* REMOULD

**retreat** (ri trēt′) *n.* [< L. *re-,* back + *trahere,* draw] **1.** a withdrawal in the face of opposition, etc. **2.** a safe, quiet, or secluded place **3.** a period of seclusion, esp. for religious contemplation **4.** *Mil.*

*a*) the forced withdrawal of troops under attack, or a signal for this *b*) a signal by bugle at sunset for lowering the flag, or this ceremony —*vi.* to withdraw —**beat a retreat** to withdraw in a hurry

**retrench** (rē trench′) *vt., vi.* [see RE- & TRENCH] to cut down or reduce (esp. expenses) —**retrench′ment** *n.*

**retribution** (ret′rə byōō′shən) *n.* [< L. *re-*, back + *tribuere*, to pay] deserved punishment for evil done

**retrieve** (ri trēv′) *vt.* **-trieved′, -triev′ing** [< OFr. *re-*, again + *trouver*, to find] **1.** to get back; recover **2.** to restore; revive **3.** to save **4.** to set right (a loss, error, etc.) **5.** to recall to mind **6.** to recover (information) from data stored in a computer **7.** to find and bring back (game): said of dogs —*vi.* to retrieve game —*n.* a retrieving —**retriev′able** *adj.* —**retriev′al** *n.*

**retriever** *n.* a dog bred or trained to retrieve game

**retro-** [< L.] *a combining form meaning* backwards, back, behind

**retroactive** (ret′rō ak′tiv) *adj.* applying to the preceding period [a *retroactive* pay increase]

**retrochoir** (ret′rō kwīər) *n.* [RETRO- + CHOIR] that part of a church which lies behind the choir and main altar

**retrofire** (ret′rō fīər′) *vi., vt.* **-fired′, -fir′ing** to ignite: said of a retrorocket —*n.* a retrofiring

**retrograde** (ret′rō grād′) *adj.* [see RETRO- & GRADE] **1.** moving backwards **2.** going back to an earlier, esp. worse, condition —*vi.* **-grad′ed, -grad′ing** **1.** to go backwards **2.** to deteriorate

**retrogress** (ret′rō gres′) *vi.* [see prec.] to move backwards, esp. into an earlier or worse condition —**ret′rogres′sion** *n.* —**ret′rogres′sive** *adj.*

**retrorocket, retro-rocket** (ret′rō rok′it) *n.* a small rocket on a larger rocket or spacecraft, used to produce thrust against flight direction so as to reduce speed

**retrospect** (ret′rō spekt′) *n.* [< L. *retro-*, back + *specere*, to look] a looking back on or thinking about things past —**in retrospect** in reviewing the past —**ret′rospec′tive** *adj.*

**retroussé** (rə trōō′sā) *adj.* [Fr.] turned up at the tip

**retsina** (ret sē′nə) *n.* [ModGr.] a wine of Greece, flavoured with pine resin

**return** (ri turn′) *vi.* [see RE- & TURN] **1.** to go or come back **2.** to answer; retort —*vt.* **1.** to bring, send, or put back **2.** to reciprocate [to *return* a compliment, etc.] **3.** to produce (a profit); yield **4.** to report officially or formally **5.** to elect **6.** to render (a verdict, etc.) **7.** *Sports* to hit or throw back (a ball) —*n.* **1.** a coming or going back **2.** a bringing, sending, or putting back **3.** something returned **4.** repayment; requital **5.** [*often pl.*] yield or profit **6.** an answer; retort **7.** *a*) an official or formal report [election *returns*] *b*) a form for reporting income tax due: in full, **(income) tax return** —*adj.* **1.** of or for returning [a *return* ticket] **2.** given, sent, done, etc. in return [a *return* visit] —**in return** as an equivalent, response, etc.

**returned man** [Canad.] a war veteran

**returning officer** an official in charge of an election in a district

**return ticket** a ticket entitling a passenger to travel to his destination and back again

**reunify** (rē yōō′nə fī′) *vt., vi.* **-fied′, -fy′ing** to unify again after being divided —**re′unifica′tion** *n.*

**reunion** (rē yōōn′yən) *n.* **1.** a reuniting **2.** a gathering of persons after separation

**Reuters** (roit′ərz) *n.* [< Baron Paul Julius von *Reuter*] a private British agency for gathering and distributing news among member newspapers

**rev** (rev) *n.* [Colloq.] a revolution, as of an engine —*vt., vi.* **revved, rev′ving** [Colloq.] to speed up (an engine)

**Rev.** **1.** *Bible* Revelation **2.** *pl.* **Revs.** Reverend

**revamp** (rē vamp′) *vt.* to renovate; revise —*n.* a revamping

**Revd.** Reverend

**reveal** (ri vēl′) *vt.* [< L. *re-*, back + *velum*, a veil] **1.** to make known; disclose **2.** to expose to view; show

**reveille** (ri val′ē) *n.* [< Fr. < L. *re-*, again + *vigilare*, to watch] *Mil.* a signal on a bugle, drum, etc. early in the morning to wake soldiers

**revel** (rev′l) *vi.* **-elled, -elling** [see REBEL] **1.** to take much pleasure (*in*) **2.** to be noisily festive —*n.* merrymaking —**rev′eller** *n.* —**rev′elry** *n.*

**revelation** (rev′ə lā′shən) *n.* **1.** a revealing **2.** something disclosed, especially when it comes as a great surprise **3.** *Theol.* God's revealing of himself to man —**[R-]** the last book of the New Testament (in full, **The Revelation of Saint John the Divine**): also **Revelations**

**revenge** (ri venj′) *vt.* **-venged′, -veng′ing** [< OFr. *re-*, again + *vengier*, to take vengeance] **1.** to inflict injury in return for (an injury, insult, etc.) **2.** to avenge (a person, oneself, etc.) —*n.* **1.** a revenging **2.** what is done in revenging **3.** desire to take vengeance **4.** a chance to retaliate —**be revenged** to get revenge —**revenge′ful** *adj.*

**revenue** (rev′ə nyōō′) *n.* [< OFr. *re-*, back + *venir*, come] **1.** the income from property or investment **2.** the income of a government from taxes, licences, etc.

**reverberate** (ri vur′bə rāt′) *vi.* [< L. *re-*, again + *verberare*, beat] **1.** to reecho or resound **2.** to be reflected, as light or sound waves —*vt.* **-at′ed, -at′ing** **1.** to cause (a sound) to reecho **2.** to reflect (light, heat, etc.) —**rever′bera′tion** *n.*

**revere** (ri vēər′) *vt.* **-vered′, -ver′ing** [< L. *re-*, again + *vereri*, to fear] to regard with deep respect, love, and awe

**reverence** (rev′ər əns) *n.* **1.** deep respect, love, and awe; veneration **2.** a bow or curtsy **3.** [**R-**] a title used in speaking to or of a clergyman —*vt.* **-enced, -encing** to treat with reverence

**reverend** *adj.* [see REVERE] worthy of reverence: used [*usually* **the R-**] as a title of respect for a clergyman —*n. colloq. term for* CLERGYMAN

**reverent** *adj.* feeling or showing reverence

**reverie** (rev′ər ē) *n.* [< Fr. *rever,* to wander] dreamy thinking, esp. of agreeable things; daydreaming

**revers** (ri vēər′) *n., pl.* **-vers′** (-vēərz′) [Fr.] a part (of a garment) turned back to show the reverse side, as a lapel

**reverse** (ri vurs′) *vt.* **-versed′, -vers′ing** [see REVERT] **1.** to turn in an opposite direction, upside down, or inside out **2.** to change to the opposite **3.** to cause to go in an opposite direction **4.** to transfer (the charges for a telephone call) to the party being called **5.** to annul (a decision, etc.) —*vi.* **1.** to go in the opposite direction **2.** to put a motor, engine, etc. in reverse —*n.* **1.** the opposite or contrary **2.** the back, as the side of a coin or medal that does not show the main design **3.** a defeat; check **4.** a mechanism for reversing, as a gear in a machine or motor vehicle —*adj.* **1.** turned backwards; opposite or contrary **2.** reversing the usual effect, as to show white letters on black **3.** causing movement backwards or in the opposite direction —**the reverse of** far from —**rever′sal** *n.*

**reversible** *adj.* that can be reversed, as cloth, coats, etc. finished so that either side can be used as the outer side

**reversing light** a small light at the rear of a motor vehicle that is illuminated when the vehicle is reversed

**revert** (ri vurt′) *vi.* [< L. *re-,* back + *vertere,* to turn] **1.** return, as to a former practice, subject, etc. **2.** *Biol.* to return to an earlier type **3.** *Law* to go back to a former owner or his heirs —**revert′ible** *adj.* —**rever′sion** *n.*

**review** (ri vyōō′) *n.* [< L. *re-,* again + *videre,* see] **1.** a looking at or looking over again **2.** a general survey or report **3.** a looking back, as on past events **4.** reexamination, as of the decision of a lower court **5.** a critical evaluation of a book, play, etc. **6.** a magazine containing articles of criticism and evaluation **7.** a formal inspection, as of troops on parade —*vt.* **1.** to look back on **2.** to survey **3.** to inspect (troops, etc.) formally **4.** to give or write a critical report of (a book, play, etc.) **5.** to reexamine (a lower court's decision) —*vi.* to review books, plays, etc.

**reviewer** *n.* one who reviews books, plays, etc. as for a newspaper

**revile** (ri vīl′) *vt., vi.* **-viled′, -vil′ing** [see RE- & VILE] to call bad names in talking (to or about) —**revil′er** *n.*

**revise** (ri vīz′) *vt.* **-vised′, -vis′ing** [< Fr. < L. *re-,* back + *visere,* to survey] **1.** to change or amend **2.** to go over (lessons, etc.) again **3.** to read (a manuscript, etc.) carefully and correct and improve it —*n.* a revising —**revi′sion** (rē vizh′-) *n.*

**Revised Standard Version** a mid-20th-cent. revision of the Bible, made by U.S. scholars

**Revised Version** a late 19th-cent. revision of the Bible, made by British and U.S. scholars

**revisory** *adj.* of, or having the power of, revision

**revitalize** (rē vīt′ə līz′) *vt.* **-ized′, -iz′ing** to bring vitality, vigour, etc. back to after a decline

**revival** (ri vī′v'l) *n.* **1.** a reviving or being revived **2.** a bringing or coming back into use, being, etc. **3.** a new presentation of an earlier play, etc. **4.** restoration to vigour and activity **5.** a stirring up of religious feelings by the preaching of evangelists at public meetings

**revivalist** *n.* a person who promotes or conducts religious revivals —**reviv′alism** *n.*

**revive** (ri vīv′) *vi., vt.* **-vived′, -viv′ing** [< L. *re-,* again + *vivere,* to live] **1.** to return to life or consciousness **2.** to return to health and vigour **3.** to come or bring back into use, operation, or attention

**revivify** (ri viv′ə fī′) *vt., vi.* **-fied′, -fy′ing** to give or acquire new life or vigour; revive —**reviv′ifica′tion** *n.*

**revoke** (ri vōk′) *vt.* **-voked′, -vok′ing** [< L. *re-,* back + *vocare,* to call] to withdraw, repeal, or cancel (a law, permit, etc.) —*vi. Card Games* to play a card of another suit, against the rules, when holding any of the suit called for —*n. Card Games* an act of revoking

**revolt** (ri vōlt′) *n.* [see REVOLVE] **1.** a rebellion against the government or any authority **2.** the state of revolting [the slaves were in *revolt*] —*vi.* **1.** to rise up against authority; rebel **2.** to be disgusted or shocked (*at* or *against*) —*vt.* to disgust

**revolting** *adj.* **1.** rebellious **2.** disgusting

**revolution** (rev′ə lōō′shən) *n.* [see REVOLVE] **1.** the overthrow of a government or social system, with another taking its place **2.** complete or radical change **3.** a turning motion round a centre or axis; rotation **4.** a complete cycle **5.** movement of a body in an orbit

**revolutionary** *adj.* **1.** of, favouring, or causing a revolution in a government or social system **2.** bringing about a very great change —*n., pl.* **-aries** one who favours or takes part in a revolution

**revolution counter** *same as* TACHOMETER: also **rev counter**

**revolutionize** *vt.* **-ized′, -iz′ing** to make a complete and basic change in

**revolve** (ri volv′) *vt.* **-volved′, -volv′ing** [< L. *re-,* back + *volvere,* to roll] **1.** to cause to rotate **2.** to cause to travel in a circle or orbit **3.** to turn over in the mind —*vi.* **1.** to move in a circle or orbit **2.** to rotate **3.** to seem to move (*around* or *about*)

**revolver** *n.* a handgun with a revolving cylinder holding several bullets which can be fired without reloading

**revolving door** a door consisting of four sections hung on a central axle, and turned by pushing

**revue** (ri vyōō′) *n.* [Fr.: see REVIEW] a musical show consisting of skits, songs, and dances, often satirical

**revulsion** (ri vul′shən) *n.* [< L. *re-*, back + *vellere*, to pull] a sudden, complete, and violent change of feeling, esp. one of extreme disgust

**reward** (ri wôrd′) *n.* [< OFr. *regarde*: see RE- + GUARD] **1.** something given in return for good or, sometimes, evil **2.** money offered, as for the capture of a criminal **3.** compensation; profit —*vt.* **1.** to give a reward to **2.** to give a reward for (service, etc.)

**rewarding** *adj.* giving a sense of reward, or return

**rewind** (rē wīnd′) *vt.* **-wound′, -wind′ing** to wind (film, tape, etc.) back on the reel

**rewire** (rē wīər′) *vt., vi.* **-wired′, -wir′ing** to put new electrical wires in or on (a house, etc.)

**reword** (rē wurd′) *vt.* to state again in other words

**rewrite** (rē rīt′; *for n.* rē′rīt′) *vt., vi.* **-wrote′, -writ′ten, -writ′ing** **1.** to write again **2.** to write (news turned in by a reporter) in a different form for publication —*n.* an article so written

**rex** (reks) *n.* [L.] [*also* **R-**] king

**Rexine** (rek′sēn) *Trademark* a kind of imitation leather

**Reynard** (ren′ərd) [< OHG.] the fox in the medieval beast epic *Reynard the Fox;* hence, a name for any fox

**RF, R.F., r.f.** **1.** radio frequency **2.** rapid-fire

**R.F.C.** Rugby Football Club

**R.G.S.** Royal Geographical Society

**Rh** **1.** *see* RH FACTOR **2.** *Chem.* rhodium

**r.h., R.H., RH** right hand

**rhabdomancy** (rab′də man′sē) *n.* [< Gr. *rhabdos*, rod + *manteia*, divination] divination of water, ores, etc. by means of a divining rod

**Rhadamanthine** (rad′ə man′thīn) *adj.* [< *Rhadamanthus* in Gr. Myth.] judicially strict, impartial, and severe

**rhapsodize** (rap′sə dīz′) *vi., vt.* **-dized′, -diz′ing** to speak, write, or recite in a rhapsodic manner

**rhapsody** (rap′sə dē) *n., pl.* **-dies** [< Gr. *rhaptein*, stitch together + *ōidē*, song] **1.** *Music* an instrumental composition of free, irregular form **2.** great delight **3.** any ecstatic or extravagantly enthusiastic speech or writing —**rhapsod′ic** (rap sod′-) *adj.*

**rhea** (rē′ə) *n.* [< *Rhea*, in Gr. Myth.] a large S American flightless bird

**rhebuck** (rē′buk′) *n.* [< Du. *ree*, roe + *bok*, buck] a S African antelope with brownish-grey hair

**Rhenish** (rēn′ish) *adj.* of the Rhine or the regions around it

**rhenium** (rē′nē əm) *n.* [< L. *Rhenus*, Rhine] a rare metallic chemical element resembling manganese: symbol, Re

**rheostat** (rē′ō stat′) *n.* [< Gr. *rheos*, current + -STAT] a device for varying the resistance of an electric circuit without interrupting the circuit, used to dim or brighten electric lights

**rhesus** (rē′səs) *n.* [< Gr. proper name] a brownish-yellow macaque of India: in full, **rhesus monkey**

**rhetoric** (ret′ər ik) *n.* [< Gr. *rhētōr*, orator] **1.** the art of using words effectively in speaking or writing **2.** artificial eloquence; showiness in literary style —**rhetor′ical** *adj.*

**rhetorical question** a question asked only to produce an effect, no spoken answer being expected

**rheum** (rōōm) *n.* [< Gr. *rheuma*, a flow] any watery discharge from the mucous membranes, as of the mouth, eyes, or nose —**rheum′y** *adj.*

**rheumatic** (rōō mat′ik) *adj.* of, caused by, or having rheumatism —*n.* [pl.] [Colloq.] rheumatism —**rheumat′ically** *adv.* —**rheumat′icky** *adj.*

**rheumatic fever** a disease in which there is fever, the joints ache and swell, and the heart becomes inflamed

**rheumatism** (rōō′mə tiz′m) *n.* [see RHEUM] *a popular term for* any of various painful conditions in which the joints and muscles become inflamed and stiff

**rheumatoid** *adj.* of or like rheumatism

**rheumatoid arthritis** a chronic disease in which the joints become inflamed, painful, and swollen

**Rh factor** (är′āch′) [RH(ESUS): first discovered in rhesus monkeys] a group of antigens, usually present in human blood, which may cause dangerous reactions during pregnancy or after tranfusion of blood containing this factor into someone lacking it: people who have this factor are **Rh positive;** those who lack it are **Rh negative**

**rhinal** (rī′n'l) *adj.* [< Gr. *rhis, rhinos*, nose] of the nose

**rhinestone** (rīn′stōn′) *n.* [orig. made at Strasbourg (on the Rhine)] a bright, artificial gem made of colourless glass, often cut to imitate a diamond

**rhino** (rī′nō) *n., pl.* **-nos, -no** *shortened form of* RHINOCEROS

**rhinoceros** (rī nos′ər əs) *n.* [< Gr. *rhis*, nose + *keras*, horn] a large, thick-skinned, plant-eating mammal of Africa and Asia, with one or two upright horns on the snout

RHIZOME OF GRASS

**rhizome** (rī′zōm) *n.* [< Gr. *rhiza*, root] a creeping stem lying horizontally at the surface of the soil: it bears leaves, and produces roots from its undersurface

**rho** (rō) ***n.*** the seventeenth letter of the Greek alphabet (P, ρ)

**Rhodes scholarship** (rōdz) a scholarship at Oxford University established by the will of C.J. Rhodes for selected students (**Rhodes scholars**) from the Commonwealth and the United States

**rhodium** (rō′dē əm) ***n.*** [< Gr. *rhodon,* rose: from the colour of its salts in solution] a hard, grey-white metallic chemical element: symbol, Rh

**rhododendron** (rō′də den′drən) ***n.*** [< Gr. *rhodon,* rose + *dendron,* tree] an evergreen shrub with flowers of pink, white, or purple

**rhombohedron** (rom′bə hē′drən) ***n., pl.*** **-drons, -dra** [see RHOMBUS & -HEDRON] a six-sided prism each face of which is a rhombus

RHOMBOID

**rhomboid** (rom′boid) ***n.*** [see RHOMBUS] a parallelogram with oblique angles and only the opposite sides equal —**rhomboi′dal** ***adj.***

RHOMBUS

**rhombus** (rom′bəs) ***n., pl.*** **-buses, -bi** (-bī) [< Gr. *rhombos,* turnable object] an equilateral parallelogram, esp. one with oblique angles

**R.H.S.** 1. Royal Historical Society 2. Royal Horticultural Society 3. Royal Humane Society

**rhubarb** (rōō′bärb) ***n.*** [< Gr. *rhēon,* rhubarb + *barbaron,* foreign] 1. a perennial plant having large leaves whose long, thick, sour stalks are cooked in pies, etc. 2. the roots of certain Asiatic varieties, used as a cathartic

**rhumb** (rum) ***n.*** [< Port. & Sp. *rumbo*] any of the points of a mariner's compass

**rhumba** (rum′bə) ***n.*** *alt. sp. of* RUMBA

**rhyme** (rīm) ***n.*** [prob. < L. *rhythmus,* rhythm] 1. likeness of sounds at the ends of words or lines of verse 2. a word that has the same end sound as another 3. a poem, or verse in general, using such end sounds —***vi.*** **rhymed, rhym′ing** 1. to make rhyming verse 2. to form a rhyme [“more” *rhymes* with “door”] 3. to be composed with rhymes: said of verse —***vt.*** 1. to put into rhyme 2. to use as a rhyme —**rhyme or reason** order or sense: preceded by *without, no,* etc.

**rhyme scheme** the pattern of rhymes used in a piece of verse, usually indicated by letters

**rhymester** ***n.*** a maker of simple or inferior verse

**rhyming slang** a word or phrase that rhymes with, and is a slang term for, a particular word (Ex.: *bees and honey* for *money*)

**rhythm** (rith′əm) ***n.*** [< Fr. < Gr. *rhythmos,* measure] 1. flow or movement having a regularly repeated pattern of accents, beats, etc. 2. *Biol.* a periodic occurrence in living organisms of specific physiological changes 3. *Music* a) regular, repeated grouping of strong and weak beats b) the form or pattern of this [waltz *rhythm*] 4. *Prosody* the pattern of the regularly repeated stressed and unstressed syllables —**rhyth′mic** (rith′mik), **rhyth′mical** ***adj.*** —**rhyth′mically** ***adv.***

**rhythm and blues** a form of popular music, influenced by the blues and having a strong beat

**rhythm method** a method of birth control by abstaining from sexual intercourse during the woman's probable monthly ovulation period

**R.I.** 1. [L. *Rex et Imperator*] King and Emperor 2. [L. *Regina et Imperatrix*] Queen and Empress

**rialto** (rē al′tō) ***n., pl.*** **-tos** [< It.] a marketplace

**rib** (rib) ***n.*** [OE.] 1. any of the curved bones attached to the backbone and enclosing the chest cavity 2. a cut of meat having one or more ribs, as spareribs 3. a raised ridge in woven or knitted material 4. any riblike piece used to form a framework, or to shape or strengthen something 5. any of the main veins of a leaf —***vt.*** **ribbed, rib′bing** 1. to provide or strengthen with ribs 2. [Slang] to tease playfully —**ribbed** ***adj.***

**R.I.B.A.** Royal Institute of British Architects

**ribald** (rib′əld) ***adj.*** [< OFr. *ribaud,* debauchee] characterized by coarse joking; esp., dealing with sex in a humorously earthy way —***n.*** a ribald person —**rib′aldry** ***n.***

**riband** (rib′ənd) ***n.*** *archaic var. of* RIBBON

**ribbing** (rib′iŋ) ***n.*** an arrangement or series of ribs, as in knitted fabric, a ship's framework, etc.

**ribbon** (rib′ən) ***n.*** [MFr. *riban*] 1. a narrow strip as of silk or rayon, used for decorating or tying, for badges, etc. 2. anything suggesting such a strip 3. [*pl.*] shreds; tatters [torn to *ribbons*] 4. a narrow strip of cloth inked for use in a typewriter, etc. —**rib′bonlike′** ***adj.***

**ribbon development** the siting of houses in a continuous row on one or both sides of a main road

**riboflavin** (rī′bə flā′vin) ***n.*** [< *ribose,* a sugar + L. *flavus,* yellow] a factor of the vitamin B complex, found in milk, eggs, liver, fruits, etc.

**ribonucleic acid** (rī′bə nyōō klē′ik) [< *ribose,* a sugar + NUCLEIC ACID] an essential component in the cytoplasm of all living cells: one form carries the genetic information needed for protein synthesis in the cell

**rice** (rīs) ***n.*** [< Gr. *oryza:* of Oriental origin] 1. a cereal grass of warm climates, planted in ground under water **2.** its starchy seeds, used as food

**rice paper** **1.** a thin, edible paper made from the straw of rice **2.** a fine, delicate paper made by cutting and pressing the pith of an Asian plant

**rich** (rich) ***adj.*** [OE. *rice,* noble] **1.** having much money or property; wealthy **2.** having abundant natural resources **3.** well-supplied (*with*); abounding (*in*) **4.** valuable; sumptuous [*rich* gifts] **5.** containing much butter, cream, sugar, etc. **6.** *a*) full and mellow: said of sounds *b*) deep; vivid: said of colours *c*) very fragrant **7.** abundant [a *rich* fund of stories] **8.** yielding in abundance, as soil, etc. **9.** [Colloq.] very amusing **—rich'ly** ***adv.*** **—rich'ness** ***n.***

**riches** ***n.pl.*** valuable possessions; wealth

**Richter scale** (rik'tər) [< C. *Richter*] a scale for measuring the magnitude of earthquakes, with each of its 10 steps about 60 times greater than the preceding step

**rick**[1] (rik) ***n.*** [OE. *hreac*] a stack of hay, straw, etc.

**rick**[2] ***vt., n.*** [var. of WRICK] sprain or wrench

**rickets** (rik'its) ***n.*** [< ?] a disease, chiefly of children, characterized by a softening and, often, bending of the bones: it is caused by lack of vitamin D

**rickettsia** (ri ket'sē ə) ***n., pl.*** **-siae'** (-ē'), **-sias** [< H. T. *Ricketts*] any of a genus of microorganisms that cause certain diseases, as typhus, and are transmitted by the bite of certain lice and ticks

**rickety** (rik'it ē) ***adj.*** **1.** weak; shaky **2.** of or having rickets

**rickrack** (rik'rak') ***n.*** [redupl. of RACK[1]] flat, zigzag braid for trimming dresses, etc.

**rickshaw, ricksha** (rik'shô) ***n.*** [< Jap. *jinrikisha* < *jin,* man + *riki,* power + *sha,* carriage] a small, two-wheeled, hooded carriage pulled by one or two men and used, esp. formerly, in the Orient

**ricochet** (rik'ə shā') ***n.*** [Fr.] **1.** the rebound of a bullet, stone, etc. after striking a surface **2.** a bullet, etc. that ricochets ***vi.*** **-cheted'** (-shād') or **-chet'ted** (-shet'-id), **-chet'ing** (-shā' iŋ) or **-chet'ting** (-shet'-iŋ) to move with such a motion

**R.I.C.S.** Royal Institute of Chartered Surveyors

**rid** (rid) ***vt.*** **rid, rid'ding** [< ON. *rythja,* to clear (land)] to free or relieve, as of something undesirable **—get rid of** to dispose of

**riddance** ***n.*** a ridding or being rid **—good riddance!** welcome relief or deliverance

**ridden** (rid''n) *pp. of* RIDE

**riddle**[1] (rid''l) ***n.*** [< OE. *rædan,* to guess] **1.** a puzzle in the form of a question or statement with an ingenious meaning or answer that is hard to guess **2.** any puzzling person or thing ***—vi.*** to utter riddles

**riddle**[2] ***vt.*** **-dled, -dling** [OE. *hriddel*] **1.** *a*) to make many holes in, as with gun shot *b*) to affect every part of [*riddled* with errors] **2.** to sift through a riddle ***—n.*** a coarse sieve

**ride** (rīd) ***vi.*** **rode, rid'den, rid'ing** [OE. *ridan*] **1.** to sit on and control a horse or other animal in motion **2.** to be carried along (*in* a vehicle, *on* a bicycle, etc.) **3.** to be supported in motion (*on* or *upon*) **4.** to move or float on water **5.** [Colloq.] to continue undisturbed, with no action taken ***—vt.*** **1.** to sit on or in so as to move along **2.** to be carried or supported on [to *ride* the waves] **3.** to move over, along, or through (a road, area, etc.) by horse, car, etc. **4.** to cover (a specified distance) by riding **5.** to engage in by riding [to *ride* a race] **6.** to dominate or oppress [*ridden* by fear] ***—n.*** **1.** a riding; journey by horse, car, etc. **2.** a road, etc. for riding **—ride down** **1.** to knock down by riding against **2.** to overtake by riding **—ride out** to endure (a storm, crisis, etc.) successfully **—ride up** to move upwards out of place, as an article of clothing **—take for a ride** [Slang] **1.** to cheat or swindle **2.** to take somewhere, as in a car, and kill

**rider** ***n.*** **1.** a person who rides **2.** *a*) an amendment to a contract, jury verdict, etc. *b*) a clause added to a bill

**ridge** (rij) ***n.*** [OE. *hrycg*] **1.** a long, narrow elevation of land or similar range of hills **2.** any narrow, raised strip, as on fabric **3.** the long, narrow top or crest of something, as of a wave **4.** the horizontal line formed by the meeting of two sloping surfaces **5.** *Meteorol.* an elongated area of high pressure ***—vt., vi.*** **ridged, ridg'-ing** to form into ridges **—ridg'y** ***adj.***

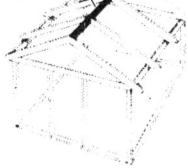


**ridgepole** ***n.*** **1.** the horizontal beam at the ridge of a roof **2.** the horizontal pole forming the apex of a tent

**ridicule** (rid'i kyōōl') ***n.*** [< L. *ridere,* to laugh] **1.** the act of making someone or something the object of scornful laughter **2.** words or actions used in doing this ***—vt.*** **-culed', -cul'ing** to make fun of; deride; mock

**ridiculous** (ri dik'yoo ləs) ***adj.*** deserving ridicule; absurd

**riding** (rid'iŋ) ***n.*** [OE. *-thrithing,* a third part] **1.** any of the three former administrative divisions of Yorkshire **2.** [Canad.] a parliamentary constituency

**riding crop** a short whip with a looped lash used when riding horses

**riding-light** ***n.*** a white light hung in the rigging of a vessel at anchor during the night, indicating its position

**riempie** (rim'pē) ***n., pl.*** **-pies** [< Afrik.]

[S Afr.] a leather thong used esp. to make chair seats

**Riesling** (rēz'liŋ) *n.* [< G.] [*also* **r-**] a dry, white wine made in the Rhine valley, Austria, etc.

**rife** (rīf) ***adj.*** [OE. *ryfe*] **1.** widespread [gossip was *rife*] **2.** abounding; filled [*rife* with error]

**riffle** (rif'l) ***vt., vi.*** **-fled, -fling** [< ?] **1.** to leaf rapidly (through) by releasing pages, etc. along their edge with the thumb **2.** to shuffle (playing cards) by holding part of the pack in each hand and mixing the cards together with riffling motions —***n.*** the act of riffling cards

**riffraff** (rif'raf') ***n.*** [< OFr. *rifler,* to scrape + *rafle,* a raking in] those people regarded as worthless, insignificant, etc.; rabble

**rifle**[1] (rī'f'l) ***n.*** [< Fr. *rifler,* to scrape] **1.** a shoulder gun with a rifled barrel **2.** [*pl.*] troops armed with rifles —***vt.*** **-fled, -fling** to cut spiral grooves on the inside of (a gun barrel, etc.)

**rifle**[2] ***vt.*** **-fled, -fling** [< OFr. *rifler*] **1.** to ransack and rob; plunder **2.** to take as plunder; steal

**rifling** ***n.*** **1.** the cutting of spiral grooves within a gun barrel, to make the projectile spin when fired **2.** a system of such grooves

**rift** (rift) ***n.*** [< Dan. *rive,* to tear] **1.** an opening caused by splitting; cleft **2.** a break in friendly relations

**rift valley** a long, narrow, sunken area thought to result from the subsidence of land between two parallel faults

**rig** (rig) ***vt.*** **rigged, rig'ging** [< Scand.] **1.** to fit (a ship, mast, etc.) with sails, shrouds, etc. **2.** to fit (*out*); equip **3.** to prepare for use, esp. in a hurry (often with *up*) **4.** to arrange in a dishonest way [to *rig* a contest] **5.** [Colloq.] to dress (with *out*) —***n.*** **1.** the arrangement of sails, masts, etc. on a vessel **2.** equipment; gear **3.** the installation used in drilling for and exploiting petroleum and natural gas deposits: also **oil rig**

**Rigel** (rī'g'l) [< Ar. *rijl,* foot] a bright, bluish star, brightest in the constellation Orion

**rigging** (rig'iŋ) ***n.*** the chains, ropes, etc. used for supporting and working the masts, sails, etc. of a vessel

**right** (rīt) ***adj.*** [OE. *riht*] **1.** in accordance with accepted standards of moral behaviour, justice, etc. [*right* conduct] **2.** correct; true **3.** *a*) suitable *b*) most convenient or favourable **4.** having sound physical or mental health **5.** *a*) designating or of that side which is towards the east when one faces north *b*) closer to the right side of a person facing the thing mentioned **6.** of the bank of a river on the right of a person facing downstream **7.** of the political right; conservative or reactionary **8.** formed with a straight line or axis perpendicular to a base [a *right* angle] **9.** designating the side meant to be seen [the *right* side of cloth] **10.** [Colloq.] real; utter [a *right* idiot] —***n.*** **1.** a power, privilege, etc. that a person has by law, nature, etc. **2.** what is just, lawful, proper, etc. **3.** the true report (with *the*) **4.** the right side **5.** *Boxing* *a*) the right hand *b*) a blow with the right hand **6.** [*often* **R-**] *Politics* a conservative or reactionary position, party, etc. (often with *the*) —***adv.*** **1.** in a way that is correct, proper, etc. **2.** directly [go *right* home] **3.** on or towards the right hand **4.** completely [soaked *right* through] **5.** [Colloq.] immediately [come *right* down] **6.** [Colloq.] exactly [*right* here] **7.** [Obs. or Dial] very [he knows *right* well] **8.** most: used in certain titles [the *right* reverend] —***interj.*** agreed! I understand! —***vt.*** **1.** to put upright [we *righted* the boat] **2.** to correct **3.** to put in order [she *righted* the room] **4.** to make amends for —***vi.*** to regain an upright position —**by right** (or **rights**) in justice —**in one's own right** through one's own status, ability, etc. —**in the right** on the side supported by truth, justice, etc. —**on the right side of** **1.** to be approved of (by someone) **2.** to be less than [*on the right side of* forty] —**right and left** on all sides —**right away** at once —**to rights** [Colloq.] into proper order

**rightabout-face** ***n.*** **1.** a turning directly about so as to face the opposite direction **2.** a complete reversal of belief, conduct, etc.

**right angle** an angle of 90 degrees, made by the meeting of two straight lines perpendicular to each other —**right'-an'gled** ***adj.***

**right-angled triangle** a triangle with one right angle

**right arm** a reliable helper

**righteous** (rī'chəs) ***adj.*** **1.** upright; virtuous [a *righteous* man] **2.** morally right [*righteous* anger]

**rightful** ***adj.*** **1.** fair; just **2.** having a lawful claim [the *rightful* owner] **3.** owned by lawful claim [a *rightful* rank]

**right-hand** ***adj.*** **1.** on or towards the right **2.** of, for, or with the right hand **3.** most helpful or reliable [my *right-hand* man]

**right-handed** ***adj.*** **1.** using the right hand more skilfully than the left **2.** done with or made for use with the right hand —***adv.*** with the right hand —**right'hand'er** ***n.***

**rightly** ***adv.*** **1.** fairly **2.** suitably **3.** correctly

**right-minded** ***adj.*** having correct views or sound principles

**right of way** **1.** the right to move in front of others, as at a traffic intersection **2.** *a*) the right to use a certain route, as over another's property *b*) a path marking such a route

**Right Reverend** the form of address used for bishops

**rightward** *adv., adj.* on or towards the right: also **right'wards** *adv.*
**right whale** a large-headed whalebone whale
**right wing** the more conservative or reactionary section of a political party, group, etc. —**right'-wing'** *adj.*
**rigid** (rij'id) *adj.* [< L. *rigere,* be stiff] **1.** not bending or flexible **2.** strict or rigorous —**rigidity** (ri jid'ə tē) *n.*
**rigmarole** (rig'mə rōl') *n.* [< ME. *rageman rolle,* a document] **1.** a fussy or time-wasting procedure **2.** rambling talk; nonsense
**rigor mortis** (rīg'ər môr'tis) [ModL., stiffness of death] the stiffening of the muscles after death
**rigorous** (rig'ər əs) *adj.* **1.** very strict [*rigorous* rules] **2.** very severe [a *rigorous* climate] **3.** exactly precise [*rigorous* bookkeeping]
**rigour** (rig'ər) *n.* [< L. *rigere,* be rigid] **1.** harshness or severity **2.** precision or accuracy **3.** a harsh or oppressive act, etc. **4.** rigidity, esp. in the body tissues Also U.S. sp., **rig'or**
**rig-out** (rig'out') *n.* [Colloq.] clothing or costume
**rile** (rīl) *vt.* **riled, ril'ing** [< *roil,* to disturb] [Colloq.] to anger
**rill** (ril) *n.* [< Du. *ril*] a little brook
**rim** (rim) *n.* [OE. *rima,* an edge] **1.** an edge or margin, esp. of something circular **2.** *a*) the outer part of a wheel *b*) the metal flange of a motor car wheel, on which the tyre is mounted —*vt.* **rimmed, rim'ming** to put a rim on
**rime**[1] (rīm) *n., vt., vi.* **rimed, rim'ing** *same as* RHYME
**rime**[2] *n.* [OE. *hrim*] hoarfrost —*vt.* **rimed, rim'ing** to coat with rime —**rim'y** *adj.*
**rind** (rīnd) *n.* [OE.] a thick or tough outer layer, as on fruit, cheese, bacon, etc.
**rinderpest** (rin'dər pest') *n.* [< G. *Rinder,* cattle + *Pest,* plague] an acute infectious disease of cattle, etc.
**ring**[1] (riŋ) *vi.* **rang, rung, ring'ing** [OE. *hringan*] **1.** to give forth the resonant sound of a bell **2.** to produce a specified impression [to *ring* false] **3.** to cause a bell to sound, esp. as a summons **4.** to resound [the room *rang* with laughter] **5.** to have a sensation of ringing: said of the ears —*vt.* **1.** to cause (a bell, etc.) to ring **2.** to signal, announce, etc. as by ringing **3.** to call by telephone (often with *up*) —*n.* **1.** the sound of a bell **2.** any similar sound **3.** an impression [the *ring* of sincerity] **4.** the act of ringing a bell, etc. **5.** [Colloq.] a telephone call: chiefly in **give (someone) a ring,** to telephone (someone) —**ring a bell** to stir up a memory —**ring down** (or **up**) **the curtain** **1.** to signal for a theatre curtain to be lowered (or raised) **2.** to end (or begin) something —**ring off** to terminate a telephone conversation —**ring up** **1.** to record on a cash register **2.** to telephone
**ring**[2] *n.* [OE. *hring*] **1.** a circular band, esp. of precious metal, to be worn on the finger **2.** any similar band [a key *ring*] **3.** a circular line, mark, or figure **4.** the outer edge or rim **5.** a number of people or things grouped in a circle **6.** a group working together to advance their own interests **7.** an enclosed area, for contests, exhibitions, etc. [a circus *ring*] **8.** prizefighting (with *the*) —*vt.* **ringed, ring'ing** **1.** to encircle **2.** to form into, or furnish with, a ring or rings **3.** to cut a circle of bark from (a tree) **4.** to mark a bird with a ring or clip for later identification —**run rings around** [Colloq.] to be so much better, more skilful, etc. as to expose someone else as inferior or foolish —**ringed** *adj.*
**ringdove** *n.* the wood pigeon
**ring finger** the finger next to the little finger, esp. of the left hand, on which a wedding ring is usually worn
**ringleader** *n.* a person who leads others, esp. in unlawful acts
**ringlet** *n.* a curl of hair, esp. a long one —**ring'leted** *adj.*
**ring main** a domestic electrical wiring system consisting of a ring circuit supplied by mains electricity
**ringmaster** *n.* a man who directs the performances in a circus ring
**ring road** a road bypassing a busy town centre
**ringside** *n.* **1.** the place just outside the ring, as at a boxing match **2.** any place that provides a close view
**ringworm** *n.* any contagious skin disease caused by a fungus that produces ring-shaped patches
**rink** (riŋk) *n.* [< Scot. < ?] **1.** a smooth expanse of ice for ice skating or ice hockey **2.** a smooth floor for roller-skating **3.** a building enclosing either of such rinks **4.** a section of the green or ice used for play in bowls and curling
**rinkhals** (riŋk'hous') *n.* [< Afrik.] a S African ring-necked cobra
**rink rat** [Canad. Slang] a youth who helps with odd chores around an ice hockey rink in return for free admission to games, etc.
**rinse** (rins) *vt.* **rinsed, rins'ing** [ult. < L. *recens,* fresh] **1.** to wash lightly, as by dipping into clear water **2.** to remove (soap, etc.) by such washing **3.** to flush (the mouth or teeth), as with clear water **4.** to use a rinse on (hair) —*n.* **1.** a rinsing **2.** a substance used to tint hair
**riot** (rī'ət) *n.* [< OFr. *rihoter,* make a disturbance] **1.** a violent, public disturbance of the peace by a number of persons **2.** wild or violent disorder, confusion, etc. **3.** a brilliant display [a *riot* of colour] **4.** [Colloq.] an extremely amusing person, thing, or event —*vi.* to take part in a riot —**run riot** **1.** to act in a wild, unrestrained manner **2.** to grow in profusion —**ri'oter** *n.*
**riotous** *adj.* **1.** having the nature of a riot **2.** engaging in rioting **3.** disorderly or boisterous
**rip**[1] (rip) *vt.* **ripped, rip'ping** [< ?] **1.** to cut or tear apart roughly **2.** to remove

as by cutting or tearing (with *off, out,* etc.) **3.** to make (a hole) in this way **4.** to slash with a sharp instrument —*vi.* **1.** to become torn or split apart **2.** [Colloq.] to move with speed or violence —*n.* a torn place or burst seam —**let rip** to act or speak without restraint or control —**rip off** [Slang] **1.** to steal **2.** to cheat, exploit, etc. —**rip'per** *n.*

**rip²** *n.* [< ?] [Colloq.] a debauched, dissipated person

**R.I.P.** *abbrev. of* REQUIESCAT IN PACE

**riparian** (rī pâər'ē ən) *adj.* [< L. *ripa,* bank] of or living on the bank of a river, etc.

**rip cord** a cord pulled to open a parachute during descent

**ripe** (rīp) *adj.* [OE.] **1.** ready to be harvested, as grain **2.** sufficiently processed to be ready for use [*ripe* cheese] **3.** highly developed; mature **4.** advanced in years [the *ripe* age of ninety] **5.** fully prepared [*ripe* for marriage] **6.** far enough along (*for*): said of time —**ripe'ness** *n.*

**ripen** *vi., vt.* to become or make ripe; mature

**riposte, ripost** (ri post') *n.* [< Fr. < L.: see RESPOND] **1.** a sharp, swift retort **2.** *Fencing* a sharp, swift thrust made after parrying an opponent's lunge —*vi.* **-post'ed, -post'ing** to make a riposte

**ripple** (rip'l) *vi.* **-pled, -pling** [< ?] **1.** to form or have little waves on the surface **2.** to give the effect of alternately rising and falling [laughter *rippling* through the hall] —*vt.* to cause to ripple —*n.* **1.** a small wave, as on the surface of water **2.** a movement like this **3.** a sound like that of rippling water —**rip'ply** *adj.*

**rip-roaring** (rip'rôr'iŋ) *adj.* [Slang] boisterous; uproarious

**ripsaw** *n.* [RIP¹ + SAW¹] a saw with coarse teeth, for cutting wood along the grain

**rise** (rīz) *vi.* **rose, risen** (riz'n), **ris'ing** [OE. *risan*] **1.** to stand or assume an erect position after sitting, lying, etc. **2.** to get up after sleeping or resting **3.** to ascend **4.** to appear above the horizon [the moon *rose*] **5.** to attain a higher level, status, rank, etc. **6.** to become erect or rigid **7.** to extend upwards [hills *rising* steeply] **8.** to increase in amount, degree, etc. **9.** to become louder, shriller, etc. **10.** to become stronger, more vivid, etc. **11.** to become larger and puffier, as dough with yeast **12.** to originate; begin **13.** to happen; occur **14.** to become apparent [land *rising* ahead of the ship] **15.** to be built [the house *rose* quickly] **16.** to rebel **17.** to end an official assembly or meeting **18.** to return to life after dying —*n.* **1.** upward motion; ascent **2.** an advance in status, rank, etc. **3.** an increase in degree, amount, etc. **4.** an increase in wages **5.** a hill **6.** a slope upwards **7.** the vertical height of something, as a staircase **8.** a beginning, origin, etc. —**get a rise out of** [Slang] to draw a desired response from, as by teasing —**give rise to** to bring about —**rise to** to prove oneself capable of coping with [to *rise to* the occasion]

**riser** *n.* a vertical piece between the steps in a stairway

**risible** (riz'ə b'l) *adj.* [< L. *ridere,* to laugh] **1.** inclined to laugh **2.** causing laughter; laughable —**ris'ibil'ity** *n.*

**rising** (rī'ziŋ) *adj.* **1.** that rises; ascending, advancing, etc. **2.** growing; maturing [the *rising* generation] **3.** [Colloq.] approaching [a man *rising* fifty] —*n.* **1.** an uprising; revolt **2.** something that rises

**risk** (risk) *n.* [< Fr. < It. *risco*] **1.** the chance or likelihood of injury, damage, or loss; hazard **2.** the person or thing exposed to such chance or likelihood —*vt.* **1.** to expose to risk; hazard [to *risk* one's life] **2.** to take the chance of [to *risk* a fight] —**at risk** in a dangerous position —**run** (or **take**) **a risk** to expose oneself to a risk —**risk'y** *adj.*

**risqué** (ris'kā) *adj.* [Fr. < *risquer,* to risk] very close to being improper or indecent; suggestive

**rissole** (ris'ōl) *n.* [Fr.] a small ball of minced meat mixed with breadcrumbs, eggs, etc., often fried

**ritardando** (rē'tär dan'dō) *adj., adv.* [It.] *Music* becoming gradually slower

**rite** (rīt) *n.* [L. *ritus*] **1.** a solemn or ceremonial act or observance, as in religious use **2.** a particular system of ceremonial procedure; ritual **3.** [*often* **R-**] liturgy

**ritual** (rich'ōō wəl) *n.* **1.** a system of rites, religious or otherwise **2.** the observance of set forms, as in worship **3.** a practice or procedure done as a rite —*adj.* of, like, or done as a rite —**rit'ually** *adv.*

**ritualism** *n.* **1.** observance of, or excessive devotion to, ritual **2.** the study of religious ritual —**rit'ualist** *n., adj.* —**rit'ualis'tic** *adj.* —**rit'ualis'tically** *adv.*

**ritzy** (rit'sē) *adj.* **ritz'ier, ritz'iest** [< the *Ritz* hotels] [Colloq.] luxurious, fashionable, elegant, etc.

**rival** (rī'v'l) *n.* [< L. *rivalis*] **1.** a person who tries to get the same thing as another, or to equal or surpass another; competitor **2.** a satisfactory substitute [plastics are *rivals* of many metals] —*adj.* acting as a rival; competing —*vt.* **-valled, -valling** **1.** to try to equal or surpass **2.** to equal

**rivalry** *n., pl.* **-ries** the act of rivalling or the fact of being a rival; competition

**rive** (rīv) *vt., vi.* **rived, rived** or **riven** (riv'n), **riv'ing** [ON. *rifa*] **1.** to tear apart **2.** to split; cleave

**river** (riv'ər) *n.* [see RIPARIAN] **1.** a large, natural flow of water emptying into a sea, lake, etc. **2.** any plentiful flow —**sell down the river** to betray, deceive, etc.

**river basin** the area drained by a river and its tributaries

**riverbed** *n.* the channel in which a river flows or has flowed

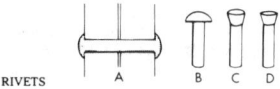

(A, rivet holding steel beams together; B, C, D rivets)

**rivet** (riv'it) *n.* [< MFr. *river,* to clinch] a metal bolt with a head on one end, used to fasten beams, etc. together by being inserted through holes: the plain end is then hammered into a head —*vt.* **1.** to fasten with rivets **2.** to hammer the end of (a bolt, etc.) into a head **3.** to fasten firmly **4.** to hold (the eyes, etc.) firmly —**riv'eter** *n.*

**rivulet** (riv'yoo lit) *n.* [< It. < L. *rivus,* a brook] a little stream

**rly.** railway

**rm.** *pl.* **rms.** **1.** ream **2.** room

**R.M.** **1.** Royal Mail **2.** Royal Marines **3.** [Canad.] Rural Municipality

**R.M.A.** Royal Military Academy

**Rn** *Chem.* radon

**R.N.** **1.** [Canad.] registered nurse **2.** Royal Navy

**RNA** ribonucleic acid

**R.N.A.S.** Royal Naval Air Service

**R.N.L.I.** Royal National Lifeboat Institution

**R.N.(V.)R.** Royal Naval (Volunteer) Reserve

**R.N.Z.A.F.** Royal New Zealand Air Force

**R.N.Z.N.** Royal New Zealand Navy

**roach** (rōch) *n.* [OFr. *roche*] a freshwater fish of the carp family

**road** (rōd) *n.* [OE. *rad,* a ride] **1.** a way made for travelling between places by motor car, horseback, etc. **2.** a path; course [the *road* to fortune] **3.** [*often pl.*] a protected place near shore where ships can ride at anchor —**one for the road** [Colloq.] a last alcoholic drink before leaving —**on the road** **1.** travelling, as a salesman **2.** on tour, as actors **3.** leading a wandering life, as a tramp

**road allowance** [Canad.] land set aside by a government for building a road

**roadblock** *n.* a blockade set up in a road to prevent movement of vehicles

**road fund** formerly, the money from motor licence fees, used for the maintenance of roads and bridges

**road fund licence** a disc showing that the tax to which a motor vehicle is subject has been paid

**road hog** a selfish, dangerous, or aggressive driver

**road-holding** *n.* the stability of a motor vehicle under varied driving conditions

**roadhouse** *n.* a restaurant, hotel, etc. situated on a country road

**roadshow** *n.* **1.** a show presented by a theatrical company on tour **2.** a touring discotheque, esp. one associated with a radio station

**roadside** *n.* the side of a road —*adj.* on or at the side of a road

**roadstead** *n.* *same as* ROAD (sense 3)

**roadster** *n.* an open motor car with front seats only

**road test** a test of a vehicle, tyres, etc. under operating conditions —**road'test'** *vt.*

**roadway** *n.* **1.** a road **2.** that part of a road intended for vehicles to travel on

**road works** repairs to, and maintenance of, the roads

**roadworthy** *adj.* mechanically sound; fit for use on the roads: said of a vehicle

**roam** (rōm) *vi.* [ME. *romen*] to travel with no special plan or purpose; wander —*vt.* to wander over or through —*n.* the act of roaming

**roan** (rōn) *adj.* [< OSp. *roano*] chestnut black, etc., with a thick sprinkling of white hairs: said chiefly of horses —*n.* a roan horse or other animal

**roar** (rôr) *vi.* [OE. *rarian*] **1.** to utter a loud, deep, rumbling sound, as a lion **2.** to talk or laugh boisterously **3.** to operate with a loud noise —*vt.* to utter with a roar —*n.* **1.** a loud, deep, rumbling sound, as of a lion **2.** a loud noise, as of waves, etc.

**roaring** *n.* the sound of a roar —*adj.* [Colloq.] successful; brisk [a *roaring* business] —*adv.* to the point of being noisy, boisterous, etc. [*roaring* drunk]

**roast** (rōst) *vt.* [< OFr. *rostir*] **1.** to cook (something) with little or no moisture as in an oven **2.** to process (coffee, etc.) by exposure to heat **3.** to expose to great heat **4.** [U.S. Colloq.] to criticize severely —*vi.* **1.** to be cooked by being roasted **2.** to be or become very hot —*n.* **1.** roasted meat **2.** a cut of meat for roasting —*adj.* roasted [*roast* pork] —**roast'ing** *adj.*

**roaster** *n.* **1.** a pan, oven, etc. for roasting meat **2.** a chicken, etc. suitable for roasting

**rob** (rob) *vt.* **robbed, rob'bing** [< OFr. *rober*] **1.** to take property from unlawfully by using or threatening force **2.** popularly to steal something from in any way **3.** to deprive [the accident *robbed* him of his health] —*vi.* to commit robbery —**rob'ber** *n.*

**robbery** *n., pl.* **-beries** a robbing; specif., the taking of another's property by violence or threat of violence

**robe** (rōb) *n.* [< OFr.] **1.** a long, loose outer garment; specif., such a garment worn to show rank or office **2.** [U.S.] a dressing gown —*vt., vi.* **robed, rob'ing** to dress in a robe

**robin** (rob'in) *n.* [< OFr. dim. of *Robert*] a small warbler with an orange-red breast: also **robin redbreast**

**Robin Goodfellow** *Eng. Folklore* a mischievous elf

**Robin Hood** *Eng. Legend* an outlaw of the 12th cent. who lived with his followers in Sherwood Forest and robbed the rich to help the poor

**Robinson Crusoe** (rob'in s'n kroo'sō) the hero of Defoe's novel (1719) of the same name, a sailor who is shipwrecked on a tropical island

**robot** (rō'bot) *n.* [< Czech *robota,* forced labour] **1.** *a*) any manlike mechanical being *b*) any mechanical device operated automatically to perform in a seemingly human way **2.** a person who acts or works mechanically **3.** [S Afr.] traffic lights

**robust** (rō bust′) ***adj.*** [< L. *robur,* hard oak] **1.** *a*) strong and healthy; hardy *b*) strongly built; muscular or sturdy **2.** requiring physical strength *[robust* work*]* **3.** rough; boisterous

**robustious** (rō bus′chəs) ***adj.*** [< prec.] rough; boisterous

**roc** (rok) ***n.*** [< Ar. < Per. *rukh*] *Arabian & Persian Legend* a bird, so huge and strong that it could carry off large animals

**R.O.C.** Royal Observer Corps

**rochet** (roch′it) ***n.*** [< OFr. < OHG. *roch*] a vestment like a surplice, worn by bishops

**rock**[1] (rok) ***n.*** [< OFr. *roche*] **1.** mineral matter formed in masses in the earth's crust **2.** a large mass of stone **3.** a large stone detached from the mass; boulder **4.** anything like a rock; esp., a firm support, etc. **5.** a hard sweet made in sticks **6.** [Slang] a diamond or other gem **—on the rocks** [Colloq.] **1.** ruined **2.** bankrupt **3.** served undiluted over ice cubes: said of spirits **—the Rock** Gibraltar

**rock**[2] ***vt., vi.*** [OE. *roccian*] **1.** to move backwards and forwards or from side to side **2.** to sway strongly; shake **—*n.*** **1.** a rocking motion **2.** *a*) *same as* ROCK-AND-ROLL *b*) popular music evolved from rock-and-roll, containing elements of folk music, country music, etc. **—rock the boat** to upset a stable situation

**rock-and-roll** (rok′′n rōl′) ***n.*** **1.** a form of popular music, having a strong rhythm, which evolved from jazz and the blues **2.** dancing performed to such music Also **rock 'n' roll**

**rock bottom** the lowest level or point **—rock′-bot′tom *adj.***

**rock-bound** ***adj.*** surrounded by rocks *[a rock-bound* coast*]*

**rock cake** a small fruit cake with a rough surface

**rock crystal** a transparent, esp. colourless, quartz

**rock dove** the wild ancestor of the domestic pigeons

**rocker** ***n.*** **1.** any of various devices that work with a rocking motion **2.** *same as* ROCKING CHAIR **3.** either of the curved pieces on the bottom of a cradle, rocking chair, etc. **—off one's rocker** [Slang] crazy; insane

**rockery** ***n., pl.*** **-eries** rocks and soil arranged for growing a rock garden

**rocket** (rok′it) ***n.*** [< It. *rocchetta,* spool] **1.** any device containing a combustible substance which when ignited produces gases that escape through a rear vent and drive the container forwards by the principle of reaction: rockets are used as fireworks, projectile weapons, etc. **2.** a spacecraft, missile, etc. propelled by a rocket **3.** [Colloq.] a severe reprimand **—*vi.*** to move in or like a rocket; soar

**rocketry** ***n.*** the science of designing, building, and launching rockets

**rock garden** a garden with plants growing among rocks variously arranged

**rocking chair** a chair mounted on rockers or springs, so as to allow a rocking movement

**rocking horse** a toy horse mounted on rockers or springs and big enough for a child to ride

**rock plant** a plant which thrives in dry exposed places among stones and rocks

**rock rabbit** [S Afr.] *same as* DASSIE

**rock salmon** the name used for dogfish by fishmongers

**rock salt** common salt in solid masses

**rockspider** ***n.*** [S Afr. Derog.] an Afrikaner

**rocky**[1] ***adj.*** **-ier, -iest** full of, consisting of, or like rock

**rocky**[2] ***adj.*** **-ier, -iest** shaky

**Rocky Mountain goat** a white, goatlike antelope of the mountains of northwest N America

**rococo** (rə kō′kō) ***n.*** [Fr. < *rocaille,* shell work] an elaborate style of architecture and decoration popular in the 18th cent. **—*adj.*** **1.** of or in rococo **2.** too elaborate; florid

**rod** (rod) ***n.*** [OE. *rodd*] **1.** any straight bar of wood, metal, etc. **2.** a stick for beating as punishment **3.** a staff, sceptre, etc., carried as a symbol of office or rank **4.** *same as* FISHING ROD **5.** a measure of length equal to $5^1/_2$ yards (5m) **6.** [U.S. Slang] a pistol or revolver

**rode** (rōd) *pt. & archaic pp. of* RIDE

**rodent** (rōd′′nt) ***n.*** [< L. *rodere,* gnaw] any of various gnawing mammals, including rats, mice, beavers, etc.

**rodent officer** an official ratcatcher

**rodeo** (rō dā′ō) ***n., pl.*** **-deos** [Sp. < L. *rotare,* ROTATE] [U.S. & Canad.] a public exhibition of the skills of cowboys, as broncobusting, lassoing, etc.

**rodomontade** (rod′ə mon tād′) ***n.*** [Fr. < It.] arrogant or blustering talk

**roe**[1] (rō) ***n.*** [< ?] fish eggs, esp. when still massed in the ovarian membrane

**roe**[2] ***n.*** [OE. *ra*] a small, agile, graceful deer

**rogation** (rō gā′shən) ***n.*** [< L. *rogare,* ask] a supplication or prayer, esp. as chanted during Rogation days

**Rogation days** the three days before Ascension Day

**Roger** (roj′ər) ***interj.*** [< signal flag for *R*] [*also* **r-**] **1.** received: term used in radiotelegraphy to indicate reception of a message **2.** [Colloq.] right!; OK!

**rogue** (rōg) ***n.*** [< ?] **1.** a scoundrel **2.** a fun-loving, mischievous person **3.** any inferior or defective specimen, esp. a plant that is of a different, unwanted variety from the main crop **4.** formerly, a vagabond **5.** an animal that wanders alone and is fierce and wild **—ro′guish *adj.***

**roguery** (rō′gər ē) ***n., pl.*** **-gueries** the behaviour of a rogue; specif., *a*) cheating *b*) playful mischief

**rogues' gallery** a collection of photographs of criminals, as used by police in identification

**roister** (roi′stər) ***vi.*** [see RUSTIC] **1.** to

boast or swagger **2.** to revel boisterously —**roist'ering** *n., adj.*

**role, rôle** (rōl) *n.* [Fr.] **1.** a part that an actor plays **2.** a function assumed [an advisory *role*]

**roll** (rōl) *vi.* [< L. *rota,* wheel] **1.** to move by turning over and over **2.** to move on wheels **3.** to pass [the years *rolled* by] **4.** to flow in a full, sweeping motion **5.** to extend in gentle undulations **6.** to make a loud, rising and falling sound [thunder *rolls*] **7.** to trill **8.** to turn in a circular motion [with eyes *rolling*] **9.** to rock from side to side, as a ship **10.** to walk by swaying **11.** to become spread under a roller **12.** to make progress **13.** to start operating [the presses *rolled*] **14.** [Colloq.] to abound (*in*) —*vt.* **1.** to move by turning over and over **2.** to move on wheels or rollers **3.** to cause to start operating **4.** to beat (a drum) with light, rapid blows **5.** to utter with a full, flowing sound **6.** to say with a trill [to *roll* one's r's] **7.** to give a swaying motion to **8.** to move around or from side to side [to *roll* one's eyes] **9.** to wind into a ball or cylinder [to *roll* a cigarette] **10.** to enfold **11.** to make flat by using a roller, etc. —*n.* **1.** a rolling **2.** *a*) a scroll *b*) something that is rolled up **3.** *a*) a register *b*) the official list of solicitors **4.** a list of names **5.** a measure of something rolled into a cylinder [a *roll* of wallpaper] **6.** a cylindrical mass of something **7.** a small cake of bread **8.** a swaying motion **9.** a rapid succession of light blows on a drum **10.** a loud, reverberating sound, as of thunder **11.** a trill **12.** a slight swell on the surface of something, as land **13.** *Aeron.* a manoeuvre in which an aircraft makes one complete rotation about its longitudinal axis —**roll in** to arrive or appear in large numbers or amounts —**roll up** **1.** to form into a cylinder **2.** [Colloq.] to arrive in or as if in a vehicle —**strike off the rolls** to expel from membership

**roll call** the reading aloud of a roll to find out who is absent

**rolled gold** brass or other base metal covered with a thin layer of gold

**roller** *n.* **1.** *a*) a cylinder on which something is rolled up [a hair *roller*] *b*) a rolling cylinder used to crush, smooth, or spread something **2.** a long, heavy wave that breaks on the shoreline **3.** a person or thing that rolls

**roller coaster** [U.S.] a switchback

**roller skate** a skate with wheels —**roll'er-skate'** *vi.* —**roller skater**

**roller towel** a towel whose ends are sewn together and which is hung on a roller

**rollick** (rol'ik) *vi.* [< ?] to behave in a gay, carefree way —**rol'licking** *adj.*

**rolling** (rōl'iŋ) *adj.* **1.** that rolls; revolving, recurring, swaying, surging, etc. **2.** [Colloq.] wealthy —*n.* the action, motion, or sound of something that rolls

**rolling mill** **1.** a factory in which metal bars, sheets, etc. are rolled out **2.** a machine used for such rolling

**rolling pin** a heavy, smooth cylinder with a handle at each end, used to roll out pastry, etc.

**rolling stock** all the vehicles of a railway or [U.S.] of a trucking company

**rolling stone** a person who is incapable of settling down in any one place

**roll-mop** (rōl'mop') *n.* [G. < *rollen,* to ROLL + *Mops, pug dog*] a fillet of fresh herring rolled around an onion and marinated

**roll-on** (rōl'on) *n.* **1.** a liquid, esp. a deodorant, that is packed in a container having an applicator consisting of a revolving ball **2.** [Colloq.] a woman's foundation garment —*adj.* **1.** dispensed by rolling the applicator over the flesh or other surface **2.** designed to allow vehicles to be driven aboard: said of a ferry, etc.

**Rolls-Royce** (rōlz'roiz') *n.* [< Charles Stewart *Rolls* & Sir Frederick Henry *Royce*] a make of motor car, famed for its luxury

**roll-top** *adj.* made with a flexible top of parallel slats that slides back [a *roll-top* desk]

**roly-poly** (rō'lē pō'lē) *adj.* [redupl. of ROLL] short and plump; pudgy —*n., pl.* **-lies** **1.** a pudding made of rich dough spread with jam, rolled up, and boiled or steamed, etc. **2.** a roly-poly person

**Rom.** **1.** Roman **2.** Romans (Epistle to the Romans)

**Roman** (rō'mən) *adj.* **1.** of ancient or modern Rome, its people, etc. **2.** of the Roman Catholic Church **3.** [*usually* **r-**] designating or of the usual upright style of printing types; not italic —*n.* **1.** a native or inhabitant of ancient or modern Rome **2.** [*usually* **r-**] roman type

**Roman alphabet** the alphabet of the ancient Romans, used with little change in most modern European languages

**Roman candle** a firework consisting of a long tube that sends out balls of fire, sparks, etc.

**Roman Catholic** **1.** of the Roman Catholic Church **2.** a member of this church —**Roman Catholicism**

**Roman Catholic Church** the Christian church headed by the Pope

**Romance** (rō mans') *adj.* [see ff.] designating or of any of the languages derived from Latin, as Italian, Spanish, French, etc. —*n.* these languages

**romance** (rō mans') *n.* [ult. < L. *Romanicus,* Roman] **1.** a love affair **2.** a spirit of, or inclination for, excitement, mystery, etc. **3.** a long narrative, orig. written in one of the Romance languages, about knights and chivalric deeds, adventure, and love **4.** a novel of love, adventure, etc. **5.** an exaggeration or fabrication —*vi.* **-manced', -manc'ing** **1.** to write or tell romances **2.** to exaggerate or embroider the truth

**Romanesque** (rō'mə nesk') *adj.* designating a style of European architecture of the 11th and 12th cent., using round arches, massive walls, etc. —*n.* this style of architecture

**Roman nose** a nose with a prominent bridge

**Roman numerals** the Roman letters which are used as numerals: I=1, V=5, X=10, L=50, C=100, D=500, M=1000

**Romano-** (rō mä′nō) *a combining form meaning* Roman

**romantic** (rō man′tik) ***adj.*** **1.** of, like, or characterized by romance **2.** full of thoughts, feelings, etc. of romance **3.** of romance, or lovemaking *[a romantic* night*]* **4.** not practical; visionary **5.** fanciful or fictitious **6.** [*often* **R-**] of the ROMANTIC MOVEMENT —***n.*** a romantic person —**roman′tically** ***adv.***

**romanticism** ***n.*** **1.** romantic spirit, outlook, etc. **2.** the spirit, style, etc. of, or adherence to, the Romantic Movement —**roman′ticist** ***n.***

**romanticize** ***vt.*** **-cized′, -ciz′ing** to treat or regard romantically —***vi.*** to have romantic ideas, attitudes, etc.

**Romantic Movement** the revolt in the 18th and 19th cent. against neoclassicism in literature, music, art, etc.: it emphasized freedom of form, full expression of feeling, etc.

**Romany** (rom′ə nē) ***n.*** [< Romany *rom,* man] **1.** *pl.* **-ny, -nies** a Gypsy **2.** the language of the Gypsies —***adj.*** of the Gypsies, their language, etc. Also sp. **Rom′-many**

**Romeo** (rō′mē ō′) ***n.,*** *pl.* **-os** [< the hero of Shakespeare's *Romeo and Juliet*] a man who is an ardent lover

**romp** (romp) ***n.*** [prob. < RAMP²] boisterous, lively play —***vi.*** **1.** to play in a boisterous, lively way **2.** to win with ease, etc. *[he romped* home*]*

**rompers** ***n.pl.*** a young child's loose-fitting, one-piece outer garment with bloomerlike pants

**rondavel** (ron′dä′vəl) ***n.*** [< ?] [S Afr.] a circular building, often thatched

**rondeau** (ron′dō) ***n.,*** *pl.* **-deaux** (-dōz) [Fr. < *rond,* round] a short lyrical poem of thirteen (or ten) lines and an unrhymed refrain that consists of the opening words and is used within the poem

**rondo** (ron′dō) ***n.,*** *pl.* **-dos** [It. < Fr.: see RONDEAU] *Music* a composition or movement having its principal theme stated three or more times

**rood** (rōōd) ***n.*** [OE. *rod*] **1.** a crucifix **2.** formerly, a measure of area usually equal to 1/4 acre

**rood screen** a screen, usually surmounted by a rood, dividing the choir or chancel of a church from its nave

**roof** (rōōf) ***n.,*** *pl.* **roofs** [OE. *hrof*] **1.** the outside top covering of a building **2.** figuratively, a home **3.** anything like a roof *[the roof* of the mouth*]* —***vt.*** to cover as with a roof —**hit** (or **go through**) **the roof** to become extremely angry —**raise the roof** [Colloq.] to be very noisy

**roof garden** a garden on the flat roof of a building

**roofing** ***n.*** material for roofs

**roof rack** a rack attached to the roof of a motor vehicle and used to carry luggage, etc.

**rooftop** ***n.*** the roof of a building

**rooftree** ***n.*** the ridgepole of a roof

**rooibos** (roi′bos′) ***n.*** [< Afrik. *rooi,* red + *bos,* bush] any of various S African trees with red leaves

**rooibostea** (roi′bos tē′) ***n.*** [S Afr.] a tealike drink made from the leaves of rooibos

**rooikat** (roi′kat′) ***n.*** [< Afrik. *rooi,* red + *kat,* cat] a S African lynx

**rooinek** (roi′nek) ***n.*** [< Afrik. *rooi,* red + *nek,* neck] [S Afr. Derog.] an Englishman; red neck

**rook**¹ (rook) ***n.*** [OE. *hroc*] a crowlike bird —***vt., vi.*** to swindle; cheat

**rook**² ***n.*** [< Per. *rukh*] *Chess* either of the two corner pieces, usually shaped like a castle tower

**rookery** ***n.,*** *pl.* **-eries** a colony of rooks, or of seals, penguins, etc.

**rookie** (rook′ē) ***n.*** [< ?] [Slang] an inexperienced recruit

**room** (rōōm) ***n.*** [OE. *rum*] **1.** space to contain something **2.** opportunity *[room* for doubt*]* **3.** a space within a building enclosed by walls **4.** [*pl.*] lodgings **5.** the people in a room *[the whole room* was silent*]* —***vi., vt.*** [U.S.] to have, or provide with, lodgings

**rooming house** [U.S.] a lodging house

**roommate** ***n.*** a person with whom one shares a room

**room service** the service provided by hotels serving food, etc. in the guest's room

**roomy** ***adj.*** **-ier, -iest** spacious —**room′iness** ***n.***

**roost** (rōōst) ***n.*** [OE. *hrost*] **1.** a perch on which birds, esp. domestic fowls, can rest or sleep **2.** a place with perches for birds —***vi.*** **1.** to sit, sleep, etc. on a perch **2.** to settle down, as for the night —**come home to roost** to come back in an unfavourable way to the doer —**rule the roost** to be master

**rooster** ***n.*** [Chiefly U.S.] a cock

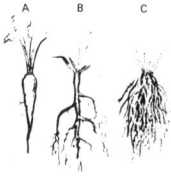


ROOTS
(A, B, taproot;
C, fibrous)

**root**¹ (rōōt) ***n.*** [< ON. *rot*] **1.** the part of a plant, usually below the ground, that holds the plant in place and draws water and food from the soil **2.** loosely, any underground part of a plant **3.** the embedded part of a tooth, hair, etc. **4.** a source or cause **5.** [*pl.*] the close ties one has with some place or people as through birth, long association, etc. **6.** an essential or basic part *[the root* of the matter] **7.** *Math.* *a*) a quantity that, multiplied by itself a specified number of times, produces a given quantity [4 is the square *root* (4 × 4) of 16] *b*) a number that, when substituted for the unknown quantity in an equation, will satisfy the equation **8.** *Linguis.* *same as* BASE[1] —*vi.* **1.** to begin to grow by putting out roots **2.** to become fixed, settled, etc. —*vt.* **1.** to fix the roots of in the ground **2.** to establish; settle —**root up** (or **out, away**) to pull out by the roots; remove completely —**take root** **1.** to begin growing by putting out roots **2.** to become settled

**root[2]** *vt.* [OE. *wrot,* snout] to dig (*up* or *out*) as with the snout —*vi.* **1.** to search about; rummage **2.** [U.S. Colloq.] to encourage a team by applauding and cheering: with *for*

**root canal** a small, tubular channel in the root of a tooth

**root crop** a crop, as turnips, grown for the edible roots

**rootle** (rōōt′l) *vi.* [< ROOT[2]] to search out; burrow

**rootless** *adj.* having no roots or ties

**root mean square** the square root of the averages of a set of numbers

**rootstock** *n.* *Bot.* **1.** *same as* RHIZOME **2.** a plant onto which another is grafted

**rope** (rōp) *n.* [OE. *rap*] **1.** a thick, strong cord made of intertwisted strands of fibre, wires, etc. **2.** *a*) a noose for hanging a person *b*) death by hanging **3.** a ropelike string [a *rope* of pearls] —*vt.* **roped, rop′ing** **1.** to fasten or tie with a rope **2.** to connect by a rope **3.** to mark off or enclose with a rope (with *in, off,* or *out*) —**know the ropes** [Colloq.] to know the details or procedures, as of a job —**rope in** to persuade someone to do something

**ropewalk** *n.* a long, narrow shed, etc. in which ropes are made

**ropewalker** *n.* a performer on a tightrope: also **rope′danc′er** —**rope′walk′ing** *n.*

**ropy** *adj.* **-ier, -iest** inferior; inadequate

**Roquefort** (**cheese**) (rok′fôr) [< *Roquefort,* France] a cheese with a bluish mould, made from goats′ and ewes′ milk

**rorqual** (rôr′kwəl) *n.* [Fr. < Norw. *röyrkval,* red whale] any of the whalebone whales with a well-developed dorsal fin

**Rorschach test** (rôr′shäk) [< H. *Rorschach*] *Psychol.* a test for personality analysis, in which responses to a standard series of inkblots are interpreted

**rosaceous** (rō zā′shəs) *adj.* **1.** of the rose family of plants, as the strawberry, plum, etc. **2.** like a rose

**rosary** (rō′zər ē) *n.,* *pl.* **-ries** [< L. *rosa,* rose] *R.C.Ch.* **1.** a string of beads used to keep count in saying certain prayers **2.** [*also* **R-**] the prayers said with these beads

**rose[1]** (rōz) *n.* [OE. < L. *rosa*] **1.** a bush or shrub with prickly stems and usually fragrant flowers of red, pink, white, yellow, etc. **2.** the flower **3.** any of several related plants **4.** pinkish red **5.** anything like a rose in form, as the perforated nozzle of a watering can —*adj.* **1.** of or having to do with roses **2.** rose-coloured

**rose[2]** *pt. of* RISE

**rosé** (rō′zā) *n.* [Fr.] a light, pink wine made by removing the grape husks after partial fermentation

**roseate** (rō′zē ət) *adj.* **1.** rose-coloured **2.** cheerful or optimistic

**rose bay** a willow herb with spikes of large purple flowers

**rosebud** (rōz′bud′) *n.* the bud of a rose

**rosebush** *n.* a shrub that bears roses

**rose-coloured** *adj.* pinkish-red —**through rose-coloured glasses** with excessive optimism

**rosemary** (rōz′mə rē) *n.* [ult. < L. *ros marinus,* dew of the sea] an evergreen plant with small, light-blue flowers and fragrant leaves

**rose of Sharon** **1.** a plant with purplish, bell-shaped flowers **2.** a shrub with large, yellow flowers

**rose tree** *same as* ROSE[1] (*n. 1*)

**rosette** (rō zet′) *n.* [Fr.] an ornament, arrangement, etc. resembling a rose, esp. one given as an award

**rose water** a perfume made of water and attar of roses

**rose window** a circular window with roselike tracery or mullions arranged like the spokes of a wheel

**rosewood** *n.* [< its odour] any of a number of valuable hard, reddish, black-streaked woods, used in making furniture, etc.

**Rosh Hashana** (rōsh′hə shä′nə) the Jewish New Year

**Rosicrucian** (rō′zə krōō′shən) *n.* [< Christian *Rosenkreuz*] **1.** a member of a secret society in the 17th and 18th cent. said to have occult power **2.** a member of any of several later groups supposed to be based on the original society —*adj.* of the Rosicrucians

**rosin** (roz′in) *n.* [< RESIN] the hard brittle resin left after the distillation of crude turpentine —*vt.* to rub with rosin

**ROSPA** Royal Society for the Prevention of Accidents

**roster** (ros′tər) *n.* [< Du. *rooster,* orig gridiron] a list, as of military personnel showing assignments, duties, etc.

**rostrum** (ros′trəm) *n.,* *pl.* **-trums, -tra** [L., (ship's) beak] a platform for public speaking

**rosy** (rō′zē) *adj.* **-ier, -iest** **1.** rose-red or pink [*rosy* cheeks] **2.** bright, promising, cheerful, etc. [a *rosy* future] —**ros′ily** *adv.* —**ros′iness** *n.*

**rot** (rot) *vi.* **rot′ted, rot′ting** [OE. *rotian*] **1.** to decompose; decay **2.** to become unhealthy, etc. [to *rot* in prison] —*vt.* to cause to rot —*n.* **1.** a rotting or being rotten **2.** something rotten **3.** any of various plant and animal diseases causing decay **4.** [Colloq.] nonsense

**rota** (rōt′ə) *n.* [L., wheel] a list of names, esp. one listing the rotation of duties

**rotary** (rōt′ər ē) *adj.* [< L. *rota,* wheel

1. turning around a central point or axis 2. having a rotating part or parts —*n., pl.* **-ries** a rotary machine

**Rotary Club** any local organization of an international club (**Rotary International**) of business and professional men, founded in 1905 to promote community welfare —**Rotarian** (rōtâr'ēən) *n., adj.*

**rotate** (rōtāt') *vi., vt.* **-tat'ed, -tat'ing** [< L. *rota,* wheel] 1. to move or turn around, as a wheel 2. to go or cause to go in a regular succession of changes [to *rotate* crops] —**rota'tion** *n.*

**rotation of crops** a system of rotating kinds of crops grown in the same field, to maintain soil fertility

**rote** (rōt) *n.* [< ?] a fixed, mechanical way of doing something —**by rote** by memory alone, without thought

**rotgut** (rot'gut') *n.* [Slang] raw, low-grade whisky or other spirit

**rotisserie** (rō tis'ərē) *n.* [< Fr., ROAST] a grill with a spit, often electrically turned

**rotor** (rōt'ər) *n.* [< ROTATE] 1. the rotating part of a motor, dynamo, etc. 2. a device, as on a helicopter, consisting of generally horizontal aerofoils with their hub

**rotovator** (rōt'əvāt'ər) *n.* [< *rotavator* < ROTA(RY) + (CULTI)VATOR] a motorized cultivator with rotary blades —**ro'to-vate'** *vt.*

**rotten** (rot''n) *adj.* [ON. *rotinn*] 1. decayed; spoiled 2. smelling of decay; putrid 3. breaking up, through age or long use 4. morally corrupt 5. unsound, as if decayed within 6. [Colloq.] very bad 7. [Colloq.] unwell

**rotten borough** before 1832, a borough with only a few voters but with the right to send a representative to Parliament

**rotter** *n.* [Colloq.] a despicable person

**rotund** (rōtund') *adj.* [L. *rotundus*] 1. plump or stout 2. full-toned; sonorous [a *rotund* voice] —**rotun'dity** *n.*

**rotunda** (rōtun'də) *n.* [< It. < L. *rotundus,* rotund] a round building or room, esp. one with a dome

**rouble** (rōō'b'l) *n.* *same as* RUBLE

**roué** (rōō'ā) *n.* [Fr.] a dissipated man; debauchee; rake

**rouge** (rōōzh) *n.* [Fr., red] 1. a reddish cosmetic for colouring the cheeks 2. a reddish powder, mainly ferric oxide, for polishing metal, etc. 3. *Canad. Football* a score of one point that the attacking team gets when the defending team fails to run a kickoff or a punt back from their own end zone —*vi., vt.* **rouged, roug'ing** 1. to use cosmetic rouge (on) 2. *Canad. Football* to score a rouge

**rough** (ruf) *adj.* [OE. *ruh*] 1. *a*) not smooth or level; uneven *b*) overgrown, wild, etc. [*rough* country] 2. shaggy [a *rough* coat] 3. *a*) stormy [*rough* weather] *b*) boisterous or disorderly [*rough* play] 4. harsh, rude, etc. [a *rough* temper] 5. sounding, feeling, or tasting harsh 6. lacking comforts and conveniences 7. not refined or polished 8. not finished, perfected, etc. [a *rough* sketch] 9. needing strength rather than skill [*rough* work] 10. approximate [a *rough* estimate] 11. [Colloq.] difficult, severe, etc. [a *rough* time] 12. [Colloq.] ill —*n.* 1. rough ground 2. rough material or condition 3. a rowdy person 4. *Golf* any part of the course where grass, weeds, etc. grow uncut —*adv.* in a rough manner —*vt.* 1. to make rough 2. to treat roughly (often with *up*) 3. to make or shape roughly (usually with *in* or *out*) [*rough* out a scheme] —**in the rough** in a rough or crude state —**rough edge of one's tongue** harsh words —**rough it** to live without comforts and conveniences —**rough up** [Slang] to attack someone violently

**roughage** *n.* coarse food or fodder, as bran, serving as a stimulus to peristalsis

**rough-and-ready** *adj.* 1. rough, or crude, rude, etc., but effective 2. characterized by rough vigour rather than refinement, formality, etc.

**rough-and-tumble** *adj.* violent and disorderly, with no concern for rules —*n.* a fight of this kind

**roughcast** *n.* a coarse plaster for covering outside surfaces, as walls —*vt.* **-cast', -cast'ing** to cover (walls, etc.) with roughcast

**rough diamond** 1. a diamond in its natural state 2. a person or thing of fine quality but lacking polish

**rough-dry** (ruf'drī') *vt.* **-dried', -dry'ing** to dry (washed laundry) without ironing: also **rough'dry'**

**roughen** *vt., vi.* to make or become rough

**rough-hew** (ruf'hyōō') *vt.* **-hewed', -hewed'** or **-hewn', -hew'ing** 1. to hew (stone, etc.) roughly, without finishing 2. to form roughly Also **rough'hew'**

**roughhouse** *n.* [Slang] rough or boisterous play, fighting, etc.

**roughneck** *n.* [U.S. Slang] a rough person; rowdy

**roughrider** *n.* 1. a person who breaks horses for riding 2. a person who does much hard, rough riding

**roughshod** *adj.* shod with horseshoes that have metal points to prevent slipping —**ride roughshod over** to treat in a harsh, arrogant, inconsiderate manner

**roulette** (rōō let') *n.* [Fr. < L. *rota,* wheel] a gambling game played by rolling a small ball around a shallow bowl with a revolving inner disc (**roulette wheel**) with red and black numbered compartments

**Roumanian** (rōō mān'yən) *same as* RUMANIAN

**round** (round) *adj.* [< L. *rotundus,* rotund] 1. shaped like a ball, circle, or cylinder 2. plump 3. with a circular motion [a *round* dance] 4. full; complete [a *round* dozen] 5. expressed by a whole number, or in tens, hundreds, etc. 6. large in amount, size, etc. [a *round* sum] 7. mellow and full in tone 8. brisk [a *round* pace] 9. outspoken —*n.* 1. something round 2. a rung of a ladder 3. movement in a circular course 4. *same as* ROUND DANCE 5. a series or succession [a *round* of parties] 6. the complete extent 7. a regular, customary circuit **8.** a single serving, as of drinks, for each in a group **9.** a single slice of bread **10.** *a*) a single shot from a rifle, etc. or from a number of rifles fired together *b*) ammunition for such a shot **11.** a single outburst, as of applause **12.** a single period or division of action in certain games, sports, and competitions **13.** the playing of all the holes on a golf course **14.** *Music* a short song for two or more persons or groups, in which the second starts when the first reaches the second phrase, etc. —***adv.*** **1.** in a circle **2.** through a recurring period of time *[*to work the year *round]* **3.** from one person or place to another *[*the peddler came *round]* **4.** for each of several *[*not enough to go *round]* **5.** in circumference **6.** on all sides **7.** about; near **8.** in a roundabout way **9.** here and there **10.** with a rotating movement **11.** in or to the opposite direction or viewpoint —***prep.*** **1.** so as to encircle **2.** on the circumference or border of **3.** on all sides of **4.** in the vicinity of **5.** in a circuit or course through **6.** here and there in —***vt.*** **1.** to make round **2.** to make plump **3.** to express as a round number (usually with *off*) **4.** to complete; finish **5.** to make a circuit of **6.** to make a turn about *[*to *round* a corner*]* —***vi.*** **1.** to turn **2.** to become round or plump —**go the rounds** to be circulated widely, as a rumour —**in the round** **1.** with the audience, etc. seated all around a central stage, etc. **2.** in full and completely rounded form, not in relief: said of sculpture **3.** in full detail —**round down** (or **up**) to lower (or raise) a number or price to the nearest whole or convenient number —**round on** to attack, esp. verbally —**round up** **1.** to drive together in a herd, group, etc. **2.** [Colloq.] to assemble

**roundabout** *n.* **1.** a road junction where traffic flows round a central island **2.** a circular, revolving platform with artificial animals, etc. on it, used in a funfair —***adj.*** indirect *[roundabout* methods*]* —**adv.** approximately

**round dance** **1.** a dance with the dancers moving in a circle **2.** any of several dances, as the waltz, polka, etc., in which the couples make circular movements

**roundel** (roun′dl′) *n.* [< OFr. *rond,* ROUND] **1.** a small circular window, panel, medallion, etc. **2.** a form of rondeau

**roundelay** (roun′dəlā′) *n.* [< OFr. *rondel,* rondel] a simple song in which some phrase, line, etc. is continually repeated

**rounder** (roun′dər) *n.* **1.** a complete circuit of bases in the game of rounders **2.** [*pl. with sing. v.*] a bat-and-ball game in which players run between bases when the ball is hit, scoring if they run round all four bases

**Roundhead** *n.* a member of the Parliamentary party in England during the civil war (1642–52)

**roundhouse** *n.* [Obs.] a cabin on the after part of a ship's quarter-deck

**roundly** *adv.* vigorously, severely, etc.

**round robin** a petition, etc. with the signatures written in a circle to conceal the order of signing

**round-shouldered** *adj.* stooped because the shoulders are bent forwards

**Round Table** **1.** the table around which King Arthur and his knights sat **2.** an organization of clubs for business and professional men who seek to promote social and business activities and charitable work **3.** [r- t-] an informal discussion group or discussion

**round-the-clock** *adj., adv.* continuously

**round trip** a trip to a place and back again

**roundup** *n.* **1.** the act of driving cattle, etc. together and collecting them in a herd **2.** any similar collecting **3.** a summary, as of news

**roundworm** *n.* a species of nematode worms, living as parasites, esp. in the intestines of man and other mammals

**rouse** (rouz) *vt., vi.* **roused, rous′ing** [< ?] **1.** to stir up; excite or become excited **2.** to wake —**rous′ing** *adj.*

**roustabout** (roust′əbout) *n.* [< ROUSE + ABOUT] an unskilled worker on an oil rig

**rout**[1] (rout) *n.* [see ROUTE] **1.** an overwhelming defeat **2.** a disorderly flight **3.** a disorderly crowd **4.** [Archaic] a large party —***vt.*** **1.** to put to disorderly flight **2.** to defeat overwhelmingly

**rout**[2] *vi.* [< ROOT[2]] to poke or rummage about —***vt.*** **1.** to dig up with the snout **2.** to force out —**rout out** **1.** to expose to view **2.** to scoop, gouge, or hollow out **3.** to make (a person) get out, esp of bed

**route** (rōōt) *n.* [< L. *rupta* (*via*), broken (path)] a road, etc. for travelling, esp any regularly followed course or way —***vt*** **rout′ed, rout′ing** to send by a specified route

**route march** a training march undertaken by troops

**routine** (rōōtēn′) *n.* [Fr.: see ROUTE] **1.** a regular, unvarying procedure prescribed or habitual **2.** a theatrical ski **3.** a series of dance steps **4.** a set of coded instructions for a computer —***adj*** like or using routine

**roux** (rōō) *n.* [Fr.] a cooked mixture of butter and flour, used as a basis fo sauces, etc.

**rove**[1] (rōv) *vi., vt.* **roved, rov′ing** [< ?] to wander about

**rove**[2] *alt. pt. & pp. of* REEVE[2]

**roven** *alt. pp. of* REEVE[2]

**rover** *n.* [< ROVE[1]] a person or thing that roves

**row**[1] (rō) *n.* [OE. *ræw*] **1.** a number of people or things in a line **2.** any o the lines of seats in a theatre, etc. **3.** a street with a line of buildings, as o a specified nature, on either side —**in a row** one after the other

**row**[2] *vt., vi.* [OE. *rowan*] **1.** to move (a boat, etc.) on water by using oars **2** to carry in a rowing boat *[row* us across the lake*]* —*n.* a trip made by rowing boat —**row′er** *n.*

**row**[3] (rou) *n.* [< ?] a noisy quarrel

dispute, or disturbance —*vi.* to take part in a row

**rowan** (rō′ən, rou′-) *n.* [< Scand.] **1.** the mountain ash, a tree with white flowers and reddish berries **2.** its fruit

**rowdy** (rou′dē) *adj.* [< ?] rough, quarrelsome, and disorderly —*n., pl.* **-dies** a rowdy person —**row′dily** *adv.* —**row′diness** *n.* —**row′dyism** *n.*

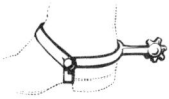

ROWEL

**rowel** (rou′əl) *n.* [see ROULETTE] a small wheel with sharp projecting points, forming the end of a spur

**rowing boat** a boat made to be rowed: U.S. **row′boat**

**rowlock** (rol′ək) *n.* [altered (after ROW²) < *oarlock*] a device, often U-shaped, for holding the oar in place in rowing

**royal** (roi′əl) *adj.* [< L. *regalis*] **1.** of a king or queen **2.** having the rank of a king or queen **3.** of a kingdom, its government, etc. [the *royal* fleet] **4.** *a*) founded or supported by a king or queen *b*) in the service of the Crown **5.** suitable for a king or queen; magnificent, stately, etc. —*n.* [Colloq.] a royal personage

**Royal Air Force** the airborne branch of the British armed forces

**royal blue** a deep, vivid blue

**Royal British Legion, the** an organization founded in 1921 to help former members of the armed forces

**Royal Family** the reigning monarch and his or her family

**royalist** *n.* a person who supports a king or a monarchy, esp. in times of revolution —**roy′alism** *n.*

**royal jelly** a highly nutritious food fed by worker bees to all very young larvae and continued to be fed to larvae chosen to be queens

**Royal Marines** a branch of the Armed Forces trained for land and sea combat

**Royal Navy** the seafaring branch of the British armed forces

**royal palm** a tall, ornamental palm tree

**Royal prerogative** the special privilege of a sovereign to act at his own unrestricted discretion

**royalty** *n., pl.* **-ties** **1.** the rank or power of a king or queen **2.** a royal person or persons **3.** *a*) a share of the proceeds paid to the owner of a right, as a patent, for its use *b*) such a share paid to one who leases out lands rich in oil or minerals *c*) a share of the proceeds from his work paid to an author, composer, etc.

**royal warrant** the authorization for a tradesman to advertise that he supplies goods to a member of the royal family

**rozzer** (roz′ər) *n.* [< ?] [Slang] a policeman

**rpm, r.p.m.** revolutions per minute

**R.R.** **1.** Right Reverend **2.** [Canad.] rural route

**-rrhoea** (rē′ə) [< Gr. *rhein,* to flow] *a combining form meaning* a flow, discharge: also U.S. **-rrhea**

**R.S.** Royal Society

**R.S.A.** **1.** Royal Scottish Academy **2.** Royal Society of Arts

**R.S.F.S.R., RSFSR** Russian Soviet Federated Socialist Republic

**R.S.P.C.A.** Royal Society for the Prevention of Cruelty to Animals

**RSV, R.S.V.** Revised Standard Version (of the Bible)

**R.S.V.P., r.s.v.p.** [Fr. *répondez s'il vous plaît*] please reply

**Rt. Hon.** Right Honourable

**Rt. Rev.** Right Reverend

**Ru** *Chem.* ruthenium

**RU** Rugby Union

**rub** (rub) *vt.* **rubbed, rub′bing** [ME. *rubben*] **1.** to move (one's hand, a cloth, etc.) back and forth over (something) firmly **2.** to spread (polish, etc.) on a surface **3.** to move (things) over each other with pressure and friction **4.** to make sore by rubbing **5.** to remove by rubbing (*out, off,* etc.) —*vi.* **1.** to move with pressure and friction (*on, against,* etc.) **2.** to rub something **3.** to admit of being removed by rubbing (often with *off, out,* etc.) —*n.* **1.** a rubbing **2.** an obstacle or difficulty **3.** something that irritates —**rub it in** [Colloq.] to keep reminding someone of his failure or mistake —**rub off on** to be left on as a mark, as by rubbing or, figuratively, by close contact —**rub shoulders with** to come into contact with socially —**rub up the wrong way** to annoy or irritate

**rubato** (roo bät′ō) *adj., adv.* [It.] *Music* with some notes lengthened and others shortened in dropping strict tempo in a passage for effect

**rubber¹** (rub′ər) *n.* **1.** an elastic substance produced from the milky sap of various tropical plants or synthetically **2.** a piece of rubber used for erasing writing, etc. *adj.* made of rubber —**rub′bery** *adj.*

**rubber²** *n.* [< ?] **1.** *Bridge* a series limited to three games, two of which must be won to win the series **2.** any game played to break a tie in games won

**rubber band** a narrow, continuous band of rubber for holding small objects together

**rubberize** *vt.* **-ized′, -iz′ing** to coat or impregnate with rubber

**rubberneck** *n.* [Colloq.] one who gazes about in curiosity, as a sightseer —*vi.* to gaze about in this way

**rubber plant** **1.** any plant yielding latex **2.** a house plant with large, glossy, leathery leaves

**rubber stamp** **1.** a stamp of rubber, inked and used for printing signatures, dates, etc. **2.** [Colloq.] *a*) a person, bureau, etc. that approves something in a routine way *b*) such approval —**rub′ber-stamp′** *vt., adj.*

**rubbing** *n.* an impression of a raised or incised design, etc. taken by placing a paper over it and rubbing with graphite, wax, etc.

**rubbish** (rub′ish) *n.* [< ?] **1.** any material thrown away as worthless; waste food, etc. **2.** worthless ideas, statements, etc.; nonsense —**rub′bishy** *adj.*

**rubble** (rub′′l) *n.* [< ?] rough, broken pieces of stone, brick, etc.

**rubella** (rōō bel′ə) *n.* [< L. *ruber,* red] a contagious virus disease, characterized by small red spots on the skin; German measles

**Rubicon** (rōō′bi kən) small river in N Italy crossed by Caesar to march on Rome (49 B.C.) —**cross the Rubicon** to make a decisive move that cannot be undone

**rubicund** (rōō′bi kənd) *adj.* [< L. *ruber,* red] reddish; ruddy

**rubidium** (rōō bid′ē əm) *n.* [< L. *rubidus,* red (from red lines in its spectrum)] a soft, silvery-white metallic chemical element: symbol, Rb

**ruble** (rōō′b′l) *n.* [Russ. *rubl′*] the monetary unit of the U.S.S.R.

**rubric** (rōō′brik) *n.* [< L. *ruber,* red] **1.** a heading, title, etc. **2.** an established rule of procedure **3.** a note of comment; gloss **4.** in early books and manuscripts, a chapter heading, initial letter, etc. written in red, decorative lettering, etc.

**ruby** (rōō′bē) *n., pl.* **-bies** [< L. *rubeus,* red] **1.** a clear, deep-red variety of corundum, valued as a precious stone **2.** deep red —*adj.* deep-red

**ruby wedding** a fortieth wedding anniversary

**ruche** (rōō sh) *n.* [Fr.] a fluting or pleating of lace, ribbon, etc. for trimming garments

**ruck**[1] (ruk) *n.* [< Scand.] a large quantity, mass or crowd, esp. of undistinguished people or things

**ruck**[2] *n., vt., vi* [< ON. *hrukka*] crease, wrinkle, or pucker

**rucksack** (ruk′sak′) *n.* [G. < *Rücken,* back + *Sack,* sack] a kind of knapsack

**ruction** (ruk′shən) *n.* [< ?] [Colloq.] noisy confusion; uproar; disturbance

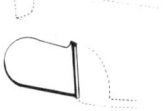

RUDDER

**rudder** (rud′ər) *n.* [OE. *rother,* steering oar] **1.** a broad, flat, movable piece of wood or metal hinged vertically at the stern of a ship, used for steering **2.** a piece like this on an aircraft, etc. —**rud′derless** *adj.*

**ruddy** (rud′ē) *adj.* **-dier, -diest** [OE. *rudig*] **1.** having a healthy red colour **2.** reddish —**rud′diness** *n.*

**rude** (rōōd) *adj.* **rud′er, rud′est** [< L. *rudis*] **1.** impolite [a *rude* reply] **2.** coarse, uncouth **3.** crude or rough [a *rude* hut] **4.** harsh [a *rude* awakening] **5.** simple or primitive **6.** barbarous [*rude* savages] —**rude′ly** *adv.* —**rude′ness** *n.*

**rudiment** (rōō′də mənt) *n.* [< L. *rudis,* rude] **1.** a first principle or element, as of a subject to be learned **2.** a first slight beginning of something **3.** *Biol.* an incompletely developed or vestigial part —**ru′dimen′tary** (-men′tər ē) *adj.*

**rue**[1] (rōō) *vt., vi.* **rued, ru′ing** [OE. *hreowan*] to feel sorrow or remorse (for); regret; repent

**rue**[2] *n.* [< Gr. *rhytē*] a strong-scented herb with bitter-tasting leaves formerly used in medicine

**rueful** *adj.* feeling or showing sorrow or regret, esp. in a wry way

**ruff**[1] (ruf) *n.* [< of RUFFLE, *n.*] **1.** a high, frilled, stiff collar worn in the 16th and 17th cents. **2.** a ring of feathers or fur standing out about the neck of a bird or animal **3.** a Eurasian sandpiper —**ruffed** *adj.*

**ruff**[2] *n.* [< OFr. *roffle*] *Card Games* the act of trumping —*vt., vi. Card Games* to trump

**ruffian** (ruf′yən) *n.* [< It. *ruffiano*] a brutal, lawless person —**ruf′fianly** *adj.*

**ruffle** (ruf′′l) *vt.* **-fled, -fling** [< ?] **1.** to disturb the smoothness of **2.** to make (feathers, etc.) stand up as in a ruff **3.** to disturb or annoy **4.** to turn (pages, etc.) rapidly —*vi.* **1.** to become uneven **2.** to become disturbed, annoyed, etc. —*n.* a strip of cloth, lace, etc. gathered in pleats and used for trimming

**rufous** (rōō′fəs) *adj.* [L. *rufus,* red] brownish-red

**rug** (rug) *n.* [< Scand.] **1.** a piece of thick fabric, an animal skin, etc. used as a floor covering **2.** a heavy blanket, etc., laid over the lap and legs for warmth

**Rugby** (rug′bē) *n.* [< *Rugby* School] **1.** a kind of football in which there are 15 (**Rugby Union**) or 13 (**Rugby League**) players on each side: the oval ball may be kicked, thrown, or run with: also **Rugby Football, rug′ger** **2.** in Canada, football

**rugged** (rug′id) *adj.* [< Scand.] **1.** uneven, rough, craggy, etc. **2.** strong, irregular, and lined [a *rugged* face] **3.** sounding harsh **4.** severe; hard **5.** not polished or refined

**ruin** (rōō′in) *n.* [< L. *ruere,* to fall] **1.** [*pl.*] the remains of a building, city, etc., destroyed, decayed, etc. **2.** anything destroyed, etc. **3.** the state of being destroyed, dilapidated, etc. **4.** downfall, destruction, etc., or the cause of this [gambling was his *ruin*] —*vt.* to bring to ruin; destroy, damage, bankrupt, seduce, etc.

**ruination** (rōō′ə nā′shən) *n.* **1.** a ruining or being ruined **2.** anything that ruins

**ruinous** (rōō′ə nəs) *adj.* **1.** falling or fallen into ruin **2.** bringing ruin; disastrous —**ru′inously** *adv.* —**ru′inousness** *n.*

**rule** (rōōl) *n.* [< L. *regere,* lead straight] **1.** *a*) an authoritative regulation for conduct procedure, etc. *b*) an established practice that serves as a guide [*rules* of grammar] **2.** government; reign **3.** customary course of events **4.** a custom **5.** a ruler **6.** *Printing* a thin strip of metal as high as type, used to print lines **7.** a set of regulations in a religious order **8.** *Law* a decision, order, etc. made by a judge in regard to a specific question —***vt.* ruled, rul'ing 1.** to govern **2.** to have an influence over; guide **3.** to determine **4.** to mark (lines) on (paper, etc.) as with a ruler **5.** to keep under control —***vi.* 1.** to govern **2.** to prevail **3.** to issue a formal decree —**as a rule** usually —**rule out 1.** to leave out from consideration **2.** to make impossible; prevent —**rule the roost** to be in control

**ule of thumb** a rule, method, etc. based on experience or practice rather than on scientific knowledge

**uler** ***n.* 1.** a person or thing that governs **2.** a thin strip of wood, metal, etc. with a straight edge, used in drawing lines, measuring, etc.

**uling** ***adj.*** governing; predominating —***n.* 1.** a decision made by a court **2.** *a)* the making of ruled lines *b)* the lines so made

**um**[1] (rum) ***n.*** [< ?] a spirit distilled from fermented sugar cane, molasses, etc.

**um**[2] ***adj.*** [< ?] [Colloq.] **1.** odd; strange **2.** bad, poor, etc. [*a rum* joke] —**rum'my** ***adj.***

**umanian** (roo̅ mān'yən) ***adj.*** of Rumania —***n.* 1.** a native of Rumania **2.** the language of the Rumanians

**umba** (rum'bə) ***n.*** [AmSp.] **1.** a dance of Cuban Negro origin **2.** music for this dance —***vi.*** to dance the rumba

**umble**[1] (rum'b'l) ***vi., vt.* -bled, -bling** [prob. < MDu. *rommelen*] **1.** to make or cause to make a deep, heavy rolling sound **2.** to move with such a sound —***n.* 1.** a rumbling sound **2.** [U.S. Slang] a gang fight

**umble**[2] ***vt.*** [< ?] [Slang] to see through; understand

**umbustious** (rum bus'tē əs) ***adj.*** [< ROBUSTIOUS] boisterous, unruly, etc.

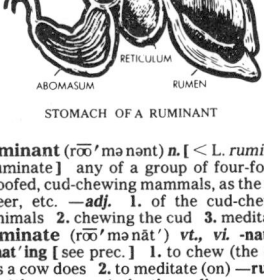


STOMACH OF A RUMINANT

**uminant** (roo̅'mə nənt) ***n.*** [< L. *ruminare,* ruminate] any of a group of four-footed, hoofed, cud-chewing mammals, as the cow, deer, etc. —***adj.* 1.** of the cud-chewing animals **2.** chewing the cud **3.** meditative

**uminate** (roo̅'mə nāt') ***vt., vi.* -nat'ed, -nat'ing** [see prec.] **1.** to chew (the cud), as a cow does **2.** to meditate (on) —**ru'mination** ***n.*** —**ru'minative** ***adj.***

**ummage** (rum'ij) ***vt., vi.* -maged, -maging** [< MFr. *run,* ship's hold] to search through (a place, etc.) thoroughly by moving the contents about —***n.*** a rummaging search

**rummage sale** a jumble sale

**rummy** (rum'ē) ***adj.* -mier, -miest** [< ?] [Colloq.] odd; strange —***n.*** any of certain card games in which the object is to match cards into sets or sequences

**rumour** (roo̅'mər) ***n.*** [< L. *rumor,* noise] **1.** general talk not based on definite knowledge **2.** an unconfirmed report, story, etc. in general circulation —***vt.*** to tell or spread by rumour

**rump** (rump) ***n.*** [ON. *rumpr*] **1.** the hind part of an animal, where the legs and back join **2.** a cut of beef from this part **3.** the buttocks **4.** the last and unimportant part

**rumple** (rum'p'l) ***n.*** [< MDu. *rompe,* a wrinkle] an uneven crease; wrinkle —***vt., vi.* -pled, -pling** to wrinkle; crumple

**rumpus** (rum'pəs) ***n.*** [< ?] [Colloq.] noisy disturbance

**run** (run) ***vi.* ran, run, run'ning** [ON. *rinna* & OE. *rinnan*] **1.** to go by moving the legs faster than in walking **2.** to move swiftly **3.** to go, move, etc. easily and freely **4.** to flee **5.** to make a quick trip (*up to, down to,* etc.) **6.** *a)* to take part in a contest or race *b)* to be a candidate in an election **7.** to swim in migration: said of fish **8.** to go, as on a schedule **9.** to pass lightly and rapidly [his eyes *ran* over the page] **10.** to circulate, as a rumour **11.** to climb or creep, as a vine **12.** to ladder [her stocking *ran*] **13.** to operate, as a machine **14.** to flow **15.** to melt and flow, as wax **16.** *a)* to spread over cloth, etc. when moistened, as colours *b)* to be subject to this spreading, as fabric **17.** to be wet with a flow [her eyes *ran* with tears] **18.** *a)* to discharge pus, mucus, etc. *b)* to leak **19.** *a)* to appear in print *b)* to appear continuously [the play *ran* for a year] **20.** to continue in effect or existence **21.** *a)* to extend in a continuous line *b)* to extend in scope **22.** to pass into a specified condition [to *run* into trouble] **23.** to be written, expressed, etc. in a specified way —***vt.* 1.** to travel over **2.** to perform as by running [to *run* a race] **3.** to bring or force into a specified condition **4.** to hunt; chase (game, etc.) **5.** to follow (a specified course) **6.** to incur (a risk) **7.** *a)* to convey, as in a vehicle *b)* to smuggle **8.** to drive or force (an object) into, against, etc. (something) **9.** to make pass, flow, etc., esp. rapidly, in a specified way, place, etc. **10.** to manage or conduct **11.** to mark or draw **12.** to undergo (a fever, etc.) **13.** to publish (a story, etc.) as in a newspaper **14.** to compete with, as in a race **15.** *a)* to make run, move, compete, etc. *b)* to cause (an engine, etc.) to idle for a while **16.** to get past [to *run* a blockade] **17.** *Cricket* to score (a run) by hitting the ball —***n.* 1.** *a)* an act or period of running *b)* a running pace **2.** the distance covered in running **3.** a trip; journey **4.** a continuous course or period **5.** a continuous course of performances, etc., as of a play **6.** a continued series of demands, as for specified goods **7.** a flow or rush of water, etc. **8.** *a*) a period of operation of a machine *b*) the output during this period **9.** a kind or class, esp. the average kind **10.** *a*) an inclined pathway or course *[a ski run]* *b*) an enclosed area for domestic animals **11.** freedom to move about at will *[the run of the house]* **12.** a large number of fish migrating together **13.** *Cricket* a score of one made by running from one wicket to the other after hitting the ball —*adj.* **1.** melted **2.** poured while in a melted state *[run metal]* —**a run for one's money** **1.** powerful competition **2.** satisfaction for what one has expended —**in the long run** ultimately —**on the run** **1.** running **2.** running away —**run across** to encounter by chance —**run away** **1.** to flee **2.** to desert one's home or family **3.** to escape and run loose —**run down** **1.** to stop operating **2.** to run or drive against so as to knock down **3.** to pursue and capture or kill **4.** to search out the source of **5.** to speak of with disapproval **6.** to make or become run-down **7.** to read through rapidly **8.** to reduce in numbers or size —**run for it** to run to escape something —**run in** **1.** to run a car engine for a specified period of time **2.** [Slang] to arrest —**run in the family** to be a hereditary characteristic —**run into** **1.** to encounter by chance **2.** to collide with **3.** to add up to (a large sum of money) —**run off** **1.** to print, make copies of, etc. **2.** to cause to be run, played, etc. **3.** to drive (trespassers) away **4.** to drain **5.** *same as* RUN AWAY —**run out** **1.** to come to an end **2.** to drive out **3.** *Cricket* to dismiss (a batsman) while he is running between the wickets —**run out of** to use up —**run out on** [Colloq.] to desert —**run over** **1.** to ride or drive over **2.** to overflow **3.** to go beyond a limit **4.** to examine, rehearse, etc. rapidly: also **run through** —**run to** **1.** to extend to **2.** to be able to afford **3.** to show inclination towards —**run up** **1.** to let (bills, etc.) go without paying them **2.** sew with a rapid succession of stitches **3.** to raise or make rapidly

**runabout** *n.* **1.** a small car, esp. one for use in town **2.** a light motorboat

**runaway** *n.* **1.** a fugitive **2.** a horse, etc. that runs away —*adj.* **1.** fugitive **2.** easily won, as a race **3.** rising rapidly, as prices

**run-down** *adj.* **1.** in poor physical condition, as from overwork **2.** fallen into disrepair **3.** not wound and therefore not running, as a clock

**rundown** *n.* **1.** a concise summary **2.** a decrease in numbers, esp. of employees

**rune** (rōōn) *n.* [OE. *run*] **1.** any of the characters of an ancient Germanic alphabet **2.** any sign, poem, song, etc. that is mystical or obscure —**ru′nic** *adj.*

**rung**[1] (ruŋ) *n.* [OE. *hrung,* staff] **1.** a rod used as a crossbar, support, etc.; specif., *a*) any of the steps of a ladder *b*) a crosspiece between the legs of a chair, etc. **2.** a degree, as of social status, success, etc.

**rung**[2] *pp. & chiefly dial. pt. of* RING[1]

**runnel** (run′′l) *n.* [OE. *rinnan,* to run] a small stream

**runner** *n.* **1.** one that runs; specif., an athlete **2.** a messenger **3.** a smuggler **4.** a long, narrow cloth or rug **5.** a long trailing stem, as of a strawberry, that puts out roots along the ground **6.** something on or in which something else moves **7.** either of the long, narrow pieces on which a sledge slides **8.** the blade of a skate

**runner bean** a bean that grows twining about supports

**runner-up** (run′ər up′) *n., pl.* **-ners-up′** a person or team that finishes second in a race, contest, etc.

**running** *n.* the act of one that runs; racing, managing, etc. —*adj.* **1.** continuous *[a running commentary]* **2.** simultaneous *[a running translation]* **3.** moving easily or smoothly **4.** done in or by a run *[running jump]* **5.** discharging pus *[running sore]* **6.** in operation, as machinery **7.** current *[a running account]* **8.** moving or advancing rapidly **9.** flowing **10.** cursive: said of handwriting **11.** melting —*adv.* in succession *[for ten days running]* —**in (or out of) the running** in (or out of) the competition

**running board** esp. formerly, a footboard along the lower part of the side of some motor cars

**running fire** a rapid succession of shots fired, questions asked, etc.

**running head** (or **title**) a heading or title printed at the top of every, or every other, page

**running knot** *same as* SLIPKNOT

**running lights** the lights that a ship or aircraft travelling at night is required to display

**running repairs** minor repairs

**runny** *adj.* **-nier, -niest** **1.** that flows esp. too freely **2.** that keeps on discharging mucus *[a runny nose]*

**run-of-the-mill** *adj.* ordinary

**runt** (runt) *n.* [< ?] **1.** the smallest animal of a litter **2.** a stunted animal, plant, thing, or [Derog.] person

**run-up** (run′up′) *n.* **1.** an approach run by an athlete for a long jump, etc. **2.** any preparatory period before some major event

**runway** *n.* a strip of levelled ground for use by aircraft in taking off and landing

**rupee** (rōō pē′) *n.* [< Hindi] the monetary unit of India, Pakistan, Sri Lanka, etc.

**rupture** (rup′chər) *n.* [< L. *rumpere,* to break] **1.** a breaking apart or being broken apart **2.** a breaking off of friendly relations **3.** a hernia —*vt., vi.* **-tured, -turing** to burst **2.** to affect with or undergo a rupture

**rural** (rōōər′əl) *adj.* [< L. *rus,* the country] of, like, or living in the country

**rural dean** a senior clergyman having authority over a group of parishes

**rural district** formerly, an administrative district formed by a group of country parishes

**rural route** [Canad.] a mail service or route in a rural area, the mail being delivered by car or van

**rusbank** (roos'baŋk) *n.* [< Afrik.] [S Afr.] a wooden bench or settee without upholstery

**ruse** (rōōz) *n.* [< OFr. *reuser,* deceive] a stratagem or trick

**rush**[1] (rush) *vt., vi.* [see prec.] **1.** to move, dash, etc. swiftly or impetuously **2.** to make a sudden attack (*on* or *upon*) **3.** to pass, come, go, etc. swiftly or suddenly **4.** to act, or force to act, hastily —*n.* **1.** a rushing **2.** an eager movement of many people to get to a place **3.** intense activity; haste **4.** a sudden attack **5.** great pressure, as of much business requiring attention **6.** [*usually pl.*] *Cinema* a first print of a scene or scenes of a film shown for the director, etc. to inspect —*adj.* necessitating haste [*rush* orders] —**rush one's fences** to act hastily, without due consideration

**rush**[2] *n.* [OE. *risc*] a grasslike plant usually growing in wet places and having, in some species, round stems and pliant leaves used in making baskets, mats, etc. —**rush'y** *adj.*

**rush hour** a time of the day when business, traffic, etc. are especially heavy —**rush'-hour'** *adj.*

**rush light** a primitive candle made from the pith of various types of rush dipped in tallow: also **rush candle**

**rusk** (rusk) *n.* [< Sp. *rosca,* twisted bread roll] bread toasted in an oven until crisp, usually after being sliced

**Russ.** 1. Russia **2.** Russian

**russet** (rus'it) *n.* [< L. *russus,* reddish] **1.** reddish brown **2.** a coarse, brownish cloth, formerly used for clothing by country folk **3.** a winter apple with a rough, mottled skin —*adj.* reddish-brown

**Russian** (rush'ən) *adj.* of Russia —*n.* **1.** a native or inhabitant of Russia **2.** the Slavic language of the Russians

**Russian roulette** a deadly game of chance in which a person spins the cylinder of a revolver holding only one bullet, aims at his head, and pulls the trigger

**Russo-** *a combining form meaning* Russia or Russian

**rust** (rust) *n.* [OE.] **1.** the reddish-brown coating (mainly ferric oxide) formed on iron or steel during exposure to air and moisture **2.** any similar coating or stain **3.** a reddish brown **4.** a plant disease caused by parasitic fungi that produce reddish spots on stems and leaves —*vi., vt.* **1.** to become or cause to be coated or affected with rust **2.** to spoil, as from lack of use —**rust'less** *adj.*

**rustic** (rus'tik) *adj.* [see RURAL] **1.** of or living in the country; rural **2.** not sophisticated; specif., *a*) plain or artless *b*) uncouth or boorish **3.** made of bark-covered branches [*rustic* furniture] —*n.* a country person, esp. one regarded as simple, uncouth, etc. —**rustic'ity** (-tis'ə tē) *n.*

**rusticate** (rus'ti kāt') *vi.* **-cat'ed, -cat'ing** to go to or live in the country —*vt.* **1.** to suspend (a student) temporarily from a university **2.** to make rustic —**rus'tica'tion** *n.*

**rustle**[1] (rus'l) *vi., vt.* **-tled, -tling** [ult. echoic] to make or cause to make soft sounds, as of leaves moved by a breeze —*n.* a series of such sounds

**rustle**[2] *vi., vt.* **-tled, -tling** [< ?] [U.S. Colloq.] to steal (cattle, etc.) —**rustle up** [Colloq.] to collect or get together —**rus'tler** *n.*

**rustproof** (rust'prōōf') *adj.* resistant to rust —*vt.* to make rustproof

**rusty** *adj.* **-ier, -iest** **1.** coated with rust, as a metal, or affected by rust, as a plant **2.** *a*) impaired by disuse, neglect, etc. *b*) having lost one's skill through lack of practice **3.** rust-coloured **4.** faded, old-looking, or shabby —**rust'ily** *adv.* —**rust'iness** *n.*

**rut**[1] (rut) *n.* [< ?] **1.** a track or furrow, esp. one made by wheeled vehicles **2.** a fixed, routine procedure, way of thinking, etc. —*vt.* **rut'ted, rut'ting** to make a rut or ruts in —**in a rut** to be fixed in a routine

**rut**[2] *n.* [< L. *rugire,* to roar] the periodic sexual excitement of certain mammals, esp. males —*vi.* **rut'ted, rut'ting** to be in rut

**ruth** (rōōth) *n.* [ult. < OE. *hreowian,* to rue] [Now Rare] **1.** pity **2.** sorrow

**ruthenium** (rōō thē'nē əm) *n.* [< ML. *Ruthenia,* Russia, where first found] a rare, very hard, silvery-grey metallic chemical element: symbol, Ru

**ruthless** (rōōth'lis) *adj.* pitiless and relentless —**ruth'lessly** *adv.* —**ruth'lessness** *n.*

**R.V.** Revised Version (of the Bible)

**Rwy., Ry.** Railway

**-ry** (rē) *shortened form of* -ERY [*dentistry*]

**rye** (rī) *n.* [OE. *ryge*] **1.** a hardy cereal grass **2.** the grain or seeds of this plant **3.** whisky distilled from this grain

**rye bread** bread made altogether or partly of rye flour

**ryegrass** *n.* any of various grasses that are annuals or that live for only a few years

**RYT** reference your telex (*or* telegram)

# S

**S, s** (es) ***n., pl.*** **S's, s's** the nineteenth letter of the English alphabet

**S** (es) ***n.*** something shaped like an *S*

**S** *Chem.* sulphur

**-s** [< -ES] **1.** the plural ending of most nouns *[hips]* **2.** the ending of the third person singular, present indicative, of verbs *[runs]*

**-'s**[1] [OE. -es] the ending of the possessive singular of nouns (and some pronouns) and of the possessive plural of nouns not ending in *s [*boy's, women's*]*

**-'s**[2] *the assimilated form of* is, has, does or us *[*he's here, let's go*]*

**S, S., s, s.** **1.** south **2.** southern

**S.** **1.** Saturday **2.** September **3.** Sunday

**S., s.** **1.** *pl.* **SS., ss.** saint **2.** school

**s.** **1.** second(s) **2.** shilling(s) **3.** singular

**S.A.** **1.** Salvation Army **2.** [Slang] sex appeal **3.** South Africa **4.** South Australia

**Sabbath** (sab'əth) ***n.*** [< Heb. *shābath,* to rest] **1.** the seventh day of the week (Saturday), observed as a day of rest and worship by Jews **2.** Sunday as the usual Christian day of rest and worship

**Sabbatical** (səbat'ik'l) ***adj.*** [see prec.] **1.** of the Sabbath **2.** [**s-**] designating a period of absence for study, rest, or travel, given at intervals, as to some university teachers —***n.*** [**s-**] a sabbatical year or leave

**S.A.B.C.** South African Broadcasting Corporation

**Sabine** (sa'bīn) ***n.*** a member of an ancient tribe living in central Italy, conquered by the Romans, 3rd century B.C.

**sable** (sā'b'l) ***n.*** [< Russ. *sobol'*] **1.** the marten; esp. the **European marten,** with light-coloured underfur **2.** the costly fur of the sable **3.** *Heraldry* the colour black —***adj.*** black or dark brown

SABOT

**sabot** (sab'ō) ***n.*** [Fr., ult. < Ar. *sabbât,* sandal] a heavy leather shoe with a wooden sole

**sabotage** (sab'ətäzh') ***n.*** [Fr. < *sabot*] **1.** deliberate destruction, disruption, or damage of equipment, etc., as during labour disputes or by enemy agents **2.** deliberate obstruction of or damage to any cause, effort, etc. —***vt.*** **-taged', -tag'ing** to destroy by sabotage —***vi.*** to engage in sabotage

**saboteur** (sab'ətur') ***n.*** [Fr.] a person who sabotages

**sabre** (sā'bər) ***n.*** [< Fr. < G. *Sabel*] a cavalry sword with a curved blade U.S. sp. **saber**

**sabre rattling** a threatening of war, or a menacing show of armed force

**sac** (sak) ***n.*** [Fr.: see SACK[1]] a pouchlike part in a plant or animal, esp. one filled with fluid

**S.A.C.** Senior Aircraftman

**saccharin** (sak'ərin) ***n.*** [< Gr. *sakcharon,* sugar] a white, crystalline coal-tar compound used as a sugar substitute

**saccharine** (sak'ərīn') ***adj.*** **1.** of or like sugar **2.** too sweet *[*a *saccharine* voice*]*

**sacerdotal** (sas'ərdōt'l) ***adj.*** [< L *sacerdos,* priest] of priests or the office of priest

**sachem** (sā'chəm) ***n.*** [< Amind.] the chief in some N American Indian tribes

**sachet** (sash'ā) ***n.*** [Fr.] **1.** a small, sealed envelope containing shampoo, cream, etc. **2.** a small bag, pad, etc. filled with perfumed powder and placed with stored clothing

**sack**[1] (sak) ***n.*** [ult. < Heb. *śaq*] **1.** a large bag of coarse cloth, for holding grain, foodstuffs, etc. *b*) the contents or capacity of a sack **2.** a loose-fitting dress **3.** [Colloq.] dismissal from a job (with *the*) **4.** [Slang] a bed —***vt.*** **1.** [Colloq.] to dismiss from a job **2.** to put into sacks —**hit the sack** [Slang] to go to bed

**sack**[2] ***n.*** [< It. *sacco,* plunder, lit., bag] the plundering of a captured city, etc —***vt.*** to plunder (a city, etc.)

**sack**[3] ***n.*** [< Fr. (*vin*) *sec,* dry (wine)] a dry white wine from Spain or the Canary Islands

**sackbut** (sak'but') ***n.*** [Fr. < OFr. *saquer* to pull + *bouter,* to push] a medieval wind instrument, forerunner of the trombone

**sackcloth** ***n.*** **1.** *same as* SACKING **2.** a rough cloth worn as a symbol of mourning or penitence

**sacking** ***n.*** a cheap, coarse cloth of flax, hemp, jute, etc., used esp. for sacks

**sacrament** (sak'rəmənt) ***n.*** [< L. *sacer* sacred] **1.** any of certain Christian rites as baptism, Holy Communion, etc. **2.** [*sometimes* **S-**] the Eucharist, or Holy Communion **3.** something regarded as sacred —**sac'ramen'tal** (-men't'l) ***adj.***

**sacred** (sā'krid) ***adj.*** [< L. *sacer,* holy] **1.** consecrated to a god or deity; holy **2.** having to do with religion **3.** given the respect accorded holy things; venerated **4.** dedicated to a person, place, etc. **5.** that must not be broken, etc.; inviolat [a *sacred* promise] —**sa'credly** *adv.* —**sa'credness** *n.*

**sacred cow** any person or thing regarded as above criticism

**sacrifice** (sak'rə fīs') *n.* [< L. *sacer,* sacred + *facere,* make] **1.** a giving up, destroying, etc. of one thing for the sake of another **2.** *a*) an offering, as of a life or object, to a deity *b*) the thing offered **3.** a selling of a thing at less than its value —*vt.* **-ficed', -fic'ing 1.** to give up, destroy, etc. for the sake of another thing **2.** to offer as a sacrifice to a deity —*vi.* to make a sacrifice —**sac'rifi'cial** (-fish'-) *adj.* —**sac'rifi'cially** *adv.*

**sacrilege** (sak'rə lij) *n.* [< L. *sacer,* sacred + *legere,* take away] a desecrating of anything held sacred —**sac'rile'gious** *adj.*

**sacristan** (sak'ris tən) *n.* a person in charge of a sacristy: also **sac'rist**

**sacristy** *n., pl.* **-ties** [ult. < L. *sacer,* sacred] a room in a church where the sacred vessels, vestments, etc. are kept

**sacrosanct** (sak'rō saŋkt') *adj.* [< L. *sacer,* sacred + *sanctus,* holy] very sacred, holy, or inviolable —**sac'rosanc'tity** *n.*

**sacrum** (sā'krəm) *n.* [< L. (*os*) *sacrum,* sacred (bone)] a thick, triangular bone at the lower end of the spinal column

**sad** (sad) *adj.* **sad'der, sad'dest** [OE. *sæd,* sated] **1.** unhappy; sorrowful **2.** causing sorrow, dejection, etc. **3.** dark or dull in colour **4.** [Colloq.] very bad; deplorable —**sad'ly** *adv.* —**sad'ness** *n.*

**sadden** *vt., vi.* to make or become sad

**saddle** (sad'l) *n.* [OE. *sadol*] **1.** a padded part of a harness worn over a horse's back **2.** a seat, usually of padded leather, for a rider on a bicycle, etc. **3.** anything like a saddle in form, position, etc., as a ridge between two peaks **4.** a cut of lamb, etc. including the two loins —*vt.* **-dled, -dling 1.** to put a saddle upon **2.** to burden (a person) with (a debt, etc.) —**in the saddle 1.** seated on a saddle **2.** having control

**saddle-backed** *adj.* having a concave outline, as a ridge between peaks

**saddlebag** *n.* **1.** a large bag, usually one of a pair, carried on either side of a horse, etc., just behind the saddle **2.** a similar bag carried on a motorcycle, etc.

**saddle horse** a horse trained for riding

**saddler** (sad'lər) *n.* a person whose work is making, repairing, or selling saddles, harnesses, etc.

**saddlery** *n., pl.* **-dleries 1.** articles made by a saddler **2.** a shop where these are sold

**saddle soap** a mild soap for cleaning and softening leather

**saddletree** *n.* [ME. *sadeltre*] the frame of a saddle

**sad dog** a reprobate, rake, or black sheep

**Sadducee** (sad'yoo sē') *n.* a member of an ancient Jewish party accepting only the written law

**sadhu** (sä'dōō) *n.* [Sans.] a Hindu holy man

**sadism** (sā'diz'm) *n.* [Fr. < Marquis de *Sade*] the getting of pleasure, specif. sexual pleasure, from hurting others —**sad'ist** *n.* —**sadistic** (sə dis'tik) *adj.* —**sadis'tically** *adv.*

**sadomasochism** (sā'dō mas'ə kiz'm) *n.* sadism and masochism in the same individual —**sad'omas'ochist** *n.* —**sad'omas'ochis'tic** *adj.*

**s.a.e.** stamped addressed envelope

**safari** (sə fär'ē) *n., pl.* **-ris** [< Ar. *safara,* to travel] a journey or hunting expedition, esp. in Africa

**safari park** an enclosed park where wild animals are kept in the open for viewing by the public

**safe** (sāf) *adj.* **saf'er, saf'est** [< L. *salvus*] **1.** *a*) free from danger, etc. *b*) having escaped injury **2.** *a*) giving protection *b*) trustworthy **3.** unable to cause trouble **4.** taking or involving no risks —*n.* **1.** a strong, locking metal container for valuables **2.** any compartment to store food, etc. —**on the safe side** allowing extra in case of error, etc. —**safe'ly** *adv.* —**safe'ness** *n.*

**safe-conduct** (sāf'kon'dukt) *n.* **1.** permission to travel through a dangerous area, as in time of war **2.** a written pass giving this

**safecracking** *n.* the breaking open and robbing of safes: also **safe'break'ing** —**safe'crack'er** *n.*

**safe-deposit** *adj.* of a box or vault, esp. in a bank, for storing valuables: also **safe'ty-depos'it**

**safeguard** *n.* a precaution or protection —*vt.* to protect or guard

**safety** *n., pl.* **-ties 1.** a being safe; security **2.** a device to prevent accident, as a locking device (also **safety catch, safety lock**) on a firearm —*adj.* giving safety

**safety belt** *same as* SEAT BELT

**safety curtain** a fire-resistant curtain between the stage and the auditorium

**safety lamp** a miner's oil lamp designed to prevent it igniting gases

**safety match** a match that will light only when it is struck on a prepared surface

**safety pin** a pin bent back on itself so as to form a spring, the point being held with a guard

**safety razor** a razor with guards for the blade to protect the skin from cuts

**safety valve 1.** an automatic valve for a boiler, etc., to release steam if the pressure is too great **2.** any outlet for emotion, energy, etc.

**saffron** (saf'rən) *n.* [< Ar. *za'farān*] **1.** a species of crocus with flowers having orange stigmas **2.** the dried stigmas, used in flavouring **3.** orange yellow —*adj.* orange-yellow

**S. Afr. 1.** South Africa **2.** South African

**sag** (sag) *vi.* **sagged, sag'ging** [prob. < Scand.] **1.** to sink, esp. in the middle, as from weight **2.** to hang down unevenly **3.** to lose firmness, strength, etc. **4.** to decline in price, sales, etc. —*n.* **1.** a sagging **2.** a sunken place

**saga** (sä'gə) *n.* [ON., a tale] **1.** a medieval

Scandinavian story of battles, etc. **2.** any long story relating complicated adventures

**sagacious** (sə gā′shəs) ***adj.*** [< L. *sagax,* wise] keenly perceptive, farsighted, etc. —**sagac′ity** (-gas′ə tē) ***n.***

**sage¹** (sāj) ***n.*** [ult. < L. *sapere,* know] a very wise man —***adj.*** **sag′er, sag′est** having or showing wisdom or good judgment —**sage′ly** ***adv.*** —**sage′ness** ***n.***

**sage²** ***n.*** [< L. *salvus,* safe] **1.** any of various plants, esp. the **garden sage,** with leaves dried for seasoning meats, etc. **2.** *same as* SAGEBRUSH

**sagebrush** ***n.*** any of certain plants common in dry, alkaline areas of the western U.S.

**Sagittarius** (saj′i tāər′ē əs) [L., archer] **1.** a large S constellation in the Milky Way **2.** the ninth sign of the zodiac

**sago** (sā′gō) ***n., pl.*** **-gos** [Malay *sāgū*] **1.** an edible starch prepared from certain palm trees **2.** a milk pudding made from this

**sahib** (säb) ***n.*** [< Ar.] sir; master: title formerly used in India when speaking to or of a European

**said** (sed) *pt. & pp. of* SAY —***adj.*** named before

**sail** (sāl) ***n.*** [OE. *segl*] **1.** any of the sheets of canvas, etc. spread to catch the wind and drive vessels forward **2.** sails collectively **3.** a sailing vessel **4.** a trip in a ship or boat **5.** anything like a sail, as an arm of a windmill —***vi.*** **1.** to be moved forwards by means of sails or a propeller, etc. **2.** to travel on water **3.** to begin a trip by water **4.** to manage a sailing boat **5.** to glide or move smoothly **6.** [Colloq.] to attack or criticize someone severely (with *into*) —***vt.*** **1.** to move upon (a body of water) in a boat **2.** to manage (a boat) —**sail close to the wind** **1.** to sail a course almost directly into the wind **2.** to run great risks, esp. by nearly breaking a moral law —**set sail** **1.** to hoist the sails for departure **2.** to begin a trip by water —**under sail** with sails set —**sail′ing** ***n., adj.***

**sailcloth** ***n.*** canvas or other cloth used in making sails, tents, etc.

**sailer** ***n.*** a ship or boat, esp. one with sails, specif. with regard to its speed, etc.

**sailfish** ***n.*** a large, tropical marine fish with a large, saillike dorsal fin

**sailor** ***n.*** **1.** one who makes his living by sailing **2.** *a*) a man in the navy below the rank of officer *b*) anyone in the navy —**sail′orly** ***adj.***

**sainfoin** (san′foin) ***n.*** [Fr. < L. *sanus,* healthy + *faenum,* hay] a Eurasian perennial plant cultivated as a cover crop

**saint** (sānt) ***n.*** [< L. *sanctus,* holy] **1.** in certain Christian churches, a deceased person officially recognized as having lived an exceptionally holy life **2.** a holy person **3.** a person who is unusually charitable, patient, etc. —***vt.*** to make a saint of —**saint′hood′** *n.*

**Saint Bernard** (bər′nərd) a large dog of a breed formerly trained to rescue travellers

**sainted** ***adj.*** **1.** of or fit for a saint; saintly **2.** regarded as a saint **3.** holy; sacred

**Saint James** (jāmz) [< the palace in Pall Mall, London] the British court: also **St. James**

**Saint Johnswort** (jonz′wurt′) [< ?] a plant usually with yellow flowers and spotted leaves

**Saint Leger** (lej′ər) an annual horse race run at Doncaster: also **St. Leger**

**saintly** ***adj.*** **-lier, -liest** like or suitable for a saint —**saint′liness** ***n.***

**Saint Swithin's Day** (swi′*th*inz) July 15; if it rains on this day it is commonly believed that it will rain for the next forty days

**Saint Valentine's Day** (val′ən tīnz′) February 14, observed as a day for sending valentines to sweethearts, etc.

**Saint Vitus' dance** (vī′təs) [< *St. Vitus,* patron saint of persons having convulsive fits] *same as* CHOREA

**saithe** (sāth) ***n.*** [ON. *seithr*] a food fish like cod: also called **coalfish**

**sake¹** (sāk) ***n.*** [OE. *sacu,* suit at law] **1.** purpose or reason; motive **2.** behalf; benefit [for my *sake*] —**for heaven's** (or **Pete's**) **sake!** a mild exclamation of surprise, annoyance, etc.

**sake²** (sä′kē) ***n.*** [Jap.] a Japanese alcoholic beverage made from fermented rice: also sp. **sa′ki**

**salaam** (sə lām′) ***n.*** [Ar. *salām,* peace] **1.** an Oriental greeting made by bowing low with the palm of the right hand on the forehead **2.** a greeting showing respect

**salacious** (sə lā′shəs) ***adj.*** [< L. *salire,* to leap] **1.** lecherous; lustful **2.** obscene —**sala′ciously** ***adv.***

**salad** (sal′əd) ***n.*** [< L. *sal,* salt] **1.** a dish, usually cold, of vegetables, usually raw, or fruits, often served with a dressing **2.** any green plant or herb used for such a dish

**salad days** time of youth and inexperience

**salad dressing** a preparation of olive oil or other vegetable oil, vinegar, spices, etc. served with a salad

**salamander** (sal′ə man′dər) ***n.*** [< Gr. *salamandra*] **1.** a tailed amphibian with a soft, moist skin **2.** a mythological reptile that was said to live in fire

**salami** (sə lä′mē) ***n.*** [It., ult. < L. *sal,* salt] a highly spiced, salted sausage, orig. Italian

**sal ammoniac** ammonium chloride, used in dry batteries, etc.

**salaried** (sal′ə rēd) ***adj.*** **1.** receiving a salary **2.** yielding a salary [a *salaried* position]

**salary** (sal′ə rē) ***n., pl.*** **-ries** [< L. *salarium,* salt money < *sal,* salt] a fixed payment at regular intervals for services, esp. when clerical or professional

**sale** (sāl) ***n.*** [< ON. *sala*] **1.** the exchange

of property for an agreed sum of money **2.** opportunity to sell **3.** an auction **4.** a selling at prices lower than usual **5.** [*pl.*] receipts in business —**for** (or **on**) **sale** to be sold —**sale or return** an arrangement whereby the retailer can return any goods left unsold to the wholesaler

**saleable** *adj.* fit for sale: also **salable**

**sale of work** a sale of articles, usually made by the contributors, to raise funds for some specific charity

**saleroom** *n.* a room in which goods are shown and offered for sale, esp. by auction

**salesman** *n.* **1.** a man who is employed to sell goods in a shop **2.** a travelling agent who sells goods or services

**salesperson** *n.* a man or woman who sells goods in a shop

**sales talk** any persuasion or argument used in trying to sell something or to persuade one to do something

**saleswoman** *n.* a woman who sells goods in a shop: also **sales'la'dy, sales'girl'**

**Salic law** (sal'ik) [< LL. *Salii,* a tribe of Franks] a law excluding women from succession to the throne in the French and Spanish monarchies

**salicylic acid** (sal'ə sil'ik) [< L. *salix,* willow] a white, crystalline compound used in making aspirin, etc.

**salient** (sā'lē ənt) *adj.* [< L. *salire,* to leap] **1.** noticeable; prominent **2.** projecting —*n.* **1.** the part of a battle line, fort, etc. projecting farthest towards the enemy **2.** a projecting angle, part, etc. —**sa'lently** *adv.*

**saline** (sā'līn) *adj.* [< L. *sal,* salt] of, like, or containing salt; salty —*n.* **1.** a salt lake, salt marsh, etc. **2.** a salt of an alkali metal **3.** a saline solution —**salinity** (sə lin'ə tē) *n.*

**saliva** (sə lī'və) *n.* [L.] the thin, watery fluid secreted by glands in the mouth: it aids digestion —**sali'vary** *adj.*

**salivate** (sal'ə vāt') *vi.* **-vat'ed, -vat'ing** [< L. *salivare*] to secrete saliva —**sal'iva'tion** *n.*

**saliva test** a test for drug use in athletes, racehorses, etc. made by sampling the saliva

**Salk vaccine** (sôlk) [< J.E. *Salk*] a vaccine for injection to prevent poliomyelitis

**sallow**[1] (sal'ō) *adj.* [OE. *salu*] of a sickly, pale-yellowish complexion —*vt.* to make sallow —**sal'lowness** *n.*

**sallow**[2] *n.* [OE. *saelh*] a type of small willow tree

**sally** (sal'ē) *n., pl.* **-lies** [< L. *salire,* to leap] **1.** a sudden rushing forth, as of troops to attack besiegers **2.** a quick witticism; quip **3.** an excursion —*vi.* **-lied, -lying** **1.** to make a sally **2.** to set out on a trip Used with *forth* or *out*

**Sally Lunn** (lun) [< 18th-c. Brit. woman] [*also* **s- l-**] a type of sweetened tea-cake, usually served hot

**sally port** a postern gate or underground passage allowing the defenders to make a sally

**salmagundi** (sal'mə gun'dē) *n.* [< ?] **1.** a dish of chopped meat, eggs, etc. flavoured with onions, anchovies, etc. **2.** any medley

**salmon** (sam'ən) *n.* [< L. *salmo*] **1.** a game and food fish of the N Hemisphere, with flesh that is pink when cooked: salmon spawn in fresh water but usually live in salt water **2.** yellowish pink: also **salmon pink**

**salmonella** (sal'mə nel'ə) *n.* [< D. *Salmon*] any of certain rod-shaped bacteria that cause various diseases, as food poisoning

**salmon ladder** a series of steps to enable a salmon to move upstream to its breeding grounds: also **salmon leap**

**salon** (sal'on) *n.* [Fr.: see SALOON] **1.** a large reception hall **2.** a regular gathering of writers, artists, etc. in a celebrity's home **3.** an art exhibition **4.** a shop specially equipped for performing some personal service

**saloon** (sə lōōn') *n.* [< Fr. < It. *sala,* hall] **1.** any large room or hall for receptions, etc.; specif., the main cabin of a passenger ship **2.** a room in a public house that is supposed to be quieter than the public bar: also **saloon bar** **3.** [U.S.] a public bar **4.** an enclosed motor car with two or four doors: also **saloon car**

**salsify** (sal'sə fē') *n.* [< It. *sassefrica*] a plant with white, edible, fleshy roots

**SALT** (sôlt) Strategic Arms Limitation Talks

**salt** (sôlt) *n.* [OE. *sealt*] **1.** sodium chloride, NaCl, a white, crystalline substance found in natural beds, in sea water, etc., and used for seasoning and preserving food, etc. **2.** a chemical compound derived from an acid by replacing hydrogen with a metal **3.** that which lends piquancy, as pungent wit **4.** *same as* SALTCELLAR **5.** [*pl.*] mineral salts used as a cathartic, a restorative, etc. **6.** [Colloq.] a sailor —*adj.* containing, preserved with, tasting, or smelling of salt —*vt.* **1.** to sprinkle, season, or preserve with salt **2.** to treat or provide with salt —**salt away** (or **down**) [Colloq.] to store or save (money, etc.) —**the salt of the earth** [after Matt 5:13] any person or persons regarded as the finest, noblest, etc. —**with a grain** (or **pinch**) **of salt** with reserve; sceptically —**worth one's salt** worth one's wages, etc. —**salt'ish** *adj.* —**salt'like'** *adj.* —**salt'ness** *n.*

**saltcellar** *n.* [< SALT + MFr. *salière,* saltcellar] a small dish or shaker for salt at the table

**salt lick** an exposed natural deposit of rock salt which animals come to lick

**salt mine** **1.** a mine where rock salt is obtained **2.** any place where hard labour is necessary

**saltpetre** (sôlt'pēt'ər) *n.* [< L. *sal,* salt

+ *petra,* a rock] *same as* POTASSIUM NITRATE

**saltshaker** *n.* a container for salt, with a perforated top

**saltwater** *adj.* of, having to do with, or living in salt water or the sea

**salty** *adj.* **-ier, -iest** **1.** of, tasting of, or containing salt **2.** *a*) piquant *b*) coarse or earthy **—salt'iness** *n.*

**salubrious** (sə lōō'brē əs) *adj.* [< L. *salus,* health] healthful, wholesome, etc. **—salu'briously** *adv.* **—salu'brity, salu'briousness** *n.*

**Saluki** (sə lōō'kē) *n.* [Ar. *salūqīy*] an ancient breed of dog shaped like a greyhound

**salutary** (sal'yoo tər ē) *adj.* [< L. *salus,* health] **1.** promoting some good purpose; beneficial **2.** promoting health **—sal'utarily** *adv.*

**salutation** (sal'yōō tā'shən) *n.* [see SALUTE] **1.** the act of greeting, addressing, etc. by gestures or words **2.** a greeting, as "Dear Sir" **—salu'tatory** (sə lōōt'ə tər ē) *adj.*

**salute** (sə lōōt') *vt.* **-lut'ed, -lut'ing** [< L. *salus,* health] **1.** to greet in a friendly way, as by bowing **2.** to honour ceremonially and officially by firing cannon, raising the right hand to the forehead, etc. **3.** to commend **—*vi.*** to make a salute **—*n.*** **1.** an act, remark, or gesture made in saluting **2.** *Mil.* the position of the hand, etc. assumed in saluting **—take the salute** to receive a formal salute, usually from a procession

**salvage** (sal'vij) *n.* [< MFr. *salver,* to save] **1.** *a*) the rescue of a ship and cargo at sea from fire, shipwreck, etc. *b*) compensation paid for such rescue *c*) the ship or cargo so rescued **2.** *a*) the saving of any goods, etc. from destruction or waste *b*) goods, etc. so saved **—*vt.* -vaged, -vaging** to save or rescue from shipwreck, destruction or loss **—sal'vageable** *adj.* **—sal'vager** *n.*

**salvation** (sal vā'shən) *n.* [< L. *salvare,* to save] **1.** a saving or being saved **2.** a person or thing that rescues **3.** *Theol.* spiritual rescue from the consequences of sin

**Salvation Army** a Christian organization that works to bring religion and help to the very poor **—Salva'tionist** *n.*

**salve**[1] (salv) *n.* [OE. *sealf*] **1.** any soothing or healing ointment for wounds, burns, etc. **2.** anything that soothes or heals **—*vt.* salved, salv'ing** to soothe

**salve**[2] *vt.* **salved, salv'ing** *same as* SALVAGE

**salver** (sal'vər) *n.* [< L. *salvare,* to SAVE[1]] a tray on which something is served or presented

**salvia** (sal'vē ə) *n.* [L.] *same as* SAGE[2] (sense 1)

**salvo** (sal'vō) *n., pl.* **-vos, -voes** [< L. *salve,* hail!] **1.** a discharge of a number of guns in succession or at the same time, either in salute or at a target **2.** the release of a load of bombs **3.** a burst of applause

**sal volatile** (vō lat'əl ē') [ModL., volatile salt] ammonium carbonate, used in smelling salts

**Sam.** *Bible* Samuel

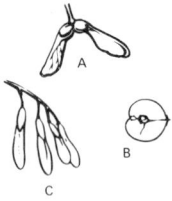


SAMARAS (A, maple; B, elm; C, ash)

**samara** (sam'ər ə, sə mā'rə) *n.* [< L. elm seed] a dry, winged, seeded fruit, as of the ash

**Samaritan** (sə mar'ə t'n) *n.* **1.** a native of Samaria **2.** *see* GOOD SAMARITAN **—*adj.*** of Samaria or its people

**samarium** (sə mâr'ē əm) *n.* [ult. < Col. *Samarski*] a metallic chemical element of the rare-earth group: symbol, Sm

**samba** (sam'bə) *n.* [Port.] **1.** a Brazilian dance of African origin **2.** music for this dance **—*vi.*** to dance the samba

**same** (sām) *adj.* [ON. *samr*] **1.** being the very one; identical **2.** alike in kind, quality, amount, etc. **3.** unchanged [he looks the *same*] **4.** before-mentioned; just spoken of **—*pron.*** the same person or thing **—*adv.*** in the same way **—all the same** **1.** nevertheless: also **just the same** **2.** immaterial **—same'ness** *n.*

**samite** (sam'īt) *n.* [< MGr. *hexamitos,* woven with six threads] a heavy silk fabric worn in the Middle Ages

‡**samizdat** (sam'iz dat') *n.* [Russ., self-published] a system by which manuscripts denied official publication in Russia are circulated clandestinely

**samoosa** (səmōō'sə) *n., pl.* **-sas** [prob. < Urdu] [S Afr.] a small, spiced meat pastie

SAMOVAR

**samovar** (sam'ō vär') *n.* [Russ., self-boiler] a Russian metal urn with an internal tube for heating water for tea

**Samoyed, Samoyede** (sam'oi ed'; *for 2, also* sə moi'ed) *n.* [Russ.] **1.** any of a Uralic people of Siberia **2.** a strong breed of Siberian dog, with a thick, white coat

**samp** (samp) *n.* [< AmInd.] [S Afr.] crushed maize used for porridge

**sampan** (sam′pan) *n.* [Chin. < *san,* three + *pan,* a plank] a small boat used in China and Japan, often having a sail and a small cabin formed of mats

**samphire** (sam′fīər′) *n.* [< Fr. *(herbe de) Saint Pierre,* St. Peter's (herb)] a seashore plant with small clusters of yellowish flowers

**sample** (säm′p'l) *n.* [< OFr.: see EXAMPLE] a part, piece, or item that shows what the whole thing or group is like; specimen or example —*vt.* **-pled, -pling** to take or test a sample of —*adj.* being a sample; typical

**sampler** *n.* a cloth embroidered with designs, mottoes, etc. in different stitches

**Samson** (sam′s'n) *n.* [< *Samson:* Judges 13-16] a man of outstanding strength

**samurai** (sam′ōō rī′) *n., pl.* **-rai′** [Jap.] **1.** a member of a military class in feudal Japan **2.** a Japanese army officer

**sanatorium** (san′ə tôr′ē əm) *n., pl.* **-riums, -ria** [< L. *sanare,* to heal] a nursing home, hospital, etc. for the treatment of invalids or convalescents

**sanctify** (saŋk′tə fī′) *vt.* **-fied′, -fy′ing** [< L. *sanctus,* holy + *facere,* make] **1.** *a*) to set apart as holy; consecrate *b*) to make free from sin; purify **2.** to make binding by sanction —**sanc′tifica′tion** *n.*

**sanctimonious** (saŋk′tə mō′nē əs) *adj.* pretending to be very pious —**sanc′timo′niousness** *n.*

**sanctimony** *n.* [< L. *sanctus,* holy] affected piety or righteousness

**sanction** (saŋk′shən) *n.* [< L. *sanctus,* holy] **1.** the confirming of an action by authority; authorization **2.** support; approval **3.** something that gives binding force to a law, as the penalty for breaking it or a reward for carrying it out **4.** [*usually pl.*] a boycott, blockade, or similar coercive measure, as against one nation by others to enforce international law —*vt.* **1.** to ratify or confirm **2.** to authorize or permit

**sanctity** (saŋk′tə tē) *n., pl.* **-ties** [< L. *sanctus,* holy] **1.** saintliness or holiness **2.** a being sacred or inviolable

**sanctuary** (saŋk′tyōō′wər ē) *n., pl.* **-aries** [< L. *sanctus,* sacred] **1.** a holy place, as a building set aside for worship **2.** a place of refuge or protection **3.** refuge; immunity from punishment **4.** a reservation where animals or birds may not be hunted or trapped

**sanctum** (saŋk′təm) *n.* [L.] **1.** a sacred place **2.** a study or private room

**sand** (sand) *n.* [OE.] **1.** loose, gritty grains of disintegrated rock, as on beaches, in deserts, etc. **2.** [*usually pl.*] an area of sand; beach —*vt.* **1.** to smooth with sandpaper **2.** to sprinkle, fill, or mix with sand —**sand′ed** *adj.* —**sand′er** *n.*

**sandal** (san′d'l) *n.* [< Gr. *sandalon*] a kind of footwear consisting of a sole fastened in various ways to the foot by straps —**san′dalled** *adj.*

**sandalwood** (san′d'l wood′) *n.* [ult. < Sans. *candana*] **1.** the hard, sweet-smelling heartwood of an Asiatic tree, used for carving or burned as incense **2.** any tree yielding such wood

**sandbag** (sand′bag′) *n.* a bag filled with sand and used for ballast, in fortifications, etc. —*vt.* **-bagged′, -bag′ging** to place sandbags in or around —**sand′bag′ger** *n.*

**sand bar** a ridge of sand formed in a river or along a shore: also **sandbank** *n.*

**sandblast** *n.* a current of air or steam carrying sand at a high velocity, used in cleaning surfaces as of metals, stone, etc. —*vt.* to engrave, clean, etc. with a sandblast —**sand′blast′er** *n.*

**sandcastle** *n.* the edifice resembling a castle constructed by children out of sand

**sanderling** (san′dər liŋ) *n.* a bird of the sandpiper family found on sandy beaches

**sandman** *n.* a mythical person supposed to make children sleepy by dusting sand in their eyes

**sand martin** a bird that nests in sand burrows in river banks, etc.

**sandpaper** *n.* a strong paper with sand glued on one side, used for smoothing and polishing—*vt.* to smooth or polish with sandpaper

**sandpiper** *n.* a small wading bird with a long, soft-tipped bill

**sandpit** *n.* a box containing sand for children to play in

**sand-shoes** *n.pl.* **1.** light shoes suitable to be worn on the beach **2.** [Scot.] *same as* PLIMSOLLS

**sandstone** *n.* a sedimentary rock much used for building, composed largely of sand grains

**sandstorm** *n.* a windstorm in which large quantities of sand are blown about

**sandwich** (san′wich) *n.* [< 4th Earl of *Sandwich*] two or more slices of bread with a filling of meat, cheese, etc. between them —*vt.* to place between other persons, things, materials, etc.

**sandwich course** a course of study in which academic study is alternated with practical experience

**sandwich man** a man who walks the street with two signboards, usually bearing advertisements, hung from his shoulders in front and behind

**sandy** (san′dē) *adj.* **-ier, -iest** **1.** of, or like sand **2.** yellowish-red [*sandy* hair] —**sand′iness** *n.*

**sand yacht** a vehicle mounted on wheels that uses sails to skim over stretches of firm sand

**sane** (sān) *adj.* [L. *sanus,* healthy] **1.** having a healthy mind; rational **2.** showing good sense; sensible —**sane′ly** *adv.*

**sang** (saŋ) *pt. of* SING

**sang-froid** (säŋ′frwä′) *n.* [Fr., cold blood] cool self-possession

**sangoma** (saŋgō′mə) *n., pl.* **-mas** [< Bantu] [S Afr.] a witchdoctor

**Sangraal** (san grāl′) *n.* [< OFr. *saint graal,* holy grail] *same as* GRAIL: also **Sangreal, Sangrail**

**sangria** (sän grē′ä) *n.* [Sp. lit., bleeding] a Spanish punch made with red wine and fruit

**sanguinary** (saŋ′gwi nər ē) *adj.* [see ff.] **1.** with much bloodshed or killing **2.** of or stained with blood **3.** bloodthirsty

**sanguine** (saŋ′gwin) *adj.* [< L. *sanguis,* blood] **1.** of the colour of blood; ruddy **2.** [< medieval idea about humours] cheerful; confident —**san′guinely** *adv.*

**Sanhedrin** (san′ē drin) *n.* [Heb. < Gr. *syn-,* together + *hedra,* seat] the highest court and council of the ancient Jewish nation

**sanitary** (san′ə tər ē) *adj.* [< L. *sanitas,* health] **1.** promoting health by getting rid of dirt and of things that bring disease **2.** clean; hygienic —**san′itarily** *adv.* —**san′itariness** *n.*

**sanitary towel** an absorbent pad of cotton, etc. worn by women during menstruation

**sanitation** (san′ə tā′shən) *n.* **1.** the science and work of bringing about hygienic conditions **2.** drainage and disposal of sewage

**sanity** (san′ə tē) *n.* [< L. *sanitas,* health] **1.** a being sane; soundness of mind **2.** soundness of judgment

**sank** (saŋk) *pt. of* SINK

**sans** (sanz; *Fr.* sän) *prep.* [Fr. < L. *sine*] without; lacking

**Sans.** Sanskrit

**sans-culotte** (sanz′kyoo lot′) *n.* [Fr., without breeches] a revolutionary: after the republicans in the French Revolution, who wore pantaloons instead of knee breeches

**Sanskrit** (san′skrit) *n.* [< Sans. *samskṛta,* well arranged] the classical literary language of ancient India; the oldest Indo-European language —*adj.* of or written in Sanskrit Also sp. **San′scrit** —**Sanskrit′ic** *adj.* —**San′skritist** *n.*

**Santa** (san′tə) *short for* SANTA CLAUS

**Santa Claus** (san′tə klôz′) [< Du. *Sant Nikolaas,* St. Nicholas] *Folklore* a fat, white-bearded, jolly old man in a red suit, who distributes gifts at Christmas: also called **Saint Nicholas**

**sap**[1] (sap) *n.* [OE. *sæp*] **1.** the juice that circulates through a plant bearing water, food, etc. **2.** vigour; energy **3.** [Slang] a stupid person —*vt.* **sapped, sap′ping** to drain of sap

**sap**[2] *n.* [< MFr. < It. *zappe,* a spade] a trench for approaching or undermining an enemy position —*vt.* **sapped, sap′ping** **1.** to undermine by digging away foundations **2.** to weaken; exhaust —*vi.* to dig saps

**sap green** **1.** a paint made from buckthorn berries **2.** the light green colour of this paint

**sapid** (sap′id) *adj.* [< L. *sapere,* have a taste] **1.** having a taste, esp. a pleasing one **2.** interesting —**sapid′ity** (sə pid′ə tē) *n.*

**sapient** (sā′pē ənt) *adj.* [< L. *sapere,* to taste, know] full of knowledge; wise —**sa′pience** *n.*

**sapling** (sap′liŋ) *n.* **1.** a young tree **2.** a youth

**saponify** (sə pon′ə fī′) *vt.* **-fied′, -fy′ing** [< L. *sapo,* soap + *facere,* make] to convert (a fat) into soap by reaction with an alkali —*vi.* to be made into soap —**sapon′ifica′tion** *n.*

**sapper** (sap′ər) *n.* **1.** a soldier employed in digging saps, laying mines, etc., esp a soldier in the Royal Engineers **2.** a private of the Royal Engineers

**Sapphic** (saf′ik) *adj.* [< Gr. *Sapphō*] **1.** of Sappho, 6th cent. B.C. Greek poetess or her poetry **2.** of a lesbian relationship

**sapphire** (saf′īər) *n.* [< Gr. *sappheiros*] **1.** a hard, transparent precious stone of a clear, deep-blue corundum **2.** its colour —*adj.* deep-blue

**sappy** (sap′ē) *adj.* **-pier, -piest** full of sap; juicy

**saprophyte** (sap′rō fīt′) *n.* [< Gr. *sapros* rotten + *phyton,* plant] any organism that lives on dead or decaying organic matter, as some fungi

**saraband** (sar′ə band′) *n.* [< Sp.] **1.** a stately, slow Spanish dance in triple time **2.** music for this dance

**Saracen** (sar′ə s′n) *n.* any Arab or any Moslem, esp. at the time of the Crusades —*adj.* of the Saracens

**sarcasm** (sär′kaz′m) *n.* [< Gr. *sarkazein* to tear flesh] **1.** a taunting or sneering remark, generally ironical **2.** the making of such remarks **3.** sarcastic quality

**sarcastic** (sär kas′tik) *adj.* **1.** of, like, or full of sarcasm; sneering **2.** using sarcasm —**sarcas′tically** *adv.*

**sarcoma** (sär kō′mə) *n., pl.* **-mata** [< Gr. *sarx,* flesh] any of various malignant tumours that begin in connective tissue

**sarcophagus** (sär kof′ə gəs) *n., pl.* **-gi′** (-gī′), **-guses** [< Gr. *sarx,* flesh + *phagein,* to eat] a stone coffin, esp. one on display, as in a monumental tomb

**sard** (särd) *n.* [L. *sarda*] a very hard deep orange-red variety of chalcedony, used in jewellery, etc.

**sardine** (sär dēn′) *n.* [< L. *sarda,* kind of fish] a small ocean fish preserved in tightly packed tins for eating —**like sardines** crowded together

**sardonic** (sär don′ik) *adj.* [< Gr *sardanios,* bitter] disdainfully or bitterly sneering or sarcastic [a *sardonic* smile] —**sardon′ically** *adv.*

**sardonyx** (sär′də niks) *n.* [< Gr. *sardios* sard + *onyx,* onyx] a variety of onyx made up of layers of white chalcedony and sard, used as a gem

**sargassum** (sär gas′əm) *n.* [< Port. *sargaço* kind of grape] a brown seaweed having special branches with berrylike air sacs also **sargas′so, sargasso weed**

**sarge** (särj) *n. colloq. shortened form of* SERGEANT

SARI

**sari** (sä'rē) *n.* [< Sans.] an outer garment of Hindu women, a long cloth wrapped around the body with one end over the shoulder

**sarong** (sə rong') *n.* [Malay] a garment of men and women in the Malay Archipelago, consisting of a long cloth, often brightly coloured, worn like a skirt

**sarsaparilla** (sär'sə'pə ril'ə) *n.* [< Sp. *zarza,* bramble + *parra,* vine] **1.** a tropical American plant with fragrant roots **2.** a carbonated drink flavoured with sarsaparilla

**sarsenet** (särs'nit) *n.* [< Anglo-Fr. *sarzinett*] a soft, silk cloth, formerly used for linings, etc.

**sartorial** (sär tôr'ē əl) *adj.* [< LL. *sartor,* a tailor] **1.** of tailors or their work **2.** of men's clothing or dress

**S.A.S.E., s.a.s.e.** self-addressed stamped envelope

**sash**[1] (sash) *n.* [< Ar. *shāsh,* muslin] an ornamental scarf worn over the shoulder or around the waist

**sash**[2] *n.* [< Fr. *châssis,* a frame] a frame for holding the glass pane of a window or door, esp. a sliding frame as in a **sash window**

**sash cord** a cord attached to either side of a sliding sash, having balancing weights (**sash weights**) for raising or lowering the window easily

**Sask.** Saskatchewan

**saskatoon** (sas'kə tōōn') *n.* [< AmInd.] a Canadian shrub with purplish berries

**sasquatch** (sas'kwat) *n. Canad. Folklore* in British Columbia, a hairy beast or manlike monster said to leave huge footprints

**sassafras** (sas'ə fras') *n.* [Sp. *sasafras*] a small N American tree whose dried root bark is used as a flavouring

**Sassenach** (sas'ə nak') *n.* [< Gael. *Sasunn,* Saxon] an Englishman: term used, often disparagingly, by Scots

**sat** (sat) *pt. & pp. of* SIT

**Sat.** **1.** Saturday **2.** Saturn

**Satan** (sāt'n) [< Heb. *sāṭān,* to plot against] *Christian Theol.* the chief evil spirit; the Devil

**satanic** (sə tan'ik) *adj.* of or like Satan; devilish; wicked —**satan'ically** *adv.*

**Satanism** (sāt'n iz'm) *n.* worship of Satan

**S.A.T.B.** *Music* Soprano, Alto, Tenor, Bass

**satchel** (sach'əl) *n.* [< L. *saccus,* a sack] a small bag for carrying books, etc., usually having a shoulder strap

**sate** (sāt) *vt.* **sat'ed, sat'ing** [prob. < L. *satiare,* to fill full] **1.** to satisfy (an appetite, etc.) to the full **2.** to satiate

**sateen** (sa tēn') *n.* [< SATIN] a smooth, glossy cotton cloth, made to imitate satin

**satellite** (sat'əl īt') *n.* [< L. *satelles,* an attendant] **1.** *a*) a small planet revolving round a larger one *b*) a man-made object put into orbit round the earth, the moon, etc. **2.** an attendant of some important person **3.** a small state that is economically dependent on a larger state

**satiable** (sā'shə b'l) *adj.* that can be sated or satiated —**sa'tiabil'ity** *n.* —**sa'tiably** *adv.*

**satiate** (sā'shē āt') *vt.* **-at'ed, -at'ing** [< L. *satis,* enough] to provide with more than enough, so as to weary or disgust —*adj.* having had enough or more than enough —**sa'tia'tion** *n.*

**satiety** (sə tī'ə tē) *n.* a being satiated; surfeit

**satin** (sat'in) *n.* [< Ar. *zaitūnī*] a fabric of silk, nylon, etc. with a smooth, glossy finish on one side —*adj.* of or like satin; smooth and glossy —**sat'iny** *adj.*

**satinwood** *n.* **1.** a smooth, hard wood used in fine furniture, etc. **2.** a tree yielding such wood

**satire** (sa'tīər) *n.* [Fr. < L. *satira,* a poetic medley] **1.** a literary work in which vices, follies, etc. are held up to ridicule and contempt **2.** the use of sarcasm, irony, etc. to attack or deride vices, follies, etc. —**satir'ical** (sə tir'i k'l) *adj.*

**satirist** (sat'ə rist) *n.* a writer of satires

**satirize** *vt.* **-rized', -riz'ing** to attack, ridicule, or criticize with satire

**satisfaction** (sat'is fak'shən) *n.* **1.** a satisfying or being satisfied **2.** *a*) anything that brings pleasure or contentment *b*) settlement of debt *c*) reparation for insult or injury —**give satisfaction** **1.** to satisfy **2.** to accept a challenge to duel

**satisfactory** *adj.* satisfying; fulfilling a need, wish, etc. —**sat'isfac'torily** *adv.*

**satisfy** (sat'is fī') *vt.* **-fied', -fy'ing** [< L. *satis,* enough + *facere,* make] **1.** to fulfil the needs or desires of; gratify **2.** to fulfil the requirements of **3.** to answer (a doubt, etc.) adequately **4.** *a*) to give what is due to *b*) to discharge (a debt, etc.) **5.** to make reparation to or for —*vi.* to be adequate, sufficient, etc. —**sat'isfi'able** *adj.*

**satrap** (sat'rəp) *n.* [< OPer.] the governor of a province in ancient Persia

**Satsuma** (sat'soo mə, *for 2* sat sōō'mə) *n.* [< Jap. *Satsuma* Peninsula] **1.** a variety of Japanese pottery **2.** [**s-**] a small, loose-skinned variety of orange

**saturate** (sach′ə rāt′) *vt.* **-rat′ed, -rat′ing** [< L. *satur,* full] **1.** to cause to be thoroughly soaked **2.** to cause to be so completely filled or supplied that no more can be taken up **3.** *Chem.* *a*) to cause (a substance) to combine to its full capacity with another *b*) to dissolve the maximum amount of (a gas, liquid, or solid) in a solution **—sat′ura′tion** *n.*

**saturation point** **1.** the point at which the maximum amount of something has been absorbed **2.** the limit beyond which something cannot be continued, endured, etc.

**Saturday** (sat′ər dē) *n.* [OE. *Sæterdæg,* Saturn's day] the seventh and last day of the week

**Saturdays** *adv.* [Colloq.] on every Saturday

**Saturn** (sat′ərn) **1.** *Rom. Myth.* the god of agriculture **2.** the second largest planet in the solar system

**Saturnalia** (sat′ər nā′lē ə) *n.pl.* **1.** the ancient Roman festival of Saturn with general feasting and revelry **2.** [**s-**] [*often with sing. v.*] a period of unrestrained revelry

**saturnine** (sat′ər nīn′) *adj.* sluggish, grave, taciturn, etc. **—sat′urnine′ly** *adv.*

**satyr** (sat′ər) *n.* [< Gr. *satyros*] **1.** *Gr. Myth.* a lecherous woodland deity represented as having the head and body of a man, and the legs of a goat **2.** a lecherous man

**sauce** (sôs) *n.* [< L. *sal,* salt] **1.** a liquid or soft dressing served with food as a relish **2.** something that adds interest or zest **3.** [Colloq.] impudence **—*vt.* sauced, sauce′ing** [Colloq.] to be impudent or saucy to **—sauce for the goose is sauce for the gander** an appeal for consistency

**saucepan** *n.* a small pot with a projecting handle, used for cooking

**saucer** *n.* [< SAUCE] a small, round, shallow dish, esp. one with an indentation to hold a cup **—sau′cerful** *n.*

**saucy** *adj.* **-cier, -ciest** [< SAUC(E)] **1.** rude; impudent **2.** pert; sprightly **3.** stylish or smart **—sau′cily** *adv.*

**sauerkraut** (sou′ər krout′) *n.* [G. *sauer,* sour + *Kraut,* cabbage] chopped cabbage fermented in a brine of its own juice with salt

**sault** (sōō) *n.* [< Fr. *saut,* a leap] [Canad.] a waterfall or rapids

**sauna** (sô′nə) *n.* [Finn.] **1.** a Finnish bath, consisting of exposure to very hot, dry air **2.** the enclosure for this

**saunter** (sôn′tər) *vi.* [< ?] to walk about idly; stroll **—*n.*** a leisurely and aimless walk

**saurian** (sôr′ē ən) *n.* [< Gr. *sauros,* a lizard] any of those reptiles that are lizards **—*adj.*** of or like lizards

**-saurus** (sôr′əs) [see prec.] *a combining form meaning* lizard

**sausage** (sô′sij) *n.* [see SAUCE] pork or other meat, finely chopped, seasoned, and stuffed into membranous casings **—not a sausage** [Colloq.] nothing whatsoever

**sausage roll** a small roll of pastry filled with sausage meat

**sauté** (sō′tā) *adj.* [Fr. < *sauter,* to leap] fried quickly in a little fat **—*vt.* -téed′, -té′ing** to fry quickly in a pan with a little fat **—*n.*** a sautéed dish

**sauterne** (sō turn′) *n.* [< *Sauternes,* in France] a white, usually sweet table wine

**savage** (sav′ij) *adj.* [< L. *silva,* a wood] **1.** fierce; untamed **2.** cruel; pitiless **3.** without civilization; barbarous **4.** wild; uncultivated **—*n.*** **1.** a member of a primitive society **2.** a fierce, brutal person **—*vt.* -aged, -aging** to attack violently either physically or verbally **—sav′agely** *adv.* **—sav′ageness** *n.*

**savagery** *n., pl.* **-ries** **1.** the condition of being savage **2.** savage act or behaviour

**savanna, savannah** (sə van′ə) *n.* [< Sp. < native name] a treeless plain in or near the tropics

**savant** (sav′ənt) *n.* [< L. *sapere,* know] a learned person

**save**[1] (sāv) *vt.* **saved, sav′ing** [< L. *salvus,* safe] **1.** to rescue or preserve from harm or danger **2.** to preserve for future use (often with *up*) **3.** to prevent loss or waste of **4.** to avoid or lessen **5.** to treat carefully in order to preserve **6.** *Theol.* to deliver from sin **—*vi.*** **1.** to avoid expense, loss, waste, etc. **2.** to hoard money or goods **3.** *Theol.* to exercise power to redeem from sin **—*n.*** *Sport* an action that keeps an opponent from scoring **—sav′er** *n.*

**save**[2] *prep., conj.* [< OFr. *sauf,* safe] except; but

**save-as-you-earn** *n.* a way of saving by having regular deposits made into savings account from a salary

**saving**[1] *adj.* that saves; specif., *a*) rescuing *b*) economical *c*) containing an exception *d*) redeeming **—*n.*** **1.** the act of one that saves **2.** [*often pl. with sing. v.*] an reduction in expense, time, etc. **3.** *a*) anything saved *b*) [*pl.*] sums of money saved

**saving**[2] *prep.* [Now Rare] **1.** with due respect for **2.** except; save

**savings certificate** a certificate, issued by the government to savers, that also pays interest on the deposit

**saviour** (sāv′yər) *n.* [< LL. *salvare,* to SAVE[1]] one who saves **—the Saviour** Jesus Christ Also U.S. sp., **sav′ior**

**savoir-faire** (sav′wär fâər′) *n.* [Fr., to know (how) to do] ready knowledge of what to do or say

**savory** (sā′vər ē) *n.* [< L. *satureia,* savoury] a fragrant herb used in cooking

**savour** (sā′vər) *n.* [< L. *sapor*] **1.** the taste or smell of something **2.** characteristic quality **3.** noticeable trace **—*vi.*** **1.** to have the particular taste, smell, or quality (*of*) **2.** to show traces (*of*) **—*vt.*** **1.** to dwell on with delight; relish

2. to season or flavour Also U.S. sp., **savor** —**sa'vourless** *adj.*

**savoury** (sā'vər ē) *adj.* **-vourier, -vouriest** 1. pleasing to the taste or smell 2. not sweet 3. pleasant, agreeable, etc. —*n., pl.* **-vouries** a small, highly seasoned portion of food served at the end of a meal or as an appetizer Also, U.S. sp., **savory** —**sa'vouriness** *n.*

**savoy** (sə voi') *n.* [Fr. *(chou de) Savoie,* (cabbage of) Savoy] a type of cabbage with a compact head

**savvy** (sav'ē) *vi.* **-vied, -vying** [< Sp. *sabe* (*usted*), do (you) know?] [Slang] to understand —*n.* [Slang] 1. shrewd understanding 2. skill or know-how

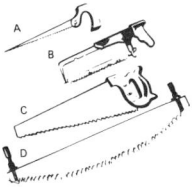

SAWS
(A, keyhole; B, hacksaw; C, handsaw; D, crosscut)

**saw**[1] (sô) *n.* [OE. *sagu*] a cutting tool having a thin, metal blade with sharp teeth along the edge —*vt.* **sawed, sawed** or **sawn, saw'ing** 1. to cut or shape with a saw 2. to make sawlike cutting motions through or with (something) —*vi.* 1. to cut with a saw or as a saw does 2. to be cut with a saw 3. to make sawlike cutting motions —**saw'er** *n.*

**saw**[2] *n.* [OE. *sagu*] an old saying

**saw**[3] *pt. of* SEE[1]

**sawbones** *n.* [Slang] a surgeon

**sawdust** *n.* tiny bits of wood formed in sawing

**sawfish** *n.* a tropical giant ray with a long, flat, sawlike snout edged with teeth

**sawhorse** *n.* a rack on which wood is placed while being sawed

**sawmill** *n.* a place where logs are sawed into boards

**sawn** (sôn) *pp. of* SAW[1]

**sawn-off** *adj.* designating a shotgun with the barrel cut off short: also **sawed-off**

**saw-toothed** (sô'tōōthd') *adj.* having notches like the teeth of a saw: also **saw'-tooth'**

**sawyer** (sô'yər) *n.* a person whose work is sawing wood, as into planks and boards

**sax** (saks) *n.* [Colloq.] a saxophone

**saxe** (saks) *n.* [< Fr. *Saxe,* Saxony] a light greyish-blue colour

**saxifrage** (sak'sə frij) *n.* [< L. *saxum,* a rock + *frangere,* to break] a plant with white, yellow, purple, or pinkish small flowers

**Saxon** (sak's'n) *n.* 1. a member of an ancient Germanic people of northern Germany: some Saxons conquered parts of England in the 5th and 6th cent. A.D. 2. *same as* ANGLO-SAXON —*adj.* of the Saxons, their language, etc.

SAXOPHONE

**saxophone** (sak'sə fōn') *n.* [Fr., < A. J. *Sax* & -PHONE] a single-reed wind instrument having a curved metal body —**saxoph'onist** (-sof'ə nist) *n.*

**say** (sā) *vt.* **said, say'ing;** 3rd pers. sing., pres. indic., **says** (sez) [OE. *secgan*] 1. to utter; speak 2. to express in words 3. to state positively or as an opinion 4. to indicate or show 5. to recite; repeat 6. to estimate [I'd *say,* forty] 7. to allege; report 8. to communicate (an idea, feeling, etc.) —*vi.* to make a statement; speak —*n.* 1. a chance to speak 2. authority, as to make a final decision —*adv.* 1. for example [any fish, *say* perch] 2. about; nearly [costing, *say,* £5] —**go without saying** to be obvious —**not to say** as well as; and indeed —**says you** [Colloq.] an exclamation of disagreement —**that is to say** in other words —**say'er** *n.*

**S.A.Y.E.** Save As You Earn

**saying** *n.* something said; esp., an adage, proverb, or maxim

**Sb** [L. *stibium*] *Chem.* antimony

**Sc** *Chem.* scandium

**Sc.** 1. Scotch 2. Scots 3. Scottish

**S.C.** [Canad.] Social Credit

**s.c.** *Printing* small capitals

**scab** (skab) *n.* [ON. *skabb*] 1. a crust that forms over a sore as it is healing 2. a mangy skin disease, esp. of sheep 3. a plant disease 4. [Derog.] a worker who refuses to strike, or who takes the place of a striking worker —*vi.* **scabbed, scab'bing** 1. to become covered with a scab 2. to work as a scab

**scabbard** (skab'ərd) *n.* [< Anglo-Fr. *escaubers* (pl.)] a sheath or case to hold the blade of a sword, dagger, etc.

**scabby** (skab'ē) *adj.* **-bier, -biest** 1. covered with or consisting of scabs 2. [Colloq.] low; mean

**scabies** (skā'bē ēz) *n.* [< L. *scabere,* to scratch] a contagious skin disease caused by mites and characterized by intense itching

**scabiosa** (skā'bē ō'sə) *n.* [see prec.: once considered a remedy for scabies] a plant having showy flowers in flattened heads: also **scabious**

**scabrous** (skā'brəs) *adj.* [< L. *scabere,*

to scratch] **1.** rough, scaly, scabby, etc. **2.** full of difficulties **3.** indecent, scandalous, etc.

**scaffold** (skaf′ld) *n.* [OFr. *escafalt*] **1.** a temporary framework for supporting people working on a building, etc. **2.** a raised platform on which criminals are executed, as by hanging **3.** any raised framework

**scaffolding** *n.* **1.** the materials that form a scaffold **2.** a scaffold or scaffolds

**scalar** (skā′lər) *adj.* **1.** in, on, or of a scale **2.** *Math.* designating or of a quantity that has magnitude but no direction in space —*n.* a scalar quantity

**scalawag** (skal′əwag′) *n.* [< ?] a scamp; rascal; also sp. **scallawag**

**scald** (skôld) *vt.* [< L. *ex-*, intens. + *calidus*, hot] **1.** to burn with hot liquid or steam **2.** to heat almost to the boiling point **3.** to use boiling liquid on, as in sterilizing, etc. —*n.* a burn caused by scalding

**scale**[1] (skāl) *n.* [< L. *scala*, a ladder] **1.** *a*) a series of marks along a line, used in measuring [the *scale* of a thermometer] *b*) any instrument so marked **2.** the proportion that a map, model, etc. bears to the thing that it represents [a *scale* of one centimetre to a kilometre] **3.** a series of degrees classified according to relative size, amount, rank, etc. [a wage *scale*] **4.** *Math.* a number system [the binary *scale*] **5.** *Music* a sequence of tones, rising or falling in pitch, in accordance with a system of intervals —*vt.* **scaled, scal′ing** **1.** to climb up or over **2.** to make according to a scale —*vi.* to climb; go up —**in scale** in proportion with —**on a large** (or **small**) **scale** to a relatively large (or small) extent —**scale down** (or **up**) to reduce (or increase) according to a ratio —**to scale** to a particular scale; of uniform reduction or enlargement —**scal′er** *n.*

**scale**[2] *n.* [< OFr. *escaille*, shell < Gmc.] **1.** any of the thin, flat, horny plates covering many fishes and reptiles **2.** any thin, platelike layer or piece **3.** a coating that forms on metals when heated or rusted —*vt.* **scaled, scal′ing** **1.** to scrape scales from **2.** to remove in thin layers —*vi.* to peel off in scales —**scales fell from his eyes** he was no longer blinded to a particular situation —**scale′less** *adj.* —**scal′y** *adj.*

**scale**[3] *n.* [ON. *skāl*, bowl] **1.** [*often pl.*] a balance or other weighing device **2.** either of the pans of a balance —*vt.* **scaled, scal′ing** to have a weight of —**the Scales** *same as* LIBRA —**turn** (or **tip**) **the scales** to decide

**scalene** (skā′lēn) *adj.* [< Gr. *skalēnos*, uneven] *Geom.* having unequal sides and angles: said of a triangle

**scallion** (skal′yən) *n.* [< L. (*caepa*) *Ascalonia*, (onion of) Ascalon] **1.** the shallot **2.** a green onion with an almost bulbless root

SCALLOP (sense 1)

**scallop** (skol′əp) *n.* [OFr. *escalope*] **1.** a kind of mollusc with two deeply grooved curved shells **2.** the large muscle of this mollusc, used as food **3.** a single shell of such a mollusc **4.** any of a series of curves, etc. forming an ornamental edge —*vt.* **1.** to cut the border of in scallops **2.** to bake with a milk sauce and bread crumbs

**scallywag** (skal′ēwag′) *n.* *same as* SCALAWAG

**scalp** (skalp) *n.* [< Scand.] **1.** the skin on the top and back of the head, usually covered with hair **2.** a part of this, cut off for a trophy by certain N American Indians —*vt.* **1.** to cut or tear the scalp from **2.** [Chiefly U.S. Colloq.] to buy and sell in order to make small, quick profits —**scalp′er** *n.*

**scalpel** (skal′pəl) *n.* [< L. *scalpere*, to cut] a small, straight knife with a very sharp blade, used by surgeons

**scamp**[1] (skamp) *n.* [< MFr. *escamper*, to flee] a mischievous fellow; rascal

**scamp**[2] *vt.* [akin to or < ON. *skammr*, short] to do in a careless, inadequate way —**scamp′er** *n.*

**scamper** *vi.* [see SCAMP[1]] to run or go hurriedly or quickly —*n.* the act of scampering

**scampi** (skam′pē) *n.pl.* [It.] large prawns

**scan** (skan) *vt.* **scanned, scan′ning** [< L. *scandere*, to climb] **1.** to look at closely; scrutinize **2.** to glance at quickly **3.** to analyse (verse), as by marking off the metrical feet and showing the rhythmic structure **4.** *Electronics* to traverse (a surface) point by point with a beam of electrons **5.** to traverse (a region) with a succession of transmitted radar or sonar beams —*vi.* to be in a certain poetic metre —*n.* a scanning

**Scan., Scand.** **1.** Scandinavia **2.** Scandinavian

**scandal** (skan′d'l) *n.* [< Gr. *skandalon*, a snare] **1.** any act, person, or thing that offends the moral feelings of people **2.** shame, outrage, etc. caused by this **3.** disgrace **4.** wicked gossip

**scandalize** *vt.* **-ized′, -iz′ing** to outrage the moral feelings of by improper conduct

**scandalmonger** (skan′d'l muŋ′gər) *n.* a person who gossips maliciously and spreads scandal

**scandalous** *adj.* **1.** causing scandal; shameful **2.** spreading slander; libellous —**scan′dalously** *adv.*

**Scandinavian** (skan′dənā′vē ən) *adj.* of Scandinavia, its people, their language, etc. —*n.* **1.** any of the people of Scandinavia **2.** the Germanic languages spoken by the

**scandium** (skan′dē əm) *n.* [< L. *Scandia,* N European lands] a rare metallic chemical element: symbol, Sc

**scansion** (skan′shən) *n.* the act of scanning verse

**scant** (skant) *adj.* [< ON. *skammr,* short] **1.** inadequate; meagre **2.** not quite up to full measure —*vt.* to limit; stint —*adv.* scarcely; barely

**scanty** *adj.* **-ier, -iest** **1.** barely sufficient; meagre **2.** not enough —**scant′ily** *adv.* —**scant′iness** *n.*

**scape** (skāp) *n., vt., vi.* **scaped, scap′ing** [Archaic] *same as* ESCAPE: also **′scape**

**scapegoat** *n.* [SCAPE + GOAT: see Lev. 16:7-26] a person, group, or thing that bears the blame for the mistakes of others

**scapula** (skap′yoo lə) *n., pl.* **-lae′** (-lē′), **-las** [L.] *same as* SHOULDER BLADE

**scapular** *adj.* of the shoulder or scapula —*n.* a sleeveless outer garment worn by monks

**scar**[1] (skär) *n.* [< Gr. *eschara,* fireplace] **1.** a mark left after a wound, burn, etc. has healed **2.** any mark like this, as on a plant where a leaf was attached **3.** the lasting emotional effects of suffering —*vt., vi.* **scarred, scar′ring** to mark with or form a scar

**scar**[2] *n.* [< ON. *sker*] a precipitous rocky place or cliff: also **scaur**

**scarab** (skar′əb) *n.* [< Fr. < L. *scarabaeus*] **1.** a beetle, esp. the black, winged dung beetle, held sacred by the ancient Egyptians **2.** an image of this beetle, cut from a gem

**scarce** (skāərs) *adj.* [ult. < L. *excerpere,* to select] **1.** not common; rarely seen **2.** not plentiful; hard to get —*adv. literary var. of* SCARCELY —**make oneself scarce** [Colloq.] to go or stay away —**scarce′ness** *n.*

**scarcely** *adv.* **1.** hardly; not quite **2.** probably not

**scarcity** *n., pl.* **-ties** **1.** the condition of being scarce; inadequate supply **2.** rarity; uncommonness

**scare** (skāər) *vt.* **scared, scar′ing** [< ON. *skjarr,* timid] to fill with sudden fear or terror —*vi.* to become frightened, esp. suddenly —*n.* **1.** a sudden fear or panic **2.** a state of widespread fear or panic [a war *scare*]

**scarecrow** *n.* **1.** a figure of a man made with sticks, old clothes, etc., put in a field to frighten birds away from crops **2.** a person who is dressed like a scarecrow

**scarf**[1] (skärf) *n., pl.* **scarfs, scarves** [< ONormFr. *escarpe,* a purse hung from the neck] a long or broad piece of cloth worn about the neck, head, etc., as for warmth

**scarf**[2] *n., pl.* **scarfs** [prob. < Scand.] a joint made by notching, grooving, etc. the ends of two pieces and fastening them into one continuous piece: also **scarf joint** —*vt.* to join by a scarf

**scarfpin** *n.* an ornamental pin worn in a scarf

**scarify** (skāər′ə fī′) *vt.* **-fied′, -fy′ing** [< Gr. *skariphos,* a stylus] **1.** to make a series of small cuts in (the skin), as in surgery **2.** to criticize **3.** *Agric.* to loosen (the topsoil) —**scar′ifica′tion** *n.* —**scar′ifi′er** *n.*

**scarlatina** (skär′lə tē′nə) *n.* [< ML. (*febris*) *scarlatina*] *popular term for a mild form of* SCARLET FEVER

**scarlet** (skär′lət) *n.* [< ML. *scarlatum,* scarlet cloth] **1.** very bright red with a slightly orange tinge **2.** clothing of this colour —*adj.* **1.** of this colour **2.** sinful [*scarlet* woman]

**scarlet fever** an acute contagious disease in which one has a sore throat, fever, and a scarlet rash

**scarp** (skärp) *n.* [< It. *scarpa*] **1.** a steep slope; specif., an escarpment **2.** the outer slope of a rampart —*vt.* to make into a steep slope

**scarper** (skär′pər) *vi.* [< It. *scappare,* escape] [Slang] to run away or depart; decamp

**scarves** (skärvz) *n.* *alt. pl. of* SCARF[1]

**scary** (skāər′ē) *adj.* **-ier, -iest** [Colloq.] **1.** causing fear **2.** easily frightened —**scar′iness** *n.*

**scat**[1] (skat) *vi.* **scat′ted, scat′ting** [< ?] [Colloq.] to go away: usually in the imperative

**scat**[2] *adj.* [< ?] *Jazz* of singing in which meaningless syllables are used —*n.* such singing —*vi.* **scat′ted, scat′ting** to engage in scat singing

**scathe** (skāth) *vt.* **scathed, scath′ing** [< ON. *skathi,* harm] **1.** [Archaic] to injure **2.** to denounce fiercely —*n.* [Archaic] injury or harm —**scathe′less** *adj.*

**scathing** *adj.* searing; harsh or caustic

**scatology** (skə tol′ə jē) *n.* [< Gr. *skōr,* excrement + -LOGY] obsession with the obscene, esp. with excrement, in literature —**scatological** (skat′ə loj′i k'l) *adj.*

**scatter** (skat′ər) *vt.* [ME. *skateren*] **1.** to throw here and there; sprinkle **2.** to separate and drive in many directions; disperse —*vi.* to separate and go off in several directions —*n.* **1.** a scattering **2.** what is scattered about

**scatterbrain** *n.* a person not able to think in a serious way —**scat′terbrained′** *adj.*

**scatty** (skat′ē) *adj.* **-tier, -tiest** [< ?] [Colloq.] foolish or crazy

**scavenge** (skav′inj) *vt.* **-enged, -enging** [< ff.] **1.** to salvage (usable goods) from rubbish or discarded material **2.** to clean (streets, etc.) —*vi.* **1.** to act as a scavenger **2.** to look for food

**scavenger** *n.* [ult. < OFrank. *scouwon,* peer at] **1.** one who gathers things that have been discarded by others **2.** any animal that eats refuse and decaying matter

**Sc.D.** [L. *Scientiae Doctor*] Doctor of Science

**S.C.E.** Scottish Certificate of Education

**scenario** (si när′ē ō′) *n., pl.* **-ios′** [It. < L. *scaena,* scene] **1.** a synopsis of a play, opera, etc. **2.** the script of a film **3.** any sequence of events, esp. an imagined one

**scene** (sēn) *n.* [< Gr. *skēnē,* stage] **1.**

the place in which any event occurs **2.** the setting of the action of a play, story, etc. **3.** a division of a play, usually part of an act **4.** a part of a play, story, etc. *[a deathbed scene]* **5.** *same as* SCENERY (sense 1) **6.** a view of people or places **7.** a public display of strong feeling, esp. one that embarrasses the onlookers **8.** an episode or event, real or imaginary **9.** [Colloq.] the environment for a specified activity *[the poetry scene]* **10.** [Colloq.] interest; way of life *[not my scene]* **—behind the scenes 1.** backstage **2.** in private **—set the scene** to describe the background of an event, etc.

**scenery** *n., pl.* **-neries 1.** painted screens, backdrops, etc., used on the stage to represent places **2.** the features of a landscape

**scene shifter** the person responsible for moving scenery between scenes of a theatrical performance **—scene shifting**

**scenic** (sē′nik) ***adj.*** **1.** having beautiful scenery **2.** of the stage and its scenery, lighting, etc. **—sce′nically *adv.***

**scent** (sent) ***n.*** [< L. *sentire,* to feel] **1.** a smell; odour **2.** the sense of smell **3.** a perfume **4.** an odour left by an animal, by which it is tracked **5.** any clue by which something is followed **—*vt.*** **1.** to smell **2.** to suspect **3.** to fill with an odour; perfume **—put** (or **throw**) **off the scent** to mislead wilfully **—scent′ed *adj.***

**sceptic** (skep′tik) ***n.*** [< Gr. *skeptikos,* inquiring] **1.** one who habitually doubts or questions matters generally accepted **2.** one who doubts religious doctrines

**sceptical** ***adj.*** **1.** of or characteristic of sceptics or scepticism **2.** not easily convinced; doubting

**scepticism** ***n.*** **1.** doubt, esp. about religious doctrines **2.** the philosophical doctrine that the truth of all knowledge must always be in question

**sceptre** (sep′tər) ***n.*** [< Gr. *skēptron,* staff] a staff held by rulers as a symbol of sovereignty U.S. sp. **scepter**

**schedule** (shed′yōōl) ***n.*** [< L. *scheda,* a leaf of paper] **1.** a timed plan for a project **2.** a list of times of recurring events, etc.; timetable **3.** a list of details **—*vt.*** **-uled, -uling 1.** to place in a schedule **2.** to make a schedule of **3.** to plan for a certain time

**schema** (skē′mə) ***n., pl.*** **-mata** [Gr.: see SCHEME] an outline, diagram, scheme, plan, etc.

**schematic** (skə mat′ik) ***adj.*** of, or having the nature of, a scheme, plan, etc. **—*n.*** a diagram, as of the wiring of an electric circuit **—schemat′ically *adv.***

**schematize** (skē′mə tiz′) ***vi., vt.*** **-tized′, -tiz′ing** [< Gr. *schēmatizein,* to form] to arrange according to a scheme

**scheme** (skēm) ***n.*** [< Gr. *schēma,* a form] **1.** a systematic programme for attaining some object **2.** an orderly combination of things on a definite plan *[a colour scheme]* **3.** a diagram; outline **4.** a plot **—*vt., vi.*** **schemed, schem′ing** to contrive plot **—schem′er *n.***

**scheming** ***adj.*** given to forming schemes or plots; crafty, underhand, etc. **—schem′ingly *adv.***

**scherzo** (skāər′tsō) ***n., pl.*** **-zos, -zi** (-tsē) [It.] a lively, playful movement, as o a sonata, in 3/4 time

**schism** (siz′′m) ***n.*** [< Gr. *schizein,* to cleave] a split in an organized group esp. a church, because of difference o doctrine, etc. **—schismat′ic** (-mat′ik) ***adj.***

**schist** (shist) ***n.*** [< Gr. *schizein,* to cleave a metamorphic rock that splits easily into thin leaves

**schizo** (skit′sō) ***n.*** [Colloq.] schizophrenic

**schizo-** [< Gr. *schizein,* to cleave] a *combining form meaning* split, division

**schizoid** (skit′soid) ***adj.*** of, like, or having schizophrenia **—*n.*** a schizoid person

**schizophrenia** (skit′sō frē′nē ə) ***n.*** [< SCHIZO- + Gr. *phrēn,* the mind] a majo mental disorder characterized by bizarre behaviour, delusions, hallucinations, etc **—schiz′ophren′ic** (-fren′ik) ***adj., n.***

**schmaltz** (shmalts) ***n.*** [< G. *schmalz* melted fat] [Slang] banal sentimentalism **—schmaltz′y *adj.***

**schnapps** (shnaps) ***n., pl.*** **schnapps** [G. a dram] any strong spirit, esp. Hollands gin: also sp. **schnaps**

**schnorkle** (shnôr′k'l) ***n.*** *same as* SNORKEL

**scholar** (skol′ər) ***n.*** [< L. *schola,* a SCHOOL[1]] **1.** a learned person **2.** a studen given a scholarship **3.** any student o pupil **—schol′arly *adj.***

**scholarship** ***n.*** **1.** the systematized knowledge of a scholar **2.** a gift of money or other aid to help a student

**scholastic** (skə las′tik) ***adj.*** [< SCHOOL[1]] **1.** of schools, colleges, students, teachers etc.; academic **2.** [*also* **S-**] of or relating to scholasticism **—*n.*** [*also* **S-**] *same as* SCHOOLMAN **—scholas′tically *adv.***

**scholasticism** ***n.*** [*often* **S-**] a medieval system of Christian thought based or Aristotelian logic

**school[1]** (skōōl) ***n.*** [< Gr. *scholē,* leisure school] **1.** a place or institution fo teaching and learning, as a grammar schoo **2.** *a*) the building or buildings of a schoo *b*) all of its students and teachers *c*) a regular session of teaching at a schoo **3.** the process of being educated at a school **4.** any situation or experience through which one gains knowledge training, etc. **5.** a division of an institution of learning, esp. of a university **6.** a grou following the same beliefs, methods, etc **—*vt.*** **1.** to teach; instruct **2.** to discipline or control **—*adj.*** of a school or schools **—at school** to be attending school

**school[2]** ***n.*** [Du., a crowd] a large number of fish, whales, etc. swimming or feeding together

**school age** the years during which attendance at school is required o customary **—school′-age′ *adj.***

**schoolbag** ***n.*** a bag, of vinyl, cloth, leather etc., in which a pupil at a school carries his books, pens, etc.

**schoolboy** *n.* a boy attending school
**schoolchild** *n.* a child attending school
**schoolgirl** *n.* a girl attending school
**schoolhouse** *n.* a building, often attached to a school, where a schoolmaster or janitor lives
**schooling** *n.* **1.** training or education; esp., formal instruction at school **2.** cost of attending school
**school leaver** a pupil who has just left school, either at the minimum age possible or at any later stage
**schoolman** *n.* [*often* **S-**] any of the medieval teachers of scholasticism
**schoolmarm** *n.* [Chiefly U.S. Colloq.] a woman schoolteacher: also **school'ma'am'**
**schoolmaster** *n.* a man who teaches in a school —**school'mis'tress** ***n.fem.***
**schoolroom** *n.* a classroom either in a school or private house
**schoolteacher** *n.* a person whose work is teaching in a school
**school year** the part of a year when schools are in session, usually from September to June
**schooner** (skōō'nər) *n.* [< ?] **1.** a ship with two or more masts, rigged fore and aft **2.** a large sherry glass
**schottische** (shot ēsh') *n.* [< G. (*der*) *schottische* (*Tanz*), (the) Scottish (dance)] **1.** a round dance similar to the polka **2.** music for this
**schwa** (shwä) *n.* [G. < Heb. *sh'wā*] **1.** the neutral vowel sound of most unstressed syllables in English; sound of *a* in *ago* **2.** the symbol (ə) for this
**sci.** **1.** science **2.** scientific
**sciatic** (sī at'ik) *adj.* [< Gr. *ischion,* hip] of, near, or affecting the hip or its nerves
**sciatica** (sī at'i kə) *n.* neuritis of the long nerve (**sciatic nerve**) passing down the back of the thigh
**science** (sī'əns) *n.* [< L. *scire,* know] **1.** systematized knowledge derived from observation, study, and experimentation **2.** a branch of knowledge, esp. one that systematizes facts, principles, and methods [the *science* of mathematics] **3.** the systematized knowledge of nature: see NATURAL SCIENCE **4.** skill; technique
**science fiction** highly imaginative fiction typically involving real or imagined scientific phenomena
**scientific** (sī'ən tif'ik) *adj.* **1.** of, dealing with, or used in science **2.** based on, or using, the principles and methods of science; systematic and exact **3.** done according to methods gained by systematic training [*scientific* boxing] —**sci'entif'ically** ***adv.***
**scientist** (sī'ən tist) *n.* a specialist in science
**sci-fi** (sī'fī') *adj., n.* *same as* SCIENCE FICTION
**scilicet** (sīl'i set') *adv.* [< L. *scire licet,* it is permitted to know] namely; that is to say
**scimitar, scimiter** (sim'ə tər) *n.* [< ?] a short, curved sword used chiefly by Turks, Arabs, etc.
**scintilla** (sin til'ə) *n.* [L.] **1.** a spark **2.** the least trace
**scintillate** (sin'til āt') *vi.* **-lat'ed, -lat'ing** [< L. *scintilla,* a spark] **1.** to flash; sparkle **2.** to twinkle, as a star **3.** to sparkle with wit —**scin'tilla'tion** ***n.***
**scintillation counter** an instrument for measuring the scintillations induced by ionizing radiation in a phosphor
**sciolism** (sī'ə liz'm) *n.* [< L. *scire,* know] the practice of giving opinions based on only a superficial knowledge —**sci'olist** *n.* —**sci'olis'tic** ***adj.***
**scion** (sī'ən) *n.* [OFr. *cion*] **1.** a descendant **2.** a shoot of a plant, esp. one for grafting
**scissors** (siz'ərz) ***n.pl.*** [< LL. *cisorium,* cutting tool] a cutting instrument with two opposing blades pivoted together so that they work against each other: also **pair of scissors**
**sclera** (sklēər'ə) *n.* [< Gr. *sklēros,* hard] the tough, white membrane covering all of the eyeball except the cornea
**sclerosis** (sklēə rō'sis) ***n.,*** *pl.* **-ses** (-sēz) [< Gr. *sklēros,* hard] an abnormal hardening of body tissues, esp. of the nervous system or the walls of arteries —**sclerot'ic** (-rot'ik) ***adj.***
**scoff**[1] (skof) ***vt., vi.*** [prob. < Scand.] to mock or jeer (*at*) —***n.*** an expression of scorn or derision; jeer —**scoff'er** ***n.***
**scoff**[2] ***vt., vi.*** [< ?] [Slang] to eat or devour —***n.*** [Slang] food
**scold** (skōld) ***vt.*** [< ON. *skald,* poet] to find fault; rebuke —***vi.*** **1.** to find fault angrily **2.** to use abusive language habitually —***n.*** a person, esp. a woman, who habitually uses abusive language —**scold'er** ***n.*** —**scold'ing** ***adj., n.***
**scollop** (skol'əp) ***n., vt.*** *var. of* SCALLOP
**sconce**[1] (skons) ***n.*** [ult. < L. *abscondere,* to hide] a bracket attached to a wall for holding a candle, etc.
**sconce**[2] ***n.*** [Du. *schans,* wickerwork] a small fort, bulwark, etc.
**scone** (skon, skōn) ***n.*** [Scot.] a sweet or savoury cake baked on a griddle
**scoop** (skōōp) ***n.*** [< MDu. *schope,* bailing vessel & *schoppe,* a shovel] **1.** any of various small, shovellike utensils for taking up flour, ice cream, etc. **2.** the deep shovel of a dredge or steam shovel **3.** the act of taking up with a scoop **4.** the amount taken up at one time by a scoop **5.** a hollowed-out place **6.** [Colloq.] a large profit made by speculation **7.** [Colloq.] the publication of a news item before a rival newspaper —***vt.*** **1.** to take up or out as with a scoop **2.** to hollow (*out*) **3.** to gather (*in* or *up*) as if with a scoop **4.** [Colloq.] to effect a scoop (*n.* 7) in competition with
**scoot** (skōōt) ***vi., vt.*** [< ?] [Colloq.] to go or move quickly
**scooter** ***n.*** **1.** a child's toy for riding on, consisting of a footboard with wheels, and a raised handlebar for steering: it is moved by pushing one foot against the ground **2.** a similar vehicle with a

seat, propelled by a motor: in full, **motor scooter**

**scope** (skōp) *n.* [< Gr. *skopos,* watcher] **1.** room or opportunity for action or thought **2.** the extent of the mind's grasp **3.** the range or extent of action, content, etc., or of an activity, concept, etc. **4.** *short for* TELESCOPE, MICROSCOPE, etc.

**-scope** (skōp) [< Gr. *skopein,* see] *a combining form meaning* an instrument, etc. for seeing or observing

**scopolamine** (skō pol′ə mēn′) *n.* [< G. A. *Scopoli*] an alkaloid used in medicine as a sedative, hypnotic, etc.

**scorbutic** (skôr byōōt′ik) *adj.* [< ML. *scorbutus,* scurvy] of, like, or having scurvy: also **scorbu′tical**

**scorch** (skôrch) *vt.* [< ?] **1.** *a*) to burn slightly or on the surface *b*) to parch or shrivel by heat **2.** to criticize very sharply **3.** to burn and destroy everything in (an area) before yielding it to the enemy [a *scorched*-earth policy] —*vi.* **1.** to become scorched **2.** [Slang] to drive very fast —*n.* a superficial burn

**scorcher** *n.* [Colloq.] a very hot day

**score** (skôr) *n.* [< ON. *skor*] **1.** the number of points made in a game, contest, etc. **2.** [Colloq.] the way things are: chiefly in **know the score** **3.** *a*) twenty people or things *b*) [*pl.*] very many **4.** *Music a*) a written copy of a composition, showing all parts *b*) the music for a stage production, film, etc. **5.** a scratch, mark, incision, etc. **6.** an amount due; debt **7.** a reason or ground **8.** a grievance one seeks to settle **9.** [Colloq.] a successful action, remark, etc. —*vt.* **scored, scor′ing** **1.** *a*) to make (runs, goals, etc.) in a game *b*) to record the score of **2.** to mark or mark out with notches, lines, gashes, etc. **3.** *Music* to arrange in a score **4.** to gain [to *score* a success] —*vi.* **1.** to make points, as in a game **2.** to keep score in a game —**on that score** on that matter, etc. —**score out** to cross out —**score points off** to gain the advantage over: also **score off** —**scor′er** *n.*

**scoreboard** *n.* a large board for posting the score and other details of a game, as at a cricket ground

**score card** **1.** a card for recording the score of a game, etc. **2.** a card printed with the names, positions, etc. of the players of competing teams

**scoria** (skôr′ē ə) *n., pl.* **-riae′** (-ē′) [< Gr. *skōr,* dung] **1.** the refuse left after metal has been smelted from ore **2.** cinderlike lava

**scorn** (skôrn) *n.* [< OFr. *escharnir,* to scorn] **1.** great contempt, often with some indignation **2.** expression of this feeling —*vt.* **1.** to regard with scorn; treat with contempt **2.** to refuse or reject as wrong or disgraceful —**scorn′ful** *adj.*

**Scorpio** (skôr′pē ō′) [L.] **1.** a S constellation **2.** the eighth sign of the zodiac

SCORPION
(to 25 cm long)

**scorpion** (skôr′pē ən) *n.* [< Gr. *skorpios*] an arachnid found in warm regions, with a long tail ending in a curved, poisonous sting —[**S-**] *same as* SCORPIO

**Scot** (skot) *n.* a native or inhabitant of Scotland

**scot** (skot) *n.* [ON. *skot,* tribute] money assessed or paid; tax

**Scot.** **1.** Scotch **2.** Scotland **3.** Scottish

**Scotch** (skoch) *adj.* of Scotland, its people, their language, etc.: cf. SCOTTISH —*n. same as:* **1.** SCOTTISH **2.** SCOTCH WHISKY

**scotch** (skoch) *vt.* [< ?] **1.** to put an end to; stifle **2.** to wound without killing; maim

**Scotch broth** a broth of mutton and vegetables, thickened with barley

**Scotch egg** a hard-boiled egg enclosed in sausage meat

**Scotch mist** a thick, wetting haze

**Scotch pine** a hardy Eurasian pine, with yellow wood

**Scotch whisky** whisky distilled in Scotland from malted barley

**scot-free** (skot′frē′) *adj.* unharmed or unpunished

**Scotland Yard** **1.** the headquarters of the London metropolitan police **2.** its Criminal Investigation Department

**Scots** (skots) *adj., n. same as* SCOTTISH

**Scotsman** (skots′mən) *n.* a native or inhabitant of Scotland, esp. a man —**Scots′wom′an** *n.fem.*

**Scottie, Scotty** (skot′ē) *n., pl.* **-ties** *colloq. name for* SCOTTISH TERRIER

**Scottish** (skot′ish) *adj.* of Scotland, its people, etc. *Scottish* is preferred in formal usage, but with some words, *Scotch* is used (e.g., whisky), with others, *Scots* (e.g., law)

**Scottish Certificate of Education** the Scottish equivalent of the GENERAL CERTIFICATE OF EDUCATION

**Scottish terrier** a terrier with short legs, wiry hair, and pointed ears

**scoundrel** (skoun′drəl) *n.* [< ?] a mean, wicked person; villain —**scoun′drelly** *adj.*

**scour**[1] (skouər) *vt.* [< L. *ex-,* intens. + *curare,* to take care of] **1.** to clean by vigorous rubbing, as with abrasives **2.** to wash or clear as by a swift current of water; flush **3.** to clear of (something undesirable) —*n.* **1.** the act of scouring **2.** the place scoured, esp. by running water —**scour′er** *n.*

**scour**[2] *vt.* [< ?] to pass over quickly, or range over, as in search or pursuit —*vi.* to run about, as in search or pursuit —**scour′er** *n.*

**scourge** (skərj) *n.* [< L. *ex-,* off + *corrigia,*

a whip] **1.** a whip **2.** any means of severe punishment or any cause of great suffering [the *scourge* of war] —*vt.* **scourged, scourg'ing** **1.** to whip **2.** to punish severely —**scourg'er** *n.*

**scouse** (skous) *n.* [< (LOB)SCOUSE] [sometimes **S-**] [Colloq.] **1.** an inhabitant of Liverpool **2.** the dialect of Liverpool —*adj.* [Colloq.] of or from Liverpool —**scous'er** *n.*

**scout**[1] (skout) *n.* [< L. *auscultare,* listen] **1.** a soldier, etc. sent to spy out the enemy's strength, etc. **2.** a person sent out to search out new talent, etc. **3.** a member of the Scouts, a worldwide boys' organization **4.** the act of reconnoitring **5.** [Colloq.] a fellow; person —*vt.* **1.** to follow closely so as to spy upon **2.** to look for; watch **3.** to find by looking around (often with *out, up*) —*vi.* **1.** to reconnoitre **2.** to go in search of something —**scout'ing** *n.*

**scout**[2] *vt.* [? < ON. *skuti,* a taunt] to reject as absurd

**scouter** *n.* one of the adult leaders of a troop of Boy Scouts

**scow** (skou) *n.* [Du. *schouw*] a large, flat-bottomed boat used for carrying coal, sand, etc.

**scowl** (skoul) *vi.* [prob. < Scand.] **1.** to look angry, sullen, etc. **2.** to have a threatening look —*n.* the act of scowling; angry frown

**scrabble** (skrab'l) *vi.* **-bled, -bling** [< Du. *schrabben,* to scrape] **1.** to scratch, scrape, etc. as though looking for something **2.** to struggle **3.** to scribble —*n.* a scrabbling; scramble, scribble, etc. —[**S-**] *Trademark* a word game played with lettered tiles —**scrab'bler** *n.*

**scrag** (skrag) *n.* [prob. < ON.] **1.** a thin, scrawny person or animal **2.** the neck of mutton, etc.: also **scrag end** —*vt.* **scragged, scrag'ging** [Slang] to choke or wring the neck of

**scraggly** *adj.* **-glier, -gliest** [see SCRAG] sparse, scrubby, ragged, or the like —**scrag'gliness** *n.*

**scraggy** *adj.* **-gier, -giest** [< SCRAG] lean; bony; skinny —**scrag'gily** *adv.*

**scram** (skram) *vi.* **scrammed, scram'ming** [< ff.] [Slang] to leave or get out, esp. in a hurry

**scramble** (skram'b'l) *vi.* **-bled, -bling** [< ?] **1.** to climb, crawl, or clamber hurriedly **2.** to struggle for something, esp. something highly prized **3.** to get aircraft into the air quickly —*vt.* **1.** *a*) to throw together haphazardly; jumble *b*) *Electronics* to modify (transmitted signals) so as to make unintelligible without special receiving equipment **2.** to cook (eggs) while stirring the mixed whites and yolks —*n.* **1.** a hard climb or advance, as over difficult ground **2.** a disorderly struggle, as for something prized **3.** a motorcycle race over rough country

**scrambler** *n.* *Electronics* a device for scrambling speech, etc. during transmission and unscrambling it in a receiving unit

**scrap**[1] (skrap) *n.* [< ON. *skrap*] **1.** a small piece; fragment **2.** *a*) discarded metal suitable only for reprocessing *b*) discarded articles of paper, etc. **3.** [*pl.*] bits of leftover food —*adj.* in the form of pieces, leftovers, etc. —*vt.* **scrapped, scrap'ping** **1.** to make into scrap **2.** to discard

**scrap**[2] *n.* [< ?] [Colloq.] a fight or quarrel —*vi.* **scrapped, scrap'ping** [Colloq.] to fight or quarrel

**scrapbook** *n.* a book of blank pages for mounting newspaper cuttings, pictures, etc.

**scrape** (skrāp) *vt.* **scraped, scrap'ing** [< ON. *skrapa*] **1.** to make smooth or clean by rubbing with a tool or abrasive **2.** to remove by rubbing (with *off, out,* etc.) **3.** to scratch or abrade **4.** to rub with a harsh, grating sound **5.** to gather slowly and with difficulty —*vi.* **1.** to rub against something harshly; grate **2.** to give out a harsh, grating noise **3.** to gather goods or money slowly and with difficulty **4.** to manage to get by (with *through, along, by*) **5.** to draw the foot back along the ground in bowing —*n.* **1.** a scraping **2.** a scraped place **3.** a harsh, grating sound **4.** a predicament **5.** a fight —**scrape the bottom of the barrel** to use the last of one's resources —**scrap'er** *n.*

**scrap merchant** a dealer in scrap, esp. scrap metal

**scrap metal** discarded or waste pieces of iron, etc.

**scrappy** (skrap'ē) *adj.* **-pier, -piest** [< SCRAP[1]] **1.** made of scraps **2.** disconnected —**scrap'pily** *adv.*

**scratch** (skrach) *vt.* [< ?] **1.** to mark or cut the surface of slightly with something sharp **2.** to tear or dig with the nails or claws **3.** to scrape lightly to relieve itching **4.** to scrape with a grating noise **5.** to write hurriedly **6.** to strike out (writing, etc.) **7.** to scrape (*together* or *up*) **8.** [U.S.] *Politics* to strike out the name of (a candidate) on (a ballot) **9.** *Sports* to withdraw (an entry) from a contest —*vi.* **1.** to use nails in digging or wounding **2.** to scrape the skin lightly to relieve itching **3.** to make a harsh, scraping noise **4.** to withdraw from a race or contest —*n.* **1.** the act of scratching **2.** a mark, tear, etc. made by scratching **3.** a scraping sound **4.** the starting line of a race **5.** *Sports* the starting point or time of a contestant who receives no handicap —*adj.* **1.** [Chiefly U.S.] used for hasty notes, etc. [*scratch* paper] **2.** having no handicap in a contest **3.** put together hastily, without selection —**from scratch** from nothing; without advantage —**scratch one's head** to be puzzled —**scratch the surface** to consider something superficially —**up to scratch** [Colloq.] up to a standard —**scratch'y** *adj.*

**scrawl** (skrôl) *vt., vi.* [< ?] to write hastily, carelessly, etc. —*n.* **1.** sprawling handwriting, often hard to read **2.** something scrawled —**scrawl'y** *adj.*

**scrawny** (skrô'nē) *adj.* **-nier, -niest** [prob. < Scand.] skinny and bony —**scraw'niness** *n.*

**scream** (skrēm) *vi.* [< ME. *screamen*] **1.** to utter or make a shrill, piercing cry **2.** to laugh loudly or hysterically **3.** to be obvious —*vt.* to utter with or as with a scream —*n.* **1.** a sharp, piercing cry or sound **2.** [Colloq.] a hilariously funny person or thing

**scree** (skrē) *n.* [< ON. *skirtha,* a landslide] a pile of rock debris at the foot of a rock face

**screech**[1] (skrēch) *vi.* [ON. *skraekja*] to utter or make a shrill, high-pitched sound —*vt.* to utter with a screech —*n.* a shrill, high-pitched sound —**screech'y** *adj.*

**screech**[2] *n.* [< ?] [Canad.] **1.** a dark rum **2.** any cheap strong drink

**screech owl** *same as* BARN OWL

**screed** (skrēd) *n.* [< ME. *screde,* shred] a long, tiresome speech or piece of writing

**screen** (skrēn) *n.* [< OFr. *escren*] **1.** a curtain or partition used to separate, conceal, protect, etc. **2.** anything that shields, conceals, etc. *[a smoke screen]* **3.** a coarse mesh of wire, etc. used as a sieve **4.** [Chiefly U.S.] a frame covered with a wire mesh, used to keep insects out **5.** *a*) a white surface upon which films, slides, etc. are projected *b*) the film industry **6.** the visual display surface of a television or radar receiver —*vt.* **1.** to separate, conceal, or protect, as with a screen **2.** to provide with a screen **3.** to sift through a screen **4.** to interview or test in order to separate according to skills, personality, etc. **5.** to project (films, etc.) upon a screen —**screen off** to hide from view by means of a screen

**screenplay** *n.* a story written, or adapted from a novel, etc., for production as a film

**screen printing** *same as* SILK-SCREEN printing

**screw** (skro͞o) *n.* [< OFr. *escroue,* hole in which a screw turns] **1.** *a*) a piece of metal for fastening things by being turned: it is threaded evenly with an advancing spiral ridge: **male** (or **external**) **screw** *b*) the internal thread, as of a nut, into which a male screw can be turned: **female** (or **internal**) **screw** **2.** any of various devices operating or threaded like a screw **3.** [Slang] a prison guard **4.** [Colloq.] a stingy person **5.** [Colloq.] a salary —*vt.* **1.** to twist; turn **2.** to fasten, tighten, etc. as with a screw **3.** to contort **4.** to make stronger (often with *up*) **5.** to force or compel, as if by using screws **6.** [Slang] to cheat; swindle **7.** [Vulg. Slang] to have sexual intercourse with —*vi.* **1.** to go together or come apart by being turned like a screw *[a lid screws on]* **2.** to be fitted for screws **3.** to twist; turn; wind —**have a screw loose** [Colloq.] to be eccentric, odd, etc. —**put the screws on** [Slang] to subject to force or great pressure —**screw up** [Slang] to make a mess of

**screwball** *n.* [U.S. Slang] an odd or eccentric person

**screwdriver** *n.* a tool used for turning screws, having an end that fits into the slot in the head of a screw

**screwed** *adj.* **1.** twisted **2.** [Slang] drunk

**screw top** a bottle top that screws on allowing a container to be resealed after use —**screw'-top** *adj.*

**screwy** *adj.* **-ier, -iest** [Slang] **1.** mentally unbalanced **2.** peculiar, odd, etc.

**scribble** (skrib'l) *vt., vi.* **-bled, -bling** [< L. *scribere,* write] **1.** to write carelessly, hastily, etc. **2.** to make marks that are meaningless or hard to read —*n.* scribbled writing; scrawl —**scrib'bler** *n.*

**scribe** (skrīb) *n.* [< L. *scribere,* write] **1.** a penman who copied manuscripts before the invention of printing **2.** a writer **3.** a person learned in the Jewish law —**scrib'al** *adj.*

**scrim** (skrim) *n.* [< ?] a light, sheer, loosely woven cotton or linen cloth, often used for bookbinding

**scrimmage** (skrim'ij) *n.* [< SKIRMISH] a tussle; confused struggle —*vi.* **-maged, -maging** to take part in a scrimmage

**scrimp** (skrimp) *vt.* [prob. < Scand.] **1.** to treat stingily; stint **2.** to make too small, short, etc. —*vi.* to be frugal —**scrimp'er** *n.* —**scrimp'y** *adj.*

**scrip** (skrip) *n.* [< SCRIPT] a document which acts as proof of ownership of a holding in a joint stock company

**script** (skript) *n.* [< L. *scribere,* write] **1.** handwriting **2.** *Printing* a typeface that looks like handwriting **3.** an original manuscript **4.** a copy of the text of a play, film, television show, etc. **5.** the written work of an examination candidate —*vt.* to write the script for (a film, etc.)

**scripture** (skrip'chər) *n.* [see SCRIPT] **1.** [S-] [*often pl.*] *a*) the sacred writings of the Jews, identical with the Old Testament of the Christians *b*) the Christian Bible **2.** any sacred writing —**scrip'tural** *adj.* —**scrip'turally** *adv.*

**scriptwriter** (skript'rīt'ər) *n.* a person who writes scripts for films, television shows, etc.

**scrivener** (skriv'nər) *n.* [< L. *scriba,* a SCRIBE] [Archaic] **1.** a scribe or clerk **2.** a notary

**scrofula** (skrof'yoo lə) *n.* [< L. *scrofa,* a sow] tuberculosis of the lymphatic glands, esp. of the neck, in which the glands become enlarged —**scrof'ulous** *adj.*

**scroll** (skrōl) *n.* [< ME. *scrowe*] **1.** a roll of parchment, paper, etc., usually with writing on it **2.** an ornamental design in coiled or spiral form

**Scrooge** (skro͞oj) *n.* [< *Scrooge,* in Dickens' *A Christmas Carol*] [*also* **s-**] a hard, miserly old man

**scrotum** (skrōt'əm) *n., pl.* **-ta, -tums** [L.] in most male mammals, the pouch of skin containing the testicles

**scrounge** (skrounj) *vt.* **scrounged, scroung'ing** [< ?] [Colloq.] to get by begging or sponging —*vi.* [Colloq.] to search (*around*) for something —**scroung'er** *n.*

**scrub**[1] (skrub) *n.* [see SHRUB] **1.** *a*) short, stunted trees or bushes growing thickly together *b*) land covered with such growth

2. any person, animal, or thing smaller than the usual, or considered inferior

**scrub**[2] *vt.* **scrubbed, scrub'bing** [prob. < Scand.] 1. to clean or wash by rubbing hard 2. to rub hard 3. to cleanse (a gas) of impurities 4. [Colloq.] to cancel or call off —*vi.* to clean something by rubbing, as with a brush —*n.* the act of scrubbing —**scrub up** the act of a surgeon in washing his hands and arms before an operation

**scrubber**[1] *n.* [Aust.] a bullock which has escaped into the scrub and becomes wild

**scrubber**[2] *n.* 1. a device for cleaning a gas 2. [Slang] a promiscuous girl

**scrubby** *adj.* **-bier, -biest** 1. stunted 2. covered with brushwood 3. paltry, shabby, etc.

**scruff** (skruf) *n.* [< ON. *skrufr,* tuft of hair] the back of the neck; nape

**scruffy** (skruf'ē) *adj.* **-ier, -iest** [< SCURF] shabby, unkempt, or untidy —**scruff'ily** *adv.* —**scruff'iness** *n.*

**scrummage** (skrum'ij) *n.* [< SKIRMISH] *Rugby* a play in which the two sets of forwards link together to support the hookers who try to pass the ball back to their teammates —*vi.* **-maged, -maging** to take part in a scrummage Also **scrum**

**scrump** (skrump) *vi.,vt.* [< SCRUMPY] to steal (apples) from an orchard or garden

**scrumptious** (skrump'shəs) *adj.* [? < SUMPTUOUS] [Colloq.] 1. very pleasing, attractive, etc. 2. delicious —**scrump'tiously** *adv.* —**scrump'tiousness** *n.*

**scrumpy** (skrum'pē) *n.* [< dial. *scrump,* withered apple] a rough cider, brewed mainly in the West Country

**scrunch** (skrunch) *vt., vi.* [see CRUNCH] to crush or crunch

**scruple** (skrōō'p'l) *n.* [< L. *scrupulus,* small sharp stone] 1. a doubt arising from difficulty in deciding what is right, proper, etc. 2. an apothecaries' weight equal to 1/3 dram (20 grains) —*vt., vi.* **-pled, -pling** to hesitate (at) from doubt

**scrupulous** (skrōō'pyoo ləs) *adj.* 1. conscientiously honest 2. demanding or using precision, care, and exactness —**scru'pulos'ity** (-los'ə tē), **scru'pulousness** *n.*

**scrutinize** (skrōō'tin īz') *vt.* **-nized', -niz'ing** to look at carefully or examine closely —**scru'tiniz'er** *n.*

**scrutiny** (skrōōt'in ē) *n., pl.* **-nies** [< L. *scrutari,* to search into carefully] 1. a close examination 2. a lengthy, searching look

**scuba** (skōō'bə) *n.* [*s*(elf-)*c*(ontained) *u*(nderwater) *b*(reathing) *a*(pparatus)] a diver's apparatus with compressed-air tanks for breathing under water

**scud** (skud) *vi.* **scud'ded, scud'ding** [< ?] 1. to move swiftly 2. to be driven before the wind —*n.* 1. a scudding 2. spray, rain, or snow driven by the wind

**scuff** (skuf) *vt.* [prob. < Scand.] 1. to wear a rough place on the surface of 2. to scrape (the ground, etc.) with the feet —*vi.* to walk without lifting the feet; shuffle —*n.* 1. a scuffing 2. a worn or rough spot

**scuffle** (skuf'l) *vi.* **-fled, -fling** [< prec.] to struggle or fight in rough confusion —*n.* a rough, confused fight

**scull** (skul) *n.* [prob. < Scand.] 1. an oar worked from side to side to move a boat forward 2. either of a pair of light oars used by a single rower —*vt., vi.* to propel with a scull —**scull'er** *n.*

**scullery** (skul'ər ē) *n., pl.* **-leries** [< L. *scutella,* a tray] a room where pots and pans are cleaned, etc.

**scullion** (skul'yən) *n.* [< L. *scopa,* a broom] [Archaic] a servant doing the rough work in a kitchen

**sculpt** (skulpt) *vt., vi.* [see SCULPTURE] [Colloq.] to carve as a sculptor

**sculptor** (skulp'tər) *n.* [L. < *sculpere,* carve] an artist who carves figures of clay, stone, metal, wood, etc. —**sculp'tress** *n. fem.*

**sculpture** (skulp'chər) *n.* [< L. *sculpere,* carve] 1. the art of carving wood, chiselling stone, modelling clay, etc. into statues or figures 2. any work or works of sculpture —*vt.* **-tured, -turing** 1. to carve, chisel, etc. into statues, figures, etc. 2. to portray in sculpture —**sculp'tural** *adj.* —**sculp'turally** *adv.*

**scum** (skum) *n.* [< MDu. *schum*] 1. a thin layer of impurities which forms on the top of liquids 2. worthless parts or things 3. mean, despicable people —*vi.* **scummed, scum'ming** to form scum —**scum'my** *adj.*

**scunner** (skun'ər) *vi.* [< ?] to feel disgust —*n.* a strong dislike or disgust

**scupper**[1] (skup'ər) *n.* [< ?] an opening in a ship's side to allow water to run off the deck

**scupper**[2] *vt.* [< ?] [Colloq.] to annihilate or disable, as by a surprise attack

**scurf** (skurf) *n.* [< ON.] little, dry scales shed by the skin, as dandruff —**scurf'y** *adj.*

**scurrilous** (skur'ə ləs) *adj.* [< L. *scurra,* buffoon] using or containing coarse, vulgar, or abusive language —**scurrility** (sku ril'ə tē) *n.*

**scurry** (skur'ē) *vi.* **-ried, -rying** [< HURRY-SCURRY] to run hastily —*n.* a scurrying

**scurvy** (skur'vē) *n.* [< SCURF] a disease resulting from a deficiency of vitamin C in the body —*adj.* **-vier, -viest** mean; contemptible —**scur'vily** *adv.* —**scur'viness** *n.*

**scut** (skut) *n.* [< ?] a short tail, esp. of a rabbit or deer

**scuttle**[1] (skut'l) *n.* [< L. *scutella,* dish] a kind of bucket used for pouring coal on a fire: in full, **coal scuttle**

**scuttle**[2] *vi.* **-tled, -tling** [prob. < SCUD] to scurry, esp. away from trouble, etc. —*n.* a scurry

**scuttle**[3] *vt.* **-tled, -tling** [< Sp. *escotilla,* a notch] 1. to make or open holes in the hull of (a ship) below the waterline; esp., to sink in this way 2. to abandon (a plan, undertaking, etc.) —*n.* a small, covered opening in the hull or deck of a ship

**Scylla** (sil′ə) a dangerous rock on the S Italian coast, opposite the whirlpool Charybdis —**between Scylla and Charybdis** facing danger or evil on either hand

SCYTHE

**scythe** (sīth) *n.* [OE. *sithe*] a tool with a long, single-edged blade on a bent wooden shaft, used in cutting grass, grain, etc. by hand —*vt.* **scythed, scyth′ing** to cut with a scythe

**Se** *Chem.* selenium

**SE, S.E., s.e.** 1. southeast 2. southeastern

**sea** (sē) *n.* [OE. *sæ*] 1. the ocean 2. a large body of salt water wholly or partly enclosed by land 3. a large body of fresh water 4. the condition of the ocean's surface 5. a large wave 6. a very great expanse —*adj.* of or for use at sea —**at sea** 1. on the open sea 2. uncertain; bewildered —**go to sea** to become a sailor —**put (out) to sea** to sail away from land

**sea anchor** a canvas-covered frame used to reduce drifting

**sea anemone** a sea polyp having a firm, gelatinous body topped with coloured, petallike tentacles

**sea bird** a bird living on or near the sea: also **sea fowl**

**seaboard** *n.* land or a coastal region bordering on the sea —*adj.* bordering on the sea

**seaborne** *adj.* carried on or by the sea

**sea breeze** a breeze blowing inland from the sea

**seacoast** *n.* land bordering on the sea

**sea cow** 1. any of several sea mammals, as the dugong or manatee 2. *earlier name for* WALRUS

**sea dog** 1. an experienced sailor 2. any of various seals

**sea elephant** a large seal that is hunted for oil

**seafarer** *n.* a traveller by sea; esp., a sailor

**seafaring** *adj.* of or engaged in life at sea

**seafood** *n.* food consisting of saltwater fish or shellfish

**seagirt** *adj.* surrounded by the sea

**seagoing** *adj.* 1. made for use on the open sea 2. *same as* SEAFARING

**sea green** a pale bluish green —**sea′-green′** *adj.*

**sea gull** *same as* GULL[1]

**sea horse** 1. a small fish with a head like that of a horse 2. a mythical sea creature

**sea kale** a fleshy, coastal plant whose young shoots are eaten as a vegetable

**seal[1]** (sēl) *n.* [< L. *sigillum*] 1. a design, initials, etc. placed on a letter, document, etc. to prove it is authentic 2. a stamp or signet ring for making such an impression 3. a piece of paper, etc. bearing a design recognized as official 4. something that closes or fastens tightly or securely 5. anything that guarantees; pledge 6. a sign; token 7. an ornamental paper stamp [a Christmas *seal*] —*vt.* 1. to mark with a seal 2. to secure the contents of (a letter, etc.) by closing with a gummed flap, etc. 3. to confirm the truth of (a promise, etc.) by some action 4. to settle or determine finally [to *seal* one's fate] 5. *a*) to close, etc. with or as with a seal [to *seal* one's lips] *b*) to apply a nonpermeable coating to (a porous surface, as a wood) —**seal off** to close or isolate completely —**set one's seal to** to endorse —**the seals** symbols of office, esp. of public office —**seal′able** *adj.* —**seal′er** *n.*

**seal[2]** *n.* [OE. *seolh*] 1. a sea mammal with a sleek coat: it lives in cold waters and eats fish 2. the fur of a fur seal —*vi.* to hunt seals

**sealant** *n.* [< SEAL[1]] a substance, as a wax, plastic, silicone, etc., used for sealing

**sea legs** the ability to walk without loss of balance on board ship

**sealery** (sēl′ər ē) *n., pl.* **-eries** a place where seals are hunted

**sea level** the mean level of the sea between high and low tide

**sealing wax** a hard mixture of resin and turpentine used for sealing letters, dry cells, etc.

**sea lion** a large, eared seal of the N Pacific

**Sea Lord** a naval member of the Board of Admiralty

**seal ring** *same as* SIGNET RING

**sealskin** *n.* 1. the skin of the seal 2. a garment made of this —*adj.* made of sealskin

**seam** (sēm) *n.* [OE.] 1. the line formed by sewing together two pieces of material 2. any line marking joining edges, as of boards 3. a mark, line, etc. like this, as a scar 4. a stratum of ore, coal, etc. —*vt.* 1. to join so as to form a seam 2. to mark with a line, crack, etc. —**seam′less** *adj.*

**seaman** (sē′mən) *n.* 1. a sailor 2. a man ranking below a petty officer in the navy

**seamanship** *n.* skill in sailing, navigating, or working a ship

**seam bowler** *Cricket* a bowler who makes the ball swing during its flight and after it hits the ground

**seamstress** (sēm′stris) *n.* a woman who sews expertly or who makes her living by sewing

**seamy** (sē′mē) *adj.* **-ier, -iest** 1. unpleasant, or sordid 2. having or showing seams —**seam′iness** *n.*

**séance** (sā′äns) *n.* [< L. *sedere*, to sit]

a meeting at which spiritualists seek to communicate with the dead

**sea pie** 1. a sailor's pie made from salt meat, vegetables, etc. 2. the oystercatcher: also **sea pilot**

**seaplane** (sē′plān′) *n.* any aircraft designed to land on and take off from water

**seaport** *n.* 1. a port or harbour used by ocean ships 2. a town or city having such a port

**sear** (sēər) *vt.* [OE.] 1. to scorch the surface of 2. to wither 3. to make callous or unfeeling —*adj.* withered; sere —**sear′ingly** *adv.*

**search** (sərch) *vt.* [< LL. *circare,* to go about] 1. to go over and look through in order to find something 2. to examine (a person) for something concealed 3. to probe —*vi.* to make a search —*n.* a searching; examination —**in search of** trying to find —**search me** [Slang] I do not know —**search′er** *n.*

**searching** *adj.* keen; piercing —**search′ingly** *adv.*

**searchlight** *n.* 1. an apparatus that projects a strong, far-reaching beam of light 2. such a beam

**search warrant** a legal document authorizing a police search, as for stolen goods, etc.

**Sea Scout** a member of the branch of the Boy Scouts that emphasizes seamanship

**seashell** (sē′shel′) *n.* the shell of any saltwater mollusc

**seashore** *n.* land along the sea; seacoast

**seasickness** *n.* nausea, dizziness, etc. caused by the rolling or pitching of a ship at sea —**sea′sick′** *adj.*

**seaside** *n.* seashore —*adj.* at or of the seaside

**season** (sē′z′n) *n.* [< L. *satio,* sowing time] 1. any of the four divisions into which the year is divided; spring, summer, autumn, or winter 2. the time of the year when something takes place, is popular, permitted, etc. 3. a period of time [the busy *season*] 4. the fitting or convenient time —*vt.* 1. to make (food) more tasty by adding salt, spices, etc. 2. to add zest to 3. to make more fit for use, as by aging 4. to accustom —*vi.* to become seasoned, as wood by drying —**in season** 1. available fresh for use as food 2. at the legal time for being hunted: said of game 3. in or at the proper time 4. early enough: also **in good season** 5. in heat: said of animals

**seasonable** *adj.* 1. suitable to the time of year 2. timely; opportune —**sea′sonably** *adv.*

**seasonal** *adj.* of or depending on a season or the seasons [*seasonal* work] —**sea′sonally** *adv.*

**seasoning** *n.* any flavouring added to food

**season ticket** a ticket for a series of events or for transportation, for a given period of time

**seat** (sēt) *n.* [ON. *sæti*] 1. *a*) a place to sit *b*) a thing to sit on; chair, etc. 2. *a*) the buttocks *b*) the part of a chair, garment, etc. that one sits on 3. the right to sit, as in a theatre 4. a surface on which another part rests 5. the centre [the *seat* of government] 6. a country house 7. a parliamentary constituency 8. the manner of sitting, as on horseback —*vt.* 1. to set in or on a seat 2. to have seats for [the car *seats* six] 3. to put in a certain place, position, etc. —*vi.* to stretch or sag as a result of wear: said of skirts, etc. —**be seated** 1. to sit down: also **take a seat** 2. to be located, settled, etc.

**seat belt** anchored straps buckled across the hips, to protect a seated passenger, as in a motor car or aircraft

**SEATO** (sē′tō) Southeast Asia Treaty Organization

**sea urchin** a small sea animal with a spiny shell

**seaward** (sē′wərd) *adj., adv.* towards the sea: also, for adv., **sea′wards** —*n.* a seaward direction or position

**seaway** *n.* 1. a route by sea 2. an inland waterway to the sea for ocean ships

**seaweed** *n.* any sea plant or plants; esp., any alga

**seaworthy** *adj.* fit to travel in on the open sea; sturdy: said of a ship —**sea′worthiness** *n.*

**sebaceous** (si bā′shəs) *adj.* [< L. *sebum,* tallow] of, like, or secreting fat

**Sec.** Secretary

‡**sec** (sek) *adj.* [Fr.] dry; not sweet: said of wine

**sec.** 1. second(s) 2. secondary 3. secretary 4. section(s) 5. sector 6. security

**secateurs** (sek′ə tərz′) *n.pl.* [< L. *secare,* to cut] shears used esp. for pruning

**secede** (si sēd′) *vi.* **-ced′ed, -ced′ing** [< L. *se-,* apart + *cedere,* to go] to withdraw formally from a larger body, as from a political union —**seced′er** *n.*

**secession** (si sesh′ən) *n.* a seceding —**seces′sionist** *n.*

**seclude** (si klōōd′) *vt.* **-clud′ed, -clud′ing** [< L. *se-,* apart + *claudere,* to shut] 1. to shut off from others; isolate 2. to make private or hidden

**secluded** *adj.* isolated; withdrawn

**seclusion** *n.* 1. retirement; isolation 2. a secluded spot —**seclu′sive** *adj.*

**second**[1] (sek′ənd) *adj.* [< L. *sequi,* to follow] 1. coming next after the first in order; 2nd 2. another of the same kind; additional [a *second* helping, a *second* Caesar] 3. next below the first in rank, value, merit, etc. —*n.* 1. the second person, thing, class, place, etc. 2. an article of merchandise that is not of the first quality 3. an aid or assistant, as to a duellist or boxer 4. [Colloq.] [*pl.*] a second helping of food —*vt.* 1. to assist 2. to indicate formal support of (a motion, etc.) so that it may be discussed or voted on —**second to none** unsurpassed —**sec′onder** *n.*

**second**[2] *n.* [< ML. *secunda*] 1. 1/60 of a minute of time 2. 1/60 of a minute of angular measurement 3. a very short time; instant 4. a specific point in time 5. the SI unit of time

**second**[3] (si kond′) *vt.* [see SECOND[1]] to

transfer (an official, etc.) from his regular work to a special assignment —**second'ment** *n.*

**secondary** (sek'ən dər ē) *adj.* **1.** second, or below the first, in rank, importance, place, etc.; subordinate; minor **2.** not primary; derivative **3.** coming after the first in a series of processes, events, stages, etc. **4.** *Zool.* designating or of the long flight feathers on the second joint of a bird's wing —*n., pl.* **-aries** a person or thing that is secondary, subordinate, etc. —**sec'ondarily** *adv.*

**secondary accent** (or **stress**) any accent, or stress, that is weaker than the full, or primary, accent

**secondary education** formal education that succeeds primary education and precedes a university education

**secondary picketing** a form of picketing intended to prevent a worker, in an industry, firm, etc. which is not on strike, from doing his own job

**second best** something of the quality next below the best —**sec'ond-best'** *adj.*

**second chamber** the higher body in a bicameral system of government

**second-class** *adj.* **1.** of the class, rank, etc. next below the highest **2.** designating a class of travel accommodation next below the best **3.** designating a class of letters that is handled more slowly than first-class post **4.** inferior —*adv.* as or by second-class post

**Second Coming** in the theology of some Christian sects, the expected return of Christ, at the Last Judgment

**second cousin** the child of one's parent's first cousin

**secondhand** *adj.* **1.** used before; not new **2.** not direct from the original source **3.** of or dealing in merchandise that is not new —*adv.* not directly

**second hand** the hand (of a clock or watch) that indicates the seconds

**second lieutenant** *see* MILITARY RANKS, table

**secondly** *adv.* in the second place; second

**second nature** acquired habits, etc. fixed so deeply as to seem part of a person's nature

**second person** that form of a pronoun (as *you*) or verb (as *are*) which refers to the person(s) spoken to

**second-rate** *adj.* **1.** inferior; mediocre **2.** second in quality, rank, etc. —**sec'ondrat'er** *n.*

**second sight** the supposed ability to see things not physically present, to foresee the future, etc.

**second wind** **1.** the return of normal breathing following severe exertion **2.** recovered capacity for continuing any effort

**secrecy** (sē'krə sē) *n., pl.* **-cies** **1.** a being secret **2.** the practice or habit of being secretive

**secret** (sē'krit) *adj.* [< L. *se-*, apart + *cernere,* sift] **1.** kept from the knowledge of others **2.** remote; secluded **3.** secretive **4.** concealed from sight or notice; hidden **5.** acting in secret —*n.* **1.** something known only to some and kept from the knowledge of others **2.** something not understood or explained **3.** the true explanation [the *secret* of success] —**in secret** without the knowledge of others —**se'cretly** *adv.*

**secret agent** a person who engages in espionage, as for a government

**secretaire** (sek'rə tâər') *n. same as* ESCRITOIRE

**secretariat** (sek'rə tâər'ē ət) *n.* the office, or quarters of a secretary of high position in a government, etc.

**secretary** (sek'rə tər ē) *n., pl.* **-taries** [ML. *secretarius,* one entrusted with secrets] **1.** *a*) one who keeps records, handles correspondence, etc. as in a business office *b*) an officer of a company, club, etc. having somewhat similar duties **2.** an official in charge of a department of government —**sec'retar'ial** *adj.* —**sec'retaryship'** *n.*

**secretary bird** a large, greyish-blue and black African bird of prey

**secretary-general** *n., pl.* **-taries-gen'eral** the chief administrative officer of an organization

**secretary of state** **1.** the head of any of several British government departments **2.** [U.S.] the foreign minister

**secrete** (si krēt') *vt.* **-cret'ed, -cret'ing** [see SECRET] **1.** to form and release (a specified secretion) as a gland, etc. does **2.** to hide; conceal

**secretion** (si krē'shən) *n.* **1.** *a*) the process by which a substance is formed from the blood or sap and then released *b*) such a substance **2.** a hiding or concealing

**secretive** (sē'krə tiv) *adj.* [< SECRET] keeping one's affairs to oneself; reticent —**se'cretively** *adv.*

**secretory** (si krēt'ər ē) *adj.* of, or having the function of, secretion

**secret police** a police force that operates secretly, esp. in order to suppress opposition to the government

**secret service** a government service that carries on secret investigation

**sect** (sekt) *n.* [< L. *sequi,* to follow] **1.** a religious denomination **2.** a group of people having a common leadership, philosophy, etc.

**sectarian** (sek tâər'ē ən) *adj.* **1.** of or devoted to some sect **2.** narrow-minded —*n.* a member of any religious sect —**sectar'ianism** *n.*

**section** (sek'shən) *n.* [< L. *secare,* to cut] **1.** a part cut off; slice **2.** a division of a book, numbered paragraph of a law, etc. **3.** any distinct or separate part **4.** [U.S.] a division of public lands **5.** a cutting; specif., an incision in surgery **6.** a drawing, etc. of a thing as it would appear if cut straight through in a given plane **7.** *Printing* a mark ( § ) used to indicate a section in a book, etc.: also **section mark** —*vt.* to divide into sections

**sectional** *adj.* **1.** of or devoted to a given district **2.** made up of sections —**sec'tionally** *adv.*

**sector** (sek'tər) *n.* [< L. *secare,* to cut] **1.** a distinct part of a society, economy, etc. **2.** part of a circle bounded by any two radii and the included arc **3.** a mathematical instrument for measuring angles **4.** any of the districts into which an area is divided for military operations

**secular** (sek′yoo lər) ***adj.*** [< L. *saeculum,* an age] **1.** *a*) not related to church or religion; temporal; wordly *b*) of secularism **2.** not bound by a monastic vow **3.** occurring only once in an age or century —***n.*** a member of the secular clergy —**sec′ularly** ***adv.***

**secularism** ***n.*** **1.** a system of beliefs and practices that rejects any form of religious faith **2.** the belief that religion should be separated from the state, esp. from education —**sec′ularist** ***n., adj.***

**secularize** ***vt.*** **-ized′, -iz′ing** to deprive of religious character, influence, etc. —**sec′ulariza′tion** ***n.***

**secure** (si kyoor′) ***adj.*** [< L. *se-,* free from + *cura,* care] **1.** free from fear, care, doubt, etc. **2.** free from danger **3.** firm; stable **4.** reliable; dependable —***vt.*** **-cured′, -cur′ing** **1.** to make secure, or safe **2.** to guarantee, as with a pledge [to *secure* a loan] **3.** to make firm, fast, etc. **4.** to obtain; acquire [to *secure* aid] —**secur′able** ***adj.*** —**secure′ly** ***adv.***

**security** ***n., pl.*** **-ties** **1.** a feeling free from fear, anxiety, danger, etc. **2.** protection or defence, as against attack, espionage, etc. **3.** something given as a pledge of repayment, etc. **4.** a stock certificate: *usually used in pl.*

**Security Council** the United Nations council responsible for maintaining international peace and security

**security risk** a person thought to be a threat to state security

SEDAN CHAIR

**sedan chair** (si dan′) an enclosed chair for one person, carried on poles by two men: also **sedan**

**sedate**[1] (si dāt′) ***adj.*** [< L. *sedare,* to settle] calm or composed; decorous —**sedate′ly** ***adv.*** —**sedate′ness** ***n.***

**sedate**[2] ***vt.*** **-dat′ed, -dat′ing** [see prec.] to dose with a sedative

**sedation** (si dā′shən) ***n.*** *Med.* **1.** reduction of nervousness, esp. by sedatives **2.** the calm state produced by sedatives

**sedative** (sed′ə tiv) ***adj.*** [see SEDATE[1]] tending to soothe or quiet —***n.*** a sedative medicine

**sedentary** (sed′′n tər ē) ***adj.*** [< L. *sedere,* sit] keeping one seated much of the time [a *sedentary* job] —**sed′entarily** ***adv.***

**sedge** (sej) ***n.*** [OE. *secg*] a coarse, grasslike plant often found on wet ground or in water —**sedg′y** ***adj.***

**sedge warbler** a common European songbird

**sediment** (sed′i mənt) ***n.*** [< L. *sedere,* sit] **1.** matter that settles to the bottom of a liquid **2.** *Geol.* matter deposited by water or wind —**sed′imen′tal** (-men′t′l), **sed′imen′tary** ***adj.*** —**sed′imenta′tion** ***n.***

**sedition** (si dish′ən) ***n.*** [< L. *sed-,* apart + *itio,* a going] a stirring up of rebellion against the government —**sedi′tious** ***adj.***

**seduce** (si dyoos′) ***vt.*** **-duced′, -duc′ing** [< L. *se-,* apart + *ducere,* to lead] **1.** to persuade to engage in sexual intercourse, esp. for the first time **2.** to tempt to wrongdoing; lead astray **3.** to entice —**seduc′er** ***n.*** —**seduc′ible** ***adj.*** —**seduc′tion** (-duk′shən) ***n.***

**seductive** (si dukt′tiv) ***adj.*** tending to seduce, or lead astray; enticing —**seduc′tively** ***adv.*** —**seduc′tiveness** ***n.***

**sedulous** (sed′yoo ləs) ***adj.*** [< L. *se-,* apart + *dolus,* trickery] working hard and steadily; diligent and persistent —**sedulity** (si dyoo′′ə tē) ***n.***

**sedum** (sē′dəm) ***n.*** [L.] a plant found on rocks and walls, with fleshy stalks and leaves

**see**[1] (sē) ***vt.*** **saw, seen, see′ing** [OE. *seon*] **1.** *a*) to get knowledge of through the eyes; look at *b*) to picture mentally **2.** to grasp mentally; understand **3.** to find out; learn **4.** to know by experience **5.** to make sure [*see* that he goes] **6.** *a*) to escort [to *see* someone home] *b*) to date someone **7.** to meet **8.** to visit or consult **9.** to receive [too ill to *see* anyone] **10.** to view or attend [*see* a show] **11.** *Card Games* to meet (a bet) of (another) by staking an equal sum —***vi.*** **1.** to have the power of sight **2.** to discern objects, colours, etc. by using the eyes **3.** to take a look **4.** to understand **5.** to reflect [let's *see,* where is it?] —***interj.*** look! —**see about** **1.** to inquire into **2.** to attend to —**see after** to take care of —**see fit (to)** to think it is proper (to do something) —**see into** to look into —**see off** to go with and watch (another) leave —**see out** **1.** to go through with; finish **2.** to wait till the end of —**see through** **1.** to perceive the true meaning of **2.** to finish **3.** to help through a time of difficulty —**see to** to attend to

**see**[2] ***n.*** [< L. *sedes,* a seat] the official seat, or centre of authority, of a bishop

**seed** (sēd) ***n.*** [OE. *sæd*] **1.** the part of a plant that contains the embryo **2.** seeds used for sowing **3.** source; origin [the *seeds* of revolt] **4.** descendants; posterity **5.** seed-bearing condition [in *seed*] **6.** *same as* SPORE **7.** sperm or semen **8.** *Sports* a seeded player —***vt.*** **1.** to plant with seeds **2.** to remove the seeds from **3.** to sprinkle particles of dry ice, silver iodide, etc. into (clouds), as in trying to produce rainfall **4.** *Sports* to distribute the names of contestants in (the draw for position in a tournament) so as to avoid matching the most skilled too early

—*vi.* **1.** to produce seeds **2.** to sow seeds —**go** (or **run**) **to seed** **1.** to shed seeds after flowering **2.** to become weak, useless, etc. —**seed'ed** *adj.* —**seed'er** *n.* —**seed'less** *adj.*

**seedbed** *n.* a bed of soil, usually covered with glass, in which seedlings are grown for transplanting

**seedling** *n.* **1.** a plant grown from a seed, rather than from a cutting, etc. **2.** any young plant

**seed pearl** a very small pearl, often imperfect

**seedpod** *n.* a carpel or pistil, enclosing ovules or seeds

**seedsman** (sēdz'mən) *n.* a dealer in seeds

**seedtime** *n.* the season for sowing seeds

**seed vessel** any dry, hollow fruit containing seed

**seedy** *adj.* **-ier, -iest** **1.** shabby or run-down **2.** full of seeds **3.** gone to seed **4.** feeling ill —**seed'ily** *adv.* —**seed'iness** *n.*

**seeing** (sē'iŋ) *n.* the power or use of sight —*adj.* having the sense of sight —*conj.* considering

**seeing eye dog** a guide dog for the blind

**seek** (sēk) *vt.* **sought, seek'ing** [OE. *secan*] **1.** to try to find; look for **2.** to try to get or find out, as by asking [to *seek* an answer] **3.** to aim at **4.** to try [to *seek* to please] —*vi.* to look for someone or something —**seek out** **1.** to go to find **2.** to look hard for —**seek'er** *n.*

**seem** (sēm) *vi.* [prob. < ON. *sæma*, to conform to] **1.** *a*) to appear to be *b*) to appear [he *seems* to know] *c*) to have the impression [I *seem* to recall] **2.** to appear to exist **3.** to be apparently true

**seeming** *adj.* that seems real, true, etc.; apparent [her *seeming* anger] —**seem'ingly** *adv.*

**seemly** *adj.* **-lier, -liest** **1.** suitable, proper, decorous, etc. **2.** pleasing in appearance

**seen** (sēn) *pp. of* SEE[1]

**seep** (sēp) *vi.* [OE. *sipian*, to soak] to leak; ooze —*n.* **1.** a seeping **2.** liquid that seeps —**seep'age** *n.*

**seer** (sē'ər *for 1*; sēər *for 2*) *n.* **1.** a person who sees **2.** a person with the supposed power to foretell the future

**seersucker** (sēər'suk'ər) *n.* [< Per. *shir u shakar*, milk and sugar] a light fabric of cotton, etc. woven with a crinkled surface

**seesaw** (sē'sô') *n.* [< SAW[1]] **1.** a plank balanced at the middle, used by children, one end going up when the other comes down **2.** any up-and-down or back-and-forth movement —*adj.* moving up and down or back and forth —*vt., vi.* to move on a seesaw or like a seesaw

**seethe** (sēth) *vi.* **seethed, seeth'ing** [OE. *sēothan*] **1.** to boil **2.** to be violently agitated —*vt.* to cook by boiling

**segment** (seg'mənt; *for v.* seg ment') *n.* [< L. *secare*, to cut] **1.** any of the parts into which something is separated; section **2.** *Geom.* any part of a circle or sphere, cut off by a line or plane —*vt., vi.* to divide into segments —**segmen'tally** *adv.* —**seg'menta'tion** *n.*

**segregate** (seg'rə gāt') *vt.* **-gat'ed, -gat'ing** [< L. *se-*, apart + *grex*, a flock] to set apart from others; specif., to impose racial segregation on —*vi.* to become segregated

**segregation** (seg'rə gā'shən) *n.* the policy or practice of compelling racial groups to live apart, go to separate schools, etc. —**seg'rega'tionist** *n., adj.*

**Seidlitz powder** (sed'lits) [< Sedlčany (G. *Seidlitz*), Czechoslovakia] a laxative powder, dissolved in water and drunk while effervescing

**seigneur** (se nyur') *n.* [see SENIOR] **1.** a feudal lord **2.** *Canad. Hist.* the landlord of an estate subdivided among peasants who held their plots by a form of feudal tenure

**seigneury** (sān'yər ē) *n., pl.* **-ries** the estate of a seigneur

**seignior** (sān'yər) *n.* [see SENIOR] a lord or noble

**seigniorial, seignorial** (sān yôr'ē əl) *adj.* of or relating to a seignior

**seigniory** (sān'yər ē) *n., pl.* **-gniories** **1.** the estate of a seignior **2.** the authority of a feudal lord

**seine** (sān) *n.* [< Gr. *sagēnē*] a large fishing net with floats along the top edge and weights along the bottom —*vt., vi.* **seined, sein'ing** to fish with a seine

**seismic** (sīz'mik) *adj.* [< Gr. *seiein*, to shake] of, relating to, or from an earthquake —**seis'mically** *adv.*

**seismo-** [see prec.] *a combining form meaning* earthquake

**seismogram** (sīz'mə gram') *n.* the chart of an earthquake as recorded by a seismograph

**seismograph** (sīz'mə gräf') *n.* an instrument that records the intensity and duration of earthquakes —**seismographer** (sīz mog'rə fər) *n.*

**seismology** (sīz mol'ə jē) *n.* [SEISMIC + -LOGY] a geophysical science dealing with earthquakes and related phenomena —**seismol'ogist** *n.*

**seize** (sēz) *vt.* **seized, seiz'ing** [< ML. *sacire*] **1.** to take forcibly or quickly; grasp **2.** to suddenly fill the mind of [an idea *seized* him] **3.** to afflict suddenly [*seized* with tremors] **4.** *a*) to take possession of by legal power; confiscate *b*) to capture and put into custody —**seized of** **1.** to be in legal possession of: also **seised of** **2.** to be aware of —**seize on** (or **upon**) to grasp or take eagerly —**seize up** to become jammed, esp. through overheating: usually said of a machine —**seiz'able** *adj.* —**seiz'er** *n.*

**seizure** (sē'zhər) *n.* **1.** a seizing or being seized **2.** a sudden attack, as of disease

**seldom** (sel'dəm) *adv.* [OE. *seldan*] not often; rarely

**select** (sə lekt') *vt., vi.* [< L. *se-*, apart + *legere*, choose] to choose, as for excellence —*adj.* **1.** chosen in preference to others **2.** choice; excellent **3.** careful in choosing; discriminating **4.** exclusive —**selec'tor** *n.*

**select committee** a number of members

of parliament chosen to investigate a matter of public interest

**selection** (sə lek′shən) *n.* **1.** a selecting or being selected **2.** a thing, person, or group chosen **3.** a range from which something may be selected **4.** *Biol.* any process by which certain organisms survive rather than others

**selective** *adj.* **1.** of or characterized by selection **2.** having the power of selecting —**selec′tively** *adv.* —**selec′tiv′ity** *n.*

**selenium** (sə lē′nē əm) *n.* [< Gr. *selēnē*, the moon] a nonmetallic chemical element whose electrical conductivity varies with the intensity of light: symbol, Se

**self** (self) *n., pl.* **selves** [OE.] **1.** the identity, character, or essential qualities of a person or thing **2.** one's own person as apart from all others **3.** one's own well-being or advantage —*pron.* [Colloq.] myself, himself, herself, or yourself —*adj.* **1.** uniform throughout **2.** of the same kind, colour, etc. as the rest

**self-** *a prefix used in hyphenated compounds, meaning:* **1.** of oneself or itself **2.** by oneself or itself **3.** in oneself or itself **4.** to, with, or for oneself or itself

**self-abnegation** (self′ab′nə gā′shən) *n.* lack of consideration for oneself; self-denial

**self-absorption** (self′əb sôrp′shən) *n.* absorption in one's own interests, affairs, etc. —**self′-absorbed′** *adj.*

**self-abuse** (self′ə byōōs′) *n.* *a euphemism for* masturbation

**self-addressed** (self′ə drest′) *adj.* addressed to oneself

**self-aggrandizement** (self′ə gran′-diz mənt) *n.* the act of making oneself powerful, wealthy, etc.

**self-appointed** (self′ə poin′tid) *adj.* acting as such on one's own, but not recognized as such by others

**self-assertion** (self′ə sur′shən) *n.* the act of demanding recognition for oneself or of insisting upon one's rights, claims, etc. —**self′-asser′tive** *adj.*

**self-assurance** (self′ə shooər′əns) *n.* confidence in oneself, one's own ability, etc. —**self′-assured′** *adj.*

**self-centred** (self′sen′tərd) *adj.* egocentric; selfish

**self-complacent** (self′kəm plā′s'nt) *adj.* self-satisfied, esp. in a smug way —**self′-compla′cency** *n.*

**self-conceit** (self′kən sēt′) *n.* too high an opinion of oneself; conceit —**self′-conceit′ed** *adj.*

**self-confessed** (self′kən fest′) *adj.* being such by one's own admission

**self-confidence** (self′kon′fə dəns) *n.* confidence in oneself, one's own abilities, etc. —**self′-con′fident** *adj.*

**self-conscious** (self′kon′shəs) *adj.* **1.** embarrassed or. ill at ease **2.** showing embarrassment —**self′-con′sciously** *adv.* —**self′-con′sciousness** *n.*

**self-contained** (self′kən tānd′) *adj.* **1.** complete in itself; self-sufficient **2.** (of a flat) having its own kitchen, bathroom, etc. **3.** keeping one's affairs to oneself **4.** showing self-control —**self′-contain′-ment** *n.*

**self-contradiction** (self′kon′trə dik′-shən) *n.* any statement or idea containing elements that contradict each other —**self′-con′tradic′tory** *adj.*

**self-control** (self′kən trōl′) *n.* control of oneself, or of one's own emotions, desires, actions, etc.

**self-deception** (self′di sep′shən) *n.* the deceiving of oneself as to one's true feelings, motives, etc.

**self-defeating** (self′di fēt′iŋ) *adj.* that unwittingly defeats its own purpose or interests

**self-defence** (self′di fens′) *n.* **1.** defence of oneself, one's rights, etc. **2.** boxing: usually in **manly art of self-defence**

**self-denial** (self′di nī′əl) *n.* denial or sacrifice of one's own desires or pleasures —**self′-deny′ing** *adj.*

**self-destruction** (self′di struk′shən) *n.* destruction of oneself or itself —**self′-destruc′tive** *adj.*

**self-determination** (self′di tur′min ā′-shən) *n.* **1.** determination according to one's own mind **2.** the right of a people to decide upon its own form of government —**self′-deter′mined** *adj.*

**self-discipline** (self′dis′ə plin) *n.* the controlling of oneself, one's actions, etc. —**self′-dis′ciplined** *adj.*

**self-educated** (self′ed′jōō kāt′id) *adj.* educated by oneself, with little or no formal teaching

**self-effacement** (self′i fās′mənt) *n.* modest, retiring behaviour —**self′-effac′-ing** *adj.*

**self-employed** (self′im ploid′) *adj.* working for oneself, with direct control over work, fees, etc.

**self-esteem** (self′ə stēm′) *n.* belief in oneself; self-respect

**self-evident** (self′ev′ə dənt) *adj.* evident without need of proof or explanation —**self′-ev′idently** *adv.*

**self-examination** (self′ig zam′ə nā′-shən) *n.* examination or analysis of oneself and one's conduct, motives, etc.

**self-existent** (self′ig zis′tənt) *adj.* existing of or by itself without external cause —**self′-exist′ence** *n.*

**self-explanatory** (self′ik splan′ə tər ē) *adj.* explaining itself

**self-expression** (self′ik spresh′ən) *n.* expression of one's own personality or emotions, as in the arts

**self-fulfilment** (self′fəl fil′mənt) *n.* fulfilment of one's aspirations through one's own efforts

**self-government** (self′guv′ərn mənt) *n.* government of a group by its own members, as in electing representatives —**self′-gov′-erning** *adj.*

**selfheal** (self′hēl′) *n.* a plant supposed to have healing properties

**self-help** (self′help′) *n.* care or betterment of oneself by one's own efforts, as through study

**self-hypnosis** (self′hip nō′sis) *n.* a hypnotizing of oneself

**self-important** (self′im pôr′t'nt) ***adj.*** having an exaggerated opinion of one's own importance

**self-imposed** (self′im pōzd′) ***adj.*** imposed on oneself by oneself, as a duty

**self-improvement** (self′im prōōv′mənt) ***n.*** improvement of one's status, mind, etc. by one's own efforts

**self-incrimination** (self′in krim′ə nā′shən) ***n.*** incrimination of oneself by one's own statements

**self-induced** (self′in dyōōst′) ***adj.*** induced by oneself

**self-indulgence** (self′in dul′jəns) ***n.*** indulgence of one's own desires, impulses, etc. —**self′-indul′gent** ***adj.***

**self-inflicted** (self′in flik′tid) ***adj.*** inflicted on oneself by oneself, as an injury

**self-interest** (self′in′trist) ***n.*** **1.** one's own interest or advantage **2.** an exaggerated regard for this

**selfish** (sel′fish) ***adj.*** too much concerned with one's own welfare or interests —**self′-ishly** ***adv.*** —**self′ishness** ***n.***

**self-justification** (self′jus′tə fi kā′shən) ***n.*** the explaining away of one's actions or motives

**selfless** (self′lis) ***adj.*** devoted to others' welfare or interests —**self′lessly** ***adv.*** —**self′lessness** ***n.***

**self-made** ***adj.*** successful, rich, etc. through one's own efforts

**self-opinionated** (self′ə pin′yə nāt′id) ***adj.*** stubborn or conceited with regard to one's own opinions

**self-pity** (self′pit′ē) ***n.*** pity for oneself

**self-portrait** (self′pôr′trit) ***n.*** a painting, drawing, etc. of oneself, done by oneself

**self-possession** (self′pə zesh′ən) ***n.*** full control of one's feelings, actions, etc. —**self′possessed′** ***adj.***

**self-preservation** (self′prez′ər vā′shən) ***n.*** instinctive preservation of oneself from danger, injury, or death

**self-propelled** (self′prə peld′) ***adj.*** propelled by its own motor or power: also **self′-propel′ling**

**self-raising** (self′rāz′iŋ) ***adj.*** rising by itself: said specif. of flour sold with a raising agent blended in

**self-realization** (self′rē′ə li zā′shən) ***n.*** fulfilment of oneself, one's capabilities, etc.

**self-recording** (self′ri kôr′diŋ) ***adj.*** recording its own operations automatically, as a seismograph

**self-regard** (self′ri gärd′) ***n.*** concern for oneself and one's own interests

**self-regulating** (self′reg′yə lāt′iŋ) ***adj.*** regulating oneself or itself automatically

**self-reliance** (self′ri lī′əns) ***n.*** reliance on oneself, one's abilities, etc. —**self′-reli′ant** ***adj.***

**self-reproach** (self′ri prōch′) ***n.*** blame of oneself; guilt feeling —**self′-reproach′ful** ***adj.***

**self-respect** (self′ri spekt′) ***n.*** proper respect for oneself and one's worth as a person —**self′-respect′ing** ***adj.***

**self-restraint** (self′ri strānt′) ***n.*** self-control

**self-revealing** (self′ri vēl′iŋ) ***adj.*** revealing one's innermost thoughts, feelings, etc.

**self-righteous** (self′rī′chəs) ***adj.*** thinking oneself more righteous or moral than others —**self′-right′eousness** ***n.***

**self-sacrifice** (self′sak′rə fīs′) ***n.*** sacrifice of oneself or one's interests to benefit others —**self′-sac′rific′ing** ***adj.***

**selfsame** (self′sām′) ***adj.*** identical; (the) very same

**self-satisfied** (self′sat′is fīd′) ***adj.*** excessively pleased with oneself or with what one has done —**self′-sat′isfac′tion** ***n.***

**self-satisfying** ***adj.*** satisfying to oneself

**self-sealing** (self′sēl′iŋ) ***adj.*** **1.** automatically sealing punctures, etc., as some tyres **2.** sealable by pressure alone, as some envelopes

**self-seeker** (self′sē′kər) ***n.*** a person seeking only or mainly to further his own interests —**self′-seek′ing** ***n., adj.***

**self-service** (self′sur′vis) ***n.*** the practice of serving oneself in a shop, cafeteria, etc. and then paying a cashier

**self-serving** (self′sur′viŋ) ***adj.*** serving one's own selfish interests

**self-starter** (self′stärt′ər) ***n.*** an electric motor used for automatically starting an internal-combustion engine

**self-styled** (self′stīld′) ***adj.*** so named by oneself

**self-sufficient** (self′sə fish′ənt) ***adj.*** able to get along without help; independent —**self′-suffi′ciency** ***n.***

**self-support** (self′sə pôrt′) ***n.*** support of oneself or itself without aid or reinforcement —**self′-support′ing** ***adj.***

**self-sustaining** (self′sə stān′iŋ) ***adj.*** supporting or able to support oneself or itself

**self-taught** (self′tôt′) ***adj.*** having taught oneself

**selfward** (self′wərd) ***adv.*** towards oneself: also **self′wards** —***adj.*** directed towards oneself

**self-willed** (self′wild′) ***adj.*** stubborn about getting one's own way; wilful —**self′-will′** ***n.***

**self-winding** ***adj.*** winding automatically, as certain wristwatches

**sell** (sel) ***vt.*** **sold, sell′ing** [OE. *sellan,* give] **1.** to exchange (property, goods, etc.) for money **2.** to offer for sale **3.** to betray (a country, etc.), as for money **4.** to promote the sale of [television *sells* many products] **5.** [Colloq.] to establish confidence or belief in [to *sell* oneself to the public] —***vi.*** **1.** to sell something **2.** to be a popular item on the market **3.** to be sold (*for* or *at*) **4.** [Colloq.] to be accepted, approved, etc. —***n.*** [Slang] **1.** a hoax **2.** selling [hard *sell*] —**sell out** **1.** to dispose of completely by selling **2.** [Colloq.] to betray (someone, a cause, etc.) —**sell short** to disparage —**sell up** **1.** to sell all of (the land or goods) of (a debtor) so as to satisfy his debts **2.** to dispose of one's house, business, etc., on leaving —**sell′er** ***n.***

**selling race** a horse race immediately after which the winner is auctioned and the losers may be claimed for prices previously set

**Sellotape** (sel′ō tāp) *Trademark* an adhesive tape, usually transparent —***vt.*** [**s-**] to stick something with Sellotape

**sellout** (sel′out′) ***n.*** [Colloq.] **1.** a show, etc. for which all seats have been sold **2.** a selling out, or betrayal

**selvage, selvedge** (sel′vij) ***n.*** [< SELF + EDGE] a specially woven edge to keep cloth from unravelling

**selves** (selvz) ***n. pl. of*** SELF

**Sem.** **1.** Seminary **2.** Semitic

**semantic** (sə man′tik) ***adj.*** [< Gr. *sēma,* a sign] of meaning, esp. in language —**seman′tically** ***adv.***

**semantics** ***n.pl.*** [*with sing. v.*] the branch of linguistics dealing with the meanings given to words and the changes that occur to these meanings

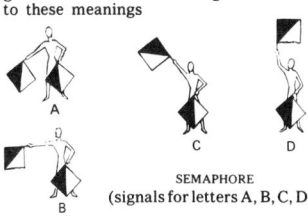


SEMAPHORE
(signals for letters A, B, C, D)

**semaphore** (sem′ə fôr′) ***n.*** [< Gr. *sēma,* a sign + *pherein,* to bear] any device or system for signalling as by lights, flags, etc. —***vt., vi.*** **-phored′, -phor′ing** to signal by semaphore

**semblance** (sem′bləns) ***n.*** [< L. *similis,* like] **1.** outward look or show **2.** a likeness **3.** a false or deceiving appearance

**semen** (sē′mən) ***n.*** [< L., a seed] the fluid secreted by the male reproductive organs, containing the spermatozoa

**semester** (sə mes′tər) ***n.*** [< L. *sex,* six + *mensis,* month] [U.S.] either of the two divisions of the academic year

**semi** (sem′ē) ***n.*** [Colloq.] a semi-detached house

**semi-** (sem′i, -ē, -ə) [L.] *a prefix meaning:* **1.** half **2.** partly **3.** twice in a (specified period)

**semiannual** (sem′ē an′yoo wəl) ***adj.*** happening every half year —**sem′ian′nually** ***adv.***

**semibreve** (sem′i brēv′) ***n.*** [It.] *Music* a note, the longest in current use: other notes are defined in terms of it

**semicircle** (sem′ē sur′k′l) ***n.*** a half circle —**sem′icir′cular** ***adj.***

**semicircular canal** any of the three loop-shaped, tubular structures of the inner ear that serve to maintain balance

**semicolon** (sem′ē kō′lən) ***n.*** a mark of punctuation (;) showing more separation than that marked by the comma and less than that marked by the full stop

**semiconductor** (sem′ē kən duk′tər) ***n.*** a substance, as silicon, whose conductivity is improved by minute additions of certain substances: used in transistors, etc.

**semiconscious** (sem′i kon′shəs) ***adj.*** not fully conscious or awake —**sem′icon′sciousness** ***n.***

**semidetached** (sem′i di tacht′) ***adj.*** partly separate, as two houses joined by a common wall

**semifinal** (sem′i fī′n′l) ***adj.*** coming just before the final match, as of a tournament —***n.*** **1.** a semifinal match **2.** [*pl.*] a semifinal round —**sem′ifi′nalist** ***n.***

**seminal** (sem′ə n′l) ***adj.*** [< L. *semen,* a seed] **1.** being a source, esp. an important source; able to develop or be developed further **2.** of or containing seed or semen **3.** of reproduction

**seminar** (sem′ə när′) ***n.*** [see ff.] **1.** a group of students meeting for study and discussion **2.** one such meeting **3.** any similar group discussion

**seminary** (sem′ə nər ē) ***n., pl.*** **-naries** [< L. *semen,* a seed] a school or college where priests, ministers, or rabbis are trained —**sem′inar′ian** (-nāər′ē ən) ***n.***

**semiofficial** (sem′ē ə fish′′l) ***adj.*** having some, but not full, official authority —**sem′i-offi′cially** ***adv.***

**semipermanent** (sem′i pur′mə nənt) ***adj.*** not permanent but (esp. of buildings) expected to remain in use for some time

**semipermeable** (sem′i pur′mē ə b′l) ***adj.*** allowing some substances to pass

**semiprecious** (sem′i presh′əs) ***adj.*** designating gems, as garnets and opals, of lower value than precious gems

**semiprofessional** (sem′i prə fesh′ən′l) ***adj.*** engaging in a sport, etc. for pay but not as a regular occupation —***n.*** a semiprofessional player, etc.

**semiquaver** (sem′i kwā′vər) ***n.*** *Music* a note having one sixteenth the duration of a semibreve

**semirigid** (sem′i rij′id) ***adj.*** somewhat or partly rigid

**semiskilled** (sem′i skild′) ***adj.*** **1.** partly skilled **2.** of or doing manual work that requires only limited training

**semisolid** (sem′i sol′id) ***adj.*** viscous and slowly flowing, as asphalt

**semisweet** (sem′i swēt′) ***adj.*** only slightly sweetened

**Semite** (sē′mīt) ***n.*** [see ff.] a member of any people speaking a Semitic language, as a Hebrew, Arab, etc.

**Semitic** (sə mit′ik) ***adj.*** [< Heb. *Shēm,* Shem] **1.** of or like the Semites **2.** designating a major division of a family of languages including Hebrew, Arabic, etc.

**semitone** (sem′i tōn′) ***n.*** *Music* the difference in pitch between any two immediately adjacent keys on the piano

**semitrailer** (sem′i trā′lər) ***n.*** a detachable trailer partly supported by the towing vehicle

**semitropical** (sem′i trop′i k′l) ***adj.*** somewhat like the tropics; nearly tropical

**semivowel** (sem′i vou′əl) ***n.*** *Phonet.* a glide at the beginning of a syllable, as the sound of *w* in *wall*

**semolina** (sem′ə lē′nə) ***n.*** [< It. *semola,* bran] **1.** particles of coarsely ground durum, used in making macaroni **2.** a milk pudding made with this

**sempiternal** (sem′pi tur′n'l) *adj.* [< L. *semper,* always + *aeternus,* ETERNAL] everlasting —**sem′piter′nally** *adv.*

**sempre** (sem′prē) *adv.* [It.] *Music* throughout

**sempstress** (sem′stris) *n. var. of* SEAMSTRESS

**sen.** **1.** senate **2.** senator **3.** senior

**S.E.N.** State Enrolled Nurse

**senate** (sen′it) *n.* [< L. *senex,* old] **1.** a lawmaking assembly, esp. [**S-**] the upper branch of the legislature of the U.S., France, etc. **2.** a governing body in some universities

**senator** (sen′ə tər) *n.* a member of a senate —**sen′ato′rial** (-tôr′ē əl) *adj.*

**send** (send) *vt.* **sent, send′ing** [OE. *sendan*] **1.** *a*) to cause to go or be carried *b*) to dispatch **2.** to command to go **3.** to cause to happen, come, etc. [joy *sent* by the gods] **4.** [Slang] to excite; thrill —*vi.* to send a message, messenger, etc. [to *send* for help] —**send away** to dispatch or banish —**send down** **1.** to suspend or expel from a university **2.** to send to prison —**send for** **1.** to order to come; summon **2.** to request or order delivery of —**send forth** to give out or forth —**send in** **1.** to dispatch or send to one receiving **2.** to put (a player) in a game —**send off** **1.** to dispatch (a letter, gift, etc.) **2.** to dismiss, esp. in some sporting event as football **3.** to give a send-off to —**send on** **1.** to send in advance **2.** to redirect to another place —**send up** **1.** to cause to rise **2.** [Colloq.] to parody or satirize —**send′er** *n.*

**send-off** *n.* [Colloq.] **1.** a demonstration of friendly feeling towards someone starting out on a journey, career, etc. **2.** a start given to someone or something

**send-up** *n.* [Colloq.] a parody or imitation

**senescent** (sə nes′′nt) *adj.* [< L. *senescere,* grow old] growing old; aging —**senes′cence** *n.*

**seneschal** (sen′i shəl) *n.* [< Frank. *siniskalk,* oldest servant] a steward in a medieval household

**senile** (sē′nīl) *adj.* [< L. *senex,* old] **1.** of old age **2.** showing signs of old age, as memory loss —**senility** (si nil′ə tē) *n.*

**senior** (sēn′yər) *adj.* [< L. *senex,* old] **1.** of higher rank or longer service **2.** the older —*n.* **1.** a person of greater rank or longer service **2.** an older person —**one's senior** a person older than oneself

**senior aircraftman** *see* MILITARY RANKS, table

**senior citizen** an elderly person, esp. one who is retired

**senior common room** the room used by senior members of a college or university

**seniority** (sēn i or′ə tē) *n., pl.* **-ties** **1.** a being senior, as in age or rank **2.** status, priority, etc. achieved by length of service in a given job

**senior service** the Royal Navy

**senna** (sen′ə) *n.* [< Ar. *sanā*] **1.** a plant of the legume family, with yellow flowers **2.** their dried leaflets used as a laxative

**sennight, se′night** (sen′īt) *n.* [< OE. *seofen nichta,* seven nights] [Archaic] a week

‡**señor** (se nyôr′) *n., pl.* **señor′res** (-nyôr′res) [Sp.] **1.** [**S-**] Mr. **2.** a man; gentleman

‡**señora** (se nyô′rä) *n., pl.* **señor′ras** (-räs) [Sp.] **1.** [**S-**] Mrs. **2.** a married woman

‡**señorita** (se′nyô rē′tä) *n., pl.* **se′ñori′tas** (-täs) [Sp.] **1.** [**S-**] Miss **2.** an unmarried woman or girl

**sensation** (sen sā′shən) *n.* [< L. *sensus,* sense] **1.** the receiving of sense impressions through hearing, seeing, etc. **2.** a conscious feeling [a *sensation* of cold] **3.** a generalized feeling, as of joy **4.** *a*) a state or feeling of general excitement *b*) the cause of this

**sensational** *adj.* **1.** intended to startle, shock, thrill, etc. **2.** [Colloq.] unusually good, fine, etc. **3.** of the senses or sensation —**sensa′tionalize′** *vt.* —**sensa′tionally** *adv.*

**sensationalism** *n.* the use of subject matter, etc. intended to shock, thrill, etc. —**sensa′tionalist** *n.*

**sense** (sens) *n.* [< L. *sentire,* to feel] **1.** ability to receive and react to stimuli, as light, sound, etc.; specif., sight, touch, taste, smell, and hearing **2.** *a*) perception through the senses [a *sense* of warmth] *b*) a generalized feeling [a *sense* of longing] **3.** an ability to judge external conditions, sounds, etc. **4.** an ability to feel, appreciate, or understand some quality [a *sense* of humour] **5.** *a*) sound thinking; judgment *b*) something wise or reasonable [talk *sense*] **6.** [*pl.*] normal ability to reason soundly [to come to one's *senses*] **7.** meaning, as of a word —*vt.* **sensed, sens′ing** **1.** to be aware of; perceive **2.** to understand **3.** to detect, as by sensors —**in a sense** from one aspect —**make sense** to be intelligible —**take the sense of the meeting** to take a vote, etc.

**senseless** *adj.* **1.** meaningless **2.** unconscious **3.** stupid —**sense′lessly** *adv.* —**sense′lessness** *n.*

**sense organ** any organ, as an eye, that receives stimuli and transmits them as sensations to the brain

**sensibility** (sen′sə bil′ə tē) *n., pl.* **-ties** [see SENSE] **1.** the capacity for physical sensation **2.** [*often pl.*] the capacity for being affected emotionally or intellectually

**sensible** (sen′sə b'l) *adj.* [see SENSE] **1.** showing good sense or sound judgment; wise **2.** that can cause physical sensation **3.** capable of receiving sensation **4.** perceptible to the intellect **5.** having appreciation or understanding **6.** striking —**sen′sibly** *adv.*

**sensitive** (sen′sə tiv) *adj.* [see SENSE] **1.** keenly susceptible to stimuli [a *sensitive* ear] **2.** easily hurt; tender **3.** easily offended, shocked, etc. **4.** of the senses or sensation **5.** highly responsive as to light [*sensitive* equipment] **6.** highly responsive to whatever is stimulating intellectually, artistically, etc. **7.** of or dealing with secret or delicate government matters —**sen′sitiv′ity** *n.*

**sensor** (sen′sər) *n.* [< L. *sentire,* to feel] a device designed to detect, measure, or record physical phenomena, as radiation

**sensory** *adj.* of the senses or sensation

**sensual** (sen′shoo wəl) *adj.* [see SENSE] **1.** of the body and the senses as distinguished from the intellect or spirit **2.** *a*) connected or preoccupied with bodily or sexual pleasures *b*) lustful; lewd —**sen′sually** *adv.*

**sensualism** *n.* frequent or excessive indulgence in sensual pleasures —**sen′sualist** *n.*

**sensuality** (sen′shoo wal′ə tē) *n.* **1.** fondness for or indulgence in sensual pleasures **2.** lewdness

**sensuous** (sen′shoo wəs) *adj.* **1.** of, based on, or appealing to the senses **2.** enjoying or readily affected by sense impressions —**sen′suously** *adv.* —**sen′suousness** *n.*

**sent** (sent) *pt. & pp. of* SEND

**sentence** (sen′təns) *n.* [< L. *sententia,* opinion] **1.** *Gram.* a word or group of words stating, asking, commanding, or exclaiming something, usually having a subject and predicate **2.** *a*) a decision, as of a court; esp., the determination by a court of a convicted person's punishment *b*) the punishment —*vt.* **-tenced, -tencing** to condemn (*to* a specified punishment) —**senten′tial** (-ten′shəl) *adj.*

**sententious** (sen ten′shəs) *adj.* [see prec.] **1.** short and pithy **2.** full of, or fond of using, maxims, proverbs, etc., often pompously trite or moralizing —**senten′tiously** *adv.*

**sentient** (sen′shənt) *adj.* [< L. *sentire,* to feel] of, having, or capable of feeling —**sen′tience, sen′tiency** *n.*

**sentiment** (sen′tə mənt) *n.* [< L. *sentire,* to feel] **1.** susceptibility to emotional appeal **2.** an opinion, attitude, etc.: *often used in the pl.* **3.** sentimentality; maudlin emotion **4.** appeal to the emotions **5.** a complex combination of feelings and opinions **6.** a short sentence expressing some thought **7.** the real meaning behind something

**sentimental** (sen′tə men′t'l) *adj.* **1.** having or showing tender or delicate feelings, often in an excessive way **2.** influenced more by emotion than reason —**sen′timen′talism** *n.* —**sen′timen′talist** *n.* —**sen′timen′tally** *adv.*

**sentimentality** (sen′tə men tal′ə tē) *n.* the quality or condition of being sentimental

**sentimentalize** (sen′tə men′tə līz′) *vi., vt.* **-ized′, -iz′ing** to be or make sentimental

**sentimental value** the value of an object having no intrinsic worth but prized because of its associations

**sentinel** (sen′tin'l) *n.* [< L. *sentire,* to feel] a person or animal set to guard a group; specif., a sentry

**sentry** (sen′trē) *n., pl.* **-tries** [< ?] a sentinel; esp., any member of a military guard posted to guard against, and warn of, danger

**sentry box** a small boxlike structure serving as a shelter for a sentry on duty during bad weather

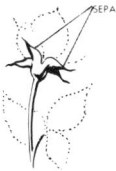


**sepal** (sep′'l) *n.* [< Gr. *skepē,* a covering + L. *petalum,* petal] *Bot.* any of the usually green, leaflike parts of the calyx —**se′palled** *adj.*

**separable** (sep′ər ə b'l) *adj.* that can be separated —**sep′arabil′ity** *n.*

**separate** (sep′ə rāt′; *for adj. & n.* sep′rət) *vt.* **-rat′ed, -rat′ing** [< L. *se-,* apart + *parare,* arrange] **1.** to keep apart by being between **2.** to set apart from others **3.** to take away (a part or ingredient) from a combination or mixture **4.** to distinguish between **5.** to set apart into groups, sets, units, etc. —*vi.* **1.** to part, become disconnected, etc. **2.** to withdraw or secede **3.** to become distinct, as from a mixture **4.** to go in different directions **5.** to stop living together as man and wife but without getting a divorce —*adj.* **1.** set apart from others **2.** distinct; individual **3.** not shared —*n.* [*pl.*] articles of dress designed to be worn as a set or separately —**sep′arately** *adv.* —**sep′arative** (sep′ər ə tiv) *adj.* —**sep′ara′tor** *n.*

**separate school** [Canad.] a school for a large religious minority run by its own school board but under the authority of the provincial department of education

**separation** (sep′ə rā′shən) *n.* **1.** a separating or being separated **2.** an arrangement by which a man and wife live apart: also **judicial** (or **legal**) **separation**

**separatism** (sep′ər ə tiz′m) *n.* a movement for political, religious, or racial separation, specif., [**S-**] in Canada, a movement for the secession of Quebec —**sep′aratist** *n., adj.*

**sepia** (sē′pē ə) *n.* [< Gr., cuttlefish] **1.** a dark reddish-brown colour **2.** a photographic print in this colour —*adj.* dark reddish-brown

**sepoy** (sē′poi) *n.* [< Per. *sipāh,* army] formerly, a native of India serving in the British army

**sepsis** (sep′sis) *n.* [< Gr. *sēpein,* make putrid] poisoning caused by the absorption into the blood of certain microorganisms

**sept** (sept) *n.* [< SECT] a clan, as in Ireland

**Sept.** 1. September 2. Septuagint

**September** (sep tem′bər) *n.* [< L. *septem,* seven] the ninth month of the year, having 30 days

**septennial** (sep ten′ē əl) *adj.* [< L. *septum,* seven + *annus,* year] **1.** lasting seven years **2.** coming, happening, etc. every seven years

**septet, septette** (sep tet′) *n.* [< L. *septem,* seven] **1.** a group of seven **2.** *Music* *a*) a composition for seven voices or instruments *b*) the performers of this

**septic** (sep′tik) ***adj.*** [< see SEPSIS] caused by or involving microorganisms that are infecting or putrefying **—sep′tically** ***adv.***

**septicemia** (sep′tə sē′mē ə) ***n.*** [< Gr. *sēptikos,* putrefactive + *haima,* blood] a disease caused by certain microorganisms and their toxic products in the blood

**septic tank** an underground tank in which waste matter is putrefied and decomposed through bacterial action

**septuagenarian** (sep′tyoo wə ji nãər′ē ən) ***adj.*** [< L. *septuaginta,* seventy] seventy years old, or between the ages of seventy and eighty **—*n.*** a person of this age

**Septuagint** (sep′tyoo wə jint) [< L. *septuaginta,* seventy] a Greek translation of the Hebrew Scriptures made in the 3rd cent. B.C.

**septum** (sep′təm) ***n.,*** *pl.* **-tums, -ta** [< L. *saepes,* a hedge] *Biol.* a part that separates two cavities or masses of tissue, as in the nose **—sep′tal** ***adj.***

**septuple** (sep tyoo′p′l) ***adj.*** [< L. *septem,* seven] **1.** consisting of seven **2.** seven times as much or as many **—*vt., vi.*** **-pled, -pling** to multiply by seven

**sepulchral** (sə pul′krəl) ***adj.*** **1.** dismal; gloomy **2.** deep and melancholy: said of sound **3.** of sepulchres

**sepulchre** (sep′′l kər) ***n.*** [< L. *sepelire,* to bury] a vault for burial; grave; tomb **—*vt.*** to bury in a sepulchre U.S. sp. **sepulcher**

**sepulture** (sep′′l chər) ***n.*** burial; interment

**sequel** (sē′kwəl) ***n.*** [< L. *sequi,* follow] **1.** something that follows **2.** a result or consequence **3.** any literary work complete in itself but continuing an earlier story

**sequence** (sē′kwəns) ***n.*** [see prec.] **1.** *a*) the following of one thing after another *b*) the order in which this occurs **2.** a continuous or related series **3.** a consequence **4.** *Cinema* the series of shots forming a single, uninterrupted episode

**sequential** (si kwen′shəl) ***adj.*** characterized by or forming a regular sequence of parts **—sequen′tially** ***adv.***

**sequester** (si kwes′tər) ***vt.*** [< LL. *sequestrare,* remove] **1.** to set apart; separate **2.** to take possession of (property) as security for a debt, etc. **3.** to confiscate **4.** to seclude **—seques′tered** ***adj.*** **—seques′tra′tion** ***n.***

**sequin** (sē′kwin) ***n.*** [< Ar. *sikkah,* a stamp] a small, shiny spangle, as a metal disc, sewn on material for decoration **—se′quined, se′quinned** ***adj.***

**sequoia** (si kwoi′ə) ***n.*** [< name of an Am. Indian] either of two giant N American evergreen trees

**seraglio** (si räl′ē ō) ***n., pl.*** **-lios** [It. < L. *sera,* a lock] **1.** a harem **2.** the palace of a Turkish sultan

**seraph** (ser′əf) ***n., pl.*** **-aphs, -aphim′** (-ə fim′) [< Heb.] *Bible* one of the heavenly beings surrounding the throne of God **—seraphic** (sə raf′ik) ***adj.***

**Serb** (surb) ***n.*** **1.** a native or inhabitant of Serbia **2.** *same as* SERBIAN (*n.* 1) **—*adj.*** *same as* SERBIAN

**Serbian** ***adj.*** of Serbia, the Serbs, or their language **—*n.*** **1.** Serbo-Croatian as spoken in Serbia **2.** *same as* SERB (*n.* 1)

**Serbo-Croatian** (sur′bō krō ā′shən) ***n.*** the major South Slavic language of Yugoslavia **—*adj.*** of this language Also **Serbo-Croat**

**sere** (sēər) ***adj.*** [< SEAR] [Poet.] withered

**serenade** (ser′ə nād′) ***n.*** [< L. *serenus,* clear] **1.** the act of playing or singing music outdoors at night, esp. by a lover under the window of his sweetheart **2.** music suitable for this **—*vt., vi.*** **-nad′ed, -nad′ing** to play or sing a serenade (*to*) **—ser′enad′er** ***n.***

**serendipity** (ser′ən dip′ə tē) ***n.*** [< Per. fairy tale, *The Three Princes of Serendip*] a seeming gift for making fortunate discoveries accidentally

**serene** (sə rēn′) ***adj.*** [L. *serenus*] **1.** calm, peaceful, etc. **2.** clear; unclouded **3.** [**S-**] exalted [His *Serene* Highness] **—serene′ly** ***adv.*** **—seren′ity** (-ren′ə tē) ***n.***

**serf** (surf) ***n.*** [< L. *servus,* a slave] a person in the feudal system, bound to his master's land and transferred with it **—serf′dom** ***n.***

**Serg., serg.** sergeant

**serge** (surj) ***n.*** [< L. *sericus,* silken] a strong, twilled material made of wool, silk, rayon, etc.

**sergeant** (sär′jənt) ***n.*** [< L. *servire,* serve] **1.** *see* MILITARY RANKS, table **2.** a police officer ranking next below an inspector

**sergeant-at-arms** ***n., pl.*** **ser′geants-at-arms′** an officer appointed to keep order in a legislative body, court, etc.

**sergeant major** *pl.* **sergeants major** the chief administrative noncommissioned officer of a military headquarters: see also note at WARRANT OFFICER

**Sergt., sergt.** sergeant

**serial** (sēər′ē əl) ***n.*** [< L. *series,* SERIES] a story presented in serial form **—*adj.*** **1.** of, in, or forming a series **2.** appearing in a series of continuing parts at regular intervals **3.** *Music same as* TWELVE-TONE **—se′rially** ***adv.***

**serialize** ***vt.*** **-ized′, -iz′ing** to put or publish (a story, etc.) in serial form **—se′rializa′tion** ***n.***

**series** (sēər′ēz) ***n., pl.*** **-ries** [< L. *serere,* to join] **1.** a number of similar things or people in a row, sequence, or related group **2.** *Elec.* a circuit connection in which the components form a single path for the current: usually in the phrase **in series** **3.** *Geol.* a subdivision of a geologic system

**serif** (ser′if) ***n.*** [< ?] *Printing* a fine line projecting from a main stroke of a character

**seriocomic** (sēər′ē ō kom′ik) ***adj.*** partly serious and partly comic

**serious** (sēər′ē əs) ***adj.*** [< L. *serius*] **1.**

earnest, grave, or solemn **2.** *a*) meaning what one says *b*) meant in earnest **3.** concerned with important matters [a *serious* novel] **4.** requiring careful consideration **5.** giving cause for concern [a *serious* wound]

**serious-minded** *adj.* having or showing earnestness of purpose, etc.; not frivolous, jocular, etc.

**serjeant** (sär′jənt) *n.* *var. of* SERGEANT

**sermon** (sur′mən) *n.* [< L. *sermo,* discourse] **1.** a speech, esp. by a clergyman, on some religious topic or on morals **2.** any serious talk on one's behaviour, responsibilities, etc. —**ser′mon-ize′** *vi., vt.*

**Sermon on the Mount** the sermon given by Jesus to his disciples: Matt. 5–7, Luke 6:20–49

**serous** (sēər′əs) *adj.* **1.** of or containing serum **2.** like serum; thin and watery

**serpent** (sur′pənt) *n.* [< L. *serpere,* creep] **1.** a snake, esp. a large one **2.** a sly, treacherous person

**serpentine** (sur′pən tīn′) *adj.* of or like a serpent; esp., *a*) treacherous *b*) coiled or winding —*n.* a green or brownish-red mineral, magnesium silicate

**serrate** (ser′āt; *for v.* se rāt′) *adj.* [< L. *serra,* a saw] having sawlike notches along the edge: also **serrat′ed** —*vt.* **-rat′ed, -rat′ing** to make serrate

**serration** (se rā′shən) *n.* **1.** the condition of being serrate **2.** a single notch in a serrate edge

**serried** (ser′ēd) *adj.* [see SERAGLIO] placed close together; compact, as soldiers in ranks

**serum** (sēər′əm) *n., pl.* **-rums, -ra** [L., whey] **1.** any watery animal fluid, esp. the yellowish fluid that is left after blood clots: in full, **blood serum** **2.** blood serum used as an antitoxin, taken from an animal made immune to a specific disease by inoculation

**servant** (sur′vənt) *n.* [< L. *servire,* serve] **1.** a person hired to work in another's home as a maid, cook, etc. **2.** a person who works for a government [a civil *servant*] **3.** a person who works earnestly for a cause, etc.

**servants' hall** formerly, the room in which the household servants ate, etc.

**serve** (surv) *vt.* **served, serv′ing** [< L. *servire*] **1.** to work for as a servant **2.** to do services for; aid; help **3.** to do military or naval service for **4.** to pass or spend (a term of imprisonment, military service, etc.) **5.** to carry out the duties of (a position, office, etc.) **6.** to provide (customers) with (goods or services) **7.** to prepare and offer (food, etc.) to **8.** *a*) to meet the needs of [to *serve* many purposes] *b*) to further [to *serve* the national interest] **9.** to function for [my memory *serves* me well] **10.** to treat [she was cruelly *served*] **11.** to deliver (a summons, subpoena, etc.) to **12.** to hit (a tennis ball, etc.) to one's opponent in order to start play **13.** to operate (a large gun) **14.** to copulate with (a female): said of an animal —*vi.* **1.** to work as a servant **2.** to be in service [to *serve* in the navy] **3.** to carry out the duties of an office or position **4.** to function **5.** to satisfy requirements **6.** to wait at table **7.** to start play by hitting the ball, etc. —*n.* the act or manner of serving the ball in tennis, etc., or one's turn to serve —**serve (someone) right** to be what (someone) deserves, as for doing something wrong —**serve (one's) time** **1.** to undergo imprisonment **2.** to serve an apprenticeship —**serv′er** *n.*

**servery** *n.* a pantry from which meals are served

**service** (sur′vis) *n.* [< L. *servus,* slave] **1.** *a*) an act of assistance *b*) benefit *c*) [*pl.*] friendly help; also, professional aid **2.** [*often pl.*] a system or method of providing people with water, transport, etc. **3.** installation, repairs, etc. provided to customers by a dealer, etc. **4.** *a*) employment, esp. public employment *b*) a branch of this, specif., the armed forces **5.** work done or duty performed for others **6.** the occupation or condition of a servant **7.** the serving of food **8.** a set of utensils used in serving [a tea *service*] **9.** a religious ceremony **10.** the act or manner of serving the ball in tennis, etc., or one's turn to serve —*adj.* **1.** of, for, or in service **2.** of, for, or used by servants, tradespeople, etc. [a *service* entrance] —*vt.* **-iced, -icing** **1.** to furnish with a service **2.** to make fit for service, as by repairing, etc. —**has seen service** **1.** to have been a member of the armed forces in wartime **2.** to have been put to long and usually hard use —**in service** **1.** in use **2.** working as a servant —**of service** helpful; useful

**serviceable** *adj.* **1.** useful **2.** that will give good service; durable —**serv′iceabil′ity** *n.*

**service area** a place on a motorway providing facilities for motorway users, as a restaurant, garage, etc.

**service charge** a percentage added to a bill in a restaurant etc. to pay for service

**service flat** a self-contained flat where the management provides certain services, as cleaning, washing, etc.

**serviceman** *n.* **1.** a member of the armed forces **2.** a person whose work is servicing or repairing something: also **service man**

**service road** a road, usually parallel to a main road, providing access to houses, shops, etc.

**service station** a place selling petrol and oil, for motor vehicles

**service tree** [ult. < L. *sorbus*] a tree resembling the mountain ash and having small, edible fruits

**serviette** (sur′vē et′) *n.* [Fr.] a table napkin

**servile** (sur′vīl) *adj.* [< L. *servus,* slave] **1.** humbly submissive; cringing **2.** of or suitable for a slave or slaves —**servility** (sər vil′ə tē) *n.*

**serving** *n.* a helping of food —*adj.* used for serving food [a *serving* spoon]

**servitor** (sur′və tər) *n.* a servant, attendant, etc.

**servitude** (sur′və tyōōd′) *n.* [< L. *servus,* slave] **1.** slavery or bondage **2.** work imposed as punishment

**servomechanism** (sur′vō mek′ə niz′m) *n.* [ff. + MECHANISM] an automatic control system in which output is compared with input so that any error in control is corrected

**servomotor** (sur′vō mōt′ər) *n.* [< L. *servus,* slave + Fr. *moteur,* MOTOR] a device, as an electric motor, that is controlled by an amplified signal as from a servomechanism

**sesame** (ses′ə mē′) *n.* [< Gr.] **1.** an East Indian plant whose flat seeds yield an edible oil **2.** its seeds, used for flavouring bread, etc.

**sesqui-** [< L. *semis,* half + *que,* and] *a combining form meaning* one and a half *[sesquicentennial]*

**sessile** (ses′il) *adj.* [< L. *sedere,* sit] *Anat., Bot., Zool.* attached directly by its base

**session** (sesh′ən) *n.* [< L. *sedere,* sit] **1.** *a*) a meeting of a court, council, etc. *b*) a series of such meetings *c*) the period a session lasts **2.** an academic year or period of study, classes, etc. **3.** the governing body of a Presbyterian church **4.** any period of activity *[a session* of golf*]* —**in session** meeting —**ses′sional** *adj.*

**sessional indemnity** in certain Canadian provinces, the indemnity paid each session to members of the legislature

**sestet** (ses tet′) *n.* [It. < L. *sex,* six] **1.** *Music same as* SEXTET **2.** the final six lines of a sonnet

**set** (set) *vt.* **set, set′ting** [OE. *settan*] **1.** to put in a certain place, condition, etc. **2.** to bring (something) into contact with something else *[to set* a match to paper*]* **3.** to cause to be in some condition or relation **4.** to arrange; fix; specif., *a*) to fix (a net, trap, etc.) to catch animals *b*) to adjust; regulate *[to set* a clock*] c*) to arrange (a table) with tableware for a meal *d*) to put (a fractured bone) into normal position **5.** *a*) to make fixed, determined, firm, etc. *[pectin sets* jam*] b*) to make (a colour) fast in dyeing **6.** *a*) to mount (gems) in jewellery *b*) to decorate (jewellery) with gems *c*) to arrange (hair) in a certain style with lotion, hairpins, etc. **7.** to place (a scene, story, etc.) in a given locale **8.** to direct *[he set* his face towards home*]* **9.** to appoint, establish, determine, etc. **10.** to begin to apply (oneself) to a task **11.** to assign (a task etc.) **12.** to value or estimate *[to set* little store by someone*]* **13.** to point towards (game): said of dogs **14.** *Music* to write or fit (words *to* music or music *to* words) **15.** *Printing a*) to arrange (type) for printing *b*) to put (manuscript) into type **16.** *Theatre* to arrange the scenery and properties on (the stage) **17.** to cause to sit; seat **18.** *a*) to cause (a fowl) to sit on eggs to hatch them *b*) to put (eggs) under a fowl to hatch them —*vi.* **1.** to become firm, hard, fixed, etc. *[the cement set]* **2.** *a*) to begin to move (with *out, off,* etc.) *b*) to get started *[to set* to work*]* **3.** to have a certain direction **4.** *a*) to sink below the horizon *b*) to wane; decline **5.** to grow together: said of a broken bone **6.** *Bot.* to begin to develop into a fruit **7.** to sit on eggs: said of a fowl —*adj.* **1.** fixed in advance *[a set* time*]* **2.** established, as by authority *[a set* book*]* **3.** deliberate **4.** conventional *[a set* speech*]* **5.** fixed; rigid **6.** *a*) resolute *b*) obstinate **7.** firm in consistency **8.** ready *[get set]* **9.** formed; built —*n.* **1.** a setting or being set; specif., the act of a dog in setting game **2.** the way in which a thing is set; specif., *a*) direction, as of a current *b*) tendency *c*) the position of a part of the body *[the set* of her head*]* **3.** something which is set; specif., *a*) a twig, young bulb, etc. for planting or grafting *b*) the constructed scenery for a play, film, etc. **4.** the act or a style of arranging hair **5.** a group of persons or things classed or belonging together **6.** equipment for radio or television reception **7.** *Math.* a collection of elements or objects that satisfy a given condition **8.** *Tennis* a group of games of which the winner must win a specified number —**all set** [Colloq.] ready —**set about** **1.** to begin **2.** to attack —**set against** **1.** to balance **2.** to compare **3.** to make hostile towards —**set aside** **1.** to reserve for a purpose: also **set apart** **2.** to discard; reject **3.** to annul —**set down** **1.** to put down **2.** to land (an aircraft) **3.** to put in writing or print —**set in** **1.** to begin **2.** to insert **3.** to become established —**set off** **1.** to start (a person) doing something **2.** to make begin **3.** to make prominent by contrast **4.** to enhance **5.** to cause to explode —**set on** **1.** to incite to attack **2.** to attack: also **set upon** —**set one's sights on** to train upon; determine upon —**set sail** **1.** to hoist the sails into position **2.** to begin a voyage —**set to** **1.** to get to work **2.** to begin fighting —**set up** **1.** to establish **2.** to begin **3.** to raise to power, a high position, etc. **4.** to make successful, etc. **5.** to put together or erect (a tent, machine, etc.) **6.** to make detailed plans for **7.** to place in an upright position **8.** to present as specified: also **set up as** —**set upon** to attack, esp. with violence

**setback** *n.* a reversal or check; relapse

**set piece** **1.** an artistic composition intended to impress others **2.** a scenic display of fireworks

**setscrew** *n.* a screw passing through one part and against or into another to prevent movement

**set square** a flat piece of plastic, metal, etc., in the shape of a right-angled triangle, used in technical drawing

**sett** (set) *n.* [see SET] **1.** a small rectangular paving block **2.** a badger's burrow

**settee** (se tē′) *n.* [prob. < SETTLE[1]] a seat with a back and, usually, arms, for two or more people

**setter** (set′ər) *n.* **1.** any of several breeds

of long-haired gun dogs trained to find game and point it out by standing rigid **2.** a person who sets or a thing used in setting

**setting** *n.* **1.** the position of something, as a dial, that has been set **2.** a thing in or on which something, as a gem, has been set **3.** time and place, environment, etc. of a story or play **4.** actual physical surroundings **5.** the music for a set of words **6.** *same as* PLACE SETTING

**settle**[1] (set′l) ***n.*** [OE. *setl*] a long wooden bench with a back and armrests

**settle**[2] ***vt.*** **-tled, -tling** [< OE. *setl,* a seat] **1.** to put in order; arrange [to *settle* one's affairs] **2.** to set in place firmly or comfortably **3.** to establish as resident [he *settled* his family in London] **4.** to colonize **5.** to cause to sink and become more compact [the rain *settled* the dust] **6.** to clarify (a liquid) by causing the sediment to sink to the bottom **7.** to free (the mind, nerves, stomach, etc.) from disturbance **8.** to establish in business, marriage, etc. **9.** to decide (something in doubt) **10.** to end (a dispute) **11.** to pay (a bill, debt, etc.) **12.** to make over (property, etc.) to someone by legal action (with *on* or *upon*) **13.** to decide (a legal dispute) without court action —***vi.*** **1.** to stop moving and stay in one place **2.** to cast itself, as fog over a landscape **3.** to become localized in a part of the body: said of pain or disease **4.** to take up permanent residence **5.** to sink [the car *settled* in the mud] **6.** to become more dense by sinking, as sediment **7.** to become clearer by the settling of dregs **8.** to become more stable **9.** to reach a decision (with *with, on,* or *upon*) **10.** to pay a bill or debt —**settle down 1.** to take up permanent residence, a regular job, etc. **2.** to become less nervous, erratic, etc. **3.** to apply oneself steadily —**settle for** to resign oneself to accepting —**settle up** to pay any outstanding amount

**settlement** ***n.*** **1.** a settling or being settled **2.** a new colony **3.** a village **4.** an agreement, adjustment, etc. **5.** *a*) the disposition of property for the benefit of a person *b*) this property **6.** an institution, usually in a depressed neighbourhood, offering social services, etc.: also **settlement house 7.** subsidence in all or part of a building

**settler** (set′lər) ***n.*** one who settles in a new country

**set-to** ***n., pl.*** **-tos′** [Colloq.] a fight or struggle

**setup** ***n.*** plan, makeup, etc., as of equipment, an organization, etc.

**seven** (sev′n) ***adj., n.*** [OE. *seofon*] one more than six; 7; VII —**sev′enth** ***adj., n.***

**sevenfold** ***adj.*** **1.** having seven parts **2.** having seven times as much or as many —***adv.*** seven times as much or as many

**seven seas** all the oceans of the world

**seventeen** (sev′′n tēn′) ***adj., n.*** [OE. *seofentyne*] seven more than ten; 17; XVII —**sev′enteenth′** ***adj., n.***

**seventh-day** ***adj.*** **1.** of the seventh day (Saturday) **2.** [*often* **S- D-**] observing the Sabbath on Saturday [*Seventh-Day* Adventists]

**seventh heaven** a state of perfect happiness

**seventy** ***adj., n., pl.*** **-ties** seven times ten; 70; LXX —**the seventies** the numbers or years, as of a century, from seventy to seventy-nine —**sev′entieth** ***adj., n.***

**sever** (sev′ər) ***vt., vi.*** [< L. *separare*] to separate, divide, or break off —**sev′erance** ***n.***

**several** (sev′rəl) ***adj.*** [< L. *separ,* separate] **1.** more than two but not many; few **2.** separate; distinct **3.** different; respective [went their *several* ways] —***n.*** [*with pl. v.*] a small number (*of* persons or things) —***pron.*** [*with pl. v.*] a few

**severally** ***adv.*** **1.** separately **2.** respectively

**severance pay** compensation paid by a firm to employees for loss of employment

**severe** (sə vēr′) ***adj.*** **-ver′er, -ver′est** [< L. *severus*] **1.** harsh or strict, as in treatment **2.** serious; grave **3.** rigidly accurate or demanding **4.** extremely plain [a *severe* style] **5.** intense [*severe* pain] **6.** difficult; rigorous [a *severe* test] —**sever′ity** (-ver′ə tē) ***n.***

**Seville orange** (sə vil′) a bitter orange used esp. for making marmalade

**Sèvres** (sāv′rə) ***n.*** [< *Sèvres,* suburb of Paris] a type of fine French porcelain

**sew** (sō) ***vt.*** **sewed, sewn** or **sewed, sew′ing** [OE. *siwian*] **1.** to join with stitches made with needle and thread **2.** to make, mend, etc. by such means —***vi.*** to work with needle and thread or at a sewing machine —**sew up 1.** to close together the edges of with stitches **2.** [Colloq.] to complete or negotiate successfully

**sewage** (syōō′ij) ***n.*** waste matter carried off by sewers

**sewage farm** a place where sewage is treated, esp. for use as manure

**sewer** (syōō′ər) ***n.*** [ult. < L. *ex,* out + *aqua,* water] a pipe or drain, usually underground, for carrying off water and waste matter

**sewerage** ***n.*** **1.** removal of surface water and waste matter by sewers **2.** a system of sewers **3.** *same as* SEWAGE

**sewing** (sō′iŋ) ***n.*** **1.** the act or occupation of a person who sews **2.** material for sewing; needlework

**sewing machine** a machine with a mechanically driven needle used for sewing and stitching

**sewn** (sōn) *alt. pp. of* SEW

**sex** (seks) ***n.*** [L. *sexus*] **1.** the character of being male or female **2.** either of the two divisions, male or female, of persons, animals, or plants **3.** sexual intercourse **4.** the attraction of one sex for the other —***adj.*** [Colloq.] *same as* SEXUAL —***vt.*** to ascertain the sex of

**sex-** [< L.] *a combining form meaning* six

**sexagenarian** (sek′sə ji nâr′ē ən) ***adj.*** [< L. *sexageni,* sixty each] sixty years old, or between the ages of sixty and seventy —***n.*** a person of this age

**sex appeal** the physical attractiveness

and erotic charm that attracts members of the opposite sex

**sex chromosome** a sex-determining chromosome in the germ cells of most animals

**sexed** (sekst) ***adj.*** **1.** having (a specified degree of) sexuality **2.** of sex

**sexism** ***n.*** [SEX + (RAC)ISM] the economic exploitation and social domination of members of one sex by the other, specif. of women by men —**sex'ist** ***adj., n.***

**sexless** ***adj.*** **1.** lacking the characteristics of sex; asexual **2.** lacking in normal sexual appetite or appeal

**sex maniac** someone who is considered to be oversexed and/or perverted

**sexology** (sek sol'əjē) ***n.*** the science dealing with human sexual behaviour —**sex-ol'ogist** ***n.***

**sex-starved** ***adj.*** of or relating to someone who is not obtaining sufficient sexual gratification

**sext** (sekst) ***n.*** [< L. *sexta,* sixth] [*often* **S-**] the fourth of the canonical hours

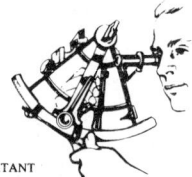

SEXTANT

**sextant** (seks'tənt) ***n.*** [< L. *sextans,* sixth part of a circle] an instrument used by navigators for measuring the angular distance of the sun, a star, etc. from the horizon, as in finding the position of a ship

**sextet, sextette** (seks tet') ***n.*** [< SESTET] **1.** any group of six **2.** *Music* *a*) a composition for six voices or instruments *b*) the six performers of this

**sexton** (seks'tən) ***n.*** [see SACRISTY] a church official in charge of the maintenance of church property, who often acts as gravedigger, etc.

**sextuple** (seks'tyoo p'l) ***adj.*** [< L. *sextus,* sixth] six times as much or as many

**sextuplet** (seks'tyoo plit) ***n.*** any of six offspring born at a single birth

**sexual** (sek'syoo wəl) ***adj.*** **1.** of or involving sex, the sexes, the organs of sex, etc. **2.** *Biol.* *a*) having sex *b*) designating or of reproduction by the union of male and female germ cells —**sex'ual'ity** (-wal'ətē) ***n.***

**sexy** ***adj.*** **sex'ier, sex'iest** [Colloq.] exciting or intended to excite sexual desire —**sex'ily** ***adv.***

**sez** (sez) ***vi.*** [Slang] says, esp. in **sez you**

**s.f., sf, SF** science fiction

**S.F.A.** Scottish Football Association

**sforzando** (sfôr tsan'dō) ***adj., adv.*** [It.] *Music* with emphasis: abbrev. **sf., sfz.**

**Sgt.** Sergeant

**sh** (sh: *a lengthened sound*) ***interj.*** hush!

**shabby** (shab'ē) ***adj.*** **-bier, -biest** [OE. *sceabb*] **1.** dilapidated **2.** *a*) worn; threadbare *b*) wearing worn clothing **3.** unworthy; shameful [*shabby* treatment] —**shab'bily** ***adv.*** —**shab'biness** ***n.***

**shabby-genteel** ***adj.*** shabby but trying to keep up a genteel appearance

**shack** (shak) ***n.*** [< ?] a small, crudely built cabin —**shack up with** [Slang] to share living quarters with

**shackle** (shak''l) ***n.*** [OE. *sceacul*] **1.** a metal fastening, usually in pairs, for the wrist or ankle of a prisoner; fetter **2.** [*usually pl.*] anything that keeps one from acting, thinking, or developing freely **3.** a device for fastening or coupling —***vt.*** **-led, -ling** to bind, fasten, or hinder with or as with shackles

**shad** (shad) ***n.*** [OE. *sceadd*] a herringlike saltwater food fish

**shade** (shād) ***n.*** [OE. *sceadu*] **1.** slight darkness caused by cutting off rays of light, as from the sun **2.** an area less brightly lighted than its surroundings **3.** [Archaic] a shadow **4.** a representation of darkness in a painting, etc. **5.** degree of darkness of a colour **6.** *a*) a small difference [*shades* of opinion] *b*) a slight trace [*a shade* of humour in his voice] **7.** [Chiefly Literary] a ghost **8.** any device used to protect or screen from light, esp. a cover for a lamp: in full, **lamp shade** —***vt.*** **shad'ed, shad'ing** **1.** to screen from light or heat **2.** to hide as with a shadow **3.** to darken; dim **4.** *a*) to represent shade in (a painting, etc.) *b*) to mark with gradations of light or colour —***vi.*** to change slightly or by degrees —**in** (or **into**) **the shade** **1.** in or into darkness or shadow **2.** in comparative obscurity

**shading** ***n.*** **1.** the representation of light or shade in a picture **2.** any small variation, as in quality

**shadow** (shad'ō) ***n.*** [< OE. *sceadu,* shade] **1.** the darkness or the dark shape cast upon a surface by something cutting off light from it **2.** gloom, sadness, etc. or anything causing this **3.** a shaded area, as in a picture **4.** *a*) something imagined, not real *b*) a ghost **5.** a vague indication **6.** *a*) a faint suggestion [*a shadow* of hope] *b*) weakened remnant, vestige **7.** a constant companion **8.** a person who trails another closely, as a spy —***vt.*** **1.** to throw a shadow upon **2.** to make dark or gloomy **3.** to follow closely, esp. in secret —***adj.*** designating a member of the parliamentary opposition in Britain who would be a minister if his party were in power —**shad'ower** ***n.***

**shadow cabinet** members of the opposition party in the British Parliament selected to form a cabinet that is a counterpart of the one in power

**shadowy** ***adj.*** **1.** *a*) without reality; illusory *b*) dim; indistinct **2.** shaded or full of shadow

**shady** (shād'ē) ***adj.*** **-ier, -iest** **1.** giving shade **2.** shaded, as from the sun **3.** [Colloq.] of questionable character or honesty —**shad'ily** ***adv.*** —**shad'iness** ***n.***

**shaft** (shäft) *n.* [OE. *sceaft*] **1.** *a*) an arrow or spear *b*) its long stem **2.** a missile or something like a missile [*shafts* of light, wit, etc.] **3.** a long, slender part or object; specif., *a*) the stem of a feather *b*) the main, usually cylindrical, part between the ends of a column *c*) a handle, as on some tools *d*) either of the two poles between which an animal is harnessed to a vehicle *e*) a bar transmitting motion to a mechanical part, as of an engine **4.** a long, narrow opening sunk into the earth [a mine *shaft*] **5.** a vertical opening through the floors of a building, as for a lift **6.** a conduit for air

**shag** (shag) *n.* [OE. *sceacga*] **1.** a heavy, rough nap, as on some woollen cloth **2.** any disordered, tangled mass **3.** coarse, shredded tobacco **4.** a cormorant

**shaggy** (shag′ē) *adj.* **-gier, -giest** **1.** covered with long, coarse hair **2.** carelessly groomed; unkempt **3.** of coarse growth; straggly —**shag′gily** *adv.* —**shag′giness** *n.*

**shagreen** (sha grēn′) *n.* [< Turk. *saghri*, hide] **1.** rawhide with a rough, granular surface **2.** the skin of the shark or dogfish

**shah** (shä) *n.* [Per. *shāh*] a title of the former ruler of Iran

**Shak.** Shakespeare

**shake** (shāk) *vt.* **shook, shak′en, shak′ing** [OE. *sceacan*] **1.** to cause to move up and down, back and forth, etc. with short, quick movements **2.** to bring, force, mix, scatter, etc. by abrupt, brisk movements **3.** to cause to tremble **4.** *a*) to cause to totter or become unsteady *b*) to unnerve; upset **5.** to brandish; wave **6.** to clasp (another's hand), as in greeting **7.** [U.S. Colloq.] to get away from or rid of [to *shake* one's pursuers] —*vi.* **1.** to move quickly up and down, back and forth, etc.; vibrate **2.** to tremble, as from cold **3.** to become unsteady; totter **4.** to clasp each other's hand, as in greeting —*n.* **1.** an act of shaking **2.** an unsteady movement; tremor **3.** [Colloq.] an earthquake **4.** *short for* MILKSHAKE **5.** [*pl.*] [Colloq.] a convulsive trembling (usually with *the*) **6.** [Colloq.] a moment [be back in a *shake*] **7.** *Music same as* TRILL —**no great shakes** [Colloq.] not outstanding —**shake down** **1.** to cause to fall by shaking **2.** to go to bed, esp. to a makeshift bed **3.** to settle down —**shake hands** to clasp each other's hand as a token of agreement or friendship, or in parting or greeting —**shake off** to get away from or rid of —**shake up** **1.** to shake, esp. so as to mix **2.** to jar or shock **3.** to reorganize

**shakedown** *n.* a makeshift bed —*adj.* for testing the performance [the *shakedown* cruise for a ship]

**shaker** *n.* **1.** a person or thing that shakes **2.** a device used in shaking [a cocktail *shaker*]

**shako** (shak′ō) *n.*, *pl.* **shak′os** [< Hung.] a stiff, cylindrical military dress hat, usually with a flat top and a plume

**shaky** (shā′kē) *adj.* **-ier, -iest** **1.** weak, unsound, etc., as a structure, belief, etc. **2.** *a*) trembling *b*) nervous **3.** not reliable; questionable [*shaky* evidence]

**shale** (shāl) *n.* [OE. *scealu*, shell] a fine-grained rock formed by the hardening of clay: it splits easily into thin layers

**shall** (shal; *unstressed* shəl) *v.*, *pt.* **should** [OE. *sceal*] **1.** an auxiliary sometimes used to express the simple future in the first person [I *shall* tell him] and determination, obligation, etc. in the second and third persons [you *shall* obey]: see also WILL[2] **2.** an auxiliary used in questions in the first person asking for agreement

**shallot** (shə lot′) *n.* [< OFr. *eschaloigne*, scallion] a small onion whose clustered bulbs are used for flavouring

**shallow** (shal′ō) *adj.* [ME. *shalow*] **1.** not deep **2.** lacking depth of character or intellect; superficial —*n.* [*usually pl., often with sing. v.*] a shallow place in water; shoal —**shal′lowness** *n.*

**shalom** (shə lom′) *n., interj.* [< Heb.] a word used as the traditional Jewish greeting or farewell

**sham** (sham) *n.* [< ?] **1.** an imitation that is meant to deceive **2.** one who falsely affects a certain character —*adj.* false; fake —*vt., vi.* to fake; pretend

**shaman** (sham′ən) *n., pl.* **-mans** [Russ.] a priest or medicine man of shamanism

**shamanism** *n.* a religion of northeast Asia, based on a belief in spirits who are influenced only by shamans

**shamateur** (sham′ə tər) *n.* [SHAM + (AM)ATEUR] a sports player who although technically an amateur makes gains from his sport

**shamble** (sham′b'l) *vi.* **-bled, -bling** [prob. < ff., in obs. sense of stool] to walk in a clumsy manner, barely lifting the feet —*n.* a shambling walk

**shambles** (sham′b'lz) *n.pl.* [*with sing. v.*] [ult. < L. *scamnum*, bench] **1.** any scene of great destruction or disorder **2.** a slaughterhouse **3.** a scene of great slaughter

**shambolic** (sham bol′ik) *adj.* [< SHAMBLES] extremely disorderly or disorganized

**shame** (shām) *n.* [OE. *scamu*] **1.** a painful feeling of having lost the respect of others because of improper behaviour, incompetence, etc. **2.** a capacity for such feeling **3.** dishonour or disgrace **4.** a person or thing that brings dishonour or disgrace **5.** something unfortunate or outrageous —*vt.* **shamed, sham′ing** **1.** to cause to feel shame **2.** to disgrace **3.** to force by a sense of shame [*shamed* into apologizing] —*interj.* [S Afr. Slang] a general exclamation of delight, sympathy, etc. —**for shame!** you ought to be ashamed! —**put to shame** **1.** to cause to feel shame **2.** to surpass

**shamefaced** *adj.* **1.** shy **2.** showing a feeling of shame —**shamefac′edly** *adv.*

**shameful** *adj.* **1.** bringing or causing shame or disgrace **2.** not just, moral, or decent; offensive

**shameless** *adj.* having or showing no shame, modesty, or decency; brazen

**shammy** (sham′ē) *n., pl.* **-mies;** *adj., vt.* **-mied, -mying** *same as* CHAMOIS

**shampoo** (sham pōō′) *n.* [< Hindi *chāmpnā,* to press] **1.** a special soap, or soaplike preparation, that produces suds **2.** a shampooing —*vt.* **-pooed′, -poo′ing 1.** to wash (the hair) **2.** to wash the hair of **3.** to wash (a rug, upholstery, etc.) with a shampoo

**shamrock** (sham′rok′) *n.* [< Ir. *seamar,* clover] a cloverlike plant with leaflets in groups of three: emblem of Ireland

**shandy** (shan′dē) *n.* [< ?] a drink of beer mixed with ginger beer or lemonade: also **shan′dy-gaff**

**shanghai** (shaŋ′hī′) *vt.* **-haied′, -hai′ing** [< *Shanghai,* seaport in E China] **1.** to kidnap, usually by drugging, for service aboard ship **2.** [Slang] to induce (another) to do something through force or underhanded methods

**shank** (shaŋk) *n.* [OE. *scanca*] **1.** the part of the leg between the knee and the ankle in man or a corresponding part in animals **2.** a cut of meat from the leg of an animal **3.** a straight, narrow part between other parts, as the part of a tool between the handle and the working part —**ride** (or **go**) **on shank's mare** (or **pony**) to walk

**shantung** (shan′tuŋ′) *n.* [< *Shantung,* province of China] a fabric of silk with an uneven surface

**shanty**[1] (shan′tē) *n., pl.* **-ties** [< CanadFr. *chantier,* workshop] a small, shabby dwelling; hut

**shanty**[2] *n., pl.* **-teys** [< ? Fr.: see CHANT] a song that sailors sing while working

**shape** (shāp) *n.* [< OE. (*ge*)*sceap,* form] **1.** the way a thing looks because of its outline; outer form **2.** the form of a particular person or thing **3.** the contour of the body; figure **4.** guise [a foe in the *shape* of a friend] **5.** a phantom **6.** a mould **7.** definite or regular form [to begin to take *shape*] **8.** [Colloq.] *a*) condition [in poor *shape*] *b*) good physical condition [exercises that keep one in *shape*] —*vt.* **shaped, shap′ing 1.** to give definite shape to; make **2.** to arrange, express, etc. in definite form **3.** to adapt [*shape* your plans to your abilities] **4.** to direct (one's life, the course of events, etc.) —*vi.* [Colloq.] to take shape —**shape up** [Colloq.] **1.** to develop to a definite form, condition, etc. **2.** to develop satisfactorily —**take shape** to begin to have definite form

**SHAPE** (shāp) Supreme Headquarters Allied Powers, Europe

**shapeless** *adj.* **1.** without distinct or regular form **2.** without a pleasing shape

**shapely** *adj.* **-lier, -liest** having a pleasing shape; well-proportioned: used esp. of a woman —**shape′liness** *n.*

**shard** (shärd) *n.* [OE. *sceard*] **1.** a fragment or broken piece, esp. of pottery **2.** *Zool.* a hard covering, as a shell or scale

**share**[1] (shāər) *n.* [OE. *scearu*] **1.** a portion that belongs to an individual **2.** a just or full part [to do one's *share* of work] **3.** any of the equal parts of the capital stock of a company —*vt.* **shared, shar′ing 1.** to distribute in shares **2.** to receive, use, etc. in common with others —*vi.* to have a share; participate (*in*) —**share and share alike** with each having an equal share

**share**[2] *n.* [OE. *scear*] the part of a plough or other agricultural tool that cuts the soil

**shareholder** *n.* a person who holds or owns shares in a company

SHARK
(13.5 m maximum length)

**shark** *n.* [< ?] **1.** a large marine fish with a tough, slate-grey skin: most sharks are fish-eaters and some will attack man **2.** a swindler

**sharkskin** *n.* **1.** leather made from the skin of a shark **2.** a cloth with a smooth, silky surface

**sharp** (shärp) *adj.* [OE. *scearp*] **1.** having a very thin edge or fine point for cutting or piercing **2.** having a point or edge; not rounded [a *sharp* ridge] **3.** abrupt [a *sharp* turn] **4.** clearly defined; distinct [a *sharp* contrast] **5.** quick in perception; clever **6.** vigilant [a *sharp* lookout] **7.** crafty; underhanded **8.** harsh or severe [*sharp* criticism] **9.** violent [a *sharp* attack] **10.** brisk; active [a *sharp* run] **11.** intense [a *sharp* pain] **12.** pungent, as in taste **13.** high-pitched; shrill **14.** cold and cutting [a *sharp* wind] **15.** [Colloq.] attractively dressed or groomed **16.** *Music* above true pitch —*adv.* **1.** in a sharp manner; specif., *a*) abruptly; briskly *b*) *Music* above true pitch **2.** precisely [one o'clock *sharp*] —*n.* **1.** *Music* *a*) a tone one semitone above another *b*) the symbol ( ♯ ) indicating this **2.** *same as* SHARPER —**sharp′ish** *adj.*

**sharpen** *vt., vi.* to make or become sharp or sharper

**sharper** *n.* a person, esp. a gambler, who is dishonest in dealing with others; swindler

**sharp practice** unscrupulous, dishonest dealings

**sharp-set** *adj.* hungry; ravenous

**sharp-tongued** *adj.* using or characterized by harshly critical language

**sharp-witted** *adj.* having or showing keen intelligence

**shatter** (shat′ər) *vt.* [ME. *schateren,* scatter] **1.** to break into pieces suddenly **2.** to damage severely [to *shatter* one's health] **3.** to dumbfound; thoroughly upset —*vi.* to burst into pieces —**to be shattered** [Colloq.] to feel exhausted

**shave** (shāv) *vt.* **shaved, shaved** or **shav′en, shav′ing** [OE. *sceafan*] **1.** *a*) to cut off (hair, esp. the beard) at the surface of the skin *b*) to cut the hair to the surface of *[to shave* the legs*]* *c*) to cut the beard of (a person) **2.** to cut or scrape away thin slices from **3.** to barely touch in passing; graze —***vi.*** **1.** to cut off hair with a razor —***n.*** **1.** the act or an instance of shaving **2.** a tool for cutting off thin slices

**shaver** ***n.*** **1.** a razor **2.** [Colloq.] a boy; lad

**Shavian** (shā′vē ən) ***adj.*** [< ModL. *Shavius,* Shaw] of or characteristic of George Bernard Shaw or his work —***n.*** an admirer of Shaw

**shaving** ***n.*** **1.** the act of one that shaves **2.** a thin piece of wood, metal, etc. shaved off

**shawl** (shôl) ***n.*** [< Per. *shāl*] an oblong or square cloth worn by women as a covering for the head or shoulders, or used to wrap round a baby

**she** (shē; *unstressed* shi) ***pron.*** *for pl. see* THEY [< OE. *seo*] the woman, girl, or female animal (or the object regarded as female) previously mentioned —***n., pl.*** **shes** a woman, girl, or female animal

**sheaf** (shēf) ***n., pl.*** **sheaves** [OE. *sceaf*] **1.** a bunch of cut stalks of grain, etc. bound together **2.** a collection, as of papers, bound in a bundle —***vt.*** *same as* SHEAVE

**shear** (shēər) ***vt.*** **sheared, sheared** or **shorn, shear′ing** [OE. *scieran*] **1.** to cut as with shears **2.** *a*) to remove (wool, etc.) by cutting *b*) to cut the wool, etc. from **3.** to tear (*off*) by shearing stress **4.** to strip (*of* a power, right, etc.) —***vi.*** **1.** to use shears, etc. in cutting wool, metal, etc. **2.** to break under a shearing stress **3.** to move as if by cutting —**shear′er** ***n.***

**shearing stress** the force causing two contacting parts to slide upon each other in opposite directions

**shears** ***n.pl.*** [*also with sing. v.*] **1.** large scissors: also called **pair of shears** **2.** any of several large tools or machines with two opposed blades, used to cut metal, etc.

**shearwater** (shēər′wôt′ər) ***n.*** a sea bird that flies low over water, with its wings sometimes touching the water

**sheath** (shēth) ***n., pl.*** **sheaths** (shēthz) [OE. *sceath*] **1.** a case for the blade of a knife, sword, etc. **2.** a covering resembling this, as the membrane round a muscle, etc. **3.** a woman's closefitting dress **4.** a condom —***vt.*** *same as* SHEATHE

**sheathe** (shēth) ***vt.*** **sheathed, sheath′ing** **1.** to put into a sheath or scabbard **2.** to enclose in a case or covering

**sheathing** (shē′thiŋ) ***n.*** something that sheathes, as the inner covering of boards or waterproof material on a roof

**sheave** (shēv) ***vt.*** **sheaved, sheav′ing** [< SHEAF] to gather and fix (grain, papers, etc.) in a sheaf or sheaves

**sheaves** (shēvz) ***n.*** *pl. of* SHEAF

**shebeen** (shi bēn′) ***n.*** [< Ir.] a house or establishment in Ireland, Scotland or South Africa where alcohol is sold without a licence

**shebeen king** in South Africa, the male proprietor of a shebeen —**shebeen queen** ***fem.***

**shed**[1] (shed) ***n.*** [OE. *scead*] **1.** a small building or lean-to, used for shelter or storage **2.** a large, barnlike structure for storage

**shed**[2] ***vt.*** **shed, shed′ding** [OE. *sceadan,* to separate] **1.** to pour out **2.** to cause to flow *[to shed* tears*]* **3.** to radiate *[to shed* light*]* **4.** to cause to flow off *[*oilskin *sheds* water*]* **5.** to cast off (a natural growth or covering, as leaves, hair, etc.) —**shed blood** to kill in a violent way

**sheen** (shēn) ***n.*** [< OE. *sciene,* beautiful] brightness; lustre

**sheep** (shēp) ***n., pl.*** **sheep** [OE. *sceap*] **1.** a cud-chewing mammal with heavy wool; the edible flesh is called mutton **2.** a person who is meek, stupid, timid, etc. **3.** a member of a church's congregation —**make sheep's eyes at** to look shyly but amorously at

**sheep-dip** ***n.*** any chemical preparation used as a bath, as to free sheep from vermin or to clean the fleece

**sheep dog** any dog trained to herd and protect sheep, or of a breed used for this

**sheepfold** ***n.*** a pen or enclosure for sheep

**sheepish** ***adj.*** **1.** embarrassed **2.** awkwardly shy or bashful

**sheep run** in Australia, a farm raising sheep, smaller than a sheep station

**sheepshank** ***n.*** a knot used for shortening a rope

**sheepskin** ***n.*** **1.** *a*) the skin of a sheep, esp. with the fleece left on *b*) a garment, rug, etc. made of this **2.** leather made from the skin of a sheep

**sheer**[1] (shēər) ***vi., vt.*** [< SHEAR] to change or cause to change course suddenly

**sheer**[2] ***adj.*** [< ON. *skærr,* bright] **1.** extremely steep, as the face of a cliff **2.** very thin; transparent: said of textiles **3.** absolute; downright *[sheer* persistence*]* —***adv.*** **1.** completely; utterly **2.** very steeply

**sheet**[1] (shēt) ***n.*** [OE. *sceat*] **1.** a large piece of cotton, linen, etc., used on a bed **2.** *a*) a single piece of paper *b*) a large piece of paper with a number of pages printed on it, to be folded for binding into a book *c*) [Colloq.] a newspaper **3.** a broad, continuous surface or layer, as of flame, water, etc. **4.** a broad, thin piece of any material, as glass, metal, etc. —***vt.*** to cover or provide with a sheet —***adj.*** in the form of a sheet *[sheet* iron*]*

**sheet**[2] ***n.*** [< OE. *sceatline*] a rope for controlling the set of a sail, attached to a lower corner —**three sheets in the wind** [Slang] very drunk

**sheet anchor** **1.** a large anchor used only in emergencies **2.** a person or thing to be relied upon in emergency

**sheeting** ***n.*** **1.** cotton or linen material used for making sheets **2.** material used in covering or lining a surface *[copper sheeting]*

**sheet music** music printed on unbound sheets of paper

**sheik, sheikh** (shāk) *n.* [Ar. *shaikh,* old man] **1.** the chief of an Arab family, tribe, or village **2.** an official in the Moslem religious organization —**sheik'dom** *n.*

**sheila** (shē'lə) *n.* [< *Sheila,* name] [Aust. Colloq.] a girl or young woman

**shekel** (shek''l) *n.* [< Heb. *shāqal,* weigh] **1.** among the ancient Hebrews, etc., a unit of weight or a gold or silver coin **2.** [*pl.*] [Slang] money

**shelduck** (shel'duk) *n.* [prob. < MDu. *schillede,* variegated] a large wild duck found in Europe, Asia, etc.: the plumage is variegated: also **shel'drake'**

**shelf** (shelf) *n., pl.* **shelves** [< MLowG. *schelf*] **1.** a thin, flat length of wood, etc. fixed horizontally to a wall, or in a cupboard, etc., used for holding things **2.** something like a shelf; specif., *a*) a flat ledge of rock *b*) a sand bar or reef —**on the shelf** **1.** out of use, circulation, etc. **2.** unmarried: said esp. of a woman

**shelf life** the length of time a packaged food, chemical, etc. will last without deteriorating

**shell** (shel) *n.* [OE. *sciel*] **1.** a hard outer covering, as of a turtle, egg, nut, etc. **2.** something like a shell in being hollow, empty, a covering, etc., as the framework of a building **3.** a shy manner [to come out of one's *shell*] **4.** a light, narrow racing boat rowed by a team of oarsmen **5.** an explosive artillery projectile **6.** a small-arms cartridge —*vt.* **1.** to remove the shell or covering from **2.** to fire shells at from large guns —**shell out** [Colloq.] to pay out (money) —**shell'-like'** *adj.*

**she'll** (shēl; *unstressed* shil) **1.** she shall **2.** she will

**shellac** (shə lak') *n.* [SHEL(L) + LAC] **1.** a resin usually produced in thin, flaky layers **2.** a thin varnish containing this resin and alcohol —*vt.* **-lacked', -lack'-ing** to apply shellac to

**shellfire** (shel'fīər') *n.* the firing of large shells

**shellfish** *n.* any aquatic animal, esp. an edible one, with a shell, as the lobster, etc.

**shellproof** *adj.* proof against damage from shells or bombs

**shell shock** *an earlier term for* COMBAT FATIGUE —**shell'shocked'** *adj.*

**shelta** (shel'tə) *n.* [< ?] a jargon based on Gaelic and used by tinkers, etc.

**shelter** (shel'tər) *n.* [< ?] **1.** something that covers or protects **2.** a being covered, protected, etc. —*vt.* to provide shelter for; protect —*vi.* to find shelter

**shelve** (shelv) *vi.* **shelved, shelv'ing** [< SHELF] to slope gradually —*vt.* **1.** to furnish with shelves **2.** to put on a shelf or shelves **3.** *a*) to lay aside [to *shelve* a discussion] *b*) to dismiss from active service

**shelves** *n. pl. of* SHELF

**shelving** *n.* **1.** material for shelves **2.** shelves collectively

**shemozzle** (shə moz'əl) *n.* [< Yiddish *shlimazel,* bad luck] [Slang] **1.** a confused situation; muddle **2.** a quarrel

**shenanigan** (shi nan'i gən) *n.* [< ?] [*usually pl.*] [Colloq.] nonsense; trickery; mischief

**shepherd** (shep'ərd) *n.* [see SHEEP & HERD[2]] **1.** a person who herds sheep **2.** a leader of a group; esp., a clergyman —*vt.* to herd, guard, lead, etc. as a shepherd —**shep'herdess** *n.fem.*

**shepherd's pie** a dish of minced meat with mashed potatoes on top

**Sheraton** (sher'ə tən) *adj.* [< T. *Sheraton*] designating a style of furniture of the late 18th cent.

**sherbet** (shur'bət) *n.* [< Ar. *sharbah,* a drink] **1.** a beverage of watered fruit juice and sugar **2.** a fruit-flavoured powder that effervesces when water is added

**sherd** (shurd) *n. same as* SHARD (sense 1)

**sheriff** (sher'if) *n.* [< OE. *scir,* shire + *gerefa,* reeve] **1.** in England, esp. formerly, any of various officers of a shire, or county **2.** in Scotland, a judge or chief magistrate **3.** in the U.S., the chief law-enforcement officer of a county **4.** in Canada, a municipal official who enforces court orders, escorts convicted criminals to prison, etc.

**Sherpa** (shur'pə) *n.* a member of a Tibetan people from the southern slopes of the Himalayas

**sherry** (sher'ē) *n., pl.* **-ries** [< *Xeres* (now Jerez), Spain] **1.** a strong, yellow or brownish Spanish wine **2.** any similar wine made elsewhere

**she's** (shēz) **1.** she is **2.** she has

**Shetland pony** (shet'lənd) any of a breed of sturdy ponies, orig. from the Shetland Islands

**shew** (shō) *n., vt., vi.* **shewed, shewn** or **shewed, shew'ing** *archaic sp. of* SHOW

**shibboleth** (shib'ə leth) *n.* [< Heb. *shibbōleth,* a stream] something said or done that is a sign or test of belonging to a certain group, class, or party: see Judg. 12:4-6

**shied** (shīd) *pt. & pp. of* SHY[2]

**shield** (shēld) *n.* [OE. *scield*] **1.** a piece of armour carried in the hand or on the forearm to ward off blows or missiles **2.** any person or thing that guards or protects **3.** anything shaped like a triangular shield, as an escutcheon, badge, etc. or a trophy presented in a sports competition **4.** a safety guard, as over the moving parts of machinery —*vt., vi.* to defend; protect —**the Shield** the Canadian Shield

**shieling** (shē'liŋ) *n.* [< Scot. *shiel,* hut] [Scot.] **1.** a grazing ground; pasture **2.** a rude hut

**shift** (shift) *vt.* [OE. *sciftan,* divide] **1.** to move from one person, place, etc. to another **2.** to replace by another or others **3.** [U.S.] to change (gears) in driving a motor vehicle **4.** [Colloq.] to move very quickly —*vi.* **1.** to change position, direction, etc. **2.** to get along [to *shift* for oneself] **3.** [U.S.] to change gear **4.** in typing, to change from small letters, etc. to capitals by depressing a key (**shift key**) —*n.* **1.** a change [a *shift* in public opinion] **2.** a group of people working in relay with other groups, or the work period involved *[the night shift]* **3.** a plan of conduct, esp. for an emergency; expedient **4.** a deceitful scheme; trick **5.** the displacement of a series or group *[a vowel shift]* **6.** a loose dress that hangs straight —**make shift** to do the best one can (*with*)

**shiftless** *adj.* lazy or careless

**shifty** *adj.* **-ier, -iest** not to be trusted; evasive —**shift'ily** *adv.* —**shift'iness** *n.*

**shillelagh, shillalah** (shi lā'lə) *n.* [< *Shillelagh,* Irish village] a club or cudgel: also sp. **shille'lah**

**shilling** (shil'iŋ) *n.* [OE. *scylling*] **1.** a former British coin, equal to 1/20 of a pound **2.** a monetary unit used in several countries

**shilly-shally** (shil'ē shal'ē) *vi.* **-lied, -lying** [< *shall I?*] to be unable to make up one's mind; vacillate

**shim** (shim) *n.* [< ?] a thin piece of wood, metal, etc. used for filling space, levelling, etc.

**shimmer** (shim'ər) *vi.* [OE. *scymrian*] **1.** to shine with an unsteady light **2.** to form a wavering image —*n.* a shimmering light

**shimmy** (shim'ē) *n.* [< CHEMISE] a jazz dance of the 1920's, with much shaking of the body

**shin** (shin) *n.* [OE. *scinu*] the front part of the leg between the knee and the ankle —*vt., vi.* **shinned, shin'ning** to climb (a rope, pole, etc.) by gripping with both hands and legs: often with *up*

**shinbone** *n.* *same as* TIBIA

**shindig** (shin'dig') *n.* [< SHINDY] [Colloq.] a noisy dance, party, etc.

**shindy** (shin'dē) *n., pl.* **-dies** [< ?] [Colloq.] a noisy disturbance; commotion

**shine** (shīn) *vi.* **shone, shin'ing** [OE. *scinan*] **1.** to give off or reflect light; gleam; glow **2.** to excel; be eminent **3.** to show itself clearly —*vt.* **1.** to direct the light of **2.** to make shiny by polishing —*n.* **1.** brightness; radiance **2.** lustre; polish **3.** splendour; brilliance **4.** fair weather —**take a shine to** [Colloq.] take a liking to (someone)

**shiner** *n.* [Colloq.] a black eye

**shingle**[1] (shiŋ'g'l) *n.* [< ?] an area of coarse, waterworn gravel, as on a beach —**shin'gly** *adj.*

**shingle**[2] *n.* [< L. *scindula,* a shingle] **1.** a thin, wedge-shaped piece of wood, slate, etc. laid with others in overlapping rows as a covering for roofs, etc. **2.** a woman's short haircut tapered at the nape —*vt.* **-gled, -gling** **1.** to cover (a roof, etc.) with shingles **2.** to cut (hair) in shingle style

**shingles** (shiŋ'g'lz) *n.* [< L. *cingere,* gird] a viral disease, with inflammation and skin blisters

**Shinto** (shin'tō) *n.* [Jap. < Chin. *shin,* god + *tao,* way] a religion of Japan, emphasizing worship of nature and of ancestors —**Shin'toism** *n.* —**Shin'toist** *n., adj.*

**shinty** (shin'tē) *n., pl.* **-ties** [< ?] **1.** a simple form of hockey **2.** the curved stick used in this game

**shiny** (shīn'ē) *adj.* **-ier, -iest** **1.** bright; shining **2.** highly polished; glossy **3.** rubbed smooth and glossy, as clothing —**shin'iness** *n.*

**ship** (ship) *n.* [OE. *scip*] **1.** any large vessel navigating deep water **2.** [Chiefly U.S.] an aircraft —*vt.* **shipped, ship'ping** **1.** to put or take on board a ship **2.** to send or transport by any carrier *[to ship* coal by rail*]* **3.** to take in (water) over the side, as in a heavy sea **4.** to put in its proper place on a vessel *[ship* the oars*]* **5.** to hire for work on a ship —*vi.* **1.** to embark **2.** to be hired to serve on a ship —**when** (or **if,** etc.) **one's ship comes in** (or **home**) when (or if, etc.) one's fortune is made

**-ship** (ship) [OE. *-scipe*] *a suffix meaning:* **1.** the quality or state of *[friendship]* **2.** *a)* the rank or office of *[governorship]* *b)* one having the rank of *[lordship]* **3.** ability as *[leadership]* **4.** all individuals (of the specified class) collectively *[readership]*

**shipboard** *n.* a ship: chiefly in **on shipboard,** aboard a ship —*adj.* done, happening, etc. on a ship

**shipbuilder** *n.* one whose business is building ships —**ship'build'ing** *n.*

**ship canal** a canal large enough for seagoing ships

**shipmaster** *n.* the officer in command of a merchant ship; captain

**shipmate** *n.* a fellow sailor on the same ship

**shipment** *n.* **1.** the shipping or transporting of goods **2.** goods shipped

**ship money** a former tax levied to provide money for warships

**ship of the desert** a camel

**shipowner** *n.* an owner of a ship or ships

**shipper** *n.* a person who ships goods

**shipping** *n.* **1.** the act or business of transporting goods **2.** ships collectively

**shipping agent** the person who arranges the shipment of goods or passengers

**shipshape** *adj.* having everything neatly in place —*adv.* in a neat and orderly manner

**shipwreck** *n.* **1.** the remains of a wrecked ship **2.** the loss of a ship through storm, etc. **3.** any ruin or destruction —*vt.* to cause to undergo shipwreck

**shipwright** *n.* a man, esp. a carpenter, whose work is the construction and repair of ships

**shipyard** *n.* a place where ships are built and repaired

**shire** (shīər) *n.* [OE. *scir,* office] a county —**the Shires** the Midland counties of England

**shire horse** a breed of large, powerful, draught horse

**shirk** (shurk) *vt., vi.* [< ?] to neglect or evade doing —**shirk'er** *n.*

**shirring** (shur'iŋ) *n.* [< ?] a gathering made in cloth by drawing the material up on parallel rows of short stitches

**shirt** (shurt) *n.* [OE. *scyrte*] **1.** the usual

sleeved garment worn by men on the upper part of the body, often under a suit jacket, typically having a collar and a buttoned opening down the front **2.** a similar garment for women —**keep one's shirt on** [Slang] to remain patient or calm —**put one's shirt on** [Slang] **1.** to bet all one has on **2.** to support to the fullest extent possible

**shirting** *n.* material for making shirts

**shirttail** *n.* the part of a shirt extending below the waist

**shirtwaister** a dress with a bodice like a shirt

**shirty** *adj.* **-ier, -iest** [< SHIRT] [Slang] ill-tempered, angry, etc.

**shish kebab** (shēsh′kə bab′) [< Ar. *shīsh,* skewer + *kabāb,* kebab] a dish of small chunks of meat, esp. lamb, placed on skewers alternately with tomatoes, onions, etc., and grilled

**shit** (shit) *vi.* **shat,** or **shit′ted, shit′ting** [OE. *scītan,* dung] [Vulg.] to defecate —*n.* [Vulg.] **1.** excrement **2.** [Slang] rubbish, nonsense **3.** [Slang] a contemptible person —**shit′ty** *adj.*

**shiver**[1] (shiv′ər) *n.* [ME. *schivere*] a fragment or splinter —*vt., vi.* to break into many fragments or splinters

**shiver**[2] *vi.* [ME. *cheveren*] to shake, tremble, etc., as from fear or cold —*n.* a shaking, trembling, etc. —**the shivers** a fit of shivering —**shiv′ery** *adj.*

**shoal**[1] (shōl) *n.* [OE. *scolu*] a large school of fish —*vi.* to move about as a shoal

**shoal**[2] *n.* [OE. *sceald,* shallow] **1.** a shallow place in a river, sea, etc. **2.** a sand bar, etc. forming a danger to navigation, esp. one visible at low water **3.** [*usually pl.*] hidden snags —*vt., vi.* to make or become shallow

**shock**[1] (shok) *n.* [< MFr. *choquer*] **1.** a sudden, powerful blow, shake, etc. **2.** *a*) a sudden emotional disturbance *b*) something causing this **3.** the violent effect on the body of an electric current passed through it **4.** *Med.* a disorder caused by severe injury, loss of blood, etc., and marked by rapid pulse, etc. —*vt.* **1.** to disturb emotionally; astonish, horrify, etc. **2.** to produce electric shock in —*vi.* to be shocked [one who does not *shock* easily] —**shock′er** *n.*

SHOCKS OF CORN

**shock**[2] *n.* [ME. *schokke*] a number of grain sheaves stacked together on end to dry —*vt., vi.* to gather in shocks

**shock**[3] *n.* [< ?] a thick, bushy or tangled mass, as of hair

**shock absorber** a device, as on the springs of a car, that lessens or absorbs the force of shocks

**shocking** *adj.* **1.** causing shock, horror, etc. **2.** [Colloq] very bad **3.** garish [*shocking* pink]

**shockproof** *adj.* able to absorb shock without being damaged

**shock therapy** a method of treating certain psychotic conditions by injecting drugs or by applying electric current to the brain: also **shock treatment**

**shod** (shod) *alt. pt. & pp. of* SHOE

**shodden** (shod′ən) *alt. pp. of* SHOE

**shoddy** (shod′ē) *adj.* **shod′dier, shod′diest** [< ?] **1.** made of any inferior material **2.** poorly done or made **3.** sham **4.** contemptible; low [a *shoddy* trick] —*n., pl.* **shod′dies** an inferior woollen cloth made from fibres of used fabrics —**shod′dily** *adv.* —**shod′diness** *n.*

**shoe** (shōō) *n.* [OE. *sceoh*] **1.** an outer covering for the foot, made of leather, canvas, etc. **2.** something like a shoe in shape or use; specif., *short for* HORSESHOE, BRAKE SHOE —*vt.* **shod** or **shoed, shod, shoe′ing** to furnish with shoes —**in another's shoes** in another's position

**shoehorn** *n.* a curved implement inserted at the back of a shoe to help in slipping the heel in

**shoelace** *n.* a length of cord, leather, etc. used for fastening a shoe

**shoe leather** **1.** leather suitable for the manufacture of shoes **2.** shoes, in general

**shoemaker** *n.* a person whose business is making or repairing shoes —**shoe′mak′ing** *n.*

**shoestring** *n.* **1.** *same as* SHOELACE **2.** a small amount of money as capital [the business was started on a *shoestring*] —*adj.* precarious; barely sufficient

**shoe tree** a block of wood, etc. put into a shoe to preserve its shape

**shone** (shon) *pt. & pp. of* SHINE

**shoo** (shōō) *interj.* [echoic] go away! get out! —*vt.* **shooed, shoo′ing** to drive away abruptly, as by crying "shoo"

**shook** (shook) *pt. of* SHAKE —**shook up** [Chiefly U.S. Slang] upset; disturbed

**shoot** (shōōt) *vt.* **shot, shoot′ing** [OE. *sceotan*] **1.** to wound or kill with a bullet, arrow, etc. **2.** to discharge or fire (a bullet, gun, bow, etc.) **3.** to send forth swiftly or with force **4.** to hurl or thrust out [volcanoes *shooting* molten rock] **5.** to slide (a door bolt) into or out of its fastening **6.** to pour or empty out **7.** to move swiftly over, by, etc. [to *shoot* the rapids] **8.** to photograph or film **9.** to fleck (*with* another colour or substance) **10.** to put forth (a branch, etc.) **11.** *Games, Sports* to throw or drive (a ball, etc.) towards the objective **12.** [Slang] to inject, as with drugs —*vi.* **1.** to fire a missile, gun, etc. **2.** to move swiftly **3.** to be felt suddenly and keenly, as pain **4.** to use guns, etc., as in hunting **5.** to jut out **6.** to grow or sprout rapidly **7.** to start film cameras working **8.** *Sports* to propel a ball, etc. towards the objective —*n.* **1.** a new growth; sprout **2.** *a*) a party organized to hunt game *b*) the ground over which game is hunted **3.** a chute —*interj.* [Chiefly U.S.] begin talking! **—shoot one's mouth off** [Slang] to talk indiscreetly **—shoot'er** *n.*

**shooting brake** *same as* ESTATE CAR

**shooting star** *same as* METEOR

**shooting stick** a canelike stick with a spike at one end and a narrow, folding seat at the top

**shop** (shop) *n.* [OE. *sceoppa,* booth] **1.** *a*) a place where goods are offered for sale *b*) a specialized department in a large store **2.** a place where a particular kind of work is done [a printing *shop*] —*vi.* **shopped, shop'ping** to visit shops to examine or buy merchandise —*vt.* [Slang] to inform on to the police **—all over the shop** [Colloq.] **1.** everywhere **2.** in disorder **—set up shop** to start a business **—shop around** **1.** to go from shop to shop, looking for bargains **2.** to search for a better job, idea, etc. **—talk shop** to discuss one's work

**shop assistant** someone who is employed to assist customers in a shop or store

**shop floor** **1.** the part of a factory where goods are produced **2.** workers as opposed to management

**shopkeeper** *n.* a person who owns or operates a shop **—shop'keep'ing** *n.*

**shoplifter** *n.* a person who steals articles from a store during shopping hours **—shop'lift'** *vt., vi.*

**shopping bag** a bag used to carry purchases made while shopping: also **shop'per**

**shopping centre** a complex of stores, restaurants, etc. with an adjoining car park

**shopping mall** [Chiefly U.S. & Canad.] a large, enclosed shopping centre, often with central heating

**shopping plaza** [Chiefly U.S. & Canad.] a shopping centre, esp. a smaller group of stores built as a strip

**shop-soiled** *adj.* **1.** soiled, faded, etc. from having been displayed in a shop **2.** drab, dull, etc.

**shop steward** a trade-union official elected by his fellow workers to represent them in dealing with the employer

**shoptalk** *n.* conversation about one's work, esp. after hours

**shore**[1] (shôr) *n.* [< ME. *schore*] land at the edge of a body of water

**shore**[2] *n.* [akin to MDu. *schore*] a beam, etc. placed under or against something as a prop —*vt.* **shored, shor'ing** to support as with shores (usually with *up*)

**shoreline** *n.* the edge of a body of water

**shoreward** *adv.* towards the shore: also **shore'wards** —*adj.* moving towards the shore

**shorn** (shôrn) *alt. pp. of* SHEAR

**short** (shôrt) *adj.* [OE. *scort*] **1.** not extending far from end to end **2.** not great in range or scope **3.** low in height; not tall **4.** brief **5.** not retentive [a *short* memory] **6.** condensed or concise **7.** brief to the point of rudeness; curt **8.** less than a sufficient or correct amount **9.** having a tendency to crumble, as pastry **10.** designating a sale of securities, etc. which the seller expects to buy later at a lower price **11.** *Phonet. & Prosody* comparatively brief in duration, as sounds, syllables, etc. —*n.* **1.** something short; specif., a short sound or syllable **2.** a drink of whisky, gin, etc. as opposed to beer **3.** [*pl.*] *a*) short trousers reaching partway to the knee *b*) [U.S.] a man's underpants **4.** *colloq. form of* SHORT CIRCUIT —*adv.* **1.** abruptly; suddenly **2.** briefly; concisely **3.** so as to be short **4.** unawares [caught *short*] —*vt., vi. colloq. form of* SHORT-CIRCUIT **—fall** (or **come**) **short** **1.** to be insufficient **2.** to fail to reach **—in short** briefly **—run short** to have less than enough **—short for** being an abbreviation of **—short of** **1.** less than **2.** lacking **3.** without actually resorting to **—short'ish** *adj.* **—short'ness** *n.*

**shortage** *n.* a deficiency in the amount needed or expected

**shortbread** *n.* a rich, crumbly biscuit made with a lot of butter: also **short'cake**

**shortchange** (shôrt'chānj') *vt., vi.* **-changed', -chang'ing** [Colloq.] **1.** to give less money than is due in change **2.** to cheat

**short-circuit** (shôrt'sur'kit) *vt.* **1.** *Elec.* to make a short circuit in **2.** to bypass (an obstruction, etc.) —*vi.* to develop a short circuit

**short circuit** **1.** a low-resistance connection between two points in an electric circuit that deflects the current or causes excessive current flow **2.** popularly, a disrupted electric circuit resulting from this

**shortcoming** *n.* a fault, defect, or deficiency

**shortcut** *n.* **1.** a shorter way to get to the same place **2.** any way of saving time, effort, etc.

**shorten** *vt., vi.* to make or become short or shorter

**shortening** *n.* fat used to make pastry, etc. crisp or flaky

**shortfall** *n.* **1.** failure to meet a goal **2.** the amount of such a failure; deficiency

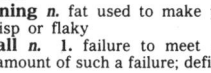

'THIS IS A SAMPLE OF SHORTHAND WRITING'

**shorthand** *n.* any system of special symbols for letters, words, etc. as for taking dictation rapidly —*adj.* written in or using shorthand

**short-handed** (shôrt'han'did) *adj.* short of workers or helpers

**shorthorn** *n.* a breed of cattle with short, curved horns

**short list** the candidates left for a position, etc. after preliminary tests, interviews, etc. **—short'-list** *vt.* to include on a short list

**short-lived** *adj.* having a short life span or existence
**shortly** *adv.* **1.** soon **2.** briefly **3.** rudely; curtly
**short-range** *adj.* **1.** having a range of short distance **2.** not looking far into the future
**short shrift** very little care or attention, as from lack of patience or sympathy
**shortsighted** (shôrt′sīt′id) *adj.* **1.** having better vision for near things than for far ones; myopic **2.** having or showing a lack of foresight
**short-tempered** *adj.* easily or quickly angered
**short-term** *adj.* for or lasting a short time
**short ton** in the U.S., Canada, and S Africa, a ton that is 2000 pounds avoirdupois
**shortwave** *n.* a radio wave sixty metres or less
**short-winded** (shôrt′win′did) *adj.* easily put out of breath by exertion
**shot**[1] (shot) *n.* [OE. *sceot*] **1.** the act of shooting; discharge of a missile, esp. from a gun **2.** *a*) a projectile for a firearm *b*) such projectiles collectively **3.** small pellets of lead for a shotgun **4.** range; scope **5.** a marksman [a fair *shot*] **6.** an attempt to hit with a missile **7.** an attempt **8.** a guess **9.** the path of an object thrown, etc. in various games **10.** the ball used in the shot put **11.** a blast **12.** *a*) a single photograph *b*) a sequence or view taken by a single continuous run of a film **13.** a hypodermic injection, as of vaccine **14.** a drink of alcohol —**a shot in the arm** something that bolsters up, encourages, etc. —**have a shot at** [Colloq.] to make a try at —**like a shot** quickly or eagerly —**shot in the dark** a wild guess
**shot**[2] *pt. & pp. of* SHOOT —*adj.* variegated, streaked, etc. with another colour or substance
**shotgun** *n.* a smoothbore gun for firing a charge of small shot at short range
**shot put** (poot′) **1.** a contest in which a heavy metal ball is propelled by an overhand thrust from the shoulder **2.** a single put of the shot —**shot′-put′ting** *n.*
**should** (shood; *unstressed, often* shəd) *v.* [OE. *sceolde*] **1.** *pt. of* SHALL **2.** an auxiliary used to express: *a*) obligation, duty, etc. [he *should* help her] *b*) expectation or probability [he *should* be here soon] *c*) futurity in polite requests or in statements implying doubt [I *should* think he'd like it] *d*) a future condition [if I *should* die tomorrow]
**shoulder** (shōl′dər) *n.* [OE. *sculdor*] **1.** *a*) the joint connecting the arm or forelimb with the body *b*) the part of the body including this joint **2.** [*pl.*] the two shoulders and the part of the back between them **3.** a cut of meat consisting of the upper foreleg and attached parts **4.** the part of a garment that covers the shoulder **5.** a shoulderlike projection **6.** the strip along the edge of a paved road —*vt.* **1.** to assume the burden of **2.** to push through, as with the shoulder **3.** to carry upon the shoulder —**cry on someone's shoulder** to tell one's troubles to someone —**put one's shoulder to the wheel** to set to work vigorously —**shoulder to shoulder** **1.** side by side **2.** working together —**straight from the shoulder** **1.** moving straight forward from the shoulder: said of a blow **2.** frankly —**turn** (or **give**) **a cold shoulder to** to treat with disdain; avoid
**shoulder blade** either of two flat bones in the upper back
**shoulder strap** **1.** a strap worn over the shoulder to support a garment **2.** a strap worn over the shoulder for carrying an attached bag, camera, etc. **3.** a flap of cloth on the shoulder of a uniform, etc.
**shout** (shout) *n.* [ME. *schoute*] **1.** a loud, sudden cry or call **2.** [Chiefly Aust. Colloq.] a turn to pay, esp. for a round of drinks —*vt., vi.* **1.** to utter in a shout or cry out loudly **2.** [Aust. Colloq.] to treat (someone), as to a drink —**shout down** to silence by loud shouting —**shout′er** *n.*
**shove** (shuv) *vt., vi.* **shoved, shov′ing** [OE. *scufan*] **1.** to push, as along a surface **2.** to push roughly —*n.* a push —**shove off** **1.** to push (a boat) away from shore **2.** [Colloq.] to leave
**shovel** (shuv′′l) *n.* [OE. *scofl*] **1.** a tool with a broad scoop or blade and a long handle: used in lifting and moving loose material **2.** any machine with a shovellike device —*vt.* **-elled, -elling** **1.** to lift and move with a shovel **2.** to put in large quantities [to *shovel* food in one's mouth] —**shov′elful** *n.*
**show** (shō) *vt.* **showed, shown** or **showed, show′ing** [OE. *sceawian,* to look] **1.** to reveal [to *show* anger] **2.** to bring or put in sight; display **3.** to conduct [*show* him to his room] **4.** to point out [we *showed* him the sights] **5.** to explain, prove, or demonstrate **6.** to register [a clock *shows* the time] **7.** to grant or bestow (favour, mercy, etc.) —*vi.* **1.** to appear **2.** to be noticeable [the scratch won't *show*] **3.** [Colloq.] to come or arrive as expected —*n.* **1.** a showing [a *show* of passion] **2.** a public display or exhibition **3.** a pompous display **4.** something false; pretence **5.** a presentation of entertainment, as a TV programme **6.** a thing or affair, esp. in **good show, bad show** —**good show!** an exclamation of appreciation and congratulations —**show off** **1.** to make a display of **2.** to do something meant to attract attention —**show one's hand** **1.** *Cards* to show opponents one's cards **2.** to reveal one's intentions, plans, etc. —**show up** **1.** to expose or be exposed **2.** to come; arrive **3.** to embarrass —**show willing** to appear cheerful, helpful, etc.
**show business** the theatre, cinema, television, etc. as a business or industry: also [Colloq.] **show biz**
**showcase** *n.* a glass-enclosed case for protecting things on display
**showdown** *n.* [Colloq.] any action that brings matters to a climax

**shower** (shou′ər) *n.* [OE. *scur*] **1.** a brief fall of rain, hail, sleet, or snow **2.** a sudden, abundant fall, as of sparks, **3.** *a*) a bath in which the body is sprayed with fine streams of water: in full, **shower bath** *b*) an apparatus, or a room or enclosure, for this **4.** [Slang] a disreputable group of people —*vt.* **1.** to make wet as with a spray of water **2.** to pour forth as in a shower —*vi.* **1.** to fall or come as a shower **2.** to bathe under a shower —**show′ery** *adj.*

**showing** (shō′iŋ) *n.* an exhibition or performance

**showjumping** *n.* a horse-riding competition in which skill in jumping is demonstrated

**showman** *n.* **1.** a person whose business is producing shows **2.** a person skilled at presenting anything in a striking manner —**show′manship′** *n.*

**shown** (shōn) *alt. pp. of* SHOW

**show-off** *n.* a person who shows off

**showpiece** *n.* **1.** something exhibited **2.** something that is a fine example of its kind

**showplace** *n.* **1.** a place that is exhibited to the public for its beauty, etc. **2.** any place that is beautiful, lavishly furnished, etc.

**showroom** *n.* a room where merchandise is displayed, as for advertising or sale

**showy** *adj.* **-ier, -iest** **1.** of striking appearance **2.** attracting attention in a gaudy or flashy way —**show′ily** *adv.* —**show′iness** *n.*

**shrank** (shraŋk) *alt. pt. of* SHRINK

**shrapnel** (shrap′n′l) *n.* [< H. *Shrapnel*] **1.** an artillery shell filled with an explosive charge and small metal balls, set to explode in the air **2.** these metal balls or the shell fragments scattered by any exploding shell

**shred** (shred) *n.* [OE. *screade*] **1.** a long, narrow strip cut or torn off **2.** a fragment [not a *shred* of truth] —*vt.* **shred′ded** or **shred, shred′ding** to cut or tear into shreds —**shred′der** *n.*

**shrew** (shrōō) *n.* [OE. *screawa*] **1.** a small, mouselike mammal with a long snout **2.** a nagging, bad-tempered woman —**shrew′ish** *adj.*

**shrewd** (shrōōd) *adj.* [< ME. *schrewe,* shrew] keen-witted or sharp in practical affairs; astute —**shrewd′ly** *adv.* —**shrewd′ness** *n.*

**shriek** (shrēk) *vi., vt.* [prob. < ON.] to make or utter with a loud, sharp, piercing cry or sound; screech —*n.* such a sound

**shrift** (shrift) *n.* [< OE. *scrifan,* shrive] [Archaic] confession to and absolution by a priest: see also SHORT SHRIFT

**shrike** (shrīk) *n.* [OE. *scric*] a shrill-voiced bird with a hooked beak

**shrill** (shril) *adj.* [echoic] having or producing a high, thin, piercing tone; high-pitched —*vt., vi.* to utter with or make a shrill sound —**shrill′ness** *n.* —**shril′ly** *adv.*

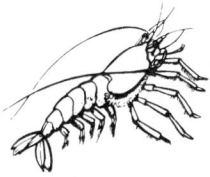

SHRIMP (to 23 cm long)

**shrimp** (shrimp) *n.* [< OE. *scrimman,* shrink] **1.** a small, long-tailed crustacean, valued as food **2.** [Colloq.] a small, slight person —*vi.* to fish for shrimps —**shrimp′er** *n.*

**shrine** (shrīn) *n.* [< L. *scrinium,* box] **1.** a place of worship, usually one whose centre is a sacred scene or object **2.** a container holding sacred relics **3.** the tomb of a saint **4.** a place or thing hallowed or honoured because of its history or associations

**shrink** (shriŋk) *vi.* **shrank** or **shrunk, shrunk** or **shrunk′en, shrink′ing** [OE. *scrincan*] **1.** to contract, as from heat, cold, wetness, etc. **2.** to lessen, as in amount, worth, etc. **3.** to draw back in fear, etc.; flinch —*vt.* to cause to shrink —*n.* **1.** a shrinking **2.** [< (*head*)-*shrink*(*er*)] [Slang] a psychiatrist

**shrinkage** *n.* **1.** the act of shrinking **2.** the amount of shrinking, decrease, etc.

**shrinkwrap** *vt.* **-wrapped′, -wrap′ping** to package (something) in a flexible plastic material which shrinks and encloses it tightly

**shrive** (shrīv) *vt., vi.* **shrived** or **shrove, shriv′en** (shriv′′n) or **shrived, shriv′ing** [< L. *scribere,* to write] [Archaic] **1.** to hear the confession of (a person) and give absolution **2.** to get absolution for (oneself) by confessing

**shrivel** (shriv′′l) *vt., vi.* **-elled, -elling** [< ?] to shrink and make or become wrinkled or withered

**shroud** (shroud) *n.* [OE. *scrud*] **1.** a cloth used to wrap a corpse for burial **2.** something that covers or screens **3.** any of the ropes stretched from a ship's side to a masthead to offset lateral strain on the mast —*vt.* **1.** to wrap (a corpse) in a shroud **2.** to cover; screen

**shrove** (shrōv) *alt. pt. of* SHRIVE

**Shrovetide** (shrōv′tīd′) *n.* the three days before Ash Wednesday (**Shrove Sunday, Monday,** and **Tuesday**), formerly a period of confession and festivity before Lent

**shrub** (shrub) *n.* [OE. *scrybb,* brushwood] a low, woody plant with several permanent stems; bush

**shrubbery** *n., pl.* **-beries** an area planted with shrubs

**shrubby** *adj.* **-bier, -biest** **1.** covered with shrubs **2.** like a shrub —**shrub′biness** *n.*

**shrug** (shrug) *vt., vi.* **shrugged, shrug′ging** [< ?] to draw up (the shoulders), as in indifference, doubt, etc. —*n.* the gesture so made —**shrug off** to dismiss in a carefree way

**shrunk** (shruŋk) *alt. pt. & pp. of* SHRINK

**shrunken** *alt. pp. of* SHRINK —***adj.*** shrivelled

**shudder** (shud'ər) ***vi.*** [ME. *schoderen*] **1.** to shake or tremble violently, as in horror **2.** to shake violently; vibrate —***n.*** a shuddering

**shuffle** (shuf''l) ***vt., vi.*** **-fled, -fling** [prob. < LowG. *schuffeln*] **1.** to move (the feet) with a dragging gait **2.** to mix (playing cards) so as to change their order **3.** to mix together in a jumbled mass **4.** to shift or keep shifting about from one place to another **5.** to bring, put, or thrust (*into* or *out of*) clumsily —***n.*** **1.** the act of shuffling **2.** *a*) a shuffling of the feet *b*) a gait, dance, etc. characterized by this **3.** *a*) a shuffling of playing cards *b*) one's turn at this —**shuffle off** to get rid of

**shun** (shun) ***vt.*** **shunned, shun'ning** [OE. *scunian*] to avoid strictly

**'shun** (shun) ***interj.*** *short form of* ATTENTION

**shunt** (shunt) ***vt., vi.*** [< ?] **1.** to move or turn to one side **2.** to switch (a train, etc.) from one line to another —***n.*** **1.** a shunting **2.** a railway switch **3.** [Slang] a collision between motor vehicles **4.** *Elec.* a conductor connecting two points in a circuit and diverting part of the current from the main circuit

**shush** (shush) ***interj.*** [echoic] hush! be quiet! —***vt.*** to say "shush" to; tell (another) to be quiet

**shut** (shut) ***vt.*** **shut, shut'ting** [OE. *scyttan*] **1.** to move (a door, lid, etc.) into a position that covers the opening to which it is fitted **2.** to close (an opening, container, etc.) **3.** *a*) to prevent entrance to or exit from; bar *b*) to confine or enclose (*in*) **4.** to fold up or close the parts of (an umbrella, a book, etc.) **5.** to stop the operation of (a school, etc.) —***vi.*** to be or become shut —***adj.*** closed, fastened, etc. —**shut down** to close (a factory, etc.), usually temporarily —**shut off** **1.** to prevent the passage of (water, electricity, etc.) **2.** to isolate —**shut out** to deny entrance to; exclude —**shut up** **1.** to enclose or imprison **2.** [Colloq.] to stop or cause to stop talking

**shut-eye** ***n.*** [Slang] sleep

**shutter** ***n.*** **1.** a movable, usually hinged cover for a window **2.** a device for opening and closing the aperture of a camera lens to expose the film or plate —***vt.*** to close or furnish with shutters —**put up the shutters** (of a shop) to close for the night or permanently

**shuttle** (shut''l) ***n.*** [OE. *scytel*] **1.** *a*) a device used to pass the woof thread back and forth between the warp threads in weaving *b*) any similar device, as that which carries the lower thread back and forth on a sewing machine **2.** a bus, aircraft, etc. making frequent trips back and forth over a short route —***vt., vi.*** **-tled, -tling** to move rapidly to and fro

**shuttlecock** ***n.*** a rounded piece of cork having a flat end stuck with feathers: it is struck back and forth across a net by players in badminton

**shuttle service** a transport service, esp. an airline, operating to and fro over a short distance

**shy**[1] (shī) ***adj.*** **shy'er** or **shi'er, shy'est** or **shi'est** [OE. *sceoh*] **1.** easily frightened; timid **2.** not at ease with other people; bashful **3.** distrustful; wary —***vi.*** **shied, shy'ing** **1.** to move suddenly when startled; start **2.** to become cautious or unwilling (often with *at* or *from*) —***n., pl.*** **shies** an act of shying —**fight shy of** to avoid or evade —**shy'ly** ***adv.*** —**shy'ness** ***n.***

**shy**[2] ***vt., vi.*** **shied, shy'ing** [< ?] to fling, esp. sidewise with a jerk —***n., pl.*** **shies** a shying; fling

**Shylock** (shī'lok') ***n.*** [< *Shylock,* in *Merchant of Venice*] an exacting creditor

**si** (sē) ***n.*** *Music same as* TI

‡**sí** (sē) ***adv.*** [Sp.] yes: also [It.] **sì**

**Si** *Chem.* silicon

**Siamese** (sī'əmēz') ***adj., n., pl.*** **Si'amese'** *same as* THAI

**Siamese cat** a short-haired cat with blue eyes, a fawn coat, and dark ears, paws, and tail

**Siamese twins** [< such a pair born in Siam] any pair of twins born joined to each other

**sibilant** (sib'ə lənt) ***adj.*** [< L. *sibilare,* to hiss] having or making a hissing sound —***n.*** *Phonet.* a consonant characterized by a hissing sound, as (s) —**sib'ilance, sib'ilancy** ***n.***

**sibling** (sib'liŋ) ***n.*** [< OE. *sibling,* a relative] one of two or more persons born of the same parents, or, sometimes, having one parent in common

**sibyl** (sib'əl) ***n.*** [< Gr. *sibylla*] a prophetess; fortuneteller —**sibyl'line'** (si bil'in) ***adj.***

‡**sic**[1] (sik) ***adv.*** [L.] thus; so: used within brackets, [*sic*], to show that a quoted passage, esp. one containing some error, is shown exactly as in the original

**sic**[2] ***vt.*** [< SEEK] **sicked, sick'ing** to urge to attack [to *sic* a dog on someone]: also **sick**

**sick** (sik) ***adj.*** [OE. *seoc*] **1.** suffering from disease; ill **2.** vomiting or about to vomit **3.** of or for sick people [*sick* leave] **4.** deeply disturbed, as by grief, failure, etc. **5.** disgusted by reason of excess [*sick* of his excuses]: often **sick and tired** **6.** having a great longing (*for*) **7.** [Colloq.] sadistic, morbid, etc. [a *sick* joke] —***vt.*** [Colloq.] to vomit (*up*) —**look sick** [Colloq.] to appear disconcerted, discomfited, upset, etc. —**take sick** to become ill —**the sick** sick people collectively

**sick bay** a room for treating the sick, as on a ship

**sickbed** ***n.*** the bed of a sick person

**sicken** ***vt.*** to nauseate, disgust, etc. —***vi.*** **1.** to become nauseated, disgusted, etc. **2.** to show symptoms of (with *for*)

**sickening** *adj.* **1.** causing nausea **2.** disgusting

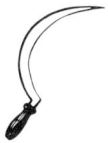

SICKLE

**sickle** (sik′l) *n.* [ult. < L. *secare,* to cut] a tool consisting of a crescent-shaped blade with a short handle, for cutting tall grass, etc.

**sick leave** leave from work granted for illness, often with pay (**sick pay**)

**sickle cell anaemia** an inherited anaemia characterized by an abnormal red blood cell (**sickle cell**) containing a defective form of haemoglobin

**sickly** (sik′lē) *adj.* **-lier, -liest** **1.** in poor health much of the time **2.** of or produced by sickness **3.** producing illness **4.** sickening; nauseating **5.** feeble [a *sickly* light] **6.** weak [a *sickly* smile] —**sick′liness** *n.*

**sickness** *n.* **1.** illness **2.** a particular illness **3.** nausea

**sickroom** *n.* the room to which a sick person is confined

**side** (sīd) *n.* [OE.] **1.** *a*) any of the lines or surfaces that bound something *b*) either of the two bounding surfaces of an object that are not the front, back, top, or bottom **2.** either of the two surfaces of paper, cloth, etc. **3.** the right or left half of a human or animal body **4.** a position beside one **5.** a specified surface [the visible *side* of the moon] **6.** a quality [his cruel *side,* the bright *side* of life] **7.** the slope of a hill, bank, etc. **8.** any location with reference to a central point **9.** the ideas or position of one person or faction opposing another **10.** one of the parties or teams in a contest, conflict, etc. **11.** line of descent **12.** [Slang] patronizing manner **13.** *Billiards* a spinning motion given to a ball —*adj.* **1.** of, at, or on a side **2.** to or from one side [a *side* glance] **3.** incidental [a *side* effect] **4.** secondary [a *side* issue] —**let the side down** to do or say something that causes embarrassment or frustration among one's colleagues —**on the side** in addition to the main thing, part, etc. —**side by side** beside each other; together —**side with** to support (one of opposing factions, etc.) —**take sides** to support one of the parties in a dispute, etc.

**side arms** weapons of the kind that may be worn at the the waist, as a sword, pistol, etc.

**sideboard** *n.* a piece of dining-room furniture for holding table linen, silver, china, etc.

**sideboards** *n.pl.* the hair growing on a man's face just in front of the ears

**sideburns** *n.pl.* *Chiefly U.S. var. of* SIDEBOARDS

**sidecar** *n.* a small car attached to the side of a motorcycle, for carrying a passenger, parcels, etc.

**sided** *adj.* having (a specified number of) sides [six-*sided*]

**sidekick** *n.* [U.S. Slang] **1.** a close friend or follower **2.** a partner

**sidelight** *n.* **1.** a light at or coming from the side **2.** either of two small lights on the front of a vehicle, used to indicate its presence rather than to aid the driver **3.** a bit of incidental information on a subject

**sideline** *n.* **1.** *a*) either of the two lines marking the side limits of a playing area, as in football *b*) [*pl.*] the areas just outside these lines **2.** a line, as of merchandise or work, in addition to one's main activity —**sit on the sidelines** to be only passively involved

**sidelong** *adj.* directed to the side, as a glance —*adv.* towards the side

**sidereal** (sī dēər′ē əl) *adj.* [< L. *sidus,* star] of, or determined with reference to, the stars

**sidesaddle** (sīd′sad′l) *n.* a saddle upon which the rider sits with both legs on the same side of the animal —*adv.* on or as if on a sidesaddle

**sideshow** *n.* **1.** a small show apart from the main show, as of a circus **2.** activity of minor importance

**sideslip** *vi.* **-slipped′, -slip′ping** **1.** to slip sideways **2.** *Aeron.* to move in a sideslip —*n.* **1.** a slip to the side **2.** *Aeron.* a sideways and downwards movement towards the inside of a turn by an aircraft in a sharp bank

**sidesman** *n., pl.* **-men** *Church of England* a man who helps the church warden, esp. in taking the collection

**sidesplitting** *adj.* causing hearty laughter

**sidestep** *vt.* **-stepped′, -step′ping** to avoid by or as by stepping aside; dodge [to *sidestep* a difficulty]

**sideswipe** *vt., vi.* **-swiped′, -swip′ing** [U.S.] to hit along the side in passing —*n.* [U.S.] a glancing blow of this kind

**sidetrack** *vt., vi.* **1.** to turn away from the main issue **2.** to switch (a train, etc.) to a siding

**sidewalk** *n.* [U.S.] a pavement

**sideways** *adv., adj.* **1.** from the side **2.** with one side forward

**side whiskers** whiskers at the side of the face

**siding** *n.* a short railway track connected with a main track and used for unloading, bypassing, etc.

**sidle** (sī′d′l) *vi.* **-dled, -dling** [< *sideling,* sideways] to move sideways, esp. in a shy or stealthy manner

**SIDS** sudden infant death syndrome

**siege** (sēj) *n.* [< L. *sedere,* sit] **1.** the surrounding of a city, fort, etc. by an enemy army trying to capture it by continued blockade and attack **2.** any continued effort to win or control something —**lay siege to** to subject to a siege

**siemens** (sē′mənz) *n.* [< Sir William

*Siemens*] the SI unit of electrical conductance

**sienna** (sē en′ə) *n.* [< It. city] **1.** a yellowish-brown earth pigment **2.** a reddish-brown pigment made by burning this; burnt sienna

**sierra** (sē âər′ə) *n.* [Sp. < L. *serra,* a saw] a range of mountains with a saw-toothed appearance

**siesta** (sē es′tə) *n.* [Sp. < L. *sexta* (*hora*), sixth (hour), noon] a rest taken after the noon meal, esp. in hot countries

**sieve** (siv) *n.* [OE. *sife*] a utensil having many small openings for straining or sifting —*vt., vi.* **sieved, siev′ing** to pass through a sieve

**sift** (sift) *vt.* [OE. *siftan*] **1.** to pass through a sieve so as to separate the coarse from the fine particles, or to break up lumps, as of flour **2.** to scatter by a sieve **3.** to examine (evidence, etc.) with care **4.** to separate; screen [to *sift* fact from fable] —*vi.* to pass through or as through a sieve —**sift′er** *n.*

**sigh** (sī) *vi.* [OE. *sican*] **1.** to take in and let out a long, deep, sounded breath, as in sorrow, relief, etc. **2.** to make a sound like a sigh [trees *sighing* in the wind] **3.** to long or lament (*for*) —*vt.* to express with a sigh —*n.* the act or sound of sighing —**sigh′er** *n.*

**sight** (sīt) *n.* [< OE. *seon,* see] **1.** the ability to see; eyesight **2.** the act of seeing **3.** range of vision **4.** opinion [a hero in her *sight*] **5.** a glimpse **6.** *a*) something seen *b*) a thing worth seeing: *usually used in pl.* [the *sights* of the city] **7.** [Colloq.] a person or thing not pleasant to look at **8.** any device used to aid the eyes in aiming a gun, etc. **9.** aim or an observation taken as with a sextant, gun, etc. **10.** [Colloq. or Dial.] a large amount [a *sight* better than fighting] —*vt.* **1.** to observe **2.** to catch sight of **3.** to adjust the sights of **4.** to aim (a gun, etc.) at —**a sight for sore eyes** [Colloq.] a welcome sight —**at first sight** when seen or considered for the first time —**at** (or **on**) **sight** when or as soon as seen —**by sight** by recognizing but not through being acquainted —**catch sight of** to glimpse —**lose sight of** **1.** to see no longer **2.** to forget —**sight unseen** without seeing (the thing) beforehand

**sighted** *adj.* **1.** having sight; not blind **2.** having (a specified kind of) sight [*longsighted*]

**sightless** *adj.* blind

**sightly** *adj.* **-lier, -liest** pleasant to the sight

**sight reading** the skill of performing unfamiliar written music without previous study —**sight′-read′** *vt., vi.*

**sightscreen** *n. Cricket* a white screen placed near the boundary behind the bowler to help the batsman see the ball

**sightseeing** *n.* the act of visiting places and things of interest —**sight′se′er** *n.*

**sigma** (sig′mə) *n.* the eighteenth letter of the Greek alphabet (Σ, σ)

**sign** (sīn) *n.* [< L. *signum*] **1.** something that indicates a fact, quality, etc. [black is a *sign* of mourning] **2.** a gesture that tells something specified [a nod is a *sign* of approval] **3.** a mark or symbol having a specific meaning [the *sign* £ for pounds] **4.** a publicly displayed board, placard, etc. bearing information, advertising, etc. **5.** any visible indication [*signs* of spring] **6.** an omen —*vt.* **1.** to write (one's name) as a signature **2.** to write one's name on, as in agreement, etc. **3.** to mark with a sign, esp. of the cross as in blessing —*vi.* **1.** to write one's signature **2.** to make a sign; signal —**sign away** to transfer ownership of (something) by signing a document —**sign in** (or **out**) to sign a register on arrival (or departure) —**sign off** to stop broadcasting, as for the day —**sign on** to hire or be hired —**sign′er** *n.*

**signal** (sig′n'l) *n.* [< L. *signum,* a sign] **1.** any sign, event, etc. that is a call to some kind of action **2.** *a*) a sign given by gesture, a device, etc. to convey a direction, warning, etc. *b*) a device providing such a sign **3.** *Telegraphy, Radio & TV,* etc. the electrical impulses, sound or picture elements, etc. transmitted or received —*adj.* not ordinary; notable —*vt., vi.* **-nalled, -nalling** **1.** to make a signal or signals (to) **2.** to communicate by signals —**sig′naller** *n.*

**signal box** a building from which railway signals are operated

**signalize** *vt.* **-ized′, -iz′ing** to make notable

**signally** *adj.* notably; remarkably

**signalman** *n.* a person responsible for signalling or receiving signals, esp. on a railway

**signatory** (sig′nə tər ē) *n., pl.* **-ries** any of the persons, states, etc. that have signed a document —*adj.* that has or have joined in the signing of something

**signature** (sig′nə chər) *n.* [< L. *signare,* to sign] **1.** a person's name written by himself **2.** the act of signing one's name **3.** *Music* a sign at the beginning of a staff to show key or time **4.** *Printing* *a*) a large sheet on which pages are printed and which, when folded, forms one section of a book *b*) a letter or number on the first page of each sheet showing in what order that section is to be bound

**signature tune** an identifying song or melody used by a performer or for a radio or television series

**signboard** (sīn′bôrd′) *n.* a board bearing a sign, esp. one advertising a business, product, etc.

**signet** (sig′nit) *n.* [MFr. < *signe,* a sign] a small seal used in marking documents as official, etc.

**signet ring** a finger ring containing a signet, often in the form of an initial

**significance** (sig nif′ə kəns) *n.* **1.** meaning **2.** importance; consequence

**significant** *adj.* [see SIGNIFY] **1.** having or expressing a meaning **2.** full of meaning **3.** important; momentous

**significant figure** **1.** a figure of a number that expresses a magnitude to a specified degree of accuracy **2.** the number of such figures [3.142 has four *significant figures*]

**signify** (sig′nə fī′) *vt.* **-fied′, -fy′ing** [< L. *signum,* a sign + *facere,* make] **1.** to be a sign or indication of; mean **2.** to make known by a sign, words, etc. —*vi.* to be significant; matter —**signification** (sig′nə fi kā′shən) *n.*

**sign language** communication of thoughts or ideas by means of signs and gestures of the hands and arms

‡**signor** (sēn′yôr) *n., pl.* **signo′ri** (-nyô′rē) [It.] **1.** [S-] Mr. **2.** a gentleman

‡**signora** (sēn yôr′ə) *n., pl.* **signo′re** (-rē); E. **signo′ras** [It.] **1.** [S-] Mrs. **2.** a married woman

‡**signorina** (sēn′yə rē′nə) *n., pl.* **-ri′ne** (-ne) [It.] **1.** [S-] Miss **2.** an unmarried woman

**sign painter** someone who paints signs for inns, shops, etc.

**signpost** (sīn′pōst′) *n.* **1.** a post with a sign on it, as for showing a direction **2.** a clear indication

**Sikh** (sēk) *n.* [Hindi, disciple] a member of a monotheistic Hindu religious sect

**silage** (sī′lij) *n.* [< ENSILAGE] green fodder stored in a silo

**silence** (sī′ləns) *n.* **1.** a keeping silent or still **2.** absence of any sound or noise; stillness **3.** a withholding of knowledge or omission of mention **4.** failure to communicate, write, etc. —*vt.* **-lenced, -lencing** **1.** to make silent **2.** to repress —*interj.* be silent!

**silencer** *n.* **1.** a device for muffling the report of a firearm **2.** a device for silencing noises, as a section in the exhaust pipe of an internal-combustion engine

**silent** *adj.* [< L. *silere,* to be silent] **1.** making no vocal sound; mute **2.** not talkative **3.** free from noise; quiet; still **4.** not spoken, expressed, etc. [*silent* grief] **5.** making no mention, explanation, etc. **6.** designating films without synchronized sound

SILHOUETTE

**silhouette** (sil′oo wet′) *n.* [< E. de *Silhouette*] **1.** any dark shape seen against a light background **2.** a solid, usually black, outline drawing, often a profile portrait —*vt.* **-et′ted, -et′ting** to show or project in silhouette

**silica** (sil′i kə) *n.* [see SILICON] a hard, glassy mineral found in various forms, as in quartz, sand, opal, etc.

**siliceous** (sə lish′əs) *adj.* of, containing, or like silica

**silicon** (sil′i kən) *n.* [< L. *silex,* flint] a nonmetallic chemical element found always in combination, as in silica: symbol, Si

**silicon chip** *same as* CHIP (*n.* 6)

**silicone** (sil′i kōn′) *n.* [see SILICON] any of a group of organic silicon compounds resistant to heat, water, etc. and used in lubricants, polishes, etc.

**silicosis** (sil′ə kō′sis) *n.* [see SILICON & -OSIS] a chronic lung disease caused in miners, etc. by inhaling silica dust

**silk** (silk) *n.* [OE. *seoluc*] **1.** the fine, soft, shiny fibre produced by silkworms **2.** thread or fabric made from this **3.** *a*) [*pl.*] a distinctive silk uniform, as of a jockey *b*) the silk gown worn by a King's or Queen's Counsel *c*) a King's or Queen's Counsel —*adj.* of or like silk —**take silk** to become a Queen's or King's Counsel

**silken** *adj.* **1.** made of silk **2.** like silk; soft, smooth, glossy, etc.

**silk hat** a tall, cylindrical hat covered with silk or satin, worn by men in formal dress

**silk-screen** (silk′skrēn′) *adj.* designating a stencil process of printing a design through a screen of silk or other fine cloth, parts of the screen being blocked as with an impermeable film —*vt.* to print by this process

**silkworm** *n.* a caterpillar that produces cocoons of silk fibre

**silky** *adj.* **-ier, -iest** of or like silk; soft, smooth, lustrous, etc. —**silk′iness** *n.*

**sill** (sil) *n.* [OE. *syll*] a horizontal piece forming the bottom frame of the opening into which a window or door is set

**sillabub** (sil′ə bub′) *n.* *var. of* SYLLABUB

**silly** (sil′ē) *adj.* **-lier, -liest** [OE. *sælig,* happy] **1.** having or showing little sense or judgment; foolish **2.** [Colloq.] dazed as from a blow **3.** *Cricket* of a fielder standing close to a batsman [*silly* mid-on] —*n., pl.* **-lies** a silly person —**sil′liness** *n.*

**silo** (sī′lō) *n., pl.* **-los** [Sp. < Gr. *siros*] **1.** an airtight pit or tower in which grain or green fodder is stored **2.** an underground structure for storing and launching a long-range ballistic missile

**silt** (silt) *n.* [prob. < Scand.] earthy sediment made up of fine particles carried or laid down by moving water —*vt., vi.* to fill or choke up with silt —**silt′y** *adj.*

**Silurian** (sī lyoo′rē ən) *adj.* [< L. *Silures,* ancient tribe in Wales] designating or of the geological period after the Ordovician in the Paleozoic Era

**silvan** (sil′vən) *adj., n.* *same as* SYLVAN

**silver** (sil′vər) *n.* [OE. *seolfor*] **1.** a white, precious metallic chemical element that is extremely ductile and malleable: symbol, Ag **2.** silver coin **3.** silverware **4.** the lustrous, greyish-white colour of silver **5.** something having this colour, as the coating for a mirror —*adj.* **1.** of or containing silver **2.** marking the 25th anniversary [a *silver* wedding anniversary] —*vt.* **1.** to cover with silver **2.** to make silvery in colour

**silver birch** a tree with a silvery-white, peeling bark

**silverfish** *n.* **1.** any of various unrelated fishes of silvery colour **2.** a wingless insect with silvery scales, found in damp, dark places

**silver jubilee** a 25th anniversary of an event, esp. the accession of a sovereign

**silver lining** anything seen as hopeful or comforting in the midst of despair, misfortune, etc.

**silver medal** a medal awarded to an entrant who is placed second in a competition

**silver-plate** (sil′vər plāt′) *vt.* **-plat′ed, -plat′ing** to coat with silver, esp. by electroplating

**silver screen** **1.** a screen onto which films are projected in cinemas **2.** films collectively

**silverside** *n.* a cut of beef from the upper round

**silversmith** *n.* one who makes articles of silver

**silver thaw** [Canad.] **1.** a freezing rainstorm **2.** *same as* GLITTER ICE

**silverware** *n.* articles, esp. tableware, made of or plated with silver

**silvery** *adj.* **1.** like silver, as in colour or lustre **2.** soft and clear, like the sound of a silver bell

**silviculture** (sil′vi kul′chər) *n.* [< L. *silva,* forest + *cultu,* culture] the art of cultivating a forest; forestry

**simian** (sim′ē ən) *adj.* [< L. *simia,* ape] of or like an ape or monkey —*n.* an ape or monkey

**similar** (sim′ə lər) *adj.* [< L. *similis*] **1.** nearly but not exactly the same **2.** *Geom.* having the same shape, but not the same size or position —**sim′ilarly** *adv.*

**similarity** (sim′ə lar′ə tē) *n.* **1.** a being similar **2.** *pl.* **-ties** a point, feature, etc. in which things are similar

**simile** (sim′ə lē) *n.* [L., likeness] a figure of speech in which one thing is likened to another, dissimilar thing by using *like, as,* etc. (Ex.: a voice like thunder)

**similitude** (sə mil′ə tyōōd′) *n.* [< L. *similitudo*] similarity; likeness

**simmer** (sim′ər) *vi.* [echoic] **1.** to remain at or just below the boiling point **2.** to be about to break out, as in anger, revolt, etc. —*vt.* **1.** to make (a liquid) simmer **2.** to cook in such a liquid —*n.* a simmering —**simmer down** to become calm; cool off

**simnel** (sim′n'l) *n.* [ult. < L. *simila,* fine flour] a rich fruit cake eaten in mid-Lent or at Easter

**simony** (sī′mə nē) *n.* [< *Simon Magus,* a magician: Acts 8: 9-24] the buying or selling of sacred or spiritual things, as church offices

**simoom** (si mōōm′) *n.* [< Ar. *samm,* to poison] a hot, violent, sand-laden desert wind: also **simoon′**

**simper** (sim′pər) *vi.* [< ?] to smile in a silly or affected way —*vt.* to say with a simper —*n.* a silly or affected smile —**sim′peringly** *adv.*

**simple** (sim′p'l) *adj.* **-pler, -plest** [< L. *simplex*] **1.** easy to do, solve, or understand **2.** *a*) unadorned [*simple* clothes] *b*) not luxurious; plain [*simple* tastes] **3.** having only one or a few parts, features, etc.; not complicated **4.** not affected; natural **5.** of low rank or position **6.** *a*) stupid *b*) ignorant *c*) credulous; gullible **7.** without additions [the *simple* facts] **8.** insignificant; unimportant **9.** *Law* unconditional [in fee *simple*] —*n.* [Archaic] a medicinal plant or herb

**simple fraction** a fraction in which both numerator and denominator are whole numbers, as 1/2

**simple fracture** a bone fracture in which the broken ends of bone do not pierce the skin

**simple interest** interest computed on principal alone, not on principal plus interest

**simple-minded** *adj.* **1.** stupid **2.** mentally retarded **3.** artless; unsophisticated

**simple sentence** a sentence having one main clause and no subordinate clauses (Ex.: The boy ran home.)

**simpleton** *n.* a person who is stupid or easily deceived

**simplicity** (sim plis′ə tē) *n., pl.* **-ties** **1.** a being simple; freedom from complexity **2.** absence of luxury, elegance, etc. **3.** freedom from affectation **4.** lack of sense

**simplify** (sim′plə fī′) *vt.* **-fied′, -fy′ing** to make simpler, easier, less complex, etc. —**sim′plifica′tion** *n.*

**simplistic** (sim plis′tik) *adj.* oversimplifying or oversimplified —**simplis′tically** *adv.*

**simply** (sim′plē) *adv.* **1.** in a simple way **2.** merely; only [*simply* trying to help] **3.** absolutely; completely

**simulacrum** (sim′yoo lā′krəm) *n., pl.* **-cra** [L.] **1.** a likeness **2.** a false appearance; semblance

**simulate** (sim′yoo lāt′) *vt.* **-lat′ed, -lat′ing** [< L. *simulare,* feign] **1.** to give a false appearance of; feign **2.** to reproduce the conditions of (a situation), as in carrying out an experiment **3.** to look or act like —**sim′ula′tion** *n.*

**simulator** *n.* a training device that duplicates artificially the conditions likely to be encountered in some operation [a flight *simulator*]

**simultaneous** (si′m'l tān′yəs) *adj.* [< L. *simul,* at the same time] occurring done, existing, etc. together or at the same time

**SIN** [Canad.] Social Insurance Number

**sin**[1] (sin) *n.* [OE. *synne*] **1.** the breaking of religious or moral law, esp. through a wilful act **2.** any offence or fault —*vi.* **sinned, sin′ning** to commit a sin

**sin**[2] (sīn) sine

**sin bin** [Canad. Slang] the penalty box in ice hockey

**since** (sins) *adv.* [< OE. *sith,* after + *thæt,* that] **1.** from then until now [he came on Monday and has been here ever *since]* **2.** at some or any time between then and now *[*he was ill last week but has *since* recovered*]* **3.** ago *[*long *since]* —**prep.** **1.** continuously from (the time given) until now *[*out walking *since* noon*]* **2.** during the period following *[*he's written twice *since* May*]* —**conj.** **1.** after the time that *[*two years *since* he died*]* **2.** continuously from the time when *[*lonely ever *since* he left*]* **3.** because *[since* you're tired, let's go home*]*

**sincere** (sin sēər′) ***adj.*** **-cer′er, -cer′est** [< L. *sincerus,* clean] **1.** without deceit or pretence; honest **2.** genuine; real *[sincere* grief*]* —**sincere′ly** ***adv.***

**sincerity** (sin ser′ə tē) ***n., pl.*** **-ties** a being sincere; honesty, genuineness, etc.

**sine** (sīn) ***n.*** [< L. *sinus,* a curve] *Trigonometry* the ratio between the side opposite a given acute angle in a right-angled triangle and the hypotenuse

**sinecure** (sī′nə kyoōər) ***n.*** [< L. *sine,* without + *cura,* care] any position that brings profit without involving much work, responsibility, etc.

**sine die** (sī′nē dī′ē, sin′ā dē′ā) [LL., without a day] for an indefinite period *[*to adjourn an assembly *sine die]*

**sine qua non** (sī′nē kwä non′, sin′ā-kwä nōn′) [L., without which not] something essential or indispensable

**sinew** (sin′yoō) ***n.*** [OE. *seonu*] **1.** a tendon **2.** muscular strength **3.** [*often pl.*] any source of power or strength

**sinewy** ***adj.*** **1.** of or like sinew; tough **2.** having good muscular development **3.** vigorous; powerful

**sinful** (sin′fəl) ***adj.*** full of or characterized by sin; wicked

**sing** (siŋ) ***vi.*** **sang, sung, sing′ing** [OE. *singan*] **1.** *a*) to produce musical sounds with the voice *b*) to perform musical selections vocally **2.** *a*) to make musical sounds, as a songbird *b*) to whistle, buzz, hum, etc., as a kettle, bee, etc. **3.** to have a sensation of ringing, etc., in the ears —***vt.*** **1.** to render by singing **2.** to describe, proclaim, etc. in song **3.** to bring or put, as to sleep, by singing —**sing out** [Colloq.] to call out loudly —**sing′er** ***n.***

**singe** (sinj) ***vt.*** **singed, singe′ing** [OE. *sengan*] **1.** to burn superficially or slightly **2.** to expose (a carcass) to flame in removing bristles or feathers —***n.*** **1.** a singeing **2.** a slight burn

**Singh** (siŋ) ***n.*** [Sans. *sinhá,* lion] a title assumed by a Sikh after being initiated as a full member of the community

**single** (siŋ′g'l) ***adj.*** [< L. *singulus*] **1.** *a*) one only *b*) distinct from others of the same kind *[*every *single* time*] c*) designating a ticket valid for a journey in one direction only **2.** alone **3.** of or for one person or family **4.** between two persons only *[single* combat*]* **5.** unmarried **6.** having only one part; not compound, etc. **7.** the same for all; uniform **8.** unbroken **9.** having only one set of petals —***vt.*** **-gled, -gling** to select from others (with *out*) —***n.*** **1.** a single person or thing; specif., *a*) a single ticket for a bus, train, etc. *b*) a gramophone record with one short piece of music on each side **2.** *Cricket* a hit by which one run is scored **3.** [*pl.*] *Tennis,* etc. a match with only one player on each side —**sin′gleness** ***n.***

**single-breasted** (siŋ′g'l bres′tid) ***adj.*** overlapping over the breast just enough to be fastened with one button or one row of buttons

**single entry** a simple bookkeeping system in which transactions are entered in one account only

**single file** a single column of persons or things, one directly behind another

**single-handed** (siŋ′g'l han′did) ***adj., adv.*** **1.** done or working alone **2.** using or requiring the use of only one hand —**sin′gle-hand′edly** ***adv.***

**single-hearted** ***adj.*** honest; sincere

**single-minded** ***adj.*** with only one aim or purpose

**singlestick** ***n.*** **1.** a swordlike stick formerly used for fencing **2.** the sport of fencing with such sticks

**singlet** (siŋ′glit) ***n.*** a man's sleeveless vest or top

**singleton** (siŋ′g'l tən) ***n.*** **1.** the only playing card held by a player in a given suit **2.** a single thing

**singly** (siŋ′glē) ***adv.*** **1.** one by one **2.** alone **3.** unaided

**singsong** (siŋ′soŋ′) ***n.*** **1.** an unvarying rise and fall of tone **2.** speech, etc. marked by this **3.** [Colloq.] an informal session of singing —***adj.*** monotonous because done in singsong

**singular** (siŋ′gyoō lər) ***adj.*** [< L. *singulus,* single] **1.** extraordinary; remarkable **2.** strange; odd **3.** being the only one of its kind **4.** *Gram.* designating only one —***n.*** *Gram.* **1.** the singular number **2.** the singular form of a word **3.** a word in singular form —**sin′gular′ity** (-lar′ə tē) ***n.***

**Sinhalese** (siŋ′hə lēz′) ***adj.*** of Sri Lanka, its principal people, their language, etc. —***n.*** **1.** *pl.* **-lese′** any of the Sinhalese people **2.** their language

**sinister** (sin′is tər) ***adj.*** [< L., left] **1.** threatening harm, evil, etc.; ominous **2.** evil or dishonest *[a sinister* plot*]* **3.** on the left-hand side (on a coat of arms, the right of the viewer)

**sink** (siŋk) ***vi.*** **sank** or **sunk, sink′ing** [OE. *sincan*] **1.** to go beneath the surface of water, snow, etc. **2.** *a*) to go down slowly *b*) to seem to descend, as the sun **3.** to become lower, as in level, degree, volume, or strength **4.** to become less in value, as prices **5.** to become hollow, as the cheeks **6.** to pass gradually (*into* sleep, etc.) **7.** to approach death **8.** to stoop (*to* an unworthy action) **9.** to become absorbed; penetrate —***vt.*** **1.** to cause to sink, go down, etc. **2.** to make (a well, design, etc.) by digging, or cutting **3.** to invest **4.** to defeat; ruin **5.** *Sports* to put (a basketball) through the basket or (a golf ball) into the hole, and so score —*n.* **1.** a basin, as in a kitchen, with a drainpipe **2.** *Geol.* an area of slightly sunken land **3.** a cesspool or sewer **4.** any place considered morally filthy —**sink in** [Colloq.] to be grasped mentally, esp. with difficulty

**sinker** *n.* a lead weight for fishing

**sinking fund** a fund made up of money set aside at intervals, to pay a debt

**sinless** (sin′lis) ***adj.*** without sin; innocent

**sinner** *n.* a person who sins; wrongdoer

**Sinn Fein** (shin′fān′) [Ir., we ourselves] a political movement for the unification of Ireland —**Sinn′Fein′er**

**Sino-** (sī′nō, sin′ō) [< Gr. *Sinai*] *a combining form meaning* Chinese

**Sinology** (sī nol′ə jē, si-) *n.* [SINO- + -LOGY] the study of Chinese languages, customs, etc. —**Sinol′ogist, Sinologue** (sī′nə log′) *n.*

**sinuous** (sin′yoo wəs) ***adj.*** [< L. *sinus,* a bend] bending or winding in and out —**sin′uos′ity** (-wos′ə tē) *n.*

**sinus** (sī′nəs) *n.* [L., a bent surface] a cavity: specif., any air cavity in the skull opening into a nasal cavity

**sinusitis** (sī′nə sīt′əs) *n.* [see prec. & -ITIS] inflammation of a sinus

**-sion** (shən; *sometimes* zhən) [< L.] *a suffix meaning* act, quality, condition, or result of *[discussion, confusion]*

**sip** (sip) ***vt., vi.*** **sipped, sip′ping** [akin to LowG. *sippen*] to drink a little at a time —*n.* **1.** a sipping **2.** a small quantity sipped

SIPHON

**siphon** (sī′fən) *n.* [Fr. < Gr. *siphōn,* tube] **1.** a bent tube for carrying liquid over the edge of a container to a lower level through the atmospheric pressure on the liquid **2.** a sealed bottle from which carbonated water may be drawn off —***vt., vi.*** to draw off, or pass, through a siphon

**sir** (sur) *n.* [see ff.] **1.** a respectful term of address used to a man: not followed by the name **2.** [**S-**] the title used before the name of a knight or baronet

**sire** (sīər) *n.* [< L. *senex,* old] **1.** the male parent of an animal **2.** a title of respect used in addressing a king **3.** [Poet.] a father or forefather —***vt.*** **sired, sir′ing** to beget: said esp. of animals

**siren** (sīə′rən) *n.* [< Gr. *Seirēn*] **1.** a device using steam or air to make a loud, wailing sound, esp. as a warning signal **2.** *Gr. & Rom. Myth.* any of several sea nymphs who lured sailors to their death on rocky coasts by seductive singing **3.** a seductive woman

**Sirius** (sir′ē əs) [< Gr. *Seirios,* the scorcher] *same as* DOG STAR

**sirloin** (sur′loin) *n.* [< OFr. *sur,* over + *loigne,* loin] a choice cut, esp. of beef, from the loin

**sirocco** (sə rok′ō) *n., pl.* **-cos** [It. < Ar. *sharq,* the east] a hot, steady wind blowing from the Libyan deserts into S Europe

**sirrah** (sir′ə) *n.* [< SIRE] [Archaic] a contemptuous term of address used to a man

**sis** (sis) *n.* [U.S. Colloq.] sister

**sisal** (sī′s'l) *n.* [< *Sisal,* Yucatán] a strong fibre obtained from a Mexican agave used for making rope, insulation, etc.

**siskin** (sis′kin) *n.* [< G. *Zeischen*] a finch with green plumage and black and yellow markings

**sissy** (sis′ē) *n., pl.* **-sies** [< SIS] [Colloq.] **1.** an effeminate man or boy **2.** a coward

**sister** (sis′tər) *n.* [ON. *systir*] **1.** a female as she is related to other children of her parents **2.** a close friend who is like a sister **3.** a female fellow member of the same race, creed, profession, etc. **4.** a nun **5.** one of the same kind, model, etc. **6.** a nurse, esp. a head nurse

**sisterhood** *n.* **1.** the state of being sisters **2.** an association of women united in a common work, creed, etc.

**sister-in-law** *n., pl.* **sis′ters-in-law′** **1.** the sister of one's husband or wife **2.** the wife of one's brother **3.** the wife of the brother of one's husband or wife

**sisterly** ***adj.*** **1.** of or like a sister **2.** friendly, kind, affectionate, etc. —**sis′terliness** *n.*

**Sisyphean** (sis′i fē′ən) ***adj.*** endless and laborious, like the task of Sisyphus, in Greek mythology, doomed to roll uphill a heavy stone which always rolled down again

**sit** (sit) ***vi.*** **sat, sit′ting** [OE. *sittan*] **1.** *a*) to rest the body on the buttocks, as on a chair *b*) to rest on the haunches with forelegs braced, as a dog *c*) to perch, as a bird **2.** to cover eggs for hatching **3.** *a*) to occupy a seat as a judge, member of parliament, etc. *b*) to be in session, as a court **4.** to pose, as for a portrait **5.** to be inactive **6.** to be located **7.** to rest or lie as specified *[cares sit lightly on him]* **8.** to take an examination (for a degree, etc.) **9.** *same as* BABY-SIT —***vt.*** **1.** to cause to sit or be placed **2.** to stay seated on (a horse, etc.) —**sit back** **1.** to relax **2.** to be passive —**sit down** to take a seat —**sit in** **1.** to take part; attend (often with *on*) **2.** to deputize (often with *for*) **3.** to take part in a sit-in —**sit on** **1.** to be on (a jury, committee, etc.) **2.** [Colloq.] to suppress, check, etc. **3.** [Colloq.] to rebuke; snub —**sit out** **1.** to stay until the end of **2.** to stay seated during or take no part in (a dance, game, etc.) —**sit tight** to refuse to move or be moved —**sit up** **1.** to rise to a sitting position **2.** to sit erect **3.** to put off going to bed **4.** [Colloq.] to become suddenly alert

SITAR

**sitar** (si tär′) *n.* [Hindi *sitār*] a lutelike instrument of India

**sit-down** (sit′doun′) *adj.* designating a form of civil disobedience in which demonstrators sit down in streets, etc. and resist being moved

**sit-down strike** a strike in which employees stop work but refuse to leave their place of employment

**site** (sīt) *n.* [< L. *situs*, position] **1.** a piece of land considered for a certain purpose *[a good site for a town]* **2.** a place where something is, or is intended to be, located *[a campsite]* **3.** the place or scene of anything —*vt.* **sit′ed, sit′ing** to locate on a site

**sit-in** (sit′in′) *n.* a form of civil disobedience in which demonstrators occupy a public building and refuse to vacate it

**sitkamer** (sit′kä mər) *n.* [< Afrik.] [S Afr.] a sitting room

**sitter** *n.* one that sits; specif., a) *short for* BABY SITTER *b*) a person who is posing for a portrait

**sitting** *n.* **1.** a session, as of a court **2.** a period of being seated at some activity **3.** one of two or more times at which a meal is served —*adj.* seated

**sitting duck** [Colloq.] a person or thing especially vulnerable to attack: also **sitting target**

**sitting tenant** a tenant already living in a house, flat, etc.

**situate** (sit′yoo wāt′) *vt.* **-at′ed, -at′ing** [< L. *situs*, site] to put in a certain place or position; place; locate

**situation** (sit′yoo wā′shən) *n.* **1.** location; position **2.** a place; locality **3.** state of affairs; circumstances **4.** a combination of circumstances at a given time **5.** a position of employment

**situation comedy** a comedy in which the humour arises from the difficulties and misunderstandings in which the characters become involved

**sit-up, situp** (sit′up′) *n.* an exercise in which a person lying flat on the back rises to a sitting position without using the hands and keeping the legs straight

**sit-upon** *n.* [Colloq.] the backside or buttocks

**SI Units** [< Fr. *Système International*] the international system of units (based on the metre and kilogram) adopted as the metric system for Britain

**six** (siks) *adj., n.* [OE. *sex*] one more than five; 6; VI —**at sixes and sevens** [Colloq.] **1.** in confusion **2.** disagreeing —**hit** (or **knock**) **for six** to stun; overwhelm completely —**sixth** *adj., n.*

**sixfold** *adj.* **1.** having six parts **2.** having six times as much or as many —*adv.* six times as much or as many

**sixpence** *n.* **1.** the sum of six British (old) pennies **2.** a former British coin of this value

**six-shooter** *n.* [Colloq.] a revolver that fires six shots without reloading: also **six′-gun′**

**sixteen** (siks′tēn′) *adj., n.* [OE. *syxtene*] six more than ten; 16; XVI —**six′teenth′** *adj., n.*

**sixth sense** a supposed power to perceive by intuition

**sixty** (siks′tē) *adj., n.* [OE. *sixtig*] six times ten; 60; LX —**the sixties** the numbers or years, as of a century, from sixty to sixty-nine —**six′tieth** *adj., n.*

**sizable** (sī′zə b'l) *adj.* quite large: also **size′able**

**size**[1] (sīz) *n.* [ult. < L. *sedere*, sit] **1.** that quality of a thing which determines how much space it occupies; dimensions **2.** any of a series of graded classifications for goods *[size ten shoes]* **3.** *a*) extent, amount, etc. *b*) sizable amount, dimensions, etc. —*vt.* **sized, siz′ing** to make or arrange according to size —**size up** [Colloq.] to estimate; judge —**that's the size of it** [Colloq.] that is a true account

**size**[2] *n.* [ME. *syse*] a thin, gluey substance used as a glaze or filler on porous materials, as paper: also **sizing** —*vt.* **sized, siz′ing** to apply size to

**-sized** *a combining form meaning* having (a specified) size *[small-sized]*: also **-size** *[life-size]*

**sizzle** (siz′'l) *vi.* **-zled, -zling** [echoic] **1.** to make a hissing sound when in contact with heat **2.** to simmer with suppressed emotion, esp. rage —*n.* a sizzling sound

**S.J.** Society of Jesus

**S.J.A.** Saint John's Ambulance (Brigade or Association)

**sjambok** (sham′buk, -bok) *n.* [< Urdu] [S Afr.] a heavy whip made of hippopotamus or rhinoceros hide

**skaapsteker** (skäp′stēə′kər) *n.* [< Afrik. *skaap*, sheep + *steek*, pierce] any of several back-fanged, venomous S African snakes

**skate**[1] (skāt) *n.* [< OFr. *eschace*, stilt] **1.** *a*) a bladelike metal runner in a frame fastened to a shoe, for gliding on ice *b*) a shoe with this attached Also **ice skate** **2.** a frame or shoe with two small wheels at the toe and two at the heel, for gliding on a pavement, etc.: also **roller skate** —*vi.* **skat′ed, skat′ing** to move along on skates —**skate on thin ice** to place oneself in a dangerous or delicate situation —**skat′er** *n.*

**skate**[2] *n.* [ON. *skata*] a fish with a broad, flat body and short, spineless tail

**skateboard** *n.* a short, oblong board with two wheels at each end, which one rides on, usually standing —*vi.* **-board'ed, -board'ing** to ride on a skateboard

**skean** (skēən) *n.* [ScotGael. *sgian,* a knife] formerly, a dagger used in Ireland and Scotland —**skean-dhu** (skēən'dōō') the dagger worn in the stocking as part of Highland dress

**skedaddle** (skidad''l) *vi.* **-dled, -dling** [< ?] [Colloq.] run off; leave fast

**skein** (skān) *n.* [< MFr. *escaigne*] a quantity of thread or yarn wound in a coil

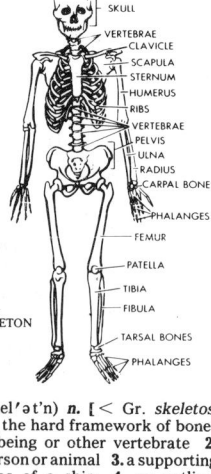

HUMAN SKELETON

**skeleton** (skel'ət'n) *n.* [< Gr. *skeletos,* dried up] **1.** the hard framework of bones of a human being or other vertebrate **2.** a very thin person or animal **3.** a supporting framework, as of a ship **4.** an outline, as of a novel —*adj.* of or like a skeleton; greatly reduced [a *skeleton* force] —**skeleton in the cupboard** some fact kept secret because of shame —**skel'etal** *adj.*

**skeleton key** a key that can open any of various simple locks

**skelm** (skel'əm) *n.* [< Afrik.] [S Afr. Slang] a villain

**skeptic** (skep'tik) *adj., n. chiefly U.S. sp. of* SCEPTIC

**sketch** (skech) *n.* [< Gr. *schedios,* extempore] **1.** a rough drawing or design, done rapidly **2.** a brief outline **3.** a short, light, informal story, skit, etc. —*vt., vi.* to make a sketch (of)

**sketchbook** *n.* a book of drawing paper for making sketches

**sketchy** *adj.* **-ier, -iest** **1.** existing only in outline **2.** superficial; hasty

**skew** (skyōō) *vi.* [see ESCHEW] to swerve or twist —*vt.* **1.** to make slanting **2.** to bias or distort —*adj.* slanting; oblique —*n.* a slant or twist

**skewbald** (skyōō'bôld') *adj.* [< ?] having large patches of white and brown or any other colour except black —*n.* a skewbald horse

**skewer** (skyōō'ər) *n.* [< ON. *skifa,* a slice] a long pin used to hold meat together while cooking —*vt.* to fasten or pierce as with skewers

**skewwhiff** (skyōō'wif') *adj.* [Colloq.] askew; awry

**ski** (skē) *n., pl.* **skis, ski** [Norw. < ON. *skith,* snowshoe] either of a pair of long runners of wood, etc., fastened to the shoes for gliding over snow —*vi.* **skied** (skēd), **ski'ing** to glide on skis, as down snow-covered hills —**ski'er** *n.*

**skid** (skid) *vi.* **skid'ded, skid'ding** [see SKI] **1.** to slide without turning, as a wheel when brakes are applied on a slippery surface **2.** to slide, as a vehicle not gripping an icy road —*vt.* to cause (a vehicle, etc.) to skid —*n.* **1.** a skidding **2.** [Chiefly U.S.] a plank, log, etc. used as a track to slide a heavy object on **3.** a low, movable platform for holding loads **4.** a sliding wedge used to brake a vehicle **5.** [*pl.*] a wooden fender put against the side of a ship **6.** a runner in place of a wheel on some aircraft landing gear —**be on** (or **hit**) **the skids** [Slang] to be in decline —**on the skids** [Colloq.] to be ready for launching —**put the skids on** (or **under**) [Slang] to thwart or cause to fail

**skidoo** (skidōō) *n.* [< *Ski-Doo,* Trademark] [Canad.] a snowmobile —*vt., vi.* to travel using a snowmobile

**skidpan** *n.* an area made slippery so that a vehicle driver can practise controlling skids

**skid row** [altered < *skid road,* a trail for dragging logs] [Chiefly U.S.] a section of a city where vagrants, derelicts, etc. gather

**skiff** (skif) *n.* [< It. *schifo*] a light rowing boat

**ski jump** a high ramp overhanging a slope from which skiers compete to make the longest jump

**skilful** (skil'fəl) *adj.* having or showing skill; expert —**skil'fully** *adv.* —**skil'fulness** *n.*

**skill** (skil) *n.* [ON. *skil,* distinction] **1.** great ability or expertness **2.** an art, craft, or science, esp. one involving the use of the hands —**skilled** *adj.*

**skillet** (skil'it) *n.* [< ?] **1.** a cooking pot with a long handle **2.** [U.S.] a frying pan

**skim** (skim) *vt., vi.* **skimmed, skim'ming** [prob. akin to SCUM] **1.** to remove (floating matter) from a liquid **2.** to look (*through* a book, etc.) hastily **3.** to glide swiftly or lightly over

**skim milk** milk from which the cream has been removed

**skimp** (skimp) *vi.* [prob. < SCRIMP] [Colloq.] to allow too little; be stingy —*vt.* [Colloq.] **1.** to do poorly or carelessly **2.** to be stingy in or towards; specif., to make too small, too short, etc.

**skimpy** *adj.* **-ier, -iest** [Colloq.] barely enough; scanty —**skimp'ily** *adv.* —**skimp'iness** *n.*

**skin** (skin) *n.* [ON. *skinn*] **1.** the outer covering of the animal body **2.** this covering removed and prepared for use; pelt **3.** a skinlike outer layer, as fruit rind, a film or scum, etc. **4.** a container made of animal skin, for holding liquids —*vt.* **skinned, skin'ning** **1.** to remove skin from **2.** to cover as with skin **3.** [Colloq.] to swindle —**by the skin of one's teeth** by the tiniest margin —**get under one's skin** [Colloq.] to irritate one —**have a thick** (or **thin**) **skin** to be insensitive (or very sensitive) to criticism, etc. —**save one's skin** [Colloq.] to avoid death, injury, ruin, etc. —**skin'ner** *n.*

**skin-deep** *adj.* **1.** penetrating no deeper than the skin **2.** without real significance; superficial

**skin diving** underwater swimming in which the swimmer is equipped with a mask, a snorkel or scuba equipment, etc. —**skin'-dive'** (-dīv') *vi.* **-dived', -div'ing** —**skin diver**

**skinflick** *n.* [Slang] a pornographic film

**skinflint** *n.* a miser

**skin grafting** the surgical transplanting of skin (**skin graft**) to replace skin destroyed, as by burning

**skinless** *adj.* without a skin, casing, etc.

**skinned** *adj.* having skin (of a specified kind) [dark-*skinned*]

**skinny** *adj.* **-nier, -niest** emaciated; thin —**skin'niness** *n.*

**skint** (skint) *adj.* [< *skinned*, pp. of SKIN] [Slang] penniless; broke

**skintight** (skin'tīt') *adj.* very tightfitting

**skip**[1] (skip) *vi.* **skipped, skip'ping** [ME. *skippen*] **1.** to leap, jump, etc. lightly; specif., *a*) to move along by hopping lightly on one foot and then the other *b*) to jump over a skipping rope **2.** to ricochet **3.** to pass from one point to another, omitting what lies between **4.** [Chiefly U.S. Colloq.] to leave hurriedly —*vt.* **1.** to leap lightly over **2.** to pass over or omit **3.** to fail to attend a session of (school, etc.) **4.** to cause to skip or ricochet **5.** [Chiefly U.S. Colloq.] to leave (a town, etc.) hurriedly —*n.* **1.** a small jump or leap **2.** a skipping gait —**skip it!** [Colloq.] it doesn't matter!

**skip**[2] *n.* [< OE. *skeppa*, basket] **1.** a large, open, metal container in which refuse is put **2.** a cage used as a lift in mines, etc.

**ski pole** either of a pair of light poles with a sharp tip, used by skiers as a help in climbing, keeping balance, etc.

**skipper** (skip'ər) *n.* [< MDu. *schip*, ship] **1.** the captain of a ship **2.** any leader, director, or captain —*vt.* to act as skipper of

**skipping rope** a length of rope, often with handles, that is held in the hands and swung so that the holder, or another person, can jump over it

**skirl** (skurl) *vt., vi.* [prob. < Scand.] [Scot. & Dial.] to sound in shrill, piercing tones, as a bagpipe —*n.* a shrill sound, as of a bagpipe

**skirmish** (skur'mish) *n.* [< It. *schermire*, to fight < Gmc.] **1.** a brief fight between small groups, usually an incident of a battle **2.** any slight, unimportant conflict —*vi.* to take part in a skirmish —**skir'-misher** *n.*

**skirt** (skurt) *n.* [ON. *skyrt*, shirt] **1.** a woman's garment that hangs down from the waist **2.** that part of a dress, coat, etc. that hangs below the waist **3.** something like a skirt, as a flap hanging from a hovercraft **4.** a cut of beef from the flank **5.** [Old Slang] a girl [a bit of *skirt*] —*vt.* **1.** to lie along or form the edge of **2.** to move along the edge of or miss narrowly **3.** to avoid (a problem, etc.) —*vi.* to be on, or move along, the edge —**skirt'ed** *adj.*

**skirting board** a board or moulding covering the edge of a wall next to the floor

**skit** (skit) *n.* [prob. < ON. *skjota*, to shoot] a short, comic sketch, as in the theatre

**skittish** (skit'ish) *adj.* **1.** lively or playful, esp. in a coy way **2.** easily frightened; jumpy

**skittle** (skit''l) *n.* [< ?] **1.** [*pl. with sing. v.*] a bowling game in which a wooden disc or ball is used to knock down pins **2.** any of these pins —(**not**) **all beer and skittles** (not) pure pleasure

**skive** (skīv) *vt.* **skived, skiv'ing** [ON. *skifa*, to slice] **1.** to slice off (leather, etc.) in thin layers **2.** [Slang] to evade (work or responsibility) —*vi.* [Slang] to evade work —**skive off** [Slang] to depart, so as to evade work, etc. —**skiv'er** *n.*

**skivvy** (skiv'ē) *n., pl.* **-vies** [< ?] a servant, esp. a housemaid; a drudge —*vi.* to work as a skivvy

**skokiaan** (skô'ki än') *n.* [< Afrik.] in South Africa, a potent alcoholic drink consumed esp. by black Africans

**skolly** (skol'ē) *n.* [< ?] [S Afr.] a Coloured hooligan, usually one of a gang: also **skollie**

**skookum** (skōō'kəm) *a.* [< AmInd.] [Canad.] large; big

**skop skiet en donder** (skop'-skit'ən don'ə) [< Afrik.] [S Afr. Slang] blood and thunder: used to describe cowboy films, etc.

**skua** (skyōō'ə) *n.* [ult. < ON. *skūfr*, a tuft] any of several large, brown and white, rapacious sea gulls

**skulduggery, skullduggery** (skul dug'-ər ē) *n.* [< ?] [Colloq.] underhand, dishonest behaviour; trickery

**skulk** (skulk) *vi.* [< Scand.] **1.** to move about in a stealthy or sinister manner **2.** to shirk

**skull** (skul) *n.* [< Scand.] **1.** the bony framework of the head, enclosing the brain **2.** the head or mind

**skull and crossbones** a representation of two crossed bones under a human skull, a symbol of death or piracy

**skullcap** *n.* a light, closefitting, brimless cap

**skunk** (skuŋk) *n.* [< AmInd. *segonku*] **1.** a bushy-tailed mammal having black fur with white stripes down its back:

it ejects a foul-smelling liquid when molested **2.** [Colloq.] a despicable, person

**sky** (ski) ***n., pl.*** **skies** [ON., a cloud] **1.** [*often pl.*] the upper atmosphere [*blue skies,* a cloudy *sky*] **2.** the heavens, apparently arching over the earth; firmament —***vt.*** **skied** or **skyed, sky′ing** to hit high in the air —**out of a clear (blue) sky** without warning —**to the skies** without reserve

**sky blue** a blue colour like that of the sky on a clear day —**sky′-blue′** ***adj.***

**sky diving** the sport of jumping from an aircraft and executing free-fall manoeuvres before opening the parachute —**sky′-dive′** ***vi.*** —**sky diver**

**Skye terrier** [< Isle of *Skye*] a breed of small terrier with long hair, a long body, and short legs

**sky-high** (skī′hī′) ***adj., adv.*** very high

**skyjack** ***vt.*** [Colloq.] to hijack (an aircraft) —**sky′jack′er** ***n.*** —**sky′jack′ing** ***n.***

**skylark** ***n.*** a lark, famous for the song it utters as it soars towards the sky —***vi.*** [SKY + LARK[2]] to play about boisterously

**skylight** ***n.*** a window in a roof or ceiling

**skyline** ***n.*** **1.** the line along which sky and earth seem to meet **2.** the outline, as of a city, seen against the sky

**skyrocket** ***n.*** a firework rocket that explodes in midair —***vi., vt.*** to rise or cause to rise rapidly

**skyscraper** ***n.*** a very tall building

**skyward** ***adv., adj.*** towards the sky: also **sky′wards** ***adv.***

**slab** (slab) ***n.*** [ME. *sclabbe*] a flat, broad, and fairly thick piece of something solid

**slack[1]** (slak) ***adj.*** [OE. *slæc*] **1.** loose; not taut **2.** careless or negligent [*a slack workman*] **3.** slow; sluggish **4.** not busy or active [*a slack period*] —***vt., vi.*** to make or become slack; slacken —***n.*** **1.** a part that is slack or hangs loose **2.** a dull period; lull —**slack off** to slacken —**slack up** to go more slowly —**slack′ness** ***n.***

**slack[2]** ***n.*** [< ME. *sleck*] a mixture of small pieces of coal, coal dust, and dirt left from the screening of coal

**slacken** ***vt., vi.*** **1.** to relax or loosen **2.** to make or become less active, intense, etc.

**slacker** ***n.*** a person who shirks his work or duty

**slacks** ***n.pl.*** informal trousers for men or women

**slack water** the period between tides when the water is still, esp. at low tide

**slag** (slag) ***n.*** [MLowG. *slagge*] the fused refuse separated from a metal in smelting —***vt., vi.*** **slagged, slag′ging** to form into slag —**slag′gy** ***adj.***

**slag heap** a large pile of waste matter from coal-mining or metal-smelting

**slain** (slān) *pp. of* SLAY

**slake** (slāk) ***vt.*** **slaked, slak′ing** [< OE. *slæc, slack*] **1.** to make (thirst, desire, etc.) less intense by satisfying **2.** to produce a chemical change in (lime) by combination with water

**slalom** (slä′ləm) ***n.*** [Norw., sloping trail] a downhill skiing race over a zigzag course —***vi.*** to ski in a slalom

**slam[1]** (slam) ***vt.*** **slammed, slam′ming** [prob. < Scand.] **1.** to shut with force and noise **2.** to hit, put, etc. with force and noise [*to slam* a football over the fence] **3.** [Colloq.] to criticize severely —***vi.*** to shut with force and noise —***n.*** **1.** a heavy impact, shutting, etc. **2.** the noise made by this

**slam[2]** ***n.*** [< ?] *Bridge* a winning of all, or all but one, of the 13 tricks

**slander** (slän′dər) ***n.*** [see SCANDAL] **1.** the utterance of a falsehood damaging to a person's reputation **2.** such a spoken falsehood —***vt.*** to utter such a falsehood about —**slan′derous** ***adj.***

**slang** (slaŋ) ***n.*** [< ?] **1.** highly informal language, usually short-lived and of a colourful nature, that is avoided in formal speech and writing **2.** such language used by those in the same work, way of life, etc. —***vi.*** to use abusive talk —***vt.*** to abuse; criticize —**slang′y** ***adj.***

**slant** (slänt) ***vt., vi.*** [< Scand.] **1.** to turn or lie in a direction that is not straight; slope **2.** to write or tell so as to express a particular bias —***n.*** **1.** a slanting surface, line, etc.; slope **2.** a point of view, esp. one that shows bias —***adj.*** oblique; sloping —**slant′ing** ***adj.***

**slap** (slap) ***n.*** [echoic] **1.** a blow with something flat, as the palm of the hand **2.** the sound of this, or a sound like it —***vt.*** **slapped, slap′ping** **1.** to strike with something flat **2.** to put, hit, etc. carelessly or with force **3.** [Colloq.] to apply in large quantities [*she slapped* some make-up on] —***vi.*** to make a dull, sharp noise, as upon impact —***adv.*** **1.** [Colloq.] straight; directly **2.** [Colloq.] abruptly —**slap down** [Colloq.] to rebuke sharply —**slap in the face** a snub or rebuff

**slap and tickle** [Colloq.] rowdy, boisterous behaviour, esp. of a sexual nature

**slapdash** ***adv.*** in a hasty, careless manner —***adj.*** hasty, careless, impetuous, etc.

**slap-happy** ***adj.*** [Colloq.] silly or giddy

**slapshot** ***n.*** *Ice Hockey* a fast shot given by a short, powerful swing of the stick

**slapstick** ***n.*** crude comedy full of violent activity, horseplay etc. —***adj.*** characterized by such comedy

**slap-up** ***adj.*** [Colloq.] stylish; lavish; elegant

**slash** (slash) ***vt.*** [< ?] **1.** to cut with sweeping strokes, as of a knife **2.** to whip viciously **3.** to cut slits in (a fabric, etc.), esp. so as to expose underlying material **4.** to reduce drastically [*to slash* prices] **5.** to criticize severely —***vi.*** to make a sweeping motion as with something sharp —***n.*** **1.** a slashing **2.** a cut made by such a stroke; gash **3.** [Vulg. Slang] an act of urinating

**slat** (slat) ***n.*** [OFr. *esclat,* fragment] a thin, narrow strip of wood, metal, etc. —**slat′ted** ***adj.***

**slate[1]** (slāt) ***n.*** [see prec.] **1.** a hard rock that separates easily into thin, smooth layers **2.** its bluish-grey colour: also **slate blue** **3.** a thin piece of slate, esp. one used as a roofing tile or as a tablet for writing on with chalk —*vt.* **slat'ed, slat'ing** to cover with slate —**a clean slate** a clean record without blemish —**slat'y** *adj.*

**slate**[2] *vt.* **slat'ed, slat'ing** [< ON. *sleita*] [Colloq.] to scold or criticize harshly —**slat'ing** *n.*

**slattern** (slat'ərn) *n.* [< dial. *slatter,* to slop] a woman who is careless and sloppy in her habits, appearance, etc. —**slat'ternliness** *n.* —**slat'ternly** *adj.*

**slaughter** (slôt'ər) *n.* [ON. *slātr,* slain flesh] **1.** the killing of animals for food; butchering **2.** the brutal killing of a human being **3.** the killing of people in large numbers —*vt.* **1.** to kill (animals) for food; butcher **2.** to kill (people) brutally or in large numbers —**slaugh'terer** *n.*

**slaughterhouse** *n.* a place where animals are butchered for food; abattoir

**Slav** (slāv) *n.* a member of any of a group of Slavic-speaking peoples of E, SE, and C Europe, including the Russians, Czechs, Poles, etc.

**slave** (slāv) *n.* [< LGr. *Sklabos:* first applied to captive Slavs] **1.** a human being who is owned by another **2.** a person who is dominated by some influence, habit, etc. **3.** a person who slaves; drudge —*vi.* **slaved, slav'ing** to work like a slave; drudge

**slave driver** **1.** a person who oversees the work of slaves **2.** any merciless taskmaster

**slaver**[1] (slav'ər) *vi.* [< Scand.] to let saliva run from the mouth; drool —*n.* saliva drooling from the mouth

**slaver**[2] (slā'vər) *n.* **1.** a ship used in the slave trade: also **slave ship** **2.** a person who deals in slaves

**slavery** *n.* **1.** the owning of slaves as a practice or institution **2.** the condition of being a slave; bondage **3.** toil; drudgery

**slavish** *adj.* **1.** of or like slaves; servile **2.** blindly dependent [*slavish* imitation] —**slav'ishly** *adv.*

**Slavonic** (slə von'ik) *adj.* of a group of languages including Russian, Polish, etc.: also **Slavic**

**slay** (slā) *vt.* **slew, slain, slay'ing** [OE. *slean*] to kill by violent means

**sleazy** (slē'zē) *adj.* **-zier, -ziest** [< ?] dirty, vulgar, sordid, etc. —**slea'zily** *adv.* —**slea'ziness** *n.*

**sled** (sled) *n.* [MLowG. or MDu. *sledde*] *same as* SLEDGE[2]

**sledge**[1] (slej) *n., vt., vi.* **sledged, sledg'ing** [OE. *slecge*] *same as* SLEDGEHAMMER

**sledge**[2] *n.* [MDu. *sleedse*] a vehicle mounted on runners for carrying loads or people over snow or ice —*vt.* **sledged, sledg'ing** to carry or ride on a sledge

**sledgehammer** *n.* [see SLEDGE[1]] a large, heavy hammer —*adj.* crushingly powerful

**sleek** (slēk) *adj.* [< SLICK] **1.** smooth and shiny; glossy **2.** having a healthy, well-groomed appearance —*vt.* to make sleek

**sleep** (slēp) *n.* [OE. *slæp*] **1.** *a*) a condition of rest for the body and mind at regular times, during which the eyes stay closed and there is dreaming *b*) a period of sleeping **2.** any state like sleep, as a coma —*vi.* **slept, sleep'ing** **1.** to be in the state of sleep **2.** to be in a state like sleep, as hibernation **3.** [Colloq.] to have sexual intercourse (*with*) —*vt.* **1.** to have (a specified kind of sleep) [*to sleep* the sleep of the just] **2.** to provide sleeping accommodation for —**last sleep** death —**put to sleep** **1.** to anaesthetize **2.** to kill painlessly, esp. a pet animal —**sleep around** [Colloq.] to have promiscuous sexual relations —**sleep in** to sleep later than usual in the morning —**sleep off** to rid oneself of by sleeping —**sleep on it** to give extended consideration, esp. overnight

**sleeper** *n.* **1.** one who sleeps **2.** any of the parallel crossbeams to which the rails of a railway are fastened **3.** *a*) *same as* SLEEPING CAR *b*) a compartment in a sleeping car **4.** a plain ring worn in a pierced ear to stop the hole from closing

**sleeping bag** a large bag with a warm lining, for sleeping in, esp. outdoors

**sleeping car** a railway coach with berths, compartments, etc. for passengers to sleep in: also **sleeping carriage**

**sleeping partner** a partner who shares in financing but not in managing a business, firm, etc.

**sleeping sickness** an infectious, usually fatal disease, esp. of tropical Africa, characterized by fever, lethargy, and coma

**sleepless** *adj.* **1.** with little or no sleep [*a sleepless* night] **2.** always alert or active

**sleepwalking** *n.* the act or practice of walking while asleep —**sleep'walk'er** *n.*

**sleepy** *adj.* **-ier, -iest** **1.** likely to fall asleep; drowsy **2.** dull; quiet [*a sleepy* little town] **3.** causing drowsiness —**sleep'ily** *adv.* —**sleep'iness** *n.*

**sleet** (slēt) *n.* [ME. *slete*] **1.** rain that freezes as it falls **2.** a mixture of rain and snow —*vi.* to shower in the form of sleet —**sleet'y** *adj.*

**sleeve** (slēv) *n.* [OE. *sliefe*] **1.** that part of a garment that covers an arm **2.** a tubelike part fitting around another part **3.** an envelope for a gramophone record —**up one's sleeve** hidden but ready at hand —**sleeved** *adj.* —**sleeve'less** *adj.*

**sleigh** (slā) *n.* [Du. *slee*] a carriage with runners instead of wheels, for travel over snow and ice —*vi.* to ride in or drive a sleigh —**sleigh'ing** *n.*

**sleight** (slīt) *n.* [< ON. *slœgr,* crafty] **1.** cunning **2.** dexterity

**sleight of hand** **1.** skill in using the hands so as to confuse those watching, as in doing magic tricks **2.** the performance of tricks that deceive in this way

**slender** (slen'dər) *adj.* [< ?] **1.** long and thin **2.** having a slim figure **3.** small in amount, size, degree, etc.; [*slender* earnings] —**slen'derness** *n.*

**slept** (slept) *pt. & pp. of* SLEEP

**sleuth** (slōōth) *n.* [ON. *sloth,* a track] **1.** [Colloq.] a detective **2.** a bloodhound:

in full, **sleuth'hound'** —*vi.* to act as a detective

**slew**[1] (slōō) *vt., vi.* **slewed, slew'ing** [< ?] to turn or swing round, esp. awkwardly —*n.* the position to which a thing has been slewed

**slew**[2] *pt. of* SLAY

**slice** (slīs) *n.* [< Frank. *slizzan,* to slice] **1.** *a*) a thin, broad piece cut from something *b*) a wedge [a *slice* of cake] **2.** a share [a *slice* of the profits] **3.** a spatula or knife with a broad, flat blade **4.** a hit ball that curves away to the right from a right-handed player or to the left from a left-handed player —*vt.* **sliced, slic'ing** **1.** to cut into slices **2.** to cut as a slice (with *off, from, away,* etc.) **3.** to hit (a ball) in a slice —*vi.* to cut (*through*) like a knife —**slic'er** *n.*

**slick** (slik) *adj.* [OE. *slician*] **1.** [Colloq.] smooth and clever, but superficial **2.** accomplished; adept **3.** sleek; smooth —*n.* a smooth area on the surface of water, as from a film of oil —*vt.* to make sleek or smooth

**slide** (slīd) *vi.* **slid** (slid), **slid'ing** [OE. *slidan*] **1.** to move along in constant contact with a smooth surface, as on ice **2.** to glide **3.** to slip [it *slid* from his hand] **4.** to pass gradually (*into* or *out of* some condition, habit, etc.) —*vt.* **1.** to cause to slide **2.** to move or slip quietly or stealthily (*in* or *into*) —*n.* **1.** an act of sliding **2.** a smooth, often sloping track, surface, or chute down or along which to slide **3.** something that works by sliding **4.** a piece of film with a photograph on it, mounted for use with a viewer or projector **5.** a small glass plate on which objects are mounted for microscopic study **6.** an ornamental clip to hold sections of hair in place —**let slide** to fail to take care of (some matter)

SLIDE RULE

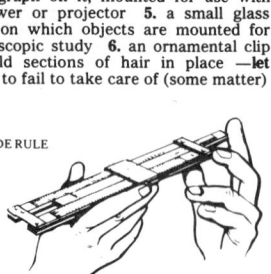

**slide rule** an instrument for rapid calculations, consisting of a ruler with a central sliding piece, both marked with logarithmic scales

**sliding scale** a scale, as of costs, that varies with given conditions

**slight** (slīt) *adj.* [OE. *sliht*] **1.** small in amount or extent **2.** having little weight, strength, significance, etc. **3.** *a*) light in build; slender *b*) frail; fragile —*vt.* to treat with disrespect or indifference —*n.* a slighting or being slighted by pointedly discourteous treatment —**slight'ingly** *adv.* —**slight'ness** *n.*

**slim** (slim) *adj.* **slim'mer, slim'mest** [< Du., crafty] **1.** small in girth in proportion to height or length **2.** slight; meagre —*vt., vi.* **slimmed, slim'ming** **1.** to make or become slim, esp. by dieting **2.** to decrease in extent, numbers, costs, etc. [to *slim* an industry] —**slim'ness** *n.*

**slime** (slīm) *n.* [OE. *slim*] any soft, moist, slippery, often sticky matter; specif., any such matter considered disgusting

**slimy** *adj.* **-ier, -iest** **1.** of, like or covered with slime **2.** disgusting; repulsive —**slim'ily** *adv.* —**slim'iness** *n.*

**sling** (sliŋ) *n.* [prob. < ON. *slyngva,* to throw] **1.** a primitive instrument for throwing stones, etc., consisting of a piece of leather tied to cords that are whirled for releasing the missile **2.** *a*) a looped or hanging band, used in raising or lowering a heavy object, etc. *b*) a wide piece of cloth looped from the neck under an injured arm for support —*vt.* **slung, sling'ing** **1.** to throw (stones, etc.) with, or as if with, a sling **2.** to hang in a sling; suspend

**slingback** *n.* a shoe with a strap instead of a full covering for the heel

**slink** (sliŋk) *vi.* **slunk, slink'ing** [OE. *slincan,* to creep] to move in a fearful or stealthy way, or as if ashamed

**slinky** *adj.* **-ier, -iest** **1.** sinuous and graceful in movement, line, etc. **2.** sneaky in movement

**slip**[1] (slip) *vi.* **slipped, slip'ping** [MLowG. *slippen*] **1.** to go quietly or secretly **2.** *a*) to move or pass smoothly, quickly, or easily *b*) to get (*into* or *out of* clothes) quickly **3.** to pass gradually into or out of some condition, habit, etc. **4.** to escape from one's mind, power, etc. [to let a chance *slip* by] **5.** to slide [the plate *slipped* from my hand] **6.** to slide accidentally, lose footing, etc. [to *slip* on ice] **7.** to make a mistake; err **8.** to become worse; weaken [my memory is *slipping*] —*vt.* **1.** to put or move smoothly, easily, or quickly **2.** to escape (one's mind) **3.** to get loose from [the dog *slipped* his lead] **4.** to transfer (a stitch) from one needle to another without knitting it **5.** to put out of joint; dislocate —*n.* **1.** a slipping or falling down **2.** an error or mistake **3.** a woman's sleeveless undergarment, full or half length **4.** an inclined plane leading down to water, on which ships are built or repaired: also **slip'way** **5.** *Cricket* a fielder placed behind the wicket on the off side —**give someone the slip** to escape from someone —**let slip** to say without intending to —**slip up** to make a mistake

**slip**[2] *n.* [< MDu. *slippen,* to cut] **1.** a small piece of paper, esp. one for a specific use [an order *slip*] **2.** a stem, root, twig, etc. cut off for planting or grafting **3.** a young, slim person

**slip**[3] *n.* [OE. *slypa,* paste] *Ceramics* clay thinned to a watery paste for decorating, etc.

**slipknot** *n.* a knot made so that it will slip along the rope, etc. around which it is tied

**slip-on** *adj.* easily put on or taken off, as shoes without laces —*n.* a slip-on shoe or garment

**slipped disc** a herniated disc between two vertebrae, esp. in the lumbar region, often causing sciatica

**slipper** *n.* a light, low shoe easily slipped on the foot, esp. one for indoor wear

**slippery** *adj.* **slip'perier, slip'periest** [OE. *slipor*] **1.** liable to cause slipping, as a wet surface **2.** tending to slip away, as from the grasp **3.** untrustworthy —**slip'periness** *n.*

**slippery elm** a N American elm with sticky inner bark

**slippy** *adj.* [Colloq.] alert; sharp; quick

**slip road** a fairly narrow road used for joining and leaving a motorway

**slipshod** *adj.* [SLIP[1] + SHOD] **1.** careless; slovenly **2.** wearing shoes with worn-down heels

**slip-slop** *n.* [S Afr.] a sandal with a single bifurcating thong

**slipstream** *n.* the current of air thrust backwards by a moving object, esp. the spinning propeller of an aircraft

**slip-up** *n.* [Colloq.] an error, oversight, or mishap

**slipway** *n.* a long, inclined ramp on which a ship is built or from which it is launched

**slit** (slit) *vt.* **slit, slit'ting** [OE. *slitan*] **1.** to cut or split open, esp. by a straight, lengthwise incision **2.** to cut into strips —*n.* a long, straight cut

**slither** (sliȟ'ər) *vi.* [< OE. *slidan,* to slide] **1.** to slip or slide on a loose, broken surface, as a gravelly slope **2.** to move along by gliding, as a snake —*n.* a slithering motion —**slith'ery** *adj.*

**sliver** (sliv'ər) *n.* [OE. *slifan,* to cut] a thin, sharp piece cut, split, or broken off; splinter —*vt., vi.* to cut or break into slivers

**slob** (slob) *n.* [Ir. *slab,* mud] [Colloq.] a sloppy, coarse, or gross person

**slobber** (slob'ər) *vi.* [prob. < LowG. *slubberen,* to swig] **1.** to let saliva, etc. run from the mouth **2.** to speak, write, etc. in a gushy or maudlin way —*vt.* to smear with saliva —*n.* saliva running from the mouth —**slob'bery** *adj.*

**slob ice** [Canad.] sludgy masses of floating ice

**sloe** (slō) *n.* [OE. *sla*] **1.** the blackthorn **2.** its small, blue-black, plumlike fruit

**sloe-eyed** *adj.* having dark, almond-shaped eyes

**slog** (slog) *vt., vi.* **slogged, slog'ging** [< ?] **1.** to hit hard **2.** to make (one's way) with great effort; plod **3.** to work hard (*at* something) —*n.* **1.** a tiring walk **2.** long, exhausting work **3.** a heavy blow

**slogan** (slō'gən) *n.* [< Gael. *sluagh,* a host + *gairm,* a call] **1.** a catchword associated with a political party or other group **2.** a catch phrase used to advertise a product

**sloop** (slo͞op) *n.* [Du. *sloep*] a fore-and-aft rigged, single-masted sailing vessel

**sloot** (slo͞ot) *n.* [< Afrik.] [S Afr.] a ditch for irrigation or drainage

**slop** (slop) *n.* [OE. *sloppe*] **1.** a splash or puddle of spilled liquid **2.** liquid or semiliquid food that is unappetizing **3.** [*often pl.*] *a*) liquid waste of any kind *b*) kitchen swill —*vi., vt.* **slopped, slop'ping** to spill or splash —**slop over** **1.** to overflow **2.** [Colloq.] to display sentimentality; gush

**slop bowl** (or **basin**) a bowl into which the dregs from tea cups are emptied at table

**slope** (slōp) *n.* [< OE. *slupan,* to glide] **1.** ground that slants, as a hillside **2.** any inclined line, surface, etc.; slant **3.** amount or degree of slant —*vi., vt.* **sloped, slop'ing** to slant or cause to slant —**slope arms** *Mil.* to hold a rifle resting on the shoulder with the butt in the hand —**slope off** [Colloq.] to leave furtively

**sloppy** (slop'ē) *adj.* **slop'pier, slop'piest** **1.** wet and slushy **2.** *a*) slovenly or messy *b*) careless; slipshod **3.** [Colloq.] gushingly sentimental —**slop'pily** *adv.* —**slop'piness** *n.*

**slosh** (slosh) *vt.* [< SLUSH] **1.** [Colloq.] to shake or agitate (a liquid) **2.** [Colloq.] to apply (a liquid) carelessly **3.** [Slang] to hit violently —*vi.* **1.** to splash clumsily through water, mud, etc. **2.** to splash about: said of a liquid —*n.* **1.** a heavy blow **2.** the sound of liquid splashing about —**slosh'y** *adj.*

**sloshed** *adj.* [Slang] drunk

**slot** (slot) *n.* [< OFr. *esclot,* hollow between the breasts] **1.** a narrow notch or opening, as a slit for a coin in a vending machine **2.** [Colloq.] a position in a group, series, etc. —*vt.* **slot'ted, slot'ting** **1.** to make a slot in **2.** [Colloq.] to place in a series, schedule, etc.

**sloth** (slōth) *n.* [< OE. *slaw,* slow] **1.** the condition of not liking to work or be active; laziness **2.** a slow-moving mammal of Central and South America that lives in trees

**slothful** *adj.* characterized by sloth; lazy —**sloth'fully** *adv.*

**slot machine** a machine, esp. a gambling device, worked by putting a coin in a slot

**slouch** (slou̇ch) *n.* [< ON. *slōka,* to droop] **1.** a drooping or slovenly posture **2.** a drooping, as of a hat brim **3.** [Colloq.] a person who lacks skill —*vi.* to sit, stand, walk, etc. in a slouch

**slough[1]** (sluf) *n.* [ME. *slouh*] any castoff layer, esp. the skin of a snake —*vi.* to be shed, cast off, etc. —*vt.* to shed or throw (*off*); get rid of

**slough[2]** (slou̇) *n.* [OE. *sloh*] **1.** a place full of soft, deep mud **2.** [< *Slough of Despond,* in Bunyan's *Pilgrim's Progress*] deep, hopeless discouragement **3.** (slo͞o) [U.S. & Canada.] in the prairies, *a*) a large hole where water collects *b*) the water in such a hole

**sloven** (sluv'ən) *n.* [prob. < MDu. *slof,* lax] a dirty or untidy person

**slovenly** (sluv'ən lē) *adj.* **-lier, -liest** careless in appearance, habits, work, etc.; untidy —*adv.* in a slovenly manner —**slov'enliness** *n.*

**slow** (slō) *adj.* [OE. *slaw*] **1.** taking a longer time than is expected or usual **2.** marked by low speed, etc.; not fast **3.** making speed difficult [*a slow* track] **4.** behind the correct time: said of a timepiece

5. lacking in energy; sluggish 6. not quick in understanding 7. passing tediously; dull 8. not readily responsive or prone *to* 9. slack *[slow* trading*]* 10. giving off low heat *[a slow* fire*]* 11. *Photog.* adapted to a relatively long exposure time —**vt., vi.** to make or become slow or slower (often with *up* or *down*) —**adv.** in a slow manner —**slow'ly** *adv.* —**slow'ness** *n.*

**slowcoach** *n.* [Colloq.] one who acts or moves slowly

**slow-motion** *adj.* 1. moving below usual speed 2. designating a film in which the action is made to appear much slower than the actual action

**slowworm** *n.* [OE. *slawyrm*] a legless lizard: also called **blind'worm**

**sludge** (sluj) *n.* [< *slutch,* mud] 1. mud, mire, or ooze 2. any heavy, slimy sediment, as the waste resulting from oil refining, the precipitate in a sewage tank, etc. —**sludg'y** *adj.*

**slue** (slōō) *vt., vi.* **slued, slu'ing** *same as* SLEW[1]

**slug[1]** (slug) *n.* [< Scand.] a small mollusc resembling a land snail, but having only a rudimentary internal shell

**slug[2]** *n.* [prob. < prec.] 1. a small piece of metal; specif., a bullet 2. *Printing* a) a strip of nonprinting metal used to space between lines b) a line of type made in one piece, as by a linotype machine

**slug[3]** *vt.* **slugged, slug'ging** [ON. *slag*] [Colloq.] to hit hard —*n.* [Colloq.] a hard blow

**sluggard** (slug'ərd) *n.* [< ME. *sluggen,* be lazy] a habitually lazy person —**adj.** lazy: also **slug'gardly**

**sluggish** (slug'ish) *adj.* [< SLUG[1]] 1. lacking energy or alertness; slothful 2. slow or slow-moving

**sluice** (slōōs) *n.* [< L. *excludere,* EXCLUDE] 1. an artificial channel for water, with a gate at its head to regulate the flow 2. the water held back by such a gate 3. such a gate: also **sluice gate** 4. any channel, esp. one for excess water 5. a sloping trough for rinsing ore, etc. —**vt. sluiced, sluic'ing** 1. to draw off as by means of a sluice 2. to wash with water from or as from a sluice —**vi.** to run or flow as in a sluice

**slum** (slum) *n.* [< ?] [*often pl.*] a heavily populated area of a city having much poverty, poor housing, etc. —**vi. slummed, slum'ming** 1. to visit slums in a condescending way 2. to experience slum conditions: also **slum it** —**slum'my** *adj.*

**slumber** (slum'bər) *vi.* [< OE. *sluma,* slumber] 1. to sleep 2. to be inactive —*n.* 1. sleep 2. an inactive state —**slum'berous, slum'brous** *adj.*

**slump** (slump) *vi.* [echoic] 1. to fall or sink suddenly 2. to have a drooping posture —*n.* 1. a sudden or sharp decline, as in prices, demand, etc. 2. a drooping posture

**slung** (sluŋ) *pt. & pp. of* SLING

**slunk** (sluŋk) *pt. & pp. of* SLINK

**slur** (slur) *vt.* **slurred, slur'ring** [< ?] 1. to pass (*over*) quickly and carelessly 2. to pronounce rapidly in an unclear way 3. to discredit 4. *Music* to sing or play (successive notes) by gliding from one to another without a break —*n.* 1. a slurring 2. a remark that is harmful to a person's reputation; aspersion 3. *Music* a curved symbol connecting slurred notes

**slurp** (slurp) *vt., vi.* [Du. *slurpen,* to sip] [Slang] to drink or eat noisily —*n.* [Slang] a loud sipping noise

**slurry** (slur'ē) *n.* [< ?] a thin, watery mixture, as of cement or mud

**slush** (slush) *n.* [prob. < Scand.] 1. partly melted snow or ice 2. soft mud 3. excessively sentimental talk or writing —**slush'y** *adj.*

**slush fund** [Chiefly U.S.] money used for bribery, influencing politicians, or other corrupt purposes

**slut** (slut) *n.* [< ?] 1. a dirty, slovenly woman 2. a sexually promiscuous woman —**slut'tish** *adj.*

**sly** (slī) *adj.* **sli'er** or **sly'er, sli'est** or **sly'est** [ON. *slægr*] 1. skilful at tricking others in an underhanded way 2. teasing in a playful way —**on the sly** secretly —**sly'ly** *adv.* —**sly'ness** *n.*

**Sm** *Chem.* samarium

**smack[1]** (smak) *n.* [OE. *smæc*] a slight flavour or trace —**vi.** to have a smack (*of*)

**smack[2]** *vt.* [< ?] 1. to slap loudly 2. to part (the lips) suddenly so as to make a smack —**vi.** to make a loud, sharp noise —*n.* 1. a sharp blow with a flat object; slap 2. a loud kiss 3. a sharp noise made by parting the lips suddenly —**adv.** 1. directly: also [Colloq.] **smack'-dab'** 2. with a smack —**smack in the eye** a snub or rebuff

**smack[3]** *n.* [prob. < Du. *smak*] a small sailing boat, usually rigged as a sloop and used for fishing

**smacker** *n.* 1. [Slang] a loud kiss 2. [Slang] a pound note

**small** (smôl) **adj.** [OE. *smæl*] 1. comparatively little in size; not large 2. a) little in quantity, extent, value, duration, etc. *[a small* income*]* b) consisting of relatively few units; low in numbers *[a small* crowd*]* 3. of little importance 4. having relatively little investment, capital, etc. *[a small* business*]* 5. small-minded; petty —**adv.** 1. in small pieces 2. in a small manner —*n.* 1. the small of a narrow part *[the small* of the back*]* 2. [*pl.*] ] underclothes —**feel small** to feel shame or humiliation —**small'ish** *adj.* —**small'ness** *n.*

**small beer** [Colloq.] people or things of no importance

**small change** 1. coins, esp. those of low denomination 2. something of little value

**smallest room** *a euphemism for* LAVATORY

**smallholding** *n.* a holding of agricultural land smaller than a farm, usually worked by one man —**small'holder** *n.*

**small hours** the first few hours after midnight

**small-minded** (môl′mīn′did) ***adj.*** selfish, petty, prejudiced, narrow-minded, etc.

**smallpox** ***n.*** an acute, contagious disease causing fever and pustular eruptions that often leave pitted scars

**small-scale** ***adj.*** **1.** drawn to a small scale **2.** of limited scope *[small-scale trading]*

**small talk** light conversation about everyday things

**small-time** (môl′tīm′) ***adj.*** [Colloq.] of little importance

**smarm** (smärm) ***vt.*** [< ?] [Colloq.] **1.** to flatten the hair with grease **2.** to ingratiate oneself **—smarm′y** ***adj.***

**smart** (smärt) ***adj.*** [OE. *smeortan*] **1.** *a*) intelligent, alert, witty, etc. *b*) shrewd or sharp **2.** stylish **3.** neat; trim **4.** causing sharp pain *[a smart slap]* **5.** sharp or stinging, as pain **6.** brisk; lively *[a smart pace]* **—*vi.*** **1.** *a*) to cause sharp, stinging pain, as a slap *b*) to feel such pain **2.** to feel mental distress, as in resentment, remorse, etc. **—*n.*** a smarting sensation **—*adv.*** in a smart way

**smart aleck, smart alec** (al′ik) [< *Alexander,* name] [Colloq.] a conceited, cocky person

**smarten** ***vt.*** to make smart or smarter: usually with *up*

**smash** (smash) ***vt.*** [echoic] **1.** to break into pieces with noise or violence **2.** to hit (a tennis ball, etc.) with a hard overhand stroke **3.** to hit with a hard, heavy blow **4.** to ruin; destroy **—*vi.*** **1.** to break into pieces **2.** to be destroyed **3.** to move or collide with force **—*n.*** **1.** a hard, heavy hit **2.** a violent, noisy breaking **3.** a violent collision **4.** total failure, esp. in business **5.** an overwhelming popular success **—*adj.*** that is a great popular success

**smash-and-grab raid** robbery in which thieves smash a shopwindow and grab goods

**smashing** ***adj.*** [Colloq.] very good

**smattering** (smat′ər iŋ) ***n.*** [< ?] slight or superficial knowledge

**smear** (smēər) ***vt.*** [OE. *smerian,* anoint] **1.** to cover or soil with something greasy, sticky, etc. **2.** to apply (something greasy, etc.) **3.** to smudge or obscure by rubbing **4.** to harm the reputation of; slander **—*vi.*** to be or become smeared **—*n.*** **1.** a mark made by smearing **2.** a small quantity of some substance smeared on a slide for microscopic study, etc. **3.** a slandering **—smear′y** ***adj.***

**smell** (smel) ***vt.*** **smelled** or **smelt, smell′ing** [ME. *smellen*] **1.** to be aware of by means of the nose; detect the odour of **2.** to sense *[to smell trouble]* **3.** to test by the odour; sniff *[smell the milk to tell if it's sour]* **—*vi.*** **1.** to use the sense of smell; sniff (often with *at* or *of*) **2.** *a*) to have a scent *b*) to have an unpleasant odour **3.** [Colloq.] to be foul, corrupt, etc. **—*n.*** **1.** the sense by which a substance is perceived through the stimulation of nerves in the nasal cavity **2.** odour; scent **3.** an act of smelling **—smell out** to look for as by smelling

**smelling salts** carbonate of ammonium, inhaled to relieve faintness, headaches, etc.

**smelly** ***adj.*** **-ier, -iest** having an unpleasant smell **—smell′iness** ***n.***

**smelt**[1] (smelt) ***n.*** [OE.] a small, silvery food fish

**smelt**[2] ***vt.*** [MDu. or MLowG. *smelten*] **1.** to melt or fuse (ore, etc.) so as to separate impurities from pure metal **2.** to refine or extract (metal) in this way

**smelter** ***n.*** **1.** a person engaged in the work of smelting **2.** a place where smelting is done: also **smelt′ery**

**smew** (smyōō) ***n.*** [< ?] a duck of N Europe and Asia related to the goosander

**smilax** (smī′laks) ***n.*** [L. < Gr. *smilax,* bindweed] **1.** *same as* CAT BRIER **2.** a twining plant with bright green leaves

**smile** (smīl) ***vi.*** **smiled, smil′ing** [ME. *smilen*] **1.** to show pleasure, amusement, affection, etc. by an upward curving of the corners of the mouth **2.** to regard with favour (with *on* or *upon*) **—*vt.*** to express with a smile **—*n.*** the act or expression of smiling **—smil′ingly** ***adv.***

**smirch** (smurch) ***vt.*** [< ?] **1.** to soil or smear **2.** to dishonour **—*n.*** **1.** a smudge; smear **2.** a stain on a reputation

**smirk** (smurk) ***vi.*** [OE. *smearcian,* to smile] to smile in a conceited or self-satisfied way **—*n.*** such a smile

**smite** (smīt) ***vt.*** **smote, smit′ten, smit′ing** [OE. *smitan*] **1.** [Now Rare] to hit or strike hard **2.** to attack with disastrous effect **3.** to affect strongly and suddenly (*with*) **4.** to impress favourably *[smitten with her charms]*

**smith** (smith) ***n.*** [OE.] **1.** a person who makes or repairs metal objects *[silversmith]* **2.** *shortened form of* BLACKSMITH

**smithereens** (smi*th*′ərēnz′) ***n.pl.*** [Ir. *smidirīn*] [Colloq.] small fragments; bits

**smithy** (smi*th*′ē) ***n., pl.*** **smith′ies** **1.** the workshop of a smith **2.** *same as* BLACKSMITH

**smitten** (smit′′n) *pp. of* SMITE

**smock** (smok) ***n.*** [OE. *smoc*] **1.** a loose, shirtlike, outer garment worn to protect the clothes **2.** a woman's loose, blouselike garment **—*vt.*** to decorate with smocking

**smocking** ***n.*** decorative stitching used in gathering cloth

**smog** (smog) ***n.*** [SM(OKE) + (F)OG] a harmful mixture of fog and smoke **—smog′gy** ***adj.***

**smoke** (smōk) ***n.*** [OE. *smoca*] **1.** the vaporous matter arising from something burning **2.** *a*) an act of smoking tobacco, etc. *[time for a smoke]* *b*) something to smoke, as a cigarette **—*vi.*** **smoked, smok′ing** **1.** to give off smoke **2.** to discharge smoke excessively or improperly, as a fireplace, etc. **3.** *a*) to draw the smoke of tobacco, etc. into the mouth and blow it out again *b*) to be a habitual smoker **—*vt.*** **1.** to use (tobacco, a pipe, etc.) in smoking **2.** to force out with smoke *[to smoke an animal from its lair]*

**3.** to cure (meat, etc.) with smoke —**go up in smoke** **1.** to burn vigorously **2.** to come to nothing **3.** to flare up in anger —**smoke out** to force out of hiding, secrecy, etc.

**smokeless** *adj.* having or making little or no smoke

**smoker** *n.* **1.** a person who habitually smokes tobacco **2.** a railway compartment reserved esp. for smoking

**smoke screen** **1.** a cloud of smoke spread to screen the movements of troops, ships, etc. **2.** anything said or done to conceal or mislead

**smokestack** *n.* a pipe for the discharge of smoke from a steamship, factory, etc.

**smoky** *adj.* **-ier, -iest** **1.** giving off smoke, esp. excessive smoke **2.** like smoke [a *smoky* haze] **3.** filled with smoke **4.** having the colour of smoke —**smok'ily** *adv.* —**smok'iness** *n.*

**smolt** (smōlt) *n.* [Scot] a young salmon when it first leaves fresh water and descends to the sea

**smooch** (smōōch) *n.* [echoic] [Slang] a kiss —*vi.* [Slang] to kiss or pet —**smooch'y** *adj.*

**smooth** (smōōth) *adj.* [OE. *smoth*] **1.** having an even surface with no roughness **2.** without lumps [a *smooth* paste] **3.** even or gentle in movement [a *smooth* voyage] **4.** free from interruptions, difficulties, etc. **5.** having an easy, flowing rhythm or sound **6.** suave, polished, or ingratiating, esp. in an insincere way —*vt.* **1.** to make level or even **2.** to remove the lumps from **3.** to free from interruptions, difficulties, etc. —*adv.* in a smooth manner —*n.* **1.** a smooth part **2.** an act of smoothing —**smooth over** to gloss over or make light of (an unpleasant situation) —**smooth'ly** *adv.* —**smooth'ness** *n.*

**smoothing iron** *same as as* IRON (n. sense 2)

**smooth-shaven** (smooth'shā'v'n) *adj.* wearing no beard or moustache

**smooth-spoken** (smooth'spō'k'n) *adj.* speaking in a pleasing, persuasive, or polished manner

**smooth-tongued** (smooth'tuŋd') *adj.* smooth-spoken, esp. in a plausible or flattering way

**smorgasbord, smörgåsbord** (smôr'gəsbôrd') *n.* [Sw.] a wide variety of appetizers, cheeses, fishes, meats, salads, etc., served buffet style

**smote** (smōt) *pt. of* SMITE

**smother** (smuth'ər) *vt.* [< ME. *smorther*, dense smoke] **1.** to keep from getting air; suffocate; stifle **2.** to cover (a fire), causing it to go out **3.** to cover over thickly **4.** to suppress or stifle —*vi.* to be kept from getting air —*n.* dense, suffocating smoke, dust, etc.

**smoulder** (smōl'dər) *vi.* [ME. *smoldren*] **1.** to burn and smoke without flame **2.** to exist in a suppressed state **3.** to have suppressed anger or hate —*n.* the act of smouldering U.S. sp. **smolder**

**smudge** (smuj) *n.* [< ?] a stain, smear, etc.; dirty spot —*vt., vi.* **smudged, smudg'ing** to make or become dirty; smear —**smudg'y** *adj.*

**smug** (smug) *adj.* **smug'ger, smug'gest** [prob. < LowG. *smuk*, trim] so pleased with oneself, one's opinions, etc. as to be annoying to others; too self-satisfied —**smug'ness** *n.*

**smuggle** (smug''l) *vt.* **-gled, -gling** [< LowG. *smuggeln*] **1.** to bring into or take out of a country secretly or illegally **2.** to bring, take, etc. secretly —**smug'gler** *n.*

**smut** (smut) *n.* [< LowG. *smutt*] **1.** sooty matter **2.** a soiled spot **3.** obscene talk, writing, etc. **4.** a plant disease in which certain fungi form masses of black spores that break up into a fine powder —*vt., vi.* **smut'ted, smut'ting** to make or become covered with smuts —**smut'ty** *adj.*

**Sn** [L. *stannum*] *Chem.* tin

**snack** (snak) *n.* [prob. < MDu. *snacken*, to snap] light refreshment taken between regular meals

**snack bar** a lunch counter, cafeteria, etc. serving snacks

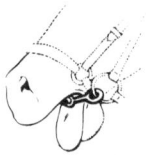

SNAFFLE

**snaffle** (snaf''l) *n.* [prob. < ODu. *snabbe*, bill of a bird] a bit, usually light and jointed, attached to a bridle and having no curb —*vt.* **-fled, -fling** **1.** to fit with a snaffle **2.** [Colloq.] to steal

**snag** (snag) *n.* [< Scand.] **1.** an unexpected or hidden difficulty **2.** a sharp part, point, etc. that may catch on things **3.** a tear or a pulled thread in fabric, made by a snag **4.** an underwater tree stump dangerous to navigation —*vt.* **snagged, snag'ging** to catch, tear, etc. on a snag

**snail** (snāl) *n.* [OE. *snægl*] a slow-moving gastropod mollusc living on land or in water and having a spiral protective shell

**snail's pace** a very slow speed

**snake** (snāk) *n.* [OE. *snaca*] **1.** a limbless reptile with a long, scaly body, lidless eyes, and a tapering tail **2.** a treacherous person **3.** the band within which EEC currencies are allowed to fluctuate —*vi.* **snaked, snak'ing** to move, twist, etc. like a snake

**snake charmer** a person who, as an entertainer, appears to hypnotize snakes by body movements and music

**snake in the grass** a treacherous person or harmful thing that is seemingly harmless

**snakes and ladders** a children's board game in which tossed dice determine how far counters move either to climb ladders or slide down snakes

**snaky** *adj.* **-ier, -iest** **1.** of or like a snake **2.** sinuous; winding **3.** cunningly treacherous **4.** infested with snakes

**snap** (snap) *vi., vt.* **snapped, snap'ping** [< MDu. *snappen*] **1.** to break or part suddenly, esp. with a sharp, cracking sound **2.** to make or cause to make a sharp, cracking sound [to *snap* one's fingers] **3.** to break down suddenly under strain **4.** to close, fasten, etc. with a sound like this **5.** to move or cause to move suddenly and smartly **6.** to grasp quickly or eagerly (often with *at* or *up*) **7.** to bite suddenly (often with *at*) **8.** to speak or say in a sharp, abrupt way **9.** to take a snapshot (of) —*n.* **1.** a sharp cracking sound **2.** any clasp that closes with a click **3.** a sudden bite, grasp, etc. **4.** a hard, thin biscuit [*gingersnaps*] **5.** *same as* SNAPSHOT **6.** a brief spell of cold weather **7.** a simple card game in which cards can be won by the first person to say snap on seeing two similar cards —*adj.* **1.** made or done quickly without deliberation [a *snap* decision] **2.** that fastens with a snap —*adv.* with a snap —**snap one's fingers at** **1.** to dismiss with contempt **2.** to defy —**snap out of it** to recover quickly or regain one's senses

**snapdragon** *n.* [SNAP + DRAGON: from the mouth-shaped flowers] *same as* ANTIRRHINUM

**snap fastener** *same as* PRESS STUD

**snappish** *adj.* **1.** likely to snap or bite **2.** irritable; sharp-tongued

**snappy** *adj.* **snap'pier, snap'piest** **1.** snappish; cross **2.** [Colloq.] *a*) brisk or lively [a *snappy* pace] *b*) chilly [*snappy* weather] *c*) smart; fashionable [a *snappy* dresser] —**make it snappy** [Slang] be quick

**snapshot** *n.* an informal photograph taken with a hand camera

**snare** (snāər) *n.* [< ON. *snara*] **1.** a trap for small animals, usually consisting of a noose which jerks tight **2.** anything dangerous, risky, etc. that tempts or attracts **3.** a length of spiralled wire or of gut strung across the bottom of a drum for added vibration —*vt.* **snared, snar'ing** **1.** to catch in a trap or snare **2.** to lure into a situation that is risky, etc.

**snare drum** a small, double-headed drum with snares

**snarl**[1] (snärl) *vi.* [< *snar,* to growl] **1.** to growl fiercely, baring the teeth, as a dog **2.** to speak sharply, as in anger —*vt.* to utter with a snarl —*n.* **1.** a fierce growl **2.** a harsh utterance

**snarl**[2] *vt., vi.* [ME. *snarlen*] to make or become knotted or tangled —*n.* **1.** a tangle **2.** a confused, disordered situation

**snatch** (snach) *vt.* [< ?] **1.** to grasp or seize suddenly, eagerly, or without right, etc. **2.** to remove abruptly **3.** to take hastily or while there is a chance **4.** [U.S. Slang] to kidnap —*vi.* to grasp (*at* something) —*n.* **1.** the act of snatching **2.** a short time [to sleep in *snatches*] **3.** a fragment; bit [*snatches* of gossip]

**snazzy** (snaz'ē) *adj.* **snaz'zier, snaz'ziest** [< ?] [Slang] stylishly or showily attractive —**snaz'zily** *adv.*

**sneak** (snēk) *vi.* **sneaked, sneak'ing** [< ?] **1.** to move quietly and stealthily **2.** to act in an underhanded or cowardly manner **3.** [Slang] to tell tales, esp. in school —*vt.* to give, put, take, etc. secretly or in a sneaking manner —*n.* one who sneaks; underhanded person, esp. an informer —*adj.* without warning [a *sneak* attack] —**sneak'y** *adj.*

**sneakers** *n.pl.* [U.S.] soft-soled canvas shoes, worn for sports or informally

**sneaking** *adj.* **1.** cowardly, underhanded, or furtive **2.** not admitted; secret [a *sneaking* fondness for chocolate] —**sneaking suspicion** a slight or growing suspicion

**sneak thief** a person who commits thefts in a sneaking way, without the use of force or violence

**sneer** (snēər) *vi.* [ME. *sneren*] **1.** to look scornful as by curling the lip **2.** to express scorn, derision, etc. in speech or writing —*vt.* to utter in a sneering way —*n.* **1.** an act of sneering **2.** a sneering look, remark, etc.

**sneeze** (snēz) *vi.* **sneezed, sneez'ing** [< OE. *fneosan*] to exhale breath from the nose and mouth in a sudden, uncontrolled way, because the mucous membrane of the nose has been irritated —*n.* an act of sneezing —**not to be sneezed at** not to be disregarded

**sneeze wood** **1.** a S African tree **2.** its exceptionally hard wood, used for furniture, gateposts, etc.

**snick** (snik) *n.* [< ?] **1.** a small cut or notch; nick **2.** *Cricket* a glancing blow —*vt.* **1.** to nick **2.** *Cricket* to hit the ball with a snick

**snicker** (snik'ər) *vi.* [echoic] to laugh in a sly or partly stifled manner —*n.* a snickering laugh

**snide** (snīd) *adj.* [< ?] slyly malicious or derisive [a *snide* remark] —**snid'ery** *n.*

**sniff** (snif) *vi., vt.* [echoic] **1.** to draw (air) up the nose with enough force to be heard **2.** to express (disdain, scepticism, etc.) by sniffing **3.** to smell (a substance) by sniffing —*n.* an act or sound of sniffing —**sniff at** **1.** to smell **2.** to express contempt for

**sniffle** (snif''l) *vi.* **-fled, -fling** to sniff repeatedly, as in checking mucus running from the nose —*n.* an act or sound of sniffling —**the sniffles** [Colloq.] a head cold, etc. in which there is much sniffling

**sniffer** (snif'tər) *n.* a small alcoholic drink

**snigger** (snig'ər) *vi., vt., n.* [echoic] *same as* SNICKER

**snip** (snip) *vt., vi.* **snipped, snip'ping** [Du. *snippen*] to cut or cut off with a short, quick stroke —*n.* **1.** a small cut made with scissors, etc. **2.** the sound of this **3.** a small piece cut off **4.** [*pl.*] heavy hand shears for cutting sheet metal, etc. **5.** [Colloq.] a bargain

**snipe** (snīp) *n.* [ON. *snipa*] a wading bird with a long, flexible bill —*vi.* **sniped, snip'-**

**ing** 1. to shoot from a hidden position at individuals of an enemy force 2. to direct an attack (*at* someone) in a sly or underhanded way —**snip'er** *n.*

**snippet** (snip'it) *n.* [< SNIP] a small scrap or fragment, specif. of information, a writing, etc.

**snitch** (snich) *vt.* [Slang] to steal; pilfer —*vi.* [Slang] to be an informer (*on*) —*n.* [Slang] an informer

**snivel** (sniv''l) *vi.* **-eled, -eling** [< OE. *snofl,* mucus] 1. to cry and sniffle 2. to complain in a whining, tearful manner

**snob** (snob) *n.* [< ?] 1. a person who attaches great importance to wealth, social position, etc., having contempt for those he considers inferior 2. a person who feels smugly superior about his particular tastes or interests [an intellectual *snob*] —**snob'bery** *n.* —**snob'bish** *adj.*

**snoek** (snook) *n.* [Afrik.] a S African edible marine fish

**snog** (snog) *vi.* [< ?] [Slang] to kiss and cuddle —*n.* [Slang] the act of kissing and cuddling

**snood** (snōōd) *n.* [OE. *snod*] a baglike net worn, esp. formerly, at the back of a woman's head to hold the hair

**snook** (snōōk) *n.* [< ?] the gesture of thumbing one's nose in defiance or derision: used chiefly in the phrase **cock a snook at**

**snooker** (snōōk'ər) *n.* [< ?] 1. a variety of the game of billiards played with fifteen red balls and six other balls 2. a position in this game in which the object ball is masked by a ball of a different colour —*vt.* 1. to put (someone) into a snooker position 2. [Colloq.] to thwart; defeat

**snoop** (snōōp) *vi.* [< Du. *snoepen,* to eat on the sly] [Colloq.] to look about in a furtive, prying way —*n.* [Colloq.] the act of snooping —**snoop'er** *n.* —**snoop'y** *adj.*

**snoot** (snōōt) *n.* [see SNOUT] [Colloq.] the nose

**snooty** (snōōt'ē) *adj.* **-ier, -iest** [Colloq.] haughty; snobbish —**snoot'ily** *adv.* —**snoot'iness** *n.*

**snooze** (snōōz) *n.* [< ?] [Colloq.] a brief sleep; nap —*vi.* **snoozed, snooz'ing** [Colloq.] to take a brief sleep; nap

**snore** (snôr) *vi.* **snored, snor'ing** [echoic] to breathe, while asleep, with harsh sounds caused by vibration of the soft palate, usually with the mouth open —*n.* the act or sound of snoring

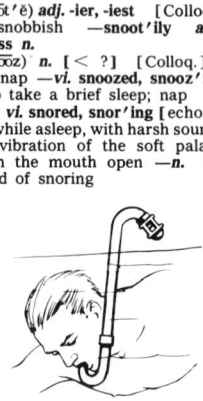

SNORKEL

**snorkel** (snôr'k'l) *n.* [G. *Schnörkel,* spiral] 1. a device for submarines, with air intake and exhaust tubes, permitting submergence for long periods 2. a breathing tube extending above the surface of the water, used in swimming just below the surface —*vi.* **-kelled, -kelling** to swim under water using a snorkel

**snort** (snôrt) *vi.* [echoic] 1. to force breath from the nose in a sudden and noisy way 2. to express anger, scorn, etc. by a snort 3. to make a noise like a snort —*vt.* to express or utter with a snort —*n.* 1. the act or sound of snorting 2. [U.S. Slang] a drink of spirits, taken in one gulp

**snot** (snot) *n.* [OE. (*ge*)*snot,* mucus] [Vulg.] 1. nasal mucus 2. [Slang] a contemptible person —**snot'ty** *adj.*

**snot-en-trane** (snot'ən trā'nə) *adj.* [< Afrik.] [S Afr. Slang] inducing a state of sentimental or maudlin misery: used of films, etc.

**snout** (snout) *n.* [MDu. *snute*] 1. the projecting nose and jaws, or muzzle, of an animal 2. [Colloq.] a human nose, esp. a large one

**snow** (snō) *n.* [OE. *snaw*] 1. frozen particles of water vapour which fall to earth as soft, white, crystalline flakes 2. a falling of snow 3. a mass of fallen snow 4. fluctuating spots appearing on a TV screen 5. [Slang] cocaine —*vi.* to fall as or like snow —*vt.* to cover, obstruct, etc. with or as with snow (usually with *in, under,* etc.) —**snow under** to overwhelm, as with work —**snow'y** *adj.*

**snow apple** [Canad.] a variety of red apple with white flesh like granulated snow

**snowball** *n.* 1. a mass of snow packed together into a ball 2. *same as* GUELDER-ROSE —*vi.* 1. to increase rapidly like a rolling ball of snow 2. to throw snowballs —*vt.* to throw snowballs at

**snowberry** *n., pl.* **-ries** a hardy plant with small, pink flowers and soft, white berries

**snow-blind** *adj.* blinded temporarily by ultraviolet rays of the sun reflected from snow

**snowblower** *n.* [Canad.] a snow-clearing machine that draws the snow in and blows it away

**snowbound** *adj.* shut in or blocked off by snow

**snow bunting** a bunting of northern and arctic regions, having white plumage with dark markings

**snowcap** *n.* a cap of snow, as on a mountain

**snowdrift** *n.* a smooth heap of snow blown together by the wind

**snowdrop** *n.* a low-growing, bulbous plant with small, bell-shaped white flowers

**snowfall** *n.* the amount of snow that falls in a given time

**snow fence** [Canad.] a lath and wire fence put up in winter beside windy roads to prevent snow drifts

**snowflake** *n.* a single crystal of snow

**snow goose** a white goose that breeds

in the Arctic, having a red bill and black wing tips

**snow lily** [Canad.] *same as* DOGTOOTH VIOLET

**snow line** the lower boundary of a high region in which snow never melts

**snowman** *n.* a crude human figure made of packed snow

**snowmobile** (snō′mō bēl′) *n.* a motor vehicle, usually with caterpillar tracks and front skis, for travelling on snow

**snowplough** *n.* any ploughlike machine used to clear snow off a road, railway, etc.

SNOWSHOES

**snowshoe** *n.* a racket-shaped frame of wood crisscrossed with strips of leather, etc., worn on the feet to prevent sinking in deep snow

**snowstorm** *n.* a storm with a heavy snowfall

**SNP** Scottish National Party

**snub** (snub) *vt.* **snubbed, snub′bing** [ON. *snubba,* chide] **1.** to treat with scorn, disregard, etc.; slight **2.** orig., to check with sharp words —*n.* **1.** scornful, slighting action or treatment **2.** a snubbing —*adj.* short and turned up: said of the nose —**snub′ber** *n.*

**snub-nosed** *adj.* having a snub nose

**snuff**[1] (snuf) *vt.* [< ?] **1.** to trim off the charred end of (a candle wick) **2.** to put out (a candle) —**snuff it** [Colloq.] to die —**snuff out** **1.** to put out (a candle, etc.) **2.** to cause to die suddenly

**snuff**[2] *n.* [MDu. *snuffen*] **1.** powdered tobacco taken up into the nose by sniffing or applied to the gums **2.** a sniff —*vt., vi.* to sniff or smell —**up to snuff** [Colloq.] up to the usual standard

**snuffbox** *n.* a small box for holding snuff

**snuffer** *n.* a device for putting out a burning candle

**snuffle** (snuf′′l) *vi.* **-fled, -fling** [< SNUFF[2]] **1.** to breathe audibly and with difficulty **2.** to speak or sing in a nasal tone —*vt.* to utter by snuffling —*n.* the act or sound of snuffling —**snuf′fler** *n.*

**snug** (snug) *adj.* **snug′ger, snug′gest** [prob. < Scand.] **1.** warm and cosy **2.** compact and convenient **3.** large enough to provide ease: said of an income **4.** tight in fit **5.** hidden —*n.* a bar in certain public houses —**snug′ly** *adv.* —**snug′ness** *n.*

**snuggery** *n., pl.* **-geries** a snug or comfortable room

**snuggle** *vi.* **-gled, -gling** [< SNUG] to cuddle, as for warmth, in affection, etc.

**snye** (snī) *n.* [< Fr. *chenal,* channel] [Canad.] a side channel of a river

**so**[1] (sō) *adv.* [OE. *swa*] **1.** in the way shown, expressed, understood, etc. **2.** *a)* to such an extent [why are you *so* late?] *b)* very **3.** therefore **4.** approximately [fifty pounds or *so*] **5.** also; likewise **6.** then [and *so* to bed] —*conj.* **1.** in order that **2.** [Colloq.] with the result that —*pron.* that which has been specified or named —*interj.* an exclamation of surprise, approval, triumph, etc. —*adj.* **1.** true; in reality [that's *so*] **2.** in proper order [everything must be just *so*] —**and so on** (or **forth**) et cetera (etc.) —**so as** with the purpose or result —**so be it** an expression of acceptance or resignation —**so much** to an unspecified but limited degree, amount, etc. —**so much for** no more need be said about —**so to say** as it were —**so what?** [Colloq.] even if so, what then?

**so**[2] *n.* *Music same as* SOL[1]

**So.** **1.** south **2.** southern

**soak** (sōk) *vt.* [OE. *socian*] **1.** to make thoroughly wet **2.** to submerge in a liquid **3.** to take in; absorb (with *up*) —*vi.* **1.** to stay immersed in liquid **2.** to pass (*into* or *through*) as a liquid does —*n.* **1.** a soaking or being soaked **2.** [Slang] a drunkard

**soakaway** *n.* a depression in the ground where rainwater is drained away through the soil

**so-and-so** *n., pl.* **so′-and-sos′** [Colloq.] **1.** some person or thing whose name is not specified **2.** a disliked or difficult person or thing

**soap** (sōp) *n.* [OE. *sape*] a substance used with water to produce suds for washing: made by the action of an alkali, as potash, on fats —*vt.* to lather, scrub, etc. with soap

**soapbox** *n.* any improvised platform used by a person (**soapbox orator**) speaking to a street audience

**soap flakes** soap in the form of flakes used esp. for washing delicate clothes

**soap opera** [Colloq.] a radio or TV serial drama of a melodramatic, sentimental nature

**soap powder** a powder used for washing clothes, usually containing additives as well as soap

**soapstone** *n.* *same as* STEATITE

**soapsuds** *n.pl.* **1.** soapy water, esp. when stirred into a foam **2.** the foam on soapy water

**soapy** *adj.* **-ier, -iest** **1.** of, like, or containing soap **2.** [Slang] suave; oily —**soap′iness** *n.*

**soar** (sôr) *vi.* [< L. *ex-,* out + *aura,* air] **1.** to rise or fly high into the air **2.** to glide along high in the air, as a glider **3.** to rise above the ordinary level

**sob** (sob) *vi.* **sobbed, sob′bing** [ME. *sobben*] **1.** to weep aloud with short, gasping breaths **2.** to make a sound like this, as the wind

—*vt.* to utter with sobs —*n.* the act or sound of sobbing

**sober** (sō′bər) *adj.* [< L. *sobrius*] **1.** not drunk **2.** temperate, esp. in the use of alcohol **3.** serious, solemn, sedate, etc. **4.** quiet; plain: said of colour, clothes, etc. **5.** not distorted [the *sober* truth] —*vt., vi.* to make or become sober (often with *up* or *down*)

**sobriety** (sō brī′ə tē) *n.* **1.** temperance, esp. in the use of alcohol **2.** seriousness; sedateness

**sobriquet** (sō′brə kā′) *n.* [Fr.] a nickname

**sob story** [Colloq.] an account of personal troubles meant to arouse sympathy

**sob-stuff** *n.* [Colloq.] writing, narration, etc. presented in a sentimental manner in order to arouse sympathy or sorrow

**Soc., soc.** **1.** social **2.** socialist **3.** society

**so-called** (sō′kôld′) *adj.* **1.** known by this term **2.** inaccurately regarded as such [a *so-called* liberal]

**soccer** (sok′ər) *n.* [< (AS)SOC(IATION FOOTBALL)] *same as* ASSOCIATION FOOTBALL

**sociable** (sō′shə b'l) *adj.* [Fr.: see ff.] **1.** friendly; affable **2.** characterized by pleasant, informal conversation and companionship —**so′ciabil′ity** *n.* —**so′ciably** *adv.*

**social** (sō′shəl) *adj.* [< L. *socius,* companion] **1.** of or having to do with human beings living together in groups **2.** living in this way [man as a *social* being] **3.** of or having to do with society, esp. fashionable society **4.** getting along well with others **5.** of or for companionship **6.** of or engaged in welfare work [a *social* worker] **7.** living in groups or communities —*n.* an informal gathering; party —**so′cially** *adv.*

**social contract** an agreement among individuals forfeiting some of their individual liberties for greater security

**Social Credit** in Canada, a right-wing political party, movement, or doctrine

**Social Credit Rally** a Canadian political party formed in 1963 from a splinter group of the Social Credit Party

**Social Insurance Number** an identification number issued to individuals by the Canadian government in connection with income tax and social assistance

**socialism** *n.* **1.** any of various theories of the ownership and operation of the means of production and distribution by society rather than by private individuals **2.** [*often* **S-**] a political movement for establishing such a system —**so′cialist** *n., adj.*

**socialite** (sō′shə līt′) *n.* a person who is prominent in fashionable society

**socialize** (sō′shə līz′) *vt.* **-ized′, -iz′ing** **1.** to make social or fit for cooperative group living **2.** to put under government ownership **3.** to cause to become socialist —*vi.* to take part in social activity —**so′cializa′tion** *n.*

**social science** any of several studies, as history, economics, civics, etc., dealing with society and the activity of its members —**social scientist**

**social security** a State system of old-age, unemployment, or disability insurance, financed by a fund maintained jointly by employees, employers, and the government

**social service** *same as* SOCIAL WORK

**social services** the welfare activities organized by the state

**social studies** a course of study, esp. in schools, including history, civics, geography, etc.

**social welfare** the welfare of society, esp. of those who are underprivileged or disadvantaged

**social work** the promotion of the welfare of the community and the individual, as through counselling services, aid for the needy and aged, etc. —**social worker**

**society** (sə sī′ə tē) *n., pl.* **-ties** [< L. *socius,* companion] **1.** all people, collectively **2.** a group of persons regarded as forming a single community **3.** the system of living together in such a group **4.** companionship **5.** any organized group with work, interests, etc. in common **6.** a group of persons regarded as a dominant class because of their wealth, birth, etc. —*adj.* of or involving society (*n.* 6) —**soci′etal** *adj.*

**Society of Friends** a Christian religious sect founded in England c. 1650 by George Fox: the Friends have no formal creed, rites, liturgy, or priesthood

**Society of Jesus** *see* JESUIT

**socio-** (sō′sē ō) [< L. *socius,* companion] *a combining form meaning* social, society, sociological

**socioeconomic** (sō′sē ō ē′kə nom′ik) *adj.* of or involving both social and economic factors

**sociology** (sō′sē ol′ə jē) *n.* [see SOCIO- & -LOGY] the science of human society and of social relations, organization, and change —**so′ciolog′ical** (-ə loj′i k'l) *adj.* —**so′ciolog′ically** *adv.* —**so′ciol′ogist** *n.*

**sociopolitical** (sō′sē ō pə lit′i k'l) *adj.* of or involving both social and political factors

**sock**[1] (sok) *n.* [< L. *soccus,* a light shoe] a short stocking reaching only part way to the knee —**put a sock in it** [Slang] to stop talking, complaining, etc.

**sock**[2] *vt.* [Slang] to hit with force, esp. with the fist —*n.* [Slang] a blow —**sock it to (someone)** to attack or assault (someone)

**socket** (sok′it) *n.* [< OFr. *soc,* ploughshare] a hollow part into which something fits [an eye *socket,* the *socket* for a light bulb]

**Socratic** (sō krat′ik) *adj.* of or relating to Socrates (470?-399 B.C.), Athenian philosopher

**Socratic method** a method of teaching, as used by Socrates, in which a series of questions leads the answerer to a logical conclusion

**Socred** (sō′kred) *n.* [Canad.] a supporter or member of a Social Credit movement or party —*adj.* [Canad.] of or relating to Social Credit

**sod**[1] (sod) *n.* [prob. < MDu. *sode*] **1.** a surface layer of earth containing grass; turf **2.** a piece of this layer —**under the sod** dead and buried

**sod**[2] *n.* [see SODOMITE] [Vulg. Slang] **1.** any obnoxious person **2.** a person

**soda** (sō′da) *n.* [ult. < Ar.] **1.** *same as: a)* SODIUM BICARBONATE *b)* SODIUM CARBONATE **2.** *same as* SODA WATER

**soda fountain** **1.** [U.S.] a counter serving soft drinks, sundaes, etc. **2.** an apparatus for making soda water

**sodality** (sō dal′ə tē) *n., pl.* **-ties** [< L. *sodalis,* companion] an association or brotherhood

**soda water** water charged under pressure with carbon dioxide gas, used as a drink, with or without spirits

**sodden** (sod′n) *adj.* [obs. pp. of SEETHE] **1.** soaked through **2.** soggy from incomplete cooking **3.** dull or stupefied, as from drunkenness —**sod′denness** *n.*

**sodium** (sō′dē əm) *n.* [< SODA] a silver-white, alkaline metallic chemical element: symbol, Na

**sodium bicarbonate** a white, crystalline compound used in baking powder, as an antacid, etc.

**sodium carbonate** **1.** the anhydrous sodium salt of carbonic acid **2.** any of the hydrated carbonates of sodium

**sodium chloride** common salt, NaCl

**Sodom** (sod′əm) *n.* any place that is notorious for vice and depravity: after the city described in the Bible: Gen. 18-19

**sodomite** *n.* a person who practises sodomy

**sodomy** *n.* [see SODOM] any sexual intercourse held to be abnormal, as between two persons of the same sex

**soever** (sō ev′ər) *adv.* **1.** in any way **2.** of any kind [no rest *soever*]

**-soever** (sō ev′ər) *a combining form added for emphasis or generalization to* who, what, when, where, how, etc.

**sofa** (sō′fə) *n.* [Fr. < Ar. *suffah*] an upholstered couch with fixed back and arms

**S. of Sol.** Song of Solomon

**soft** (sôft) *adj.* [OE. *softe*] **1.** giving way easily under pressure, as a feather pillow **2.** easily cut, shaped, or worn away [a *soft* metal] **3.** not as hard as is normal, desirable, etc. **4.** smooth to the touch **5.** easy to digest: said of a diet **6.** nonalcoholic: said of drinks **7.** having few of the mineral salts that interfere with the lathering of soap: said of water **8.** *a)* mild, as a breeze *b)* rainy; drizzling; misty [*soft* weather] **9.** weak; not strong or vigorous **10.** requiring little effort; easy [a *soft* job] **11.** kind or lenient; not severe **12.** subdued: said of colour or light **13.** showing little distinctness, as an etching **14.** gentle; low: said of sound **15.** not addictive: said of drugs **16.** *Phonet.* sibilant: said of *c* and *g,* as in *cent* and *germ* —*adv.* gently; quietly —*interj.* [Archaic] hush! —**soft in the head** stupid or foolish —**soft′ly** *adv.* —**soft′ness** *n.*

**softball** *n.* [U.S.] a game like baseball played with a larger and softer ball

**soft-boiled** *adj.* boiled only a short time so that the yolk is still soft: said of an egg

**soft coal** *same as* BITUMINOUS COAL

**soft drink** a nonalcoholic, esp. carbonated drink

**soften** (sof′n) *vt., vi.* **1.** to make or become soft or softer **2.** to make or become less resistant

**soft furnishings** fabrics for curtains, cushions, etc.

**softhearted** *adj.* **1.** full of compassion or tenderness **2.** not strict or severe, as in discipline

**soft palate** the soft, fleshy part at the rear of the roof of the mouth; velum

**soft-pedal** (sôft′ped′l) *vt.* **-aled, -aling** **1.** to soften the tone of (a piano, etc.) by use of a special pedal (**soft pedal**) **2.** [Colloq.] to tone down; make less emphatic

**soft sell** selling that relies on subtle suggestion rather than high-pressure salesmanship

**soft-shoe** *adj.* designating a kind of tap dancing done without metal taps on the shoes

**soft soap** **1.** soap in liquid form **2.** [Colloq.] flattery or smooth talk —**soft′-soap′** *vt.*

**soft-spoken** *adj.* **1.** speaking with a soft, low voice **2.** smooth; suave

**soft spot** particular affection for someone or something

**software** *n.* the programs, data, etc. for a computer

**softwood** *n.* wood from a needle-bearing conifer

**softy, softie** *n., pl.* **soft′ies** [Colloq.] a person who is too sentimental or trusting

**SOGAT** (sō′gat) Society of Graphical and Allied Trades

**soggy** (sog′ē) *adj.* **-gier, -giest** [< ?] **1.** saturated with moisture; soaked **2.** moist and heavy —**sog′gily** *adv.* —**sog′giness** *n.*

**soh** (sō) *n.* same as SOL[1]

**soigné** (swän′yā) *adj.* [Fr.] well groomed; elegant —**soi′gnée** *fem.*

**soil**[1] (soil) *n.* [< L. *solum*] **1.** the surface layer of earth, supporting plant life **2.** land; country **3.** ground or earth

**soil**[2] *vt.* [ult. < L. *sus,* pig] **1.** to make dirty; stain **2.** to bring disgrace upon —*n.* **1.** a soiled spot **2.** excrement, sewage, etc.

**soiree, soirée** (swä′rā′) *n.* [< Fr. *soir,* evening] a party or gathering in the evening

**sojourn** (so′jurn) *vi.* [< L. *sub-,* under + *diurnus,* of a day] to stay for a while —*n.* a brief stay; visit

**sol**[1] (sol) *n.* [see GAMUT] *Music* a syllable representing the fifth tone of the diatonic scale

**sol**[2] *n.* a liquid colloidal solution

**sola** (sō′lə) *n.* [< Hindi *shola*] an Indian plant, whose pith is used for making topees

**solace** (sol′əs) *n.* [< L. *solari,* to comfort] **1.** an easing of grief, loneliness, etc. **2.** something that relieves; comfort —*vt.* **-aced, -acing** to comfort

**solan** (sō′lən) *n.* [< ON. *sūla,* gannet] *same as* GANNET

**solar** (sō′lər) *adj.* [< L. *sol,* the sun] **1.** of or having to do with the sun **2.** produced by or coming from the sun **3.** depending upon the sun's light or energy [*solar* heating]

**solar battery** an assembly of devices (**solar cells**) that convert the energy of sunlight into electricity

**solarium** (sō lâər′ē əm) *n., pl.* **-ia** [L. < *sol,* the sun] a glassed-in porch, etc. where people sun themselves

**solar plexus** a network of nerves in the abdominal cavity behind the stomach

**solar system** the sun and all the heavenly bodies that revolve around it

**sold** (sōld) *pt. & pp. of* SELL **—be sold on** [Slang] to be uncritically attached to or interested in

**solder** (sod′ər) *n.* [< L. *solidare,* make firm] a metal alloy used when melted to join or patch metal parts or surfaces **—*vt., vi.*** to join (things) with solder

**soldering iron** a pointed metal tool heated for use in melting and applying solder

**soldier** (sōl′jər) *n.* [< LL. *solidus,* a coin] **1.** a member, or former member, of an army **2.** such a person as distinguished from an officer **3.** an ant or other social insect with powerful jaws adapted for defence of the colony **—*vi.*** to serve as a soldier **—soldier on** to carry on regardless of other events **—sol′dierly *adj.***

**soldier of fortune** **1.** a mercenary soldier **2.** any adventurer

**sole**[1] (sōl) *n.* [< L. *solum,* a base] **1.** the bottom surface of the foot **2.** the part of a shoe, etc. corresponding to this **3.** the bottom surface of various objects **—*vt.* soled, sol′ing** to furnish (a shoe, etc.) with a sole

**sole**[2] *adj.* [< L. *solus*] **1.** without another; single; one and only **2.** not shared; exclusive [*sole* rights]

**sole**[3] *n.* [< L. *solea,* sole of a shoe: from its shape] any of certain sea flatfishes, highly valued as food

**solecism** (sol′ə siz′m) *n.* [< Gr. *soloikos,* speaking incorrectly] **1.** a violation of the conventional usage, grammar, etc. of a language **2.** a mistake in etiquette **—sol′ecist *n.* —sol′ecis′tic *adj.***

**solely** (sōl′lē) *adv.* **1.** only, exclusively, merely, or altogether **2.** without another or others; alone

**solemn** (sol′əm) *adj.* [< L. *sollus,* all + *annus,* year] **1.** serious; deeply earnest **2.** formal **3.** glum; sad **4.** awe-inspiring **5.** observed or done according to ritual, as religious rites, etc. **—sol′emnly *adv.* —sol′emnness *n.***

**solemnity** (sə lem′nə tē) *n., pl.* **-ties** **1.** seriousness **2.** solemn ceremony, ritual, etc.

**solemnize** (sol′əm nīz′) *vt.* **-nized′, -niz′ing** **1.** to perform the ceremony of (marriage, etc.) **2.** to make serious, grave, etc. **—sol′emniza′tion *n.***

**solenoid** (sō′lə noid′) *n.* [< Gr. *sōlēn,* a channel + *eidos,* a form] a coil of wire carrying an electric current and acting like a magnet

**sol-fa** (sōl′fä′) *n.* [It.: see GAMUT] the syllables *do, re, mi, fa, sol, la, ti, do,* used for the tones of a scale, regardless of key

**solicit** (sə lis′it) *vt.* [see SOLICITOUS] **1.** to ask or seek earnestly for **2.** to approach for some immoral purpose, as a prostitute does **—*vi.*** to solicit someone or something **—solic′ita′tion *n.***

**solicitor** *n.* a member of the legal profession who draws up legal documents, advises barristers, etc.

**solicitor general** *pl.* **solicitors general, solicitor generals** a law officer ranking next below the attorney general

**solicitous** *adj.* [< L. *sollus,* whole + *ciere,* set in motion] **1.** showing care, attention, or concern **2.** showing anxious desire; eager **3.** full of anxiety **—solic′itously *adv.***

**solicitude** *n.* a being solicitous; care, concern, etc.

**solid** (sol′id) *adj.* [< L. *solidus*] **1.** tending to keep its form; relatively firm or compact **2.** not hollow **3.** having the three dimensions of length, breadth, and thickness **4.** firm and strong; substantial **5.** serious; not trivial **6.** complete [*solid* satisfaction] **7.** having no breaks or divisions **8.** with no pauses [to talk for a *solid* hour] **9.** of one or the same colour, material, etc. throughout **10.** showing unity; unanimous **11.** thick or dense, as a fog **12.** firm or dependable [a *solid* friendship] **13.** sound, but not brilliant **14.** financially sound **15.** [Colloq.] healthful and filling [a *solid* meal] **—*n.*** **1.** a substance that is solid, not a liquid or gas **2.** an object or figure having length, breadth, and thickness **—sol′idly *adv.* —sol′idness *n.***

**solidarity** (sol′ə dar′ə tē) *n., pl.* **-ties** agreement of all elements or individuals, as of a group; complete unity

**solid fuel** fuel, as coal, coke, etc. that is solid, rather than oil or gas

**solid geometry** geometry dealing with solid figures

**solidify** (sə lid′ə fī′) *vt., vi.* **-fied′, -fy′ing** to make or become solid, firm, hard, etc. **—solid′ifica′tion *n.***

**solidity** (sə lid′ə tē) *n.* a being solid; firmness, hardness, etc.

**solid-state** *adj.* of electronic devices, as semiconductors, that can control current without moving parts

**solidus** (sol′i dəs) *n., pl.* **-idi′** (-dī′) [L.] a slant line (/) used in a text to separate items (Ex.: and/or)

**soliloquy** (sə lil′ə kwē) *n., pl.* **-quies** [< L. *solus,* alone + *loqui,* speak] **1.** a talking to oneself **2.** lines in a drama spoken by a character as if to himself **—solil′oquize *vi., vt.***

**solipsism** (sol′ip siz′m) *n.* [< L. *solus,* alone + *ipse,* self] the theory that nothing exists but the self **—sol′ipsist *n.* —sol′ipsis′tic *adj.***

**solitaire** (sol′ə tâər′) *n.* [Fr.: see ff.] **1.**

a single gem, esp. a diamond, set by itself **2.** any of many games played by one person, as patience

**solitary** (sol′ə tər ē) *adj.* [< L. *solus,* alone] **1.** living or being alone **2.** single; only **3.** lacking companions **4.** with few or no people; remote —*n., pl.* **-taries** **1.** a hermit **2.** [Colloq.] *same as* SOLITARY CONFINEMENT —**sol′itarily** *adv.* —**sol′itariness** *n.*

**solitary confinement** confinement of a prisoner, usually as extra punishment, away from all others

**solitude** (sol′ə tyōōd′) *n.* [< L. *solus,* alone] **1.** a being solitary **2.** a secluded place

**solo** (sō′lō) *n., pl.* **-los** [It. < L. *solus,* alone] **1.** a musical piece or passage to be played or sung by one person **2.** an aircraft flight made by a pilot alone **3.** any performance by one person alone **4.** any card game in which there are no partners —*adj.* **1.** for or by a single performer **2.** performing a solo —*adv.* alone —**so′loist** *n.*

**Solomon** (sol′ə mən) *n.* [< *Solomon,* king of Israel] a very wise man

**Solomon's seal** a plant with broad, waxy leaves and blue or black berries

**so long** **1.** *colloq. term for* GOODBYE **2.** [S Afr. Slang] for the time being; meanwhile

**solstice** (sol′stis) *n.* [< L. *sol,* the sun + *stare,* to stand] the time when the sun is farthest from the equator: see SUMMER SOLSTICE, WINTER SOLSTICE

**soluble** (sol′yə b′l) *adj.* [see SOLVE] **1.** that can be dissolved **2.** that can be solved —**sol′ubil′ity** *n.* —**sol′ubly** *adv.*

**solute** (sol′yōōt) *n.* the substance dissolved in a solution

**solution** (sə lōō′shən) *n.* [see SOLVE] **1.** *a*) the solving of a problem *b*) the answer to a problem *c*) an explanation, etc. **2.** *a*) the dispersion of one or more substances in another, usually a liquid, so as to form a homogeneous mixture *b*) the mixture so produced

**solve** (solv) *vt.* **solved, solv′ing** [< L. *se-,* apart + *luere,* let go] to find a satisfactory answer for (a problem, mystery, etc.) —**solv′abil′ity** *n.* —**solv′able** *adj.* —**solv′er** *n.*

**solvent** (sol′vənt) *adj.* [see SOLVE] **1.** able to pay all one's debts **2.** that can dissolve another substance —*n.* a substance that can dissolve another —**sol′vency** *n.*

**Som.** Somerset

**somatic** (sō mat′ik) *adj.* [< Gr. *sōma,* the body] of the body; corporeal; physical

**sombre** (som′bər) *adj.* [< L. *sub,* under + *umbra,* shade] **1.** dismal; melancholy **2.** solemn; grave **3.** dark and gloomy or dull Also U.S. sp., **som′ber** —**som′brely** *adv.*

**sombrero** (som brâər′ō) *n., pl.* **-ros** [Sp.: see prec.] a broad-brimmed felt or straw hat, worn in Mexico, etc.

**some** (sum; *unstressed* səm) *adj.* [OE. *sum*] **1.** being a certain one or ones not specified or known **2.** being of a certain unspecified quantity, degree, etc. **3.** about [*some* ten of us] **4.** [Colloq.] remarkable; striking [it was *some* fight] —*pron.* **1.** a certain one or ones not specified or known **2.** a certain unspecified number, quantity, etc. —*adv.* about [*some* ten men]

**somebody** *pron.* some person; someone —*n., pl.* **-bodies** a person of importance

**someday** *adv.* at some future time

**somehow** *adv.* in a way not known, stated, or understood [it was damaged *somehow*]

**someone** *pron. same as* SOMEBODY

**someplace** *adv.* [U.S.] somewhere

**somersault** (sum′ər sôlt′) *n.* [< L. *supra,* over + *saltus,* a leap] an acrobatic stunt done by turning the body one full revolution, heels over head: often used figuratively —*vi.* to do a somersault

**something** (sum′thiŋ) *n.* **1.** a thing not definitely known, understood, etc. [*something* went wrong] **2.** some thing or things, definite but unspecified **3.** a bit; a little **4.** [Colloq.] a remarkable person or thing —*adv.* somewhat —**make something of** **1.** to find a use for **2.** to treat as of great importance **3.** [Colloq.] to treat as a point of dispute —**something like** **1.** approximately **2.** [Colloq.] impressive

**sometime** *adv.* **1.** at some time not known or specified **2.** at some future time —*adj.* **1.** former **2.** occasional

**sometimes** *adv.* at times; occasionally

**someway** *adv.* in some way or manner

**somewhat** *adv.* to some extent, degree, etc. —*n.* [Obs.] some degree, amount, part, etc.

**somewhere** *adv.* in, to, or at some place not known or specified

**somnambulate** (som nam′byə lāt′) *vt.* **-lat′ed, -lat′ing** [< L. *somnus,* sleep + *ambulare,* walk] to walk in a trancelike state while asleep —**somnam′bulant** *adj.*

**somnambulism** *n.* the act or practice of sleepwalking —**somnam′bulist** *n.* —**somnam′bulis′tic** *adj.*

**somnolent** (som′nə lənt) *adj.* [< L. *somnus,* sleep] **1.** sleepy; drowsy **2.** causing drowsiness —**som′nolence** *n.* —**som′nolently** *adv.*

**son** (sun) *n.* [OE. *sunu*] **1.** a boy or man as he is related to either or both parents **2.** a male descendant **3.** a male thought of as if in the relation of child to parent [a *son* of revolution] **4.** a familiar form of address to a boy —**the Son** Jesus Christ

**sonar** (sō′när) *n.* [*so*(*und*) *n*(*avigation*) *a*(*nd*) *r*(*anging*)] an apparatus that transmits high-frequency sound waves through water and registers the vibrations reflected back from an object: used to find depths, etc.

**sonata** (sə nät′ə) *n.* [It.] a musical composition for one or two instruments, usually in three or four movements in different tempos, etc.

**son et lumière** (sôn′ā lyōō mē âər′) [Fr., sound and light] a historical spectacle at night before a monument, etc., using special lighting effects, narration, music, etc.

**song** (sôŋ) *n.* [OE. *sang*] **1.** a piece of music sung or as if for singing **2.** *a*) poetry *b*) a ballad or lyric set to music **3.** a singing sound **4.** the act or art of singing —**for a song** cheaply —**song and dance** [Colloq.] a fuss, esp. about something trivial

**songbird** *n.* a bird that makes vocal sounds that are like music

**songololo** (sôŋ′gō lō′lō) *n.* [< Bantu] [S Afr.] a millipede

**songster** *n.* [OE. *sangestre*] **1.** a singer **2.** a songbird —**song′stress** *n.fem.*

**song thrush** a European songbird with brown wings

**sonic** (sôn′ik) *adj.* [< L. *sonus,* SOUND[1]] **1.** of or having to do with sound **2.** designating or of a speed equal to the speed of sound

**sonic barrier** *same as* SOUND BARRIER

**sonic boom** an explosive sound made by an aircraft moving at or above the speed of sound

**son-in-law** (sun′in lô′) *n., pl.* **sons′-in-law′** the husband of one's daughter

**sonnet** (sôn′it) *n.* [< L. *sonus,* SOUND[1]] a poem normally of fourteen lines in any of several rhyme schemes, expressing a single theme

**sonny** (sun′ē) *n., pl.* **-nies** little son: used in addressing any young boy in a familiar way

**sonorous** (sə nôr′əs) *adj.* [< L. *sonor,* a sound] **1.** producing sound; resonant **2.** full, deep, or rich: said of sound **3.** impressive *[sonorous* prose *]* —**sonor′ity** *n.*

**Sons of Freedom** [Canad.] a Doukhobor sect, esp. in British Columbia, formerly notorious for acts of terrorism in opposition to the government

**sonsy, sonsie** (sôn′sē) *adj.* [< Gael. *sonas,* good fortune] [Scot.] buxom; handsome

**soon** (sōōn) *adv.* [OE. *sona,* at once] **1.** in a short time; shortly **2.** promptly; quickly *[*as *soon* as possible*]* **3.** ahead of time; early **4.** readily; willingly —**had sooner** would rather —**sooner or later** eventually

**soot** (soot) *n.* [OE. *sot*] a black substance formed by the incomplete combustion of burning matter —*vt.* to cover with soot —**soot′y** *adj.*

**sooth** (sōōth) *adj.* [OE. *soth*] [Archaic] true —*n.* [Archaic] truth —**in sooth** [Archaic] in truth

**soothe** (sōōth) *vt.* **soothed, sooth′ing** [< OE. *soth,* truth] **1.** to make calm or composed, as by gentleness, flattery, etc. **2.** to relieve (pain, etc.) —*vi.* to have a soothing effect —**sooth′er** *n.* —**sooth′ing** *adj.*

**soothsayer** (sōōth′sā′ər) *n.* a person who claims to foretell the future —**sooth′say′ing** *n.*

**sop** (sop) *n.* [OE. *sopp*] **1.** a piece of food, as bread, soaked in milk, gravy, etc. **2.** something given by way of appeasement, etc. —*vt.* **sopped, sop′ping** **1.** to soak, steep, etc. **2.** to take (*up*), as liquid, by absorption

**sop.** soprano

**sophism** (sof′iz′m) *n.* [< Gr. *sophos,* clever] clever and reasonable argument that is faulty or misleading

**sophist** *n.* **1.** [*often* **S-**] in ancient Greece, any of a group of teachers of rhetoric, philosophy, etc. **2.** any person practising clever, specious reasoning

**sophisticate** (sə fis′tə kāt′) *vt.* **-cat′ed, -cat′ing** [< SOPHISM] **1.** to change from being natural, naive, etc. to being artificial, worldly-wise, etc. **2.** to bring to a more developed, complex, or refined form, level, etc. —*n.* a sophisticated person

**sophisticated** *adj.* **1.** not simple, natural, or naive; wise in the ways of the world **2.** appealing to sophisticated people **3.** highly complex, refined, etc. —**sophis′tica′tion** *n.*

**sophistry** (sof′is trē) *n., pl.* **-tries** unsound or misleading but subtle argument or reasoning

**sophomore** (sof′ə môr′) *n.* [< obs. *sophumer,* sophist] [U.S.] a student in his second year in college —*adj.* of or for sophomores —**soph′omor′ic** *adj.*

**-sophy** (sə fē) [< Gr. *sophia,* skill, wisdom] *a combining form meaning* knowledge *[philosophy]*

**soporific** (sop′ə rif′ik) *adj.* [< L. *sopor,* sleep] **1.** causing or tending to cause sleep **2.** sleepy —*n.* a drug, etc. that causes sleep

**sopping** (sop′iŋ) *adj.* thoroughly wet

**soppy** (sop′ē) *adj.* **-pier, -piest** **1.** very wet; sopping **2.** [Colloq.] sentimental —**sop′piness** *n.*

**soprano** (sə prä′nō) *n., pl.* **-nos, -ni** (-nē) [It. < *sopra,* above] **1.** the highest singing voice of women, girls, and young boys **2.** *a*) a singer or instrument with this range *b*) a part for a soprano

**sorbet** (sôr′bət) *n.* [< Arab. *sharbah,* a drink] a mixture of crushed fruit, sugar, etc. frozen to make water ice

**sorcerer** (sôr′sər ər) *n.* a person who practises sorcery; wizard —**sor′ceress** *n.fem.*

**sorcery** (sôr′sər ē) *n., pl.* **-ceries** [< L. *sors,* lot] **1.** the supposed use of magical power for an evil purpose; witchcraft **2.** seemingly magical power, charm, etc.

**sordid** (sôr′did) *adj.* [< L. *sordes,* filth] **1.** *a*) dirty; filthy *b*) squalid **2.** meanly selfish or grasping —**sor′didly** *adv.* —**sor′didness** *n.*

**sore** (sôr) *adj.* **sor′er, sor′est** [OE. *sar*] **1.** giving or feeling pain; painful **2.** *a*) filled with grief, etc. *[sore* at heart*]* *b*) causing sadness, grief, etc. **3.** provoking irritation **4.** [U.S. Colloq.] angry; offended —*n.* **1.** a sore spot on the body, as an ulcer **2.** a source of pain, distress, etc. —*adv.* [Archaic] sorely —**sore'ness** *n.*

**sorely** *adv.* **1.** grievously; painfully *[sorely vexed]* **2.** urgently; extremely *[sorely needed]*

**sorghum** (sôr'gəm) *n.* [< It. *sorgo*] a tropical cereal grass grown for grain, syrup, fodder, etc.

**soroptimist** (sô rop'tə mist) *n.* a member of one of an international association of women's clubs

**sorority** (sə ror'ə tē) *n., pl.* **-ties** [< L. *soror,* sister] [Chiefly U.S.] a group of women or girls joined together for social or professional reasons

**sorrel**[1] (sor'əl) *n.* [< Frank. *sur,* sour] a plant with sour, fleshy leaves

**sorrel**[2] *n.* [< Gmc.] **1.** light reddish brown **2.** a horse, etc. of this colour —*adj.* light reddish-brown

**sorrow** (sor'ō) *n.* [OE. *sorg*] **1.** mental suffering caused by loss, disappointment, etc. **2.** that which produces such suffering —*vi.* to feel sorrow; grieve —**sor'rowingly** *adv.*

**sorrowful** *adj.* feeling or causing sorrow

**sorry** (sor'ē) *adj.* **-rier, -riest** [< OE. *sar,* sore] **1.** full of sorrow, pity, sympathy, etc.: also used in apologizing **2.** *a*) inferior in worth or quality *b*) wretched —**sor'rily** *adv.* —**sor'riness** *n.*

**sort** (sôrt) *n.* [< L. *sors,* a lot] **1.** any group of related things; kind; class **2.** quality or type; nature —*vt.* to arrange according to class or kind (often with *out*) —**of sorts** of an inferior kind: also **of a sort** —**out of sorts** [Colloq.] cross, irritable, or ill —**sort of** [Colloq.] somewhat —**sort out** **1.** to separate out **2.** to find a solution **3.** [Slang] to punish someone, esp. by beating them —**sort'er** *n.*

**sortie** (sôr'tē) *n.* [Fr. < *sortir,* to issue] **1.** a sudden attack by troops from a besieged place **2.** one mission by a single military plane

**SOS** (es'ō'es') **1.** a signal of distress in code (. . . - - - . . .) used internationally in wireless telegraphy **2.** [Colloq.] any urgent call for help

**sosatie** (sə sä'tē) *n.* [Afrik.] [S Afr.] curried meat on skewers

**so-so** (sō'sō') *adv.* indifferently; just passably —*adj.* neither too good nor too bad; just fair Also **so so**

**sostenuto** (sos'tə nōōt'ō) *n., adj., adv.* [It.] *Music* sustained or prolonged in tempo

**sot** (sot) *n.* [< OFr. *sot,* a fool] a drunkard —**sot'tish** *adj.*

**sotted** (sot'id) *adj.* besotted; stupefied

**sotto voce** (sot'ō vō'chē) [It.] in an undertone

**sou** (sōō) *n., pl.* **sous** (sōōz) [Fr. < L. *solidus,* SOLIDUS] **1.** a former French coin **2.** a very small amount of money

**soubrette** (sōō bret') *n.* [Fr.] *Theatre* **1.** the role of a pert lady's maid **2.** an actress who plays such roles

**soubriquet** (sōō'brə kā') *n.* *var. of* SOBRIQUET

**soufflé** (sōō'flā) *n.* [Fr. < *souffler,* to blow] a baked food made light and puffy by adding beaten egg whites before baking —*adj.* made light and puffy in cooking

**sough** (sou) *n.* [< OE. *swogan,* to sound] a soft, murmuring or rustling sound —*vi.* to make a sough

**sought** (sôt) *pt. & pp. of* SEEK

**souk** (sōōk) *n.* [Ar. *sūq*] an open-air marketplace in North Africa and the Middle East

**soul** (sōl) *n.* [OE. *sawol*] **1.** the part of one's being that is thought of as the centre of feeling, thinking, will, etc., apart from the body **2.** the moral or emotional nature of man **3.** spiritual or emotional warmth, force, etc. **4.** vital or essential part, quality, etc. **5.** the central or leading figure **6.** embodiment; personification **7.** a person *[a town of 1000 souls]* **8.** [Colloq.] among U.S. Negroes, a sense of racial pride and social and cultural solidarity —*adj.* [Colloq.] of, for, or like, U.S. Negroes —**upon my soul!** an exclamation of surprise

**soul-destroying** *adj.* monotonous; dreary; tedious

**soul food** [Colloq.] items of food popular esp. among U.S. Negroes, as chitterlings, ham hocks, etc.

**soulful** *adj.* full of or showing deep feeling —**soul'fully** *adv.*

**soulless** *adj.* lacking sensitivity or deep feeling

**soul mate** [Colloq.] a person with whom one has a close relationship

**soul music** [Colloq.] *a form of* RHYTHM AND BLUES

**soul-searching** *n.* a close, honest examination of one's true feelings, motives, etc.

**sound**[1] (sound) *n.* [< L. *sonus*] **1.** *a*) vibrations in air, water, etc. that act on the nerves of the inner ear and produce the sensation of hearing *b*) the sensation that these vibrations stimulate in the ear **2.** any identifiable noise, tone, etc. **3.** the distance within which a sound may be heard **4.** the impression made by something said, etc. **5.** meaningless noise —*vi.* **1.** to make a sound **2.** to seem through sound *[to sound* troubled*]* —*vt.* **1.** *a*) to cause to sound *b*) to utter distinctly *[to sound* one's r's*]* **2.** to express, signal, proclaim, etc. **3.** to examine (the chest) by percussion, etc. —**sound off** [Slang] to give free voice to complaints, opinions, etc.

**sound**[2] *adj.* [OE. *(ge)sund*] **1.** free from defect, damage, or decay **2.** healthy *[a sound* body*]* **3.** firm and safe; stable [a *sound* bank] **4.** based on valid reasoning [*sound* advice] **5.** agreeing with established beliefs **6.** thorough, complete, etc. [a *sound* defeat] **7.** deep and undisturbed: said of sleep —***adv.*** deeply [*sound* asleep] —**sound'ly** ***adv.*** —**sound'ness** ***n.***

**sound**[3] ***n.*** [< OE. & ON. *sund*] a wide channel linking two large bodies of water or separating an island from the mainland

**sound**[4] ***vt.*** [< L. *sub,* under + *unda,* a wave] **1.** *a*) to measure the depth of (water), esp. with a weighted line (**sounding line**) *b*) to examine (the bottom of the sea, etc.) **2.** to try to find out the opinions of (a person): often with *out* —**sound'able** ***adj.*** —**sound'er** ***n.***

**sound barrier** the large increase in resistance encountered by an aircraft approaching the speed of sound

**sound effects** sounds, as of thunder, animals, etc., produced artificially or by recording as for radio, TV, etc.

**sounding** ***n.*** **1.** *a*) the act of measuring the depth of water *b*) [*pl.*] a place where a sounding line will touch bottom **2.** [*pl.*] measurements or data learned by sounding **3.** [*often pl.*] a sampling, as of public opinion

**sounding board** **1.** any structure designed to reflect sound **2.** a person on whom one tests one's opinions, etc.

**soundproof** ***adj.*** able to keep sound from coming through —***vt.*** to make soundproof

**sound track** the area along one side of a film, carrying the sound record of the film

**sound wave** *Physics* a pressure wave transported by an elastic medium, as air

**soup** (sōōp) ***n.*** [< OFr. *soupe*] a liquid food made by cooking meat, vegetables, etc. in water, milk, etc. —**in the soup** [Colloq.] in trouble —**soup up** [Slang] to increase the power, capacity for speed, etc. of (an engine, etc.) —**soup'y** ***adj.***

**soupçon** (sōōp'sôn') ***n.*** [Fr.] **1.** a suggestion or trace **2.** a tiny amount; bit

**soup kitchen** a place where hot soup or the like is given to people in dire need

**sour** (sou̇ər) ***adj.*** [OE. *sur*] **1.** having the sharp, acid taste of lemon juice, vinegar, etc. **2.** spoiled by fermentation [*sour* milk] **3.** cross, bad-tempered, etc. **4.** distasteful or unpleasant **5.** excessively acid: said of soil —***vt., vi.*** to make or become sour —**sour'ish** ***adj.*** —**sour'ly** ***adv.*** —**sour'ness** ***n.***

**source** (sôrs) ***n.*** [< L. *surgere,* to rise] **1.** that from which something originates, develops, etc. **2.** a spring, etc. from which a stream arises **3.** a person, book, etc. that provides information

**sourcebook** ***n.*** a collection of selections giving information about a subject to be studied or written about

**sourdough** (sou̇ər'dō') ***n.*** [Chiefly U.S.] [Dial.] fermented dough saved from one baking to the next, for use as leaven

**sour grapes** a scorning or belittling of something only because it cannot be had or done

**sourpuss** (sou̇ər'pŏŏs') ***n.*** [Colloq.] a disagreeable person

**sourveld** (sou̇ər'felt') ***n.*** [< Afrik. *suur,* sour + *veld,* grassland] in South Africa, a particular type of grazing

**souse** (sou̇s) ***vt., vi.*** **soused, sous'ing** [< OHG. *sulza,* brine] **1.** to plunge in a liquid **2.** to pickle **3.** [Slang] to make or become intoxicated —***n.*** **1.** liquid for pickling **2.** a pickled food, as the feet or ears of a pig **3.** a plunging into a liquid **4.** [Slang] a drunkard

**soutane** (sōō tan') ***n.*** [< It.] *same as* CASSOCK

**south** (sou̇th) ***n.*** [OE. *suth*] **1.** the direction to the left of a person facing the sunset (180° on the compass, opposite north) **2.** a region or district in or towards this direction **3.** [*often* **S-**] the southern part of the earth —***adj.*** **1.** in or towards the south **2.** from the south —***adv.*** in or towards the south —**the South** that part of England south of the Humber

**southeast** (sou̇th'ēst'; *nautical* sou̇-) ***n.*** **1.** the direction halfway between south and east **2.** a region in or towards this direction —***adj.*** **1.** in or towards the southeast **2.** from the southeast —***adv.*** in, towards, or from the southeast —**south'east'erly** ***adj., adv.*** —**south'east'ern** ***adj.*** —**south'east'ward** ***adv., adj.*** —**south'east'wards** ***adv.***

**southeaster** (sou̇th'ēs'tər; *nautical* sou̇-) ***n.*** a storm or strong wind from the southeast

**southerly** (su*th*'ər lē) ***adj., adv.*** **1.** towards the south **2.** from the south

**southern** (su*th*'ərn) ***adj.*** **1.** in, of, or towards the south **2.** from the south **3.** [**S-**] of the South —**south'ernmost'** ***adj.***

**Southern Cross** a small constellation in the S hemisphere with four bright stars in the form of a cross

**southerner** (su*th*'ər nər) ***n.*** an inhabitant of the south

**Southern Hemisphere** that half of the earth south of the equator

**southern lights** *same as* AURORA AUSTRALIS

**southpaw** (sou̇th'pô') ***n.*** [Colloq.] a person who is left-handed; esp., a boxer —***adj.*** [Slang] left-handed

**South Pole** the southern end of the earth's axis

**South Seas** the South Pacific

**south-southeast** ***n.*** the direction halfway between due south and southeast

**south-southwest** ***n.*** the direction halfway between due south and southwest

**southward** (sou̇th'wərd; *nautical* su*th*'ərd) ***adv., adj.*** towards the south: also **south'wards** ***adv.*** —***n.*** a southward direction, point, or region

**southwardly** ***adj., adv.*** **1.** towards the south **2.** from the south

**southwest** (sou̇th'west'; *nautical* sou̇-) ***n.*** **1.** the direction halfway between south and west **2.** a region in or towards this direction —***adj.*** **1.** in or towards the southwest **2.** from the southwest —***adv.*** in, towards, or from the southwest —**south'west'erly** ***adj., adv.*** —**south'west'ern** ***adj.*** —**south'west'ward** ***adv., adj.*** —**south'west'wards** ***adv.***

SOUTHWESTER

**southwester** (sou̇th'wes'tər; *nautical* sou̇-) ***n.*** **1.** a wind from the southwest **2.** a sailor's waterproof hat, having a broad brim at the back

**souvenir** (sōō'və nēər') ***n.*** [Fr. < L. *subvenire,* come to mind] something kept as a reminder of a place, person, or occasion

**sou'wester** (sou̇ wes'tər) ***n.*** *same as* SOUTHWESTER

**sov.** sovereign

**sovereign** (sov'rin) ***n.*** [< L. *super,* above] **1.** a person having sovereign authority; monarch **2.** formerly, a British gold coin valued at one pound sterling —***adj.*** **1.** supreme in power, rank, etc. **2.** above all others; greatest **3.** of or being a ruler; reigning **4.** independent of all others **5.** very effectual, as a remedy

**sovereignty** ***n., pl.*** **-ties** **1.** a being sovereign **2.** the status, rule, power, etc. of a sovereign

**soviet** (sō'vē it) ***n.*** [Russ., council] in the Soviet Union, any of various elected governing councils —***adj.*** **1.** of a soviet or soviets **2.** [**S-**] of or connected with the Soviet Union

**sow**[1] (sou̇) ***n.*** [OE. *sugu*] an adult female pig

**sow**[2] (sō) ***vt.*** **sowed, sown** (sōn) or **sowed, sow'ing** [OE. *sawan*] **1.** to scatter or plant (seed) for growing **2.** to plant (a field, etc.) with seed **3.** to spread or scatter —**sow'er** ***n.***

**soy** (soi) ***n.*** [< Chin. *chiang,* salted bean + *yu,* oil] **1.** a dark, salty sauce made from fermented soyabeans: also **soy sauce** **2.** the soyabean plant or its seeds Also **soya** (soi'ə)

**soyabean** (soi'ə bēn') ***n.*** **1.** a plant of the legume family widely grown for its seeds, rich in protein and oil **2.** its seed

**sozzled** (soz'ld) ***adj.*** [< dial. *sozzle*] [Colloq.] drunk; intoxicated

**Sp.** **1.** Spain **2.** Spaniard **3.** Spanish

**sp.** **1.** special **2.** *pl.* **spp.** species **3.** spelling

**spa** (spä) ***n.*** [< *Spa,* resort in Belgium] **1.** a spring of mineral water **2.** a place with such a spring

**space** (spās) ***n.*** [< L. *spatium*] **1.** *a*) the boundless expanse extending in all directions, within which all things exist *b*) *same as* OUTER SPACE **2.** *a*) the distance, expanse, or area between or within things *b*) room for something **3.** a period of time **4.** *Music* the open area between any two lines of a staff **5.** *Printing* a blank piece of type metal used to separate characters, etc. —***adj.*** of space —***vt.*** **spaced, spac'ing** to arrange with spaces between —**spac'er** ***n.***

**Space Age** [*also* **s- a-**] the period in which artificial satellites and manned space vehicles have been launched

**spacecraft** ***n., pl.*** **-craft'** a spaceship or satellite for use in outer space

**spaceflight** ***n.*** a flight through outer space

**spaceman** ***n.*** an astronaut

**spaceship** ***n.*** a rocket-propelled vehicle for travel in outer space

**space shuttle** a spacecraft designed to transport persons and equipment between earth and an orbiting space station

**space station** (or **platform**) a structure designed to orbit in space as a launching pad or as an observation centre

**spacesuit** ***n.*** *same as* G-SUIT

**space-time (continuum)** a continuum having the three dimensions of space and that of time

**spacious** (spā'shəs) ***adj.*** **1.** having more than enough space; vast **2.** not limited; large —**spa'ciousness** ***n.***

**spade**[1] (spād) ***n.*** [OE. *spadu*] a long-handled digging tool with a flat blade that is pressed with the foot —**call a spade a spade** to use plain, blunt words —**spade'ful** ***n.***

**spade**[2] ***n.*** [< L. *spatha,* SPATULA] **1.** the black figure (♠) marking one of the four suits of playing cards **2.** [*pl.*] this suit **3.** a card of this suit

**spadework** ***n.*** work done to get a project started, esp. when tiresome or difficult

**spadix** (spā'diks) ***n., pl.*** **-di'ces** (spā'di'sēz) [< Gr., palm branch] a fleshy spike of tiny flowers

**spaghetti** (spə get'ē) ***n.*** [It.] long, thin strings of pasta, cooked by boiling and served with a sauce

**spake** (spāk) *archaic pt. of* SPEAK

**Spam** (spam) *Trademark* a kind of tinned meat, made chiefly from pork

**span**[1] (span) ***n.*** [OE. *sponn*] **1.** the full amount or extent between any two limits **2.** a part between two supports [a bridge of four *spans*] **3.** *shortened form of* WING-SPAN **4.** a measure of length, equal to nine inches (23 cm): the distance between the tips of the thumb and little finger —***vt.*** **spanned, span'ning** **1.** to extend, reach, or pass over or across **2.** to measure

**span**[2] *archaic pt. of* SPIN

**Span.** **1.** Spaniard **2.** Spanish

**spandrel** (span'drəl) ***n.*** [< ?] the space between the exterior curve of an arch and a rectangular frame enclosing it

**spangle** (spaŋ'g'l) ***n.*** [< OE. *spang,* a

clasp] **1.** a small piece of bright metal sewn on fabric for decoration **2.** any small, glittering object —*vt.* **-gled, -gling** to cover with spangles —**span'gly** *adj.*

**Spaniard** (span'yərd) *n.* a native or inhabitant of Spain

**spaniel** (span'yəl) *n.* [< MFr. *espagnol,* Spanish] a breed of dog with a silky coat, drooping ears, and short legs and tail

**Spanish** (span'ish) *adj.* of Spain, its people, their language, etc. —*n.* the Romance language of Spain

**Spanish fly** a blister beetle of S Europe whose crushed bodies are used as an aphrodisiac, etc.

**Spanish Main** the coastal region of the Americas along the Caribbean Sea

**spank** (spaŋk) *vt.* [echoic] to strike with something flat, as the open hand, esp. on the buttocks —*vi.* to move along swiftly —*n.* a smack given in spanking

**spanking** *adj.* **1.** [Colloq.] unusually fine, large, etc. **2.** rapid **3.** brisk: said of a breeze —*adv.* [Colloq.] completely [*spanking* new] —*n.* a series of smacks given by one who spanks

**spanner** (span'ər) *n.* a tool used to tighten nuts, bolts, etc.; wrench

**spanspek** (span'spek) *n.* [< Afrik.] [S Afr.] the sweet melon

**spar**[1] (spär) *n.* [< MDu.] any shiny, crystalline mineral that cleaves easily into flakes —**spar'ry** *adj.*

**spar**[2] *n.* [< ON. *sparri*] **1.** any pole, as a mast, or boom, for supporting the sails on a ship **2.** a lengthwise support for the ribs of an aircraft wing

**spar**[3] *vi.* **sparred, spar'ring** [< ?] **1.** to box with jabbing or feinting movements, landing few heavy blows, as in practice matches **2.** to dispute; argue

**spare** (spāər) *vt.* **spared, spar'ing** [OE. *sparian*] **1.** to refrain from killing, hurting, etc. **2.** to save or free (a person) from (something) [*spare* me the trouble] **3.** to avoid using, or use frugally **4.** to part with or give up (money, time, etc.) without trouble to oneself —*vi.* **1.** to be frugal **2.** to show mercy —*adj.* **1.** not in regular use; extra **2.** free [*spare* time] **3.** meagre; scanty **4.** not fleshy; lean —*n.* an extra or replacement part, thing, etc. —**go spare** [Colloq.] to become extremely angry, annoyed, etc. —**(something) to spare** a surplus of (something) —**spare'ly** *adv.* —**spare'ness** *n.*

**spareribs** *n.pl.* a cut of meat, esp. pork, consisting of the thin end of the ribs with most of the meat cut away

**spare tyre** [Colloq.] the roll of fat that many people have just above the waist

**sparing** *adj.* **1.** that spares **2.** frugal **3.** scanty; meagre —**spar'ingly** *adv.*

**spark**[1] (spärk) *n.* [OE. *spearca*] **1.** a glowing bit of matter, esp. one thrown off by a fire **2.** any flash or sparkle **3.** a particle or trace, as of life, interest, etc. **4.** liveliness; vivacity **5.** *Elec.* a very brief flash of light accompanying an electric discharge —*vi.* to make or throw off sparks —**spark'er** *n.*

**spark**[2] *n.* [ON. *sparkr,* lively] a dashing, gallant young man

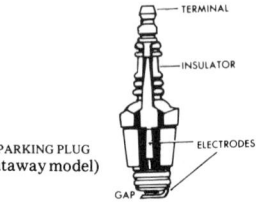

SPARKING PLUG
(cutaway model)

**sparking plug** a piece fitted into a cylinder of an internal-combustion engine to make sparks that ignite the fuel mixture within: also **spark plug**

**sparkle** (spär'k'l) *vi.* **-kled, -kling** [see SPARK[1]] **1.** to throw off sparks **2.** to glitter, as jewels **3.** to be brilliant and lively **4.** to effervesce, as some wines —*n.* **1.** a spark, or glowing particle **2.** a glittering **3.** brilliance; liveliness

**sparkler** *n.* **1.** a pencil-shaped firework that burns with bright sparks **2.** [Colloq.] a diamond

**sparring partner** **1.** any person with whom a prizefighter boxes for practice **2.** an opponent, usually a friend, in argument

**sparrow** (spar'ō) *n.* [OE. *spearwa*] a brownish-grey finch-like bird, as the house sparrow

**sparrow hawk** a small European hawk

**sparse** (spärs) *adj.* [< L. *spargere,* scatter] thinly spread or scattered —**sparse'ly** *adv.* —**sparsity** *n.*

**Spartan** (spär't'n) *adj.* **1.** of ancient Sparta, its people, or their culture **2.** brave, frugal, highly disciplined, etc. —*n.* a citizen of Sparta

**spasm** (spaz'm) *n.* [< Gr. *span,* to pull] **1.** a convulsive, involuntary contraction of a muscle **2.** any short, sudden burst of activity, feeling, etc.

**spasmodic** (spaz mod'ik) *adj.* [see prec.] of or like a spasm or spasms; fitful; intermittent —**spasmod'ically** *adv.*

**spastic** (spas'tik) *adj.* [see SPASM] of, marked by, or having spasm or spastic paralysis —*n.* a person with spastic paralysis —**spas'tically** *adv.*

**spastic paralysis** a condition, as in cerebral palsy, in which movements are more or less uncontrollable

**spat**[1] (spat) *n.* [echoic] [U.S. Colloq.] a brief, petty quarrel

**spat**[2] *n.* [contr. < SPATTER] a short gaiter for the instep and ankle

**spat**[3] *alt. pt. & pp. of* SPIT[2]

**spat**[4] *n.* [< ?] the spawn of the oyster or other bivalve shellfish

**spate** (spāt) *n.* [< ?] **1.** a sudden flood or heavy rain **2.** a large outpour, as of words

**spathe** (spāth) *n.* [< Gr. *spathē*, flat blade] a large, leaflike part or pair of such parts enclosing a flower cluster

**spatial** (spā′shəl) *adj.* [< L. *spatium*, space] **1.** of space **2.** happening or existing in space —**spa′tially** *adv.*

**spatter** (spat′ər) *vt., vi.* [< Fris. *spatten*, to splash] **1.** to scatter or spurt out in drops or small blobs **2.** to splash —*n.* **1.** *a*) a spattering *b*) its sound **2.** a mark made by spattering

**spatula** (spat′yoo lə) *n.* [L. < *spatha*, flat blade] an implement with a flat, flexible blade used for spreading or blending foods, paints, etc.

**spavin** (spav′in) *n.* [MFr. *esparvain*] a disease of horses affecting the hock joint and causing lameness —**spav′ined** *adj.*

**spawn** (spôn) *vt., vi.* [see EXPAND] **1.** to produce or deposit (eggs, sperm, or young) **2.** [Derog.] to bring into being (esp. in great quantity) —*n.* **1.** the mass of eggs or young produced by fishes, amphibians, etc. **2.** [Derog.] offspring or progeny

**spay** (spā) *vt.* [see SPATHE] to sterilize (a female animal) by removing the ovaries

**speak** (spēk) *vi.* **spoke, spo′ken, speak′ing** [OE. *sp(r)ecan*] **1.** to utter words; talk **2.** to express opinions, feelings, ideas, etc. by or as by talking **3.** to make a speech; discourse **4.** to be a spokesman (*for*) **5.** to converse **6.** to give out sound —*vt.* **1.** to make known as by speaking **2.** to use (a given language) in speaking **3.** to utter (words) orally —**so to speak** that is to say —**speak for itself** to be self-evident —**speak out** (or **up**) **1.** to speak audibly or clearly **2.** to speak freely —**speak volumes** to be significant —**speak well for** to indicate something favourable about —**to speak of** worthy of mention

**speak-easy** *n., pl.* **-eas′ies** [U.S. Slang] a place selling alcoholic drinks illegally

**speaker** *n.* **1.** a person who speaks or makes speeches **2.** a person who serves as presiding officer of a lawmaking body; specif., [S-] the presiding officer in many legislative bodies, including the House of Commons in Britain and Canada: in full, **Speaker of the House**

**speaking** *adj.* expressive; vivid —*n.* the act or art of one who speaks —**generally (strictly) speaking** in the common (strict) sense of the words —**on speaking terms** friendly enough to carry on conversation

**speaking clock** a telephone service by which the correct time is given to the one who telephones

**spear** (spēər) *n.* [OE. *spere*] **1.** a weapon with a long shaft and sharp head, for thrusting or throwing **2.** any spearlike, often forked implement, as one used in fishing **3.** [var. of SPIRE] a shoot, as of grass —*vt.* to pierce or stab as with a spear

**spearhead** *n.* **1.** the pointed head of a spear **2.** the person, group, unit, etc. leading an activity, esp. a military attack —*vt.* to lead (an attack, etc.)

**spearmint** *n.* [< its flower spikes] a fragrant plant used for flavouring

**spec** *n.* [Colloq.] speculation —**on spec** [Colloq.] as a speculation or gamble [all the tickets were sold, so I went to the theatre *on spec*]

**spec.** **1.** special **2.** specification

**special** (spesh′əl) *adj.* [< L. *species*, kind] **1.** different, distinctive, or unique **2.** exceptional; extraordinary **3.** highly regarded **4.** of or for a particular occasion, purpose, etc. [a *special* edition] **5.** not general; specific —*n.* something special, as a featured item in a sale —**spe′cially** *adv.*

**Special Branch** the branch of the police force that deals with political offences and security

**special constable** someone who becomes a temporary member of the police force for special occasions

**special delivery** delivery of mail by special postal messenger, for an extra fee

**specialist** *n.* a person who specializes in a particular branch of study, professional work, etc.

**speciality** (spesh′ē al′ə tē) **1.** a special quality, feature, etc. **2.** a special field of study, branch of a profession, etc. **3.** a product or service given special attention to make it attractive, superior, etc.

**specialize** (spesh′ə līz′) *vi.* **-ized′, -iz′ing** to take up a special study or work in a special branch of a profession —*vt.* **1.** to direct towards a specific end **2.** to make specific —**spe′cializa′tion** *n.*

**special licence** a licence that is issued to allow a marriage to take place although the banns have not been called

**specie** (spē′shē) *n.* [< L. *species*, kind] coin, as distinguished from paper money

**species** (spē′shēz) *n., pl.* **-cies** [L., appearance, kind] **1.** *Biol.* a group of highly similar plants or animals that is part of a genus **2.** a distinctive kind; sort

**specif.** specifically

**specific** (spi sif′ik) *adj.* [< L. *species*, kind + *facere*, make] **1.** definite; explicit **2.** peculiar to or characteristic of something **3.** of a particular sort **4.** *Med.* specially indicated as a cure for a particular disease —*n.* **1.** a distinct item or detail; particular **2.** a specific cure or remedy —**specif′ically** *adv.* —**specificity** (spes′ə fis′ə tē) *n.*

**specification** (spes′ə fi kā′shən) *n.* **1.** a detailed mention **2.** [*usually pl.*] a statement of particulars as to size, materials, etc. **3.** something specified

**specific gravity** the ratio of the weight of a given volume of a substance to that of an equal volume of another substance (as water) used as a standard

**specify** (spes′ə fī′) *vt.* **-fied′, -fy′ing** [see SPECIFIC] **1.** to mention or describe in detail **2.** to include as an item in a set of specifications —**spec′ifi′able** *adj.*

**specimen** (spes′i min) *n.* [L. < *specere,* see] **1.** a part or one individual, used as a sample of the rest **2.** [Colloq.] a (specified kind of) individual **3.** *Med.* a sample, as of urine, for analysis

**specious** (spē′shəs) *adj.* [< L. *species,* appearance] seeming good, sound, etc., but not really so

**speck** (spek) *n.* [OE. *specca*] **1.** a small spot or mark **2.** a tiny bit; particle —*vt.* to mark with specks

**speckle** (spek′l) *n.* a small speck —*vt.* **-led, -ling** to mark with speckles

**specs** (speks) *n.pl.* [Colloq.] **1.** spectacles **2.** specifications

**spectacle** (spek′tə k'l) *n.* [< L. *specere,* see] **1.** a remarkable sight **2.** a public show on a grand scale **3.** [*pl.*] a pair of lenses to correct faulty vision, placed in a frame —**spec′tacled** *adj.*

**spectacular** (spek tak′yə lər) *adj.* strikingly grand or unusual —**spectac′ularly** *adv.*

**spectator** (spek tāt′ər) *n.* [L. < *spectare,* behold] a person who watches something without taking part

**spectra** (spek′trə) *n.* *alt. pl. of* SPECTRUM

**spectral** (spek′trəl) *adj.* **1.** of or like a spectre; ghostly **2.** of a spectrum

**spectre** (spek′tər) *n.* [< L. *spectare,* behold] **1.** a ghost; apparition **2.** any object of dread Also U.S. sp., **spec′ter**

**spectroscope** (spek′trə skōp′) *n.* an optical instrument for breaking up light into a spectrum so that it can be studied —**spec′troscop′ically** *adv.*

**spectroscopy** (spek tros′kə pē) *n.* the study of spectra by use of the spectroscope —**spectros′copist** *n.*

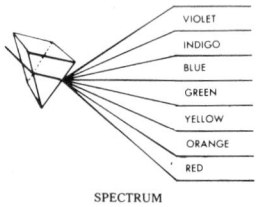


SPECTRUM

**spectrum** (spek′trəm) *n.,* *pl.* **-tra, -trums** [< L., appearance] **1.** the series of coloured bands into which white light is broken up by passing through a prism, etc.: it is arranged according to wavelength **2.** any like series of bands or lines formed from other kinds of radiant energy **3.** a range or extent, as of opinion

**speculate** (spek′yə lāt′) *vi.* **-lat′ed, -lat′ing** [< L. *specere,* see] **1.** to ponder; esp., to conjecture **2.** to engage in any risky venture for possible huge profits —**spec′ula′tion** *n.* —**spec′ulative** *adj.* —**spec′ula′tor** *n.*

**sped** (sped) *alt. pt. & pp. of* SPEED

**speech** (spēch) *n.* [< OE. *sp(r)ecan,* speak] **1.** the act of speaking **2.** the power or ability to speak **3.** the manner of speaking **4.** what is spoken **5.** a talk given to an audience **6.** the language used by a certain group of people

**speech day** an annual prize-giving event in most schools

**speechify** (spē′chə fī′) *vi.* **-fied′, -fy′ing** to make a speech: used humorously —**speech′ifi′er** *n.*

**speechless** *adj.* **1.** not able to speak **2.** silent, as from shock —**speech′lessly** *adv.*

**speed** (spēd) *n.* [OE. *spæd,* success] **1.** rapid motion; swiftness **2.** *a*) the rate of movement; velocity *b*) the rate of any action **3.** an arrangement of gears for the drive of a bicycle **4.** [Slang] any of various amphetamine compounds **5.** [Archaic] success —*adj.* of speed —*vi.* **sped** or **speed′ed, speed′ing** **1.** to go fast in a motor car, etc., esp. at a speed greater than the legal limit **2.** [Archaic] to prosper —*vt.* **1.** to cause to move swiftly **2.** to help succeed; aid **3.** to wish Godspeed to —**speed up** to go or make go faster —**speed′er** *n.*

**speedboat** *n.* a motorboat built for speed

**speed limit** the legal limit of speed of any vehicle on any given road

**speedo** (spēd′ō) *n.* [Colloq.] speedometer

**speedometer** (spi dom′ə tər) *n.* [< SPEED + -METER] a device attached to a motor vehicle, etc. to indicate speed

**speedway** (spēd′wā′) *n.* **1.** *a*) a track for racing cars or motorcycles *b*) this sport **2.** [U.S.] a road for high-speed traffic

**speedwell** *n.* a plant with spikes of bluish flowers

**speedy** *adj.* **-ier, -iest** **1.** rapid **2.** without delay; prompt —**speed′ily** *adv.* —**speed′iness** *n.*

**spek** (spek) *n.* [< Afrik.] [S Afr.] bacon

**speleology** (spē′lē ol′ə jē) *n.* [< Gr. *spēlaion,* cave] the scientific study and exploration of caves —**spe′leolog′ical** *adj.* —**spe′leol′ogist** *n.*

**spell**[1] (spel) *n.* [OE., a saying] **1.** a word or formula supposed to have some magic power **2.** irresistible influence; charm; fascination —**cast a spell on** to enchant

**spell**[2] *vt.* **spelled** or **spelt, spell′ing** [< OFr. *espeller,* explain] **1.** to name, write, etc., esp. correctly, the letters of (a word, etc.) **2.** to make up (a word, etc.): said of specified letters **3.** to mean [*red spells danger*] —*vi.* to spell words, etc. —**spell out** **1.** to read with difficulty **2.** to explain in detail

**spell**[3] *n.* [OE. *spelian*] **1.** a period of work, duty, etc. **2.** a period (*of* being in some state) **3.** a period of specified weather **4.** [Colloq.] a period of time that is indefinite, short, etc. —*vt.* **spelled,**

**spell'ing** to work in place of another while he rests

**spellbind** *vt.* **-bound', -bind'ing** to hold or affect as by a spell; fascinate

**spelt**[1] (spelt) *alt. pt. & pp. of* SPELL[2]

**spelt**[2] *n.* [< LL. *spelta*] a species of wheat with grains that do not thresh free of chaff

**spend** (spend) *vt.* **spent, spend'ing** [< L. *expendere,* expend] **1.** to pay out (money) **2.** to give or devote (time, effort, etc.) to something **3.** to pass (time) **4.** to use up, exhaust, etc. **5.** to waste; squander —*vi.* to pay out or use up money, etc. —**spend a penny** [Colloq.] to expel bodily wastes —**spend'able** *adj.* —**spend'er** *n.*

**spendthrift** *n.* a person who spends money carelessly; squanderer —*adj.* wasteful; extravagant

**spent** (spent) *pt. & pp. of* SPEND —*adj.* **1.** tired out **2.** used up; worn out

**sperm** (spuRm) *n.* [< Gr. *sperma,* seed] **1.** semen **2.** *same as* SPERMATOZOON

**spermaceti** (spuR'mə set'ē) *n.* [< LL. *sperma,* SPERM + L. *cetus,* a whale] a white, waxlike substance from a sperm whale used in making cosmetics, etc.

**spermatozoon** (spuR'mə tə zō'on) *n., pl.* **-zo'a** [< Gr. *sperma,* seed + *zōion,* animal] the male germ cell, found in semen

**spermicide** (spuR'mə sīd') *n.* [SPERM + -*i*- + -CIDE] an agent that kills spermatozoa —**sperm'ici'dal** *adj.*

**sperm oil** a lubricating oil from the sperm whale

**sperm whale** a large, toothed whale of warm seas: a closed cavity in its roughly square head contains sperm oil

**spew** (spyōō) *vt., vi.* [OE. *spiwan*] **1.** to vomit **2.** to flow or gush forth

**sp. gr.** specific gravity

**sphagnum** (sfag'nəm) *n.* [< Gr. *sphagnos,* kind of moss] **1.** a spongelike moss found in bogs **2.** a mass of such mosses, used to improve soil, to pot plants, etc.

**sphere** (sfēər) *n.* [< Gr. *sphaira*] **1.** any round body with a surface equally distant from the centre at all points; globe; ball **2.** a star or planet **3.** the visible heavens; sky **4.** *short for* CELESTIAL SPHERE **5.** any of a series of transparent shells imagined as revolving one within another around the earth and containing the stars, planets, sun, and moon **6.** the place or range of action, knowledge, etc. **7.** place in society

**spherical** (sfer'i k'l) *adj.* **1.** shaped like a sphere **2.** of a sphere or spheres —**spher'ically** *adv.*

**spheroid** (sfēər'oid) *n.* a body that is almost but not quite a sphere —*adj.* of this shape: also **spheroi'dal**

**sphincter** (sfiŋk'tər) *n.* [< Gr. *sphingein,* to draw close] *Anat.* a ring-shaped muscle at a body orifice that can open or close it by expanding or contracting

**sphinx** (sfiŋks) *n., pl.* **sphinx'es** [< Gr. *sphinx,* strangler] **1.** any Egyptian statue having a lion's body and the head of a man, ram, or hawk; specif., [**S-**] such a statue with a man's head, near Cairo, Egypt **2.** *a*) [**S-**] *Gr. Myth.* a winged monster with a lion's body and a woman's head and breasts who killed passers-by unable to solve its riddle *b*) a person who is hard to understand

**spice** (spīs) *n.* [< L. *species,* sort] **1.** any of several vegetable substances, as clove, pepper, etc., used to season food **2.** that which adds zest or interest —*vt.* **spiced, spic'ing** **1.** to flavour with spice **2.** to add zest to

**spick-and-span** (spik''n span') *adj.* [< SPIKE[1] + ON. *spānn,* a chip] **1.** neat and clean **2.** new or fresh

**spicy** (spī'sē) *adj.* **-ier, -iest** **1.** containing spices **2.** having the flavour or aroma of spice **3.** lively, interesting, etc. **4.** risqué —**spic'iness** *n.*

**spider** (spī'dər) *n.* [< OE. *spinnan,* to spin] **1.** any of various small arachnids with eight legs, that spins silk threads, as for webs **2.** any implement or device shaped like a spider —**spi'dery** *adj.*

**spider monkey** a monkey of South and Central America with long, spidery limbs and a long tail

**spiel** (spēl) *n.* [G., play] [Chiefly U.S. Slang] a talk or harangue, as in selling —*vi.* [Chiefly U.S. Slang] to give a spiel —**spiel'er** *n.*

**spigot** (spig'ət) *n.* [ME. *spigote*] **1.** a plug or peg used to stop the vent in a barrel, etc. **2.** a tap

**spike**[1] (spīk) *n.* [prob. < ON. *spīkr*] **1.** a long, heavy nail **2.** a sharp-pointed projection, as along the top of an iron fence **3.** *a*) any of the pointed metal projections on the bottoms of shoes used in athletics, golf, etc. *b*) [*pl.*] a pair of such shoes —*vt.* **spiked, spik'ing** **1.** to fasten or fit as with spikes **2.** to pierce with, or impale on, a spike **3.** [Slang] to add alcohol to (a drink) —**spike someone's guns** to thwart someone's plans, etc. —**spik'y** *adj.*

**spike**[2] *n.* [L. *spica*] **1.** an ear of grain **2.** a long flower cluster with flowers attached directly to the stalk

**spikelet** *n.* a small spike, as in a flower cluster

**spikenard** (spīk'närd) *n.* [< L. *spica,* ear of grain + *nardus,* NARD] **1.** a fragrant ointment used in ancient times **2.** the Asiatic plant from which it is made

**spill**[1] (spil) *vt.* **spilled** or **spilt, spill'ing** [OE. *spillan,* destroy] **1.** to let fall or flow over from a container, esp. without intending to **2.** to shed (blood) **3.** [Colloq.] to let (a secret) become known **4.** [Colloq.] to make (a rider, load, etc.) fall off —*vi.* to be spilled from a container —*n.* **1.** a spilling **2.** what is spilled **3.** [Colloq.] a fall; tumble —**spill over** to overflow —**spill the beans** to disclose a secret

**spill**[2] *n.* [< ?] a thin roll of paper, thin stick, etc. set on fire to light a pipe, candle, etc.

**spillikin** (spil'i k'n) *n.* [< MDu. *spille,* a splinter] **1.** any of the strips used in playing spillikins **2.** [*pl. with sing. v.*] a game played by trying to remove strips in a jumbled heap without moving any of the others

**spillway** (spil′wā′) *n.* a channel to carry off excess water

**spin** (spin) *vt.* **spun, spin′ning** [OE. *spinnan*] **1.** to cause to rotate **2.** *a*) to draw out and twist fibres of (wool, cotton, etc.) into thread *b*) to make (thread, etc.) thus **3.** to make (a web, etc.): said of spiders, etc. **4.** to produce in a way that suggests spinning **5.** to draw *out* (a story, etc.) to great length **6.** to make (wheels of a vehicle) rotate without traction, as on ice **7.** to extract water from (clothes), as in a spin dryer —*vi.* **1.** to whirl **2.** to spin thread, etc. **3.** to feel dizzy and seem to be spinning **4.** to go into a spin: said of an aircraft **5.** to move along swiftly and smoothly **6.** to rotate freely without traction —*n.* **1.** the spinning or rotating of something, as a cricket ball **2.** a ride in a motor vehicle, on a bicycle, etc. **3.** the descent of an aircraft nose first along a spiral path —**spin out** to extend; prolong

**spina bifida** (spī′nə bif′ə də) a defect in which the spine fails to fuse in the embryonic stage

**spinach** (spin′ij) *n.* [< Per. *aspanākh*] **1.** a plant with large, dark-green, edible leaves **2.** the leaves

**spinal** (spī′n'l) *adj.* of the spine or spinal cord

**spinal column** the series of joined vertebrae forming the axial support for the skeleton; spine

**spinal cord** the thick cord of nerve tissue of the central nervous system, in the spinal column

**spin bowler** *Cricket* a bowler who imparts a twisted motion to the balls he bowls

**spindle** (spin′d'l) *n.* [< OE. *spinnan*, to spin] **1.** a slender rod or pin for twisting, winding, or holding the thread in spinning **2.** something spindle-shaped, as a slender rod in some chair backs **3.** any rod, pin, or shaft that revolves or serves as an axis for a revolving part —*adj.* of or like a spindle —*vi.* **-dled, -dling** to grow in a long, slender shape

**spindlelegs** *n.pl.* **1.** thin legs **2.** [*with sing. v.*] [Colloq.] a person with thin legs —**spin′dle-leg′ged, spin′dle-shanked′** *adj.*

**spindly** (spin′dlē) *adj.* **-dlier, -dliest** long or tall and very thin or slender

**spindrift** (spin′drift) *n.* [Scot. < obs. *spoon*, to scud + DRIFT] spray blown from a rough sea

**spindry** (spin′drī′) *vt.* **-dried′, -dry′ing** to dry washing by centrifugal force in a spin dryer

**spin dryer** a device that extracts water from clothes, etc. by spinning them in a perforated drum: also **spin drier**

**spine** (spīn) *n.* [< L. *spina*, thorn] **1.** the spinal column **2.** anything like this, as the back of a book **3.** any of the short, sharp projections on a cactus, etc. **4.** any of the sharp, stiff projections or certain animals, as a porcupine quill **5.** anything like this

**spine-chilling** *adj.* thrilling; lurid, frightening

**spineless** *adj.* **1.** having no spine or spines **2.** lacking courage, willpower, etc —**spine′lessly** *adv.* —**spine′lessness** *n.*

**spinet** (spi net′) *n.* [< It. prob. < *spina* thorn] an obsolete, small harpsichord

**spinnaker** (spin′ə kər) *n.* [< ?] a large triangular forward sail used on some racing yachts

**spinner** (spin′ər) *n.* a person or thing that spins; specif., *a*) a fishing lure having blades that revolve when drawn through the water *b*) a spin bowler

**spinneret** (spin′ə ret′) *n.* [< SPINNER] the organ used by spiders, caterpillars etc. to spin their silky threads

**spinney, spinny** (spin′ē) *n., pl.* **-neys, -nies** [see SPINE] a copse or small grove of trees

**spinning** (spin′iŋ) *n.* the act of making thread, etc. from fibres or filaments —*adj.* that spins

**spinning jenny** an early spinning machine with several spindles, for spinning more than one thread at a time

**spinning wheel** a simple spinning machine with a single spindle driven by a large wheel

**spin-off** (spin′of′) *n.* a secondary, often unforeseen, benefit, etc.

**spinster** (spin′stər) *n.* [ME. < *spinnen*, to spin] an unmarried woman, esp. an older one —**spin′sterish** *adj.*

**spiny** (spī′nē) *adj.* **-ier, -iest** **1.** covered with spines or thorns **2.** full of difficulties; troublesome

**spiracle** (spī′ə rə k'l) *n.* [< L. *spirare*, breathe] *Zool.* an opening for breathing

**spiral** (spī′rəl) *adj.* [< Gr. *speira*] circling or coiling around a central point in a curve that constantly increases (or decreases) in size —*n.* **1.** a spiral curve or coil; helix **2.** something having a spiral form **3.** a spiral path **4.** a continuous, widening decrease or increase —*vi., vt.* **-ralled, -ralling** to move in or form (into) a spiral —**spi′rally** *adv.*

**spirant** (spī′rənt) *n., adj.* [< L. *spirare*, breathe] *same as* FRICATIVE

**spire** (spīər) *n.* [OE. *spir*] **1.** anything that tapers to a point, as a steeple **2.** the top part of a pointed, tapering object or structure, as a mountain peak

**spirea** (spī rē′ə) *n.* [< Gr. *speira*, a coil] a shrub of the rose family, with dense clusters of small, pink or white flowers: also sp. **spirae′a**

**spirit** (spir′it) *n.* [< L. *spirare*, breathe] **1.** the soul **2.** the thinking, feeling part of man **3.** [*also* **S-**] life, will, thought, etc., regarded as separate from matter **4.** a supernatural being, as a ghost, angel, etc. **5.** an individual person [a brave *spirit*] **6.** [*usually pl.*] disposition; mood [high *spirits*] **7.** vivacity, courage, etc. **8.** enthusiasm and loyalty [school *spirit*] **9.** real meaning [the *spirit* of the law]

**10.** an essential quality [the *spirit* of the Renaissance] **11.** [*usually pl.*] distilled alcoholic liquor **12.** [*often pl.*] any liquid produced by distillation —*vt.* to carry (*away, off,* etc.) secretly and swiftly —*adj.* **1.** of spirits or spirituaism **2.** operating by the burning of alcohol [*a spirit* lamp] —**out of spirits** sad; depressed —**the Spirit** *same as* HOLY SPIRIT —**spir'itless** *adj.*

**spirited** *adj.* **1.** full of spirit; lively; animated **2.** having a (specified) character, mood, or disposition [low-*spirited*] —**spir'itedly** *adv.*

**spirit gum** a solution of gum arabic in ether used to attach false hair, whiskers, etc. to the face

**spirit lamp** a lamp in which alcohol, usually methylated spirits, is burned

**spirit level** *same as* LEVEL (*n.* 2)

**spiritual** (spir'i tyoo wəl) *adj.* **1.** of the spirit or soul **2.** of or consisting of spirit; not corporeal **3.** refined in thought or feeling **4.** religious; sacred —*n.* a religious folk song of U.S. Negro origin —**spir'itual'ity** (-wal'ə tē) *n.* —**spir'itually** *adv.*

**spiritualism** *n.* **1.** the belief that the dead survive as spirits which can communicate with the living **2.** the philosophical doctrine that all reality is spiritual —**spir'itualist** *n.*

**spirituous** (spir'i tyoo wəs) *adj.* of, like, or containing alcohol: said of distilled beverages

**spirt** (spərt) *n., vt., vi.* *same as* SPURT

**spit**[1] (spit) *n.* [OE. *spitu*] **1.** a thin, pointed rod on which meat is roasted over a fire **2.** a narrow point of land extending into a body of water —*vt.* **spit'ted, spit'ting** to impale as on a spit —**spit'ter** *n.*

**spit**[2] *vt.* **spit** or **spat, spit'ting** [OE. *spittan*] **1.** to eject from the mouth **2.** to throw (*out*) or emit explosively —*vi.* **1.** to eject saliva from the mouth **2.** to make an explosive hissing noise, as an angry cat **3.** to sputter, as frying fat **4.** to rain very lightly —*n.* **1.** the act of spitting **2.** saliva **3.** a salivalike secretion of certain insects **4.** [Colloq.] the perfect likeness, as of a person: in **spit and image** —**spit it out** **1.** to speak with venom **2.** to divulge some information without more delay

**spit and polish** formal or ceremonial, sometimes superficial, orderliness, neatness, etc. as in the military

**spite** (spīt) *n.* [see DESPITE] ill will; malice; grudge —*vt.* **spit'ed, spit'ing** to show one's spite for by hurting, frustrating, etc. —**in spite of** regardless of —**spite'ful** *adj.* —**spite'fully** *adv.* —**spite'fulness** *n.*

**spitfire** (spit'fīər') *n.* a person, esp. a woman or girl, who is easily aroused to violent outbursts of temper

**spitting image** *alteration of* SPIT AND IMAGE: see SPIT[2]

**spittle** (spit'l) *n.* [< OE. *spatl*] saliva; spit

**spittoon** (spi toōn') *n.* a container to spit into

**spiv** (spiv) *n.* [< ?] [Colloq.] a man who lives by his wits, without doing any honest work

**splake** (splāk) *n.* [< *sp*(*eckled*) + *lake*(*trout*)] a type of hybrid trout bred by Canadian zoologists

**splash** (splash) *vt.* [echoic] **1.** to cause (a liquid) to scatter **2.** to dash or scatter a liquid, mud, etc. on, so as to wet or soil **3.** to make (one's way) by splashing **4.** to mark as by splashing **5.** to display conspicuously —*vi.* to move, fall, strike, or scatter with a splash —*n.* **1.** the act or sound of splashing **2.** a mass of splashed water, mud, etc. **3.** a spot or mark made as by splashing **4.** a patch of colour, light, etc. **5.** [Colloq.] a small quantity [*a splash* of soda] —**make a splash** [Colloq.] to attract great attention —**splash'y** *adj.*

**splashdown** *n.* the landing of a spacecraft on water

**splatter** (splat'ər) *n., vt., vi.* [< SPATTER] spatter or splash

**splay** (splā) *vt., vi.* [< ME. *displaien,* to display] to spread out or apart —*n.* a sloping surface or angle —*adj.* spreading outwards

**spleen** (splēn) *n.* [< Gr. *splen*] **1.** a large, vascular organ in the upper left part of the abdomen: it modifies the blood structure **2.** malice; spite; bad temper

**spleenwort** (splēn'wurt') *n.* any of various ferns

**splendid** (splen'did) *adj.* [< L. *splendere,* to shine] **1.** shining; brilliant **2.** magnificent; gorgeous **3.** worthy of high praise; grand **4.** [Colloq.] very good; excellent —**splen'didly** *adv.*

**splendiferous** (splen dif'ər əs) *adj.* [Colloq.] gorgeous; splendid: used jokingly —**splendif'erously** *adv.*

**splendour** (splen'dər) *n.* [< L. *splendere,* to shine] **1.** great lustre; brilliance **2.** magnificent richness or glory; pomp; grandeur Also, U.S. sp., **splen'dor**

**splenetic** (spli net'ik) *adj.* **1.** of the spleen **2.** irritable; peevish

**splenic** (splen'ik) *adj.* [< Gr. *splēnikos*] **1.** of or having to do with the spleen **2.** in or near the spleen

**splice** (splīs) *vt.* **spliced, splic'ing** [MDu. *splissen*] **1.** to join (ropes) by weaving together the end strands **2.** to join the ends of (timbers) by overlapping and binding together **3.** to fasten the ends of (wire, film, tape, etc.) together, as by cementing, twisting, etc. **4.** [Colloq.] to join in marriage —*n.* a joint or joining made by splicing —**splic'er** *n.*

**splint** (splint) *n.* [MDu. *splinte*] **1.** a thin strip of wood, etc. used to keep a broken bone in place **2.** a thin strip of wood or cane woven together with others to make baskets, chair seats, etc. —*vt.* to support or hold in place as with a splint or splints

**splinter** *vt., vi.* [< MDu., akin to prec.] to break or split into thin, sharp pieces —*n.* a thin, sharp piece of wood, bone, etc., made by splitting —*adj.* designating a group that separates from a main party, church, etc. because of opposing views —**splin'tery** *adj.*

**split** (split) *vt.* **split, split'ting** [MDu. *splitten*] **1.** to separate along the grain or length into two or more parts **2.** to break or tear apart **3.** to divide into parts **4.** to cause (a group, party, etc.) to separate into factions **5.** *a*) to break (a molecule) into atoms *b*) to produce nuclear fission in (an atom) —*vi.* **1.** to separate lengthwise into two or more parts **2.** to break apart; burst **3.** [Slang] to divulge secrets; inform —*n.* **1.** a splitting **2.** a break; crack **3.** a division in a group, between persons, etc. **4.** a confection made of a split banana or other fruit with ice cream, etc. **5.** [*pl.*] the feat of spreading the legs apart until they lie flat on the floor **6.** [Colloq.] a small bottle of wine, etc., usually about six ounces **7.** [Colloq.] a share —*adj.* separated —**split off** to break off or separate as by splitting —**split up** **1.** to divide or separate **2.** to become parted through disagreement

**split infinitive** *Gram.* an infinitive with the verb and the *to* separated by an adverb (Ex.: he decided *to gradually change* his style)

**split-level** *adj.* of a type of house with floor levels so staggered that each level is about a half storey above or below the adjacent one

**split pea** a green or yellow pea that has been shelled, dried, and split

**split personality** *a popular name for* SCHIZOPHRENIA

**split second** a fraction of a second —**split'-sec'ond** *adj.*

**splitting** *adj.* **1.** that splits **2.** severe, as a headache

**splotch** (sploch) *n.* [< ?] an irregular spot, splash, or stain —*vt., vi.* to mark with splotches —**splotch'y** *adj.*

**splurge** (splurj) *n.* [echoic] [Colloq.] **1.** any showy display **2.** a spending spree —*vi.* **splurged, splurg'ing** [Colloq.] **1.** to make a splurge **2.** to spend money extravagantly

**splutter** (splut'ər) *vi.* [var. of SPUTTER] **1.** to make hissing or spitting sounds **2.** to speak hurriedly and confusedly —*vt.* **1.** to utter hurriedly and confusedly **2.** to spatter —*n.* a spluttering sound

**Spode** (spōd) *n.* a fine porcelain or chinaware produced by Josiah Spode (1754-1827), British potter

**spoil** (spoil) *vt.* **spoiled** or **spoilt, spoil'ing** [< L. *spolium,* plunder] **1.** to damage so as to make useless, etc. **2.** to impair the enjoyment, etc. of **3.** to let (a person) have his own way so much that he demands or expects it —*vi.* to be damaged; decay, as food —*n.* **1.** [*usually pl.*] *a*) goods, territory, etc. taken by plunder *b*) advantages gained as a result of being successful **2.** an object of plunder; prey —**be spoiling for a fight** to be aggressively eager for a fight, etc. —**spoil'able** *adj.*

**spoilage** *n.* **1.** a spoiling or being spoiled **2.** something spoiled or the amount spoiled

**spoiler** *n.* a device on an aircraft or vehicle to increase drag and reduce lift

**spoilsport** *n.* a person who behaves in such a way as to ruin the pleasure of others

**spoils system** [Chiefly U.S.] the practice of treating public offices as the booty of the political party that wins

**spoke**[1] (spōk) *n.* [OE. *spaca*] **1.** *a*) any of the braces extending from the hub to the rim of a wheel *b*) any of the thin metal rods in an umbrella **2.** a ladder rung

**spoke**[2] *pt. & archaic pp. of* SPEAK

**spoken** (spō'k'n) *pp. of* SPEAK —*adj.* **1.** uttered; oral **2.** characterized by a (specified) kind of voice [*soft-spoken*]

**spokeshave** *n.* a planing tool used for shaping rounded surfaces, as spokes

**spokesman** *n.* a person who speaks or gives information for another or for a group

**spoliation** (spō'lē ā'shən) *n.* [L. *spoliatio*] robbery; plundering

**spondee** (spon'dē) *n.* [< Gr. *spondē,* libation] a metrical foot consisting of two long or heavily accented syllables —**sponda'ic** (-dā'ik) *adj.*

**sponge** (spunj) *n.* [< Gr. *spongia*] **1.** a plantlike sea animal having a porous structure **2.** the skeleton of such animals, light in weight and highly absorbent, used for washing surfaces, etc. **3.** a piece of spongy cellulose, etc. **4.** a light, porous pudding **5.** *same as* SPONGECAKE **6.** [Colloq.] a person who lives upon others as a parasite —*vt.* **sponged, spong'ing** **1.** to use a sponge on so as to dampen, wipe clean, etc. **2.** to remove as with a damp sponge (with *out, off,* etc.) **3.** to absorb with or like a sponge (often with *up*) **4.** [Colloq.] to obtain, as by begging —*vi.* **1.** to take up liquid like a sponge **2.** [Colloq.] to be a parasite (often with *off* or *on*) —**throw** (or **toss,** etc.) **in the sponge** [Colloq.] to admit defeat —**spong'er** *n.* —**spon'giness** *n.* —**spon'gy** *adj.*

**sponge bag** a small bag, usually made of plastic, that holds toilet articles, esp. for use when travelling

**spongecake** *n.* a light cake of spongy texture made of flour, beaten eggs, sugar, etc., but no fat

**sponge rubber** rubber processed to have a spongelike texture

**sponsor** (spon'sər) *n.* [L. < *spondere,* promise solemnly] **1.** one who promotes an activity or someone taking part in an activity, either for profit or for charity **2.** a legislator who presents a bill **3.** a godparent **4.** a business firm, etc. that pays for a radio or TV programme on which it advertises something —*vt.* to act as sponsor for —**sponso'rial** (-sôr'ē əl) *adj.* —**spon'sorship'** *n.*

**spontaneity** (spon'tə nā'ə tē) *n.* the state or quality of being spontaneous

**spontaneous** (spon tā'nē əs) *adj.* [< L. *sponte,* of free will] **1.** moved by a natural feeling or impulse, without constraint, effort, etc. **2.** acting by internal energy, force, etc. —**sponta'neously** *adv.*

**spontaneous combustion** the process of catching fire as a result of heat generated by internal chemical action

**spoof** (spo͞of) *n.* [coinage] [Slang] **1.** a hoax, joke, or deception **2.** a parody —*vt., vi.* [Slang] **1.** to fool; deceive **2.** to satirize playfully

**spook** (spo͞ok) *n.* [Du.] [Colloq.] a spectre; ghost —*vt. vi.* [Colloq.] to startle or be startled, frightened, etc. —**spook'ily** *adv.* —**spook'iness** *n.* —**spook'y** *adj.*

**spool** (spo͞ol) *n.* [< MDu. *spoele*] **1.** a cylinder upon which thread, wire, etc. is wound **2.** something like a spool —*vt.* to wind on a spool

**spoon** (spo͞on) *n.* [OE. *spon,* a chip] **1.** a utensil consisting of a small, shallow bowl with a handle, used for eating or stirring **2.** something shaped like a spoon —*vt.* to take up as with a spoon —*vi.* [Colloq.] to hug and kiss: an old-fashioned term

**spoonbill** *n.* a wading bird with a bill that is spoon-shaped at the tip

**spoonerism** (spo͞on'ər iz'm) *n.* [< Rev. W. A. *Spooner*] an unintentional interchange of sounds in two or more words (Ex.: "a well-boiled icicle" for "a well-oiled bicycle")

**spoonfeed** (spo͞on'fēd') *vt.* **-fed', -feed'ing** **1.** to feed with a spoon **2.** to treat, instruct, etc. so as to discourage independent thought and action

**spoor** (spo͝oər) *n.* [Afrik. < MDu.] the track or trail of a wild animal hunted as game

**sporadic** (spə rad'ik) *adj.* [< Gr. *sporas,* scattered] **1.** happening from time to time **2.** appearing singly, or in isolated instances —**sporad'ically** *adv.*

**sporangium** (spə ran'jē əm) *n., pl.* **-gia** [< Gr. *spora,* seed + *angeion,* vessel] *Bot.* an organ or single cell producing spores

**spore** (spôr) *n.* [< Gr. *spora,* a seed] a small reproductive body produced by bacteria, mosses, ferns, etc. and capable of giving rise to a new individual

**spore case** *same as* SPORANGIUM

**sporran** (spor'ən) *n.* [ScotGael. *sporan*] a leather pouch worn hanging from the belt in front of the kilt

**sport** (spôrt) *n.* [< DISPORT] **1.** any recreational activity **2.** such an activity requiring bodily exertion and carried on according to a set of rules, as golf, bowling, etc. **3.** fun or play **4.** *a*) an object of ridicule *b*) a plaything **5.** [Colloq.] a person who is sportsmanlike **6.** a plant or animal showing some variation from the normal type —*vt.* [Colloq.] to wear or display —*vi.* **1.** to play or frolic **2.** *a*) to joke *b*) to trifle or play (*with*) —**in** (or **for**) **sport** in joke or jest —**make sport of** to ridicule

**sporting** *adj.* **1.** of, interested in, or taking part in sports **2.** sportsmanlike; fair —**sport'ingly** *adv.*

**sporting chance** [Colloq.] a fair or even chance

**sportive** *adj.* **1.** full of sport or merriment **2.** done in fun or play —**spor'tively** *adv.* —**spor'tiveness** *n.*

**sports** *adj.* **1.** of or for sports, esp. athletics *[sports* day*]* **2.** suitable for informal, casual wear

**sports car** a low, small motor car, typically with seats for two and a high-compression engine

**sportscast** *n.* a radio or TV broadcast of sports news —**sports'cast'er** *n.*

**sportsman** *n.* **1.** a man who takes part in sports, esp. in hunting, fishing, etc. **2.** a person who plays fair and can take defeat without complaint —**sports'manlike'** *adj.* —**sports'manship'** *n.*

**sportswear** *n.* clothes worn while engaging in sports or for informal, casual wear

**sportswoman** *n.* a woman who takes part in sports

**sporty** *adj.* **-ier, -iest** [Colloq.] **1.** sportsmanlike **2.** loud, flashy, or showy, as clothes —**sport'ily** *adv.* —**sport'iness** *n.*

**spot** (spot) *n.* [< MDu. *spotte*] **1.** a small area differing from the surrounding area, as in colour **2.** a stain, speck, etc. **3.** *a*) a pimple *b*) a flaw; fault **4.** a locality; place **5.** *shortened form of* SPOTLIGHT **6.** [Colloq.] a small quantity; bit **7.** [Colloq.] a position or job **8.** [Colloq.] a position in a schedule —*vt.* **spot'ted, spot'ting** **1.** to pick out; recognize **2.** to mark with spots **3.** to stain; blemish **4.** to place; locate **5.** to look out for and note (trains, talent, etc.) **6.** to rain slightly; spit —*vi.* **1.** to become marked with spots **2.** to make a stain, as ink, etc. —*adj.* **1.** ready *[spot* cash*]* **2.** made at random *[a spot* survey*]* —**hit the spot** [Colloq.] to satisfy a craving —**in a (bad** or **tight) spot** [Colloq.] in trouble —**on the spot** **1.** at the place mentioned **2.** at once **3.** [Colloq.] in trouble or in a demanding situation **4.** [U.S. Slang] in danger —**spot'less** *adj.* —**spot'lessly** *adv.*

**spot-check** *vt.* to check or examine at random —*n.* an act or instance of such checking

**spotlight** *n.* **1.** a strong beam of light focused on a particular person, thing, etc. **2.** a lamp used to project such a light **3.** public attention —*vt.* to focus a spotlight on

**spot-on** *adj.* absolutely correct; very accurate

**spotted** *adj.* **1.** marked with spots **2.** blemished

**spotted dick** a steamed suet pudding containing dried fruit: also **spotted dog**

**spotter** *n.* **1.** a person who watches for and notes down something specific, as locomotive engine numbers **2.** a person who watches for, and reports, enemy aircraft

**spotty** *adj.* **-tier, -tiest** **1.** having, occurring in, or marked with spots **2.** not uniform or consistent

**spot welding** a process in which metal pieces are welded by a powerful surge of current —**spot'-weld'er** *n.*

**spouse** (spous) *n.* [see SPONSOR] a partner in marriage

**spout** (spout) *n.* [< ME. *spouten,* to spout]

1. a lip or projecting tube, as of a teapot, drinking fountain, gutter, by which a liquid is poured or discharged 2. a stream, jet, etc. as of liquid from a spout —*vt., vi.* 1. to shoot out (liquid, etc.), as from a spout 2. to utter in a loud, pompous, or hasty manner —**up the spout** [Slang] 1. in pawn 2. in trouble; ruined; lost —**spout'er** *n.*

**SPQR** [L. *S(enatus) P(opulus)q(ue) R(omanus)*] the Senate and the people of Rome

**sprain** (sprān) *vt.* [< ?] to wrench a ligament or muscle of (a joint) without dislocating the bones —*n.* an injury resulting from this

**sprang** (spraŋ) *pt. of* SPRING

**sprat** (sprat) *n.* [OE. *sprott*] a small, sardinelike fish of the herring family

**sprawl** (sprôl) *vi.* [OE. *spreawlian*] 1. to sit or lie with the limbs in a relaxed or awkward position 2. to spread out in a straggling, irregular fashion, as handwriting, etc. —*vt.* to cause to sprawl —*n.* a sprawling arrangement, movement, or position

**spray**[1] (sprā) *n.* [< MDu. *spraeien,* to spray] 1. a mist of fine liquid particles 2. *a*) a jet of such particles, as from a spray gun *b*) a device for shooting out such a jet 3. something likened to a spray —*vt., vi.* 1. to direct a spray (upon) 2. to shoot out in a spray

**spray**[2] *n.* [ME.] 1. a small branch of a tree, etc. with leaves, berries, flowers, etc. 2. a design like this

**spray gun** a device that shoots out a spray of liquid, as paint or insecticide, by air pressure

**spread** (spred) *vt.* **spread, spread'ing** [OE. *sprædan*] 1. to open out; unfold; unfurl 2. to move apart (the fingers, arms, wings, etc.) 3. to distribute over an area; scatter; smear 4. to extend in time 5. to cause to be widely or more widely known, felt, existent, etc. 6. to cover (*with* something) 7. to set (a table) for a meal 8. to push apart or farther apart —*vi.* 1. to extend itself 2. to be made widely or more widely known, felt, etc. 3. to be pushed apart or farther apart 4. to admit of being smeared, as butter —*n.* 1. the act or extent of spreading 2. an expanse; extent [middle-aged *spread*] 3. two facing pages of a magazine, etc., treated as a single sheet 4. a cover for a bed; bedspread 5. any soft substance, as jam, paste, etc. 6. [Colloq.] a meal with a wide variety of food —**spread oneself thin** to try to do too many things at once —**spread'er** *n.*

**spread-eagle** *adj.* with outstretched arms and legs —*vt.* **-gled, -gling** to stretch out thus

**spree** (sprē) *n.* [< ?] 1. a lively frolic 2. a drinking bout 3. a period of unrestrained activity

**sprig** (sprig) *n.* [ME. *sprigge*] 1. *a*) a little twig *b*) a design like this 2. a young fellow —*vt.* **sprigged, sprig'ging** to decorate with a design of sprigs

**sprightly** (sprīt'lē) *adj.* **-lier, -liest** [< SPIRIT] gay, lively, brisk, etc. —**spright'liness** *n.*

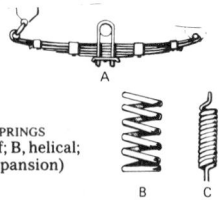


SPRINGS
(A, leaf; B, helical; C, expansion)

**spring** (spriŋ) *vi.* **sprang** or **sprung, sprung, spring'ing** [OE. *springan*] 1. to leap; bound 2. to appear suddenly 3. to bounce 4. to arise as from some source; grow or develop 5. to become bent, warped, split, etc. 6. to rise up above surrounding objects Often followed by *up* —*vt.* 1. to cause to leap forth suddenly 2. to cause to snap shut, as by a spring 3. to cause to warp, bend, split, etc. 4. to make known suddenly 5. [Slang] to organize an escape from jail —*n.* 1. a leap, or the distance so covered 2. a sudden darting or flying back 3. elasticity; resilience 4. energy or vigour 5. a device, as a coil of wire, that returns to its original form after being forced out of shape 6. a flow of water from the ground, the source of a stream 7. any source or origin 8. that season of the year when plants begin to grow after lying dormant all winter 9. any period of beginning —*adj.* 1. of, for, appearing in, or planted in the spring 2. of or like a spring 3. having, or supported on, springs 4. coming from a spring [*spring* water] —**spring a leak** to begin to leak suddenly

**spring balance** a device for measuring weight by the compression or extension of a spiral spring

**springboard** *n.* a flexible, springy board used as a takeoff in leaping or diving

**springbok** (spring'bok') *n.* [Afrik. < Du. *springen,* to spring + *bok,* a buck] 1. a South African gazelle that leaps high in the air 2. [Colloq.] [S-] *a*) an inhabitant of South Africa *b*) a S African athlete, esp. a rugger player 3. in South Africa, an amateur sportsman who has gained S African colours Also **springbuck**

**spring chicken** 1. [Chiefly U.S.] a young chicken 2. [Slang] a young or inexperienced person

**springcleaning** (spring'klēn'iŋ) *n.* a thorough cleaning of the interior of a house, etc. as conventionally done in spring

**springer** *n. short for* SPRINGER SPANIEL

**springer spaniel** a breed of field spaniel used for flushing, or springing, game

**spring onion** an immature onion whose bulb and green leaves are eaten raw in salads

**spring tide** a tide occurring at the new and the full moon, normally the highest tide of the month

**springtime** *n.* the season of spring: also **spring'tide'**

**springy** *adj.* **-ier, -iest** flexible; elastic **—spring'ily** *adv.* **—spring'iness** *n.*

**sprinkle** (sprin'k'l) *vt.* **-kled, -kling** [ME. *sprinklen*] **1.** to scatter (water, salt, etc.) in drops or particles **2.** to scatter drops or particles upon **3.** to distribute at random *—vi.* **1.** to scatter in drops **2.** to rain lightly *—n.* a light rain **—sprin'kler** *n.*

**sprinkling** *n.* **1.** a small number or amount, esp. when thinly distributed **2.** the act of one that sprinkles

**sprint** (sprint) *vi.* [< Scand.] to run or race at full speed, esp. for a short distance *—n.* **1.** the act of sprinting **2.** a short race at full speed **—sprint'er** *n.*

**sprit** (sprit) *n.* [OE. *spreot*] a spar extended upwards from a mast to the corner of a fore-and-aft sail

**sprite** (sprit) *n.* [see SPIRIT] an elf, pixie, fairy, or goblin

**spritsail** (sprit's'l) *n.* a sail extended by a sprit

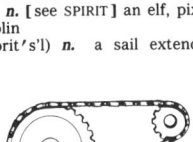

SPROCKET WHEELS

**sprocket** (sprok'it) *n.* [< ?] any of the teeth, as on the rim of a wheel, arranged to fit into the links of a chain

**sprout** (sprout) *vi.* [OE. *sprutan*] **1.** to begin to grow or germinate; give off shoots or buds **2.** to grow or develop rapidly *—vt.* to cause to sprout *—n.* **1.** a young growth on a plant; shoot **2.** a new growth from a bud, etc. **3.** [*pl.*] *shortened form of* BRUSSELS SPROUTS

**spruce**[1] (sproos) *n.* [< ME., Prussia] **1.** any of various evergreen trees of the pine family, having slender needles **2.** its wood

**spruce**[2] *adj.* **spruc'er, spruc'est** [< *Spruce* leather (see prec.)] neat and trim; smart *—vt., vi.* **spruced, spruc'ing** to make or become spruce (usually with *up*)

**sprung** (sprun) *pp. & alt. pt. of* SPRING

**spry** (spri) *adj.* **spri'er** or **spry'er, spri'est** or **spry'est** [< ?] full of life; active and agile **—spry'ly** *adv.*

**spud** (spud) *n.* [< ?] **1.** [Colloq.] a potato **2.** a sharp spade for rooting out weeds, etc. *—vt., vi.* **spud'ded, spud'ding** to dig, etc. with a spud

**spue** (spyoo) *vt., vi.* **spued, spu'ing** *same as* SPEW

**spume** (spyoom) *n.* [< L. *spuma*] foam or froth *—vt., vi.* **spumed, spum'ing** to foam or froth **—spum'y** *adj.*

**spun** (spun) *pt. & pp. of* SPIN *—adj.* formed by or as if by spinning

**spunk** (spunk) *n.* [IrGael. *sponc,* tinder] **1.** [Colloq.] courage; spirit **2.** wood that smoulders when ignited

**spunky** *adj.* **-ier, -iest** [Colloq.] courageous; spirited **—spunk'ily** *adv.* **—spunk'iness** *n.*

**spur** (spur) *n.* [OE. *spura*] **1.** a pointed device worn on the heel by horsemen and used to urge the horse forward **2.** anything that urges or incites; stimulus **3.** something like a spur, esp. a spinelike process, as on the wings or legs of certain birds **4.** a ridge projecting from a mountain or mountain range **5.** a short side track (**spur track**) connected with the main track of a railway *—vt.* **spurred, spur'ring 1.** to prick with spurs **2.** to urge on; incite **3.** to provide with a spur or spurs *—vi.* **1.** to spur one's horse **2.** to hurry; hasten **—on the spur of the moment** abruptly and impulsively **—win one's spurs 1.** to prove one's ability **2.** to gain distinction **—spur'like'** *adj.*

**spurge** (spurj) *n.* [see EXPURGATE] a plant having a milky juice and small white flowers

**spurious** (spyooor'ē əs) *adj.* [L. *spurius*] not genuine; false; counterfeit **—spu'riously** *adv.* **—spu'riousness** *n.*

**spurn** (spurn) *vt.* [OE. *spurnan*] **1.** to reject in a scornful way **2.** to push or drive away as with the foot

**spurt** (spurt) *vt., vi.* [< OE. *sprutan,* to sprout] **1.** to gush forth in a stream or jet **2.** to show a sudden, brief burst of energy or activity *—n.* **1.** a sudden gushing forth; jet **2.** a sudden, brief burst of energy, etc.

**sputnik** (spoot'nik) *n.* [Russ., co-traveller] an artificial satellite of the earth; specif., [S-] one put into orbit by the U.S.S.R.

**sputter** (sput'er) *vi.* [Du. *sputteren*] **1.** to spit out, as when talking excitedly **2.** to talk in an excited, confused way, spitting out one's words **3.** to make sharp, sizzling or spitting sounds *—vt.* **1.** to spit out (bits or drops) in an explosive manner **2.** to utter by sputtering *—n.* **1.** the act or noise of sputtering **2.** hasty, confused utterance

**sputum** (spyoot'əm) *n., pl.* **spu'ta** [< L. *spuere,* SPIT[2]] saliva, usually mixed with mucus

**spy** (spī) *n., pl.* **spies** [< OHG. *spehōn,* examine] a person who keeps close and secret watch on another or others, esp. one employed by a government *—vt.* **spied, spy'ing** to catch sight of; see *—vi.* to watch closely and secretly; act as a spy **—spy out** to discover or seek to discover by looking carefully

**spyglass** *n.* a small telescope

**sq.** **1.** squadron **2.** square

**squab** (skwob) *n.* [prob. < Scand.] **1.** a very young pigeon **2.** a stuffed cushion

**squabble** (skwob''l) *vi.* **-bled, -bling** [< Scand.] to quarrel noisily over a small matter *—n.* a noisy, petty quarrel; wrangle **—squab'bler** *n.*

**squad** (skwod) *n.* [< Fr.: see SQUARE] **1.** a small group of soldiers **2.** any small group of people working together [flying *squad*]

**squadron** *n.* [< It. *squadra,* a square] **1.** a group of warships assigned to special duty **2.** a unit of cavalry consisting of from two to four troops, etc. **3.** in various airforces, a unit of a number of aircraft

**squadron leader** *see* MILITARY RANKS, table

**squalid** (skwol′id) ***adj.*** [< L. *squalere,* be foul] **1.** foul; filthy **2.** wretched; sordid

**squall**[1] (skwôl) ***n.*** [< Scand.] **1.** a brief, violent windstorm, usually with rain —**squall′y** ***adj.***

**squall**[2] ***vi., vt.*** [ON. *skvala,* cry out] to cry or scream loudly or harshly —***n.*** a harsh, shrill cry or loud scream —**squall′er** ***n.***

**squalor** (skwol′ər) ***n.*** [L., foulness] filth and wretchedness

**squander** (skwon′dər) ***vt., vi.*** [< ?] to spend or use (money, time, etc.) wastefully

**square** (skwâər) ***n.*** [< L. *ex-,* out + *quadrus,* a square] **1.** a plane figure having four equal sides and four right angles **2.** anything shaped like or nearly like this **3.** an open area bounded by several streets **4.** an instrument used for drawing or testing right angles **5.** the product of a number multiplied by itself **6.** [Slang] a person who is square (*adj.* 11) —***adj.*** **1.** *a*) having four equal sides and four right angles *b*) more or less cubical, as a box **2.** forming a right angle **3.** straight, level, even, etc. **4.** leaving no balance; balanced **5.** just; fair; honest **6.** clear; direct **7.** of a unit of surface measure in the form of a square with sides of a specified length **8.** having a shape broad for its length or height [a *square* build] **9.** designating a number that is the product of another number multiplied by itself **10.** [Colloq.] satisfying; substantial **11.** [Slang] old-fashioned or unsophisticated —***vt.*** **squared, squar′ing** **1.** to make into a square **2.** to multiply (a quantity) by itself **3.** to test or adjust with regard to straightness or evenness **4.** to mark off (a surface) in squares **5.** to bring to or near to the form of a right angle **6.** to settle; adjust **7.** to make equal **8.** to bring into agreement —***vi.*** to fit; agree; accord (*with*) —***adv.*** **1.** honestly; fairly **2.** directly; exactly —**get square with** to settle with, esp. with a creditor —**on the square** [Colloq.] honest(ly); fair(ly) —**square off** [Chiefly U.S.] to get into position for attacking or for defending —**square the circle** **1.** to find a square equal in area to a circle: an insoluble problem **2.** to attempt something that seems impossible —**square up** **1.** to make a settlement, as by payment **2.** to assume a posture of opposition (*to* an adversary) —**square′ly** ***adv.*** —**square′ness** ***n.***

**squarebashing** ***n.*** [Slang] military drill as performed on the parade ground

**square dance** a lively dance with various steps and figures, the couples forming squares, etc.

**square deal** [Colloq.] any dealing that is honest and fair

**square leg** *Cricket* a fielding position on the batsman's left

**square measure** a system of measuring area, esp. the system in which 10 000 square centimetres = 1 square metre or that in which 144 square inches = 1 square foot

**square-rigged** ***adj.*** having square sails as principal sails —**square′-rig′ger** ***n.***

**square root** the number that is multiplied by itself to produce a given number [3 is the *square root* of 9]

**squash**[1] (skwosh) ***vt.*** [< L. *ex-,* intens. + *quatere,* to shake] **1.** to crush into a soft or flat mass; press **2.** to suppress; quash **3.** [Colloq.] to silence (another) crushingly —***vi.*** **1.** to be squashed by pressure, etc. **2.** to squelch **3.** to force one's way; squeeze —***n.*** **1.** something squashed; crushed mass **2.** the act or sound of squashing **3.** either of two games (**squash rackets, squash tennis**) played in a four-walled court with rackets and a rubber ball **4.** a drink made from fruit juice diluted with water

**squash**[2] ***n.*** [< Algonquian] [U.S.] the fleshy fruit of various plants of the gourd family, cooked as a vegetable

**squashy** ***adj.*** **-ier, -iest** **1.** soft and wet; mushy **2.** easily squashed —**squash′i-ness** ***n.***

**squat** (skwot) ***vi.*** **squat′ted, squat′ting** [< L. *ex-,* intens. + *cogere,* to force] **1.** to crouch, with the knees bent and the weight on the balls of the feet **2.** to crouch close to the ground **3.** to settle on land, or occupy property, without any title to it —***adj.*** **1.** crouched in a squatting position **2.** short and thick: also **squat′ty** —***n.*** **1.** the act or position of squatting **2.** [Colloq.] premises that are, or could be, occupied by squatters

**squatter** ***n.*** **1.** someone who illegally occupies property **2.** [Aust.] *a*) a person who occupies land as a tenant of the Crown *b*) a sheep farmer

**squaw** (skwô) ***n.*** [< Algonquian] a N American Indian woman, esp. a wife

**squawk** (skwôk) ***vi.*** [echoic] **1.** to utter a loud, harsh cry, as a parrot **2.** [Colloq.] to complain —***n.*** **1.** a squawking cry **2.** [Colloq.] a complaint

**squeak** (skwēk) ***vi.*** [echoic] to make or utter a short, sharp, high-pitched sound or cry —***vt.*** to utter with a squeak —***n.*** a short, shrill sound or cry —**narrow** (or **close**) **squeak** [Colloq.] a narrow escape —**squeak through** (or **by,** etc.) [Colloq.] to barely manage to succeed, survive, etc. —**squeak′er** ***n.*** —**squeak′ily** ***adv.*** —**squeak′y** ***adj.***

**squeal** (skwēl) ***vi.*** [see SQUALL[2]] **1.** to make or utter a long, shrill sound or cry **2.** [Slang] to inform against someone —***vt.*** to utter with a squeal —***n.*** a long, shrill sound or cry —**squeal′er** ***n.***

**squeamish** (skwēm′ish) ***adj.*** [< ?] **1.** easily nauseated **2.** easily shocked **3.** too fastidious or scrupulous —**squeam′ish-ness** ***n.***

**squeegee** (skwē′jē) ***n.*** [prob. < SQUEEZE] a T-shaped tool with a blade of rubber, etc., for wiping liquid off a surface

**squeeze** (skwēz) ***vt.*** **squeezed, squeez′ing** [OE. *cwysan*] **1.** to press hard, esp. from two or more sides **2.** to extract (liquid, etc.) by pressure **3.** to force (*into, out,* etc.) as by pressing **4.** to get or extort by force or unfair means **5.** to put pressure on (someone) to do something **6.** to embrace closely —*vi.* **1.** to yield to pressure **2.** to exert pressure **3.** to force one's way by pushing (*in, out, through,* etc.) —*n.* **1.** a squeezing or being squeezed **2.** a close embrace; hug **3.** the state of being closely pressed or packed **4.** a difficult situation **5.** a quantity extracted by squeezing **6.** [Colloq.] pressure exerted, as in extortion: esp. in **put the squeeze on** —**squeeze through** (or **by,** etc.) [Colloq.] to barely manage to succeed, survive, etc. —**squeez′er** *n.*

**squelch** (skwelch) *n.* [echoic] the sound of liquid, mud, etc. moving under pressure or suction —*vt.* **1.** to crush as by stamping upon; squash **2.** [Colloq.] to suppress or silence completely and crushingly —*vi.* **1.** to walk heavily through mud, etc., making a splashing sound **2.** to make such a sound

**squib** (skwib) *n.* [echoic] **1.** a firework that hisses before exploding **2.** a short, witty writing that criticizes, etc. —**a damp squib** a plan or project that comes to nothing

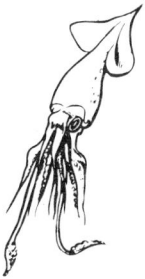

SQUID (small species to 22 cm long)

**squid** (skwid) *n.* [< ?] a cephalopod mollusc having a slender body and ten arms, two arms being much longer than the others

**squiffy** (skwif′ē) *adj.* **-fier, -fiest** [< ?] [Slang] drunk; intoxicated

**squiggle** (skwig′l) *n.* [SQU(IRM) + (W)IGGLE] a short curved or wavy line; illegible scribble

**squill** (skwil) *n.* [< Gr. *skilla*] **1.** the dried bulb of a plant like the lily formerly used in medicine **2.** this plant

**squint** (skwint) *vi.* [? < Du. *schuinte,* a slant] **1.** to peer with the eyes partly closed **2.** to look sidelong or askance **3.** to be cross-eyed —*vt.* to keep (the eyes) partly closed in peering —*n.* **1.** a squinting **2.** a being cross-eyed **3.** [Colloq.] a glance, often sidelong —*adj.* **1.** looking sidelong or askance **2.** cross-eyed —**squint′y** *adj.*

**squire** (skwīər) *n.* [see ESQUIRE] **1.** a country gentleman, esp. the main landowner in a rural community **2.** a young man of high birth who attended a knight **3.** a man escorting a woman —*vt., vi.* to act as a squire (to)

**squirearchy** (skwīər′ärkē) *n.* [< prec.] large landowners collectively: also sp. **squir′archy**

**squirm** (skwurm) *vi.* [prob. echoic] **1.** to twist and turn the body; wriggle **2.** to show or feel distress, as from embarrassment —*n.* a squirming —**squirm′y** *adj.*

**squirrel** (skwir′əl) *n.* [< Gr. *skia,* a shadow + *oura,* tail] **1.** a small, tree-dwelling rodent with heavy fur and a long, bushy tail, esp. the grey squirrel or the red squirrel **2.** its fur —*vt.* **-relled, -relling** to store or hide (*away*)

**squirt** (skwurt) *vt.* [prob. < LowG. *swirtjen*] **1.** to shoot out (a liquid) in a jet **2.** to wet with liquid thus shot out —*vi.* to spurt —*n.* **1.** a device for squirting, as a syringe **2.** a small amount of squirted liquid **3.** [Colloq.] a small or young person

**squish** (skwish) *vi.* to make a soft, splashing sound when walked on, etc. —*n.* a squishing sound —**squish′y** *adj.*

**Sr** *Chem.* strontium

**Sr.** **1.** Senior **2.** Sister

**S.R.C.** Science Research Council

**S.R.N.** State Registered Nurse

**SS.** [L. *Sancti*] Saints

**S.S., SS, S/S** steamship

**SSE, S.S.E., s.s.e.** south-southeast

**S.S.R., SSR** Soviet Socialist Republic

**S.S.R.C.** Social Science Research Council

**SSW, S.S.W., s.s.w.** south-southwest

**-st** *same as* -EST

**St.** **1.** Saint **2.** Strait **3.** Street

**st.** **1.** stitch **2.** stone **3.** *Cricket* stumped (by)

**stab** (stab) *vt.* **stabbed, stab′bing** [ME. *stabbe*] **1.** to pierce or wound as with a knife **2.** to thrust (a knife, etc.) into something —*vi.* **1.** to make a piercing wound as with a knife **2.** to feel like a stabbing knife: said of pain —*n.* **1.** a thrust, as with a knife **2.** a wound made by piercing with a knife, dagger, etc. **3.** a sharp pain —**make** (or **take**) **a stab at** to make an attempt at —**stab in the back** to harm (someone) by treachery

**stabile** (stā′bīl) *adj.* [L.: see STABLE[1]] stable; stationary

**stability** (stəbil′ətē) *n., pl.* **-ties** **1.** a being stable, or fixed; steadiness **2.** firmness of character, purpose, etc. **3.** resistance to change

**stabilize** (stā′bəlīz′) *vt., vi.* **-lized′, -liz′ing** to make or become stable, or firm —**sta′biliza′tion** *n.*

**stabilizer** *n.* **1.** an aerofoil to keep an aircraft steady in flight **2.** a gyrostabilizer to steady a ship in rough waters **3.** a person or thing that stabilizes

**stable[1]** (stā′b′l) *adj.* **-bler, -blest** [< L. *stare,* to stand] **1.** *a*) firm; steady *b*) not likely to break down, fall apart, etc. **2.** firm in character, purpose, etc. **3.** not likely to change; enduring —**sta′bly** *adv.*

**stable[2]** *n.* [< L. *stare,* to stand] **1.** a building in which horses or cattle are sheltered and fed **2.** all the racehorses of one owner **3.** a source of training, as a school —*vt., vi.* **-bled, -bling** to keep or be kept in a stable

**stablemate** *n.* **1.** a horse from the same stable **2.** someone who has the same school, etc. as someone else Also **stable companion**

**staccato** (stə kät′ō) *adj.* [It.] *Music* with distinct breaks between successive tones —*adv.* so as to be staccato

**stack** (stak) *n.* [ON. *stakkr*] **1.** any orderly pile **2.** a large pile of straw, hay, etc., esp. one neatly arranged **3.** [pl.] the main area for shelving books in a library **4.** [Colloq.] a large amount **5.** *a*) a grouping of chimney flues *b*) a smokestack —*vt.* **1.** to pile in a stack **2.** to load with stacks **3.** to assign (aircraft) to various altitudes for circling before landing **4.** to arrange underhandedly for a desired result [to *stack* the cards] —**stack′able** *adj.* —**stack′er** *n.*

**stacked** (stakt) *adj.* [Chiefly U.S. Slang] having a full, shapely figure: said of a woman

**stackup** *n.* an arrangement of circling aircraft at various altitudes awaiting their turn to land

**stadium** (stā′dē əm) *n.* [L. < Gr. *stadion,* unit of length] a large, open structure for football, athletics, etc. with tiers of seats for spectators

**staff** (staf) *n., pl.* **staffs;** also, for sense 5, **staves** [OE. *stæf*] **1.** a group of people assisting a leader **2.** a specific group of workers [a teaching *staff*] **3.** a group of officers serving a commanding officer as advisers and administrators **4.** a stick, rod, or pole used as for support, a weapon, a symbol of authority, etc. **5.** *Music* the five horizontal lines and four intermediate spaces on which music is written —*adj.* of, by, for, or on a staff —*vt.* to provide with a staff, as of workers

**staff nurse** a nurse who is second in command of a ward to a sister

**staff officer** an officer on a staff

**Staffs.** Staffordshire

**staff sergeant** *see* MILITARY RANKS, table

**stag** (stag) *n.* [OE. *stagga*] **1.** a full-grown male deer **2.** *Finance* a speculator who applies to buy shares in a new company, hoping to sell immediately at a profit —*adj.* for men only

**stag beetle** a large beetle of which the male has long, branched mandibles

**stage** (stāj) *n.* [< L. *stare,* to stand] **1.** a period or degree in a process of development, change, etc. **2.** a platform **3.** *a*) an area or platform on which plays, speeches, etc. are presented *b*) the theatre as a profession (with *the*) **4.** the scene of an event **5.** a stopping point on a route **6.** the distance between two such points **7.** a stagecoach **8.** any of two or more propulsion units used in sequence as the rocket of a spacecraft, etc. —*vt.* **staged, stag′ing** **1.** to present as on a stage **2.** to plan and carry out —**by easy stages** a little at a time —**stag′er** *n.*

**stagecoach** *n.* formerly, a horse-drawn coach moving along a set route

**stage fright** nervousness felt when appearing as a speaker or performer before an audience

**stagehand** *n.* one who moves scenery, operates the curtain, etc. for a stage performance

**stage-manage** *vt.* **-aged, -aging** **1.** to be stage manager for **2.** to arrange with dramatic effect, esp. as if from behind scenes

**stage manager** an assistant to the director of a play, in overall charge backstage during an actual performance

**stage-struck** *adj.* having an intense desire to act

**stage whisper** **1.** a loud whisper by an actor on the stage, thought of as being heard only by the audience and not by his fellow actors **2.** a whisper that is intended to be overheard

**stagflation** (stag flā′shən) *n.* [< STAGNATE + INFLATION] a period of high inflation and no increase in productivity

**stagger** (stag′ər) *vi.* [ON. *stakra,* to totter] **1.** to totter or reel, as from a blow, fatigue, etc. **2.** to waver in purpose, etc. —*vt.* **1.** to make stagger **2.** to affect strongly, as with astonishment **3.** to set alternately, as on either side of a line **4.** to arrange (duties, holidays, etc.) so as to avoid crowding —*n.* **1.** a staggering, tottering, etc. **2.** a staggered arrangement **3.** [*pl., with sing. v.*] a disease of horses, cattle, etc., marked by staggering —**stag′gering** *adj.* —**stag′geringly** *adv.*

**staging** (stā′jiŋ) *n.* **1.** scaffolding **2.** the act of presenting a play on the stage **3.** shelving used for plants in greenhouses

**stagnant** (stag′nənt) *adj.* **1.** not flowing or moving **2.** foul from lack of movement: said of water, etc. **3.** lacking activity, etc. —**stag′nancy** *n.* —**stag′nantly** *adv.*

**stagnate** (stag nāt′) *vi., vt.* **-nat′ed, -nat′ing** [< L. *stagnum,* a swamp] to become or make stagnant —**stagna′tion** *n.*

**stag party** a party for men only, esp. one held for a bachelor just before he is married

**stagy** (stā′jē) *adj.* **-ier, -iest** **1.** theatrical **2.** affected; not real Also **stage′y** —**stag′ily** *adv.* —**stag′iness** *n.*

**staid** (stād) *adj.* [see STAY[3]] sober; sedate —**staid′ly** *adv.*

**stain** (stān) *vt.* [< L. *dis-,* from + *tingere,* to colour] **1.** to spoil the appearance of by discolouring or spotting **2.** to disgrace or dishonour **3.** to colour (wood, glass, etc.) with a dye, pigment, etc. **4.** to treat (material for microscopic study) with a colouring matter —*n.* **1.** a discolouration; spot **2.** a moral blemish; dishonour **3.** a dye for staining wood, etc. —**stain′able** *adj.* —**stain′less** *adj.*

**stainless steel** steel alloyed with chromium, etc., virtually immune to rust and corrosion

**stair** (stāər) *n.* [OE. *stæger*] **1.** [*usually pl.*] a flight of steps; staircase **2.** one of a series of steps leading from one level to another

**staircase** *n.* a flight of stairs with a handrail: also **stair'way'**

**stairwell** *n.* a vertical shaft (in a building) containing a staircase: also **stair well**

**stake** (stāk) *n.* [OE. *staca*] **1.** a length of wood or metal pointed at one end for driving into the ground **2.** the post to which a person was tied for execution by burning **3.** [*often pl.*] something, esp. money, risked, as in a wager **4.** [*often pl.*] a prize given a winner, as in a race **5.** [*pl., with sing. v.*] a race in which a prize is offered **6.** a share or interest, as in property —*vt.* **staked, stak'ing 1.** *a*) to mark the boundaries of *b*) to establish (a claim) thus **2.** to support (a plant, etc.) by tying to a stake **3.** to risk; gamble **4.** [U.S. Colloq.] to furnish with money or resources —**at stake** being risked —**stake out** to station (police, etc.) in an attempt to capture a suspected criminal

**Stakhanovism** (sta khan'ə viz'm) *n.* [< A. G. *Stakhanov*] in the Soviet Union, a system of working in teams to get higher production, with bonuses, etc. given for success —**Stakha'novite'** *adj., n.*

**stalactite** (stal'ək tīt') *n.* [< Gr. *stalaktos,* dripping] an icicle-shaped deposit hanging from the roof of a cave, formed by evaporation of dripping water full of lime

**stalagmite** (stal'əg mīt') *n.* [< Gr. *stalagmos,* a dropping] a cone-shaped deposit built up on the floor of a cave by dripping water full of lime, often from a stalactite above

**stale** (stāl) *adj.* **stal'er, stal'est** [prob. < LowG.] **1.** having lost freshness; flat, dry, stagnant, etc. **2.** no longer new or interesting **3.** ineffective, weakened, etc. from too much or too little activity —*vt., vi.* **staled, stal'ing** to make or become stale —**stale'ly** *adv.* —**stale'ness** *n.*

**stalemate** (stāl'māt') *n.* [< OFr. *estal,* a fixed location + CHECKMATE] **1.** *Chess* any situation in which a player cannot move without placing his king in check **2.** a deadlock —*vt.* **-mat'ed, -mat'ing** to bring into a stalemate

**Stalinism** (stä'lin iz'm) *n.* the form of government associated with Joseph Stalin (1879-1953), Soviet statesman

**stalk**[1] (stôk) *vi., vt.* [< OE. *stealc,* steep] **1.** to walk (through) in a stiff, haughty manner **2.** to pursue or approach (game, etc.) stealthily —*n.* **1.** a slow, stiff, or haughty stride **2.** a stalking of game, etc. —**stalk'er** *n.*

**stalk**[2] *n.* [OE. *stela*] **1.** *Bot. a*) the main stem of a plant *b*) a lengthened part on which fruit, a flower, etc. grows **2.** *Zool.* a lengthened support for an animal organ —**stalk'less** *adj.* —**stalk'y** *adj.*

**stalking-horse** *n.* **1.** a horse, or a figure of one, used as cover by a hunter **2.** anything used to hide intentions, schemes, etc.

**stall**[1] (stôl) *n.* [OE. *steall*] **1.** a compartment for one animal in a stable **2.** *a*) a booth, etc. where goods are sold, as at a fair *b*) an enclosed seat in a church *c*) a theatre seat near the stage *d*) a small, enclosed space, as for taking a shower *e*) any of the spaces marked off for parking cars in a garage, etc. **3.** a protective sheath for a finger **4.** a stopping or standing still due to failure to work properly, as in a car or aircraft —*vt., vi.* **1.** to stop as from failure to work properly, as a motor car **2.** to put (an aircraft) into a stall, or go into a stall **3.** to put, keep, or be kept in a stall

**stall**[2] *vi.* [< obs. *stale,* a decoy] to act or speak evasively so as to deceive or delay —*vt.* to delay by stalling

**stallion** (stal'yən) *n.* [< Gmc. *stal,* a stall] an uncastrated male horse, esp. one used as a stud

**stalwart** (stôl'wərt) *adj.* [< OE. *stathol,* foundation + *wyrthe,* worth] **1.** sturdy; robust **2.** valiant **3.** resolute; firm —*n.* **1.** a stalwart person **2.** a firm supporter of a cause —**stal'wartly** *adv.*

**stamen** (stā'mən) *n., pl.* **-mens** [< L., a thread, warp] a pollen-bearing organ in a flower

**stamina** (stam'ə nə) *n.* [L.: see STAMEN] resistance to fatigue, illness, hardship, etc.; endurance

**stammer** (stam'ər) *vt., vi.* [OE. *stamerian*] to speak or say with pauses and rapid repetitions of initial sounds, as because of excitement —*n.* the act of stammering —**stam'merer** *n.*

**stamp** (stamp) *vt.* [ME. *stampen*] **1.** to bring (the foot) down forcibly **2.** *a*) to beat, crush, etc. by treading on heavily *b*) to grind or crush **3.** to imprint or cut out (a design, lettering, etc.) **4.** to impress distinctly or indelibly [a face *stamped* with grief] **5.** to put an official seal or a stamp on (a document, letter, etc.) **6.** to characterize, as if by imprinting —*vi.* **1.** to bring the foot down forcibly on the ground, etc. **2.** to walk with loud, heavy steps —*n.* **1.** a stamping **2.** a small piece of paper, distinctively imprinted and usually gummed, sold by a government and required to be put on a letter, parcel, etc. to show that postage has been paid **3.** a machine, tool, etc. for stamping **4.** the mark or form made by stamping **5.** a characteristic sign or impression [the *stamp* of truth] **6.** a mark, seal, etc. used to show officially that a tax has been paid, authority given, etc. **7.** kind; class **—stamp on** to subdue; suppress **—stamp out** **1.** to crush by treading on forcibly **2.** to crush (a revolt, etc.) **—stamp'er** *n.*

**stamp-collecting** *n.* *same as* PHILATELY **—stamp'-collec'tor** *n.*

**stampede** (stam pēd') *n.* [< Sp. *estampar,* to stamp] **1.** a sudden, headlong rush or flight, as of a herd of frightened horses, cattle, etc. **2.** [Canad.] a rodeo **—*vi.* -ped'ed, -ped'ing** to move in a stampede **—*vt.*** to cause to stampede **—stamped'er** *n.*

**stamping ground** [Colloq.] a favourite gathering place or resort

**stance** (stans) *n.* [< L. *stare,* to stand] **1.** a way of standing, esp. in regard to placing the feet **2.** an attitude adopted for dealing with a situation

**stanch** (stänch) ***vt., vi., adj.*** *see* STAUNCH

**stanchion** (stän'shən) *n.* [see STANCE] **1.** an upright bar, post, etc. used as a support **2.** a restraining device in a stall, fitted loosely about a cow's neck

**stand** (stand) ***vi.* stood, stand'ing** [OE. *standan*] **1.** to be in, or assume, an upright position, as on the feet **2.** to rise to an upright position, as from sitting **3.** *a*) to take, or be in, a (specified) upright position *b*) to take a (specified) position or attitude [I *stand* opposed] **4.** to have a (specified) height when standing **5.** to be situated **6.** to gather and remain: said of a liquid **7.** to remain unchanged, valid, etc. **8.** to be in a (specified) condition [he *stands* to lose] **9.** to be of a (specified) rank, degree, etc. [to *stand* first] **10.** to make resistance **11.** *a*) to halt *b*) to remain stationary **12.** to be a candidate, as for office **13.** *Naut.* to take or hold a certain course **—*vt.*** **1.** to make stand; put upright **2.** to put up with; endure **3.** to withstand **4.** to undergo [to *stand* trial] **5.** [Colloq.] to bear the cost of (a meal, etc.) **—*n.*** **1.** a standing; esp., a halt or stop; specif., *a*) a stopping, as to counterattack *b*) a halt by a touring theatrical company to give a performance **2.** the place where one stands; position **3.** a view, opinion, etc., as on an issue **4.** a structure to stand or sit on; specif., *a*) a raised platform for a band, etc. *b*) [*often pl.*] a set of benches in tiers, as for spectators *c*) [U.S.] the witness box **5.** *a*) a booth, stall, etc. where goods are sold *b*) a parking space reserved for taxicabs, etc. **6.** a rack, small table, etc. for holding things **7.** a standing growth of trees or plants **—stand a chance** to have a chance **—stand by** **1.** to be near and ready to act as needed **2.** to aid or support **3.** to keep (a promise, etc.) **—stand corrected** to admit correction by someone else **—stand for** **1.** to represent **2.** to be a candidate for (office) **3.** [Colloq.] to put up with; endure **—stand in for** to substitute for **—stand off** **1.** to keep at a distance **2.** to evade **3.** to discharge (an employee) temporarily **—stand on** **1.** to be founded on **2.** to insist upon (ceremony, one's rights, etc.) **—stand one's ground** to maintain one's position **—stand out** **1.** to project **2.** to show up clearly **3.** to be prominent or outstanding **4.** to refuse to give in **—stand to** **1.** to abide by or adhere to **2.** *Mil.* to be on the alert in expectation of enemy attack **—stand up** **1.** to rise to or be in a standing position **2.** to prove valid, durable, etc. **3.** [Slang] to fail to keep an engagement with **—stand up for** to defend **—stand up to** to confront fearlessly

**standard** (stan'dərd) *n.* [OFr. *estendard*] **1.** something established as a rule or basis of comparison in measuring quantity quality, etc. **2.** a usage or practice that is generally accepted [moral *standards*] **3.** a flag, banner, etc. used as an emblem of a people, military unit, etc. **4.** an upright support **5.** a tree or shrub with a single tall stem **6.** [S Afr.] a form or grade in school **—*adj.*** **1.** used as or conforming to an established rule, model, etc. **2.** generally accepted as authoritative **3.** regular or typical **4.** of or in accord with speech or writing that is more or less formal [*standard* English]

**standard-bearer** *n.* **1.** a person carrying the flag, as of a military group **2.** a leader of a movement, etc.

**standard gauge** a width of $56^1/_2$ inches (143.8 cm) between the rails of a railway track

**standardize** *vt.* **-ized', -iz'ing** to make standard or uniform **—stand'ardiza'tion** *n.*

**standăd lamp** an electric light fixed to a tall support standing on the floor

**standard of living** level of daily living, as of a person, with regard to the adequacy of necessities and comforts

**standard time** the time in any of the 24 time zones, each an hour apart, into which the earth is divided: it is based on distance east or west of Greenwich

**standby** (stand'bī') ***n., pl.* -bys'** a person or thing that can always be depended on, or one ready to be used if needed **—*adj.*** of, for, or being a standby

**stand-in** *n.* a temporary substitute, as for an actor

**standing** *n.* **1.** status, rank, or reputation [in good *standing*] **2.** duration [of long *standing*] **3.** the act of one that stands **—*adj.*** **1.** that stands; upright **2.** in or from a standing position **3.** not flowing; stagnant **4.** permanent

**standing order** **1.** [*often pl.*] a rule governing procedure in a formally constituted body, as parliament **2.** an instruction to a bank requesting regular payments, as for mortgage payments, etc

**standing room** room in which to stand, esp. when there are no vacant seats, as in a theatre

**standoffish** (stand'of'ish) ***adj.*** reserved and cool; aloof

**standpipe** *n.* a large vertical pipe for storing water

**standpoint** *n.* point of view

**standstill** *n.* a stop, halt, or cessation

**stank** (staŋk) *alt. pt. of* STINK

**stannary** (stan′ərē) *n., pl.* **-ries** [< LL. *stannum,* tin] a region of tin mines and tinworks

**stanza** (stan′zə) *n.* [It.: < L. *stare,* to stand] a group of lines of verse, usually four or more and regular in pattern, forming one of the divisions of a poem or song

**staphylococcus** (staf′əlō kok′əs) *n., pl.* **-coc′ci** (-kok′ī) [< Gr. *staphylê,* bunch of grapes + -COCCUS] any of a genus of spherical bacteria that generally occur in clusters or chains and cause pus to form in abscesses, etc. **—staph′ylococ′cal** *adj.*

**staple**[1] (stā′p'l) *adj.* [< MDu. *stapel,* mart] **1.** chief; main **2.** regularly stocked, produced, or consumed **—*n.*** **1.** a chief commodity made, grown, etc. in a particular place **2.** a chief item or element **3.** raw material **4.** a regularly stocked item of trade, as salt **5.** the fibre of cotton, wool, etc.

**staple**[2] *n.* [OE. *stapol,* a post] **1.** a U-shaped piece of metal with sharp-pointed ends, driven into a surface to hold a hook, wire, etc. in place **2.** a similar piece of thin wire binding papers **—*vt.*** **-pled, -pling** to fasten with a staple **—sta′pler** *n.*

**star** (stär) *n.* [OE. *steorra*] **1.** any heavenly body seen as a point of light in the night sky, esp. one that is a distant sun **2.** a flat figure with five or six points, representing a star **3.** a mark, emblem, etc. resembling such a figure **4.** an asterisk **5.** *a) Astrol.* a planet, etc. regarded as influencing human fate *b)* [*often pl.*] fate **6.** a person who excels, esp. an actor or actress **—*vt.*** **starred, star′ring** **1.** to decorate with stars **2.** to mark with stars as a grade of quality **3.** to present (a performer) in a leading role **—*vi.*** to have a leading role **—*adj.*** **1.** excelling [a *star* athlete] **2.** of a star or stars **—star′less** *adj.* **—star′like′** *adj.*

**starboard** (stär′bərd) *n.* [< OE. *steoran,* to steer + *bord,* board] the right-hand side of a ship or aircraft as one faces forwards **—*adj.*** of or on the starboard

**starch** (stärch) *n.* [< OE. *stearc,* stiff] **1.** a white, tasteless, odourless food substance found in potatoes, grain, etc.: it is a carbohydrate **2.** a powdered form of this, used in laundering to stiffen cloth, etc. **3.** stiff formality **—*vt.*** to stiffen as with starch

**starchy** *adj.* **-ier, -iest** **1.** of or like starch **2.** formal; unbending **—starch′ily** *adv.* **—starch′iness** *n.*

**star-crossed** (stär′krost′) *adj.* ill-fated

**stardom** *n.* the status of a star of stage, screen, etc.

**stare** (stäər) *vi.* **stared, star′ing** [OE. *starian*] to look with a steady, fixed gaze, as in wonder, curiosity, etc. **—*vt.*** to affect in a given way by staring **—*n.*** a staring look **—stare down** to stare back at (another) until he looks away **—stare one in the face** to be obvious

**starfish** (stär′fish′) *n.* a small star-shaped sea animal with a hard, spiny skeleton

**stargaze** *vi.* **-gazed′, -gaz′ing** **1.** to gaze at the stars **2.** to daydream **—star′gaz′er** *n.*

**stark** (stärk) *adj.* [OE. *stearc*] **1.** grimly blunt [*stark* realism] **2.** bleak; desolate **3.** sheer; utter [*stark* terror] **4.** sharply outlined **5.** [Archaic] stiff or rigid **6.** totally naked **—*adv.*** in a stark way; esp., utterly [*stark* mad] **—stark′ly** *adv.* **—stark′ness** *n.*

**starlet** (stär′lit) *n.* a young actress being promoted as a possible future star

**starlight** *n.* light from the stars

**starling** (stär′liŋ) *n.* [OE. *stær*] a short-tailed, dark-coloured bird with iridescent plumage

**Star of David** a six-pointed star formed of two equilateral triangles: a symbol of Judaism

**starry** (stär′ē) *adj.* **-rier, -riest** **1.** shining like stars **2.** lighted by or full of stars **—star′riness** *n.*

**starry-eyed** *adj.* given to naive wishes, romantic dreams, etc.; enthusiastic but gullible

**Stars and Stripes** the red, white, and blue flag of the United States, with 13 stripes and 50 stars

**Star-Spangled Banner** the United States national anthem

**star-studded** *adj.* **1.** covered with many stars **2.** containing many leading entertainers

**start** (stärt) *vi.* [OE. *styrtan*] **1.** to go into action or motion; begin; commence **2.** to make a sudden, involuntary movement, as when startled **3.** to spring into being, activity, etc. **4.** to be among the beginning entrants in a race, etc. **5.** to stick out or seem to stick out **—*vt.*** **1.** to begin doing, set into motion, action, etc. **2.** to displace, loosen, etc. **3.** to cause to be among those starting in a race, etc. **4.** to rouse or flush (game) **—*n.*** **1.** a starting, or beginning **2.** *a)* the place or time of a beginning *b)* a lead or other advantage **3.** a sudden, brief shock **4.** a sudden, startled movement **5.** an opportunity to begin a career, etc. **6.** [*pl.*] brief bursts of activity: usually in **by fits and starts** **—start out** (or **off**) to begin a journey, action, etc. **—start up** **1.** to spring up **2.** to cause (an engine, etc.) to begin running

**starter** *n.* **1.** any of various devices for starting an internal-combustion engine **2.** one giving the signal to start **3.** one starting in a race, etc. **4.** the first course of a meal

**startle** (stärt′'l) *vt.* **-tled, -tling** [< ME. *sterten,* to start] to surprise, frighten, or alarm suddenly **—*vi.*** to be startled **—star′tling** *adj.* **—star′tlingly** *adv.*

**star turn** the principal performer in an entertainment, esp. in a variety show

**starve** (stärv) *vi.* **starved, starv′ing** [OE. *steorfan,* to die] **1.** *a)* to die from lack of food *b)* to suffer from hunger *c)* [Colloq.] to be very hungry **2.** to suffer great need (with *for*) **—*vt.*** **1.** to cause to starve **2.** to force by starving **—starva′tion** *n.*

**starveling** *n.* a starving person or animal

**stash** (stash) *vt.* [prob. < STORE & CACHE] [Colloq.] to hide in a secret or safe place —*n.* [Slang] **1.** a place for hiding things **2.** something hidden away

**stasis** (stā'sis) *n., pl.* **-ses** (-sēz) [Gr.] a stoppage of the flow of a bodily fluid, as of blood

**-stat** (stat) [< Gr.] *a combining form meaning* stationary, making stationary *[thermostat]*

**state** (stāt) *n.* [< L. *stare,* to stand] **1.** a set of circumstances or attributes characterizing a person or thing; condition **2.** a particular mental or emotional condition *[a state* of bliss*]* **3.** condition as regards structure, form, etc. **4.** *a*) high rank *b*) ceremonious display; pomp **5.** [*sometimes* **S-**] a body of people politically organized under one government within a definite territory **6.** [*sometimes* **S-**] any of the political units together constituting a federal government **7.** the territory of a state **8.** civil government *[*church and *state]* —*adj.* **1.** ceremonial **2.** [*sometimes* **S-**] of the government or a state —*vt.* **stat'ed, stat'ing 1.** to establish by specifying **2.** to set forth or express in a specific way —**in** (or **into**) **a state** [Colloq.] in (or into) an agitated emotional condition —**lie in state** to be displayed formally to the public before burial —**the States** the United States of America

**state apartment** a public room in a palace used for social receptions on ceremonial occasions

**stateless** *adj.* without a nationality

**stately** *adj.* **-lier, -liest** dignified, imposing, or grand —**state'liness** *n.*

**stately home** a large house, esp. one open to the public

**statement** *n.* **1.** *a*) a stating *b*) the thing stated **2.** a summary of a financial account

**State Registered Nurse** a nurse who has completed extensive training

**stateroom** *n.* **1.** a private cabin on a ship **2.** *same as* STATE APARTMENT

**state school** any school which is maintained by the state

**statesman** *n.* one who is wise and experienced in the business of government —**states'manlike'** *adj.* —**states'manship'** *n.*

**static** (stat'ik) *adj.* [< Gr. *statikos,* causing to stand] **1.** at rest; stationary **2.** of masses, forces, etc. at rest or in equilibrium: opposed to DYNAMIC **3.** *Elec.* designating, of, or producing stationary electrical charges, as from friction **4.** *Radio* of or having to do with static Also **stat'ical** —*n.* **1.** electrical discharges in the atmosphere that interfere with radio or TV reception, etc. **2.** interference produced by such discharges —**stat'ically** *adv.*

**static electricity** electricity at rest, as opposed to dynamic or current electricity

**statics** *n.pl.* [*with sing. v.*] [see STATIC] the branch of mechanics dealing with bodies, masses, or forces at rest or in equilibrium

**station** (stā'shən) *n.* [< L. *stare,* to stand] **1.** the place where a person or thing stands or is located, esp. an assigned post **2.** *a*) a regular stopping place, as on a bus route or railway *b*) the building at such a place **3.** social standing **4.** a place equipped for radio or television transmission **5.** in Australia, a sheep run or cattle ranch —*vt.* to assign to a station; post

**stationary** (stā'shə nər ē) *adj.* [see STATION] **1.** not moving or movable; fixed **2.** unchanging in condition, value, etc. **3.** not itinerant

**stationer** (stā'shə nər) *n.* [< see STATION] a person who sells office supplies, greeting cards, some books, etc.

**Stationer's Hall** the hall of the old Company of Stationers who formerly registered every book, etc. published in Britain

**stationery** *n.* [see STATION] writing materials; specif., paper and envelopes used for letters

**Stationery Office** in Britain, the government department responsible for the publication of all official reports

**stationmaster** *n.* an official in charge of a railway station

**station sergeant** a police sergeant in charge of a police station

**station wagon** [U.S.] an estate car

**statism** (stāt'iz'm) *n.* the doctrine of vesting economic control in a centralized state government

**statistic** (stə tis'tik) *n.* a statistical item or element

**statistical** *adj.* of, having to do with, consisting of, or based on statistics —**statis'tically** *adv.*

**statistician** (stat'is tish'ən) *n.* an expert in statistics

**statistics** (stə tis'tiks) *n.pl.* [< L. *status,* STATE] **1.** numerical facts assembled and classified so as to present significant information **2.** [*with sing. v.*] the science of compiling such facts

**statuary** (stat'yoo wər ē) *n., pl.* **-aries 1.** statues collectively **2.** the art of making statues —*adj.* of or suitable for statues

**statue** (stach'ōō) *n.* [< L. *statuere,* to place] the form of a person or animal carved in stone, etc., modelled in clay, etc., or cast in bronze, etc.

**statuesque** (sta'tyoo esk') *adj.* **1.** like a statue **2.** tall and well-proportioned —**stat'uesque'ly** *adv.*

**statuette** *n.* (-et') a small statue

**stature** (stach'ər) *n.* [< L. *statura*] **1.** the standing height of the body **2.** growth or level of attainment *[*moral *stature]*

**status** (stāt'əs) *n., pl.* **-tuses** [L.: see STATE] **1.** social or professional position, rank, etc., esp. in relation to that of others **2.** high position; prestige **3.** condition with regard to law *[*the *status* of a minor*]* **4.** state or condition, as of affairs

**status quo** (kwō') [L., the state in which] the existing state of affairs: also **status in quo**

**status symbol** a possession, practice, etc. regarded as a mark of social status

**statute** (sta′tyo͞ot) *n.* [see STATUE] **1.** an established rule **2.** a law passed by a legislative body

**statute law** law established by a legislative body

**statutory** (sta′tyo͞o tər ē) *adj.* **1.** fixed or authorized by statute **2.** declared by statute to be punishable : said of an offence

**staunch** (stônch) *vt.* [< OFr. *estanchier*] **1.** to stop or check (the flow of blood etc.) from (a wound, etc.) **2.** to stop (a drain of resources, etc.) —*adj.* **1.** firm; steadfast [*a staunch* supporter] **2.** strong; solid **3.** watertight; seaworthy Also **stanch** For the *adj.*, **staunch** is usually used; for the *v.*, either **staunch** or **stanch** is used —**staunch′ly** *adv.* —**staunch′ness** *n.*

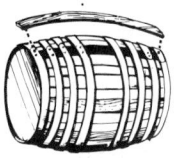


**stave** (stāv) *n.* [see STAFF] **1.** one of the thin, shaped strips of wood that form the wall of a barrel, bucket, etc. **2.** a stanza **3.** *Music* same as STAFF —*vt.* **staved** or **stove, stav′ing** **1.** to puncture or smash, esp. by breaking in staves **2.** to furnish with staves —**stave in** to break or crush inwards —**stave off** to ward off or hold off

**staves** *n.* **1.** *alt. pl. of* STAFF **2.** *pl. of* STAVE

**stay**[1] (stā) *n.* [OE. *stæg*] a heavy rope or cable used as a brace, as for a mast of a ship

**stay**[2] *n.* [MFr. *estaie*] **1.** a support; prop **2.** a strip of stiffening material used in a corset, shirt collar, etc. —*vt.* to support, or prop up

**stay**[3] *vi.* **stayed, stay′ing** [< L. *stare*, to stand] **1.** to continue in the place or condition specified; remain **2.** to live, esp. temporarily **3.** to stop; halt **4.** to pause; wait **5.** [Colloq.] to endure; last —*vt.* **1.** to stop or check **2.** to hinder, impede, or detain **3.** to postpone (legal action) **4.** to satisfy for a time (thirst, etc.) **5.** *a*) to remain through (often with *out*) *b*) to be able to last through —*n.* **1.** the action of remaining, or the time spent, in a place **2.** a postponement in legal action —**stay for** [Colloq.] remain waiting for —**stay put** [Colloq.] to remain in place or unchanged

**stay-at-home** *adj.* domesticated; untravelled —*n.* a person who is unadventurous

**taying power** ability to last or endure; endurance

**taysail** (stā′s′l) *n.* a sail, esp. a triangular sail, fastened on a stay

**STD** **1.** [L. *Sacrae Theologiae Doctor*] Doctor of Sacred Theology **2.** Subscriber Trunk Dialling

**stead** (sted) *n.* [OE. *stede*] the place or position of a person or thing as filled by a substitute —**stand (one) in good stead** to be of use, advantage, etc. to (one)

**steadfast** (sted′fast) *adj.* [OE. *stedefæste*] **1.** firm; fixed **2.** constant —**stead′fast′ly** *adv.* —**stead′fast′ness** *n.*

**steady** (sted′ē) *adj.* **-ier, -iest** [see STEAD] **1.** that does not shake, totter, etc.; firm **2.** constant, regular, or continuous **3.** constant in behaviour, loyalty, etc. **4.** habitual or regular **5.** calm and controlled [*steady* nerves] **6.** sober; reliable —*vt., vi.* **stead′ied, stead′ying** to make or become steady —*n.* [Colloq.] one's regular boyfriend or girlfriend —**go steady** [Colloq.] to date one person regularly —**stead′ily** *adv.* —**stead′iness** *n.*

**steady-state** *adj.* of a system, etc. that does not change with time

**steak** (stāk) *n.* [< ON. *steikja*, to roast on a spit] a slice of meat, esp. beef, or fish, cut thick for grilling or frying

**steakhouse** *n.* a restaurant that specializes in steaks

**steal** (stēl) *vt.* **stole, stol′en, steal′ing** [OE. *stælan*] **1.** to take (another's property, etc.) dishonestly, esp. in a secret manner **2.** to take slyly, etc. [to *steal* a look] **3.** to gain slyly or artfully [he *stole* her heart] **4.** to move, put, or convey stealthily (*in, into, from, away,* etc.) —*vi.* **1.** to be a thief **2.** to move, stealthily, quietly, etc. —*n.* [U.S. Colloq.] a bargain —**steal a march on** to obtain an advantage, esp. by a trick —**steal′er** *n.*

**stealth** (stelth) *n.* [< ME. *stelen*, to steal] secret or furtive action or behaviour —**stealth′ily** *adv.* —**stealth′iness** *n.* —**stealth′y** *adj.*

**steam** (stēm) *n.* [OE.] **1.** water as converted into a vapour by being heated to the boiling point **2.** condensed water vapour **3.** the power of steam under pressure **4.** [Colloq.] driving force; energy —*adj.* **1.** heated, operated, etc. by steam **2.** containing or conducting steam —*vi.* **1.** to give off steam **2.** to become covered with condensed steam, as a window (usually with *up*) **3.** to generate steam **4.** to move by steam power **5.** [Colloq.] to proceed quickly [to *steam* ahead] —*vt.* to expose to the action of steam, as in cooking —**let** (or **blow**) **off steam** [Colloq.] to release pent-up emotion

**steam engine** an engine using steam under pressure to supply mechanical energy

**steamer** *n.* **1.** something operated by steam power, as a steamship **2.** a container in which things are cooked, cleaned, etc. with steam

**steam iron** an electric iron that releases steam onto material being pressed

**steam radio** [Colloq.] radio broadcasting considered as old-fashioned in comparison with television

**steamroller** *n.* **1.** a heavy, steam-driven roller used in road building **2.** crushing power or relentless force —*vt., vi.* to crush, override, or force as (with) a steamroller —*adj.* relentlessly overpowering

**steamship** *n.* a ship driven by steam power

**steam train** a train powered by steam rather than diesel or electricity

**steamy** *adj.* **-ier, -iest** **1.** of or like steam **2.** filled with steam —**steam'ily** *adv.* —**steam'iness** *n.*

**stearic acid** (stē ar'ik) [< Gr. *stear,* tallow] a colourless, fatty acid found in many animal and vegetable fats, and used in making candles, soaps, etc.

**stearin** (stēar'in) *n.* [see prec.] a white, crystalline substance found in the solid portion of most animal and vegetable fats: also **ste'arine**

**steatite** (stē'ə tīt') *n.* [< Gr. *stear,* tallow] a compact, massive variety of talc; soapstone

**steed** (stēd) *n.* [OE. *steda*] a horse: literary term

**steel** (stēl) *n.* [OE. *stiele*] **1.** a hard, tough metal composed of iron alloyed with carbon and often with other metals, as nickel, to produce hardness, etc. **2.** something made of steel; specif., [Poet.] a sword or dagger **3.** great strength or hardness **4.** [Canad.] a railway track or line —*adj.* of or like steel —*vt.* to make hard, tough, unfeeling, etc. —**steel'iness** *n.* —**steel'y** *adj.*

**steel band** a percussion band, originating in Trinidad, using steel oil drums

**steel wool** long, hairlike shavings of steel in a pad or ball, used for scouring, smoothing, and polishing

**steelworks** *n.* a place where steel is made —**steel'work'er** *n.*

**steelyard** *n.* [STEEL & YARD[1]] a balance scale consisting of a metal arm along which a weight is moved

**steep[1]** (stēp) *adj.* [OE. *steap,* lofty] **1.** having a sharp rise or slope; precipitous **2.** [Colloq.] *a*) excessive *b*) extreme —*n.* a steep slope —**steep'ly** *adv.* —**steep'ness** *n.*

**steep[2]** *vt.* [ME. *stepen*] to immerse, saturate, imbue, etc. —*n.* **1.** a steeping **2.** liquid in which something is steeped

**steepen** *vt., vi.* to make or become steep or steeper

**steeple** (stē'p'l) *n.* [OE. *stepel*] a tower rising above the main structure of a church, usually capped with a spire —**stee'pled** *adj.*

**steeplechase** *n.* **1.** a horse race run over a prepared course obstructed with ditches, hedges, etc. **2.** a similar race on foot —*vi.* **-chased', -chas'ing** —**stee'plechas'er** *n.*

**steeplejack** *n.* a person whose work is building, painting, or repairing steeples, smokestacks, etc.

**steer[1]** (stēər) *vt.* [OE. *stieran*] **1.** to guide (a ship, etc.) by means of a rudder **2.** to direct the course of (a motor car, etc.) **3.** to follow (a course) —*vi.* **1.** to steer a ship, motor car, etc. **2.** to be steered **3.** to set and follow a course —**steer clea of** to avoid

**steer[2]** *n.* [OE. *steor*] **1.** a castrated mal of the cattle family **2.** loosely, any mal of beef cattle

**steerage** *n.* **1.** a steering **2.** formerly a section in some ships occupied b passengers paying the lowest fare

**steering committee** a committee, a of a legislative body, appointed to arrang the order of business

**steering wheel** a wheel turned by th driver of a vehicle to change direction

**steersman** *n.* a person who steers ship or boat

**stein** (stīn) *n.* [G.] an earthenware bee mug

**stele** (stē'lē) *n.* [< Gr. *stēlē,* a slab an upright stone slab with an inscriptio or design, as a grave marker: also **stel** (stē'lə)

**stellar** (stel'ər) *adj.* [< L. *stella,* a star of the stars or a star

**stem[1]** (stem) *n.* [OE. *stemn*] **1.** the mai stalk of a tree, shrub, or other plant bearin the leaves, flowers, etc. **2.** any stal supporting leaves, flowers, or fruit **3** a stemlike part, as of a pipe, goblet, et **4.** the thick stroke of a letter, or vertica line of a musical note **5.** the prow c a ship; bow **6.** a branch of a famil **7.** the part of a word to which inflectiona endings are added —*vt.* **stemmed, stem'ming** **1.** to make headway against **2** to remove the stem from (a fruit, etc —*vi.* to originate or derive —**from ster to stern** **1.** from one end of a ship t another **2.** through the length of anythin —**stem'less** *adj.*

**stem[2]** *vt.* **stemmed, stem'ming** [ON *stemma*] to stop or check; esp., to dar (a river, etc.), or to stop or check a if by damming

**stench** (stench) *n.* [OE. *stenc*] an offensiv smell; stink

STENCIL

**stencil** (sten's'l) *vt.* **-cilled, -cilling** [< L. *scintilla,* a spark] to make, mark or paint with a stencil —*n.* **1.** a thi sheet, as of paper or metal, perforate or cut through in such a way that whe ink, paint, etc. is applied to the shee the patterns, designs, letters, etc. ar marked on the surface beneath **2.** a desigr etc. so made

**sten gun** a lightweight machine gun

**stenographer** (stə nog'rə fər) *n.* a perso skilled in stenography

**stenography** (stə nog'rə fē) *n.* [< G *stenos,* narrow + -GRAPHY] the writin of dictation, etc. in shorthand and late transcribing it, as on a typewriter —**stenographic** (sten′ə graf′ik) ***adj.***

**stentor** (sten′tôr) ***n.*** [< *Stentor,* a Greek herald in the *Iliad*] [*sometimes* **S-**] a person having a very loud voice

**stentorian** (sten tôr′ē ən) ***adj.*** very loud

**step** (step) ***n.*** [OE. *stepe*] **1.** the act of moving and placing the foot, as in walking **2.** the distance covered by such a movement **3.** a short distance **4.** a manner of stepping; gait **5.** a sequence of movements in dancing **6.** the sound of stepping **7.** a footprint **8.** a rest for the foot in climbing, as a stair or the rung of a ladder **9.** [*pl.*] a flight of stairs or a step ladder **10.** a degree; level; stage **11.** any of a series of acts, processes, etc. —***vi.*** **stepped, step′ping** **1.** to move by executing a step **2.** to walk a short distance **3.** to move quickly: often with *along* **4.** to come or enter (*into* a situation, etc.) **5.** to put or press the foot down (*on* something) —***vt.*** **1.** *a*) to set (the foot) down *b*) to move across or over by foot **2.** to measure by taking steps: usually with *off* **3.** to arrange in a series of degrees —**break step** **1.** to stop marching in cadence **2.** to cease to conform —**in step** **1.** keeping to a set rhythm, as in marching **2.** in conformity or agreement —**keep step** to stay in step —**out of step** not in step —**step by step** gradually —**step down** to resign (*from* an office, etc.) —**step in** to start to participate; intervene —**step on it** [Colloq.] to go faster —**step out** **1.** to go outside (a building), esp. briefly **2.** to begin to walk more quickly **3.** to go out for a good time —**step up** **1.** to approach **2.** to advance **3.** to increase, as in rate —**take steps** to adopt certain measures —**watch one's step** [Colloq.] to be careful: also **mind one's step**

**stepbrother** ***n.*** one's stepparent's son by a former marriage

**stepchild** ***n.*** [< OE. *steop-,* orphaned] a child (**stepdaughter** or **stepson**) that one's husband or wife had by a former marriage

**stephanotis** (stef′ə nōt′is) ***n.*** [< Gr. *stephanos,* crown] a climbing plant with white, waxy flowers

**stepladder** (step′lad′ər) ***n.*** a four-legged ladder having broad, flat steps

**stepparent** ***n.*** [see STEPCHILD] the person (**stepfather** or **stepmother**) who has married one's parent after the death or divorce of the other parent

**steppe** (step) ***n.*** [< Russ. *step′*] any of the great plains of SE Europe and Asia, having few trees

**steppingstone** (step′iŋ stōn′) ***n.*** **1.** a stone used to step on, as in crossing a stream **2.** a means of advancement

**stepsister** ***n.*** one's stepparent's daughter by a former marriage

**-ster** (stər) [OE. *-estre*] *a suffix meaning* a person who is, does, or is associated with *[punster, gangster]*

**stere** (stēər) ***n.*** [< Gr. *stereos,* cubic] a cubic metre

**stereo** (ster′ē ō′) ***n., pl.*** **-os′** **1.** a stereophonic record player, radio, etc. **2.** a stereoscope or a stereoscopic picture, etc. **3.** *shortened form of* STEREOTYPE —***adj.*** *shortened form of* STEREOPHONIC

**stereo-** [< Gr. *stereos,* hard] *a combining form meaning* solid, firm, three-dimensional *[stereoscope]*

**stereophonic** (ster′ē ə fon′ik) ***adj.*** [prec. + PHONIC] of sound reproduction, as in films, records, etc., using two or more channels to reproduce through separate speakers a blend of sounds from separate sources —**ster′eophon′ically** ***adv.***

**stereoscope** (ster′ē ə skōp′) ***n.*** [STEREO- + -SCOPE] an instrument that gives a three-dimensional effect to photographs viewed through it —**ster′eoscop′ic** (-skop′ik) ***adj.***

**stereotype** (ster′ē ə tīp′) ***n.*** [see STEREO- & -TYPE] **1.** a printing plate cast in type metal from a mould (*matrix*), as of a page of set type **2.** a fixed idea or popular conception —***vt.*** **-typed′, -typ′ing** to make a stereotype of

**stereotyped** ***adj.*** **1.** hackneyed; trite; not original **2.** printed from stereotype plates

**sterile** (ster′il) ***adj.*** [L. *sterilis*] **1.** incapable of producing others of its kind; barren **2.** producing little or nothing **3.** free from living microorganisms —**steril′ity** (stə ril′ə tē) ***n.***

**sterilize** (ster′ə līz′) ***vt.*** **-lized′, -liz′ing** **1.** to make incapable of producing others of its kind **2.** to free from living microorganisms —**ster′iliza′tion** ***n.*** —**ster′iliz′er** ***n.***

**sterling** (stur′liŋ) ***n.*** [< ?] **1.** British money **2.** sterling silver or articles made of it —***adj.*** **1.** of or payable in British money **2.** of standard quality: said of silver that is at least 92.5 percent pure **3.** worthy; excellent

**sterling area** a group of countries that use sterling as a medium for international payments

**stern**[1] (sturn) ***adj.*** [OE. *styrne*] **1.** severe; strict **2.** grim; forbidding **3.** unrelenting; firm —**stern′ly** ***adv.*** —**stern′ness** ***n.***

**stern**[2] ***n.*** [< ON. *styra,* to steer] **1.** the rear end of a ship, boat, etc. **2.** the rear end of anything

**sternum** (stur′nəm) ***n., pl.*** **ster′nums, ster′na** [< Gr. *sternon*] a thin, flat structure of bone to which most of the ribs are attached in the front of the chest; breastbone

**sternward** (sturn′wərd) ***adv., adj.*** towards the stern; astern: also **stern′wards** ***adv.***

**steroid** (stēər′oid) ***n.*** [see STEROL] any of a group of compounds including the sterols, sex hormones, etc.

**sterol** (stēər′ol) ***n.*** [< (CHOLE)STEROL] any of a group of solid cyclic alcohols, as cholesterol, found in plant and animal tissues

**stertorous** (stur′tə rəs) ***adj.*** [< L. *stertere,* to snore] characterized by loud, laboured breathing

**stet** (stet) [L.] let it stand: a printer's term used to indicate that matter previously struck out is to remain —*vt.* **stet'ted, stet'ting** to mark with "stet"

STETHOSCOPE

**stethoscope** (steth'ə skōp') *n.* [< Gr. *stēthos,* the chest + -SCOPE] *Med.* a hearing instrument placed against the body for examining the heart, lungs, etc. by listening to the sounds they make —**steth'oscop'ic** (-skop'ik) ***adj.***

**Stetson** (stet's'n) *n.* [U.S.] [*often* **s-**] a man's hat, worn esp. by cowboys, usually of felt, with a broad brim and a high crown

**stevedore** (stē'və dôr') *n.* [< L. *stipare,* to cram] a person employed at loading and unloading ships

**stew** (styōō) *vt.* [ult. < L. *ex,* out + Gr. *typhos,* steam] to cook by simmering slowly for a long time —*vi.* **1.** to undergo cooking in this way **2.** [Colloq.] to swelter —*n.* **1.** a dish, esp. of meat and vegetables, cooked by stewing **2.** a state of anxiety or worry, esp. in phrase **in a stew** —**stew in one's own juice** to suffer from one's own actions

**steward** (styōō'ərd) *n.* [< OE. *stig,* enclosure + *weard,* keeper] **1.** a person in charge of the affairs of a large household, who supervises the kitchen and servants, manages the accounts, etc. **2.** a person variously responsible for the food and drink, etc. in a club, restaurant, etc. **3.** a person in charge of arrangements for a ball, race, etc. **4.** an attendant on a ship, aircraft, etc. who looks after the passengers' comfort —**stew'ardship'** *n.*

**stewardess** *n.* a woman steward (esp. sense 4)

**stewed** (styōōd) ***adj.*** **1.** cooked by stewing, as food **2.** [Slang] drunk; intoxicated **3.** tasting bitter through infusing too long: said of tea

**stick** (stik) *n.* [OE. *sticca*] **1.** a twig or small branch broken or cut off **2.** a long, slender piece of wood, as a staff, club, cane, etc. **3.** a stalk, as of celery **4.** something shaped like a stick **5.** a separate article [*every stick of furniture*] **6.** an implement for striking a ball, puck, etc. [*a hockey stick*] **7.** punishment, esp. beating **8.** [*usually pl.*] something made of sticks, as a racing hurdle **9.** [Colloq.] a dull or stupid person —*vt.* **stuck, stick'ing** **1.** to pierce, as with a pointed instrument **2.** to pierce something with (a knife, pin, etc.) **3.** to thrust or push (*in, out,* etc.) **4.** to fasten or attach by gluing, pinning, etc. **5.** to transfix or impale **6.** to obstruct, bog down, etc.; also, to detain, delay, etc. [*the wheels were stuck, he was stuck in town*] **7.** [Colloq.] to place; put; set **8.** [Slang] to impose something unpleasant, as paying a bill [*I was stuck with the bill*] **9.** [Slang] endure; bear; tolerate —*vi.* **1.** to be fixed by a pointed end, as a nail, etc. **2.** to be attached by adhesion; adhere **3.** to remain; stay [*to stick at home*] **4.** to keep or stay close [*stick to the trail*] **5.** to persevere [*to stick at a job*] **6.** to remain firm; endure **7.** to become fixed, blocked, embedded, jammed, etc. **8.** to be puzzled **9.** to hesitate; scruple [*he'll stick at nothing*] **10.** to protrude (with *out, up,* etc.) —**stick around** [Slang] to stay near at hand —**stick by** (or **to**) to remain loyal to —**stick it out** [Slang] to endure something to the end —**stick out a mile** [Colloq.] to be very obvious —**stick to someone's fingers** [Colloq.] to be stolen, embezzled, etc.: usually said of money —**stick up** [Slang] to commit armed robbery upon —**stick up for** [Colloq.] to uphold; defend —**stuck with** [Colloq.] unable to dispose of —**the sticks** [Colloq.] the rural districts

**sticker** *n.* a person or thing that sticks; specif., a gummed label

**sticking plaster** adhesive material for covering a slight wound, usually a thin cloth with gum on one side

**stick insect** an insect resembling a twig

**stick-in-the-mud** *n.* [Colloq.] a person who resists change or progress

**stickleback** (stik'l bak') *n.* [< OE. *sticel,* a prick] a small, scaleless fish with sharp spines

**stickler** (stik'lər) *n.* [< OE. *stihtan,* arrange] a person who insists on strict observance of something [*a stickler for discipline*]

**stick-up** (stik'up') *n.* *slang term for* HOLDUP (sense 2)

**sticky** ***adj.*** **-ier, -iest** **1.** adhesive; clinging **2.** covered with an adhesive substance **3.** [Colloq.] hot and humid **4.** [Colloq.] difficult; troublesome **5.** [Colloq.] very unpleasant, esp. in **to come to a sticky end** —**stick'iness** ***n.***

**sticky wicket** a difficult or awkward situation

**stiff** (stif) ***adj.*** [OE. *stif*] **1.** hard to bend; rigid; firm **2.** hard to move or operate **3.** sore or limited in movement: said of joints or muscles **4.** not fluid or loose; thick [*a stiff sauce*] **5.** moving swiftly, as a breeze **6.** containing much alcohol: said of a drink **7.** harsh [*a stiff punishment*] **8.** difficult [*a stiff climb*] **9.** constrained or awkward **10.** resolute or stubborn, as a person, a fight, etc. **11.** [Colloq.] high [*a stiff price*] —***adv.*** **1.** to a stiff condition **2.** [Colloq.] completely [*scared stiff*] —*n.* [U.S. Slang] a corpse —**stiff'ly** ***adv.*** —**stiff'ness** ***n.***

**stiffen** *vt., vi.* to make or become stiff or stiffer

**stiff-necked** ***adj.*** stubborn; obstinate

**stifle** (stī'f'l) *vt.* **-fled, -fling** [< MFr. *estouffer,* smother] **1.** to suffocate; smother **2.** to suppress or check —*vi.*

to suffer or die from lack of air —**sti'fling** *adj.*

**stigma** (stig'mə) *n., pl.* **-mas;** also, and for 2 & 3 usually, **stig'mata** [L. < Gr.] **1.** a mark of disgrace or reproach **2.** a small mark, scar, etc., as a pore, on the surface of a plant or animal **3.** [*pl.*] marks resembling the Crucifixion wounds of Jesus **4.** *Bot.* the upper tip of the style of a flower, on which pollen falls —**stigmat'ic** (-mat'ik) *adj.*

**stigmatize** *vt.* **-tized', -tiz'ing** **1.** to mark with a stigma **2.** to mark as disgraceful —**stig'matiza'tion** *n.*

**stile** (stīl) *n.* [< OE. *stigan,* to climb] a step or set of steps used in climbing over a fence or wall

**stiletto** (sti let'ō) *n., pl.* **-tos, -toes** [It. < L. *stilus,* style] **1.** a small dagger with a slender, tapering blade **2.** a sharp instrument for making eyelet holes **3.** a high, very thin heel on a woman's shoe: also **stiletto heel**

**still**[1] (stil) *adj.* [OE. *stille*] **1.** not moving; motionless **2.** calm; tranquil **3.** without sound; silent **4.** soft, or low in sound **5.** not effervescent: said of wine, etc. **6.** *Cinema* designating a single posed photograph for use as in publicity —*n.* **1.** silence; quiet [*the still of the night*] **2.** a still photograph —*adv.* **1.** at or up to the time indicated **2.** even; yet [*still* colder] **3.** nevertheless; yet [rich but *still* unhappy] —*conj.* nevertheless; yet —*vt., vi.* to make or become still —**still'ness** *n.*

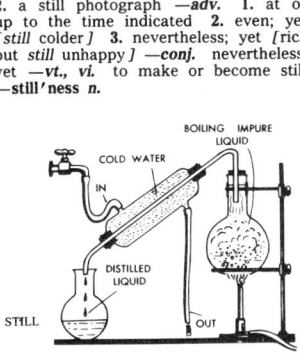


**still**[2] *n.* [< obs. *still,* DISTIL] an apparatus used for distilling liquids, esp. spirits

**stillborn** *adj.* **1.** dead at birth **2.** unsuccessful from the beginning —**still'birth'** *n.*

**still life** an arrangement of objects, as fruit in a bowl, flowers in a vase, etc. as the subject of a painting, drawing, etc. —**still'-life'** *adj.*

**stillroom** *n.* **1.** a room containing a still **2.** a housekeeper's storeroom for preserves, etc.

**stilt** (stilt) *n.* [ME. *stilte*] **1.** either of a pair of poles, each with a footrest somewhere along its length, used for walking **2.** any of a number of long posts used to hold a building, etc. above the ground

**stilted** (stil'tid) *adj.* **1.** artificially dignified; pompous **2.** raised on stilts —**stilt'edly** *adv.* —**stilt'edness** *n.*

**Stilton (cheese)** (stil't'n) [< *Stilton,* in England] a rich, crumbly cheese with veins of blue-green mould

**stimulant** (stim'yoo lənt) *n.* anything, as a drug, that stimulates —*adj.* stimulating

**stimulate** (stim'yoo lāt') *vt.* **-lat'ed, -lat'ing** [< ff.] **1.** to stir up or spur on; arouse; excite **2.** to invigorate **3.** *Med., Physiol.* to excite (an organ, etc.) to increased activity —**stim'ula'tor** *n.* —**stim'ula'tion** *n.* —**stim'ulative** *adj., n.*

**stimulus** (stim'yoo ləs) *n., pl.* **-uli'** (-lī') [L., a goad] something that stirs to action; incentive

**stimy** (stī'mē) *n., pl.* **-mies,** *vt.* **-mied, -mying** *same as* STYMIE

**sting** (stiŋ) *vt.* **stung, sting'ing** [OE. *stingan*] **1.** to prick or wound with a sting **2.** to cause sharp, sudden, smarting pain to **3.** to cause to suffer mentally **4.** to stimulate suddenly and sharply **5.** [Slang] to cheat; esp., to overcharge —*vi.* **1.** to use a sting **2.** to cause or feel sharp, smarting pain —*n.* **1.** the act or power of stinging **2.** a pain or wound resulting from stinging **3.** a sharp-pointed organ, as in insects, used to prick or wound —**sting'er** *n.* —**sting'ingly** *adv.*

**stinging nettle** a nettle that stings

**stingray** *n.* a large ray (fish) having a whiplike tail with a sharp spine or spines that can inflict painful wounds

**stingy** (stin'jē) *adj.* **-gier, -giest** [akin to STING] **1.** miserly **2.** less than needed or expected —**stin'giness** *n.*

**stink** (stiŋk) *vi.* **stank** or **stunk, stunk, stink'ing** [OE. *stincan*] **1.** to give off a strong, bad smell **2.** to be offensive or hateful **3.** [Slang] to be no good —*vt.* [Slang] to smell; notice the stink of —*n.* **1.** a strong, bad smell; stench **2.** [Slang] a strong public reaction, as of outrage **3.** [*pl.*] [Colloq.] chemistry —**stink out** to drive out by a strong, bad smell

**stink bomb** a device made to burn or explode and give off an offensive smell

**stinker** *n.* **1.** a person or thing that stinks **2.** [Slang] *a*) a person regarded with disgust *b*) a difficult task, problem, etc.

**stinking** *adj.* **1.** that stinks **2.** [Slang] *a*) very bad, unsatisfactory, etc. *b*) offensive, disgusting, etc. —*adv.* [Slang] to an excessive degree —**stink'ingly** *adv.*

**stinkwood** *n.* a S African hardwood of great value, used esp. for furniture

**stint** (stint) *vt.* [OE. *styntan,* to blunt] to limit to a certain, usually small, quantity or share —*vi.* to be sparing in giving or using —*n.* **1.** restriction; limit **2.** a task to be done —**stint'er** *n.*

**stipend** (stī'pend) *n.* [< L. *stips,* small coin + *pendere,* to pay] a regular or fixed payment, as a salary, esp. of a clergyman

**stipendiary** (stī pen'dē ər ē) *adj.* receiving, or performing services for, a stipend —*n., pl.* **-aries** a person who receives a stipend

**stipple** (stip'l) *vt.* **-pled, -pling** [< Du. *stippel,* a speckle] **1.** to paint, draw, engrave, or apply in small dots **2.** to form a roughened pattern on (paint, plaster, etc.) —*n.* **1.** the art of painting, drawing, etc. in dots **2.** the effect so produced Also **stip'pling** *n.*

**stipulate** (stip'yoo lāt') *vt.* **-lat'ed, -lat'ing** [< L. *stipulari,* to bargain] **1.** to specify as an essential condition of an agreement **2.** to arrange definitely, as in a contract —*vi.* to make a specific demand (*for* something) as a condition of an agreement —**stip'ula'tion** *n.* —**stip'ula'tor** *n.*

**stipule** (stip'yōōl) *n.* [< L. *stipula,* a stalk] either of a pair of small, leaflike parts at the base of some leafstalks —**stip'ular** (-yoo lər) *adj.* —**stip'ulat'ed** *adj.*

**stir**[1] (stur) *vt.* **stirred, stir'ring** [OE. *styrian*] **1.** to mix (a liquid, etc.) by moving a spoon, etc. around **2.** to move, esp. slightly **3.** to move deeply **4.** to make move or be active **5.** to rouse from sleep, lethargy, etc. **6.** to provoke (often with *up*) —*vi.* **1.** to move, esp. slightly **2.** to be busy and active **3.** to begin to show signs of activity —*n.* **1.** a stirring, or the sound of this **2.** movement; activity **3.** excitement or commotion —**stir one's stumps** [Colloq.] to move, esp. faster —**stir'rer** *n.*

**stir**[2] *n.* [< ?] [Slang] a prison

**stirk** (sturk) *n.* [< OE. *stirc*] [Dial.] a bullock or heifer

**stirring** (stur'iŋ) *adj.* **1.** active; busy **2.** moving; rousing

**stirrup** (stir'əp) *n.* [OE. *stigrap*] a flat-bottomed ring hung by a strap (**stirrup leather**) from a saddle and used as a footrest

**stirrup cup** a drink taken by a departing guest, esp. one on horseback

**stirrup pump** a hand pump for putting out fires, set in a bucket and held by a stirrup or bracket, for one foot

**stitch** (stich) *n.* [OE. *stice,* a puncture] **1.** a single complete in-and-out movement of a threaded needle in sewing **2.** a single loop of yarn worked off a needle in knitting, etc. **3.** a loop, etc. made by stitching **4.** a particular kind of stitch **5.** a sudden, sharp pain, as in the side **6.** a piece, as of clothing [not wearing a *stitch*] —*vi.* to make stitches; sew —*vt.* to fasten, repair, adorn, etc. with stitches; sew —**in stitches** laughing uproariously —**stitch'ing** *n.*

**stitchery** *n.* [Chiefly U.S.] ornamental needlework

**stoat** (stōt) *n.* [ME. *stote*] a large European weasel, esp. in its brown summer coat

**stock** (stok) *n.* [OE. *stocc*] **1.** *a*) the total amount of goods on hand in a store, etc.; inventory *b*) all the animals, equipment, etc. kept on a farm **2.** raw material **3.** *a*) the capital invested in a company or corporation by individuals through the purchase of shares *b*) the certificates showing the amount invested **4.** reputation; estimation **5.** the trunk of a tree **6.** a plant stem into which a graft is inserted **7.** any of certain plants of the cabbage family **8.** *a*) a line of descent; family *b*) a strain, race, or other related group of animals or plants **9.** a main part, as of an implement, etc., to which the working parts are attached, as the part of a rifle holding the barrel **10.** [*pl.*] *a*) a former instrument of punishment consisting of a wooden frame with holes for confining an offender's ankles and, sometimes, his wrists *b*) a frame of timbers supporting a ship during construction **11.** water in which meat, fish, etc. has been boiled or stewed, used as a base for soup or gravy **12.** a former type of wide, stiff cravat —*vt.* **1.** *a*) to furnish (a farm) with stock or (a shop, etc.) with stock *b*) to supply with [to *stock* a pond with fish] **2.** to keep a supply of, as for future use —*vi.* to put in a stock, or supply (often with *up*) —*adj.* **1.** continually kept in stock [*stock* sizes] **2.** common, hackneyed, or trite **3.** that deals with stock [a *stock* boy] —**in (or out of) stock** (not) available for sale or use —**on the stocks** in preparation —**take stock** **1.** to inventory the stock on hand **2.** to examine the situation before deciding or acting

**stockade** (stō kād') *n.* [< Pr. *estaca,* a stake] **1.** a barrier of stakes driven into the ground side by side, for defence against attack **2.** an enclosure made with such stakes —*vt.* **-ad'ed, -ad'ing** to surround with a stockade

**stockbreeder** (stok'brēd'ər) *n.* a breeder of livestock

**stockbroker** *n.* a person who acts as an agent for others in buying and selling stocks —**stock'bro'king** *n.*

**stock car** a passenger motor car of standard make, modified in various ways for use in racing

**stock exchange** **1.** a place where stocks and shares are regularly bought and sold **2.** an association of stockbrokers, esp. [S- E-] the group who occupy the Stock Exchange building in London

**stockholder** *n.* a person owning stock or shares in a given company

**stockinette, stockinet** (stok'ə net') *n.* [prob. < *stocking net*] an elastic, machine-knitted cloth

**stocking** (stok'iŋ) *n.* [< obs. sense of STOCK] **1.** a closefitting covering, usually knitted, for the foot and, usually, most of the leg **2.** something like this, as a patch of colour on an animal's leg —**in one's stocking feet** wearing no shoes

**stocking mask** a nylon stocking pulled over a criminal's head for disguise

**stock in trade** **1.** tools, materials, etc. used in carrying on a trade **2.** any of the practices or devices always in use by a person or group

**stockist** (stok'ist) *n.* one who keeps a supply of certain goods

**stockjobber** *n.* an operator in the stock exchange who deals only with brokers —**stock'job'bing** *n.*

**stock market** **1.** *same as* STOCK EXCHANGE **2.** the business carried on at a stock exchange **3.** the prices quoted on stocks and shares

**stockpile** *n.* a supply of goods, etc., stored up in anticipation of future shortage —*vt., vi.* **-piled′, -pil′ing** to accumulate a stockpile (of)

**stockpot** *n.* a pot used for preparing soup stock

**stockroom** *n.* a room in which a store of goods, materials, etc. is kept: also **stock room**

**stock-still** (stok′stil′) *adj.* perfectly motionless

**stocktaking** *n.* the act of preparing an inventory of goods in a shop, etc.

**stocky** *adj.* **-ier, -iest** heavily built; sturdy; short and thickset —**stock′iness** *n.*

**stockyard** *n.* an enclosure with pens, sheds, etc. for cattle, pigs, etc.

**stodge** (stoj) *n.* [< ?] [Colloq.] **1.** heavy, filling food **2.** a boring person or thing —*vi., vt.* [Colloq.] to cram (oneself) with food

**stodgy** *adj.* **-ier, -iest** [< prec.] **1.** heavy and uninteresting: said of food **2.** dull; uninteresting **3.** drab, unfashionable, or unattractive —**stodg′ily** *adv.* —**stodg′iness** *n.*

**stoep** (stōōp) *n.* [Du.] in S Africa, a veranda in front of a house

**Stoic** (stō′ik) *n.* [< Gr. *stoa,* colonnade] **1.** a member of a Greek school of philosophy holding that the wise man should be indifferent to the external world and to passion or emotion **2.** [s-] a stoical person —*adj.* **1.** of the Stoics or their philosophy **2.** [s-] *same as* STOICAL

**stoical** *adj.* showing indifference to joy, grief, pain, etc. —**sto′ically** *adv.*

**Stoicism** *n.* **1.** the philosophy of the Stoics **2.** [s-] indifference to pleasure or pain

**stoke** (stōk) *vt., vi.* **stoked, stok′ing** [< STOKER] **1.** to stir up and feed fuel to (a fire) **2.** to eat large quantities of food

**stokehold** *n.* **1.** the room containing the boilers on a ship **2.** *same as* STOKEHOLE

**stokehole** *n.* the opening in a furnace or boiler through which the fuel is put

**stoker** *n.* [Du. < *stoken,* to poke] a man who tends a furnace, specif. of a steam boiler, as on a ship

STOLE

**stole**[1] (stōl) *n.* [< Gr. *stolē,* garment] **1.** a woman's long scarf of cloth or fur worn around the shoulders **2.** a long, decorated strip of cloth worn like a scarf by clergymen

**stole**[2] *pt. of* STEAL

**stolen** *pp. of* STEAL

**stolid** (stol′id) *adj.* [L. *stolidus,* slow] having or showing little or no emotion or sensitivity —**stolidity** (stə lid′ə tē) *n.*

**stoma** (stō′mə) *n., pl.* **-mata** (-mə tə), **-mas** [< Gr. *stoma,* mouth] a mouth or mouthlike opening in plants, animals, etc.

**stomach** (stum′ək) *n.* [ult. < Gr. *stoma,* mouth] **1.** the large, saclike organ of vertebrates into which food passes while undergoing digestion **2.** the abdomen, or belly **3.** appetite for food **4.** desire or inclination of any kind —*vt.* **1.** to be able to eat or digest **2.** to tolerate; bear

**stomachache** *n.* pain in the stomach or abdomen

**stomacher** *n.* a triangular piece of cloth formerly worn, esp. by women, as a covering for the chest and abdomen

**stomach pump** a suction pump with a flexible tube that can be placed in the stomach to remove the contents

**stomach upset** a slight digestive disorder

**stomp** (stomp) *vt., vi. var. of* STAMP —*n.* formerly, a jazz tune with a lively rhythm and a strong beat

**stone** (stōn) *n.* [OE. *stan*] **1.** the hard, solid, nonmetallic mineral matter of which rock is composed **2.** a small piece of rock **3.** a piece of rock shaped for some purpose, as a building block or a gravestone **4.** the seed of certain fruits **5.** a precious stone **6.** *pl.* **stone** formerly, a unit of weight equal to 14 pounds **7.** *Med. same as* CALCULUS (sense 2) —*vt.* **stoned, ston′ing** **1.** to throw stones at or kill with stones **2.** to remove the stone from (a peach, etc.) —*adj.* of stone or stoneware —**cast the first stone** to be the first to criticize —**leave no stone unturned** to do everything possible —**stone the crows** [Slang] an expression of surprise

**Stone Age** the early period in human culture during which stone implements were used

**stonechat** *n.* a small, insect-eating bird

**stone-cold** (stōn′kōld′) *adj.* quite or completely cold

**stonecrop** *n. popular name for* SEDUM

**stonecutter** *n.* a person or machine that cuts stone and makes it smooth —**stone′cut′ting** *n.*

**stoned** *adj.* **1.** having the stones removed **2.** [Slang] *a*) drunk *b*) under the influence of a drug

**stone-dead** (stōn′ded′) *adj.* completely dead; lifeless

**stone-deaf** (stōn′def′) *adj.* completely deaf

**stone fruit** any fruit, as a plum, having a stone

**stonemason** *n.* a person who cuts stone to shape and uses it in making walls, buildings, etc.

**stone's throw** a relatively short distance

**stonewall** (stōn′wôl′) *vi.* **1.** *Cricket* to play a defensive game **2.** [Colloq.] to obstruct a debate, etc., esp. by giving noncommittal answers

**stoneware** *n.* a coarse, dense pottery containing much silica or sand and flint

**stonework** *n.* **1.** the art or process of working in stone **2.** something made or built in stone

**stony** *adj.* **-ier, -iest** **1.** covered with or having many stones **2.** *a*) hard *b*) unfeeling; pitiless *c*) cold; fixed **—ston'ily** *adv.* **—ston'iness** *n.*

**stony-broke** *adj.* [Slang] having no money at all

**stood** (stood) *pt. & pp. of* STAND

**stooge** (stōōj) *n.* [< ?] [Colloq.] **1.** an actor who aids a comedian by feeding him lines, etc. **2.** anyone who acts as a foil, underling, etc. **—*vi.* stooged, stoog'ing** [Colloq.] to be a stooge (*for* someone)

**stool** (stōōl) *n.* [OE. *stol*] **1.** a single seat having no back or arms **2.** *same as* FOOTSTOOL **3.** a water closet **4.** the faecal matter eliminated in a single bowel movement

**stool ball** an early form of cricket played with a short-handled bat

**stool pigeon** **1.** a pigeon or other bird used as a decoy **2.** [Colloq.] a police informer

**stoop**[1] (stōōp) *vi.* [OE. *stupian*] **1.** to bend the body forward or in a crouch **2.** to carry the head and shoulders habitually bent forward **3.** to do something beneath one's dignity **—*n.*** the act or position of stooping the body **—stoop'ingly** *adv.*

**stoop**[2] *n.* [Du. *stoep*] [U.S.] a small porch or platform with steps, at the door of a house

**stop** (stop) *vt.* **stopped, stop'ping** [ult. < Gr. *styppē*, tow fibres] **1.** to cease [*stop* talking] **2.** to cause to cease motion, activity, etc. **3.** to halt the progress of (a person, vehicle, etc.) **4.** to prevent the passage of; block **5.** to block up; obstruct: often with *up* **6.** to close by filling, shutting off, etc. **7.** *a*) to check (a blow, etc.) *b*) to defeat (an opponent) **8.** to fill (a decayed tooth) **9.** to close (a finger hole of a wind instrument) or press down (a violin string, etc.) to produce a desired pitch **10.** to keep from acting, etc.; prevent **11.** to notify one's bank to withhold payment on (one's cheque): also **stop payment** **—*vi.*** **1.** to cease moving, etc.; halt **2.** to leave off doing something **3.** to cease operating **4.** to come to an end **5.** to stay for a while (often with *at* or *in*) **—*n.*** **1.** a stopping or being stopped **2.** a finish; end **3.** a stay or brief visit **4.** a place stopped at, as on a bus route **5.** an obstruction, plug, stopper, etc. **6.** a mechanical part that stops or regulates motion **7.** a punctuation mark, esp. a full stop **8.** a stopping of a violin string, finger hole of a wind instrument, etc. to produce a desired pitch **9.** *a*) a tuned set of organ pipes, reeds, or electronic devices of the same type and tone quality *b*) a pull, lever, or key for putting such a set into operation **10.** *Phonet. a*) a stopping of the outgoing breath, as with the lips, tongue, or velum *b*) a consonant formed in this way, as *p, b, k, g, t,* and *d* **—*adj.*** that stops or is meant to stop [*a stop* signal] **—pull out all the stops** to make an all-out effort **—put a stop to** to cause to cease **—stop at nothing** to be merciless or ruthless **—stop off** to stop for a short visit on the way to a place

**stopcock** *n.* a valve for stopping or regulating the flow of a fluid, as through a pipe

**stopgap** *n.* a temporary substitute

**stoppage** *n.* **1.** an obstructed condition; block **2.** a period during which a factory, etc. is inactive, as because of a strike **3.** [*often pl.*] a deduction at source from wages, esp. for tax purposes

**stopper** *n.* something inserted to close an opening; plug

**stopping train** a train which stops at most of the minor stations as well as the major ones

**stop press** **1.** the news put into a newspaper after printing has begun **2.** the space left blank for such news

**stopwatch** *n.* a watch with a hand that can be started and stopped instantly so as to indicate fractions of seconds

**storage** (stôr'ij) *n.* **1.** a storing or being stored **2.** *a*) a place or space for storing goods *b*) the cost of keeping goods stored **3.** *same as* MEMORY (sense 7)

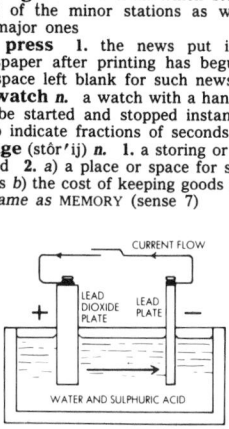


STORAGE BATTERY CELL
(current flowing when charging)

**storage battery** a battery of rechargeable electrochemical cells for providing electric current

**storage heater** a heater that stores off-peak electricity, etc. for later use

**store** (stôr) *vt.* **stored, stor'ing** [< L. *instaurare*, restore] **1.** to put aside for use when needed **2.** to furnish with a supply **3.** to put in a warehouse, etc. for safekeeping **4.** to put (information) in a computer memory unit **—*n.*** **1.** a supply (*of* something) for use when needed; reserve **2.** [*pl.*] supplies, esp. of food, clothing, etc. **3.** a large shop where a variety of goods are regularly offered for sale **4.** a storehouse **—in store** set aside for, or awaiting one in, the future **—set store by** to value; esteem

**storehouse** *n.* a place where things are stored

**storeroom** *n.* a room where things are stored

**storey** (stôr′ē) *n., pl.* **-reys** [see HISTORY: prob. < "storied" windows] **1.** a horizontal division of a building extending from a floor to the ceiling directly above [ten *storeys* tall] **2.** all the rooms on the same level of a building

**storied** *adj.* [< STORY] **1.** ornamented with designs showing scenes in history, etc. **2.** famous in story or history

**stork** (stôrk) *n.* [OE. *storc*] a large, long-legged wading bird, having a long neck and bill

**storm** (stôrm) *n.* [OE.] **1.** a disturbance of the atmosphere with a strong wind, and usually rain, snow, thunder, etc. **2.** any heavy fall of snow, rain, etc. **3.** anything resembling a storm **4.** a strong emotional outburst **5.** a strong disturbance of a political or social nature **6.** *a*) a discharge or shower, as of missiles *b*) a violent outbreak, as of abuse **7.** a sudden, strong attack on a fortified place —*vi.* **1.** to rage; rant **2.** to move violently [to *storm* into a room] **3.** to blow violently, rain, snow, etc. —*vt.* to capture or attempt to capture (a fortified place) with a sudden, strong attack

**storm centre** **1.** the shifting centre of a cyclone **2.** a centre or focus of trouble or disturbance

**storm door** (or **window**) an extra door (or window) outside the ordinary one as added protection

**storm trooper** a member of Hitler's Nazi party militia

**stormy** *adj.* **-ier, -iest** **1.** of or characterized by storms **2.** violent, raging, etc.

**stormy petrel** **1.** a small petrel whose presence is thought to warn of coming storms: also **storm petrel** **2.** a person thought to bring trouble wherever he goes

**story** (stôr′ē) *n., pl.* **-ries** [see HISTORY] **1.** the telling of an event or series of events; account; narration **2.** an anecdote or joke **3.** a fictitious literary composition shorter than a novel **4.** the plot of a novel, play, etc.: also **story line** **5.** [Colloq.] a falsehood **6.** a news event or a report of it

**storybook** *n.* a book of stories, esp. one for children —*adj.* typical of romantic tales in storybooks

**stoup** (stōōp) *n.* [ON. *staup*] **1.** [Obs.] a drinking cup **2.** a basin for holy water in a church

**stout** (stout) *adj.* [OFr. *estout,* bold] **1.** rather fat **2.** strong; sturdy; firm **3.** courageous; brave —*n.* a heavy, dark-brown brew like porter, but with a higher percentage of hops —**stout′ish** *adj.*

**stouthearted** *adj.* courageous; brave

**stove**[1] (stōv) *n.* [MDu., a heated room] an apparatus using electricity, gas, coal, etc. for heating, cooking, etc.

**stove**[2] *alt. pt. & pp. of* STAVE

**stovepipe** *n.* a metal pipe used to carry off smoke or fumes from a stove

**stow** (stō) *vt.* [OE. *stow,* a place] **1.** to pack in an orderly, compact way **2.** to fill by packing thus **3.** [Slang] to stop [*stow* the chatter!] —**stow away** **1.** to put or hide away **2.** to be a stowaway

**stowage** *n.* **1.** a stowing or being stowed **2.** place or room for stowing **3.** charges for stowing

**stowaway** *n.* a person who hides aboard a ship, aircraft, etc. to get free passage, evade port officials, etc.

**STP** **1.** [L. *Sanctae Theologiae Professor*] Professor of Sacred Theology **2.** Standard Temperature and Pressure

**strabismus** (strə biz′məs) *n.* [< Gr. *strabizein,* to squint] a disorder of the muscles of the eyes, as cross-eye, in which both eyes cannot be focused on the same point at the same time

**straddle** (strad′l) *vt.* **-dled, -dling** [< STRIDE] **1.** to place oneself with a leg on either side of **2.** to spread (the legs) wide apart —*vi.* **1.** to sit, stand, or walk with the legs wide apart **2.** to be spread apart: said of the legs —*n.* the act or position of straddling

**Stradivarius** (strad′ə vâər′ē əs) *n.* a stringed instrument, esp. a violin, made by A. Stradivari or his sons

**strafe** (sträf) *vt.* **strafed, straf′ing** [< G. *Gott strafe England* (God punish England)] to attack with machine-gun fire from low-flying aircraft —**straf′er** *n.*

**straggle** (strag′l) *vi.* **-gled, -gling** [< ?] **1.** to stray from the course or wander from the main group **2.** to be scattered over a wide area **3.** to leave, arrive, etc. at scattered, irregular intervals **4.** to hang in an untidy way, as hair —**strag′gler** *n.* —**strag′gly** *adj.*

**straight** (strāt) *adj.* [< ME. *strecchen,* to stretch] **1.** having the same direction throughout its length [*a straight* line] **2.** not crooked, wavy, etc. **3.** upright; erect **4.** direct, uninterrupted, etc. [to hold a *straight* course] **5.** in order; properly arranged, etc. **6.** honest; sincere **7.** outspoken; frank **8.** without anything added; undiluted **9.** not qualified [a *straight* denial] **10.** serious; without music, dancing, etc.: said of drama **11.** [Slang] normal or conventional; specif., not a homosexual, drug addict, etc. —*adv.* **1.** in a straight line **2.** upright; erectly **3.** without detour, delay, etc. —*n.* something straight; specif., *a*) the straight part of a race track *b*) *Poker* a hand consisting of any five cards in sequence —**go straight** to reform, esp. to abandon former criminal activities —**straight away** (or **off**) at once —**the straight and narrow (path)** a strict code of morals

**straighten** *vt., vi.* to make or become straight —**straighten out** to make or become less confused, easier to deal with, etc.

**straight face** a facial expression showing no amusement or other emotion —**straight′-faced′** *adj.*

**straight fight** a contest between two participants only

**straightforward** (strāt′ fôr′ wərd) *adj.* **1.** honest; frank **2.** simple; uncomplicated;

said of a task —*adv.* in a straightforward manner: also **straight'for'wards**

**straight man** an actor who serves as a foil for a comedian, feeding him lines

**straightway** *adv.* at once; without delay

**strain**[1] (strān) *vt.* [< L. *stringere,* draw tight] **1.** to draw or stretch tight **2.** to exert, use, or tax to the utmost **3.** to injure by overexertion [to *strain* a muscle] **4.** to injure or weaken by force, pressure, etc. **5.** to stretch beyond the normal limits **6.** *a*) to pass through a screen, sieve, etc.; filter *b*) to remove by filtration, etc. —*vi.* **1.** to make violent efforts; strive hard **2.** to become strained **3.** to be subjected to great stress or pressure **4.** to pull with force **5.** to filter —*n.* **1.** a straining or being strained **2.** great effort, exertion, etc. **3.** an injury as a result of overexertion [heart *strain*] **4.** stress or force **5.** a great or excessive demand on one's emotions, resources, etc.

**strain**[2] *n.* [< OE. *strynan,* to produce] **1.** ancestry; lineage **2.** the descendants of a common ancestor; race; stock **3.** a group of organisms within a species, different from others in the species **4.** a trace; streak **5.** the tone of a speech, action, etc. **6.** [*often pl.*] a tune; air

**strained** *adj.* **1.** unnatural; forced **2.** tense

**strainer** *n.* a person or thing that strains; specif., a device for straining, sifting, or filtering

**strait** (strāt) *n.* [see STRICT] **1.** [*often pl.*] a narrow waterway connecting two large bodies of water **2.** [*often pl.*] difficulty; distress —*adj.* [Archaic] narrow; strict

**straiten** *vt.* **1.** esp. formerly, to restrict **2.** to bring into difficulties: usually in the phrase **in straitened circumstances,** lacking sufficient money

**straitjacket** *n.* a coatlike device that binds the arms tight against the body: used to restrain persons in a violent state

**strait-laced** *adj.* narrowly strict in behaviour or moral views

**strand**[1] (strand) *vt., vi.* [OE.] **1.** to run or drive aground [a ship *stranded* by the storm] **2.** to leave or be put into a difficult, helpless position [*stranded* in a strange city with no money] —*n.* a shore, esp. a sea shore

**strand**[2] *n.* [< ?] **1.** any of the threads, fibres, wires, etc. that are twisted together to form a string, rope, or cable **2.** a ropelike length of anything [a *strand* of pearls]

**strange** (strānj) *adj.* **strang'er, strang'-est** [< L. *extraneus,* foreign] **1.** unusual; extraordinary **2.** peculiar; odd **3.** not previously known, seen, heard, etc.; unfamiliar **4.** lacking experience; unaccustomed [*strange* to the job] **5.** foreign; alien

**stranger** *n.* **1.** an outsider or newcomer **2.** a person not known or familiar to one **3.** a person unaccustomed (*to* something) [a *stranger* to hatred]

**strangle** (straŋ'g'l) *vt.* **-gled, -gling** [< Gr. *strangalē,* halter] **1.** to kill by squeezing the throat as with the hands, a noose, etc., so as to shut off the breath **2.** to choke or suffocate in any way **3.** to suppress, stifle, or repress —**stran'gler** *n.*

**stranglehold** *n.* **1.** an illegal wrestling hold that chokes off an opponent's breath **2.** any force that restricts or suppresses freedom

**strangulate** (straŋ'gyoo lāt') *vt.* **-lat'ed, -lat'ing** [< L. *strangulare*] **1.** *same as* STRANGLE **2.** *Med.* to cause (an intestine or other tube) to become squeezed so that a flow, as of blood, is cut off —**stran'gu-la'tion** *n.*

**strap** (strap) *n.* [dial. < STROP] **1.** a narrow strip of leather, plastic, cloth, etc. often with a buckle at one end, for tying or holding things **2.** a straplike thing, as a shoulder strap **3.** punishment with a strap —*vt.* **strapped, strap'ping 1.** to fasten with a strap **2.** to beat with a strap —**strap'less** *adj.*

**straphanger** *n.* [Colloq.] a standing passenger, as on a crowded bus, who supports himself by holding onto a hanging strap

**strapping** *adj.* [Colloq.] tall and sturdy; robust

**strata** (strāt'ə) *n.* *alt. pl. of* STRATUM

**stratagem** (strat'ə jəm) *n.* [< Gr. *stratos,* army + *agein,* to lead] **1.** a trick or plan for deceiving an enemy in war **2.** any trick or scheme

**strategic** (strə tē'jik) *adj.* **1.** of strategy **2.** sound in strategy; advantageous **3.** *a*) needed for carrying on war [*strategic* materials] *b*) directed against the military and industrial installations of the enemy [*strategic* bombing] —**strate'gically** *adv.*

**strategy** (strat'ə jē) *n., pl.* **-gies** [see STRATAGEM] **1.** *a*) the science of planning and directing military operations *b*) a plan or action based on this **2.** skill in managing or planning, esp. by using stratagems —**strat'egist** *n.*

**strath** (strath) *n.* [< ScotGael. *srath*] a wide river valley

**strathspey** (strath'spā') *n.* [< STRATH + *Spey,* river in E Scotland] **1.** a slow Scottish dance with gliding steps **2.** music for this

**stratify** (strat'ə fī') *vt.* **-fied', -fy'ing** [< L. *stratum,* layer + *facere,* make] to form or arrange in layers or strata —**strat'ifica'-tion** (-fi kā'shən) *n.*

**stratosphere** (strat'ə sfēər') *n.* [< Fr < ModL. *stratum,* STRATUM + Fr. *sphère* SPHERE] the atmospheric zone extending from about 9 kilometres to about 24 kilometres above the earth's surface, in which the temperature ranges from about -45°C to -75°C —**strat'ospher'ic** (-sfer'-ik) *adj.*

**stratum** (strāt'əm) *n., pl.* **stra'ta, -tums** [< L. *sternere,* to spread] **1.** a horizontal layer of material, specif., *Geol.* a single layer of sedimentary rock **2.** a section, level, or division **3.** any of the socioeconomic groups of a society

**stratus** (strāt'əs) *n., pl.* **stra'ti** (-ī) [L.

see prec.] a cloud type extending in a long, low, grey layer

**straw** (strô) *n.* [OE. *streaw*] **1.** hollow stalks of grain after threshing, used for bedding, for weaving baskets, etc. **2.** a single one of such stalks **3.** a tube used for sucking beverages **4.** a worthless trifle —*adj.* **1.** straw-coloured; yellowish **2.** made of straw —**a straw in the wind** a sign of what may happen —**grasp** (or **clutch, catch**) **at a straw** (or **straws**) to try anything that offers even the slightest hope

**strawberry** *n., pl.* **-ries** [< OE. *streaw,* straw + *berige,* berry] **1.** the small, red, fleshy fruit of a low plant of the rose family that puts out runners **2.** this plant

**strawberry blonde** reddish blonde

**strawberry mark** a red birthmark

**strawflower** *n.* a plant whose brightly coloured flower heads are dried for winter arrangements

**straw vote** [Chiefly U.S.] an unofficial vote or poll for sampling popular opinion: also **straw poll**

**stray** (strā) *vi.* [prob. < L. *extra vagari,* wander outside] **1.** to wander from a given place, course, etc.; roam **2.** to deviate (*from* what is right) **3.** to wander from the subject; digress —*n.* a person or thing that strays; esp., a domestic animal wandering at large —*adj.* **1.** having strayed; lost **2.** isolated or incidental [a few *stray* words]

**streak** (strēk) *n.* [OE. *strica*] **1.** a long, thin mark; stripe **2.** a ray of light or a flash, as of lightning **3.** a thin layer, as of fat in meat or ore in rock **4.** a tendency in one's nature [a jealous *streak*] **5.** a period or series [a *streak* of victories] —*vt.* to mark with streaks —*vi.* **1.** to become streaked **2.** to move swiftly **3.** to make a short dash, naked, in public —**streak'y** *adj.*

**streaker** *n.* one who makes a short dash, naked, in a public place

**streaky bacon** bacon with alternating strips of fat and lean meat

**stream** (strēm) *n.* [OE.] **1.** a current or flow of water; specif., a small river **2.** a steady flow of any fluid or of rays of energy [a *stream* of light] **3.** a moving line of things **4.** a trend [the *stream* of events] **5.** *Educ.* any of the sections formed by grouping children of similar ability together —*vi.* **1.** to flow as in a stream **2.** to flow (*with*) [eyes *streaming* with tears] **3.** to move swiftly **4.** to float, as a flag in the breeze —*vt. Educ.* to arrange children in streams

**streamer** *n.* **1.** a long, narrow flag **2.** any long, narrow, flowing strip of material **3.** a newspaper headline across the full page

**streamline** *vt.* **-lined', -lin'ing** to make streamlined —*adj.* *same as* STREAMLINED

**streamlined** *adj.* **1.** having a contour designed to offer the least resistance in moving through air, water, etc. **2.** arranged so as to be more efficient [a *streamlined* programme] **3.** trim [a *streamlined* figure]

**stream of consciousness** a literary technique presenting the thoughts, inner feelings, etc. of a character in a natural, unrestrained flow

**street** (strēt) *n.* [< L. *strata* (*via*), paved (road)] **1.** a public road in a city or town; esp., a paved thoroughfare with buildings along the sides **2.** the people living, working, etc. in the buildings along a given street —**(right) up one's street** [Colloq.] (just) what one knows or likes best —**streets ahead** [Colloq.] far superior to

**streetcar** *n.* [U.S.] a tram (sense 2)

**streetwalker** *n.* a prostitute who solicits customers in the street

**strength** (strenṭh) *n.* [OE. *strengthu*] **1.** the state or quality of being strong; power; force **2.** toughness; durability **3.** the power to resist attack **4.** legal, moral, or intellectual force **5.** potency, as of drugs **6.** intensity, as of colour **7.** force as measured in numbers [an army at full *strength*] **8.** a source of strength —**on the strength of** based or relying on

**strengthen** *vt., vi.* to make or become stronger

**strenuous** (stren'yoo wəs) *adj.* [L. *strenuus*] requiring or characterized by great effort or energy

**streptococcus** (strep'tō kok'əs) *n., pl.* **-coc'ci** (-kok'ī) [< Gr. *streptos,* twisted + COCCUS] any of a group of spherical bacteria that occur generally in chains: some species cause serious diseases —**strep'tococ'cal** *adj.*

**streptomycin** (strep'tō mī'sin) *n.* [< Gr. *streptos,* twisted + *mykēs,* fungus] an antibiotic drug used in the treatment of various bacterial diseases, as tuberculosis

**stress** (stres) *n.* [< L. *strictus,* STRICT] **1.** emphasis; importance **2.** the relative force of utterance given a syllable or word **3.** strain; specif., force that strains or deforms **4.** *a*) mental or physical tension *b*) urgency, pressure, etc. causing this —*vt.* **1.** to emphasize **2.** to give stress to **3.** to put pressure or strain on —**stress'ful** *adj.*

**stretch** (strech) *vt.* [OE. *streccan*] **1.** to reach out; extend **2.** to cause (the body or limbs) to reach out to full length, as in relaxing, etc. **3.** to pull or spread out to full extent or to a greater size **4.** to strain in interpretation, scope, etc. to questionable or unreasonable limits —*vi.* **1.** *a*) to spread out to full extent or beyond normal limits *b*) to extend over a given space, distance, or time **2.** *a*) to extend the body or limbs to full length *b*) to lie down (usually with *out*) **3.** to become stretched to greater size, as any elastic substance —*n.* **1.** a stretching or being stretched **2.** an unbroken length, tract, etc. [a *stretch* of beach] **3.** *a*) an unbroken period [a *stretch* of ten days] *b*) [Slang] a term served in prison —*adj.* made of elasticized fabric —**stretch a point** to make a concession —**stretch one's legs** to go for a short walk

**stretcher** *n.* **1.** a light frame covered with canvas, etc. and used for carrying the sick, injured, or dead **2.** one that stretches; specif., *a*) a brick or stone laid lengthwise in the face of a wall *b*) a device for stretching or shaping garments, etc.

**stretcherbearer** *n.* a person who helps carry a stretcher

**strew** (stro̅o̅) *vt.* **strewed, strewed** or **strewn, strew'ing** [OE. *streawian*] **1.** to spread about here and there; scatter **2.** to cover as by scattering **3.** to be scattered over (a surface)

**strewth** (stro̅o̅th) *interj.* [< *God's truth*] an exclamation of surprise, indignation, etc.

**stria** (strī'ə) *n., pl.* **stri'ae** (-ē) [L.] **1.** a narrow groove or channel **2.** any of a number of parallel lines, stripes, furrows, etc.

**striated** (strī āt'id) *adj.* striped, furrowed, etc.

**stricken** (strik''n) *alt. pp. of* STRIKE —***adj.*** **1.** struck or wounded **2.** suffering, as from pain, trouble, etc.

**strict** (strikt) *adj.* [< L. *stringere,* draw tight] **1.** *a*) enforcing rules with great care *b*) closely enforced or rigidly maintained *c*) disciplining severely **2.** exact or precise **3.** absolute [the *strict* truth]

**stricture** (strik'chər) *n.* [< L. *stringere,* draw tight] **1.** strong criticism; censure **2.** *Med.* an abnormal narrowing of a passage in the body

**stride** (strīd) *vi., vt.* **strode, strid'den, strid'ing** [OE. *stridan*] **1.** to walk with long steps **2.** to cross with a single, long step [he *strode* over the log] **3.** to straddle —*n.* **1.** the act of striding **2.** a long step **3.** *a*) a full step in a gait, as of a horse *b*) the distance covered by such a step **4.** [*usually pl.*] progress; advancement [great *strides* in industry] —**get into one's stride** to reach one's normal level of efficiency —**take in one's stride** to cope with easily

**strident** (strīd''nt) *adj.* [< L. *stridere,* to rasp] harsh-sounding; shrill; grating —**stri'dency** *n.*

**strife** (strif) *n.* [OFr. *estrif*] **1.** fighting or quarrelling; conflict **2.** contention or competition

**strike** (strīk) *vt.* **struck, struck** or occas. (but for *vt.* 7 & 11 usually) **strick'en, strik'ing** [OE. *strican,* to go] **1.** *a*) to give a blow to; hit *b*) to give (a blow, etc.) **2.** to come or cause to come into forceful contact **3.** to attack **4.** to ignite (a match) or produce (a light, etc.) by friction **5.** to produce (a tone or chord) on a musical instrument **6.** to announce (time), as with a bell: said of clocks, etc. **7.** to afflict, as with disease **8.** to come upon [we *struck* the main road] **9.** to discover, as after drilling [to *strike* oil] **10.** to affect as if by contact, a blow, etc.; specif., *a*) to occur to [*struck* by an idea] *b*) to impress (one's fancy, etc.) *c*) to seem to [it *strikes* me as silly] *d*) to cause to become suddenly [to be *struck* dumb] *e*) to overcome suddenly [to be *struck* with amazement] **11.** to remove (*from* a list, record, etc.) **12.** to make (a bargain, etc.) **13.** *a*) to lower (a sail, flag, etc.) *b*) to take down (a tent, etc.) **14.** to make by stamping, printing, etc. [to *strike* coins] **15.** to assume (a pose, etc.) **16.** to put forth (roots): said of plants —*vi.* **1.** to hit (*at*) **2.** to attack **3.** *a*) to make sounds as by being struck: said of a bell, clock, etc. *b*) to be announced thus [six o'clock *struck*] **4.** *a*) to hit; collide (*against, on,* or *upon*) *b*) to make an impression on the mind **5.** to ignite, as a match **6.** to seize a bait: said of a fish **7.** to dart in an attempt to wound, as a snake **8.** to come suddenly (*on* or *upon*) **9.** to run upon a reef, rock, etc.: said of a ship **10.** *a*) to lower sail *b*) to lower a flag in token of surrender **11.** to refuse to continue to work until certain demands are met **12.** to take root: said of a plant —*n.* **1.** the act of striking; blow; specif., a military attack **2.** *a*) a concerted refusal by employees to go on working, in an attempt to get higher wages, better conditions, etc. *b*) any similar refusal to do something, undertaken as a form of protest [a hunger *strike*] **3.** the discovery of a rich deposit of oil, coal, etc. **4.** any sudden success **5.** the pull on the line by a fish seizing bait —**(out) on strike** striking (*vi.* 11) —**strike back** to retaliate —**strike camp** to take down all tents at the end of a period of encampment —**strike home** **1.** to deliver an effective blow **2.** to have the desired effect —**strike off** **1.** to erase or remove from a list, record, etc. **2.** to remove as by a cut or blow —**strike out** **1.** to remove from a record, etc. **2.** to start out —**strike up** **1.** to begin playing, singing, etc. **2.** to begin (a friendship, etc.)

**strikebreaker** *n.* a person who tries to break up a strike, as by working —**strike'break'ing** *n.*

**strike pay** an allowance paid by a trade union to workers on strike

**striker** *n.* **1.** a person who strikes; specif., *a*) a worker who is on strike *b*) in football, an attacking player whose main function is to score goals **2.** a thing that strikes, as the clapper in a bell, etc.

**striking** *adj.* **1.** that strikes or is on strike **2.** impressive; outstanding; remarkable —**strik'ingly** *adv.*

**Strine** (strīn) *n.* [< supposed pronun. of *Australian*] a humorous transliteration of Australian speech

**string** (strin̩) *n.* [OE. *streng*] **1.** a thin length of fibre or of wire, nylon, etc. used for tying, pulling, lacing, etc. **2.** a length of things on a string [a *string* of pearls] **3.** a line, row, or series of things **4.** *a*) a slender cord of wire, gut, etc., stretched on a violin, guitar, etc., and bowed, plucked, or struck to make a musical sound *b*) [*pl.*] all the stringed instruments of an orchestra, or their players **5.** a fibre of a plant **6.** [Colloq.] a condition attached to a plan, offer, etc.: *usually used in pl.* —*vt.* **strung, strung, string'ing** **1.** to provide with strings **2.** to thread on a string **3.** to tie, pull, hang, etc. with a string **4.** to adjust or tune the strings of (a musical instrument) **5.** to make nervous or keyed (*up*) **6.** to remove the strings from (beans, etc.) **7.**

to arrange in a row —*vi.* to stretch out in a line —**on a string** completely under one's control —**pull strings** **1.** to get someone to use influence on one's behalf, often secretly **2.** to direct action of others, often secretly —**string along** [Colloq.] to deceive —**string along with** [Colloq.] **1.** to accompany **2.** to agree —**string up** [Colloq.] to kill by hanging

**stringcourse** *n.* a decorative, horizontal band of brick or stone set in the wall of a building

**stringed** *rare pp. of* STRING —*adj.* having strings, as certain musical instruments

**stringent** (strin′jənt) *adj.* [< L. *stringere,* draw tight] **1.** strict; severe **2.** tight in loan or investment money [a *stringent* money market] —**strin′gency** *n.*

**stringer** (strin′ər) *n.* **1.** a long piece of timber used as a support, as to connect upright posts in a frame **2.** a long structural member of an aircraft fuselage, wing, etc. **3.** a journalist retained by a newspaper to cover events in a particular area

**string quartet** a quartet of or for players on stringed instruments

**string vest** an undergarment made from a large-meshed material

**stringy** *adj.* **-ier, -iest** **1.** like or consisting of strings or fibres **2.** having tough fibres [*stringy* meat]

**trip**[1] (strip) *vt.* **stripped, strip′ping** [OE. *strypan*] **1.** to remove (the clothing, etc.) from (a person) **2.** to dispossess (a person) of (honours, titles, etc.) **3.** to plunder; rob **4.** to make bare or clear by taking away removable parts, etc. [to *strip* a room of furniture] **5.** to break or damage the thread of (a nut, bolt, etc.) or the teeth of (a gear) —*vi.* **1.** to take off all clothing; undress **2.** to perform a striptease —**strip down** **1.** to remove paint from a surface so as to prepare it for repainting **2.** to take an engine apart so as to clean or repair it

**trip**[2] *n.* [STRIPE] **1.** a long, narrow piece, as of land, ribbon, etc. **2.** a runway for aircraft; landing strip **3.** [Colloq.] the clothes worn by members of a team, esp. a football team

**strip cartoon** *same as* COMIC STRIP

**strip club** a nightclub, etc. that has regular performances of striptease

**stripe** (strīp) *n.* [MDu. *stripe*] **1.** a long, narrow band, mark, or streak, differing as in colour from the area around it **2.** a strip of cloth on the sleeve of a uniform to show rank, years served, etc. **3.** [Archaic] a stroke with a whip —*vt.* **striped, strip′ing** to mark with stripes

**strip lighting** electric lighting by means of fluorescent tubes

**stripling** (strip′liŋ) *n.* a grown boy; youth

**stripper** (strip′ər) *n.* **1.** a striptease artist **2.** a solvent or device for removing paint, varnish etc.

**striptease** *n.* an act, as in clubs, etc., in which a woman takes off her clothes slowly —**strip′tease′** *vi.*

**stripy** (strī′pē) *adj.* **strip′ier, strip′iest** characterized by, like, or marked with stripes

**strive** (strīv) *vi.* **strove, striven** (striv′′n), **striv′ing** [< OFr. *estrif,* effort] **1.** to try very hard [to *strive* to win] **2.** to struggle; contend [to *strive* against tyranny]

**strobe** (strōb) *n.* **1.** *shortened form of* STROBOSCOPE **2.** an electronic tube that can emit extremely rapid, brief flashes of light: used in photography, the theatre, etc.

**stroboscope** (strō′bəskōp′) *n.* [< Gr. *strobos,* a twisting round + -SCOPE] **1.** an instrument for studying motion by illuminating a moving body, machine, etc. very briefly at frequent intervals **2.** *same as* STROBE

**strode** (strōd) *pt. of* STRIDE

**stroke** (strōk) *n.* [akin to OE. *strican,* to hit] **1.** a striking of one thing against another; blow **2.** a sudden action resulting as if from a blow [a *stroke* of luck] **3.** a sudden attack, esp. of apoplexy **4.** *a*) a single effort to do something, esp. a successful one *b*) something accomplished by such an effort **5.** the sound of striking, as of a clock **6.** *a*) a single movement, as with some tool, club, pen, etc. *b*) any of a series of repeated rhythmic motions made against water, air, etc. *c*) a type, manner, or rate of such a movement **7.** a mark made by a pen, etc. **8.** a gentle, caressing motion with the hand **9.** *Mech.* any of the continuous, reciprocating movements of a piston, etc. **10.** *Rowing* the rower who sits nearest the stern and sets the rate of rowing —*vt.* **stroked, strok′ing** **1.** to draw one's hand, a tool, etc. gently over **2.** to hit (a ball), as in tennis etc. **3.** to set the rate of rowing for (a crew) —**at a stroke** by a single action —**on the stroke** punctually

**stroll** (strōl) *vi.* [< ?] **1.** to walk in an idle, leisurely manner; saunter **2.** to go from place to place; wander —*n.* a leisurely walk

**strong** (stroŋ) *adj.* [OE. *strang*] **1.** *a*) physically powerful *b*) healthy; sound **2.** not easily upset [a *strong* stomach] **3.** morally or intellectually powerful [a *strong* will] **4.** governing firmly **5.** firm; durable **6.** having many resources; powerful in wealth, numbers, etc. **7.** of a specified number [a force 6000 *strong*] **8.** having a powerful effect [*strong* measures] **9.** having a large amount of its essential quality [*strong* coffee] **10.** affecting the senses powerfully [*strong* light, odour, etc.] **11.** rancid; rank [*strong* butter] **12.** intense in degree or quality **13.** forthright [*strong* language] **14.** moving rapidly and with force [a *strong* wind] **15.** *Chem.* having a high ion concentration, as some acids and bases **16.** *Gram.* expressing variation in tense by internal change of vowel rather than by inflectional endings; irregular (Ex.: *swim, swam, swum*) —**come on strong** [Slang] to make a striking impression

**strong-arm** *adj.* [Colloq.] using physical force

**strongbox** *n.* a heavily made box for storing valuables

**strong drink** alcoholic drink

**stronghold** *n.* **1.** a fortified place **2.** a place where a group having certain views, attitudes, etc. is concentrated

**strong language** emphatic language; specif., swearing

**strong-minded** *adj.* having a strong, unyielding will; determined

**strongroom** *n.* a strongly built room used for the safekeeping of valuables

**strontium** (stron′tē əm) *n.* [< *Strontian,* Scotland, where first found] a pale-yellow, metallic chemical element: symbol, Sr: a deadly radioactive isotope of strontium (**strontium 90**) is present in the fallout of nuclear explosions

**strop** (strop) *n.* [ME.] a device, esp. a thick leather band, used for putting a fine edge on razors —*vt.* **stropped, strop′ping** to sharpen on a strop

**stroppy** (strop′ē) *adj.* [< OBSTREPEROUS] [Slang] angry, irritated, or awkward

**strove** (strōv) *alt. pt. of* STRIVE

**struck** (struk) *pt. & pp. of* STRIKE

**structural** (struk′chər əl) *adj.* **1.** of or having structure **2.** used in construction or building **3.** integral to a structure; load bearing: said of a wall

**structure** (struk′chər) *n.* [< L. *struere,* arrange] **1.** something constructed, as a building or dam **2.** the arrangement of all the parts of a whole [the *structure* of the atom] **3.** something composed of interrelated parts **4.** manner of building, constructing, or organizing —*vt.* **-tured, -turing** to put together according to a system; organize

**strudel** (stro͞o′d'l) *n.* [G.] a kind of pastry made of a very thin dough filled usually with apple

**struggle** (strug′'l) *vi.* **-gled, -gling** [< ?] **1.** to make great efforts; strive **2.** to fight violently with an opponent **3.** to make one's way with difficulty —*n.* **1.** great effort; exertion **2.** conflict; strife

**strum** (strum) *vt., vi.* **strummed, strum′ming** [echoic] to play (a guitar, banjo, etc.), esp. in a casual way, or without much skill —*n.* the act or sound of this

**strumpet** (strum′pit) *n.* [< ?] [Obs.] a prostitute

**strung** (struŋ) *pt. & alt. pp. of* STRING

**strut** (strut) *vi.* **strut′ted, strut′ting** [OE. *strutian,* stand rigid] to walk in a stiff, swaggering manner —*vt.* to provide with a strut —*n.* **1.** a brace fitted into a framework to resist lengthwise pressure **2.** a vain, swaggering walk

**'struth** (stro͞oth) *interj.* *same as* STREWTH

**strychnine** (strik′nēn) *n.* [< Gr. *strychnos,* nightshade] a highly poisonous crystalline alkaloid, used in small doses as a stimulant

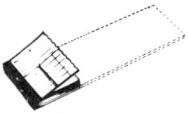

STUB

**stub** (stub) *n.* [OE. *stybb*] **1.** a short piece remaining after the main part has been removed or used up [a cigar *stub*] **2.** a short piece of a ticket or cheque kept as a record **3.** a tree stump —*vt.* **stubbed, stub′bing** **1.** to strike (one's toe, etc.) against something by accident **2.** to put out (a cigarette, etc.) by pressing the end against a surface: often with *out*

**stubble** (stub′'l) *n.* [< L. *stipula,* stalk] **1.** the short stumps of grain left standing after harvesting **2.** any growth like this [a *stubble* of beard] —**stub′bly** *adj.*

**stubborn** (stub′ərn) *adj.* [< ?] **1.** refusing to yield, obey, or comply; obstinate **2.** done in an obstinate or persistent manner [a *stubborn* campaign] **3.** hard to handle, treat, or deal with [a *stubborn* cold]

**stubby** (stub′ē) *adj.* **stub′bier, stub′biest** **1.** short and heavy or dense **2.** short and thickset **3.** covered with stubs or stubble —**stub′biness** *n.*

**stucco** (stuk′ō) *n., pl.* **-coes, -cos** [It. plaster or cement used for surfacing inside or outside walls, etc. —*vt.* **stuc′coed, stuc′coing** to cover with stucco

**stuck** (stuk) *pt. & pp. of* STICK —*adj.* **1.** baffled, nonplussed **2.** [Slang] keen on [I'm not really *stuck* on the idea] —**get stuck in** [Slang] **1.** to start working hard **2.** to start eating

**stuck-up** *adj.* [Colloq.] snobbish; conceited

**stud**[1] (stud) *n.* [OE. *studu,* post] **1.** a small knob or rounded nailhead used to ornament a surface **2.** a rounded projection on the sole of a boot or shoe to give better grip **3.** a small, buttonlike device used as an ornament or fastener on a shirt **4.** an upright piece in the frame of a building, to which panels, laths, etc. are nailed **5.** a projecting pin or peg used as a support, pivot, etc. —*vt.* **stud′ded, stud′ding** **1.** to set or decorate with studs or studlike objects **2.** to be set thickly on [rocks *stud* the hillside] **3.** to scatter (something) thickly

**stud**[2] *n.* [OE. *stod*] **1.** *a*) a number of horses kept for breeding *b*) the place where these are kept **2.** any male animal used for breeding, esp. a stallion **3.** [Slang] a virile, sexually promiscuous man —**at stud** available for breeding: said of male animals

**studbook** *n.* a register of purebred animals, esp. racehorses

**student** (sty͞oo′dənt) *n.* [< L. *studere,* to study] **1.** a person who is enrolled for study in a university, college, etc. **2.** a person who studies something

**studied** (stud′ēd) *adj.* **1.** prepared by careful study **2.** deliberate [*studied* indifference]

**studio** (styōō′dē ō′) *n., pl.* **-dios** [It.] **1.** a place where an artist or photographer does his work **2.** a place where films are made **3.** a place where radio or television programmes are produced or where recordings are made

**studio couch** a kind of couch that can be opened into a full-sized bed

**studious** (styōō′dē əs) *adj.* **1.** fond of study **2.** showing close attention **3.** zealous; wholehearted

**study** (stud′ē) *vt.* **stud′ied, stud′ying** [< L. *studere,* to study] **1.** to try to learn by reading, etc. **2.** *a*) to investigate carefully *b*) to scrutinize [to *study* a map] **3.** to read (a book, lesson, etc.) so as to know and understand it **4.** to take a course in at a university or college **5.** to give attention or thought to —*vi.* **1.** to study something **2.** to be a student —*n., pl.* **stud′ies** **1.** the application of the mind to acquire knowledge, as by reading **2.** careful examination of a subject, event, etc. **3.** a branch of learning **4.** [*pl.*] formal education; schooling **5.** a work of literature or art treating a subject in careful detail **6.** a first sketch for a story, picture, etc. **7.** *same as* ÉTUDE **8.** earnest effort or deep absorption **9.** a room designed for study, writing, etc. **10.** the object, etc. to be studied [the *study* of mankind is man]

**stuff** (stuf) *n.* [< OFr. *estoffer*] **1.** the material out of which anything is made **2.** essence; character **3.** any kind of matter, unspecified **4.** cloth, esp. woollen cloth **5.** *a*) personal belongings *b*) things; objects **6.** worthless objects; junk **7.** foolish or worthless ideas, words, etc. [*stuff* and nonsense] **8.** [Slang] money —*vt.* **1.** to fill (something); pack; specif., *a*) to fill the skin of (a dead animal, etc.) in order to mount and preserve it *b*) to fill (a fowl, etc.) with seasoning, bread crumbs, etc. before roasting **2.** to fill too full, esp. with food **3.** to pack or cram with **4.** to plug; block; stop up **5.** to push [to *stuff* money into a purse] —*vi.* to eat too much —**do one's stuff** do what is expected of one

**stuffed shirt** [Colloq.] a pompous, pretentious person

**stuffing** *n.* **1.** soft, springy material used as padding in cushions, etc. **2.** a seasoned mixture for stuffing fowl, etc.

**stuffy** *adj.* **stuff′ier, stuff′iest** **1.** poorly ventilated; close **2.** having the nasal passages stopped up, as from a cold **3.** [Colloq.] *a*) dull; old-fashioned *b*) prim; strait-laced *c*) pompous; pretentious —**stuff′ily** *adv.* —**stuff′iness** *n.*

**stultify** (stul′tə fī′) *vt.* **-fied′, -fy′ing** [< L. *stultus,* foolish + *facere,* make] **1.** to render worthless or useless **2.** *a*) to cause to appear foolish, absurd, etc. *b*) to make dull or sluggish —**stul′tifica′tion** *n.*

**stumble** (stum′b'l) *vi.* **-bled, -bling** [< Scand.] **1.** to trip in walking, running, etc. **2.** to walk unsteadily **3.** to speak, act, etc. in a confused, blundering manner **4.** to come by chance [to *stumble* across a clue] —*n.* a stumbling —**stum′blingly** *adv.*

**stumbling block** an obstacle or difficulty

**stump** (stump) *n.* [prob. < MLowG. *stump*] **1.** the lower end of a tree left in the ground after most of the trunk has been cut off **2.** *a*) the part of an arm, tooth, etc. left after the rest has been removed *b*) a butt; stub [the *stump* of a pencil] **3.** [Chiefly U.S.] the place where a political speech is made **4.** *Cricket* any of the three upright sticks of a wicket —*vt.* **1.** [Colloq.] to puzzle; baffle **2.** *Cricket* to dismiss (a batsman) by hitting the stumps with a ball **3.** [Chiefly U.S.] to travel over (a district) making political speeches —*vi.* **1.** to walk heavily or clumsily **2.** [U.S.] to travel about making political speeches —**stump up** [Colloq.] to hand over money due; pay up

**stumpy** *adj.* **-ier, -iest** short and thickset; stubby —**stump′iness** *n.*

**stun** (stun) *vt.* **stunned, stun′ning** [see ASTONISH] **1.** to make senseless or unconscious, as by a blow **2.** to shock deeply; daze

**stung** (stuŋ) *pt. & pp. of* STING

**stunk** (stuŋk) *pp. & alt. pt. of* STINK

**stunner** (stun′ər) *n.* [Colloq.] a remarkably attractive, excellent, etc. person or thing

**stunning** *adj.* **1.** that stuns **2.** [Colloq.] remarkably attractive, excellent, etc.

**stunt**[1] (stunt) *vt.* [OE. *stunt,* stupid] **1.** to check the growth or development of; dwarf **2.** to hinder (growth or development)

**stunt**[2] *n.* [< ?] **1.** a display of skill or daring; trick **2.** something done to attract attention —*vi.* to perform stunts

**stunt man** a professional acrobat who takes the place of an actor when dangerous scenes involving falls, leaps, etc. are filmed

**stupefy** (styōō′pə fī′) *vt.* **-fied′, -fy′ing** [< L. *stupere,* be stunned + *facere,* make] **1.** to make dull or lethargic; stun **2.** to astonish; bewilder —**stu′pefac′tion** *n.*

**stupendous** (styōō pen′dəs) *adj.* [< L. *stupere,* be stunned] **1.** astonishing **2.** astonishingly great

**stupid** (styōō′pid) *adj.* [see prec.] **1.** showing or resulting from a lack of intelligence **2.** dazed; stupefied **3.** lacking normal intelligence; slow-witted **4.** dull and boring [a *stupid* party] —**stupid′ity** *n.*

**stupor** (styōō′pər) *n.* [L.] a state in which the mind and senses are so dulled, as by a drug, that one can barely think, act, feel, etc.

**sturdy** (stur′dē) *adj.* **-dier, -diest** [OFr. *estourdi,* stunned] **1.** strong; hardy **2.** strongly built —**stur′dily** *adv.* —**stur′diness** *n.*

**sturgeon** (stur′jən) *n.* [OFr. *esturjon*] any of several large food fishes, valuable as a source of caviar and isinglass

**stutter** (stut′ər) *vt., vi.* [< ME. *stutten*] **1.** *same as* STAMMER **2.** to make (a series of repeated sounds) [*stuttering* machine guns] —*n.* the act of stuttering

**sty**[1] (stī) *n., pl.* **sties** [OE. *sti*] **1.** a pen for pigs **2.** any foul or depraved place

**sty², stye** *n., pl.* **sties** [< OE. *stigan,* to climb] a small, inflamed swelling of a sebaceous gland on the rim of the eyelid

**Stygian** (stij′ē ən) *adj.* **1.** of the river Styx and the infernal regions **2.** [*also* **s-**] *a*) infernal or hellish *b*) dark or gloomy

**style** (stīl) *n.* [< L. *stilus,* writing implement] **1.** sort; kind **2.** the way in which anything is made or done; manner **3.** *a*) manner of expression in writing or speaking *b*) characteristic manner of expression or design in any art, period, etc. **4.** distinction, originality, etc. in artistic or literary expression [this author lacks *style*] **5.** *a*) the current fashion *b*) a fashionable, luxurious manner [to dine in *style*] **6.** elegance of manner **7.** form of address; title [entitled to the *style* of Mayor] **8.** a pointed instrument for engraving, writing, or drawing **9.** *Bot.* the stalklike part of a carpel between the stigma and the ovary —*vt.* **styled, styl′ing 1.** to design the style of **2.** to name; call

**stylish** *adj.* smart; fashionable

**stylist** *n.* **1.** a writer, etc. whose work has style (sense 4) **2.** a person who designs current styles, as in dress **3.** a hairdresser who styles hair —**stylis′tic** *adj.* —**stylis′tically** *adv.*

**stylize** *vt.* **-ized, -izing** to make conform to a given style rather than to nature; conventionalize —**styl′iza′tion** *n.*

**stylus** (stī′ləs) *n., pl.* **-luses, -li** (-lī) [< L. *stilus,* pointed instrument] **1.** a style or other needlelike marking device **2.** *a*) a sharp, pointed device for cutting the grooves of a gramophone record *b*) a gramophone needle

**stymie** (stī′mē) *n.* [< ?] **1.** *Golf* the situation on a putting green when an opponent's ball lies in a direct line between the player's ball and the hole **2.** any frustrating situation —*vt.* **-mied, -mieing 1.** to obstruct with a stymie **2.** to block; impede

**styptic** (stip′tik) *adj.* [< Gr. *styphein,* to contract] tending to halt bleeding by contracting the tissues or blood vessels —*n.* any styptic substance

**styrene** (stī′rēn) *n.* [< L. *styrax,* a kind of tree] a colourless or yellowish, aromatic liquid used in the manufacture of synthetic rubber and plastics

**suasion** (swā′zhən) *n.* [< L. *suadere,* persuade] persuasion: chiefly in **moral suasion,** a persuading by appealing to one's sense of morality —**sua′vity** *n.*

**suave** (swäv) *adj.* [< L. *suavis,* sweet] smoothly gracious or polite; polished; urbane —**suavity** *n.*

**sub** (sub) *n.* **1.** *shortened form of*: *a*) SUBMARINE *b*) SUBSCRIPTION *c*) SUBSTITUTE **2.** [Colloq.] an advance payment of wages or salary —*vi.* **subbed, sub′bing** [Colloq.] **1.** to be a substitute (*for* someone) **2.** to grant or receive (an advance payment of wages or salary)

**sub-** [< L. *sub,* under] *a prefix meaning*: **1.** beneath [*subsoil*] **2.** lower in rank than [*subaltern*] **3.** to a lesser degree than [*subtropical*] **4.** by or forming a division into smaller parts [*subsection* *Sub-* is often assimilated to *suc-* before *c, suf-* before *f, sug-* before *g, sum-* before *m, sup-* before *p,* and *sur-* before *r*: *sub* often changes to *sus-* before *c, p,* and *t*]

**subaltern** (sub′əl tərn) *adj.* [< L. *sub-* under + *alternus,* alternate] holding an army commission below that of captain —*n.* a subaltern officer

**subaqua** (sub′a′kwä) *adj.* of underwater sports

**subaqueous** (sub ā′kwē əs) *adj.* [< SUB- + AQUA] **1.** adapted for underwater use or existence **2.** living or occurring underwater

**subatom** (sub at′əm) *n.* one of the parts that make up an atom —**sub′atom′ic** (-ə tom′ik) *adj.*

**subcommittee** (sub′kə mit′ē) *n.* a small committee with special duties chosen from a main committee

**subconscious** (sub′kon′shəs) *adj.* occurring with little or no conscious perception on the part of the individual: said of mental processes and reactions —**the subconscious** subconscious mental activity

**subcontinent** (sub kon′tə nənt) *n.* a large land mass, smaller than a continent

**subcontract** (sub kon′trakt; *for v.,* sub′kən trakt′) *n.* a secondary contract undertaking some or all of the obligations of a primary or previous contract —*vt., vi.* to make a subcontract (for) —**subcontrac′tor** *n.*

**subculture** (sub′kul′chər) *n.* **1.** a distinctive social group within a larger group **2.** the distinct cultural patterns of such a group

**subcutaneous** (sub′kyōō tā′nē əs) *adj.* beneath the skin

**subdivide** (sub′di vīd′) *vt., vi.* **-vid′ed, -vid′ing** to divide further after previous division —**sub′divi′sion** *n.*

**subdominant** (sub dom′ə nənt) *n. Music* the fourth tone of a diatonic scale

**subdue** (səb dyōō′) *vt.* **-dued′, -du′ing** [< L. *subducere,* remove] **1.** to win control of; conquer **2.** to overcome, as by training; control **3.** to make less intense; diminish; soften —**subdued′** *adj.*

**subeditor** (sub′ed′i tər) *n.* a person who writes and checks copy, esp. on a newspaper

**subfusc** (sub′fusk) *adj.* [< L. *sub-,* below + *fuscus,* dark brown] having a dull or dark, often drab, colour —*n.* subfusc clothing

**subhuman** (sub′hyōō′mən) *adj.* **1.** less than human **2.** nearly human

**subj.** **1.** subjective **2.** subjunctive

**subjacent** (sub jā′sənt) *adj.* [< L. *sub-,* under + *jacere,* to lie] underlying

**subject** (sub′jikt; *for v.* səb jekt′) *n.* [< L. *sub-,* under + *jacere,* to throw] **1.** something dealt with in discussion, study, painting, etc.; theme **2.** a branch of learning **3.** *Gram.* the noun, noun phrase, or noun substitute in a sentence about which something is said **4.** one undergoing a treatment, experiment, etc. **5.** a person under the authority of another; esp., a person who owes allegiance to a ruler **6.** a main theme of a musical composition **7.** a cause; reason —***adj.*** **1.** under the authority or control of, or owing allegiance to, another **2.** having a tendency (*to*) [*subject* to fits] **3.** liable to receive [*subject* to censure] **4.** contingent upon [*subject* to his approval] —***vt.*** **1.** to cause to undergo something **2.** to make liable or vulnerable [*to subject* one to contempt] **3.** to bring under the authority or control of —**subjec'tion** ***n.***

**subjective** (səb jek'tiv) ***adj.*** **1.** of or resulting from the feelings of the person thinking; not objective; personal [*a subjective* opinion] **2.** determined by and emphasizing the ideas, feelings, etc. of the artist or writer **3.** *Gram. same as* NOMINATIVE —**subjectivity** (sub'jek-tiv'ə tē) ***n.***

**subjoin** (səb join') ***vt.*** [SUB- & JOIN] to add (something) at the end of a statement

**sub judice** (sub jōō'də sē) [L., under judgement] before the court; under judicial consideration but not yet decided

**subjugate** (sub'jə gāt') ***vt.*** **-gat'ed, -gat'-ing** [< L. *sub-,* under + *jugum,* a yoke] to bring under control or subjection; conquer —**sub'juga'tion** ***n.***

**subjunctive** (səb junk'tiv) ***adj.*** [< L. *subjungere,* to SUBJOIN] designating or of that mood of a verb used to express supposition, desire, possibility, etc. [*were* in "if I *were* you" is in the *subjunctive* mood] —***n.*** **1.** the subjunctive mood **2.** a verb in this mood

**sublease** (sub'lēs'; *for v.* sub lēs') ***n.*** a lease granted by a lessee to another person —***vt.*** **-leased', -leas'ing** to grant or hold a sublease of

**sublet** (sub let') ***vt.*** **-let', -let'ting** to let to another (property which one is renting)

**sublieutenant** (sub'lef ten'ənt) ***n.*** *see* MILITARY RANKS, table

**sublimate** (sub'lə māt'; *for adj. & n.,* -mət) ***vt.*** **-mat'ed, -mat'ing** [see ff.] **1.** to express (impulses, esp. sexual impulses, regarded as unacceptable) in ways that are acceptable **2.** to sublime (a substance) **3.** to have an ennobling effect on —***n.*** a substance that is the product of subliming —**sub'lima'tion** ***n.***

**sublime** (sə blīm') ***adj.*** [< L. *sub-,* up to + *limen,* lintel] **1.** noble; exalted **2.** inspiring awe or admiration through grandeur, beauty, etc. —***vt.*** **-limed', -lim'-ing** **1.** to make sublime **2.** to purify (a solid) by heating directly to a gaseous state and condensing the vapour back into solid form —***vi.*** to go through this process —**sublimity** (sə blim'ə tē) ***n.***

**subliminal** (sub lim'ən'l) ***adj.*** [< SUB- + L. *limen,* threshold] below the threshold of consciousness; specif., involving stimuli intended to take effect subconsciously through repetition —**sublim'inally** ***adv.***

**submachine gun** (sub'mə shēn') a portable, automatic firearm fired from the shoulder or hip

**submarine** (sub'mə rēn') ***n.*** a kind of warship, armed with torpedoes, etc., that can operate under water —***adj.*** being, living, used, etc. beneath the surface of the sea

**submerge** (səb murj') ***vt.*** **-merged', -merg'ing** [< L. *sub-,* under + *mergere,* to plunge] **1.** to place under or as under water, etc. **2.** to cover over; suppress —***vi.*** to sink beneath the surface of water, etc. —**submer'gence** ***n.***

**submerse** (səb murs') ***vt.*** **-mersed', -mers'ing** *same as* SUBMERGE —**submer'-sion** ***n.***

**submersible** ***adj.*** that can be submersed —***n.*** any of various ships that can operate under water

**submission** (səb mish'ən) ***n.*** **1.** a submitting; surrendering **2.** resignation; obedience **3.** a submitting of something to another for decision, consideration, etc.

**submissive** ***adj.*** yielding; docile —**sub-mis'siveness** ***n.***

**submit** (səb mit') ***vt.*** **-mit'ted, -mit'ting** [< L. *sub-,* under + *mittere,* send] **1.** to yield to the control of another **2.** to allow to be subjected to treatment, analysis, etc.: often used reflexively **3.** to present to others for decision, consideration, etc. **4.** to suggest —***vi.*** **1.** to yield to the control of another **2.** to allow oneself to be subjected (*to* treatment, etc.) **3.** to defer to another's judgment **4.** to be submissive

**subnormal** (sub nôr'm'l) ***adj.*** below the normal, esp. in intelligence —***n.*** a subnormal person —**sub'normal'ity** (-mal'ə tē) ***n.*** —**subnor'mally** ***adv.***

**subordinate** (sə bôr'də nit; *for v.* -nāt') ***adj.*** [< L. *sub-,* under + *ordinare,* to order] **1.** below another in rank, importance, etc.; secondary **2.** under the power or authority of another **3.** *Gram.* functioning as a noun, adjective, or adverb within a sentence [*a subordinate* phrase]: cf. SUBORDINATE CLAUSE —***n.*** a subordinate person or thing —***vt.*** **-nat'-ed, -nat'ing** **1.** to place in a subordinate position **2.** to make obedient or subservient (*to*) —**subor'dina'tion** ***n.***

**subordinate clause** in a complex sentence, a clause that cannot function syntactically as a complete sentence by itself; dependent clause (Ex.: She will visit us *if she can*)

**suborn** (su bôrn') ***vt.*** [< L. *sub-,* under + *ornare,* furnish] **1.** to get by bribery or other illegal methods **2.** to induce or urge (another) to do something illegal, esp. to commit perjury

**subplot** (sub'plot') ***n.*** a subordinate plot in a play, novel, etc.

**subpoena** (səb pē'nə) ***n.*** [< L. *sub poena,* under penalty] a written legal order directing a person to appear in court —***vt.*** **-naed, -naing** to summon with such an order

**sub rosa** (sub rō'zə) [L., under the rose] secretly; privately

**subscribe** (səb skrīb') ***vt.*** **-scribed', -scrib'ing** [see SUB- & SCRIBE] **1.** to promise to contribute (money) **2.** to write one's signature on (a document, etc.) as an indication of consent **3.** to sign (one's name) at the end of a document, etc. —*vi.* **1.** to promise to contribute a sum of money **2.** to agree to receive and pay for a periodical, etc. for a specified period (*to*) **3.** to give support (*to*) **4.** to sign one's name to a document, etc. —**subscrib'er** *n.*

**subscriber trunk dialling** in Britain, a service by which telephone users can obtain trunk calls by dialling direct without the aid of the operator

**subscript** (sub'skript) *adj.* [< SUB- & SCRIBE] written below —*n.* a figure, letter, or symbol written below and to the side of another [in $Y_3$ and $X_a$, *3* and *a* are *subscripts*]

**subscription** (səb skrip'shən) *n.* **1.** a subscribing **2.** something subscribed; specif., *a*) an amount of money subscribed *b*) a formal agreement to receive and pay for a periodical, etc. for a specified period *c*) the membership fee paid to a club

**subsequent** (sub'si kwənt) *adj.* [< L. *sub-*, after + *sequi*, follow] following in time, or order —**subsequent to** after

**subservient** (səb sur'vē ənt) *adj.* **1.** submissive; obsequious **2.** that is useful in a subordinate capacity —**subser'vience** *n.*

**subset** (sub'set') *n.* a mathematical set containing some or all of the elements of a given set

**subside** (səb sīd') *vi.* **-sid'ed, -sid'ing** [< L. *sub-*, under + *sidere*, settle] **1.** to sink to the bottom or to a lower level **2.** to sink or collapse, as because of mining operations below : said of the earth's surface **3.** to become less active, intense, etc. —**subsid'ence** (-sīd''ns, sub'si dəns) *n.*

**subsidiary** (səb sid'ē ər ē) *adj.* [see SUBSIDY] **1.** giving aid, service, etc.; auxiliary **2.** being in a subordinate capacity —*n., pl.* **-aries** a person or thing that is subsidiary; specif., a company (**subsidiary company**) controlled by another company

**subsidize** (sub'sə dīz') *vt.* **-dized', -diz'ing** to support with a subsidy —**sub'sidiza'tion** *n.*

**subsidy** (sub'sə dē) *n., pl.* **-dies** [< L. *subsidium*, reserve troops] financial aid given by a government, as to an industry considered of benefit to the public

**subsist** (səb sist') *vi.* [< L. *sub-*, under + *sistere*, to stand] **1.** to continue to be; exist **2.** to continue to live (*on* or *by*)

**subsistence** *n.* **1.** means of support or livelihood; specif., the barest means needed to sustain life **2.** existence

**subsistence farming** a type of farming in which most of the produce is eaten by the farmer leaving little to sell

**subsoil** (sub'soil') *n.* the layer of soil beneath the surface soil

**subsonic** (sub son'ik) *adj.* [SUB- + SONIC] of a velocity less than the speed of sound

**substance** (sub'stəns) *n.* [< L. *sub-*, under + *stare*, to stand] **1.** the physical matter of which a thing consists; material **2.** the real or essential part of anything; essence **3.** *a*) solid quality *b*) consistency; body **4.** the real content or meaning of something said or written **5.** property; wealth —**in substance** essentially

**substandard** (sub stan'dərd) *adj.* below standard

**substantial** (səb stan'shəl) *adj.* **1.** ample; large **2.** important **3.** well-to-do **4.** strong; firm **5.** real; actual **6.** with regard to essential elements **7.** of or having substance —**substan'tial'ity** (-shē al'ə tē) *n.*

**substantiate** (səb stan'shē āt') *vt.* **-at'ed, -at'ing** to show to be true or real by giving evidence; prove —**substan'tia'tion** *n.*

**substantive** (sub'stən tiv) *adj.* [see SUBSTANCE] **1.** existing independently **2.** permanent **3.** actual; real —*n.* a noun —**sub'stanti'val** (-tī'v'l) *adj.*

**substitute** (sub'stə tyōōt') *n.* [< L. *sub-*, under + *statuere*, to put] a person or thing serving or used in place of another —*vt., vi.* **-tut'ed, -tut'ing** to put, use, or serve in place of another —*adj.* being a substitute —**sub'stitu'tion** *n.*

**subsume** (səb syōōm') *vt.* **-sumed', -sum'ing** [< L. *sub-*, under + *sumere*, take] **1.** to include within a larger class, group, etc. **2.** to show (an idea, instance, etc.) to be covered by a rule, principle, etc.

**subtenant** (sub'ten'ənt) *n.* one who rents from a tenant

**subtend** (səb tend') *vt.* [< L. *sub-*, under + *tendere*, to stretch] to extend under or be opposite to [each side of a triangle *subtends* the opposite angle]

**subterfuge** (sub'tər fyōōj') *n.* [< L. *subter-*, below + *fugere*, flee] any plan, action, etc. used to hide one's true objective, evade a difficult situation, etc.

**subterranean** (sub'tə rā'nē ən) *adj.* [< L. *sub-*, under + *terra*, earth] **1.** underground **2.** secret; hidden Also **sub'terra'neous**

**subtitle** (sub'tīt''l) *n.* **1.** a secondary title of a book, play, etc. **2.** a dialogue, esp. translated, or description flashed on a cinema or TV screen —*vt.* **-ti'tled, -ti'tling** to add a subtitle or subtitles to

**subtle** (sut''l) *adj.* **sub'tler, sub'tlest** [< L. *subtilis*, closely woven] **1.** not grossly obvious [a *subtle* hint] **2.** not easily detected [a *subtle* poison] **3.** making fine distinctions or marked by mental keeness **4.** delicately skilful **5.** crafty; sly **6.** tenuous; not dense —**sub'tly** *adv.*

**subtlety** (sut''l tē) *n.* **1.** the quality or condition of being subtle **2.** *pl.* **-ties** something subtle, as a fine distinction

**subtonic** (sub ton'ik) *n.* *Music* the seventh tone of a diatonic scale

**subtract** (səb trakt') *vt., vi.* [< L. *sub-*, under + *trahere*, draw] to take away (a part from a whole) or (one number or quantity from another)

**subtraction** *n.* a subtracting or being subtracted; esp., the mathematical process of finding the difference between two numbers or quantities

**subtropical** (sub trop'i k'l) *adj.* of or

characteristic of regions bordering on the tropics; nearly tropical

**suburb** (sub′ərb) *n.* [< L. *sub-*, under, near + *urbs*, town] **1.** a residential district on the outskirts of a city or town **2.** [*pl.*] a region of such districts (with *the*)

**suburban** (sə bur′bən) *adj.* **1.** of or living in a suburb or the suburbs **2.** characteristic of the suburbs or suburbanites —**subur′banize′** *vt., vi.*

**suburbanite** *n.* a person living in a suburb

**suburbia** (sə bur′bē ə) *n.* the suburbs or suburbanites collectively: used to connote suburban values, attitudes, etc.

**subvention** (səb ven′shən) *n.* [< L. *sub-*, under + *venire*, come] a grant of money; subsidy

**subversive** (səb vur′siv) *adj.* tending or seeking to subvert —*n.* a person regarded as subversive

**subvert** (sub vurt′) *vt.* [< L. *sub-*, under + *vertere*, to turn] **1.** to overthrow or destroy (something established) **2.** to corrupt, as in morals —**subver′sion** *n.*

**subway** (sub′wā′) *n.* **1.** an underground way, esp. for pedestrians **2.** [U.S.] an underground railway

**suc-** *same as* SUB-: used before *c*

**succeed** (sək sēd′) *vi.* [< L. *sub-*, under + *cedere*, go] **1.** to accomplish something planned or tried **2.** to happen or turn out as planned **3.** to have success; do well **4.** *a*) to come next after another *b*) to follow another into office, etc., as by inheritance (often with *to*) —*vt.* **1.** to follow into office, etc. **2.** to come after

**success** (sək ses′) *n.* **1.** *a*) a favourable outcome *b*) something having a favourable outcome **2.** the gaining of wealth, fame, etc. **3.** a successful person

**successful** *adj.* **1.** turning out to be as was hoped **2.** having gained wealth, fame, etc. —**success′fully** *adv.*

**succession** (sək sesh′ən) *n.* **1.** a succeeding or coming after another **2.** the right to succeed to an office, etc. **3.** a number of persons or things coming one after another; series **4.** *a*) a series of heirs or rightful successors *b*) the order of such a series —**in succession** one after another

**successive** *adj.* coming one after another; consecutive

**successor** *n.* a person or thing that succeeds another; esp., one who succeeds to a throne, title, etc.

**succinct** (sək siŋkt′) *adj.* [< L. *sub-*, under + *cingere*, gird] clearly and briefly stated; concise —**succinct′ness** *n.*

**succour** (suk′ər) *vt.* [< L. *sub-*, under + *currere*, to run] to aid in time of need or distress —*n.* **1.** aid; help **2.** one that succours

**succubus** (suk′yoo bəs) *n., pl.* **-bi′** (-bī′) [< L. *sub-*, under + *cubare*, to lie] a female demon thought in medieval times to have sexual intercourse with sleeping men

**succulent** (suk′yoo lənt) *adj.* [< L. *sucus*, juice] **1.** juicy **2.** full of interest, vigour, etc. **3.** *Bot.* having thick, fleshy tissues for storing water, as a cactus —*n.* a succulent plant —**suc′culence** *n.*

**succumb** (sə kum′) *vi.* [< L. *sub-*, under + *cumbere*, to lie] **1.** to give way (*to*); yield **2.** to die [to *succumb* to a plague]

**such** (such) *adj.* [OE. *swilc*] **1.** *a*) of the kind mentioned or implied [one *such* as he] *b*) of the same or a similar kind [pens, pencils, and *such* supplies] **2.** certain but not specified; whatever [at *such* time as you go] **3.** so extreme, so much, etc. [*such* fun!] —*adv.* to so great a degree [*such* good news] —*pron.* such a one or ones —**as such** **1.** as being what is indicated **2.** in itself —**such as** **1.** for example **2.** like or similar to

**such and such** (being) something particular but not specified [he went to *such and such* a place]

**suck** (suk) *vt.* [OE. *sucan*] **1.** to draw (liquid) into the mouth with the lips and tongue **2.** to take up or in as by sucking; absorb, inhale, etc. **3.** to suck liquid from (fruit, etc.) **4.** to hold (a sweet, etc.) in the mouth and lick it **5.** to place (the thumb, etc.) in the mouth and draw on —*vi.* **1.** to suck milk from the breast or udder **2.** to make a sucking sound or movement —*n.* the act or sound of sucking —**suck up to** [Slang] to flatter or fawn upon

**sucker** *n.* **1.** one that sucks **2.** a part used for sucking or holding fast to a surface by suction **3.** [Colloq.] *a*) a person easily fooled *b*) a person readily drawn to specified attractions **4.** *Bot.* a shoot from a root bud

**suckle** (suk′′l) *vt.* **-led, -ling** to give milk to from a breast or udder; nurse

**suckling** (suk′liŋ) *n.* [SUCK & -LING[1]] an unweaned child or animal

**sucrose** (syoo′krōs) *n.* [< Fr. *sucre*, sugar] *Chem.* pure crystalline sugar extracted from sugar cane or sugar beets

**suction** (suk′shən) *n.* [< L. *sugere*, suck] **1.** the act or process of sucking **2.** the drawing of air out of a space to make a vacuum that will suck in surrounding air, liquid, etc. or cause something to stick to the surface **3.** the force so created —*adj.* operating by suction

**Sudanese** (soo də nēz′) *adj.* of the Sudan —*n., pl.* **-nese′** a native of the Sudan

**sudatory** (syoo′də tər ē) *adj.* [< L. *sudor*, sweat] of perspiration —*n., pl.* **-ries** an agent that causes sweating

**sudden** (sud′′n) *adj.* [ult. < L. *sub-*, under

+ *ire,* go] **1.** *a*) happening or coming unexpectedly *b*) sharp or abrupt *[a sudden turn]* **2.** done, coming, or taking place quickly or abruptly —**all of a sudden** without warning; quickly —**sud'denly** *adv.* —**sud'denness** *n.*

**sudorific** (syōō'də rif'ik) *adj.* [< L. *sudor,* sweat + *facere,* make] causing sweating —*n.* a sudorific drug, etc.

**suds** (sudz) *n.pl.* [prob. < MDu. *sudse,* marsh water] **1.** soapy water **2.** foam or lather —**suds'y** *adj.*

**sue** (syōō) *vt.* **sued, su'ing** [< L. *sequi,* follow] **1.** to bring a lawsuit in court against **2.** to appeal to; petition —*vi.* **1.** to bring legal suit **2.** to plead (*for*)

**suede, suède** (swād) *n.* [< Fr. *gants de Suède,* Swedish gloves] **1.** tanned leather with the flesh side buffed into a nap **2.** a kind of cloth made to resemble this

**suet** (sōō'it) *n.* [< L. *sebum,* fat] hard fat from around the kidneys and loins of cattle and sheep —**su'ety** *adj.*

**suf-** *same as* SUB-: used before *f*

**suffer** (suf'ər) *vt.* [< L. *sub-,* under + *ferre,* to bear] **1.** to undergo (something painful or unpleasant) **2.** to undergo (any process) **3.** to allow **4.** to endure —*vi.* to undergo pain, harm, loss, punishment, etc. —**suf'ferer** *n.* —**suf'fering** *n.*

**sufferance** *n.* consent, toleration, etc. implied by failure to interfere or prohibit —**on sufferance** allowed but not supported or encouraged

**suffice** (sə fīs') *vi.* **-ficed', -fic'ing** [< L. *sub-,* under + *facere,* make] to be enough —*vt.* [Archaic] to be enough for

**sufficiency** (sə fish'ən sē) *n.* **1.** sufficient means, ability, or resources **2.** a being sufficient; adequacy

**sufficient** (sə fish''nt) *adj.* enough

**suffix** (suf'iks) *n.* [< L. *sub-,* under + *figere,* fix] a syllable or group of syllables added at the end of a word or word base to change its meaning or give it grammatical function (Ex.: *-ish* in *smallish, -ed* in *walked*) —*vt.* to add as a suffix

**suffocate** (suf'ə kāt') *vt.* **-cat'ed, -cat'ing** [< L. *sub-,* under + *fauces,* throat] **1.** to kill by cutting off the supply of oxygen to the lungs, gills, etc. **2.** to hinder the free breathing of **3.** to smother, suppress, etc. —*vi.* **1.** to die by being suffocated **2.** to be unable to breathe freely; choke, etc. —**suf'focat'ingly** *adv.* —**suf'foca'tion** *n.*

**suffragan** (suf'rə gən) *n.* [< L. *suffragari,* to support] **1.** a bishop assisting another bishop **2.** a bishop as a subordinate of his archbishop

**suffrage** (suf'rij) *n.* [< L. *suffragium,* a vote] **1.** the right to vote in political elections **2.** a short prayer of supplication

**suffragette** (suf'rə jet') *n.* formerly, a woman who worked for women's right to vote

**suffuse** (sə fyōōz') *vt.* **-fused', -fus'ing** [< L. *sub-,* under + *fundere,* pour] to overspread so as to fill with a glow, colour, fluid, etc.: said of light, a blush, air, etc. —**suffu'sion** *n.*

**sug-** *same as* SUB-: used before *g*

**sugar** (shoog'ər) *n.* [ult. < Sans. *śárkarā*] **1.** any of a class of sweet, soluble, crystalline carbohydrates, including sucrose, glucose, fructose, etc. **2.** sucrose in crystalline or powdered form, used to sweeten food **3.** a lump or spoonful of sugar *[three sugars please]* —*vt.* **1.** to put sugar on or in **2.** to make seem pleasant or less bad

**sugar beet** a variety of beet with a white root from which common sugar is obtained

SUGAR CANE

**sugar cane** a tall tropical grass cultivated as the main source of common sugar

**sugaring off** [Canad.] the boiling down of maple sap to produce sugar, traditionally a social event in early spring

**sugar loaf** a conical mass of crystallized sugar

**sugary** *adj.* **1.** of, like, or containing sugar **2.** too sweet or sentimental —**sug'ariness** *n.*

**suggest** (sə jest') *vt.* [< L. *sub-,* under + *gerere,* carry] **1.** to mention as something to think over, act on, etc. **2.** to call to mind through association of ideas **3.** to propose as a possibility **4.** to imply; intimate

**suggestible** *adj.* easily influenced by suggestion —**suggest'ibil'ity** *n.*

**suggestion** *n.* **1.** a suggesting or being suggested **2.** something suggested **3.** a trace **4.** *Psychol.* the inducing of an idea that is accepted or acted on readily without questioning

**suggestive** *adj.* **1.** that suggests ideas **2.** tending to suggest something considered improper or indecent

**suicidal** (sōō'ə sīd'əl) *adj.* **1.** of, involving, or leading to suicide **2.** having an urge to commit suicide **3.** rash to the point of being dangerous —**su'ici'dally** *adv.*

**suicide** (sōō'ə sīd') *n.* [L. *sui,* of oneself + -CIDE] **1.** the intentional killing of oneself **2.** ruin of one's interests through one's own actions **3.** a person who has committed suicide

**suit** (sōōt) *n.* [< L. *sequi,* follow] **1.** *a*) a set of clothes to be worn together; esp., a coat and trousers (or skirt) *b*) any complete outfit [a *suit* of armour] c) an outfit worn for a specific purpose [a *spacesuit*] **2.** a set of similar things; specif., any of the four sets of thirteen playing cards each (*spades, clubs, hearts, diamonds*) **3.** a lawsuit **4.** a suing, pleading, or wooing —*vt.* **1.** to be right for or becoming to **2.** to make fit; adapt [a dance *suited* to the music] **3.** to please; satisfy —*vi.* to be convenient or satisfactory —**follow suit** **1.** to play a card of the same suit as the card led **2.** to follow the example set —**suit oneself** to do as one pleases

**suitable** *adj.* right for the purpose, occasion, etc.; fitting; appropriate —**suit'abil'ity** *n.*

**suitcase** *n.* a travel case for clothes, etc., esp. a rectangular one that opens into two hinged compartments

**suite** (swēt) *n.* [Fr.: see SUIT] **1.** a set of related things; specif., a) a unit of connected rooms b) a set of matched furniture for a room **2.** a group of attendants; retinue **3.** *Music* an instrumental composition made up of several movements

**suitor** (sōōt'ər) *n.* **1.** a person who sues, petitions, etc. **2.** a man courting a woman

**sulk** (sulk) *vi.* [< ff.] to be sulky —*n.* **1.** a sulky mood or state: also **the sulks** **2.** a sulky person

**sulky** *adj.* **-ier, -iest** [prob. < OE. *solcen,* idle] sullen in a pouting or peevish way —*n., pl.* **sulk'ies** a light, two-wheeled carriage for one person —**sulk'ily** *adv.* —**sulk'iness** *n.*

**sullen** (sul'ən) *adj.* [ult. < L. *solus,* alone] **1.** silent and keeping to oneself because one feels angry, bitter, hurt, etc. **2.** gloomy; sombre; dull —**sul'lenness** *n.*

**sully** (sul'ē) *vt.* **-lied, -lying** [< OFr. *souiller*] to soil, stain, etc., now esp. by disgracing

**sulpha** (sul'fə) *adj.* designating or of a family of drugs that are sulphonamides, used in combating certain bacterial infections: also, esp. U.S., **sulfa**

**sulphate** (sul'fāt) *n.* a salt or ester of sulphuric acid

**sulphide** (sul'fīd) *n.* a compound of sulphur with another element or a radical

**sulphite** (sul'fīt) *n.* a salt or ester of sulphurous acid

**sulphonamide** (sul fon'ə mīd) *n.* [< *sulphon(yl),* the radical $SO_2$ + AMIDE] any of various compounds, as sulphadiazine, containing the univalent radical $-SO_2NH_2$: many are used as drugs

**sulphur** (sul'fər) *n.* [L.] **1.** a pale-yellow, nonmetallic chemical element: it burns with a blue flame and a stifling odour: symbol, S **2.** any of numerous butterflies with yellow or orange wings **3.** a greenish-yellow colour

**sulphur dioxide** a heavy, colourless, suffocating gas

**sulphureous** (sul fyōōər'ē əs) *adj.* **1.** of, like, or containing sulphur **2.** greenish-yellow

**sulphuric** (sul fyōōər'ik) *adj.* of or containing sulphur, esp. sulphur with a valence of six

**sulphuric acid** an oily, colourless, corrosive liquid used in making explosives, fertilizers, chemicals, etc.

**sulphurize** (sul'fyōō rīz') *vt.* **-rized', -riz'ing** to combine or treat with sulphur or a sulphur compound

**sulphurous** (sul'fər əs) *adj.* **1.** of or containing sulphur, esp. sulphur with a valence of four **2.** like burning sulphur in odour, colour, etc. **3.** of or suggesting the fires of hell

**sultan** (sul't'n) *n.* [Fr. < Ar. *sultān*] a Moslem ruler

**sultana** (sul tä'nə) *n.* **1.** a small seedless raisin **2.** a sultan's wife, mother, sister, or daughter

**sultanate** (sul'tən ət) *n.* the authority, office, reign, or dominion of a sultan

**sultry** (sul'trē) *adj.* **-trier, -triest** [see SWELTER] **1.** oppressively hot and moist; sweltering **2.** inflamed with passion, lust, etc. —**sul'triness** *n.*

**sum** (sum) *n.* [< L. *summus,* highest] **1.** a series of numbers to be added up, or any problem in arithmetic **2.** an amount of money **3.** gist; summary **4.** the whole amount; totality [the *sum* of one's experiences] —*vt., vi.* **summed, sum'ming** to get, or come to, a total —**in sum** to put it briefly —**sum up** **1.** to add up into a total **2.** to summarize **3.** to form a quick opinion of

**sum-** *same as* SUB-: used before *m*

**sumac, sumach** (shōō'mak) *n.* [Ar. *summāq*] any of various plants with leaves which can be powdered and used in tanning and dyeing

**Sumerian** (sōō mēər'ē ən) *adj.* designating or of an ancient people of Sumer —*n.* **1.** any of the Sumerian people **2.** the language of the Sumerians

**summarize** (sum'ə rīz') *vt.* **-rized', -riz'ing** to make or be a summary of —**sum'mariza'tion** *n.*

**summary** (sum'ə rē) *n., pl.* **-ries** [< L. *summa,* a sum] a brief account covering the main points —*adj.* **1.** a) prompt and informal b) hasty and arbitrary **2.** briefly giving the general idea; concise —**sum'marily** *adv.*

**summation** (su mā'shən) *n.* **1.** a summing up **2.** a total or aggregate

**summer** (sum'ər) *n.* [OE. *sumor*] **1.** the warmest season of the year, following spring **2.** any period regarded as a time of growth, development, etc. —*adj.* of, typical of, or suitable for summer —**sum'mery** *adj.*

**summerhouse** *n.* a small, open structure in a garden, park, etc., for providing a shady rest

**summersault** (sum'ər sôlt') *n., vi. var. of* SOMERSAULT

**summer school** a session at a college or university held during the summer (or long) vacation

**summer solstice** the time in the Northern Hemisphere when the sun is farthest north of the celestial equator; June 21 or 22

**summertime** *n.* **1.** the season of summer **2.** any daylight-saving time, esp. British Summer Time

**summingup** (sum′iŋ up′) *n.* a summarizing

**summit** (sum′it) *n.* [< L. *summus,* highest] **1.** the highest point; top **2.** the highest degree or state **3.** *a*) a top level of officials, esp. of heads of government *b*) a conference at this level: also **summit meeting**

**summon** (sum′ən) *vt.* [< L. *sub-,* secretly + *monere,* warn] **1.** to call for or send for with authority **2.** to order, as by a summons, to appear in court **3.** to call upon to do something **4.** to call together; order to meet **5.** to call forth; rouse (often with *up*)

**summons** (sum′ənz) *n., pl.* **-monses** [see prec.] **1.** an order to come or do something; specif., *Law a*) an official order to appear in court *b*) the writ containing such an order **2.** a call, knock, etc. that summons —*vt.* to serve a court summons upon

**sump** (sump) *n.* [ME. *sompe,* a swamp] a pit, cistern, cesspool, etc. for draining or collecting liquid, esp. oil from a motor vehicle engine

**sumptuary** (sump′tyooə wər ē) *adj.* [< L. *sumptus,* expense] of or regulating expenditure

**sumptuous** (sump′tyoo wəs) *adj.* [see prec.] **1.** involving great expense; costly; lavish **2.** magnificent, as in furnishings

**sum total** **1.** the total arrived at by adding up a sum or sums **2.** everything involved or included

**sun** (sun) *n.* [OE. *sunne*] **1.** *a*) the self-luminous, gaseous sphere about which the earth and other planets revolve and which furnishes light, heat, and energy for the solar system *b*) its heat or light **2.** any star that is the centre of a planetary system —*vt., vi.* **sunned, sun′ning** to expose or be exposed to the sun so as to warm, tan, etc. —**place in the sun** a favourable position —**under the sun** on earth; in the world

**Sun.** Sunday

**sun bath** exposure of the body to sunlight or a sunlamp

**sunbathe** *vi.* **-bathed′, -bath′ing** to take a sun bath —**sun′bath′er** *n.*

**sunbeam** *n.* a ray or beam of sunlight

**sunburn** *n.* an inflammation of the skin resulting from prolonged exposure to the sun's rays —**sun′burnt′** *adj.*

**sunburst** *n.* a decoration suggesting the sun and its rays

**sundae** (sun′dā) *n.* [prob. < SUNDAY] a serving of ice cream covered with syrup, fruit, nuts, etc.

**Sunday** (sun′dē) *n.* [OE. *sunnandæg,* day of the sun] the first day of the week, observed by most Christians as a day of worship or rest —*adj.* done, worn, etc. on Sunday

**Sunday best** [Colloq.] one's best clothes

**Sundays** *adv.* [Colloq.] on or during every Sunday

**Sunday school** a school giving religious instruction on Sunday at a church or synagogue

**sunder** (sun′dər) *vt., vi.* [< OE. *sundor,* asunder] to break apart; split

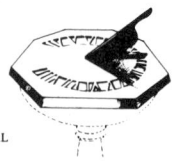

SUNDIAL

**sundial** *n.* an instrument that shows time by the shadow of a pointer cast by the sun on a dial marked in hours

**sundown** *n.* *same as* SUNSET

**sundowner** *n.* **1.** [Aust. Colloq.] a tramp **2.** [Colloq.] an alcoholic drink taken at sunset

**sundries** (sun′drēz) *n.pl.* sundry items; miscellaneous things

**sundry** (sun′drē) *adj.* [< OE. *sundor,* apart] various; miscellaneous —*pron.* [*with pl. v.*] sundry persons or things: chiefly in **all and sundry** everybody

**sunfish** *n.* a large sea fish with a globelike body

**sunflower** *n.* a tall plant with large, yellow, daisylike flowers

**sung** (suŋ) *pp. & rare pt. of* SING

**sunglasses** (sun′gläs′iz) *n.pl.* eyeglasses with special lenses, usually tinted, to protect the eyes from the sun's glare

**sun god** the sun personified and worshipped as a god

**sunk** (suŋk) *pp. & alt. pt. of* SINK —*adj.* **1.** *same as* SUNKEN **2.** [Colloq.] utterly ruined, disgraced, etc.

**sunken** *obs. pp. of* SINK —*adj.* **1.** submerged [*a sunken* ship] **2.** below the level of the surrounding area [*a sunken* patio] **3.** hollow [*sunken* cheeks]

**sunk fence** *same as* HA-HA

**sunlamp** (sun′lamp′) *n.* an electric lamp that radiates ultraviolet rays like those of sunlight

**sunless** *adj.* without sun or sunlight; dark

**sunlight** *n.* the light of the sun

**sunlit** *adj.* lighted by the sun

**sun lounge** a room or porch with large windows positioned so as to receive as much sunlight as possible

**sunny** *adj.* **sun′nier, sun′niest** **1.** bright with sunlight **2.** bright and cheerful **3.** of or suggestive of the sun —**on the sunny side of** somewhat younger than (a specified age) —**sun′nily** *adv.* —**sun′niness** *n.*

**sunrise** *n.* **1.** the daily appearance of the sun above the eastern horizon **2.** the time of this **3.** the colour of the sky at this time

**sunroof** *n.* a panel in the roof of a car that may be opened

**sunset** *n.* **1.** the daily disappearance of

the sun below the western horizon **2.** the time of this **3.** the colour of the sky at this time

**sunshade** *n.* a parasol, awning, etc. used for protection against the sun's rays

**sunshine** *n.* **1.** the shining of the sun, or its light and heat **2.** cheerfulness, joy, etc., or a source of this

**sunspot** *n.* any temporarily cooler region appearing from time to time as a dark spot on the sun

**sunstroke** *n.* heatstroke caused by excessive exposure to the sun

**suntan** *n.* a darkened condition of the skin resulting from exposure to the sun or a sunlamp —**sun′-tanned′** *adj.*

**sunup** *n.* [U.S.] *same as* SUNRISE

**sup**[1] (sup) *n., vt., vi.* **supped, sup′ping** [OE. *supan,* to drink] *same as* SIP

**sup**[2] *vi.* **supped, sup′ping** [< OFr. *soupe,* soup] [Obs.] to have supper

**sup-** *same as* SUB-: used before *p*

**sup.** **1.** superior **2.** superlative **3.** supplement **4.** supplementary **5.** supply

**super** (sōō′pər) *n.* [< ff.] *shortened form of:* **1.** SUPERNUMERARY **2.** SUPERINTENDENT —*adj.* [Colloq.] outstanding; exceptionally fine

**super-** [L. < *super,* above] *a prefix meaning:* **1.** over, above *[superstructure]* **2.** superior to *[superintendent]* **3.** surpassing *[superfine]* **4.** greater than others of its kind *[supermarket]* **5.** additional *[supertax]*

**superable** (sōō′pər ə b'l) *adj.* that can be overcome

**superabundant** (sōō′pər ə bun′dənt) *adj.* excessively abundant —**su′perabun′dance** *n.*

**superannuate** (sōō′pər an′yōō wāt′) *vt.* **-at′ed, -at′ing** **1.** to retire, esp. with a pension, because of old age or infirmity **2.** to set aside as old-fashioned or obsolete

**superannuated** *adj.* [< L. *super,* beyond + *annus,* year] **1.** *a)* too old for further work *b)* retired because of old age or infirmity **2.** old-fashioned; outdated

**superannuation** (sōō′pər an′yōō wā′shən) *n.* **1.** the amount deducted regularly from employees' incomes in a contributory pension scheme **2.** the pension paid

**superb** (sōō pərb′) *adj.* [< L. *super,* above] **1.** [Colloq.] excellent **2.** noble; majestic **3.** rich; splendid

**supercargo** (sōō′pər kär′gō) *n., pl.* **-goes, -gos** [< Sp. *sobre,* over + *cargo,* CARGO] an officer on a merchant ship who has charge of the cargo, representing the shipowner

**supercharge** (sōō′pər chärj′) *vt.* **-charged′, -charg′ing** **1.** to increase the power of (an engine), as with a supercharger **2.** *same as* PRESSURIZE (sense 1)

**supercharger** *n.* a blower or compressor used to increase the power of an internal-combustion engine by increasing the supply of air or fuel mixture to the cylinders

**supercilious** (sōō′pər sil′ē əs) *adj.* [< L. *super-,* above + *cilium,* eyelid] full of or showing pride or contempt; haughty

**superconductivity** (sōō′pər kon′dəktiv′ə tē) *n.* *Physics* the ability of certain metals and alloys to conduct electricity continuously without resistance when chilled to near absolute zero

**supercool** (sōō′pər kōōl′) *vt.* to lower the temperature of (a liquid) to below its freezing point without causing solidification

**superego** (sōō′pər ē′gō) *n., pl.* **-gos** *Psychoanalysis* that part of the psyche which is critical of the self or ego and enforces moral standards

**supererogation** (sōō′pər er′ə gā′shən) *n.* [< L. *super,* above + *erogare,* to pay out] the act of doing more than what is required or expected

**superficial** (sōō′pər fish′əl) *adj.* [< L. *super-,* above + *facies,* face] **1.** of or being on the surface **2.** concerned with and understanding only the obvious; shallow **3.** quick and cursory **4.** merely apparent *[a superficial* resemblance*]* —**su′perfi′cial′ity** (-ē al′ə tē) *n.*

**superfine** (sōō′pər fīn′) *adj.* **1.** too subtle, delicate, or refined **2.** of very fine quality

**superfluous** (sōō pur′flōō wəs) *adj.* [< L. *super-,* above + *fluere,* to flow] more than is needed or wanted; excessive; unnecessary —**superfluity** (sōō′pər flōō′ə tē) *n.*

**superheat** (sōō′pər hēt′) *vt.* **1.** to heat (steam not in contact with water) beyond its saturation point, so that a drop in temperature will not cause it to turn back to water **2.** to heat (a liquid) above its boiling point without its vaporizing **3.** to make too hot

**superhuman** (sōō′pər hyōō′mən) *adj.* **1.** having a nature above that of man; divine **2.** greater than normal for a human being

**superimpose** (sōō′pər im pōz′) *vt.* **-posed′, -pos′ing** **1.** to put on top of something else **2.** to add as a feature that dominates or does not properly fit with the rest

**superinduce** (sōō′pər in dyōōs′) *vt.* **-duced′, -duc′ing** to bring in as an addition

**superintend** (sōō′pər in tend′) *vt.* to act as superintendent of; supervise —**su′perintend′ence** *n.*

**superintendent** *n.* [see SUPER- & INTEND] **1.** a person in charge of a department, institution, etc.; supervisor **2.** a police officer ranking above an inspector

**superior** (sōō pēər′ē ər) *adj.* [< L. *superus,* that is above] **1.** higher in order, status, quality, numbers, etc. (with *to*) **2.** above average; excellent **3.** haughty **4.** not influenced or affected by **5.** higher in space; placed higher up —*n.* **1.** a superior person or thing **2.** the head of a religious community —**supe′rior′ity** (-or′ə tē) *n.*

**superlative** (sōō pur′lə tiv) *adj.* [< L. *super-,* above + *latus,* carried] **1.** excelling all others; supreme **2.** excessive **3.** *Gram.* designating the extreme degree of comparison of adjectives and adverbs: usually indicated by *-est* (*hardest*) or *most* (*most beautiful*) —*n.* **1.** the highest degree **2.** *Gram. a)* the superlative degree *b)* a word or form in this degree

**superman** (sōō′pər man′) *n.* **1.** in Nietzsche's philosophy, a type of superior man regarded as the goal of the evolutionary struggle **2.** an apparently superhuman man

**supermarket** (sōō′pər mär′kit) *n.* a large, self-service, retail store selling food, household goods, etc.

**supernal** (sōō pur′n'l) *adj.* [< L. *supernus,* upper] celestial, heavenly, or divine

**supernatural** (sōō′pər nach′rəl) *adj.* existing outside man's normal experience or the known laws of nature; specif., of or involving God or a god, or ghosts, the occult, etc. —**the supernatural** supernatural beings, forces, happenings, etc.

**supernova** (sōō′pər nō′və) *n., pl.* **-vae** (-vē), **-vas** [see SUPER- & NOVA] an extremely bright nova that suddenly increases 10 million to 100 million times in brightness

**supernumerary** (sōō′pər nyōō′mə rər ē) *adj.* [< L. *super,* above + *numerus,* number] extra or superfluous —*n., pl.* **-aries** **1.** a supernumerary person or thing **2.** *Theatre* a person with a small, nonspeaking part

**superphosphate** (sōō′pər fos′fāt) *n.* an acid phosphate; esp. one made by treating phosphate rock with sulphuric acid, and used as a fertilizer

**superpose** (sōō′pər pōz′) *vt.* **-posed′, -pos′ing** [see SUPER- & POSE[1]] to lay or place on, over, or above something else

**superpower** (sōō′pər pou′ər) *n.* any of the few most powerful nations of the world

**supersaturate** (sōō′pər sach′ə rāt′) *vt.* **-rat′ed, -rat′ing** to saturate beyond the normal point for the given temperature

**superscribe** (sōō′pər skrīb′) *vt.* **-scribed′, -scrib′ing** [see SUPER- & SCRIBE] to write (an inscription, name, etc.) at the top or on an outer surface of —**su′perscrip′tion** (-skrip′shən) *n.*

**superscript** (sōō′pər skript′) *adj.* written above —*n.* a figure, letter, or symbol written above and to the side of another [in $y^2$ and $x^n$, *2* and *n* are *superscripts*]

**supersede** (sōō′pər sēd′) *vt.* **-sed′ed, -sed′ing** [< L. *super-,* above + *sedere,* sit] **1.** to succeed; replace; supplant **2.** to cause to be set aside as inferior or obsolete

**supersensitive** (sōō′pər sen′sə tiv) *adj.* highly sensitive or too sensitive

**supersonic** (sōō′pər son′ik) *adj.* [SUPER- + SONIC] designating or moving at a speed greater than that of sound —**su′person′ically** *adv.*

**supersonics** *n.pl.* [*with sing. v.*] the science dealing with supersonic phenomena

**superstition** (sōō′pər stish′ən) *n.* [< L. *super-,* over + *stare,* to stand] **1.** any belief, based on fear or ignorance, that is not in accord with the known facts or rational thought; esp., such a belief in charms, the supernatural, etc. **2.** any action or practice based on such a belief **3.** such beliefs collectively —**su′persti′tious** *adj.*

**superstructure** (sōō′pər struk′chər) *n.* a structure built on top of another, as that part of a ship above the main deck

**supertanker** (sōō′pər taŋ′kər) *n.* an extremely large tanker

**supertax** (sōō′pər taks′) *n.* an additional tax; esp., a surtax

**supervene** (sōō′pər vēn′) *vi.* **-vened′, -ven′ing** [< L. *super-,* over + *venire,* come] to happen as something added or not expected —**su′perven′tion** (-ven′shən) *n.*

**supervise** (sōō′pər vīz′) *vt., vi.* **-vised′, -vis′ing** [< L. *super-,* over + *videre,* see] to oversee or direct (work, workers, etc.); superintend —**su′pervi′sion** (-vizh′ən) *n.* —**su′pervi′sor** *n.*

**supine** (sōō pīn′) *adj.* [L. *supinus*] **1.** lying on the back, face upwards **2.** showing no concern about matters

**supper** (sup′ər) *n.* [< OFr. *soupe,* soup] an evening meal, esp. a light one

**supplant** (sə plänt′) *vt.* [< L. *sub-,* under + *planta,* sole of the foot] to take the place of, esp. through plotting

**supple** (sup′'l) *adj.* [< L. *supplex,* humble] **1.** bending easily; flexible **2.** lithe; limber **3.** adaptable or yielding —**sup′plely** *adv.* —**sup′pleness** *n.*

**supplement** (sup′lə mənt; *for v. also* -ment′) *n.* [see SUPPLY[1]] **1.** something added, esp. to make up for a lack **2.** a section added to a book, etc., to give additional information **3.** a separate newspaper section containing feature stories, illustrations, etc. **4.** *Math.* the number of degrees to be added to an angle or arc to make 180 degrees —*vt.* to provide a supplement to —**sup′plemen′tary** *adj.* —**sup′plementa′tion** *n.*

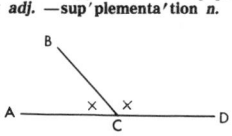


SUPPLEMENTARY ANGLES

**supplementary angle** either of two angles that together form 180 degrees

**supplementary benefits** in Britain, an allowance paid by the state to various categories of people to bring their income up to a certain minimum level

**suppliant** (sup′lē ənt) *n.* a person who supplicates —*adj.* supplicating; beseeching

**supplicate** (sup′lə kāt′) *vt., vi.* **-cat′ed, -cat′ing** [< L. *sub-,* under + *plicare,* to fold] **1.** to ask for (something) humbly **2.** to make a humble request (of) —**sup′plica′tion** *n.* —**sup′plicatory** *adj.*

**supply[1]** (sə plī′) *vt.* **-plied′, -ply′ing** [< L. *sub-,* under + *plere,* to fill] **1.** to furnish or provide **2.** to meet the needs of **3.** to make up for (a deficiency, etc.) —*vi.* to serve as a substitute —*n., pl.* **-plies′** **1.** the act of supplying **2.** a stock;

store **3.** [*pl.*] materials, provisions, etc. for supplying an army, a business, etc. **4.** a substitute, as for a minister, teacher, etc. —*adj.* serving as a substitute —**suppli'er** *n.*

**supply**[2] (sup'lē) *adv.* in a supple manner; supplely

**support** (sə pôrt') *vt.* [< L. *sub-*, under + *portare*, carry] **1.** to carry or bear the weight of; hold up **2.** to give courage or faith to **3.** to be in favour of; uphold **4.** to provide for (a person, institution, etc.) with money **5.** to help prove or vindicate **6.** to bear; endure **7.** to keep up; maintain **8.** *Theatre* to act a subordinate role with (a specified star) —*n.* **1.** a supporting or being supported **2.** a person or thing that supports

**supporter** *n.* a person or thing who supports, esp., one who supports a team, club, etc.

**supporting film** a film that is not the main attraction but forms part of a cinema programme

**supportive** *adj.* that gives support or help

**suppose** (sə pōz') *vt.* **-posed', -pos'ing** [< L. *sub-*, under + *ponere*, to place] **1.** to believe, think, guess, etc. **2.** to take to be true, as for the sake of argument [*suppose* A equals B] **3.** to consider as a possibility [*suppose* he doesn't come] **4.** to presuppose **5.** to expect: always in the passive [she's *supposed* to telephone]

**supposed** *adj.* **1.** regarded as true, possible, etc., without actual knowledge **2.** merely imagined —**suppos'edly** *adv.*

**supposition** (sup'ə zish'ən) *n.* **1.** the act of supposing **2.** something supposed; assumption

**suppositious** (sup'ə zish'əs) *adj.* [see SUPPOSE] **1.** hypothetical **2.** substituted with intent to deceive Also **supposititious** (sə poz'ə tish'əs)

**suppository** (sə poz'ə tər ē) *n., pl.* **-ries** [see SUPPOSE] a piece of medicated substance, inserted into the rectum, vagina, etc., where it is melted and spread by the body heat

**suppress** (sə pres') *vt.* [< L. *sub-*, under + *premere*, to press] **1.** to put an end to; prohibit **2.** to restrain; check [to *suppress* a laugh] **3.** to keep from being known, published, etc. **4.** to put down by force; quell **5.** *Electronics, Radio,* etc. to eliminate (an unwanted signal, etc.) —**suppres'sion** *n.* —**suppres'sor** *n.*

**suppurate** (sup'yoo rāt') *vi.* **-rat'ed, -rat'ing** [< L. *sub-*, under + *pus*, pus] to form or discharge pus; fester —**sup'pura'tion** *n.* —**sup'purative** *adj.*

**supra-** [< L. *supra*, above] *a prefix meaning* above, over, beyond [*suprarenal*]

**supranational** (sōō'prə nash'ə n'l) *adj.* of or involving all or a number of nations

**supremacy** (soo prem'ə sē) *n., pl.* **-cies** **1.** the quality or state of being supreme **2.** supreme power or authority

**supreme** (soo prēm') *adj.* [< L. *superus*, that is above] **1.** highest in rank, power, etc. **2.** highest in quality, achievement, etc. **3.** highest in degree [*a supreme* fool] **4.** final; ultimate —**supreme'ly** *adv.*

**Supreme Being** God

**supremo** (sōō prēm'ō) *n.* [< SUPREM(E) + *-o*] a person with overall authority or control

**Supt., supt.** Superintendent

**sur-**[1] [OFr. < L. *super*, over] *a prefix meaning* over, upon, above, beyond [*surcharge*]

**sur-**[2] *same as* SUB-: used before *r*

**surcease** (sər sēs') *n.* [< L. *supersedere*, refrain from] [Archaic] end

**surcharge** (sər'chärj; *for v.* sər chärj') *vt.* **-charged', -charg'ing** [see SUR-[1] & CHARGE] **1.** *a*) to charge an additional sum *b*) to overcharge **2.** to overload **3.** to mark (a postage stamp) with a surcharge —*n.* **1.** an additional charge **2.** an overcharge **3.** a new face value overprinted on a postage stamp

**surcoat** (sər'kōt') *n.* [< MFr.: see SUR-[1] & COAT] an outer coat; esp., a short cloak worn over a knight's armour

**surd** (sərd) *n.* [L. *surdus*, deaf] **1.** *Math.* an irrational number or quantity, as a root that cannot be determined exactly **2.** *Phonet.* a voiceless sound —*adj.* *same as:* **1.** *Math.* IRRATIONAL **2.** *Phonet.* VOICELESS

**sure** (shooər) *adj.* **sur'er, sur'est** [see SECURE] **1.** having no doubt; confident **2.** that cannot be doubted, questioned, etc. **3.** that can be counted on to be or happen [*a sure* defeat] **4.** that will not fail; reliable **5.** never missing [*a sure* aim] **6.** bound to do, experience, etc. [*sure* to lose] —*adv.* [Chiefly U.S. Colloq.] surely —**for sure** certain(ly) —**make sure** to be or cause to be certain —**sure enough** [Colloq.] certainly —**to be sure** surely; certainly —**sure'ness** *n.*

**sure-fire** *adj.* [Colloq.] sure to be successful

**sure-footed** (shooər'foot'id) *adj.* not likely to stumble, fall, or err

**surely** *adv.* **1.** without a doubt; certainly **2.** with confidence

**surety** (shooər'ə tē) *n., pl.* **-ties** **1.** a person who makes himself responsible for another; specif., *Law* one who makes himself liable for another's debts **2.** something that makes sure, protects, etc.; security **3.** a being sure **4.** something sure; certainty

**surf** (surf) *n.* [< ?] the foam caused by waves breaking on the shore or a reef —*vi.* to engage in the sport of surfing —**surf'er** *n.*

**surface** (sər'fis) *n.* [Fr. < *sur-*, over + *face*, a face] **1.** *a*) the outer face of a thing *b*) any side of a thing having several sides **2.** outward appearance **3.** *Geom.* an extent having length and breadth, but no thickness —*adj.* **1.** of, on, or at the surface **2.** functioning or carried on land or sea, rather than in the air [*surface* mail] **3.** seeming such in appearance, superficial —*vt.* **-faced, -fac-**

**ing** 1. to bring (a submarine, etc.) to the surface 2. to treat the surface of, esp. so as to make smooth —*vi.* 1. to rise to the surface 2. to become known, esp. after being concealed

**surface tension** a property of liquids in which the surface tends to contract to the smallest possible area, so that it seems like a thin, elastic film under tension

**surfboard** (sur′fbôrd′) *n.* a long, narrow board used in the sport of surfing —**surf′board′er** *n.*

**surfeit** (sur′fit) *n.* [< L. *super,* over + *facere,* make] 1. too great an amount or supply 2. an indulging in too much food, drink, etc. 3. disgust, nausea, etc. resulting from this —*vt.* to feed or supply to excess

**surfing** (sur′fiŋ) *n.* the sport of riding in towards shore on the crest of a wave, esp. on a surfboard: also **surfriding**

**surg.** 1. surgeon 2. surgery 3. surgical

**surge** (surj) *n.* [< L. *surgere,* to rise] 1. any sudden strong rush [a *surge* of energy, the *surge* of the crowd] 2. a large wave of water, or the swelling or rushing motion of such a wave —*vi.* **surged, surg′ing** to move in a surge

**surgeon** (sur′jən) *n.* a doctor who specializes in surgery

**surgery** (sur′jər ē) *n., pl.* **-geries** [< Gr. *cheir,* hand + *ergein,* to work] 1. *a*) the treatment of disease, injury, etc. by operations with the hands or instruments, as the removal of diseased parts by cutting *b*) the branch of medicine dealing with this 2. the consulting rooms of a dentist, doctor, etc. 3. [Colloq.] the place or time when members of parliament can be visited by their constituents

**surgical** *adj.* 1. of surgeons or surgery 2. used in surgery 3. resulting from surgery —**sur′gically** *adv.*

**surgical spirit** methylated spirit for use as a cleanser in operations, etc.

**surly** (sur′lē) *adj.* **-lier, -liest** [earlier *sirly,* imperious < SIR] bad-tempered; sullenly rude; uncivil —**sur′liness** *n.*

**surmise** (sər mīz′; *for n. also* sur′mīz) *n.* [< L. *super,* upon + *mittere,* send] 1. a guess; conjecture 2. the act of surmising —*vt., vi.* **-mised′, -mis′ing** to imagine or infer (something) without conclusive evidence; guess

**surmount** (sər mount′) *vt.* [see SUR-[1] & MOUNT[2]] 1. to overcome (a difficulty) 2. to be or lie at the top of; be or rise above

**surmounted** *adj.* topped with; capped; crowned (*with* or *by*)

**surname** (sur′nām′) *n.* [< OFr. *sur-,* over + *nom,* name] the family name, or last name, as distinguished from a Christian name —*vt.* **-named′, -nam′ing** to give a surname to

**surpass** (sər päs′) *vt.* [< MFr.: see SUR-[1] + PASS[2]] 1. to be better than; excel 2. to exceed in quantity, degree, etc. 3. to go beyond the limit, capacity, etc. of —**surpass′ing** *adj.*

SURPLICE

**surplice** (sur′plis) *n.* [ult. < L. *super-,* above + *pelliceum,* fur robe] a loose, white, wide-sleeved outer vestment worn by the clergy and choir in some churches —**sur′pliced** *adj.*

**surplus** (sur′pləs) *n.* [OFr. < *sur-,* above + L. *plus,* more] 1. a quantity over and above what is needed or used; excess 2. the excess of the assets of a business over its liabilities —*adj.* that is a surplus; excess

**surprise** (sər prīz′) *vt.* **-prised′, -pris′ing** [< OFr. *sur-,* over + *prendre,* take] 1. *a*) to cause to feel astonishment by being unexpected *b*) to present (someone) unexpectedly with a gift, etc. 2. to cause by some unexpected action to do or say something unintended: often with *into* 3. to come upon suddenly or unexpectedly 4. to attack without warning —*n.* 1. a being surprised; astonishment 2. something that surprises because unexpected, unusual, etc. 3. an unexpected attack —**take by surprise** 1. to come upon suddenly 2. to amaze —**surpris′ing** *adj.*

**surrealism** (sə rē′ə liz′m) *n.* [< Fr.: see SUR-[1] & REALISM] a modern movement in art and literature, in which an attempt is made to portray the workings of the subconscious mind, as by arranging material in unexpected, fantastic ways —**surre′al, surre′alis′tic** *adj.* —**surre′alist** *adj., n.* —**surre′alis′tically** *adv.*

**surrender** (sə ren′dər) *vt.* [< MFr. < *sur-* (see SUR-[1]) + *rendre,* RENDER] 1. to give up possession of; yield 2. to give up or abandon [to *surrender* all hope] 3. to yield (oneself) to an emotion, etc. —*vi.* to give oneself up, esp. as a prisoner; yield —*n.* the act of surrendering

**surreptitious** (sur′əp tish′əs) *adj.* [< L. *sub-,* under + *rapere,* seize] 1. done, got, etc. in a secret, stealthy way 2. acting in a secret, stealthy way

**surrogate** (sur′ə git) *n.* [< L. *sub-,* in place of + *rogare,* to elect] a deputy or substitute, esp. a clergyman acting as a deputy of a bishop in granting special licences for marriages

**surround** (sə round′) *vt.* [< L. *super,* over + *undare,* to rise] 1. to encircle on all or nearly all sides; enclose 2. to cut off (a military unit, etc.) from retreat by encircling —*n.* something that surrounds —**surround′ing** *adj.*

**surroundings** *n.pl.* the things,

conditions, influences, etc. that surround a given place or person; environment

**surtax** (sur′taks) *n.* an extra tax on something already taxed, esp., a graduated tax on the amount by which an income exceeds a given figure —*vt.* to levy a surtax on

**surtout** (sur′tōō) *n.* [Fr. < *sur,* over + *tout,* all] formerly, a man's long, closefitting overcoat

**surveillance** (sər vā′ləns) *n.* [Fr. < *sur-,* over + *veiller,* to watch] watch kept over a person, esp. a suspect

**survey** (sər vā′; *for n. usually* sur′vā) *vt.* [< OFr. *sur-,* over + *veoir,* see] **1.** to examine or consider carefully or in a comprehensive way **2.** to determine the location, form, or boundaries of (a tract of land) —*vi.* to survey land —*n., pl.* **-veys** **1.** a detailed study made by gathering and analysing information **2.** a comprehensive study [a *survey* of Italian art] **3.** *a*) the process of surveying a tract of land *b*) a plan or written description of the area surveyed

**surveying** (sər vā′iŋ) *n.* **1.** the act of one who surveys **2.** the science or profession of surveying land

**surveyor** *n.* a person who surveys, esp. one whose work is surveying land

**survival** (sər vī′v'l) *n.* **1.** the act of surviving **2.** someone or something that survives, esp. an ancient belief, custom, etc.

**survival of the fittest** *popular term for* NATURAL SELECTION

**survive** (sər vīv′) *vt.* **-vived′, -viv′ing** [< L. *super-,* above + *vivere,* to live] **1.** to exist longer than; outlive **2.** to continue to live after [to *survive* a wreck] —*vi.* to continue existing —**survi′vor** *n.*

**sus** (sus) *n.* [SUS(PICION), SUS(PECT)] [Colloq.] suspicion —*vt.* [Colloq.] to suspect —**sus out** [Colloq.] to puzzle out

**susceptibility** (sə sep′tə bil′ə tē) *n., pl.* **-ties** **1.** a being susceptible **2.** [*pl.*] sensitive feelings **3.** a susceptible temperament

**susceptible** (sə sep′tə b'l) *adj.* [< L. *sus-,* under + *capere,* take] easily affected emotionally; sensitive —**susceptible of** allowing [testimony *susceptible of* error] —**susceptible to** easily influenced by or affected with [*susceptible to* disease] —**suscep′tibly** *adv.*

**suspect** (sə spekt′; *for adj. & n.* sus′pekt) *vt.* [< L. *sus-,* under + *spicere,* to look] **1.** to believe to be guilty of something specified, on little or no evidence **2.** to believe to be bad, harmful, etc.; distrust **3.** to think likely; suppose —*adj.* viewed with suspicion —*n.* one suspected, esp. of a crime

**suspend** (sə spend′) *vt.* [< L. *sus-,* under + *pendere,* hang] **1.** to hang by a support from above **2.** to hold (dust in the air, etc.) in suspension **3.** to make inoperative for a time **4.** to defer (judgment, a sentence, etc.) **5.** to remove (someone) from a position, school, etc., for a time, as a punishment —**suspen′sory** *adj.*

**suspended animation** a temporary cessation of the vital functions, resembling death

**suspended sentence** a prison sentence that is only served if the guilty party commits another offence

**suspender belt** a belt, usually of elastic fibre, with suspenders hanging from it, worn by women

**suspenders** *n.pl.* **1.** elastic straps with fasteners at the ends for holding up stockings **2.** [U.S.] braces

**suspense** (sə spens′) *n.* [see SUSPEND] **1.** the state of being undecided **2.** a state of usually anxious uncertainty, as in awaiting a decision **3.** the growing excitement felt as a story, play, etc. builds to a climax

**suspension** *n.* **1.** a suspending or being suspended; specif., *a*) a temporary removal from a position, privilege, etc. *b*) a temporary stoppage or cancelling *c*) a deferring of action on a sentence **2.** a supporting device upon or from which something is suspended **3.** the system of springs, etc. supporting a vehicle upon its undercarriage **4.** *Chem. a*) the condition of a substance whose particles are dispersed through a fluid but not dissolved in it *b*) a substance in this condition

**suspension bridge** a bridge suspended from cables anchored at either end and supported by towers at intervals

**suspicion** (sə spish′ən) *n.* [see SUSPECT] **1.** a suspecting or being suspected **2.** the feeling or state of mind of a person who suspects **3.** a trace —**above suspicion** not to be suspected; honourable —**under suspicion** suspected

**suspicious** *adj.* **1.** arousing suspicion **2.** showing suspicion **3.** *a*) feeling suspicion *b*) tending habitually to suspect evil, etc. —**suspi′ciously** *adv.*

**sustain** (sə stān′) *vt.* [< L. *sus-,* under + *tenere,* hold] **1.** to keep in existence; maintain or prolong [to *sustain* a mood] **2.** to provide for the support of; specif., to provide nourishment for **3.** to support; carry the weight of **4.** to comfort; encourage **5.** to endure; withstand **6.** to suffer (an injury, loss, etc.) **7.** to uphold the validity of [to *sustain* a verdict] **8.** to confirm; corroborate

**sustenance** (sus′ti nəns) *n.* **1.** nourishment; food **2.** means of support **3.** a sustaining or being sustained

**susurrate** (syōō′sə rāt′) *vi.* **-rat′ed, -rat′ing** [< L. *susurrare*] to whisper; murmur; rustle —**susurration** (sōō′sə rā′shən) *n.*

**sutler** (sut′lər) *n.* [< ModDu. *soetelen,* do dirty work] formerly, a person following an army to sell food, drink, esp. alcohol, etc. to its soldiers

**suttee** (sut′ē) *n.* [< Sans. *satī,* virtuous wife] **1.** a Hindu widow who threw herself alive onto her husband's funeral pyre **2.** the former custom of such self-cremation

**suture** (sōō′chər) *n.* [< L. *suere,* sew] **1.** *Surgery a*) the stitching together of the two edges of a wound or incision *b*) the gut, thread, etc. used, or any of the stitches made **2.** *Anat.* the line of junction of two bones, esp. of the skull —*vt.* **-tured, -turing** to join together as with sutures

**suzerain** (sōō′zə rān′) *n.* [Fr. < *sus,* above + (*sou*)*verain,* SOVEREIGN] **1.** a state in its relation to another state over which it has political control **2.** a feudal lord —**su′zerainty** *n.*

**svelte** (svelt) *adj.* [Fr.] slender and graceful

**SW, S.W., s.w.** **1.** southwest **2.** southwestern

**Sw.** **1.** Sweden **2.** Swedish

**swab** (swob) *n.* [< ModDu. *zwabben,* do dirty work] **1.** *a*) a small piece of cottonwool, etc. used to apply medicine to or clean the throat, mouth, etc. *b*) matter collected in this way **2.** a mop for cleaning decks, floors, etc. **3.** [Slang] a clumsy, loutish person —*vt.* **swabbed, swab′bing** to clean, medicate, etc. with a swab

**swaddle** (swod′'l) *vt.* **-dled, -dling** [OE. *swethel*] to wrap (a newborn baby) in long, narrow bands of cloth (**swaddling clothes** or **bands**), as in former times

**swag** (swag) *n.* [< ?] **1.** [Slang] *a*) loot; plunder *b*) goods; valuables; money **2.** a curtain, garland, chain, etc. hanging decoratively in a loop or curve **3.** [Aust. Colloq.] a bundle containing one's personal belongings

**swagger** (swag′ər) *vi.* [prob. < Norw. *svagga,* to sway] **1.** to walk with a bold, arrogant stride; strut **2.** to boast, brag, or show off in a loud, superior manner —*n.* swaggering walk or manner —**swag′geringly** *adv.*

**swagger stick** a short stick or cane as carried by some army officers, etc.: also **swagger cane**

**swagman** (swag′mən) *n.* [Aust. Colloq.] a vagrant worker, carrying his possessions on his back

**Swahili** (swä hē′lē) *n.* **1.** *pl.* **-lis, -li** any of a Bantu people of Zanzibar and the nearby mainland **2.** their Bantu language, widely used as a lingua franca in E and C Africa

**swain** (swān) *n.* [< ON. *sveinn,* boy] [Poet. or Archaic] **1.** a country youth **2.** a young rustic lover **3.** a lover

SWALLOW (to 19 cm)

**swallow**[1] (swol′ō) *n.* [OE. *swealwe*] a small, swift-flying, migratory bird with long, pointed wings and a forked tail

**swallow**[2] *vt.* [OE. *swelgan*] **1.** to pass (food, etc.) from the mouth into the stomach **2.** to take in; absorb (often with *up*) **3.** to take back (words said) **4.** to tolerate [to *swallow* insults] **5.** to suppress [to *swallow* one's pride] **6.** to utter (words) indistinctly **7.** [Colloq.] to accept as true without question —*vi.* to move the muscles of the throat as in swallowing —*n.* **1.** the act of swallowing **2.** the amount swallowed at one time

**swallow dive** a dive in which the legs are held straight, the back is arched, and the arms are stretched out to the sides

**swallowtail** *n.* **1.** something having a forked shape like that of a swallow's tail **2.** a butterfly having taillike points on the hind wings

**swam** (swam) *pt. of* SWIM[1] & SWIM[2]

**swami** (swä′mē) *n., pl.* **-mis** [< Sans *svāmin,* lord] master: a title of respect for a Hindu religious teacher

**swamp** (swomp) *n.* [< ME. *sompe,* SUMP] a piece of wet, spongy land; marsh; bog —*adj.* of or native to a swamp —*vt.* **1.** to plunge in a swamp, deep water, etc. **2.** to flood as with water **3.** to overwhelm [*swamped* by debts] —**swamp′y** *adj.*

**swan** (swon) *n.* [OE.] **1.** a large-bodied water bird with webbed feet, a long, graceful neck, and, usually, pure white feathers **2.** [Poet.] a poet or singer —*vi.* [Colloq.] to wander idly; stroll —**swan′like′** *adj.*

**swank** (swaŋk) *n.* [akin to OE. *swancor,* pliant] [Colloq.] ostentation or showiness in dress, behaviour, speech, etc. —*vi.* [Slang] to show off; boast —**swank′y** *adj.*

**swan's-down** (swonz′doun′) *n.* **1.** the soft, fine underfeathers of a swan **2.** a soft, thick fabric of wool and silk, rayon or cotton Also **swans′down′**

**swan song** **1.** the last act, work, etc. of a person **2.** the sweet song supposed to be sung by a dying swan

**swan-upping** *n.* [see SWAN + UP, *v.*] the practice of marking young swans with a notch in the upper beak as a sign of ownership

**swap** (swop) *vt., vi.* **swapped, swap′ping** [ME. *swappen,* to strike] [Colloq.] to exchange or barter —*n.* [Colloq.] *a*) an exchange, or barter *b*) the thing exchanged

**sward** (swôrd) *n.* [OE. *sweard,* skin] grass-covered soil; turf

**swarm**[1] (swôrm) *n.* [OE. *swearm*] **1.** a large number of bees, led by a queen, leaving a hive to start a new colony **2.** a moving mass or crowd —*vi.* **1.** to fly off in a swarm: said of bees **2.** to move, collect, etc. in large numbers **3.** to be filled or crowded (*with*) —*vt.* to crowd; throng

**swarm**[2] *vi., vt.* [< ?] to climb (a tree, mast, etc.); shin (*up*)

**swarthy** (swôr′*th*ē) *adj.* **-ier, -iest** [< OE. *sweart*] having a dark complexion; dusky —**swarth′ily** *adv.* —**swarth′iness** *n.*

**swashbuckler** (swosh′buk′lər) *n.* [<

*swash,* swagger + BUCKLER] a blustering, swaggering fighting man —**swash'buck'ling** *n., adj.*

**swastika** (swos'ti kə) *n.* [< Sans. *svasti,* well-being] **1.** a design of ancient origin in the form of a cross with four equal arms, each bent in a right-angle extension **2.** this design with the extensions bent clockwise: used as the Nazi emblem

**swat** (swot) *vt.* **swat'ted, swat'ting** [see SQUAT] [Colloq.] to hit with a quick, sharp blow —*n.* [Colloq.] a quick, sharp blow —**swat'ter** *n.*

**swatch** (swoch) *n.* [< ?] **1.** a sample piece of cloth **2.** a small amount in a bunch or patch

**swath** (swôth) *n.* [OE. *swathu,* a track] **1.** the area covered with one cut of a scythe, etc. **2.** the strip of grass, wheat, etc. cut in a single strip by a mower, etc. **3.** any long strip

**swathe**[1] (swāth) *vt.* **swathed, swath'ing** [OE. *swathian*] **1.** to wrap or bind up in a bandage **2.** to wrap (a bandage, etc.) around something **3.** to envelop

**swathe**[2] *n.* *same as* SWATH

**sway** (swā) *vi.* [ON. *sveigja,* to bend] **1.** to swing or move from side to side or to and fro **2.** to vacillate in position, judgment or opinion —*vt.* **1.** to cause to sway **2.** to influence in a certain direction [*swayed* by promises] —*n.* **1.** a swaying or being swayed **2.** influence or control **3.** [Archaic] rule; dominion —**hold sway** to reign or prevail

**swear** (swāər) *vi.* **swore, sworn, swear'ing** [OE. *swerian*] **1.** to make a solemn declaration, supporting it with an appeal to God or to something held sacred **2.** to make a solemn promise; vow **3.** to use profane or offensive language; curse **4.** *Law* to give evidence under oath —*vt.* **1.** to declare, pledge, or vow on oath **2.** to assert with great emphasis **3.** to administer a legal oath to —**swear by** **1.** to name (something held sacred) in taking an oath **2.** to have great faith in —**swear in** to administer an oath to (a person taking office, a witness, etc.) —**swear off** to promise to give up —**swear to** to be certain of [I couldn't *swear to* his presence]

**swearword** *n.* a word or phrase used in swearing or cursing; profane or offensive word

**sweat** (swet) *vi.* **sweat'ed, sweat'ing** [OE. *swat*] **1.** to give out a salty moisture through the pores of the skin; perspire **2.** *a*) to give out moisture in droplets on its surface *b*) to condense water in droplets on its surface **3.** to work hard enough to cause sweating **4.** [Colloq.] to suffer distress, anxiety, etc. —*vt.* **1.** *a*) to give out (moisture) through a porous surface *b*) to condense (moisture) on the surface **2.** to cause to perspire, as by drugs, exercise, etc. **3.** *a*) to cause to work so hard as to sweat *b*) to cause (employees) to work long hours at low wages under poor working conditions **4.** [Colloq.] to get information from by torture or gruelling questioning —*n.* **1.** the clear, salty liquid given out through the pores in the skin **2.** moisture given out or collected in droplets on a surface **3.** a sweating **4.** a condition of eagerness, impatience, etc. **5.** hard work; drudgery —**sweat blood** [Slang] **1.** to work very hard **2.** to be impatient, anxious, etc. —**sweat out** [Slang] **1.** to endure **2.** to wait anxiously or impatiently —**sweat'y** *adj.*

**sweatband** *n.* **1.** a band of leather, etc. inside a hat to protect it against sweat **2.** a piece of cloth tied round the forehead, or a band worn round the wrist, to absorb sweat, as in sport

**sweater** *n.* a knitted outer garment for the upper part of the body

**sweat shirt** a heavy, long-sleeved cotton jersey

**sweatshop** *n.* a place where employees work long hours at low wages under poor working conditions

**Swed.** **1.** Sweden **2.** Swedish

**Swede** (swēd) *n.* a native or inhabitant of Sweden

**swede** (swēd) *n.* a turnip with a large, yellow root

**Swedish** *adj.* of Sweden, its people, their language, etc. —*n.* the North Germanic language of the Swedes

**sweep** (swēp) *vt.* **swept, sweep'ing** [OE. *swapan*] **1.** to clean as by brushing with a broom [to *sweep* a floor] **2.** to remove (dirt, etc.) as with a broom **3.** to strip, carry away, or destroy with forceful movement **4.** to touch lightly in moving across **5.** to pass swiftly over or across **6.** to rake with gunfire **7.** to win overwhelmingly —*vi.* **1.** to clean a surface, room, etc. as with a broom **2.** to move or progress steadily with speed, force, or gracefulness **3.** to trail, as the train of a gown **4.** to extend in a long curve [a road *sweeping* up the hill] —*n.* **1.** the act of sweeping **2.** a steady sweeping movement **3.** range or scope **4.** extent or stretch [a *sweep* of meadow] **5.** a line, contour, curve, etc. that gives an impression of flow or movement **6.** a chimney sweep **7.** complete victory or success **8.** a long oar —**sweep the board** to win all the possible prizes, etc. —**sweep'er** *n.*

**sweeping** *adj.* **1.** that sweeps **2.** extending over a wide range **3.** *a*) extensive; comprehensive *b*) complete *c*) indiscriminate —*n.* [*pl.*] things swept up, as dirt from a floor

**sweepstakes** *n., pl.* **-stakes'** **1.** a lottery in which each participant puts up money in a common fund from which the prizes come **2.** *a*) a contest, esp. a horse race, which determines the winners of such a lottery *b*) the prize or prizes won Also **sweep'stake', sweeps**

**sweet** (swēt) *adj.* [OE. *swete*] **1.** *a*) having a taste of, or like that of, sugar *b*) containing sugar in some form [*sweet* wines] **2.** *a*) pleasant in taste, looks, etc. *b*) gratifying [*sweet* praise] *c*) having a friendly, pleasing disposition *d*) sentimental *e*) [Colloq.] good, delightful, etc. **3.** *a*) not rancid, spoiled, or sour [*sweet* milk] *b*) not salty or salted —*n.* 1. something sweet; specif., *a*) a small piece of sweet food, usually made from sugar or syrup, with flavouring, nuts, etc. added *b*) a sweet dessert *c*) [*usually pl.*] pleasure or a pleasurable experience 2. a sweetheart; darling —**be sweet on** [Colloq.] to be in love with —**sweet'ish** *adj.* —**sweet'ness** *n.*

**sweetbread** *n.* the thymus or the pancreas of a calf, lamb, etc., when used as food

**sweetbrier, sweetbriar** *n.* *same as* EGLANTINE

**sweet corn** any of various strains of maize with kernels rich in sugar, eaten as a cooked vegetable

**sweeten** *vt.* 1. to make sweet 2. to make pleasant or agreeable 3. to make less harsh, less acidic, etc. —*vi.* to become sweet

**sweetener** *n.* a sweetening agent, esp. a synthetic substance, such as saccharin

**sweetheart** *n.* 1. a lover 2. darling: a term of endearment

**sweetmeat** *n.* a sweetened delicacy such as candied fruit, a sweet, etc.

**sweet pea** a climbing annual plant of the legume family, with butterfly-shaped flowers

**sweet potato** a tropical, trailing plant with a fleshy tuberlike root used as a vegetable

**sweet-talk** *vt., vi.* [U.S. Colloq.] to talk in a flattering or blandishing way (to)

**sweet tooth** [Colloq.] a fondness or craving for sweets

**sweetveld** (swit'felt') *n.* [< Afrik.] in South Africa, a particular type of grazing

**sweet william, sweet William** a perennial pink with dense, flat clusters of small flowers

**swell** (swel) *vi.* **swelled, swelled** or **swol'len, swell'ing** [OE. *swellan*] 1. to become larger as a result of pressure from within; expand 2. to curve out; bulge 3. to extend above the normal level 4. to form large waves: said of the sea 5. to be filled (*with* pride, etc.) 6. to increase in size, force, intensity, or loudness —*vt.* to cause to swell —*n.* 1. a part that swells; specif., *a*) a large wave that moves steadily without breaking *b*) a piece of rising ground 2. a swelling or being swollen 3. an increase in size, amount, degree, etc. 4. [Old Colloq.] a person, esp. a man, of wealth and fashion 5. *Music* *a*) a crescendo *b*) a device for controlling the loudness of tones, as in an organ —*adj.* [Chiefly U.S. Slang] first-rate; excellent

**swelled head** [Colloq.] great self-conceit: also **swollen head**

**swelling** *n.* 1. an increasing or being increased in size, volume, etc. 2. a swollen part, as on the body

**swelter** (swel'tər) *vi.* [OE. *sweltan*, die] to be or feel oppressively hot —*n.* a sweltering

**sweltering** *adj.* very hot, sweaty, sticky, etc.

**swept** (swept) *pt. & pp. of* SWEEP

**sweptwing** *adj.* *Aeron.* having wings swept backwards

**swerve** (swurv) *vi., vt.* **swerved, swerv'ing** [OE. *sweorfan*, to scour] to turn aside suddenly from a straight line, course, etc. —*n.* the act or degree of swerving

**swift** (swift) *adj.* [OE.] 1. moving with great speed; fast 2. coming, happening, or done quickly 3. acting or responding quickly [*swift* to help] —*n.* an insect-eating, swift-flying bird resembling the swallow

**swig** (swig) *vt., vi.* **swigged, swig'ging** [< ?] [Colloq.] to drink in big gulps —*n.* [Colloq.] a big gulp, esp. of alcoholic liquor

**swill** (swil) *vt.* [OE. *swilian*] 1. to flood with water so as to wash 2. to drink greedily 3. to feed swill to (pigs, etc.) —*vi.* to drink in large quantities —*n.* 1. liquid refuse fed to pigs, etc. 2. refuse or slop 3. the act of swilling 4. a swig

**swim**[1] (swim) *vi.* **swam, swum, swim'ming** [OE. *swimman*] 1. to move through water by movements of the arms, legs, fins, etc. 2. to move along smoothly 3. to float on or be immersed in a liquid 4. to overflow [eyes *swimming* with tears] —*vt.* 1. to move in or across (a body of water) by swimming 2. to perform (a specified stroke) in swimming —*n.* an act, spell, or distance of swimming —**in the swim** active in the main current of affairs —**swim with the tide** to side with the majority opinion —**swim'mer** *n.*

**swim**[2] *n.* [OE. *swima*] the condition of being dizzy —*vi.* **swam, swum, swim'ming** 1. to be dizzy 2. to have a hazy, reeling, or whirling appearance

**swim bladder** a gas-filled sac in the body cavity of most bony fishes, giving buoyancy to the body

**swimming bath** an indoor swimming pool: *often used in pl.*

**swimmingly** *adv.* easily and with success

**swimming pool** a pool of water for swimming; esp., a tank specially built for the purpose

**swimsuit** *n.* a garment worn for swimming: also **swimming costume**

**swindle** (swin'd'l) *vt.* **-dled, -dling** [< G. *schwindeln*, to cheat] 1. to get money or property from (another) under false pretences; cheat; defraud 2. to get by fraud —*n.* an act of swindling —**swin'dler** *n.*

**swine** (swīn) *n., pl.* **swine** [OE. *swin*] 1. a pig 2. a contemptible or disgusting person —**swin'ish** *adj.*

**swine fever** an infectious disease of pigs

**swineherd** *n.* one who tends swine

**swing** (swiŋ) *vi.* **swung, swing'ing** [OE. *swingan*] 1. to sway or move backwards and forwards 2. to walk, trot, etc. with freely swaying movements 3. to strike (*at*) 4. to turn, as on a hinge 5. *a*) to hang *b*) [Colloq.] to be hanged in execution 6. to move on a swing (*n.* 7) 7. to have an exciting rhythmic quality [music that really *swings*] 8. [Slang] to be very fashionable, active, etc., esp. in the pursuit of pleasure —*vt.* **1.** to move (a weapon, bat, etc.) with a sweeping motion **2.** to cause (a freely hanging object) to move backwards and forwards **3.** to cause to turn, pivot, or hang freely **4.** to cause to move in a curve [to *swing* a car around a corner] **5.** [Colloq.] to cause to come about successfully [to *swing* a vote] —*n.* **1.** the act of swinging **2.** the arc through which something swings **3.** a relaxed motion, as in walking **4.** a sweeping blow or stroke **5.** the course of some activity, etc. **6.** rhythm **7.** a seat hanging from ropes or chains, on which one can sit and swing **8.** the amount that a thing swings [the *swing* to Labour in the election] **9.** a style of jazz music *c* 1935 to 1945, characterized by large bands **10.** [Canad.] a train of freight sleighs or canoes —**in full swing** **1.** in complete and active operation **2.** going on without restraint —**swing the lead** [Colloq.] to try and evade a job, duty, etc.

**swing boat** a boat-shaped gondola, suspended from a frame, used for swinging in at a fair

**swingeing** (swinj′iŋ) *adj.* [OE. *swengan,* to shake] [Colloq.] very large or severe

**swingletree** (swiŋ′g'l trē′) *n.* [< ME. *swingle,* rod + *tre,* tree] a pivoted crossbar at the front of a wagon, etc., to which the traces of a horse's harness are hooked

**swipe** (swīp) *n.* [see SWEEP] [Colloq.] a hard, sweeping blow —*vt.* **swiped, swip′ing** [Colloq.] **1.** to hit with a hard, sweeping blow **2.** to steal —*vi.* [Colloq.] to make a sweeping blow

**swirl** (swurl) *vi., vt.* [ME. *swyrl*] to move or cause to move with a whirling motion —*n.* **1.** a whirl; eddy **2.** a twist; curl —**swirl′y** *adj.*

**swish** (swish) *vi.* [echoic] **1.** to move with a sharp, hissing sound, as a cane swung through the air **2.** to rustle, as skirts —*vt.* to cause to swish —*n.* **1.** a hissing or rustling sound **2.** a movement that makes this sound —*adj.* [Colloq.] fashionable; smart

**Swiss** (swis) *adj.* of Switzerland, its people, or its culture —*n., pl.* **Swiss** a native or inhabitant of Switzerland

**swiss roll** a flat sponge cake rolled up while hot with jam or cream inside

**switch** (swich) *n.* [prob. < MDu. or LowG.] **1.** a device used to open, close, or divert an electric circuit **2.** a shift; change **3.** a thin, flexible twig, stick, etc. used for whipping **4.** a sharp, lashing movement, as with a whip **5.** a tress of detached hair used as part of a coiffure **6.** the bushy part of the tail of a cow, etc. —*vt.* **1.** to shift; change **2.** [Colloq.] to exchange [to *switch* places] **3.** to transfer (a train, etc.) from one line to another by means of a switch **4.** to turn (an electric light, etc.) *on* or *off* by using a switch **5.** to swing sharply [a cow *switches* its tail] **6.** to whip as with a switch —*vi.* to shift; transfer

**switchback** *n.* **1.** a steep road or railway with hairpin bends **2.** an amusement ride in which small, open cars move on tracks that dip and curve sharply

**switchboard** *n.* a panel equipped with apparatus for controlling the operation of a system of electric circuits, as in a telephone exchange

**switch-over** *n.* a changeover; exchange

**swither** (swith′ər) *vi.* [< ?] to hesitate; vacillate

**swivel** (swiv′l) *n.* [< OE. *swifan,* revolve] a coupling device that allows free turning of the parts attached to it —*vi., vt.* **-elled, -elling** to turn or cause to turn as on a swivel

**swivel chair** a chair whose seat turns horizontally on a pivot

**swizz** (swiz) *n.* [< ?] [Slang] a fraud; a great disappointment: also **swiz**

**swizzle** (swiz′l) *n.* [< ?] **1.** an alcoholic drink containing rum or gin **2.** [Slang] *same as* SWIZZ

**swizzle stick** [< ?] a small rod for stirring mixed drinks

**swob** (swob) *n., vt.* **swobbed, swob′bing** *var. sp. of* SWAB

**swollen** (swō′lən) *alt. pp. of* SWELL —*adj.* blown up; distended; bulging

**swoon** (swōōn) *vi.* [< OE. *geswogen,* unconscious] **1.** to faint **2.** to feel rapturous emotion —*n.* a faint

**swoop** (swōōp) *vt.* [OE. *swapan,* sweep along] to snatch or seize suddenly: often with *up* —*vi.* to pounce or sweep (*down* or *upon*) —*n.* the act of swooping

**swoosh** (swōōsh) *vi., vt.* [echoic] to move, pour, etc. with a sharp, rustling or whistling sound —*n.* such a sound

**swop** (swop) *n., vt., vi.* **swopped, swop′ping** *var. sp. of* SWAP

**sword** (sôrd) *n.* [OE. *sweord*] **1.** a hand weapon having a long, sharp, pointed blade, set in a hilt **2.** *a*) power; esp., military power *b*) war —**cross swords** **1.** to fight **2.** to argue —**put to the sword** to kill

**sword-bearer** *n.* the person who carries the sword of state on ceremonial occasions

**sword dance** a dance in which the performers dance over swords laid on the ground, or brandish swords in the air —**sword dancer**

SWORDFISH (to 4.6 m long)

**swordfish** *n.* a large sea fish with the upper jawbone extending in a long, flat, swordlike projection

**sword of Damocles** (dam′əklēz′) [after the courtier of ancient Syracuse who was seated at a feast under a sword hanging from a hair] any imminent danger

**swordplay** *n.* the act or skill of using a sword in fencing or fighting

**swordsman** *n.* **1.** a person who uses a sword in fencing or fighting **2.** a person skilled in using a sword **—swords'manship'** *n.*

**swordstick** *n.* a walking stick that contains a slender sword

**swordswallower** *n.* someone who swallows, or appears to swallow, swords in a circus, etc.

**swore** (swôr) *pt. of* SWEAR

**sworn** (swôrn) *pp. of* SWEAR **—*adj.*** bound, promised, etc. as by an oath

**swot**[1] (swot) ***n., vt.* swot'ted, swot'ting** *var. sp. of* SWAT

**swot**[2] ***vi., vt.* swot'ted, swot'ting** [< SWEAT] [Colloq.] to study hard **—*n.*** [Colloq.] **1.** a person who studies hard **2.** something demanding hard study

**swum** (swum) *pp. of* SWIM[1] & SWIM[2]

**swung** (swuŋ) *pp. & pt. of* SWING

**Sx.** Sussex

**sybarite** (sib'ə rīt') ***n.*** [< Sybaris, ancient Greek city in S Italy] anyone very fond of luxury and self-indulgence **—syb'arit'ic** (-rit'ik) ***adj.*** **—syb'arit'ically** ***adv.***

**sycamore** (sik'ə môr') ***n.*** [< Gr. *sykomoros*] a tree of the maple family found in Europe and Asia

**sycophant** (sik'ə fant) ***n.*** [< Gr. *sykophantēs,* informer] a person who seeks favour by flattering people of wealth or influence **—syc'ophancy** ***n.*** **—syc'ophan'tic** ***adj.*** **—syc'ophan'tically** ***adv.***

**syllabic** (si lab'ik) ***adj.*** **1.** of a syllable or syllables **2.** forming a syllable by itself, as the *l* in *tattle* **—syllab'ically** ***adv.***

**syllabify** (si lab'ə fī') ***vt.* -fied', -fy'ing** to form or divide into syllables **—syllab'ifica'tion** ***n.***

**syllable** (sil'ə b'l) ***n.*** [< Gr. *syn-,* together + *lambanein,* to take] **1.** a word or part of a word pronounced with a single, uninterrupted sounding of the voice **2.** any of the parts into which a written word is divided, in fairly close relation to its spoken syllables, to show where the word can be broken at the end of a line **3.** the least bit, as of something said

**syllabub** (sil'ə bub') ***n.*** [< ?] a dessert made of sweetened milk or cream mixed with wine and beaten to a froth

**syllabus** (sil'ə bəs) ***n., pl.* -buses, -bi'** (-bī') [< Gr. *sillybos,* parchment label] a summary or outline, esp. of a course of study

**syllogism** (sil'ə jiz'm) ***n.*** [< Gr. *syn-,* together + *logizesthai,* to reason] a form of reasoning in which two statements are made and a logical conclusion drawn from them Ex: All mammals are warm-blooded (*major premise*); whales are mammals (*minor premise*); therefore, whales are warmblooded (*conclusion*)

**sylph** (silf) ***n.*** [< L., spirit] **1.** an imaginary being supposed to live in the air **2.** a slender, graceful woman or girl **—sylph'like'** ***adj.***

**sylvan** (sil'vən) ***adj.*** [< L. *silva,* wood] **1.** of, characteristic of, or living in woods or forests **2.** wooded

**symbiosis** (sim'bi ō'sis) ***n.*** [< Gr. *syn-,* together + *bioun,* to live] the living together of two kinds of organisms to their mutual advantage **—sym'biot'ic** (-ot'ik) ***adj.***

**symbol** (sim'b'l) ***n.*** [< Gr. *syn-,* together + *ballein,* to throw] **1.** an object used to represent something abstract [the dove is a *symbol* of peace] **2.** a mark, letter, abbreviation, etc. standing for a quality, process, etc., as in music, mathematics, etc.

**symbolic** (sim bol'ik) ***adj.*** **1.** of or expressed in a symbol or symbols **2.** that serves as a symbol (*of*) **3.** using symbolism **—symbol'ically** ***adv.***

**symbolism** (sim'bəl iz'm) ***n.*** **1.** the representation of things by use of symbols, esp. in art or literature **2.** symbolic meaning

**symbolize** ***vt.* -ized', -iz'ing** **1.** to be a symbol of; stand for **2.** to represent by a symbol or symbols

**symmetry** (sim'ə trē) ***n., pl.* -tries** [< Gr., *syn-,* together + *metron,* a measure] **1.** correspondence of opposite parts in size, shape, and position **2.** balance or beauty of form resulting from such correspondence **—symmetrical** (si met'ri k'l), **symmet'ric** ***adj.*** **—symmet'rically** ***adv.***

**sympathetic** (sim'pə thet'ik) ***adj.*** **1.** of, feeling, or showing sympathy **2.** in agreement with one's tastes, mood, etc.; congenial **3.** showing favour, approval, etc. [to be *sympathetic* to a plan] **4.** similar to and caused by the action of another, related thing [*sympathetic* vibrations] **—sym'pathet'ically** ***adv.***

**sympathetic magic** a type of magic in which a small-scale ceremony is thought to produce a large-scale effect, as pouring water on an altar to induce rain

**sympathize** (sim'pə thīz') ***vi.* -thized', -thiz'ing** **1.** to share or understand the feelings or ideas of another **2.** to feel or express sympathy, esp. in pity or compassion; commiserate **3.** to be in accord

**sympathy** (sim'pə thē) ***n., pl.* -thies** [< Gr. *syn-,* together + *pathos,* feeling] **1.** a sharing of, or the ability to share, another's emotions, etc.; esp., [*often pl.*] pity or compassion **2.** sameness of feeling; affinity **3.** agreement in qualities; accord **4.** a mutual liking or understanding arising from sameness of feeling, ability to share, another's emotions **5.** approval of an idea, cause, etc.

**symphonic poem** a piece of music for full symphony orchestra, interpreting particular poetic or descriptive ideas

**symphony** (sim'fə nē) ***n., pl.* -nies** [< Gr. *syn-,* together + *phōnē,* a sound] **1.** *Music a)* an extended composition for full orchestra, having several movements *b)* [U.S.] *short for* SYMPHONY ORCHESTRA

**2.** harmony, as of colour or sound —**symphonic** (sim fon′ik) *adj.* —**symphon′ically** *adv.*

**symphony orchestra** a large orchestra of string, wind, and percussion sections for playing symphonic works

**symposium** (sim pō′zē əm) *n., pl.* **-siums, -sia** [L. < Gr. *syn-*, together + *posis*, a drinking] **1.** any meeting at which ideas are freely exchanged **2.** a conference for the discussion of some particular subject **3.** a collection of opinions or essays on a given subject

**symptom** (simp′təm) *n.* [< Gr. *syn-*, together + *piptein*, to fall] any circumstance or condition that accompanies something and indicates its existence; sign; specif., *Med.* any condition accompanying a disease and serving as an aid in diagnosis —**symp′tomat′ic** (-tə mat′ik) *adj.* —**symp′tomat′ically** *adv.*

**syn-** [Gr. < *syn*, with] *a prefix meaning* with, together with, at the same time, by means of: *syn-* is assimilated to *syl-* before *l*; *sym-* before *m, p, b*; and *sys-* before *s* and aspirate *h*

**synagogue** (sin′ə gog′) *n.* [< Gr. *syn-*, together + *agein*, bring] **1.** a building or place used for worship in the Jewish faith **2.** an assembly of Jews meeting for worship and religious study —**syn′agog′al, syn′agog′ical** (-goj′i k′l) *adj.*

**synchromesh** (siŋ′krō mesh′) *adj.* designating or employing a device by which gears to be meshed are automatically brought to the same speed of rotation before the change is completed —*n.* a synchromesh gear system

**synchronism** (siŋ′krə niz′m) *n.* **1.** occurrence at the same time **2.** a chronological listing of persons or events in history, showing existence or occurrence at the same time —**syn′chronis′tic** *adj.*

**synchronize** (siŋ′krə nīz′) *vi.* **-nized′, -niz′ing** [< Gr. *syn-*, together + *chronos*, time] to move or occur at the same time or rate —*vt.* to cause to agree in time or rate; regulate (clocks, action and dialogue, etc.) so as to make synchronous —**syn′chroniza′tion** *n.*

**synchronous** *adj.* [see prec.] **1.** happening at the same time; simultaneous **2.** having the same rate and phase, as vibrations

**syncopate** (siŋ′kə pāt′) *vt.* **-pat′ed, -pat′ing** [see SYNCOPE] *Music* **1.** to shift (the regular accent) as by beginning a tone on an unaccented beat and continuing it through the next accented beat **2.** to use such shifted accents in (a composition, etc.) —**syn′copa′tion** *n.*

**syncope** (siŋ′kə pē) *n.* [< Gr. *syn-*, together + *koptein*, to cut] **1.** the dropping of sounds or letters from the middle of a word, as in *Wooster* for *Worcester* **2.** a fainting caused by an inadequate flow of blood to the brain

**syncretize** (siŋ′krə tīz′) *vt., vi.* **-tized′, -tiz′ing** [< Gr. *synkrētizein*] to combine, unite, or reconcile

**syndic** (sin′dik) *n.* [< Gr. *syn-*, together + *dikē*, justice] a business manager, esp. of a university

**syndicalism** (sin′di kə liz′m) *n.* a theory in which all means of production and distribution would be brought under the control of federations of trade unions —**syn′dicalist** *adj., n.*

**syndicate** (sin′də kit; *for v.* -kāt′) *n.* [see SYNDIC] **1.** *a*) an association of individuals or corporations formed to carry out some financial project requiring much capital *b*) any group organized to further some undertaking [crime *syndicate*] **2.** an organization that sells articles or features for publication by many newspapers —*vt.* **-cat′ed, -cat′ing** **1.** to manage as or form into a syndicate **2.** to sell (an article, etc.) through a syndicate for publication in many newspapers, etc. —**syn′dica′tion** *n.*

**syndrome** (sin′drōm) *n.* [< Gr. *syn-*, with + *dramein*, to run] **1.** a set of symptoms characterizing a disease **2.** any set of characteristics identifying a type, condition, etc.

**synecdoche** (si nek′də kē) *n.* [< Gr. *syn-*, together + *ekdechesthai*, receive] a figure of speech in which a part is used for a whole, an individual for a class, a material for a thing, or the reverse of any of these (Ex.: *bread* for *food*, *the army* for *a soldier*, or *copper* for *a penny*)

**synod** (sin′əd) *n.* [< Gr. *syn-*, together + *hodos*, way] a council of churches or church officials; specif., a high governing body in any of certain Christian churches —**syn′odal** *adj.*

**synonym** (sin′ə nim) *n.* [< Gr. *syn-*, together + *onyma*, a name] a word having the same or nearly the same meaning as another in the same language

**synonymous** (si non′ə məs) *adj.* of the same or nearly the same meaning —**syn-on′ymously** *adv.*

**synopsis** (si nop′sis) *n., pl.* **-ses** (-sēz) [< Gr. *syn-*, together + *opsis*, a seeing] a short outline or summary

**synoptic** *adj.* **1.** of or giving a synopsis or general view **2.** giving an account from the same point of view: said, esp. [*often* **S-**] of the first three Gospels —**syn-op′tically** *adv.*

**synovia** (sī nō′vē ə) *n.* [< ?] the clear lubricating fluid secreted by the membranes of joint cavities, etc. —**syno′vial** *adj.*

**syntactic** (sin tak′tik) *adj.* of or in accordance with syntax: also **syntac′tical** —**syntac′tically** *adv.*

**syntax** (sin′taks) *n.* [< Gr. *syn-*, together + *tassein*, arrange] *Gram.* the organization and relationship of words, phrases, and clauses in sentences; sentence structure

**synthesis** (sin′thə sis) *n., pl.* **-ses′** (-sēz′) [Gr. < *syn-*, together + *tithenai*, to place] **1.** the putting together of parts or elements so as to form a whole **2.** a whole formed in this way **3.** *Chem.* the formation of a complex compound by the combining of two or more simpler compounds, elements, or radicals

**synthesize** *vt.* **-sized′, -siz′ing** to bring together into a whole by synthesis

**synthesizer** *n.* a person or thing that synthesizes; specif., an electronic music device that produces sounds not made by ordinary musical instruments

**synthetic** (sin thet′ik) ***adj.*** **1.** produced by chemical synthesis, rather than of natural origin **2.** artificial; insincere **3.** of or using synthesis —***n.*** a synthetic substance —**synthet′ically** ***adv.***

**synthetic resin** any of a large class of complex organic compounds formed from simpler molecules by polymerization, used in making plastics

**syphilis** (sif′ə lis) ***n.*** [< *Syphilus,* hero of a L. poem] an infectious venereal disease, usually passed on during sexual intercourse or contracted in the womb before birth —**syph′ilit′ic** ***adj., n.***

**syphon** (sī′fən) ***n., vi., vt.*** *var. sp. of* SIPHON

**Syriac** (sir′ē ak′) ***n.*** the ancient Aramaic language of Syria, used from the 3rd cent. to the 13th

**Syrian** (sir′ē ən) ***adj.*** of Syria, its people, their language, etc. —***n.*** a member of the Semitic people of Syria

**syringa** (sə riŋ′gə) ***n.*** [see ff.] **1.** *same as* LILAC **2.** *same as* MOCK ORANGE

**syringe** (sir′inj) ***n.*** [< Gr. *syrinx,* a pipe] **1.** *short for* HYPODERMIC SYRINGE **2.** a device consisting of a narrow tube fitted at one end with a rubber bulb or piston by means of which a liquid can be drawn in and then pushed out in a stream —***vt.*** **-ringed′, -ring′ing** to cleanse, inject, etc. with a syringe

**syrup** (sir′əp) ***n.*** [< Ar. *sharāb,* a drink] **1.** any sweet, thick liquid; specif., *a*) a solution made by boiling sugar with water and, often, flavoured *b*) any such solution used in preparing medicines **2.** cloying sentimentality —**syr′upy** ***adj.***

**system** (sis′təm) ***n.*** [< Gr. *syn-,* together + *histanai,* to set] **1.** a group of things or parts working together or connected in some way so as to form a whole [a solar *system, system* of motorways] **2.** a set of principles, rules, etc. [an economic *system*] **3.** a method of classification or arrangement [the metric *system*] **4.** orderly procedure; method **5.** *a*) the body considered as a functioning organism *b*) a number of organs acting together to perform one of the main bodily functions [the nervous *system*] **6.** *Geol.* a major division of stratified rocks —**get it out of one's system** [Colloq.] to free oneself of an obsession, etc.

**systematic** (sis′tə mat′ik) ***adj.*** **1.** based on or forming a system **2.** according to a system, method, or plan; regular; orderly —**sys′temat′ically** ***adv.***

**systematize** (sis′təm ə tīz′) ***vt.*** **-tized′, -tiz′ing** to form into a system; make systematic

**systemic** (sis tem′ik) ***adj.*** of or affecting the entire organism or bodily system —***n.*** any of a group of pesticides that are absorbed into the tissues of plants, making the plants poisonous to insects, etc. that feed on them —**system′ically** ***adv.***

**systems analysis** the analysis of the methods involved in scientific or industrial operations, usually with a computer, so that an improved system can be designed —**systems analyst**

**systole** (sis′tə lē′) ***n.*** [< Gr. *syn-,* together + *stellein,* send] the usual rhythmic contraction of the heart, during which the blood is driven onward from the chambers —**systolic** (sis tol′ik) ***adj.***

# T

**T, t** (tē) ***n.,*** *pl.* **T's, t's** the twentieth letter of the English alphabet

**T** (tē) ***n.*** an object shaped like *T* —***adj.*** shaped like T —**to a T** to perfection; exactly

**T** 1. temperature 2. tenor

**t** tonne(s)

**t.** 1. temperature 2. time 3. ton(s)

**ta** (tä) ***interj.*** [Colloq.] thank you: orig. a child's term

**Ta** *Chem.* tantalum

**taal** (täl) ***n.*** [< Afrik.] [S Afr.] language, esp. Afrikaans

**tab**[1] (tab) ***n.*** [< ?] a small, flat loop, strap, or strip fastened to something for pulling it, hanging it up, identification, etc. —***vt.*** **tabbed, tab'bing** to provide with tabs

**tab**[2] ***n.*** [prob. < TABULATE] [U.S. Colloq.] a bill for a meal or drinks, esp. in a restaurant —**keep tabs** (or **a tab**) **on** [Colloq.] to watch every move of

**tab**[3] ***n.*** *shortened form of:* 1. TABLET 2. TABULATOR

**tabard** (tab'ərd) ***n.*** [OFr. *tabart*] 1. a short-sleeved cloak, as worn by a knight over his armour 2. a woman's garment of similar shape 3. a herald's official coat

**Tabasco** (tə bas'kō) [< *Tabasco,* a Mexican state] *Trademark* a hot sauce made from a kind of red pepper

**tabby** (tab'ē) ***n.,*** *pl.* **-bies** [< Fr. < Ar. *'attābi*] a grey or brown cat with dark stripes —***adj.*** having dark stripes over grey or brown

**tabernacle** (tab'ər nak''l) ***n.*** [< L. *tabernaculum,* tent] 1. [T-] the portable sanctuary carried by the Jews in their wanderings from Egypt 2. a place of worship 3. a cabinetlike enclosure on an altar, for consecrated Hosts

**table** (tā'b'l) ***n.*** [< L. *tabula,* a board] 1. *a*) a piece of furniture consisting of a flat top set on legs *b*) such a table set with food for a meal *c*) food served at table *d*) the people seated at a table 2. a large, flat-topped piece of furniture or equipment used for games, etc. [billiard *table*] 3. *a*) a compact, orderly list of details, contents, etc. *b*) a compact, orderly arrangement of facts, figures, etc. 4. any of various flat surfaces, layers, or parts 5. a thin slab of stone, etc.; tablet —***adj.*** 1. of, for, or on a table 2. fit for serving at table [*table* salt] —***vt.*** **-bled, -bling** 1. to put on a table 2. to put up for consideration (a motion, bill, etc.) 3. to set aside the consideration of (a motion, bill, etc.) —**at table** at a meal —**the tables** laws, as the Ten Commandments, inscribed on flat stone slabs —**turn the tables** to reverse a situation completely —**under the table** [Colloq.] very drunk

**tableau** (tab'lō) ***n.,*** *pl.* **-leaux** (-lōz), **-leaus** [Fr.: see prec.] 1. a striking, dramatic scene or picture 2. a representation of a scene, etc. by a group posed in costume

**tablecloth** (tā'b'l kloth') ***n.*** a cloth for covering a table

**table d'hôte** (tä'b'l dōt') *pl.* **ta'bles d'hote'** (-b'lz) [Fr., table of the host] a complete meal served at a restaurant for a set price: distinguished from À LA CARTE

**tableland** (tā'b'l land') ***n.*** a high, broad, level region; plateau

**table licence** a licence permitting alcoholic drinks to be served with meals only

**table linen** tablecloths, napkins, etc.

**tablespoon** ***n.*** 1. a large spoon used for serving at table 2. a spoon used as a measuring unit in cookery —**ta'blespoon'ful** ***n.***

**tablet** (tab'lit) ***n.*** [see TABLE] 1. a small, flat piece of some hard substance, as medicine, soap, etc. 2. a flat, thin piece of stone, metal, etc. 3. a writing pad containing sheets of paper fastened at one edge

**table tennis** a game, like tennis in miniature, played on a table, with a small ball and short-handled bats

**tabloid** (tab'loid) ***n.*** [< TABLET] a newspaper with small pages having many pictures and short, often sensational, news stories

**taboo** (tə bo̅o̅') ***n.*** [Tongan *tabu*] 1. among some Polynesian peoples, a sacred prohibition which makes certain people or things untouchable, unmentionable, etc. 2. any social restriction resulting from convention —***adj.*** forbidden by taboo —***vt.*** 1. to put under taboo 2. to prohibit or forbid

**tabor** (tā'bər) ***n.*** [< Per. *tabīrah*] a small drum, formerly used by a fife player to beat out his own accompaniment

**tabu** (tə bo̅o̅') ***n., adj., vt.*** *var. sp. of* TABOO

**tabular** (tab'yə lər) ***adj.*** [see TABLE] 1. of or arranged in tables or columns 2. calculated by using tables

**tabulate** (tab'yoo̅ lāt') ***vt.*** **-lat'ed, -lat'ing** [< L. *tabula,* TABLE] to put (facts, statistics, etc.) in a table or columns —**tab'ula'tion** ***n.***

**tabulator** ***n.*** a person or thing that tabulates; specif., a device or key for setting stops on a typewriter carriage, as for typing columns

**tachograph** (tak'ō gräf') ***n.*** [< Gr. *tachos,* speed + -GRAPH] an instrument for recording the speed and distance travelled by a motor vehicle

**tachometer** (ta kom'ə tər) ***n.*** [< Gr.

*tachos,* speed + -METER] a device that measures the revolutions per minute of a revolving shaft

**tacit** (tas′it) ***adj.*** [< L. *tacere,* to be silent] not expressed openly, but implied or understood —**tac′itly** ***adv.***

**taciturn** (tas′ə turn′) ***adj.*** [see prec.] almost always silent; not liking to talk —**tac′itur′nity** ***n.***

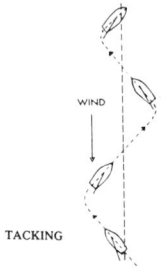


**tack**[1] (tak) ***n.*** [MDu. *tacke,* twig] **1.** a short nail with a sharp point and a large, flat head **2.** *Sewing a)* a stitch for marking darts, etc. from a pattern, clipped and later removed: in full, **tailor's tack** *b)* a loose temporary stitch **3.** stickiness **4.** a course of action or policy **5.** *Naut. a)* the direction in which a ship is moving in relation to the position of the sails *b)* a change of direction made by changing the position of the sails *c)* any of a series of zigzag movements caused by such changes —***vt.*** **1.** to fasten with tacks **2.** to attach temporarily, as with long stitches **3.** to attach as a supplement (*to, onto*) **4.** *Naut.* to manoeuvre (a ship) against the wind by a series of tacks —***vi.*** **1.** to change its course by being tacked: said of a ship **2.** to change suddenly one's course of action

**tack**[2] ***n.*** [< TACKLE] a horse's equipment, as saddles, bridles, etc.

**tackie** ***n.*** [S Afr.] a plimsoll; gym shoe

**tackle** (tak′l) ***n.*** [MDu. *takel,* pulley, rope] **1.** equipment; gear [fishing *tackle*] **2.** a system of ropes and pulleys, used to lower, raise, or move weights **3.** the act or an instance of tackling, as in football **4.** *Naut.* the running rigging and pulleys used to operate a ship's sails —***vt.*** **tack′led, tack′ling** **1.** to undertake (a task, problem, etc.) **2.** to confront (a person) about an unpleasant matter **3.** to take hold of; seize **4.** *Football, etc.* to stop or obstruct (an opponent in possession of the ball) —***vi.*** *Football, etc.* to tackle an opponent —**tack′ler** ***n.***

**tacky** (tak′ē) ***adj.*** **-ier, -iest** [see TACK] sticky, as varnish, glue, etc. before completely dry —**tack′iness** ***n.***

**taco** (tä′kō) ***n., pl.*** **-cos** [AmSp.] a fried, folded tortilla filled with chopped meat, lettuce, etc.

**tact** (takt) ***n.*** [< L. *tangere,* to touch] a sense of the right thing to say or do without offending

**tactful** ***adj.*** having or showing tact —**tact′fully** ***adv.*** —**tact′fulness** ***n.***

**tactic** (tak′tik) ***n.*** [see TACTICS] a tactical move

**tactical** ***adj.*** **1.** of tactics, esp. in military or naval manoeuvres **2.** showing skill in tactics —**tac′tically** ***adv.***

**tactician** (tak tish′ən) ***n.*** an expert in tactics

**tactics** ***n.pl.*** [< Gr. *tassein,* arrange] **1** *a)* [*with sing. v.*] the science of manoeuvring military and naval forces in action *b)* actions in accord with this science **2.** any methods used to gain an end

**tactile** (tak′til) ***adj.*** [< L. *tangere,* to touch] **1.** that can be perceived by the touch;, tangible **2.** of or related to the sense of touch —**tactil′ity** (-til′ə tē) ***n.***

**tactless** (takt′lis) ***adj.*** not having or showing tact —**tact′lessly** ***adv.*** —**tact′lessness** ***n.***

**tadpole** (tad′pōl′) ***n.*** [ME. *tadde,* toad + *poll,* head] the larva of certain amphibians, as frogs and toads, having gills and a tail and living in water

**taffeta** (taf′itə) ***n.*** [< Per. *tāftan,* to weave] a fine, rather stiff fabric of silk, nylon, etc., with a sheen

**taffrail** (taf′rāl′) ***n.*** [< Du. *tafereel,* a panel] the rail around a ship's stern

**Taffy** (taf′ē) ***n.*** [< *Dafydd,* W. form of *David*] [Colloq.] a Welshman

**tag** (tag) ***n.*** [< ?] **1.** a card, paper, ticket, etc. attached to something as a label or for identification, etc. **2.** any hanging part or loosely attached end **3.** a hard-tipped end, as of metal, on a cord or lace **4.** an epithet **5.** the sentence or sentences ending a speech, story, play, etc. **6.** a children's game in which one player, called "it," chases the others until he touches, or tags, one of them, making him "it" in turn —***vt.*** **tagged, tag′ging** **1.** to provide with a tag; put a tag on **2.** to identify by an epithet **3.** to choose or select **4.** [Colloq.] to follow close behind —***vi.*** [Colloq.] to follow close behind (usually with *along, after,* etc.)

**Tagalog** (tə gä′log) ***n.*** **1.** *pl.* **-logs, -log** a member of a Malayan people of the Philippine Islands **2.** their Indonesian language

**tag end** the last part of anything

**tagetes** (ta jē′tēz) ***n.*** [< L. *Tages,* Etruscan god] a plant of the aster family, with yellow or orange flowers, as the marigold

**tail**[1] (tāl) ***n.*** [OE. *tægel*] **1.** the rear end of an animal's body, esp. when forming a distinct, flexible appendage to the trunk **2.** anything like an animal's tail in form or position [the *tail* of a shirt] **3.** a luminous train behind a comet **4.** the hind, last, bottom, or inferior part of anything **5.** [*often pl.*] the reverse side of a coin **6.** the rear section of an aircraft, rocket, etc. **7.** [*pl.*] [Colloq.] *a)* a swallow-tailed coat *b)* full-dress attire for men **8.** [Colloq.] a person or vehicle that follows another, esp. in surveillance —***adj.*** **1.**

at the rear **2.** from the rear *[a tail* wind*]* —*vt.* **1.** to provide with a tail **2.** to remove the stalk of gooseberries, etc. **3.** [Colloq.] to follow stealthily —*vi.* **1.** to become gradually smaller or fainter (with *off* or *away*) **2.** [Colloq.] to follow close behind —**on one's tail** following one closely —**turn tail** to run from danger, difficulty, etc. —**with one's tail between one's legs** in defeat, esp. with fear or dejection

**tail²** *n.* [see TAILOR] *same as* ENTAIL —*adj.* limited in a specific way as to inheritance

**tailback** *n.* an accumulation or buildup of vehicles in a traffic jam

**tailboard** *n.* a board or gate at the back of a lorry, etc.

**tail coat** a man's full-dress coat, with long, tapering tails at the back

**tailgate** *n.* **1.** [Chiefly U.S.] *same as* TAILBOARD **2.** a door at the rear of a hatchback vehicle

**taillight** *n.* a light, usually red, at the rear of a vehicle to warn vehicles coming from behind

**tailor** (tā'lər) *n.* [< L. *talea,* twig] a person who makes, repairs, or alters clothes, esp. men's suits, coats, etc. —*vt.* **1.** to form, alter, etc. so as to meet certain conditions **2.** to make (clothes) by tailor's work **3.** to make clothes for —*vi.* to work as a tailor —**tai'loring** *n.*

**tailorbird** *n.* any of several small Asiatic and African birds that stitch leaves together to camouflage and hold their nests

**tailored** *adj.* **1.** having trim, simple lines, as some women's garments **2.** specially fitted, as loose covers

**tailor-made** *adj.* **1.** having trim, simple lines; tailored **2.** made-to-measure **3.** exactly suited to its purpose

**tailpiece** *n.* **1.** a part forming the end of something **2.** an ornamental design at the end of a chapter, etc.

**tailpipe** *n.* an exhaust pipe at the rear of a motor vehicle

**tailplane** *n.* a horizontal aerofoil at the tail of an aircraft to provide longitudinal stability

**tailspin** *n.* **1.** *same as* SPIN: also **tail spin** **2.** [Colloq.] a state of rapidly increasing confusion

**tail wind** a wind blowing in the same direction as the course of a ship or aircraft

**taint** (tānt) *vt.* [ult. < L. *tingere,* to wet] to affect with something injurious, unpleasant, etc.; infect —*vi.* to become tainted —*n.* **1.** a trace of corruption, disgrace, etc. **2.** an infectious or contaminating trace

**take** (tāk) *vt.* **took, tak'en, tak'ing** [< ON. *taka*] **1.** *a*) to get possession of; capture, seize, etc. *b*) to hold **2.** *a*) to win (a trick at cards, etc.) *b*) to capture (an opponent's piece in chess) **3.** to get hold of **4.** to affect; attack **5.** to capture the fancy of **6.** to obtain, acquire, assume, etc. **7.** to eat, drink, etc. for nourishment or as medicine **8.** to enter into a special relationship with *[to take* a wife*]* **9.** to rent, lease, etc. **10.** to get regularly by paying for *[to take* a newspaper*]* **11.** to assume as a responsibility, task, etc. *[to take* a job*]* **12.** to join or support (one side in a contest, disagreement, etc.) **13.** to get, adopt, etc. by selection or choice **14.** to use *[take* a mop to the floor*]* **15.** to travel by *[to take* a bus*]* **16.** to go to for shelter, etc. *[to take* cover*]* **17.** to consider **18.** to occupy *[take* a chair*]* **19.** to require; need *[it takes* money*]* **20.** to derive (a name, quality, etc.) from something or someone **21.** to extract, as for quotation **22.** to obtain by observation, etc. *[take* a vote*]* **23.** to be studying as a student in (a course, etc.) **24.** to write down **25.** to make (a photograph, picture, etc.) **26.** to make an impression of **27.** to undergo **28.** to engage in *[to take* a nap*]* **29.** to accept (an offer, bet, etc.) **30.** to have a specified reaction to *[to take* a joke in earnest*]* **31.** to be affected by *[he took* cold*]* **32.** to understand **33.** to suppose *[he took* her to be a clerk*]* **34.** to feel *[take* pity*]* **35.** to conduct; lead **36.** to escort **37.** to carry **38.** to remove as by stealing **39.** to remove by death **40.** to subtract **41.** [Colloq.] to aim (a specified action) *[he took* a jab at me*]* **42.** *Gram.* to be used with in construction *[a* transitive verb *takes* an object*]* —*vi.* **1.** to take root: said of a plant **2.** to catch *[the* fire *took* rapidly*]* **3.** to be popular **4.** to be effective *[the* vaccination *took]* **5.** to detract *(from) [nothing took* from the scene's beauty*]* **6.** to go *[to take* to the hills*]* **7.** [Colloq. or Dial.] to become (ill) —*n.* **1.** the amount taken *[the* day's *take* of fish*]* **2.** a film scene photographed with an uninterrupted run of the camera —**have what it takes** [Colloq.] to possess the attributes necessary for success, etc. —**take after** to be, act, or look like —**take a person up on** to accept someone's offer —**take as read** to accept (minutes, etc.) without the formality of reading or further discussion —**take back** to retract (something said, etc.) —**take down** **1.** to put in writing; record **2.** to take apart **3.** to humble (a person) —**take for** to consider to be —**take in** **1.** to understand **2.** to include **3.** to visit **4.** to admit; receive **5.** to make smaller **6.** to cheat; trick —**take it** [Slang] to withstand hardship, ridicule, etc. —**take it or leave it** [Colloq.] accept it or not —**take it out of** to sap the energy of —**take it out on** [Colloq.] to make (another) suffer for one's own anger, etc. —**taken short** [Colloq.] to be in sudden need of evacuating the bowels —**take off** **1.** to remove (a garment, etc.) **2.** to deduct **3.** to leave the ground or water in flight: said of an aircraft **4.** to spend as a holiday **5.** [Colloq.] to start **6.** [Colloq.] to mimic **7.** [Colloq.] to depart —**take on** **1.** to acquire; assume **2.** to employ **3.** to undertake (a task, etc.) **4.** to play against; oppose **5.** [Colloq.] to show violent emotion —**take oneself off** [Colloq.] to go away; leave —**take one's time** to be unhurried —**take out** 1. to remove 2. to apply for and get 3. [Colloq.] to escort —**take over** to begin controlling, managing, etc. —**take the biscuit** (or **cake**) [Colloq.] to exceed all others (used ironically) —**take to** 1. to become fond of 2. to develop a habit of doing —**take up** 1. to become interested in (an occupation, etc.) 2. to make tighter or shorter 3. to accept (a challenge, etc.) 4. to resume (something interrupted) 5. to absorb (a liquid) 6. to occupy (space or time) —**take upon** (or **on**) **oneself** 1. to take the responsibility for 2. to undertake Also **take upon** (or **on**) **one** —**tak'able** *adj.* —**tak'er** *n.*

**takeaway** *adj.* designating food sold by a restaurant to be eaten away from the premises —*n.* an establishment which sells such food

**take-home pay** wages or salary after deductions for income tax, etc. have been made

**taken** *pp. of* TAKE

**takeoff** *n.* 1. the act of leaving the ground, as in jumping or flight 2. the place from which one leaves the ground 3. [Colloq.] an amusing or mocking imitation Also **take'-off'**

**takeover** *n.* the act of assuming control, management, etc.: also **take'-o'ver**

**taking** *adj.* attractive; winning —*n.* 1. the act of one that takes 2. [*pl.*] earnings; profits

**talc** (talk) *n.* [Fr. < Ar. *ṭalq*] 1. *shortened form of* TALCUM POWDER 2. a soft mineral, magnesium silicate, used to make talcum powder, etc.

**talcum (powder)** (tal'kəm) a powder for the body made of powdered, purified talc, usually perfumed

**tale** (tāl) *n.* [OE. *talu*] 1. a story of true or fictitious events; narrative 2. a piece of idle or malicious gossip 3. a lie

**talebearer** *n.* a person who spreads gossip, tells secrets, etc. —**tale'bear'ing** *adj., n.*

**talent** (tal'ənt) *n.* [< Gr. *talanton,* a weight] 1. a special, superior ability in an art, science, craft, etc. 2. people who have talent 3. an ancient unit of weight or money 4. [Slang] people of the opposite sex —**tal'ented** *adj.*

**talent scout** a person whose work is recruiting persons of superior ability in the theatre, sports, etc.

**talisman** (tal'iz mən) *n., pl.* **-mans** [< MGr. *telesma,* a consecrated object] a a ring, stone, etc. bearing engraved figures supposed to bring good luck or to have magic power —**tal'isman'ic** *adj.*

**talk** (tôk) *vi.* [ME. *talken*] 1. to put ideas into words; speak 2. to express ideas by speech substitutes [*talk* by signs] 3. to chatter 4. to gossip 5. to confer; consult 6. to reveal secret information —*vt.* 1. to use in speaking; utter [*to talk* nonsense] 2. to discuss 3. to put into a specified condition by talking —*n.* 1. *a*) the act of talking *b*) conversation 2. an informal speech 3. [*often pl.*] a conference 4. gossip 5. the subject of conversation, gossip, etc. 6. frivolous discussion 7. a particular kind of speech —**now you're talking** [Colloq.] you are proposing something acceptable —**talk back** to answer impertinently —**talk down** 1. to silence by talking louder, longer, or more effectively than 2. to instruct (an aircraft pilot) by radio to enable him to land in poor visibility —**talk down to** to talk to (a person) as if he were one's inferior in rank, intellect, etc. —**talk into** to persuade —**talk out** 1. to discuss (a problem, etc.) at length in an effort to reach understanding 2. to block (a bill, etc.) in a legislative body by lengthy discussion —**talk over** to discuss —**talk shop** to speak about one's work, esp. when meeting socially rather than at work —**you can** (or **can't**) **talk** [Colloq.] you are not in a position to comment, criticize etc. —**talk'er** *n.*

**talkative** *adj.* talking, or fond of talking, a great deal; loquacious —**talk'ativeness** *n.*

**talking book** a recording of a reading of a book, etc. for use esp. by the blind

**talking-to** *n.* [Colloq.] a rebuke; scolding

**tall** (tôl) *adj.* [< OE. *(ge)tæl,* swift] 1. of more than normal height 2. having a specified height [five feet *tall*] 3. [Colloq.] hard to believe [a *tall* story]

**tallboy** *n.* a high chest of drawers, sometimes in two parts, one above the other, or supported on legs

**tall order** a demand which is difficult to fulfil

**tallow** (tal'ō) *n.* [< MLowG. *talg*] the pale yellow solid fat extracted from cattle, sheep, etc., used in making candles, soaps, etc. —**tal'lowy** *adj.*

**tally** (tal'ē) *vi.* **-lied, -lying** [< L. *talea,* a stick] to agree; correspond —*vt.* 1. to count (usually with *up*) 2. to put on or as on a tally —*n., pl.* **-lies** 1. an account, reckoning, or score 2. an identifying tag or label 3. orig., a stick with notches representing the amount of a debt

**tallyho** (tal'ē hō') *interj.* [< Fr. *taiaut*] the cry of a hunter on sighting the fox —*n., pl.* **-hos'** a cry of "tallyho" —*vi.* to cry "tallyho"

**Talmud** (tal'mood) *n.* [< Heb. *lāmadh,* learn] the writings constituting the Jewish civil and religious law —**Talmud'ic, Talmud'ical** *adj.* —**Tal'mudist** *n.*

**talon** (tal'ən) *n.* [< L. *talus,* ankle] the claw of a bird of prey, or, sometimes, of an animal

**tam** (tam) *n. short for* TAM-O'-SHANTER

**tamarind** (tam'ə rind) *n.* [< Sp. < Ar. *tamr hindī,* date of India] 1. a tropical tree with yellow flowers and brown pods 2. its fruit, used in medicine, etc.

**tamarisk** (tam'ə risk) *n.* [< L. *tamarix*] any of a genus of trees or shrubs with slender branches and feathery flower clusters, common near salt water

**tambour** (tam'boor) *n.* [< Ar. *ṭanbūr,* stringed instrument] 1. an embroidery frame of two hoops, one closely fitting inside the other, that hold the cloth stretched between them **2.** a door, panel, etc. as in a cabinet, made of narrow, wooden slats that glide flexibly in grooves, as around curves **3.** a drum

TAMBOURINE

**tambourine** (tam′bə rēn′) *n.* [see TAMBOUR] a shallow, single-headed hand drum having jingling metal discs in the rim: played by shaking, hitting, etc. —**tam′bourin′ist** *n.*

**tame** (tām) *adj.* **tam′er, tam′est** [OE. *tam*] **1.** changed from a wild state, as an animal, for use by man **2.** gentle; docile **3.** without force or spirit; dull —*vt.* **tamed, tam′ing** **1.** to make tame **2.** to make gentle, docile, or spiritless **3.** to make less intense; soften —**tam′able, tame′able** *adj.* —**tame′ly** *adv.* —**tame′ness** *n.* —**tam′er** *n.*

**Tamil** (tam′il) *n.* **1.** any of a people of S India and N Sri Lanka **2.** their language

**tam-o'-shanter** (tam′ə shan′tər) *n.* [< R. Burns's poem] a Scottish cap with a round, flat top

**tamp** (tamp) *vt.* [< ?] to pack or pound (*down*) by a series of blows or taps

**tamper** (tam′pər) *vi.* [var. of TEMPER] [Archaic] to plot —**tamper with** **1.** to meddle with, esp. so as to damage, etc. **2.** to make secret, illegal arrangements with, as by bribing

**tampon** (tam′pən) *n.* [< Fr. *tapon,* a plug] a plug, as of cotton put into a body cavity, wound, etc. to stop bleeding, etc. —*vt.* to put a tampon into

**tan**[1] (tan) *n.* [< ML. *tannum*] **1.** *a*) a yellowish-brown colour *b*) such a colour given to fair skin by exposure to the sun **2.** tannin or a solution made from it —*adj.* **tan′ner, tan′nest** yellowish-brown —*vt.* **tanned, tan′ning** **1.** to produce a tan colour in, as by exposure to the sun **2.** to change (hide) into leather by soaking in tannin **3.** [Colloq.] to whip severely —*vi.* to become tanned

**tan**[2] *Math.* tangent

**tandem** (tan′dəm) *n.* [< L. *tandem,* at length] **1.** a bicycle with two seats and sets of pedals placed tandem **2.** a two-wheeled carriage drawn by horses harnessed tandem —*adv.* one behind another; in single file

**tang** (taŋ) *n.* [ON. *tangi,* a sting] **1.** a strong, penetrating taste or odour **2.** a touch or trace (*of*) **3.** a special flavour, quality, etc. **4.** a projecting prong on a knife, etc. that fits into the handle —**tang′y** *adj.*

**tangent** (tan′jənt) *n.* [< L. *tangere,* to touch] **1.** *Geom.* a tangent line, curve, or surface **2.** *Trigonometry* the ratio of the side opposite a given acute angle in a right-angled triangle to the adjacent side —*adj.* **1.** *Geom.* touching and not intersecting a curve or surface at one point only: said of a line or plane **2.** touching —**go** (or **fly**) **off at** (or **on**) **a tangent** to change suddenly from one line of action, etc. to another

**tangential** (tan jen′shəl) *adj.* **1.** of or like a tangent **2.** going off at a tangent **3.** merely touching on a subject —**tangen′tially** *adv.*

**tangerine** (tan′jə rēn′) *n.* [< Fr. *Tanger,* Tangier] **1.** an orange with a reddish-yellow colour and segments that are easily separated **2.** reddish yellow

**tangible** (tan′jə b′l) *adj.* [< L. *tangere,* to touch] **1.** that can be touched or felt by touch **2.** that can be appraised for value [*tangible* assets] **3.** definite; objective —**tan′gibil′ity** *n.* —**tan′gibly** *adv.*

**tangle** (taŋ′g′l) *n.* [< ?] **1.** an intertwisted, confused mass, as of string, branches, etc. **2.** a jumbled, confused condition —*vi.* **-gled, -gling** **1.** to become tangled **2.** [Colloq.] to quarrel or fight —*vt.* **1.** to make a confused muddle of; intertwist **2.** to catch as in a net or snare —**tan′gly** *adj.*

**tango** (taŋ′gō) *n., pl.* **-gos** [AmSp.] **1.** a S American dance with long gliding steps **2.** music for this —*vi.* **-goed, -going** to dance the tango

**tank** (taŋk) *n.* [< Sp. & Port. *estancar,* stop the flow of] **1.** any large container for liquid or gas **2.** an armoured, self-propelled combat vehicle armed with guns and moving on tractor treads —**tank up** [Colloq.] **1.** to supply with or get a full tank of petrol **2.** to drink much liquor —**tank′ful′** *n.*

**tankard** (taŋ′kərd) *n.* [ME.] a large drinking cup with a handle and, often, a hinged lid

**tanker** (taŋ′kər) *n.* a ship, lorry or aeroplane carrying oil or other liquids in large tanks

**tank farming** *same as* HYDROPONICS

**tanner** (tan′ər) *n.* a person whose work is tanning hides

**tannery** *n., pl.* **-neries** a place where hides are tanned

**tannic** (tan′ik) *adj.* of, like, or obtained from tannin

**tannic acid** a yellowish, astringent substance, derived from oak bark, etc. and used in tanning, etc.

**tannin** (tan′in) *n.* *same as* TANNIC ACID

**Tannoy** (tan′oi) *Trademark* a public-address system

**tansy** (tan′zē) *n., pl.* **-sies** [< Gr. *athanasia,* immortality] a strong-smelling plant with clusters of small, yellow flowers

**tantalize** (tan′tə līz′) *vt.* **-lized′, -liz′ing** [see TANTALUS] to tease or disappoint by promising or showing something and then withholding it —**tan′taliza′tion** *n.* —**tan′taliz′er** *n.* —**tan′taliz′ingly** *adv.*

**tantalum** (tan′tə ləm) *n.* [see TANTALUS: from the difficulty in extracting it] a rare, steel-blue, metallic chemical element that resists corrosion: symbol, Ta

**tantalus** (tan′tə ləs) *n.* [< *Tantalus,* in Gr. Myth. a king surrounded by inaccessible water and fruit in Hades] a stand in which bottles may be locked with their contents visible

**tantamount** (tan′tə mount′) *adj.* [< OFr. *tant,* so much + *amonter,* amount] equivalent (*to*)

**tantra** (tan′trə) *n.* [Sans., doctrine] [*often* **T-**] any of a class of mystical Hindu or Buddhist writings

**tantrum** (tan′trəm) *n.* [< ?] a violent, wilful outburst of annoyance, rage, etc.; childish fit of bad temper

**tanyard** (tan′yärd′) *n.* a tannery

**Taoism** (tä′ō iz′m) *n.* [< Chin. *tao,* the way] a Chinese religion and philosophy advocating simplicity, selflessness, etc. —**Tao′ist** *n., adj.*

**tap**[1] (tap) *vt.* **tapped, tap′ping** [OFr. *taper*] **1.** to strike lightly **2.** to strike something lightly with **3.** to make or do by tapping [to *tap* a message] —*vi.* **1.** to strike a light, rapid blow **2.** to move with a tapping sound —*n.* **1.** a light, rapid blow, or the sound made by it **2.** a small metal plate attached to a shoe, as for tap dancing —**tap′per** *n.*

**tap**[2] *n.* [OE. *tæppa*] **1.** a device for controlling the flow of liquid from a pipe, etc. **2.** a plug, cork, etc. for stopping a hole in a container holding a liquid **3.** a draining of liquid from a body cavity **4.** the act of wiretapping **5.** a place in an electrical circuit where a connection can be made —*vt.* **tapped, tap′ping** **1.** to make a hole in for drawing off liquid **2.** to draw (liquid) from a container, cavity, etc. **3.** to make use of [to *tap* new resources] **4.** to make a connection with (an electric circuit, telephone line, etc.); specif., to wiretap (a telephone line) **5.** [Slang] to borrow or get money from —**on tap** **1.** in a tapped cask and ready to be drawn **2.** [Colloq.] ready for consideration or action

**tap dance** a dance performed with sharp, loud taps of the foot, toe, or heel at each step —**tap′-dance′** *vi.* —**tap′-danc′er** *n.*

**tape** (tāp) *n.* [OE. *tæppe,* fillet] **1.** a strong, narrow, woven strip of cloth, paper, etc. used for binding, tying, etc. **2.** a strip of cloth stretched above the finishing line of a race **3.** *short for* TAPE MEASURE **4.** *a*) *short for* MAGNETIC TAPE *b*) a recording on magnetic tape —*vt.* **taped, tap′ing** **1.** to put tape on or around, as for binding, tying, etc. **2.** to measure by using a tape measure **3.** to record (sound, computer data, etc.) on magnetic tape —**have** (someone or something) **taped** to have a shrewd idea of (a person's character, etc.) —**tap′er** *n.*

**tape deck** a simplified magnetic-tape assembly, having tape reels and recording and playback heads

**tape machine** a telegraphic device that records stock market quotations, etc., on paper tape

**tape measure** a tape with marks showing lengths, used for measuring

**taper** (tā′pər) *vt., vi.* [OE. *tapur*] **1.** to decrease gradually in width or thickness **2.** to lessen; diminish Often with *off* —*n.* **1.** a slender candle **2.** a long wick coated with wax, used for lighting candles, etc. **3.** a gradual decrease in width, thickness, power, etc.

**tape-record** *vt.* to record on magnetic tape

**tape recorder** a device for recording sound on magnetic tape

**tape recording** **1.** the act of recording on magnetic tape **2.** the magnetic tape used in recording **3.** the sounds recorded on magnetic tape

**tapestry** (tap′is trē) *n., pl.* **-tries** [< Gr *tapēs,* carpet] a heavy woven cloth with decorative designs and pictures, used as a wall hanging, etc. —**tap′estried** *adj.*

**tapeworm** (tāp′wurm′) *n.* a flatworm that lives as a parasite in the intestines of man and other vertebrates

**tapioca** (tap′ē ō′kə) *n.* [< Tupi] a starchy, granular substance prepared from the root of the cassava plant, used for puddings, etc.

**tapir** (tā′pər) *n.* [< Tupi *tapyra*] a large piglike mammal found in tropical America tapirs have flexible snouts

**tappet** (tap′it) *n.* [see TAP[1]] in a machine a projection that is moved by recurring contact, as with a cam

**taproom** (tap′room′) *n.* a room with a bar at which alcoholic drinks are served

**taproot** (tap′rōōt′) *n.* [TAP[2] + ROOT[1]] a main root, growing almost vertically downwards, from which branch roots spread out

**taps** (taps) *n.* [< TAP[1], because orig. an army drum signal] a song sung at the conclusion of an evening gathering by Girl Guides and Scouts

**tapster** (tap′stər) *n.* [< OE. *tæppestre,* barmaid] [Now Rare] a barman

**tar**[1] (tär) *n.* [OE. *teru*] **1.** a thick, sticky, black liquid obtained by the destructive distillation of wood, coal, etc. **2.** loosely, any of the solids in smoke, as from tobacco —*vt.* **tarred, tar′ring** to cover or smear with or as with tar —*adj.* **1.** of or like tar **2.** tarred —**tar and feather** to cover (a person) with tar and feathers, as in punishment by mob action —**tarred with the same brush** (or **stick**) having the same faults

**tar**[2] *n.* [< TAR(PAULIN)] [Colloq.] a sailor

**tarantella** (tar′ən tel′ə) *n.* [It., < *Taranto,* town of Italy] **1.** a fast, whirling southern Italian dance for couples **2.** music for this

**tarantula** (tə ran′tyoo lə) *n., pl.* **-las, -lae** (-lē) [< prec.] **1.** a large, hairy, somewhat poisonous spider of S Europe **2.** a large, hairy tropical spider

**tarboosh** (tär bōōsh′) *n.* [Ar. *tarbūsh*] a brimless cap of felt shaped like a truncated cone

**tardy** (tär′dē) *adj.* **-dier, -diest** [< L. *tardus,* slow] **1.** late, delayed, or dilatory **2.** slow in moving, acting, etc. —**tar′dily** *adv.* —**tar′diness** *n.*

**tare**[1] (tãər) *n.* [< ?] **1.** any of several vetches **2.** *Bible* a weed

**tare**[2] *n.* [< Ar. *taraḥa,* to reject] deduction of the weight of a container, etc. from the total weight to determine the weight of the contents

**target** (tär'git) *n.* [< MFr. *targe,* a shield] **1.** *a*) a round, flat board, straw coil, etc., marked as with concentric circles, aimed at in archery, etc. *b*) any object that is shot at, bombarded, etc. **2.** an objective **3.** an object of attack, criticism, or ridicule

**tariff** (tar'if) *n.* [< Ar. *ta'rif,* information] **1.** a list or system of taxes upon exports or imports **2.** a tax of this kind, or its rate **3.** any list of prices, charges, etc.

**tarlatan, tarletan** (tär'lə tən) *n.* [Fr. *tarlatane*] a thin, stiff, open-weave muslin

**tarmac** (tär'mak) *n.* [< TAR[1] & J. L. *McAdam*] **1.** *Trademark* a paving material of crushed stone rolled and bound with tar: also **tar'macad'am** **2.** a road, runway, etc. paved with tarmac —*vt.* to cover (a surface) with tarmac

**tarn** (tärn) *n.* [ON. *tjörn*] a small mountain lake

**tarnish** (tär'nish) *vt.* [< MFr. *ternir,* make dim] **1.** to dull the lustre of (a metal) by exposure to the air **2.** to sully (a reputation, etc.) —*vi.* to lose lustre; discolour —*n.* **1.** a being tarnished; dullness **2.** the film of discolouration on a tarnished surface **3.** a stain; blemish —**tar'nishable** *adj.*

**taro** (tä'rō) *n., pl.* **-ros** [Tahitian] a large, tropical Asiatic plant, cultivated for its edible tubers

**tarot** (tar'ō) *n.* [Fr., ? ult. < Ar. *taraḥa,* to remove] [*often* **T-**] any of a set of playing cards used in fortunetelling

**tarpaulin** (tär pô'lin) *n.* [TAR[1] + PALL[2]] **1.** canvas coated with a waterproofing compound **2.** a sheet of this spread over something to keep it dry

**tarragon** (tar'ə gən) *n.* [Sp. < Gr. *drakōn,* dragon] **1.** a herb whose fragrant leaves are used for seasoning **2.** these leaves

**tarry**[1] (tar'ē) *vi.* **-ried, -rying** [prob. < L. *tardus,* slow] **1.** to delay, linger, etc. **2.** to stay for a time, esp. longer than intended **3.** to wait

**tarry**[2] (tär'ē) *adj.* **tar'rier, tar'riest** **1.** of or like tar **2.** covered or smeared with tar —**tar'riness** *n.*

**tarsal** (tär's'l) *adj.* of the tarsus —*n.* a tarsal bone

**tarsus** (tär'səs) *n., pl.* **-si** (-sī) [< Gr. *tarsos,* flat of the foot] **1.** the human ankle, consisting of seven bones **2.** *Zool.* the corresponding group of bones in the vertebrates having four limbs

**tart**[1] (tärt) *adj.* [OE. *teart*] **1.** sharp in taste; sour; acid **2.** cutting [a *tart* answer] —**tart'ly** *adv.*

**tart**[2] *n.* [MFr. *tarte*] **1.** a small shell of pastry filled with jam, custard, etc. **2.** a pie filled with fruit or other sweet filling often having a top crust

**tart**[3] *n.* [< prec.] [Colloq.] a prostitute or any woman of loose morals —**tart up** [Slang] to clothe, decorate, etc., often in a cheap and showy way

**tartan** (tär't'n) *n.* [prob. < MFr. *tiretaine,* a cloth of mixed fibres] woollen cloth with a woven plaid pattern, esp. as worn in the Scottish Highlands, where each clan has its own pattern —*adj.* of or made of tartan

**tartar**[1] (tär'tər) *n.* [< Per. *Tātār*] **1.** a bad-tempered person hard to deal with **2.** [**T-**] *same as* TATAR

**tartar**[2] *n.* [< MGr. *tartaron*] **1.** a hard deposit on the teeth **2.** a potassium salt forming a reddish, crustlike deposit in wine casks: in purified form called CREAM OF TARTAR

**tartaric** (tär tar'ik) *adj.* of, containing, or derived from tartar or tartaric acid

**tartaric acid** a colourless, crystalline acid found in fruit juices, etc. and obtained from tartar

**tartar sauce** [< Fr.] a sauce, as for seafood, consisting of mayonnaise with chopped pickles, olives, capers, etc.: also sp. **tartare sauce**

**Tarzan** (tär'zan) *n.* [< *Tarzan,* hero of stories by E. R. Burroughs] [*also* **t-**] a very strong, virile, and agile man

**task** (tãsk) *n.* [< L. *taxare,* to tax] **1.** a piece of work that one must do **2.** any difficult undertaking —*vt.* to put a strain on; tax —**take to task** to reprimand or scold

**task force** a specially trained, self-contained military unit assigned a specific mission or task

**taskmaster** *n.* a person who assigns tasks to others, esp. when exacting or severe

**Tasmanian devil** (taz mā'nē ən) a badgerlike, voracious, flesh-eating marsupial of Tasmania

**Tasmanian wolf** (or **tiger**) a fierce, flesh-eating marsupial of Tasmania

**Tass** (tas) [< the initial letters of the full name] a Soviet agency for gathering and distributing news

**tass** (tas) *n.* [< Per. *tast,* cup] [Obs. or Scot.] a small cup

**tassel** (tas''l) *n.* [OFr., knob] **1.** an ornamental tuft of threads, cords, etc. of equal length, hanging loosely from a knot **2.** something resembling this, as a tuft of corn silk —**tas'selled** *adj.*

**taste** (tãst) *n.* [OFr. *taster*] **1.** the sense by which the taste buds on the tongue, when stimulated by a substance, distinguish it as sweet, sour, salty, or bitter **2.** the quality perceived through this sense **3.** a small amount put into the mouth to test the flavour **4.** a slight experience of something **5.** *a*) the ability to appreciate and judge what is beautiful, appropriate, etc. *b*) a specific preference **6.** a liking; inclination —*vt.* **tast'ed, tast'ing** **1.** to detect the flavour of by the sense of taste **2.** to test the flavour of by putting a little in one's mouth **3.** to eat or drink, esp. a small amount of **4.** to experience —*vi.* **1.** to have the specific flavour (*of*) **2.** to tell flavours by the sense of taste —**in bad, poor,** etc. (or **good, excellent,**

etc.) **taste** in a form, style, or manner showing a bad (or good) sense of beauty, excellence, etc. **—to one's taste** **1.** pleasing to one **2.** so as to please one

**taste bud** any of the cells in the tongue that are the sense organs of taste

**tasteful** *adj.* having or showing good taste *[tasteful* décor*]* **—taste'fully** *adv.* **—taste'fulness** *n.*

**tasteless** *adj.* **1.** without taste; insipid **2.** in poor taste **—taste'lessly** *adv.* **—taste'lessness** *n.*

**taster** *n.* one employed to test the quality of wines, teas, etc. by tasting

**tasty** *adj.* **-ier, -iest** that tastes good; appetizing **—tast'ily** *adv.* **—tast'iness** *n.*

**tat** (tat) *vt.* **tat'ted, tat'ting** to make by tatting **—*vi.*** to do tatting

**ta-ta** (ta tä') ***interj.*** [Colloq.] goodbye: orig. a child's term

**Tatar** (tät'ər) ***n.*** [Per.] **1.** a member of any of the tribes that invaded W Asia and E Europe in the Middle Ages **2.** any of a Turkic people living in a region of EC Russia and in parts of Asia **3.** any of their Turkic languages **—*adj.*** of the Tatars or their languages

**'tater, tater** (tät'ər) ***n.*** *dial. form of* POTATO: also **tatie** (-tē), **tattie** (tat'ē)

**tatter** (tat'ər) ***n.*** [< ON. *tötturr,* rags] **1.** a torn and hanging shred or piece, as of a garment **2.** [*pl.*] torn, ragged clothes **—tat'tered** *adj.*

**tatting** (tat'iŋ) ***n.*** [< ?] **1.** a fine lace made by looping and knotting thread that is wound on a hand shuttle **2.** the act of making this

**tattle** (tat''l) ***vi.*** **-tled, -tling** [echoic] **1.** to chatter **2.** to tell others' secrets **—*n.*** chatter **—tat'tler** *n.*

**tattletale** ***n.*** an informer; talebearer

**tattoo**[1] (ta tōō') ***vt.*** **-tooed', -too'ing** [< Tahitian *tatau*] **1.** to puncture (the skin) with a needle and insert colours so as to leave permanent marks **2.** to make (marks or designs) on the skin this way **—*n., pl.*** **-toos'** a tattooed mark or design

**tattoo**[2] ***n., pl.*** **-toos'** [< Du. < *tap toe,* shut the tap: a signal for closing barrooms] **1.** *a*) a signal on a drum, bugle, etc. summoning soldiers, etc. to their quarters at night *b*) a military spectacle featuring marching, etc. **2.** any continuous drumming, rapping, etc.

**tatty** (tat'ē) ***adj.*** **tat'tier, tat'tiest** [? < OE. *taetteca,* a rag] shabby, decrepit, tawdry, etc. **—tat'tily** *adv.*

**tau** (tou) ***n.*** the nineteenth letter of the Greek alphabet (T, τ)

**taught** (tôt) *pt. & pp. of* TEACH

**taunt** (tônt) ***vt.*** [< Fr. *tant pour tant,* tit for tat] **1.** to reproach scornfully or sarcastically **2.** to provoke by taunting **—*n.*** a scornful or jeering remark **—taunt'ingly** *adv.*

**taupe** (tōp) ***n.*** [Fr. < L. *talpa,* mole] a dark, brownish-grey, the colour of moleskin **—*adj.*** of such a colour

**Taurus** (tôr'əs) [L., bull] **1.** a N constellation containing the Pleiades **2.** the second sign of the zodiac

**taut** (tôt) ***adj.*** [ME. *toght,* tight] **1.** tightly stretched, as a rope **2.** strained; tense *[a taut* smile*]* **3.** trim, tidy, etc. *[a taut* ship*]* **—taut'ly** *adv.* **—taut'ness** *n.*

**tauten** ***vt., vi.*** to make or become taut

**tauto-** [< Gr. *to auto,* the same] *a combining form meaning* the same *[tautology]*

**tautology** (tô tol'ə jē) ***n., pl.*** **-gies** [see TAUTO- & -LOGY] **1.** needless repetition of an idea in a different word, phrase, etc. (Ex.: "necessary essentials") **2.** *Math.* a statement, etc., that cannot be denied (Ex.: *a circle is round*) **—tau'tolog'ical** *adj.*

**tavern** (tav'ərn) ***n.*** [< L. *taberna*] **1.** *Literary* an inn **2.** [U.S.] a place where wines, spirits, beer, etc. are sold and drunk

**tawdry** (tô'drē) ***adj.*** **-drier, -driest** [< *St. Audrey laces,* sold at St. Audrey's fair] cheap and showy **—taw'drily** *adv.* **—taw'driness** *n.*

**tawny** (tô'nē) ***adj.*** **-nier, -niest** [< OFr. *tanner,* to tan] brownish-yellow; tan **—taw'niness** *n.*

**tawny owl** a common owl with short wings and a hooting call

**tawse** (tôz) ***n.*** [prob. < *taw,* a thong] [Scot.] a leather thong used for corporal punishment: also sp. **taws**

**tax** (taks) ***vt.*** [< L. *taxare,* appraise] **1.** to require (a person) to pay a percentage of his income, etc. for the use of a government **2.** to assess a tax on (income, purchases, etc.) **3.** to put a burden or strain on **4.** to accuse; charge **—*n.*** **1.** a compulsory payment, usually a percentage of income, purchase price, etc., for the use of a government **2.** a heavy demand; burden **—tax'abil'ity** *n.* **—tax'able** *adj.*

**taxation** (tak sā'shən) ***n.*** **1.** a taxing or being taxed **2.** a tax or tax levy **3.** revenue from taxes

**tax-deductible** ***adj.*** allowed as a deduction in computing income tax

**tax-free** ***adj.*** exempt from taxation

**taxi** (tak'sē) ***n., pl.*** **tax'is** *shortened form of* TAXICAB **—*vi.*** **tax'ied, tax'iing** or **tax'ying** **1.** to move slowly along the ground as an aircraft does when approaching a runway to begin its takeoff **2.** to go in a taxi **—*vt.*** **1.** to cause (an aircraft) to taxi **2.** to carry in a taxi

**taxicab** ***n.*** [< *taxi(meter) cab*] a motor car in which passengers are carried for a fare shown on a meter

**taxidermy** (tak'si dur'mē) ***n.*** [< Gr. *taxis,* arrangement + *derma,* skin] the art of preparing, stuffing, and mounting the skins of animals so as to give a lifelike effect **—tax'ider'mist** *n.*

**taximeter** (tak'sē mēt'ər) ***n.*** [< ML. *taxa,* a tax + *-meter,* -METER] an automatic device in taxicabs that registers fares due

**taxi rank** a place where taxicabs are stationed for hire

**taxonomy** (tak son'ə mē) ***n.*** [< Gr. *taxis,* arrangement + *nomos,* law] the science of classification, esp. of plants and animals **—tax'onom'ic** (-sə nom'ik), **tax'onom'ical** *adj.* **—taxon'omist** *n.*

**taxpayer** (taks′pā′ər) *n.* a person who pays taxes
**tax return** *see* RETURN
**Tb** *Chem.* terbium
**TB, T.B., tb, t.b.** tuberculosis
**T-bone steak** a steak from the loin, with a T-shaped bone
**tbs., tbsp.** tablespoon; tablespoons
**Tc** *Chem.* technetium
**tch** *interj., n.* a clicking sound made with the tongue, to express disapproval, sympathy, etc. —*vi.* to utter "tchs"
**Te** *Chem.* tellurium
**te** (tē) *n. same as* TI
**tea** (tē) *n.* [Chin. dial. *t'e*] **1.** an evergreen shrub grown in warm parts of Asia for its young leaves, which are prepared by drying, etc. for use in making a drink **2.** the dried, prepared leaves **3.** the drink made by steeping these in hot water, etc. **4.** a tealike beverage [camomile *tea*, beef *tea*] **5.** a light meal, usually with tea, in the late afternoon: also **afternoon tea** —**tea and sympathy** [Colloq.] kind treatment of someone in trouble
**tea bag** a small, porous bag with tea leaves in it, as for making an individual cup of tea
**tea ball** a hollow, perforated metal ball used to hold tea leaves in making tea
**teacake** *n.* a flat, round, slightly sweetened bun, usually served hot and buttered
**teach** (tēch) *vt.* **taught, teach′ing** [OE. *tæcan*] **1.** to show how to do something; instruct **2.** to give lessons to **3.** to give lessons in (a subject) **4.** to give knowledge, insight, etc. to —*vi.* to be a teacher —**teach′able** *adj.*
**teacher** *n.* a person who teaches, esp. in a school
**tea-chest** (tē′chest′) *n.* a large, square wooden box lined with foil, for exporting tea, for storage, etc.
**teaching** (tē′chiŋ) *n.* **1.** the art or profession of a teacher **2.** something taught: *usually in pl.*
**tea-cloth** (tē′kloth′) *n.* **1.** a small tablecloth **2.** a towel for drying dishes: also **tea towel**
**tea-cosy** *n.* a padded cover for a teapot to keep the contents hot
**teacup** *n.* a cup for drinking tea, etc. —**a storm in a teacup** a great commotion over a small problem —**tea′cupful′** *n.*
**teahouse** *n.* in the Orient, a place where tea is served
**teak** (tēk) *n.* [< Port. < native word *tēkka*] **1.** a large East Indian tree with hard, yellowish-brown wood used for shipbuilding, furniture, etc. **2.** its wood: also **teak′wood′**
**teal** (tēl) *n.* [ME. *tele*] a small freshwater wild duck
**team** (tēm) *n.* [OE., offspring] **1.** a group of people working or playing together **2.** two or more horses, oxen, etc. harnessed to the same vehicle or plough —*vt., vi.* to join together in a team (often with *up*)
**teammate** *n.* a fellow team member
**team spirit** concern for the benefit of the group as a whole rather than for individual interest
**teamster** *n.* **1.** a driver of a team of horses **2.** [U.S.] a lorry driver
**teamwork** *n.* the action or effort of people working together as a group
**tea party** a social gathering at which tea is served
**teapot** (tē′pot′) *n.* a pot with a spout, handle, and lid, for brewing and pouring tea
**tear**[1] (tâər) *vt.* **tore, torn, tear′ing** [OE. *teran*] **1.** to pull apart by force; rend **2.** to make (a hole, etc.) by tearing **3.** to lacerate **4.** to split into factions; disrupt **5.** to divide by doubt, etc. **6.** to remove as by tearing, etc. (with *up, out, off,* etc.) —*vi.* **1.** to be torn **2.** to move with force or speed —*n.* **1.** a tearing **2.** a torn place; rip —**tear at** to pull at violently —**tear down** to take apart; wreck, etc. —**tear into** [Colloq.] to attack or criticize violently
**tear**[2] (tēər) *n.* [OE.] **1.** a drop of the salty fluid that keeps the eyeball moist and flows from the eye in weeping **2.** [*pl.*] sorrow; grief —**in tears** weeping
**tearaway** (tâər′ə wā) *n.* a reckless young man; hooligan
**teardrop** (tēər′drop′) *n.* a tear —*adj.* tear-shaped
**tearful** *adj.* **1.** in tears; weeping **2.** causing tears; sad —**tear′fully** *adv.* —**tear′fulness** *n.*
**tear gas** (tēər) a gas that makes the eyes sore and blinds them with tears —**tear′-gas′** *vt.* **-gassed′, -gas′sing**
**tearing** (tâər′iŋ) *adj.* violent or furious
**tear-jerker** (tēər′jur′kər) *n.* [Colloq.] a play, film, etc. that is sad in a too sentimental way —**tear′-jerk′ing** *adj.*
**tearoom** (tē′rōom′) *n.* a restaurant that serves tea, coffee, light lunches, etc.: also **tea-shop**
**tease** (tēz) *vt.* **teased, teas′ing** [OE. *tæsan*] **1.** to bother or annoy by mocking, poking fun, etc. **2.** to tantalize **3.** *a*) to card or comb (flax, wool, etc.) *b*) to raise a nap on (cloth) with teasels —*vi.* to tease someone —*n.* **1.** a teasing or being teased **2.** a person who teases
**teasel** (tē′z′l) *n.* [< OE. *tæsan,* to tease] **1.** a bristly plant with prickly, cylindrical flower heads **2.** a dried flower used to raise a nap on cloth **3.** any device for raising a nap on cloth
**teaser** (tē′zər) *n.* [Colloq.] an annoying or puzzling problem
**teaspoon** (tē′spōon′) *n.* a spoon for stirring tea, coffee, etc. —**tea′spoonful′** *n.*
**teat** (tēt) *n.* [< OFr. *tete*] **1.** the nipple of a breast or udder **2.** a rubber device resembling this
**teazel, teazle** (tē′z′l) *n. same as* TEASEL
**Tech** (tek) *n.* [Colloq.] technical college
**tech.** **1.** technical **2.** technology
**technetium** (tek nē′shē əm) *n.* [< Gr. *technē,* an art] a metallic chemical element obtained in the fission of uranium: symbol, Tc
**technic** (tek′nik; tek nēk′) *n.* [< Gr. *technē,* an art] *same as* TECHNIQUE

**technical** (tek′ni k′l) ***adj.*** **1.** dealing with the practical, industrial, or mechanical arts **2.** of, used in, or peculiar to a specific science, art, craft, etc. **3.** of or showing technique **4.** according to principles or rules **5.** involving or using technicalities **—tech′nically *adv.***

**technical drawing** drawing done, as by a draughtsman, with T squares, scales, compasses, etc.

**technicality** (tek′nə kal′ə tē) ***n., pl.*** **-ties** **1.** the state or quality of being technical **2.** a technical point, term, method, etc. **3.** a minute point or detail brought to bear upon a main issue

**technical knockout** *Boxing* a victory won when the opponent is so badly hurt that the referee stops the match

**technician** (tek nish′ən) ***n.*** one skilled in the technicalities or in the technique of some art or science

**Technicolor** (tek′ni kul′ər) *Trademark* a certain process of making colour films **—*n.*** [**t-**] bright colours **—tech′nicol′ored *adj.***

**technique** (tek nēk′) ***n.*** [see TECHNIC] **1.** the method of procedure in artistic work, scientific operation, etc. **2.** the degree of expertness shown in this **3.** any method of doing a thing

**techno-** [< Gr. *technē,* an art] *a combining form meaning* art, science, skill

**technocracy** (tek nok′rə sē) ***n.*** [prec. + -CRACY] [**tech′nocrat′**(-nə krat′) ***n.*** **—tech′nocrat′ic *adj.***

**technological** (tek′nə loj′i k′l) ***adj.*** of or resulting from technology

**technology** (tek nol′ə jē) ***n.*** [Gr. *technologia*] **1.** the science or study of the practical or industrial arts, applied sciences, etc. **2.** the methods used in a science, art, etc. **3.** applied science **—technol′ogist *n.***

**tectonics** (tek ton′iks) ***n.pl.*** [*with sing. v.*] [< Gr. *tektōn,* builder] *Geol.* the study of the earth's crystal structure and the forces that produce changes in it

**Ted** (ted) ***n.*** *short form of* TEDDY BOY

**teddy bear** (ted′ē) [< *Teddy* (*Theodore*) Roosevelt] a child's stuffed toy made to look like a bear cub

**Teddy Boy** [< *Edward,* referring to the Edwardian dress] a youth of the 1950's who wore mock Edwardian fashions

**Te Deum** (tē dē′əm) [LL.] a Christian hymn beginning *Te Deum laudamus* (We praise thee, O God)

**tedious** (tē′dē əs) ***adj.*** full of tedium; tiresome; boring **—te′diously *adv.*** **—te′diousness *n.***

**tedium** (tē′dē əm) ***n.*** [< L. *taedet,* it offends] the condition or quality of being tiresome or monotonous

**tee**[1] (tē) ***n., pl.*** **tees** **1.** the letter T, t **2.** anything shaped like a T **—*adj.*** shaped like a T **—to a tee** exactly

**tee**[2] ***n.*** [< ?] a mark aimed at in quoits, curling, etc.

**tee**[3] ***n.*** [prob. < Scot. dial. *teaz*] **1.** a small, pointed holder of wood, etc. on which a golf ball is put to be driven **2.** the place at each hole from which a golfer makes his first stroke **—tee off** **1.** to play a golf ball from a tee **2.** to begin

**tee-hee** (tē′hē′) ***interj., n.*** [echoic] the sound of a titter or snicker

**teem**[1] (tēm) ***vi.*** [< OE. *team,* progeny] to be full; abound; swarm (*with*)

**teem**[2] ***vi.*** [ON. *tæma*] to pour [a *teeming* rain]

**teenage** (tēn′āj) ***adj.*** **1.** in one's teens **2.** of, like, or for persons in their teens

**teenager** ***n.*** a person in his teens

**teens** (tēnz) ***n.pl.*** [< OE. *tien,* ten] **1.** the years from thirteen to nineteen (of a person's age) **2.** the numbers thirteen to nineteen

**teeny** (tē′nē) ***adj.*** **-nier, -niest** *colloq. var. of* TINY

**teeny-bopper** (tē′nē bop′ər) ***n.*** [< TEENS + BOP] [Slang] a teenager, esp. a girl following the latest fads

**teeny-weeny** ***adj.*** [Colloq.] very small; tiny

**teepee** (tē′pē) ***n.*** *alt. sp. of* TEPEE

**tee shirt** *same as* T-SHIRT

**teeter** (tēt′ər) ***vi.*** [dial.] to totter, wobble, etc. **—*vt.*** to cause to teeter

**teeth** (tēth) ***n.*** *pl. of* TOOTH

**teethe** (tēth) ***vi.*** **teethed, teeth′ing** to grow teeth; cut one's teeth

**teething** (tēth′iŋ) ***n.*** the stage during which a baby cuts teeth

**teething ring** a ring of ivory, plastic, etc. for teething babies to bite on

**teething troubles** difficulties experienced in the early stages of a project, etc.

**teetotal** (tē tōt′′l) ***adj.*** [< redupl. of initial letter of TOTAL] of or in favour of teetotalism **—teeto′taller *n.***

**teetotalism** ***n.*** the principle or practice of never drinking any alcoholic liquor **—teeto′talist *n.***

**Teflon** (tef′lon) *Trademark* a tough polymer used for nonstick coatings for cooking utensils, etc.

**te-hee** (tē′hē′) ***interj., n.*** *var. of* TEE-HEE

**tel-** *same as* TELE-

**tel.** **1.** telegram **2.** telegraph **3.** telephone

**tele-** *a combining form meaning:* **1.** [< Gr. *tēle,* far off] at, over, from, or to a distance **2.** [< TELE(VISION)] of or by television

**telecast** (tel′ə kast) ***vt., vi.*** **-cast′** or **-cast′ed, -cast′ing** [TELE- + (BROAD)CAST] to broadcast by television **—*n.*** a television broadcast **—tel′ecast′er *n.***

**telecommunication** (tel′ə kə myōō′nə kā′shən) ***n.*** [*also pl., with sing. or* *pl. v.*] communication by radio, telephone, telegraph, television, etc.

**telegram** (tel′ə gram′) *n.* [TELE- + -GRAM] a message transmitted by telegraph

**telegraph** (tel′ə gräf′) *n.* [TELE- & -GRAPH] an apparatus or system for sending messages by electric impulses through a wire or by means of radio waves —*vt.* 1. to send (a message) by telegraph to (someone) 2. [Canad. Colloq.] to cast (votes) illegally by impersonating registered votes —*vi.* to send a telegram —**telegrapher** (tə leg′rə fər), **teleg′raphist** *n.* —**tel′egraph′ic** *adj.* —**tel′egraph′ically** *adv.*

**telegraphy** (tə leg′rə fē) *n.* 1. the operation of telegraph apparatus 2. the sending of messages by telegraph

**telekinesis** (tel′ə kī nē′sis) *n.* [< TELE- + Gr. *kinēsis*, motion] the causing of an object to move supposedly by means of psychic forces

**telemeter** (tel′ə mēt′ər) *n.* [TELE- + -METER] a device for measuring temperature, radiation, etc. at a remote point and transmitting the information by radio —**tel′emet′ric** (-met′rik) *adj.* —**telemetry** (tə lem′ə trē) *n.*

**teleology** (tel′ē ol′ə jē) *n.* [< Gr. *telos*, an end + -LOGY] 1. the fact or quality of having an ultimate purpose 2. a belief that what happens in nature is determined by an overall design or purpose —**te′leolog′ical** (-ə loj′i k'l) *adj.*

**telepathy** (tə lep′ə thē) *n.* [TELE- + -PATHY] supposed communication between minds by some means other than the normal functioning of the senses —**telepathic** (tel′ə path′ik) *adj.* —**telep′athist** *n.*

**telephone** (tel′ə fōn′) *n.* [TELE- + -PHONE] an instrument for conveying speech over distances by converting sound into electric impulses sent through a wire —*vi.* **-phoned′**, **-phon′ing** to talk over a telephone —*vt.* 1. to convey (a message) by telephone 2. to speak to or reach (a person) by telephone —**tel′ephon′ic** (-fon′ik) *adj.* —**tel′ephon′ically** *adv.*

**telephone box** a booth in a public place containing a telephone, usually operated by inserting coins: also **telephone booth, telephone kiosk**

**telephone directory** a book in which are listed alphabetically the names of persons, businesses, etc. having telephones in a specified area

**telephonist** (tə lef′ə nist) *n.* a telephone switchboard operator

**telephony** (tə lef′ə nē) *n.* the science of communication by telephone

**telephoto** (tel′ə fōt′ō) *adj.* designating a camera lens producing a large image of a distant object

**telephotography** (tel′ə fə tog′rə fē) *n.* 1. photography done with a telephoto lens 2. the process of transmitting photographs over distances using telephone wires or radio channels —**tel′epho′tograph′ic** (-fōt′ə graf′ik) *adj.*

**teleprinter** (tel′ə print′ər) *n.* a form of telegraph in which the message is typed on a keyboard that sends electric signals to a machine that prints the words

**Teleprompter** (tel′ə promp′tər) *Trademark* an electronic device that unrolls a prepared script line by line for a speaker on television

**telescope** (tel′ə skōp′) *n.* [TELE- & -SCOPE] an instrument for making distant objects, as stars, appear nearer and larger: it consists of tubes containing lenses —*vi., vt.* **-scoped′**, **-scop′ing** to slide or be forced one inside another like tubes of a collapsible telescope —**tel′escop′ic** (-skop′ik) *adj.*

**teletext** (tel′ē tekst) *n.* [TELE- & TEXT] a computer-based service which shows news and information on subscribers' specially equipped televisions

**Teletype** (tel′ə tīp′) *Trademark* a form of teleprinter —*vt., vi.* **-typed′**, **-typ′ing** [*often* **t-**] to send (messages) by Teletype

**televise** (tel′ə vīz′) *vt., vi.* **-vised′**, **-vis′ing** to transmit by television —**tel′evi′sor** *n.*

**television** (tel′ə vizh′ən) *n.* [TELE- + VISION] 1. the process of transmitting scenes or views by converting light rays into electric signals that are transmitted to a receiver that reconverts the signals, reproducing the original image 2. television broadcasting as an industry, art, etc. 3. a television receiving set 4. programmes watched on a television set —*adj.* of, in, or by television

**telex** (tel′eks) *n.* [TEL(ETYPE) + EX(CHANGE)] 1. an international telegraph service in which teleprinters are rented out to subscribers for direct communication 2. a message sent by telex —*vt.* to send (a message) by telex

**tell** (tel) *vt.* **told, tell′ing** [OE. *tellan*, lit., to calculate] 1. to let know; inform 2. to request; order 3. to give an account of (a story, etc.) in speech or writing 4. to express in words; utter 5. to report; announce 6. to make known; disclose 7. to recognize; distinguish 8. to know; decide 9. to assure emphatically —*vi.* 1. to give an account or description (*of* something) 2. to have a marked effect —**tell a tale** reveal something of interest or importance —**tell it to the marines** [Colloq.] an expression of disbelief —**tell off** [Colloq.] to rebuke severely —**tell on** 1. to make weary, worn-out, etc. 2. [Colloq.] to inform against —**you're telling me** [Slang] I know that very well already —**tell′able** *adj.*

**teller** *n.* a person who counts; specif., *a*) one who counts votes *b*) a bank clerk

**telling** *adj.* 1. having an effect; forceful; striking 2. that tells or reveals much —**tell′ingly** *adv.*

**telltale** *n.* 1. a talebearer or informer 2. an outward indication of a secret —*adj.* revealing a secret

**tellurium** (te lyoor′ē əm) *n.* [< L. *tellus*, the earth] a rare, tin-white, brittle, nonmetallic chemical element: symbol, Te

**telly** (tel′ē) *n.* [Colloq.] television

**temerity** (tə mer′ə tē) *n.* [< L. *temere*,

rashly] foolish or rash boldness; recklessness

**temp** (temp) *n.* [< TEMPORARY] [Colloq.] a temporary employee

**temp.** 1. temperature 2. temporary

**temper** (tem′pər) *n.* [< L. *temperare,* regulate] 1. frame of mind; disposition 2. anger; rage 3. a tendency to get angry 4. mental calm; composure: now only in **lose** (or **keep**) **one's temper, out of temper** 5. the degree of hardness and resiliency of a metal —*vt.* 1. to moderate [*temper* criticism with reason] 2. *a*) to bring to the proper texture, hardness, etc. by treating in some way [to *temper* steel by heating and sudden cooling] *b*) to toughen 3. *Music* to tune (a note, instrument, etc.)

**tempera** (tem′pərə) *n.* [It.: see prec.] 1. a way of painting that uses pigments mixed with size or egg to produce a dull finish 2. the paint so used

**temperament** (tem′prəmənt) *n.* [see TEMPER] 1. one's customary frame of mind or natural disposition 2. a nature that is excitable, moody, etc.

**temperamental** (tem′prəmen′t'l) *adj.* 1. easily upset 2. of or caused by temperament 3. erratic in behaviour —**tem′peramen′tally** *adv.*

**temperance** (tem′pərəns) *n.* [see TEMPER] 1. moderation; self-restraint 2. moderation in drinking alcoholic liquor, or, esp., the avoiding of alcoholic liquor completely

**temperate** (tem′pərət) *adj.* [see TEMPER] 1. neither very hot nor very cold: said of a climate, etc. 2. moderate in one's actions, speech, etc. 3. moderate, esp. in using alcoholic liquor —**tem′perately** *adv.*

**Temperate Zone** either of two zones of the earth (**North Temperate Zone** and **South Temperate Zone**) between the tropics and the polar circles

**temperature** (tem′prəchər) *n.* [< L. *temperatus,* temperate] the degree of hotness or coldness of anything, usually as measured on a thermometer; specif., *a*) the degree of heat of a living body; also, an excess of this over the normal (about 98.4°F or 36.8°C in man) *b*) the degree of heat of the atmosphere

**tempered** (tem′pərd) *adj.* 1. having been given the desired texture, etc. 2. modified by other qualities, etc. 3. having a (specified) temper

**tempest** (tem′pist) *n.* [< L. *tempus,* time] a violent storm with high winds, esp. one accompanied by rain or snow

**tempestuous** (tempes′tyoo wəs) *adj.* 1. of or like a tempest 2. violent; turbulent —**tempes′tuously** *adv.*

**template, templet** (tem′plit) *n.* [< L. *templum,* small timber] a pattern, usually a thin plate, for forming an accurate copy of an object or shape

**temple**[1] (tem′p'l) *n.* [< L. *templum*] 1. a building for the worship of a god or gods 2. [T-] any of three buildings for worshipping Jehovah, successively built by the Jews in ancient Jerusalem 3. a building, usually of imposing size, serving some special purpose

**temple**[2] *n.* [< L. *tempus*] the flat area at either side of the forehead

**tempo** (tem′pō) *n., pl.* **-pos, -pi** (-pē) [< L. *tempus,* time] 1. the speed at which a piece of music is performed 2. rate of activity; pace

**temporal**[1] (tem′pər əl) *adj.* [< L. *tempus* time] 1. of or limited by time; not eternal 2. of this world; not spiritual 3. civil or secular —**tem′porally** *adv.*

**temporal**[2] *adj.* [see TEMPLE[2]] of or near the temple or temples (of the head)

**temporal bone** either of a pair of compound bones forming the sides of the skull

**temporary** (tem′pərərē) *adj.* [< L *tempus,* time] lasting only for a time; not permanent —**tem′porarily** *adv.* —**tem′porariness** *n.*

**temporize** (tem′pərīz′) *vi.* **-rized′, -riz′ing** [< L. *tempus,* time] 1. to act or speak in a way one thinks is expedient 2. to put off making a decision so as to gain time —**tem′poriz′er** *n.*

**tempt** (tempt) *vt.* [< L. *temptare,* to test] 1. to entice (a person) to do or want something that is wrong, forbidden, etc. 2. to be inviting or enticing to 3. to provoke or risk provoking (fate, etc.) 4. to cause to be inclined to [*tempted* to leave] —**tempt′er** *n.* —**tempt′ress** *n.fem.*

**temptation** (temptā′shən) *n.* 1. a tempting or being tempted 2. something that tempts

**tempting** (temp′tiŋ) *adj.* enticing; attractive —**tempt′ingly** *adv.*

‡**tempus fugit** (tem′pəs fyōō′jit) [L.] time flies

**ten** (ten) *adj., n.* [OE.] totalling one more than nine; 10; X

**ten.** 1. tenor 2. *Music* tenuto

**tenable** (ten′əb'l) *adj.* [see TENANT] that can be held, defended, or believed —**ten′abil′ity** *n.*

**tenacious** (tənā′shəs) *adj.* [< L. *tenere* to hold] 1. holding firmly 2. that retains well 3. strongly cohesive or adhesive 4. persistent —**tena′ciously** *adv.* —**tena′ciousness** *n.*

**tenacity** (tənas′ətē) *n.* a being tenacious

**tenancy** (ten′ənsē) *n., pl.* **-cies** occupancy or duration of occupancy by a tenant

**tenant** (ten′ənt) *n.* [< L. *tenere,* to hold] 1. a person who pays rent to occupy or use land, a building, etc. 2. an occupant of a specified place —**ten′antless** *adj.*

**tenant farmer** a person who farms land owned by another and pays rent in cash or in a share of the crops

**tenantry** *n., pl.* **-ries** 1. a body of tenants 2. occupancy by a tenant

**tench** (tench) *n.* [< L. *tinca*] a common freshwater fish of the carp family

**Ten Commandments** *Bible* the ten laws forming the fundamental moral code of Israel: Ex. 20:2–17; Deut. 5:6–22

**tend**[1] (tend) *vt.* [see ATTEND] 1. to take

care of; watch over; attend to **2.** to be in charge of; manage

**tend**[2] *vi.* [< L. *tendere,* to stretch] **1.** to be likely or apt; incline **2.** to lead (*to* or *towards* a specified result) **3.** to move or extend [to *tend* eastwards]

**tendency** (ten′dən sē) *n., pl.* **-cies** [< L. *tendere,* to stretch] **1.** an inclination to move or act in a particular direction or way **2.** a course towards some purpose, object, or result

**tendentious** (ten den′shəs) *adj.* [see TENDENCY] advancing a definite point of view —**tenden′tiously** *adv.*

**tender**[1] (ten′dər) *adj.* [< L. *tener,* soft] **1.** easily chewed, broken, cut, etc. **2.** physically weak; frail **3.** immature; young [the *tender* age of five] **4.** needing careful handling **5.** gentle or light, as a touch **6.** affectionate, loving, etc. **7.** *a*) that feels pain easily; sensitive *b*) sensitive to others' feelings; compassionate —**ten′derly** *adv.* —**ten′derness** *n.*

**tender**[2] *vt.* [< L. *tendere,* to stretch] to present for acceptance; offer (an invitation, apology, etc.) —*vi.* to make an offer or estimate for a particular job (with *for*) —*n.* a formal offer to supply specified goods or services at a stated cost —**put out to tender** to invite and compare tenders for a particular job

**tender**[3] *n.* **1.** a person who has charge of something **2.** a ship to supply or service another ship, a submarine, etc. **3.** the vehicle behind a steam locomotive for carrying its coal and water

**tenderfoot** *n., pl.* **-foots′, -feet′** **1.** a newcomer, specif. to the hardships of ranching in the W U.S. **2.** formerly, a beginner in the Boy Scouts

**tenderize** *vt.* **-ized′, -iz′ing** to make (meat) tender, as by beating

**tenderloin** *n.* the tenderest muscle of a loin of pork

**tendon** (ten′dən) *n.* [< Gr. *teinein,* to stretch] any of the cords of tough, fibrous tissue connecting muscles to bones or other parts; sinew

**tendril** (ten′drəl) *n.* [prob. < L. *tener,* soft] a threadlike, clinging part of a climbing plant, serving to support it

**tenebrous** (ten′ə brəs) *adj.* [< L. *tenebrae,* darkness] dark; gloomy

**tenement** (ten′i mənt) *n.* [< L. *tenere,* to hold] **1.** a large building divided into rooms or flats for rent, now often one that is run-down and overcrowded; also **tenement building** **2.** a separately tenanted room or flat

**tenet** (ten′it, tē′net) *n.* [L., he holds] a doctrine or belief held as a truth, as by some group

**tenfold** (ten′fōld′) *adj.* **1.** having ten parts **2.** having ten times as much or as many —*adv.* ten times as much or as many

**ten-gallon hat** a wide-brimmed felt hat with a high, round crown, orig. worn by cowboys

**tenner** (ten′ər) *n.* [Colloq.] a ten-pound note

**tennis** (ten′is) *n.* [< OFr. *tenir,* to hold] **1.** a game (officially **lawn tennis**), usually played outdoors, in which two or four players using rackets hit a ball back and forth over a net dividing a marked rectangular area (**tennis court**) **2.** a similar indoor game (**real tennis**), the ball being in addition bounced against walls

**tenon** (ten′ən) *n.* [see TENANT] a part of a piece of wood, etc. cut to stick out so that it will fit into a hole (*mortise*) in another piece to make a joint

**tenor** (ten′ər) *n.* [< L. *tenere,* to hold] **1.** *a*) the highest usual adult male voice, or its range *b*) a part for this voice *c*) a singer or instrument having this range **2.** general meaning **3.** general course or tendency —*adj.* of, in, or for the tenor

**tenpin bowling** a form of bowling in which bowls are rolled down a lane to knock over ten target pins

**tense**[1] (tens) *adj.* **tens′er, tens′est** [< L. *tendere,* to stretch] **1.** stretched tight; taut **2.** feeling, showing, or causing mental strain —*vt., vi.* **tensed, tens′ing** to make or become tense —**tense′ly** *adv.* —**tense′ness** *n.*

**tense**[2] *n.* [< L. *tempus,* time] any of the forms of a verb that show the time of the action or condition

**tensile** (ten′sil) *adj.* **1.** of or under tension **2.** capable of being stretched —**tensil′ity** (-sil′ə tē) *n.*

**tensile strength** the lengthwise stress that a given substance can bear without tearing apart

**tension** (ten′shən) *n.* **1.** a tensing or being tensed **2.** mental or nervous strain **3.** a state of strained relations **4.** voltage **5.** stress on a material by forces tending to cause extension —**ten′sional** *adj.*

**tent** (tent) *n.* [< L. *tendere,* to stretch] **1.** a portable shelter consisting of canvas, etc. stretched over poles and attached to stakes **2.** anything like a tent —*adj.* of or like a tent

**tentacle** (ten′tə k'l) *n.* [< L. *tentare,* to touch] a slender, flexible growth near the head or mouth, as of some invertebrates, used for grasping, feeling, etc. —**ten′tacled** *adj.*

**tentative** (ten′tə tiv) *adj.* [< L. *tentare,* to try] made or done as a test; not definite or final —**ten′tatively** *adv.* —**ten′tativeness** *n.*

**tenter** (ten′tər) *n.* [see TENT] a frame to stretch cloth on for even drying

**tenterhook** *n.* any of the hooked nails that hold cloth stretched on a tenter —**on tenterhooks** in suspense

**tenth** (tenth) *adj.* [OE. *teogotha*] **1.** preceded by nine others in a series; 10th **2.** designating any of ten equal parts —*n.* **1.** the one following the ninth **2.** any of the ten equal parts of something; 1/10 —**tenth′ly** *adv.*

**tent stitch** an embroidery stitch forming a series of parallel slanting lines

**tenuous** (ten′yoo wəs) *adj.* [< L. *tenuis,* thin] **1.** slight; flimsy **2.** slender or fine **3.** not dense; rare, as air high up —**tenuity** (tə nyōō′ tē) *n.* —**ten′uously** *adv.*

**tenure** (ten′yoo ər) *n.* [see TENANT] **1.** the act or right of holding property, an office, etc. **2.** the period or condition of this **3.** [U.S.] the holding of a position in teaching, etc. on a permanent basis

**tenuto** (tə nyōōt′ ō) *adj.* [It.] *Music* held for the full value, as a note

TEPEE

**tepee** (tē′ pē) *n.* [< Siouan *ti,* to dwell + *pi,* used for] a cone-shaped tent of animal skins, used by the American Indians

**tepid** (tep′ id) *adj.* [< L. *tepere,* be slightly warm] **1.** lukewarm **2.** unenthusiastic —**tepidity** (tə pid′ ə tē) *n.* —**tep′idly** *adv.*

**tequila** (tə kē′ lə) *n.* [< *Tequila,* a Mexican district] a strong alcoholic liquor of Mexico

**ter.** **1.** terrace **2.** territory

**terbium** (tur′ bē əm) *n.* [< *Ytterby,* town in Sweden] a metallic chemical element of the rare-earth group: symbol, Tb

**tercel** (tur′ s′l) *n.* *var. of* TIERCEL

**tercentenary** (tur′ sen ten′ ər ē) *adj., n., pl.* **-naries** [< L. *ter,* three times + CENTENARY] *same as* TRICENTENNIAL: also **ter′centen′nial** (-ten′ ē əl)

**tercet** (tur′ sit) *n.* [< L. *tertius,* third] a group of three lines that rhyme with an adjacent triplet

**teredo** (tə rē′ dō) *n., pl.* **-dos** [< Gr. *terēdon,* borer] a marine mollusc that bores into and destroys submerged wood

**tergiversate** (tur′ ji vur sāt′) *vi.* **-sat′ed, -sat′ing** [< L. *tergum,* the back + *versari,* turn] **1.** to desert a cause, party, etc. **2.** to be evasive —**ter′giversa′tion** *n.*

**term** (turm) *n.* [< L. *terminus,* a limit] **1.** a word or phrase having definite meaning in some science, art, etc. **2.** a word or phrase of a specified kind [a colloquial *term*] **3.** [*pl.*] words that express ideas in a specified form [to speak in derogatory *terms*] **4.** [*pl.*] personal relations [on speaking *terms*] **5.** [*pl*] conditions of a contract, sale, etc. that limit or define it **6.** *a*) a set period of time [a *term* of office] *b*) a division of an academic year, during which a school, etc., is in session **7.** a set date, as for payment **8.** *Law* the time a court is in session **9.** *Logic* any one of the three parts of a syllogism **10.** *Math.* *a*) either of the two quantities of a fraction or ratio *b*) each quantity in a series or in an algebraic expression —*vt.* to call by a term; name —**bring to terms** to force to agree —**come to terms** to arrive at an agreement —**in terms of** **1.** regarding; concerning **2.** used as a basis for expression —**term′less** *adj.*

**termagant** (tur′ mə gənt) *n.* [< OFr. *Tervagant,* alleged Moslem deity] a quarrelsome, scolding woman; shrew

**terminable** (tur′ mi nə b′l) *adj.* **1.** that can be terminated **2.** that terminates after a specified time

**terminal** (tur′ mə n′l) *adj.* [L. *terminalis*] **1.** of, at, or forming the end or extremity of something **2.** concluding; final **3.** terminating in death: said of a disease **4.** in or of a term or set period of time **5.** of, at, or forming the end of a transport route —*n.* **1.** an end; extremity **2.** a connective point on an electric circuit **3.** a device having input/output links with a computer **4.** *a*) a terminus for trains or long-distance buses *b*) a building at an airport where passengers await departure —**ter′minally** *adv.*

**terminal velocity** *Physics* the unchanging velocity reached by a falling body when there is no frictional resistance

**terminate** (tur′ mə nāt′) *vt.* **-nat′ed, -nat′ing** [< L. *terminus,* a limit] **1.** to form the end or limit of **2.** to put an end to; stop —*vi.* to come to an end —**ter′mina′tor** *n.*

**termination** (tur′ mə nā′ shən) *n.* **1.** a terminating or being terminated **2.** the end or limit **3.** an inflectional ending of a word —**ter′mina′tional** *adj.*

**terminology** (tur′ mə nol′ ə jē) *n., pl.* **-gies** the terms or special words used in some science, art, work, etc. —**ter′minolog′ical** (-nə loj′ i k′l) *adj.*

**terminus** (tur′ mə nəs) *n., pl.* **-ni′** (-nī′), **-nuses** [L., a limit] **1.** a final point or goal **2.** *a*) either end of a railway line, bus route, etc. *b*) a station or town at such a point

**termitarium** (tur mi tā′ rē əm) *n.* [< ff.] **1.** a colony of termites **2.** the conical mound-dwelling built by termites

**termite** (tur′ mīt) *n.* [< L. *termes,* wood-boring worm] a pale-coloured, soft-bodied, antlike insect that lives in colonies

**terms of trade** the ratio of export prices to import prices

**tern** (turn) *n.* [ON. *therna*] a sea bird related to the gull, but smaller, with a forked tail

**ternary** (tur′ nər ē) *adj.* [< L. *terni,* three each] **1.** threefold; triple **2.** third in rank, etc.

**Terpsichore** (tŭrp sik′ə rē′) *Gr. Myth.* the Muse of dancing

**terpsichorean** (tŭrp′si kə rē′ən) ***adj.*** **1.** [**T-**] of Terpsichore **2.** having to do with dancing

**terrace** (ter′əs) ***n.*** [< L. *terra,* earth] **1.** *a*) a raised, flat mound of earth with sloping sides *b*) any of a series of flat platforms of earth, as on a hillside *c*) [*usually pl.*] unroofed tiers round a football pitch on which the spectators stand **2.** an unroofed, paved area adjoining a house and overlooking a lawn or garden **3.** *a*) a row of identical houses, usually with common walls *b*) a street in front of such houses —***vt.*** **-raced, -racing** to form into a terrace

**terraced house** a house forming one of a row of identical houses with common dividing walls

**terra cotta** (ter′ə kot′ə) [It., baked earth] **1.** a hard, brown-red, usually unglazed earthenware used for pottery, sculpture, etc. **2.** its brown-red colour

**terra firma** (fŭr′mə) [L.] firm earth; solid ground

**terrain** (tə rān′) ***n.*** [< L. *terra,* earth] a tract of ground, esp. with regard to its features or fitness for some use

**terra incognita** (ter′ə iŋ kog′ni tə) [L.] an unknown or unexplored area

**terrapin** (ter′ə pin) ***n.*** [< Algonquian] **1.** an American freshwater turtle **2.** its edible flesh

**terrarium** (tə rāər′ē əm) ***n., pl.*** **-iums, -ia** [< L. *terra,* earth + *-arium* as in *aquarium*] **1.** an enclosure for keeping small land animals **2.** a glass container for a garden of small plants

**terrazzo** (tə rat′sō) ***n.*** [It.] flooring of small chips of marble set in cement and polished

**terrene** (te rēn′) ***adj.*** [< L. *terra,* earth] **1.** of earth; earthy **2.** worldly; mundane

**terrestrial** (tə res′trē əl) ***adj.*** [< L. *terra,* earth] **1.** of this world; worldly **2.** constituting the earth **3.** consisting of land as distinguished from water **4.** living on land rather than in water, in the air, etc. —**terres′trially** ***adv.***

**terrible** (ter′ə b′l) ***adj.*** [< L. *terrere,* frighten] **1.** [Colloq.] extreme; intense **2.** [Colloq.] very bad, unpleasant, etc. **3.** causing terror; dreadful —**ter′ribly** ***adv.***

**terrier** (ter′ē ər) ***n.*** [ult. < L. *terra,* earth] a type of small, active dog, orig. bred to burrow after game

**terrific** (tə rif′ik) ***adj.*** [< L. *terrere,* frighten] **1.** [Colloq.] *a*) unusually great, intense, etc. *b*) unusually fine, enjoyable, etc. **2.** causing great fear —**terrif′ically** ***adv.***

**terrify** (ter′ə fī′) ***vi.*** **-fied′, -fy′ing** to fill with terror; frighten greatly; alarm —**ter′rify′ingly** ***adv.***

**terrine** (te rēn′) ***n.*** [Fr.: see TUREEN] **1.** a small earthenware container **2.** a paté

**territorial** (ter′ə tôr′ē əl) ***adj.*** **1.** of territory or land **2.** [*often* **T-**] organized regionally for home defence —***n.*** [**T-**] a member of a Territorial force —**ter′rito′rially** ***adv.***

**Territorial Army** in Britain, a locally recruited volunteer reserve force

**Territorial Council** [Canad.] an elected body responsible for local government in the Northwest Territories or the Yukon

**territorial waters** the area of sea over which a nation has jurisdiction

**territory** (ter′ə tər ē) ***n., pl.*** **-ries** [< L. *terra,* earth] **1.** any large tract of land; region **2.** the land and waters under the jurisdiction of a nation, state, ruler, etc. **3.** an assigned area, as of a travelling salesman **4.** the area occupied by an animal or pair of animals, as for breeding **5.** a sphere of action, existence, etc. **6.** a part of a country or empire without the full status of a principal division

**terror** (ter′ər) ***n.*** [< L. *terrere,* frighten] **1.** intense fear **2.** a person or thing causing intense fear **3.** [Colloq.] a very annoying person, esp. a child

**terrorism** ***n.*** the use of force and violence to intimidate, subjugate, etc., esp. as a political policy —**ter′rorist** ***n., adj.***

**terrorize** ***vt.*** **-ized′, -iz′ing** **1.** to coerce, make submit, etc. by filling with terror **2.** to fill with terror —**ter′roriza′tion** ***n.***

**terry** (ter′ē) ***n., pl.*** **-ries** [< ?] cloth having a pile in which the loops are left uncut: also **terry cloth**

**terse** (tŭrs) ***adj.*** **ters′er, ters′est** [< L. *tergere,* wipe] free of superfluous words; concise; succinct

**tertiary** (tŭr′shə rē) ***adj.*** [< L. *tertius,* third] **1.** of the third rank, order, formation, etc.; third **2.** [**T-**] *Geol.* designating or of the first period in the Cainozoic Era

**Terylene** (ter′ə lēn′) [< *ter*(*ephthalate*) + (*polyeth*)*ylene*] *Trademark* a synthetic, polyester, textile fibre

**tessellate** (tes′ə lāt′) ***vt.*** **-lat′ed, -lat′ing** [< L. *tessella,* little square stone] to lay out or pave in a mosaic pattern of small, square blocks

**tessera** (tes′ər ə) ***n., pl.*** **-serae** (-ē) [< Gr. *tesseres,* four] any of the small pieces used in mosaic work

**test**[1] (test) ***n.*** [< L. *testa,* shell] **1.** *a*) an examination or trial, as to prove the value of something *b*) a method or criterion used in this **2.** an event, situation, etc. that tries a person's qualities **3.** a set of questions, problems, etc. for determining a person's knowledge, abilities, etc. **4.** [Colloq.] *same as* TEST MATCH **5.** *Chem.* a trial or reaction for identifying a substance —***vt.*** to subject to a test; try —**test′able** ***adj.*** —**test′er** ***n.***

**test**[2] ***n.*** [see prec.] the hard outer covering of certain invertebrate animals, as the shell of clams

**Test.** Testament

**testa** (tes′tə) ***n., pl.*** **-tae** (-tē) [< L., shell] *Bot.* the hard outer covering of a seed

**testaceous** (tes tā′shəs) ***adj.*** [< L. *testaceus,* made of shell or tile] **1.** of or like shells **2.** hard-shelled

**testament** (tes′tə mənt) ***n.*** [< L. *testis,*

a witness] **1.** orig., a covenant **2.** [T-] either of the two parts of the Christian Bible, the *Old Testament* and the *New Testament* **3.** a proof; testimonial [a *testament* to liberty] **4.** *Law* a will, esp. in **last will and testament** —**tes'tamen'tary** (-men'tə rē) ***adj.***

**testate** (tes'tāt) ***adj.*** [< L. *testari,* make a will] having made and left a legally valid will

**testator** (tes tāt'ər) ***n.*** a person who has made a will —**testa'trix** ***n.fem.***

**test case** *Law* a case that is likely to be used as a precedent

**testicle** (tes'ti k'l) ***n.*** [< L. *testis*] either of two oval sex glands in the male that are suspended in the scrotum and secrete spermatozoa

**testify** (tes'tə fī') ***vi.*** **-fied', -fy'ing** [< L. *testis,* a witness + *facere,* make] **1.** to give evidence, esp. under oath in court **2.** to be evidence or an indication [his look *testifies* to his rage] —***vt.*** **1.** to affirm; give as evidence, esp. under oath in court **2.** to be evidence of; indicate

**testimonial** (tes'tə mō'nē əl) ***n.*** **1.** a statement testifying to a person's qualifications, etc. or to the merits of some product **2.** something given or done as an expression of gratitude or appreciation

**testimony** (tes'tə mə nē) ***n., pl.*** **-nies** [< L. *testis,* witness] **1.** a statement made under oath in court to establish a fact **2.** any affirmation or declaration **3.** any form of evidence; indication **4.** public avowal, as of faith

**testis** (tes'tis) ***n., pl.*** **-tes** (-tēz) [L.] *same as* TESTICLE

**test match** a cricket or Rugby League match which is one of a series between international sides

**testosterone** (tes tos'tə rōn') ***n.*** [see TESTIS & STEROL] a male sex hormone

**test paper** **1.** a paper on which a test has been written **2.** paper, as litmus paper, prepared with a reagent for making chemical tests

**test pilot** a pilot who tests new or newly designed aircraft in flight, to determine their fitness for use

**test-tube** ***adj.*** **1.** made in or as in a test tube; experimental **2.** produced by artificial insemination

**test tube** a tube of thin, clear glass closed at one end, used in chemical experiments, etc.

**testy** ***adj.*** **-tier, -tiest** [< OFr. *teste,* head] irritable; touchy; peevish —**tes'tily** ***adv.*** —**tes'tiness** ***n.***

**tetanus** (tet'ən əs) ***n.*** [L. < Gr. *tetanos,* spasm] an acute infectious disease, often fatal, caused by the toxin of a bacillus which usually enters the body through wounds; lockjaw

**tetchy** (tech'ē) ***adj.*** **-ier, -iest** [prob. < OFr. *teche,* a spot] touchy; irritable —**tetch'ily** ***adv.*** —**tetch'iness** ***n.***

**tête-à-tête** (tāt'ə tāt') ***n.*** [Fr., head-to-head] a private conversation between two people —***adj.*** for or of two people in private —***adv.*** together privately

**tether** (teth'ər) ***n.*** [prob. < ON. *tjōthr*] a rope or chain fastened to an animal so as to keep it within certain bounds —***vt.*** to fasten with a tether —**at the end of one's tether** at the end of one's endurance, etc.

**tetra-** [< Gr.] *a combining form meaning* four

**tetrad** (tet'rad) ***n.*** [< Gr. *tetras,* four] a group of four

**tetraethyl lead** (tet'rə ēth'īl) a heavy, colourless, poisonous compound of lead, added to petrol to increase power and prevent engine knock

**tetragon** (tet'rə gon') ***n.*** [see TETRA- + -GON] a plane figure with four angles and four sides —**tetrag'onal** (te trag'ə n'l) ***adj.***

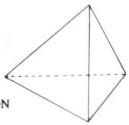

TETRAHEDRON

**tetrahedron** (tet'rə hē'drən) ***n., pl.*** **-drons, -dra** [see TETRA- & -HEDRON] a solid figure with four triangular faces —**tet'rahe'dral** ***adj.***

**tetralogy** (te tral'ə jē) ***n., pl.*** **-gies** [see TETRA- & -LOGY] any series of four related plays, novels, etc.

**tetrameter** (te tram'ə tər) ***n.*** [see TETRA- & -METER] **1.** a line of verse containing four metrical feet **2.** verse consisting of tetrameters

**Teut.** **1.** Teuton **2.** Teutonic

**Teuton** (tyōōt'ən) ***n.*** a member of any Teutonic people; esp., a German

**Teutonic** (tyōō ton'ik) ***adj.*** designating or of a group of north European peoples including the Germans, Scandinavians, Dutch, English, etc.

**text** (tekst) ***n.*** [< L. *texere,* to weave] **1.** the principal matter on a printed page, as distinguished from pictures, etc. **2.** any form in which a written work exists **3.** the exact or original words of an author as distinguished from notes, etc. **4.** a Biblical passage used as the topic of a sermon **5.** a play or book that is to be studied

**textbook** ***n.*** a book giving instructions in the principles of a subject of study

**textile** (teks'tīl) ***n.*** [see TEXT] a fabric made by weaving, knitting, etc.; cloth —***adj.*** **1.** having to do with weaving or woven fabrics **2.** that has been or can be woven

**textual** (teks'tyoo wəl) ***adj.*** of, contained in, or based on a text —**tex'tually** ***adv.***

**textualism** ***n.*** strict adherence to the text, esp. of the Scriptures

**texture** (teks'chər) ***n.*** [see TEXT] **1.** the character of a fabric as determined by the arrangement, size, etc. of its threads **2.** the structure or composition of anything, esp. in the way it looks or feels —***vt.***

**-tured, -turing** to cause to have a particular texture **—tex'tural** ***adj.***

**T.G.W.U.** Transport and General Workers' Union

**Th** *Chem.* thorium

**Th.** Thursday

**Thai** (tī) ***n.*** **1.** a group of Asian languages considered to belong to the Sino-Tibetan language family **2.** *pl.* **Thais, Thai** a native or inhabitant of Thailand **—*adj.*** of Thailand, its people, culture, etc.

**thalidomide** (thə lid'ə mīd') ***n.*** [< *(ph)thali(mi)do (glutari)mide*] a drug formerly used as a sedative and hypnotic: found to be responsible for severe birth deformities when taken during pregnancy

**thallium** (thal'ē əm) ***n.*** [< Gr. *thallos,* green shoot: from its green spectrum line] a rare, bluish-white, soft, metallic chemical element: symbol, Tl

**than** (than; *unstressed* thən, th'n) [< OE. *thanne*] *a particle used:* *a*) to introduce the second element in a comparison [A is taller *than* B] *b*) to express exception [none other *than* Sam]

**thane** (thān) ***n.*** [OE. *thegen*] **1.** in early England, one of a class of freemen who held land of the king **2.** in early Scotland, a person of rank who held land of the king Also **thegn**

**thank** (thaŋk) ***vt.*** [OE. *thancian*] **1.** to express appreciation to, as by saying "thank you" **2.** to hold responsible: an ironic use **—thank you** *shortened form of* I thank you

**thankful** ***adj.*** feeling or expressing thanks **—thank'fully** ***adv.*** **—thank'fulness** ***n.***

**thankless** ***adj.*** **1.** unappreciated **2.** not feeling or expressing thanks **—thank'lessly** ***adv.*** **—thank'lessness** ***n.***

**thanks** ***n.pl*** an expression of gratitude **—*interj.*** I thank you **—thanks to 1.** thanks be given to **2.** on account of

**thanksgiving** **1.** a formal, public expression of thanks to God **2.** [**T-**] *a*) a U.S. holiday on the fourth Thursday in November *b*) a Canadian holiday on the second Monday of October in full, **Thanksgiving Day**

**that** (*th*at; *unstressed th*ət) ***pron., pl.*** **those** [OE. *thæt*] **1.** the person or thing mentioned [*that* is John] **2.** the thing further away [this is larger than *that*] **3.** something being contrasted [this is more likely than *that*] **4.** who, whom, or which [the road (*that*) we took] **5.** where [the cupboard *that* I found it in] **6.** when [the year *that* he died] **—*adj., pl.*** **those 1.** designating the one mentioned [*that* man is John] **2.** designating the thing farther away **3.** designating something being contrasted **—*conj.*** *used to introduce:* **1.** a noun clause [*that* he's gone is obvious] **2.** an adverbial clause expressing purpose [they died *that* we might live], result [he ran so fast *that* I lost him], or cause [I'm sorry *that* I won] **3.** an incomplete sentence expressing surprise, desire, etc. [oh, *that* he were here!] **—*adv.*** **1.** to that extent; so [I can't see *that* far] **2.** [Colloq.] very [I don't like skating *that* much] **—all that** [Colloq.] **1.** so very [he isn't *all that* rich] **2.** everything of the same sort [sex and *all that*] **—at that** [Colloq.] **1.** at that point: also **with that 2.** even so **—that is 1.** to be specific **2.** in other words **—that's that!** that is settled!

**thatch** (thach) ***n.*** [OE. *thæc*] **1.** *a*) a roof or roofing of straw, rushes, etc. *b*) material for such a roof: also **thatch'ing 2.** [Colloq.] the hair of the head **—*vt.*** to cover with or as with thatch **—thatch'er** ***n.*** **—thatch'y** ***adj.***

**thaw** (thô) ***vi.*** [OE. *thawian*] **1.** *a*) to melt: said of ice, snow, etc. *b*) to pass to an unfrozen state: said of frozen foods **2.** to become warmer, so that snow, etc. melts [it *thawed* today] **3.** to lose coldness or reserve of manner **—*vt.*** to cause to thaw **—*n.*** **1.** a thawing **2.** a spell of weather warm enough to allow thawing

**Th.D.** [L. *Theologiae Doctor*] Doctor of Theology

**the** (*th*ə; *before vowels th*i, *th*ē) ***adj., definite article*** [OE. *se, the*] **1.** *the* (as opposed to *a, an*) refers to a particular person or thing, as *a*) that (one) being spoken of [*the* Queen; *the* story ended] *b*) that (one) considered outstanding, etc. [that's *the* hotel in town]: usually italicized in print **2.** *the* is used to refer to that one of a number of persons or things which is identified by a modifier [*the* red hat] **3.** *the* is used to refer to a person or thing considered generically [*the* cow is a domestic animal, *the* good, *the* true] **—*adv.*** **1.** that much; to that extent [*the* better to see you with] **2.** by how much . . . by that much [*the* sooner, *the* better]

**theatre** (thē'ə tər) ***n.*** [< Gr. *theasthai,* to view] **1.** a place or structure where plays, films, etc. are presented **2.** any place like a theatre, having ascending rows of seats **3.** any scene of events **4.** *a*) the art of writing or putting on plays *b*) people engaged in putting on plays

**theatre sister** a nurse who assists a surgeon in the operating theatre

**theatrical** (thē at'ri k'l) ***adj.*** **1.** having to do with the theatre **2.** dramatic; esp. (in disparagement), melodramatic **—the-at'rical'ity** (-kal'ə tē) ***n.*** **—theat'rically** ***adv.***

**theatricals** ***n.pl.*** performances of stage plays, esp. by amateurs

**thee** (*th*ē) ***pron.*** [OE. *the*] *objective case of* THOU[1]

**theft** (theft) ***n.*** [OE. *thiefth*] the act or an instance of stealing; larceny

**their** (*th*āər; *unstressed th*ər) ***possessive pronominal adj.*** [ON. *theirra*] of, belonging to, made by, or done by them

**theirs** ***pron.*** that or those belonging to them: used without a following noun [that cat is *theirs*]: also used after *of* to indicate possession [a friend of *theirs*]

**theism** (thē'iz'm) ***n.*** [< Gr. *theos,* god] **1.** belief in a god or gods **2.** belief in one God who is creator **—the'ist** ***n., adj.*** **—theis'tic** ***adj.*** **—theis'tically** ***adv.***

**them** (*th*em; *unstressed th*əm, *th*'m) ***pron.*** [ON. *theim*] *objective case of* THEY

**theme** (thēm) ***n.*** [< Gr. *tithenai*, to put] **1.** *a*) a topic, as of a lecture *b*) a motif **2.** *a*) a short melody used as the subject of a musical composition *b*) a musical phrase upon which variations are developed **3.** [U.S.] a short essay —**thematic** (thē mat′ik) ***adj.***

**themselves** (*th*əm selvz′) ***pron.*** **1.** an intensive form of they [they went *themselves*] **2.** a reflexive form of they [they hurt *themselves*] **3.** their true selves [they are not *themselves* today]

**then** (*th*en) ***adv.*** [see THAN] **1.** at that time [he was young *then*] **2.** next in time or order [first comes one and *then* two] **3.** in that case; accordingly [if it rains, *then* I will get wet] **4.** besides; moreover [I like to walk, and *then* it's cheaper] **5.** at another time [now it's warm, *then* cold] —***adj.*** being such at that time [the *then* director] —***n.*** that time [by *then*, they were gone] —**but then** but on the other hand —**then and there** at once —**what then?** what would happen in that case?

**thence** (*th*ens) ***adv.*** [OE. *thanan*] **1.** from that place **2.** from that time **3.** on that account

**thenceforth** ***adv.*** from that time onwards; thereafter: also **thence′for′ward, thence′for′wards**

**theo-** [< Gr.] *a combining form meaning* a god or God

**theocracy** (thē ok′rə sē) ***n., pl.*** **-cies** [see THEO- & -CRACY] **1.** lit., the rule of a state by God or a god **2.** government by priests claiming to rule with divine authority —**the′ocrat′ic** ***adj.*** —**the′ocrat′ically** ***adv.***

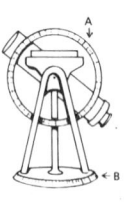


THEODOLITE
(A, vertical angles; B, horizontal angles)

**theodolite** (thē od′əl īt′) ***n.*** [ModL. *theodelitus*] a surveying instrument used to measure vertical and horizontal angles

**theol.** **1.** theologian **2.** theology

**theologian** (thē′ə lō′jən) ***n.*** a student of or a specialist in theology

**theology** (thē ol′ə jē) ***n., pl.*** **-gies** [see THEO- & -LOGY] **1.** the study of God and of religious doctrines and matters of divinity **2.** a specific system of this study —**the′olog′ical** (-ə loj′i k'l) ***adj.***

**theorem** (thē′ər′əm) ***n.*** [< Gr. *theōrein*, to view] **1.** a proposition that can be proved from accepted premises; law or principle **2.** *Math., Physics* a proposition embodying something to be proved

**theoretical** (thē′ə ret′i k'l) ***adj.*** **1.** of or constituting theory **2.** limited to or based on theory; hypothetical **3.** tending to theorize; speculative —**the′oret′ically** ***adv.***

**theoretician** (thē′ə′rə tish′ən) ***n.*** a person who specializes in the theory of some art, science, etc.: also **the′orist**

**theorize** (thē′ə rīz′) ***vi.*** **-rized′, -riz′ing** to form a theory or theories; speculate —**the′oriza′tion** ***n.***

**theory** (thē′ər ē) ***n., pl.*** **-ries** [< Gr. *theōrein*, to view] **1.** a speculative idea or plan as to how something might be done **2.** a systematic statement of principles involved **3.** a formulation of underlying principles of certain observed phenomena which has been verified to some degree **4.** the principles of an art or science rather than its practice **5.** popularly, a guess

**theosophy** (thē os′ə fē) ***n., pl.*** **-phies** [< Gr. *theos*, god + *sophos*, wise] any of various philosophies or religions that propose to establish direct contact with divine principle through contemplation, revelation, etc. —**the′osoph′ical** (-ə sof′i k'l) ***adj.*** —**theos′ophist** ***n.***

**therapeutic** (ther′ə pyōōt′ik) ***adj.*** [< Gr. *therapeuein*, to nurse] **1.** serving to cure or preserve health **2.** of therapeutics —**ther′apeu′tically** ***adv.***

**therapeutics** ***n.pl.*** [*with sing. v.*] the branch of medicine that deals with the treatment and cure of diseases

**therapy** (ther′ə pē) ***n., pl.*** **-pies** [< Gr. *therapeuein*, to nurse] the treatment of any physical or mental disorder by medical or physical means —**ther′apist** ***n.***

**there** (*th*āər) ***adv.*** [OE. *ther*] **1.** to or into that place [go *there*] **2.** at that point **3.** in that respect [*there* you are wrong] **4.** right now [*there* goes the whistle] **5.** at or in that place: often used as an intensive [John *there* is a good boy] *There* is also used: *a*) in interjectional phrases of approval, etc. [*there's* a fine fellow!] *b*) in constructions in which the real subject follows the verb [*there* are three men here] —***n.*** that place [we left *there* at six] —***interj.*** an exclamation expressing defiance, dismay, sympathy, etc. —**(not) all there** [Colloq.] (not) mentally sound

**thereabouts** ***adv.*** **1.** near that place **2.** near that time, number, amount, degree, etc. Also **there′about′**

**thereafter** (*th*āər af′tər) ***adv.*** after that; subsequently

**thereat** (*th*āər′at′) ***adv.*** **1.** at that place; there **2.** at that time **3.** for that reason

**thereby** ***adv.*** **1.** by that means **2.** connected with that [*thereby* hangs a tale]

**therefor** (*th*āər′fôr′) ***adv.*** [Archaic] for this; for that; for it

**therefore** (*th*er′fôr′) ***adv.*** for this reason; consequently; hence: often used as a conjunction

**therefrom** (*th*āər from′) ***adv.*** from this; from that; from it

**therein** (*th*āər′in′) ***adv.*** **1.** in or into that place or thing **2.** in that matter, detail, etc.

**thereinto** (*th*âər in′tōō) ***adv.*** [Archaic] **1.** into that place or thing **2.** into that matter, condition, etc.

**thereof** (*th*âər′ov′) ***adv.*** **1.** of that **2.** concerning that **3.** from that as a cause, reason, etc.

**thereon** (*th*âər′on′) ***adv.*** [Archaic] **1.** on that **2.** *same as* THEREUPON

**there's** (*th*âərz) **1.** there is **2.** there has

**thereto** (*th*âər tōō′) ***adv.*** **1.** to that place, thing, etc.: also **there′un′to** **2.** [Archaic] besides

**theretofore** (*th*âər′tə fôr′) ***adv.*** until that time; before that

**thereunder** (*th*âər un′dər) ***adv.*** [Archaic] **1.** under that; under it **2.** under the terms stated there

**thereupon** (*th*âər′ə pon′) ***adv.*** **1.** immediately immediately following that **2.** as a consequence of that **3.** concerning that subject, etc.

**therewith** (*th*âər wi*th*′) ***adv.*** [Archaic] **1.** along with that **2.** in addition to that **3.** immediately thereafter

**therewithal** (*th*âər′wi*th* ôl′) ***adv.*** in addition; besides

**therm** (thurm) ***n.*** a unit of heat equal to 100 000 British thermal units (105 506 000 joules)

**thermal** (thur′m'l) ***adj.*** [< Gr. *thermē,* heat] having to do with heat, hot springs, etc. —***n.*** a rising column of warm air, caused by the uneven heating of the earth or sea by the sun —**ther′mally** ***adv.***

**thermic** (thur′mik) ***adj.*** of or caused by heat

**thermionic valve** (thurm′ē on′ik) [see THERMO- & ION] an electron tube having a cathode electrically heated in order to cause electron or ion emission: also [esp. U.S.] **thermionic tube**

**thermo-** [< Gr. *thermē,* heat] *a combining form meaning:* **1.** heat *[thermodynamics]* **2.** thermoelectric

**thermocouple** (thur′mō kup′'l) ***n.*** a junction of two dissimilar metals which produces electric current when heated: also called **thermoelectric couple**

**thermodynamics** (thur′mō dī nam′iks) ***n.pl.*** [*with sing. v.*] the branch of physics dealing with the reversible transformation of heat into other forms of energy

**thermoelectric** (thur′mō i lek′trik) ***adj.*** of or using electricity produced when the junctions between two metals are maintained at different temperatures

**thermometer** (thər mom′ə tər) ***n.*** [see THERMO- & -METER] an instrument for measuring temperatures, as a graduated glass tube in which mercury rises or falls as it expands or contracts from changes in temperature: see FAHRENHEIT, CELSIUS

**thermonuclear** (thur′mō nyōō′klē ər) ***adj.*** *Physics* **1.** designating a reaction in which light atomic nuclei fuse at very high temperatures into heavier nuclei **2.** of or employing the heat energy released in nuclear fusion

**thermoplastic** (thur′mō plas′tik) ***adj.*** soft and mouldable when subjected to heat: said of certain plastics

**Thermos** (thur′məs) [Gr. *thermos,* hot] *Trademark* a type of flask or jug used for keeping liquids at almost their original temperature for several hours: in full **Thermos flask** (or **jug**)

**thermosetting** (thur′mō set′iŋ) ***adj.*** becoming unmouldable when subjected to heat: said of certain plastics

**thermostat** (thur′mō stat′) ***n.*** [THERMO- + -STAT] an apparatus for regulating temperature, esp. one that automatically controls a heating unit —**ther′mostat′ic** ***adj.*** —**ther′mostat′ically** ***adv.***

**thesaurus** (thi sôr′əs) ***n., pl.*** **-ri** (-ī), **-ruses** [L. < Gr. *thēsauros,* a treasure] a book containing a store of words; specif., a book of synonyms and antonyms

**these** (*th*ēz) ***pron., adj.*** *pl. of* THIS

**thesis** (thē′sis) ***n., pl.*** **the′ses** (-sēz) [< Gr. *tithenai,* to put] **1.** a research paper, esp. one presented as part of the requirements for a degree **2.** a proposition defended in argument **3.** *Logic* an unproved statement assumed as a premise

**Thespian** (thes′pē ən) ***adj.*** [< *Thespis,* Greek poet] [*often* **t-**] having to do with drama —***n.*** [*often* **t-**] an actor or actress

**Thess.** Thessalonians

**theta** (thēt′ə) ***n.*** the eighth letter of the Greek alphabet (Θ, *θ*)

**thews** (thyōōz) ***n.pl., sing.*** **thew** [OE. *theaw,* habit] **1.** muscular power **2.** muscles or sinews

**they** (*th*ā) ***pron.*** *for sing. see* HE, SHE, IT[1] [ON. *their*] **1.** the persons, animals, or things previously mentioned **2.** people in general *[they* say it's so*]*

**they'd** (*th*ād) **1.** they had **2.** they would

**they'll** (*th*āl) **1.** they will **2.** they shall

**they're** (*th*âər) they are

**they've** (*th*āv) they have

**thiamine** (thī′ə mēn′) ***n.*** [THI(O)- + (VIT)AMIN] vitamin $B_1$, a white, crystalline compound found in cereal grains, egg yolk, liver, etc.: a deficiency of this vitamin results in beriberi

**thick** (thik) ***adj.*** [OE. *thicce*] **1.** of relatively great depth from one surface or side to the other **2.** measured between opposite surfaces *[nine centimetres thick]* **3.** *a*) dense; luxuriant *[thick* woods*] b*) great in number and close together *[a thick* crowd*] c*) having much body *[thick* soup*] d*) dense and heavy *[thick* smoke*]* **4.** dark or obscure *[thick* shadows*]* **5.** *a*) slurred, muffled, or husky *[thick* speech*] b*) strongly marked *[a thick* accent*] c*) muzzy; fuddled *[a thick* head*]* **6.** [Colloq.] stupid **7.** [Colloq.] close in friendship **8.** [Colloq.] too much to be tolerated *[*that's a bit *thick]* —***adv.*** in a thick way —***n.*** the thickest part or the period of greatest activity *[in the thick* of the fight*]* —**lay it on thick** [Slang] to exaggerate —**the thick end of the stick** the inferior part of any transaction, etc. —**through thick and thin** in good times and bad times —**thick′ish** ***adj.*** —**thick′ly** ***adv.***

**thicken** ***vt., vi.*** **1.** to make or become

thicker **2.** to make or become more complex —**thick'ener** *n.*

**thickening** *n.* **1.** the action of one that thickens **2.** a substance used to thicken **3.** the thickened part

**thicket** (thik'it) *n.* [< OE. *thicce,* thick] a thick growth of shrubs or small trees

**thickheaded** *adj.* stupid —**thick'head'edness** *n.*

**thickness** *n.* **1.** a being thick **2.** the measure of how thick a thing is **3.** a layer [three *thicknesses* of cloth]

**thickset** *adj.* **1.** thick in body; stocky **2.** planted thickly or closely

**thick-skinned** *adj.* **1.** not easily hurt by criticism, insults, etc. **2.** having a thick skin

**thief** (thēf) *n., pl.* **thieves** (thēvz) [OE. *theof*] a person who steals, esp. secretly

**thieve** (thēv) *vt., vi.* **thieved, thiev'ing** [OE. *theofian*] to steal —**thiev'ish** *adj.* —**thiev'ishly** *adv.*

**thievery** *n., pl.* **-eries** the act or practice of stealing or an instance of this; theft

**thigh** (thī) *n.* [OE. *theoh*] the part of the leg between the knee and the hip

**thighbone** *n.* the largest and longest bone in the body, from the hip to the knee; femur: also **thigh bone**

**thimble** (thim'b'l) *n.* [< OE. *thuma,* thumb] a small cap of metal, plastic, etc. worn as a protection on the finger that pushes the needle in sewing —**thim'bleful'** *n.*

**thimblerig** *n.* a swindling game in which the victim bets that a pea is under one of three thimble-shaped containers manipulated by sleight of hand —*vt., vi.* **-rigged', -rig'ging** to cheat or swindle, as in this game —**thim'blerig'ger** *n.*

**thin** (thin) *adj.* **thin'ner, thin'nest** [OE. *thynne*] **1.** of relatively little depth from one surface or side to the other **2.** having little fat or flesh; slender **3.** *a*) scanty in growth; sparse [*thin* hair] *b*) small in size or number [*thin* receipts] *c*) lacking body; watery [*thin* soup] *d*) rarified, as air at high altitudes **4.** not deep and strong [a *thin* voice] **5.** light or sheer, as fabric **6.** easily seen through; flimsy [a *thin* excuse] **7.** [Colloq.] dull; miserable [a *thin* time] —*adv.* in a thin way —*vt., vi.* **thinned, thin'ning** to make or become thin or thinner: often with *out, down,* etc. —**thin on the ground** [Colloq.] small in number —**thin on top** [Colloq.] going bald —**thin'ly** *adv.* —**thin'ness** *n.* —**thin'nish** *adj.*

**thine** (thīn) *pron.* [OE. *thin*] *possessive form of* THY —*adj.* [Archaic or Poet.] thy: used before a vowel

**thing** (thiŋ) *n.* [OE., a council] **1.** any matter, affair, or concern **2.** *a*) a tangible object, as distinguished from a quality, concept, etc. *b*) a lifeless object *c*) an item, detail, etc. **3.** something mentioned but unnamed **4.** a person or creature **5.** a happening, act, incident, etc. **6.** an end to be achieved **7.** *a*) [*pl.*] personal belongings *b*) a dress, garment, etc. [not a *thing* to wear] **8.** [Colloq.] a point of dispute; issue **9.** [Colloq.] a strong fear, aversion, etc. [to have a *thing* about flying] **10.** [Colloq.] something remarkable [there's a *thing*] —**do one's (own) thing** [Colloq.] to express one's personality in one's own way of life —**see things** [Colloq.] to have hallucinations —**the thing** **1.** that which is wise, essential, etc. **2.** that which is the height of fashion

**thingamabob, thingumabob** (thiŋ'əmə bob') *n.* [Colloq.] *same as* THINGAMAJIG: also **thing'ummy**

**thingamajig, thingumajig** (thiŋ'əməjig') *n.* [see THING] [Colloq.] any device or gadget: jocular substitute for a name not known or forgotten

**think** (thiŋk) *vt.* **thought, think'ing** [OE. *thencan*] **1.** to believe; expect [I *think* I can go] **2.** to judge; consider **3.** to form or have in the mind [*think* good thoughts] **4.** to determine, work out, etc. by reasoning **5.** *a*) to form an idea of [*think* what may be] *b*) to recall; recollect —*vi.* **1.** to use the mind; reflect or reason **2.** to have an opinion, belief, judgment, etc. **3.** to remember (with *of* or *about*) **4.** to consider or be considerate (with *of* or *about*) **5.** to invent; conceive (*of*) **6.** to focus the attention on being [*think* big] —*n.* [Colloq.] the act of thinking [give it a good *think*] —**think better of** **1.** to form a more favourable opinion of **2.** to make a more sensible decision about, after reconsidering —**think fit** to regard as proper —**think little** (or **nothing**) **of** **1.** to attach little (or no) importance to **2.** to have little (or no) hesitancy about —**think out** **1.** to think about to a conclusion: also **think through** **2.** to work out by thinking —**think out loud** to speak one's thoughts as they occur: also **think aloud** —**think over** to give thought to —**think twice** to consider carefully before deciding —**think up** to invent, contrive, etc. by thinking —**think'able** *adj.* —**think'er** *n.*

**thinking** *adj.* **1.** that thinks or can think **2.** reflective —*n.* thought —**put on one's thinking cap** to give serious consideration to a matter

**think tank** [Colloq.] a group of experts organized to do intensive research and problem solving

**thinner** (thin'ər) *n.* a substance added, as turpentine to paint, for thinning

**thin-skinned** (thin'skind') *adj.* **1.** easily hurt by criticism, insults, etc. **2.** having a thin skin

**thio-** [< Gr. *theion,* brimstone] *a combining form meaning* sulphur, used to indicate the replacement of oxygen by sulphur

**thiopental (sodium)** (thī'ə pen'tal) [< THIO- + PENTA-] a yellowish-white powder, injected intravenously in solution as a general anaesthetic

**thiosulphuric acid** (thī'ə sul fyoər'ik) [THIO- + SULPHURIC] an unstable acid whose salts are used in photography, bleaching, etc.

**third** (thurd) *adj.* [OE. *thridda*] **1.** preceded by two others in a series; 3rd **2.** designating any of the three equal parts of something —*adv.* in the third place, rank, group, etc. —*n.* **1.** the one following the second **2.** any of the three equal parts of something; 1/3 **3.** an honours degree of the third, and usually the lowest, class **4.** *Music* the third tone of an ascending scale, or a tone two degrees above or below any given tone in such a scale —**third'ly** *adv.*

**third-class** *adj.* of the class, rank, excellence, etc. next below the second; inferior

**third degree** [Colloq.] harsh treatment and questioning of a prisoner to force a confession or information —**third'-degree'** *adj.*

**third dimension** **1.** the quality of having, or of seeming to have, depth, or solidity **2.** the quality of being true to life or seeming real

**third man** *Cricket* a fielding position on the off side near the boundary behind the batsman's wicket

**third party** a person other than the principals in a case or matter

**third person** that form of a pronoun (as *he*) or verb (as *is*) which refers to the person or thing spoken of

**third-rate** *adj.* **1.** inferior; very poor **2.** third in quality or other rating; third-class —**third'-rat'er** *n.*

**third world** [*often* **T- W-**] the underdeveloped or emergent countries of the world, esp. of Africa and Asia

**thirst** (thurst) *n.* [OE. *thurst*] **1.** the discomfort caused by a desire for water, characterized generally by dryness in the mouth and throat **2.** [Colloq.] a craving for a liquid **3.** any strong desire; craving —*vi.* **1.** to be thirsty **2.** to have a strong desire

**thirsty** (thur'stē) *adj.* **-ier, -iest** **1.** feeling thirst **2.** lacking moisture; dry [*thirsty* fields] **3.** [Colloq.] causing thirst [*thirsty* work] **4.** having a strong desire; craving —**thirst'ily** *adv.* —**thirst'iness** *n.*

**thirteen** (thur'tēn') *adj., n.* [OE. *threotyne*] three more than ten; 13; XIII —**thir'teenth'** *adj.,n.*

**thirty** (thurt'ē) *adj., n.* [OE. *thritig*] three times ten; 30; XXX —**the thirties** the numbers or years, as of a century, from thirty to thirty-nine —**thir'tieth** *adj.,n.*

**Thirty-nine Articles** a set of formulas defining the doctrinal position of the Church of England

**this** (*th*is) *pron., adj.* *pl.* **these** [OE. *thes*] **1.** (designating) the person or thing mentioned or understood [*this* (man) is John] **2.** (designating) the thing that is nearer than another referred to as "that" [*this* box is larger than that] **3.** (designating) the fact, idea, etc. that is being, or is about to be, presented, etc. [now listen to *this* (news)] —*adv.* to this extent; so [it was *this* big]

THISTLE

**thistle** (this''l) *n.* [OE. *thistel*] a plant with prickly leaves and white or purple, flowers —**this'tly** *adj.*

**thistledown** *n.* the down attached to the flower head of a thistle

**thither** (*thith'*ər) *adv.* [OE. *thider*] to or towards that place; there —*adj.* on or towards that side

**tho, tho'** (*th*ō) *conj., adv.* *shortened sp. of* THOUGH

**thole** (thōl) *n.* [OE. *thol*] a pin or either of a pair of pins set vertically in the gunwale of a boat to serve as a fulcrum for an oar: also **thole'pin'**

**Thompson submachine gun** (tomp'sən) [< J. T. *Thompson*] *Trademark* a type of submachine gun

**thong** (thoŋ) *n.* [OE. *thwang*] a narrow strip of leather, etc. used as a lace, strap, etc.

**thoracic** (thô ras'ik) *adj.* of, in, or near the thorax

**thorax** (thôr'aks) *n., pl.* **-raxes, -races'** (-ə sēz') [L. < Gr.] **1.** in man and other vertebrates, the part of the body between the neck and the abdomen **2.** the middle one of the three main segments of an insect's body

**thorium** (thôr'ē əm) *n.* [< *Thor,* Scand. god] a rare, greyish, radioactive chemical element, used in making electronic equipment and as a nuclear fuel: symbol, Th

**thorn** (thôrn) *n.* [OE.] **1.** *a*) a very short, hard, leafless branch or stem with a sharp point *b*) any small tree or shrub bearing thorns **2.** anything that keeps troubling, vexing, or irritating one: usually in **thorn in one's side** (or **flesh**) —**thorn'y** *adj.*

**thorough** (thur'ə) *adj.* [var. of THROUGH] **1.** done or proceeding through to the end; complete **2.** absolute [a *thorough* rascal] **3.** very exact, accurate, or painstaking —**thor'oughly** *adv.* —**thor'oughness** *n.*

**thoroughbred** *adj.* purebred, as a horse or dog; pedigreed —*n.* a thoroughbred animal; specif., [**T-**] any of a breed of racehorses

**thoroughfare** *n.* a public street open at both ends, esp. one through which there is much traffic

**thoroughgoing** *adj.* very thorough; specif., *a*) precise and painstaking *b*) absolute; out-and-out

**Thos.** Thomas

**those** (*th*ōz) *adj., pron.* [OE. *thas*] *pl. of* THAT

**thou**[1] (*th*ou) *pron.* [OE. *thu*] the second person singular of the personal pronoun: now replaced by *you* except in poetic, religious, and some dialectal use

**thou**[2] (thou) *n.* [Colloq.] **1.** a thousand **2.** a thousandth

**though** (*thō*) *conj.* [< OE. *theah*] **1.** in spite of the fact that [*though* it rained, he went] **2.** and yet; nevertheless; however **3.** even if; supposing that [*though* he may fail, he will have tried] —*adv.* however; nevertheless

**thought**[1] (thôt) *n.* [OE. *thoht*] **1.** the act or process of thinking **2.** the power of reasoning; intellect **3.** what one thinks; idea, opinion, plan, etc. **4.** the ideas, opinions, etc. prevailing at a given time or place or among a given people **5.** attention; consideration **6.** intention or expectation **7.** a little; trifle [be a *thought* more careful]

**thought**[2] *pt. & pp. of* THINK[1]

**thoughtful** *adj.* **1.** considerate of others **2.** characterized by thought; serious **3.** full of thought; meditative —**thought'fully** *adv.* —**thought'fulness** *n.*

**thoughtless** *adj.* **1.** not considerate of others **2.** not stopping to think; careless **3.** not given thought; rash —**thought'lessly** *adv.* —**thought'lessness** *n.*

**thought-reading** *n.* the supposed ability to know another person's thoughts by telepathy —**thought'-read'er** *n.*

**thousand** (thou'z'nd) *n.* [OE. *thusend*] **1.** ten hundred; 1000; M **2.** a large number **3.** [Colloq.] a thousand pounds —*adj.* amounting to one thousand in number —**thou'sandth** *adj., n.*

**thousandfold** *adj., adv.* a thousand times as much or as many

**thrall** (thrôl) *n.* [OE. *thræl* < ON.] **1.** orig., a slave **2.** slavery

**thralldom, thraldom** *n.* the condition of being a thrall; servitude; slavery

**thrash** (thrash) *vt.* [OE. *therscan*] **1.** to give a severe beating to; flog **2.** to make move wildly **3.** to overwhelm; surpass **4.** *same as* THRESH —*vi.* **1.** *same as* THRESH **2.** to move about violently [*thrashing* in agony] —**thrash out** to settle by much discussion —**thrash'er** *n.*

**thread** (thred) *n.* [OE. *thræd*] **1.** *a*) a light, fine, stringlike length of two or more fibres of cotton, silk, etc. twisted together and used in sewing *b*) a similar fine length of material, as glass **2.** any thin line, vein, ray, etc. **3.** something like a thread in its length, sequence, etc. **4.** the spiral ridge of a screw, bolt, nut, etc. —*vt.* **1.** to put a thread through the eye of (a needle, etc.) **2.** to string (beads, etc.) on or as if on a thread **3.** to fashion a thread (sense 4) on or in (a screw, etc.) **4.** *a*) to pass through by twisting, turning, or weaving in and out [to *thread* the streets] *b*) to make (one's way) in this fashion —**thread'er** *n.* —**thread'-like'** *adj.*

**threadbare** *adj.* **1.** worn down so that the threads show **2.** wearing worn-out clothes **3.** stale; trite

**threat** (thret) *n.* [OE. *threat,* a throng] **1.** an expression of intention to hurt, destroy, punish, etc., as in intimidation **2.** *a*) a sign of something dangerous [the *threat* of war] *b*) a source of possible danger, harm, etc.

**threaten** *vt.* [OE. *threatnian*] **1.** to make threats against **2.** *a*) to be a sign of (danger, harm, etc.) [clouds *threatening* snow] *b*) to be a source of possible danger, harm, etc. to —*vi.* **1.** to make threats **2.** to be a sign or source of possible danger, etc. —**threat'eningly** *adv.*

**three** (thrē) *adj., n.* [OE. *threo, thrie*] totalling one more than two; 3; III

**3-D** (thrē'dē') *adj.* producing an effect of three dimensions [a *3-D* film]

**three-decker** (thrē'dek'ər) *n.* **1.** a ship with three decks **2.** any structure with three levels **3.** [Colloq.] a sandwich made with three slices of bread

**three-dimensional** (thrē'də men'shən'l) *adj.* **1.** of or having three dimensions **2.** appearing to have depth or thickness in addition to height and width

**threefold** *adj., adv.* **1.** three times as much or as many **2.** having three parts

**three-legged race** a race in which competitors run in pairs with their adjoining legs tied together

**threepenny** (thrōop'ə nē) *adj.* **1.** worth or costing threepence **2.** of small worth; cheap

**threepenny bit** a former British coin, twelve-sided, and worth three (old) pennies

**three-ply** *adj.* having three thicknesses, strands, etc.

**three-point turn** a complete turn of a motor vehicle, usually made in three backwards-and-forwards movements

**three-quarter** *adj.* of or involving three fourths —*n. Rugby* any of the players between the full back and the half backs

**threescore** *adj.* sixty

**threesome** *n.* a group of three persons

**threnody** (thren'ə dē) *n., pl.* **-dies** [< Gr. *thrēnos,* lament + *ōidē,* song] a song of lamentation; dirge

**thresh** (thresh) *vt., vi.* [earlier form of THRASH] **1.** to beat out (grain) from (husks) as with a flail **2.** to thrash

**thresher** *n.* **1.** one who threshes **2.** a machine for threshing grain: also **threshing machine**

**threshold** (thresh'ōld) *n.* [OE. *therscold*] **1.** *a*) a length of wood, stone, etc. placed beneath a door *b*) a doorway **2.** the beginning point of something **3.** *Physiol., Psychol.* the point at which a stimulus is just strong enough to produce a response [the *threshold* of pain]

**threw** (thrōō) *pt. of* THROW

**thrice** (thrīs) *adv.* [ME. *thries*] **1.** three times **2.** greatly; highly

**thrift** (thrift) *n.* [< ON. *thrifast,* to thrive] **1.** careful management of one's money or resources; frugality **2.** a small plant with narrow leaves and small white, pink, red, or purplish flowers —**thrift'less** *adj.*

**thrifty** *adj.* **-ier, -iest** practising thrift; economical —**thrift'ily** *adv.* —**thrift'iness** *n.*

**thrill** (thril) *vi., vt.* [< OE. *thurh,* through] **1.** to feel or cause to feel keen emotional excitement **2.** to quiver or cause to quiver;

tremble —*n.* **1.** a thrilling or being thrilled **2.** the quality of thrilling **3.** a tremor; quiver

**thriller** *n.* a novel, film, etc., of suspense, esp. one dealing with crime and detection

**thrips** (thrips) *n., pl.* **thrips** [Gr., woodworm] a small, winged insect that sucks the juices of plants

**thrive** (thrīv) *vi.* **thrived,** or **throve, thrived** or **thriven** (thriv'ⁿn), **thriv'ing** [< ON. *thrifa,* to grasp] **1.** to prosper or flourish **2.** to grow vigorously or luxuriantly

**thro',** **thro** (thro͞o) *prep., adv., adj. shortened sp. of* THROUGH

**throat** (thrōt) *n.* [OE. *throte*] **1.** the front part of the neck **2.** the upper part of the passage from the mouth and nose to the stomach and lungs **3.** any narrow, throatlike passage —**cut one another's throats** [Colloq.] to ruin each other, as by underselling in business —**jump down someone's throat** [Colloq.] to reply to sharply and critically —**thrust** (or **ram**) **down a person's throat** to insist that someone listens, pays attention, etc., to something

**throaty** *adj.* **-ier, -iest** **1.** produced in the throat, as some sounds or tones **2.** husky [a *throaty* voice] —**throat'ily** *adv.* —**throat'iness** *n.*

**throb** (throb) *vi.* **throbbed, throb'bing** [ME. *throbben*] **1.** to beat, pulsate, vibrate, etc. **2.** to beat strongly or fast **3.** to quiver with excitement —*n.* **1.** the act of throbbing **2.** a beat or pulsation, esp. a strong one of the heart —**throb'bingly** *adv.*

**throe** (thrō) *n.* [< OE. *thrawu,* pain] a spasm or pang of pain: *usually used in pl.* [death *throes*] —**in the throes of** in the act of struggling with (a problem, etc.)

**thrombosis** (throm bō'sis) *n.* [< Gr. *thrombos,* a clot] coagulation of the blood in the heart or a blood vessel, forming a clot —**thrombot'ic** (-bot'ik) *adj.*

**throne** (thrōn) *n.* [< Gr. *thronos,* seat] **1.** the chair on which a king, cardinal, etc. sits on formal occasions **2.** the power or rank of a king, etc. **3.** a sovereign ruler, etc. —*vt.* **throned, thron'ing** to enthrone

**throng** (throŋ) *n.* [< OE. *thringan,* to crowd] **1.** a crowd **2.** any great number of things massed together —*vi.* to gather together in a throng; crowd —*vt.* to crowd into

**throstle** (thros'l) *n.* [OE.] *same as* SONG THRUSH

**throttle** (throt'l) *n.* [< THROAT] **1.** the valve that regulates the amount of fuel vapour entering an engine **2.** the pedal that controls this valve **3.** [Dial.] the throat —*vt.* **-tled, -tling** **1.** to choke; strangle **2.** to censor or suppress **3.** *a*) to reduce the flow of (fuel vapour, etc.) by means of a throttle *b*) to lessen the speed of (an engine, vehicle, etc.) by this means (often with *back* or *down*) —**throt'tler** *n.*

**through** (thro͞o) *prep.* [OE. *thurh*] **1.** in one side and out the other side of **2.** in the midst of; among **3.** by way of **4.** over the entire extent of **5.** to various places in; around [touring *through* France] **6.** *a*) from the beginning to the end of *b*) [U.S.] up to and including **7.** without making a stop for [to go *through* a red light] **8.** as a result of —*adv.* **1.** in one side and out the other **2.** from the beginning to the end **3.** completely to the end [see it *through*] **4.** thoroughly; completely: also **through and through** —*adj.* **1.** extending from one place to another [a *through* road] **2.** travelling to the destination without stops [a *through* train] **3.** finished **4.** [Colloq.] at the end of one's usefulness, etc. [*through* as a politician] **5.** [Colloq.] having no further dealings, etc. (*with* someone or something) **6.** connected (on a telephone line)

**throughout** (thro͞o out') *prep.* all the way through —*adv.* **1.** everywhere **2.** in every respect

**throughput** *n.* the amount of material put through a process in a given period, as by a computer

**throve** (thrōv) *alt. pt. of* THRIVE

**throw** (thrō) *vt.* **threw, thrown, throw'ing** [OE. *thrawan,* to twist] **1.** to cause to fly through the air by releasing from the hand; cast; hurl **2.** to cause to fall; upset **3.** to send rapidly [they *threw* troops into the battle] **4.** to put suddenly into a specified state [*thrown* into confusion] **5.** *a*) to cast (dice) *b*) to make (a specified cast) at dice [to *throw* a five] **6.** to move (a switch, etc.) so as to connect, disconnect, etc. **7.** to direct, cast, etc. [to *throw* a glance] **8.** to cause (one's voice) to seem to come from some other source **9.** [U.S. Colloq.] to lose (a game, race, etc.) deliberately **10.** [Colloq.] to give (a party, etc.) **11.** [Colloq.] to have (a fit, tantrum, etc.) **12.** [Colloq.] to confuse or disconcert **13.** *Ceramics* to shape on a potter's wheel —*vi.* to cast or hurl something —*n.* **1.** a throwing; cast **2.** the distance something is or can be thrown —**throw a spanner in the works** to obstruct by interference —**throw away** **1.** to rid oneself of; discard **2.** to waste **3.** to fail to make use of **4.** to deliver (a line or lines) in an offhand way: said of an actor or comedian —**throw back** **1.** to stop from advancing **2.** to revert to the type of an ancestor —**throw back on** to force (someone) to depend on [*thrown back on* his own resources] —**throw in** **1.** to interpolate (a remark, suggestion, etc.) **2.** to add extra or free **3.** to throw (a football, etc.) from a side line, after it has gone out of play —**throw in one's lot with** to give one's allegiance to —**throw off** **1.** to rid oneself of **2.** to recover from **3.** to write or utter quickly, in an offhand manner —**throw on** to put on (a garment) hastily —**throw oneself at** to try very hard to win the affection or love of —**throw oneself into** to engage in with great vigour —**throw oneself on** (or **upon**) **1.** to rely on for support for aid **2.** to assault —**throw one's hand in** to give up all attempt to succeed —**throw open** **1.** to open completely and suddenly

2. to remove all restrictions from —**throw out** 1. to discard 2. to reject or remove 3. to put forth or utter (a hint or suggestion) —**throw over** 1. to abandon 2. to jilt —**throw together** 1. to make or assemble hurriedly 2. to cause to become acquainted —**throw up** 1. to give up or abandon 2. to vomit 3. to construct rapidly 4. to mention repeatedly (*to* someone), as in reproach —**throw'er** *n.*

**throwaway** *adj.* 1. designed to be discarded after use 2. said or done incidentally [*a throwaway* remark]

**throwback** *n.* a person, animal, or plant that has the characteristics of an earlier type

**thru** (thro̅o̅) *prep., adv., adj. shortened U.S. sp. of* THROUGH

**thrum**[1] (thrum) *n.* [OE., ligament] 1. the row of warp thread ends left on a loom when the web is cut off 2. any of these ends

**thrum**[2] *vt., vi.* **thrummed, thrum'ming** [echoic] 1. to strum (a guitar, banjo, etc.) 2. to drum (on) with the fingers —*n.* the act or sound of thrumming

**thrush**[1] (thrush) *n.* [OE. *thrysce*] any of a large group of songbirds, including the blackbird, etc., esp. the song thrush

**thrush**[2] *n.* [< ?] 1. a fungus disease, esp. of infants that forms milky white lesions on the mouth and throat 2. a disease of the frog of a horse's foot

**thrust** (thrust) *vt.* **thrust, thrust'ing** [ON. *thrysta*] 1. to push with sudden force 2. to pierce; stab 3. to force or impose (oneself or another) upon someone else —*vi.* 1. to push or shove against something 2. to make a stab or lunge, as with a sword 3. to force one's way (*into, through,* etc.) —*n.* 1. *a*) a sudden, forceful push *b*) a stab *c*) a remark intended to annoy someone 2. continuous pressure of one part against another, as of a rafter against a wall 3. *a*) the driving force of a propeller *b*) the forward force produced by a jet or rocket engine 4. forward movement; impetus

**thud** (thud) *vi.* **thud'ded, thud'ding** [prob. < OE. *thyddan,* to strike] to hit with a dull sound —*n.* a dull sound, as of a heavy object dropping on a soft, solid surface

**thug** (thug) *n.* [< Hindi *thag,* rogue] 1. a rough, brutal gangster, robber, etc. 2. [*also* **T-**] a member of a former religious organization in India that murdered and robbed —**thug'gery** *n.*

**thulium** (thyo̅o̅'lē əm) *n.* [< *ultima Thule,* the northernmost region of the world for the ancients] a metallic chemical element of the rare-earth group: symbol, Tm

**thumb** (thum) *n.* [OE. *thuma*] 1. the short, thick finger of the human hand that is nearest the wrist 2. that part of a glove, etc. which covers the thumb —*vt.* 1. to handle, turn, soil, etc. as with the thumb 2. [Colloq.] to ask for or get (a ride) or make (one's way) in hitchhiking by gesturing with the thumb extended —**all thumbs** clumsy; fumbling —**thumbs down** a signal of disapproval —**under one's thumb** under one's influence

**thumb index** a series of rounded notches cut in the front edge of a book with a labelled tab at the base of each notch

**thumbnail** *n.* the nail of the thumb —*adj.* very small or brief [*a thumbnail* sketch]

**thumbscrew** *n.* a former instrument of torture for squeezing the thumbs

**thump** (thump) *n.* [echoic] 1. a blow with something heavy and blunt 2. the dull sound made by such a blow —*vt.* 1. to strike with a thump 2. to thrash; beat severely —*vi.* 1. to hit or fall with a thump 2. to make a dull, heavy sound; pound; throb —**thump'er** *n.*

**thumping** *adj.* [Colloq.] very large; whopping

**thunder** (thun'dər) *n.* [OE. *thunor*] 1. the sound that is heard after a flash of lightning, caused by the sudden heating and expansion of air by electrical discharge 2. any sound like this —*vi.* 1. to produce thunder [it is *thundering*] 2. to make strong denunciations, etc. —*vt.* to utter, attack, etc. with a thundering sound —**steal someone's thunder** to lessen the effectiveness of someone's statement by anticipating him —**thun'derer** *n.*

**thunderbolt** *n.* 1. a flash of lightning with the thunder heard after it 2. something that stuns or acts with sudden force or violence 3. the imagined agency of destruction produced by a flash of lightning

**thundercLap** *n.* 1. a clap, or loud crash, of thunder 2. anything like this in being sudden, startling, etc.

**thundercloud** *n.* a storm cloud charged with electricity and producing lightning and thunder

**thundering** *adj.* [Colloq.] very large or excessive

**thunderous** *adj.* 1. full of or making thunder 2. making a noise like thunder —**thun'derously** *adv.*

**thunderstorm** *n.* a storm with thunder and lightning

**thunderstruck** *adj.* amazed or shocked as if struck by a thunderbolt: also **thun'der-strick'en**

**thurible** (thyo̅o̅ər'ə b'l) *n.* [< Gr. *thyos,* sacrifice] a censer

**Thurs., Thur.** Thursday

**Thursday** (thurz'dē) *n.* [< ON. *Thorsdagr,* Thor's day] the fifth day of the week

**Thursdays** *adv.* [Colloq.] on or during every Thursday

**thus** (*th*us) *adv.* [OE.] 1. in this or that manner 2. to this or that degree or extent; so 3. consequently; therefore

**thwack** (thwak) *vt.* [echoic] to strike with something flat; whack —*n.* a blow with something flat

**thwart** (thwôrt) *vt.* [ON. *thvert,* transverse] to keep from being done; hinder (a person, plans, etc.) —*n.* 1. a rower's seat extending across a boat 2. a brace extending across a canoe

**thy** (*th*ī) ***possessive pronominal adj.*** [ME. *thin*] of, belonging to, or done by thee: archaic or poet. var. of *your*

**thyme** (tīm) *n.* [< Gr. *thymon*] an

aromatic herb with white, pink, or red flowers and fragrant leaves used for seasoning

**thymol** (thī′mol) ***n.*** a colourless compound extracted from thyme: used as an antiseptic

**thymus** (thī′məs) ***n.*** [< Gr. *thymos*] a ductless, glandlike body near the throat: also **thymus gland**

**thyroid** (thī′roid) ***adj.*** [< Gr. *thyreos*, door-shaped shield] **1.** designating a large ductless gland near the trachea, secreting a hormone which regulates growth **2.** designating the principal cartilage of the larynx, forming the Adam's apple —***n.*** **1.** the thyroid gland **2.** the thyroid cartilage **3.** a preparation of the thyroid gland of certain animals, used in treating goitre, etc.

**thyself** (*thī* self′) ***pron.*** *reflexive or intensive form of* THOU: an archaic or poet. var. of *yourself*

**ti** (tē) ***n.*** *Music* a syllable representing the seventh tone of the diatonic scale

**Ti** *Chem.* titanium

**tiara** (tē ăr′ə) ***n.*** [L. < Gr.] **1.** a woman's coronetlike headdress, often jewelled **2.** the Pope's triple crown

**tibia** (tib′ē ə) ***n., pl.*** **-iae′** (-i ē′), **-ias** the inner and thicker of the two bones of the leg below the knee; shinbone —**tib′ial** ***adj.***

**tic** (tik) ***n.*** [Fr. < ?] a twitching of a muscle, esp. of the face, that is not consciously controlled

**tick**[1] (tik) ***n.*** [echoic] **1.** a light clicking sound, as of a clock **2.** a mark made to check off items **3.** [Colloq.] a moment; instant —***vi.*** **1.** to make a tick or ticks, as a clock **2.** [Colloq.] to function [what makes him *tick?*] —***vt.*** to check off (an item in a list, etc.) with a tick (usually with *off*) —**tick off** [Colloq.] to reprimand —**tick over** to idle: said of an engine, etc.

TICK
(c. 0.5 cm long)

**tick**[2] ***n.*** [OE. *ticia*] any of a large group of bloodsucking arachnids that are parasitic on man, cattle, sheep, etc.

**tick**[3] ***n.*** [ult. < Gr. *thēkē*, a case] **1.** the cloth case that is filled with cotton, feathers, etc. to form a mattress or pillow **2.** [Colloq.] *same as* TICKING

**tick**[4] ***n.*** [< TICKET] [Colloq.] credit [to buy something on *tick*]

**ticker** ***n.*** **1.** [Slang] the heart **2.** [Old Slang] a watch

**ticker tape** a continuous paper ribbon on which a tape machine prints

**ticket** (tik′it) ***n.*** [< obs. Fr. *étiquet*] **1.** a printed card or piece of paper that gives one a specified right, as to attend a theatre, ride on a bus, etc. **2.** a label or tag, as on a piece of merchandise, giving the size, price, etc. **3.** [Colloq.] a summons to court for a traffic violation **4.** a licence or certificate, as of a ship's captain **5.** [U.S.] the list of candidates nominated by a political party in an election —***vt.*** to label or tag with a ticket —**that's the ticket!** [Colloq.] that's the correct thing

**tickey** ***n.*** an obsolete S African threepenny piece —**turn on a tickey** [S Afr.] turn in a small space

**ticking** (tik′iŋ) ***n.*** [see TICK[3]] a strong, heavy cloth, often striped, used for casings of mattresses, pillows, etc.

**tickle** (tik′′l) ***vt.*** **-led, -ling** [ME. *tikelen*] **1.** to touch or stroke lightly so as to cause twitching, laughter, etc. **2.** to please, gratify, etc. —***vi.*** to have a scratching or tingling sensation —***n.*** **1.** a tickling or being tickled **2.** a tickling sensation **3.** [Canad.] a narrow strait

**tickler** (tik′lər) ***n.*** a person or thing that tickles

**ticklish** ***adj.*** **1.** sensitive to tickling **2.** needing careful handling; delicate

**tick-tack** ***n.*** a system of signalling with the hands and arms used by bookmakers at race courses

**ticktock** ***n.*** the sound made by a clock

**tidal** (tīd′′l) ***adj.*** of, having, caused by, determined by, or dependent on a tide or tides —**tid′ally** ***adv.***

**tidal wave** **1.** an unusually great, destructive wave sent inshore by an earthquake or a very strong wind **2.** any great, widespread movement, feeling, etc.

**tiddler** (tid′lər) ***n.*** [< ?] [Colloq.] **1.** a stickleback or other small fish **2.** anything very small

**tiddly, tiddley** (tid′lē) ***adj.*** [< ?] [Slang] **1.** little **2.** slightly drunk

**tiddlywinks** (tid′lē wiŋks′) ***n.*** a game in which the players try to snap little coloured discs into a cup by pressing their edges with a larger disc: also **tid′dledy-winks′**

**tide** (tīd) ***n.*** [OE. *tid*, time] **1.** the alternate rise and fall of the surface of oceans, seas, etc., caused by the attraction of the moon and sun **2.** something that rises and falls like the tide **3.** a stream, current, trend, etc. [the *tide* of public opinion] **4.** a period of time: now only in combination [*Eastertide*] —***adj.*** *same as* TIDAL —***vt.*** **tid′ed, tid′ing** to carry as with the tide —**tide over** to help along temporarily, as through a period of difficulty —**turn the tide** to reverse a condition

**tidemark** ***n.*** **1.** the high-water mark of the tide **2.** [Colloq.] a dirty line indicating the extent of washing

**tide-table** ***n.*** a table giving times of high and low water at a particular place

**tidings** (tī′diŋz) ***n.pl.*** [*sometimes with sing. v.*] [OE. *tidung*] news; information

**tidy** (tī′dē) ***adj.*** **-dier, -diest** [< OE. *tid*, time] **1.** neat in appearance, arrangement, etc.; orderly **2.** [Colloq.] rather large; considerable [a *tidy* sum] —***vt., vi.*** **-died, -dying** to make (things) tidy (often with *up*) —***n., pl.*** **-dies** **1.** a small receptacle for scraps or oddments **2.** *same as* ANTIMACASSAR —**ti′dily** *adv.* —**ti′diness** *n.*

**tie** (tī) *vt.* **tied, ty′ing** [< OE. *teag,* rope] **1.** to bind, as with string, rope, etc. **2.** to knot the laces, strings, etc. of **3.** to make (a knot) in **4.** to join or bind in any way [*tied* by common interests] **5.** to confine; restrict **6.** to equal (the score, record, etc.) of (opponents, a rival, etc.) —*vi.* to make a tie —*n.* **1.** something that joins, binds, etc. **2.** something that confines or restricts [legal *ties*] **3.** a string, cord, etc. used to tie things **4.** a long piece of material worn, esp. by men, round the neck, and tied in front **5.** a beam, rod, etc. that holds together and strengthens parts of a building **6.** *a*) an equality of scores, votes, etc. in a contest *b*) a contest in which scores, etc. are equal **7.** *Music* a curved line joining two notes of the same pitch, indicating that the tone is to be held unbroken —**tie down** to confine; restrict —**tie up** **1.** to wrap up and tie with string, etc. **2.** to moor (a ship or boat) to a dock **3.** to block or hinder **4.** to cause to be already in use, committed, etc.

**tie beam** a horizontal beam serving as a tie (*n.* 5)

**tied cottage** a dwelling occupied by a tenant only as long as he is employed by its owner

**tied house** a public house restricted to dealing with one particular brewery

**tie-dye** *n.* **1.** a method of dyeing designs on cloth by tightly tying bunches of it with thread, etc. so that the dye affects only exposed parts **2.** cloth so decorated or a design so made —*vt.* **-dyed′, -dye′ing** to dye in this way

**tiepin** *n.* an ornamental pin used to fasten a necktie to a shirt front

**tier** (tēər) *n.* [< MFr. *tire,* order] any of a series of rows, as of seats, arranged one above another —**tiered** *adj.*

**tiercel** (tur′səl) *n.* [< L. *tertius,* third] *Falconry* a male hawk, esp. the male peregrine

**tie-up** (tī′up′) *n.* connection, relation, or involvement

**tiff** (tif) *n.* [< ?] a slight quarrel

**tiffin** (tif′in) *n., vi.* *Anglo-Ind. term for* LUNCH

**tiger** (tī′gər) [< Gr. *tigris*] **1.** a large, flesh-eating animal of the cat family, native to Asia, having a tawny coat striped with black **2.** *a*) a very energetic or persevering person *b*) a fierce, belligerent person —**ti′gerish** *adj.*

**tiger lily** a lily having orange flowers with purplish-black spots

**tiger moth** a stout-bodied moth with brightly striped or spotted wings

**tiger's eye** a semiprecious, yellow-brown stone

**tight** (tīt) *adj.* [< OE. *-thight,* strong] **1.** fully stretched; taut **2.** fitting so closely as to be uncomfortable **3.** made so that water, air, etc. cannot pass through [a *tight* boat] **4.** drawn, spaced, etc. closely together [a *tight* weave] **5.** fixed securely; firm [a *tight* joint] **6.** strict [*tight* control] **7.** difficult to manage: esp. in the phrase **a tight corner** (or **squeeze,** etc.), a difficult situation **8.** showing strain [a *tight* smile] **9.** almost even or tied [a *tight* race] **10.** sharp: said of a spiral, turn, etc. **11.** difficult to get; scarce **12.** [Colloq.] stingy **13.** [Colloq.] drunk —*adv.* **1.** securely or firmly [hold *tight*] **2.** [Colloq.] soundly [sleep *tight*] —**sit tight** to maintain one's opinion or position —**tight′ly** *adv.* —**tight′ness** *n.*

**-tight** (tīt) [< prec.] *a combining form meaning* not letting (something specified) in or out [*watertight, airtight*]

**tighten** *vt., vi.* to make or become tight or tighter

**tightfisted** *adj.* stingy

**tightfitting** *adj.* fitting very tightly

**tightknit** (tīt′nit′) *adj.* **1.** closely integrated **2.** well organized or put together in an efficient way

**tight-lipped** (tīt′lipt′) *adj.* **1.** not saying much; secretive **2.** having the lips closed tightly

**tightrope** *n.* a tightly-stretched rope on which acrobats do balancing acts

**tights** *n.pl.* **1.** a tightly-fitting garment covering the body from waist to feet, worn by woman **2.** a similar garment worn by acrobats, dancers, etc.

**tigress** (tī′gris) *n.* a female tiger

**tike** (tīk) *n.* *same as* TYKE

**tilde** (til′də) *n.* [Sp. < L. *titulus,* title] a diacritical mark (~) used in various ways, as in Spanish over an *n* to indicate a palatal nasal sound (ny), as in *señor*

**tile** (tīl) *n.* [< L. *tegula*] **1.** *a*) a thin piece of glazed or unglazed, fired clay, stone, etc. used for roofing, flooring, bathroom walls, etc. *b*) a similar piece of plastic, cork, etc. **2.** a drain of semicircular tiles or earthenware pipe **3.** any of the pieces in mah-jongg or some other games —*vt.* **tiled, til′ing** to cover with tiles —**til′er** *n.*

**tiling** *n.* **1.** the action of a person who tiles **2.** tiles collectively

**till**[1] (til) ***prep., conj.*** [OE. *til*] *same as* UNTIL

**till**[2] *vt., vi.* [OE. *tilian,* strive for] to work (land) in raising crops, as by ploughing, etc. —**till′able** *adj.*

**till**[3] *n.* [< ?] a drawer or tray, as in a shop counter, for keeping money

**tillage** *n.* **1.** the tilling of land **2.** land that is tilled

**tiller** *n.* [< ML. *telarium,* weaver's beam] a bar or handle for turning a boat's rudder

**tilt** (tilt) *vt.* [prob. < OE. *tealt,* shaky] to cause to slope or slant; tip —*vi.* **1.** to slope; incline **2.** to poise or thrust one's lance (*at* one's opponent) in a tilt **3.** to take part in a tilt or joust **4.** to dispute, argue, contend, etc. —*n.* **1.** a slope or slant **2.** a medieval contest in which two horsemen thrust with lances in an attempt to unseat each other **3.** any spirited contest, dispute, etc. between persons —**(at) full tilt** with the greatest force —**tilt′er** *n.*

**tilth** (tilth) *n.* [see TILL[2]] **1.** a tilling of land **2.** tilled land

**Tim.** Timothy

**timber** (tim′bər) *n.* [OE.] **1.** wood for building houses, ships, etc. **2.** a wooden beam used in building **3.** wood sawn into planks, boards, etc. of convenient sizes **4.** trees collectively **5.** a wooden rib of a ship —**tim′bered** *adj.* —**tim′bering** *n.*

**timber limit** [Canad.] **1.** the area to which rights of cutting timber, granted by a government licence, are limited **2.** same as TIMBERLINE

**timberline** *n.* the line above or beyond which trees do not grow, as on mountains

**timbre** (tam′brə) *n.* [Fr. ult. < Gr. *tympanon,* drum] the quality of sound that makes one voice or musical instrument different from another

**timbrel** (tim′brəl) *n.* [< OFr.: see prec.] an ancient type of tambourine

**Timbuktu** (tim′buk tōō′) *n.* [< *Timbuktu,* town in W Africa] [Colloq.] any very distant place

**time** (tīm) *n.* [OE. *tima*] **1.** duration in which things happen in the past, present, and future; every minute there has been or ever will be **2.** a system of measuring the passing of hours **3.** the period during which something exists, happens, or acts **4.** [*usually pl.*] a period of history **5.** *a*) a period characterized by a prevailing condition [a good *time*] *b*) [*usually pl.*] prevailing conditions [*times* are bad] **6.** a set period, as a term of imprisonment, apprenticeship, etc. **7.** a period necessary, sufficient, measured, etc. for something [a baking *time* of ten minutes] **8.** the period worked or to be worked by an employee **9.** a precise instant, minute, hour, day, year, etc., as determined by a clock **10.** the point at which something happens; occasion **11.** the usual, suitable, or appointed moment for something [*time* to get up] **12.** any one of a series of moments at which something recurs [for the fifth *time*] **13.** *Music* *a*) the grouping of rhythmic beats into measures of equal length *b*) the characteristic rhythm of a piece of music in terms of this grouping *c*) the speed at which a composition is played *d*) the duration of a note or rest —*interj.* a word called out by a publican indicating that it is closing time —*vt.* **timed, tim′ing** **1.** to arrange the time of so as to be suitable, opportune, etc. **2.** to adjust, set, etc. so as to coincide in time **3.** to record the pace, speed, etc. of [to *time* a runner] —*adj.* **1.** having to do with time **2.** set to explode, open, etc. at a given time —**against time** trying to finish in a given time —**ahead of time** sooner than due —**at one time** **1.** together **2.** formerly —**at the same time** **1.** together **2.** nonetheless; however —**at times** sometimes —**behind the times** out of date —**do time** [Colloq.] to serve a prison term —**for the time being** for the present —**from time to time** now and then —**have no time for** [Colloq.] to dislike —**in no time** very quickly —**in time** **1.** eventually **2.** before it is too late **3.** keeping the set tempo, pace, etc. —**make time** to find occasion or opportunity (with *for*) —**many a time** often —**on time** at the appointed time —**pass the time of day** to exchange a few words of greeting, etc. —**time after time** again and again: also **time and again** —**time of one's life** [Colloq.] an experience of great pleasure for one —**time on one's hands** an interval with nothing to do —**time out of mind** time so long past as to be vague: also **time immemorial** —**time was** there was a time

**time and a half** a rate of payment one and a half times the usual rate, as for working overtime

**time and motion study** the study of operational or production procedures and the time consumed by them, with the intention of increasing efficiency

**time clock** a clock with a mechanism for recording on a card (**timecard**) the time at which an employee begins and ends a work period

**time exposure** **1.** a relatively long exposure of photographic film, generally for more than half a second **2.** a photograph taken in this way

**time-honoured** *adj.* honoured because in existence or usage for a long time

**timekeeper** *n.* **1.** one who keeps account of the hours worked by employees or the elapsed time in certain sports **2.** *a*) a watch, clock, etc. judged in terms of its accuracy [good *timekeeper*] *b*) an employee judged in terms of his punctuality

**timeless** *adj.* **1.** eternal **2.** always valid or true —**time′lessly** *adv.* —**time′lessness** *n.*

**time limit** a fixed period of time during which something must be done or ended

**timely** *adj.* **-lier, -liest** happening, done, said, etc. at a suitable time; well-timed; opportune —**time′liness** *n.*

**timeout** *n.* [Chiefly U.S.] a period of rest or leisure; break

**timepiece** *n.* any apparatus for measuring and recording time; esp., a clock or watch

**timer** *n.* a device for timing, or automatically starting and stopping, some mechanism

**times** *prep.* multiplied by: symbol, × [two *times* three is six]

**timeserver** *n.* a person who seeks to advance himself by altering his principles to gain support or favour

**time signature** *Music* a sign, usually like a numerical fraction, after the key signature, indicating the tempo

**timetable** *n.* **1.** a schedule of the times of arrival and departure of planes, trains, buses, etc. **2.** a tabulated list of the periods allotted to different subjects at school, etc.

**timeworn** *adj.* **1.** showing signs of wear or disrepair because of long use **2.** hackneyed; trite

**time zone** a region throughout which the same standard time is used

**timid** (tim′id) *adj.* [< L. *timere,* to fear] **1.** easily frightened; shy **2.** showing lack of self-confidence —**timidity** (tə mid′ə tē) *n.*

**timing** (tī′miŋ) *n.* the regulation of the speed with which something is performed so as to produce the most effective results

**timorous** (tim′ər əs) *adj.* [< L. *timor,* fear] **1.** full of or subject to fear **2.** showing or caused by timidity —**tim′orously** *adv.* —**tim′orousness** *n.*

**timpani** (tim′pə nē) *n.pl., sing.* **-pano′** (-nō′) [It.: see TYMPANUM] kettledrums; esp., a set played by one performer —**tim′panist** *n.*

**tin** (tin) *n.* [OE.] **1.** a soft, silver-white, metallic chemical element, easily shaped at ordinary temperatures: symbol, Sn **2.** *same as* TIN PLATE **3.** a container made of tinned iron or other metal, in which foods are sealed for preservation **4.** the contents of a tin **5.** a container made of tin and used for storing food, etc. *[a* biscuit *tin]* —*vt.* **tinned, tin′ning** **1.** to put in tins for preservation **2.** to plate with tin

**tin can** a tin used for preserving food

**tincture** (tiŋk′chər) *n.* [< L. *tingere,* to dye] **1.** a light colour; tint; tinge **2.** a slight trace, smattering, etc. **3.** a medicinal substance in a solution of alcohol —*vt.* **-tured, -turing** **1.** to colour lightly; tint **2.** to give a slight trace to

**tinder** (tin′dər) *n.* [OE. *tynder*] any dry, easily flammable material, esp. as formerly used for starting a fire from a spark made by flint and steel struck together

**tinderbox** *n.* **1.** formerly, a metal box for holding tinder, flint, and steel **2.** any place or situation in which trouble, war, etc. is likely to flare up

**tine** (tīn) *n.* [OE. *tind*] a sharp, projecting point; prong *[*the *tines* of a fork*]* —**tined** *adj.*

**tinfoil** (tin′foil′) *n.* a very thin sheet or sheets of tin or an alloy of tin and lead, etc. used as a wrapping for food products, in insulation, etc.

**ting** (tiŋ) *n.* [echoic] a single, light, ringing sound, as of a small bell being struck

**ting-a-ling** *n.* the sound of a small bell ringing repeatedly

**tinge** (tinj) *vt.* **tinged, tinge′ing** or **ting′ing** [L. *tingere,* to dye] **1.** to colour slightly **2.** to give a trace, slight flavour, shade, etc. to —*n.* **1.** a slight colouring; tint **2.** a slight trace, flavour, etc.

**tingle** (tiŋ′g'l) *vi.* **-gled, -gling** [< ME. *tinklen,* to tinkle] to have a prickling or stinging feeling, as from cold, excitement, etc. —*n.* this feeling —**tin′gly** *adj.*

**tin god** a person unworthy of the honour or respect he demands or receives

**tinker** (tiŋ′kər) *n.* [< ?] **1.** a person who mends pots, pans, etc. **2.** [Colloq.] a mischievous child, animal, etc. —*vi.* **1.** to potter aimlessly **2.** to make clumsy attempts to mend something **3.** to work as a tinker —**tin′kerer** *n.*

**tinker's damn** (or **dam** or **cuss**) [< prec. + DAMN] something of no value: esp. in **not worth a tinker's damn**

**tinkle** (tiŋ′k'l) *vi.* **-kled, -kling** [echoic] to make a series of light, clinking sounds like those of a small bell —*vt.* to cause to tinkle —*n.* the act or sound of tinkling —**give someone a tinkle** [Colloq.] to phone someone up —**tin′kly** *adj.*

**tin lizzie** [orig. nickname of an early model of Ford car] any cheap or old car

**tinny** (tin′ē) *adj.* **tin′nier, tin′niest** **1.** of tin **2.** like tin; bright but cheap **3.** of or like the sound made in striking a tin object —**tin′niness** *n.*

**tin plate** thin sheets of iron or steel plated with tin —**tin′-plate′** *vt.*

**tinpot** (tin′pot′) *adj.* [Colloq.] **1.** worthless; inferior **2.** insignificant

**tinsel** (tin′s'l) *n.* [see STENCIL] **1.** thin sheets, strips, or threads of tin, metal foil, etc., used for decoration, as on Christmas trees **2.** something that looks showy and fine but is really of little value —*adj.* **1.** of or decorated with tinsel **2.** showy; gaudy —**tin′selled** *adj.* —**tin′selly** *adj.*

**tinsmith** (tin′smith′) *n.* a person who works in tin or tin plate; maker of tinware: also **tin′man**

**tint** (tint) *n.* [< L. *tingere,* to dye] **1.** a colour or shading of a colour **2.** a delicate colour **3.** a dye for the hair —*vt.* to give a tint to

**tintinnabulation** (tin′ti nab′yoo lā′shən) *n.* [< L. *tintinnabulum,* little bell] the ringing sound of bells

**tiny** (tī′nē) *adj.* **-nier, -niest** [< ?] very small; diminutive —**ti′nily** *adv.* —**ti′niness** *n.*

**-tion** (shən) [< L.] *a suffix meaning:* **1.** the act of *[correction]* **2.** the state of being *[elation]* **3.** the thing that is *[creation]*

**-tious** (shəs) [< L.] *a suffix used to form adjectives from nouns ending in* -TION *[cautious]*

**tip**[1] (tip) *n.* [ME. *tippe*] **1.** the pointed or rounded end or top of something **2.** something attached to the end, as a cap **3.** a top or apex, as of a mountain —*vt.* **tipped, tip′ping** **1.** to make a tip on **2.** to cover the tip or tips of (*with* something)

**tip**[2] *vt.* **tipped, tip′ping** [< ?] **1.** to give a small present of money to (a waiter, etc.) for some service **2.** [Colloq.] to give secret information to (often with *off*) **3.** to strike lightly and sharply —*vi.* to give a tip or tips —*n.* **1.** a small present of money given to a waiter, etc. for services **2.** a hint, warning, etc. **3.** a piece of secret information **4.** a light, sharp blow —**tip′per** *n.*

**tip**[3] *vt.,vi.* **tipped, tip′ping** [< ?] **1.** to overturn or upset (often with *over*) **2.** to tilt or slant —*vi.* **1.** to tilt or slant **2.** to overturn or topple (often with *over*) —*n.* **1.** a tilt; slant **2.** a place where rubbish is deposited —**tip one's hat** to greet by raising one's hat slightly

**tip-off** *n.* a giving of secret information; a hint, warning, etc.

**tippet** (tip′it) *n.* [prob. < TIP[1]] a scarflike garment of fur, wool, etc. for the neck and shoulders, hanging down in front

**tipple** (tip′'l) *vi., vt.* **-pled, -pling** [< ?]

to drink (alcoholic liquor) habitually —*n.* strong drink —**tip'pler** *n.*

**ipstaff** (tip'stäf) *n., pl.* **-staffs, -staves** **1.** an official in a law court **2.** formerly, a metal-tipped staff used as a badge of office

**ipster** (tip'stər) *n.* [Colloq.] one who sells tips, as to people betting on horse races, speculating in stocks, etc.

**ipsy** (tip'sē) *adj.* **-sier, -siest** **1.** somewhat drunk **2.** that tips easily; not steady —**tip'-sily** *adv.* —**tip'siness** *n.*

**iptoe** (tip'tō') *vi.* **-toed', -toe'ing** to walk stealthily or cautiously on one's tiptoes —*n.* the tip of a toe —*adj.* standing on one's tiptoes —*adv.* on tiptoe —**on tiptoe** **1.** on one's tiptoes **2.** eager or eagerly **3.** silently

**iptop** *adj., adv.* **1.** [Colloq.] at the highest point of excellence, etc. **2.** at the highest point —*n.* **1.** [Colloq.] the highest in quality or excellence **2.** the highest point

**irade** (tī'rād') *n.* [Fr. < It. *tirare,* to fire] a long, vehement speech or denunciation; harangue

**ire**[1] (tīər) *vt., vi.* **tired, tir'ing** [OE. *tiorian*] **1.** to make or become weary or fatigued, as by exertion **2.** to make or become bored or impatient, as by dull talk

**ire**[2] *n.* *U.S. sp. of* TYRE

**ired** *adj.* **1.** fatigued; weary **2.** hackneyed —**tired'ly** *adv.* —**tired'ness** *n.*

**ireless** *adj.* that does not become tired —**tire'lessly** *adv.* —**tire'lessness** *n.*

**iresome** *adj.* **1.** tiring; boring **2.** annoying; irksome —**tire'somely** *adv.* —**tire'someness** *n.*

**iro** (tīə'rō) *n., pl.* **-ros** *var. sp. of* TYRO

**tis** (tiz) it is

**issue** (tish'oo) *n.* [< L. *texere,* to weave] **1.** *Biol.* the substance of an organic body, consisting of cells and the material between them **2.** a piece of soft, absorbent paper, used as a disposable handkerchief, etc. **3.** *same as* TISSUE PAPER **4.** a tangled mass or series; mesh; web [a *tissue* of lies] **5.** cloth; esp., light, thin cloth

**issue paper** very thin, unglazed, nearly transparent paper, as for wrapping things, making tracings, etc.

**issue-type** *vt.* *Med.* to determine the genetic constitution of body tissue for transplants, etc.

**it**[1] (tit) *n.* [see TIT(MOUSE)] any of various small birds, as the blue tit, coal tit, etc.

**it**[2] *n.* [OE.] **1.** *same as* TEAT **2.** [Vulg.] breast

**Tit.** Titus

**itan** (tīt'n) *n.* [< the *Titans,* in Gr. Myth. giants] any person or thing of great size or power —**Ti'taness** *n.fem.*

**titanic** (tī tan'ik) *adj.* **1.** of or like the Titans **2.** [t-] of great size, strength, or power —**titan'ically** *adv.*

**titanium** (tī tā'nē əm) *n.* [< *Titan*] a silvery or dark-grey, lustrous, metallic chemical element found in various minerals and used as a deoxidizing agent in molten steel: symbol, Ti

**titbit** (tit'bit') *n.* [< dial *tid,* small object] a choice piece of food, gossip, etc.

**titfer** (tit'fər) *n.* [< ff.: rhyming slang] [Slang] a hat

**tit for tat** [< *tip for tap:* see TIP[2]] this in return for that, as blow for blow

**tithe** (tīth) *n.* [OE. *teothe,* a tenth] **1.** one tenth of the annual produce of one's land or of one's annual income, paid as a contribution to support a church or its clergy **2.** a tenth part —*vt., vi.* **tithed, tith'-ing** to pay a tithe of (one's income, etc.) —**tith'er** *n.*

**tithe barn** a barn where the parish tithe corn was stored

**titian** (tish'ən) *adj., n.* [from the hair colour in many of *Titian's* portraits] reddish yellow

**titillate** (tit'ə lāt') *vt.* **-lat'ed, -lat'ing** [< L. *titillare,* to tickle] **1.** to excite or stimulate pleasurably **2.** to tickle —**tit'il-la'tion** *n.*

**titivate** (tit'ə vāt') *vt., vi.* **-vat'ed, -vat'-ing** [prob. < TIDY] to dress up; spruce up —**tit'iva'tion** *n.*

**title** (tīt''l) *n.* [< L. *titulus*] **1.** the name of a book, poem, picture, etc. **2.** *a) short for* TITLE PAGE *b)* a literary work having a particular title [50 new *titles* published in the autumn] **3.** an epithet **4.** a word used to show the rank, office, occupation, etc. of a person **5.** a claim or right **6.** *Law a)* a right to ownership, esp. of real estate *b)* evidence of such right *c)* a title deed **7.** a championship, esp. in sports

**titleholder** *n.* the winner of a championship, as in some sport

**title page** the page in the front of a book that gives the title, author, publisher, etc.

**title role** (or **part** or **character**) the character in a play, film, etc. whose name is used as or in its title

**titmouse** (tit'mous') *n., pl.* **-mice'** [< ME. *tit-,* little + OE. *mase,* titmouse] *same as* TIT[1]

**titrate** (tī'trāt) *vt., vi.* **-trated, -trating** [< Fr. *titre,* a standard] to test by or be subjected to titration

**titration** (tī trā'shən) *n.* *Chem.* the process of finding out how much of a substance is in a known volume of a solution by measuring the volume of a solution of known concentration added to produce a given reaction

**titter** (tit'ər) *vi.* [echoic] to laugh in a half-suppressed way; giggle —*n.* a tittering —**tit'terer** *n.*

**tittle** (tit''l) *n.* [ME. *titel*] a very small particle; iota; jot

**tittle-tattle** (tit''l tat''l) *n., vi.* **-tled, -tling** [redupl. of TATTLE] gossip; chatter

**tittup** (tit'əp) *n.* [echoic] a lively movement; caper —*vi.* **-tuped** or **-tupped, -tuping** or **-tupping** to move in a frolicsome way; prance

**titular** (tit'yoo lər) *adj.* [< L. *titulus,* title] **1.** of a title **2.** having a title **3.** in name only [a *titular* leader]

**tizzy** (tiz'ē) *n., pl.* **-zies** [< ?] [Colloq.] a state of frenzied excitement, esp. over some trivial matter

**Tl** *Chem.* thallium

**Tm** *Chem.* thulium
**tn.** ton(s)
**TNT, T.N.T.** trinitrotoluene
**to** (tōō; *unstressed* tŏo, tə) ***prep.*** [OE.] **1.** *a*) towards [turn *to* the left] *b*) in the direction of and reaching [he went *to* London] **2.** as far as [wet *to* the skin] **3.** into a condition of [a rise *to* fame] **4.** on, onto, at, etc. [tie it *to* the post] **5.** *a*) until [from noon *to* night] *b*) before [ten *to* six] **6.** for the purpose of [come *to* my aid] **7.** as concerns; in respect of [open *to* attack] **8.** producing [torn *to* pieces] **9.** along with [add this *to* the rest] **10.** belonging with [the key *to* this house] **11.** as compared with [a score of 7 *to* 0] **12.** in agreement or correspondence with [not *to* my taste] **13.** constituting [ten *to* the pound] **14.** with (a specified person or thing) as the recipient of the action [give the book *to* her] **15.** in honour of [a toast *to* you] *To* is also a sign of the infinitive (Ex.: it is easy *to* read) —***adv.*** **1.** forward **2.** shut or closed [the door was blown *to*] **3.** to the matter at hand [fall *to*] —**to and fro** back and forth

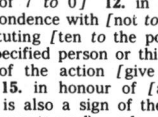

TOAD (to 22 cm long)

**toad** (tōd) ***n.*** [OE. *tade*] **1.** a tailless, leaping amphibian with a rough, warty skin, that lives on moist land **2.** a person regarded as loathsome
**toadflax** ***n.*** a perennial plant with yellow-orange flowers: also called **butter and eggs**
**toad in the hole** sausages baked in batter
**toadstool** ***n.*** a fungus with a cap-like top, esp., in popular usage, any poisonous mushroom
**toady** ***n.,*** *pl.* **toad'ies** [< *toadeater,* quack doctor's assistant] a person who flatters and serves others in any way to gain favour: also **toad'eat'er** —***vt., vi.*** **toad'ied, toad'ying** to be a toady (to)
**to-and-fro** ***adv.*** moving forwards and backwards
**toast**[1] (tōst) ***n.*** [< L. *torrere,* parch] sliced bread browned by heat —***vt.*** **1.** to brown the surface of (bread, etc.) by heating **2.** to warm thoroughly —***vi.*** to become toasted —**toast'er** ***n.***
**toast**[2] ***n.*** [< the toasted spiced bread formerly put in the wine] **1.** a person, thing, idea, etc. in honour of which glasses of wine, etc. are raised and drunk **2.** *a*) a proposal to drink to some person, etc. *b*) such a drink —***vt., vi.*** to propose or drink a toast (to)
**toastmaster** ***n.*** the person at a banquet who proposes toasts, introduces after-dinner speakers, etc.
**toast-rack** ***n.*** a small, partitioned stand of metal, china, etc., for serving toasted bread
**tobacco** (tə bak'ō) ***n., pl.*** **-cos** [Sp. *tabaco* < WInd., pipe] **1.** a plant of the nightshade family, with large leaves and white or yellow flowers, widely cultivated for its leaves **2.** these leaves, prepared for smoking, chewing, or snuffing **3.** cigars, cigarettes, snuff, etc.
**tobacconist** (tə bak'ə nist) ***n.*** a dealer in tobacco and other smoking supplies
**toboggan** (tə bog'ən) ***n.*** [CanadFr *tabagan* < Algonquian] a long, narrow, flat sledge without runners, curved back at the front end: used for riding downhill —***vi.*** to ride on a toboggan —**tobog'ganist** ***n.***
**Toby** (tō'bē) ***n., pl.*** **-bies** [< *Tobias,* masculine name] a beer mug shaped like a stout man with a three-cornered hat: also **Toby jug**
**toccata** (tə kät'ə) ***n.*** [It.] a composition in free style for the organ, etc., often used as a prelude of a fugue
**Toc H** (tok'āch') [< the former telegraphic code for *T.H.,* initials of *Talbot House, Belgium, the original headquarters*] a society formed after World War I to promote a spirit of Christian comradeship
**tocsin** (tok'sin) ***n.*** [Fr. < Pr. *toc,* a stroke + *senh,* a bell] **1.** an alarm bell **2.** its sound
**tod** (tod) ***n.*** [< ?] [Colloq.] only in **on one's tod** on one's own
**today** (tə dā') ***adv.*** [OE. *to dæg*] **1.** on or during the present day **2.** in the present time or age —***n.*** **1.** the present day **2.** the present time or period Also **to-day**
**toddle** (tod'l) ***vi.*** **-dled, -dling** [? < TOTTER] to walk with short, uncertain steps, as a child —***n.*** a toddling
**toddler** ***n.*** a young child, usually one who has recently learnt to walk
**toddy** (tod'ē) ***n., pl.*** **tod'dies** [< Hind *tāṛ,* palm tree] a drink of brandy, whisky, etc. mixed with hot water, sugar, etc. also **hot toddy**
**to-do** (tə dōō') ***n.*** [Colloq.] a commotion, fuss
**toe** (tō) ***n.*** [OE. *tā*] **1.** *a*) any of the digits of the foot *b*) the forepart of the foot *c*) that part of a shoe, sock, etc. which covers the toes **2.** anything like a toe in location, shape, or function —***vt.*** **toed, toe'ing** to touch, kick, etc. with the toes —**on one's toes** [Colloq.] alert —**step** (or **tread**) **on someone's toes** to offend someone, esp. by intruding on his rights —**toe the line** (or **mark**) to follow orders, etc. strictly —**turn up one's toes** [Slang] to die
**toecap** ***n.*** a reinforced covering on the toe of a shoe
**toed** ***adj.*** having (a specified kind or number of) toes [pigeon-*toed*]
**toehold** ***n.*** **1.** a small space for supporting the toe of the foot in climbing, etc. **2.** any means of surmounting obstacles, gaining entry, etc. **3.** a slight advantage
**toenail** ***n.*** the nail of a toe —***vt.*** *Carpentry* to fasten with a nail driven slantingly

**toff** (tof) *n.* [see TUFT] [Slang] a fashionable, upper-class person

**toffee, toffy** (to′fē) *n.* [< obs. *taffy*] a hard, chewy sweet made from sugar, butter, etc. —**for toffee** [Colloq.] at all *[he can't dance for toffee]*

**toffee apple** a toffee-coated apple held on a stick

**toffee-nosed** *adj.* [Slang] snobbish; pretentious

**tog** (tog) *n.* [prob. ult. < L. *toga,* TOGA] [*pl.*] [Colloq.] clothes —*vt., vi.* **togged, tog′ging** [Colloq.] to dress (usually with *up* or *out*)

**tog.** together

**toga** (tō′gə) *n.* [L. < *tegere,* to cover] in ancient Rome, a loose, one-piece outer garment worn in public by citizens —**to′gaed** *adj.*

**together** (tə geth′ər) *adv.* [< OE. < *to,* TO + *gædre,* together] **1.** in or into one group or place *[we ate together]* **2.** in or into contact, collision, etc. *[the cars skidded together]* **3.** considered collectively *[he won more than all of us together]* **4.** with one another; in association *[to live together]* **5.** at the same time *[shots fired together]* **6.** continuously *[he worked for two days together]* **7.** in or into agreement, cooperation, etc. *[let's get together]*

**togetherness** *n.* a feeling of closeness; unity

**toggle** (tog′l) *n.* [prob. < TUG] a rod, pin, or bolt for insertion through a loop of a rope, a link of a chain, etc. to make an attachment, prevent slipping, etc.

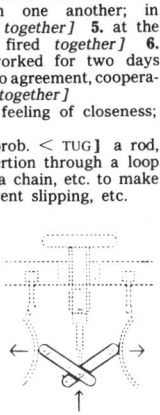

TOGGLE JOINT (arrows indicate direction of pressure)

**toggle joint** a knee-shaped joint consisting of two pivoted bars: pressure put on the joint to straighten it transmits outward pressure to the open ends

**toggle switch** a switch consisting of a projecting lever moved back and forth through a small arc to open or close an electric circuit

**toil** (toil) *vi.* [< L. *tudiculare,* stir about] **1.** to work hard and continuously **2.** to go or move slowly with pain or effort —*n.* **1.** hard, exhausting work or effort **2.** a task performed by such effort —**toil′er** *n.*

**toilet** (toi′lit) *n.* [< MFr. *toile,* cloth] **1.** *a*) a room with a bowl-shaped fixture for defecation and urination *b*) such a fixture **2.** the act of dressing or grooming oneself **3.** dress; attire —*adj.* for a toilet

**toilet paper** (or **tissue**) soft, absorbent paper, for cleaning oneself after discharging waste from the body

**toilet roll** a roll of toilet paper

**toiletry** (toi′lə trē) *n., pl.* **-ries** soap, lotion, cologne, etc. used in cleaning and grooming oneself

**toilette** (twä let′) *n.* [Fr.: see TOILET] the process of grooming oneself, including bathing, hairdressing, dressing, etc.

**toilet training** the training of a young child to use a toilet when he needs to discharge bodily waste

**toilet water** a perfumed, slightly alcoholic liquid applied to the skin after bathing, etc.

**toils** *n.pl.* [< L. *tela,* web] snares suggestive of nets

**toilsome** (toil′səm) *adj.* requiring toil; laborious —**toil′somely** *adv.* —**toil′someness** *n.*

**toilworn** *adj.* worn out by toil

**Tokay** (tō kā′) *n.* a sweet, rich wine made in Tokay, Hungary

**token** (tō′k'n) *n.* [OE. *tacn*] **1.** a sign, indication, or symbol *[a token of one's affection]* **2.** a distinguishing mark or feature **3.** a keepsake **4.** a metal disc with a face value higher than its real value, issued as a substitute for currency, for use in a slot machine, etc. **5.** a voucher which can be exchanged for goods of a particular value —*adj.* merely simulated; slight *[token resistance]* —**by the same** (or **this**) **token** following from this

**tokenism** *n.* a pretence of acting on a principle by doing so in a very small way

**tokoloshe** (tok′o losh′, -losh′ē) *n.* [< Xhosa] a malevolent imp of Bantu folklore

**toktokkie** (tok′tok′ē) *n.* [Afrik.] a large S African beetle

**told** (tōld) *pt. & pp. of* TELL —**all told** in all *[there were ten all told]*

**tolerable** (tol′ər ə b'l) *adj.* **1.** endurable **2.** fairly good; passable —**tol′erably** *adv.*

**tolerance** (tol′ər əns) *n.* **1.** the quality of respecting others' beliefs, practices, etc. **2.** the capacity to endure something, as pain, hardship, etc. **3.** the amount of variation allowed from a standard, accuracy, etc., esp. in a mechanical part **4.** *Med.* the ability to resist the effects of a continued or increasing dose of a drug, etc.

**tolerant** *adj.* having or showing tolerance of others' beliefs, practices, etc. —**tol′erantly** *adv.*

**tolerate** (tol′ə rāt′) *vt.* **-at′ed, -at′ing** [< L. *tolerare,* to bear] **1.** to allow; permit **2.** to recognize and respect (others' beliefs, practices, etc.) without sharing them **3.** to put up with **4.** *Med.* to have tolerance for (a drug, etc.)

**toleration** (tol′ə rā′shən) *n.* tolerance; esp., freedom to hold religious views that differ from the established ones

**toll**[1] (tōl) *n.* [prob. ult. < Gr. *telos,* tax] **1.** a tax or charge for a privilege, as for the use of a bridge **2.** a charge for some service **3.** the number lost, taken, etc. *[the storm took a heavy toll of lives]*

**toll**[2] *vt.* [ME.] **1.** to ring (a church bell, etc.) slowly with regular strokes, as for announcing a death **2.** to announce, summon, etc. by this —*vi.* to sound or ring slowly: said of a bell —*n.* the act or sound of tolling a bell

**toll bar** a bar, gate, etc. for stopping travel at a point where toll is taken

**toll bridge** a bridge at which toll is paid for passage

**tollgate** *n.* a gate for stopping travel at a point where toll is taken

**tollie** (tol′ē) *n.* [Afrik.] [S Afr.] a steer calf

**tollkeeper** *n.* a person who collects tolls at a tollgate

**toll road** a road on which toll must be paid

**tolu (balsam)** (tō lōō′) [< *Tolú,* in Colombia] a fragrant resin obtained from a S American tree: it is used in cough syrups, etc.

**toluene** (tol′yōō wēn′) *n.* [TOLU + (BENZ)ENE] a liquid hydrocarbon formerly obtained from tolu balsam: it is used in making dyes, explosives, etc.: also **tol′uol′**

**tom** (tom) *n.* [< the name *Thomas*] the male of some animals, esp. of the cat —*adj.* male

**tomahawk** (tom′ə hôk′) *n.* [< AmInd.] a light axe with a head of stone, used by North American Indians as a tool and a weapon

**tomato** (tə māt′ō) *n., pl.* **-toes** [< SAmInd. *tomatl*] **1.** a red fruit with a juicy pulp, used as a vegetable: botanically it is a berry **2.** the plant that it grows on

**tomb** (tōōm) *n.* [< Gr. *tymbos*] **1.** a vault or grave for the dead **2.** a burial monument —**the tomb** death

**tombola** (tom bō′lə) *n.* [It. < *tombolare,* to tumble] a kind of lottery in which numbered tickets are bought, some of which entitle the possessor to prizes

**tomboy** (tom′boi′) *n.* a girl who behaves or plays like an active boy —**tom′boy′ish** *adj.* —**tom′boy′ishly** *adv.*

**tombstone** (tōōm′stōn′) *n.* a stone, usually with an inscription, marking a tomb or grave

**Tom, Dick, and Harry** everyone; anyone: usually preceded by *every*

**tome** (tōm) *n.* [Fr. < Gr. *tomos,* piece cut off] a book, esp. a large or ponderous one

**tomfoolery** (tom fōōl′ər ē) *n., pl.* **-eries** foolish behaviour; nonsense

**Tommy** (tom′ē) *n., pl.* **-mies** [< *Tommy Atkins* (for *Thomas Atkins,* fictitious name used in Brit. army sample forms)] [*also* **t-**] *epithet for* a private in the British army

**Tommy gun** *alternate trademark for* THOMPSON SUBMACHINE GUN —*n.* a submachine gun

**tommyrot** *n.* [Slang] nonsense; foolishness

**tomorrow** (tə mor′ō) *adv.* [OE. *to morgen*] **1.** on the day after today **2.** at some time in the future —*n.* **1.** the day after today **2.** some time in the future Also **to-morrow**

**Tom Thumb** any midget or small person

**tomtit** (tom′tit′) *n.* any of various tits esp. the blue tit

**tom-tom** (tom′tom′) *n.* [Hindi *tam-tam*] a simple kind of deep drum with a small head, usually beaten with the hands

**ton** (tun) *n.* [var. of TUN] **1.** a unit of weight equal to 2,240 pounds avoirdupois or 1016 kilograms, used, esp. formerly in Britain: in full, **long ton** **2.** a unit of weight equal to 2,000 pounds avoirdupois, or 907.18 kilograms, used in the U.S., Canada, etc.: in full, **short ton** **3.** *short for* METRIC TON **4.** a unit of internal capacity of ships, equal to 100 cubic feet **5.** a unit of carrying capacity of ships, usually equal to 40 cubic feet **6.** a unit for measuring displacement of ships, equal to 35 cubic feet **7.** [*often pl.*] [Colloq.] a very large amount or number **8.** [Slang] *a*) £100 *b*) a speed of 100 m.p.h.

**tonal** (tō′n'l) *adj.* of a tone or tonality —**ton′ally** *adv.*

**tonality** (tō nal′ə tē) *n., pl.* **-ties** **1.** *Art* the colour scheme in a painting **2.** *Music* *a*) *same as* KEY[1] *b*) tonal character as determined by the relationship of the tones to the keynote

**tone** (tōn) *n.* [< Gr. *teinein,* to stretch] **1.** *a*) a vocal or musical sound *b*) its quality **2.** an intonation, etc. of the voice that expresses a particular feeling [a *tone* of contempt] **3.** a way of expressing things that shows a certain attitude [the friendly *tone* of her letter] **4.** *a*) the style, character, spirit, etc. of a place or period *b*) distinctive style; elegance **5.** a quality of colour **6.** *Music* *a*) a sound of distinct pitch (as distinguished from a noise) *b*) any one of the full intervals of a diatonic scale **7.** *Painting* the effect produced by the combination of light, shade, and colour **8.** *Physiol.* the condition of an organism, organ, muscle, etc. with reference to its normal, healthy functioning —*vt.* **toned, ton′ing** to give a tone to —*vi.* to take on a tone —**tone down** **1.** to make or become less bright, sharp, etc.; soften **2.** to make (something written or said) less harsh —**tone in with** to harmonize with —**tone up** **1.** to give a more intense tone to **2.** to become strengthened —**tone′less** *adj.*

**tone-deaf** *adj.* not able to distinguish accurately differences in musical pitch —**tone′-deaf′ness** *n.*

**tone poem** *same as* SYMPHONIC POEM

**tong** (toŋ) *n.* [Chin. *t'ang,* meeting place] a Chinese association, society, etc.

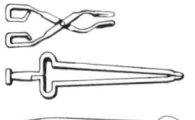

TONGS

**tongs** (toŋz) *n.pl.* [*sometimes with sing. v.*] [OE. *tange*] a device for seizing or lifting objects, with two arms pivoted or hinged together

**tongue** (tuŋ) *n.* [OE. *tunge*] **1.** the movable muscular structure in the mouth: it is used in eating, tasting, and (in man) speaking **2.** an animal's tongue used as food **3.** *a*) speech *b*) a manner of speaking [a glib *tongue*] **4.** a language or dialect **5.** something like a tongue in shape, position, or use; specif., *a*) the flap under the laces of a shoe *b*) the clapper of a bell *c*) a narrow strip of land extending into a sea, river, etc. *d*) a long, narrow flame —*vt.* **tongued, tongu'ing 1.** to touch, lick, etc. with the tongue **2.** *Music* to play by tonguing: see TONGUING —**find one's tongue** to recover the ability to talk, as after shock —**hold one's tongue** to keep from speaking —**on everyone's tongue** spoken as common gossip —**on the tip of one's** (or **the**) **tongue** almost said or remembered —**with one's tongue in one's cheek** ironically; humorously

**tongue-and-groove joint** a kind of joint in which a tongue or tenon on one board fits exactly into a groove in another

**tongue-tie** *n.* limited motion of the tongue, caused by a short folded membrane under the tongue

**tongue-tied** *adj.* speechless from embarrassment, etc.

**tongue twister** a phrase or sentence difficult to say quickly (Ex.: six sick sheiks)

**tonguing** *n.* the use of the tongue in playing a wind instrument, esp. for more accurate intonation of rapid notes

**tonic** (ton'ik) *n.* [see TONE] **1.** a drug, medicine, etc. for improving bodily health **2.** anything that restores energy, cheerfulness, etc. **3.** a carbonated beverage flavoured with a little quinine and served in a mixed drink with gin, vodka, etc.; tonic water **4.** *Music* the basic tone of a diatonic scale; keynote —*adj.* **1.** invigorating to the body or mind **2.** *Music* designating or based on a keynote

**tonight** (tə nīt') *adv.* [OE. *to niht*] on or during the present or coming night —*n.* this night or the night about to come Also **to-night**

**tonnage** (tun'ij) *n.* **1.** the total shipping, in tons, of a country or port **2.** the amount in tons a ship can carry **3.** weight in tons

**tonne** (tun, tun'ē) *n.* a measure of weight equal to 1000 kilograms

**tonsil** (ton's'l) *n.* [L. *tonsillae, pl.*] either of a pair of oval masses of lymphoid tissue, one on each side of the throat at the back of the mouth

**tonsillectomy** (ton'sə lek'tə mē) *n., pl.* **-mies** the surgical removal of the tonsils

**tonsillitis** (ton'sə līt'əs) *n.* inflammation of the tonsils

**tonsorial** (ton sôr'ē əl) *adj.* [< L. *tondere,* to clip] of a barber or barbering: often used humorously

**tonsure** (ton'shər) *n.* [< L. *tondere,* to clip] **1.** the act of shaving a man's head, esp. on top, when he becomes a priest or monk **2.** the part of the head left bare by doing this —*vt.* **-sured, -suring** to shave the head or crown of

**ton-up boy** (tun'up) *n.* [Colloq.] a motorcyclist who habitually rides very fast

**too** (tōō) *adv.* [< TO] **1.** in addition; also **2.** more than enough; [the hat is *too* big] **3.** very; extremely [it's *too* good!] Often used as an adjective with *much, many* [*too* much to see]

**took** (tŏŏk) *pt. of* TAKE

**tool** (tōōl) *n.* [OE. *tol*] **1.** any implement, instrument, etc. held in the hand and used for some work, as a knife, saw, or shovel **2.** *a*) the working part of a power-driven machine, as a drill *b*) the whole machine **3.** any means, agent [books are *tools* of education] **4.** a person used by another to accomplish his purposes —*vt.* **1.** to shape or work with a tool **2.** to provide tools or machinery for (a factory, etc.): often with *up* **3.** to impress designs, etc. on (leather, etc.) with tools —**tool'er** *n.* —**tool'ing** *n.*

**toolmaker** *n.* a machinist who makes, maintains, and repairs machine tools —**tool'mak'ing** *n.*

**toot** (tōōt) *vi,vt.* [echoic] to sound (a horn, whistle, etc.) in short blasts —*n.* a short blast of a horn, etc.

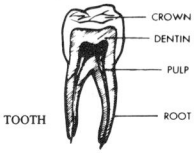


**tooth** (tōōth) *n., pl.* **teeth** (tēth) [OE. *toth*] **1.** any of a set of hard, bonelike structures in the jaws of most vertebrates, used for biting, tearing, and chewing **2.** a toothlike part, as on a saw, comb, gearwheel, etc. **3.** an appetite or taste [a sweet *tooth*] **4.** an effective means of enforcing something [to put *teeth* into a law] —**armed** (or **dressed**) **to the teeth** as armed (or dressed up) as one can be —**by the skin of one's teeth** narrowly; only just —**get** (or **sink**) **one's teeth into** to become fully occupied with —**in the teeth of 1.** directly against **2.** defying —**long in the tooth** [Colloq.] old —**tooth and nail** with all one's strength or resources —**tooth'less** *adj.*

**toothache** *n.* pain in or near a tooth

**toothbrush** *n.* a brush for cleaning the teeth

**tooth-comb** *n.* a small comb with teeth close together —**to go through** (something) **with a fine tooth-comb** to examine (something) with meticulous care

**toothpaste** *n.* a paste used in cleaning the teeth with a toothbrush

**toothpick** *n.* a very small, pointed stick for removing bits of food from between the teeth

**tooth powder** a powder used like toothpaste

**toothsome** *adj.* pleasing to the taste; tasty

**toothy** *adj.* **-ier, -iest** showing prominent teeth

**tootle** (tōōt'l) *vi.* **-tled, -tling** [< TOOT] to keep tooting softly —*n.* the act or sound of tootling

**top**[1] (top) *n.* [OE.] **1.** the highest part, point, or surface of anything **2.** the highest degree, pitch, rank, position, etc. **3.** the part of a plant growing above the ground **4.** an uppermost part or covering; specif., *a*) a lid, cap, cover, etc. *b*) any garment, esp. for women, which extends from the shoulder to the waist or hips **5.** a person of highest rank, etc. **6.** the head or the crown **7.** the beginning, as of a piece of music [take it from the *top*] —*adj.* of or at the top; highest, greatest, foremost, etc. —*vt.* **topped, top'ping** **1.** to take off the top of (a plant, etc.) **2.** to put a top on [to *top* a cake with icing] **3.** to be a top for **4.** to reach or go over the top of **5.** to exceed in amount, height, etc. [the fund *topped* £75] **6.** to be at the top of; head; lead —**off the top of one's head** speaking without preparation or careful thought —**on top** at the top; successful —**on top of** **1.** resting upon **2.** in addition to; besides **3.** right after **4.** controlling successfully —**over the top** **1.** over the front of a trench, as in attacking **2.** exceeding the quota or goal —**(the) tops** [Slang] the very best —**top off** to complete by adding a finishing touch —**top out** to complete the skeleton of a building, esp. by adding the highest part —**top up** to raise the level of a liquid, etc., in a container, usually filling it

**top**[2] *n.* [OE.] a child's cone-shaped toy, spun on its pointed end —**sleep like a top** to sleep soundly

**topaz** (tō'paz) *n.* [< Gr. *topazos*] a crystalline mineral esp., a clear, yellow variety used as a gem

**top brass** [Colloq.] **1.** high-ranking army officers **2.** important officials

**topcoat** (top'kōt') *n.* a lightweight overcoat

**top dog** [Colloq.] the leader or chief of a group

**top-drawer** *adj.* of first importance

**top-dressing** (top'dres'iŋ) *n.* material applied to a surface, as fertilizer —**top'-dress'** *vt.*

**tope**[1] (tōp) *vt., vi.* **toped, top'ing** [< ?] [Archaic] to drink much (alcohol)

**tope**[2] *n.* [< ?] a small, grey shark

**topee** (tō'pē) *n.* [Hindi *topī*] in India, a pith helmet worn as protection against the sun

**toper** (tō'pər) *n.* a person who topes; drunkard

**top-flight** (top'flīt') *adj.* [Colloq.] best; first-rate

**topgallant** (top'gal'ənt; *naut.* tə gal'-) *adj.* next above the topmast —*n.* a topgallant mast, sail, etc.

**top gear** the gear ratio of a motor vehicle transmission which produces the highest speed

**top hat** a tall, black, cylindrical hat, usually of silk, worn by men in formal dress

**top-heavy** (top'hev'ē) *adj.* too heavy at the top and so likely to fall over —**top'-heav'iness** *n.*

**top-hole** (top'hōl') *adj.* [Old Slang] excellent

**topi** (tō'pē) *n.* *same as* TOPEE

**topiary** (tō'pē ər ē) *adj.* of the art of trimming and training shrubs or trees into ornamental shapes —*n., pl.* **-aries** topiary work

**topic** (top'ik) *n.* [< Gr. *topos*, a place] the subject of a writing, speech, discussion, etc.

**topical** (top'ik'l) *adj.* **1.** of current or local interest **2.** of a particular place; local **3.** of, using, or arranged by topics —**top'ical'ity** (-kal'ə tē) *n.* —**top'ically** *adv.*

**topknot** (top'not') *n.* **1.** a knot of feathers, ribbons, etc. worn as a headdress **2.** a tuft of hair or feathers on the crown of the head

**topless** *adj.* without a top; specif., designating or wearing a costume that exposes the breasts

**top-level** *adj.* of the highest office or rank

**topmast** *n.* the second mast above the deck of a sailing ship, supported by the lower mast

**topmost** *adj.* at the very top

**top-notch** (top'noch') *adj.* [Colloq.] first-rate; excellent

**topography** (tə pog'rə fē) *n., pl.* **-phies** [see TOPIC & -GRAPHY] **1.** *a*) the science of showing on maps, charts etc. the surface features of a region, such as hills, rivers, and roads *b*) such features **2.** surveying done to discover and measure such features —**topog'rapher** *n.* —**topographic** (top'-ə graf'ik) *adj.* —**top'ograph'ically** *adv.*

**topology** (tə pol'ə jē) *n., pl.* **-gies** [< Gr. *topos*, a place + -LOGY] *Math.* the study of those properties of geometric figures that remain unchanged even when under distortion —**topological** (top'ə loj'ik'l) *adj.* —**topol'ogist** *n.*

**topper** (top'ər) *n.* [Colloq.] *same as* TOP HAT

**topping** *n.* something that is put on top of something else, as a sauce on food —*adj.* [Colloq.] excellent; first-rate

**topple** (top'l) *vi.* **-pled, -pling** [< TOP[1], *v.*] to fall (*over*) from top-heaviness, etc. —*vt.* **1.** to cause to topple **2.** to overthrow

**topsail** (top's'l) *n.* in a square-rigged vessel, the square sail next above the lowest sail on a mast

**top-secret** *adj.* designating or of the most highly restricted military or government information

**topside** *n.* **1.** [*usually pl.*] the part of a ship's side above the waterline **2.** a lean cut of beef from the thigh containing no bone

**topsoil** *n.* the upper layer of soil, usually darker and richer than the subsoil

**topsy-turvy** (top'sē tur'vē) *adv., adj.*

[prob. < *top,* highest part + ME. *terven,* to roll] **1.** upside down **2.** in confusion or disorder —**top'sy-tur'vily** ***adv.***

**toque** (tōk) ***n.*** [Fr.] **1.** a woman's small, round hat **2.** [Canad.] a knitted cap with a round tassel on top

**tor** (tôr) ***n.*** [OE. *torr*] a high, rocky hill; crag

**torah** (tô'rə) ***n.*** [Heb.] *Judaism* [*also* **T-**] the whole of Jewish religious literature, including the Scripture, the Talmud, etc.

**torch** (tôrch) ***n.*** [< L. *torquere,* to twist] **1.** a portable electric light, usually operated by batteries **2.** a portable light consisting of a long piece of resinous wood, etc. flaming at one end **3.** anything viewed as enlightening, inspiring, etc. —**carry a** (or **the**) **torch for** [Slang] to love (someone), esp. without having one's love returned

**torchbearer** ***n.*** **1.** a person who carries a torch **2.** a person or leader who enlightens or inspires others

**torchlight** ***n.*** the light of a torch or torches —***adj.*** done or carried on by torchlight

**tore** (tôr) *pt. of* TEAR[1]

**toreador** (tor'ē ə dôr') ***n.*** [Sp. < L. *taurus,* bull] a bullfighter

**torero** (to räə'ō) ***n., pl.*** **-ros** [Sp. < L. *taurus,* bull] a bullfighter, esp. a matador

**torment** (tôr'ment; *for v., usually* tôr-ment') ***n.*** [< L. *torquere,* to twist] **1.** great pain, physical or mental; agony **2.** a source of pain, anxiety, or annoyance —***vt.*** **1.** to make suffer greatly, in body or mind **2.** to annoy or tease —**tormen'-tor** ***n.***

**tormentil** (tôr'men til') ***n.*** [< ML. *tormentilla*] a perennial plant with yellow flowers; used in tanning and dyeing

**torn** (tôrn) *pp. of* TEAR[1]

**tornado** (tôr nā'dō) ***n., pl.*** **-does, -dos** [< Sp. < L. *tonare,* to thunder] a rapidly whirling column of air, usually seen as a funnel-shaped cloud that destroys everything in its narrow path

**torpedo** (tôr pē'dō) ***n., pl.*** **-does** [L., numbness < *torpere,* be stiff] a large, cigar-shaped, self-propelled projectile launched under water against enemy ships as from a submarine: it explodes on contact —***vt.*** **-doed, -doing** to attack, destroy, etc. as with a torpedo

**torpedo boat** a small, fast warship armed with torpedoes

**torpid** (tôr'pid) ***adj.*** [< L. *torpere,* be numb] **1.** sluggish or slow and dull **2.** dormant; inactive and unfeeling as a hibernating animal —**torpid'ity** ***n.*** —**tor'-pidly** ***adv.***

**torpor** (tôr'pər) ***n.*** **1.** sluggishness; dullness; apathy **2.** a state of being dormant or inactive

**torque** (tôrk) ***n.*** [< L. *torques,* twisted metal necklace] **1.** *Physics* a twisting effect exerted on a body by a force acting at a distance **2.** popularly, any force that causes rotation **3.** an ancient Celtic necklace or armband of twisted metal

**torr** (tôr) ***n.*** [< E. *Torricelli*] a unit of pressure sufficient to support a column of mercury one millimetre high under standard conditions

**torrent** (tor'ənt) ***n.*** [Fr. < L. *torrere,* parch] **1.** a swift, violent stream, esp. of water **2.** a flood or rush of words, questions, etc. **3.** [*often pl.*] a very heavy fall of rain —**torrential** (tə ren'shəl) ***adj.***

**torrid** (tor'id) ***adj.*** [< L. *torrere,* parch] **1.** dried by or subjected to intense heat, esp. of the sun; scorched; arid **2.** so hot as to scorch **3.** highly passionate, ardent, etc. —**tor'ridly** ***adv.***

**Torrid Zone** the area of the earth's surface between the Tropic of Cancer & the Tropic of Capricorn

**torsion** (tôr'shən) ***n.*** [< L. *torquere,* to twist] **1.** a twisting or being twisted **2.** the tendency of a twisted rod, etc. to untwist again —**tor'sional** ***adj.***

**torso** (tôr'sō) ***n., pl.*** **-sos, -si** (-sē) [< Gr. *thyrsos,* a stem] **1.** the trunk of the human body **2.** a statue representing this, esp. one lacking head and limbs

**tort** (tôrt) ***n.*** [< L. *torquere,* to twist] *Law* a wrongful act (not involving a breach of contract) for which a civil action can be brought

**tortilla** (tôr tē'ə) ***n.*** [Sp. < *torta,* cake] a griddlecake of unleavened maize: a staple food throughout Mexico

**tortoise** (tôr'təs) ***n.*** [< ML. *tortuca*] a toothless land reptile having a soft body encased in a dome-shaped shell, and clawed limbs: cf. TURTLE

**tortoise shell** the hard, mottled, yellow-and-brown shell of some turtles used, esp. formerly, in making combs, etc. —**tor'toise-shell'** ***adj.***

**tortuous** (tôr'tyoo wəs) ***adj.*** [< L. *torquere,* to twist] **1.** full of twists and turns; winding **2.** devious or deceitful —**tor'tuos'ity** (-wos'ə tē) ***n.*** —**tor'tu-ously** ***adv.***

**torture** (tôr'chər) ***n.*** [Fr. < L. *torquere,* to twist] **1.** the inflicting of severe pain, as to force information or confession **2.** any severe physical or mental pain, or a cause of it —***vt.*** **-tured, -turing** **1.** to subject to torture **2.** to twist (meaning, etc.) —**tor'turer** ***n.*** —**tor'turous** ***adj.***

**Tory** (tôr'ē) ***n., pl.*** **-ries** [< Ir. *tóruidhe,* robber] **1.** a member of the Conservative Party in Britain or Canada **2.** formerly, a member of one of the two major political parties of England: changed officially c. 1830 to *Conservative* **3.** [*often* **t-**] any very conservative person —***adj.*** [*also* **t-**] of or being a Tory —**To'ryism** ***n.***

**toss** (tos) ***vt.*** [prob. < Scand.] **1.** to throw upwards lightly from the hand **2.** to throw or pitch about [*tossed* by a storm] **3.** to jerk upwards [*tossed* her head] **4.** to throw in or bandy (ideas, remarks, etc.) **5.** to disturb; agitate **6.** to toss up with a coin, etc. **7.** to mix (a salad, etc.) lightly so as to coat the ingredients with a dressing —***vi.*** **1.** to be tossed or thrown about **2.** to fling oneself about in sleep, etc. —***n.*** **1.** a tossing or being tossed **2.** a tossing up: see phrase below **3.** a fall from a horse

—**toss a pancake** to fling a pancake up so that it returns to the pan on its other side —**toss off** **1.** to make, do, write, etc. quickly and casually **2.** to drink up in one draught —**toss up** to toss a coin to decide something according to which side lands uppermost —**toss'er** *n.*

**tossup** *n.* **1.** the act of tossing a coin to decide something **2.** an even chance

**tot**[1] (tot) *n.* [prob. < Scand.] **1.** a young child **2.** a small drink of alcohol

**tot**[2] *vt., vi.* **tot'ted, tot'ting** [< TOTAL] [Colloq.] to add; total (usually with *up*)

**total** (tōt''l) *adj.* [< L. *totus,* all] **1.** constituting the (or a) whole; entire **2.** complete; utter —*n.* the whole amount or number —*vt.* **-talled, -talling** **1.** to add up to **2.** to find the total of; add —*vi.* to amount (*to*) as a whole —**to'tally** *adv.*

**totalitarian** (tō tal'ə tāər'ē ən) *adj.* [TOTAL + (AUTHOR)ITARIAN] designating a government or state in which one political group maintains complete control and bans all others —*n.* a person favouring such a government or state —**total'itar'ianism** *n.*

**totality** (tō tal'ə tē) *n., pl.* **-ties** **1.** the total amount or sum **2.** the fact or condition of being total

**totalizator** (tōt'əl i zāt'ər) *n.* a machine used in parimutuel betting to register bets and, usually, compute odds and payoffs while bets are being placed: also **to'talisa'tor, to'taliz'er**

**tote**[1] (tōt) *vt.* **tot'ed, tot'ing** [< ?] [Colloq.] to carry or haul **2.** to be armed with (a gun, etc.)

**tote**[2] *n. shortened form of* TOTALIZATOR

**tote bag** a large, open bag of cloth, straw, etc.: also **tote**

**totem** (tōt'əm) *n.* [< AmInd.] **1.** among primitive peoples, an animal or natural object taken as a symbol of a family or clan **2.** an image of this —**totemic** (tō tem'ik) *adj.* —**to'temism** *n.*

TOTEM POLE

**totem pole** a pole carved and painted with totems, often erected in front of their dwellings, by Indian tribes of northwestern N America

**tother, t'other,** (tuth'ər) *adj., pron.* [Chiefly Dial.] that (or the) other

**totter** (tot'ər) *vi.* [prob. < Scand.] **1.** to rock or shake as if about to fall **2.** to be on the point of collapse **3.** to be unsteady on one's feet; stagger —*n.* a tottering —**tot'tering** *adj.* —**tot'tery** *adj.*

**toucan** (tōō'kan) *n.* [Tupi *tucana*] a brightly coloured, fruit-eating bird of tropical America, with a very large beak

**touch** (tuch) *vt.* [OFr. *tochier*] **1.** to put the hand, finger, etc. on, so as to feel **2.** to bring into contact with something else **3.** to be or come into contact with **4.** to border on **5.** to strike lightly **6.** to affect by contact **7.** to injure slightly **8.** to give a light tint, aspect, etc. to [*touched* with pink] **9.** to stop at: said of a ship **10.** to handle; use **11.** to partake of [didn't *touch* his supper] **12.** to come up to; reach **13.** to compare with **14.** to deal with, esp. in passing **15.** to affect; concern **16.** to arouse an emotion in, esp. one of sympathy or gratitude **17.** [Slang] to ask for a loan or gift of money from **18.** *Geom.* to be tangent to —*vi.* **1.** to touch a person or thing **2.** to be or come in contact **3.** to verge (*on, upon*) **4.** to pertain; bear (*on, upon*) **5.** to treat in passing (with *on, upon*) **6.** *Geom.* to be tangent —*n.* **1.** a touching or being touched; specif., a light tap, stroke, etc. **2.** the sense by which physical objects are felt **3.** a sensation so caused; feel **4.** a special quality, skill, or manner [he lost his *touch*] **5.** *a*) a mark, impression, etc. left by touching *b*) a subtle change or addition in a painting, story, etc. **6.** *a*) a trace, tinge, etc. [a *touch* of humour] *b*) a slight attack [a *touch* of the flu] **7.** contact or communication [keep in *touch*] **8.** [Slang] *a*) the act of asking for a loan *b*) a person with regard to how easily money can be so obtained from him [he's a soft *touch*] **9.** *Music* the way that a performer strikes the keys of a piano, etc. —**touch down** **1.** to land: said of an aircraft **2.** *Rugby* to place the ball behind the goal line, as when scoring a try —**touch off** **1.** to make explode; fire **2.** to produce (esp. a violent reaction, etc.) —**touch up** to improve (a painting, story, etc.) by minor additions —**touch wood** to place one's hand on a wooden object in the superstitious hope of averting ill fortune —**touch'able** *adj.* —**touch'er** *n.*

**touch and go** an uncertain, risky, or dangerous situation —**touch-and-go** *adj.*

**touchdown** *n.* **1.** a landing **2.** *Rugby* the act of touching down

**touché** (tōō shā') *interj.* [Fr.] *Fencing* touched: said when one's opponent scores a point: also used in congratulating someone on his witty reply, etc.

**touched** (tucht) *adj.* **1.** emotionally moved **2.** [Colloq.] unbalanced mentally: also **touched in the head**

**touching** *adj.* arousing tender emotion —*prep.* with regard to —**touch'ingly** *adv.*

**touch judge** one of the two linesmen in rugby

**touch-line** *n.* either of the lines marking the sides of a football or rugby pitch

**touch-paper** *n.* paper soaked in saltpetre to make it burn slowly

**touchstone** *n.* **1.** a stone formerly used to test the purity of gold or silver **2.** any test of genuineness

**touch-type** *vi.* **-typed′, -typ′ing** to type without looking at the keys —**touch′-typ′ist** *n.*

**touchwood** *n.* something, esp. dry wood, used as tinder

**touchy** *adj.* **-ier, -iest** easily offended or irritated —**touch′ily** *adv.* —**touch′iness** *n.*

**tough** (tuf) *adj.* [OE. *toh*] **1.** that will bend, twist, etc. without tearing or breaking **2.** not easily cut or chewed *[tough steak]* **3.** not easily moulded, worked, etc. *[tough putty]* **4.** strong; hardy **5.** stubborn **6.** overaggressive; rough **7.** *a*) very difficult *b*) violent *[a tough fight]* **8.** [Colloq.] unfavourable; bad *[a tough time]* —*n.* a tough person; thug —**tough′ly** *adv.* —**tough′ness** *n.*

**toughen** *vt., vi.* to make or become tough or tougher

**toupee** (tooʼpā) *n.* [< Fr. *toupet,* tuft of hair] a man's wig, esp. one for a small bald spot

**tour** (tooər) *n.* [< OFr. *tourner,* to TURN] **1.** a long journey for sightseeing **2.** turn or shift of work; esp., a period of military service at one place **3.** a journey, as by a theatrical company, to give performances, etc. in various cities —*vi., vt.* to go on a tour (through) —**on tour** touring

**tour de force** (tooər′ dəfôrs′) *pl.* **tours′-de force′** (tooər) [Fr.] an unusually skilful or ingenious achievement, performance, etc.

**tourism** (tooər′iz′m) *n.* tourist travel, esp. when regarded as a business —**touris′tic** *adj.*

**tourist** *n.* one who makes a tour, esp. for pleasure —*adj.* **1.** of or for tourists **2.** designating or of the lowest-priced accommodation, as on a ship: also **tourist class**

**touristy** *adj.* [Colloq.] designed to be attractive to tourists: often a derogatory term

**tourmaline** (tooər′mə lin) *n.* [Fr.] a crystalline mineral, usually black, used as a gemstone and in optical equipment

**tournament** (tooər′nə mənt) *n.* [< OFr. *torneier:* see TURN] **1.** a series of contests in a sport, chess, or bridge, usually a competition for championship **2.** in the Middle Ages, a contest in which knights on horseback tried to unseat one another with lances

‡**tournedos** (tōōər′nə dō) *n., pl.* **-dos′** (-dōʼ) [Fr.] a thick round beefsteak, served in a variety of ways

**tourniquet** (tooər′nə kāʼ) *n.* [Fr. < L. *tunica,* tunic] any device for compressing a blood vessel to stop bleeding, as a bandage twisted about a limb

**tousle** (tou′z′l) *vt.* **-sled, -sling** [< ME. *tusen,* to pull] to disorder, dishevel, rumple, etc.

**tout** (tout) *vi., vt.* [OE. *totian,* to peep] [Colloq.] **1.** to solicit (customers, votes, etc.) (often with *for*) **2.** to spy on (racehorses) to get betting tips —*n.* [Colloq.] a person who touts —**tout′er** *n.*

**tow**[1] (tō) *vt.* [OE. *togian*] to pull as by a rope —*n.* **1.** a towing or being towed **2.** something towed —**in tow 1.** being towed **2.** as one's companion or follower

**tow**[2] *n.* [OE. *tow-,* spinning] the coarse and broken fibres of hemp, flax, etc. before spinning

**toward** (tōʼ ərd; *also, and for prep. usually,* tə wôrdʼ) *adj.* [OE. *toweard*] [Archaic] **1.** favourable **2.** in progress —*prep. same as* TOWARDS

**towards** (tə wôrdz′) *prep.* [see prec.] **1.** in the direction of **2.** aimed at or tending to *[steps towards peace]* **3.** concerning; regarding **4.** close to *[towards noon]* **5.** in order to get *[saving towards a car]*

**towbar** *n.* a rigid metal bar used for towing vehicles, esp. one attached to a car

**towel** (tou′′l) *n.* [< OFr. *toaille*] a piece of absorbent cloth or paper for wiping or drying things —*vt.* **-elled, -elling** to wipe or dry with a towel —**throw** (or **toss,** etc.) **in the towel** [Colloq.] to admit defeat

**towelling** *n.* material for making towels

**tower** (tou′ər) *n.* [< L. *turris*] **1.** a tall structure often part of another building **2.** such a structure used as a fortress or prison **3.** a person or thing like a tower in height, strength, etc. —*vi.* to rise high or stand high like a tower —**a tower of strength** an unfailing support in time of trouble —**tow′ered** *adj.*

**tower block** a building of many storeys, as for offices or flats

**towering** *adj.* **1.** very high or tall **2.** very great, intense, etc. *[a towering rage]*

**towhead** (tōʼ hedʼ) *n.* **1.** a head of pale-yellow hair **2.** a person having such hair —**tow′head′ed** *adj.*

**towline** (tōʼ linʼ) *n.* a rope, chain, etc. for towing

**town** (toun) *n.* [OE. *tun*] **1.** a group of houses and buildings, larger than a village but smaller than a city **2.** a city or other thickly-populated urban area **3.** the business centre of a city **4.** the people of a town —*adj.* of or for a town —**go to town** [Colloq.] to act enthusiastically —**on the town** [Colloq.] out for a good time

**town clerk** the chief administrative officer of a town

**town crier** a person who formerly cried public announcements through the streets of a village or town

**townee** *n.* [Derog. Colloq.] a town dweller

**town gas** a manufactured gas for domestic and industrial use, made from coal gas mixed with natural gas

**town hall** a building in a town, housing the offices of public officials, the council chamber, etc.

**town house** **1.** a city residence, esp. of a person who also owns a country residence **2.** a terraced dwelling, usually of two or more storeys

**town planning** the comprehensive planning of the physical and social development of a town

**township** *n.* **1.** orig., in England, a parish or division of a parish **2.** in parts of the U.S., a division of a county constituting a unit of local government **3.** in Australia, a small town **4.** in Canada, a land-survey area, usually 36 square miles (93 $km^2$)

**townsman** *n.* a person who lives in, or has been reared in, a town

**townspeople** *n.pl.* **1.** the people of a town **2.** people reared in a town or city Also **towns'folk'**

**towpath** (tō'päth') *n.* a path beside a canal, for men or animals towing canal boats

**towrope** *n.* a rope used in towing

**toxaemia** (tok sē'mē ə) *n.* [ModL.: see TOXIC & -AEMIA] a condition in which poisonous substances, esp. toxins from bacteria, etc., are in the bloodstream

**toxic** (tok'sik) *adj.* [< L. *toxicum,* a poison] **1.** of, affected by, or caused by a toxin **2.** acting as a poison —**tox'ically** *adv.* —**toxic'ity** (-sis'ə tē) *n.*

**toxicology** (tok'si kol'ə jē) *n.* [see TOXIC & -LOGY] the science of poisons, their effects, antidotes, etc. —**tox'icolog'ic** (-kə loj'ik) *adj.* —**tox'icolog'ically** *adv.* —**tox'icol'ogist** *n.*

**toxin** (tok'sin) *n.* [< TOXIC] **1.** any of various poisonous compounds produced by some microorganisms and causing certain diseases **2.** any of various similar poisons produced by certain plants or animals

**toy** (toi) *n.* [< ?] **1.** a plaything, esp. one for children **2.** a thing of little value or importance; trifle **3.** anything small; specif., a dog of a small breed —*adj.* **1.** being or like a toy **2.** of or for toys **3.** made as a toy —*vi.* to play or trifle (*with* a thing, idea, etc.)

**trace**[1] (trās) *n.* [< L. *trahere,* draw] **1.** a mark, footprint, etc. left by the passage of a person, animal, or thing **2.** a mark left by a past person, thing, or event [*traces* of war] **3.** a barely perceptible amount [a *trace* of anger] —*vt.* **traced, trac'ing** **1.** to follow the trail of; track **2.** to follow the development or history of **3.** to draw, outline, etc. **4.** to copy (a drawing, etc.) by following its lines on a transparent sheet placed over it **5.** to record by a curved, broken, or wavy line, as in a seismograph —*vi.* to go back or date back (*to* something past) —**trace'abil'ity,** *n.* —**trace'able** *adj.*

**trace**[2] *n.* [see TRAIT] either of two straps, etc. connecting a draught animal's harness to the vehicle drawn —**kick over the traces** to shake off control

**trace element** **1.** a chemical element, as iron, copper, zinc, etc., essential in nutrition, but only in minute quantities **2.** any element present in minute quantities in an organism, soil, water, etc.

**tracer** *n.* **1.** one that traces; specif., a person who traces designs, etc. on transparent paper **2.** an element or other substance used to follow biochemical reactions, as to locate diseased cells

**tracer bullet** (or **shell**) a bullet or shell that leaves a trail of smoke to mark its course and help in adjusting aim

**tracery** *n., pl.* **-eries** [< TRACE[1]] any graceful design of lines that come together or cross in various ways, as in a stained glass window

**trachea** (trə kē'ə) *n., pl.* **-cheae'** (-ē'), **-cheas** [< Gr. *tracheia* (*arteria*), rough (windpipe)] **1.** the tube that conveys air from the larynx to the bronchi; windpipe **2.** any of the minute tubes branching through the bodies of insects, etc. and bringing in air

**tracheotomy** (trā'kē ot'ə mē) *n., pl.* **-mies** surgical incision of the trachea

**tracing** (trā'siŋ) *n.* something made by tracing, as a copy of a drawing, or a line traced by a recording instrument

**track** (trak) *n.* [MFr. *trac*] **1.** a mark or marks left by a person, animal, or thing, as a footprint **2.** a beaten path or trail **3.** a course or line of motion or action **4.** a sequence of ideas, events, etc. **5.** a course or circuit laid out for running, horse racing, etc. **6.** a pair of parallel metal rails on which trains, etc. run **7.** either of the two endless belts on tanks, some tractors, etc. on which they move **8.** *a) same as* SOUND TRACK *b)* the part of a magnetic tape passing under a recording or reading head *c)* any of the bands of a gramophone record —*vt.* **1.** *a)* to follow the track or footprints of *b)* to follow (a path, etc.) **2.** to trace by means of vestiges, evidence, etc. **3.** to plot the path of and record data from (an aircraft, spacecraft, etc.) using a telescope, radar, etc. —**in one's tracks** exactly where one is; immediately —**keep** (or **lose**) **track of** to follow (or fail to follow) the course, progress, etc. of —**make tracks** [Colloq.] to go or leave hurriedly —**on** (or **off**) **the track** keeping to (or straying from) the subject or goal —**track down** **1.** to pursue until caught **2.** to investigate fully —**track'er** *n.*

**track event** an athletic sport performed on a track, as running, hurdling, etc.

**track record** [Colloq.] the past performance of a person or organization, esp. when put to the test

**track shoe** a spiked shoe worn by athletes in track events

**track suit** a warm suit worn over their sports kit by athletes, as before a race

**tract**[1] (trakt) *n.* [< L. *trahere,* draw] **1.** a continuous expanse of land, etc. **2.** *Anat., Zool.* a system of parts or organs having some special function [the digestive *tract*]

**tract**[2] *n.* [see ff.] a pamphlet, esp. one on a religious or political subject

**tractable** (trak'tə b'l) *adj.* [< L. *trahere,* to draw] **1.** easily managed, taught, etc. **2.** easily worked —**trac'tabil'ity** *n.*

**traction** (trak'shən) *n.* [< L. *trahere,* draw] **1.** a pulling or drawing, as of a load, or a being pulled **2.** the power used by a locomotive, etc. **3.** the power, as of tyres on a road, to grip a surface while moving, without slipping

**traction engine** a steam locomotive for pulling heavy wagons, farm equipment, etc. on roads or in fields

**tractor** (trak′tər) *n.* [see TRACTION] **1.** a powerful, motor-driven vehicle with large rear wheels for pulling farm machinery, etc. **2.** a vehicle with a driver's cab for hauling one or more trailers

**trad** (trad) *n.* [Colloq.] traditional jazz —*adj.* [Colloq.] traditional

**trade** (trād) *n.* [MLowG., a track] **1.** buying and selling; commerce **2.** *a*) an occupation *b*) skilled work; craft *c*) all the persons or companies in a particular line of business **3.** business of a specified kind [the tourist *trade*] **4.** customers **5.** an exchange; swap **6.** [*pl.*] the trade winds —*adj.* **1.** of trade or commerce **2.** of, by, or for the trade [*a trade* journal] **3.** of the members in the trades, or crafts, etc. [*trade* unions] —*vi.* **trad′ed, trad′ing** **1.** to carry on a business **2.** to have business dealings (*with* someone) **3.** to make an exchange (*with* someone) —*vt.* **1.** to buy and sell (stocks, etc.) **2.** to exchange; barter —**trade in** to give (one's used car, etc.) as part of the purchase price of a new one —**trade on** (or **upon**) to take advantage of

**trade-in** *n.* a used car, etc. given or taken as part payment towards another one

**trademark** *n.* a symbol, design, word, etc. used by a manufacturer to distinguish his products from those of competitors: usually registered and protected by law

**trade name** **1.** the name by which a commodity is commonly known in trade **2.** a name, often a trademark, used by a company to describe a product **3.** the name under which a company carries on business

**trade price** the price of commodities as sold by wholesalers to retailers

**trader** *n.* **1.** a person who trades; merchant **2.** a ship used in trade

**tradescantia** (trad′es kan′shē ə) *n.* [ModL., < John *Tradescant*] a widely cultivated house plant with variegated leaves

**trade secret** a secret formula, process, etc. known to and used to advantage by only one manufacturer or trade

**tradesman** (trādz′mən) *n.* a person engaged in trade; esp., a shopkeeper —**trades′wom′an** *n.fem.*

**Trades Union Congress** the major association of British trade unions

**trade union** an association of workers to promote and protect the welfare, interests and rights of its members, mainly by collective bargaining: also **trades union** —**trade′-un′ion** *adj.* —**trade unionism** —**trade unionist**

**trade wind** a wind that blows steadily towards the equator from the northeast in the tropics north of the equator and from the southeast in the tropics south of the equator

**trading estate** *same as* INDUSTRIAL ESTATE

**trading stamp** a stamp given by some retailers as a premium, redeemable in merchandise

**tradition** (trə dish′ən) *n.* [< L. *tradere,* deliver] **1.** the handing down orally of beliefs, customs, stories, etc. from generation to generation **2.** a belief, custom, etc. so handed down

**traditional** *adj.* of, handed down by, or conforming to tradition; conventional —**tradi′tionally** *adv.*

**traduce** (trə dyōōs′) *vt.* **-duced′, -duc′ing** [< L. *tra*(*ns*), across + *ducere,* to lead] to defame; slander —**traduc′er** *n.*

**traffic** (traf′ik) *n.* [< L. *trans,* across + It. *ficcare,* bring] **1.** *a*) the movement or number of cars in a street, pedestrians along a pavement, etc. *b*) the cars, pedestrians, etc. **2.** trade, sometimes of a wrong or illegal kind [*traffic* in drugs] **3.** dealings or business (*with* someone) **4.** the amount of business done in a given period —*adj.* of traffic or its regulation —*vi.* **traf′ficked, traf′ficking** **1.** to carry on traffic (*in* something) **2.** to have dealings (*with* someone) —**traf′ficker** *n.*

**trafficator** (traf′i kā′tər) *n.* formerly, a small arm at the side of a motor vehicle which could be raised to indicate a turn to right or left

**traffic island** a small, raised area in the middle of a road to separate lanes of traffic and serve as a stopping place for pedestrians

**traffic light** (or **signal**) a set of signal lights at intersections of streets to regulate traffic

**traffic warden** an official who aids the police in duties concerning the controlling of road traffic

**tragedian** (trə jē′dē ən) *n.* an actor of tragedy

**tragedienne** (trə jē′dē en′) *n.* an actress of tragedy

**tragedy** (traj′ə dē) *n., pl.* **-dies** [< Gr. *tragos,* goat + *ōidē,* song] **1.** a serious play having a sad or disastrous ending brought about by fate, moral weakness, etc. **2.** a very sad or tragic event

**tragic** (traj′ik) *adj.* **1.** of, like, or having to do with tragedy **2.** very sad, disastrous, etc. **3.** suitable to tragedy [*a tragic* voice] Also **trag′ical** —**trag′ically** *adv.*

**tragicomedy** (traj′ə kom′ə dē) *n., pl.* **-dies** a play, novel, etc. combining tragic and comic elements —**trag′icom′ic, trag′icom′ical** *adj.*

**trail** (trāl) *vt.* [< L. *trahere,* drag] **1.** *a*) to drag or let drag behind one *b*) to bring along behind [*trailing* exhaust fumes] **2.** to follow the tracks of **3.** to hunt by tracking **4.** to follow or lag behind **5.** *Mil.* to carry (a rifle, etc.) at the full length of one arm, in a horizontal position with the muzzle to the fore —*vi.* **1.** to be drawn along behind one, as the train of a gown **2.** to grow along the ground, etc., as some plants **3.** to straggle **4.** to flow behind in a long, thin stream, wisp, etc., as smoke **5.** to follow or lag behind **6.** to grow gradually weaker, dimmer, etc. (with *off* or *away*) **7.** to move wearily or aimlessly —*n.* **1.** a mark, scent, etc. left by a person, animal, or thing that has passed **2.** a rough path made across country, as by repeated passage **3.** a train of events, etc. following something [a *trail* of debts] **4.** something that trails behind

**trailblazer** *n.* **1.** a pioneer in any field **2.** a person who blazes a trail —**trail'blaz'ing** *n.*

**trailer** *n.* **1.** a cart or van designed to be pulled by a motor vehicle **2.** a selection of scenes from a coming film used to advertise it **3.** one that trails another **4.** [U.S.] a caravan

**trailing arbutus** an evergreen N American plant with pink or white flowers, the floral emblem of Nova Scotia

**train** (trān) *n.* [< L. *trahere,* to pull] **1.** a line of connected railway coaches or wagons pulled or pushed by a locomotive **2.** a series of events that follow some happening [war brought famine in its *train*] **3.** any connected sequence; series [a *train* of thought] **4.** a group of followers or attendants in a procession **5.** a procession; caravan **6.** something that drags along behind, as a part of a gown that trails **7.** a line of gunpowder used to set off an explosive charge —*vt.* **1.** to teach so as to make fully skilled [to *train* aircraft pilots] **2.** to subject to certain action, exercises, etc. so as to bring to a desired condition **3.** to bring up; rear **4.** to guide the growth of (a plant) by tying, pruning, etc. **5.** to make fit for some sport, as by exercise, practice, etc. **6.** to discipline (animals) to do tricks or obey commands **7.** to aim (a gun, binoculars, etc.) at something (usually with *on*) —*vi.* to give or get training —**train'able** *adj.*

**trainee** (trā nē') *n.* a person undergoing vocational training, military training, etc. —**trainee'ship'** *n.*

**trainer** *n.* **1.** *a*) a person who trains animals, as racehorses *b*) a person who trains athletes, etc. **2.** an apparatus used in training, as, in aeronautics, a flight simulator

**training** *n.* the process of being trained, esp. for some sport, as by exercise, practice, etc.

**train spotter** a person who collects the numbers of railway locomotives

**traipse** (trāps) *vi., vt.* **traipsed, traips'ing** [< ?] [Colloq.] to walk heavily or tiredly —*n.* [Colloq.] the act of traipsing

**trait** (trā) *n.* [Fr. < L. *trahere,* draw] a distinct quality or feature, as of personality

**traitor** (trāt'ər) *n.* [< L. *tradere,* betray] a person who betrays his country, cause, friends, etc. —**trai'torous** *adj.* —**trai'tress** *n.fem.*

**trajectory** (traj'ik tə rē, trəjek'-) *n., pl.* **-ries** [< L. *tra(ns),* across + *jacere,* to throw] the curved path of something hurtling through space, esp. that of a projectile

**tram** (tram) *n.* [prob. < LowG. *traam,* a beam] **1.** a public vehicle running on rails laid in the road **2.** an open railway car used in mines: also **tram'car'**

**tramline** *n.* **1.** [*often pl.*] the tracks on which a tram runs: also **tram'way'** **2.** [*often pl.*] the parallel markings along the sides of a tennis court

**trammel** (tram'l) *n.* [< L. *tres,* three + *macula,* a mesh] **1.** [*usually pl.*] something that hinders freedom of action **2.** a three-ply fishing net: also **trammel net** —*vt.* **-melled -melling** **1.** to hinder, restrain, or shackle **2.** to entangle as in a trammel

**tramp** (tramp) *vi.* [< LowG. *trampen,* trample] **1.** to walk firmly or heavily **2.** to travel about on foot, esp. as a vagabond —*vt.* **1.** to step on heavily; trample **2.** to walk or ramble through —*n.* **1.** a person who travels about on foot doing odd jobs or begging; vagrant **2.** the sound of heavy steps **3.** a journey on foot; hike **4.** a freight ship that has no regular schedule **5.** [Slang] a sexually promiscuous woman

**trample** (tram'p'l) *vi.* **-pled, -pling** [see prec.] to tread heavily —*vt.* to crush, destroy, etc. as by treading heavily on —**trample under foot** to crush or hurt by or as by trampling: also **trample on** (or **upon**) —**tram'pler** *n.*

**trampoline** (tram'pə lin) *n.* [< It. *trampolino,* springboard] a sheet of strong canvas stretched tightly on a frame, used as a kind of springboard in acrobatic tumbling, gymnastics, etc. —**tram'polin'ist** *n.*

**trance** (träns) *n.* [see TRANSIT] **1.** a state brought on by hysteria, hypnosis, etc., in which a person seems to be conscious but is unable to move or act of his own will **2.** any daze, stupor, etc. **3.** the condition of being completely lost in thought

**trannie** (tran'ē) *n.* [Colloq.] a transistor radio

**tranquil** (traŋ'kwəl) *adj.* [L. *tranquillus*] free from disturbance or agitation; calm [*tranquil* waters]

**tranquillity** (traŋ kwil'ə tē) *n.* the quality or state of being tranquil; calmness, etc.

**tranquillize** (traŋ'kwə līz') *vt., vi.* **-ized', -iz'ing** to calm by the use of a tranquillizer

**tranquillizer** *n.* any of certain drugs used in calming persons suffering from tension, anxiety, etc.

**trans-** [L. < *trans,* across] *a prefix meaning:* **1.** over, across, through **2.** so as to change thoroughly [*transliterate*] **3.** above and beyond

**trans.** **1.** transaction(s) **2.** transitive **3.** translated **4.** translation **5.** transport

**transact** (tran zakt') *vt.* [< L. *trans-,* across + *agere,* drive] to carry on, conduct, or complete (business, etc.) —**transac'tor** *n.*

**transaction** *n.* **1.** a transacting or being transacted **2.** *a*) a business deal *b*) [*pl.*] a record of the proceedings of a society, etc.

**transalpine** (tranz al′pīn) ***adj.*** on the other (the northern) side of the Alps, from Rome

**transatlantic** (tranz′ət lan′tik) ***adj.*** **1.** crossing the Atlantic **2.** on the other side of the Atlantic

**transceiver** (tran sē′vər) ***n.*** [< TRANS (MITTER) + (RE)CEIVER] an apparatus in a single housing, functioning alternately as a radio transmitter and receiver

**transcend** (tran send′) ***vt.*** [< L. *trans-*, over + *scandere*, to climb] **1.** to go beyond the limits of [his story *transcends* belief] **2.** to surpass; excel

**transcendent** ***adj.*** **1.** transcending; surpassing; excelling **2.** *Theol.* existing apart from the material universe —**transcend′ence, transcend′ency** ***n.***

**transcendental** (tran′sen den′t'l) ***adj.*** **1.** *same as:* *a*) TRANSCENDENT (sense 1) *b*) SUPERNATURAL **2.** abstract **3.** of transcendentalism —**tran′scenden′tally** ***adv.***

**transcendentalism** ***n.*** any of various philosophies seeking to discover the nature of reality by investigating the process of thought rather than the things that are thought about —**tran′scenden′talist** ***n., adj.***

**transcendental meditation** intense meditation with the object of increasing awareness

**transcribe** (tran skrīb′) ***vt.*** **-scribed′, -scrib′ing** [< L. *trans-*, over + *scribere*, write] **1.** to write or type out in full (shorthand notes, a speech, etc.) **2.** to arrange (a piece of music) for an instrument, etc. other than that for which it was originally written **3.** *Radio & TV* to record (a programme, commercial, etc.) for broadcast later —**transcrib′er** ***n.***

**transcript** (tran′skript′) ***n.*** something made by transcribing; written, typewritten, or printed copy

**transcription** (tran skrip′shən) ***n.*** **1.** the act or process of transcribing **2.** a transcript **3.** an arrangement of a piece of music for an instrument, voice, etc. other than that for which it was originally written

**transducer** (tranz dyōōs′ər) ***n.*** [< L. *transducere*, lead across] any of various devices that transmit energy from one system to another, sometimes one that converts the energy in form

**transept** (tran′sept) ***n.*** [< L. *trans-*, across + *septum*, enclosure] **1.** the part of a cross-shaped church at right angles to the nave **2.** either arm of this part

**transfer** (trans fur′; *for n.*, trans′fər) ***vt.*** **-ferred′, -fer′ring** [< L. *trans-*, across + *ferre*, to bear] **1.** to convey, carry, send, etc. from one person or place to another **2.** to make over (title to property, etc.) to another **3.** to move (a design, etc.) from one surface to another **4.** *Football* to sell or release a player to another club —***vi.*** **1.** to transfer oneself or be transferred **2.** to change from one group, football club, etc. to another —***n.*** **1.** a transferring or being transferred **2.** a picture or design transferred or to be transferred from one surface to another **3.** a document effecting a transfer **4.** a person who transfers or is transferred —**transfer′able, transfer′rable** ***adj.*** —**transfer′ence** ***n.***

**transfiguration** (trans′fig yoo rā′shən) ***n.*** a transfiguring or being transfigured —[**T-**] **1.** *Bible* the change in the appearance of Jesus on the mountain **2.** a church festival (Aug. 6) commemorating this

**transfigure** (trans fig′ər) ***vt.*** **-ured, -uring** [see TRANS- & FIGURE] **1.** to transform **2.** to transform so as to glorify

**transfix** (trans fiks′) ***vt.*** [< L. *trans-*, through + *figere*, to fix] **1.** to pierce through with something pointed **2.** to fasten in this way; impale **3.** to make unable to move, as from fright, shock, etc.

**transform** (trans fôrm′) ***vt.*** [< L. *trans-*, over + *forma*, a shape] **1.** to change the form or appearance of **2.** to change the condition, character, or function of **3.** *Elec.* to change (voltage, current, etc.) by use of a transformer **4.** *Math.* to change (an algebraic expression or equation) in form but not in value —**transform′able** ***adj.*** —**trans′forma′tion** ***n.*** —**trans′forma′tional** ***adj.***

**transformer** ***n.*** *Elec.* a device for transferring electric energy from one alternating-current circuit to another, usually with a change in voltage, current, etc.

**transfuse** (trans fyōōz′) ***vt.*** **-fused′, -fus′ing** [< L. *trans-*, across + *fundere*, pour] **1.** to pour in or spread through **2.** *Med.* to transfer or introduce (blood, saline solution, etc.) into a blood vessel, usually a vein —**transfus′er** ***n.*** —**transfu′sion** ***n.***

**transgress** (trans gres′) ***vt.*** [< L. *trans-*, over + *gradi*, to step] **1.** to overstep or break (a law, etc.) **2.** to go beyond (a limit, boundary, etc.) —***vi.*** to break a law, etc.; sin —**transgres′sion** ***n.*** —**transgres′sor** ***n.***

**transient** (tran′zē ənt) ***adj.*** [see TRANSIT] **1.** temporary; transitory **2.** passing quickly; fleeting; ephemeral —**tran′sience, tran′siency** ***n.***

**transistor** (tran sis′tər) ***n.*** [TRAN(SFER) + (RE)SISTOR] **1.** a small, solid-state electronic device used instead of a thermionic valve **2.** *same as* TRANSISTOR RADIO

**transistorize** ***vt.*** **-ized′, -iz′ing** to equip with transistors

**transistor radio** a portable radio powered by transistors

**transit** (tran′sit) ***n.*** [< L. *trans-*, over + *ire*, go] **1.** *a*) passage through or across *b*) a transition; change **2.** a being carried from one place to another **3.** *Astron.* the apparent passage of a heavenly body across a given meridian

**transit camp** a camp in which refugees, soldiers, etc. live temporarily

**transition** (tran sizh′ən) ***n.*** **1.** *a*) a passing from one condition, activity, place, etc. to another *b*) the period of this **2.** *Archit.* the change from Norman to Early English style **3.** *Music* a shifting from one key to another **—transi′tional** *adj.*

**transitive** (tran′sə tiv) *adj.* taking a direct object to complete the meaning: said of certain verbs

**transitory** (tran′sə tər ē) *adj.* not enduring; temporary; fleeting **—tran′sitorily** *adv.* **—tran′sitoriness** *n.*

**translate** (trans lāt′) *vt.* **-lat′ed, -lat′ing** [< L. *transferre,* to TRANSFER] **1.** to put into the words of a different language **2.** to change into another medium or form **3.** to put into different words; rephrase **4.** to change from one place or condition to another **5.** to interpret; infer **—*vi.*** **1.** to make a translation into another language **2.** to be capable of being translated **—translat′able** *adj.* **—transla′tor** *n.*

**translation** *n.* **1.** a translating or being translated **2.** writing or speech translated into another language **3.** *Mech.* motion in which every point of an object moves simultaneously

**transliterate** (tranz lit′ə rāt′) *vt.* **-at′ed, -at′ing** [< TRANS- + L. *litera,* letter] to write or spell (words, etc.) in corresponding characters of another alphabet **—translit′era′tion** *n.* **—translit′erator** *n.*

**translucent** (tranz lōō′sənt) *adj.* [< L. *trans-,* through + *lucere,* to shine] letting light pass but diffusing it so that objects on the other side cannot be clearly distinguished **—translu′cence, translu′cency** *n.*

**transmigrate** (tranz′mī grāt′) *vi.* **-grat′ed, -grat′ing** [see TRANS- & MIGRATE] **1.** to move from one country, etc. to another **2.** to pass into another body at death: said of the soul **—trans′migra′tion** *n.* **—transmi′gratory** *adj.*

**transmissible** (tranz mis′ə b'l) *adj.* capable of being transmitted **—transmis′sibil′ity** *n.*

**transmission** (tranz mish′ən) *n.* **1.** a transmitting or being transmitted **2.** something transmitted, esp. a radio or TV programme **3.** the part of a motor car, etc. that transmits motive force from the engine to the wheels, as by gears

**transmit** (tranz mit′) *vt.* **-mit′ted, -mit′ting** [< L. *trans-,* over + *mittere,* send] **1.** to cause to go from one person or place to another; transfer **2.** to pass along (a disease, etc.) **3.** to pass on to others by heredity, inheritance, etc. **4.** to communicate (news, etc.) **5.** *a*) to cause (light, heat, etc.) to pass through some medium *b*) to conduct [water *transmits* sound] **6.** to send out (radio or television broadcasts, etc.) by electromagnetic waves **—transmit′table** *adj.* **—transmit′tal** *n.*

**transmitter** (tranz mit′ər) *n.* one that transmits; specif., the apparatus that generates, modulates, and sends out radio waves

**transmogrify** (tranz mog′rə fī′) *vt.* **-fied′, -fy′ing** [< ?] to transform, esp. in a grotesque or strange manner

**transmute** (tranz myōōt′) *vt., vi.* **-mut′ed, -mut′ing** [< L. *trans-,* over + *mutare,* to change] to change from one form, nature, substance, etc. into another; transform **—trans′muta′tion** *n.*

**transom** (tran′səm) *n.* [prob. < L. *transtrum,* crossbeam] **1.** a horizontal crossbar across a window or at the top of a door **2.** a small window directly over a door or window

**transparency** (trans par′ən sē) *n.* **1.** a transparent state or quality: also **transpar′ence** **2.** *pl.* **-cies** something transparent, specif., a positive photograph to be projected or viewed against the light

**transparent** *adj.* [< L. *trans-,* through + *parere,* appear] **1.** transmitting light rays so that objects on the other side may be distinctly seen **2.** so fine in texture as to be seen through **3.** easily understood or detected; obvious **4.** open; frank **—transpar′ently** *adv.*

**transpire** (tran spīr′) *vi.* **-spired′, -spir′ing** [< L. *trans,* through + *spirare,* breathe] **1.** to become known **2.** [Colloq.] to come to pass; happen: regarded by some as a loose usage **3.** to give off vapour, moisture, etc. as through pores **—*vt.*** to cause (vapour, moisture, etc.) to pass through tissue, esp. through pores **—tran′spira′tion** (-spə rā′shən) *n.*

**transplant** (trans plänt′; *for n.* trans′ plänt′) *vt.* [see TRANS- & PLANT] **1.** to remove from one place and plant or put in another **2.** to remove (people) from one place and resettle in another **3.** *Surgery* to transfer (tissue or an organ) from one individual or part of the body to another **—*n.*** **1.** a transplanting **2.** something transplanted, as a body organ or seedling **—trans′planta′tion** *n.*

**transponder** (tran spon′dər) *n.* [TRAN(SMITTER) + (RE)SPOND + *-er*] a transceiver that automatically transmits electrical signals when actuated by a specific signal

**transport** (trans pôrt′; *for n.* trans′ pôrt) *vt.* [< L. *trans-,* over + *portare,* carry] **1.** to carry from one place to another, esp. over long distances **2.** to carry away with emotion **3.** *Hist.* to deport to a penal colony, etc. **—*n.*** **1.** a means or system of conveyance **2.** a ship, aircraft, etc. used for transporting soldiers, etc. **3.** a transporting **4.** strong emotion, esp. of delight or joy **—transport′abil′ity** *n.* **—transport′er** *n.*

**transportation** (trans′pər tā′shən) *n.* **1.** a transporting **2.** *Hist.* banishment for crime, as to a penal colony

**transport café** a cheap eating place on a main road, used chiefly by long-distance lorry drivers

**transpose** (trans pōz′) *vt.* **-posed′, -pos′ing** [see TRANS- & POSE[1]] **1.** to change the usual or relative order or position of **2.** to rewrite or play (a musical composition) in a different key **—transpos′able** *adj.* **—trans′posi′tion** *n.*

**transsexual** (tranz sek′syoo wəl) *n.* a person who tends to identify with the opposite sex **—transsex′ualism** *n.*

**transship** (trans ship′) *vt.* **-shipped′, -ship′ping** to transfer from one ship, train, etc. to another for reshipment —**transship'ment** *n.*

**transubstantiation** (tran'səb stan'shē-ā'shən) *n.* [< L. *trans-*, over + *substantia*, substance] *R.C. & Orthodox Eastern Ch.* the doctrine that, in the Eucharist, the whole substance of the bread and wine is changed into the body and blood of Christ

**transuranic** (tranz'yoo ran'ik) *adj.* designating or of the elements, as plutonium, having atomic numbers higher than that of uranium

**transverse** (tranz vurs') *adj.* [see TRAVERSE] lying, situated, placed, etc. across; crosswise —**transverse'ly** *adv.*

**transvestite** (tranz ves'tīt) *n.* [< TRANS- + L. *vestire*, to clothe] a person who derives sexual pleasure from dressing in the clothes of the opposite sex

**trap**[1] (trap) *n.* [OE. *træppe*] **1.** any device for catching animals; gin, snare, etc. **2.** any stratagem or ambush designed to trick unsuspecting persons **3.** any of various devices for preventing the escape of gas, offensive odours, etc. **4.** an apparatus for throwing discs into the air to be shot at in clay-pigeon shooting **5.** a light, two-wheeled carriage with springs **6.** *same as* TRAPDOOR **7.** [Slang] the mouth **8.** *Golf same as* BUNKER **9.** *Greyhound Racing* a box-like stall from which the greyhound is released —*vt.* **trapped, trap'ping** **1.** to catch as in a trap **2.** to hold back or seal off by a trap **3.** to furnish with a trap or traps

**trap**[2] *n.* [< Sw. *trappa*, stair] any of several dark-coloured, igneous rocks; esp., such a rock, as basalt, used in road making

**trap**[3] *vt.* **trapped, trap'ping** [< OFr. *drap*, cloth] to cover with trappings —*n.* [*pl.*] [Colloq.] personal belongings, clothes, etc.

**trapdoor** *n.* a hinged door in a ceiling or floor

**trapeze** (trə pēz') *n.* [see ff.] a short horizontal bar, hung at a height by two ropes, on which gymnasts, acrobats, etc. swing and perform acrobatics

TRAPEZIUM

**trapezium** (trə pē'zē əm) *n.*, *pl.* **-ziums, -zia** [< Gr. *tetra*, four + *peza*, foot] **1.** a plane figure with four sides only two of which are parallel **2.** [U.S.] *same as* TRAPEZOID

TRAPEZOID

**trapezoid** (trap'ə zoid') *n.* [see prec.] **1.** a plane figure with four sides no two of which are parallel **2.** [U.S.] *same as* TRAPEZIUM —*adj.* shaped like a trapezoid: also **trap'ezoi'dal**

**trapper** (trap'ər) *n.* one who traps fur-bearing animals for their skins

**trappings** *n.pl.* [see TRAP[3]] **1.** the pleasant accompaniments that usually symbolize a condition, office, etc. [*trappings* of success] **2.** a highly decorated covering for a horse

**Trappist** (trap'ist) *n.* [< Fr. (*La*) *Trappe*, abbey in Normandy] a monk of a branch of the Cistercian order, living under a vow of silence —*adj.* of the Trappists

**trash** (trash) *n.* [prob. < Scand.] **1.** discarded or worthless things; rubbish **2.** [Chiefly U.S.] a person or people regarded as disreputable —**trash'y** *adj.*

‡**trattoria** (trät'tô rē'ä) *n.*, *pl.* **-le** (-e) [It.] a small, inexpensive restaurant in Italy

**trauma** (trô'mə) *n.*, *pl.* **-mas, -mata** [Gr.] **1.** *Psychiatry* an emotional shock which has a lasting effect on the mind **2.** *Med.* a bodily injury, wound, or shock —**traumat'ic** (-mat'ik) *adj.* —**traumat'ically** *adv.*

**travail** (trav'āl) *n.* [OFr. < VL. *tria*, three + *palus*, a stake] [Obs.] **1.** very hard work **2.** the pains of childbirth —*vi.* [Obs.] **1.** to toil **2.** to suffer the pains of childbirth

**travel** (trav''l) *vi.* **-elled, -elling** [var. of prec.] **1.** to go from one place to another; make a journey **2.** to go from place to place as a travelling salesman **3.** to move, pass, or be transmitted **4.** to move in a given course: said of mechanical parts, etc. **5.** to be capable of withstanding deterioration, etc. if transported **6.** [Colloq.] to move with speed —*vt.* to make a journey over or through —*n.* **1.** the act or process of travelling **2.** [*pl.*] journeys, tours, etc. **3.** *a*) mechanical motion *b*) the distance of a mechanical stroke, etc. —**trav'eller** *n.*

**travel agency** an agency that makes travel arrangements for tourists or other travellers —**travel agent**

**traveller's cheque** a cheque for a fixed amount, usually one of a set, issued by a bank, etc. and sold to a traveller who signs it when it is issued and again in the presence of the one cashing it

**traveller's tale** an exaggerated account; a tall story

**travelling salesman** *same as* COMMERCIAL TRAVELLER

**travelogue** (trav'ə log') *n.* **1.** an illustrated lecture on travels **2.** a film of travels

**traverse** (trav'ərs) *vt.* **-ersed, -ersing** [< L. *trans-*, over + *vertere*, to turn] **1.** *a*) to pass over, across, or through *b*) to go back and forth over or along **2.** to survey or examine carefully **3.** to turn (a gun, etc.) laterally —*vi.* **1.** to cross over **2.** to move back and forth over a place, etc. **3.** to swivel or pivot **4.** to move across a mountain slope, as in skiing, in an oblique direction —*n.* **1.** something that traverses or crosses; specif., a crossbar, crossbeam, etc. **2.** a traversing or passing across **3.** a way across **4.**

a zigzag course taken by a vessel —*adj.* extending across —**travers'al** *n.*

**travesty** (trav'is tē) *n., pl.* **-ties** [< Fr. < L. *trans-*, over + *vestire*, to dress] a grotesque or exaggerated imitation for purposes of ridicule; burlesque —*vt.* **-tied, -tying** to make a travesty of

**travois** (trə voi') *n., pl.* **-vois** (-voiz') [< OFr. *trave*, beam] [Canad.] **1.** *Hist.* a sled made of two poles joined by a frame, used by Plains Indians **2.** a similar sled used for dragging logs

**trawl** (trôl) *n.* [< ?] a large, baglike net dragged by a boat along the bottom of a fishing bank: also **trawl'net'** —*vt., vi.* to fish or catch with a trawl

**trawler** *n.* a boat used in trawling

**tray** (trā) *n.* [OE. *treg*, wooden board] **1.** a flat receptacle with low sides, for holding or carrying articles **2.** a tray with its contents **3.** a shallow, removable compartment of a trunk, cabinet, etc.

**treacherous** (trech'ər əs) *adj.* **1.** full of or showing treachery **2.** dangerous; deceptive *[treacherous* rocks*]*

**treachery** (trech'ər ē) *n., pl.* **-eries** [< OFr. *trichier*, to cheat] **1.** betrayal of trust, faith, or allegiance; disloyalty or treason **2.** an act of disloyalty or treason

**treacle** (trē'k'l) *n.* [< Gr. *thēriakē*, remedy for venomous bites] **1.** a thick, usually dark brown syrup produced during the refining of sugar: also called **black treacle** **2.** anything sweet and cloying —**trea'cly** *adj.*

**tread** (tred) *vt.* **trod, trod'den** or **trod, tread'ing** [OE. *tredan*] **1.** to walk on, in, along, over, etc. **2.** to do or follow by walking, dancing, etc. **3.** to press or beat with the feet **4.** to copulate with: said of male birds —*vi.* **1.** to walk **2.** to set one's foot (*on, across,* etc.) **3.** to trample (*on* or *upon*) —*n.* **1.** the manner or sound of treading **2.** something on which a person or thing treads or moves, as a shoe sole, the horizontal surface of a stair step, etc. **3.** *a*) the thick outer layer of a motor car tyre *b*) the depth or pattern of grooves in this layer —**tread the boards** to act in plays —**tread on air** to be very happy —**tread on a person's toes** (or **corns**) to encroach on someone's sphere of action, feelings, etc. —**tread water** to keep the body upright and the head above water in swimming by moving the legs up and down

**treadle** (tred'l) *n.* [see prec.] a pedal moved by the foot to turn a wheel

**treadmill** (tred'mil') *n.* **1.** a mill wheel turned as by an animal treading an endless belt **2.** any monotonous routine of duties, work, etc.

**treason** (trē'z'n) *n.* [< L. *trans-*, over + *dare*, give] betrayal of one's country, esp. by helping the enemy in time of war

**treasonable** *adj.* of or involving treason; traitorous: also **trea'sonous** —**trea'sonably** *adv.*

**treasure** (trezh'ər) *n.* [< Gr. *thēsauros*] **1.** accumulated wealth, as money, gold, jewels, etc. **2.** any person or thing considered valuable —*vt.* **-ured, -uring** **1.** to cherish **2.** to save up (money, etc.) for future use

**treasure hunt** a game in which successive clues direct players to a hidden prize

**treasurer** *n.* an officer in charge of the funds of a company, society, etc.

**treasure-trove** *n.* [< OFr. *tresor*, treasure + *trover*, to find] treasure found hidden, the original owner of which is not known

**treasury** *n., pl.* **-uries** **1.** a place where treasure or funds are kept, recorded, etc. **2.** the funds or revenues of a country, company, etc. **3.** [**T-**] the governmental department in charge of revenue, taxation, etc. **4.** a collection of treasures in literature, etc.

**Treasury Bench** the front row of seats to the right of the speaker in the British House of Commons, occupied by the principal members of the government

**treasury bill** a short-term bill of exchange issued by the government to raise money for temporary purposes

**treat** (trēt) *vt.* [< L. *trahere*, to draw] **1.** to act towards (a person, animal, etc.) in a specified manner **2.** to regard in a specified way *[he treated* it as a joke*]* **3.** to deal with (a subject) in writing, etc. in a specified style **4.** to pay for the food, drink, etc. of (another) **5.** to subject to some process, as in a chemical procedure **6.** to give medical care to (someone) or for some disorder —*vi.* **1.** to discuss terms (*with* a person or *for* a settlement) **2.** to speak or write (*of*) **3.** to stand the cost of another's entertainment: also **stand treat** —*n.* **1.** a meal, drink, etc. paid for by someone else **2.** anything that gives great pleasure **3.** the act of treating —**treat'able** *adj.* —**treat'er** *n.*

**treatise** (trēt'iz) *n.* [see TREAT] a formal, systematic article or book dealing with some subject in a detailed way

**treatment** (trēt'mənt) *n.* **1.** act, manner, method, etc. of treating **2.** medical or surgical care

**treaty** (trēt'ē) *n., pl.* **-ties** [< L. *tractare*, manage] **1.** a formal agreement between two or more nations, relating to peace, alliance, trade, etc. **2.** [Canad.] any of the formal agreements between Indians and the Canadian government by which Indians surrender their land rights in return for aid

**treble** (treb'l) *adj.* [< L. *triplus*, triple] **1.** threefold; triple **2.** of, for, or performing the treble —*n.* **1.** the highest part in musical harmony; soprano **2.** a high-pitched voice or sound **3.** treble the amount, size, etc. —*vt., vi.* **-bled, -bling** to make or become threefold —**tre'bly** *adv.*

**treble chance** a method of competing in the football pools, by selecting from a list of matches those that will end in a draw, home and away wins counting less

**treble clef** *Music* a sign on a staff, indicating the position of G above middle C on the second line

**tree** (trē) *n.* [OE. *treow*] **1.** a large, woody

perennial plant with one main trunk which develops many branches **2.** a treelike bush or shrub **3.** anything resembling a tree, as a family tree **—*vt.* treed, tree'ing** to chase up a tree **—up a tree** [Colloq.] in a situation without escape **—tree'less *adj.* —tree'like' *adj.***

**tree creeper** a small long-beaked bird that climbs tree-trunks in search of insects

**tree line** *same as* TIMBERLINE

**tree surgery** treatment of damaged trees by filling cavities, pruning, etc. **—tree surgeon**

**trefoil** (tre'foil) ***n.*** [< L. *tri-*, three + *folium*, leaf] **1.** a plant with leaves divided into three leaflets, as the clover **2.** any ornamental figure shaped like this

**trek** (trek) ***n.*** [Afrik. < Du. *trekken*, draw] **1.** a long and often difficult journey **2.** in South Africa, a journey made by ox wagon **3.** a migration **—*vi.* trekked, trek'ing 1.** to travel slowly and laboriously **2.** [Colloq.] to go, esp. on foot **3.** in South Africa, to travel by ox wagon **—trek'ker *n.***

**trellis** (trel'is) ***n.*** [< L. *trilix*, triple-twilled] an openwork structure of thin, crossed strips, esp. of wood, on which climbing plants are trained

**tremble** (trem'b'l) ***vi.* -bled, -bling** [< L. *tremere*] **1.** to shake involuntarily from cold, fear, etc.; shiver **2.** to feel great fear or anxiety **3.** to quake, vibrate, quaver, etc. **—*n.* 1.** a trembling **2.** [*sometimes pl.*] a fit of trembling **—trem'bly *adj.***

**trembler** ***n.*** a trembling spring that makes electrical contact when shaken

**tremendous** (tri men'dəs) ***adj.*** [< L. *tremere*, tremble] **1.** very large; great **2.** [Colloq.] wonderful, amazing, etc. **—tremen'dously *adv.***

**tremolo** (trem'ə lō') ***n., pl.* -los'** [It.] a trembling effect produced by rapidly repeating the same musical tone

**tremor** (trem'ər) ***n.*** [< L. *tremere*, tremble] **1.** a trembling, shaking, etc. **2.** a vibratory motion **3.** a nervous thrill **4.** a minor earthquake

**tremulous** (trem'yoo ləs) ***adj.*** [< L. *tremere*, tremble] **1.** trembling; quivering **2.** fearful; timid **—trem'ulously *adv.* —trem'ulousness *n.***

**trench** (trench) ***n.*** [< OFr.] a long, narrow ditch with earth banked in front as a parapet, used in battle for cover, etc. **—*vt.*** to dig a ditch or ditches in **—*vi.* 1.** to dig a ditch **2.** [Archaic] to infringe (*on* or *upon* another's land, rights, etc.)

**trenchant** (tren'chənt) ***adj.*** [see prec.] **1.** keen; incisive [*trenchant* words] **2.** forceful; vigorous [*a trenchant* argument] **—trench'ancy *n.***

**trench coat** a belted raincoat in a military style

**trencher** ***n.*** *Hist.* a wooden platter for carving and serving meat

**trencherman** ***n.*** one who eats much and heartily

**trend** (trend) ***n.*** [OE. *trendan*] **1.** general tendency or direction **2.** fashion; mode **—*vi.*** to take a certain trend

**trend-setter** ***n.*** any person or innovation that is likely to create a new trend **—trend'set'ting *adj.***

**trendy** ***adj.* -ier, -iest** [Colloq.] of or in the latest style or trend **—trend'ily *adv.* —trend'iness *n.***

**trepidation** (trep'ə dā'shən) ***n.*** [< L. *trepidus*, disturbed] fearful uncertainty or anxiety

**trespass** (tres'pəs) ***vi.*** [< L. *trans-*, across + *passus*, a step] **1.** to go on another's property without permission or right **2.** to go beyond the limits of what is considered right or moral **3.** to intrude; encroach **4.** *Law* to commit a trespass **—*n.*** *Law* an illegal act done with force against another's person, rights, or property **—tres'passer *n.***

**tress** (tres) ***n.*** [< ?] **1.** a lock of human hair **2.** [*pl.*] a woman's hair, esp. when long and falling loosely

TRESTLE

**trestle** (tres''l) ***n.*** [< L. *transtrum*, beam] **1.** a horizontal beam fastened to two pairs of spreading legs, used as a support, to form a table, etc. **2.** a framework of uprights and crosspieces, supporting a bridge, etc.

**trews** (tro̅o̅z) ***n.pl.*** [ScotGael. *triubhus*] [Scot.] close-fitting trousers, orig. of tartan

**T.R.H.** Their Royal Highnesses

**tri-** [< Fr., L., or Gr.] *a combining form meaning:* **1.** having or involving three [*triangular*] **2.** in three ways [*trilingual*] **3.** into three [*trisect*] **4.** every third [*triannual*]

**Triad** (trī'əd) ***n.*** a Chinese secret society, esp. one involved with drug smuggling

**triad** (trī'əd) ***n.*** [< Gr. *treis*, three] **1.** a group of three persons, things, etc. **2.** a musical chord of three tones, esp. one consisting of a root tone and its third and fifth **—triad'ic *adj.***

**trial** (trī'əl) ***n.*** [Anglo-Fr. < *trier*, to try] **1.** *a*) a trying, testing, etc.; test *b*) an experiment **2.** *a*) a being tried by suffering, temptation, etc. *b*) suffering, hardship, etc. **3.** a formal examination of the facts of a case by a court of law to decide the validity of a charge or claim **4.** [*often pl.*] a competition for individuals **—*adj.* 1.** of a trial **2.** of or for trying, testing, etc. **—on trial** in the process of being tried

**trial and error** a trying or testing over and over again until the right result is found **—tri'al-and-er'ror *adj.***

**trial balance** a statement of the debit and credit balances in a double-entry bookkeeping ledger

**trial run** an initial test or rehearsal of something new or untried, as a vehicle, a play, etc., to gauge its effectiveness

TRIANGLES

**triangle** (trī′aŋ′g'l) *n.* [see TRI- & ANGLE[1]] **1.** a plane figure having three angles and three sides **2.** any three-sided or three-cornered figure, area, etc. **3.** a situation involving three persons **4.** a musical percussion instrument consisting of a steel rod bent in a triangle **—trian′gular** (-aŋ′gyoo lər) *adj.* **—trian′gular′ity** (-lar′ə tē) *n.*

**triangulate** (trī aŋ′gyoo lāt′) *vt.* **1.** to survey using triangulation **2.** to measure by trignometry

**triangulation** (trī aŋ′gyoo lā′shən) *n. Surveying* the determining of distance between points on the earth's surface by dividing an area into connected triangles

**Triassic** (trī as′ik) *adj.* [< LL. *trias,* TRIAD] designating or of the first period of the Mesozoic Era

**tribe** (trīb) *n.* [L. *tribus*] **1.** a group of persons or clans believed to have a common ancestor **2.** any group of people with the same occupation, ideas, etc. **3.** a subdivision of a subfamily of plants or animals **4.** loosely, any group of plants or animals classified together **5.** [Colloq.] *a*) a family *b*) [*pl.*] large numbers **—trib′al** *adj.*

**tribesman** *n.* a member of a tribe

**tribulation** (trib′yoo lā′shən) *n.* [< L. *tribulare,* afflict] **1.** great misery or distress **2.** the cause of this; affliction; trial

**tribunal** (trī byōō′n'l) *n.* [L.: see TRIBUNE[1]] **1.** in Britain *a*) a special court, convened by the government to inquire into a specific matter *b*) a board of people called together to adjudicate on a particular problem **2.** a court of justice **3.** the judge's bench

**tribune[1]** (trib′yōōn) *n.* [< L. *tribus,* tribe] **1.** in ancient Rome, any of several magistrates whose duty it was to protect the rights and interests of the plebeians **2.** a champion of the people

**tribune[2]** *n.* [Fr. < It. < L.: see TRIBUNAL, sense 3] a raised platform or dais for speakers

**Tribunite** *n.* a member of the left-wing Tribune group of the Labour Party

**tributary** (trib′yoo tər ē) *n., pl.* **-taries** **1.** a tributary stream or river **2.** a tributary nation or ruler **—*adj.*** **1.** *a*) flowing into a larger one [a *tributary* stream] *b*) making additions; contributary **2.** subject [a *tributary* nation] **3.** paying tribute

**tribute** (trib′yōōt) *n.* [< L. *tribuere,* allot] **1.** something given, done, or said to show gratitude, honour, or praise **2.** money that one nation is forced to pay to another, more powerful nation **3.** any forced payment

**trice** (trīs) *n.* [< MDu. *trisen,* to pull] an instant: now only in **in a trice**

**tricentennial** (trī′sen ten′ē əl) *adj.* happening once in, or lasting for, 300 years **—*n.*** a 300th anniversary

**triceps** (trī′seps) *n., pl.* **-cepses, -ceps** [< L. *tri-,* three + *caput,* head] a muscle having three points of origin, esp. the muscle at the back of the upper arm

**trichina** (tri ki′nə) *n., pl.* **-nae** (-nē) [< Gr. *trichinos,* hairy] a very small worm whose larvae cause trichinosis

**trichinosis** (trik′ə nō′sis) *n.* a disease marked by fever, diarrhoea, muscular pains, etc. and usually acquired by eating undercooked infested pork

**trichromatic** (trī′krō mat′ik) *adj.* [TRI- + CHROMATIC] of, having, or using three colours

**trick** (trik) *n.* [< OFr. *trichier,* to cheat] **1.** something that is done to fool, cheat, outwit, etc. **2.** *a*) a piece of playful mischief; prank *b*) a deception or illusion **3.** a clever or skilful act intended to amuse; specif., *a*) an act of jugglery, sleight of hand, etc. *b*) a feat done by a trained animal **4.** the art or knack of doing a thing easily, skilfully, etc. **5.** a personal mannerism **6.** *Card Games* the cards played and won in a single round **—*vt.*** to deceive, cheat, outwit, fool, etc. **—*adj.*** **1.** of, for, or using tricks **2.** that tricks **—do the trick** [Colloq.] to bring about the desired result **—how's tricks?** [Slang] how are things going? **—trick out** (or **up**) to dress up **—trick′ery** *n.*

**trickle** (trik′'l) *vi.* **-led, -ling** [ME. *triklen*] **1.** to flow slowly in a thin stream or fall in drops **2.** to move little by little **—*vt.*** to cause to trickle **—*n.*** **1.** a trickling **2.** a thin flow or drip

**trickster** (trik′stər) *n.* a person who tricks; cheat

**tricky** *adj.* **-ier, -iest** **1.** intricate; difficult **2.** needing skill or care **3.** given to or full of trickery **—trick′ily** *adv.* **—trick′iness** *n.*

**tricolour** (tri′kə lər) *n.* a flag consisting of three stripes, each of a different colour, esp. the flag of France

**tricot** (trē′kō) *n.* [Fr. < *tricoter,* knit] a knitted fabric

**tricycle** (trī′si k'l) *n.* [Fr.] a light, three-wheeled vehicle worked by pedals, esp. one for children **—tri′cyclist** *n.*

**trident** (trīd′′nt) *n.* [< L. *tri-,* three + *dens,* tooth] a three-pronged spear

**Tridentine** (trī den′tīn) *adj.* [< ML. *Tridentum,* Trent] of the Council of Trent, held intermittently at Trent, 1545-63, or its decrees

**tried** (trīd) *pt. & pp. of* TRY **—*adj.*** **1.** tested; proved **2.** trustworthy; faithful **3.** having endured trials and troubles

**triennial** (trī en′ē əl) *adj.* [< L. *tri-,* three + *annus,* year] **1.** happening every three years **2.** lasting three years

**trier** (trī′ər) *n.* a person or thing that tries

**trifle** (trī′f'l) *n.* [< OFr. *truffe,* deception] **1.** something of little value or importance **2.** a small amount or sum **3.** a cold dessert of sponge cake soaked in sherry and covered with custard and cream **—*vi.*** **-fled, -fling** **1.** to deal lightly [not a person to *trifle* with] **2.** to play or toy (*with* something) —**tri′fler** *n.*

**trifling** *adj.* **1.** trivial **2.** frivolous; fickle

**triforium** (trī fôr′ē əm) *n., pl.* **-ria** [< L. *tri,* TRI- + *foris,* door] an arcade in the wall above the arches of the nave, choir, or transept of a church

**trig.** **1.** trigonometric(al) **2.** trigonometry

**trigger** (trig′ər) *n.* [< Du. *trekken,* to pull] a lever pulled or pressed to release a catch, etc.; esp., the small lever pressed back by the finger in firing a gun —*vt.* **1.** to set into action with a trigger **2.** to set off (an action) (often with *off*) —**quick on the trigger** [Colloq.] quick to act, retort, etc.

**trigger-happy** *adj.* [Colloq.] quick to resort to force, make war, etc.

**trigonometry** (trig′ə nom′ə trē) *n.* [< Gr. *trigōnon,* triangle + *-metria,* measurement] the branch of mathematics dealing with the relations between the sides or angles of triangles —**trig′onomet′ric** (-nə met′-rik), **trig′onomet′rical** *adj.* —**trig′onomet′rically** *adv.*

**trig point** [Colloq.] a point on a hilltop, etc., used for triangulation by a surveyor: also **trig station**

**trike** (trīk) *n.* [Colloq.] *same as* TRICYCLE

**trilby** (til′bē) *n.* [< novel *Trilby,* by George Du Maurier] a man's soft, felt hat with an indented crown

**trill** (til) *n.* [< It.: echoic] **1.** a rapid alternation of a tone with one just above it **2.** a bird's warble **3.** a rapid vibration of the tongue or uvula, as in pronouncing *r* in some languages —*vt., vi.* to sound with a trill

**trillion** (til′yən) *n.* [Fr.] **1.** in Britain and Germany, the number represented by 1 followed by 18 zeros **2.** in the U.S. and France, the number represented by 1 followed by 12 zeros —**tril′lionth** *adj., n.*

**trillium** (til′yəm) *n.* [< Swed. *trilling,* triplet] a plant with three leaves at the top of the stem enclosing a single flower: the floral emblem of Ontario

**trilobite** (trī′lō bīt′) *n.* [< ModL.: see TRI- + LOBE] an extinct sea arthropod, a common fossil in Paleozoic rocks

**trilogy** (til′ə jē) *n., pl.* **-gies** [Gr.: see TRI- & -LOGY] a set of three plays, novels, etc. which form a related group, although each is a complete work

**trim** (trim) *vt.* **trimmed, trim′ming** [OE. *trymman,* make firm] **1.** to make neat or tidy, esp. by clipping, etc. **2.** to clip, lop, cut, etc. **3.** to cut (something) down to the required size or shape **4.** to decorate with ornaments, colourful materials, etc. **5.** *a*) to balance (a ship or aircraft) by shifting cargo, adjusting stabilizers, etc. *b*) to put (sails, etc.) in order for sailing **6.** [Colloq.] *a*) to scold *b*) to beat *c*) to defeat —*vi.* **1.** to change one's opinions, policy, etc. in a way that is expedient **2.** to keep a ship, etc. in balance —*n.* **1.** condition or order **2.** good condition or order **3.** a trimming by clipping, cutting, etc. **4.** *a*) decorative moulding around windows and doors *b*) the interior furnishings of a motor car —*adj.* **trim′mer, trim′mest** **1.** orderly; neat **2.** well-proportioned **3.** in good condition —**trim one's sails** to adjust one's opinions, actions, etc. to meet changing conditions —**trim′ly** *adv.* —**trim′ness** *n.*

**trimaran** (trī′mə ran′) *n.* [TRI- + (CATA)MARAN] a boat resembling a catamaran, but with three parallel hulls

**trimming** (trim′iŋ) *n.* that which trims; specif., *a*) decoration *b*) [*pl.*] vegetables, sauces, etc. served as the usual accompaniments of a main dish

**Trinitarian** (trin′ə tâər′ē ən) *adj.* of or believing in the Trinity —*n.* one who believes in the Trinity

**trinitrotoluene** (trī nī′trō tol′yoo wēn′) *n.* [TRI- + NITRE + TOLUENE] a high explosive derived from toluene and used for blasting, in artillery shells, etc.: also **trini′trotol′uol′**: abbrev. **TNT**

**trinity** (trin′ə tē) *n., pl.* **-ties** [< L. *trinus,* triple] **1.** a unit formed of three persons or things **2.** [**T-**] *Christian Theol.* the union of the three divine persons (Father, Son, and Holy Spirit) in one Godhead

**Trinity Brethren** the members of **Trinity House**, an association responsible for the licensing of pilots, and the upkeep and inspection of lighthouses, buoys, etc. along the British coast

**Trinity Sunday** the Sunday after Whitsunday, dedicated to the Trinity

**trinket** (triŋ′kit) *n.* [< ?] a small piece of cheap jewellery, etc.

**trio** (trē′ō) *n., pl.* **tri′os** [< It. *tri-,* TRI-] **1.** a group of three **2.** *Music a*) a composition for three voices or instruments *b*) the three performers of such a composition

**trip** (trip) *n.* [OFr. *treper*] **1.** *a*) a journey *b*) a pleasant excursion **2.** *a*) a stumble *b*) a manoeuvre to cause this **3.** a light, quick tread **4.** a contrivance, as a pawl, to trip a part **5.** [Slang] the hallucinations, sensations, etc. produced by a psychedelic drug, esp. LSD —*vi., vt.* **tripped, trip′ping** **1.** to stumble or cause to stumble **2.** to make or cause to make a mistake **3.** to move or perform with light, rapid steps **4.** to release (a spring, wheel, etc.), as by going past an escapement catch —**trip up** to catch in a lie, error, etc.

**tripartite** (trī pär′tīt) *adj.* [< L. *tri-,* three + *partire,* part] **1.** having three parts **2.** made between three parties, as an agreement

**tripe** (trīp) *n.* [< ?] **1.** part of the stomach of an ox, etc., used as food **2.** [Colloq.] nonsense; rubbish

**triple** (trip′l) *adj.* [Fr. < L. *triplus*] **1.** consisting of three; threefold **2.** done, said, etc. three times **3.** three times as much, as many, etc. **4.** *Music* having three beats to the bar [*triple* time] —*n.* a triple amount, number, etc. —*vt., vi.* **tri′pled, tri′pling** to make or be three times as much or as many —**tri′ply** *adv.*

**triple jump** an athletic event in which the competitor has to perform a hop, a step, and a jump in a continuous movement

**triple point** *Chem.* the temperature and pressure at which the three phases of a substance are in equilibrium

**triplet** (trip′lit) *n.* [TRIPL(E) + -ET] **1.** a group of three, usually of one kind; specif., *a*) a group of three lines of poetry *b*) a group of three musical notes **2.** any of three offspring born at a single birth

**triplicate** (trip′lə kit; *for v.* -kāt′) *adj.* [< L. *triplex,* threefold] threefold —*n.* any of three identical copies —*vt.* **-cat′ed, -cat′ing** to make three identical copies of —**in triplicate** in three identical copies —**trip′lica′tion** *n.*

**tripod** (trī′pod) *n.* [< Gr. *tri-,* three + *pous,* foot] **1.** a three-legged support for a camera, etc. **2.** a three-legged cauldron, stool, etc.

**tripos** (trī′pos) *n.* [< L. *tripus,* tripod: after three-legged stool used formerly at graduation] the final examination at Cambridge University

**tripper** (trip′ər) *n.* one who makes an excursion; tourist

**tripping** *adj.* moving lightly and quickly —**trip′pingly** *adv.*

**triptych** (trip′tik) *n.* [< Gr. *tri-,* three + *ptychē,* a fold] a set of three hinged panels with pictures, carvings, etc.

**trireme** (trī′rēm) *n.* [< L. *tri-,* three + *remus,* oar] an ancient Greek or Roman galley with three banks of oars on each side

**trisect** (trī sekt′) *vt.* [< TRI- + L. *secare,* to cut] to cut into three, usually equal, parts —**trisec′tion** *n.*

‡**triste** (trēst) *adj.* [Fr.] sad

**trite** (trīt) *adj.* **trit′er, trit′est** [< L. *terere,* wear out] no longer fresh, original, etc. —**trite′ly** *adv.* —**trite′ness** *n.*

**tritium** (trit′ē əm) *n.* [< Gr. *tritos,* third] a radioactive isotope of hydrogen with an atomic weight of 3

**Triton** (trīt′′n) *Gr. Myth.* a sea god with the head and upper body of a man and the tail of a fish

**triumph** (trī′əmf) *n.* [< L. *triumphus*] **1.** exultation or joy over a victory, etc. **2.** a victory; success **3.** in ancient Rome, a procession celebrating a victorious general's return —*vi.* **1.** to be victorious, etc. **2.** to rejoice over victory, etc. —**trium′phal** *adj.*

**triumphant** (trī um′fənt) *adj.* **1.** victorious; successful **2.** exulting in victory, etc. —**trium′phantly** *adv.*

**triumvir** (trī um′vər) *n., pl.* **-virs, -viri′** (-vi rē′) [L. < *trium virum,* of three men] in ancient Rome, any of three administrators sharing authority equally

**triumvirate** *n.* **1.** government by three men **2.** any association of three in authority **3.** any group of three

**trivalent** (trī vā′lənt) *adj.* [TRI- + -VALENT] **1.** having a valence of three **2.** having three valences

**trivet** (triv′it) *n.* [< L. *tripes,* tripod] **1.** a three-legged stand for holding pots, kettles, etc. over or near a fire **2.** a short-legged plate for hot dishes to rest on —**as right as a trivet** in perfect condition

**trivia** (triv′ē ə) *n.pl.* [*often with sing. v.*] [ModL. < ff.] unimportant matters; trivialities

**trivial** (triv′ē əl) *adj.* [< L. *tri-,* three + *via,* road] of little value or importance; trifling —**triv′ial′ity** *n.* —**triv′ially** *adv.*

**trochee** (trō′kē) *n.* [< Gr. *trechein,* to run] a metrical foot of two syllables, the first accented and the other unaccented —**trocha′ic** (-kā′ik) *adj.*

**trod** (trod) *pt. & alt. pp. of* TREAD

**trodden** *alt. pp. of* TREAD

**trode** (trōd) *archaic pt. of* TREAD

**troglodyte** (trog′lə dīt′) *n.* [< Gr. *trōglē,* cave + *dyein,* enter] a cave dweller, esp. any of the prehistoric people who lived in caves

**troika** (troi′kə) *n.* [Russ. < *troe,* three] **1.** a Russian vehicle drawn by three horses abreast **2.** any group of three; esp., an association of three in authority

**Trojan** (trō′jən) *adj.* of ancient Troy, its people, etc. —*n.* **1.** an inhabitant of ancient Troy **2.** a strong, hard-working, determined person

**Trojan horse** [< the hollow, wooden horse filled with Greek soldiers and left at the gates of Troy] a person, device, etc. intended as a trap to deceive or undermine an enemy

**troll**[1] (trōl) *vt., vi.* [ME. *trollen,* to roll] **1.** to fish (*for* or *in*) with a moving line, esp. with a revolving bait trailed from a moving boat **2.** to sing the parts of (a round, etc.) in succession

**troll**[2] *n.* [ON.] in Scandinavian folklore, any of certain supernatural beings, giants or dwarfs, living underground or in caves

**trolley** (trol′ē) *n., pl.* **-leys** [< TROLL[1]] **1.** a small table on castors used for conveying food and drink **2.** a low, wheeled stand for transporting luggage, etc. **3.** a low cart, as for carrying groceries in a supermarket **4.** a wheeled carriage, etc. that runs suspended from an overhead track **5.** a device to carry electric current from an overhead wire to the motor of an electric tram, etc.

**trolley bus** an electric bus that gets its power from overhead wires by means of trolleys but does not run on tracks

**trolley car** [U.S.] an electric tram that gets its power from an overhead wire by means of a trolley

**trollop** (trol′əp) *n.* [< ?] a sexually promiscuous woman; specif., a prostitute

**trolly** (trol′ē) *n.* *var. of* TROLLEY

**trombone** (trom bōn′) *n.* [It. < *tromba,* trumpet] a large brass instrument with a bell mouth and a long tube bent parallel to itself twice and having either a section that slides in or out (**slide trombone**) or valves (**valve trombone**) —**trombon′ist** *n.*

‡**trompe l'oeil** (trōnp lē′y′) [Fr., trick of the eye] a painting, etc. so realistic that it gives the illusion of being the actual thing depicted

**tronk** (tronk) *n.* [< Afrik.] [S Afr. Slang] a prison

**troop** (tro̅o̅p) *n.* [< ML. *troppus,* a flock] **1.** a group of persons or animals; band, herd, etc. **2.** loosely, a great number;

lot **3.** [*pl.*] soldiers **4.** a subdivision of a cavalry regiment **5.** a unit of Boy Scouts under an adult leader —*vi.* **1.** to gather or go as in a group **2.** to walk, go, etc. —**trooping the colour** a ceremony held at the public mounting of garrison guards when colours are transferred

**trooper** *n.* **1.** a cavalryman **2.** a cavalry horse **3.** a troopship **4.** [U.S. & formerly Aust.] a mounted policeman

**troopship** *n.* a ship for carrying troops

**trope** (trōp) *n.* [< Gr. *tropos,* a turning] the use of figures of speech

**trophy** (trō′fē) *n., pl.* **-phies** [< Gr. *tropaion,* token of an enemy's defeat] **1.** a prize, usually a silver cup, awarded in a sports contest, etc. **2.** something taken from a defeated enemy and kept as a memorial of victory

**-trophy** (trə fē) [< Gr. *trephein,* nourish] *a combining form meaning* nutrition, growth *[hypertrophy]*

**tropic** (trop′ik) *n.* [< Gr. *tropikos,* of a turn (of the sun at the solstices)] **1.** either of two parallels of latitudes, one, the **Tropic of Cancer,** c. 23$^1/_2$° north of the equator and the other, the **Tropic of Capricorn,** c. 23$^1/_2$° south of the equator **2.** [*also* **T-**] [*pl.*] the region of the earth between these latitudes, noted for its hot climate —*adj.* tropical

**tropical** *adj.* of, in, characteristic of, or suitable for the tropics —**trop′ically** *adv.*

**tropical fish** any of various usually brightly coloured fish, orig. from the tropics

**Tropical Zone** *same as* TORRID ZONE

**tropism** (trō′piz′m) *n.* [< Gr. *tropos,* a turning] the tendency of a plant or animal to grow or turn towards or away from an external stimulus such as light

**troposphere** (trop′ə sfēər′) *n.* [< Gr. *tropos,* a turning + SPHERE] the atmosphere from the earth's surface to the stratosphere, reaching from 9 to 18 km, in which temperature usually decreases as altitude increases

‡**troppo** (trop′ō) *adv.* [It.] *Music* too; too much so

**Trot** (trot) *n.* [Colloq.] a Trotskyite

**trot** (trot) *vi., vt.* **trot′ted, trot′ting** [< OHG. *trottōn,* to tread] **1.** to move, ride, go, etc. at a trot **2.** to hurry; run —*n.* **1.** a gait of a horse, etc. in which the legs are lifted in alternating diagonal pairs **2.** a person's gait between a walk and a run **3.** [*pl.*] [Colloq.] an attack of diarrhoea —**on the trot** [Colloq.] **1.** busy; moving about **2.** one after the other; successively —**trot out** [Colloq.] to present for, or as for, others to see, or admire, or consider

**troth** (trōth) *n.* [< OE. *treowth,* truth] [Archaic] **1.** faithfulness; loyalty **2.** truth: chiefly in **in troth,** truly **3.** a promise, esp. to marry

**Trotskyite** (trot′skē īt′) *adj.* of the theories of Leon Trotsky (1879-1940), Russian revolutionist and writer —*n.* a follower of Trotsky —**Trot′skyism** *n.*

**trotter** (trot′ər) *n.* **1.** a horse bred and trained for trotting races **2.** the foot of a sheep or pig used as food

**troubadour** (tro̅o̅′bə do̅o̅ər′) *n.* [Fr. < Pr. *trobar,* compose in verse] any of a class of medieval lyric poets who lived in southern France in the 11th, 12th, and 13th cent.

**trouble** (trub′l) *n.* [< L. *turbidus,* turbid] **1.** a state of mental distress; worry **2.** public disturbance **3.** *a*) a misfortune or mishap *b*) a difficult situation **4.** a cause of annoyance, distress, etc. **5.** effort; care —*vt.* **-bled, -bling** **1.** to worry; perturb **2.** to disturb or agitate **3.** to cause pain or discomfort to *[troubled* by headaches*]* **4.** to cause difficulty to **5.** to annoy, tease, etc. —*vi.* to take pains; bother *[*don't *trouble* to return it*]* —**in(to) trouble** [Colloq.] pregnant when unmarried

**troublemaker** *n.* a person who habitually makes trouble for others —**trou′blemak′ing** *n.*

**trouble-shooter** *n.* a person whose work is to find and repair or eliminate mechanical breakdowns or other sources of trouble —**trou′ble-shoot′ing** *n.*

**troublesome** *adj.* full of or causing trouble

**troublous** (trub′ləs) *adj.* [Literary] **1.** troubled; disturbed **2.** *same as* TROUBLESOME

**trough** (trof) *n.* [OE. *trog*] **1.** a long, narrow, open container for holding water or food for animals **2.** a vessel of similar shape **3.** a long, narrow hollow, as between waves **4.** a long, narrow area of low barometric pressure

**trounce** (trouns) *vt.* **trounced, trounc′ing** [< ?] **1.** to beat; thrash **2.** [Colloq.] to defeat —**trounc′er** *n.*

**troupe** (tro̅o̅p) *n.* [Fr.] a group, esp. of actors, singers, etc.; company —**troup′er** *n.*

**trousers** (trou′zərz) *n.pl.* [< ScotGael. *triubhas*] a two-legged outer garment, esp. for men and boys, reaching from the waist usually to the ankles

**trousseau** (tro̅o̅′sō) *n., pl.* **-seaux** (-sōz), **-seaus** [< OFr. *trousse,* a bundle] a bride's outfit of clothes, linen, etc.

**trout** (trout) *n.* [< Gr. *trōgein,* gnaw] any of various food and game fishes related to the salmon and found chiefly in fresh water

**trove** (trōv) *n.* *short for* TREASURE-TROVE

**trow** (trō) *vi., vt.* [< OE. *treow,* faith] [Archaic] to believe, think, suppose, etc.

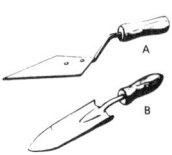


TROWELS
(A, mortar; B, garden)

**trowel** (trou′əl) *n.* [< L. *trua,* ladle] **1.** a hand tool with a flat blade for smoothing plaster or applying mortar **2.** a tool with a pointed scoop for digging holes in a garden

**troy** (troi) ***adj.*** by or in troy weight

**troy weight** [< *Troyes,* in France] a system of weights for gold, silver, precious stones, etc., in which one pound equals twelve ounces

**trs.** transpose

**truant** (tro̅o̅'ənt) ***n.*** [OFr., beggar] **1.** a pupil who stays away from school without permission **2.** a person who shirks his duties —***adj.*** **1.** that is a truant **2.** idle; shiftless **3.** errant; straying —**tru'ancy** ***n.***

**truce** (tro̅o̅s) ***n.*** [OE. *treow,* faith] **1.** a period during a war in which the nations or peoples engaged in it agree to stop fighting for a time **2.** any pause in quarrelling, conflict, etc.

**truck**[1] (truk) ***n.*** [prob. < Gr. *trochos,* a wheel] **1.** an open railway wagon **2.** [Chiefly U.S.] a lorry **3.** a swivelling frame, with two or more pairs of wheels, under each end of a railway carriage, etc. **4.** a frame or platform on wheels, with handles at one end, used to carry trunks, crates, etc. —***vt.*** to carry on a truck

**truck**[2] ***vt., vi.*** [MFr. *troquer*] to exchange; barter —***n.*** **1.** barter **2.** payment of wages in goods instead of money **3.** [Colloq.] dealings [to have no *truck* with]

**trucking** ***n.*** [U.S.] the business of carrying goods by lorry

**truckle** (truk'l) ***n.*** [< Gr. *trochos,* wheel] a low bed on castors, that can be rolled under a higher bed when not in use: also **truckle bed** —***vi.*** **-led, -ling** to give in or yield too easily (*to*)

**truculent** (truk'yoo̅lənt) ***adj.*** [< L. *trux*] **1.** defiantly aggressive or obstreperous **2.** [Archaic] fierce; savage —**truc'ulence, truc'ulency** ***n.*** —**truc'ulently** ***adv.***

**trudge** (truj) ***vi.*** **trudged, trudg'ing** [< ?] to walk, esp. wearily or laboriously —***n.*** a trudging

**true** (tro̅o̅) ***adj.*** **tru'er, tru'est** [OE. *treowe*] **1.** in accordance with fact; not false **2.** genuine; authentic **3.** faithful; loyal **4.** conforming to a standard, etc.; accurate **5.** rightful; lawful **6.** accurately fitted, placed, or shaped **7.** determined by the poles of the earth's axis, not by the earth's magnetic poles [*true* north] —***adv.*** truly, truthfully, accurately, etc. —**come true** to happen as predicted or expected —**in** (or **out of**) **true** that is (or is not) properly set, adjusted, etc.

**true-blue** (tro̅o̅'blo̅o̅') ***adj.*** **1.** very loyal; staunch **2.** staunchly Conservative in politics

**true-life** (tro̅o̅'lif') ***adj.*** like that which happens in real life; true to reality [a *true-life* story]

**truelove** ***n.*** (one's) sweetheart; a loved one

**truffle** (truf'l) ***n.*** [< Fr. < L. *tuber,* knob] **1.** a fleshy, edible fungi that grows underground **2.** a soft sweet flavoured with chocolate and rum

**trug** (trug) ***n.*** [< ?] a shallow, broad, gardener's basket made of strips of wood

**truism** (tro̅o̅'iz'm) ***n.*** a statement the truth of which is obvious and well known —**truis'tic** ***adj.***

**truly** (tro̅o̅'lē) ***adv.*** **1.** in a true manner; genuinely, faithfully, rightfully, etc. **2.** really; indeed

**trump**[1] (trump) ***n.*** [< TRIUMPH] **1.** any playing card of a suit that ranks higher than any other suit during the playing of a hand **2.** [*occas. pl. with sing. v.*] a suit of trumps **3.** any advantage held in reserve —***vt.*** **1.** to take (a trick, etc.) with a trump **2.** to outdo; surpass —***vi.*** to play a trump —**trump up** to make up (a charge against someone, etc.) in order to deceive —**turn up trumps** to end more favourably than was expected

**trump**[2] ***n., vi., vt.*** [OFr. *trompe*] *archaic or poet. var. of* TRUMPET

**trumpery** (trum'pər ē) ***n., pl.*** **-eries** [< MFr. *tromper,* deceive] **1.** something showy but worthless **2.** nonsense —***adj.*** showy but worthless

TRUMPET

**trumpet** (trum'pit) ***n.*** [< OFr. *trompe*] **1.** a brass instrument with a blaring tone, consisting of a looped tube flared at the end opposite the mouthpiece **2.** something shaped like a trumpet; esp., *same as* EAR TRUMPET **3.** a sound like that of a trumpet —***vi.*** **1.** to blow a trumpet **2.** to make a sound like a trumpet —***vt.*** **1.** to sound on or as on a trumpet **2.** to proclaim loudly —**trum'peter** ***n.***

**trumpet major** the head trumpeter in a cavalry regiment

**truncate** (truŋ kāt') ***vt.*** **-cat'ed, -cat'ing** [< L. *truncus,* stem] to shorten by cutting; lop —**trunca'tion** ***n.***

**truncated** ***adj.*** cut short or appearing as if cut short

**truncheon** (trun'chən) ***n.*** [< L. *truncus,* stem] **1.** a policeman's stick **2.** a staff carried as a symbol of authority

**trundle** (trun'd'l) ***vt., vi.*** **-dled, -dling** [< OE. *trendan,* to roll] to roll along

**trunk** (truŋk) ***n.*** [< L. *truncus*] **1.** the main stem of a tree **2.** a human body or animal body, not including the head and limbs **3.** the thorax of an insect **4.** a long, flexible snout, as of an elephant **5.** a large, reinforced box for carrying a traveller's clothes, etc. **6.** [*pl.*] men's shorts worn as for boxing, swimming, etc. **7.** *short for* TRUNK LINE **8.** [U.S.] the boot of a motor vehicle

**trunk call** a long-distance telephone call

**trunk line** a main line of a railway, telephone system, etc.

**trunk road** a main road connecting important centres

**trunnion** (trun′yən) *n.* [Fr. *trognon,* a stump] **1.** either of two projecting pins on each side of a cannon, on which it pivots **2.** either of two similar pins in machinery

**truss** (trus) *vt.* [OFr. *trousser*] **1.** to tie or bind (often with *up*) **2.** to skewer or bind the wings, etc. of (a fowl) before cooking **3.** to support or strengthen with a truss —*n.* **1.** a rigid framework of beams, struts, etc. for supporting a roof, bridge, etc. **2.** an appliance worn for supporting a hernia **3.** a flower cluster **4.** a bundle or pack

**trust** (trust) *n.* [ON. *traust*] **1.** firm belief in the honesty, reliability, etc. of another **2.** confident expectation, hope, etc. **3.** *a*) the fact of having confidence placed in one *b*) the responsibility resulting from this **4.** care; custody **5.** something entrusted to one **6.** confidence in a purchaser's intention to pay for goods etc. **7.** a business combination of companies, with control vested in a single board of trustees who are able to eliminate competition, etc. **8.** *Law a*) the fact of having nominal ownership of property to keep, use, or administer for another's benefit *b*) the property involved —*vi.* **1.** to have trust or faith **2.** to hope (*for*) **3.** to give business credit —*vt.* **1.** to have trust in **2.** to commit (*to* a person's care) **3.** to put something confidently in the charge of **4.** to believe or suppose **5.** to hope **6.** to grant business credit to —*adj.* **1.** relating to a trust or trusts **2.** held in trust —**in trust** in the condition of being entrusted to another's care —**take on trust** to accept without requiring corroboration —**trust to** to rely on —**trust′able** *adj.*

**trustee** (trus tē′) *n.* **1.** one to whom another's property or the management of another's property is entrusted **2.** any of a group of persons appointed to manage the affairs of a charity, etc. —**trustee′ship** *n.*

**trustful** *adj.* full of confidence in others; trusting

**trust fund** money, stock, etc. held in trust

**trusting** *adj.* that trusts; trustful

**trust territory** a territory placed by the United Nations under the control of a country that manages the affairs of the territory

**trustworthy** *adj.* **-thier, -thiest** worthy of trust; dependable; reliable —**trust′wor′thiness** *n.*

**trusty** *adj.* **-ier, -iest** that can be relied upon —*n., pl.* **trust′ies** a convict granted special privileges as a trustworthy person —**trust′iness** *n.*

**truth** (tro͞oth) *n., pl.* **truths** (tro͞oth*z*) [OE. *treowth*] **1.** the quality of being true; specif., *a*) sincerity *b*) the quality of being in agreement with facts *c*) reality *d*) correctness **2.** that which is true **3.** an established or verified fact, etc. —**in truth** truly; in fact

**truthful** *adj.* **1.** telling the truth; honest **2.** agreeing with fact or reality —**truth′fully** *adv.* —**truth′fulness** *n.*

**try** (trī) *vt.* **tried, try′ing** [< ?] **1.** to attempt; endeavour **2.** to put to the proof; test **3.** to test the effect of **4.** to subject to a severe test or strain **5.** to test the faith, patience, etc. of **6.** *a*) to examine and decide (a case) in a law court *b*) to determine legally the guilt or innocence of (a person) —*vi.* to make an effort, attempt, etc. —*n., pl.* **tries** **1.** an attempt; effort; trial **2.** *Rugby* a score made by placing the ball behind the opponent's goal-line —**try it on** [Colloq.] to see how far one can go before being reprimanded —**try on** to test the fit, etc. of (a garment) by putting it on —**try one's hand at** to attempt (to do something), esp. for the first time —**try out** to test the quality, value, etc. of

**trying** *adj.* that tries one's patience; annoying

**try-on** *n.* [Colloq.] an attempt to do something forbidden without being detected, prevented, or punished

**tryout** *n.* [Colloq.] a chance to prove, or a test to determine, one's fitness to be in a team, act a role, etc.

**trysail** (trī′s′l, -sāl′) *n.* [< *a try,* position of lying to in a storm] a small, stout, fore-and-aft sail used for keeping a vessel's head to the wind in a storm

**tryst** (trist, trīst) *n.* [OFr. *triste,* hunting station] **1.** an appointment to meet, esp. one made secretly by lovers **2.** *a*) the meeting *b*) the place of such a meeting: also **trysting place**

**tsar** (zär) *n.* **1.** an emperor: title of any of the former emperors of Russia **2.** an absolute ruler; despot —**tsar′dom** *n.* —**tsar′ist** *adj., n.*

**tsarevitch** (zär′ə vich′) *n.* [< Russ.] the eldest son of a tsar of Russia

**tsarina** (zä rē′nə) *n.* [< Russ.] the wife of a tsar; empress of Russia: also **tsarit′za** (-rit′sə)

**TSE, T.S.E.** Toronto Stock Exchange

**tsetse fly** (tset′sē) [Afrik. < Bantu] any of several small flies of central and southern Africa, including the one that carries sleeping sickness

**T-shirt** (tē′shurt′) *n.* [so named because T-shaped] a collarless pullover shirt with short sleeves

**tsk** *interj., n.* a clicking or sucking sound made with the tongue, to express disapproval, sympathy, etc.

**tsotsi** (tsot′sē) *n.* [< ?] [S Afr. Colloq.] a young criminal, often given to violence, operating mainly in black African townships

**tsp.** **1.** teaspoon(s) **2.** teaspoonful(s)

**T square** a T-shaped ruler for drawing parallel lines

**T.T.** **1.** teetotal **2.** teetotaller **3.** Tourist Trophy **4.** tuberculin tested

**T.U., TU** trade union

**Tu.** Tuesday

**tub** (tub) *n.* [MDu. *tubbe*] **1.** *a*) a round, open, flat-bottomed wooden container *b*) any large, open container of metal, etc., as for washing *c*) a small, plastic container, with a lid, for margarine, etc. **2.** [Colloq.] a bath **3.** [Colloq.] a slow-moving boat —*vt., vi.* **tubbed, tub'bing** **1.** [Colloq.] to wash in a tub **2.** [Colloq.] to bath (oneself)

**tuba** (tyōō'bə) *n., pl.* **tu'bas, tu'bae** (-bē) [L., trumpet] a large, brass musical instrument

**tubby** (tub'ē) *adj.* **tub'bier, tub'biest** short and fat —**tub'biness** *n.*

**tube** (tyōōb) *n.* [Fr. < L. *tubus,* a pipe] **1.** *a*) a slender, hollow cylinder or pipe of metal, glass, rubber, etc., in which gases and liquids can flow or be kept *b*) an instrument, part, organ, etc. resembling a tube **2.** a rubber casing inflated with air and used, esp. formerly, with an outer casing to form a tyre for a motor vehicle **3.** a screw-topped, pliable cylinder for holding pastes or semiliquids [*tube* of toothpaste] **4.** *short* for ELECTRON TUBE **5.** [Colloq.] [*often* **T-**] an underground railway system, esp. that in London (often preceded by *the*) —*vt.* **tubed, tub'ing** to provide with or pass through a tube or tubes

**tuber** (tyōō'bər) *n.* [L., a swelling] a short, thickened, fleshy part of an underground stem, as a potato

**tubercle** *n.* [see prec.] **1.** a small, rounded part growing out from a bone or from the root of a plant **2.** any abnormal hard swelling; specif., that of tuberculosis

**tubercular** (tyōō bur'kyoo lər) *adj.* **1.** of or having tuberculosis **2.** of, like, or having tubercles Also **tuber'culous**

**tuberculin** (tyōō bur'kyoo lin) *n.* a sterile solution prepared from a culture of the tubercle bacillus and injected into the skin as a test for tuberculosis

**tuberculin tested** produced by cows that have been certified as free of tuberculosis: said of milk, etc.

**tuberculosis** (tyōō bur'kyoo lō'sis) *n.* [ModL.: see TUBER & -OSIS] an infectious disease causing tubercles to form, esp. in the lungs; consumption

**tuberous** (tyōō'bər əs) *adj.* [see TUBER] **1.** covered with rounded swellings; knobby **2.** of, like, or having a tuber Also **tu'berose'**

**tubing** (tyōōb'iŋ) *n.* **1.** a series or system of tubes **2.** material in the form of a tube **3.** a piece or length of tube

**tubthumper** (tub'thum'pər) [Colloq.] a ranting public speaker

**tubular** (tyōō'byoo lər) *adj.* [< L. *tubus,* a pipe] **1.** of or shaped like a tube **2.** made with tubes

**tubule** (tyōōb'yool) *n.* a small tube

**T.U.C.** Trades Union Congress

**tuck** (tuk) *vt.* [< MDu. *tucken*] **1.** to put snugly into a small space; cram **2.** *a*) to thrust the edges of (a sheet, napkin, etc.) under or in, in order to secure *b*) to cover or wrap snugly (with *up*) **3.** to pull up or gather up in a fold or folds, as to make shorter **4.** to sew a fold or folds in (a garment) —*n.* **1.** a sewn fold in a garment **2.** [Slang] food, esp. sweets, cakes, etc. —**tuck away** to eat or drink heartily —**tuck in** **1.** to pull in or contract (one's chin, stomach, etc.) **2.** to eat or drink heartily

**tucker**[1] *n.* **1.** a neck and shoulder covering formerly worn with a low-cut bodice by women **2.** [Aust. Slang] food

**tucker**[2] *vt.* [< ?] [U.S. Colloq.] to tire (*out*)

**tuck-in** *n.* [Slang] a large meal

**tuck shop** a shop selling sweets, cakes, etc., esp. to schoolchildren

**Tudor** (tyōō'dər) *adj.* **1.** designating or of the Tudors (1485-1603) **2.** of a style of architecture characterized by extensive panelling, half-timbering, etc.

**Tues.** Tuesday

**Tuesday** (tyōōz'dē) *n.* [OE. *Tiwes dæg,* day of the god of war *Tiw*] the third day of the week

**Tuesdays** *adv.* [Colloq.] on or during every Tuesday

**tufa** (tyōō'fə) *n.* [It. < L. *tofus*] a porous rock formed of calcium carbonate, etc. deposited by springs

**tuff** (tuf) *n.* [< TUFA] a porous rock formed from volcanic ash, dust, etc.

**tuffet** (tuf'ət) *n.* [< TUFT] a tuft of grass

**tuft** (tuft) *n.* [OFr. *tufe*] a bunch of hairs, feathers, grass, etc. growing or tied closely together —*vt.* to provide with a tuft or tufts —*vi.* to grow in or form into tufts —**tuft'ed** *adj.* —**tuft'y** *adj.*

**tug** (tug) *vi.* **tugged, tug'ging** [ME. *tuggen*] to pull hard —*vt.* **1.** to pull at **2.** to tow with a tugboat —*n.* **1.** a hard pull **2.** *shortened form of* TUGBOAT —**tug'ger** *n.*

**tugboat** *n.* a small, powerful boat used for towing or pushing ships, barges, etc.

**tug of war** **1.** a contest in which two teams pull at opposite ends of a rope, each trying to drag the other across a central line **2.** any power struggle between two parties

**tuition** (tyōō wish'ən) *n.* [< L. *tueri,* protect] **1.** teaching **2.** the fee for instruction, esp. at a college

**tulip** (tyōō'lip) *n.* [< Fr. < Turk. *tülbend,* TURBAN] **1.** any of various spring-blooming bulb plants, with a large, cup-shaped flower **2.** the flower or bulb

**tulip tree** a tree of the magnolia family with tulip-shaped, greenish-yellow flowers

**tulle** (tyōōl) *n.* [< *Tulle,* in France] a thin, fine netting of silk, rayon, etc., used for veils, etc.

**tullibee** (tul'əbē') *n.* [< AmInd.] a type of N American whitefish

**tumble** (tum'b'l) *vi.* **-bled, -bling** [OE. *tumbian,* to jump] **1.** *a*) to fall suddenly *b*) to undergo a sudden drop [prices *tumbled*] **2.** to stumble or trip **3.** to toss or roll about **4.** to perform somersaults, etc. **5.** [Colloq.] to understand suddenly (with *to*) —*vt.* **1.** to cause to tumble **2.** to put into disorder as by tossing here and there —*n.* **1.** *a*) a somersault, etc. *b*) a fall **2.** disorder; confusion

**tumbledown** *adj.* dilapidated

**tumbler** *n.* **1.** an ordinary drinking glass with no stem **2.** an acrobat or gymnast who does somersaults, etc. **3.** a part of the mechanism of a lock **4.** a kind of pigeon that does somersaults in flight

**tumbler-drier** (tum′blər drī′ər) ***n.*** a machine which dries laundered articles by tumbling them about in hot air: also **tum′ble-dri′er**

**tumbrel, tumbril** (tum′brəl) ***n.*** [< MFr. *tomber,* to fall] any of the carts used to carry the condemned to the guillotine during the French Revolution

**tumescence** (tyōō mes′′ns) ***n.*** [< L. *tumescere,* swell up] **1.** a swelling **2.** a swollen part —**tumes′cent** ***adj.***

**tumid** (tyōō′mid) ***adj.*** [< L. *tumere,* to swell] **1.** swollen; bulging **2.** pompous —**tumid′ity** ***n.***

**tummy** (tum′ē) ***n., pl.*** **-mies** [Colloq.] stomach: also **tum**

**tummy button** [Colloq.] the navel

**tumour** (tyōō′mər) ***n.*** [< L. *tumere,* to swell] an abnormal growth of tissue in some part of the body, that is either benign or malignant: U.S. sp. **tu′mor**

**tumult** (tyōō′mult) ***n.*** [< L. *tumultus*] **1.** noisy commotion; uproar **2.** confusion; disturbance **3.** great emotional disturbance

**tumultuous** (tyōō mul′tyōō wəs) ***adj.*** **1.** wild and noisy; uproarious **2.** making a tumult **3.** greatly disturbed —**tumul′tuously** ***adv.***

**tumulus** (tyōō′myōō ləs) ***n., pl.*** **-li′** (-lī′), **-luses** [L.] an ancient burial mound

**tun** (tun) ***n.*** [< ML. *tunna*] **1.** a large cask for liquids **2.** a measure of capacity for liquids

**tuna** (tyōō′nə) ***n.*** [AmSp. < Sp.: see TUNNY] **1.** a large, sea food and game fish of the mackerel group **2.** the flesh of the tuna, often tinned for food: also called **tuna fish**

**tundra** (tun′drə) ***n.*** [Russ.] any of the vast, nearly level, treeless plains of the arctic regions

**tune** (tyōōn) ***n.*** [< TONE] **1.** a succession of musical tones; melody; air **2.** correct musical pitch: now chiefly in phrases **in tune, out of tune** —***vt.*** **tuned, tun′ing** **1.** to adjust (a musical instrument) to some standard of pitch **2.** to adapt (music, the voice, etc.) to some pitch, tone, etc. **3.** to adapt to some condition, mood, etc. **4.** to adjust (a motor, etc.) to the proper or desired performance —**call the tune** to be in control —**change one's tune** to change one's attitude or manner: also **sing a different tune** —**to the tune of** [Colloq.] to the amount of —**tune in** to adjust a radio or television so as to receive (a specified station, programme, etc.) —**tune up** **1.** to adjust (musical instruments) to the same pitch **2.** to put (an engine) into good working condition —**tun′able, tune′able** ***adj.*** —**tun′er** ***n.***

**tuneful** ***adj.*** musical; melodious —**tune′fully** ***adv.***

**tuneup, tune-up** ***n.*** an adjusting, as of an engine, to the proper condition

**tungsten** (tuŋ′stən) ***n.*** [Sw. < *tung,* heavy + *sten,* stone] a hard, heavy, grey-white, metallic chemical element, used in some steel, electric lamp filaments, etc.: symbol, W

**tunic** (tyōō′nik) ***n.*** [L. *tunica*] **1.** a blouselike garment extending to the hips or lower, often belted **2.** a short coat forming part of the uniform of soldiers, policemen, etc. **3.** a loose, gownlike garment worn by men and women in ancient Greece and Rome

**tuning fork** a small steel instrument with two prongs, which when struck sounds a certain fixed tone

**tunnel** (tun′′l) ***n.*** [< OFr. *tonne,* tun] **1.** an underground passageway **2.** any tunnellike passage **3.** an animal's burrow —***vt.*** **-nelled, -nelling** **1.** to make a tunnel through or under **2.** to make (one's way) by digging a tunnel —***vi.*** to make a tunnel —**tun′neller** ***n.***

**tunny** (tun′ē) ***n.*** [< Gr. *thynnos*] *same as* TUNA

**tup** (tup) ***n.*** [ME. *tupe*] a male sheep; ram

**Tupi** (tōō pē′) ***n.*** [Tupi, comrade] **1.** *pl.* **Tupis′, Tupi′** any member of a group of S American Indian tribes living along the lower Amazon **2.** their language

**tupik** (tōō′pək) ***n.*** [< Eskimo] [Canad.] a tent of seal or caribou skin used for shelter by the Inuit in the summer

**tuppence** (tup′′ns) ***n.*** *same as* TWOPENCE

**tuque** (tōōk) ***n.*** [< TOQUE] [Canad.] a knitted cap with a long tapering end

TURBAN

**turban** (tur′bən) ***n.*** [ult. < Per. *dulbänd*] **1.** a headdress of Moslem origin, consisting of a cloth wound in folds about the head, often over a cap **2.** any hat made like or resembling this

**turbid** (tur′bid) ***adj.*** [< L. *turba,* a crowd] **1.** muddy or cloudy from having the sediment stirred up **2.** thick or dark, as clouds or smoke **3.** muddled —**turbid′ity** ***n.***

**turbine** (tur′bīn) ***n.*** [< L. *turbo,* a whirl] an engine driven by the pressure of steam, water, air, etc. against the vanes of a wheel on a shaft

**turbo-** [< TURBINE] *a combining form meaning* consisting of or driven by a turbine

**turbofan** (tur′bō fan′) ***n.*** a turbojet engine in which additional thrust is obtained from air that bypasses the engine and is accelerated by a fan

**turbojet** ***n.*** a jet engine with a turbine-driven air compressor that compresses air for fuel combustion, the resulting hot gases being used to rotate the turbine before forming the propulsive jet

**turboprop** *n.* [TURBINE + PROP(ELLER)] a turbojet engine whose turbine shaft drives a propeller that develops most of the thrust

**turbot** (tur′bət) *n.* [< OFr. *tourbout*] a large European flatfish, highly regarded as food

**turbulent** (tur′byoo lənt) *adj.* [Fr. < L. *turba,* a crowd] full of commotion or wild disorder; specif., *a*) disorderly *b*) violently agitated or excited *c*) marked by wildly irregular motion —**tur′bulence, tur′bulency** *n.*

**turd** (turd) *n.* [< OE. *tord*] [Vulg.] a piece of excrement

**tureen** (tə rēn′) *n.* [MFr. *terrine,* earthen vessel] a large, deep dish with a lid, for serving soup, etc.

**turf** (turf) *n., pl.* **turfs, turves** (turvz) [OE.] **1.** *a*) a surface layer of earth containing grass plants with their matted roots *b*) a piece of this **2.** peat —*vt.* to cover with turf —**the turf 1.** a track for horse racing **2.** the sport of horse racing —**turf out** [Colloq.] to throw out

**turf accountant** *same as* BOOKMAKER

**turgescent** (tur jes′ənt) *adj.* [< L. *turgescere,* swell up] becoming turgid or swollen —**turges′cence** *n.*

**turgid** (tur′jid) *adj.* [< L. *turgere,* to swell] **1.** swollen; distended **2.** grandiloquent —**turgid′ity** *n.*

**Turk** (turk) *n.* **1.** a native or inhabitant of Turkey **2.** a member of any of the peoples speaking Turkic languages

**Turk.** **1.** Turkey **2.** Turkish

**turkey** (tur′kē) *n.* [< the guinea fowl, imported through Turkey] *a*) a large, wild or domesticated, N American bird with a small head and spreading tail, bred as poultry in many countries *b*) its flesh

**Turkey carpet** a deep-piled, soft, woollen carpet, usually brightly patterned

**turkey cock** **1.** a male turkey **2.** an arrogant, conceited person

**Turkic** (tur′kik) *adj.* **1.** designating or of a subfamily of Altaic languages, including Turkish **2.** designating or of the peoples who speak any of these languages

**Turkish** (tur′kish) *adj.* of Turkey, the Turks, their language, etc. —*n.* the Turkic language of Turkey

**Turkish bath** **1.** a public bath in which the bather, after a period of heavy perspiration in a room of hot air or steam, is washed and massaged **2.** [*sometimes pl.*] an establishment for such baths

**Turkish coffee** very strong, black, sweetened coffee

**Turkish delight** a jelly-like sweet, usually cube-shaped, delicately flavoured and covered in icing sugar

**Turkish towel** [*also* **t-**] a thick cotton towel of terry cloth

**turmeric** (tur′mər ik) *n.* [< ML. *terra merita,* deserving earth] **1.** an East Indian plant whose rhizome in powdered form is used as a yellow dye, seasoning, etc. **2.** powder made from this

**turmoil** (tur′moil) *n.* [< ?] a very excited or confused condition; tumult; uproar

**turn** (turn) *vt.* [ult. < Gr. *tornos,* lathe] **1.** to make (a wheel, etc.) move about a centre; rotate **2.** to move round [to *turn* a key] **3.** to do (a somersault, etc.) **4.** to give a rounded shape to, as on a lathe **5.** to give a graceful form to [to *turn* a compliment] **6.** to change the position or direction of **7.** to ponder (often with *over*) **8.** to bend, fold, twist, etc. **9.** to reverse; invert [to *turn* pages, a collar, the soil, etc.] **10.** to make topsy-turvy **11.** to upset (the stomach) **12.** to deflect; divert **13.** to convert or persuade **14.** to go round (a corner, etc.) **15.** to reach or pass (a certain age, amount, etc.) **16.** to drive, set, let go, etc. in some way [the dog was *turned* loose] **17.** to direct, point, aim, etc. [*thoughts turned* to the past] **18.** to put to a specified use [he *turned* his hand to writing] **19.** to change from one form, condition, etc. to another [to *turn* cream into butter] **20.** to exchange for [to *turn* produce into hard cash] **21.** to translate **22.** to derange, distract, or infatuate **23.** to make sour **24.** to affect in some way —*vi.* **1.** to rotate, revolve, pivot, etc. **2.** to reel; whirl [my head is *turning*] **3.** to become curved or bent **4.** to become reversed **5.** to become upset, as the stomach **6.** to change or reverse one's or its course or direction [the tide *turned*] **7.** to refer (*to*) **8.** to go or apply (*to*) for help **9.** to direct one's attention, abilities, etc. [he *turned* to music] **10.** to make a sudden attack (*on* or *upon*) **11.** to reverse one's feelings, allegiance, etc. [he *turned* against his sister] **12.** to depend or hinge (*on* or *upon*) **13.** to become [to *turn* bitter with age] **14.** to change into another form **15.** to become sour, etc. **16.** to change colour, as leaves in the autumn —*n.* **1.** a turning round; rotation **2.** a single twist, coil, winding, etc. **3.** a musical ornament of four tones, with the tones above and below the principal tone alternating with it **4.** a change or reversal of position, course, or direction **5.** a short walk or ride around an area, as for exercise **6.** the place where a change in direction occurs; bend; curve; angle or corner **7.** a change in trend, events, health, etc. **8.** the time of change [the *turn* of the century] **9.** a sudden, brief shock **10.** an action or deed [a good *turn*] **11.** a spell of activity **12.** an attack of illness, dizziness, etc. **13.** the right, duty, or chance to do something [his *turn* to bat] **14.** an act in a variety show **15.** a distinctive form, manner, detail, etc. [a quaint *turn* of speech] **16.** natural inclination —**at every turn** constantly —**by turns** one after another in regular order —**in turn** in proper sequence or succession —**out of turn 1.** not in proper sequence or order **2.** imprudently [to talk *out of turn*] —**take turns** to speak, do, etc. one after another in regular order —**to a turn** perfectly —**turn and turn about** alternately —**turn down 1.** to reject (the request, etc. of someone) **2.** to lessen the volume of **3.** to fold down (a page, sheet, etc.) **—turn in 1.** to deliver; hand in **2.** to inform on, as to the police **3.** to give back **4.** [Colloq.] to go to bed **5.** [Colloq.] to give up **—turn off 1.** *a*) to leave (a road, etc.) *b*) to branch off: said of a road, etc. **2.** to stop from functioning **3.** to stop displaying suddenly *[to turn off* a smile*]* **4.** [Slang] to cause (someone) to become uninterested, annoyed, etc. **—turn on 1.** to start; make go on or start functioning **2.** to display suddenly *[to turn on* the charm*]* **3.** [Slang] to stimulate with or as with a psychedelic drug **—turn out 1.** to put out (a light) **2.** to put outside **3.** to dismiss **4.** to come or gather *[to turn out* for a picnic*]* **5.** to produce **6.** to result **7.** to prove to be **8.** to become **9.** to equip, dress, etc. **10.** [Colloq.] to get out of bed **11.** to clean out the contents of *[he turned out* his pockets*]* **—turn over 1.** to change or reverse the position of **2.** to change one's position **3.** to begin, or make begin, to operate, as an engine **4.** to consider **5.** to hand over **—turn up 1.** to fold back or over upon itself **2.** to lift up or turn face up **3.** to increase the speed, intensity, etc. of, as by turning a control **4.** to have an upward direction **5.** to happen **6.** to arrive **7.** to be found **—turn'-er** ***n.***

**turnabout** ***n.*** **1.** a turning about, as to face the other way **2.** a shift or reversal of allegiance, opinion, etc.

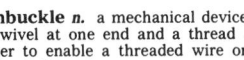

TURNBUCKLE

**turnbuckle** ***n.*** a mechanical device with a swivel at one end and a thread at the other to enable a threaded wire or rope to be tightened

**turncoat** ***n.*** a renegade; traitor

**turndown** ***adj.*** **1.** that can be turned down **2.** having the upper part folded down *[a turndown* collar*]*

**turning** ***n.*** **1.** the action of a person or thing that turns **2.** *a*) a road that joins another b) the point where this occurs **3.** the process of shaping things on a lathe

**turning circle** the smallest circle in which it is possible to turn a motor vehicle round in one forward movement

**turning point** a point in time at which a decisive change occurs; crisis

**turnip** (tur'nip) ***n.*** [< L. *napus,* turnip] **1.** *a*) a plant of the cabbage family, with edible, hairy leaves and a roundish, light-coloured root used as a vegetable *b*) *same as* SWEDE **2.** the root of either of these plants

**turnkey** (turn'kē') ***n., pl.*** **-keys'** a warder; jailer

**turnout** ***n.*** **1.** *a*) a gathering of people, as for a meeting *b*) the number of people **2.** an amount produced **3.** a carriage with its horse or horses **4.** a set of clothes

**turnover** ***n.*** **1.** *a*) the amount of business done during a given period *b*) the selling out and replacing of a stock of goods **2.** a small, semi-circular pastry made by folding one half of the crust over the other with a filling in between **3.** the rate at which staff leave a firm, occupation, etc., and have to be replaced **4.** a turning over; upset

**turnpike** ***n.*** [ME. *turnpyke,* spiked road barrier] **1.** *same as* TOLLGATE **2.** [U.S.] a road, esp. an expressway, for the use of which a toll is charged

**turnstile** ***n.*** a post with revolving horizontal bars, used at an entrance to admit persons one at a time

**turntable** ***n.*** **1.** a platform for supporting a gramophone record being played **2.** a platform carrying tracks to turn a locomotive round

**turnup** ***n.*** something turned up, specif., a turned-up fold at the bottom of a trouser leg **—a turnup for the book** [Colloq.] an unexpected happening

**turpentine** (tur'pən tīn') ***n.*** [< Gr. *terebinthos,* a tree yielding turpentine] **1.** any of the various oleoresins obtained from pines and other coniferous trees: in full, **gum turpentine 2.** a colourless, volatile oil distilled from such oleoresins and used in paints, etc.: in full, **spirits** (or **oil**) **of turpentine**

**turpitude** (tur'pə tyōōd') ***n.*** [< L. *turpis,* vile] the condition of being wicked, evil, or depraved

**turps** (turps) ***n.pl.*** [*with sing. v.*] *same as* TURPENTINE (*sense* 2)

**turquoise** (tur'kwoiz) ***n.*** [< OFr. *turqueis,* Turkish] **1.** a greenish-blue, semiprecious stone, a phosphate of aluminium and copper **2.** a greenish blue **—*adj.*** greenish-blue

**turret** (tur'it) ***n.*** [see TOWER] **1.** a small tower projecting from a building, usually at a corner **2.** a low, armoured, usually revolving, towerlike structure for guns, as on a warship, tank, etc. **3.** an attachment for a lathe, etc., consisting of a block holding several cutting tools, which may be rotated to present any of the tools to the work **—tur'reted** ***adj.***

**turtle** (tur't'l) ***n.*** [< Fr. *tortue,* tortoise] **1.** any of various land and water reptiles having a toothless beak and a soft body encased in a hard shell into which, in most species, it can pull its head, tail, and four legs: popularly, the term is restricted to the marine species, land species being usually called *tortoise* **2.** the flesh of some turtles, used as food **—turn turtle** to turn upside down

**turtledove** (tur't'l duv') ***n.*** [< L. *turtur,* echoic] any of several wild doves noted for their sad cooing and their devotion to their mates

**turtleneck** ***n.*** **1.** a round, high, snugly fitting collar on a sweater, etc. **2.** a sweater, etc. with such a neck

**tusk** (tusk) ***n.*** [OE. *tucs*] in elephants, wild boars, etc., a long, pointed tooth, usually one of a pair, that sticks out of the mouth **—tusked** ***adj.*** **—tusk'like'** ***adj.***

**tussle** (tus'l) ***n., vi.*** **-sled, -sling** [< ME. *tusen,* to pull] struggle; wrestle; scuffle

**tussock** (tus'ək) ***n.*** [< ?] a thick tuft or clump of grass, twigs, etc. **—tus'socky** ***adj.***

**tut** (tut) ***interj., n.*** an exclamation of impatience, annoyance, etc. ***—vi.*** **tut'ted, tut'ting** to utter "tuts"

**tutelage** (tyōōt'əlij) ***n.*** [< L. *tutela,* protection] **1.** guardianship; care, protection, etc. **2.** teaching **3.** a being under a guardian or tutor **—tu'telary** ***adj.***

**tutor** (tyōōt'ər) ***n.*** [< L. *tueri,* to guard] **1.** a private teacher who usually teaches one student at a time **2.** in some universities, etc., *a*) a member of staff in charge of the studies of a number of students *b*) a member of staff responsible for the general welfare of a number of students ***—vt.*** to act as a tutor to; esp., to teach (students) one at a time ***—vi.*** to act as a tutor **—tu'torage, tu'torship'** ***n.***

**tutorial** (tyōō tôr'ē əl) ***n.*** a period of intensive tuition given by a tutor to an individual student or a small group of students ***—adj.*** of a tutor

**tutti** (too't'ē) ***adj.*** [It.] *Music* for all instruments or voices

**tutti-frutti** (tōōt'ē frōōt'ē) ***n.*** [It., all fruits] ice cream or other sweet food containing bits of candied fruits

**tutu** (tōō'tōō) ***n.*** [Fr.] a very short, full, projecting skirt worn by women ballet dancers

**tu-whit tu-whoo** (tōō wit'tōō wōō') the sound made by an owl

**tuxedo** (tuk sē'dō) ***n., pl.*** **-dos** [< country club near *Tuxedo* Lake, New York State] [U.S.] a dinner jacket

**TV** (tē'vē') ***n., pl.*** **TVs, TV's** television or a television receiving set

**twaddle** (twod'l) ***n.*** [prob. akin to TATTLE] foolish, empty talk or writing ***—vt., vi.*** **-dled, -dling** to talk or write in a foolish manner

**twain** (twān) ***n., adj.*** [OE. *twegen*] *archaic var. of* TWO

**twang** (twaŋ) ***n.*** [echoic] **1.** a quick, sharp, vibrating sound, as of a plucked string **2.** *a*) a sharp, nasal speech sound *b*) a dialect using such sounds ***—vi., vt.*** **1.** to make or cause to make a twang, as a bowstring, banjo, etc. **2.** to speak or say with a twang **—twang'y** ***adj.***

**'twas** (twoz; *unstressed* twəz) it was

**twat** (twat) ***n.*** [< ?] **1.** [Vulg.] the female genitals **2.** [Vulg. Slang] a stupid person

**tweak** (twēk) ***vt.*** [OE. *twiccan,* to twitch] to give a sudden, twisting pinch to (someone's nose, etc.) ***—n.*** such a pinch

**twee** (twē) ***adj.*** [< *tweet,* child's pronun. of SWEET] [Colloq.] affectedly pretty, dainty, or quaint

**tweed** (twēd) ***n.*** [< misreading of *tweel,* Scot. form of TWILL] **1.** a wool fabric with a rough surface, in a twill weave of two or more colours **2.** [*pl.*] clothes of tweed

**tweedy** ***adj.*** **-ier, -iest** **1.** of or like tweed **2.** having the heartiness, fondness for the outdoors, etc. of a person given to wearing tweeds **—tweed'iness** ***n.***

**'tween** (twēn) ***prep.*** [Poet.] between

**tweet** (twēt) ***n., interj.*** [echoic] the thin, chirping sound of a small bird ***—vi.*** to make this sound

**twee-talig** (twea'tä'ləkh) ***adj.*** [< Afrik.] [S Afr.] bilingual

**tweeter** ***n.*** a small, high-fidelity loudspeaker for reproducing high-frequency sounds: cf. WOOFER

**tweezers** (twē'zərz) ***n.pl.*** [*with sing. or pl. v.*] [< Fr. *étui,* case] small pincers for plucking out hairs, handling little objects, etc.: also **pair of tweezers**

**twelfth** (twelfth) ***adj.*** [OE. *twelfta*] **1.** preceded by eleven others in a series; 12th **2.** designating any of the twelve equal parts of something ***—n.*** **1.** the one following the eleventh **2.** any of the twelve equal parts of something; 1/12

**Twelfth Day** the twelfth day (Jan. 6) after Christmas; Epiphany: the evening before, or sometimes the evening of, this day is called **Twelfth Night**

**twelfth man** a reserve player in a cricket team

**twelve** (twelv) ***adj., n.*** [OE. *twelf*] two more than ten 12; XII **—the Twelve** the Twelve Apostles **—twelve'fold** ***adj., adv.***

**Twelve Apostles** the twelve disciples chosen by Jesus to go forth to teach the gospel

**twelvemonth** ***n.*** a year

**twelve-tone** (twelv'tōn') ***adj.*** *Music* designating or of a system of composition in which the twelve tones of the chromatic scale are arranged as a basis for further thematic development

**twenty** (twen'tē) ***adj., n., pl.*** **-ties** [OE. *twegentig*] two times ten; 20; XX **—the twenties** the numbers or years, as of a century, from twenty to twenty-nine **—twen'tieth** ***adj., n.***

**'twere** (twur) [Poet.] it were

**twerp** (twurp) ***n.*** [< ?] [Colloq.] a person regarded as insignificant, contemptible, etc.

**twice** (twīs) ***adv.*** [OE. *twiga*] two times

**twiddle** (twid'l) ***vt.*** **-dled, -dling** [< ?] to twirl or play with lightly **—twiddle one's thumbs** **1.** to twirl one's thumbs idly around one another **2.** to be idle **—twid'dler** ***n.*** **—twid'dly** ***adj.***

**twig** (twig) ***n.*** [OE. *twigge*] a small branch or shoot of a tree or shrub ***—vi., vt.*** **twigged, twigging** [Colloq.] to understand (something) **—twigged** ***adj.*** **—twig'gy** ***adj.***

**twilight** (twī'lit') ***n.*** [ME.] **1.** *a*) the soft, dim light just after sunset or, sometimes, just before sunrise *b*) the period from sunset to dark **2.** any growing darkness **3.** a condition of gradual decline ***—adj.*** of or like twilight

**twilight zone** **1.** an inner city area that has deteriorated **2.** any indefinite condition or area

**twilit** (twī'lit) ***adj.*** full of or bathed in the soft, dim light of twilight

**twill** (twil) ***n.*** [OE. *twilic,* double-threaded] **1.** a cloth woven so as to have parallel diagonal lines or ribs **2.** the pattern of this weave —**twilled** *adj.*

**'twill** (twil) [Poet.] it will

**twin** (twin) *adj.* [OE. *twinn,* double] **1.** consisting of, or being one of a pair of, two separate, similar things **2.** being two, or either of two, that have been born at the same birth —*n.* **1.** either of two born at the same birth: twins are either *identical* (produced from the same ovum) or *fraternal* (produced from separate ova) **2.** either of two persons or things very much alike —*vi., vt* **twinned, twin'ning** to pair or be paired

**twine** (twīn) *n.* [OE. *twin*] a strong thread, string, or cord of strands twisted together —*vt.* **twined, twin'ing** **1.** to twist together; intertwine **2.** to wreathe or wind (one thing) around or with another **3.** to enfold, embrace, etc. —*vi.* **1.** to twist, interlace, etc. **2.** to twist and turn

**twin-engined** (twin'en'jənd) *adj.* powered by two engines: said of an aeroplane: also **twin'-en'gine**

**twinge** (twinj) *n.* [OE. *twengan,* squeeze] **1.** a sudden, brief, darting pain or pang **2.** a sudden, brief feeling of remorse, shame, etc. —*vt., vi.* **twinged, twing'ing** to have or cause to have a sudden, brief, darting pain or pang

**twinkle** (twiŋ'k'l) *vi.* **-kled, -kling** [OE. *twinclian*] **1.** to shine with quick flashes of light at intervals, as some stars **2.** to light up, as with amusement: said of the eyes **3.** to move about quickly and lightly, as a dancer's feet —*vt.* to make twinkle —*n.* **1.** a quick flash of light **2.** a quick flash of amusement, etc. in the eye **3.** a wink of the eye —**twin'kler** *n.*

**twinkling** *n.* **1.** the action of a thing that twinkles **2.** *a*) the winking of an eye *b*) an instant

**twinset** (twin'set') *n.* a woman's matching cardigan and jumper

**twin towns** two towns in different countries which have created social and cultural links

**twirl** (twurl) *vt., vi.* [< ?] **1.** to rotate rapidly; spin **2.** to whirl in a circle **3.** to twist or coil —*n.* a twirling or being twirled —**twirl'er** *n.*

**twist** (twist) *vt.* [< OE. *twist,* rope] **1.** to cause to turn round **2.** *a*) to contort or distort (the face, etc.) *b*) to cause to be malformed **3.** to wind (strands of cotton, silk, etc.) around one another **4.** to wreathe; twine **5.** to wind (thread, rope, etc.) around something **6.** to give spiral shape to **7.** *a*) to subject to torsion *b*) to wrench; sprain **8.** to distort the meaning of **9.** to make (one's or its way) by turning one way and then another **10.** to break off by turning the end (often with *off*) —*vi.* **1.** to undergo twisting **2.** to spiral, coil, twine, etc. (*round* or *about* something) **3.** to revolve or rotate **4.** to turn to one side **5.** to wind or meander, as a path **6.** to squirm; writhe —*n.* **1.** a twisting or being twisted **2.** a knot, etc. made by twisting **3.** a turn; bend **4.** a place at which something twists **5.** an eccentricity; quirk **6.** distortion, as of meaning **7.** a different or unexpected meaning, slant, etc. **8.** stress due to torsion, or the degree of this **9.** a contortion, as of the face **10.** a wrench or sprain **11.** a strong, closely twisted silk thread **12.** a twisted roll of tobacco leaves **13.** a loaf of bread made of twisted pieces of dough **14.** a sliver of peel from a lemon, etc. twisted and added to a drink —**round the twist** [Slang] mad —**twist a person's arm** **1.** to hurt someone by wrenching his arm **2.** to bring moral pressure to bear on someone in order to compel him to do something —**twist** (a person) **round one's little finger** to have complete dominance over (a person) —**twist'y** *adj.*

**twister** *n.* **1.** a swindler; cheat **2.** a person or thing that twists

**twit**[1] (twit) *vt.* **twit'ted, twit'ting** [OE. *ætwitan*] to reproach, tease, taunt, etc., esp. by reminding of a fault —*n.* a reproach or taunt

**twit**[2] *n.* [? < prec.] [Colloq.] a foolish, contemptible person

**twitch** (twich) *vt., vi.* [< OE. *twiccian,* pluck] **1.** to pull (at) with a quick, slight jerk **2.** to move with a quick, slight jerk, often due to muscle spasm —*n.* **1.** a quick, slight jerk **2.** a sudden, quick motion, esp. one caused by muscle spasm

**twitter** (twit'ər) *vi.* [echoic] **1.** to make a series of light, sharp vocal sounds; chirp, as birds do **2.** *a*) to chatter *b*) to giggle —*vt.* to say in a twittering manner —*n.* **1.** the act or sound of twittering **2.** a condition of trembling excitement —**twit'tery** *adj.*

**'twixt** (twikst) *prep.* [Poet.] betwixt

**two** (tōō) *adj., n.* [OE. *twa*] totalling one more than one; 2; II —**in two** in two parts —**put two and two together** to reach an obvious conclusion by considering several facts together —**that makes two of us** [Colloq.] that applies equally to me

**two-edged** *adj.* **1.** that has two cutting edges **2.** that can have two different meanings, as a remark

**two-faced** (tōō'fāst') *adj.* **1.** deceitful; hypocritical **2.** having two faces —**two'-fac'edly** (-fās'id lē) *adv.*

**twofold** *adj.* **1.** having two parts **2.** having twice as much or as many —*adv.* twice as much or as many

**two-handed** (tōō'han'did) *adj.* **1.** that needs to be used or wielded with both hands **2.** worked by two people **3.** for two people, as a card game

**twopence** (tōō'pens'; *for 3 also* tup''ns) *n.* **1.** the sum of two pennies **2.** a British coin worth one fiftieth of a pound **3.** something of little value

**twopenny** (tup'ə nē, tup'nē) *adj.* **1.** cheap; worthless **2.** worth or costing twopence

**two-piece** (tōō'pēs') *adj.* consisting of two separate parts [a *two-piece* bathing suit] —*n.* such a garment

**two-ply** *adj.* **1.** having two thicknesses, layers, strands, etc. **2.** woven double

**two-sided** *adj.* **1.** having two sides **2.** having two aspects *[a two-sided question]*

**twosome** *n.* **1.** two people; a couple **2.** *Golf* a game involving two players

**two-step** *n.* **1.** a dance in 2/4 time **2.** a piece of music for this dance

**two-time** *vt.* **-timed′, -tim′ing** [Colloq.] to deceive (someone) by carrying on a relationship with another —**two′-tim′er** *n.*

**'twould** (twood) [Poet.] it would

**two-way** *adj.* **1.** moving, permitting movement, or operating in either of two opposite directions **2.** involving reciprocity *[a two-way cultural exchange]* **3.** used for both transmitting and receiving

**-ty¹** (tē, ti) [< L. *-tas*] *a suffix meaning* quality of, condition of *[novelty]*

**-ty²** (tē, ti) [OE. *-tig*] *a suffix meaning* tens, times ten

**tycoon** (tī koōn′) *n.* [< Chin. *ta,* great + *kiun,* prince] a wealthy and powerful industrialist, financier, etc.

**tyee** (tī′ē′) *n.* [< Amlnd.] [Canad.] chief; champion; boss

**tyee salmon** *same as* CHINOOK SALMON

**tying** (tī′iŋ) *prp. of* TIE

**tyke** (tīk) *n.* [ON. *tik,* bitch] **1.** [Chiefly N Dial.] *a*) a dog, esp. a mongrel *b*) a boor **2.** [Slang] a Yorkshireman: often derogatory Also sp. **tike**

**tympani** (tim′pə nē) ***n.pl., sing.*** **-no′** (-nō′) *var. of* TIMPANI —**tym′panist** *n.*

**tympanic membrane** (tim pan′ik) a thin membrane that separates the middle ear from the external ear and vibrates when struck by sound waves

**tympanum** (tim′pə nəm) ***n., pl.*** **-nums, -na** [L. < Gr. *tympanon,* a drum] **1.** *Anat. same as:* *a*) MIDDLE EAR *b*) TYMPANIC MEMBRANE **2.** a drum or drumhead —**tympan′ic** (-pan′ik) ***adj.***

**Tynwald** (tin′wəld) [< ON. *thing,* assembly + *vollr,* field] the parliament of the Isle of Man

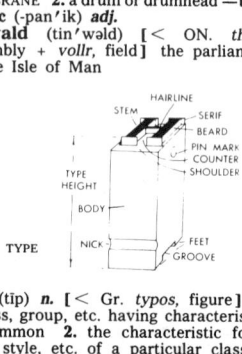


**type** (tīp) *n.* [< Gr. *typos,* figure] **1.** a class, group, etc. having characteristics in common **2.** the characteristic form, plan, style, etc. of a particular class or group **3.** one that is representative or characteristic of a class or group **4.** a model; pattern **5.** a person, thing, or event that represents another, esp. another that it is thought will appear later **6.** the device on either side of a coin **7.** [Colloq.] a person *[he's a strange type]* **8.** *Printing a*) a rectangular piece of metal or, sometimes, wood, with a raised letter, figure, etc. in reverse on its upper end *b*) such pieces collectively *c*) a printed or photographically reproduced character or characters —*vt.* **typed, typ′ing** **1.** to write with a typewriter; typewrite **2.** to classify according to type —*vi.* to use a typewriter

**-type** (tīp) [see TYPE] *a combining form meaning:* **1.** example *[prototype]* **2.** print, printing type *[monotype]*

**typecast** (tīp′käst′) *vt.* **-cast′, -cast′ing** to cast (an actor) repeatedly in the same type of part

**typeface** *n. same as* FACE (*n.* 9)

**type-script** *n.* any typed document

**typescript** *n.* any typed document

**typesetter** *n.* **1.** a person who sets type; compositor **2.** a machine for setting type —**type′set′ting** ***n., adj.***

**typewrite** *vt., vi.* **-wrote′, -writ′ten, -writ′ing** to write with a typewriter: now usually shortened to *type*

**typewriter** *n.* a writing machine with a keyboard for reproducing letters, figures, etc. that resemble printed ones

**typhoid** (tī′foid) *n.* [< TYPHUS] an infectious disease caused by a bacillus and acquired by eating food or drinking water contaminated by excreta: it causes fever, intestinal disorders, etc.: in full, **typhoid fever**

**typhoon** (tī foōn′) *n.* [< Chin. dial. *taifung,* great wind] any violent tropical cyclone originating in the W Pacific, esp. in the South China Sea —**typhon′ic** (-fon′ik) ***adj.***

**typhus** (tī′fəs) *n.* [< Gr. *typhos,* fever] an acute infectious disease caused by a rickettsia transmitted to man by fleas, lice, etc., and causing fever, red spots on the skin, etc.: in full, **typhus fever** —**ty′phous** ***adj.***

**typical** (tip′i k'l) ***adj.*** **1.** having the distinguishing characteristics, qualities, etc. of a class, group, etc. **2.** characteristic **3.** symbolic —**typ′ically** ***adv.***

**typify** (tip′ə fī′) *vt.* **-fied′, -fy′ing** [see TYPE] **1.** to be typical of **2.** to be a type or emblem of; symbolize

**typist** (tīp′ist) *n.* a person whose work is typing

**typo** (tī′pō) *n., pl.* **-pos** [Colloq.] **1.** a typographer **2.** [U.S.] a typographical error

**typo-** [see TYPE] *a combining form meaning* type

**typography** (tī pog′rə fē) *n.* [see TYPE- & -GRAPHY] **1.** the art or process of setting and arranging type for printing **2.** the arrangement, style, or appearance of matter printed from type —**typog′rapher** *n.* —**ty′pograph′ical** ***adj.***

**tyrannical** (ti ran′i k'l) ***adj.*** **1.** arbitrary; despotic **2.** harsh, cruel, unjust, etc. —**tyran′nically** ***adv.***

**tyrannize** (tir′ə nīz′) *vi.* **-nized′, -niz′ing** **1.** to govern as a tyrant **2.** to use authority harshly or cruelly —*vt.* to oppress —**tyr'anniz'er** *n.*

**tyrannosaur** (ti ran'ə sôr') *n.* [< Gr. *tyrannos,* tyrant + -SAURUS] any of various huge, twofooted, flesh-eating dinosaurs of the Cretaceous Period in N America: also **tyran'nosaur'us**

**tyrannous** (tir'ə nəs) *adj.* tyrannical; despotic, oppressive, unjust, etc. —**tyr'annously** *adv.*

**tyranny** (tir'ə nē) *n., pl.* **-rannies** **1.** the office, authority, government, etc. of a tyrant, or absolute ruler **2.** oppressive and unjust government **3.** very cruel and unjust use of power **4.** a tyrannical act

**tyrant** (tīə'rənt) *n.* [< Gr. *tyrannos*] **1.** an absolute ruler **2.** a cruel, oppressive ruler

**tyre** (tīər) *n.* [prob. < ME. *atir,* equipment] a hoop of iron or rubber, or a rubber tube filled with air, fixed around the wheel of a vehicle to form a tread

**tyre-gauge** *n.* a small instrument for measuring air pressure in tyres

**Tyrian** (tir'ē ən) *adj.* designating or of Tyre, a seaport in SW Lebanon, and centre of ancient Phoenician culture

**Tyrian purple** (or **dye**) a purple or crimson dye used by the ancient Romans and Greeks: it was made from certain molluscs, orig. at Tyre

**tyro** (tīə'rō) *n., pl.* **-ros** [< L. *tiro,* recruit] a beginner in learning something; novice

**tzar** (zär) *n.* *var. of* TSAR —**tzar'dom** *n.* —**tzar'ism** *n.* —**tzar'ist** *adj., n.*

**tzarina** (zä rē'nə) *n.* *var. of* TSARINA: also **tzarit'za** (-rit'sə)

**tzetze fly** (tset'sē) *var. of* TSETSE FLY

# U

**U, u** (yōō) ***n., pl.*** **U's, u's** the twenty-first letter of the English alphabet

**U** (yōō) ***n.*** **1.** something shaped like U **2.** *Cinema* [< *universal*] a film to which a person of any age may be admitted —***adj.*** [Colloq.] of the upper class, as supposedly characterized by behaviour, tastes, etc.

**U** *Chem.* uranium

**U.A.R.** United Arab Republic

**ubiquitous** (yōō bik′wə təs) ***adj.*** [see ff.] present, or seeming to be present, everywhere at the same time

**ubiquity** (yōō bik′wə tē) ***n.*** [< L. *ubique,* everywhere] the state, fact, or capacity of being, or seeming to be, everywhere at the same time

**U-boat** (yōō′bōt′) ***n.*** [< G. *Unterseeboot,* undersea boat] a German submarine

**u.c.** *Printing* upper case

**U.C.C.A.** Universities Central Council on Admissions

**udder** (ud′ər) ***n.*** [OE. *udr*] a mammary gland with two or more teats, as in cows

**U.D.I.** unilateral declaration of independence

**UEFA** (yōō ā′fə) Union of European Football Associations

**UFO** (yōō′fō, yōō′ef ō′) ***n., pl.*** **UFOs, UFO's** [*u*(*nidentified*) *f*(*lying*) *o*(*bject*)] any of a number of unidentified objects reported to have been seen flying at varying heights and speeds and variously regarded as hallucinations, spacecraft from another planet, etc.

**ugh** (ookh, *etc.*) ***interj.*** [echoic] an exclamation of disgust, horror, etc.

**ugli** (ug′lē) ***n.*** [< UGLY] a Jamaican citrus fruit that is a cross between a grapefruit, orange, and tangerine

**ugly** (ug′lē) ***adj.*** **-lier, -liest** [< ON. *uggr,* fear] **1.** unpleasing to look at **2.** vile, offensive, etc. [an *ugly* lie] **3.** ominous; dangerous [*ugly* storm clouds] **4.** [Colloq.] ill-tempered [an *ugly* disposition] —**ug′liness** *n.*

**ugly duckling** [< story by H. C. Andersen] a plain child or unpromising thing that in time becomes beautiful, important, etc.

**uh** (u, un) ***interj.*** **1.** *same as* HUH **2.** a prolonged sound made in speaking, as while searching for a word

**UHF, U.H.F., uhf, u.h.f.** ultrahigh frequency

**uh-huh** (ə hu′) ***interj.*** an exclamation indicating: *a*) an affirmative response *b*) that one is listening attentively

**UHT** ultra heat treated

**Uitlander** (āt′lan′dər) ***n.*** [Afrik. < Du. *uit,* out + *land,* land] in South Africa, a foreigner; specif., one not a Boer in the Transvaal

**U.K.** United Kingdom

**U.K.A.E.A.** United Kingdom Atomic Energy Authority

**ukase** (yōō kāz′) ***n.*** [Russ. *ukaz,* edict] **1.** in Czarist Russia, an imperial decree **2.** any official, esp. arbitrary, decree

**Ukrainian** (yōō krā′nē ən) ***adj.*** of the Ukraine, its people, their language, etc. —***n.*** **1.** a native of the Ukraine **2.** the Slavic language of the Ukrainians

**ukulele** (yōō′kə lā′lē) ***n.*** [Haw., flea] a musical instrument with four strings, like a small guitar

**ulcer** (ul′sər) ***n.*** [L. *ulcus*] an open sore that festers, damages the tissue, etc.

**ulcerate** ***vt., vi.*** **-at′ed, -at′ing** to make or become ulcerous —**ul′cera′tion** ***n.***

**ulcerous** ***adj.*** of, like, or characterized by an ulcer or ulcers

**-ule** (yōōl, yool) [< L.] *a suffix meaning* little [*sporule*]

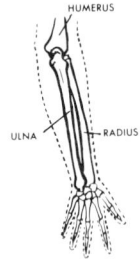


**ulna** (ul′nə) ***n., pl.*** **-nae** (-nē), **-nas** [L., elbow] **1.** the larger of the two bones of the forearm, on the side opposite the thumb **2.** a corresponding bone in the forelimb of other vertebrates —**ul′nar** ***adj.***

**ulster** (ul′stər) ***n.*** [< *Ulster,* in Ireland] a long, loose, heavy overcoat

**Ulsterman** ***n.*** a native of Ulster —**Ulsterwoman** ***n.fem.***

**ult.** **1.** ultimate(ly) **2.** ultimo

**ulterior** (ul tēər′ē ər) ***adj.*** [L., beyond] **1.** beyond what is openly seen, said, or made known [an *ulterior* motive] **2.** lying beyond or on the further side

**ultimate** (ul′tə mit) ***adj.*** [< L. *ultimus,* last] **1.** beyond which it is impossible to go; farthest **2.** final; last **3.** fundamental; primary **4.** greatest possible

—*n.* something ultimate [the *ultimate* in pleasure] —**ul′timately** *adv.*

**ultima Thule** (ul′ti mə thōō′lē) [L.] **1.** among the ancients, the northernmost region of the world **2.** any far-off, unknown region

**ultimatum** (ul′tə māt′əm) *n., pl.* **-tums, -ta** [see ULTIMATE] a final offer or demand, esp. with a threat to break off relations, use force, etc.

**ultimo** (ul′tə mō′) *adv.* [L. *ultimo* (*mense*), (in the) last (month)] in the preceding month

**ultra** (ul′trə) *adj.* [L., beyond] going beyond the usual limit; extreme

**ultra-** [L.] *a prefix meaning:* **1.** beyond [*ultraviolet*] **2.** to an extreme degree [*ultramodern*] **3.** beyond the range of [*ultramicroscopic*]

**ultraconservative** (ul′trə kən sur′və tiv) *adj.* conservative to an extreme degree —*n.* an ultraconservative person

**ultrahigh frequency** any radio frequency between 300 and 3000 megahertz

**ultramarine** (ul′trə mə rēn′) *n.* [see ULTRA- & MARINE] **1.** a blue pigment orig. made from powdered lapis lazuli **2.** a deep blue —*adj.* deep-blue

**ultramontane** (ul′trə mon′tān) *adj.* [< L. *ultra,* beyond + *mons,* mountain] **1.** beyond the mountains, specif., the Alps **2.** of the doctrine of papal supremacy —*n.* **1.** a person living south of the Alps **2.** a person holding ultramontane principles —**ul′tramon′tanism** (-tə niz′m) *n.*

**ultrasonic** (ul′trə son′ik) *adj.* [ULTRA- + SONIC] designating or of a frequency of mechanical vibrations above the range audible to the human ear —**ul′trason′ically** *adv.*

**ultrasonics** *n.pl.* [*with sing. v.*] the science dealing with ultrasonic phenomena

**ultrasound** (ul′trə sound′) *n.* ultrasonic waves, used in surgery, etc.

**ultraviolet** (ul′trə vī′ə lit) *adj.* lying just beyond the violet end of the visible spectrum —*n.* ultraviolet radiation

**ululate** (yōōl′yoo lāt′) *vi.* **-lat′ed, -lat′ing** [< L. *ululare*] **1.** to howl or hoot **2.** to wail —**ul′ula′tion** *n.*

UMBEL
(A, compound; B, simple)

**umbel** (um′b'l) *n.* [L. *umbella,* parasol] a cluster of flowers with stalks of nearly equal length which spring from the same point —**um′bellate** *adj.*

**umbelliferous** (um′be lif′ər əs) *adj.* [< UMBEL + -FEROUS] having an umbel, as plants of the parsley family

**umber** (um′bər) *n.* [< It. (*terra d'*)*ombra,* (earth of) shade] **1.** a kind of earth containing oxides of manganese and iron, used as a pigment: raw umber is yellowish-brown; burnt umber is reddish-brown **2.** a yellowish-brown or reddish-brown colour —*adj.* of the colour of umber

**umbilical** (um bil′i k'l, um′bi lī′k'l) *adj.* of the navel —*n.* **1.** *same as* UMBILICAL CORD **2.** any vital link or connection

**umbilical cord** a cordlike structure that connects a foetus with the placenta: it is severed at birth

**umbilicus** (um bil′i kəs) *n., pl.* **-ci′** (-sī′) [L.] *same as* NAVEL

**umbra** (um′brə) *n., pl.* **-brae** (-brē), **-bras** [L.] **1.** a shadow **2.** the dark cone of shadow projecting from a planet or satellite on the side opposite the sun

**umbrage** (um′brij) *n.* [< L. *umbra,* a shade] offence or resentment [to take *umbrage* at a remark]

**umbrella** (um brel′ə) *n.* [< L. *umbra,* shade] **1.** cloth, plastic, etc. stretched over a folding radial frame at the top of a stick, carried for protection against the rain or sun **2.** any comprehensive, protective organization, alliance, etc. —*adj.* embracing a variety of items; comprehensive [delegates of various firms were included under the *umbrella* title "commercial"]

**umbrella tree** any of various trees that have an umbrellalike shape

**umfazi** (oom′fä′zē) *n.* [< Bantu] [S Afr.] a black married woman

**umiak** (ōō′mē ak′) *n.* [< Eskimo] an open Eskimo boat made of skins stretched on a wooden frame

**umlaut** (oom′lout) *n.* [G. < *um,* about + *Laut,* a sound] *Linguis.* **1.** a change in the sound of a vowel, caused by its assimilation to another vowel in the next syllable **2.** the diacritical mark ( ¨ ) placed over such a vowel, esp. in German

**umlungu** (oom′loon′goo) *n.* [< Bantu] [S Afr.] a white man: used esp. as a term of address

**umpire** (um′pīər) *n.* [< MFr. *nomper,* uneven, hence third person] **1.** an official who administers the rules of a game, as in cricket **2.** one who gives a decision in a dispute; arbiter —*vt., vi.* **-pired, -piring** to act as umpire (in or of)

**umpteen** (ump′tēn′) *adj.* [Colloq.] very many —**ump′teenth′** *adj.*

**'un** (ən) *pron.* [Colloq.] one [that's a big *'un*]

**un-** (un; *unstressed, also* ən) [< OE.] *a prefix meaning:* **1.** not, lack of, the opposite of [*unhappy, untruth*] **2.** the reverse or removal of [*unfasten, unchain*]; sometimes *un-* is merely intensive [*unloosen*] The list at the bottom of the following pages includes many of the more common compounds formed with *un-* that do not have special meanings

**UN, U.N.** United Nations

**unable** (un ā′b'l) *adj.* not able; lacking the ability, means, or power to do something

**unabridged** (un′ə brijd′) *adj.* not abridged, or shortened

**unaccountable** (un′ə koun′tə b'l) *adj.* **1.** that cannot be explained or accounted for; strange **2.** not responsible —**un'account'ably** *adv.*

**unadopted** (un'ə dopt'id) *adj.* **1.** not adopted **2.** (of roads) not maintained by a local authority

**unadvised** (un'əd vīzd') *adj.* **1.** thoughtlessly hasty; indiscreet **2.** without advice —**un'advis'edly** (-vīz'id lē) *adv.*

**unaffected** (un'ə fek'tid) *adj.* **1.** not influenced **2.** without affectation; sincere and natural —**un'affect'edly** *adv.*

**unanimous** (yōō nan'ə məs) *adj.* [< L. *unus,* one + *animus,* the mind] **1.** agreeing completely **2.** showing, or based on, complete agreement —**unanimity** (yōō'nə nim'ə tē) *n.*

**unapproachable** (un'ə prōch'ə b'l) *adj.* **1.** not accessible, friendly, etc. **2.** having no rival or equal

**unarmed** (un'ärmd') *adj.* having no weapons

**unassailable** (un'ə sāl'ə b'l) *adj.* **1.** that cannot be successfully attacked **2.** that cannot be successfully denied —**un'assail'ably** *adv.*

**unassuming** (un'ə syōō'miŋ) *adj.* not pretentious or forward; modest —**un'assum'ingly** *adv.*

**unattached** (un'ə tacht') *adj.* **1.** not fastened **2.** not connected with any organization **3.** not engaged or married

**unaware** (un'ə wär') *adj.* not aware or conscious [*unaware* of danger] —*adv.* *same as* UNAWARES

**unawares** *adv.* unexpectedly; by surprise

**unbalanced** (un'bal'ənst) *adj.* **1.** not balanced **2.** not sane

**unbearable** (un'bär'ə b'l) *adj.* that cannot be endured

**unbeaten** (un'bēt'ən) *adj.* undefeated or unsurpassed

**unbecoming** (un'bi kum'iŋ) *adj.* not suited to one's appearance, status, character, etc. [*unbecoming* behaviour] —**un'becom'ingly** *adv.*

**unbeknown** (un'bi nōn') *adj.* without one's knowledge (usually with *to*): also **un'beknownst'**

**unbelievable** (un'bə lēv'ə b'l) *adj.* beyond belief; astounding; incredible —**un'believ'ably** *adv.*

**unbeliever** *n.* **1.** a doubter **2.** a person who does not accept any religious belief

**unbelieving** *adj.* doubting; sceptical; incredulous —**un'believ'ingly** *adv.*

**unbend** (un'bend') *vt., vi.* **-bent', -bend'ing** **1.** to make or become less tense, less formal, etc. **2.** to make or become straight again

**unbending** *adj.* **1.** rigid; stiff **2.** firm; resolute **3.** aloof; austere

**unbidden** (un'bid''n) *adj.* **1.** not commanded **2.** not invited

**unbind** (un'bīnd') *vt.* **-bound', -bind'ing** **1.** to untie; unfasten **2.** to release from restraints

**unblushing** (un'blush'iŋ) *adj.* shameless —**unblush'ingly** *adv.*

**unbolt** (un'bōlt') *vt., vi.* to draw back the bolt or bolts of (a door, etc.); unbar; open

**unborn** *adj.* **1.** not born **2.** still within the mother's womb **3.** yet to come or be; future

**unbosom** (un'booz'əm) *vt., vi.* to reveal (one's feelings, secrets, etc.) —**unbosom oneself** to express (oneself) openly about one's feelings, etc.

**unbounded** (un'bound'did) *adj.* **1.** without bounds or limits **2.** not restrained; uncontrolled

**unbowed** (un'boud') *adj.* **1.** not bowed or bent **2.** not yielding; unsubdued

**unbridled** (un'brī'd'ld) *adj.* not controlled; unrestrained

**unbroken** (un'brō'k'n) *adj.* **1.** whole; intact **2.** not tamed **3.** uninterrupted **4.** not surpassed [an *unbroken* record]

**unburden** (un'burd''n) *vt.* **1.** to free from a burden **2.** to relieve (oneself or one's mind) by disclosing (something hard to bear)

**uncalled-for** (un kôld'fôr') *adj.* unnecessary and out of place; impertinent

**uncanny** (un'kan'ē) *adj.* **1.** mysterious in an eerie way; weird **2.** so remarkable

**unabashed**
**unabated**
**unabsorbed**
**unacademic**
**unacceptable**
**unaccommodating**
**unaccompanied**
**unaccomplished**
**unaccounted-for**
**unacknowledged**
**unacquainted**
**unadaptable**
**unadjustable**
**unadorned**
**unadulterated**
**unadventurous**
**unadvertised**
**unaffiliated**
**unafraid**
**unaided**
**unalike**
**unalloyed**
**unalterable**
**unaltered**
**unambiguous**
**unambitious**
**unamiable**
**unamusing**
**unannounced**
**unanswerable**
**unapologetic**
**unappealing**
**unappeasable**
**unappetizing**
**unappreciated**
**unappreciative**
**unarguable**
**unashamed**
**unasked**
**unaspiring**
**unassigned**
**unassimilated**
**unassisted**
**unattainable**
**unattended**
**unattested**
**unattractive**
**unauthenticated**
**unauthorized**
**unavailable**
**unavenged**
**unavowed**
**unawed**
**unbathed**
**unbefitting**
**unbiased**
**unbleached**
**unblemished**
**unblinking**
**unblock**
**unbound**
**unbreakable**
**unbreathable**
**unbridgeable**
**unbruised**
**unbuilt**
**unburied**
**unburned**
**unburnt**
**unbusinesslike**
**uncaring**
**uncarpeted**
**unceasing**
**unchain**
**unchallenged**
**unchangeable**
**unchanged**
**unchaperoned**
**uncharacteristic**
**uncharted**
**unchartered**
**unchastened**
**unchecked**
**unchilled**
**unchivalrous**
**unclaimed**
**unclarified**
**unclassified**

as to seem unnatural —**uncan'nily** *adv.* —**uncan'niness** *n.*

**uncared-for** (un'kärd'fôr') *adj.* neglected

**unceremonious** (un'ser ə mō'nē əs) *adj.* **1.** informal **2.** so curt or abrupt as to be discourteous

**uncertain** (un surt'n) *adj.* **1.** *a*) not surely or certainly known *b*) not sure or certain in knowledge; doubtful **2.** not definite; vague **3.** not dependable or reliable **4.** not steady or constant; varying —**uncer'tainty** *n.*

**uncharitable** (un'char'i tə b'l) *adj.* unforgiving, ungenerous, or faultfinding —**unchar'itableness** *n.* —**unchar'itably** *adv.*

**unchristian** (un'kris'chən) *adj.* **1.** not practising a Christian religion **2.** not in accord with the principles of Christianity

**uncial** (un'si əl) *adj.* [< L. *uncia,* an inch] designating or of a form of large, rounded letter used in manuscripts between 300 and 900 A.D. —*n.* an uncial letter or manuscript

**uncircumcised** (un'sur'kəm sīzd') *adj.* **1.** not circumcised; specif., not Jewish **2.** [Archaic] heathen

**uncivil** (un'siv'l) *adj.* **1.** not civil or courteous; ill-mannered **2.** [Obs.] not civilized; barbarous —**unciv'illy** *adv.*

**unclasp** (un'kläsp') *vt.* **1.** to unfasten the clasp of **2.** to release from a clasp —*vi.* to become unfastened

**uncle** (uŋ'k'l) *n.* [< L. *avunculus*] **1.** the brother of one's father or mother **2.** the husband of one's aunt **3.** [Old Slang] a pawnbroker

**unclean** *adj.* **1.** dirty; filthy **2.** not pure according to religious laws **3.** morally impure; unchaste

**Uncle Sam** [< abbrev. U.S.] [Colloq.] the U.S. government or people

**unclose** (un'klōz') *vt., vi.* **-closed', -clos'ing** to reveal

**unclothe** (un'klō*th*') *vt.* **-clothed'** or **-clad', -cloth'ing** to strip of or as of clothes; uncover

**uncoil** (un'koil') *vt., vi.* to unwind

**uncomfortable** (un'kumf'tər b'l) *adj.* **1.** feeling discomfort **2.** causing discomfort **3.** ill at ease —**uncom'fortableness** *n.* —**uncom'fortably** *adv.*

**uncommitted** (un'kə mit'id) *adj.* **1.** not bound to a specific opinion, cause, etc. **2.** not having taken a position; neutral

**uncommon** (un kom'ən) *adj.* **1.** rare; not usual **2.** strange; remarkable

**uncommunicative** (un'kə myōō'ni kə tiv) *adj.* not communicative; reserved; taciturn

**uncompromising** (un kom'prə mī'ziŋ) *adj.* not yielding; firm; inflexible

**unconcern** (un'kən surn') *n.* **1.** lack of interest; indifference **2.** lack of concern, or worry

**unconcerned** *adj.* **1.** not interested **2.** not anxious **3.** not involved —**un'concern'edly** (-sur'nid lē) *adv.*

**unconditional** (un'kən dish'ən'l) *adj.* without conditions or stipulations —**un'condi'tionally** *adv.*

**unconscionable** (un kon'shən ə b'l) *adj.* **1.** not guided or restrained by conscience; unscrupulous **2.** unreasonable, excessive, etc. —**uncon'scionably** *adv.*

**unconscious** (un'kon'shəs) *adj.* **1.** deprived of consciousness **2.** not aware (*of*) **3.** not realized or intended [*unconscious* humour] —**the unconscious** *Psychoanalysis* the sum of all memories, feelings, etc. of which the individual is not conscious but which influence his behaviour —**uncon'sciously** *adv.* —**uncon'sciousness** *n.*

**unconstitutional** (un'kon stə tyōō'shən'l) *adj.* not in accordance with a constitution, as of a state —**un'constitu'tional'ity** (-shə nal'ə tē) *n.*

**unconventional** (un'kən ven'shən'l) *adj.* not conforming to customary, formal, or accepted practices, standards, etc. —**un'conven'tional'ity** (-shə nal'ə tē) *n.*

**uncork** (un'kôrk') *vt.* to pull the cork out of

**uncounted** (un'koun'tid) *adj.* **1.** not

**uncleared**
**unclog**
**unclouded**
**uncluttered**
**uncollected**
**uncollectible**
**uncoloured**
**uncombined**
**uncomforted**
**uncommissioned**
**uncomplaining**
**uncompleted**
**uncomplicated**
**uncomplimentary**
**uncomprehending**
**unconcealed**
**unconfessed**
**unconfined**
**unconfirmed**
**uncongenial**
**unconnected**
**unconquerable**
**unconquered**
**unconsecrated**
**unconsidered**
**unconsolidated**
**unconstrained**
**uncontaminated**
**uncontested**
**uncontrollable**
**uncontrolled**
**unconvinced**
**unconvincing**
**uncooked**
**uncooperative**
**uncoordinated**
**uncorrected**
**uncorroborated**
**uncountable**
**uncritical**
**uncross**
**uncrowned**
**uncultivated**
**uncultured**
**uncurbed**
**uncured**
**uncurl**
**undamaged**
**undated**
**undecipherable**
**undeclared**
**undecorated**
**undefeated**
**undefended**
**undefiled**
**undemanding**
**undemocratic**
**undemonstrative**
**undependable**
**undeserving**
**undesired**
**undestroyed**
**undetected**
**undeterred**
**undeveloped**
**undeviating**
**undigested**
**undignified**
**undiluted**
**undiminished**
**undimmed**
**undiplomatic**
**undiscernible**
**undischarged**
**undisciplined**
**undisclosed**
**undiscouraged**
**undiscriminating**
**undisguised**
**undismayed**
**undisputed**
**undistinguished**
**undisturbed**
**undivided**
**undocumented**
**undrinkable**
**undutiful**
**undyed**

counted **2.** too many to be counted; innumerable

**uncouple** (un′kup′l) *vt.* **-pled, -pling** to unfasten (things coupled); disconnect —*vi.* to become unfastened

**uncouth** (un kōōth′) *adj.* [< OE. *un-,* not + *cunnan,* know] awkward; clumsy; boorish —**uncouth′ness** *n.*

**uncover** (un kuv′ər) *vt.* **1.** to disclose **2.** to remove the cover or protection from **3.** to remove the hat from (the head) —*vi.* to bare the head, as in showing respect

**unction** (uŋk′shən) *n.* [< L. *ungere,* anoint] **1.** *a*) the act of anointing, as in a religious ceremony *b*) the oil, etc. used **2.** anything that soothes **3.** *a*) a very earnest manner of speaking or behaving *b*) such a manner when it seems put on

**unctuous** (uŋk′tyoo əs) *adj.* [< L. *ungere,* anoint] **1.** oily or greasy **2.** characterized by a smug, smooth pretence of spiritual feeling or earnestness —**unc′tuousness** *n.*

**undaunted** (un′dôn′tid) *adj.* not afraid or discouraged

**undeceive** (un′di sēv′) *vt.* **-ceived′, -ceiv′ing** to cause to be no longer deceived, mistaken, or misled

**undecided** (un′di sīd′id) *adj.* **1.** not decided or settled **2.** not having come to a decision

**undeniable** (un′di nī′ə b′l) *adj.* that cannot be denied or disputed —**un′deni′ably** *adv.*

**under** (un′dər) *prep.* [OE.] **1.** in, at, or to a position down from; below **2.** less than **3.** beneath the surface of [*under* water] **4.** below and to the other side of [to drive *under* a bridge] **5.** covered or concealed by [a jumper *under* a coat] **6.** *a*) lower in authority, position, value, amount, etc. than *b*) lower than the required degree of [*under* age] **7.** *a*) subject to the control, government, etc. of *b*) bound by [*under* oath] *c*) undergoing [*under* repair] **8.** with the character, disguise, etc. of [*under* an alias] **9.** in (the designated category) **10.** during the rule of [France *under* Louis XV] **11.** being the subject of [the question *under* discussion] **12.** because of [*under* the circumstances] **13.** authorized by [*under* her signature] **14.** planted with [an acre *under* barley] **15.** driven by [*under* sail] —*adv.* **1.** in or to a lower position; beneath **2.** beneath the surface **3.** in or to a subordinate condition **4.** so as to be covered or concealed **5.** less in amount, value, etc. —*adj.* lower in position, authority, amount, etc.

**under-** [OE.] *a prefix meaning:* **1.** beneath or below [*undershirt*] **2.** in an inferior position or rank [*undergraduate*] **3.** too little, below normal [*underdeveloped*]

**underachieve** (un′dər ə chēv′) *vi.* **-chieved′, -chiev′ing** to fail to do as well in school studies as might be expected from scores made on intelligence tests

**underage** (un′dər āj′) *adj.* **1.** not of full or mature age **2.** below the age required by law

**underarm** *adj.* **1.** under the arm **2.** *same as* UNDERHAND (sense 1) —*adv.* *same as* UNDERHAND

**underbid** (un′dər bid′) *vt., vi.* **-bid′, -bid′ding** **1.** to bid lower than (another person) **2.** to bid less than the worth of

**undercarriage** *n.* **1.** the part of an aircraft containing the wheels, etc. used for landing and taking off **2.** a supporting frame or structure, as of a motor car

**undercharge** (un′dər chärj′) *vt., vi.* **-charged′, -charg′ing** **1.** to charge too low a price (to) **2.** to provide with too little or low a charge

**undercliff** *n.* a lesser cliff beneath a higher one, formed by debris from the latter

**underclothes** *n.pl.* *same as* UNDERWEAR: also **un′dercloth′ing**

**undercoat** *n.* **1.** a coat of paint, varnish, etc. applied before the final coat: also **un′dercoat′ing** **2.** the soft fur under the outer coat of some animals **3.** a coat worn under an overcoat —*vt.* to apply an undercoat (of paint, etc.) to

**undercover** *adj.* acting or done in secret

**undercroft** *n.* [< obs. *croft,* vault] a crypt

**uneaten**
**uneconomical**
**unedifying**
**uneducated**
**unembarrassed**
**unemotional**
**unemphatic**
**unemptied**
**unencumbered**
**unending**
**unendurable**
**unenforceable**
**unengaged**
**unenlightened**
**unenterprising**
**unentertaining**
**unenthusiastic**
**unenviable**
**unequipped**
**unescorted**
**unethical**
**uneventful**
**unexacting**
**unexcitable**
**unexciting**
**unexercised**
**unexpired**
**unexplained**
**unexploded**
**unexpurgated**
**unextinguished**
**unfading**
**unfaltering**
**unfashionable**
**unfathomable**
**unfed**
**unfeminine**
**unfenced**
**unfermented**
**unfertilized**
**unfilial**
**unfitting**
**unflagging**
**unflattering**
**unforced**
**unforeseeable**
**unforeseen**
**unforgettable**
**unforgivable**
**unforgiving**
**unforgotten**
**unformed**
**unformulated**
**unfortified**
**unframed**
**unfruitful**
**unfulfilled**
**unfurnished**
**ungallant**
**ungenerous**
**ungentlemanly**
**ungrammatical**
**ungrateful**
**ungratified**
**ungrudging**
**unguessable**
**unguided**
**unhandled**
**unhandsome**
**unharmed**
**unharness**
**unharvested**
**unhatched**
**unhealed**
**unheated**
**unheeded**
**unheeding**
**unhelpful**
**unheralded**
**unhesitating**
**unhindered**
**unhoped-for**
**unhung**
**unhurried**
**unhurt**
**unhygienic**
**unhyphenated**
**unidentified**

**undercurrent** *n.* **1.** a current flowing below the surface **2.** a hidden or underlying tendency, opinion, etc.

**undercut** (un′dər kut′) *vt.* **-cut′, -cut′ting** **1.** to undersell or work for lower wages than **2.** to cut out the under part of **3.** *Sports* to strike (a ball) with an oblique downward motion, as in golf, esp. so as to impart backspin

**underdeveloped** (un′dər di vel′əpt) *adj.* not developed to a desirable degree; specif., a) inadequately developed economically and industrially [*underdeveloped* nations] b) *Photog.* processed in developer for less than the required time: said of a film

**underdo** (un′dər dōō′) *vt.* **-did′, -done′, -do′ing** to do less than is usual, needed, or desired

**underdog** (un′dər dȯg′) *n.* **1.** the one that is losing, as in a contest **2.** a person who is handicapped or a victim of injustice, discrimination, etc.

**underdone** (un′dər dun′) *adj.* not cooked enough

**underemployed** (un′dər im ploid′) *adj.* **1.** employed at less than full time **2.** working at low-skilled, poorly paid jobs when one can do more skilled work

**underestimate** (un′dər es′tə māt′; *for n.* -mit) *vt., vi.* **-mat′ed, -mat′ing** to set too low an estimate on or for —*n.* an estimate that is too low —**un′deres′tima′tion** *n.*

**underexpose** (un′dər ik spōz′) *vt.* **-posed′, -pos′ing** to expose (a photographic film, etc.) to inadequate light or for too short a time —**un′derexpo′sure** *n.*

**underfelt** *n.* felt laid underneath a carpet as an underlay

**underfoot** (un′dər fo͝ot′) *adv., adj.* **1.** under the feet **2.** in the way, as of one walking

**undergarment** *n.* an item of underwear

**undergo** (un′dər gō′) *vt.* **-went′, -gone′, -go′ing** to experience; endure

**undergraduate** (un′dər grad′yo͞o it) *n.* a student at a university or college who has not yet received a bachelor's degree

**underground** (un′dər ground′; *for adv.* un′dər ground′) *adj.* **1.** occurring, working, etc. beneath the surface of the earth **2.** secret; undercover **3.** designating newspapers, films, etc. that are unconventional, radical, etc. —*adv.* **1.** beneath the surface of the earth **2.** in or into secrecy or hiding —*n.* **1.** the region beneath the surface of the earth **2.** a secret movement organized to oppose the government in power or enemy forces of occupation **3.** an underground electric railway for passenger travel **4.** any radical or avant-garde group, movement, etc. that operates outside the establishment

**undergrowth** *n.* small trees, shrubs, etc. that grow beneath large trees in woods or forests

**underhand** *adj.* **1.** performed with the hand below the level of the elbow or shoulder **2.** *same as* UNDERHANDED —*adv.* with an underhand motion

**underhanded** *adj.* secret, sly, deceitful, etc.

**underlay** (un′dər lā′; *for n.* un′dər lā′) *vt.* **-laid′, -lay′ing** to raise or support with something laid underneath —*n.* something laid underneath; specif., a layer of felt, rubber, etc. laid under a carpet to increase insulation and resilience

**underlie** (un′dər lī′) *vt.* **-lay′, -lain′, -ly′ing** **1.** to lie under or beneath **2.** to form the basis or foundation of

**underline** (un′dər līn′) *vt.* **-lined′, -lin′ing** **1.** to draw a line beneath **2.** to emphasize

**underling** (un′dər liŋ) *n.* [OE.: see UNDER- & -LING] a person who must carry out the orders of others above him; inferior: a disparaging term

**underlying** (un′dər lī′iŋ) *adj.* **1.** not clearly evident, but implicit **2.** fundamental; basic **3.** placed beneath

**undermine** (un′dər mīn′) *vt.* **-mined′, -min′ing** **1.** to wear away and weaken the supports of **2.** to weaken or impair, esp. in a slow or stealthy way **3.** to dig beneath

unilluminated
unillustrated
unimaginable
unimaginably
unimaginative
unimpaired
unimpeded
unimportant
unimposing
unimpressed
unimpressionable
unimpressive
unindustrialized
uninfected
uninflected
uninformed
uninhabitable
uninhabited
uninitiated
uninjured
uninspired
uninspiring
uninsured
unintelligent
unintelligible
unintentional
uninterested
uninteresting
uninterrupted
unintimidated
uninventive
uninvited
uninviting
uninvolved
unjustifiable
unknot
unladylike
unlamented
unleavened
unlicensed
unlined
unlink
unlovable
unloved
unlovely
unmanageable
unmarked
unmarred
unmarried
unmeasured
unmelodious
unmended
unmentioned
unmerited
unmixed
unmodified
unmolested
unmollified
unmoor
unmourned
unmovable
unmoved
unmoving
unmusical
unnamed
unnavigable
unneighbourly
unnoticeable
unnoticed
unobjectionable
unobliging
unobservant
unobserved
unobstructed
unobtainable
unobtrusive
unoffending
unofficial
unopen
unopened
unopposed
unoriginal
unorthodox
unostentatious
unpacified
unpaid
unpainted
unpalatable

**underneath** (un′dər nēth′) ***adv., prep.*** under; below —***n.*** the underpart

**undernourish** (un′dər nur′ish) ***vt.*** to provide with less food than is needed for health and growth

**underpants** ***n.pl.*** a man's undergarment for the lower part of the body, with a separate opening for each leg

**underpass** ***n.*** a passageway under something; esp., a road that runs under a railway or another road

**underpin** (un′dər pin′) ***vt.*** **-pinned′, -pin′ning** to support or strengthen from beneath, as with props —**un′derpin′ning** ***n.***

**underplay** (un′dər plā′) ***vt., vi.*** **1.** to act (a role or scene) in an intentionally restrained manner **2.** *Cards* to play a low card deliberately instead of a higher one

**underprivileged** (un′dər priv′lijd) ***adj.*** deprived of basic social rights and security through poverty, discrimination, etc.

**underproduce** (un′dər prə dyōōs′) ***vt., vi.*** **-duced′, -duc′ing** to produce in a quantity that is below full capacity or that fails to meet the need or demand —**un′derproduc′tion** ***n.***

**underscore** (un′dər skôr′) ***vt.*** **-scored′, -scor′ing** *same as* UNDERLINE

**undersea** ***adj., adv.*** beneath the surface of the sea

**underseal** ***n.*** a coating of tarlike material applied to the undersurface of a car, etc. to retard the development of rust —***vt.*** to apply an underseal to

**undersecretary** (un′dər sek′rə tər ē) ***n., pl.*** **-taries** any of various senior civil servants in certain government departments

**undersexed** (un′dər sekst′) ***adj.*** having a weaker than normal sexual drive or interest

**undershirt** ***n.*** [Chiefly U.S.] a usually sleeveless undergarment worn under a shirt by men

**undershoot** (un′dər shōōt′) ***vt.*** **-shot′, -shoot′ing** **1.** to shoot or fall short of (a target, mark, etc.) **2.** to bring an aircraft down short of (the runway, etc.)

**undershot** ***adj.*** **1.** with the lower part jutting out past the upper [an *undershot* jaw] **2.** driven by water flowing along the lower part [an *undershot* water wheel]

**underside** ***n.*** the side or surface underneath

**undersign** (un′dər sīn′) ***vt.*** to sign one's name at the end of (a letter, document, etc.) —**the undersigned** the person or persons undersigning

**undersized** (un′dər sīzd′) ***adj.*** smaller in size than is usual, average, or proper

**underskirt** ***n.*** a garment worn under a skirt

**understaffed** (un′dər stäft′) ***adj.*** having fewer personnel than needed

**understand** (un′dər stand′) ***vt.*** **-stood′, -stand′ing** [OE. *understandan,* to stand under] **1.** to get or know the meaning of **2.** to gather or assume from what is heard, known, etc. **3.** to take as meaning, interpret **4.** to take as a fact **5.** to supply mentally (an idea, word, etc.), as for grammatical completeness **6.** to learn **7.** to know the nature, character, etc. of **8.** to have a sympathetic rapport with [no one *understands* me] —***vi.*** to have understanding, comprehension, etc. —**un′derstand′able** ***adj.*** —**un′derstand′ably** ***adv.***

**understanding** ***n.*** **1.** comprehension **2.** sympathetic awareness **3.** sense **4.** an explanation or interpretation [one's *understanding* of the matter] **5.** *a*) mutual comprehension, as of intentions *b*) an agreement, esp. one that is informal —***adj.*** having or showing comprehension, sympathy, etc. —**un′derstand′ingly** ***adv.***

**understate** (un′dər stāt′) ***vt.*** **-stat′ed, -stat′ing** **1.** to express in a restrained style **2.** to make a weaker statement of than is warranted by truth, accuracy, or importance —**un′derstate′ment** ***n.***

**understudy** ***n., pl.*** **-stud′ies** **1.** an actor who learns the part of another actor so that he can serve as a substitute **2.** anyone who is trained to take the place of another —***vt., vi.*** **-stud′ied, -stud′ying** **1.** to act

**unpardonable**
**unpatriotic**
**unpaved**
**unperceived**
**unpersuadable**
**unperturbed**
**unpicked**
**unpitied**
**unpitying**
**unplaced**
**unplanned**
**unplayable**
**unpleasing**
**unploughed**
**unplucked**
**unplug**
**unpolished**
**unpolluted**
**unpredictable**
**unpremeditated**
**unprepared**
**unprepossessing**
**unpresentable**
**unpressed**
**unpretentious**
**unpriced**
**unprivileged**
**unproductive**
**unprofitable**
**unpromising**
**unprompted**
**unpronounceable**
**unpropitious**
**unprotected**
**unproved**
**unproven**
**unprovided**
**unprovoked**
**unpublished**
**unpunctual**
**unpunished**
**unquenchable**
**unquenched**
**unquestioning**
**unquotable**
**unrealized**
**unreasoned**
**unrebuked**
**unreceptive**
**unreciprocated**
**unreclaimed**
**unrecognizable**
**unrecognized**
**unreconciled**
**unrecorded**
**unredeemed**
**unrefined**
**unreflecting**
**unregarded**
**unregistered**
**unregretted**
**unregulated**
**unrelated**
**unreliability**
**unreliable**
**unrelieved**
**unremorseful**
**unremovable**
**unremunerative**
**unrenewed**
**unrenowned**
**unrepairable**
**unrepentant**
**unrepenting**
**unrepresentative**
**unrepresented**
**unrepressed**
**unreprimanded**
**unrequested**
**unrequited**
**unresisting**
**unresolved**
**unresponsive**
**unrested**
**unrestful**
**unrestrained**
**unrestricted**
**unretentive**

as an understudy (to) **2.** to learn (a part) as an understudy

**undertake** (un′dər tāk′) *vt.* **-took′, -tak′en, -tak′ing** **1.** to take upon oneself; agree to do **2.** to promise; guarantee

**undertaker** (un′dər tā′kər) *n.* a contractor who makes all the necessary arrangements for a burial or cremation

**undertaking** (un′dər tā′kiŋ; *for 3,* un′dər tā′kiŋ) *n.* **1.** something undertaken; task; enterprise **2.** a promise; guarantee **3.** the business of an undertaker

**under-the-counter** *adj.* [Colloq.] done, sold, given, etc. secretly in an unlawful or unethical way

**underthings** *n.pl.* women's or girls' underwear

**undertone** *n.* **1.** a low tone of sound or voice **2.** any underlying quality, factor, element, etc. *[an undertone of horror]* **3.** a subdued or background colour

**undertow** *n.* [UNDER- + TOW[1]] a current of water moving beneath the surface water and in a different direction, as seawards under the incoming tide

**undervalue** (un′dər val′yōō) *vt.* **-ued, -uing** **1.** to value too low, or below the real worth **2.** to regard too lightly

**underwater** (un′dər wôt′ər) *adj.* being, done, used, or for use under water —*adv.* beneath the surface of the water

**underway** (un′dər wā′) *adj.* *Naut.* not at anchor or moored or aground

**underwear** *n.* clothing worn under one's outer clothes, usually next to the skin

**underweight** (un′dər wāt′) *adj.* below the normal, desirable, or allowed weight

**underwood** *n.* *same as* UNDERGROWTH

**underworld** *n.* **1.** the criminal members of society, regarded as a group **2.** the mythical world of the dead; Hades

**underwrite** *vt.* **-wrote′, -writ′ten, -writ′ing** **1.** to agree to buy at a fixed price any unsold portion of (an issue of shares, etc.) **2.** to pledge to support (an undertaking, etc.) financially **3.** *a*) to sign one's name to (an insurance policy) thus assuming liability, esp. in shipping *b*) to insure *c*) to assume liability to the amount of (a specified sum) —*vi.* to practise insurance, esp. in shipping —**un′derwrit′er** *n.*

**undesirable** (un′di zīər′ə b'l) *adj.* not desirable; objectionable —*n.* an undesirable —**un′desir′ably** *adv.*

**undies** (un′dēz) *n.pl.* [Colloq.] women's or girls' underwear

**undine** (un′dēn) *n.* [< Mod.L. *unda,* a wave] *Folklore* a female water spirit who could acquire a soul by marrying, and having a child by, a mortal

**undo** (un′dōō′) *vt.* **-did′, -done′, -do′ing** **1.** to untie or open **2.** to reverse or do away with (something done or its effect) **3.** to ruin or destroy —**undo′er** *n.*

**undoing** *n.* **1.** ruin or the cause of ruin **2.** a reversal of something done or its effect

**undone[1]** (un′dun′) *pp. of* UNDO —*adj.* ruined, disgraced, etc.

**undone[2]** *adj.* not performed, accomplished, etc.

**undoubted** (un dout′id) *adj.* certain —**undoubt′edly** *adv.*

**undreamed** (un drēmd′) *adj.* not even dreamed (*of*) or imagined; inconceivable: also **undreamt′**

**undress** (un′dres′) *vt.* to take off the clothing of —*vi.* to take off one's clothes —*n.* **1.** the state of being naked, partly clothed, etc. **2.** ordinary or informal dress, as opposed to uniform, etc.

**undue** (un dyōō′) *adj.* **1.** excessive *[undue haste]* **2.** not suitable; improper *[undue flippancy]*

**undulant** (un′dyoo lənt) *adj.* moving in or as in waves

**undulate** (un′dyoo lāt′; *for adj. usually* -lit) *vi., vt.* **-lat′ed, -lat′ing** [< L. *unda,* a wave] **1.** to move or cause to move in waves **2.** to have or cause to have a wavy form, surface, etc. —*adj.* wavy: also **un′dulat′ed**

**undulation** (un′dyoo lā′shən) *n.* **1.** an

**unretrieved**
**unreturned**
**unrevenged**
**unrevised**
**unrewarding**
**unrhymed**
**unrhythmic**
**unromantic**
**unsafe**
**unsalable**
**unsalaried**
**unsaleable**
**unsalted**
**unsanctified**
**unsanctioned**
**unsatisfactory**
**unsatisfied**
**unsatisfying**
**unscalable**
**unscarred**
**unscented**
**unscheduled**
**unscholarly**
**unscientific**
**unscorched**
**unscratched**
**unscriptural**
**unseasoned**
**unseaworthy**
**unseeing**
**unseen**
**unsegmented**
**unsegregated**
**unselective**
**unsentimental**
**unserviceable**
**unsewn**
**unshadowed**
**unshakable**
**unshakeable**
**unshaken**
**unshamed**
**unshapely**
**unshared**
**unshaven**
**unshed**
**unsheltered**
**unshielded**
**unshockable**
**unshorn**
**unshrinkable**
**unshrinking**
**unshuffled**
**unshuttered**
**unsighted**
**unsigned**
**unsimplified**
**unsingable**
**unsinkable**
**unslackened**
**unslaked**
**unsleeping**
**unsliced**
**unsmiling**
**unsmoked**
**unsoiled**
**unsold**
**unsolicited**
**unsolidified**
**unsolved**
**unsought**
**unsown**
**unspecialized**
**unspecific**
**unspecified**
**unspectacular**
**unspoiled**
**unspoken**
**unsporting**
**unsportsmanlike**
**unspotted**
**unstained**
**unsterilized**
**unstinted**
**unstoppable**
**unstressed**
**unsubstantiated**
**unsuccessful**

undulating **2.** a wavy form or outline, esp. one of a series

**unduly** (un′dyōō′lē) ***adv.*** too much *[unduly alarmed]*

**undying** (un′dī′iŋ) ***adj.*** immortal or eternal

**unearned** ***adj.*** **1.** not earned by work or service; specif., obtained as a return on an investment *[unearned income]* **2.** not deserved

**unearth** (un′ərth′) ***vt.*** **1.** to dig up **2.** to discover or disclose

**unearthly** ***adj.*** **1.** supernatural **2.** weird; mysterious **3.** [Colloq.] absurd, unreasonable, etc. —**unearth′liness** ***n.***

**uneasy** (un ē′zē) ***adj.*** **-eas′ier, -eas′iest** **1.** worried; anxious **2.** disturbing; disquieting *[an uneasy feeling]* **3.** precarious *[an uneasy truce]* —**uneas′iness** ***n.*** —**uneas′ily** ***adv.***

**unemployed** (un′im ploid′) ***adj.*** **1.** without work **2.** not being used —**the unemployed** people who are out of work —**un′em ploy′ment** ***n.***

**unequal** (un′ē′kwəl) ***adj.*** **1.** not equal, as in size, strength, etc. **2.** *a*) not balanced *b*) that matches unequal contestants *[an unequal battle]* **3.** not even, regular, etc.; variable **4.** not adequate *[unequal to the task]* —**une′qually** ***adv.***

**unequalled** ***adj.*** unmatched; unrivalled

**unequivocal** (un′i kwiv′ə k'l) ***adj.*** not equivocal; plain; clear —**un′equiv′ocally** ***adv.***

**unerring** (un′ər′iŋ) ***adj.*** free from error; sure; exact

**UNESCO** (yōō nes′kō) United Nations Educational, Scientific, and Cultural Organization

**uneven** (un′ē′vən) ***adj.*** **1.** not level, smooth, or flat **2.** not equal in size, amount, etc. **3.** not uniform; varying **4.** not equally balanced or matched **5.** *Math.* not evenly divisible by two

**unexampled** (un′ig zam′p'ld) ***adj.*** with nothing like it before; unprecedented

**unexceptionable** (un′ik sep′shə nə b'l) ***adj.*** without flaw or fault; not warranting even the slightest criticism

**unexceptional** (un′ik sep′shən'l) ***adj.*** **1.** not uncommon; ordinary **2.** not admitting of any exception

**unfailing** (un fāl′iŋ) ***adj.*** **1.** not failing **2.** never ceasing or falling short; inexhaustible **3.** always reliable

**unfair** (un′fâər′) ***adj.*** **1.** not just or impartial; biased; inequitable **2.** dishonest or unethical in business dealings

**unfaithful** (un′fāth′fəl) ***adj.*** **1.** failing to stay loyal or to keep a vow, promise, etc. **2.** not true, accurate, etc. **3.** guilty of adultery —**unfaith′fulness** ***n.***

**unfamiliar** (un′fə mil′yər) ***adj.*** **1.** not well-known; strange *[unfamiliar lands]* **2.** not acquainted (*with* something)

**unfeeling** (un fēl′iŋ) ***adj.*** without sympathy; hardhearted; cruel

**unfeigned** (un fānd′) ***adj.*** genuine; sincere —**unfeign′edly** (-fān′id lē) ***adv.***

**unfinished** ***adj.*** **1.** not finished or completed **2.** having no finish, or final coat, as of paint

**unfit** (un′fit′) ***adj.*** **1.** not meeting requirements **2.** not physically or mentally fit —**unfit′ness** ***n.***

**unflappable** (un′flap′ə b'l) ***adj.*** [Colloq.] not easily excited or upset; calm

**unflinching** (un flin′chiŋ) ***adj.*** resolute; unyielding

**unfold** (un′fōld′) ***vt.*** **1.** to open and spread out (something folded) **2.** to reveal, disclose, display, or explain —***vi.*** **1.** to become unfolded **2.** to develop fully

**unfortunate** (un fôr′chə nit) ***adj.*** **1.** *a*) unlucky *b*) bringing, or coming by, bad luck **2.** regrettable; unsuitable *[an unfortunate remark]* —***n.*** an unfortunate person —**unfor′tunately** ***adv.***

**unfounded** (un′foun′did) ***adj.*** **1.** not founded on fact or truth; baseless **2.** not established

**unfreeze** (un′frēz′) ***vt.*** **-froze′, -froz′en, -freez′ing** **1.** to cause to thaw **2.** to remove financial controls from (prices, wages, etc.)

**unfrock** (un′frok′) ***vt.*** to deprive of the rank of priest

**unfurl** (un′fərl′) ***vt., vi.*** to open or unfold from a furled state

**ungainly** (un gān′lē) ***adj.*** awkward; clumsy —**ungain′liness** ***n.***

**unsuited**
**unsullied**
**unsupervised**
**unsupportable**
**unsupported**
**unsuppressed**
**unsure**
**unsurpassable**
**unsurpassed**
**unsusceptible**
**unsuspecting**
**unsustained**
**unswayed**
**unsweetened**
**unswept**
**unswerving**
**unsymmetrical**
**unsympathetic**
**unsystematic**
**untalented**
**untamed**
**untapped**
**untarnished**
**untasted**
**unthanked**
**unthought-of**
**untiring**
**untorn**
**untouched**
**untraceable**
**untraced**
**untrained**
**untrammelled**
**untransferable**
**untranslatable**
**untransmitted**
**untravelled**
**untraversed**
**untreated**
**untried**
**untroubled**
**untrustworthy**
**untuned**
**unturned**
**untypical**
**unusable**
**unvaccinated**
**unvaried**
**unvarying**
**unventilated**
**unverified**
**unversed**
**unvisited**
**unwanted**
**unwarned**
**unwarrantable**
**unwarranted**
**unwashed**
**unwatered**
**unwavering**
**unwearable**
**unwearying**
**unweeded**
**unwelcome**
**unwincing**
**unwinking**
**unwished-for**
**unwithered**
**unwitnessed**
**unworkable**
**unworn**
**unworried**
**unwounded**
**unwoven**
**unwrinkled**
**unyielding**

**ungodly** (un′god′lē) ***adj.*** **1.** impious **2.** sinful; wicked **—ungod′liness** ***n.***

**ungovernable** (un′guv′ər nə b'l) ***adj.*** that cannot be governed or controlled; unruly

**ungracious** (un′grā′shəs) ***adj.*** rude; discourteous

**unguarded** (un′gärd′id) ***adj.*** **1.** unprotected **2.** without guile or cunning; open **3.** careless; thoughtless

**unguent** (uŋ′gwənt) ***n.*** [< L. *unguere,* anoint] a salve or ointment

**ungulate** (un′gyoo lāt′) ***adj.*** [< L. *ungula,* hoof] having hoofs **—*n.*** a mammal having hoofs

**unhallowed** (un′hal′ōd) ***adj.*** **1.** not consecrated; unholy **2.** wicked; profane

**unhand** (un′hand′) ***vt.*** to loose from one's grasp; let go of

**unhappy** (un hap′ē) ***adj.*** **-hap′pier, -hap′piest** **1.** sad; sorrowful **2.** unlucky **3.** not suitable **—unhap′pily** ***adv.*** **—unhap′piness** ***n.***

**unhealthy** (un hel′thē) ***adj.*** **-health′ier, -health′iest** **1.** having poor health; sickly **2.** harmful to health **3.** dangerous or risky *[an unhealthy* situation*]* **—unhealth′ily** ***adv.*** **—unhealth′iness** ***n.***

**unheard** (un′hurd′) ***adj.*** **1.** not perceived by the ear **2.** not given a hearing

**unheard-of** ***adj.*** **1.** unprecedented **2.** unacceptable or outrageous *[unheard-of* behaviour*]*

**unhinge** (un′hinj′) ***vt.*** **-hinged′, -hing′ing** **1.** to remove from the hinges **2.** to throw (the mind) into confusion; unbalance

**unholy** (un′hō′lē) ***adj.*** **-lier, -liest** **1.** not sacred or consecrated **2.** wicked; profane **3.** [Colloq.] dreadful **—unho′liness** ***n.***

**unhook** (un′hook′) ***vt.*** **1.** to remove or loosen from a hook **2.** to undo or unfasten the hooks of

**unhorse** (un′hôrs′) ***vt.*** **-horsed′, -hors′ing** to throw (a rider) from a horse

**uni-** [< L.] *a combining form meaning* having or consisting of one only

**Uniat** (yoo′nē′at) ***n.*** [< Russ. < L. *unus,* one] a member of the Eastern Church: also **Uniate**

**unicameral** (yoo′nə kam′ər əl) ***adj.*** [< UNI- + LL. *camera,* chamber] having a single legislative chamber

**UNICEF** (yoo′nə sef′) United Nations International Children's Emergency Fund

**unicellular** (yoo′nə sel′yoo lər) ***adj.*** having or consisting of a single cell

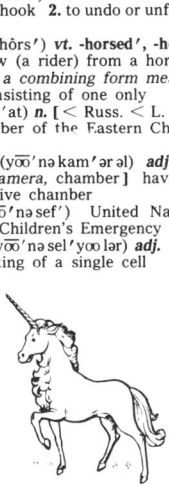

UNICORN

**unicorn** (yoo′nə kôrn′) ***n.*** [< L. *unus,* one + *cornu,* horn] a mythical horse-like animal with a single horn growing from the centre of its forehead

**UNIDO** United Nations Industrial Development Organization

**unification** (yoo′nə fi kā′shən) ***n.*** the act of unifying or the state of being unified

**uniform** (yoo′nə fôrm′) ***n.*** [< L. *unus,* one + *-formis,* -form] the official or distinctive clothes for members of a particular group, as soldiers or schoolchildren **—*adj.*** **1.** not varying in form, degree, manner, etc. **2.** having the same form, appearance, etc. as others of the same class **3.** consistent in action, effect, etc. **—*vt.*** to clothe with a uniform **—u′niform′ity** ***n.*** **—u′niform′ly** ***adv.***

**unify** (yoo′nə fī′) ***vt., vi.*** **-fied′, -fy′ing** [< LL. *unificare*] to combine into one

**unilateral** (yoo′nə lat′ər əl) ***adj.*** [UNI- + LATERAL] **1.** of, occurring on, or affecting one side only **2.** done by one only *[unilateral* disarmament*]*

**unimpeachable** (un′im pēch′ə b'l) ***adj.*** that cannot be doubted, questioned, or discredited **—un′impeach′ably** ***adv.***

**uninhibited** (un′in hib′it id) ***adj.*** without inhibition; esp., free from the usual social or psychological restraints

**union** (yoon′yən) ***n.*** [< L. *unus,* one] **1.** a uniting or being united; combination **2.** a grouping together of nations, political groups, etc. for some specific purpose **3.** marriage **4.** something united; a whole made up of united parts **5.** *short for* TRADE UNION **6.** a device symbolizing political union, used in a flag **7.** [often U-] *a*) a facility for social recreation at a university *b*) the buildings of such an organization In full, **student union** **8.** harmony; concord **9.** formerly, *a*) a combination of parishes for the administration of the poor law *b*) a workhouse **10.** *Math.* a set containing all the elements of two or more given sets, with no element listed more than once **—un′ionism** ***n.***

**unionist** ***n.*** **1.** a supporter of the principle of union **2.** a member of a trade union **3.** [U-] a supporter of the union of Great Britain and Ireland, esp. N Ireland

**unionize** ***vt.*** **-ized′, -iz′ing** **1.** to organize (workers) into a trade union **2.** to bring into conformity with the rules, etc. of a trade union **—un′ioniza′tion** ***n.***

**Union Jack** the national flag of the United Kingdom, consisting of the crosses of St. George, St. Andrew and St. Patrick

**unique** (yoo nēk′) ***adj.*** [Fr. < L. *unicus,* single] **1.** one and only, having no like or equal **2.** highly unusual, extraordinary, etc.: a usage objected to by many **—unique′ly** ***adv.***

**unisex** (yoo′nə seks′) ***adj.*** [Colloq.] designating or of a fashion, as in garments, hair styles, etc., adopted by persons of either sex

**unison** (yoo′nə zən) ***n.*** [< L. *unus,* one + *sonus,* a sound] **1.** identity of musical pitch, as of two or more voices **2.** agreement; harmony —**in unison** **1.** with all the voices or instruments performing the same part **2.** in agreement

**unit** (yōō′nit) ***n.*** [< UNITY] **1.** the smallest whole number; one **2.** any fixed quantity, measure, etc. used as a standard **3.** a single person or group, esp. as distinguished from others or as part of a whole **4.** a single, distinct part, esp. one used for a specific purpose *[the lens unit of a camera]* **5.** a piece of furniture designed to form a whole with other, matching parts **6.** a subdivision of a military formation **7.** a complete system, organization, etc. that performs a specific function *[a production unit]*

**Unitarian** (yōō′nə tâər′ē ən) ***n.*** a member of a Christian sect holding that God exists as one person or being —**U′nitar′ianism** ***n.***

**unitary** (yōō′nə tər ē) ***adj.*** **1.** of a unit or units **2.** of, or characterized by unity

**unite** (yōō nīt′) ***vt., vi.*** **-nit′ed, -nit′ing** [< L. *unus,* one] **1.** to put or join together so as to make one; combine **2.** to bring or come together in common cause, interest, etc.

**united** ***adj.*** **1.** combined; joined **2.** of or resulting from joint action or association **3.** in agreement

**United Empire Loyalist** *Canad. Hist.* any of the American colonists who settled in Canada during or after the War of American Independence because of loyalty to the British Crown

**United Kingdom** Great Britain and Northern Ireland

**United Nations** an international organization of nations pledged to promote world peace and security

**unit price** the price per unit, as per lb., as distinct from the total price of an item

**unit trust** a company formed by public subscriptions which are pooled to buy stocks and shares in a number of companies, under the supervision of a trustee

**unity** (yōō′nə tē) ***n., pl.*** **-ties** [< L. *unus,* one] **1.** the state of being united; oneness **2.** something complete in itself **3.** harmony; agreement **4.** a complex that is a union of related parts **5.** a harmonious unified arrangement of parts in an artistic work **6.** *Math.* any quantity, magnitude, etc. identified as a unit, or 1

**Univ.** **1.** Universalist **2.** University

**univalent** (yōō′nə vā′lənt) ***adj.*** *Chem.* **1.** having one valence **2.** having a valence of one

**universal** (yōō′nə vər′s'l) ***adj.*** [see UNIVERSE] **1.** present or occurring everywhere **2.** of, for, or including all or the whole **3.** that can be used for all kinds, forms, sizes, etc. **4.** used, intended to be used, or understood by all **5.** *Logic* predicating something of every member of a specified class

**universality** (yōō′nə vər sal′ə tē) ***n., pl.*** **-ties** the quality, state, or instance o being universal

UNIVERSAL JOINT

**universal joint** (or **coupling**) a join or coupling that permits a swing of limite angle in any direction, esp. one used t transmit rotary motion from one shaf to another not in line with it

**universally** (yōō′nə vər′sə lē) ***adv.*** **1.** ir every instance **2.** in every part or place

**universal suffrage** suffrage for all adul citizens

**universe** (yōō′nə vərs′) ***n.*** [< L. *unus* one + *vertere,* to turn] **1.** all the thing that exist **2.** the world

**university** (yōō′nə vər′sə tē) ***n., pl.*** **-tie** [see prec.] **1.** an educational institutio of the highest level authorized to confe various degrees **2.** the buildings, student faculty, or administrators of a university

**unjust** (un′just′) ***adj.*** not just or right unfair

**unkempt** (un′kempt′) ***adj.*** [UN- + dial *kemben,* to comb] not tidy, neat, o groomed —**unkempt′ness** ***n.***

**unkind** (un′kīnd′) ***adj.*** not kind; harsh severe, cruel, etc. —**unkind′ness** ***n.***

**unknown** (un′nōn′) ***adj.*** **1.** not in one's knowledge, acquaintance, etc.; unfamilia (*to*) **2.** not discovered, identified, etc. —***n*** an unknown person, thing, or quantity

**unknown quantity** someone o something whose influence cannot b predicted; an enigma

**unlatch** (un′lach′) ***vt., vi.*** to open by release of a latch

**unlawful** (un′lô′fəl) ***adj.*** **1.** against the law; illegal **2.** illicit —**unlaw′fully** ***adv.***

**unlearn** (un′lərn′) ***vt., vi.*** to forge (something learned) by a conscious effort as in retraining

**unlearned** (-lər′nid; *for 2* -lərnd′) ***adj*** **1.** showing a lack of learning or educatior **2.** acquired without conscious stud *[unlearned tact]*

**unleash** (un′lēsh′) ***vt.*** to release from or as from a leash

**unless** (ən les′) ***conj.*** [< ME. *on less that,* at less than] in any case othe than; except if

**unlettered** (un′let′ərd) ***adj.*** **1.** uned ucated **2.** illiterate

**unlike** (un′līk′) ***adj.*** not alike; differen —***prep.*** **1.** different from **2.** no characteristic of *[it's unlike her to cry]*

**unlikely** *adj.* not likely to happen or be true; improbable —**unlike'liness** *n.*
**unlimited** (un lim'it id) *adj.* **1.** without limits or restrictions **2.** without boundaries
**unload** (un'lōd') *vt.* **1.** *a*) to remove (a load, cargo, etc.) *b*) to take a load, etc. from **2.** to remove the charge from (a gun) **3.** to get rid of
**unlock** (un'lok') *vt.* **1.** *a*) to open (a lock) *b*) to open the lock of (a door, etc.) **2.** to let loose by or as if by opening a lock
**unlooked-for** (un lookt'fôr') *adj.* not expected
**unloose** (un'lōōs') *vt.* **-loosed', -loos'ing** to make or set loose: also **unloos'en**
**unlucky** (un luk'ē) *adj.* **-luck'ier, -luck'iest** having or marked by bad luck; unfortunate —**unluck'ily** *adv.*
**unmake** (un'māk') *vt.* **-made', -mak'ing** **1.** to cause to be as before **2.** to ruin; destroy **3.** to depose from a position or authority
**unman** (un'man') *vt.* **-manned', -man'ning** **1.** to deprive of manly courage, confidence, etc. **2.** to castrate
**unmanned** *adj.* not manned; specif., operating automatically or by remote control
**unmannerly** (un man'ər lē) *adj.* having or showing poor manners; rude —**unman'nerliness** *n.*
**unmask** (un'mäsk') *vt., vi.* **1.** to remove a mask or disguise (from) **2.** to show or appear in true character
**unmeaning** (un mēn'iŋ) *adj.* **1.** lacking in meaning or sense **2.** showing no sense or intelligence
**unmentionable** (un men'shən ə b'l) *adj.* not fit to be mentioned —*n.* [*pl.*] unmentionable things; specif., underwear: a humorous usage
**unmerciful** (un mur'si fəl) *adj.* having or showing no mercy; cruel; relentless; pitiless —**unmer'cifully** *adv.*
**unmistakable** (un'mis tāk'ə b'l) *adj.* that cannot be misunderstood; clear; plain —**un'mistak'ably** *adv.*
**unmitigated** (un mit'ə gāt'id) *adj.* **1.** not lessened or eased **2.** absolute [an *unmitigated* fool]
**unmoral** (un'mor'l) *adj.* *var. of* AMORAL
**unmuzzle** (un'muz'l) *vt.* **-zled, -zling** **1.** to free (a dog, etc.) from a muzzle **2.** to stop restraining or censoring
**unnatural** (un nach'ər əl) *adj.* **1.** abnormal; strange **2.** artificial; strained **3.** abnormally evil or cruel —**unnat'urally** *adv.* —**unnat'uralness** *n.*
**unnecessary** (un nes'ə sər ē) *adj.* not necessary or required; needless —**unnec'essarily** *adv.*
**unnerve** (un'nurv') *vt.* **-nerved', -nerv'ing** to cause to lose one's courage, confidence, etc.
**unnumbered** (un'num'bərd) *adj.* **1.** innumerable **2.** having no number
**U.N.O.** United Nations Organization
**unoccupied** (un'ok'yə pīd') *adj.* **1.** vacant; empty **2.** at leisure; idle
**unorganized** (un'ôr'gə nīzd') *adj.* **1.** not having or following any regular order or system **2.** not having or belonging to a trade union
**unpack** (un'pak') *vt.* **1.** to open and remove the packed contents of **2.** to take from a crate, trunk, etc. —*vi.* to empty a packed trunk, etc.
**unparalleled** (un par'ə leld') *adj.* that has no equal or counterpart; unmatched
**unparliamentary** (un'pär'lə men'tər ē) *adj.* contrary to parliamentary law or usage
**unperson** (un'pur's'n) *n.* [< George Orwell's *1984*] a person who was formerly a public figure and who has been intentionally removed from public recognition
**unpick** (un'pik') *vt.* to undo the stitches of a piece of sewing or knitting
**unpin** (un'pin') *vt.* **-pinned', -pin'ning** **1.** to remove a pin or pins from **2.** to unfasten or detach in this way
**unpleasant** (un plez''nt) *adj.* offensive; disagreeable —**unpleas'antly** *adv.* —**unpleas'antness** *n.*
**unplumbed** (un'plumd') *adj.* **1.** not sounded or measured with a plumb **2.** not fully understood
**unpopular** (un'pop'yoo lər) *adj.* not liked by the public or the majority —**un'popular'ity** (-yoo lar'ə tē) *n.*
**unpractised** (un prak'tist) *adj.* not skilled or experienced
**unprecedented** (un pres'ə den'tid) *adj.* having no precedent or parallel; unheard-of
**unprincipled** (un'prin'sə p'ld) *adj.* unscrupulous
**unprintable** (un'print'ə b'l) *adj.* not printable; not fit to be printed, as because of obscenity
**unprofessional** (un'prə fesh'ən 'l) *adj.* **1.** violating the ethical code of a given profession **2.** not belonging to a profession
**unqualified** (un kwol'ə fīd') *adj.* **1.** lacking the necessary qualifications **2.** not limited; absolute [an *unqualified* success] —**unqual'ified'ly** *adv.*
**unquestionable** (un kwes'chən ə b'l) *adj.* not to be doubted or disputed; certain —**unques'tionably** *adv.*
**unquiet** (un kwī'ət) *adj.* restless, disturbed, uneasy, anxious, etc.
**unquote** (un'kwōt') *interj.* I end the quotation: used in speech after a quotation
**unravel** (un rav'l) *vt.* **-elled, -elling** **1.** to undo (something woven, tangled, etc.); separate the threads of **2.** to make clear; solve —*vi.* to become unravelled
**unread** (un'red') *adj.* **1.** not read, as a book **2.** having read little or nothing **3.** unlearned (*in* a subject)
**unready** (un'red'ē) *adj.* **1.** not ready; unprepared **2.** not prompt or alert —**unread'iness** *n.*
**unreal** (un'rē'əl) *adj.* not real; imaginary, false, etc. —**un'real'ity** (-rē al'ə tē) *n.*

**unrealistic** (un′rē ə lis′tik) *adj.* not realistic; impractical; visionary —**un′realis′tically** *adv.*

**unreasonable** (un rē′z′n ə b′l) *adj.* **1.** excessive; immoderate **2.** having or showing little sense —**unrea′sonably** *adv.*

**unreasoning** *adj.* lacking reason or judgment

**unregenerate** (un′ri gen′ər ət) *adj.* **1.** unrepentant, unreformed **2.** obstinate, recalcitrant

**unrelenting** (un′ri len′tiŋ) *adj.* **1.** refusing to yield or relent **2.** without mercy **3.** not relaxing, as in effort

**unremitting** (un′ri mit′iŋ) *adj.* not stopping, relaxing, or slackening; persistent —**un′remit′tingly** *adv.*

**unreserved** (un′ri zərvd′) *adj.* **1.** frank; open **2.** unlimited **3.** not set aside for advance sale, as seats —**un′reserv′edly** (-zər′vid lē) *adv.*

**unrest** (un′rest′) *n.* a troubled or disturbed state; specif., a state of discontent close to revolt

**unrighteous** (un rī′chəs) *adj.* **1.** wicked; sinful **2.** unjust

**unrip** (un rip′) *vt.* **-ripped′, -rip′ping** to rip open

**unripe** (un′rīp′) *adj.* **1.** not ripe or mature; green **2.** not yet fully developed

**unrivalled** (un rī′v′ld) *adj.* having no equal

**unroll** (un′rōl′) *vt.* **1.** to open or extend (something rolled up) **2.** to present to view; display —*vi.* to become unrolled

**unruffled** (un′ruf′′ld) *adj.* not disturbed or agitated

**unruly** (un rōō′lē) *adj.* **-rul′ier, -rul′iest** [< ME. *un-*, not + *reuly*, orderly] hard to control; disobedient, disorderly, etc. —**unrul′iness** *n.*

**unsaddle** (un′sad′′l) *vt.* **-dled, -dling** **1.** to take the saddle off (a horse, etc.) **2.** to throw from the saddle; unhorse

**unsaid** (un′sed′) *pt. & pp. of* UNSAY —*adj.* not expressed

**unsaturated** (un sach′ə rāt′id) *adj. Chem.* **1.** capable of dissolving more of the solute **2.** designating an organic compound with a double or triple bond between carbon atoms

**unsavoury** (un′sā′vər ē) *adj.* **1.** morally offensive **2.** unpleasant to taste or smell

**unsay** (un′sā′) *vt.* **-said′, -say′ing** to take back or retract (what has been said)

**unscathed** (un′skā*th*′) *adj.* unharmed

**unscramble** (un skram′b′l) *vt.* **-bled, -bling** to cause to be no longer scrambled, disordered, etc.; specif., *Electronics* to make (incoming scrambled signals) intelligible

**unscrew** (un′skrōō′) *vt.* **1.** to remove a screw or screws from **2.** to remove or loosen by removing a screw or screws, or by turning

**unscrupulous** (un skrōō′pyoo ləs) *adj.* heedless of what is right, just, etc.; unprincipled

**unseasonable** (un sē′z′n ə b′l) *adj.* **1.** not usual for the season **2.** untimely; inopportune

**unseat** (un′sēt′) *vt.* **1.** to throw or dislodge from a seat, saddle, etc. **2.** to remove from office, deprive of rank, etc.

**unseemly** (un sēm′lē) *adj.* not proper; unbecoming —**unseem′liness** *n.*

**unselfish** (un′sel′fish) *adj.* not selfish; altruistic; generous —**unself′ishly** *adv.* —**unself′ishness** *n.*

**unsettle** (un′set′′l) *vt.* **-tled, -tling** to make unsettled, insecure, etc.; disturb, displace, disorder, etc.

**unsettled** *adj.* **1.** not settled; not in order, not stable, etc. **2.** troubled or restless **3.** not established in a place or abode **4.** not paid, as a debt **5.** having no settlers

**unshackle** (un′shak′′l) *vt.* **-led, -ling** **1.** to loosen or remove the shackles from **2.** to free

**unsheathe** (un′shē*th*′) *vt.* **-sheathed′, -sheath′ing** to remove (a sword, knife, etc.) from a sheath

**unsightly** (un sīt′lē) *adj.* ugly —**unsight′liness** *n.*

**unskilful** (un′skil′fəl) *adj.* awkward; clumsy

**unskilled** *adj.* having, showing, or requiring no special skill or training

**unsociable** (un sō′shə b′l) *adj.* **1.** avoiding others; not sociable **2.** not conducive to sociability —**unso′ciably** *adv.*

**unsocial** (un sō′shəl) *adj.* **1.** having or showing a dislike for the society of others **2.** falling outside the normal working day [*unsocial* hours] —**unso′cially** *adv.*

**unsophisticated** (un′sə fis′tə kāt′id) *adj.* artless, simple, unworldly, etc.

**unsound** (un′sound′) *adj.* **1.** not normal or healthy **2.** not safe or secure **3.** not safe and secure financially **4.** not accurate, sensible, etc.

**unsparing** (un spāər′iŋ) *adj.* **1.** not sparing or stinting; lavish **2.** not merciful; severe —**unspar′ingly** *adv.*

**unspeakable** (un spēk′ə b′l) *adj.* **1.** indescribably bad, evil, etc. **2.** marvellous, awesome, etc. beyond expression **3.** that cannot be spoken —**unspeak′ably** *adv.*

**unstable** (un′stā′b′l) *adj.* not stable; specif., *a*) easily upset *b*) changeable *c*) unreliable; fickle *d*) *Chem., Physics* readily decomposing

**unsteady** (un′sted′ē) *adj.* not steady; specif., *a*) not firm or stable *b*) changeable or erratic —*vt.* **-stead′ied, -stead′ying** to make unsteady —**unstead′ily** *adv.*

**unstring** (un′striŋ′) *vt.* **-strung′, -string′ing** **1.** to loosen or remove the string or strings of **2.** to remove from a string

**unstructured** (un struk′chərd) *adj.* not formally or systematically organized

**unstrung** (un′struŋ′) *adj.* **1.** nervous, upset, etc. **2.** having the string(s) loosened or detached, as a bow

**unstudied** (un′stud′ēd) *adj.* **1.** spontaneous; natural; unaffected **2.** unlearned or unversed (*in*)

**unsubstantial** (un′səb stan′shəl) *adj.* **1.**

having no material substance **2.** flimsy; light **3.** unreal; visionary —**un′substan′tial′ity** (-stan′ shē al′ə tē) ***n.***

**unsuitable** (un sōōt′ə b′l) ***adj.*** not suitable; unbecoming; inappropriate —**unsuit′ably** ***adv.***

**unsung** (un′ suŋ′) ***adj.*** not honoured or celebrated

**unsuspected** (un′ sə spek′ tid) ***adj.*** **1.** not believed guilty, harmful, etc. **2.** not under suspicion **3.** not known to exist

**untangle** (un taŋ′g′l) ***vt.*** **-gled, -gling** **1.** to free from a tangle; disentangle **2.** to free from confusion

**untaught** (un tôt′) ***adj.*** **1.** not taught or educated **2.** acquired without being taught; natural

**unthankful** (un thaŋk′fəl) ***adj.*** **1.** ungrateful **2.** thankless; unappreciated

**unthinkable** (un thiŋk′ə b′l) ***adj.*** **1.** not to be considered; impossible **2.** beyond thought or imagination; inconceivable —**unthink′ably** ***adv.***

**unthinking** (un′ thiŋk′ iŋ) ***adj.*** **1.** showing no consideration; thoughtless **2.** lacking the ability to think; not rational —**unthink′ingly** ***adv.***

**unthrone** (un thrōn′) ***vt.*** **-throned′, -thron′ing** *same as* DETHRONE

**untidy** (un tī′ dē) ***adj.*** **-dier, -diest** not neat; slovenly; messy —**unti′dily** ***adv.*** —**unti′diness** ***n.***

**untie** (un′ tī′) ***vt.*** **-tied′, -ty′ing** **1.** to loosen or undo (something tied or knotted) **2.** to free, as from restraint

**until** (ən til′) ***prep.*** [ME. *untill*] **1.** up to the time of; till [*until* payday] **2.** before (a specified time) [not *until* tomorrow] —***conj.*** **1.** up to the time when or that [*until* I go] **2.** to the point, degree, etc. that [heat water *until* it boils] **3.** before [don't leave *until* he does]

**untimely** (un tīm′ lē) ***adj.*** **1.** before the usual or expected time; premature [his *untimely* death] **2.** at the wrong time; inopportune —**untime′liness** ***n.***

**unto** (un′ tōō) ***prep.*** [ME.] *archaic or poet. var. of* TO

**untold** (un′ tōld′) ***adj.*** **1.** too great, numerous, etc. to be counted or described **2.** not told or revealed

**untouchable** (un tuch′ ə b′l) ***adj.*** that cannot or should not be touched —***n.*** in India, formerly, one whose touch was regarded as defiling to higher-caste Hindus

**untoward** (un′ tə wôrd′) ***adj.*** **1.** inappropriate, unseemly, etc. [an *untoward* remark] **2.** not favourable [*untoward* circumstances]

**untrue** (un′ trōō′) ***adj.*** **1.** not correct; false **2.** not agreeing with a standard or rule **3.** not faithful or loyal

**untruthful** (un′ trōōth′ fəl) ***adj.*** **1.** not in accordance with the truth **2.** telling a lie or lies, esp. habitually —**untruth′fully** ***adv.*** —**untruth′fulness** ***n.***

**untutored** (un′ tyōōt′ ərd) ***adj.*** **1.** not tutored or taught; uneducated **2.** simple; naive

**untwine** (un twīn′) ***vt.*** **-twined′, -twin′ing** to undo (something twined or twisted); disentangle

**unused** (un′ yōōzd′; *for 3,* -yōōst′) ***adj.*** **1.** not in use **2.** that has never been used **3.** unaccustomed (*to*)

**unusual** (un yōō′ zhoo wəl) ***adj.*** not usual or common; rare —**unu′sually** ***adv.*** —**unu′sualness** ***n.***

**unutterable** (un ut′ ər ə b′l) ***adj.*** that cannot be expressed —**unut′terably** ***adv.***

**unvarnished** (un vär′ nisht) ***adj.*** **1.** not varnished **2.** plain; simple; unadorned [the *unvarnished* truth]

**unveil** (un′ vāl′) ***vt.*** to reveal as by removing a veil from —***vi.*** to take off a veil; reveal oneself

**unveiling** ***n.*** a formal or ceremonial removal of a covering from a new statue, tombstone, etc.

**unvoiced** (un′ voist′) ***adj.*** **1.** not uttered or expressed **2.** *Phonet. same as* VOICELESS

**unwary** (un wāər′ ē) ***adj.*** not wary; not alert to possible danger, trickery, etc. —**unwar′ily** ***adv.*** —**unwar′iness** ***n.***

**unwell** (un′ wel′) ***adj.*** not well; ailing; ill; sick

**unwept** (un′ wept′) ***adj.*** not wept for; unmourned

**unwholesome** (un′ hōl′ səm) ***adj.*** **1.** harmful to body or mind **2.** unhealthy or unhealthy-looking **3.** morally bad —**unwhole′someness** ***n.***

**unwieldy** (un′ wēl′ dē) ***adj.*** hard to manage, handle, etc. because of weight, shape, etc. —**unwield′iness** ***n.***

**unwilling** (un′ wil′ iŋ) ***adj.*** **1.** not willing; reluctant **2.** done, given, etc. against one's will —**unwill′ingly** ***adv.***

**unwind** (un′ wīnd′) ***vt.*** **-wound′, -wind′ing** **1.** to wind off or undo (something wound) **2.** to uncoil **3.** to untangle **4.** to relax —***vi.*** to become unwound, relaxed, etc.

**unwise** (un′ wīz′) ***adj.*** foolish or imprudent

**unwitting** (un wit′ iŋ) ***adj.*** **1.** not knowing; unaware **2.** not intended; unintentional —**unwit′tingly** ***adv.***

**unwonted** (un wōn′ tid) ***adj.*** not usual or habitual

**unworldly** (un′ wərld′ lē) ***adj.*** **1.** not concerned with material values **2.** unsophisticated **3.** not of this world

**unworthy** (un wər′ *th*ē) ***adj.*** **-thier, -thiest** **1.** not deserving (*of*) **2.** not fit (*of*) **3.** worthless **4.** not deserved —**unwor′thily** ***adv.*** —**unwor′thiness** ***n.***

**unwrap** (un′ rap′) ***vt.*** **-wrapped′, -wrap′ping** to take off the wrapping of; open or undo —***vi.*** to become unwrapped

**unwritten** (un′ rit′ ′n) ***adj.*** **1.** not written or printed **2.** operating only through custom or tradition [an *unwritten* law]

**unzip** (un zip′) ***vt., vi.*** **-zipped′, -zip′ping** to open (a zip fastener), or the zip fastener of (a garment, etc.)

**up** (up) ***adv.*** [OE.] **1.** to, in, or on a higher position or level **2.** to a later period [from childhood *up*] **3.** to a higher condition or rank **4.** to a higher amount, degree, etc. **5.** *a*) in or into an upright position *b*) out of bed **6.** in or into action, consideration, etc. *[to bring a matter up]* **7.** aside; away; by *[lay up grain]* **8.** so as to be even with in time, degree, etc. **9.** so as to be tightly closed, bound, etc. *[tie it up]* **10.** so as to stop *[to rein up a horse]* **11.** above the horizon **12.** ahead (by a specified number or amount) —***prep.*** **1.** to, towards, or at a higher place on or in **2.** along —***adj.*** **1.** of a high or higher position **2.** going towards a more important place from a less important one *[an up train]* **3.** above the horizon **4.** higher in amount, degree, etc. *[rents are up]* **5.** *a*) standing *b*) out of bed **6.** active, excited, etc. *[her temper was up]* **7.** at an end *[time is up]* **8.** [Colloq.] happening *[what's up?]* —***n.*** a period of prosperity, luck, etc. —***vi.*** **upped, up'ping** [Colloq.] to do something suddenly or abruptly *[he up and left]* —***vt.*** [Colloq.] to raise or increase *Up* is also used with some verbs to indicate intensity or completion *[drink up]* —**on the up and up** [Colloq.] **1.** honest **2.** making steady progress; improving —**up against** [Colloq.] faced with —**up and around** out of bed and again active, as after an illness —**up and doing** busy; active —**up for** **1.** presented or considered for (an elective office, election, sale, etc.) **2.** before a court for —**ups and downs** good periods and bad periods —**up to** [Colloq.] **1.** occupied with; scheming *[up to mischief]* **2.** capable of **3.** as many as **4.** as far as **5.** dependent upon —**well up on** [Colloq.] well-informed about

**up-** *a combining form meaning* up *[uphill]*

**up-and-coming** ***adj.*** **1.** enterprising, alert, and promising **2.** gaining in importance

**upbeat** ***n.*** *Music* an upward stroke made by a conductor to show an unaccented beat —***adj.*** lively; cheerful

**upbraid** (up brād') ***vt.*** [< OE. *up-*, up + *bregdan,* to pull] to rebuke; censure

**upbringing** ***n.*** the training and education received while growing up

**upcast** ***n.*** *Mining* a ventilating shaft through which air is returned to the surface

**upcountry** (up'kun'trē) ***adj., adv.*** in or towards the interior of a country

**update** (up dāt') ***vt.*** **-dat'ed, -dat'ing** to bring up to date so as to conform to the most recent facts, methods, ideas, etc.

**upend** (up end') ***vt., vi.*** **1.** to turn or stand on end **2.** to upset

**upgrade** (up grād') ***vt.*** **-grad'ed, -grad'ing** **1.** to promote to a more skilled job at higher pay **2.** to raise in importance, value, etc.

**upheaval** (up hē'v'l) ***n.*** a sudden, violent change

**uphill** ***adv.*** towards the top of a hill —***adj.*** **1.** going or sloping up **2.** requiring great effort

**uphold** (up hōld') ***vt.*** **-held', -hold'ing** **1.** to defend or maintain against opposition **2.** to give moral support to —**uphold'er** ***n.***

**upholster** (up hōl'stər) ***vt.*** [< ME. *upholder,* dealer in small wares] to fit (furniture, etc.) with covering, padding, springs, etc. —**uphol'sterer** ***n.***

**upholstery** ***n., pl.*** **-steries** **1.** the materials used in upholstering **2.** the work of upholstering

**upkeep** ***n.*** **1.** maintenance **2.** the cost of this **3.** state of repair

**upland** ***n.*** land elevated above other land —***adj.*** of or situated in upland

**uplift** (up lift'; *for n.* up'lift') ***vt.*** **1.** to lift up **2.** to raise to a higher moral, social, or cultural level —***n.*** **1.** an uplifting **2.** any influence, movement, etc. aimed at uplifting society

**upmost** ***adj.*** *same as* UPPERMOST

**upon** (ə pon') ***prep.*** on, or up and on: generally interchangeable with *on*

**upper** (up'ər) ***adj.*** **1.** higher in place or position **2.** farther north or inland **3.** [U-] *Geol.* later: used of a division of a period —***n.*** the part of a shoe above the sole —**on one's uppers** [Colloq.] in need; poor

**Upper Canada** **1.** *Hist.* the official name of the part of Canada southwest of the Ottowa River and north of the lower Great Lakes **2.** *another name for* Ontario

**upper case** capital-letter type used in printing, as distinguished from small letters (*lower case*) —**up'per-case'** ***adj.***

**upper class** the social class above the middle class; rich, socially prominent, or aristocratic class

**uppercut** ***n.*** *Boxing* a short, swinging blow directed upwards

**upper hand** the position of advantage or control

**Upper House** [*often* **u- h-**] the smaller and less representative branch of a legislature having two branches

**uppermost** ***adj.*** highest in place, power, authority, etc. —***adv.*** in the highest place, rank, etc.

**uppish** ***adj.*** [Colloq.] arrogant, snobbish, etc.: also **up'pity** —**up'pishly** ***adv.*** —**up'pishness** ***n.***

**upright** (up'rīt'; *also for adv.* up rīt') ***adj.*** **1.** standing or directed straight up; erect **2.** honourable —***adv.*** in an upright position —***n.*** **1.** something having an upright position, esp. a vertical support **2.** *short for* UPRIGHT PIANO —**up'right'ness** ***n.***

**upright piano** a piano with a vertical rectangular body

**uprising** ***n.*** a rising up; specif., a revolt

**uproar** ***n.*** [Du. *oproer,* a stirring up] **1.** a violent disturbance; tumult **2.** loud, confused noise

**uproarious** (up rôr'ē əs) ***adj.*** **1.** making, or marked by, an uproar **2.** *a*) loud and boisterous, as laughter *b*) causing such laughter

**uproot** (up rōōt') ***vt.*** **1.** to tear up by the roots **2.** to destroy or remove utterly; eradicate **3.** to displace (a person) from his habitual or native surroundings

**upset** (up set'; *for n. and occas. adj.* up'-

set') *vt.* **-set', -set'ting** **1.** *a*) to tip over; overturn *b*) to defeat, esp. unexpectedly **2.** *a*) to disturb the functioning of *b*) to disturb emotionally —*vi.* to become overturned —*n.* an upsetting or being upset —*adj.* **1.** overturned **2.** defeated **3.** disturbed, esp. emotionally —**upset'ter** *n.*

**upshot** *n.* [< the final shot in an archery match] the conclusion; outcome

**upside down** **1.** with the top side or part underneath **2.** in disorder; topsy-turvy —**up'side'-down'** *adj.*

**upsilon** (yōōp sī'lən) *n.* the twentieth letter of the Greek alphabet (Υ, υ)

**upstage** (up'stāj'; *for v.* up stāj') *adv.* towards or at the rear of a stage —*adj.* **1.** of the rear of a stage **2.** haughty and aloof —*vt.* **-staged', -stag'ing** to draw attention, as of an audience, to oneself at the expense of (another)

**upstairs** *adv.* **1.** up the stairs **2.** on or to an upper floor —*adj.* situated on an upper floor —*n.* an upper floor or floors

**upstanding** (up stan'diŋ) *adj.* **1.** honourable **2.** standing straight; erect

**upstart** *n.* a person who has recently come into wealth, power, etc., esp. one who is aggressive; parvenu

**upstream** (up'strēm') *adv., adj.* in the direction against the current of a stream

**upswing** *n.* a swing or trend upwards; specif., an upward trend in business

**upsy-daisy** (up'sə dā'zē) *interj.* [< UP] up you go: used playfully in lifting a baby

**uptake** *n.* a drawing up, absorbing, etc. —**quick** (or **slow**) **on the uptake** [Colloq.] quick (or slow) to understand

**upthrust** *n.* **1.** an upward push **2.** an upheaval of a part of the earth's crust

**uptight** *adj.* [Colloq.] **1.** having repressed feelings of irritation, anger, etc. **2.** very conventional or repressed in attitudes

**up-to-date** *adj.* **1.** keeping up with what is most recent, modern, etc. **2.** keeping up to one's schedule

**upturn** (up tuərn'; *for n.* up'tuərn') *vt., vi.* to turn up, upwards, or over —*n.* an upward turn, curve, or trend

**upward** *adv., adj.* **1.** towards a higher place, position, degree, etc. **2.** from an earlier to a later time **3.** beyond (an indicated price, amount, etc.) [tickets cost *upward* of £1] Also **up'wards** *adv.*

**upward mobility** movement from a lower to a higher social and economic status

**upwind** (up'wind') *adv., adj.* in the direction from which the wind is blowing or usually blows

**uraemia** (yoōə rēm'yə) *n* [< Gr. *ouron,* urine + *haima,* blood] a toxic condition caused by the presence in the blood of waste products normally eliminated in the urine —**urae'mic** *adj.*

**uraeus** (yoō rē'əs) *n., pl.* **-rae'i** (-ī) [< Mod.L. < Gr. *ouraios,* cobra] the sacred serpent on the headdress of ancient Egyptian rulers

**uranium** (yoō rā'nē əm) *n.* [ModL. < URANUS, the planet] a very hard, heavy, radioactive metallic chemical element: it is found only in combination, and its isotopes are important in work on atomic energy: symbol, U

**Uranus** (yoōər'ə nəs, yoō rā'nəs) **1.** *Gr. Myth.* a god who personified the heavens **2.** a planet of the solar system, seventh in distance from the sun

**urban** (uər'bən) *adj.* [< L. *urbs,* city] of, in, or characteristic of a city or town

**urban district** formerly, an urban division of an administrative county, with an elected council

**urbane** (uər bān') *adj.* [see URBAN] polite and courteous in a smooth, polished way; refined

**urban guerrilla** a guerrilla operating in an urban environment, using terrorist methods of intimidation

**urbanity** (uər ban'ə tē) *n., pl.* **-ties** the quality of being urbane

**urbanize** (uər'bə nīz') *vt.* **-ized', -iz'ing** to change from rural to urban —**ur'baniza'tion** *n.*

**urban renewal** the renewal of urban areas suffering from neglect and decay, as by clearing slums and constructing new housing, etc.

**urchin** (uər'chin) *n.* [< L. *ericius,* hedgehog] **1.** a small mischievous child, esp. one who is poor or ragged **2.** *same as* SEA URCHIN

**Urdu** (ōōər'dōō) *n.* [Hindi] an Indic language, a variant of Hindi and an official language of Pakistan

**-ure** (ər) [< L.] *a suffix meaning:* **1.** act or result of being *[exposure]* **2.** agent of *[legislature]* **3.** state *[composure]*

**urea** (yoōər'ē ə) *n.* [< Gr. *ouron,* urine] a soluble, crystalline solid, found in urine or produced synthetically: used in making plastics, etc.

**ureter** (yoōə rēt'ər) *n.* [< Gr. *ourein,* urinate] a tube that carries urine from a kidney to the bladder

**urethra** (yoōə rē'thrə) *n., pl.* **-thrae** (-thrē), **-thras** [< Gr. *ouron,* urine] the canal through which urine is discharged from the bladder in most mammals

**urge** (uərj) *vt.* **urged, urg'ing** [L. *urgere,* press hard] **1.** to plead with; try to persuade **2.** to recommend earnestly and strongly **3.** to drive or force onwards —*vi.* to make an earnest presentation of arguments, claims, etc. —*n.* an impulse to do a certain thing

**urgency** *n., pl.* **-cies** **1.** an urgent quality or state **2.** insistence; importunity

**urgent** *adj.* **1.** calling for haste, immediate action, etc. **2.** insistent —**ur'gently** *adv.*

**-urgy** (uər jē) [< Gr. *ergon,* work] *a combining form meaning* a working with or by means of (something specified) *[zymurgy]*

**uric** (yoōər'ik) *adj.* of, contained in, or derived from urine

**uric acid** a white, odourless, crystalline substance found in urine

**urinal** (yoōər'ə n'l, yoō rī'-) *n.* **1.** a receptacle for urine **2.** a place for urinating

**urinary** (yoōər'ə nər ē) *adj.* **1.** of urine **2.** of the organs involved in secreting and discharging urine

**urinate** (yoor′ə nāt′) *vi.* **-nat′ed, -nat′ing** to discharge urine from the body —**u′rina′tion** *n.*

**urine** (yoor′in) *n.* [< L. *urina*] in mammals, the yellowish fluid containing urea and other waste products, secreted from the blood by the kidneys, passed to the bladder, and periodically discharged through the urethra

**urn** (urn) *n.* [L. *urna*] **1.** *a)* a vase, esp. one with a foot or pedestal *b)* a container for the ashes of a cremated body **2.** a metal container with a tap, used for making or serving coffee, tea, etc.

**urogenital** (yoor′ō jen′ə t'l) *adj.* designating or of the urinary and genital organs

**urology** (yoo rol′ə jē) *n.* the branch of medicine dealing with the urogenital or urinary system —**u′rolog′ical** *adj.* —**urol′ogist** *n.*

**Ursa Major** (ur′sə) [L., Great Bear] the most conspicuous constellation in the northern sky: it contains the Plough

**Ursa Minor** [L., Little Bear] the northernmost constellation: it contains the North Star

**ursine** (ur′sīn) *adj.* [< L. *ursus,* bear] of or like a bear

**Ursuline** (ur′syoo līn′) *n.* [< Saint *Ursula*] *R.C.Ch.* any member of a teaching order of nuns founded c. 1537 —*adj.* of this order

**us** (us) *pron.* [OE.] *objective case of* WE

**U.S., US** United States

**USA, U.S.A.** **1.** United States of America **2.** United States Army

**usable, useable** (yōō′zə b'l) *adj.* that can be used; fit for use —**us′abil′ity, us′ableness** *n.*

**usage** (yōō′zij) *n.* **1.** manner or extent of using; treatment **2.** custom; habit **3.** the way in which a word, phrase, etc. is used, or an instance of this

**use** (yōōz; *for n.* yōōs) *vt.* **used, us′ing** [L. *uti,* to use] **1.** to put or bring into action or service **2.** to practise; exercise *[use* your judgment*]* **3.** to treat *[to use* a friend badly*]* **4.** to consume, expend, etc. *[to use* up one's energy*]* **5.** to take (drugs etc.) habitually **6.** to accustom (used in the passive with *to*) *[used* to certain ways*]* **7.** to exploit (a person) —*vi.* to be accustomed (meaning "did at one time") *[he used* to live in Oxford*]* —*n.* **1.** a using or being used **2.** the ability to use **3.** the right to use **4.** the need or opportunity to use **5.** a way of using **6.** usefulness **7.** the object or purpose for which something is used **8.** custom; practice **9.** *Eccles.* a distinctive form of liturgical observance, as of a diocese —**have no use for** **1.** to have no need of **2.** to dislike strongly —**in use** being used —**make use of** **1.** to have occasion to use **2.** to exploit —**u′ser** *n.*

**used** *adj.* secondhand

**useful** *adj.* **1.** serviceable; helpful **2.** [Colloq.] capable or desirable *[he's a useful* member of the team*]* —**use′fully** *adv.* —**use′fulness** *n.*

**useless** *adj.* **1.** unserviceable; worthless **2.** to no purpose; ineffectual —**use′lessly** *adv.* —**use′lessness** *n.*

**U-shaped** *adj.* having the shape of a U

**usher** (ush′ər) *n.* [< L. *ostium,* door] **1.** one who shows people to their seats in a theatre, church, etc. **2.** any of the groom's attendants at a wedding **3.** an official who maintains order in a law court **4.** an official who precedes a person of rank in a procession —*vt.* **1.** to escort (others) to seats, etc. **2.** to herald or bring *(in)*

**usherette** (ush′ə ret′) *n.* a woman usher, as in a cinema

**U.S.S.R., USSR** Union of Soviet Socialist Republics

**usual** (yōō′zhoo wəl) *adj.* [see USE] such as is most often seen, heard, used, etc.; common; ordinary; customary —**as usual** in the usual way —**u′sually** *adv.*

**usurious** (yōō zhoor′ē əs) *adj.* **1.** practising usury **2.** of or involving usury

**usurp** (yōō zurp′) *vt., vi.* [< L. *usus,* a use + *rapere,* seize] to take or assume (power, position, rights, etc.) by force or without right —**usurpa′tion** *n.* —**usurp′er** *n.*

**usury** (yōō′zhoo rē) *n., pl.* **-ries** [see USE] **1.** the lending of money at interest, now specif. at a rate of interest that is excessively high **2.** interest at such a high rate —**u′surer** *n.*

**utensil** (yōō ten′s'l) *n.* [< L. *uti,* to use] an implement or container used for a particular purpose, now esp. one used in a kitchen

**uterine** (yōō′tə rīn′) *adj.* of the uterus

**uterus** (yōōt′ər əs) *n., pl.* **u′teri′** (-ī′) [L.] a hollow, muscular organ of female mammals in which the ovum is deposited and the embryo and foetus are developed; womb

**utilidor** (yōō til′ə dôr′) *n.* [Canad.] aboveground, insulated casing for pipes carrying water, etc. in permafrost regions

**utilitarian** (yoo til′ə târ′ē ən) *adj.* **1.** designed for use rather than beauty **2.** of or believing in utilitarianism —*n.* a person who believes in utilitarianism

**utilitarianism** *n.* **1.** the doctrine that the value of anything is determined solely by its utility **2.** the doctrine that the purpose of all action should be to bring about the greatest happiness of the greatest number

**utility** (yoo til′ə tē) *n., pl.* **-ties** [< L. *uti,* to use] **1.** usefulness **2.** something useful **3.** something useful to the public, esp. the service of electricity, gas, water, etc. —*adj.* for practical use with little attention to beauty

**utility room** a room containing various household appliances and equipment, for heating, laundry, etc.

**utilize** (yōōt′əl īz′) *vt.* **-lized′, -liz′ing** to make practical or profitable use of —**u′tiliza′tion** *n.*

**utmost** (ut′mōst′) *adj.* [< OE. *ut,* out] **1.** farthest **2.** greatest —*n.* the most that is possible

**Utopia** (yōō tō′pē ə) *n.* [< Gr. *ou,* not

+ *topos,* a place ] an imaginary island described by Sir Thomas More as having a perfect political and social system : any idealized place, state, or situation of perfection —**Uto'pian** ***adj.***

**utricle** (yōō'tri k'l) ***n.*** [< L. *uter,* leather bag ] a small sac, vesicle, or baglike part

**utter**[1] (ut'ər) ***adj.*** [< OE. compar. of *ut,* out ] **1.** complete; total **2.** unqualified; absolute —**ut'terly** ***adv.***

**utter**[2] ***vt.*** [< ME. < *utter,* outward < *ut,* out ] **1.** to express with the voice **2.** to pass (counterfeit money, forged cheques, etc.)

**utterance** ***n.*** **1** something uttered **2.** the act or power of uttering

**uttermost** ***adj., n.*** *same as* UTMOST

**U-turn** ***n.*** a turning completely around, esp. of a vehicle within the width of a street or road

**UV, uv** ultraviolet

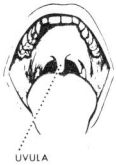


**uvula** (yōō'vyōō lə) ***n., pl.*** **-las, -lae'** (-lē') [< L. *uva,* grape ] the small, fleshy part of the soft palate hanging down above the back of the tongue —**u'vular** ***adj.***

**uxorious** (uk sôr ē əs) ***adj.*** [< L. *uxor,* wife ] dotingly fond of or submissive to one's wife

# V

**V, v** (vē) *n., pl.* **V's, v's** the twenty-second letter of the English alphabet

**V** (vē) *n.* **1.** something shaped like V **2.** a Roman numeral for 5

**V** **1.** *Chem.* vanadium **2.** *Physics the symbol for* volt

**V v** **1.** velocity **2.** victory **3.** volt

**v.** **1.** [G. *von*] of **2.** [L. *vide*] see **3.** verb **4.** verse **5.** verso **6.** versus **7.** very **8.** violin **9.** voice **10.** volume

**VA, V.A.** **1.** Vicar Apostolic **2.** Vice-Admiral **3.** (Royal Order of) Victoria and Albert

**vac** (vak) *n.* [Colloq.] vacation

**vacancy** (vā′kən sē) *n., pl.* **-cies** **1.** a being vacant; emptiness **2.** empty space **3.** an unoccupied position or office **4.** a room, etc. available for rent

**vacant** (vā′kənt) *adj.* [< L. *vacare,* be empty] **1.** having nothing in it; empty **2.** not held, filled, or occupied, as a position, seat, house, etc. **3.** without thought, interest, etc. *[a vacant* mind*]* **4.** free from work or activity —**va′cantly** *adv.*

**vacate** (və kāt′) *vt.* **-cat′ed, -cat′ing** [< prec.] **1.** to make (an office, house, etc.) vacant **2.** *Law* to make void; annul

**vacation** (və kā′shən) *n.* [< L. *vacatio*] **1.** a period of the year when law courts or universities are closed **2.** [U.S.] a holiday —*vi* [U.S.] to take a holiday

**vaccinate** (vak′si nāt′) *vt., vi.* **-nat′ed, -nat′ing** to inoculate with a vaccine in order to prevent a disease, esp. smallpox —**vac′cina′tion** *n.*

**vaccine** (vak′sēn) *n.* [< L. *vacca,* cow: from use of cowpox virus in smallpox vaccine] any preparation of killed or weakened organisms introduced into the body to produce immunity to a specific disease

**vacillate** (vas′i lāt′) *vi.* **-lat′ed, -lat′ing** [< L. *vacillare*] **1.** to show indecision **2.** to sway to and fro —**vac′illat′ing** *adj.* —**vac′illa′tion** *n.*

**vacuity** (va kyōō′ə tē) *n., pl.* **-ties** [< L. *vacuus,* empty] **1.** emptiness **2.** an empty space; void **3.** lack of intelligence, interest, or thought **4.** inanity

**vacuous** (vak′yoo wəs) *adj.* [L. *vacuus*] **1.** empty **2.** stupid; senseless —**vac′uousness** *n.*

**vacuum** (vak′yooəm) *n., pl.* **-uums, -ua** [L.] **1.** a space with nothing at all in it **2.** an enclosed space, as that inside a vacuum tube, out of which most of the air or gas has been taken, as by pumping **3.** a void **4.** *short for* VACUUM CLEANER —*vt., vi.* to clean with a vacuum cleaner

**vacuum cleaner** a machine for cleaning carpets, floors, upholstery, etc. by suction

**vacuum flask** (or **jug**) *same as* THERMOS

**vacuum-packed** *adj.* packed in an airtight container to keep the contents fresh

**vacuum pump** a pump used to draw air or gas out of a sealed space

**vacuum tube** a sealed tube, which has been made a partial vacuum, for observing the effect of a discharge of electricity through rarefied gas, as a neon tube

**V.A.D.** Voluntary Aid Detachment

**vade mecum** (vā′dē mē′kəm) [L., go with me] something carried about for constant use, reference, etc., as a handbook

**vagabond** (vag′ə bond′) *n.* [< L. *vagari,* wander] **1.** a person who wanders from place to place **2.** a tramp **3.** an idle or shiftless person —*adj.* **1.** wandering **2.** vagrant; shiftless —**vag′abond′age, vag′abond′ism** *n.*

**vagary** (vā′gər ē) *n., pl.* **-garies** [< L. *vagari,* wander] an odd, whimsical, or eccentric idea or action —**vagar′ious** (və gâər′ē əs) *adj.*

**vagina** (və jī′nə) *n., pl.* **-nas, -nae** (-nē) [L., a sheath] in female mammals, the canal leading from the vulva to the uterus —**vagi′nal** *adj.*

**vagrant** (vā′grənt) *n.* [prob. < OFr *walcrer,* wander] a person who wanders from place to place; esp., one without a regular job, supporting himself by begging, etc.; tramp —*adj.* **1.** wandering; nomadic **2.** of or like a vagrant **3.** following no fixed direction or course —**va′grancy** *n.*

**vague** (vāg) *adj.* **va′guer, va′guest** [< L. *vagus,* wandering] **1.** not explicit; imprecise **2.** indefinite in shape or form **3.** not sharp, certain, or precise in thought or expression **4.** not known or determined —**vague′ly** *adv.* —**vague′ness** *n.*

**vain** (vān) *adj.* [< L. *vanus,* empty] **1.** excessively proud of one's appearance, etc.; conceited **2.** having no real value; worthless *[vain* pomp*]* **3.** without effect; futile *[a vain* attempt*]* —**in vain** **1.** unsuccessfully **2.** profanely —**vain′ly** *adv.* —**vain′ness** *n.*

**vainglory** (vān glôr′ē) *n.* [< L. *vana gloria,* empty boasting] **1.** extreme self-pride and boastfulness **2.** vain show —**vain′glo′rious** *adj.*

VALANCE

**valance** (val'əns) *n.* [< ?] **1.** a short curtain hanging from the edge of a bed, shelf, etc. **2.** a short drapery or facing across the top of a window Also **valence**

**vale** (vāl) *n.* [< L. *vallis*] [Poet.] a valley

**valediction** (val'i dik'shən) *n.* [< L. *vale,* farewell + *dicere,* say] **1.** a bidding farewell **2.** something said in parting —**val'edic'tory** *adj.*

**valence** (vā'ləns) *n.* [< L. *valere,* be strong] *Chem.* the combining capacity of an element or radical, as measured by the number of hydrogen or chlorine atoms which one radical or atom of the element will combine with or replace: also **va'lency**

**valency** *n.* any of the units of valence which an element may have

**-valent** (vā'lənt) [< L. *valens*] *Chem. a suffix meaning:* **1.** having a specified valence **2.** having a specified number of valences

**valentine** (val'ən tīn') *n.* **1.** a greetings card or gift sent to one's sweetheart on St. Valentine's Day **2.** a sweetheart selected for such greeting

**valerian** (vəlēər'ē ən) *n.* [< ML. *valeriana*] **1.** a plant with white, pink, red, or purplish flowers **2.** a drug made from its roots, formerly used as a sedative

**valet** (val'it) *n.* [Fr.] **1.** a man's personal manservant who takes care of his clothes, etc. **2.** an employee, as of a hotel, who cleans or presses clothes, etc. —*vt., vi.* to serve (a person) as a valet

**valetudinarian** (val'ity oo'di nāər'ē ən) *n.* [< L. *valere,* be strong] **1.** a person in poor health **2.** a person who worries constantly about his health —*adj.* **1.** in poor health **2.** anxiously concerned about one's health Also **val'etu'dinary**

**Valhalla** (valhal'ə) *n.* *Norse Myth* the abode of dead heroes

**valiant** (val'yənt) *adj.* [< L. *valere,* be strong] courageous; brave —**val'iance** *n.*

**valid** (val'id) *adj.* [< L. *valere,* be strong] **1.** well-grounded on principles or evidence, as an argument; sound **2.** having legal force —**val'idly** *adv.*

**validate** (val'i dāt') *vt.* **-dat'ed, -dat'ing** **1.** to prove to be valid **2.** to declare legally valid —**val'ida'tion** *n.*

**validity** (vəlid'ə tē) *n., pl.* **-ties** the state, quality, or fact of being valid in law or in argument, proof, etc.

**valise** (vəlēz') *n.* [Fr.] a piece of hand luggage

**Valkyrie** (valkēər'ē) *n.* one of several Norse war-goddesses who conduct the dead to Valhalla

**valley** (val'ē) *n., pl.* **-leys** [< L. *vallis*] **1.** low land lying between hills or mountains **2.** the land drained by a river system **3.** any long dip or hollow

**valour** (val'ər) *n.* [< L. *valere,* be strong] great courage or bravery: U.S. sp., **val'or** —**val'orous** *adj.*

**valuable** (val'yoo wə b'l) *adj.* **1.** *a*) being worth money *b*) having great monetary value **2.** highly regarded as precious, useful, etc. —*n.* [*usually pl.*] an article of value, as a piece of jewellery —**val'uably** *adv.*

**valuation** (val'yoo wā'shən) *n.* **1.** the act of determining the value of anything, esp., assessment by a professional valuer **2.** determined or estimated value **3.** estimation of the worth, merit, etc. of anything

**value** (val'yoo) *n.* [< L. *valere*] **1.** the worth of a thing in money or goods **2.** estimated worth **3.** purchasing power **4.** that quality of a thing that makes it more or less desirable, useful, etc. **5.** [*pl.*] the social principles, goals, or standards held by an individual, class, society, etc. **6.** numerical order assigned to a playing card, etc. **7.** relative duration, intensity, etc. **8.** *Math.* the quantity for which a symbol stands —*vt.* **-ued, -uing** **1.** to estimate the value of; appraise **2.** to place an estimate of worth on [to *value* health above wealth] **3.** to think highly of; prize —**val'ueless** *adj.* —**val'uer** *n.*

**value-added tax** a tax levied on the difference between a commodity's pretax selling price per unit and its materials' cost per unit

**valued** *adj.* **1.** estimated; appraised **2.** highly thought of; esteemed

**value judgment** a subjective estimate of the worth, goodness, etc. of a person, action, event, etc.

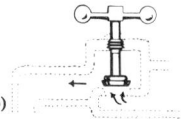

VALVE (in a tap)

**valve** (valv) *n.* [L. *valva,* leaf of a folding door] **1.** *Mech. a*) any device in a pipe, etc. that regulates the flow by means of a flap, lid, plug, etc. *b*) this flap, lid, plug, etc. **2.** *Anat.* a membranous structure which permits body fluids to flow in one direction only, or opens and closes a tube, etc. **3.** *same as* THERMIONIC VALVE **4.** *Music* a device, as in the trumpet, that opens an auxiliary to the main tube, lengthening the air column and lowering the pitch **5.** *Zool.* one of the parts making up the shell of a mollusc, clam, etc. —**valve'less** *adj.* —**valve'like'** *adj.*

**valvular** (val'vyoo lər) *adj.* **1.** having the form or function of a valve **2.** having a valve or valves **3.** of a valve or valves; esp., of the valves of the heart

**vamoose** (vəmōōs′) *vi., vt.* **-moosed′, -moos′ing** [Sp. *vamos,* let us go] [Old Slang] to leave quickly: also **vamose′** (-mōs′) **-mosed′, -mos′ing**

**vamp**[1] (vamp) *n.* [< OFr. *avant,* before + *pié,* foot] **1.** something patched up to seem new **2.** the part of a boot or shoe covering the instep and, in some styles, the toes **3.** *Music* an improvised accompaniment —*vt.* **1.** to patch (*up*); repair **2.** *Music* to improvise

**vamp**[2] *n.* [< VAMPIRE] a seductive woman who exploits men by use of her sexual charms —*vt., vi.* to seduce or beguile (a man) by the use of feminine charms

**vampire** (vam′pīər) *n.* [< Slav.] **1.** *Folklore* a corpse that comes alive at night and sucks the blood of sleeping persons **2.** a person who preys on others in a dishonest or wicked way —**vam′pirism** *n.*

**vampire bat** a tropical American bat that lives on the blood of animals

**van**[1] (van) *n.* the vanguard

**van**[2] *n.* [< CARAVAN] **1.** a closed vehicle for carrying goods, etc. **2.** a closed railway carriage for luggage or goods, or for the guard

**vanadium** (vənā′dē əm) *n.* [< ON. *Vanadis,* goddess of love] a rare, ductile metallic chemical element used in steel alloys: symbol, V

**Van Allen (radiation) belt** (van al′ən) [< J. A. *Van Allen*] either of two belts of high intensity radiation encircling the earth at varying altitudes

**vandal** (van′d'l) *n.* [< the *Vandals,* an E Gmc. tribe that sacked Rome (455 A.D.)] a person who destroys or spoils things on purpose, esp. works of art or public property, etc. —**van′dalism** *n.*

**vandalize** *vt.* **-ized′, -iz′ing** to destroy or damage (public or private property) on purpose

**Vandyke beard** (van dīk′) a closely trimmed, pointed beard, as seen in portraits by Van Dyck

**vane** (vān) *n.* [OE. *fana,* a flag] **1.** *same as* WEATHER VANE **2.** any of the flat blades set around an axle and rotated about it by moving air, water, etc. [the *vanes* of a windmill] or mechanically rotated to move the air, water, etc. [the *vanes* of a turbine]

**vanguard** (van′gärd′) *n.* [< OFr. *avant,* before + *garde,* guard] **1.** the front part of an army in an advance **2.** the leading position or persons in a movement

**vanilla** (vənil′ə) *n.* [< Sp. *vaina,* pod] **1.** a tropical climbing orchid with fragrant flowers and podlike capsules (**vanilla beans**) **2.** a flavouring made from these capsules —**vanil′lic** *adj.*

**vanish** (van′ish) *vi.* [see EVANESCE] **1.** to go or pass suddenly from sight **2.** to cease to exist; come to an end

**vanishing cream** a cosmetic cream which sinks into the skin leaving no trace of grease

**vanishing point** the point where parallel lines receding from the observer seem to come together

**vanity** (van′ə tē) *n., pl.* **-ties** [< L. *vanus* vain] **1.** excessive pride in oneself, one's possessions, etc. **2.** a being vain, or excessively proud of oneself, one's possessions, etc. **3.** anything that is vain or futile **4.** worthlessness; futility

**vanity case** a woman's small travelling case fitted for carrying cosmetics, toilet articles, etc.

**vanity unit** a wash basin built into a tiled, etc. surface, usually with storage space beneath it

**vanquish** (vaŋ′kwish) *vt.* [< L. *vincere*] **1.** to conquer or defeat **2.** to overcome (a feeling, condition, etc.); suppress —**van′quisher** *n.*

**vantage** (vän′tij) *n.* [see ADVANTAGE] **1.** an advantageous position **2.** a position that allows a clear and broad view: also **vantage point** **3.** *Tennis same as* ADVANTAGE

**vapid** (vap′id) *adj.* [L. *vapidus*] **1.** having no taste or flavour **2.** lifeless; dull; boring —**vapid′ity** *n.*

**vaporize** (vā′pə rīz′) *vt., vi.* **-ized′, -iz′ing** to change into vapour, as by heating or spraying —**va′poriza′tion** *n.* —**va′poriz′er** *n.*

**vaporous** (vā′pər əs) *adj.* **1.** forming vapour **2.** full of vapour **3.** like vapour **4.** fleeting, fanciful, etc. Also **va′poury**

**vapour** (vā′pər) *n.* [L. *vapor*] **1.** *a)* visible particles of moisture floating in the air as fog or steam *b)* anything, as smoke, fumes, etc., given off in a cloud **2.** the gaseous form of any substance that is usually a liquid or solid **3.** [*pl.*] [Obs. depressed spirits (often with *the*) U.S. sp. **vapor**

**var.** **1.** variant(s) **2.** various

**variable** (vāər′ē ə b'l) *adj.* **1.** apt to change or vary; changeable, inconstant, etc. **2.** that can be changed or varied **3.** *Math.* having no fixed value —*n.* **1.** anything changeable; thing that varies **2.** *Math.* a quantity that may have a number of different values or a symbol for this —**var′iabil′ity** *n.* —**var′iably** *adv.*

**variance** (vāər′ē əns) *n.* **1.** a varying or being variant **2.** degree of change or difference; discrepancy **3.** a quarrel; dispute —**at variance** not in agreement; conflicting

**variant** *adj.* varying; different in some way from others of the same kind —*n.* anything variant, as a different spelling of the same word

**variation** (vāər′ē ā′shən) *n.* **1.** *a)* a change in form, condition, extent, etc. *b)* the degree of such change **2.** a thing that is somewhat different from another of the same kind **3.** *Music* the repetition of a melody or theme with changes in harmony, rhythm, key, etc. —**var′ia′tional** *adj.*

**varicoloured** (vāər′i kul′ərd) *adj.* of several or many colours

**varicose** (var′i kōs′) *adj.* [< L. *varix,* enlarged vein] abnormally and irregularly swollen [*varicose* veins] —**var'icos'ity** (-kos'ə tē) *n.*

**varied** (vâər'id) *adj.* 1. of different kinds; various 2. variegated 3. changed; altered —**var'iedly** *adv.*

**variegated** (vâər'i gāt'id) *adj.* displaying differently coloured spots, patches, streaks, etc. —**var'iega'tion** *n.*

**variety** (və rī'ə tē) *n., pl.* **-ties** [< L. *varietas*] 1. a being various or varied; absence of sameness 2. any of the various forms of something; sort [*varieties* of cloth] 3. a number of different kinds [a *variety* of fruits] 4. a subdivision of a species —*adj.* of or in a variety show

**variety show** a show made up of different kinds of acts, as comic skits, songs, dances, etc.

**variorum** (vâər'ē ôr'əm) *n.* [L., of various (scholars)] 1. an edition, as of a literary work, with notes by various editors, etc. 2. an edition containing variant texts

**various** (vâər'ē əs) *adj.* [L. *varius,* diverse] 1. differing one from another; of several kinds 2. several or many —**var'iously** *adv.*

**varlet** (vär'lit) *n.* [OFr.: see VALET] [Archaic] a scoundrel; knave

**varmint, varment** (vär'mint) *n.* [< VERMIN] [Dial. or Colloq.] a person or animal regarded as objectionable

**varnish** (vär'nish) *n.* [< ML. *veronix,* resin] 1. a preparation made of resinous substances dissolved in oil, alcohol, etc., used to give a hard, glossy surface to wood, etc. 2. the hard, glossy surface produced 3. a surface gloss or smoothness, as of manner —*vt.* 1. to cover with varnish 2. to smooth over in a false way

**varsity** (vär'sə tē) *n., pl.* **-ties** [< UNIVERSITY] [Colloq.] university

**varve** (värv) *n.* [Swed. *varv,* layer] an annual layer of glacial sediment deposited in lakes and fiords

**vary** (vâər'ē) *vt.* **var'ied, var'ying** [< L. *varius,* various] 1. to change; alter 2. to make different from one another 3. to give variety to —*vi.* 1. to differ or change 2. to deviate or depart (*from*)

**vas** (vas) *n., pl.* **vasa** (vā'sə) [L.] *Anat., Biol.* a vessel or duct —**vasal** (vā's'l) *adj.*

**vascular** (vas'kyoo lər) *adj.* [< L. *vas,* vessel] of or having vessels or special cells for carrying blood, sap, etc.

**vas deferens** (vas'def'ə renz') *pl.* **vasa deferentia** (vā'sə def'ə ren'shē ə) [L.] the duct that carries sperm from the testicle to the ejaculatory duct of the penis

**vase** (vāz) *n.* [< L. *vas,* vessel] an open container used for decoration, holding flowers, etc.

**vasectomy** (va sek'tə mē) *n., pl.* **-mies** [< VAS + -ECTOMY] the cutting, tying, and removing of part of the vas deferens for the purpose of sterilizing sexually

**Vaseline** (vas'i lēn') [< G. *Was(ser),* water + Gr. *el(aion),* oil] *Trademark* petroleum jelly used in ointments, etc.

**vassal** (vas'l) *n.* [< ML. *vassus,* servant] 1. a person in the feudal system who held land in return for fealty, military help, etc. to an overlord 2. a subordinate, servant, slave, etc. —**vas'salage** *n.*

**vast** (väst) *adj.* [L. *vastus*] very great in size, extent, amount, degree, etc. —**vast'ly** *adv.* —**vast'ness** *n.*

**vat** (vat) *n.* [OE. *fæt*] a large tank, tub, or cask for holding liquids, as for use in a manufacturing process

**V.A.T.** value-added tax

**Vatican** (vat'i kən) 1. the papal palace in Vatican City 2. the papal government or authority

**vaudeville** (vō'də vil) *n.* [Fr. < *Vau-de-Vire,* a valley in Normandy, famous for light songs] a stage show consisting of mixed speciality acts, including songs, dances, comic skits, etc. —**vaudevil'lian** *n., adj.*

**vault**[1] (vôlt) *n.* [< L. *volvere,* to roll] 1. an arched roof or ceiling 2. an arched chamber or space, esp. when underground 3. a cellar room used for storage 4. a burial chamber 5. a secure room for the safekeeping of valuables, as in a bank 6. the sky as a vaultlike canopy —*vt.* 1. to cover with a vault 2. to build as a vault —*vi.* to curve like a vault —**vault'ed** *adj.*

**vault**[2] *vi.* [< L. *volvere,* to roll] to leap as over a barrier, esp. putting the hands on the barrier or using a long pole —*vt.* to vault over —*n.* a vaulting —**vault'er** *n.*

**vaulting**[1] *n.* the arched work forming a vault

**vaulting**[2] *adj.* 1. that vaults or leaps 2. reaching too far [*vaulting* ambition]

**vaunt** (vônt) *vi., vt.* [< L. *vanus,* vain] to boast or brag (of) —*n.* a boast —**vaunt'ed** *adj.*

**vb.** 1. verb 2. verbal

**V.C.** 1. Vice Chairman 2. Vice Chancellor 3. Vice-Consul 4. Victoria Cross

**VD, V.D.** venereal disease

**VDU** visual display unit

**VE** Victory in Europe —**V-E Day** (vē'ē') May 8, 1945, the official date of Germany's surrender ending the European phase of World War II

**'ve** *contraction of* HAVE [*we've* seen it]

**veal** (vēl) *n.* [< L. *vitulus,* calf] the flesh of a young calf, used as food

**vector** (vek'tər) *n.* [L., carrier] 1. *Math.* *a*) a physical quantity with magnitude and direction, such as a force or velocity *b*) a line representing such a quantity 2. a carrier, as an insect, of a disease-producing organism

**Veda** (vā'də) *n.* [Sans. *veda,* knowledge] the ancient sacred books of Hinduism —**Vedaic** (vi dā'ik), **Ve'dic** *adj.*

**veer** (vēər) *vi.* [< Fr. *virer,* turn round] 1. to change direction; turn 2. to change sides, as from one opinion to another 3. to turn clockwise: said of the wind —*n.* a change of direction

**veg** (vej) *n.* [Colloq.] a vegetable or vegetables

**Vega** (vē'gə) [ML. < Ar.] a very bright star in the constellation Lyra

**vegan** (vē'gən) *n.* [< VEGETARIAN] a person who eats no animal product

**vegetable** (vej'tə b'l) *n.* [see VEGETATE] **1.** any plant that is eaten whole or in part, raw or cooked, as the potato, pea, celery, lettuce, etc. **2.** [Colloq.] a person who has lost control of his mental faculties, limbs, etc. as from an injury —*adj.* **1.** of, like, or from vegetables [*vegetable* oil] **2.** of plants in general [*vegetable* kingdom]

**vegetable marrow** **1.** a plant yielding long, green striped fruit **2.** the fruit of the marrow eaten as a vegetable

**vegetable oil** any of various liquid fats derived from the fruits or seeds of plants

**vegetal** (vej'i t'l) *adj.* *same as* VEGETABLE

**vegetarian** (vej'i tâər'ē ən) *n.* a person who eats no meat; strictly, one who believes in a vegetable diet —*adj.* **1.** of vegetarians, their principles, etc. **2.** consisting only of vegetables, fruits, etc. —**veg'etar'ianism** *n.*

**vegetate** (vej'i tāt') *vi.* **-tat'ed, -tat'ing** [< L. *vegere,* quicken] **1.** to grow as plants **2.** to lead a dull, inactive life

**vegetation** (vej'i tā'shən) *n.* plant life in general

**vegetative** (vej'i tə tiv) *adj.* **1.** of plants or plant growth **2.** growing as plants **3.** helping plant growth [*vegetative* loams]

**vehement** (vē'i mənt) *adj.* [< L. *vehemens,* eager] full of or showing very strong feeling; intense, fervent, impassioned, etc. —**ve'hemence, ve'hemency** *n.* —**ve'hemently** *adv.*

**vehicle** (vē'i k'l) *n.* [< L. *vehere,* to carry] **1.** a means of carrying persons or things, as a motor car, bicycle, etc. **2.** a means of expressing ideas **3.** *Painting* a liquid, as water or oil, with which pigments are mixed for use **4.** a substance, as a syrup, in which medicines are given —**vehicular** (vi hik'yoo lər) *adj.*

**veil** (vāl) *n.* [< L. *velum,* cloth] **1.** a piece of light fabric, as net, worn, esp. by women, over the face or head to hide the features or as an ornament **2.** a part of a nun's headdress, falling round the face and over the shoulders **3.** anything used to separate, cover, or conceal [a *veil* of silence] —*vt.* to cover, conceal, etc. with or as with a veil —**take the veil** to become a nun

**veiled** *adj.* **1.** wearing or covered with a veil **2.** concealed, disguised, etc. [a *veiled* threat]

**vein** (vān) *n.* [L. *vena*] **1.** any blood vessel bringing blood back to the heart **2.** any riblike support in an insect wing **3.** any of the fine lines in a leaf **4.** a layer of mineral, rock, etc. in a fissure or zone of different rock; lode **5.** a streak of a different colour, etc., as in marble **6.** a distinctive quality or strain [a *vein* of humour] **7.** a temporary state of mind mood —**veined** *adj.*

**veiny** *adj.* **-ier, -iest** full of veins or veinlike markings

**Velcro** (vel'krō) [< VEL(VET)] *Trademark* a nylon material made with a surface of tiny hooks and one of pile: matching strips are used in garments, etc. as fasteners, easily pressed together or pulled apart

**veld, veldt** (velt, felt) *n.* [Afrik. < MDu. *veld,* field] in South Africa, open grassy country

**veldskoen** (felt'skoon') *n.* [< Afrik.] [S Afr.] an ankle-high boot, orig. of rawhide

**veleta** (və lē'tə) *n.* [Sp., weather cock] an old-time dance in slow triple time: also **vale'ta**

**vellum** (vel'əm) *n.* [see VEAL] **1.** a fine parchment used for writing on or for binding books **2.** a manuscript on vellum **3.** a strong paper resembling vellum

**velocipede** (vi los'i pēd') *n.* [< L. *velox,* swift + *pes,* foot] an early bicycle or tricycle

**velocity** (vi los'ə tē) *n., pl.* **-ties** [< L. *velox,* swift] **1.** quickness of motion or action; speed **2.** rate of motion in relation to time

**velour, velours** (və loər') *n., pl.* **velours'** [< L. *villus,* shaggy hair] a fabric with a soft nap like velvet

**velvet** (vel'vit) *n.* [< L. *villus,* shaggy hair] **1.** a rich fabric of silk, cotton, nylon, etc. with a soft, thick pile **2.** the soft, furry covering of the newly-formed antlers of a deer —*adj.* **1.** made of velvet **2.** smooth or soft like velvet —**on velvet** in a position of ease or advantage —**vel'vety** *adj.*

**velveteen** (vel'vi tēn') *n.* a velvetlike cotton cloth

**Ven.** Venerable

**vena cava** (vē'nə kā'və) *pl.* **ve'nae ca'vae** (vē'nē kā'vē) [< L. *vena,* vein + *cava,* hollow] *Anat.* either of two large veins carrying blood to the right atrium of the heart

**venal** (vē'n'l) *adj.* [< L. *venum,* sale] open to, or characterized by, bribery or corruption —**venal'ity** (-nal'ə tē) *n.* —**ve'nally** *adv.*

**venation** (vē nā'shən) *n.* [< L. *vena,* vein] **1.** an arrangement or system of veins, as in an insect's wing or a leaf **2.** such veins collectively

**vend** (vend) *vt., vi.* [< L. *venum dare,* offer for sale] to sell, esp. by peddling

**vendetta** (ven det'ə) *n.* [It. < L. *vindicta,* vengeance] **1.** a feud in which relatives of a murdered or wronged person seek vengeance on the guilty person or his family **2.** any bitter feud —**vendet'tist** *n.*

**vendible** (ven'də b'l) *adj.* [see VEND] capable of being sold

**vending machine** a coin-operated machine for selling certain kinds of articles, refreshments, etc.

**vendor, vender** (ven′dôr) *n.* **1.** one who sells **2.** *same as* VENDING MACHINE

**veneer** (və nēər′) *n.* [< Fr. *fournir,* furnish] **1.** a thin layer used to veneer something **2.** a surface appearance that hides what is below —*vt.* **1.** to cover with a thin layer of finer material; esp., to cover (wood) with wood of a finer quality **2.** to make outwardly attractive

**venerable** (ven′ər ə b'l) *adj.* **1.** worthy of respect or reverence by reason of age, dignity, etc. **2.** *a) Anglican Ch.* an archdeacon's title *b) R.C.Ch.* a title indicating the lowest of the three degrees of sanctity —**ven′erabil′ity** *n.* —**ven′erably** *adv.*

**venerate** (ven′ə rāt′) *vt.* **-at′ed, -at′ing** [< L. *venerari,* to worship] to feel or show deep respect for

**veneration** (ven′ə rā′shən) *n.* **1.** deep respect and reverence **2.** an act showing this

**venereal** (və nēər′ē əl) *adj.* [< L. *venus,* love] **1.** *a)* transmitted only or chiefly by sexual intercourse with an infected individual, as syphilis and gonorrhoea *b)* infected with a venereal disease *c)* of venereal disease **2.** relating to sexual love or intercourse

**Venetian** (və nē′shən) *adj.* of Venice, its people, culture, etc. —*n.* a native or inhabitant of Venice

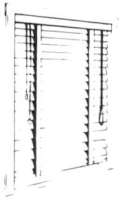

VENETIAN BLIND

**Venetian blind** [*also* **v- b-**] a window blind made of a number of thin, horizontal slats that can be set at any angle to regulate the light passing through

**vengeance** (ven′jəns) *n.* [see VINDICATE] **1.** the return of an injury for an injury, in punishment; revenge **2.** the desire to make such a return —**with a vengeance** **1.** with great force or fury **2.** to an excessive or unusual extent

**vengeful** *adj.* seeking vengeance; vindictive

**venial** (vē′nē el) *adj.* [< L. *venia,* grace] **1.** that can be forgiven, pardoned, or excused **2.** *R.C.Ch.* not causing spiritual death: said of sins not regarded as serious —**ve′nially** *adv.*

**venison** (ven′zən, ven′is'n) *n.* [< L. *venari,* to hunt] the flesh of deer, used as food

**Venn diagrams** (ven) [< J. *Venn*] *Math.* diagrams using overlapping circles to show relationships between sets

**venom** (ven′əm) *n.* [< L. *venenum,* a poison] **1.** the poison secreted by some snakes, spiders, etc., injected into the victim by bite or sting **2.** spite; malice

**venomous** *adj.* **1.** full of venom; poisonous **2.** full of ill will; malicious **3.** *Zool.* able to inject venom —**ven′omously** *adv.* —**ven′omousness** *n.*

**venous** (vē′nəs) *adj.* [L. *venosus*] **1.** of or having veins **2.** designating blood carried in veins

**vent**[1] (vent) *n.* [< L. *ventus,* a wind] **1.** a small opening to let gas, etc. out **2.** *Zool.* the excretory opening in animals **3.** a means of escaping; outlet **4.** expression; release [giving *vent* to emotion] —*vt.* **1.** to give release or expression to **2.** to make a vent in **3.** to let (steam, gas, etc.) out through an opening

**vent**[2] *n.* [< L. *findere,* to split] a vertical slit in a garment, as one in the back of a jacket

**ventilate** (ven′ti lāt′) *vt.* **-lat′ed, -lat′ing** [< L. *ventus,* a wind] **1.** to circulate fresh air in (a room, etc.) **2.** to put a vent in, to let air, gas, etc. escape **3.** to examine and discuss (a grievance, etc.) openly —**ven′tila′tion** *n.*

**ventilator** *n.* any device used to bring in fresh air and drive out foul air

**ventral** (ven′trəl) *adj.* [< L. *venter,* belly] of, on, or near the belly —**ven′trally** *adv.*

**ventricle** (ven′tri k'l) *n.* [< L. *venter,* belly] **1.** either of the two lower chambers of the heart which receive blood from the atria and pump it into the arteries **2.** a small cavity in the brain —**ventric′ular** *adj.*

**ventriloquism** (ven tril′ə kwiz′m) *n.* [< L. *venter,* belly + *loqui,* speak] the art of speaking so that the voice seems to come from some source other than the speaker: also **ventril′oquy** (-kwē) —**ventril′oquist** *n.* —**ventril′oquize′** *vi., vt.*

**venture** (ven′chər) *n.* [see ADVENTURE] **1.** a risky undertaking, as in business **2.** something on which a risk is taken —*vt.* **-tured, -turing** **1.** to risk; hazard **2.** to take the risk of; brave **3.** to express (an opinion, etc.) at the risk of being criticized, etc. —*vi.* to do or go at some risk —**ven′turer** *n.* —**at a venture** by mere chance

**venturesome** *adj.* **1.** inclined to venture; daring **2.** risky; hazardous Also **ven′turous**

**venue** (ven′yōō) *n.* [< L. *venire,* come] **1.** *a)* a meeting place *b)* the scene of an action or event **2.** *Law a)* the locality in which a cause of action or crime occurs *b)* the locality in which a jury is drawn and a case tried —**change of venue** **1.** a change of rendezvous **2.** *Law* the substitution of another place of trial, as when the jury or court is likely to be prejudiced

**Venus** (vē′nəs) [L., love] **1.** *Rom. Myth.* the goddess of love and beauty **2.** a planet in the solar system, second in distance from the sun

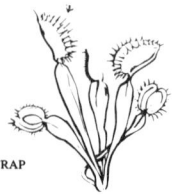

VENUS' FLYTRAP

**Venus' flytrap** a swamp plant having leaves with two hinged blades that snap shut and so trap insects

**veracious** (vəra′shəs) ***adj.*** [< L. *verus,* true] **1.** habitually truthful; honest **2.** true; accurate

**veracity** (vəras′ətē) ***n., pl.*** **-ties** **1.** honesty **2.** accuracy or precision **3.** truth

**veranda, verandah** (vəran′də) ***n.*** [< Port. *varanda,* balcony] an open gallery, usually roofed, along the outside of a building

**verb** (vurb) ***n.*** [< L. *verbum,* word] a word expressing action, existence, or occurrence —***adj.*** of, or functioning as, a verb

**verbal** (vur′b'l) ***adj.*** **1.** of, in, or by means of words **2.** concerned merely with words rather than with facts, ideas, or actions **3.** oral rather than written **4.** *Gram.* of, like, or derived from a verb —***n.*** *Gram.* a verbal noun or other word derived from a verb: in English, gerunds, infinitives, and participles are verbals —**ver′bally** ***adv.***

**verbalism** ***n.*** **1.** a word or word phrase **2.** words only, without any real meaning

**verbalize** ***vi., vt.*** **-ized′, -iz′ing** **1.** to be wordy, or verbose **2.** to express in words —**ver′baliza′tion** ***n.***

**verbal noun** *Gram.* a noun derived from a verb, esp. a gerund or an infinitive (Ex.: *walking* is healthy)

**verbatim** (vurbāt′im) ***adv., adj.*** [< L. *verbum,* word] word for word

**verbena** (vurbē′nə) ***n.*** [< L., foliage] any of a group of ornamental plants with spikes or clusters of red, white, or purplish flowers

**verbiage** (vur′bē ij) ***n.*** [< L. *verbum,* word] an excess of words; wordiness

**verbose** (vərbōs′) ***adj.*** [< L. *verbum,* word] using too many words; wordy —**verbos′ity** (-bos′ətē) ***n.***

**verdant** (vur′d'nt) ***adj.*** [prob. < VERDURE] **1.** covered with green vegetation **2.** green **3.** inexperienced; immature —**ver′dancy** ***n.***

**verdict** (vur′dikt) ***n.*** [< L. *vere,* truly + *dicere,* say] **1.** *Law* the decision reached by a jury **2.** any decision or judgment

**verdigris** (vur′di gris) ***n.*** [< OFr. *verd,* green + *de,* of + *Grece,* Greece] a green or greenish-blue coating that forms on brass, bronze, or copper

**verdure** (vur′jər) ***n.*** [OFr. < *verd,* green] **1.** the fresh green colour of growing things **2.** green vegetation —**ver′dured** ***adj.*** —**ver′durous** ***adj.***

**verge**[1] (vurj) ***n.*** [< L. *virga,* rod] **1.** the edge, brink, or margin **2.** a grassy border, as along a road —***vi.*** **verged, verg′ing** to be on the verge, brink, or border (with *on* or *upon*)

**verge**[2] ***vi.*** **verged, verg′ing** [L. *vergere*] **1.** to tend or incline (*to* or *towards*) **2.** to pass gradually (*into*) [dawn *verging* into daylight]

**verger** (vur′jər) ***n.*** [see VERGE[1]] **1.** a church caretaker or usher **2.** a person who carries a staff of office before a bishop, etc.

**Vergilian** (vurjil′ē ən) ***adj.*** *var. of* VIRGILIAN

**veriest** (ver′ē ist) ***adj.*** [< VERY] being such to the highest degree; utter [the *veriest* nonsense]

**verify** (ver′i fī′) ***vt.*** **-fied′, -fy′ing** [< L. *verus,* true + *facere,* make] **1.** to prove to be true by evidence, etc.; confirm **2.** to test the accuracy of, as by comparison —**ver′ifi′able** ***adj.*** —**ver′ifica′tion** ***n.***

**verily** (ver′ə lē) ***adv.*** [Archaic] in very truth; truly

**verisimilar** (ver′i sim′i lər) ***adj.*** [< L. *verus,* true + *similis,* like] seeming to be true or real; likely

**verisimilitude** (ver′i si mil′i tyōōd′) ***n.*** [see prec.] the appearance of being true or real

**veritable** (ver′i tə b'l) ***adj.*** [< L. *veritas,* truth] true; aptly named [a *veritable* feast] —**ver′itably** ***adv.***

**verity** (ver′ə tē) ***n., pl.*** **-ties** [< L. *verus,* true] **1.** conformity to truth or fact **2.** a principle, belief, etc. taken to be fundamentally and permanently true

**verkrampte** (fər kram′tə) ***n.*** [< Afrik.] in South Africa, a person of extreme right wing views, often an Afrikaner Nationalist

**verligte** (fər ləkh′tə) ***n.*** [< Afrik.] in South Africa, a person of moderate or liberal views, esp. an Afrikaner

**vermi-** [< L. *vermis*] *a combining form meaning* worm

**vermicelli** (vur′mi sel′ē) ***n.*** [It., little worms] **1.** pasta like spaghetti, but in thinner strings **2.** tiny chocolate strands used to decorate cakes, etc.

**vermicide** (vur′mi sīd′) ***n.*** [VERMI- + -CIDE] a drug or other agent used to kill worms, esp. intestinal worms

**vermicular** (vur mik′yōō lər) ***adj.*** [< L. *vermis,* a worm] **1.** wormlike in shape or movement **2.** of or caused by worms

**vermiform** (vur′mi fôrm′) ***adj.*** [VERMI- + -FORM] shaped like a worm

**vermiform appendix** *see* APPENDIX

**vermilion** (vər mil′yən) ***n.*** [< L. *vermis,* a worm] **1.** a bright red pigment **2.**

a bright red or scarlet —***adj.*** of the colour vermilion

**vermin** (vur′min) ***n., pl.*** **-min** [< L. *vermis,* a worm] **1.** (*functioning as pl*) *a*) insects, bugs, or small animals regarded as pests because they are destructive, disease-carrying, etc., as flies, lice, or rats *b*) birds or animals that kill game on reserves **2.** a vile, loathsome person —**ver′minous** ***adj.***

**vermouth** (vur′məth) ***n.*** [Fr. < G. *Wermut,* wormwood] a sweet or dry, fortified white wine flavoured with aromatic herbs

**vernacular** (vər nak′yoo lər) ***n.*** [L. *vernaculus,* native] **1.** the native language or dialect of a country or place **2.** the common, everyday language of ordinary people in a particular locality **3.** the shoptalk of a profession or trade —***adj.*** **1.** of, in, or using the native language of a place **2.** native to a place —**vernac′ularism** ***n.***

**vernal** (vur′n'l) ***adj.*** [< L. *ver,* spring] **1.** of the spring **2.** springlike **3.** youthful —**ver′nally** ***adv.***

**vernier** (vur′nē ər) ***n.*** [< P. *Vernier*] a short scale that slides along a longer instrument and is used to indicate fractional parts of divisions: also **vernier scale**

**Veronal** (ver′ə n'l) [G., < *Verona,* in Italy] *Trademark* barbitone

**veronica** (vi ron′i kə) ***n.*** [< ?] *same as* SPEEDWELL

**verruca** (və roo′kə) ***n., pl.*** **-cas, -cae** (-sē) [L.] **1.** a wart **2.** a wartlike elevation, as on a toad's back

**versatile** (vur′sə til′) ***adj.*** [< L. *vertere,* to turn] **1.** competent in many things; able to turn easily from one subject or occupation to another **2.** adaptable to many uses or functions —**ver′satil′ity** (-til′ə tē) ***n.***

**verse** (vurs) ***n.*** [< L. *vertere,* to turn] **1.** a stanza or other short division of a poem **2.** *a*) poetry in general; sometimes, specif., poems of a light nature *b*) poetry of a specified kind [blank *verse*] **3.** a single line of poetry **4.** a single poem **5.** any of the short divisions of a chapter of the Bible

**versed** (vurst) ***adj.*** [< L. *versari,* be busy] skilled or learned (*in* a subject)

**versification** (vur′si fi kā′shən) ***n.*** the art, practice, or theory of poetic composition

**versify** (vur′si fī′) ***vi.*** **-fied′, -fy′ing** to compose verses —***vt.*** **1.** to tell in verse **2.** to put into verse form —**ver′sifi′er** ***n.***

**version** (vur′shən) ***n.*** [see VERSE] **1.** an account giving one point of view **2.** a translation, esp. of the Bible **3.** a particular form [the film *version* of the novel]

**verso** (vur′sō) ***n., pl.*** **-sos** [see VERSE] *Printing* any left-hand page of a book; back of a leaf

**versus** (vur′səs) ***prep.*** [L.] **1.** in contest against [our team *versus* theirs] **2.** in contrast with

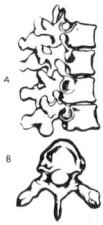


VERTEBRAE
(A, spinal column;
B, single vertebra)

**vertebra** (vur′ti brə) ***n., pl.*** **-brae′** (-brē′), **-bras** [L. < *vertere,* to turn] any of the single bones of the spinal column —**ver′tebral** ***adj.***

**vertebrate** ***n.*** any of a large group of animals that have a backbone and a brain and cranium —***adj.*** **1.** having a backbone, or spinal column **2.** of the vertebrates

**vertex** (vur′teks) ***n., pl.*** **-texes, -tices′** (-ti sēz′) [L. < *vertere,* to turn] **1.** the highest point; top **2.** *Geom. a*) the point where the two sides of an angle intersect *b*) a corner point of a triangle, square, cube, etc.

**vertical** (vur′ti k'l) ***adj.*** **1.** perpendicular to a level surface; upright; straight up or down **2.** of or at the vertex —***n.*** a vertical line, plane, etc. —**ver′tically** ***adv.***

**vertiginous** (vur tij′i nəs) ***adj.*** **1.** of, affected by, or causing vertigo **2.** whirling; spinning **3.** unstable

**vertigo** (vur′ti gō′) ***n., pl.*** **-goes′, vertigines** (vur tij′i nēz′) [L. < *vertere,* to turn] a sensation of dizziness

**vertu** (vur too′) ***n.*** *same as* VIRTU

**vervain** (vur′vān) ***n.*** [< L. *verbena,* foliage] any of a number of verbenas

**verve** (vurv) ***n.*** [Fr. < L. *verba,* words] vigour; vivacity; spirit

**very** (ver′ē) ***adv.*** [< L. *verus,* true] **1.** exceedingly **2.** truly; really: used as an intensive [the *very* same man] —***adj.*** —**ver′ier, ver′iest** **1.** complete; utter [the *very* opposite] **2.** same [the *very* hat he lost] **3.** exactly right, suitable, etc. **4.** even (the): used as an intensive [the *very* rafters shook] **5.** actual [caught in the *very* act]

**very high frequency** any radio frequency between 30 and 300 megahertz

**very low frequency** any radio frequency between 10 and 30 kilohertz

**Very signal** (or **light**) (ver′ē) [< E.W. *Very*] a coloured flare fired from a special pistol (**Very pistol**)

**vesicle** (ves′i k'l) ***n.*** [< L. *vesica,* bladder] a small, membranous cavity, sac, or cyst; specif., a blister —**vesicular** (və sik′yoo lər) ***adj.***

**vesper** (ves′pər) ***n.*** [L.] **1.** *a*) orig., evening *b*) [Poet.] [**V-**] *same as* EVENING STAR **2.** [*pl.*] an evening prayer or service

**vessel** (ves′'l) ***n.*** [< L. *vas*] **1.** a utensil for holding something, as a bowl, pot, etc. **2.** a ship or large boat **3.** a tube or duct containing or circulating a body fluid

**vest** (vest) *n.* [< L. *vestis,* garment] **1.** an undergarment covering the body from the shoulders to the hips **2.** [U.S.] a waistcoat —*vt.* **1.** to place (some right, power, or property) in the control of a person or group (with *in*) **2.** to provide or invest (a person or group) (*with* some right, power, or property) —*vi.* to become vested (*in* a person), as property

**vesta** (ves′tə) *n.* [< *Vesta,* Roman goddess of the hearth] a short, wooden, or, orig., wax, match

**vestal** (ves′t'l) *adj.* **1.** chaste; pure **2.** of or sacred to Vesta —*n.* a chaste woman; specif., a virgin

**vestal virgin** in ancient Rome, any of the virgin priestesses of Vesta, who tended the sacred fire in her temple

**vested interest** **1.** an established right, as to some future benefit **2.** a strong personal concern in a state of affairs, system, etc., usually resulting in private gain **3.** a person or group that has such an interest

**vestibule** (ves′tibyo̅ol′) *n.* [L. *vestibulum*] a small entrance hall, either to a building or a room

**vestige** (ves′tij) *n.* [< L. *vestigium,* footprint] **1.** a trace or remaining bit of something once present or whole **2.** *Biol.* an organ or part not so fully developed or functional as it once was in the embryo or species —**vestig′ial** *adj.*

**vestment** (vest′mənt) *n.* [< L. *vestire,* clothe] an official robe or gown, esp. one worn by clergymen, etc. during religious services

**vestry** (ves′trē) *n., pl.* **-tries** [< L. *vestis,* garment] **1.** a room in a church, where vestments and sacred vessels are kept **2.** a room in a church, used for meetings, Sunday school, etc.

**vesture** (ves′chər) *n.* [< L. *vestire,* clothe] [Now Rare] clothing

**vet** (vet) *n.* *shortened form of* VETERINARY SURGEON —*vt.* **vet′ted, vet′ting** **1.** to examine or evaluate thoroughly **2.** to examine or treat (an animal)

**vet.** **1.** veteran **2.** veterinary (surgeon)

**vetch** (vech) *n.* [< L. *vicia*] any of a number of leafy, climbing or trailing plants, used chiefly as fodder

**veteran** (vet′ər ən) *n.* [< L. *vetus,* old] **1.** a person with much experience in some kind of work, esp. in the armed forces of a country **2.** [U.S.] an ex-serviceman

**veteran car** a car made before 1916, or, strictly, before 1905

**veterinary** (vet′ər i nər ē) *adj.* [< L. *veterina,* beasts of burden] designating or of the treatment of diseases and injuries in animals, esp. domestic animals —*n., pl.* **-naries** a veterinary surgeon

**veterinary surgeon** a person who practises veterinary medicine or surgery: also, chiefly U.S., **veterinarian**

**veto** (vē′tō) *n., pl.* **-toes** [L., I forbid] **1.** *a*) an order forbidding some act *b*) the power to prevent action thus **2.** the right of a ruler or legislature to reject bills passed by another branch of the government **3.** [U.S.] a document giving the reasons for rejecting a bill **4.** the power of any of the five permanent members of the Security Council of the United Nations to prevent an action by casting a negative vote —*vt.* **-toed, -toing** **1.** to prevent (a bill) from becoming law by veto **2.** to forbid

**vex** (veks) *vt.* [< L. *vexare,* agitate] **1.** to disturb, irritate, etc., esp. in a petty, nagging way **2.** to distress or afflict —**vexed question** a difficult matter which is much debated

**vexation** (vek sā′shən) *n.* **1.** a vexing or being vexed **2.** a cause of annoyance or distress —**vexa′tious** *adj.*

**vexing** *adj.* that vexes —**vex′ingly** *adv.*

**VHF, V.H.F., vhf, v.h.f.** very high frequency

**vi., v.i.** intransitive verb

**V.I.** **1.** Vancouver Island **2.** Virgin Islands

**via** (vī′ə) *prep.* [L., abl. sing. of *via,* a way] **1.** by way of [from Rome to London *via* Paris] **2.** by means of [*via* airmail]

**viable** (vī′ə b'l) *adj.* [Fr. < L. *vita,* life] **1.** practicable; likely to survive [a *viable* economy, *viable* ideas] **2.** able to live; specif., developed enough to be able to live outside the uterus —**vi′abil′ity** *n.* —**vi′ably** *adv.*

**viaduct** (vī′ə dukt′) *n.* [L. *via* (see VIA) + (AQUE)DUCT] a bridge consisting of a series of short spans supported on piers or towers, usually to carry a road or railway over a valley, gorge, etc.

**vial** (vī′əl) *n.* [< Gr. *phialē,* shallow cup] a small bottle, usually of glass, for holding medicine or other liquids

**viand** (vī′ənd) *n.* [< L. *vivere,* to live] **1.** an article of food **2.** [*pl.*] food; esp., choice dishes

**viaticum** (vī at′i kəm) *n., pl.* **-ca, -cums** [L. < *via,* way] [*often* **V-**] the Eucharist as given to a person dying or in danger of death

**vibes** (vībz) *n.pl.* **1.** [Colloq.] a vibraphone **2.** [< VIBRATION(S)] [Slang] qualities in a person or thing that produce an emotional response in one

**vibrant** (vī′brənt) *adj.* [< L. *vibrare,* vibrate] **1.** quivering; vibrating **2.** produced by vibration; resonant: said of sound **3.** energetic, vivacious, etc.

**vibraphone** (vī′brə fōn′) *n.* [VIBRA(TE) + -PHONE] a musical instrument resembling the marimba, but with electrically operated valves in the resonators that produce a gentle vibrato —**vi′braphon′ist** *n.*

**vibrate** (vī brāt′) *vt.* **-brat′ed, -brat′ing** [< L. *vibrare*] **1.** to set in to-and-fro motion; oscillate **2.** to cause to quiver —*vi.* **1.** to swing back and forth **2.** to move rapidly back and forth; quiver **3.** to resound **4.** to feel very excited; thrill

**vibration** *n.* **1.** a vibrating; esp., rapid movement back and forth; quivering **2.** [*pl.*] *same as* VIBES (sense 2) **3.** *Physics* rapid, periodic, to-and-fro motion or oscillation of an elastic body or the particles of a fluid, as in transmitting sound

**vibrato** (vi brät′ō) *n., pl.* **-tos** [It.] *Music* the pulsating effect of a rapid, hardly noticeable variation in pitch

**vibrator** (vī′brāt′ər) *n.* something that vibrates, as an electrical device used in massage, etc.

**vicar** (vik′ər) *n.* [< L. *vicis,* a change] **1.** *Anglican Ch.* a priest in charge of a parish in which, formerly, the tithes belonged to a layman, monastery, etc. **2.** *R.C.Ch* a church officer acting as a deputy of a bishop **3.** a deputy —**vicarial** (vi kâər′ē əl) ***adj.***

**vicarage** *n.* **1.** the residence of a vicar **2.** the benefice or salary of a vicar

**vicar apostolic** *pl.* **vicars apostolic** *R.C.Ch.* a titular bishop in a region where no regular see has yet been organized

**vicar-general** *n., pl.* **vic′ars-gen′eral** **1.** *Anglican Ch.* a layman serving as administrative deputy to an archbishop or bishop **2.** *R.C.Ch.* a priest, etc. acting as administrative deputy to a bishop

**vicarious** (vi kâər′ē əs) ***adj.*** [< L. *vicis,* a change] **1.** *a*) done or undergone by one person in place of another *b*) felt as if one were actually taking part in another's experience [a *vicarious* thrill] **2.** *a*) taking the place of another *b*) delegated —**vicar′iously** ***adv.***

**Vicar of Christ** the Pope

**vice**[1] (vīs) ***n.*** [< L. *vitium*] **1.** *a*) an evil or wicked action, habit, etc. *b*) depravity *c*) prostitution **2.** any fault, defect, etc.

**vice**[2] (vī′sē) ***prep.*** [L.: see VICE-] in the place of; as the deputy or successor of

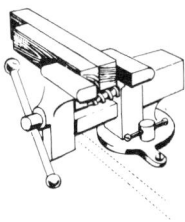

VICE

**vice**[3] (vīs) ***n.*** [< L. *vitis,* vine] a device consisting of two jaws opened and closed by a screw, lever, etc., used for holding firmly an object being worked on

**vice-** [< L. *vice,* in the place of another] *a prefix meaning* subordinate; deputy [*vice*-president]

**vice admiral** *see* MILITARY RANKS, table

**vice-consul** (vīs′kon′s'l) ***n.*** an officer who is subordinate to or a substitute for a consul

**vicegerent** (vīs′jer′ənt) ***n.*** [< *vice,* VICE- + *gerere,* to direct] a deputy —**vice′ge′rency** ***n.***

**vice-president** (vīs′prez′i dənt) ***n.*** an officer next in rank below a president, acting in his place during his absence or incapacity

**viceroy** (vīs′roi) ***n.*** [MFr.: < VICE- + *roy,* king] a person ruling a country, province, etc. as the deputy of a sovereign —**vice′roy′alty** ***n.*** —**vicereine** (vīs′rān′) ***n.fem.***

**vice squad** a police squad assigned to the suppression or control of prostitution, gambling, etc.

**vice versa** (vī′sē vur′sə) [L.] the order or relation being reversed; conversely

**Vichy (water)** (vē′shē) a mineral water found at Vichy, in C France

**vicinage** (vis′i nij) ***n.*** [see ff.] **1.** *same as* VICINITY **2.** the people living in a particular neighbourhood

**vicinity** (vi sin′ə tē) ***n.*** *pl.* **-ties** [< L. *vicinus,* near] **1.** surrounding region; neighbourhood **2.** nearness

**vicious** (vish′əs) ***adj.*** [< L. *vitium,* vice] **1.** characterized by, or done with, cruelty, brutality, etc. **2.** very intense, sharp, etc. [a *vicious* wind] **3.** malicious; spiteful [a *vicious* rumour] **4.** bad-tempered; dangerous [a *vicious* horse] **5.** ruined by defects, flaws, etc. [a *vicious* argument] —**vi′ciously** ***adv.*** —**vi′ciousness** ***n.***

**vicious circle** **1.** a situation in which the solution of one problem gives rise to another, but the solution of this brings back the first, etc. **2.** *Logic* an argument which is not valid because its conclusion rests on a premise which itself depends on the conclusion

**vicissitudes** (vi sis′i tyōōdz′) ***n.pl.*** [Fr. < L. *vicis,* a turn] unpredictable changes in life, fortune, etc.; ups and downs

**victim** (vik′tim) ***n.*** [L. *victima*] **1.** someone or something killed, destroyed, sacrificed, etc. **2.** a person who suffers some loss, esp. by being swindled

**victimize** *vt.* **-ized′, -iz′ing** **1.** to punish or discriminate against selectively or unfairly **2.** to make a victim of —**vic′timiza′tion** ***n.***

**victor** (vik′tər) ***n.*** [L. < *vincere,* conquer] the winner in a battle, struggle, etc.

VICTORIA

**victoria** (vik tôr′ē ə) ***n.*** [< Queen *Victoria*] a four-wheeled carriage for two, with a folding top

**Victoria Cross** the highest British military decoration, given for deeds of exceptional valour

**Victoria Day** the Monday preceding May 24th, in Canada a national holiday to commemorate Queen Victoria's birthday

**Victorian** *adj.* **1.** of or characteristic of the time when Victoria was queen of England **2.** showing the respectability, prudery, etc. regarded as typical of Victorians —*n.* a person, esp. a British writer, of the time of Queen Victoria

**victoria plum** a large, sweet, red or yellow plum

**victorious** (vik tôr′ē əs) *adj.* **1.** having won a victory; triumphant **2.** of or bringing about victory

**victory** (vik′tər ē) *n., pl.* **-ries** [< VICTOR] **1.** the decisive winning of a battle or war **2.** success in any contest or struggle

**victual** (vit′′l) *n.* [< L. *victus,* food] [*pl.*] [Dial. or Colloq.] articles of food —*vt.* **-ualled, -ualling** to supply with victuals —*vi.* to lay in a supply of food —**vict′ualler** *n.*

**vicuña** (vi kyōōn′ə) *n.* [SAmInd.] **1.** a S American animal related to the llama and alpaca, with soft, shaggy wool **2.** a fabric made from this wool or in imitation of it

‡**vide** (vī′dē) [L.] see: used to direct attention to a particular page, book, etc.

‡**videlicet** (vi dē′li set′) *adv.* [L. < *videre licet,* it is permitted to see] that is; namely

**video** (vid′ē ō′) *adj.* [L., I see] of television, esp. of the picture portion of a television broadcast —*n.* **1.** apparatus for recording and replaying television broadcasts etc. **2.** [U.S.] *same as* TELEVISION

**videophone** *n.* [VIDEO + (TELE)PHONE] a telephone combined with television so that users can see, as well as speak to, each other

**videotape** *n.* a magnetic tape on which a television broadcast can be recorded

**vie** (vī) *vi.* **vied, vy′ing** [< L. *invitare,* invite] to be a rival or rivals; compete (*with* someone)

**vies** (fis) *adj.* [< Afrik.] [S Afr. Slang] angry

**Vietnamese** (vyet′nə mēz′) *adj.* designating or of Vietnam, in SE Asia —*n., pl.* **Vietnamese** **1.** a native or inhabitant of Vietnam **2.** the language of Vietnam

**view** (vyōō) *n.* [< L. *videre,* see] **1.** a seeing or looking **2.** sight or vision; esp., range of vision **3.** mental examination or survey **4.** *a*) a scene or prospect, as of a landscape *b*) a picture of such a scene **5.** visual appearance of something **6.** manner of regarding something; opinion **7.** an object; aim; goal —*vt.* **1.** to see; behold **2.** to regard in a particular way **3.** to inspect; scrutinize **4.** to consider —**in view** **1.** in sight **2.** under consideration **3.** as an object aimed at —**in view of** **1.** because of **2.** in a position from which one can see something, or from which one can be seen —**on view** displayed publicly —**with a view to** **1.** with the purpose of **2.** looking forward to

**viewdata** *n. same as* TELETEXT

**viewer** *n.* **1.** a person who views something, esp. television **2.** an optical device for viewing of slides, etc.

**viewfinder** *n. same as* FINDER (sense 2)

**viewpoint** *n.* the mental position from which things are viewed and judged; point of view

**vigil** (vij′il) *n.* [< L. *vigere,* be lively] **1.** *a*) a watchful staying awake during the usual hours of sleep *b*) a watch kept **2.** *Eccles.* the evening or day before a festival

**vigilance committee** [U.S.] a group that sets itself up, without legal authority, to punish crime, etc.

**vigilant** (vij′i lənt) *adj.* [< L. *vigil,* awake] staying watchful and alert to danger or trouble —**vig′ilance** *n.* —**vig′ilantly** *adv.*

**vigilante** (vij′i lan′tē) *n.* [Sp., vigilant] [U.S.] a member of a vigilance committee

**vignette** (vin yet′) *n.* [Fr. < *vigne,* vine] **1.** an ornamental design used in a book, etc., as at the beginning or end of a chapter **2.** a photograph shading off gradually at the edges **3.** a short, delicate literary sketch

**vigorous** (vig′ər əs) *adj.* **1.** strong; robust **2.** of, characterized by, or requiring vigour **3.** forceful; energetic; powerful —**vig′orously** *adv.* —**vig′orousness** *n.*

**vigour** (vig′ər) *n.* [< L. *vigere,* be strong] **1.** active physical or mental force **2.** active or healthy growth **3.** intensity, force, or energy Also, U.S. sp., **vig′or**

**Viking** (vī′kiŋ) *n.* [ON. *vikingr*] any of the Scandinavian pirates who ravaged the coasts of Europe from the 8th to the 10th centuries

**vile** (vīl) *adj.* [< L. *vilis,* cheap, base] **1.** morally evil; wicked **2.** disgusting **3.** degrading; low **4.** very bad [*vile* weather] —**vile′ly** *adv.* —**vile′ness** *n.*

**vilify** (vil′i fī′) *vt.* **-fied′, -fy′ing** [see VILE] to use abusive language about; revile —**vil′ifica′tion** *n.*

**villa** (vil′ə) *n.* [It. < L.] **1.** a country house or estate, esp. when large **2.** a small suburban house **3.** a house, as at the seaside, which is rented to holiday makers

**village** (vil′ij) *n.* [< L. *villa,* country house] **1.** a group of houses in the country, larger than a hamlet and smaller than a town **2.** the people of a village, collectively —*adj.* of a village —**vil′lager** *n.*

**villain** (vil′ən) *n.* [< VL. *villanus,* farm servant] **1.** an evil person; scoundrel **2.** a wicked character in a novel, play, etc. **3.** [Colloq.] a rogue; rascal: used humorously

**villainous** *adj.* **1.** of or like a villain; evil; wicked **2.** very bad or disagreeable —**vil′lainously** *adv.*

**villainy** *n., pl.* **-lainies** **1.** a being villainous **2.** villainous conduct **3.** a wicked, detestable, or criminal deed

**villein** (vil′ən) *n.* [see VILLAIN] in medieval times, an unfree peasant attached to a lord, to whom he paid dues and services in return for his land —**vil′leinage, vil′lenage** *n.*

**vim** (vim) *n.* [L. < *vis,* strength] [Colloq.] energy

**vinaigrette** (vin′ā gret′) *n.* [Fr. < *vinaigre,* vinegar] a small ornamental box or bottle used for holding smelling salts, etc.

**vinaigrette sauce** a savoury sauce made of vinegar, oil, herbs, etc. and used on salads, etc.

**vinculum** (viŋ′kyʊə̇ləm) ***n.,*** *pl.* **-la** [L. < *vincere,* bind] *Math.* a line drawn over two or more terms of a compound quantity to show that they are to be treated together (Ex.: a - $\overline{x+y}$)

**vindicable** (vin′di kə b'l) ***adj.*** justifiable

**vindicate** (vin′di kāt′) ***vt.*** **-cat′ed, -cat′ing** [< L. *vis,* force + *dicere,* say] **1.** to clear from criticism, blame, etc. **2.** to defend (a cause, etc.) against opposition **3.** to justify **—vin′dicative, vin′dica′tory** ***adj.*** **—vin′dica′tor** ***n.***

**vindication** (vin′di kā′shən) ***n.*** **1.** a vindicating or being vindicated **2.** a fact or circumstance that vindicates

**vindictive** (vin dik′tiv) ***adj.*** [< L. *vindicta,* revenge] **1.** revengeful in spirit **2.** said or done in revenge **—vindic′tively** ***adv.*** **—vindic′tiveness** ***n.***

**vine** (vīn) ***n.*** [< L. *vinum,* wine] **1.** any of a genus of climbing perennial plants, esp. the grapevine **2.** [Aust. & N.Z.] any climbing or trailing plant

**vinegar** (vin′i gər) ***n.*** [< MFr. *vin,* wine + *aigre,* sour] **1.** a sour liquid containing acetic acid, made by fermenting cider, wine, etc.: it is used as a condiment and preservative **2.** ill-tempered speech, character, etc. **—vin′egary** ***adj.***

**vinery** (vīn′ər ē) ***n., pl.*** **-eries** **1.** an enclosed area or building in which grapevines are grown **2.** vines collectively

**vineyard** (vin′yərd) ***n.*** land devoted to cultivating grapevines

‡**vingt-et-un** (van tā ën′) ***n.*** [Fr., twenty-one] a gambling game at cards, in which each player's aim is to obtain from the dealer cards totalling twenty-one points or as near as possible to that total without exceeding it

**vini-** [< L. *vinum,* wine] *a combining form meaning* wine grapes or wine *[viniculture]*

**viniculture** (vin′i kul′chər) ***n.*** [prec. + CULTURE] the cultivation of wine grapes **—vin′icul′turist** ***n.***

**vinous** (vī′nəs) ***adj.*** [< L. *vinum,* wine] of, having the nature of, or characteristic of wine

**vintage** (vin′tij) ***n.*** [< L. *vinum,* wine + *demere,* remove] **1.** *a*) the crop of grapes of a vineyard or grape-growing region in a single season *b*) the wine of a particular region and year **2.** the type or model of a particular year or period **—*adj.*** **1.** of choice vintage *[vintage* wine*]* **2.** dating from a period long past

**vintage car** an old car made between 1917 and 1930

**vintner** (vint′nər) ***n.*** [< L. *vinetum,* vineyard] a wine merchant

**vinyl** (vī′n'l) ***n.*** [< L. *vinum,* wine] **1.** the univalent radical, $CH_2$:CH-, derived from ethylene **2.** any of various plastics made from polymerized vinyl compounds

**viol** (vī′əl) ***n.*** [MFr. *viole*] any of an early family of stringed instruments, usually with six strings, frets, and a flat back

**viola**[1] (viō′lə) ***n.*** [It.] a stringed instrument of the violin family, slightly larger than a violin and tuned a fifth lower

**viola**[2] (vī′ə lə) ***n.*** [< L., a violet] any of various violets developed from a pansy

**violable** (vī′ə lə b'l) ***adj.*** that can be, or is likely to be, violated

**viola da gamba** (də gam′bə) ***n.*** [It., viol for the leg] an early instrument of the viol family, held between the knees and comparable in range to the cello

**violate** (vī′ə lāt′) ***vt.*** **-lat′ed, -lat′ing** [< L. *violare,* use force] **1.** to break (a law, rule, promise, etc.) **2.** to assault sexually; esp., to rape (a woman) **3.** to desecrate or profane (something sacred) **4.** to break in on; disturb **5.** to offend, insult, etc. **—vi′ola′tor** ***n.***

**violation** (vī′ə lā′shən) ***n.*** **1.** infringement **2.** rape **3.** desecration of something sacred **4.** disturbance

**violence** (vī′ə ləns) ***n.*** [< L. *violentus,* violent] **1.** physical force used so as to injure or damage **2.** intense, powerful force, as of a storm, etc. **3.** harm done by unjust or callous use of force or power, as in violating another's privacy, etc. **4.** vehemence; fury **5.** a violent deed or act **—do violence to** **1.** to outrage **2.** to act contrary to **3.** to distort the meaning of

**violent** ***adj.*** **1.** acting with or characterized by great physical force, so as to injure, etc. **2.** caused by violence **3.** furious; passionate; immoderate *[violent* language*]* **4.** extreme; intense *[*a *violent* storm*]*

**violet** (vī′ə lət) ***n.*** [< L. *viola*] **1.** a short plant with white, blue, purple, or yellow flowers: the purple violet is the floral emblem of New Brunswick **2.** a bluish-purple colour **—*adj.*** bluish-purple

VIOLIN
(A, scroll; B, pegs; C, neck; D, fingerboard; E, waist; F, tailpiece; G, chinboard)

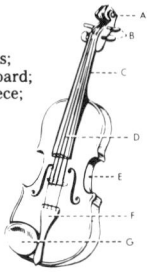


**violin** (vī′ə lin′) ***n.*** [< It. *viola,* viol] **1.** an instrument having four strings and no frets, and played with a bow **2.** a violinist *[*first *violin]*

**violinist** ***n.*** a violin player

**violist** (vī′ə list; *for 2* vi ō′list) ***n.*** **1.** a viol player **2.** a viola player

**violoncello** (vī′ə lən chel′ō) ***n., pl.*** **-los** [It.] *same as* CELLO **—vi′oloncel′list** ***n.***

**VIP, V.I.P.** [Colloq.] very important person

**viper** (vī′pər) ***n.*** [< L. *vivus,* living + *parere,* to bear] **1.** any of a family of venomous snakes found in Europe, Africa, and Asia, including the adder **2.** a malicious or treacherous person —**vi′perous** ***adj.***

**virago** (vi rā′gō) ***n., pl.*** **-goes, -gos** [< L. *vir,* man] a quarrelsome, shrewish woman

**viral** (vī′rəl) ***adj.*** of or caused by a virus

**Virgilian** (vur jil′ē ən) ***adj.*** of, or in the style of, Virgil (70-19 B.C.), Roman poet

**virgin** (vur′jin) ***n.*** [< L. *virgo,* a maiden] a person, esp. a woman, who has not had sexual intercourse —[**V-**] *Astron. same as* VIRGO —***adj.*** **1.** being a virgin **2.** chaste; modest **3.** untouched, pure, clean, etc. [*virgin* snow] **4.** as yet unused, untrod, unexplored, etc. by man [*a virgin* forest] —**the Virgin** Mary, the mother of Jesus

**virginal**[1] (vur′ji n'l) ***adj.*** **1.** of or like a virgin; maidenly **2.** pure; fresh; unsullied —**vir′ginally** ***adv.***

**virginal**[2] ***n.*** [prob. akin to prec.] [*sometimes pl.*] a small, rectangular harpsichord of the 16th cent., placed on a table or in the lap to be played: also **pair of virginals**

**Virgin Birth** *Christian Theol.* the doctrine that Jesus was born to Mary, a virgin, and that she was his only human parent

**Virginia creeper** (vər jin′yə) a plant native to North America, with leaves that turn bright red in autumn

**virginity** (vər jin′ə tē) ***n.*** the state or fact of being a virgin; maidenhood; chastity

**Virgin Mary** Mary, the mother of Jesus

**Virgo** (vur′gō) [L., virgin] **1.** a large constellation between Leo and Libra **2.** the sixth sign of the zodiac

**virgule** (vur′gyōōl) ***n.*** [< L. *virga,* a twig] a short, diagonal line (/) placed between two words to show that either can be used (and/or), in dates or fractions (3/8), to express "per" (kilometres/hour), etc.

**virile** (vir′il) ***adj.*** [< L. *vir,* man] **1.** of or characteristic of a man; masculine **2.** having manly strength or vigour **3.** sexually potent —**virility** (vi ril′ə tē) ***n.***

**virology** (vī ə rol′ər jē) ***n.*** [< VIRUS & -LOGY] the study of viruses and virus diseases —**virol′ogist** ***n.***

**virtu** (vur tōō′) ***n.*** [It. < L. *virtus,* virtue] **1.** a love of, or taste for, artistic objects **2.** such objects, collectively **3.** the quality of being so artistic, beautiful, rare, etc. as to interest a collector

**virtual** (vur′choo wəl) ***adj.*** being such practically or in effect, although not in actual fact or name —**vir′tually** ***adv.***

**virtue** (vur′tyōō) ***n.*** [< L. *virtus,* manliness, worth] **1.** general moral excellence **2.** a specific moral quality regarded as good **3.** chastity **4.** *a*) excellence in general *b*) a good quality **5.** efficacy, as of a medicine —**by (or in) virtue of** because of

**virtuosity** (vur′tyoo wos′ə tē) ***n., pl.*** **-ties** [< ff.] great technical skill in some fine art, esp. in the performance of music

**virtuoso** (vur′tyoo wō′zō) ***n., pl.*** **-sos, -si** [It., skilled] a person having great technical skill in some fine art, esp. in the performance of music —***adj.*** of or like that of a virtuoso

**virtuous** (vur′tyoo wəs) ***adj.*** **1.** having, or characterized by, moral virtue **2.** chaste: said of a woman —**vir′tuously** ***adv.*** —**vir′tuousness** ***n.***

**virulent** (vir′oo lənt) ***adj.*** [< L. *virus,* a poison] **1.** *Med. a*) violent and rapid in its course: said of a disease *b*) highly infectious: said of a microorganism **2.** *a*) extremely poisonous *b*) full of hate and enmity —**vir′ulence** ***n.***

**virus** (vī′rəs) ***n.*** [L., a poison] **1.** *a*) any of a group of ultramicroscopic infective agents that cause various diseases in animals or plants *b*) a disease caused by a virus **2.** a harmful influence

**visa** (vē′zə) ***n.*** [Fr. < L. *videre,* see] an endorsement on a passport, showing that it has been examined by the proper officials of a country and granting entry into that country —**vi′saed** ***adj.***

**visage** (viz′ij) ***n.*** [< L. *videre,* to see] **1.** the face; countenance **2.** appearance; aspect

**vis-à-vis** (vē′zä vē) ***adj., adv.*** [Fr.] face to face —***prep.*** **1.** face to face with **2.** in relation to —***n.*** one opposite, or corresponding to, another

**viscera** (vis′ər ə) ***n.pl., sing.*** **vis′cus** [L.] the internal organs of the body, as the heart, lungs, liver, intestines, etc.

**visceral** ***adj.*** **1.** of or affecting the viscera **2.** emotional rather than intellectual

**viscid** (vis′əd) ***adj.*** sticky; viscous; glutinous

**viscose** (vis′kōs) ***n.*** a syruplike solution made by treating cellulose with sodium hydroxide and carbon disulphide: used in making cellophane and rayon thread and fabrics (**viscose rayon**) —***adj.*** **1.** same as VISCOUS **2.** of viscose

**viscosity** (vis kos′ə tē) ***n., pl.*** **-ties** **1.** a viscous quality or state **2.** *Physics* the internal friction of a fluid, caused by molecular attraction

**viscount** (vī′kount) ***n.*** [see VICE- & COUNT[2]] a nobleman below an earl or count and above a baron —**vis′countcy, vis′county** ***n.*** —**vis′countess** ***n.fem.***

**viscous** (vis′kəs) ***adj.*** [< L. *viscum,* birdlime] being a cohesive and sticky fluid; viscid

**vise** (vīs) ***n., vt.*** *Chiefly U.S. sp. of* VICE[3]

**visibility** (viz′i bil′ə tē) ***n., pl.*** **-ties** **1.** the relative possibility of being seen under the prevailing conditions of distance, light, and atmosphere **2.** range of vision

**visible** (viz′ə b'l) ***adj.*** [< L. *videre,* see] **1.** that can be seen **2.** that can be perceived; evident **3.** on hand [*visible* supply] —**vis′ibly** ***adv.***

**vision** (vizh′ən) ***n.*** [< L. *videre,* see] **1.** the power of seeing **2.** something supposedly seen in a dream, trance, etc. **3.** a mental image [*visions* of power] **4.** *a*) the ability to perceive something not actually visible, as through mental acuteness *b*) force or power of imagination [a statesman of great *vision*]

**visionary** *adj.* **1.** of, having the nature of, or seen in a vision **2.** *a*) imaginary *b*) not realistic; impractical **3.** seeing visions —*n., pl.* **-aries** **1.** a person who sees visions **2.** a dreamer

**visit** (viz′it) *vt.* [< L. *videre,* see] **1.** to go or come to see (someone) out of friendship or for professional reasons **2.** to stay with as a guest **3.** to go or come to (a place) as in order to inspect or look at **4.** to come upon or afflict [a drought *visited* the land] —*vi.* to visit someone or something, esp. socially —*n.* a visiting; specif., *a*) a social call *b*) a stay as a guest *c*) an official call, as of a doctor, etc.

**visitant** *n.* **1.** a supernatural being supposedly seen **2.** a visitor **3.** a migratory bird in any of its temporary resting places

**visitation** (viz′i tā′shən) *n.* **1.** an official visit as to inspect **2.** any trouble looked on as punishment sent by God —**the Visitation** *R.C.Ch.* **1.** the visit of the Virgin Mary to Elizabeth: Luke 1:39–56 **2.** a church feast (July 2) commemorating this

**visitor** (viz′it ər) *n.* a person making a visit

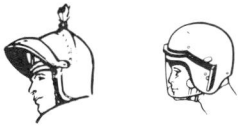

VISORS

**visor** (vī′zər) *n.* [< OFr. *vis,* a face] **1.** *a*) in armour, the movable part of a helmet covering the face *b*) a movable section of safety glass, that is part of a protective head covering **2.** the projecting brim of a cap, for shading the eyes **3.** an adjustable shade in a car, over the windscreen

**vista** (vis′tə) *n.* [It. < L. *videre,* see] **1.** a view, esp. one seen through a long passage, as between rows of trees **2.** a comprehensive mental view of a series of events —**vis′taed** *adj.*

**visual** (viz′yoo wəl) *adj.* [< L. *videre,* see] **1.** of, connected with, based on, or used in seeing **2.** that is or can be seen; visible —**vis′ually** *adv.*

**visual aids** films, slides, charts, etc. (but not books) used in teaching, etc.

**visualize** *vt.* **-ized′, -iz′ing** to form a mental image of (something not visible) —**vis′ualiza′tion** *n.*

**vital** (vīt′l) *adj.* [< L. *vita,* life] **1.** *a*) essential to life [*vital* organs] *b*) fatal **2.** *a*) essential; indispensable *b*) of crucial importance **3.** of or concerned with life **4.** affecting the validity, truth, etc. of something [a *vital* error] **5.** full of life and vigour —*n.* [*pl.*] the vital organs, as the heart, brain, etc. —**vi′tally** *adv.*

**vitality** (vī tal′ə tē) *n., pl.* **-ties** **1.** mental or physical energy **2.** power to live or go on living **3.** power to endure or survive

**vitalize** (vīt′əl īz′) *vt.* **-ized′, -iz′ing** **1.** to make vital; give life to **2.** to give vigour or animation to

**vital statistics** **1.** data on births, deaths, etc. **2.** [Colloq.] the measurements of a woman's bust, waist, and hips

**vitamin** (vit′ə min) *n.* [< L. *vita,* life] any of a number of complex organic substances found variously in foods and essential for the normal functioning of the body

**vitamin A** a fat-soluble alcohol found in fish-liver oil, egg yolk, butter, etc. or derived from carrots and other vegetables: a deficiency of this vitamin results in night blindness

**vitamin B (complex)** a group of unrelated water-soluble substances, including: *a*) **vitamin $B_1$** (*see* THIAMINE) *b*) **vitamin $B_2$** (*see* RIBOFLAVIN) *c*) NIACIN *d*) **vitamin $B_{12}$** a complex vitamin, essential for normal growth and used esp. in treating anaemia

**vitamin C** *same as* ASCORBIC ACID

**vitamin D** any of several fat-soluble vitamins occurring in fish-liver oils, milk, egg yolk, etc.: a deficiency of this vitamin tends to produce rickets

**vitamin E** the four related oils which occur in wheat germ, lettuce, etc.: necessary for fertility in some animals

**vitamin K** a fat-soluble vitamin that promotes blood-clotting, found in fish meal, etc.

**vitiate** (vish′ē āt′) *vt.* **-at′ed, -at′ing** [< L. *vitium,* VICE[1]] **1.** to make imperfect or faulty **2.** to weaken morally **3.** to make legally ineffective —**vi′tia′tion** *n.* —**vi′tia′tor** *n.*

**viticulture** (vit′i kul′chər) *n.* [< L. *vitis,* vine + CULTURE] the cultivation of grapes —**vit′icul′turist** *n.*

**vitreous** (vit′rē əs) *adj.* [< L. *vitrum,* glass] **1.** of, like, or derived from glass **2.** of the vitreous humour

**vitreous body** (or **humour**) the transparent, colourless, jellylike substance that fills the eyeball between the retina and lens

**vitrify** (vit′ri fī′) *vt., vi.* **-fied′, -fy′ing** [< L. *vitrum,* glass + *facere,* make] to change into glass or a glasslike substance by fusion due to heat —**vit′rifica′tion, vit′rifac′tion** *n.*

**vitriol** (vit′rē əl) *n.* [< L. *vitreus,* glassy] **1.** *a*) any of several sulphates of metals, as of copper (*blue vitriol*), of iron (*green vitriol*) etc. *b*) *same as* SULPHURIC ACID: in full, **oil of vitriol** **2.** sharpness or bitterness, as in speech

**vitriolic** (vit′rē ol′ik) *adj.* **1.** of, like, or derived from a vitriol **2.** extremely biting or caustic [*vitriolic* talk]

**vituperate** (vi tyōō′pə rāt′) *vt.* **-at′ed, -at′ing** [< L. *vitium,* a fault + *parare,* prepare] to speak abusively to or about —**vitu′pera′tion** *n.* —**vitu′perative** *adj.*

**viva** (vī′və) *n.* [Colloq.] *same as* VIVA VOCE

‡**viva** (vē′vä) *interj.* [It., Sp.] (long) live (someone or something specified)!

**vivace** (vi vä′chä) *adj., adv.* [It.] *Music* in a lively, spirited manner

**vivacious** (vi vā′shəs) *adj.* [< L. *vivere,*

to live] full of animation; spirited —**viva'ciousness** *n.*

**vivacity** (vi vas'ə tē) *n.* the quality or state of being vivacious; liveliness; animation

**vivarium** (vī vâər'ē əm) *n., pl.* **-iums, -ia** [L. < *vivere,* to live] an enclosed place for animals to live as if in their natural environment

**viva voce** (vī'və vō'sē) [ML., with living voice] by word of mouth; orally —*n.* an oral examination

**vivid** (viv'id) *adj.* [< L. *vivere,* to live] **1.** bright; intense: said of colours, light, etc. **2.** forming or suggesting clear or striking mental images [a *vivid* imagination] **3.** full of life; lively, striking —**viv'idly** *adv.*

**vivify** (viv'i fī') *vt.* **-fied', -fy'ing** [< L. *vivus,* alive + *facere,* make] **1.** to give life to; animate **2.** to make more lively, active, striking, etc.

**viviparous** (vi vip'ər əs) *adj.* [< L. *vivus,* alive + *parere,* to produce] bearing living young (as most mammals) instead of laying eggs

**vivisect** (viv'i sekt') *vt., vi.* to practise vivisection (on) —**viv'isec'tor** *n.*

**vivisection** (viv'i sek'shən) *n.* [< L. *vivus,* alive + SECTION] medical research consisting of surgical operations or other experiments done on living animals —**viv'isec'tionist** *n.*

**vixen** (vik's'n) *n.* [< OE. *fyxe,* she-fox] **1.** a female fox **2.** an ill-tempered, shrewish woman

**viz., viz** (viz; *often read* "namely") [< L. *videlicet*] that is; namely

**vizier** (vi zē'ər) *n.* [< Ar. *wazīr,* porter] in Moslem countries, a high officer in the government

**vizor** (vī'zər) *n.* *alt. sp. of* VISOR

**V-J Day** the day on which the fighting with Japan officially ended in World War II (Aug. 15, 1945)

**VL.** Vulgar Latin

**vlei** (flā) *n.* [< Afrik.] [S Afr.] low, marshy ground

**VLF, V.L.F., vlf, v.l.f.** very low frequency

**V neck** a neckline V-shaped in front —**V'-neck'** *adj.*

**voc.** vocative

**vocab.** vocabulary

**vocable** (vō'kə b'l) *n.* [< L. *vocare,* to call] a word; esp., a word regarded as a unit of sounds rather than as a unit of meaning

**vocabulary** (vō kab'yoo lər ē) *n., pl.* **-laries** [< L.: see prec.] **1.** a list of words, usually arranged in alphabetical order and defined as in a dictionary or glossary **2.** all the words of a language **3.** *a)* all the words used by a particular person, class, profession, etc. *b)* all the words recognized and understood by a particular person

**vocal** (vō'k'l) *adj.* [< L. *vox,* voice] **1.** *a)* uttered by the voice; oral [*vocal* sounds] *b)* sung [*vocal* music] **2.** able to speak or make oral sounds **3.** of, used in, or belonging to the voice [*vocal* organs] **4.** speaking freely or strongly —*n.* a piece of pop or jazz music that is sung —**vo'cally** *adv.*

**vocal cords** either of two pairs of membranous cords or folds in the larynx: voice is produced when air from the lungs causes the lower cords to vibrate

**vocalist** *n.* a singer

**vocalize** *vt.* **-ized', -iz'ing** **1.** *a)* to express with the voice *b)* to make capable of vocal expression **2.** *Phonet. a)* to change into or use as a vowel *b)* to voice —*vi.* to speak or sing —**vo'caliza'tion** *n.*

**vocation** (vō kā'shən) *n.* [< L. *vocare,* to call] **1.** any trade, profession, or occupation **2.** *a)* a call to enter a certain career, esp. a religious one *b)* the work or career towards which one believes oneself to be called —**voca'tional** *adj.*

**vocational guidance** the work of testing and interviewing persons in order to guide them towards the choice of a suitable vocation

**vocative** (vok'ə tiv) *adj.* [< L. *vocare,* to call] *Gram.* in certain inflected languages, designating or of the case indicating the person or things addressed —*n.* the vocative case

**vociferate** (vō sif'ə rāt') *vt., vi.* **-at'ed, -at'ing** [< L. *vox,* voice + *ferre,* to bear] to utter or shout loudly or vehemently; bawl —**vocif'era'tion** *n.* —**vocif'era'tor** *n.*

**vociferous** (vō sif'ər əs) *adj.* loud, noisy, or vehement; clamorous —**vocif'erously** *adv.*

**vodka** (vod'kə) *n.* [Russ., < *voda,* water] a colourless spirit distilled from wheat, rye, etc.

**voetsek** (foot'sek) *interj.* [S Afr. Slang] be off; go away: used when chasing away animals; offensive when addressed to humans

**voetstoets** (foot'stoots) *adj.* [< Afrik.] [S Afr.] denoting a sale in which the vendor is freed from all responsibility for the condition of the goods sold —*adv.* without responsibility for the condition of goods sold

**vogue** (vōg) *n.* [Fr., a rowing] **1.** the accepted fashion at any particular time **2.** general acceptance; popularity —*adj.* in vogue: also **voguish** (vō'gish)

**voice** (vois) *n.* [< L. *vox*] **1.** sound made through the mouth, esp. by human beings in talking, singing, etc. **2.** the ability to make such sounds **3.** any sound, influence, etc. regarded as like vocal utterance [the *voice* of one's conscience] **4.** a specified or distinctive quality of vocal sound [an angry *voice*] **5.** *a)* an expressed wish, opinion, etc. *b)* the right to express one's choice, opinion, etc.; vote **6.** utterance or expression [giving *voice* to his joy] **7.** the means by which something is expressed **8.** *Gram.* a form of a verb showing it as active or passive **9.** *Music* the quality of a person's singing [a good *voice*] **10.** *Phonet.* sound made by vibrating the vocal cords with air forced from the lungs, as in pronouncing all vowels and such consonants as *b, d, g, m,* etc. —***vt.*** **voiced, voic'ing** to utter or express in words —**in voice** with the voice in good condition, as for singing —**with one voice** unanimously

**voiced** ***adj.*** **1.** having (a specified kind of) voice *[deep-voiced]* **2.** expressed by the voice **3.** *Phonet.* made by vibrating the vocal cords: said of certain consonants

**voiceless** ***adj.*** **1.** having no voice; mute **2.** not speaking or spoken **3.** *Phonet.* uttered without voice, as *p, t, k,* etc. —**voice'lessly** ***adv.***

**voice-over** ***n.*** the voice commenting or narrating off camera, as for a television commercial

**voice print** ***n.*** a pattern of wavy lines and whorls recorded by a device actuated by the sound of a person's voice and distinctive for each individual

**void** (void) ***adj.*** [< L. *vacare,* be empty] **1.** *a*) having nothing in it; empty; vacant *b*) lacking; devoid (*of*) *[void of sense]* **3.** useless; ineffective **4.** *Law* not binding; invalid —***n.*** **1.** an empty space or vacuum **2.** *a*) total absence of something normally present *b*) a feeling of emptiness —***vt.*** **1.** *a*) to empty (the contents of something) *b*) to discharge (urine or faeces) **2.** to make void —***vi.*** to defecate or, esp., to urinate

**voile** (voil) ***n.*** [Fr., a veil] a thin, sheer fabric, as of cotton

**vol.** **1.** volcano **2.** *pl.* **vols.** volume **3.** volunteer

**volatile** (vol'ə til) ***adj.*** [< L. *volare,* to fly] **1.** vaporizing or evaporating quickly, as alcohol **2.** *a*) unstable or explosive *b*) moving capriciously from one idea, interest, etc. to another; fickle —**vol'atil'ity** (-til'ə tē) ***n.***

**volatilize** (vo lat'i līz') ***vt., vi.*** **-ized', -iz'ing** to make or become volatile; evaporate —**vol'atiliza'tion** ***n.***

**vol-au-vent** (vol'ō von) ***n.*** [Fr.] a puff-pastry case with a filling of meat, fish, etc. in a thick sauce

**volcanic** (vol kan'ik) ***adj.*** **1.** of, from, or produced by a volcano **2.** having volcanoes **3.** likely to explode; violent —**volcan'ically** ***adv.***

**volcano** (vol kā'nō) ***n., pl.*** **-noes, -nos** [< L. *Volcanus,* Vulcan, god of fire] **1.** a vent in the earth's crust through which molten rock (*lava*), gases, ashes, etc. burst from the earth's interior **2.** a cone-shaped mountain of volcanic materials built up around the vent

**vole** (vōl) ***n.*** [< *vole mouse* < Norw. *voll,* field + MOUSE] a small rodent with a stout body and short tail

**volition** (vō lish'ən) ***n.*** [< L. *velle,* to will] the act or power of using the will

**Volk** (folk) ***n.*** [< Afrik.] [S Afr.] the Afrikaner nation

**Volksraad** (folks'rät') ***n.*** [< Afrik.] in S Africa, the former Legislative Assemblies of the Transvaal and Orange Free State republics

**volley** (vol'ē) ***n., pl.*** **-leys** [< L. *volare,* to fly] **1.** *a*) the simultaneous discharge of a number of guns or other weapons *b*) the missiles discharged in this way **2.** a burst of words or acts suggestive of this **3.** *Sports* a return of a ball, etc. before it touches the ground —***vt., vi.*** **-leyed, -leying** **1.** to discharge or be discharged as in a volley **2.** *Sports* to return (the ball, etc.) as a volley —**vol'leyer** ***n.***

**volleyball** ***n.*** a game played on a court by two teams who hit a large, light, inflated ball back and forth over a high net with the hands, each team trying to return the ball before it touches the ground

**vols.** volumes

**volt** (vōlt) ***n.*** [< A. *Volta*] the SI unit of electromotive force or difference in potential

**voltage** ***n.*** electromotive force, or difference in electrical potential, expressed in volts

**voltaic** (vol tā'ik) ***adj.*** designating or of electricity produced by chemical action

**volte-face** (volt fäs') ***n.*** [Fr.] a sudden reversal of opinion or direction; about-face

**voltmeter** (vōlt'mēt'ər) ***n.*** an instrument for measuring voltage

**voluble** (vol'yoo b'l) ***adj.*** [< L. *volvere,* to roll] talking very much and easily —**vol'ubil'ity** ***n.*** —**vol'ubly** ***adv.***

**volume** (vol'yōōm) ***n.*** [< L. *volumen,* scroll] **1.** the amount of space occupied in three dimensions **2.** *a*) a quantity, bulk, mass, or amount *b*) a large quantity **3.** the strength or loudness of sound **4.** *a*) a collection of written or printed sheets bound together; book *b*) any of the books of a set **5.** a set of the issues of a periodical over a fixed period of time —**speak volumes** to be very meaningful

**volumetric** (vol'yoo met'rik) ***adj.*** of or based on the measurement of volume: also **vol'umet'rical**

**voluminous** (və lyōō'mi nəs) ***adj.*** **1.** large; bulky; full **2.** writing, producing, or consisting of enough to fill volumes —**volu'minously** ***adv.***

**voluntary** (vol'ən tər ē) ***adj.*** [< L. *voluntas,* free will] **1.** given or done of one's own free will **2.** acting willingly or of one's own accord **3.** controlled by the will *[voluntary muscles]* **4.** having the power of free choice **5.** *a*) supported by freewill contributions *b*) done by, or composed of, volunteers —***n., pl.*** **-taries** an organ solo played for a church service —**vol'untarily** ***adv.***

**Voluntary Service Overseas** a British organization which provides skilled volunteers to help in underdeveloped areas of the world

**volunteer** (vol'ən tēər') ***n.*** **1.** a person who offers to do something of his own free will **2.** a person who enlists in the armed forces of his own free will —***adj.*** **1.** of or made up of volunteers **2.** serving as a volunteer —***vt.*** to offer or give of one's own free will —***vi.*** to enter or offer to enter into any service of one's own free will; enlist

**voluptuary** (və lup'tyoo wər ē) ***n., pl.*** **-aries**

[see ff.] a person devoted to luxurious living and sensual pleasures

**voluptuous** (-tyoo wəs) *adj.* [< L. *voluptas,* pleasure] **1.** full of, producing, or fond of sensual pleasures **2.** suggesting, or arising from, sensual pleasure **3.** sexually attractive because of a full, shapely figure **—volup'tuousness** *n.*

**volute** (vəlyōōt') *n.* [< L. *volvere,* to roll] a spiral or twisting form; whorl **—*adj.*** spiralled: also **volut'ed —volu'tion** *n.*

**vomit** (vom'it) ***vi., vt.*** [< L. *vomere,* to vomit] **1.** to throw up (the contents of the stomach) through the mouth **2.** to throw out or be thrown out with force **—*n.*** matter thrown up from the stomach

**voodoo** (vōō'dōō) ***n., pl.*** **-doos** [Creole Fr. < a WAfr. word] a primitive religion based on a belief in sorcery, fetishism, etc.: it originated in Africa and is still practised, chiefly by natives of the West Indies **—*adj.*** of voodoos or their practices, beliefs, etc. **—voo'dooism** *n.* **—voo'dooist** *n.*

**voorkamer** (fōōr'kä'mər) ***n.*** [< Afrik.][S Afr.] the front room of a house

**voorlaaier** (fōōr'lī'ər) ***n.*** [< Afrik. *voor,* front + *laai,* load] [S Afr.] a muzzle loading gun

**voorskot** (fōōr'skot') ***n.*** [< Afrik.] in South Africa, an advance payment made to a farmer's cooperative for a crop or wool clip

**voortrekker** (fōōr'trek'ər) ***n.*** [< Afrik.] in South Africa, **1.** any of the original Afrikaner settlers of the Transvaal and Orange Free State who migrated from the Cape Colony in the 1830's **2.** a member of the Afrikaner youth movement founded in 1931

**voracious** (və rā'shəs) ***adj.*** [< L. *vorare,* devour] **1.** greedy in eating; ravenous; gluttonous **2.** very greedy or eager in some desire or pursuit **—vora'ciously** ***adv.*** **—vorac'ity** (-ras'ə tē), **vora'ciousness** *n.*

**-vorous** (vərəs) [< L. *vorare,* devour] *a combining form meaning* feeding on, eating *[omnivorous]*

**vortex** (vôr'teks) ***n., pl.*** **vor'texes, vor'tices'** (-tə sēz') [L. < *vertere,* to turn] **1.** a whirling mass of water, air, etc. forming a vacuum at its centre, into which anything caught in the motion is drawn **2.** any situation like this in its engulfing effect, catastrophic power, etc. **—vor'tical** ***adj.***

**votary** (vōt'ə rē) ***n., pl.*** **-ries** [< L. *vovere,* to vow] **1.** *a*) a person bound by religious vows, as a monk *b*) a devout worshipper **2.** one devoted to some cause or interest **—vo'taress** ***n.fem.***

**vote** (vōt) ***n.*** [< L. *votum,* a vow] **1.** a decision on a proposal, etc., or a choice between candidates for office **2.** *a*) the expression of such a decision or choice *b*) the ballot, etc. by which it is expressed **3.** the right to exercise such a decision, etc. **4.** *a*) votes collectively *b*) a specified group of voters *[the Scottish vote]* **—*vi.*** **vot'ed, vot'ing** to express preference in a matter by ballot, etc. **—*vt.*** **1.** to decide, choose, or authorize by vote **2.** to declare by general opinion **3.** [Colloq.] to suggest (often with *that*) **—vote down** to defeat by voting **—vote in** to elect **—vote out** to defeat (an incumbent) in an election

**voter** ***n.*** a person who has a right to vote, esp. one who actually votes

**votive** (vōt'iv) ***adj.*** [see VOTE] given, done, etc. in fulfilment of a vow

**vouch** (vouch) ***vi.*** [< L. *vocare,* to call] **1.** to give assurance, a guarantee, etc. (with *for*) **2.** to serve as evidence or assurance (*for*)

**voucher** (vou'chər) ***n.*** **1.** a paper giving evidence of the expenditure or receipt of money, the accuracy of an account, etc. **2.** a ticket or card entitling the holder to receive goods or services of a specific value

**vouchsafe** (vouch sāf') ***vt.*** **-safed', -saf'ing** [< ME. *vouchen safe,* vouch as safe] to be kind or gracious enough to give or grant

**vow** (vou) ***n.*** [see VOTE] **1.** a solemn promise or pledge, as one made to God or with God as one's witness **2.** a solemn affirmation **—*vt.*** **1.** to promise solemnly **2.** to declare in a forceful or earnest way **—*vi.*** to make a vow **—take vows** to enter a religious order

**vowel** (vou'əl) ***n.*** [< L. *vocalis,* vocal] **1.** any speech sound made by letting the voiced breath pass in a continuous stream through the pharynx and opened mouth **2.** a letter, as *a, e, i, o, u,* and sometimes *y,* representing such a sound

‡**vox** (voks) ***n., pl.*** **voces** (vō'sēz) [L.] voice

‡**vox populi** (pop'yoo lī') [L.] the voice of the people; public opinion or sentiment: abbrev. **vox pop.**

**voyage** (voi'ij) ***n.*** [< L. *via,* way] **1.** a relatively long journey by water or, formerly, by land **2.** a journey by aircraft or spacecraft **—*vi.*** **-aged, -aging** to travel **—voy'ager** *n.*

**voyageur** (vwä yä zhur') ***n.*** [Canad.] a guide, trapper, boatman, etc., esp. in the North

**voyeur** (vwä yur') ***n.*** [Fr. < *voir,* see] a person who has an exaggerated interest in viewing sexual objects or scenes **—voyeur'ism** *n.*

**V.Rev.** Very Reverend

**vrou** (frō) ***n.*** [Afrik.] [S Afr.] an Afrikaner woman, esp. a married woman

**vrystater** (frā'stä'tər) ***n.*** [< Afrik.] [S Afr.] a native inhabitant of the Free State, esp. one who is white

**vs.** versus

**V.S.** veterinary surgeon

**V-shaped** *adj.* shaped like the letter V

**V-sign** *n.* **1.** an offensive sign made with the index and middle finger, the palm facing inwards **2.** a similar sign meaning victory or peace, the palm facing outwards

**V.S.O.** Voluntary Service Overseas

**V.S.O.P.** very superior (or special) old pale: said of brandy

**vt., v.t.** transitive verb

**VTOL** [*v*(*ertical*) *t*(*ake*)*o*(*ff and*) *l*(*anding*)] an aircraft, usually other than a helicopter, that can take off and land vertically

**VTR** video tape recorder

**vulcanite** (vul′kə nīt′) ***n.*** [< *Vulcan,* Roman god of fire and metalworking] a hard rubber made by heating crude rubber with a large amount of sulphur: used in combs, electrical insulation, etc.

**vulcanize** ***vt., vi.*** **-ized′, -iz′ing** [see prec.] to heat (crude rubber) with sulphur in order to increase its strength and elasticity **—vul′caniza′tion** ***n.***

**Vulg.** Vulgate

**vulgar** (vul′gər) ***adj.*** [< L. *vulgus,* the common people] **1.** *a*) characterized by a lack of culture, refinement, taste, etc.; crude; boorish *b*) indecent or obscene **2.** of the great mass of people in general; common; popular [a *vulgar* superstition] **—vul′garly** ***adv.***

**vulgar fraction** *same as* SIMPLE FRACTION

**vulgarian** (vul gâər′ē ən) ***n.*** a vulgar person; esp., a rich person with coarse, showy manners or tastes

**vulgarism** (vul′gər iz′m) ***n.*** a word, phrase, etc. that is used widely but is regarded as coarse or obscene

**vulgarity** (vul gar′ə tē) ***n.*** **1.** the state or quality of being vulgar, crude, etc. **2.** *pl.* **-ties** a vulgar act, habit, usage in speech, etc.

**vulgarize** (vul′gə rīz′) ***vt.*** **-ized′, -iz′ing** **1.** to popularize **2.** to make coarse, crude, etc. **—vul′gariza′tion** ***n.***

**Vulgar Latin** the everyday speech of the Roman people, from which the Romance languages developed

**Vulgate** (vul′gāt) ***n.*** [ML. *vulgata* (*editio*), popular (edition)] a Latin version of the Bible prepared in the 4th cent., serving as an authorized version of the Roman Catholic Church

**vulnerable** (vul′nər ə b′l) ***adj.*** [< L. *vulnus,* a wound] **1.** that can be wounded or physically injured **2.** *a*) open to, or easily hurt by, criticism or attack *b*) affected by a specified influence, etc. **3.** open to attack by armed forces **4.** *Bridge* open to increased penalties or increased bonuses: said of a team which has won one game **—vul′nerabil′ity** ***n.*** **—vul′nerably** ***adv.***

**vulpine** (vul′pīn) ***adj.*** [< L. *vulpes,* fox] **1.** of or like a fox **2.** clever, cunning, etc.

VULTURE
(to 80 cm long; wingspread to 1.8 m)

**vulture** (vul′chər) ***n.*** [L. *vultur*] **1.** a large bird related to the eagles and hawks, with a naked head **2.** a greedy, ruthless person who preys on others

**vulva** (vul′və) ***n., pl.*** **-vae** (-vē), **-vas** [< L., womb] the external genital organs of the female

**vv.** **1.** verses **2.** violins

**v.v.** vice versa

**vying** (vī′iŋ) ***adj.*** that competes

# W

**W, w** (dub′l yōō) *n., pl.* **W's, w's** the twenty-third letter of the English alphabet

**W** 1. *Chem.* tungsten 2. *Physics the symbol for* watt

**W, W., w, w.** 1. west 2. western

**W.** 1. Wales 2. Welsh 3. women's (size)

**W., w.** 1. weight 2. width 3. won

**w.** 1. week(s) 2. wide 3. wife 4. with

**W.A.** Western Australia

**Waac** (wak) *n.* a member of the Women's Army Auxiliary Corps

**WAAC** Women's Army Auxiliary Corps

**Waaf** (waf) *n.* a member of the Women's Auxiliary Air Force

**WAAF** Women's Auxiliary Air Force

**wacky** (wak′ē) *adj.* **wack′ier, wack′iest** [ < ? ] [ Slang ] odd, silly, or crazy —**wack′ily** *adv.*

**wad** (wod) *n.* [ < ? ] 1. a small, soft mass or ball, as a handful of cottonwool 2. a lump or small, compact mass 3. a mass of soft material used for padding, packing, etc. 4. a roll or bundle, esp. of bank notes —*vt.* **wad′ded, wad′ding** 1. to roll up into a wad 2. to plug or stuff with a wad 3. to pad with wadding

**wadding** *n.* any soft material for use in padding, stuffing, etc.; esp., loose, fluffy sheets of cotton

**waddle** (wod′l) *vi.* **-dled, -dling** [ < WADE ] to walk with short steps, swaying from side to side —*n.* a waddling gait —**wad′dler** *n.*

**wade** (wād) *vi.* **wad′ed, wad′ing** [ OE. *waden,* go ] 1. to walk through a substance, as water, mud, etc., that slows one down 2. to get through with difficulty 3. [ Colloq. ] to start or attack with vigour (with *in* or *into*) —*vt.* to go across or through by wading —*n.* an act of wading —**wad′able** *adj.*

**wader** *n.* 1. *same as* WADING BIRD 2. [ *pl.* ] long waterproof boots

**wadi** (wod′ē) *n., pl.* **-dis, -dies** [ Ar. *wādī* ] in N Africa, etc., a valley, ravine, etc. that is dry except during the rainy season Also sp. **wa′dy**

**wading bird** any of various long-legged birds that wade in shallow water and marshes for food, as the heron

**wafer** (wā′fər) *n.* [ < MDu. *wafel* ] 1. a thin, crisp sweetened biscuit 2. a thin cake of unleavened bread used in the Eucharist 3. a small disc of sticky paper, used as a seal on letters, etc.

**waffle**[1] (wof′l) *n.* [ Du. *wafel* ] a crisp batter cake with small, square hollows, baked in a waffle iron

**waffle**[2] *vi.* **-fled, -fling** [ orig., to yelp ] [ Colloq. ] to speak or write in a wordy or indecisive manner —*n.* [ Colloq. ] talk or writing of this kind

**waffle iron** an appliance for cooking waffles, having two flat, studded plates pressed together so that the waffle bakes between them

**waft** (wäft) *vt.* [ < Du. *wachter,* watcher ] to carry or move (sounds, etc.) lightly through the air or over water —*vi.* 1. to float, as in the air 2. to blow gently: said of breezes —*n.* 1. an odour, sound, etc. carried through the air 2. a gust of wind 3. a wafting movement

**wag**[1] (wag) *vt.* **wagged, wag′ging** [ OE. *wagian* ] 1. to cause to move rapidly back and forth, up and down, etc. 2. to move (the tongue) in talking, esp. in idle gossip —*vi.* 1. to move rapidly back and forth, up and down, etc. 2. to keep moving in talk: said of the tongue —*n.* the act of wagging

**wag**[2] *n.* [ prob. < obs. *waghalter,* a rogue ] a comical or humorous person; joker; wit

**wage** (wāj) *n.* [ < OFr. *gage,* a pledge ] 1. [ *often pl.* ] money paid to an employee for work done, as on an hourly or weekly basis 2. [ *usually pl., formerly with sing. v.* ] what is given in return; recompense [ "The *wages* of sin is death" ] *vt.* **waged, wag′ing** to engage in (a war, etc.)

**wager** *n., vi., vt.* [ see WAGE ] bet —**wa′gerer** *n.*

**waggish** (wag′ish) *adj.* 1. roguishly merry 2. playful; jesting [ a *waggish* remark ] —**wag′gishly** *adv.*

**waggle** (wag′l) *vt.* **-gled, -gling** [ < WAG[1] ] to wag, esp. with short, quick movements —*n.* a waggling —**wag′gly** *adj.*

**wag-n-bietjie** (väkh′n bi′ki) *n.* [ < Afrik. *wag,* wait + *n,* a + *bietjie,* bit ] [ S Afr. ] any of various thorn bushes or trees

**Wagnerian** (väg nēər′ē ən) *adj.* of or like Richard Wagner or his music, theories, etc.

**wagon, waggon** (wag′ən) *n.* [ Du. *wagen* ] 1. a four-wheeled vehicle for hauling heavy loads 2. a railway goods vehicle, esp. an open one —**hitch one's wagon to a star** 1. to set oneself an ambitious goal 2. to attach oneself to a person of greater importance, etc. —**on** (or **off**) **the wagon** [ Slang ] no longer (or once again) drinking alcohol —**wag′oner, wag′goner** *n.*

**wagonette, waggonette** (wag′ə net′) *n.* [ < WAGON ] a four-wheeled carriage with two seats set lengthwise facing each other behind the driver's seat

**wagtail** (wag′tāl′) *n.* a small bird having a long tail that wags up and down

**waif** (wāf) *n.* [ prob. < ON. ] 1. a person without home or friends esp., a homeless child **2.** anything found that is without an owner

**wail** (wāl) *vi.* [< ON. *væ, woe*] **1.** to express grief or pain by long, loud cries **2.** to make a sad, crying sound —*n.* **1.** a long cry of grief or pain **2.** a sound like this **3.** the act of wailing —**wail'ful** *adj.*

**wain** (wān) *n.* [OE. *wægn*] [Archaic] a wagon

**wainscot** (wān'skət) *n.* [< MDu. *wagenschot*] a lining or panelling of wood, etc. on the walls of a room, often on the lower part only —*vt.* **-scoted** or **-scotted, -scoting** or **-scotting** to line (a wall, etc.) with wainscoting

**wainscoting, wainscotting** *n.* **1.** *same as* WAINSCOT **2.** material used to wainscot

**waist** (wāst) *n.* [< OE. *weaxan,* grow] **1.** the part of the body between the ribs and the hips **2.** the part of a garment that covers the waist **3.** the middle, narrow part of something —**waist'ed** *adj.*

**waistband** *n.* a band encircling the waist, esp. one at the top of a skirt, trousers, etc.

**waistcoat** *n.* a short, tight-fitting, sleeveless garment worn, esp. under a suit jacket, by men

**waistline** *n.* **1.** the line of the waist, between the ribs and the hips **2.** the narrow part of a woman's dress, etc., worn at the waist or above or below it as styles change **3.** the distance round the waist

**wait** (wāt) *vi.* [ONormFr. *waitier*] **1.** to remain in readiness or in anticipation (often with *until* or *for*) **2.** to be ready [dinner is *waiting* for us] **3.** to remain undone for a time **4.** to serve food (with *at* or *on*) [to *wait* at table] —*vt.* **1.** to be, remain, or delay in expectation of **2.** [Colloq.] to delay serving (a meal) [to *wait* dinner] —*n.* **1.** the act or a period of waiting **2.** [*pl.*] itinerant carol singers at Christmas —**lie in wait (for)** to wait so as to catch after planning an ambush (for) —**wait on** (or **upon**) **1.** to serve (a customer, etc.) as a waiter, etc. **2.** to act as a servant to **3.** to call on or visit (esp. a superior) in order to pay one's respects, etc. —**wait up** to put off going to bed until someone expected arrives or something expected happens (often with *for*) —**you wait!** [Colloq.] I will have my revenge: also **just you wait!**

**waiter** *n.* a man who waits at table, as in a restaurant

**waiting** *adj.* **1.** that waits **2.** of or for a wait —*n.* **1.** the act of one that waits **2.** a period of waiting —**in waiting** in attendance, as on a king

**waiting game** a delaying action until one has the advantage

**waiting list** a list of applicants, as for a vacancy, in the order of their application

**waiting room** a room in which people wait, as at a railway station, dentist's surgery, etc.

**waitress** (wā'tris) *n.* a woman who waits at table, as in a restaurant

**waive** (wāv) *vt.* **waived, waiv'ing** [< ON. *veifa,* fluctuate] **1.** to give up or forgo (a right, claim, etc.) **2.** to refrain from insisting on **3.** to defer

**waiver** *n. Law* a giving up voluntarily, of a right, claim, etc.

**wake**[1] (wāk) *vi.* **woke, wok'en** or, occas. **woke, wak'ing** [< OE. *wacian,* be awake & *wacan,* arise] **1.** to come out of sleep (often with *up*) **2.** to be or stay awake **3.** to become active again (often with *up*) **4.** to become alert (*to* a danger, etc.) —*vt.* **1.** to cause to wake from or as from sleep (often with *up*) **2.** to arouse or excite (passions, etc.) —*n.* **1.** an all-night vigil over a corpse before burial **2.** [*usually pl.*] [N Eng. Dial.] an annual holiday

**wake**[2] *n.* [ON. *vök,* hole in the ice] **1.** the track left in the water by a moving ship **2.** any track left behind —**in the wake of** following close behind

**wakeful** *adj.* **1.** unable to sleep **2.** keeping awake **3.** alert; watchful —**wake'fully** *adv.*

**waken** *vi., vt.* [OE. *wæcnian*] to become awake or cause to wake

**waking** *adj.* of the period when one is not asleep

**wale** (wāl) *n.* [OE. *walu,* weal] **1.** a ridge on the surface of cloth, as corduroy **2.** [*pl.*] heavy planks fastened to the outside of the hull of a wooden ship —*vt.* **waled, wal'ing** to make (cloth, etc.) with wales

**walk** (wôk) *vi.* [OE. *wealcan,* to roll] **1.** to move along on foot at a moderate pace by placing one foot on the ground before lifting the other **2.** to appear after death as a ghost **3.** to follow a certain course, way of life, etc. —*vt.* **1.** to go along, over, etc. by walking **2.** to cause (a horse, dog, etc.) to walk, as for exercise **3.** to go along with (a person) on a walk **4.** to bring to a specified state by walking —*n.* **1.** the act of walking **2.** a stroll or hike **3.** a route taken in walking **4.** a distance to walk **5.** the pace of one who walks **6.** a way of walking [I knew her by her *walk*] **7.** a particular station in life, sphere of activity, etc. **8.** a path, avenue, etc. set apart for walking —**walk (all) over** [Colloq.] **1.** to defeat decisively **2.** to take advantage of —**walk a person off his feet** to tire someone out by walking —**walk away from** to outdistance easily —**walk away with** to win easily —**walk into** [Colloq.] to become involved in an awkward situation through lack of caution —**walk off** **1.** to go away, esp. without warning **2.** to get rid of (fat, etc.) by walking —**walk off with** **1.** to steal **2.** to win easily —**walk out** **1.** to leave suddenly esp. in anger **2.** to go on strike —**walk out on** [Colloq.] to desert —**walk the streets** **1.** to pace the streets aimlessly, or in search of work **2.** to be a prostitute —**walk'ing** *adj., n.*

**walkabout** *n.* **1.** an Australian Aborigine's periodic nomadic excursion into the bush **2.** an occasion when members of the royal family, etc. walk among and meet the public informally

**walker** *n.* **1.** one that walks **2.** a frame

on wheels for babies learning to walk **3.** a similar frame used as a support in walking by convalescents, etc.

**walkie-talkie** (wôk′ē tôk′ē) ***n.*** a compact radio transmitter and receiver that can be carried by one person: also **walk′y-talk′y,** *pl.* **-talk′ies**

**walk-on** ***n.*** a minor role in which an actor has no speaking lines

**walkout** ***n.*** **1.** a strike of workers **2.** an abrupt departure of people as a show of protest

**walkover** ***n.*** an easily won victory

**walkway** ***n.*** a path, passage, etc. for pedestrians, esp. one that is sheltered

**wall** (wôl) ***n.*** [< L. *vallum,* rampart] **1.** an upright structure of wood, stone, etc., serving to enclose, divide, support, or protect **2.** [*usually pl.*] a fortification **3.** anything like a wall in appearance or function [*a wall of silence*] —***adj.*** of, on, in, or along a wall —***vt.*** **1.** to enclose, etc. with or as with a wall (often with *off, in,* etc.) **2.** to close up (an opening) with a wall (usually with *up*) —**drive** (or **push**) **to the wall** to place in a desperate position —**drive** (or **send,** etc.) **up the wall** [Colloq.] to make frantic, tense, etc. —**go to the wall** **1.** to fail in business **2.** to suffer defeat —**run** (or **bang**) **one's head against a brick wall** to try to deal with an impossibly difficult problem —**walled** ***adj.***

**wallaby** (wol′ə bē) ***n.*** [< Abor. name] a small or medium-sized marsupial related to the kangaroo

**wallah** (wol′ə) ***n.*** [< Hindu *-wālā*] [orig. Anglo-Indian] a person connected with a particular thing or function: also sp. **wal′la**

**wallboard** (wôl′bôrd′) ***n.*** fibrous material made up into thin slabs for use in making or covering walls, etc.

**wallet** (wol′it) ***n.*** [ME. *walet*] a flat case, as of leather, with compartments for banknotes, cards, etc.

**walleye** (wôl′ī′) ***n.*** [< ON. *vagl,* beam + *eygr,* having eyes] **1.** an eye that turns outwards, showing more white than is normal **2.** any of several fishes with large, staring eyes —**wall′eyed′** ***adj.***

**wallflower** ***n.*** **1.** any of a number of garden plants having racemes of yellow, orange, etc. flowers **2.** [Colloq.] a girl who merely looks on at a dance from lack of a partner

**Walloon** (wo lōōn′) ***n.*** [Fr. *Wallon*] a member of a people living mostly in S and SE Belgium

**wallop** (wol′əp) ***vt.*** [< OFr. *galoper,* to gallop] [Colloq.] **1.** to beat soundly **2.** to strike hard —***vi.*** [Dial.] **1.** to move along in a rapid, awkward way **2.** to boil vigorously —***n.*** [Colloq.] a hard blow —**wal′loper** ***n.***

**walloping** ***adj.*** [Colloq.] enormous —***n.*** **1.** a thrashing **2.** a crushing defeat

**wallow** (wol′ō) ***vi.*** [OE. *wealwian*] **1.** to roll about, as in mud, dust, etc. **2.** to revel in some feeling, etc. [*to wallow in self-pity*] —***n.*** **1.** a wallowing **2.** a place where animals wallow

**wallpaper** (wôl′pā′pər) ***n.*** paper for covering the walls or ceiling of a room —***vt.*** to put wallpaper on or in

**Wall Street** [< street in New York City: main U.S. financial centre] U.S. financiers or the U.S. money market

**wall-to-wall** ***adj.*** that completely covers a floor [*wall-to-wall carpeting*]

**walnut** (wôl′nut′) ***n.*** [< OE. *wealh,* foreign + *hnutu,* nut] **1.** any of a number of related trees, valued for their nuts and wood **2.** their edible nut, having a hard, crinkled shell **3.** their wood, used for furniture, etc.

WALRUS (to 3.5 m long & 1.5 m high)

**walrus** (wôl′rəs) ***n.*** [< ON. *hrosshvalr,* horse whale] a massive sea mammal having two tusks jutting from the upper jaw, a thick moustache, a thick hide, and a heavy layer of blubber —***adj.*** like that of a walrus [*a walrus moustache*]

**waltz** (wôls) ***n.*** [< G. *walzen,* dance about] **1.** a ballroom dance for couples, in 3/4 time **2.** music for this dance or in its characteristic rhythm —***adj.*** of, for, or characteristic of a waltz —***vi.*** **1.** to dance a waltz **2.** to move lightly and nimbly **3.** [Colloq.] to progress effortlessly (usually with *through*) —***vt.*** to dance with in a waltz

**wampum** (wom′pəm) ***n.*** [< Algonquian] small beads made of shells and used by N American Indians as money, for ornament, etc.

**wan** (won) ***adj.*** **wan′ner, wan′nest** [OE. *wann,* dark] **1.** sickly pale; pallid **2.** suggestive of a sickly condition; feeble [*a wan smile*] —**wan′ness** ***n.***

**wand** (wond) ***n.*** [ON. *vondr*] **1.** a rod carried as a symbol of authority **2.** any rod of supposed magic power **3.** a conductor's baton

**wander** (won′dər) ***vi.*** [OE. *wandrian*] **1.** to move or go about aimlessly **2.** to go to a place in a casual or indirect way **3.** *a*) to stray (*from* a path, course, etc.) *b*) to stray from home, friends, etc. (often with *off*) **4.** to go astray in mind or purpose **5.** to meander, as a river **6.** to move idly from one object to another: said of the eyes, etc. —***vt.*** to roam through, in, or over —**wan′derer** ***n.*** —**wan′dering** ***adj., n.***

**Wandering Jew** **1.** in medieval folklore, a Jew condemned to wander the earth because he insulted Christ **2.** [**w- j-**] any of several trailing plants, including tradescantia

**wanderlust** ***n.*** [G.] an impulse, longing, or urge to wander or travel

**wane** (wān) ***vi.*** **waned, wan′ing** [OE. *wanian*] **1.** to show a gradually decreasing area of illuminated surface: said of the moon **2.** to grow dim or faint: said of light, etc. **3.** to decline in power, etc. —**on the wane** declining, decreasing, etc.

**wangle** (waŋ′g'l) *vt.* **-gled, -gling** [< ?] [Colloq.] to get, make, or bring about by persuasion, manipulation, etc. —*vi.* [Colloq.] to make use of tricky and indirect methods to achieve one's aims —**wan′gler** *n.*

**wanigan, wannigan** (won′igən) *n.* [< AmInd.] [Canad.] **1.** a lumberjack's chest or box **2.** a cabin, caboose, or houseboat

**Wankel engine** (waŋ′k'l) [< F. *Wankel*] a rotary combustion engine requiring fewer parts and less fuel than a comparable turbine engine

**want** (wont) *vt.* [ON. *vanta*] **1.** to feel the need of; crave **2.** to desire or wish [to *want* to travel] **3.** to require; need *Want is also used colloquially as an auxiliary meaning ought or should* [you *want* to be careful] **4.** *a*) to wish to see or speak with (someone) *b*) to wish to apprehend, as for arrest **5.** to have too little of; lack **6.** to be short by (a specified amount) [it *wants* two minutes of noon] —*vi.* **1.** to have a need or lack (usually with *for*) **2.** to be destitute —*n.* **1.** a scarcity; shortage **2.** poverty; destitution **3.** a wish for something; craving **4.** something needed; need

**wanting** *adj.* **1.** absent; lacking **2.** not up to some standard [found *wanting*] —*prep.* **1.** lacking (something) **2.** minus —**wanting in** having not enough of (some quality, etc.)

**wanton** (won′t'n) *adj.* [< OE. *wan,* lacking + *teon,* bring up] **1.** senseless, unprovoked, or deliberately malicious **2.** sexually loose **3.** [Poet.] frisky; playful **4.** recklessly ignoring justice, morality, etc. **5.** lavish, luxurious, or extravagant —*n.* a wanton person; esp., a sexually loose woman —*vi.* to be wanton —**wan′tonly** *adv.* —**wan′tonness** *n.*

**wapiti** (wop′ə tē) *n.* [< Algonquian] the American elk, the largest N American deer

**war** (wôr) *n.* [ONormFr. *werre,* strife] **1.** open armed conflict between countries or between factions within the same country **2.** any period of such conflict **3.** any active hostility, contention, or struggle **4.** military operations as a science —*adj.* of, used in, or resulting from war —*vi.* **warred, war′ring** to carry on war —**at war** in a state of active armed conflict —**carry the war into the enemy's camp** (or **country**) to resort to offensive measures in any conflict —**declare war (on)** **1.** to make a formal declaration of being at war (with) **2.** to announce one's hostility (to), and intention to attack —**go to war** **1.** to enter into a war **2.** to join the armed forces during a war —**to have been in the wars** to have injuries or marks of ill-treatment —**war′ring** *adj.*

**War.** Warwickshire

**warble** (wôr′b'l) *vt., vi.* **-bled, -bling** [ONormFr. *werbler*] to sing with trills, etc., as a bird —*n.* **1.** an act of warbling **2.** a warbling sound; trill

**warbler** *n.* **1.** a bird or person that warbles **2.** a small songbird related to the thrush

**war crime** any crime committed in war in violation of accepted rules of war —**war criminal**

**war cry** **1.** a name, phrase, etc. shouted in a charge or battle **2.** a slogan adopted by a party in any contest

**ward** (wôrd) *n.* [OE. *weardian,* to guard] **1.** a division of a city or town, for purposes of administration, voting, etc. **2.** a division of a hospital [a maternity *ward*] **3.** *a*) a child or person not able to manage his own affairs [*ward* in chancery] *b*) any person under another's care **4.** a being under guard **5.** a guarding: now only in **watch and ward** **6.** a ridge or notch in a lock or key that allows only the right key to enter —*vt.* to turn aside; fend off (usually with *off*)

**-ward** (wərd) [OE.] *a suffix forming adjectives meaning* in a (specified) direction [*backward*]

**warden** (wôr′d'n) *n.* [< OFr. *gardein*] **1.** a person who guards, or has charge of, something [a traffic *warden*] **2.** a governing officer in certain hospitals, colleges, etc. —**war′denship′** *n.*

**warder** (wôr′dər) *n.* a prison officer —**ward′ress** *n.fem.*

**wardrobe** (wôrd′rōb′) *n.* **1.** a cupboard or cabinet with hangers for holding clothes **2.** a room where clothes are kept, as in a theatre **3.** one's supply of clothes

**wardrobe mistress** the person in charge of the costumes of a theatrical company

**wardroom** (wôrd′rōōm′) *n.* in a warship, a compartment used for eating and relaxing in by commissioned officers, except, usually, the captain

**-wards** (wərdz) *a suffix forming adverbs meaning* in a (specified) direction [*backwards*]: also sometimes **-ward**

**wardship** (wôrd′ship′) *n.* **1.** guardianship **2.** the condition of being a ward

**ware** (wâər) *n.* [OE. *waru*] **1.** any thing or service that one has to sell: *usually used in pl.* **2.** things that are for sale, esp. a (specified) kind of merchandise [*hardware, glassware*] **3.** a specified kind of pottery

**warehouse** (wâər′hous′; *for v.,* -houz′) *n.* **1.** a building where goods are stored **2.** a wholesale store —*vt.* **-housed′, -hous′ing** to place or store in a warehouse —**ware′house′man** *n.*

**warfare** (wôr′fâər′) *n.* **1.** the action of waging war **2.** conflict of any kind

**war game** **1.** training in military tactics in which maps and small figures are used to represent terrain, troops, etc. **2.** [*pl.*] practice manoeuvres for troops

**warhead** *n.* the front section of a self-propelled projectile, etc. containing the explosive charge

**war horse** **1.** a horse used in battle **2.** [Colloq.] a person who has engaged in many struggles For 2 now usually **war′horse′** *n.*

**warily** (wâər′ə lē) *adv.* cautiously

**wariness** *n.* the quality or state of being wary

**warlike** (wôr′līk′) *adj.* **1.** fond of or ready for war; bellicose **2.** of or appropriate to war **3.** threatening war

**warlock** (wôr′lok′) *n.* [OE. *wærloga,* traitor] a sorcerer or wizard

**warm** (wôrm) *adj.* [OE. *wearm*] **1.** *a*) having or giving off a moderate degree of heat *b*) giving off pleasurable heat [*a warm* fire] **2.** *a*) overheated, as with exercise *b*) such as to make one heated [*warm* work] **3.** effective in keeping body heat in [*warm* clothing] **4.** marked by liveliness or disagreement, as an argument **5.** ardent; enthusiastic **6.** *a*) cordial or sincere [*a warm* welcome] *b*) sympathetic or loving **7.** suggesting warmth: said of yellow, orange, or red colours **8.** newly made; fresh, as a scent or trail **9.** [Colloq.] close to discovering something **10.** [Colloq.] disagreeable [we'll make it *warm* for him] —*vt., vi.* to make or become warm —*n.* [Colloq.] **1.** a warming or being warmed [have a *warm* by the fire] **2.** a warm place [come into the *warm*] —**warm up** **1.** to make or become warm, esp. warm enough to operate efficiently **2.** to reheat (cooked food, etc.) **3.** *Sports* to practise before going into a game **4.** to make or become more lively —**warm′er** *n.* —**warm′ish** *adj.* —**warm′ly** *adv.* —**warm′ness** *n.*

**warmblooded** *adj.* **1.** having a relatively constant body temperature, usually warmer than that of the surroundings **2.** ardent —**warm′blood′edness** *n.*

**war memorial** a monument erected in a public place and bearing the names of those killed in war

**warm front** *Meteorol.* the edge of an advancing mass of warm air replacing colder air

**warmhearted** *adj.* kind, sympathetic, friendly, etc. —**warm′heart′edly** *adv.* —**warm′heart′edness** *n.*

**warming pan** a long-handled, covered pan for holding live coals: formerly used to warm beds

**warmonger** (wôr′mun′gər) *n.* one that advocates or tries to bring war —**war′mon′gering** *adj., n.*

**warmth** (wôrmth) *n.* **1.** *a*) a being warm *b*) mild heat **2.** *a*) enthusiasm *b*) affectionate feelings *c*) slight anger

**warn** (wôrn) *vt.* [OE. *wearnian*] **1.** to tell (a person) of a danger, coming evil, etc. **2.** to caution about certain acts **3.** to notify in advance —**warn off** to give notice to stay away or keep off —**warn′er** *n.*

**warning** *n.* **1.** the act of one that warns, or the state of being warned **2.** something that serves to warn —*adj.* that warns —**warn′ingly** *adv.*

**warp** (wôrp) *vt.* [OE. *weorpan,* to throw] **1.** to bend or twist out of shape **2.** to distort, pervert, bias, etc. **3.** to move (a ship) by hauling on a line fastened to a dock, etc. —*vi.* to become bent or twisted out of shape —*n.* **1.** *a*) a distortion, as a twist or bend in wood *b*) any similar distortion **2.** a mental twist, quirk, etc. **3.** a rope run from a ship to a dock, etc., used to haul the vessel into position **4.** *Weaving* the threads running lengthwise in the loom —**warp′ed** *adj.* —**warp′er** *n.*

**war paint** **1.** a pigment applied to the face and body, as by some American Indian tribes, in preparation for war **2.** [Colloq.] *a*) ceremonial dress *b*) women's cosmetics

**warpath** (wôr′päth′) *n.* the path taken by American Indians on a warlike expedition —**on the warpath** **1.** ready for war **2.** angry; ready to fight

**warrant** (wor′ənt) *n.* [< OFr. *garant*] **1.** *a*) authorization, as by the law *b*) justification for some act, belief, etc. **2.** something that serves as a guarantee of some event or result **3.** *a*) *Law* a writ authorizing an officer to make an arrest, search, etc. *b*) *Mil.* the certificate of appointment to the grade of warrant officer —*vt.* **1.** to serve as justification for (an act, belief, etc.) **2.** to authorize **3.** *a*) to guarantee the quality, quantity, etc. of (goods) to a purchaser *b*) to guarantee to (the purchaser) that goods sold are as represented **4.** [Colloq.] to state with confidence [I *warrant* he'll be late] —**war′rantable** *adj.*

**warrant officer** *see* MILITARY RANKS, table: in the army the rank has two classes: regimental sergeant major and company sergeant major

**warrantor** (wôr′ən tôr′) *n.* *Law* a person who warrants, or gives warranty: also **war′ranter**

**warranty** *n., pl.* **-ties′** [see WARRANT] **1.** *Law* a guarantee; specif., a guarantee of something in a contract **2.** official authorization **3.** justification

**warren** (wor′ən) *n.* [< OFr. *warir,* to preserve] **1.** an area containing many interconnected tunnels in which rabbits live and breed **2.** any building crowded like a rabbit warren

**warrior** (wo′rē ər) *n.* [< ONormFr. *werre,* WAR] a man experienced in conflict or war

**wart** (wôrt) *n.* [OE. *wearte*] **1.** a small, usually hard, tumorous growth on the skin **2.** a small growth on a plant —**warts and all** [Colloq.] with all defects and blemishes revealed —**wart′y** *adj.*

**wart hog** a wild African pig with large, incurved tusks, and a number of warts below the eyes

**wartime** (wôr′tīm′) *n.* a time of war —*adj.* of or characteristic of such a time

**wary** (wâr′ē) *adj.* **war′ier, war′iest** [OE. *wær*] **1.** cautious; on one's guard **2.** characterized by caution —**wary of** careful of

**was** (woz; *unstressed* wəz) [OE. *wæs*] *1st and 3rd pers. sing., pt., of* BE

**wash** (wosh) *vt.* [OE. *wæscan*] **1.** to clean by means of water or other liquid, often with soap, etc. **2.** to purify **3.** to moisten **4.** to cleanse by licking, as a cat does **5.** to flow over, past, or against: said of a sea, waves, etc. **6.** to soak (*out*), flush (*off*), or carry (*away*) by the action of water **7.** to erode [the flood *washed* out the tracks] **8.** to cover with a thin coating of paint or metal **9.** *Mining* to pass water through or over (earth, etc.) in order to separate (ore, etc.) —***vi.*** **1.** to wash oneself or one's hands, face, etc. **2.** to wash clothes **3.** to undergo washing, esp. without fading, etc. **4.** to be removed by washing **5.** to be worn away by the action of water **6.** [Colloq.] to withstand a test [his story won't *wash*] —***n.*** **1.** *a*) a washing *b*) a place where something is washed [a car *wash*] **2.** a quantity of clothes, etc. washed, or to be washed **3.** a thin coating of paint or metal **4.** any of various liquids for cosmetic or medicinal use **5.** *a*) the rush or surge of water or waves *b*) the sound of this *c*) the eddy of water caused by a propeller, oars, etc. *d*) a slipstream **6.** refuse liquid food; swill **7.** low ground which is flooded part of the time and partly dry the rest —**come out in the wash** [Colloq.] to be revealed eventually —**wash down** **1.** to clean by washing **2.** to follow (food, a drink of whisky, etc.) with a drink, as of water —**wash one's hands (of)** to disclaim all responsibility for —**wash up** to wash eating and cooking utensils after use

**washable** *adj.* that can be washed without damage

**wash-and-wear** *adj.* designating or of fabrics or garments that need little or no ironing after washing

**washboard** *n.* a ridged board or frame used for scrubbing dirt out of clothes

**wash drawing** a painting done in transparent watercolours, usually in shades of black or grey

**washed-out** *adj.* **1.** faded in colour, specif. from washing **2.** [Colloq.] tired; pale

**washed-up** *adj.* [Slang] finished; done for

**washer** *n.* **1.** a person who washes **2.** a flat disc or ring of metal, rubber, etc., used to make a seal for a tap valve, to provide packing, etc. **3.** [Colloq.] a washing machine

**washerwoman** *n.* a woman whose work is washing clothes, etc.

**washing** *n.* **1.** clothes, etc. washed or to be washed, esp. at one time **2.** matter obtained or removed by washing **3.** a thin coating, as of metal, put on in liquid form

**washing machine** a machine for washing clothes, linens, etc.

**washing-up** *n.* **1.** the washing of dishes, cutlery, etc. after a meal **2.** the dishes, cutlery, etc. that are to be washed up

**wash leather** a piece of leather, usually chamois, used for washing windows, etc.

**washout** *n.* **1.** the washing away of soil, rocks, etc. by a strong flow of water **2.** a hole made by such washing away, as in a road **3.** [Colloq.] a complete failure

**washy** *adj.* **wash'ier, wash'iest** **1.** watery; weak **2.** pale **3.** insipid —**wash'iness** *n.*

**WASP, Wasp** (wosp) *n.* [U.S. Derog.] a white Anglo-Saxon Protestant

**wasp** (wosp) *n.* [OE. *wæsp*] a winged insect with a slender body, biting mouthparts, and, in the females and workers, a sharp sting —**wasp'like'** *adj.* —**wasp'y** *adj.*

**waspish** *adj.* bad-tempered; snappish —**wasp'ishly** *adv.*

**wasp waist** a very slender or tightly corseted waist —**wasp'-waist'ed** *adj.*

**wassail** (wo'sāl) *n.* [< ON. *ves heill,* be hearty] **1.** a toast formerly given in drinking healths **2.** the spiced ale with which such healths were drunk **3.** a celebration with much drinking, esp. at Christmas time —***vi.*** **1.** to drink wassails **2.** to go from house to house carol singing at Christmas —***vt.*** to drink to the health of —**was'sailer** *n.*

**wastage** (wās'tij) *n.* **1.** loss by use, decay, etc. **2.** the process of wasting **3.** anything wasted, or the amount of this —**natural wastage** loss of personnel in the normal course of events, as from retirement

**waste** (wāst) ***vt.*** **wast'ed, wast'ing** [< L. *vastare,* lay waste] **1.** to use up or spend without need, gain, or purpose **2.** to fail to take advantage of **3.** to make weak or feeble **4.** to wear away; use up **5.** to devastate —***vi.*** **1.** to lose strength, health, flesh, etc., as by disease (often with *away*) **2.** to be used up —***adj.*** **1.** left over; no longer of use **2.** excreted from the body, as faeces or urine **3.** used to carry off or hold waste [a *waste* pipe] **4.** uncultivated or uninhabited —***n.*** **1.** *a*) a squandering, as of money, time, etc. *b*) a failure to take advantage (*of* something) *c*) a gradual loss or decrease by use, wear, etc. **2.** useless or discarded material, as refuse **3.** matter excreted from the body, as faeces **4.** uncultivated or uninhabited land, as a desert **5.** *a*) a desolate or devastated area *b*) a vast expanse, as of the sea —**go to waste** to be or become wasted —**lay waste (to)** to devastate —**waste breath** (or **words**) to give advice which will not be heeded —**wast'er** *n.*

**wasteful** *adj.* in the habit of wasting or characterized by waste; extravagant —**waste'fully** *adv.*

**wasteland** *n.* land that is uncultivated, barren, unproductive, devastated, etc.

**wastepaper** *n.* paper thrown away after use or as useless: also **waste paper**

**wasting** *adj.* destructive to health, as a disease

**wastrel** (wās'trəl) *n.* **1.** a spendthrift **2.** a good-for-nothing

**watap** (wa tap') *n.* [< AmInd.] thread made by N American Indians from conifer roots and used for sewing, etc.

**watch** (woch) *n.* [OE. *wæcce*] **1.** a small timepiece carried in the pocket, worn on the wrist, etc. **2.** the act or fact of keeping awake, esp. in order to guard **3.** close observation for a time, as to find out something **4.** a person or group on duty to protect or guard **5.** [*pl.*] hours (of the night): only in **watches of the night** **6.** the period of duty of a guard **7.** *Naut.* any of the periods of duty (usually four hours) into which the day is divided on board ship —*vi.* **1.** to look; observe **2.** to be looking or waiting attentively (with *for*) **3.** to be on the alert **4.** to stay awake at night —*vt.* **1.** to observe carefully and constantly **2.** to wait and look for **3.** to keep watch over **4.** to keep informed about **5.** to guard —**on the watch** on the lookout —**watch it!** [Colloq.] be careful! —**watch one's step** to be circumspect in one's behaviour —**watch out** to be alert and on one's guard —**watch over** to protect from harm —**watch'er** *n.*

**watchdog** *n.* **1.** a dog kept to guard property **2.** a person or group that keeps watch to prevent waste, dishonest practices, etc.

**watch fire** a fire kept burning at night as a signal or for the use of those staying awake to guard

**watchful** *adj.* alert; vigilant —**watch'fully** *adv.* —**watch'fulness** *n.*

**watching brief** an instruction to observe proceedings in a law court on behalf of a client only indirectly concerned

**watchmaker** *n.* a person who makes or repairs watches —**watch'mak'ing** *n.*

**watchman** *n.* a person hired to watch or guard, esp. at night

**watch night** a religious service held on New Year's Eve: also **watch meeting** or **watch-night service**

**watch-spring** *n.* the mainspring of a watch

**watchstrap** *n.* a band of leather, metal, cloth, etc. for holding a watch on the wrist

**watchtower** *n.* a high tower from which a sentinel watches for enemies, forest fires, etc.

**watchword** *n.* **1.** a password **2.** a slogan

**water** (wôt'ər) *n.* [OE. *wæter*] **1.** the colourless, transparent liquid occurring on earth as rivers, lakes, etc., and falling as rain: a compound of hydrogen and oxygen, $H_2O$ **2.** an area of this liquid, as a lake **3.** [*often pl.*] an area of a sea [international *waters*] **4.** water with reference to its depth, its surface, its level, etc. [high *water*] **5.** [*pl.*] the water of mineral springs **6.** any body fluid or secretion, as urine, saliva, tears, etc. **7.** a solution of any substance, often a gas, in water **8.** the degree of transparency of a precious stone —*vt.* **1.** to give (animals) water to drink **2.** to give water to (soil, crops, etc.), as by sprinkling, irrigating, etc. **3.** to moisten with water **4.** to dilute with water (often with *down*) —*vi.* **1.** to fill with tears: said of the eyes **2.** to secrete or fill with saliva **3.** to take on a supply of water **4.** to drink water: said of animals —*adj.* **1.** of or having to do with water **2.** in, on, or near water **3.** operated by water [a *water* wheel] —**by water** by ship or boat —**hold water** to remain sound, logical, etc. —**like water** lavishly; freely —**make one's mouth water** to create a desire or appetite in one —**make** (or **pass**) **water** to urinate —**water down** to weaken the effectiveness of —**water under the bridge** past history —**wa'terless'** *adj.*

**water bed** a heavy vinyl bag filled with water and used as a bed

**water biscuit** a thin, crisp, plain biscuit, usually served with butter or cheese

**water buffalo** a slow, powerful, oxlike draught animal native to S Asia

**water bus** a small river craft used as a form of public transport

**water butt** a large barrel with one end open, used for collecting and storing rainwater

**water cannon** a powerful hose which fires water at high pressure

**water chestnut** **1.** a Chinese sedge, growing in clumps in water **2.** its button-shaped tuber, used in cooking

**water clock** a mechanism for measuring time by the fall or flow of water

**water closet** *same as* TOILET (*n.* 1)

**watercolour** *n.* **1.** a pigment or colouring matter mixed with water for use as a paint **2.** a painting done with such paints —*adj.* painted in watercolours

**water-cooled** *adj.* kept from overheating by having water circulated around or through it

**watercourse** *n.* **1.** a stream, river, etc. **2.** a channel for water, as a canal or stream bed

**watercress** *n.* a plant grown generally in running water: its leaves are used in salads, etc.

**water diviner** a person able to locate the presence of water, esp. underground, with a divining rod

**waterfall** *n.* a steep fall of water, as of a stream, from a height

**waterfowl** *n.* a bird that lives on or near the water, esp. one that swims

**waterfront** *n.* the land or part of a city or town adjoining a body of water, as a harbour, lake, etc.

**water gate** **1.** a gate controlling the flow of water; floodgate **2.** a gate giving access to a body of water

**water gauge** a device, as a glass tube, that shows the water level in a tank, boiler, etc.

**water glass** **1.** a drinking glass; tumbler **2.** *same as* WATER GAUGE **3.** sodium silicate or, sometimes, potassium silicate, usually dissolved in water to form a syrupy liquid used as a preservative for eggs, etc.

**water hole** a dip or hole in the surface of the ground, in which water collects; pool

**water ice** water and sugar flavoured and frozen

**wateriness** *n.* the state or quality of being watery

**watering can** a container with a spout, often having a perforated nozzle, for watering plants

**watering place** **1.** a place at a stream, lake, etc. where animals go to drink **2.** a spa with mineral springs for drinking **3.** a seaside resort

**water jump** a strip, ditch, or channel of water that a horse must jump, as in a steeplechase

**water level** **1.** *a*) the surface of still

water *b*) the height of this **2.** *same as* WATERLINE

WATERLILY

**waterlily** *n., pl.* **-lil'ies** **1.** any of various water plants having large, flat, floating leaves and showy flowers **2.** the flower of such a plant

**waterline** *n.* the line to which the surface of the water comes on the side of a boat

**waterlogged** *adj.* **1.** soaked with water **2.** soaked or filled with water so as to be sluggish in movement: said of boats

**Waterloo** (wôt ər lōō') *n.* [< the town in C Belgium; scene of Napoleon's final defeat (1815)] any disastrous defeat

**water main** a main pipe in a system of water pipes

**waterman** *n.* a person who works on or with boats

**watermark** *n.* **1.** a faint mark in paper, produced by pressure of a projecting design, as in the mould **2.** the design —*vt.* to mark (paper) with a watermark

**water-meadow** *n.* a meadow which is kept fertile by periodic flooding by a stream

**watermelon** *n.* **1.** a large, edible fruit with a hard, green rind and juicy, pink or red pulp having many seeds **2.** the plant on which it grows

**water nymph** *Gr. & Rom. Myth.* a goddess having the form of a lovely young girl, supposed to dwell in a stream, pool, etc.

**water pipe** **1.** a pipe for carrying water **2.** a hookah

**water pistol** a toy gun that shoots water in a stream

**water polo** a water game played with a round, partly inflated ball by two teams of seven swimmers

**water power** the power of running or falling water, used to drive machinery, etc.

**waterproof** *adj.* that keeps out water completely —*n.* **1.** waterproof material **2.** a raincoat, etc. of waterproof material —*vt.* to make waterproof —**wa'terproof'er** *n.*

**water rat** any of various rodents that live on the banks of streams and ponds, esp. the water vole

**water rate** a charge levied for the public supplying of water

**water-repellent** *adj.* that repels water but is not thoroughly waterproof

**water seal** a bend in a pipe which holds water and prevents the passage of odours or gas

**watershed** *n.* **1.** a ridge dividing the areas drained by different river systems **2.** popularly, the area drained by a river system **3.** a crucial period that serves as a dividing line

**waterside** *n.* land at the edge of a body of water —*adj.* of, at, or on the waterside

**water-ski** *vi.* **-skied', -ski'ing** to be towed, as a sport, on skilike boards (**water skis**) by a line attached to a speedboat —**wa'terski'er** *n.*

**water snake** any of numerous saltwater or freshwater snakes

**water softener** **1.** a chemical compound added to hard water to make it soft **2.** a tank, etc. in which water is filtered through chemicals to make it soft

**waterspout** *n.* **1.** a tornado occurring over water, appearing as a rapidly rotating column of spray **2.** a pipe or spout from which water runs

**water table** the level below which the ground is saturated with water

**watertight** *adj.* **1.** so snugly put together that no water can get in or through **2.** well thought out, with no weak points: said of an argument, plan, etc.

**water tower** an elevated tank used for water storage and for keeping equal pressure on a water system

**water vapour** water in the form of mist or tiny diffused particles, esp. when below the boiling point, as in the air

**waterway** *n.* any body of water wide enough and deep enough for boats, ships, etc.

**water wheel** **1.** a wheel with paddles turned by running water, used to give power **2.** a wheel with buckets on its rim, used for lifting water

**water wings** a device, inflated with air, used to keep one afloat while learning to swim

**waterworks** *n.pl.* [*often with sing. v.*] **1.** a system of reservoirs, pumps, etc. used to bring a water supply to a city, etc. **2.** a pumping station in such a system **3.** [Slang] tears: usually in **turn on the waterworks,** to weep **4.** [Colloq.] the urinary system

**watery** *adj.* **1.** of or like water **2.** containing or full of water **3.** thin, diluted, weak, etc. **4.** tearful **5.** in or consisting of water [*a watery grave*]

**watt** (wot) *n.* [< James *Watt*] the SI unit of power

**wattage** *n.* **1.** amount of electrical power, expressed in watts **2.** the number of watts required to operate a given appliance

WATTLES

**wattle** (wot′'l) *n.* [OE. *watul*] **1.** a woven work of sticks intertwined with twigs or branches, used for walls, roofs, etc. **2.** in Australia, any of various acacias **3.** a fleshy, often brightly coloured piece of skin that hangs from the throat of a cock, etc. —*adj.* made of or roofed with wattle —*vt.* **-tled, -tling** to intertwine (sticks, twigs, etc.) so as to form an interwoven structure

**wattle and daub** a form of wall construction consisting of a framework of interwoven twigs plastered with a mixture of clay, etc.

**waul** (wôl) *vi., n.* wail, squall, or howl

**wave** (wāv) *vi.* **waved, wav′ing** [OE. *wafian*] **1.** to move up and down or back and forth in a curving motion **2.** to signal by moving a hand, etc. to and fro **3.** to have the form of a series of curves —*vt.* **1.** to cause to wave or sway to and fro **2.** *a*) to move or swing (something) as a signal *b*) to signal (something) by doing this *c*) to signal to (someone) by doing this *[he waved* us on*]* **3.** to arrange (hair, etc.) in a series of curves —*n.* **1.** *a*) a ridge or swell moving along the surface of a body of water, etc. *b*) something that suggests this **2.** a curve or series of curves, as in the hair **3.** a motion to and fro or up and down, as that made by the hand in signalling **4.** *a*) an upsurge or rise *[a* crime *wave, a wave* of emotion*]* *b*) a movement of people, etc., in groups *[a wave* of settlers*]* **5.** *Physics* a state of motion that periodically advances and retreats as it is transmitted progressively from one particle in a medium to the next in a given direction, as in the propagation of light —**wave down** to signal to the driver of a vehicle to stop —**wave′less** *adj.* —**wave′like′** *adj.*

**wave band** *Radio & TV* a specific range of wave frequencies

**wavelength** *n. Physics* the distance from any given point in a wave to the next point characterized by the same phase **2.** the wavelength used by a particular broadcasting station —**on someone's** (or **the same**) **wavelength** [Colloq.] having similar thoughts, views, etc. as another

**wavelet** *n.* a little wave; ripple

**waver** (wā′vər) *vi.* [see WAVE] **1.** to show indecision **2.** to become unsteady **3.** to tremble: said of the voice, etc. **4.** to flicker: said of light **5.** to sway to and fro; flutter —**wa′veringly** *adv.*

**wavy** (wā′vē) *adj.* **wav′ier, wav′iest** **1.** having or forming waves **2.** moving in a wavelike motion **3.** wavering; fluctuating —**wav′ily** *adv.*

**wax**[1] (waks) *n.* [OE. *weax*] **1.** an easily moulded, dull yellow substance secreted by bees for building cells; beeswax **2.** any substance like this —*vt.* to rub, polish, cover, or treat with wax —*adj.* made of wax —**be wax in a person's hands** to be completely under the control of another person —**wax′like′** *adj.*

**wax**[2] *vi.* [OE. *weaxan*, grow] **1.** to increase in strength, intensity, etc. **2.** to become gradually full: said of the moon

**wax**[3] *n.* [< ?] [Old Slang] a fit of temper

**waxen** *adj.* **1.** made of, or covered with, wax **2.** like wax, as in being pale, soft, easily moulded, etc.

**wax light** a candle or wax taper

**waxpaper** a kind of paper made moisture-proof by a wax, or paraffin, coating: also **waxed paper**

**waxwing** *n.* a bird with scarlet spines, suggesting sealing wax, at the ends of the secondary quill feathers

**waxwork** *n.* **1.** work, as objects, figures, etc., made of wax **2.** a human figure made of wax

**waxworks** *n.pl.* [*with sing. v.*] an exhibition of wax figures made to look like famous people

**waxy** *adj.* **wax′ier, wax′iest** **1.** full of, covered with, or made of wax **2.** like wax in nature or appearance —**wax′iness** *n.*

**way** (wā) *n.* [OE. *weg*] **1.** a method of doing something **2.** a customary manner of living, etc. *[to change one's ways]* **3.** *a*) manner; style *[a pleasant way] b*) power of pleasing **4.** a course from one place to another **5.** a specified route **6.** room for passing; an opening, as in a crowd **7.** distance *[a long way off]* **8.** direction of movement, etc. *[look this way]* **9.** course or habits of life *[evil ways]* **10.** respect; point; particular **11.** a road, street path, etc. **12.** wish *[to get one's way]* **13.** range, as of experience *[that never came my way]* **14.** relationship as to those taking part *[a four-way agreement]* **15.** [Colloq.] a (specified) state or condition *[he is in a bad way]* **16.** [Colloq.] a locality *[out our way]* —*adv.* [Colloq.] far *[way* behind*]* —**by the way** incidentally —**by way of** **1.** as a way, method, or means of **2.** passing through —**give way** **1.** to yield **2.** to break down —**give way to** to yield to —**go out of the** (or **one's**) **way** to make a special effort —**in the way** in such a position as to obstruct, hinder, etc. —**lead the way** to be a guide —**look the other way** to feign ignorance of something which one ought to deal with —**on the way** **1.** progressing; approaching **2.** (of baby) expected —**on the way out** becoming unfashionable —**out of the way** **1.** in a position so as not to hinder, etc. **2.** disposed of **3.** not on the usual route **4.** *a*) improper *b*) unusual —**the way** according to the way that *[with things the way* they are*]* —**under way** moving; advancing

**waybill** *n.* a paper giving a list of goods and instructions, sent with the goods being transported

**wayfarer** *n.* a person who travels, esp. from place to place on foot —**way′far′ing** *adj., n.*

**waylay** (wā′lā′) *vt.* **-laid′, -lay′ing** **1.**

to lie in wait for and attack **2.** to wait for and accost (a person) on the way —**way'lay'er** *n.*

**wayleave** *n.* a right of way granted by a land-owner for a specific purpose in return for a payment

**way-out** (wā'out') *adj.* [Colloq.] very unusual, unconventional, etc.

**-ways** (wāz) [< WAY] *a suffix meaning* in a (specified) direction, position, or manner *[endways]*

**ways and means** **1.** methods and resources at the disposal of a person, company, etc. **2.** methods of raising money, as for government

**wayside** *n.* the area close to the side of a road —*adj.* on, near, or along the side of a road —**go by the wayside** to be discarded

**wayward** *adj.* [see AWAY & -WARD] **1.** insistent upon having one's own way **2.** unpredictable; erratic —**way'wardly** *adv.*

**Wb** *Physics the symbol for* weber

**W.B., W/B** waybill

**w.c.** **1.** water closet: also **W.C.** **2.** without charge

**W/Cdr.** Wing Commander

**we** (wē) **pron.** *for sing. see* I [OE.] the persons speaking or writing: sometimes used by a person in referring to a group of which he is one, or by a monarch, editor, etc. in referring to himself

**W.E.A.** Workers' Educational Association

**weak** (wēk) *adj.* [ON. *veikr*] **1.** *a*) not physically strong *b*) lacking vitality **2.** easily broken, bent, etc. **3.** lacking in moral strength or willpower **4.** lacking in mental power **5.** lacking in skill or strength for combat or competition **6.** having few resources, little wealth, etc. **7.** lacking in force, or credibility *[a weak* argument*]* **8.** *a*) not functioning normally or well: said of a body organ or part *b*) easily upset; queasy *[a weak* stomach*]* **9.** lacking in volume, intensity, etc. **10.** lacking the usual strength *[weak* tea*]* **11.** poor or deficient in something specified **12.** ineffective *[a weak* argument*]* **13.** *Gram.* inflected by adding a suffix such as *-ed, -d* rather than by an internal vowel change: said of regular verbs —**weak'ish** *adj.*

**weaken** *vt., vi.* to make or become weak or weaker

**weak-kneed** (wēk'nēd') *adj.* lacking courage, determination, etc.

**weakling** *n.* **1.** a person or animal low in physical strength **2.** a person of weak character

**weakly** *adj.* **-lier, -liest** sickly; feeble; weak —*adv.* in a weak way —**weak'liness** *n.*

**weak-minded** *adj.* **1.** not firm of mind; indecisive **2.** mentally retarded —**weak'-mind'edness** *n.*

**weakness** *n.* **1.** a being weak **2.** a weak point **3.** a liking *(for* something)

**weal**[1] (wēl) *n.* [see WALE] a mark, line, or ridge raised on the skin, as by a blow

**weal**[2] *n.* [OE. *wela*] [Archaic] well-being

**weald** (wēld) *n.* [OE.] [Poet.] **1.** a forest **2.** open country —**The Weald** region in SE England, in Surrey, Kent, and Sussex

**wealth** (welth) *n.* [see WEAL[2]] **1.** *a*) much money or property; riches *b*) the state of being rich **2.** a large amount; abundance **3.** valuable products, contents, or derivatives **4.** *Econ.* everything having value in money or a price

**wealth tax** a tax on personal property

**wealthy** *adj.* **wealth'ier, wealth'iest** **1.** having wealth; rich **2.** of or suggestive of wealth **3.** abounding *(in* something) —**wealth'iness** *n.*

**wean** (wēn) *vt.* [OE. *wenian*] **1.** to accustom (a child or young animal) to food other than its mother's milk **2.** to withdraw (a person) by degrees *(from* a habit, etc.) as by substituting something else

**weapon** (wep'ən) *n.* [OE. *wæpen*] **1.** any device used for fighting, esp. in warfare **2.** any part (of an animal or plant) used for attacking or defending **3.** any means of attack or defence

**weaponry** *n.* weapons collectively

**wear** (wāər) *vt.* **wore, worn, wear'ing** [OE. *werian*] **1.** to have or carry (clothing, jewellery, etc.) on the body **2.** to have or show in one's expression or appearance; display **3.** to damage, diminish, etc., as by constant use or friction (often with *away*) **4.** to bring by use to a specified state **5.** to make by the friction of rubbing, flowing, etc. **6.** to tire or exhaust **7.** [Colloq.] to accept; tolerate —*vi.* **1.** to become damaged, diminished, etc., as by constant use or friction **2.** to hold up in spite of use; last **3.** to grow gradually *[courage wearing* thin*]* **4.** to pass away gradually: said of time **5.** to have an irritating effect *(on)* —*n.* **1.** a wearing or being worn **2.** things, esp. clothes, worn *[men's wear, sportswear]* **3.** damage, loss, etc., as from use or friction **4.** the ability to last in spite of use —**wear down** **1.** to lose or cause to lose thickness or height by use, friction, etc. **2.** to overcome by constant effort —**wear off** to diminish by degrees —**wear out** **1.** to make or become useless from continued use **2.** to exhaust —**wear the trousers** [Colloq.] to be master of the house —**wear thin** to be almost exhausted: said of one's patience —**wear'er** *n.*

**wear and tear** loss and damage resulting from use

**wearing** *adj.* causing fatigue; tiring

**wearisome** (wēər'ē səm) *adj.* causing weariness; tiring —**wea'risomely** *adv.*

**weary** (wēər'ē) *adj.* **-rier, -riest** [OE. *werig*] **1.** tired; worn out **2.** no longer liking, patient, etc.; bored (with *of*) **3.** tiring **4.** tedious —*vt., vi.* **-ried, -rying** to make or become weary —**wea'rily** *adv.* —**wea'riness** *n.*

WEASEL (15-35 cm long, including tail)

**weasel** (wē'z'l) ***n.*** [OE. *wesle*] an agile, flesh-eating mammal with a long, slender body, short legs, and a long, bushy tail: it feeds on rats, birds, eggs, etc. **—wea'selly** ***adj.***

**weather** (we*th*'ər) ***n.*** [OE. *weder*] **1.** the general condition (as to temperature, moisture, cloudiness, etc.) of the atmosphere at a particular time and place **2.** storm, rain, etc. *[protected against the weather]* **—*vt.*** **1.** to expose to the weather, as for drying **2.** to wear away by exposure to the atmosphere **3.** to get through safely *[to weather a storm]* **4.** *Naut.* to pass to the windward of (a cape, etc.) **—*vi.*** to become worn, discoloured, etc. by exposure to the weather **—*adj.*** of the side of a ship, etc. towards the wind; windward **—under the weather** [Colloq.] not feeling well

**weather-beaten** (we*th*'ər bēt''n) ***adj.*** showing the effect of weather

**weatherboard** ***n.*** **1.** a sloping plank, as at the bottom of a door, to deflect rain **2.** [*pl.*] feather-edged, overlapping boards fixed horizontally

**weather-bound** ***adj.*** delayed or halted by bad weather, as a ship, aircraft, etc.

**weathercock** ***n.*** **1.** a weather vane in the form of a cock **2.** a changeable person or thing

**weather eye** **1.** an eye alert to signs of changing weather **2.** a close watch for any change **—keep a weather eye open** to be on the alert

**weather forecast** prediction of future weather for a particular period based on scientific data collected by a meteorological office

**weather-house** ***n.*** an ornament with the figures of a man and a woman attached to a piece of catgut affected by moisture, so that one emerges in wet weather and the other in dry

**weathering** ***n.*** *Geol.* the effects of the forces of weather on rock surfaces, as in forming soil, sand, etc.

**weatherman** ***n.*** a person who forecasts the weather

**weather office** [Canad.] the Atmospheric Environment Service of the Federal Department of Environment, Canada, which prepares weather forecasts; also, esp. U.S., **weather bureau**

**weatherproof** ***adj.*** that can be exposed to wind, rain, etc. without being damaged

**weatherstrip** ***n.*** a thin strip of metal, felt, etc. used to cover the joint between a door or window and its casing, so as to keep out draughts, rain, etc.

**weather vane** a shaped piece of metal, etc., set up high to swing in the wind and show which way it is blowing

**weather-wise** ***adj.*** skilled in predicting the weather

**weatherworn** ***adj.*** *same as* WEATHER-BEATEN

WEAVING

**weave** (wēv) ***vt.*** **wove** or for *vt.* 6 & *vi.* 3, **weaved, wo'ven** or for *vt.* 6 & *vi.* 3, **weaved, weav'ing** [OE. *wefan*] **1.** *a*) to make (a fabric), esp. on a loom, by interlacing threads or yarns *b*) to form (threads) into a fabric **2.** to form (incidents, etc.) into a story, poem, etc. **3.** to make by interlacing twigs, straw, etc. *[to weave baskets]* **4.** to twist (something) into, through, or among *[to weave flowers into one's hair]* **5.** to spin (a web): said of spiders, etc. **6.** *a*) to cause (a vehicle, etc.) to move from side to side or in and out *b*) to make (one's way) by moving thus **—*vi.*** **1.** to do weaving **2.** to become interlaced **3.** to move from side to side or in and out **—*n.*** a method or pattern of weaving **—get weaving** [Colloq.] to hurry **—weav'er** ***n.***

**weaverbird** ***n.*** a tropical, finchlike bird that weaves an elaborate domed nest of sticks, grass, etc.

**web** (web) ***n.*** [OE. *webb*] **1.** the network spun by a spider or by the larvae of certain insects **2.** any woven fabric; esp., a length of cloth being woven on a loom or just taken off **3.** a tissue or membrane, esp. that joining the digits of various water birds or water animals **4.** *Printing* a large roll of paper for continuously feeding a type of rotary press (**web press**) **5.** a carefully woven trap **6.** anything contrived in an intricate way *[a web of lies]* **—webbed** ***adj.*** **—web'like'** ***adj.***

**webbing** ***n.*** a strong, tough fabric, as of jute, woven in strips and used for belts, in upholstery, etc.

**weber** (vā'bər) ***n.*** [< Wilhelm *Weber*] the SI unit of magnetic flux

**webfoot** (web'foot') ***n., pl.*** **-feet'** a foot with the toes webbed **—web'-foot'ed** ***adj.***

**wed** (wed) ***vt.*** **wed'ded, wed'ded** or **wed, wed'ding** [OE. *weddian*] **1.** to marry; specif., *a*) to take as husband or wife *b*) to join in marriage **2.** to join closely **—*vi.*** to get married

**we'd** (wēd) **1.** we had **2.** we should **3.** we would

**Wed.** Wednesday

**wedded** (wed'id) ***adj.*** **1.** married **2.** devoted *[wedded to one's work]*

**wedding** ***n.*** [OE. *weddung*] **1.** the act

or ceremony of getting married, or the festivities that go with it **2.** a marriage anniversary

**wedding breakfast** the meal at the reception following a marriage ceremony

**wedding cake** a rich iced fruit cake, usually with several tiers, served at a wedding reception

**wedding ring** a ring worn to indicate that one is married

**wedge** (wej) ***n.*** [OE. *wecg*] **1.** a piece of wood, metal, etc. tapering to a thin edge that can be driven into a narrow opening, as to split wood **2.** anything with a wedgelike shape or part **3.** any action or procedure used to open the way for a change —***vt.*** **wedged, wedg'ing** **1.** to fix in place by driving a wedge under, beside, etc. **2.** to pack (*in*) or crowd together **3.** to split as with a wedge —**the thin end of the wedge** anything unimportant in itself that implies the start of something much larger —**wedge'-like'** ***adj.*** —**wedg'y** ***adj.***

**Wedgwood (ware)** (wej'wood') [< J. *Wedgwood*] *Trademark* a fine pottery with neoclassical relief figures

**wedlock** (wed'lok') ***n.*** [< OE. *wed,* a pledge + *-lac,* an offering] the state of being married

**Wednesday** (wenz'dē) ***n.*** [OE. *Wodnes dæg,* Woden's day] the fourth day of the week

**Wednesdays** ***adv.*** [Colloq.] on or during every Wednesday

**wee** (wē) ***adj.*** **we'er, we'est** [ME. *we*] **1.** very small; tiny **2.** very early [the *wee* hours]

**weed** (wēd) ***n.*** [OE. *weod*] **1.** any undesired, uncultivated plant, esp. one growing in profusion and crowding out a desired crop **2.** [Colloq.] *a*) tobacco: with *the b*) a cigar or cigarette *c*) a marijuana cigarette **3.** a horse unfit for racing or breeding **4.** [Slang] a thin, scrawny person —***vt.*** **1.** to remove weeds from (a garden, etc.) **2.** to remove as useless, harmful, etc.: often with *out* —***vi.*** to remove weeds, etc. —**weed'er** ***n.***

**weedkiller** ***n.*** a substance, usually a chemical or hormone, used for destroying weeds

**weeds** ***n.pl.*** [< OE. *wæde,* garment] black mourning clothes, esp. those worn by a widow

**weedy** ***adj.*** **weed'ier, weed'iest** **1.** full of weeds **2.** of or like a weed **3.** [Colloq.] weak; lanky —**weed'iness** ***n.***

**week** (wēk) ***n.*** [OE. *wicu*] **1.** a period of seven days, esp. one beginning with Sunday and ending with Saturday **2.** the hours or days of work in a seven-day period —***adv.*** seven days from a specified day [Monday *week*] —**week by week** each week —**week in, week out** every week

**weekday** ***n.*** **1.** any day of the week except Sunday **2.** any day not in the weekend —***adj.*** of or on a weekday

**weekdays** ***adv.*** [Colloq.] on or during every weekday or most weekdays

**weekend** (wēk'end') ***n.*** the period from Friday night or Saturday to Monday morning —***adj.*** of or on a weekend

**weekends** (wēk'endz') ***adv.*** [Colloq.] on or during every weekend or most weekends

**weekly** ***adj.*** **1.** done, happening, appearing, etc. once a week or every week **2.** continuing or lasting for a week —***adv.*** once a week; every week —***n.,*** *pl.* **- lies** a periodical published once a week

**weeny** (wē'nē) ***adj.*** **-nier, -niest** [WEE + (TI)NY] [Colloq.] small; tiny

**weep** (wēp) ***vi.*** **wept, weep'ing** [OE. *wepan*] **1.** to show or express strong emotion, usually grief or sorrow, by shedding tears **2.** to lament or mourn (with *for*) **3.** to drip or form liquid drops **4.** to exude liquid —***vt.*** **1.** to weep for **2.** to shed (tears, etc.) —***n.*** a fit of weeping —**weep'er** ***n.***

**weeping** ***n.*** the act of one who or that which weeps —***adj.*** **1.** that weeps tears or other liquid **2.** having graceful, drooping branches [*weeping* willow] —**weep'ingly** ***adv.***

**weepy** ***adj.*** **weep'ier, weep'iest** inclined to weep; tearful —**weep'iness** ***n.***

**weevil** (wē'v'l) ***n.*** [OE. *wifel*] any of numerous beetles, esp. those with projecting beaks, that feed, esp. as larvae, on grain —**wee'vily, wee'villy** ***adj.***

**weft** (weft) ***n.*** [OE. *wefan,* to weave] **1.** in weaving, the horizontal threads crossing the warp **2.** something woven

**weigh**[1] (wā) ***vt.*** [OE. *wegan,* carry] **1.** to determine the weight of **2.** to have a (specified) weight [it *weighs* ten kilograms] **3.** to lift or balance (an object) in the hand(s) in order to estimate its heaviness **4.** to measure out as by weight (often with *out*) **5.** to consider and choose carefully [to *weigh* one's words] **6.** *Naut.* to hoist (an anchor) —***vi.*** **1.** to have significance, importance, or influence **2.** to be a burden (with *on* or *upon*) **3.** *Naut.* to hoist anchor —**weigh down** to burden or bear down on —**weigh in** to weigh (a boxer, jockey, etc.) before or after a contest so as to verify his declared weight —**weigh in with** to contribute an argument (to a discussion, etc.) —**weigh up** to form a judgment of —**weigh'er** ***n.***

**weigh**[2] ***n.*** *var. of* WAY, in **under weigh,** progressing, advancing: cf. UNDERWAY

**weighbridge** ***n.*** a machine onto which a vehicle can be driven to be weighed with its contents

**weight** (wāt) ***n.*** [OE. *wiht*] **1.** a quantity weighing a specified amount **2.** heaviness as a quality; specif., the force of gravity acting on a body **3.** how much a thing weighs or should weigh **4.** *a*) any unit of heaviness *b*) any system of such units [troy *weight*] *c*) a piece of metal, etc. of a specific standard heaviness, used in weighing **5.** any block or mass used for its heaviness [*paperweight*] **6.** *a*) any heavy thing or load *b*) a burden of responsibility, sorrow, etc. **7.** importance or consequence **8.** influence, power, or authority **9.** the relative thickness or heaviness of a fabric —***vt.*** **1.** to add weight to **2.** to load down; burden **3.** to manipulate so as to favour a particular side —**by weight** as determined by weighing —**carry weight** to be important, influential, etc. —**pull one's weight** to do one's share —**throw one's weight around** to act in an overauthoritarian, aggressive manner

**weighting** *n.* extra money given in particular cases, as with a job located in an area of high living costs

**weightless** *adj.* having little or no apparent weight; specif., free of the pull of gravity —**weight'lessness** *n.*

**weight lifting** the athletic exercise or competitive sport of lifting barbells —**weight lifter**

**weighty** *adj.* **weight'ier, weight'iest** **1.** very heavy **2.** burdensome; oppressive **3.** significant; important —**weight'ily** *adv.* —**weight'iness** *n.*

**weir** (wēər) *n.* [OE. *wer*] **1.** a low dam built in a river to back up or divert water, as for a mill **2.** a fence built in a stream or channel to catch fish

**weird** (wēərd) *adj.* [< OE. *wyrd,* fate] **1.** of or suggestive of ghosts or other supernatural things **2.** [Colloq.] strikingly odd, strange, etc. —**weird'ly** *adv.* —**weird'ness** *n.*

**welch** (welsh) *vt., vi.* [Slang] *var. of* WELSH

**welcome** (wel'kəm) *adj.* [< OE. *wilcuma,* a welcome guest] **1.** gladly received [*a welcome* guest] **2.** agreeable or gratifying **3.** willingly permitted or invited [*welcome* to use the library] **4.** under no obligation [*you're welcome*] —*n.* an act or expression of welcoming —*interj.* you are welcome —*vt.* **-comed, -coming** **1.** to greet with pleasure and hospitality **2.** to receive with pleasure —**bid welcome** to receive with cordial greetings —**wear out** (or **outstay**) **one's welcome** to come too often or stay too long —**wel'comer** *n.*

**weld** (weld) *vt.* [< obs. *well*] **1.** to unite (pieces of metal, etc.) by heating until fused or until soft enough to hammer together **2.** to unite closely —*n.* the joint formed by welding —**weld'able** *adj.* —**weld'er** *n.*

**welfare** (wel'fāər') *n.* [see WELL[2] & FARE] **1.** a condition of health, happiness, and comfort **2.** financial or other assistance, esp. that given by the state for the poor, unemployed, etc. —**on welfare** [Chiefly U.S.] receiving government aid because of poverty, unemployment, etc.

**welfare state** a nation in which the government assumes responsibility for the welfare of the citizens, with regard to employment, medical care, etc.

**welkin** (wel'kin) *n.* [OE. *wolcen*] [Archaic or Poet.] the sky, or the upper air

**well[1]** (wel) *n.* [OE. *wella*] **1.** a hole sunk into the earth to obtain water, gas, oil, etc. **2.** a natural spring and pool **3.** an abundant source **4.** *a*) an open shaft in a building for a staircase *b*) a shaft to let light and air into a building or between buildings *c*) a lift shaft **5.** any cavity, space or container for liquid, as an inkwell **6.** the space in a lawcourt where solicitors sit —*vi., vt.* to pour forth as from a well; gush (*up, forth, down, out,* etc.)

**well[2]** *adv.* **bet'ter, best** [OE. *wel*] **1.** in a desirable way; satisfactorily **2.** *a*) in a proper way *b*) in a kind or favourable way **3.** skilfully **4.** fittingly **5.** in comfort and plenty **6.** with good reason **7.** thoroughly **8.** with certainty; definitely [you know very *well* why] **9.** intimately; closely *Well* is used in hyphenated compounds, to mean *properly, thoroughly,* etc. [*well*-defined] —*adj.* **1.** in good health, condition, etc. **2.** proper, right, etc. —*interj.* an exclamation used to express surprise, agreement, etc. —**as well** **1.** in addition **2.** with equal effect —**as well as** in addition to —**leave** (or **let**) **well alone** refrain from interfering in a situation which appears satisfactory —**well away** [Slang] drunk —**well up in** [Colloq.] knowing thoroughly —**wish someone well** to wish someone success

**we'll** (wēl) **1.** we shall **2.** we will

**well-appointed** (wel'əpoin'tid) *adj.* excellently furnished or equipped

**well-balanced** *adj.* **1.** carefully balanced, adjusted, etc. **2.** sane; sensible

**well-behaved** *adj.* behaving well; polite

**well-being** (wel'bē'iŋ) *n.* the state of being well, happy, or prosperous; welfare

**wellborn** (wel'bôrn') *adj.* born into a family of high social position

**well-bred** (wel'bred') *adj.* **1.** showing good breeding **2.** of good stock: said of animals

**well-connected** *adj.* having influential or well-born relatives

**well-disposed** (wel'dispōzd') *adj.* inclined to be friendly or favourable (*towards* a person) or receptive (*to* an idea, etc.)

**well-done** *adj.* **1.** performed with skill and efficiency **2.** thoroughly cooked: said esp. of meat —*interj.* an exclamation of approval

**well-fed** *adj.* **1.** having a nutritious diet; well nourished **2.** plump or fat

**well-groomed** *adj.* clean and neat; carefully washed, combed, dressed, etc.

**well-grounded** (wel'groun'did) *adj.* **1.** having a thorough basic knowledge of a subject **2.** based on good reasons

**wellhead** *n.* **1.** the source of a spring of water; spring **2.** any source; fountainhead

**well-heeled** (wel'hēld') *adj.* [Slang] rich; prosperous

**wellie** (wel'ē) *n.* [Colloq.] a wellington boot

**well-informed** (wel'infôrmd') *adj.* **1.** having thorough knowledge of a subject **2.** having considerable knowledge of many subjects

**Wellington (boot)** (wel'iŋtən) [< 1st Duke of *Wellington*] [*also* **w-b-**] a knee-length boot usually made from rubber

**well-intentioned** (wel'inten'shənd) *adj.* having or showing good or kindly intentions, but often with bad results

**well-known** *adj.* **1.** widely or generally known; famous **2.** thoroughly known
**well-made** *adj.* **1.** skilfully and strongly built **2.** shapely
**well-meaning** (wel′mē′niŋ) *adj.* having good or kindly intentions but often with bad results: also **well′-meant′**
**well-nigh** (wel′nī′) *adv.* very nearly; almost
**well-off** (wel′of′) *adj.* **1.** in a favourable or fortunate condition **2.** prosperous; well-to-do
**well-preserved** *adj.* in good condition or of good appearance, in spite of age
**well-read** *adj.* **1.** having read much (*in* a subject) **2.** having a wide knowledge of books
**well-rounded** (wel′roun′did) *adj.* **1.** well planned for proper balance **2.** showing interest, ability, etc. in many fields **3.** shapely
**well set up** [Colloq.] well built; sturdy
**well spent** achieving satisfactory results; not wasted
**well-spoken** *adj.* **1.** speaking fluently, graciously, etc. **2.** properly or aptly spoken
**wellspring** *n.* **1.** a spring or fountainhead **2.** a source of abundant supply
**well-thought-of** *adj.* having a good reputation; of good repute
**well-timed** *adj.* timely; opportune
**well-to-do** *adj.* prosperous; well-off; wealthy
**well-tried** (wel′trīd′) *adj.* proved to be satisfactory by long experience
**well-wisher** *n.* a person who wishes well to another or to a cause, etc. **—well′-wish′ing** *adj., n.*
**well-worn** *adj.* **1.** much worn; much used **2.** overused; trite
**Welsh** (welsh) *adj.* of Wales, its people, their language, etc. **—*n.*** the language spoken in Wales **—the Welsh** the people of Wales **—Welsh′man** *n.*
**welsh** (welsh) *vt., vi.* [< ?] [Slang] **1.** to cheat by failing to pay a bet or other debt **2.** to evade (an obligation) Often with *on* **—welsh′er** *n.*
**Welsh rabbit** a dish of melted cheese served on toast
**welt** (welt) *n.* [ME. *welte*] **1.** a strip of material at an edge or seam of a garment, etc. **2.** a ridge raised on the skin by the blow of a whip etc. **3.** a strip of leather in the seam between the sole and upper of a shoe **—*vt.*** **1.** to furnish with a welt **2.** to beat severely; thrash
**welter** *vi.* [MDu. *welteren*] **1.** to roll about or wallow, as a pig in mud **2.** to be soaked, stained, etc. [to *welter* in blood] **—*n.*** **1.** a turmoil **2.** a confused mass; jumble
**welterweight** (wel′tər wāt′) *n.* [< ?] *see* TABLE OF BOXING AND WRESTLING WEIGHTS
**wen** (wen) *n.* [OE. *wenn*] a harmless skin tumour
**wench** (wench) *n.* [OE. *wencel,* child] **1.** a girl or young woman: now a somewhat derogatory or jocular term **2.** [Archaic] *a*) a country girl *b*) a female servant *c*) a loose woman
**wend** (wend) *vt.* [OE. *wendan,* to turn] to proceed on (one's way)
**wendigo** (wen′di gō′) *n.* [< AmInd.] [Canad.] *same as* SPLAKE
**Wensleydale** (wenz′lē dāl) *n.* [< *Wensleydale* in N Yorkshire] a type of blue-veined or white cheese
**went** (went) [old pt. of WEND] *pt. of* GO
**wept** (wept) *pt. & pp. of* WEEP
**were** (wur; *unstressed* wər) [OE. *wæron*] *pl. & 2nd pers. sing., past indic., and subj., of* BE
**we're** (wēər) we are
**weren't** (wurnt) were not
**werewolf** (wēər′woolf′) *n., pl.* **-wolves′** [< OE. *wer,* man + *wulf,* wolf] *Folklore* a person changed into a wolf: also sp. **wer′wolf′**
**wert** (wurt; *unstressed* wərt) *archaic 2nd pers. sing., past indic. & subj., of* BE: *used with* thou
**Wesleyan** (wez′lē ən) *adj.* of John Wesley or the Methodist Church **—*n.*** a follower of John Wesley; Methodist **—Wes′leyanism** *n.*
**west** (west) *n.* [OE.] **1.** the direction in which sunset occurs (270° on the compass, opposite east) **2.** a region in this direction **3.** [**W-**] the Western Hemisphere, or the Western Hemisphere and Europe **—*adj.*** **1.** in, of, to, or towards the west **2.** from the west **—*adv.*** in or towards the west **—go west** [Colloq.] **1.** to be lost, ruined, etc. **2.** to die
**westbound** *adj.* going westwards
**West Country** the southwest of England, esp. Cornwall, Devon, and Somerset
**West End** the part of London containing the main shopping and entertainment areas
**westerly** *adj., adv.* towards or from the west
**western** *adj.* **1.** in, of, or towards the west **2.** from the west **3.** [**W-**] of the West **—*n.*** a story, film, etc. about cowboys in the western U.S. **—west′ernmost′** *adj.*
**westerner** *n.* a native or inhabitant of the west
**Western Hemisphere** that half of the earth that includes North & South America
**westernize** *vt.* **-ized′, -iz′ing** to make western in character, etc. **—west′erniza′tion** *n.*
**Westminster** (west′min′stər) [< *Westminster* in London] the British parliament
**west-northwest** *n.* the direction halfway between due west and northwest
**west-southwest** *n.* the direction halfway between due west and southwest
**westward** *adv., adj.* towards the west: also **west′wards** *adv.* **—*n.*** a westward direction or region **—west′wardly** *adv.*
**wet** (wet) *adj.* **wet′ter, wet′test** [OE. *wæt*] **1.** covered or soaked with water or other liquid **2.** rainy; misty **3.** not yet dry **4.** [Colloq.] feeble, ineffectual **—*n.*** **1.** water; moisture **2.** rain or rainy weather **3.** [Colloq.] a feeble, ineffectual person **—*vt., vi.*** **wet** or **wet′ted, wet′ting** **1.**

to make or become wet (often with *through* or *down*) **2.** to urinate (in, on, something) **—wet behind the ears** [Colloq.] young and inexperienced **—wet'ly** *adv.* **—wet'ness** *n.* **—wet'ter** *n.* **—wet'tish** *adj.*

**wet blanket** a person or thing that dampens or lessens the enthusiasm or gaiety of others

**wet dream** an involuntary emission of semen by men during sleep, usually accompanying a sexual dream

**wether** (weth'ər) *n.* [OE.] a castrated male sheep

**wet nurse** a woman hired to suckle another woman's child **—wet-nurse** *vt.*

**wet suit** a closefitting, usually one-piece suit of rubber, worn by skin divers for warmth

**we've** (wēv) we have

**Wg. Cdr.** Wing Commander

**WGmc.** West Germanic

**whack** (wak) *vt., vi.* [echoic] [Colloq.] to strike with a sharp, resounding blow **—*n.*** **1.** [Colloq.] a sharp, resounding blow, or its sound **2.** [Colloq.] a share **—have** (or **take**) **a whack at** [Colloq.] to make an attempt at **—out of whack** [Colloq.] not in proper condition

**whacked** *adj.* [Colloq.] tired out; exhausted

**whacking** *adj.* [Colloq.] big; great

**whale** (wāl) [OE. *hwæl*] a large fishlike mammal that lives in the sea and has a flat, horizontal tail and front limbs modified into flippers **—*vi.* whaled, whal'ing** to hunt whales **—a whale of a** [Colloq.] an exceptionally large, fine, etc. example of (a class of persons or things)

**whaleboat** *n.* a long rowing boat, pointed at both ends: used formerly by whalers

**whalebone** *n.* **1.** horny, elastic material hanging from the upper jaw of whalebone whales and straining the tiny sea animals they feed on **2.** something made of this, as a corset stay

**whaler** *n.* **1.** a ship used in whaling **2.** a man whose work is whaling: also **whale'man**

**whaling** *n.* the work or trade of hunting and killing whales for their blubber, whalebone, etc.

**wham** (wam) *interj.* a sound imitating a heavy blow or explosion **—*vt., vi.* whammed, wham'ming** to strike loudly

**wharf** (wôrf) *n., pl.* **wharves** (wôrvz), **wharfs** [OE. *hwerf*, a dam] a platform built along or out from the shore, where ships can dock and load or unload **—*vt.*** **1.** to bring to a wharf **2.** to unload on a wharf

**wharfage** *n.* **1.** the use of a wharf **2.** a fee charged for this

**wharfinger** (wôr'fin jər) *n.* one who owns or manages a wharf

**what** (wot; *unstressed* wət) *pron.* [< OE. *hwa*, who] **1.** which thing, event, etc. [*what* is that object? you told him *what?*] **2.** that which or those which [to know *what* one wants] **—*adj.*** **1.** which or which kind of [*what* man told you that? I know *what* books you like] **2.** as much, or as many, as [take *what* time (or men) you need] **3.** how great, surprising, etc. [*what* joy!] **—*adv.*** **1.** in what respect? to what degree? how? [*what* does it matter?] **2.** in some manner or degree; partly (usually with *with*) [*what* with singing and joking, the time passed quickly] **3.** how greatly, surprisingly, etc. [*what* sad news!] **—*interj.*** an exclamation of surprise, anger, etc. [*what!* no dinner?] **—what about** what do you think, know, etc. concerning? **—what for** why? **—what have you** [Colloq.] anything similar [games, toys, or *what have you*] **—what's what** [Colloq.] the true state of affairs **—what's yours?** [Colloq.] what would you like to drink? **—what the (heck, devil,** etc.) **1.** an exclamation of surprise **2.** what: used emphatically **—what though** no matter if

**whatever** *pron.* **1.** *a*) which thing, event, etc. [*whatever* can it be?] *b*) anything that [tell her *whatever* you like] *c*) no matter what [*whatever* you do, don't rush] **2.** [Colloq.] anything of the sort **—*adj.*** **1.** of no matter what type, degree, etc. [make *whatever* repairs are needed] **2.** being who it may be [*whatever* man told you that, it isn't true] **3.** of any kind Also [Poet.] **whate'er'**

**whatnot** *n.* a set of open shelves, as for bric-a-brac **—or** (or **and**) **whatnot** or (or and) any other such things

**whatsoever** *pron., adj.* whatever: also [Poet.] **what'soe'er'**

WHEAT

**wheat** (wēt) *n.* [OE. *hwæte*] **1.** a cereal grass with dense spikes that bear grain **2.** such grain, used for flour, cereals, pasta, etc.

**wheatear** (wēt'ēər') *n.* [< WHITE + ARSE] a small, upland, migratory bird of the thrush family, with a white rump

**wheaten** *adj.* made of wheat or wheat flour

**wheat germ** **1.** the wheat-kernel embryo, rich in vitamins, milled out as an oily flake **2.** the milled flakes

**wheatmeal** *n.* wholemeal flour made from wheat

**wheedle** (wē'd'l) *vt., vi.* **-dled, -dling** [< ?] **1.** to influence or persuade (a person) by flattery, coaxing, etc. **2.** to get (something) by coaxing or flattery **—whee'dler** *n.*

**wheel** (wēl) *n.* [OE. *hweol*] **1.** a solid disc, or a circular frame connected by spokes to a central hub, capable of turning on a central axis **2.** anything like a wheel in shape, movement, etc. **3.** a steering wheel of a car **4.** a medieval torture instrument that was a circular frame on which a victim was painfully stretched **5.** [*usually pl.*] propelling or controlling forces [the *wheels* of progress] **6.** a turning movement **7.** [*pl.*] [Colloq.] a car —***vt., vi.*** **1.** to rotate, revolve, pivot, etc. **2.** to turn so as to reverse direction, attitude, etc. (often with *about* or *round*) **3.** to move on wheels or in a wheeled vehicle —**at the wheel** **1.** steering a ship, motor vehicle, etc. **2.** in charge —**wheel of fortune** the changes, good and bad, that occur in life —**wheels within wheels** a series of intricately connected events, plots, etc. devolving on one another —**wheeled** ***adj.***

**wheelbarrow** ***n.*** a shallow, open box for moving small loads, having a single wheel in front and two shafts with handles for pushing or pulling it

**wheelbase** ***n.*** in a motor vehicle, the distance in inches from the centre of the hub of a front wheel to the centre of the hub of the corresponding back wheel

**wheelchair** ***n.*** a chair mounted on large wheels, used in moving about by persons unable to walk

**wheeler** ***n.*** **1.** a horse, etc. nearest the wheel **2.** something with a specified number of wheels [two-*wheeler*]

**wheelhouse** ***n.*** an enclosed place on the upper deck of a ship, for the helmsman

**wheelrace** ***n.*** the area of a millrace where the water wheel is fixed

**wheel-spin** ***n.*** the revolution of wheels without full grip of the road

**wheelwright** ***n.*** a person who makes and repairs wagon and carriage wheels

**wheeze** (wēz) ***vi.*** **wheezed, wheez'ing** [ON. *hvaesa,* to hiss] to breathe with a whistling, breathy sound, as in asthma —***n.*** **1.** the sound of wheezing **2.** [Slang] a clever idea or plan —**wheez'er** ***n.*** —**wheez'ingly** ***adv.*** —**wheez'y** ***adj.***

WHELK
(7.5 cm long)

**whelk** (welk) ***n.*** [OE. *wioluc*] any of various large sea snails with spiral shells, esp. those species used for food

**whelm** (welm) ***vt.*** [ME. *whelmen*] to submerge or engulf

**whelp** (welp) ***n.*** [OE. *hwelp*] **1.** a puppy **2.** a young lion, wolf, etc. **3.** [Derog.] a youth or child —***vt., vi.*** to give birth to whelps

**when** (wen; *unstressed* wən) ***adv.*** [OE. *hwænne*] **1.** at what time? **2.** on what occasion or under what circumstances? **3.** at what point? —***conj.*** **1.** at the time or point that [he told us *when* we sat down] **2.** at which [it is a time *when* action must be taken] **3.** as soon as **4.** at whatever time that [he rested *when* he could] **5.** although [to object *when* there's no reason to do so] —***pron.*** what time or which time [until *when* will you stay?] —**say when** [Colloq.] to indicate at what point to stop: used of pouring a drink

**whence** (wens) ***adv.*** [OE. *hwanan*] from what place, source, cause, etc. [*whence* did he come?] —***conj.*** to the place from which [return *whence* you came]

**whencesoever** (wens′sō ev′ər) ***adv., conj.*** [Archaic] from whatever place, source, or cause

**whenever** (wen ev′ər) ***adv.*** [Colloq.] when [*whenever* will he learn?] —***conj.*** at whatever time [visit us *whenever* you can] Also [Poet.] **when′e'er′**

**whensoever** (wen′sō ev′ər) ***adv., conj.*** whenever: also [Poet.] **when′soe'er′**

**where** (wāər) ***adv.*** [OE. *hwær*] **1.** in or at what place? [*where* is the car?] **2.** to or towards what place? [*where* did he go?] **3.** in what situation? [*where* will we be if we lose?] **4.** in what respect? [*where* is she to blame?] **5.** from what place or source? [*where* did you find out?] —***conj.*** **1.** in or at what place [he knows *where* it is] **2.** in or at which place **3.** in or at the place in which [he is *where* he should be] **4.** in whatever place, situation, or respect in which **5.** to the place to which [he'll go *where* we go] **6.** to or towards whatever place [go *where* you please] —***pron.*** **1.** the place at which [it is a mile from *where* he lives] **2.** what or which place

**whereabouts** ***adv.*** where —***n.*** the place where a person or thing is [do you know his *whereabouts?*]

**whereas** (wāər az′) ***conj.*** **1.** but on the other hand; while **2.** in view of the fact that

**whereat** (wāər at′) ***adv.*** [Archaic] at what? —***conj.*** [Archaic] at which point

**whereby** (wāər bī′) ***conj.*** by means of which [a plan *whereby* to make money]

**wherefore** (wāər′fôr′) ***n.*** the reason; cause —***conj.*** **1.** for which **2.** because of which; therefore —***adv.*** [Archaic] for what reason or purpose? why?

**wherein** (wāər in′) [Archaic] ***adv.*** in what way? how? —***conj.*** in which [the room *wherein* he lay]

**whereof** (wāər ov′) ***adv., conj.*** of what, which, or whom

**whereon** (wāər on′) ***conj.*** on which —***adv.*** [Archaic] on what?

**wheresoever** (wāər′sō ev′ər) ***adv., conj.*** wherever: also [Poet.] **where′soe'er′**

**whereupon** (wāər′ə pon′) ***conj.*** **1.** upon which **2.** at which —***adv.*** [Archaic] upon what? whereon?

**wherever** (wāər ev′ər) ***conj.*** in, at, or to whatever place [he thinks of us, *wherever* he is] —***adv.*** [Colloq.] where Also [Poet.] **where'er′**

**wherewithal** (wāər′wi*th*ôl) ***n.*** necessary means, esp. money (usually with *the*) [the *wherewithal* to continue one's educati

**wherry** (wer′ē) ***n., pl.*** **-ries** [< ?]

a light rowing boat used on rivers **2.** a large, broad, but light barge —**wher'ryman** *n.*

**whet** (wet) *vt.* **whet'ted, whet'ting** [OE. *hwæt,* keen] **1.** to sharpen by rubbing or grinding (the edge of a knife or tool) **2.** to stimulate —**whet'ter** *n.*

**whether** (wet*h*'ər) *conj.* [OE. *hwæther*] **1.** if it be the case or fact that **2.** in case; in either case that [*whether* it rains or snows] **3.** either [*whether* by accident or design] —**whether or no** in any case

**whetstone** (wet'stōn') *n.* an abrasive stone for sharpening knives or other edged tools

**whew** (wyōō) *interj.* [echoic] an exclamation of relief, surprise, dismay, etc.

**whey** (wā) *n.* [OE. *hwæg*] the thin, watery part of milk, which separates from the curds after clotting

**wheyfaced** *adj.* having a pale or pallid face

**which** (wich) *pron.* [OE. *hwylc*] **1.** what one (or ones) of the persons, things, or events mentioned or implied? [*which* do you want?] **2.** the one (or ones) that [he knows *which* he wants] **3.** that: used as a relative referring to the thing or event specified [the boat *which* sank] **4.** any that; whichever [take *which* you like] —*adj.* **1.** what one or ones (of the number mentioned or implied) [*which* man (or men) came?] **2.** whatever [try *which* plan you like] **3.** being the one just mentioned [he is old, *which* fact is important]

**whichever** (wich ev'ər) *pron., adj.* **1.** any one (of two or more) **2.** no matter which

**whiff** (wif) *n.* [echoic] **1.** a light puff or gust of air or wind **2.** a slight gust of odour **3.** an inhaling or exhaling of tobacco smoke **4.** a suggestion; trace

**whiffle** *vi.* **-fled, -fling** [< WHIFF] **1.** to shift; vacillate **2.** to blow in gusts: said of the wind —**whif'fler** *n.*

**Whig** (wig) *n.* [< *whiggamores,* Scot. Presbyterians who marched on Edinburgh in 1648] a member of the English political party which supported the Hanoverian succession, and (18th - mid 19th cent.) championed popular rights: it later became the Liberal Party —*adj.* of or being a Whig —**Whig'gish** *adj.* —**Whig'gism, Whig'gery** *n.*

**while** (wīl) *conj.* [OE. *hwil*] **1.** during or throughout the time that **2.** at the same time that [*while* you're up, close the door] **3.** *a*) although [*while* she isn't pretty, she is charming] *b*) whereas [the walls are green, *while* the ceiling is white] —*vt.* **whiled, whil'ing** to spend (time) in a pleasant way [to *while* away the hours] —*n.* a period of time [a short *while*] —**between whiles** at intervals —**worth (one's) while** worth one's time

**whilom** (wī'ləm) *adv.* [< OE. *hwil,* while] [Archaic] at one time; formerly —*adj.* former [their *whilom* friends]

**whilst** (wīlst) *conj.* *same as* WHILE

**whim** (wim) *n.* [< ?] a sudden fancy; idle and passing notion

**whimper** (wim'pər) *vi., vt.* [echoic] to cry or utter with low, whining, broken sounds —*n.* a whimpering sound or cry —**whim'perer** *n.*

**whimsical** (wim'zi k'l) *adj.* **1.** spontaneously playful **2.** different in an odd way; quaint, fantastic **3.** full of whims or whimsy; having odd notions —**whim'sical'ity** (-kal'ə tē), **whim'sicalness** *n.* —**whim'sically** *adv.*

**whimsy** (wim'zē) *n., pl.* **-sies** [< ?] **1.** a whim **2.** a quaint or fanciful humour Also sp. **whim'sey,** *pl.* **-seys**

**whin**[1] (win) *n.* [prob. < Scand.] *same as* FURZE

**whin**[2] *n.* [< ?] any of several hard, igneous or basaltic rocks: also **whin'stone**

**whinchat** (win'chat') *n.* [< WHIN[1] + *chat,* warbler] a brown and buff songbird

**whine** (wīn) *vi.* **whined, whin'ing** [OE. *hwinan*] **1.** *a*) to utter a peevish, high-pitched sound, as in complaint *b*) to make a drawn-out, high-pitched sound **2.** to complain in a childish way —*n.* **1.** the act or sound of whining **2.** a complaint uttered in a whining tone —**whin'er** *n.* —**whin'iness** *n.* —**whin'ingly** *adv.* —**whin'y** *adj.*

**whinny** (win'ē) *vi.* **whin'nied, whin'nying** [< WHINE] to neigh in a low, gentle way: said of a horse —*n., pl.* **whinnies** the whinnying of a horse, or a similar sound

**whip** (wip) *vt.* **whipped, whip'ping** [MDu. *wippen,* to swing] **1.** to strike, as with a strap; beat **2.** to move, pull, throw, etc. suddenly [to *whip* out a knife] **3.** to strike as a whip does [the rain *whipped* her face] **4.** to drive, urge, etc. by or as by whipping **5.** to wind (cord or thread) round (a rope, etc.), so as to prevent fraying **6.** to beat (eggs, cream, etc.) into a froth with a fork, mixer, etc. **7.** to sew (a seam, etc.) with a loose, overhand stitch **8.** [Colloq.] to defeat or outdo **9.** [Colloq.] to steal —*vi.* **1.** to move, go, etc. quickly and suddenly **2.** to flap about in a whiplike manner —*n.* **1.** an instrument for striking or flogging, consisting of a rod with a lash attached to one end **2.** a blow, etc. made as with a whip **3.** a person who uses a whip, as a coachman **4.** *a*) an officer of a political party in parliament, etc. who enforces party discipline, etc.: also **party whip** *b*) in the British Parliament, a notice issued to members to be in attendance at a certain time, underlined to indicate the degree of importance [a three-line *whip*] **5.** a whipping motion **6.** a dessert made of sugar and whipped cream, beaten egg whites, etc., and often fruit —**whip into shape** [Colloq.] to bring by vigorous action into a desired condition —**whip up** **1.** to rouse; excite **2.** [Colloq.] to prepare quickly and efficiently —**whip'-like'** *adj.* —**whip'per** *n.*

**whipcord** *n.* **1.** a strong worsted cloth with a hard, diagonally ribbed surface **2.** hard, twisted cord used for whiplashes

**whip hand** **1.** the hand in which a driver holds his whip **2.** the position of advantage or control

**whiplash** *n.* 1. the lash of a whip **2.**

a sudden, severe jolting of the neck backwards and then forwards, as in a rear-end motor car collision: also **whiplash injury**

**whipper-in** (wip′ər in′) *n., pl.* **whippers-in** a huntsman's assistant who keeps the hounds together

**whippersnapper** (wip′ər snap′ər) *n.* a young or unimportant person who appears impertinent or presumptuous

**whippet** (wip′it) *n.* [< obs. *whippet,* move fast] a swift dog resembling a small greyhound

**whipping** *n.* a flogging or beating, as in punishment

**whipping boy** 1. a scapegoat 2. orig., a boy brought up with a young prince and required to take punishment for the latter's misdeeds

**whipping top** a toy top which is kept spinning by strokes from a whip

**whippoorwill** (wip′pōōə′wil′) *n.* [echoic] a greyish nightjar of eastern N America

**whip-round** *n.* [Colloq.] an impromptu collection of money, as to buy a present for someone

**whipstock** *n.* the handle of a whip

**whir, whirr** (wər) *vi., vt.* **whirred, whir′ring** [prob. < Scand.] to fly, revolve, vibrate, etc. with a whizzing or buzzing sound —*n.* a sound like this, as of a propeller

**whirl** (wərl) *vi.* [ON. *hvirfla*] 1. to move rapidly in a circular manner 2. to rotate or spin fast; gyrate 3. to seem to spin; reel —*vt.* to cause to rotate, revolve, etc. rapidly —*n.* 1. the act of whirling 2. a whirling motion 3. something whirling or being whirled 4. a confused or giddy condition 5. a tumult; uproar 6. a round of parties, etc. —**give it a whirl** [Colloq.] to make an attempt —**whirl′er** *n.*

**whirligig** *n.* [see WHIRL & GIG[1]] 1. a child's toy that whirls or spins 2. a merry-go-round 3. something that seems to whirl

**whirlpool** *n.* water in rapid, violent, whirling motion tending to form a circle into which floating objects are drawn

**whirlwind** *n.* 1. a current of air whirling violently upwards in a spiral that has a forward motion 2. anything resembling a whirlwind, as in destructive force, etc. —*adj.* carried on as fast as possible [a *whirlwind* courtship]

**whirlybird** *n. colloq. term for* HELICOPTER

**whisk** (wisk) *vt.* [ON. *visk,* brush] 1. to move, remove, brush (*away, off, out,* etc.) with a quick, sweeping motion 2. to whip (eggs, cream, etc.) —*vi.* to move quickly, nimbly, or briskly —*n.* 1. a brushing with a quick, light, sweeping motion 2. a kitchen utensil for whipping eggs, etc. 3. a small bunch of straw, hair, etc. used for brushing

**whisker** (wis′kər) *n.* [see WHISK] 1. *a*) any of the long, bristly hairs growing on the upper lip of a cat, rat, etc. *b*) a hair of a man's beard 2. [*pl.*] the hair growing on a man's face —**by a whisker** [Colloq.] only just —**whisk′ered, whisk′ery** *adj.*

**whiskey jack** [Canad.] *same as* CANADA JAY

**whisky** (wis′kē) *n., pl.* **-kies** [< IrGael. *uisce,* water + *beathadh,* life] 1. a strong alcoholic liquor distilled from the fermented mash of grain, esp. barley 2. a drink of whisky *Note*: in the U.S. and Ireland, the usual spelling is **whiskey**

**whisper** (wis′pər) *vi.* [OE. *hwisprian*] 1. to speak very softly 2. to talk in a quiet or furtive way, as in gossiping 3. to make a soft, rustling sound —*vt.* 1. to say very softly, esp. by whispering 2. to tell as a secret —*n.* 1. soft, low, breathy speech 2. something whispered 3. a soft, rustling sound —**whis′perer** *n.* —**whis′pering** *adj., n.* —**whis′peringly** *adv.* —**whis′pery** *adj.*

**whist[1]** (wist) *interj.* [echoic] [Archaic or Dial.] hush!

**whist[2]** *n.* [< earlier *whisk*] a card game usually played by two pairs of players, similar to, and the forerunner of, bridge

**whistle** (wis′'l) *vi.* **-tled, -tling** [OE. *hwistlian*] 1. to make a clear, shrill sound by forcing breath between puckered lips or steam through a small opening 2. to make a clear, shrill cry: said of some birds and animals 3. to move with a high, shrill sound, as the wind 4. *a*) to blow a whistle *b*) to have its whistle blown, as a train —*vt.* 1. to produce (a tune, etc.) by whistling 2. to summon, signal, etc. by whistling —*n.* 1. an instrument for making whistling sounds 2. the act or sound of whistling —**wet one's whistle** [Colloq.] to take a drink —**whistle for** to seek or expect in vain —**whistle in the dark** to pretend to be confident —**whis′tler** *n.* —**whis′tling** *adj., n.*

**whit** (wit) *n.* [OE. *wiht,* wight] the least bit; jot; iota [not a *whit* the wiser]

**white** (wīt) *adj.* **whit′er, whit′est** [OE. *hwit*] 1. having the colour of pure snow or milk; of the colour of reflected light containing all of the visible rays of the spectrum: opposite to black 2. of a light or pale colour 3. pale; wan [a face *white* with terror] 4. pure; innocent 5. free from evil intent [*white* magic] 6. *a*) having a light-coloured skin; Caucasoid *b*) of or controlled by Caucasoids —*n.* 1. white colour 2. a white or light-coloured part or thing, as the albumen of an egg, the white part of the eyeball, a white garment, white wine, white pigment, etc. 3. a person with a light-coloured skin; Caucasoid —**bleed white** to drain (a person) completely of money, resources, etc. —**white′ly** *adv.* —**white′ness** *n.*

**white ant** *same as* TERMITE

**whitebait** *n., pl.* **-bait′** any of various small, silvery fishes, as young herring, used as food

**white blood cell** *same as* LEUCOCYTE: also called **white blood corpuscle**

**whitecap** *n.* a wave with its crest broken into white foam

**white coffee** coffee made with milk or cream

**white-collar** *adj.* designating or of clerical or professional workers
**white dwarf** any of a class of small, extremely dense stars of low luminosity
**white elephant** **1.** something that is of little use but costs a lot to maintain **2.** any object that its owner no longer wants to keep but that others may want to own or buy
**white feather** an indication of cowardice : chiefly in **show the white feather**
**whitefish** any of various food fishes with white, non-oily flesh, as the cod, plaice, etc.
**white flag** a white banner hoisted as a signal of truce or surrender
**whitefly** *n., pl.* **-flies'** any of various tiny whitish insects, often harmful to plants
**White Friar** a Carmelite friar : so called from the white mantle worn by these friars
**white gold** gold alloyed with nickel, zinc, etc., to give it a white, platinumlike appearance for use in jewellery
**white-haired** *adj.* having white or very light hair
**Whitehall** (wīt'hôl) *n.* [< a street in London, site of several government offices] the British government or its central administration
**white-headed boy** one who is treated with special favour
**white heat** **1.** the degree of intense heat at which metal, etc. glows white **2.** a state of intense excitement, etc.
**white hope** any person who is expected to bring honour and glory to a place, group, etc.
**white horse** **1.** a white-crested wave **2.** the figure of a horse on a hillside, formed by removing the turf and exposing the underlying chalk
**white-hot** *adj.* **1.** glowing white with heat **2.** extremely angry, excited, enthusiastic, etc.
**White House, the** [< the white mansion in Washington, official residence of the president of the U.S.] the executive branch of the U.S. government
**white lead** a poisonous, heavy, white powder, basic lead carbonate, used as a paint pigment, etc.
**white lie** a lie about something unimportant, often one told to spare someone's feelings
**white light** *Physics* light, as sunlight, composed of rays of all the wavelengths ranging from red to violet
**white man's burden** the supposed duty of the white men to bring their civilization to the non-white inhabitants of their colonies
**white matter** whitish nerve tissue of the brain and spinal cord, consisting chiefly of nerve fibres
**white meat** any light-coloured meat, as veal, pork, the breast of poultry, etc.
**white monk** a Cistercian
**whiten** *vt., vi.* to make or become white or whiter —**whit'ener** *n.* —**whit'ening** *n.*
**white noise** a sound containing a blend of all the audible frequencies distributed equally over the range of the frequency band
**white paper** an official government report that defines or supports the ministry's policy on a specific matter
**white pepper** pepper ground from the husked, dried seeds of the nearly ripe pepper berry
**White Russian** a native or inhabitant of White Russia; Byelorussian
**white sale** a sale of sheets, towels, linens, etc. held in a department store
**white sauce** a sauce for vegetables, meat, fish, etc., made of fat or butter, flour, milk or stock, and seasoning
**white slave** a woman forced into prostitution for the profit of others —**white slaver** —**white slavery**
**white spirit** a light-coloured mixture of petroleum hydrocarbons used as a solvent, etc.
**white tie** **1.** a white bow tie, properly worn with a tail coat **2.** a swallow-tailed coat and its accessories
**whitewash** *n.* **1.** a mixture of lime, whiting, size, water, etc., for whitening walls, etc. **2.** a concealing of faults or defects as in an effort to avoid blame —*vt.* **1.** to cover with whitewash **2.** to conceal the faults or defects of —**white'wash'er** *n.* —**white'wash'ing** *n.*
**white whale** *same as* BELUGA (sense 2)
**whitewood** *n.* **1.** any of a number of trees with light-coloured wood **2.** the wood of such a tree —*adj.* made of such a wood [*whitewood* furniture]
**whither** (wiȯh'ər) *adv.* [OE. *hwider*] to what place, condition, etc.? —*conj.* **1.** to which place, condition, etc. **2.** wherever *Where* is now almost always used in place of *whither*
**whithersoever** (wiȯh'ər sō ev'ər) *adv., conj.* [Archaic or Poet.] to whatever place
**whiting**[1] (wīt'iŋ) *n.* [MDu. *wijting*] a small, edible, European seafish
**whiting**[2] *n.* [see WHITE, *v.*] powdered chalk used in making paints, inks, etc.
**whitish** *adj.* somewhat white
**whitlow** (wit'lō) *n.* [ME. *whitflawe*] an inflamed sore on a finger or toe
**Whitsun** (wit's'n) *adj.* of or observed on Whitsunday or at Whitsuntide
**Whitsunday** (wit'sun'dē) *n.* [OE. *Hwita Sunnandæg*, white Sunday] *same as* PENTECOST
**whittle** (wit'l) *vt.* **-tled, -tling** [OE. *thwitan*, to cut] **1.** *a*) to cut thin shavings from (wood) with a knife *b*) to carve (an object) in this manner **2.** to reduce, destroy, etc. gradually : usually with *down, away*, etc. —**whit'tler** *n.*
**whiz, whizz** (wiz) *vi.* **whizzed, whiz'zing** [echoic] **1.** to make the buzzing sound of something moving swiftly through the air **2.** to speed by with or as with this sound —*n.* a whizzing sound —**whiz'zingly** *adv.*
**whiz kid, whizz kid** [Colloq.] an outstandingly able and successful, or potentially successful, young person

**who** (hōō) ***pron.,*** objective **whom,** poss. **whose** [OE. *hwa*] **1.** what or which person or persons [*who* is he? I don't know *who* he is] **2.** *a*) (the, or a, person or persons) that [the man *who* came to dinner] *b*) any person or persons that ["*who* steals my purse steals nought"] The use of *who* rather than *whom* as the object of a verb or preposition although widespread, is objected to by some **—who's who** who the important people are

**WHO** World Health Organization

**whoa** (wō) ***interj.*** [< HO] stop!: used esp. in directing a horse to stand still

**whodunit** (hōō dun′it) ***n.*** [Colloq.] a mystery novel, play, etc.

**whoever** (hōō ev′ər) ***pron.*** **1.** any person that **2.** no matter what person [*whoever* said it, it's not so] **3.** what person? who? [*whoever* told you that?]

**whole** (hōl) ***adj.*** [OE. *hal*] **1.** complete **2.** not divided up; in a single unit **3.** constituting the entire amount, extent, etc. [the *whole* week] **4.** not broken, damaged, defective, etc. **5.** healthy **6.** *Arith.* not mixed or fractional [25 is a *whole* number] ***—n.*** **1.** the entire amount, etc.; totality **2.** a complete organization of parts **—as a whole** altogether **—on the whole** all things considered **—whole′ness** ***n.***

**wholehearted** (hōl′här′tid) ***adj.*** doing or done with all one's energy, enthusiasm, etc. **—whole′heart′edly** ***adv.*** **—whole′-heart′edness** ***n.***

**wholemeal** ***adj.*** **1.** made of the entire wheat kernel **2.** made of wholemeal flour [*wholemeal* bread]

**whole note** *Music U.S. name for* SEMIBREVE

**whole number** zero or any positive or negative multiple of 1; integer [28 is a *whole number*]

**wholesale** ***n.*** the selling of goods in relatively large quantities, esp. to retailers who then sell them at higher prices to consumers **—*adj.*** **1.** of, or engaged in such selling **2.** extensive or sweeping **—*adv.*** extensively or sweepingly [to reject proposals *wholesale*] **—*vt., vi.*** **-saled′, -sal′ing** to sell wholesale **—whole′sal′-er** ***n.***

**wholesome** ***adj.*** [see WHOLE] **1.** good for one's health or well-being **2.** tending to improve the mind or character **3.** having or showing health and vigour **4.** suggesting health **—whole′somely** ***adv.*** **—whole′-someness** ***n.***

**who'll** (hōōl) **1.** who shall **2.** who will

**wholly** (hōl′lē) ***adv.*** to the whole amount or extent; totally; entirely

**whom** (hōōm) ***pron.*** *objective case of* WHO

**whomever** (hōōm ev′ər) ***pron.*** *objective case of* WHOEVER

**whomsoever** (hōōm′sō ev′ər) ***pron.*** *objective case of* WHOSOEVER

**whoop** (hōōp, wōōp) ***n.*** [OFr. *houper,* cry out] **1.** a loud shout, cry, etc., as of excitement, joy, etc. **2.** the gasping sound made following a fit of coughing in whooping cough **—*vi., vt.*** to utter, or utter with, a whoop or whoops **—whoop it** (or **things**) **up** [Slang] **1.** to celebrate noisily **2.** to create enthusiasm (for) **—whoop′er** ***n.***

**whoopee** (woo′pē) ***interj.*** [< prec.] an exclamation of great joy, etc. **—*n.*** a shout of "whoopee!" **—make whoopee** [Colloq.] **1.** to have fun in a noisy way **2.** to be lightheartedly amorous

**whooping cough** (hōō′piŋ) an acute infectious disease with coughing fits that end in a whoop

**whoops** (woops) ***interj.*** an exclamation of surprise or apology

**whop** (wop) ***vt., vi.*** **whopped, whop′ping** [echoic] [Colloq.] **1.** to beat, strike, etc. **2.** to defeat decisively **—*n.*** [Colloq.] a sharp, loud blow, thump, etc.

**whopper** ***n.*** [Colloq.] **1.** anything extraordinarily large **2.** a great lie

**whopping** ***adj.*** [Colloq.] colossal; very large

**whore** (hôr) ***n.*** [OE. *hore*] a sexually promiscuous woman, esp., a prostitute **—*vi.*** **whored, whor′ing** **1.** to be a whore **2.** to fornicate with whores **—whor′ish** ***adj.***

**who're** (hōō′ər) who are

**whorehouse** (hôr′hous′) ***n.*** a brothel

**whorl** (wurl) ***n.*** [< WHIRL] **1.** any of the circular ridges that form the design of a fingerprint **2.** *Bot.* a circular growth of leaves, petals, etc. about the same point on a stem **3.** *Zool.* any of the turns in a spiral shell **—whorled** ***adj.***

**whortleberry** (wur′t′l bər ē) ***n., pl.*** **-ries** [< OE. *horta*] *same as* BILBERRY

**who's** (hōōz) **1.** who is **2.** who has

**whose** (hōōz) ***pron.*** [OE. *hwæs*] that or those belonging to whom [*whose* is this?] **—*possessive pronominal adj.*** of, belonging to, made, or done by whom or which [the man *whose* car was stolen]

**whosoever** (hōō′sō ev′ər) ***pron.*** whoever

**why** (wī) ***adv.*** [OF. *hwi,* < *hwæt,* what] for what reason, cause, or purpose? [*why* go?] **—*conj.*** **1.** because of which [there is no reason *why* you should go] **2.** the reason for which [that is *why* he went] **—*n., pl.*** **whys** the reason, cause, etc. [never mind the *why* and wherefore] **—*interj.*** an exclamation used to show surprise, impatience, etc.

**W.I.** **1.** West Indies **2.** Women's Institute

**wick** (wik) ***n.*** [OE. *weoce*] a piece of cord or tape in a candle, oil lamp, etc., that absorbs the fuel and, when lighted, burns **—get on a person's wick** [Colloq.] to cause extreme irritation to a person

**wicked** (wik′id) ***adj.*** [ME. < *wikke,* evil] **1.** morally bad; evil **2.** generally painful, unpleasant, etc. **3.** naughty; mischievous [a *wicked* smile] **—wick′edly** ***adv.*** **—wick′edness** ***n.***

**wicker** (wik′ər) ***n.*** [< Scand.] **1.** a thin, flexible twig **2.** such twigs or long, woody strips woven together, as in making baskets **—*adj.*** made of wicker

**wickerwork** *n.* **1.** things made of wicker **2.** the art or craft of making wicker objects

**wicket** (wik′it) *n.* [ONormFr. *wiket*] **1.** *Cricket a*) either of two sets of three stumps each with two bails resting on top of them *b*) the playing space between the two wickets [a fast *wicket*] *c*) a player's turn at batting, or the period during which two batsmen bat *d*) the instance of a batsman being got out **2.** a small door or gate, esp. one set in or near a large one **3.** a small gate for regulating the flow of water, as to a water wheel

**wicketkeeper** *n.* *Cricket* the fielder stationed immediately behind the wicket

**widdershins** (wid′ər shinz′) ***adv.*** *var. of* WITHERSHINS

**wide** (wīd) ***adj.*** **wid′er, wid′est** [OE. *wid*] **1.** extending over a large area; esp. from side to side **2.** of a specified extent from side to side [two kilometres *wide*] **3.** of great extent, range, etc. **4.** roomy; full **5.** opened as far as possible **6.** far from the point, issue, etc. aimed at [*wide* of the mark] **7.** [Slang] shrewd and unscrupulous [a *wide* boy] —***adv.*** **1.** over a relatively large area [to travel far and *wide*] **2.** to a large or full extent [*wide* open] **3.** so as to miss the point, issue, etc. [his shot went *wide*] —***n.*** *Cricket* a ball bowled out of the batsman's reach —**give a wide berth (to)** to steer clear of (something) —**wide of the mark** mistaken —**wide′ly** ***adv.*** —**wide′ness** ***n.***

**-wide** (wīd) *a combining form meaning* existing or extending throughout [*nationwide*]

**wide-angle** ***adj.*** designating or of a kind of camera lens covering a wide angle of view

**wide-awake** (wīd′ə wāk′) ***adj.*** **1.** completely awake **2.** alert **3.** [Colloq.] knowing; wise —**wide′-awake′ness** ***n.***

**wide-eyed** (wīd′īd′) ***adj.*** with the eyes wide open, as in credulous surprise

**widen** ***vt., vi.*** to make or become wide or wider

**wide-open** ***adj.*** **1.** opened wide **2.** exposed to attack

**widespread** ***adj.*** spread widely; esp., *a*) widely extended *b*) occurring over a wide area or extent

**widgeon** (wij′ən) ***n.*** [< ?] any of various wild, freshwater ducks

**widow** (wid′ō) ***n.*** [OE. *widewe*] **1.** a woman whose husband has died and who has not remarried **2.** [Colloq.] a woman whose husband is often away indulging in a specified hobby or activity [a golf *widow*] —***vt.*** to cause to become a widow [*widowed* by the war] —**wid′owhood′** ***n.***

**widower** ***n.*** a man whose wife has died and who has not remarried

**widow's peak** a point formed by hair growing down in the middle of a forehead

**width** (width) ***n.*** **1.** a being wide; wideness **2.** the distance from side to side **3.** a piece of something of a certain width [two *widths* of cloth]

**wield** (wēld) ***vt.*** [OE. *wealdan*] **1.** to handle (a tool, etc.), esp. with skill **2.** to exercise (power, influence, etc.) —**wield′er** ***n.***

**wife** (wīf) ***n.,*** *pl.* **wives** (wīvz) [OE. *wif*] **1.** a man's partner in marriage **2.** [Archaic] a woman [*housewife*] —**wife′less** ***adj.*** —**wife′ly** ***adj.***

**wig** (wig) ***n.*** [< PERIWIG] a false covering of real or synthetic hair for the head —***vt.*** **wigged, wig′ging** [Colloq.] to scold, rebuke, etc. —**wigged** ***adj.*** —**wig′less** ***adj.***

**wigeon** (wij′ən) ***n.*** *var. of* WIDGEON

**wigging** (wig′iŋ) ***n.*** [Colloq.] a scolding

**wiggle** (wig′l) ***vt., vi.*** **-gled, -gling** [< MDu. & MLowG. *wiggelen*] to move with short, jerky or twisting motions from side to side —***n.*** the act or an instance of wiggling —**wig′gler** ***n.***

**wiggly** ***adj.*** **-glier, -gliest** **1.** that wiggles; wiggling **2.** wavy [a *wiggly* line]

**wight** (wīt) ***n.*** [OE. *wiht*] [Archaic] a human being

WIGWAM

**wigwam** (wig′wam) ***n.*** [< Algonquian] a N American Indian dwelling consisting of a framework of arched poles covered with bark

**wilco** (wil′kō′) ***interj.*** [*wil(l) co(mply)*] I will comply with your request: used in radiotelephony

**wild** (wīld) ***adj.*** [OE. *wilde*] **1.** living or growing in its original, natural state **2.** not lived in or cultivated; waste **3.** not civilized; savage **4.** unruly, rough, lawless, etc. **5.** dissolute, orgiastic, etc. [a *wild* party] **6.** turbulent; stormy **7.** *a*) [Colloq.] excited or enthusiastic *b*) angered, frantic, etc. **8.** disordered, dishevelled **9.** fantastically impractical; reckless **10.** missing the target [a *wild* shot] —***adv.*** in a wild manner —***n.*** [*usually pl.*] a wilderness or wasteland —**out in the wilds** far from civilization —**run wild** to behave in an uncontrolled way —**wild horses wouldn't drag it from me** [Colloq.] I will keep the secret at all costs —**wild′ly** ***adv.*** —**wild′ness** ***n.***

**wild carrot** a common weed, with umbels of white flowers: also called **Queen Anne's lace**

**wildcat** ***n.*** **1.** an undomesticated cat, resembling the domestic tabby, but larger and having a bushy tail **2.** a fierce, aggressive person **3.** [Chiefly U.S.] an oil well drilled in an area not known before to have oil —***adj.*** **1.** unsound or financially risky **2.** illegal or unauthorized [a *wildcat* strike]

**wildebeest** (wil′də bēst′) *n.* [Afrik.] *same as* GNU

**wilderness** (wil′dər nis) *n.* [< OE. *wilde,* wild + *deor,* animal] **1.** an uncultivated, uninhabited region **2.** a confused mass or tangle

**wildfire** *n.* **1.** a fire that spreads fast and is hard to put out [rumours spread like *wildfire*] **2.** *same as* GREEK FIRE **3.** lightning without audible thunder

**wild flower** any flowering plant growing without cultivation Also **wild′flower**

**wildfowl** *n.* a game bird

**wild-goose chase** any futile search or undertaking

**wildlife** *n.* wild animals and birds, collectively

**wild oats** any of several wild grasses —**sow one's wild oats** to be dissolute in youth before settling down

**Wild West** the western U.S. in its early frontier period of lawlessness

**wile** (wīl) *n.* [OE. *wil*] a sly stratagem or coquettish trick: *usually used in pl.* —*vt.* **wiled, wil′ing** to beguile; lure —**wile away** to while away (time): by confusion with *while*

**wilful** (wil′fəl) *adj.* **1.** done deliberately or intentionally **2.** always wanting one's own way; self-willed U.S. sp. **willful** —**wil′fully** *adv.* —**wil′fulness** *n.*

**will**[1] (wil) *n.* [OE. *willa*] **1.** the power of making a reasoned choice or of controlling one's own actions **2.** *a*) the legal statement of a person's wishes concerning the disposal of his property after death *b*) the document containing this **3.** *a*) the desire, purpose, etc. [what is your *will?*] *b*) a compelling command or decree [the *will* of the people] **4.** *a*) determination *b*) energy and enthusiasm **5.** attitude towards others —*vt.* **1.** to have as the object of one's will **2.** to control by the power of the will **3.** to bequeath by a will —*vi.* to decree, choose, or prefer —**at will** when one wishes

**will**[2] (wil; *unstressed* wəl) *v., pt.* **would** [OE. *willan*] **1.** an auxiliary used to express the future: strictly *will* is used in the second and third persons for simple future and in the first person to show determination or obligation, and *shall* is to be used in the first person for simple future and in the second and third persons to show determination or obligation **2.** an auxiliary used to express: *a*) willingness [*will* you do me a favour?] *b*) ability or capacity [it *will* hold another quart] *c*) habit, inclination, etc. [boys *will* be boys] —*vt., vi.* to wish; desire [do what (or as) you *will*]

**willies** (wil′ēz) *n.pl.* [< ?] [Slang] a state of nervousness; jitters: with *the*

**willing** (wil′iŋ) *adj.* **1.** ready or agreeing (*to* do something) **2.** doing, giving, etc. or done, given, etc. readily or gladly —**will′ingly** *adv.* —**will′ingness** *n.*

**will-o′-the-wisp** *n.* [earlier *Will* (personal name) *with the wisp*] **1.** a light seen moving over marshes at night **2.** any person or thing that allures and misleads

**willow** (wil′ō) *n.* [OE. *welig*] **1.** *a*) a tree or shrub bearing catkins and having flexible twigs used in weaving baskets, etc. *b*) the wood **2.** [orig. made of willow] [Colloq.] a cricket bat

**willow herb** a plant with narrow leaves and purple flowers

**willow pattern** a design for china picturing a river, pagoda, willow trees, etc., usually in blue on a white ground

**willowy** *adj.* **1.** gracefully slender; supple, lithe, etc. **2.** shaded with willows

**willpower** (wil′pou′ər) *n.* strength of will, mind, or determination

**willy-nilly** (wil′ē nil′ē) *adv., adj.* [< *will I, nill I: nill* < OE. *nyllan,* be unwilling] (happening) whether one wishes it or not

**wilt** (wilt) *vi.* [< obs. *welk,* wither] **1.** to become limp; wither; droop: said of plants **2.** to become weak or faint —*vt.* to cause to wilt —*n.* any of various plant diseases characterized by wilting

**Wilts.** Wiltshire

**wily** (wī′lē) *adj.* **wil′ier, wil′iest** crafty; sly —**wil′iness** *n.*

WIMPLE

**wimple** (wim′p′l) *n.* [OE. *wimpel*] a woman's head covering of medieval times consisting of a cloth arranged about the head and neck

**Wimpy** (wim′pē) *n.* [< a cartoon-strip character who ate hamburgers] *Trademark* a hamburger in a soft bread-roll

**win** (win) *vi.* **won, win′ning** [OE. *winnan,* to fight] **1.** *a*) to gain a victory *b*) to finish in first place in a race, contest, etc. **2.** to succeed in reaching or achieving [to *win* back to health] —*vt.* **1.** *a*) to get by effort, struggle, etc. [to *win* distinction] *b*) to achieve (one's demands, etc.) *c*) to gain (a prize) in competition *d*) to earn (a livelihood, etc.) **2.** to be victorious in (a contest, dispute, etc.) **3.** to influence or persuade: often with *over* **4.** to gain the sympathy, favour, etc. of —*n.* **1.** [Colloq.] a victory, as in a contest **2.** anything won, as a sum of money

**wince** (wins) *vi.* **winced, winc′ing** [< OFr. *guenchir*] to draw back slightly, usually grimacing, as in pain —*n.* a wincing

**winceyette** (win′sē et′) *n.* [< *wincey,* a kind of fabric + -ETTE] a soft flannelette material

**winch** (winch) *n.* [OE. *wince*] **1.** a crank

with a handle for transmitting motion **2.** a hoisting or hauling apparatus consisting of a drum or cylinder round which is wound a cable attached to the object to be lifted or moved —***vt.*** to hoist or haul with a winch

**wind**[1] (wīnd) ***vt.*** **wound, wind'ing** [OE. *windan*] **1.** *a*) to coil (string, ribbon, etc.) round itself or round something else [*winding* a bandage round his toe] *b*) to cover by encircling with something **2.** to make (one's way) or move (something) in a winding or twisting course **3.** to insinuate [*winding* his way into her heart] **4.** to turn, or make revolve **5.** to hoist or haul as with a winch (often with *up*) **6.** to tighten the spring of (a clock, etc.) as by turning a stem —***vi.*** **1.** to move or go in a twisting or curving course **2.** to coil or spiral (*about* or *round* something) —***n.*** **1.** the act of winding **2.** a single turn of something wound **3.** a turn; twist; bend —**wind up** **1.** to wind into a ball, etc. **2.** to tighten the spring of (a clockwork mechanism) **3.** to become tense, nervous, etc. **4.** to bring or come to an end **5.** [Colloq.] to liquidate (a company) **6.** [Colloq.] to come to (a specified condition or place) —**wind'er** ***n.***

**wind**[2] (wind) ***n.*** [OE.] **1.** a current of air sometimes of considerable force **2.** an air current regarded as bearing a scent [to lose (the) *wind* of the fox] **3.** [Colloq.] a hint [we got *wind* that you were coming] **4.** breath or the power of breathing **5.** idle or empty talk **6.** gas in the stomach or intestines; indigestion **7.** the wind instruments of an orchestra, or the players of these —***vt.*** **1.** to get the scent of **2.** to put out of breath [to be *winded* by a long run] **3.** to rest (a horse, etc.) so as to allow recovery of breath —**break wind** to expel gas from the bowels —**get the wind up** [Colloq.] to become alarmed —**how the wind blows** what the trend of affairs, public opinion, etc. is —**in the wind** happening or about to happen —**put the wind up** [Colloq.] to alarm —**take the wind out of one's sails** to remove one's advantage, nullify one's argument, etc. suddenly —**wind'less** ***adj.***

**windbag** ***n.*** [Colloq.] a person who talks much but says little of importance

**windblown** ***adj.*** **1.** blown by the wind **2.** twisted in growth by the prevailing wind: said of a tree

**wind-borne** ***adj.*** carried by the wind, as pollen

**windbreak** ***n.*** a hedge, fence, or row of trees, etc. that serves as a protection from wind

**windcheater** ***n.*** a short, warm jacket with a closefitting elastic waistband and cuffs: also **windjammer**

**wind cone** *same as* WINDSOCK

**wind-down** (wīnd'doun') ***n.*** a gradual reduction

**windfall** (wind'fôl') ***n.*** **1.** something blown down by the wind, as fruit from a tree **2.** any unexpected gain, esp. financial

**windflower** ***n.*** *same as* ANEMONE

**wind gauge** *same as* ANEMOMETER

**winding** (wīn'diŋ) ***adj.*** twisting, turning, bending etc.

**winding sheet** a cloth in which the body of a dead person is wrapped for burial; shroud

**wind instrument** (wind) a musical instrument sounded by blowing air, esp. breath, through it, as an oboe

**windjammer** (wind'jam'ər) ***n.*** **1.** a large merchant sailing ship **2.** *same as* WINDCHEATER

WINDLASS

**windlass** (wind'ləs) ***n.*** [< ON. *vinda,* WIND[1] + *ass,* beam] a winch, esp. a simple one worked by a crank —***vt.,vi.*** to hoist with a windlass

**windmill** (win'mil') ***n.*** **1.** a machine for grinding or pumping, worked by the wind blowing on vanes fixed on a shaft at the top of a tower **2.** a toy consisting of a stick with coloured vanes which revolve in the wind —**fight** (or **tilt at**) **windmills** to fight imaginary opponents —**throw one's cap over the windmill** to behave in a reckless or unorthodox fashion

**window** (win'dō) ***n.*** [< ON. *vindr,* WIND[2] + *auga,* eye] **1.** *a*) an opening in a building, vehicle, etc., to let in light or air, usually having a pane or panes of glass set in a frame *b*) any such pane or frame **2.** any similar opening **3.** the display area behind the window of a shop —**win'dowless** ***adj.***

**window box** a long, narrow box on a window ledge, for growing plants

**window dressing** **1.** the display in a shop window to attract customers **2.** any attempt to make something seem better than it really is

**window envelope** an envelope with a transparent panel, through which the address on the enclosure can be seen

**window ledge** *same as* WINDOWSILL

**windowpane** ***n.*** a pane of glass in a window

**window seat** a seat built in beneath a window or windows and usually containing storage space

**window-shop** ***vi.*** **-shopped', -shop'ping** to look at displays of goods in shop windows without entering the shops to buy —**win'dow-shop'per** ***n.***

**windowsill** ***n.*** the sill of a window

**windpipe** (wind'pīp') ***n.*** *same as* TRACHEA

**windproof** ***adj.*** that the wind cannot blow through

**windscreen** ***n.*** the sheet of glass forming the front window of a motor vehicle: U.S. **wind'shield**

**windscreen wiper** a rubber-edged blade which can be electrically operated to clear a windscreen of rainwater, etc.: also **wiper**

**windsock** *n.* a long, cone-shaped cloth bag, open at both ends and attached to the top of a mast to show wind direction: also called **wind sleeve**

WINDSOR CHAIR

**Windsor chair** (win′zər) a style of wooden chair, with spreading legs, a spindle back, and usually a saddlelike seat

**Windsor knot** a form of double slipknot in a necktie, resulting in a wider, bulkier knot

**wind-swept** (wind′swept′) *adj.* swept by or exposed to winds

**wind tunnel** a tunnellike chamber through which air is forced and in which scale models of aircraft, etc. are tested to determine the effects of wind pressure

**windup** (wīnd′up′) *n.* a conclusion; end

**windward** (wind′ward) *n.* the direction from which the wind blows —*adv.* towards the wind —*adj.* on the side from which the wind blows

**windy** (win′dē) *adj.* **-ier, -iest** **1.** characterized by wind *[a windy day]* **2.** swept by strong winds **3.** violent like wind **4.** *a*) without substance; empty, flimsy, etc. *b*) long-winded, pompous, etc. **5.** flatulent **6.** [Slang] frightened; cowardly

**wine** (win) *n.* [< L. *vinum*] **1.** the fermented juice of grapes as an alcoholic drink **2.** the fermented juice of other fruits or plants *[dandelion wine]* **3.** a dark, purplish red —*vt., vi.* **wined, win′ing** to provide with or drink wine: usually in **wine and dine,** to entertain lavishly

**winebibber** *n.* a person given to drinking much or too much wine —**wine′bib′bing** *adj., n.*

**wine cellar** **1.** a cellar where wine is stored **2.** a stock of wine

**wine-coloured** *adj.* dark purplish-red

**wineglass** *n.* a small glass, usually stemmed, for serving wine

**wine press** any equipment for pressing grapes to extract the juice for making wine

**wineskin** *n.* a large bag for holding wine, made of the skin of an animal

**wine-tasting** *n.* the assessing of the qualities of wines by tasting small samples —**wine′taster** *n.*

**wing** (wiŋ) *n.* [< ON. *vaengr*] **1.** either of the paired organs of flight of a bird, bat, insect, etc. **2.** something like a wing in use or position; esp., *a*) a (or the) main supporting surface of an aeroplane *b*) a distinct part of a building, often at one side or having a special use *c*) either side of a theatre stage out of sight of the audience *d*) the part of a car body that surrounds the wheels **3.** a group; section, esp., *a*) a faction of a political party, viewed as more extreme than the main part *b*) either end of a battle formation **4.** in soccer, hockey, etc. *a*) either of the two sides of the pitch near the touchline *b*) a player stationed there: also **winger** **5.** *a*) *R.A.F.* a unit larger than a squadron *b*) [*pl.*] the insignia worn by pilots of military aircraft —*vt.* **1.** *a*) to cause to speed as on wings *b*) to make (one's way) by flying **2.** to wound, as with a bullet, in the wing or arm **3.** to provide with wings —*vi.* to go swiftly as on wings —**give wing** (or **wings**) **to** to enable to fly on or as if on wings —**on the wing** **1.** flying **2.** travelling —**spread one's wings** to develop one's capabilities fully —**take wing** to fly away —**under one's wing** under one's protection, patronage, etc. —**winged** *adj.* —**wing′less** *adj.*

**wing chair** an armchair with a high back from each side of which high sides, or wings, extend forwards

**wing commander** *see* MILITARY RANKS, table

**wing nut** a nut with flared sides for turning with the thumb and forefinger

**wingspan** *n.* the distance between the wing tips of an aircraft, bird, etc.: also **wingspread**

**wink** (wiŋk) *vi.* [OE. *wincian*] **1.** to close and open an eyelid quickly so as to signal, etc. **2.** to close the eyelids and open them again quickly **3.** to twinkle —*vt.* to make (an eye) wink —*n.* a winking, or the instant of time it takes —**wink at** to pretend not to notice (some wrongdoing)

**winker** *n.* a flashing light indicator on a motor vehicle

**winkle**[1] (wiŋ′k'l) *n.* an edible saltwater snail

**winkle**[2] *vt.* **-kled, -kling** [Colloq.] to pry or rout from cover, secrecy, etc. (with *out,* etc.)

**winkle-picker** *n.* a shoe with a narrow, sharply-pointed toe

**winner** (win′ər) *n.* one that wins; esp., [Colloq.] one that seems destined to win or be successful

**winning** *adj.* **1.** victorious **2.** attractive; charming —*n.* [*pl.*] something won, esp. money —**win′ningly** *adv.*

**Winnipeg couch** (win′i peg′) [Canad.] a couch with no arms or back, opening out into a double bed

**winnow** (win′ō) *vt.* [OE. *windwian*] **1.** *a*) to blow the chaff from (grain) *b*) to blow off (chaff) **2.** to scatter **3.** to analyse carefully so as to separate the various elements —*vi.* to winnow grain

**wino** (wī′nō) *n.* [Colloq.] one who habitually gets drunk on wine

**winsome** (win′səm) *adj.* [OE. *wynsum,* pleasant] sweetly attractive; charming —**win′someness** *n.*

**winter** (win′tər) *n.* [OE.] **1.** the coldest

season of the year, following autumn **2.** any period of decline, dreariness, etc. —***adj.*** of or suitable for winter —***vi.*** to pass the winter —***vt.*** to keep or maintain during the winter

**wintergreen** ***n.*** **1.** any of several evergreen plants, esp. an American shrub with small, rounded leaves **2.** an aromatic compound (**oil of wintergreen**) made from these leaves

**winter quarters** a place where troops, etc. settle in for the winter

**winter solstice** the time in the Northern Hemisphere when the sun is farthest south of the celestial equator; December 21 or 22

**winter sports** open-air sports on ice or snow

**wintertime** ***n.*** the season of winter

**wintry** ***adj.*** **-trier, -triest** of or like winter; cold, bleak, etc. *[a wintry* day, a *wintry* stare*]* —**win′triness** ***n.***

**winy** (wī′nē) ***adj.*** **-ier, -iest** like wine in taste, smell, colour, etc.

**wipe** (wīp) ***vt.*** **wiped, wip′ing** [OE. *wipian*] **1.** to clean or dry by rubbing with a cloth, etc. **2.** to rub (a cloth, etc.) over something **3.** to apply by wiping **4.** to remove as by wiping (with *away, off,* etc.) —***n.*** a wiping —**wipe out** **1.** to erase **2.** to kill **3.** to destroy —**wipe the floor with** [Slang] to defeat utterly —**wip′er** ***n.***

**wire** (wīər) ***n.*** [OE. *wir*] **1.** metal that has been drawn into a long thread **2.** a length of this, used for conducting electric current, etc. **3.** wire netting or other wirework **4.** anything made of wire, as a telephone cable, etc. **5.** a telegram —***adj.*** made of wire or wirework —***vt.*** **wired, wir′ing** **1.** to furnish, connect, bind, etc. with wire **2.** to supply with a system of wires for electric current **3.** to telegraph —***vi.*** to telegraph

**wirecutter** an instrument for cutting wire

**wire gauge** a device for measuring the diameter of wire, thickness of sheet metal, etc.: usually a disc with notches of graduated sizes along its edge

**wire-haired** ***adj.*** having coarse, or wiry, hair

**wireless** ***n., adj., vt., vi.*** *old-fashioned term for* RADIO

**wireless telegraphy** (or **telegraph**) telegraphy by radio-transmitted signals

**wire netting** netting of woven wire, used for fences, etc.

**wirepuller** ***n.*** [Chiefly U.S.] a person who gets what he wants through his friends' influence, esp. in politics —**wire′pull′ing** ***n.***

**wire service** [Chiefly U.S.] an organization that sends news by direct telegraph to subscribing newspapers and radio and television stations

**wiretap** ***vi., vt.*** **-tapped′, -tap′ping** to tap (a telephone wire, etc.) to get information secretly —***n.*** **1.** wiretapping **2.** a device used in wiretapping

**wire wool** a pad of fine wire used esp. in scrubbing cooking utensils

**wireworm** ***n.*** the destructive wormlike larva of various beetles

**wiring** ***n.*** a system of wires, as to provide a house with electricity

**wiry** ***adj.*** **wir′ier, wir′iest** **1.** lean, sinewy, and strong **2.** of or like wire —**wir′ily** ***adv.*** —**wir′iness** ***n.***

**wisdom** (wiz′dəm) ***n.*** **1.** the quality of being wise **2.** learning; knowledge **3.** wise teaching

**wisdom tooth** the back tooth on each side of each jaw in human beings, appearing usually between the ages of 17 and 25

**wise**[1] (wīz) ***adj.*** **wis′er, wis′est** [OE. *wis*] **1.** having or showing good judgment; sagacious **2.** judicious; sound *[a wise* saying*]* **3.** informed *[none the wiser]* **4.** learned; erudite **5.** shrewd; cunning —**be** (or **get**) **wise to** [Slang] to be (or become) aware of —**be wise after the event** to realize what should have been done when it is too late —**wise′ly** ***adv.***

**wise**[2] ***n.*** [OE.] way; manner: used chiefly in phrases, as **in no wise, in this wise,** etc.

**-wise** (wīz) [< prec.] *a suffix meaning:* **1.** a (specified) direction, position, or manner *[lengthwise]* **2.** in the same way as *[clockwise]* **3.** [Colloq.] with regard to *[weatherwise]*

**wiseacre** (wīz′ā′kər) ***n.*** [< OHG. *wizzago,* prophet] a person who acts as though he were much wiser than he really is

**wisecrack** ***n.*** [Colloq.] a flippant gibe or sardonic remark —***vi.*** [Colloq.] to make wisecracks

**wise guy** [Slang] a person who is brashly and annoyingly conceited, knowing, etc.; smart alec

**wish** (wish) ***vt.*** [OE. *wyscan*] **1.** to have a longing for; want **2.** to express a desire concerning *[to wish* her good luck*]* **3.** to bid *[to wish* a person good morning*]* **4.** to impose *[he wished* the job on me*]* —***vi.*** **1.** to long; yearn **2.** to make a wish —***n.*** **1.** a wishing **2.** something wished for *[he* got his *wish]* **3.** a polite request with some of the force of an order **4.** [*pl.*] expressed desire for a person's health, etc. *[best wishes]* —**wish′er** ***n.***

**wishbone** ***n.*** the forked bone in front of the breastbone of most birds

**wishful** ***adj.*** desirous; longing

**wishful thinking** thinking in which one interprets facts in terms of what one would like to believe

**wishy-washy** (wish′ē wosh′ē) ***adj.*** [< WASHY] [Colloq.] **1.** watery; insipid **2.** not strong or decisive in character; weak

**wisp** (wisp) ***n.*** [< ?] **1.** a small bunch or tuft *[a wisp* of straw*]* **2.** a thin, filmy bit *[a wisp* of smoke*]* **3.** something delicate, frail, etc. *[a wisp* of a girl*]* —**wisp′y** ***adj.***

**wist** (wist) *pt. & pp. of* WIT[2]

**wisteria** (wis tēər′ē ə) ***n.*** [ModL. < C. *Wistar*] a twining shrub with clusters of bluish, white, pink, or purple flowers: also **wistar′ia** (-tāər′-)

**wistful** (wist′fəl) ***adj.*** [< earlier *wistly,* attentive] showing or expressing vague yearnings or pensive longing —**wist'fully** *adv.* —**wist'fulness** *n.*

**wit**[1] (wit) *n.* [OE.] **1.** *a*) the ability to make clever remarks in a surprising, epigrammatic, or ironic way *b*) a person having this ability **2.** alert, practical intelligence; good sense **3.** [*pl.*] powers of thinking and reasoning —**at one's wits' end** at a loss as to what to do —**keep** (or **have**) **one's wits about one** to remain mentally alert —**live by one's wits** to live by trickery

**wit**[2] *vt., vi.* **wist, wit'ting** [OE. *witan*] [Archaic] to know or learn —**to wit** that is to say; namely

**witblitz** (vit'blits') *n.* [< Afrik. *wit*, white + *blits*, lightning] [S Afr.] alcoholic drink illegally distilled

**witch** (wich) *n.* [OE. *wicce*] **1.** a woman who is supposed to have magic power, esp. with the help of evil spirits **2.** an ugly and ill-tempered old woman **3.** [Colloq.] a fascinating woman

**witchcraft** *n.* **1.** black magic; sorcery **2.** bewitching attraction

**witch doctor** among certain tribes, a person who practises a type of primitive medicine supposedly involving magic

**witch elm** *var. of* WYCH ELM

**witchery** *n., pl.* **-eries** **1.** witchcraft; sorcery **2.** bewitching charm; fascination

**witches' Sabbath** a midnight meeting of witches, sorcerers and demons, supposed in medieval times to have been held annually

**witch hazel** [OE. *wice*] **1.** an American shrub with yellow flowers **2.** an alcoholic lotion made from its leaves and bark

**witch hunt** a public campaign carried out to expose and discredit people holding unorthodox or dissenting views, on the pretext of safeguarding the public welfare

**witenagemot, witenagemote** (wit'ən-əgəmōt') *n.* [< OE. *wita*, wise man + (*ge*)*mot*, a meeting] the king's council of the Anglo-Saxons

**with** (wi*th*) *prep.* [OE. against] **1.** *a*) by means of [stir *with* a spoon] *b*) by [filled *with* air] **2.** *a*) near to *b*) in the company of *c*) into; among [mix blue *with* red] **3.** as a member of [to sing *with* a quartet] **4.** working for [*with* the firm 20 years] **5.** concerning [pleased *with* her gift] **6.** compared to [equal *with* the others] **7.** as well as [he can run *with* the best] **8.** *a*) of the same opinions as [I'm *with* you] *b*) on the same side as **9.** following the drift of someone's thoughts **10.** in the opinion of [it's all right *with* me] **11.** as a result of [faint *with* hunger] **12.** against [to argue *with* a friend] **13.** having received [*with* your permission] **14.** having or showing [to play *with* skill] **15.** in the care, of [leave the baby *with* me] **16.** including [*with* the newcomers, the class is large] **17.** in spite of [*with* all her faults, I love her still] **18.** at the same time as **19.** in proportion to [wages varying *with* skills] **20.** from [to part *with* money] **21.** after [*with* that remark, he left] —**with child** [Archaic] pregnant —**with it** [Colloq.] fashionable; up to date

**with-** [OE. < prec.] *a combining form meaning:* **1.** away, back [*withdraw*] **2.** against, from [*withhold*]

**withal** (wi*th* ôl') *adv.* **1.** besides **2.** notwithstanding **3.** [Archaic] with that —*prep.* [Archaic] with: used following its object

**withdraw** (wi*th* drô') *vt.* **-drew', -drawn', -draw'ing** **1.** to take back; remove **2.** to take back (something said, offered, etc.) —*vi.* **1.** to move back; go away; retreat **2.** to remove oneself (*from* an organization, association with other people, etc.)

**withdrawal** *n.* **1.** the act of withdrawing **2.** a giving up the use of a narcotic drug, typically accompanied by distress of body and mind (**withdrawal symptoms**)

**withdrawn** *pp. of* WITHDRAW —*adj.* shy, reserved, unsociable, etc.

**withe** (with, wi*th*, wī*th*) *n.* [OE. *withthe*] a tough, flexible twig of willow, etc., used for binding things

**wither** (wi*th*'ər) *vi.* [< ME. *wederen*, to weather] **1.** to dry up; shrivel **2.** to fade; waste away [our hopes soon *withered*] —*vt.* **1.** to cause to wither **2.** to make feel abashed, as by a scornful glance —**with'ering** *adj.*

**withers** (wi*th*'ərz) *n.pl.* [< OE. *wither*, against] the highest part of the back of a horse, etc., between the shoulder blades

**withershins** (wi*th*'ər shinz') *adv.* [< MHG. *wider*, against + *sin*, direction] [Chiefly Scot.] in a direction contrary to the apparent course of the sun; anticlockwise

**withhold** (wi*th* hōld') *vt.* **-held', -hold'ing** **1.** to keep from giving; refuse [to *withhold* approval] **2.** to hold back; restrain

**within** (wi*th* in') *prep.* [OE. *withinnan*] **1.** inside **2.** not more than [*within* a mile of home] **3.** inside the limits of [*within* the law] —*adv.* inside

**without** (wi*th* out') *prep.* [OE. *withutan*] **1.** lacking [shoes *without* laces] **2.** not accompanied by **3.** free from [a man *without* fear] **4.** with avoidance of [to pass *without* speaking] **5.** [Archaic] outside —*adv.* [Archaic] outside —**go** (or **do**) **without** to manage although lacking something

**withstand** (wi*th* stand') *vt., vi.* **-stood', -stand'ing** to oppose, resist, or endure, esp. in a successful way

**witless** (wit'lis) *adj.* foolish —**wit'lessness** *n.*

**witness** (wit'nis) *n.* [OE. *gewitnes*, testimony] **1.** a person who saw, or can give a firsthand account of, something **2.** evidence; testimony **3.** a person who testifies in court **4.** a person who watches a will, etc. being signed and then, as proof that he did, signs it himself —*vt.* **1.** to be present at **2.** to serve as evidence of **3.** to be the scene of [this field *witnessed* a battle] **4.** to testify to **5.** to act as witness of (a contract, will, etc.) —**bear witness** to be or give evidence

**witness box** the place from which a witness gives his testimony in a law court: *U.S. name* **witness stand**

**witticism** (wit′i siz′m) ***n.*** a witty remark

**witting** (wit′iŋ) ***adj.*** [ME. *wytting*] intentional —**wit′tingly** ***adv.***

**witty** (wit′ē) ***adj.*** **wit′tier, wit′tiest** [OE. *wittig*] cleverly amusing —**wit′tily** ***adv.*** —**wit′tiness** ***n.***

**wives** (wīvz) ***n.*** *pl. of* WIFE

**wizard** (wiz′ərd) ***n.*** [ME. *wisard*] **1.** a magician; sorcerer **2.** [Colloq.] a person exceptionally gifted at a specified activity —***adj.*** [Slang] outstanding; excellent

**wizardry** ***n.*** magic; sorcery

**wizen** (wiz′n) ***vt., vi.*** [OE. *wisnian*] to dry up; wither; shrivel —**wiz′ened** ***adj.***

**wk.** *pl.* **wks.** **1.** week **2.** work

**WNW, W.N.W., w.n.w.** west-northwest

**woad** (wōd) ***n.*** [OE. *wad*] **1.** a plant with leaves that yield a blue dye **2.** this dye

**wobble** (wob′l) ***vi.*** **-bled, -bling** [< LowG. *wabbeln*] **1.** to move from side to side in an unsteady way **2.** to shake; tremble **3.** to waver in mind —***vt.*** to cause to wobble —***n.*** an unsteady wobbling motion or sound —**wob′bliness** ***n.*** —**wob′bly** ***adj.***

**wodge** (woj) ***n.*** [Colloq.] a thick lump or chunk

**woe** (wō) ***n.*** [OE. *wa*] **1.** great sorrow; grief **2.** [*often pl.*] misfortune —***interj.*** alas!

**woebegone** (wō′bi gon′) ***adj.*** sad or mournful

**woeful** ***adj.*** **1.** sad; mournful **2.** of, causing, or involving woe **3.** pitiful; wretched —**woe′fully** ***adv.*** —**woe′fulness** ***n.***

**wog** (wog) ***n.*** [< ?] [Derog. Slang] a foreigner, esp. one who is not white

**woke** (wōk) *alt. pt. & pp. of* WAKE[1]

**woken** *pp. of* WAKE[1]

**wold** (wōld) ***n.*** [OE. *wald*] a treeless, rolling plain, esp. a high one —**the Wolds** a range of chalk hills in NE England

**wolf** (woolf) ***n., pl.*** **wolves** [OE. *wulf*] **1.** any of a group of wild, flesh-eating, doglike mammals formerly widespread throughout the Northern Hemisphere **2.** [Colloq.] a man who boldly approaches women for sexual purposes —***vt.*** to eat greedily (often with *down*) —**cry wolf** to give a false alarm —**keep the wolf from the door** to provide the necessities of life —**wolf in sheep's clothing** a malicious person in a harmless or friendly guise —**wolf′ish** ***adj.***

**Wolf Cub** *former name of* CUB SCOUT

**wolfhound** ***n.*** a large dog of any of several breeds formerly used for hunting wolves

**wolfram** (wool′frəm) ***n.*** [G.] *same as* TUNGSTEN

**wolframite** ***n.*** [< G.] a brownish or blackish mineral, a compound of tungsten, iron, and manganese

**wolfsbane** (woolfs′bān′) ***n.*** *same as* ACONITE

**wolf whistle** a two-note whistle made by a man to express admiration of a woman and attract her attention

**wolverine** (wool′və rēn′) ***n.*** [< WOLF] a flesh-eating mammal found in the northern U.S.: the European variety is the GLUTTON Also sp. **wol′verene′**

**wolves** (woolvz) ***n.*** *pl. of* WOLF

**woman** (woom′ən) ***n., pl.*** **wom′en** (wim′in) [< OE. *wif*, a female + *mann*, human being] **1.** an adult, female human being **2.** women as a group **3.** [Colloq.] a female domestic help —***adj.*** female

**womanhood** ***n.*** **1.** the condition of being a woman **2.** womanly qualities **3.** womankind

**womanish** ***adj.*** like or suitable to a woman; feminine or effeminate

**womanize** ***vi.*** **-ized′, -iz′ing** [Colloq.] to be sexually promiscuous with women —**wom′aniz′er** ***n.***

**womanly** ***adj.*** **1.** like a woman **2.** characteristic of or fit for a woman —**wom′anliness** ***n.***

**womb** (wōōm) ***n.*** [OE. *wamb*] **1.** *same as* UTERUS **2.** any place in which something is contained, developed, etc.

**wombat** (wom′bat) ***n.*** [< Abor. name] a burrowing Australian marsupial that looks like a small bear

**women** (wim′in) ***n.*** *pl. of* WOMAN

**Women's Institute** a society for women chiefly in rural areas, with regular meetings for craft and cultural activities

**Women's Liberation** a movement among women to eradicate all inequalities in social and economic life that are based on the assumption that men are superior to women: also **Women's Lib**

**women's rights** the rights claimed by and for women of equal privileges and opportunities with men

**won** (wun) *pt. & pp. of* WIN

**wonder** (wun′dər) ***n.*** [OE. *wundor*] **1.** the feeling of surprise, amazement, etc. caused by something strange, remarkable, etc. **2.** a person, thing, or event so unusual as to cause this feeling **3.** a miracle —***vi.*** **1.** to feel wonder; marvel **2.** to have curiosity, sometimes mixed with doubt —***vt.*** to have curiosity or doubt about [*I wonder* what he meant] —**no wonder!** now I know why! —**won′derment** ***n.***

**wonderful** ***adj.*** **1.** marvellous; amazing **2.** [Colloq.] very good; excellent —**won′derfully** ***adv.***

**wonderland** ***n.*** an imaginary place full of wonders, or a real place like this

**wonder-struck** ***adj.*** struck with wonder, surprise, admiration, etc.

**wondrous** (wun′drəs) ***adj., adv.*** [Now Rare] wonderful(ly) —**won′drously** ***adv.***

**wonky** (woŋ′kē) ***adj.*** **-kier, -kiest** [< OE. *wancal*, shaky] [Slang] shaky; unsteady; unreliable

**wont** (wōnt) ***adj.*** [< OE. *wunian*, be used to] accustomed [*he* was *wont* to rise early] —***n.*** usual practice; habit

**wonted** (wōn′tid) ***adj.*** customary; accustomed

**woo** (wōō) ***vt.*** [OE. *wogian*] **1.** to try to get the love of; court **2.** to seek [to *woo* fame*]* **3.** to coax; urge —***vi.*** to court a person —**woo′er** ***n.***

**wood** (wood) ***n.*** [OE. *wudu*] **1.** the hard, fibrous substance beneath the bark of trees and shrubs **2.** timber **3.** [*usually pl.*] a thick growth of trees; forest **4.** firewood **5.** *a*) a wooden cask *[*whisky aged in *wood] b*) any of the biased wooden bowls used in the game of bowls *c*) *Golf* any of a set of numbered clubs with wooden heads —***adj.*** **1.** wooden **2.** for cutting, shaping, or holding wood **3.** growing or living in woods —**cannot see the wood for the trees** lose sight of larger issues in a mass of detail —**out of the wood** [Colloq.] out of difficulty, danger, etc.

**woodbine** ***n.*** [see WOOD & BIND] the wild honeysuckle

**woodcarving** ***n.*** **1.** the art or craft of carving wood by hand **2.** an object so made —**wood′carv′er** ***n.***

WOODCHUCK
(head & body to c. 40 cm long; to c. 15 cm long)

**woodchuck** (wood′chuk′) ***n.*** [< Algonquian name] a N American animal that burrows in the ground and sleeps all winter

**woodcock** ***n.*** a game bird with short legs and a long bill

**woodcraft** ***n.*** **1.** matters relating to the woods, as camping, hunting, etc. **2.** *same as: a*) WOODWORKING *b*) WOODCARVING

**woodcut** ***n.*** **1.** a wooden block engraved with a design, etc. **2.** a print made from this

**woodcutter** ***n.*** a person who fells trees, cuts wood, etc.

**wooded** ***adj.*** covered with trees

**wooden** ***adj.*** **1.** made of wood **2.** stiff; clumsy **3.** dull; insensitive —**wood′enly** ***adv.*** —**wood′enness** ***n.***

**woodenheaded** ***adj.*** [Colloq.] dull; stupid —**wood′enhead′edness** ***n.***

**woodland** ***n.*** land covered with woods or trees —***adj.*** of or living in woods

**woodlouse** ***n., pl.*** **-lice** a small, terrestrial crustacean with a flat, oval body, living in damp places, as under rocks

**woodpecker** ***n.*** a tree-climbing bird with a strong, pointed bill used to drill holes in bark to get insects

**wood pigeon** a common pigeon, resembling the domestic pigeon, but larger, with white patches on the wings and neck: also called **ring′dove**

**woodpile** ***n.*** a pile of wood, esp. of firewood

**wood pulp** pulp made from wood fibre, used in paper manufacture

**woodruff** (wood′ruf′) ***n.*** [OE. *wudurofe*] a plant with small white, sweet-scented flowers

**woodshed** ***n.*** a shed for storing firewood

**wood sorrel** any of a group of plants with white, pink, or yellow, five-petalled flowers

**woodwind** ***n.*** the wind instruments of an orchestra made, esp. originally, of wood —***adj.*** of or for such instruments

**woodwork** ***n.*** **1.** work done in wood **2.** things made of wood, esp. the interior mouldings, doors, stairs, etc. of a house

**woodworking** ***n.*** the art or work of making things out of wood —**wood′work′er** ***n.***

**woodworm** ***n.*** any of a number of insect larvae that live on and burrow in wood

**woody** ***adj.*** **-ier, -iest** **1.** covered with trees; wooded **2.** consisting of or like wood —**wood′iness** ***n.***

**woody nightshade** a plant of the nightshade family with purple flowers and poisonous, red berries

**woof**[1] (wōōf) ***n.*** [< OE. *wefan,* to weave] *same as* WEFT

**woof**[2] (woof) ***n.*** a gruff barking sound of or like that of a dog —***vi.*** to make such a sound

**woofer** (wōōf′ər) ***n.*** [< prec.] in an assembly of two or more loudspeakers, a large speaker for reproducing low-frequency sounds

**wool** (wool) ***n.*** [OE. *wull*] **1.** the soft, curly hair of sheep or of some other animals, as the goat **2.** *a*) yarn spun from the fibres of such hair *b*) cloth, clothing, etc. made of this yarn **3.** anything that looks or feels like wool —***adj.*** of wool or woollen goods —**pull the wool over someone's eyes** to deceive someone —**wool′like′** ***adj.***

**wool fat** **1.** the natural grease found in a sheep's wool, yielding lanolin **2.** *same as* LANOLIN

**woolgathering** ***n.*** absent-mindedness or daydreaming

**woolgrower** ***n.*** a person who raises sheep for wool —**wool′grow′ing** ***n.***

**woollen** ***adj.*** **1.** made of wool **2.** of or relating to wool or woollen cloth —***n.*** [*pl.*] woollen goods or clothing U.S. sp. **wool′en**

**woolly** ***adj.*** **wool′lier, wool′liest** **1.** of or like wool **2.** bearing wool **3.** covered with wool or something like wool in texture **4.** confused; fuzzy *[woolly* ideas*]* —***n., pl.*** **wool′lies** a knitted garment, as a cardigan —**wool′liness** ***n.***

**woolpack** ***n.*** **1.** a large bag in which to pack wool for sale **2.** a bale of wool so packed

**woolsack** ***n.*** **1.** in Britain, a cushion stuffed with wool, on which the Lord Chancellor sits in the House of Lords **2.** the office of Lord Chancellor

**woozy** (wōō′zē) ***adj.*** **-ier, -iest** [Colloq.] **1.** dizzy, faint, and sickish **2.** befuddled, as from drink —**wooz′ily** ***adv.*** —**wooz′iness** ***n.***

**wop** (wop) ***n.*** [< ?] [Derog. Slang] a member of a Latin people, esp. an Italian

**Worcester sauce** (woos′tər) [orig. made

in *Worcester*] a spicy sauce for meats, poultry, etc.

**word** (wʉrd) *n.* [OE.] **1.** *a*) a speech sound, or series of speech sounds, serving to communicate meaning *b*) a letter or group of letters representing such a unit of language **2.** a remark [a *word* of advice] **3.** a promise **4.** news; information [no *word* from home] **5.** *a*) a password *b*) a command **6.** [*usually pl.*] *a*) talk; speech *b*) lyrics; text **7.** [*pl.*] a quarrel **8.** an ordered combination of characters with meaning, regarded as a unit and stored in a computer —*vt.* to express in words; phrase —**a good word** a commendation —**by word of mouth** by speech; orally —**in a word** in short —**in so many words** precisely; explicitly —**of many** (or **few**) **words** talkative (or untalkative) —**put words into a person's mouth** **1.** to impute a statement to a person who has not said it **2.** to tell a person what to say —**take a person at his word** take action in the belief that someone meant what he said —**take the words out of one's mouth** to have someone else say what one was about to say oneself —**the Word** the Bible: also **Word of God** —(**upon**) **my word!** indeed! really! —**word for word** in precisely the same words —**word'less** *adj.* —**word'lessly** *adv.*

**word blindness** *same as*: **1.** ALEXIA **2.** DYSLEXIA

**word game** any game involving the formation, discovery, or alteration of a word or words

**wording** *n.* choice and arrangement of words

**word of honour** pledged word; solemn promise

**word order** the arrangement of words in a phrase, clause, or sentence

**word-perfect** (wʉrd'pʉr'fikt) *adj.* knowing one's lesson, theatrical role, etc. perfectly by heart

**word processing** the storage and organization of language by electronic means, esp. for business purposes —**word processor**

**wordy** *adj.* **-ier, -iest** containing or using too many words; verbose —**word'iness** *n.*

**wore** (wôr) *pt. of* WEAR[1]

**work** (wʉrk) *n.* [OE. *weorc*] **1.** physical or mental effort exerted to do or make something; labour; toil **2.** *a*) employment at a job [out of *work*] *b*) one's place of employment **3.** occupation, profession, business, trade, etc. **4.** something one is making or doing; task **5.** something made or done; specif., *a*) an act; deed [good *works*] *b*) [*pl.*] collected writings *c*) [*pl.*] engineering structures, as bridges, dams, etc. *d*) a fortification *e*) needlework **6.** [*pl., with sing. v.*] a place where something is manufactured, as a factory **7.** workmanship **8.** *Mech.* transference of force from one body or system to another, measured by the product of the force and the amount of displacement in the line of force —*adj.* of, for, or used in work —*vi.* **1.** to do work; labour; toil **2.** to be employed **3.** *a*) to function; operate *b*) to operate effectively **4.** to undergo fermentation **5.** to produce results or exert an influence **6.** to be manipulated, kneaded, etc. **7.** to move, proceed, etc. slowly and with difficulty **8.** to move, twitch, etc. as from agitation [his face *worked* with emotion] **9.** to change into a specified condition, as by repeated movement [the handle *worked* loose] —*vt.* **1.** to carry on activity in, along, etc.; cover [a salesman *working* his territory] **2.** to cause to work **3.** to operate; use **4.** to cultivate (soil) **5.** to manipulate; knead **6.** to mould; shape **7.** to bring into a specified condition, as by moving back and forth [to *work* a nail loose] **8.** to influence; persuade **9.** to provoke; rouse [to *work* oneself into a rage] **10.** to cause; bring about [his idea *worked* wonders] **11.** to make (one's way, etc.) by effort **12.** to sew, embroider, etc. **13.** [Colloq.] to manipulate to one's own advantage —**at work** working —**get** (or **give one**) **the works** [Slang] to be (or cause one to be) the victim of an ordeal —**have one's work cut out** (**for one**) to have difficulty in accomplishing one's task —**make short** (or **quick**) **work of** to deal with quickly —**out of work** unemployed —**the works** **1.** the working parts (*of* a watch, clock, etc.) **2.** everything —**work in** to insert or be inserted —**work off** **1.** to get rid of, as by exertion **2.** to pay (a debt or obligation) by work instead of money —**work on** **1.** to influence **2.** to try to persuade —**work out** **1.** to accomplish **2.** to solve **3.** to exhaust (a mine, etc.) **4.** to result in some way **5.** to calculate **6.** to reach a total [it *works out* at £1 each] **7.** to develop; elaborate —**work over** [Colloq.] to subject to harsh or cruel treatment —**work to rule** to adhere strictly to all working regulations in order to reduce the rate of working, as a form of industrial action —**work up** **1.** to advance; rise **2.** to develop; elaborate **3.** to arouse; excite

**workable** *adj.* **1.** practicable; feasible **2.** that can be worked

**workaday** *adj.* **1.** commonplace; ordinary **2.** of or suitable for working days

**workbasket** *n.* a container for sewing equipment

**workbench** *n.* a table at which work is done, as by a mechanic, carpenter, etc.

**worker** *n.* **1.** one who works for a living **2.** a person who works for a cause, etc. **3.** any of various sterile female ants, bees, etc. that do work for the colony

**work force** the total number of workers actively employed in, or available for, work

**workhouse** *n.* formerly, a poorhouse

**work-in** *n.* a form of industrial action in which a factory that is to be closed is occupied and run by its workers

**working** *adj.* **1.** that works **2.** used in work **3.** sufficient to get work done [a *working* majority] **4.** on which further work may be based [a *working* hypothesis] —*n.* **1.** the act or process of a person or thing that works **2.** [*usually pl.*] a part of a mine, quarry, etc. where work is or has been done —**in working order** fit or ready to operate

**working class** workers as a class; esp., industrial or manual workers —**work'ing-class'** *adj.*

**working day** 1. a day on which work is done 2. the part of a day during which work is done

**workingman** *n.* a worker; esp., an industrial or manual worker; wage earner; labourer

**working party** a body appointed to investigate a problem, question, etc.

**workload** *n.* the amount of work assigned to be completed within a given time

**workman** *n.* 1. *same as* WORKINGMAN 2. a craftsman

**workmanlike** *adj.* characteristic of a good workman; skilful

**workmanship** *n.* 1. skill of a workman; craftsmanship 2. something produced by this skill

**work of art** 1. something produced in one of the fine arts, as a painting, sculpture, etc. 2. anything made, performed, etc. with great skill and beauty

**work-out** *n.* a session of physical exercise, esp. for training

**workroom** *n.* a room in which work is done

**workshop** *n.* 1. a room or building where work is done 2. a seminar or series of meetings for intensive study, work, etc. in some field [a writers' *workshop*]

**work-shy** *adj.* avoiding work; lazy

**worktable** *n.* a table at which work is done, esp. one with drawers for tools, materials, etc.

**work-to-rule** *n.* a form of industrial action in which employees adhere strictly to all working regulations, in order to reduce their rate of working and efficiency

**world** (wurld) *n.* [OE. *werold*] 1. *a*) the planet earth *b*) the whole universe 2. the earth and its inhabitants 3. *a*) mankind *b*) people generally 4. *a*) [*also* **W-**] some part of the earth [the Old *World*] *b*) some period of its history, society, etc. [the ancient *world*] *c*) any sphere or domain [the animal *world*] 5. experience, outlook, etc. [his *world* is narrow] 6. secular life and interests 7. [*often pl.*] great deal [to do a *world* (or *worlds*) of good] —**come into the world** to be born —**dead to the world** unaware of one's surroundings, esp. asleep or drunk —**on top of the world** very happy; elated

**World Bank** an agency (officially **International Bank for Reconstruction and Development**) of the UN, established in 1945 to make loans to member nations

**worldbeater** *n.* [Colloq.] one that is, or has the qualities needed to become, a great success

**World Cup** an award given in a competition held every four years between football teams of various countries

**worldly** *adj.* **-lier, -liest** 1. of this world; temporal or secular 2. concerned with the affairs, pleasures, etc. of this world 3. worldly-wise —**world'liness** *n.*

**worldly-wise** *adj.* wise in the ways of the world; sophisticated

**world-shaking** *adj.* of great importance; momentous

**World War I** the war (1914–18) between the Allies (Great Britain, France, Russia, the U.S., Italy, Japan, etc.) and the Central Powers (Germany, Austria-Hungary, etc.)

**World War II** the war (1939–45) between the Allies (Great Britain, France, the Soviet Union, the U.S., etc.) and the Axis (Germany, Italy, Japan, etc.)

**world-weary** *adj.* bored with living

**worldwide** *adj.* extending throughout the world

**worm** (wurm) *n.* [OE. *wyrm,* serpent] 1. a long, slender, soft-bodied, limbless invertebrate 2. popularly, an insect larva, as a grub or maggot 3. any of various wormlike animals, as the glow worm 4. a person looked down on as being too meek, wretched, etc. 5. a short, rotating screw that meshes with the teeth of a worm wheel or a rack 6. [*pl.*] *Med.* any disease caused by parasitic worms in the intestines, etc. —*vi.* to move, proceed, etc. like a worm, in a winding, creeping, or roundabout manner —*vt.* 1. to bring about, get, make, etc. in a winding, creeping, or roundabout manner 2. to purge of intestinal worms —**the worm will turn** a hitherto meek, yielding person will suddenly assert his will if provoked too far —**worm'like'** *adj.*

**wormcast** *n.* a coil of earth that has been excreted by an earthworm

**worm-eaten** *adj.* eaten into by worms, termites, etc.

**worm gear** 1. *same as* WORM WHEEL 2. a gear consisting of a worm and worm wheel

**wormhole** *n.* a hole made, as in wood, by a worm, termite, etc.

**worm wheel** a toothed wheel designed to gear with the thread of a worm

**wormwood** (wurm'wood') *n.* [< OE. *wermod*] 1. a plant that yields a bitter-tasting, dark-green oil (**wormwood oil**) used in making absinthe 2. a bitter, unpleasant experience

**wormy** *adj.* **-ier, -iest** 1. worm-infested 2. *same as* WORM-EATEN 3. like a worm 4. debased; grovelling —**worm'iness** *n.*

**worn** (wôrn) *pp. of* WEAR[1] —*adj.* 1. damaged by use or wear 2. showing the effects of worry or anxiety 3. exhausted; spent

**worn-out** *adj.* 1. used or worn until no longer effective, usable, or serviceable 2. exhausted; tired out

**worrisome** (wur'ē səm) *adj.* causing worry or anxiety

**worry** (wur'ē) *vt.* **-ried, -rying** [OE. *wyrgan,* strangle] 1. to make troubled or uneasy 2. to annoy; bother 3. *a*) to treat roughly, as with continual biting [a dog *worrying* a bone] *b*) to pluck at, touch, etc. repeatedly in a nervous way —*vi.* 1. to be anxious, troubled, etc. 2. to manage to get (*along or through*) difficulties 3. to bite, pull, or tear (*at* an object) with the teeth —*n., pl.* **-ries** **1.** a troubled state of mind; anxiety **2.** something that causes anxiety —**wor'rier** *n.*

**worry beads** a string of beads that when fingered or played with supposedly relieves nervous tension

**worse** (wŭrs) ***adj.*** *compar. of* BAD[1] & ILL [OE. *wiersa*] **1.** *a*) bad, evil, harmful, etc. in a greater degree *b*) of inferior quality **2.** in poorer health **3.** in a less satisfactory situation —***adv.*** *compar. of* BADLY & ILL in a worse manner; to a worse extent —***n.*** that which is worse —**for the worse** to a worse condition —**worse off** financially poorer

**worsen** *vt., vi.* to make or become worse

**worship** (wŭr'ship) ***n.*** [< OE.: see WORTH & -SHIP] **1.** *a*) reverence or devotion for a deity *b*) a church service or other rite showing this **2.** intense love or admiration **3.** a title of honour (preceded by *your* or *his*) used in addressing magistrates, etc. —***vt.*** **-shipped, -shipping** **1.** to show religious reverence for **2.** to have intense love or admiration for —***vi.*** to engage in worship —**wor'shipper** ***n.***

**worshipful** ***adj.*** **1.** honourable; respected **2.** feeling or offering great devotion or respect

**worst** (wŭrst) ***adj.*** *superl. of* BAD[1] & ILL [OE. *wyrsta*] **1.** *a*) bad, evil, harmful, etc. in the greatest degree *b*) of the lowest quality or condition **2.** in the least satisfactory situation —***adv.*** *superl. of* BADLY & ILL in the worst manner; to the worst extent —***n.*** that which is worst —***vt.*** to get the better of; defeat —**if the worst comes to the worst** if the worst possible thing happens

**worsted** (wŏŏs'tid) ***n.*** [< *Worstead,* Norfolk] **1.** a smooth, hard-twisted woollen yarn **2.** fabric made from this —***adj.*** made of worsted

**wort[1]** (wŭrt) ***n.*** [< OE. *wyrt-*] a liquid prepared with malt which, after fermenting, becomes beer, ale, etc.

**wort[2]** ***n.*** [OE. *wyrt,* a root] a plant or herb: now usually in compounds [*liverwort*]

**worth** (wŭrth) ***adj.*** [OE. *weorth*] [*with prepositional force*] **1.** deserving or worthy of **2.** equal in value to **3.** having wealth amounting to —***n.*** **1.** material value, esp. as expressed in money **2.** importance; value **3.** the quantity of something that may be had for a given sum [four pounds' *worth* of petrol] —**for all one is worth** to the utmost

**worthless** ***adj.*** useless, valueless, etc. —**worth'lessness** ***n.***

**worthwhile** (wŭrth'wīl') ***adj.*** important or valuable enough to repay time or effort spent

**worthy** (wŭr'*th*ē) ***adj.*** **-thier, -thiest** **1.** deserving; meriting (often with *of* or an infinitive) **2.** having worth, value, or merit —***n., pl.*** **-thies** a person of outstanding worth or importance —**wor'thily** ***adv.*** —**wor'thiness** ***n.***

**would** (wŏŏd; *unstressed* wəd) ***v.*** [OE. *wolde*] **1.** *pt. of* WILL[2] **2.** an auxiliary used to express *a*) condition [if you *would*] *b*) futurity [he said he *would* come] *c*) habitual action [on Sundays he *would* sleep late] *d*) a request [*would* you please leave?] **3.** I wish [*would* that she were here]

**would-be** ***adj.*** wishing or pretending to be

**wound[1]** (wōōnd) ***n.*** [OE. *wund*] **1.** an injury in which the skin or other tissue is broken, cut, torn, etc. **2.** any hurt to the feelings, honour, etc. —***vt., vi.*** to inflict a wound (*on* or *upon*); injure

**wound[2]** (wound) *pt. & pp. of* WIND[1]

**wove** (wōv) *pt. & alt. pp. of* WEAVE

**woven** *alt. pp. of* WEAVE

**wow** (wou) ***interj.*** an exclamation of surprise, pleasure, pain, etc. —***n.*** [Chiefly U.S. Slang] a remarkable, exciting, etc. person or thing —***vt.*** [Chiefly U.S. Slang] to be a great success with

**wpm** words per minute

**W.R.A.C.** Women's Royal Army Corps

**wrack** (rak) ***n.*** [< OE. *wræc,* misery] **1.** ruin; destruction: now chiefly in **wrack and ruin** **2.** seaweed, etc. cast up on shore

**W.R.A.F.** Women's Royal Air Force

**wraith** (rāth) ***n.*** [Scot.] **1.** a ghostlike figure of a person supposedly seen just before his death **2.** a ghost

**wrangle** (raŋ'g'l) ***vi.*** **-gled, -gling** [< ME. *wringen,* to WRING] to quarrel angrily and noisily —***vt.*** [US & Canad.) to herd (cattle or horses) —***n.*** an angry, noisy quarrel

**wrap** (rap) ***vt.*** **wrapped, wrap'ping** [ME. *wrappen*] **1.** to wind or fold (a covering) round something **2.** to envelop; conceal [a town *wrapped* in fog] **3.** to enclose and fasten in paper, etc. —***vi.*** to twine, extend, coil, etc. (usually with *over, round,* etc.) —***n.*** an outer covering or garment —**wrapped up in** absorbed in —**wrap up** **1.** to enfold in a covering **2.** to put on warm clothing **3.** *a*) [Colloq.] to bring to an end *b*) [Slang] to be quiet

**wraparound** ***adj.*** **1.** that is wrapped around the body [a *wraparound* skirt] **2.** moulded, etc. so as to curve

**wrapper** ***n.*** **1.** the covering of paper, polythene, etc., in which a sweet, biscuit, etc. is enclosed **2.** the dust jacket of a book **3.** the paper in which a magazine, etc. is enclosed for posting **4.** a loose garment, as a woman's dressing gown

**wrapping** ***n.*** [*often pl.*] the material, as paper, in which something is wrapped

**wrath** (roth) ***n.*** [OE., wroth] intense anger; rage —**wrath'ful** ***adj.***

**wreak** (rēk) ***vt.*** [OE. *wrecan,* to revenge] **1.** to inflict (vengeance), cause (havoc), etc. **2.** to give free play to (anger, malice, etc.)

**wreath** (rēth) ***n., pl.*** **wreaths** (rē*th*z) [OE. *writhan,* to twist] **1.** a twisted band or ring of leaves, flowers, etc. **2.** something suggesting this in shape [*wreaths* of smoke]

**wreathe** (rē*th*) ***vt.*** **wreathed, wreath'ing** **1.** to form into a wreath **2.** to entwine round; encircle [clouds *wreathe* the hills] **3.** to cover [a face *wreathed* in smiles] —***vi.*** to have a twisting or coiling movement

**wreck** (rek) *vt.* [< ON. *vrek,* driftwood] **1.** to destroy or damage badly **2.** to overthrow; thwart —*vi.* to be wrecked —*n.* **1.** a shipwreck **2.** the remains of anything that has been destroyed or badly damaged **3.** a person in very poor health **4.** a wrecking or being wrecked; ruin

**wreckage** *n.* **1.** the remains of something that has been wrecked **2.** a wrecking or being wrecked

**wrecker** *n.* **1.** a person or thing that wrecks **2.** formerly, a person who lured ships to destruction on rocky coasts in order to plunder the wreckage

**Wren** (ren) *n.* [< initials *W.R.N.S.*] a member of the Women's Royal Naval Service

**wren** (ren) *n.* [OE. *wrenna*] a small, songbird having a long bill, rounded wings, and a stubby, erect tail

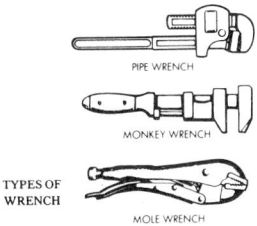


**wrench** (rench) *n.* [OE. *wrenc,* a trick] **1.** a sudden, sharp twist or pull **2.** an injury caused by a twist or jerk, as to the back **3.** a sudden feeling of grief, etc., as at parting from someone **4.** a tool for holding and turning nuts, bolts, etc. —*vt.* **1.** to twist, pull, or jerk violently **2.** to injure (a part of the body) by wrenching —*vi.* to pull (*at* something) with a wrenching movement

**wrest** (rest) *vt.* [OE. *wræstan*] **1.** to pull or force away violently with a twisting motion **2.** to take by force; usurp —*n.* a wresting; twist; wrench

**wrestle** (res′'l) *vi., vt.* **-tled, -tling** [< OE. *wræstan,* to twist] **1.** to struggle hand to hand with (an opponent) in an attempt to throw or force him to the ground without striking blows **2.** to struggle hard (*with* a problem, etc.) —*n.* **1.** a wrestling; wrestling bout **2.** a struggle or contest —**wres′tler** *n.*

**wrestling** (res′liŋ) *n.* a sport in which the opponents wrestle

**wretch** (rech) *n.* [OE. *wrecca,* an outcast] **1.** a miserable or unhappy person **2.** a person who is despised or scorned

**wretched** (rech′id) *adj.* [OE. *wræcc*] **1.** very unhappy **2.** causing misery [*wretched* slums] **3.** very inferior **4.** deserving to be despised —**wretch′edly** *adv.* —**wretch′edness** *n.*

**wrick** (rik) *vt., n.* [< ME. *wrikken,* move jerkily] sprain or wrench

**wriggle** (rig′'l) *vi.* **wrig′gled, wrig′gling** [MLowG. *wriggeln*] **1.** to twist and turn; squirm **2.** to move along with a twisting motion **3.** to make one's way by subtle or shifty means —*vt.* to cause to wriggle —*n.* a wriggling —**wrig′gly** *adj.*

**wright** (rīt) *n.* [OE. *wyrcan,* to work] a person who makes: used chiefly in compounds [*shipwright*]

**wring** (riŋ) *vt.* **wrung, wring′ing** [OE. *wringan*] **1.** *a*) to squeeze, press, or twist, esp. so as to force out water *b*) to force *out* (water, etc.) **2.** to twist (the hands) together as an expression of distress **3.** to clasp (another's hand) forcefully in greeting **4.** to extract by force, threats, persistence, etc. **5.** to afflict with anguish, pity, etc. [the story *wrung* her heart] —*vi.* to squirm or twist with great effort —*n.* a wringing —**wringing wet** soaked; drenched

**wringer** *n.* a device with two rollers close together between which wet clothes are run to squeeze out the water

**wrinkle**[1] (riŋ′k'l) *n.* [< OE. (*ge*)*wrinclian,* to wind] **1.** a small ridge or furrow in a normally smooth surface **2.** a crease or pucker in the skin —*vt., vi.* **-kled, -kling** to contract or pucker into small ridges or creases —**wrin′kly** *adj.*

**wrinkle**[2] *n.* [prob. < OE. *wrenc,* a trick] [Colloq.] a piece of useful information; tip

**wrist** (rist) *n.* [OE.] the joint or part of the arm between the hand and the forearm

**wristwatch** *n.* a watch worn on a strap or band round the wrist

**writ** (rit) *n.* [OE. < *writan,* write] a formal legal document ordering or prohibiting some action

**write** (rīt) *vt.* **wrote, writ′ten, writ′ing** [OE. *writan*] **1.** *a*) to form (words, letters, etc.) on a surface, esp. with a pen or pencil *b*) to form the words, letters, etc. of [*write* your name] **2.** to spell (a word, etc.) **3.** to be the author or composer of **4.** to fill in (a cheque, form, etc.) with the writing required **5.** to communicate in writing [he *wrote* that he was ill] **6.** [Colloq. & U.S.] to communicate with in writing [*write* me every day] **7.** to record in writing, etc. **8.** to leave signs or evidence of [greed was *written* on his face] —*vi.* **1.** to write words **2.** to write books, etc. **3.** to write a letter **4.** to produce writing of a specified kind [to *write* legibly] —**write down** **1.** to put into written form **2.** to discredit in writing **3.** to write in a very simple style so as to be easily understood —**write off** **1.** to cancel or remove from accounts (bad debts, etc.) **2.** to drop from consideration **3.** to cause, or acknowledge, the complete destruction of —**write out** **1.** to put into writing **2.** to write in full —**write up** **1.** to write an account of **2.** to praise in writing **3.** to bring a piece of writing, as a diary, up to date

**writer** *n.* a person who writes, esp. as a business or occupation; author, journalist, etc.

**write-off** *n.* [Colloq.] something damaged beyond repair, esp. a car

**write-up** *n.* a published account of something; review

**writhe** (rīth) *vt.* **writhed, writh'ing** [OE. *writhan,* to twist] to cause to twist or turn; contort —*vi.* **1.** to make twisting movements; squirm **2.** to suffer great emotional distress —*n.* a writhing movement

**writing** (rīt'iŋ) *n.* **1.** letters or symbols written on a surface **2.** the act of a person who writes **3.** a letter, document, etc. **4.** *short for* HANDWRITING **5.** a literary work **6.** the profession of a writer **7.** the art, style, etc. of literary composition —*adj.* **1.** that writes **2.** used in writing —**the writing on the wall** signs of approaching disaster

**writing desk** a piece of furniture with a writing surface and drawers and compartments for papers, etc.

**written** (rit''n) *pp. of* WRITE —*adj.* put down in a form to be read

**W.R.N.S.** (renz) Women's Royal Naval Service

**wrong** (roŋ) *adj.* [< ON. *rangr,* twisted] **1.** *a*) incorrect *b*) mistaken **2.** not just, moral, etc. **3.** not in accordance with an established standard, etc. [the *wrong* method] **4.** not suitable or appropriate **5.** in an unsatisfactory or bad condition **6.** not functioning properly [what's *wrong* with the light?] **7.** designating the unfinished, inner, or under side [the *wrong* side of a fabric] —*adv.* in a wrong manner, direction, etc. —*n.* **1.** something wrong, esp. an unjust or immoral act **2.** *Law* a violation of a legal right —*vt.* **1.** to treat badly or unjustly **2.** to think badly of without real justification —**get hold of the wrong end of the stick** to misunderstand completely —**get (someone** or **something) wrong** [Colloq.] to fail to understand (someone or something) —**in the wrong** not on the side supported by truth, justice, etc. —**wrong'ly** *adv.* —**wrong'ness** *n.*

**wrongdoing** *n.* any act or behaviour that is wrong —**wrong'do'er** *n.*

**wrongful** *adj.* **1.** unjust, unfair, or injurious **2.** unlawful [*wrongful* dismissal] —**wrong'fully** *adv.*

**wrongheaded** (roŋ'hed'id) *adj.* stubborn in sticking to wrong opinions, ideas, etc.; perverse

**wrong' un** **1.** [Colloq.] a bad character **2.** *Cricket* a googly

**wrote** (rōt) *pt. of* WRITE

**wroth** (rōth) *adj.* [OE. *wrath*] [Obs.] angry; wrathful

**wrought** (rôt) *archaic pt. & pp. of* WORK —*adj.* **1.** shaped by hammering: said of metals **2.** formed; fashioned **3.** elaborated with care

**wrought iron** a kind of iron that contains very little carbon: it is tough but easy to work or shape —**wrought'-i'ron** *adj.*

**wrung** (ruŋ) *pt. & pp. of* WRING

**W.R.V.S.** Women's Royal Voluntary Service

**wry** (rī) *adj.* **wri'er, wri'est** [OE. *wrigian,* to turn] **1.** twisted; distorted **2.** made by twisting or distorting the features **3.** perverse; ironic [*wry* humour] —*vt., vi.* **wried, wry'ing** to writhe or twist —**wry'ly** *adv.* —**wry'ness** *n.*

**wryneck** *n.* **1.** a bird related to the woodpecker, noted for its habit of twisting its neck **2.** a condition in which the neck is twisted by a muscle spasm

**WSW, W.S.W., w.s.w.** west-southwest

**wt.** weight

**wych-elm** (wich'elm') *n.* [< OE. *wice,* pliant + ELM] a small variety of elm native to Europe and N Asia

**wynd** (wīnd) *n.* [< ME. *winden,* WIND[1]] [Scot.] a narrow lane or alley

**WX** women's extra large size

# X

**X, x** (eks) *n., pl.* **X's, x's** the twenty-fourth letter of the English alphabet

**X** (eks) *n.* **1.** a mark shaped like X, used to represent the signature of a person who cannot write, to mark a particular point on a map, etc. **2.** the Roman numeral for 10 **3.** a person or thing unknown **4.** *Cinema* a film to which no one under the age of eighteen may be admitted —***adj.*** shaped like X

**x** *Math. a symbol for: a*) an unknown quantity *b*) times (in multiplication) *[*3 × 3 = 9*]*

**xanthein** (zan′thē in) *n.* [Fr. *xanthéine*] the water-soluble part of the yellow pigment in some plants

**xanthine** (zan′thēn) *n.* [Fr.] a white, crystalline nitrogenous compound present in blood, urine, and certain plants

**Xanthippe** (zan thip′ē) *n.* [< wife of Socrates] a nagging or quarrelsome wife: also **Xantippe** (zan tip′ē)

**x-axis** *n., pl.* **x′-ax′es** *Math.* the horizontal axis along which the abscissa is measured

**X chromosome** see SEX CHROMOSOME

**Xe** *Chem.* xenon

**xebec** (zē′bek) *n.* [< Fr. < Ar. *shabbāk*] a small, three-masted ship, once common in the Mediterranean

**xeno-** [< Gr.] *a combining form meaning:* **1.** stranger, foreigner **2.** strange, foreign

**xenon** (ze′non) *n.* [Gr., strange] a heavy, colourless, gaseous chemical element present in the air in minute quantities: symbol, Xe

**xenophobia** (zen′ə fō′bē ə) *n.* [see XENO- & -PHOBIA] fear or hatred of strangers or foreigners —**xen′opho′bic** ***adj.***

**xerography** (zēə rog′rə fē) *n.* [< Gr. *xēros,* dry + -GRAPHY] a process for copying printed material, etc., in which an image of the material is electrically charged on a surface and attracts oppositely charged dry ink particles, which are then fused in place

**Xerox** (zēər′oks) *Trademark* a device for copying printed material, etc. by xerography —*n.* a copy made by such a device —*vt., vi.* to reproduce by such a device

**Xhosa** (kô′sə) *n.* **1.** *pl.* **Xho′sas, Xho′sa** any member of a people living in Cape Province, South Africa **2.** their language, characterized by clicks

**xi** (zī, sī) *n.* the fourteenth letter of the Greek alphabet (Ξ, ξ)

**XL** extra large size

**Xmas** (kris′məs; *occas.* eks′məs) *n.* [X (chi), 1st letter in Gr. *Christos,* Christ + -MAS] *same as* CHRISTMAS

**X-ray** *n.* **1.** an electromagnetic ray or radiation of very short wavelength produced by the bombardment of a metal by a stream of electrons, as in a vacuum tube: X-rays can penetrate solid substances and are widely used in medicine to study the bones, organs, etc. inside the body and to diagnose and treat certain disorders **2.** a photograph made by means of X-rays —*vt.* to examine, treat, or photograph with X-rays Also **x-ray**

**xylem** (zī′ləm) *n.* [G. < Gr. *xylon,* wood] the woody tissue of a plant, which contains cells that conduct water, minerals, etc.

**xylene** (zī′lēn) *n.* [< Gr. *xylon,* wood] any of three isomeric, colourless hydrocarbons, with the characteristics of benzene and derived from coal tar, and petroleum: used as solvents, antiseptics, etc.

XYLOPHONE

**xylophone** (zī′lə fōn′) *n.* [< Gr. *xylon,* wood + -PHONE] a musical instrument consisting of a series of graduated wooden bars struck with small wooden hammers —**xyloph′onist** (zī lof′ə nist) *n.*

**xylose** (zī′lōs) *n.* [< Gr. *xylon,* wood] a colourless sugar derived from wood, straw, etc. and used in dyeing, diabetic foods, etc.

# Y

**Y, y** (wī) *n., pl.* **Y's, y's** the twenty-fifth letter of the English alphabet

**Y** (wī) *n.* something shaped like Y

**Y** *Chem.* yttrium

**y** *Math. a symbol for:* **1.** the second of a set of unknown quantities, *x* usually being the first **2.** an ordinate

**-y[1]** (ē, i) [< ME.] *a suffix meaning* little, dear: used in forming diminutives, nicknames, etc. *[kitty, Billy]*

**-y[2]** [< OE.] *a suffix meaning:* **1.** having, full of *[dirty]* **2.** rather *[chilly]* **3.** tending to *[sticky]* **4.** suggestive of *[wavy]*

**-y[3]** [< L. *-ia*] *a suffix meaning:* **1.** quality or condition of (being) *[jealousy]* **2.** a shop, group, etc. of a specified kind *[bakery]*

**-y[4]** [< L. *-ium*] *a suffix meaning* action of *[inquiry]*

**y.** year(s)

**yabber** (ya′bər) *vi., n.* [Abor.] [Chiefly Aust. Colloq.] talk; jabber

**yacht** (yot) *n.* [Du. *jacht*] a large boat or small ship for pleasure cruises, races, etc. —*vi.* to sail in a yacht —**yacht′ing** *n.*

**yachtsman** *n.* a person who owns or sails a yacht

**yack, yack-yack, yackety-yack** *var. of* YAK[2], etc.

**yah** (yä) *interj.* a shout of scorn, defiance, etc.

**Yahoo** (yə hōō′) *n.* **1.** in Swift's *Gulliver's Travels,* any of a race of coarse, brutish creatures **2.** [**y-**] a vicious, coarse person

**Yahweh, Yahwe** (yä′wā) God: a form of the Hebrew name in the Scriptures

**yak[1]** (yak) *n.* [Tibetan *gyak*] a stocky, long-haired wild ox of Tibet and C Asia

**yak[2]** *vi.* **yakked, yak′king** [echoic] [Slang] to talk much or idly; chatter —*n.* [Slang] idle talk or chatter Also **yak′-yak′, yakety-yak** (yak′ə tē yak′)

**Yale (lock)** (yāl) [< Linus *Yale*] *Trademark* a type of cylinder lock using a flat serrated key

**yam** (yam) *n.* [Port. *inhame*] **1.** the edible, starchy root of a climbing plant grown in tropical regions **2.** [U.S.] the sweet potato

**yammer** (yam′ər) *vi.* [< OE. *geomor,* mournful] [Colloq. or Dial.] **1.** to whine; wail **2.** to talk incoherently —*n.* the act of yammering

**yang** (yaŋ) *n.* [< Chin. dial.] in Chinese philosophy, the active, positive, masculine force in the universe

**Yank** (yaŋk) *n.* [Slang] a Yankee; esp., a U.S. soldier in World Wars I and II

**yank** (yaŋk) *n., vt., vi.* [< ?] [Colloq.] jerk

**Yankee** (yaŋ′kē) *n.* [< ? Du. *Jan Kees,* a disparaging nickname] **1.** a native or inhabitant of the U.S. **2.** [U.S.] a native or inhabitant of New England or of a Northern state —*adj.* of or like Yankees

**yap** (yap) *vi.* **yapped, yap′ping** [echoic] **1.** to make a sharp, shrill bark **2.** [Colloq.] to talk noisily and stupidly —*n.* **1.** a sharp, shrill bark **2.** [Colloq.] noisy, stupid talk —**yap′per** *n.*

**yapp** (yap) *n.* [< *Yapp,* Brit. bookseller] a style of bookbinding in limp leather in which the cover projects beyond the edges of the book

**Yarborough** (yär′bər ə) *n.* [< second Earl of *Yarborough*] a bridge or whist hand containing no card higher than a nine

**yard[1]** (yärd) *n.* [OE. *gierd,* rod] **1.** *a)* a measure of length, equal to 3 feet (0.914 m) *b)* a cubic yard **2.** *Naut.* a slender rod or spar fastened across a mast to support a sail or to hold signal flags, lights, etc.

**yard[2]** *n.* [OE. *geard,* enclosure] **1.** a piece of enclosed ground, esp. one adjoining or surrounded by a building **2.** a place in the open used for a particular purpose *[shipyard]* **3.** an area with a network of railway lines where trains are made up, serviced, etc.: also **railway yard** **4.** [U.S. & Canad.] the winter pasture of deer, moose, etc. —**the Yard** *short for* SCOTLAND YARD

**yardage** *n.* **1.** measurement in yards **2.** the extent of something so measured

**yardarm** *n.* *Naut.* either end of a yard supporting a square sail, signal lights, etc.

**yardstick** *n.* **1.** any standard used in judging, comparing, etc. **2.** a measuring stick one yard long

**yarmulke** (yär′məl kə) *n.* [Yid. < Pol.] a skullcap often worn by Jewish men at prayer, etc.

**yarn** (yärn) *n.* [OE. *gearn*] **1.** a continuous strand of spun wool, silk, cotton, nylon, glass, etc., for weaving, knitting, etc. **2.** [Colloq.] a tale, esp. one that seems exaggerated —*vi.* [Old Colloq.] to tell yarns

**yarrow** (yar′ō) *n.* [OE. *gearwe*] a plant with finely divided leaves and clusters of small, pink or white flower heads

**yashmak** (yash′mak) *n.* [Ar. *yashmaq*] the double veil worn by Moslem women in public

**yatter** (yat′ər) *vi.* [prob. < YA(K)[2] + (CHA)TTER] [Colloq.] to talk idly about trivial things —*n.* [Colloq.] a yattering

**yaw** (yô) *vi.* [< ?] **1.** to swing back and forth across its course, as a ship pushed by high waves **2.** to swing about the vertical axis, as an aircraft —*n.* a yawing

**yawl** (yôl) *n.* [< MLowG. *jolle* or Du. *jol*] **1.** a sailing boat like a ketch, but with the short mizzenmast behind the rudderpost **2.** a ship's boat

**yawn** (yôn) *vi.* [< OE. *ganian,* gape] **1.** to open the mouth wide and breathe in deeply, as one often does automatically when sleepy **2.** to gape [a *yawning* chasm] —*n.* a yawning

**yaws** (yôz) *n.pl.* [*with sing. v.*] [< Carib] a tropical infectious disease characterized by raspberrylike skin eruptions

**y-axis** *n., pl.* **y'-ax'es** *Math.* the vertical axis along which the ordinate is measured

**Yb** *Chem.* ytterbium

**Y chromosome** see SEX CHROMOSOME

**yclept, ycleped** (i klept') *pp.* [< OE. *clipian,* to call] [Archaic] called; named

**yd.** *pl.* **yd., yds.** yard

**Y.D.T.** [U.S. & Canad.] Yukon Daylight Time

**ye**[1] (*th*ē, yē) *adj.* *archaic form of* THE

**ye**[2] (yē) *pron.* [OE. *ge*] [Archaic] you

**yea** (yā) *adv.* [OE. *gea*] **1.** yes **2.** [Archaic] indeed; truly —*n.* an answer or vote of "yes"

**year** (yēər) *n.* [OE. *gear*] **1.** a period of 365 days (in leap year, 366 days) divided into 12 months (from Jan. 1 to Dec. 31) **2.** the period (365 days, 5 hours, 48 minutes, 46 seconds) of one revolution of the earth round the sun **3.** the period in which any planet makes its revolution around the sun **4.** any period of 12 calendar months [six *years* ago] **5.** a calendar year of a specified number in an era [the *year* 500 B.C.] **6.** a specific period, not necessarily corresponding with a calendar year [a school *year*] **7.** the total intake of students, etc., admitted to an educational establishment in any one academic year **8.** [*pl.*] *a*) age [old for his *years*] *b*) a long time [*years* ago] —**year in, year out** with long and monotonous regularity

**yearbook** *n.* a reference book of facts and statistics, published yearly

**yearling** *n.* an animal in its second year

**yearlong** (yēər'loŋ') *adj.* continuing for a full year

**yearly** *adj.* **1.** happening once a year, or every year **2.** lasting a year **3.** of a year, or each year —*adv.* every year

**yearn** (yurn) *vi.* [OE. *georn,* eager] **1.** to be filled with longing **2.** to feel tenderness or sympathy —**yearn'ing** *n., adj.*

**yeast** (yēst) *n.* [OE. *gist*] a yellowish, moist mass of minute fungi that ferment sugars to form alcohol and carbon dioxide, and are used in making beer, etc. and as a leavening in baking

**yeasty** *adj.* **-ier, -iest** **1.** of, like, or containing yeast **2.** frothy; foamy **3.** in a ferment; restless —**yeast'iness** *n.*

**yell** (yel) *vi., vt.* [OE. *giellan*] to cry out loudly; shout; scream —*n.* a shout; scream

**yellow** (yel'ō) *adj.* [OE. *geolu*] **1.** of the colour of butter, or ripe lemons **2.** having a yellowish skin **3.** [Colloq.] cowardly —*n.* a yellow colour, pigment or dye —*vt., vi.* to make or become yellow —**yel'lowish** *adj.* —**yel'lowness** *n.*

**yellow-belly** *n., pl.* **-lies** [Slang] a coward

**yellow fever** a tropical disease caused by a virus carried to man by the **yellow-fever mosquito,** and marked by fever, jaundice, etc.

**yellow flag** a flag indicating that a ship is in quarantine

**yellowhammer** (yel'ō ham'ər) *n.* [< OE. *geolu,* yellow + *amore,* kind of finch] a small finch, having a yellow head, neck, and breast

**Yellow Pages** [*also* **y- p-**] the section or volume of a telephone directory, on yellow paper, containing classified listings of subscribers according to business, profession, etc.

**yellow streak** a tendency to be cowardly

**yellowwood** *n.* any of several trees with yellow wood, esp. a S African conifer with wood used for furniture, building, etc.

**yelp** (yelp) *vi.* [OE. *gielpan,* to boast] **1.** to utter a short, sharp cry or bark **2.** to cry out sharply, as in pain —*n.* a short, sharp cry or bark

**yen**[1] (yen) *n., pl.* **yen** [Jap. < Chin. *yüan,* round] the monetary unit of Japan

**yen**[2] *n.* [Chin. *yán*] [Colloq.] a strong longing or desire —*vi.* **yenned, yen'ning** [Colloq.] to have a yen (*for*)

**yeoman** (yō'mən) *n.* [ME. *yeman*] *Hist.* **1.** a small landowner **2.** orig., *a*) a manservant in a royal or noble household *b*) a freeholder of a class below the gentry

**yeoman of the (royal) guard** any of the 100 men forming a ceremonial guard for the British royal family

**yeomanry** *n.* **1.** yeomen collectively **2.** a British volunteer cavalry force, organized in 1761 for home defence

**yeoman's service** very useful or loyal service: also **yeoman service**

**yep** (yep) *adv.* [Chiefly U.S. Slang] yes

**-yer** (yər) *same as* -IER: usually after *w,* as in *lawyer*

**yerba** (yur'bə) *n.* [Sp.] *same as* MATÉ

**yes** (yes) *adv.* [OE. *gese*] **1.** aye; it is so: used to express agreement, consent, affirmation, etc. **2.** not only that, but more [ready, *yes,* eager to help] *Yes* is sometimes used to signify "What is it?" or as a polite expression of interest —*n., pl.* **yes'es** an affirmative vote, voter, etc.

**yes man** [Colloq.] a person who indicates approval of every suggestion or opinion offered by his superior

**yesterday** (yes'tər dē) *n.* [< OE. *geostran,* yesterday + *dæg, day*] **1.** the day before today **2.** a recent day or time **3.** [*usually pl.*] time gone by —*adv.* **1.** on the day before today **2.** recently

**yesteryear** (yes'tər yēər') *n., adv.* [Poet.] **1.** last year **2.** (in) recent years

**yet** (yet) ***adv.*** [OE. *giet*] **1.** up to now; thus far [*he hasn't gone yet*] **2.** at the present time [*we can't leave yet*] **3.** still; even now [*there is yet a chance*] **4.** sooner or later [*she will thank you yet*] **5.** in addition; still [*he was yet more kind*] **6.** even [*he did not come, nor yet write*] **7.** now, after all the time that has elapsed [*hasn't he finished yet?*] **8.** nevertheless [*he was rich, yet lonely*] —***conj.*** nevertheless [*she seems happy, yet she is troubled*] —**as yet** up to now

**yeti** (yet'ē) ***n.*** [Tibetan] [*often* **Y-**] *same as* ABOMINABLE SNOWMAN

**yew** (yōō) ***n.*** [OE. *iw*] **1.** an evergreen tree with a fine-grained, elastic wood **2.** the wood

**Y.H.A.** Youth Hostels Association

**yid** (yid) ***n.*** [Derog. Slang] a Jew

**Yiddish** (yid'ish) ***n.*** [< MHG. *jüdisch,* < L. *Judaeus,* Jew] a language derived from medieval High German, spoken by East European Jews: it is written in the Hebrew alphabet —***adj.*** of or in this language

**yield** (yēld) ***vt.*** [OE. *gieldan,* to pay] **1.** to produce crop, result, profit, etc. **2.** to give up; surrender **3.** to concede; grant —***vi.*** **1.** to produce or bear **2.** to give up; surrender **3.** to give way to physical force **4.** to give place (often with *to*) —***n.*** the amount yielded

**yielding** ***adj.*** **1.** submissive; obedient **2.** pliable; flexible

**yin** (yin) ***n.*** [< Chin. dial.] in Chinese philosophy, the passive, negative, feminine force in the universe

**yip** (yip) ***n., vi.*** **yipped, yip'ping** [echoic] [Colloq.] yelp

**yippee** (yip ē') ***interj.*** an exclamation of joy, delight, etc.

**YMCA, Y.M.C.A.** Young Men's Christian Association

**yob** (yob) ***n.*** [back slang for BOY] [Slang] an aggressive, surly youth; lout: also **yobbo** (yo'bō)

**yodel** (yō'd'l) ***vt., vi.*** **-delled, -delling** [G. *jodeln*] to sing with sudden changes back and forth between the normal chest voice and the falsetto —***n.*** a yodelling —**yo'deller** ***n.***

**yoga** (yō'gə) ***n.*** [Sans., union] **1.** *Hinduism* a discipline by which one seeks to achieve union with the universal soul through deep meditation, prescribed postures, controlled breathing, etc. **2.** a system of exercising involving such postures, breathing, etc. —**yo'gic** ***adj.***

**yogi** (yō'gē) ***n., pl.*** **-gis** a person who is a master of yoga

**yogurt** (yo'gərt) ***n.*** [Turk. *yōghurt*] a thick, semisolid food made from milk fermented by a bacterium: also sp. **yo'ghurt**

**yo-heave-ho** ***interj.*** a chant formerly used by sailors while pulling or lifting together in rhythm

**yoicks** (yoiks) ***interj.*** a cry used for urging on the hounds in fox hunting

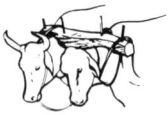

YOKE (on pair of oxen)

**yoke** (yōk) ***n., pl.*** **yokes;** for 2, usually **yoke** [OE. *geoc*] **1.** a wooden frame fitted round the necks of a pair of oxen, etc. to harness them **2.** a pair of animals harnessed together **3.** bondage **4.** something that binds, unites, etc. **5.** something like a yoke, as a frame fitting over the shoulders for carrying pails **6.** a part of a garment fitted closely round the shoulders or hips to support the gathered parts below —***vt.*** **yoked, yok'ing** **1.** to put a yoke on **2.** to harness (an animal) to (a plough, etc.) **3.** to join —***vi.*** to be joined

**yokel** (yō'k'l) ***n.*** [prob. < dial. *yokel,* green woodpecker] a country person; rustic: a contemptuous term

**yolk** (yōk) ***n.*** [OE. *geolca*] the yellow, principal substance of an egg

**Yom Kippur** (yom kip'ər) a Jewish holiday, the Day of Atonement, a fast day

**yon** (yon) ***adj., adv.*** [OE. *geon*] [Archaic or Dial.] yonder —***pron.*** [Archaic or Dial.] yonder person or thing

**yonder** (yon'dər) ***adj.*** [ME.] **1.** more distant (with *the*) **2.** being at a distance, but within sight —***adv.*** over there

**yoo-hoo** (yōō'hōō') ***interj., n.*** a call to attract someone's attention

**yore** (yôr) ***n.*** [OE. *geara*] time long past: now only in **of yore,** formerly

**york** (yôrk) ***vt.*** *Cricket* to bowl or try to bowl (a batsman) with a yorker

**yorker** ***n.*** [prob. < *Yorkshire* County Cricket Club] *Cricket* a ball bowled so as to pitch just under or just beyond the bat

**Yorkist** (yôr'kist) ***n.*** a member or supporter of the English royal house of York —***adj.*** of or supporting the house of York, esp. in the Wars of the Roses

**Yorks.** Yorkshire

**Yorkshire pudding** (yôrk'shər) a batter of flour, eggs, and milk baked in the drippings of roasting meat

**Yorkshire terrier** a long-haired toy terrier

**you** (yōō; *unstressed* yoo, yə) ***pron.*** [OE. *eow,* dat. & acc. pl. of *ge,* YE[2]] **1.** the person or persons to whom one is speaking **2.** people generally [*you never can tell!*]

**you'd** (yōōd; *unstressed* yood, yəd) **1.** you had **2.** you would

**you'll** (yōōl; *unstressed* yool, yəl) **1.** you will **2.** you shall

**young** (yuŋ) ***adj.*** [OE. *geong*] **1.** being in an early period of life or growth **2.** fresh; vigorous **3.** representing a new tendency, movement, etc. [*the Young*

Liberals] **4.** of youth [in my *young* days] **5.** in an early stage **6.** lacking experience; immature —*n.* **1.** young people **2.** offspring [a bear and her *young*] —**with young** pregnant —**young'ish** *adj.*

**youngster** *n.* a child, youth, or young animal

**your** (yôr; *unstressed* yər) ***possessive pronominal adj.*** [OE. *eower*] **1.** of, belonging to, or done by you: also used before some titles [*your* Honour] **2.** [Colloq, often Derog.] indicating all things or people of a certain type [*your* average working man]

**you're** (yoo͞ər) you are

**yours** (yôrz) ***pron.*** that or those belonging to you [that book is *yours, yours* are better]: also used after *of* to indicate possession [a friend of *yours*]

**yourself** (yôr self') ***pron., pl.*** **-selves'** (-selvz') **1.** a form of the 2nd pers. sing. pronoun, used: *a*) as an intensive [you *yourself* went] *b*) as a reflexive [you hurt *yourself*] *c*) as a quasi-noun meaning "your real or true self" [you are not *yourself* today] **2.** *same as* ONESELF [it is best to do it *yourself*]

**Yours faithfully** a phrase used before the signature in ending a formal letter

**Yours sincerely** a phrase used before the signature in ending an informal letter

**Yours truly** **1.** a phrase used before the signature in ending a formal letter **2.** [Colloq.] [also **y- t-**] I or me

**youth** (yo͞oth) ***n., pl.*** **youths** (yo͞o*th*z) [OE. *geoguth*] **1.** the state or quality of being young **2.** the period of adolescence **3.** an early stage of development **4.** young people collectively **5.** a young man

**youthful** *adj.* **1.** young **2.** characteristic of, or suitable for youth **3.** fresh; vigorous **4.** new; early —**youth'fully** *adv.* —**youth'fulness** *n.*

**youth hostel** a place providing cheap lodging for young people on bicycle tours, hikes, etc.

**you've** (yo͞ov) you have

**yowl** (you͞l) ***vi.*** [ME. *youlen*] to utter a long, mournful cry; howl —*n.* such a cry

**yo-yo** (yō'yō') ***n.*** [< Tagalog name] a spoollike toy attached to one end of a string upon which it may be made to spin up and down

**yr.** **1.** year(s) **2.** younger **3.** your

**yrs.** **1.** years **2.** yours

**Y.S.T.** [U.S. & Canad.] Yukon Standard Time

**Y.T.** [Canad.] Yukon Territory

**ytterbium** (i tur'bē əm) ***n.*** [ModL. < *Ytterby,* Sweden] a silvery, metallic chemical element of the rare-earth group: symbol, Yb

**yttrium** (it'rē əm) ***n.*** [< prec.] a rare, silvery, metallic chemical element: symbol, Y

**yucca** (yuk'ə) ***n.*** [ModL. < Sp. *yuca*] a plant of the U.S. and Latin America, having stiff, sword-shaped leaves and white flowers in an erect raceme

**Yugoslav** (yo͞o'gō slův') ***adj.*** of Yugoslavia or its people —*n.* a member of a Slavic people who live in Yugoslavia: also **Yu'gosla'vian**

**yuk** (yuk) ***interj.*** an exclamation indicating contempt or disgust —*n.* [U.S. Slang] a loud laugh

**yukky, yucky** (yuk'ē) ***adj.*** [Colloq.] messy; revolting

**Yukoner** (yoo͞'kon ər) ***n.*** a native or inhabitant of Yukon

**yule** (yo͞ol) ***n.*** [OE. *geol*] [Archaic] Christmas

**yule log** **1.** a large log formerly used as a foundation for the ceremonial Christmas Eve fire **2.** a chocolate swiss roll served at Christmas

**yuletide** *n.* [Archaic] Christmas time

**yummy** (yum'ē) ***adj.*** **yum'mier, yum'miest** [echoic] [Colloq.] very tasty; delectable; delicious

**yum-yum** (yum'yum') ***interj.*** [echoic] an expression indicating appreciation of food

**YWCA, Y.W.C.A.** Young Women's Christian Association

# Z

**Z, z** (zed) ***n., pl.*** **Z's, z's** the twenty-sixth and last letter of the English alphabet

**Z** (zed) ***n.*** an object shaped like Z

**z** *Math. a symbol for*: the third in a set of unknown quantities, *x* and *y* usually being the first two

**zany** (zā′nē) ***adj.*** **-nier, -niest** [< It. *zanni* < *Giovanni,* John] **1.** comical in a crazy way **2.** crazy —***n., pl.*** **-nies** **1.** a clown or buffoon **2.** a simpleton

**zap** (zap) ***vt., vi.*** **zapped, zap′ping** [echoic] [Slang] to move, strike, kill, etc. with sudden speed and force —***n.*** [Slang] energy, verve, pep, etc.

**zeal** (zēl) ***n.*** [< Gr. *zēlos*] intense enthusiasm; fervour

**zealot** (zel′ət) ***n.*** [< Gr. *zēlos,* zeal] a person who is zealous, esp. to an excessive degree; fanatic —**zeal′otry** ***n.***

**zealous** (zel′əs) ***adj.*** full of zeal; fervent; enthusiastic —**zeal′ously** ***adv.*** —**zeal′ousness** ***n.***

**zebec, zebeck** (zē′bek) ***n.*** *same as* XEBEC

**zebra** (zeb′rə, zē′brə) ***n.*** [Port. < Congolese] any of several swift African mammals, with dark stripes on a white or tawny body

**zebra crossing** a street crossing, marked with black and white bands, at which pedestrians have the right of way

**zebu** (zē′bōō) ***n.*** [Fr. *zébu*] an oxlike domestic animal of Asia and Africa: it has a large hump and short, curving horns

**zed** (zed) ***n.*** [< Gr. *zēta*] the letter Z, z

**zee** (zē) ***n., pl.*** **zees** *U.S. name for the letter* Z, z

‡**Zeitgeist** (tsīt′gīst′) ***n.*** [G., time spirit] the trend of thought and feeling in a period of history

**Zen** (zen) ***n.*** [Jap. < Sans. *dhyāna,* meditation] **1.** a Japanese Buddhist sect that seeks enlightenment through meditation and intuition rather than in traditional scripture **2.** the beliefs and practices of this sect

**zenana** (ze nä′nə) ***n.*** [< Per. *Zan,* woman] in India and Iran, the part of the house reserved for women

**Zend-Avesta** (zend′ə ves′tə) ***n.*** the sacred writings of the Zoroastrians

**zenith** (zen′ith) ***n.*** [< Ar. *semt,* road] **1.** the point in the sky directly overhead **2.** the highest point; peak

**zephyr** (zef′ər) ***n.*** [< Gr. *zephyros*] **1.** the west wind **2.** a soft, gentle breeze

**zeppelin** (zep′ə lin) ***n.*** [< F. von *Zeppelin*] [*often* **Z-**] a type of dirigible airship designed about 1900

**zero** (zēər′ō) ***n., pl.*** **-ros, -roes** [Fr. < Ar. *sifr,* CIPHER] **1.** the symbol 0; nought **2.** the point, marked 0, from which positive or negative quantities are reckoned on a graduated scale, as on thermometers **3.** a temperature that causes a thermometer to register zero **4.** nothing —***adj.*** **1.** of or at zero **2.** without measurable value **3.** designating visibility limited to very short distances, as in flying —***vt.*** **-roed, -roing** to adjust (an instrument, etc.) to a zero point from which all readings are to be made —**zero in on** **1.** to adjust gunfire so as to be aiming directly at (a target) **2.** [Colloq.] to concentrate attention on **3.** [Colloq.] to converge upon

**zero gravity** a condition of weightlessness

**zero hour** the time set for the beginning of an attack, etc.; critical point

**zero-rated** ***adj.*** denoting goods on which the buyer pays no value-added tax

**zest** (zest) ***n.*** [< Fr. *zeste,* orange peel] **1.** keen enjoyment *[zest* for life*]* **2.** stimulating or exciting quality; piquancy **3.** something that gives flavour or relish **4.** orange or lemon peel, used as a flavouring in drinks, etc. —**zest′ful** ***adj.***

**zeta** (zēt′ə) ***n.*** the sixth letter of the Greek alphabet (Ζ, ζ)

**zeugma** (zyōōg′mə) ***n.*** [< Gr., yoke] a figure of speech in which a word modifies two or more words, with only one of which it seems logically connected (Ex.: the room was not light, but his fingers were)

**ziggurat** (zig′ōō rat′) ***n.*** [< Assyrian] a type of rectangular temple tower of ancient Mesopotamia

**zigzag** (zig′zag′) ***n.*** [Fr.] **1.** a series of short, sharp turns in alternate directions **2.** a design, path, etc. having a series of such turns —***adj.*** having the form of a zigzag —***adv.*** in a zigzag course —***vt., vi.*** **-zagged′, -zag′ging** to move or form in a zigzag

**zillion** (zil′yən) ***n.*** [< MILLION] [U.S. Colloq.] a very large, indefinite number

**zinc** (ziŋk) ***n.*** [G. *Zink*] a bluish-white, metallic chemical element, used as a protective coating for iron, in alloys, etc.: symbol, Zn —***vt.*** **zincked** or **zinced, zinck′ing** or **zinc′ing** to coat or treat with zinc; galvanize

**zincography** (ziŋ kog′rə fē) ***n.*** [ZINC + -GRAPHY] the art or process of engraving or etching on zinc plates for printing

**zinc ointment** an ointment containing zinc oxide

**zinc oxide** a white powder used as a pigment and in making glass, cosmetics, etc.

**zing** (ziŋ) ***n.*** [echoic] [Colloq.] **1.** a shrill, high-pitched sound, as of something moving at high speed **2.** vitality, zest, etc. —***vi.*** [Colloq.] to make or move with a shrill sound

**zinnia** (zin′ē ə) ***n.*** [ModL., < J. G. *Zinn*]

a plant of the composite family, having colourful flowers, native to America

**Zion** (zī′ən) **1.** the hill in Jerusalem on which the Temple was built **2.** the land of Israel **3.** the Jewish people **4.** heaven

**Zionism** *n.* a movement formerly for re-establishing, now for supporting, the Jewish national state of Israel **—Zi′onist** *n., adj.*

**zip** (zip) *n.* [echoic] **1.** *same as* ZIP FASTENER **2.** a short, sharp hissing sound, as of a passing bullet **3.** [Colloq.] energy; vim **—*vi.* zipped, zip′ing 1.** to become fastened by means of a zip fastener **2.** [Colloq.] to act or move with speed or energy **3.** to make, or move with, a zipping sound **—*vt.*** to fasten with a zip fastener (often with *up*)

**zip fastener** a device used to fasten and unfasten two edges of material: it consists of two rows of interlocking teeth worked by a part that slides up or down: also **zip′per**

**zippy** *adj.* **zip′pier, zip′piest** [Colloq.] full of vim and energy

**zircon** (zʉr′kon) *n.* [G. < Per. *zar,* gold] a crystalline silicate of zirconium, coloured yellow, brown, red, etc.: transparent varieties are used as gems

**zirconium** (zʉr kō′nē əm) *n.* [ModL.: see prec.] a soft grey or black metallic chemical element used in alloys, ceramics, etc.: symbol, Zr

**zither** (zi*th*′ər) *n.* [< Gr. *kithara,* lute] a musical instrument having strings stretched across a flat soundboard and played with a plectrum and the fingers

**zloty** (zlo′tē) *n., pl.* **-tys** [Pol., golden] the monetary unit of Poland

**Zn** *Chem.* zinc

**zodiac** (zō′dē ak′) *n.* [< Gr. *zōion,* animal] **1.** an imaginary belt in the heavens extending on either side of the apparent path of the sun and including the paths of the moon and the principal planets: it is divided into twelve equal parts, or signs, named for constellations **2.** a diagram representing the zodiac and its signs: used in astrology **—zodi′acal** (-dī′ə k′l) *adj.*

**zombie** (zom′bē) *n.* [of Afr. origin] **1.** in West Indian superstition, a dead person brought back by magic to a form of life in which he can be made to act as he is ordered **2.** [Colloq.] a person like a zombie in seeming to be half dead, to move automatically, etc: also **zom′bi**

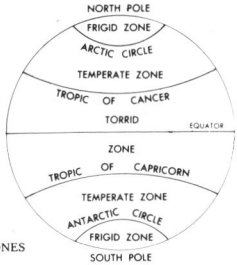


ZONES

**zone** (zōn) *n.* [Fr. < Gr. *zōnē*] **1.** any area or region considered with reference to its particular use, properties, features, etc. [a demilitarized *zone*] **2.** any of the five great divisions into which the

ZODIAC

earth's surface is marked off by imaginary lines **3.** an encircling band, stripe, etc. —*vt.* **zoned, zon'ing** **1.** to divide into zones, as for different uses, jurisdiction, etc. **2.** to assign to a particular zone —**zon'al** *adj.*

**zoo** (zo͞o) *n.* [< *zoo(logical garden)*] a place where a collection of live animals is kept for public showing

**zoo-** [< Gr. *zōion,* animal] *a combining form meaning* animal, animals

**zooid** (zō'oid) *n.* [< ZOO] **1.** an independent animal organism produced by fission, gemmation, etc. rather than by sexual means **2.** any of the individual members of a compound organism, as the coral

**zool.** **1.** zoological **2.** zoology

**zoological garden** *same as* ZOO

**zoology** (zō ol'ə jē) *n.* [see ZOO- & -LOGY] the branch of biology that deals with animals —**zo'olog'ical** (-ə loj'i k'l) *adj.* —**zo'olog'ically** *adv.* —**zool'ogist** *n.*

**zoom** (zo͞om) *vi.* [echoic] **1.** to make, or move with, a loud, low-pitched, buzzing sound **2.** to move rapidly **3.** to climb suddenly and sharply: said of an aircraft **4.** to rise rapidly *[prices zoomed]* **5.** to focus a camera by using a zoom lens —*n.* **1.** a zooming **2.** *same as* ZOOM LENS

**zoom lens** a system of camera lenses that can be rapidly adjusted for close-up shots or distance views while keeping the image in focus

**zoophyte** (zō'ə fīt') *n.* [see ZOO- & Gr. *phyton,* plant] any animal, as a coral, that looks and grows somewhat like a plant

**Zoroastrianism** (zo'rō as'trē ən iz'm) *n.* the religious system of the ancient Persians, teaching the eventual triumph of the spirit of good over the spirit of evil

**Zouave** (zo͞o äv') *n.* [Fr. < Ar. *Zwāwa,* an Algerian tribe] a member of a former infantry unit in the French army that wore a colourful Oriental uniform

**zounds** (zoundz) ***interj.*** [< oath (*by*) *God's wounds*] [Archaic] a mild oath

**Zr** *Chem.* zirconium

**zucchetto** (tso͞o ket'tō) *n., pl.* **-tos** [It. < *zucca,* gourd] *R.C.Ch.* a skullcap worn by clergymen

**Zulu** (zo͞o'lo͞o) *n.* **1.** *pl.* **-lus, -lu** any member of a cattle-owning people living in Natal, South Africa **2.** their language —*adj.* of the Zulus, their language, etc.

**zygote** (zī'gōt) *n.* [< Gr. *zygon,* a yoke] a cell formed by the union of male and female gametes; fertilized egg cell

**zymo-** [< Gr. *zymē,* a leaven] *a combining form meaning* fermentation *[zymology]*

**zymotic** (zī mot'ik) *adj.* [< Gr. *zymē,* a ferment] **1.** of fermentation **2.** [Obs.] designating or of any infectious disease

**zymurgy** (zī'mur jē) *n.* [ZYM(O)- + -URGY] the branch of chemistry dealing with fermentation, as applied in wine making, brewing, etc.

# PUNCTUATION MARKS AND OTHER SYMBOLS

, comma.

; semicolon.

: colon.

. period.

— dash.

! exclamation mark.

? interrogation or doubt.

- hyphen; as in *knick-knack.*

' apostrophe; as in *Peter's pence.*

( ) parentheses.

[ ] brackets.

} brace, to enclose two or more lines.

´ acute accent; as in *blasé.*

` grave accent } as in
ˆ circumflex } *tête-à-tête.*

~ tilde, used over *n* in certain Spanish words to denote the sound of *ny*; as in *señor.*

¸ cedilla, to denote that *c* is pronounced soft; as in *façade.*

" " quotation marks.

' ' quotation marks, when used within a quotation; as in *"He said, 'I will go at once' and jumped into the car."*

¯ macron, to mark length of sound; as in *cōbra.*

˘ breve, marking a short sound; as in *linen.*

¨ diaeresis; as in *daïs.*

¨ in German, used to denote modification of the vowel sound; as in *Köln* (Cologne).

ʎ caret, marking a word or letter to be inserted in the line.

* * *,. . . ., — or - - - - ellipsis to indicate a break in a narrative, or an omission.

* * * or * * * asterism, used to call attention to a particular passage.

. . . . . or - - - - leaders, to direct the eye to a certain point.

¶ paragraph.

* star, asterisk; (1) a reference mark; (2) used in philology to denote forms assumed to have existed though not recorded.

† dagger, obelisk; (1) a reference mark; (2) obsolete or dead.

‡ double dagger, a reference mark.

2 superior figure, used (1) as a reference mark; (2) to indicate the number of a verse or line; as in *St. Mark* $4^{16}$.

ª superior letter.

§ section mark.

|| parallel mark.

☛ index, hand, fist.

# number; space.

" ditto.

& ampersand, and.

&c et cetera.

@ at.

℔ per.

% per cent, per hundred.

© copyright.

® registered; registered trademark.

♂ male.

♀ female.

# PUNCTUATION AND THE USE OF CAPITAL LETTERS

**apostrophe** The sign ('), used to indicate possession. In the singular -'s is used (eg *day's end*); in the plural the apostrophe is added to the end of the word (eg *the neighbours' dog*). Plurals that do not end in -s also take -'s (eg *sheep's eyes*). Except for a few traditional exceptions (like *Jesus', Keats'*) proper names ending in -s take -'s at the end (eg *Thomas's, the Jones's*).

**brackets** These serve to isolate part of a sentence, which could be omitted and still leave an intelligible statement. Punctuation of the rest of the sentence should run as if the bracketed portion were not there, eg *That house over there (with the blue door) is ours.* Square brackets are used where the writer inserts his own information into a quotation, eg *I knew Pitt [the Younger] as a boy.*

**capital letters** These are used at the beginning of a sentence or quoted speech, and for proper names and titles of people and organizations, eg *Mr Robertson, Dr Smith, South America, British Rail.* They are not used when speaking of a general topic like *the pay of miners, the manufacture of cosmetics.* If an initial *the* is included in a title it has a capital, eg *We went to see The Tempest.*

**colons and semicolons** The function of these is to provide more of a break than a comma, and less than a full stop. The colon is used to make an abrupt break between two related statements, eg *Take it or leave it: the choice is yours.* It is also used to introduce a list, quotation, or summary and may be followed by a dash if the following matter begins on a separate line. Semicolons can be used instead of conjunctions to link two sentences or parts of them, eg *Two of the lights were working; two were out.*

**commas** 1. These make divisions or slight pauses in sentences, eg *She stormed out, slamming the door behind her.*

2. Commas are used to divide units in a series of nouns, adjectives, or phrases, eg *The cupboard was full of pots, pans, and crockery.* In such a series the last comma (ie before 'and' or 'or') is optional. It is not usual to place a comma between the last of a series of adjectives and the noun, eg *It was a long, hot, humid day.*

3. Commas also serve to mark off a word or phrase in a sentence which can stand grammatically complete on its own, as can dashes and brackets. Commas give the lightest degree of separation, dashes produce a jerky effect, and brackets cut off part of a sentence most firmly, eg *He hurried home, taking a short cut, but still arrived too late. It's a long time — over two years — since we last met. They both went to Athens (unaware of each other's plans) and stayed in the same hotel.*

4. When two phrases are linked by a conjunction a comma is used if there is a contrast, eg *She was dark, but her brother was fair.*

5. When addressing a person, commas are used before and after the person's name or title, eg *Well, Mrs Smith, how are you today?*

**exclamation marks** These should only be used after genuine exclamations and not after ordinary statements.

**full stops (periods)** Normally, these appear only at the end of a complete sentence containing a main verb, except in reported speech and where a passage takes the form of an argument, eg *You may think you can get away with it. Not a chance.* Full stops are also used after abbreviations and initial letters standing for the whole word (as in, *fig., a.m., R.C.*) but they are often omitted after abbreviations which include the first and last letters of a word (*Dr, Mr, ft*) and in much-used titles like *BBC, USA, TUC.* As usage is currently in a state of flux the above should be taken only as a guide to common practice.

**hyphens** Compound words, like *lay-by* or *manor house,* or words with a prefix, like *unpick*, may or may not contain a hyphen. It is generally used when the compound is new and dropped as it becomes familiar. When a compound adjective comes before a noun it should be hyphenated to stress that the constituent parts are not to be used independently, eg *He has a half-Italian wife.*

**inverted commas (quotation marks, quotes)** 1. These are used for direct quotation, not for indirect speech. It is usual to have a comma before and after a quotation if the sentence is resumed, eg *He said, "Follow me", and set off down the street.*

2. Single quotation marks can be used to indicate a title or quotation within a speech, eg *"I loved 'War and Peace'," she said, "but it took so long to read."*

**question marks** These are used at the end of direct questions, but not after reported ones.

## PLURALS OF NOUNS

Plurals are formed by adding -s except in the following cases.

1. When a word ends in -ch, -s, -sh, -ss, or -x the plural is formed by adding -es (eg *benches, gases, dishes, crosses, taxes*).
2. When a word ends in -y preceded by a consonant the plural form is -ies (eg *parties, bodies, policies*). When a word ends in -y preceded by a vowel the plural is formed by adding -s (eg *trays, joys, keys*).
3. When a word ends in -o the more common plural ending is -oes (eg *cargoes, potatoes, heroes, goes*). In many less familiar words or when the final -o is preceded by a vowel the plural ending is -os (eg *avocados, armadillos, studios, cameos*).
4. When a word ends in-f the plural is formed either by adding -s (eg *beliefs, cuffs, whiffs*) or by changing the -f to -v and adding -es (eg *wives, thieves, loaves*). Some words may take both forms (eg *scarf, hoof, wharf*).
5. When a word ends in -ex or -ix the more formal plural ending is -ices. In more general contexts -es is used (eg *appendices, appendixes; indices, indexes*).
6. When a word from Latin ends in -is the plural form is -es (eg *crises, analyses*).

With compound words (like *court-martial*) it is usually the most important part which is pluralized (eg *courts-martial, lord-justices, mothers-in-law*).
In certain cases the plural form of a word is the same as the singular (eg *deer, sheep, grouse*) and in some words both forms end in -s (eg *measles, corps, mews*).

There are two main types of plural which take either singular or plural verbs:

a. words like *media* and *data*. These are in common use as singular nouns although, strictly, this is incorrect.
b. words ending in -ics. Generally, these are treated as plural when the word relates to an individual person or thing (eg *his mathematics are poor; the hall's acoustics are good*) and as singular when it is regarded more strictly as a science (eg *mathematics is an important subject*).

**forms of address** Letters to men can be addressed as follows: *Mr. Bates, Mr. T. Bates,* or *Mr. Thomas Bates.* If the courtesy title *Esq.* is used the surname must be preceded by a first name or initials, and any letters must be put after the *Esq.*, eg *Thomas Bates Esq., M.A.* Young boys can be addressed as *Master.* The plural form *Messrs.* is only used with the names of business firms which contain a personal name, eg. *Messrs. Jackson and Sons.*

Unmarried women and young girls can be addressed as *Miss.* Married women are often identified by their husband's first name or initial, eg *Mrs. R(obert)* Henderson, but it is increasingly common for them to appear as in *Mrs. M(ary) Henderson,* which is also the usual form for a widow. It is possible to use *Ms.* instead of *Miss* or *Mrs.*

Professional titles are used instead of *Mr.* etc., as in *Dr. H. Stevens, The Rev. Simon Clifford.* First names are always used with the titles *Sir* and *Dame,* as in *Sir Laurence Olivier, Dame Margot Fonteyn.*

Orders, decorations, degrees, qualifications, and letters denoting professions appear in that order. Degrees start with the lowest, but orders start with the highest, eg *Joseph Halliday Esq., O.B.E., D.S.O., M.A., F.S.A., M.D.* Orders and decorations are usually included in addresses, but qualifications etc. are only used where appropriate, as when writing to a person in his official capacity.

A list of some ceremonious forms of address follows at the end of this article.

**postal addresses** In Britain the recommended form of postal address has the Post Town in capital letters, followed by the county in small letters, followed by the postcode (where applicable), eg

Miss Joan Bannerman
6 Overton Drive
HORSHAM
Sussex
(postcode)

**address of a letter** The writer's address should appear in the top right-hand corner with the date underneath. The name and address of the intended recipient should come below the date, on the left-hand side of the page.

**beginnings and endings** These depend on the degree of formality required. The most commonly used forms are as follows:

*very formal*

| | |
|---|---|
| Sir, | I am, Sir, *or* |
| Gentlemen, | I remain, Sir, |
| Madam, | Your obedient |
| Mesdames, | servant, |

*formal*

| | |
|---|---|
| Dear Sir(s), | Yours faithfully, |
| Dear Madam, | |
| Mesdames, | Yours truly, |

*when correspondent is known*

| | |
|---|---|
| Dear Mr. | Yours sincerely, |
| (Mrs. etc.) — | Yours truly, |

*between friends*

| | |
|---|---|
| Dear — | Yours ever, |
| My dear — | Yours affectionately, |

**postscript** This is abbreviated to PS (not P.S.). An additional postscript is labelled PPS.

**CEREMONIOUS FORMS OF ADDRESS**

**The Queen** *Address* The Queen's Most Excellent Majesty *Begin* Madam *or* May it please Your Majesty *Refer to as* Your Majesty *End* I have the honour to remain, Your Majesty's faithful subject,

**Prince** *Address* His Royal Highness Prince (Christian name) *Or, if a duke* His Royal Highness the Duke of — *Begin* Sir, *Refer to as* Your Royal Highness *End* I have the honour to remain, Your Royal Highness's most dutiful subject,

**Princess** *Address* Her Royal Highness the Princess (Christian name) *Or, if a duchess* Her Royal Highness the Duchess of — *Begin* Madam, *Refer to as* Your Royal Highness *End* I have the honour to remain, Your Royal Highness's dutiful and obedient subject,

**Duke** *Address* His Grace the Duke of — *Begin* My Lord Duke *Refer to as* Your Grace *End* I have the honour to be, Your Grace's most obedient servant,

**Duchess** *Address* Her Grace the Duchess of — *Begin* Madam, *Refer to as* Your Grace *End* I have the honour to be, Your Grace's most obedient servant,

**Baronet** *Address* Sir (Christian name and surname), Bt. *Begin* Sir, *End* I am, Sir, Your obedient servant,

**Baronet's wife** *Address* Lady (surname) *Begin* Madam *Refer to as* Your Ladyship *End* I am, Madam, Your obedient servant,

**Knight** *Address* Sir (Christian name and surname) K.C.B. *Begin, End* as Baronet

**Knight's wife** as Baronet's wife

**Prime Minister** according to rank

**Privy Councillor** *Address* The Rt. Hon. (name or title) *Begin etc.* according to rank

**Member of Parliament** *Address* according to rank, with the addition of M.P. *Begin etc.* according to rank

**Secretary of State** *Address* H.M. Principal Secretary of State for (Department) *Begin* Sir *End* I am, Sir, Your obedient servant,

**Ambassador, British** *Address* His Excellency (rank) H.B.M.'s Ambassador and Plenipotentiary *Begin* Sir, My Lord, etc. according to rank *Refer to as* Your Excellency *End* I am, etc. (according to rank), Your obedient servant,

**Consul-General** *Address* (name) Esq., H.B.M.'s Consul-General, Consul, Vice-Consul etc. *Begin* Sir *End* I am, Sir, Your obedient servant,

**Lord Mayor (for London, York, Belfast, Dublin)** *Address* The Rt. Hon. the Lord Mayor of — *or* The Rt. Hon. (Christian name and surname), Lord Mayor of — *Begin* My Lord, *Refer to as* Your Lordship *End* I am, my Lord Mayor, Your obedient servant,

**Lord Mayor (for others)** The Right Worshipful the Lord Mayor of — Otherwise as above

**Lord Mayor's Wife** *Address* The Rt. Hon. (or Hon. according to husband's title) The Lady Mayoress of — *Begin* My Lady Mayoress or Madam *Refer to as* Your Ladyship *End* I am, my Lady Mayoress, Your obedient servant,

**Mayor** *Address* (for certain cities) The Right Worshipful the Mayor of — *Begin* (Your Lordship) Sir (or Madam) *End* I am, Sir (or Madam), Your obedient servant,

## GROUP NAMES & COLLECTIVE NOUNS

barren of mules
bevy of quails
bevy of roes
brace or leash of bucks
brood or covey of grouse
brood of hens or chickens
building or clamour of rooks
bunch, company or knob of wigeon (in the water)
bunch, knob or spring of teal
cast of hawks
cete of badgers
charm of goldfinches
chattering of choughs
clowder of cats
colony of gulls (breeding)
covert of coots
covey of partridges
cowardice of curs
desert of lapwings
dopping of sheldrakes
down or husk of hares
drove or herd of cattle (kine)
exaltation of larks
fall of woodcock
field or string of racehorses
flight of wigeon (in the air)
flight or dule of doves
flight of swallows
flight of dunlins
flight, rush, bunch or knob of pochards
flock or flight of pigeons
flock of sheep
flock of swifts
flock or gaggle of geese
flock, congregation, flight or volery of birds
gaggle of geese (on the ground)
gang of elk
haras (stud) of horses
herd of antelopes
herd of buffaloes
herd, sedge or siege of cranes
herd of curlews
herd of deer
herd of giraffes
herd or tribe of goats
herd or pod of seals
herd or bevy of swans
herd of ponies
herd of swine
hill of ruffs
host of sparrows
kindle of kittens
labour of moles
leap of leopards
litter of cubs
litter of pups or pigs
litter of whelps
murmuration of starlings
muster of peacocks
nest of rabbits
nye or nide of pheasants
pace or herd of asses
pack of grouse
pack, mute or cry of hounds
pack, rout or herd of wolves
paddling of ducks
plump, sord or sute of wildfowl
pod of whiting
pride or troop of lions
rag of colts
richesse of martens
run of poultry
school or run of whales
school or gam of porpoises
sedge or siege of bitterns
sedge or siege of herons
shoal or glean of herrings
shoal, draught, haul, run or catch of fish
shrewdness of apes
skein of geese (in flight)
skulk of foxes
sleuth of bears
sord or sute of mallards
sounder of boars
sounder or dryft of swine
stand or wing of plovers
stud of mares
swarm of insects
swarm or grist of bees, or flies
swarm or cloud of gnats
tok of capercailzies
team of ducks (in flight)
troop of kangaroos
troop of monkeys
walk or wisp of snipe
watch of nightingales
yoke, drove, team or herd of oxen

# TABLE OF ALPHABETS

*The sounds of the letters are shown in parentheses*

| HEBREW | | | GREEK (Print and Script) | | | | RUSSIAN (Upper and Lower Case) | | GERMAN (Upper and Lower Case) | | |
|---|---|---|---|---|---|---|---|---|---|---|---|
| א | Aleph | *1* | A | α | Alpha | (a) | А | а (a) | 𝔄 | 𝔞 | (a) |
| ב | Bet | (b) | B | β | Beta | (b) | Б | б (b) | 𝔅 | 𝔟 | (b) |
| ב | Vet | (v) | Γ | γ | Gamma | (g) | В | в (v) | 𝔅 | 𝔟 | (b) |
| ג | Gimel | (g) | Δ | δ | Delta | (d) | Г | г (g) | 𝔠 | 𝔠 | (k, ts, s) |
| ד | Daled | (d) | E | ε | Epsilon | (e) | Д | д (d) | 𝔠𝔥 | 𝔠𝔥 | (H, kh) |
| ה | He | (h) | Z | ζ | Zeta | (z) | Е | е (ye) | 𝔇 | 𝔡 | (d) |
| ו | Vav | (v) | H | η | Eta | (ā) | Ж | ж (zh) | 𝔈 | 𝔢 | (e, ā) |
| ז | Zayin | (z) | Θ | θ | Theta | (th) | З | з (z) | 𝔉 | 𝔣 | (f) |
| ח | Het | (kh) | I | ι | Iota | (ē) | И | и (i, ē) | 𝔊 | 𝔤 | (g, kh) |
| ט | Tet | (t) | K | κ | Kappa | (k) | Й | й (ē) | 𝔥 | 𝔥 | (h) |
| י | Yod | (y) | Λ | λ | Lambda | (l) | К | к (k) | 𝔍 | 𝔦 | (i, ē) |
| כ ך | Kaf | (k) | M | μ | Mu | (m) | Л | л (l) | 𝔍 | 𝔧 | (y) |
| כ ך | Khaf | (kh) | N | ν | Nu | (n) | М | м (m) | 𝔎 | 𝔨 | (k) |
| ל | Lamed | (l) | Ξ | ξ | Xi | (ks) | Н | н (n) | 𝔏 | 𝔩 | (l) |
| מ ם | Mem | (m) | O | ο | Omicron | (o) | О | о (ŏ, o) | 𝔐 | 𝔪 | (m) |
| נ ן | Nun | (n) | Π | π | Pi | (p) | П | п (p) | 𝔑 | 𝔫 | (n) |
| ס | Samekh | (s) | P | ρ | Rho | (r) | Р | р (r) | 𝔒 | 𝔬 | (ō, ŏ) |
| ע | Ayin | *1* | Σ | σ ς | Sigma | (s) | С | с (s) | 𝔒 | 𝔬 | (ö) |
| פ | Pe | (p) | T | τ | Tau | (t) | Т | т (t) | 𝔓 | 𝔭 | (p) |
| פ ף | Fe | (f) | Υ | υ | Upsilon | (ü, o͞o) | У | у (o͞o) | 𝔔 (u) | 𝔮 (u) | (kv) |
| צ ץ | Tsadi | (ts) | Φ | φ | Phi | (f) | Ф | ф (f) | 𝔯 | 𝔯 | (r) |
| ק | Kof | (k) | X | χ | Chi | (H) | Х | х (kh) | 𝔖 | 𝔰 ſ | (s, z) |
| ר | Resh | (r) | Ψ | ψ | Psi | (ps) | Ц | ц (ts) | 𝔖𝔥 | ſ𝔥 | (sh) |
| ש | Shin | (sh) | Ω | ω | Omega | (ō) | Ч | ч (ch) | 𝔗 | 𝔱 | (t) |
| שׂ | Sin | (s) | | | | | Ш | ш (sh) | 𝔘 | 𝔲 | (o͞o) |
| ת | Tav | (t) | | | | | Щ | щ (shch) | 𝔘 | 𝔲 | (ü) |
| ת | Thav | (th, s) | | | | | Ъ | ъ *2* | 𝔙 | 𝔳 | (f) |
| | | | | | | | Ы | ы (ë) | 𝔚 | 𝔴 | (v) |
| | | | | | | | Ь | ь *3* | 𝔛 | 𝔵 | (ks) |
| | | | | | | | Э | э (e) | 𝔜 | 𝔶 | (ē, ü) |
| | | | | | | | Ю | ю (yo͞o) | 𝔜 | 𝔷 | (ts) |
| | | | | | | | Я | я (yä) | | | |

## NOTES

1. A neutral letter, either silent or sounded according to diacritical mark.
2. Indicates nonpalatalization of a preceding consonant.
3. Indicates palatalization of a preceding consonant.

# GEOLOGICAL TIME CHART

**Main Divisions of Geological Time**

| Eras | Periods or Systems | Epochs or Series | Principal Physical & Biological Features |
|---|---|---|---|
| Cainozoic | QUATERNARY | Recent 12,000* | Glaciers restricted to Antartica and Greenland; development and spread of modern human culture. |
| | | Pleistocene 600,000 | Great glaciers covered much of Northern Hemisphere; appearance of modern man late in Pleistocene. |
| | TERTIARY | Pliocene 10,000,000 | W North America uplifted; continued development of mammals; first possible apelike men appeared in Africa. |
| | | Miocene 25,000,000 | Renewed uplift of Alpine mountains: mammals began to acquire present-day characters; dogs, solid-hoofed horses, manlike apes appeared. |
| | | Oligocene 35,000,000 | Many older types of mammals became extinct; mastodons, first monkeys, and apes appeared. |
| | | Eocene 55,000,000 | Alpine mountain building (Himalayas, Alps, Andes, Rockies); expansion of early mammals; primitive horses appeared. |
| | | Paleocene 65,000,000 | Great development of primitive mammals. |
| Mesozoic | CRETACEOUS 135,000,000 | | Chalk deposits laid down; dinosaurs reached maximum development & then became extinct; mammals small & very primitive. |
| | JURASSIC 180,000,000 | | Rocks of S and C Europe laid down; conifers & cycads dominant among plants; primitive birds appeared. |
| | TRIASSIC 230,000,000 | | Modern corals appeared & some insects of present-day types; great expansion of reptiles including earliest dinosaurs. |

*Figures indicate approximate number of years since the beginning of each division.

| Main Divisions of Geological Time | | | |
|---|---|---|---|
| **Eras** | **Periods or Systems** | | **Principal Physical & Biological Features** |
| Paleozoic | PERMIAN 280,000,000 | | Trees of coal-forming forests declined; ferns abundant; conifers present; trilobites became extinct; reptiles surpassed amphibians. |
| | CARBONIFEROUS | UPPER CARBONIFEROUS 310,000,000 | Hercynian mountain building (C Europe, E coast of North America); great coal-forming swamp forests flourished in N Hemisphere; seed-bearing ferns abundant; cockroaches & first reptiles appeared. |
| | | LOWER CARBONIFEROUS 345,000,000 | Land plants became diversified; crinoids achieved greatest development; sharks of relatively modern types appeared; land animals little known. |
| | DEVONIAN 405,000,000 | | Land plants evolved rapidly, large trees appeared; brachiopods reached maximum development; many kinds of primitive fishes; first sharks, insects, & amphibians appeared. |
| | SILURIAN 425,000,000 | | Great mountains formed in NW Europe; first small land plants appeared; shelled cephalopods abundant; trilobites began decline; first jawed fish appeared. |
| | ORDOVICIAN 500,000,000 | | Caledonian mountain building; much limestone deposited in shallow seas; many marine invertebrates, first primitive jawless fish appeared. |
| | CAMBRIAN 600,000,000 | | Shallow seas covered parts of continents; abundant record of marine life, esp. trilobites & brachiopods; other fossils rare. |
| Precambrian | LATE PRECAMBRIAN** 2,000,000,000 | | Metamorphosed sedimentary rocks and granite formed; first evidence of life, calcareous algae & invertebrates. |
| | EARLY PRECAMBRIAN** 4,500,000,000 | | Crust formed on molten earth; crystalline rocks much disturbed; history unknown. |

**Regarded as separate eras.

## NAMES AND SYMBOLS OF METRIC UNITS

| *Quantity* | *Name of Unit* | *Value* | *Symbol* |
|---|---|---|---|
| LENGTH | metre | base unit | m |
| | centimetre | 0.01 m | cm |
| | millimetre | 0.001 m | mm |
| | micrometre | 0.000 001 m | $\mu$m (or um) |
| | kilometre | 1 000 m | km |
| | international nautical mile (for navigation) | 1 852 m | n mile |
| MASS (weight) | kilogram | base unit | kg |
| | milligram | 0.000 001 kg | mg |
| | gram | 0.001 kg | g |
| | tonne | 1 000 kg | t |
| TIME | second | base unit | s |
| | minute | 60 s | min |
| | hour | 60 min | h |
| | day | 24 h | d |
| AREA | square metre | SI unit | $m^2$ |
| | square millimetre | 0.000 001 $m^2$ | $mm^2$ |
| | square centimetre | 0.000 1 $m^2$ | $cm^2$ |
| | hectare | 10 000 $m^2$ | ha |
| | square kilometre | 1 000 000 $m^2$ | $km^2$ |
| VOLUME | cubic metre | SI unit | $m^3$ |
| | cubic centimetre | 0.000 001 $m^3$ | $cm^3$ |
| VOLUME (for fluids) | litre | 0.001 $m^3$ | l |
| | millilitre | 0.001 l | ml |
| | kilolitre | 1 000 l (1 $m^3$) | kl |
| VELOCITY | metre per second | SI unit | m/s |
| | kilometre per hour | 0.27 m/s | km/h |
| | knot | 1 n mile/h or o.514 m/s | kn |
| FORCE | newton | SI unit | N |
| | kilonewton | 1 000 N | kN |
| | meganewton | 1 000 000 N | MN |
| ENERGY | joule | SI unit | J |
| | kilojoule | 1 000 J | kJ |
| | megajoule | 1 000 000 J | MJ |

NAMES AND SYMBOLS OF METRIC UNITS

| *Quantity* | *Name of Unit* | *Value* | *Symbol* |
|---|---|---|---|
| POWER | watt | SI unit | W |
| | kilowatt | 1 000 W | kW |
| | megawatt | 1 000 000 W | MW |
| DENSITY | kilogram per cubic metre | SI unit | $kg/m^3$ |
| | tonne per cubic metre | 1 000 $kg/m^3$ | $t/m^3$ |
| | gram per cubic metre | 0.001 $kg/m^3$ | $g/m^3$ |
| DENSITY (for fluids) | kilogram per litre | 1 000 $kg/m^3$ | kg/l |
| PRESSURE | pascal | SI unit ($N/m^2$) | Pa |
| | kilopascal | 1 000 Pa | kPa |
| | megapascal | 1 000 000 Pa | MPa |
| PRESSURE (for meteorology) | millibar | 100 Pa | mb |
| ELECTRIC CURRENT | ampere | base unit | A |
| | milliampere | 0.001 A | mA |
| POTENTIAL DIFFERENCE | volt | SI unit | V |
| | microvolt | 0.000 001 V | $\mu$V |
| | millivolt | 0.001 V | mV |
| | kilovolt | 1 000 V | kV |
| | megavolt | 1 000 000 V | MV |
| ELECTRICAL RESISTANCE | ohm | SI unit | $\Omega$ |
| | microhm | 0.000 001$\Omega$ | $\mu\Omega$ |
| | megohm | 1 000 000$\Omega$ | M$\Omega$ |
| FREQUENCY | hertz | SI unit | Hz |
| | kilohertz | 1 000 Hz | kHz |
| | megahertz | 1 000 000 Hz | MHz |
| | gigahertz | 1 000 000 000 Hz | GHz |
| TEMPERATURE | kelvin | SI unit | K |
| | degree Celsius | K-273.15 | °C |

# METRIC/IMPERIAL CONVERSION FACTORS

| Imperial to Metric Units | | Metric to Imperial Units | |
|---|---|---|---|
| **LENGTH** | | | |
| 1 in | = 25.4 mm | 1 cm | = 0.394 in |
| 1 ft | = 30.5 cm | 1 m | = 3.28 ft |
| 1 yd | = 0.914 m | 1 m | = 1.09 yd |
| 1 mile | = 1.61 km | 1 km | = 0.621 mile |
| **MASS** | | | |
| 1 oz | = 28.3 g | 1 g | = 0.0353 oz |
| 1 lb | = 454 g | 1 kg | = 2.20 lb |
| 1 ton | = 1.02 tonne | 1 tonne | = 0.984 ton |
| **AREA** | | | |
| 1 $in^2$ | = 6.45 $cm^2$ | 1 $cm^2$ | = 0.155 $in^2$ |
| 1 $ft^2$ | = 929 $cm^2$ | 1 $m^2$ | = 10.8 $ft^2$ |
| 1 $yd^2$ | = 0.836 $m^2$ | 1 $m^2$ | = 1.20 $yd^2$ |
| 1 ac | = 0.405 ha | 1 ha | = 2.47 ac |
| 1 sq. mile | = 259 ha | 1 $km^2$ | = 247 ac |
| **VOLUME** | | | |
| 1 $in^3$ | = 16.4 $cm^3$ | 1 $cm^3$ | = 0.0610 $in^3$ |
| 1 $ft^3$ | = 0.0283 $m^3$ | 1 $m^3$ | = 35.3 $ft^3$ |
| 1 $yd^3$ | = 0.765 $m^3$ | 1 $m^3$ | = 1.31 $yd^3$ |
| 1 bushel | = 0.0364 $m^3$ | 1 $m^3$ | = 27.5 bushels |
| **VOLUME (fluids)** | | | |
| 1 fl oz | = 28.4 ml | 1 ml | = 0.0352 fl oz |
| 1 pint | = 568 ml | 1 litre | = 1.76 pint |
| 1 gallon | = 4.55 litre | 1 $m^3$ | = 220 gallons |
| **FORCE** | | | |
| 1 lbf (pound-force) = 4.45 N | | 1N (newton) = 0.225 lbf | |
| **PRESSURE** | | | |
| 1 psi (lb/sq in) = 6.89 kPa | | 1 kPa (kilo- pascal) = 0.145 psi | |
| **VELOCITY** | | | |
| 1 mph = 1,61 km/h | | 1 km/h = 0.621 mph | |
| **TEMPERATURE** | | | |
| $°C = \frac{5}{9}(°F - 32)$ | | $°F = \frac{9 \times °C}{5} + 32$ | |
| **ENERGY** | | | |
| 1 Btu (British thermal unit) = 1.06 kJ | | 1 kJ (kilo- joule) = 0.948 Btu | |
| **POWER** | | | |
| 1 hp = 0.746 kW | | 1 kW = 1.34 hp | |
| **FUEL CONSUMPTION** | | | |
| $mpg = \frac{282}{litres/100\ km}$ | | $litres/100\ km = \frac{282}{mpg}$ | |

# TEMPERATURE CONVERSION TABLE

CELSIUS TO FAHRENHEIT

Conversion formulae:

See METRIC/IMPERIAL CONVERSION FACTORS

| °C | °F | °C | °F | °C | °F |
|---|---|---|---|---|---|
| 50 | 122 | 20 | 68 | −10 | 14 |
| 49 | 120.2 | 19 | 66.2 | −11 | 12.2 |
| 48 | 118.4 | 18 | 64.4 | −12 | 10.4 |
| 47 | 116.6 | 17 | 62.6 | −13 | 8.6 |
| 46 | 114.8 | 16 | 60.8 | −14 | 6.8 |
| 45 | 113 | 15 | 59 | −15 | 5 |
| 44 | 111.2 | 14 | 57.2 | −16 | 3.2 |
| 43 | 109.4 | 13 | 55.4 | −17 | 1.4 |
| 42 | 107.6 | 12 | 53.6 | −18 | −0.4 |
| 41 | 105.8 | 11 | 51.8 | −19 | −2.2 |
| 40 | 104 | 10 | 50 | −20 | −4 |
| 39 | 102.2 | 9 | 48.2 | −21 | −5.8 |
| 38 | 100.4 | 8 | 46.4 | −22 | −7.6 |
| 37 | 98.6 | 7 | 44.6 | −23 | −9.4 |
| 36 | 96.8 | 6 | 42.8 | −24 | −11.2 |
| 35 | 95 | 5 | 41 | −25 | −13 |
| 34 | 93.2 | 4 | 39.2 | −26 | −14.8 |
| 33 | 91.4 | 3 | 37.4 | −27 | −16.6 |
| 32 | 89.6 | 2 | 35.6 | −28 | −18.4 |
| 31 | 87.8 | 1 | 33.8 | −29 | −20.2 |
| 30 | 86 | 0 | 32 | −30 | −22 |
| 29 | 84.2 | −1 | 30.2 | −31 | −23.8 |
| 28 | 82.4 | −2 | 28.4 | −32 | −25.6 |
| 27 | 80.6 | −3 | 26.6 | −33 | −27.4 |
| 26 | 78.8 | −4 | 24.8 | −34 | −29.2 |
| 25 | 77 | −5 | 23 | −35 | −31 |
| 24 | 75.2 | −6 | 21.2 | −36 | −32.8 |
| 23 | 73.4 | −7 | 19.4 | −37 | −34.6 |
| 22 | 71.6 | −8 | 17.6 | −38 | −36.4 |
| 21 | 69.8 | −9 | 15.8 | −39 | −38.2 |

# MATHEMATICAL SYMBOLS

| | |
|---|---|
| $+$ | 1. plus, addition sign 2. positive |
| $-$ | 1. minus, subtraction sign 2. negative |
| $\times$ | multiplied by |
| $\div$ | divided by; also indicated by oblique stroke (8/2) or horizontal line $\frac{8}{2}$ |
| $=$ | equals; is equal to |
| $\neq$ | is not equal to |
| $\equiv$ | is identical with; is congruent to |
| $\sim$ | difference between; is equivalent to |
| $\simeq, \approx$ | is approximately equal to |
| $>$ | is greater than |
| $<$ | is less than |
| $\ngtr$ | is not greater than |
| $\nless$ | is not less than |
| $\leqslant$ | less than or equal to |
| $\geqslant$ | greater than or equal to |
| $\cong$ | is isomorphic to |
| $:$ | is to; ratio sign |
| $::$ | as: used between ratios |
| $\infty$ | infinity |
| $\propto$ | varies as, proportional to |
| $\therefore$ | therefore |
| $\because$ | since, because |
| $\angle$ | angle |
| $\llcorner$ | right angle |
| $\perp$ | is perpendicular to |
| $\parallel$ | is parallel to |
| $\bigcirc$ | circle; circumference |
| $\frown$ | arc of a circle |
| $\triangle$ | triangle |
| $\square$ | square |
| $\square$ | rectangle |
| $\parallelogram$ | parallelogram |
| $\sqrt{\phantom{x}}$ | radical sign (ie square root sign) |
| $\Sigma$ | sum |
| $\int$ | integral |
| $\cup$ | union |
| $\cap$ | intersection |
| $\in$ | is a member of; is an element of; belongs to |
| $\subseteq$ | is contained as subclass within |
| $\supseteq$ | contains as subclass |
| $\{\ \}$ | set braces |
| $\phi$ | the empty set |
| $\lvert\ \rvert$ | absolute value of; modulus of |
| $\triangleleft$ | is a normal subgroup of |
| $\mu$ | mean (population) |
| $\sigma$ | standard deviation (population) |
| $\bar{x}$ | mean (sample) |
| $s$ | standard deviation (sample) |
| $\pi$ | ratio of circumference of any circle to its diameter |
| $e$ | base of natural logarithms |
| $^\circ$ | degrees of arc or temperature |
| $'$ | minutes of arc or time; feet |
| $''$ | seconds of arc or time; inches |

## CHEMICAL SYMBOLS

Each element is placed in alphabetical order of its symbol and is followed by its atomic number.

**Ac** actinium, 89
**Ag** silver, 47
**Al** aluminium, 13
**Am** americium, 95
**Ar** argon, 18
**As** arsenic, 33
**At** astatine, 85
**Au** gold, 79
**B** boron, 5
**Ba** barium, 56
**Be** beryllium, 4
**Bi** bismuth, 83
**Bk** berkelium, 97
**Br** bromine, 35
**C** carbon, 6
**Ca** calcium, 20
**Cd** cadmium, 48
**Ce** cerium, 58
**Cf** californium, 98
**Cl** chlorine, 17
**Cm** curium, 96
**Co** cobalt, 27
**Cr** chromium, 24
**Cs** caesium, 55
**Cu** copper, 29
**Dy** dysprosium, 66
**Er** erbium, 68
**Es** einsteinium, 99
**Eu** europium, 63
**F** fluorine, 9
**Fe** iron, 26
**Fm** fermium, 100
**Fr** francium, 87
**Ga** gallium, 31
**Gd** gadolinium, 64
**Ge** germanium, 32
**H** hydrogen, 1
**Ha** hahnium, 105
**He** helium, 2
**Hf** hafnium, 72
**Hg** mercury, 80
**Ho** holmium, 67
**I** iodine, 53
**In** indium, 49
**Ir** iridium, 77
**K** potassium, 19
**Kr** krypton, 36
**La** lanthanum, 57
**Li** lithium, 3
**Lr** lawrencium, 103
**Lu** lutetium, 71
**Md** mendelevium, 101
**Mg** magnesium, 12
**Mn** manganese, 25
**Mo** molybdenum, 42
**N** nitrogen, 7
**Na** sodium, 11
**Nb** niobium, 41
**Nd** neodymium, 60
**Ne** neon, 10
**Ni** nickel, 28
**No** nobelium, 102
**Np** neptunium, 93
**O** oxygen, 8
**Os** osmium, 76
**P** phosphorus, 15
**Pa** protactinium, 91
**Pb** lead, 82
**Pd** palladium, 46
**Pm** promethium, 61
**Po** polonium, 84
**Pr** praseodymium, 59
**Pt** platinum, 78
**Pu** plutonium, 94
**Ra** radium, 88
**Rb** rubidium, 37
**Re** rhenium, 75
**Rf** rutherfordium, 104
**Rh** rhodium, 45
**Rn** radon, 86
**Ru** ruthenium, 44
**S** sulphur, 16
**Sb** antimony, 51
**Sc** scandium, 21
**Se** selenium, 34
**Si** silicon, 14
**Sm** samarium, 62
**Sn** tin, 50
**Sr** strontium, 38
**Ta** tantalum, 73
**Tb** terbium, 65
**Tc** technetium, 43
**Te** tellurium, 52
**Th** thorium, 90
**Ti** titanium, 22
**Tl** thallium, 81
**Tm** thulium, 69
**U** uranium, 92
**V** vanadium, 23
**W** tungsten, 74
**Xe** xenon, 54
**Y** yttrium, 39
**Yb** ytterbium, 70
**Zn** zinc, 30
**Zr** zirconium, 40

## COUNTRIES, RELATED NOUNS, ADJECTIVES, CURRENCIES & CAPITALS

| Country | Noun/ Adjective | Currency Unit | Capital |
|---|---|---|---|
| Afghanistan | Afghan | afghani | Kabul |
| Albania | Albanian | lek | Tirana |
| Algeria | Algerian | dinar | Algiers |
| Andorra | Andorran | franc/ peseta | Andorra la Vella |
| Angola | Angolan | kwanza | Luanda |
| Argentina | Argentine *or* Argentinian | peso | Buenos Aires |
| Australia | Australian | dollar | Canberra |
| Austria | Austrian | schilling | Vienna |
| Bahamas | Bahamian | dollar | Nassau |
| Bahrain | Bahraini | dinar | Manama |
| Bangladesh | Bangladeshi | taka | Dacca |
| Barbados | Barbadian | dollar | Bridgetown |
| Belgium | Belgian | franc | Brussels |
| Benin | Beninese | franc | Porto Novo |
| Bermuda | Bermudan | dollar | Hamilton |
| Bolivia | Bolivian | peso boliviano | La Paz |
| Botswana | | pula | Gaborone |
| Brazil | Brazilian | cruzeiro | Brasilia |
| Bulgaria | Bulgarian | lev | Sofia |
| Burma | Burmese | kyat | Rangoon |
| Burundi | Burundian | franc | Bujumbura |
| Cameroon | Cameroonian | franc | Yaoundé |
| Canada | Canadian | dollar | Ottawa |
| Central African Rep. | | franc | Bangui |
| Chad | Chadian | franc | Ndjamena |
| Chile | Chilean | peso | Santiago |
| China | Chinese | yuan | Peking |
| China (Taiwan) | Chinese | dollar | Taipei |
| Colombia | Colombian | peso | Bogotá |
| Congo | Congolese | franc | Brazzaville |
| Costa Rica | Costa Rican | colon | San José |
| Cuba | Cuban | peso | Havana |
| Cyprus | Cypriot | pound | Nicosia |
| Czechoslovakia | Czech, Czechoslovak, *or* Czechoslovakian | koruna | Prague |
| Denmark | Dane; Danish | krone | Copenhagen |
| Dominica | Dominican | dollar | Roseau |
| Dominican Rep. | Dominican | peso | Santo Domingo |
| Ecuador | Ecuadorean | sucre | Quito |
| Egypt | Egyptian | pound | Cairo |
| El Salvador | Salvadorean | colon | San Salvador |
| Equatorial Guinea | | ekpwele | Malabo |
| Ethiopia | Ethiopian | birr | Addis Ababa |
| Fiji | Fijian | dollar | Suva |
| Finland | Finn; Finnish | markka | Helsinki |
| France | Frenchman, -woman; French | franc | Paris |
| Gabon | Gabonese | franc | Libreville |
| Gambia | Gambian | dalasi | Banjul |
| Germany, East | East German | mark | East Berlin |
| Germany, West | West German | deutschmark | Bonn |
| Ghana | Ghanaian | cedi | Accra |
| Greece | Greek | drachma | Athens |
| Grenada | Grenadian | dollar | St. George's |

| Country | Noun/ Adjective | Currency Unit | Capital |
|---|---|---|---|
| Guatemala | Guatemalan | quetzal | Guatemala City |
| Guinea | Guinean | franc | Conakry |
| Guinea-Bissau | | peso | Bissau |
| Guyana | Guyanese | dollar | Georgetown |
| Haiti | Haitian | gourde | Port-au-Prince |
| Honduras | Honduran | lempira | Tegucigalpa |
| Hungary | Hungarian | forint | Budapest |
| Iceland | Icelander; Icelandic | krona | Reykjavik |
| India | Indian | rupee | New Delhi |
| Indonesia | Indonesian | rupiah | Djakarta |
| Iran | Iranian | rial | Teheran |
| Iraq | Iraqi | dinar | Baghdad |
| Ireland, Republic of | Irishman, -woman; Irish | pound | Dublin |
| Israel | Israeli | pound | Jerusalem |
| Italy | Italian | lira | Rome |
| Jamaica | Jamaican | dollar | Kingston |
| Japan | Japanese | yen | Tokyo |
| Jordan | Jordanian | dinar | Amman |
| Kampuchea | Kampuchean | riel | Phnom Penh |
| Kenya | Kenyan | shilling | Nairobi |
| Korea, North | North Korean | won | Pyongyang |
| Korea, South | South Korean | won | Seoul |
| Kuwait | Kuwaiti | dinar | Kuwait |
| Laos | Laotian | kip | Vientiane |
| Lebanon | Lebanese | pound | Beirut |
| Lesotho | | rand | Maseru |
| Liberia | Liberian | dollar | Monrovia |
| Libya | Libyan | dinar | Tripoli |
| Liechtenstein | | franc | Vaduz |
| Luxembourg | | franc | Luxembourg |
| Madagascar | Madagascan | franc | Tananarive |
| Malawi | Malawian | kwacha | Lilongwe |
| Malaysia | Malaysian | ringgit | Kuala Lumpur |
| Mali | Malian | franc | Bamako |
| Malta | Maltese | pound | Valletta |
| Mauritania | Mauritanian | ouguiya | Nouakchott |
| Mauritius | Mauritian | rupee | Port Louis |
| Mexico | Mexican | peso | Mexico City |
| Monaco | Monegasque | franc | Monaco |
| Mongolian People's Rep. | Mongolian | tugrik | Ulan Bator |
| Morocco | Moroccan | dirham | Rabat |
| Mozambique | Mozambican | escudo | Maputo |
| Nepal | Nepalese | rupee | Katmandu |
| Netherlands | Dutchman, -woman Netherlander; Dutch | guilder | Amsterdam |
| New Zealand | New Zealander | dollar | Wellington |
| Nicaragua | Nicaraguan | cordoba | Managua |
| Niger | | franc | Niamey |
| Nigeria | Nigerian | naira | Lagos |
| Norway | Norwegian | krone | Oslo |
| Oman | Omani | rial | Muscat |
| Pakistan | Pakistani | rupee | Islamabad |
| Panama | Panamanian | balboa | Panama City |

| Country | Noun/ Adjective | Currency Unit | Capital |
|---|---|---|---|
| Papua New Guinea | Papuan | kina | Port Moresby |
| Paraguay | Paraguayan | guarani | Asunción |
| Peru | Peruvian | sol | Lima |
| Philippines | Filipino *or* Philippine | peso | Quezon City |
| Poland | Pole; Polish | zloty | Warsaw |
| Portugal | Portuguese | escudo | Lisbon |
| Qatar | Qatari | riyal | Doha |
| Rumania | Rumanian | leu | Bucharest |
| Rwanda | Rwandan | franc | Kigali |
| San Marino | San Marinese *or* Sammarinese | lira | San Marino |
| Saudi Arabia | Saudi Arabian | riyal | Riyadh |
| Senegal | Senegalese | franc | Dakar |
| Sierra Leone | Sierra Leonean | leone | Freetown |
| Singapore | Singaporean | dollar | Singapore |
| Somalia | Somalian | shilling | Mogadiscio |
| South Africa | South African | rand | Cape Town (legislative) Pretoria (administrative) |
| Spain | Spaniard; Spanish | peseta | Madrid |
| Sri Lanka | Sri Lankan | rupee | Colombo |
| Sudan | Sudanese | pound | Khartoum |
| Surinam | Surinamese | guilder | Paramaribo |
| Swaziland | Swazi | lilangani | Mbabane |
| Swedén | Swede; Swedish | krona | Stockholm |
| Switzerland | Swiss | franc | Bern |
| Syria | Syrian | pound | Damascus |
| Tanzania | Tanzanian | shilling | Dar es Salaam |
| Thailand | Thai | baht | Bangkok |
| Togo | Togolese | franc | Lomé |
| Tonga | Tongan | pa'anga | Nuku'alofa |
| Trinidad and Tobago | Trinidadian, Tobagan | dollar | Port-of-Spain |
| Tunisia | Tunisian | dinar | Tunis |
| Turkey | Turk; Turkish | lira | Ankara |
| Uganda | Ugandan | shilling | Kampala |
| USSR | Russian *or* Soviet | ruble | Moscow |
| United Arab Emirates | | dirham | Abu Dhabi |
| United Kingdom | Briton; British | pound | London |
| USA | American | dollar | Washington, D.C. |
| Uruguay | Uruguayan | peso | Montevideo |
| Venezuela | Venezuelan | bolivar | Caracas |
| Vietnam | Vietnamese | dong | Hanoi |
| Western Samoa | Samoan | dollar | Apia |
| Yemen, People's Democratic Rep. | Yemeni | dinar | Aden |
| Yemen Arab Rep. | Yemeni | riyal | Sanaa |
| Yugoslavia | Yugoslav *or* Yugoslavian | dinar | Belgrade |
| Zaire | Zairean | zaire | Kinshasa |
| Zambia | Zambian | kwacha | Lusaka |
| Zimbabwe | Zimbabwean | dollar | Salisbury |

## WORLD STANDARD TIMES

### At noon, GMT, 1300 BST

For each degree of longitude, time differs by 4 minutes; west of Greenwich is earlier, east of Greenwich later, than GMT.

| *Place* | *Time* | *Place* | *Time* |
|---|---|---|---|
| Accra | 1200 | Malta | 1300 |
| Adelaide | 2130 | Melbourne | 2200 |
| Aden | 1500 | Mexico City | 0600 |
| Algiers | 1300 | Montevideo | 0830 |
| Amsterdam | 1300 | Montreal | 0700 |
| Athens | 1400 | Moscow | 1500 |
| Auckland | 2400 | Nairobi | 1500 |
| Beirut | 1400 | New Orleans | 0600 |
| Belgrade | 1300 | New York | 0700 |
| Berlin | 1300 | Oslo | 1300 |
| Berne | 1300 | Ottawa | 0700 |
| Bombay | 1730 | Panama | 0700 |
| Brindisi | 1300 | Paris | 1300 |
| Brisbane | 2200 | Peking | 2000 |
| Brussels | 1300 | Perth, Australia | 2000 |
| Bucharest | 1400 | Prague | 1300 |
| Budapest | 1300 | Quebec | 0700 |
| Buenos Aires | 0800 | Rangoon | 1830 |
| Cairo | 1400 | Rio de Janeiro | 0900 |
| Calcutta | 1730 | Rome | 1300 |
| Cape Town | 1400 | St John's, Newfoundland | 0830 |
| Caracas | 0800 | St Louis | 0600 |
| Chicago | 0600 | San Francisco | 0400 |
| Colombo | 1730 | Santiago | 0800 |
| Copenhagen | 1300 | Singapore | 1930 |
| Gibraltar | 1300 | Sofia | 1400 |
| Helsinki | 1400 | Stockholm | 1300 |
| Hobart | 2200 | Suez | 1400 |
| Hong Kong | 2000 | Sydney | 2200 |
| Istanbul | 1400 | Tehran | 1530 |
| Jerusalem | 1400 | Tokyo | 2100 |
| Karachi | 1700 | Toronto | 0700 |
| Lagos | 1300 | Tunis | 1300 |
| Leningrad | 1500 | Vancouver | 0400 |
| Lima | 0700 | Vienna | 1300 |
| Lisbon | 1200 | Warsaw | 1300 |
| Madeira | 1100 | Winnipeg | 0600 |
| Madras | 1730 | Yokohama | 2100 |
| Madrid | 1300 | | |

# DISTANCES BY AIR

The flight distances shown in the following tables are quoted in kilometres via the shortest normal airline routing from airport to airport. For cities with more than one airport a mean distance is given. An asterisk indicates a maximum distance.

**from London**

| | |
|---|---|
| Accra | 5086 |
| Algiers | 1650 |
| Amsterdam | 370 |
| Auckland | 24290* |
| Baghdad | 4097 |
| Bahrain | 5084 |
| Bangkok | 9551 |
| Barcelona | 1129 |
| Beirut | 3468 |
| Belgrade | 1689 |
| Berlin | 952 |
| Bombay | 7205 |
| Brisbane | 23746* |
| Brussels | 340 |
| Budapest | 1476 |
| Buenos Aires | 13442* |
| Cairo | 3518 |
| Calcutta | 11111* |
| Cape Town | 12275* |
| Casablanca | 2062 |
| Chicago | 6364 |
| Cologne | 525 |
| Colombo | 11289* |
| Copenhagen | 984 |
| Dakar | 4349 |
| Darwin | 18151* |
| Delhi | 6730 |
| Djakarta | 15208* |
| Dubrovnik | 1715 |
| Geneva | 736 |
| Hamburg | 745 |
| Honolulu | 11699* |
| Istanbul | 2502 |
| Jamaica | 7532 |
| Johannesburg | 9059 |
| Karachi | 8494 |
| Kuwait | 4666 |
| Lagos | 4988 |
| Lisbon | 1555 |
| Madrid | 1232 |
| Marseilles | 971 |
| Melbourne | 25011* |
| Milan | 940 |
| Montreal | 5234 |
| Moscow | 2507 |
| Nairobi | 6825 |
| Naples | 1613 |
| New York | 5564 |
| Nice | 1022 |
| Oslo | 1175 |
| Palma | 1330 |
| Paris | 336 |
| Prague | 1037 |
| Rangoon | 12255* |
| Rio de Janeiro | 11132* |
| Rome | 1436 |
| Salisbury (Zimbabwe) | 10707* |
| San Francisco | 10420* |
| Singapore | 14133* |
| Stockholm | 1462 |
| Sydney | 24163* |
| Tehran | 4408 |
| Tel Aviv | 3577 |
| Tokyo | 17518* |
| Toronto | 5727 |
| Tunis | 1813 |
| Venice | 1135 |
| Vienna | 1262 |
| Warsaw | 1465 |
| Washington | 5889 |
| Wellington | 24372 |

**from Montreal**

| | |
|---|---|
| Amsterdam | 5509 |
| Auckland | 17658* |
| Berlin | 7314* |
| Bombay | 15340* |
| Cairo | 10488* |
| Moscow | 8832* |
| New York | 531 |
| Paris | 5527 |
| Rio de Janeiro | 9942* |
| Rome | 6601 |
| Vancouver | 3684 |
| Zurich | 6000 |

**from Sydney**

| | |
|---|---|
| Auckland | 2162 |
| Berlin | 20940* |
| Cairo | 17475* |
| Johannesburg | 14685* |
| Moscow | 20933* |
| New York | 19407* |
| Paris | 21329* |
| Rome | 20041* |
| San Francisco | 14442* |
| Singapore | 6303 |
| Tokyo | 7821 |
| Toronto | 18839* |

**from Auckland**

| | |
|---|---|
| Berlin | 23535* |
| Brisbane | 2297 |
| Buenos Aires | 15809* |
| Cairo | 20069* |
| Honolulu | 7094 |
| Moscow | 24598* |
| New York | 17275* |
| Paris | 23923* |
| Rome | 24588* |
| San Francisco | 13142* |
| Singapore | 10157* |
| Tokyo | 13584* |

**from Johannesburg**

| | |
|---|---|
| Amsterdam | 10848* |
| Auckland | 17161* |
| Berlin | 10930* |
| Cape Town | 1272 |
| Montreal | 16061* |
| Moscow | 11162* |
| Nairobi | 2914 |
| New York | 15424* |
| Paris | 10600* |
| Rio de Janeiro | 7150 |
| Rome | 9507* |
| Tel Aviv | 6506 |

**from Bombay**

| | |
|---|---|
| Auckland | 14857* |
| Berlin | 8680* |
| Cairo | 4345 |
| Hong Kong | 4303 |
| Johannesburg | 8939* |
| Moscow | 8671* |
| Paris | 9068* |
| Rio de Janeiro | 18444* |
| Rome | 6182 |
| San Francisco | 19563* |
| Singapore | 3916 |
| Sydney | 12262* |